京族传统民歌译注

上册

广西壮族自治区非物质文化遗产保护中心 主编

学苑出版社

图书在版编目（CIP）数据

京族传统民歌译注 / 广西壮族自治区非物质文化遗产保护中心主编 . — 北京：学苑出版社，2022.1

ISBN 978-7-5077-6357-7

Ⅰ．①京… Ⅱ．①广… Ⅲ．①京族—民歌—作品集—中国 Ⅳ．① I277.298.2

中国版本图书馆 CIP 数据核字 (2022) 第 029603 号

责任编辑：李蕊沁　战葆红
出版发行：学苑出版社
社　　址：北京市丰台区南方庄 2 号院 1 号楼　100079
邮政编码：100079
网　　址：www.book001.com
电子信箱：xueyuanpress@163.com
联系电话：010-67601101（营销部）　010-67603091（总编室）
印　刷　厂：北京建宏印刷有限公司
开本尺寸：787 mm×1092 mm　1/16
字　　数：875 千字
印　　张：133.75
版　　次：2022 年 1 月第 1 版
印　　次：2022 年 1 月第 1 次印刷
定　　价：1800.00 元

编委会

主　　　任：唐正柱

委　　　员：周建洪　朱凤立　乔毅华　田　宇
　　　　　　朱　山　黄俊元　黄洪波　范国庆
　　　　　　符志勇　苏维芳　苏　凯　阮贤友
　　　　　　武明志

主　　　编：苏维芳　朱凤立　韦树关

副 主 编：田宇　苏凯

编辑部主任：梁宏章

国际音标：韦树关

喃　　字：苏维芳　韦树关

汉　　译：苏维芳　韦树关　苏凯

记　　谱：陈坤鹏

搜　　集：苏维芳　阮进余　杜玉光　苏维绍
　　　　　杜福朝　张廷德　阮继初

演　　唱：苏春发　黄玉珍　武明志

录　　制：杨世坤

前　言

京族是广西壮族自治区特有的世居民族和跨境民族，同时也是中国唯一的海洋民族，主要聚居于防城港市东兴市江平镇。京族靠海而居，作息起居皆与海洋息息相关。在长期生产生活实践中，京族人民创作了不少优美动人的传统民歌，记录了迎送亲、拜堂贺喜等民间礼俗，传播了海上捕鱼、旱地劳动等生产生活经验，表现了朴素真挚的情感。

京族传统民歌作为传统音乐类非物质文化遗产，一方面具有珍贵的历史价值和艺术价值，另一方面以喃字作为记录载体，具有重要的文献价值和学术价值。目前，京族喃字古籍抄本所存不多，传统民歌相关书籍亦是寥寥无几，加快收集、翻译、整理出版京族传统民歌，为学界研究京族社会和文化提供更多的资料已迫在眉睫。

从2002年起，我们开始对京族传统民歌进行调查、挖掘、整理和翻译，编写了《京族史歌集》、《京族叙事歌》（1—6集）、《京族古籍总目提要》、《京族古歌》（1—4集）、《京族哈节唱词》等书，共计150万多字，并从中选取京语民歌汇编整理。同时，对其进行进一步的收集与补充，以结集出版。我们赴京族哈亭、"京族文化培训基地"、歌手家中等场所，先后采访近90人，共237人次，对演唱的民歌做了录音收集。经过喃字记录、国际音标注音、汉文直译与汉文意译，编成本书。2017年，我们将《京族传统民歌译注》作为广西"人才小高地"建设项目出版成果向原自治区文化厅申报，并获批出版，令编委会成员感到极大鼓舞。

本书从搜集整理到出版，得到各级各部门、有关领导和专家学者的大力支持和热心帮助。广西壮族自治区少数民族古籍整理出版规划领导小组办公室自始至终给予悉心指导，特别是在书名定名、对译方法、政治学术把关等方面提出了指导性意见和思路，有效地提升了本书的质量。感谢广西艺术学院陈坤鹏教授，他负责本书12首民歌的听音记谱工作。感谢广西民族大学文学院院长韦树关教授，他独自扛起全书国际音标的注音与喃字录入的重任，同时对喃字翻译、汉文直译、汉文意译等做了润色。感谢中央民族大学中国少数民族语言研究院何思源老师，她负责了本书的审读工作。本书的编成还得到防城港市文化广电体育和旅游局、防城港市民族宗教事务委员会、东兴市文化广电体育和旅游局、东兴市江平镇万尾村委员会，韦如柱、廖明君、吕俊彪、欧薇薇、韩德明等专家，以及众多京族传统民歌传承人，如苏维生、阮贤友、吴永才、林辉爵、武明志、苏海兵、黄永华、许华英、黎其进、黄玉珍等的大力支持。

在民歌采集的过程中，我们得到了京族三岛民间艺人们的大力支持。特别是京族歌手阮进余、杜玉光、苏维绍、杜福朝、张廷德、阮继初等人提供的无私帮助。他们将自己早年间收集的13本民歌手抄本毫无保留地贡献出来。阮兴富、裴永彬、苏积珍等人为本书的编写提供了早年的民歌录音，其他大部分歌手皆以口头演唱的方式供我们记录，在书中均有标注人名。

  在此，谨对本书在搜集、翻译、整理、出版过程中曾给予支持帮助的各级部门和单位及有关领导、专家学者、民间艺人等，表示衷心的感谢！

编委会

2022 年 1 月

凡　例

本书收集的是具有史料价值、文学价值、艺术价值，用喃字记录的京族传统民歌。从语言上，京族传统民歌可分为京语民歌和汉语民歌。京语民歌曲调丰富，有三十多种，歌词为六言、八言，京族民众称之为"唱六八"。汉语民歌用汉语粤方言（当地称为"白话"）和"白话山歌"曲调唱，七言四句（第一句亦可用三言），双句押脚韵。本书根据民歌内容，将其分为劳动歌、礼俗歌、情歌、劝世歌、儿童歌谣、其他六大部分。

1.本书采用学界惯用的四行对译的方式，举例如下：

喃字原文：𧛇　缘　時　拱　𧛇　峼　媄　吒

国际音标：ʔdɛp^{8}ji:n^1　thi^2　kuŋ^3　ʔdɛp^{8}lɔŋ^2　mɛ^6　tsa^1

汉文直译：缔结良缘　就　也　称　心　母亲 父亲

汉文意译：美姻缘慰父母心

第一行是民歌收集者用以记录歌词的京族喃字。第二行是民歌歌词实际发音的国际音标。声调只标注调类，不标注实际调值。第三是汉语直译，释义力求清晰精略。第四行是汉语意译。

2.本书国际音标的注音，需从手写喃字稿逐字逐句认字解读、喃字造字录入、转写与国际音标对应，汉文直译与汉文意译注释，到四行对照排版合成。

3.本书所录民歌中有明确收集者或编写者记录的，在所属民歌后附上了姓名。

4.京族民歌有对唱也有独唱，对唱部分标注了男、女，代表由男性唱或由女性唱。

5.附录一是采访的京族歌手名单，由苏维芳提供，记录了自2002年起，为收集整理民歌所采访的歌手的信息，包括姓名、性别、地址、采访时年龄、采访次数等。附录二是所收集的京族传统民歌乐谱。

编 者

2022年1月

总 目 录

一、劳动歌 ………………………………………………………… 1
（一）海歌 ……………………………………………………… 3
（二）旱地劳动歌 ……………………………………………… 225

二、礼俗歌 ……………………………………………………… 335
（一）做媒歌 …………………………………………………… 337
（二）盘问歌 …………………………………………………… 454
（三）感恩歌 …………………………………………………… 498
（四）迎送亲歌 ………………………………………………… 511
（五）拜堂贺喜歌 ……………………………………………… 535
（六）敬槟榔歌 ………………………………………………… 550
（七）敬茶酒歌 ………………………………………………… 617

三、情歌 ………………………………………………………… 657
（一）友爱盛情歌 ……………………………………………… 659
（二）鸟儿传情歌 ……………………………………………… 1306
（三）香花表深情 ……………………………………………… 1386
（四）帽伞送真情 ……………………………………………… 1439
（五）情恋中悲欢离合 ………………………………………… 1481

四、劝世歌…………………………………………………… 1577

五、儿童歌谣………………………………………………… 1685

六、其他……………………………………………………… 1767

附录一　采访的京族歌手名单……………………………… 2089

附录二　收集的京族传统民歌乐谱………………………… 2093

上册目录

一、劳动歌 ····· 1
　（一）海歌 ····· 3
　（二）旱地劳动歌 ····· 225
二、礼俗歌 ····· 335
　（一）做媒歌 ····· 337
　（二）盘问歌 ····· 454
　（三）感恩歌 ····· 498
　（四）迎送亲歌 ····· 511
　（五）拜堂贺喜歌 ····· 535
　（六）敬槟榔歌 ····· 550
　（七）敬茶酒歌 ····· 617

一

劳动歌

劳动歌

（一）

喃字原文： 仍 排 喝 涧
国际音标： ȵɯŋ³ ʔbaːi²haːt⁷ khɤːi¹
汉文直译： 些 歌 曲 海
汉文意译： 海歌

1

喃字原文： 瀑 湄 些 諍 潛 係 黜 涧
国际音标： ʔbaːu³ mɯə¹ taˡ tan⁵ tsɤ⁵he² ra¹ khɤːi¹
汉文直译： 飓风 暴雨 咱 躲避 未曾 出 海
汉文意译： 飓风暴雨莫出海

（1）

喃字原文： 琨 喂 妆 衪 哐 吒，
国际音标： kɔn¹ ʔɤːi¹ ȵɤ⁵lɤi⁵ ȵɤːi² tsa¹
汉文直译： 儿 呀 听从 话 父亲
汉文意译： 儿呀！听父亲话矣，

3

喃字原文：嘪瓺朥九寒罶𤞑䬔；
国际音标：moŋ²nam¹ thaːŋ⁵tsin⁵ thɤt⁸ laːʔ ʔbaːu³ rɤːi¹
汉文直译：初五　九月　真的　是　台风　下
汉文意译：九月初五台风期；

喃字原文：包晗朱跙朥迗，
国际音标：ʔbaːu¹jɤ² tsɔ¹ ʔden⁵ thaːŋ⁵muːi²
汉文直译：何时　给　到　十月
汉文意译：待到十月风时过，

喃字原文：時琨氽弄豳涧默悉。
国际音标：thi² kɔn¹ vaːu² lɔŋ⁶ ra¹ khɤːi¹ mak⁸lɔŋ²
汉文直译：则　儿　进　近海　出　远海　听便
汉文意译：博风击浪随着儿。

（2）

喃字原文：深東赭西塠霎，
国际音标：thɤm¹ ʔdoŋ¹ ʔdɔ³ tɤi¹ jɯŋ⁶ mɤi¹
汉文直译：深色　东　红　西　堆　云
汉文意译：东黑西红云堆起，

喃字原文：埃喂於吏岜䳃㖂。
国际音标：ʔaːi¹ ʔɤːi¹ ʔɤ³ laːi⁶ ʔba¹ ŋai² hai³ ʔdi¹
汉文直译：谁　啊　在　又　三　天　再　去
汉文意译：暂停出海三天矣。

（3）

喃字原文：燕𱟜湿湄汲坡沕，
国际音标：ʔɛn⁵ ʔbai¹ thɤp⁷ mɯə¹ ŋɤp⁸ ʔbɤ² ʔaːu¹
汉文直译：燕子　飞　低　雨　淹没　岸　池塘
汉文意译：燕子飞低快来雨，

劳动歌

喃字原文： 燕 軷 高 湄 溰 吏 霏。
国际音标： ʔɛn⁵ ʔbai¹ ka:u¹ muɯə¹ra:u² la:i⁶ tan⁶
汉文直译： 燕子 飞 高 大雨 又 停
汉文意译： 燕子飞高大雨停。

（4）

喃字原文： 民 纫 玐 浚 𠮾 伩，
国际音标： jɤn¹tsa:i² ʔdi¹ ʔbi:n³ la:m²ŋe²
汉文直译： 渔民 去 海 捕捞
汉文意译： 渔民出海去打鱼，

喃字原文： 馿 泂 渃 燶 時 術 停 玐。
国际音标： thɤi⁵ jɔŋ² nɯ:k⁷ nɔŋ⁵ thi² ve² ʔdɯŋ² ʔdi¹
汉文直译： 见 水 流 热 就 回 莫 去
汉文意译： 见热洪流转回去。

（5）

喃字原文： 船 逆 些 唩 遙 南，
国际音标： thi:n² ŋɯ:k⁸ ta¹ nɤn³ jɔ⁵na:m¹
汉文直译： 船 逆航 咱 寄语 南风
汉文意译： 南风吹来船逆航，

喃字原文： 船 浟 些 唩 湄 源 遙 枚。
国际音标： thi:n² su:i¹ ta¹ nan⁵ mɯə¹ŋu:n² jɔ⁵ ma:i¹
汉文直译： 船 顺风 咱 寄语 山雨 风 明天
汉文意译： 风雨天气航船顺。

（6）

喃字原文：霁丕霆撟術嫩，
国际音标：tan⁶jɤːi² mɤi¹ kɛu⁵ ve² nɔn¹
汉文直译：天晴 云层 拉 回 山
汉文意译：天晴云层靠山间，

喃字原文：哏共核秸澝群嚎湄。
国际音标：hɛn⁶ kuŋ² kɤi¹ kɔ³ tsɤ⁵ kɔn² mɔŋ¹ mɯə¹
汉文直译：相约 同 草木 莫 还 盼 雨
汉文意译：此时草木求雨难。

（7）

喃字原文：干腾東旆翟旆趂，
国际音标：kɤːn¹ ʔdaŋ² ʔdoŋ¹ vɯə² toŋ¹ vɯə² tsai⁶
汉文直译：雨 东边 又 看 又 跑
汉文意译：东边下雨尾追来，

喃字原文：干腾南旆灬旆制。
国际音标：kɤːn¹ ʔdaŋ² naːm¹ vɯə² laːm² vɯə² tsɤːi¹
汉文直译：雨 南边 又 做 又 玩
汉文意译：南边下雨干活无碍。

（8）

喃字原文：浡淩脖浚喑咦，
国际音标：thɔŋ⁵ lɯŋ² ʔbuŋ⁶ ʔbiːn³ ʔɤmʔi²
汉文直译：海浪 咆哮 肚子 海 哗哗翻滚
汉文意译：海浪咆哮翻滚来，

 劳动歌

喃字原文：𩗗 湄 些 諍 濁 係 黜 洞。
国际音标：ʔbaːu³ mɯə¹ ta¹ tan⁵ tsʁ⁵he² ra¹ khʁːi¹
汉文直译：飓风 暴雨 咱 躲避 未曾 出 海
汉文意译：飓风暴雨莫出海。

（9）

喃字原文：丕 高 高 闲 空 賒，
国际音标：jʁːi² kaːu¹kaːu¹ ɲaːn² khoŋ¹ sa¹
汉文直译：天 高高 远望 不 远
汉文意译：远望天空天边近，

喃字原文：坦 箕 䉲 丕 世 麻 涾 溇；
国际音标：ʔdʁt⁷ kiə¹ roŋ⁶ vʁi⁶the⁵ ma² ʔdʁi² thɤu¹
汉文直译：平面那 宽阔 如此 而 满 深
汉文意译：平面望去海深渊；

喃字原文：波 賒 霊 渃 雾 雾，
国际音标：ʔbe³ sa¹ mʁi¹ nɯːk⁷ mu²mu²
汉文直译：海 远 云 水 雾茫茫
汉文意译：远看海面云雾边，

喃字原文：别 摸 勪 浔 别 摸 滝 穷。
国际音标：ʔbiːt⁷ mɔ² kuə³lɔt⁸ ʔbiːt⁷ mɔ² thoŋ¹ kuŋ²
汉文直译：知 摸 海湾 知 摸 河口 一起
汉文意译：返航便认河口前。

（男：阮进余，苏维绍）

7

（10）

喃字原文：岿 喂 岿！棱 喂 棱！
国际音标：nui⁵ ʔɤːi¹ nui⁵ rɯŋ² ʔɤːi¹ rɯŋ²
汉文直译：山 啊 山 林 啊 林
汉文意译：山啊山！林啊林！

喃字原文：帝 尼 ㄇ 浈 泂 澄 㕿 睮；
国际音标：ʔdɤi⁵ nɤːi¹ laːm² ʔbiːn³ khɤːi¹ tsɯŋ² ŋɯːi² kɔi¹
汉文直译：那里 地方 捕鱼 远海 人们 看
汉文意译：渔家远海做标程；

喃字原文：筏 些 掫 船 些 吹，
国际音标：ʔbɛ² ta¹ tsɛu² thiːn² ta¹ suːi¹
汉文直译：竹筏 咱 划桨 船 咱 顺水
汉文意译：竹筏划桨船驶舵，

喃字原文：塳 浈 赊 泂 纩 拖 缍。
国际音标：vuŋ² ʔbiːn³ sa¹ khɤːi¹ tsaːi² tha³ lɯːi⁵
汉文直译：海域 遥远 撒 网
汉文意译：远海撒网来捕鱼。

喃字原文：扒 魠 趾 扒 魠 溁，
国际音标：ʔbat⁷ ka⁵ tsai⁶ ʔbat⁷ ka⁵ ʔbɤːi¹
汉文直译：捕 鱼 跑 捕 鱼 游
汉文意译：渔船出海去打鱼，

喃字原文：些 欯 㛿 浈 船 趾 㛿 泂；
国际音标：ta¹ thɤːm⁵ ʔdi¹ ʔbiːn³ thiːn² tsai⁶ ʔdi¹ khɤːi¹
汉文直译：咱 清晨 去 海 船 驶 去 远海
汉文意译：清晨起航远洋去；

 劳动歌

喃字原文：翅 洴 遙 為 局 芪，
国际音标：tsiu⁶ thoŋ⁵ jɔ⁵ vi² ku:k⁸ʔdɤ:i²
汉文直译：受 浪 风 为 生活
汉文意译：乘风破浪一生事，

喃字原文：浚 奇 艟 源 闷 芪 ⼞ 啽。
国际音标：ʔbi:n³ ka³ thoŋ⁵ ŋɯ:n² mu:n¹ ʔdɤ:i² la:m²ʔan¹
汉文直译：海 大 生活 源泉 万 代 谋生
汉文意译：靠海为业来谋生。

（男：吴永就）

（11）

喃字原文：𥹨 耨 溜 鯋 誇 才，
国际音标：jɔi³ ja:i¹ tsɤ⁵ voi⁶ khwɛ¹ta:i²
汉文直译：出众 男儿 莫 急 逞能
汉文意译：好男儿莫急逞能，

喃字原文：𣴓 娄 椟 㛢 波 㐌 淜 濛；
国际音标：thoŋ¹ thɤu¹ tha:u² ŋan⁵ ʔbe³ jɤ:i² mɤn¹moŋ¹
汉文直译：河 深 竿 短 海 天 无 垠
汉文意译：河深竿短海无边；

喃字原文：渃 夞 洴 奇 坤 澄，
国际音标：nɯ:k⁷ tɔ¹ thoŋ⁵ ka³ khon¹tsɯŋ²
汉文直译：水 大 浪 大 难 测
汉文意译：潮大浪高难测天，

喃字原文：㐌 㐌 艰 危 吁 停 薇 㧢。
国际音标：ʔda³ va:u² ja:n¹ŋwi¹ sin¹ ʔdɯŋ² nɔn¹tai¹
汉文直译：已 进 艰危 请 莫 手软
汉文意译：至临危时莫手软。

9

（12）

喃字原文：渚 凭 浡 奇 麻 忟，
国际音标：tsɯə¹ thɤi⁵ thɔŋ⁵ ka³ ma² lɔ¹
汉文直译：未 见 巨浪 而 担忧
汉文意译：未见巨浪莫担忧，

喃字原文：浡 奇 黙 拎 朱 永 撠；
国际音标：thɔŋ⁵ ka³ mak⁸ kɤm² tsɔ¹ vɯŋ³ tsɛu²
汉文直译：浪 大 尽管 握 使 稳 桨
汉文意译：即使巨浪手稳桨；

喃字原文：渚 凭 浡 奇 麻 我 牺 撠，
国际音标：tsɯə¹ thɤi⁵ thɔŋ⁵ ka³ ma² ŋa³ tai¹ tsɛu²
汉文直译：未 见 浪 大 而 松 手 桨
汉文意译：未见巨浪可松桨，

喃字原文：浡 奇 黙 浡 挠 扔 朱 纤。
国际音标：thɔŋ⁵ ka³ mak⁸ thɔŋ⁵ nɯu¹ nɛu¹ tsɔ¹ ʔben²
汉文直译：浪 大 任由 浪 巨 来了 抛锚撑
汉文意译：巨浪来了抛锚撑。

（男：苏维珍）

（13）

喃字原文：船 黜 些 恳 遍 㘃，
国际音标：thiːn² ra¹ ta¹ khɤn⁵ jɔ⁵ nom²
汉文直译：船 出 咱 恳求 大 风
汉文意译：大风吹来船出海，

劳动歌

喃字原文：船 術 些 嗯 湄 源 遥 枚；
国际音标：thi:n² ve² ta¹ khɤn⁵ mɯə¹ŋu:n² jɔ⁵ma:i¹
汉文直译：船 回 咱 恳求 山雨 东风
汉文意译：东风雨来船回港；

喃字原文：零 汀 没 隻 船 情，
国际音标：lin¹ʔdin¹ mot⁸ tsi:k⁷ thi:n² tin²
汉文直译：零 丁 一 艘 船 情
汉文意译：情船一艘自零丁，

喃字原文：虐 吹 吹 虐 固 躺 固 些。
国际音标：ŋɯ:k⁸ su:i¹ su:i¹ ŋɯ:k⁸ kɔ⁵ min² kɔ⁵ ta¹
汉文直译：逆 顺 顺 逆 有 你 有 我
汉文意译：船上一人实奔忙。

喃字原文：防 欺 遥 颯 湄 沙，
国际音标：fɔŋ² khi¹ jɔ⁵ta:p⁷ mɯə¹ tha¹
汉文直译：防止 时 台风 雨 下
汉文意译：防止暴雨及台风，

喃字原文：躺 包 符 俚 些 𠚢 捲 帆。
国际音标：min² va:u² jɯ³ la:i⁵ ta¹ ra¹ ku:n⁵ ʔbu:m²
汉文直译：妹 进 守 舵 哥 出 卷 帆
汉文意译：妹助驶舵哥扯帆。

（14）
喃字原文：翁 丕 能 湄 运 转，
国际音标：ʔoŋ¹jɤ:i² nɤŋ¹ mɯə¹ vɤn⁶tsi:n³
汉文直译：老天 常 下雨 运转
汉文意译：天气运转常下雨，

11

喃字原文：坦 洁 外 浽 能 悋 能 培；
国际音标：ʔdɤt⁷ka:t⁷ ŋwa:i² ʔbi:n³ naŋ¹ lɤ³ naŋ¹ ʔboi²
汉文直译：沙 土 外 海 常 塌 常 堆积
汉文意译：海滩沙堆时积塌；

喃字原文：嫶 茹 要 悋 扒 来ɔ,
国际音标：vɤ⁶ n̩a² ʔi:u¹ lɤ³ tsa:ŋ² roi²
汉文直译：妻 家 爱 迷糊 哥 了
汉文意译：妻子在家常失眠，

喃字原文：扒 叹 妾 咀 父 母 埗 牢 安。
国际音标：tsa:ŋ² tha:n¹ thi:p⁷ thɤ³ fu⁶mɤu³ ŋoi² tha:u¹ ʔi:n¹
汉文直译：哥 叹息 妾 叹息 父母 坐 怎么 安
汉文意译：夫妻叹息父母愁。

（15）

喃字原文：黜 㐌 時 預 㐌 料，
国际音标：ra¹ʔdi¹ thi² juɯ⁶ ʔda³ li:u⁶
汉文直译：出去 则 预见 已 预料
汉文意译：出海打鱼难预料，

喃字原文：湄 晨 空 别 曤 嘲 空 台ɔ；
国际音标：mɯə¹ ma:i¹ khoŋ¹ ʔbi:t⁷ naŋ⁵ tsi:u² khoŋ¹ hai¹
汉文直译：下雨 明天 不 知 晴 下午 不 知
汉文意译：天晴下雨心无底；

喃字原文：㦖 浽 黙 飭 鸩 醅，
国际音标：roŋ⁶ ʔbi:n³ mak⁸ thɯk⁷ tsim¹ ʔbai¹
汉文直译：阔 海 由 力气 鸟 飞
汉文意译：海阔天空由鸟飞，

劳动歌

喃字原文： 浚 湖 淶 潮 鈩 排 揌 湃。

国际音标： ʔbiːn³ ho² laːi¹laːŋ⁵ ka⁵ ʔbai² ʔduə¹ ʔbɤːi³

汉文直译： 海 湖 洋溢 鱼 排列 竞 游

汉文意译： 海水洋溢鱼展翅。

（男：苏维绍）

2

喃字原文：船 喂 固 忟 洒 庄
国际音标：thiːn² ʔɤːi¹ kɔ⁵ n̠ɤ⁵ ʔben⁵ tsaŋ¹
汉文直译：船 啊 有 想 码头 不
汉文意译：渔船快回泊码头

（1）

喃字原文：筏 些 佨 掫 齟 浻,
国际音标：ʔbɛ² ta¹ ʔda³ tsɛu² ra¹ khɤːi¹
汉文直译：竹筏 咱 已 划 出 远海
汉文意译：竹筏已划出远海,

喃字原文：粓 唉 忟 餚 忟 馱 塘 賒;
国际音标：kɤːm¹ ʔan¹ n̠ɤ⁵ ʔbɯə³ n̠ɤ⁵ ŋɯːi² ʔdɯːŋ² sa¹
汉文直译：饭 吃 想 餐 想 人 路 远
汉文意译：饭吃半饱思夫离;

喃字原文：约 之 衕 洒 斯 茹,
国际音标：ʔɯːk⁷ tsi¹ veː² ʔben⁵ ɣɤn² n̠a²
汉文直译：盼望 回 港 近 家
汉文意译：盼筏返港人回家,

喃字原文：狁 吒 狁 媄 媥 㧎 拱 狁。
国际音标：ɣɤn² tsa¹ ɣɤn² mɛ⁶ vɤ⁶ kɔn¹ kuŋ³ ɣɤn²
汉文直译：近 父 近 母 妻 儿 也 近
汉文意译：近父母亲近妻儿。

# 劳动歌

（2）

喃字原文：船 喂 固 忕 洒 庄，
国际音标：thi:n² ʔɤ:i¹ ko⁵ nɤ⁵ ʔben⁵ tsaŋ¹
汉文直译：船 啊 有 想 码头 不
汉文意译：渔船快回泊码头，

喃字原文：洒 時 艾 脆 康 康 忕 船；
国际音标：ʔben⁵ thi² mot⁸ ja⁶ khaŋ¹ khaŋ¹ nɤ⁵ thi:n²
汉文直译：码头 则 一心 一成不变 想 船
汉文意译：码头时刻想着船；

喃字原文：船 情 堆 隻 齣 浰，
国际音标：thi:n² tin² ʔdoi¹ tsi:k⁷ ra¹ khɤ:i¹
汉文直译：船 情 双 只 出 远海
汉文意译：情船分开出远海，

喃字原文：摱 干 遥 喼 迖 唏 暗 悇。
国际音标：mɯ:n⁶ kɤ:n¹ jɔ⁵ nˀ jɔ⁵ thoi³ ʔdɯ:i¹ hɤ:i¹ ʔm⁵ lɔŋ²
汉文直译：借 阵 风 吹 送 气息 暖 心
汉文意译：借助风吹送君回。

（3）

喃字原文：渃 沚 砂 吻 渚 痏，
国际音标：nɯ:k⁷ tsai³ ʔda⁵ vɤn³ tsɯə¹ mɔn²
汉文直译：水 流 石头 仍 未 磨损
汉文意译：水流石头莫磨损，

喃字原文：约 之 结 義 渚 㜮 貝 抋；
国际音标：ʔɯ:k⁷ tsi¹ ket⁷ ŋiə³ nɯ:k⁷ nɔn¹ vɤ:i⁵ tsa:ŋ²
汉文直译：期望 结义 山 水 和 哥
汉文意译：期望结义山水情；

喃字原文：约 之 凿 磩 记 鐄，
国际音标：ʔɯːk⁷tsi¹ taːk⁸ ʔda⁵ ɣi¹ vaːŋ²
汉文直译：期望 凿 石 记 金
汉文意译：期望凿石变黄金，

喃字原文：约 之 俺 聘 贝 扒 自 低。
国际音标：ʔɯːk⁷tsi¹ ʔɛm¹ than⁵ vɤːi⁵ tsaːŋ² tɯ² ʔdɤi¹
汉文直译：期望 妹 并肩 和 哥 从 这里
汉文意译：期望从此哥妹恋。

喃字原文：约 之 月 老 绅 绁，
国际音标：ʔɯːk⁷tsi¹ ŋwiːt⁸laːu³ sɜ¹ jɤi¹
汉文直译：期望 月老 系 红绳
汉文意译：期望月老系红绳，

喃字原文：绅 朱 躺 㪅 些 低 没 茹。
国际音标：sɛ¹ tso¹ min² ʔdɤi⁵ taˀ ʔdɤi¹ mot⁸ ɲa²
汉文直译：系 给 妹 那里 哥 这里 一 家
汉文意译：红绳连结一家庭。

（4）

喃字原文：愊 術 塘 浽 賒 吹，
国际音标：ʔbuːn² ve² ʔdɯːŋ² ʔbiːn³ sa¹soi¹
汉文直译：心烦 关于 海路 遥远
汉文意译：出海心烦隔遥远，

喃字原文：捄 詩 詩 露 捄 哐 哐 派；
国际音标：ɣɯi³ thɤ¹ thɤ¹ lo⁶ ɣɯi³ nɤːi² nɤːi² faːi¹
汉文直译：寄 信 信 露 寄 话 话 消失
汉文意译：寄信露情难托言；

劳动歌

喃字原文： 诺 蓮 淶 湖 湖 淶，
国际音标： nɯːk⁷ len¹ laːi¹laːŋ⁵ laːŋ⁵laːi¹
汉文直译： 潮水 涨 洋溢 洋溢
汉文意译： 潮涨四处水洋溢，

喃字原文： 仍 調 揔 厭 唅 埃 訴 祥。
国际音标： n̠ɯŋ³ ʔdiːu² jɤu⁵jiːm⁵ khɛn¹ ʔaːi¹ tɔ³tɯːŋ²
汉文直译： 些 话 隐藏 夸 谁 清楚
汉文意译： 知心话儿无能详。

（5）
喃字原文： 埃 叻 朱 冹 赊 船，
国际音标： ʔaːi¹ laːm² tsɔ¹ ʔben⁵ saː¹ thiːn²
汉文直译： 谁 使 码头 远离 船
汉文意译： 谁人致使船离港，

喃字原文： 朱 朕 赊 檜 伴 贤 赊 烧；
国际音标： tsɔ¹ jaŋ¹ saː¹ kuːi⁶ ʔbaːn⁶ hiːn² saː¹ n̠au¹
汉文直译： 给 月亮 远离 吴刚 友 贤 远离 互相
汉文意译： 吴刚远月离贤友；

喃字原文： 吒 媄 牢 挡 懝 溇，
国际音标： tsa¹mɛ⁶ thaːu¹ tsaŋ³ ŋi³ thɤu¹
汉文直译： 父母 怎么 不 考虑 深
汉文意译： 原来父母莫想好，

喃字原文： 底 傷 底 忱 底 愁 朱 些。
国际音标： ʔde³ thɯːŋ¹ ʔde³ n̠ɤ⁵ ʔde³ thɤu² tsɔ¹ taː¹
汉文直译： 让 想 让 念 让 愁 给 咱
汉文意译： 儿媳分离两心愁。

（男：杜福朝）

17

(6)

喃字原文： 淹 溪 渃 沚 䭲 溇，
国际音标： thoŋ¹ khɛ¹ nɯ:k⁷ tsai³ tɔŋ¹ thɤu¹
汉文直译： 河 溪 水 流 洁净 深
汉文意译： 河溪流水水洁净，

喃字原文： 固 隻 筏竹 馱 挦 貯 赊；
国际音标： kɔ⁵ tsi:k⁷ ʔbɛ² tuk⁷ ŋɯ:i² tsɛu² ɣɤn² sa¹
汉文直译： 有 只 筏子 竹 人 划 近 远
汉文意译： 远处竹筏有人划；

喃字原文： 嗺 嗺 台 枚 挦 花，
国际音标： sɔn¹ sɔn¹ ha:i¹ ma:i¹ tsɛu² hwa¹
汉文直译： 跳舞 两 支 桨 花
汉文意译： 两支划桨如跳舞，

喃字原文： 㵦 挮 㵦 吏 如 罤 蛃 跳。
国际音标： vɤ:t⁷ ʔdi¹ vɤ:t⁷ la:i⁶ ɲɯ¹ la² ʔbɯ:m⁵ thɛu¹
汉文直译： 划 去 划 来 像是 蝴蝶 跟随
汉文意译： 划桨上下似蝶跟。

(7)

喃字原文： 𡎢 愊 抛 纙 纴 鈎，
国际音标： ŋoi² ʔbu:n² tha³ lɯ:i⁵ vɯ:ŋ⁵ kɤu¹
汉文直译： 坐 烦闷 撒 网 拌 钓
汉文意译： 闲着撒网又放钓，

喃字原文： 魟 䘞 雁 捧 底 愁 朱 蟬。
国际音标： ka⁵ tsim² ɲa:n⁶ ʔboŋ³ ʔde³ thɤu² tsɔ¹ vɛ¹
汉文直译： 鱼 雁 忽然 留 愁 给 蝉
汉文意译： 鱼游雁飞见心愁。

# 劳动歌

喃字原文： 蚁 遑 點 数 詩 題，
国际音标： ŋoi² ten¹ ʔdem⁵ tho⁵ thɤ¹ ʔde²
汉文直译： 坐 上面 点 数 诗 题
汉文意译： 坐着点指自吟诗，

喃字原文： 笃 悉 只 想 鄉 圭 坦 馱。
国际音标： jok⁷ lɔŋ² tsi³ tɯ:ŋ³ hɯ:ŋ¹ kwe¹ ʔdɤt⁷ ŋɯ:i²
汉文直译： 倾心 只 想 家乡 土地 人家
汉文意译： 一心想着他乡人。

喃字原文： 奇 筏 掩 拚 傷 埃，
国际音标： ka³ ʔbɛ² ʔɛm¹ tsaŋ³ thɯ:ŋ¹ ʔa:i¹
汉文直译： 全 筏子 妹 不 想 谁
汉文意译： 全筏的人妹莫想，

喃字原文： 傷 英 撷 避 蹲 外 頭 扞。
国际音标： thɯ:ŋ¹ ʔan¹ tsɛu² fat⁷ ʔdɯŋ⁵ ŋwa:i² ʔdɤu² thɛn¹
汉文直译： 想 哥 划 快 站 外 头 门闩
汉文意译： 想哥划桨站前头。

（8）

喃字原文： 浽 溇 抛 絙 纽 鈎，
国际音标： ʔbe³ thɤu¹ tha³ lɯ:i⁵ vɯ:ŋ⁵ kɤu¹
汉文直译： 海 深 撒 网 拌 钓
汉文意译： 深海撒网又放钓，

喃字原文： 胆 時 平 浽 别 兜 麻 掇；
国际音标： ja⁶ thi² ʔbaŋ² ʔbe³ ʔbi:t⁷ ʔdɤu¹ ma² ʔdɔ¹
汉文直译： 心 则 如 海 知 哪里 而 量
汉文意译： 心事难测如海深；

19

喃字原文：挮 淊 挮 溄 挮 洂，
国际音标：ʔdɔ¹ thoŋ¹ ʔdɔ¹ lat⁸ ʔdɔ¹ iɕɔ²
汉文直译：量 河 量 沟 量 外
汉文意译：河沟多深可试探，

喃字原文：挮 牢 朱 决 馭 悉 世 㡧。
国际音标：ʔdɔ¹ tha:u¹ tsɔ¹ kwi:t⁷lɔŋ² ŋɯ:i² the⁵na:u²
汉文直译：量 为何 给 决心 妹 如何
汉文意译：阿哥心意妹难测。

（9）

喃字原文：粓 哎 没 鉢 牢 饳，
国际音标：kɤɤp⁷:m¹ ʔan¹ mot⁸ ʔba:t⁷ tha:u¹ nɔ¹
汉文直译：饭 吃 一 碗 怎么 饱
汉文意译：吃一碗饭未得饱，

喃字原文：船 擲 没 鯉 牢 朱 跛 馭；
国际音标：thi:n² tsɛu² mot⁸ ma:i⁵ tha:u¹ tsɔ¹ rɤp⁷ ŋɯ:i²
汉文直译：船 划 一 桨 怎么 使 赶 人
汉文意译：摇船一橹难赶流；

喃字原文：没 躺 旇 俚 旇 绤，
国际音标：mot⁸min² vɯə² la:i⁵ vɯə² lɛu²
汉文直译：独自 又 掌舵 又 拉帆
汉文意译：独自拉帆又掌舵，

喃字原文：礼 埃 撒 㡣 拎 擲 朱 英。
国际音标：lɤi⁵ ʔa:i¹ ta:t⁷ nɯ:k⁷ kɤm² tsɛu² tsɔ¹ ʔan¹
汉文直译：让 谁 屃 水 握 桨 给 哥
汉文意译：谁帮屃水哥抛锚。

劳动歌

（10）

喃字原文：迬 台 剿 波 藤 溫，
国际音标：mɯ:i² ha:i¹ kɯə³ʔbe³ roŋ⁶rin¹
汉文直译：十 二 海门 宽阔
汉文意译：十二海路宽阔面，

喃字原文：干 之 挃 竹 剿 泳 协 X;
国际音标：kɤ:n¹ji² tsɛn¹tsuk⁷ kɯə³van⁶ hɛp⁸hɔi²
汉文直译：为啥 拥挤 海门 狭小
汉文意译：为啥拥挤一海面；

喃字原文：迬 台 剿 波 藤 毼，
国际音标：mɯ:i² ha:i¹ kɯə³ʔbe³ roŋ⁶ra:i³
汉文直译：十 二 海门 宽阔
汉文意译：十二海门宽长线，

喃字原文：黙 纚 埃 拕 黙 纩 埃 纴。
国际音标：mak⁸ lɯ:i⁵ ʔa:i¹ tha³ mak⁸ tsa:i² ʔa:i¹ vɯ:ŋ⁵
汉文直译：无论 网 谁 撒 无论 网 谁 拌
汉文意译：随意撒网哥捉鱼。

（11）

喃字原文：英 愲 固 伴 英 魆，
国际音标：ʔan¹ ʔbu:n² kɔ⁵ ʔba:n⁶ ʔan¹ kwen¹
汉文直译：哥 烦闷 有朋友 哥 忘
汉文意译：哥烦闷时莫忘情，

喃字原文：媕 愲 如 隻 舣 滒 钟 滝;
国际音标：ʔɛm¹ ʔbu:n² nɯ¹ tsi:k⁷ ʔdɔ² ʔdɤi² jɯə³ thoŋ¹
汉文直译：妹 烦闷 如 只 渡船 满 中 河
汉文意译：妹闷如河中渡船；

21

喃字原文：眀 嘲 没 阵 遙 搙，
国际音标：ʔbuːi³tsiːu² mot⁸ tʂn⁶ jɔ⁵ ruŋ¹
汉文直译：下午 一 阵 风 摇动
汉文意译：下午刚来一阵风，

喃字原文：愠 碩 術 伴 愠 终 術 情。
国际音标：ʔbuːn² riːŋ¹ veː² ʔbaːn⁶ ʔbuːn² tsuŋ¹ veː² tin²
汉文直译：烦闷 独自 为 朋友 烦闷 终 为 情
汉文意译：始闷想友终思情。

（12）

喃字原文：英 嚎 扒 魿 鯒 鯒，
国际音标：ʔan¹ mɔŋ¹ ʔbat⁷ ka⁵tsuːn²tsuːn²
汉文直译：哥 盼望 捉 飞鱼
汉文意译：哥想捉条会飞鱼，

喃字原文：欺 愠 倣 濖 欺 愠 倣 飛；
国际音标：khi¹ vui¹ nɔ⁵ loi⁶ khi¹ ʔbuːn² nɔ⁵ ʔbai¹
汉文直译：时 欢喜 它 游 时 烦闷 它 飞
汉文意译：欢喜它游烦闷飞；

喃字原文：鵃 丕 魿 渃 之 低，
国际音标：tsim¹ jɤːi² ka⁵ nɯːk⁷ ji² ʔdɤi¹
汉文直译：鸟 天 鱼 水 什么 这里
汉文意译：鱼水鸟天真自由，

喃字原文：魿 濖 藤 魿 鯒 飛 藤 鯒。
国际音标：ka⁵ loi⁶ ʔdaŋ² ka⁵ tsuːn² ʔbai¹ ʔdaŋ² tsuːn²
汉文直译：鱼 游 边 鱼 飞 鱼 飞 边 飞 鱼
汉文意译：鱼随意游鸟尽飞。

（男：苏维珍，杜福朝）

劳动歌

(13)

喃字原文：渃蓬涞湖湖涞，
国际音标：nɯ:k⁷ len¹ la:i¹la:ŋ⁵ la:ŋ⁵la:i¹
汉文直译：潮水 涨 洋溢 洋溢
汉文意译：潮涨潮水洋溢海，

喃字原文：偒 娘 底 膵 帘 埃 别 之；
国际音标：thɯ:ŋ¹ na:ŋ² ʔde³ ʔbuŋ⁶ na:u² ʔa:i¹ ʔbi:t⁷ tsi¹
汉文直译：想 妹 放 肚子 哪 谁 晓 什么
汉文意译：心里想妹谁人晓；

喃字原文：渃 蓬 時 渃 吏 泂，
国际音标：nɯ:k⁷ len¹ thi² nɯ:k⁷ la:i⁶ rɔŋ²
汉文直译：潮水 涨 则 潮水 又 潮落
汉文意译：潮涨潮落不离海，

喃字原文：堆 些 桉 於 没 悉 如 烧。
国际音标：ʔdoi¹ ta¹ ʔan¹ ʔɤ³ mot⁸ lɔŋ² nɯ¹ nau¹
汉文直译：咱俩 生活 一心 相同
汉文意译：咱俩情意永不离。

(14)

喃字原文：渃 蓬 彩 渃 吏 泂，
国际音标：nɯ:k⁷ len¹ roi² nɯ:k⁷ la:i⁶ rɔŋ²
汉文直译：潮水 涨 了 潮水 又 落
汉文意译：潮涨潮落不离海，

喃字原文：英 笃 没 悉 渃 吏 拎 斤；
国际音标：ʔan¹ jok⁷ mot⁸ lɔŋ² nɯ:k⁷ la:i⁶ kɤm² kɤn¹
汉文直译：哥 倾心 潮水 又 持 秤
汉文意译：哥心爱妹如秤平；

喃字原文： 渃 嫩 嫩 渃　 洞　 澄，
国际音标：nɯːk⁷nɔn¹ nɔn¹nɯːk⁷ khɤː¹tsɯŋ²
汉文直译： 山水　　 山水　　 遥远
汉文意译：高山海水望遥远，

喃字原文：恩 爱 堆 牧 吁 停 赊 烒。
国际音标：ʔɤn¹ʔaːi⁵ ʔdoi¹ tsɯ³ sin¹ ʔduŋ² sa¹ ȵau¹
汉文直译： 恩爱 两 字 请 莫 远离 互相
汉文意译："恩爱"两字莫分离。

（15）
喃字原文： 渃　 蓮　 眝　 汭　 坡　 滝，
国际音标：nɯːk⁷ len¹ ȵɤːn¹ȵɤːn³ ʔbɤ² thoŋ¹
汉文直译：潮水 涨 逆顶　 岸 河
汉文意译：潮涨逆顶入河中，

喃字原文：払 喂 妾 笆 固 功 待 徐！
国际音标：tsaːŋ² ʔɤː¹ thiːp⁷ ʔdaː³ kɔ⁵ koŋ¹ ʔdɤː⁶tsɤ²
汉文直译： 哥 呀 妾 已 有 功 等待
汉文意译：哥呀！妹等君有功！

喃字原文： 渃 蓮 仍 仍 疃 坡，
国际音标：nɯːk⁷ len¹ ȵɯŋ¹ȵɯŋ³ ten¹ ʔbɤ²
汉文直译：潮水 上 淹没 上 岸
汉文意译：潮水顶上河岸边，

喃字原文：馱 些 趣 奇 英 徐 待 埃。
国际音标：ŋɯːi²taˑ¹ thaːŋ¹ kaː³ ʔan¹ tsɤ² ʔdɤː⁶ ʔaːi¹
汉文直译： 人家 过了 河 君 无踪
汉文意译：妹过了河君无踪。

劳动歌

（16）

喃字原文：渃 氵髓 撑 扒 椢 魩 鐄，
国际音标：nɯːk⁷ toŋ¹ san¹ ʔbat⁷ kɔn¹ kaː⁵ vaːŋ²
汉文直译：水 清澈 捉 条 金鱼
汉文意译：河水清澈捉金鱼，

喃字原文：帀 埃 打 濁 朱 扒 銀 鱼，
国际音标：naːu² ʔaːi¹ ʔdan⁵ ʔduk⁸ tso¹ tsaːŋ² ŋɤn³ ŋɤ¹
汉文直译：哪 谁 搅 浑 给 哥 愣然
汉文意译：谁搅水浑君愣然；

喃字原文：渃 濁 時 包 固 矾，
国际音标：nɯːk⁷ ʔduk⁸ thi² ʔdaː³ kɔ⁵ fɛn²
汉文直译：水 浑 则 已 有 白矾
汉文意译：水浑妹备有白矾，

喃字原文：橙 洙 固 䱺 淹 憫 固 英。
国际音标：tsan¹ tsuə¹ kɔ⁵ muːi⁵ ʔmɛ¹ hɛn² kɔ⁵ ʔan¹
汉文直译：柠檬 酸 有 盐 妹 卑贱 有 哥
汉文意译：柠檬酸有盐，妹卑贱有哥。

（17）

喃字原文：船 箕 移 泜 移 樫，
国际音标：thiːn² kiə¹ rɤːi² ʔben⁵ rɤːi² jam²
汉文直译：船 那 离 码头 离 家
汉文意译：渔船离港人远家，

喃字原文：情 些 氺 孟 㴜 薛 拯 移；
国际音标：tin² taː¹ vɯŋ³ man⁶ tam¹ nam¹ tsaŋ³ jɤːi²
汉文直译：情 咱 牢固 百 年 不 移
汉文意译：深情永固志不移；

25

喃字原文： 婵 娟 當 豆 钟 溈，
国际音标： thi:n² kwi:n¹ ʔda:ŋ¹ ʔdɤu⁶ jɯə³ vɤ:i²
汉文直译： 婵娟　　正　停　留　中　远
汉文意译： 婵娟尚站岸上等，

喃字原文： 英 遴 時 揕　特 哑 時 催。
国际音标： ʔan¹ ɲan¹ thi² tsɤm⁶ ʔdɯ:k⁸ nɤ:i² thi² thoi¹
汉文直译： 哥 快 就 迟　得　话　就 罢了
汉文意译： 君快回来莫迟疑。

（18）

喃字原文： 婵　娟　迓 几 英 雄，
国际音标： thi:n²kwi:n¹ ɣap⁸ kɛ³ ʔan¹huŋ²
汉文直译： 婵娟　　遇　人　英 雄
汉文意译： 婵娟偶然遇英雄，

喃字原文： 牺 拄 月 老 牺 捧 乾 坤。
国际音标： tai¹ ma:ŋ¹ ŋwi:t⁸la:u³ tai¹ ʔboŋ² ka:n²khon¹
汉文直译： 手　牵　月 老　手　抱　乾 坤
汉文意译： 月老手牵结红绳。

（19）

喃字原文： 船 矵 钟 浚 钟 滝，
国际音标： thi:n² ra¹ jɯə³ ʔbi:n³ jɯə³ thoŋ¹
汉文直译： 船 出 中 海 中 河
汉文意译： 船启航离河出海，

喃字原文： 船 嚎 待 客 客 嚎 待 船。
国际音标： thi:n² mɔŋ¹ ʔdɤ:i⁶ khat⁷ khat⁷ mɔŋ¹ ʔdɤ:i⁶ thi:n²
汉文直译： 船 盼 等 客 客 望 等 船
汉文意译： 船想等客客未来。

劳动歌

（20）

喃字原文：船　迎　拱　猛　遏　東，
国际音标：thiːn² thaːŋ¹ kuŋ³ man⁶ jɔ⁵ʔdoŋ¹
汉文直译：船　来　也　强　东　风
汉文意译：航船正遇强东风，

喃字原文：埯　迎　拱　猛　唏　猷　埯　迎；
国际音标：ʔɛm¹ thaːŋ¹ kuŋ³ man⁶ hɤːi¹ tsoŋ² ʔɛm¹ thaːŋ¹
汉文直译：妹　来　也　强　思　夫　妹　来
汉文意译：妹思夫君欲相逢；

喃字原文：船　箕　廬　凌　邊　滝，
国际音标：thiːn² kiə¹ lɤ¹luɯŋ³ ʔben¹ thoŋ¹
汉文直译：船　那　荡悠悠　边　河
汉文意译：抛船河中悠悠荡，

喃字原文：船　吹　俚　逆　朱　悉　袞　昂。
国际音标：thiːn² suːi¹ laːi⁵ ŋɯːk⁸ tsɔ¹ lɔŋ² ŋon³ ŋaːŋ¹
汉文直译：船　顺水　驾驶　逆水　使　心　迷惘
汉文意译：风向不顺人迷惘。

（21）

喃字原文：船　埃　湿　糊　融　霜，
国际音标：thiːn² ʔaːi¹ thɤp⁷ thɔːŋ⁵ toŋ¹ thɯːŋ¹
汉文直译：船　谁　若隐若现　中　雾
汉文意译：谁船雾里时溟蒙，

喃字原文：渚　碎　跳　貝　诉　祥　曲　餒；
国际音标：tsɤ³ toi¹ theu¹ vɤːi⁵ tɔ³ tɯːŋ¹ khuk⁷ nɔi¹
汉文直译：乘　我　随　和　详叙　衷肠
汉文意译：妹想乘船共叙言；

27

喃字原文：船 吹 術 沔 安 和，
国际音标：thi:n² su:i¹ ve² ʔben⁵ ʔi:n¹hwa²
汉文直译：船 顺水 回 港 安和
汉文意译：船快入港妹欢心，

喃字原文：船 终 巴 翅 肆 陀 烤 熇。
国际音标：thi:n² tsɔŋ¹ ʔba¹ kan⁵ ru:t⁸ ʔda² hɛu⁵hon¹
汉文直译：船 扯 三 帆 肠子 无实义 憔悴
汉文意译：没扯尽帆慢心愁。

（22）

喃字原文：船 吹 扨 時 拱 吹，
国际音标：thi:n² su:i¹ nɛu¹ thi² kuŋ³ su:i¹
汉文直译：船 顺 锚 则 也 顺
汉文意译：拉起抛锚船起航，

喃字原文：忟 媕 英 忟 奇 堆 臐 红。
国际音标：nɤ⁵ ʔɛm¹ ʔan¹ nɤ⁵ ka³ ʔdoi¹ ma⁵hoŋ²
汉文直译：想 妹 哥 想 全部 两 颊红
汉文意译：哥只想妹面颜红。

（23）

喃字原文：船 揪 唿 嚇 帑 淹，
国际音标：thi:n² tsɛu² hɔ²hɛt⁷ jɯ:i⁵ thoŋ¹
汉文直译：船 划 呼 呵 下 河
汉文意译：航船划桨众呼号，

喃字原文：㛷 粰 跮 蚨 渚 眜 如 湄。
国际音标：ɣan⁵ ɣa:u⁶ thɛu¹ tsoŋ² nɯ:k⁷mat⁷ ɲɯ¹ mɯə¹
汉文直译：挑 米 随 夫 眼泪 如 雨
汉文意译：担米随夫汗泪流。

劳动歌

（24）

喃字原文：齣 泂 罘 别 泲 滦，
国际音标：ra¹ khɤ:i¹ mɤ:i⁵ ʔbi:t⁷ ka:n⁶ thɤu¹
汉文直译：出 远海 才 知 海 深
汉文意译：船出远洋知海深，

喃字原文：於 触 洰 洲 别 兜 麻 撨；
国际音标：ʔɤ³ toŋ¹ lat⁸ ŋɔi² ʔbi:t⁷ ʔdɤu¹ ma² ʔdɔ¹
汉文直译：在 中 海沟 小沟 知 哪里 而 测量
汉文意译：海沟深浅度莫测；

喃字原文：滝 滦 櫟 矤 坤 撨，
国际音标：thoŋ¹ thɤu¹ tha:u² ŋan⁵ khon¹ ʔdɔ¹
汉文直译：河 深 竿 短 难 量
汉文意译：河深竿短不到底，

喃字原文：馱 坤 𠴍 吶 坤 掷 咉 悉。
国际音标：ŋɯ:i² khon¹ ʔit⁷ nɔi⁵ khon¹ ʔdɔ¹ tɤk⁷ lɔŋ²
汉文直译：人 机灵 少 说 难 测量 寸 心
汉文意译：聪明人话少心难测。

（25）

喃字原文：浚 南 涁 洍 波 涛，
国际音标：ʔbi:n³ na:m¹ thoŋ⁵ jun¹ ʔba¹ ʔda:u²
汉文直译：南海 浪 涟漪 波涛
汉文意译：南海波涛浪高大，

喃字原文：義 仁 恪 体 涁 嘲 浚 藄；
国际音标：ŋiə³ nɤn¹ kha:k⁷ the³ thoŋ⁵ tsa:u² ʔbi:n³ tɔ¹
汉文直译：仁义 不同 浪 问候 海 大
汉文意译：深厚情义经风浪；

29

喃字原文：浽　溇　㐌　变　成　坵，
国际音标：ʔbi:n³ thɤu¹ ʔda³ ʔbi:n⁵ than² ɣɔ²
汉文直译：海　深　已　海　层　山冈
汉文意译：情高如山义海深，

喃字原文：滝　江　㐌　沸　扒　群　待　埃？
国际音标：thoŋ¹ ja:ŋ¹ ʔda³ ka:n⁶ tsa:ŋ² kɔn² ʔdɤ:i⁶ ʔa:i¹
汉文直译：江河　已　干　不　存　等　谁
汉文意译：君尚想等枯江河？

（26）

喃字原文：迣　台　冰　渃　灵　汀，
国际音标：mɯ:i² ha:i¹ ʔben⁵ nɯ:k⁷ lin¹ ʔdin¹
汉文直译：十　二　码头　水　零　丁
汉文意译：十二码头水零丁，

喃字原文：份　媕　如　隻　船　情　英　喂；
国际音标：fɤn⁶ ʔεm¹ ɲɯ¹ tsi:k⁷ thi:n² tin² ʔan¹ ʔɤ:i¹
汉文直译：份　妹　如　只　船　情　哥　呀
汉文意译：哥呀！妹似情船人；

喃字原文：船　英　扒　魟　外　涧，
国际音标：thi:n² ʔan¹ ʔbat⁷ ka⁵ ŋwa:i² khɤ:i¹
汉文直译：船　哥　打　鱼　外　远海
汉文意译：哥船出海去打鱼，

喃字原文：别　兜　𩜹　濁　搋　伽　哠　身？
国际音标：ʔbi:t⁷ ʔdɤu¹ tɔŋ¹ ʔduk⁸ nɯ:ŋ¹ ɤ:² ɣɯi³ thɤn¹
汉文直译：知　哪里　清　浊　倚靠　托　身
汉文意译：水清水浊怎依身？

劳动歌

（27）

喃字原文：豆 船 待 泂 媕 逇，
国际音标：ʔdɤu⁶ thi:n² ʔdɤ:i⁶ ʔben⁵ ʔɛm¹ tha:ŋ¹
汉文直译：泊 船 等 港 妹 过来
汉文意译：船泊港时妹过来，

喃字原文：琨 隻 船 狃 共 娘 戈 滝；
国际音标：kɔn¹ tsi:k⁷thi:n² nɔ³ kuŋ² na:ŋ² kwa¹ thoŋ¹
汉文直译：只 船 小 和 妹 过 河
汉文意译：船只虽小可乘妹；

喃字原文：徐 娘 英 蹲 英 趯，
国际音标：tsɤ² na:ŋ² ʔan¹ ʔdɯŋ⁵ ʔan¹ toŋ¹
汉文直译：等 妹 哥 站 哥 望
汉文意译：哥上岸边等妹来，

喃字原文：悉 英 如 体 包 撞 特 媕。
国际音标：loŋ² ʔan¹ ȵɯ¹the³ ʔda³ ʔboŋ² ʔdɯ:k⁸ ʔɛm¹
汉文直译：心 哥 好似 已 抱 得 妹
汉文意译：哥心好似已抱妹。

（28）

喃字原文：英 吹 媕 吻 趯 澄，
国际音标：ʔan¹ su:i¹ ʔɛm¹ vɤn³ toŋ¹ tsɯŋ²
汉文直译：哥 顺 妹 仍 远 望
汉文意译：哥船出海妹远望，

喃字原文：趯 霖 霖 散 趯 棱 棱 撑；
国际音标：toŋ¹ mɤi¹ mɤi¹ ta:n¹ toŋ¹ rɯŋ² rɯŋ² san¹
汉文直译：望 云 云 散 望 林 林 青
汉文意译：望云云散望林青；

喃字原文：船 吹 媕 踦 剌 跸,
国际音标：thi:n² su:i¹ ʔɛm¹ ʔdɯŋ⁵ kɯə³ kan¹
汉文直译：船 顺 妹 站 门 守卫
汉文意译：船出远海妹守家,

喃字原文：台 行 渃 相 沚 觥 䐡 红。
国际音标：ha:i¹ ha:ŋ² nɯ:k⁷mat⁷ tsai³ kwan¹ ma⁵hoŋ²
汉文直译：两 行 泪水 流 周围 颊 红
汉文意译：思君泪流脸颊红。

(29)

喃字原文：没 船 没 㳍 没 䋲,
国际音标：mot⁸ thi:n² mot⁸ ʔben⁵ mot⁸ jɤi¹
汉文直译：一 船 一 港 一 绳
汉文意译：一船独抛港湾里,

喃字原文：叱 㵢 些 享 醓 喙 𠺅 共;
国际音标：ŋot⁸ʔbui² ta¹ hɯ:ŋ³ ʔdaŋ⁵ kai¹ tsiu⁶ kuŋ²
汉文直译：甘甜 咱 享 苦 辣 受 同
汉文意译：甘甜苦辣自己尝;

喃字原文：㔲 高 波 㵣 湖 濛,
国际音标：jɤ:i² ka:u¹ ʔbe³ roŋ⁶ mɤn¹moŋ¹
汉文直译：天 高 海 阔 无边
汉文意译：天高海阔望无边,

喃字原文：於 牢 朱 䏾 心 悉 夫 妻?
国际音标：ʔɤ³ tha:u¹ tso¹ ton² tɤm¹loŋ² fu¹the¹
汉文直译：在 如何 使 完美 心 夫妻
汉文意译：妹否守得夫妻情?

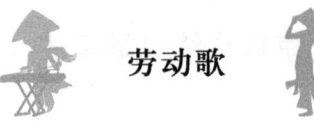

劳动歌

喃字原文： 淬 包 玉 约 鐄 誓，
国际音标： tɔt⁷ ʔda³ ŋɔk⁸ ʔɯːk⁷ vaːŋ² the²
汉文直译： 到底 已 玉 约 金 誓
汉文意译： 咱俩金玉发誓言，

喃字原文： 酉 浪 隔 阻 山 溪 拱 料。
国际音标： jɤu² raŋ² kat⁷ jɤ³ thɤːn¹ khɛ¹ kuŋ³ liːu²
汉文直译： 纵然 阻隔 山 溪 也 豁出去
汉文意译： 山水阻隔豁心愿。

（男：苏维珍，裴永彬）

3

  喃字原文：為 魸 英 沛 䋵 纲
  国际音标：vi² ka⁵ ʔan¹ fa:i³ vɯ:ŋ⁵ tsa:i²
  汉文直译：为 鱼 哥 要 张 网
  汉文意译：为鱼哥要张网撒

（1）

喃字原文：台 些 奇 遇 鸾 鑽，
国际音标：ha:i¹ta¹ ki²ŋo⁶ lɔn¹va:ŋ²
汉文直译：咱俩 奇遇 金鸾
汉文意译：咱俩双金鸾奇遇，

喃字原文：别 兜 波 深 湎 溇 麻 寻；
国际音标：ʔbi:t⁷ ʔdɤu¹ ʔbe³ tʰɤm¹ jɔŋ² tʰɤu¹ ma² tim²
汉文直译：知 哪里 海 深 水 流 深 而 寻
汉文意译：大海深处实难寻；

喃字原文：别 兜 㫅 魸 啵 鸹，
国际音标：ʔbi:t⁷ ʔdɤu¹ ȵan⁵ ka⁵ ɣɯi³ tsim¹
汉文直译：知 哪里 寄托 鱼 寄托 雁
汉文意译：本想寄雁信鱼语，

喃字原文：㫅 魸 魸 沉 㫅 雁 雁 䨇。
国际音标：ȵan⁵ ka⁵ ka⁵ tsim² ȵan⁵ ȵa:n⁶ ȵan⁶ ʔbai¹
汉文直译：寄语 鱼 鱼 沉 寄语 雁 雁 飞
汉文意译：雁儿高飞鱼深处。

劳动歌

喃字原文：呢 雁 雁 没 醜 高？
国际音标：ȵan⁵ ȵa:n⁶ ȵa:n⁶ mot⁸ ʔbai¹ ka:u¹
汉文直译：寄语 雁 雁 一 飞 高
汉文意译：天上雁儿怎寄信？

喃字原文：呢 魟 鯰 於 榔 坤 寻。
国际音标：ȵan⁵ ka⁵ nɤp⁷ ʔɤ³ jɯ:i⁵ thɤu¹ khon¹ tim²
汉文直译：寄语 鱼 躲 在 下 深 难 寻
汉文意译：海里鱼儿真难寻。

（男：阮继初）

（2）

喃字原文：鯤 魟 怒 於 潭 榔，
国际音标：kɔn¹ka⁵ no⁵ ʔɤ³ ʔdɤm² thɤu¹
汉文直译： 鱼 它 在 潭 深
汉文意译：海里鱼游于深涡，

喃字原文： 闷 唉 鯤 魟 拖 鈎 朱 牏；
国际音标：mu:n⁵ ʔan¹ kɔn¹ka⁵ tha³ kɤu¹ tsɔ¹ ja:i²
汉文直译： 想 吃 鱼 放 钓竿 使 长
汉文意译：想食好鱼放长钩；

喃字原文：鯤 魟 怒 於 潭 外，
国际音标：kɔn¹ka⁵ no⁵ ʔɤ³ ʔdɤm² ŋwa:i²
汉文直译： 鱼 它 在 潭 外
汉文意译：鱼儿游在深潭里，

喃字原文： 闷 唉 鯤 魟 拖 躟 鈎 黜。
国际音标：mu:n⁵ ʔan¹ kɔn¹ka⁵ tha³ ja:i² kɤu¹ ra¹
汉文直译： 想 吃 鱼 放 长 钓竿 出
汉文意译：想食大鱼扬长钓。

（3）

喃字原文： 壋 宫 叹 氽 海 河，
国际音标： thi:m²kuŋ¹ tha:n¹vaŋ⁵ ha:i³ha²
汉文直译： 蟾宫　叹息　　海河
汉文意译： 海下深宫有海河，

喃字原文： 摸 針 嵂 波 扔 胅 钟 盃；
国际音标： mo² kim¹ jɯ:i⁵ ʔbe³ vɤ:t⁷ jaŋ¹ jɯə³ jɤ:i²
汉文直译： 摸 针 下 海 捞 月 中 空
汉文意译： 大海捞针天捞月；

喃字原文： 香 残 補 氽 知 音，
国际音标： hɯ:ŋ¹ ta:n² ʔbɔ³vaŋ⁵ ti¹ʔɤm¹
汉文直译： 香 残 冷落　　知音
汉文意译： 冷落知音似残香，

喃字原文： 滝 箕 固 魪 軽 沁 吏 涎。
国际音标： thoŋ¹ kiə¹ kɔ⁵ ka⁵ tha:u¹ tam¹ la:i⁶ tsim²
汉文直译： 河 那 有 鱼 为何 泡沫 又 沉
汉文意译： 只见河中鱼泡影。

（女：刘元英）

（4）

喃字原文： 衒 蚣 朱 魪 绞 张，
国际音标： ve² tom¹ tsɔ¹ ka⁵ ʔben⁶ jɯ:ŋ¹
汉文直译： 为 虾 给 鱼 　 撒网
汉文意译： 为得鱼虾撒开网，

# 劳动歌

喃字原文： 為 娘 英 沛 掭 霜 術 雾；
国际音标： vi² na:ŋ² ʔan¹ fa:i³ ʔdi¹ thɯ:ŋ¹ ve² mu²
汉文直译： 为 妹 哥 要 去 霜 回 雾
汉文意译： 为妹出海淫雾霜；

喃字原文： 為 魣 英 沛 纴 纼，
国际音标： vi² ka⁵ ʔan¹ fa:i³ vɯ:ŋ⁵ tsa:i²
汉文直译： 为 鱼 哥 要 张 网
汉文意译： 为鱼哥要张网撒，

喃字原文： 為 娘 英 沛 容 跹 跙 低。
国际音标： vi² na:ŋ² ʔan¹ fa:i³ jɔŋ¹ ja:i³ ʔden⁵ ʔdɤi¹
汉文直译： 为 妹 哥 要 浪 荡 到 这里
汉文意译： 为妹哥到此浪荡。

喃字原文： 為 核 時 纰 貝 缭，
国际音标： vi² kɤi¹ thi² jɤi¹ mɤ:i⁵ lɛu¹
汉文直译： 为 树 则 藤 才 爬
汉文意译： 藤缠绵树为了情，

喃字原文： 為 淹 渃 沚 時 灠 貝 潘。
国际音标： vi² thoŋ¹ nɯ:k⁷ tsai³ thi² ʔbɛu² mɤ:i⁵ loi⁶
汉文直译： 为 河 水 流 则 浮萍 才 游
汉文意译： 河水尚存浮萍流。

（5）

喃字原文： 牢 朱 渃 沚 吹 泪，
国际音标： tha:u¹ tsɔ¹ nɯ:k⁷ tsai³ su:i¹jɔŋ²
汉文直译： 如何 使 水 流 顺流
汉文意译： 河水怎样都顺流，

喃字原文：没 畑 堆 阮 扒 氆 阮 帍？
国际音标：mot⁸ ʔdɛn² ʔdoi¹ ŋɔn⁶ tsa:ŋ² toŋ¹ ŋɔn⁶ na:u²
汉文直译：一 灯 两 头 哥 望 头 哪
汉文意译：一灯两烛望哪头？

（6）

喃字原文：淹 溪 渃 沚 泑 泑，
国际音标：thoŋ¹ khɛ¹ nɯ:k⁷ tsai³ ʔa:u²ʔa:u²
汉文直译：河 溪 水 流 潺潺
汉文意译：河溪之水滚滚流，

喃字原文：没 畑 堆 阮 阮 帍 拱 氆。
国际音标：mot⁸ ʔdɛn² ʔdoi¹ ŋɔn⁶ ŋɔn⁶ na:u² kuŋ³ toŋ¹
汉文直译：一 灯 两 头 头 哪 也 望
汉文意译：一灯两烛望两头。

（男：苏维绍）

（7）

喃字原文：淹 溪 淬 瓺 阮 源，
国际音标：thoŋ¹ khɛ¹ tut⁷ su:ŋ⁵ ŋɔn⁶ ŋɯ:n²
汉文直译：河 溪 倾 倒 下 源 头
汉文意译：河流源头流下来，

喃字原文：𠸗 恓 固 别 低 悩 共 庄；
国际音标：ʔɤi⁵ vui¹ kɔ⁵ ʔbi:t⁷ ʔdɤi¹ ʔbu:n² kuŋ² tsaŋ¹
汉文直译：哥 欢 乐 可 知 妹 烦闷 同 哥
汉文意译：哥欢乐时忘妹闷；

38

 劳动歌

喃字原文：𢗖 㤇 低 拱 搂 悉，
国际音标：ʔdɤi⁵ vui¹ ʔdɤi¹ kuŋ³ ʔdɯɯt⁷lɔŋ²
汉文直译：哥 欢乐 妹 也 断肠
汉文意译：见哥欢乐妹断肠，

喃字原文：𢗖 㤇 低 拱 愁 䏾 脆 尼。
国际音标：ʔdɤi⁵ ʔbu:n² ʔdɤi¹ kuŋ³ thɤu² tɔŋ¹ ja⁶ nai²
汉文直译：哥 烦闷 妹 也 愁 中 心 这
汉文意译：哥喜悦时妹心愁。

（女：吴秀英）

（8）

喃字原文：矓 𥈠 外 波 共 丕，
国际音标：tɔŋ¹ ra¹ ŋwa:i² ʔbe³ kuŋ² jɤ:i²
汉文直译：望 出 外 海 和 天空
汉文意译：望出大海见天空，

喃字原文：觇 𦟪 麻 拃 特 咥 咀 叹；
国际音标：thɤi⁵ mat⁸ ma² tsaŋ³ ʔdɯ:k⁸ lɤ:i² thɤ³ tha:n¹
汉文直译：见 面 而 不 得 话 叹息
汉文意译：见人脸面无叹声；

喃字原文：觇 𦟪 拃 特 咀 叹，
国际音标：thɤi⁵ mat⁸ tsaŋ³ ʔdɯ:k⁸ thɤ³ tha:n¹
汉文直译：见 面 不 得 叹息
汉文意译：见面无得回答言，

喃字原文：绲 䅺 挭 矻 杜 岸 𡻵 西。
国际音标：kwa:ŋ¹ rɤ:m¹ ɣan⁵ ʔda⁵ ʔdo³ ŋa:n⁶ ʔdɤu² tɤi¹
汉文直译：草绳 挑 石 停泊 西头
汉文意译：草绳挑石断了绳。

喃字原文： 绕 稝 挭 磄 拱 固 欺 落，
国际音标： kwa:ŋ¹rɤ:m¹ ɣan⁵ ʔda⁵ kuŋ³ kɔ⁵ khi¹ ʔdɤi²
汉文直译： 草绳　　挑　石　也　有　时　满
汉文意译： 草绳挑石有时满，

喃字原文： 義 扒 媕 拤 固 巑 兜 罷。
国际音标： ŋiə³ tsa:ŋ² ʔɛm¹ tsaŋ³ kɔ⁵ kwen¹ ʔdɤu¹ la²
汉文直译： 情义 哥 妹 不 有 忘 哪里 是
汉文意译： 哥妹情义永不忘。

（9）

喃字原文： 尼 於 昄 術 娘 喂，
国际音标： nai¹ ʔɤ³ ma:i¹ ve² na:ŋ² ʔɤ:i¹
汉文直译： 今天 在 明天 回 妹 啊
汉文意译： 妹呀！日后勤来往，

喃字原文： 固 調 之 吶 時 咀 时 叹；
国际音标： kɔ⁵ ʔdi:u² ji² jan⁶ thi² thɤ³ thi² than¹
汉文直译： 有 话 什么 叮嘱 则 叹息 则 叹息
汉文意译： 心愿如何互叹言；

喃字原文： 昄 斢 香 晗 燬 残，
国际音标： ma:i¹thau¹ hɯ:ŋ¹ lan⁶ khɔi⁵ ta:n²
汉文直译： 日后　　香 灭 烟 残
汉文意译： 若后香烟灭灰残，

喃字原文： 没 馭 没 渃 群 叹 咀 之？
国际音标： mot⁸ ŋɯ:i² mot⁸ nɯ:k⁷ kɔn² tha:n¹thɤ³ ji²
汉文直译： 一 人 一 水 还 叹息 什么
汉文意译： 各走一方叹何言？

（男：裴永朝）

 劳动歌

（10）

喃字原文：黜 浚 吲 貝 翁 鈎，
国际音标：ra¹ ʔbi:n³ jan⁶ vɤ:i⁵ ʔoŋ¹ kɤu¹
汉文直译：出 海 叮嘱 和 翁 钓
汉文意译：出海留言给翁钓，

喃字原文：鲂 咹 時 逸 底 数 秩 餶；
国际音标：ka⁵ ʔan¹ thi² jɤt⁸ ʔde³ lɤu¹ mɤt⁷ moi²
汉文直译：鱼 咬 则 拉 留 久 失 饵
汉文意译：鱼咬拉钓勿失饵；

喃字原文：鈎 鲂 鲂 拤 咹 餶，
国际音标：kɤu¹ ka⁵ ka⁵ tsaŋ³ ʔan¹ moi²
汉文直译：钓 鱼 鱼 不 吃 饵
汉文意译：如果无鱼来食钓，

喃字原文：停 鈎 麻 瘦 停 㘁 麻 暑。
国际音标：ʔduɯŋ² kɤu¹ ma² met⁸ ʔduɯŋ² ŋoi² ma² tɯɯ¹
汉文直译：莫 钓 而 劳累 莫 坐 而 再钓
汉文意译：坐久劳累莫再钓。

（11）

喃字原文：近 鈎 鉑 扑 绁 絲，
国际音标：kɤn²kɤu¹ ʔba:k⁸ ʔbu:k⁸ jɤi¹tɤ¹
汉文直译：钓竿 白 绑 丝线
汉文意译：银白钓杆绑丝线，

喃字原文：创 胘 鈎 吻 胘 瞇 空 鈎；
国际音标：tha:ŋ⁵jaŋ¹ kɤu¹ vɤn³ jaŋ¹ mɤ² khoŋ¹ kɤu¹
汉文直译：月光 钓 仍 月 模糊 不 钓
汉文意译：月光钓鱼莫露影；

喃字原文：湛溇麻㳋拱溇，
国际音标：thoŋ¹ thɤu¹ ma² ʔbi:n³ kuŋ³ thɤu¹
汉文直译：河　深　而　海　也　深
汉文意译：河深海深鱼亦见，

喃字原文：闷唉魣夳搭鈎朱𠇮。
国际音标：mu:n⁵ ʔan¹ ka⁵ nɤ:n⁵ ruŋ¹ kɤu¹ tsɔ¹ ja:i²
汉文直译：想　吃鱼　大　动　钓　给　长
汉文意译：想钓大鱼放长线。

（12）

喃字原文：瞠赊外波雾雾，
国际音标：nɔm¹ sa¹ ŋwa:i² ʔbe³ mu² mu²
汉文直译：望　远　外　海　雾茫茫
汉文意译：望出大海天雾暗，

喃字原文：𧡊英鈎濁鈎度麻傷；
国际音标：thɤi⁵ ʔan¹ kɤu¹ ʔduk⁸ kɤu¹ ʔdu² ma² thɯ:ŋ¹
汉文直译：见　哥　钓　浑　钓　浊　而　思念
汉文意译：哥弯着腰钓鱼难；

喃字原文：㳋𠇮渃泚掣侖，
国际音标：ʔbi:n³ ja:i² nɯ:k⁷ tsai³ si:t⁷ lu:n¹
汉文直译：海　长　水　流　奔流　常
汉文意译：海边潮水涨得快，

喃字原文：英抛纚烦固惚空英？
国际音标：ʔan¹ tha³ lɯ:i⁵ ma:i³ kɔ⁵ ʔbu:n² khoŋ¹ ʔan¹
汉文直译：哥　放　钩　总是　有　烦心　不　哥
汉文意译：哥放长钓心不烦？

 劳动歌

（13）

喃字原文：浚　溇　魟　潘　别　沁，
国际音标：ʔbiːn³ thɤu¹ ka⁵ loi⁶ ʔbiːt⁸ tam¹
汉文直译：海　深　鱼　游　知　踪迹
汉文意译：海深鱼游无见踪，

喃字原文：忧　秋　拱　待　臬　醉　拱　徐。
国际音标：tsin⁵ thu¹ kuŋ³ ʔdɯːk⁸ tam¹ nam¹ kuŋ³ tsɤ²
汉文直译：九　秋　也　得　百　年　也　等
汉文意译：九秋百年亦要等。

（14）

喃字原文：浚　𬂩　魟　潘　缌　疏，
国际音标：ʔbiːn³ jaːi² ka⁵ loi⁶ lɯːi⁵ thɯə¹
汉文直译：海　长　鱼　游　网　疏
汉文意译：网疏鱼游漏了网，

喃字原文：𪝋　澄　𫢦　𠎞　𪤀　辱　悉；
国际音标：lɤ³tsɯŋ² mɤːi⁵ ʔbɯə³ thɤːm⁵ tɯə¹ ȵuk⁸lɔŋ²
汉文直译：错失良机　才　早上　中午　忍心
汉文意译：错失良机何忍心；

喃字原文：渃　溇　魟　翎　袟　沁，
国际音标：nɯːk⁷ thɤu¹ ka⁵ lɯːn⁶ mɤt⁷ tam¹
汉文直译：水　深　海　翱翔　失　踪迹
汉文意译：鱼游深海无见影，

喃字原文：埯　尼　𠯄　狔　臬　醉　拱　徐。
国际音标：ʔɛm¹ nai² ʔbɛ⁵ŋɔ³ tam¹ nam¹ kuŋ³ tsɤ²
汉文直译：妹　这　年少　百　年　也　等
汉文意译：妹说年少哥亦等。

（15）

喃字原文：洝溇鲂洛秩沁,
国际音标：ʔbi:n³ thɤu¹ ka⁵ lan⁶ mɤt⁷ tam¹
汉文直译：海 深 鱼 潜 失 踪迹
汉文意译：海深鱼游无影踪,

喃字原文：九 朒 拱 待 没 醉 拱 徐。
国际音标：tsin⁵ tha:ŋ⁵ kuŋ³ ʔdɤ:i⁶ mot⁸ nam¹ kuŋ³ tsɤ²
汉文直译：九 月 也 等 一 年 也 等
汉文意译：九月一年都等候。

（16）

喃字原文：滝 溇 渃 濁 泸 泸,
国际音标：thoŋ¹ thɤu¹ nɯ:k⁷ ʔduk⁸ lu²lu²
汉文直译：河 深 水 浊 滚滚流
汉文意译：河深水浊滚滚流,

喃字原文：摲 樔 麻 待 包 睟 渃 醴;
国际音标：kam⁵ tha:u² ma² ʔdɤ:i⁶ ʔba:u¹jɤ² nɯ:k⁷ tɔŋ¹
汉文直译：插 竿 而 等 何时 水 清
汉文意译：插竿等何时水清;

喃字原文：渃 醴 醴 淬 底 滝,
国际音标：nɯ:k⁷ tɔŋ¹ tɔŋ¹ thu:t⁷ ʔdai⁵ thoŋ¹
汉文直译：水 清 清 全部 底 河
汉文意译：等到水清见到底,

喃字原文：妬 埃 别 特 溇 浓 世 帠?
国际音标：ʔdo⁵ ʔa:i¹ ʔbi:t⁷ ʔdɯ:k⁸ thɤu¹ nɔn² the⁵na:u²
汉文直译：赌 谁 知 能 深 浅 怎样
汉文意译：哥能晓得妹心愿?

 劳动歌

（17）

喃字原文：催 催 辞 謝 㴜 鐄，
国际音标：thoi¹thoi¹ tɯ²ta⁶ ʔbi:n³ va:ŋ²
汉文直译：罢罢 辞别 海 金
汉文意译：辞别金海船返航，

喃字原文：魪 退 術 蔣 鸠 岸 撿 堆；
国际音标：ka⁵ lui¹ ve² vin⁶ tsim¹ ŋa:n⁶ ki:m⁵ ʔdoi¹
汉文直译：鱼 退 回 港湾 鸟 岸 找 对
汉文意译：鱼游港湾鸟回岸；

喃字原文：没 躺 偈 育 吏 吹，
国际音标：mot⁸min² het⁷ jɔk⁸ la:i⁶ su:i¹
汉文直译：独自 竭尽 横 又 直
汉文意译：船上横直一人干，

喃字原文：偈 昂 吏 逆 牢 駄 空 傷。
国际音标：het⁷ ŋa:ŋ¹ la:i⁶ ŋɯ:k⁸ tha:u¹ ŋɯ:i² khoŋ¹ thɯ:ŋ¹
汉文直译：竭尽 横 来 逆 后 人 不 爱
汉文意译：见我辛苦无人爱。

（18）

喃字原文：傷 躺 躺 挺 傷 些，
国际音标：thɯ:ŋ¹ min² min² tsaŋ³ thɯ:ŋ¹ ta¹
汉文直译：爱 妹 妹 不 爱 哥
汉文意译：妹思哥来哥不爱，

喃字原文：𪓿 箕 杜 㴜 饠 麻 之 空；
国际音标：mu:i⁵ kiɯ¹ ʔdo³ ʔbi:n³ man⁶ ma² tsi¹ khoŋ¹
汉文直译：盐 那 倒 海 咸 而 什么 不
汉文意译：正如担盐倒大海；

喃字原文：傷 埃 黜 蹲 頭 嫩，
国际音标：thɯːŋ¹ ʔaːi¹ ra¹ ʔdɯŋ⁵ ʔdɤu² nɔn¹
汉文直译：想 谁 出 站 山 头
汉文意译：妹上山顶思望哥，

喃字原文：怓 埃 黜 蹲 頭 磑 矽 碑。
国际音标：nɤ⁵ ʔaːi¹ ra¹ ʔdɯŋ⁵ ʔdɤu² hon² ʔda⁵ ʔbiə¹
汉文直译：想 谁 出 站 头 块 石 碑
汉文意译：常坐石山盼哥回。

（19）

喃字原文：傷 埃 拱 只 没 馭，
国际音标：thɯːŋ¹ ʔaːi¹ kuŋ³ tsi³ mot⁸ ŋɯːi²
汉文直译：爱 谁 也 只 一 人
汉文意译：相爱只爱妹一人，

喃字原文：船 筏 之 渚 九 迬 曲 滝；
国际音标：thiːn² ʔbɛ² tsi¹ tsɤ³ tsin⁵ mɯːi² khuk⁷ thoŋ¹
汉文直译：船 筏 什么 载 九 十 弯 江
汉文意译：船筏环着九曲江；

喃字原文：傷 埃 麻 搭 畑 蟷，
国际音标：thɯːŋ¹ ʔaːi¹ ma² thap⁷ ʔdɛn² roŋ²
汉文直译：想 谁 而 点 龙 灯
汉文意译：相爱思哥点龙灯，

喃字原文：怓 埃 解 照 鸾 房 媕 喂。
国际音标：nɤ⁵ ʔaːi¹ raːi³ tsiːu⁵ lɔn¹ fɔŋ² ʔɛm¹ ʔɤːi¹
汉文直译：念 谁 铺 席 鸾 房 妹 啊
汉文意译：妹呀！思念铺席等。

 劳动歌

（20）

喃字原文：傷 埃 豳 蹲 麻 氍，
国际音标：thɯːŋ¹ ʔaːi¹ ra¹ ʔdɯŋ⁵ ma² toŋ¹
汉文直译：思念 谁 出 站 而 望
汉文意译：思念谁人坐立望，

喃字原文：忟 埃 蹲 檜 核 樋 麻 徐；
国际音标：nɤ⁵ ʔaːi¹ ʔdɯŋ⁵ koi³ kɤi¹thoŋ¹ ma² tsɤ²
汉文直译：念 谁 站 根部 松树 而 等待
汉文意译：松下等待思谁人；

喃字原文：傷 傷 忟 忟 墨 尼，
国际音标：thɯːŋ¹thɯːŋ¹ nɤ⁵nɤ⁵ mak⁸ nai²
汉文直译：思思 念念 程度 这
汉文意译：日夜思念心神迷，

喃字原文：船 艠 麻 诸 朱 巑 干 憸。
国际音标：thiːn² ʔdo² ma² tsɤ³ tso¹ kwen¹ kɤːn¹ ʔbuːn²
汉文直译：渡船 而 莫 给 忘 烦忧
汉文意译：乘船过河免忧心。

（21）

喃字原文：暄 訊 娘 呃 欺 嘲，
国际音标：ŋɛ¹ tin¹ naːŋ² n̠an⁵ khi tsiːu²
汉文直译：闻讯 妹 寄语 时 下午
汉文意译：昨天下午妹寄言，

喃字原文：滝 溇 渃 冷 据 料 麻 拶；
国际音标：thoŋ¹ thɤu¹ nɯːk⁷ lan⁶ kɯ⁵ liːu⁶ ma² ʔdi¹
汉文直译：河 深 水 冷 总是 豁性命 而 去
汉文意译：河深水冷豁性命；

47

喃字原文： 擬罶魟犰緅疏，
国际音标： ŋi³ la² ka⁵ ɳɔ³ lɯːi⁵ thɯə¹
汉文直译： 以为 是 鱼 小 网 疏
汉文意译： 鱼小网疏鱼漏网，

喃字原文： 韭巴薾姅賈旇悉払。
国际音标： vaːi² ʔba¹ nam¹ nɯə³ mɤːi⁵ vɯə²lɔŋ² tsaːŋ²
汉文直译： 两 三 年 再 才 合意 哥
汉文意译： 再过三年方随君。

（22）

喃字原文： 妐埃淪龸域漊，
国际音标： ʔdo⁵ ʔaːi¹ lan⁶ suːŋ⁵ vɯk⁸ thɤu¹
汉文直译： 赌 谁 潜 下 区域 深
汉文意译： 赌谁越过这深涡，

喃字原文： 麻捯呬魟捥鈎朱旇。
国际音标： ma² ʔdɔ¹ miːŋ⁶ ka⁵ ʔuːn⁵ kɤu⁵ tsɔ¹ vɯə²
汉文直译： 而 量 口 鱼 弯 钩 使 合适
汉文意译： 量得鱼口来拗钩。

（23）

喃字原文： 齣泩賈別泲漊，
国际音标： ra¹ lat⁸ mɤːi⁵ ʔbiːt⁷ kaːn⁶ thɤu¹
汉文直译： 出 海沟 才 知 浅 深
汉文意译： 越过海沟知深浅，

喃字原文： 於麁泩泖別兜麻捯。
国际音标： ʔɤ³ tɔŋ¹ lat⁸ ŋɔi² ʔbiːt⁷ ʔdɤu¹ ma² ʔdɔ¹
汉文直译： 在 中 海沟 小沟 知 哪里 而 量
汉文意译： 海沟太深难测量。

# 劳动歌

（24）

喃字原文： 琨鲚隐睡唵溶，
国际音标： kɔn¹ka⁵ ʔɤn³ ʔbɔŋ⁵ ʔan¹ ruŋ¹
汉文直译： 鱼　隐　影子　吃　食
汉文意译： 鱼去寻食只见影，

喃字原文： 淹群量咾渚衝尼帯；
国际音标： ʔɛm¹ kɔn² lɯ:ŋ³ lɯ⁶ tsɯə¹ sɔŋ¹ nɤ:i¹ na:u²
汉文直译： 妹　还　两　虑　未　完　地方　哪
汉文意译： 模棱两可事难定；

喃字原文： 琨鲚麻於嶜沟，
国际音标： kɔn¹ka⁵ ma² ʔɤ³ jɯ:i⁵ ʔa:u¹
汉文直译： 鱼　而　在　下　塘
汉文意译： 鱼儿游在鱼塘里，

喃字原文： 跳蓮垌泙愗牢罣愗。
国际音标： ȵai³ len¹ ʔdoŋ² ka:n⁶ ʔbu:n² tha:u¹ la² ʔbu:n²
汉文直译： 跳　上　田垌　干　闷　怎么　是　闷
汉文意译： 水中闷气鱼跳飞。

（25）

喃字原文： 琨鲚鲰於外洴鼉，
国际音标： kɔn¹ka⁵ thɔŋ¹ ʔɤ³ ŋwa:i² ʔbi:n³ tɔŋ¹
汉文直译： 石斑鱼　在　外　海　看
汉文意译： 石斑鱼游海观光，

喃字原文： 堆些隔阻道同夫妻。
国际音标： ʔdoi¹ta¹ kat⁷tɤ³ ʔda:u⁶ ʔdoŋ² fu¹the¹
汉文直译： 咱俩　阻隔　道　同　夫妻
汉文意译： 见咱夫妻阻道同。

（26）

喃字原文：錕鈳欺濿欺蹰，
国际音标：kɔn¹ka⁵ khi¹ loi⁶ khi¹ ɳa:u²
汉文直译：鱼 时 游 时 冲
汉文意译：鱼儿时跳时又游，

喃字原文：葰荂停怩鼠飝停贪。
国际音标：tsoŋ¹ɣa:i¹ ʔdɯŋ² ne² tha:ŋ¹jau² ʔdɯŋ² tha:m¹
汉文直译：荆棘 莫 怕 富贵 莫 贪
汉文意译：莫怕阻挡莫贪财。

（27）

喃字原文：錕喂潗贪媬飝，
国际音标：kɔn¹ ʔɤ:i¹ tsɤ⁵ tha:m¹ vɤ⁶ jau²
汉文直译：孩子 啊 莫 贪 妻 富
汉文意译：儿呀！莫贪富家女，

喃字原文：粓垵吱皾鈳漾瓢吱鯉；
国际音标：kɤ:m¹ ʔan¹ tse¹ hɤm³ ka⁵ kan¹ ʔbɤu² tse¹ tan¹
汉文直译：饭 吃 嫌 霉烂 鱼汤 葫芦 嫌 腥
汉文意译：莫嫌炒饭鱼汤腥；

喃字原文：錕喂身份躺竸，
国际音标：kɔn¹ ʔɤ:i¹ thɤn¹fɤn⁶ min² ŋeu²
汉文直译：孩子 啊 身份 自己 穷
汉文意译：莫忘自家是贫穷，

喃字原文：贪之媬糳媬飝伮轻。
国际音标：tha:m¹ ji² vɤ⁶ ʔdɛp⁸ vɤ⁶ jau² no⁵ khin¹
汉文直译：贪 什么 妻 美 妻 富 它 轻
汉文意译：莫贪妻美财多人轻视。

劳动歌

(28)

喃字原文：琨魣齡漾荇簀唲，
国际音标：kɔn¹ka⁵ lan² kan¹ han² thɤ:m¹ nɛ⁶
汉文直译：鱼 好 汤 葱 香 轻
汉文意译：鯽鱼莫嫌葱不香，

喃字原文：牢 掩 牢 停 補 娒 跳 耦；
国际音标：tha:u¹ ʔɛm¹ tha:u¹ ʔdan² ʔbo³ mɛ⁶ thɛu¹ ja:i¹
汉文直译：为什么 妹 为什么 忍心 弃 母 跟 男人
汉文意译：妹莫弃母跟男人；

喃字原文：功 吒 義 娒 埃 填，
国际音标：koŋ¹ tsa¹ ŋiə³ mɛ⁶ ʔa:i¹ ʔden²
汉文直译：功 父 义 母 谁 报答
汉文意译：父母养育功恩深，

喃字原文：麻 掩 稽 襖 稽 祜 跳 英？
国际音标：ma² ʔɛm¹ ʔom¹ ʔa:u⁵ ʔom¹ ʔdem⁶ thɛu¹ ʔan¹
汉文直译：而 妹 抱 衣 抱 褥子 随 哥
汉文意译：怎卷行李随别人？

(29)

喃字原文：魣愠魣潘纰升，
国际音标：ka⁵ ʔbu:n² ka⁵ loi⁶ thuŋ¹thaŋ¹
汉文直译：鱼 闷 鱼 游 蹦跳
汉文意译：鱼儿闷水游蹦跳，

喃字原文：𱎼 愠 𱎼 别 待 藤 共 埃；
国际音标：ŋɯ:i² ʔbu:n² ŋɯ:i² ʔbi:t⁷ ʔdɤ:i⁶ ʔdaŋ² kuŋ² ʔa:i¹
汉文直译：妹 烦闷 妹 知 等 方面 和 谁
汉文意译：妹烦闷时谁过问；

喃字原文：方 東 渚 糊 蹕 㱮，
国际音标：fɯ:ŋ¹ ʔdoŋ¹ tsɯə¹ ra:ŋ⁶ tha:u¹ ma:i¹
汉文直译：东方 未 亮 启明星
汉文意译：东启明星未发亮，

喃字原文：銅 胡 挓 啨 別 衪 埃 伴 共？
国际音标：ʔdoŋ² ho² tsaŋ³ ti:ŋ⁵ ʔbi:t⁷ lɤi⁵ ʔa:i¹ ʔba:n⁶ kuŋ²
汉文直译：铜钟 未 响 知道 拿 谁 伴 共同
汉文意译：铜钟未响谁伴君？

（30）
喃字原文：丐 荙 鈎 英 凭 竹，
国际音标：ka:i⁵ kɤn² kɤu¹ ʔan¹ ʔbaŋ² tuk⁷
汉文直译：钓杆 哥 用 竹子
汉文意译：哥用钓杆竹子做，

喃字原文：丐 裇 鈎 英 吏 鐲 凭 鐄；
国际音标：ka:i⁵ lɯ:i³ kɤu¹ ʔan¹ la:i⁶ ʔduk⁷ ʔbaŋ² va:ŋ²
汉文直译：钓钩 哥 又 铸 用 金
汉文意译：用金铸成钓嘴钩；

喃字原文：英 扔 所 饹 罖 玉，
国际音标：ʔan¹ tham⁵ thɯə³ moi² la² ŋok⁸
汉文直译：哥 准备 钓饵 是 玉
汉文意译：准备用玉做钓饵，

喃字原文：英 抨 遡 含 螚 底 辱 悉 媕。
国际音标：ʔan¹ nɛm⁵ tha:ŋ¹ ha:m² roŋ² ʔde³ n̠uk⁸ lɔŋ² ʔɛm¹
汉文直译：哥 抛 上 龙门 来 钓 心 妹
汉文意译：抛出龙门来钓妹。

 劳动歌

（31）

喃字原文：丐鋊名利弓弓，
国际音标：kaːi⁵voŋ² janˡlɤːi⁶ kɔŋˡkɔŋˡ
汉文直译： 手镯 名利 弯弯
汉文意译：妹妹手镯弯又圆，

喃字原文：几烘黜塊馼嚎跐刨；
国际音标：kɛ³ kuŋ³ raˡ ichˡ ŋɯːi² mɔŋˡ ʔbɯːk⁷ vaːu²
汉文直译： 人 刚 出 离开 人 盼望 迈步 进
汉文意译：人刚离开又盼人来；

喃字原文：荢苊懝拱喔唭，
国际音标：thɯ⁶ʔdɤːi² ɲi³ kuŋ³ nɯk⁸kɯːi²
汉文直译： 世事 想来 也 可笑
汉文意译：爱情之事很可笑，

喃字原文：琨魣濡喏籴馼挵鈎。
国际音标：kɔnˡkaˡ⁵ loi⁶ nɯːk⁷ mɤiˡ⁵ ŋɯːi² ʔbuːŋˡ kɤuˡ
汉文直译： 鱼 游 水 几 人 放 钩
汉文意译：如鱼游水易上钩。
（男：杜福朝，苏维绍；女：吴秀英）

（32）

喃字原文：丐枏鈎竹丐栖鈎鐄，
国际音标：kaːi⁵kɤn²kɤuˡ tuk⁷ kaːi⁵lɯːi³kɤuˡ vaːŋ²
汉文直译： 钓竿 竹 钓钩 金
汉文意译：竹钓竿金钓钩，

53

喃字原文：英 纴 饵 玉 扨 昂 江 湖；
国际音标：ʔan¹ tɔm⁵ moi² ŋɔk⁸ vɤt⁷ ŋa:ŋ¹ ja:ŋ¹ ho²
汉文直译：哥 抓 饵 玉 抛 横 江 湖
汉文意译：哥用玉饵抛海江；

喃字原文：𠊛 些 鈎 鲈 鈎 鲈，
国际音标：ŋɯ:i² ta¹ kɤu¹ ji:k⁷ kɤu¹ ro¹
汉文直译：人家 钓 鲈鱼 钓 鲋鱼
汉文意译：人钓鲈鱼和鲋鱼，

喃字原文：英 時 鈎 鈎 祂 堆 姑 渚 默。
国际音标：ʔan¹ thi² kɤu¹ kɤu¹ lɤi⁵ doi¹ ko¹ tsɯə¹ tsoŋ²
汉文直译：哥 则 钓 钓 取 对儿 姑娘 未 嫁
汉文意译：哥钓是未嫁姑娘。

喃字原文：默 耒 時 呀 饵 黜，
国际音标：tsoŋ² roi² thi² n̠a³ moi² ra¹
汉文直译：嫁 了 就 吐 饵 出
汉文意译：有夫妹子莫咬饵，

喃字原文：渚 默 時 哏 時 拋 祂 饵；
国际音标：tsɯə¹ tsoŋ² thi² kan⁵ thi² tha¹ lɤi⁵ moi²
汉文直译：未 嫁 就 咬 就 叼 取 饵
汉文意译：未婚姑娘快上钩；

喃字原文：功 英 绅 织 扑 桿，
国际音标：koŋ¹ ʔan¹ sɛ¹ tsi³ ʔbu:k⁸ kɤn²
汉文直译：功 哥 搓 线 捆 钓竿
汉文意译：哥费工夫搓钓线，

劳动歌

喃字原文：補 功 扒 蜩 哎 陈 外 湄。
国际音标：ʔbɔ³ koŋ¹ ʔbat⁷ tsʅu⁵ kɣ:i³tɤn² ŋwa:i² mɯə¹
汉文直译：枉费 功夫 捉 蝗虫 赤膊 外面 雨
汉文意译：冒雨备饵捉蝗虫。

（33）

喃字原文：堆 些 如 舲 鯹 鰣，
国际音标：ʔdoi¹ta¹ nɯ¹ ka⁵thɣ:n²ʔbɣ:n¹
汉文直译：咱俩 如 比目鱼
汉文意译：咱俩如对比目鱼，

喃字原文：於 𪜶 㮴 浨 徐 干 湄 潘；
国际音标：ʔɣ³ ten¹ mat⁸nɯ:k⁷ tsɣ² kɣ:n¹mɯə¹ra:u²
汉文直译：在 上 水面 等 阵雨 浇
汉文意译：游在水面未挨雨；

喃字原文：堆 些 如 舲 潭 濎，
国际音标：ʔdoi¹ta¹ nɯ¹ ka⁵ʔdɣm²ʔdiə²
汉文直译：咱俩 如 深潭鱼
汉文意译：咱俩如对深潭鱼，

喃字原文：㝵 晏 散 落 㬢 術 蟄 堆。
国际音标：ŋai² ʔan¹ ta:n³la:k⁸ toi⁵ ve² ʔdu³ʔdoi¹
汉文直译：日 吃 分散 晚 归 成双
汉文意译：日去寻食晚归宿。

（34）

喃字原文：㘃 船 外 湙 挷 鈎，
国际音标：ŋoi² thi:n² ŋwa:i² ʔbi:n³ ʔbu:ŋ¹ kʅu¹
汉文直译：乘 船 外 海 放 钓钩
汉文意译：乘船出海去钓鱼，

55

喃字原文：𡫨 埃 吹 育 䱝 愁 空 啽；
国际音标：ʔbɤːi³ ʔaːi¹ sui¹juk⁸ ka⁵ thɤu² khoŋ¹ ʔan¹
汉文直译：因为 谁 怂恿 鱼 愁 不 吃
汉文意译：谁怂恿鱼不食钓；

喃字原文：𡘓 悗 語 䩄 氇 髀，
国际音标：ŋoi² ʔbuːn² ŋɯə³ mat⁸ toŋ¹ thaːu¹
汉文直译：坐 烦 仰 面 望 星星
汉文意译：心烦仰头望天星，

喃字原文：淹 䩈 英 只 约 幻 眙 𣇜。
国际音标：ʔɛm¹ jɔn² ʔan¹ tsi³ ʔɯːk⁷ʔaːu¹ ʔdem¹ŋai²
汉文直译：妹 美貌 哥 只 渴望 日 夜
汉文意译：见妹美貌日夜思。

（35）
喃字原文：渃 氇 𧡊 晖 淹 迻，
国际音标：nɯːk⁷ tɔŋ¹ thɤi⁵ ʔbɔŋ⁵ ʔɛm¹ ʔdi¹
汉文直译：水 清 见 影 妹 去
汉文意译：海水清彻印妹影，

喃字原文：𧡊 蹟 淹 趐 需 未 闷 跳；
国际音标：thɤi⁵ tsɤn¹ ʔɛm¹ ʔbɯːk⁷ nu¹mi² muːn⁵ thɤu¹
汉文直译：见 脚 妹 迈步 温柔 想 跟
汉文意译：见妹移步哥想跟；

喃字原文：傷 淹 㨢 礼 特 淹，
国际音标：thɯːŋ¹ ʔɛm¹ tsaŋ³ lɤi⁵ ʔdɯːk⁸ ʔɛm¹
汉文直译：思 妹 不 娶 得 妹
汉文意译：哥相思妹不能娶，

劳动歌

喃字原文： 英 术 於 丕 拰 荟 袣 埃。
国际音标： ʔan¹ ve² ʔɤ³ vɤi⁶ tsaŋ³ thɛm² lɤi⁵ ʔa:i¹
汉文直译： 哥 回 在 这样 不 贪 娶 谁
汉文意译： 回家等妹莫放弃。

（36）

喃字原文： 傷 俺 拰 昏 赊 斦，
国际音标： thɯːŋ¹ ʔɛm¹ tsaŋ³kwa:n³ sa¹ ɣɤn²
汉文直译： 想 妹 不管 远 近
汉文意译： 想妹不管路遥远，

喃字原文： 桥 空 㧓 探 拱 吝 麻 迡；
国际音标： kɤu² khoŋ¹ tai¹vin⁶ kuŋ³ lan⁶ ma² tha:ŋ¹
汉文直译： 桥 无 扶手 也 越 而 过
汉文意译： 桥无扶手亦跨越；

喃字原文： 傷 英 夥 夥 英 喂，
国际音标： thɯːŋ¹ ʔan¹ lam⁵ lam⁵ ʔan¹ ʔɤ:i¹
汉文直译： 想 哥 多多 哥 啊
汉文意译： 妹妹真是思念哥，

喃字原文： 英 空 傷 吏 籹 糒 乄 尐?
国际音标： ʔan¹ khoŋ¹ thɯːŋ¹ la:i⁶ luŋ¹ vɤ:i¹ ʔit⁷ɲi:u²
汉文直译： 哥 不 想 又 一半 消减 一些
汉文意译： 哥为何没点怜惜？

（男：苏维绍；女：杜福英）

（37）

喃字原文：扒 琨 蜩 蜩 ᵐ 媒，
国际音标：ʔbat⁷ kɔn¹ tsʀu¹tsʀu⁵ laːm² moi²
汉文直译：捉 只 蝗虫 做 钓饵
汉文意译：捉只蝗虫做钓饵，

喃字原文：英 觧 照 悗 英 㘁 坡 滝；
国际音标：ʔan¹ raːi³ tsiːu⁵ men⁵ ʔan¹ ŋoi² ʔbʀ² thoŋ¹
汉文直译：哥 铺 席 喜爱 哥 坐 岸 河
汉文意译：哥坐岸上来钓鱼；

喃字原文：鈎 馭 鈎 鱖 鈎 魥，
国际音标：kʀu¹ ŋɯːi² kʀu¹ thu³ kʀu¹ thon¹
汉文直译：钓 别人 钓 曹鱼 钓 石斑鱼
汉文意译：别人钓得曹鱼石斑鱼，

喃字原文：鈎 碎 鈎 仍 琨 翁 招 娿。
国际音标：kʀu¹ toi¹ kʀu¹ ɲɯŋ³ kɔn¹ʔoŋ¹ tsau⁵ ʔba²
汉文直译：钓竿 我 钓 些 老翁 孙、侄女 老太婆
汉文意译：我钓翁媪和少女孩童。

喃字原文：固 伴 時 别 朱 赊，
国际音标：kɔ⁵ ʔbaːn⁶ thi² lan⁵ tsɔ¹ sa¹
汉文直译：有 伴 就 躲避 使 远
汉文意译：钓鱼费工又失饵，

喃字原文：空 伴 绻 橘 底 拖 祂 媒。
国际音标：khoŋ¹ ʔbaːn⁶ kwʀn⁵kwit⁷ ʔde³ tha¹ lʀi⁵ moi²
汉文直译：无 伴 眷恋 让 叼 取 饵
汉文意译：鱼没上钩人呆痴。

劳动歌

喃字原文：㩗丕扶护鈎碎,
国际音标：lai⁶ jɤ:i² fu²ho⁶ kɤu¹ toi¹
汉文直译：拜 天 保佑 钓 我
汉文意译：求天保佑钓到鱼,

喃字原文：碎 鈎 没 諜 特 妈 春 新。
国际音标：toi¹ kɤu¹ mot⁸ moi² ʔdɯ:k⁸ ɣa:i⁵ sɤn¹tɤn¹
汉文直译：我 钓 一 饵 料 得 姑娘 青春
汉文意译：我竿已钓到青春姑娘。

喃字原文：功 碎 縛 织 捥 桥,
国际音标：koŋ¹ toi¹ sɛ¹ tsi³ ʔu:n⁵ kɤn²
汉文直译： 功 我 搓 线 弯 钓竿
汉文意译：误工备杆又搓线,

喃字原文：鈎 琨 魷 奇 俶 吝 黜 漹;
国际音标：kɤu¹ kɔn¹ka⁵ ka³ nɔ⁵ lan⁶ ra¹ khɤ:i¹
汉文直译： 钓 鱼 大 它 潜 出 远 海
汉文意译：想钓大鱼鱼游远;

喃字原文：損 功 麻 吏 舌 諜,
国际音标：ton³ koŋ¹ ma² la:i⁶ thi:t⁸ moi²
汉文直译：损 功 而 又 折 饵
汉文意译：白费功夫又费饵,

喃字原文：魷 時 拯 特 鈎 碎 物 偽。
国际音标：ka⁵ thi² tsaŋ³ ʔdɯ:k⁸ kɤu¹ toi¹ vɤt⁸ vɤ²
汉文直译：鱼 则 不 得 钓 我 摇 曳
汉文意译：鱼未上钩任摇曳。

（男：刘日成）

59

（38）

喃字原文：鱼叟 鱼玖 鱼叟 鱼䱜 扌多 兜，
国际音标：ka⁵thɔŋ¹ ka⁵thu³ ʔdi¹ ʔdɤu¹
汉文直译：花曹鱼 石斑鱼 去 哪里
汉文意译：花曹石斑去哪里，

喃字原文：底 朱 鱼叟 嗢 哏 鈎 拖 媒；
国际音标：ʔde³ tso¹ ka⁵ʔtɕ⁷ kan⁵ kɤu¹ tha¹ moi²
汉文直译：留 给 巴碟鱼 咬 钓 叼 饵
汉文意译：让巴碟鱼来咬钓；

喃字原文：鱼叟 鱼玖 鱼叟 鱼䱜 於 涃，
国际音标：ka⁵thɔŋ¹ ka⁵thu³ ʔɤ³ ɲaːŋ³
汉文直译：花曹鱼石斑鱼 在 忽略
汉文意译：花曹石斑不上钩，

喃字原文：底 朱 鱼叟 嗢 罗 陀 撿 啽。
国际音标：ʔde³ tso¹ ka⁵ʔtɕ⁷ la¹ʔda² kiːm⁵ ʔan¹
汉文直译：留 给 巴碟鱼 摇曳 寻 食
汉文意译：让巴碟鱼来寻食。

（39）

喃字原文：英 䘿 迫 培 英 鈎，
国际音标：ʔan¹ ŋoi² ʔbɯk⁸ ʔboi⁶ ʔan¹ kɤu¹
汉文直译：哥 坐 生气 钓鱼
汉文意译：哥坐钓鱼实烦闷，

喃字原文：嗐 埃 嘈 咀 鱼叟 愁 空 啽；
国际音标：khɛn¹ ʔaːi¹ khɛu⁵ ɲak⁷ ka⁵ thɤu² khoŋ¹ ʔan¹
汉文直译：夸 谁 巧 嗾 使鱼 愁 不 吃
汉文意译：谁嗾使鱼不食饵；

劳动歌

喃字原文： 魟 空 啹 鈎 吱 浪 魟 曳，
国际音标： ka⁵ khoŋ¹ ʔan¹ kɤu¹ tse¹ raŋ² ka⁵ ja:i⁶
汉文直译： 鱼 不 吃 钓 嫌 道 鱼 蠢
汉文意译： 鱼不食钓说鱼蠢，

喃字原文： 魟 擝 鈎 来 呐 在 魟 贪 垵。
国际音标： ka⁵ mak⁷ kɤu¹ roi² nɔi⁵ ta:i⁶ ka⁵ tha:m¹ ʔan¹
汉文直译： 鱼 上 钩 了 说 因为 鱼 贪 吃
汉文意译： 鱼上钩说鱼贪食。

（40）

喃字原文： 魟 空 啹 鈎 寔 倱 魟 曳，
国际音标： ka⁵ khoŋ¹ ʔan¹ kɤu¹ thɤt⁸ kɔn¹ ka⁵ ja:i⁶
汉文直译： 鱼 不 吃 钩 真 鱼 愚蠢
汉文意译： 鱼不上钩鱼愚蠢，

喃字原文： 猧 枒 鈎 扲 鈎 儀 鈎 仁；
国际音标： ʔbɤi kɤn² kɤu¹ kɤm² kɤu¹ ŋa:i³ kɤu¹ nɤn¹
汉文直译： 因 钓竿 拿 钓 义 钩 仁
汉文意译： 哥用钓杆有仁义；

喃字原文： 魟 空 啹 鈎 寔 罒 魟 曳，
国际音标： ka⁵ khoŋ¹ ʔan¹ kɤu¹ thɤt⁸ la² ka⁵ ja:i⁶
汉文直译： 鱼 不 吃 钩 真 是 鱼 愚笨
汉文意译： 鱼不食钓真愚笨，

喃字原文： 䯅 枒 鈎 術 擬 吏 倱 魟 坤。
国际音标： va:k⁷ kɤn² kɤu² ve² ŋi³ la:i⁶ kɔn¹ ka⁵ khon¹
汉文直译： 背 钓竿 回 回想 鱼 机灵
汉文意译： 回家深思鱼精灵。

（女：苏维秀）

4

喃字原文：	傷	軙	⺍	浚	楝	外	賒 吹
国际音标：	thɯ:ŋ¹	tsoŋ²	la:m²ʔbi:n³	ʔba:i³ŋwa:i²	sa¹soi¹		
汉文直译：	思念	丈夫	出海捕捞	外滩	遥远		
汉文意译：丈夫出海妻思念							

（1）

喃字原文：濛 洇 波 豅 氽 迡，
国际音标：moŋ¹ mɤn¹ ʔbe³ roŋ⁶ mɤi⁵tsɤi²
汉文直译：　无边　海广阔　多么
汉文意译：广阔无边大海洋，

喃字原文：埃 ⺍ 缘 帝 義 尼 賒 燒；
国际音标：ʔa:i¹ la:m² ji:n¹ ʔdɤi⁵ ŋiə³ nai² sa¹ ȵau¹
汉文直译：谁 使 缘 那里 义 这 离分 互相
汉文意译：远离缘义谁怂恿；

喃字原文：呐 剳 尼 嚅 術 麮，
国际音标：nɔi⁵ ra¹ nai¹ ɣɤm³ ve²thau¹
汉文直译：说 出 今 寻思 日后
汉文意译：讲出寻思人世事，

喃字原文：乄 鏭 乄 矻 邊 兜 磞 魩？
国际音标：mot⁸ va:ŋ² mot⁸ ʔda⁵ ʔben¹ ʔdɤu¹ naŋ⁶ ȵi:u²
汉文直译：一 金 一 石 边 哪 重 多
汉文意译：一金一石哪头重？

劳动歌

喃字原文：功些義尐情毿，
国际音标：koŋ¹ ta¹ ŋiə³ ʔit⁷ tin² n̠i:u²
汉文直译：功 咱 义 少 情 多
汉文意译：咱俩情义实深厚，

喃字原文：悉些時只决料躺喂。
国际音标：lɔŋ² ta¹ thi² tsi³kwi:t⁷ li:u²min² ʔɤ:i¹
汉文直译：心 哥 则 决 意 舍身 啊
汉文意译：哥心决意与妹共。

（男：裴永朝）

（2）

喃字原文：躉齣浚罙丕巴，
国际音标：toŋ¹ ra¹ ʔbi:n³ ʔbon⁵ jɤ:i² ʔba¹
汉文直译：望 出 海 四 天 三
汉文意译：望出海天高海阔，

喃字原文：帆 扬 堆 翅 㪐 茹 媕 嚎；
国际音标：ʔbu:m² ja:ŋ¹ ʔdoi¹ kan⁵ kɯə³n̠a² ʔɛm¹ mɔŋ¹
汉文直译：帆 扬 双 帆 家庭 妹 盼望
汉文意译：帆船远海妹担心；

喃字原文：眖 蓮 霳 泊 丕 红，
国际音标：n̠in² len¹ mɤi¹ ʔba:k⁸ jɤ:i² hɔŋ²
汉文直译：望 上 云 白 天 红
汉文意译：望天彩红白云高，

喃字原文：噚 碎 貝 媕 媂 馱 称 堆。
国际音标：ɣɤm³ toi¹ vɤ:i⁵ ʔɛm¹ vɤ⁶tsoŋ² sɯŋ⁵ʔdoi¹
汉文直译：思念 我 和 妹 夫妻 匹配
汉文意译：夫妻贤和妹思念。

63

(3)

喃字原文：矍 蓬 丕 丕 高 犀 呔，
国际音标：toŋ¹ len¹ jɤːi² jɤːi² kaːu¹ thaːu¹ se⁵
汉文直译：望 上 天 天 高 星 西斜
汉文意译：望星西斜望天高，

喃字原文：媌 赊 默 别 算 計 帝 低；
国际音标：vɤ⁶ sa¹ tsoŋ² ʔbiːt⁸ tin⁵ ke¹ naːu² ʔdɤi¹
汉文直译：妻 远离 夫 分离 算来 哪 这
汉文意译：夫妻分离实可怜；

喃字原文：矍 蓬 胶 熄 畑 憮，
国际音标：toŋ¹ len¹ jaŋ¹ tat⁷ ʔdɛn² mɤ²
汉文直译：望 上 月亮 熄 灯 模糊
汉文意译：望天月熄望灯暗，

喃字原文：媌 掍 兜 氶 伴 伽 冷 星。
国际音标：vɤ⁶ kɔn¹ ʔdɤu¹ vaŋ⁵ ʔbaːn⁶ nɤ² lin¹ tin¹
汉文直译：妻 儿 哪里 不见 伴 倚靠 孤零
汉文意译：不见妻儿自孤零。

(4)

喃字原文：阮 畑 磜 燦 炉 派，
国际音标：ŋɔn⁶ ʔdɛn² ʔdɤi⁶ icb to³ lɤ¹ ɤ̃¹
汉文直译：灯盏 浅碗 明亮 模糊
汉文意译：灯光显模模糊糊，

喃字原文：秈 情 炉 唎 悉 𤳷 銀 悉；
国际音标：mat⁷ tin² lɤ¹ liːk⁷ lɔŋ² ŋɤ¹ ŋɤn³ lɔŋ²
汉文直译：眼睛 情 飞眼 心 愣然 心
汉文意译：眉目传情心愣然；

劳动歌

喃字原文：渃 涌 渃 沚 滇 東，
国际音标：nɯːk⁷ jɔŋ² nɯːk⁷ tsai³ taːn² ʔdoŋ¹
汉文直译：水 流 水 流 涌 向 东
汉文意译：潮落水向尽东流，

喃字原文：絲 缘 産 妮 织 红 春 撑。
国际音标：tɤ¹ jiːn¹ than³ ʔdɔ⁵ tsi³hoŋ² sɤn¹san¹
汉文直译：丝 缘分 准备 那 红绳 青春
汉文意译：红绳情丝系青春。

(5)

喃字原文：雁 術 浚 北 雁 喂，
国际音标：ɲaːn⁶ ve² ʔbiːn³ ʔbak⁷ ɲaːn⁶ ʔɤːi¹
汉文直译：雁儿 回 海 北 雁儿 啊
汉文意译：雁儿快往海北飞，

喃字原文：包 睎 雁 回 底 燕 待 氊;
国际音标：ʔbaːu¹jɤ² ɲaːn⁶ hoi² ʔde³ ʔɛn⁵ ʔdɤːi⁶ toŋ¹
汉文直译：何时 雁 回 让 燕子 等 望
汉文意译：燕子等待雁回迟；

喃字原文：忉 埃 跨 閧 麻 氊，
国际音标：ɲɤ⁵ ʔaːi¹ ʔdɯŋ⁵ koŋ³ maː² toŋ¹
汉文直译：想 谁 站 拱门 儿 望
汉文意译：想哥站在拱门等，

喃字原文：閧 时 凭 閧 麻 空 凭 扒。
国际音标：koŋ³ thi² thɤi⁵ koŋ³ ma² khoŋ¹ thɤi⁵ tsaːŋ²
汉文直译：拱门 则 见 拱门 而 不 见 哥
汉文意译：只见拱门无见人。

（6）

喃字原文：浌 籷 遣 揪 挀 喺，
国际音标：ʔbiːn³ roŋ⁶ khiːn⁵ thu⁵ ʔdi¹ tham¹
汉文直译：海 阔 派 红树 去 探访
汉文意译：愿派红树访大海，

喃字原文：揪 挀 揪 於 𨒒 醶 挵 術；
国际音标：thu⁵ ʔdi¹ thu⁵ ʔɤ³ ŋin² nam¹ tsaŋ³ ve²
汉文直译：红树 去 红树 在 千 年 不 回
汉文意译：红树一去不复返；

喃字原文：没 罗 㤟 揪 挵 術，
国际音标：mot⁸ laː² ʔbuːn² thu⁵ tsaŋ³ ve²
汉文直译：一 是 忧 红树 不 回
汉文意译：一忧红树海扎根，

喃字原文：台 罗 揪 㐌 𦁀 迷 准 帞。
国际音标：haːi¹ laː² thu⁵ ʔda³ ʔbo² me¹ tson⁵ naːu²
汉文直译：二 是 红树 已 迷药 地方 哪
汉文意译：二忧红树吃迷药。

（7）

喃字原文：催 催 停 呐 塘 前，
国际音标：thoi¹ thoi¹ ʔdɯŋ² nɔi⁵ ʔdɯːŋ² tiːn²
汉文直译：罢罢 莫 说 红树
汉文意译：咱俩不再说红树，

喃字原文：春 鸾 貝 凤 竹 梅 合 和；
国际音标：sɤn¹ lɔn¹ vɤːi⁵ fuɯŋ⁶ tuk⁷ maːi¹ hɤːp⁸ hwa²
汉文直译：春 鸾 和 凤 竹 梅 合 和
汉文意译：鸾凤合春竹梅会；

 劳动歌

喃字原文：要 核 時 醵 觛 花，
国际音标：ʔi:u¹ kɤi¹ thi² jɤu⁵ ʔden⁵ hwa¹
汉文直译：爱 树 就 爱 到 花
汉文意译：爱着树要钟爱花，

喃字原文：姅 恛 悗 景 轮 羅 准 尼。
国际音标：nɯə³ vui¹ men⁵ kan³ lɤn¹ la¹ tson⁵ nai²
汉文直译：半 高兴 爱 美景 屡屡 往来 地方 这
汉文意译：心爱美景常往来。

喃字原文：吽 停 抹 葉 搈 核，
国际音标：sin¹ ʔdɯŋ² sit⁷ la⁵ ruŋ¹ kɤi¹
汉文直译：请 莫 摘 叶 摇 树
汉文意译：爱树莫摇动摘叶，

喃字原文：郎 君 嗽 吲 挓 甉 義 娘。
国际音标：la:ŋ¹ kwɤn¹ thɯə¹ jan⁶ tsaŋ³ kwen¹ ŋiə³ na:ŋ²
汉文直译：郎君 禀告 叮嘱 不 忘 情义 妹
汉文意译：郎君爱妹情不忘。

（男：张廷德）

（8）

喃字原文：吧 銅 没 瓮 豆 撑，
国际音标：ʔba¹ ʔdoŋ² mot⁸ ʔoŋ⁵ ʔdɤu⁶ san¹
汉文直译：三 元 一 筒 绿豆
汉文意译：一筒绿豆三元钱，

喃字原文：没 儈 糖 渚 朱 英 㐌 艚；
国际音标：mot⁸ ɣɔi⁵ ʔdɯə:ŋ² ka:t⁷ tsɔ¹ ʔan¹ su:ŋ⁵ tau²
汉文直译：一 包 砂糖 给 哥 下 船
汉文意译：一包沙糖送落船；

喃字原文：娘　喂　停　哭　停　愁，
国际音标：na:ŋ² ʔɤ:i¹ ʔdɯŋ² khɔk⁷ ʔdɯŋ² thɤu²
汉文直译：妹　啊　莫　哭　莫　忧伤
汉文意译：妹呀！莫哭泣忧伤，

喃字原文：扲　娘　於　吏　朱　艚　英　吹。
国际音标：kɤm² na:ŋ² ʔɤ³ la:i⁶ tso¹ tau² ʔan¹ su:i¹
汉文直译：让　妹　住　再　给　船　哥　顺
汉文意译：娘子回家哥行船。

（9）

喃字原文：台　秮　挮　堆　菓　红，
国际音标：ha:i¹ tai¹ nɤŋ¹ ʔdoi¹ kwa³ hoŋ²
汉文直译：双　手　托　两　　柿子
汉文意译：双手托起俩柿子，

喃字原文：揞　底　朱　㰘　抨　底　朱　埃；
国际音标：ʔɛm¹ ʔde³ tso¹ tsoŋ² tsaŋ³ ʔde³ tso¹ ʔa:i¹
汉文直译：妹　留　给　夫　不　留　给　谁
汉文意译：妻留慰劳自夫君；

喃字原文：䐃　胅　捽　脖　咀　䎬，
国际音标：nam² ʔdem¹ tɔt⁷ ʔbuŋ⁶ thɤ³ ja:i²
汉文直译：躺　夜里　摸　肚　叹　长
汉文意译：夜卧长叹自摸肚，

喃字原文：傷　㰘　㖇　浚　渥　外　赊　吹。
国际音标：thɯ:ŋ¹ tsoŋ² la:m² ʔbi:n³ ʔba:i³ ŋwa:i² sa¹ soi¹
汉文直译：想　夫　下海捕捞　南海　遥远
汉文意译：丈夫出海妻思念。

（男：刘振先；女：阮春英）

 劳动歌

（10）

喃字原文： 英 圳 停 瀏 欧 愁，
国际音标： ʔan¹ ʔdi¹ ʔduɯŋ²tsɤ⁵ ʔɤu¹thɤu²
汉文直译： 哥 去 莫 忧 愁
汉文意译： 夫君出海妻莫愁，

喃字原文： 英 圳 朒 䒺 朒 䰆 英 術。
国际音标： ʔan¹ ʔdi¹ tha:ŋ⁵ tɯ:k⁷ tha:ŋ⁵ thau¹ ʔan¹ ve²
汉文直译： 哥 去 月 前 月 后 哥 回
汉文意译： 这月出海下月回。

（11）

喃字原文： 艚 英 吹 媕 歹 渃 相 㭲，
国际音标： tau² ʔan¹ su:i¹ ʔɛm¹ ɣa:t⁸ nɯ:k⁷mat⁷ jɯŋ²
汉文直译： 船 哥 顺 妹 擦 眼 泪 停
汉文意译： 丈夫行船妻泪流，

喃字原文： 賖 吹 逺 望 吁 停 㤇 傷。
国际音标： sa¹soi¹ vi:n³voɣ⁶ sin⁵ ʔduɯŋ² nɤ⁵thɯ:ŋ¹
汉文直译： 遥远 远望 请 莫 想念
汉文意译： 远望船航妹担忧。

（12）

喃字原文： 媕 賖 英 甋 罒 辥 㪷 船，
国际音标： ʔɛm¹ sa¹ ʔan¹ nam¹ ʔbai³ nam¹jam⁶ thi:n²
汉文直译： 妹 远 离 哥 五 七 里 船
汉文意译： 哥船离妹五海里，

喃字原文：底 傷 底 忟 底 烦 朱 英；
国际音标：ʔde³ thɯːŋ¹ ʔde³ nɤ⁵ ʔde³ fiːn² tsɔ¹ ʔan¹
汉文直译：留 忧伤 留 思念 留 烦恼 给 哥
汉文意译：留下忧伤常思念；

喃字原文：英 挮 赊 埯 没 䏶，
国际音标：ʔan¹ ʔdi¹ sa¹ ʔɛm¹ mot⁸ thaːŋ⁵
汉文直译：哥 去 远 妹 一 月
汉文意译：哥船出海一个月，

喃字原文：渃 䄂 埯 淶 湖 台 迠 凯 胵 馿。
国际音标：nɯːk⁷mat⁷ ʔɛm¹ laːi¹laːŋ⁵ haːi¹ mɯːi¹ taːm⁵ ʔdem¹ŋai²
汉文直译：眼泪 妹 洋溢 二 十 八 日夜
汉文意译：廿八昼夜妹泪流。

喃字原文：欺 巿 遏 打 散 霙，
国际音标：khi¹naːu² jɔ⁵ ʔdan⁵ taːn¹ mɤi¹
汉文直译：何时 风 吹 散 云
汉文意译：何时风吹云层散，

喃字原文：淹 滥 歇 渃 埯 低 拖 愻。
国际音标：thoŋ¹laːm¹ het⁷ nɯːk⁷ ʔɛm¹ ʔdɤi¹ ʔdɤ³ ʔbuːn²
汉文直译：蓝河 竭尽 水 妹 这里 解 忧愁
汉文意译：蓝河水枯心无愁。

（13）

喃字原文：埃 ᄁ 朱 帝 赊 低，
国际音标：ʔaːi¹ laːm²tsɔ¹ ʔdɤi⁵ sa¹ ʔdɤi¹
汉文直译：谁 使 妹 远离 哥
汉文意译：谁让哥妹两分离，

 劳动歌

喃字原文： 朱 胰 赊 磣 朱 霪 赊 丕；
国际音标： tsɔ¹ jaŋ¹ sa¹ kuːi⁶ tsɔ¹ mɤi¹ sa¹ jɤːi²
汉文直译： 让 月 远离 吴刚 让 云 远离 天
汉文意译： 吴刚离月云离天；

喃字原文： 埃 吶 朱 沏 赊 船，
国际音标： ʔaːi¹ laːm²tsɔ¹ ʔben⁵ sa¹ thiːn²
汉文直译： 谁 使 码头 远离 船
汉文意译： 谁让码头远离船，

喃字原文： 朱 胰 赊 磣 伴 贤 赊 些。
国际音标： tsɔ¹ jaŋ¹ sa¹ kuːi⁶ ʔbaːn⁶ hiːn² sa¹ ta¹
汉文直译： 使 月亮 远离 吴刚 友 贤 远离 哥
汉文意译： 月离吴刚哥离妹。

（14）

喃字原文： 妾 氇 扒 如 鈩 泎 氇 湄，
国际音标： thiːp⁷ toŋ¹ tsaːŋ² ɲɯ² ka⁵ kaːn⁶ toŋ¹ mɯə¹
汉文直译： 妾 望 哥 如 鱼 干 盼 下雨
汉文意译： 妾望君如鱼盼水，

喃字原文： 如 㧅 氇 媄 幈 暑 渚 術；
国际音标： ɲɯ¹ kɔn¹ toŋ¹ mɛ⁶ tsɤ⁶ tɯə¹ tsɯə¹ ve²
汉文直译： 如 儿 盼 母 集市 中午 未 回
汉文意译： 似母上街儿盼回；

喃字原文： 氇 英 如 芘 氇 油，
国际音标： toŋ¹ ʔan¹ ɲɯ¹ ʔbɤk⁷ toŋ¹ jɤu²
汉文直译： 盼 哥 如 灯芯 盼 油
汉文意译： 盼望君如灯望油，

71

喃字原文：如 㮃 魸 浒 䵴 朝 歪 湄。
国际音标：ɲɯ¹ kɔn¹ ka⁵ ka:n⁶ toŋ¹ tsɤu² jɤ:i² mɯə¹
汉文直译：如 鱼 干 盼 朝 天 下 雨
汉文意译：如鱼无水盼雨落。

（15）
喃字原文：𪬙 媕 胼 辣 胈 鐄，
国际音标：thɯ:ŋ¹ ʔɛm¹ ru:t⁸ ra:t⁷ ja¹ va:ŋ²
汉文直译：想 妹 肠 辣 痛 皮 黄
汉文意译：思妹皮黄肠辣痛，

喃字原文：魸 浽 㦖 銀 核 岸 烨 熉；
国际音标：ka⁵ʔbi:n³ ŋɤ¹ŋɤn³ kɤi¹ ŋa:n² hɛu⁵hɔn¹
汉文直译：海鱼 愣然 树 山林 枯黄
汉文意译：海鱼愣然树枯黄；

喃字原文：𪬙 媕 蹲 銀 𠰘 㦖，
国际音标：thɯ:ŋ¹ ʔɛm¹ ʔdɯŋ⁵ ŋɤn³ ŋoi² ŋɤ¹
汉文直译：想 妹 站 愣然 坐 愣然
汉文意译：思念妹妹哥愣然，

喃字原文：占 包 時 笕 䁯 搽 時 空。
国际音标：tsi:m¹ʔba:u¹ thi² thɤi⁵ jɤi⁶thɤ² thi² khɔŋ¹
汉文直译：梦境 则 相见 醒 则 不
汉文意译：梦中相见醒来空。

（16）
喃字原文：䵴 英 如 魸 䵴 浯，
国际音标：toŋ¹ ʔan¹ ɲɯ¹ ka⁵ toŋ¹ tha:u¹
汉文直译：望 哥 如 鱼 望 星星
汉文意译：望哥如同鱼望星，

劳动歌

喃字原文：𣋚 𣎀 𩄎 想 占 包 帽 恾；
国际音标：ŋai² ʔdem¹ mɔŋ¹ tɯ:ŋ³ tsi:m¹ ʔba:u¹ mɤ¹ ma:ŋ²
汉文直译： 日夜　　期盼　梦幻　　迷茫
汉文意译：日间期盼夜梦幻；

喃字原文：傷 英 鬻 鬻 英 喂，
国际音标：thɯ:ŋ¹ ʔan¹ lam⁵ lam⁵ ʔan¹ ʔɤ:i¹
汉文直译： 想　哥　非常　非常　哥　啊
汉文意译：哥呀！思念心里烦，

喃字原文：蹋 嫩 悁 癭 蹋 㒿 悁 高。
国际音标：tɛu² nɔn¹ kwen¹ met⁸ tɛu² ʔdoi² kwen¹ ka:u¹
汉文直译： 爬 山　忘 累 爬 岭　忘 高
汉文意译：登山涉岭莫怕难。

（女：阮春英，杜福英）

（17）

喃字原文：英 低 薘 洣 瀝 洇，
国际音标：ʔan¹ ʔdɤi¹ len¹ tha:k⁷ su:ŋ⁵ ɤn²
汉文直译： 哥 这里 上 急滩 下 浅滩
汉文意译：哥船越过急浅滩，

喃字原文：船 篧 乇 岐 船 䑸 此 砠；
国际音标：thi:n² na:n¹ ʔda³ ta:i³ thi:n² man² thɯ³ tsɤ¹
汉文直译： 竹 船 已 越　帆 船 试 难
汉文意译：竹船越险帆船难；

喃字原文：挮 朱 泣 䍧 方 丕，
国际音标：ʔdi¹ tsɔ¹ khap⁷ ʔbon⁵ fɯ:ŋ¹ jɤ:i²
汉文直译： 去 给 遍　四 方 天
汉文意译：航船走遍四边天，

喃字原文： 朱 陳 別 梸 朱 芷 別 㤹。
国际音标： tsɤu² tɤn² ʔbi:t⁷mat⁸ tsɔ¹ ʔdɤ:i² ʔbi:t⁷ ten¹
汉文直译： 朱 陈 认识 给 世间 知 名字
汉文意译： 寻求朱陈实艰辛。

（18）
喃字原文： 惜 功 蓬 洰 竜 迎，
国际音标： ti:k⁷koŋ¹ len¹ tha:k⁷ su:ŋ⁵ ɣɤn²
汉文直译： 节省人力 上 险滩 下 湍濑
汉文意译： 哥下功夫越险滩，

喃字原文： 秱 撛 秱 掀 没 躺 伽 埃；
国际音标： tai¹ tsɛu² tai¹ tsoŋ⁵ mot⁸min² nɤ² ʔa:i¹
汉文直译： 手 划桨 手 撑篙 独自 靠 谁
汉文意译： 快手划桨回同妹；

喃字原文： 悲 唋 咀 矪 叹 樅，
国际音标： ʔbɤi¹jɤ² thɤ³ ŋan⁵ tha:n¹ ja:i²
汉文直译： 如今 叹 短 叹 长
汉文意译： 如今见面长短叹，

喃字原文： 語 浪 唿 哏 台 埃 哏 唿。
国际音标： ŋɤ³raŋ² hɔ²hɛn⁶ hai¹ ʔa:i¹ hɛn⁶hɔ²
汉文直译： 以为 相约 或 谁 相约
汉文意译： 日前相约今欢聚。

（19）
喃字原文： 埃 吶 朱 浽 泮 沽，
国际音标： ʔa:i¹ la:m²tsɔ¹ ʔbi:n³ ka:n⁶kho¹
汉文直译： 谁 使 海 干枯
汉文意译： 谁人俾使海水枯，

 劳动歌

喃字原文： 埃 喂 澬 貟 弹 娿，
国际音标： ʔaːi¹ ʔɤːi¹ tsɤ⁵ fu⁶ ʔdaːn² ʔba²
汉文直译： 谁 啊 莫 负 女人
汉文意译： 天呀！莫负女人心，

喃字原文： 弹 娿 群 暗 欣 茹 甗 间。
国际音标： ʔdaːn² ʔba² kɔn² ʔɤm⁵ hɤːn¹ ɲa² nam¹ kan¹
汉文直译： 女人 还 温暖 比 家 五 间
汉文意译： 女人温暖男人追。

（20）

喃字原文： 英 挆 媕 没 盰 澄，
国际音标： ʔan¹ ʔdi¹ ʔɛm¹ mot⁸ ŋɔ⁵ tsɯŋ²
汉文直译： 哥 去 妹 独自 遥望
汉文意译： 哥船出海妹望程，

喃字原文： 盰 淊 淊 蘈 盰 棱 棱 高；
国际音标： ŋɔ⁵ thoŋ¹ thoŋ¹ roŋ⁶ ŋɔ⁵ rɯŋ² rɯŋ² kaːu¹
汉文直译： 望着 河 河 宽 望 林 林 高
汉文意译： 望着山高望海宽；

喃字原文： 英 挆 吧 佫 英 術，
国际音标： ʔan¹ ʔdi¹ ʔba¹ ʔbɯə³ ʔan¹ ve²
汉文直译： 哥 去 三 天 哥 回
汉文意译： 约哥三天望回来，

喃字原文： 湷 溇 渃 濁 澬 係 於 数。
国际音标： ʔbiːn³ thɤu¹ nɯːk⁷ ʔduk⁸ tsɤ⁵ he² ʔɤ³ lɤu¹
汉文直译： 海 深 水 浊 莫 关系 在 久
汉文意译： 海深浊流哥快回。

（21）

喃字原文：𩻢 愁 𩻢 𠲖 頭 䮓，
国际音标：ka⁵ thɤu² ka⁵ jɤ³ ʔdɤu² ʔduːi¹
汉文直译：鱼 愁 鱼 返回 头 尾
汉文意译：鱼儿愁闷鱼露头，

喃字原文：𠊛 愁 蓮 逆 䰰 吹 吻 愁；
国际音标：ŋɯːi² thɤu² len¹ ŋɯːk⁸ suːŋ⁵ suːi¹ vɤn³ thɤu²
汉文直译：人 愁 闷 上 逆 下 顺 还 愁
汉文意译：人是愁闷上下忧；

喃字原文：𩻢 愁 埃 𩻢 拸 𣎏 䮓，
国际音标：ka⁵ thɤu² ʔaːi¹ ka⁵ tsaŋ³ kwaːt⁸ ʔduːi¹
汉文直译：鱼 闷 谁 鱼 不 摆 尾
汉文意译：鱼闷哪有不摆尾，

喃字原文：如 兰 愁 蕙 如 碎 愁 𫗦。
国际音标：nɯ¹ laːn¹ thɤu² hwe⁶ nɯ¹ toi¹ thɤu² tsoŋ²
汉文直译：如 兰 愁 蕙 如 我 愁 夫
汉文意译：妹思夫似兰蕙愁。

（22）

喃字原文：𠊛 愁 𥝄 柑 空 晼，
国际音标：ŋɯːi² thɤu² riːŋ¹ kɤːm¹ khoŋ¹ ʔan¹
汉文直译：人 愁 私自 饭 不 吃
汉文意译：人得相思莫吃饭，

喃字原文：㐌 捴 祂 鉢 吏 寅 䰰 𥉫；
国际音标：ʔdaː³ ʔbɯŋ¹ lɤi⁵ ʔbaːt⁷ laːi⁶ jɤn² suːŋ⁵ mɤm¹
汉文直译：已 端 拿 碗 又 渐渐 放 大盘子
汉文意译：举起饭碗又放下；

劳 动 歌

喃字原文：干 愰 嗭 嗭 渚 巍，
国际音标：kɤːn¹ʔbuːn² ŋuːi¹ŋuːi¹ tsɯə¹ kwen¹
汉文直译：愁闷　　稍减　　未　忘
汉文意译：愁闷略平仍思念，

喃字原文：干 湄 渚 㽍 干 霊 吏 仚。
国际音标：kɤːn¹mɯə¹ tsɯə¹ ʔden⁵ kɤːn¹mɤi¹ laːi⁶ tsum²
汉文直译：阵雨　未　到　乌云　又　遮
汉文意译：乌云遮天阵雨下。

（23）

喃字原文：渃 泚 吹 船 英 濡 逆，
国际音标：nɯːk⁷ tsai³ suːi¹ thiːn² ʔan¹ toi¹ ŋɯːk⁸
汉文直译：水　流　顺　船　哥　我　逆
汉文意译：航船顺水莫逆驶，

喃字原文：英 猷 空 特 英 補 欓 吹；
国际音标：ʔan¹ tsoŋ² khoŋ¹ ʔdɯːk⁸ ʔan¹ ʔbɔ³ thaːu² suːi¹
汉文直译：哥　夫　不　得　哥　弃　竹篙　顺
汉文意译：顺航君莫松竹竿；

喃字原文：欓 吹 船 拱 濡 吹，
国际音标：thaːu² suːi¹ thiːn² kuŋ³ toi¹ suːi¹
汉文直译：撑竿　顺水　船　也　我　顺水
汉文意译：顺水撑竿船快回，

喃字原文：曲 滝 補 永 底 躾 愁 秡。
国际音标：khuk⁷thoŋ¹ ʔbɔ³ vaŋ⁵ ʔde³ ŋɯːi² thɤu²riːŋ¹
汉文直译：河段　丢弃　冷清　让　妹　孤单
汉文意译：江河无船妹孤单。

77

（24）

喃字原文：渃 蓮 朱 鲆 蓮 跳，
国际音标：nɯːk⁷ len¹ tsɔ¹ ka⁵ len¹ thɛu¹
汉文直译：潮 涨 让 鱼 上来 跟
汉文意译：潮涨鱼亦跟潮游，

喃字原文：台 邉 吒 媄 餇 竞 奇 台；
国际音标：haːi¹ ʔben¹ tsa¹ mɜ⁶ ʔdɔi⁵ ŋɛu² ka³ haːi¹
汉文直译：双方 父母 贫穷 全部 两
汉文意译：双方父母家贫穷；

喃字原文：渃 蓮 朱 暒 蓮 跳，
国际音标：nɯːk⁷ len¹ tsɔ¹ ʔbɔŋ⁵ len¹ thɛu¹
汉文直译：潮 涨 使 阴影 上来 跟随
汉文意译：潮涨阴影跟着来，

喃字原文：英 鼻 固 貼 俺 竞 固 功。
国际音标：ʔan¹ jau² kɔ⁵ kuə³ ʔmɜ¹ ŋɛu² kɔ⁵ koŋ¹
汉文直译：哥 富 有 财富 妹 穷 有 功
汉文意译：君家富贵妹有功。

（25）

喃字原文：渃 蓮 覘 暒 榾 桥，
国际音标：nɯːk⁷ len¹ thɤi⁵ ʔbɔŋ⁵ kot⁸ kɤu²
汉文直译：潮水 涨 见 影子 柱子 桥
汉文意译：潮涨桥柱受水淹，

喃字原文：覘 蹟 英 跐 脆 愁 相 思；
国际音标：thɤi⁵ tsɤn¹ ʔan¹ ʔbɯːk⁷ ja⁶ thɤu² tɯːŋ¹ tɯ¹
汉文直译：见 哥 行 走 妹 思 愁
汉文意译：见哥行走妹思愁；

劳动歌

喃字原文： 渃 蓮 返 蔢 浮 轔，
国际音标： nɯːk⁷ len¹ ɣap⁸ ʔbui⁵ noi³ reu¹
汉文直译： 潮水 涨 遇 海草 浮 苔藓
汉文意译： 潮涨海草随飘流，

喃字原文： 碎 貝 英 齁 寨 盰 簝 拱 衝。
国际音标： toi¹ vɤːi⁵ ʔan¹ nam² taːi⁶ŋɔ⁵leu² kuŋ³ sɔŋ¹
汉文直译： 我 和 哥 躺 茅 蓼 也 成
汉文意译： 乐意与哥睡茅蓼。

（26）
喃字原文： 渃 溪 沚 𧉪 陇 源，
国际音标： nɯːk⁷khɛ¹ tsai³ suːŋ⁵ ŋɔn⁶ŋuːn²
汉文直译： 溪水 流 下 水源
汉文意译： 溪水流向是大海，

喃字原文： 欢 怌 英 拮 祂 底 欢 悗 朱 媕；
国际音标： kɤːn¹vui¹ ʔan¹ kɤt⁷lɤi⁵ ʔde³ kɤːn¹ʔbuːn² tsɔ¹ mɜ¹
汉文直译： 欢乐 哥 享 让 愁 闷 给 妹
汉文意译： 哥享欢乐妹闷愁；

喃字原文： 怓 㑈 仍 昑 丕 嘲，
国际音标： nɤ⁵ɲau¹ ɲɯŋ³ luk⁷ jɤːi² tsiːu²
汉文直译： 相思 些 时 天 下午
汉文意译： 夕阳之时相爱好，

喃字原文： 荍 噲 㗂 呐 悳 要 醋 悳。
国际音标： nu⁶ kɯːi² tiːŋ⁵nɔi⁵ lɔŋ² ʔiːu¹ tɤŋ¹ lɔŋ²
汉文直译： 花蕾 笑 声音 心 爱 中 心
汉文意译： 花蕾开笑人心乐。

（27）

喃字原文：𡎢 㶪 𠚢 𨆢 坡 㳸，
国际音标：ŋoi² ʔbu:n² ra¹ ʔdɯŋ⁵ ʔbɤ² ʔa:u¹
汉文直译：坐 烦闷 出 站 岸 池
汉文意译：烦闷出望池边坡，

喃字原文：𥊚 𩵜 𩵜 洛 𥊚 𣋀 𣋀 㦖；
国际音标：toŋ¹ ka⁵ ka⁵ lan⁶ toŋ¹ tha:u¹ tha:u¹ mɤ²
汉文直译：望 鱼 鱼 潜 望 星 星 暗
汉文意译：望天星暗望鱼沉；

喃字原文：𡎢 㶪 𠚢 𨆢 溟 坡，
国际音标：ŋoi² ʔbu:n² ra¹ ʔdɯŋ⁵ ʔbi:n³ ʔbɤ²
汉文直译：坐 烦闷 出 站 海 岸
汉文意译：烦闷出望天海边，

喃字原文：𥊚 朱 返 䊈 待 徐 英 低。
国际音标：toŋ¹ tso¹ ɣap⁸ mat⁸ ʔdɤ:i⁶ tsɤ² ʔan¹ ʔdɤi¹
汉文直译：望 给 见面 等待 哥 这里
汉文意译：盼哥回来得见面。

（28）

喃字原文：𠄼 更 𦒹 刻 群 餘，
国际音标：nam¹ kan¹ thau⁵ khak⁷ kɔn² jɯ¹
汉文直译：五 更 六 刻 还 多余
汉文意译：五更六刻时多余，

喃字原文：傷 扒 没 㵋 相 思 䀹 𣎀；
国际音标：thɯɯŋ¹ tsa:ŋ² mot⁸ noi³ tɯɯŋ¹ tɯ¹ ʔdem¹ ŋai²
汉文直译：想 哥 一 境地 相思 日夜
汉文意译：日思念君夜相思；

 劳动歌

喃字原文： 蓏 更 耾 刻 群 迟，
国际音标： nam¹ kan¹ thau⁵ khak⁷ kɔn² tsɤi²
汉文直译： 五 更 六 刻 还 迟
汉文意译： 五更六刻已过时，

喃字原文： 傷 扎 没 浽 躺 痕 殼 蛻。
国际音标： thɯːŋ¹ tsaːŋ² mot⁸ noi³ min² ɣɤi² saːk⁷vɛ¹
汉文直译： 想 哥 一 境地 妹 瘦 蝉蜕
汉文意译： 妹瘦如蝉为君痴。

（29）

喃字原文： 蓏 更 陈 辱 忖 腔，
国际音标： nam¹ kan¹ jan²jɔk⁸ son⁵saːŋ¹
汉文直译： 五 更 辗转 刺痛
汉文意译： 五更卧转心刺痛，

喃字原文： 鄰 戈 論 吏 義 鐕 空 巏；
国际音标： lan¹ kwa¹ lon⁶ laːi⁶ ŋiə³ vaːŋ² khoŋ¹ kwen¹
汉文直译： 滚过 滚来 义 金 不 忘
汉文意译： 翻来覆去想情义；

喃字原文： 馱 南 媂 北 英 喂，
国际音标： tsoŋ² naːm¹ vɤ⁶ ʔbak⁷ ʔan¹ ʔɤːi¹
汉文直译： 夫 南 妻 北 哥 啊
汉文意译： 夫南妻北无见面，

喃字原文： 身 媕 瘦 喻 如 倍 壃 核。
国际音标： thɤn¹ ʔɛm¹ mɔi³ruː³ ɯɯ¹ voi⁶ ten¹ kɤi¹
汉文直译： 身 妹 疲累 如 匆忙 上 树
汉文意译： 妹累深爱如爬树。

（30）

喃字原文：忆 扎 创 蹲 韹 吹，
国际音标：nɤ⁵ tsaːŋ² thaːŋ⁵ ʔdɯŋ⁵ toŋ¹ suːi¹
汉文直译：想 哥 天亮 站 望 顺
汉文意译：想君早起辽远望，

喃字原文：暑 黜 韹 逆 曘 蚋 韹 赊；
国际音标：tɯə¹ ra¹ toŋ¹ ŋɯːk⁸ toi⁵ ŋoi² toŋ¹ sa¹
汉文直译：中午 出 望 逆 晚 坐 望 远
汉文意译：午出望日晚望远；

喃字原文：忆 英 脾 擦 尽 膠，
国际音标：nɤ⁵ ʔan¹ ruːt⁸ sɛt⁸ tɤn⁶ ja⁶
汉文直译：想 哥 肠子 贴 尽 肚子
汉文意译：想君肠子贴肚皮，

喃字原文：馭 外 空 别 想 罠 餰 柑。
国际音标：ŋɯːi²ŋwaːi² khoŋ¹ ʔbiːt⁷ tɯːŋ³ la² ʔdɔi⁵ kɤːm¹
汉文直译：外人 不 知 以为 是 饿 饭
汉文意译：妹思君回饿忘记。

（男：苏维绍；女：杜福英）

（31）

喃字原文：呐 黜 时 悙 伴 哄，
国际音标：nɔi⁵ ra¹ thi² thɤ⁶ ʔbaːn⁶ kɯːi²
汉文直译：说 出 则 怕 朋友 笑
汉文意译：话讲出口怕友笑，

# 劳动歌

喃字原文：傷 英 铖 浶 喻 移 踬 秱；
国际音标：thɯ:ŋ¹ ʔan¹ nen¹ noi³ ru³rɯ:i⁶ tsɤn¹tai¹
汉文直译：想 哥 成 境地 疲乏 手脚
汉文意译：心想夫君手脚软；

喃字原文：雁 南 燕 北 落 排，
国际音标：ɲa:n⁶ na:m¹ ʔɛn⁵ ʔbak⁷ la:k⁸ʔbɤi²
汉文直译：雁 南 燕 北 飘零
汉文意译：雁南燕北各飘零，

喃字原文：别 包 晗 特 缘 丕 爱 恩？
国际音标：ʔbi:t⁷ ʔba:u¹jɤ² ʔdɯ:k⁸ ji:n¹ vɤi⁶ ʔa:i⁵ʔɤn¹
汉文直译：知 何时 得 缘 如此 恩爱
汉文意译：何时恩爱回见面？

（32）

喃字原文：魗 霜 秸 买 洦 頭，
国际音标：ɲi:u² thɯ:ŋ¹ kɔ³ mɤ:i⁵ ʔba:k⁸ ʔdɤu²
汉文直译：多 霜 草 才 白 头
汉文意译：霜雾厚草浑白头，

喃字原文：傷 英 媕 翃 惨 愁 自 低；
国际音标：thɯ:ŋ¹ ʔan¹ ʔɛm¹ tsiu⁶ tha:m³thɤu² tɯ² ʔdɤi¹
汉文直译：爱 哥 妹 受 愁惨 从 这里
汉文意译：始终爱君妹惨愁；

喃字原文：忬 英 悉 仍 欧 愁，
国际音标：nɤ⁵ ʔan¹ lɔŋ² ɲɯŋ³ ʔɤu¹thɤu²
汉文直译：想 哥 心 些 忧愁
汉文意译：相思君时实难受，

喃字原文：抋 粓 来〻 鉢 抋 萋 来〻 鐦。
国际音标：ʔbɯŋ¹ kɤːm¹ roi² ʔbaːt⁷ ʔbɯŋ¹ rau¹ roi² khai¹
汉文直译：端 饭 了 碗 端 菜 了 托盘
汉文意译：盛饭装菜不顺手。

（33）

喃字原文：粓 唆 没 鉢 牢 饱,
国际音标：kɛ¹ ʔan¹ mot⁸ ʔbaːt⁷ thaːu¹ no¹
汉文直译：饭 吃 一 碗 怎么 饱
汉文意译：吃饭一碗未得饱,

喃字原文：几 㧬 馭 於 牢 朱 停 悉;
国际音标：kɛ³ ʔdi¹ ŋɯːi² ʔɤ³ thaːu¹ tso¹ jmŋ² loŋ²
汉文直译：夫 去 妻 留 怎么 使 忍 心
汉文意译：夫去妻留心两头；

喃字原文：吀 丕 𥪝 逆 遖 東,
国际音标：sin¹ jɤːi² jɤ³ ŋɯːk⁸ jɔ⁵ ʔdoŋ¹
汉文直译：请 天 返回 逆 东风
汉文意译：天呀！快吹东风来,

喃字原文：船 捼 𩠰 吏 妾 䏦 𥆾 払。
国际音标：thiːn² kwai¹ mui³ laːi⁶ thiːp⁷ toŋ¹ thɤi⁵ tsaːŋ²
汉文直译：船 转 船头 来 妾 看见 哥
汉文意译：渔船回港夫妻共。

（34）

喃字原文：𦖑 浚 来〻 吏 蓮 楞,
国际音标：suːŋ⁵ ʔbiːn³ roi² laːi⁶ len¹ rɯɯŋ²
汉文直译：下 海 了 又 上 山
汉文意译：妹上山来哥下海,

劳动歌

嘞字原文：堆 些 梗 缅 吀 停 固 赊；
国际音标：ʔdoi¹ ta¹ ɣan⁵ ʔbɔ⁵ sin¹ ʔdɯŋ² kɔ⁵ sa¹
汉文直译：我俩 缠绵 请 莫 有 分离
汉文意译：山海誓盟莫分离；

嘞字原文：赊 烧 惨 夥 英 喂，
国际音标：sa¹ ȵau¹ tha:m³ lam⁵ ʔan¹ ʔɤ:i¹
汉文直译：远离 互相 悲惨 很 哥 啊
汉文意译：咱俩远离受悲惨，

嘞字原文：眲 𦚟 更 冷 瘅 陀 奇 醉。
国际音标：ʔdem¹ nam² kan¹ lan⁶ ʔdɤn² ʔdɤ² ka³ nam¹
汉文直译：夜里 躺 更 冷 发愣 整 年
汉文意译：年日发愣夜睡冷。

（35）

嘞字原文：𰃧 𰃧 𰃨 蹲 坡 滝，
国际音标：ŋai² ŋai² ra¹ ʔdɯŋ⁵ ʔbɤ² thoŋ¹
汉文直译：天天 出 站 岸 河
汉文意译：天天出海岸上望，

嘞字原文：滝 赊 悉 浚 迹 朱 埯 疠；
国际音标：thoŋ¹ sa¹ lɔŋ² ʔbi:n³ tit⁷ tsɔ¹ lɔŋ² mɛm⁵ ʔdau¹
汉文直译：河 远 中心 海 足迹 使 心 妹 痛
汉文意译：海阔蓝天妹心愁；

嘞字原文：忸 英 蹲 㥍 㘃 愁，
国际音标：nɤ⁵ ʔan¹ ʔdɯŋ⁵ tui³ ŋoi² thɤu²
汉文直译：想 哥 站 自怜 坐 忧愁
汉文意译：思君坐立都心忧，

85

喃字原文：䏿 衛 霜 雪 包 数 麻 瘌。
国际音标：min² ve² thɯ:ŋ¹ti:t⁷ ʔba:u¹lʀu¹ ma² mɔn²
汉文直译：妹 回 霜雪 多久 而 消瘦
汉文意译：如淋雪霜人消瘦。

（36）

喃字原文：傷 英 䫏 午 伽 望，
国际音标：thɯ:ŋ¹ ʔan¹ ra¹ ŋɔ⁵ va:u² tɔŋ¹
汉文直译：想 哥 出 看 进 望
汉文意译：想念夫君出入望，

喃字原文：傷 英 䫏 蹲 棱 樋 待 徐；
国际音标：thɯ:ŋ¹ ʔan¹ ra¹ ʔdɯŋ⁵ rɯŋ² thɔŋ¹ ʔdʐ:i⁶tsʀ²
汉文直译：想 哥 出 站 林 松 等 待
汉文意译：多时妹出松林等；

喃字原文：傷 英 扐 懇 衛 憽，
国际音标：thɯ:ŋ¹ ʔan¹ ʔdi¹ ŋʀn³ ve² ŋʀ¹
汉文直译：想 哥 去 愣然 回 愣然
汉文意译：出入思君妹愣然，

喃字原文：晵 秩 䁙 盱 躬 憽 懇 愁。
国际音标：ʔdem¹ mʀt⁷ jʀi⁶ ŋu³ ŋai² ŋʀ¹ŋʀn³ thʀu²
汉文直译：夜里 失去 起床 睡觉 白天 愣然 忧愁
汉文意译：日间忧愁夜无眠。

喃字原文：照 花 補 氶 空 蚐，
国际音标：tsi:u⁵hwa¹ ʔbɔ³ van⁵ khɔŋ¹ ŋɔi²
汉文直译：花席 丢弃 冷清 不 坐
汉文意译：花席铺闲无人坐，

劳动歌

喃字原文：房 鸾 補 永 黙 馭 捼 絲。
国际音标：foŋ² lon¹ ʔbo³ vaŋ⁵ mak⁸ ŋɯ:i² kwai¹ tɹ¹
汉文直译：鸾房 丢弃 冷清 不管 人 缠 丝
汉文意译：蜘蛛拉线鸾房静。

喃字原文：闷 朱 英 待 掩 徐，
国际音标：mu:n⁵ tsɔ¹ ʔaŋ¹ ʔdɹ:i⁶ ʔm³ tsɹ²
汉文直译：想 给 哥 等 妹 等
汉文意译：夫妻心思相等待，

喃字原文：停 如 花 李 怏 恫 英 喂。
国际音标：ʔdɯɯŋ² nɯ¹ hwa¹ li⁵ huɯŋ³ hɹ² ʔan¹ ʔɹ:i¹
汉文直译：莫 如 李花 冷淡 哥 啊
汉文意译：莫学李花不热情。

（37）

喃字原文：伤 燒 苻 撰 咥 誓，
国际音标：thɯ:ŋ¹ nau¹ jɯ³ jin² nɹ:i² the²
汉文直译：相爱   守   誓言
汉文意译：相爱守信共誓言，

喃字原文：相 思 觥 脆 垎 衕 午 韙；
国际音标：tɯ:ŋ¹ tɯ¹ toŋ¹ ja⁶ ʔdi¹ ve² ŋɔ⁵ toŋ¹
汉文直译：相思 心中 回去 看望
汉文意译：若是思念来回望；

喃字原文：船 迺 伽 猛 遍 東，
国际音标：thi:n² tha:ŋ¹ nɹ² man⁶ jɔ⁵ ʔdoŋ¹
汉文直译：船 行 靠 强 东风
汉文意译：行船依着强东风，

87

喃字原文：俺 待 正 猛 唏 猷 铖 逊。
国际音标：ʔɛm¹ ʔdɤːi⁶ tsin⁵ man⁶ hɤːi¹ tsoŋ² nen¹ thaːŋ¹
汉文直译：妹 等 正 猛 气 夫 成 过来
汉文意译：妹急过来是醉情。

喃字原文：船 英 術 泅 福 安，
国际音标：thiːn² ʔan¹ veː² ʔben⁵ fuk⁷ ʔiːn¹
汉文直译：船 哥 回 码头 福 安
汉文意译：哥船到岸福安村，

喃字原文：毬 㐌 英 待 毬 蓮 英 徐；
国际音标：mau¹ ʔdi¹ ʔan¹ ʔdɤːi⁶ mau¹ len¹ ʔan¹ tsɤ²
汉文直译：快 去 哥 等 快 上 哥 等
汉文意译：妹快出海哥岸等；

喃字原文：没 唅 结 髪 缚 丝，
国际音标：mot⁸ niːm⁶ ket⁷ tɔk⁷ sɛ¹ tɤ¹
汉文直译：一 念 结 发 系 丝
汉文意译：一表情妹结丝发，

喃字原文：没 唅 只 待 只 徐 共 英。
国际音标：mot⁸ niːm⁶ tsi³ ʔdɤːi⁶ tsi³ tsɤ² kuŋ² ʔan¹
汉文直译：一 念 只 等 只 待 同 哥
汉文意译：二表情妹来接等。

喃字原文：没 唅 時 决 共 英，
国际音标：mot⁸ niːm⁶ thi² kwiːt⁷ kuŋ² ʔan¹
汉文直译：三 念 则 决 意 同 哥
汉文意译：三表情妹意共君，

劳动歌

喃字原文：由 螉 彤 蚄 翎 终 觥 黙 悉；
国际音标：jɤu² ʔɔŋ¹ ʔbai¹ ʔbɯ:m⁵ li:ŋ⁶ suŋ¹kwan¹ mak⁸lɔŋ²
汉文直译：任由 蜂 飞 蝶 旋 周围 随便
汉文意译：蜂蝶飞旋围花心；

喃字原文：哐 鑽 记 凿 融 悉，
国际音标：ŋɤ:i² va:ŋ² ɣi¹ta:k⁸ tɔŋ¹lɔŋ²
汉文直译：言 金 铭记 心中
汉文意译：妹记金言于心中，

喃字原文：侴 些 臻 阻 外 鑽 胦 花。
国际音标：ha:i¹ta¹ tan¹tɤ³ ŋwa:i² vɔŋ² jaŋ¹ hwa¹
汉文直译：咱俩 辗转 外 圈 月 花
汉文意译：咱俩辗转花月圆。

（男：阮进余，苏维绍；女：吴秀英）

5

喃字原文：英 挮 攃 绁 娘 悋 伵 之
国际音标：ʔan¹ ʔdi¹ tsan⁵ lɯ:i⁵ na:ŋ² ʔbu:n² la:m² ji²
汉文直译：哥 去 塞 网 妹 烦闷 做 什么
汉文意译：哥去塞网妹莫愁

（1）

喃字原文：撟 帆 趾 寔 而 英，
国际音标：kɛu⁵ ʔbu:m² tsai⁶ thɤt⁸ n̩i¹ ʔan¹
汉文直译：扯 风帆 行船 实 而 哥
汉文意译：哥扯风帆船起航，

喃字原文：幔 捼 照 解 冲 觥 埃 䢪。
国际音标：ma:n² tɛu¹ tsi:u⁵ ra:i³ suŋ¹ kwan¹ ʔa:i¹ ŋoi²
汉文直译：帐 挂 席 铺 周围 谁 坐
汉文意译：挂帐铺席守空房。

（2）

喃字原文：英 㐌 撟 帆 蓬 侎，
国际音标：ʔan¹ ʔda³ kɛu⁵ ʔbu:m² len¹ roi²
汉文直译：哥 已 拉 帆 起 了
汉文意译：哥已拉帆船起航，

喃字原文：幔 捼 照 解 埃 䢪 黙 悉。
国际音标：ma:n² tɛu¹ tsi:u⁵ ra:i³ ʔa:i¹ ŋoi² mak⁸ lɔŋ²
汉文直译：帐 挂 席 铺 谁 坐 随便
汉文意译：挂帐铺席妹独躺。

# 劳动歌

（3）

喃字原文：鲃 悶 鲃 踤 戈 鰮，
国际音标：ka⁵ ʔbuːn² ka⁵ vot⁸ kwa¹ ʔdaŋ¹
汉文直译：鱼 烦闷 鱼 跳 过 网
汉文意译：鱼闷水时跳入网，

喃字原文：埯 悶 埯 别 叹 浪 共 埃；
国际音标：ʔɛm¹ ʔbuːn² ʔɛm¹ ʔbiːt⁷ thaːn¹raŋ² kuŋ² ʔaːi¹
汉文直译：妹 烦闷 妹 知 叹息 同 谁
汉文意译：妹烦闷时只迷惘；

喃字原文：叹 浪 共 竹 共 梅，
国际音标：thaːn¹raŋ² kuŋ² tuk⁷ kuŋ² maːi¹
汉文直译：叹息 同 竹 同 梅
汉文意译：自坐与竹梅叹言，

喃字原文：共 核 梏 榛 共 核 梧 桐。
国际音标：kuŋ² kɤi¹yo³tɤu³ kuŋ² kɤi¹ŋo¹ʔdoŋ²
汉文直译：同 油桐树 同 梧桐树
汉文意译：似油桐叹共梧桐。

喃字原文：悴 悙 䴗 杜 刨 悥，
国际音标：sot⁷sa¹ muːi⁵ ʔdo³ vaːu² lɔŋ²
汉文直译：辛酸 盐 倒 进 心
汉文意译：辛酸如盐倒入心，

喃字原文：蹬 喀 如 啥 蒲 槲 慛 愢。
国际音标：ʔdaŋ⁵kai¹ ȵɯ¹ ŋɤm⁵ ʔbo²hon² ɣɯːŋ⁶ vui¹
汉文直译：苦辣 如 含 苦楝 勉强 欢喜
汉文意译：强颜作笑含苦仁。

（女：黄玉珍，杜福英）

91

（4）

喃字原文：特　魝　英　吹　海　船，
国际音标：ʔdɯ:k⁸ ŋai² ʔan¹ su:i¹ mui³thi:n²
汉文直译：得　天　哥　顺　船头
汉文意译：今天适合船起航，

喃字原文：矚　特　悉　遙　紤　掩　悉　帆；
国际音标：tɯ:k⁸ ʔdɯ:k⁸ lɔŋ² jɔ⁵ thau¹ ʔem¹ lɔŋ² ʔbu:m²
汉文直译：先　得　心　风　后　平静　心　帆
汉文意译：先是顺风后顺帆；

喃字原文：群　娘　於　吏　半　奔，
国际音标：kɔn² na:ŋ² ʔɤ³ la:i⁶ ʔba:n⁵ ʔbu:n¹
汉文直译：还　妹　住　还　买卖
汉文意译：妹做买卖莫担忧，

喃字原文：英　拸　攒　纙　娘　恖　冖　之。
国际音标：ʔan¹ ʔdi¹ tsan⁵ lɯ:i⁵ na:ŋ² ʔbu:n² la:m² ji²
汉文直译：哥　去　拦　网　妹　愁　做　什么
汉文意译：哥去塞网妹莫愁。

（女：阮春英）

（5）

喃字原文：船　蘓　撟　抵　帆　长，
国际音标：thi:n² tɔ¹ kɛu⁵ ʔdɤi³ ʔbu:m² tɯ:ŋ²
汉文直译：船　大　拉　推　帆　长
汉文意译：大船扯尽长帆哩，

劳动歌

喃字原文：赵㐷淹协别塘帀黜；
国际音标：tsai⁶ va:u² thoŋ¹ hɛp⁸ ʔbi:t⁷ ʔdɯ:ŋ² na:u² ra¹
汉文直译：跑 进 河 窄 知道 路 哪 出
汉文意译：驶入狭河难出来；

喃字原文：船苏撟抧叱帆，
国际音标：thi:n² to¹ kɛu⁵ ʔdɹi³ ʔba¹ ʔbu:m²
汉文直译：船 大 拉 推 三 帆
汉文意译：大船扯尽三哩帆，

喃字原文：邎北赵䟫邎輔赵蓬。
国际音标：jɔ⁵ ʔbak⁷ tsai⁶ su:ŋ⁵ jɔ⁵ nom² tsai² len¹
汉文直译：北风 跑 下 东南风 跑 上
汉文意译：北风驶出南风回。

（6）

喃字原文：强矍强没𠫾賒，
国际音标：ka:ŋ² toŋ¹ ka:ŋ² mot⁸ ʔdi¹ sa¹
汉文直译：越 望 越 一 去 远
汉文意译：望船越驶越行远，

喃字原文：恪帀毑捱園花烀愁；
国际音标：kha:k⁷ na:u² mu:i⁵ va:i³ vɯ:n² hwa¹ hɛu⁵ thɹu²
汉文直译：相同 盐 撒 花园 枯萎愁
汉文意译：盐撒花园花憔悴；

喃字原文：强矍强屈帆艚，
国际音标：ka:ŋ² toŋ¹ ka:ŋ² khwɤt⁷ ʔbu:m² tau²
汉文直译：越 望 越 隐没 帆 船
汉文意译：望船越远越无踪，

喃字原文：强　矍　强　没　添　愁　麻　催。
国际音标：ka:ŋ² toŋ¹ ka:ŋ² mot⁸ them¹ tʰɤu² ma²tʰoi¹
汉文直译：越　望　越　一　增加　愁　而已
汉文意译：越望越添心忧虑。

（男：杜福朝；女：杜福英）

（7）

喃字原文：辿　台　勒　波　攥　鯼，
国际音标：mɯ:i² ha:i¹ kɯə³ ʔbe³ tsan⁵ tsɯŋ¹
汉文直译：十　二　出海口　拦　网
汉文意译：十二海路可塞网，

喃字原文：波　帍　固　魚　時　探　纩　包；
国际音标：ʔbe³ na:u² kɔ⁵ ka⁵ tʰi² vaŋ¹ tsa:i² va:u²
汉文直译：海　哪　有　鱼　就　抛　网　进
汉文意译：哪里有鱼张网开；

喃字原文：船　英　旀　细　撘　樸，
国际音标：tʰi:n² ʔan¹ vɯə² tɤ:i⁵ kam⁵tʰa:u²
汉文直译：船　哥　刚　到　停泊
汉文意译：阿哥用力把桩埋，

喃字原文：𦖻　埯　固　准　英　闷　挠　𥪝　滝。
国际音标：ŋɛ¹ ʔɛm¹ kɔ⁵ tson⁵ ʔan¹ mu:n⁵ ɲa:u² su:ŋ⁵ tʰoŋ¹
汉文直译：听　妹　有　地方　哥　想　　下　河
汉文意译：阿妹助力挂网围。

劳动歌

（8）

喃字原文： 船 趈 俺 挓 敢 拎，
国际音标： thiːn² tsai⁶ ʔɛm¹ tsaŋ³ jaːm⁵ kɤm²
汉文直译： 船 行 妹 不 敢 留住
汉文意译： 船快出海妹莫留，

喃字原文： 台 秴 襖 縒 氵潭 如 湄；
国际音标： haːi¹ tai¹ ʔaːu⁵ luə⁶ ʔɯːt⁷ ʔdɤm² nɯ¹ mɯə¹
汉文直译： 两 手臂 衣 绸 湿 如 雨
汉文意译： 妹衣泪湿如雨淋；

喃字原文： 船 退 塊 沊 群 潭，
国际音标： thiːn² lui¹ khɔi³ ʔben⁵ kɔn² ʔdɤm²
汉文直译： 船 退 离开 码头 还 湿
汉文意译： 船离码头留底印，

喃字原文： 馼 傷 兜 氽 垕 舩 群 低。
国际音标： ŋɯːi² thɯːŋ¹ ʔdɤu¹ vaŋ⁵ tso³ nam² kɔn² ʔdɤi¹
汉文直译： 人 疼爱 哪里 不在 位 躺 还 这里
汉文意译： 爱人离去卧床陈。

（9）

喃字原文： 浚 泙 船 渚 拶 鰡，
国际音标： ʔbiːn³ kaːn⁶ thiːn² tsɯə¹ ʔdi¹ tsɯŋ¹
汉文直译： 海 干 船 未 离 网
汉文意译： 潮退船未去塞网，

喃字原文： 固 姑 吏 捱 船 碟 拶 艣；
国际音标： kɔ⁵ ko¹ laːi⁶ ʔdɤi³ thiːn² naŋ⁶ ʔdi¹ luːn¹
汉文直译： 有 妹 来 推 船 重 去 马上
汉文意译： 潮涨妹助船出海；

95

喃字原文：隔 赊 拯 特 呐 縨，
国际音标：kat⁷ sa¹ tsaŋ³ ʔdɯːk⁸ nɔi⁵ luːn¹
汉文直译：隔 远 不 得 说 常
汉文意译：哥去妹留通言难，

喃字原文：嗨 姑 邉 仗 固 悒 共 庒？
国际音标：hɔi³ ko¹ ʔben¹ ʔɤi⁵ kɔ⁵ ʔbuːn² kuŋ² tsaŋ¹
汉文直译：问 妹 那边 有 烦闷 同 否
汉文意译：问妹是否心无聊？

（10）

喃字原文：魛 悒 魛 澼 戈 縇，
国际音标：ka⁵ ʔbuːn² ka⁵ vɯːt⁸ kwa¹ jiːŋ²
汉文直译：鱼 烦闷 鱼 越 过 网
汉文意译：鱼闷水时跃过网，

喃字原文：庵 悒 庵 别 叹 浪 共 埃；
国际音标：ʔɛm¹ ʔbuːn² ʔɛm¹ ʔbiːt⁷ thaːn¹ raŋ² kuŋ² ʔaːi¹
汉文直译：妹 烦闷 妹 知 叹息 同 谁
汉文意译：妹烦闷时同谁讲；

喃字原文：魛 悒 魛 澼 戈 艔，
国际音标：ka⁵ ʔbuːn² ka⁵ vɯːt⁸ kwa¹ ʔdɔ²
汉文直译：鱼 烦闷 鱼 越 过 渡船
汉文意译：鱼闷水时越过船，

喃字原文：庵 悒 庵 别 哶 略 共 埃。
国际音标：ʔɛm¹ ʔbuːn² ʔɛm¹ ʔbiːt⁷ tsiːn⁶ tɔ² kuŋ² ʔaːi¹
汉文直译：妹 烦闷 妹 知 聊天 同 谁
汉文意译：妹闷时与谁叹言。

劳动歌

(11)

喃字原文：鲂 蓮 塊 渃 鲂 怙，
国际音标：ka⁵ len¹ khɔi³ nɯ:k⁷ ka⁵ kho¹
汉文直译：鱼 上 离开 水 鱼 枯死
汉文意译：鱼儿离水鱼枯死，

喃字原文：叧 身 琨 妸 悒 露 埃 啳；
国际音标：la:m² thɤn¹ kɔn¹ ɣa:i⁵ ʔbu:n² lo⁶ ʔa:i¹ khɛn¹
汉文直译：做 身 女子 烦闷 露 谁 夸赞
汉文意译：身为女子莫忧伤；

喃字原文：羹 瓢 麻 炍 鲂 鰤，
国际音标：kan¹ ʔbɤu² ma² nɤu⁵ ka⁵te¹
汉文直译：汤 葫芦 而 煮 塘角鱼
汉文意译：塘角鱼煮葫芦汤，

喃字原文：英 咹 朱 胮 英 迷 姑 帞？
国际音标：ʔan¹ ʔan¹ tsɔ¹ ʔbɤu⁵ ʔan¹ me¹ ko¹ na:u²
汉文直译：哥 吃 使 胖 哥 迷 姑娘 哪
汉文意译：哥食体胖迷何人？

（男：苏维绍；女：杜福英）

(12)

喃字原文：傷 媕 空 别 嗦 崚，
国际音标：thɯ:ŋ¹ ʔɛm¹ khoŋ¹ ʔbi:t⁷ mim⁵ raŋ¹
汉文直译：想 妹 不 知 紧闭 牙
汉文意译：见妹哥笑不合嘴，

喃字原文：迍 台 劏 浽 揀 缯 奇 迍；
国际音标：mɯːi² haːi¹ kɯə³ʔbiːn³ ʔdɔŋ⁵ ʔdaŋ¹ ka³ mɯːi²
汉文直译：十 二 出海口 撒 网 全 十
汉文意译：十二海路全部网；

喃字原文：嘲 潮 英 阻 挼 缯，
国际音标：tsiːu² tiːu² ʔan¹ jɤ³ ʔdi¹ jiːŋ²
汉文直译：下午 潮 哥 返回 去 网
汉文意译：合潮拦海挂网塞，

喃字原文：扒 特 魸 蔡 吒 皴 䏌 唭。
国际音标：ʔbat⁷ ʔdɯːk⁸ ka⁵ nɤːn⁵ ɲan¹raŋ² ra¹ kɯːi²
汉文直译：捉 得 鱼 大 咧嘴露齿 出 笑
汉文意译：捉得大鱼笑咧嘴。

（13）

喃字原文：嫩 嫩 渃 渃 涧 澄，
国际音标：nɔn¹nɔn¹ nɯːk⁷nɯːk⁷ khɤːi¹tsɯŋ²
汉文直译：山山 水水 遥远
汉文意译：山山水水远相离，

喃字原文：爱 恩 台 敉 吁 停 固 悁；
国际音标：ʔaːi⁵ʔɤn¹ haːi¹ tsɯ³ sin¹ ʔdɯŋ² kɔ⁵ kwen¹
汉文直译：恩爱 两 字 请 莫 有 忘
汉文意译："恩爱"两字要牢记；

喃字原文：情 溇 嚎 者 羲 填，
国际音标：tin² thɤu¹ mɔŋ¹ jaː³ ŋiə³ ʔden²
汉文直译：情 深 盼 还 情义 报答
汉文意译：情深似海还情义，

劳动歌

喃字原文： 停 悇 准 恪 麻 悁 准 尼。
国际音标： ʔduŋ² vui¹ tson⁵ kha:k⁷ ma² kwen¹ tson⁵ nai²
汉文直译： 莫 欢喜 地方 别的 而 忘 地方 这
汉文意译： 妹莫寻欢忘伴侣。

喃字原文： 渃 犚 㳭 渃 吏 㳲，
国际音标： nɯ:k⁷ vɤ:i⁶ roi² nɯ:k⁷ la:i⁶ ʔdɤi²
汉文直译： 潮 减少 了 水 又 满
汉文意译： 潮退水落潮又涨，

喃字原文： 情 箕 渚 者 羛 尼 㳧 悁。
国际音标： tin² kiə¹ tsɯə¹ ja³ ŋiə³ nai² tsɤ⁵ kwen¹
汉文直译： 情 那 未 还 情义 这 莫 忘
汉文意译： 恩义未达莫忘情。

(14)

喃字原文： 魛 莲 塊 渃 魛 怙，
国际音标： ka⁵ len¹ khɔi³ nɯ:k⁷ ka⁵ kho¹
汉文直译： 鱼 上 离开 水 鱼 枯死
汉文意译： 鱼儿离水鱼枯死，

喃字原文： 傷 媕 時 㳧 裸 露 啨 沁；
国际音标： thɯ:ŋ¹ ʔɛm¹ thi² tsɤ⁵ la³lo² ti:ŋ⁵tam¹
汉文直译： 思 妹 则 莫 裸露 音讯
汉文意译： 思妹哥莫露音讯；

喃字原文： 氽 秣 戈 吏 嗨 嗿，
国际音标： vaŋ⁵mat⁸ kwa¹la:i⁶ hɔi³tham¹
汉文直译： 没见面 往来 问候
汉文意译： 没见面时相寄言，

喃字原文： 佶 㹧 之 姤 氽 䢇 㦟 恨？
国际音标： ɣɛt^{7} ɳau^{1} tsi^{1} ʔdo^{5} mɤi^{5} nam^{1} jɤn^{6}hɤ:n^{2}
汉文直译： 憎恨 互相 什么 赌 几 年 怄气
汉文意译： 惹起生气恨几年？

（15）

喃字原文： 魺 鐄 哰 凌 汫 撐，
国际音标： ka^{5}va:ŋ^{2} lɤ^{1}lɯŋ^{3} ji:ŋ^{5} san^{1}
汉文直译： 金鱼 晃悠 井 清
汉文意译： 清井金鱼展翅游，

喃字原文： 從 容 准 意 没 躺 情 怡；
国际音标： thɔŋ^{1}jɔŋ^{1} tson^{5} ʔɤi^{5} mot^{8}min^{2} than^{3}thɤ:i^{1}
汉文直译： 从容 地方 那 独自 逍遥
汉文意译： 井中纵容自逍遥；

喃字原文： 埃 吘 魺 吏 贪 鍱，
国际音标： ʔa:i^{1} ŋɤ^{2} ka^{5} la:i^{6} tha:m^{1} moi^{2}
汉文直译： 谁 料 鱼 又 贪 饵
汉文意译： 孰料鱼儿贪吃钓，

喃字原文： 補 尼 㵉 渼 寻 㞦 泠 弄。
国际音标： ʔbɔ^{3} nai^{2} ma:t^{7}mɛ^{3} tim^{2} nɤ:i^{1} lan^{6}luŋ^{2}
汉文直译： 放弃 这 清爽 寻 地方 冰冷
汉文意译： 放弃清爽寻冰冷。

（16）

喃字原文： 自 㗂 些 撴 緾 𠚢，
国际音标： tɯ^{2} ŋai^{2} ta^{1} kɤ:i^{3} lɯ:i^{5} ra
汉文直译： 自从天 咱 解 网 出
汉文意译： 自从那日解开网，

# 劳动歌

喃字原文：簇 片 燧 埠 霜 他 冷 弄；
国际音标：mui¹ fi:n⁵ rat⁷ na:t⁷ thɯ:ŋ¹ tha¹ lan⁶ luŋ²
汉文直译：　船蓬　破烂　　霜　落　冷丁丁
汉文意译：船蓬破烂人淋霜；

喃字原文：自 郓 些 甲 缉 伿，
国际音标：tɯ² ŋai² ta¹ ja:p⁷ lɯ:i⁵ va:u²
汉文直译：自从 天 咱 连 网 进
汉文意译：自从那日接连网，

喃字原文：花 春 怒 妿 花 桃 卒 鲜。
国际音标：hwa¹ sɤn¹ nɔ⁵ nɤ³ hwa¹ ʔda:u² tot⁷ tɯ:i¹
汉文直译：　花　春　它　开　桃花　　鲜艳
汉文意译：桃花艳春花怒放。

（17）

喃字原文：渃 蓮 䲢 鲥 唵 沁，
国际音标：nɯ:k⁷ len¹ ka⁵ ʔdoi⁵ ʔan¹ tam¹
汉文直译：潮水 涨 鲚鱼 吃 泡沫
汉文意译：潮涨鲚鱼起吸泡，

喃字原文：扒 麻 阻 隔 籽 醉 俺 徐；
国际音标：tsa:ŋ² ma² kat⁷ tɤ³ ŋin² nam¹ ʔɛm¹ tsɤ²
汉文直译：哥　而　阻隔　千　年　妹　等
汉文意译：君子远离妹等候；

喃字原文：渃 蓮 䲢 鲥 唵 坡，
国际音标：nɯ:k⁷ len¹ ka⁵ ʔdoi⁵ ʔan¹ ʔbɤ²
汉文直译：潮水 涨 鲚鱼 吃 岸
汉文意译：潮涨鲚鱼上海边，

喃字原文：払 麻 阻 隔 㛪 徐 跈 醉。
国际音标：tsaːŋ² ma² kat⁷tɤ³ ʔɛm¹ tsɤ¹ ŋin² nam¹
汉文直译：哥 而 阻隔 妹 等 千 年
汉文意译：君尚未回待千年。

（男：苏维绍；女：杜福英）

（18）

喃字原文：自 𡬈 跊 𥪝 艘 源，
国际音标：tɯ² ŋai² ʔbɯːk⁷ suːŋ⁵ ʔdɔ²ŋuːn²
汉文直译：自从 天 迈 下 渡船
汉文意译：自从那日过渡见，

喃字原文：英 術 强 擬 强 煩 强 怚；
国际音标：ʔan¹ veː² kaːŋ² ŋi³ kaːŋ² ʔbuːn² kaːŋ² lɔ¹
汉文直译：哥 回 越 想 越 烦闷 越 担心
汉文意译：哥回家越想越烦越担心；

喃字原文：嚎 朱 监 甲 哏 唿，
国际音标：mɔŋ¹ tsɔ¹ jaːm⁵jaːp⁷ hɛn⁶hɔ²
汉文直译：盼望 给 相会 相约
汉文意译：盼望期约相会日，

喃字原文：悙 娘 脻 螺 觥 弧 𡁱 塘。
国际音标：thɤ⁶ naːŋ² ruːt⁸ ʔɔk⁷ kwan¹kɔ¹ ɲiːu² ʔdɯːŋ²
汉文直译：怕 妹 肠子 螺 弯曲 多 路
汉文意译：怕妹多情螺曲心。

劳动歌

（19）

嘣字原文：尮帍焻烃波東，
国际音标：ŋai² na:u² lɯə³ tsai⁵ ʔbe³ ʔdoŋ¹
汉文直译：天　哪　火　烧　海　东
汉文意译：哪天大火燃海面，

嘣字原文：湄朱埠砂時悉贯派；
国际音标：mɯə¹ tsɔ¹ na:t⁷ ʔda⁵ thi² lɔŋ² mɤ:i⁵ fa:i¹
汉文直译：雨　使　烂　石　则　心　才　褪色
汉文意译：落雨石烂心不变；

嘣字原文：尮帍粉泹鐄派，
国际音标：ŋai² na:u² fɤn⁵ ɳa:t⁸ va:ŋ² fa:i¹
汉文直译：天　哪　粉　淡　金　褪色
汉文意译：哪日粉淡金褪色，

嘣字原文：時低贝帝贯派咥愿。
国际音标：thi² ʔdɤi¹ vɤ:i⁵ ʔdɤi⁵ mɤ:i⁵ fa:i¹ nɤ:i²ŋwi:n²
汉文直译：则　我　和　你　才　褪色　誓言
汉文意译：我你莫得忘誓言。

嘣字原文：尮帍桥砂技四，
国际音标：ŋai² na:u² kɤu²ʔda⁵ ɣai³ tɯ¹
汉文直译：天　哪　石桥　断　四截
汉文意译：哪天石桥断四截，

嘣字原文：時低贝帝贯辞咥烧。
国际音标：thi² ʔdɤi¹ vɤ:i⁵ ʔdɤi⁵ mɤ:i⁵ tɯ² nɤ:i² nau¹
汉文直译：则　我　和　你　才　辞言　互相
汉文意译：你我不能辞言别。

喃字原文：台' 罒 桥 矽 技 叵,
国际音标：hai¹la² kɤu²ʔda⁵ ɣai³ ʔba¹
汉文直译：或是 石桥 断 三截
汉文意译：或是石桥断三截,

喃字原文：躺 固 准 恪 時 些 拱 㤣。
国际音标：min² kɔ⁵ tson⁵ khaːk⁷ thi² ta¹ kuŋ³ mɯŋ²
汉文直译：你 有 处 别 则 我 也 高兴
汉文意译：你有新欢我贺喜。

（20）

喃字原文：茹 碎 伩 簀 伩 湉,
国际音标：ɲa² toi¹ ŋe² jɤu⁶ ŋe² thoŋ¹
汉文直译：家 我 业 渔箔 业 河
汉文意译：哥在河海做渔箔,

喃字原文：簀 時 虵 魸 落 螎 落 外；
国际音标：jɤu⁶ thi² tom¹ ka⁵ ʔdɤi² toŋ¹ ʔdɤi² ŋwaːi²
汉文直译：鱼箔 则 虾 鱼 满 里 满 外
汉文意译：鱼箔里面多鱼虾；

喃字原文：魸 皐 朱 至 魸 鮈,
国际音标：ka⁵taŋ⁵ tsɔ¹ tsi⁵ ka⁵khwaːi¹
汉文直译：白鱼 给 到 龙头鱼
汉文意译：有龙头鱼有白鱼,

喃字原文：群 如 魸 鯩 魸 鲤 拱 毷。
国际音标：kɔn² ɲɯ¹ ka⁵lɛp⁸ ka⁵maːi¹ kuŋ³ ɲiːu²
汉文直译：还 如 鲲子 花蟹 也 多
汉文意译：还有鲲子和花蟹。

劳动歌

(21)

喃字原文：吒纩媄缃捉鈎，
国际音标：tsa¹ tsa:i² mɛ⁶ lɯ:i⁵ kɔn¹ kɤu¹
汉文直译：父 网 母 网 儿 钓
汉文意译：父母放网儿放钓，

喃字原文：捉耨撒渃捉妽挀摸。
国际音标：kɔn¹ja:i¹ ta:t⁷ nɯ:k⁷ kɔn¹jɤu¹ ʔdi¹ mo²
汉文直译：儿子 戽 水 儿媳 去 摸鱼
汉文意译：男儿戽水媳摸鱼。

(22)

喃字原文：朣旡些所船筏，
国际音标：tha:ŋ⁵ tsin⁵ ta¹ thɯə³ thi:n² ʔbɛ²
汉文直译： 九月 咱 修造 船 筏
汉文意译：九月修造捕鱼船，

喃字原文：朣迕些忉楬檑足用；
国际音标：tha:ŋ⁵ mɯ:i² ta¹ tham⁵ kot⁸ kwɛ¹ ʔdu³ juŋ²
汉文直译： 十月 咱 备 桩 小棍子 足 够 用
汉文意译：十月备桩编箔漏；

喃字原文：筲些壹宝贰中，
国际音标：jɤu⁶ ta¹ ɤt⁷ ʔba:u³ ɲi⁶ tuŋ¹
汉文直译：鱼箔 咱 一 宝 二 中
汉文意译：鱼箔产业是个宝，

喃字原文： 魣 蝽 墨 鯪 鰻 紅 毿 毸。
国际音标： ka⁵roŋ² muɯk⁸ʔoŋ¹ ma:n²hoŋ² ɲi:u² thai¹
汉文直译： 龙鱼 墨鱼 红鳗 多 啊
汉文意译： 大鱼小鱼都捉到。

（男：阮成豪）

（23）

喃字原文： 埃 叫 鳴 溈 邊 江，
国际音标： ʔa:i¹ keu¹ vɔi²vɔi⁶ ʔben¹ ja:ŋ¹
汉文直译： 谁 叫 高入云霄 边 河
汉文意译： 谁在河边高声叫，

喃字原文： 固 沛 道 義 買 迻 啹 蔞。
国际音标： kɔ⁵ fa:i³ ʔda:u⁶ŋiə³ mɤ:i⁵ tha:ŋ¹ ʔan¹ jɤu²
汉文直译： 有 是 道义 才 来 吃 槟榔
汉文意译： 如果有缘共尝蒌。

（24）

喃字原文： 埃 擱 船 缇 戈 滝，
国际音标： ʔa:i¹ tsɛu² thi:n² lɯ:i⁵ kwa¹ thoŋ¹
汉文直译： 谁 划 船 网 过 河
汉文意译： 谁人划桨船离河，

喃字原文： 道 義 媠 趺 碌 夥 英 喂！
国际音标： ʔda:u⁶ŋiə³ vɤ⁶tsoŋ² naŋ⁶ lam⁵ ʔan¹ ʔɤ:i¹
汉文直译： 道义 夫妻 重 很 哥 啊
汉文意译： 夫妻道义情重啊！

劳动歌

（25）

喃字原文：埃 喂 銞 波 黁 泔，
国际音标：ʔaːi¹ ʔɤːi¹ huɯːŋ¹ ʔbe³ khɔ⁵ kaːn⁶
汉文直译：谁 啊 日月 海 难 干
汉文意译：日月照海水难枯，

喃字原文：织 摋 黁 绥 馱 顽 黁 寻；
国际音标：tsi³ ʔdɯt⁷ khɔ⁵ noi⁵ ŋɯːi² ŋwaːn¹ khɔ⁵ tim²
汉文直译：线 断 难 接 人 机灵 难 寻
汉文意译：线断难接情难寻；

喃字原文：埃 喂 傷 袘 昑 欺，
国际音标：ʔaːi¹ ʔɤːi¹ thɯːŋ¹ lɤi⁵ luk⁷khi¹
汉文直译：谁 啊 怜悯 要 时候
汉文意译：阿哥怜悯妹好人，

喃字原文：摖 桥 几 蹲 馱 扬 牢 停？
国际音标：jɛp⁸ kɤu² kɛ³ ʔdɯt⁵ ŋɯːi² ʔdiː¹ thaːu¹ ʔdan²
汉文直译：收拾 桥 人 站 人 走 怎么 忍心
汉文意译：妹等桥头怎忍心？

（26）

喃字原文：英 撧 淹 旴 牢 安，
国际音标：ʔan¹ tsɛu² ʔɛm¹ ŋu³ thaːu¹ ʔiːn¹
汉文直译：哥 划 妹 睡 怎么 安
汉文意译：哥在驶船难安眠，

喃字原文：英 赋 淹 睚 蚺 邊 英 撧；
国际音标：ʔan¹ thɯk⁷ ʔɛm¹ jɤi¹ ŋoi² ʔben¹ ʔan¹ tsɛu²
汉文直译：哥 醒 妹 起床 坐 边 哥 划
汉文意译：妹醒同哥坐旁边；

喃字原文：英 停 笾 箈 補 缯，
国际音标：ʔan¹ ʔdɯŋ² thɤi⁵ jɤu⁶ ʔbɔ³ jiːŋ²
汉文直译：哥 莫 见 鱼 箔 丢 塞 网
汉文意译：哥去塞网莫忘箔，

喃字原文：笾 梨 悁 榴 笾 胗 悁 畑。
国际音标：thɤi⁵ le¹ kwen¹ liu⁶ thɤi⁵ jaŋ¹ kwen¹ ʔdɛn²
汉文直译：见 梨 忘 石榴 见 月 忘 灯
汉文意译：见梨忘榴见月忘灯。

（27）

喃字原文：英 如 鸰 怒 當 醅，
国际音标：ʔan¹ ɲɯ¹ tsim¹ nɔ⁵ ʔdaːŋ¹ ʔbai¹
汉文直译：哥 如 鸟儿 它 正 飞翔
汉文意译：哥如鸟儿正飞翔，

喃字原文：媕 如 魟 怒 撒 侜 纙 缯。
国际音标：ʔɛm¹ ɲɯ¹ ka⁵ nɔ⁵ mak⁷ rai² lɯːi⁵ ʔdaŋ¹
汉文直译：妹 如 鱼 它 缠 今天 网 层
汉文意译：妹如鱼儿入网层。

（28）

喃字原文：挮 船 術 澥 淹 秦，
国际音标：kwaːi¹ thiːn² ve² jaːi³ thoŋ¹ tɤn²
汉文直译：转 船 回 航程 秦 河
汉文意译：船转航程入秦河，

喃字原文：扒 些 吹 蹭 妾 珍 重 哑。
国际音标：tsaːŋ² ta¹ suːi¹ ɣɔt⁷ thiːp⁷ tɤn¹ tɤŋ⁶ ŋɤːi²
汉文直译：哥 咱 顺 脚跟 妾 珍 重 誓言
汉文意译：君离远妾守誓言。

# 劳动歌

（29）

喃字原文：掳術贯妲桥江，
国际音标：kwai¹ ve² mɤː¹ ʔden⁵ kɤu² jaːŋ¹
汉文直译：转 回 才 到 桥 江
汉文意译：渔船回来泊桥江，

喃字原文：傷吒時丕傷娘趐欣；
国际音标：thɯːŋ¹ tsa¹ thi² ʔit⁷ thɯːŋ¹ naːŋ² ɲiːu² hɤːn¹
汉文直译：挂念 父亲 则 少 想念 妹 多 超过
汉文意译：挂念父少思妹多；

喃字原文：悁拸牢特麻悁，
国际音标：kwen¹ ʔdi¹ thaːu¹ ʔdɯːk⁸ ma² kwen¹
汉文直译：忘 去 怎么 能 而 忘
汉文意译：咱们情厚不能忘，

喃字原文：呾情添辬想缘添浓。
国际音标：ɲak⁷ tin² them¹ ʔbɤn⁶ tɯːŋ³ jiːn¹ them¹ noŋ²
汉文直译：提起 情缘 添 忙 想 缘分 添 浓
汉文意译：想起情缘添爱河。

（男：杜福朝；女：阮春英）

（30）

喃字原文：渃蓮捲缍揪缯，
国际音标：nɯːk⁷ len¹ kuːn⁵ lɯːi⁵ ɲo³ jiːŋ²
汉文直译：水 涨 卷 网 拔 簦
汉文意译：水涨卷网扯簦，

喃字原文：䏧 穊 固 玉 空 凭 固 罨。
国际音标：tɔŋ¹ tai¹ kɔ⁵ ŋɔk⁸ khoŋ¹ ʔbaŋ² kɔ⁵ ʔɛm¹
汉文直译：中 手 有 玉 不 如 有 妹
汉文意译：手中有玉不如有妹。

喃字原文：忸 欺 罨 哏 英 誓,
国际音标：nɤ⁵ khi¹ ʔɛm¹ hɛn⁶ ʔan¹ the²
汉文直译：想 时 妹 约 哥 起誓
汉文意译：想起昔日誓相约,

喃字原文：堆 些 䊷 决 没 皮 爱 恩;
国际音标：ʔdoi¹ ta³ ʔda³ kwi:t⁷ mot⁸ ʔbe² ʔa:i⁵ ʔɤn¹
汉文直译：咱俩 已 决意 一 方面 恩爱
汉文意译：咱俩决意恩爱深;

喃字原文：誓 之 誓 遍 誓 朕,
国际音标：the² tsi¹ the² jɔ⁵ the² jaŋ¹
汉文直译：发誓什么 发誓风 发誓月
汉文意译：风月知悉咱发誓,

喃字原文：誓 之 英 妠 罨 低 麻 誓。
国际音标：the² tsi¹ ʔan¹ ʔdɔ⁵ ʔɛm¹ ʔdɤi¹ ma² the²
汉文直译：发誓 什么 哥 那 妹 这里 而 发誓
汉文意译：天地亦知共誓言。

（31）
喃字原文：源 恩 波 爱 哏 胡,
国际音标：ŋu:n² ʔɤn¹ ʔbe³ ʔa:i⁵ hɛn⁶ hɔ²
汉文直译：源 恩 海 爱 相约
汉文意译：爱河情深预相约,

劳动歌

喃字原文：没 㑚 铖 羛 㖟 㗖 铖 涓；
国际音标：mot⁸ ŋai² nen¹ ŋiə³ tsi:n⁶tɔ² nen¹ kwɛn¹
汉文直译：一 天 成 情义 谈心 成 熟悉
汉文意译：今日情义结时久；

喃字原文：功 吒 羛 媄 妾 填，
国际音标：koŋ¹ tsa¹ ŋiə³ mɛ⁶ thi:p⁷ ʔden²
汉文直译：功 父 义 母 妾 报
汉文意译：父母恩情妹来报，

喃字原文：吁 払 停 固 结 缘 准 帀。
国际音标：sin¹ tsa:ŋ² ʔdɯŋ² kɔ⁵ ket⁷ji:n¹ tson⁵ na:u²
汉文直译：请 哥 莫 有 结缘 处 哪
汉文意译：请哥莫要思两头。

喃字原文：吁 停 踳 湿 鼟 高，
国际音标：sin¹ ʔdɯŋ² ʔdɯŋ⁵ thɤp⁷ toŋ¹ ka:u¹
汉文直译：请 莫 站 低 望 高
汉文意译：请莫这山望着那山高，

喃字原文：吁 停 思 想 准 帀 欣 低；
国际音标：sin¹ ʔdɯŋ² tɯ¹tɯ:ŋ³ tson⁵ na:u² hɤ:n¹ ʔdɤi¹
汉文直译：请 莫 思想 处 哪 胜过 这里
汉文意译：无有姑娘比妹好；

喃字原文：吁 停 贪 遍 補 霊，
国际音标：sin¹ ʔdɯŋ² tha:m¹ jɔ⁵ ʔbɔ³ mɤi¹
汉文直译：请 莫 贪 风 丢 云
汉文意译：莫抛掉云贪随风，

喃字原文： 贪　园　枣　豬　補　核　眼　欖。
国际音标： tha:m¹ vɯ:n² ta:u⁵ ruŋ⁶ ʔbo³ kɤi¹ɲa:n³loŋ²
汉文直译： 贪　园　枣　落　弃　厚肉　龙眼树
汉文意译： 莫弃龙眼贪大枣。

（32）

喃字原文： 欺　蓮　步　欺　䡾　船，
国际音标： khi¹ len¹ ʔbo⁶ khi¹ su:ŋ⁵ thi:n²
汉文直译： 有时　上　步　有时　下　船
汉文意译： 有时下船时散步，

喃字原文： 欺　终　没　檜　欺　连　没　禛；
国际音标： khi¹ tsuŋ¹ mot⁸ ɣoi⁵ khi¹ li:n² mot⁸ tsan¹
汉文直译： 有时　同　一　枕头　有时　连　一　被褥
汉文意译： 时而同枕共被褥；

喃字原文： 堆　些　㐌　合　台　唏，
国际音标： ʔdoi¹ta¹ ʔda³ hɤ:p⁸ ha:i¹ hɤ:i¹
汉文直译： 咱俩　已　合　两　气
汉文意译： 咱俩气味已相投，

喃字原文： 仰　聪　呐　唑　仍　咥　始　终。
国际音标： ŋi:ŋ¹ ta:i¹ nɔi⁵ nɔ³ nɯŋ³ nɤ:i² thi³tsuŋ¹
汉文直译： 侧　耳　说　小声　些　话　始终
汉文意译： 倾耳终听喁私语。

（男：刘扬顺；女：苏维英）

劳动歌

6

喃字原文：台 些 如 体 堆 鲨
国际音标：haːi¹ ta¹ nɯ¹ the³ ʔdoi¹ thaːm¹
汉文直译：咱俩 好像 对 海鲨
汉文意译：咱俩如同对海鲨

（1）

喃字原文：𫢦 愠 纵 褪 邓 丕，
国际音标：ŋoi² ʔbuːn² mai¹ tui⁵ ʔdɯŋ⁶ jɤːi²
汉文直译：坐 烦闷 缝 袋 装 天
汉文意译：清闲缝袋来装天，

喃字原文：挥 箒 邓 鲂 折 猏 贴 掿；
国际音标：ʔdaːn¹ ʔbo² ʔdɯŋ⁶ kaː⁵ jiːt⁷ vɔi¹ sɛm¹ jɔ²
汉文直译：编 篓 装 鱼 宰 大象 看 包肉团
汉文意译：编篓装鱼宰象做包肉团；

喃字原文：𫢦 愠 拃 朵 挤 挪，
国际音标：ŋoi² ʔbuːn² ʔdɛm¹ thɯːk⁷ ʔdi¹ ʔdɔ¹
汉文直译：坐 烦闷 拿 尺子 去 量
汉文意译：烦闷用尺来仗量，

喃字原文：挪 自 肉 楚 岗 护 厨 柴。
国际音标：ʔdɔ¹ tɯ² nui⁵ thɤː³ nui⁵ thɔ¹ tsuə² thɤi²
汉文直译：测 自 山 楚 山 量 寺 山
汉文意译：测量楚山量寺山。

喃字原文：蓮丕掷遥掷霙，
国际音标：len¹jɤ:i² ʔdɔ¹ jɔ⁵ ʔdɔ¹ mɤi¹
汉文直译：天上　测　风　量　云
汉文意译：天上测量风或云，

喃字原文：乷滝掷渃術低掷馭；
国际音标：su:ŋ⁵ thoŋ¹ ʔdɔ¹ nɯ:k⁷ ve² ʔdɤi¹ ʔdɔ¹ ŋɯ:i²
汉文直译：下　河　量　水　回　这里　量　人
汉文意译：河里量水岸量人；

喃字原文：掷自迣豗堆迣，
国际音标：ʔdɔ¹ tɯ² mɯ:i² ta:m⁵ ʔdoi¹ mɯ:i²
汉文直译：量　从　十　八　双　十
汉文意译：量人十八二十岁，

喃字原文：掷特没馭放糱放趚。
国际音标：ʔdɔ¹ ʔdɯ:k⁸ mot⁸ ŋɯ:i² vɯə² ʔdɛp⁸ vɯə² sin¹
汉文直译：量　得　一　人　又　美　又　俏
汉文意译：寻量出来美女人。

（2）

喃字原文：阮滝涛放溇放沚，
国际音标：ŋɔn⁶ thoŋ¹ ʔda:u² vɯə² loi⁶ vɯə² tsai³
汉文直译：尖　河　涛　边　游　边　流
汉文意译：河涛水源急漂流，

喃字原文：媕挗撿撰迣罷薜尼；
国际音标：ʔɛm¹ ʔdi¹ ki:m⁵ tsɔn⁶ mɯ:i² ʔbai³ nam¹ nai²
汉文直译：妹　去　找　选　十　七　年　这
汉文意译：妹去寻缘十七年；

# 劳动歌

喃字原文：情旗 扒 特 烧 低，
国际音标：tin²kɤ² ʔbat⁷ ʔdɯ:k⁸ ȵau¹ ʔdɤi¹
汉文直译：偶然 遇见 得 互相 这里
汉文意译：咱们两人偶然见，

喃字原文：如 鈩 渃 如 霊 迈 螚。
国际音标：ȵɯ¹ ka⁵ ɣap⁸ nɯ:k⁷ ȵɯ¹ mɤi¹ ɣap⁸ roŋ²
汉文直译：如 鱼 遇 水 如 云 遇 龙
汉文意译：如鱼得水龙遇云。

喃字原文：悲 赊 凤 细 梧 桐，
国际音标：ʔbɤi¹jɤ² fɯ:ŋ⁶ tɤ:i⁵ ŋo¹ʔdoŋ²
汉文直译：如今 凤 到 梧 桐
汉文意译：如今凤凰栖梧桐，

喃字原文：如 鈩 迈 渃 如 螚 迈 霊；
国际音标：ȵɯ¹ ka⁵ ɣap⁸ nɯ:k⁷ ȵɯ¹ roŋ² ɣap⁸ mɤi¹
汉文直译：似 鱼 遇 水 如 龙 遇 云
汉文意译：似鱼遇水云遇龙；

喃字原文：迈 烧 逪 䵈 渼 尼，
国际音标：ɣap⁸ȵau¹ ten¹ mat⁸ ʔba:i³ nai²
汉文直译：相遇 上 面 海滩 这
汉文意译：今日海滩上相见，

喃字原文：悉 陳 䠱 鸹 遝 迻 英 豪。
国际音标：loŋ² tɤn² thaŋ³ nɛu³ jɔ⁵ ʔdɯə¹ ʔan¹ha:u²
汉文直译：心 尘 直 路 风 送 英豪
汉文意译：风尘直路见英豪。

喃字原文：醧 更 吝 屈 占 包，
国际音标：nam¹ kan¹ lan⁶ khwɤt⁷ tsi:m¹ ʔba:u¹
汉文直译：五 更 隐 没 梦 幻
汉文意译：五更梦幻隐没见，

喃字原文：悲晗凤 㐌 彲 怉 園 春。
国际音标：ʔbɤi¹ jɤ² fɯ:ŋ⁶ ʔda³ ʔbai¹ va:u² vɯ:n² sɤn¹
汉文直译：如今 凤 已 飞 进 园 春
汉文意译：如今春园入凤凰。

（3）

喃字原文：於 低 憽 夥 䚃 喂，
国际音标：ʔɤ³ ʔdɤi¹ vui¹ lam⁵ ŋɯ:i² ʔɤ:i¹
汉文直译：在 这里 高兴 很 哥 啊
汉文意译：哥呀！这是欢乐处，

喃字原文：固 滝 沁 㴜 固 尼 杜 艚；
国际音标：kɔ⁵ thoŋ¹ tam⁵ ma:t⁷ kɔ⁵ nɤ:i¹ ʔdo³ tau²
汉文直译：有 河 洗身 有 地方 泊 船
汉文意译：有河洗身有锚地；

喃字原文：自 欺 些 於 瀤 池，
国际音标：tɯ² khi¹ ta¹ ʔɤ³ vɯ:t⁸ ti²
汉文直译：自从 时 咱 在 越 海池
汉文意译：自从咱俩越海池，

喃字原文：丝 红 夥 缕 拱 時 堆 些。
国际音标：tɤ¹ hoŋ² lam⁵ moi⁵ kuŋ³ thi² ʔdoi¹ ta¹
汉文直译：红绳 多 缕 也 则 咱俩
汉文意译：红绳系着两情丝。

 劳动歌

（4）

嘞字原文：英 尼 逻 耨 海 旁，
国际音标：ʔan¹ nai² la⁶ ja:i¹ ha:i³ ʔba:ŋ²
汉文直译：哥 这 面 生 男 海防
汉文意译：哥是海边防男士，

嘞字原文：趈 艚 贵 户 匏 淹 灵 庭；
国际音标：tsai⁶ tau² kwi⁵hɔ⁶ va:u² tɔŋ¹ lin¹ʔdin²
汉文直译：行 船 贵 人 进 中 豪 华
汉文意译：贵人航船豪华地；

嘞字原文：觇 英 旇 𦰡 旇 甡，
国际音标：thɤi⁵ ʔan¹ vɯə² ʔdɛp⁸ vɯə² sin¹
汉文直译：见 哥 又 美 又 俊
汉文意译：见哥强壮人美丽，

嘞字原文：固 顺 人 情 淹 结 缘 庄。
国际音标：kɔ⁵ thɤn⁶ nɤn¹tin² ʔɛm¹ ket⁷ji:n¹ tsaŋ¹
汉文直译：有 顺 人 情 妹 结 缘 不
汉文意译：若是有情妹结义。

（女：杜福英，吴秀英）

（5）

嘞字原文：客 帍 𧷄 䟗 廊 些，
国际音标：khat⁷ na:u² mɤ:i⁵ ʔden⁵ la:ŋ² ta¹
汉文直译：客 哪 才 到 村 咱
汉文意译：那位贵客到我邑，

喃字原文： 批 舺 渃 燶 捵 胈 客 尼。
国际音标： ʔbak⁷ tsaːu³ nɯːk⁷ nɔŋ⁵ lot⁸ ja¹ khat⁷ nai²
汉文直译： 架 锅 水 热 剥 皮 客 这
汉文意译： 烧火油锅剥客皮。

（6）

喃字原文： 娘 術 扔 所 炉 鐄，
国际音标： naːŋ² ve² tham⁵ thɯə³ lɔ² vaːŋ²
汉文直译： 妹 回 准备 炉 金
汉文意译： 妹回准备好金炉，

喃字原文： 英 時 撟 波 時 娘 捵 胈；
国际音标： ʔan¹ thi² kɛu⁵ ʔbe³ thi² naːŋ² lot⁸ ja¹
汉文直译： 哥 则 越 海 则 妹 剥 皮
汉文意译： 等哥越海妹剥皮；

喃字原文： 猇 哄 猇 敢 迻 戈，
国际音标： hum² jɯ³ hum² jaːm⁵ ʔdi¹kwa¹
汉文直译： 虎 凶 虎 敢 经 过
汉文意译： 猛虎胆敢经这里，

喃字原文： 妒 娘 吏 捵 特 胈 猇 尼？
国际音标： ʔdo⁵ naːŋ² laːi⁶ lot⁸ ʔdɯːk⁸ ja¹ hum² nai²
汉文直译： 赌 妹 又 剥 得 皮 虎 这
汉文意译： 妹怎剥得这虎皮？

喃字原文： 英 才 英 貝 担 低，
国际音标： ʔan¹ taːi² ʔan¹ mɤːi⁵ ʔden⁵ ʔdʐi¹
汉文直译： 哥 有本事 哥 才 到 这里
汉文意译： 哥有本事才到此，

劳动歌

喃字原文： 空 才 英 乜 䊧 魂 於 茹。
国际音标： khoŋ¹ ta:i² ʔan¹ ʔda³ nam² kwen¹ ʔɣ³ ɲa²
汉文直译： 无 才 哥 已 躺 惯 在 家
汉文意译： 如果无才躺家里。

（7）

喃字原文： 㳺 倱 啨 喝 頭 碌，
国际音标： ju¹ kɔn¹ ti:ŋ⁵ ha:t⁷ ʔdɤu² ɣan²
汉文直译： 哄 孩子 声 唱 头 礁石
汉文意译： 哄儿睡眠吟起歌，

喃字原文： 约 之 吏 特 船 艒 核 跳；
国际音标： ʔɯ:k⁷tsi¹ la:i⁶ ʔdɯ:k⁸ thi:n²man² ʔdi¹theu¹
汉文直译： 期望 又 得 大帆船 跟随
汉文意译： 期望大船经此过；

喃字原文： 船 艒 揀 蟄 罤 橾，
国际音标： thi:n²man² ʔdɔŋ⁵ ʔdu³ ʔbon⁵ tsɛu²
汉文直译： 大帆船 打造 够 四 桨
汉文意译： 帆船加上四浆力，

喃字原文： 固 沛 历 史 時 跳 船 艒。
国际音标： kɔ⁵fa:i³ lit⁸thɯɯ⁶ thi² theu¹ thi:n²man²
汉文直译： 是 风雅 则 跟随 大帆船
汉文意译： 是风雅人乘船来。

喃字原文： 橾 船 跙 坦 河 春，
国际音标： tsɛu² thi:n² ʔden⁵ ʔdɤt⁷ ha²sɣn¹
汉文直译： 划 船 到 地 河 春
汉文意译： 划桨驶船到河春，

喃字原文：英　牢　掣　吏　朱　斩　麻　制。
国际音标：ʔan¹ tha:u¹ si:t⁷ la:i⁶ tso¹ ɣɤn² ma² tsɤ:i¹
汉文直译：哥　怎么　穷尽　又　给　近　而　玩乐
汉文意译：请哥移船入港乐。

（8）

喃字原文：掫　船　船　捱　固　拶，
国际音标：tsɛu² thi:n² thi:n² tsaŋ³ kɔ⁵ ʔdi¹
汉文直译：划　船　船　不　有　走
汉文意译：用力划桨船不行，

喃字原文：蹟　蹉　板　埌　船　時　摭　钉；
国际音标：jɤm⁶ tsɤn¹ va:n⁵ na:t⁷ thi:n² thi² joŋ² ʔdin¹
汉文直译：踏　脚　板子　烂　船　则　打　钉子
汉文意译：船是打钉踏烂板；

喃字原文：船　埃　板　榱　柳　橃，
国际音标：thi:n² ʔa:i¹ va:n⁵ tɤu⁵ tha:p⁷ lim¹
汉文直译：船　谁　板子　红木　接　格木
汉文意译：谁船用红木板做，

喃字原文：帆　時　艋　照　絨　緆　經。
国际音标：ʔbu:m² thi² man³ tsi:u⁵ mai¹tin¹ rɤ⁶ ji:ŋ²
汉文直译：风帆　则　席子　缝　绳　网
汉文意译：风帆是席绳索麻。

喃字原文：庄　鞅　跐　蔻　船　艔，
国际音标：tsaŋ³mai¹ ʔbɯ:k⁷ su:ŋ⁵ thi:n²ʔdɔ⁵
汉文直译：不幸　迈　下　渡船
汉文意译：不幸运人坐渡船，

劳动歌

喃字原文： 零 汀 㭨 渃 埃 忴 朱 躺？
国际音标： lin¹ʔdin¹ mat⁸nɯːk⁷ ʔaːi¹ lɔ¹ tsɔ¹ min²
汉文直译： 零丁 水面 谁 忧 给 妹
汉文意译： 海上零丁谁可怜？

（9）
喃字原文： 隻 船 瀄 波 羅 他，
国际音标： tsiːk⁸thiːn² vɯːt⁸ ʔbe³ la¹ tha¹
汉文直译： 船只 越 海 飘 零
汉文意译： 航船大海风飘零，

喃字原文： 洴 銅 湧 翎 白 蛇 化 龍？
国际音标： jiːŋ⁵ ʔdoŋ² thɔŋ⁵ liːŋ⁶ ʔbat⁸sa² hwa⁵ lɔŋ¹
汉文直译： 井 铜 浪 飞 白 蛇 变 龙
汉文意译： 铜井起浪蛇变龙？

喃字原文： 遥 春 風 唿 阮 梗 红，
国际音标： jɔ⁵sɤn¹ fɔŋ¹ hut⁷ ŋɔn⁶ kan²hoŋ²
汉文直译： 春风 风 吹 梢 玫 瑰 树
汉文意译： 年春风吹玫瑰树，

喃字原文： 貦 梗 花 妠 朱 悉 些 愲。
国际音标： thɤi⁵ kan² hwa¹ nɤ³ tsɔ¹ lɔŋ² ta¹ vui¹
汉文直译： 见 枝 花 开 让 心 咱 高兴
汉文意译： 见枝花开心正红。

（10）
喃字原文： 湧 洒 船 冈 耒 扐，
国际音标： thɔŋ⁵ jɤːn⁶ thiːn² muːn⁵ jɯɯ²nɛu¹
汉文直译： 波浪 涟漪 船 想 抛锚
汉文意译： 波浪涟漪船抛锚，

121

喃字原文：悃 浪 船 螯 黁 掷 笡 檺。
国际音标：thɤ⁶raŋ² thi:n² ɲɤ:n⁵ khɔ⁵ tsɛu² ʔbɛ² lim¹
汉文直译：担心 船 大 难 划 筏子 格木
汉文意译：担心大船难掌舵。

(11)

喃字原文：滝 炰 固 隻 船 艔,
国际音标：thoŋ¹ ja:i² kɔ⁵ tsi:k⁷ thi:n²ʔdɔ²
汉文直译：河 长 有 只 渡船
汉文意译：过河只有坐渡船,

喃字原文：别 英 固 待 媕 掷 枉 功。
国际音标：ʔbi:t⁷ ʔan¹ kɔ⁵ ʔdɤ:i⁶ ʔɛm¹ tsɛu² ʔu:ŋ³koŋ¹
汉文直译：知 哥 有 等 妹 划 徒 劳
汉文意译：妹赶划船哥等待。

喃字原文：浡 潘 躺 鵺 汔 氀,
国际音标：thɔŋ⁵ jɤm² min² vit⁸ ʔɯ:t⁷ loŋ¹
汉文直译：浪 淋 身 鸭 湿 毛
汉文意译：浪泡淋湿妹眉毛,

喃字原文：鼇 叫 磘 浘 姜 空 補 扒。
国际音标：ruə² keu¹ ʔda⁵ noi³ thi:p⁷ khoŋ¹ ʔbɔ³ tsa:ŋ²
汉文直译：龟 喊 石 浮 姜 不 丢 哥
汉文意译：龟喊石浮情永久。

(12)

喃字原文：滝 銀 固 隻 船 情,
国际音标：thoŋ¹ ŋɤn¹ kɔ⁵ tsi:k⁷ thi:n² tin²
汉文直译：银河 有 只 船 情
汉文意译：船只有渡银河,

劳动歌

喃字原文：𱎼 些 迯 奇 待 躺 渚 迯；
国际音标：ŋɯː i² ta¹ thaːŋ¹ ka³ ʔdɤː i⁶ min² tsɯə¹ thaːŋ¹
汉文直译：人家 来 齐 等 你 未 来
汉文意译：别人过河妹未来；

喃字原文：淹 之 每 侈 没 塘，
国际音标：thoŋ¹ ji² moi³ ʔdɯə⁵ mot⁸ ʔdaːŋ²
汉文直译：河 什么 每 条 一 路
汉文意译：为何分开各一路，

喃字原文：摘 挧 烑 吏 共 娘 没 堆。
国际音标：nam⁵ tai¹ ȵau¹ laː i⁶ kuŋ² naːŋ² mot⁸ ʔdoi¹
汉文直译：握 手 互相 又 同 妹 一 对
汉文意译：哥想握手结佳偶。

（13）

喃字原文：雁 群 帀 喔 兴 霜，
国际音标：ɲaːn⁶ kɔn² naːu⁵ nɯk⁷ hɯŋ⁵ thɯːŋ¹
汉文直译：雁 还 欢腾 吸 雾 霜
汉文意译：雁儿扬飞吸雾霜，

喃字原文：婩 群 直 节 炳 攋 徐 扒；
国际音标：ʔɛm¹ kɔn² tsɯk⁸ tiː t⁷ nɤu⁵ nɯːŋ⁵ tsɤ² tsaːŋ²
汉文直译：妹 还 守 节 烹饪 等 哥
汉文意译：妹保贞节等待君；

喃字原文：雁 落 㐱 閠 叫 霜，
国际音标：ɲaːn⁶ laːk⁸ ʔbaː¹ ŋɔ³ keu¹ thɯːŋ¹
汉文直译：雁 落 三 门 叫 霜
汉文意译：雁儿误飞叫门前，

喃字原文：𣈗 時 忮 雁 眰 長 忮 英。
国际音标：ŋai² thi² nɤ⁵ ŋa:n⁶ ʔdem¹ tɯ:ŋ² nɤ⁵ ʔan¹
汉文直译：白天 则 想 雁 夜 长 念 哥
汉文意译：白天见雁夜思君。

(14)

喃字原文：渃 嫩 洛 弹 没 躺，
国际音标：nɯ:k⁷nɔn¹ lɤn⁶ʔdɤn⁶ mot⁸min²
汉文直译： 山水 潦倒 独自
汉文意译：山水相隔人孤单，

喃字原文：身 鹅 蓮 汒 䖝 迯 闭 尼；
国际音标：thɤn¹ kɔ² len¹ tha:k⁷ su:ŋ⁵ ɣɤn² ʔbɤi⁵nai¹
汉文直译： 身 鹭鸶 上 急滩 下 浅滩 从来
汉文意译：白鹭飞落急浅滩；

喃字原文：埃 𠄩 朱 波 欺 洛，
国际音标：ʔa:i¹ la:m²tsɔ¹ ʔbe³ khi¹ ʔdɤi²
汉文直译： 谁 使 海 时 满
汉文意译：谁人俾使海满水，

喃字原文：朱 幻 箕 泮 朱 瘽 鹅 掍。
国际音标：tsɔ¹ ʔa:u¹ kiə¹ ka:n⁶ tsɔ¹ ɣɤi² kɔ² kɔn¹
汉文直译：让 池塘 那 干 让 枯瘦 鹭鸶 小
汉文意译：时让池枯瘦鹭难。

(15)

喃字原文：台 些 如 体 堆 鱲，
国际音标：ha:i¹ta¹ nɯ¹the³ ʔdoi¹ tha:m¹
汉文直译：咱俩 如同 对 海鲨
汉文意译：咱俩如同对海鲨，

劳动歌

喃字原文： 湄潲浼抚拃离　特烧；
国际音标： mɯə¹ra:u² thɔŋ⁵ vɔ² tsaŋ³ rɤ:i² ʔdɯ:k⁸ ŋau¹
汉文直译： 阵雨　浪　搓　不　离开　得　互相
汉文意译： 浪打雨淋不分手；

喃字原文： 台些如襖䘨牟，
国际音标： ha:i¹ta¹ ɲɯ¹ ʔa:u⁵ va:i³ mau²
汉文直译： 咱俩　如　衣　布　染色
汉文意译： 咱俩如同染色布，

喃字原文： 㿠洩䎡浍鲜油　空　派。
国际音标： tam¹ jat⁸ ŋin² ɣoi⁶ ja:i³ɣu² khoŋ¹ fa:i¹
汉文直译： 百　洗　千　洗　曝露　不　褪色
汉文意译： 千洗万晒色不褪。

（女：杜福英，吴秀英）

（16）

喃字原文： 堆些𠇮没哑顾，
国际音标： ʔdoi¹ta¹ ʔda³ mot⁸ lɤ:i²ŋwi:n²
汉文直译： 咱俩　已　一　誓言
汉文意译： 咱俩互相发许愿，

喃字原文： 停拚秇俚朱船踩昂。
国际音标： ʔdɯŋ² ʔbu:ŋ¹ tai¹la:i⁵ tsɔ¹ thi:n² lɤt⁸ŋa:ŋ¹
汉文直译： 莫　放　舵　使　船　逆转
汉文意译： 划桨向前船莫转。

（17）

喃字原文：群 丕 群 渃 群 嫩，
国际音标：kɔn² jɤːi² kɔn² nɯːk⁷ kɔn² nɔn¹
汉文直译：还有 天 还有 水 还有 山
汉文意译：有天有水尚有山，

喃字原文：群 朕 群 遍 時 群 堆 些；
国际音标：kɔn² jaŋ¹ kɔn² jɔ⁵ thi² kɔn² ʔdoi¹ta¹
汉文直译：还有 月 还有 风 则 还有 咱俩
汉文意译：有月有风咱结愿；

喃字原文：酉 埃 固 闷 撒 黜，
国际音标：jɤu² ʔaːi¹ kɔ⁵ muːn⁵ sɛ⁵ra¹
汉文直译：即使 谁 有 想 折 散
汉文意译：即使有人想折散，

喃字原文：時 些 执 吏 朱 花 連 梗。
国际音标：thi² ta¹ tsɤp⁷ laːi⁶ tso¹ hwa¹ liːn² kan²
汉文直译：则 咱 接 来 使 花 连 枝
汉文意译：咱接花枝共相连。

（18）

喃字原文：埃 叨 朱 㴜 泮 怙，
国际音标：ʔaːi¹ laːm²tsɔ¹ ʔbiːn³ kaːn⁶kho¹
汉文直译：谁 使 海 干 涸
汉文意译：谁人俾使海水枯，

喃字原文：船 空 迎 特 江 湖 賒 挠；
国际音标：thiːn² khoŋ¹ thaːŋ¹ ʔdɯːk⁸ jaːŋ¹ho² sa¹ ɲau¹
汉文直译：船 不 来 得 江 湖 远离 互相
汉文意译：想让船河不相依；

126

喃字原文： 埃　罓　朱　洒　空　艚，
国际音标： ʔa:i^{1} la:m^{2}tsɔ^{1} ʔben^{5} khoŋ^{1} tau^{2}
汉文直译： 谁　使　港口　无　船
汉文意译： 谁使港口无船，

喃字原文： 滝　空　固　魪　義　侥　拱　群。
国际音标： thoŋ^{1} khoŋ^{1} kɔ^{5} ka^{5} ŋiə^{3} ȵau^{1} kuŋ^{3} kɔn^{2}
汉文直译： 河　没　有　鱼　情义　互相　也　还有
汉文意译： 河没有鱼情义存。

（19）

喃字原文： 躺　趍　擒　纆　餧　埃？
国际音标： min^{2} ʔdi^{1} kɛu^{5} lɯ:i^{5} nu:i^{1} ʔa:i^{1}
汉文直译： 你　去　拖　网　养　谁
汉文意译： 哥去为谁拉鱼网？

喃字原文： 底　襖　躺　袥　底　䏧　躺　痌。
国际音标： ʔde^{3} ʔa:u^{5} min^{2} rat^{7} ʔde^{3} va:i^{1} min^{2} mɔn^{2}
汉文直译： 让　衣　妹　破　让　肩　妹　磨损
汉文意译： 让衣服烂损肩膀。

（20）

喃字原文： 些　趍　擒　纆　餧　媍　餧　𫯳，
国际音标： ta^{1} ʔdi^{1} kɛu^{5} lɯ:i^{5} nu:i^{1} vɤ^{6} nu:i^{1} tsoŋ^{2}
汉文直译： 咱　去　拖　网　养　妻　养　夫
汉文意译： 哥去拉网为妻儿，

喃字原文： 襖　袥　默　襖　䏧　痌　默　䏧。
国际音标： ʔa:u^{5} rat^{7} mak^{8} ʔa:u^{5} va:i^{1} mɔn^{2} mak^{8} va:i^{1}
汉文直译： 衣　破　由　衣　肩　磨损　由　肩
汉文意译： 肩耗衣烂莫管之。

（21）

喃字原文： 没 躺 撒 渃 拎 搊，
国际音标： mot⁸min² ta:t⁷ nɯ:k⁷ kɤm² tsɛu²
汉文直译： 独自 戽 水 握 桨
汉文意译： 哥一人戽水划桨，

喃字原文： 祂 埃 拎 俚 麻 跷 翘 帆？
国际音标： lɤi⁵ ʔa:i¹ kɤm² la:i⁵ ma² thɛu¹ kan⁵ʔbu:m²
汉文直译： 让 谁 掌 舵 而 扯 风 帆
汉文意译： 谁人扯帆谁掌舵？

（22）

喃字原文： 娘 時 拎 俚 拎 搊，
国际音标： na:ŋ² thi² kɤm² la:i⁵ kɤm² tsɛu²
汉文直译： 妹 则 握 舵 握 桨
汉文意译： 妹妹掌舵又划桨，

喃字原文： 英 尼 撒 渃 英 跷 翘 帆。
国际音标： ʔan¹ nai¹ ta:t⁷ nɯ:k⁷ ʔan¹ thɛu¹ kan⁵ʔbu:m²
汉文直译： 哥 今 戽 水 哥 扯 风 帆
汉文意译： 哥来戽水扯风帆。

（23）

喃字原文： 渃 蓮 湃 遢 廬 鲦，
国际音标： nɯ:k⁷ len¹ thɔŋ⁵ jɔ⁵ lɤ² thɤ²
汉文直译： 海潮 涨 风浪 疏落
汉文意译： 海潮涨风卷浪起，

劳动歌

喃字原文： 英 扬 補 缔 相 思 埃 扲；
国际音标： ʔan¹ ʔdi¹ ʔbɔ³ moi⁵ tɯ:ŋ¹tɯ¹ ʔa:i¹ kɤm²
汉文直译： 哥 去 丢弃 丝 相思 谁 拿
汉文意译： 哥去相思谁解除；

喃字原文： 㖈 节 喼 坦 妚 堆，
国际音标： ȵɛ³ na:u² kat⁷ ʔdɯt⁷ tsiə¹ ʔdoi¹
汉文直译： 岂能 割 断 分离 两
汉文意译： 岂能割断两分离，

喃字原文： 英 扬 補 缔 坓 尼 朱 埃？
国际音标： ʔan¹ ʔdi¹ ʔbɔ³ moi⁵ tso³ nai² tso¹ ʔa:i¹
汉文直译： 哥 去 丢掉 情丝 地方 这 给 谁
汉文意译： 哥掉情丝谁来系？

（24）

喃字原文： 䨻 兜 湄 帝 贝 覴，
国际音标： thɤm⁵ ʔdɤu¹ mɯə¹ ʔdɤi⁵ mɤ:i⁵ thi:ŋ¹
汉文直译： 打雷 哪里 下雨 那里 才 灵验
汉文意译： 落雨打雷天显灵，

喃字原文： 霵 源 湄 波 愁 秛 没 躬；
国际音标： tsɤ:p⁷ ŋu:n² mɯə¹ ʔbe³ thɤu² ri:ŋ¹ mot⁸ min²
汉文直译： 闪电 源头 雨 海 愁 私 独自
汉文意译： 下雨闪电自私愁；

喃字原文： 㗂 欨 戈 霵 波 湄 源，
国际音标： toi⁵ hom¹ kwa¹ tsɤ:p⁷ ʔbe³ mɯə¹ ŋu:n²
汉文直译： 晚上 昨天 闪电 海 山雨
汉文意译： 昨晚落雨又闪电，

喃字原文：媕 嗨 於 茹 固 愢 台 庄？
国际音标：ʔεm¹ hɔi³ ʔʁ³ ɲa² ko⁵ ʔbu:n² hai¹ tsaŋ¹
汉文直译：妹 问 在 家 有 烦闷 还 是 不
汉文意译：问妹在家否烦闷？

喃字原文：魟 愢 魟 跳 蹟 缯，
国际音标：ka⁵ ʔbu:n² ka⁵ ɲai³ tsʁn¹ ji:ŋ¹
汉文直译：鱼 烦闷 鱼 跳 脚 网
汉文意译：鱼儿闷水跳入网，

喃字原文：些 愢 些 别 待 藤 共 埃？
国际音标：ta¹ ʔbu:n² ta¹ ʔbi:t⁷ ʔdʁ:i⁶ ʔdaŋ² kuŋ² ʔa:i¹
汉文直译：哥 烦闷 哥 知 等待 边 同 谁
汉文意译：哥烦闷时同谁言？

（25）

喃字原文：扎 挆 妾 吻 翟 跷，
国际音标：tsa:ŋ² ʔdi¹ thi:p⁷ vʁn³ toŋ¹ thεu¹
汉文直译：哥 去 妾 仍然 望 跟随
汉文意译：哥出海妹望踪影，

喃字原文：翟 渃 渃 沚 翟 瀌 瀌 濳；
国际音标：toŋ¹ nɯ:k⁷ nɯ:k⁷ tsai³ toŋ¹ ʔbεu² ʔbεu² loi⁶
汉文直译：望 水 谁 流 望 浮萍 浮萍 漂走
汉文意译：望水水流，望萍萍漂；

喃字原文：扎 挆 妾 蹲 翟 澄，
国际音标：tsɯŋ² ʔdi¹ thi:p⁷ ʔdɯŋ⁵ toŋ¹ tsɯŋ²
汉文直译：哥 去 妾 站 远望
汉文意译：哥去妹站望远程，

130

劳动歌

喃字原文：氊滩渿湖氊棱 棱 撑。
国际音标：toŋ¹ thoŋ¹ laːi¹laːŋ⁵ toŋ¹ rɯŋ² rɯŋ² san¹
汉文直译：望河 洋溢 望林 林 青
汉文意译：望河洋溢望林青。

（男：苏权业；女：刘元英，苏维英）

（26）

喃字原文：峆些甈 如吕杄,
国际音标：haːi¹ta¹ vɯŋ³ ȵɯ¹ lɯ³thɛn¹
汉文直译：咱们 稳 如 门闩
汉文意译：咱们情稳如门闩,

喃字原文：船掤固厣 梍 纤 術 纼;
国际音标：thiːn² tsɛu² kɔ⁵ maːi⁵ nɔk⁸ ʔben² veˀ jɤi¹
汉文直译：船 划 有 桨 绳 耐用 因 线
汉文意译：划船有桨绳耐用;

喃字原文：俺瞭悉 低 英 憗 悉 尼,
国际音标：ʔɛm¹ sɛt⁷ lɔŋ² ʔdɤi¹ ʔan¹ ŋi³ lɔŋ² naːi²
汉文直译：妹 鉴别 心 这里 哥 想 心 这
汉文意译：鉴别哥心怎样想,

喃字原文：喔 味 香 射 荟 核 白 檀。
国际音标：nɯk⁷mui² hɯːŋ¹saˀ⁶ thɤːm¹ kɤi¹ʔbat⁸ʔdaːn²
汉文直译：浓郁 麝香 香 白 檀
汉文意译：心似麝香白檀香。

喃字原文：霈唸 堆 敀 咀 叹,
国际音标：tan⁶niːm⁶ ʔdoi¹ tsɯ³ thɤ³thaːn¹
汉文直译：猜疑 两 字 叹息
汉文意译：双方莫要互猜疑,

131

喃字原文：哑 欣 義 舌 盘 难 爱 恩；
国际音标：lɤ:i² hɤ:n¹ ŋiə³ thi:t⁸ ʔba:n²na:n² ʔa:i⁵ʔɤn¹
汉文直译：话 多 义 薄 难 　 恩 爱
汉文意译：话多义薄难相爱；

喃字原文：要 烧 赊 拱 如 贩，
国际音标：ʔi:u¹ṇau¹ sa¹ kuŋ³ nɯ¹ ɣɤn²
汉文直译：相爱 远 也 如 近
汉文意译：爱情遥远相贴近，

喃字原文：長 安 晉 北 交 民 世 帀。
国际音标：tɯːŋ²ʔaːn¹ kwaːn³ ʔbak⁷jaːu¹ jɤn¹ theˑ⁵naːu²
汉文直译：长安 　 管 辖 　 北 交 　 民 怎样
汉文意译：长安管辖结交和。

喃字原文：唉 ㄇ 牢 呐 ㄇ 牢，
国际音标：ʔan¹ la:m²tha:u¹ nɔi⁵ la:m²tha:u¹
汉文直译：哥 怎样 说 怎样
汉文意译：妹怎样想依意行，

喃字原文：才 高 群 㐌 意 高 渚 忹；
国际音标：ta:i² ka:u¹ kɔn² juɯ³ ʔi⁵ ka:u¹ tsɯə¹ ṇɤm²
汉文直译：才 高 还 要 守 意 高 未 错
汉文意译：守住贞节心意坚；

喃字原文：知 音 沛 訴 知 音，
国际音标：ti¹ʔɤm¹ fa:i³ tɔ³ ti¹ʔɤm¹
汉文直译：知音 得 相告 知音
汉文意译：知音相告知心话，

# 劳动歌

喃字原文： 闷 朱 邊 屈 邊 淫 聘 排。
国际音标： mu:n⁵ tsɔ¹ ʔben¹ kwɤt⁸ ʔben¹ jɤn¹ than⁵ʔbai²
汉文直译： 想 给 方 决心 边 决意 并排
汉文意译： 双方决心成意愿。

（男：阮进余）

（27）

喃字原文： 隔 烧 没 丐 銀河，
国际音标： kat⁷ ȵau¹ mot⁸ ka:i⁵ ŋɤn¹ha²
汉文直译： 相隔 一 条 银河
汉文意译： 咱俩相隔条银河，

喃字原文： 愲 術 没 浽 拯 赊 拯 㫘；
国际音标： ʔbu:n² ve² mot⁸ noi³ tsaŋ³ sa¹ tsaŋ³ ɣɤn²
汉文直译： 烦闷 回 一 境地 不 远 不 近
汉文意译： 不远不近而忧伤；

喃字原文： 隔 烧 没 丐 滝 掍，
国际音标： kat⁷ ȵau¹ mot⁸ ka:i⁵ thoŋ¹ kɔn¹
汉文直译： 相隔 一 条 河 小
汉文意译： 相隔只是条小河，

喃字原文： 拱 平 隔 渃 阻 㟅 㕶 重。
国际音标： kuŋ³ ʔban² kat⁷ nɯ:k⁷ tɤ³ non¹ ȵin² tuŋ²
汉文直译： 也 如 隔 水 阻 山 千 重
汉文意译： 如隔万水千重山。

133

（28）

喃字原文：台二 些 如 粐 甆 鍾，
国际音标：haːi¹ taˀ¹ ȵɯ¹ ɣaːu⁶ tɔŋ¹ tsum¹
汉文直译：咱俩 如 米 中 缸
汉文意译：咱俩如米装同缸，

喃字原文：如 花 贾 妄 如 梗 牡 丹；
国际音标：ȵɯ¹ hwa¹ mɤːi⁵ nɤ³ ȵɯ¹ kan² mɤu³ ʔdɤːn¹
汉文直译：如 花 刚 开 如 枝 牡 丹
汉文意译：如枝牡丹花刚开；

喃字原文：台二 些 如 䲑 鮥 鯏，
国际音标：haːi¹ taˀ¹ ȵɯ¹ ka⁵ lɤːn² ʔbɤːn¹
汉文直译：咱俩 如 地宝鱼
汉文意译：咱俩如对地宝鱼，

喃字原文：呷 蓬 浬 吉 待 干 湄 霶。
国际音标：jaːp⁷ len¹ ʔbaːi³ kaːt⁷ ʔdɤːi⁶ kɤːn¹ mɯə¹ raːu²
汉文直译：趴 上 沙滩 待 阵 阵雨
汉文意译：趴在沙滩待雨来。

喃字原文：台二 些 如 礳 貝 釖，
国际音标：haːi¹ taˀ¹ ȵɯ¹ ʔda⁵ vɤːi⁵ jaːu¹
汉文直译：咱俩 如 磨石 和 刀
汉文意译：咱俩如同刀和磨石，

喃字原文：能 㗂 時 鉋 能 嘲 時 涓；
国际音标：naŋ¹ liːk⁷ thi² thak⁷ naŋ¹ tsaːu² thi² kwɛn¹
汉文直译：常 磨 就 锋利 常 问候 就 熟
汉文意译：常磨锋利勤问熟；

劳动歌

喃字原文：㑹 些 如 芘 貝 甽，
国际音标：ha:i¹ta¹ ȵɯ¹ ʔbɤk⁷ vɤ:i⁵ ʔdɛn²
汉文直译：咱俩 如 灯芯 和 灯盏
汉文意译：咱俩如同灯与芯，

喃字原文：能 挑 時 创 澬 挑 時 瞇。
国际音标：naŋ¹ theu¹ thi² tha:ŋ⁵ tsɤ⁵ theu¹ thi² mɤ²
汉文直译：勤 挑 则 亮 不 挑 则 朦胧
汉文意译：勤挑灯灯亮，懒挑灯灯朦。

喃字原文：㑹 些 如 鈩 舭 簾，
国际音标：ha:i¹ta¹ ȵɯ¹ ka⁵ toŋ¹ lɤ²
汉文直译：咱俩 如 鱼 中 竹笼
汉文意译：咱俩如鱼入竹笼，

喃字原文：渃 泚 黙 渃 些 徐 待 烧。
国际音标：nɯ:k⁷ tsai³ mak⁸ nɯ:k⁷ ta¹ tsɤ² ʔdɤ:i⁶ ȵau¹
汉文直译：水 流 任由 水 咱 等待 互相
汉文意译：莫管水流耐心待。

（男：张廷德，刘振先）

（29）

喃字原文：英 嚎 朱 奇 遻 東，
国际音标：ʔan¹ mɔŋ¹ tsɔ¹ ka³ jɔ⁵ ʔdoŋ¹
汉文直译：哥 盼望 给 大 东风
汉文意译：哥盼望来大东风，

喃字原文：朱 船 细 洒 英 矍 焭 娘；
国际音标：tsɔ¹ thi:n² tɤ:i⁵ ʔben⁵ ʔan¹ toŋ¹ thɤi⁵ na:ŋ²
汉文直译：让 船 到 港 哥 看见 妹
汉文意译：让船进港得见妹；

喃字原文：英儴 渃 相渝洇，
国际音标：ʔaŋ¹ thɯːŋ¹ nɯːk⁷ mat⁷ ɲɔ³ jɔŋ²
汉文直译：哥 思念 眼泪 流 淌
汉文意译：哥思念妹眼泪流，

喃字原文：透 天 透 地 透 悉 英 庄。
国际音标：thɤu⁵ thiːn¹ thɤu⁵ ʔdiə⁶ thɤu⁵ lɔŋ² ʔaŋ¹ tsaŋ¹
汉文直译：透 天 透 地 透 心 哥 不
汉文意译：透天透地湿透心。

（30）

喃字原文：英術 掫 襖 埯 摥，
国际音标：ʔaŋ¹ ve² kɤːi³ ʔaːu⁵ ʔɛm¹ ʔom¹
汉文直译：哥 回 脱 衣 妹 抱
汉文意译：哥回脱衣让妹搂，

喃字原文：迗 笕 媄 嗨 疠 敯 挷 陳；
国际音标：ɣap⁸ thɤi⁵ mɛ⁶ hɔi³ ʔdau¹ hom¹ ʔdi¹ tɤn²
汉文直译：遇见 母 问 痛 白天 去 赤膊
汉文意译：母问哥说体欠舒；

喃字原文：摱 据 噺 貝 媄 柴，
国际音标：mɯːn⁶ kɤ⁵ thɯə¹ vɤːi⁵ mɛ⁶ thɤi²
汉文直译：借机 回答 和 父母
汉文意译：借机回答父母亲，

喃字原文：缑 禎 朱 矑 些 俐 搭 终。
国际音标：mai¹ tsaŋ¹ tsɔ¹ rɔŋ⁶ ta¹ rai² ʔdap⁷ tsuŋ¹
汉文直译：缝 被 给 宽 咱 今天 盖 同
汉文意译：裁被给咱共盖睡。

劳动歌

（31）

喃字原文：英 術 挨 闕 睤 丕,
国际音标：ʔan¹ ve² ʔdem⁵ het⁷ thaːu¹ jɤːi²
汉文直译：哥 回 数 完 星 天
汉文意译：哥回数尽天上星,

喃字原文：埯 低 结 霊 於 芇 貝 英;
国际音标：ʔɛm¹ ʔdɤi¹ ket⁷tɔk⁷ ʔɤ³ ʔdɤːi² vɤːi⁵ ʔan¹
汉文直译：妹 这里 结发 在 世间 同 哥
汉文意译：阿妹同哥结良缘;

喃字原文：哎 柑 罢 喊 羧 羧,
国际音标：ʔan¹ kɤːm¹ ʔba¹ tsɛn⁵ luŋ¹ luŋ¹
汉文直译：吃 饭 三 碗 一半 一半
汉文意译：吃三碗饭装一半,

喃字原文：旺 渃 拎 澄 底 脆 傷 埯。
国际音标：ʔuːŋ⁵ nɯːk⁷ kɤm²tsɯŋ² ʔde³ jaː⁶ thɯːŋ¹ ʔɛm¹
汉文直译：喝 水 捂住 让 肚 思 妹
汉文意译：喝水半肚留思妹。

（32）

喃字原文：埃 ⼞ 朱 渃 沚 吹,
国际音标：ʔaːi¹ laːm² tsɔ¹ nɯːk⁷ tsai³ suːi¹
汉文直译：谁 使 水 流 顺
汉文意译：谁人使水顺流,

喃字原文：朱 船 吹 逆 朱 馱 忬 㶸;
国际音标：tsɔ¹ thiːn² suːi¹ ŋɯːk⁸ tsɔ¹ ŋɯːi² ɲɤ⁵ ɲau¹
汉文直译：让 船 顺 逆 让 人 思念 互相
汉文意译：让船逆水人忧伤;

137

喃字原文：扒挆底妾牢停，
国际音标：tsa:ŋ² ʔdi¹ ʔde³ thi:p⁷ tha:u¹ ʔdan²
汉文直译：不　去　丢　妾　怎么　安心
汉文意译：君去丢妾怎安心，

喃字原文：妾吓銙辇挤艃妾跣。
国际音标：thi:p⁷ sin¹ khwa⁵ kɯə³ ʔbu:ŋ¹ man² thi:p⁷ thɛu¹
汉文直译：妾　请　锁　门　放　航海帆船　妾　跟随
汉文意译：妹请锁门跟随君。

（33）

喃字原文：英術挆旴胋号，
国际音标：ʔan¹ ve²ʔdi¹ ŋu³ ʔdem¹khwiə¹
汉文直译：哥　回去　睡　深夜
汉文意译：君回家睡至深夜，

喃字原文：醋魭魸拼㐲　渥英兜；
国际音标：sɤu⁵ tom¹ ka⁵ tsaŋ³ va:u² ʔdiə² ʔan¹ ʔdɤu¹
汉文直译：丑　虾　鱼　不　进　水洼　哥　哪里
汉文意译：君未失礼羞虾鱼；

喃字原文：醋魭卒魸媕喂，
国际音标：sɤu⁵ tom¹ tot⁷ ka⁵ ʔɛm¹ ʔɤ:i¹
汉文直译：丑　虾　好　鱼　妹　啊
汉文意译：鱼怕羞是好鱼啊，

喃字原文：卒魸麻底朱尼魸齝。
国际音标：tot⁷ ka⁵ ma² ʔde³ tsɔ¹ nɤ:i¹ ka⁵ nam²
汉文直译：好　鱼　而　留　给　地方　鱼　躺
汉文意译：好鱼留来让其睡。

劳动歌

（34）

喃字原文： 埃 𬍛 鲈 鲜 𫚔 修，
国际音标： $ʔa:i^1$ $la:m^2$ $ka^5boŋ^5$ $ʔdi^1tu^1$
汉文直译： 谁 让 笋壳鱼 出家
汉文意译： 谁让笋壳鱼出家，

喃字原文： 鲈 鳅 怒 哭 鲈 鲹 怒 愁。
国际音标： ka^5thu^1 no^6 $khɔk^7$ $ka^5lɔk^7$ no^5 $thɤu^2$
汉文直译： 马交鱼 它 哭 生鱼 它 愁
汉文意译： 马交鱼哭生鱼愁。

喃字原文： 沛 之 外 浚 固 桥，
国际音标： $fa:i^3tsi^1$ $ŋwa:i^2ʔbi:n^3$ $kɔ^5$ $kɤu^2$
汉文直译： 假如 大海 架 有 桥
汉文意译： 假如大海架有桥，

喃字原文： 俺 黜 浚 贝 翘 愁 朱 英。
国际音标： $ʔɛm^1$ ra^1 $ʔbi:n^3$ $vɤ:i^5$ $tsiu^6$ $thɤu^2$ $tsɔ^1$ $ʔan^1$
汉文直译： 妹 出 海 才 受 愁 替 哥
汉文意译： 妹直出海替哥忧。

（35）

喃字原文： 埃 迎 船 仒 悲 晗，
国际音标： $ʔa:i^1$ $tha:ŋ^1$ $thi:n^2$ $ʔɤi^5$ $ʔbɤi^1jɤ^2$
汉文直译： 谁 乘 船 那 现在
汉文意译： 乘船的人都过渡，

喃字原文： 些 群 於 吏 徐 嬬 些；
国际音标： ta^1 $kɔn^2$ $ʔɤ^3$ $la:i^6$ $tsɤ^2$ $vɤ^6$ ta^1
汉文直译： 我 还要 在 留下 等 妻子
汉文意译： 我要留下等妻子；

喃字原文：湄 源 霓 波 赊 赊，
国际音标：mɯə¹ ŋu:n² tsɤ:p⁷ ʔbe³ sa¹ ɣɤn²
汉文直译：山雨 闪电 海 远 近
汉文意译：不管下雨和雷电，

喃字原文：妾 尼 罒 嫋 些 些 徐。
国际音标：thi:p⁷ nai² la² vɤ⁶ ta¹ ta¹ tsɤ²
汉文直译：妾 这 是 妻 哥 哥 等
汉文意译：我必留来等贤妻。

（36）

喃字原文：胋 舳 叹 矯 咀 㛸，
国际音标：ʔdem¹ nam² tha:n¹ ŋan⁵ thɤ³ ja:i²
汉文直译：深夜 躺 叹 短 叹 长
汉文意译：深夜躺着长短叹，

喃字原文：矍 胺 籴 吏 忕 馹 渃 嶪；
国际音标：toŋ¹ jaŋ¹ roi² la:i⁶ nɤ⁵ ŋɯ:i² nɯ:k⁷nɔn¹
汉文直译：望 月亮 了 又 想 人 山 水
汉文意译：望月思君远海处；

喃字原文：胋 戈 胺 搁 頭 嶪，
国际音标：ʔdem¹kwa¹ jaŋ¹ ɣa:k⁷ ʔdɤu²nɔn¹
汉文直译：昨晚 月亮 搁 山头
汉文意译：昨晚月亮搁山头，

喃字原文：骥 叫 霜 冷 媕 慳 聪 痹。
国际音标：va:k⁸ keu¹ thɯ:ŋ¹ lan⁶ ʔɛm¹ ʔbu:n² ta:i¹ te¹
汉文直译：鹭鸶 叫 霜 冷 妹 愁 闷 耳麻
汉文意译：鹭鸶叫冷妹愁思。

# 劳动歌

(37)

喃字原文： 艍 船 撒 渃 朱 船，
国际音标： ʔdi¹ thi:n² ta:t⁷ nɯ:k⁵ tsɔ¹ thi:n²
汉文直译： 行 船 戽 水 给 船
汉文意译： 船夫要为船戽水，

喃字原文： 祂 䑞 時 沛 守 缘 朱 䑞；
国际音标： lɤi⁵ tsoŋ² thi² fa:i³ jɯ³ ji:n¹ tsɔ¹ tsoŋ²
汉文直译： 嫁 夫 则 须 守 缘 给 夫
汉文意译： 有夫之妇贞节守；

喃字原文： 術 眙 凭 阮 畑 燶，
国际音标： ve² ʔdem¹ thɤi⁵ ŋon⁶ ʔdɛn² tsɔŋ¹
汉文直译： 回 深夜 见 灯盏 长明
汉文意译： 深夜回家见灯亮，

喃字原文： 凭 媕 姩 待 闷 撗 麻 制。
国际音标： thɤi⁵ ʔɛm¹ ŋoi² ʔdɤ:i⁶ mu:n⁵ ʔboŋ² ma² tsɤ:i¹
汉文直译： 见 妹 坐 等 哥 抱 而 逗玩
汉文意译： 见妹还等哥拥抱。

7

喃字原文：渃浬浬泩時淹挗掏
国际音标：nɯːk⁷ rɔŋ² ʔbaːi³ kaːn⁶ thi² ʔɛm¹ ʔdi¹ daːu²
汉文直译：潮 退 沙滩 干 则 妹 去 挖
汉文意译：潮退妹挖沙虫忙

（1）

喃字原文：坦 浬 坦 固沙虫，
国际音标：ʔdɤt⁷ʔbaːi³ ʔdɤt⁷ kɔ⁵ sa⁵suŋ²
汉文直译：海滩 地 有 沙虫
汉文意译：海滩涂地沙虫多，

喃字原文：蹲 時 空 特 躾 畇 谷 掏；
国际音标：ʔdɯŋ⁵ thi² khoŋ¹ ʔdɯːk⁸ lɯŋ¹ kɔŋ¹kɔk⁷ ʔdaːu²
汉文直译：站 则 不 得 背 弯弯 挖
汉文意译：挖沙虫时弯曲背；

喃字原文：扲 锹 艚 湿 艚 高，
国际音标：ʔkɤm² maːi¹ kui⁵ thɤp⁷ kui⁵ kaːu¹
汉文直译：拿 锹 俯身 低 俯身 高
汉文意译：俯身高低手拿锹，

喃字原文：挵 避 相 览 买 掏 特 薑。
国际音标：tai¹ ɲan¹ mat⁷ thɤi⁵ mɤːi⁵ ʔdaːu² ʔdɯːk⁸ len¹
汉文直译：手 快 眼 看 才 挖 得 上
汉文意译：眼明手快用力挖。

劳动歌

（2）

喃字原文：渃 蘷怒於 外 赊，
国际音标：ʔnɯ:k⁷ tɔ¹ nɔ⁵ ʔɤ³ ŋwa:i² sa¹
汉文直译：潮 大 它 在 外 远
汉文意译：潮涨沙虫深泥藏，

喃字原文：渃 㧞 渨 汫 時 媕 捓 掏；
国际音标：ʔnɯ:k⁷ rɔŋ² ʔba:i³ ka:n⁶ thi² ʔɛm¹ ʔdi¹ ʔda:u²
汉文直译：潮 退 沙滩 干 则 妹 去 挖
汉文意译：潮退妹挖沙虫忙；

喃字原文：英 箕 蹲 帝 ﹃ 高，
国际音标：ʔʔan¹ kiə¹ ʔdɯŋ⁵ ʔdɤi⁵ la:m² ka:u¹
汉文直译：哥 那 站 那里 摆 架子
汉文意译：哥站岸上摆架子，

喃字原文：英 闷 沙 虫 捓 掏 共 媕。
国际音标：ʔan¹ mu:n⁵ sa⁵ suŋ² ʔdi¹ ʔda:u² kuŋ² ʔɛm¹
汉文直译：哥 想 沙 虫 去 挖 同 妹
汉文意译：想吃沙虫来帮忙。

（3）

喃字原文：英 捓 搞 蟹 搞 蠘，
国际音标：ʔan¹ ʔdi¹ ka:u² kuə¹ ka:u² thɔ²
汉文直译：哥 去 耙 蟹 耙 蛤蜊
汉文意译：哥去捉蟹耙蛤蜊，

喃字原文：蹎 時 沈 濘 吏 弧 皷 蝼；
国际音标：tsɤn¹ thi² ʔdam³ ʔda:ŋ⁵ la:i⁶ ɣɔ² lɯŋ¹ tɤu¹
汉文直译：脚 则 泥 泞 又 弯 背 水牛
汉文意译：脚沾泥泞弯如牛；

喃字原文：英 跨 坡 浚 晗 数，
国际音标：ʔan¹ ʔdɯŋ⁵ ʔbɤ² ʔbi:n³ jɤ²lɤu¹
汉文直译：哥 站 岸 海 良 久
汉文意译：哥回岸上站时久，

喃字原文：待 媕 拼 覧 愊 愁 麻 䵫。
国际音标：ʔdɤ:i⁶ ʔɛm¹ tsaŋ³ thɤi⁵ ʔbu:n²thɤu² ma² toŋ¹
汉文直译：等 妹 不 见 烦 闷 而 望
汉文意译：未望见妹心烦愁。

（4）

喃字原文：姑 箕 髄 笀 拐 枚，
国际音标：ko¹ kiə¹ va:k⁷ nɛn⁶ kwai³ ma:i¹
汉文直译：姑娘 那 背 篓 扛 铁锹
汉文意译：阿妹背篓肩铁锹，

喃字原文：吏 低 些 结 𠄼 台 媕 猌。
国际音标：la:i⁶ ʔdɤi¹ ta¹ ket⁷ la:m² ha:i¹ vɤ⁶tsoŋ²
汉文直译：来 这里 咱们 结 做 两 夫妻
汉文意译：过来同哥结伴侣。

（5）

喃字原文：許 兜 敢 溗 戈 澄，
国际音标：ʔhɯə⁵ ʔdɤu¹ ja:m⁵ vɯ:t⁸ kwa¹ tsɯŋ²
汉文直译：许愿 哪里 敢 越 过 网
汉文意译：妹哪敢越网许愿，

喃字原文：随 悉 吒 媄 捒 掩 朱 催。
国际音标：ti² loŋ² tsa¹mɛ⁶ ʔbu:ŋ¹joŋ² tsɔ² thoi¹
汉文直译：随 心 父母 培养 给 罢了
汉文意译：应由父母来配定。

 劳 动 歌

（6）

喃字原文：姑 箕 榈 赭 腊 红，
国际音标：ko¹ kiə¹ mat⁸ ʔcɔ³ ma⁵ hoŋ²
汉文直译：姑娘 那 面 红 颊 红
汉文意译：面红颜艳那姑娘，

喃字原文：朱 吁 乂 摘 沙 虫 炆 洮。
国际音标：tsɔ¹ sin¹ mot⁸ nam⁵ sa⁵tuŋ² nɤu⁵ ri:u¹
汉文直译：给 请求 一 把 沙虫 煮 汤
汉文意译：乞把沙虫回煮汤。

（7）

喃字原文：英 瞧 贴 伩 如 鐄，
国际音标：ʔan¹ kɔi¹ kuə³ ʔɤi⁵ n̮ɯ¹ va:ŋ²
汉文直译：哥 视 东西 那 如 金
汉文意译：哥视沙虫如宝金，

喃字原文：牢 吏 呐 烃 麻 娘 庄 朱？
国际音标：tha:u¹ la:i⁶ nɔi⁵ tsɛi⁵ ma² na:ŋ² tsaŋ³ tsɔ¹
汉文直译：为何 来 说 刺激 而 妹 不 给
汉文意译：为何激话不给与？

喃字原文：𪜈 低 些 㐌 唄 唔，
国际音标：tɯ:k⁷ʔdɤi¹ ta¹ ʔda³ hɛn⁶hɔ²
汉文直译： 昔日 咱俩 已 相约
汉文意译：昔日咱俩相见面，

145

喃字原文：牢 麻 挵 别 娘 忪 役 之?
国际音标：tha:u¹ ma² tsaŋ³ ʔbi:t⁷ na:ŋ² lɔ¹ vi:k⁸ ji²
汉文直译：为何 而 不 知 妹 忧 事 什么
汉文意译：为何忍而不布施？

（男：刘振先；女：苏维英）

（8）

喃字原文：坦 牢 坦 赭 如 鐄，
国际音标：ʔdɤt⁷ tha:u¹ ʔdɤt⁷ ʔdɔ³ ɲɯ¹ va:ŋ²
汉文直译：土 为何 土 红 似 金
汉文意译：这土赤色似黄金，

喃字原文：猠蠍幤嚕趾 跳 趾 鏇；
国际音标：kɔn¹jun¹ jɯ:i⁵ lo³ tsai⁶ kwa:ŋ² tsai⁶ si:n¹
汉文直译：沙虫 下 洞 跑 胡乱 跑 钻
汉文意译：沙虫钻孔横直撞；

喃字原文：俺 掏 浦 浍 潨 連，
国际音标：ʔɛm¹ ʔda:u² ʔbo²hoi¹ tu:n¹ li:n²
汉文直译：妹 挖 汗 水 涌流 不停
汉文意译：妹挖沙虫汗水流，

喃字原文：认 𠐞 英 沛 衬 钱 𠐞 謨。
国际音标：ŋɤn⁶ ra¹ ʔan¹ fa:i³ lɤi⁵ ti:n² ra¹ muə¹
汉文直译：认 出 哥 得 拿 钱 出 买
汉文意译：哥认得人偿钱购。

喃字原文：俺 術 㤕 曝 英 迻，
国际音标：ʔɛm¹ ve² jɤ:i² toi⁵ ʔan¹ ʔdɯə¹
汉文直译：妹 回 天 黑 哥 送
汉文意译：妹回夜黑哥来送，

劳动歌

喃字原文：牺 捪 裪 襖 蹟 擄 蒅 荄。
国际音标：tai¹ nam⁵ va:t⁸ʔa:u⁵ tsʁn¹ lɯə² tsoŋ¹ɣa:i¹
汉文直译：手 拉 衣襟 脚 避 荆棘
汉文意译：脚避荆棘拉衣襟。

（9）

喃字原文：钯 咀 哑 喺 贝 烧，
国际音标：ʔda³ jʁ³ ɲʁ:i² hɛn⁶ vʁ:i⁵ɲau¹
汉文直译：已 失 话 约定 互相
汉文意译：没得相见已失言，

喃字原文：毈 柑 曑 稻 暚 萎 拱 停；
国际音标：thʁ:m⁵ kʁ:m¹ tsa:uə¹ tsa:u⁵ toi⁵ rau¹ kuŋ³ ʔdan²
汉文直译：早上 饭 中午 粥 晚上 菜 也 忍
汉文意译：早饭午粥晚菜也得忍；

喃字原文：钯 淬 拥 牺 钯 桶，
国际音标：ʔda³ tɔt⁷ juŋ⁵ tai¹ va:u² thuŋ²
汉文直译：已 既然 伸 手 进 桶
汉文意译：既然伸手进水桶，

喃字原文：诺 清 時 拱 挸 撧 朱 清。
国际音标：nɯ:k⁷ than¹ thi² kuŋ³ vʁi³vuŋ² tsɔ¹ than¹
汉文直译：水 浊 则 也 纵横 使 清
汉文意译：桶水不清要澄清。

（10）

喃字原文：钯 制 制 准 朱 高，
国际音标：ʔda³ tsʁ:i¹ tsʁ:i¹ tson⁵ tsɔ¹ ka:u¹
汉文直译：已 玩 玩 地方 使 高
汉文意译：想玩乐就要玩好，

喃字原文：笾 唉 唉 果 红 桃 朱 唁；
国际音标：ʔda³ ʔan¹ ʔan¹ kwa³ hoŋ² ʔda:u² tso¹ ŋɔ¹
汉文直译：已 吃 吃 果 红桃 给 美味
汉文意译：想吃果味美红桃；

喃字原文：群 丕 群 渃 群 㜒，
国际音标：kɔn² jɤ:i² kɔn² nɯ:k⁷ kɔn² nɔn¹
汉文直译：还有 天 还有 水 还有 山
汉文意译：天有地有山尚在，

喃字原文：群 胺 群 邈 時 群 堆 些。
国际音标：kɔn² jaŋ¹ kɔn² jɔ⁵ thi² kɔn² ʔdoi¹ta¹
汉文直译：还有 月 还有 风 则 还有 我俩
汉文意译：有风有雨有佳偶。

（11）

喃字原文：笾 醛 哐 哏 欺 嘲，
国际音标：ʔda³ thai¹ nɤ:i² hɛn⁶ khi¹ tsi:u²
汉文直译：已 醉 话 约定 时 下午
汉文意译：下午见面言牢记，

喃字原文：湄 沙 邈 哏 拱 料 麻 扅；
国际音标：mɯ¹ tha¹ jɔ⁵ thoi³ kuŋ³ li:u² ma² ʔdi¹
汉文直译：雨 下 风 吹 也 不顾 而 去
汉文意译：风吹雨打豁出去；

喃字原文：埃 ⺘ 𬹖 跐 分 离，
国际音标：ʔa:i¹ la:m²nen¹ ʔbɯ:k⁷ fɤn¹li¹
汉文直译：谁 造成 地步 分离
汉文意译：谁人造成两分离，

劳动歌

喃字原文：感 功 湄 曝 几 捄 馭 术。
国际音标：kaːm⁵koŋ¹ mɯə¹ naŋ⁵ kɛ³ ʔdi¹ ŋɯːi² ve²
汉文直译：触景 雨 晴 人 去 人 回
汉文意译：触景晴雨而相思。

（12）

喃字原文：术 英 袘 鉑 ⺆ 鋳，
国际音标：ve² ʔan¹ lɤi⁵ ʔbaːk⁸ lɤi⁵ tsi²
汉文直译：回 哥 拿 银 拿 铅
汉文意译：哥回取银当作铅，

喃字原文：底 朱 魛 奇 䰡 术 沟 溇；
国际音标：ʔde³tsɔ¹ kaː⁵ kaː³ jɤ³ve² ʔaːu¹ thɤu¹
汉文直译：使得 鱼 大 返回 池 深
汉文意译：饵钓大鱼返深池；

喃字原文：㠪 躬 固 㠪 埃 兜，
国际音标：ʔbɤːi³ min² kɔ⁵ ʔbɤːi³ ʔaːi¹ ʔdɤu¹
汉文直译：因为 自己 有 因为 谁 哪里
汉文意译：此事主张由哥定，

喃字原文：㠪 躬 跐 㐌 翂 溇 馭 唭。
国际音标：ʔbɤːi³ min² ʔbɯːk⁷ suːŋ⁵ ruːŋ⁶ thɤu¹ ŋɯːi² kɯːi²
汉文直译：因为 自己 迈 下 田 深 人 笑话
汉文意译：怕落深田人笑矣。

（13）

喃字原文：悲 晗 堆 我 赊 吹，
国际音标：ʔbɤi¹jɤ² ʔdoi¹ŋa³ saː¹soi¹
汉文直译：如今 咱俩 遥远
汉文意译：如今咱俩各一方，

149

喃字原文： 傷 英 時 拱 謨 恄 半 愁 ；
国际音标： thɯːŋ¹ ʔan¹ thi² kuŋ³ muə¹ vui¹ ʔbaːn⁵ thɤu²
汉文直译： 想 哥 就 也 买 喜 卖 愁
汉文意译： 买喜卖愁思念君；

喃字原文： 事 情 群 遇 之 㷮，
国际音标： thɯ⁶ tin² kɔn² la⁶ ji² ȵau¹
汉文直译： 事情 还 奇异 什么 互相
汉文意译： 咱俩情义无陌生，

喃字原文： 娘 時 掏 汝 英 吀 㧈 術。
国际音标： naːŋ² thi² ʔdaːu² nɯə³ ʔan¹ sin¹ ʔdi¹ ve²
汉文直译： 妹 则 挖 还 哥 请 回 去
汉文意译： 妹挖沙虫哥莫等。

（14）

喃字原文： 没 躺 更 憗 没 躺，
国际音标： mot⁸ min² laːi⁶ ŋi³ mot⁸ min²
汉文直译： 独自 又 想 自己
汉文意译： 自己想起自孤身，

喃字原文： 憗 缘 爸 丕 憗 情 ㄇ 牢；
国际音标： ŋi³ jiːn¹ ʔda³ vɤi⁶ ŋi³ tin² laːm² thaːu¹
汉文直译： 想 缘 已 这样 想 情 为什么
汉文意译： 想缘心挂情丝缠；

喃字原文： 躺 時 蹟 湿 蹟 高，
国际音标： min² thi² tsɤn¹ thɤp⁷ tsɤn¹ kaːu¹
汉文直译： 我 则 脚 低 脚 高
汉文意译： 移步高低心想念，

劳动歌

喃字原文： 情 缘 些 懝 约 幻 闷 分。
国际音标： tin² ji:n¹ ta¹ ŋi³ ʔɯ:k⁷ ʔa:u¹ mu:n¹ fɤn²
汉文直译： 情缘 咱 想 期盼 万分
汉文意译： 相思情缘万分期。

喃字原文： 矇 蓬 霊 皐 旭 斉，
国际音标： toŋ¹ len¹ mɤi¹ taŋ⁵ tsin⁵ lɤn²
汉文直译： 望 上 云 白 九 层
汉文意译： 望天白云九层厚，

喃字原文： 焋 弹 鸪 遛 姅 悜 姅 忙。
国际音标： thɤi⁵ ʔda:n² tsim¹ la⁶ nɯə³ mɯŋ² nɯə³ lɔ¹
汉文直译： 见 鸟群 陌生 半 喜 半 忧
汉文意译： 望见鸟群自孤零。

（男：刘振先；女：杜福英，刘元英）

（15）

喃字原文： 吁 媕 捼 柄 吏 低，
国际音标： sin¹ ʔɛm¹ kwai¹ mat⁸ la:i⁶ ʔdɤi¹
汉文直译： 请 妹 转 脸 来 这里
汉文意译： 请妹转身回头望，

喃字原文： 底 胋 英 忟 底 馴 英 傷；
国际音标： ʔde³ ʔdem¹ ʔan¹ nɤ⁵ ʔde³ ŋai² ʔan¹ thɯ:ŋ¹
汉文直译： 留 夜晚 哥 想 留 白天 哥 念
汉文意译： 白天呆想夜思念；

喃字原文： 傷 烧 捕 特 烧 呢，
国际音标： thɯ:ŋ¹ ɲau¹ ʔbɔ³ ʔdɯ:k⁸ ɲau¹ ni¹
汉文直译： 牵挂 互相 丢 得 互相 吗
汉文意译： 互相牵挂怎能忘，

151

喃字原文：罪丕埃翌功夫埃填。
国际音标：toi⁶ jɤːi² ʔaːi¹ tsiu⁶ koŋ¹fu¹ ʔaːi¹ ʔden²
汉文直译：罪 天 谁 受 功夫 谁 报
汉文意译：天罪怪谁都难填。

（16）

喃字原文：英术吲娘咥尼，
国际音标：ʔan¹ ve² jan⁶ naːŋ² nɤːi² nai²
汉文直译：哥 回 叮嘱 妹 话 这
汉文意译：哥回叮嘱妹数言，

喃字原文：吲娘㵽懝渃霙赊塘；
国际音标：jan⁶ naːŋ² tsɤ⁵ ŋi³ nɯːk⁷ mɤi¹ saː¹ ʔdɯːŋ²
汉文直译：叮嘱 妹 莫 想 水 云 远 路
汉文意译：请妹莫忧云水远；

喃字原文：吲娘术准房香，
国际音标：jan⁶ naːŋ² ve² tson⁵ foŋ²hɯːŋ¹
汉文直译：叮嘱 妹 回 处 香 房
汉文意译：嘱妹回到自香房，

喃字原文：吲娘𫵆道𢜝纲朱紑。
国际音标：jan⁶ naːŋ² jɯ³ ʔdaːu⁶ tam¹ kɯːŋ¹ tsɔ¹ ʔben²
汉文直译：叮嘱 妹 守 妇道 百 纲 使 牢固
汉文意译：嘱妹纲常妇道要坚守。

喃字原文：吲娘𫵆礼咥愿，
国际音标：jan⁶ naːŋ² jɯ³le³ nɤːi²ŋwiːn²
汉文直译：叮嘱 妹 坚守 誓言
汉文意译：嘱妹誓言要坚守，

 劳动歌

喃字原文：吲 娘 苻 祂 哑 愿 滃 派；
国际音标：jan⁶ na:ŋ² jɯ³lɤi⁵ lɤ:i²ŋwi:n² tsɤ⁵ fa:i¹
汉文直译：叮嘱 妹 坚守 誓言 莫 违背
汉文意译：深情厚义莫褪色；

喃字原文：吲 娘 停 滃 瑅 埃，
国际音标：jan⁶ na:ŋ² ʔdɯŋ²tsɤ⁵ ŋɛ¹ ʔa:i¹
汉文直译：叮嘱 妹 莫 听 谁
汉文意译：嘱妹莫听人唆使，

喃字原文：吲 娘 晗 歔 苻 睍 園 桃。
国际音标：jan⁶ raŋ² khwiə¹thɤ:m⁵ jɯ³kɔi¹ vɯ:n²ʔda:u²
汉文直译： 桃 叮嘱 道 早晚 看守 桃 园
汉文意译：早晚桃园守稳牢。

喃字原文：英 術 忟 娘 麩 牢，
国际音标：ʔan¹ ve² n̻ɤ⁵ na:ŋ² lam⁵ tha:u¹
汉文直译： 哥 回 想 妹 极了 为何
汉文意译：哥回真实思念妹，

喃字原文：眈 平 趴 玉 趂 忲 稊 埃。
国际音标：sɛm¹ ʔbaŋ² ŋɯ:i²ŋɔk⁸ tsai⁶ va:u² tai¹ ʔa:i¹
汉文直译： 看 如 玉人 跑 进 手 谁
汉文意译：担心玉人过人手。

（男：刘日成）

（17）

喃字原文：英 術 揌 楒 吏 低，
国际音标：ʔan¹ ve² kwai¹mat⁸ la:i⁶ ʔdɤi¹
汉文直译： 哥 回 转脸 来 这里
汉文意译：哥回转面回头看，

喃字原文：媕吲哐尼敬媄罒没呈柴罒台;
国际音标：ʔɛm¹ jan⁶ lɤːi² naːi² kin⁵ mɛ⁶ laː² mot⁸ tin² thɤi² laː² haːi¹
汉文直译：妹 叮嘱 话 这 敬 母 是 一 呈 父 是 二
汉文意译：妹托言问哥父母;

喃字原文：吲自姊妈英耩,
国际音标：jan⁶ tuː² tsi⁶ɣaːi⁵ ʔanˀjaːi¹
汉文直译：叮嘱 从 姐姐 哥哥
汉文意译：再问长兄和姐妹,

喃字原文：群哐帀姅麻派哐愿。
国际音标：kɔn² lɤːi² naːu³ nɯə³ maː² faːi¹ nɤːi²ŋwiːn²
汉文直译：还 有 话 哪 还 而 违背 誓言
汉文意译：情义之言要转到。

喃字原文：吲自朌纼隻船,
国际音标：jan⁶ tuː² tɤm⁵lɯːi⁵ tsːik⁷thiːn²
汉文直译：叮嘱 从 鱼网 船只
汉文意译：叮嘱船只和鱼网,

喃字原文：扎挏奔半细沔江溪;
国际音标：tsaːŋ² ʔdi¹ ʔbuːn¹ʔbaːn⁵ tɤːi⁵ miːn² jaːŋ¹ khe¹
汉文直译：哥 去 经商 到 方 江 溪
汉文意译：乘船买卖走江湖;

喃字原文：吲自丐泘江溪,
国际音标：jan⁶ tuː² kaːi⁵ʔben⁵ jaːŋ¹ khe¹
汉文直译：叮嘱 从 码头 江 溪
汉文意译：叮嘱江河及码头,

劳动歌

喃字原文：吲 自 丐 旿 黜 術 從 容。
国际音标：jan⁶ tɯ² ka:i⁵luk⁷ ra¹ve² thoŋ¹joŋ¹
汉文直译：叮嘱 从　时　　回去 从容
汉文意译：哥下船回从容走。

喃字原文：吲 自 丐 垝 蹄 韃，
国际音标：jan⁶ tɯ² ka:i⁵tso³ ʔdɯŋ⁵ toŋ¹
汉文直译：叮嘱 从 地方　　站 望
汉文意译：叮嘱站立在此处，

喃字原文：吲 自 丐 旿 撚 功 黜 術；
国际音标：jan⁶ tɯ² ka:i⁵luk⁷ jat⁷koŋ¹ ra¹ve²
汉文直译：叮嘱 从　时　　牵手 回去
汉文意译：自始至终此握手；

喃字原文：吲 自 幣 鋪 幣 邦，
国际音标：jan⁶ tɯ² tsɤ⁶fo⁵ tsɤ⁶ʔba:ŋ¹
汉文直译：叮嘱 从 集市 邦圩
汉文意译：叮嘱集市街道处，

喃字原文：吲 自 丐 旿 奔 行 趈 吹。
国际音标：jan⁶ tɯ² ka:i⁵luk⁷ ʔbu:n¹ ha:ŋ² tsai⁶su:i¹
汉文直译：叮嘱 从　时　卖 货 畅销
汉文意译：买卖经商有利收。

喃字原文：吲 自 忱 襖 捆 馭，
国际音标：jan⁶ tɯ² tɤm⁵ʔa:u⁵ kɔn¹ŋɯ:i²
汉文直译：叮嘱 从 衣服　　人
汉文意译：叮嘱哥去着好衣，

155

喃字原文：吲 自 丐 旳 扒 吹 黜 術。
国际音标：jan⁶ tɯ² ka:i⁵luk⁷ tsa:ŋ² su:i¹ ra¹ve²
汉文直译：叮嘱 从 时 哥 顺 回去
汉文意译：咱俩在此相分手。

（女：阮兴连，杜福英）

(18)

喃字原文： 掏 沙 虫 矗 夥 媕 喂，
国际音标： ʔda:u² sa⁵suŋ² khɔ⁵ lam⁵ ʔɛm¹ ʔɤ:i¹
汉文直译： 挖 沙虫 难 极了 妹 啊
汉文意译：妹挖沙虫实辛苦，

喃字原文： 拺 如 奔 半 衝 来 吏 術；
国际音标： tsaŋ³ ɲɯ¹ ʔbu:n¹ʔba:n⁵ sɔŋ¹ rɔi² la:i⁶ ve²
汉文直译： 不 如 买卖 完 了 再 回
汉文意译：哥去买卖完事回；

喃字原文： 掏 特 犎 悑 毺 麻 術，
国际音标： ʔda:u² ʔdɯ:k⁸ ɲi:u² vui¹vɛ³ ma² ve²
汉文直译： 挖 得 多 高兴 而 回
汉文意译：得多沙虫回高兴，

喃字原文： 特 尐 馭 痳 蹟 瘅 恪 常。
国际音标： ʔdɯ:k⁸ ʔit⁷ ŋɯ:i² mɔi³ tsɤn¹ te¹ kha:k⁷thɯ:ŋ²
汉文直译： 得 少 人 疲累 脚 麻 异常
汉文意译：得少沙虫感疲累。

(19)

喃字原文：掏 特 蠍 鲜 術 茹，
国际音标：ʔda:u² ʔdɯ:k⁸ na:u¹ tɯ:i¹ ve² ɲa²
汉文直译：挖 得 沙虫 新鲜 回 家
汉文意译：新鲜沙虫妹挖回，

劳动歌

喃字原文： 跙 茹 沛 谣 滩 罪 买 晟；
国际音标： ʔden⁵ ɲa² faːi³ lan⁶ tan² la² mɤːi⁵ fɤːi¹
汉文直译： 到 家 得 翻 筛 是 才 晒
汉文意译： 带回家来翻来晒；

喃字原文： 烞 特 朱 怒 炻 籴,
国际音标： fɤːi¹ ʔdɯːk⁸ tsɔ¹ nɔ⁵ kho¹ roi²
汉文直译： 晒 得 使 它 干 了
汉文意译： 晒得沙虫成干品，

喃字原文： 抌 半 对 粴 底 馁 家 庭。
国际音标： ʔdɛm¹ ʔbaːn⁵ ʔdoi³ ɣaːu⁶ ʔde³ nuːi¹ jaˀʔdin²
汉文直译： 带 卖 换 米 以便 养 家 庭
汉文意译： 带去换米养家口。

（男：苏维绍）

8

喃字原文：	欺　特　涾　㧅　共　恮　些　術
国际音标：	khi¹ ʔdɯːk⁸ ʔdɤi² jɔ³ kuŋ² vui¹ ta¹ ve²
汉文直译：	时　得　满　篓　同　欢乐　咱　回
汉文意译：	耙螺满篓哥妹欢

（1）

喃字原文：迭　英　欺　朷　固　嘲，
国际音标：ɣap⁸ ʔan¹ khi¹ naːi³ kɔ⁵ tsaːu²
汉文直译：遇见　哥　时　刚才　有　问好
汉文意译：早上遇见哥问好，

喃字原文：英　闷　咹　嫩　挧　鈕　共　媕；
国际音标：ʔan¹ muːn⁵ ʔan¹ ŋaːu¹ ʔdi¹ naːu⁶ kuŋ² ʔɛm¹
汉文直译：哥　想　吃　螺　去　耙　同　妹
汉文意译：哥想吃螺同妹来；

喃字原文：馱　些　觊　嫩　時　嚕，
国际音标：ŋɯːi²ta¹ thɤi⁵ ŋaːu¹ thi² thɛm²
汉文直译：别人　见　螺　就　馋
汉文意译：别人见螺嘴就馋，

喃字原文：英　麻　悗　境　貝　媕　挧　共。
国际音标：ʔan¹ ma² men⁵kan³ vɤːi⁵ ʔɛm¹ ʔdi¹ kuŋ²
汉文直译：哥　而　喜爱　风景　和　妹　去　一起
汉文意译：哥想螺开去共妹。

劳动歌

（2）

喃字原文：迏 烧 空 嗨 時 嘲，
国际音标：ɣap⁸ȵau¹ khoŋ¹ hɔi³ thi² tsaːu²
汉文直译：相遇 不 问 就 问好
汉文意译：相见互相要问好，

喃字原文：釆 翃 東 柳 西 桃 別 兜；
国际音标：roi² ra¹ ʔdoŋ¹ liːu³ tʂi¹ ʔdaːu² ʔbiːt⁷ ʔdɤu¹
汉文直译：完了出 东 柳 西 桃 别 哪里
汉文意译：想相识东柳西桃；

喃字原文：英 嗦 挊 鈕 共 烧，
国际音标：ʔan¹ thɯə¹ ʔdi¹ naːu⁶ kuŋ² ȵau¹
汉文直译：哥 答应 去 耙 一起
汉文意译：决意同妹去耙螺，

喃字原文：㐌 咥 貝 哏 競 曻 憧 埃。
国际音标：ʔda³ ȵɤːi² vɤːi⁵ hɛn⁶ ŋɛu² jau² tsuːŋ⁶ ʔaːi¹
汉文直译：已 话 和 相约 贫 富 喜爱 谁
汉文意译：贫富莫嫌咱相爱。

（3）

喃字原文：迏 烧 媕 闷 訴 情，
国际音标：ɣap⁸ȵau¹ ʔɛm¹ muːn⁵ tɔ³ tin²
汉文直译：相遇 妹 想 诉 情
汉文意译：遇见哥时妹诉情，

喃字原文：没 臬 丐 憕 眐 豾 皷；
国际音标：mot⁸ tam¹ kaːi⁵ then⁶ ʔdaːŋ¹ ȵin² thau¹ lɯŋ¹
汉文直译：一 百 羞愧 正 看 背后
汉文意译：身背螺篓难为情；

159

喃字原文：斯 時 例 義 叚 情，
国际音标：ɣɤn² thi² rai² ŋiə³ ma:i¹ tin²
汉文直译： 近 情 今日 义 明日 情
汉文意译：今情明义相接近，

喃字原文：赊 吹 埃 補 義 躺 麻 怇。
国际音标：sa¹soi¹ ʔa:i¹ ʔbɔ³ ŋiə³ min² ma² lɔ¹
汉文直译： 遥远 谁 弃 情义 妹 而 忧
汉文意译：莫忧弃情而相离。

（4）

喃字原文：遙 迻 梗 㪻 梗 桃，
国际音标：jɔ⁵ ʔdɯə¹ kan² mɤn⁶ kan² ʔda:u²
汉文直译： 风 送 枝 李 枝 桃
汉文意译：风吹摇动李桃枝，

喃字原文：為 掩 英 沛 㧯 鈕 䨂 歁；
国际音标：vi² ʔɛm¹ ʔan¹ fa:i³ ʔdi¹ na:u⁶ va:i² hom¹
汉文直译： 为 妹 哥 得 去 挖 几 天
汉文意译：耙螺数日为近妹；

喃字原文：愢 𢞅 悁 拼 唵 粓，
国际音标：vui¹mɯŋ² kwen¹ tsaŋ³ ʔan¹ kɤ:m¹
汉文直译： 高兴 忘 不 吃 饭
汉文意译：同妹一起忘饥饿，

喃字原文：爱 恩 捱 绵 胶 肍 鍾 情。
国际音标：ʔa:i⁵ʔn¹ ɣan⁵ʔbɔ⁵ kɛu¹thɤ:n¹ tsuŋ¹tin²
汉文直译： 恩爱 缠绵 胶漆 钟情
汉文意译：胶膝恩爱情缠绵。

# 劳动歌

（5）

喃字原文：遥 逐 繇 套 蕫 霊，
国际音标：jo⁵ ʔdɯə¹ ji:u² tha:u⁵ len¹ mɤi¹
汉文直译：风 送 风筝 上 云层
汉文意译：风吹风筝上云层，

喃字原文：遥 逐 馼 伴 砥 低 朱 斳；
国际音标：jo⁵ ʔdɯə¹ ŋɯ:i² ʔba:n⁶ ʔden⁵ ʔdɤi¹ tso¹ ɣɤy²
汉文直译：风 送 伴侣 到 这里 使 接近
汉文意译：风送伴侣来接近；

喃字原文：㧐 钮 甜 迏 涅 撛，
国际音标：ʔdi¹ na:u⁶ ra¹ ɣap⁸ ʔba:i³ thɤn¹
汉文直译：去 挖 出 遇见 海滩
汉文意译：耙螺相遇在海滩，

喃字原文：酉 包 畬 迏 時 親 閉 畬。
国际音标：jɤu² ʔba:u¹jɤ² ɣap⁸ thi² thɤn¹ ʔbɤi⁵jɤ²
汉文直译：纵然 何时 遇 则 相亲 那时
汉文意译：纵然相见情更亲。

（6）

喃字原文：咹 粓 拱 㑯 嚙 硶，
国际音标：ʔan¹ kɤ:m¹ kuŋ³ thɤi⁵ nɯk⁷ ŋɛn⁶
汉文直译：吃 饭 也 见 噎 住
汉文意译：吃饭急时见哽咽，

喃字原文：旺 渃 嚙 硶 㑈 哏 馼 矇；
国际音标：ʔu:ŋ⁵ nɯ:k⁷ nɯk⁷ ŋɛn⁶ nɤ⁵ hen⁶ ŋɯ:i² mɔn¹
汉文直译：喝水 噎住 想 约 人 期望
汉文意译：喝水哽咽有人期；

161

喃字原文：曘 喐 黜 㴜　踵 䠇，
国际音标：jɯ³ hɛn⁶ ra¹ ʔbaːi³ ʔdɯŋ⁵ toŋ¹
汉文直译：守　约　出　海滩　站　望
汉文意译：相约时间出海等，

喃字原文：浽 撑 八 吃 眤 空 镜 㕋。
国际音标：ʔbiːn⁵ san¹ ʔbaːt⁷ ŋaːt⁷ ȵin² khoŋ¹ thʐi⁵ ŋɯːi²
汉文直译：海　蓝　无　垠　看　不　见　人
汉文意译：蓝天广阔无见人。

（7）

喃字原文：俺　喝　知音　嗨知音，
国际音标：ʔɛm¹ haːt⁷ ti¹ʔʐm¹ hɔi³ ti¹ʔʐm¹
汉文直译：妹　唱　知音　问　知音
汉文意译：妹唱知音问知音，

喃字原文：丐 之 馱 踖 嵃　潭　蒱 黜？
国际音标：kaːi⁵ ji² taːm⁵ kaŋ³ jɯːi⁵ ʔdʐm² ʔbɔ² ra¹
汉文直译：什么　八　脚　下　潭　爬　出
汉文意译：什么八脚爬海深？

（8）

喃字原文：英　喝　知音　英者知音，
国际音标：ʔan¹ haːt⁷ ti¹ʔʐm¹ ʔan¹ ja³ ti¹ʔʐm¹
汉文直译：哥　唱　知音　哥　答　知音
汉文意译：哥唱知音答知音，

劳动歌

喃字原文： 焜 鱬 凯 踭 幣 潭 捕 豣。
国际音标： kɔn¹ruːk⁷ taːm⁵ kaŋ³ jɯːi⁵ ʔdɤm² ʔbɔ² ra¹
汉文直译： 章鱼 八 脚 下 潭 爬 出
汉文意译： 章鱼八脚深海出。

（男：杜玉光）

(9)

喃字原文： 些 抄 甋 浚 钮 蟍，
国际音标： ta¹ ʔdi¹ suːŋ⁵ ʔbiːn³ naːu⁶ ŋaːu¹
汉文直译： 咱 去 下 海 挖 螺
汉文意译： 咱俩下海去耙螺，

喃字原文： 台 蹞 撟 钮 跐 时 斥 退；
国际音标： haːi¹ tsɤn¹ kɛu⁵ naːu⁶ ʔbɯːk⁷ thi² xit⁷lui¹
汉文直译： 两 脚 拉 挖子 迈步 则 后退
汉文意译： 两脚后倒像拨河；

喃字原文： 俺 钮 藤 齵 英 愢，
国际音标： ʔɛm¹ naːu⁶ ʔdaŋ² tɯːk⁷ ʔan¹ vui¹
汉文直译： 妹 挖 前面 哥 喜悦
汉文意译： 见妹前面心喜悦，

喃字原文： 欺 特 洺 竻 共 愢 些 術。
国际音标： khi¹ ʔdɯːk⁸ ʔdɤi² jɔ³ kuŋ² vui¹ ta¹ ve²
汉文直译： 时 得 满 篓 同 乐 咱 回
汉文意译： 耙螺满篓哥妹欢。

喃字原文： 坡 浚 蹞 蹭 腢 供，
国际音标： ʔbɤ² ʔbiːn³ tsɤn¹ ɣoi⁵ ma⁵ kɤi⁶
汉文直译： 海岸 脚 枕 颊 倚
汉文意译： 回到海岸坐相倚，

喃字原文：与 疑 恄 飗 来 術 双 双；
国际音标：ŋɤːi¹ŋi³ vui¹vɛ³ ròi ve² thɔŋ¹thɔŋ¹
汉文直译：歇息 高兴 了 回 双双
汉文意译：休息一会双回家；

喃字原文：悴 吒 媄 茹 当 嚎，
国际音标：thɤ⁶ tsa¹mɛ⁶ ɲa² ʔdaːŋ¹ mɔŋ¹
汉文直译：怕 父母 家 正在 盼望
汉文意译：担心父母期待盼，

喃字原文：蟻 氵 情 深 䖳 些 恄。
国际音标：ŋaːu¹ ʔdɤi² tin² thɤm¹ tɔŋ¹ lɔŋ² ta¹ vui¹
汉文直译：蛤蜊 满 情深 中心 咱 高兴
汉文意译：螺满情深两欢心。

（10）

喃字原文：悲 晗 併 礙 ᵈ 牢，
国际音标：ʔbɤi¹jɤ² tin⁵ŋi³ laːm²thaːu¹
汉文直译：现在 打算 怎么样
汉文意译：如今咱俩怎打算，

喃字原文：燶 釘 攔 砆 抺 蟻 ᵈ 味；
国际音标：nuŋ¹ ʔdin¹ ʔdɛu³ ʔda⁵ mɔk⁷ ŋaːu¹ laːm² mui²
汉文直译：烧 钉子 切削 石 钩 蛤蜊 做 饵料
汉文意译：烧钉凿石螺为饵；

喃字原文：掩 停 礙 竹 赊 吹，
国际音标：ʔɛm¹ ʔduɯŋ² ɲi¹ŋɤ² sa¹soi¹
汉文直译：妹 莫 怀疑 遥远
汉文意译：请妹莫疑情遥远，

劳动歌

喃字原文：些 尼 罗 伴　仍　骵　庄　赊。
国际音标：ta¹ nai² la² ʔbaːn⁶ ŋɯŋ³ ŋɯːi² tsaŋ³ sa¹
汉文直译：咱 今 是 朋友　些　人　不　远
汉文意译：如今咱俩亲伴侣。

喃字原文：阮 潮　渃　掣　包　赊，
国际音标：ŋɔn⁶ tiːu² nɯːk⁷ siːt⁷ ʔbaːu¹ sa¹
汉文直译：尖　潮　水　湍急　多远
汉文意译：潮源水流向远处，

喃字原文：没　骵　没　我　斜斜　暃　貅。
国际音标：mot⁸ ŋɯːi² mot⁸ ŋa³ taːta² ʔbɔŋ⁵ jɤu¹
汉文直译：一　人　一　我　斜斜　影子　桑树
汉文意译：咱俩如同对桑树。

（男：苏维绍；女：杜福英）

（11）

喃字原文：迨　烧　钟　淫　浚　尼，
国际音标：ɣap⁸ ɳau¹ jɯə³ ʔbaːi³ ʔbiːn³ nai²
汉文直译：　相遇　中　海滩　这
汉文意译：咱俩相遇海滩上，

喃字原文：捆　相　英　睊　毟　眉　送　昂；
国际音标：kon¹ mat⁷ ʔan¹ liːk⁷ loŋ¹ mai² ʔdɯə¹ ŋaːŋ¹
汉文直译：　眼睛　哥　瞟　眉毛　送　横
汉文意译：飞眼竖眉横斜视；

喃字原文：埃　巴　朱　凤　离　鸾，
国际音标：ʔaːi¹ laːm² tsɔ¹ fɯːŋ⁶ liə² lɔn¹
汉文直译：谁　使得　凤　离　鸾
汉文意译：谁人俾使凤离鸾，

喃字原文：當 秿 麻 披 金 鐄 ⿱ 堆。
国际音标：ʔdaːŋ¹tai¹ ma² ʔbɛ³ kim¹ vaːŋ² laːm² ʔdoi¹
汉文直译：狠心 而 折 针 金 成 两
汉文意译：出手折断金两截。

喃字原文：埃 ⿱ 朱 渃 沚 吹，
国际音标：ʔaːi¹ laːm²tsɔ¹ nɯːk⁷ tsai³ suːi¹
汉文直译：谁 使得 水 流 顺
汉文意译：谁人俾使水顺流，

喃字原文：朱 鸼 离 祖 朱 碎 离 払。
国际音标：tsɔ¹ tsim¹ liə² to³ tsɔ¹ toi¹ liə² tsaːŋ²
汉文直译：使 鸟 离 巢 使 我 离 哥
汉文意译：让妹离君鸟离巢。

（12）

喃字原文：迖 燒 钟 翘 渼 尼，
国际音标：ɣap⁸ɲau¹ jɯə³ kan⁵ ʔbaːi³ nai²
汉文直译：相遇 中 边 海滩 这
汉文意译：哥在海滩遇见妹，

喃字原文：琨 䘛 唎 吏 龙 眉 逡 昂；
国际音标：kɔn¹ mat⁷ liːk⁷ laːi⁶ lɔŋ¹mai² ʔdɯə¹ ŋaːŋ¹
汉文直译：眼睛 瞟 来 眉毛 送 横
汉文意译：横竖眉毛哥飞眼；

喃字原文：悲 唸 特 咀 特 叹，
国际音标：ʔbɤi¹jɤ² ʔdɯːk⁸ thɤ³ ʔdɯːk⁸ thaːn¹
汉文直译：如今 得 叹气 得 叹息
汉文意译：如今见面互息叹，

劳动歌

喃字原文：扒捉鸹豆補弹鸹趩。
国际音标：ʔbat⁷ kɔn¹ tsim¹ ʔdɤu⁶ ʔbɔ³ ʔda:n² tsim¹ ʔbai¹
汉文直译：捉 只 鸟 栖息 放 群 鸟 飞
汉文意译：捉只栖鸟放鸟群。

喃字原文：悲睁英摘 特 秤，
国际音标：ʔbɤi¹jɤ² ʔan¹ nam⁵ ʔdɯ:k⁸ tai¹
汉文直译：如今 哥 握 得 手
汉文意译：如今紧牵妹的手，

喃字原文：英妥術湟英 醛術情。
国际音标：ʔan¹ ʔi:u¹ ve² net⁷ ʔan¹ thai¹ ve² tin²
汉文直译：哥 爱 因为 性情 哥 醉 因为 情
汉文意译：爱妹品德醉妹情。

（13）

喃字原文：捆 眎 没 哼 風 情，
国际音标：jɤ³ sɛm¹ mot⁸ ti:n⁶ fɔŋ¹tin²
汉文直译：翻 看 一 故事 风 情
汉文意译：风情故事翻书看，

喃字原文：朱 鸾 伮 凤 朱 躺 伮 些；
国际音标：tsɔ¹ lon¹ ɲɤ⁵ fɯ:ŋ⁶ tsɔ¹ min² ɲɤ⁵ ta¹
汉文直译：让 鸾 想 凤 让 哥 想 妹
汉文意译：让鸾想凤哥想妹；

喃字原文：伮 烧 铖 室 铖 家，
国际音标：ɲɤ⁵ nau¹ nen¹ thɤt⁷ nen¹ ja¹
汉文直译：思念 互相 成 室 成 家
汉文意译：互相思念成家室，

喃字原文： 铖 劚 铖 茹 铖 媂 铖 琨。
国际音标： nen¹ kɯə³ nen¹ ɲa² nen¹ vɤ⁶ nen¹ kɔn¹
汉文直译： 成　门　成　家　成　妻　成　子
汉文意译： 合为一家夫妻情。

喃字原文： 鸲 鹃 哬 吪 𡆫 㵐，
国际音标： tsim¹kwiːn¹ rɛu⁵rat⁷ ten¹ nɔn¹
汉文直译： 　杜鹃　　抑扬　上　山
汉文意译： 杜鹃山上抑扬喊，

喃字原文： 约 之 些 特 媂 琨 如 馭。
国际音标： ʔɯːk⁷tsi¹ ta¹ ʔdɯːk⁸ vɤ⁶ kɔn¹ ɲɯ¹ ŋɯːi²
汉文直译： 　期望　 咱　得　妻　儿　如　人
汉文意译： 期望同人有妻儿。

劳动歌

9

喃字原文：岜浅打赋弹翁弹娿
国际音标：ra¹ jɤt⁸ ʔdan⁵thuɯk⁷ ʔdaːn²ʔoŋ¹ ʔdaːn²ʔba²
汉文直译：出 猛 拉唤醒 男人 女人
汉文意译：男女彻夜捉螃蜞

（1）

喃字原文：捆蚴愧夥埃喂，
国际音标：kɔn¹kɔŋ² jaːi⁶ lam⁵ ʔaːi¹ ʔɤːi¹
汉文直译：螃蜞 蠢 很 谁 啊
汉文意译：螃蜞真是痴呆蟹，

喃字原文：枉功煇涟洚滩吏散。
国际音标：ʔuːŋ³kɔŋ¹ thɛ¹ kaːt⁷ thɔŋ⁵ joi² laːi⁶ taːn¹
汉文直译：徒劳 堆 沙 浪 抛 又 散
汉文意译：枉功堆沙浪冲散。

（2）

喃字原文：喻烧龍浚扒蜗，
国际音标：n̠u³n̠au¹ suːŋ⁵ ʔbiːn³ ʔbat⁷ kuə¹
汉文直译：相约 下 海 捉 螃蟹
汉文意译：相约下海捉沙蟹，

喃字原文：扒蜗蜗扱扒螝螝湃。
国际音标：ʔbat⁷ kuə¹ kuə¹ kɛp⁸ ʔbat⁷ ruə² ruə² ʔɤːi¹
汉文直译：捉 蟹 蟹 夹 捉 龟 龟 游
汉文意译：捉蟹蟹夹，捉龟龟游。

（3）

喃字原文： 躂蠘　車　渚　枉　功，
国际音标： ja:u⁶ta:ŋ² thɛ¹ ka:t⁷ ʔu:ŋ³koŋ¹
汉文直译： 螃蜞　堆沙　徒劳
汉文意译： 螃蜞堆沙实枉功，

喃字原文： 悉　英　傷　媍　氽　冬　翌　愁。
国际音标： lɔŋ¹ ʔan¹ thɯ:ŋ¹ vɤ⁶ mɤi⁵ ʔdoŋ¹ tsiu⁶ thɤu²
汉文直译： 心　哥　思念　妻　几　冬　忍受　愁
汉文意译： 哥思念妻愁数年。

（4）

喃字原文： 躂蠘　車　渚　波　東，
国际音标： ja:u⁶ta:ŋ² thɛ¹ ka:t⁷ ʔbe³ ʔdoŋ¹
汉文直译： 螃蜞　堆沙　海　东
汉文意译： 螃蜞堆沙海滩东，

喃字原文： 勵　悉　麻　拰　铖　功　干　之；
国际音标： nɔk⁸lɔŋ² ma² tsaŋ³ nen¹koŋ¹ ka:n⁵ tsi¹
汉文直译： 操心　而　不　成功　关系　什么
汉文意译： 三心两意自挖洞；

喃字原文： 勵　悉　夥　躂　蠘　喂，
国际音标： nɔk⁸lɔŋ² lam⁵ ja:u⁶ta:ŋ² ʔɤ:i¹
汉文直译： 操心　太　螃蜞　啊
汉文意译： 搓成沙球千千万，

喃字原文： 孤　車　蓬　渚　洴　培　吏　散。
国际音标： ho² thɛ¹ len¹ ka:t⁷ thɔŋ⁵ vui² la:i⁶ ta:n¹
汉文直译： 潮水　堆　上沙　浪　培　又　散
汉文意译： 潮水冲来一场空。

劳动歌

喃字原文：功 些 乱 乱 蓮 蓮，
国际音标：koŋ¹ ta¹ suːŋ⁵ suːŋ⁵ len¹ len¹
汉文直译：功 咱 下 下 上 上
汉文意译：寻妹上落哥费功，

喃字原文：损 油 耗 芘 渚 铖 功 之；
国际音标：ton³ jɤu² haːu¹ ʔbɤk⁷ tsɯə¹ nen¹ koŋ¹ tsi¹
汉文直译：损 油 耗 芯 未 成 功 什么
汉文意译：损油耗芯事未成；

喃字原文：渚 铖 功 干 之 兜，
国际音标：tsɯə¹ nen¹ koŋ¹ kaːn⁵ tsi¹ ʔdɤu¹
汉文直译：未 成功 关系 什么 哪里
汉文意译：此事到此未成功，

喃字原文：拱 罪 损 芘 耗 油 麻 催。
国际音标：kuŋ³ la² ton³ ʔbɤk⁷ haːu¹ jɤu² ma² thoi¹
汉文直译：也 是 损 灯芯 耗 油 罢 休
汉文意译：耗芯损油此罢休。

（女：苏维绍）

(5)

喃字原文：廊 些 固 事 拱 ⽿，
国际音标：laːŋ² ta¹ kɔ⁵ thɯ⁶ kuŋ³ hai¹
汉文直译：村 咱 有 事 也 离奇
汉文意译：我村捉蟹事很奇，

喃字原文：仍 馱 扒 蚜 胿 馱 頭 東；
国际音标：nɯŋ³ ŋai² ʔbat⁷ kai⁵ ŋai² ʔdem¹ ʔdɤu² ʔdoŋ¹
汉文直译：些 日子 捉 螃蜞 日夜 头 东
汉文意译：日夜海东捉螃蜞；

171

喃字原文：暚 吏 忉 捱 忉 茳，
国际音标：toi⁵ la:i⁶ tham⁵ ɣan⁵ tham⁵ ɣoŋ²
汉文直译：夜 来 备 担子 备 半担子
汉文意译：夕阳下山众备担，

喃字原文：𣋚 浅 打 眲 弹 翁 弹 娿。
国际音标：ra¹ jɤt⁸ ʔdan⁵thɯk⁷ ʔda:n²ʔoŋ¹ ʔda:n²ʔba²
汉文直译：出 猛拉 唤醒 男人 女人
汉文意译：男女彻夜捉螃蜞。

喃字原文：徐 朱 朡 跲 斜斜，
国际音标：tsɤ² tsɔ¹ jaŋ¹ lan⁶ ta²ta²
汉文直译：等 给 月 落 斜斜
汉文意译：等至月落西斜去，

喃字原文：烛 畑 烛 焔 贯 罒 挏 燷；
国际音标：ʔdot⁷ ʔdɛn² ʔdot⁷ lɯə³ mɤ:i⁵ la² ʔdi¹ thɔi¹
汉文直译：点 灯 点 火 才 是 去 照亮
汉文意译：点灯火把齐出动；

喃字原文：頭 東 夥 渼 毵 洍，
国际音标：ʔdɤu²ʔdoŋ¹ lam⁵ lat⁸ ɲi:u² ŋwa:i²
汉文直译：东头 多 海沟 多 小沟
汉文意译：海东退潮海沟多，

喃字原文：燷 𣋚 局 墭 吏 燷 奫 伩。
国际音标：thɔi¹ ra¹ kuk⁸mɔm³ la:i⁶ thɔi¹ jɤ³ va:u²
汉文直译：照 出 凸出处 又 照 返回 进
汉文意译：从西捉到尽东头。

劳动歌

喃字原文：鮑躺固诺撑牢，
国际音标：toŋ¹min² kɔ⁵ nɯːk⁷ san¹thaːu¹
汉文直译：身上 有汗湿（脸）青白
汉文意译：身上汗湿脸青白，

喃字原文：舡搭泑泑如体童蓮；
国际音标：ŋɯːi² run¹ʔaːu²ʔaːu² n̠ɯ¹the³ ʔdoŋ² len¹
汉文直译：人 簌簌发抖 如 通灵上
汉文意译：身冷颤动如降童；

喃字原文：皺髣打及皺壵，
国际音标：raŋ¹ jɯːi⁵ ʔdan⁵ kɤp⁸ raŋ¹ ten¹
汉文直译：齿 下 打着 齿 上
汉文意译：上齿打着下齿响，

喃字原文：嚎朱猓蚜空蓮特術。
国际音标：mɔŋ¹ tsɔ¹ kɔn¹kai⁵ khoŋ¹ len¹ ʔdɯːk⁸ ve²
汉文直译：盼 使 螃蜞 不 上 得 回
汉文意译：盼无螃蜞返回头。

喃字原文：茹鬲奔半鮑宰，
国际音标：n̠a²jau² ʔbuːn¹ʔbaːn⁵ tɕɪ¹ kwe¹
汉文直译：富家 经商 中 乡间
汉文意译：富家经商闲街上，

喃字原文：茹鞼蝨術扒蚜頭東；
国际音标：n̠a²khɔ⁵ jɤ³ve² ʔbat⁷ kai⁵ ʔdɤu²ʔdoŋ¹
汉文直译：穷人家 回来 捉 沙蟹 东头
汉文意译：穷人在家捉沙蟹；

喃字原文：包 饒 琨 妠 渚 歂，
国际音标：ʔbaːu¹niːu¹ kɔn¹ɣaːi⁵ tsɯə¹ tsoŋ²
汉文直译：多少 女子 未 嫁
汉文意译：多少女子未嫁人，

喃字原文：练 集 扒 蚜 頭 東 朱 踃。
国际音标：liːn⁶tʂp⁸ ʔbat⁷ kai⁵ ʔɖu²ʔdoŋ¹ tsɔ¹ jɔn²
汉文直译：练习 捉沙蟹 东头 使 精
汉文意译：迫练海东捉沙蟹。

喃字原文：計 自 丐 佟 祂 琨，
国际音标：ke³ tɯ² kaːi⁵ʔdɯə⁵ tɛ³kɔn¹
汉文直译：算 从 个 儿童
汉文意译：年少儿童也要去，

喃字原文：扒 蚜 朱 踃 扽 黜 頭 東。
国际音标：ʔbat⁷ kai⁵ tsɔ¹ jɔn² ʔdi¹ra⁵ ʔɖu²ʔdoŋ¹
汉文直译：捉 沙蟹 使 精 出去 东头
汉文意译：学练去海赶沙蟹。

（男：何宗发编，快板歌）

（6）

喃字原文：腣 腣 没 妾 没 畑，
国际音标：ʔdem¹ʔdem¹ mot⁸ thiːp⁷ mot⁸ ʔdɛn²
汉文直译：夜夜 一 妾 一 灯
汉文意译：每夜妻妾一盏灯，

喃字原文：晼 畑 湿 煵 想 邊 固 払；
国际音标：ʔbɔŋ⁵ ʔdɛn² thʂp⁷thɔŋ⁵ tɯːŋ³ ʔben¹ kɔ⁵ tsaːŋ²
汉文直译：影 灯 若隐若现 想 旁边 有 夫君
汉文意译：灯亮溟蒙想夫君；

劳动歌

喃字原文：腊晗霜苝雾滇，
国际音标：ʔdem¹khwiə¹ thɯ:ŋ¹ su:ŋ⁵ mu² tsa:n¹
汉文直译：深夜 霜 下 雾 满溢
汉文意译：深夜雾霜泪汪汪，

喃字原文：妻逐巾烧朱払雯霜。
国际音标：thi:p⁷ ʔdɯə¹ khan¹ɲau³ tsɔ¹ tsa:ŋ² tsɛ¹ thɯ:ŋ¹
汉文直译：妻 送 绉巾 给 哥 遮 霜
汉文意译：妻送围巾君遮霜。

（7）

喃字原文：琨蛄怒於舥馨，
国际音标：kɔn¹kuə¹ nɔ⁵ ʔɤ³ tɤŋ¹ ha:ŋ¹
汉文直译：螃蟹 它 在 中 洞
汉文意译：螃蟹藏在沙洞里，

喃字原文：怒珥喱摺勄强䘒黜。
国际音标：nɔ⁵ ŋɛ¹ jɔŋ⁶ ʔdɤp⁸ ɣɤŋ¹ kin² ka:ŋ² ʔbɔ² ra¹
汉文直译：它 听 声 捶打 扬 鳌 爬 出
汉文意译：听有动静扬钳出。

（8）

喃字原文：魟鲜拸幣求汉，
国际音标：ka⁵ʔbɔŋ⁵ ʔdi¹ tsɤ⁶ kɤu² kan¹
汉文直译：笋壳鱼 去 集市 求 汤
汉文意译：笋壳鱼上街求煮汤，

喃字原文：琨魟拸髷蒟荇拸斳；
国际音标：kɔn¹ka⁵ ʔdi¹ tɯ:k⁷ ku³han² ʔdi¹ thau¹
汉文直译：鱼 走 前面 葱头 走 后
汉文意译：鱼走前面葱后跟；

175

喃字原文：㞭 鮂 泹 白 跿 候，
国际音标：kɔn¹kuə¹lat⁸ ʔbat⁸ thɛu¹ hɤu²
汉文直译：软壳螃蟹 白 随 侍侯
汉文意译：软壳螃蟹随侍侯，

喃字原文：丐 㭲 沫 㐌 硞 頭 㞭 鮂。
国际音标：ka:i⁵tsai² rɤ:i¹ su:ŋ⁵ vɤ³ ʔdɤu² kɔn¹kuə¹
汉文直译：杵条 落 下 破 头 蟹
汉文意译：杵条打落破蟹头。

（9）

喃字原文：喻 烧 㐌 波 摸 鮂，
国际音标：ɲu³ɲau¹ su:ŋ⁵ ʔbe³ mɔ² kuə¹
汉文直译：相约 下 海 捉 螃蟹
汉文意译：相约下海捉螃蟹，

喃字原文：扽 術 炳 果 敠 洙 疃 棱；
国际音标：ʔdɛm¹ ve² nɤu⁵ kwa³mɤ¹ tsuə¹ ten¹ rɯŋ²
汉文直译：带 回 煮 杏子 酸 上 森林
汉文意译：拿蟹煮汤放酸杏；

喃字原文：媕 喂 洙 吰 奼 曾，
国际音标：ʔɛm¹ ʔɤ:i¹ tsuə¹ ŋet⁸ ʔda³tɯŋ²
汉文直译：妹 啊 酸 甜 曾经
汉文意译：妹啊！酸甜曾尝过，

喃字原文：嫩 撑 渃 泊 些 停 悁 烧。
国际音标：nɔn¹ san¹ nɯ:k⁷ ʔba:k⁸ ta¹ ʔdɯŋ² kwen¹ ɲau¹
汉文直译：山 青 水 白 咱 莫 忘记 互相
汉文意译：山青水秀互不忘。

（男：苏维绍）

劳动歌

10

喃字原文： 觉 虮 夥 夥 寔 罖 悕 毑；
国际音标： thɤi⁵ tom¹ ɲi:u² lam⁵ thɤt⁸ la² mɯŋ² thai¹
汉文直译： 见 虾 多 极了 实在 是 欢喜 啊
汉文意译： 推得多虾人欢喜

（1）

喃字原文： 廊 些 固 事 乜台ˊ，
国际音标： la:ŋ² ta¹ kɔ⁵ thɯɯ⁶ ʔda³ hai¹
汉文直译： 村 咱 有 事 已 奇
汉文意译： 咱村捕海也很奇，

喃字原文： 仍 绳 固 婣 䎃 䎃 挀 趪；
国际音标： nɯŋ³ thaŋ² kɔ⁵ vɤ⁶ ŋai² ŋai² ʔdi¹ thu:ŋ³
汉文直译： 些 男人 有 妻 天 天 去 推
汉文意译： 有妻男人日推虾；

喃字原文： 暚 吏 趪 玾 朕 贕，
国际音标： toi⁵ la:i⁶ thu:ŋ³ ʔden⁵ jaŋ¹ tɔn²
汉文直译： 夜里 又 推 到 月亮 圆
汉文意译： 夜里亦推至月圆，

喃字原文： 特 斤 特 两 婣 倱 咹 餜。
国际音标： ʔdɯ:k⁸ kɤn¹ ʔdɯ:k⁸ la:ŋ⁶ vɤ⁶ kɔn¹ ʔan¹ kwa²
汉文直译： 得 斤 得 两 妻 儿 吃 零食
汉文意译： 得三五斤带回家。

喃字原文：趟 術 扲 簹 杜 黜，
国际音标：thu:ŋ³ ve² kɤm² ro³ ʔdu³ ra¹
汉文直译：耥 回 拿 篮 倒 出
汉文意译：耥虾回家倾篮倒，

喃字原文：焣 虵 耗 鬎 寔 罖 憫 毟；
国际音标：thɤi⁵ tom¹ ɲi:u² lam⁵ thɤt⁸ la² muŋ² thai¹
汉文直译：见 虾 多 极了 实在 是 欢喜 啊
汉文意译：推得多虾人欢喜；

喃字原文：婎 猇 忚 唱 歇 佁，
国际音标：vɤ⁵ tsoŋ² vui¹ thuɯ:ŋ⁵ hom¹ nai¹
汉文直译：夫妻   喜悦   今天
汉文意译：夫妻见面共喜悦，

喃字原文：仍 馹 空 特 栭 髍 平 模。
国际音标：ɲɯŋ³ ŋai² khoŋ¹ ʔdɯ:k⁸ mat⁸ jai² ʔbaŋ² mo¹
汉文直译：些 日子 不 得 脸 厚 如 篓
汉文意译：得虾少时脸赖皮。

喃字原文：掺 趟 劤 頗 瘏 坸，
国际音标：ʔdi¹ thu:ŋ³ vɤt⁷ va³ ɣɤi² ɣɔ²
汉文直译：去 挖虾 辛苦 消瘦
汉文意译：耥虾辛苦人消瘦，

喃字原文：闭 晗 栭 麒 撑 牢。
国际音标：ʔbɤi⁵ jɤ² mat⁸ mui³ san¹ tha:u¹
汉文直译：那时 鼻 脸 苍白
汉文意译：劳累皮黄脸青白。

178

劳动歌

喃字原文：悲晗婠軹憔叹，
国际音标：ʔbɤi¹jɤ² vɤ⁶tsoŋ² nan² tha:n¹
汉文直译：如今　夫妻　常　叹
汉文意译：如今见面妻常叹，

喃字原文：為蒸芪軿麒巾绳軹。
国际音标：vi²tsɯŋ¹ ʔdɤ:i²thoŋ⁵ khɔ⁵khan¹ thaŋ²tsoŋ²
汉文直译：为了　　生活　　困难　　老公
汉文意译：为了生活苦老公。

喃字原文：半虫誢粄鳫桐，
国际音标：ʔba:n⁵ tom¹ muə¹ ʔban⁵ʔduk⁷ ʔdɔŋ²
汉文直译：卖　虾　买　模子饼　孕稻
汉文意译：卖虾得钱买粮食，

喃字原文：唉曷粄鳫誢共粄胶；
国际音标：ʔan¹ het⁷ ʔban⁵ʔduk⁵ muə¹ kuŋ² ʔban⁵ja¹
汉文直译：吃　完　模子饼　买　一起　风吹饼
汉文意译：买风吹饼模子饼；

喃字原文：唉自娿何才麻黜，
国际音标：ʔan¹ tu² ʔba² ho²ta:i² ma² ra¹
汉文直译：吃　从　婆　何　才　而　出
汉文意译：从街返回妻儿食，

喃字原文：唉䝉潭吉寔罪痗骸。
国际音标：ʔan¹ ʔden⁵ ʔdɤm²ka:t⁷ thɤt⁸ la² mɔi³ raŋ¹
汉文直译：吃　到　潭吉　实在是　累　牙齿
汉文意译：食到潭吉嘴嚼累。

（男：何宗发编，快板歌）

（2）

喃字原文：𫞩 𢯏 缚织 缚 缘,
国际音标：ŋoi² roi² sɛ¹ tsi³ sɛ¹ ɣaːi¹
汉文直译：坐 清闲 搓 线 搓 麻
汉文意译：清闲坐着搓麻线，

喃字原文：𬆖 欺 固 魟 搣 紁 埃 朱；
国际音标：ʔden⁵ khi¹ kɔ⁵ ka⁵ mɯːn⁶ tsaːi² ʔaːi¹ tsɔ¹
汉文直译：到 时 有 鱼 借 网 谁 给
汉文意译：到鱼期时有网捕；

喃字原文：𩜠 時 纙 奇 纙 夔,
国际音标：jau² thi² lɯːi⁵ ka³ lɯːi⁵ tɔ¹
汉文直译：财主 则 网 大 网 大
汉文意译：财主大网又小网，

喃字原文：𩵜 時 丐 𦁼 丐 棲 餕 𠊛。
国际音标：ŋɛu² thi² kaːi⁵siːk⁷ kaːi⁵tɛ¹ nuːi¹ ŋɯːi²
汉文直译：穷人 则 耨 捕虾用小网 养 人
汉文意译：穷人耨虾养家口。

（3）

喃字原文：𦄂 㮗 𦄂 罤 虬 弹,
国际音标：thaːŋ⁵thau⁵ thaːŋ⁵ʔbai³ tom¹ ʔdaːn²
汉文直译：六月 七月 虾 群
汉文意译：六七八月有虾群，

喃字原文：弹 翁 𨀈 渼 坡 岸 值 虬；
国际音标：ʔdaːn²ʔoŋ¹ raː¹ ʔbaːi³ ʔbɤ˞²ŋaːn⁶ tsuk⁸ tom¹
汉文直译：男人 出 海滩 岸 等 虾
汉文意译：男人出海等推虾；

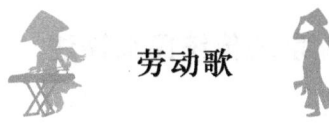

劳动歌

喃字原文：固 欺 创 翻 蚝 齃，
国际音标：kɔ⁵ khi¹ tha:ŋ⁵ thɤ:m⁵ ɲi:u² hom¹
汉文直译：有 时 清晨 多 日
汉文意译：有时清晨来虾多，

喃字原文：蟔 伜 濆 浬 䲆 蚝 浯 弹。
国际音标：tɛp⁷ va:u² tsɤt⁸ ʔba:i³ ka⁵ tom¹ ʔdɤi² ʔda:n²
汉文直译：小虾 进 满 海滩 鱼 大虾 满 群
汉文意译：虾入满地鱼满海。

（4）

喃字原文：挼 蚝 扒 蟔 棲 桱，
国际音标：jun¹ tom¹ ʔbat⁷ tɛp⁷ tɛ¹kan²
汉文直译：推 大虾 捉 小虾 虾箩
汉文意译：推虾捉虾用虾箩，

喃字原文：浯 坦 濆 浽 呇 呇 挼 棲；
国际音标：ʔdɤi² ʔdɤt⁷ tsɤt⁸ ʔbi:n³ lɤn² lɤn² jun¹tɛ¹
汉文直译：满 地 狭窄 海 层 层 推虾
汉文意译：海边层层人推虾；

喃字原文：挼 蚝 䶅 浓 撘 跙，
国际音标：jun¹ tom¹ tɔŋ¹ noŋ¹ ʔdi¹ khɛu¹
汉文直译：推 虾 中 浅海 踩 高跷
汉文意译：虾在浅海踩高跷，

喃字原文：蚝 蟔 外 涧 筊 跷 撘 寻。
国际音标：tom¹ tɛp⁷ ŋwa:i² khɤ:i¹ ʔbɛ² thɛu¹ ʔdi¹ tim²
汉文直译：大虾 小虾 外 远海 筏子 跟 去 找
汉文意译：虾出深处筏箩跟。

181

（5）

喃字原文：飸 時 搻 蚣 浻 浓，
国际音标：tsoŋ² thi² jun¹ tom¹ khɤːi¹ noŋ¹
汉文直译：夫 则 推 虾 远海 浅海
汉文意译：老公下海去推虾，

喃字原文：媠 時 扤 粙 朱 飸 护 功；
国际音标：vɤ⁶ thi² ʔdɛm¹ tsaːu⁵ tsɔ¹ tsoŋ² ho⁶ koŋ¹
汉文直译：妻 则 拿 粥 给 夫 助 功
汉文意译：老婆带粥值海滩；

喃字原文：蚣 蠎 楼 笩 落 悉，
国际音标：tom¹ tɛp⁷ tɛ¹ ʔbɛ² ʔdɤi² lɔŋ²
汉文直译：大虾 小虾 捕虾用小网 筏子 满 心
汉文意译：老公推得满袋虾，

喃字原文：媠 䚉 扤 蠎 解 垌 黜 晜。
国际音标：vɤ⁶ kɔn¹ ʔdɛm¹ tɛp⁷ jaːi³ ʔdoŋ² ra¹ fɤːi¹
汉文直译：妻 儿 拿 虾 暴晒 田垌 出 晒
汉文意译：妻儿撒虾晒满滩。

（男：杜福朝）

（6）

喃字原文：胋 暳 湿 睸 暰 畑，
国际音标：ʔdem¹ khwiə¹ thɤp⁷ thɤn⁵ ʔboŋ⁵ ʔdɛn²
汉文直译：深夜 闪烁 影 灯
汉文意译：深夜灯光照冥蒙，

劳动歌

喃字原文：　駄　拯　搎　㵢　媠　腤　空　𩒹；
国际音标：　tsoŋ² ʔdi¹ jun¹si:k⁷ vɤ⁶ ʔdem¹ khoŋ¹ nam²
汉文直译：　夫　去　稠　虾　妻　夜晚　不　睡
汉文意译：丈夫稠虾妻无眠；

喃字原文：　腤　昖　月　洛　脾　残，
国际音标：　ʔdem¹khwiə¹ ŋwi:t⁸ lan⁶ tha:u¹ ta:n²
汉文直译：　深夜　月　落　星　残
汉文意译：深夜月落星光残，

喃字原文：　霜　他　遥　冷　忕　扒　空　嘳。
国际音标：　thɯ:ŋ¹ tha¹ jɔ⁵ lan⁶ nɤ⁵ tsa:ŋ² khoŋ¹ kwen¹
汉文直译：　霜　落　风　冷　想　哥　不　忘
汉文意译：风吹夜冷思夫君。

（7）

喃字原文：　班　腤　院　浽　畑　㳥，
国际音标：　ʔba:n¹ʔdem¹ vɛn¹ʔbi:n³ ʔdɛn² ʔdɤi²
汉文直译：　深夜　　海边　灯　满
汉文意译：深夜海边灯如星，

喃字原文：　虬　𧡊　畑　創　怒　围　吏　瀧；
国际音标：　tom¹ thɤi⁵ ʔdɛn² tha:ŋ⁵ nɔ⁵ vɤi¹ la:i⁶ roŋ¹
汉文直译：　虾　见　灯　亮　它　围　又　涨潮
汉文意译：虾见灯光钻入圈；

喃字原文：　搎　㵢　㐌　腤　諾　洭，
国际音标：　jun¹si:k⁷ va:u² ʔdem¹ nɯ:k⁷ roŋ²
汉文直译：　推　虾　进　夜间　潮水　退落
汉文意译：夜间潮退落推虾，

喃字原文：特 翘 虾 鲈 芰 悉 媎 掍。
国际音标：ʔdɯːk⁸ ȵiːu² tom¹ ka⁵ nɤ³lɔŋ² vɤ⁶ kɔn¹
汉文直译：得 多 虾 鱼 开 心 妻 儿
汉文意译：捞多鱼虾妻儿欢。

（8）
喃字原文：槑 傷 飪 忟 馱 紉，
国际音标：tam¹ thɯːŋ¹ ŋin² nɤ⁵ ŋɯːi²tsaːi²
汉文直译：百 思 千 念 捕 鱼 人
汉文意译：千思百念捕鱼人，

喃字原文：泛 溇 波 蠵 倘 紉 ⼞ 唵；
国际音标：ʔbiːn³ thɤu¹ ʔbe³ rɔŋ⁶ jɯə⁶ tsaːi² laːm²ʔan¹
汉文直译：海 深 海 阔 靠 网 谋 生
汉文意译：海洋深阔靠网谋生；

喃字原文：晲 淫 泛 罕 本 根，
国际音标：kɔi¹ ʔbaːi³ʔbiːn³ laː² ʔbaːn³kan¹
汉文直译：视 海 滩 是 根 本
汉文意译：视海为家作命根，

喃字原文：摸 虫乚 扒 鲈 飪 醉 茝 茝。
国际音标：mɔ² tom¹ ʔbat⁷ ka⁵ ŋin² nam¹ ʔdɤːi²ʔdɤːi²
汉文直译：摸 虾 捉 鱼 千 年 代 代
汉文意译：捉鱼捞虾世谋生。

（9）
喃字原文：於 茝 坤 嗑 之 兜，
国际音标：ʔɤ³ ʔdɤːi² khon¹khɛu⁵ tsi¹ ʔdɤu¹
汉文直译：在 世 间 机 智 什 么 哪 里
汉文意译：人世不光是精灵，

184

劳动歌

喃字原文：拰 戈 拱 只 欣 烒 敉 勤；
国际音标：tsaŋ³ kwa¹ kuŋ³ tsi³ hɤːn¹ȵau¹ tsɯ³ kɤn²
汉文直译：不 过 也 只 胜过 字 勤
汉文意译：只是人有这"勤"字；

喃字原文：摸 虾 扒 魟 赊 斦，
国际音标：mɔ² tom¹ ʔbat⁷ ka⁵ sa¹ ɣɤn²
汉文直译：摸 虾 抓 鱼 远 近
汉文意译：奔波远近捉鱼虾，

喃字原文：顺 丕 固 贴 殷 勤 ㄇ 唉。
国际音标：thɤn⁶ jɤːi² kɔ⁵ kuə³ ʔɤn¹kɤn² laːm²ʔan¹
汉文直译：顺 天 有 财 殷 勤 谋 生
汉文意译：天顺财来靠殷勤。

（10）
喃字原文：褦 丕 朱 蛅 百 年，
国际音标：lai⁶ jɤːi² tsɔ¹ thoŋ⁵ ʔbat⁷ niːn¹
汉文直译：求 天 给 活 百 年
汉文意译：求天护佑活百岁，

喃字原文：眙 馱 伴 苗 艃 氽 筊。
国际音标：sɛm¹ ŋɯːi² ʔbaːn⁶kuː³ ʔdi¹ thiːn² mɤi⁵ maːi¹
汉文直译：看 人 故 友 行 船 几 船篷
汉文意译：侣伴同船互相依。

（11）
喃字原文：為 霺 朱 肉 蓬 丕，
国际音标：vi² mɤi¹ tsɔ¹ nui⁵ len¹ jɤːi²
汉文直译：为 云 使 山 升 天
汉文意译：为云使山升天，

185

喃字原文：為 干彡 遶 嗯 花 哄 貝 朘；
国际音标：vi² kɤ:n¹ jɔ⁵ thoi³ hwa¹ kɯ:i² vɤ:i⁵ jaŋ¹
汉文直译：为 阵 风 吹 花 笑 和 月
汉文意译：阵风吹来花月笑；

喃字原文：為 虬 朱 魟 绂 缯，
国际音标：vi² tom¹ tsɔ¹ ka⁵ ʔben² ji:ŋ²
汉文直译：为 虾 使 鱼 缠 网
汉文意译：为虾俾使鱼入网，

喃字原文：為 情 䧺 沛 㧅 朘 術 瞞。
国际音标：vi² tin² nen¹ fa:i³ ʔdi¹ jaŋ¹ ve² mɤ²
汉文直译：为 情 成 要 去 月 回 朦胧
汉文意译：早晚为情而倾心。

（12）

喃字原文：自 𡖵 遶 買 涓 朘，
国际音标：tɯ² ŋai² jɔ⁵ mɤ:i⁵ kwɛn¹ jaŋ¹
汉文直译：自从 天 风 刚 熟 月
汉文意译：自从那天风知月，

喃字原文：源 恩 波 爱 埃 憑 堆 些；
国际音标：ŋu:n² ʔɤn¹ ʔbe³ ʔa:i⁵ ʔa:i¹ ʔbaŋ² ʔdoi¹ ta¹
汉文直译：源 恩 海 爱 谁 如 咱 俩
汉文意译：爱河深恩谁能比；

喃字原文：情 旗 些 吏 返 些，
国际音标：tin² kɤ² ta¹ la:i⁶ ɣap⁸ ta¹
汉文直译：偶然 咱 又 遇 咱
汉文意译：咱俩偶然得相见，

劳动歌

喃字原文： 雲 仙 贾 返 月 娥 悁 悯。
国际音标： vɤn¹ tiːn¹ mɤːi⁵ ɣap⁸ ŋwiːt⁸ ŋa¹ vui¹muŋ²
汉文直译： 云 仙 才 遇 月 娥 喜悦
汉文意译： 仙云遇娥月喜悦。

（13）

喃字原文： 喷 馭 君 子 泊 情，
国际音标： tat⁷ ŋɯːi² kwɤn¹tuː³ ʔbaːk⁸tin²
汉文直译： 责怪 人 君子 薄情
汉文意译： 责怪君子人薄情，

喃字原文： 挠 扨 朱 妾 没 躺 浚 東；
国际音标： ɲeu²ʔdɛu¹ tsɔ¹ thiːp⁷ mot⁸min² ʔbiːn³ ʔdoŋ¹
汉文直译： 吵闹 给 妾 独自 海 东
汉文意译： 丢妾一人在海东；

喃字原文： 细 低 坦 渃 遲 逯，
国际音标： tɤːi⁵ ʔdɤi¹ ʔdɤt⁷nɯːk⁷ la6luŋ²
汉文直译： 到 这里 江山 陌生
汉文意译： 此地周围很陌生，

喃字原文： 叫 鸹 拱 悙 魵 掁 拱 敦。
国际音标： keu¹ tsim¹ kuŋ³ thɤ⁶ ka⁵ vɤi³vuŋ² kuŋ³ run¹
汉文直译： 鸣 鸟 也 怕 鱼 扑腾 也 发抖
汉文意译： 鸟鸣鱼跳人发抖。

（男：苏维绍；女：吴秀英）

187

（14）

喃字原文：啧 敨 拎 俚 空 明，
国际音标：tat⁷ ŋɯ:i² kɤm² la:i⁵ khoŋ¹ min¹
汉文直译：责怪 网头 不 聪明
汉文意译：责怪网头不聪明，

喃字原文：補 船 濾 淩 钟 泖 巴 溈；
国际音标：ʔbo³ thi:n² lɤ¹ lɯŋ³ jɯə³ ŋɤn² ʔbɤ¹ vɤ¹
汉文直译：丢 船 悠荡 中 湍濑 飘零
汉文意译：丢船悠荡自飘零；

喃字原文：惜 功 些 於 貝 躺，
国际音标：ti:k⁷ koŋ¹ ta¹ ʔɤ³ vɤ:i⁵ min²
汉文直译：惜 功 哥 住 和 妹
汉文意译：昔日咱俩在一起，

喃字原文：麻 躺 芠 員 尼 情 巴 溈。
国际音标：ma² min² nɤ³ fu⁶ nai² tin² ʔbɤ¹ vɤ¹
汉文直译：而 哥 忍心 负 这 情 孤零
汉文意译：哥怎忍心妹孤零。

（15）

喃字原文：啧 埃 特 廟 負 𥙩，
国际音标：tat⁷ ʔa:i¹ ʔdɯ:k⁸ mi:u⁵ fu⁶ ŋɛ²
汉文直译：责怪 谁 得 庙 负 神
汉文意译：责人得庙负了神，

喃字原文：特 鉦 員 韃 特 筏 員 箯；
国际音标：ʔdɯ:k⁸ tsi:ŋ¹ fu⁶ toŋ⁵ ʔdɯ:k⁸ ʔbɛ² fu⁶ na:n¹
汉文直译：得 锣 负 鼓 得 筏 负 箯船
汉文意译：得锣负鼓得筏负箯船；

劳动歌

喃字原文： 脥 清 鸣 暗 为 輔，
国际音标： jaŋ¹ than¹ min¹ ʔa:m⁵ vi² nom²
汉文直译： 月 清 遮 黑 因 东南风
汉文意译： 月亮遮黑因风云，

喃字原文： 堆 些 隔 阻 为 呐 世 间。
国际音标： ʔdoi¹ta¹ kat⁷tɤ³ vi² mom² the⁵ja:n¹
汉文直译： 咱俩 阻隔 为 嘴 世间
汉文意译： 咱为谋生而分离。

（16）

喃字原文： 他 乎 浽 糵 滝 溇，
国际音标： tha¹ho² ʔbi:n³ roŋ⁶ thoŋ¹ thɤu¹
汉文直译： 纵情 海 阔 河 深
汉文意译： 海阔河深望无边，

喃字原文： 晡 鸪 沁 鲕 涓 烧 悲 唅；
国际音标： ʔbɔŋ⁵ tsim¹ tam¹ ka⁵ kwɛn¹nau¹ ʔbɤi¹jɤ²
汉文直译： 影 鸟 泡沫 鱼 相识 如今
汉文意译： 鸟影鱼泡今相识；

喃字原文： 觅 淹 恬 性 英 㤹，
国际音标： thɤi⁵ ʔɛm¹ vui¹tin⁵ ʔan¹ ʔɯə¹
汉文直译： 见 妹 乐观 哥 欢喜
汉文意译： 见妹乐观哥欢喜，

喃字原文： 拯 㿿 拱 待 拯 嚞 拱 徐。
国际音标： ʔdi¹ thɤ:m⁵ kuŋ³ ʔdɤ:i⁶ ʔdi¹ tɯə¹ kuŋ³ tsɤ²
汉文直译： 去 早 也 等 去 晚 也 待
汉文意译： 早出晚归等待矣。

（17）

喃字原文：欺 習 浽 蘈 淹 㙁，
国际音标：khi¹ sɯə¹ ʔbi:n³ roŋ⁶ thoŋ¹ ja:i²
汉文直译：时 从前 海 阔 河 长
汉文意译：海阔河长时长久，

喃字原文：牢 缌 攃 纼 拄 挄；
国际音标：tha:u¹ lɯ:i⁵ mak⁷ tsa:i² tsaŋ³ kwaŋ¹
汉文直译：为何 网 缠 网 哥 撒
汉文意译：为何鱼儿避开网；

喃字原文：悲 睒 淹 包 攢 纆，
国际音标：ʔbɤi¹jɤ² thoŋ¹ ʔda³ tsan⁵ ji:ŋ²
汉文直译：如今 河 已 塞 网
汉文意译：如今河口塞了网，

喃字原文：群 挓 缌 攃 纼 挄 ⴰ 之？
国际音标：kɔn² ma:ŋ¹ lɯ:i⁵ mak⁷ tsa:i² kwaŋ¹ la:m²tsi¹
汉文直译：还 带 网 缠 网 撒 做 什么
汉文意译：哥再抛网有何用？

（18）

喃字原文：昆 魟 嫌 為 渃 沚，
国际音标：kɔn¹ka⁵ hi:m² vi² nɯ:k⁷ tsai³
汉文直译：鱼 嫌 因 水 流
汉文意译：鱼儿莫嫌水流急，

喃字原文：桱 鈎 技 為 培 桸 纴 曲；
国际音标：kɤn²kɤu¹ ɣai³ vi² ʔbui⁶ɣok⁷ vɯ:ŋ⁵ kɔŋ¹
汉文直译：钓竿 断 因 根部 缠 弯曲
汉文意译：因放长线钩杆断；

劳动歌

喃字原文：豾 為 枚 媒 空 衝，
国际音标：ʔbɤːi³vi² maːi¹moi⁵ khoŋ¹ sɔŋ¹
汉文直译：因为 媒人 不 得力
汉文意译：只因媒人不得力，

喃字原文：铖 缘 测 阻 仍 悉 空 悁。
国际音标：nen¹ jiːn¹ tak⁷tɤ³ ɲɯŋ³ lɔŋ² khoŋ¹ kwen¹
汉文直译：所以 姻缘 阻隔 些 心 不 忘
汉文意译：姻缘相阻心相连。

（19）

喃字原文：闭 数 丝 想 伴 情，
国际音标：ʔbɤi⁵lɤu¹ tɯ¹tɯːŋ³ ʔbaːn⁶ tin²
汉文直译：到现在 想念 朋友 情
汉文意译：思想从来想友情，

喃字原文：嚎 朱 返 伴 底 躺 咀 叹；
国际音标：mɔŋ¹ tsɔ¹ ɣap⁸ ʔbaːn⁶ ʔde³ min² thɤ³thaːn¹
汉文直译：盼望 给 遇 朋友 留 妹 叹息
汉文意译：盼望遇友共叹言；

喃字原文：穋 才 聘 貝 妧 頑，
国际音标：jaːi¹ taːi² than⁵ vɤːi⁵ yaːi⁵ ŋwaːn¹
汉文直译：男 才 匹配 和 女 乖巧
汉文意译：男才女乖相匹配，

喃字原文：仍 嚎 返 撵 咀 叹 堆 哂。
国际音标：ɲɯŋ³ mɔŋ¹ ɣap⁸ɣɤ³ thɤ³thaːn¹ ʔdoi¹ nɤːi²
汉文直译：些 希望 相逢 叹息 两 话
汉文意译：相见之时吐真情。

191

喃字原文：情 払 義 妾 浯 溈，
国际音标：tin² tsa:ŋ² ŋiə³ thi:p⁷ ʔdɤi²vɤ:i¹
汉文直译：情 哥 义 妾 连 绵
汉文意译：君妾情义永牢靠，

喃字原文：闷 㧢 魠 鮊 拖 尼 淹 鐄；
国际音标：mu:n⁵ ʔdɛm¹ ka⁵ʔba:k⁸ tha³ nɤ:i¹ thoŋ¹ va:ŋ²
汉文直译：想 带 银 鱼 放 地 方 河 金
汉文意译：金河银鱼养河里；

喃字原文：腤 号 肶 眛 慊 恾，
国际音标：ʔdem¹khwiə¹ ȵap⁷ mat⁷ mɤ¹ma:ŋ²
汉文直译：深 夜 闭 眼 迷 糊
汉文意译：深夜闭眼显迷糊，

喃字原文：脆 時 䵮 伴 情 强 忪 傷。
国际音标：ja⁶ thi² toŋ¹ ʔba:n⁶ tin² ka:ŋ² nɤ⁵thɯ:ŋ¹
汉文直译：心 则 望 友 人 情 更 思 念
汉文意译：眼见友人想情矣。

喃字原文：傷 払 趍 醦 術 霜，
国际音标：thɯ:ŋ¹ tsa:ŋ² ʔdi¹ mu:i⁵ ve² thɯ:ŋ¹
汉文直译：想 哥 去 盐 回 霜
汉文意译：霜去盐来思念君，

喃字原文：腅 秋 雪 冷 冬 長 歆 筷；
国际音标：jaŋ¹ thu¹ ti:t⁷ lan⁶ ʔdoŋ¹ tɯ:ŋ² hom¹ma:i¹
汉文直译：月 秋 雪 冷 冬 长 晨 昏
汉文意译：秋月冷雪冬夜长；

劳动歌

喃字原文：忟 欺 㘷 挦 ㄙ 腖，
国际音标：nɤ⁵ khi¹ ŋoi² jɯə⁶ ha:i¹ va:i¹
汉文直译：想 时 坐 倚 两 肩
汉文意译：想起咱俩并肩坐，

喃字原文：傷 英 廸 浽 如 埃 補 𥯷。
国际音标：thɯ:ŋ¹ ʔan¹ ʔden⁵ noi³ nɯ¹ ʔa:i¹ ʔbɔ³ ʔbuə²
汉文直译：想 哥 到 境地 如 谁 放 迷药
汉文意译：似吃迷药相思君。

（20）

喃字原文：撻 撻 麻 炃 羹 魤，
国际音标：ʔboŋ²ʔboŋ² ma² nʁu⁵ kan¹ tom¹
汉文直译：鰕虎 而 煮 汤 海虾
汉文意译：鰕虎和海虾煮汤，

喃字原文：啌 倁 凉 胛 廸 㬰 吏 撻；
国际音标：ʔan¹ va:u² ma:t⁷ru:t⁸ ʔden⁵ hom¹ la:i⁶ ʔboŋ²
汉文直译：吃 进 凉快 到 傍晚 再 拥抱
汉文意译：吃了凉快咱拥抱；

喃字原文：撻 撻 麻 炃 羹 莢，
国际音标：ʔboŋ²ʔboŋ² ma² nʁu⁵ kan¹ khwa:i¹
汉文直译：鰕虎 而 煮 汤 红薯
汉文意译：鰕虎与红薯煮汤，

喃字原文：啌 倁 凉 胛 廸 㫰 吏 撻。
国际音标：ʔan¹ va:u² ma:t⁷ru:t⁷ ʔden⁵ ma:i¹ la:i⁶ ʔboŋ²
汉文直译：吃 进 凉快 到 明天 再 拥抱
汉文意译：吃了心爽佳配偶。

（21）

喃字原文：為 払 妾 沛 謨 鯏，
国际音标：vi² tsaːŋ² thiːp⁷ faːi³ muə¹ kuə¹
汉文直译：为 哥 妾 要 买 螃蟹
汉文意译：为君妾要买螃蟹，

喃字原文：仍 如 身 妾 妾 謨 凹 銅；
国际音标：ɲɯŋ¹ɲɯ¹ thɤn¹ thiːp⁷ thiːp⁷ muə¹ ʔba¹ ʔdoŋ²
汉文直译：如果 身 妾 妾 买 三 铜钱
汉文意译：花三铜钱妾亦买；

喃字原文：為 払 妾 沛 龍 冬，
国际音标：vi² tsaːŋ² thiːp⁷ faːi³ lɔŋ¹ʔdoŋ¹
汉文直译：为 哥 妾 要 奔 走
汉文意译：为君妾要处奔走，

喃字原文：仍 如 身 妾 妾 拱 衝 没 皮?
国际音标：ɲɯŋ¹ɲɯ¹ thɤn¹ thiːp⁷ thiːp⁷ kuŋ³ sɔŋ¹ mot⁸ ʔbe²
汉文直译：如果 身 妾 妾 也 完事 一 方面
汉文意译：如果妾事谁来管？

（22）

喃字原文：情 旗 扒 迖 娘 低，
国际音标：tin²kɤ² ʔbat⁷ɣap⁸ naːŋ² ʔdɤi¹
汉文直译：偶然 遇见 妹 这里
汉文意译：偶然同妹此见面，

喃字原文：如 魚 迖 渃 如 霙 迖 蜦；
国际音标：ɲɯ¹ ka⁵ ɣap⁸ nɯːk⁷ ɲɯ¹ mɤi¹ ɣap⁸ roŋ²
汉文直译：如 鱼 遇 水 如 云 遇 龙
汉文意译：如鱼得水云遇龙；

194

劳动歌

喃字原文：蝿迖霙半文半武，
国际音标：roŋ² ɣap⁸ mɤi¹ ʔba:n⁵ van¹ ʔba:n⁵ vɔ³
汉文直译：龙 遇 云 半 文 半 武
汉文意译：文武相遇似龙云，

喃字原文：魟迖渃捆逆捆吹。
国际音标：ka⁵ ɣap⁸ nɯ:k⁷ kɔn¹ ŋɯ:k⁸ kɔn¹ su:i¹
汉文直译：鱼 遇 水 条 逆 条 顺
汉文意译：鱼儿见水顺逆游。

喃字原文：駄南媎北英喂，
国际音标：tsoŋ² na:m¹ vɤ⁶ ʔbak⁷ ʔan¹ ʔɤ:i¹
汉文直译：夫 南 妻 北 哥 啊
汉文意译：夫北妻南各一方，

喃字原文：牢英拰衻没馸如媕？
国际音标：tha:u¹ ʔan¹ tsaŋ³ lɤi⁵ mot⁸ ŋɯ:i² nɯ¹ ʔɛm¹
汉文直译：为何 哥 不 娶 一 人 如 妹
汉文意译：为何舍丢妹颜容？

（23）

喃字原文：吒媄鬝時捆容且，
国际音标：tsa¹mɛ⁶ jau² thi² kɔn¹ thoŋ¹tha³
汉文直译：父 母 富贵 则 儿 清 闲
汉文意译：父母富贵儿清闲，

喃字原文：吒媄鐃捆极笆艰难；
国际音标：tsa¹mɛ⁶ ŋeu² kɔn¹ kuk⁸ ʔda³ ja:n¹na:n¹
汉文直译：父 母 贫穷 儿 艰辛 已 艰难
汉文意译：父母贫穷儿艰辛；

195

喃字原文：创 辰 蓮 檢 櫃 蓬 岸，
国际音标：tha:ŋ⁵ ma:i¹ len¹ ki:m⁵ kui³ len¹ ŋa:n²
汉文直译：早上 明天 上 捡 柴 上 山林
汉文意译：明天上山去捡柴，

喃字原文：嘲 術 竜 浚 摸 馨 鮂 螃。
国际音标：tsi:u² ve² su:ŋ⁵ ʔbi:n³ mɔ² ha:ŋ¹ kuə¹ kɔŋ²
汉文直译：下午 回 下 海 摸 洞 螃蟹 小螃蜞
汉文意译：下午下海去摸蟹。

（24）

喃字原文：嘲 嘲 鵒 𪚥 咬 更，
国际音标：tsi:u²tsi:u² ʔbim²ʔbip⁸ ja:u¹kan¹
汉文直译：每天下午 毛鸡 交欢
汉文意译：午时毛鸡喊交欢，

喃字原文：羲 厨 㐌 打 牢 英 渚 術；
国际音标：tsoŋ⁵ tsuə² ʔda³ ʔdan⁵ tha:u¹ ʔan¹ tsɯa¹ ve²
汉文直译：夫 寺 已 敲 为何 哥 未 回
汉文意译：寺钟已响君未回；

喃字原文：嘲 嘲 黜 蹲 坡 滝，
国际音标：tsi:u²tsi:u² ra¹ ʔdɯŋ⁵ ʔbɤ² thoŋ¹
汉文直译：每天下午 出 站 岸 河
汉文意译：妹出河堤站着看，

喃字原文：筏 吹 船 逆 麻 空 覧 躺。
国际音标：ʔbɛ² su:i¹ thi:n² ŋɯ:k⁸ ma² khoŋ¹ thɤi⁵ min²
汉文直译：筏 顺 船 逆 而 不 见 人
汉文意译：船筏穿梭不见人。

劳动歌

(25)

喃字原文：囉佷囉咳囉唏！
国际音标：la¹ hɤ:i² la¹ hɤ:i² la¹ hɤ:i¹
汉文直译：啰咳 啰咳 啰嗨
汉文意译：啰咳啰咳啰嗨！

喃字原文：埃 蓬 唿 客 源 桃，
国际音标：ʔa:i¹ len¹ jan⁶ khat⁷ ŋu:n²ʔda:u²
汉文直译：谁 上 叮嘱 客 桃源
汉文意译：谁人叮嘱桃源客，

喃字原文：羛 箕 群 忪 峀 芇 台 庄；
国际音标：ŋiə³ kiə¹ kɔn² nɤ⁵ tsut⁷ na:u² hai¹ tsaŋ¹
汉文直译：义 那 还 想 点 哪 知 否
汉文意译：莫要忘记昔情义；

喃字原文：囉佷囉咳囉唏！
国际音标：la¹ hɤ:i² la¹ hɤ:i² la¹ hɤ:i¹
汉文直译：啰咳 啰咳 啰 嗨
汉文意译：啰咳啰咳啰嗨！

喃字原文：悲 唫 跙 境 桃 源，
国际音标：ʔbɤi¹jɤ² ʔden⁵ kan³ ʔda:u²ŋwi:n¹
汉文直译：如今 到 地 桃源
汉文意译：如今到了桃源地，

喃字原文：包 饶 罪 没 掍 船 饯 迻。
国际音标：ʔba:u¹ȵi:u¹ la² mot⁸ kɔn¹ thi:n² ti:n³ʔdɯə¹
汉文直译：多少 是 一 只 船 饯 行
汉文意译：情船送来结情侣。

197

喃字原文：囉 佫 囉 咳 囉 唏！
国际音标：la¹ hɤ:i² la¹ hɤ:i² la¹ hɤ:i¹
汉文直译：啰 咳 啰 咳 啰 嗨
汉文意译：啰咳啰咳啰嗨！

（男：阮进余；女：武德英）

（26）

喃字原文：唔 朱 扒 㐌 獒 肝，
国际音标：khɛn¹ tsɔ¹ tsa:ŋ² ʔda³ tɔ¹ɣa:n¹
汉文直译：称赞 给 哥 已 大胆
汉文意译：称赞君子真大胆，

喃字原文：船 空 固 俚 忖 算 溢 溈；
国际音标：thi:n² khoŋ¹ kɔ⁵ la:i⁵ lɔ¹tən¹ vɯ:t⁸ vɤ:i²
汉文直译：船 没 有 舵 考虑 越 远
汉文意译：船没有舵越海来；

喃字原文：船 英 㐌 泔 吏 㳘，
国际音标：thi:n² ʔan¹ ʔda³ ka:n⁶ la:i⁶ ʔdɤi²
汉文直译：船 哥 已 干 又 满
汉文意译：情船装重可装轻，

喃字原文：摱 堆 解 厭 ⺀ 纼 搢 船。
国际音标：mɯ:n⁶ ʔdoi¹ ja:i³ ʔi:m⁵ la:m² jɤi¹ kɛu⁵ thi:n²
汉文直译：借 对 带子 肚兜 做 绳子 拉 船
汉文意译：借妹胸带来抛锚。

劳动歌

（27）

喃字原文：遥 打 梗 槲 遥 翌 梗 槲，
国际音标：jo⁵ ʔdan⁵ kan² tɛ¹ jo⁵ ʔdʐp⁸ kan² tɛ¹
汉文直译：风 打 枝 竹 风 打 枝 竹
汉文意译：风摇竹树打竹枝，

喃字原文：隻 船 英 吻 嘀 棲 待 娘；
国际音标：tsi:k⁷ thi:n² ʔan¹ vɤn³ lɛ¹tɛ¹ ʔdʐ:i⁶ na:ŋ²
汉文直译：只 船 哥 还 摇摆 等 妹
汉文意译：哥船摇摆等妹矣；

喃字原文：遥 打 梗 榜 遥 翌 梗 榜，
国际音标：jo⁵ ʔdʐp⁸ kan² ʔba:ŋ² jo⁵ ʔdʐp⁸ kan² ʔba:ŋ²
汉文直译：风 打 枝 榄树 风 打 枝 榄树
汉文意译：风吹榄树摇榄枝，

喃字原文：柠 擲 英 喝 姑 娘 沛 琱。
国际音标：juɯŋ² tsɛu² ʔan¹ ha:t⁷ ko¹ na:ŋ² fa:i³ ŋɛ¹
汉文直译：停 桨 哥 唱 歌 妹 要 听
汉文意译：停桨唱歌等妹时。

（28）

喃字原文：俺 如 魟 泖 頭 桥，
国际音标：ʔɛm¹ ɲɯ¹ ka⁵ lɯ:n⁶ ʔdʐu²kʐu²
汉文直译：妹 如 鱼 遨游 桥头
汉文意译：妹如鱼儿游桥下，

喃字原文：英 術 祂 缁 馭 鈎 秩 籴；
国际音标：ʔan¹ ve² lʐi⁵ lɯ:i⁵ ŋɯ:i² kʐu¹ mʐt⁷ roi²
汉文直译：哥 回 拿 网 别人 钓 完 了
汉文意译：哥不撒网别人钓；

喃字原文：渃 氍 鈰 拰 㛲 餄，
国际音标：nɯːk⁷ tɔŋ¹ ka⁵ tsaŋ³ ʔan¹ moi²
汉文直译：水 清 鱼 不 吃 饵
汉文意译：鱼儿水清没上钩，

喃字原文：強 鈎 強 秩 強 犐 強 号。
国际音标：kaːŋ² kɤu¹ kaːŋ² mɤt⁷ kaːŋ² ŋoi² kaːŋ² khwiə¹
汉文直译：越 钓 越 失 越 坐 越 晚
汉文意译：越钓失饵失时机。

（29）

喃字原文：灿 碳 煏 鈰 朱 鐄，
国际音标：ʔdot⁷ thaːn¹ nɯːŋ⁵ ka⁵ tsɔ¹ vaːŋ²
汉文直译：烧 炭 烤 鱼 使 焦黄
汉文意译：烧炭烤鱼煨熟香，

喃字原文：抁 钱 謨 醧 朱 払 旺 制；
国际音标：ʔdɛm¹ tiːn² muə¹ riːu⁶ tsɔ¹ tsaːŋ² ʔuːŋ⁵ tsɤːi¹
汉文直译：拿 钱 买 酒 给 哥 喝 玩
汉文意译：买酒回来让君饮；

喃字原文：防 欺 固 客 怛 制，
国际音标：fɔŋ² khi¹ kɔ⁵ khat⁷ ʔden⁵ tsɤːi¹
汉文直译：防 止 时 有 客 到 玩
汉文意译：防止有客寻君玩，

喃字原文：粓 㛲 醧 旺 朱 愢 悉 払。
国际音标：kɤːm¹ ʔan¹ riːu⁶ ʔuːŋ⁵ tsɔ¹ vui¹lɔŋ² tsaːŋ²
汉文直译：饭 吃 酒 饮 使 欢心 哥
汉文意译：吃饱饮醉君欢心。

 劳动歌

（30）

喃字原文：滝 賎 没 懈 琨 琨，
国际音标：thɔŋ⁵ ja:i² mot⁸ ja:i³ kɔn¹kɔn¹
汉文直译：河　长　一　带子　小　小
汉文意译：小河长流一带水，

喃字原文：迩 干 洴 遢 漃 藏 拪 搠；
国际音标：ɣap⁸ kɤ:n¹ thoŋ⁵jɔ⁵ tsɿ⁵ nɔn¹ tai¹ tsɛu²
汉文直译：遇　阵　风　浪　莫　松　手　划
汉文意译：遇见风浪稳桨划；

喃字原文：要　烧　生　死　拱　料，
国际音标：ʔi:u¹ȵau¹ thin¹ tɯ³ kuŋ³ li:u²
汉文直译：相爱　生死　也　豁出去
汉文意译：相爱生死豁出去，

喃字原文：儴　烧　洛　纞　戈　巋　固　烧。
国际音标：thɯ:ŋ¹ ȵau¹ lan⁶ loi⁶ kwa¹ ʔdɛu² kɔ⁵ ȵau¹
汉文直译：相爱　跋涉　过　岭　有　互相
汉文意译：爬山涉水莫麻烦。

（31）

喃字原文：躺　如　魟　鲲　外　洞，
国际音标：min² ȵɯ¹ ka⁵ kwɤn³ ŋwa:i² khɤ:i¹
汉文直译：哥　如　鱼　团团转　外　远海
汉文意译：哥如鱼儿在深海，

喃字原文：些　如　鸼　雁　尒　芪　迓　烧；
国际音标：ta¹ ȵɯ¹ tsim¹ ȵa:n⁶ mɤi⁵ ʔdɤi² ɣap⁸ ȵau¹
汉文直译：哥　如　雁　几　代　相遇
汉文意译：雁鸟高飞何相逢；

201

喃字原文：返 烧 些 嗨 躺 嘲，
国际音标：ɣap⁸ɲau¹ ta¹ hɔi³ min² tsa:u²
汉文直译：相遇 哥 问 妹 问好
汉文意译：相见互相要问好，

喃字原文：些 叹 躺 咀 𡮿 市 群 悁。
国际音标：ta¹ tha:n¹ min² thɤ³ ŋai² na:u² kɔn² kwen¹
汉文直译：哥 叹 妹 叹 天 哪 还 忘
汉文意译：哥叹妹言永不忘。

（男：苏维绍；女：杜福英）

（32）

喃字原文：要 烧 朱 撽 啃 吣，
国际音标：ʔi:u¹ɲau¹ tsɔ¹ mak⁷ ti:ŋ⁵ tam¹
汉文直译：相爱 使 挂念 音讯
汉文意译：相爱悬挂着思念，

喃字原文：魣 雁 伴 苗 闵 醛 挓 移；
国际音标：ka⁵ ɲa:n⁶ ʔba:n⁶ku³ mu:n¹ nam¹ tsaŋ³ rɤ:i²
汉文直译：鱼 雁 故友 万 年 不 离分
汉文意译：鱼雁故友不忘情；

喃字原文：要 烧 撽 啃 时 催，
国际音标：ʔi:u¹ɲau¹ mak⁷ ti:ŋ⁵ thi² thoi¹
汉文直译：相爱 背 名 则 罢了
汉文意译：相爱悬挂着佳音，

喃字原文：魣 雁 伴 苗 闵 芪 挓 悁。
国际音标：ka⁵ ɲa:n⁶ ʔba:n⁶ku³ mu:n¹ ʔdɤ:i² tsaŋ³ kwen¹
汉文直译：鱼 雁 故友 万 代 不 忘
汉文意译：鱼雁情义世永存。

劳动歌

（33）

喃字原文：英 罡 客 遇 外 艚，
国际音标：ʔan¹ la² khat⁷ la⁶ ŋwa:i² tau²
汉文直译：哥 是 客 陌生 外 船
汉文意译：哥是来船陌生客，

喃字原文：顺 帆 吹 遍 英 伆 低 制；
国际音标：thɤn⁶ ʔbu:m² su:i¹ jɔ⁵ ʔan¹ va:u² ʔdɤi¹ tsɤ:i¹
汉文直译：顺 帆 顺风 哥 进 这里 玩
汉文意译：顺风顺水到此玩；

喃字原文：侴 数 英 挬 浽 洞，
国际音标：mɤi⁵ lɤu¹ ʔan¹ ʔdi¹ ʔbi:n³ khɤ:i¹
汉文直译：从来 哥 去 海 远海
汉文意译：从来打鱼远外海，

喃字原文：鸩 丕 魸 渃 细 尼 迍 娘。
国际音标：tsim¹ jɤ:i² ka⁵ nɯ:k⁷ tɤ:i⁵ nɤ:i¹ ɣap⁸ na:ŋ²
汉文直译：鸟 天 鱼 水 到 地方 遇 妹
汉文意译：鸟天鱼水今相遇。

（34）

喃字原文：冖 耩 挬 浽 挬 滝，
国际音标：la:m² ja:i¹ ʔdi¹ ʔbi:n³ ʔdi¹ thoŋ¹
汉文直译：做 男人 去 海 去 河
汉文意译：男子汉常越河海，

喃字原文：伆 低 迍 浬 洁 濃 時 悋；
国际音标：va:u² ʔdɤi¹ ɣap⁸ ʔba:i³ ka:t⁷ noŋ² thi² ʔbu:n²
汉文直译：进 这里 遇 沙滩 浓 则 烦闷
汉文意译：今靠海滩感烦闷；

203

喃字原文：淹 溇 渃 沚 磃 疒，
国际音标：thoŋ¹ lɤu¹ nɯːk⁷ tsai³ ʔda⁵ mɔn²
汉文直译：河 深 水 流 石 磨损
汉文意译：河深流水石磨损，

喃字原文：贴 時 晗 喝 義 群 範 昌。
国际音标：kuə³ thi² ʔan¹ het⁷ ŋiə³ kɔn² ɣi¹sɯːŋ¹
汉文直译：财物 则 吃 尽 情义 还 刻骨铭心
汉文意译：情义财富永长存。

（35）

喃字原文：亠 蟣 麻 蹭 㭕 仙，
国际音标：ʔdɤu² rɔŋ² ma² ɣoi⁵ tai¹ tiːn¹
汉文直译：头 龙 而 枕 手 仙
汉文意译：龙头作枕垫仙手，

喃字原文：约 之 㭕 仒 蹭 蓬 亠 尼；
国际音标：ʔɯːk⁷tsi¹ tai¹ ʔɤi⁵ ɣoi⁵ len¹ ʔdɤu² nai²
汉文直译：渴望 手 那 枕 上 头 这
汉文意译：渴望妹手垫哥头；

喃字原文：亠 尼 麻 蹭 㭕 尼，
国际音标：ʔdɤu² nai² ma² ɣoi⁵ tai¹ nai²
汉文直译：头 这 而 枕 手 这
汉文意译：此头枕着妹的手，

喃字原文：如 鸠 鸾 凤 挹 核 梧 桐。
国际音标：ɲɯ¹ tsim¹lɔn¹fɯːŋ⁶ ʔɤp⁷ kɤi¹ŋo¹ʔdoŋ²
汉文直译：如 鸾凤 偎 梧桐树
汉文意译：如同鸾凤偎梧桐。

劳动歌

喃字原文：没 辰 铖 媨 铖 㭲，
国际音标：mot⁸ma:i¹ nen¹ vɤ⁶ nen¹ tsoŋ²
汉文直译： 日 后 成 妻 成 夫
汉文意译：日后咱俩结成双，

喃字原文：如 魽 迖 渃 如 霝 迖 蜋。
国际音标：ȵɯ¹ ka⁵ ɣap⁸ nɯ:k⁷ ȵɯ¹ mɤi¹ ɣap⁸ roŋ²
汉文直译： 如 鱼 遇 水 如 云 遇 龙
汉文意译：如鱼得水云遇龙。

（男：张廷德；女：阮春英）

（36）

喃字原文：绁 绳 俱 如 翅 花 蘿，
国际音标：ji² thɯŋ²ku¹ ȵɯ¹ kan⁵ hwa¹ȵa:i²
汉文直译：阿姨 孩儿 如 枝 茉莉
汉文意译：孩儿阿姨似茉莉，

喃字原文：㐌 迚 㘒 翅 惜 才 荌 脂；
国际音标：ʔba¹ mɯ:i¹ thau⁵ kan⁵ ti:k⁷ ta:i² nɤ³ ʔdem¹
汉文直译：三 十 六 枝 惜 才 开 花
汉文意译：三十六枝夜开花；

喃字原文：刱 朘 轆 刱 奇 外 𡓇，
国际音标：tha:ŋ⁵jaŋ¹ toŋ¹tha:ŋ⁵ ka³ ŋwa:i² them²
汉文直译：月光 清朗 全 外 廊下
汉文意译：月光照亮檐内外，

喃字原文：吏 低 些 撯 襖 擂 㪍 搭 终。
国际音标：la:i⁶ ʔdɤi¹ ta¹ kɤ:i³ ʔa:u⁵ kɛu⁵ mem² ʔdap⁷ tsuŋ¹
汉文直译：来 这里 哥 脱 衣 拉 软 盖 共同
汉文意译：妹到此来共玩耍。

205

喃字原文：腤 冬 熠 阮 畑 燶，
国际音标：ʔdem¹ ʔdoŋ¹ thap⁷ ŋɔn⁶ ʔdɛn²loŋ²
汉文直译：夜 冬 点　 盏 灯　笼
汉文意译：冬夜共点盏宫灯，

喃字原文：躺 術 固 忟 些 空 唉 躺；
国际音标：min² ve² kɔ⁵ nɤ⁵ ta¹ khoŋ¹ hɤːi³ min²
汉文直译：妹 回 有 想 哥 不 啊 妹
汉文意译：妹来是否思别人；

喃字原文：隻 船 簰 英 蹟 泙 泙，
国际音标：tsiːk⁷ thiːn²naːn¹ ʔan¹ jɤm⁶ thin²thin²
汉文直译：只　 竹　船　 哥 踏　 怦 怦
汉文意译：竹舟哥踏响怦怦，

喃字原文：英 時 拎 俚 姑 躺 拍 波。
国际音标：ʔan¹ thi² kɤm² laːi⁵ ko¹ min² fat⁷ ʔba¹
汉文直译：哥 就 掌 舵 姑 娘 妹 拍 波
汉文意译：哥正掌舵妹桨前。

喃字原文：固 傷 英 披 屄 擸 鱲，
国际音标：kɔ⁵ thɯːŋ¹ ʔan¹ ʔbɛ³ maːi⁵tsɛu² ra¹
汉文直译：有 爱 哥 摇　 桨　 出
汉文意译：妹心有哥快划桨，

喃字原文：愺 媄 平 浽 愺 吒 平 盃；
国际音标：thɤ⁶ mɛ⁶ ʔbaŋ² ʔbiːn³ thɤ⁶ tsa¹ ʔbaŋ² jɤːi²
汉文直译：怕 母 如 海 怕 父 如 天
汉文意译：或怕父母海天阻；

劳动歌

喃字原文：英 镫 淹 英 拱 悇 芪，
国际音标：ʔan¹ thɤi⁵ ʔɛm¹ ʔan¹ kuŋ³ ʔɯə¹ ʔdɤ:i²
汉文直译：哥 见 妹 哥 也 爱慕
汉文意译：今哥见妹真爱慕，

喃字原文：别 浪 准 苬 固 移 黜 庄。
国际音标：ʔbi:t⁷raŋ² tson⁵ ku³ kɔ⁵ rɤ:i² ra¹ tsaŋ¹
汉文直译：知道 地方 老 有 离分 出 否
汉文意译：妹要尽快离故友。

（37）

喃字原文：幣 𥋾 渃 烃 爤 厭 赭，
国际音标：jɯ:i⁵ mat⁸ nɯ:k⁷ tsɔi⁵ la² ʔi:m⁵ ʔdɔ³
汉文直译：下 脸 水 耀眼 是 胸衣 红
汉文意译：妹红胸衣水绚烂，

喃字原文：疃 瓢 丕 𤑟 燥 牟 撑；
国际音标：ten¹ ʔbɤu² jɤ:i² tha:ŋ⁵ tɔ³ mau² san¹
汉文直译：上 天空 发亮 蓝色
汉文意译：晴空蓝天仍发亮；

喃字原文：自 𦥃 妢 裃 缘 英，
国际音标：tɯ² ŋai² tsiə¹rɛ³ ji:n¹ ʔan¹
汉文直译：自从 天 受阻 缘 哥
汉文意译：自从咱俩情受阻，

喃字原文：渃 丕 群 妬 埃 停 負 烧。
国际音标：nɯ:k⁷ jɤ:i² kɔn² ʔdɔ⁵ ʔa:i¹ ʔduŋ² fu⁶ ɲau¹
汉文直译：水 天 还 那里 谁 莫 负 互相
汉文意译：山水有缘莫负情。

207

（38）

喃字原文：摋　情　魰　媥　雷　催，
国际音标：ʔdɯɨt⁷ tin² tsoŋ²vɤ⁶ loi¹thoi¹
汉文直译：断　情　夫妻　麻烦
汉文意译：夫妻感情遇麻烦，

喃字原文：嘲　尼　黜　浂　拖　渚　朱　耒；
国际音标：tsiːu² nai¹ ra¹ ʔbiːn³ tha³ loi⁶ tsɔ¹ roi²
汉文直译：下午　今天　出　海　放　游　给　了
汉文意译：下午出海逛游荡；

喃字原文：路　黔　舩　渁　淹　䏥，
国际音标：lɤn³ ʔbaːi³ ɣɔk⁷ vin⁶ ʔɛm¹ ŋoi²
汉文直译：混入　沙滩　角　湾　妹　坐
汉文意译：找处沙滩共妹坐，

喃字原文：䪼　缘　英　细　淹　蒔　澦　蓮。
国际音标：toŋ¹ jiːn¹ ʔan¹ tɤːi⁵ ʔɛm¹ thi² vɯːt⁸ len¹
汉文直译：看　缘　哥　到　妹　就　越　上
汉文意译：见哥过来妹也来。

喃字原文：台　侈　躺　踳　吏　没　逻，
国际音标：haːi¹ ʔdɯə⁵ min² ʔdɯŋ⁵ laːi⁶ mot⁸ ʔben¹
汉文直译：两　个　身体　站　来　一　边
汉文意译：咱俩靠近站一边，

喃字原文：掼　術　嗨　吏　皮　廛　次　帒。
国际音标：jat⁷ ve² hɔi³ laːi⁶ ʔbe² ten¹ thɯ⁵ naːu²
汉文直译：牵　回　问　来　边　上　次　哪
汉文意译：拉手回家共和好。

劳动歌

(39)

喃字原文：渃浚　渃挮泸沱，
国际音标：nɯ:k⁷ʔbi:n³ nɯ:k⁷ ʔdi¹ lɤ²ʔdɤ²
汉文直译：海水　水去迟滞
汉文意译：海潮涨水较迟滞，

喃字原文：捃　船渝湯朘嗛帀熻；
国际音标：kɔn¹thi:n² lɯɯŋ³thɯɯŋ³ jaŋ¹ mɤ² na:u² thɔi¹
汉文直译：航船　徐步　月朦胧哪照
汉文意译：航船长途月朦胧；

喃字原文：捃　滝邊垎邊培，
国际音标：kɔn¹thoŋ¹ ʔben¹ lɤ³ ʔben¹ ʔboi²
汉文直译：河　边崩塌边冲积
汉文意译：河岸冲积被崩塌，

喃字原文：垎箕垎歑邊培培㴁。
国际音标：lɤ³ kiə¹ lɤ³ ma:i³ ʔben¹ ʔboi² ʔboi² them¹
汉文直译：崩塌那崩塌不断地边冲积冲积再
汉文意译：一边冲积边受冲。

喃字原文：包晗遥踤湃淹，
国际音标：ʔba:u¹ jɤ² jɔ⁵ ʔdɯɯŋ⁵ thɔŋ¹ ʔem¹
汉文直译：何时风停浪静
汉文意译：如今风平无浪静，

喃字原文：捃船英吹逆戈脂吏術；
国际音标：kɔn¹thi:n² ʔan¹ su:i¹ ŋɯ:k⁸ kwa¹ ʔdem¹ la:i⁶ ve²
汉文直译：船哥顺逆过夜又回
汉文意译：若船顺风今夜归；

209

喃字原文：貝 俺 英 啐 磩 咥 誓，
国际音标：vɤːi⁵ ʔɛm¹ ʔan¹ tɔt⁷ naŋ⁶ nɤːi² the²
汉文直译：和 妹 哥 最终 许 诺 言
汉文意译：哥没忘记许诺言，

喃字原文：英 挢 ⺷ 浽 遬 術 共 俺。
国际音标：ʔan¹ ʔdi¹ laːm² ʔbiːn³ tsɔŋ⁵ ve² kuŋ² ʔɛm¹
汉文直译：哥 去 下海捕捞 快 回 同 妹
汉文意译：捕海满鱼快回家。

（40）

喃字原文：制 朱 渃 沚 戈 棱，
国际音标：tsɤːi¹ tsɔ¹ nɯːk⁷ tsai³ kwa¹ rɯŋ²
汉文直译：玩 给 水 流 过 林
汉文意译：山下流水尽情玩，

喃字原文：㐌 壹 時 決 㐌 蹲 時 催；
国际音标：ʔda³ nɤt⁷ thi² kwiːt⁷ ʔda³ ʔdɯŋ⁵ thi² thoi¹
汉文直译：已 一 就 下决心 已 站 就 罢了
汉文意译：盼船回来咱欢心；

喃字原文：船 㐌 跙 洇 英 喂，
国际音标：thiːn² ʔda³ ʔden⁵ ʔben⁵ ʔan¹ ʔɤːi¹
汉文直译：船 已 到 码头 哥 啊
汉文意译：船到码头哥快回，

喃字原文：別 浪 蘁 逆 㯲 吹 藤 帋。
国际音标：ʔbiːt⁷raŋ² len¹ ŋɯːk⁸ suːŋ⁵ suːi¹ ʔdaŋ² naːu²
汉文直译：知道 上 逆 下 顺 方 哪
汉文意译：见船无见哥回来。

劳动歌

(41)

喃字原文：默纴媂缍棍鈎，
国际音标：tsoŋ² tsa:i² vɤ⁶ lɯ:i⁵ kɔn¹ kɤu¹
汉文直译：夫 撒网 妻 撒网儿 放钩
汉文意译：丈夫放网妻撒钩，

喃字原文：潭溇波艠别兜罗茹；
国际音标：ʔdɤm² thɤu¹ ʔbe³ roŋ⁶ ʔbi:t⁷ ʔdɤu¹ la² ɲa²
汉文直译：潭 深 海 阔 知 哪里 是 家
汉文意译：海阔水深捉游鱼；

喃字原文：蔜濄渃掣包赊，
国际音标：ŋɔn⁶ʔbɛu² nɯ:k⁷ si:t⁷ʔba:u¹ sa¹
汉文直译：浮萍 水 多么 远
汉文意译：浮萍水流飘遥远，

喃字原文：泠汀兜拱罗茹時催。
国际音标：lin¹ʔdin¹ ʔdɤu¹ kuŋ³ la² ɲa² thi² thoi¹
汉文直译：零丁 哪里 也 是 家 就 罢了
汉文意译：以海为家夫妻离。

(42)

喃字原文：伩埃攢绨丝蟎，
国际音标：ʔɤi⁵ ʔa:i¹ tsat⁸ moi⁵ tɤ¹man²
汉文直译：那 谁 牵 缕 红丝绳
汉文意译：谁人牵着红丝绳，

喃字原文：朱船涓沔朱英涓娘；
国际音标：tsɔ¹ thi:n² kwen¹ ʔben⁵ tsɔ¹ ʔan¹ kwen¹ na:ŋ²
汉文直译：让 船 忘 码头 给 哥 忘 妹
汉文意译：让船忘返哥忘妹；

喃字原文： 绦 蚂 钝 绚 時 纴，
国际音标： tɤ¹ tam² ʔda³ vɤn³ thi² vɯːŋ⁵
汉文直译： 丝 蚕 已 牵 就 缠绊
汉文意译： 蚕虫牵丝已缠绊，

喃字原文： 钝 啐 捆 掃 時 傷 烧 共。
国际音标： ʔda³ tɔt⁷ jaːn¹jiu⁵ thi² thɯːŋ¹ȵau¹ kuŋ²
汉文直译： 已 既然 缠绵 就 相爱 同
汉文意译： 咱俩相爱情缠绵。

（43）

喃字原文： 愢 黜 船 杜 汭 制，
国际音标： vui¹ ra¹ thiːn² ʔdo³ ʔben⁵ tsɤːi¹
汉文直译： 高兴 出 船 泊 码头 玩
汉文意译： 高兴船泊码头玩，

喃字原文： 空 愢 㧐 梮 船 㵱 藤 船；
国际音标： khoŋ¹ vui¹ ȵu³ kuːk⁸ thiːn² ʔbɤːi¹ ʔdaŋ² thiːn²
汉文直译： 不 高兴 拔 木桩 船 飘荡 边 船
汉文意译： 烦闷起锚船飘荡；

喃字原文： 情 缘 帀 沛 威 權，
国际音标： tin²jiːn¹ naːu² faːi³ ʔwi¹kwiːn²
汉文直译： 情缘 哪 要 权威
汉文意译： 情缘不是啥权威，

喃字原文： 情 缘 帀 沛 鉑 錢 半 谟。
国际音标： tin²jiːn¹ naːu² faːi³ ʔbaːk⁸tiːn² ʔbaːn⁵ muə¹
汉文直译： 情缘 哪 要 金钱 卖 买
汉文意译： 金钱莫能买情缘。

劳动歌

（44）

喃字原文：劏 茹 贫 賤 何 为，
国际音标：kɯə³na² ʔbɤn²ti:n⁶ ha²vi¹
汉文直译：家庭　贫贱　何为
汉文意译：家庭贫穷如何好，

喃字原文：朱 铖 拰 敢 聘 時 貝 埃；
国际音标：tsɔ¹nen¹ tsaŋ³ ja:m⁵ than⁵ thi² vɤ:i⁵ ʔa:i¹
汉文直译：所以　不　敢　比肩　则　和　谁
汉文意译：为此不敢谈恩爱；

喃字原文：特 如 船 黐 俚 餕，
国际音标：ʔdɯ:k⁸ ɲɯ¹ thi:n² roŋ⁶ la:i⁵ ja:i²
汉文直译：　得　如　船　宽　舵　长
汉文意译：若是船大强舵手，

喃字原文：時 些 拱 跡 朏 外 波 涧。
国际音标：thi² ta¹ kuŋ³ tit⁷ ra¹ ŋwa:i² ʔbe³khɤ:i¹
汉文直译：则　哥　也　即　出　外　远海
汉文意译：哥即驶船往深海。

喃字原文：喷 浪 份 噉 份 歘，
国际音标：tat⁷ raŋ² fɤn⁶ hɤm³ fɤn⁶ hoi¹
汉文直译：责怪 道 命运 多舛 命运　臭
汉文意译：责怪自命运多舛，

喃字原文：敢 兜 筀 吥 敢 捼 皫 輪；
国际音标：ja:m⁵ ʔdɤu¹ ʔduə³ mok⁷ ja:m⁵ rɤ:i¹ mɤm¹ thɔn¹
汉文直译：敢　哪里　筷子　发霉　敢　下　大盘子　朱红
汉文意译：霉筷子怎搁大红盘；

213

喃字原文：𠊛 如 竹 林 頭 嫩，
国际音标：ŋɯ:i² n̪ɯ¹ tuk⁷ mɔk⁸ ʔdɤu²nɔn¹
汉文直译：人 如 竹 长 山头
汉文意译：人如山头之竹木，

喃字原文：些 如 鸠 𪀄 𫡯 梦 冇！
国际音标：ta¹ n̪ɯ¹ tsim¹ the³ va:u² mɔn¹mɛn¹ na:u²
汉文直译：哥 似 麻雀 进 梦境 哪
汉文意译：哥似麻雀做何梦！

（男：裴永彬；女：苏维英）

（45）

喃字原文：𨑮 台 㓝 浽 抃 喂，
国际音标：mɯ:i² ha:i¹ kɯə³ʔbi:n³ tsa:ŋ² ʔɤ:i¹
汉文直译：十 二 海门 哥 啊
汉文意译：君啊！十二海门宽，

喃字原文：抃 於 𠁑 伩 妾 碎 外 尼；
国际音标：tsa:ŋ² ʔɤ³ tɔŋ¹ ʔɤi⁵ thi:p⁷ toi¹ ŋwa:i² nai²
汉文直译：哥 在 中 那 妾 我 外 这
汉文意译：君在外海妹在家；

喃字原文：雁 喂 槑 事 挹 眉，
国际音标：n̪a:n⁶ ʔɤ:i¹ tam¹ thɯ⁶ kɤi⁶ mai²
汉文直译：雁儿 啊 百 事 倚靠 你
汉文意译：有事依托着雁儿，

喃字原文：吟 詩 迻 细 楼 西 朱 抃。
国际音标：ŋɤm¹ thɤ¹ ʔdɯə¹ tɤ:i⁵ lɤu² tɤi¹ tsɔ¹ tsa:ŋ²
汉文直译：吟 诗 送 到 楼 西 给 哥
汉文意译：把妹吟诗送与君。

劳动歌

喃字原文：掫 詩 拰 饻 詩 遖，
国际音标：ɣɯi³ thɤ¹ tsaŋ³ thɤi⁵ thɤ¹ tha:ŋ¹
汉文直译：寄 信 不 见 信 来
汉文意译：寄信没有见回音，

喃字原文：台 罜 扒 固 鳳 凰 時 催；
国际音标：hai¹la² tsa:ŋ² kɔ⁵ fɯ:ŋ⁶hwa:ŋ² thi² thoi¹
汉文直译：或 是 哥 有 凤 凰 就 罢了
汉文意译：如有凤凰追随君；

喃字原文：扒 停 岜 准 罞 尼，
国际音标：tsa:ŋ² ʔdɯŋ² ʔba¹ tson⁵ ʔbon⁵ nɤ:i¹
汉文直译：哥 莫 三 处 四 地
汉文意译：请君三思莫许人，

喃字原文：特 馱 融 伩 夗 碎 外 尼。
国际音标：ʔdɯ:k⁸ ŋɯ:i² toŋ¹ ʔɤi⁵ fu⁶ toi¹ ŋwa:i² nai²
汉文直译：得 人 中 那 负 我 外 这
汉文意译：不能有人负妹心。

（46）

喃字原文：英 術 㧅 緊 軽 盃，
国际音标：ʔan¹ ve² ʔden⁵ het⁷ tha:u¹ jɤ:i²
汉文直译：哥 回 到 完 星 星 天
汉文意译：天涯海角哥走遍，

喃字原文：埯 低 结 鬐 於 羕 貝 英；
国际音标：ʔɛm¹ ʔdɤi¹ ket⁷tɔk⁷ ʔɤ³ ʔdɤ:i² vɤ:i⁵ ʔan¹
汉文直译：妹 这里 结发 在 世间 和 哥
汉文意译：同妹结发世代愿；

喃字原文：英 術 衪 淹 朱 衝，
国际音标：ʔan¹ ve² lʁi⁵ ʔɛm¹ tsɔ¹sɔŋ¹
汉文直译：哥 回 娶 妹 完事
汉文意译：哥回到家要娶妹，

喃字原文：淹 如 捉 鰦 狐 論 跨 靡 寻。
国际音标：ʔɛm¹ ɲɯ¹ kɔn¹tɛp⁷ nɔ³ lon⁶ rɔŋ¹ khɔ⁵ tim²
汉文直译：妹 如 小虾 小 混 水藻 难 找
汉文意译：妹的身影实难寻。

（47）

喃字原文：淹 傷 英 跙 培 跙 坡，
国际音标：ʔɛm¹ thɯːŋ¹ ʔan¹ nʁp⁷ ʔbui⁶ nʁp⁷ ʔbʁ²
汉文直译：妹 思念 哥 躲藏 树丛 躲藏 岸边
汉文意译：思念哥时自偷哭，

喃字原文：歠 䠺 艅 逆 暘 徐 艅 吹；
国际音标：thʁːm⁵ toŋ¹ ʔdo² ŋɯːk⁸ toi⁵ tsʁ² ʔdo² suːi¹
汉文直译：早 望 渡船 逆水 晚 等 渡船 顺水
汉文意译：早晚出望见渡船；

喃字原文：船 英 杜 汭 数 耒，
国际音标：thiːn² ʔan¹ ʔdo³ ʔben⁵ lʁu¹ roi²
汉文直译：船 哥 停泊 码头 久 了
汉文意译：听说哥船早靠岸，

喃字原文：牢 淹 渚 䡏 麻 岁 船 英。
国际音标：thaːu¹ ʔɛm¹ tsɯə¹ suːŋ⁵ ma² ŋoi² thiːn² ʔan¹
汉文直译：为何 妹 未 下 而 坐 船 哥
汉文意译：为何无见哥下船。

劳动歌

（48）

喃字原文： 英 伤 娵 伤 朱 啐，
国际音标： ʔan¹ thɯːŋ¹ ʔɛm¹ thɯːŋ¹ tsɔ¹ tɤt⁷
汉文直译： 哥 想 妹 想 给 最后
汉文意译： 自始至终哥想妹，

喃字原文： 固 躅 踖 時 躅 踖 朱 齡；
国际音标： kɔ⁵ tuk⁸tak⁸ thi² tuk⁸tak⁸ tsɔ¹ luːn¹
汉文直译： 有 不顺利 则 不顺利 给 经常
汉文意译： 碰不顺事亦常存；

喃字原文： 停 爫 跳 遵 睸 帆，
国际音标： ʔdɯŋ² laːm² theu¹ thɔi⁵ ŋɛ¹ ʔbuːm²
汉文直译： 莫 做 随 俗 听 帆
汉文意译： 风帆有时不顺风，

喃字原文： 厬 衕 㡰 於 朱 憽 脆 娵。
国际音标： nai¹ veː² maːi¹ ʔɤ³ tsɔ¹ ʔbuːn² jaː⁶ ʔɛm¹
汉文直译： 今天 回 明天 在 给 烦心 妹
汉文意译： 日夜妹盼会烦心。

（男：杜福朝；女：苏权珍）

（49）

喃字原文： 船 纩 船 缊 船 鈎，
国际音标： thiːn² tsaːi² thiːn² lɯːi⁵ thiːn² kɤu¹
汉文直译： 船 网 船 网 船 钓
汉文意译： 网船钓船须舵手，

217

喃字原文：别　船　姻　羛　尼　兜　麻　寻；
国际音标：ʔbi:t⁷ thi:n² nɤn¹ŋiə³ nɤ:i¹ ʔdʐu¹ ma² tim²
汉文直译：知　船　姻缘　地方　哪里　而　找
汉文意译：情船姻缘何处寻；

喃字原文：傷　烧　凿　没　牧　情，
国际音标：thɯ:ŋ¹ɳau¹ ta:k⁸ mot⁸ tsɯ³ tin²
汉文直译：相爱　刻　一　字　情
汉文意译：相爱刻着情义字，

喃字原文：臬　醀　誓　决　堆　躺　固　烧。
国际音标：tam¹ nam¹ the²kwi:t⁷ ʔdoi¹min² kɔ⁵ ɳau¹
汉文直译：百　年　立誓　我俩　有　互相
汉文意译：咱俩相爱誓百年。

（50）
喃字原文：隻　帆　儒　狌　蔬　遍　嚣　嚣，
国际音标：tsi:k⁷ʔbu:m² nɔ¹ɳɔ³ ŋɔn⁶ jɔ⁵ hiu¹hiu¹
汉文直译：　帆　小小　股　吹　微微
汉文意译：小小帆船由风吹，

喃字原文：尬　渃　水　潮　晨　吏　渃　淶；
国际音标：nai¹ nɯ:k⁷thi³ti:u² ma:i¹ la:i⁶ nɯ:k⁷ rɤ:i¹
汉文直译：今　潮水　　明天　又　水　落
汉文意译：潮涨潮落时来回；

喃字原文：洴　溇　涛　奇　腌　喂，
国际音标：ʔbi:n³ thɤu¹ thɔŋ⁵ ka³ ʔεm¹ ʔɤ:i¹
汉文直译：海　深　浪　大　妹　啊
汉文意译：海深浪大时遇险，

劳动歌

喃字原文： 徐 朱 浘 洺 帆 吹 吹 共。
国际音标： tsɤ² tso¹ thoŋ⁵ laŋ⁶ ʔbu:m² su:i¹ su:i¹ kuŋ²
汉文直译： 等 给 浪 静 帆 顺 顺 同
汉文意译： 风平浪静船归来。

喃字原文： 啐 𢬣 㐌 劫 萍 蓬，
国际音标： tot⁷ ma:ŋ¹ va:u² ki:p⁷ ʔbɤn²ʔboŋ²
汉文直译： 既然 带 进 命运 如萍草
汉文意译： 既然命运如萍草，

喃字原文： 𦰟 㵖 蓮 汦 没 悉 傷 烧。
国际音标： su:ŋ⁵ jan² len¹ tha:k⁷ mot⁸lɔŋ² thɯ:ŋ¹ɲau¹
汉文直译： 下 险滩 上 瀑布 一心 相爱
汉文意译： 险滩漩涡亦心爱。

（51）

喃字原文： 𨀤 蹟 跐 𦰟 幣 艓，
国际音标： lɤ³tsɤn¹ ʔbɯ:k⁷ su:ŋ⁵ jɯ:i⁵ ʔdo²
汉文直译： 失足 迈 下 下面 渡船
汉文意译： 失脚落错了渡船，

喃字原文： 滝 溇 楝 矮 空 捑 细 尼；
国际音标： thoŋ¹ lɤu¹ tha:u² ŋan⁵ khoŋ¹ ʔdo¹ tɤ:i⁵ nɤ:i¹
汉文直译： 河 深 竹竿 短 不 量 到 地方
汉文意译： 河深竿短难测探；

喃字原文： 船 帆 邅 打 左 哉，
国际音标： thi:n² ʔbu:m² jo⁵ ʔdan⁵ ta³tɤ:i¹
汉文直译： 帆船 风 打 破烂不堪
汉文意译： 帆船风打烂不堪，

219

喃字原文：没 猠 搊 桂 賒 浠 淹 湖。
国际音标：mot⁸ kɔn¹ tsɛu²kwɛ¹ sa¹ ʔbɤːi¹ thoŋ¹ ho²
汉文直译：一 只 划桨 远 划 河 湖
汉文意译：一枝划桨过河难。

喃字原文：䨇 蓮 磈 矺 卢 搊，
国际音标：toŋ¹ len¹ hɔn²ʔda⁵ lo¹so¹
汉文直译：望 上 石块 高高低低
汉文意译：仰望高低见是山，

喃字原文：㭖 淹 淶 湖 浚 湖 髓 靜。
国际音标：mat⁸thoŋ¹ laːi¹laːŋ⁵ ʔbiːn³ ho² tɔŋ¹ san¹
汉文直译：河面 洋溢 海 湖 清 蓝
汉文意译：河水洋溢海水蓝。

（52）

喃字原文：丐 綣 名 利 蚴 蚴，
国际音标：kaːi⁵vɔŋ² jan¹lɤːi⁶ kɔŋ¹kɔŋ¹
汉文直译：圈 名利 弯弯
汉文意译：手镯身圆微弯曲，

喃字原文：几 忹 黜 塊 馭 矇 跐 创；
国际音标：kɛ³hoŋ² ra¹khɔi³ ŋɯːi²mɔŋ¹ ʔbɯːk⁷ vaːu²
汉文直译：旧情 离开 新情 迈进
汉文意译：旧情刚离新情来；

喃字原文：事 芪 惗 拱 喔 唭，
国际音标：thɯ⁶ʔdɤːi² ŋi³ kuŋ³ nɯk⁷kɯːi²
汉文直译：世事 想 也 可笑
汉文意译：世上情事真可笑，

劳动歌

喃字原文：琨 鈨 潘 渃 尒 㕵 㧅 鈎。
国际音标：kɔn¹ka⁵ loi⁶ nɯːk⁷ mɤi⁵ ŋɯːi² ʔbuːŋ¹ kɤu¹
汉文直译：鱼儿 游 水 几 人 放 钩
汉文意译：鱼儿迴游易上钩。

（男：杜玉光，阮进余）

(53)

喃字原文：渃 蓮 渃 䢚 嚸 浂，
国际音标：nɯːk⁷ len¹ nɯːk⁷ suːŋ⁵ jɯːi⁵ ʔbiːn³
汉文直译：潮 涨 潮 退 下 海
汉文意译：潮涨潮退不离海，

喃字原文：遥 吏 霋 拸 於 安 疃 岙。
国际音标：jɔ⁵ laːi⁶ mɤi¹ ʔdi¹ ʔɤ³ ʔiːn¹ ten¹ jɤːi²
汉文直译：风 来 云 去 在 安 上 天
汉文意译：风吹云走不离天。

喃字原文：𤙭 黜 㕠 夒 塘 㕽，
国际音标：ʔbɔ² ra¹ vaːu² niːu² ʔdɯːŋ² nɤːi²
汉文直译：黄牛 出 入 多 路 这
汉文意译：大路不断牛脚印，

喃字原文：船 高 筏 湿 拦 移 纙 鈎。
国际音标：thiːn² kaːu¹ ʔbɛ² thɤp⁷ tsaŋ³ nɤːi² lɯːi⁵ kɤu¹
汉文直译：船 高 筏 低 不 断 网 鱼钩
汉文意译：海上不断钓鱼船。

（54）

喃字原文：撒　　船　　戈　　浚　　缀　　绁，
国际音标：tsɛu² thi:n² kwa¹ ʔbi:n³ ʔdɯt⁷ jɤi¹
汉文直译：摇　　船　　过　　海　　断　　绳
汉文意译：摇船过海摇绳断，

喃字原文：群　　翡　　撒　　姅　　细　　低　　浚　　坡；
国际音标：kɔn² va:i² tsi:u² nɯə³ tɤ:i⁵ ʔdɤi¹ ʔbi:n³ ʔbɤ²
汉文直译：还　　几　　摇　　还　　到　　这里　　海　　岸
汉文意译：还有几摇到岸边；

喃字原文：板　　矮　　空　　批　　特　　桥，
国际音标：va:n⁵ ŋan⁵ khoŋ¹ ʔbak⁷ ʔdɯ:k⁸ kɤu²
汉文直译：板　　短　　不　　架　　得　　桥
汉文意译：板短搭桥难到岸，

喃字原文：埯　　捵　　舾　　胰　　撟　　伽　　英　　莲。
国际音标：ʔɛm¹ voi⁵ tai¹ ja:i² kɛu⁵ n̩ɤ² ʔan¹ len¹
汉文直译：妹　　伸手　　长　　拉　　哥　　上来
汉文意译：望妹伸手过来牵。

（55）

喃字原文：浚　　啊　　浚　　啊　　船　　啊　　船！
国际音标：ʔbi:n³ ʔa¹ ʔbi:n³ ʔa¹ thi:n² ʔa¹ thi:n²
汉文直译：海　　啊　　海　　啊　　船　　啊　　船
汉文意译：海啊海啊！船阿船！

喃字原文：浚　　尼　　馁　　养　　馱　　全　　暗　　饫；
国际音标：ʔbi:n³ nai² nu:i¹ jɯ:ŋ³ ŋɯ:i² tɔn² ʔɤm⁵ nɔ¹
汉文直译：海　　这　　养　　人　　全　　温饱
汉文意译：京家衣食靠海活；

劳动歌

喃字原文：些 愢 喝 些 瑄 弹，
国际音标：ta¹ vui¹ ha:t⁷ ta¹ ŋɛ¹ ʔda:n²
汉文直译：咱 乐 唱 咱 听 琴
汉文意译：渔家人人享福乐，

喃字原文：些 搭 坡 堤 些 𠳺 洆 买。
国际音标：ta¹ ʔdap⁷ ʔbɤ² ʔde¹ ta¹ la:m² ʔben⁵ mɯ:i⁵
汉文直译：咱 筑 堤 岸 咱 做 码头 新
汉文意译：海岸筑堤有新埠。

喃字原文：扒 魣 藁 些 旗 纲，
国际音标：ʔbat⁷ ka⁵ to¹ ta¹ tha³ lɯ:i⁵
汉文直译：捉 鱼 大 咱 放 网
汉文意译：海上放网捉大鱼，

喃字原文：哯 胋 挓 碍 駇 芪 愢 鲜；
国际音标：ŋai²ʔdem¹ tsaŋ³ ŋa:i⁶ ŋɯ:i²ʔdɤ:i² vui¹tɯ:i¹
汉文直译：日 夜 不 怕 世 人 快 活
汉文意译：日夜辛劳人快活；

喃字原文：笩 術 笩 術 洆 买，
国际音标：ʔbɛ² ve² ʔbɛ² ve² ʔben⁵ mɯ:i⁵
汉文直译：筏 回 筏 得 码头 新
汉文意译：渔筏得鱼返埠头，

喃字原文：啊 魣 洊 纲 磙 駇 愢 唭。
国际音标：ʔa¹ ka⁵ ʔdɤi² lɯ:i⁵ naŋ⁶ ŋɯ:i² vui¹kɯ:i²
汉文直译：啊 鱼 满 网 重 人 欢 笑
汉文意译：满载鱼虾喜归来。

（男：吴永就；女：黄玉英）

223

（56）

喃字原文： 膮 罷 攒 獷 軸 黜，
国际音标： tha:ŋ⁵ʔbai³ jat⁷ tʂu¹ ʔbɔ² ra¹
汉文直译： 七月 牵 水牛 黄牛 出
汉文意译： 七月拉牛出棚时，

喃字原文： 膮 巴 趙 獷 軸 術。
国际音标： tha:ŋ⁵ʔba¹ ʔdu:i³ tʂu¹ ʔbɔ² ve²
汉文直译： 三月 赶 水牛 黄牛 回
汉文意译： 三月赶牛入棚时（下半年早上为潮水退时，上半年晚黑时为潮水退时）。

（男：阮兴仪）

 劳动歌

（二）

喃字原文： 泒 劳 动 歌
国际音标： kaːn⁶ laːu¹ ʔdoŋ⁶ ka¹
汉语直译： 陆地 劳动 歌
汉语意译： 旱地劳动歌

（1）

喃字原文：朒 疏 啹 節 於 茹，
国际音标：thaːŋ⁵ jiːŋ¹ ʔan¹ tet⁷ ʔɤ³ ɲa²
汉语直译：正月 过年 在 家
汉语意译：正月在家过春节，

喃字原文：朒 ㄏ 椹 鈤 朒 巴 會 厦；
国际音标：thaːŋ⁵ haːi¹ kɤˀ² baːk⁸ thaːŋ⁵ ʔba¹ hoi⁶ hɛ²
汉语直译：二月 打牌 三月 歌会
汉语意译：二三月歌会耍牌；

喃字原文：朒 𮢽 挩 豆 採 茶，
国际音标：thaːŋ⁵ tɯ¹ vat⁸ ʔdɤu⁶ haːi⁵ tsɛ²
汉语直译：四月 摘 豆 采 茶
汉语意译：四月摘豆和采茶，

喃字原文：啹 節 端 午 跛 術 朒 甝。
国际音标：ʔan¹ tet⁷ ʔdɔn¹ ŋo⁶ jɤ³ ve² thaːŋ¹ nam¹
汉语直译：吃 节 端午 返回 五月
汉语意译：五月回过端午节。

225

喃字原文： 朋 耄 奔 梘 半 梣，
国际音标：tha:ŋ⁵thau⁵ ʔbu:n¹ ɲa:n³ ʔba:n⁵ tam¹
汉语直译： 六月 贩 龙眼 卖 龙眼
汉语意译：六月摘龙眼去卖，

喃字原文： 朋 罴 獄 旺 赦罪 亡人；
国际音标：tha:ŋ⁵ʔbai³ hom¹ram² sa⁵toi⁶ vɔŋ¹ɣn¹
汉语直译： 七月 望日 赦罪 亡人
汉语意译：七月十五拜鬼节；

喃字原文： 朋 訅 制 畑 趾 軍，
国际音标：tha:ŋ⁵ta:m⁵ tsɣ:i¹ ʔdɛn² tsai⁶kwɣn¹
汉语直译： 八月 玩 走 马 灯
汉语意译：八月游玩走马灯，

喃字原文： 朋 九 些 吏 奔 兴 半 红。
国际音标：tha:ŋ⁵tsin⁵ ta¹ la:i⁶ ʔbu:n¹ huɯŋ¹ ʔba:n⁵ hoŋ²
汉语直译： 九月 咱 来 贩 兴 卖 红
汉语意译：九月有人去经商。

喃字原文： 朋 迚 奔 茊 半 蒚，
国际音标：tha:ŋ⁵mɯ:i² ʔbu:n¹ ʔbɣk⁷ ʔba:n⁵ ʔbɔŋ¹
汉语直译： 十月 贩 灯芯 卖 棉花
汉语意译：十月秋收及秋种，

喃字原文：群 乭 朋 姩 铖 功 完 成。
国际音标：kɔn² ha:i¹ tha:ŋ⁵ nɯə³ nen¹ kɔŋ¹ hwa:n²than²
汉语直译：还有 两 月 半 成 功 完成
汉语意译：最后两月较清闲。

劳动歌

（2）

喃字原文：腸耗 當 钟 務 工，
国际音标：tha:ŋ⁵thau⁵ ʔda:ŋ¹ juə³ muə²koŋ¹
汉语直译：六月 正 中 农忙季节
汉语意译：六月正在农忙时，

喃字原文：払 於 没 峒 妾 於 没 尼；
国际音标：tsa:ŋ² ʔɤ³ mot⁸ ʔdoŋ² thi:p⁷ ʔɤ³ mot⁸ nɤ:i¹
汉语直译：郎 在 一 田峒 妾 在 一 地方
汉语意译：君在耕田妾种地；

喃字原文：刐 市 工 役 衝 籴，
国际音标：ŋai² na:u² koŋ¹vi:k⁸ sɔŋ¹ roi²
汉语直译：天 哪 活儿 完 了
汉语意译：何时工作清闲了，

喃字原文：時 払 貝 妾 唉 蚾 咀 叹。
国际音标：thi² tsa:ŋ² vɤ:i⁵ thi:p⁷ hɤ:i³ ŋoi² thɤ³tha:n¹
汉语直译：则 郎 和 妾 啊 坐 叹息
汉语意译：君妾消遣共喜悦。

（3）

喃字原文：嬾 箕 埃 搭 麻 高？
国际音标：nɔn¹ kiə¹ ʔa:i¹ ʔdap⁷ ma² ka:u¹
汉语直译：山 那 谁 筑 而 高
汉语意译：那山谁筑土堆高？

喃字原文：滝 溇 埃 拚 埃 掏 麻 溇？
国际音标：thoŋ¹ thɤu¹ ʔa:i¹ ʔbɤ:i⁵ ʔa:i¹ ʔda:u² ma² thɤu¹
汉语直译：河 深 谁 扒 谁 挖 而 深
汉语意译：那河谁挖水沟深？

喃字原文：渃 嫩 罴 渃 嫩 丕，
国际音标：nɯːk⁷nɔn¹ la² nɯːk⁷nɔn¹ jɤːi²
汉语直译：山水 是 山水 天然
汉语意译：江山天然山水美，

喃字原文：埃 分 特 渃 埃 移 特 嫩？
国际音标：ʔaːi¹ fɤn¹ ʔdɯːk⁸ nɯːk⁷ ʔaːi¹ jɤːi² ʔdɯːk⁸ nɔn¹
汉语直译：谁 分 得 水 谁 移 得 山
汉语意译：谁人开渠谁移山？

（4）

喃字原文：蓮 嫩 迍 遥 祏 沉，
国际音标：len¹ nɔn¹ ʔdɔn⁵ jɔ⁵ lɤi⁵ tɤm²
汉语直译：上 山 迎 风 采 沉香
汉语意译：上山迎风采沉香，

喃字原文：掀 螉 祏 蜜 唷 蛶 雕 绦；
国际音标：sui¹ ʔɔŋ¹ lɤi⁵ mɤt⁸ juk⁸ tam² n̯a³ tɤ¹
汉语直译：唆使 蜜蜂 取 蜜 催促 蚕 吐 丝
汉语意译：唆蜂采蜜蚕吐丝；

喃字原文：大 皇 风 景 有 情，
国际音标：ʔdaːi⁶hwaːŋ² fɔŋ¹kan³ hiu³ tin²
汉语直译：黄山 风景 有 情
汉语意译：黄山风景是圣地，

喃字原文：𧵑 媌 坦 癀 姽 雖 耡 才。
国际音标：kuə³ n̯iːu² ʔdɤt⁷ rɔŋ⁶ ɣaːi⁵ sin¹ jaːi¹ taːi²
汉语直译：物 多 地 广 姑娘 漂亮 小伙 有才
汉语意译：地广物富男女美。

# 劳动歌

（5）

喃字原文：齉垌默骑鸪毽，
国际音标：roŋ⁶ ʔdoŋ² mak⁸thɯk⁷ tsim¹ ʔbai¹
汉语直译：宽 田垌 尽力 鸟 飞
汉语意译：宽阔田野鸟飞翔，

喃字原文：浽湖涞湖默俳魟揶；
国际音标：ʔbi:n³ ho² la:i¹la:ŋ⁵ mak⁸ʔbɤi² ka⁵ ʔduə¹
汉语直译：海 湖 洋溢 尽情 鱼 竞赛
汉语意译：湖海宽广鱼尽游；

喃字原文：鞋揶時默鞋揶，
国际音标：tha:u¹ ʔduə¹ thi² mak⁸ tha:u¹ ʔduə¹
汉语直译：星星 竞赛 则 任由 星星 竞赛
汉语意译：天星赛跑顺自由，

喃字原文：秅楼翀透空輸伴田。
国际音标：ma⁶ ja² ru:ŋ⁶ thɤu⁵ khoŋ¹ thuə¹ ʔba:n⁶ ʔdi:n²
汉语直译：秧 老 田 透 不 输 伴侣 田
汉语意译：老秧插田得丰收。

（6）

喃字原文：蚬颠扡霻莲高，
国际音标：ki:n⁵ʔdɛn¹ tha¹ tɯŋ⁵ len¹ ka:u¹
汉语直译：黑蚁 拖 蛋 上 高
汉语意译：黑蚁拖蛋爬高树，

喃字原文： 世帀拱固湄滛室孌。
国际音标： the⁵na:u² kuŋ³ kɔ⁵ mɯə¹ra:u² rɤt⁷ tɔ¹
汉语直译： 如何 也 有 大雨 很大
汉语意译： 见此形象下大雨。

（男：苏维绍，杜玉光；女：杜福英，阮兴连）

（7）

喃字原文： 姅胐鞚刱霊高，
国际音标： nɯə³ ʔdem¹ tha:u¹ tha:ŋ⁵ mɤi¹ ka:u¹
汉语直译： 半 夜 星星 亮 云 高
汉语意译： 半夜星光见云高，

喃字原文： 黕㐀曝刻曝嚛拼差；
国际音标： ʔdem⁵ jɤ:i² naŋ⁵ ɣat⁷ naŋ⁵ ɣa:u² tsaŋ³ tha:i¹
汉语直译： 数 天 晴 酷烈 晴 分毫 不 差
汉语意译： 阳光酷烈无差毫；

喃字原文： 穊姑渃泍埃喂！
国际音标： luə⁵ khɔ¹ nɯ:k⁷ ka:n⁶ ʔa:i¹ ʔɤ:i¹
汉语直译： 稻子 干枯 水 干 谁 啊
汉语意译： 天旱禾枯农友呀！

喃字原文： 喻烧撒渃徐㐀群数。
国际音标： ru³ɲau¹ ta:t⁷ nɯ:k⁷ tsɤ² jɤ:i² kɔn² lɤu¹
汉语直译： 相邀 戽 水 等 天 还 久
汉语意译： 戽水抗旱要勤劳。

喃字原文： 胐㐀泙胶鞚空燨，
国际音标： ʔdem¹ jɤ:i² tan⁶ jaŋ¹ tha:u¹ khɔŋ¹ tɔ³
汉语直译： 夜里 天 晴 月亮 星星 不 明亮
汉语意译： 夜里月暗无星亮，

劳动歌

喃字原文：𭪤 罞 干 湄 遥 细 尼；
国际音标：ʔɣi⁵ la² kɤːn¹ mɯɯə¹ jɔ⁵ tɣːi⁵ nɣːi¹
汉语直译：那 是 阵 雨 风 到 地方
汉语意译：这时阵风阵雨来；

喃字原文：胑 帀 锃 刱 靜 丕，
国际音标：ʔdem¹ naːu² thaːu¹ thaːŋ⁵ san¹ jɤːi²
汉语直译：夜 哪 星星 亮 青 天
汉语意译：夜里星星满天亮，

喃字原文：𭪤 罞 曘 燥 安 恅 軕 䏻。
国际音标：ʔɣi⁵ la² naŋ⁵ raːu⁵ ʔiːn¹vui¹ thuːt⁷ ŋai²
汉语直译：那 是 晴 干燥 安乐 整 天
汉语意译：正好晴天适农活。

喃字原文：仍 埃 钐 役 稤 棋，
国际音标：ȵɯɯŋ³ʔaːi¹ tsam¹viːk⁸ kɣi⁵kai²
汉语直译：谁 勤劳 耕作
汉语意译：农忙季节勤耕作，

喃字原文：恬 丕 齳 妬 料 推 役 ⠶。
国际音标：ʔdiːm² jɤːi² toŋ¹ ʔdɔ⁵ liːu⁶sai¹ viːk⁸ laːm²
汉语直译：预兆 天 看 那 安排 活儿 做
汉语意译：看天预兆安排活。

（8）

喃字原文：覍 齳 锃 斗 衕 東，
国际音标：ȵaːk⁷ toŋ¹ thaːu¹ ʔdɣu³ ve² ʔdoŋ¹
汉语直译：乍 看 北斗星 回 东
汉语意译：乍看北斗星东移，

231

喃字原文：姊 媕 甜 䟗 朱 推 䊆 棋；
国际音标：tsi⁶ʔɛm¹ ra¹thɯk⁷ tso¹ sai¹ ruːŋ⁶ kai²
汉语直译：姐妹 出力 给 碾 田 犁
汉语意译：姐妹出力做农活；

喃字原文：淋 溓 挮 撢 蹟 蹲，
国际音标：lɤm⁵lɛm¹ tai¹ kam⁵ tsɤn¹ jai²
汉语直译：沾满泥污 手 插 脚 踏
汉语意译：手脚沾满泥尘土，

喃字原文：庀 䡆 核 杕 拱 䏔 有 收。
国际音标：nai¹ toŋ¹ kɤi¹ mɔk⁸ kuŋ³ ŋai² hiu³ thu¹
汉语直译：今天 看 树 长 也 天 有 收
汉语意译：喜见株青得丰收。

（男：阮进余，杜玉光）

（9）

喃字原文：霙 撟 竜 浽 時 曚 壮 壮，
国际音标：mɤi¹ kɛu⁵ suːŋ⁵ ʔbiːn³ thi² naŋ⁵ tsaːŋ¹tsaːŋ¹
汉语直译：云 拖动 下 海 则 晴 朗朗
汉语意译：天边黑云天气好，

喃字原文：霙 撟 蓮 岸 時 湄 如 涤；
国际音标：mɤi¹ kɛu⁵ len¹ ŋaːn⁶ thi² mɯə¹ ȵɯ¹ tuːn¹
汉语直译：云 拖动 上 山林 则 雨 如 涌
汉语意译：山林低云下雨来；

喃字原文：朘 㬱 群 燊 欣 㹣，
国际音标：jaŋ¹ mɤ² kɔn² tɔ³ hɤːn¹ thaːu¹
汉语直译：月 朦胧 还 亮 胜于 星星
汉语意译：月暗胜过有星亮，

# 劳动歌

喃字原文：酉浪岗硴群高欣岽。
国际音标：jɤu³raŋ² nui⁵ lɤ³ kɔn² ka:u¹ hɤ:n¹ ʔdoi²
汉语直译：尽管 山 崩 还 高 胜于 岭
汉语意译：高山崩塌比岭高。

喃字原文：固胺時觅籠畑，
国际音标：kɔ⁵ jaŋ¹ thi² fu⁶ loŋ²ʔdɛn²
汉语直译：有 月 则 负 灯笼
汉语意译：灯笼亮逊于月亮，

喃字原文：毑辻嘜乄尬寻衸胺。
国际音标：ʔba¹ mɯ:i¹ moŋ²mot⁸ ʔdi¹ tim² lɤi⁵ jaŋ¹
汉语直译：三 十 初一 去 找 要 月亮
汉语意译：三十初一无月光。

（10）

喃字原文：朒䪿䪿跐尬棋，
国际音标：tha:ŋ⁵ji:ŋ¹ tsɤn¹ ʔbɯ:k⁷ ʔdi¹ kai²
汉语直译： 正月 脚 迈 去 犁
汉语意译：正月下地去犁田，

喃字原文：朒𠄷捏穪䵷䵷劤能；
国际音标：tha:ŋ⁵ha:i¹ va:i³ luə⁵ ŋai² ŋai² thi:ŋ¹naŋ¹
汉语直译： 二月 撒 秧 天 天 辛勤
汉语意译：二月撒秧日辛勤；

喃字原文：顺湄穪卒藤藤，
国际音标：thɤn⁶ mɯə¹ luə⁵ tot⁷ ʔdaŋ²ʔdaŋ²
汉语直译：顺 雨 稻 好 各方面
汉语意译：有雨禾苗生长好，

233

喃字原文： 腩迀秸穑些啈涻茹。
国际音标：tha:ŋ⁵mɯ:i² ɣat⁸ luə⁵ ta¹ ʔan¹ ʔdɤi² ɲa²
汉语直译： 十月 割稻 咱 吃 满 家
汉语意译：十月收割谷满仓。

（11）
喃字原文：係罖花菓 特務，
国际音标：he³la² hwa¹kwa³ ʔdɯ:k⁸muə²
汉语直译：凡是 水果 丰收
汉语意译：凡是水果好收成，

喃字原文： 侧罖渃 波渃 湄涻盃；
国际音标：tsak⁷ la² nɯ:k⁷ ʔbe³ nɯ:k⁷muə¹ ʔdɤi² jɤ:i²
汉语直译：必定是 水海 雨水 满天
汉语意译：都是雨水保充足；

喃字原文： 埃 喂 諴 伮 祌 哇，
国际音标：ʔa:i¹ ʔɤ:i¹ nen¹ nɤ:⁵lɤi⁵ nɤ:i²
汉语直译：谁 啊 成 记住 话
汉语意译：喂呀！应记天功恩，

喃字原文：矓 机 盃 坦 料 荋 罒 啈。
国际音标：toŋ¹ kɤ¹jɤ:i² ʔdɤt⁷li:u⁶ tsɤ:i² la:m²ʔan¹
汉语直译：看 天机 地利 天 谋生
汉语意译：天时地利温饱年。

（12）
喃字原文：啰旭 腩旭 固湄，
国际音标：moŋ²tsin⁵ tha:ŋ⁵tsin⁵ kɔ⁵ mɯə¹
汉语直译：初九 九月 有 雨
汉语意译：九月初九天下雨，

劳动歌

喃字原文：時 琨 扔 拆 棋 耙 ᵖ 晻；
国际音标：thi² kɔn¹ tham⁵ thɤ³ kai² ʔbɯə² la:m² ʔan¹
汉语直译：则 儿子 准备 犁 耙 谋生
汉语意译：儿子备耕做农活；

喃字原文：㖧 旭 朒 旭 空 湄，
国际音标：moŋ² tsin⁵ tha:ŋ tsin⁵ khoŋ¹ mɯə¹
汉语直译：初九 九月 无 雨
汉语意译：九月初九无下雨，

喃字原文：時 琨 半 奇 棋 耙 㩼 奔。
国际音标：thi² kɔn¹ ʔba:n⁵ ka³ kai² ʔbɯə² ʔdi¹ ʔbu:n¹
汉语直译：则 儿子 贩 完 犁 耙 去 卖
汉语意译：儿收犁耙做买卖。

（男：杜福朝，苏维绍）

（13）

喃字原文：刱 㘯 挵 穖 黜 汵，
国际音标：tha:ŋ⁵ ŋai² ʔdɛm¹ luə⁵ rɤm¹
汉语直译：天亮 带 谷种 出 浸泡
汉语意译：天亮拿谷种出浸，

喃字原文：包 賒 牀 薆 些 仕 撼 黜；
国际音标：ʔba:u¹ jɤ² mɔk⁸ mɤm² ta¹ thɛ³ vɤ:t⁷ ra¹
汉语直译：何时 长 芽 咱 将 捞 出
汉语意译：等谷发芽捞出来；

喃字原文：挭 㩼 些 捻 𦔮 些，
国际音标：ɣan⁵ ʔdi¹ ta¹ nɛm⁵ ru:ŋ⁶ ta¹
汉语直译：挑 去 咱 抛 田 咱
汉语意译：担出秧地撒谷种，

235

喃字原文： 跙 欺 蓮 禡 時 些 抔 術。
国际音标： ʔden⁵ khi¹ len¹ ma⁶ thi² ta¹ ʔdɛm¹ ve²
汉语直译： 到 时 出 秧 则 咱 带 回
汉语意译： 等秧苗长就插田。

喃字原文： 扐 錢 摱 几 犄 税,
国际音标： tham⁵ tiːn² mɯːn⁵ kɛ³ kɤi⁵ the¹
汉语直译： 准备 钱 借 人 插秧 雇
汉语意译： 备钱请人帮插秧,

喃字原文： 犄 衝 籴 買 術 儗 愆。
国际音标： kɤi⁵ sɔŋ¹ roi² mɤːi⁵ jɤ³ ve² ŋi³ ŋɤːi¹
汉语直译： 插秧 完 了 才 返回 休息
汉语意译： 插完秧田得轻松。

（14）

喃字原文： 翔 湿 揀 没 篙 賤,
国际音标： ruːŋ⁶ thɤp⁷ ʔdɔŋ⁵ mot⁸ ɣau² jaːi²
汉语直译： 田 低 打造 一 戽斗 长
汉语意译： 低田备好长戽斗,

喃字原文： 翔 高 時 沛 揀 仁 篙 漗;
国际音标： ruːŋ⁶ kaːu¹ thi² faːi³ ʔdɔŋ⁵ haːi¹ ɣau² thɔŋ²
汉语直译： 田 高 则 得 打造 两 长柄戽斗
汉语意译： 高田备好对大桶;

喃字原文： 徐 朱 稌 固 峝 糐,
国际音标： tsɤ² tsɔ¹ luə⁵ kɔ⁵ ʔdɔŋ² ʔdɔŋ²
汉语直译： 等 给 稻子 有 孕穗
汉语意译： 等到稻子孕穗时,

劳动歌

喃字原文： 闭睎些仕者功朱馹。
国际音标： ʔbɤi⁵jɤ² ta¹ thɛ³ ja³ koŋ¹ tsɔ¹ ŋɯ:i²
汉语直译： 如今 咱 将 还 工 给 人家
汉语意译： 到时想法儿还钱工。

喃字原文： 包睎朱妲朒迚，
国际音标： ʔba:u¹jɤ² tsɔ¹ ʔden⁵ tha:ŋ⁵mɯ:i²
汉语直译： 如今 给 到 十月
汉语意译： 待至十月稻成熟，

喃字原文： 些抇镰採黜外秞些；
国际音标： ta¹ ʔdɛm¹ li:m²ha:i⁵ ra¹ ŋwa:i² ru:ŋ⁶ ta¹
汉语直译： 咱 拿 禾镰 出 外 田 咱
汉语意译： 准备禾镰去收割；

喃字原文： 拮採些抇衕茹，
国际音标： ɣat⁸ha:i⁵ ta¹ ʔdɛm¹ ve² n̠a²
汉语直译： 收割 咱 带 回 家
汉语意译： 割禾担谷回家里，

喃字原文： 晛怙猷𣻶𠫆罜衝工。
国际音标： fɤ:i¹ kho¹ kwa:t⁸ that⁸ ʔɤi⁵ la² sɔŋ¹ koŋ¹
汉语直译： 晒 干 扇 干净 那 是 完 工
汉语意译： 晒干风净算完工。

（15）

喃字原文： 恩㐫湄曤沛時，
国际音标： ʔɤn¹ jɤ:i² mɯə¹ naŋ⁵ fa:i³thi²
汉语直译： 恩 天 雨 晴 适时
汉语意译： 祈天保佑时日好，

237

喃字原文：尼￼ 時 耙 洴 尼 時 棋 溇；
国际音标：nɤːi¹ thi² ʔbɯə² kaːn⁶ nɤːi¹ thi² kai² thɤu¹
汉语直译：地方 则 耙 干 地方 则 犁 深
汉语意译：苗青禾黄五谷丰；

喃字原文：工 役 拤 旹 數 兜,
国际音标：koŋ¹viːk⁸ tsaŋ³ kwaːn³ lɤu¹ ʔdɤu¹
汉语直译：活儿 不 管 久 哪儿
汉语意译：勤奋不怕肚子饿，

喃字原文：𦬒𠉞渃 鉑 𦬒 䊳 柑 鑅。
国际音标：ŋai²nai¹ nɯːk⁷ ʔbaːk⁸ ŋai²thau¹ kɤːm¹ vaːŋ²
汉语直译：今天 水 白 日后 饭 金
汉语意译：努力不忧家景穷。

喃字原文：埃 喂 停 𬎼 荒,
国际音标：ʔaːi¹ ʔɤːi¹ ʔdɯɯŋ² ʔbɔ³ ruːŋ⁶ hwaːŋ¹
汉语直译：谁 啊 别 丢 田 荒
汉语意译：喂呀！不能丢荒田，

喃字原文：包 饶 㖖 坦 㖖 鑅 閉 饶。
国际音标：ʔbaːu¹ɲiːu¹ tɤk⁷ ʔdɤt⁷ tɤk⁷ vaːŋ² ʔbɤi⁵ɲiːu¹
汉语直译：多少 寸 土 寸 金 那么多
汉语意译：一寸土地寸金黄。

（16）

喃字原文：廊 些 風 景 有 情,
国际音标：laːŋ² ta¹ fɔŋ¹kan³ hiu³ tin²
汉语直译：村 咱 风 景 有 情
汉语意译：村里风景有情义，

劳动歌

喃字原文：民 居 坡 浚 如 形 㻎 龍；
国际音标：jɤn¹ kuɯ¹ ʔbɤ² ʔbi:n³ n̮ɯ¹ hin² kɔn¹lɔŋ¹
汉语直译：民 居 岸 海 如 形 龙
汉语意译：海岸龙腾民居地；

喃字原文：恘 丕 夏 继 遰 冬，
国际音标：nɤ² jɤ:i² ha⁶ ke⁵ tha:ŋ¹ ʔdoŋ¹
汉语直译：靠 天 夏 继 到 冬
汉语意译：护佑一年夏秋冬，

喃字原文：㘬 艺 挷 棋 稀 掩 卒 鲜。
国际音标：la:m² ŋe² kai² kɤi⁵ vun¹jɔŋ² tot⁷tɯ:i¹
汉语直译：做 技艺 犁 种 培育 绿油油
汉语意译：技巧耕作好收成。

喃字原文：務 醄 朱 到 務 迠，
国际音标：vu⁶ nam¹ tsɔ¹ ʔden⁵ vu⁶ mɯ:i²
汉语直译：季 五 给 到 季 十
汉语意译：一年四季气候好，

喃字原文：融 廊 几 妧 馱 糿 都 艺；
国际音标：tɔŋ¹ la:ŋ² kɛ³ ɣa:i⁵ ŋɯ:i² ja:i¹ ʔduə¹ ŋe²
汉语直译：中 村 人 姑娘 人 小伙 比赛 技艺
汉语意译：村里男女耕艺高；

喃字原文：丕 刣 挭 丕 晗 衑，
国际音标：jɤ:i² tha:ŋ⁵ ɣan⁵ jɤ:i² lan⁶ ve²
汉语直译：天 亮 挑 天 日落 回
汉语意译：早出耕作晚回家，

239

喃字原文： 馹 馹 胴 胴 業 艺 迍 專。
国际音标： ŋai² ŋai² tha:ŋ⁵ tha:ŋ⁵ ŋi:p⁸ ŋe² tʂn¹ tsi:n¹
汉语直译： 天天　月月　劳作　勤劳
汉语意译： 日月如此人勤劳。

（17）

喃字原文： 𦟪 民 户 邅 官 員，
国际音标： jɯ:i⁵ jɤn¹ ho⁶ ten¹ kwa:n¹ vi:n¹
汉语直译： 下　民　户　上　官员
汉语意译： 上有官员下有民，

喃字原文： 公 平 兪 墨 拎 權 朱 哈；
国际音标： koŋ¹ ʔbin² jɯ³ mɯk⁸ kɤm² kwi:n² tsɔ¹ hai¹
汉语直译： 公平　守　法规　掌　权　使　好
汉语意译： 掌权公平民守规；

喃字原文： 悲 唸 沛 迏 會 尼，
国际音标： ʔbɤi¹ jɤ² ɣap⁸ fa:i³ hoi⁶ nai²
汉语直译： 如今　遇　中　机会　这
汉语意译： 何时天好就出工，

喃字原文： 欺 丕 旱 暵 欺 台 湄 淫。
国际音标： khi¹ jɤ:i² ha:n⁶ ha:n⁵ khi¹ hai¹ mɯə¹ jɤm²
汉语直译： 时　天　干旱　时　或　雨　淋
汉语意译： 有时下雨时天旱。

喃字原文： 欺 丕 遙 瀑 喑 喑，
国际音标： khi¹ jɤ:i² jɔ⁵ ʔba:u³ ʔɤm² ʔɤm²
汉语直译： 时　天　风暴　隆隆
汉语意译： 有时呼呼刮大风，

劳动歌

喃字原文： 銅　錢　穐稬　迍　份　特　㐌；
国际音标： ʔdoŋ² ti:n² luə⁵thɔk⁷ mɯ:i² fɤn² ʔdɯ:k⁸ ʔba¹
汉语直译： 铜钱　稻谷　十　分　得　三
汉语意译： 稻谷收入只三成；

喃字原文： 祂之 登 纳　姅 麻，
国际音标： lɤi⁵ ji² ʔdaŋ¹ na:p⁸ nɯə³ ma²
汉语直译： 拿 什么 交纳　再 而
汉语意译： 荒年无钱纳香火，

喃字原文： 祂之 工 役　喏 茹 朱　當。
国际音标： lɤi⁵ ji² koŋ¹ vi:k⁸ nɯ:k⁷ ɳa² tso¹ ʔda:ŋ⁵
汉语直译： 拿 什么 事情　国家 给 值当
汉语意译： 没钱无物难生存。

喃字原文： 祂之 抽 税 法　常，
国际音标： lɤi⁵ ji² thiu¹ the⁵ fɛp⁷ thɯ:ŋ²
汉语直译： 拿 什么 抽 税　常例
汉语意译： 无钱按例纳税费，

喃字原文： 祂之 補助 揀　量　𠬠 咹；
国际音标： lɤi⁵ ji² ʔbo³ tɤ⁶ ʔdoŋ¹ lɯ:ŋ² la:m² ʔan¹
汉语直译： 拿 什么 补助　买　谋生
汉语意译： 缺粮无钱无法活；

喃字原文： 丕 𠬠 苦 极 害 民，
国际音标： jɤ:i² la:m² kho³ kɯk⁸ ha:i⁶ jɤn¹
汉语直译： 天 做　苦难 害 民
汉语意译： 天意造成民苦难，

241

喃字原文：歪 ᵂ 袟 沫 固 份 帍 庒。
国际音标：jɤːi² laːm² mɤt⁷maːt⁷ kɔ⁵ fɤn² naːu² tsaŋ¹
汉语直译：天 做 失 收 有 份 哪 不
汉语意译：天灾失收官体谅。

（18）

喃字原文：怃 憫 仍 几 农 夫,
国际音标：nai¹ muɯŋ² ɲɯŋ³ kɛ³ noŋ¹fu¹
汉语直译：今天 祝 些 人 农夫
汉语意译：祝贺各位农夫们,

喃字原文：求 朱 花 谷 丰 收 平 蒔;
国际音标：kɤu² tsɔ¹ hwa¹kok⁷ fɔŋ¹thu¹ ʔbin²thɤːi²
汉语直译：求 给 谷物 丰收 平时
汉语意译：祈求丰收谷物足;

喃字原文：罙 𢯦 农 扵 幅 㐅,
国际音标：von⁵ sɯə¹ noŋ¹ ʔɤ³ ʔbɯk⁷haːi¹
汉语直译：本钱 从前 农 在 第二产业
汉语意译：农耕工作二产业,

喃字原文：顺 和 湄 遍 农 蒔 蓮 㾓。
国际音标：thɤn⁶hwa² mɯə¹ jɔ⁵ noŋ¹thɤːi² len¹ ten¹
汉语直译：顺 和 雨 风 农时 上 上面
汉语意译：风调雨顺粮食足。

喃字原文：贵 乎 尲 稌 罖 銭,
国际音标：kwi⁵ho² ɲiːu² luə⁵ laː² tiːn²
汉语直译：只要 多 稻子 是 钱
汉语意译：只要多谷多钱银,

劳动歌

喃字原文：燶烌 富足 平安 奇茹；
国际音标：rɔ³ra:ŋ² fu⁵tuk⁷ ʔbin²ʔi:n¹ ka³ ɳa²
汉语直译：清楚 富足 平安 全 家
汉语意译：粮食丰收家平安；

喃字原文：𥾽 務 春 夏 秋 冬，
国际音标：ʔbon⁵muə² sɤn¹ ha⁶ thu² ʔdoŋ¹
汉语直译：四季 春 夏 秋 冬
汉语意译：春夏秋冬年四季，

喃字原文：闷 朱 錢 稌 㴜 茹 寿 康。
国际音标：mu:n⁵ tsɔ¹ ti:n² luə⁵ ʔdɤi² ɳa² thɔ⁶ kha:ŋ¹
汉语直译：想 给 钱 谷 满 家 寿 康
汉语意译：盼增钱谷人长寿。

（男：杜玉光，阮进余，苏维绍，杜福朝）

（19）

喃字原文：㤳 衛 没 浽 膵 疐，
国际音标：ʔbu:n² ve² mot⁸ noi³ tha:ŋ⁵ji:ŋ¹
汉语直译：烦闷 为 一 境地 正月
汉语意译：烦闷境遇正月来，

喃字原文：霪 霪 浯 浯 花 桯 妄 欻；
国际音标：jɤm¹jɤm¹ ʔbui⁶ʔbui⁶ hwa¹ jɤn² nɤ³ tha:i⁵
汉语直译：阴暗 细雨 花 慢腾腾 开 盛
汉语意译：阴天微风花要开；

喃字原文：㤳 衛 没 浽 膵 亡，
国际音标：ʔbu:n² ve² mot⁸ noi³ tha:ŋ⁵ha:i¹
汉语直译：烦闷 因 一 境地 二月
汉语意译：烦闷境遇二月到，

喃字原文： 腅 矕 㫗 㫯 曘 痳 㸔 些；
国际音标：ʔdem¹ ŋan⁵ ŋai² jaːi² met⁸mɔi³ ŋɯːi²ta¹
汉语直译： 夜 短 日 长 困乏 人家
汉语意译：夜短日长人困累；

喃字原文： 㤴 衏 没 浽 膛 巴，
国际音标：ʔbuːn² ve² mot⁸ noi³ thaːŋ⁵ʔba¹
汉语直译：烦闷 因 一 境地 三月
汉语意译：烦闷境遇三月了，

喃字原文： 湄 油 曝 焙 㸔 些 爐悡；
国际音标：mɯə¹ jɤu² naŋ⁵ luə³ ŋɯːi²ta¹ lɤ²ʔdɤ²
汉语直译： 雨 淋 阳光 火 人家 无精打采
汉语意译：日晒雨淋人无力；

喃字原文： 㤴 衏 没 浽 膛 𦊚，
国际音标：ʔbuːn² ve² mot⁸ noi³ thaːŋ⁵tɯ¹
汉语直译：烦闷 因 一 境地 四月
汉语意译：烦闷境遇四月来，

喃字原文：憊 痳 爐悡 柑 拼 㤴 咹。
国际音标：met⁸mɔi³ lɤ²ʔdɤ² kɤːm¹ tsaŋ³ ʔbuːn² ʔan¹
汉语直译： 困乏 无精打采 饭 不 想 吃
汉语意译：劳动疲累不思食。

喃字原文： 㤴 衏 没 浽 膛 南，
国际音标：ʔbuːn² ve² mot⁸ noi³ thaːŋ⁵nam¹
汉语直译：烦闷 因 一 境地 五月
汉语意译：烦闷境遇五月到，

劳动歌

喃字原文：渚 達 躺 舖 鴉 嘅 鸹 叫；
国际音标：tsɯə¹ ʔdat⁸ min² nam² ɣa² ɣai⁵ tsim¹ keu¹
汉语直译：未 放 身 躺 鸡 啼 鸟 叫
汉语意译：人刚躺下鸡报晓；

喃字原文：恼 衕 朋 耹 堆 嘲，
国际音标：ʔbuːn² ve² thaːŋ⁵ thau⁵ ʔdoi¹ tsiːu²
汉语直译：烦闷 因 六月 两 方向
汉语意译：烦闷境遇六月至，

喃字原文：几 棋 馭 稒 翀 超 溚 垌。
国际音标：kɛ³ kai² ŋɯːi² kɤi⁵ ruːŋ⁶ siːu¹ ʔdɤi² ʔdoŋ²
汉语直译：人 犁 人 种田 满 田垌
汉语意译：耕作插秧人满田。

喃字原文：恼 衕 朋 罡 尨 功，
国际音标：ʔbuːn² ve² thaːŋ⁵ ʔbai³ ȵiːu² koŋ¹
汉语直译：烦闷 因 七月 多 活儿
汉语意译：烦闷境遇七月工，

喃字原文：扠 於 没 垌 妾 於 没 尼；
国际音标：tsaːŋ² ʔɤ³ mot⁸ ʔdoŋ² thiːp⁷ ʔɤ³ mot⁸ nɤːi¹
汉语直译：郎 在 一 田垌 妾 在 一 地方
汉语意译：君在田垌妾耕种；

喃字原文：朋 凯 佢 愊 工 籾，
国际音标：thaːŋ⁵ taːm⁵ ʔda³ het⁷ koŋ¹ roi²
汉语直译：八月 已 完 工 了
汉语意译：八月农活较清闲，

245

喃字原文：時 払 貝 妾 買 蚼 咀 叹。
国际音标：thi² tsa:ŋ² vɤ:i⁵ thi:p⁷ mɤ:i⁵ ŋoi² thɤ³tha:n¹
汉语直译：则 郎 和 妾 才 坐 叹息
汉语意译：君妾闲着共欢乐。

喃字原文：咀 叹 渚 特 堆 咥，
国际音标：thɤ³tha:n¹ tsɯə¹ ʔdɯ:k⁸ ʔdoi¹ nɤ:i²
汉语直译：叹息 未 得 两 言
汉语意译：叹息话儿未讲完，

喃字原文：翁 朕 唅 矼 糆 丕 牀 蓮。
国际音标：ʔoŋ¹jaŋ¹ lan⁶ su:ŋ⁵ mat⁸jɤ:i² mɔk⁸ len¹
汉语直译：月亮 落 下 太阳 升 起
汉语意译：月亮落府太阳升。

（20）

喃字原文：悒 為 没 淰 膓 疏，
国际音标：ʔbu:n² vi² mot⁸ noi³ tha:ŋ⁵ji:ŋ¹
汉语直译：烦闷 因 一 境地 正月
汉语意译：烦闷境遇正月来，

喃字原文：如 鸤 嘲 喰 舖 仰 没 瞓；
国际音标：ɲɯ¹ tsim¹tsi:u¹ʔbi:u³ nam² ŋɯə³ mot⁸min²
汉语直译：如 刁嘴鸟 躺 仰 独自
汉语意译：如刁嘴鸟独自睡；

喃字原文：悒 為 没 淰 膓 纪，
国际音标：ʔbu:n² vi² mot⁸ noi³ tha:ŋ⁵ha:i¹
汉语直译：烦闷 因 一 境地 二月
汉语意译：烦闷境遇二月到，

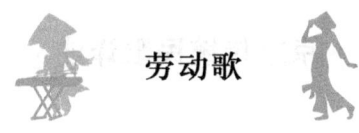

劳动歌

喃字原文：丕　湄　淪喷　花　荎芠黜。
国际音标：jɤ:i² mɯə¹lun⁵fun⁵ hwa¹ɲa:i² nɤ³ ra¹
汉语直译：天　毛毛雨　茉莉花　开 出
汉语意译：毛毛雨茉莉花开。

喃字原文：悩 為 没 浽 朒 巴,
国际音标：ʔbu:n² vi² mot⁸ noi³ tha:ŋ⁵ʔba¹
汉语直译：烦闷 因 一 境地 三月
汉语意译：烦闷境遇三月至,

喃字原文：湄 油 曝 焐 朱 些 惨 悉;
国际音标：mɯə¹ jɤu² naŋ⁵ lɯə³ tso¹ ta¹ tha:m³ lɔŋ²
汉语直译：雨 　　　 淋　阳 光　　　　 火
汉语意译：日晒雨淋人苦受;

喃字原文：悩 為 没 浽 朒 剆,
国际音标：ʔbu:n² vi² mot⁸ noi³ tha:ŋ⁵tɯ¹
汉语直译：烦闷 因 一 境地 四月
汉语意译：烦闷境遇四月份,

喃字原文：牊 觯 憴 鲦 糚 拼 悩 哎。
国际音标：mat⁸mui³ lɤ¹ʔdɯ² tsa:u⁵ tsaŋ³ ʔbu:n² ʔan¹
汉语直译：颜容　消瘦　粥　不　想　喝
汉语意译：颜容消瘦不想食。

喃字原文：悩 為 没 浽 朒 甀,
国际音标：ʔbu:n² vi² mot⁸ noi³ tha:ŋ⁵nam¹
汉语直译：烦闷 因 一 境地 五月
汉语意译：烦闷境遇五月来,

247

喃字原文： 渚　達　躺　躹　鸦　嘅　鸬　叫；
国际音标：tsɯə¹ ʔdat⁸ min² nam² ɣa² ɣai⁵ tsim¹ keu¹
汉语直译： 未　放　身　躺　鸡　啼　鸟　叫
汉语意译：人未躺下鸡又啼；

喃字原文： 惚　為　胴　㐌　忱　招，
国际音标：ʔbu:n² vi² tha:ŋ⁵ thau⁵ ʔdam¹tsi:u¹
汉语直译： 烦闷　因　六月　左右为难
汉语意译：烦闷六月左右难，

喃字原文： 胴　罷　棋　稀　蹟　招　外　垌。
国际音标：tha:ŋ⁵ʔbai³ kai²kɤi⁵ tsɤn¹tsi:u¹ ŋwa:i²ʔdoŋ²
汉语直译： 七月　耕种　艰辛　田间
汉语意译：七月插秧日艰辛。

喃字原文： 胴　釩　工　役　渚　衝，
国际音标：tha:ŋ⁵ta:m⁵ koŋ¹vi:k⁸ tsɯə¹ sɔŋ¹
汉语直译： 八月　农活　未　完
汉语意译：八月农活忙已过，

喃字原文： 胴　九　秸　稆　外　垌　辛　酸；
国际音标：tha:ŋ⁵tsin⁵ ɣat⁸ luə⁵ ŋwa:i²ʔdoŋ² tɤn¹tɔn¹
汉语直译： 九月　割稻子　田野　心酸
汉语意译：九月割禾又农忙；

喃字原文： 胴　迗　秣　粘　清　闲，
国际音标：tha:ŋ⁵mɯ:i² thɔk⁷ɣa:u⁶ than¹n̪a:n²
汉语直译： 十月　稻米　清闲
汉语意译：十月谷米堆满仓，

劳动歌

喃字原文： 乓 些 愾 脓 咀 叹 堆 哞。
国际音标： ha:i¹ta¹ vui¹ ʔbuŋ⁶ thɤ³tha:n¹ ʔdoi¹ nɤ:i²
汉语直译： 咱俩 高兴 心 叹息 两 言
汉语意译： 咱俩高兴共享乐。

喃字原文： 脼 逬 没 冬 節 跙 尼，
国际音标： tha:ŋ⁵mɯ:i²mot⁸ ʔdoŋ¹tet⁷ ʔden⁵ nɤ:i¹
汉语直译： 十一月 冬至节 到 地方
汉语意译： 十一月是冬至节，

喃字原文： 固 傷 時 底 脼 臘 咳 傷。
国际音标： kɔ⁵ thɯ:ŋ¹ thi² ʔde³ tha:ŋ⁵tsa:p⁸ hɤ:i³ thɯ:ŋ¹
汉语直译： 有 爱 就 留 腊月 啊 爱
汉语意译： 十二月相爱聚会。

（男：梁荣春，刘振光，杜福朝，苏维绍）

（21）

喃字原文： 脼 疎 英 獜 功 之，
国际音标： tha:ŋ⁵ji:ŋ¹ ʔan¹ ʔbɤn⁶ koŋ¹ ji²
汉语直译： 正月 哥 忙 活儿 什么
汉语意译： 正月哥忙什么活，

喃字原文： 底 渰 傷 攸 渰 時 攸 傷；
国际音标： ʔde³ ʔɛm¹ thɯ:ŋ¹ nɤ⁵ ʔɛm¹ thi² nɤ⁵thɯ:ŋ¹
汉语直译： 让 妹 想念 妹 则 想念
汉语意译： 让妹想念又思恋；

喃字原文： 傷 英 朱 弄 蹟 鞋，
国际音标： thɯ:ŋ¹ ʔan¹ tsɔ¹ lɔŋ³ tsɤn¹ ha:i²
汉语直译： 想 哥 使 松 脚 鞋
汉语意译： 想见妹走松了鞋，

喃字原文：没戕渃相吏賎欣湄。
国际音标：mot⁸ma:i¹ nɯ:k⁷mat⁷ la:i⁶ ja:i² hɤ:n¹ mɯə¹
汉语直译：一旦　　眼泪　来　长　胜于　雨
汉语意译：想起泪水如下雨。

喃字原文：嚎扒如魸嚎湄，
国际音标：mɔŋ¹ tsa:ŋ² ɲɯ¹ ka⁵ mɔŋ¹ mɯə¹
汉语直译：盼望　郎　如　鱼　盼望　雨
汉语意译：想君如鱼得雨水，

喃字原文：嚎扒如馅粈暴喊嘲。
国际音标：mɔŋ¹ tsa:ŋ² ɲɯ¹ ʔbɯə³ kɤ:m¹ tɯə¹ se⁵tsi:u²
汉语直译：盼望　郎　如　顿　饭　中午　后半晌
汉语意译：想君如同共进餐。

（22）

喃字原文：齰侊功役茹圭，
国际音标：khɔ⁵ thai¹ koŋ¹vi:k⁸ ɲa²kwe¹
汉语直译：苦　啊　活儿　　农村
汉语意译：农村耕作真是忙，

喃字原文：𦨂薢齰劢敢係宽胎；
国际音标：kwan¹nam¹ khɔ⁵ɲuk⁷ ja:m⁵ he² khwa:n¹ tha:i¹
汉语直译：终年　　辛苦　　敢曾经　放慢　啊
汉语意译：终年庸碌又辛苦；

喃字原文：脿朖时黙搚芌，
国际音标：tha:ŋ⁵tsa:p⁸ thi² mak⁸ joŋ² khwa:i¹
汉语直译：腊月　则　任由　种　红薯
汉语意译：腊月忙着种冬薯，

劳动歌

喃字原文： 朡 疎 掩 豆 朡 𠃜 掩 枷。
国际音标： tha:ŋ⁵ji:ŋ¹ joŋ² ʔdɤu⁶ tha:ŋ⁵ha:i¹ joŋ² ka²
汉语直译： 正月 种豆 二月 种 茄子
汉语意译： 正月种豆二月茄。

喃字原文： 朡 巴 棋 磃 𥹆 𥺊，
国际音标： tha:ŋ⁵ʔba¹ kai² vɤ³ ru:ŋ⁶ ra¹
汉语直译： 三月 犁 烂 田 出
汉语意译： 三月犁地又耙田，

喃字原文： 朡 𦊞 糞 𩛄 顺 和 每 𡤔；
国际音标： tha:ŋ⁵tɯ¹ fɤn¹ ʔbon⁵ thɤɤn⁶hwa² mɔi⁶ nɤ:i¹
汉语直译： 四月 粪肥 施 顺和 各 处
汉语意译： 四月施肥庄稼忙；

喃字原文： 朡 醓 秸 採 㗖 来，
国际音标： tha:ŋ⁵nam¹ ɣat⁸ha:i⁵ vɯə² roi²
汉语直译： 五月 收割 刚 完
汉语意译： 五月准备夏收种，

喃字原文： 跐 迺 朡 𦝄 渃 濫 㳿 垌。
国际音标： ʔbɯ:k⁷ tha:ŋ¹ tha:ŋ⁵thau⁵ nɯ:k⁷ loi⁶ ʔdɤi² ʔdoŋ²
汉语直译： 迈 去 六月 水 流 满 田垌
汉语意译： 六月雨水满田垌。

喃字原文： 茹 茹 媎 媎 𫧃 𫧃，
国际音标： ɲa²ɲa² vɤ⁶vɤ⁶ tsoŋ²tsoŋ²
汉语直译： 家家 妻妻 夫夫
汉语意译： 家家户户夫妻忙，

251

喃字原文：拸 ㎡ 外 峒 沙 計 粓 曡。
国际音标：ʔdi¹ la:m² ŋwa:i² ʔdoŋ² tʰaˈke³ kɤːmˈtɯɯ¹
汉语直译：去 做 外 田峒 遗忘 午饭
汉语意译：田里干活午餐忘。

（23）

喃字原文：忟 呸 湄 遥 顺 和，
国际音标：nɤ⁵ jɤ:i² mɯə¹ jo⁵ tʰɤn⁶hwa²
汉语直译：想 天 雨 风 顺 和
汉语意译：盼望顺和天下雨，

喃字原文：帇 棋 帇 稀 袮 耗 擲 烧；
国际音标：na:u² kai² na:u² kɤi⁵ tɛ³ ja² ʔduə¹ ȵau¹
汉语直译：哪 犁 哪 插秧 少 老 竞赛 互相
汉语意译：犁田插秧老少忙；

喃字原文：鸧 鹅 鲈 猪 梗 槁，
国际音标：tsim¹ ɣa² ka⁵ lɤːn⁶ kan² kau¹
汉语直译：鸟 鸡 鱼 猪 枝 槟榔
汉语意译：鸡鸭猪鱼摘槟榔，

喃字原文：務 帇 次 仄 守 牟 茹 圭。
国际音标：muə² na:u² tʰɯ⁵ ʔri⁵ jɯ³ mau² ȵa²kwe¹
汉语直译：季节 哪 种 那 守 庄稼 农村
汉语意译：农忙季节人奔波。

（24）

喃字原文：犨 喂！些 保 犨 尼，
国际音标：tʂɯ¹ ʔɤ:i¹ ta¹ ʔba:u³ tʂɯ¹ nai²
汉语直译：水牛 啊 咱 告诉 水牛 这
汉语意译：牛喂！辛苦要听话，

劳动歌

喃字原文：𫷰 𪊲 外 𦓿 𫷰 耕 貝 些；
国际音标：tɤu^{1} ra^{1} ŋwa:i^{2} ru:ŋ^{6} tɤu^{1} kai^{2} vɤ:i^{5} ta^{1}
汉语直译：水牛 出 外 田 水牛 犁 和 咱
汉语意译：牛出田垌人犁田；

喃字原文：䅘 耕 業 农 家，
国际音标：kɤi^{5} kai^{2} jɯ^{3} ŋi:p^{8} noŋ^{1}ja^{1}
汉语直译：插秧 犁田 守 业 农家
汉语意译：农家盼望农季节，

喃字原文：些 低 𫷰 𬁷 埃 麻 𡨸 功。
国际音标：ta^{1} ʔdɤi^{1} tɤu^{1} ʔdɤi^{5} ʔa:i^{1} ma^{2} kwa:n^{3} koŋ^{1}
汉语直译：咱 这儿 水牛 那儿 谁 而 管 工
汉语意译：犁完丢牛无人放。

喃字原文： 包 晗 核 穭 群 葻，
国际音标：ʔba:u^{1}jɤ^{2} kɤi^{1}luə^{5} kɔn^{2} ʔboŋ^{1}
汉语直译： 何时 稻子 还 花
汉语意译：何时稻禾开了花，

喃字原文：時 群 蔬 鞊 外 垌 𫷰 咹。
国际音标：thi^{2} kɔn^{2} ŋɔn^{6}kɔ^{3} ŋwa:i^{2} ʔdoŋ^{2} tɤu^{1} ʔan^{1}
汉语直译：则 还 草 外 田垌 水牛 吃
汉语意译：割禾有草牛食欢。
（男：苏维绍；女：杜福英）

（25）

喃字原文：𨉟 衛 𨀎 𬁷 貝 埃，
国际音标：min^{2} ve^{2} nɛu^{3} ʔdɤi^{5} vɤ:i^{5} ʔa:i^{1}
汉语直译：妹 回 路 那儿 和 谁
汉语意译：妹走回家哥忧心，

喃字原文： 掩 欌 欌 檑 掩 芌 芌 瘕；
国际音标： joŋ² ʔboŋ¹ ʔboŋ¹ rui³ joŋ² khwaːi¹ khwaːi¹ ha²
汉语直译： 种 棉花 棉花 败 种 红薯 红薯 烂
汉语意译： 种棉花败种薯烂；

喃字原文： 吀 娘 於 吏 貝 些，
国际音标： sin¹ naːŋ² ʔɤ³ laːi⁶ vɤːi⁵ ta¹
汉语直译： 请 妹 住 再 和 哥
汉语意译： 请妹留住共一起，

喃字原文： 掩 欌 欌 卒 掩 茄 茄 靘。
国际音标： joŋ² ʔboŋ¹ ʔboŋ¹ tot⁷ joŋ² ka² ka² san¹
汉语直译： 中 棉花 棉花 好 种 茄子 茄子 青
汉语意译： 种棉花好种茄青。

（26）

喃字原文： 歪 湄 朱 汜 荎 蘛，
国际音标： jɤːi² muə¹ tsɔ¹ ʔɯːt⁷ la⁵ ʔbɤu²
汉语直译： 天 下雨 给 湿 叶 葫芦
汉语意译： 落雨湿了葫芦叶，

喃字原文： 荎 蘛 挋 汜 汜 頭 𠀧 些；
国际音标： la⁵ ʔbɤu² tsaŋ³ ʔɯːt⁷ ʔɯːt⁷ ʔdɤu² haːi¹ ta¹
汉语直译： 叶 葫芦 不 湿 湿 头 咱俩
汉语意译： 葫芦无湿人头湿；

喃字原文： 歪 湄 朱 汜 荎 莩，
国际音标： jɤːi² muə¹ tsɔ¹ ʔɯːt⁷ la⁵ la¹
汉语直译： 天 下雨 给 湿 叶 芦苇
汉语意译： 落雨湿了芦苇草，

劳动歌

喃字原文：朱 蒁 莘 烤 朱 疠 悉 払。
国际音标：tsɔ¹ ŋɔn⁶la¹ hɛu⁵ tsɔ¹ ʔdau¹ lɔŋ² tsa:ŋ²
汉语直译：给 芦苇 枯萎 给 痛 心 郎
汉语意译：芦草枯萎君痛心。

（27）

喃字原文：傷 娘 挺 啌 特 芌，
国际音标：thɯ:ŋ¹ na:ŋ² tsaŋ³ ʔan¹ ʔdɯ:k⁸ khwa:i¹
汉语直译：想 妹 不 吃 得 红薯
汉语意译：想妹无想吃蕃薯，

喃字原文：啌 剔 没 簹 群 仁 蒟 啊；
国际音标：ʔan¹ het⁷ mot⁸ ro³ kɔn² ha:i¹ ku³ ha²
汉语直译：吃 完 一 筐 还有 两 个 烂的
汉语意译：食了一条食一筐；

喃字原文： 傷 娘 跆 浘 忇 悻，
国际音标：thɯ:ŋ¹ na:ŋ² ʔden⁵ noi³ sɔt⁷sa¹
汉语直译：想 妹 到 境地 心酸
汉语意译：思妹致使心辛酸，

喃字原文：群 仁 蒟 啊 拱 沛 啌 扔。
国际音标：kɔn² ha:i¹ ku³ ha² kuŋ³ fa:i³ ʔan¹ ʔdi¹
汉语直译：还有 两 个 烂的 也 得 吃 去
汉语意译：剩两烂薯吞不下。

（28）

喃字原文： 芌 蒚 芌 愧 芌 濛，
国际音标：khwa:i¹ʔboŋ¹ khwa:i¹ja:i⁶ khwa:i¹muŋ²
汉语直译： 芋头 野芋 芋茎
汉语意译：各种芋头食痒嘴，

喃字原文：厊罧芌帝没悉如燒；
国际音标：ʔba¹ ʔbon⁵ khwa:i¹ ʔdɤi⁵ mot⁸ lɔŋ² ȵɯ¹ȵau¹
汉语直译：三 四 芋薯 那儿 一 心 相同
汉语意译：几种芋薯一样痒；

喃字原文：術 缘 英 沛 遁 求，
国际音标：ve² ji:n¹ ʔan¹ fa:i³ jɔn⁶kɤu²
汉语直译：为 缘 哥 要 追 求
汉语意译：为缘哥要去追求，

喃字原文：術 娘 英 夾 弹 瓢 㢱 跳。
国际音标：ve² na:ŋ² ʔan¹ kap⁸ ʔda:n¹ʔbɤu² ʔdi¹ thɛu¹
汉语直译：为 妹 哥 夹 独弦琴 去 跟随
汉语意译：夹琴去追为寻妹。

喃字原文：術 魛 朱 苦 身 猫，
国际音标：ve² ka⁵ tsɔ¹ kho³ thɤn¹ mɛu²
汉语直译：为 鱼 给 辛苦 猫
汉语意译：为鱼猫儿很辛苦，

喃字原文：術 娘 英 沛 㢱 跳 昹 尼。
国际音标：ve² na:ŋ² ʔan¹ fa:i³ ʔdi¹ thɛu¹ luk⁷ nai²
汉语直译：为 妹 哥 要 去 跟随 时 这
汉语意译：为妹哥要去跟寻。

（男：苏权业，苏维绍；女：刘元英，阮成珍）

（29）

喃字原文：汋 孽 些 抛 魛 制，
国际音标：ʔa:u¹ tɔ¹ ta¹ tha³ ka⁵ tsɤ:i¹
汉语直译：塘 大 咱 放 鱼 玩
汉语意译：大水塘要放鱼游，

劳动歌

喃字原文：湖 蘱 馁 鵼 壥 涧 馁 鴆；
国际音标：ho² roŋ⁶ nu:i¹ vit⁸ vɯ:n² khɤ:i¹ nu:i¹ ɣa²
汉语直译：湖 宽 养 鸭 园 海 养 鸡
汉语意译：湖宽养鸭园放鸡；

喃字原文：舩 薜 客 契 融 茹，
国际音标：kwan¹nam¹ khat⁷khe⁵ toŋ¹ na²
汉语直译：终年　　宾客　中 家
汉语意译：终年宾客家里玩，

喃字原文：汃　壥　産　固 忙 罜 寻　兜。
国际音标：ʔa:u¹ vɯ:n² than³ kɔ⁵ lɔ¹ la² tim² ʔɖu¹
汉语直译：塘　园　备　有 忧 是 找 哪儿
汉语意译：塘、园食物随意捉。

（30）

喃字原文：皰 英 鈄 役 农 工，
国际音标：ʔbɤ:i³ ʔan¹ tsam¹ vi:k⁸ noŋ¹koŋ¹
汉语直译：因为 哥 专心 活儿 农 工
汉语意译：因为哥忙农事活，

喃字原文：朱 铖 买 固 蒲 融 蒲 外；
国际音标：tsɔ¹nen¹ mɤ:i⁵ kɔ⁵ ʔbo² toŋ¹ ʔbo² ŋwa:i²
汉语直译：所以 才 有 谷 围 里 谷 围 外
汉语意译：为此才得好收成；

喃字原文：欹 務 洒 豆 掩 芎，
国际音标：ŋai² muə² tɯ:i⁵ ʔɖu⁶ joŋ² khwa:i¹
汉语直译：天 季节 浇 豆 种 薯
汉语意译：种薯浇豆年四季，

257

喃字原文：𱎼 巴 膄 凯 𱎼 𫝈 麻 桉。
国际音标：ŋai² ʔba¹ tha:ŋ⁵ ta:m⁵ mɤ:i⁵ ŋoi² ma² ʔan¹
汉语直译：天　三　八月　　才　坐　而　吃
汉语意译：青黄不接无忧食。

（31）

喃字原文：喻 烧 𬤊 稀 𬤊 𫞨，
国际音标：ru³ ɲau¹ ʔdi¹ kɤi⁵ ʔdi¹ kai²
汉语直译：相约 去 插秧 去 犁田
汉语意译：相约一起去耕作，

喃字原文：悲 唅 𱎼 励 固 𱎼 风 流；
国际音标：ʔbɤi¹ jɤ² khɔ⁵ ɲuk⁷ kɔ⁵ ŋai² fɔŋ¹ liu¹
汉语直译：如今　辛苦　有　天　风　流
汉语意译：辛苦过后风流时；

喃字原文：壵 㟅 干 𪘦 㟅 溇，
国际音标：ten¹ ʔdoŋ² ka:n⁶ jɯ:i⁵ ʔdoŋ² thɤu¹
汉语直译：上 田垌 干 下 田垌 深
汉语意译：上田干旱下田深，

喃字原文：𱎼 𫞨 媂 稀 𫝈 𫝈 𬤊 耙。
国际音标：tsoŋ² kai² vɤ⁶ kɤi⁵ kɔn¹ tɤu¹ ʔdi¹ ʔbɯə²
汉语直译：夫 犁田 妻 插秧 水牛　拉　耙
汉语意译：夫妻耕作牛犁田。

（32）

喃字原文：膄 巴 𱎼 凯 英 喂，
国际音标：tha:ŋ⁵ ʔba¹ ŋai² ta:m⁵ ʔan¹ ʔɤ:i¹
汉语直译：　三月　　日　八　哥　啊
汉语意译：青黄不接莫思情，

劳动歌

喃字原文：傷 娵 時 底 胂 迗 唉 傷；
国际音标：thɯ:ŋ¹ ʔɛm¹ thi² ʔde³ tha:ŋ⁵mɯ:i² hai³ thɯ:ŋ¹
汉语直译：想 妹 则 让 十月 还 想
汉语意译：想妹等候十月见；

喃字原文：胂 迗 秾 粘 澘 茹，
国际音标：tha:ŋ⁵mɯ:i² thɔk⁷ ɣa:u⁶ ʔdɤi² na²
汉语直译：十月 谷 米 满 家
汉语意译：十月稻谷堆满仓，

喃字原文：傷 娵 時 底 胂 巴 覞 毑。
国际音标：thɯ:ŋ¹ ʔɛm¹ thi² ʔde³ tha:ŋ⁵ ʔba¹ ja:i² ŋai²
汉语直译：爱 妹 则 留 三月 长 日子
汉语意译：等至三月日子长。

（男：阮进余；女：刘元英）

（33）

喃字原文：頭 廊 固 没 核 栘，
国际音标：ʔdɤu² la:ŋ² kɔ⁵ mot⁸ kɤi¹ʔda¹
汉语直译：头 村 有 一 榕树
汉语意译：村头有棵大榕树，

喃字原文：尵 廊 核 淑 我 巴 核 椰；
国际音标：ku:i⁵ la:ŋ² kɤi¹koi⁵ ŋa³ʔba¹ kɤi¹jɯə²
汉语直译：尾 村 树木 岔路 椰树
汉语意译：村尾岔路有椰树；

喃字原文：牢 英 趍 聚 術 矗，
国际音标：tha:u¹ ʔan¹ ʔdi¹ thɤ:m⁵ ve² tɯə¹
汉语直译：为何 哥 去 早 回 晚
汉语意译：哥忙早出晚才归，

259

喃字原文：牢 英 拰 跪 核 椰 茹 埯。
国际音标：tha:u¹ ʔan¹ tsaŋ³ va³ kɤi¹juɯə² n̩a² ʔɛm¹
汉语直译：为何 哥 不 走过 椰树 冢 妹
汉语意译：经过椰树不进屋。

喃字原文：牢 英 拰 蹲 拰 蚓，
国际音标：tha:u¹ ʔan¹ tsaŋ³ ʔduɯŋ⁵ tsaŋ³ ŋoi²
汉语直译：为何 哥 不 站 不 坐
汉语意译：盼哥进来坐一会，

喃字原文：㐌 罢 英 沛 缘 碎 英 㥲；
国际音标：hai¹ la² ʔan¹ fa:i³ji:n¹ toi¹ ʔan¹ ʔbu:n²
汉语直译：或 是 哥 有缘 我 哥 烦闷
汉语意译：是否有缘不烦妹；

喃字原文：固 㪯 英 仕 𠰘 奔，
国际音标：kɔ⁵ von⁵ ʔan¹ thɛ³ la:m² ʔbu:n¹
汉语直译：有 本钱 哥 将 经商
汉语意译：有钱哥常去经商，

喃字原文：昭 昭 媾 媾 英 㥲 𠰘 之。
国际音标：tsɛu¹tsɛu¹kɯ:i⁵kɯ:i⁵ ʔan¹ ʔbu:n² la:m² tsi¹
汉语直译： 婚事婚事 哥 烦闷 做 什么
汉语意译：再推婚事妹心愁。

（34）
喃字原文：没 𣈗 拰 㐌 時 傷，
国际音标：mot⁸ ŋai² tsaŋ³ thɤi⁵ thi² thɯ:ŋ¹
汉语直译：一 天 不 见 就 想
汉语意译：一天不见心思念，

劳动歌

喃字原文：乑 朜 拰 𥋇 常 常 嗨 嗿；
国际音标：ha:i¹ ŋai² tsaŋ³ thɤi⁵ thɯ:ŋ²thɯ:ŋ² hɔi³tham¹
汉语直译：两 天 不 见　　常 常　　问 候
汉语意译：两天不见常问候；

喃字原文：㐌 朜 拰 𥋇 時 嚎，
国际音标：ʔba¹ ŋai² tsaŋ³ thɤi⁵ thi² mɔŋ¹
汉语直译：三 天 不 见 就 盼 望
汉语意译：三天不见甚盼望，

喃字原文：𦊛 朜 渚 𥋇 時 悉 拰 安。
国际音标：ʔbon⁵ ŋai² tsɯə¹ thɤi⁵ thi² lɔŋ² tsaŋ³ ʔi:n¹
汉语直译：四 天 未 见 就 心 不 安
汉语意译：四天不见不安心。

喃字原文：㐌 朜 拰 𥋇 移 連，
国际音标：ʔba¹ ŋai² tsaŋ³ thɤi⁵ ʔdi¹ li:n²
汉语直译：三 天 不 见 去 立 即
汉语意译：五天不见想去寻，

喃字原文：𦒹 朜 㐌 𥋇 更 邊 些 敉。
国际音标：thau⁵ ŋai² ʔda³ thɤi⁵ la:i⁶ ʔben¹ ta¹ rɔi²
汉语直译：六 天 已 见 又 边 咱 了
汉语意译：六天不见无倚身。

（35）

喃字原文：於 兜 拱 坦 茹 㐌，
国际音标：ʔɤ³ ʔdɤu¹ kuŋ³ ʔdɤt⁷ ɲa² jɤ:i²
汉语直译：在 哪儿 也 土 家 天
汉语意译：哪里都是见天地，

261

喃字原文：餤　粓　音　襖　戈　恈　時　催；
国际音标：nɔ¹ kɤːm¹ ʔɤm⁵ ʔaːu⁵ kwa¹ ʔdɤːi² thi² thoi¹
汉语直译：饱　饭　暖　衣　过　一生　就　罢了
汉语意译：温饱日子心满意；

喃字原文：身　淹　如　体　瀛　潘，
国际音标：thɤn¹ ʔɛm¹ ɲɯ¹the³ ʔbɛu² toi¹
汉语直译：身　妹　如同　浮萍　漂浮
汉语意译：妹身似浮萍飘流，

喃字原文：洴　揉　遍　滩　别　伩　兜。
国际音标：thɔŋ⁵ jɤp⁸ jɔ⁵ joi⁵ ʔbiːt⁷ jɯə⁶ vaːu² ʔdɤu¹
汉语直译：浪　打　风　吹　知　倚靠　进　哪儿
汉语意译：浪打风吹无依持。

（36）

喃字原文：身　淹　分　齳　劢　槑　分，
国际音标：thɤn¹ ʔɛm¹ khɔ⁵ɲuk⁷ tam¹fɤn²
汉语直译：身　妹　辛苦　非常
汉语意译：一年四季忙劳动，

喃字原文：刱　迻　翖　稔　曘　躺　壃　瓟；
国际音标：thaːŋ⁵ ʔdi¹ ruːŋ⁶ luə⁵ toi⁵ nam² vɯːn² jɯə¹
汉语直译：早　去　田　稻子　晚　躺　园　瓜
汉语意译：犁田插秧在田中；

喃字原文：䆞　迻　悁　奇　粓　矗，
国际音标：voi⁶ ʔdi¹ kwen¹ ka³ kɤːm¹tɯə¹
汉语直译：急忙　去　忘　全　午饭
汉语意译：夫犁妻插牛耕田，

劳动歌

嘌字原文：韜 術 悁 奇 歪 湄 汜 頭。
国际音标：voi⁶ ve² kwen¹ ka³ jɤ:i² mɯə¹ ʔɯ:t⁷ ʔdɤu²
汉语直译：急忙 回 忘 全 天 下雨 湿 头
汉语意译：早晚艰难肚子空。

（男：杜玉光；女：刘元英）

（37）

嘌字原文：喻 烧 跳 趷 秈 黄，
国际音标：ru³ɲau¹ ʔbɯ:k⁷ su:ŋ⁵ ru:ŋ⁶ va:ŋ²
汉语直译：相约 迈 下 田 黄
汉语意译：相约大家下田垌，

嘌字原文：尼 弄 唶 喝 尼 㗗 唶 唭；
国际音标：nɤ:i¹ loŋ⁶ ti:ŋ⁵ ha:t⁷ nɤ:i¹ va:ŋ¹ ti:ŋ⁵ kɯ:i²
汉语直译：地方 传 声 歌 地方 回响 声 笑
汉语意译：歌声笑声乐无穷；

嘌字原文：仍 矘 稆 忴 麻 愢，
国际音标：ɲɯŋ³ toŋ¹ luə⁵ tsin⁵ ma² vui¹
汉语直译：些 看 稻子 熟 而 高兴
汉语意译：看见稻熟心高兴，

嘌字原文：稬 我 稬 舩 稬 时 遥 摙。
国际音标：ʔboŋ¹ ŋa³ ʔboŋ¹ kui⁵ ʔboŋ¹ thi² jɔ⁵ lai¹
汉语直译：穗 倒 穗 垂头 穗 则 风 摇动
汉语意译：风吹稻穗笑点头。

嘌字原文：裾 鎌 半 月 扲 秚，
国际音标：lɯ:i³li:m² ʔba:n⁵ ŋwi:t⁸ kɤm² tai¹
汉语直译：镰刀 半 月 拿 手
汉语意译：弯月镰刀拿在手，

263

喃字原文：穝 黃ˊ 舒 桽 閌 核 收 衛；
国际音标：luə⁵ va:ŋ² ŋin² ɣok⁷ mu:n¹ kɤi¹ thu¹ ve²
汉语直译：稻子 黄 千 根 万 棵 收 回
汉语意译：稻子成熟得丰收；

喃字原文：補 欺 湄 曝 解 溰，
国际音标：ʔbɔ³ khi¹ mɯə¹ naŋ⁵ ja:i³ je²
汉语直译：丢 时 雨 晴 曝 晒 淋
汉语意译：日晒雨淋忘回头，

喃字原文：補 功 䀹 䁖 𥄫 髞 閉 迟。
国际音标：ʔbɔ³ koŋ¹ jɤi⁶ thɤ:m⁵ thuuk⁷ khwiə¹ ʔbɤi⁵tsɤi²
汉语直译：丢 功 起床 早 睡 夜 迟
汉语意译：早出晚归人忙碌。

喃字原文：掩 核 呍 菓 固 馹，
国际音标：joŋ² kɤi¹ ʔan¹ kwa³ kɔ⁵ ŋai²
汉语直译：种 树 吃 果 有 日
汉语意译：勤劳耕作有成果，

喃字原文：坦 箕 空 负 功 尼 麻 忬。
国际音标：ʔdɤt⁷ kiə¹ khoŋ¹ fu⁶ koŋ¹ nai² ma² lɔ¹
汉语直译：土地 那 不 负 功 这 而 忧
汉语意译：土地不负人耕种。

（38）

喃字原文：䏲 𠄩 朱 至 䏲 迬，
国际音标：tha:ŋ⁵ha:i¹ tsɔ¹ tsi⁵ tha:ŋ⁵mɯ:i²
汉语直译：二月 给 到 十月
汉语意译：二月忙至十月份，

劳动歌

喃字原文：瓿 迁 厼 脆 媕 蚾 媕 推；
国际音标：nam¹ mɯ:i² ha:i¹ tha:ŋ⁵ ʔɛm¹ ŋoi² ʔɛm¹ thi¹
汉语直译：五 十 两 月 妹 坐 妹 思量
汉语意译：五月十月妹思量；

喃字原文：務 秥 媕 稀 穧 扷，
国际音标：muə²tsi:m¹ ʔɛm¹ kɤi⁵ luə⁵ ʔdi¹
汉语直译：早稻 妹 种 稻子 去
汉语意译：抓紧早稻插秧期，

喃字原文：務 夒 穧 粏 聂 時 吡 朕。
国际音标：muə²hɛ² luə⁵tɛ³ thɤ:m⁵ thi² ʔba¹jaŋ¹
汉语直译：夏季 粳稻 早 则 三月稻
汉语意译：夏季丰收三月稻。

（39）

喃字原文：歪 湄 朱 穧 尨 黄，
国际音标：jɤ:i² mɯə¹ tsɔ¹ luə⁵ tsin⁵ va:ŋ²
汉语直译：天 下雨 给 稻子 熟 黄
汉语意译：风调雨顺稻快熟，

喃字原文：朱 英 扷 割 朱 娘 抁 粓；
国际音标：tsɔ¹ ʔan¹ ʔdi¹ yat⁸ tsɔ¹ na:ŋ² ʔdɛm¹ kɤ:m¹
汉语直译：给 哥 去 割 给 妹 送 饭
汉语意译：哥去割禾妹送饭；

喃字原文：抁 時 鉢 使 韹 輪，
国际音标：ʔdɛm¹ thi² ʔba:t⁷ thɯ⁵ mɤm¹ thon¹
汉语直译：夜晚 则 碗 瓷 大盘子 朱红
汉语意译：晚上回家坐圆桌，

喃字原文：澂 抁 齹 枯 英 恨 空 啽。
国际音标：tsɤ⁵ ʔdɛm¹ mɤm¹ ɣo³ ʔan¹ hɤ:n² khoŋ¹ ʔan¹
汉语直译：别 带 大盘子 木 哥 生气 不 哥
汉语意译：木桌食饭哥心烦。

(40)

喃字原文：俺 尼 迻 穊 垌 溇，
国际音标：ʔɛm¹ nai¹ ʔdi¹ kɤi⁵ ʔdoŋ² thɤu¹
汉语直译：妹 今 去 插秧 田垌 深
汉语意译：妹去深田忙插秧，

喃字原文：𦘭 蹎 蜢 哏 逼 頭 曝 晞；
国际音标：juɯ:i⁵ tsɤn¹ ʔdiə³ kan⁵ ten¹ ʔdɤu² naŋ⁵ fɤ:i¹
汉语直译：下 脚 蚂蟥 咬 上 头 阳光 晒
汉语意译：蚂蟥咬脚日晒头；

喃字原文：扨 喂！固 透 庄 扨？
国际音标：tsa:ŋ² ʔɤ:i¹ kɔ⁵ thɤu⁵ tsaŋ¹ tsa:ŋ²
汉语直译：郎 啊 有 透彻 不 郎
汉语意译：君呀！是否知此情？

喃字原文：没 鉢 秥 黄 别 尒 功 龄。
国际音标：mot⁸ ʔba:t⁷ kɤ:m¹ va:ŋ² ʔbi:t⁷ mɤi⁵ koŋ¹ lɤn¹
汉语直译：一 碗 饭 黄 知 几多 苦 功
汉语意译：一碗米饭多苦功。

（男：杜玉光，阮进余）

劳动歌

（41）

喃字原文：哎桪扑舖補头，
国际音标：ʔan¹ thim¹ ʔbɔk⁷ vo³ ʔbɔ³ ʔdʐu²
汉语直译：吃　榗子　剥　皮　丢　头
汉语意译：吃榗果丢皮丢头，

喃字原文：姅傷姑奇姅愁姑辷；
国际音标：nɯə³ thɯ:ŋ¹ ko¹ ka³ nɯə³ thʐu¹ ko¹ ha:i¹
汉语直译：半　想　姑娘大　半　愁　姑娘二
汉语意译：这边大妹那小妹；

喃字原文：哎桪扑舖補聰，
国际音标：ʔan¹ thim¹ ʔbɔk⁷ vo³ ʔbɔ³ ta:i¹
汉语直译：吃　榗子　剥　皮　丢　耳
汉语意译：吃榗子剥耳丢皮，

喃字原文：姑奇傷尐姑辷傷憇。
国际音标：ko¹ ka³ thɯ:ŋ¹ ʔit⁷ ko¹ ha:i¹ thɯ:ŋ¹ ɲi:u²
汉语直译：姑娘大 想 少 姑娘二 想 多
汉语意译：想小妹多胜大妹。

（42）

喃字原文：埃生豳缁豳纩，
国际音标：ʔa:i¹ thin¹ ra¹ lɯ:i⁵ ra¹ tsa:i²
汉语直译：谁　生　出　网　出　网
汉语意译：谁人织出捕鱼网，

喃字原文：抰豳打抰於外波洞；
国际音标：ʔdɛm¹ ra¹ ʔdan⁵ ka⁵ ʔʐ³ ŋwa:i² ʔbe³ khʐ:i¹
汉语直译：带　出　打　鱼　在　外　海
汉语意译：撒在外海来捉鱼；

267

喃字原文：埃 絍 黜 照 埃 打 黜 禛，
国际音标：ʔa:i¹ jet⁸ ra¹ tsi:u⁵ ʔa:i¹ ʔdan⁵ ra¹ tsan¹
汉语直译：谁 织 出 席 谁 钉 出 被子
汉语意译：谁人织成被与席，

喃字原文：黜 穹 黜 纹 黜 蜉 黜 絲。
国际音标：ra¹ khuŋ¹ ra¹ kɯi³ ra¹ tam² ra¹ tɤ¹
汉语直译：出 织布机 出 织杼 出 蚕 出 丝
汉语意译：谁人织布养蚕丝。

喃字原文：埃 生 黜 薛 待 胭 徐，
国际音标：ʔa:i¹ thin¹ ra¹ nam¹ ʔdɤ:i⁶ tha:ŋ⁵ tsɤ²
汉语直译：谁 生 出 年 等 月 等
汉语意译：谁出生月等年待，

喃字原文：椥 尼 窖 撑 鑩 砍 咹 蒌。
国际音标：tɛ¹ nai² khɛu⁵ vɔt⁷ tsiə² voi¹ ʔan¹ jɤu²
汉语直译：竹 这 巧 削 小棍 吃 槟榔
汉语意译：谁削竹签拌槟榔。

（43）

喃字原文：些 衒 些 喻 伴 些，
国际音标：ta¹ ve² ta¹ ru³ ʔba:n⁶ ta¹
汉语直译：我 回 我 邀 友 我
汉语意译：我回召集我朋友，

喃字原文：牰 些 些 稿 壜 些 些 撺；
国际音标：ru:ŋ⁶ ta¹ ta¹ kɤi⁵ vɯ:n² ta¹ ta¹ joŋ²
汉语直译：田 咱 咱 种 园 咱 咱 种
汉语意译：自家田地自耕种；

劳动歌

喃字原文：固 功 時 很 固 功，
国际音标：kɔ⁵ koŋ¹ thi² han³ kɔ⁵ koŋ¹
汉语直译：用功 则 也许 有 功
汉语意译：用功耕作有成果，

喃字原文：干 之 僢 值 麻 嚎 貼 馱。
国际音标：kaːn¹tsi¹ tsɤu²tsɯk⁸ ma² mɔŋ¹ kuə³ ŋɯːi²
汉语直译： 何妨 等候 而 盼望 东西 人家
汉语意译：莫要等人赐慷慨。

（44）

喃字原文：埃 喂 忟 祂 哇 尼，
国际音标：ʔaːi¹ ʔɤːi¹ nɤ⁵lɤi⁵ nɤːi² nai²
汉语直译：谁 啊 记住 话 这
汉语意译：喂呀！请记这句话，

喃字原文：蚂 馁 吧 侣 靵 萁 吧 諵；
国际音标：tam² nuːi¹ ʔba¹ lɯ³ ru:ŋ⁶ kai² ʔba¹ nam¹
汉语直译：蚕 养 三 批 田 犁 三 年
汉语意译：耕田三年蚕三批；

喃字原文：忟 丕 禾 谷 豐 登，
国际音标：nɤ⁵ jɤːi² hwa² kok⁷ fɔŋ¹ʔdaŋ¹
汉语直译：想 天 禾谷 丰 登
汉语意译：恩天赐五谷丰登，

喃字原文：稀 穭 穭 卒 馁 蚂 蚂 鮮。
国际音标：kɤi⁵ luə⁵ luə⁵ tot⁷ nuːi¹ tam² tam² tɯːi¹
汉语直译：种 稻子 稻子 好 养 蚕 蚕 鲜
汉语意译：插田禾青养蚕好。

喃字原文： 特 务 呦 固 在 歪，
国际音标：ʔdɯːk⁸muə² jɤu² kɔ⁵ taːi⁶ jɤːi²
汉语直译： 丰收 尽管 有 在 天
汉语意译：盼望出海天护佑，

喃字原文：朱 觉 溥 奇 麻 移 抳 拕。
国际音标：tsɔ¹ thɤi⁵ thɔŋ⁵ ka³ ma² jɤːi² tai¹ kɔ¹
汉语直译：给 见 浪 大 而 移 手 弯曲
汉语意译：遇见大浪莫松手。

(45)

喃字原文： 貀 些 移 稀 衸 功，
国际音标：ŋɯːi²ta¹ ʔdi¹ kɤi⁵ lɤi⁵koŋ¹
汉语直译： 人家 去 插秧 赶工
汉语意译：人家插田贪赶工，

喃字原文：碎 尼 移 稀 群 趰 魅；
国际音标：toi¹ nai¹ ʔdi¹ kɤi⁵ kɔn² toŋ¹ ȵiːu² ʔbe²
汉语直译：我 今 去 插秧 还 看 多 方面
汉语意译：今我插田多盼望；

喃字原文：趰 歪 趰 坦 趰 霒，
国际音标：toŋ¹ jɤːi² toŋ¹ ʔdɤt⁷ toŋ¹ mɤi¹
汉语直译：望 天 望 地 望 云
汉语意译：望天望地又望云，

喃字原文：趰 湄 趰 遍 趰 旯 趰 脏。
国际音标：toŋ¹ mɯə¹ toŋ¹ jɔ⁵ toŋ¹ ŋai² toŋ¹ ʔdem¹
汉语直译：望 雨 望 风 望 日 望 夜
汉语意译：望风望雨日夜望。

劳动歌

喃字原文： 罋 朱 蹟 勁 磄 軟,
国际音标： toŋ¹ tsɔ¹ tsɤn¹ kɯŋ⁵ ʔda⁵ mem²
汉语直译： 盼望 给 脚 硬 石 软
汉语意译： 盼望身体得健康，

喃字原文： 丕 掩 波 翢 貝 安 朓 悉。
国际音标： jɤːi² ʔem¹ ʔbe³ laŋ⁶ mɤːi⁵ ʔiːn¹ tɤm⁵ lɔŋ²
汉语直译： 天 静 海 平 才 安 心 情
汉语意译： 风静浪平人心欢。

（46）
喃字原文： 茹 掩 固 篢 柮 滆,
国际音标： n̠a² ʔɛm¹ kɔ⁵ muŋ³ ka² ʔdɤi²
汉语直译： 家 妹 有 筐 茄子 满
汉语意译： 妹家有茄堆满筐，

喃字原文： 固 浏 蒌 茵 固 滆 平 浆；
国际音标： kɔ⁵ ʔaːu¹ rau¹ muːŋ⁵ kɔ⁵ ʔdɤi² ʔbaŋ² tɯːŋ¹
汉语直译： 有 塘 空心菜 有 满 用 豆浆
汉语意译： 有空心菜有豆酱；

喃字原文： 油 空 美 味 高 量,
国际音标： jɤu² khoŋ¹ mi³ muːi⁶ kaːu¹ lɯːŋ⁶
汉语直译： 尽管 不 美味 高 量
汉语意译： 味道不美有份量，

喃字原文： 遱 敬 吒 媄 嗨 讓 英 掩。
国际音标： ten¹ kin⁵ tsa¹ mɛ⁶ jɯːi⁵ n̠ɯːŋ² ʔan¹ ʔɛm¹
汉语直译： 上 敬 父 母 下 让 兄弟 姐妹
汉语意译： 先敬父母后弟兄。

喃字原文：没 茹 恅 嚦 掩 聆，
国际音标：mot⁸ ɲa² vui¹vɛ³ ʔem¹ʔdem²
汉语直译：一　家　快乐　安静
汉语意译：全家快乐得平安，

喃字原文：饲 饱 随 境 空 㤿 累 埃。
国际音标：ʔdɔi⁵ nɔ¹ ti² kan³ khoŋ¹ ʔbu:n² li⁶ ʔa:i¹
汉语直译：饿 饱 随 境 不 烦闷 连 累 谁
汉语意译：依靠自力温饱暖。

（47）

喃字原文：橙 洙 时 楔 拱 洙，
国际音标：than² tsuə¹ thi² khe⁵ kuŋ³ tsuə¹
汉语直译：橙子 酸 则 杨桃 也 酸
汉语意译：橙果酸杨桃也酸，

喃字原文：翈 茹 固 渃 约 湄 ⼸ 之；
国际音标：ru:ŋ⁶ ɲa² kɔ⁵ nɯ:k⁷ ʔɯ:k⁷ mɯə¹ la:m² tsi¹
汉语直译：田 家 有 水 盼望 鱼 做 什么
汉语意译：田里有水不要雨；

喃字原文：功 英 跷 赳 麻 之，
国际音标：koŋ¹ ʔan¹ thɛu¹ʔdu:i³ ma² tsi¹
汉语直译：功 哥 跟随 而 什么
汉语意译：哥费力气跟随妹，

喃字原文：牢 凭 怞 织 笴 艺 耕 农？
国际音标：tha:u¹ ʔbaŋ² tsam¹tsi³ jɯ³ ŋe² kan¹noŋ¹
汉语直译：怎么 如 专心 守 行业 耕农
汉语意译：怎不用功做农事？

劳动歌

喃字原文： 聶 氌 固 婣 固 馱，
国际音标： thɤːm⁵khwiə¹ kɔ⁵ vɤ⁶ kɔ⁵ tsoŋ²
汉语直译： 早晚　　　有 妻 有 夫
汉语意译： 夫妻情义迟早成，

喃字原文： 楒 溇 耙 纪 贾 噱　特 务。
国际音标： kai² thɤu¹ ʔbɯə² ki³ mɤːi⁵ mɔn¹ ʔdɯːk⁸muə²
汉语直译： 犁 深　耙 精细 才 盼望　丰收
汉语意译： 深犁细耙有收成。

（48）

喃字原文： 胶 瞴 为　壋 霏 雯，
国际音标： jaŋ¹ mɤ² vi² ʔdaːm⁵ mɤi¹ tsɛ¹
汉语直译： 月 暗 为 朵　云 遮
汉语意译： 月亮被朵黑云遮，

喃字原文： 淹 低 劲 且 術 艺 耕 农；
国际音标： ʔɛm¹ ʔdɤi¹ vɤt⁷va³ ve² ŋe² kan¹noŋ¹
汉语直译： 妹 这儿 辛苦 因 行业 耕农
汉语意译： 妹做农活很辛苦；

喃字原文： 胶 瞴 群 旪 吏 醴，
国际音标： jaŋ¹ mɤ² kɔn² luk⁷ laːi⁶ tɔŋ¹
汉语直译： 月 暗 还有 时 有 清
汉语意译： 月亮朦胧有时亮，

喃字原文： 淹 尼 劲 且 顶 终 固 馹。
国际音标： ʔɛm¹ nai¹ vɤt⁷va³ ʔdin³tsuŋ¹ kɔ⁵ ŋai²
汉语直译： 妹 今 辛苦 荣华富贵 有 日
汉语意译： 今妹辛苦总清闲。

（49）

喃字原文： 文 詩 富 祿 拯 台',
国际音标： van¹ thɤ¹ fu⁵ lok⁸ tsaŋ³ hai¹
汉语直译： 文 诗 富 禄 不 知
汉语意译： 读书文墨难学字，

喃字原文： 馿 術 廊 苠 学 棋 朱 衝；
国际音标： jɤ³ve² la:ŋ² ku³ hɔk⁸ kai² tso¹ sɔŋ¹
汉语直译： 返回 村 老 学 犁 给 完
汉语意译： 返回家乡学犁地；

喃字原文： 㝵 㝵 䑽 國 㗚 垌，
国际音标： ŋai²ŋai² va:k⁷ ku:k⁷ tham¹ ʔdoŋ²
汉语直译： 天 天 扛 锄 探访 田垌
汉语意译： 每天扛锄去种田，

喃字原文： 渃 㕲 時 袘 篙 潒 撒 䰙。
国际音标： nɯ:k⁷ het⁷ thi² lɤi⁵ ɣau²thɔŋ² ta:t⁷ len¹
汉语直译： 水 完 则 那 长柄戽斗 戽 上
汉语意译： 田水少用瓢戽水。

喃字原文： 㕲 秺 些 吏 拫 添，
国际音标： het⁷ ma⁶ ta¹ la:i⁶ kwai³ them¹
汉语直译： 完 秧 咱 又 挑 再
汉语意译： 插完秧苗再添秧，

喃字原文： 㕲 穊 些 吏 㧓 钱 𱘎 糧；
国际音标： het⁷ luə⁵ ta¹ la:i⁶ ma:ŋ¹ ti:n² ʔdi¹ ʔdɔŋ¹
汉语直译： 完 米 咱 又 带 钱 去 买
汉语意译： 无米食就买回来；

劳动歌

喃字原文：汝 晟 稌 尐 涾 垌，
国际音标：nɯə³ma:i¹ luə⁵ tsin⁵ ʔdɤi² ʔdoŋ²
汉语直译： 日后 稻子 熟 满 田垌
汉语意译：日后稻田禾成熟，

喃字原文：秸 衛 翌 扗 稭 功 棋。
国际音标：ɣat⁸ ve² ʔdɤp⁸ thai³ ʔbɔ³ koŋ¹ kɤi⁵kai²
汉语直译：割 回 打 簸 下 功夫 耕作
汉语意译：割禾丰收粮食足。

（50）

喃字原文：朒 䦆 稌 罠 㐱 擤，
国际音标：tha:ŋ⁵tɯ¹ luə⁵ mɤ:i⁵ tsiə¹vɛ²
汉语直译： 四月 稻子 刚 分蘖
汉语意译：四月早稻刚分枝，

喃字原文： 朒 耗 稌 㕼 赭 揮 涾 垌；
国际音标：tha:ŋ⁵thau⁵ luə⁵ ʔda³ ʔdɔ³hwɛ¹ ʔdɤi² ʔdoŋ²
汉语直译：六月 稻子 已 淡红 满 田垌
汉语意译：六月稻子熟满垌；

喃字原文：姊 媕 㢟 摄 㹻 扛，
国际音标：tsi⁶ʔɛm¹ ʔdi¹ sep⁷ ɣan⁵ ɣoŋ²
汉语直译：姐妹 去 准备 担 半担
汉语意译：整天姐妹收割忙，

喃字原文：杶 斤 挀 採 些 共 黜 㢟。
国际音标：ʔdɔn²kɤn¹ tai¹ ha:i⁵ ta¹ kuŋ² ra¹ʔdi¹
汉语直译：镰刀 手 割 咱 同 出去
汉语意译：手拿镰刀割禾欢。

（男：刘扬顺；女：阮氏心）

275

（51）

喃字原文：英 㛪 竹 渚 牀 竺，
国际音标：ʔan¹ ʔdi¹ tuk⁷ tsɯə¹ mɔk⁸ maŋ¹
汉语直译：哥 去 竹 未 长 笋
汉语意译：哥去时竹刚生笋，

喃字原文：英 衘 竹 苞 高 平 蒎 梛；
国际音标：ʔan¹ ve² tuk⁷ ʔda³ ka:u¹ ʔbaŋ² ŋɔn⁶ tɛ¹
汉语直译：哥 回 竹 已 高 如 梢 头 竹
汉语意译：哥回竹子高成林；

喃字原文：英 㛪 稴 渚 妢 擤，
国际音标：ʔan¹ ʔdi¹ luə⁵ tsɯə¹ tsiə¹vɛ²
汉语直译：哥 去 稻子 未 分蘖
汉语意译：哥去禾苗未分枝，

喃字原文：英 衘 稴 苞 黄 花 㴜 垌。
国际音标：ʔan¹ ve² luə⁵ ʔda³ va:ŋ² hwa¹ ʔdɣi² ʔdoŋ²
汉语直译：哥 回 稻子 已 黄 花 满 田垌
汉语意译：哥回稻子熟满田。

喃字原文：英 㛪 埯 渚 固 獣，
国际音标：ʔan¹ ʔdi¹ ʔɛm¹ tsɯə¹ kɔ⁵ tsoŋ²
汉语直译：哥 去 妹 未 有 夫
汉语意译：哥去妹未有老公，

喃字原文：英 衘 埯 苞 㫁 撑 㫁 拧。
国际音标：ʔan¹ ve² ʔɛm¹ ʔda³ kɔn¹ ʔboŋ² kɔn¹ ma:ŋ¹
汉语直译：哥 回 妹 已 孩子 抱 孩子 背
汉语意译：哥回见妹抱背儿。

劳动歌

（52）

喃字原文：固　馱　挋　　特　迻　兜，
国际音标：kɔ⁵ tsoŋ² tsaŋ³ ʔdɯ:k⁸ ʔdi¹ ʔdɤu¹
汉语直译：有　夫　不　　得　去　哪儿
汉语意译：有老公不得走动，

喃字原文：固　琨　挋　特　蹲　数　共　𩵉；
国际音标：kɔ⁵ kɔn¹ tsaŋ³ ʔdɯ:k⁸ ʔdɯŋ⁵ lɤu¹ kuŋ² ŋɯ:i²
汉语直译：有　孩子　不　得　站　久　同　人家
汉语意译：有儿莫得跟自由；

喃字原文：固　馱　挋　黙　固　馱，
国际音标：kɔ⁵ tsoŋ² tsaŋ³ mak⁸ kɔ⁵ tsoŋ²
汉语直译：有　夫　不　管　有　夫
汉语意译：有老公也不管他，

喃字原文：固　琨　呦　悉　些　忕　義　烧。
国际音标：kɔ⁵ kɔn¹ jɤu² lɔŋ² ta¹ nɤ⁵ ȵiə³ ȵau¹
汉语直译：有 孩子 任由 心 咱 想 义 互相
汉语意译：有儿咱还相爱狂。

（53）

喃字原文：衘　埃　禁　帮　垠　滩，
国际音标：ve² ʔa:i¹ kɤm⁵ tsɤ⁶ ŋan¹ thoŋ¹
汉语直译：因　谁　禁　集市　拦　河流
汉语意译：因谁禁街拦河流，

喃字原文：挋　朱　低　帝　通　同　迻　奔；
国际音标：tsaŋ³ tsɔ¹ ʔdɤi¹ ʔdɤi⁵ thoŋ¹ ʔdoŋ² ʔdi¹ ʔbu:n¹
汉语直译：不　让　这儿　那儿　顺利　　去　买卖
汉语意译：不让你我通来往；

277

喃字原文：衕 埃 禁 幣 跟 源，
国际音标：ve² ʔa:i¹ kɤm⁵ tsɤ⁶ ŋan¹ ŋu:n²
汉语直译：因 谁 禁 集市 拦 水源
汉语意译：因谁禁街阻源泉，

喃字原文：挺 朱 低 帝 敄 奔 容 賎。
国际音标：tsaŋ³ tso¹ ʔdɤi¹ ʔdɤi⁵ ʔdi² ʔbu:n¹ jɔŋ¹ja:i³
汉语直译：不 让 这儿 那儿 去 买卖 往来
汉语意译：不让你我得往来。

（54）

喃字原文：博 媄 茹 躺 贪 翻 頭 桥，
国际音标：ʔba:k⁷mɛ⁶ ɲa² min² tha:m¹ ru:ŋ⁶ ʔdɤu² kɤu²
汉语直译：父母 家妹 贪 田 头 桥
汉语意译：妹父母贪块好田，

喃字原文：贪 琨 茹 没 押 缘 躺 忚；
国际音标：tha:m¹ kɔn¹ ɲa² mot⁸ ʔɛp⁷ji:n¹ min² va:u²
汉语直译：贪 儿子 家 一个 逼婚 妹 进
汉语意译：贪人独子出嫁女；

喃字原文：祂 衕 馱 湿 娕 高，
国际音标：lɤi⁵ ve² tsoŋ² thɤp⁷ vɤ⁶ ka:u¹
汉语直译：嫁 回 夫 矮 妻 高
汉语意译：妻高夫矮不相配，

喃字原文：如 堆 筳 玉 擅 牢 朱 平。
国际音标：ɲɯ¹ ʔdoi¹ ʔduə³ khi:n⁵ tha:u² tso¹ ʔbaŋ²
汉语直译：如 对 筷子 使 如何 给 平衡
汉语意译：似对玉筷不平衡。

（男：杜福朝；女：刘元莫，杜福英）

劳动歌

（55）

喃字原文：糊 朋 牖 国 黜 垌，
国际音标：ra:ŋ⁶ŋai² va:k⁷ ku:k⁷ ra¹ ʔdoŋ²
汉语直译：天亮 扛 锄 出 田 垌
汉语意译：早上扛锄出田垌，

喃字原文：抶 拎 煝 焐 抶 泂 绳 犙；
国际音标：tai¹ kɤm² moi²lɯə³ tai¹ jɔŋ¹ thɯŋ² tʂu¹
汉语直译：手 拿 火媒 手 抖 绳子 水牛
汉语意译：手拿锄头手牛绳；

喃字原文：翈 潭 诺 奇 溢 溇，
国际音标：ru:ŋ⁶ ʔdɤm² nɯ:k⁷ ka³ ʔbun² thɤu¹
汉语直译：天 塘 水 大 烂泥 深
汉语意译：深水田泥泞也深，

喃字原文：䖵 朋 共 貝 琨 犙 棋 耙。
国际音标：thu:t⁷ ŋai² kuŋ² vɤ:i⁵ kɔn¹tʂu¹ kai² ʔbɯə²
汉语直译：整 天 一同 和 水牛 犁 耙
汉语意译：整天同牛犁耙田。

喃字原文：役 ⼎ 拚 晉 曝 湄，
国际音标：vi:k⁸ la:m² tsaŋ³ kwa:n³ naŋ⁵ mɯə¹
汉语直译：活儿 干 不 管 晴 雨
汉语意译：日晒雨淋忙不停，

喃字原文：粔 咹 搭 挏 齝 荼 胹 朋；
国际音标：kɤ:m¹ ʔan¹ ʔdap⁷ʔdoi³ mu:i⁵ jɯə¹ tha:ŋ⁵ ŋai²
汉语直译：饭 吃 将就 盐 酸菜 月 日
汉语意译：酸菜下饭度日；

279

喃字原文：埃 喂 挷 鉢 粨 溚，
国际音标：ʔaːi¹ ʔɤːi¹ ʔbɯaŋ¹ ʔbaːt⁷ kɤːm¹ ʔdɤi²
汉语直译：谁 啊 端 碗 饭 满
汉语意译：喂呀！手捧碗米饭，

喃字原文：别 功 几 稀 馭 棋 佘 帝。
国际音标：ʔbiːt⁷ koŋ¹ kɛ³ kɤi⁵ ŋɯːi² kai² mɤi⁵naːu¹
汉语直译：知 工 人 插秧 人 犁田 多少
汉语意译：别忘劳动日艰辛。

（56）
喃字原文：梩 盃 眛 眛 煳 東，
国际音标：mat⁸jɤːi² taːŋ³taːŋ³ raːŋ⁶ ʔdoŋ¹
汉语直译：太阳 亮堂堂 照亮 东边
汉语意译：太阳刚出亮东边，

喃字原文：扒 喂 阻 眲 齓 峒 矫 聶；
国际音标：tsaːŋ² ʔɤːi¹ jɤ³jɤi⁶ ra¹ ʔdoŋ² kɛu³ tɯə¹
汉语直译：郎 啊 起床 出 田峒 不然 迟
汉语意译：君呀！起床出田园；

喃字原文：份 憪 包 昏 曚 湄，
国际音标：fɤn⁶ hɛn² ʔbaːu¹kwaːn³ naŋ⁵ mɯə¹
汉语直译：命 贱 不管 晴 雨
汉语意译：命贱不管天雨晴，

喃字原文：棋 溇 耙 纪 特 務 固 欺。
国际音标：kai² thɤu¹ ʔbɯə² ki³ ʔdɯːk⁸mɯə² kɔ⁵ khi¹
汉语直译：犁 深 耙 精细 丰收 有 时
汉语意译：深耕细作总收成。

劳动歌

(57)

喃字原文：朝 時 抚 稴 黜 晟，
国际音标：ŋai² thi² ʔdɛm¹ thɔk⁷ ra¹ fɤːi¹
汉语直译：白天 就 拿 谷子 出 晒
汉语意译：好天拿谷出来晒，

喃字原文：曝 跨 榠 㐱 杜 稴 伆 搓；
国际音标：toi⁵ lan⁶ mat⁸jɤːi² ʔdo³ thɔk⁷ vaːu² sai¹
汉语直译：晚 落山 太阳 倒 谷子 进 磨
汉语意译：太阳落山收谷磨；

喃字原文：没 脏 罒 㐱 磫 搓，
国际音标：mot⁸ ʔdem¹ la² ʔba¹ koi⁵ sai¹
汉语直译：一 夜 是 三 次 磨
汉语意译：一晚三次磨谷子，

喃字原文：没 抭 搓 者 没 抭 寅 㪜。
国际音标：mot⁸ tai¹ sai¹ ja³ mot⁸ tai¹ jɤn² thaːŋ²
汉语直译：一 手 磨 舂 一 手 筛
汉语意译：一手磨谷手筛糠。

喃字原文：胐 㐱 朝 飢 磊 揶，
国际音标：thaːŋ⁵ ʔba¹ ŋai² taːm⁵ roi³ raːŋ²
汉语直译：三月 初八 清闲
汉语意译：三月八月清闲时，

喃字原文：罒 牢 麛 粞 務 忙 塊 怓。
国际音标：laːm² thaːu¹ ʔdu³ ɣaːu⁶ muə² maːŋ² khɔi³ lɔ¹
汉语直译：为什么 足 米 庄稼 免得 忧虑
汉语意译：有米充饥无忧荒。

281

(58)

喃字原文： 英 喂 固 志 耕 农，
国际音标： ʔan¹ ʔɤːi¹ kɔ⁵ tsi⁵ kan¹noŋ¹
汉语直译： 哥 啊 有 志 耕 农
汉语意译：哥呀！有志者耕农，

喃字原文： 九 份 些 拱 预 融 颩 份；
国际音标： tsin⁵ fɤn² ta¹ kuŋ³ jɯ⁶ tɔŋ¹ taːm⁵ fɤn²
汉语直译： 九 分 咱 也 参 与 中 八 分
汉语意译：哥九分力妹八分；

喃字原文：哈 之 底 翀 麻 垠，
国际音标： hai¹tsi¹ ʔde³ ruːŋ⁶ ma² ŋan¹
汉语直译： 或者 让 田 而 丢 荒
汉语意译：莫让田地来丢荒，

喃字原文： 罒 翀 衪 稽 犊 蚨 衪 綠。
国际音标： laːm² ruːŋ⁶ lɤi⁵ luə⁵ tsan¹ tam² lɤi⁵ tɤ¹
汉语直译： 种 田 要 稻谷 养 蚕 要 丝
汉语意译：插田得谷桑养蚕。

喃字原文： 蚨 固 侣 翀 固 務，
国际音标： tam² kɔ⁵ lɯ³ ruːŋ⁶ kɔ⁵ muə²
汉语直译： 蚕 有 批 田 有 季节
汉语意译：种田季节蚕有批，

喃字原文： 憳 罒 丕 拱 填 補 固 欺。
国际音标： tsam¹laːm² jɤːi² kuŋ³ ʔden²ʔbu² kɔ⁵ khi¹
汉语直译： 勤劳 天 也 补偿 有 时
汉语意译：天不会负勤劳人。

（男：阮进余，杜玉光；女：阮氏心）

劳动歌

（59）

喃字原文：採 瞾 ⴲ 㞷 㲀 㟺，
国际音标：ha:i⁵ jɤu¹ la:m² kɔ³ ten¹ ʔdoŋ²
汉语直译：采 桑 除草 上 田垌
汉语意译：有人摘桑有人拔草，

喃字原文：啳 歌 麻 底 愲 懞 切 包；
国际音标：ti:ŋ⁵ ka¹ ma² ʔde³ mɤ¹ mɔŋ² si:t⁷ ʔba:u¹
汉语直译：声 歌 而 留 迷迷糊糊 多么
汉语意译：歌声忘记人疲劳；

喃字原文：身 媕 如 䏦 缯 桃，
国际音标：thɤn¹ ʔɛm¹ ɲɯ¹ tɤm⁵ luə⁶ ʔda:u²
汉语直译：身 妹 如 块 绸 桃红
汉语意译：妹身如块蚕丝布，

喃字原文：拂 菲 㭬 幣 别 㚘 㧅 埃。
国际音标：fɤt⁷ fɤ:i⁵ jɯə³ tsɤ⁶ ʔbi:t⁷ va:u² tai¹ ʔa:i¹
汉语直译：飘拂 中 集市 知 进 手 谁
汉语意译：街中飘零人谁手。

喃字原文：庄 鐄 㳆 渃 泮 涧，
国际音标：tsaŋ³ va:ŋ² jɔt⁸ nɯːk⁷ ji:ŋ⁵ khɤ:i¹
汉语直译：不 黄 滴 水 深 井
汉语意译：妹是深井一滴水，

喃字原文：胗 霜 阻 碍 渚 羋 没 躺。
国际音标：ʔdem¹ thɯ:ŋ¹ tɤ³ ŋa:i⁶ ʔdɤi² vɤ:i¹ mot⁸ min²
汉语直译：夜 霜 阻碍 满 一半 独自
汉语意译：怕受霜冻独一身。

283

（60）

喃字原文： 姑　箕　㐌　塘　貝　些，
国际音标： ko¹ kiə¹ ʔdi¹ ʔdɯ:ŋ² vɤ:i⁵ ta¹
汉语直译： 姑娘　那　行　路　和　哥
汉语意译： 那个姑娘同哥行，

喃字原文： 揞　豆　豆　卒　揞　枷　枷　欻；
国际音标： jon² ʔdɤu⁶ ʔdɤu⁶ tot⁷ jon² ka² ka² tha:i⁵
汉语直译： 种　豆　豆　好　种　茄子　茄子　茂盛
汉语意译： 种豆茄子长得好；

喃字原文： 姑　箕　㐌　塘　貝　埃，
国际音标： ko¹ kiə¹ ʔdi¹ ʔdɯ:ŋ² vɤ:i⁵ ʔa:i¹
汉语直译： 姑娘　那　行　路　和　谁
汉语意译： 那个姑娘同他行，

喃字原文： 揞　苝　苝　烀　揞　芌　芌　啊。
国际音标： jon² ʔbon¹ ʔbon¹ hɤu⁵ jon² khwa:i¹ khwa:i¹ ha²
汉语直译： 种　棉花　棉花　枯萎　种　红薯　红薯　烂
汉语意译： 种花萎谢种薯烂。

（61）

喃字原文： 共　烧　採　櫃　壥　棱，
国际音标： kuŋ² ɲau¹ ha:i⁵ kui³ ten¹ rɯŋ²
汉语直译： 一同　打　柴　上　林
汉语意译： 大家上山去打柴，

喃字原文： 撼　纼　没　垯　些　停　悄　烧；
国际音标： ʔdɯt⁷ jɤi¹ mot⁸ ʔda:m⁵ ta¹ ʔdɯŋ² kwen¹ ɲau¹
汉语直译： 断　线　一　堆　咱　别　忘记　互相
汉语意译： 一起拾柴互不忘；

劳动歌

喃字原文：共 烧 採 櫃 遭 㠏，
国际音标：kuŋ² ȵau¹ ha:i⁵ kui³ ten¹ nɯ:ŋ¹
汉语直译：一同 打 柴 上 山坡
汉语意译：共出山坡去打柴，

喃字原文：撽 绁 跀 蓳 些 停 烧 共。
国际音标：ʔdɯt⁷ jɤi¹ jɤ³ su:ŋ⁵ ta¹ ʔdɯŋ² ȵau¹ kuŋ²
汉语直译：断 线 返回 下 咱 别 互相 共同
汉语意译：一起返回共欢乐。

（62）

喃字原文：勸 埯 濋 碍 曬 湄，
国际音标：khwi:n¹ ʔɛm¹ tsɤ⁵ ŋa:i⁶ naŋ⁵ mɯə¹
汉语直译：劝 妹 别 怕 晴 雨
汉语意译：劝妹莫怕晴雨天，

喃字原文：貼 軼 工 媥 頂 终 固 馴。
国际音标：kuə³ tsoŋ² koŋ¹ vɤ⁶ ʔdin³ tsuŋ¹ kɤ⁵ ŋai²
汉语直译：物 夫 工 妻 顶 同 有 日
汉语意译：夫妻相助总是情。

（男：杜玉光；女：阮氏心，阮杰莲）

（63）

喃字原文：立 秋 罤 稌 稌 務，
国际音标：lɤp⁸ thu¹ mɤ:i⁵ kɤi⁵ luə⁵ muə²
汉语直译：立秋 才 插 晚稻
汉语意译：立秋刚插完晚稻，

285

喃字原文：恪市香煂蓬厨求掍.
国际音标：kha:k⁷ na:u² hɯ:ŋ¹khɔi⁵ len¹ tsuə² kɤu² kɔn¹
汉语直译：不同 哪 香火 上 寺 求 子
汉语意译：哈亭求子又求财。

（64）
喃字原文：燎朘迚𦋺特蟳，
国际音标：tɔ³ jaŋ¹ mɯ:i² ʔbon⁵ ʔdɯ:k⁸ tam²
汉语直译：明亮月 十四 得 蚕
汉语意译：明月十四养蚕好，

喃字原文：燎朘𪜶旺時特稆秥；
国际音标：tɔ³ jaŋ¹ hom¹ ram² thi² ʔdɯ:k⁸ luə⁵tsi:m¹
汉语直译：明亮月 晚 望 日 则 得 早稻
汉语意译：明月十五稻子黄；

喃字原文：稆秥纳於頭坡，
国际音标：luə⁵tsi:m¹ nɛp⁷ ʔɤ³ ʔdɤu² ʔbɤ²
汉语直译：早稻 绑扎 在 头 田埂
汉语意译：割了稻子绑扎好，

喃字原文：係喧啃䪞发旗麻蓬。
国际音标：he³ ŋɛ¹ ti:ŋ⁵ thɤm⁵ fa:t⁷ kɤ² ma² len¹
汉语直译：只要 听 声 雷 发 旗 而 上
汉语意译：听见雷响挑回房。

（65）
喃字原文：刱朘者粘外𡗶，
国际音标：tha:ŋ⁵ jaŋ¹ ja³ ɣa:u⁶ ŋwa:i² jɤ:i²
汉语直译：亮月 舂米 露天
汉语意译：趁夜月亮好舂米，

劳动歌

喃字原文：糚　彨　彷　拂　忪　馱　塘　赊；
国际音标：ka:m⁵ ʔbai¹ fa:ŋ³ fɤt⁷ nɤ⁵ ŋɯ:i² ʔdɯ:ŋ² sa¹
汉语直译：米糠　飞　仿佛　想　人　路　远
汉语意译：米糠风吹思亲人；

喃字原文：英　䏧　塘　仈　赊赊，
国际音标：ʔan¹ ʔdi¹ ʔdɯ:ŋ² ʔɣi⁵ sa¹sa¹
汉语直译：哥　去　路　那　远远
汉语意译：哥去打工路遥远，

喃字原文：底　媕　揞　暃　胺　斜　䑽　更。
国际音标：ʔde³ ʔɛm¹ ʔom¹ ʔbɔŋ⁵ jaŋ¹ ta² nam¹ kan¹
汉语直译：让　妹　抱　影　月　斜　五　更
汉语意译：妹梦五更抱身影。

喃字原文：渃　嫩　没　捷　鍾　情，
国际音标：nɯ:k⁷ nɔn¹ mot⁸ ɣan⁵ tsuŋ¹ tin²
汉语直译：山水　一　担　钟情
汉语意译：山水一担重钟情，

喃字原文：忪　埃　埃　固　忪　躺　台ˊ　庄？
国际音标：nɤ⁵ ʔa:i¹ ʔa:i¹ kɔ⁵ nɤ⁵ min² hai¹ tsaŋ¹
汉语直译：想　谁　谁　有　想　哥　或　不
汉语意译：如此思情哥怎样？

（66）

喃字原文：粓　唉　没　鉢　牢　飹？
国际音标：kɤ:m¹ ʔan¹ mot⁸ ʔba:t⁷ tha:u¹ nɔ¹
汉语直译：饭　吃　一　碗　怎么　饱
汉语意译：吃一碗饭怎得饱？

喃字原文：翀麒没務 牢朱停悉?
国际音标：ruːŋ⁶ kai² mot⁸ muə² thaːu¹ tsɔ¹ ʔdan²lɔŋ²
汉语直译：田 犁 一 季 怎么 给 遂心
汉语意译：耕田一季怎遂心?

喃字原文：溇 稸 穞 洴 挠 苊，
国际音标：thɤu¹ kɤi⁵ luə⁵ kaːn⁶ jɛu¹ ʔboŋ¹
汉语直译：深 插 稻子 干 播种 棉花
汉语意译：深田插秧旱种果，

喃字原文：拝 掩 特 豆 時 掩 吴 芌。
国际音标：tsan³ ʔɯːm¹ ʔdɯːk⁸ ʔdɤu⁶ thi² joŋ² ŋo¹ khwaːi¹
汉语直译：不 培育 得 豆 就 种 玉米 红薯
汉语意译：种不得豆种粟薯。

喃字原文：特 務 穞 潊 负 芌，
国际音标：ʔdɯːk⁸muə² luə⁵ tsɤ⁵ fu⁶ khwaːi¹
汉语直译：丰收 稻子 别 负 红薯
汉语意译：稻谷丰收勿忘薯，

喃字原文：跙 薜 失 鉢 祂 埃 伴 共。
国际音标：ʔden⁵ nam¹ thɤt⁷ ʔbaːt⁷ lɤi⁵ ʔaːi¹ ʔbaːn⁶ kuŋ²
汉语直译：到 年 丢 碗 要 谁 伴 共
汉语意译：稻米杂粮共伴侣。

（男：苏维绍；女：杜福英）

(67)

喃字原文：劳 牢 獈 嘅 煻 鴠，
国际音标：laːu¹saːu¹ ɣa² ɣai⁵ raːŋ⁶ŋai²
汉语直译：喧哗 鸡啼 天亮
汉语意译：星光鸡啼快天亮，

劳动歌

喃字原文：　献　艜　丐　棋　柶　攒　挄　籿；
国际音标：va:i¹ va:k⁷ ka:i⁵kai⁵ tai¹ jat⁷ kɔn¹tʂu¹
汉语直译：　肩　　扛　　犁　　手　牵　水牛
汉语意译：肩扛着犁手拉牛；

喃字原文：　　趾　蹞　甀　翅　垌　溇，
国际音标：ʔbɯ:k⁷tsʏn¹ su:ŋ⁵ kan⁵ʔdoŋ² thʐu¹
汉语直译：　迈步　　　下　田垌　深
汉语意译：整天劳累田垌中，

喃字原文：　牰　眪　牰　䪼　赵　籿　䶎　棋。
国际音标：mat⁷ ȵam⁵ mat⁷ mʏ³ ʔdu:i³ tʂu¹ ra¹ kai²
汉语直译：　眼　闭　眼　开　赶　水牛　出　犁
汉语意译：赶牛犁田汗湿身。

喃字原文：　埃　喂　揌　鉢　粓　落，
国际音标：ʔa:i¹ ʔʏ:i¹ ʔbɯŋ¹ ʔba:t⁷ kʏ:m¹ ʔdʐi²
汉语直译：　谁　啊　端　碗　饭　满
汉语意译：喂呀！捧起碗米饭，

喃字原文：　攰　功　歆　聂　稬　棋朱　庄。
国际音标：nʏ⁵ koŋ¹ hom¹thʏ:m⁵ kʐi⁵kai² tso¹ tsaŋ¹
汉语直译：　想　功　早晚　　耕种　给　不
汉语意译：要想早晚种田人。

（68）

喃字原文：　饻　鹅　沛　撰　蠹　鹅，
国际音标：nu:i¹ ɣa² fa:i³ tsɔn⁶ joŋ⁵ ɣa²
汉语直译：养　鸡　要　选　种　鸡
汉语意译：养鸡要选好鸡种，

喃字原文：鴉咦阋䨲仍麻脈毪；
国际音标：ɣa²ri¹ʔbɛ⁵joŋ⁵ ȵɯŋ¹ma² ʔdɛ³ mau¹
汉语直译：矮种母鸡　但是　下蛋　快
汉语意译：选矮母鸡生蛋多；

喃字原文：没　躺　㠭　扯　㠭　箪，
国际音标：mot⁸min² vɯə² tsɛ³ vɯə² ʔda:n¹
汉语直译：自己　　又　破篾　又　编织
汉语意译：自己捎篾又织笼，

喃字原文：𢯭　淋　時　翌　烦　难　共　埃。
国际音标：lɤ³lɤm² thi² tsiu⁶ fa:n²na:n² kuŋ² ʔa:i¹
汉语直译：拖延　则　　受　埋怨　同　谁
汉语意译：拖延时间人劳累。

（69）

喃字原文：麜　𠓾　稀　𩡅　割　𩡅，
国际音标：khɔ⁵ŋɛu² kɤi⁵ mɯ:n⁵ ɣat⁸ the¹
汉语直译：贫穷　插秧　打工　收割　打工
汉语意译：家贫无田去打工，

喃字原文：祉　功　挩　贴　溇　係　累　埃。
国际音标：lɤi⁵ koŋ¹ ʔdoi³ kuə³ tsɤ⁵ he⁶li⁶ ʔa:i¹
汉语直译：拿　工　换　东西　别　拖累　谁
汉语意译：自力其食保温饱。

（70）

喃字原文：效　𥓈　㗲　挞　𠍔　𥓈，
国际音标：tho⁵ jau² la:m² tsaŋ³ nen¹ jau²
汉语直译：命运　富有　做　不　成　富有
汉语意译：靠运数不能成富，

劳动歌

喃字原文：賦 鬝 睍 聂朱 疠 昌 觓。
国际音标：thuk⁷ khwiə¹ jɤi⁶ thɤːm⁵ tsɔ¹ ʔdau¹ sɯːŋ¹thɯːn²
汉语直译：睡　夜　起床　早　使　痛　肋骨
汉语意译：早起晚睡劳动苦。

（男：杜福朝；女：刘元英）

（71）

喃字原文：極 悉 妾 夥 扒 喂！
国际音标：kuk⁸lɔŋ² thiːp⁷ lam⁵ tsaːŋ² ʔɤːi¹
汉语直译：忧心　妾　非常　郎　啊
汉语意译：君呀！妾真是忧心！

喃字原文：撿 尼 𣇞 㴜 妾 蚪 妾 叹；
国际音标：kiːm⁵ nɤːi¹ ʔbɔŋ⁵maːt⁷ thiːp⁷ ŋoi² thiːp⁷ thaːn¹
汉语直译：找　地方　阴凉　妾　坐　妾　叹息
汉语意译：坐荫凉处自叹言；

喃字原文：叹 為 核 稽 葊 鑕，
国际音标：thaːn¹ vi² kɤi¹luə⁵ laː⁵ vaːŋ²
汉语直译：叹息　因　稻子　叶　黄
汉语意译：叹是保株禾穗熟，

喃字原文：渃 兜 麻 湎 怒 还 如 䎃；
国际音标：nɯːk⁷ ʔdɤu¹ maː² tɯːi⁵ nɔ⁶ hwaːn² ɲɯː¹ sɯə¹
汉语直译：谁　哪儿　而　浇　那　还　如　从前
汉语意译：那找水来浇禾青；

喃字原文：矌 丕 拼 瞟 丕 湄，
国际音标：tɔŋ¹ jɤːi² tsaŋ³ thɤi⁵ jɤːi² mɯə¹
汉语直译：望　天　不　见　天　下　雨
汉语意译：望天不见天下雨，

喃字原文：兰 姑 蕙 惨 渚 唉 丕。
国际音标：la:n¹ kho¹ hwe⁶ hɛu⁵ tha:m³ tsɯə¹ hɤ:i³ jɤ:i²
汉语直译：兰 干 蕙 枯 萎 惨 未 啊 天
汉语意译：兰蕙枯萎天不理。

(72)

喃字原文：核 穑 穑 啦 黜 䏻，
国际音标：kɤi¹luə⁵ luə⁵ jo³ ra¹ nan¹
汉语直译：稻子 稻子 吐穗 出 嫩芽
汉语意译：稻子开花出穗子，

喃字原文：几 盁 割 秩 群 唵 㳞 之；
国际音标：kɛ³ tom⁶ ɣat⁸ mɤt⁷ kɔn² ʔan¹ ʔbaŋ² ji²
汉语直译：人 偷 割 完 还 吃 用 什么
汉语意译：人家偷割咱食啥；

喃字原文：琨 唵 禄 薘 禄 蒒，
国际音标：kɔn¹ ʔan¹ lok⁸ than⁵ lok⁸ thi¹
汉语直译：孩子 吃 嫩芽 木薯 嫩芽 榕树
汉语意译：木薯果树虫食叶，

喃字原文：琨 唵 㳞 之 朱 煬 腨 醧。
国际音标：kɔn¹ ʔan¹ ʔbaŋ² ji² tsɔ¹ het⁷ tha:ŋ⁵ nam¹
汉语直译：孩子 吃 用 什么 给 完 五月
汉语意译：怎能度荒尽五月。

(73)

喃字原文：闷 唵 笋 竹 笋 扛，
国际音标：mu:n⁵ ʔan¹ maŋ¹ tuk⁷ maŋ¹ ja:ŋ¹
汉语直译：想 吃 竹笋 江竹笋
汉语意译：想吃竹子的嫩笋，

劳动歌

喃字原文：笋㭴笋梧 粓蓝 時㭴；
国际音标：maŋ¹tɛ¹ maŋ¹nɯə⁵ kɤːm¹laːm¹ thi² tsɛu²
汉语直译：毛竹笋 薄竹笋 竹筒饭 就 划船
汉语意译：想吃饭笋要勤劳；

喃字原文：逆 吹 蓬 泆 㲹 巆，
国际音标：ŋɯːk⁸ suːi¹ len¹ thaːk⁷ suːŋ⁵ ʔdɛu²
汉语直译：逆流 顺流 上 急滩 下 山岭
汉语意译：越山涉水都不怕，

喃字原文：鸼 叫 邊 怒 猿 踘 邊 箕。
国际音标：tsim¹ keu¹ ʔben¹ nɔ⁶ vɯːn⁶ tɛu² ʔben¹ kiə¹
汉语直译：鸟 叫 边 那 猿 爬 边 那
汉语意译：鸡鸣猿啼人离屋。

（74）

喃字原文：鸼 愠 情 鸼 魋 術 岗，
国际音标：tsim¹ ʔbuːn² tin² tsim¹ ʔbai¹ ve² nuːi⁵
汉语直译：鸟 烦闷 情 鸟 飞 回 山
汉语意译：鸟儿为情飞回山，

喃字原文：魛 愠 情 魛 漯 㲹 滝；
国际音标：ka⁵ ʔbuːn² tin² ka⁵ lui³ suːŋ⁵ thoŋ¹
汉语直译：鱼 烦闷 情 鱼 潜逃 下 河
汉语意译：鱼儿为情下河游；

喃字原文：英 愠 情 英 遥 准 嫩 红，
国际音标：ʔan¹ ʔbuːn² tin² ʔan¹ jaːu⁶ tsɔn⁵ nɔn¹hoŋ²
汉语直译：哥 烦闷 情 哥 游逛 地方 红山
汉语意译：哥为情寻找红山，

293

喃字原文：遥 踷 岗 䒼 刪 峒 及 媕。
国际音标：ja:u⁶ tsɤn¹nui⁵ su:ŋ⁵ ru:ŋ⁶ ʔdoŋ² ɣap⁸ ʔɛm¹
汉语直译：游逛 山脚 下 田峒 遇 妹
汉语意译：下山遇妹在田峒。

（男：阮进余；女：阮氏心）

（75）

喃字原文：枯 劲 英 底 拣 棋,
国际音标：ɣo³ kɯŋ⁵ ʔan¹ ʔde³ ʔdɔŋ⁵ kai²
汉语直译：木头 硬 哥 留 打造 犁
汉语意译：木头坚硬留做犁,

喃字原文：枯 櫣 枯 榬 英 尼 拣 耙;
国际音标：ɣo³lim¹ ɣo³tau⁵ ʔan¹ nai² ʔdɔŋ⁵ ʔbɯə²
汉语直译：格木 桐木 哥 这 打造 耙
汉语意译：格木结实哥做耙;

喃字原文：䮐 耙 釖 丐 群 疏,
国际音标：raŋ¹ ʔbɯə² ta:m⁵ ka:i⁵ kɔn² thɯ¹
汉语直译：齿 耙 八 根 还 稀疏
汉语意译：耙齿八根嫌疏稀,

喃字原文：褃 棋 釖 嘢 包 皷 龍 绦。
国际音标：lɯ:i³kai² ta:m⁵ tɤk⁷ ʔba:u¹ vɯə² lɔŋ¹ tɤ¹
汉语直译：犁头 八 寸 多 合 龙 丝
汉语意译：犁头八寸嫌其短。

喃字原文：闷 朱 稌 尼 穊 㮕,
国际音标：mu:n⁵ tsɔ¹ luə⁵ nai² ʔboŋ¹ tɔ¹
汉语直译：想 给 稻子 这 穗 大
汉语意译：想要稻穗长得长,

劳动歌

喃字原文：棋 溇 耙 纪 粪 咻 朱 毪。
国际音标：kai² thɤu¹ ki³ fɤn¹jɔ¹ tsɔ¹ ȵi:u²
汉语直译：犁 深 精细 肥料 给 多
汉语意译：深耕细作多施肥。

（76）

喃字原文：英 箕 挭 稔 没 躬，
国际音标：ʔan¹ kiə¹ ɣan⁵ luə⁵ mot⁸min²
汉语直译：哥 那 挑 稻子 独自
汉语意译：那位阿哥自挑稻，

喃字原文：朱 埯 挭 贝 亡 趴 朱 忥；
国际音标：tsɔ¹ ʔɛm¹ ɣan⁵ vɤ:i⁵ ha:i¹ ŋɯ:i² tsɔ¹ vui¹
汉语直译：让 妹 挑 和 两 人 使 快乐
汉语意译：让妹同担加速度；

喃字原文：英 群 挭 汝 哈 嗯，
国际音标：ʔan¹ kɔn² ɣan⁵ nɯə³ hai¹ thui³
汉语直译：哥 还 挑 还 或 炊
汉语意译：哥还挑稻自回家，

喃字原文：朱 埯 挭 贝 ⺍ 堆 伴 情。
国际音标：tsɔ¹ ʔɛm¹ ɣan⁵ vɤ:i⁵ la:m²ʔdoi¹ ʔba:n⁶tin²
汉语直译：让 妹 挑 和 结对 情侣
汉语意译：让妹同担有情伴。

（77）

喃字原文：歪 湄 落 得 翈 翻，
国际音标：jɤ:i² mɯə¹ lak⁷ʔdak⁷ ru:ŋ⁶ jɤu¹
汉语直译：天 下雨 滴答 田 桑
汉语意译：下雨滴答落桑田，

喃字原文： 丐籢隊頭丐篸挟捯；
国际音标： kaːi⁵nɔn⁵ ʔdoi⁶ ʔdɤu² kaːi⁵thuŋ³ kap⁷ tai¹
汉语直译： 斗笠 戴 头 筐 拿 手
汉语意译： 笠帽头戴筐拿手；

喃字原文： 跐蹟䒷採籾尼，
国际音标： ʔbɯːk⁷tsɤn¹ suːŋ⁵ haːi⁵ jɤu¹ nai²
汉语直译： 迈步 下 采 桑叶 这
汉语意译： 进入桑田摘桑叶，

喃字原文： 餒蟳朱蠶嚎𩙥掩絲。
国际音标： nuːi¹ tam² tsɔ¹ nɤːn⁵ mɔŋ¹ ŋai² ʔɯːm¹ tɤ¹
汉语直译： 养 蚕 给 大 盼望 天 缫 丝
汉语意译： 养蚕快大出丝绸。

喃字原文： 傷淹岲分忴詩，
国际音标： thɯːŋ¹ ʔɛm¹ tsut⁷ fɤn² ŋɤi¹thɤ¹
汉语直译： 想 妹 一点儿 份 天真
汉语意译： 想妹天真个子小，

喃字原文： 淋炭爸踦曝湄爸曾；
国际音标： lɤm²thaːn¹ ʔdaː³ taːi³ naŋ⁵ mɯɤ¹ ʔda³tɯŋ²
汉语直译： 涂炭 已 经过 晴 雨 曾经
汉语意译： 尚经风雨受得苦；

喃字原文： 赊吹埃固訴澄，
国际音标： sa¹soi¹ ʔaːi¹ kɔ⁵ tɔ⁵tsɯŋ²
汉语直译： 遥远 谁 有 倾诉
汉语意译： 相隔遥远谁诉情，

劳动歌

喃字原文：艰 难 辛 苦 些 停 悁 烧。
国际音标：jaːn¹naːn¹ tɤn¹khoː³ taː¹ ʔdɯŋ² kwen¹ ȵau¹
汉语直译：艰难　辛苦　咱 别　忘 互相
汉语意译：艰辛劳动人相爱。

（78）

喃字原文：翀 墒 掩 蹔 次 花，
国际音标：ruːŋ⁶ vɯːn² joŋ² ʔdu³ thɯ⁵ hwa¹
汉语直译：田　园　种　足　种 花
汉语意译：地坡上种多类花，

喃字原文：花 桃 花 秘 花 茶 花 梅；
国际音标：hwa¹ʔdaːu² hwa¹ʔbi⁵ hwa¹taː² hwa¹maːi¹
汉语直译：桃花　　瓜花　茶花　梅花
汉语意译：桃梅茶花和瓜花；

喃字原文：一 荩 花 蕙 花 崖，
国际音标：ȵɤt⁷ thɤːm¹ hwa¹hwe⁶ hwa¹ȵaːi²
汉语直译：最　香　蕙花　茉莉花
汉语意译：最香就是茉莉花，

喃字原文：花 兰 花 菊 埃 馹 拯 愁。
国际音标：hwa¹laːn¹ hwa¹kuk⁷ ʔaːi¹ ŋɯːi² tsaŋ³ ʔɯ¹
汉语直译：兰花　菊花　谁 人　不 喜爱
汉语意译：兰花菊花人闻香。

喃字原文：景 墒 恓 飔 荩 茷，
国际音标：kan³ vɯːn² vui¹vɛ³ thɤːm¹thoː¹
汉语直译：景 园　喜悦　馥郁
汉语意译：地坡花香人喜悦，

喃字原文： 躺 冖 躺 享 丕 朱 䂿 躺。

国际音标： min² la:m² min² hɯ:ŋ³ jɤ:i² tsɔ¹ ri:ŋ¹min²

汉语直译： 自己 做 自己 享受 天 给 自己

汉语意译： 自耕自种共分享。

（男：杜福朝；女：吴秀英）

（79）

喃字原文： 奄 術 遭 遭 麻 黜，

国际音标： ʔɛm¹ ve² tsɔŋ⁵tsɔŋ⁵ ma² ra¹

汉语直译： 妹 回 快快 而 出

汉语意译： 妹回到家快出来，

喃字原文： 矯 英 徐 待 霜 沙 冷 弄；

国际音标： kɛu³ ʔan¹ tsɤ² ʔdɤ:i⁶ thɯ:ŋ¹ tha¹ lan⁶luŋ²

汉语直译： 否则 哥 别 等 霜 落 冷清

汉语意译： 莫让哥等自孤零；

喃字原文： 霜 沙 時 黙 霜 沙，

国际音标： thɯ:ŋ¹ tha¹ thi² mak⁸ thɯ:ŋ¹ tha¹

汉语直译： 霜 落 则 任由 霜 落

汉语意译： 霜冻冷清人难受，

喃字原文： 奄 群 收 聶 劏 茹 渚 衝。

国际音标： ʔɛm¹ kɔn² thu¹jɛp⁸ kɯa³ɲa² tsɯə¹ sɔŋ¹

汉语直译： 妹 还 收拾 家庭 未 完

汉语意译： 收拾家里来会面。

劳动歌

（80）

喃字原文：	揜 時 抜 稀 秞 浓，
国际音标：	ʔɛm¹ thi² ʔdi¹ kɤi⁵ ruː ŋ⁶ noŋ¹
汉语直译：	妹 则 去 插 田 近处
汉语意译：	妹去插秧田近处，

喃字原文：	英 抜 咭 稌 底 终 没 茹；
国际音标：	ʔan¹ ʔdi¹ kat⁷ luə⁵ ʔde³ tsuŋ¹ mot⁸ n̥a²
汉语直译：	哥 去 割 稻子 留 共 一 家
汉语意译：	哥帮割禾担回家；

喃字原文：	抰 術 奉 養 媄 吒，
国际音标：	ʔdɛm¹ ve² fuŋ⁶ jɯː ŋ³ mɛ⁶ tsa¹
汉语直译：	带 回 奉养 父 母
汉语意译：	带回奉养父母亲，

喃字原文：	闵 羕 啃 孝 馼 些 群 傳。
国际音标：	muːn¹ ʔdɤːi² tiːŋ⁵ hiu⁵ ŋɯːi² ta¹ kɔn² tiːn²
汉语直译：	万 代 名声 孝顺 人家 还 传
汉语意译：	世代忠孝一家人。

（81）

喃字原文：	歪 湄 朱 氾 萂 芌，
国际音标：	jɤːi² muə¹ tsɔ¹ ʔɯːt⁷ laː⁵ khwaːi¹
汉语直译：	天 下雨 使 湿 叶 红薯
汉语意译：	落雨湿透红薯叶，

喃字原文：	功 英 𠯫 婿 包 乚 薛 泹；
国际音标：	koŋ¹ ʔan¹ laː m² re³ ʔda³ haːi¹ nam¹ jɔŋ²
汉语直译：	功 哥 入赘 已 两 年 长
汉语意译：	哥已入赘两年长；

喃字原文：茹 媕 夥 羶 外 垌，
国际音标：ɲa² ʔɛm¹ lam⁵ ruːŋ⁶ ŋwaːi² ʔdoŋ²
汉语直译：家 妹 多 田 外 田垌
汉语意译：妹家多田又多地，

喃字原文：扒 英 撒 诺 极 悉 英 毸。
国际音标：ʔbat⁷ ʔan¹ taːt⁷ nɯːk⁷ kɯk⁸lɔŋ² ʔan¹ thai¹
汉语直译：让 哥 戽 水 劳心 哥 啊
汉语意译：整日戽水哥辛苦。

喃字原文：脀 九 湄 涪 遥 糦，
国际音标：thaːŋ⁵tsin⁵ mɯə¹ ʔbui⁶ jɔ⁵ ʔbai¹
汉语直译：九月 毛毛雨 风 飞
汉语意译：九月毛毛雨风吹来，

喃字原文：拮 祂 篙 渃 𡧐 柨 用 移。
国际音标：kɤt⁷lɤi⁵ ɣau² nɯːk⁷ haːi¹ tai¹ juŋ²ɤːi²
汉语直译：拉起 戽斗 水 两 手 累
汉语意译：拉起戽斗两手累。

（男：杜玉光；女：阮氏心）

（82）

喃字原文：㨂 塢 苡 𦬼 羶 芹，
国际音标：ten¹ vɯːn² kaːi³ jɯːi⁵ ruːŋ⁶ kɤn²
汉语直译：上 园 芥菜 下 田 芹菜
汉语意译：上园青菜下园芹，

喃字原文：核 㮲 核 糉 扵 昕 坡 泑；
国际音标：kɤi¹mɤ¹ kɤi¹mɤn⁶ ʔɤ³ ɣɤn² ʔbɤ² ʔaːu¹
汉语直译：杏树 李树 在 近 岸 塘
汉语意译：杏树李树坡塘边；

劳动歌

喃字原文： 頭　廊　固　核　栘　高，
国际音标： ʔdɤu² la:ŋ² kɔ⁵ kɤi¹ ʔda¹ ka:u¹
汉语直译： 头　村　有　榕树　　高
汉语意译： 村头有棵大榕树，

喃字原文： 胦　清　遏　溾　淂　伈　尽　尼。
国际音标： jaŋ¹ than¹ jɔ⁵ ma:t⁷ lot⁸ va:u² tɤn⁶ nɤ:i¹
汉语直译： 月　清　风　凉　穿　进　所有　地方
汉语意译： 风吹日照树荫凉。

喃字原文： 茹　英　固　丐　洪　㤕，
国际音标： n̠a² ʔan¹ kɔ⁵ ka:i⁵ ji:ŋ⁵ thɤ:i¹
汉语直译： 家　哥　有　口　深　水井
汉语意译： 哥家有口深水井，

喃字原文： 毲　耱　㩙　洪　固　堆　翅　红；
国际音标： n̠a:k⁷ toŋ¹ su:ŋ⁵ ji:ŋ⁵ kɔ⁵ ʔdoi¹ kan⁵ hoŋ²
汉语直译： 乍　看　下　井　有　对　翅膀　红
汉语意译： 乍看井影对红人；

喃字原文： 媕　尼　罢　妈　渚　默，
国际音标： ʔɛm¹ nai¹ la² ɣa:i⁵ tsɯə¹ tsoŋ²
汉语直译： 妹　今　是　姑娘　未　嫁
汉语意译： 今妹还未有老公，

喃字原文： 英　渚　固　婼　篤　悉　徐　燒。
国际音标： ʔan¹ tsɯə¹ kɔ⁵ vɤ⁶ jok⁷lɔŋ² tsɤ² n̠au¹
汉语直译： 哥　未　有　妻　倾心　等待　互相
汉语意译： 哥还未妻耐心待。

（83）

喃字原文：泾 鶣 境 榕 核 栘，
国际音标：jiːŋ⁵ tɔn² kan³ ɣok⁷ kɤi¹ ʔda¹
汉语直译：井 圆 境 根部 榕树
汉语意译：榕树旁边有口井，

喃字原文：迻 貦 忬 乩 迻 赊 忬 麨；
国际音标：ʔdi¹ ɣɤn² nɤ⁵ ʔit⁷ ʔdi¹ sa¹ nɤ⁵ ɲiːu²
汉语直译：去 近 想 少 去 远 想 多
汉语意译：远者近者都想寻；

喃字原文：泾 鶣 燯 䩈 駲 要，
国际音标：jiːŋ⁵ tɔn² thɔi¹ mat⁸ ŋɯːi² ʔiːu¹
汉语直译：井 圆 照 脸 爱人
汉语意译：圆井照影相爱人，

喃字原文：忬 媕 挭 渃 嘲 懆 遳 簇。
国际音标：nɤ⁵ ʔɛm¹ ɣan⁵ nɯːk⁷ tsiːu² tsiːu² ten¹ vaːi¹
汉语直译：想 妹 挑 水 天 天 上 肩膀
汉语意译：想妹天天挑水勤。

喃字原文：渃 遳 簇 箕 埃 蹟 跐，
国际音标：nɯːk⁷ ten¹ vaːi¹ kiə¹ ʔaːi¹ tsɤn¹ ʔbɯːk⁷
汉语直译：谁 上 肩膀 那 谁 脚 迈
汉语意译：挑水起肩步难行，

喃字原文：些 踦 瞿 娘 慕 约 舒 矇；
国际音标：taː¹ ʔdɯŋ⁵ tɔŋ¹ naːŋ² tam¹ ʔɯːk⁷ ŋin² mɤ¹
汉语直译：哥 站 望 妹 百 盼 千 盼
汉语意译：久站望妹甚期盼；

劳动歌

喃字原文： 胨 鬻 胺 熄 辄 睸，
国际音标： ʔdem¹khwiə¹ jaŋ¹ tat⁷ tha:u¹ mɤ²
汉语直译： 深夜　　月 熄 星　暗
汉语意译： 深夜月熄天地暗，

喃字原文： 黜 蚋 逯 洴 待 徐 馱 傷。
国际音标： ra¹ ŋoi² ʔben¹ ji:ŋ⁵ ʔdɤ:i⁶tsɤ² ŋɯ:i² thɯ:ŋ¹
汉语直译： 出 坐 边 井 等待　 人 想
汉语意译： 出坐井台想情人。

（84）

喃字原文： 逷 丕 固 翁 辄 崩，
国际音标： ten¹ jɤ:i² kɔ⁵ ʔoŋ¹ tha:u¹ʔbaŋ¹
汉语直译： 上 天 有 颗　 流 星
汉语意译： 天上有颗流星过，

喃字原文： 於 斷 垌 平 固 几 採 花；
国际音标： ʔɤ³ jɯ:i⁵ ʔdoŋ² ʔbaŋ² kɔ⁵ kɛ³ ha:i⁵ hwa¹
汉语直译： 在 在 田 垌 如 有人 采 花
汉语意译： 田野日下人采花；

喃字原文： 馱 氐 麻 術 觪 些，
国际音标： ŋɯ:i² ʔɣi⁵ ma² ve² tai¹ ta¹
汉语直译： 人 那 若 回 手 我
汉语意译： 若是那人入我手，

喃字原文： 掩 楳 楳 卒 掩 茄 茄 尵。
国际音标： joŋ² miə⁵ miə⁵ tot⁷ joŋ² ka² ka² tha:i¹
汉语直译： 种 蔗 蔗 好 种 茄子 茄子 啊
汉语意译： 种茄多果种蔗好。

303

喃字原文：㘅 伵 麻 㭲 祂 埃，
国际音标：ŋɯ:i² ʔɤi⁵ ma² ʔdi¹ lɤi⁵ ʔa:i¹
汉语直译：人 那 若 去 嫁 谁
汉语意译：如果那人去嫁娶，

喃字原文：掩 槑 槑 酜 掩 芌 芌 啊。
国际音标：jɔŋ² miə⁵ miə⁵ sɤu⁵ jɔŋ² khwa:i¹ khwa:i¹ ha²
汉语直译：种 蔗 蔗 丑 种 红薯 红薯 烂
汉语意译：种红薯烂种蔗丑。

（85）
喃字原文：稻 穭 穭 拰 艿 朱，
国际音标：kɤi⁵ luə⁵ luə⁵ tsaŋ³ nɤ³ tsɔ¹
汉语直译：插 秧 秧 不 开花 给
汉语意译：插秧稻穗开花慢，

喃字原文：袜 吧 頭 秏 朱 怖 怒 啽；
国际音标：mɤt⁷ ʔba¹ ʔdɤu² ma⁶ tsɔ¹ ʔbɔ² nɔ⁵ ʔan¹
汉语直译：丢失 三 头 秧苗 给 黄牛 它 吃
汉语意译：丢三块秧被牛食；

喃字原文：馱 㘄 稻 穭 凌 㨪，
国际音标：ŋai²ma:i¹ kɤi⁵ luə⁵ lan¹tan¹
汉语直译：明天 插 秧 微小
汉语意译：明天插田秧微小，

喃字原文：焜 狱 怒 呢 時 啽 凴 之。
国际音标：kɔn¹tsu:t⁸ nɔ⁶ ruk⁷ thi² ʔan¹ ʔbaŋ² tsi¹
汉语直译：老鼠 那 咬 就 吃 如 什么
汉语意译：老鼠咬秧食半截。

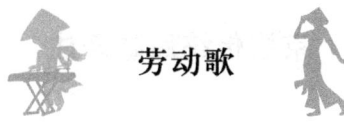# 劳动歌

喃字原文：餒 琨 琨 捷 别 㖦，
国际音标：nu:i¹ kɔn¹ kɔn¹ tsaŋ³ ʔbi:t⁷ ʔdi¹
汉语直译：养 儿 儿 不 会 走
汉语意译：养儿子未会走路，

喃字原文：罴 塘 舌 奇 衩 之 罯 欣。
国际音标：tam¹ ʔdɯ:ŋ² thi:t⁸ ka³ lɤi⁵ ji² la² hɤ:n¹
汉语直译：百 方面 亏损 全 拿 什么 是 胜于
汉语意译：亏损多面无得利。

（男：苏维绍；女：刘尚明）

（86）

喃字原文：埃 徫 摑 坦 掩 蒌，
国际音标：ʔa:i¹ ve² ku:k⁷ ʔdɤt⁷ joŋ² rau¹
汉语直译：谁 回 锄 地 种 菜
汉语意译：谁人挖地种蔬菜，

喃字原文：朱 媕 捹 荠 纵 萌 没 邊；
国际音标：tsɔ¹ ʔem¹ vun¹kɛ⁵ jɤi¹ jɤu² mot⁸ ʔben¹
汉语直译：给 妹 培植 藤 蒌叶 一 边
汉语意译：让妹旁边种藤蒌；

喃字原文：蒸 帀 萌 怒 绞 蕿，
国际音标：tsɯŋ¹ na:u² jau² nɔ⁶ ʔbɤi⁵ len¹
汉语直译：何时 蒌叶 那 蔓延 上
汉语意译：何时蒌树生长大，

喃字原文：槀 箕 绞 果 立 铖 靮 茹。
国际音标：kau¹ kiə¹ ʔbɛn⁵ kwa³ lɤp⁸ nen¹ kɯə³n̯a²
汉语直译：槟榔 那 紧密相连 果子 立 成 家庭
汉语意译：槟榔结果两相抱。

（87）

喃字原文： 跐 艕 龇 艕 仰 畸,
国际音标： ʔbɯ:k⁷ su:ŋ⁵ ʔdɔ² ʔdɔ² ŋi:ŋ¹ɣɛ⁵
汉语直译： 迈 下 渡船 渡船 倾斜
汉语意译： 跳落渡船船倾斜,

喃字原文： 跐 龇 艚 艚 趈 艚 仰；
国际音标： ʔbɯ:k⁷ su:ŋ⁵ tau² tau² tsai⁶ tau² ŋi:ŋ¹
汉语直译： 迈 下 大船 大船 行驶 大船 倾斜
汉语意译： 人落大船稳无倾；

喃字原文： 英 傷 媕 卜 脴 翋 烦,
国际音标： ʔan¹ thɯ:ŋ¹ ʔɛm¹ ʔbɔp⁷ʔbuŋ⁶ tsiu⁶ fi:n²
汉语直译： 哥 想 妹 忍住 饥饿 受 烦忧
汉语意译： 平时怕妹肚饥饿,

喃字原文： 待 衝 務 稔 撿 錢 嬔 媕。
国际音标： ʔdɤ:i⁶ sɔŋ¹ muə² luə⁵ ki:m⁵ ti:n² kɯ:i⁵ ʔɛm¹
汉语直译： 等 完 季节 稻子 找 钱 娶 妹
汉语意译： 等至秋收圆婚恋。

（88）

喃字原文： 跐 龇 翩 溇 愁 觩 胞,
国际音标： ʔbɯ:k⁷ su:ŋ⁵ ru:ŋ⁶ thɤu¹ thɤu² tɤk⁷ja⁶
汉语直译： 迈 下 田 深 愁 寸 心
汉语意译： 踏落深田心发愁,

喃字原文： 挮 揞 绋 稇 渃 䁖 伝 行；
国际音标： tai¹ ʔom¹ ʔbɔ⁵ ma⁶ nɯ:k⁷mat⁷ ha:i¹ ha:ŋ²
汉语直译： 手 抱 捆扎 秧苗 泪水 两 行
汉语意译： 手拿秧插泪两行；

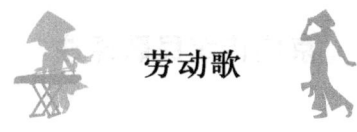

劳动歌

喃字原文：埃 ᴍ 矧 轉 艉 昂，
国际音标：ʔaːi¹ laːm² lɤ³ tsiːn⁵ ʔdɔ² ŋaːŋ¹
汉语直译：谁 做 耽误 班次 渡船 横渡
汉语意译：因谁担误过渡船，

喃字原文：朱 淹 泺 渃 堆 塘 别 离。
国际音标：tsɔ¹ thoŋ¹ kaːn⁶ nɯːk⁷ ʔdoi¹ ʔdaːŋ² ʔbiːt⁸li¹
汉语直译：让 河 干 水 两 路 别 离
汉语意译：让河水干两分离。

(89)

喃字原文：遥 之 遥 洌 咭 胗，
国际音标：jɔ⁵ tsi¹ jɔ⁵ ɾɛt⁷ kat⁷ ja¹
汉语直译：风 什么 风 冷 割 皮
汉语意译：啥风吹来身发冷，

喃字原文：傷 媕 㧶 稀 胗 鵝 浽 蓮；
国际音标：thɯːŋ¹ ʔɛm¹ ʔdi¹ kɤi⁵ ja¹ɣa² noi³lɛn¹
汉语直译：想 妹 去 种田 鸡皮疙瘩 出现
汉语意译：想妹耕田人受冷；

喃字原文：些 衟 半 㽥 謨 缠，
国际音标：ta¹ ve² ʔbaːn⁵ ruːŋ⁶ muə¹ lɛn¹
汉语直译：哥 回 卖 田 买 毛线
汉语意译：哥回卖田买毛线，

喃字原文：答 姑 㧶 稀 朱 添 暗 悉。
国际音标：ʔdaːp⁷ ko¹ ʔdi¹ kɤi⁵ tsɔ¹ thɛm¹ ʔɤm⁵ loŋ²
汉语直译：答 姑娘 去 种田 给 添加 暖 心
汉语意译：织衣妹穿心里暖。

（男：阮进余；女：武德英）

（90）

喃字原文： 胺 夏 遥 㳒 朘 清，
国际音标： ʔdem¹ hɛ² jɔ⁵ maːt⁷ jaŋ¹ than¹
汉语直译： 夜 夏 风 凉 月 清
汉语意译： 夏夜月光风凉爽，

喃字原文： 埯 蚓 绠 纹 群 英 拍 纺；
国际音标： ʔɛm¹ ŋoi² kan¹kɯi³ kɔn² ʔan¹ va⁵ tsaːi²
汉语直译： 妹 坐 织 布 还 有 哥 补 网
汉语意译： 妹坐织布哥补网；

喃字原文： 一 傷 罘 丏 花 莱，
国际音标： nɤt⁷ thɯːŋ¹ laː² kaːi⁵hwaˈlaːi²
汉语直译： 一 爱 是 茉 莉 花
汉语意译： 一爱是茉莉花香，

喃字原文： 二 傷 埃 妱 襖 赸 暗 身。
国际音标： ɲi² thɯːŋ¹ ʔaːi¹ ʔdɔ⁵ ʔaːu⁵ jaːi² ʔɤm⁵ thɤn¹
汉语直译： 二 爱 谁 那 衣 长 暖 身
汉语意译： 二爱长袍暖心房。

喃字原文： 迠 馱 牢 固 没 吝，
国际音标： ɣap⁸ ŋɯːi² thaːu¹ kɔ⁵ mot⁸ lɤn²
汉语直译： 遇 人 怎 么 有 一 次
汉语意译： 一年见哥只一会，

喃字原文： 底 埯 傷 忕 嗦 銀 拙 醉。
国际音标： ʔde³ ʔɛm¹ thɯːŋ¹ nɤɤ⁵ tɤn² ŋɤn² thuːt⁷ nam¹
汉语直译： 让 妹 思 念 如 痴 如 醉 整 年
汉语意译： 让妹相思一年长。

劳动歌

（91）

喃字原文：㬠 戈 纴 纼 梭 鐄，
国际音标：hom¹kwa¹ jet⁸ kɯi³ thɔi¹ va:ŋ²
汉语直译：昨天 织 织杼 织 梭 金
汉语意译：昨天织布是金梭，

喃字原文：想 忞 䣌 扒 纼 吏 柠 梭；
国际音标：tɯ:ŋ³nɤ⁵ ʔden⁵ tsa:ŋ² kɯi³ la:i⁶ jɯŋ² thɔi¹
汉语直译：想念 到 郎 织杼 又 停 织梭
汉语意译：想起君时梭停行；

喃字原文：纼 求 纼 愧 扒 喂，
国际音标：kɯi³ kɤu² kɯi³ tui³ tsa:ŋ² ʔɤ:i¹
汉语直译：织杼 求 织杼 惭愧 郎 啊
汉语意译：君呀！梭子也想念，

喃字原文：蔬 畑 刣 燦 暽 馹 藤 赊。
国际音标：ŋon⁶ʔdɛn² tha:ŋ⁵ɕ³:at:hʔ ɕɔ⁵ ŋɯɛ⁵ i:mʔ² ʔboŋ⁵ ʔdaŋ² sa¹
汉语直译：灯 盏 明 亮 影 人 方 远
汉语意译：灯光照影人离远。

（92）

喃字原文：船 炭 吏 逗 邉 亭，
国际音标：thi:n² tha:n¹ la:i⁶ ʔdo³ ʔben¹ ʔdin²
汉语直译：船 炭 又 停泊 边 亭
汉语意译：装炭船停在河边，

喃字原文：傷 英 艻 鬼 没 躺 英 喂；
国际音标：thɯɯ:ŋ¹ ʔan¹ vɤt⁷va³ mot⁸min² ʔan¹ ʔɤ:i¹
汉语直译：想 哥 辛苦 独自 哥 啊
汉语意译：想哥辛苦独身人；

喃字原文： 船　炭　吏　杜　洒　炭，
国际音标：thi:n² tha:n¹ la:i⁶ ʔdo³ ʔben⁵ tha:n¹
汉语直译： 船　炭　又　停泊　码头　炭
汉语意译：炭船停泊在码头，

喃字原文： 傷　英　刼　艰　难　没　躺。
国际音标：thɯ:ŋ¹ ʔan¹ vɤt⁷va³ ja:n¹na:n¹ mot⁸min²
汉语直译： 想　哥　辛苦　艰难　　独自
汉语意译：思哥艰难独一身。

（93）

喃字原文：𦀷　媕　媕　半　祂　錢，
国际音标：va:i³ ʔɛm¹ ʔɛm¹ ʔba:n⁵ lɤi⁵ ti:n²
汉语直译： 布　妹　妹　卖　要　钱
汉语意译：妹织布带卖取钱，

喃字原文：媕　谟　缯　连　祓　襖　朱　英；
国际音标：ʔɛm¹ muə¹ luə⁶ li:n² mai² ʔa:u⁵ tso¹ ʔan¹
汉语直译：妹　买　绸　立即　缝　衣　给　哥
汉语意译：妹买绸做哥衣裳；

喃字原文：𧃱　時　律　紫　律　靘，
国际音标：toŋ¹ thi² lot⁷ tim⁵ lot⁷ san¹
汉语直译： 里　则　衬　紫　衬　青
汉语意译：衣内层衬青紫布，

喃字原文：外　挑　堆　蚝　𠇮　梗　芙　蓉。
国际音标：ŋwa:i² theu¹ ʔdoi¹ ʔbɯ:m⁵ lɯ:n⁶ kan² fu²juŋ¹
汉语直译： 外　绣　对　蝴蝶　盘旋　枝　芙蓉
汉语意译：外绣蝴蝶花芙蓉。

（男：杜福朝收集）

劳动歌

（94）

喃字原文：英 衵 拵 艘 船 螚，
国际音标：ʔan¹ ŋoi² jɯə⁶ ma:n¹ thi:n²roŋ²
汉语直译：哥 坐 倚靠 船沿 龙船
汉语意译：哥坐龙船倚船边，

喃字原文：笕 媕 摳 䇡 埵 垌 英 傷。
国际音标：thɤi⁵ ʔɛm¹ ku:k⁷ kɔ³ ten¹ ʔdoŋ² ʔan¹ thɯ:ŋ¹
汉语直译：见 妹 锄 草 上 田垌 哥 思念
汉语意译：见妹锄草心想念。

（95）

喃字原文：份 媕 摳 䇡 甴 停，
国际音标：fɤn⁶ ʔɛm¹ ku:k⁷ kɔ³ ʔda³ʔdan²
汉语直译：份 妹 锄 草 理所当然
汉语意译：妹锄草是女子份，

喃字原文：笕 英 蓮 洴 䇡 垠 媕 傷。
国际音标：thɤi⁵ ʔan¹ len¹ tha:k⁷ su:ŋ⁵ ɣɤn² ʔɛm¹ thɯ:ŋ¹
汉语直译：见 哥 上 急滩 下 湍濑 妹 思念
汉语意译：见哥奔波妹思念。

（96）

喃字原文：埃 皋 如 蒝 悉 碎 空 㦖，
国际音标：ʔa:i¹ taŋ⁵ nɯ¹ ʔboŋ¹ lɔŋ² toi¹ khon¹ tsɯ:ŋ⁶
汉语直译：谁 白 如 棉花 心 穷 不 喜爱
汉语意译：身白如棉妹不想，

311

喃字原文：趴妠颠㕜 𠄎 羺碎傷；
国际音标：ŋɯːi² ʔdɔ⁵ ʔdɛn¹ jɔn² laːm² ruːŋ⁶ toi¹ thɯːŋ¹
汉语直译：人 那 黑 漂亮 做 田 我 爱
汉语意译：劳动人黑妹相爱；

喃字原文：别 浪 胇 固 闻 纴
国际音标：ʔbiːt⁷ raŋ² jaː⁶ kɔ⁵ van¹ vɯːŋ⁵
汉语直译：知道 肚 有 纠葛
汉语意译：不知哥心有纠葛，

喃字原文：底 碎 挹 媒 寻 塘 迺 制。
国际音标：ʔde³ toi¹ kɤi⁶ moi⁵ tim² ʔdɯːŋ² thaːŋ¹ tsɤːi¹
汉语直译：让 我 倚靠 媒人 找 路 去 玩
汉语意译：让妹托人来做媒。

喃字原文：英 喂 跢 吏 朱 㗂，
国际音标：ʔan¹ ʔɤːi¹ ʔdiˀlaːi⁶ tsɔ¹ jai²
汉语直译：哥 啊 来往 给 深厚
汉语意译：哥呀！咱们常往来，

喃字原文：柴 媄 空 嫁 掩 排 谋 朱。
国际音标：thɤi² mɛ⁶ khoŋ¹ ɣa³ ʔɛm¹ ʔbai² miu¹ tsɔ¹
汉语直译：父母 不 嫁 妹 出 计谋 给
汉语意译：父母嫌弃妹计谋。

（97）
喃字原文：朘 眐 㫻 燉 吏 㬌，
国际音标：jaŋ¹ ram² ʔdaː³ tɔ³ laːi⁶ tɔn²
汉语直译：月 望 日 既 亮 又 圆
汉语意译：十五月光月亮圆，

劳动歌

喃字原文： 芎萠坦洁㐱唒吏 喴；
国际音标： khwa:i¹la:ŋ¹ ʔdɤt⁷ka:t⁷ ʔda³ ŋɔn¹ la:i⁶ ʔbui²
汉语直译： 红薯 沙土 既 甜 又 甘美可口
汉语意译： 沙地种薯好又甜；

喃字原文： 迏英低㐱跬 吏㤎，
国际音标： ɣap⁸ ʔan¹ ʔdɤi¹ ʔda³ khwɛ³ la:i⁶ vui¹
汉语直译： 遇 哥 这儿 既 健壮 又 高兴
汉语意译： 相遇见哥身体健，

喃字原文： 三 四 愁 㑮 糆 鲜 如 常。
国际音标： ta:m¹ tɯ⁵ thɤu² het⁷ mat⁸ tɯ:i¹ ȵɯ¹ thɯ:ŋ²
汉语直译： 三 四 愁 尽 面 鲜 如 常
汉语意译： 前见愁心今喜悦。

（男：苏维绍）

（98）

喃字原文： 固 䚷 麻 嫁 䫂 䚷，
国际音标： kɔ⁵ kɔn¹ ma² ɣa³ tsoŋ² ɣɤn²
汉语直译： 有 女儿 若 嫁 夫 近
汉语意译： 有女应嫁近父母，

喃字原文： 姅 胪 灿 熻 拪 份 朱 吒；
国际音标： nɯe³ ʔdem¹ ʔdot⁷ ʔdu:k⁷ ma:ŋ¹ fɤn² tsɔ¹ tsa¹
汉语直译： 半 夜 点 火把 带 份 给 父
汉语意译： 夜点火把可送食；

喃字原文： 怀 䚷 麻 嫁 䫂 赊，
国际音标： hwa:i² kɔn¹ ma² ɣa³ tsoŋ² sa¹
汉语直译： 枉费 女儿 若 嫁 夫 远
汉语意译： 如果把女嫁远处，

313

喃字原文：巴 擽 翉 衄 挋 魔 苆 棋。
国际音标：ʔba¹ tha:u² ru:ŋ⁶ tseu⁵ tsaŋ³ ma¹ na:u² kai²
汉语直译：三　分　田　斜　没有　鬼　哪　犁
汉语意译：三分土地无人犁。

（99）

喃字原文：稌 戁 㮀 怒 邋 靜，
国际音标：ma⁶ ʔuə⁵ kɤi⁵ nɔ⁶ tsɔŋ⁵ san¹
汉语直译：秧　枯萎　插　它　快　青
汉语意译：黄秧插田变青快，

喃字原文：娜 湏 邋 脨 牢 英 㦖 侚。
国际音标：na⁶jɔŋ² tsɔŋ⁵ ʔdɛ³ tha:u¹ ʔan¹ huɯŋ³hɤ²
汉语直译：老妇人　快　生　怎么　哥　冷淡
汉语意译：老妇早生乖小孩。

（100）

喃字原文：脼 㭭 脼 罡 欺 姡，
国际音标：tha:ŋ⁵thau⁵ tha:ŋ⁵ʔbai³ khi¹ vɯə²
汉语直译：　六月　　七月　时　合适
汉语意译：六七月正农忙时，

喃字原文：姡 掩 蠢 𥟫 除 𦬁 靜；
国际音标：vɯə² jɔŋ² jɔŋ⁵luə⁵ ʔbɔ³tuɯ² kɔ³ san¹
汉语直译：刚　种　稻种　清除　草　青
汉语意译：插田除草不歇停；

喃字原文：脼 㩅 𥟫 𥞖 包 停，
国际音标：tha:ŋ⁵ta:m⁵ luə⁵ jo³ ʔda:³ʔdan²
汉语直译：　八月　稻子　吐穗　理所当然
汉语意译：八月稻穗刚出花，

劳动歌

喃字原文：朒迬 割採 朱避 及 䚯。
国际音标：tha:ŋ⁵mɯ:i² ɣat⁸ha:i⁵ tsɔ¹ ɲan¹ kip⁸ ŋɯ:i²
汉语直译：十月 收割 给 快 赶上 人
汉语意译：十月收割赶时节。

喃字原文：麣 巾 ᄁ 氽 朒 歪，
国际音标：khɔ⁵khan¹ la:m² mɤi⁵ tha:ŋ⁵ jɤ:i²
汉语直译：辛 苦 做 几 月 天
汉语意译：辛苦劳累几个月，

喃字原文：吏 群 湄 曝 失 蒔 苦 䯂；
国际音标：la:i⁶ kɔn² mɯə¹ naŋ⁵ thɤt⁷thɤ:i² khɔ³ tɔŋ¹
汉语直译：再 还 雨 晴 失 时 苦 望
汉语意译：风调雨顺心欢喜；

喃字原文：佶 勑 衲 税 茹 公，
国际音标：kat⁷ rɔi² nɔp⁸ the⁵ ɲa²kɔŋ¹
汉语直译：割 了 纳 税 公家
汉语意译：割禾收谷又纳税，

喃字原文：自 剧 买 特 安 悉 暗 饮。
国际音标：tɯ² rai² mɤ:i⁵ ʔdɯ:k⁸ ʔi:n¹ lɔŋ² ʔɤm⁵nɔ¹
汉语直译：从 今 才 得 安心 温饱
汉语意译：剩下粮食为生计。

（101）

喃字原文：呦 埃 奔 兜 半 兜，
国际音标：ju² ʔa:i¹ ʔbu:n¹ ʔdɤu¹ ʔba:n⁵ ʔdɤu¹
汉语直译：无论 谁 贩 哪儿 卖 哪儿
汉语意译：无论生意怎么忙，

315

喃字原文：啰迗 朡凯 挓斢 時術。
国际音标：moŋ² mɯ:i² tha:ŋ⁵ ta:m⁵ tsɔi⁶ tʂu¹ thi² ve²
汉语直译：初十　八月　斗　水牛　就回
汉语意译：八月斗牛要回乡。

（102）

喃字原文：䏧些奔萬半扞，
国际音标：ŋɯ:i² ta¹ ʔbu:n¹ va:n⁶ ʔba:n⁵ ŋin²
汉语直译：人家　贩　万　卖　千
汉语意译：人家生意本千万，

喃字原文：庵低氺帋肌寒吻鲜；
国际音标：ʔɛm¹ ʔdɤi¹ la:m² jɤi⁵ kɤ¹ ha:n² vɤn³ tɯ:i¹
汉语直译：妹　这儿　做　纸　饥寒　仍　新鲜
汉语意译：妹只制纸顶饥寒；

喃字原文：敢吁儒仕濐哄，
国际音标：ja:m⁵ sin¹ ɲo¹ thi³ tsɤ⁵ kɯ:i²
汉语直译：敢　请　儒士　别　笑
汉语意译：请儒士们莫讥笑，

喃字原文：為庵氺帋朱䏧担詩。
国际音标：vi² ʔɛm¹ la:m² jɤi⁵ tsɔ¹ ŋɯ:i² vi:t⁷ thɤ¹
汉语直译：为　妹　做　纸　给　人　些　诗
汉语意译：有妹做纸供写字。

（103）

喃字原文：功英搭壘础城，
国际音标：koŋ¹ ʔan¹ ʔdap⁷ li³ sɤi¹ than²
汉语直译：功　哥　筑　堡垒　砌　城
汉语意译：哥有功修堡建城，

劳动歌

喃字原文： 掩 核 固 菓 底 䗖 埃 啽。
国际音标： joŋ² kɤi¹ kɔ⁵ kwa³ ʔde³jan² ʔa:i¹ ʔan¹
汉语直译： 种 树 有 果子 留份儿 谁 吃
汉语意译： 种树有果别人摘。

（104）

喃字原文： 功 英 挭 坦 掩 桃，
国际音标： koŋ¹ ʔan¹ ɣan⁵ ʔdɤt⁷ joŋ² ʔda:u²
汉语直译： 功 哥 挑 土 种 桃
汉语意译： 哥有功种桃培土，

喃字原文： 悲 晗 英 底 律 伵 㟴 埃。
国际音标： ʔbɤi¹jɤ² ʔan¹ ʔde³ lɔt⁸ va:u² tai¹ ʔa:i¹
汉语直译： 如今 哥 让 落 进 手 谁
汉语意译： 如今有果人来摘。

（105）

喃字原文： 功 英 挭 坦 搭 檜 核 桃，
国际音标： koŋ¹ ʔan¹ ɣan⁵ ʔdɤt⁷ ʔdap⁷ koi³ kɤi¹ʔda:u²
汉语直译： 功 哥 挑 土 筑 根部 桃树
汉语意译： 哥有功为桃浇水，

喃字原文： 功 英 撜 楮 埃 伵 採 花。
国际音标： koŋ¹ ʔan¹ ra:u² ra:u² ʔa:i¹ va:u² ha:i⁵ hwa¹
汉语直译： 功 哥 围 篱笆 谁 进 采 花
汉语意译： 围篱笆被人采花。

317

（106）

喃字原文： 功　英　捷　坺　础　牆，

国际音标： koŋ¹ ʔan¹ ɣan⁵ ɣat⁸ sʁi¹ tuːŋ²

汉语直译： 功　哥　挑　砖　砌　墙

汉语意译： 妹有功担砖砌寺，

喃字原文： 麻　媕　挋　特　熁　香　厨　尼。

国际音标： ma² ʔɛm¹ tsaŋ³ ʔdɯːk⁸ thap⁷ hɯːŋ¹ tsuə² nai²

汉语直译： 而　妹　不　得　烧　香　寺　这

汉语意译： 但妹无得入烧香。

（107）

喃字原文： 功　英　犉　犠　闭　数，

国际音标： koŋ¹ ʔan¹ tsan¹ ŋɛ⁵ ʔbʁi⁵ lʁu¹

汉语直译： 功　哥　养　牛　犊　那么久

汉语意译： 哥有功放养小牛，

喃字原文： 悲　唏　犠　黐　成　斢　埃　棋。

国际音标： ʔbʁi¹jʁ² ŋɛ⁵ nʁːn⁵ than² tʁu¹ ʔaːi¹ kai²

汉语直译： 如今　牛犊　大　成　水牛　谁　犁

汉语意译： 如今牛大别人犁。

（108）

喃字原文： 功　兜　麻　撒　渃　滝，

国际音标： koŋ¹ ʔdʁu¹ ma² taːt⁷ nɯːk⁷ thoŋ¹

汉语直译： 功　哪儿　而　戽　河　水

汉语意译： 枉功同妹戽河水，

劳动歌

喃字原文：功 兜 麻 伴 貝 馱 駄 些。
国际音标：koŋ¹ ʔdʐu¹ ma² ʔbaːn⁶ vʐːi⁵ tsoŋ² ŋɯːi²ta¹
汉语直译：功 哪儿 而 友 和 夫 人家
汉语意译：妹要别人做夫君。

（109）

喃字原文：功 英 捹 捥 核 红，
国际音标：koŋ¹ ʔan¹ vun¹vɛn⁵ kʐi¹hoŋ²
汉语直译：功 哥 培植 柿树
汉语意译：哥有功培植柿树，

喃字原文：沛 核 红 黕 极 悉 夥 㑣。
国际音标：faːi³ kʐi¹hoŋ² ʔdɯk⁸ kɯk⁸loŋ² lam⁵ thai¹
汉语直译：是 柿树 公 操心 非常 啊
汉语意译：长出公树没打果。

（110）

喃字原文：功 英 趁 聂 衔 暮，
国际音标：koŋ¹ ʔan¹ ʔdi¹ thʐːm⁵ ve² tɯə¹
汉语直译：功 哥 去 早 回 晚
汉语意译：哥有功早出晚归，

喃字原文：㾮 塘 蕘 黏 吻 迖 情；
国际音标：mɔn² ʔdɯːŋ² tset⁷ kɔ³ vʐn³ tsɯə¹ ɣap⁸ tin²
汉语直译：磨损 路 死 草 还 未 遇 情
汉语意译：路凹草死未遇情；

喃字原文：勸 英 停 於 没 躬，
国际音标：khwiːn¹ ʔan¹ ʔdɯŋ² ʔʐ³ mot⁸min²
汉语直译：劝 哥 别 住 独自
汉语意译：劝哥不能自孤零，

喃字原文：核 枊 固 楷 况 之 褪 雷。
国际音标：kɤi¹tɛ¹ ko⁵ ʔbui⁶ hu:ŋ⁵tsi¹ lɛ³lɔi¹
汉语直译：竹子 有 丛 何况 孤单
汉语意译：竹子成林哥有情。

（111）

喃字原文：功 碎 搭 坦 摖 番,
国际音标：koŋ¹ toi¹ ʔdap⁷ ʔdɤt⁷ ra:u² fen¹
汉语直译：功 我 筑 土 围 竹竿
汉语意译：我有功围篱培土,

喃字原文：沛 馱 扡 蔬 群 铖 功 之；
国际音标：fa:i³ ŋɯ:i² ŋat⁷ ŋɔn⁶ kɔn² nen¹ koŋ¹ ji²
汉语直译：被 人 折 梢头 还 成 功 什么
汉语意译：让人折梢枉费功；

喃字原文：功 碎 打 砂 础 墙,
国际音标：koŋ¹ ta¹ ʔdan⁵ ʔda⁵ sɤi¹ tɯ:ŋ²
汉语直译：功 咱 打 石 砌 墙
汉语意译：我有功打石砌墙,

喃字原文：底 埃 拣 粇 撜 香 厨 尼。
国际音标：ʔde³ ʔa:i¹ ʔdɔŋ⁵ ʔwa:n³ jɤŋ¹ hɯ:ŋ¹ tsuə² nai²
汉语直译：让 谁 打 糕 端 香 寺 这
汉语意译：让人捧糕拜佛堂。

（男：杜福朝，苏维绍；女：苏权珍，杜福英）

劳动歌

（112）

喃字原文：㝓 䔧 罒 合 没 𦛢，
国际音标：tam¹ nam¹ mɤ:i⁵ hɤ:p⁸ mot⁸ ŋai²
汉语直译：百 年 才 合 一 天
汉语意译：百年只有这一天，

喃字原文：祝 朱 茹 尼 富 贵 寿 康；
国际音标：tsuk⁷ tsɔ¹ ɳa² nai² fu⁵kwi⁵ thɔ⁶ kha:ŋ¹
汉语直译：祝 给 家 这 富贵 长寿 健康
汉语意译：祝家人富贵长寿；

喃字原文：丕 朱 天 久 地 長，
国际音标：jɤ:i² tsɔ¹ thi:n¹ kiu³ ʔdiə⁶ ta:ŋ²
汉语直译：天 给 天 久 地 长
汉语意译：恩天赐天久地长，

喃字原文：几 誠 馼 燎 官 㞎 灵 庭。
国际音标：kɛ³ than² ŋɯ:i² tɔ³ kwa:n¹ tha:ŋ¹ lin¹ʔdin²
汉语直译：人 诚 人 明白 官 富 盛大
汉语意译：家人显荣人当官。

喃字原文：祝 朱 特 敉 平 生，
国际音标：tsuk⁷ tsɔ¹ ʔdɯ:k⁸ tsɯ³ ʔbin²thin¹
汉语直译：祝 给 得 字 平生
汉语意译：祝贺得福又平安，

喃字原文：稐 溇 汅 魟 堆 邊 江 湖；
国际音标：ru:ŋ⁶ thɤu¹ ʔa:u¹ ka⁵ ʔdoi¹ ʔben² ja:ŋ¹ ho²
汉语直译：田 深 塘 鱼 两 边 江湖
汉语意译：田稻塘鱼江湖边；

喃字原文：祝 朱 錢 鉑 潽 㦿，
国际音标：tsuk⁷ tsɔ¹ ti:n² ʔba:k⁸ ʔdɤi² ʔbo²
汉语直译：祝　给　钱财　满　库
汉语意译：祝贺金库多钱银，

喃字原文：翈 媞 㤾 㽌 㪰 牬 㤾 掍。
国际音标：ru:ŋ⁶ nɯ:ŋ¹ tam¹ mɤu³ tɤu¹ ʔbo² tam¹ kɔn¹
汉语直译：田　畲地　百　亩　水牛　黄牛　百　头
汉语意译：耕牛百头田百亩。

喃字原文：朒 迕 穑 卒 平 嫩，
国际音标：tha:ŋ⁵ mɯ:i² luə⁵ tot⁷ ʔbaŋ² nɔn¹
汉语直译：十月　稻　好　如　山
汉语意译：十月稻谷高如山，

喃字原文：疏 缸 通 独 垌 新 潽 坡；
国际音标：ji:ŋ¹ ha:i¹ thoŋ¹ ʔdok⁸ ʔdoŋ² tɤn¹ ʔdɤi² ʔbɤ²
汉语直译：正月　二月　相　连　田垌　新　满　田埂
汉语意译：正二月耕种众忙；

喃字原文：通 傳 富 贵 書 家，
国际音标：thoŋ¹ ti:n² fu⁵ kwi⁵ thɯ¹ ja¹
汉语直译：通　传　富贵　文官
汉语意译：家中富贵出文官，

喃字原文：掍 召 於 吏 没 茹 同 新。
国际音标：kɔn¹ tsau⁵ ʔɤ³ la:i⁶ mot⁸ n̠a² ʔdoŋ² tɤn¹
汉语直译：子孙　在　又　一　家　同　新
汉语意译：子孙满堂家幸福。

劳动歌

喃字原文：风 流 第 一 㙟 尘，
国际音标：fɔŋ¹liu¹ ʔde⁶n̺ɤt⁷ ten¹ tɤn²
汉语直译：风流 第一 上 尘世
汉语意译：尘间富贵第一家，

喃字原文：群 埃 欣 汝 每 份 每 欣。
国际音标：kɔn² ʔaːi¹ hɤːn¹ nɯə³ mɔi⁶ fɤn² mɔi⁶ hɤːn¹
汉语直译：还有 谁 胜于 再 全部 份 全部 胜于
汉语意译：劳动至富胜天堂。

（113）

喃字原文：英 箕 扔 邬 翅 蛣，
国际音标：ʔan¹ kiə¹ ʔdi¹ ʔo¹ kan⁵ jɤːi¹
汉语直译：哥 那 撑 伞 翅膀 扁鱼
汉语意译：那哥撑伞扁鱼形，

喃字原文：底 淹 ⺊ 秸 蒲 浍 汜 潭；
国际音标：ʔde³ ʔɛm¹ laːm² kɔ³ ʔbo² hoi¹ ʔɯːt⁷ ʔdɤm²
汉语直译：让 妹 除草 汗水 湿漉漉
汉语意译：妹在劳动满身汗；

喃字原文：固 沛 道 媍 義 馱，
国际音标：kɔ⁵ faːi³ ʔdaːu⁶ vɤ⁶ ŋiə³ tsoŋ²
汉语直译：如果 道 妻 义 夫
汉语意译：如果想妹做妻子，

喃字原文：時 㧎 邬 盏 翅 峒 麻 雱。
国际音标：thi² maːŋ¹ ʔo¹ suːŋ⁵ kan⁵ ʔdoŋ² ma² tsɛ¹
汉语直译：则 携带 伞 下 田峒 来 遮
汉语意译：拿伞落田妹遮荫。

（114）

喃字原文：茹 俺 工 役 排 排，
国际音标：ɲa² ʔɛm¹ koŋ¹viːk⁸ ʔbɤːi²ʔbɤːi²
汉语直译：家 妹 活儿 忙碌
汉语意译：妹家耕作真是忙，

喃字原文：孞 柴 孞 媄 遧 制 貝 払；
国际音标：jɔi⁵ thɤi² jɔi⁵ mɛ⁶ thaːŋ¹ tsɤːi¹ vɤːi⁵ tsaːŋ²
汉语直译：骗 父 骗 母 去 玩 和 郎
汉语意译：还骗父母同君乐；

喃字原文：没 昁 甛 罼 𠀧 遧，
国际音标：mot⁸ ŋai² nam¹ ʔbai³ ʔbɤn⁶ thaːŋ¹
汉语直译：一 天 五 七 次 去
汉语意译：日三五次寻君玩，

喃字原文：妾 仍 𥊛 払 払 𥊛 埃。
国际音标：thiːp⁷ ɲɯŋ³ toŋ¹ tsaːŋ² tsaːŋ² ɲɯŋ³ toŋ¹ ʔaːi¹
汉语直译：妾 那样 看 郎 郎 那样 看 谁
汉语意译：妾很想君君无望。

喃字原文：䭸 红 群 固 欺 派，
国际音标：ma⁵hoŋ² kɔn² kɔ⁵ khi¹ faːi¹
汉语直译：红颜 还 有 时 褪色
汉语意译：红颜会有褪色时，

喃字原文：䫘 颠 欺 泪 料 排 堆 些；
国际音标：raŋ¹ ʔdɛn¹ khi¹ ɲaːt⁸ liːu⁶ʔbai² ʔdɔi¹taː¹
汉语直译：牙 黑 时 褪色 估摸 咱俩
汉语意译：牙齿染黑也褪色；

劳动歌

喃字原文：㙡　塘　忠　孝　媄　吒，
国际音标：ha:i¹ ʔdɯ:ŋ² tuŋ¹ hi:u⁵ me⁶tsa¹
汉语直译：两　方面 忠 孝　父母
汉语意译：忠孝两全敬父母，

喃字原文：固　埃　捼　拖　台　罪　群　空。
国际音标：kɔ⁵ ʔa:i¹ ɣan⁵ ʔdɤ³ hai¹ la² kən² khoŋ¹
汉语直译：有　谁　挑 帮助 或 是 还 不
汉语意译：谁人帮忙就爱谁。

喃字原文：群　空　時　底　淹　徐，
国际音标：kən² khoŋ¹ thi² ʔde³ ʔεm¹ tsɤ²
汉语直译：还　不　则　让　妹　等
汉语意译：今妹日等又月待，

喃字原文：台　罪　固　准　挰　怞　時　催。
国际音标：hai¹ la² kɔ⁵ tson⁵ kɤi⁶nɤ² thi² thoi¹
汉语直译：或 是 有 地方 倚靠 则 罢了
汉语意译：若君有处要详明。

(115)

喃字原文：仍　欺　𦢊　捼　栖　搩，
国际音标：nɯŋ³ va:i¹ ɣan⁵ tai¹ ʔdεu²
汉语直译：些　肩膀　挑　手　提
汉语意译：常日肩扛手又提，

喃字原文：㗂　術　衤　郭　𱵢　䰟　朱　𧗱；
国际音标：ʔdi¹ve² lɤi⁵ kwat⁷ tson² ŋεu² tsɤ¹ sɔŋ¹
汉语直译：来回 拿 干脆 夫 穷 给 完
汉语意译：若穷夫君也要娶；

喃字原文： 馹 馹 绕 筴 㐌 矕，
国际音标： ŋai² ŋai² kwa:ŋ¹ thuŋ³ ʔdi¹ ʔdɔŋ¹
汉语直译： 天天　　筐　　去 买
汉语意译： 天天拿筐去买米，

喃字原文： 榝 粘 磕 稌 空 衝 固 㐌。
国际音标： tsai² ɣa:u⁶ koi⁵ luə⁵ khoŋ¹ soŋ¹ kɔ⁵ tsoŋ²
汉语直译： 舂　米　碓　谷子　不　完　有　夫
汉语意译： 舂米辛苦无夫陪。

喃字原文： 矬 欺 㐌 㧡 術 扛，
国际音标： nɤ³ khi¹ ʔdi¹ ɣan⁵ ve² ɣoŋ²
汉语直译： 耽误 时 去 挑 回 不平衡
汉语意译： 常日劳动误婚事，

喃字原文： 歪 湄 歪 邋 吋 馱 㧡 迗；
国际音标： jɤ:i² mɯə¹ jɤ:i² jɔ⁵ jan⁶ tsoŋ² ɣan⁵ ʔdɯə¹
汉语直译： 天 下雨 天 刮风 叮嘱 夫 挑 送
汉语意译： 刮风下雨无人帮；

喃字原文： 矬 欺 㐌 晨 術 曘，
国际音标： nɤ³ khi¹ ʔdi¹ thɤ:m⁵ ve² tɯə¹
汉语直译： 耽误 时 去 早 回 晚
汉语意译： 早出晚归误情事，

喃字原文： 些 蚧 𩦎 㴐 蔮 迗 清 闲。
国际音标： ta¹ ŋoi² ŋi³ ma:t⁷ luɯ¹ ʔdɯə¹ than¹ ɲa:n²
汉语直译： 咱 坐 乘凉 背后 送　清 闲
汉语意译： 人应乘凉度清闲。

劳动歌

喃字原文：空 埃 揶 撶 腓 肝，
国际音标：khoŋ¹ ʔa:i¹ ʔdɔ¹ ʔdem⁵ ru:t⁸ɣa:n¹
汉语直译：没有 谁 量 数 心境
汉语意译：妹日夜干君无知，

喃字原文：媎 䫻 些 仕 咀 叹 些 吟；
国际音标：vɤ⁶tsoŋ² ta¹ thɤ³ thɤ³tha:n¹ ta¹ la:m²
汉语直译：夫妻 咱将 叹息 咱做
汉语意译：应该有夫共商量；

喃字原文：戨 鉎 迨 固 份 歪，
国际音标：ma:i¹thau¹ ʔda³ kɔ⁵ fɤn⁶ jɤ:i²
汉语直译：日后 已 有 份 天
汉语意译：日后托天有福份，

喃字原文：欺 帝 吏 苦 軕 伐 麻 怚。
国际音标：khi¹ na:u² la:i⁶ khɔ³ thu:t⁷ ʔdɤ:i² ma² lɔ¹
汉语直译：时 哪 又 苦 整 代 而 忧心
汉语意译：不会一世都辛苦。

（116）

喃字原文：圭 茹 固 翈 固 𤛶，
国际音标：kwe¹ɲa² kɔ⁵ ru:ŋ⁶ kɔ⁵ tʂu¹
汉语直译：家乡 有 田 有 水牛
汉语意译：家有田地有耕牛，

喃字原文：仍 滝 氶 魟 仍 蔆 氶 砅；
国际音标：ɲɯŋ³ thoŋ¹ vaŋ⁵ ka⁵ ɲɯŋ³ jɤu² vaŋ⁵ voi¹
汉语直译：些 河 不见 鱼 些 蔆叶 不见 灰
汉语意译：河里无鱼蔆缺灰；

喃字原文：挀 寻 朱 筳 固 堆，
国际音标：ʔdi¹ tim² tsɔ¹ ʔduə³ kɔ⁵ ʔdoi¹
汉语直译：去 找 给 筷子 有 对儿
汉语意译：相寻筷子有双对，

喃字原文：朱 炭 煐 焂 朱 馹 绞 烧。
国际音标：tsɔ¹ tha:n¹ ʔbɛn⁵ luɯə³ tsɔ¹ ŋɯ:i² ʔben⁶ ɲau¹
汉语直译：给 炭 连着 火 给 人 投缘 互相
汉语意译：木炭燃火人有缘。

（117）

喃字原文：圭 英 於 福 安 茹，
国际音标：kwe¹ ʔan¹ ʔɤ³ fuk⁷ʔi:n¹ ɲa²
汉语直译：家乡 哥 在 福 安 家
汉语意译：哥家就在福安村，

喃字原文：茹 英 富 贵 荣 华 一 沔;
国际音标：ɲa² ʔan¹ fu⁵kwi⁵ vin¹hwa¹ ɲɤt⁷ mi:n²
汉语直译：家 哥 富贵 荣华 一 面
汉语意译：家中富贵显荣华；

喃字原文：闭 数 挀 捒 伴 贤，
国际音标：ʔbɤi⁵lɤu¹ ʔdi¹ ki:n⁵ ʔba:n⁶ hi:n²
汉语直译：那么久 去 选 友 贤
汉语意译：时久去找贤良侣，

喃字原文：悲 唸 買 迏 嬋 娟 䏾 红。
国际音标：ʔbɤi¹jɤ² mɤ:i⁵ ɣap⁸ thi:n²kwi:n¹ ma⁵ hoŋ²
汉语直译：如今 才 遇 婵 娟 颊 红
汉语意译：婵娟红颜今遇见。

劳动歌

喃字原文： 唉 姑 撒 渃 簹 桶，
国际音标： hɤ:i³ ko¹ ta:t⁷ nɯ:k⁷ ɣau² thɔŋ²
汉语直译： 啊 姑娘 戽 水 戽斗 桶
汉语意译： 姑娘用桶来戽水，

喃字原文： 唉 媕 忬 包 固 馼 台 渚？
国际音标： hɤ:i³ ʔɛm¹ nai¹ ʔda³ kɔ⁵ tsoŋ² hai¹ tsɯə¹
汉语直译： 啊 妹 今天 已 有 夫 或 未
汉语意译： 不知是否已结婚？

喃字原文： 空 馼 ⺤ 喎 霙 湄，
国际音标： khoŋ¹ tsoŋ² la:m² ku:k⁸ mɤi¹mɯə¹
汉语直译： 无 夫 做 事 云 雨
汉语意译： 若未有夫云雨情，

喃字原文： 翔 姑 秢 烀 包 朱 畭 鲜。
国际音标： ru:ŋ⁶ kho¹ ma⁶ hɛu⁵ ʔba:u¹jɤ² tsɔ¹ tɯ:i¹
汉语直译： 天 干 秧苗 枯萎 何时 给 青
汉语意译： 田旱秧枯可变青。

喃字原文： 阴 阳 吻 产 性 歪，
国际音标： ʔɤm¹ jɯ:ŋ¹ vɤn³ than³ tin⁵jɤ:i²
汉语直译： 阴 阳 仍 准备 天性
汉语意译： 阴阳之事天性定，

喃字原文： 共 烧 些 撒 簹 偕 朱 洢。
国际音标： kuŋ² ɲau¹ ta¹ ta:t⁷ ɣau² ja:i¹ tsɔ¹ ʔdɤi²
汉语直译： 一同 咱 戽 戽斗 同 给 满
汉语意译： 咱俩共戽水满田。

（男：苏维绍；女：范氏清）

（118）

喃字原文：𠚢 垌 嬈 㴑 清 台，
国际音标：ra¹ ʔdoŋ² jo⁵ ma:t⁷ than³ thɤ:i¹
汉语直译：出 田 垌 风 凉 舒畅
汉语意译：田野劳动风凉爽，

喃字原文： 傷 㤖 𡎢 網 曝 餒 於 茹；
国际音标：thɯ:ŋ¹ ŋɯ:i² ŋoi² voŋ³ naŋ⁵ nu:i¹ ʔɤ³ ŋa²
汉语直译：想 人 坐 吊床 晴天 养 在 家
汉语意译：有人在家摇网床；

喃字原文：㐷 麻 固 罷 固 㐌，
国际音标：neu⁵ ma² kɔ⁵ ʔbai³ kɔ⁵ ʔba¹
汉语直译：如果 有 七 有 三
汉语意译：三七结合成为十，

喃字原文：時 之 𦤾 浽 悴 悙 㦖 悉。
国际音标：thi² tsi¹ ʔden⁵ noi³ sɔt⁷ sa¹ tɔŋ¹ lɔŋ²
汉语直译：则 什么 到 境地 辛酸 中 心
汉语意译：这样免妹添忧愁。

（119）

喃字原文：蹖 蓮 核 樑 姅 𡗶，
国际音标：tɐu² len¹ kɤi¹ khe⁵ nɯə³ ŋai²
汉语直译：爬 上 杨桃树 半 天
汉语意译：爬上杨桃树半天望，

喃字原文：裑 時 𠚢 秩 㨢 棋 撗 𠚢；
国际音标：vai⁵ thi² tsut⁸ mɤt⁷ lɯ:i³ kai² thɔ² ra¹
汉语直译：裙 则 露 完 犁头 伸 出
汉语意译：穿裙露出犁头；

劳动歌

喃字原文： 裾棋 㐀 䑸 扯 㐀，
国际音标： luː:i³kai² ʔba¹ ɣɔk⁷ tsɛ³ ʔba¹
汉语直译： 犁头　三　角　破　三
汉语意译： 犁舌三角开了叉，

喃字原文： 闷 抗 扽 挭 麻 捣 裾棋。
国际音标： muːn⁵ ʔdɛm¹ ʔdɔn²ɣan⁵ ma² va¹ luː:i³kai²
汉语直译： 想　带　扁　担　而　撞　犁头
汉语意译： 想用扁担撞犁头。

（120）

喃字原文： 歪 朱 棋 稊 㴐 垌，
国际音标： jɤː:i² tsɔ¹ kai² kɤi⁵ ʔdɤi² ʔdoŋ²
汉语直译： 天　给　犁田 插秧 满　田垌
汉语意译： 好天插田忙田里，

喃字原文： 处 市 处 ɤ 䏾 悇 怸 暬；
国际音标： sɯ⁵ naː:u² sɯ⁵ ʔɤi⁵ tɔŋ¹ lɔŋ² vui¹ ɣe¹
汉语直译： 处　哪　处　那　中　心　高兴　害怕
汉语意译： 虽然辛苦心高兴；

喃字原文： 没 衱 秸 稌 抗 術，
国际音标： mot⁸maː:i¹ ɣat⁸ luə⁵ ʔdɛm¹ ve²
汉语直译： 日后　收割 稻子 带　回
汉语意译： 日后收割得丰收，

喃字原文： 餒 吒 敬 媄 𢄂 皮 孝 忠。
国际音标： nuː:i¹ tsa¹ kin⁵ mɛ⁶ ɲiː:u² ʔbe² hiː:u⁵ tuŋ¹
汉语直译： 养　父 敬 母 多　方 孝　忠
汉语意译： 尽力孝忠养双亲。

（121）

喃字原文：歪 湄 時 黙 歪 湄，
国际音标：jɤːi² muɯə¹ thi² mak⁸ jɤːi² muɯə¹
汉语直译：天 下雨 就 任由 天 下雨
汉语意译：天下雨是由在天，

喃字原文：䫻 碎 拸 耙 包 固 襖 哉；
国际音标：tsoŋ² toi¹ ʔdi¹ ʔbuɯə² ʔda³ kɔ⁵ ʔaːu⁵tɤːi¹
汉语直译：夫 我 去 耙田 已 有 蓑衣
汉语意译：我夫犁田穿蓑衣；

喃字原文：䫻 碎 拸 制 包 固 籢 隊，
国际音标：tsoŋ² toi¹ ʔdi¹ tsɤːi¹ ʔda³ kɔ⁵ nɔn⁵ ʔdoi⁶
汉语直译：夫 我 去 玩 已 有 斗笠 戴
汉语意译：我夫出街有笠帽，

喃字原文：䫻 碎 拸 会 包 固 岫 雯。
国际音标：tsoŋ² toi¹ ʔdi¹ hoi⁶ ʔda³ kɔ⁵ ju² tsɛ¹
汉语直译：夫 我 去 庙会 已 有 伞 遮
汉语意译：我夫会春有雨伞。

（122）

喃字原文：稥 花 都 妸 務 春，
国际音标：tam¹ hwa¹ ʔduə¹ nɤ³ muə²sɤn¹
汉语直译：百 花 争 开 春天
汉语意译：春天百花齐开放，

喃字原文：群 花 薗 稌 徐 泪 節 冬；
国际音标：kɔn² hwa¹ ʔboŋ¹luə⁵ tsɤ² jɤn² tiːt⁷ʔdoŋ¹
汉语直译：还有 稻花 等 慢慢 冬节
汉语意译：只有稻花等冬来；

劳动歌

喃字原文：皨 時 叒 媂 叒 歃，
国际音标：jau² thi² thɤːm⁵ vɤ⁶ thɤːm⁵ tsoŋ²
汉语直译：富 则 早 妻 早 夫
汉语意译：家富早有夫妻共，

喃字原文：些 低 峣 㑣 丝 红 渚 缠。
国际音标：ta¹ ʔdɤi¹ ŋeu² ʔicɤ⁵ tɤ¹hoŋ² tsɯa¹ sɛ¹
汉语直译：咱 这 儿 饥贫 红 绳 未 牵
汉语意译：我家贫穷未红绳。

喃字原文：湖 莲 峣 辨 㤭 术，
国际音标：ho² thɛn¹ ɲiːu² ʔbɤn⁶ ʔdi¹ve²
汉语直译：湖 莲 花 多 次 往返
汉语意译：莲湖开花时已久，

喃字原文：英 嚎 撽 浽 聘 棋 凤 鸾。
国际音标：ʔan¹ mɔŋ¹ vɯːt⁸ ʔbiːn³ than⁵ke² fɯːŋ⁶ lɔn¹
汉语直译：哥 盼望 越 海 比 肩 凤 鸾
汉语意译：盼望越海结鸾凤。

（123）

喃字原文：赊 塘 摱 襖 麻 㤭，
国际音标：sa¹ ʔdɯːŋ² mɯːn⁶ ʔaːu⁵ ma² ʔdi¹
汉语直译：远 路 借 衣 来 穿
汉语意译：外出路远借衣穿，

喃字原文：吁 朱 卒 歲 𢗖 之 赊 塘；
国际音标：sin¹ tsɔ¹ tot⁷ te⁵ kwaːn³ tsi¹ sa¹ ʔdɯːŋ²
汉语直译：请 给 好 岁月 管 什么 远 路
汉语意译：寻美丽人不怕远；

喃字原文： 掩 红 披 萚 雯 红，

国际音标： joŋ² hoŋ² ʔbɛ³ la⁵ tsɛ¹ hoŋ²

汉语直译： 种 柿子 摘 叶 遮 柿子

汉语意译： 红柿成熟摘叶掩，

喃字原文： 傷 媕 庄 暜 浽 塘 赊 吹。

国际音标： thɯːŋ¹ ʔɛm¹ tsaŋ³ kwaːn³ noi³ ʔdɯːŋ² sa¹ soi¹

汉语直译： 爱 妹 不 管 境地 路 遥 远

汉语意译： 爱妹莫怕路远程。

（男：杜玉光唱）

二

礼俗歌

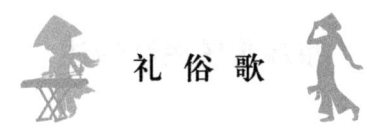

礼俗歌

（一）

喃字原文：仍　排喝　ᵐ媒
国际音标：ȵɯŋ³ ʔbaːi²haːt⁷ laːm²moi⁵
汉文直译：些　　歌　　做媒
汉文意译：做媒歌

1

喃字原文：躺喂 ᵐ媒 朱 些 没 馭
国际音标：min² ʔɤːi¹ laːm²moi⁵ tsɔ¹ ta¹ mot⁸ ŋɯːi²
汉文直译：妹 啊 做媒 给 哥 一 人
汉文意译：请你为我来做媒

（1）

喃字原文：俺 渚 固 馱 兜 罪，
国际音标：ʔɛm¹ tsɯə¹ kɔ⁵ tsoŋ² ʔdɤu¹la²
汉文直译：妹 未 有 夫 是 否
汉文意译：阿妹是否已匹配，

喃字原文：躺喂 ᵐ媒 朱 些 没 馭；
国际音标：min² ʔɤːi¹ laːm²moi⁵ tsɔ¹ ta¹ mot⁸ ŋɯːi²
汉文直译：妹 啊 做媒 给 哥 一 人
汉文意译：请你为我来做媒；

喃字原文： 没 馸 廿 九 台 廿，
国际音标： mot⁸ ŋɯ:i² mɯ:i² tsin⁵ ha:i¹ mɯ:i¹
汉文直译： 一 人 十 九 二 十
汉文意译： 对方十九二十岁，

喃字原文： 形 容 颜 色 卒 鲜 如 躺。
国际音标： hin² juŋ¹ ɲa:n¹ thak⁷ tot⁷ tɯ:i¹ ɲɯ¹ min²
汉文直译： 面 容 姿 色 鲜 艳 如 妹
汉文意译： 面容颜色相似妹。

喃字原文： 掍 馸 挣 糱 挣 雦，
国际音标： kɔn¹ ŋɯ:i² tsaŋ³ ʔdɛp⁸ tsaŋ³ sin¹
汉文直译： 人 不 美 不 秀
汉文意译： 诸如此类不太美，

喃字原文： 挣 高 挣 湿 如 躺 时 催。
国际音标： tsaŋ³ ka:u¹ tsaŋ³ thɤp⁷ ɲɯ¹ min² thi² thoi¹
汉文直译： 不 高 不 矮 如 妹 罢 了
汉文意译： 不高不矮仅此妹。

（男：杜福朝）

（2）

喃字原文： 别 兜 撒 渃 跷 湄，
国际音标： ʔbi:t⁷ ʔdɤu¹ ta:t⁷ nɯ:k⁷ thɤu¹ mɯi¹
汉文直译： 怎知 㫾 水 跟随 雨
汉文意译： 谁晓落雨要㫾水，

喃字原文： 别 兜 ᵐ 媒 朱 㪈 悉 烧；
国际音标： ʔbi:t⁷ ʔdɤu¹ la:m² moi⁵ tsɔ¹ vɯə² lɔŋ² ɲau¹
汉文直译： 怎知 做媒 给 合意 互相
汉文意译： 适合心意方做媒；

礼 俗 歌

喃字原文： 叹 媒 挂 特 時 和,
国际音标：la:m² moi⁵ tsaŋ³ ʔdɯ:k⁸ thi² hwa²
汉文直译： 做媒   不得   就和
汉文意译：难找她人咱俩和,

喃字原文： 叹 媒 挂 特 時 些 貝 躺。
国际音标：la:m² moi⁵ tsaŋ³ ʔdɯ:k⁸ thi² ta¹ vɤ:i⁵ min²
汉文直译： 做媒   不得   就 哥 和 妹
汉文意译：做媒不成哥与妹。

（男：苏维绍）

（3）

喃字原文：俺 群 慒 媄 慒 吒,
国际音标：ʔɛm¹ kɔn² thɤ⁶ mɛ⁶ thɤ⁶ tsa¹
汉文直译：妹 还 担忧 母亲 担忧 父亲
汉文意译：妹正担忧父母意,

喃字原文：空 時 俺 吽 哑 罷 共 扒;
国际音标：khoŋ¹ thi² ʔɛm¹ ŋɔ³ lɤ:i² ra¹ kuŋ² tsa:ŋ²
汉文直译：否则 妹 表述 出 和 哥
汉文意译：若能作主自许愿;

喃字原文：辙 俺 渚 跙 迠 磊,
国际音标：tu:i³ ʔɛm¹ tsɯə¹ ʔden⁵ mɯ:i² lam¹
汉文直译：年龄 妹 未 到 十 五
汉文意译：今妹年龄满十五,

喃字原文：博 媄 群 拎 渚 定 尼 市。
国际音标：ʔba:k⁷ mɛ⁶ kɔn² kɤm² tsɯə¹ ʔdin⁶ nɤ:i¹ na:u²
汉文直译：父 母 还 把持 未 定 何 处
汉文意译：父母把持未嫁人。

339

喃字原文： 渚　曾　低　湿　旯　高，
国际音标： tsɯə¹ rɔ³ ʔdɤi¹ thɤp⁷ ʔdɤi⁵ ka:u¹
汉文直译： 未　清楚　这里　低　哪里　高
汉文意译： 高贵低贱尚未定，

喃字原文： 渚　定　尼　帀　朱　称　杻　斤；
国际音标： tsɯə¹ ʔdin⁶ nɤ:i¹na:u² tsɔ¹ sɯŋ⁵ ʔdɔn²kɤn¹
汉文直译： 未　定　何处　使　相称　杆秤
汉文意译： 相对应有一杆秤；

喃字原文： 因　庄　渚　称　杻　斤？
国际音标： nɤn¹ tsaŋ³ tsɯə¹ sɯŋ⁵ ʔdɔn²kɤn¹
汉文直译： 因　不　未　相称　秤杆
汉文意译： 没秤杆怎看天平？

喃字原文： 渚　妑　琨　相　朱　君　馭　眤？
国际音标： tsɯə¹ vuə² kɔn¹mat⁷ tsɔ¹ kwɤn¹ ŋɯ:i² n̠in²
汉文直译： 未　合意　眼睛　给　君　人　看
汉文意译： 无合意怎为君定？

喃字原文： 别　兜　撒　渃　跟　湄？
国际音标： ʔbi:t⁷ʔdɤu¹ ta:t⁷ nɯ:k⁷ thɤu¹ mɯ:i¹
汉文直译： 怎知　舁　水　跟随　雨
汉文意译： 谁晓落雨要舁水？

喃字原文： 别　兜　才　色　朱　妑　悉　英？
国际音标： ʔbi:t⁷ʔdɤu¹ ta:i²thak⁷ tsɔ¹ vuə² lɔŋ² ʔan¹
汉文直译： 怎知　才色　给　合适　心意　哥
汉文意译： 何样才色适合君？

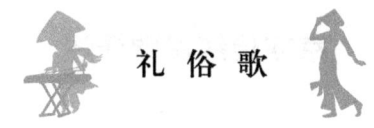

礼 俗 歌

喃字原文：悉 俺 群 仍 愽 懥，
国际音标：lɔŋ² ʔɛm¹ kɔn² n̠ɯŋ³ ʔbu:n²na:n³
汉文直译：心　1妹　还　些　沮丧
汉文意译：我正为此忧心虑，

喃字原文：嚎 翁 月 老 绥 成 世 弯。
国际音标：mɔŋ¹ ʔoŋ¹ ŋwi:t⁸la:u⁴ noi⁵ than² the⁵ lɔn¹
汉文直译：期望　月老　连接　成　这样　弯
汉文意译：期望月老全鸾恋。

（女：杜福英）

（4）

喃字原文：娘 包 饶 辙 疃 頭，
国际音标：na:ŋ² ʔba:u¹n̠i:u¹ tu:i³ ten¹ʔdɤu²
汉文直译：妹　多少　岁　今年
汉文意译：今年娇妹多少岁，

喃字原文：滝 恩 俺 佲 批 桥 兜 渚？
国际音标：thoŋ¹²ʔn¹ ʔɛm¹ ʔda³ ʔbak⁷ kɤu² ʔdɤu¹ tsɯə¹
汉文直译：银河　妹　已　搭　桥　哪里　未
汉文意译：银河是否搭了桥？

喃字原文：娘 包 饶 辙 醇 尼？
国际音标：na:ŋ² ʔba:u¹n̠i:u¹ tu:i³ nam¹nai¹
汉文直译：妹　多少　岁　今年
汉文意译：妹妹今年啥年纪？

喃字原文: 奔 红 半 櫾 術 牺 埃 拎。
国际音标: ʔbuːn¹ hoŋ² ʔbaːn⁵ kui³ veˀ² tai¹ ʔaːi¹ kɤm²
汉文直译: 贩 柿 卖 柴 归 手 谁 拿
汉文意译: 来龙去脉说实招。

（男：阮进余）

（5）

喃字原文: 青 春 扒 嗨 ⼘ 之,
国际音标: than¹sɤn¹ tsaːŋ² hoi³ laːm²ji²
汉文直译: 青春 哥 问 做什么
汉文意译: 青春之事君莫问,

喃字原文: 掩 時 迠 齓 姊 時 台 迠;
国际音标: ʔɛm¹ thi² mɯːi² taːm⁵ tsi⁶ thi² haːi¹ mɯːi¹
汉文直译: 妹 则 十 八 姐 则 二 十
汉文意译: 妹是十八姐二十;

喃字原文: 形 容 颜 色 扒 喂,
国际音标: hin²juŋ¹ n̩aːn¹thak⁷ tsaːŋ² ʔɤːi¹
汉文直译: 面容 姿色 哥 啊
汉文意译: 面容颜色俩相似,

喃字原文: 姊 碎 拱 瓢 如 碎 恪 茚。
国际音标: tsi⁶ toi¹ kuŋ³ joŋ⁵n̩ɯ¹ toi¹ khaːk⁷ naːu²
汉文直译: 姐 我 也 好像 我 不同 哪
汉文意译: 姐妹身躯无差异。

喃字原文: 玉 龄 群 待 价 高,
国际音标: ŋɔk⁸ lan² kɔn² ʔdɤːi⁶ ja⁵ kaːu¹
汉文直译: 玉 好 还 等 价 高
汉文意译: 好玉尚要待高价,

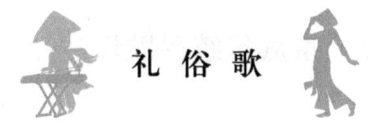

礼 俗 歌

喃字原文：咳 群 占 占 绦 桃 渚 缊。
国际音标：hai³kɔn² tsam¹tsam¹ tʂ¹ ʔda:u² tsɯə¹ sɛ¹
汉文直译：还要 专注 丝 桃 未 纺
汉文意译：正在专注未合缘。

（女：吴秀英）

(6)

喃字原文：跙 低 些 嗨 寔 躺,
国际音标：ʔden⁵ ʔdɤi¹ ta¹ hɔi³ thɤt⁸ min²
汉文直译：到 这里 咱 问 实话 妹
汉文意译：此处问妹说实言,

喃字原文：四 皮 父 母 在 堂 台 空;
国际音标：tɯ⁵ʔbe² fu⁶mɤu³ ta:i⁶ ʔdɯ:ŋ² hai¹ khoŋ¹
汉文直译：四方 父母 在 堂 还是 不
汉文意译：父母身体尚健康;

喃字原文：别 浪 躺 於 固 通,
国际音标：ʔbi:t⁷raŋ² min² ʔɤ³ kɔ⁵ thoŋ¹
汉文直译：知道 自己 相处 有 相通
汉文意译：妹与父母话相通,

喃字原文：嗨 浪 孟 跬 台 空 唉 躺?
国际音标：hɔi³raŋ² man⁶khwɛ³ hai¹ khoŋ¹ hɤ:i³ min²
汉文直译：问道 健壮 还是 不 哎 妹
汉文意译：妹的身体仍健壮?

喃字原文：跙 低 些 嗨 寔 躺,
国际音标：ʔden⁵ ʔdɤi¹ ta¹ hɔi³ thɤt⁸ min²
汉文直译：到 这里 咱 问 实话 妹
汉文意译：到此又问妹实言,

343

喃字原文：自 低 机 度 術 廊　 包 赊；
国际音标：tɯ² ʔdɤi¹ kɤ¹ ʔdo⁶ veː² laːŋ² ʔbaːu¹ sa¹
汉文直译：从 这里 大概 回 村　 多远
汉文意译：妹乡自此有多远；

喃字原文：斯 時 躺 仕 呐 罝,
国际音标：ɣɤn² thi² min² thɛ³ nɔi⁵ ra¹
汉文直译：近 则 妹 将 说 出
汉文意译：如果距近妹可说,

喃字原文：台 羄 塘 鷗 群 赊 時 停。
国际音标：hai¹ la² ʔdɯːŋ² nɛu³ kɔn² sa¹ thi² ʔdɯŋ²
汉文直译：或是 路途 还 远 则 不要
汉文意译：假如路远莫必言。

喃字原文：ᜀ 之 諾 相 吏 盈？
国际音标：laːm² ji² nɯːk⁷ mat⁷ laːi⁶ juŋ¹
汉文直译：为什么 泪水 又 汪汪
汉文意译：为何泪水如涌泉？

喃字原文：苞 固 准 帝 時 停 准 低；
国际音标：ʔda³ kɔ⁵ tson⁵ ʔdɤi⁵ thi² ʔdɯŋ² tson⁵ ʔdɤi¹
汉文直译：已 有 地方 那里 就 莫 地方 这里
汉文意译：妹有定处莫思恋；

喃字原文：吀 停 扒 魚 台 拪,
国际音标：sin¹ ʔdɯŋ² ʔbat⁷ kaː⁵ haːi¹ tai¹
汉文直译：请 莫 捉 鱼 两 手
汉文意译：莫要捉鱼出两手,

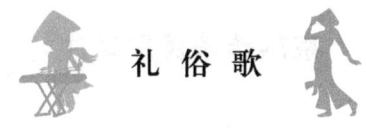

礼 俗 歌

喃字原文： 魚　時　嚟　波　鸠　㐱　術　岸。
国际音标： ka⁵ thi² jɯːi⁵ ʔbe³ tsim¹ ʔbai¹ ve² ŋaːn⁶
汉文直译： 鱼 则 下 海 鸟 飞 回 山林
汉文意译： 鸟飞丛林鱼游海。

喃字原文： 闷　制　時　拖　鸠　遖，
国际音标： muːn⁵ tsɤːi¹ thi² tha¹ tsim¹ thaːŋ¹
汉文直译： 想　玩　就　放　鸟　过来
汉文意译： 想玩把鸟放过来，

喃字原文： 舖　鸹　聘　貝　鳳　凰　铖　庄；
国际音标： ʔbo² kɤu¹ than⁵ vɤːi⁵ fɯːŋ⁶ hwaːŋ² nen¹ tsaŋ¹
汉文直译： 鸽子 并肩 和 凤凰 成 不
汉文意译： 鸽子合翅跟凤凰；

喃字原文： 鳳　凰　睕　佨　夥　毡，
国际音标： fɯːŋ⁶ hwaːŋ² kɔi¹ ʔda³ lam⁵ lon¹
汉文直译： 凤凰　看　已　多　羽毛
汉文意译： 莫嫌凤凰多羽毛，

喃字原文： 噴　浪　術　准　梧　桐　杜　制。
国际音标： tat⁷raŋ² ve² tson⁵ ŋo¹ ʔdoŋ² ʔdo³ tsɤːi¹
汉文直译： 责怪 回 地方 梧桐 栖息 玩耍
汉文意译： 请快飞来栖梧桐。

（男：杜玉光）

（7）

喃字原文： 塘　赊　輪　了　英　喂，
国际音标： ʔdɯːŋ² sa¹ lan⁶ loi⁶ ʔan¹ ʔɤːi¹
汉文直译： 路　远　跋涉　哥　啊
汉文意译： 哥呀！此路真遥远，

喃字原文：哊 詩 詩 磊 寄 唑 唑 悁；
国际音标：ɣɯi³ thɤ¹ thɤ¹ loi³ ɣɯi³ lɤ:i²lɤ:i² kwen¹
汉文直译：寄 信 信 误事 寄 话 话 忘
汉文意译：寄信误事寄言难；

喃字原文：刮 㧸 衵 蚝 担 詩，
国际音标：kat⁷ tai¹ lɤi⁵ mau⁵ vi:t⁷ thɤ¹
汉文直译：割 手 用 血 写 信
汉文意译：咬手用血来写信，

喃字原文：擤 包 翅 雁 哊 詩 朱 躺。
国际音标：tsɤm⁵ va:u² kan⁵ ŋa:n⁶ ɣɯi³ thɤ¹ tsɔ¹ min²
汉文直译：绑 进 翅膀 雁 寄 信 给 妹
汉文意译：寄信以君缚翼雁。

喃字原文：哊 詩 朱 躺 貝 些，
国际音标：ɣɯi³ thɤ¹ tsɔ¹ min² vɤ:i⁵ ta¹
汉文直译：寄 信 给 妹 和 我
汉文意译：雁儿送信我你收，

喃字原文：如 筆 貝 墨 吏 和 貝 䊵；
国际音标：ȵɯ¹ ʔbut⁷ vɤ:i⁵ mɯk⁸ la:i⁶ hwa² vɤ:i⁵ thɔn¹
汉文直译：像 笔 和 墨 又 掺和 跟 朱红
汉文意译：笔写墨字朱红色；

喃字原文：巴 旌 聘 貝 罢 䊵，
国际音标：ʔba¹ vu:ŋ¹ than⁵ vɤ:i⁵ ʔbai³ tɔn²
汉文直译：三 方 并肩 和 七 圆
汉文意译：三七相配十全美，

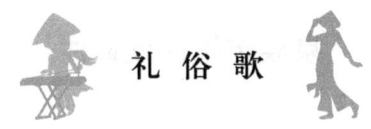

礼 俗 歌

喃字原文：啥 糕 啥 哼 底 躺 待 埃。
国际音标：ti:ŋ⁵ ʔdɛp⁸ ti:ŋ⁵ jɔn² ʔde³ min² ʔdɤ:i⁶ ʔa:i¹
汉文直译：声 优美 声 清脆 留 妹 等 谁
汉文意译：清脆笑声待谁人。

喃字原文：迗 台 膼 准 迗 台,
国际音标：mɯ:i² ha:i¹ tha:ŋ⁵ tsan³ mɯ:i² ha:i¹
汉文直译：十 二 月 整数 十 二
汉文意译：十二个月为一年,

喃字原文：功 些 值 待 数 郞 隴 功;
国际音标：koŋ¹ ta¹ tsɯk⁸ʔdɤ:i⁶ lɤu¹ ŋai² lu:ŋ⁵koŋ¹
汉文直译：功 咱 等待 时 久 枉然
汉文意译：等待时久实枉功;

喃字原文：隴 功 䎹 芥 䎹 茄,
国际音标：lu:ŋ⁵koŋ¹ ru:ŋ⁶ ka:i³ ru:ŋ⁶ ka²
汉文直译：枉然 田 芥菜 田 茄子
汉文意译：枉然芥菜田种茄子,

喃字原文：功 躺 㐌 丕 功 些 埃 填?
国际音标：koŋ¹ min² ʔda³ vɤi⁶ koŋ¹ ta¹ ʔa:i¹ ʔden²
汉文直译：功 妹 已 这样 功 咱 谁 补填
汉文意译：妹等枉然谁补填?

（女：吴秀英）

（8）

喃字原文：台 些 自 课 别 烧,
国际音标：ha:i¹ta¹ tɯ² thɤ³ ʔbi:t⁷ɲau¹
汉文直译：咱俩 从 时 相识
汉文意译：自从咱俩相认识,

喃字原文：姪 情 解 馹 曝 油 雪 霜；
国际音标：jɤm¹ tin² ŋai² naŋ⁵ ja:i³jɤu² ti:t⁷ thɯ:ŋ¹
汉文直译：淫 情 影 日 晴 曝晒 雪 霜
汉文意译：日晒情影雪霜淫；

喃字原文：强 嚎 强 忟 堆 塘，
国际音标：ka:ŋ² mɔŋ¹ ka:ŋ² nɤ⁵ ʔdoi¹ ʔdɯ:ŋ²
汉文直译：越 盼 越 想 两 路
汉文意译：越思越想莫见妹，

喃字原文：番 尼 枚 竹 凤 凰 迓 烧。
国际音标：fɛn¹ nai² ma:i¹ tuk⁷ fɯ:ŋ⁶hwa:ŋ² ɣap⁸ɲau¹
汉文直译：次 这 梅 竹 凤 凰 相遇
汉文意译：梅竹凤凰应相遇。

喃字原文：朱 䫨 些 仍 约 求，
国际音标：tsɔ¹nen¹ ta¹ ɲɯŋ³ ʔɯ:k⁷kɤu²
汉文直译：所以 哥 些 心 愿
汉文意译：为此决意哥心愿，

喃字原文：约 牢 朱 特 陳 朱 没 茹；
国际音标：ʔɯ:k⁷ tha:u¹ tsɔ¹ ʔdɯ:k⁸ tɤn² tsɤu¹ mot⁸ na²
汉文直译：渴望 如何 使 得 陈 朱 一 家
汉文意译：渴望成家结朱陈；

喃字原文：否 咇 别 磊 烧 甜，
国际音标：vi⁵ju⁶ thɤ:m⁵ ʔbi:t⁷ɲau¹ ra¹
汉文直译：如果 早日 认识 出
汉文意译：若果早日俩认识，

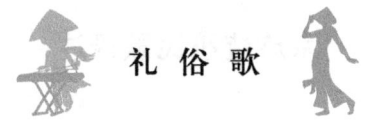

礼 俗 歌

喃字原文：ᵐ 之 跙 浽 悴 悰 悉 鑚?
国际音标：la:m² tsi¹ ʔden⁵ noi³ sɔt⁷ sa¹ lɔŋ² va:ŋ²
汉文直译：怎能 到 境地 哀伤 善心
汉文意译：怎能哀伤咱善心？

喃字原文：咘 麻 聂 固 别 娘，
国际音标：ju² ma² thɤ:m⁵ kɔ⁵ ʔbi:t⁷ na:ŋ²
汉文直译：假如 早 有 认识 妹
汉文意译：假如早日认识妹，

喃字原文：時 淹 恩 爱 堆 塘 拱 絾。
国际音标：thi² thoŋ¹ ʔɤn¹ ʔa:i⁵ tson⁵ ʔdɯ:ŋ² kuŋ³ nen¹
汉文直译：则 河 恩爱 地方 路 也 成
汉文意译：恩爱之河早通连。

（男：阮进余）

（9）

喃字原文：聂 戈 淹 旰 旇 安，
国际音标：hom¹ kwa¹ ʔɛm¹ ɲu³ vɯə² ʔi:n¹
汉文直译：昨天 妹 睡 刚 安稳
汉文意译：昨夜妹刚下床睡，

喃字原文：雁 抛 魰 跳 朱 信 跙 茹；
国际音标：ɲa:n⁶ tha¹ ka⁵ ɲai³ tsɔ¹ tin¹ ʔden⁵ ɲa²
汉文直译：雁 放 鱼 跳 给 信息 到 家
汉文意译：雁飞鱼跳传信息；

喃字原文：雁 抛 魰 跳 外 绽，
国际音标：ɲa:n⁶ tha¹ ka⁵ ɲai³ ŋwa:i² tuŋ¹
汉文直译：雁 放 鱼 跳 外 网
汉文意译：雁跃鱼跳于网内，

349

喃字原文：缘 俺 庄 结 结 共 缘 埃？
国际音标：jiːn¹ ʔɛm¹ tsaŋ³ ket⁷ ket⁷ kuŋ² jiːn¹ ʔaːi¹
汉文直译：姻缘 妹 不 结 结 和 姻缘 谁
汉文意译：姻缘应结还等谁？

（女：吴秀英）

（10）

喃字原文：博 媄 茹 娘 嘈 脈 吏 嘈 餒，
国际音标：ʔbaːk⁷mɛ⁶ n̠a² naːŋ² kʰɛu⁵ ʔdɛ³ laːi⁶ kʰɛu⁵ nuːi¹
汉文直译：父母 家 妹 会 生 又 会 养
汉文意译：妹的父母会养育，

喃字原文：如 鳖 鸦 扑 如 馭 融 怔；
国际音标：n̠ɯ¹ tuŋ⁵ɣa² ʔbɔk⁷ n̠ɯ¹ ŋɯːi² tɔŋ¹ jan¹
汉文直译：如 鸡蛋 剥 如 人 中 画
汉文意译：妹画中人蛋剥皮；

喃字原文：博 媄 茹 娘 唵 仍 贴 之，
国际音标：ʔbaːk⁷mɛ⁶ n̠a² naːŋ² ʔan¹ n̠ɯŋ³ kuə³ jiʔ²
汉文直译：父母 家 妹 吃 些 东西 什么
汉文意译：妹父母吃啥东西，

喃字原文：生 娘 罪 妠 雲 為 牧 田。
国际音标：tʰin¹ naːŋ² laː² ɣaːi⁵ vɤn¹ viː² tsuɯ³ ʔdiːn²
汉文直译：生 妹 是 女儿 始 末 字 田
汉文意译：生妹始终如此端庄。

喃字原文：强 躔 强 深 姻 缘，
国际音标：kaːŋ² tɔŋ¹ kaːŋ² tʰɤm¹ n̠ɤn¹jiːn¹
汉文直译：越 看 月 深切 姻缘
汉文意译：越想姻缘越深切，

礼 俗 歌

喃字原文：覚 朣 些 懝 浪 仙 違 盃；
国际音标：ɲa:k⁷ toŋ¹ ta¹ ŋi³raŋ² ti:n¹ ten¹jɤ:i²
汉文直译：乍 看 哥 觉得 仙女 天上
汉文意译：乍看妹似天仙人；

喃字原文：镞 娘 迸 凯 堆 迸，
国际音标：tu:i³ na:ŋ² mɯ:i² ta:m⁵ ʔdoi¹ mɯ:i²
汉文直译：年龄 妹 十 八 双 十
汉文意译：十八二十正当春，

喃字原文：才 娘 拱 定 特 馱 文 人。
国际音标：ta:i² na:ŋ² kuŋ³ ʔdin⁶ ʔdɯ:k⁸ ŋɯ:i²van¹nɤn¹
汉文直译：才 妹 也 必定 赢 文人
汉文意译：神奇才貌胜文人。

（男：阮进余）

（11）

喃字原文：没 傷 台 忬 豍 嚎，
国际音标：mot⁸ thɯ:ŋ¹ ha:i¹ nɤ⁵ ʔba¹ moŋ¹
汉文直译：一 思 二 想 三 期待
汉文意译：一思二想三期待，

喃字原文：羿 徐 龁 待 愁 嚎 挱 寻；
国际音标：ʔbon⁵ tsɤ² nam¹ ʔrɤ:i⁶ thau⁵ moŋ¹ ʔdi¹ tim²
汉文直译：四 等 五 待 六 希望 去 寻找
汉文意译：四等五待六去寻；

喃字原文：罢 傷 雁 釖 逐 信，
国际音标：ʔbai³ thɯ:ŋ¹ ɲa:n⁶ ka⁵ ʔdɯə¹ tin¹
汉文直译：七 爱 雁儿 鱼 送 信息
汉文意译：七望雁儿飞送信，

喃字原文： 趴 傷 颜 色 姑 躺 躺 喂；
国际音标： ta:m⁵ thɯ:ŋ¹ ɲa:n¹ thak⁷ ko¹ min² min² ʔɤ:i¹
汉文直译： 八 爱 姿色 姑娘 妹 妹 啊
汉文意译： 八爱姑娘美面颜；

喃字原文： 九 傷 些 挓 固 移，
国际音标： tsin⁵ thɯ:ŋ¹ ta¹ tsaŋ³ ko⁵ jɤ:i²
汉文直译： 九 爱 咱 未 有 分离
汉文意译： 九爱咱俩莫分离，

喃字原文： 迗 傷 些 渚 固 嘳 机 帀。
国际音标： mɯ:i² thɯ:ŋ¹ ta¹ tsɯə¹ ko⁵ kwen¹ kɤ¹na:u²
汉文直译： 十 爱 咱 未 有 忘 何 时
汉文意译： 十爱深恋没忘记。

（男：苏维绍）

（12）

喃字原文： 哝 哝 尬 待 袋 寻，
国际音标： vɤŋ¹ vɤŋ¹ nai¹ ʔdɤ:i⁶ ma:i¹ tim²
汉文直译： 唯诺 今日 等待 明日 寻
汉文意译： 唯诺今等明日寻，

喃字原文： 計 功 尒 別 闵 舒 罒 功；
国际音标： ke³ koŋ¹ mɤ:i⁵ ʔbi:t⁷ mu:n¹ ŋin² la² koŋ¹
汉文直译： 计算 功夫 才 知 万 千 是 功
汉文意译： 计算功夫数万千；

喃字原文： 嘖 埃 挓 绫 牧 同，
国际音标： tat⁷ ʔa:i¹ tsaŋ³ ʔben² tsɯ³ ʔdoŋ²
汉文直译： 责怪 谁 不 牢固 字 同
汉文意译： 责怪"同缘"未得合，

礼俗歌

喃字原文：聰睚螉燕贠悉故人。
国际音标：ta:i¹ ŋɛ¹ ʔoŋ¹ ʔɛn⁵ fu⁶ loŋ² ko⁵nɤn¹
汉文直译：耳 听 蜂 燕 负 心 故人
汉文意译：蜂燕闻声负故人。

喃字原文：豾蒸堆敌朱陳，
国际音标：ʔbɤ:i³tsɯŋ¹ ʔdoi¹ tsɯ³ tsɤu¹ tɤn²
汉文直译：因为 两 字 朱 陈
汉文意译：本应朱陈早成对，

喃字原文：仍罴几晋馹秦输羅;
国际音标：nɯɯŋ¹la² kɛ³ tɤn⁵ ŋɯ:i² tɤn² lɤn¹la¹
汉文直译：但是 人 晋 人 秦 屡屡往来
汉文意译：晋秦两处未成熟;

喃字原文：當机滝渃羅他，
国际音标：ʔda:ŋ¹khi¹ thoŋ¹ nɯ:k⁵ la¹tha¹
汉文直译：正当 河 水 潺潺
汉文意译：正当河水低处流，

喃字原文：擀檪麻特庄戈術情。
国际音标：kam⁵ tha:u² ma² ʔdɯ:k⁸ tsaŋ³ kwa¹ ve² tin²
汉文直译：插 竹篙 来 得 不 过 因 情
汉文意译：河中插篙等待情。

喃字原文：厨帘孛抂降生？
国际音标：tsuə² na:u² ʔbut⁸ tsaŋ³ ja:ŋ⁵thin¹
汉文直译：寺 哪 佛 不 降生
汉文意译：何寺无佛来降生？

喃字原文：花 蒌 埃 拺 探 捷 麻 制；
国际音标：hwa¹ thɤːm¹ ʔaːi¹ tsaŋ³ van¹ kan² ma² tsɤːi¹
汉文直译：花 香 谁 不 修剪 枝条 来 欣赏
汉文意译：见枝香花折欣赏；

喃字原文：哩 罗 擜 咭 魐 哩，
国际音标：lɤːi² ra¹ mak⁷ tiːŋ⁵ ɲiːu² lɤːi²
汉文直译：话 出 背 名声 多 话
汉文意译：话说出口为多情，

喃字原文：信 拸 吏 悀 悉 馱 世 帀。
国际音标：tin¹ ʔdi¹ laːi⁶ thɤ⁶ lɔŋ² ŋɯːi² the⁵naːu²
汉文直译：信息 去 又 怕 心 人家 怎样
汉文意译：写信又怕违心愿。

喃字原文：佘 数 啌 夒 者 桃，
国际音标：mɤi⁵lɤu¹ ʔan¹ mɤn⁶ ja³ ʔdaːu²
汉文直译：多久 吃 李子 还 桃子
汉文意译：多日吃李保留桃，

喃字原文：信 拸 息 吏 别 包 功 情；
国际音标：tin¹ ʔdi¹ tɯk⁷ laːi⁶ ʔbiːt⁷ʔbaːu¹ koŋ¹ tin²
汉文直译：信息 去 信息 来 多少 功 情
汉文意译：信息来往实费力；

喃字原文：铖 庄 嗨 客 春 撑？
国际音标：nen¹ tsaŋ¹ hɔi³ khat⁷ sɤn¹san¹
汉文直译：成 否 问 客 青春
汉文意译：始问青春事竟成？

礼 俗 歌

喃字原文： 我 仰 沛 呐 朱 情 特 㕶。
国际音标： ŋa³ŋa:ŋ¹ fa:i³ nɔi⁵ tsɔ¹ tin² ʔdɯ:k⁸ hai¹
汉文直译： 倾国　得说　给　情　得　知
汉文意译： 倾国倾情诉实言。

喃字原文： 悲 唥 鸾 凤 呈 排；
国际音标： ʔbɤi¹jɤ² lɔn¹fɯŋ⁶ tin²ʔbai²
汉文直译： 如今　鸾 凤　表明
汉文意译： 如今鸾凤要述明；

喃字原文： 桃 东 仕 呐 柳 西 没 咥。
国际音标： ʔda:u² ʔdoŋ¹ thɤ³ nɔi⁵ li:u³ tɤi¹ mot⁸ lɤ:i²
汉文直译： 桃 东 将 说 柳 西 一 言
汉文意译： 东桃西柳盼回言。

（男：杜玉光）

（13）

喃字原文： 仍 咥 躺 呐 貝 些，
国际音标： ȵɯŋ³ lɤ:i² min² nɔi⁵ vɤ:i⁵ ta¹
汉文直译： 些　话　妹　说　和　我
汉文意译： 妹妹同我说的话，

喃字原文： 闷 盅 斫 駟 拱 罡 固 烧；
国际音标： mu:n¹ tsuŋ¹ ŋin² tɯ⁵ kuŋ³ la² kɔ⁵ ȵau¹
汉文直译： 万　缸 千 駟 也 是 有 互相
汉文意译： 千缸万駟咱富有；

喃字原文： 呐 朱 底 㗒 術 黇，
国际音标： nɔi⁵ tsɔ¹ ʔde³ ɣɤm³ ve²thau¹
汉文直译： 说　给　使 寻思 日后
汉文意译： 始出口言传扬后，

355

喃字原文：没 鐄 没 磾 眈 兜 永 䋦。
国际音标：mot⁸ va:ŋ² mot⁸ ʔda⁵ sɛm¹ ʔdɤu¹ vuŋ³ʔben²
汉文直译：一 金 一 石 看 哪里 牢固
汉文意译：一金一石无永久。

（14）

喃字原文：吲 娘 湤 係 役 之,
国际音标：jan⁶ na:ŋ² tsɤ⁵ he² vi:k⁸ ji²
汉文直译：嘱 妹 莫 怕 事 什么
汉文意译：嘱妹莫要怕出事,

喃字原文：缘 贵 聘 貝 于 归 强 牟;
国际音标：ji:n¹ kwi⁵ than⁵ vɤ:i⁵ vu¹kwi¹ ka:ŋ² mau²
汉文直译：缘 贵 比较 和 于归 更 玄妙
汉文意译：贵缘于归吉貌相;

喃字原文：吀 停 於 胉 北 南,
国际音标：sin¹ ʔduɯŋ² ʔɤ³ ja⁶ ʔbak⁷ na:m¹
汉文直译：请 莫 在 心意 南 北
汉文意译：请莫南北两心意,

喃字原文：湤 吱 䲜 矮 麻 贪 鮀 𩸦。
国际音标：tsɤ⁵ tse¹ lɯ:n¹ ŋan⁵ ma² tha:m¹ tsat⁸ ja:i²
汉文直译：莫 嫌 鳝 短 而 贪 泥鳅 长
汉文意译：莫嫌鳝短贪泥鳅长。

喃字原文：固 先 時 后 贸 㐌,
国际音标：kɔ⁵ ti:n¹ thi² hɤu⁶ mɤ:i⁵ hai¹
汉文直译：有 先 则 后 才 好
汉文意译：先有姻缘则有后,

礼俗歌

喃字原文：㐌 掩 核 德 乙 馴 連 仁。
国际音标：ʔda³ jɔŋ² kɤi¹ ʔduɯk⁷ ʔat⁷ rai² li:n² ɳɤn¹
汉文直译：已 种 树 德 必定 今日 连 仁
汉文意译：种了德树成果仁。

（男：阮进余）

（15）

喃字原文：弧 衛 麻 拯 铖 術，
国际音标：ho² ve² ma² tsaŋ³ nen¹ ve²
汉文直译：想 回 而 不 成 回
汉文意译：想回家思而不返，

喃字原文：绦 红 㐌 定 夫 妻 共 払；
国际音标：tɤ¹hoŋ² ʔda³ ʔdin⁶ fu¹the¹ kuŋ² tsa:ŋ²
汉文直译：红绳 已 定 夫 妻 和 哥
汉文意译：红绳夫妻定与君；

喃字原文：金 兰 聘 貝 義 鐄，
国际音标：kim¹la:n¹ than⁵ vɤ:i⁵ ŋiə³ va:ŋ²
汉文直译：金兰 匹配 与 义 金
汉文意译：金兰匹配金银义，

喃字原文：𠱋 堆 鸾 凤 寻 塘 往 来。
国际音标：ʔdɛp⁸ ʔdoi¹ lɔn¹fɯ:ŋ⁶ tim² ʔdɯ:ŋ² va:ŋ³la:i¹
汉文直译：佳偶 鸾 凤 寻 路 往 来
汉文意译：鸾凤做媒结佳偶。

（女：罗维珍）

357

（16）

喃字原文：英　尪　孤　幺　融　茹，
国际音标：ʔan¹ nai¹ kɔn¹ ʔut⁷ tɔŋ¹ ɲa²
汉文直译：我　今　老幺　中　家
汉文意译：我是家里最小仔，

喃字原文：英　㐱　撿　撰　迌　吧　醂　鹼；
国际音标：ʔan¹ ʔdi¹ kiːm⁵tsɔn⁶ mɯːi¹ ʔba¹ nam¹ tɔn²
汉文直译：哥　去　谋生　十　散　年　整
汉文意译：哥去谋生十三年；

喃字原文：四　方　英　拱　㐱　籹，
国际音标：tɯ⁵fɯːŋ¹ ʔan¹ kuŋ³ ʔdi¹ roi²
汉文直译：四方　哥　都　去　了
汉文意译：东南西北遍地走，

喃字原文：庄　埃　卒　呐　卒　哸　如　媕。
国际音标：tsaŋ³ ʔaːi¹ tot⁷ nɔi⁵ tot⁷ kɯːi² ɲɯ¹ ʔɛm¹
汉文直译：没有谁　爱　说　爱　笑　如　妹
汉文意译：没见似妹笑吟吟。

喃字原文：四　方　英　拱　㐱　戈，
国际音标：tɯ⁵fɯːŋ¹ ʔan¹ kuŋ³ ʔdi¹ kwa¹
汉文直译：四方　哥　都　去　过
汉文意译：四面八方都走过，

喃字原文：庄　埃　软　蒙　喼　那　平　娘。
国际音标：tsaŋ³ ʔaːi¹ mem² mɔŋ³ net⁷ na¹ ʔban² naːŋ²
汉文直译：没有谁　温柔　委婉　端庄　像　妹
汉文意译：未见似妹性温柔。

（男：阮进余）

礼 俗 歌

（17）

喃字原文：没 惘 秦 晋 迓 烧，
国际音标：mot⁸ mɯŋ² tɤn² tɤn⁵ ɣap⁸ȵau¹
汉文直译：一 贺 秦 晋 相 遇
汉文意译：一贺秦晋人相遇，

喃字原文：台 惘 吽 意 陈 朱 没 茹；
国际音标：ha:i¹ mɯŋ² ŋɔ³ ʔi⁵ tɤn² tsɤu¹ mot⁸ ɲa²
汉文直译：二 贺 表露 心意 陈 朱 一 家
汉文意译：二贺两家结朱陈；

喃字原文：岜 惘 愢 匙 交 和，
国际音标：ʔba¹ mɯŋ² vui¹vɛ³ ja:u¹hwa²
汉文直译：三 贺 欢喜 交好
汉文意译：三贺交和双欢喜，

喃字原文：罙 惘 低 妠 醋 赊 斳 斯。
国际音标：ʔbon⁵ mɯŋ² ʔdɤi¹ ʔdɔ⁵ tɯ:k⁷ sa¹ thau¹ ɣɤn²
汉文直译：四 贺 这里 那里 先 远 后 近
汉文意译：四贺先远后亲近。

喃字原文：醎 惘 捗 吏 殷 勅，
国际音标：nam¹ mɯŋ² ʔdi¹la:i⁶ ʔɤn¹kɤn²
汉文直译：五 贺 来往 殷 勤
汉文意译：五贺来往实殷勤，

喃字原文：耖 惘 空 底 肼 春 楣 㮄；
国际音标：thau⁵ mɯŋ² khoŋ¹ ʔde³ ʔdem¹ sɤn¹ mɤ¹ma:ŋ²
汉文直译：六 贺 不 让 夜 春 迷 茫
汉文意译：六贺青春夜梦真；

359

喃字原文：罛 惘 铖 道 刚 常，
国际音标：ʔbai³ mɯŋ² nen¹ ʔda:u⁶ kɯ:ŋ¹thɯ:ŋ²
汉文直译：七 贺 成 道 义 纲 常
汉文意译：七贺纲常道义亲，

喃字原文：𠫆 惘 解 诉 哑 愿 誓 终。
国际音标：ta:m⁵ mɯŋ² ja:i³tɔ³ lɤ:i²ŋwi:n² the² tsuŋ¹
汉文直译：八 贺 表 述 誓 言 誓 终身
汉文意译：八贺誓言许终身。

喃字原文：九 惘 接 客 薮 蓬，
国际音标：tsin⁵ mɯŋ² ti:p⁷ khat⁷ nɔn¹ ʔbɔŋ²
汉文直译：九 贺 接 客 山 蓬莱
汉文意译：九贺蓬莱接仙人，

喃字原文：迗 惘 结 義 鸾 房 自 低。
国际音标：mɯ:i² mɯŋ² ket⁷ŋiə³ lɔn¹fɔŋ² tɯ² ʔdɤi¹
汉文直译：十 贺 结 义 鸾 房 从 这里
汉文意译：十贺做媒鸾房恋。

（男：阮进余）

(18)

喃字原文：没 要 淹 哟 皿 娄，
国际音标：mot⁸ ʔi:u¹ ʔɛm¹ ɣɯi³ mi:ŋ⁵ jɤu²
汉文直译：一 爱 妹 寄 片 槟榔
汉文意译：一爱妹寄片槟榔，

喃字原文：台 妥 淹 哟 襖 樾 術 茹;
国际音标：ha:i¹ ʔi:u¹ ʔɛm¹ ɣɯi³ ʔa:u⁵ nɤu¹ ve² ɲa²
汉文直译：二 爱 妹 寄 衣 棕色 回 家
汉文意译：二爱妹寄棕色衫;

礼俗歌

喃字原文：豇 妾 俺 呦 襖 花，
国际音标：ʔba¹ ʔi:u¹ ʔɛm¹ ɣɯi³ ʔa:u⁵ hwa¹
汉文直译：三　爱　妹　寄　衣　花
汉文意译：三爱妹寄花衣裳，

喃字原文：罙 要 俺 呦 詩 茹 朱 英；
国际音标：ʔbon⁵ ʔi:u¹ ʔɛm¹ ɣɯi³ thɣ¹ n̩a² tsɔ¹ ʔan¹
汉文直译：四　爱　妹　寄　书　家　给　哥
汉文意译：四爱妹寄书信勤；

喃字原文：蓏 要 俺 呦 獻 撑，
国际音标：nam¹ ʔi:u¹ ʔɛm¹ ɣɯi³ kwa:t⁸san¹
汉文直译：五　爱　妹　寄　青葵扇
汉文意译：五爱妹寄青葵扇，

喃字原文：𢆥 要 俺 呦 没 梗 金 钗；
国际音标：thau⁵ ʔi:u¹ ʔɛm¹ ɣɯi³ mot⁸ kan² kim¹tha¹
汉文直译：六　爱　妹　寄　一　只　金钗
汉文意译：六爱妹寄枝金钗；

喃字原文：罷 要 俺 呦 巾 缧，
国际音标：ʔbai³ ʔi:u¹ ʔɛm¹ ɣɯi³ khan¹ la²
汉文直译：七　爱　妹　寄　手巾　绸
汉文意译：七爱妹寄绸手巾，

喃字原文：𠔖 要 俺 呦 梗 花 朱 払。
国际音标：ta:m⁵ ʔi:u¹ ʔɛm¹ ɣɯi³ kan² hwa¹ tsɔ¹ tsa:ŋ²
汉文直译：八　爱　妹　寄　枝　花　给　哥
汉文意译：八爱妹寄君枝花。

喃字原文：丸 要 俺 哟 两 鐄，
国际音标：tsin⁵ ʔiːu¹ ʔɛm¹ ɣɯi³ laːŋ⁶ vaːŋ²
汉文直译：九 爱 妹 寄 两 金子
汉文意译：九爱妹寄一两金，

喃字原文：迸 要 俺 只 衤乚 扒 麻 催。
国际音标：mɯːi² ʔiːu¹ ʔɛm¹ tsi³ lɤi⁵ tsaːŋ² ma² thoi¹
汉文直译：十 爱 妹 只 嫁 哥 而 已
汉文意译：十爱做媒许配君。

（女：罗维珍）

礼 俗 歌

2

喃字原文：吁翁月老胺㲀車缘
国际音标：sin¹ ʔoŋ¹ ŋwi:t⁸la:u³ jaŋ¹ja² sɛ¹ ji:n¹
汉文直译：请　月老　　月老　牵　姻缘
汉文意译：月下老人为牵线

（19）

喃字原文：軬㔻麕邎麕霳，
国际音标：ten¹ jɤ:i² ʔdɔ⁵ jɔ⁵ ʔdɔ¹ mɤi¹
汉文直译：上　天　测　风　量　云
汉文意译：测风量云望上天，

喃字原文：嚮滝渃沚英尼掇娘；
国际音标：jɯ:i⁵ thoŋ¹ nɯ:k⁷ tsai³ ʔan¹ nai² ʔdɔ¹ na:ŋ²
汉文直译：下　河　水　流　哥　今　测　妹
汉文意译：看河水流测妹龄；

喃字原文：掇自迍凯堆迍，
国际音标：ʔdɔ¹ tɯ² mɯ:i² ta:m⁵ ʔdoi¹ mɯ:i²
汉文直译：量　从　十　八　双　十
汉文意译：十八二十正当轻，

喃字原文：迍凯空合掇㐌迍𣻕。
国际音标：mɯ:i² ta:m⁵ khoŋ¹ hɤ:p⁸ ʔdɔ¹ ŋɯ:i² mɯ:i² lam¹
汉文直译：十　八　不　合　量　人　十　五
汉文意译：十五十八更年轻。

（男：阮继儒）

363

（20）

喃字原文：悲唋些吏迃些，
国际音标：ʔbɣi¹jɤ² ta¹ la:i⁶ ɣap⁸ ta¹
汉文直译：现在 咱 又 遇 咱
汉文意译：如今咱俩得见面，

喃字原文：吁翁月佬朘椪車緣；
国际音标：sin¹ ʔoŋ¹ŋwi:t⁸la:u³ jaŋ¹ja² sɛ¹ ji:n¹
汉文直译：请 月老 月老 牵 姻缘
汉文意译：月下老人为牵线；

喃字原文：車㐷如遙如靈，
国际音标：sɛ¹ va:u² ȵɯ¹ jɔ⁵ ȵɯ¹ mɣi¹
汉文直译：系 入 如 风 如 云
汉文意译：正如风云系一起，

喃字原文：如鵑鸾凤杜核梧桐。
国际音标：ȵɯ¹ tsim¹lɔn¹fɯ:ŋ⁶ ʔdo³ kɣi¹ŋo¹ʔdoŋ²
汉文直译：如 鸾凤 栖息 梧桐树
汉文意译：对鸾凤栖梧桐树。

（男：刘振先）

（21）

喃字原文：坦些兜固馱尼，
国际音标：ʔdɤt⁷ ta¹ ʔdɤu¹ kɔ⁵ ŋɯ:i² nai²
汉文直译：地方 咱们 哪里 有 人 这
汉文意译：此地哪有这美人，

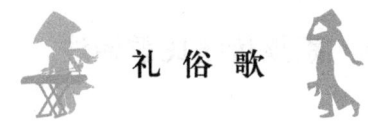

礼俗歌

喃字原文： 肚 高 𠀧 垠 靈 靈 黔 夥；
国际音标： ko³ ka:u¹ ʔba¹ ŋan¹ tok⁷mɤi¹ rɤm⁶ra:p⁸
汉文直译： 脖 高 三 格 云发 浓密
汉文意译： 脖高三格云发浓密；

喃字原文： 没 浪 孛 变 現 蹴，
国际音标： mot⁸ raŋ² ʔbut⁸ ʔbi:n⁵ hi:n⁶ ra¹
汉文直译： 一 道 菩萨 变 显现 出
汉文意译： 是否菩萨作显现，

喃字原文： 𠊛 数 𣎏 𧡊 台 罢 現 𩈘。
国际音标： mɤi⁵ lɤu¹ tsaŋ³ thɤi⁵ hai¹la² hi:n⁶ nen¹
汉文直译： 许久 不 见 还是 现 新貌
汉文意译： 人久不见变新貌。

喃字原文： 𧡊 娘 纼 玉 躺 仙，
国际音标： thɤi⁵ na:ŋ² vok⁷ ŋok⁸ min² ti:n¹
汉文直译： 见 妹 身材 玉 身体 仙女
汉文意译： 见妹身材如仙人，

喃字原文： 春 撑 饶 辙 娘 𢦥 女 才；
国际音标： sɤn¹ san¹ ȵi:u² tu:i³ na:ŋ² nen¹ nɯ³ ta:i²
汉文直译： 青春 多 岁 妹 成 女 人才
汉文意译： 人才变化显青春；

喃字原文： 博 媄 茹 娘 固 𠊛 饶 𠊚，
国际音标： ʔba:k⁷mɛ⁶ ȵa² na:ŋ² kɔ⁵ mɤi⁵ȵi:u¹ ŋɯ:i²
汉文直译： 父母 家 妹 有 多少 人
汉文意译： 妹妹父母何方人，

喃字原文：生 娘 仙 女 卒 鲜 丕 娘。
国际音标：thin¹ na:ŋ² ti:n¹nɯ³ tot⁷tɯ:i¹ vɤi⁶ na:ŋ²
汉文直译：生 妹 仙女 美艳 如此 妹
汉文意译：生妹艳美胜神仙。

喃字原文：吏 情 谋 计 贾 衡，
国际音标：la:i⁶ tin² miu¹ke⁵ mɤ:i⁵ sɔŋ¹
汉文直译：为了 情 谋计 才 完
汉文意译：为了爱情必生计，

喃字原文：底 麻 㐌 定 缘 悉 别 包；
国际音标：ʔde³ ma² ʔda³ ʔdin⁶ ji:n¹ lɔŋ² ʔbi:t⁷ʔba:u¹
汉文直译：以便 已 定 姻缘 心 多么
汉文意译：心意已定此姻缘；

喃字原文：鞁 蹟 跳 细 峒 桃，
国际音标：mai¹ tsɤn¹ ʔbɯ:k⁷ tɤ:i⁵ ʔdoŋ² ʔda:u²
汉文直译：幸运 脚 迈 到 桃花园
汉文意译：幸运步入桃花园，

喃字原文：呝 香 自 臥 黙 帀 貟 仙。
国际音标：ɲak⁷ hɯ:ŋ¹ tɯ² thɯk⁷ lɛ³na:u² fu⁶ ti:n¹
汉文直译：提起 花香 从 醒 岂有 负 仙
汉文意译：尝景花香不负仙。

（男：苏维绍）

(22)

喃字原文：兜 埃 麻 拯 别 些？
国际音标：ʔdɤu¹ ʔa:i¹ ma² tsaŋ³ ʔbi:t⁷ ta¹
汉文直译：哪里 谁 而 不 知 我
汉文意译：为啥不知我谁人？

礼 俗 歌

喃字原文：孞 翁 齻 嚛 召 娿 天 雷；
国际音标：kɔn¹ ʔoŋ¹ thɤm⁵ theț⁷ tsau⁵ ʔba²thi:n¹loi¹
汉文直译：女 雷霆 侄女 天雷娘娘
汉文意译：我雷霆女天雷侄；

喃字原文：齱 箕 些 於 廬 𡗶，
国际音标：tɯ:k⁷kiə¹ ta¹ ʔɤ³ ten¹ jɤ:i²
汉文直译：昔日 我 住 上 天
汉文意译：昔日我住在天上，

喃字原文：㨢 绕 剥 𧜖 罒 㕆 塵 间。
国际音标：jaț⁷ kwa:ŋ² rɤ:i¹su:ŋ⁵ la² ŋɯ:i² tɤn²ja:n¹
汉文直译：牵 匆忙 降落 是 人 尘间
汉文意译：从天降落广人间。

（女：阮成珍）

（23）

喃字原文：伱 欺 及 會 朱 陳，
国际音标：mɤi⁵khi¹ ɣap⁸ hoi⁶ tsɤu¹ tɤn²
汉文直译：难得 遇 会 朱 陈
汉文意译：那时能遇朱陈会，

喃字原文：伱 欺 及 帝 伱 吝 及 低；
国际音标：mɤi⁵khi¹ ɣap⁸ ʔdɤi⁵ mɤi⁵ lɤn² ɣap⁸ ʔdɤi¹
汉文直译：难得 遇 那里 几 次 遇 这里
汉文意译：何时机遇得相近；

喃字原文：伱 欺 蜧 及 霶 低，
国际音标：mɤi⁵khi¹ roŋ² ɣap⁸ mɤi¹ ʔdɤi¹
汉文直译：难得 龙 遇 彩云 这里
汉文意译：此时天龙遇彩云，

喃字原文：吀 蝿 叹 咀 貝 霊 堆 唑。
国际音标：sin¹ roŋ² tha:n¹thɤ³ vɤ:i⁵ mɤi¹ ʔdoi¹ lɤ:i²
汉文直译：请 龙 叹息 和 云 两 话
汉文意译：请龙与云多倾心。

（男：苏维绍）

（24）

喃字原文：愢 䏻 嗨 㖫 宫 脝，
国际音标：ʔbu:n² thai¹ hɔi³ ʔbɔŋ⁵ kuŋ¹jaŋ¹
汉文直译：烦闷 啊 问 影子 月宫
汉文意译：心情烦闷问月宫，

喃字原文：月 箕 牢 渚 待 藤 共 埃？
国际音标：ŋwi:t⁸ kiə¹ tha:u¹ tsɯə¹ ʔdɤ:i⁶ ʔdaŋ² kuŋ² ʔa:i¹
汉文直译：月 那 为何 未 等 藤 和 谁
汉文意译：月为何未问过谁？

喃字原文：園 春 俺 掩 群 搋，
国际音标：vɯ:n² sɤn¹ ʔim¹ʔim kɔn² ka:i²
汉文直译：园 春 静悄悄 还 扣
汉文意译：春园静掩门闩扣，

喃字原文：遥 南 曠 屈 於 外 屎 轩。
国际音标：jɔ⁵na:m¹ khwa:ŋ⁵khwɤt⁷ ʔɤ³ ŋwa:i² ma:i⁵hi:n¹
汉文直译：南风 舒畅 在 外 屋檐
汉文意译：园檐外等南风吹。

喃字原文：賖 吹 隔 佘 度 源，
国际音标：sa¹soi¹ kat⁷ mɤi⁵ ʔdo⁶ ŋu:n²
汉文直译：遥远 隔 几 度 源
汉文意译：源程遥远隔几度，

礼 俗 歌

喃字原文：底 朱 渔 夫 撊 船 痗 秞；
国际音标：ʔde³tsɔ¹ ŋɯ¹fu¹ tsɐu² thi:n² mɔi³ tai¹
汉文直译：使 渔 夫 划 船 累 手
汉文意译：渔夫划船手疲累；

喃字原文：醹 唔 渚 旺 匜 醩，
国际音标：ri:u⁶ ŋɔn¹ tsɯə¹ ʔu:ŋ⁵ ʔda³ thai¹
汉文直译：酒 好 未 喝 已 醉
汉文意译：好酒未喝人已醉，

喃字原文：底 英 礦 清 眭 斪 庄 安。
国际音标：ʔde³ ʔan¹ jan²jɔk⁸ ʔdem¹ŋai² tsaŋ³ ʔi:n¹
汉文直译：让 哥 辗 转 日 夜 不 安
汉文意译：为你日夜愁心碎。

喃字原文：燸 烘 炻 質 透 眭，
国际音标：nɤu⁵nuŋ¹ lɯə³ tsɤt⁷ thɤu¹ʔdem¹
汉文直译：燃 烧 火 堆 积 通 宵
汉文意译：堆积柴火烧通宵，

喃字原文：嗨 浪 脆 䥍 固 软 共 庄？
国际音标：hɔi³ raŋ² ja⁶ that⁷ kɔ⁵ mem² kuŋ² tsaŋ¹
汉文直译：问 道 心 铁 有 软 穷 尽 不
汉文意译：问你铁心熔软否？

喃字原文：𢟽 䏧 寻 姊 阿 姮，
国际音标：ʔbu:n² thai¹ tim² tsi⁶ ʔa³haŋ²
汉文直译：烦 闷 阿 找 姐 姮 娥
汉文意译：烦闷询问姮娥姐，

喃字原文： 𡗶 庇 摻 邅 却 藤 迻 缘；
国际音标： ŋai² na:u² mɯ:n⁶ jɔ⁵ kat⁷ ʔdaŋ² ʔdɯə¹ ji:n¹
汉文直译： 天 哪 借 风 剪 藤 送 姻缘
汉文意译： 何日借风送姻缘；

喃字原文： 寻 缘 麻 庄 览 缘，
国际音标： tim² ji:n¹ ma² tsaŋ³ thɤi⁵ ji:n¹
汉文直译： 寻 姻缘 而 不 未 缘分
汉文意译： 寻姻缘未见缘分，

喃字原文： 底 英 懪 翌 愁 碌 没 躺。
国际音标： ʔde³ ʔan¹ lu:ŋ⁵ tsiu⁶ thɤu² ri:ŋ¹ mot⁸min²
汉文直译： 让 哥 枉 受 愁 单独 独自
汉文意译： 你我忍受独自身。

（女：阮成珍）

（25）

喃字原文： 胺 葟 屈 肉 胺 斜，
国际音标： jaŋ¹ len¹ khɯɤt⁷nui⁵ jaŋ¹ ta²
汉文直译： 月 升 落山 月 斜
汉文意译： 月升压山月影斜，

喃字原文： 躺 傷 些 宦 唉 羆 傷 制；
国际音标： min² thɯ:ŋ¹ ta¹ thɤt⁸ hai¹la² thɯ:ŋ¹ tsɤ:i¹
汉文直译： 妹 爱 我 真 还是 爱 玩
汉文意译： 妹玩弄爱或真爱；

喃字原文： 胺 葟 屈 肉 胺 喂，
国际音标： jaŋ¹ len¹ khɯɤt⁷nui⁵ jaŋ¹ ʔɤ:i¹
汉文直译： 月 升 落山 月 啊
汉文意译： 月亮升起压山影，

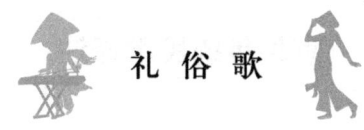

礼 俗 歌

喃字原文：偒 寔 時 吶 偒　制 時 停。
国际音标：thɯːŋ¹ thɤt⁸ thi² nɔi⁵ thɯːŋ¹ tsɤːi¹ thi² ʔdɯŋ²
汉文直译：爱　真　就　说　爱　　玩　就　不要
汉文意译：真爱实言弃假爱。

（26）

喃字原文：吲 胺 胺 溇 固 派，
国际音标：nan⁶ jaŋ¹ jaŋ¹ tsɤ⁵ kɔ⁵ faːi¹
汉文直译：叮嘱月亮月亮莫有褪色
汉文意译：嘱言月亮莫变色，

喃字原文：吲 躺 停 溇 貝 埃 结 愿；
国际音标：jan⁶ min² ʔdɯŋ² tsɤ⁵ vɤːi⁵ ʔaːi¹ ket⁷ ŋwiːn²
汉文直译：叮嘱 妹　莫　　跟　谁　结 拜
汉文意译：嘱妹莫与谁结拜；

喃字原文：吲 胺 胺 溇 固 烦，
国际音标：nan⁶ jaŋ¹ jaŋ¹ tsɤ⁵ kɔ⁵ fiːn²
汉文直译：叮嘱月亮月亮莫有心烦
汉文意译：叮嘱月亮莫心烦，

喃字原文：吲 躺 停 溇 结 愿 共 埃。
国际音标：jan⁶ min² ʔdɯŋ² tsɤ⁵ ket⁷ ŋwiːn² kuŋ² ʔaːi¹
汉文直译：叮嘱 妹　莫　　结 拜　和　谁
汉文意译：嘱妹莫结拜他人。

（男：杜福朝）

（27）

喃字原文：灿　畑　麻　待　犍　東，
国际音标：ʔdot⁷ ʔdɛn² ma² ʔdɤ:i⁶ tha:u¹ ʔdoŋ¹
汉文直译：点　灯　来　等　星星　东边
汉文意译：点灯等待东边星，

喃字原文：灿　畑　畑　熄　補　功　灿　畑；
国际音标：ʔdot⁷ ʔdɛn² ʔdɛn² tat⁷ ʔbɔ³ koŋ¹ ʔdot⁷ ʔdɛn²
汉文直译：点　灯　灯　熄　丢　功　点　灯
汉文意译：点灯灯熄人功费；

喃字原文：灿　畑　麻　待　馹　頑，
国际音标：ʔdot⁷ ʔdɛn² ma² ʔdɤ:i⁶ ŋɯ:i² ŋwa:n¹
汉文直译：点　灯　来　等　人　机灵
汉文意译：点灯等待机灵人，

喃字原文：灿　香　香　殘　拼　览　馹　傷。
国际音标：ʔdot⁷ hɯ:ŋ¹ hɯ:ŋ¹ ta:n² tsaŋ³ thɤi⁵ ŋɯ:i²thɯ:ŋ¹
汉文直译：烧　香　香　残　不　见　爱人
汉文意译：烧香香残爱未来。

（28）

喃字原文：灿　畑　麻　待　馹　傷，
国际音标：ʔdot⁷ ʔdɛn² ma² ʔdɤ:i⁶ ŋɯ:i²thɯ:ŋ¹
汉文直译：点　灯　来　等　爱人
汉文意译：点灯等待相爱人，

喃字原文：灿　灯　畑　熄　熄　香　香　殘；
国际音标：ʔdot⁷ ʔdɛn² ʔdɛn² tat⁷ ʔdot⁷ hɯ:ŋ¹ hɯ:ŋ¹ ta:n²
汉文直译：点　灯　灯　熄　烧　香　香　残
汉文意译：点灯灯熄烧香残；

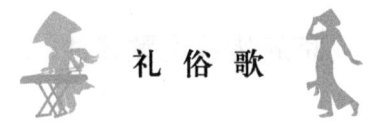

礼 俗 歌

喃字原文：灿 畑 麻 待 胺 蓬，
国际音标：ʔdot⁷ ʔdɛn² ma² ʔdɤ:i⁶ jaŋ¹ len¹
汉文直译：点 灯 来 等 月亮 升
汉文意译：点灯来待月亮起，

喃字原文：胺 群 屈 肭 如 胋 暍 丕。
国际音标：jaŋ¹ kɔn² khɯt⁷nui⁵ n̥ɯ¹ ʔdem¹ toi⁵ jɤ:i²
汉文直译：月亮 还 落山 似 夜间 黑 天
汉文意译：月亮压山似夜间。

喃字原文：计 自 朱 䣊 将 來，
国际音标：ke³ tɯ² tso¹ ʔden⁵ tɯ:ŋ¹la:i¹
汉文直译：说 自 给 到 将 来
汉文意译：一直等待吉日至，

喃字原文：固 仁 固 義 固 才 貝 傷。
国际音标：kɔ⁵ n̥ɤn¹ kɔ⁵ ŋiə³ kɔ⁵ ta:i² vɤ:i⁵ thɯ:ŋ¹
汉文直译：又 仁 有 义 有 才 和 爱
汉文意译：爱人来了有情义。

（男：苏维绍）

(29)

喃字原文：情 如 湄 㵢 遢 泑，
国际音标：tin² n̥ɯ¹ mɯə¹ʔba:u³ jo⁵ʔa:u¹
汉文直译：情 如 暴雨 台风
汉文意译：情如暴雨及台风，

喃字原文：計 闵 舒 媵 別 包 罘 情；
国际音标：ke³ mu:n¹ ŋin² jam⁶ ʔbi:t⁷ʔba:u¹ la² tin²
汉文直译：说 万 千 里 多少 是 情
汉文意译：千里遥远不知情；

喃字原文：别 包 春 荄 花 生，
国际音标：ʔbi:t⁷ʔba:u¹ sɤn¹ nɤ³ hwa¹ thin¹
汉文直译：多少 春 开 花 生
汉文意译：多少花开待青春，

喃字原文：群 胺 群 邎 群 情 台 些。
国际音标：kɔn² jaŋ¹ kɔn² jɔ⁵ kɔn² tin² ha:i¹ta¹
汉文直译：还有 月亮 还有 风 还有 情 咱俩
汉文意译：有风有月情雨云。

喃字原文：迗 单 和 跋 吏 和，
国际音标：ɣap⁸ ʔda:n¹hwa² jɤ³la:i⁶ hwa²
汉文直译：相遇 单身 返回 结对
汉文意译：相遇单身遂合偶，

喃字原文：没 浪 效 分 台 罢 月 碰；
国际音标：mot⁸ raŋ² tho⁵fɤn⁶ ha:i¹la² ŋwi:t⁸ sɤi¹
汉文直译：一 说 命运 还是 月老 系
汉文意译：此是命运月老系；

喃字原文：悲 唻 些 迗 烧 低，
国际音标：ʔbɤi¹jɤ² ta¹ ɣap⁸nau¹ ʔdɤi¹
汉文直译：如今 咱 相遇 这里
汉文意译：如今咱俩又相遇，

喃字原文：融 悆 乜 测 仍 馷 没 台。
国际音标：tɔŋ¹ lɔŋ² ʔda³ tak⁷ ɳɯŋ³ ŋai² mot⁸ ha:i¹
汉文直译：中 心 已 预测 些 天 一 二
汉文意译：心中预测竟成事。

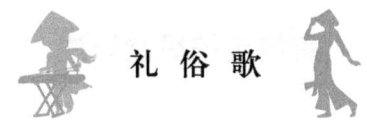

礼 俗 歌

喃字原文： 丕 呌 干 据 黝 埃，
国际音标： jɤːi² laːm² kɤːn¹kɤ⁵ ʔbɤi³ ʔaːi¹
汉文直译： 天 做 缘由 因为 谁
汉文意译： 天意系缘合心愿，

喃字原文： 呌 罢 遥 竹 湄 梅 渗 塘；
国际音标： laːm² ra¹ jɔ⁵ tuk⁷ muɯə¹ maːi¹ tɤːn¹ ʔdɯːŋ²
汉文直译： 做 出 风 竹 雨 梅 滑 路
汉文意译： 竹风梅雨方路滑；

喃字原文： 别 兜 如 丕 麻 情，
国际音标： ʔbiːt⁷ ʔdɤu¹ nɯ¹ vɤi⁶ ma² tin²
汉文直译： 知 哪里 如此 而 情侣
汉文意译： 谁知情侣如此难，

喃字原文： 呬 嚎 䀏 燕 麻 扰 書 茹。
国际音标： miːŋ⁵mɔŋ¹ thit⁸ɛn⁵ ma² ʔdɛm¹ thɯ¹ na²
汉文直译： 万望 鸿雁 而 传 书 家
汉文意译： 万望燕雁传佳音。

（男：杜福朝）

（30）

喃字原文： 没 情 簑 愉 幔 雯，
国际音标： mot⁸ tin² thaːu⁵ ru³ maːn² tsɛ¹
汉文直译： 一 情 竹帘 低垂 蚊帐 遮
汉文意译： 一情翻腾挂蚊帐，

喃字原文： 台 情 徐 待 胎 号 冷 逯；
国际音标： haːi¹ tin² tsɤ² ʔdɤː i⁶ ʔdem¹khwiə¹ lan⁶luŋ²
汉文直译： 二 情 等待 深夜 冷冰冰
汉文意译： 二情夜等冷冰冰；

喃字原文：𠀧 情 照 解 鸾 房，
国际音标：ʔba¹ tin² tsi:u⁵ ra:i³ lɔn¹fɔŋ²
汉文直译：三 情 席 铺 鸾 房
汉文意译：三情鸾房铺花席，

喃字原文：罤 情 月 老 丝 红 車 朱。
国际音标：ʔbon⁵ tin² ŋwi:t⁸la:u³ tʂ¹hoŋ² sɛ¹ tsɔ¹
汉文直译：四 情 月老 红绳 牵 给
汉文意译：四情月老牵红绳。

喃字原文：㫨 情 㐌 哏 術 呴，
国际音标：nam¹ tin² ʔdi¹ hɛn⁶ veˀ² hɔ²
汉文直译：五 情 去 约 回 约
汉文意译：五情来往会相约，

喃字原文：𦤾 情 些 焿 缘 由 貝 娘。
国际音标：thau⁵ tin² ta¹ tɔ³ ji:n¹jɔ¹ vɤ:i⁵ na:ŋ²
汉文直译：六 情 咱 述 缘由 和 妹
汉文意译：六情与妹表衷情。

喃字原文：𦉱 情 㐌 忄攵 術 傷，
国际音标：ʔbai³ tin² ʔdi¹ nɤ⁵ veˀ² thɯ:ŋ¹
汉文直译：七 情 去 思 回 念
汉文意译：七情去思回想妹，

喃字原文：𠔭 情 结 義 矺 鐥 陈 朱。
国际音标：ta:m⁵ tin² ket⁷ŋiə³ ʔda⁵va:ŋ² tʂn² tsʐu¹
汉文直译：八 情 结义 金石 陈 朱
汉文意译：八情金石结朱陈。

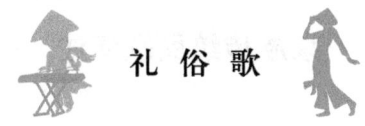

礼 俗 歌

喃字原文： 九 情 些 衶 特 娆，
国际音标： tsin⁵ tin² ta¹ lɤi⁵ ʔdɯ:k⁸ ȵau¹
汉文直译： 九 情 咱 嫁娶 得 互相
汉文意译： 九情月老为结缘，

喃字原文： 辻 情 啘 扵 𪥘 数 贤 和。
国际音标： mɯ:i² tin² ʔan¹ʔɤ³ ja:i²lɤu¹ hi:n²hwa²
汉文直译： 十 情 生活 长久 温和
汉文意译： 十情贤和永相恋。

（男：裴永彬）

377

3

喃字原文：	哟	詩	朱	燕	彤	伋	通 信
国际音标：	ɣɯi³	thɤ¹	tso¹	ʔɛn⁵	ʔbai¹	va:u²	thoŋ¹ tin¹
汉文直译：	寄	信	给	燕	飞	入	传 消 息

汉文意译：燕雁传信牵良缘

（31）

喃字原文：芇㺹㐌劫共散，
国际音标：ʔdɤ:i²ŋɯ:i² tsin⁵ ki:p⁷ kuŋ² ta:n¹
汉文直译：人生　九　劫　聚　散
汉文意译：人生九代聚须散，

喃字原文：花薘封荄红颜固銀；
国际音标：hwa¹ thɤ:m¹ fɔŋ¹ nu⁶ hoŋ² ɲa:n¹ kɔ⁵ ŋɤn²
汉文直译：花　香　封　蕾　红颜　有　大概
汉文意译：香花封蕾无红颜；

喃字原文：芇㺹特尒饒吝，
国际音标：ʔdɤ:i²ŋɯ:i² ʔdɯ:k⁸ mɤi⁵ɲi:u¹ lɤn²
汉文直译：人生　得　多　少　次
汉文意译：人生世上几何时，

喃字原文：㗂身掍蛔尒吝纴纻。
国际音标：la:m² thɤn¹ kɔn¹ɲɛn⁶ mɤi⁵ lɤn² vɯ:ŋ⁵ tɤ¹
汉文直译：做　身　蜘蛛　几次　牵　丝
汉文意译：蜘蛛牵丝期交情。

礼 俗 歌

喃字原文：蜅 纴 纞 蛔 拱 纴 纞，
国际音标：tam² vɯ:ŋ⁵ tɤ¹ ȵen⁶ kuŋ³ vɯ:ŋ⁵ tɤ¹
汉文直译：蚕 牵 丝 蜘蛛 也 牵 丝
汉文意译：蜘蛛牵丝蚕牵丝，

喃字原文：台 些 捃 橘 待 徐 烧 低；
国际音标：ha:i¹ ta¹ kwɤn⁵ kwit⁷ ʔdɤ:i⁶ tsɤ² ȵau¹ ʔdɤi¹
汉文直译：咱俩 眷恋 等待 互相 这里
汉文意译：咱俩等待期眷恋；

喃字原文：蜅 纴 纞 蛔 拱 纴 缪，
国际音标：tam² vɯ:ŋ⁵ tɤ¹ ȵen⁶ kuŋ³ vɯ:ŋ⁵ ma:ŋ⁶
汉文直译：蚕 牵 丝 蜘蛛 也 结 网
汉文意译：蚕牵丝来蛛缠绵，

喃字原文：台 些 捃 橘 没 悉 如 烧。
国际音标：ha:i¹ ta¹ kwɤn⁵ kwit⁷ mot⁸ lɔŋ² ȵɯ¹ ȵau¹
汉文直译：咱俩 眷恋 一心 一样
汉文意译：咱俩眷恋心欲念。

（男：阮继儒）

（32）

喃字原文：蜅 纴 纞 蛔 拱 纴 纞，
国际音标：tam² vɯ:ŋ⁵ tɤ¹ ȵen⁶ kuŋ³ vɯ:ŋ⁵ tɤ¹
汉文直译：蚕 牵 丝 蜘蛛 也 牵 丝
汉文意译：蜘蛛牵丝蚕牵丝，

喃字原文：约 之 纞 蛔 特 如 纞 蜅；
国际音标：ʔɯ:k⁷ tsi¹ tɤ¹ ȵen⁶ ʔdɯ:k⁸ ȵɯ¹ tɤ¹ tam²
汉文直译：渴望 丝 蜘蛛 得 如 丝 蚕
汉文意译：渴望眷恋如蚕蜘；

379

喃字原文： 濋 览 数 㕽 麻 悁，
国际音标： tsɤ⁵ thɤi⁵ lɤu¹ŋai² ma² kwen¹
汉文直译： 莫 见 日久天长 而 忘
汉文意译： 等待多久亦坚持，

喃字原文： 数 㕽 强 忪 姻 缘 强 纤。
国际音标： lɤu¹ŋai² ka:ŋ² n̩ɤ⁵ n̩ɤn¹ji:n¹ ka:ŋ² ʔben²
汉文直译： 日久天长 越 想念 姻缘 更 牢固
汉文意译： 越等越想情更实。

（女：阮成珍）

（33）

喃字原文： 揞 核 蘸 皸 𰂓 巇，
国际音标： joŋ² kɤi¹tsu:i⁵ha:t⁸ nen¹ nɯ:ŋ¹
汉文直译： 种 芭蕉树 成 山地
汉文意译： 栽种芭蕉蕉成林，

喃字原文： 防 欺 湄 曤 雯 霜 㘘 舳；
国际音标： fɔŋ² khi¹ mɯə¹ naŋ⁵ tsɛ¹ thɯ:ŋ¹ la:m² ju²
汉文直译： 防 时 下雨 晴天 遮 霜 做 伞
汉文意译： 晴天下雨伞林影；

喃字原文： 边 尼 㘘 會 莲 魢，
国际音标： ʔben¹ nai² la:m² hoi⁶ len¹ ŋoi¹
汉文直译： 边 这 做 哈节 上 神位
汉文意译： 这边哈亭上神位，

喃字原文： 埃 抣 榾 䉒 劀 厨 亭 南。
国际音标： ʔa:i¹ ʔdɛm¹ kot⁸fɯ:n⁵ kɯə³ tsuə² ʔdin² na:m¹
汉文直译： 谁 拿 幡旗 门 寺 哈亭 南
汉文意译： 亭南正门插幡旗。

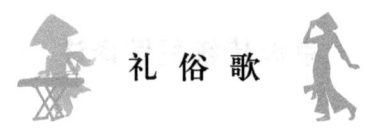

礼 俗 歌

喃字原文： 黮 兜 湄 歆 朱 甘，
国际音标： thɤm⁵ ʔdɤu¹ muɯə¹ ʔdɤi⁵ tsɔ¹ kaːm¹
汉文直译： 打雷 哪里 雨 那里 给 甘受
汉文意译： 落雨闪雷都不怕，

喃字原文： 黮 蓮 亭 乱 湄 岸 交 當；
国际音标： thɤm⁵ len¹ ʔdin² lon⁶ muɯə¹ ŋaːn² jaːu¹ʔduːŋ¹
汉文直译： 雷 上 亭 乱 雨 山林 交 加
汉文意译： 亭外击雷雨交加；

喃字原文： 要 烧 堆 敉 寅 寅，
国际音标： ʔiːu¹ ɲau¹ ʔdoi¹ tsuɯ³ jɤn² jɤn²
汉文直译： 相爱 两 字 渐渐
汉文意译： 爱情两字显昭然，

喃字原文： 𠲖 傷 時 溙 壾 名 准 帀。
国际音标： ʔda³ thuɯːŋ¹ thi² tsɤ⁵ lɤp⁷ jan¹ tson⁵ naːu²
汉文直译： 已 相爱 就 莫 掩蔽 名 地方 哪
汉文意译： 深情相爱莫掩蔽。

喃字原文： 躺 術 詩 燕 雁 高，
国际音标： min² ve² thɤ¹ ʔɛn⁵ ɲaːn⁶ kaːu¹
汉文直译： 妹 回 信 燕 雁 高
汉文意译： 妹托燕雁飞送信，

喃字原文： 哊 詩 朱 燕 彲 伨 通 信；
国际音标： ɣuɯ³ thɤ¹ tsɔ¹ ʔiːn⁵ ʔbai¹ vaːu² thoŋ¹ tin¹
汉文直译： 寄信 给 燕 飞 入 传 消息
汉文意译： 燕雁传信牵良缘；

喃字原文：拃 信 衸 髭 麻 搋，
国际音标：tsaŋ³ tin¹ lɤi⁵ thɯːk⁷ ma² ʔcɔ¹
汉文直译：不 信 拿 尺子 来 量
汉文意译：有疑用尺来度量，

喃字原文：搋 自 冉 楚 冉 吴 厨 齐。
国际音标：ʔcɔ¹ tɯ² nui⁵ thɤ³ nui⁵ ŋo¹ tsuə² te²
汉文直译：量 从 山楚 山吴 寺 齐
汉文意译：量从楚吴齐国境。

喃字原文：蓮 丕 搋 遙 搋 霊，
国际音标：len¹ jɤːi² ʔcɔ¹ jɔ⁵ ʔcɔ¹ mɤi¹
汉文直译：上 天 测 风 量 云
汉文意译：天上测风又量云，

喃字原文：䒃 滝 搋 渃 𬒈 低 搋 馭；
国际音标：suːŋ⁵ thoŋ¹ ʔcɔ¹ nɯːk⁷ ʔden⁵ ʔdɤi¹ ʔcɔ¹ ŋɯːi²
汉文直译：下 河 量 水 到 这里 量 人
汉文意译：河里量水岸量人；

喃字原文：搋 馭 迖 颩 堆 迖，
国际音标：ʔcɔ¹ ŋɯːi² mɯːi² taːm⁵ ʔdoi¹ mɯːi²
汉文直译：量 人 十 八 双 十
汉文意译：量人十八二十岁，

喃字原文：底 揜 㨢 拧 㑹 尼 朱 貯。
国际音标：ʔde³ ʔɛm¹ nɯːŋ¹ jɯə⁶ vaːu² ɤːi¹ tsɔ¹ ɣɤn²
汉文直译：让 妹 倚靠 进 地方 给 接近
汉文意译：让妹有倚日接近。

（男：杜玉光）

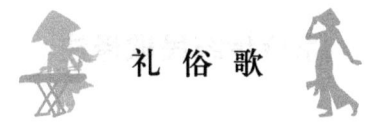

礼 俗 歌

(34)

喃字原文： 朕 蓮 燸 泣 圜 花，
国际音标： jaŋ¹ len¹ thɔi¹ khap⁷ vɯ:n²hwa¹
汉文直译： 月亮 升 照 遍 花园
汉文意译： 月亮升起照花园，

喃字原文： 躺 麻 寔 脆 時 些 貝 躺；
国际音标： min² ma² thɤt⁸ja⁶ thi² ta¹ vɤ:i⁵ min²
汉文直译： 妹 无实义 真心 则 我 和 你
汉文意译： 妹是真心共团圆；

喃字原文： 鸩 坤 杜 厒 兰 亭，
国际音标： tsim¹ khon¹ ʔdo³ ma:i⁵ la:n¹ʔdin²
汉文直译： 鸟 机灵 栖息 屋顶 兰庭
汉文意译： 灵鸟飞入轩兰庭，

喃字原文： 時 些 只 决 貝 躺 ⺜ 堆。
国际音标： thi² ta¹ tsi³kwi:t⁷ vɤ:i⁵ min² la:m² ʔdoi¹
汉文直译： 则 哥 决意 和 妹 结 双
汉文意译： 咱俩一心结良缘。

（男：苏维绍）

(35)

喃字原文： 竹 青 竹 牪 坡 栁，
国际音标： tuk⁷ than¹ tuk⁷ mɔk⁸ ʔbɤ² tɛ¹
汉文直译： 竹 青 竹 生长 岸 竹林
汉文意译： 青竹生长成竹林，

383

喃字原文： 鵵 棱 兜 敢 聘 挭 鸾 凤；
国际音标： ɣa² ruŋ² ʔdɤu¹ ja:m⁵ than⁵ kai² lɔn¹ fɯ:ŋ⁶
汉文直译： 山鸡 哪里 敢 比肩 挨着 鸾凤
汉文意译： 山鸡怎敢配凤鸾；

喃字原文： 馭 青 時 啥 拱 清，
国际音标： ŋɯ:i² than¹ thi² ti:ŋ⁵ kuŋ³ than¹
汉文直译： 人 清秀 则 名声 也 清
汉文意译： 人美芳名四处传，

喃字原文： 鍾 箕 挭 揆 邉 城 拱 叫。
国际音标： tsu:ŋ¹ kiə¹ nɛ⁶ jɔk⁸ ʔben¹ than² kuŋ³ keu¹
汉文直译： 钟 好 轻敲 边城 也 叫
汉文意译： 好钟轻敲震边城。

喃字原文： 竹 青 竹 牪 邉 坡，
国际音标： tuk⁷ than¹ tuk⁷ mɔk⁸ ʔben¹ ʔbɤ²
汉文直译： 竹 青 竹 生长 边 岸
汉文意译： 青竹生长成坡林，

喃字原文： 馭 青 馭 历 馭 徐 准 青。
国际音标： ŋɯ:i² than¹ ŋɯ:i² lit⁸ ŋɯ:i² tsɤ² tson⁵ than¹
汉文直译： 人 清 人 秀 人 等 地方 清新
汉文意译： 风姿美人配清新。

（男：苏维绍）

（36）

喃字原文： 韶 捑 刉 毷 扣 書，
国际音标： ŋɯə³ tai¹ kat⁷ mau⁵ vi:t⁷ thu¹
汉文直译： 仰 手 割 血 写 信
汉文意译： 仰面咬手写血信，

384

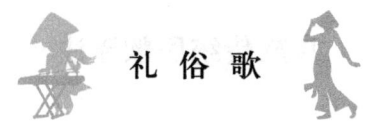

礼 俗 歌

喃字原文：啵 刨 羾 雁 逐 書 朱 払；
国际音标：ɣɯi³ va:u² kɔn¹ɳa:n⁶ ʔdɯə¹ thɯ¹ tsɔ¹ tsa:ŋ²
汉文直译：托 进 雁儿 送 信 给 哥
汉文意译：托雁送信至君子；

喃字原文：拱 詩 剚 讀 敱 戈，
国际音标：jɤ³ thɤ¹ ra¹ ʔdɔk⁸ hom¹kwa¹
汉文直译：拆 信 出 读 昨天
汉文意译：昨天开哥信来念，

喃字原文：没 句 读 怵 悙 層 峇。
国际音标：mot⁸ kɤu¹ ʔdɔk⁸ sɔt⁷sa¹ tɤŋ² lɯn²
汉文直译：一 句 读 心酸 层 次
汉文意译：每读一句透心扉。

喃字原文：玉 喂 傷 忬 玉 毡，
国际音标：ŋɔk⁸ ʔɤ:i¹ thɯ:ŋ¹ɤ⁵ ŋɔk⁸ thai¹
汉文直译：玉 呀 想念 玉 啊
汉文意译：哥呀！十分想念你，

喃字原文：於 肵 彶 丕 於 赊 隔 廊。
国际音标：ʔɤ³ ɣɤn² ʔda³ vɤi⁶ ʔɤ³ sa¹ kat⁷ la:ŋ²
汉文直译：住 近 已 这样 住 远 隔 村子
汉文意译：住近亲切远乡思。

（女：阮继凤）

（37）

喃字原文：鸹 坤 擛 沛 缏 红，
国际音标：tsim¹ kɔn¹ mak⁷fa:i³ lɯ:i⁵hoŋ²
汉文直译：鸟 机灵 落入 捕鸟网
汉文意译：灵鸟加入捕鸟网，

喃字原文：埃 麻 撵 特 填 功 两 鐄；
国际音标：ʔaːi¹ ma² jɤ¹ ʔdɯːk⁸ ʔden² koŋ¹ laːŋ⁶ vaːŋ²
汉文直译：谁 来 解脱 得 酬答 功 两 黄金
汉文意译：谁人解脱给黄金；

喃字原文：填 鐄 英 挞 衦 鐄，
国际音标：ʔden² vaːŋ² ʔan¹ tsaŋ³ lɤi⁵ vaːŋ²
汉文直译：酬答 黄金 哥 不 要 黄金
汉文意译：谁给黄金哥不要，

喃字原文：悉 英 只 决 衦 娘 麻 催。
国际音标：lɔŋ² ʔan¹ tsi³kwiːt⁷ lɤi⁵ naːŋ² ma²thoi¹
汉文直译：心 哥 决意 娶 妹 而已
汉文意译：哥心要妹这千金。

（男：苏维绍）

（38）

喃字原文：鸠 雁 摄 翅 尪 旋，
国际音标：tsim¹ ɲaːn⁶ jɛp⁸ kan⁵ ʔbai¹ tsiːn²
汉文直译：雁儿 收 翅膀 飞 盘旋
汉文意译：雁儿送信来回飞，

喃字原文：份 媕 罢 妠 婵 娟 脼 桃；
国际音标：fɤn² ʔɛm¹ laː² ɣaːi⁵ thiːn²kwiːn¹ maː⁵ʔdaːu²
汉文直译：身份 妹 是 女孩 婵娟 桃颊
汉文意译：妹是婵娟红桃女；

喃字原文：英 低 君 子 智 高，
国际音标：ʔan¹ ʔdɤi¹ kwɤn¹ tɯ³ ti⁵ kaːu¹
汉文直译：哥 这里 君子 智慧 高
汉文意译：君子智高美男子，

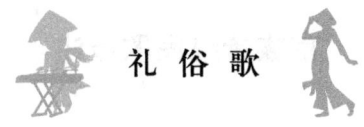

礼 俗 歌

喃字原文：捈 豨 翖 鋳 篭 桃 制 鸹。
国际音标：jɤ¹ tai¹ mɤ³ khwa⁵ loŋ² ʔda:u² tsɤ:i¹ tsim¹
汉文直译：举手 开 锁 笼 桃 玩 鸟儿
汉文意译：快手开笼玩鸟儿。

（女：阮继凤）

（39）

喃字原文：没 恄 凤 聘 共 鸾，
国际音标：mot⁸ vui¹ fɯ:ŋ⁶ than⁵ kuŋ² lon¹
汉文直译：一 喜 凤凰 相配 和 鸾
汉文意译：一喜凤凰相配鸾，

喃字原文：台 恄 媕 特 咀 叹 貝 払；
国际音标：ha:i¹ vui¹ ʔɛm¹ ʔdɯ:k⁸ thɤ³ tha:n¹ vɤ:i⁵ tsa:ŋ²
汉文直译：二 喜 妹 得 叹息 和 哥
汉文意译：二喜咱俩共欢乐；

喃字原文：巴 恄 磘 凿 铖 鎝，
国际音标：ʔba¹ vui¹ ʔda⁵ ta:k⁸ nen¹ va:ŋ²
汉文直译：三 喜 石 凿 成 金
汉文意译：三喜打石铸成金，

喃字原文：罧 恄 嘿 唿 貝 払 皅 数。
国际音标：ʔbon⁵ vui¹ hɛn⁶ hɔ² vɤ:i⁵ tsa:ŋ² ʔda³ lɤu¹
汉文直译：四 喜 相约 和 哥 已 久
汉文意译：四喜时久相约君。

喃字原文：觙 恄 咥 呐 拱 牟，
国际音标：nam¹ vui¹ lɤ:i² nɔi⁵ kuŋ³ mɤu²
汉文直译：五 喜 话语 也 玄妙
汉文意译：五喜天翁系合缘，

387

喃字原文： 軩 恗 哑 呐 貝 烧 包 曾；
国际音标： thau⁵ vui¹ lɤːi²nɔi⁵ vɤːi⁵ŋau¹ ʔda³ tuŋ²
汉文直译： 六 喜 话语 互相 已经 曾经
汉文意译： 六喜会合君多时；

喃字原文： 罜 恗 返 伴 歆 尼，
国际音标： ʔbai³ vui¹ ɣap⁸ ʔbaːn⁶ hom¹ nai¹
汉文直译： 七 喜 遇见 朋友 今日
汉文意译： 七喜今日又见君，

喃字原文： 馴 恗 哑 呐 別 𣋀 峏 悁。
国际音标： taːm⁵ vui¹ lɤːi²nɔi⁵ ʔbiːt⁷ ŋai² naːu² kwen¹
汉文直译： 八 喜 话语 知 天 哪 忘记
汉文意译： 八誓言莫忘记。

喃字原文： 旭 恗 渃 泪 打 矾，
国际音标： tsin⁵ vui¹ nɯːk⁷ rɯə³ ʔdan⁵ fɛn²
汉文直译： 九 喜 水 洗 打 白矾
汉文意译： 九喜白矾清水洁，

喃字原文： 迊 恗 媕 悶 特 涓 勅 茹。
国际音标： mɯːi² vui¹ ʔɛm¹ muːn⁵ ʔdɯːk⁸ kwɛn¹ kwa³ɲa²
汉文直译： 十 喜 妹 想 得 熟悉 家门
汉文意译： 十喜同君一家居。

（女：阮继凤）

（40）

喃字原文： 没 要 姑 奇 㵢 兡，
国际音标： mot⁸ ʔiːu¹ ko¹ kaː³ laːm⁵ thai¹
汉文直译： 一 爱 姑娘 全部 多 啊
汉文意译： 一爱姑娘情意深，

礼俗歌

喃字原文： 台　要　姑　奇　嗜　纵　厭　桃；
国际音标： ha:i¹ ʔi:u¹ ko¹ ka³ khɛu⁵ mai¹ ʔi:m⁵ ʔda:u²
汉文直译： 二　爱　姑娘　全部　手巧　绣　胸衣　桃花
汉文意译： 二爱手巧绣胸衣；

喃字原文： 毕　要　姑　奇　捭　包，
国际音标： ʔba¹ ʔi:u¹ ko¹ ka³ lot⁸ va:u²
汉文直译： 三　爱　姑娘　全部　落　入
汉文意译： 三爱姑娘找上门，

喃字原文： 罙　要　姑　奇　呬　嘲　固　缘。
国际音标： ʔbon⁵ ʔi:u¹ ko¹ ka³ mi:ŋ⁶ tsa:u² kɔ⁵ ji:n¹
汉文直译： 四　爱　姑娘　全部　嘴　问候　有　缘
汉文意译： 四爱姑娘笑微微。

喃字原文： 蓲　要　腃　咯　銅　钱，
国际音标： nam¹ ʔi:u¹ ma⁵ lum⁵ ʔdoŋ² ti:n²
汉文直译： 五　爱　脸颊　酒窝儿
汉文意译： 五爱脸颊俏酒窝，

喃字原文： 犾　要　姑　奇　卒　缘　庄　罤；
国际音标： thau⁵ ʔi:u¹ ko¹ ka³ tot⁷ ji:n¹ tsaŋ¹ la²
汉文直译： 六　爱　姑娘　全部　好　姻缘　不　是
汉文意译： 六爱同妹好姻缘；

喃字原文： 罢　要　巾　深　挑　花，
国际音标： ʔbai³ ʔi:u¹ khan¹ thɤm¹ theu¹ hwa¹
汉文直译： 七　爱　手巾　深色　绣　花
汉文意译： 七爱桃花红手巾，

喃字原文：釚 要 姑 奇 湟 那 贤 才。
国际音标：ta:m⁵ ʔi:u¹ ko¹ ka³ net⁷na¹ hi:n² ta:i²
汉文直译：八 爱 姑娘 整个 温柔 贤惠有才干
汉文意译：八爱温柔又慈贤。

喃字原文：旭 要 姑 渚 固 埃，
国际音标：tsin⁵ ʔi:u¹ ko¹ tsɯə¹ kɔ⁵ ʔa:i¹
汉文直译：九 爱 姑娘 尚未 有 谁
汉文意译：九爱姑娘尚未婚，

喃字原文：迡 要 英 结 ⼞ 台 媬 欪。
国际音标：mɯ:i² ʔi:u¹ ʔan¹ ket⁷ la:m² ha:i¹ vuə⁶tsoŋ²
汉文直译：十 爱 哥 结 做 两 夫妻
汉文意译：十爱同妹夫妻圆。

（男：苏维绍）

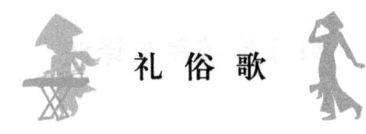

礼俗歌

4

喃字原文：英 術 挰 媒 挰 枚 㤳 茹
国际音标：ʔan¹ ve² kɣi⁶ moi⁵ kɣi⁶ ma:i¹ ʔden⁵ n̥a²
汉文直译：哥 回 托 媒人 托 媒人 到 家
汉文意译：哥请媒人来做媒

（41）

喃字原文：姑 箕 挭 渃 光 霙，
国际音标：ko¹ kiə¹ ɣan⁵ nɯ:k⁷ kwa:ŋ¹ mɣi¹
汉文直译：姑娘 那 挑 水 藤鞭（桶）
汉文意译：妹妹挑水用藤鞭桶，

喃字原文：英 吁 没 醋 洰 核 梧 桐；
国际音标：ʔan¹ sin¹ mot⁸ ɣa:u⁵ tɯ:i⁵ kɣi¹ ŋo¹ʔdoŋ²
汉文直译：哥 请求 一 瓢 浇 梧桐树
汉文意译：给哥瓢水浇梧桐；

喃字原文：梧 桐 汷 发 汷 撑，
国际音标：ŋo¹ʔdoŋ² vɯə² fa:t⁷ vɯə² san¹
汉文直译：梧桐 又 茂盛 又 绿
汉文意译：梧桐得水越长青，

喃字原文：姑 箕 貀 貀 衤 英 拱 汷。
国际音标：ko¹ kiə¹ nɔ¹n̥ɔ³ lɣi⁵ ʔan¹ kuŋ³ vɯə²
汉文直译：姑娘 那 苗条 嫁 哥 也 合适
汉文意译：妹妹身材哥喜欢。

（男：苏维绍）

391

（42）

喃字原文：傷　時　哖　忟　時　哖，
国际音标：thɯːŋ¹ thi² thaːu¹ nɤ⁵ thi² thaːu¹
汉文直译：爱　则　为何　念　则　为何
汉文意译：何人思想何人知，

喃字原文：傷　　時　埃　别　忟　帀　埃　台ˊ；
国际音标：thɯːŋ¹ thi² ʔaːi¹ ʔbiːt⁷ nɤ⁵ naːu² ʔaːi¹ hai¹
汉文直译：爱　则　谁　知　念　哪　谁　晓
汉文意译：他人心思谁人晓；

喃字原文：圉　春　俺　掩　群　撼，
国际音标：vɯːn² sɤn¹ ʔim¹ ʔim³ kɔn² kaːi²
汉文直译：园　春　静悄悄　还　扣
汉文意译：春园按掩门闩扣，

喃字原文：埯　時　渚　嗨　朱　埃　探　梗。
国际音标：ʔɛm¹ thi² tsɯə¹ hɯi⁵ tsɔ¹ ʔaːi¹ van¹ kan²
汉文直译：妹　则　尚未　许　给　谁　修剪　枝条
汉文意译：妹妹尚未许诺人。

（女：杜福英）

（43）

喃字原文：悲　畭　些　吏　及　烧，
国际音标：ʔbɤi¹ jɤ² taˈ laːi⁶ ɣap⁸ ŋau¹
汉文直译：如今　咱　又　相遇
汉文意译：如今幸巧俩相遇，

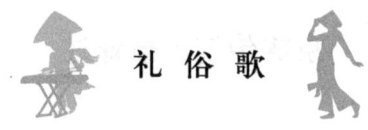

礼俗歌

喃字原文：跊蹟罒屋楼西迈娘；
国际音标：ʔbɯːkʼtsɤn¹ ra¹ maːi⁵ lɤu²tɤi¹ ɣap⁸ naːŋ²
汉文直译：　迈步　出屋顶 西楼　遇见 妹
汉文意译：行至西楼边见妹；

喃字原文：迈烧於钟垌光，
国际音标：ɣap⁸ɲau¹ ʔɤ³ jɯə³ ʔdoŋ² kwaːŋ¹
汉文直译：　相遇　在 之间 田野　荒芜
汉文意译：田野埂边咱见面，

喃字原文：博媄時永户行時赊。
国际音标：ʔbaːkʼmɛ⁶ thi² vaŋ⁵ ho⁶haːŋ² thi² sa¹
汉文直译：　父母　则 不在场　亲戚　则 远
汉文意译：父母不知亲戚远。

喃字原文：祂埃定料朱些，
国际音标：lɤi⁵ ʔaːi¹ ʔdin⁶liːu⁶ tsɔ¹ ta¹
汉文直译：找 谁　料理　给 咱
汉文意译：找谁为咱来做媒，

喃字原文：緬吏睨緬牺陀拎牺；
国际音标：mat⁸ laːi⁶ ɲin² mat⁸ tai¹ ʔda² kɤm² tai¹
汉文直译：脸 又 看 脸 手 无实义 握 手
汉文意译：手紧握手面相见；

喃字原文：催催牺吏拎牺，
国际音标：thoi¹thoi¹ tai¹ laːi⁶ kɤm² tai¹
汉文直译：罢了　手 又 握 手
汉文意译：手握面贴笑盈盈，

393

喃字原文： 㐌 要 術 湟 吏 醉 術 情。
国际音标： ʔda³ ʔiːu¹ veʔ² net⁷ laːi⁶ thai¹ veʔ² tin²
汉文直译： 已 爱 因 品行 又 醉 因 情
汉文意译： 妹性温柔哥醉情。

喃字原文： 趾 蹟 罳 厡 兰 庭，
国际音标： ʔbuːk⁷tsɤn¹ ra¹ maːi⁵ laːn¹ʔdin²
汉文直译： 迈步 出 屋顶 兰庭
汉文意译： 行至兰庭屋轩边，

喃字原文： 悉 英 只 决 貝 躺 没 堆；
国际音标： lɔŋ² ʔan¹ tsi³kwiːt⁷ vɤːi⁵ min² mot⁸ ʔdoi¹
汉文直译： 心 哥 决意 和 妹 一 双
汉文意译： 哥哥决意见妹心；

喃字原文： 没 罗 缘 份 娘 喂，
国际音标： mot⁸ laʔ² jiːn¹fɤn⁶ naːŋ² ʔɤːi¹
汉文直译： 一 是 姻缘 妹 啊
汉文意译： 妹呀！这就是姻缘，

喃字原文： 才 尼 色 帝 聘 堆 拱 旇。
国际音标： taːi² nai² thak⁷ ʔdɤi⁵ than⁵ʔdoi¹ kuŋ³ vɯə²
汉文直译： 才 这 色 那 匹配 也 合适
汉文意译： 哥才妹色结对真。

喃字原文： 哧 浪 顺 鹓 聘 逯，
国际音标： sit⁷ raŋ² thɤn⁶ nɛu³ jɔ⁵ ʔdɯə¹
汉文直译： 斥 道 顺 路 风 送
汉文意译： 妹呀！顺风送春云，

礼 俗 歌

喃字原文：决 悉 丝 月 纴 绦 英 豪。
国际音标：kwi:t⁷lɔŋ² tɤ¹ ŋwi:t⁸ vɯ:ŋ¹tɤ¹ ʔan¹ha:u²
汉文直译： 决意 丝 月 情累 英豪
汉文意译：英豪情怀牵累心。

（男：刘日成）

(44)

喃字原文：英 傷 淹 停 龆 扒 牺，
国际音标：ʔan¹ thɯ:ŋ¹ ʔɛm¹ ʔdɯŋ² ɣɤp⁷ ʔbat⁷tai¹
汉文直译： 哥 爱 妹 莫 急 握手
汉文意译：哥爱妹莫急握手，

喃字原文：英 術 挹 媒 挹 枚 迌 茹；
国际音标：ʔan¹ ve² kɤi⁶ moi⁵ kɤi⁶ ma:i¹ ʔden⁵ n̩a²
汉文直译： 哥 回 倚靠 媒人 倚靠 媒人 到 家
汉文意译：哥请媒人来做媒；

喃字原文：沛 之 些 於 共 些，
国际音标：fa:i³ tsi¹ ta¹ ʔɤ³ kuŋ² ta¹
汉文直译： 是 什么 咱俩 住 共同 咱们
汉文意译：咱俩不必多言语，

喃字原文：眽 㕭 哩 晨 父 母 糙 餒 终。
国际音标：jɤk⁷ khwiə¹ jɤi⁶ thɤ:m⁵ fu⁶mɤu³ ja² nu:i¹ tsuŋ¹
汉文直译： 睡觉 深夜 起床 早晨 父母 老 养育 共同
汉文意译：日夜父母共养育。

（女：阮继凤）

(45)

喃字原文：衪 畩 貦 媄 貦 吒,
国际音标：lɤi⁵ tsoŋ² ɣɤn² mɛ⁶ ɣɤn² tsa¹
汉文直译：嫁 夫 近 母 近 父
汉文意译：嫁夫要近父母家,

喃字原文：跛 伆 簆 饻 跛 黜 贯 钱；
国际音标：jɤ³ vaːu² thuŋ⁵ thɔk⁷ jɤ³ ra¹ kwaːn¹ tiːn²
汉文直译：返回 进 筐 谷子 返回 出 贯 钱
汉文意译：回家筐谷返贯钱；

喃字原文：衪 畩 貦 洆 貦 船,
国际音标：lɤi⁵ tsoŋ² ɣɤn² ʔben⁵ ɣɤn² thiːn²
汉文直译：嫁 夫 靠近 码头 近 船
汉文意译：嫁夫靠近码头船,

喃字原文：貦 吒 貦 媄 姻 缘 共 貦。
国际音标：ɣɤn² tsa¹ ɣɤn² mɛ⁶ nɤn¹jiːn¹ kuŋ² ɣɤn²
汉文直译：近 父 近 母 姻缘 也 近
汉文意译：近父近母近姻缘。

喃字原文：抐 身 挏 坦 渃 馱,
国际音标：ʔdɛm¹thɤn¹ ʔdi¹ ʔdɤt⁷nɯːk⁷ ŋɯːi²
汉文直译：卖身 去 地方 人家
汉文意译：卖身远嫁外地人,

喃字原文：如 花 妱 朐 固 鲜 兜 罤；
国际音标：ɲɯ¹ hwa¹ nɤ³ muːn⁶ kɔ⁵ tɯːi¹ ʔdɤu¹ la²
汉文直译：如 花 开迟 有 鲜艳 哪里 是
汉文意译：花朵开迟花不艳；

礼 俗 歌

喃字原文：抗 身 挞 祂 馱 赊，
国际音标：ʔdɛm¹thɤn¹ ʔdi¹ lɤi⁵ tsoŋ² sa¹
汉文直译： 卖身 去 嫁 夫 远
汉文意译：卖身远离父母家，

喃字原文：祂 時 挞 吏 羣 別 兜。
国际音标：tɛ³ thi² ʔdi¹la:i⁶ ja² kɔn² ʔbi:t⁷ ʔdɤu¹
汉文直译：年轻 则 往来 老 还 知道 哪里
汉文意译：年轻往来老难见。

喃字原文：無 缘 祂 沛 馱 源，
国际音标：vo¹ji:n¹ lɤi⁵ fa:i³ tsoŋ² ŋu:n²
汉文直译：无缘 嫁 对 夫 山区
汉文意译：无缘嫁夫山区远，

喃字原文：嫩 高 肉 篤 畍 愜 冇 牢；
国际音标：nɔn¹ ka:u¹ nui⁵ jok⁷ luk⁷ ʔbu:n² la:m²tha:u¹
汉文直译：山 高 山 陡坡 时 心烦 为什么
汉文意译：高山陡坡见心烦；

喃字原文：掉 踵 丐 肉 高 高，
国际音标：tɛu² len¹ ka:i⁵nui⁵ ka:u¹ka:u¹
汉文直译：爬 上 山 高 高
汉文意译：如妹爬上高高山，

喃字原文：躉 術 茹 媄 平 釖 刮 悉。
国际音标：toŋ¹ ve² n̩a² mɛ⁶ ʔbaŋ² ja:u¹ kat⁷ lɔŋ²
汉文直译：望 回 家 娘 如 刀 割 心
汉文意译：望回娘家刀割心。

喃字原文：赊 吹 掍 忴 媄 嚎，
国际音标：sa¹soi¹ kɔn¹ nɤ⁵ mɛ⁶ mɔŋ¹
汉文直译：遥远 女儿 思念 母亲 盼
汉文意译：嫁远父思女儿盼，

喃字原文：恪 廊 赊 渃 隔 悉 媄 掍；
国际音标：khaːk⁷laːŋ² sa¹ nɯːk⁷ kat⁷ lɔŋ² mɛ⁶ kɔn¹
汉文直译：他乡 远离 水 隔 心 母 女
汉文意译：隔山隔水又隔心；

喃字原文：呐 罝 渃 秣 平 嫩，
国际音标：nɔi⁵ ra¹ nɯːk⁷mat⁷ ʔbaŋ² nɔn¹
汉文直译：说 出 眼 泪 如 山
汉文意译：双方想起泪淌山，

喃字原文：祂 時 忿 秣 耂 群 術 貅。
国际音标：tɛ³ thi² thɤi⁵ mat⁸ jaː² kɔn² ve²thau¹
汉文直译：年轻 则 见 脸 老 还 日后
汉文意译：年轻尚见老来难。

喃字原文：祂 馱 赊 泩 赊 泑，
国际音标：lɤi⁵ tsoŋ² sa¹ jiːŋ⁵ sa¹ ʔaːu¹
汉文直译：嫁 夫 远离 水井 远离 池塘
汉文意译：嫁夫远离水井池，

喃字原文：赊 吒 赊 媄 剔 市 拵 赊；
国际音标：sa¹ tsa¹ sa¹ mɛ⁶ ŋai² naːu² tsaŋ³ sa¹
汉文直译：远离 父亲 远离 母亲 天 哪 不 远离
汉文意译：想念父母难度日；

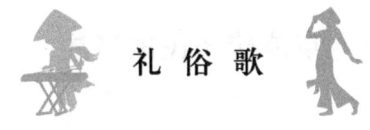

礼 俗 歌

喃字原文： 妸 缘 衵 沛 猌 糙，
国际音标： vo¹ji:n¹ lɤi⁵ fa:i³ tsoŋ² ja²
汉文直译： 无缘 嫁 对 丈夫 老
汉文意译： 无缘逼娶老丈夫，

喃字原文： 噲 猌 時 抒 噲 吒 馹 唭。
国际音标： ɣɔi⁶ tsoŋ² thi² jɤ³ ɣɔi⁶ tsa¹ ŋɯ:i² kɯ:i²
汉文直译： 称 夫 则 尴尬 称 父 人 讥笑
汉文意译： 称夫尴尬称父讥。

（男：杜福朝）

（46）

喃字原文： 靰 時 扒 特 金 鐄，
国际音标： mai¹ thi² ʔbat⁷ ʔdɯ:k⁸ kim¹ va:ŋ²
汉文直译： 将来 则 捡 得 针 金
汉文意译： 有幸之人拾得金针，

喃字原文： 拦 靰 扒 沛 金 銅 金 鏴；
国际音标： tsaŋ³ mai¹ ʔbat⁷ fa:i³ kim¹ ɣa:ŋ¹ kim¹ tsi²
汉文直译： 不幸 捡 中 针 生铁 针 铅
汉文意译： 不幸拾得铁针与铅针；

喃字原文： 聙 市 補 特 金 拶，
国际音标： nɛ³ na:u² ʔbo³ ʔdɯ:k⁸ kim¹ ʔdi¹
汉文直译： 岂有 丢 得 针 去
汉文意译： 怎能放弃金针，

喃字原文： 求 叁 嗯 㖿 抖 時 特 朱。
国际音标： kɤu² jɤ:i² khɤn⁵ ʔbut⁸ ʔdɔi² thi² ʔdɯ:k⁸ tso¹
汉文直译： 求 天 祷 佛 索要 就 得 给
汉文意译： 恳求天佛送来金针。

399

喃字原文：鞅　時　特　准　愢　惘，
国际音标：mai¹ thi² ʔdɯːk⁸ tson⁵ vui¹muŋ²
汉文直译：幸运　就　得　地方　愉快
汉文意译：幸运找得满意人，

喃字原文：拃　鞅　包　准　鋸　觡　鈡　聪；
国际音标：tsaŋ³mai¹ vaːu² tson⁵ kɯə¹ thuŋ² thɛ³ taːi¹
汉文直译：不幸　进　地方　锯　角　分　耳
汉文意译：不幸牛棚找牛羊；

喃字原文：拃　鞅　跐　沛　篆　荄，
国际音标：tsaŋ³mai¹ ʔbɯːk⁷ faːi³ tsoŋ¹ɣaːi¹
汉文直译：不幸　迈　中　荆棘
汉文意译：不幸跳入竹尖坑，

喃字原文：培　鐟　叹　咀　嘖　埃　机　尼。
国际音标：voi⁶vaːŋ² thaːn¹thr³ tat⁷ ʔaːi¹ kɤ¹ nai²
汉文直译：草率　叹息　责怪　谁　机会　这
汉文意译：草率者终叹悔恨。

（47）
喃字原文：袣　馱　拃　㪾　姻　缘，
国际音标：lɤi⁵ tsoŋ² tsaŋ³ vɯə² nɤn¹jiːn¹
汉文直译：嫁夫　不　合　姻缘
汉文意译：嫁夫不合姻缘意，

喃字原文：拱　如　晛　曝　齓　蓮　梄　盃；
国际音标：kuŋ³ ɲɯ¹ kwaːŋ⁵ naŋ⁵ toŋ¹ len¹ mat⁸jɤːi²
汉文直译：也　像　炫目　阳光　望　上　太阳
汉文意译：正如晴天望太阳；

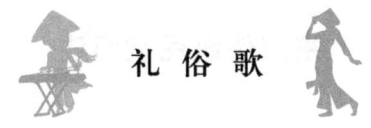

礼 俗 歌

喃字原文：榲 罢 烃 夥 罢 喂，
国际音标：mat⁸jɤːi² tsɔi⁵ lam⁵ jɤːi² ʔɤːi¹
汉文直译：太阳 耀眼 很 天 啊
汉文意译：阳光闪眼看不见，

喃字原文：衵 孤 馭 彷 於 芫 特 咦。
国际音标：lɤi⁵ kɔn¹ ŋɯːi² ʔdɤi⁵ ʔɤ³ ʔdɤːi² ʔdɯːk⁸ ji²
汉文直译：嫁 孩子 人家 那 在 世间 得 什么
汉文意译：嫁夫如此倒霉运。

（男：杜福朝）

（48）

喃字原文：昕 時 挓 旇 缘 朱，
国际音标：ɣɤn² thi² tsaŋ³ vɯə² jiːn¹ tsɔ¹
汉文直译：近 就 不 合 缘分 给
汉文意译：近地没有缘适宜，

喃字原文：賖 吹 隔 伩 峇 艍 拱 趍；
国际音标：saː¹ soi¹ kat⁷ mɤi⁵ lɤn² ʔdɔ² kuŋ³ ʔdi¹
汉文直译：遥远 隔 几 次 渡船 也 去
汉文意译：隔海远渡也越去；

喃字原文：坦 茹 挓 固 埃 傷，
国际音标：ʔdɤt⁷ ɲa² tsaŋ³ kɔ⁵ ʔaːi¹ thɯːŋ¹
汉文直译：家乡 没 有 谁 疼爱
汉文意译：家乡没有人相爱，

喃字原文：朱 𢧚 貝 沛 寻 塘 罒 趍。
国际音标：tsɔ¹ nen¹ vɤːi⁵ faːi³ tim² ʔdɯːŋ² ra¹ ʔdi¹
汉文直译：所以 才 必须 找 路 出 去
汉文意译：为此必须寻路去。

喃字原文：坦 茹 挺 固 馿 為，
国际音标：ʔdɤt⁷n̠a² tsaŋ³ kɔ⁵ ŋɯːi² vi²
汉文直译：家乡 没有 人 找
汉文意译：家乡没有人来问，

喃字原文：朱 铖 贝 沛 寻 挔 坦 馿。
国际音标：tsɔ¹nen¹ vɤːi⁵ faːi³ tim² ʔdi¹ ʔdɤt⁷ŋɯːi²
汉文直译：所以 才 必须 找 去 他乡
汉文意译：为此必寻他乡人。

（女：黄玉珍）

（49）

喃字原文：自 欺 别 玉 坦 尼，
国际音标：tɯ² khi¹ ʔbiːt⁷ ŋok⁸ ʔdɤt⁷ nai²
汉文直译：自从 时候 认识 玉 地方 这
汉文意译：自从认识妹此地，

喃字原文：桃 兰 桂 槐 花 排 卒 鲜；
国际音标：ʔdaːu² laːn¹ kwe⁵ hwɛ² hwa¹ ʔbai² tot⁷tɯːi¹
汉文直译：桃 兰 桂 槐 花 摆放 鲜艳
汉文意译：桃兰桂槐花鲜艳；

喃字原文：焒 香 炩 炒 燶 唏，
国际音标：lɯə³huːŋ¹ rɤn² rɯk⁸ noŋ² hɤːi¹
汉文直译：恩爱 不断 辉煌 浓 香气
汉文意译：爱情火花香气浓，

喃字原文：畑 蜳 客 凤 制 啡 伆 罡。
国际音标：ʔdɛn² roŋ² khat⁷ fɯːŋ⁶ tsɤːi¹ ʔbai² vaːu²raː¹
汉文直译：灯 龙 客 凤 玩 陈列 进出
汉文意译：凤客出入看灯笼。

402

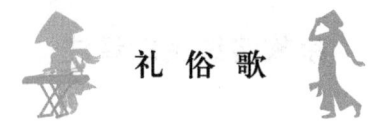

礼 俗 歌

喃字原文：自欺些跂術茹，
国际音标：tɯ² khi¹ ta¹ jɤ³ve² n̪a²
汉文直译：自从 时候 咱 返回 家
汉文意译：自从哥转回家里，

喃字原文：没躺挊厔楼花添强；
国际音标：mot⁸min² jɯə⁶ ma:i⁵ lɤu²hwa¹ them¹ ka:ŋ²
汉文直译：独自 倚 屋顶 花楼 添 更
汉文意译：独倚花楼自心愁；

喃字原文：賍輪色甿帽惝，
国际音标：ʔdem¹ thɔn¹thak⁷ ŋai² mɤ²ma:ŋ¹
汉文直译：夜 漆黑 日 迷糊
汉文意译：夜见漆黑日幻思，

喃字原文：畑撑没阮犬鐄匹猂。
国际音标：ʔdɛn² san¹ mot⁸ ŋɔn⁶ khwi:n³ va:ŋ² ʔba¹ kɔn¹
汉文直译：灯 青 一 盏 狗 金 三 只
汉文意译：同灯一盏三只狗。

喃字原文：術埃渃相呢㜮，
国际音标：ve² ʔa:i¹ nɯ:k⁷mat⁷ ni³nɔn¹
汉文直译：为 谁 眼泪 低吟
汉文意译：为谁双眼泪水流，

喃字原文：賍空眭旴甿空阵唭。
国际音标：ʔdem¹ khoŋ¹ jɤi⁶ ŋu³ ŋai² khoŋ¹ tɤn⁶ kɯ:i²
汉文直译：夜 不 起床 睡觉 白天 没有 阵 笑
汉文意译：日间无笑夜眠愁。

（男：苏维绍）

403

（50）

喃字原文：自 𡆣 些 别 羛 燒，
国际音标：tɯ² ŋai² ta¹ ʔbi:t⁷ ŋiə³ n̠au¹
汉文直译：自从 天 咱 知道 情义 互相
汉文意译：自从往来有情义，

喃字原文：如 襖 沛 油 渃 滑 拪 扐；
国际音标：n̠ɯ¹ ʔa:u⁵ fa:i³ jɤu² nɯ:k⁷ ɣot⁸ tsaŋ³ ʔdi¹
汉文直译：如 衣 着 油 水 涤除 不 去
汉文意译：如衣淋油洗不弃；

喃字原文：傷 扒 底 胣 記 儀，
国际音标：thɯ:ŋ¹ tsa:ŋ² ʔde³ ja⁶ ɣi¹ ŋi²
汉文直译：思 君 放 肚 记 恩义
汉文意译：思念君子心深记，

喃字原文：傷 扒 底 胣 狐 疑 忖 悉。
国际音标：thɯ:ŋ¹ tsa:ŋ² ʔde³ ja⁶ ho² ŋi¹ tɤm⁵ lɔŋ²
汉文直译：思 君 放 肚 狐疑 寸 心
汉文意译：想君心里自孤疑。

喃字原文：當 欺 忟 忟 𪞝 𪞝，
国际音标：ʔdɯ:ŋ¹ khi¹ nɤ⁵ nɤ⁵ mɔŋ¹ mɔŋ¹
汉文直译：正当 其时　　　盼 望
汉文意译：想念君时心中挂，

喃字原文：胇 媕 緝 縋 融 悉 弑 絑；
国际音标：ru:t⁸ ʔɛm¹ ʔboi⁵ roi⁵ tɔŋ¹ lɔŋ² vɔ² tɤ¹
汉文直译：心 妹 紊乱 中 心 搓 丝
汉文意译：妹心越想乱如麻；

礼 俗 歌

喃字原文：埃 㘃 跶 浽 忾 㤅，
国际音标：ʔaːi¹ laːm² ʔden⁵ noi³ ʔbɤ¹vɤ¹
汉文直译：谁 做 到 地步 飘零
汉文意译：为谁人孤苦零丁，

喃字原文：䏧 傷 低 忟 包 唅 朱 悁。
国际音标：ʔdɤi⁵ thɯːŋ¹ ʔdɤi⁵ ɲɤ⁵ ʔbaːu¹jɤ² tsɔ¹ kwen¹
汉文直译：那 疼爱 这 思念 什么时候 给 忘
汉文意译：哥爱恩情妹记深。

（女：阮成珍）

（51）

喃字原文：愁 䄤 磊 慘 舒 愁，
国际音标：thɤu² riːŋ¹ tam¹ thaːm³ ŋin² thɤu²
汉文直译：愁 私 百 惨 千 愁
汉文意译：百惨千愁为私情，

喃字原文：衛 埃 麻 底 忟 烧 㘃 丕；
国际音标：ve² ʔaːi¹ ma² ʔde³ ɲɤ⁵ ŋau¹ laːm² vɤi⁶
汉文直译：为 谁 而 使 思念 互相 做 这样
汉文意译：为谁使哥挂愁思；

喃字原文：為 埃 傷 忟 世 尼，
国际音标：vi² ʔaːi¹ thɯːŋ¹ ɲɤ⁵ the⁵nai²
汉文直译：为 谁 思念 这样
汉文意译：为谁如此思念矣，

喃字原文：𧗱 躺 些 沛 𠎬 𣈜 忮 𣎀。
国际音标：ve² min² ta¹ fa:i³ thɯ:ŋ¹ ŋai² nɤ⁵ ʔdem¹
汉文直译：为 妹 哥 得 思 日 想 夜
汉文意译：为妹日愁夜相思。

（男：苏维绍）

（52）

喃字原文：湳 溪 渃 沚 㳕㳕，
国际音标：thoŋ¹ khɛ¹ nɯ:k⁷ tsai³ ri⁵ri⁵
汉文直译：河 溪 水 流 涓涓
汉文意译：支河溪水流涓涓，

喃字原文：低 時 𠎬 帝 帝 時 𠎬 埃；
国际音标：ʔdɤi¹ thi² thɯ:ŋ¹ ʔdɤi⁵ ʔdɤi⁵ thi² thɯ:ŋ¹ ʔa:i¹
汉文直译：这 就 想 那 那 就 想 谁
汉文意译：哥想妹日思夜念；

喃字原文：渃 湳 來 浪 浪 來，
国际音标：nɯ:k⁷thoŋ¹ la:i¹la:ŋ⁵ la:ŋ⁵la:i¹
汉文直译：河水 洋溢 洋溢
汉文意译：河水洋溢水益益，

喃字原文：悉 些 𠷞 䀡 別 埃 待 徐。
国际音标：lɔŋ² ta¹ mɔŋ¹mɔi³ ʔicm⁷ ʔbi:t⁷ ʔa:i¹ ʔdɤ:i⁶tsɤ²
汉文直译：心 咱们 企盼 知 谁 等待
汉文意译：哥心企盼等妹定。

喃字原文：渃 溪 渃 濁 㵦㵦，
国际音标：nɯ:k⁷khɛ¹ nɯ:k⁷ʔduk⁸ lɤ²lɤ²
汉文直译：溪水 浊水 浑浑
汉文意译：溪水浊水浑浑，

礼 俗 歌

喃字原文：悉 嚎 痗 别 徐 待 埃。
国际音标：loŋ² moŋ¹moi³ ʔbi:t⁷ tsɤ²dɤ:i⁶ ʔa:i¹
汉文直译：心 企盼 知 等待 谁
汉文意译：哥心企盼妹姻缘。

（男：苏维绍）

（53）

喃字原文：娘 衔 英 吲 哑 尼，
国际音标：na:ŋ² ve² ʔan¹ jan⁶ lɤ:i² nai²
汉文直译：妹 回 哥 叮嘱 话 这
汉文意译：妹回家记哥嘱言，

喃字原文：吲 娘 斧 衭 拰 派 心 悉；
国际音标：jan⁶ na:ŋ² juɯ³lɤi⁵ tsaŋ³ fa:i¹ tɤm¹loŋ²
汉文直译：嘱 妹 坚守 不 褪色 心意
汉文意译：嘱妹坚守不变心；

喃字原文：吲 娘 吀 特 如 悉，
国际音标：jan⁶ na:ŋ² sin¹ ʔdɯ:k⁸ ɲɯ¹ loŋ²
汉文直译：嘱 妹 请 得 如 心
汉文意译：嘱妹心里定记言，

喃字原文：娘 衔 斧 衭 牧 同 罒 信。
国际音标：na:ŋ² ve² juɯ³lɤi⁵ tsɯ³ ʔdoŋ² la:m² tin¹
汉文直译：妹 回 坚守 字 同 做 信用
汉文意译：同字一家妹守信。

喃字原文：吲 娘 衔 特 通 言，
国际音标：jan⁶ na:ŋ² ve² ʔdɯ:k⁸ thoŋ¹ŋon¹
汉文直译：叮嘱 妹 回 得 通信
汉文意译：嘱妹回家常来信，

喃字原文：底 塘 迻 吏 结 缘 朱 陳；
国际音标：ʔde³ ʔdɯ:ŋ² ʔdiˈla:i⁶ ket⁷ji:n¹ tsɤu¹ tɤn²
汉文直译：留 路 来往 结 缘 朱 陈
汉文意译：通路来往结朱陈；

喃字原文：娘 術 𣷭 忖 爱 恩，
国际音标：na:ŋ² ve² ʔbe³ ʔa:i⁵ nɤ˞⁵ ʔɤ:n¹
汉文直译：妹 回 海 爱 想 恩
汉文意译：妹回河海恩爱深，

喃字原文：䄂 䄂 挚 烈 拱 斤 朱 平。
国际音标：ŋin² nam¹ si:t⁷li:t⁸ kuŋ³ kɤn¹ tsɔ¹ ʔbaŋ²
汉文直译：千 年 挚 爱 也 称 使 平
汉文意译：千年相爱如秤平。

（男：杜福朝）

（54）

喃字原文：扲 樎 時 忖 𪜀 鏡，
国际音标：kɤm² lɯ:k⁸ thi² nɤ˞⁵ ʔden⁵ hɯ:ŋ¹
汉文直译：拿 梳子 就 想 到 镜子
汉文意译：手拿梳子思照镜，

喃字原文：扲 冊 忖 箏 迻 塘 忖 嬈；
国际音标：kɤm² that⁷ nɤ˞⁵ ʔbut⁷ ʔdi¹ ʔdɯ:ŋ² nɤ˞⁵ ɲau¹
汉文直译：拿 书 想 笔 走 路 想念 相
汉文意译：拿书想笔行思人；

喃字原文：傷 嬈 萬 亊 拄 怩，
国际音标：thɯ:ŋ¹ ɲau¹ va:n⁶ thɯi⁶ tsaŋ³ ne²
汉文直译：相 爱 万 事 不 畏惧
汉文意译：相爱万事不怕难，

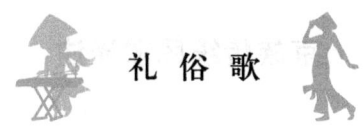

礼俗歌

喃字原文： 包 饶 仰 歴 摄 棋 朱 平。
国际音标： ʔbaːu¹ɲiːu¹ ɲiːŋ¹ lɤt⁸ jɛp⁸ kai² tso¹ ʔbaŋ²
汉文直译： 多少 倾斜 歪斜 收拾 犁 使 平
汉文意译： 多少坑畦要填平。

喃字原文： 台 些 如 体 㧯 蚏，
国际音标： haːi¹taˑ¹ ɲɯ¹the³ kɔn¹kɔŋ²
汉文直译： 咱俩 好比 小螃蜞
汉文意译： 咱俩如同小螃蜞，

喃字原文： 𠃝 掅 台 跌 時 悉 拱 傷；
国际音标： taːm⁵ ŋwɛ¹ haːi¹ yɔŋ⁶ thi² lɔŋ² kuŋ³ thɯː¹
汉文直译： 八 蟹脚 二 蟹钳 就 心 也 爱
汉文意译： 躺时八脚两钳摆；

喃字原文： 要 烧 些 底 頭 牀，
国际音标： ʔiːu¹ɲau¹ taˑ¹ ʔde³ ʔdɾu² jɯːŋ²
汉文直译： 相爱 咱 放 头 床
汉文意译： 爱情放在床头，

喃字原文： 強 能 烧 吏 強 傷 烧 魃。
国际音标： kaːŋ² naŋ¹ ɲau¹ laːi⁶ kaːŋ² thɯːŋ¹ ɲau¹ ɲiːu²
汉文直译： 越 勤 互相 来往 越 相爱 多
汉文意译： 越勤来往越相爱。

（女：阮春英）

（55）

喃字原文： 馸 戈 英 㐌 幂 制，
国际音标： hom¹kwaˑ¹ ʔan¹ ʔdi¹ tsɤ⁶ tsɤːi¹
汉文直译： 昨天 哥 去 集市 玩
汉文意译： 昨天哥上街去玩，

喃字原文：觅 翁 柴 卜 當 㘃 於 軒；
国际音标：thɤi⁵ ʔoŋ¹ thɤi² ʔcɔi⁵ ʔdaːŋ¹ ŋoi² ʔɤ³ hiːn¹
汉文直译：见　先生　卜卦　正在　坐　在　屋檐
汉文意译：卜卦先生坐屋檐；

喃字原文：牺 時 扲 筆 扲 研,
国际音标：tai¹ thi² kɤm² ʔbut⁷ kɤm² ŋiːn¹
汉文直译：手　就　拿　笔　拿　砚
汉文意译：手中拿笔磨墨砚,

喃字原文：牺 扲 訷 帋 當 编 寅 寅。
国际音标：tai¹ kɤm² tɤ²jɤi⁵ ʔdaːŋ¹ ʔbiːn¹ jɤn² jɤn²
汉文直译：手　拿　纸张　正在　写　昭然
汉文意译：手拿张纸写昭彰。

喃字原文：编 些 籴 吏 编 躬,
国际音标：ʔbiːn¹ taː¹ roi² laːi⁶ ʔbiːn¹ min²
汉文直译：写　人家　完　又　写　自己
汉文意译：写我年庚又写妹,

喃字原文：编　低 衸 帝 编 躬 衸 些；
国际音标：ʔbiːn¹ ʔdɤi¹ lɤi⁵ ʔdɤi⁵ ʔbiːn¹ min² lɤi⁵ taː¹
汉文直译：写　这　嫁　那　写　自己　娶　咱
汉文意译：父母准许妹娶嫁；

喃字原文：庄 信 莲 嗨 翁 粿,
国际音标：tsaŋ³ tin¹ len¹ hɔi³ ʔoŋ¹ jaː²
汉文直译：不　信　上　问　老人家
汉文意译：不信请问妹父母,

礼 俗 歌

喃字原文：柴 媒 時 保 浪 些 衤 躬。
国际音标：thɤi² moi⁵ thi² ʔba:u³ raŋ² ta¹ lɤi⁵ min²
汉文直译： 媒人 就 告诉 道 咱 成家 自己
汉文意译：媒人告诉俩成家。

喃字原文：拃 信 扻 嗨 椿 庭,
国际音标：tsaŋ³ tin¹ ʔdi¹ hoi³ thuŋ¹ ʔdin²
汉文直译：不 信 去 问 父母
汉文意译：妹不信请问椿庭（父母），

喃字原文： 椿 庭 拱 保 浪 躬 衤 些;
国际音标：thuŋ¹ ʔdin² kuŋ³ ʔba:u³ raŋ² min² lɤi⁵ ta¹
汉文直译： 父母 也 告诉 道 妹 嫁 哥
汉文意译：椿庭准许妹嫁哥；

喃字原文：决 料 没 阵 风 波,
国际音标：kwi:t⁷ li:u⁶ mot⁸ tɤn⁶ fɤŋ¹ ʔba¹
汉文直译：决心 豁出去 一 阵 风波
汉文意译：父母舍身越风波，

喃字原文：底 朱 天 下 馱 些 矘 吧。
国际音标：ʔde³ tsɔ¹ thi:n¹ ha⁶ ŋɯ:i² ta¹ toŋ¹ va:u²
汉文直译： 让 天下 人们 看 进
汉文意译：让天下人共祝贺。

喃字原文：决 料 没 阵 湄 滔,
国际音标：kwi:t⁷ li:u⁶ mot⁸ tɤn⁶ mɯə¹ ra:u²
汉文直译：决心 豁出去 一 阵 阵雨
汉文意译：咱俩豁命抵风雨，

喃字原文：底 朱 天 下 躉 伵 堆 些。
国际音标：ʔde³tsɔ¹ thi:n¹ha⁶ toŋ¹ va:u² ʔdoi¹ta¹
汉文直译：让 　 天下 　看 　进 　咱俩
汉文意译：让天下人贺佳偶。

（男：苏维绍）

（56）

喃字原文：没 悓 埃 翔 协 尼，
国际音标：mot⁸ mɯŋ² ʔa:i¹ mɤ³ jip⁸ nai²
汉文直译：一 　贺 　谁 　创 　机会 　这
汉文意译：一贺媒人创机会，

喃字原文：亼 悓 些 迯 烧 低 绪 情；
国际音标：ha:i¹ mɯŋ² ta¹ ɣap⁸ɲau¹ ʔdɤi¹ tɯ⁶tin²
汉文直译：二 　贺 　咱 　相遇 　这儿 抒情
汉文意译：二贺咱俩逢抒情；

喃字原文：吧 悓 埕 道 家 庭，
国际音标：ʔba¹ mɯŋ² nen¹ ʔda:u⁶ ja¹ʔdin²
汉文直译：三 　贺 　成 　道 　家庭
汉文意译：三贺同道共家庭，

喃字原文：𤽪 悓 博 媄 生 成 羰 堆。
国际音标：ʔbon⁵ mɯŋ² ʔba:k⁷mɛ⁶ thin¹ than² ʔdɛp⁸ʔdoi¹
汉文直译：四 　贺 　父母 　生 　成 　佳偶
汉文意译：四贺父母育恩情。

喃字原文：甝 悓 愿 约 没 哩，
国际音标：nam¹ mɯŋ² ŋwi:n²ʔɯ:k⁷ mot⁸ lɤ:i²
汉文直译：五 　贺 　誓言 　一 　句
汉文意译：五贺相约共誓言，

礼 俗 歌

喃字原文：嵾 悯 缘 份 黜 丕 吹 铖；
国际音标：thau⁵ muŋ² ji:n¹fɤn⁶ ʔbɤ:i³ jɤ:i² su:i¹ nen¹
汉文直译：六　贺　缘分　由　天机 顺 成
汉文意译：六贺天机结良缘；

喃字原文：罴 悯 及 特 伴 贤，
国际音标：ʔbai³ muŋ² ɣap⁸ ʔdɯ:k⁸ ʔba:n⁶ hi:n²
汉文直译：七　贺　遇　得　伴侣　贤
汉文意译：七贺伴侣人良贤，

喃字原文：凯 悯 懈 吢 悉 愿 始 终。
国际音标：ta:m⁵ muŋ² ra:i³ tɤm⁵lɔŋ² ŋwi:n² thi³tsuŋ¹
汉文直译：八　贺　展开　寸心　誓言　始终
汉文意译：八贺妹心始终愿。

喃字原文：九 悯 及 恪 嫩 蓬，
国际音标：tsin⁵ muŋ² ɣap⁸ kha:k⁷ nɔn¹ ʔboŋ²
汉文直译：九　贺　遇　客　山　蓬莱
汉文意译：九贺来自蓬莱仙，

喃字原文：迗 悯 结 义 鸾 房 自 低。
国际音标：mɯ:i² muŋ² ket⁷ŋei³ lɔn¹fɔŋ² tɯ² ʔdɤi¹
汉文直译：十　贺　结义　鸾房　从 这里
汉文意译：十贺从此鸾房圆。

（女：阮春英）

（57）

喃字原文：没 要 巾 绕 镒 纰，
国际音标：mot⁸ ʔi:u¹ khan¹ɲi:u³ vɔŋ²jɤi¹
汉文直译：一　爱　绸巾　金项链
汉文意译：一爱绸巾金项链，

413

喃字原文： 台 要 要 奇 堆 鞸 盘 蹟；
国际音标： ha:i¹ ʔi:u¹ ʔi:u¹ ka³ ʔdoi¹ jɤi² ʔba:n²tsɤn¹
汉文直译： 二 爱 爱 全部 双 鞋 脚板
汉文意译： 二爱妹脚穿双鞋；

喃字原文： 巴 要 绕 皀 纵 裙，
国际音标： ʔba¹ ʔi:u¹ ɲi:u³ taŋ⁵ mai¹ kwɤn²
汉文直译： 三 爱 绸 白 缝 裤子
汉文意译： 三爱白绸做裤子，

喃字原文： 罙 要 绕 粊 纵 禎 搭 共。
国际音标： ʔbon⁵ ʔi:u¹ ɲi:u³ tim⁵ mai¹ tsan¹ ʔdap⁷ kuŋ²
汉文直译： 四 爱 绸 紫 缝 被子 盖 同
汉文意译： 四爱共盖绸被巾。

喃字原文： 薾 要 要 逻 要 逫，
国际音标： nam¹ ʔi:u¹ ʔi:u¹ la⁶ ʔi:u¹ luŋ²
汉文直译： 五 爱 爱 奇异 爱 奇异
汉文意译： 五爱钟情甚奇异，

喃字原文： 垇 要 些 吏 共 终 没 茹；
国际音标： thau⁵ ʔi:u¹ ta¹ la:i⁶ kuŋ²tsuŋ¹ mot⁸ ɲa²
汉文直译： 六 爱 咱俩 来 共同 一 家
汉文意译： 六爱咱俩一家人；

喃字原文： 罢 要 月 聘 貝 花，
国际音标： ʔbai³ ʔi:u¹ ŋwi:t⁸ than⁵ vɤ:i⁵ hwa¹
汉文直译： 七 爱 月 并肩 和 花
汉文意译： 七爱鲜花向月开，

礼 俗 歌

喃字原文：叭要　月　於 没 茹 固 堆。
国际音标：ta:m⁵ ʔi:u¹ ŋwi:t⁸ ʔɣ³ mot⁸ ɳa² kɔ⁵ ʔdoi¹
汉文直译：八 爱 月 在 一 家 有 双
汉文意译：八爱月明照娘君。

喃字原文：旭 要 桂 聘 貝 桐，
国际音标：tsin⁵ ʔi:u¹ kwe⁵ than⁵ vɣ:i⁵ hoi²
汉文直译：九 爱 桂花 并肩 和 茴香
汉文意译：九爱桂花与茴香并肩，

喃字原文：迖 要 些 吏 结 堆 共 娘。
国际音标：mɯ:i² ʔi:u¹ ta¹ la:i⁶ ket⁷ʔdoi¹ kuŋ² na:ŋ²
汉文直译：十 爱 咱 来 匹配 和 妹
汉文意译：十爱媒人做成婚。

（男：杜福朝）

5

> **喃字原文**：扗術嗨媄共吒
> **国际音标**：tsa:ŋ² ve² hɔi³ mɛ⁶ kuŋ² tsa¹
> **汉文直译**：哥　回　问　母　和　父
> **汉文意译**：哥问父母同意否

（58）

喃字原文：英 伱 呠嗨 姑 吧，
国际音标：ʔan¹ nai¹ ȵan⁵hɔi³ ko¹ ʔba¹
汉文直译：哥　今　问　小　三　妹
汉文意译：如今哥问小三妹，

喃字原文：薢 伱 迸 凯 台 罙 堆 迸？
国际音标：nam¹ nai¹ mɯ:i² ta:m⁵ hai¹la² ʔdoi¹ mɯ:i²
汉文直译：今　年　十　八　还 是　双　十
汉文意译：今年十八二十岁？

喃字原文：底 英 掦 辙 台 馱，
国际音标：ʔde³ ʔan¹ thɔ¹ tu:i³ ha:i¹ ŋɯ:i²
汉文直译：让　哥　比较　年庚　两　人
汉文意译：让哥比较俩年庚，

喃字原文：此 貼 固 特 卒 堆 庒 罙。
国际音标：thɯ³ sɛm¹ kɔ⁵ ʔdɯ:k⁸ tot⁷ ʔdoi¹ tsaŋ¹ la²
汉文直译：试　看　有　得　好　对　不　是
汉文意译：试看是否合成对。

礼 俗 歌

喃字原文：嗨 朱 别 勒 别 茹，
国际音标：hoi³ tsɔ¹ ʔbi:t⁷ kɯə¹ ʔbi:t⁷ ɲa²
汉文直译：问 给 知道 门 知道 家
汉文意译：同时问清妹家境，

喃字原文：底 英 貝 别 媄 吒 娘 俐；
国际音标：ʔde³ ʔan¹ mɤ:i⁵ ʔbi:t⁷ mɛ⁶tsa¹ na:ŋ² rai²
汉文直译：让 哥 才 认得 父母 妹 今天
汉文意译：让哥认得妹父母；

喃字原文：勵 時 别 媄 共 柴，
国际音标：tɯ:k⁷ thi² ʔbi:t⁷ mɛ⁶ kuŋ² thɤi²
汉文直译：先 则 认识 母 和 父
汉文意译：先是认识妹家人，

喃字原文：犙 時 涓 熟 准 尼 罡 包。
国际音标：thau¹ thi² kwɛn¹thu:k⁸ tson⁵nɤ:i¹ ra¹va:u²
汉文直译：后 则 熟悉 地方 进 出
汉文意译：后是来往熟悉路。

（男：苏维绍）

（59）

喃字原文：妌 青 辙 祂 渚 兜，
国际音标：ɣa:i⁵ than¹ tu:i³tɛ³ tsɯə¹ ʔdɤu¹
汉文直译：姑娘 青春 青年 尚未 哪里
汉文意译：姑娘青春无倚处，

喃字原文：寻 耨 青 间 待 徐 祂 烧；
国际音标：tim² ja:i¹ than¹na:n² ʔdɤ:i⁶tsɤ² lɤi⁵ ɲau¹
汉文直译：寻 男 清闲 等待 嫁娶 互相
汉文意译：寻清闲人结佳偶；

喃字原文：堆 㪿 拎 堆 釖 橰，
国际音标：ʔdoi¹ tai¹ kɤm² ʔdoi¹ ja:u¹kau¹
汉文直译：双 手 拿 两 槟 榔 刀
汉文意译：双手拿两把槟榔刀，

喃字原文：指 歪 擙 坦 祂 烧 番 尼。
国际音标：tsi³ jɤ:i² vat⁸ ʔdɤt⁷ lɤi⁵ ŋau¹ fɛn¹ nai²
汉文直译：指 天 划 地 嫁娶 互相 次 这
汉文意译：指天划地欲结偶。

喃字原文：拰 信 㐌 嗨 翁 柴，
国际音标：tsaŋ³ tin¹ ʔdi¹ hɔi³ ʔoŋ¹thɤi²
汉文直译：不 信 去 问 父亲
汉文意译：若君不信问父母，

喃字原文：扒 時 轙 午 媕 尼 轙 末；
国际音标：tsa:ŋ² thi² tu:i³ŋɔ⁶ ʔɛm¹ nai² tu:i³ma:t⁸
汉文直译：哥 则 午 年 妹 今 未 年
汉文意译：君是午年妹未年；

喃字原文：媕 時 迠 凱 堆 迠，
国际音标：ʔɛm¹ thi² mɯ:i² ta:m⁵ ʔdoi¹ mɯ:i²
汉文直译：妹 则 十 八 二 十
汉文意译：正是十八二十岁，

喃字原文：扒 尥 台 没 卒 堆 拰 罘。
国际音标：tsa:ŋ² nai¹ ha:i¹ mot⁷ tot⁷ ʔdoi¹ tsaŋ¹ la²
汉文直译：哥 今 二 一 好 对 不 是
汉文意译：配君廿一正适龄。

（女：范氏清）

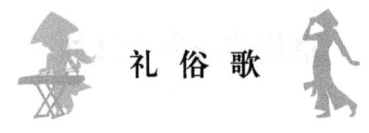

礼 俗 歌

（60）

喃字原文： 躺 罖 客 遻 婵 娟，
国际音标： min² la² khat⁷la⁶ thi:n²kwi:n¹
汉文直译： 妹 是　生 客　　婵 娟
汉文意译： 妹是婵娟待生客，

喃字原文： 呾　低　些　嗨　亊　缘　拼　罖；
国际音标： ʔden⁵ ʔdɣi¹ ta¹ hoi³ thuɯ⁶ ji:n¹ tsaŋ¹ la²
汉文直译： 到　这里　咱　问　事　缘分　不　是
汉文意译： 如今哥到问婚事；

喃字原文： 尼 帀 仕 呐 共 些，
国际音标： nɣ:i¹ na:u² thɛ³ nɔi⁵ kuŋ² ta¹
汉文直译： 处　哪　将　说　和　咱
汉文意译： 媒人介绍妹情况，

喃字原文： 底 些 别 劌 别 茹 頭 先。
国际音标： ʔde³ ta¹ ʔbi:t⁷ kɯɛ³ ʔbi:t⁷ ɲa² ʔdɣu²ti:n¹
汉文直译： 让 哥 知 门 知 家　首 先
汉文意译： 使哥先知妹家事。

喃字原文： 躺 喂 仕 岁 朱 安，
国际音标： min² ʔɣ:i¹ thɛ³ ŋoi² tso¹ ʔi:n¹
汉文直译： 妹　啊　将　坐　使　安然
汉文意译： 请妹入屋坐安然，

喃字原文： 些 吁 仕 嗨 户 毡 罖 之；
国际音标： ta¹ sin¹ thɛ³ hɔi³ hɔ⁶ ten¹ la² ji²
汉文直译： 哥 请求 将 问 姓 名 是 什么
汉文意译： 让哥问妹何姓名；

419

喃字原文：𠸜注𠸜博罤之，
国际音标：ten¹ tsu⁵ ten¹ ʔbaːk⁷ laː² ji²
汉文直译：名 叔 名 伯 是 什么
汉文意译：父母叔伯何名姓，

喃字原文：邒罤𠸜伱拱如𠸜蝅。
国际音标：ʔbaː¹ ʔbon⁵ ten¹ ʔɣi⁵ kuŋ³ ŋɯ¹ ten¹ tam²
汉文直译：三 四 名 那 也 如 名 蚕
汉文意译：清闲如蚕亲四姓。

喃字原文：昆蝅侒缘核黵，
国际音标：kɔn¹tam² ʔan¹ jiːn¹ kɣi¹jɣu¹
汉文直译：蚕虫 吃 缘分 桑树
汉文意译：蚕虫同簸食桑叶，

喃字原文：没番觅䘑酸要𠄩苡。
国际音标：mot⁸ fɛn¹ thɣi⁵ mat⁸ jɣu² ʔiːu¹ muːn¹ ʔdɤːi²
汉文直译：一 次 见面 尽管 爱 万 代
汉文意译：此机相亲爱万年。

（男：苏维绍）

（61）

喃字原文：媕群𪥘辘藏栊，
国际音标：ʔɛm¹ kɔn² tɛ³tuːi³ nɔn¹ maŋ¹
汉文直译：妹 还 年轻 嫩 笋
汉文意译：妹妹年轻如嫩笋，

喃字原文：呐黵調特调庄𠊛噷；
国际音标：nɔi⁵ ra¹ ʔdiːu² ʔdɯːk⁸ ʔdiːu² tsaŋ¹ ŋɯːi² kuːi²
汉文直译：说 出 话 得 话 不 人 讥笑
汉文意译：怕人讥笑说错言；

礼 俗 歌

喃字原文：朱 铖 拃 敢 吽 咥，
国际音标：tsɔ¹nen¹ tsaŋ³ ja:m⁵ ŋɔ³lɤ:i²
汉文直译：因此 不 敢 表述
汉文意译：因此没敢回哥话，

喃字原文：扒 罘 儒 仕 蹲 尼 剚 權。
国际音标：tsa:ŋ² la² nɔ¹thi³ ʔdɯŋ⁵ nɤ:i¹ kɯə³ kwi:n²
汉文直译：哥 是 儒士 站 地方 门 权贵
汉文意译：君子儒士妹爱君。

喃字原文：淹 群 唪 教 唪 勸，
国际音标：ʔɛm¹ kɔn² vuŋ⁶ ja:u⁵ vuŋ⁶ khwi:n¹
汉文直译：妹 还 背地里 教 背地里 劝勉
汉文意译：妹要背地受君教，

喃字原文：别 浪 蹲 特 剚 權 尼 空。
国际音标：ʔbi:t⁷raŋ² ʔdɯŋ⁵ ʔdɯ:k⁸ kɯə³ kwi:n² nai² khoŋ¹
汉文直译：知道 站 能 门 权贵 这 不
汉文意译：不知能否嫁官人。

（女：范氏清）

（62）

喃字原文：跕 低 些 嗨 寔 他，
国际音标：ʔden⁵ ʔdɤi¹ ta¹ hoi³ thɤt⁸tha²
汉文直译：到 这里 咱 问 老实
汉文意译：请妹到此问实话，

喃字原文：剚 茹 充 足 台 罘 黁 巾；
国际音标：kɯə³ n̻a² thuŋ¹tuk⁷ hai¹la² khɔ⁵khan¹
汉文直译：家庭 富裕 还是 困难
汉文意译：家庭困难或富裕；

喃字原文：聜帀躺呐分明？
国际音标：ȵɛ³naːu² min² nɔi⁵ fɤn¹min¹
汉文直译：怎么 妹 说 分明
汉文意译：家境情况又如何？

喃字原文：恛悗仕呐朱情特台。
国际音标：vui¹ ʔbuːn² thɛ³ nɔi⁵ tsɔ¹ tin² ʔɯk⁸ hai¹
汉文直译：高兴 烦闷 将 说给 事情 得 知道
汉文意译：喜闷事情详诉知。

喃字原文：悲晗鸾凤呈排，
国际音标：ʔbɤi¹jɤ² lɔn¹fɯːŋ⁶ tin²ʔbai²
汉文直译：如今 鸾凤 说明
汉文意译：如今鸾凤互了解，

喃字原文：桃東仕呐柳西没哇。
国际音标：ʔdaːu² ʔdoŋ¹ thɛ³ nɔi⁵ liːu³ tɤi¹ mot⁸ lɤːi²
汉文直译：桃 东 将 说 柳 西 一 言
汉文意译：东桃西柳双喜事。

（男：阮进余）

（63）

喃字原文：䀼銅迍渃渁渼，
国际音标：tsɤu⁶ ʔdoŋ² ʔdoŋ⁵ nɯːk⁷ jɔt⁸ mɯə¹
汉文直译：盆 铜 等 水 滴 雨水
汉文意译：铜盆等着落雨水，

喃字原文：仍调躺呐如習固茹；
国际音标：ȵɯŋ³ ʔdiːu² min² nɔi⁵ ȵɯ¹sɯə¹ kɔ⁵ ȵa²
汉文直译：些 话 妹 说 如旧 有 家
汉文意译：前时告诉哥有家；

礼 俗 歌

喃字原文：固 傷 吶 寋 共 些，
国际音标：kɔ⁵ thɯːŋ¹ nɔi⁵ thɤt⁸ kuŋ² ta¹
汉文直译：有 爱 说实话 和 咱
汉文意译：大家相爱说实话，

喃字原文：時 些 貝 敢 伙 黜 共 躬。
国际音标：thi² ta¹ mɤːi⁵ jaːm⁵ vaːu²ra¹ kuŋ² min²
汉文直译：则 我 才 敢 往来 和 你
汉文意译：妹才敢往来哥家。

（64）

喃字原文：扒 術 嗨 娸 共 吒？
国际音标：tsaːŋ² ve² hɔi³ mɛ⁶ kuŋ² tsa¹
汉文直译：哥 回 问 母 和 父
汉文意译：哥问父母同意否？

喃字原文：朱 英 祂 婼 塘 賒 台 停；
国际音标：tsɔ¹ ʔan¹ lɤi⁵ vɤ⁶ ʔdɯːŋ¹ sa¹ hai² ʔdɯŋ²
汉文直译：让 哥 娶妻 路 远 或 不
汉文意译：父母准许娶远亲；

喃字原文：掁 掩 拎 饇 䮭 姜，
国际音标：tai¹ ʔɛm¹ kɤm² ɣɔi⁵ muːi⁵ ɣɯŋ²
汉文直译：手 妹 拿 包 盐 姜
汉文意译：远客手拿包盐姜，

喃字原文：姜 喛 䮭 鰻 吁 停 悁 烧。
国际音标：ɣɯŋ² kai¹ muːi⁵ man⁶ sin¹ ʔdɯŋ² kwen¹ ɲau¹
汉文直译：姜 棘 盐 咸 请 莫 忘 互相
汉文意译：姜棘盐咸尝分明。

喃字原文：悁烧俺拰朱悁，
国际音标：kwen¹ ɳau¹ ʔɛm¹ tsaŋ³ tsɔ³ kwen¹
汉文直译：忘　互相　妹　不　给　忘
汉文意译：若哥忘情妹不肯，

喃字原文：固傷時㐰贾𪧸婗默。
国际音标：kɔ⁵ thɯːŋ¹ thi² nɤ⁵ mɤːi⁵ nen¹ vɤ⁶tsoŋ²
汉文直译：有　爱　就　想念　才　成　夫妻
汉文意译：咱深相爱夫妻情。

（女：范氏清）

（65）

喃字原文：英㩽梗橙扑䊃橙，
国际音标：ʔan¹ ŋoi² kan² tsan¹ ʔbɔk⁷ mui⁵ tsan¹
汉文直译：哥　坐　枝　柠檬　剥　瓣　柠檬
汉文意译：哥爬柠檬树剥吃柠檬果，

喃字原文：媄俺㐌呐貝英寔他；
国际音标：mɛ⁶ ʔɛm¹ ʔda³ nɔi⁵ vɤːi⁵ ʔan¹ thɤt⁸tha²
汉文直译：母　妹　已　说　和　哥　老实
汉文意译：妹母告诉哥实话；

喃字原文：没浪吱酧吱赊，
国际音标：mot⁸ raŋ² tse¹ sɤu⁵ tse¹ sa¹
汉文直译：一　道　嫌　丑　嫌　远
汉文意译：一是嫌家远人丑，

喃字原文：台罗吱勜吱茹𡁯巾。
国际音标：haːi¹ la² tse¹ kɯə¹ tse¹ ɳa² khɔ⁵khan¹
汉文直译：二　是　嫌　门　嫌　家　困难
汉文意译：二是嫌家境困难。

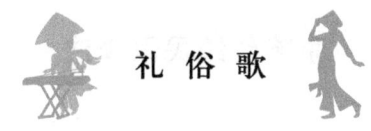
礼 俗 歌

喃字原文：懝浪铖　廟　铖䅹，
国际音标：ŋi³raŋ² nen¹ mi:u⁵ nen¹ ŋɛ²
汉文直译：以为　成　庙　成神庙
汉文意译：想是庙宇有庙神，

喃字原文：底 英 打 竹 打 椥 术 掩；
国际音标：ʔde³ ʔan¹ ʔdan⁵ tuk⁷ ʔdan⁵ tɛ¹ ve² joŋ²
汉文直译：让 哥 挖 竹 挖 竹 回 种
汉文意译：让哥挖竹回庙种；

喃字原文：埃 吁 功 庄 铖 功，
国际音标：ʔa:i¹ ŋɤ² koŋ¹ tsaŋ³ nen¹ koŋ¹
汉文直译：谁 料 功 不 成 功
汉文意译：谁料好言不成功，

喃字原文：计 佘 饶 吏 疠 闭 饶。
国际音标：ke³ mɤi⁵ȵi:u¹ la:i⁶ ʔdau¹ ʔbɤi⁵ȵi:u¹
汉文直译：述说 多少 来 痛 那么多
汉文意译：听了此言心更痛。

（男：苏维珍）

（66）

喃字原文：牡 円 牀 剿 茹 蜍，
国际音标：mɤu³ʔdɤ:n¹ mɔk⁸ kɯɯ³ ɲa²thɤ²
汉文直译：　牡丹　长 门 寺庙
汉文意译：寺前牡丹花盛开，

喃字原文：些 群 郴 橘 待 徐 烧 低；
国际音标：ta¹ kɔn² kwɤn⁵kwit⁷ ʔdɤ:i⁶tsɤ² ɲau¹ ʔdɤi¹
汉文直译：咱 还 眷恋　 等待 互相 这里
汉文意译：爱情眷恋正等待；

喃字原文：由 麻 於 胞 渃 霊，
国际音标：ju²ma² ʔɤ³ ja⁶ nɯːk⁷mɤi¹
汉文直译：纵使 在 心 云雨情
汉文意译：若心另有云雨情，

喃字原文：梗 牡 円 尼 時 烌 空 鲜。
国际音标：kan² mɤu³ʔdɤːn¹ nai² thi² hɛu⁵ khoŋ¹ tɯːi¹
汉文直译：枝 牡丹 这 就 枯萎 不 新鲜
汉文意译：鲜红牡丹变枝枯。

喃字原文：悉 些 节 玉 空 移，
国际音标：lɔŋ² ta¹ tiːt⁷ ŋɔk⁸ khoŋ¹ ji²
汉文直译：心 咱 节 玉 不 移
汉文意译：如果玉节志不移，

喃字原文：時 牡 円 䏦 卒 鲜 台 罢；
国际音标：thi² mɤu³ʔdɤːn¹ ʔdɤi⁵ tot⁷tɯːi¹ hai¹la²
汉文直译：则 牡丹 那里 鲜艳 或是
汉文意译：牡丹鲜艳显奇异；

喃字原文：仍 哑 躺 呐 孟 麻，
国际音标：ɲɯŋ³ lɤːi² min² nɔi⁵ man⁶mɛ³
汉文直译：些 话 妹 说 铿锵
汉文意译：铿锵誓言妹相许，

喃字原文：决 悉 甘 结 妲 樵 於 兜。
国际音标：kwiːt⁷lɔŋ² kaːm¹ket⁷ ʔden⁵ ja² ʔɤ³ ʔdɤu¹
汉文直译：决心 保证 到 老 在 哪里
汉文意译：保证相爱至老时。

（女：范氏清）

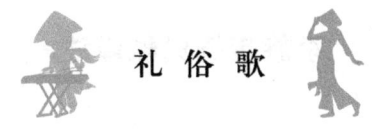

礼 俗 歌

（67）

喃字原文：䣛 䏦 䎱 勑 罿 丕，
国际音标：nam² ʔdem¹ mɤ³ kɯə³ toŋ¹ jɤ:i²
汉文直译：躺 夜 开 门 望 天
汉文意译：夜出开门仰望天，

喃字原文：丐 䘿 邊 北 怒 移 術 東；
国际音标：ka:i⁵ tha:u¹ ʔben¹ ʔbak⁷ nɔ⁶ jɤ:i² ve² ʔdoŋ¹
汉文直译：星星 北边 它 移 回 东
汉文意译：北斗星移至东边；

喃字原文：些 寻 術 東 觉 毬 鸪 雁，
国际音标：ta¹ tim² ve² ʔdoŋ¹ thɤi⁵ loŋ¹ tsim¹ ɲa:n⁶
汉文直译：哥 找 回 东 见 毛 雁
汉文意译：哥望东边见雁飞，

喃字原文：些 寻 術 北 觉 伴 孤 儿。
国际音标：ta¹ tim² ve² ʔbak⁷ thɤi⁵ ʔba:n⁶ ko¹ ɲi¹
汉文直译：哥 找 回 北 见 友 孤 儿
汉文意译：望向北面见孤星。

（男：苏维绍）

（68）

喃字原文：缘 奇 遇 德 劬 劳，
国际音标：ji:n¹ ki² ŋo⁶ ʔdɯk⁷ ku² la:u¹
汉文直译：缘分 奇遇 德 劬 劳
汉文意译：劬劳功德来缘分，

427

喃字原文：敕 情 敕 孝 邊 巿 重 欣；
国际音标：tsɯ³ tin² tsɯ³ hi:u⁵ ʔben¹ na:u² tɔŋ⁶ hɤ:n¹
汉文直译：字 情 字 孝 边 哪 重 过
汉文意译：情字孝字哪字重；

喃字原文：博 媄 罗 准 拧 掃，
国际音标：ʔba:k⁷mɛ⁶ la² tson⁵ nɤŋ¹niu¹
汉文直译：父 母 是 处 养 育
汉文意译：养育深恩是父母，

喃字原文：傷 時 傷 丕 挺 要 平 魃。
国际音标：thɯ:ŋ¹ thi² thɯ:ŋ¹ vɤi⁶ tsaŋ³ ʔi:u¹ ʔbaŋ² tson²
汉文直译：爱 则 爱 这 样 不 爱 如 夫
汉文意译：爱父母更爱夫君。

喃字原文：傷 吒 傷 媄 傷 终，
国际音标：thɯ:ŋ¹ tsa¹ thɯ:ŋ¹ mɛ⁶ thɯ:ŋ¹ tsuŋ¹
汉文直译：爱 父 爱 母 爱 共 同
汉文意译：爱父母咱俩责任，

喃字原文：傷 扎 媕 只 篤 悉 愁 秘；
国际音标：thɯ:ŋ¹ tsa:ŋ² ʔɛm¹ tsi³ jok⁷lɔŋ² thɤu² ri:ŋ¹
汉文直译：爱 夫 妹 只 倾 心 愁 私
汉文意译：深爱夫君妹私心；

喃字原文：傷 吒 傷 固 旿 魂，
国际音标：thɯ:ŋ¹ tsa¹ thɯ:ŋ¹ kɔ⁵ luk⁷ khwen¹
汉文直译：爱 父 爱 母 有 时 忘
汉文意译：父母之爱有时忘，

礼俗歌

喃字原文：傷 扒 俺 挺 固 魂 机 芾。
国际音标：thɯːŋ¹ tsaːŋ² ʔɛm¹ tsaŋ³ kɔ⁵ kwen¹ kɤ¹naːu²
汉文直译：爱 夫 妹 没 有 忘记 何时
汉文意译：深爱夫君是永恒。

（女：范氏清）

(69)

喃字原文：没 哩 乇 啐 分 交,
国际音标：mot⁸ lɤːi² ʔda³ sɤt⁷ fɤn¹jaːu¹
汉文直译：一 言 已 出 分手
汉文意译：话说出口要分手,

喃字原文：忌 黐 仃 固 叫 哞 啥 勜;
国际音标：maːi¹thau¹ ʔdɯŋ² kɔ⁵ son¹saːu¹ tiːŋ⁵ ŋɯːi²
汉文直译：日 后 莫 有 喧哗 声音 人
汉文意译：见面喧哗待日后;

喃字原文：培 鑽 荓 用 花 涞,
国际音标：voi⁶vaːŋ² la⁵ ruŋ⁶ hwa¹ rɤi
汉文直译：匆忙 叶 落 花 谢
汉文意译：树上鲜花莫急谢,

喃字原文：扒 術 書 院 妾 移 楼 西。
国际音标：tsaːŋ² ve² thɯ¹viːn⁶ thiːp⁷ jɤːi² lɤu² tʂi¹
汉文直译：哥 回 书 院 妾 移 楼 西
汉文意译：哥回书院妹返楼。

喃字原文：自 番 移 别 辙 鑽,
国际音标：tɯ² fɛn¹ ʔda⁵ ʔbiːt⁷ tuːi³ vaːŋ²
汉文直译：从 次 石 知 岁 金
汉文意译：自从知石会变金,

429

喃字原文：悉 强 㐱 色 胒 强 痕 舒；
国际音标：lɔŋ² kaːŋ² thɔn¹thak⁷ ja⁶ kaːŋ² ŋɤn³ŋɤ¹
汉文直译：心 越 赤诚 心 越 年幼无知
汉文意译：丹心相爱怎无知；

喃字原文：淹 疏 没 潎 浓 徐，
国际音标：thoŋ¹ thɤ¹ mot⁸ jaːi³ noŋ² tsɤ²
汉文直译：河 疏 一 带 浅 等
汉文意译：河流带水隔不远，

喃字原文：几 𡗶 頭 怒 馭 徐 㩴 箕。
国际音标：kɛ³ toŋ¹ ʔdɤu² nɔ⁶ ŋɯːi² tsɤ² kuːi⁵ kiə¹
汉文直译：有的 望 头 它 人 等 尾 那
汉文意译：河边相望俩痴情。

（男：阮进余）

（70）

女：

喃字原文：淹 溪 渃 沚 吹 湧，
国际音标：thoŋ¹ khɛ¹ nɯːk⁷ tsai³ suːi¹ jɔŋ²
汉文直译：河 溪 水 流动 顺 水流
汉文意译：河溪分支水顺流，

喃字原文：没 畑 堆 㧅 扒 𡗶 㧅 帀。
国际音标：mot⁸ ʔdɛn² ʔdoi¹ ŋɔn⁶ tsaːŋ² toŋ¹ ŋɔn⁶ naːu²
汉文直译：一 灯 两 盏 哥 望 盏 哪
汉文意译：一灯两盏望哪头。

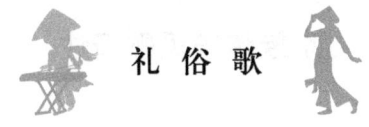

礼 俗 歌

（71）

男：

喃字原文：渷 溪 渃 沚 泑 泑，
国际音标：thoŋ¹ khɛ¹ nɯ:k⁷ tsai³ ʔa:u²ʔa:u²
汉文直译：河 溪 水 流 潺潺
汉文意译：河溪之水滚滚流，

喃字原文：没 畑 堆 阮 阮 帋 拱 𦥻。
国际音标：mot⁸ ʔdɛn² ʔdoi¹ ŋɔn⁶ ŋɔn⁶ na:u² kuŋ³ toŋ¹
汉文直译：一 灯 两 盏 盏 哪 也 望
汉文意译：一灯两盏望两头。

（72）

女：

喃字原文：由 埃 㧸 桂 披 梗，
国际音标：ju² ʔa:i¹ van¹ kwe⁵ ʔbɛ³ kan²
汉文直译：无论谁 修剪 桂树 拽 枝
汉文意译：谁人把树来拽枝，

喃字原文：時 躺 英 拱 祂 咹 吶;
国际音标：thi² min² jɯ³lɤ:i⁵ lɤ:i² ʔan¹ ɲan⁵ɲu³
汉文直译：则 妹 坚守 话 哥 嘱咐
汉文意译：那人就是我郎君；

喃字原文：仍 调 㫕 蹹 吶 吶，
国际音标：ɲɯŋ³ ʔdi:u² ŋai²tɯ:k⁷ ɲan⁵ɲu³
汉文直译：些 话 昔日 嘱咐
汉文意译：昔日郎君吩附言，

喃字原文：核 梛 群 妑 沴 艐 群 低。
国际音标：kɤi¹na¹ kɔn² ʔcɔ⁵ ʔben⁵ʔdɔ² kɔn² ʔdɤi¹
汉文直译：蕃荔枝 还 那 码头 还 这里
汉文意译：蕃荔枝熟码头存。

（男：杜福朝）

(73)

喃字原文：细 低 摱 体 喺 娘，
国际音标：tɤ:i⁵ ʔdɤi¹ mɯ:n⁶the³ tham¹ na:ŋ²
汉文直译：到 这里 趁机 探问 妹
汉文意译：到此趁机探问妹，

喃字原文：嗨 喺 天 下 鸾 鐄 兜 渚；
国际音标：hɔi³tham¹ thi:n¹ha⁶ lɔn¹va:ŋ² ʔdɤu³ tsɯə¹
汉文直译：请问 天下 金鸾 哪里 没有
汉文意译：请问妹妹有金鸾；

喃字原文：细 低 英 嗨 霶 纟，
国际音标：tɤ:i⁵ ʔdɤi¹ ʔan¹ hɔi³ tɔk⁷tɤ¹
汉文直译：到 这里 哥 问 毫厘
汉文意译：到此哥再详细问，

喃字原文：嗨 娘 定 准 兜 渚 唉 娘。
国际音标：hɔi³ na:ŋ² ʔdin⁶ tson⁵ ʔdɤu¹ tsɯə¹ hɤ:i³ na:ŋ²
汉文直译：问 妹 定 地方 哪里 尚未 啊 妹
汉文意译：妹妹定有新郎君。

喃字原文：固 堆 時 娘 呐 甝，
国际音标：kɔ⁵ ʔdoi¹ thi² na:ŋ² nɔi⁵ ra¹
汉文直译：有 双 则 妹 说 出
汉文意译：若妹有处说实言，

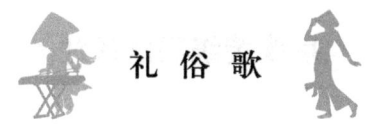

礼 俗 歌

喃字原文：底 英 贾 敢 交 和 结 缘。
国际音标：ʔde³ ʔan¹ mɤːi⁵ jaːm⁵ jaːu¹hwa² ket⁷jiːn¹
汉文直译：让 哥 才 敢 交好 结缘
汉文意译：哥敢往来结交缘。

（男：刘永新）

（74）

喃字原文：胦 蓬 照 泣 園 花，
国际音标：jaŋ¹ len¹ tsiːu⁵ khap⁷ vɯːn²hwa¹
汉文直译：月亮 升 照 遍 花园
汉文意译：月亮升起照花园，

喃字原文：払 麻 寔 脆 時 些 貝 躺；
国际音标：tsaːŋ² ma² thɤt⁸jaː⁶ thi² ta¹ vɤːi⁵ min²
汉文直译：哥 无实义 真心 则 哥 和 妹
汉文意译：君是有心妹匹配；

喃字原文：鸼 坤 杜 屋 兰 庭，
国际音标：tsim¹ khon¹ ʔdo³ nɔk⁷ laːn¹ʔdin²
汉文直译：鸟 机灵 栖 屋脊 兰庭
汉文意译：精鸟飞来栖兰庭，

喃字原文：些 時 只 决 衪 躺 𠄼 堆。
国际音标：ta¹ thi² tsi³ kwiːt⁷ lɤi⁵ min² laːm² ʔdoi¹
汉文直译：哥 则 只 决心 要 妹 做 双
汉文意译：妹决与君成双对。

（女：刘元英）

433

（75）

喃字原文：莲 棱 麻 披 梗 樋，
国际音标：len¹ rɯŋ² ma² ʔbɛ³ kan² thoŋ¹
汉文直译：上 山林 而 折 枝 松树
汉文意译：上山折枝松树叶，

喃字原文：秪 扲 鉊 铜 秪 鲜 照 花；
国际音标：tai¹ kɤm² tsɤu⁶ ʔdoŋ² tai¹ ra:i³ tsi:u⁵hwa¹
汉文直译：手 拿 盆 铜 手 铺 花 席
汉文意译：手拿花盆手铺席；

喃字原文：仍 哩 躺 吶 貝 些，
国际音标：ȵɯŋ³ lɤ:i² min² nɔi⁵ vɤ:i⁵ ta¹
汉文直译：些 话 妹 说 和 咱
汉文意译：妹曾吩咐哥话儿，

喃字原文：滝 固 洱 河 肉 固 伞 圆。
国际音标：thoŋ¹ kɔ⁵ ȵi⁶ha² nui⁵ kɔ⁵ ta:n³vi:n¹
汉文直译：河 有 红 河 山 有 伞 圆
汉文意译：山有伞圆水红河。

喃字原文：㘅 市 跆 肉 伞 圆，
国际音标：ŋai² na:u¹ lɤ³ nui⁵ ta:n³vi:n¹
汉文直译：天 哪 崩 塌 山 伞 圆
汉文意译：哪天伞圆山崩塌，

喃字原文：洰 滝 潭 渦 貝 悁 義 娘；
国际音标：ka:n⁶ thoŋ¹ ʔdɤm² wa¹ mɤ:i⁵ kwen¹ ŋiə³ na:ŋ²
汉文直译：干 河 娲潭 才 忘 情 义 妹
汉文意译：娲潭水干妹不忘；

礼 俗 歌

喃字原文：礼 帝 泔 湰 潭 鑛，
国际音标：ŋai² na:u² ka:n⁶ lut⁸ ʔdɤm²va:ŋ²
汉文直译：天 哪 干 洪水 黄潭
汉文意译：那日黄潭水干尽，

喃字原文：泔 淹 潭 渦 羲 娘 貝 悁。
国际音标：ka:n⁶ thoŋ¹ ʔdɤm²ʔwa¹ ŋiə³ na:ŋ² mɤ:i⁵ kwen¹
汉文直译：干 河 娲潭 情义 妹 才 忘
汉文意译：娲潭水干情不忘。

（男：杜福朝）

（76）

喃字原文：英 䰾 㺯 㺯 媕 尼，
国际音标：ʔan¹ toŋ¹ kɔn¹mat⁷ ʔɛm¹ nai²
汉文直译：哥 望 眼睛 妹 这
汉文意译：哥想望妹双眼睛，

喃字原文：坤 時 英 袝 哩 疠 時 㺯；
国际音标：khon¹ thi² ʔan¹ lɤi⁵ ja:i⁶ŋɤi¹ thi² ʔduŋ²
汉文直译：聪明 则 哥 娶 愚蠢 则 免
汉文意译：精灵人娶痴呆免；

喃字原文：馭 坤 㺯 相 顛 黜，
国际音标：ŋɯ:i² khon¹ kɔn¹mat⁷ ʔdɛn¹thi²
汉文直译：人 聪明 眼睛 乌黑
汉文意译：精人眼睛显乌黑，

喃字原文：㝵 曳 倱 相 姅 鋳 姅 鎐。
国际音标：ŋɯːi² jaːi⁶ kɔn¹mat⁷ nɯə³ tsi² nɯə³ thau¹
汉文直译：人 愚蠢 眼睛 半 铅 半 黄铜
汉文意译：愚人眼睛铜铅印。

（男：杜福进）

（77）

喃字原文：淹 群 𡮻 曳 詩 忴，
国际音标：ʔɛm¹ kɔn² ʔbɛ⁵jaːi⁶ thɤ¹ŋɤi¹
汉文直译：妹 尚 年幼无知 幼稚
汉文意译：妹尚年幼无知事，

喃字原文：柴 媄 押 旺 自 㝵 少 年；
国际音标：thɤi²mɛ⁶ ʔep⁷ʔuːŋ³ tɯ² ŋai² thiːu⁵niːn¹
汉文直译：父母 逼迫 从 日子 少年
汉文意译：父母迫嫁少轻时；

喃字原文：朱 铖 缘 庄 拔 缘，
国际音标：tsɔ¹nen¹ jiːn¹ tsaŋ³ vɯə² jiːn¹
汉文直译：所以 姻缘 不 合 姻缘
汉文意译：因为尚未合姻缘，

喃字原文：固 傷 時 撼 淹 蓬 唉 扒。
国际音标：kɔ⁵ thɯːŋ¹ thi² vɤːt⁷ ʔɛm¹ len¹ hɤːi³ tsaːŋ²
汉文直译：有 爱 则 挽救 妹 上来 啊 哥
汉文意译：若哥相爱来迎娶。

（女：阮氏心）

礼 俗 歌

（78）

喃字原文：媕 衕 嗽 貝 梅 吒，
国际音标：ʔɛm¹ ve² thɯə¹ vɤ:i⁵ mɛ⁶tsa¹
汉文直译：妹 回 启禀 和 父母
汉文意译：妹妹回家问父母，

喃字原文：朱 英 加 入 剿 茹 贾 铖；
国际音标：tsɔ¹ ʔan¹ ja¹ȵɤp⁸ kuə³ɳa² mɤ:i⁵ nen¹
汉文直译：让 哥 加入 家庭 才 成
汉文意译：让哥上门做女婿；

喃字原文：媕 衕 嗽 貝 媄 吒，
国际音标：ʔɛm¹ ve² thɯə¹ vɤ:i⁵ mɛ⁶tsa¹
汉文直译：妹 回 启禀 和 父母
汉文意译：若妹父母言允许，

喃字原文：朱 英 半 子 没 茹 朱 愲。
国际音标：tsɔ¹ ʔan¹ ʔba:n⁵tɯ³ mot⁸ ɳa² tsɔ¹ vui¹
汉文直译：让 哥 半子 一 家 使 高兴
汉文意译：父母半子夫妻喜。

（男：杜福进）

（79）

喃字原文：堆 些 如 织 缚 巴，
国际音标：ʔdoi¹ta¹ ɲɯ¹ tsi³ sɛ¹ ʔba¹
汉文直译：咱俩 如 线 纺 三
汉文意译：咱俩如线三支纱，

437

喃字原文：柴媄缍丱時些缍毵；
国际音标：thɤi²mɛ⁶ sɛ¹ ʔit⁷ thi² ta¹ sɛ¹ n̠i:u²
汉文直译：父母　纺少　则　咱　纺　多
汉文意译：父母纺少咱纺多；

喃字原文：堆些如织缍甊，
国际音标：ʔdoi¹ta¹ n̠ɯ¹ tsi³ sɛ¹ nam¹
汉文直译：咱俩　如　线　纺　五
汉文意译：咱俩如线五支纱，

喃字原文：柴媄缍丱些拎些缍。
国际音标：thɤi²mɛ⁶ sɛ¹ ʔit⁷ ta¹ kɤm² ta¹ sɛ¹
汉文直译：父母　纺少　咱　拿　咱　纺
汉文意译：父母帮少咱执纺。

喃字原文：堆些如织缍迠，
国际音标：ʔdoi¹ta¹ n̠ɯ¹ tsi³ sɛ¹ mɯ:i²
汉文直译：咱俩　如　线　纺　十
汉文意译：咱俩如线十支纱，

喃字原文：柴媄缍丱擾　馹些缍。
国际音标：thɤi²mɛ⁶ sɛ¹ ʔit⁷ mɯ:n⁶ ŋɯ:i² ta¹ sɛ¹
汉文直译：父母　纺少　借　众人　咱　纺
汉文意译：父母纺少众人帮。

（女：阮氏心）

（80）
喃字原文：迠烑於益會尼，
国际音标：ɣap⁸n̠au¹ ʔɤ³ ʔda:m⁵hoi⁶ nai²
汉文直译：相遇　在　亭会　这
汉文意译：在此亭会得相遇，

礼 俗 歌

喃字原文：英 尼 悗 糎 庵 尼 悗 悉；
国际音标：ʔan¹ nai¹ mɯŋ² mat⁸ ʔɛm¹ nai² mɯŋ²lɔŋ²
汉文直译：哥 今 高兴 脸 妹 这 欢心
汉文意译：见哥笑脸妹欢心；

喃字原文：英 術 收 摄 朱 衝，
国际音标：ʔan¹ ve² thu¹jɛp⁸ tsɔ¹ sɔŋ¹
汉文直译：哥 回 收拾 给 完
汉文意译：哥回准备好礼品，

喃字原文：底 庵 仕 踏 劂 房 庵 黜。
国际音标：ʔde³ ʔɛm¹ thɛ³ ʔda:p⁸ kɯə³ fɔŋ² ʔɛm¹ ra¹
汉文直译：让 妹 将 踏 门 房 妹 出
汉文意译：接妹回家进新房。

（81）

喃字原文：迗 低 沛 呐 沛 唭，
国际音标：ɣap⁸ ʔdɤi¹ fa:i³ nɔi⁵ fa:i³ kɯ:i²
汉文直译：遇 这里 得 说 得 笑
汉文意译：此处相遇有欢笑，

喃字原文：瑟 琴 沛 侣 於 茈 沛 缘；
国际音标：that⁷ kɤm² fa:i³ lɯ³ ʔɤ³ ʔdɤ:i² fa:i³ ji:n¹
汉文直译：瑟 琴 成 伴侣 在 世间 对 缘
汉文意译：瑟琴成对咱有缘；

喃字原文：迗 低 萬 事 朱 𢦳，
国际音标：ɣap⁸ ʔdɤi¹ va:n⁶ thɯ⁶ tsɔ¹ nen¹
汉文直译：遇 这里 万 事 使 成
汉文意译：此处相遇万事成，

439

喃字原文： 孜 情 强 孟 孜 缘 强 浓。
国际音标： tsɯ³ tin² kaːŋ² man⁶ tsɯ³ jiːn¹ kaːŋ² noŋ²
汉文直译： 字 情 越 有力 字 缘 越 浓
汉文意译： 情字更蜜缘字浓。

（女：阮氏心）

（82）

喃字原文： 钟 丕 核 奇 暰 高，
国际音标： jɯə³jɤːi² kɤi¹ kaːbɔŋ⁵ kaːu¹
汉文直译： 空中 树 大 阴凉 高
汉文意译： 阴凉大树高参天，

喃字原文： 姻 缘 皀 定 缍 㕻 朱 英；
国际音标： nɤn¹jiːn¹ ʔdaː³ ʔdin⁶ sɛ¹ vaːu⁶ tsɔ¹ ʔan¹
汉文直译： 姻缘 已 定 牵 进 给 哥
汉文意译： 为哥牵线定姻缘；

喃字原文： 㐱 䄄 结 缕 织 纸，
国际音标： tam¹ nam¹ ket⁷ thɤːi⁶ tsi³jɤn¹
汉文直译： 百 年 结 缕 赤绳
汉文意译： 赤绳一缕结百年，

喃字原文： 爱 恩 捜 绵 鍾 情 胶 肌。
国际音标： ʔaːi⁵ʔɤn¹ ɣan⁵ʔbɔ⁵ tsuŋ¹tin² kɛu¹thɤːn¹
汉文直译： 恩爱 缠绵 钟情 胶膝
汉文意译： 恩爱缠绵胶膝情。

礼 俗 歌

（83）

喃字原文：𦰞 㯹 麻 待 渃 蓬，
国际音标：jɯ³ tha:u² ma² ʔdɤ:i⁶ nɯ:k⁷ len¹
汉文直译：守 竹篙 而 等待 水 涨
汉文意译：船泊插竿待水涨，

喃字原文：𦰞 缘 待 伴 朱 𣃣 㐌 𣈜；
国际音标：jɯ³ ji:n¹ ʔdɤ:i⁶ ba:n⁶ tsɔ¹nen¹ ʔden⁵ jɤ²
汉文直译：守 缘 等待 侣伴 所以 到 现在
汉文意译：等待侣伴结佳偶；

喃字原文：徐 媕 㐌 枉 功 徐，
国际音标：tsɤ² ʔɛm¹ ʔda³ ʔu:ŋ³koŋ¹ tsɤ²
汉文直译：等 妹 已 枉费 等
汉文意译：久时等妹枉费时，

喃字原文：包 饶 功 待 埃 吋 枉 功。
国际音标：ʔba:u¹ɲi:u¹ koŋ¹ ʔdɤ:i⁶ ʔa:i¹ ŋɤ² ʔu:ŋ³ koŋ¹
汉文直译： 多少 功 等待 谁 料 枉费 功
汉文意译：多年等待今成功。

（男：裴永彬）

（84）

喃字原文：没 怓 忞 凤 忞 鸾，
国际音标：mot⁸ lo¹ ŋɤ⁵ fɯ:ŋ⁶ ŋɤ⁵ lɔn¹
汉文直译：一 忧 想 凤 思 鸾
汉文意译：一忧想凤又思鸾，

441

喃字原文：𠄩 忄户 𡥵 妸 當 𦼔 跕 時；

国际音标：ha:i^{1} lɔ^{1} kɔn^{1}ɣa:i^{5} ʔda:ŋ^{1} nɔn^{1} lɤ^{3}thi^{2}

汉文直译：二 忧 女儿 正 年青 错过婚龄

汉文意译：二忧年轻被误事；

喃字原文：𠀧 忄户 父 母 没 皮，

国际音标：ʔba^{1} lɔ^{1} fu^{6}mɤu^{3} mot^{8}ʔbe^{2}

汉文直译：三 忧 父母 不同意

汉文意译：三忧父母不同意，

喃字原文：罘 忄户 㛪 渚 祂 之 特 安；

国际音标：ʔbon^{5} lɔ^{1} ʔɛm^{1} tsɯə^{1} lɤi^{5} tsi^{1} ʔdɯ:k^{8} ʔi:n^{1}

汉文直译： 四 忧 妹 未 嫁 什么 得 安然

汉文意译：四忧未嫁不安然；

喃字原文：𠄼 忄户 㛪 唉 群 烦，

国际音标：nam^{1} lɔ^{1} ʔɛm^{1} hɤ:i^{3} kɔn^{2} ʔbu:n^{2}

汉文直译： 五 忧 妹 啊 还 心烦

汉文意译：五忧心里妹正烦，

喃字原文：𦒹 忄户 㛪 渚 特 安 𠸗 茹；

国际音标：thau^{5} lɔ^{1} ʔɛm^{1} tsɯə^{1} ʔdɯ:k^{8} ʔi:n^{1} kɯə^{3}ȵa^{2}

汉文直译： 六 忧 妹 未 得 安 家庭

汉文意译：六忧未定公婆家；

喃字原文：𦉱 忄户 惿 祂 䠻 赊，

国际音标：ʔbai^{3} lɔ^{1} thɤ^{6} lɤi^{5} tsoŋ^{2} sa^{1}

汉文直译： 七 忧 怕 嫁 夫 远

汉文意译：七忧怕娶夫君远，

礼 俗 歌

喃字原文：凯 忪 淹 底 媄 糙 埃 馁。
国际音标：taːm⁵ lɔ¹ ʔɛm¹ ʔde³ mɛ⁶ ja² ʔaːi¹ nuːi¹
汉文直译：八　忧　妹　留　母　老　谁　养
汉文意译：八忧双老无人养。

喃字原文：旭　忪　同　坦　渚　馹，
国际音标：tsin⁵ lɔ¹ ʔdoŋ² ʔdɤt⁷ mɯːk⁷ ŋɯːi²
汉文直译：九　忧　同　土地　别人
汉文意译：九忧嫁娶他外乡，

喃字原文：迏　忪　拶　虐　术　吹　没　躺。
国际音标：mɯːi² lɔ¹ ʔdi¹ ŋɯːk⁸ veː² suːi¹ mot⁸ min²
汉文直译：十　忧　去　逆　回　顺　独自
汉文意译：十忧奔波苦一生。

（女：吴秀英）

（85）

喃字原文：没　要　霊　凤　撑　撑，
国际音标：mot⁸ ʔiːu¹ tɔk⁷ fɯ⁶ san¹ san¹
汉文直译：一　爱　发　凤　青　青
汉文意译：一爱妹云鬓青青，

喃字原文：乤　要　玉　鐲　铖　梗　卒　鲜；
国际音标：haːi¹ ʔiːu¹ ŋɔk⁸ ʔduk⁷ nen¹ kan² tot⁷ tɯːi¹
汉文直译：二　爱　玉　铸　成　枝　鲜艳
汉文意译：二爱玉铸枝鲜花；

喃字原文：叿　妥　颜　色　院　迕，
国际音标：ʔba¹ ʔiːu¹ naːn¹ thak⁷ ven⁶ mɯːi²
汉文直译：三　爱　姿色　　完美
汉文意译：三爱完美鲜艳颜，

443

喃字原文：罘 要 畩 皀 呬 唭 荌 花。
国际音标：ʔbon⁵ ʔiːu¹ raŋ¹ taŋ⁵ miːŋ⁶ kɯːi² nɤ³ hwa¹
汉文直译：四 爱 齿 白 口 笑 开 花
汉文意译：四爱白齿笑开花。

喃字原文：甛 要 挆 跦 端 庄，
国际音标：nam¹ ʔiːu¹ ʔdi¹ʔdɯŋ⁵ ʔdon¹taːŋ¹
汉文直译：五 爱 行为举止 端 庄
汉文意译：五爱美貌又端庄，

喃字原文：軪 妥 哎 呐 唈 扬 湟 那；
国际音标：thau⁵ ʔiːu¹ ʔanˈnoː⁵ jiu⁶jaːŋ² net⁷na¹
汉文直译：六 爱 言谈 温柔 循规蹈矩
汉文意译：六爱说笑显温柔；

喃字原文：罴 要 性 杏 顺 和，
国际音标：ʔbai³ ʔiːu¹ tin⁵ han⁶ thɤn⁶hwa²
汉文直译：七 爱 性情 品行 顺和
汉文意译：七爱顺和品行好，

喃字原文：釟 要 様 唈 如 花 壿 梗；
国际音标：taːm⁵ ʔiːu¹ jaːŋ⁵jɤp⁷ ɲɯ¹ hwa¹ ten¹ kan²
汉文直译：八 爱 举止 如 花 上 枝
汉文意译：八爱举止如花开；

喃字原文：九 要 博 媄 生 成，
国际音标：tsin⁵ ʔiːu¹ ʔbaːk⁷mɛ⁶ thin¹ than²
汉文直译：九 爱 父 母 生 成
汉文意译：九爱父母养育恩，

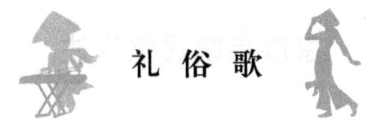

礼 俗 歌

喃字原文： 迣 要 家 室 只 躺 貝 些。
国际音标： mɯːi² ʔiːu¹ jaˡthɤt⁷ tsi³ min² vɤːi⁵ ta¹
汉文直译： 十 爱 家 室 只 妹 和 哥
汉文意译： 十爱夫妻家室欢。

（男：杜玉光）

（86）

喃字原文： 没 要 馹 帝 甡 甡，
国际音标： mot⁸ ʔiːu¹ ŋɯːi² ʔdɤi⁵ sin¹sin¹
汉文直译： 一 爱 人 那里 漂亮
汉文意译： 一爱君子人漂亮，

喃字原文： 亗 要 博 媄 扮 躺 朱 些；
国际音标： haːi¹ ʔiːu¹ ʔbaːk⁷mɛ⁶ tsiə¹ min² tsɔ¹ ta¹
汉文直译： 二 爱 父 母 分 妹 给 哥
汉文意译： 二爱父母准嫁人；

喃字原文： 毕 妾 终 劂 终 茹，
国际音标： ʔba¹ ʔiːu¹ tsuŋ¹ kɯə³ tsuŋ¹ ɲa²
汉文直译： 三 爱 同 门 同 家
汉文意译： 三爱夫妇同一家，

喃字原文： 罙 妾 卒 糱 如 花 迶 梗。
国际音标： ʔbon⁵ ʔiːu¹ tot⁷ ʔdɛp⁸ ɲɯ¹ hwa¹ ten¹ kan²
汉文直译： 四 爱 美丽 如 花 上 枝
汉文意译： 四爱美如花鲜艳。

喃字原文： 㕮 要 情 吏 迲 情，
国际音标： nam¹ ʔiːu¹ tin² laːi⁶ yap⁸ tin²
汉文直译： 五 爱 情 又 遇 情
汉文意译： 五爱两情得相遇，

445

喃字原文： 软 要 些 只 贝 躺 躺 喂;
国际音标： thau⁵ ʔiːu¹ ta¹ tsi³ vɤːi⁵ min² min² ʔɤːi¹
汉文直译： 六 爱 哥 只 和 妹 妹 啊
汉文意译： 六爱妹得靠夫君;

喃字原文： 罷 要 躺 呐 躺 唭，
国际音标： ʔbai³ ʔiːu¹ min² nɔi⁵ min² kɯːi²
汉文直译： 七 爱 妹 说 妹 笑
汉文意译： 七爱说笑俩亲热，

喃字原文： 馸 要 要 奇 琨 馱 形 容。
国际音标： taːm⁵ ʔiːu¹ ʔiːu¹ ka³ kɔn¹ŋɯːi² hin²juŋ¹
汉文直译： 八 爱 爱 全部 人 面 容
汉文意译： 八爱面容美夫君。

喃字原文： 旭 要 终 襘 鸳 房，
国际音标： tsin⁵ ʔiːu¹ tsuŋ¹ ɣɔi⁵ lɔn¹fɔŋ²
汉文直译： 九 爱 共 枕 鸳 房
汉文意译： 九爱鸳房共枕巾，

喃字原文： 迚 要 些 只 没 悉 贝 烧。
国际音标： mɯːi² ʔiːu¹ ta¹ tsi³ mot⁸lɔŋ² vɤːi⁵ɲau¹
汉文直译： 十 爱 咱 只 一心 互相
汉文意译： 十爱夫妻同一心。

（女：阮春英）

(87)

喃字原文： 没 悷 唀 没 呬 蒌，
国际音标： mot⁸ mɯŋ² ʔan¹ mot⁸ miːŋ⁵ jɤu²
汉文直译： 一 贺 吃 一 片 槟榔
汉文意译： 一贺口嚼槟榔蒌，

礼 俗 歌

喃字原文：𠄞 悗 些 迏 㷇 低 绪 情；
国际音标：ha:i¹ mɯŋ² ta¹ ɣap⁸ȵau¹ ʔdɤi¹ tɯ⁶tin²
汉文直译：二 贺 咱 相会 这里 抒情
汉文意译：二贺相会共抒情；

喃字原文：㠭 悗 才 色 调 羙，
国际音标：ʔba¹ mɯŋ² ta:i² thak⁷ ʔdeu² sin¹
汉文直译：三 贺 才 色 都 美
汉文意译：三贺男才女色美，

喃字原文：𦊟 悗 博 没 生 成 特 堆；
国际音标：ʔbon⁵ mɯŋ² ʔba:k⁷mε⁶ thin¹ than² ʔdɯ:k⁸ ʔdoi¹
汉文直译：四 贺 父母 生 成 得 双
汉文意译：四贺父母育成人；

喃字原文：𩋆 悗 愿 约 没 咥，
国际音标：nam¹ mɯŋ² ŋwi:n⁶ʔɯ:k⁷ mot⁸ lɤ:i²
汉文直译：五 贺 相约 一 言
汉文意译：五贺相约许誓言，

喃字原文：𦒹 悗 缘 分 齓 丕 吹 𨢉；
国际音标：thau⁵ mɯŋ² ji:n¹fɤn⁶ ʔbɤ:i³ jɤ:i² su:i¹nen¹
汉文直译：六 贺 缘分 因为 天 作合
汉文意译：六贺天作合缘分；

喃字原文：𦉱 悗 迏 特 伴 贤，
国际音标：ʔbai³ mɯŋ² ɣap⁸ ʔdɯ:k⁸ ʔba:n⁶ hi:n²
汉文直译：七 贺 遇 得 友 贤
汉文意译：七贺相亲是贤友，

447

喃字原文：叭 惆 解 悉 愿 始 终。
国际音标：ta:m⁵ mɯŋ² ja:i³lɔŋ² ŋwi:n² thi³tsuŋ¹
汉文直译：八 贺 表衷情 发誓 始终
汉文意译：八贺始终表衷情。

喃字原文：旮 惆 才 子 英 雄，
国际音标：tsin⁵ mɯŋ² ta:i²tɯ³ ʔan¹huŋ²
汉文直译：九 贺 才子 英雄
汉文意译：九贺才子加英雄，

喃字原文：辿 惆 些 於 共 终 没 茹。
国际音标：mɯ:i² mɯŋ² ta¹ ʔɤ³ kuŋ²tsuŋ¹ mot⁸ ɲa²
汉文直译：十 贺 咱 住 共同 一 家
汉文意译：十贺夫妻一家亲。

喃字原文：惆 扒 惆 实 惆 怹，
国际音标：mɯŋ² tsa:ŋ² mɯŋ² tsa:ŋ² mɯŋ² tha²
汉文直译：祝贺 哥 祝贺 哥 祝贺 诚心
汉文意译：祝贺君子有诚心，

喃字原文：埯 尼 知 己 空 罗 惆 制；
国际音标：ʔɛm¹ nai² ti¹ki³ khon¹ la² mɯŋ² tsɤ:i¹
汉文直译：妹 这 知己 不 是 祝贺 玩
汉文意译：祝贺之言于妹心；

喃字原文：扒 喂 记 𠀧 每 哩，
国际音标：tsa:ŋ² ʔɤ:i¹ ɣi¹ het⁷ mɔi⁶ lɤ:i²
汉文直译：哥 啊！记住 完 全部 话
汉文意译：哥呀！这是妹祝言，

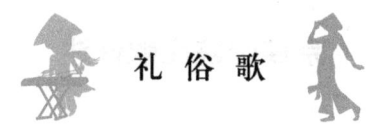
礼 俗 歌

喃字原文： 吁 扒 悯 吏 朱 碎 平 悉。
国际音标： sin¹ tsa:ŋ² mɯŋ² la:i⁶ tsɔ¹ toi¹ ʔbaŋ²lɔŋ²
汉文直译： 请 哥 祝贺 再 给 我 欢心
汉文意译： 请哥回祝妹欢心。

（女：阮继凤）

（88）

喃字原文： 没 悯 英 糊 會 尼，
国际音标： mot⁸ mɯŋ² ʔan¹ mɤ³ hoi⁶ nai²
汉文直译： 一 贺 哥 开 歌堂 这
汉文意译： 一贺哥开此歌堂，

喃字原文： 台 悯 淹 返 英 低 绪 情；
国际音标： ha:i¹ mɯŋ² ʔɛm¹ ɣap⁸ ʔan¹ ʔdɤi¹ tɯ⁶tin²
汉文直译： 二 贺 妹 遇 哥 这里 抒情
汉文意译： 二贺妹来共抒情；

喃字原文： 凹 悯 铖 道 家 庭，
国际音标： ʔba¹ mɯŋ² nen¹ ʔda:u⁶ ja¹ʔdin²
汉文直译： 三 贺 成 道 家 庭
汉文意译： 三贺同道家庭亲，

喃字原文： 罙 悯 柴 媄 生 成 糱 堆。
国际音标： ʔbon⁵ mɯŋ² thɤi² mɛ⁶ thin¹ than² ʔdɛp⁸ʔdoi¹
汉文直译： 四 贺 父 母 生 成 佳偶
汉文意译： 四贺父母准成婚。

喃字原文： 醢 悯 喉 约 没 唑，
国际音标： nam¹ mɯŋ² hɛn⁶ʔɯ:k⁷ mot⁸ lɤ:i²
汉文直译： 五 贺 相约 一 言
汉文意译： 五贺会面许誓言，

喃字原文：软㤹缘分在丕买铖；
国际音标：thau⁵ muɯŋ² ji:n¹fɤn⁶ ta:i⁶ jɤ:i² mɤ:i⁵ nen¹
汉文直译：六　贺　缘分　在　天　才　成
汉文意译：六贺缘分天系定；

喃字原文：𦉱㤹迏特伴贤，
国际音标：ʔbai³ muɯŋ² ɣap⁸ ʔdɯ:k⁸ ʔba:n⁶ hi:n²
汉文直译：七　贺　遇　得　友　贤
汉文意译：七贺贤友成夫妻，

喃字原文：𠔭㤹固心悉善始终。
国际音标：ta:m⁵ muɯŋ² kɔ⁵ tɤm¹ lɔŋ²thi:n⁶ thi³tsuŋ¹
汉文直译：八　贺　有　心　善心　始终
汉文意译：八贺始终人心善。

喃字原文：𠃩㤹迏客桑蓬，
国际音标：tsin⁵ muɯŋ² ɣap⁸ khat⁷ ta:ŋ¹ʔbɔŋ²
汉文直译：九　贺　遇　客　桑蓬
汉文意译：九贺桑园见仙客，

喃字原文：迣㤹铖道媷㰵自低。
国际音标：mɯ:i² muɯŋ² nen¹ ʔda:u⁶ vɤ⁶tsoŋ² tɯ² ʔdɤi¹
汉文直译：十　贺　成　道　夫妻　从　这里
汉文意译：十贺从此夫妻情。

（男：阮进余）

(89)

喃字原文：没情接符哐誓，
国际音标：mot⁸ tin² ti:p⁷jɯ³ lɤ:i²the²
汉文直译：一　情　信　守　誓言
汉文意译：一情各自守誓言，

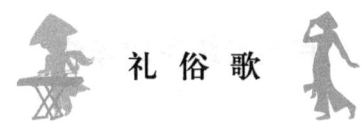

礼 俗 歌

喃字原文：台= 情 徐 待 胦 号 冷 迻；
国际音标：ha:i¹ tin² tsɤ² ʔdɤ:i⁶ ʔdem¹khwiə¹ lan⁶luŋ²
汉文直译：二 情 等待 深夜 冷冰冰
汉文意译：二情夜等冷冰冰；

喃字原文：吧 情 捸 缔 固 功，
国际音标：ʔba¹ tin² ɣan⁵ʔbɔ⁵ kɔ⁵ koŋ¹
汉文直译：三 情 缠绵 有 功
汉文意译：三情有功相缠绵，

喃字原文：罙 情 徐 待 绦 红 嗻 绅；
国际音标：ʔbon⁵ tin² tsɤ²ʔdɤ:i⁶ tɤ¹hoŋ² khɛu⁵ sɛ¹
汉文直译：四 情 等待 红绳 巧 牵
汉文意译：四情巧牵线红绳；

喃字原文：醀 情 没 會 䖆 夏，
国际音标：nam¹ tin² mot⁸ hoi⁶ ma:i¹ hɛ²
汉文直译：五 情 一 会 早晨 夏季
汉文意译：五情夏季得会亲，

喃字原文：犺 情 只 决 車 绦 矽 鑲；
国际音标：thau⁵ tin² tsi³kwi:t⁷ sɛ¹ tɤ¹ ʔda⁵va:ŋ²
汉文直译：六 情 决意 牵 线 金 石
汉文意译：六情牵线金石恋；

喃字原文：玭 情 碑 凿 矽 鑲，
国际音标：ʔbai³ tin² ʔbiə¹ ta:k⁸ ʔda⁵va:ŋ²
汉文直译：七 情 碑 刻 金 石
汉文意译：七情金石碑记情，

喃字原文：𠔭 情 俺 决 衪 扒 扒 喂；
国际音标：ta:m⁵ tin² ʔɛm¹ kwi:t⁷ lɤi⁵ tsa:ŋ² tsa:ŋ² ʔɤ:i¹
汉文直译： 八 情 妹 决 心 嫁 哥 哥 啊
汉文意译：八情决心许配君；

喃字原文：九 情 伮 𣱆 空 悁，
国际音标：tsin⁵ tin² ɲɤ⁵ ma:i³ khoŋ¹ kwen¹
汉文直译： 九 情 记得 永远 不 忘
汉文意译：九情恩情永不忘，

喃字原文：迣 情 情 庄 遱 制 貝 情。
国际音标：mɯ:i² tin² tin² tsaŋ³ tha:ŋ¹ tsɤ:i¹ vɤ:i⁵ tin²
汉文直译： 十 情 情 不 来 玩 和 情
汉文意译：十情夫妻共喜悦。

（女：阮继凤）

（90）

喃字原文：英 罗 耭 𪜶 䠝 茹,
国际音标：ʔan¹ la² ja:i¹ʔut⁷ toŋ¹ ɲa²
汉文直译： 哥 是 幺子 中 家
汉文意译：我是家里幺子，

喃字原文：英 𦋦 掑 媸 藤 赊 圭 𩁋。
国际音标：ʔan¹ ʔdi¹ kɛn⁵ vɤ⁶ ʔdaŋ²sa¹ kwe¹ŋɯ:i²
汉文直译： 哥 去 选 妻 远方 他乡
汉文意译：我去选妻远离乡。

喃字原文：觅 俺 𦰡 呐 𦰡 唭，
国际音标：thɤi⁵ ʔɛm¹ ʔdɛp⁸ noi⁵ ʔdɛp⁸ kɯ:i²
汉文直译： 见 妹 美 说 美 笑
汉文意译：见妹说笑口开花，

礼 俗 歌

喃字原文： 鰈 㠯 鰈 湼 吏 鲜 崚 鑽。
国际音标： ʔdɛp⁸ ŋɯ:i² ʔdɛp⁸ net⁷ la:i⁶ tɯ:i¹ raŋ¹va:ŋ²
汉文直译： 美 人 美 性情 又 新鲜 金牙
汉文意译： 金牙闪烁温柔亲。

喃字原文： 丕 铖 英 啲 詩 逇,
国际音标： vɤi⁶nen¹ ʔan¹ ɣɯi³ thɤ¹ tha:ŋ¹
汉文直译： 因此 哥 寄 信 来
汉文意译： 今哥给妹寄书信,

喃字原文： 英 低 决 衪 特 娘 時 催。
国际音标： ʔan¹ ʔdɤi¹ kwi:t⁷ lɤi⁵ ʔdɯ:k⁸ na:ŋ² thi²thoi¹
汉文直译： 哥 这里 决心 娶 得 妹 罢了
汉文意译： 哥决与妹结婚姻。

（男：杜福进）

（二）

喃字原文：仍 排 歌 妬 答
国际音标：ȵɯŋ³ ʔbaːi² kaˡ ʔdo⁵ ʔdaːp⁷
汉文直译： 些　　歌　盘　问
汉文意译： 盘问歌

（1）

问：

喃字原文： 妬 英 之 飽 欣 釖，
国际音标： ʔdo⁵ ʔan¹ tsi¹ thak⁷ hɤːn¹ jaːu¹
汉文直译： 赌 哥 什么 锋利 比 刀
汉文意译： 什么比刀更锋利，

喃字原文： 之 溇 欣 波 之 高 欣 丕？
国际音标： tsi¹ thɤu¹ hɤːn¹ ʔbe³ tsi¹ kaːu¹ hɤːn¹ jɤːi²
汉文直译： 什么 深 比 海 什么 高 比 天
汉文意译： 比山更高比海深？

答：

喃字原文： 埯 喂 相 飽 欣 釖，
国际音标： ʔɛm¹ ʔɤːi¹ mat⁷ thak⁷ hɤːn¹ jaːu¹
汉文直译： 妹 啊 眼睛 锋利 比 刀
汉文意译： 妹眼睛比刀锋利，

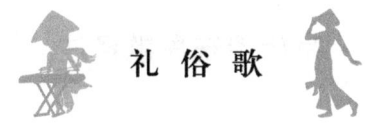

礼 俗 歌

喃字原文： 脺 溇 欣 波 瞵 高 欣 丕。
国际音标： ʔbuŋ⁶ thɤu¹ hɤːn¹ ʔbe³ taːn⁵ kaːu¹ hɤːn¹ jɤːi²
汉文直译： 肚 深 比 海 额 高 比 天
汉文意译： 肚比海深额比山高。

（2）

问：

喃字原文： 妬 埃 抉 泟 荓 棱，
国际音标： ʔdo⁵ ʔaːi¹ kwɛt⁷ that⁸ la⁵ rɯŋ²
汉文直译： 赌 谁 扫 净 叶 森林
汉文意译： 什么扫净森林叶，

喃字原文： 底 些 劝 遥 遥 停 搭 核？
国际音标： ʔde³ ta¹ khwiːn¹ jo⁵ jo⁵ ʔdɯŋ² ruŋ¹ kɤi¹
汉文直译： 让 咱 劝 风 风 莫 摇 树
汉文意译： 让咱劝风莫摇树？

答：

喃字原文： 搭 核 搭 檜 搭 梗，
国际音标： ruŋ¹ kɤi¹ ruŋ¹ koi³ ruŋ¹ kan²
汉文直译： 摇 树 摇 根 摇 枝条
汉文意译： 风摇树枝动摇根，

喃字原文： 搭 牢 朱 嘩 悉 英 贝 娘。
国际音标： ruŋ¹ thaːu¹ tsɔ¹ tsiːn³ lɔŋ² ʔan¹ vɤːi⁵ naːŋ²
汉文直译： 摇 怎么 使 动摇 心 哥 和 妹
汉文意译： 决不动摇哥妹心。

（3）

问：

喃字原文：妬 埃 悸 特 酶 沁，
国际音标：ʔdo⁵ ʔa:i¹ tsɯə² ʔdɯ:k⁸ ri:u⁶tam¹
汉文直译：赌 谁 戒 得 烧酒
汉文意译：赌谁能戒得烧酒，

喃字原文：悸 唵 䕜 尢 悸 䩹 终 唏？
国际音标：tsɯə² ʔan¹ thu:k⁷tsin⁵ tsɯə² nam² tsuŋ¹ hɤ:i¹
汉文直译：戒 吃 鸦片烟 戒 躺 同 气息
汉文意译：谁戒烟戒上床瘾？

答：

喃字原文：固 碎 悸 特 麻 催，
国际音标：kɔ⁵ toi¹ tsɯə² ʔdɯ:k⁸ ma²thoi¹
汉文直译：有 哥 戒 得 而已
汉文意译：哥哥能戒烟和酒，

喃字原文：悸 唵 䕜 尢 终 唏 庄 悸。
国际音标：tsɯə² ʔan¹ thu:k⁷tsin⁵ tsuŋ¹ hɤ:i¹ tsaŋ³ tsɯə²
汉文直译：戒 吃 鸦片烟 同 气息 不 戒
汉文意译：戒不了同床同气息。

（男：阮进余）

（4）

问：

喃字原文：丐 之 湿 丐 之 高？
国际音标：ka:i⁵ji² thɤp⁷ ka:i⁵ji² ka:u¹
汉文直译：什么 低 什么 高
汉文意译：什么最高什么低？

456

礼俗歌

喃字原文：丐 之 朗 暘 如 髀 壥 丕？
国际音标：ka:i⁵ji² loŋ⁵thɔŋ⁵ n̠ɯ¹ tha:u¹ ten¹jɤ:i²
汉文直译：什么　稀疏　如　星星　天上
汉文意译：什么稀疏如天星？

喃字原文：丐 之 麻 解 罢 蚴？
国际音标：ka:i⁵ji² ma² ra:i³ ra¹ ŋoi²
汉文直译：什么　而　铺　出　坐
汉文意译：什么能铺出来坐？

喃字原文：丐 之 疎 唇 𦉱 制 園 桃？
国际音标：ka:i⁵ji² thɤ:¹thɤn³ su:ŋ⁵ tsɤ:i¹ vɯ:n² ʔda:u²
汉文直译：什么　怅然　下　玩　桃园
汉文意译：什么怅然玩桃园？

喃字原文：丐 之 麻 釟 如 刔？
国际音标：ka:i⁵ji² ma² thak⁷ n̠ɯ¹ ja:u¹
汉文直译：什么　而　锋利　如　刀
汉文意译：什么比刀更锋利？

喃字原文：丐 之 叱 叱 悉 桃 払 喂？
国际音标：ka:i⁵ji² thɤ:t⁷thɤ:t⁷ lɔŋ² ʔda:u² tsa:ŋ² ʔɤ:i¹
汉文直译：什么　均匀　心　桃红　哥　啊
汉文意译：什么似红桃分心？

喃字原文：丐 之 𧃲 呈 外 撑？
国际音标：ka:i⁵ji² tɔŋ¹ taŋ⁵ ŋwa:i² san¹
汉文直译：什么　里　白　外　青
汉文意译：什么里白外面青？

喃字原文：丐 之 燏 烯 楒 娘 楒 英？
国际音标：ka:i⁵ji² thɔi¹ tɔ³ mat⁸ na:ŋ² mat⁸ ʔan¹
汉文直译：什么 照 清楚 脸 妹 脸 哥
汉文意译：什么照得哥妹面？

喃字原文：丐 之 撑 赭 皇 鐄？
国际音标：ka:i⁵ji² san¹ ʔdo³ taŋ⁵ va:ŋ²
汉文直译：什么 青 红 白 黄
汉文意译：什么青紫红白黄？

喃字原文：丐 之 些 沛 脆 强 痕 瘑？
国际音标：ka:i⁵ji² ta¹ fa:i³ ja⁶ ka:ŋ² ŋɤn³ ŋɤ¹
汉文直译：什么 咱 得 心 更 愣然
汉文意译：什么让咱心愣然？

喃字原文：丐 之 醉 待 胴 徐？
国际音标：ka:i⁵ji² nam¹ ʔdɤ:i⁶ tha:ŋ⁵ tsɤ²
汉文直译：什么 年 等 月 待
汉文意译：什么月等长年待？

喃字原文：丐 之 扒 隊 拂 菲 廸 頭？
国际音标：ka:i⁵ji² tsa:ŋ² ʔdoi⁶ fɤt⁷fɤ:i⁵ ten¹ ʔdɤu²
汉文直译：什么 哥 戴 飘扬 上 头
汉文意译：什么君戴飘头上？

喃字原文：丐 之 鉋 如 釖 槁？
国际音标：ka:i⁵ji² thak⁷ ɲɯ¹ ja:u¹kau¹
汉文直译：什么 锋利 如 槟榔刀
汉文意译：什么比槟榔刀利？

458

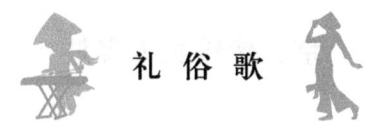

礼 俗 歌

喃字原文： 丐 之 擸 笒 朱 燒 咹 共？
国际音标： kaːi⁵jiˀ² khiːn⁵ tsumˀ³ tsɔ¹ ɲau¹ ʔan¹ kuŋ²
汉文直译： 什么 使得 槟榔尖 给 互相 吃 同
汉文意译： 什么梢尖共同食？

喃字原文： 没 貫 羅 氽 䊚 銅？
国际音标： mot⁸ kwaːn¹ laˀ² mɤi⁵ tamˀ¹ ʔdoŋ²
汉文直译： 一 贯 是 几 百 铜钱
汉文意译： 一贯有多少铜钱？

喃字原文： 没 緔 絲 紅 羅 氽 䊚 纵？
国际音标： mot⁸ moi⁵ tɤ¹hoŋ² laˀ² mɤi⁵ tamˀ¹ jɤi¹
汉文直译： 一 绪 红绳 是 几 百 丝线
汉文意译： 一绪红绳几百丝？

喃字原文： 没 核 羅 氽 䊚 梗？
国际音标： mot⁸ kɤi¹ laˀ² mɤi⁵ tamˀ¹ kan²
汉文直译： 一 棵 是 几 百 枝条
汉文意译： 一棵树有几百枝？

喃字原文： 没 梗 怒 妟 固 氽 䊚 花？
国际音标： mot⁸ kan² nɔ⁵ nɤ³ kɔ⁵ mɤi⁵ tamˀ¹ hwa¹
汉文直译： 一 枝 它 开 有 几 百 花
汉文意译： 一树枝开几百花？

喃字原文： 妬 扐 併 擬 特 罷，
国际音标： ʔdo⁵ tsaːŋ² tinˀ⁵ŋi³ ʔdɯːkˀ⁸ ra¹
汉文直译： 赌 哥 算 得 出
汉文意译： 赌君能猜出来时，

喃字原文：時 低 貝 帝 交 和 结缘。
国际音标：thi² ʔdɤi¹ vɤ:i⁵ ʔdɤi⁵ ja:u¹hwa² ket⁷ji:n¹
汉文直译：则 我 和 你 结交 结缘
汉文意译：你我两人结良缘。

（5）

答：

喃字原文：英 答 坦 湿 盃 高，
国际音标：ʔan¹ ʔda:p⁷ ʔdɤt⁷ thɤp⁷ jɤ:i² ka:u¹
汉文直译：哥 答 地 低 天 高
汉文意译：天空最高地下低，

喃字原文：阮 畑 朗 晹 如 婢 連 盃；
国际音标：ŋon⁶ʔdɛn² lɔŋ⁵thɤɯ⁵ nɯ¹ tha:u¹ ten¹jɤ:i²
汉文直译：灯盏 稀疏 如 星星 天上
汉文意译：灯烛稀疏如天星；

喃字原文：照 花 掩 解 英 剉，
国际音标：tsi:u⁵ hwa¹ ʔɛm¹ ra:i³ ʔan¹ ŋoi²
汉文直译：席 花 妹 铺 哥 坐
汉文意译：妹铺花席哥共坐，

喃字原文：娘 仙 疎 唇 䓔 制 園 桃。
国际音标：na:ŋ²ti:n¹ thɤ¹thɤn³ su:ŋ⁵ tsɤ:i¹ vɯ:n²ʔda:u²
汉文直译：仙女 怅然 下 玩 桃园
汉文意译：仙女怅然玩桃园。

喃字原文：丐 相 鉋 欣 掋 釖，
国际音标：ka:i⁵mat⁷ thak⁷ hɤ:n¹ kɔn¹ja:u¹
汉文直译：眼睛 锋利 比 刀
汉文意译：眼睛比刀更锋利，

礼 俗 歌

喃字原文： 蜑 鹅 叱 叱 悉 桃 俺 喂 ；
国际音标： tuɯ⁵ɣa² thɤːt⁷thɤːt⁷ lɔŋ² ʔdaːu² ʔɛm¹ ʔɤːi¹
汉文直译： 鸡蛋　均匀　　　心 桃红 妹 啊
汉文意译： 鸡蛋如红桃分心；

喃字原文： 詞 畀 撑 赭 皇 鑌 ,
国际音标： tɤ²jɤi⁵ san¹ ʔdo³ taŋ⁵ vaːŋ²
汉文直译： 彩纸 青 红 白 黄
汉文意译： 彩纸青红白紫黄，

喃字原文： 羛 情 英 沛 脆 强 痕 痾 ；
国际音标： ŋiə³ tin² ʔan¹ faːi³ ja⁵ kaːŋ² ŋɤn³ ŋɤ¹
汉文直译： 情义 哥 得 心 更 愣然
汉文意译： 为俩情义心愣然；

喃字原文： 堆 相 鉋 如 釖 槁 ,
国际音标： ʔdoi¹ maːt⁷ thak⁷ nɯ¹ jaːu¹ kaːu¹
汉文直译：　　双　眼　睛　　利
汉文意译： 双眼比槟榔刀利，

喃字原文： 菓 槁 擅 笁 朱 虓 哎 共 ；
国际音标： kwaː³ kaːu¹ khiːn⁵ tsum³ tsɔ¹ ȵaːu¹ ʔaːn¹ kuŋ²
汉文直译：　槟榔　使 槟榔 尖 给 互相 吃 同
汉文意译： 槟榔尖上的槟榔咱俩尝；

喃字原文： 没 貫 罒 飮 㗒 銅 ,
国际音标： mot⁸ kwaːn¹ laː² taːm⁵ tam¹ ʔdoŋ²
汉文直译： 一 贯 是 八 百 铜钱
汉文意译： 一贯八百个铜钱，

461

喃字原文：没 綑 丝 红 罠 馼 槑 纳。
国际音标：mot⁸ moi⁵ tɤ¹hoŋ² la² ta:m⁵ tam¹ jɤi¹
汉文直译：一 绪 红 绳 是 八 百 线
汉文意译：一绪红绳八百线。

喃字原文：没 核 罠 罧 槑 梗，
国际音标：mot⁸ kɤi¹ la² ʔbon⁵ tam¹ kan²
汉文直译：一 棵 是 四 百 枝条
汉文意译：一棵树有四百枝，

喃字原文：每 梗 怒 妟 固 罧 槑 花；
国际音标：moi³ kan² nɔ⁵ nɤ³ kɔ⁵ ʔbon⁵ tam¹ hwa¹
汉文直译：每 枝 它 开 有 四 百 花
汉文意译：每树枝开四百花；

喃字原文：英 𡎢 併 擬 特 齣，
国际音标：ʔan¹ ŋoi² tin⁵ŋi³ ʔdɯ:k⁸ ra¹
汉文直译：哥 坐 算 得 出
汉文意译：哥能全猜出来了，

喃字原文：時 亦 貝 低 交 和 结 缘。
国际音标：thi² ʔdɤi⁵ vɤ:i⁵ ʔdɤi¹ ja:u¹hwa² ket⁷ji:n¹
汉文直译：则 你 和 我 结交 结缘
汉文意译：如今咱俩结姻缘。

（6）

问：

喃字原文：腠 包 饒 轍 腠 㛫？
国际音标：jaŋ¹ ʔba:u¹ȵi:u¹ tu:i³ jaŋ¹ ja²
汉文直译：月亮 多少 岁 月亮 老
汉文意译：月亮多少岁月老？

礼 俗 歌

喃字原文：肉 包 饶 辙 噲 罪 肉 嫩？
国际音标：nui⁵ ʔbaːu¹ ŋiː u¹ tuːi³ ɣɔi⁶la² nui⁵nɔn¹
汉文直译：山 多少 岁 叫作 山
汉文意译：高山多少岁成山？

（7）

答：

喃字原文：胲 巴 进 辙 胲 榁，
国际音标：jaŋ¹ ʔba¹ mɯːi¹ tuːi³ jaŋ¹ ja²
汉文直译：月亮 三 十 岁 月亮 老
汉文意译：月亮三十岁月老，

喃字原文：冬 戈 春 细 噲 罪 嫩。
国际音标：ʔdoŋ¹ kwa¹ sɤn¹ tɤːi⁵ ɣɔi⁶la² nui⁵nɔn¹
汉文直译：冬 去 春 来 叫 做 山
汉文意译：冬去春来喻为山。

喃字原文：胲 担 欤 旺 胲 䭾，
国际音标：jaŋ¹ ʔden⁵ hom¹ram² jaŋ¹ ton²
汉文直译：月亮 到 十五 月亮 圆
汉文意译：月亮十五月正圆，

喃字原文：肉 嫩 萬 辙 勿 群 砠 砠。
国际音标：nui⁵nɔn¹ muːn¹ tuːi³ vɤn³kɔn² tɤˑtɤˑ
汉文直译：山 万 岁 仍然 泰然自若
汉文意译：高山万岁泰然存。

（男：杜玉光）

463

（8）

问：

喃字原文：嗨　埃　遁　馆　半　行？
国际音标：hɔi³ ʔaːi¹ jɔn⁶ kwaːn⁵ ʔbaːn⁵ haːŋ²
汉文直译：问　谁　开　馆　　卖　货
汉文意译：谁人开馆做生意？

喃字原文：捫　釖　捫　鐋　妾　扒　尼　巿？
国际音标：maːi² jaːu¹ maːi² rɯə⁶ thiːp⁷ tsaːŋ² nɤːi¹ naːu²
汉文直译：磨　刀　磨　柴刀　妾　哥　地方　哪
汉文意译：君买妾卖在哪里？

喃字原文：嗨　埃　麻　揀　𨊯　船？
国际音标：hɔi³ ʔaːi¹ ma² ʔdɔŋ⁵ nen¹ thiːn²
汉文直译：问　谁　而　装　成　船
汉文意译：谁人会做装船工？

喃字原文：功　埃　挭　坅　砒　蓮　厨　楼？
国际音标：koŋ¹ ʔaːi¹ ɣan⁵ ɣat⁸ sɤi¹ len¹ tsuə² lɤu²
汉文直译：功　谁　挑　砖　砌　起　寺　楼
汉文意译：谁人有功建楼寺？

喃字原文：嗨　埃　捫　浯　罒　鈎？
国际音标：hɔi³ ʔaːi¹ maːi² rɯə³ ra¹ kɤu¹
汉文直译：问　谁　磨　钩　出　钓鱼
汉文意译：谁人磨钩来钓鱼？

喃字原文：埃　抰　𪡌　诺　解　油　曝　湄？
国际音标：ʔaːi¹ ʔdɛm¹ suːŋ⁵ nɯːk⁷ jaːi¹ jɤu² naŋ⁵ mɯə¹
汉文直译：谁　放　下　水　曝露　阳光　雨
汉文意译：谁放钓日晒雨淋？

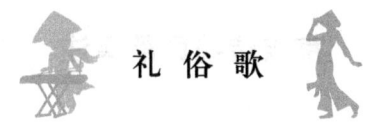

礼 俗 歌

喃字原文：為 埃 沛 捒 棋 耙？
国际音标：vi² ʔa:i¹ fa:i³ ʔdɔŋ⁵ kai² ʔbɯə²
汉文直译：为 谁 得 装 犁 耙
汉文意译：谁人会识装犁耙？

喃字原文：朱 埃 叒 暚 迻 疏 術 情？
国际音标：tso¹ ʔa:i¹ hom¹ toi⁵ ʔdi¹ thɤ¹ ve² tin²
汉文直译：给 为 早 晚 去 临 为 情
汉文意译：谁为情早出夜临？

喃字原文：埃 立 廟 貌 厨 亭？
国际音标：ʔa:i¹ lɤp⁸ mi:u⁵ mi:u³ tsuə² ʔdin²
汉文直译：谁 立 庙 小庙 寺 亭子
汉文意译：谁人建立寺庙亭？

喃字原文：底 朱 藏 像 没 躺 愁 秾？
国际音标：ʔde³tso¹ ta:ŋ² tɯ:ŋ⁶ mot⁸min² thɤu² ri:ŋ¹
汉文直译：使 藏 像 独自 愁 私
汉文意译：谁藏像后独愁心？

（9）

答：

喃字原文：功 英 逋 馆 半 行，
国际音标：koŋ¹ ʔan¹ jɔn⁶ kwa:n⁵ ʔba:n⁵ ha:ŋ²
汉文直译：功 哥 开 馆 卖 货
汉文意译：开馆生意哥有功，

喃字原文：亽 些 奔 半 妾 払 尼 瘦；
国际音标：ha:i¹ta¹ ʔbu:n¹ʔba:n⁵ thi:p⁷ tsa:ŋ² nɤ:i¹ nai²
汉文直译：咱俩 买卖 妾 哥 地方 这
汉文意译：君妾买卖在此地；

465

喃字原文：功 英 麻 拣 铖 船，
国际音标：koŋ¹ ʔan¹ ma² ʔdɔŋ⁵ nen¹ thiːn²
汉文直译：功 哥 而 装 成 船
汉文意译：哥哥会做装船工，

喃字原文：功 媕 挭 坴 砒 蘲 厨 楼。
国际音标：koŋ¹ ʔɛm¹ ɣan⁵ ɣat⁸ sɤi¹ len¹ tsuə² lɤu²
汉文直译：功 妹 挑 砖 砌 起 寺 楼
汉文意译：妹妹担砖砌楼寺。

喃字原文：英 尼 捭 浯 罶 鈎，
国际音标：ʔan¹ nai¹ maːi² rɯə³ ra³ kɤu¹
汉文直译：哥 今 磨 钩 出 钓鱼
汉文意译：磨钩做钓哥出手，

喃字原文：媕 挸 𩖁 諾 解 油 暶 湄；
国际音标：ʔɛm¹ ʔdɛm¹ suːŋ⁵ nɯːk⁷ jaːi³ jɤu² naŋ⁵ mɯə¹
汉文直译：妹 放 下 水 曝晒 阳光 雨
汉文意译：日晒雨淋妹放钩；

喃字原文：功 英 沛 拣 捱 耙，
国际音标：koŋ¹ ʔan¹ faːi³ ʔdɔŋ⁵ kai² ʔbɯə²
汉文直译：功 哥 得 装 犁 耙
汉文意译：装修犁耙哥有功，

喃字原文：底 媕 矗 暶 挮 疏 術 情。
国际音标：ʔde³ ʔɛm¹ thɤːm⁵ toi⁵ ʔdi¹ thɤ¹ ve² tin²
汉文直译：让 妹 早 晚 去 临 为 情
汉文意译：早出晚归妹为情。

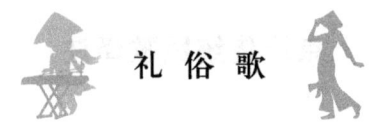

礼 俗 歌

喃字原文：英 立 廟 貌 厨 亭，
国际音标：ʔan¹ lɤp⁸ mi:u⁵ mi:u³ tsuə² ʔdin²
汉文直译：哥 立 庙 小庙 寺 亭
汉文意译：哥为立庙建寺亭，

喃字原文：英 如 藏 像 没 躺 愁 秋。
国际音标：ʔan¹ ɲɯ¹ ta:ŋ² tɯ:ŋ⁶ mot⁸ min² thɤu² ri:ŋ¹
汉文直译：哥 如 藏 像 独自 忧愁 独自
汉文意译：建寺藏像哥愁心。

（10）

问：

喃字原文：遇 遥 英 貿 细 低，
国际音标：la⁶ luŋ² ʔan¹ mɤ:i⁵ tɤ:i⁵ ʔdɤi¹
汉文直译：奇特 哥 刚 到 这里
汉文意译：碰巧奇遇来到此，

喃字原文：嗨 躺 式 㪰 罘 核 埃 掩？
国际音标：hɔi³ min² thɯ⁵ ʔdɤi⁵ la² kɤi¹ ʔa:i¹ jɔŋ²
汉文直译：问 妹 种 那 是 树 谁 种
汉文意译：妹知那树谁人种？

喃字原文：塘 㧻 迖 客 呬 冬，
国际音标：ʔdɯ:ŋ² ʔdi¹ ɣap⁸ khat⁷ ʔba¹ ʔdoŋ¹
汉文直译：路 去 遇 客 三 冬
汉文意译：路上相遇客三冬，

喃字原文：嗨 躺 固 别 䚧 蜦 埃 挑？
国际音标：hɔi³ min² kɔ⁵ ʔbi:t⁷ mat⁷ rɔŋ² ʔa:i¹ ʔdi:u¹
汉文直译：问 妹 有 知 眼 龙 谁 雕
汉文意译：妹知谁人雕眼龙？

喃字原文：躺罞君子氍调，
国际音标：min² la² kwɤn¹tɯ¹ ʔdu³ ʔdiːu²
汉文直译：我 是 君子 足够 话语
汉文意译：我是君子问多言，

喃字原文：嗨躺固别埃挑相蝿？
国际音标：hɔi³ min² kɔ⁵ ʔbiːt⁷ ʔaːi¹ ʔdiːu¹ mat⁷ rɔŋ²
汉文直译：问 妹 有 知 谁 雕刻 眼 龙
汉文意译：妹知谁人雕刻龙？

喃字原文：嗨 躺 埃 揕 铖 龍？
国际音标：hɔi³ min² ʔaːi¹ tsaːm⁶ nen¹ lɔŋ¹
汉文直译：问 身体 谁 雕刻 成 龙
汉文意译：谁人雕刻整条龙？

喃字原文：埃 立 铖 廟 埃 封 铖 厨？
国际音标：ʔaːi¹ lɤp⁸ nen¹ miːu⁵ ʔaːi¹ fɔŋ¹ nen¹ tsuə²
汉文直译：谁 建 成 庙 谁 建 成 寺
汉文意译：谁人建庙立寺亭？

喃字原文：饶 花 挑 劚 茹 烯？
国际音标：ɲiːu¹ hwa¹ theu¹ kɯə³ ɲa² vuə¹
汉文直译：多少 花 雕刻 门 家 皇上
汉文意译：刻多少花皇门上？

喃字原文：罨 蝿 朝 於 劚 厨 埃 挑？
国际音标：ʔbon⁵ rɔŋ² tsɤu² ʔɤ³ kɯə³ tsuə² ʔaːi¹ ʔdiːu¹
汉文直译：四 龙 朝 在 门 寺 谁 雕刻
汉文意译：谁雕刻寺门四龙？

礼 俗 歌

（11）

答：

喃字原文：悲 晗 英 贯 细 低，
国际音标：ʔbɣi¹jɣ² ʔan¹ mɣːi⁵ tɣːi⁵ ʔdɣi¹
汉文直译：如今 哥 刚 到 这里
汉文意译：如今哥刚到此地，

喃字原文：嗾 躺 式 帝 罪 核 英 種；
国际音标：thɯə¹ min² thɯ⁵ ʔdɣi⁵ la² kɣi¹ ʔan¹ joŋ²
汉文直译：启禀 你 种 那 是 树 哥 种
汉文意译：此树是哥动手种；

喃字原文：悲 晗 迓 客 叱 冬，
国际音标：ʔbɣi¹jɣ² ɣap⁸ khat⁷ ʔba¹ ʔdoŋ¹
汉文直译：现在 遇 客 三 冬
汉文意译：现在遇见客三冬，

喃字原文：呐 朱 躺 别 相 螚 英 挑。
国际音标：nɔi⁵ tsɔ¹ min² ʔbiːt⁷ mat⁷ roŋ² ʔan¹ ʔdiːu¹
汉文直译：说 给 妹 知 眼 龙 哥 雕
汉文意译：妹知哥雕刻眼龙。

喃字原文：躺 罪 蜀 女 矍 调，
国际音标：min² la² thuk⁸nɯ³ ʔdu³ ʔdiːu²
汉文直译：妹 是 淑 女 足 话语
汉文意译：妹是淑女回答言，

喃字原文：嗾 朱 淹 别 英 挑 相 螚；
国际音标：thɯə¹ tsɔ¹ ʔɛm¹ ʔbiːt⁷ ʔan¹ theu¹ mat⁷ roŋ²
汉文直译：启禀 给 妹 知 哥 刻 眼睛 龙
汉文意译：妹说哥刻龙眼睛；

喃字原文：嗽 躺 英 揕 铖 龓，
国际音标：thuə¹ min² ʔan¹ tsa:m⁶ nen¹ loŋ¹
汉文直译：启禀 身体 哥 雕 成 龙
汉文意译：整条龙身是哥作，

喃字原文：英 立 铖 廟 英 封 铖 厨。
国际音标：ʔan¹ lɤp⁸ nen¹ mi:u⁵ ʔan¹ fɔŋ¹ nen¹ tsuə²
汉文直译：哥 建 成 庙 哥 建 成 寺
汉文意译：全是哥建庙寺亭。

喃字原文：𩙿 花 挑 劀 茹 希，
国际音标：tam¹ hwa¹ ʔdi:u⁵ kɯə³ɲa² vuə¹
汉文直译：百 花 刻 门 皇帝
汉文意译：百花刻上皇帝门，

喃字原文：罙 蠬 朝 於 劀 厨 英 挑。
国际音标：ʔbon⁵ roŋ² tsɤu² ɤ³ kɯə³ tsuə² ʔan¹ ʔdi:u¹
汉文直译：四 龙 朝 在 门 寺 哥 刻
汉文意译：哥刻四龙舞朝天。

（男：苏维绍）

（12）

问：

喃字原文：遌 逯 些 買 细 低，
国际音标：la⁶luŋ² ta¹ mɤ:i⁵ tɤ:i⁵ ʔdɤi¹
汉文直译：奇特 咱 刚 到 这里
汉文意译：今日奇遇来到此，

礼 俗 歌

喃字原文：嗨 躺 南 北 东 西 方 帀？
国际音标：hɔi³ min² na:m¹ ʔbak⁷ ʔdoŋ¹ tɤi¹ fɯ:ŋ¹ na:u²
汉文直译：问 你 南 北 东 西 方 哪
汉文意译：哪方是西南北东？

喃字原文：茹 払 一 核 帀 高？
国际音标：n̠a² tsa:ŋ² n̠ɤt⁷ kɤi¹ na:u² ka:u¹
汉文直译：屋 哥 最 根 哪 高
汉文意译：哥屋哪根木头是最高？

喃字原文：楇 㧟 楇 朽 罢 包 饶 行？
国际音标：kot⁸ kɔn¹ kot⁸ ka:i⁵ la² ʔba:u¹n̠i:u¹ ha:ŋ²
汉文直译：柱 小 柱 大 是 多 少 行
汉文意译：大柱小柱有几行？

喃字原文：包 饶 榬 育 榬 昂？
国际音标：ʔba:u¹n̠i:u¹ sa²jok⁸ sa²ŋa:ŋ¹
汉文直译：多少 纵梁 横梁
汉文意译：有多少横梁纵梁？

喃字原文：尒 核 核 屋 尒 行 杶 牺？
国际音标：mɤi⁵ kɤi¹ kɤi¹ nok⁷ mɤi⁵ ha:ŋ² ʔdɔn²tai¹
汉文直译：几 根 顶梁 几 行 斜撑
汉文意译：有多少顶梁斜撑？

喃字原文：机 帀 併 朡 撰 㕷？
国际音标：kɤ¹na:u² tin⁵ tha:ŋ⁵ tsɔn⁶ ŋai²
汉文直译：何时 算 月 选 日
汉文意译：选时吉日啥时候？

喃字原文：枯核躺固台㑚躺謨？
国际音标：ɣo³kɤi¹ min² kɔ⁵ hai¹ rai² min² muə¹
汉文直译：木料 妹 有 或 今日 妹 买
汉文意译：木料新买或原有？

喃字原文：茹躺柕㕻包蘷？
国际音标：ɲa² min² tɤm²thɯːk⁷ ʔbaːu¹ tɔ¹
汉文直译：房子 你 面积 多 大
汉文意译：房子面积有多大？

喃字原文：丐茹包蘳包蘷包㩡？
国际音标：kaːi⁵ɲa² ʔbaːu¹ roŋ⁶ ʔbaːu¹ tɔ¹ ʔbaːu¹ jaːi²
汉文直译：房屋 多 宽 多 大 多 长
汉文意译：房屋多长和多宽？

（13）

答：

喃字原文：悲晗些𫧷细低，
国际音标：ʔbɤi¹jɤ² ta¹ mɤːi⁵ tɤːi⁵ ʔdɤi¹
汉文直译：如今 妹 刚 到 这里
汉文意译：如今妹刚到这里，

喃字原文：嗨些南北东西方尼；
国际音标：hɔi³ ta¹ naːm¹ ʔbak⁷ ʔdoŋ¹ tɤi¹ fɯːŋ¹ nai²
汉文直译：问 哥 南 北 东 西 方 这
汉文意译：哥指东南西北方；

喃字原文：茹英核屋𡮈高，
国际音标：ɲa² ʔan¹ kɤi¹nok⁷ rɤt⁷ kaːu¹
汉文直译：屋 哥 顶梁 最 高
汉文意译：哥屋顶梁木最高，

礼 俗 歌

喃字原文：榾 㧾 榾 枛 齺 犐 㠲 行。
国际音标：kot⁸ kɔn¹ kot⁸ ka:i⁵ tɯ:k⁷ thau¹ ʔba¹ ha:ŋ²
汉文直译：柱 小 柱 大 前 后 三 行
汉文意译：大柱小柱有三行。

喃字原文：䍲 堆 槉 育 槉 昂,
国际音标：ʔbon⁵ ʔdoi¹ sa²jok⁸ sa²ŋa:ŋ¹
汉文直译：四 对 纵梁 横梁
汉文意译：四条横梁四纵梁,

喃字原文：没 核 核 屋 凯 行 㭡 㧅,
国际音标：mot⁸ kɤi¹ kɤi¹nɔk⁷ ta:m⁵ ha:ŋ² ʔdɔn²tai¹
汉文直译：一 条 顶柁 八 行 斜撑
汉文意译：一条顶梁八条斜撑,

喃字原文：茹 英 併 朒 撰 馰,
国际音标：ɲa² ʔan¹ tin⁵ tha:ŋ⁵ tsɔn⁶ ŋai²
汉文直译：屋 哥 算 月 选 日
汉文意译：哥做屋时选吉日,

喃字原文：枯 核 英 固 圫 尼 英 谟。
国际音标：ɣo³kɤi¹ ʔan¹ kɔ⁵ ɣat⁸ nai² ʔan¹ muə¹
汉文直译：木料 哥 有 砖 这 哥 买
汉文意译：新买砖原有木料。

喃字原文：茹 英 榃 氕 僵 揶,
国际音标：ɲa² ʔan¹ tɤm² thɯ:k⁷ thɤ⁶ ʔdɔ¹
汉文直译：屋 哥 规格 师傅 量
汉文意译：房屋规格师傅量,

473

喃字原文： 茹 英 吏 穬 吏 孷 吏 𨱌。
国际音标： n̠a² ʔan¹ la:i⁶ roŋ⁶ la:i⁶ tɔ¹ la:i⁶ ja:i²
汉文直译： 屋 哥 又 宽 又 大 又 长
汉文意译： 哥的新屋又宽又长。

（14）

问：

喃字原文： 姤 埃 别 㵮 帀 溇？
国际音标： ʔdo⁵ ʔa:i¹ ʔbi:t⁷ thoŋ¹ na:u² thɤu¹
汉文直译： 猜 谁 知 河 哪 深
汉文意译： 赌谁知哪条河流水最深？

喃字原文： 渃 兜 㗂 沚 别 桥 帀 高？
国际音标： nɯ:k⁷ ʔdɤu¹ rɤt⁷ tsai³ ʔbi:t⁷ kɤu² na:u² ka:u¹
汉文直译： 水 哪 里 最 急 知 桥 哪 高
汉文意译： 哪里的水最急哪一座桥最高？

喃字原文： 姤 埃 别 獸 氽 種，
国际音标： ʔdo⁵ ʔa:i¹ ʔbi:t⁷ thu⁵ mɤi⁵ joŋ⁵
汉文直译： 猜 谁 知 野 兽 几 种
汉文意译： 野兽有多少种类，

喃字原文： 别 𩵥 氽 嚕 别 蚄 氽 㧅？
国际音标： ʔbi:t⁷ kuə¹ mɤi⁵ lo³ ʔbi:t⁷ kɔŋ² mɤi⁵ kɔn¹
汉文直译： 知 蟹 几 洞 知 小 螃蜞 几 子
汉文意译： 蟹多少仔挖几洞？

喃字原文： 姤 埃 别 𡶀 氽 磙？
国际音标： ʔdo⁵ ʔa:i¹ ʔbi:t⁷ nui⁵ mɤi⁵ hɔn²
汉文直译： 赌 谁 知 山 几 座
汉文意译： 谁知山脉多少岗？

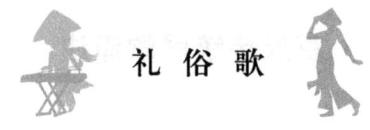

礼 俗 歌

喃字原文： 别 鸪 氽 祖 朘 鵮 氽 腤？
国际音标： ʔbi:t⁷ tsim¹ mɤi⁵ to³ jaŋ¹ tɔn² mɤi⁵ ʔdem¹
汉文直译： 知 鸟 几 巢 月 圆 几 夜
汉文意译： 月几夜圆鸟几窝？

（15）

答：

喃字原文： 窒 溇 罪 淹 浦 涛，
国际音标： rɤt⁷ thɤu¹ la² thoŋ¹ ʔba² ʔda:u²
汉文直译： 最 深 是 河 波 涛
汉文意译： 波涛河流水最深，

喃字原文： 窒 沘 罪 沰 窒 高 虹；
国际音标： rɤt⁷ tsai³ la² tha:k⁷ rɤt⁷ ka:u¹ kɤu² voŋ²
汉文直译： 最 湍 急 是 瀑 布 最 高 虹
汉文意译： 险滩水急虹桥高；

喃字原文： 俺 尼 别 獣 闷 種，
国际音标： ʔɛm¹ nai² ʔbi:t⁷ thu⁵ mu:n¹ joŋ⁵
汉文直译： 妹 这 知 野 兽 万 种
汉文意译： 妹知野兽万种类，

喃字原文： 别 魽 没 嚕 别 螃 闷 孨。
国际音标： ʔbi:t⁷ kuə¹ mot⁸ lo³ ʔbi:t⁷ kɔŋ² mu:n¹ kɔn¹
汉文直译： 知 螃蟹 一 洞 知 小螃蜞 万 子
汉文意译： 螃蟹万子有一洞。

喃字原文： 俺 尼 别 岃 亿 磩，
国际音标： ʔɛm¹ nai² ʔbi:t⁷ nui⁵ ʔɯk⁷ hɔn²
汉文直译： 妹 这 知 山 亿 座
汉文意译： 妹知山脉亿山岗，

喃字原文： 别 鸪 没 祖 脮 膾 没 胋。
国际音标： ʔbi:t⁷ tsim¹ mot⁸ to³ jaŋ¹ tɔn² mot⁸ ʔdem¹
汉文直译： 知 鸟 一 巢 月 圆 一 夜
汉文意译： 月一夜圆鸟一窝。

（16）

问：

喃字原文： 妬 埃 抉 泟 苍 溊？
国际音标： ʔdo⁵ ʔa:i¹ kwɛt⁷ that⁸ ra:k⁷ ʔbe³
汉文直译： 赌 谁 扫 净 垃圾 海
汉文意译： 啥能扫净海垃圾？

喃字原文： 妬 埃 抉 泟 苍 棚 墥 棱？
国际音标： ʔdo⁵ ʔa:i¹ kwɛt⁷ that⁸ ra:k⁷ tɛ¹ ten¹ ruɯŋ²
汉文直译： 赌 谁 扫 净 垃圾 竹 上 森林
汉文意译： 啥能扫净山竹叶？

喃字原文： 妬 埃 抉 泟 苍 棱？
国际音标： ʔdo⁵ ʔa:i¹ kwɛt⁷ that⁸ ra:k⁷ ruɯŋ²
汉文直译： 赌 谁 扫 净 垃圾 森林
汉文意译： 啥能扫净山垃圾？

喃字原文： 妬 埃 禁 邎 邎 停 搈 核？
国际音标： ʔdo⁵ ʔa:i¹ kɤm⁵ jɔ⁵ jɔ⁵ juɯŋ² ruŋ¹ kɤi¹
汉文直译： 赌 谁 禁 风 风 停 摇 树
汉文意译： 啥能禁风不摇树？

喃字原文： 搈 核 搈 檜 搈 梗。
国际音标： ruŋ¹ kɤi¹ ruŋ¹ koi⁶ ruŋ¹ kan²
汉文直译： 摇 树 摇 根 摇 枝
汉文意译： 摇树摇枝动摇根。

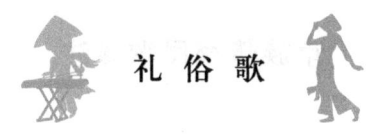
礼 俗 歌

喃字原文：妠 埃 搭 啭 丐 城 茹 螎？
国际音标：ʔdo⁵ ʔa:i¹ ruŋ¹tsi:n³ ka:i⁵than² n̥a²vuə¹
汉文直译：赌 谁 动摇 城 皇帝
汉文意译：啥能摇动皇帝城？

喃字原文：妠 埃 搭 啭 茹 螎？
国际音标：ʔdo⁵ ʔa:i¹ ruŋ¹tsi:n³ n̥a²vuə¹
汉文直译：赌 谁 动摇 屋 皇帝
汉文意译：什么摇动皇帝宅？

喃字原文：妠 埃 搭 嚩 丐 厨 甋 间？
国际音标：ʔdo⁵ ʔa:i¹ ruŋ¹tsi:n³ ka:i⁵tsuə² nam¹ kan¹
汉文直译：赌 谁 动摇 寺 五 间
汉文意译：啥能摇动五间寺？

（17）

问：

喃字原文：丐 之 帝 丐 之 低？
国际音标：ka:i⁵ji² ʔdɤi⁵ ka:i⁵ji² ʔdɤi¹
汉文直译：什么 哪里 什么 这里
汉文意译：这里何人那何人？

喃字原文：丐 之 饅 之 汨 之 荄 之 浓？
国际音标：ka:i⁵ji² man⁶ ji² n̥a:t⁸ ji² kai¹ ji² noŋ²
汉文直译：什么 咸 什么 淡 什么 辣 什么 浓
汉文意译：什么咸淡辣和浓？

喃字原文：丐 之 唉 於 嶰 滝？
国际音标：ka:i⁵ji² ʔan¹ ʔɤ³ jɯ:i⁵ thoŋ¹
汉文直译：什么 吃 住 下 河
汉文意译：什么食住在河里？

477

喃字原文：丐 之 廛 垌 丐 之 朦 蒙？
国际音标：ka:i⁵ji² teŋ¹ ʔdoŋ² ka:i⁵ji² mɔŋ¹mɔŋ³
汉文直译：什么 上 田野 什么 薄薄的
汉文意译：啥住田垌啥单薄？

喃字原文：丐 之 馓 悉 丐 之 蜎 数？
国际音标：ka:i⁵ji² nɔ¹ lɔŋ² ka:i⁵ji² thoŋ⁵lɤu¹
汉文直译：什么 饱 肚 什么 长 寿
汉文意译：啥能吃饱又长命？

喃字原文：丐 之 隊 頭 丐 之 扲 拺？
国际音标：ka:i⁵ji² ʔdoi⁶ ʔdɤu² ka:i⁵ji² kɤm² tai¹
汉文直译：什么 戴 头 什么 拿 手
汉文意译：什么头戴啥手拿？

喃字原文：妬 埃 者 特 調 尼，
国际音标：ʔdo⁵ ʔa:i¹ ja³ ʔdɯ:k⁸ ʔdi:u² nai²
汉文直译：赌 谁 答 得 条 这
汉文意译：赌谁人能作解答，

喃字原文：時 些 買 敢 扲 拺 呶 咿。
国际音标：thi² ta¹ mɤ:i⁵ ja:m⁵ kɤm² tai¹ nu³lɤ:i²
汉文直译：则 咱 才 敢 握 手 告诉
汉文意译：我才执手敢回话。

(18)

答：

喃字原文：台 些 躺 帘 些 低，
国际音标：ha:i¹ta¹ min² ʔdɤi⁵ ta¹ ʔdɤi¹
汉文直译：咱俩 我 那里 你 这里
汉文意译：我你两人在这里，

礼俗歌

喃字原文： 齂 鳗 渃 汩 姜 荙 砍 浓；
国际音标： muːi⁵ man⁶ nɯːk⁷ ɲaːt⁸ ɣɯŋ² kai¹ voi¹ noŋ²
汉文直译： 盐 咸 水 淡 姜 辣 石灰 浓
汉文意译： 盐咸水淡姜辣石灰浓；

喃字原文： 船 筏 唉 於 斛 滝，
国际音标： thiːn² ʔbɛ² ʔan¹ ʔɤ³ jɯːi⁵ thoŋ¹
汉文直译： 船 筏 吃 住 下 河
汉文意译： 船筏吃住在河里，

喃字原文： 秼 秸 違 峒 詞 縴 朦 蒙。
国际音标： thɔk⁷ ɣaːu⁶ ten¹ ʔdoŋ² tɤ²jɤi⁵ moŋ¹moŋ³
汉文直译： 稻米 上 田野 纸张 薄薄的
汉文意译： 田峒谷米纸单薄。

喃字原文： 粓 唉 飿 悉 吏 特 蛼 数，
国际音标： kɤːm¹ ʔan¹ nɔ¹ lɔŋ² laːi⁶ ʔdɯːk⁸ thoŋ⁵lɤu¹
汉文直译： 饭 吃 饱 肚 又 得 长 寿
汉文意译： 吃饭肚饱又长命，

喃字原文： 丐 簌 隊 頭 丐 噘 扲 秇；
国际音标： kaːi⁵nɔn⁵ ʔdoi⁶ ʔdɤu² kaːi⁵kwaːt⁸ kɤm² tai¹
汉文直译： 斗笠 戴 头 扇子 拿 手
汉文意译： 斗笠头上戴扇子手中拿；

喃字原文： 些 時 者 特 調 尼，
国际音标： taː¹ thiː² jaː³ ʔdɯːk⁸ ʔdiːu² naːi²
汉文直译： 我 则 答 得 条 这
汉文意译： 我已猜得解答好，

喃字原文：時 些 罞 敢 拎 栭 吚 嘬。
国际音标：thi² ta¹ mɤ:i⁵ ja:m⁵ kɤm² tai¹ jan⁶jɔ²
汉文直译：则 咱 才 敢 执 手 叮 嘱
汉文意译：咱俩执手说实话。

（男：阮进余）

（19）

问：

喃字原文：嗨 埃 騎 馭 蓮 車？
国际音标：hɔi³ ʔa:i¹ kuɯ:i³ ŋɯə⁶ len¹ sɛ¹
汉文直译：问 谁 骑 马 上 车
汉文意译：谁人得骑马坐车？

喃字原文：嗨 埃 拎 猷 麻 雩 椊 丕？
国际音标：hɔi³ ʔa:i¹ kɤm² kwa:t⁸ ma² tsɛ¹ mat⁸jɤ:i²
汉文直译：问 谁 拿 扇子 来 遮 太阳
汉文意译：谁人撑扇遮太阳？

喃字原文：嗨 埃 騎 馭 蓮 丕？
国际音标：hɔi³ ʔa:i¹ kuɯ:i³ ŋɯə⁶ len¹ jɤ:i²
汉文直译：问 谁 骑 马 上 天
汉文意译：谁人能骑马上天？

喃字原文：嗨 埃 曧 一 黗 苿 鼽 習？
国际音标：hɔi³ ʔa:i¹ jau² nɤt⁷ tɔŋ¹ ʔɖɤ:i² ŋai²sɯɯ¹
汉文直译：问 谁 富 最 中 代 从前
汉文意译：昔谁富贵一朝代？

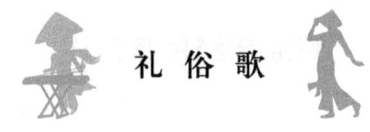

礼俗歌

喃字原文：嗨 埃 台 猷 台 旗？
国际音标：hɔi³ ʔa:i¹ ha:i¹ kwa:t⁸ ha:i¹ kɤ²
汉文直译：问 谁 两 扇 两 旗
汉文意译：谁有两把扇两旗？

喃字原文：嗨 埃 台 炮 台 杯 台 弹？
国际音标：hɔi³ ʔa:i¹ ha:i¹ fa:u⁵ ha:i¹ fɤ¹ ha:i¹ ʔda:n²
汉文直译：问 谁 两 炮 两 萧 两 琴
汉文意译：谁有两箫又两琴？

喃字原文：嗨 埃 骑 驭 蕫 岸？
国际音标：hɔi³ ʔa:i¹ kɯ:i³ ŋɯə⁶ len¹ ŋa:n²
汉文直译：问 谁 骑 马 上 山林
汉文意译：谁人能骑马上山？

喃字原文：嗨 埃 扒 特 虎 狼 罝 才？
国际音标：hɔi³ ʔa:i¹ ʔbat⁷ ʔdɯ:k⁸ ho³ la:ŋ¹ mɤ:i⁵ ta:i²
汉文直译：问 谁 捉 得 虎 狼 才 能干
汉文意译：谁当英豪打狼虎？

喃字原文：丐 之 吏 叅 欣 獴？
国际音标：ka:i⁵ji² la:i⁶ nɤ:n⁵ hɤ:n¹ vɔi¹
汉文直译：什么 还 大 比 大象
汉文意译：什么比大象还高？

喃字原文：吏 高 欣 肉 吏 𨱽 欣 滝？
国际音标：la:i⁶ ka:u¹ hɤ:n¹ nui⁵ la:i⁶ ja:i² hɤ:n¹ thoŋ¹
汉文直译：还 高 比 山 还 长 比 河
汉文意译：啥比山高比河长？

（20）

问：

  喃字原文：嗨 埃 别 祖 蚨 蚨？
  国际音标：hɔi³ ʔa:i¹ ʔbi:t⁷ to³ tsu:n² tsu:n²
  汉文直译：问 谁 知道 窝 蜻蜓
  汉文意译：谁人知道蜻蜓窝？

  喃字原文：别 蟸 兜 於 别 蠊 兜 魶？
  国际音标：ʔbi:t⁷ ʔɤt⁷ ʔdʐu¹ ʔɤ³ ʔbi:t⁷ lɯ:n¹ ʔdʐu¹ nam²
  汉文直译：知道 田鸡 哪里 住 知道 黄鳝 哪里 睡
  汉文意译：田鸡住哪鳝睡哪？

  喃字原文：嗨 埃 别 蕅 氽 梗？
  国际音标：hɔi³ ʔa:i¹ ʔbi:t⁷ tsu:i⁵ mʐi⁵ kan²
  汉文直译：问 谁 知道 芭蕉 几 枝
  汉文意译：谁知芭蕉几叉枝？

  喃字原文：别 淹 氽 曲 别 梗 氽 花？
  国际音标：ʔbi:t⁷ thoŋ¹ mʐi⁵ khuk⁷ ʔbi:t⁷ kan² mʐi⁵ hwa¹
  汉文直译：知道 河 几 弯 知道 枝 几 花
  汉文意译：河流几曲树多花？

  喃字原文：嗨 埃 别 渃 兜 蓮？
  国际音标：hɔi³ ʔa:i¹ ʔbi:t⁷ nɯ:k⁷ ʔdʐu¹ len¹
  汉文直译：问 谁 知道 水 哪里 上
  汉文意译：谁知水源哪里地？

  喃字原文：别 渃 兜 瓸 别 仙 准 帝？
  国际音标：ʔbi:t⁷ nɯ:k⁷ ʔdʐu¹ su:ŋ⁵ ʔbi:t⁷ ti:n¹ tson⁵ na:u²
  汉文直译：知道 水 哪里 下 知道 仙人 地方 哪
  汉文意译：水流去向仙哪来？

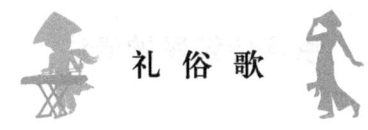

礼 俗 歌

喃字原文：嗨 埃 奔 半 尼 帀？
国际音标：hɔi³ ʔaːi¹ ʔbuːn¹ ʔbaːn⁵ nɤːi¹ naːu²
汉文直译：问 谁 买卖 地方 哪
汉文意译：人们买卖在哪里？

喃字原文：排 詩 劂 六 馴 帀 凿 罒？
国际音标：ʔbaːi² thɤ¹ kɯɯ³ luk⁸ ŋai² naːu² taːk⁸ ra¹
汉文直译：牌 诗 门 六 天 哪 刻 出
汉文意译：六门牌诗怎样来？

喃字原文：嗨 埃 者 特 朱 些？
国际音标：hɔi³ ʔaːi¹ ja³ ʔdɯːk⁸ tsɔ¹ ta¹
汉文直译：问 谁 答 得 给 咱
汉文意译：谁人解答得明白？

喃字原文：埃 麻 明 白 時 黜 吽 呈？
国际音标：ʔaːi¹ ma² min¹ ʔbat⁸ thi² ra¹ sin¹ tin²
汉文直译：谁 无实义 明白 就出 请 呈献
汉文意译：请人出来细呈详？

（21）

答：

喃字原文：蛴 蛴 𠆧 祖 核 䋲，
国际音标：tsuːn² tsuːn² laːm² tɔ³ kɤi¹ jɤu¹
汉文直译： 蜻蜓 做 窝 桑树
汉文意译：蜻蜓做窝桑林树，

喃字原文：汈 溇 螠 於 凌 溇 蟘 𩸦；
国际音标：ʔaːu¹ thɤu¹ ʔɤt⁷ ʔɤ³ luŋ¹ thɤu¹ lɯːn¹ nam²
汉文直译：塘 深 田鸡 住 池 深 黄鳝 睡
汉文意译：水深蛙住鳝汀洼；

喃字原文：蘿 牀 没 胂 颩 梗,
国际音标：tsu:i⁵ mɔk⁸ mot⁸ ru:t⁸ ta:m⁵ kan²
汉文直译：芭蕉 长 一 心 八 枝桠
汉文意译：芭蕉一心八叉枝,

喃字原文：淹 時 冈 曲 核 梗 冈 花。
国际音标：thoŋ¹ thi² mu:n¹ khuk⁷ kɤi¹ kan² mu:n¹ hwa¹
汉文直译：河 则 万 弯 树 枝 万 花
汉文意译：河流万曲树万花。

喃字原文：巴 涛 水 府 渃 蓮,
国际音标：ʔba¹ʔda:u² thi³fu³ nɯ:k⁷ len¹
汉文直译：波 涛 水 府 水 上
汉文意译：波涛水府水源地,

喃字原文：渃 魷 嬰 内 别 仙 准 尼;
国际音标：nɯ:k⁷ kwan¹ het⁷ nui⁵ ʔbi:t⁷ ti:n¹ tson⁵ nai²
汉文直译：水 绕 完 山 知道 仙人 地方 这
汉文意译：水流山谷仙来此;

喃字原文：些 尼 奔 半 京 城,
国际音标：ta¹ nai² ʔbu:n¹ʔba:n⁵ kin¹than²
汉文直译：咱 今 买卖 京 城
汉文意译：经商人们聚京城,

喃字原文：排 詩 劗 六 生 成 凿 罷。
国际音标：ʔba:i² thɤ¹ kɯə³ luk⁸ thin¹ than² ta:k⁸ ra¹
汉文直译：牌 诗 门 六 生 成 刻 出
汉文意译：六门生成石牌诗。

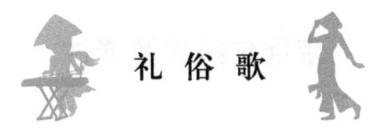

礼 俗 歌

喃字原文： 揞 𫝀 併 擬 特 黜，
国际音标： ʔɛm¹ ŋoi² tin⁵ŋi³ ʔdɯ:k⁸ ra¹
汉文直译： 妹 坐 思考 得 出
汉文意译： 妹已回答很明白，

喃字原文： 揞 尬 明 白 揞 罒 吁 呈。
国际音标： ʔɛm¹ nai¹ min¹ʔbat⁸ ʔɛm¹ ra¹ sin¹ tin²
汉文直译： 妹 今天 明白 妹 出 请 呈献
汉文意译： 如今出来呈君知。

(22)

答：

喃字原文： 𧵑 低 照 坦 幔 丕，
国际音标： ʔden⁵ ʔdɣi¹ tsi:u⁵ ʔdɣt⁷ ma:n² jɣ:i²
汉文直译： 到 这里 席子 地 帐子 天
汉文意译： 地下铺席天挂帐，

喃字原文： 畑 朘 㪙 遥 埃 别 时 鉋；
国际音标： ʔdɛn² jaŋ¹ kwa:t⁸ jɔ⁵ ʔa:i¹ ʔbi:t⁷ thi² va:u²
汉文直译： 灯 月亮 扇 风 谁 知道 就 进
汉文意译： 月风灯扇乐无穷；

喃字原文： 𧵑 低 坦 㱘 丕 高，
国际音标： ʔden⁵ ʔdɣi¹ ʔdɣt⁷ roŋ⁶ tsɣ:i² ka:u¹
汉文直译： 到 这里 地 阔 天 高
汉文意译： 在此天高地宽阔，

喃字原文： 滥 撑 埃 闷 味 帀 拱 铖。
国际音标： tsa:m² san¹ ʔa:i¹ mu:n⁵ mui² na:u² kuŋ³ nen¹
汉文直译： 蓝靛 蓝 谁 想 味道 哪个 也 成
汉文意译： 择友面交必成功。

喃字原文：跙 低 坦 黩 丕 贤,
国际音标：ʔden⁵ ʔdɤi¹ ʔdɤt⁷ roŋ⁶ jɤ:i² hi:n²
汉文直译：到 这里 地 阔 天 贤
汉文意译：在此地广天贤良,

喃字原文：帘 埃 闷 结 红 缘 时 刨。
国际音标：na:u² ʔa:i¹ mu:n⁵ ket⁷ hoŋ² ji:n¹ thi² va:u²
汉文直译：哪 谁 想 结 红 缘 就 进
汉文意译：情欲龙云结红缘。

（23）

问：

喃字原文：跙 低 些 嗨 寔 躺,
国际音标：ʔden⁵ ʔdɤi¹ ta¹ hɔi³ thɤt⁸ min²
汉文直译：到 这里 咱 问 实话 妹
汉文意译：哥到此来再问妹,

喃字原文：鸠 之 执 翅 融 亭 彤 罪?
国际音标：tsim¹ ji² tsɤp⁷ kan⁵ toŋ¹ ʔdin² ʔbai¹ ra¹
汉文直译：鸟 什么 合 翅 中 亭 飞 出
汉文意译：从亭飞出是何鸟?

喃字原文：跙 低 些 嗨噬 羅,
国际音标：ʔden⁵ ʔdɤi¹ ta¹ hɔi³ tsɔ²la¹
汉文直译：到 这里 咱 问 开玩笑
汉文意译：再次打听妹家事,

喃字原文：椿 萱 没 桧 生 罪 尒 梗?
国际音标：thuŋ¹hi:n¹ mot⁸ koi⁶ thin¹ ra¹ mɤi⁵ kan²
汉文直译：父母 一 根 生 出 几 枝
汉文意译：父母生出儿女几人?

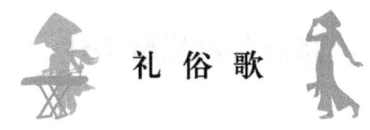

礼 俗 歌

喃字原文：跙 低 些 嗨 陈 陈，
国际音标：ʔden⁵ ʔdɤi¹ ta¹ hoi³ tʂn²tʂn²
汉文直译：到 这里 咱 问 陈述
汉文意译：乡村社民情况呢，

喃字原文：嗨 自 贵 社 融 民 茹 娘？
国际音标：hoi³ tɯ² kwi⁵ sa³ toŋ¹ ȵɤn⁵ ɲa² naːŋ²
汉文直译：问 从 贵 社 中 民 家 妹
汉文意译：有多少富贵志仕？

喃字原文：包 饶 官 贵 氽 几 鬲 鬲？
国际音标：ʔbaːu¹ȵiːu¹ kwaːn¹ kwi⁵ mɤi⁵ kɛ³ jau²thaːŋ¹
汉文直译：多少 官贵 几人 富裕
汉文意译：乡民生活富裕否？

喃字原文：包 饶 儒 士 融 廊 茹 媕？
国际音标：ʔbaːu¹ȵiːu¹ ȵo¹thi³ toŋ¹ laːŋ² ɲa² ʔɛm¹
汉文直译：多少 儒士 里 村 家 妹
汉文意译：村里有多少儒士？

(24)

答：

喃字原文：跙 低 趣 寔 贝 躬，
国际音标：ʔden⁵ ʔdɤi¹ thu⁵thɤt⁸ vɤːi⁵ min²
汉文直译：到 那里 说实话 和 你
汉文意译：哥问妹来说实话，

喃字原文：雁 箕 执 翘 融 亭 糦 齣；
国际音标：ɲaːn⁶ kiə¹ tsɤp⁷ kan⁵ toŋ¹ ʔdin² ʔbai¹ ra¹
汉文直译：雁 那 合 翅 中 亭 飞 出
汉文意译：雁燕合翅飞出亭；

喃字原文：払 嗨 時 淹 呐 囉，
国际音标：tsa:ŋ² hɔi³ thi² ʔɛm¹ nɔi⁵ ra¹
汉文直译：哥 问 则 妹 说 出
汉文意译：君问家事妹答言，

喃字原文：父 母 生 特 㕶 巴 罢 馭。
国际音标：fu⁶ mɤu³ thin¹ ʔdɯ:k⁸ va:i² ʔba¹ ʔbai³ ŋɯ:i²
汉文直译：父 母 生 得 几 三 七 人
汉文意译：父母生得三七人。

喃字原文：耨 才 妚 色 払 喂，
国际音标：ja:i¹ ta:i² ɣa:i⁵ thak⁷ tsa:ŋ² ʔɤ:i¹
汉文直译：男 才 女 貌 哥 啊
汉文意译：真是男才女色美，

喃字原文：妚 時 穹 绂 耨 㘹 文 章；
国际音标：ɣa:i⁵ thi² khuŋ¹ kɯi³ ja:i² ŋoi² van¹ tsɯ:ŋ¹
汉文直译：女 则 纺 织 男 坐 文 章
汉文意译：女儿织布男读书；

喃字原文：自 馭 英 跐 躓 囉 㢺，
国际音标：tɯ² ŋai² ʔan¹ ʔbɯ:k⁷ tsɤn¹ ra¹ ʔdi¹
汉文直译：从 天 哥 迈 步 出 去
汉文意译：自从君子离乡去，

喃字原文：柴 媄 孟 跬 茹 嘲 平 安。
国际音标：thɤi² mɛ⁶ man⁶ khwɛ³ ɲa² kɯə³ ʔbin² ʔi:n¹
汉文直译：父 母 健 康 家 庭 平 安
汉文意译：父母健康人平安。

礼 俗 歌

喃字原文： 英　捞　奔　半　泣　沔，
国际音标： ʔan¹ ʔdi ʔbuːn¹ ʔbaːn⁵ khap⁷ miːn²
汉文直译： 哥　去　经商　遍　四方
汉文意译： 君子奔波处经商，

喃字原文： 上　山　下　水　细　沔　江　溪；
国际音标： thɯːŋ⁶ thɤːn¹ ha⁶ thi³ tɤːi⁵ miːn² jaːŋ¹ khe¹
汉文直译： 上　山　下　水　到　边　江　溪
汉文意译： 上山下水越江河；

喃字原文： 户　行　充　足　髝　皮，
国际音标： hɔ⁶haːŋ² thuŋ¹tuk⁷ ɲiːu² ʔbe²
汉文直译： 亲戚　充足　多　方面
汉文意译： 乡民亲戚生活好，

喃字原文： 几　時　纺　纑　馭　時　翖　㺯。
国际音标： kɛ³ thi² tsaːi² lɯːi⁵ ŋɯːi² thi² ruːŋ⁶ nɯːŋ¹
汉文直译： 有人　则　捕鱼　有人　则　务农
汉文意译： 有人捕鱼人务农。

喃字原文： 妠　時　绕　纱　纹　绠，
国际音标： ɣaːi⁵ thi² ɲiːu³ vɔk⁷ kɯi³ kan¹
汉文直译： 女　则　绉纱　丝绸　纺织
汉文意译： 女子丝绸纺织忙，

喃字原文： 耨　時　畑　冊　学　行　㑊　罢。
国际音标： jaːi¹ thi² ʔden² that⁷ hɔk⁸ han² vaːu² ra¹
汉文直译： 男　则　灯火　辛勤　学习　进　出
汉文意译： 男灯火下勤习文。

489

（25）

问：

  喃字原文：渃 蓮 朱 邌 渃 喂，
  国际音标：nɯːk⁷ len¹ tsɔ¹ tsɔŋ⁵ nɯːk⁷ ʔɤːi¹
  汉文直译：水 涨 使 快 水 啊
  汉文意译：期望潮水快上涨，

  喃字原文：掁 船 䢌 沔 朱 碎 蓮 茹；
  国际音标：ʔdʐi³ thiːn² vaːu² ʔben⁵ tsɔ¹ toi¹ len¹ ɲa²
  汉文直译：推 船 进 港 给 我 上 家
  汉文意译：让哥回家船入港；

  喃字原文：渃 蓮 朱 㴜 㪇 鵝，
  国际音标：nɯːk⁷ len¹ tsɔ¹ lut⁸ kɔ³ ɣa²
  汉文直译：水 涨 使 淹 海草 名
  汉文意译：潮水快涨淹海草，

  喃字原文：别 䊷 麻 渚 别 茹 掩 兜。
  国际音标：ʔbiːt⁷ mat⁸ ma² tsɯə¹ ʔbiːt⁷ ɲa² ʔɛm¹ ʔdɤu¹
  汉文直译：认识 而 未 知 家 妹 哪里
  汉文意译：知妹面不知家巷。

  喃字原文：渃 蓮 朱 㴜 㪇 䚽，
  国际音标：nɯːk⁷ len¹ tsɔ¹ lut⁸ kɔ³ kɔn¹
  汉文直译：水 涨 使 淹 草 小
  汉文意译：潮涨水起淹小草，

  喃字原文：别 䊷 麻 挀 别 䚽 翁 帝？
  国际音标：ʔbiːt⁷ mat⁸ ma² tsaŋ³ ʔbiːt⁷ kɔn¹ ʔoŋ¹ naːu²
  汉文直译：认识 而 不 知 女儿 先生 哪
  汉文意译：谁家女儿住何方？

礼 俗 歌

（26）

问：

喃字原文：丐 之 路 跼 劳 牢？
国际音标：ka:i⁵ji² lɤn³thɤn³ la:u¹tha:u¹
汉文直译： 什么 照人呆脑头晕
汉文意译：何照人呆脑头晕？

喃字原文：創 於 東 海 㫨 仦 楼 西？
国际音标：tha:ŋ⁵ ʔɤ³ ʔdoŋ¹ha:i³ toi⁵ va:u² lɤu²tʂi¹
汉文直译：早晨 在 东海 晚 进 西楼
汉文意译：早晨在东晚楼西？

喃字原文：吁 扒 仕 吼 些 哈，
国际音标：sin¹ tsa:ŋ² thɛ³ ɲu³ ta¹ hai¹
汉文直译：请 哥 将 告诉 咱 知
汉文意译：君是否晓告妹知，

喃字原文：時 些 買 监 拎 㧅 结 愿？
国际音标：thi² ta¹ mɤ:i⁵ ja:m⁵ kɤm² tai¹ ket⁷ŋwi:n⁶
汉文直译：则 咱 才 敢 执 手 结义
汉文意译：咱俩执手愿相依？

（27）

答：

喃字原文：英 罙 财 富 巴 苂，
国际音标：ʔan¹ la² ta:i²fu⁵ ʔba¹ ʔdɤ:i²
汉文直译：哥 是 财富 三 代
汉文意译：哥是三代人聪明，

喃字原文：仍 跡 㗃 뙤 英 䎃 併 通；
国际音标：ȵuɯŋ³ tit⁷ mat⁸jɤːi² ʔan¹ ʔda³ tin⁵ thoŋ¹
汉文直译：些 足迹 太阳 哥 已 算 通
汉文意译：太阳足迹哥精通；

喃字原文：刱 㝵 怒 於 滕 東，
国际音标：thaːŋ⁵ ŋai² no⁵ ʔɤ³ ʔdaŋ² ʔdoŋ¹
汉文直译：早上 它 在 东方
汉文意译：早上东方太阳升，

喃字原文：뙨 欺 唺 酉 術 宫 西 房。
国际音标：ʔden⁵ khi¹ jɤ² jɤu⁶ ve² kuŋ¹ tɤi¹ fɔŋ²
汉文直译：到 时 酉时 回 西宫
汉文意译：晚上酉时转西宫。

喃字原文：英 尼 併 答 䎃 通，
国际音标：ʔan¹ nai¹ tin⁵ ʔdap⁷ ʔda³ thoŋ¹
汉文直译：哥 今 算 答 已 精通
汉文意译：哥很精通已答对，

喃字原文：英 尼 正 寔 孤 㴜 生 齣。
国际音标：ʔan¹ nai¹ tsin⁵ thɤt⁸ kɔn¹ jɔŋ² thin¹ ra¹
汉文直译：哥 今 正 实 世家子弟 生 出
汉文意译：咱俩执手相依共。

（男：杜玉光）

礼 俗 歌

（28）

问：

喃字原文：妡 埃 别 肉 萬 茶？
国际音标：ʔdo⁵ ʔa:i¹ ʔbi:t⁷ nui⁵ va:n²ta²
汉文直译：猜 谁 知 山 万 槲
汉文意译：谁人识得万槲山？

喃字原文：别 泜 绳 宝 别 橺 绳 寒？
国际音标：ʔbi:t⁷ lat⁸ thaŋ² bau⁵ ʔbi:t⁷ kwɛ¹ thaŋ² ha:n²
汉文直译：知 海 沟 阿 宝 知 箔 阿 寒
汉文意译：宝贝海沟谁做箔？

喃字原文：妡 埃 别 肉 杉 攀？
国际音标：ʔdo⁵ ʔa:i¹ ʔbi:t⁷ nui⁵ tha:m¹fa:n²
汉文直译：猜 谁 知 山 杉 攀
汉文意译：谁知哪是杉攀山？

喃字原文：没 蘛 趄 曤 包 岸 虄 罒？
国际音标：mot⁸ nam¹ ʔden⁵ toi⁵ ʔba:u¹ ŋa:n² tʂu¹ ra¹
汉文直译：一 年 到 晚 几 千 水 牛 出
汉文意译：一年放山多少牛？

（29）

答：

喃字原文：邉 壂 固 肉 萬 茶，
国际音标：ʔben¹ vat⁷ kɔ⁵ nui⁵ va:n²ta²
汉文直译：边 石壁 有 山 万 槲
汉文意译：山心相隔万槲山，

493

喃字原文： 溲 些 固 涯 绳 宝 固 榍 绳 寒；
国际音标： ʔbiːn³ ta¹ kɔ⁵ lat⁸ thaŋ² ʔbau⁵ kɔ⁵ kwɛ¹ thaŋ² haːn²
汉文直译： 海 咱 有 海沟 宝贝 有 箔 阿寒
汉文意译： 宝贝海沟阿寒箔；

喃字原文： 黄 竹 固 岗 杉 攀，
国际音标： hwaːŋ² tuk⁷ kɔ⁵ nui⁵ thaːm¹ faːn²
汉文直译： 黄竹 有 山 杉攀
汉文意译： 黄竹有座杉攀山，

喃字原文： 没 醂 妲 曘 闷 岸 魅 罼。
国际音标： mot⁸ nam¹ ʔden⁵ toi⁵ muːn¹ ŋaːn² tʀu¹ ra¹
汉文直译： 一 年 到 晚 万 千 水牛 出
汉文意译： 一年放牧万头牛。

（男：张廷德）

（30）

问：

喃字原文： 埃 麻 隊 矽 纰 歪?
国际音标： ʔaːi¹ ma² ʔdoi⁶ ʔda⁵ va⁵ jʀːi²
汉文直译： 谁 无实义 顶 石 修补 天
汉文意译： 谁能顶石修补天？

喃字原文： 迣 吧 亩 翀 嗒 哄 妲 尼。
国际音标： muːi² ʔba¹ mʀu³ ruːŋ⁶ tiːŋ⁵ kuːi² ʔden⁵ nai¹
汉文直译： 十 三 亩 田 笑声 至 今
汉文意译： 填十三顷传至今。

礼 俗 歌

答：

喃字原文：娿 女 娲 隊 矴 绐 丕，
国际音标：ʔba² nɯ³ ʔwa¹ ʔdoi⁶ ʔda⁵ va⁵ jɤːi²
汉文直译： 女娲婆　顶　石　修补　天
汉文意译：娲女顶石修补天，

喃字原文：迬 岜 亩 翀 唋 哄 跙 尼。
国际音标：mɯːi² ʔba¹ mɤu³ ruːŋ⁶ tiːŋ⁵ kɯːi² ʔden⁵ nai¹
汉文直译： 十　三　亩　田　笑声　至 今
汉文意译：得地十三传至今。

（31）

问：

喃字原文：没 臬 琨 斵 移 肉 阻 術，
国际音标：mot⁸ tam¹ kɔn¹ tʂu¹ rɤːi² nui⁵ jɤ³ ve²
汉文直译： 一　百　头　水牛　离　山　返回
汉文意译：一百头牛离山回，

喃字原文：固 包 饶 鲮 固 包 饶 蹞？
国际音标：kɔ⁵ ʔbaːu¹ ɲiːu¹ thɯŋ² kɔ⁵ ʔbaːu¹ ɲiːu¹ mɔŋ⁵
汉文直译：有　多少　角　有　多少　蹄
汉文意译：有多少角多少蹄？

喃字原文：固 包 饶 蹞 粘 塩？
国际音标：kɔ⁵ ʔbaːu¹ ɲiːu¹ mɔŋ⁵ jin⁵ ʔbun²
汉文直译：有　多少　蹄 粘 泥
汉文意译：有多少蹄沾泥泞？

喃字原文：固 包 饒 蹕 空 堷 粘？
国际音标：kɔ⁵ ʔbaːu¹ ɲiːu¹ mɔŋ⁵ khoŋ¹ ʔbun² jin⁵
汉文直译：有 多少 蹄 不 粘 泥
汉文意译：多少只蹄没沾泥？

（32）

答：

喃字原文：没 臬 掍 夥 固 台 臬 䮍，
国际音标：mot⁸ tam¹ kɔn¹ tʂu¹ kɔ⁵ haːi¹ tam¹ thɯŋ²
汉文直译：一 百 头 水牛 有 两 百 角
汉文意译：一百头水牛两百只角，

喃字原文：固 台 臬 䮍 固 罢 臬 蹕；
国际音标：kɔ⁵ haːi¹ tam¹ thɯŋ² kɔ⁵ ʔbon⁵ tam¹ mɔŋ⁵
汉文直译：有 两 百 角 有 四 百 蹄
汉文意译：有二百角四百蹄；

喃字原文：固 罢 臬 蹕 踖 蓬 坦，
国际音标：kɔ⁵ ʔbon⁵ tam¹ mɔŋ⁵ jɤm³ len¹ ʔdɤt⁷
汉文直译：有 四 百 蹄 踩 上 泥
汉文意译：有四百蹄踩泥上，

喃字原文：固 罢 臬 蹕 空 粘 堷。
国际音标：kɔ⁵ ʔbon⁵ tam¹ mɔŋ⁵ khoŋ¹ jin⁵ ʔbun²
汉文直译：有 四 百 蹄 不 粘 泥
汉文意译：有四百蹄没粘泥。

（女：阮成珍）

礼俗歌

（33）

问：

喃字原文： 妠 埃 别 渃 兜 薼？
国际音标： ʔdo⁵ ʔa:i¹ ʔbi:t⁷ nɯ:k⁷ ʔdɤu¹ len¹
汉文直译： 赌 谁 知道 水 哪里 起
汉文意译： 谁知水源哪里起？

喃字原文： 别 靈 兜 ᖨ 别 仙 兜 仈？
国际音标： ʔbi:t⁷ mɤi¹ ʔdɤu¹ su:ŋ⁵ ʔbi:t⁷ ti:n¹ ʔdɤu¹ va:u²
汉文直译： 知道 云 哪里 下来 知道 仙人 哪里 进
汉文意译： 知云哪来仙怎降？

（34）

答：

喃字原文： 渃 薼 於 我 波 涛，
国际音标： nɯ:k⁷ len¹ ʔɤ³ ŋa³ ʔba¹ ʔda:u²
汉文直译： 水 起 在 岔口 波 涛
汉文意译： 水源来自波涛处，

喃字原文： 靈 暗 蹟 ᖨ 仙 仈 蓬 莱。
国际音标： mɤi¹ ʔa:m⁵ tsɤn¹ nui⁵ ti:n¹ va:u² ʔboŋ² la:i¹
汉文直译： 云 暗 山脚 仙人 入 蓬莱
汉文意译： 云暗山脚蓬莱仙。

（男：裴永彬）

（三）

喃字原文：仍 排 喝 者 恩

国际音标：ȵɯŋ³ ʔbaːi² haːt⁷ ja³ ʔɤːn¹

汉文直译： 些　　歌　感恩

汉文意译： 感恩歌

（1）

喃字原文： 恩 吒 義 媄 生 成，

国际音标： ʔɤn¹ tsa¹ ŋiə³ mɛ⁶ thin¹ than²

汉文直译： 恩 父 义 母 养育

汉文意译： 感谢父母养育恩，

喃字原文： 鸠 胫 旯 朒 悴 悉 踟 迻；

国际音标： kiu¹ maːŋ¹ tsin⁵ thaːŋ⁵ sɔt⁷ lɔŋ² ra¹ ʔdi¹

汉文直译： 怀胎 九 月 痛心 出生

汉文意译： 九月怀胎方出生；

喃字原文： 功 吒 義 媄 养 馁，

国际音标： koŋ¹ tsa¹ ŋiə³ mɛ⁶ jɯːŋ³ nuːi¹

汉文直译： 功 父 义 母 养育

汉文意译： 父母养育功劳大，

礼 俗 歌

喃字原文：餒孲坤鯀朱馱捑騷。
国际音标：nuːi¹ kɔn¹ khon¹nɤːn⁵ tsoˑ¹ ŋɯːi² kɤi⁶toŋ¹
汉文直译：养 女儿 长大 给 他人 寄望
汉文意译：养女长大侍他人。

喃字原文：功 吒 平 肉 泰 山，
国际音标：koŋ¹ tsa¹ ʔbaŋ² nui⁵ thaːi⁵thɤːn¹
汉文直译：功德 父亲 如 山 泰山
汉文意译：父亲功德如泰山，

喃字原文：功 媄 平 波 平 嫩 高 鷔；
国际音标：koŋ¹ mɛ⁶ ʔbaŋ² ʔbe³ ʔbaŋ² nɔn¹ kaːu¹ jai²
汉文直译：功 母亲 如 海 如 山 高 厚
汉文意译：母亲功劳如海如高山；

喃字原文：鳩 脝 九 胴 迠 駅，
国际音标：kiu¹maːŋ¹ tsin⁵ thaːŋ⁵ mɯːi² ŋai²
汉文直译：怀胎 九 月 十 天
汉文意译：怀胎九月十日艰，

喃字原文：坣 漖 媄 旿 姑 刵 磋 孲。
国际音标：tso³ ʔɯ⁵ mɛ⁶ ŋu³ kho¹ rai² sɤi¹ kɔn¹
汉文直译：处 湿 娘 睡 干 今日 转 孩子
汉文意译：母睡湿处让儿干。

喃字原文：餝 唵 孲 哭 嘵 嘖，
国际音标：ʔdɔi⁵ ʔan¹ kɔn¹ khok⁷ nɛu⁵nɔn¹
汉文直译：饿 吃 孩子 哭 连声 呼叫
汉文意译：儿女饥饿等哭喊，

499

喃字原文：吒 媄 瀡 波 掉 嫩 渚 術；
国际音标：tsa¹mɛ⁶ vɯ:t⁸ ʔbe³ tɛu² nɔn¹ tsɯɯ¹ ve²
汉文直译：父母 越 海 爬 山 未 回
汉文意译：父母捕海忙未回；

喃字原文：齫 胼 贼 眝 抂 愲，
国际音标：nam² ʔdem¹ jɤk⁷ŋu³ tsaŋ³ mɤ¹
汉文直译：躺 夜里 睡觉 不 迷糊
汉文意译：夜里想儿睡不着，

喃字原文：𣋽 㐌 操 𣅜 遰 術 貝 𣘃。
国际音标：ŋai² ʔdi¹ tha:u⁵va:k⁷ tsɔŋ⁵ ve² vɤ:i⁵ kɔn¹
汉文直译：白天 去 操劳 快 回 和 孩子
汉文意译：白天操劳为儿活。

喃字原文：功 吒 淪 瀡 掉 嫩，
国际音标：koŋ¹ tsa¹ lan⁶loi⁶ tɛu² nɔn¹
汉文直译：功 父亲 跋涉 爬 山
汉文意译：爬山越海双艰辛，

喃字原文：功 媄 粓 㳥 养 餧 每 皮。
国际音标：koŋ¹ tsa¹ kɤ:m¹ nɔ³ jɯɯ:ŋ³nu:i¹ mɔi⁶ ʔbe²
汉文直译：功 父亲 饭 小 养育 全部 方面
汉文意译：感谢父母恩养育。

（男：杜福朝）

（2）

喃字原文：没 𣋽 跻 鋀 船 蜋，
国际音标：mot⁸ ŋai² ʔdɯŋ⁵ mui³ thi:n²rɔŋ²
汉文直译：一 日 站 船头 龙船
汉文意译：父亲常日登船忙，

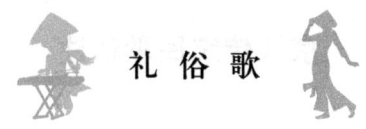

礼 俗 歌

喃字原文：	拰 平 旯 腈 於 舯 船 纣；
国际音标：	tsaŋ³ ʔbaŋ² tsin⁵ tha:ŋ⁵ ʔɤ³ toŋ¹ thi:n²tsa:i²
汉文直译：	不 如 九 月 在 中 渔 船
汉文意译：	一年九月忙网鱼；

喃字原文：	没 馴 蹲 鋂 船 纣，
国际音标：	mot⁸ ŋai² ʔdɯŋ⁵ mui³ thi:n²tsa:i²
汉文直译：	一 日 站 船头 渔船
汉文意译：	整日站立渔船上，

喃字原文：	拰 平 旯 腈 於 外 船 鈎。
国际音标：	tsaŋ³ ʔbaŋ² tsin⁵ tha:ŋ⁵ ʔɤ³ ŋwa:i² thi:n² kɤu¹
汉文直译：	不 如 九 月 在 外 船 钓鱼
汉文意译：	一年九月忙捉鱼。

喃字原文：	趾 黜 蹟 蹞 蹭 蹓，
国际音标：	ʔbɯ:k⁷ ra¹ tsɤn¹ thaŋ³ ɣoi⁵ lui²
汉文直译：	迈 出 脚 直 膝盖 退
汉文意译：	出嫁跨门脚后退，

喃字原文：	傷 吒 傷 媄 啥 嘳 傷 身。
国际音标：	thɯ:ŋ¹ tsa¹ thɯ:ŋ¹ me⁶ ŋɤm⁶ ŋui² thɯ:ŋ¹ thɤn¹
汉文直译：	怜 父 怜 母 惆怅 怜 自身
汉文意译：	怜悯父母太劳累。

喃字原文：	趾 黜 蹟 蹞 蹭 蹓，
国际音标：	ʔbɯ:k⁷ ra¹ tsɤn¹ thaŋ³ ɣoi⁵ lui²
汉文直译：	迈 出 脚 直 膝盖 退
汉文意译：	迈步离家脚又退，

喃字原文：傷 吒 忟 媄 啥 嘅 傷 俺.
国际音标：thɯ:ŋ¹ tsa¹ nɤ⁵ mɛ⁶ ŋɤm⁶ ŋui² thɯ:ŋ¹ ʔɛm¹
汉文直译：怜 父 念 母 惆怅 怜 妹
汉文意译：怜父母累惦念妹。

（3）

喃字原文：者 恩 注 博 樹 倊,
国际音标：ja³ʔɤ:n¹ tsu⁵ ʔba:k⁷ sɔm⁵ji:ŋ²
汉文直译：感谢 叔 伯 乡亲
汉文意译：感谢叔伯和乡亲,

喃字原文：琨 罖 分 妠 愁 秡 没 躺;
国际音标：kɔn¹ la² fɤn² ɣa:i⁵ thɤu² ri:ŋ¹ mot⁸min²
汉文直译：孩子 是 份 女儿 愁 私 独自
汉文意译：身为侄女愁私情;

喃字原文：忟 自 塘 织 绐 金,
国际音标：nɤ⁵ tɯ² ʔdɯ:ŋ²tsi³ moi⁵kim¹
汉文直译：想 从 线头 针线活儿
汉文意译：侄女自识针线事,

喃字原文：皿 唉 调 呔 如 鸪 逐 馂.
国际音标：mi:ŋ⁶ ʔan¹ ʔdi:u²jai⁶ nɯ¹ tsim¹ ʔdɯə¹ moi²
汉文直译：口 吃 教育 如 鸟 送 饵
汉文意译：如鸟送饵教育恩。

喃字原文：者 恩 自 伋 麻 催,
国际音标：ja³ʔɤ:n¹ tɯ² ʔɤi⁵ ma²thoi¹
汉文直译：感谢 从 那 而已
汉文意译：辞别各处谢恩深,

礼 俗 歌

喃字原文： 垰 晻 垰 竴 垰 塜 者 朱；
国际音标： tso³ ʔan¹ ʔtso³ ʔdɯŋ⁵ tso³ ŋoi² ja³ tso¹
汉文直译： 处 吃 处 站 处 坐 谢 给
汉文意译： 坐立食处谢别恩；

喃字原文： 者 恩 丐 隻 船 艣，
国际音标： ja³ʔɤːn¹ kaːi⁵tsiːk⁷ thiːn²ʔdɔ²
汉文直译： 感 谢 艘 渡 船
汉文意译： 感谢艄公摇船人，

喃字原文： 丐 泙 挭 渃 餒 夔 跙 晗。
国际音标： kaːi⁵jiːŋ⁵ ɣan⁵ nɯːk⁷ nuːi¹ tɔ⁵ ʔden⁵ jɤ²
汉文直译： 水井 挑 水 养 大 到 现在
汉文意译： 谢别水井饮育恩。

（女：吴秀英）

（4）

喃字原文： 吒 媄 生 㧅 㫊 䭮，
国际音标： tsa¹mɛ⁶ thin¹ kɔn¹ vuːŋ¹tɔn²
汉文直译： 父母 生 孩子 团圆
汉文意译： 父母养大女团圆，

喃字原文： 卢 菲 霊 泊 昌 痟 皎 攏；
国际音标： lɤ²fɤ² tɔk⁷ ʔbaːk⁸ sɯːŋ¹ mɔn² raŋ¹ luŋ¹
汉文直译： 无精打采发 白 骨 磨损 牙 松动
汉文意译： 无精打采发白消瘦牙松动；

喃字原文： 㧅 於 茹 吒 媄 恘 悆，
国际音标： kɔn¹ ʔɤ³ ɲaː² tsa¹mɛ⁶ vuiˡlɔŋ²
汉文直译： 孩子 在 家 父母 欢心
汉文意译： 女儿在家母欢心，

喃字原文： 頭 熄 栖 暚 氃 噱 待 徐。
国际音标： ʔdɤu²tat⁷mat⁸toi⁵ toŋ¹mɔŋ¹ ʔdɤːi⁶tsɤ²
汉文直译：　辛辛苦苦　　期望　等待
汉文意译： 日夜辛劳得期望。

喃字原文： 餒 孤 蠚 渃 忴 疎，
国际音标： nuːi¹ kɔn¹ tuŋ⁵nɯːk⁷ ŋɤi¹thɤ¹
汉文直译：　养　孩子　懵懂　　无知
汉文意译： 女儿年幼尚无知，

喃字原文： 功 吒 德 媄 包 唋 朱 悁。
国际音标： koŋ¹ tsa¹ ʔdɯk⁷ mɛ⁶ ʔbaːu¹ɤ² tsɔ¹ kwiːn¹
汉文直译：　功　父　德　母　何　时　给　忘
汉文意译： 父母功劳女不忘。

（男：阮进余）

　　　　　　（5）

喃字原文： 掩 核 自 課 没 㩁，
国际音标： joŋ² kɤi¹ tɯ² thɤ³ mot⁸ ɣaːŋ¹
汉文直译：　种　树　从　时期　一　拃
汉文意译： 种树自从一拃高，

喃字原文： 䟴 欺 核 㝩 我 邋 園 馭；
国际音标： ʔden⁵ khi¹ kɤi¹ nɤːn⁵ ŋa³ thaːŋ¹ vɯːn² ŋɯːi²
汉文直译：　到　时　树　大　倾斜　到　园　人家
汉文意译： 小树长大向他人园子倾斜；

喃字原文： 种 核 自 課 铖 迋，
国际音标： joŋ² kɤi¹ tɯ² thɤ³ nen¹ mɯːi²
汉文直译：　种　树　从　时期　成　十
汉文意译： 种树长至十多年，

礼 俗 歌

喃字原文：狟 欺 核 鰲 底 馱 捴 龘。
国际音标：ʔden⁵ khi¹ kɤi¹ nɤːn⁵ ʔde³ ŋɯːi² kɤi⁶toŋ¹
汉文直译：到 时 树 大 留 人 寄望
汉文意译：小树长大给人寄望。

（6）

喃字原文：功 吒 平 肉 泰 山，
国际音标：koŋ¹ tsa¹ ʔbaŋ² nui⁵ thaːi⁵thɤːn¹
汉文直译：功 父亲 如 山 泰山
汉文意译：父亲功德如泰山，

喃字原文：渜 媄 平 渃 衶 源 泚 黜；
国际音标：nɤu³ mɛ⁶ ʔbaŋ² nɯːk⁷ toŋ¹ ŋɤːn² tsai³ ra¹
汉文直译：乳汁 母亲 如 水 中 源泉 流 出
汉文意译：母亲乳汁如源泉；

喃字原文：功 吒 平 肉 泰 山，
国际音标：koŋ¹ tsa¹ ʔbaŋ² nui⁵ thaːi⁵thɤːn¹
汉文直译：功 父亲 如 山 泰山
汉文意译：父亲功劳胜泰山，

喃字原文：義 媄 平 波 功 恩 平 盃。
国际音标：ŋiə³ mɛ⁶ ʔbaŋ² ʔbe³ koŋ¹ ʔɤːn¹ ʔbaŋ² jɤːi²
汉文直译：义 母亲 如 海 功 恩 如 天
汉文意译：母亲情义如海天。

（女：阮成珍）

（7）

喃字原文：吲 浪 媕 㘈 於 茹，
国际音标：jaŋ⁶raŋ² ʔɛm¹ ʔbɛ⁵ ʔɤ³ ɳa²
汉文直译：叮嘱 妹 小 在 家
汉文意译：劝妹年小在家里，

喃字原文：能 勤 学 习 朱 吒 媄 伽；
国际音标：naŋ¹kɤn² hɔk⁸tɤp⁸ tso¹ tsa¹mɛ⁶ ɳɤ²
汉文直译：勤奋 学习 给 父 母 倚靠
汉文意译：勤奋学习后有倚；

喃字原文：姉 群 恪 唇 呂 疎，
国际音标：tsi⁶ kɔn² lɤn³ thɤn³ lɤ¹thɤ¹
汉文直译：姐姐 还 发呆 疏落
汉文意译：姐姐疏落心不定，

喃字原文：调 㩵 唒 呐 群 伽 馱 些。
国际音标：ʔdi:u²ʔan¹ ti:ŋ⁵nɔi⁵ kɔn² ɳɤ² ŋɯ:i²ta¹
汉文直译：举止 谈吐 还 靠 人家
汉文意译：举止谈吐听人指。

喃字原文：吲 浪 媕 㘈 於 茹，
国际音标：jaŋ⁶raŋ² ʔɛm¹ ʔbɛ⁵ ʔɤ³ ɳa²
汉文直译：叮嘱 妹 小 在 家
汉文意译：劝妹年小在家里，

喃字原文：能 勤 学 习 底 麻 包 身；
国际音标：naŋ¹kɤn² hɔk⁸tɤp⁸ ʔde³ma² va:u² thɤn¹
汉文直译：勤奋 学习 以便 进 自身
汉文意译：辛勤学习为自身；

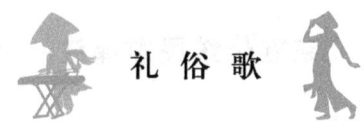

礼 俗 歌

喃字原文：没 辰 迈 会 朱 陈，
国际音标：mot⁸ma:i¹ ɣap⁸hoi⁶ tsɤu¹ tɤn²
汉文直译：有朝一日 恰遇良机 朱 陈
汉文意译：日后朱陈得姻缘，

喃字原文：恩 吒 伽 媄 挵 㨆 朱 淹。
国际音标：ʔɤ:n¹ tsa¹ nɤ² mɛ⁶ vun¹joŋ² tsɔ¹ ʔɛm¹
汉文直译：谢 父亲 靠 母亲 养育 给 妹
汉文意译：感谢父母养育恩。

（男：阮进余）

（8）

喃字原文：感 恩 英 沛 於 茹，
国际音标：ka:m³ʔɤn¹ ʔan¹ fa:i³ ʔɤ³ ɲa²
汉文直译：感谢 哥 须 在 家
汉文意译：感谢哥姐在家里，

喃字原文：翜 苦 捱 𢧚 朱 吒 媄 伽；
国际音标：tsiu⁶ khɔ⁵ ɣan⁵va:k⁷ tsɔ¹ tsa¹mɛ⁶ nɤ²
汉文直译：受 苦 担当 给 父母 倚靠
汉文意译：照料父母多担当；

喃字原文：淹 罤 分 妸 巴 㵝，
国际音标：ʔɛm¹ la² fɤn⁶ ɣa:i⁵ ʔbɤ¹ɤ¹
汉文直译：妹 是 身份 女儿 飘零
汉文意译：身为妹妹今飘零，

喃字原文：刱 恩 嘲 㐱 瞱 伽 㬥 胫。
国际音标：tha:ŋ⁵ ʔɤ:n¹ tsi:u² jɔ⁵ toi¹ nɤ² ʔbɔŋ⁵jaŋ¹
汉文直译：早上 谢恩 下午 风 晚 寄托 月光
汉文意译：朝随风向晚月光。

（9）

喃字原文：催 催 者 義 伴 喂,
国际音标：thoi¹thoi¹ ja³ŋiə³ ʔbaːn⁶ ʔɤːi¹
汉文直译：罢了 报恩 朋友 啊
汉文意译：感谢朋友情义深,

喃字原文：者 坫 伴 跨 者 尼 伴 𠳐;
国际音标：ja³ tso³ ʔbaːn⁶ ʔdɯŋ⁵ ja³ nɤːi¹ ʔbaːn⁶ ŋoi²
汉文直译：谢 处 朋友 站 谢 地方 朋友 坐
汉文意译：昔坐立处今谢恩;

喃字原文：催 催 者 義 伴 喂,
国际音标：thoi¹thoi¹ ja³ŋiə³ ʔbaːn⁶ ʔɤːi¹
汉文直译：罢了 报恩 朋友 啊
汉文意译：朋友情义永牢固,

喃字原文：者 坫 伴 𠳐 者 躣 伴 㣟。
国际音标：ja³ tso³ ʔbaːn⁶ ŋoi² ja³ loi⁵ ʔbaːn⁶ ʔdi¹
汉文直译：谢 处 友 坐 谢 路 友 走
汉文意译：谢别同道各分心。

（男：杜福英）

（10）

喃字原文： 跐 黜 曾 跐 銀 㐌,
国际音标：ʔbɯːk⁷ ra¹ tɯŋ² ʔbɯːk⁷ ŋɤn³ŋɤ¹
汉文直译：迈 出 逐一 步子 发愣
汉文意译：跨坎移步心茫然,

礼 俗 歌

喃字原文：媄 耂 頭 泊 俺 疎 膼 桃；
国际音标：mɛ⁶ ja² ʔdɤu² ʔba:k⁸ ʔɛm¹ thɤ¹ ma⁵ʔda:u²
汉文直译：娘 老 头 白 妹 幼稚 红颜
汉文意译：见母白发妹红颜；

喃字原文：𪒹 扐 𠃣 曘 尰 脾，
国际音标：ŋai² ʔdi¹ la:m² toi⁵ toŋ¹ tha:u¹
汉文直译：白天 去 做 晚上 望 星星
汉文意译：白天干活夜望星，

喃字原文：汜 蹎 踆 矽 蹎 高 炭 汜。
国际音标：ŋɯŋ² tsɤn¹ vɤp⁷ ʔda⁵ tsɤn¹ ka:u¹ ŋɤp⁸ŋɯŋ²
汉文直译：停 脚 碰 石 脚 高 犹豫
汉文意译：止步碰石移步慢。

（11）

喃字原文：者 恩 英 姊 於 茹，
国际音标：ja³ʔɤ:n¹ ʔan¹ tsi⁶ ʔɤ³ ɲa²
汉文直译：感谢 哥 姐 在 家
汉文意译：感谢哥姐在家里，

喃字原文：𠃣 𩁱 𠃣 固 朱 吒 媄 伽；
国际音标：la:m²jau² la:m²kɔ⁵ tsɔ¹ tsa¹mɛ⁶ ŋɤ²
汉文直译：发家 致富 给 父母 倚靠
汉文意译：发家致富父母依；

喃字原文：拱 罢 分 妸 媄 喂，
国际音标：kuŋ³ la² fɤn⁶ ɣa:i⁵ mɛ⁶ ʔɤ:i¹
汉文直译：也 是 身份 女儿 娘 啊
汉文意译：娘啊！都是女儿身，

喃字原文： 分　𠊚　𢀭　重　分　碎　牢　憗。

国际音标： fɤn² ŋɯːi² thaːŋ¹tɔŋ⁶ fɤn² tɔi¹ thaːu¹ hɛn²

汉文直译： 命　人家　富贵　命　我　为什么　贫贱

汉文意译： 人命高贵我身贱。

（男：苏维绍）

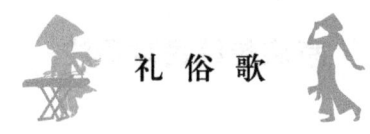

礼 俗 歌

（四）

喃字原文：仍 排 喝 迯 婿 迍 妽
国际音标：ȵɯŋ³ ʔbaːi² haːt⁷ ʔdɯə¹ re³ ʔdɔn⁵ jɤu¹
汉文直译：一些 首 歌 送 新浪 接 新娘
汉文意译：迎送亲歌

（1）

喃字原文：英 罡 客 遇 外 艚，
国际音标：ʔan¹ la² khat⁷ la⁶ ŋwaːi² tau²
汉文直译：哥 是 客 陌生 外 船
汉文意译：哥是来船陌生客，

喃字原文：顺 帆 吹 遏 英 刨 细 低；
国际音标：thɤn⁶ ʔbuːm² suːi¹ jɔ⁵ ʔan¹ vaːu² tɤːi⁵ ʔdɤi¹
汉文直译：顺 帆 顺水 哥 进 到 这里
汉文意译：一帆风顺进港湾；

喃字原文：英 罡 客 遇 塘 赊，
国际音标：ʔan¹ la² khat⁷ la⁶ ʔdɯːŋ² sa¹
汉文直译：哥 是 客 陌生 路 远
汉文意译：哥是远方陌生客，

511

喃字原文：瑄 訊 娘 固 圍 花 英 舥。
国际音标：ŋɛ¹ tin¹ na:ŋ² kɔ⁵ vɯ:n²hwa¹ ʔan¹ va:u²
汉文直译：听 消息 妹 有 花园 哥 进
汉文意译：见有花园哥来玩。

（2）

喃字原文：圲 尼 罗 圲 犝 𤜸，
国际音标：ŋɔ³ nai² la² ŋɔ³ tsan¹ ʔbɔ²
汉文直译：门 这 是 门 放 牛
汉文意译：此门出入放牛门，

喃字原文：固 吧 錢 贵 買 朱 圲 舥；
国际音标：kɔ⁵ ʔba¹ ti:n² kwi⁵ mɤ:i⁵ tsɔ¹ ŋɔ³ va:u²
汉文直译：有 三 钱 贵 才 给 门 进
汉文意译：有三贯钱开门进；

喃字原文：圲 尼 罗 圲 官 州，
国际音标：ŋɔ³ nai² la² ŋɔ³ kwa:n¹tsɤu¹
汉文直译：门 这 是 门 州官
汉文意译：此门又是官州门，

喃字原文：固 錢 時 馱 迍 妯 趾 舥。
国际音标：kɔ⁵ ti:n² thi² ŋɯ:i² ʔdɔn⁵ jɤu¹ ʔbɯ:k⁷ va:u²
汉文直译：有 钱 则 人 接 新娘 迈 进
汉文意译：有钱得入接新娘。

喃字原文：圲 尼 罗 圲 官 賒，
国际音标：ŋɔ³ nai² la² ŋɔ³ kwa:n¹ sa¹
汉文直译：门 这 是 门 官 远
汉文意译：此门亦是远官门，

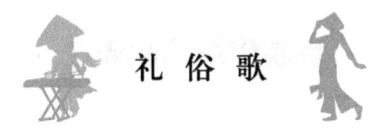

礼 俗 歌

喃字原文：固 匹 銭 贵 挔 戈 麻 刨。
国际音标：kɔ⁵ ʔba¹ ti:n² kwi⁵ ʔdi¹kwa¹ ma² va:u²
汉文直译：有 三 钱 贵 经过 而 进
汉文意译：有三贯钱放卡进。

（3）

喃字原文：茹 碎 於 坦 峒 秥，
国际音标：n̠a² toi¹ ʔɤ³ ʔdɤt⁷ ʔdoŋ²tsi:m¹
汉文直译：家 我 在 地 禾峒
汉文意译：我家前面是禾峒，

喃字原文：𬑷 鉌 𠔿 樊 𬑷 鎌 𠔿 槀；
国际音标：va:k⁷ ʔbuə⁵ ʔbuə⁵ miə⁵ va:k⁷ li:m² ʔbuə⁵ kau¹
汉文直译：扛 斧 砍 蔗 扛 镰 破 槟榔
汉文意译：斧砍蔗镰捎槟榔；

喃字原文：圩 尼 罗 圩 犆 僂，
国际音标：ŋɔ³ nai² la² ŋɔ³ tsan¹ tʂu¹
汉文直译：门 这 是 门 放 水牛
汉文意译：此门出入放牛郎，

喃字原文：空 固 銭 贵 蹲 数 碎 術。
国际音标：khoŋ¹ kɔ⁵ ti:n² kwi⁵ ʔdɯŋ⁵ lɤu¹ toi¹ ve²
汉文直译：没 有 钱 贵 站 久 我 回
汉文意译：新郎没钱等放行。

（4）

喃字原文：圩 尼 罗 圩 官 柴，
国际音标：ŋɔ³ nai² la² ŋɔ³ kwa:n¹tʂi²
汉文直译：门 这 是 门 官人
汉文意译：此门又是官人卡，

513

喃字原文：固 邝 銭 贵 戈 低 跐 刨；
国际音标：kɔ⁵ ʔba¹ ti:n² kwi⁵ kwa¹ ʔdɤi¹ ʔbɯ:k⁷ va:u²
汉文直译：有 三 钱 贵 过 这里 迈 进
汉文意译：有钱三贯方放入；

喃字原文：計 自 莲 藕 丝 桃，
国际音标：ke³ tɯ² thɛn¹ ŋɔ⁵ tɤ¹ ʔda:u²
汉文直译：陈述 从 莲 藕 丝 桃
汉文意译：自有莲藕和丝桃，

喃字原文：迖 釛 醉 伩 悲 晗 铖 涓。
国际音标：mɯ:i² ta:m⁵ nam² ʔɤi⁵ ʔbɤi¹jɤ² nen¹ kwɛn¹
汉文直译：十 八 年 那 现在 成 熟悉
汉文意译：十八年长没忘记。

喃字原文：壅 名 瓢 秘 貝 烦，
国际音标：lɤp⁷ jan¹ ʔbɤu² ʔbi⁵ vɤ:i⁵ fi:n²
汉文直译：堵塞 名 葫芦 瓜 和 烦心
汉文意译：拦路瓜果心感烦，

喃字原文：户 逴 妽 趷 固 钱 時 戈。
国际音标：hɔ⁶ rɯ:k⁷ jɤu¹ ʔden⁵ kɔ⁵ ti:n² thi² kwa¹
汉文直译：家 接 新娘 到 有 钱 就 过
汉文意译：但接新娘必钱银。

（5）

喃字原文：娘 喂 翔 圩 英 戈，
国际音标：na:ŋ² ʔɤ:i¹ mɤ³ ŋɔ³ ʔan¹ kwa¹
汉文直译：妹 啊 开 门 哥 过
汉文意译：妹呀开门让哥进，

礼 俗 歌

喃字原文：空 錢 時 嗨 菩 爹 祂 錢；
国际音标：khoŋ¹ ti:n² thi² hɔi³ ʔbo²ʔda¹ lɤi⁵ ti:n²
汉文直译：没有 钱 就 问 媒人 拿 钱
汉文意译：要钱请问我媒人；

喃字原文：菩 爹 尭 鉑 尭 钱，
国际音标：ʔbo²ʔda¹ ȵi:u² ʔba:k⁸ ȵi:u² ti:n²
汉文直译：媒人 多 银 多 钱
汉文意译：媒人满袋是钱银，

喃字原文：娘 麻 翔 圲 錢 連 産 豇。
国际音标：na:ŋ² ma² mɤ³ ŋɔ³ ti:n² li:n² than³ ŋai¹
汉文直译：妹无实义 开 门 钱 马上 准备 立即
汉文意译：妹先开门后钱银。

(6)

喃字原文：迚 吝 剗 九 吝 撼，
国际音标：mɯ:i² lɤn² kɯə³ tsin⁵ lɤn² ka:i²
汉文直译：十 层 门 九 层 闩
汉文意译：十层庭门九层闩，

喃字原文：底 呈 贵 户 蹲 𡋀 麻 貼；
国际音标：ʔde³ tin² kwi⁵ hɔ⁶ ʔdɯŋ⁵ ŋoi² ma² sɛm¹
汉文直译：留 呈 贵姓 站 坐 而 看
汉文意译：呈祥贵客等外面；

喃字原文：剗 淹 撼 槑 吝 扞，
国际音标：kɯə³ ʔɛm¹ ka:i² tam¹ lɤn² thɛn¹
汉文直译：门 妹 闩 百 层 门闩
汉文意译：妹家庭门九层闩，

喃字原文：扐 麻 翔 特 俺 唅 扐 才。
国际音标：tsaːŋ² ma² mɤ³ ʔdɯːk⁸ ʔɛm¹ khɛn¹ tsaːŋ² taːi²
汉文直译：哥 无实义 开 得 妹 夸 哥 有才
汉文意译：君能开通见新娘。

(7)

喃字原文：菩 爹 敬 祉 菩 爹,
国际音标：ʔbo²ʔda¹ kin⁵ lɤi⁵ ʔbo²ʔda¹
汉文直译：媒人 敬 拿 媒人
汉文意译：媒人职责聘礼金,

喃字原文：法 尼 罗 法 芪 糕 吏 低;
国际音标：fɛp⁷ nai² la² fɛp⁷ ʔdɤːi²ja² laːi⁶ ʔdɤi¹
汉文直译：规矩 这 是 规矩 老一辈 来 这里
汉文意译：这是前辈定的规矩;

喃字原文：岜 钱 照 圩 撻 籴,
国际音标：ʔba¹ tiːn² tsiːu⁵ ŋɔ³ ʔdat⁸ roi²
汉文直译：三 钱 席子 门 放 了
汉文意译：媒人已交三贯钱,

喃字原文：吁 娘 翔 圩 伽 籴 照 花。
国际音标：sin¹ naːŋ² mɤ³ ŋɔ³ vaːu² ŋoi² tsiːu⁵hwa¹
汉文直译：请 妹 开 门 进 坐 花席
汉文意译：请妹开门铺花席。

（男：苏维珍，苏权业；女：阮兴连）

礼 俗 歌

（8）

喃字原文：敨 氹 㖿 胴 卒 齡，
国际音标：hom¹nai¹ ŋai² tha:ŋ⁵ tot⁷lan²
汉文直译：今天 日 月 吉祥
汉文意译：今日是个好日子，

喃字原文：尼 英 跂 细 敬 誠 祖 先；
国际音标：nai² ʔan¹ ʔbɯ:k⁷ tɤ:i⁵ kin⁵ than² to³ti:n¹
汉文直译：这 哥 迈 到 敬 诚心 祖先
汉文意译：过来迎亲敬祖先；

喃字原文：愿 朱 公 主 结 缘，
国际音标：ŋwi:n² tso¹ koŋ¹tsuə⁵ ket⁷ji:n¹
汉文直译：誓 给 公主 结缘
汉文意译：誓与公主结姻缘，

喃字原文：底 㳟 院 牧 百 年 寿 长。
国际音标：ʔde³ ma:i¹ vɛn⁶ tsɯ³ ʔbat⁷ ni:n¹ thɔ⁶tɯ:ŋ²
汉文直译：让 来日 团圆 字 百 年 长寿
汉文意译：来日团圆心满愿。

喃字原文：吏 嗦 贵 户 茹 娘，
国际音标：la:i⁶ thɯə¹ kwi⁵ hɔ⁶ ɲa² na:ŋ²
汉文直译：再 禀告 贵 姓 家 妹
汉文意译：今日来到贵亲家，

喃字原文：嗦 注 嗦 博 奇 行 亲 赊；
国际音标：thɯə¹ tsu⁵ thɯə¹ ʔba:k⁷ ka³ ha:ŋ²thɤn¹ sa¹
汉文直译：禀告 叔 禀告 伯 全部 亲属 远
汉文意译：请禀女家众叔伯；

517

喃字原文：嗽　帝 贵 户 通 家，
国际音标：thuə¹ ʔdɤi⁵ kwi⁵ hɔ⁶ thoŋ¹ja¹
汉文直译：禀告 那里 贵 姓 亲家
汉文意译：禀告贵位和亲家，

喃字原文：英 嗽 狟 世 钯 平 悉 渚？
国际音标：ʔan¹ thuə¹ ʔden⁵ the⁵ ʔda³ ʔbaŋ²lɔŋ² tsɯə¹
汉文直译：哥 禀告 到 这样 已 满意 没有
汉文意译：这样称呼满意吗？

喃字原文：平 悉 時 𨷈 圫 𩥉，
国际音标：ʔbaŋ²lɔŋ² thi² mɤ³ ŋɔ³ ra¹
汉文直译：满意 就 开 门 出
汉文意译：若果满意请松卡，

喃字原文：朱 翁 正 使 菩 爹 伆 茹；
国际音标：tsɔ¹ ʔoŋ¹ tsin⁵thɯ⁵ ʔbo²ʔda¹ va:u² n̪a²
汉文直译：给 先生 领队 媒人 进 家
汉文意译：让领队媒人进家；

喃字原文：㭲 𠫆 钯 𣋀 斜斜，
国际音标：mat⁸jɤ:i² ʔda³ se⁵ta²ta²
汉文直译：太阳 已 西斜
汉文意译：太阳西斜时已晚，

喃字原文：底 英 蹲 歇 寔 罒 拱 傷！
国际音标：ʔde³ ʔan¹ ʔdɯŋ⁵ ma:i³ thɤt⁸ la² kuŋ³ thɯ:ŋ¹
汉文直译：让 哥 站 一直 实在 是 也 可怜
汉文意译：我们站久怜累吧！

礼 俗 歌

喃字原文： 暧 英 时 拱 暧 娘，
国际音标： toi⁵ ʔan¹ thi² kuŋ³ toi⁵ na:ŋ²
汉文直译： 迟 哥 就 也 迟 妹
汉文意译： 迟了影响哥妹呀，

喃字原文： 啧 功 慌 唷 黜 塘 夥 佗；
国际音标： tat⁷ koŋ¹ ho³ jɔk⁸ ra¹ ʔdɯ:ŋ² lam⁵ thai¹
汉文直译： 责怪 功 羞愧 沿着 出 路 多 啊
汉文意译： 回途时长还艰辛；

喃字原文： 苉 馹 固 役 矗 尼，
国际音标： ʔdɤ:i² ŋɯ:i² kɔ⁵ vi:k⁸ hom¹nai¹
汉文直译： 人生 有 事 今天
汉文意译： 人生今天双喜事，

喃字原文： 睨 市 蹲 翌 蕊 唛 唉 娘！
国际音标： nɛ³ na:u² ʔdɯŋ⁵ tsiu⁶ ʔdaŋ⁵ kai¹ hɤ:i³ na:ŋ²
汉文直译： 怎能 站 受 苦辣 啊 妹
汉文意译： 怎能误得大事啊！

喃字原文： 吁 娘 咳 粳 圢 黜，
国际音标： sin¹ na:ŋ² hai³ mɤ³ ŋɔ³ ra¹
汉文直译： 请 妹 请 开 门 出
汉文意译： 请妹宽恕放关卡，

喃字原文： 朱 翁 正 使 官 家 跐 佝。
国际音标： tsɔ¹ ʔoŋ¹ tsin⁵ thɯ⁵ kwa:n¹ ja¹ ʔbɯ:k⁷ va:u²
汉文直译： 给 先生 领队 官人 迈 进
汉文意译： 领队官人得进家。

（9）

喃字原文：天　台　歪　坦　翔　拦，

国际音标：thiːn^{1}thaːi^{1} jɤːi^{2}ʔdɤt mɤ^{3}maːŋ^{1}

汉文直译： 天台　天地　开拓

汉文意译：天地桃源开拓门，

喃字原文：埃　立　铖　圬　朱　娘　半　花？

国际音标：ʔaːi^{1} lɤp^{8} nen^{1} ŋɔ^{3} tsɔ^{1} naːŋ^{2} ʔbaːn^{5} hwa^{1}

汉文直译：谁　立　成　门　给　妹　卖　花

汉文意译：谁家立门妹卖花？

喃字原文：陳　詞　各　迹　搥　羅，

国际音标：tɤn^{2}tɯ^{2} kaːk^{7} tit^{7} tɔ^{2}la^{1}

汉文直译： 陈词　各　踪迹　探听

汉文意译：伺探陈情许有源，

喃字原文：茷　芇　立　圬　半　花　祂　錢？

国际音标：ʔdɤːi^{2} naːu^{2} lɤp^{8} ŋɔ^{3} ʔbaːn^{5} hwa^{1} lɤi^{5} tiːn^{2}

汉文直译： 代　哪　立　门　卖　花　要　钱

汉文意译：哪代立门收婚卡？

喃字原文：姻　缘　嫁　娶　结　缘，

国际音标：ɲɤn^{1}jiːn^{1} ja^{5}thu^{5} ket^{7}jiːn^{1}

汉文直译： 姻缘　嫁娶　结缘

汉文意译：嫁娶婚姻相意愿，

喃字原文：茷　茷　嫁　娶　结　缘　特　婚；

国际音标：ʔdɤːi^{2}ʔdɤːi^{2} ja^{5}thu^{5} ket^{7}jiːn^{1} ʔdɯːk^{8} hon^{1}

汉文直译： 历代　嫁娶　结缘　成　婚姻

汉文意译：历代嫁娶成婚姻；

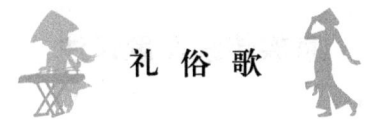

礼 俗 歌

喃字原文：细 低 英 固 役 碱，
国际音标：tɤ:i⁵ ʔdɤi¹ ʔan¹ ko⁵ vi:k⁸ri:ŋ¹
汉文直译：到 这里 哥 有 私事
汉文意译：到此哥有情私事，

喃字原文：耨 才 姅 色 愿 铖 没 茹。
国际音标：ja:i¹ ta:i² ɣa:i⁵ thak⁷ ŋwi:n² nen¹ mot⁸ ɲa²
汉文直译：男 才 女 貌 愿 成 一 家
汉文意译：男才女貌结家亲。

喃字原文：吁 娘 咳 翔 圲 黜，
国际音标：sin¹ na:ŋ² hai³ mɤ³ ŋo³ ra¹
汉文直译：请 妹 先 开 门 出
汉文意译：请妹通理放关卡，

喃字原文：朱 翁 正 使 菩 爹 莲 狖；
国际音标：tso¹ ʔoŋ¹ tsin⁵thɯ⁵ ʔbo²ʔda¹ len¹ ŋoi²
汉文直译：让 先生 领队 媒人 上 坐
汉文意译：让领队媒人进家；

喃字原文： 塘 赊 蹟 痏 用 移，
国际音标：ʔdɯ:ŋ² sa¹ tsɤn¹ moi³ ruŋ⁶rɤ:i²
汉文直译： 路程 远 脚 累 软瘫
汉文意译： 路程遥远站累呀，

喃字原文：嚎 朱 㐌 准 麻 制 哎 菱。
国际音标：moŋ¹ tso¹ ʔden⁵ tson⁵ ma² tsɤ:i¹ ʔan¹ jɤu²
汉文直译：渴望 给 到 地方 而 玩 吃 槟榔
汉文意译：渴望入屋吃槟榔。

521

喃字原文：ᄱ 之 朱 励 悉 烧！
国际音标：la:m² ji² tso¹ n̪uk⁸ lɔŋ² n̪au¹
汉文直译：为什么 给 操心 互相
汉文意译：为何互相操心啊！

喃字原文：嚫 時 㨪 绺 㡒 頭 㨪 绦；
国际音标：jɯ:i⁵ thi² tsaŋ¹ luə⁶ ten¹ ʔdɻu² tsaŋ¹ tɤ¹
汉文直译：下 则 张 绸带 上 头 拉 丝绳
汉文意译：上拉丝绳下绸带；

喃字原文：户 耨 英 固 悉 徐，
国际音标：hɔ⁶ ja:i¹ ʔan¹ kɔ⁵ lɔŋ² tsɤ²
汉文直译：男方 哥 有 心 等
汉文意译：男方有心待松卡，

喃字原文：吁 娘 翔 坏 搿 伽 睡 家。
国际音标：sin¹ na:ŋ² mɤ³ ŋɔ³ nɯ:ŋ¹ n̪ɤ² ʔbɔŋ⁵ ja¹
汉文直译：请 妹 开 门 倚靠 岳家
汉文意译：请妹放门进岳家。

（10）
喃字原文：媕 㑲 茹 鄿 坏 庭，
国际音标：ʔɛm¹ nai¹ n̪a² kɯə³ ŋɔ³ ʔdin²
汉文直译：妹 今 家 门 关 卡
汉文意译：今日妹设此关卡，

喃字原文：拱 曾 幻 约 缘 躺 笣 数；
国际音标：kuŋ³ tɤŋ² ʔa:u¹ ʔɯ:k⁷ ji:n¹ min² ʔda³ lɤu¹
汉文直译：也 曾 期望 缘分 自己 已 久
汉文意译：期望良缘时已久；

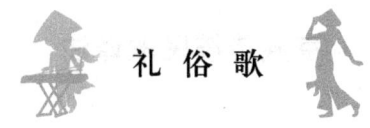

礼 俗 歌

喃字原文： 罞 皮 他 缍 纴 鈎，
国际音标： ʔbon⁵ ʔbe² tha¹ lɯːi⁵ vɯːŋ⁵ kɤu¹
汉文直译： 四处 撒 网 放 钓
汉文意译： 四处撒网又放钓，

喃字原文： 舩 辥 波 蘿 滝 溇 怛 停。
国际音标： kwan¹ nam¹ ʔbe³ roŋ⁶ thoŋ¹ thɤu¹ ʔda³ ʔdɯŋ²
汉文直译： 整 年 海 阔 河 深 已 停止
汉文意译： 海阔河深望上钩。

喃字原文： 啫 歌 尾 俚 頭 硦，
国际音标： tiːŋ⁵ ka¹ kuːi⁵ laːi⁵ ʔdɤu² ɣan²
汉文直译： 声 歌 尾 舵 头 礁石
汉文意译： 如今航船泊码头，

喃字原文： 湃 跳 諾 沚 吀 情 罞 方。
国际音标： jɔŋ² thɛu¹ nɯːk⁷ tsai³ ŋɔ³ tin² ʔbon⁵ fɯːŋ¹
汉文直译： 水流 随 潮水 流 表露 情 四方
汉文意译： 随着回潮情更牢。

（11）

喃字原文： 躺 銅 烁 遢 重 霜，
国际音标： min² ʔdoŋ² fɤːi¹ jɔ⁵ tuŋ² thɯːŋ¹
汉文直译： 身子 铜 晒 风 重 霜
汉文意译： 铁板身子淫风霜，

喃字原文： 矻 矻 缍 捲 帆 張 迎 搊；
国际音标： faŋ¹ faŋ¹ lɯːi⁵ kuːn⁵ ʔbuːm² kaŋ¹ thaːŋ¹ tsɛu²
汉文直译： 迅速 网 卷 帆 张 来 划
汉文意译： 收网起鱼船返航；

523

喃字原文：懆 懆 吏 忄攸 潮 潮，
国际音标：tsi:u² tsi:u² la:i⁶ nɤ⁵ ti:u² ti:u²
汉文直译：每天 傍晚 又 想 潮水
汉文意译：潮水顺风顺人意，

喃字原文：忄攸 𠊛 襖 赭 巾 調 圲 望。
国际音标：nɤ⁵ ŋɯ:i² ʔa:u⁵ ʔdo³ khan¹ ʔdeu² ŋɔ³ toŋ¹
汉文直译：想 人 衣 红 巾 都 巷子 望
汉文意译：想红衣人门外望。

（女：苏玉英，阮氏心）

（12）

喃字原文：者 恩 柴 媄 融 茹，
国际音标：ja³ ʔɤ:n¹ thɤi² mɛ⁶ toŋ¹ na²
汉文直译：感谢 父 母 中 家
汉文意译：感谢父母众亲人，

喃字原文：𡥵 𡛔 礼 祖 跐 黜 蹺 夫。
国际音标：kɔn¹ va:u² le³ to³ ʔbɯ:k⁷ ra¹ theu¹ tsoŋ²
汉文直译：女儿 进 拜 祖先 迈步 出 随 夫
汉文意译：女先拜祖后随君。

（13）

喃字原文：跐 𡛔 跪 竜 照 花，
国际音标：ʔbɯ:k⁷ va:u² kwi² su:ŋ⁵ tsi:u⁵ hwa¹
汉文直译：迈 进 跪下 花席
汉文意译：正堂跪下花席上，

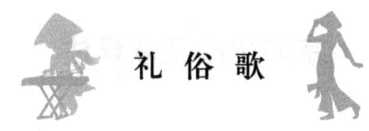

礼 俗 歌

喃字原文：祖 先 礼 翻　 翁 婆 礼 斄；
国际音标：to³ti:n¹ le³ tɯ:k⁷ ʔoŋ¹ʔba² le³ thau¹
汉文直译：祖 先 拜 先　 公 婆 拜 后
汉文意译：拜了祖先拜公婆；

喃字原文：襰 吒 吧 襰 没 跪，
国际音标：lai⁶ tsa¹ ʔba¹ lai⁶ mot⁸ kwi²
汉文直译：拜 父 三 拜 一 跪
汉文意译：跪下拜父三鞠躬，

喃字原文：襰 媄 罕 礼 掍 抣 跳 猋。
国际音标：lai⁶ mɛ⁶ ʔbon⁵ le³ kɔn¹ ʔdi¹ theu¹ tsoŋ²
汉文直译：拜 娘　 四 拜 女儿 去 随 夫
汉文意译：向母四拜女随夫。

喃字原文：媄 仍 朱 掍 厭 红，
国际音标：mɛ⁶ tham⁵ tsɔ¹ kɔn¹ ʔi:m⁵ hoŋ²
汉文直译：娘　 准备 给 女儿 肚兜 红
汉文意译：谢母为女绣肚兜，

喃字原文：翻 罗 得 義 斄 共 馼 唏。
国际音标：tɯ:k⁷ la² ʔdak⁷ ɲiə³ thau¹ kuŋ² ŋɯ:i² khɛn¹
汉文直译：先 是 得 义 后 同 人 夸
汉文意译：母亲情义人们夸。

（14）
喃字原文：跐 蹟 卒 罕 吪 蓬，
国际音标：ʔbɯ:k⁷tsɤn¹ tot⁷ han³ ŋɔt⁸ʔboŋ²
汉文直译：移步　 好 完全 甜美
汉文意译：移步出门好日子，

525

喃字原文： 台 行 绦 纴 祂 滇 品 红；
国际音标： ha:i¹ ha:ŋ² tɤ¹ vɯ:ŋ⁵ lɤi⁵ tsa:n¹ fɤm³hoŋ²
汉文直译： 两 行 丝 缠 拿 溢出 品红
汉文意译： 妹哭泪水染红衣；

喃字原文： 跐 蹟 蓙 翎 媕 喂，
国际音标： ʔbɯ:k⁷tsɤn¹ su:ŋ⁵ li:ŋ⁶ ʔɛm¹ ʔɤ:i¹
汉文直译： 移步 下 门坎 妹 啊
汉文意译： 妹妹跨坎出门去，

喃字原文： 㴝 愁 拧 𠯚 祂 恔 麻 术。
国际音标： tam¹ thɤu² jɯŋ² lɤi⁵ la:m² vui¹ ma² ve²
汉文直译： 百 愁 停 要 做 高兴 而 回
汉文意译： 离家百愁迎笑娶。

喃字原文： 跐 蹟 蓙 翎 媕 喂，
国际音标： ʔbɯ:k⁷tsɤn¹ su:ŋ⁵ li:ŋ⁶ ʔɛm¹ ʔɤ:i¹
汉文直译： 移步 下 门槛 妹 啊
汉文意译： 妹妹跨槛离家去，

喃字原文： 术 時 䊪 𩒹 朱 鲜 停 愁。
国际音标： ve² thi² mat⁸mui³ tso¹ tɯ:i¹ ʔdɯŋ² thɤu²
汉文直译： 回 则 面容 给 鲜艳 莫 忧愁
汉文意译： 出门笑容莫忧虑。

喃字原文： 跐 蹟 蓙 坦 麻 挮，
国际音标： ʔbɯ:k⁷tsɤn¹ su:ŋ⁵ ʔdɤt⁷ ma² ʔdi¹
汉文直译： 移步 下 地 而 去
汉文意译： 垮出门槛迎前笑，

礼 俗 歌

喃字原文： 埃 埃 拱 固 没 時 ⼞ 妞。
国际音标： ʔa:i¹ʔa:i¹ kuŋ³ kɔ⁵ mot⁸thɤ:i² la:m² jɤu¹
汉文直译： 谁 也 有 一时 做 新娘
汉文意译： 女孩总有出嫁时。

喃字原文： 淹 罣 分 姅 桃 疎,
国际音标： ʔɛm¹ la² fɤn² ɣa:i⁵ ʔda:u²thɤ
汉文直译： 妹 是 身 姑娘 少女
汉文意译： 身为妹妹桃红颜,

喃字原文： 㬢 搲 嘲 遒 晪 伽 睉 胅。
国际音标： thɤ:m⁵ nɯ:ŋ¹ tsi:u² jɔ⁵ toi⁵ nɤ² ʔboŋ⁵ jaŋ¹
汉文直译： 早上 随 方向 风 夜 靠 影 月
汉文意译： 朝随风向夜月辉。

(15)

喃字原文： 跐 蹟 黜 塊 厣 靜,
国际音标： ʔbɯ:k⁷tsɤn¹ ra¹ khoi³ ma:i⁵ jan¹
汉文直译： 移步 出 离开 屋 檐 茅草
汉文意译： 迈步离开屋草檐,

喃字原文： 敬 柴 呈 没 敬 英 㕦 茹;
国际音标： kin⁵ thɤi² tin² mɛ⁶ kin⁵ ʔan¹ tɔŋ¹ ɲa²
汉文直译： 敬 父 呈 母 敬 哥 中 家
汉文意译： 敬别父母别哥嫂;

喃字原文： 敬 英 敬 姊 㕦 茹,
国际音标： kin⁵ ʔan¹ kin⁵ tsi⁶ tɔŋ¹ ɲa²
汉文直译： 敬 哥 敬 姐 中 家
汉文意译： 谢别哥嫂住在家,

喃字原文：英 姉 於 吏 朱 吒 媄 伽。
国际音标：ʔan¹ tsi⁶ ʔɤ³ laːi⁶ tso¹ tsa¹mɛ⁶ nɤ²
汉文直译：哥 姐 住 又 给 父 母 倚靠
汉文意译：辛勤发家老依靠。

喃字原文：者 恩 粓 溂 媄 吒，
国际音标：ja³ ʔɤːn¹ kɤːm¹ ɲu³ mɛ⁶tsa¹
汉文直译：报 恩 饭 滴 父 母
汉文意译：感谢父母养育恩，

喃字原文：襖 裙 父 母 孭 齣 茹 馹。
国际音标：ʔaːu⁵ kwɤn² fu⁶mɤu³ kon¹ ra¹ ɲa² ŋɯːi²
汉文直译：衣 裤 父 母 孩子 出 家 人家
汉文意译：送女衣裤随夫回。

（16）

喃字原文：户 耨 翔 席 脏 馹，
国际音标：hɔ⁶jaːi¹ mɤ³tiːk⁸ ʔdem¹ŋai²
汉文直译：男方 婚宴 日 夜
汉文意译：男方婚宴日夜乐，

喃字原文：扁 鐄 烃 烃 掃 蒞 勅 秦。
国际音标：ʔbiːn³ vaːŋ² tsɔi⁵tsɔi⁵ tɛu¹ ŋai¹ kɯə³ tɤn²
汉文直译：匾 金 耀眼 挂 立即 门 秦
汉文意译：匾牌闪眼挂门前。

喃字原文：姎 術 貿 玴 外 獜，
国际音标：jɤu¹ ve² mɤːi⁵ ʔden⁵ ŋwaːi² thɤn¹
汉文直译：新娘 回 刚 到 外 庭院
汉文意译：新娘步入门庭院，

礼 俗 歌

喃字原文： 炮 悗 叫 啴 赊 貯 迠 瑅。
国际音标： fa:u⁵ muɯŋ² keu¹ tsi:n³ sa¹ ɣɤ² ʔdɔn⁵ ŋɛ¹
汉文直译： 鞭炮 祝贺 响 震动 远 近 接 听
汉文意译： 贺炮欢迎震院庭。

（17）

喃字原文： 姑 姨 伯 姆 㢟 兜？
国际音标： ko¹ji² ʔba⁵ mɤ⁶ ʔdi¹ ʔdɤu¹
汉文直译： 姑姨 姨母 舅母 去 哪里
汉文意译： 舅母阿姨哪里去？

喃字原文： 㢟 毢 逴 袘 招 妠 伆 茹
国际音标： ʔdi¹ra¹ rɯːk⁷ lɤi⁵ tsau⁵ jɤu¹ va:u² ɲa²
汉文直译： 出去 迎接 要 孙媳妇 进 屋
汉文意译： 快接新娘进屋里。

（18）

喃字原文： 衶 茹 𪜓 固 埃 㘝，
国际音标： tɔŋ¹ ɲa² ʔdrɤi⁵ kɔ⁵ ʔa:i¹ ŋoi²
汉文直译： 中 屋 那 有 谁 坐
汉文意译： 屋里众人坐满堂，

喃字原文： 空 毢 麻 迠 焜 噣 玉 珠？
国际音标： khoŋ¹ ra¹ ma² ʔdɔn⁵ kon¹ ʔioi² ŋok⁸tsɤu¹
汉文直译： 不 出 而 迎接 儿媳 讨要 珠玉
汉文意译： 为何不出迎新娘？

（19）

喃字原文：舅 姑 注 博 於 赊，
国际音标：kɤu⁶ ko¹ tsu⁵ ʔba:k⁷ ʔɤ³ sa¹
汉文直译：舅 姑 叔 伯 在 远处
汉文意译：叔伯姑舅远处来，

喃字原文：吁 呲 户 妫 氹 茹 觜 蹟；
国际音标：sin¹mɤ:i² hɔ⁶ɣa:i⁵ va:u² na² ŋi³tsɤn¹
汉文直译：请 女方 进屋 歇脚
汉文意译：请女方到共欢乐；

喃字原文：㧾 花 些 底 外 獜，
国际音标：tsi:u⁵hwa¹ ta¹ ʔde³ ŋwa:i² thɤn¹
汉文直译：花席 咱 放 外 院庭
汉文意译：花席铺至院庭外，

喃字原文：吁 呲 户 妫 㳄 蹟 氹 茹。
国际音标：sin¹mɤ:i² hɔ⁶ɣa:i⁵ rɯa³ tsɤn¹ va:u² na²
汉文直译：请 女方 洗 脚 进 屋
汉文意译：敬请贵方进屋内。

（20）

喃字原文：衷 髏 织 赭 丝 桃，
国际音标：toŋ¹ ʔbu:ŋ² tsi³ ʔcɔ⁶ tɤ¹ ʔda:u²
汉文直译：中 房 线 红 丝 桃
汉文意译：房中已有红桃绳，

喃字原文：妯 贤 聘 贝 英 豪 没 堆；
国际音标：jɤu¹ hi:n² than⁵ vɤ:i⁵ ʔan¹ha:u² mot⁸ ʔdoi¹
汉文直译：儿媳 贤惠 配 和 英豪 一 对
汉文意译：俊男贤女配成双；

礼 俗 歌

喃字原文：悲晗缘吏绞缘，
国际音标：ʔbɤi¹jɤ² ji:n¹ la:i⁶ ʔben² ji:n¹
汉文直译：如今　缘　又　牢固　缘
汉文意译：如今吉时合姻缘，

喃字原文：绦桃织赭堆邊绅包。
国际音标：tɤ¹ ʔda:u² tsi³ ʔdo³ ʔdoi¹ʔben¹ sɛ¹ va:u²
汉文直译：丝　桃　线　红　双方　牵　进
汉文意译：红绳桃丝结永恒。

（21）

喃字原文：跙　低　正　寔　罖　茹，
国际音标：ʔden⁵ ʔdɤi¹ tsin⁵ thɤt⁸ la² ȵa²
汉文直译：到　这里　正　实在　是　家
汉文意译：回到男方正是家，

喃字原文：绦红织深堆些绅包；
国际音标：tɤ¹hoŋ² tsi³tham⁵ ʔdoi¹ta¹ sɛ¹ va:u²
汉文直译：红绳　红线　我俩　牵　进
汉文意译：红绳系线结良缘；

喃字原文：触茹织赭绦桃，
国际音标：toŋ¹ ȵa² tsi³ ʔdo³ tɤ¹ ʔda:u²
汉文直译：中　房　红线　红绳
汉文意译：房中备有红桃绳，

喃字原文：逐黜聘貝英豪没堆。
国际音标：ʔdɯə¹ ra¹ than⁵ vɤ:i⁵ ʔan¹ha:u² mot⁸ ʔdoi¹
汉文直译：送　出　配　和　英豪　一　双
汉文意译：并肩英豪结成双。

喃字原文： 𱎼 茹 固 𱎼 埃 喽，
国际音标： tɔŋ¹ ɲa² kɔ⁵ ʔdɤi⁵ ʔa:i¹ ʔdoi²
汉文直译： 里 房 有 那里 谁 索要
汉文意译： 房里陪人在等候，

喃字原文： 㐌 黜 𱎼 𥘶 䡝 喽 玉 珠；
国际音标： ʔdi¹ra¹ rɯ:k⁷ lɤi⁵ kɔn¹ ʔdoi² ŋɔk⁸tsɤu¹
汉文直译： 出去 迎接 要 孩子 索要 珠玉
汉文意译： 前来迎接美玉人；

喃字原文： 𱎼 茹 固 𱎼 埃 兜，
国际音标： tɔŋ¹ ɲa² kɔ⁵ ʔdɤi⁵ ʔa:i¹ ʔdɤu¹
汉文直译： 里 房 有 那里 谁 哪里
汉文意译： 房里陪侍出来等，

喃字原文： 㐌 黜 𱎼 𥘶 召 姎 㘘 茹。
国际音标： ʔdi¹ra¹ rɯ:k⁷ lɤi⁵ tsau⁵ jɤu¹ va:u² ɲa²
汉文直译： 出去 迎接 要 孙媳妇 进 房
汉文意译： 迎接新娘进洞房。

（22）

喃字原文： 约 嚎 𱎼 曤 𱎼 湄，
国际音标： ʔɯ:k⁷mɔŋ¹ ŋai² naŋ⁵ ʔdem¹ mɯə¹
汉文直译： 渴望 白天 晴 夜里 雨
汉文意译： 渴望日晴夜下雨，

喃字原文： 埃 吁 缘 分 吏 旇 奇 台；
国际音标： ʔa:i¹ ŋɤ² ji:n¹fɤn⁶ la:i⁶ vɯə² ka³ ha:i¹
汉文直译： 谁 料 缘分 又 合适 所有 两人
汉文意译： 谁料两人结成双；

礼俗歌

喃字原文： 翁丝娿月 拱才，
国际音标： ʔoŋ¹tɤ¹ ʔba²ŋwi:t⁸ kuŋ³ ta:i²
汉文直译： 月老 冰人 也 有才
汉文意译： 月老冰人够精灵，

喃字原文： 悉妈 拱约悉耦 拱求。
国际音标： loŋ² ɣa:i⁵ kuŋ³ ʔɯ:k⁷ loŋ² ja:i¹ kuŋ³ kɤu²
汉文直译： 心 女 也 渴望 心 男 也 求
汉文意译： 男才女貌知相求。

喃字原文： 分 妈 跙 辙 ᒣ 妯，
国际音标： fɤn² ɣa:i⁵ ʔden⁵ tu:i³ la:m² jɤu¹
汉文直译： 女人 到 年纪 做 新娘
汉文意译： 女大当嫁做新娘，

喃字原文： 耦 坤 媸 婿 细 侯 搬 身。
国际音标： ja:i¹ khon¹ kɯ:i⁵ vɤ⁶ tɤ:i⁵ hɤu² nɯ:ŋ¹ thɤn¹
汉文直译： 男人 聪明 娶 妻 到 伺候 倚靠 自身
汉文意译： 男大当婚结佳偶。

(23)

喃字原文： 触 茹 遁 摞 蹭 哹，
国际音标： toŋ¹ ɲa² jon⁶jɛp⁸ tɤŋ¹bɤŋ¹
汉文直译： 里 家 收拾 高兴
汉文意译： 双方家里都高兴，

喃字原文： 雕 瞧 席 乐 蹭 哹 席 花；
国际音标： ʔdi:u¹ti:u² ti:k⁸la:k⁸ tɤŋ¹ʔbɤŋ¹ ti:k⁸hwa¹
汉文直译： 欢庆 婚宴 欢乐 婚礼
汉文意译： 欢庆婚礼设婚席；

喃字原文：户　䚥　韞　玉　筳　牙，
国际音标：hɔ⁶ŋɯːi² mɤm¹ ŋɔk⁸ ʔduə³ ŋa²
汉文直译：男方　大盘子　玉　筷子　象牙
汉文意译：男方筵席多丰盛，

喃字原文：户些　𫭔　嶭　噲罘　丕　催。
国际音标：hɔ⁶taː¹ juə¹ muːi⁵ ɣɔi⁶laː² vɤi⁶ thoi¹
汉文直译：女方　酸菜　腌渍　叫做　这样　罢了
汉文意译：女方盐菜也宴席。

（男：苏维珍，杜福朝，裴永彬）

礼 俗 歌

（五）

喃字原文：仍　排　歌　拜　堂　和　祝　悯
国际音标：n̠ɯŋ³ ʔbaːi²ka¹ ʔbaːi⁵ʔdɯːŋ² va² tsuk⁷mɯŋ²
汉文直译：些　　歌　拜　堂　和　祝　贺
汉文意译：拜堂贺喜歌

（1）

喃字原文：跐 仈 跪 霥 照 蟖，
国际音标：ʔbɯːk⁷ vaːu² kwi² suːŋ⁵ tsiːu⁵roŋ²
汉文直译：迈　进　跪　下　龙　席
汉文意译：步入跪在龙席上，

喃字原文：畑 茹 院 礼 绦 红 结 缘；
国际音标：tɔŋ¹ n̠a² vɛn⁶ le⁵ tɹ¹hoŋ² ket⁷jiːn¹
汉文直译：里　家　完　礼　红绳　结缘
汉文意译：婚礼气派够堂皇；

喃字原文：跪　霥 褩 祖 褩 先，
国际音标：kwi² suːŋ⁵ lai⁶ to³ lai⁶ tiːn¹
汉文直译：跪　下　拜　祖　拜　先
汉文意译：跪下鞠躬拜祖堂，

喃字原文： 底 朱 祖 护 结 缘 寿 长。
国际音标： ʔde³tsɔ¹ to³ ho⁶ ket⁷ji:n¹ thɔ⁶tɯ:ŋ²
汉文直译： 使 祖宗 保佑 结缘 长寿
汉文意译： 供拜祖宗保健康。

（女：阮成珍）

（2）

喃字原文： 特 馹 吉 日 當 時，
国际音标： ʔdɯ:k⁸ ŋai² ka:t⁷n̩ʈ⁸ ʔdɯ:ŋ¹thi²
汉文直译： 得 日子 吉日 当时
汉文意译： 今选吉日良时好，

喃字原文： 娘 妯 術 䢙 弧 圭 拜 堂；
国际音标： na:ŋ²jɤu¹ ve² ʔden⁵ ho²kwe¹ ʔba:i⁵ ʔdɯ:ŋ²
汉文直译： 儿媳 回 到 家乡 拜 祖堂
汉文意译： 儿媳回家拜祖堂；

喃字原文： 跐 刨 拜 礼 祖 堂，
国际音标： ʔbɯ:k⁷ va:u² ʔba:i⁵ le³ to³ʔdɯ:ŋ²
汉文直译： 迈 进 拜 礼 祖堂
汉文意译： 进入拜祖于堂上，

喃字原文： 堆 邊 唪 㭰 撍 鏡 创 爍。
国际音标： ʔdoi¹ʔben¹ ʔboŋ⁵ mat⁸ tsa:m⁶ hɯ:ŋ¹ tha:ŋ⁵lɔ⁵
汉文直译： 双方 影子 脸 碰撞 镜子 光辉夺目
汉文意译： 明镜光照耀堂中。

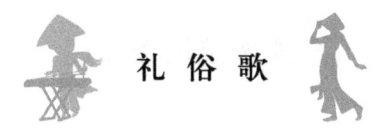

礼 俗 歌

（3）

喃字原文： 跐 仦 拜 礼 祖宗，
国际音标： ʔbɯːk⁷ vaːu² ʔbaːi⁵ le³ to³toŋ¹
汉文直译： 迈 进 拜 礼 祖宗
汉文意译： 步入厅堂拜祖宗，

喃字原文： 叩 頭 罘 拜 鞠 躬 坒 旬；
国际音标： khɤu⁵ʔdɤu² ʔbon⁵ ʔbaːi⁵ kuk⁷kuŋ¹ ʔba¹ tɤn²
汉文直译： 叩头 四 拜 鞠躬 三 次
汉文意译： 叩头跪拜三鞠躬；

喃字原文： 芪 馹 買 固 没 吝，
国际音标： ʔdɤːi² ŋɯːi² mɤːi⁵ kɔ⁵ mot⁸ lɤn²
汉文直译： 人生 只 有 一 次
汉文意译： 人生拜堂只一次，

喃字原文： 舅 姑 注 博 赊 斦 蹲 罝。
国际音标： kɤu⁶ ko¹ tsu⁵ ʔbaːk⁷ sa¹ ɣɤn² ʔdɯŋ⁵ ra¹
汉文直译： 舅 姑 叔 伯 远 近 站 出
汉文意译： 姑舅叔伯来祝贺。

喃字原文： 跐 仦 敬 嫶 呈 吒，
国际音标： ʔbɯːk⁷ vaːu² kin⁵ mɛ⁶ tin² tsa¹
汉文直译： 迈 入 敬 母 呈 父
汉文意译： 儿媳先敬父母亲，

喃字原文： 户 行 親 戚 斦 赊 悷 悉。
国际音标： hɔ⁶ haːŋ² thɤn¹ thit⁷ sa¹ ɣɤn² mɯŋ² lɔŋ²
汉文直译： 家族 亲戚 远 近 欢喜 心
汉文意译： 后敬邻里众乡亲。

（4）

喃字原文：没 悙 正 式 官 鼠，
国际音标：mot⁸ muŋ² tsin⁵ thɯk⁷ kwaːn¹ thaːŋ¹
汉文直译：一 祝 正 式 官 富
汉文意译：一祝新郎发家富，

喃字原文：台 悙 魚 趾 律 怓 仙 雅；
国际音标：haːi¹ muŋ² ka⁵ ȵai³ lɔt⁸ vaːu² tiːn¹ȵa³
汉文直译：二 祝 鱼 跳 越 进 仙 雅
汉文意译：二祝夫妻子满堂；

喃字原文：㠹 悙 森 合 没 茹，
国际音标：ʔba¹ muŋ² thum¹ hɔp⁸ mot⁸ ȵa²
汉文直译：三 祝 聚 集 一 家
汉文意译：三祝四姓一家亲，

喃字原文：㖋 悙 吒 媄 寔 罒 𨑮 堆。
国际音标：ʔbon⁵ muŋ² tsa¹ mɛ⁶ thɤt⁸ laː² ʔdu³ ʔdoi¹
汉文直译：四 祝 父 母 实 在 是 足 双
汉文意译：四祝全家事业旺。

（5）

喃字原文：鬬 悙 翁 𣦍 吏 悙 婆，
国际音标：tɯːk⁷ muŋ² ʔoŋ¹ thau¹ laːi⁶ muŋ² ʔba²
汉文直译：先 祝 父 亲 后 又 祝 母 亲
汉文意译：祝贺新郎父母亲，

喃字原文：悙 翁 百 歲 悙 婆 百 年；
国际音标：muŋ² ʔoŋ¹ ʔbat⁷ te⁵ muŋ² ʔba² ʔbat⁷ niːn¹
汉文直译：祝 父 亲 百 岁 祝 母 亲 百 年
汉文意译：祝翁百岁年长寿；

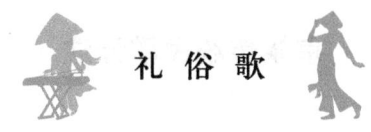

礼 俗 歌

喃字原文：悃 翁 祧 特 妯 贤，
国际音标：muŋ² ʔoŋ¹ lɤi⁵ ʔdɯ:k⁸ jɤu¹ hi:n²
汉文直译：祝 父亲 娶 得 儿媳 贤慧
汉文意译：祝你娶得儿媳贤，

喃字原文：悃 娿 百 歲 百 年 寿 长。
国际音标：muɯŋ² ʔba² ʔbat⁷te⁵ ʔbat⁷ni:n¹ thɔ⁶tɯ:ŋ²
汉文直译：祝 母亲 百岁 百年 长寿
汉文意译：祝婆百岁长寿长。

喃字原文：尨 悃 堆 敉 官 鼠，
国际音标：nai¹ muɯŋ² ʔdoi¹ tsɯ³ kwa:n¹ tha:ŋ¹
汉文直译：今天 祝 两 字 官 富
汉文意译：又祝新郎新娘好，

喃字原文：疸 圚 𨦪 波 㠹 行 镕 饫；
国际音标：ten¹ vɯ:n² jɯ:i⁵ ʔbe³ ha:i¹ ha:ŋ² ʔɤm⁵nɔ¹
汉文直译：上 园子 下 海 两 姓 温饱
汉文意译：媳儿勤劳建家堂；

喃字原文：成 双 结 对 悃 朱，
国际音标：than² thɔŋ¹ ket⁷ ʔdoi⁵ muɯŋ² tsɔ¹
汉文直译：成 双 结 对 祝 给
汉文意译：夫妻长久恩爱深，

喃字原文：馁 豬 遾 爊 馁 辅 卒 抈。
国际音标：nu:i¹ lɤ:n⁶ tsɔŋ⁵ nɤ:n⁵ nu:i¹ ʔbɔ² tot⁷tai¹
汉文直译：养 猪 快 大 养 黄牛 手气好
汉文意译：养牛养猪业兴旺。

（男：杜福朝）

（6）

喃字原文：祝　悙　罪　户　翁　婆，
国际音标：tsuk⁷mɯŋ² ʔbon⁵ hɔ⁶ ʔoŋ¹ʔba²
汉文直译：　祝贺　　四　姓　父　老
汉文意译：祝贺四姓父老好，

喃字原文：台　些　金　改　没　茹　貝　烧；
国际音标：ha:i¹ta¹ kim¹ka:i³ mot⁸ ɲa² vɤ:i⁵ɲau¹
汉文直译：咱俩　磁石引针　一　家　互相
汉文意译：磁石引针两相投；

喃字原文：祝　悙　罪　户　陳　朱，
国际音标：tsuk⁷mɯŋ² ʔbon⁵ hɔ⁶ tɤn² tsɤu¹
汉文直译：　祝贺　　四　姓　陈　朱
汉文意译：祝贺四姓朱陈好，

喃字原文：欺　尼　金　改　绫　烧　闷　苠。
国际音标：khi¹nai³ kim¹ka:i³ ʔben² ɲau¹ mu:n¹ ʔdɤ:i²
汉文直译：　刚才　磁石引针　牢固　互相　万　代
汉文意译：琥珀拾芥情更牢。

喃字原文：祝　悙　罪　户　相　逢，
国际音标：tsuk⁷mɯŋ² ʔbon⁵ hɔ⁶ tɯ:ŋ¹fuŋ²
汉文直译：　祝贺　　四　姓　相　逢
汉文意译：祝贺四姓相逢，

喃字原文：桃　兰　桂　蕙　於　终　没　茹；
国际音标：ʔda:u² la:n¹ kwe⁵ hwe⁶ ʔɤ³ tsuŋ¹ mot⁸ ɲa²
汉文直译：　桃　兰　桂　蕙　在　共同　一　家
汉文意译：桃兰桂蕙花一束；

礼 俗 歌

喃字原文： 祝 悑　罙 户 親 家，
国际音标： tsuk⁷muŋ² ʔbon⁵ hɔ⁶ thɤn¹ja¹
汉文直译： 祝贺　　四 姓 亲 家
汉文意译： 祝贺四姓亲家好，

喃字原文： 妽 贤 婿 討 底 麻 挶 朣。
国际音标： jɤu¹ hi:n² re³ tha:u³ ʔde³ma² kɤi⁶toŋ¹
汉文直译： 儿媳 贤惠 女婿 孝顺 以便 寄望
汉文意译： 媳婿善良托得福。

（男：阮进余）

（7）

喃字原文： 悑 朱 核 结 葉 榕，
国际音标： muŋ² tsɔ¹ kɤi¹ ket⁷ la⁵ juŋ¹
汉文直译： 祝 给 树 结 叶 榕
汉文意译： 庆贺榕树叶茂盛，

喃字原文： 妽 琨 吒 媄 於 终 没 茹；
国际音标： jɤu¹ kɔn¹ tsa¹mɛ⁶ ʔɤ³ tsuŋ¹ mot⁸ ṇa²
汉文直译： 儿媳 儿子 父母 在 共同 一 家
汉文意译： 父母子孙众家亲；

喃字原文： 悑 朱 核 结 葉 萊，
国际音标： muŋ² tsɔ¹ kɤi¹ ket⁷ la⁵ rɤ:i¹
汉文直译： 祝 给 树 结 叶 椰子
汉文意译： 庆贺椰树结多果，

喃字原文： 妽 琨 吒 媄 於 茈 共 烧。
国际音标： jɤu¹ kɔn¹ tsa¹mɛ⁶ ʔɤ³ ʔdɤ:i² kuŋ² ṇau¹
汉文直译： 儿媳 儿子 父母 在 世上 一同
汉文意译： 父母子媳共团圆。

541

喃字原文：悯 朱 核 结 荣 釉，
国际音标：muŋ² tsɔ¹ kɤi¹ ket⁷ la⁵jɤu¹
汉文直译：祝 给 树 长 桑 叶
汉文意译：庆贺桑树长叶青，

喃字原文：悯 朱 茹 醅 娘 妯 討 贤；
国际音标：muŋ² tsɔ¹ ɲa²ri:u⁶ na:ŋ² jɤu¹ tha:u³ hi:n²
汉文直译：祝 给 男家 儿媳 孝顺 贤慧
汉文意译：男家娶得儿媳贤；

喃字原文：悯 朱 台 户 人 情，
国际音标：muŋ² tsɔ¹ ha:i¹ hɔ⁶ ɲɤn¹tin²
汉文直译：祝 给 两 姓 人 情
汉文意译：祝贺两姓结人情，

喃字原文：醅 茶 饫 蹙 颢 荣 恓 悉。
国际音标：ri:u⁶ tsɛ² nɔ¹ʔdu³ hi:n³vin¹ vui¹lɔŋ²
汉文直译：酒 茶 富足 显 荣 欢心
汉文意译：生活富裕荣华显。

喃字原文：悯 朱 核 结 荣 猰，
国际音标：muŋ² tsɔ¹ kɤi¹ ket⁷ la⁵ ʔda¹
汉文直译：祝 给 树 结 果 叶 垂
汉文意译：庆贺果树结果垂，

喃字原文：菓 高 欣 陁 荣 剴 欣 核；
国际音标：kwa³ ka:u¹ hɤ:n¹ ŋɔn⁶ la⁵ ja:i² hɤ:n¹ kɤi¹
汉文直译：果 高 过 树梢 叶 长 过 树
汉文意译：树挂满果叶茂青；

礼 俗 歌

喃字原文：悃 朱 台 户 朱 陳，
国际音标：muɯŋ² tsɔ¹ ha:i¹ hɔ⁶ tsɤu¹ tɤn²
汉文直译：祝 给 两 姓 朱 陈
汉文意译：祝贺两姓朱陈好，

喃字原文：姊 媕 亲 戚 赊 贴 悃 朱。
国际音标：tsi⁶ʔɛm¹ thɤn¹thit⁷ sa¹ ɣɤɣ² muɯŋ² tsɔ¹
汉文直译：姐妹 亲戚 远近 祝 给
汉文意译：亲戚姐妹一家亲。

（男：杜福朝）

（8）

喃字原文：悃 尼 德 正 高 明，
国际音标：muɯŋ² nai² ʔduɯk⁷tsin⁵ ka:u¹min¹
汉文直译：祝贺 这 德政 高明
汉文意译：祝贺德政高明人，

喃字原文：罨 方 和 顺 家 庭 密 亲；
国际音标：ʔbon⁵fuɯ:ŋ¹ hwa²thɤn⁶ ja¹ʔdin² mɤt⁸thɤn¹
汉文直译：四方 和顺 家庭 亲密
汉文意译：人世和顺家团圆；

喃字原文：注 婿 决 志 殷 勤，
国际音标：tsu⁵re³ kwi:t⁷tsi⁵ ʔɤn¹kɤn²
汉文直译：新郎 有志 殷勤
汉文意译：新郎有志人殷勤，

喃字原文：纲 常 㐱 礼 固 份 顕 荣。
国际音标：kuɯ:ŋ¹thuɯ:ŋ² jɯ³ le³ kɔ⁵ fɤn² hi:n³vin¹
汉文直译：纲常 守礼 有份 显荣
汉文意译：守礼纲常建家园。

543

（9）

喃字原文：悯 朱 台 户 迭 迻，
国际音标：mɯŋ² tsɔ¹ ha:i¹ ha:ŋ² ʔdɔn⁵ʔdɯə¹
汉文直译：祝 给 两 家 接 送
汉文意译：祝贺新郎新娘家，

喃字原文：悯 朱 耰 妈 顺 皷 堆 邊。
国际音标：mɯŋ² tsɔ¹ ja:i¹ ɣa:i⁵ thɤn⁶vɯə² ʔdoi¹ʔben¹
汉文直译：祝 给 男 女 和 顺 双 方
汉文意译：男女老少两家亲。

（10）

喃字原文：祝 悯 孟 跬 辂 数，
国际音标：tsuk⁷mɯŋ² man⁶khwɛ³ thoŋ⁵lɤu¹
汉文直译：祝贺 安康 长寿
汉文意译：祝贺婿媳得安康，

喃字原文：菲 菲 霻 泊 疃 頭 凭 芃；
国际音标：fɤ:i¹fɤ:i⁵ tɔk⁷ ʔba:k⁸ ten¹ ʔdɤu² ʔbaŋ² ʔboŋ¹
汉文直译：飘扬 发 白 上 头 如 棉花
汉文意译：银鬓皤然如棉花；

喃字原文：祝 悯 萬 事 交 通，
国际音标：tsuk⁷mɯŋ² va:n⁶ thɯ⁶ ja:u¹thoŋ¹
汉文直译：祝贺 万 事 顺利
汉文意译：祝贺万事得顺利，

喃字原文：堆 邊 吒 媄 挤 摛 朱 焜。
国际音标：ʔdoi¹ʔben¹ tsa¹mɛ⁶ vun¹jɔŋ² tsɔ¹ kɔn¹
汉文直译：双方 父母 养育 给 孩子
汉文意译：莫负父母育艰辛。

礼 俗 歌

喃字原文：祝 悃 夥 贴 尥 琨，
国际音标：tsuk⁷mɯŋ² lam⁵ kuə³ ɲi:u² kɔn¹
汉文直译：祝贺　多　财　又　子
汉文意译：祝贺多财又多子，

喃字原文：吏 旌 叱 罴 吏 赊 罴 叱；
国际音标：la:i⁶ vu:ŋ¹ ʔba¹ ʔbai³ la:i⁶ tɔŋ² ʔbai³ ʔba¹
汉文直译：又 齐全 三　七　又　全美 七　三
汉文意译：七男三女十全美；

喃字原文：祝 悃 妞 婿 融 茹，
国际音标：tsuk⁷mɯŋ² jɤu¹ re³ tɔŋ¹ na²
汉文直译：祝贺　新娘 新郎 中　家
汉文意译：祝贺新郎和新娘，

喃字原文：耕 時 经 史 妈 罖 伽 駇。
国际音标：ja:i¹ thi² kin¹ thɯ³ ɣa:i⁵ ra¹ nɤ² tsoŋ²
汉文直译：男 则 经 史 女 出 靠 夫
汉文意译：男学经史女随倚。

喃字原文：祝 悃 妈 尼 特 駇，
国际音标：tsuk⁷mɯŋ² ɣa:i⁵ nai² ʔdɯ:k⁸ tsoŋ²
汉文直译：祝贺　女子 这　得　丈夫
汉文意译：祝贺女子有丈夫，

喃字原文：喀 奔 喀 半 卒 駇 剕 茹；
国际音标：khɛu⁵ ʔbu:n¹ khɛu⁵ ʔba:n⁵ tot⁷ tɔŋ¹ kɯə³ na²
汉文直译：巧 买　巧 卖 好 中 家庭
汉文意译：会做生意发家富；

喃字原文：谟 㐌 籴 吏 半 罢，
国际音标：muə¹ va:u² roi² la:i⁶ ʔba:n⁵ ra¹
汉文直译：买　进　了　又　卖　出
汉文意译：出街入市样精通，

喃字原文：没 罜 阅 褃 罖 茹 高 蓮。
国际音标：mot⁸ von⁵ mu:n¹ la:i³ la:m² ȵa² ka:u¹ len¹
汉文直译：一　本　万　利　建　房　高　起
汉文意译：一本万利建楼房。

（11）

喃字原文：懞 朱 交 吏 交 通，
国际音标：mɔŋ¹ tsɔ¹ ja:u¹ la:i⁶ ja:u¹ thoŋ¹
汉文直译：盼望　给　结交　又　交通
汉文意译：望婚后情如胶漆，

喃字原文：懞 朱 几 北 馹 东 交 和；
国际音标：mɔŋ¹ tsɔ¹ kɛ³ ʔbak⁷ ŋɯ:i² ʔdoŋ¹ ja:u¹ hwa²
汉文直译：盼望　给　人　北　人　东　交好
汉文意译：北东两人合交和；

喃字原文：懞 朱 交 吏 交 鸾，
国际音标：mɔŋ¹ tsɔ¹ ja:u¹ la:i⁶ ja:u¹ lɔn¹
汉文直译：盼望　给　结交　又　结交　鸾凤
汉文意译：盼望结缘情鸾凤，

喃字原文：懞 朱 鄪 波 疸 岸 终 堆。
国际音标：mɔŋ¹ tsɔ¹ jɯ:i⁵ ʔbe³ ten¹ ŋa:n⁶ tsuŋ¹ ʔdoi¹
汉文直译：盼望　给　下　海　上　岸　同　对
汉文意译：情如山海永长久。

礼 俗 歌

喃字原文： 䏧 茹 几 蹲 䰗 㘃，
国际音标： tɔŋ¹ ɲa² kɛ³ ʔdɯŋ⁵ ŋɯ:i² ŋoi²
汉文直译： 中 家 人 站 人 坐
汉文意译： 全家欢聚共团结，

喃字原文： 茶 喧 𤍊 贵 咹 制 灵 庭。
国际音标： tsɛ² ŋɔn¹ thu:k⁷ kwi⁵ ʔan¹ tsɤ:i¹ lin¹ʔdin²
汉文直译： 茶 香 烟 贵 哥 玩 盛 大
汉文意译： 香茶美酒盛宴乐。

（女：阮春英）

(12)

喃字原文： 英 術 料 衻 㩖 韽，
国际音标： ʔan¹ ve² li:u⁶ lɤi⁵ tam¹ mɤm¹
汉文直译： 哥 回 估计 要 百 大 盘子
汉文意译： 哥回备足百桌宴，

喃字原文： 底 朱 亼 户 知 音 没 茹；
国际音标： ʔde³ tsɔ¹ ha:i¹ hɔ⁶ ti² ʔɤm¹ mot⁸ ɲa²
汉文直译： 使 两 姓 知 音 一 家
汉文意译： 两家知音共欢乐；

喃字原文： 呐 時 呐 嗻 催 嘛，
国际音标： nɔi⁵ thi² nɔi⁵ hɯɛ⁵ thoi¹ ma²
汉文直译： 说 则 说 许诺 而已
汉文意译： 这是试探哥诺言，

喃字原文： 𥺊 吧 斗 粘 掍 獦 時 衝。
国际音标： nam¹ ʔba¹ ʔdɤu⁵ ɣa:u⁶ kɔn¹ ɣa² thi² sɔŋ¹
汉文直译： 五 三 斗 米 鸡 则 齐聚
汉文意译： 米三斗、鸡聚欢堂。

（13）

喃字原文： 碎 翧 低 祝 茹 翁 尼，
国际音标： toi¹ ʔden⁵ ʔdɤi¹ tsuk⁷ ɳa² ʔoŋ¹ nai²
汉文直译： 我 到 这里 祝 家 老翁 这
汉文意译： 我到此来祝亲家，

喃字原文： 琨 仙 召 蠬 世 芪 生 罒；
国际音标： kɔn¹ tiːn¹ tsau⁵ rɔŋ² the⁵ ʔdɤːi² thin¹ ra¹
汉文直译： 子 仙 孙 龙 时 代 生 出
汉文意译： 仙子龙孙世代生；

喃字原文： 馭 馭 饮 墊 媄 吒，
国际音标： ŋɯːi² ŋɯːi² no¹ ʔdu³ mɛ⁶ tsa¹
汉文直译： 人人 饱 足 父 母
汉文意译： 子女供老吃暖饱，

喃字原文： 豐 錢 富 貴 劊 茹 鷝 鼸。
国际音标： fɔŋ¹ tiːn² fu⁵ kwi⁵ kɯə³ ɳa² jau² thaːŋ¹
汉文直译： 丰 钱 富 贵 家 庭 富 裕
汉文意译： 世代家富钱财增。

喃字原文： 扐 学 占 榜 占 排，
国际音标： ʔdi¹ hɔk⁸ tsiːm⁵ ʔbaːŋ³ tsiːm⁵ ʔbaːi²
汉文直译： 上学 占 榜 占 牌
汉文意译： 学堂读书榜有名，

喃字原文： 馭 黜 試 杜 試 才 状 元。
国际音标： ŋɯːi² ra¹ thi¹ ʔdo³ thi¹ taːi² taːŋ⁶ ŋwiːn¹
汉文直译： 人 出 考试 中 考试 才能 状 元
汉文意译： 上京赴试中状元。

礼 俗 歌

喃字原文：祝 朱 夥 贴 尨 钱，
国际音标：tsuk⁷ tsɔ¹ lam⁵ kuə³ ɲi:u² ti:n²
汉文直译：祝贺 给 多 财 多 钱
汉文意译：祝贺收入钱银多，

喃字原文：刱 吏 如 畑 燣 吏 如 䊵；
国际音标：tha:ŋ⁵ la:i⁶ ɲɯ¹ ʔdɛn² to³ la:i⁶ ɲɯ¹ thɔn¹
汉文直译：光亮 又 如 灯 明亮 又 如 朱漆
汉文意译：日月光明照指路；

喃字原文：祝 朱 夥 贴 尨 㫃，
国际音标：tsuk⁷ tsɔ¹ lam⁵ kuə³ ɲi:u² kɔn¹
汉文直译：祝贺 给 多 财 多 子
汉文意译：祝贺多财又多子，

喃字原文：钽 㫏 吧 厾 吏 賒 厾 吧。
国际音标：ʔda³ vu:ŋ¹ ʔba¹ ʔbai³ la:i⁶ tɔn² ʔbai³ ʔba¹
汉文直译：已 齐全 三 七 有 完满 七 三
汉文意译：三七齐全十完满。

喃字原文：祝 朱 翁 嫯 婆 嫯，
国际音标：tsuk⁷ tsɔ¹ ʔoŋ¹ja² ʔba²ja²
汉文直译：祝贺 给 老公公 老太太
汉文意译：祝贺家中两老人，

喃字原文：蹸 蹸 勄 跬 底 麻 伽 㫃。
国际音标：nam¹nam¹ thɯk⁵khwɛ³ ʔde³ma² ɲɤ² kɔn¹
汉文直译：年年 健康 以便 倚靠 孩子
汉文意译：依仗子女老享福。

（男：刘扬顺）

549

（六）

喃字原文： 仍 排 喝 敬 呲 萎 槁
国际音标： ɲɯŋ³ ʔbaːi² haːt⁷ kin⁵ mɤːi² jɤu² kau¹
汉文直译： 些　　歌　　敬　请　萎叶 槟榔
汉文意译： 敬槟榔歌

（1）

喃字原文： 鳳 鸾 迠 釰 𦰧 賰，
国际音标： fɯːŋ⁶ lɔn¹ mɯːi² taːm⁵ nam¹ tɔn²
汉文直译： 鸾凤　　十　八　年　满
汉文意译： 待十八年鸾凤圆，

喃字原文： 淹 譕 萎 禄 槁 薇 待 茹；
国际音标： ʔɛm¹ muʔ¹ jɤu² lok⁸ kau¹ nɔn¹ ʔdɤːi⁶ ɲa²
汉文直译： 妹 买 萎叶 绿 槟榔 嫩 等 哥
汉文意译： 妹买嫩萎等待君；

喃字原文： 底 麻 铡 客 塘 赊，
国际音标： ʔde³ ma² thet⁷ khat⁷ ʔdɯːŋ² sa¹
汉文直译： 留 来 招待 客 路 远
汉文意译： 留待远方来贵客，

礼 俗 歌

喃字原文： 萎 圁 撑 鲜 抭 罒 刦 払。
国际音标： jɣu² vɯːn² san¹tɯːi¹ ʔdɛm¹ ra¹ thet⁷ tsaːŋ²
汉文直译： 槟榔 园子 嫩绿 拿 出 招待 哥
汉文意译： 新鲜槟榔用敬君。

（2）

喃字原文： 萎 尼 媕 掂 䏓 茹,
国际音标： jɣu² nai² ʔɛm¹ tiːm¹ toŋ¹ na²
汉文直译： 槟榔 这 妹 卷 里 家
汉文意译： 家里槟榔是妹卷,

喃字原文： 呈 柴 敬 媄 抭 罒 刦 払；
国际音标： tin² thɣi² kin⁵ mɛ⁶ ʔdɛm¹ ra¹ thet⁷ tsaːŋ²
汉文直译： 呈 父 敬 母 拿 出 招待 哥
汉文意译： 原敬父母让敬君；

喃字原文： 萎 尼 茀 育 茀 昂,
国际音标： jɣu² nai² laː⁵ jɔk⁸ laː⁵ ŋaːŋ¹
汉文直译： 萎叶 这 叶 纵 叶 横
汉文意译： 纵横萎叶交卷成,

喃字原文： 几 疃 馭 幤 台 行 别 朱。
国际音标： kɛ³ ten¹ ŋɯːi² jɯːi⁵ haːi¹ haːŋ² ʔbiːt⁷ tsɔ¹
汉文直译： 人 上 人 下 两 行 知 让
汉文意译： 家庭上下人知情。

喃字原文： 萎 尼 媕 掂 固 功,
国际音标： jɣu² nai² ʔɛm¹ tiːm¹ kɔ⁵ koŋ¹
汉文直译： 槟榔 这 妹 卷 有 功
汉文意译： 妹卷萎叶已有功,

喃字原文： 自 希 至 主 群 用 渚 些；
国际音标： tɯ² vuə¹ tsi⁵ tsɿuə⁵ kɔn² juŋ² tsɯ⁵ ta¹
汉文直译： 自 帝 至 王 还 用 不 咱
汉文意译： 帝王都尝咱能用；

喃字原文： 结 缘 自 祕 跙 橎，
国际音标： ket⁷ji:n¹ tɯ² tɛ³ ʔden⁵ ja²
汉文直译： 结缘 从 年轻 到 老
汉文意译： 从老至青结缘时，

喃字原文： 埃 埃 拱 沛 趍 戈 口 蒌。
国际音标： ʔa:i¹ʔa:i¹ kuŋ³ fa:i³ ʔdi¹kwa¹ khʀu³ jʀu²
汉文直译： 谁 都 要 经过 口 槟榔
汉文意译： 谁都经口嚼槟榔。

喃字原文： 固 侒 贝 伩 術 數，
国际音标： kɔ⁵ ʔan¹ vʀ:i⁵ nʀ⁵ ve² lʀu¹
汉文直译： 有 吃 才 想 回 长久
汉文意译： 吃了槟榔情长久，

喃字原文： 空 侒 呐 黰 悁 斳 咆 連。
国际音标： khoŋ¹ ʔan¹ nɔi⁵ tɯ :k⁷ kwen¹ thau¹ ʔda³ li:n²
汉文直译： 不 吃 说 先 忘 后 已 连
汉文意译： 不吃槟榔情会忘。

（3）

喃字原文： 蒌 尼 觛 褪 翙 罶，
国际音标： jʀu² nai² tɔŋ¹ tui⁵ mʀ³ ra¹
汉文直译： 蒌叶 这 中 袋 开 处
汉文意译： 这蒌从袋掏出来，

礼 俗 歌

喃字原文：固 槁 固 牖 吏 陀 固 砍；
国际音标：kɔ⁵ kau¹ kɔ⁵ vɔ³ laːi⁶ ʔda² kɔ⁵ voi¹
汉文直译：有 槟榔 有 壳 又 无实义 又 石灰
汉文意译：蒌含槟榔又有灰；

喃字原文：固 晗 時 仕 吏 蚐，
国际音标：kɔ⁵ ʔan¹ thi² thɛ³ laːi⁶ ŋoi²
汉文直译：有 吃 就 将 又 坐
汉文意译：要吃请妹坐下来，

喃字原文：晗 籴 吏 固 朏 哐 咀 叹。
国际音标：ʔan¹ roi² laːi⁶ kɔ⁵ vaːi²lɤːi² thɤ³thaːn¹
汉文直译：吃 了 又 有 若干 话 叹息
汉文意译：吃了槟榔相倾谈。

喃字原文：補 功 瀲 波 掉 岸，
国际音标：ʔbɔ³ koŋ¹ vɯːt⁸ ʔbe³ tɛu¹ ŋaːn²
汉文直译：弃 功 越 海 爬 山林
汉文意译：爬山涉水哥有功，

喃字原文：秩 功 淪 濼 秱 拰 襬 蒌；
国际音标：mɤt⁷ koŋ¹ laːn⁶ loi⁶ tai¹ maːŋ¹ tui⁵ jɤu²
汉文直译：白费劲 爬涉 手 拿 袋 蒌叶
汉文意译：四处奔波采蒌回；

喃字原文：補 功 猇 葉 舖 槁，
国际音标：ʔbɔ² koŋ¹ lɔk⁸ la⁵ ʔbuə⁵ kau¹
汉文直译：弃 功 挑选 叶 锤 槟榔
汉文意译：有功摘蒌锤槟榔，

553

喃字原文：功 情 㭔 吏 貝 烧 怉 魃。
国际音标：koŋ¹ tin² ʔdi¹laːi⁶ vɤːi⁵n̥au¹ ʔdaʔ³ n̥iːu²
汉文直译：功 情　来往　互相　已 多
汉文意译：为情来回走奔波。

（4）

喃字原文：英 扲 萎 娘 英 咹 萎 娘，
国际音标：ʔan¹ kɤm² jɤu² naːŋ² ʔan¹ ʔan¹ jɤu² naːŋ²
汉文直译：哥 拿 蒌叶 妹 哥 吃 蒌叶 妹
汉文意译：手接妹蒌嚼口蒌，

喃字原文：英 祝 朱 娘 特 敉 𫠊 数；
国际音标：ʔan¹ tsuk⁷ tsɔ¹ naːŋ² ʔdʔːk⁸ tsɯ³ thoŋ⁵lɤu¹
汉文直译：哥 祝 给 妹 得 字 长 寿
汉文意译：祝妹健康又长寿；

喃字原文：没 祝 茹 淹 𠫾 𩙎，
国际音标：mot⁸ tsuk⁷ n̥aː² ʔɛm¹ laːm²jau²
汉文直译：一 祝 家 妹 发财
汉文意译：一祝妹家得富贵，

喃字原文：敉 富 罗 𩙎 敉 贵 罗 𩙎。
国际音标：tsɯ³ fu⁵ laː² jau² tsɯ³ kwi⁵ laː² thaːŋ¹
汉文直译：字 富 是 富 字 贵 是 贵
汉文意译："贵"字荣华"富"字财。

喃字原文：台 祝 朱 户 朱 行，
国际音标：haːi¹ tsuk⁷ tsɔ¹ hɔ⁶ tsɔ¹ haːŋ²
汉文直译：二 祝 给 乡亲 给 父老
汉文意译：二祝乡亲和父老，

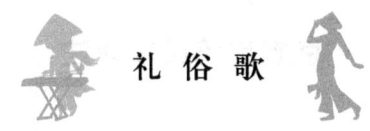

礼 俗 歌

喃字原文：芇 芇 拱 特 官 勲 持 位；
国际音标：ʔdɤːi² ʔdɤːi² kuŋ³ ʔdɯːk⁸ kwaːn¹ thaːŋ¹ tiˑ⁶viˑ⁶
汉文直译： 代代 也 得 官 富贵 在位
汉文意译：世代家富人当官；

喃字原文：一 更 萬 月 天 知，
国际音标：nɤt⁷ kan¹ vaːn⁶ ŋwiːt⁸ thiːn¹ ti¹
汉文直译：一 更 万 月 天 知
汉文意译：月亮万星天知照，

喃字原文：芇 芇 盛 泰 萬 时 顕 荣。
国际音标：ʔdɤːi² ʔdɤːi² thin⁶ thaːi⁵ vaːn⁶ thɤːi² hiːn³vin¹
汉文直译： 代代 盛 泰 万 时 显 荣
汉文意译：代代盛泰万时兴。

喃字原文：凡 祝 祝 奇 民 情，
国际音标：ʔba¹ tsuk⁷ tsuk⁷ kaˑ³ jɤn¹ tin²
汉文直译：三 祝 祝 全部 民 情
汉文意译：三祝全村民情友，

喃字原文：埃 埃 拱 特 顕 荣 勲 𩿨；
国际音标：ʔaːi² ʔaːi¹ kuŋ³ ʔdɯːk⁸ hiːn³vin¹ thaːŋ¹jau²
汉文直译： 每人 也 得 显荣 富贵
汉文意译：家家富贵人荣华；

喃字原文：人 人 百 歲 泊 頭，
国际音标：nɤn¹nɤn¹ ʔbat⁷ teˑ⁵ ʔbat⁸ ʔdɤu²
汉文直译：人人 百 岁 白 头
汉文意译：人人百岁活至老，

555

喃字原文： 𤯩 如 庞 祖 施 求 㧵 埃。
国际音标： thoŋ⁵ n̪ɯ¹ ʔba:ŋ²to³ thi⁵ kɤu² ʔden⁵ ʔa:i¹
汉文直译： 生 如 庞 祖 施 与 求 到 谁
汉文意译： 寿如庞祖施求恩。

喃字原文： 罼 祝 吒 媄 茹 娘，
国际音标： ʔbon⁵ tsuk⁷ tsa¹mɛ⁶ n̪a² na:ŋ²
汉文直译： 四 祝 父 母 家 妹
汉文意译： 四祝妹家父母亲，

喃字原文： 𤯩 特 臱 辙 平 鹤 平 仙；
国际音标： thoŋ⁵ ʔdɯ:k⁸ tam¹ tu:i³ ʔbaŋ² ha:k⁸ ʔbaŋ² ti:n¹
汉文直译： 活 得 百 岁 如 鹤 如 仙
汉文意译： 长寿百岁如鹤仙；

喃字原文： 匦 祝 琨 招 讨 贤，
国际音标： nam¹ tsuk⁷ kɔn¹tsau⁵ tha:u³ hi:n²
汉文直译： 五 祝 子孙 孝顺 贤能
汉文意译： 五祝子孙满堂贤，

喃字原文： 苊 苊 拱 特 阮 全 职 封。
国际音标： ʔdɤ:i²ʔdɤ:i² kuŋ³ ʔdɯ:k⁸ vɛn⁶tɔn² tsuk⁷ fɔŋ¹
汉文直译： 代代 都 得 完美 职 封
汉文意译： 世代都有封官员。

喃字原文： 䫀 祝 祝 奇 形 容，
国际音标： thau⁵ tsuk⁷ tsuk⁷ ka³ hin²juŋ¹
汉文直译： 六 祝 祝 全 颜容
汉文意译： 六贺婿媳颜容美，

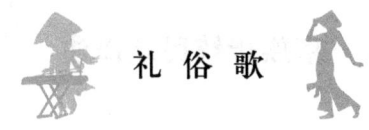

礼 俗 歌

喃字原文： 牛郎织女罒洆生黜；
国际音标： ŋɯɯ¹laːŋ¹ tsɯk⁷nɯ³ ʔbon⁵ jɔŋ² thin¹ ra¹
汉文直译： 牛郎 织女 四姓 生出
汉文意译： 牛郎织女四姓生；

喃字原文： 罷祝祝朱奇廊，
国际音标： ʔbai³ tsuk⁷ tsuk⁷ tsɔ¹ ka³ laːŋ²
汉文直译： 七 祝 祝 给 全 村
汉文意译： 七祝全乡全村民，

喃字原文： 兰蕙桂槐淋离挽囬。
国际音标： laːn¹ hwe⁶ kwe⁵ hwɛ² rɤm²ri² vaːn⁴hoi²
汉文直译： 兰 蕙 桂 槐 茂密 繁茂
汉文意译： 兰蕙桂槐成森林。

喃字原文： 馻祝祝奇亼馹，
国际音标： taːm⁵ tsuk⁷ tsuk⁷ ka³ haːi¹ ŋɯːi²
汉文直译： 八 祝 祝 全 两 人
汉文意译： 八祝新娘新郎官，

喃字原文： 鈇鸾媼凤芪芪安家。
国际音标： tsoŋ² lɔn¹ vɤ⁶ fɯːŋ⁶ ʔdɤːi² ʔdɤːi² ʔaːn¹ ja¹
汉文直译： 夫 鸾 妻 凤 代代 安家
汉文意译： 夫妻鸾凤世结缘。

喃字原文： 九祝祝荆祝茹，
国际音标： tsin⁵ tsuk⁷ tsuk⁷ kɯə³ tsuk⁷ ɲa²
汉文直译： 九 祝 祝 门 祝 家
汉文意译： 九祝新郎全家好，

喃字原文： 迬 祝 祝 奇 台 家 院 全。
国际音标： mɯːi² tsuk⁷ tsuk⁷ ka³ haːi¹ ja¹ vɛn⁶ tɔn²
汉文直译： 十 祝 祝 全 两 家 团 圆
汉文意译： 十祝两姓家团圆。

（男：杜福朝；女：梁秀）

（5）

喃字原文： 蔞 尼 细 典 宫 朘，
国际音标： jɤu² nai² tɤːi⁵ʔden⁵ kuŋ¹ jaŋ¹
汉文直译： 槟榔 这 到 月宫
汉文意译： 这槟榔送至月宫，

喃字原文： 廣 寒 蘇 女 涧 澄 包 賒；
国际音标： kwaːŋ³ haːn² to⁵ nɯ³ khɤːi¹ tsɯŋ² ʔbaːu¹ sa¹
汉文直译： 广寒 宫女 遥远 多 远
汉文意译： 广寒宫女远来尝；

喃字原文： 闷 朱 玉 蝶 斦 花，
国际音标： muːn⁵ tsɔ¹ ŋɔk⁸ ʔdiːp⁸ ɣɤn² hwa¹
汉文直译： 想要 给 玉蝶 近 花
汉文意译： 想要采花请玉蝶，

喃字原文： 共 尭 森 合 没 茹 朱 悑。
国际音标： kuŋ² ɲau¹ thum¹ hɔp⁸ mot⁸ ɲaː² tsɔ¹ vui¹
汉文直译： 一同 聚集 一 家 使 高兴
汉文意译： 会聚一家共欢乐。

喃字原文： 鶲 時 铖 義 塵 芪，
国际音标： tɯːk⁷ thi² nen¹ ŋiə³ tɤn² ʔdɤːi²
汉文直译： 先 则 成 义 尘世
汉文意译： 先是尘世有情义，

礼 俗 歌

喃字原文： 銚　時　吏　哐　顾　共　烧。
国际音标： thau¹ thi² la:i⁶ ʔdɯ:k⁸ lɤ:i² ŋwi:n² kuŋ² n̯au¹
汉文直译： 后　则　又　得　誓言　　一起
汉文意译： 后是求缘达心愿。

喃字原文： 吀　停　生　亊　多　端，
国际音标： sin¹ ʔdɯŋ² thin¹thɯ⁶ ʔda¹ʔdɔn¹
汉文直译： 请　莫　生事　　多端
汉文意译： 莫要多端滋生事，

喃字原文： 㐌　要　時　结　貝　烧　没　茹。
国际音标： ʔda³ ʔi:u¹ thi² ket⁷ vɤ:i⁵n̯au¹ mot⁸ n̯a²
汉文直译： 已　相爱　就　结缘　互相　一　家
汉文意译： 相约相爱一家亲。

(6)

喃字原文： 主　碎　固　碟　萎　齚，
国际音标： tsu³ toi¹ kɔ⁵ ʔdi:p⁸ jɤu² ra
汉文直译： 主人　我　有　碟　槟榔　出
汉文意译： 主人捧出这碟槟榔，

喃字原文： 㘨　翁　正　使　㘨　婆　逸　姐。
国际音标： mɤ:i² ʔoŋ¹ tsin⁵thɯ⁵ mɤ:i² ʔba² ʔdɯə¹ jɤu¹
汉文直译： 请　先生　正使　请　太太　送　新娘
汉文意译： 送新娘方尝一口。

喃字原文： 㘨　馺　拎　祍　口　萎，
国际音标： mɤ:i² ŋɯ:i² kɤm²lɤi⁵ khɤu³ jɤu²
汉文直译： 请　你们　拿　　口　槟榔
汉文意译： 正使共尝这块萎，

喃字原文：哎来 共 烧 细 楼 疑 鶬。
国际音标：ʔan¹ roi² kuŋ² n̠au¹ tɤ:i⁵ lɤu² ŋi³ŋɤ:i¹
汉文直译：吃 了 一起 到 楼 休息
汉文意译：尝了槟榔就休息。

（女：刘尚明）

（7）

喃字原文：齱 時 恩 德 主 贤，
国际音标：tɯ:k⁷ thi² ʔɤn¹ ʔdɯk⁷ tsu³ hi:n²
汉文直译：首先 则 感谢 德 主人 贤
汉文意译：首先感谢主人好，

喃字原文：㐌 時 恩 奇 婵 娟 固 悉。
国际音标：thau¹ thi² ʔɤn¹ ka³ thi:n²kwi:n¹ kɔ⁵lɔŋ²
汉文直译：后 则 感谢 所有 婵娟 有心
汉文意译：后谢婵娟有心人。

（8）

喃字原文：感 恩 奇 户 固 悉，
国际音标：ka:m³ʔɤn¹ ka³ hɔ⁶ kɔ⁵lɔŋ²
汉文直译：感谢 所有 姓 有心
汉文意译：感谢女方真诚心，

喃字原文：乭 迻 妯 跙 祂 功 之 填；
国际音标：ʔda³ ʔdɯə¹ jɤu¹ ʔden⁵ lɤi⁵ koŋ¹ ji² ʔden²
汉文直译：已 送 儿媳 到 用 功 什么 报恩
汉文意译：送儿媳回怎报恩；

喃字原文：祂 功 祂 贴 之 填，
国际音标：lɤi⁵ koŋ¹ lɤi⁵ kuə³ ji² ʔden²
汉文直译：用 功 用 财物 什么 报答
汉文意译：用啥财物来报答，

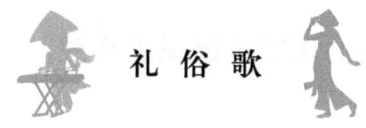

礼 俗 歌

喃字原文：掩 核 衪 德 底 传 衪 仁。
国际音标：joŋ² kɤi¹ lɤi⁵ ʔdɯk⁷ ʔde³ ti:n² lɤi⁵ ȵɤn¹
汉文直译：种 树 要 德 留 传 要 仁
汉文意译：种树图德传义仁。

喃字原文：掩 核 衪 德 衪 仁，
国际音标：joŋ² kɤi¹ lɤi⁵ ʔdɯk⁷ lɤi⁵ ȵɤn¹
汉文直译：种 树 要 德 要 仁
汉文意译：种树图德又图仁，

喃字原文：掩 核 衪 果 春 云 底 芘。
国际音标：joŋ² kɤi¹ lɤi⁵ kwa³ sɤn¹vɤn¹ ʔde³ ʔdɤ:i²
汉文直译：种 树 要 果 春 云 留 世间
汉文意译：种树结果为后人。

喃字原文：感 恩 各 户 塘 赊，
国际音标：ka:m³ʔɤn¹ ka:k⁷ hɔ⁶ ʔdɯ:ŋ² sa¹
汉文直译：感谢 各 姓 路 远
汉文意译：感谢女方远道来，

喃字原文：功 挔 渝 濼 霜 他 冷 弄；
国际音标：koŋ¹ ʔdi¹ lan⁶loi⁶ thɯ:ŋ¹ tha¹ lan⁶luŋ²
汉文直译：功 去 跋涉 霜 落 冷冰冰
汉文意译：淋霜涉水实辛劳；

喃字原文：悲 眹 暂 口 萎 空，
国际音标：ʔbɤi¹jɤ² ta:m⁶ khɤu³ jɤu² khoŋ¹
汉文直译：现在 将就 口 槟榔 不
汉文意译：吃此口萎报答功，

喃字原文： 溧吱砍浓碍溧蘱哝。
国际音标： tsɤ⁵ tsɛ¹ voi¹ noŋ² tsɤ⁵ ŋa:i⁶ thu:k⁷ kai¹
汉文直译： 莫 嫌 石灰 浓 莫 怕 烟 辣
汉文意译： 莫嫌槟榔辣来石灰浓。

（女：刘元英，刘尚英）

（9）

喃字原文： 皿 荽 罞 羛 夫 妻，
国际音标： mi:ŋ⁵ jɤu² la² ŋiə³ fu¹the¹
汉文直译： 槟榔 是 义 夫妻
汉文意译： 这槟榔是夫妻情义，

喃字原文： 皿 荽 罞 羛 结 儀 爱 恩；
国际音标： mi:ŋ⁵ kau¹ la² ŋiə³ ket⁷ŋi² ʔa:i⁵ʔɤn¹
汉文直译： 槟榔 是 义 结义 恩爱
汉文意译： 又是情义恩爱深；

喃字原文： 尠 吹 斥 吏 朱 尠，
国际音标： sa¹soi¹ sit⁷ la:i⁶ tsɔ¹ ɣɤn²
汉文直译： 遥远 贴近 有 使 近
汉文意译： 原来离远现贴近，

喃字原文： 荽 尼 敬 奇 社 民 茹 払。
国际音标： jɤu² nai² kin⁵ ka³ sa³jɤn¹ n̩a² tsa:ŋ²
汉文直译： 槟榔 这 敬 全部 乡民 家 哥
汉文意译： 敬于新郎乡社民。

喃字原文： 斸 時 敬 䏻 官 迎，
国际音标： tɯ:k⁷ thi² kin⁵ ʔden⁵ kwa:n¹ tha:ŋ¹
汉文直译： 先 则 敬 到 官 富
汉文意译： 先敬各位官员，

礼 俗 歌

喃字原文： 敬 户 敬 行 敬 奇 姑 姨。
国际音标： kin⁵ hɔ⁶ kin⁵ ha:ŋ² kin⁵ ka³ ko¹ ji²
汉文直译： 敬 亲戚 敬 亲属 敬 全部 姑 姨
汉文意译： 后敬亲戚敬姑姨。

喃字原文： 皿 菱 毡 磙 凭 锗，
国际音标： mi:ŋ⁵jɤu² ʔda³ naŋ⁶ ʔbaŋ² tsi²
汉文直译： 槟榔 已 重 如 铅
汉文意译： 槟榔已重如铅，

喃字原文： 唉 籴 毡 丕 祂 之 報 恩？
国际音标： ʔan¹ roi² ʔda³ vɤi⁶ lɤi⁵ ji² ʔba:u⁵ ʔɯn¹
汉文直译： 吃 了 已 这样 拿 什么 报 恩
汉文意译： 吃了槟榔拿什么报恩？

喃字原文： 祂 之 功 報 義 填，
国际音标： lɤi⁵ ji² koŋ¹ ʔba:u⁵ ŋiə³ ʔden²
汉文直译： 拿 什么 功 报 义 偿
汉文意译： 拿什么报答恩情，

喃字原文： 矫 㕶 悉 㣔 矫 烦 悉 低。
国际音标： ki:u³ fu⁶ lɔŋ² ʔdɤi⁵ ki:u³ fi:n² lɔŋ² ʔdɤi¹
汉文直译： 姿态 负 心 你 姿态 烦 心 我
汉文意译： 有负于你让我烦闷。

喃字原文： 皿 菱 罙 皿 菱 嗐，
国际音标： mi:ŋ⁵jɤu² la² mi:ŋ⁵jɤu² kai¹
汉文直译： 槟榔 是 槟榔 辣
汉文意译： 槟榔带有味辣浓，

喃字原文：啞 皿 蔞 尼 忟 義 舒 醂。
国际音标：ʔan¹ miːŋ⁵jɤu² nai² nɤ⁵ ŋiə³ ŋin² nam¹
汉文直译： 吃 槟榔 这 想 义 千 年
汉文意译：吃这槟榔千年不忘咱情义。

（女：阮氏心）

（10）

喃字原文：皿 蔞 罒 皿 蔞 噯,
国际音标：miːŋ⁵jɤu² la² miːŋ⁵jɤu² kai¹
汉文直译： 槟榔 是 槟榔 辣
汉文意译：槟榔带有味辣浓，

喃字原文：ᇚ 朱 波 爱 欺 㴜 欺 溈;
国际音标：laːm²tsɔ¹ ʔbe³ʔaːi⁵ khi¹ ʔdɤi² khi¹ vɤːi¹
汉文直译： 使 爱 海 时 满 时 不满
汉文意译：它使爱海充满爱；

喃字原文：皿 蔞 掂 底 㡓 畡,
国际音标：miːŋ⁵jɤu² tiːm¹ ʔde³ ten¹ kɤːi¹
汉文直译： 槟榔 卷 放 上 槟榔 盘
汉文意译：槟榔装在槟榔盘，

喃字原文：㖦 鐄 扙 吏 待 𩢲 知 音。
国际音标：nap⁷ vaːŋ² ʔdɤi⁶ laːi⁶ ʔdɤːi⁶ ŋɯːi² ti¹ʔɤm¹
汉文直译： 盖子 金 盖 来 等 人 知 音
汉文意译：金盒盖上知音开。

喃字原文：皿 蔞 搛 幅 詩 拎,
国际音标：miːŋ⁵jɤu² kɛm² ʔbɯk⁷ thɤ¹ kɤːm²
汉文直译： 槟榔 随 带 幅 诗 拿
汉文意译：槟榔带有诗意浓，

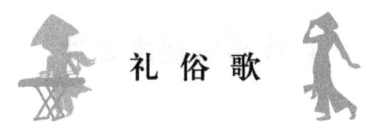

礼 俗 歌

喃字原文： 徐 朱 觅 客 知 音 仕 嘲；
国际音标： tsɤ² tso¹ thɤi⁵ khat⁷ ti¹ʔɤm¹ thɛ³ tsa:u²
汉文直译： 等 给 见 客 知 音 将 问候
汉文意译： 待见知音方敬诗；

喃字原文： 皿 蒌 掂 於 壿 高，
国际音标： mi:ŋ⁵jɤu² ti:m¹ ʔɤ³ ten¹ ka:u¹
汉文直译： 槟榔 摘 自 上 高树
汉文意译： 槟榔摘自高树上，

喃字原文： 徐 朱 觅 客 腾 桃 买 甘。
国际音标： tsɤ² tso¹ thɤi⁵ khat⁷ ma⁵ʔda:u² mɤ:i⁵ ka:m¹
汉文直译： 待 给 见 客 红颜 才 心甘
汉文意译： 待见红颜表心意。

（11）

喃字原文： 皿 蒌 掂 於 邊 南，
国际音标： mi:ŋ⁵jɤu² ti:m¹ ʔɤ³ ʔben¹na:m¹
汉文直译： 槟榔 卷 在 南边
汉文意译： 槟榔从南边采回，

喃字原文： 娘 㨂 邊 北 呲 扒 嗽 厄；
国际音标： na:ŋ² tha:ŋ¹ ʔben¹ʔbak⁷ mɤ:i² tsa:ŋ² hom¹nai¹
汉文直译： 妹 来 北边 请 哥 今天
汉文意译： 妹从北边请君来；

喃字原文： 皿 蒌 撑 熁 如 霊，
国际音标： mi:ŋ⁵jɤu² san¹ rɔ³ ɲɯ¹ mɤi¹
汉文直译： 槟榔 绿 实 在 如 云
汉文意译： 槟榔绿叶如云青，

喃字原文：曷 槁 赭 烶 如 绁 绦 红。
国际音标：ha:t⁸ kau¹ ʔdɔ³ tsai⁵ ɲɯ¹ jɤi¹ tɤ¹ hoŋ²
汉文直译：核 槟榔 火红 如 红 绳
汉文意译：槟榔桃熟如红绳。

喃字原文：皿 蒌 如 竹 如 樋，
国际音标：mi:ŋ⁵ jɤu² ɲɯ¹ tuk⁷ ɲɯ¹ thoŋ¹
汉文直译：槟榔 似 竹 似 松
汉文意译：槟榔似竹似青松，

喃字原文：如 花 罖 妧 如 蠪 罖 挑。
国际音标：ɲɯ¹ hwa¹ mɤ:i⁵ nɤ³ ɲɯ¹ roŋ² mɤ:i⁵ theu¹
汉文直译：如 花 刚 开 如 龙 刚 绣
汉文意译：如刚开花刚绣龙。

（男：苏维绍）

（12）

喃字原文：皿 蒌 哎 眪 凭 锖，
国际音标：mi:ŋ⁵ jɤu² ʔan¹ naŋ⁶ ʔbaŋ² tsi²
汉文直译：槟榔 吃 重 如 铅
汉文意译：槟榔情义重如铅，

喃字原文：哎 籴 渰 别 祂 之 填 恩；
国际音标：ʔan¹ roi² ʔɛm¹ ʔbi:t⁷ lɤi⁵ ji² ʔden² ʔɤ:n¹
汉文直译：吃 了 妹 知 用 什么 报恩
汉文意译：尝了用啥来报恩；

喃字原文：皿 蒌 哎 眪 罗 包？
国际音标：mi:ŋ⁵ jɤu² ʔan¹ naŋ⁶ la² ʔba:u¹
汉文直译：槟榔 吃 重 是 多少
汉文意译：槟榔分量有多重？

礼 俗 歌

喃字原文： 闷 朱 東 柳 西 桃 罪 欣。
国际音标： mu:n⁵ tsɔ¹ ʔdoŋ¹ li:u³ tɤi¹ ʔda:u² la² hɤ:n¹
汉文直译： 想 给 东 柳 西 桃 是 胜过
汉文意译： 东柳西桃合姻缘。

（女：吴秀英）

（13）

喃字原文： 皿 蒌 罪 芨 花 軒，
国际音标： mi:ŋ⁵ jɤu² la² nu⁶ hwa¹ hi:n¹
汉文直译： 槟榔 是 蕾 花 深黄
汉文意译： 槟榔开花色黄金，

喃字原文： 咹 创 固 沛 者 钱 台 空？
国际音标： ʔan¹ va:u² kɔ⁵ fa:i³ ja³ ti:n² hai¹ khoŋ¹
汉文直译： 吃 进 是 付 钱 或 否
汉文意译： 吃了是否要付钱？

（14）

喃字原文： 皿 蒌 罪 芨 花 红，
国际音标： mi:ŋ⁵ jɤu² la² nu⁶ hwa¹ hoŋ²
汉文直译： 槟榔 是 蕾 花 红
汉文意译： 槟榔开花色红艳，

喃字原文： 咄 扒 咹 制 姜 空 祂 钱。
国际音标： mɤ:i² tsa:ŋ² ʔan¹ tsɤ:i¹ thi:p⁷ khoŋ¹ lɤi⁵ ti:n²
汉文直译： 请 哥 吃 玩 姜 不 要 钱
汉文意译： 请君来尝不要钱。

（15）

喃字原文： 皿 萎 罜 荄 花 香，
国际音标： miːŋ⁵jɤu² laˀ nu⁶ hwa¹ thɤːm¹
汉文直译： 槟榔 是 蕾 花 香
汉文意译： 槟榔蕾开味香浓，

喃字原文： 哎 籴 固 结 羛 娘 台 空？
国际音标： ʔan¹ roi² kɔ⁵ ket⁷ŋiə³ naːŋ² hai¹ khoŋ¹
汉文直译： 吃 了 有 结义 妹 或 否
汉文意译： 妹尝结义否成功？

（16）

喃字原文： 皿 萎 罜 皿 萎 鐄，
国际音标： miːŋ⁵jɤu² laˀ miːŋ⁵jɤu² vaːŋ²
汉文直译： 槟榔 是 槟榔 金黄
汉文意译： 槟榔是块色金黄，

喃字原文： 哎 籴 些 结 羛 扒 铖 堆。
国际音标： ʔan¹ roi² taˀ ket⁷ŋiə³ tsaːŋ² nen¹ ʔdoi¹
汉文直译： 吃 了 咱 结义 哥 成 双
汉文意译： 哥妹结义系成双。

（17）

喃字原文： 皿 萎 掂 産 畔 胎，
国际音标： miːŋ⁵jɤu² tiːm¹ than³ nɯə³ʔdem¹
汉文直译： 槟榔 卷 准备 半 夜
汉文意译： 槟榔半夜已备好，

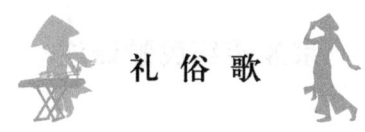

礼 俗 歌

喃字原文： 戈 桥 迎 簸 迻 連 挧 交；
国际音标： kwa¹ kɤu² ŋɤn¹ nɔn⁵ ʔdɯə¹ li:n² tai¹ ja:u¹
汉文直译： 过 桥 迎 斗笠 送 立即 手 交
汉文意译： 放入帽藏过桥交；

喃字原文： 帋 荟 媕 儈 糀 粺,
国际音标： jɤi⁵ thɤ:m¹ ʔɛm¹ yɔi⁵ thu:k⁷la:u²
汉文直译： 纸 香 妹 包 京 烟
汉文意译： 妹用香纸包有烟，

喃字原文： 挧 吒 挧 媄 戈 樧 朱 英。
国际音标： jɤu⁵ tsa¹ jɤu⁵ mɛ⁶ kwa¹ ra:u¹ tsɔ¹ ʔan¹
汉文直译： 瞒 父 瞒 母 过 篱笆 给 哥
汉文意译： 瞒着父母隔着篱笆递给哥。

（18）
喃字原文： 皿 蒌 埃 揈 埃 排,
国际音标： mi:ŋ⁵jɤu² ʔa:i² jɔk⁸ ʔa:i¹ ʔbai²
汉文直译： 槟榔 谁 摘 谁 选
汉文意译： 槟榔谁割谁人选，

喃字原文： 皿 槁 埃 箊 瓢 馺 茄 些？
国际音标： mi:ŋ⁵kau¹ ʔa:i¹ ʔbuə⁵ jɔŋ⁵ ŋɯ:i²n̥a² ta¹
汉文直译： 槟榔 谁 捶 似 家 人 咱
汉文意译： 槟榔谁破似家人？

（19）
喃字原文： 皿 蒌 媕 揈 媕 掂,
国际音标： mi:ŋ⁵jɤu² ʔɛm¹ jɔk⁸ ʔɛm¹ ti:m¹
汉文直译： 槟榔 妹 摘 妹 卷
汉文意译： 槟榔妹割妹来卷，

喃字原文： 皿 槁 淹 補 旇 软〻 旇 鮏。
国际音标： mi:ŋ⁵kau¹ ʔɛm¹ ʔbuə⁵ vɯə² mem² vɯə² sin¹
汉文直译： 槟榔 妹 捶 又 软 又 好看
汉文意译： 槟榔妹捶很娇嫩。

（20）

喃字原文： 皿 萎 埃 挏 埃 掂，
国际音标： mi:ŋ⁵kau¹ ʔa:i¹ jɔk⁸ ʔa:i¹ ti:m¹
汉文直译： 槟榔 谁 摘 谁 卷
汉文意译： 槟榔谁摘谁来卷，

喃字原文： 皿 槁 埃 補 麻 软〻 如 喻？
国际音标： mi:ŋ⁵kau¹ ʔa:i¹ ʔbuə⁵ ma² mem² ɲɯ¹ ju⁶
汉文直译： 槟榔 谁 破 而 软 如 诱惑
汉文意译： 谁破槟榔很柔软？

（21）

喃字原文： 皿 萎 英 挏 英 掂，
国际音标： mi:ŋ⁵kau¹ ʔan¹ jɔk⁸ ʔan¹ ti:m¹
汉文直译： 槟榔 哥 摘 哥 卷
汉文意译： 哥摘槟榔哥来选，

喃字原文： 皿 槁 英 補 固 软〻 空 淹。
国际音标： mi:ŋ⁵kau¹ ʔan¹ ʔbuə⁵ kɔ⁵ mem² khoŋ¹ ʔɛm¹
汉文直译： 槟榔 哥 捶 有 软 不 妹
汉文意译： 槟榔哥捶妹尝甜。

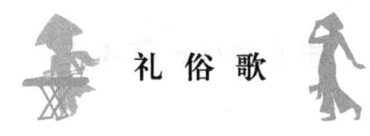

礼 俗 歌

（22）

喃字原文： 皿 蒌 寔 碄 欣 锗,
国际音标： mi:ŋ⁵jɤu² thɤt⁸ naŋ⁶ hɤ:n¹ tsi²
汉文直译： 槟榔 实在 重 过 铅
汉文意译： 槟榔片实在重于铅,

喃字原文： 哎 挆 時 特 祂 之 者 恩?
国际音标： ʔan¹ ʔdi¹ thi² ʔdɯ:k⁸ lɤi⁵ ji² ja³ʔɤ:n¹
汉文直译： 吃 去 就 得 要 什么 报恩
汉文意译： 吃了不知怎报恩?

（23）

喃字原文： 皿 蒌 寔 輇 如 芃,
国际音标： mi:ŋ⁵jɤu² thɤt⁸ nɛ⁶ nɯ¹ ʔboŋ¹
汉文直译： 槟榔 实在 轻 如 棉花
汉文意译： 槟榔片实在轻于棉,

喃字原文： 吡 払 拎 祂 朱 悉 特 安。
国际音标： mɤ:i² tsa:ŋ² kɤm² lɤi⁵ tsɔ¹ lɔŋ² ʔdɯ:k⁸ ʔi:n¹
汉文直译： 请 哥 拿 要 给 心 得 安
汉文意译： 请君接尝妹安心。

（男：苏维绍；女：吴秀英）

（24）

喃字原文： 皿 蒌 媔 掂 補 砒 琨 蟓,
国际音标： mi:ŋ⁵jɤu² ʔɛm¹ tem¹ ʔbo³ ʔdiə³ kɔn¹roŋ²
汉文直译： 槟榔 妹 卷 扔 碟 龙
汉文意译： 妹拿龙碟放槟榔,

喃字原文：黷 敬 柴 媄 㐌 媿 默 些 啽。
国际音标：tuːk⁷ kin⁵ thɤi² mɛ⁶ thau¹ vɤ⁶tsoŋ² ta¹ ʔan¹
汉文直译：先 敬 父 母 后 夫妻 咱 吃
汉文意译：敬了父母夫妻尝。

（25）

喃字原文：㐲 些 啽 没 菓 槁，
国际音标：haːi¹ta¹ ʔan¹ mot⁸ kwa³ kau¹
汉文直译：咱俩 吃 一 只 槟榔
汉文意译：咱俩一同嚼槟榔，

喃字原文：𢞂 柴 𢞂 媄 迻 㐌 暽 畑；
国际音标：jɤu⁵ thɤi² jɤu⁵ mɛ⁶ ʔdɯə¹ thau¹ ʔbɔŋ⁵ ʔdɛn²
汉文直译：瞒 父 瞒 母 递 后 影子 灯
汉文意译：躲在灯影瞒父母；

喃字原文：渚 涓 㐌 吏 朱 涓，
国际音标：tsɯə¹ kwɛn¹ ʔdi¹laːi⁶ tsɔ¹ kwɛn¹
汉文直译：未 熟 来往 使 熟
汉文意译：想要熟悉多来往，

喃字原文：渚 貄 㐌 吏 𢄂 番 朱 貄。
国际音标：tsɯə¹ ɣɤn² ʔdi¹laːi⁶ vaːi² fɛn¹ tsɔ¹ ɣɤn²
汉文直译：未 近 来往 几 次 使 近
汉文意译：想要亲近勤探望。

（26）

喃字原文：㐲 些 终 没 戩 艣，
国际音标：haːi¹ta¹ tsuŋ¹ mot⁸ tsiːn⁵ ʔdɔ²
汉文直译：咱俩 共 一 趟 渡船
汉文意译：咱俩共坐一渡船，

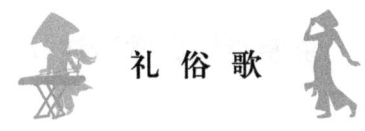

礼 俗 歌

喃字原文： 氆 朱 伶 客 交 朱 皿 蒌。
国际音标： toŋ¹ tsɔ¹ ran³ khat⁷ ja:u¹ tsɔ¹ mi:ŋ⁵ jɤu²
汉文直译： 望 使 空闲 客人 交 给 片 槟榔
汉文意译： 避客视线送槟榔。

（27）

喃字原文： 皿 蒌 道 義 相 思，
国际音标： mi:ŋ⁵ jɤu² ʔda:u⁶ ȵiə³ tɯ:ŋ¹ tɯ¹
汉文直译： 槟榔 道义 相思
汉文意译： 槟榔情义促相思，

喃字原文： 空 啽 拎 衵 拱 如 啽 籴。
国际音标： khoŋ¹ ʔan¹ kɤm² lɤi⁵ kuŋ³ ɳɯ¹ ʔan¹ roi²
汉文直译： 不 吃 拿 要 也 如 吃 了
汉文意译： 手接莫吃算妹尝。

（28）

喃字原文： 皿 蒌 淹 䊷 花 框，
国际音标： mi:ŋ⁵ jɤu² ʔɛm¹ ʔdem⁶ hwa¹ ɳa:i²
汉文直译： 槟榔 妹 掺 茉莉花
汉文意译： 蒌仙妹掺茉莉花，

喃字原文： 皿 槁 淹 舗 迲 台 道 籮。
国际音标： mi:ŋ⁵ kau¹ ʔɛm¹ ʔbuə⁵ mɯ:i² ha:i¹ ʔda:u⁶ ʔbuə²
汉文直译： 槟榔 妹 破 十 二 块
汉文意译： 槟榔妹破十二块。

（29）

喃字原文：皿 萎 淹 捎 淹 掂，
国际音标：mi:ŋ⁵ jɤu² ʔɛm¹ rɔk⁸ ʔɛm¹ tem¹
汉文直译：槟榔 妹 割 妹 挑选
汉文意译：槟榔妹割妹挑选，

喃字原文：包 贻 如 蛹 更 软 如 瓝。
国际音标：ʔda³ tɔn² n̪ɯ¹ n̪oŋ⁶ la:i⁶ mem² n̪ɯ¹ jɯə¹
汉文直译：已 圆 如 蛹 又 软 如 酸菜
汉文意译：软如酸菜圆如蛹。

（30）

喃字原文：皿 萎 哎 没 者 迚，
国际音标：mi:ŋ⁵ jɤu² ʔan¹ mot⁸ ja³ mɯ:i²
汉文直译：槟榔 吃 一 还 十
汉文意译：吃一口蒌还十口，

喃字原文：哎 牢 朱 特 没 舙 如 淹？
国际音标：ʔan¹ tha:u¹ tsɔ¹ ʔdɯ:k⁸ mot⁸ ŋɯ:i² n̪ɯ¹ ʔɛm¹
汉文直译：吃 怎么 给 得 一 人 如 妹
汉文意译：怎样吃法妹来就？

（31）

喃字原文：皿 萎 埃 捎 埃 掂，
国际音标：mi:ŋ⁵ jɤu² ʔa:i¹ rɔk⁸ ʔa:i¹ ti:m¹
汉文直译：槟榔 谁 割 谁 挑选
汉文意译：蒌仙谁割谁将就，

礼 俗 歌

喃字原文： 皿 槁 埃 䑓 麻 软 唲 埃？
国际音标： mi:ŋ⁵kau¹ ʔa:i¹ ʔbuə⁵ ma² mem² rɯə⁵ ʔa:i¹
汉文直译： 槟榔 谁 破 而 软 这样 谁
汉文意译： 槟榔谁破这样软？

（32）

喃字原文： 皿 萎 吐 皈 補 㐌,
国际音标： mi:ŋ⁵jɤu² no³ ʔba³ ʔbo³ ʔdi¹
汉文直译： 槟榔 吐 渣 扔 去
汉文意译： 嚼了槟榔吐掉渣,

喃字原文： 英 群 惜 㖦 况 之 姑 娘？
国际音标： ʔan¹ kɔn² ti:k⁷ ma:i³ hu:ŋ⁵ji² ko¹na:ŋ²
汉文直译： 哥 还 可惜 总是 何况 妹
汉文意译： 哥还可惜何况妹？

（33）

喃字原文： 皿 萎 包 磔 如 錯,
国际音标： mi:ŋ⁵jɤu² ʔda³ naŋ⁶ nɯ¹ tsi²
汉文直译： 槟榔 已 重 如 铅
汉文意译： 蒌仙情义重似铅,

喃字原文： 包 唗 㐌 秩 祂 之 麻 傷。
国际音标： ʔda³ ʔan¹ ʔdi¹ mɤt⁷ lɤi⁵ ji² ma² thɯ:ŋ¹
汉文直译： 已 吃 去 完 拿 什么 来 疼爱
汉文意译： 吃了义重留千年。

（34）

喃字原文： 皿 萎 罪 義 絲 桃，
国际音标： mi:ŋ⁵ jɤu² la² ŋiə³ tɤ¹ ʔda:u²
汉文直译： 槟榔　是　义　丝　桃
汉文意译： 槟榔是桃丝情义，

喃字原文： 包 晙 祉 檜 沛 撡 祉 核。
国际音标： ʔda³ ʔan¹ lɤi⁵ koi⁶ fa:i³ ra:u² lɤi⁵ kɤi¹
汉文直译： 已　吃　要　根　得　围　要　树
汉文意译： 不得拔根围好树。

（35）

喃字原文： 皿 萎 伴 姉 逴 罒，
国际音标： mi:ŋ⁵ jɤu² ʔba:n⁶ ɣa:i⁵ ʔdɯə¹ ra¹
汉文直译： 　槟榔 朋 友 女　送　出
汉文意译： 槟榔妹友送出来，

喃字原文： 扶 留 送 客 台 罪 之 低。
国际音标： fu² liu¹ toŋ⁵ khat⁷ hai¹ la² tsi¹ ʔdɤi¹
汉文直译： 荖　蒟　送　客　或　是　什么　这
汉文意译： 荖蒟送客物似宝。

（36）

喃字原文： 皿 萎 貼 抵 包 磊，
国际音标： mi:ŋ⁵ jɤu² kuə³ tsaŋ³ ʔba:u¹ lam¹
汉文直译： 　槟榔 东　西　不 　无 几
汉文意译： 萎仙不值多少钱，

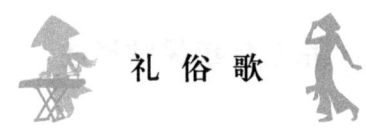

礼 俗 歌

喃字原文： 苓 牢 伴 塊 啥 呲 術 茹？
国际音标： jɯ³ tha:u¹ ʔba:n⁶ khoi³ ti:ŋ⁵ tɤm¹ ve² na²
汉文直译： 留 怎样 朋友 离开 音讯 回家
汉文意译： 怎样食法留得妹？

（男：苏维绍）

（37）

喃字原文： 共 垚 啌 皿 薆 尼，
国际音标： kuŋ² n̪au¹ ʔan¹ mi:ŋ⁵ jɤu² nai²
汉文直译： 一同 吃 槟榔 这
汉文意译： 咱们共尝这槟榔，

喃字原文： 由 釀 由 汩 由 菱 由 浓；
国际音标： jɤu² man⁶ jɤu² n̪a:t⁸ jɤu² kai¹ jɤu² noŋ²
汉文直译： 无论 咸 无论 淡 无论 辣 无论 浓
汉文意译： 不嫌味咸淡辣浓；

喃字原文： 由 拄 铖 義 伴 共，
国际音标： jɤu² tsaŋ³ nen¹ ŋiə³ ʔba:n⁶ kuŋ²
汉文直译： 纵然 不 成 义 朋友 同
汉文意译： 若是朋友结不成，

喃字原文： 姻 缘 渚 汩 時 悉 渚 派。
国际音标： n̪ɤn¹ ji:n¹ tsɯə¹ n̪a:t⁸ thi² loŋ² tsɯə¹ fa:i¹
汉文直译： 姻缘 未 淡 则 心 未 褪色
汉文意译： 亦不灰心待姻缘。

喃字原文： 由 拄 铖 義 没 台，
国际音标： jɤu² tsaŋ³ nen¹ ŋiə³ mot⁸ ha:i¹
汉文直译： 纵然 不 成 义 一味
汉文意译： 日后结义成双对，

577

喃字原文： 功 情 平 波 帄 埃 监 辞！
国际音标： koŋ¹ tin² ʔbaŋ² ʔbe³ na:u² ʔa:i¹ ja:m⁵ tɯ²
汉文直译： 功 情 如 海 哪 谁 敢 辞
汉文意译： 情深似海谁辞婚！

（男：阮进余）

（38）

喃字原文： 台 秔 挑 口 萎 仙，
国际音标： ha:i¹ tai¹ ʔbɯŋ¹ khɤu³ jɤu² ti:n¹
汉文直译： 双 手 端 口 槟榔 仙
汉文意译： 双手拿块仙槟榔，

喃字原文： 英 罞 客 遌 於 汚 赊 吹；
国际音标： ʔan¹ la² khat⁷la⁶ ʔɤ³ mi:n² sa¹soi¹
汉文直译： 哥 是 生客 从 方面 遥远
汉文意译： 哥是生客来远方；

喃字原文： 英 尼 遌 客 遌 馼，
国际音标： ʔan¹ nai² la⁶ khat⁷ la⁶ ŋɯ:i²
汉文直译： 哥 这 陌生 客 陌生 人
汉文意译： 哥哥真是陌生客，

喃字原文： 遌 圭 遌 馆 遌 尼 搌 㐲。
国际音标： la⁶ kwe¹ la⁶ kwa:n⁵ la⁶ nai² nɯ:ŋ¹nɤ²
汉文直译： 陌生 家乡 陌生 乡村 陌生 这 倚靠
汉文意译： 家乡遥远来观光。

喃字原文： 遌 遟 挕 别 丝 机，
国际音标： la⁶luŋ² tsaŋ³ ʔbi:t⁷ tɤ¹kɤ¹
汉文直译： 生疏 不 知 倚靠
汉文意译： 初来生疏寻依处，

礼 俗 歌

喃字原文： 邏 逶 拯 别 摅 恘 術 兜；
国际音标： la⁶luŋ² tsaŋ³ ʔbi:t⁷ nɯ:ŋ¹ nɤ² ve² ʔdɤu¹
汉文直译： 生疏 不 知 倚靠 回 哪里
汉文意译： 生疏又碰好机遇；

喃字原文： 邏 逶 吀 嗨 齠 齤，
国际音标： la⁶luŋ² sin¹ hoi³ tɯ:k⁷thau¹
汉文直译： 生疏 请 问 前后
汉文意译： 生客问清各地方，

喃字原文： 萎 槁 謨 於 幤 兜 挄 術？
国际音标： jɤu² kau¹ muə¹ ʔɤ³ tsɤ⁶ ʔdɤu¹ ʔdɛm¹ ve²
汉文直译： 萎叶 槟榔 买 在 集市 哪里 带 回
汉文意译： 萎叶槟榔何处买？

（男：阮继儒）

（39）

喃字原文： 萎 尼 掂 産 落 餩，
国际音标： jɤu² nai² tem¹ than³ ʔdɤi² kɤ:i¹
汉文直译： 萎叶 这 卷 准备 满 盘
汉文意译： 萎仙备好装满盘，

喃字原文： 丐 继 丐 槶 於 尼 齤 茹；
国际音标： ka:i⁵jɤi¹ ka:i⁵re³ ʔɤ³ nɤ:i¹ thau¹ ɲa²
汉文直译： 藤 根 在 地方 后 屋
汉文意译： 萎藤萎根种屋后；

喃字原文： 靹 蹎 返 客 姮 娥，
国际音标： mai¹ tsɤn¹ ɣap⁸ khat⁷ haŋ²ŋa¹
汉文直译： 幸运 脚 遇见 客 姮娥
汉文意译： 远来遇见姮娥女，

579

喃字原文：蒌 園 英 採 挠 罚 呦 娘。
国际音标：jɤu² vɯːn² ʔan¹ haːi⁵ ʔdɛm¹ ra¹ thet⁷ naːŋ²
汉文直译：蒌叶 园子 哥 摘 拿 出 招待 妹
汉文意译：后园采蒌哥接待。

喃字原文：吀 哑 贝 客 鸾 鐄，
国际音标：ŋɔ³lɤːi² vɤːi⁵ khat⁷ lɔn¹vaːŋ²
汉文直译：表述 和 客 金鸾
汉文意译：哥同金鸾商谈事，

喃字原文：槁 時 奔 於 海 南 挠 莲；
国际音标：kau¹ thi² ʔbuːn¹ ʔɤ³ haːi³naːm¹ ʔdɛm¹ len¹
汉文直译：槟榔 则 贩 从 海南 带 上来
汉文意译：槟榔从海南贩来；

喃字原文：呈 啡 贝 客 婵 娟，
国际音标：tin²ʔbai² vɤːi⁵ khat⁷ thiːn²kwiːn¹
汉文直译：说明 和 客 婵娟
汉文意译：今哥向婵娟呈详，

喃字原文：蘱 時 注 於 掩 愿 敬 堆。
国际音标：thuːk⁷ thi² tsu⁵ ʔɤ³ jɔŋ² ŋwiːn² kin⁵ ʔdoi¹
汉文直译：烟 则 叔 在 种 赠 敬 我俩
汉文意译：我叔种烟赠敬来。

喃字原文：四 務 春 貝 固 没 時，
国际音标：ʔbon⁵muə² sɤn¹ mɤːi⁵ kɔ⁵ mot⁸ thɤːi²
汉文直译：四季 春 才 有 一 时
汉文意译：一年四季有一春，

礼 俗 歌

喃字原文： 葫 脯 英 採 於 毗 棱 撑；
国际音标： la⁵ vɔ³ ʔan¹ ha:i⁵ ʔɤ³ ti² ruŋ² san¹
汉文直译： 叶 壳 哥 采 在 靠近 林 绿
汉文意译： 从毗邻山哥采药；

喃字原文： 塘 長 隔 阻 賒 吹，
国际音标： ʔdɯ:ŋ² tɯ:ŋ² kat⁷ jɤ³ sa¹ soi¹
汉文直译： 路途 隔阻 遥远
汉文意译： 路途隔阻程遥远，

喃字原文： 砑 撑 僱 鐲 铖 砍 孟 麻。
国际音标： ʔda⁵ san¹ thɤ⁶ ʔduk⁷ nen¹ voi¹ man⁶ mɛ³
汉文直译： 青石 石匠 铸 成 石灰 强大
汉文意译： 石匠打石来烧灰。

（40）

喃字原文： 鞦 躓 返 客 薘 制，
国际音标： mai¹ tsɤn¹ ɣap⁸ khat⁷ len¹ tsɤ:i¹
汉文直译： 幸运 遇见 客 上来 玩
汉文意译： 幸运遇见哥来玩，

喃字原文： 竹 花 媕 撢 鑼 砍 掂 蒌。
国际音标： tuk⁷ hwa¹ ʔɛm¹ vɔt¹ tsiə² voi¹ tem¹ jɤu²
汉文直译： 竹花 妹 修 掺 石灰 卷 槟榔
汉文意译： 竹花妹修掺蒌灰。

喃字原文： 吁 払 認 衻 口 蒌，
国际音标： sin¹ tsa:ŋ² nɤn⁶ lɤi⁵ khɤu³ jɤu²
汉文直译： 请 哥 接 拿 块 槟榔
汉文意译： 请君接下块槟榔，

喃字原文：底 媕 呢 吼 齰 𥯌 每 咥；
国际音标：ʔde³ ʔɛm¹ ɲan⁵ ɲu³ tɯːk⁷thau⁶ mɔi⁶ lɤːi²
汉文直译：让 妹 吩咐 始终 每 话
汉文意译：让妹吩咐始终言；

喃字原文：由 扐 擬 忾 赊 吹，
国际音标：ju² tsaːŋ² ŋi¹ŋɤ² sa¹soi¹
汉文直译：纵然 哥 怀疑 遥远
汉文意译：若对姻缘君多虑，

喃字原文：時 扐 吼 寔 没 咥 媕 台。
国际音标：thi² tsaːŋ² ɲu³ thɤt⁸ mot⁸ lɤːi² ʔɛm¹ hai¹
汉文直译：则 哥 吩咐 实话 一 言 妹 知
汉文意译：请君实话诉妹听。

喃字原文：由 扐 吱 噔 吱 荄，
国际音标：ju² tsaːŋ² tsɛ¹ ʔdaŋ⁵ tsɛ¹ kai¹
汉文直译：纵然 哥 嫌 苦 嫌 辣
汉文意译：若君尚嫌蒌叶辣，

喃字原文：時 扐 吼 寔 媕 脸 別 澄。
国际音标：thi² tsaːŋ² ɲu³ thɤt⁸ ʔɛm¹ nai¹ ʔbiːt⁷tsɯŋ²
汉文直译：则 哥 吩咐 实话 妹 今 知道
汉文意译：请君与妹讲真言。

（41）
喃字原文：堆 穊 搩 口 蒌 鑵，
国际音标：ʔdoi¹ tai¹ nɤŋ¹ khɤu³ jɤu² vaːŋ²
汉文直译：双 手 接 口 槟榔 金
汉文意译：双方接着块金槟榔，

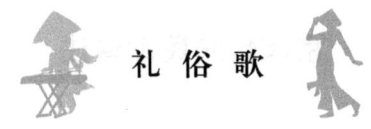

礼 俗 歌

喃字原文： 英 婣 伴 友 舩 廊 証 明；
国际音标： ʔan¹ʔɛm¹ ʔbaːnºhiu³ tɔŋ¹ laːŋ² tsɯŋ⁵min¹
汉文直译： 兄弟　　朋友　　中　村　　证明
汉文意译： 兄弟朋友来作证；

喃字原文： 悲 晗 奇 遇 返 情，
国际音标： ʔbɤi¹jɤ² ki²ŋo⁶ ɣap⁸ tin²
汉文直译： 　如今　奇遇　遇情妹
汉文意译： 如今奇遇见情人，

喃字原文： 衭 之 者 特 義 躺 躺 喂？
国际音标： lɤi⁵ ji² ja³ ʔdɯːk⁸ ŋiə³ min² min² ʔɤːi¹
汉文直译： 拿 什么 还 得 义 妹 妹 啊
汉文意译： 我今用啥还义情？

喃字原文： 𠆧 者 恩 蒌 𠆧 者 恩 砍，
国际音标： tɯːk⁷ ja³ʔɤːn¹ jɤu² thau¹ ja³ʔɤːn¹ voi¹
汉文直译： 先　感谢　蒌叶　后　感谢　石灰
汉文意译： 先谢蒌叶后谢石灰，

喃字原文： 者 恩 丐 笒 丐 牟 檜 核；
国际音标： ja³ ʔɤːn¹ kaːi⁵tsum³ kaːi⁵mau² koi³ kɤi¹
汉文直译： 感谢　槟榔尖　一截　根　树
汉文意译： 感谢槟榔树上来；

喃字原文： 𠆧 者 恩 蒌 𠆧 者 恩 纯，
国际音标： tɯːk⁷ ja³ʔɤːn¹ jɤu² thau¹ ja³ʔɤːn¹ jɤi¹
汉文直译： 　先　感谢　蒌叶　后　感谢　藤子
汉文意译： 多谢蒌叶谢蒌藤，

583

喃字原文：者 恩 岘 坦 掩 尼 蓬 蒌。
国际音标：ja³ʔɤːn¹ tɤm⁵ʔdɤt⁷ jɔŋ² nai² len¹ jɤu²
汉文直译：感谢 土地 种 这 上 槟榔
汉文意译：感谢块地种得蒌。

喃字原文：英 尼 認 祂 口 蒌，
国际音标：ʔan¹ nai¹ nɤn⁶ lɤi⁵ khɤu³ jɤu²
汉文直译：哥 今 认领 拿 口 槟榔
汉文意译：今哥认领此槟榔，

喃字原文：嗨 娘 莽 舖 謨 兜 贾 术；
国际音标：hɔi³ naːŋ² laˤvɔ³ muə¹ ʔdɤu¹ mɤːi⁵ ve²
汉文直译：问 妹 烟叶 买 哪里 刚 回
汉文意译：问妹哪里购烟叶；

喃字原文：嗨 娘 娘 沛 呐 黜，
国际音标：hɔi³ naːŋ² naːŋ² faːi³ nɔi⁵ ra¹
汉文直译：问 妹 妹 得 说 出
汉文意译：请烦妹妹作回答，

喃字原文：英 唵 黜 别 浪 赊 台 斯。
国际音标：ʔan¹ ʔan¹ mɤːi⁵ ʔbiːt⁷raŋ² sa¹ hai¹ ɣɤn²
汉文直译：哥 吃 才 知道 远 或 近
汉文意译：哥知远近知音食。

喃字原文：黜 時 嗨 社 嗨 民，
国际音标：tuːk⁷ thi² hɔi³ sa³ hɔi³ jɤn¹
汉文直译：先 则 问 社里 问 社民
汉文意译：又问社里各社民，

礼 俗 歌

喃字原文：糉 尼 谟 於 幣 㭲 台 赊；
国际音标：thu:k⁷ nai² muə¹ ʔɤ³ tsɤ⁶ ɣan² hai¹ sa¹
汉文直译：烟叶 这 买 从 集市 近 或 远
汉文意译：街上是否有卖烟；

喃字原文：𥪝 時 嗨 媒 嗨 吒，
国际音标：thau¹ thi² hɔi³ mɛ⁶ hɔi³ tsa¹
汉文直译：后 则 问 母 问 父
汉文意译：再次问妹父母亲，

喃字原文：砯 尼 埃 鐲 毫 罤 卒 咹。
国际音标：voi¹ nai² ʔa:i¹ ʔduk⁷ thɤt⁸ la² tot⁷ʔan¹
汉文直译：石灰 这 谁 煎熬 真 是 好吃
汉文意译：谁掺石灰共蒌仙。

喃字原文：口 蒌 旀 赭 吏 於 蟈，
国际音标：khɤu³ jɤu² vɯə² ʔdɔ³ la:i⁶ ʔɤ³ jɔn²
汉文直译：口 槟榔 又 红 又 在 脆
汉文意译：蒌红清脆又好食，

喃字原文：嗨 娘 谟 於 幣 群 台 空。
国际音标：hɔi³ na:ŋ² mɯə² ʔɤ³ tsɤ⁶ kɔn² hai¹ khoŋ¹
汉文直译：问 妹 买 在 街 还有 或 不
汉文意译：问妹何街买蒌仙。

（男：阮进余）

（42）

喃字原文：吘 扒 扲 祂 皿 蒌，
国际音标：sin¹ tsa:ŋ² kɤm² lɤi⁵ mi:ŋ⁵ jɤu²
汉文直译：请 哥 握 拿 片 槟榔
汉文意译：请君接领这块蒌，

喃字原文：空 旰 拎 衽 朱 烧 平 悉；
国际音标：khoŋ¹ ʔan¹ kɤm² lɤi⁵ tsɔ¹ ȵau¹ ʔbaŋ²lɔŋ²
汉文直译：不 吃 握 拿 给 互相 合意
汉文意译：拿手不食妹安心；

喃字原文：皿 萎 罜 贴 橆 缘，
国际音标：miːŋ⁵ jɤu² la² kuə³ voˀjiːn¹
汉文直译：片 槟榔 是 东西 无缘
汉文意译：估计蒌仙无缘分，

喃字原文：朱 铖 拼 返 伴 贤 埃 喂。
国际音标：tsɔ¹nen¹ tsaŋ³ ɣap⁸ ʔbaːn² hiːn² ʔaːi¹ ʔɤːi¹
汉文直译：所以 不 遇 友 贤 谁 啊
汉文意译：奇遇朋友莫贤人。

喃字原文：啧 萎 牢 吏 啧 砆，
国际音标：tat⁷ jɤu² thaːu¹ laːi⁶ tat⁷ voi¹
汉文直译：责怪 蒌叶 为什么 又 责怪 石灰
汉文意译：责怪蒌叶又责灰，

喃字原文：缘 碎 固 秒 時 馭 包 旰。
国际音标：jiːn¹ toi¹ kɔ⁵ jeu³ thi² ŋɯːi² ʔdaˀ³ ʔan¹
汉文直译：缘 我 有 柔软 而 你 已 吃
汉文意译：槟榔柔软君还嫌。

（43）

喃字原文：典 低 吏 及 客 初，
国际音标：ʔden⁵ ʔdɤi¹ laːi⁶ ɣap⁸ khat⁷ sɯə¹
汉文直译：到 这里 又 遇 客 疏远
汉文意译：今日到此遇疏客，

礼 俗 歌

喃字原文： 没 躺 渚 别 摭 伽 術 兜；
国际音标： mot⁸min² tsɯə¹ ʔbi:t⁷ nɯ:ŋ¹nɤ² ve² ʔdɤu¹
汉文直译： 独自 未 知 倚靠 回 哪里
汉文意译： 自己不知何处依；

喃字原文： 倸 情 嗨 事 齠 紤，
国际音标： tham¹ tin² hɔi³ thɯ⁶ tɯ:k⁷thau¹
汉文直译： 探 情 问 事 前 后
汉文意译： 前后四处探情事，

喃字原文： 荽 槁 荓 舗 謨 兜 麻 術？
国际音标： jɤu² kau¹ la⁵vɔ³ muə¹ ʔdɤu¹ ma² ve²
汉文直译： 萎叶 槟榔 蚌壳灰 买 哪里 而 回
汉文意译： 槟榔萎烟买哪里？

喃字原文： 皿 荽 罗 貼 故 知，
国际音标： mi:ŋ⁵jɤu² la² kuə³ ko⁵ti¹
汉文直译： 槟榔 是 物 故 知
汉文意译： 萎仙原是物故知，

喃字原文： 些 唆 钯 伓 㘃 之 者 恩？
国际音标： ta¹ ʔan¹ ʔda³ vɤi⁶ lɤi⁵ ji² ja³ʔɤ:n¹
汉文直译： 咱 吃 已 这样 拿 什么 报恩
汉文意译： 尝了好事怎报恩？

喃字原文： 㘃 之 功 報 義 填，
国际音标： lɤi⁵ ji² koŋ¹ ʔba:u⁵ ŋiə³ ʔden²
汉文直译： 拿 什么 功 报答 义 补偿
汉文意译： 用啥报答和补偿，

587

喃字原文：嬌夏悉帝包烦悉低。
国际音标：kiːu² fu⁶ lɔŋ² ʔdɤi⁵ ʔda³ fiːn² lɔŋ² ʔdɤi¹
汉文直译：若 负 心 你 已 烦 心 我
汉文意译：若负她心自心烦。

（男：杜福朝）

(44)

喃字原文：𨑜核扚菓槁撑，
国际音标：ten¹ kɤi¹ vat⁸ kwa³ kau¹ san¹
汉文直译：上 树 摘 槟榔 青
汉文意译：上树摘颗青槟榔，

喃字原文：𢴃𠚢𣳔啿姑噲蒌；
国际音标：ʔbuə⁵ ra¹ laːm² taːm⁵ mɤːi² ko¹ ʔan¹ jɤu²
汉文直译：破 出 做 八 请 妹 吃 槟榔
汉文意译：破出八块请妹尝；

喃字原文：蒌尼噲寔罗醉，
国际音标：jɤu² nai² ʔan¹ thɤt⁸ la² thai¹
汉文直译：槟榔 这 吃 真 是 醉
汉文意译：吃了这槟榔人自醉，

喃字原文：由鳗由汩由荄由浓；
国际音标：ju² man⁶ ju² n̩aːt⁸ ju² kai¹ ju² noŋ²
汉文直译：无论 咸 无论 淡 无论 辣 无论 浓
汉文意译：咸淡辣浓四味全；

喃字原文：由麻𠊚義绦红，
国际音标：ju² ma² nen¹ ŋiə³ tɤ¹hoŋ²
汉文直译：纵然 成 义 红绳
汉文意译：若果情义红绳系，

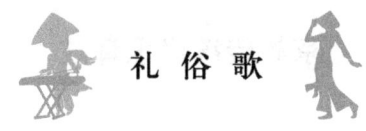

礼俗歌

喃字原文：姻 缘 濖 汨 吀 悉 濖 派。
国际音标：nɤn¹ji:n¹ tsɤ⁵ ɳa:t⁸ sin¹ loŋ² tsɤ⁵ fa:i¹
汉文直译： 姻缘 莫 淡薄 请 心 莫 褪色
汉文意译：心有情源莫褪缘。

喃字原文：由 麻 铖 義 台=，
国际音标：ju²ma² nen¹ ŋiə³ motʰha:i¹
汉文直译：纵然 成 义 一味
汉文意译：日后能有义和情，

喃字原文：功 情 平 波 帘 埃 监 辞；
国际音标：koŋ¹ tin² ʔbaŋ² ʔbe³ na:u² ʔa:i¹ ja:m⁵ tɯ²
汉文直译：功 情 如 海 哪 谁 敢 放弃
汉文意译：莫能放弃海情恩；

喃字原文：由 麻 分 糀 缘 愉，
国际音标：ju²ma² fɤn² ʔdɛp⁸ ji:n¹ ʔɯə¹
汉文直译：纵然 份 美好 缘 喜爱
汉文意译：如果有幸互相爱，

喃字原文：姻 缘 㐌 结 濖 辞 唑 烧。
国际音标：nɤn¹ji:n¹ ʔda³ ket⁷ tsɤ⁵ tɯ² lɤ:i² ɳau¹
汉文直译：姻缘 已 结 莫 弃 言 互相
汉文意译：定结姻缘莫弃言。

（45）

喃字原文：㬺 曩 戈 丐 胺 皈 瞙，
国际音标：toi⁵ hom¹kwa¹ ka:i⁵jaŋ¹ mɤp⁸mɤ²
汉文直译：晚上 昨天 月亮 模糊
汉文意译：昨晚月光线模糊，

喃字原文：俺 拸 捑 渃 情 旗 迏 英；
国际音标：ʔɛm¹ ʔdi¹ ɣan⁵ nɯːk⁷ tin²kɤ² ɣap⁸ ʔan¹
汉文直译：妹 去 挑水　偶然　遇 哥
汉文意译：妹去挑水偶遇君；

喃字原文：蓮 棱 扔 菓 槁 撑，
国际音标：len¹ rɯŋ² vat⁸ kwa³kau¹ san¹
汉文直译：上 森林 摘　槟榔　青
汉文意译：山上槟榔摘还鲜，

喃字原文：舖 罢 ⼀ 凯 呲 英 咹 萎。
国际音标：ʔbuə⁵ ra¹ laːm² taːm⁵ mɤːi² ʔan¹ ʔan¹ jɤu²
汉文直译：破　出　做 八　请 哥 吃 槟榔
汉文意译：破开八块请君尝。

喃字原文：萎 尼 萎 鉑 萎 情；
国际音标：jɤu² nai² jɤu² ʔbaːk⁸ jɤu² tin²
汉文直译：槟榔 这 槟榔 银 槟榔 情
汉文意译：这槟榔银买表意情；

喃字原文：萎 鸾 萎 凤 萎 躺 萎 些，
国际音标：jɤu² lɔn¹ jɤu² fɯːŋ⁶ jɤu² min² jɤu² ta¹
汉文直译：槟榔 鸾 槟榔 凤 槟榔 妹 槟榔 哥
汉文意译：鸾凤结义咱两人，

喃字原文：萎 尼 掂 曤 㝵 戈，
国际音标：jɤu² nai² tem¹ toi⁵ hom¹kwa¹
汉文直译：槟榔 这 摘 晚上 昨天
汉文意译：昨晚槟榔摘回来，

礼 俗 歌

喃字原文：𪡏 柴 捔 媄 抌 罡 䤴 扒。
国际音标：tom⁶ thɤi² jɤu⁵ mɛ⁶ ʔdɛm¹ ra¹ thet⁷ tsa:ŋ²
汉文直译：瞒 父 瞒 母 拿 出 招待 哥
汉文意译：瞒着父母留待君。

喃字原文：荖 尼 正 实 荖 行，
国际音标：jɤu² nai² tsin⁵ thɤt⁸ jɤu² ha:ŋ²
汉文直译：槟榔 这 正 确实 槟榔 行
汉文意译：槟榔妹种分两行，

喃字原文：空 䎞 空 蘽 牢 扒 空 咹？
国际音标：khoŋ¹ ʔbuə² khoŋ¹ thu:k⁷ tha:u¹ tsa:ŋ² khoŋ¹ ʔan¹
汉文直译：没有 毒药 没有 烟 为什么 你 不 尝
汉文意译：没有药烟君不尝？

喃字原文：固 安 貝 忸 術 数，
国际音标：kɔ⁵ ʔan¹ vɤ:i⁵ ɳɤ⁵ ve² lɤu¹
汉文直译：有 吃 和 念 回 久
汉文意译：吃了槟榔情长久，

喃字原文：空 咹 呐 魖 悁 鬒 吏 連。
国际音标：khoŋ¹ ʔan¹ nɔi⁵ tɯ:k⁷ kwen¹ thau¹ la:i⁶ li:n²
汉文直译：不 吃 说 先 忘记 后 又 连
汉文意译：不吃槟榔情会忘。

（男：苏维绍）

（46）

喃字原文：恩 㖔 固 口 荖 尼，
国际音标：ʔɤ:n¹ ŋɯ:i² kɔ⁵ khɤu³ jɤu² nai²
汉文直译：感谢 妹 有 口 槟榔 这
汉文意译：感谢妹妹献槟榔，

591

喃字原文：𠽈 時 固 義 𢖖 例 固 恩；
国际音标：tɯːk⁷ thi² kɔ⁵ ŋiə³ thau¹ rai² kɔ⁵ ʔɤːn¹
汉文直译：先 则 有 义 后 今 日 有 恩
汉文意译：先是有义后有恩；

喃字原文：恩 㛅 凭 㵢 泰 山，
国际音标：ʔɤːn¹ ŋɯːi² ʔbaŋ² nui⁵ thaːi⁵thɤːn¹
汉文直译：感 谢 妹 如 山 泰 山
汉文意译：感谢妹家恩如泰山，

喃字原文：𠎩 𢆥 些 㧅 固 悁 義 娘。
国际音标：ŋin² nam¹ ta¹ tsaŋ³ kɔ⁵ kwen¹ ŋiə³ naːŋ²
汉文直译：千 年 我 没 有 忘 义 妹
汉文意译：千年不忘妹深恩。

喃字原文：㧅 晏 時 保 浪 哴，
国际音标：tsaŋ³ ʔan¹ thi² ʔbaːu⁵ raŋ² tsɛ¹
汉文直译：不 吃 就 告 诉 道 嫌 弃
汉文意译：敬槟榔不吃说嫌弃，

喃字原文：晏 唻 㧅 别 祂 之 報 恩？
国际音标：ʔan¹ roi² tsaŋ³ ʔbiːt⁷ lɤi⁵ ji² ʔbaːu⁵ʔɤn¹
汉文直译：吃 了 不 知 拿 什 么 报 恩
汉文意译：吃了槟榔怎谢恩？

喃字原文：咍 些 罗 義 晋 秦，
国际音标：haːi¹ta¹ la² ŋiə³ tɤn⁵ tɤn²
汉文直译：咱 俩 是 义 晋 秦
汉文意译：咱们两家秦晋情，

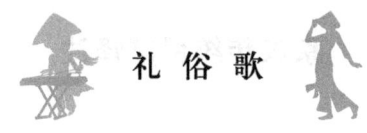

礼 俗 歌

喃字原文：㤚 悉 下 固 交 春 结 願。
国际音标：ʔda³ lɔŋ² ha⁶ ko⁵ ja:u¹ sɤn¹ ket⁷ ŋwi:n²
汉文直译：已 决心 下 有 交 春 结 愿
汉文意译：心愿已决结良缘。

喃字原文：恩 丕 敉 佛 皇 天，
国际音标：ʔɤ:n¹jɤ:i² tsɯ³ fɤt⁸ hwa:ŋ²thi:n¹
汉文直译：感谢 字 佛 皇天
汉文意译：感谢佛祖共皇天，

喃字原文：悉 丕 缍 吏 结 缘 矽 鐄。
国际音标：lɔŋ²jɤ:i² sɛ¹ la:i⁶ ket⁷ji:n¹ ʔda⁵vaŋ²
汉文直译：天意 系 又 结缘 金 石
汉文意译：天意结系金石缘。

（男：杜玉光）

（47）

喃字原文：口 萎 鲜 卒 撑 操，
国际音标：khɤu³ jɤu² tɯ:i¹tot⁷ san¹sa:u¹
汉文直译：口 槟榔 新鲜 青翠
汉文意译：槟榔青翠又新鲜，

喃字原文：嗨 浪 謨 扵 幣 帟 㫻 低；
国际音标：hoi³ raŋ² muə¹ ʔɤ³ tsɤ⁶ na:u² ʔden⁵ ʔdɤi¹
汉文直译：问 道 买 在 街 哪 道 这
汉文意译：请问何街买回来；

喃字原文：槁 尼 槁 扵 軬 核，
国际音标：kau¹ nai² kau¹ ʔɤ³ ten¹ kɤi¹
汉文直译：槟榔 这 槟榔 在 上 树
汉文意译：槟榔结果高树上，

喃字原文：唔 埃 挊 摙 槁 尼 卒 鲜？
国际音标：khɛn¹ ʔaːi¹ vun¹sɤːi⁵ kau¹ nai² tot⁷tɯːi¹
汉文直译：夸 谁 栽培 槟榔 这 新鲜
汉文意译：谁栽培树果新鲜？

喃字原文：啈 蒌 時 嗨 徂 砅，
国际音标：ʔan¹ jɤu² thi² hɔi³ ʔden⁵ voi¹
汉文直译：尝 槟榔 就 问 道 石灰
汉文意译：尝了槟榔想起灰，

喃字原文：唔 埃 燶 炐 朱 砅 孟 麻？
国际音标：khɛn¹ ʔaːi¹ nuŋ¹nɤu⁵ tsɔ¹ voi¹ man⁶ mɛ³
汉文直译：夸 谁 烧 使 石灰 软 雪白
汉文意译：谁人烧灰软雪白？

喃字原文：悲 唅 奇 遇 堆 些，
国际音标：ʔbɤi¹jɤ² ki²ŋo⁶ ʔdoi¹ta¹
汉文直译：如今 奇遇 我俩

汉文意译：如今两人偶然见，
喃字原文：嗨 浪 荓 牖 谟 陀 於 兜？
国际音标：hɔi³ raŋ² la⁵ vɔ³ muə¹ ʔda² ʔɤ⁵ ʔdɤu¹
汉文直译：问 道 蒌叶 蚌壳 买 无 实义 处 哪
汉文意译：请问蒌叶蚌壳哪处卖？

喃字原文：悲 唅 奇 遇 峒 桃，
国际音标：ʔbɤi¹jɤ² ki²ŋo⁶ ʔdoŋ²ʔdaːu²
汉文直译：今日 奇遇 桃园
汉文意译：今日相见桃园里，

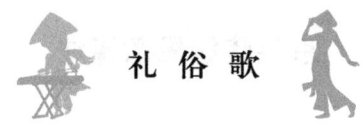

礼 俗 歌

喃字原文：釰　時　俺　打　僧　帀　舗　槁；
国际音标：jaːu¹ thi² ʔɛm¹ ʔdan⁵ thɤ⁶ naːu² ʔbuə⁵ kau¹
汉文直译：刀　则　妹　打　师傅　哪　破　槟榔
汉文意译：妹破槟榔谁磨刀；

喃字原文：悲　晗　奇　遇　氽　迦́，
国际音标：ʔbɤi¹ jɤ² ki² ŋo⁶ mɤi⁵ mɯːi¹
汉文直译：现在　　奇遇　　多久
汉文意译：很久没见今欢喜，

喃字原文：丐　之　麻　撢　鐶　砍　掂　蒌？
国际音标：kaːi⁵ ji² ma² vot⁷ tsiə² voi¹ tem¹ jɤu²
汉文直译：什么　连词　削　小棍　石灰　拌　槟榔
汉文意译：用啥来拌灰和蒌？

（男：阮继辉）

　　　　　　　　　　（48）

喃字原文：固　唖　贝　客　鸾　鐄，
国际音标：kɔ⁵ lɤːi² vɤːi⁵ khat⁷ lɔn¹ vaːŋ²
汉文直译：有　话　和　客人　鸾　金
汉文意译：金鸾妹来哥答言，

喃字原文：槁　尼　英　撺　於　魷　蓰　茹；
国际音标：kau¹ nai² ʔan¹ jɔŋ² ɤ³ kwan¹ thau¹ n̥a²
汉文直译：槟榔　这　哥　种　在　周围　后　家
汉文意译：槟榔哥种家后园；

喃字原文：蒌　尼　掂　曘　景　戈，
国际音标：jɤu² nai² tiːm¹ toi⁵ hom¹ kwa¹
汉文直译：槟榔　这　调和　晚上　昨天
汉文意译：昨晚调和好蒌仙，

喃字原文：秦 晋 亼 户 交 和 结 缘。
国际音标：tɤn² tɤn⁵ ha:i¹ hɔ⁶ ja:u¹hwa² ket⁷ji:n¹
汉文直译：晋 秦 两家 相交 结缘
汉文意译：晋秦两家相结缘。

喃字原文：萎 尼 只 呦 伴 贤，
国际音标：jɤu² nai² tsi³ thet⁷ ʔba:n⁶ hi:n²
汉文直译：槟榔 这 只 招待 友 贤
汉文意译：槟榔只待女贤友，

喃字原文：吁 娘 扲 祂 朱 辄 役 芇；
国际音标：sin¹ na:ŋ² kɤm² lɤi⁵ tsɔ¹ nen¹ vi:k⁸ na:u²
汉文直译：请 妹 握 拿 给 成 事 什么
汉文意译：请妹接槟榔事竟成；

喃字原文：强 眤 强 浽 近 桃，
国际音标：ka:ŋ² n̠in² ka:ŋ² noi³ tsin⁵ ʔda:u²
汉文直译：越 望 越 见 熟 桃子
汉文意译：越望越见桃子熟，

喃字原文：麹 龍 輪 色 襖 桃 湄 滇。
国际音标：hɯ:ŋ¹ roŋ² thɔn¹thak⁷ ʔa:u⁵ ʔda:u² mɯə¹ ja:n²
汉文直译：镜 龙 朱色 衣 桃 雨 溢
汉文意译：朱色龙镜桃色衣。

喃字原文：覗 媕 英 貿 咀 叹，
国际音标：thɤi⁵ ʔɛm¹ ʔan¹ mɤ:i⁵ thɤ³tha:n¹
汉文直译：见 妹 哥 才 叹息
汉文意译：见妹君想共叙言，

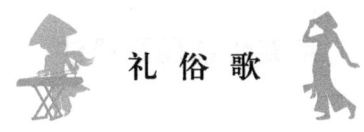

礼俗歌

喃字原文：嚎 朱 低 帝 交 鸾 没 房；
国际音标：mɔŋ¹ tsɔ¹ ʔdɤi¹ ʔdɤi⁵ ja:u¹ lon¹ mot⁸ fɔŋ²
汉文直译：期望 给 我 你 交 鸾 一 房
汉文意译：期望鸾房哥妹恋；

喃字原文：僊 詩 鐦 鐦 封 封，
国际音标：ti:n¹ thɤ¹ mɤ³ mɤ³ fɔŋ¹ fɔŋ¹
汉文直译：仙 诗 开 开 封 封
汉文意译：仙诗时封时又开，

喃字原文：尽 悉 恩 爱 融 悉 怵 之。
国际音标：tɤn⁶ lɔŋ² ʔɤn¹ ʔa:i⁵ tɔŋ¹ lɔŋ² sɔt⁷ tsi¹
汉文直译：全心 恩爱 中心 痛心 什么
汉文意译：全心恩爱哥心连。

喃字原文：融 詩 固 敉 雲 為：
国际音标：tɔŋ¹ thɤ¹ kɔ⁵ tsɯ³ vɤn¹ vi¹
汉文直译：里 诗 有 字 端 末
汉文意译：诗里有句端末云：

喃字原文：要 烧 濖 碍 塘 斨 塘 赊，
国际音标：ʔi:u¹ ɲau¹ tsɤ⁵ ŋa:i⁶ ʔdɯ:ŋ² ɣɤn² ʔdɯ:ŋ² sa¹
汉文直译：相爱 莫 怕 路 近 路 远
汉文意译："相爱莫怕路近远，

喃字原文：结 缘 自 祕 廻 耂，
国际音标：ket⁷ ji:n¹ tɯ² tɛ³ ʔden⁵ ja²
汉文直译：结缘 从 年轻 到 老
汉文意译：从年轻到老都结缘，

喃字原文：酸　牢　時拱沛戈　口　萎。"
国际音标：jɤu² tha:u¹ thi² kuŋ³ fa:i³ kwa¹ khɤu³ jɤu²
汉文直译：无论 如何 则 也 要 过 口 槟榔
汉文意译：必经嚼过槟榔恩爱深。"

喃字原文：固　晗　貝　忕　烧　数，
国际音标：kɔ⁵ ʔan¹ vɤ:i⁵ nɤ⁵ nau¹ lɤu¹
汉文直译：有　吃　和　　相　思　久
汉文意译：吃了槟榔情长久，

喃字原文：空　晗　忕　䰰　悁　䊷　役　常；
国际音标：khoŋ¹ ʔan¹ nɤ⁵ tɯ:k⁷ kwen¹ thau¹ vi:k⁸ thɯ:ŋ²
汉文直译：不　吃　思　前　忘　后　事　常
汉文意译：不吃前思后会忘；

喃字原文：皿　萎　罢　贴　役　常，
国际音标：mi:ŋ⁵jɤu² la² kuə³ vi:k⁸ thɯ:ŋ²
汉文直译：槟榔 片 是 东西 事　常
汉文意译：槟榔片是民家常物，

喃字原文：晗　刨　拼　别　馱　傷　世　帀。
国际音标：ʔan¹ va:u² tsaŋ³ ʔbi:t⁷ ŋɯ:i² thɯ:ŋ¹ the⁵na:u²
汉文直译：吃　进　不　知　人　想　怎么样
汉文意译：妹尝槟榔永不忘。

（男：阮继辉）

(49)

喃字原文：皿　萎　罢　皿　萎　荄，
国际音标：mi:ŋ⁵jɤu² la² mi:ŋ⁵jɤu² kai¹
汉文直译：槟榔　是　槟榔　辣
汉文意译：这槟榔辣味浓，

礼 俗 歌

喃字原文：啞 皿 萎 尼 忟 義 舒 醉；
国际音标：ʔan¹ mi:ŋ⁵ jɤu² nai² nɤ⁵ ŋiə³ ŋin² nam¹
汉文直译：吃 槟榔 这 想 义 千 年
汉文意译：尝了槟榔义千年；

喃字原文：皿 萎 如 胞 洸 洸，
国际音标：mi:ŋ⁵ jɤu² nɯ¹ ja⁶ ʔdam² ʔdam⁶
汉文直译：槟榔 如 心 情意浓
汉文意译：槟榔是情意绵绵，

喃字原文：固 安 佘 忟 舒 醉 底 㫁。
国际音标：kɔ⁵ ʔan¹ mɤ:i⁵ nɤ⁵ ŋin² nam¹ ʔde³ ʔdɤ:i²
汉文直译：有 吃 才 想 千 年 留 世上
汉文意译：尝了定记千年情。

喃字原文：萎 尼 躍 藙 躍 砯，
国际音标：jɤu² nai² ʔdu³ thu:k⁷ ʔdu³ voi¹
汉文直译：槟榔 这 足 烟 足 石灰
汉文意译：槟榔拌和灰与烟，

喃字原文：躍 槁 躍 舺 躍 味 射 香；
国际音标：ʔdu³ kau¹ ʔdu³ vɔ³ ʔdu³ mui² sa⁶hɯ:ŋ¹
汉文直译：足 槟榔 足 壳 足 味 麝香
汉文意译：槟榔量足味麝香；

喃字原文：庄 啞 時 保 浪 常，
国际音标：tsaŋ³ ʔan¹ thi² ʔba:u³ raŋ² thɯ:ŋ²
汉文直译：不 吃 就 说 平 常
汉文意译：不尝人说瞧不起，

喃字原文：啮 匏 庄 别 㕆 傷 世 㐱。
国际音标：ʔan¹ va:u² tsaŋ³ ʔbi:t⁷ ŋɯ:i² thɯ:ŋ¹ the⁵na:u²
汉文直译：吃 进 不 知 人 想 怎么样
汉文意译：尝了不知人怎想。

喃字原文：笸 台 啮 纞 者 桃，
国际音标：ʔda³ hai¹ ʔan¹ mɤn⁶ ja³ ʔda:u²
汉文直译：已 知 吃 李子 还 桃子
汉文意译：尝了李子还桃子，

喃字原文：恩 㙺 義 㐱 别 包 哴 塡？
国际音标：ʔɤn¹ thɤu¹ ŋiə³ ʔdɤi⁵ ʔbi:t⁷ ʔba:u¹jɤ² ʔden²
汉文直译：恩 深 义 那里 知 何时 到
汉文意译：恩深情义怎报恩？

（女：杜福英）

（50）

喃字原文：琨 㕆 伴 切 箕 喂，
国际音标：kɔn¹ ŋɯ:i²ʔba:n⁶ thet⁷ kiə¹ ʔɤ:i¹
汉文直译：人 朋友 招待 那 啊
汉文意译：心爱仙女朋友喂，

喃字原文：吏 低 㖣 啒 㘇 咥 情 秋；
国际音标：la:i⁶ ʔdɤi¹ nan⁶nu³ va:i² lɤ:i² tin² ri:ŋ¹
汉文直译：来 这里 嘱咐 几 话 情 私
汉文意译：过来嘱咐私情事；

喃字原文：㗬 箕 笸 磞 咥 愿，
国际音标：sɯə¹kiə¹ ʔda³ naŋ⁶ lɤ:i²ŋwi:n²
汉文直译：昔日 已 重 誓言
汉文意译：昔日咱俩相誓言，

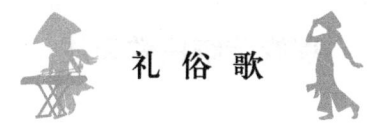

礼 俗 歌

喃字原文： 䎃 為 蔞 义 㰞 缘 羅 佗。
国际音标： ʔbɤːi³vi² jɤu² ŋiə³ thuːk⁷ jiːn¹ la¹ʔda²
汉文直译： 因为 槟榔 义 烟 缘 飘摇
汉文意译： 只因槟榔未得尝。

喃字原文： 傷 埃 捼 胂 烒 罒，
国际音标： thɯːŋ¹ ʔaːi¹ ʔdɯt⁷ ruːt⁸ nau¹ ra¹
汉文直译： 爱 谁 断 肠 互相 出
汉文意译： 相爱为何断情丝，

喃字原文： 忞 埃 㴜 玉 滇 和 㖟 更；
国际音标： nɤ⁵ ʔaːi¹ jot⁸ ʔdɛn¹ tsaːn¹hwa² nam¹ kan¹
汉文直译： 念 谁 滴 玉 充盈 五 更
汉文意译： 五更思情泪淋淋；

喃字原文： 唔 埃 撵 绲 丝 萌，
国际音标： khɛn¹ ʔaːi¹ ɣɤ³ moi⁵ tɤ¹ min¹
汉文直译： 谁 谁 解 缕 丝 细
汉文意译： 谁为解开细丝绳，

喃字原文： 相 思 没 捼 终 情 些 㗩。
国际音标： tɯːŋ¹tɯ¹ mot⁸ ɣan⁵ tsuŋ¹tin² ta¹ sɯə¹
汉文直译： 相思 一 担 钟情 咱们 从前
汉文意译： 日前钟情免相思。

（51）

喃字原文： 拁 扲 菓 槁 拁 㭲 骸 槁，
国际音标： tai¹ kɤm² kwa³kau¹ tai¹ ʔbuə⁵ haːt⁸ kau¹
汉文直译： 手 拿 槟榔 手 破 核 槟榔
汉文意译： 手拿槟榔破取仁，

喃字原文：鰔 鰻 術 鰇 醛 烧 術 哐;
国际音标：ka⁵man⁶ ve² mu:i⁵ thai¹ n̠au¹ ve² lɤ:i²
汉文直译：咸鱼 为 盐 醉 互相 为 话
汉文意译：咸鱼有盐鱼醉情;

喃字原文：醛 術 丐 湦 躺 喂,
国际音标：thai¹ ve² ka:i⁵net⁷ min² ʔɤ:i¹
汉文直译：醉 为 品行 妹 啊
汉文意译：今君醉妹真感情,

喃字原文：醛 術 丐 呬 丐 脢 晗 蒌。
国际音标：thai¹ ve² ka:i⁵mi:ŋ⁶ ka:i⁵moi¹ ʔan¹ jɤu²
汉文直译：醉 为 嘴 唇 吃 槟榔
汉文意译：醉妹吃了此槟榔。

喃字原文：醛 術 缉 鼉 㨃 頭,
国际音标：thai¹ ve² ʔboi⁵ tɔk⁷ ten¹ ʔdɤu²
汉文直译：醉 为 束 头发 上 头
汉文意译：沉醉妹妹头发丝,

喃字原文：挋 袘 搭 笔 拵 牟 薇 笕;
国际音标：ŋɔn⁵tai¹ thap⁷ʔbut⁷ jɯə⁶ mau² nɔn¹ maŋ¹
汉文直译：手指 笔套 倚 颜色 嫩 笋
汉文意译：醉妹手指笔套颜色如嫩笋;

喃字原文：呬 箕 挓 啊 胎 皲,
国际音标：mi:ŋ⁶ kiə¹ tsaŋ³ hɤ³ ha:m²jaŋ¹
汉文直译：嘴 那 不 露 牙床
汉文意译：醉妹红颜含齿笑,

礼 俗 歌

喃字原文： 唎 戈 䚢 相 拱 㤹 堆 麹。
国际音标： li:k⁷ kwa¹ kɔn¹mat⁷ kuŋ³ ʔban² ʔdoi¹ huːŋ¹
汉文直译： 瞥 过 眼睛 也 同 对 镜子
汉文意译： 醉妹飞眼如镜照。

（52）

喃字原文： 棱 大 山 林 没 檜 相 思，
国际音标： rɯŋ² ʔdaːi⁶ thɤːn¹lɤm¹ mot⁸ koi³tɯːŋ¹tɯ¹
汉文直译： 森林 大 山林 一 相思树
汉文意译： 森林有棵相思树，

喃字原文： 呌 蒌 醛 䊷 拱 如 醛 娘。
国际音标： ʔan¹ jɤu² thai¹ thuːk⁷ kuŋ³ nɯ¹ thai¹ naːŋ²
汉文直译： 吃 槟榔 醉 烟 也 像 醉 妹
汉文意译： 吃了槟榔醉烟就像迷恋妹。

（男：苏维绍）

（53）

喃字原文： 棱 大 山 林 没 檜 相 鐄，
国际音标： rɯŋ² ʔdaːi⁶ thɤːn¹lɤm¹ mot⁸ koi³tɯːŋ¹vaːŋ²
汉文直译： 林 大 山林 一 黄相思树
汉文意译： 山林有棵黄相思，

喃字原文： 核 包 饒 荓 傷 扒 閉 饒。
国际音标： kɤi¹ ʔbaːu¹ɲiːu¹ laː⁵ thɯːŋ¹ tsaːŋ² ʔbɤi⁵ɲiːu¹
汉文直译： 树 多少 叶 想 哥 那么多
汉文意译： 树上多叶多思君。

（54）

喃字原文：頭 踪 咏 吏 啫 鸼,
国际音标：ʔdɤu² ɣɤn² vaŋ⁵ la:i⁶ ti:ŋ⁵ tsim¹
汉文直译：礁石 寂静 又 声 鸟
汉文意译：礁石上无见鸟声,

喃字原文：自 尋 撗 沛 吏 添 㤿 愁;
国际音标：tɯ² ŋai² mak⁷ fa:i³ la:i⁶ them¹ ʔbu:n²thɤu²
汉文直译：从 天 牵 缠 中 又 添 忧愁
汉文意译：回顾钟情添忧虑;

喃字原文：自 尋 撗 沛 咖 萋,
国际音标：tɯ² ŋai² mak⁷ fa:i³ mi:ŋ⁵jɤu²
汉文直译：从 天 牵 缠 中 槟榔片
汉文意译：自从尝了槟榔片,

喃字原文：咖 桉 胞 翅 悉 愁 相 思。
国际音标：mi:ŋ⁶ ʔan¹ ja⁶ tsiu⁶ loŋ² thɤu² tɯ:ŋ¹tɯ¹
汉文直译：口 吃 肚 受 心 愁 相思
汉文意译：嚼了槟榔添愁思。

喃字原文：相 思 吧 塜 凭 亭,
国际音标：tɯ:ŋ¹tɯ¹ ʔba¹ ʔdoŋ⁵ ʔbaŋ² ʔdin²
汉文直译：相思 三 堆积 如 亭
汉文意译：相思堆积如亭高,

喃字原文：些 時 翅 没 朱 躺 翅 台;
国际音标：ta¹ thi² tsiu⁶ mot⁸ tsɔ¹ min² tsiu⁶ ha:i¹
汉文直译：哥 则 受 一 给 妹 受 二
汉文意译：一是妹思二哥受;

礼 俗 歌

喃字原文： 相 思 吧 塿 凭 台,
国际音标： tɯːŋ¹tɯ¹ ʔba¹ ʔdoŋ⁵ ʔbaŋ² haːi¹
汉文直译： 相思 三 堆 积 如 二
汉文意译： 相思堆积两负重,

喃字原文： 些 時 翌 没 底 台 朱 躺。
国际音标： ta¹ thi² tsiu⁶ mot⁸ ʔde³ haːi¹ tsɔ¹ min²
汉文直译： 哥 则 受 一 留 二 给 妹
汉文意译： 一哥承受二妹负。

（男：杜福朝）

（55）

喃字原文： 皿 萎 罪 皿 萎 荄,
国际音标： miːŋ⁵ jɤu² la² miːŋ⁵ jɤu² kai¹
汉文直译： 槟榔 是 槟榔 辣
汉文意译： 这槟榔味辣浓,

喃字原文： 牢 英 拄 定 仍 翀 群 空；
国际音标： thaːu¹ ʔan¹ tsaŋ³ ʔdin⁶ ɲɯŋ³ ŋai² kɔn² khoŋ¹
汉文直译： 为何 哥 不 定 些 日子 还 未嫁
汉文意译： 终身婚事哥未定；

喃字原文： 悲 唅 淹 包 固 軗,
国际音标： ʔbɤi¹jɤ² ʔɛm¹ ʔda³ kɔ⁵ tsoŋ²
汉文直译： 如今 妹 已 有 夫
汉文意译： 如今妹已有夫,

喃字原文： 如 鵃 佊 笼 如 魪 哏 鈎。
国际音标： nɯ¹ tsim¹ vaːu² loŋ² nɯ¹ ka⁵ kan⁵ kɤu¹
汉文直译： 如 鸟 进 笼 如 鱼 咬 钩
汉文意译： 如鱼咬钩鸟入笼。

喃字原文：固 钱 赎 衵 俺 黜,
国际音标：kɔ⁵ ti:n² tsu:k⁸ lɤi⁵ ʔɛm¹ ra¹
汉文直译：有 钱 赎 要 妹 出
汉文意译：有钱请赎妹出来,

喃字原文：功 俺 嬘 者 媄 耄 俺 餕；
国际音标：koŋ¹ nɤ⁶ ʔɛm¹ ja³ mɛ⁶ ja² ʔɛm¹ nu:i¹
汉文直译：功 债务 妹 还 娘 老 妹 养
汉文意译：债务妹还妹养母；

喃字原文：固 钱 赎 衵 俺 術,
国际音标：kɔ⁵ ti:n² tsu:k⁸ lɤi⁵ ʔɛm¹ ve²
汉文直译：有 钱 赎 要 妹 回
汉文意译：快快赎妹回君家,

喃字原文：底 俺 捔 觕 冖 㗔 餕 柴。
国际音标：ʔde³ ʔɛm¹ ɣan⁵ va:k⁷ la:m²the¹ nu:i¹ thɤi²
汉文直译：留 妹 担当 打工 养 父亲
汉文意译：债妹担当打工养父。

（56）

喃字原文：魟 哏 鈎 英 拎 頭 麻 撺,
国际音标：ka⁵ kan⁵ kɤu¹ ʔan¹ kɤm² ʔdɤu² ma² ɣɤ³
汉文直译：鱼 咬 钩 哥 拿 头 而 解开
汉文意译：鱼上钩哥解鱼头,

喃字原文：鸠 伆 笼 英 䴙 勫 笼 黜；
国际音标：tsim¹ va:u² loŋ² ʔan¹ mɤ³ kwɯə³ loŋ² ra¹
汉文直译：鸟 进 笼 哥 开 门 笼 出
汉文意译：鸟入笼哥开笼走；

礼 俗 歌

喃字原文：悲 晗 英 赎 埯 黜,
国际音标：ʔbɤi¹jɤ² ʔan¹ tsu:k⁸ ʔɛm¹ ra¹
汉文直译： 如今 哥 赎 妹 出
汉文意译： 如今哥来赎妹出,

喃字原文：功 孂 英 者 媄 糙 英 餒。
国际音标：koŋ¹ nɤ⁶ ʔan¹ ja³ mɛ⁶ ja² ʔan¹ nu:i¹
汉文直译： 功 债务 哥 还 娘 老 哥 养
汉文意译： 债务哥还哥养母。

喃字原文：悲 晗 英 赎 埯 術,
国际音标：ʔbɤi¹jɤ² ʔan¹ tsu:k⁸ ʔɛm¹ ve²
汉文直译： 如今 哥 赎 妹 回
汉文意译： 如今赎妹回哥家,

喃字原文：共 烧 捼 髇 ⼞ 餒 家 庭。
国际音标：kuŋ² n̥au¹ ɣan⁵va:k⁷ la:m² nu:i¹ ja¹ʔdin²
汉文直译： 一同 承担 做 养 家庭
汉文意译： 大家承担养父母。

（女：阮成珍）

（57）

喃字原文：共 烧 唵 没 皿 萎,
国际音标：kuŋ² n̥au¹ ʔan¹ mot⁸ mi:ŋ⁵ jɤu²
汉文直译： 一同 吃 一 片 槟榔
汉文意译： 咱俩共吃一片槟榔,

喃字原文：渃 湖 憑 波 吏 愁 憑 嫩;
国际音标：nɯ:k⁷ho² ʔbaŋ² ʔbe³ la:i⁶ thɤu² ʔbaŋ² nɔn¹
汉文直译： 湖水 如 海 又 愁 如 山
汉文意译： 愁思如山泪似海;

607

喃字原文：魝市淹泒泹痟，
国际音标：ŋai² na:u² thoŋ¹ ka:n⁶ tha:k⁷ mɔn²
汉文直译：天　哪　河　干　瀑布　磨损
汉文意译：哪天河干石磨损，

喃字原文：焜蟳变壳咳群𮄎绦。
国际音标：kɔn¹tam² ʔbi:n⁵ sa:k⁷ hai³kɔn² vɯ:ŋ⁵ tɤ¹
汉文直译：蚕虫　　蜕　壳　仍　　吐　丝
汉文意译：蚕虫蜕壳情尚在。

喃字原文：共堯計礼牢疎，
国际音标：kuŋ²ɲau¹ ke³ le³ tha:u¹ thɯə¹
汉文直译：一同　叙述　礼　为何　禀告
汉文意译：咱俩叙述情始末，

喃字原文：侒籴渚呐吏嗽躲咥；
国际音标：ʔan¹ roi² tsɯə¹ nɔi⁵ la i⁶ thɯə¹ het⁷ lɤ:i²
汉文直译：吃　了　没有　说　来　禀报　尽　言
汉文意译：食萎情定言不尽；

喃字原文：共堯躲竴吏坐，
国际音标：kuŋ²ɲau¹ het⁷ ʔdɯŋ⁵ la:i⁶ ŋoi²
汉文直译：一同　完　站　又　坐
汉文意译：咱俩坐立尚一起，

喃字原文：共移渚訴曲馁渚祥。
国际音标：kuŋ² ʔdi¹ tsɯə¹ tɔ³ khuk⁷ɲoi¹ tsɯə¹ tɯ:ŋ²
汉文直译：同　去　未　表述　衷肠　未　详
汉文意译：虽未说恋情永存。

礼 俗 歌

喃字原文： 翍 時 㯲 忟 吏 傷，
国际音标： ŋai² thi² het⁷ n̥ɤ⁵ la:i⁶ thɯ:ŋ¹
汉文直译： 白 天 则 完 想 又 念
汉文意译： 白天想情思念情，

喃字原文： 䀴 時 吏 憗 邊 牀 麻 疑。
国际音标： ʔdem¹ thi² la:i⁶ ŋi³ ʔben¹ jɯ:ŋ² ma² ŋɤ²
汉文直译： 夜 里 则 又 想 边 床 而 疑
汉文意译： 夜里又想同床恋。

（女：吴秀英）

（58）

喃字原文： 轚 旇 廿 㧅 秋 春，
国际音标： tu:i³ vɯə² mɯ:i² ta:m⁵ thu¹sɤn¹
汉文直译： 年 方 十 八 春 秋
汉文意译： 十八春秋年青华，

喃字原文： 㧾 謨 蔞 禄 底 貯 槁 蘞；
国际音标： ʔdi¹ muə¹ jɤu² lok⁸ ʔde³ ɣɤn² kau¹ nɔn¹
汉文直译： 去 买 蒌 叶 绿 以 近 槟榔 嫩
汉文意译： 买嫩槟榔配绿蒌；

喃字原文： 轚 旇 廿 㧅 秋 贎，
国际音标： tu:i³ vɯə² mɯ:i² ta:m⁵ thu¹ tɔn²
汉文直译： 年 方 十 八 秋 整
汉文意译： 十八春秋正岁时，

喃字原文： 㧾 謨 蔞 禄 槁 蘞 底 茹。
国际音标： ʔdi¹ muə¹ jɤu² lok⁸ kau¹ nɔn¹ ʔde³ n̥a²
汉文直译： 去 买 蒌 叶 绿 槟榔 嫩 放 家
汉文意译： 买嫩蒌回备在家。

喃字原文：底 麻 接 客 塘 赊,
国际音标：ʔde³ma² tiːp⁷ khat⁷ ʔdɯːŋ² sa¹
汉文直译：以便 接待 客 路 远
汉文意译：准备接待远来客,

喃字原文：包 晗 瑥 客 悉 陀 悕 偨;
国际音标：ʔbaːu¹jɤ² thɤi⁵ khat⁷ lɔŋ² ʔda² mɯŋ² thai¹
汉文直译：何时 见 客 心 无实义 高兴 啊
汉文意译：见客之时心欢喜;

喃字原文：邎 禦 迻 客 细 低,
国际音标：jɔ⁵ thaːŋ¹ ʔdɯə¹ khat⁷ tɤː⁵ ʔdɤi¹
汉文直译：风 来 送 客 到 这里
汉文意译：春风送客来此地,

喃字原文：萎 掂 翘 凤 台 抾 勸 呠。
国际音标：jɤu² tem¹ kan⁵ fɯːŋ¹ haːi¹ tai¹ khwiːn¹mɤːi²
汉文直译：萎叶 卷 翅膀 凤 两 手 劝勉
汉文意译：双手卷萎凤凰翼。

喃字原文：台 些 寔 拱 缘 丕,
国际音标：haːi¹taːi¹ thɤt⁸ kuŋ³ jiːn¹ jɤːi²
汉文直译：咱俩 实 也 缘 天
汉文意译：咱俩结合是天意,

喃字原文：抌 萎 罒 聘 貝 畎 伴 男;
国际音标：ʔdɛm¹ jɤu² ra¹ than⁵ vɤːi⁵ ŋɯːi²ʔbaːn⁶ naːm¹
汉文直译：献 槟榔 出 配 和 朋友 男
汉文意译：献出槟榔配贤友;

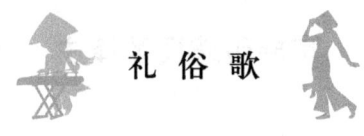

礼 俗 歌

喃字原文： 勚　单　妾　拱　唸　单，
国际音标： tɤk⁷ ʔdɤːn¹ thiːp⁷ kuŋ³ niːm² ʔdɤːn¹
汉文直译： 寸心 孤单 妾 也 心情 孤单
汉文意译： 两单合双成姻缘，

喃字原文： 拪　尼　計　肉　泰　山　帍　齐。
国际音标： tai¹ nai² ke³ nui⁵ thaːi⁵thɤn¹ ʔaːi¹ tai²
汉文直译： 手 这 叙述 山 泰山 谁 齐
汉文意译： 山高海深情更牢。

（59）

喃字原文： 要　烧　唵　皿　萎　尼，
国际音标： ʔiːu¹ȵau¹ ʔan¹ miːŋ⁵ jɤu² nai²
汉文直译： 相爱 吃 片 槟榔 这
汉文意译： 相爱吃片槟榔，

喃字原文： 唵　伌　些　仕　解　排　曲　尼；
国际音标： ʔan¹ vaːu² taː¹ thɛ³ jaːi³ʔbai² khuk⁷ȵoi¹
汉文直译： 吃 进 咱 将 倾诉 衷情
汉文意译： 咱俩吃后细谈情；

喃字原文： 北　南　堆　我　赊　吹，
国际音标： ʔbak⁷ naːm¹ ʔdoi¹ ŋa³ saˑ¹soi¹
汉文直译： 北 南 两 岔路 遥远
汉文意译： 南北相隔路遥远，

喃字原文： 唵　萎　些　仕　冖　堆　交　和。
国际音标： ʔan¹ jɤu² taː¹ thɛ³ laːm² ʔdoi¹ jaːu¹hwa²
汉文直译： 吃 槟榔 咱 将 做 双 合缘
汉文意译： 尝了槟榔咱合缘。

611

喃字原文：蒌 尼 融 巾 䩞 豳，
国际音标：jɤu² nai² tɔŋ¹ khan¹ mɤ³ ra¹
汉文直译：槟榔 这 中 巾 开 出
汉文意译：槟榔从袋里出来，

喃字原文：固 槁 固 脯 悉 陀 固 砾；
国际音标：kɔ⁵ kau¹ kɔ⁵ vɔ³ lɔŋ² ʔda² kɔ⁵ voi¹
汉文直译：有 槟榔 有 壳 中心 无实义 有 石灰
汉文意译：有槟榔有蒌叶还有石灰；

喃字原文：按 蒌 些 仕 暂 妽，
国际音标：ʔan¹ jɤu² ta¹ thɛ³ ta:m⁶ ŋoi²
汉文直译：吃 槟榔 咱 将 暂时 坐
汉文意译：咱俩坐下尝槟榔，

喃字原文：按 籴 些 仕 固 啈 咀 叹。
国际音标：ʔan¹ roi² ta¹ thɛ³ kɔ⁵ lɤ:i² thɤ³tha:n¹
汉文直译：吃 了 咱 将 有 话 叹息
汉文意译：食了相谈交情友。

（60）

喃字原文：汲 烧 按 没 皿 蒌，
国际音标：ɣap⁸ɲau¹ ʔan¹ mot⁸ mi:ŋ⁵ jɤu²
汉文直译：相遇 吃 一 片 槟榔
汉文意译：咱俩相见尝口蒌，

喃字原文：聂 豳 塘 丐 汲 烧 些 嘲；
国际音标：ma:i¹ ra¹ ʔdɯ:ŋ²ka:i⁵ ɣap⁸ɲau¹ ta¹ tsa:u²
汉文直译：日后 出 大路 相遇 咱 问好
汉文意译：日后相遇互问好；

礼 俗 歌

喃字原文：皿 蒌 貼 乍 罒 包，
国际音标：mi:ŋ⁵ jɤu² kuə³ ta⁵ la² ʔba:u¹
汉文直译：片 槟榔 东西 混杂 是 多少
汉文意译：槟榔不算贵重物，

喃字原文：只 噱 東 柳 西 桃 貯 烧。
国际音标：tsi³ mɔŋ¹ ʔdoŋ¹ li:u³ tɕi¹ ʔda:u² ɣɤn² ɳau¹
汉文直译：只 期盼 东 柳 西 桃 相近
汉文意译：东柳期盼近西桃。

（61）

喃字原文：天 缘 奇 遇 迖 払，
国际音标：thi:n¹ ji:n¹ ki² ŋo⁶ yap⁸ tsa:ŋ²
汉文直译：天意 奇遇 遇 君
汉文意译：偶然见君是天意，

喃字原文：恪 之 如 体 凤凰 迖 烧；
国际音标：kha:k⁷ ji² ɳɯ¹ the³ fɯ:ŋ⁶ hwa:ŋ² yap⁸ ɳau¹
汉文直译：不同 什么 好似 凤凰 相遇
汉文意译：好似对凤凰相遇；

喃字原文：便 低 哊 没 皿 蒌，
国际音标：ti:n⁶ ʔdɤi¹ ʔan¹ mot⁸ mi:ŋ⁵ jɤu²
汉文直译：借机 这里 吃 一 片 槟榔
汉文意译：借机尝片槟榔，

喃字原文：嗨 哚 圭 贯 於 兜 庄 罒？
国际音标：hɔi³ tham¹ kwe¹ kwa:n⁵ ʔɤ³ ʔdɤu¹ tsaŋ¹ la²
汉文直译：探问 故乡 在 哪里 不 是
汉文意译：探问君故乡那里？

喃字原文： 吇 扒 过 跐 伵 茹,
国际音标： sin¹ tsa:ŋ² kwa¹ ʔbɯ:k⁷ va:u² n̠a²
汉文直译： 请 君 过 步 进 家
汉文意译： 请君路过入妹家,

喃字原文： 鼺 罤 嗨 咛 魤 罤 𠵰 躓。
国际音标： tɯ:k⁷ la² hɔi³ ti:n⁶ thau¹ la² ŋɤ:i¹tsɤn¹
汉文直译： 先 是 问 故事 后 是 歇脚
汉文意译： 暂时歇脚谈情事。

（62）

喃字原文： 主 春 群 糊 席 花,
国际音标： tsu³ sɤn¹ kɔn² mɤ³ ti:k⁸hwa¹
汉文直译： 主人 春 还 开 花 席
汉文意译： 男主人正办豪宴,

喃字原文： 吇 呲 户 妠 伵 茹 𠵰 躓;
国际音标： sin¹mɤ:i² hɔ⁶ɣa:i⁵ va:u² n̠a² ŋi³tsɤn¹
汉文直译： 请 妹 女 方 进 屋 歇脚
汉文意译： 请妹女方入歇息;

喃字原文： 塘 赊 空 沛 塘 貮,
国际音标： ʔdɯ:ŋ² sa¹ khoŋ¹ fa:i³ ʔdɯ:ŋ² ɣɤn²
汉文直译： 路 远 不 是 路 近
汉文意译： 路途遥远不是近,

喃字原文： 吇 呲 户 妠 过 躓 伵 茹。
国际音标： sin¹mɤ:i² hɔ⁶ɣa:i⁵ kwa¹ tsɤn¹ va:u² n̠a²
汉文直译： 请 女 方 过 步 进 屋
汉文意译： 请女方妹进屋里。

礼 俗 歌

喃字原文： 融 茹 固 碟 荎 翢,
国际音标： tɔŋ¹ ɲa² kɔ⁵ ʔdi:p⁸ jɤu² ra¹
汉文直译： 里 屋 有 碟 槟 榔 出
汉文意译： 厅里正有碟槟榔，

喃字原文： 朱 碎 翢 迍 仙 娥 拜 堂；
国际音标： tsɔ¹ toi¹ ra¹ ʔdɔn⁵ ti:n¹ŋa¹ ʔba:i⁵ʔdɯ:ŋ²
汉文直译： 给 我 出 迎 接 仙 娥 拜 堂
汉文意译： 等接仙娥入拜堂；

喃字原文： 翻 罙 接 客 遠 方,
国际音标： tɯ:k⁷ la² ti:p⁷ khat⁷ vi:n³fɯ:ŋ¹
汉文直译： 先 是 待 客 远 方
汉文意译： 先是接待远来客，

喃字原文： 荎 時 没 碟 茶 常 没 桐。
国际音标： jɤu² thi² mot⁸ ʔdi:p⁸ tsɛ² thɯ:ŋ² mot⁸ khai¹
汉文直译： 槟榔 则 一 碟 茶 常 一 托盘
汉文意译： 后是尝槟榔共茶酒。

喃字原文： 者 恩 贵 户 楼 西,
国际音标： ja³ʔɤ:n¹ kwi⁵ hɔ⁶ lɤu² tɤi¹
汉文直译： 感谢 贵 姓 楼 西
汉文意译： 感谢贵姓送亲来，

喃字原文： 垵 荎 旺 渃 翢 眐 拜 堂。
国际音标： ʔan¹ jɤu² ʔu:ŋ⁵ nɯ:k⁷ ra¹ ŋai¹ ʔba:i⁵ʔdɯ:ŋ²
汉文直译： 吃 槟榔 喝 水 出 立即 拜 堂
汉文意译： 尝了槟榔品茶就拜堂。

（63）

喃字原文：者 恩 㺵 固 悉 傷，
国际音标：ja³ʔɤːn¹ ŋɯːi² kɔ⁵ lɔŋ² thɯːŋ¹
汉文直译：感谢 人 有 心 疼爱
汉文意译：尝了蒌仙妹启言，

喃字原文：固 悉 呐 待 戈 塘 厚 䏧；
国际音标：kɔ⁵ lɔŋ² thet⁷ʔdaːi³ kwa¹ ʔɯːŋ² jai² thai¹
汉文直译：有 心 款待 过 路 厚 啊
汉文意译：千言万语答厚恩；

喃字原文：恩 㺵 固 鉸 蒌 尼，
国际音标：ʔɤːn¹ ŋɯːi² kɔ⁵ kɤːi¹ jɤu² nai²
汉文直译：感谢 人 有 盘 槟榔 这
汉文意译：感谢君家献槟榔，

喃字原文：抌 皽 接 待 厸 牺 勸 呲。
国际音标：ʔdɛm¹ ra¹ tiːp⁷ʔdaːi³ haːi¹ tai¹ khwiːn¹ mɤːi²
汉文直译：拿 出 接待 双 手 劝 请
汉文意译：双手接献叙蜜言。

喃字原文：嘮 咡 些 者 恩 㺵，
国际音标：ɣɔiːla² ta¹ ja³ʔɤːn¹ ŋɯːi²
汉文直译：叫做 咱 感谢 君
汉文意译：妹今十分感谢君，

喃字原文：呴 麻 任 磊 溚 唭 户 些。
国际音标：jɤu²ma² nɤm²loi³ tsɤ⁵ kɯːi² hɔ⁶ta¹
汉文直译：纵然 错误 莫 笑 人家
汉文意译：如有错话莫笑妹。

（女：阮成珍）

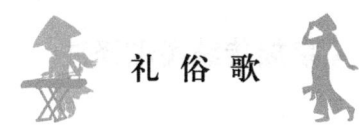

礼俗歌

（七）

喃字原文： 仍 排 喝 敬 祝 醄 茶
国际音标： ɲɯŋ³ ʔbaːi² haːt⁷ kin⁵ tsuk⁷ riːu⁶ tsɛ²
汉文直译： 些　　歌　敬　祝　酒　茶
汉文意译： 敬茶酒歌

（1）

喃字原文： 琼 浆 罡 喊 桃，
国际音标： kwin² tɯːŋ¹ la² tsɛn⁵ ʔdaːu²
汉文直译： 琼浆　是　杯　桃花
汉文意译： 琼浆斟满桃花杯，

喃字原文： 堆 粫 搦 喊 机 帍 悉 悁；
国际音标： ʔdoi¹ tai¹ nɤŋ¹ tsɛn⁵ kɤ¹ naːu² lɔŋ² kwen¹
汉文直译： 双　手　举　杯　时候　哪　心　忘
汉文意译： 双手举杯时不忘；

喃字原文： 祝 払 喊 醄 ㄇ 铖，
国际音标： tsuk⁷ tsaːŋ² tsɛn⁵ riːu⁶ laːm² nen¹
汉文直译： 祝　君　杯　酒　做　成
汉文意译： 祝君喝酒事竟成，

617

喃字原文：昇 官　　升 职　永　纩 数 数。
国际音标：thaŋ¹ kwaːn¹ thaŋ¹ tsɯk⁷ vɯŋ³ ʔben² lɤu¹lɤu¹
汉文直译：升 官　　升 职　　坚固　　永久
汉文意译：升官升职情永久。

（2）

喃字原文：英 逴 哦 醔 蓮 秲，
国际音标：ʔan¹ rɯːk⁷ tsɛn⁵ riːu⁶ len¹ tai¹
汉文直译：哥 接 杯 酒 举 手
汉文意译：哥接杯酒举手上，

喃字原文：祝 朱 娘 㲃 袡 特　贤 人；
国际音标：tsuk⁷ tsɔ¹ naːŋ² rai² lɤi⁵ ʔdɯːk⁸ hiːn²n̥ɤn¹
汉文直译：祝 给 妹 今天 娶 得　贤人
汉文意译：祝妹日后娶贤君；

喃字原文：敬 官 籴 吏 敬 民，
国际音标：kin⁵ kwaːn¹ roi² laːi⁶ kin⁵ jɤn¹
汉文直译：敬 官员 了 又 敬 民
汉文意译：敬了官员又敬民，

喃字原文：醔 尼 敬 祝 赊 斯 平 安。
国际音标：riːu⁶ nai² kin⁵tsuk⁷ sa¹ɣɤn² ʔbin²ʔiːn¹
汉文直译：酒 这 庆祝 远 近 平 安
汉文意译：祝远近客都平安。

（男：苏维绍）

礼 俗 歌

（3）

喃字原文： 没 喊 拣 醛 台 喊 拣 醛，
国际音标： mot⁸ tsɛn⁵ tsaŋ³ thai¹ ha:i¹ tsɛn⁵ tsaŋ³ thai¹
汉文直译： 一 杯 不 醉 两 杯 不 醉
汉文意译： 一杯不醉两无醉，

喃字原文： 吁 払 旺 泲 喊 尼 貝 俺。
国际音标： sin¹ tsa:ŋ² ʔu:ŋ⁵ ka:n⁶ tsɛn⁵ nai² vɤ:i⁵ ʔɛm¹
汉文直译： 请 哥 喝 干 杯 这 同 妹
汉文意译： 请哥同妹干此杯。

（4）

喃字原文： 堆 挀 逴 喊 醅 桃，
国际音标： ʔdoi¹ tai¹ rɯ:k⁷ tsɛn⁵ ri:u⁶ ʔda:u²
汉文直译： 双 手 接 杯 桃花酒
汉文意译： 双手接杯桃花酒，

喃字原文： 拣 旺 時 惜 旺 創 時 醛；
国际音标： tsaŋ³ ʔu:ŋ⁵ thi² ti:k⁷ ʔu:ŋ⁵ va:u² thi² thai¹
汉文直译： 不 喝 就 可惜 喝 进 就 醉
汉文意译： 不喝可惜喝了醉；

喃字原文： 堆 挀 逴 喊 醅 仙，
国际音标： ʔdoi¹ tai¹ rɯ:k⁷ tsɛn⁵ ri:u⁶ ti:n¹
汉文直译： 双 手 接 杯 酒 仙人
汉文意译： 双手接杯仙人酒，

喃字原文： 拪 旺 時 惜 旺 伆 拪 錢 朱 姑。
国际音标： tsaŋ³ ʔuːŋ⁵ thi² tiːk⁷ ʔuːŋ⁵ vaːu² tsaŋ³ tiːn² tsɔ¹ ko¹
汉文直译： 不 喝 就 可惜 喝 进 没 钱 给 妹
汉文意译： 不喝可惜喝情醉。

（男：阮进余）

（5）

喃字原文： 哦 尼 敬 吏 者 姑，
国际音标： tsɛn⁵ nai² kin⁵ laːi⁶ ja³ ko¹
汉文直译： 杯 这 敬 再 还 妹
汉文意译： 杯酒回敬妹恩深，

喃字原文： 錢 懈 多 少 吁 姑 停 悉。
国际音标： tiːn² jaːi³ ʔdaːthiːu³ sin¹ ko¹ ʔdan²lɔŋ²
汉文直译： 钱 偿 多 少 请 妹 姑 忍
汉文意译： 偿钱多少妹姑忍。

喃字原文： 醠 尼 敬 礼 㐌 衝，
国际音标： riːu⁶ nai² kin⁵le³ ʔda³ sɔŋ¹
汉文直译： 酒 这 敬 礼 已 完
汉文意译： 敬哥杯酒已饮完，

喃字原文： 吁 姑 沛 篤 没 悉 情 傷。
国际音标： sin¹ ko¹ faːi³ jok⁷ mot⁸ lɔŋ² tin² thɯːŋ¹
汉文直译： 请 妹 是 倾 一 心 情 爱
汉文意译： 妹是一心情永存。

（男：阮进余；女：阮继凤）

礼 俗 歌

（6）

喃字原文： 醪 喑 不 論 碍 戝，
国际音标： ri:u⁶ ŋɔn¹ ʔbɤt⁷lɤn⁶ vɛ¹tsa:i¹
汉文直译： 酒 好 不管 瓶子
汉文意译： 好酒不管怀满少，

喃字原文： 傷 媕 不 論 㥹 埃 吱 唭；
国际音标： thɯ:ŋ¹ ʔɛm¹ ʔbɤt⁷lɤn⁶ thɤ⁶ ʔa:i¹ tsɛ¹kɯi²
汉文直译： 爱 妹 不论 怕 谁 耻 笑
汉文意译： 相爱莫怕别人笑；

喃字原文： 醪 喑 酜 壹 捽 罒，
国际音标： ri:u⁶ ŋɔn¹ tɔŋ¹ hu³ rɔt⁷ ra¹
汉文直译： 酒 好 里 坛 倒 出
汉文意译： 坛里好酒倒出来，

喃字原文： 底 数 拱 汩 姅 罗 缘 媕。
国际音标： ʔde³ ʔɛm¹ kuŋ³ ɲa:t⁸ nɯə³ la² ji:n¹ ʔɛm¹
汉文直译： 留 妹 也 淡 再 是 缘 妹
汉文意译： 留久酒淡缘妹吹。

（7）

喃字原文： 没 喊 拤 醛 台 喊 拤 醛，
国际音标： mot⁸ tsɛn⁵ tsaŋ³ thai¹ ha:i¹ tsɛn⁵ tsaŋ³ thai¹
汉文直译： 一 杯 不 嘴 两 杯 不 醉
汉文意译： 一杯不醉二无醉，

喃字原文： 共 燒 旺 泘 喊 尼 朱 悕；
国际音标： kuŋ² ɲau¹ ʔu:ŋ⁵ ka:n⁶ tsɛn⁵ nai² tsɔ¹ vui¹
汉文直译： 一 同 喝 干 杯 这 给 高兴
汉文意译： 大家同乐干此杯；

621

喃字原文： 醔 啃 捽 哦 琼 浆，
国际音标： ri:u⁶ ŋɔn¹ ʔɐt⁷ tsɛn⁵ kwin² tɯ:ŋ¹
汉文直译： 酒 美 斟 杯 琼 浆
汉文意译： 琼浆美酒斟杯满，

喃字原文： 遥 迻 仿 佛 味 香 恼 濃。
国际音标： jɔ⁵ ʔdɯ?¹ fa:ŋ³ fɤt⁷ mui² thɤ:m¹ na:u³ nuŋ²
汉文直译： 风 送 仿 佛 味 香 烦 恼
汉文意译： 风送酒香哥烦恼。

（8）

喃字原文： 醔 啃 渚 旺 包 醉，
国际音标： ri:u⁶ ŋɔn¹ tsɯə¹ ʔu:ŋ⁵ ʔda³ thai¹
汉文直译： 酒 美 未 喝 已 醉
汉文意译： 好酒未喝人已醉，

喃字原文： 底 英 缭 育 胋 馴 拵 安；
国际音标： ʔde³ ʔan¹ jan² jɔk⁸ ʔdem¹ ŋai² tsaŋ³ ʔi:n¹
汉文直译： 让 哥 辗 转 日 夜 不 安
汉文意译： 为妹日夜愁心碎；

喃字原文： 爎 爔 焰 贺 透 胋，
国际音标： nɤu⁵ nuŋ¹ lɯə³ tsɤt⁷ thɤu¹ ʔdem¹
汉文直译： 燃 烧 火 堆 积 通 宵
汉文意译： 堆积柴火烧通宵，

喃字原文： 嗨 娘 肶 欽 包 软 特 渚？
国际音标： hɔi³ na:ŋ² ja⁶ that⁷ ʔda³ mem² ʔdɯ:k⁸ tsɯə¹
汉文直译： 问 妹 肚 铁 已 软 得 未
汉文意译： 问妹铁心熔软否？

礼 俗 歌

（9）

喃字原文：呲 駅 旺 哦 茶 鲜，
国际音标：mɤːi² ŋɯːi² ʔuːŋ⁵ tsɛn⁵ tsɛ² tɯːi¹
汉文直译：请 人 喝 杯 茶 鲜
汉文意译：请君饮杯酽鲜茶，

喃字原文：旺 籴 呲 客 刨 茹 鵾 尓；
国际音标：ʔuːŋ⁵ roi² mɤːi² khat⁷ vaːu² naː² ŋi³ŋɤːi¹
汉文直译：喝 了 请 客 进 家 休 息
汉文意译：饮后入屋来倾谈；

喃字原文：渃 尼 淹 挭 泩 洄，
国际音标：nɯːk⁷ nai² ʔɛm¹ ɣan⁵ jiːŋ⁵ khɤːi¹
汉文直译：水 这 妹 挑 井 远海
汉文意译：妹担清水远井回，

喃字原文：茶 唔 蘸 贵 待 駅 塘 赊。
国际音标：tsɛ² ŋɔn¹ thuːk⁷ kwi⁵ ʔdaːi³ ŋɯːi² ʔdɯːŋ² saː¹
汉文直译：茶 香 烟 贵 招待 人 路 远
汉文意译：茗茶贵烟待来宾。

喃字原文：感 恩 仍 客 塘 赊，
国际音标：kaːm³ ʔɤn¹ nɯŋ³ khat⁷ ʔdɯːŋ² saː¹
汉文直译：感 谢 些 客 路 远
汉文意译：欢迎贵客远方到，

喃字原文：功 挞 渝 濡 自 赊 㧅 尼。
国际音标：koŋ¹ ʔdi¹ lan⁶loi⁶ tɯ² saː¹ ʔden⁵ nai²
汉文直译：功 去 跋涉 从 远 到 这
汉文意译：不辞劳苦光临岛。

623

（10）

喃字原文：旺 茶 時 者 恩 茶，
国际音标：ʔuːŋ⁵ tsɛ² thi² ja³ʔɤːn¹ tsɛ²
汉文直译：喝 茶 就 感谢 茶
汉文意译：喝茶必须念恩茶，

喃字原文：者 恩 𠊚 採 ??? 溪 挭 術；
国际音标：ja³ ʔɤːn¹ ŋɯːi² haːi⁵ jɯːi⁵ khɛ¹ maːŋ¹ ve²
汉文直译：感谢 人 采 下 溪 带 回
汉文意译：妹从山谷采茶回；

喃字原文：者 恩 𠊚 採 扰 術，
国际音标：ja³ʔɤn¹ ŋɯːi² haːi⁵ ʔdɛm¹ ve²
汉文直译：感谢 人 采 带 回
汉文意译：感谢采茶人辛劳，

喃字原文：者 恩 𠊚 採 扰 術 𠊚 牢。
国际音标：ja³ʔɤːn¹ ŋɯːi² haːi⁵ ʔdɛm¹ ve² ŋɯːi² thaːu¹
汉文直译：感谢 人 采 带 回 人 怎样
汉文意译：不知山茶怎采回。

喃字原文：者 恩 核 湿 核 高，
国际音标：ja³ʔɤːn¹ kɤi¹ thɤp⁷ kɤi¹ kaːu¹
汉文直译：感谢 树 矮 树 高
汉文意译：感谢茶山高矮树，

喃字原文：茶 時 旺 泍 義 㗂 空 悁。
国际音标：tsɛ² thi² ʔuːŋ⁵ kaːn⁶ ŋiə³ naːu² khoŋ¹ kwen¹
汉文直译：茶 就 喝 干 义 哪 不 忘
汉文意译：哥饮了茶情不忘。

（女：刘元英）

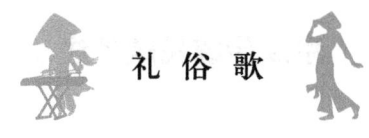

礼 俗 歌

（11）

喃字原文： 茶 尼 淹 烸 固 功，
国际音标： tsɛ² nai² ʔɛm¹ nɤu⁵ kɔ⁵ koŋ¹
汉文直译： 茶 这 妹 煮 有 功
汉文意译： 妹炒鲜茶下了功，

喃字原文： 自 希 至 主 群 用 至 些；
国际音标： tɯ² vuə¹ tsi⁵ tsuə³ kon² juŋ² tsi⁵ ta¹
汉文直译： 从 皇帝 到 主人 还 用 到 咱
汉文意译： 帝王都饮咱品用；

喃字原文： 结 缘 自 衵 至 糙，
国际音标： ket⁷ ji:n¹ tɯ² tɛ³ tsi⁵ ja²
汉文直译： 结缘 从 年轻 到 老
汉文意译： 从老到青结婚时，

喃字原文： 埃 埃 拱 特 旺 戈 醅 茶。
国际音标： ʔa:i¹ ʔa:i¹ kuŋ³ ʔdɯ:k⁸ ʔu:ŋ⁵ kwa¹ ri:u⁶ tsɛ²
汉文直译： 谁 都 得 喝 过 酒 茶
汉文意译： 谁都经口喝茶浓。

（12）

喃字原文： 堆 挮 掋 喊 茶 娘，
国际音标： ʔdoi¹ tai¹ nɤŋ¹ tsɛn⁵ tsɛ² na:ŋ²
汉文直译： 双 手 端 杯 茶 妹
汉文意译： 双手接杯妹敬茶，

喃字原文： 英 淹 伴 友 融 廊 証 明；
国际音标： ʔan¹ ʔɛm¹ ʔba:n⁶ hiu³ toŋ¹ la:ŋ² tsɯŋ⁵ min¹
汉文直译： 兄弟 朋友 中 村 证明
汉文意译： 兄弟朋友共证明；

625

喃字原文：悲晗奇遇 迏 情，
国际音标：ʔbɤi¹jɤ² ki²ŋo⁶ ɣap⁸ tin²
汉文直译：现在 奇遇 遇情妹
汉文意译：如今偶然情相遇，

喃字原文：祂之者 特 義 躺 躺 喂？
国际音标：lɤi⁵ ji² ja³ ʔdɯːk⁸ ŋiə³ min² min² ʔɤːi¹
汉文直译：拿什么报 得 义 妹 妹 啊
汉文意译：同啥报答妹恩情？

（13）

喃字原文：茶 尼 俺 煁 融 茹，
国际音标：tsɛ² nai² ʔɛm¹ mɤu⁵ tɤŋ¹ n̪a²
汉文直译：茶 这 妹 煮 中 家
汉文意译：此茶妹煮自家里，

喃字原文：呈 柴 敬 媄 抰 罡 呦 扒；
国际音标：tin² thɤi² kin⁵ mɛ⁶ ʔdɛm¹ ra¹ thet⁷ tsaːŋ²
汉文直译：献 父 敬 母 拿 出 招待 君
汉文意译：敬了父母又敬君；

喃字原文：茶 尼 正 实 茶 行，
国际音标：tsɛ² nai² tsin⁵ thɤt⁸ tsɛ² haːŋ²
汉文直译：茶 这 正是 真 茶 行
汉文意译：此茶真是行家品，

喃字原文：空 輔 空 櫲 牢 扒 空 搋？
国际音标：khoŋ¹ ʔbuə² khoŋ¹ thuːk⁷ thaːu¹ tsaːŋ² khoŋ¹ nɤŋ¹
汉文直译：不 毒 不 药 为什么 哥 不 端
汉文意译：没药掺茶君怎嫌？

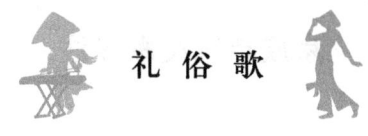

礼 俗 歌

(14)

喃字原文：者 恩 茶 暗 茶 包，
国际音标：ja³ʔɤ:n¹ tsɛ² ʔɤm⁵ tsɛ² ʔba:u¹
汉文直译：感谢　茶壶　　茶盒
汉文意译：感谢茶壶和茶盒，

喃字原文：者 恩 㐖 煳 捽 𠓨 喊 花；
国际音标：ja³ʔɤ:n¹ ŋɯ:i² nɤu⁵ rot⁷ va:u² tsɛn⁵ hwa¹
汉文直译：感谢　人　煮　斟　进　杯　花
汉文意译：煮茶人斟满花杯；

喃字原文：户 㐖 呦 待 户 些，
国际音标：hɔ⁶ŋɯ:i² thet⁷ʔda:i³ hɔ⁶ta¹
汉文直译：男方　　接待　女方
汉文意译：男方接待女方人，

喃字原文：秈 之 者 特 朱 戈 義 尼？
国际音标：lɤi⁵ ji² ja³ ʔdɯ:k⁸ tsɔ¹ kwa¹ ŋiə³ nai²
汉文直译：用　什么　报　得　使　过　义　这
汉文意译：用啥还义谢填恩？

(15)

喃字原文：拤 茶 拤 喊 拤 醉，
国际音标：tsaŋ³ tsɛ² tsaŋ³ tsɛn⁵ tsaŋ³ thai¹
汉文直译：不　茶　不　酒　不　醉
汉文意译：没茶没酒人也醉，

喃字原文：拤 傷 拤 忬 牢 尼 𧿨 寻；
国际音标：tsaŋ³ thɯ:ŋ¹ tsaŋ³ nɤ⁵ tha:u¹ nai² ʔdi¹ tim²
汉文直译：不　思　不　想　怎么　这　去　找
汉文意译：不思不想怎会寻；

喃字原文：茶 箕 空 脒 麻 噲，
国际音标：tsɛ² kiə¹ khoŋ¹ ʔbɛu⁵ ma² thɛm²
汉文直译：茶 那 不 肥 而 馋
汉文意译：喝茶不肥嘴馋饮，

喃字原文：駅 箕 空 悗 麻 抐 悉 烦。
国际音标：ŋɯ:i² kiə¹ khoŋ¹ men⁵ ma² ʔdɛm¹ lɔŋ² fi:n²
汉文直译：妹 那 不 爱 而 带 烦心
汉文意译：妹不爱哥而烦心。

（男：苏维绍）

(16)

喃字原文：茶 尼 炳 产 底 餟，
国际音标：tsɛ² nai² nɤu⁵ than³ ʔde³ kɤ:i¹
汉文直译：茶 这 煮 现成 放 槟榔盘
汉文意译：茶具放着煮好茶，

喃字原文：丐 核 丐 椤 扵 尼 䍒 茹；
国际音标：ka:i⁵ kɤi¹ ka:i⁵ re³ ʔɤ³ nɤ:i¹ thau¹ ɲa²
汉文直译：树 根 在 地方 后 屋
汉文意译：茶树栽在屋后园；

喃字原文：底 麻 呦 客 塘 賒，
国际音标：ʔde³ ma² thet⁷ khat⁷ ʔdɯ:ŋ² sa¹
汉文直译：留 来 接待 客 路 远
汉文意译：留来接待远方客，

喃字原文：茶 尼 清 泰 抐 罡 呦 扒。
国际音标：tsɛ² nai² than¹ thɤ:i⁵ ʔdɛm¹ ra¹ thet⁷ tsa:ŋ²
汉文直译：茶 这 清澈 拿 出 招待 哥
汉文意译：此茶清沏用待君。

礼 俗 歌

（17）

喃字原文： 茶 尼 炳 産 待 払，
国际音标： tsɛ² nai² nɤu⁵ than³ ʔda:i³ tsa:ŋ²
汉文直译： 茶 这 煮 现成 招待 哥
汉文意译： 这茶煮好招待哥，

喃字原文： 𨳒 罡 固 牧 浆 牌 於 𧵑；
国际音标： mɤ³ ra¹ kɔ⁵ tsɯ³ tɯːŋ¹ ʔba:i² ʔɤ³ tɔŋ¹
汉文直译： 开 出 有 字 镶 并排 在 里面
汉文意译： 开盖里有相爱字；

喃字原文： 茶 尼 炳 産 待 払，
国际音标： tsɛ² nai² nɤu⁵ than³ ʔda:i³ tsa:ŋ²
汉文直译： 茶 这 煮 现成 招待 哥
汉文意译： 哥来品茶注意望，

喃字原文： 𨳒 罡 固 牧 鑲 鏄 於 𧵑。
国际音标： mɤ³ ra¹ kɔ⁵ tsɯ³ tɯːŋ¹ va:ŋ² ʔɤ³ tɔŋ¹
汉文直译： 开 出 有 字 镶 金 在 里面
汉文意译： 开盖可见镶金字。

（女：苏维英）

（18）

喃字原文： 台 些 迓 烧 共 坐，
国际音标： ha:i¹ ta¹ ɣap⁸ ȵau¹ kuŋ² ŋoi²
汉文直译： 咱俩 相遇 同 坐
汉文意译： 咱俩遇见相请坐，

喃字原文：喊茶达莄旺籴忪傷；
国际音标：tsɛn⁵ tsɛ² ʔdat⁸ suːŋ⁵ ʔuːŋ⁵ roi² n̻ɤ⁵thɯːŋ¹
汉文直译：杯 茶 放 下 喝 了 思 念
汉文意译：饮了杯茶倾情事；

喃字原文：茶 薕 俺 採 姅 園，
国际音标：tsɛ² nɔn¹ ʔɛm¹ haːi⁵ nɯə³ vɯːn²
汉文直译：茶 嫩 妹 采 半 园
汉文意译：嫩茶妹采茶园里，

喃字原文：槁 薕 姅 避 馱 傷 姅 澄。
国际音标：kau¹ nɔn¹ nɯə³ tsuk⁸ ŋɯːi² thɯːŋ¹ nɯə³tsɯŋ²
汉文直译：槟榔 嫩 半 十 人 念 一半
汉文意译：饮茶尝槟榔情痴念。

喃字原文：噔 荄 如 鉢 渃 姜，
国际音标：ʔdaŋ⁵ kai¹ nɯ¹ ʔbaːt⁷ nɯːk⁷ ɣɯŋ²
汉文直译：苦 辣 如 碗 水 姜
汉文意译：味道苦辣如姜汤，

喃字原文：别 黜 揚 喋 時 停 涓 烧。
国际音标：ʔbiːt⁷ ra¹ jaːŋ¹jɤ³ thi² ʔdɯŋ² kwen¹ n̻au¹
汉文直译：知 出 尴 尬 则 莫 忘记 互相
汉文意译：痴情人心更牢记。

（19）

喃字原文：茶 薕 槁 薕 渚 铖 浆，
国际音标：tsɛ² nɔn¹ kau¹ nɔn¹ tsɯə¹ nen¹ tɯːŋ¹
汉文直译：茶 嫩 槟榔 嫩 未 成 浆
汉文意译：嫩槟榔嫩茶无成双，

礼俗歌

喃字原文：槁 薇 渚 扯 馼 傷 渚 曾；
国际音标：kau¹ nɔn¹ tsɯə¹ tsɛ³ ŋɯ:i² thɯ:ŋ¹ tsɯə¹ tuŋ²
汉文直译：槟榔 嫩 未 破 人 爱 未曾
汉文意译：槟榔未破人尚爱；

喃字原文：傷 烷 歹 渃 相 柠，
国际音标：thɯ:ŋ¹ ȵau¹ ɣa:t⁸ nɯ:k⁷mat⁷ juŋ²
汉文直译： 相思 擦 眼泪 停
汉文意译：想人流泪抹不停，

喃字原文：赊 吹 遠 望 吁 停 伖 傷。
国际音标：sa¹soi¹ vi:ŋ³vɔŋ⁶ sin¹ ʔdɯŋ² nɤ⁵thɯ:ŋ¹
汉文直译： 遥远 远望 请 莫 思念
汉文意译：远望见友情不忘。

喃字原文：没 馼 群 伖 群 傷，
国际音标：mot⁸ ŋai² kɔn² nɤ⁵ kɔn² thɯ:ŋ¹
汉文直译： 一 天 还 想 还 念
汉文意译：一日相爱还思念，

喃字原文：嗱 罪 终 照 终 㦖 终 唏；
国际音标：ɣɔi⁶la² tsuŋ¹ tsi:u⁵ tsuŋ¹ jɯ:ŋ² tsuŋ¹ hɤ:i¹
汉文直译： 叫做 同 席 同 床 同 气息
汉文意译：尚同呼吸共席床；

喃字原文：馼 時 伖 夥 娘 喂，
国际音标：ŋai² thi² nɤ⁵ lam⁵ na:ŋ² ʔɤ:i¹
汉文直译：白天 则 思念 很 妹 啊
汉文意译：白天十分思念妹，

631

喃字原文： 忟 拄 伴 昈忟 尼 伴 躪。
国际音标： nɤ⁵ tso³ ʔba:n⁶ ŋu³ nɤ⁵ nɤ:i¹ ʔba:n⁶ nam²
汉文直译： 思 地方 朋友 睡 想 地方 朋友 躺
汉文意译： 思坐立处印心傍。

喃字原文： 艑 尼 拄 䀐 娘 挗，
国际音标： ʔdo² nai² tsaŋ³ thɤi⁵ na:ŋ² ʔdi¹
汉文直译： 渡船 这 不 见 妹 乘坐
汉文意译： 今日过渡不见妹，

喃字原文： 哈 罖 隔 阻 役 之 娘 喂。
国际音标： hai¹la² kat⁷jɤ³ vi:k⁸ ji² na:ŋ² ʔɤ:i¹
汉文直译： 或是 阻隔 事 什么 妹 啊
汉文意译： 不知谁人拦路挡。

（男：刘日成）

（20）

喃字原文： 敬 偪 没 吊 蘛 尼，
国际音标： tsuk⁷ ŋa:i² mot⁸ ʔdi:u⁵ thu:k⁷ nai²
汉文直译： 祝 先生 一 支 烟 这
汉文意译： 祝君抽口妹偿烟，

喃字原文： 祝 偪 長 寿 黐 俐 显 荣。
国际音标： tsuk⁷ ŋa:i² tɯ:ŋ² thɔ⁶ thau¹ rai² hi:n³ vin¹
汉文直译： 祝 先生 长寿 后 今天 显荣
汉文意译： 君得长寿荣华显。

礼 俗 歌

（21）

喃字原文： 祝 僫 没 哦 茶 鲜，
国际音标： tsuk⁷ ŋaːi² mot⁸ tsɛn⁵ tsɛ² tɯːi¹
汉文直译： 敬 先生 一 杯 茶 鲜
汉文意译： 敬君一杯鲜浓茶，

喃字原文： 祝 僫 孟 跬 欣 迠 蕐 罾。
国际音标： tsuk⁷ ŋaːi² man⁶ khwɛ³ hɤːn¹ mʔːi² nam¹ sɯə¹
汉文直译： 祝 先生 健康 胜于 十 年 从前
汉文意译： 百年富贵保平安。

（22）

喃字原文： 英 箕 外 圲 吡 匎，
国际音标： ʔan¹ kiə¹ ŋwaːi² ŋɔ³ mɤːi² vaːu²
汉文直译： 哥 那 外 门 请 进
汉文意译： 哥站门外请进家，

喃字原文： 数 馰 群 景 群 缘，
国际音标： lɤu¹ ŋai² kɔn² kan³ kɔn² jiːn¹
汉文直译： 多日 还 景 还 姻缘
汉文意译： 茶园景美姻缘美，

喃字原文： 哦 茶 群 诺 香 顾 群 薝。
国际音标： tsɛn⁵ tsɛ² kɔn² nʔːk⁷ hʔːŋ¹ ŋwiːn⁶ kɔn² thɤːm¹
汉文直译： 茶杯 还 永 香 许愿 还 香
汉文意译： 清新浓茶永飘香。

（男：阮进余）

（23）

喃字原文：敬僻 每 喊 琼 浆，
国际音标：kin⁵ ŋa:i² mot⁸ tsɛn⁵ kwin² tɯ:ŋ¹
汉文直译：敬 先生 一 杯 琼浆
汉文意译：琼浆一杯敬先生，

喃字原文：招民招廊强 伤 䫀 糯。
国际音标：tsau⁵ jɤn¹ tsau⁵ la:ŋ² ka:ŋ² thɯ:ŋ¹ ku⁶ ja²
汉文直译：子孙 民 子孙 村 更 尊 老人
汉文意译：村民子孙尊老人。

（24）

喃字原文：琼 浆 意 義 贴 廊，
国际音标：kwin² tɯ:ŋ¹ ʔi⁵ ŋiə³ kuə³ la:ŋ²
汉文直译： 琼浆 心意 的 村
汉文意译：敬你琼浆村民意，

喃字原文：挹 媕 敬祝 朱 扒 官 员；
国际音标：kɤi⁶ ʔɛm¹ kin⁵ tsuk⁷ tsɔ¹ tsa:ŋ² kwa:n¹ vi:n¹
汉文直译：托 妹 敬祝 给 郎 官员
汉文意译：托妹举杯敬官人；

喃字原文：亭 尼 神 圣 灵 覩，
国际音标：ʔdin² nai² thɤn² than⁵ lin¹ thi:ŋ¹
汉文直译：庭 这 神圣 灵验
汉文意译：龙庭神圣显神灵，

喃字原文：扶护 孟 跬 平 安 发 财。
国际音标：fu² ho⁶ man⁶ khwɛ³ ʔbin² ʔi:n¹ fa:t⁷ ta:i²
汉文直译：保佑 健康 平安 发财
汉文意译：佑你发财又平安。

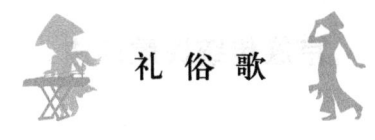

礼 俗 歌

（25）

喃字原文：琼 浆 意 贴 民 廊，
国际音标：kwin² tɯ:ŋ¹ ʔi⁵ kuə³ jɤn¹la:ŋ²
汉文直译： 琼浆　　意 的 村民
汉文意译：敬君琼浆礼村民，

喃字原文：挸 揜 敬 祝 朱 扒 官 员；
国际音标：kɤi⁶ ʔɛm¹ kin⁵tsuk⁷ tsɔ¹ tsa:ŋ² kwa:n¹vi:n¹
汉文直译：托 妹 敬 祝 给 郎 官员
汉文意译：托妹敬祝各官员；

喃字原文：義 尼 永 古 流 傳，
国际音标：ŋiə³ nai² vin³ko³ liu¹ti:n²
汉文直译：义 这 永久 流传
汉文意译：情深义重永相传，

喃字原文：扒 尼 特 享 羅 缘 分 扒。
国际音标：tsa:ŋ² nai¹ ʔdɯ:k⁸ hɯ:ŋ³ la² ji:n¹fɤn⁶ tsa:ŋ²
汉文直译：哥 今 得 享 是 缘分 哥
汉文意译：君子享受是情缘。

（26）

喃字原文：琼 浆 義 重 情 𢤂，
国际音标：kwin² tɯ:ŋ¹ ŋiə³ tɔŋ⁶ tin² ja:i²
汉文直译： 琼浆 义 重 情 长
汉文意译：琼浆义重情意深，

喃字原文：𫢓 揜 敬 祝 朱 𠲤 旺 恗；
国际音标：nai¹ ʔɛm¹ kin⁵tsuk⁷ tsɔ¹ ŋa:i² ʔu:ŋ⁵ vui¹
汉文直译：今 妹 敬祝 给 先生 喝 高兴
汉文意译：妹敬先生饮欢心；

喃字原文： 官 家 會 合 㤞 丕，
国际音标： kwaːn¹ jaː¹ hoi⁶ hɤːp⁸ vui¹ vɤi⁶
汉文直译： 官家 会合 高兴 这样
汉文意译： 官民会合共欢聚，

喃字原文： 義 情 記 凿 数 朝 濖 悁。
国际音标： ŋiə³ tin² ɣi¹ taːk⁸ lɤu¹ ŋai² tsɤ⁵ kwen¹
汉文直译： 情义 铭记 长久 莫 忘
汉文意译： 情义铭记在心间。

（27）

喃字原文： 琼 浆 罗 貼 馱 㤇，
国际音标： kwin² tɯːŋ¹ laː² kuə³ ŋɯi² ʔɯə¹
汉文直译： 琼浆 是 东西 人 喜欢
汉文意译： 琼浆名酒人喜欢，

喃字原文： 悉 官 它 丕 吏 玻 悉 民；
国际音标： lɔŋ² kwaːn¹ ʔdaː³ vɤi⁶ laːi⁶ vɯə² lɔŋ² jɤn¹
汉文直译： 心 官 已 这样 又 合 心 民
汉文意译： 官人到来合民心；

喃字原文： 主 客 举 止 殷 勤，
国际音标： tsu³ khat⁷ kɯ³ tsi³ ʔɤn¹ kɤn²
汉文直译： 主 客 举 止 殷 勤
汉文意译： 主客欢聚庆哈节，

喃字原文： 样 如 织 女 特 訢 牛 郎。
国际音标： jɯːŋ² ɲɯ¹ tsɯk⁷ nɯː³ ʔdɯːk⁸ ɣɤn² ŋiu¹ laːŋ¹
汉文直译： 好像 织女 得 近 牛郎
汉文意译： 如织女见牛郎君。

（男：裴永彬）

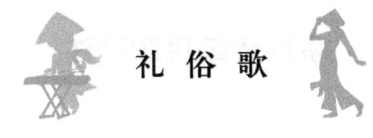

礼 俗 歌

（28）

喃字原文： 琼 浆 娘 捽 待 埃，
国际音标： kwin² tɯːŋ¹ naːŋ² rɔt⁷ ʔdɤːi⁶ ʔaːi¹
汉文直译： 琼浆　妹　斟　等　谁
汉文意译： 妹斟琼浆待何人，

喃字原文： 翔 齟 固 敊 相 排 於 融。
国际音标： mɤ³ ra¹ kɔ⁵ tsɯ³ tɯːŋ¹ fuŋ² ʔɤ³ tɔŋ¹
汉文直译： 开 出 有 字 镶 排 在 里面
汉文意译： 揭开酒盖何字内。

（29）

喃字原文： 琼 浆 埯 捽 待 翁，
国际音标： kwin² tɯːŋ¹ ʔɛm¹ rɔt⁷ ʔdɤːi⁶ ʔoŋ¹
汉文直译： 琼浆　妹　斟　等　先生
汉文意译： 妹斟琼浆待郎君，

喃字原文： 翔 齟 固 敊 相 逢 於 融。
国际音标： mɤ³ ra¹ kɔ⁵ tsɯ³ tɯːŋ¹ fuŋ² ʔɤ³ tɔŋ¹
汉文直译： 开 出 有 字 相逢 在 里面
汉文意译： "相逢"两字印盖中。

（30）

喃字原文： 扗 仙 捽 哦 醅 桃，
国际音标： tai¹ tiːn¹ rɔt⁷ tsɛn⁵ riːu⁶ ʔdaːu²
汉文直译： 手 仙 斟 杯 桃花酒
汉文意译： 仙手斟杯桃花酒，

喃字原文：扒 杜 時 惜 旺 氽 惀 醅；
国际音标：tsaːŋ² ʔdo³ thi² tiːk⁷ ʔuːŋ⁵ vaːu² thɤ⁶ thai¹
汉文直译：未 倒 则 可惜 喝 进 怕 醉
汉文意译：倒去可惜干杯醉；

喃字原文：欺 醅 没 喊 拱 醅，
国际音标：khi¹ thai¹ mot⁸ tsɛn⁵ kuŋ³ thai¹
汉文直译：醉 醉 一 杯 也 醉
汉文意译：饮了一杯人可醉，

喃字原文：欺 𬙊 情 義 没 𬙊 拱 𬙊。
国际音标：khi¹ nen¹ tin² ŋiə³ mot⁸ ŋai² kuŋ³ nen¹
汉文直译：时 成 情 义 一 天 也 成
汉文意译：情义相结见一回。

（31）

其一

喃字原文：會 亭 恱 㾈 友 情，
国际音标：hoi⁶ ʔdin² vui¹ vɛ³ hiu³ tin²
汉文直译：哈节 高兴 友谊
汉文意译：欢乐哈节友谊情，

喃字原文：唉 風 景 靈 亭 恪 習；
国际音标：hai³ fɔŋ¹ kan³ lin¹ ʔdin² khaːk⁷ sɯə¹
汉文直译：还 风景 灵 亭 不同 昔日
汉文意译：比昔隆重风景颖；

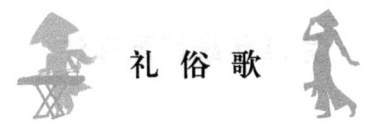

礼 俗 歌

喃字原文：官 連 民 幣 拱 妑，
国际音标：kwa:n¹ ten¹ jɤn¹ jɯ:i⁵ kuŋ³ vɯə²
汉文直译： 官 上 民 下 也 合适
汉文意译：上官下民共欢庆，

喃字原文：共 烧 㧅 篝 继 承 礼 誓。
国际音标：kuŋ²ɳau¹ ʔden⁵jɯ⁶ ke⁵thɯə² le³ sɯə¹
汉文直译：一同 参加 继承 礼 昔日
汉文意译：昔年例节今继承。

喃字原文：琼 浆 罖 贴 馱 愉，
国际音标：kwin²tɯ:ŋ¹ la² kuə³ ŋɯə:i² ʔɯə¹
汉文直译： 琼浆 是 东西 人 喜欢
汉文意译：琼浆美酒人喜欢，

喃字原文：悉 官 乜 丕 强 妑 悉 民；
国际音标：lɔŋ² kwa:n¹ ʔda³ vɤi⁶ ka:ŋ¹ vɯə² lɔŋ² jɤn¹
汉文直译：心 官 已 这样 更 合 心 民
汉文意译：官人到来民欢心；

喃字原文：主 客 奋 起 殷 勤，
国际音标：tsɤu³ khat⁷ fɤn⁵khɤ:i³ ʔɤn¹kɤn²
汉文直译：主 客 高兴 殷勤
汉文意译：主客欢聚庆盛节，

喃字原文：样 如 织 女 特 昕 牛 郎。
国际音标：jɯ:ŋ²ɳɯ¹ tsɯk⁷ɳɯ³ ʔdɯ:k⁸ ɣɤn² ŋiu¹la:ŋ¹
汉文直译： 好像 织女 得 近 牛郎
汉文意译：牛郎织女得团圆。

其二

喃字原文：准 尼 愢 遚 友 情，
国际音标：tson⁵ nai² vui¹vɛ³ hiu³tin²
汉文直译：地方 这 高兴 友情
汉文意译：哈亭谈笑情友深，

喃字原文：唉 眈 风 景 村 城 恪 烧；
国际音标：hai³ sɛm¹ fɔŋ¹kan³ thon¹ than² kha:k⁷ɲau¹
汉文直译：还 看 风景 村 城 相异
汉文意译：乡城之异景色新；

喃字原文：逨 殿 凤 舞 蟯 朝，
国际音标：ten¹ ʔdi:n⁶ fɯ:ŋ⁶ muə⁵ rɔŋ² tsɤu²
汉文直译：上 殿 凤 舞 龙 朝
汉文意译：殿壁上龙飞凤舞，

喃字原文：墤 尼 糱 壹 爻 牟 欣 瑠。
国际音标：kɔi³ nai² ʔdɛp⁸ ɳɤt⁷ mot⁸ mau² hɤ:n¹ sɯə¹
汉文直译：仙境 这 美 最 一 色 比 从前
汉文意译：仙境如画变新颜。

喃字原文：悉 馱 迢 眷 愢 愉，
国际音标：lɔŋ² ŋɯ:i² ʔden⁵ jɯ⁶ vui¹ɯə¹
汉文直译：心 人 出席 欢喜
汉文意译：众人出席都欢喜，

喃字原文：悉 官 钽 丕 强 旇 悉 民；
国际音标：lɔŋ² kwa:n¹ ʔda³ vɤi⁶ ka:ŋ² vɯə² lɔŋ² jɤn¹
汉文直译：心 官 已 这样 更 合 心 民
汉文意译：官人到来民欢心；

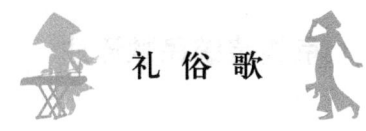

礼 俗 歌

喃字原文：主 客 奋 起 殷 勤，
国际音标：tsu³ khat⁷ fɤn⁵khɤ:i³ ʔɤn¹kɤn²
汉文直译：主 客 兴奋 殷勤
汉文意译：主客欢聚庆盛节，

喃字原文：样 如 织女 特 斦 牛郎。
国际音标：jɯ:ŋ²n̠ɯ¹ tsɯk⁷nu³ ʔdɯ:k⁸ ɣɤn² ŋiu¹la:ŋ¹
汉文直译：好像 织女 得 近 牛郎
汉文意译：牛郎织女得团圆。

（男：裴永彬）

（32）

喃字原文：拵 茶 拵 哦 拱 醛，
国际音标：tsaŋ³ tsɛ² tsaŋ³ tsɛn⁵ kuŋ³ thai¹
汉文直译：没 茶 没 杯 也 醉
汉文意译：没茶没酒心可醉，

喃字原文：拵 傷 拵 忮 帍 㐌 寻；
国际音标：tsaŋ³ thɯ:ŋ¹ tsaŋ³ nɤ⁵ na:u² hai¹ ʔdi¹ tim²
汉文直译：不 想 不 念 哪 知 去 找
汉文意译：情深相爱人跟随；

喃字原文：寻 淹 如 体 寻 鸠，
国际音标：tim² ʔɛm¹ n̠ɯ¹the³ tim² tsim¹
汉文直译：找 妹 如同 寻 鸟
汉文意译：寻妹如同寻鸟难，

喃字原文：鸠 唉 波 北 㐌 寻 波 東。
国际音标：tsim¹ ʔan¹ ʔbe³ ʔbak⁷ ʔdi¹ tim² ʔbe³ ʔdoŋ¹
汉文直译：鸟 吃 海 北 去 找 海 东
汉文意译：鸟往北飞哥东追。

（33）

喃字原文：琼　浆　接　待　渚　衝，
国际音标：kwin² tɯːŋ¹ tiːp⁷ʔdaːi³ tsɯə¹ sɔŋ¹
汉文直译：琼浆　　接待　　未完
汉文意译：敬妹美酒妹来饮，

喃字原文：吁　姑　篤　悉　待　哦　醋　碎。
国际音标：sin¹ ko¹ jok⁷lɔŋ² ʔdɤːi⁶ tsɛn⁵ riːu⁶ toi¹
汉文直译：请　妹　倾心　　等　杯　酒　我
汉文意译：请妹一心干这杯。

（34）

喃字原文：醋　尼　醋　意　醋　情，
国际音标：riːu⁶ nai² riːu⁶ ʔi⁵ riːu⁶ tin²
汉文直译：酒　这　酒　意　酒　情
汉文意译：这酒是杯情意酒，

喃字原文：哦　鸾　哦　凤　哦　躺　哦　些；
国际音标：tsɛn⁵ lɔn¹ tsɛn⁵ fɯːŋ⁶ tsɛn⁵ min² tsɛn⁵ ta¹
汉文直译：杯　鸾　杯　凤　杯　妹　杯　哥
汉文意译：鸾酒凤酒俩同杯；

喃字原文：醋　尼　謨　仍　歃　戈，
国际音标：riːu⁶ nai² muə¹ ɲɯŋ³ hom¹ kwa¹
汉文直译：酒　这　买　些　昨天
汉文意译：这酒昨天刚买回，

礼 俗 歌

喃字原文：	㬡	尼	敬	捽	挄	黜	接	娘。
国际音标：hom¹nai¹ kin⁵ rɔt⁷ ʔdɛm¹ ra¹ ti:p⁷ na:ŋ²
汉文直译：	今天	敬	斟	拿	出	接待	妹
汉文意译：今日斟酒迎敬妹。

（男：阮兴仪）

（35）

喃字原文：醅 菊 旺 貝 茶 兰，
国际音标：ri:u⁶kuk⁷ ʔu:ŋ⁵ vɤ:i⁵ tsɛ²la:n¹
汉文直译：菊花酒　喝 和 兰花茶
汉文意译：喝了菊酒饮兰茶，

喃字原文：欺 貼 花 娿 欺 叹 翠 翹；
国际音标：khi¹ sɛm¹ hwa¹ nɤ³ khi¹ tha:n¹ thi⁵ ki:u²
汉文直译：时 看 花 开 时 叹 翠 翹
汉文意译：时叹翠翘时观花；

喃字原文：鹁 鸪 麻 杜 屋 茹，
国际音标：ʔbo² ku¹ ma² ʔdo³ nɔk⁷ɲa²
汉文直译：斑鸠 而 栖 屋 顶
汉文意译：斑鸠栖在屋顶上，

喃字原文：厼 虥 弹 婑 挮 嗨 弹 翁。
国际音标：mɤi⁵ ŋɯ:i² ʔda:n²ba² ʔdi¹ hɔi³ ʔda:n²ʔoŋ¹
汉文直译：几 个 女人 去 问 男人
汉文意译：几个姑娘寻男友。

（36）

喃字原文：哦 䋦 碎 底 钟 丕，
国际音标：tsɛn⁵ thɔn¹ toi¹ ʔde³ jɯə³ jɤːi²
汉文直译：杯 红 我 放 中 天
汉文意译：红杯满酒摆当空，

喃字原文：哦 箕 渚 泮 情 馭 乜 嘅；
国际音标：tsɛn⁵ kiə¹ tsɯə¹ kaːn⁶ tin² ŋɯːi² ʔda³ kwen¹
汉文直译：杯 那 未 干 情 妹 已 忘
汉文意译：尚未干杯情已忘；

喃字原文：迻 戈 圜 橘 英 拱 闷 椎，
国际音标：ʔdi¹ kwa¹ vɯːn²kwit⁷ ʔan¹ kuŋ³ muːn⁵ tsɔi²
汉文直译：走 过 橘园 哥 也 想 摘
汉文意译：橘园见果哥懒摘，

喃字原文：指 悚 馭 刟 於 蔕 椧 核。
国际音标：tsi³ thɤ⁶ ŋɯːi² ŋoi² ʔɤ³ jɯːi⁵ ɤok⁷ kɤi¹
汉文直译：只怕 妹 坐 在 下 根部 树
汉文意译：妹坐树根怕偷望。

（37）

喃字原文：馭 些 醠 毃 茶 矗，
国际音标：ŋɯːi²taʔ¹ riːu⁶ thɤːm⁵ tsɛ² tɯə¹
汉文直译：人家 酒 早上 茶 中午
汉文意译：早上喝酒晚饮茶，

喃字原文：媕 尼 迻 曀 術 湄 乜 毱；
国际音标：ʔɛm¹ nai¹ ʔdi¹ naŋ⁵ ve² mɯə¹ ʔda³ ɲiːu²
汉文直译：妹 今 去 晴 回 雨 已 多
汉文意译：日晒雨淋妹不怕；

礼 俗 歌

喃字原文：襟丕湄 顺遐和，
国际音标：lai⁶ jɤ:i² mɯə¹ thɤn⁶ jɔ⁵ hwa²
汉文直译：拜 天 雨 顺 风 和
汉文意译：求天风调雨顺好，

喃字原文：朱 垌 稳 卒朱 悃 悉 媕。
国际音标：tsɔ¹ ʔdoŋ² luə⁵ tot⁷ tsɔ¹ tsi:u² lɔŋ² ʔɛm¹
汉文直译：给 田垌 禾苗 好 给 顺心 妹
汉文意译：田垌禾青顺妹心。

（38）

喃字原文：掍 時 餇 哭 如 咦，
国际音标：kɔn¹ thi² ʔdoi⁵ khɔk⁷ nɯ¹ ri⁵
汉文直译：孩子 则 饿 哭 如 咦咦
汉文意译：小孩饥饿哭咦咦，

喃字原文：駇 碎 旺 䣩 憀 被 奇 馹；
国际音标：tsoŋ² toi¹ ʔu:ŋ⁵ ri:u⁶ li¹ ʔbi² ka³ ŋai²
汉文直译：夫 我 喝 酒 酣睡 整 天
汉文意译：我夫酒醉如呆痴；

喃字原文：拰 钱 謨 袘 丐 醉，
国际音标：ʔdɛm¹ ti:n² muə¹ lɤi⁵ ka:i⁵ thai¹
汉文直译：拿 钱 买 要 醉
汉文意译：用钱买酒喝来醉，

喃字原文：唏 醹 阻 噇 排 涯 边 聪。
国际音标：hɤ:i¹ mɛn¹ jɤ³ jɔŋ⁶ ʔbɤi² nɤi² ʔben¹ ta:i¹
汉文直译：酒气 翻脸 拖泥带水 边 耳
汉文意译：酒鬼话多听震耳。

喃字原文： 馎歊 共贝 馎㞑，
国际音标： ʔbɯə³hom¹ kuŋ²vɤ:i⁵ ʔbɯə³ma:i¹
汉文直译： 晚餐 和 早餐
汉文意译： 早餐喝了晚又喝，

喃字原文： 魸 烺 蠛 焹 撟 赕 透 更；
国际音标： kuə¹ ra:ŋ¹ ʔok⁷ nɯ:ŋ⁵ kɛu⁵ja:i² thɤu¹ kan¹
汉文直译： 炒 炒 螺 焙 延长 透 更
汉文意译： 螺蟹炒焙透五更；

喃字原文： 昌 蟦 荓 葎 荓 橙，
国际音标： sɯ:ŋ¹roŋ² la⁵ lot⁷ la⁵ tsan¹
汉文直译： 仙人掌 叶假蒌 叶柠檬
汉文意译： 假蒌柠檬仙人掌，

喃字原文： 萎 荟 萎 酗 蒜 荇 唢 唂。
国际音标： rau¹thɤ:m¹ rau¹huŋ⁵ tɔi³ han² tsɤt⁷tsiu¹
汉文直译： 香菜 香花苴 蒜 葱 堆积
汉文意译： 堆积香菜花葱蒜。

喃字原文： 喷 埃 空 擬 没 調，
国际音标： tat⁷ ʔa:i¹ khoŋ¹ ŋi³ mot⁸ ʔdi:u²
汉文直译： 责怪 谁 不 考虑 一 话语
汉文意译： 责怪自己看错人，

喃字原文： 媂 琨 饶 辱 艿 料 旺 醛。
国际音标： vɤ⁶ kɔn¹ ŋɛu¹nɔk⁷ nɤ³ li:u⁶ ʔu:ŋ⁵ thai¹
汉文直译： 妻 儿 无依无靠 忍心 不管 喝 醉
汉文意译： 夫喝屋倒妻儿愁。

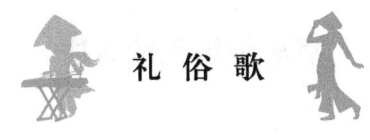

礼 俗 歌

（39）

喃字原文：醉 蒔 醉 義 醉 情，
国际音标：thai¹ thi² thai¹ ŋiə³ thai¹ tin²
汉文直译：醉 就 醉 义 醉 情
汉文意译：人说喝酒醉情义，

喃字原文：醉 之 没 哦 酳 躺 麻 醉；
国际音标：thai¹ tsi¹ mot⁸ tsɛn⁵ ri:u⁶ min² ma² thai¹
汉文直译：醉 什么 一 杯 酒 我 而 醉
汉文意译：我喝一杯自醉倒；

喃字原文：欺 醉 没 哦 拱 醉，
国际音标：khi¹ thai¹ mot⁸ tsɛn⁵ kuŋ³ thai¹
汉文直译：时 醉 一 杯 也 醉
汉文意译：喝了一杯亦是醉，

喃字原文：欺 𢧚 情 義 没 𡗶 拱 𢧚。
国际音标：khi¹ nen¹ tin²ŋiə³ mot⁸ ŋai² kuŋ³ nen¹
汉文直译：时 成 情 义 一 天 也 成
汉文意译：喝至情义结佳偶。

（40）

喃字原文：芒 瓢 细 馆 酳 数，
国际音标：ma:ŋ¹ ʔbɣu² tɣ:i⁵ kwa:n⁵ri:u⁶ lɣu¹
汉文直译：带 酒壶 到 酒馆 久
汉文意译：时长饭馆喝瓢酒，

喃字原文：醉 花 𣴓 月 悁 句 恩 情。
国际音标：thai¹ hwa¹ ʔdam⁵ ŋwi:t⁸ kwen¹ kɣu¹ ʔɯn¹tin²
汉文直译：沉醉 花 沉迷 月 忘 句 恩 情
汉文意译：沉醉花月忘真情。

647

（41）

喃字原文：埃　竴　外　𨄮　時　刨，
国际音标：ʔaːi¹ ʔduŋ⁵ ŋwaːi² kɯə³ thi² vaːu²
汉文直译：谁　站　外　门　就　进来
汉文意译：谁站门外请进来，

喃字原文：醪　當　摔　墨　枯　當　炒　共　憽。
国际音标：riːu⁶ ʔdaːŋ¹ rɔt⁷ mɯk⁸kho¹ ʔdaːŋ¹ saːu² kuŋ² vui¹
汉文直译：酒　正　斟　鱿鱼干　正　炒　同　乐
汉文意译：炒鱿鱼干喝酒乐。

（42）

喃字原文：英　停　旺　醪　麻　醙，
国际音标：ʔan¹ ʔduŋ² ʔuːŋ⁵ riːu⁶ ma² thai¹
汉文直译：哥　莫　喝　酒　而　醉
汉文意译：请君莫要喝酒醉，

喃字原文：補　坦　埃　棋　補　種　埃　搅。
国际音标：ʔbo³ ʔdɤt⁷ ʔaːi¹ kai² ʔbo³ jɔŋ⁵ ʔaːi¹ ɳaːu²
汉文直译：丢　地　谁　犁　丢　种子　谁　拌和
汉文意译：田无人犁苗谁栽。

（43）

喃字原文：聐　訊　伴　苗　𦰸　堆，
国际音标：ŋɛ¹ tin¹ ʔbaːn⁶ ku³ ʔdɛp⁸ ʔdoi¹
汉文直译：听　消息　故友　　佳偶
汉文意译：听说故友结良缘，

礼 俗 歌

喃字原文： 於 忻 悯 醅 赊 吹 悯 唑。
国际音标： ʔɤ³ ɣɤn² mɯŋ² ri:u⁶ sa¹soi¹ mɯŋ² ȵɤ:i²
汉文直译： 在 近 祝 酒 遥 远 贺 言
汉文意译： 近友祝酒远贺言。

（44）

喃字原文： 恩 丕 湄 曘 顺 和，
国际音标： ʔɤ:n¹ jɤ:i² mɯə¹ naŋ⁵ thɤn⁶hwa²
汉文直译： 感谢 天 雨 晴 顺 和
汉文意译： 天雨天晴顺妹心，

喃字原文： 媕 妒 英 誹 罘 罒 知 音。
国际音标： ʔɛm¹ ʔdo⁵ ʔan¹ ja:ŋ³ mɤ:i⁵ la² ti¹ʔɤm¹
汉文直译： 妹 赌 哥 答 才 是 知音
汉文意译： 妹问哥答回知音。

喃字原文： 如 埃 嘧 㧡 弹 琴？
国际音标： ɲɯ¹ ʔa:i¹ khɛu⁵ ɤai³ ʔda:n²kɤm²
汉文直译： 如 谁 巧 弹 琴
汉文意译： 谁人弹琴是巧手？

喃字原文： 渃 旗 埃 打 嚫 尘 间 输？
国际音标： nɯ:k⁷ kɤ² ʔa:i¹ ʔdan⁵ jɯ:i⁵ tɤn²ja:n¹ thuə¹
汉文直译： 国 旗 谁 打 下 尘 间 输
汉文意译： 哪国战旗尘间输？

喃字原文： 埃 麻 才 嚫 岀 詩？
国际音标： ʔa:i¹ ma² ta:i² ʔdat⁸ ra¹ thɤ¹
汉文直译： 谁 无 实义 有才 编 出 诗
汉文意译： 谁人出口成章诗？

喃字原文：埃 麻 酭 九 迕 坾 空 醒？
国际音标：ʔaːi¹ ma² riːu⁶ tsin⁵ mɯːi² vɔ² khoŋ¹ thai¹
汉文直译：谁 无实义 酒 九 十 坛 不 醉
汉文意译：谁喝十坛酒不醉？

喃字原文：英 麻 誁 特 媕 台ᐝ，
国际音标：ʔan¹ ma² jaːŋ³ ʔdɯːk⁸ ʔɛm¹ hai¹
汉文直译：哥 无实义 讲 得 妹 知
汉文意译：哥能答出妹得知，

喃字原文：時 媕 操 隻 錜 尼 英 扨。
国际音标：thi² ʔɛm¹ thaːu⁵ tsiːk⁷ ɲan³ nai² tsɔ¹ ʔdɛu¹
汉文直译：则 妹 脱 只 戒指 这 给 戴
汉文意译：妹戴戒指脱给哥。

（45）

喃字原文：恩 丕 湄 曝 顺 和，
国际音标：ʔɤːn¹ jɤːi² mɯə¹ naŋ⁵ thɤn⁶ hwa²
汉文直译：感谢 天 雨 晴 顺 和
汉文意译：天晴天雨人心和，

喃字原文：媕 妬 英 誁 買 罪 知 音。
国际音标：ʔɛm¹ ʔdo⁵ ʔan¹ jaːŋ³ mɤːi⁵ laʔ² ti¹ ʔɤm¹
汉文直译：妹 赌 哥 讲 才 是 知 音
汉文意译：妹问哥答俩知音。

喃字原文：伯 衙 嗜 掓 弹 琴，
国际音标：ʔba⁵ ɲa¹ khɛu⁵ ɣai³ ʔdaːn² kɤm²
汉文直译：伯牙 巧 弹 琴
汉文意译：伯牙弹琴最精巧，

礼 俗 歌

喃字原文：旗 希 帝 释 幣 尘 间 输。
国际音标：kɤ² vuə¹ ʔde⁵thit⁷ jɯ:i⁵ tɤn²ja:n¹ thuə¹
汉文直译：旗 王 帝释 下 尘 间 输
汉文意译：帝释战旗尘间输。

喃字原文：李 白 才 噠 出 诗，
国际音标：li⁵ ʔbat⁸ ta:i² ʔdat⁸ ra¹ thɤ¹
汉文直译：李 白 有才 编 出 诗
汉文意译：李白编造出名诗，

喃字原文：刘 灵 醋 九 迀 坢 空 醛。
国际音标：liu¹ lin¹ ri:u⁶ tsin⁵ mɯ:i² vɔ² khoŋ¹ thai¹
汉文直译：刘 灵 酒 九 十 坛 不 醉
汉文意译：刘灵十罐酒不醉。

喃字原文：英 拸 講 特 俺 台，
国际音标：ʔan¹ ʔdi¹ ja:ŋ³ ʔdɯ:k⁸ ʔɛm¹ hai¹
汉文直译：哥 去 讲 得 妹 知
汉文意译：哥已回答妹已知，

喃字原文：時 俺 操 隻 鐹 尼 朱 英。
国际音标：thi² ʔɛm¹ tha:u⁵ tsi:k⁷ ɲan³ nai² tsɔ¹ ʔan¹
汉文直译：则 妹 脱 只 戒指 这 给 哥
汉文意译：妹的戒指配与哥。

（男：杜福朝）

（46）

喃字原文：脂 躺 擬 更 麻 瞧，
国际音标：ʔdem¹ nam² ŋi³la:i⁶ ma² kɔi¹
汉文直译：夜里 躺 回想 来 看
汉文意译：夜里躺着细思量，

651

喃字原文：衵默醹鉑如獁破茹；
国际音标：lɤi⁵ tsoŋ² ri:u⁶ ʔba:k⁸ ɳɯ¹ vɔi¹ fa⁵ ɳa²
汉文直译：嫁 夫 酒 赌 如 大象 毁 房
汉文意译：夫酒鬼如象毁房；

喃字原文：旗 鉑 罗 博 绳 贫，
国际音标：kɤ² ʔba:k⁸ la² ʔba:k⁷ thaŋ² ʔbɤn²
汉文直译： 赌博 是 根 穷人
汉文意译：酒鬼赌博是穷根，

喃字原文：劇 茹 半 焬 跖 蹟 伋 墙。
国际音标：kɯə³ɳa² ʔba:n⁵ het⁷ va¹ tsɤn¹ va:u² tɯ:ŋ²
汉文直译：房子 卖 完 撞 脚 进 墙
汉文意译：连房卖了头撞墙。

（47）

喃字原文：迷 醹 旗 鉑 惊 英，
国际音标：me¹ ri:u⁶ kɤ² ʔba:k⁸ kin¹ ʔan¹
汉文直译：迷恋 酒 赌博 可怕 哥
汉文意译：酒鬼赌博真可怕，

喃字原文：褌 裙 半 焬 没 氓 拌 群；
国际音标：kwɤn² ʔa:u⁵ ʔba:n⁵ het⁷ mot⁸ man³ tsaŋ³ kɔn²
汉文直译：裤 衣 卖 完 一 片 不 剩
汉文意译：连衣卖了穿破烂；

喃字原文：擬 吏 渃 柤 平 嫩，
国际音标：ŋi³la:i⁶ nɯ:k⁷mat⁷ ʔbaŋ² nɔn¹
汉文直译：回想 泪水 如 山
汉文意译：想来泪水如山泉，

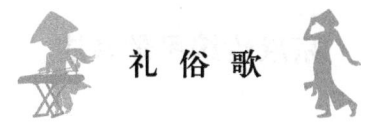

礼 俗 歌

喃字原文：琨敄俶别菓磑拱擂。
国际音标：kɔn¹kwa⁶ no⁵ ʔbi:t⁷ kwa³hɔn² kuŋ³ loi¹
汉文直译：乌鸦 它 知 无患子 也 叫
汉文意译：乌鸦知叫苦果餐。

（48）

喃字原文：嚻 嚻 遍 啹 頭 嫩，
国际音标：hiu¹hiu¹ jɔ⁵ thoi³ ʔdɤu² non¹
汉文直译：微微 风 吹 头 山
汉文意译：山头来风微微吹，

喃字原文：仍 馼 旺 醅 羅 琨 玉 皇；
国际音标：nɯŋ³ ŋɯ:i² ʔu:ŋ⁵ ri:u⁶ la² kɔn¹ ŋɔk⁸hwa:ŋ²
汉文直译：些 人 喝 酒 是 孩子 玉 皇
汉文意译：酒鬼属是玉皇子；

喃字原文：玉 皇 御 在 𪜁 鐄，
国际音标：ŋɔk⁸hwa:ŋ² ŋɯ⁶ ta:i⁶ ŋoi¹va:ŋ²
汉文直译：玉皇 御治 在 天金座
汉文意译：玉皇御治天金座，

喃字原文：𥊚 琨 旺 醅 台 行 淚 淶。
国际音标：thɤi⁵ kɔn¹ ʔu:ŋ⁵ ri:u⁶ ha:i¹ ha:ŋ² le⁶ rɤ:i¹
汉文直译：见 儿 喝 酒 两 行 泪 流
汉文意译：见儿喝醉只流泪。

（49）

喃字原文：核 高 遍 卷 姅 澄，
国际音标：kɤi¹ ka:u¹ jɔ⁵ ku:n⁵ nɯa³tsɯŋ²
汉文直译：树 高 风 卷 半 腰
汉文意译：风吹高树弯半腰，

喃字原文：觇 英 自帝 淹 悷 自 低 ；
国际音标：thʁi⁵ ʔan¹ tɯ² ʔdʁi⁵ ʔɛm¹ mɯŋ² tɯ² ʔdʁi¹
汉文直译：见 哥 从那里 妹 高兴 从 这里
汉文意译：自从见哥妹心欢；

喃字原文：永 払 吧 眀 叞 厄，
国际音标：vaŋ⁵ tsa:ŋ² ʔba¹ ʔbu:i³ hom¹ nai¹
汉文直译：不见 哥 三 天 今天
汉文意译：三天没见哥来玩，

喃字原文：蒲 浍 淹 汜 如 醛 酟 濃。
国际音标：ʔbo² hoi¹ ʔɛm¹ mɯ:t⁷ nɯ¹ thai¹ ri:u⁶ noŋ²
汉文直译：汗 妹 湿 如 醉 酒 烈
汉文意译：妹汗流湿如酒醉。

喃字原文：衪 之 麻 者 酟 濃，
国际音标：lʁi⁵ ji² ma² ja³ ri:u⁶ noŋ²
汉文直译：拿 什么 来 报答 酒 烈
汉文意译：饮了好酒怎谢恩，

喃字原文：衪 之 麻 者 巾 红 拎 豺？
国际音标：lʁi⁵ ji² ma² ja³ khan¹ hoŋ² kʁm² tai¹
汉文直译：拿 什 么 来 报答 巾 红 拿 手
汉文意译：怎报答哥送手巾？

喃字原文：没 罢 豺 吻 拎 豺，
国际音标：mot⁸ la² tai¹ vʁn³ kʁm² tai¹
汉文直译：一 是 手 仍 握 手
汉文意译：咱俩握手紧相贴，

礼俗歌

喃字原文：淹 要 为 偟 英 醛 为 情。
国际音标：ʔɛm¹ ʔiːu¹ vi² net⁷ ʔan¹ thai¹ vi² tin²
汉文直译：妹 爱 为 品行 哥 醉 为 情
汉文意译：哥醉情来妹爱君。

（50）

喃字原文：妬 埃 㘃 网 空 护，
国际音标：ʔdo⁵ ʔaːi¹ ŋoi² voŋ³ khoŋ¹ lɯa¹
汉文直译：赌 谁 坐 摇篮 不 摇动
汉文意译：谁坐摇篮不摇动，

喃字原文：喻 㫕 空 喝 英 㦖 醅 沁；
国际音标：ru¹ kɔn¹ khoŋ¹ haːt⁷ ʔan¹ tsɯɤ² riːu⁶ tam¹
汉文直译：哄 儿 不 唱 哥 戒 烧酒
汉文意译：哥戒了酒哄儿睡；

喃字原文：及 淹 感 景 朱 淹，
国际音标：ɣap⁸ ʔɛm¹ kaːm³ kan³ tsɔ¹ ʔɛm¹
汉文直译：遇 妹 感 景 给 妹
汉文意译：原来哥妹俩相见，

喃字原文：堆 些 如 醅 贝 醹 䤍 濃。
国际音标：ʔdoi¹ taː¹ nɯ¹ riːu⁶ vɤːi⁵ mɛn¹ man⁶ noŋ²
汉文直译：我俩 如 酒 和 酵母 浓香
汉文意译：相爱情缘酒香浓。

655

（51）

喃字原文：猑 ⿰犭鸡 卒 ⿰女⿱罒贝 為 ⿰竜毛，

国际音标：kɔn^{1}ɣa^{2} tot^{7}ma:i^{5} vi^{2} loŋ^{1}

汉文直译： 母鸡 好看 因为 毛

汉文意译：母鸡好看毛光滑，

喃字原文：⿰齿夌 颠 為 ⿰朿⿱艹樂 ⿰酉留 為 ⿰酉绵；

国际音标：raŋ^{1} ʔdɛn^{1} vi^{2} thu:k^{7} ri:u^{6} vi^{2} mɛn^{1}

汉文直译：牙 黑 因为 烟叶 酒 因为 酵母

汉文意译：浓酒饼好萎黑牙；

喃字原文：於 茷 闷 特 哨 ⿰口看，

国际音标：ʔɤ^{3} ʔdɤ:i^{2} mu:n^{5} ʔdɯ:k^{8} ti:ŋ^{5} khɛn^{1}

汉文直译：在 世间 想 得 声 称赞

汉文意译：世人想得人称赞，

喃字原文：推⿰忄疑 罒 卒 都 ⿰扌坚 貝 ⿰镸人。

国际音标：thi^{1}ŋi^{3} la:m^{2} tot^{7} ʔduə^{1} tsɛn^{1} vɤ:i^{5} ŋɯ:i^{2}

汉文直译：思考 做 好 争相 挤 和 人

汉文意译：不当酒鬼爱挤家。

（男：阮进余，苏维绍）

京族传统民歌译注

中册

广西壮族自治区非物质文化遗产保护中心 主编

学苑出版社

中册目录

三、情歌 ··· 657
 （一）友爱盛情歌 ·· 659
 （二）鸟儿传情歌 ·· 1306
 （三）香花表深情 ·· 1386
 （四）帽伞送真情 ·· 1439
 （五）情恋中悲欢离合 ······································ 1481

三

情歌

情 歌

（一）

喃字原文： 仍 排 歌 術 情 深 義 伴

国际音标： ȵɯŋ³ ʔbaːi² ka¹ ve² tin² thɤm¹ ŋiə³ ʔbaːn⁶

汉文直译： 些 首 歌 关于 情 深 义 友

汉文意译： 友爱盛情歌

1

喃字原文： 仍 罙 馹 约 聂 幻

国际音标： ȵɯŋ³la² ŋai² ʔɯːk⁷ maːi¹ ʔaːu¹

汉文直译： 极了 今天 盼 明天 盼

汉文意译： 日思夜想为真情

（1）

喃字原文： 仍 罙 馹 约 聂 幻，

国际音标： ȵɯŋ³la² ŋai² ʔɯːk⁷ maːi¹ ʔaːu¹

汉文直译： 极了 今天 盼 明天 盼

汉文意译： 日思夜想为真情，

喃字原文： 辻 孞 䘒 帝 别 包 帝 情；
国际音标： mɯːi² lam¹ nam¹ ʔdɤi⁵ ʔbiːt⁷ ʔbaːu¹ la² tin²
汉文直译： 十 五 年 那 指 多 少 是 情
汉文意译： 十五年情诉不尽；

喃字原文： 仍 罪 鏧 儀 怓 形，
国际音标： ȵɯŋ³ la² toŋ¹ jaːŋ⁶ nɤ⁵ hin²
汉文直译： 极了 看 模样 想 形象
汉文意译： 只想形象望模样，

喃字原文： 儀 形 時 笼 儀 趴 時 空。
国际音标： jaːŋ⁶ hin² thi² thɤi⁵ jaːŋ⁶ ŋɯːi² thi² khoŋ¹
汉文直译： 模样 则 见 模样 人 则 不
汉文意译： 似见模样不见人。

喃字原文： 仍 罪 傷 悴 怓 洗，
国际音标： ȵɯŋ³ la² thɯːŋ¹ vuŋ⁶ nɤ⁵ thɤm²
汉文直译： 极了 想 背地里 念 偷偷地
汉文意译： 背地里思暗地想，

喃字原文： 牢 娘 意 心 丕 娘；
国际音标： thaːu¹ naːŋ² voʔi⁵ vo¹ tɤm¹ vɤi⁶ naːŋ²
汉文直译： 为何 妹 无意 无心 如此 妹
汉文意译： 妹妹为何无牵挂；

喃字原文： 牢 娘 無 意 無 心，
国际音标： thaːu¹ naːŋ² voʔi⁵ vo¹ tɤm¹
汉文直译： 为何 妹 无意 无心
汉文意译： 为何不放在心里，

情 歌

喃字原文：英 沛 悉 洸 㔿 氽 饒 尼。
国际音标：ʔan¹ fa:i³lɔŋ² thʏm² ʔda³ mʏi⁵ ɲi:u¹ nai²
汉文直译：哥 倾心 暗自 已 几 多 这
汉文意译：使哥时久自暗思。

（2）

喃字原文：㐆 些 為 缛 丝 纡，
国际音标：ha:i¹ta¹ vi² moi⁵tʏ¹ vɯ:ŋ⁵
汉文直译：咱俩 因 情丝 缠绕
汉文意译：咱俩因情时思恋，

喃字原文：自 貄 覔 㮔 時 傷 晱；
国际音标：tɯ² ŋai² thʏi⁵ mat⁸ thi² thɯ:ŋ¹ ʔden⁵ jʏ²
汉文直译：从 天 见 面 就 想 到 今天
汉文意译：从见面时爱至今；

喃字原文：自 貄 别 㮔 晱 晱，
国际音标：tɯ² ŋai² ʔbi:t⁷mat⁸ ʔden⁵ jʏ²
汉文直译：从 天 认识 到 今天
汉文意译：自从见面之时起，

喃字原文：呬 唭 唶 喝 包 晱 些 悁。
国际音标：mi:ŋ⁶ kɯ:i² ti:ŋ⁵ ha:t⁷ ʔba:u¹jʏ² ta¹ kwen¹
汉文直译：口 笑 声 唱 何时 咱 忘
汉文意译：歌声笑声不忘情。

喃字原文：自 貄 涓 㮔 别 㲺，
国际音标：tɯ² ŋai² kwɛn¹mat⁸ ʔbi:t⁷ ten¹
汉文直译：从 天 脸 熟 知 名
汉文意译：自从见面识姓名，

661

喃字原文： 呬 哄 啃 喝 渚 悁 机 孅；
国际音标： mi:ŋ⁶ kɯ:i² ti:ŋ⁵ ha:t⁷ tsɯə¹ kwen¹ kɤ¹na:u²
汉文直译： 口 笑 声 唱 未 忘 何 时
汉文意译： 歌声笑语耳中鸣；

喃字原文： 悲 畭 如 魛 舳 泑，
国际音标： ʔbɤi¹jɤ² n̪ɯ¹ ka⁵ toŋ¹ ʔa:u¹
汉文直译： 如今 如 鱼 中 塘
汉文意译： 如今如鱼同塘池，

喃字原文： 跛黜 纡 缠 跛 甩 纡 鈎。
国际音标： jɤ³ra¹ vɯ:ŋ⁵ lɯ:i⁵ jɤ³va:u² vɯ:ŋ⁵ kɤu¹
汉文直译： 出去 缠 网 进来 缠 鈎
汉文意译： 出入网钓来牵缠。

（3）

喃字原文： 翌 箕 埃 别 埃 兜，
国际音标： sɯə¹kiə¹ ʔa:i¹ ʔbi:t⁷ ʔa:i¹ ʔdɤu¹
汉文直译： 昔日 谁 知 谁 哪里
汉文意译： 昔日我俩不相识，

喃字原文： 为 缘 些 沛 翌 愁 相思；
国际音标： vi² ji:n¹ ta¹ fa:i³ tsiu⁶ thɤu² tɯ:ŋ¹tɯ¹
汉文直译： 为 缘 咱 须 承受 忧愁 相思
汉文意译： 如今有缘相思愁；

喃字原文： 为 娘 撰 沛 相思，
国际音标： vi² na:ŋ² mak⁷fa:i³ tɯ:ŋ¹tɯ¹
汉文直译： 为 妹 患 相思
汉文意译： 为妹哥得相思病，

情 歌

喃字原文：　笕　厨　風　景　拱　如　笕　娘。
国际音标：thɤi⁵ tsuə² fɔŋ¹kan³ kuŋ³ n̠ɯ¹ thɤi⁵ na:ŋ²
汉文直译：见　寺　风景　也　像　见　妹
汉文意译：见寺景色如见妹。

喃字原文：　渚　兜　安　特　闯　分，
国际音标：tsɯə¹ ʔdɤu¹ ʔi:n¹ ʔdɯ:k⁸ mu:n¹fɤn²
汉文直译：没有　哪儿　安心　得　万分
汉文意译：无倚处万不安心，

喃字原文：　些　恼　几　晋　馼　秦　赊　烧。
国际音标：ta¹ ʔbu:n² kɛ³ tɤn⁵ ŋɯ:i² tɤn² sa¹ n̠au¹
汉文直译：咱　忧伤　几　晋　人　秦　远　互相
汉文意译：晋秦分离两忧伤。

（4）

喃字原文：　自　欺　涓　榪　别　烧，
国际音标：tɯ² khi¹ kwɛn¹mat⁸ ʔbi:t⁷ n̠au¹
汉文直译：从　时　脸熟　认识　互相
汉文意译：自从见面相认识，

喃字原文：　智　箕　埃　别　埃　兜　路　摸；
国际音标：sɯə¹kiə¹ ʔa:i¹ ʔbi:t⁷ ʔa:i¹ ʔdɤu¹ lɤn²mɔ²
汉文直译：昔日　谁　知　谁　哪儿　摸索
汉文意译：昔日谁知去跟寻；

喃字原文：　自　欺　秦　晋　哏　呼，
国际音标：tɯ² khi¹ tɤn² tɤn⁵ hɛn⁶hɔ²
汉文直译：从　时　秦　晋　相约
汉文意译：自从晋秦许诺言，

喃字原文：悲晗涓 桷 路 摸 别 烧。
国际音标：ʔbɣi¹jɤ² kwɛn¹mat⁸ lɣn²mɔ² ʔbi:t⁷ ɳau¹
汉文直译：如今 脸熟 摸索 认识 互相
汉文意译：如今相识来跟寻。

喃字原文：埖 箕 埃 别 埃 兜，
国际音标：sɯə¹kiə¹ ʔa:i¹ ʔbi:t⁷ ʔa:i¹ ʔdɣu¹
汉文直译：昔日 谁 知 谁 哪儿
汉文意译：昔日咱俩不相识，

喃字原文：悲晗涓 熟 别 烧 番 尼。
国际音标：ʔbɣi¹jɤ² kwɛn¹thu:k⁸ ʔbi:t⁷ ɳau¹ fɛn¹ nai²
汉文直译：如今 熟悉 认识 互相 回 这
汉文意译：如今惯熟来往勤。

（男：张廷德，苏维绍）

（5）

喃字原文：拯 湄 拱 噲 罵 干，
国际音标：tsaŋ³ mɯə¹ kuŋ³ ɣɔi⁶la² kɣ:n¹
汉文直译：不 下雨 也 叫做 阵风
汉文意译：没阵雨亦有阵风，

喃字原文：情旗 扒 特 群 欣 嗯嗰；
国际音标：tin²kɣ² ʔbat⁷ʔdɯ:k⁸ kɔn² hɣ:n¹ hɛn⁶hɔ²
汉文直译：偶然 撞见 还 好过 相约
汉文意译：偶然相遇来相逢；

喃字原文：情旗 牢 嗒 情旗，
国际音标：tin²kɣ² tha:u¹ khɛu⁵ tin²kɣ²
汉文直译：偶然 为何 巧合 偶然
汉文意译：偶然相见是巧合，

情 歌

喃字原文： 欻 怒 迟 帘 悲 晗 迟 低。
国际音标： hom¹nɔ⁶ ɣap⁸ ʔdɤi⁵ ʔbɤi¹jɤ² ɣap⁸ ʔdɤi¹
汉文直译： 那天 遇见 那儿 今天 遇见 这儿
汉文意译： 那日遇见今重逢。

喃字原文： 情 旗 扒 迟 烧 低,
国际音标： tin²kɤ² ʔbat⁷ɣap⁸ ȵau¹ ʔdɤi¹
汉文直译： 偶然 遇见 互相 这儿
汉文意译： 在此见面得幸运,

喃字原文： 如 鲈 迟 渃 如 霋 迟 蠪;
国际音标： ȵɯ¹ ka⁵ ɣap⁸ nɯ:k⁷ ȵɯ¹ mɤi¹ ɣap⁸ roŋ²
汉文直译： 如 鱼 遇 水 如 云 遇 龙
汉文意译： 如鱼遇水龙遇云;

喃字原文： 霋 迟 蠪 相 龍 相 鳯,
国际音标： mɤi¹ ɣap⁸ roŋ² mat⁷ lɔŋ¹ mat⁷ fɯ:ŋ⁶
汉文直译： 云 遇 龙 眼 龙 眼 凤
汉文意译： 龙云相遇龙凤壁,

喃字原文： 如 鲈 迟 渃 挰 虐 挰 吹。
国际音标： ȵɯ¹ ka⁵ ɣap⁸ nɯ:k⁷ kɔn¹ ŋɯ:k⁸ kɔn¹ su:i¹
汉文直译： 如 鱼 遇 水 条 逆流 条 顺流
汉文意译： 如鱼得水两情深。

喃字原文： 几 南 馼 北 揞 喂,
国际音标： kɛ³ na:m¹ ŋɯ:i² ʔbak⁷ ʔɛm¹ ʔɤ:i¹
汉文直译： 人 南 人 北 妹 啊
汉文意译： 过去咱俩南北分,

喃字原文：悉 英 只 决 沒 咥 蜑 蜑。
国际音标：lɔŋ² ʔan¹ tsi³kwi:t⁷ mot⁸ ɲɤ:i² ɲam¹ɲam¹
汉文直译：心 哥 决心 一 言 试图
汉文意译：如今见面下决心。

（6）

喃字原文：㤟 䏿 朱 姉 姮 娥，
国际音标：ʔbu:n² thai¹ tsɔ¹ tsi⁶ haŋ² ŋa¹
汉文直译：烦闷 啊 给 姐 姮娥
汉文意译：心情烦闷问姮娥，

喃字原文：摸 金 钟 波 迋 朥 钟 丕；
国际音标：mɔ² kim¹ jɯə³ ʔbe³ ʔdɔn⁵ jaŋ¹ jɯə³ jɤ:i²
汉文直译：摸 针 中 海 迎 月 中 天
汉文意译：海底摸针天捞月；

喃字原文：㤟 䏿 朱 姉 仙 喂，
国际音标：ʔbu:n² thai¹ tsɔ¹ tsi⁶ ti:n¹ ʔɤ:i¹
汉文直译：烦闷 啊 给 姐 神仙 啊
汉文意译：心情烦闷问仙姐，

喃字原文：揞 桃 䘒 骸 麻 淶 拪 馼。
国际音标：jon² ʔda:u² ʔbuə⁵ ha:t⁸ ma² ɤ:i¹ tai¹ ŋɯ:i²
汉文直译：种 桃 破 核 而 掉落 手 人
汉文意译：种桃培核人拾遗。

喃字原文：揞 桃 䘒 骸 𬤇 𨑮，
国际音标：jon² ʔda:u² ʔbuə⁵ ha:t⁸ nen¹ mɯ:i²
汉文直译：种 桃 破 核 成 十
汉文意译：种桃培核十年长，

情 歌

喃字原文： 功 些 搛 搣 朱 馱 採 花。
国际音标： koŋ¹ ta¹ vun¹ sɤ:i⁵ tsɔ¹ ŋɯ:i² ha:i⁵ hwa¹
汉文直译： 功 咱 培 育 给 人 采 花
汉文意译： 用功培育人采摘。

（7）

喃字原文： 赊 吹 遠 望 氽 迟，
国际音标： sa¹ soi¹ vi:n³ vɔŋ⁶ mɤi⁵ tsɤi²
汉文直译： 遥远 远望 几 久
汉文意译： 日夜盼望时已久，

喃字原文： 氼 秣 些 仍 馹 馹 嗨 喺；
国际音标： vaŋ⁵ mat⁸ ta¹ ȵɯŋ¹ ŋai² ŋai² hɔi³ tham¹
汉文直译： 不见 咱 但 天 天 问候
汉文意译： 没有见面亦问候；

喃字原文： 氼 秣 些 仍 嗨 喺，
国际音标： vaŋ⁵ mat⁸ ta¹ ȵɯŋ¹ hɔi³ tham¹
汉文直译： 不见 咱 但 问候
汉文意译： 没有相见也问好，

喃字原文： 雖 浪 呱 呐 招 恍 悉 情。
国际音标： ti¹ raŋ² mi:ŋ⁶ nɔi⁵ tsi:u¹ʔdam¹ lɔŋ² tin²
汉文直译： 虽然 口 说 左思右想 心 情
汉文意译： 口问心思情更牢。

喃字原文： 自 欺 涓 秣 貝 躬，
国际音标： tɯ² khi¹ kwɛn¹ mat⁸ vɤ:i⁵ min²
汉文直译： 从 时 脸熟 和 妹
汉文意译： 自从相识到如今，

喃字原文： 醛 花 忰 月 忰 躺 躺 喂；
国际音标： thai¹ hwa¹ nɤ⁵ ŋwi:t⁸ nɤ⁵ min² min² ʔɤ:i¹
汉文直译： 迷 花 思 月 想 妹 妹 啊
汉文意译： 迷花思月想念妹；

喃字原文： 祄 埃 叹 咀 躺 喂，
国际音标： lɤi⁵ ʔa:i¹ tha:n¹thɤ³ min² ʔɤ:i¹
汉文直译： 要 谁 叹息 妹 啊
汉文意译： 身边无人共叹息，

喃字原文： 祄 埃 叹 咀 朱 嵬 肵 悪？
国际音标： lɤi⁵ ʔa:i¹ tha:n¹thɤ³ tsɔ¹ ŋu:i⁶ tɤm⁵lɔŋ²
汉文直译： 要 谁 叹息 使 冷 衷肠
汉文意译： 谁来叹息免忘情？

喃字原文： 仍 哐 呢 呞 信 封，
国际音标： ȵɯŋ³ nɤ:i² ȵan⁵ʔbɔ⁵ tin⁵ fɔŋ¹
汉文直译： 一些 话 寄语 信 封
汉文意译： 信中寄语嘱咐言，

喃字原文： 爒 㫝 些 仍 扄 嚎 待 娘；
国际音标： ra:ŋ⁶ŋai² ta¹ ȵɯŋ¹ȵuk⁷ mɔŋ¹ʔɤ:i⁶ na:ŋ²
汉文直译： 黎明 我 心痛 等待 妹
汉文意译： 凌晨无眠等着妹；

喃字原文： 忰 欺 呢 呞 誓 陪，
国际音标： nɤ⁵ khi¹ ȵan⁵ʔbɔ⁵ the²ʔboi²
汉文直译： 想 时 叮咛 发誓
汉文意译： 想起互相发誓言，

情 歌

喃字原文： 𭙶 䠿 吏 㘅 𭙶 忟 吏 傷。
国际音标： het⁷ ʔdɯŋ⁵ laːi⁶ ŋoi² het⁷ nɤ⁵ laːi⁶ thɯːŋ¹
汉文直译： 完 站 又 坐 完 思 又 念
汉文意译： 坐立不安尽思念。

（8）

喃字原文： 缘 金 愾 義 情 旗，
国际音标： jiːn¹ kim¹ kaːi³ ŋiə³ tin² kɤ²
汉文直译： 缘 相投 义 偶然
汉文意译： 磁石引针系情缘，

喃字原文： 拱 㞑 吏 𧿆 坫 尼 别 烒;
国际音标： kuŋ³ laː² laːi⁶ ʔden⁵ tso³ nai² ʔbiːt⁷ ȵau¹
汉文直译： 也 是 又 到 地方 这 认识 互相
汉文意译： 互相见面方认识；

喃字原文： 𨖅 術 㘅 擬 晗 数，
国际音标： raː¹ ve² ŋoi² ŋi³ jɤ² lɤu¹
汉文直译： 回去 坐 歇息 半天
汉文意译： 返家路上深思念，

喃字原文： 滝 溇 闷 撒 波 溇 坤 揌。
国际音标： thoŋ¹ thɤu¹ muːn⁵ taːt⁷ ʔbe³ thɤu¹ khon¹ ʔdɔ¹
汉文直译： 河 深 想 㞑 海 深 难 量
汉文意译： 河深㞑水海难测。

喃字原文： 泮 念 每 浽 貀 蘇，
国际音标： kaːn⁶ niːm⁶ mɔi⁶ noi³ nɔ³ tɔ¹
汉文直译： 尽 想 全部 境况 小 大
汉文意译： 大小事情哥想尽，

喃字原文：𥊧𠚢外𣎏𠴊溒秦；
国际音标：toŋ¹ ra¹ ŋwa:i² ʔda³ nʀp⁷no¹ ʔba:i³ tʀn²
汉文直译：看 出 外面 已 起伏 沙滩 远
汉文意译：沙滩起伏远难望；

喃字原文：塘夏𪘵了护蹞，
国际音标：ʔdɯ:ŋ² hɛ² rʀm⁶rap⁸ rʀ² tsʀn¹
汉文直译：路 夏 茂密 绊 脚
汉文意译：夏天林密阻前程，

喃字原文：诤牢朱塊晋秦尒帘？
国际音标：tan⁵ tha:u¹ tsɔ¹ khɔi³ tʀn⁵ tʀn² mʀi⁵na:u¹
汉文直译：避开 怎么 给 离开 晋秦 多少
汉文意译：怎得顺利至晋秦？

喃字原文：翻時诤塊天曹，
国际音标：tɯ:k⁷ thi² tan⁵khɔi³ thi:n¹ta:u²
汉文直译：先 是 避开 天曹
汉文意译：路程遥远如天庭，

喃字原文：𠀧些燕柳埃帘别埃。
国际音标：ha:i¹ta¹ ʔɛn⁵ li:u³ ʔa:i¹ na:u² ʔbi:t⁷ ʔa:i¹
汉文直译：咱俩 燕柳 谁 哪 知 谁
汉文意译：燕柳相会见陌生。

（9）

喃字原文：𠀧些森合没茹，
国际音标：ha:i¹ta¹ thum¹hɔp⁸ mot⁸ ɲa²
汉文直译：咱俩 团聚 一 家
汉文意译：咱俩团聚为一家，

情 歌

喃字原文： 吁　停　濋　於　齪　仁　忱　悉；
国际音标： sin¹ ʔdɯŋ² tsɤ⁵ ʔɤ³ ra¹ ha:i¹ tɤm⁵ lɔŋ²
汉文直译： 请　不要　在　出　两　片　心
汉文意译： 莫要分心各一方；

喃字原文： 吁　停　纲　上　庄　中，
国际音标： sin¹ ʔdɯŋ² ʔbɔk⁸ thɯ:ŋ⁶ ta:ŋ¹ tuŋ¹
汉文直译： 请　不要　乔装　　村　中
汉文意译： 同村庄人莫乔装，

喃字原文： 对　晕　楒　月　燸　终　没　茹。
国际音标： ʔdoi¹ vɤŋ² mat⁸ ŋwi:t⁸ thɔi¹ tsuŋ¹ mot⁸ ɲa²
汉文直译： 两　圈　月亮　　照　共同　一　家
汉文意译： 明月照亮聚一堂。

喃字原文： 濋　睚　呬　世　賒　吹，
国际音标： tsɤ⁵ ŋɛ¹ mi:ŋ⁶ the⁵ sa¹ soi¹
汉文直译： 别　听　外界议论　遥远
汉文意译： 莫听别人胡言语，

喃字原文： 濋　笕　永　楒　麻　嗟　忱　悉；
国际音标： tsɤ⁵ thɤi⁵ vaŋ⁵ mat⁸ ma² kwen¹ tɤm⁵ lɔŋ²
汉文直译： 别　见　不在场　就　忘　情　义
汉文意译： 莫因远离忘情义；

喃字原文： 默　駅　扨　葬　拖　滝，
国际音标： mak⁸ ŋɯ:i² vɯt⁷ la⁵ tha¹ thoŋ¹
汉文直译： 即使　人　仍　树叶　下　河
汉文意译： 摘叶丢河咱莫管，

喃字原文：堆 些 至 符 朓 悉 濋 派。
国际音标：ʔdoi¹ta¹ tsi⁵ jɯ³ tʂm⁵lɔŋ² tsɤ⁵ faːi¹
汉文直译：咱俩 紧守 情义 别 褪色
汉文意译：坚守真情永不移。

喃字原文：吁 停 粉 汨 鑲 派，
国际音标：sin¹ ʔdɯŋ² fɤn⁵ n̠aːt⁸ vaːŋ¹ faːi¹
汉文直译：请 别 粉 淡 金 褪色
汉文意译：莫让脂唇金褪色，

喃字原文：矯 哝 呬 世 𪢐 戨 唭。
国际音标：kɛu³ ʔɛ¹ miːŋ⁶the⁵ n̠ɛ³ maːi¹ ŋɯːi² kɯːi²
汉文直译：否则 担心 外界议论 道理 明天 人 笑
汉文意译：莫怕讥笑人驱使。

（10）

喃字原文：渃 新 安 淬 軨 渿 才，
国际音标：nɯːk⁷ tɤn¹ʔaːn¹ rɔt⁷ suːŋ⁵ ʔbaːi³taːi²
汉文直译：水 新安河 倒 下 大海
汉文意译：新安河水流入海，

喃字原文：奇 廊 些 拚 傷 埃 如 𬁥；
国际音标：ka³ laːŋ² taː¹ tsaŋ³ thɯːŋ¹ ʔaːi¹ n̠ɯ¹ min²
汉文直译：全 村 咱 不 爱 谁 如 哥
汉文意译：村里爱妹只有哥；

喃字原文：由 麻 些 固 傷 埃，
国际音标：ju²ma² taː¹ kɔ⁵ thɯːŋ¹ ʔaːi¹
汉文直译：如果 咱 有 爱 谁
汉文意译：如果存心爱他人，

情 歌

喃字原文：時 丕 降 下 核 梾 㭲 垌。
国际音标：thi² jɤːi² jaːŋ⁵ha⁶ kɤi¹ laːi¹ jɯə³ ʔdoŋ²
汉文直译：则 天 下 凡 树 毁 中 田野
汉文意译：天雷打落哥头破。

喃字原文：由 麻 躺 固 負 功,
国际音标：ju²ma² min² kɔ⁵ fu⁶ koŋ¹
汉文直译：假如 哥 有 负 功
汉文意译：假如哥负心于妹,

喃字原文：時 丕 降 下 㭲 垌 核 梾。
国际音标：thi² jɤːi² jaːŋ⁵ha⁶ jɯə³ ʔdoŋ² kɤi¹ laːi¹
汉文直译：则 天 下 凡 中 田野 树 毁
汉文意译：天雷击下毁村落。

（11）

喃字原文：自 䏁 鹤 结 共 鸾,
国际音标：tɯ² ŋai² haːk⁸ ket⁷ kuŋ² lɔn¹
汉文直译：从 天 鹤 结交 和 鸾
汉文意译：自从白鹤结鸾缘,

喃字原文：碾 術 没 葬 牡 円 愿 誓;
国际音标：naŋ⁶ ve² mot⁸ la⁵ mɤu³ʔdɤːn¹ ŋwiːn²the²
汉文直译：重 关于 一 叶 牡丹 誓言
汉文意译：鲜红牡丹重誓言;

喃字原文：自 欺 些 於 躺 術,
国际音标：tɯ² khi¹ taː¹ ʔɤ³ min² ve²
汉文直译：从 时 我 住 你 回
汉文意译：自从你回我住家,

673

喃字原文：雁 南 燕 北 堆 皮 妆 傷。
国际音标：ŋaːn⁶ naːm¹ ʔiːn⁵ ʔbak⁷ ʔdoi¹ ʔbe² n̠ɤ⁵ thɯːŋ¹
汉文直译：雁 南 燕 贝 两 方 思 念
汉文意译：雁南燕北两思念。

（12）

喃字原文：傷 烧 時 底 龖 悉，
国际音标：thɯːŋ¹ n̠au¹ thi² ʔde³ toŋ¹ loŋ²
汉文直译：爱 互相 就 放 中 心
汉文意译：相爱铭记在心里，

喃字原文：固 沛 襖 汇 兜 烘 黜 外；
国际音标：kɔ⁵faːi³ ʔaːu⁵ ʔɯːt⁷ ʔdɤu¹ hoŋ¹ ra¹ ŋwaːi²
汉文直译：是否 衣 湿 哪儿 晾 出 外
汉文意译：若是衣湿晒外面；

喃字原文：傷 躺 兜 固 傷 埃，
国际音标：thɯːŋ¹ min² ʔdɤu¹ kɔ⁵ thɯːŋ¹ ʔaːi¹
汉文直译：爱 妹 哪儿 有 爱 谁
汉文意译：爱妹一人爱深切，

喃字原文：拱 如 山 伯 英 台 醛 烧。
国际音标：kuŋ³ n̠ɯ¹ thɤːn¹ʔba⁵ ʔan¹ʔdaːi² thai¹ n̠au¹
汉文直译：也 如 山伯 英台 迷醉 互相
汉文意译：山伯英台迷醉情。

（13）

喃字原文：悲 暶 情 吏 迓 情，
国际音标：ʔbɤi¹jɤ² tin² laːi⁶ ɣap⁸ tin²
汉文直译：如今 情 又 遇 情
汉文意译：不期而遇今情义，

情 歌

喃字原文：恪 如 金 仲 清 明 迠 翹；
国际音标：khaːk⁷ ȵɯ¹ kim¹toŋ⁶ thanˈmin¹ ɣap⁸ kiːu²
汉文直译：不同 如 金仲 清明 遇 翘
汉文意译：金仲翠翘清明遇；

喃字原文：赊 吹 隔 氽 望 嶺,
国际音标：sa¹soi¹ kat⁷ mɣi⁵ vɔŋ⁶ ʔdɛu²
汉文直译：遥远 隔 几 望 山岭
汉文意译：远望相爱山阻隔,

喃字原文：拱 凭 捧 妆 忱 要 覝 夢。
国际音标：kuŋ³ ʔbaŋ² vuŋ⁶ nɣ⁵ ʔdam² ʔiːu¹ tsok⁷ moŋ⁶
汉文直译：也 如 偷偷 想 偷偷 爱 顷刻 睡梦
汉文意译：只是梦中得相思。

喃字原文：怠 台 邂 逅 相 逢,
国际音标：nai¹ hai¹ jaːi³hɣu⁶ tɯːŋ¹fuŋ²
汉文直译：如今 好 邂逅 相逢
汉文意译：如今邂逅得相逢,

喃字原文：勋 陈 哏 萆 倒 悉 情 戈；
国际音标：ȵuk⁸ tɣn² thoi³ la⁵ ʔdaːu⁵lɔŋ² tin² kwa¹
汉文直译：轻轻 吹 叶 操心 情 过
汉文意译：吹叶情飘只操心；

喃字原文：晡 红 庯 览 鸥 赊,
国际音标：ʔbɔŋ⁵ hoŋ² naːk⁷ thɣi⁵ nɛu³ sa¹
汉文直译：影子 红 乍 见 路 远
汉文意译：乍见红影离远处,

喃字原文： 淹 兰 堆 曲 孟 麻 奇 乓。
国际音标： thoŋ¹ la:n¹ ʔdoi¹ khuk⁷ man⁶ ma² ka³ ha:i¹
汉文直译： 兰江 两 曲 强 而 全部 两
汉文意译： 兰江双曲强流力。

（男：苏维绍；女：刘元英）

（14）

喃字原文： 傷 躺 到 底 悴 悛，
国际音标： thɯ:ŋ¹ min² ʔda:u⁵ ʔde³ sɔt⁷ sa¹
汉文直译： 爱 妹 到底 心酸
汉文意译： 爱妹辛苦至极顶，

喃字原文： 蒉 酕 蒉 喔 买 罹 蒉 兰；
国际音标： thɤ:m¹ toŋ¹ thɤ:m¹ nɯk⁷ mɤ:i⁵ la² thɤ:m¹ la:n¹
汉文直译： 香 中 香气浓郁 才 是 香 兰花
汉文意译： 气喷芬芳兰花香；

喃字原文： 傷 娘 摄 底 邊 躺，
国际音标： thɯ:ŋ¹ na:ŋ² jɛp⁸ ʔde³ ʔben¹ min²
汉文直译： 爱 妹 收拾 放 边 哥
汉文意译： 爱妹放在哥心里，

喃字原文： 俖 粎 些 固 魊 情 躺 兜。
国际音标： ʔbɯə³ kɤ:m¹ ta¹ kɔ⁵ kwen¹ tin² min² ʔdɤu¹
汉文直译： 餐 饭 哥 有 忘记 情 妹 哪儿
汉文意译： 吃饭休息不忘情。

喃字原文： 伱 欺 躺 翻 些 鮴，
国际音标： nɤ⁵ khi¹ min² tɯ:k⁷ ta¹ thau¹
汉文直译： 想 时 妹 前 哥 后
汉文意译： 想妹走前我跟后，

情 歌

喃字原文：哝 蹞 蹲 吏 韃 烧 麻 唭；
国际音标：ʔdin² tsɤn¹ ʔdɯŋ⁵ laːi⁶ toŋ¹ ɲau¹ ma² kɯːi²
汉文直译：停 脚 站 又 看 互相 而 笑
汉文意译：时而止步相望笑；

喃字原文：悲 畭 几 虐 駇 吹，
国际音标：ʔbɤi¹jɤ² kɛ³ ŋɯːk⁸ ŋɯːi² soi¹
汉文直译：如今 人 逆流 人 顺流
汉文意译：如今两人各西东，

喃字原文：包 畭 吏 特 堆 哑 渃 嫩？
国际音标：ʔbaːu¹jɤ² laːi⁶ ʔdɯːk⁸ ʔdoi¹ nɤːi² nɯːkʰnɔn¹
汉文直译：何时 又 能 两 话 山 水
汉文意译：何时实现许誓言？

（15）

喃字原文：侵 侵 者 伴 娘 术，
国际音标：sam¹sam¹ ja³ ʔbaːn⁶ naːŋ² ve²
汉文直译：骎骎 辞别 友人 妹 回
汉文意译：妹回骎骎谢别友，

喃字原文：遥 箕 逖 客 赊 圭 清 闲；
国际音标：jɔ⁵ kiə¹ ʔdɯɯ¹ khat⁷ sa¹ kwe¹ than¹naːn²
汉文直译：风 那 送 客 远离 家乡 清闲
汉文意译：清风送客归乡闲；

喃字原文：微 微 梗 桂 朕 散，
国际音标：hiu¹hiu¹ kan² kwe⁵ jaŋ¹ taːn¹
汉文直译：微风 枝 桂 月 散
汉文意译：风吹桂树月光闪，

677

喃字原文：嗨罤吹遣 英 逓 迓 娘。
国际音标：ɣɔi⁶la² sui¹khi:n⁵ ʔan¹ tha:ŋ¹ ɣap⁸ na:ŋ²
汉文直译：叫做 唆使 哥 来 遇 妹
汉文意译：因妹唆使哥送行。

喃字原文： 悲 晙 几 北 趴 喃，
国际音标：ʔbɤi¹jɤ² kɛ³ ʔbak⁷ ŋɯ:i² na:m¹
汉文直译：如今 人 北 人 南
汉文意译：如今南北各一方，

喃字原文： 淋漓 砠 世 嗨罤 淋漓；
国际音标：lɤm¹li¹ ʔden⁵ the⁵ ɣɔi⁶la² lɤm¹li¹
汉文直译：淋漓 到 这样 叫做 淋漓
汉文意译：淋漓痛切多难受；

喃字原文： 娘 時 挬 趿 赊 圭，
国际音标：na:ŋ² thi² nɤ³ ʔbɯ:k⁷ sa¹ kwe¹
汉文直译： 妹 就 错过 迈步 远离 家乡
汉文意译：妹回真是错时机，

喃字原文：咳 群 丕 怒 胘 箕 氽 重。
国际音标：hai³kɔn² jɤ:i² nɔ⁶ jaŋ¹ kiə¹ mɤi⁵ tuŋ²
汉文直译：还有 天 那 月 那 几 重
汉文意译：天空月亮何重逢。

喃字原文：皉 𠳒 坉 屵 泩 淊，
国际音标：ŋai² na:u² lɤ³ nui⁵ ka:n⁶ thoŋ¹
汉文直译：天 哪 崩 山 干 喝
汉文意译：那时山崩河水干，

情 歌

喃字原文：蘔 尼 决 很 燸 终 共 娘。
国际音标：hɯːŋ¹ nai² kwiːt⁷ han³ thɔi¹ tsuŋ¹ kuŋ² naːŋ²
汉文直译：镜 这 坚决 完全 照 共同 和 妹
汉文意译：明镜决照哥妹共。

（16）

喃字原文：躺 術 迟 急 滺 嚎，
国际音标：min² ve² tsɿi² ɣɤp⁷ tsɤ⁵ mɔŋ¹
汉文直译：哥 回 迟 急 别 期待
汉文意译：哥回早迟莫挂心，

喃字原文：固 傷 時 底 舩 悉 躺 喂；
国际音标：kɔ⁵ thɯːŋ¹ thi² ʔde³ tɔŋ¹ lɔŋ² min² ʔɤːi¹
汉文直译：有 爱 就 留 中 心 哥 啊
汉文意译：相爱就留在心里；

喃字原文：呦 麻 挔 虐 術 吹，
国际音标：ju² ma² ʔdi¹ ŋɯːk⁸ ve² suːi¹
汉文直译：如果 去 逆水 回 顺水
汉文意译：如果来往太奔波，

喃字原文：時 躺 畸 簸 咀 唭 戈 挔。
国际音标：thi² min² ɣɛ⁵ nɔn⁵ miːŋ⁶ kɯːi² kwaʔ¹di¹
汉文直译：则 妹 斜 斗笠 嘴 笑 经过
汉文意译：妹侧帽笑过乡里。

喃字原文：世 间 麻 固 要 之，
国际音标：the⁵ jaːn¹ ma² kɔ⁵ ʔiːu¹ tsi¹
汉文直译：世间 而 有 爱 什么
汉文意译：世间爱情真意切，

喃字原文：乤 要 時 瀄 固 係 吶 埃。
国际音标：ʔda³ ʔi:u¹ thi² tsɤ⁵ ko⁵ he² n̠u³ ʔa:i¹
汉文直译：既已 爱 就别 有 曾经 告诉 谁
汉文意译：相爱深情埋心里。

（男：苏维绍；女：杜福英）

（17）

喃字原文：自 罶 结 義 交 和，
国际音标：tɯ² ŋai² ket⁷ŋiə³ ja:u¹hwa²
汉文直译：从 天 结义 交好
汉文意译：自从交和相结义，

喃字原文：融 悉 感 境 客 陀 庄 悁；
国际音标：toŋ¹ loŋ² ka:m² kan³ khat⁷ ʔda² tsaŋ³ kwen¹
汉文直译：中 心 感动 景色 客 无实义 不 忘
汉文意译：触景生情时不忘；

喃字原文：自 罶 幻 约 哻 愿，
国际音标：tɯ² ŋai² ʔa:u¹ʔɯ:k⁷ n̠ɤ:i¹ŋwi:n²
汉文直译：从 天 渴望 誓言
汉文意译：自从相约共誓言，

喃字原文：𢆥 𢆥 些 拱 𣵲 悁 兜 罵。
国际音标：tam¹ nam¹ ta¹ kuŋ³ tsaŋ³ kwen¹ ʔdɤu¹ la²
汉文直译：百 年 咱 也 不 忘 哪儿 是
汉文意译：百年情义不能忘。

喃字原文：自 罶 躺 合 貝 些，
国际音标：tɯ² ŋai² min² hop⁸ vɤ:i⁵ ta¹
汉文直译：从 天 妹 聚 和 哥
汉文意译：自从咱俩相聚合，

情 歌

喃字原文： 群 空 台 乜 交 和 共 埃？
国际音标： kən² khoŋ¹ hai¹ ʔda³ ja:u¹hwa² kuŋ² ʔa:i¹
汉文直译： 还 不 知 已 交 好 和 谁
汉文意译： 保持情或另交恋？

喃字原文： 自 馹 结 竹 共 枚，
国际音标： tɯ² ŋai² ket⁷ tuk⁷ kuŋ² ma:i¹
汉文直译： 从 天 结 竹 和 梅
汉文意译： 自从竹梅相结合，

喃字原文： 爱 恩 仁 敉 情 赳 千 年。
国际音标： ʔa:i⁵ʔɤn¹ ha:i¹ tsɯ³ tin² ja:i² thi:n¹ ni:n¹
汉文直译： 恩爱 二 字 情 长 千 年
汉文意译： 恩爱两字情千年。

喃字原文： 自 馹 结 義 合 缘，
国际音标： tɯ² ŋai² ket⁷ŋiə³ hɤ:p⁸ ji:n¹
汉文直译： 从 天 结 义 合 缘
汉文意译： 自从结义成姻缘，

喃字原文： 乜 礤 啀 愿 埃 潊 悁 埃。
国际音标： ʔda³ naŋ⁶ nɤ:i²ŋwi:n² ʔa:i¹ tsɤ⁵ kwen¹ ʔa:i¹
汉文直译： 已 重 誓 言 谁 别 忘 谁
汉文意译： 重于誓言不忘情。

（18）

喃字原文： 自 馹 永 䊆 客 初，
国际音标： tɯ² ŋai² vaŋ⁵mat⁸ khat⁷ thɯə¹
汉文直译： 从 天 不在场 客 疏远
汉文意译： 自从见面客疏远，

喃字原文： 没 躺 傷 妆 銀 忙 㠄 塘；
国际音标： mot⁸min² thɯːŋ¹nɤ⁵ ŋɤn³ŋɤ¹ tam¹ ʔdɯːŋ²
汉文直译： 独自 思念 愣愣 百 方面
汉文意译： 万千恩爱自茫然；

喃字原文： 自 馼 永 枺 趴 傷，
国际音标： tɯ² ŋai² vaŋ⁵mat⁸ ŋɯːi²thɯːŋ¹
汉文直译： 从 天 不在场 恋人
汉文意译： 自从与恋人分离，

喃字原文： 底 英 思 想 房 香 冷 逯。
国际音标： ʔde³ ʔan¹ tɯ¹tɯːŋ³ fɔŋ²hɯːŋ¹ lan⁶luŋ²
汉文直译： 留 哥 思想 香房 冷冰冰
汉文意译： 留冷香房得相思。

喃字原文： 自 馼 永 枺 伴 共，
国际音标： tɯ² ŋai² vaŋ⁵mat⁸ ʔbaːn⁶ kuŋ²
汉文直译： 从 天 不在场 伴侣 一同
汉文意译： 自从伴侣分别时，

喃字原文： 䎙 更 透 軸 愲 㦖 相 思。
国际音标： nam¹ kan¹ thɤu⁵thuːt⁷ mɤ¹mɔŋ⁶ tɯːŋ¹tɯ¹
汉文直译： 五 更 贯通 迷糊 相思
汉文意译： 五更相思无入眠。

（19）

喃字原文： 羛 扐 埯 妆 歽 軪，
国际音标： ŋiə³ tsaːŋ² ʔɛm¹ nɤ⁵ ŋin² nam¹
汉文直译： 义 郎 妹 想 千 年
汉文意译： 君情义妹记千年，

情 歌

喃字原文：缘 扒 媕 伩 㬆 旺 逬 四；
国际音标：ji:n¹ tsa:ŋ² ʔɛm¹ nɤ⁵ hom¹ram² mɯ:i² tɯ¹
汉文直译：缘 郎 妹 想 望 日 十 四
汉文意译：君情缘思月中圆；

喃字原文：羛 扒 媕 伩 舒 芪，
国际音标：ŋiə³ tsa:ŋ² ʔɛm¹ nɤ⁵ ŋin² ʔdɤ:i²
汉文直译：义 郎 妹 想 千 代
汉文意译：情深义重记万代，

喃字原文：拱 如 天 下 伩 駅 塘 赊。
国际音标：kuŋ³ nɯ¹ thi:n¹ ha⁶ nɤ⁵ ŋɯ:i² ʔdɯ:ŋ² sa¹
汉文直译：也 如 天 下 想 人 路 远
汉文意译：亲人远离天下念。

（20）

喃字原文：胆 戈 湄 涪 遛 穟，
国际音标：ʔdem¹kwa¹ mɯə⁶ʔbui⁶ jɔ⁵ ʔbai¹
汉文直译：昨夜 毛毛雨 风 飞
汉文意译：昨夜风吹下小雨，

喃字原文：遛 搑 梗 鉑 遛 拙 梗 鐄；
国际音标：jɔ⁵ ruŋ¹ kan² ʔba:k⁸ jɔ⁵ lai¹ kan² va:ŋ²
汉文直译：风 摇 枝 银 风 摇 枝 金
汉文意译：金树银树风摇动；

喃字原文：𠆧 些 共 隔 格 廊，
国际音标：ha:i¹ta¹ kuŋ² kat⁷ kat⁷ la:ŋ²
汉文直译：咱俩 同 隔 隔 村
汉文意译：咱俩相隔两村庄，

喃字原文： 吊 媕 固 别 闲 扒 於 兜。
国际音标： naːu² ʔɛm¹ ko⁵ ʔbiːt⁷ ŋɔ³ tsaːŋ² ʔɤ³ ʔdɤu¹
汉文直译： 哪 妹 有 知 巷子郎 在 哪儿
汉文意译： 妹从未入见君房。

喃字原文： 没 傷 缸 忇 丕 愁，
国际音标： mot⁸ thɯːŋ¹ haːi¹ nɤ⁵ ʔba¹ thɤu²
汉文直译： 一 思 二 想 三 愁
汉文意译： 一思二爱三忧愁，

喃字原文： 粓 胺 拯 特 胺 䰉 扲 唏；
国际音标： kɤːm¹ ʔan¹ tsaŋ³ ʔdɯːk⁸ ʔan¹ jɤu² kɤm² hɤːi¹
汉文直译： 饭 吃 不 得 嚼 槟榔 勉强维持生命
汉文意译： 吞饭不下嚼槟榔；

喃字原文： 傷 娘 夥 夥 娘 喂，
国际音标： thɯːŋ¹ naːŋ² lam⁵ lam⁵ naːŋ² ʔɤːi¹
汉文直译： 想 妹 非常 非常 妹 啊
汉文意译： 思念妹啊，想深切，

喃字原文： 别 兜 探 咏 麻 蜶 咀 叹。
国际音标： ʔbiːt⁷ ʔdɤu¹ tham¹ viːŋ⁵ ma² ŋoi² thɤ³ thaːn¹
汉文直译： 知道 哪儿 探望 而 坐 叹息
汉文意译： 无处叹息想探望。

喃字原文： 忇 娘 如 忇 两 鐄，
国际音标： nɤ⁵ naːŋ² nɯ¹ nɤ⁵ laːŋ⁶ vaːŋ²
汉文直译： 想 妹 像 想 两 金子
汉文意译： 思妹似想得两金，

情 歌

喃字原文： 渴　滈　術　湟　帽　怓　術　缘。
国际音标： kha:t⁷kha:u¹ ve² net⁷ mɤ¹ma:ŋ² ve² ji:n¹
汉文直译： 渴望　关于　性情　迷糊　关于　缘
汉文意译： 渴望姻缘思迷梦。

（男：阮继初；女：吴秀英）

（21）

喃字原文： 相　矑　笕　栭　烧　尼，
国际音标： mat⁷ toŋ¹thɤi⁵ mat⁷ n̠au¹ nai²
汉文直译： 眼　看见　眼　互相　如今
汉文意译： 如今咱俩相见面，

喃字原文： 哎　果　溇　醛　吼　衼　如　糖；
国际音标： ʔan¹ kwa³ mɯ:p⁷ʔdaŋ⁵ ŋot⁸ ŋai¹ n̠ɯ¹ ʔdɯ:ŋ²
汉文直译： 吃　个　苦瓜　甜　马上　如　糖
汉文意译： 吃了苦瓜甜如糖；

喃字原文： 强　矑　笕　栭　强　傷，
国际音标： ka:ŋ² toŋ¹thɤi⁵ mat⁸ ka:ŋ² thɯŋ¹
汉文直译： 越　看见　脸　越　爱
汉文意译： 越是见面越相爱，

喃字原文： 强　矑　笕　景　笕　鏡　强　愁。
国际音标： ka:ŋ² toŋ¹thɤi⁵ kan³ thɤi⁵ hɯŋ¹ ka:ŋ² thɤu²
汉文直译： 越　看见　景　见　镜　越　愁
汉文意译： 越见景象越多愁。

喃字原文： 强　矑　笕　栭　强　愁，
国际音标： ka:ŋ² toŋ¹thɤi⁵ mat⁸ ka:ŋ² thɤu²
汉文直译： 越　看见　脸　越　愁
汉文意译： 越见面多愁善感，

喃字原文：强 韺 梵 景 梵 楼 强 傷。
国际音标：ka:ŋ² toŋ¹ thɤi⁵ kan³ thɤi⁵ lɤu² ka:ŋ² thɯ:ŋ¹
汉文直译：越 看见 景 见 楼 越 爱
汉文意译：越见风景望爱楼。

（22）

喃字原文：傷 牢 朱 特 麻 傷,
国际音标：thɯ:ŋ¹ tha:u¹ tsɔ¹ ʔdɯ:k⁸ ma² thɯ:ŋ¹
汉文直译：爱 如何 使 得 麻 爱
汉文意译：相爱要情真意切,

喃字原文：傷 牢 朱 院 毭 塘 躺 喂;
国际音标：thɯ:ŋ¹ tha:u¹ tsɔ¹ vɛn⁶ tam¹ ʔdɯ:ŋ² min² ʔɤ:i¹
汉文直译：爱 如何 使 完美 百 方面 妹 啊
汉文意译：百道相爱全心爱；

喃字原文：傷 牢 朱 院 毭 皮,
国际音标：thɯ:ŋ¹ tha:u¹ tsɔ¹ vɛn⁶ tam¹ ʔbe²
汉文直译：爱 如何 使 得 百 方面
汉文意译：爱得外里深度爱,

喃字原文：傷 牢 朱 塊 几 吱 馭 唭。
国际音标：thɯ:ŋ¹ tha:u¹ tsɔ¹ khɔi³ kɛ³ tse¹ ŋɯ:i² kɯ:i²
汉文直译：爱 如何 使 免得 人 嫌 人 笑
汉文意译：爱得人见笑口开。

（23）

喃字原文：要 燒 九 補 ⿻ 迸,
国际音标：ʔi:u¹ɲau¹ tsin⁵ ʔbo³ la:m² mɯ:i²
汉文直译：相爱 九 丢 做 十
汉文意译：相爱要宽大为怀,

情 歌

喃字原文：濐　停　疑　碍　趴　哄　堆　些；
国际音标：tsɤ⁵ʔduŋ² ŋi¹ŋaːi⁶ ŋɯːi² kɯːi² ʔdoi¹ta¹
汉文直译：不要　疑虑　人　笑　咱俩
汉文意译：莫要疑虑让人笑；

喃字原文：要　烧　袘　相　胴　戈，
国际音标：ʔiːu¹ɲau¹ lɤi⁵ mat⁷ liːk⁷ kwa¹
汉文直译：相爱　用　眼　瞥　过
汉文意译：相爱互眉目传情，

喃字原文：停　固　胴　夥　趴　些　吱　哄。
国际音标：ʔduŋ² kɔ⁵ liːk⁷ lam⁵ ŋɯːi²ta¹ tse¹kɯːi²
汉文直译：别　有　瞥　多　人家　耻笑
汉文意译：多溜眼色人嘲笑。

（24）
喃字原文：要　烧　别　膝　丕　催，
国际音标：ʔiːu¹ɲau¹ ʔbiːt⁷ ʔbuŋ⁶ vɤi⁶ thoi¹
汉文直译：相爱　知　心　这样　而已
汉文意译：相爱就放在心里，

喃字原文：吁　停　底　啫　底　哑　術　黐；
国际音标：sin¹ ʔduŋ² ʔde³ tiːŋ⁵ ʔde³ nɤːi² ve²thau¹
汉文直译：请　别　留　声　留　话　日后
汉文意译：莫要过分让人讥；

喃字原文：吁　停　底　啫　術　黐，
国际音标：sin¹ ʔduŋ² ʔde³ tiːŋ⁵ ve²thau¹
汉文直译：请　别　留　声　日后
汉文意译：莫让流言留后代，

687

喃字原文： 迚 分 些 拱 傷 烧 奇 迚。
国际音标： mɯːi² fɤn² ta¹ kuŋ³ thɯːŋ¹ ȵau¹ ka³ mɯːi²
汉文直译： 十分 咱也 相爱 全 十
汉文意译： 全心相爱十分美。

（25）

喃字原文： 些 傷 躺 懃 躺 喂，
国际音标： ta¹ thɯːŋ¹ min² lam⁵ min² ʔɤːi¹
汉文直译： 妹 想 哥 很 哥 啊
汉文意译： 妹思念哥想深切，

喃字原文： 啧 浪 躺 於 赊 吹 舒 重；
国际音标： tat⁷ raŋ² min² ʔɤ³ sa¹ soi¹ ŋin² tuŋ²
汉文直译： 责怪 哥 在 遥远 千 重
汉文意译： 责怪君子隔千重；

喃字原文： 赊 吹 隔 㐱 舒 重，
国际音标： sa¹ soi¹ kat⁷ mɤi⁵ ŋin² tuŋ²
汉文直译： 遥远 隔 几 千 重
汉文意译： 远隔千重相分离，

喃字原文： 约 之 些 特 於 共 䜣 烧。
国际音标： ʔɯːk⁷ tsi¹ ta¹ ʔdɯːk⁸ ʔɤ³ kuŋ² ɣɤn² ȵau¹
汉文直译： 渴望 什么 咱 得 在 一起 近 互相
汉文意译： 渴望何时能相逢。

（26）

喃字原文： 毑 吊 粘 绞 疃 𥺊，
国际音标： ŋai² naːu² ɣaːu⁶ ʔbɛn⁵ ten¹ thaːŋ²
汉文直译： 天 哪 米 紧贴 上 筛子
汉文意译： 那日米紧贴筛子，

情 歌

喃字原文：朱 霻 绞 遖 朱 扒　绞 些；
国际音标：tsɔ¹ mɤi¹ ʔbɛn⁵ jɔ⁵ tsɔ¹ tsa:ŋ² ʔbɛn⁵ ta¹
汉文直译：使 云 紧贴 风 使 郎 紧贴 妹
汉文意译：云紧贴风君贴妹；

喃字原文：剴 帀 焀 绞 共 香，
国际音标：ŋai² na:u² lɯə³ ʔbɛn⁵ kuŋ² hɯ:ŋ¹
汉文直译：天 哪 火 紧贴 和 香
汉文意译：那日火能紧贴香，

喃字原文：些 别 烧 夥 些 傷 烧 夥。
国际音标：ta¹ ʔbi:t⁷ȵau¹ lam⁵ ta¹ thɯ:ŋ¹ȵau¹ lam⁵
汉文直译：咱 了解 多 咱 相爱 多
汉文意译：咱俩越识越思恋。

喃字原文：傷 烧 補 特 烧 呢，
国际音标：thɯ:ŋ¹ȵau¹ ʔbo³ ʔdɯ:k⁸ ȵau¹ ȵi¹
汉文直译：相爱 丢弃 得 互相 吗
汉文意译：相爱莫能弃情义，

喃字原文：罪 丕 埃 翌 功 夫 埃 填？
国际音标：toi⁶ jɤ:i² ʔa:i¹ tsiu⁶ koŋ¹ fu¹ ʔa:i¹ ʔden²
汉文直译：罪 天 谁 受 功 夫 谁 补偿
汉文意译：天罪谁受怎补偿？

（男：苏维绍；女：吴秀英）

(27)

喃字原文：傷 傷 忬 忬 傷 傷，
国际音标：thɯ:ŋ¹ thɯ:ŋ¹ nɤ⁵ nɤ⁵ thɯ:ŋ¹ thɯ:ŋ¹
汉文直译：想 想 念 念 想 想
汉文意译：相爱越深越思念，

喃字原文： 没 照 堆 㤿 别 解 㖆 帍；
国际音标： mot⁸ tsi:u⁵ ʔdoi¹ jɯ:ŋ² ʔbi:t⁷ ra:i³ nɤ:i¹ na:u²
汉文直译： 一 席子 两 床 知道 铺 地方 哪个
汉文意译： 两床一席铺那床；

喃字原文： 固 解 時 解 㤿 高，
国际音标： kɔ⁵ ra:i³ thi² ra:i³ jɯ:ŋ² ka:u¹
汉文直译： 有 铺 就 铺 床 高
汉文意译： 欲铺就铺席高床，

喃字原文： 濟 解 㤿 湿 占 包 㙁 㟅。
国际音标： tsɤ⁵ ra:i³ jɯ:ŋ² thɤp⁷ tsi:m¹ ʔba:u¹ mɤ¹ma:ŋ²
汉文直译： 别 铺 床 矮 梦境 迷迷糊糊
汉文意译： 莫铺矮床夜睡梦。

（28）
喃字原文： 傷 埃 麻 蹲 麻 𥊙，
国际音标： thɯ:ŋ¹ ʔa:i¹ ma² ʔdɯŋ⁵ ma² toŋ¹
汉文直译： 想 谁 而 站 而 望
汉文意译： 想念谁人企立望，

喃字原文： 伩 埃 𡎢 𣚦 核 樋 呾 𨱽？
国际音标： nɤ⁵ ʔa:i¹ ŋoi² ɣok⁷ kɤi¹thoŋ¹ thɤ³ ja:i²
汉文直译： 想 谁 坐 根部 松树 叹 长
汉文意译： 坐松树下想谁人？

喃字原文： 槹 薇 蔞 禄 美 梅，
国际音标： kau¹ nɔn¹ jɤu² luk⁸ miə³ma:i¹
汉文直译： 槟榔 嫩 蒌叶 美味 讥笑
汉文意译： 仙蒌槟榔嫩美味，

情 歌

喃字原文：胗皋鎏䭏 糱 貝 埃 低。
国际音标：ja¹ taŋ⁵ tɔk⁷ ja:i² ʔdɛp⁸ vɤ:i⁵ ʔa:i¹ ʔdɤi¹
汉文直译：肤 白 发 长 美 跟 谁 这儿
汉文意译：皮白发长思美人。

（29）

喃字原文： 傷 媕 捱 晋 賒 昕，
国际音标：thɯ:ŋ¹ ʔɛm¹ tsaŋ³ kwa:n³ sa¹ ɣɤn²
汉文直译：爱 妹 不 管 远 近
汉文意译：爱妹不怕路远近，

喃字原文： 桥 空 䄂揨 拱 搭 麻 逊；
国际音标：kɤu² khoŋ¹ tai¹vin⁶ kuŋ³ lan⁶ ma² tha:ŋ¹
汉文直译：桥 无 扶手 也 摸 而 上去
汉文意译：桥无扶手慢摸过；

喃字原文： 矫 㝵 戈 侣 矺 廊，
国际音标：kɛu³ ma:i¹ kwa¹ lɯ³ jɤ³la:ŋ²
汉文直译：不然 以后 错过 伴侣 耽误
汉文意译：当心年龄过时机，

喃字原文： 桥 麻 枝 檏 捱 撝 挵 撝 川。
国际音标：kɤu² ma² ɣai³ ȵip⁸ tsaŋ³ vɤ¹kwa:ŋ² vɤ¹si:n¹
汉文直译：桥 而 断 段 不 胡 乱 胡 来
汉文意译：桥梁断了胡乱来。

（30）

喃字原文： 傷 英 空 晋 之 賒，
国际音标：thɯ:ŋ¹ ʔan¹ khoŋ¹ kwa:n³ tsi¹ sa¹
汉文直译：爱 哥 不 管 什么 远
汉文意译：爱哥不管路遥远，

691

喃字原文： 矽鐄拱　决风波拱料；
国际音标： ʔda⁵vaːŋ² kuŋ³ kwiːt⁷ fɔŋ¹ʔba¹ kuŋ³ liːu²
汉文直译： 金石　也　决心　风波　也　豁出去
汉文意译： 决志金石拼风波；

喃字原文： 傷　英　空　　晋　赊　斨，
国际音标： thɯːŋ¹ ʔan¹ khoŋ¹ kwaːn³ sa¹ ɣɤn²
汉文直译： 爱　哥　不　　管　远　近
汉文意译： 爱哥莫管路远近，

喃字原文： 桥　空　遖探拱　搭　细　尼。
国际音标： kɤu² khoŋ¹ tai¹vin⁶ kuŋ³ lan⁶ tɤːi⁵ nɤːi¹
汉文直译： 桥　无　扶手　也　摸　到　地方
汉文意译： 桥无扶手探摸过。

（男：杜福朝；女：阮春英）

情 歌

2

喃字原文： 鸻 叫 猿 嗯 呢 薇 强 愁
国际音标： tsim¹ keu¹ vɯ:n⁶ hɔt⁷ ni³nɔn¹ ka:ŋ² thɤu²
汉文直译： 鸟 叫 猿 啼 低 语 更 愁
汉文直译： 鸟鸣猿啼倾思恋

（31）

喃字原文：自 郿 英 跳 蹪 齣，
国际音标：tɯ² ŋai² ʔan¹ ʔbɯ:k⁷tsɤn¹ ɣa¹
汉文直译：从 天 哥 动身 出
汉文意译：自从那天哥出门，

喃字原文：乍 行 刴 跀 雁 他 哃 哃；
国际音标：ha:i¹ ha:ŋ² ka⁵ ɲai³ ɲa:n⁶ tha¹ vɤ:i²vɤ:i²
汉文直译：两 行 鱼 跳 雁 拖带 远远
汉文意译：两行鱼跳雁飞远；

喃字原文：哲 簊 缘 分 黜 丕，
国际音标：sɯə¹kiə¹ ji:n¹fɤn⁶ ʔbɤ:i³ jɤ:i²
汉文直译：过去 缘分 因为 天
汉文意译：过去缘分天作合，

喃字原文：绦 红 捧 俣 堆 尼 翘 愁。
国际音标：tɤ¹hoŋ² ʔboŋ³tsok⁷ ʔdoi¹ nɤ:i¹ tsiu⁶ thɤu²
汉文直译：红线 蓦然 两 地 承受 忧愁
汉文意译：俄然咱俩红绳思。

喃字原文： 欺 智 埃 别 埃 兜，
国际音标： khi¹sɯə¹ ʔa:i¹ ʔbi:t⁷ ʔa:i¹ ʔdɤu¹
汉文直译： 过去 谁 知 谁 哪儿
汉文意译： 过去互相不认识，

喃字原文： 衚 缘 贝 沛 甦 愁 相 思。
国际音标： ve² ji:n¹ mɤ:i⁵ fa:i³ tsiu⁶ thɤu² tɯ:ŋ¹tɯ¹
汉文直译： 为 缘 才 得 承受 忧愁 相思
汉文意译： 今为缘分两愁牵。

喃字原文： 衚 恓 没 浽 相 思，
国际音标： ʔbu:n² ve² mot⁸ noi³ tɯ:ŋ¹tɯ¹
汉文直译： 烦闷 为 一 心境 相思
汉文意译： 烦闷为情而相思，

喃字原文： 决 悉 解 曝 油 湄 迻 寻。
国际音标： kwi:t⁷lɔŋ² ja:i³ naŋ⁵ jɤu² mɯə¹ ʔdi¹ tim²
汉文直译： 决心 曝晒 阳光 淋 雨 去 找
汉文意译： 日晒雨淋决去寻。

（32）
喃字原文： 没 哢 君 子 多 挓，
国际音标： mot⁸ nɤ:i² kwɤn¹tɯ³ ʔda¹ma:ŋ¹
汉文直译： 一 言 君子 操劳
汉文意译： 君子一言操劳情，

喃字原文： 愿 吁 渚 特 咀 叹 堆 哢；
国际音标： ŋwi:n⁶ sin¹ tsɯə¹ ʔdɯ:k⁸ thɤ³tha:n¹ ʔdoi¹ nɤ:i²
汉文直译： 立愿 求 未 得 叹息 两 言
汉文意译： 情愿已定无叹言；

情 歌

喃字原文： 悲 晾 情 吏 返 情，
国际音标： ʔbɤi¹jɤ² tin² laːi⁶ ɣap⁸ tin²
汉文直译： 如今 情 由 遇 情
汉文意译： 如今情义得相遇，

喃字原文： 梗 珠 芳 玉 为 躺 悴 悙。
国际音标： kan² tsɤu¹ la⁵ ŋɔk⁸ vi² min² sɔt⁷sa¹
汉文直译： 枝 珠 叶 玉 为 妹 辛 酸
汉文意译： 珠枝玉叶怜悯情。

（33）

喃字原文： 孃 埃 别 浽 尼 庄，
国际音标： naːu² ʔaːi¹ ʔbiːt⁷ noi³ nai² tsaŋ¹
汉文直译： 哪 谁 知 境 地 这 不
汉文意译： 谁人知遇此境地，

喃字原文： 底 些 轮 惆 暽 胲 翘 愁；
国际音标： ʔde³ ta¹ lɤn³kwɤt⁷ ʔbɔŋ⁵ jaŋ¹ tsiu⁶ thɤu²
汉文直译： 让 妹 躲 藏 影 月 承受 忧愁
汉文意译： 让妹隐匿月下愁；

喃字原文： 自 欺 撵 沛 啥 愁，
国际音标： tɯ² khi¹ mak⁷faːi³ tiːŋ⁵ thɤu²
汉文直译： 从 时 遭受 声 愁
汉文意译： 自从思愁心牵挂，

喃字原文： 埃 挠 畑 映 细 楼 宫 朕。
国际音标： ʔaːi¹ ʔdɛm¹ ʔdɛn² ʔan⁵ tɤːi⁵ lɤu² kuŋ¹jaŋ¹
汉文直译： 谁 拿 灯 映照 到 楼 月宫
汉文意译： 月亮灯影照宫楼。

喃字原文：自 欺 攃 沛 䎡 更，
国际音标：tɯ² khi¹ mak⁷ fa:i³ nam¹ kan¹
汉文直译：自 时 遭受 五 更
汉文意译：自从那夜五更起，

喃字原文：聰 䵄 猿 嗡 薘 梗 哮 昏；
国际音标：ta:i¹ ŋɛ¹ vɯ:n⁶ hɔt⁷ ten¹ kan² vɛu⁵ vɔn¹
汉文直译：耳 听 猿 啼 上 枝 清 脆
汉文意译：耳闻猿啼清脆声；

喃字原文：惱 䏧 捛 暐 腋 𦝄，
国际音标：ʔbu:n² thai¹ jɯə⁶ ʔbɔŋ⁵ jaŋ¹ tɔn²
汉文直译：烦闷 啊 倚 影 月 圆
汉文意译：烦闷倚着望圆月，

喃字原文：鵤 叫 猿 嗡 呢 薁 强 愁。
国际音标：tsim¹ keu¹ vɯ:n⁶ hɔt⁷ ni³ nɔn¹ ka:ŋ² thɤu²
汉文直译：鸟 鸣 猿 啼 低 吟 更 愁
汉文意译：鸟鸣猿啼倾思恋。

喃字原文：胅 䪞 測 得 浨 珠，
国际音标：ʔdem¹ nam² lak⁷ ʔdak⁷ jɔt⁸ tsɤu¹
汉文直译：夜 躺 簌簌 滴 珠
汉文意译：夜眠泪珠涌如泉，

喃字原文：扞 恅 渚 殆 扞 愁 吏 添。
国际音标：kɤ:n¹ vui¹ tsɯə¹ ʔden⁵ kɤ:n¹ thɤu² la:i⁶ them¹
汉文直译：欢乐 未 到 愁绪 又 添
汉文意译：烦闷又添相思恋。

情 歌

（34）

喃字原文：固　腊　嚎　勆　事　埃，
国际音标：kɔ⁵ ʔdem¹ mɔŋ¹mɔi³ thɯ⁶ ʔa:i¹
汉文直译：有　夜晚　盼望　　事　谁
汉文意译：有时夜里盼情人，

喃字原文：遥　南　幌　幅　於　外　厔　撛；
国际音标：jɔ⁵na:m¹ hwa:ŋ³kwɤt⁷ ʔɤ³ ŋwa:i² ma:i⁵ thɤn¹
汉文直译：南风　　吹拂　　在　外　屋檐　院子
汉文意译：园檐外等南风吹；

喃字原文：悒　能　嗨　客　主　春，
国际音标：ʔbu:n² thai¹ hɔi³ khat⁷ tsu³ sɤn¹
汉文直译：烦闷　啊　问　客　主　春
汉文意译：烦闷心乱问春主，

喃字原文：鸾　房　蹲　待　勆　蹪　蹲　徐。
国际音标：lɔn¹fɔŋ² ʔdɯŋ⁵ ʔdɤ:i⁶ mɔi³ tsɤn¹ ʔdɯŋ⁵ tsɤ²
汉文直译：鸾房　　站　等　累　脚　站　等
汉文意译：鸾房外等脚疲累。

喃字原文：主　春　包　透　情　渚？
国际音标：tsu³ sɤn¹ ʔda³ thɤu⁵ tin² tsɯɔ¹
汉文直译：主　春　已　知　情　未
汉文意译：此情春主已知否？

喃字原文：衒　埃　落　梭　包　睑　喷　些。
国际音标：ve² ʔa:i¹ lɤt⁷lɯŋ³ ʔba:u¹jɤ² tat⁷ ta¹
汉文直译：为　谁　悬空　　何时　责　咱
汉文意译：为情悬空自责问。

（男：阮进余，杜玉光）

（35）

喃字原文：恼衕分改缘金,
国际音标：ʔbuːn² ve² fɤn⁶ kaːi³ jiːn¹ kim¹
汉文直译：愁 为 分 磁石 缘 针
汉文意译：为情愁磁石引针,

喃字原文：共烧叹咀逐信朱娘;
国际音标：kuŋ² n̻au¹ thaːn¹ thɤ³ ʔdɯə¹ tin¹ tsɔ¹ naːŋ²
汉文直译：一起 叹息 送 信 给 妹
汉文意译：正思量与妹送信;

喃字原文：英吲媕句詩浪,
国际音标：ʔan¹ n̻an⁵ ʔɛm¹ kɤu¹ thɤ¹ raŋ²
汉文直译：哥嘱咐妹句诗道
汉文意译：哥嘱咐妹句诗云,

喃字原文：渃沚㘖源悉恩波爱。
国际音标：nɯːk⁷ tsai³ kuːn² ŋuːn² lɔŋ² ʔɤn¹ ʔbe³ ʔaːi⁵
汉文直译：水 流滚滚 源 心 恩 海 爱
汉文意译：千万恩爱言不尽。

喃字原文：惜梗花屎花枕,
国际音标：tiːk⁷ kan² hwa¹ maːi¹ hwa¹ thim¹
汉文直译：可惜 枝 梅花 椮子花
汉文意译：怜惜梅花椮子花,

喃字原文：傷鸠凤凰叩祖巴嚦;
国际音标：tiːk⁷ tsim¹ fɯːŋ⁶ hwaːŋ² laːm² to³ ʔbɤ¹ ʔvɤ¹
汉文直译：可惜 凤凰 筑 巢 孤零零
汉文意译：可怜凤凰巢飘零;

情 歌

喃字原文：功 些 㒧 待 迁 徐，
国际音标：koŋ¹ ta¹ tam¹ ʔdɤ:i⁶ ŋin² tsɤ²
汉文直译：功 哥 百 等 千 待
汉文意译：哥有功千等万待，

喃字原文：麻 躺 䛯 料 缠 绦 准 帍。
国际音标：ma² min² kɤp⁷ li:u⁶ sɛ¹tɤ¹ tson⁵ na:u²
汉文直译：而 妹 急 想 牵线 处 哪
汉文意译：可能妹急另找缘。

喃字原文：吁 停 迊 遥 瞿 脾，
国际音标：sin¹ ʔdɯŋ² ʔdɔn⁵ jɔ⁵ toŋ¹ tha:u¹
汉文直译：请 别 迎 风 看 星星
汉文意译：莫要望星等清风，

喃字原文：瞿 胺 贝 檜 别 包 晗 移。
国际音标：toŋ¹ jaŋ¹ vɤ:i⁵ koi⁶ ʔbi:t⁷ ʔba:u¹jɤ² rɤ:i²
汉文直译：望 月 和 榕树 知 何时 分离
汉文意译：榕下望月远分离。

（36）

喃字原文：没 躺 舩 波 邊 滝，
国际音标：mot⁸min² ɣɔk⁷ ʔbe³ ʔben¹ thoŋ¹
汉文直译：独自 角 海 边 河
汉文意译：天涯海角相隔远，

喃字原文：塘 赊 挺 晋 迁 重 拱 扐；
国际音标：ʔdɯ:ŋ² sa¹ tsaŋ³ kwa:n³ ŋin² tuŋ² kuŋ³ ʔdi¹
汉文直译：路 远 不 管 千 重 也 去
汉文意译：千山万水亦去寻；

699

喃字原文：乇　特　忠　孝　黜　拕，
国际音标：ʔda³ ʔdɯːk⁸ tuŋ¹ hiːu⁵ ra¹ʔdi¹
汉文直译：已　得　忠　孝　出　去
汉文意译：为了忠孝豁出去，

喃字原文：固　悉　傷　跙　昏　之　𠦳　重？
国际音标：kɔ⁵ lɔŋ² thɯːŋ¹ ʔden⁵ kwaːn³ tsi¹ ŋin² tuŋ²
汉文直译：有　心　爱　到　管　什么　千　重
汉文意译：有心相爱管千里？

（37）

喃字原文：物　尼　群　待　世　常，
国际音标：vɤt⁸ nai² kɔn² ʔɤːi⁶ the⁵ thɯːŋ²
汉文直译：东西　这　还　等　世间　常
汉文意译：世间常情保此物，

喃字原文：㐧　恩　義　𪜀　𠦳　鐄　重　呠；
国际音标：tam¹ ʔɤn¹ ŋiə³ ʔɤi⁵ ŋin² vaŋ² naŋ⁶ thai¹
汉文直译：百　恩　义　那　千　金　重　啊
汉文意译：此物百恩值千金；

喃字原文：乇　哈　䀡　𦬓　者　桃，
国际音标：ʔda³ hai¹ ʔan¹ mɤn⁶ ja³ ʔdaːu²
汉文直译：已　知　吃　李子　还　桃子
汉文意译：食了李子还桃子，

喃字原文：㐧　恩　義　𪜀　別　包　㖇　填。
国际音标：tam¹ ʔɤn¹ ŋiə³ ʔdɤi⁵ ʔbiːt⁷ ʔbaːu¹ jɤ² ʔden²
汉文直译：百　恩　义　那儿　知　何时　报　答
汉文意译：百恩千义要补填。

情 歌

喃字原文：悲 晗 遛 贸 铖 涓，
国际音标：ʔbɤi¹jɤ² la⁶ mɤːi⁵ nen¹ kwɛn¹
汉文直译：如今 陌生 才 成 熟悉
汉文意译：起初陌生今惯熟，

喃字原文：智 箕 别 户 详 峱 罙 之；
国际音标：sɯə¹kiə¹ ʔbiːt⁷ hɔ⁶ tɯːŋ² ten¹ la² ji²
汉文直译：从前 知 姓 详 名 是 什么
汉文意译：过去识姓现知名；

喃字原文：喻 罙 衭 心 悉 圭，
国际音标：ɣɔi⁶la² lɤi⁵ tɤm¹lɔŋ² kwe¹
汉文直译：叫做 要 心 家乡
汉文意译：家乡习俗记心里，

喃字原文：伴 鸾 羛 苗 捽 衏 楼 西。
国际音标：ʔbaːn⁶ lɔn¹ ŋiə³ ku³ rut⁷ ve² lɤu² tɤi¹
汉文直译：友 鸾 义 旧 退 回 楼 西
汉文意译：鸾友情义楼房知。

喃字原文：英 吲 姑 躺 衏 迟，
国际音标：ʔan¹ ȵan⁵ ko¹ min² ve² tsɤi²
汉文直译：哥 叮嘱 妹 你 回 迟
汉文意译：寄言请妹快回来，

喃字原文：衏 特 㟫 䶊 吏 细 共 英。
国际音标：ve² ʔdɯːk⁸ ʔba¹ ŋai² laːi⁶ tɤːi⁵ kuŋ² ʔan¹
汉文直译：回 得 三 天 又 到 和 哥
汉文意译：见面三天共喜悦。

（38）

喃字原文：智 箕 凤 结 共 鸾，
国际音标：sɯə¹kiə¹ fɯːŋ⁶ ket⁷ kuŋ² lɔːn¹
汉文直译：从前 凤 结 与 鸾
汉文意译：昔日凤鸾结情义，

喃字原文：愿 為 没 葉 牡 丹 哻 誓；
国际音标：ŋwiːn² vi² mot⁸ la⁵ mʁu³ʔdʁːn¹ n̺ʁːi²the²
汉文直译：愿 为 一 叶 牡 丹 誓言
汉文意译：牡丹鲜艳重誓言；

喃字原文：自 欺 英 於 媕 術，
国际音标：tɯ² khi¹ ʔan¹ ʔʁ³ ʔɛm¹ ve²
汉文直译：从 时 哥 在 妹 回
汉文意译：自从哥留妹回家，

喃字原文：雁 南 燕 北 堆 皮 强 傷。
国际音标：n̺aːn⁶ naːm¹ ʔiːn⁵ ʔbak⁷ ʔdoi¹ ʔbe² kaːŋ² thɯːŋ¹
汉文直译：雁 南 燕 北 两 方 更 思念
汉文意译：雁南燕北两思念。

喃字原文：细 低 感 境 岔 高，
国际音标：tʁːi⁵ ʔdʁi¹ kaːm³ kan³ ŋoi¹ kaːu¹
汉文直译：到 这儿 感触 景色 位 高
汉文意译：触景生情恋人称，

喃字原文：智 箕 别 犕 圭 桃 罞 埃；
国际音标：sɯə¹kiə¹ ʔbiːt⁷ mʁn⁶ kwe¹ ʔdaːu² la² ʔaːi¹
汉文直译：过去 知 李子 家乡 桃子 是 谁
汉文意译：过去桃李不往来；

情 歌

喃字原文：拱　靰　戈　准　書　斋，
国际音标：kuŋ³ mai¹ kwa¹ tson⁵ thɯ¹ta:i¹
汉文直译：也　幸运　过　处　书斋
汉文意译：幸运那次经书斋，

喃字原文：笕　英　㘃　呢　每　唑　卒　傷。
国际音标：thɤi⁵ ʔan¹ nan¹ni³ mɔi⁶ n̩ɤ:i² tot⁷ thɯ:ŋ¹
汉文直译：见　哥　恳求　全部　话语　相好　相爱
汉文意译：见君恳求心相爱。

喃字原文：妲　低　嗨　客　寻　常，
国际音标：ʔden⁵ ʔdɤi¹ hɔi³ khat⁷ tɤm²thɯ:ŋ²
汉文直译：到　这儿　问　客　　寻常
汉文意译：作为常客到此寻，

喃字原文：忱　躺　臺　阁　挣　搬　䩞　權。
国际音标：ʔdɛm¹min² ʔda:i²ka:k⁷ jɯə⁶nɯ:ŋ¹ kɯə³kwi:n²
汉文直译：投身　　台阁　　倚靠　　权门
汉文意译：投身楼阁倚豪君。

（39）

喃字原文：没　浪　效　蕙　求　缘，
国际音标：mot⁸ raŋ² thɔ⁵hwe⁶ kɤu² ji:n¹
汉文直译：一　道　命运　求　缘
汉文意译：一是命运定求缘，

喃字原文：𠄩　浪　容　且　册　烟　朱　㥜；
国际音标：ha:i¹ raŋ² juŋ¹tha³ that⁷ ʔdɛn² tsɔ¹ vui¹
汉文直译：二　道　从容　书　灯　使　欢乐
汉文意译：二是灯火习书文；

喃字原文： 衏 蒸 䑔 䱱 沛 味，
国际音标： ve²tsɯŋ¹ jɯə¹mu:i⁵ fa:i³ mui²
汉文直译： 因为 酸菜 对 味道
汉文意译： 盐腌酸菜尝有味，

喃字原文： 醛 醚 味道 麻 愧 浽 茹。
国际音标： thai¹thɯə¹ vi⁶ʔda:u⁶ ma² ŋɯ:i¹ noi³ ɲa²
汉文直译： 陶醉 味道 而 淡薄 境地 家
汉文意译： 陶醉味道莫忘记。

喃字原文： 㕭 㕭 㱿 别 烧 甝，
国际音标： vi⁵ju² thɤ:m⁵ ʔbi:t⁷ ʔau¹ ra¹
汉文直译： 假如 早 知 互相 出
汉文意译： 如果咱俩早认识，

喃字原文： 罒 之 㘴 婆 恤 悙 悉 鐄；
国际音标： la:m²tsi¹ ʔden⁵ ʔba² sɔt⁷sa¹ lɔŋ²va:ŋ²
汉文直译： 为什么 到 老太婆 痛惜 好心
汉文意译： 怎不怜悯好心人；

喃字原文： 㕭 㕭 㱿 固 别 娘，
国际音标： vi⁵ju² thɤ:m⁵ kɔ⁵ ʔbi:t⁷ na:ŋ²
汉文直译： 假如 早 有 知 妹
汉文意译： 若果早得认识妹，

喃字原文： 時 滝 恩爱 堆 塘 拱 铖。
国际音标： thi² thoŋ¹ ʔɤn¹ʔa:i⁵ ʔdoi¹ ʔdɯ:ŋ² kuŋ³ nen¹
汉文直译： 则 河 恩爱 两 路 都 成
汉文意译： 情缘早成恩爱河。

情 歌

（40）

喃字原文：𠀉 些 𥜽 客 楼 臺，
国际音标：ha:i¹ ta¹ la² khat⁷ lɤu¹ ʔda:i²
汉文直译：咱俩 是 客　 楼台
汉文意译：咱俩都是楼台客，

喃字原文：细 尼 比 心 圭 馱 別 兜；
国际音标：tɤ:i⁵ nɤ:i¹ ti³ tʂm¹ kwe¹ ŋɯ:i² ʔbi:t⁷ ʔdɤu¹
汉文直译：到 处 详细 谈心 家乡 人家 知 哪儿
汉文意译：到此只是详情事；

喃字原文：欺 时 𠖤 慮 强 愁，
国际音标：khi¹ thi² lɯ:ŋ³ lɯ⁶ ka:ŋ² thɤu²
汉文直译：有时 则 迟疑 更 愁
汉文意译：时而迟疑多愁思，

喃字原文：欺 时 于 于 融 楼 忕 傷。
国际音标：khi¹ thi² vɔ² vɔ³ toŋ¹ lɤu² nɤ⁵ thɯ:ŋ¹
汉文直译：有时 则 孤单 中 楼 想念
汉文意译：时而孤独楼里悲。

喃字原文：脂 嚎 雁 奇 迻 塘，
国际音标：ʔdem¹ mɔŋ¹ ɲa:n⁶ ka³ ʔdɯə¹ ʔdɯ:ŋ²
汉文直译：夜 盼 雁 大　 带 路
汉文意译：盼望夜里雁带路，

喃字原文：知音 燃 鸠 凤 凰 迻 信；
国际音标：ti¹ ʔɤm¹ tɔ³ nɛu³ fɯ:ŋ⁶ hwa:ŋ² ʔdɯə¹ tin¹
汉文直译：知音 陈述 路 凤 凰　 送 信
汉文意译：凤凰送信寻知音；

喃字原文： 欺悵朱趣林泉，
国际音标： khi¹ vui¹ tsɔ¹ thu⁵ lɤm¹ ti:n²
汉文直译： 时 欢乐 给 趣味 林 泉
汉文意译： 时而欢心林中转，

喃字原文： 脏悵合糎朙連拎秵。
国际音标： ʔdem¹ vui¹ hɔp⁸mat⁸ ŋai² li:n² kɤm²tai¹
汉文直译： 夜 欢乐 聚首 日 连续 执手
汉文意译： 盼望夜欢日守侣。

喃字原文： 淋漓趸准宫霆，
国际音标： lɤm¹li¹ ʔden⁵ tson⁵ kuŋ¹ mɤi¹
汉文直译： 淋漓 到 处 宫 云
汉文意译： 淋漓欲到云宫去，

喃字原文： 嗨 宫 金织 缏绒 结 愿。
国际音标： hɔi³ kuŋ¹ kim¹tsi³ sɛ¹jɤi¹ ket⁷ŋwi:n⁶
汉文直译： 问 月老 针线 牵线 结愿
汉文意译： 想问月老系情缘。

（男：阮进余，杜福朝）

（41）

喃字原文： 嘲嘲 鸹鹴 叫嘲，
国际音标： tsi:u² tsi:u² tsim¹vit⁸ keu¹tsi:u²
汉文直译： 傍晚 水鸭 鸣叫
汉文意译： 每日傍晚水鸭叫，

喃字原文： 悑嚘奴伴九懰脌疗；
国际音标： ʔban¹khwan¹ nɤ⁵ ʔba:n⁶ tsin⁵ tsi:u² ru:t⁸ ʔdau¹
汉文直译： 焦虑不安 想 朋友 九 方向 心肠 痛
汉文意译： 徬徨思情忧忡忡；

情 歌

喃字原文： 鸼 娟 豆 翩 梗 䊆,
国际音标： tsim¹kwi:n¹ ʔdɤu⁶ tɯ:k⁷ kan² jɤu¹
汉文直译： 杜鹃　栖息　前　枝　桑
汉文意译： 杜鹃栖在桑枝欢,

喃字原文： 据 牢 補 惨 補 愁 朱 俺。
国际音标： kɤ⁵tha:u¹ ʔɔ³ tha:m³ ʔɔ³ thɤu² tso¹ ʔɛm¹
汉文直译： 何故　丢　惨　弃　愁　给　妹
汉文意译： 何故让妹受惨愁。

（42）

喃字原文： 鸼　娟　嗯 蜜 蒝 葵,
国际音标： tsim¹kwi:n¹ hut⁷ mɤt⁸ ʔboŋ¹ kwi²
汉文直译： 杜鹃　吸　蜜　花朵　葵花
汉文意译： 杜鹃采蜜葵花里,

喃字原文： 芭 生 群 待 况 之 芭 醉;
国际音标： ʔba¹ thin¹ kɔn² dɤ:i⁶ hu:ŋ⁵ ji² ʔba¹ nam¹
汉文直译： 三　生　还　等　何况　三　年
汉文意译： 三生都等且三年;

喃字原文： 嘲 朂 霊 撟 曝 岑,
国际音标： tsi:u² hom¹ mɤi¹ kɛu⁵ toi⁵thɤm²
汉文直译： 傍晚　云　张　布　黑沉沉
汉文意译： 傍晚时乌云密布,

喃字原文： 俺 術 蔬 鞋 汜 潭 梗 霜。
国际音标： ʔɛm¹ ve² ŋɔn⁶ kɔ³ ʔɯ:t⁷ʔdɤm² kan² thɯ:ŋ¹
汉文直译： 妹　回　尖　草　湿　枝　霜
汉文意译： 妹去割草身淫霜。

（43）

喃字原文：鵀 糦 衕 岿 桑 情，
国际音标：tsim¹ ʔbai¹ ve² nui⁵ ta:ŋ¹tin²
汉文直译：鸟 飞 回 山 定情
汉文意译：鸟飞回山叫定情，

喃字原文：埃 喂 固 忟 義 情 尼 空！
国际音标：ʔa:i¹ ʔɤ:i¹ ko⁵ nɤ⁵ ŋiə³tin² nai² khoŋ¹
汉文直译：谁 啊 有 想 情义 这 不
汉文意译：哥啊！怎忘咱情缘！

喃字原文：嘲 嘲 黜 蹲 閈 躉，
国际音标：tsi:u²tsi:u² ra¹ ʔdɯŋ⁵ ŋo³ toŋ¹
汉文直译：傍晚 出 站 巷子 望
汉文意译：每日傍晚门外望，

喃字原文：躉 澄 赊 節 脆 悉 悴 疠。
国际音标：toŋ¹tsɯŋ² sa¹tit⁷ ja⁶lɔŋ² sɔt⁷ʔdau¹
汉文直译：忧心 遥远 心 痛楚
汉文意译：望路遥远心思念。

喃字原文：傷 埃 蹲 慁 蚧 愁，
国际音标：thɯ:ŋ¹ ʔa:i¹ ʔdɯŋ⁵ tui³ ŋoi² thɤu²
汉文直译：想 谁 站 怨恨 坐 愁怨
汉文意译：思念情君坐立愁，

喃字原文：身 躭 痔 堎 閉 数 瘨 㾓；
国际音标：thɤn¹min² kɔm²kɔi³ ʔbɤi⁵lɤɯ¹ ɣɤi²mɔn²
汉文直译：身体 瘦怯怯 那么久 消瘦
汉文意译：身瘦怯怯日面黄；

情 歌

喃字原文： 禛 箕 俺 底 䑋 房，
国际音标： tsan¹ kiə¹ ʔɛm¹ ʔde³ toŋ¹ foŋ²
汉文直译： 被子那 妹 留 中 房
汉文意译： 被子放在房里等，

喃字原文： 襘 箕 姅 待 姅 嚎 英 術。
国际音标： ɣoi⁵ kiə¹ nɯə³ ʔdɤi⁶ nɯə³ mɔŋ¹ ʔan¹ ve²
汉文直译： 枕头那 半 等待 半 期盼 哥 回
汉文意译： 枕头半垫半待君。

（44）

喃字原文： 嘲 嘲 燕 羚 狐 䎬，
国际音标： tsi:u² tsi:u² ʔɛn⁵ lɯi⁶ ko² ʔbai¹
汉文直译： 傍晚 燕 翱翔 鹤 飞
汉文意译： 傍晚鹤飞燕翱翔，

喃字原文： 怑 嗋 伱 伴 伴 屭 伱 埃；
国际音标： ʔban¹ khwan¹ ȵɤ⁵ ʔba:n⁶ ʔba:n⁶ rai² ȵɤ⁵ ʔa:i⁵
汉文直译： 焦虑不安 想 朋友 朋友 今天 想 谁
汉文意译： 忧心忡忡思情君；

喃字原文： 伴 屭 伱 蒟 伱 荶，
国际音标： ʔba:n⁶ rai² ȵɤ⁵ ku³ ȵɤ⁵ khwa:i¹
汉文直译： 朋友 今天 想 块根 想 红薯
汉文意译： 想吃红薯思伴侣，

喃字原文： 伱 柑 伱 橘 馱 知 音。
国际音标： ȵɤ⁵ ka:m¹ ȵɤ⁵ kwit⁷ ȵɤ⁵ ŋɯ:i² ti¹ ʔɤm¹
汉文直译： 想 柑子 想 橘子 想 人 知音
汉文意译： 思念柑橘想知音。

（45）

喃字原文： 晡　晡　𠲥　蹲　岗　婆，
国际音标： tsiːu² tsiːu² ra¹ ʔdɯŋ⁵ nui⁵ʔba²
汉文直译： 傍晚　出　站　婆山
汉文意译： 傍晚站在婆山上，

喃字原文： 岜　婆　群　帝　厼　茹　俺　兜；
国际音标： nui⁵ʔba² kɔn² ʔdʐi⁵ naːu² n̥a² ʔɛm¹ ʔdʐu¹
汉文直译： 婆山　尚存　那儿　哪　家　妹　哪儿
汉文意译： 婆山高立望妹家；

喃字原文： 俺　𠫾　外　𠇮　之　数，
国际音标： ʔɛm¹ ʔdi¹ ŋwaːi² ʔʐi⁵ tsi¹ lʐu¹
汉文直译： 妹　去　外　那　什么　久
汉文意译： 妹离开家时已久，

喃字原文： 底　英　𠲥　坡　𦿙　盱　澄。
国际音标： ʔde³ ʔan¹ ra¹ ʔdɯŋ⁵ ʔbɤ² jʐu¹ ŋ⁵tsɯŋ²
汉文直译： 让　哥　出　站　田埂　桑　忧心
汉文意译： 让哥站在桑坡望。

喃字原文： 𠄡　行　渃　相　溋　溋，
国际音标： haːi¹ haːŋ² nɯːk⁷mat⁷ rɯŋ¹rɯŋ¹
汉文直译： 两　行　泪水　汪汪
汉文意译： 两行泪水流汪汪，

喃字原文： 拱　為　傷　忟　姅　澄　麻　蹃。
国际音标： kuŋ³ vi² thɯːŋ¹n̥ɤ⁵ nɯə³tsɯŋ² ma² joŋ¹
汉文直译： 都　为　思念　半途　而　跟踪
汉文意译： 都为爱情而跟踪。

情 歌

（46）

喃字原文：厼 群 准 惨 尼 烦，
国际音标：nai¹ kɔn² tson⁵ tha:m³ nɤ:i¹ fi:n²
汉文直译：今 还 处 惨 处 烦
汉文意译：心里烦愁为爱情，

喃字原文：几 滝 恩 爱 馭 烦 准 江；
国际音标：kɛ³ thoŋ¹ ʔɤn¹ʔa:i⁵ ŋɯ:i² fi:n² tson⁵ ja:ŋ¹
汉文直译：人 河 恩 爱 人 烦 处 江
汉文意译：人想爱河人思江；

喃字原文：些 厼 思 想 嚎 娘，
国际音标：ta¹ nai¹ tɯ¹tɯ:ŋ³ mɔŋ¹ na:ŋ²
汉文直译：哥 今 思 想 期待 妹
汉文意译：哥正深思爱着妹，

喃字原文：些 厼 渚 特 堆 塘 结 缘。
国际音标：ta¹ nai¹ tsɯə¹ ʔdɯ:k⁸ ʔdoi¹ ʔdɯ:ŋ² ket⁷ji:n¹
汉文直译：咱 今 未 得 两 路 结缘
汉文意译：咱俩结缘未成双。

喃字原文：欺 恠 结 伴 婵 娟，
国际音标：khi¹ vui¹ ket⁷ʔba:n⁶ thi:n²kwi:n¹
汉文直译：时 高兴 结伴 婵娟
汉文意译：能与婵娟心高兴，

喃字原文：悉 丕 绅 吏 结 缘 朱 陈；
国际音标：lɔŋ²jɤ:i² sɛ¹ la:i⁶ ket⁷ji:n¹ tsʐu¹ tɤn²
汉文直译：天意 牵 来 结缘 朱 陈
汉文意译：天意作合朱陈缘；

喃字原文：娘 術 春 吏 添 春，
国际音标：na:ŋ² ve² sɤn¹ la:i⁶ them¹ sɤn¹
汉文直译：妹 回 春 又 添 春
汉文意译：春天妹来又添春，

喃字原文：𠄩 些 堆 牧 朱 陈 渚 交。
国际音标：ha:i¹ta¹ ʔdoi¹ tsɯ³ tsɤu¹ tɤn² tsɯə¹ ja:u¹
汉文直译：我俩 两 字 朱 陈 未 交
汉文意译：咱俩朱陈未结缘。

喃字原文：娘 術 披 銙 宫 高，
国际音标：na:ŋ² ve² ʔbɛ³ khwa⁵ kuŋ¹ ka:u¹
汉文直译：妹 回 扳 锁 宫 高
汉文意译：请妹回来开宫锁，

喃字原文：填 功 吒 媄 消 耗 汆 迟；
国际音标：ʔden² koŋ¹ tsa¹mɛ⁶ ti:u¹ha:u¹ mɤi⁵ tsɤi²
汉文直译：报答 功 父母 损耗 多少 夜晚
汉文意译：父母养育报答恩；

喃字原文：悲 馀 嗨 寔 躺 低，
国际音标：ʔbɤi¹jɤ² hɔi³ thɤt⁸ min² ʔdɤi¹
汉文直译：如今 问 实 妹 这 儿
汉文意译：如今问妹有何意，

喃字原文：绪 愁 扵 钟 躺 魖 塘 吊？
国际音标：moi⁵thɤɯ² ʔɤ³ jɯə³ min² kwen¹ ʔdɯ:ŋ² na:u²
汉文直译：愁绪 在 中 妹 忘 路 哪
汉文意译：愁绪中间选哪道？

情 歌

喃字原文： 跙   低   嗨 客   膈   桃，
国际音标： ʔden⁵ ʔdɤi¹ hɔi³ khat⁷ ma⁵ʔda:u²
汉文直译： 到 这儿 问   客   红 颜
汉文意译： 到此请问客红颜，

喃字原文： 秕   尼 躺   底   襘   朱   埃？
国际音标： tai¹ nai² min² ʔde³ ɣoi⁵ va:u² tsɔ¹ ʔa:i¹
汉文直译： 手   这   妹   留   枕   进   给   谁
汉文意译： 妹臂让谁做枕头？

（男：阮进余；女：阮氏心）

(47)

喃字原文： 傷   埃   群   固   欺   斦，
国际音标： thɯ:ŋ¹ ʔa:i¹ kɔn² kɔ⁵ khi¹ ɣɤn²
汉文直译： 想   谁   还   有   时   近
汉文意译： 思念她人有时近，

喃字原文： 傷   娘   别   汆   刌   分   岇   馘、
国际音标： thɯ:ŋ¹ na:ŋ² ʔbi:t⁷ mɤi⁵ mu:n¹ fɤn² na:u² kwen¹
汉文直译： 想   妹   知   几   万   分   哪   忘
汉文意译： 想念妹何时能忘、

喃字原文： 丝   红   撵   缂   曾   纯，
国际音标： tɤ¹hoŋ² jɤ³ moi⁵ tɤŋ² jɤi¹
汉文直译： 红绳 解 头绪 逐一 线
汉文意译： 解开红绳多头绪，

喃字原文： 祂   埃   撵   缂   愁   尼   朱   些、
国际音标： lɤi⁵ ʔa:i¹ jɤ³ moi⁵ thɤu² nai² tsɔ¹ ta¹
汉文直译： 拿 谁   解   愁绪   这   给   咱
汉文意译： 谁人来解咱情愁、

713

喃字原文：固　脏　瞭　晭　朘　斜，
国际音标：kɔ⁵ ʔdem¹ ŋam⁵ ʔboŋ⁵ jaŋ¹ ta²
汉文直译：有　夜晚　望　影　月　斜
汉文意译：夜里望月见月斜，

喃字原文：辉　枚　眈　牀　㖭　鹅　嗨　琨；
国际音标：thaːu¹maːi¹ tsɤːp⁷ mɔk⁸ tiːŋ⁵ ɣa² ɣɔi⁶ kɔn¹
汉文直译：启明星　眨眼　升起　声　鸡　叫　孩子
汉文意译：鸡鸣启明星刚起；

喃字原文：吁　停　䨔　㷆　楼　𬘘，
国际音标：sin¹ ʔduŋ² thɤm⁵thɤt⁷ lɤu² thon¹
汉文直译：请　别　　雷电　楼　朱红
汉文意译：莫击雷电进红楼，

喃字原文：吏　添　琨　猿　唭　唄　邊　梗。
国际音标：laːi⁶ them¹ kɔn¹vɯːn⁶ vɛu⁵vɔn¹ ʔben¹ kan²
汉文直译：又　添加　猿　　清脆　边　枝条
汉文意译：猿啼树上添愁思。

喃字原文：吏　添　丐　湃　邊　碌，
国际音标：laːi⁶ them¹ kaːi¹⁵thoŋ⁵ ʔben¹ ɣɤn²
汉文直译：又　添加　波浪　边　湍濑
汉文意译：海边波浪传嚎声，

喃字原文：仍　罖　擜　㖭　翅　名　逹　㭲；
国际音标：nɯŋ³ la² mak⁷ tiːŋ⁵ tsiu⁶ jan¹ ten¹ ʔdɤːi²
汉文直译：那些　是　背　声　受　名　上　世
汉文意译：世间传闻哥同妹；

喃字原文： 啨 缘 麻 吏 㦒 歪，

国际音标： tat^{7} jiːn^{1} ma^{2} laːi^{6} jɤn^{6} jɤːi^{2}

汉文直译： 责怪 缘分 而 又 怨恨 天

汉文意译： 责怪缘分恨天公，

喃字原文： 啃 埃 嚐 嗟 仍 咥 蚿 螉？

国际音标： khɛn^{1} ʔaːi^{1} khɛu^{5} ʔdat^{8} ȵɯŋ^{3} ȵɤːi^{2} ʔbɯːm^{5} ʔɔŋ^{1}

汉文直译： 夸 谁 巧 编 些 话 蝴蝶 蜜蜂

汉文意译： 谁人巧传蜂蝶言？

（48）

喃字原文： 猿 衛 准 苗 補 馨，

国际音标： vɯːn^{6} ve^{2} tson^{5} ku^{3} ʔbɔ^{3} haːŋ^{1}

汉文直译： 猿 回 处 旧 丢 岩洞

汉文意译： 猿返原处丢其洞，

喃字原文： 英 衛 准 苗 補 娘 㤔 㥙；

国际音标： ʔan^{1} ve^{2} tson^{5} ku^{3} ʔbɔ^{3} naːŋ^{2} ʔbɤ^{1}vɤ^{1}

汉文直译： 哥 回 处 旧 丢 妹 无依无靠

汉文意译： 哥回老家妹孤零；

喃字原文： 園 春 花 妟 落 墕，

国际音标： vɯːn^{2} sɤn^{1} hwa^{1} nɤ^{3} ʔdɤi^{2} hɛ^{2}

汉文直译： 园 春 花 开 满 廊下

汉文意译： 春园花开屋檐边，

喃字原文： 𨙛秋 仕 浽 迻 衛 東 君。

国际音标： jɔ^{5}thu^{1} thɛ^{3} noi^{3} ʔdɯə^{1} ve^{2} ʔdoŋ^{1} kwɤn^{1}

汉文直译： 秋风 将 起 送 回 东 君

汉文意译： 秋风吹香送以君。

（49）

喃字原文： 闭 秋 想 佗 離 別，
国际音标： ʔbɤi⁵ thu¹ tɯ:ŋ³ ʔda² li¹ʔbi:t⁸
汉文直译： 那么 春秋 想 无实义 离别
汉文意译： 咱俩分别几春秋，

喃字原文： 埃 台 俺 群 直 接 徐 英；
国际音标： ʔa:i¹ hai¹ ʔɛm¹ kɔn² tɯk⁸ti:p⁷ tsɤ² ʔan¹
汉文直译： 谁 知 妹 还 直接 等 哥
汉文意译： 谁知妹还等待君；

喃字原文： 怳 悉 銀 忊 牢 停，
国际音标： ʔdɛm¹lɔŋ² ŋɤ¹ŋɤn³ tha:u¹ʔdan²
汉文直译： 心怀 愣然 何忍
汉文意译： 自己愣然事未成，

喃字原文： 挮 缘 绦 釐 拱 情 義 誓。
国际音标： tsaŋ³ ji:n¹ tɤ¹tək⁷ kuŋ³ tin²ŋiə³ sɯə¹
汉文直译： 不 缘分 丝发 也 情义 从前
汉文意译： 昔日情义今情缘。

（男：阮继初；女：吴秀英）

（50）

喃字原文： 賒 吹 愿 望 笆 数，
国际音标： sa¹soi¹ ŋwi:n⁶voŋ⁶ ʔda³ lɤu¹
汉文直译： 遥远 愿望 已 久
汉文意译： 愿望结情时已久，

情 歌

喃字原文： 帋 悒 固 别 低 愁 拱 庄；
国际音标： ʔdɤi⁵ vui¹ kɔ⁵ ʔbi:t⁷ ʔdɤi¹ thɤu² kuŋ³ tsaŋ¹
汉文直译： 那儿 欢喜 有 知 这儿 愁 也 不
汉文意译： 你我喜愁谁人知；

喃字原文： 仍 罢 攃 晖 翁 朘，
国际音标： nɯŋ³ la² mɯ:n⁶ ʔbɔŋ⁵ ʔoŋ¹jaŋ¹
汉文直译： 那些 是 借 影 月亮
汉文意译： 常站月下望月光，

喃字原文： 约 牢 结 特 買 凭 同 心。
国际音标： ʔɯ:k⁷ tha:u¹ ket⁷ ʔdɯ:k⁸ mɤ:i⁵ ʔbaŋ² ʔdoŋ²tɤm¹
汉文直译： 期望 怎么 结 得 才 像 同 心
汉文意译： 期望咱俩结同心。

喃字原文： 赊 烧 濬 固 磊 任，
国际音标： sa¹ ȵau¹ tsɤ⁵ kɔ⁵ loi³ȵɤm²
汉文直译： 远离 互相 别 有 错
汉文意译： 因为远离错时机，

喃字原文： 几 南 馼 北 些 拎 愁 祴；
国际音标： kɛ³ na:m¹ ŋɯ:i² ʔbak⁷ ta¹ kɤm² thɤu²ri:ŋ¹
汉文直译： 人 南 人 北 咱 拿 愁 思
汉文意译： 南北分离相愁思；

喃字原文： 悲 唟 當 惨 當 烦，
国际音标： ʔbɤi¹jɤ² ʔda:ŋ¹ tha:m³ ʔda:ŋ¹ fi:n²
汉文直译： 如今 正 惨 正 烦
汉文意译： 烦闷愁惨在心里，

喃字原文： 镞潭镞鹤如溙湄露。
国际音标： tuːi³ʔdɤm² tuːi³haːk⁸ ȵɯ¹ tuːn¹ mɯəˈraːu²
汉文直译： 年龄　鹤龄　如　涌　阵雨
汉文意译： 妙龄鹤龄像阵雨。

喃字原文： 孤䶖吏臥占包，
国际音标： kɔ¹ nam² laːi⁶ ȵap⁷ tsiːmˈʔbaːu¹
汉文直译： 蜷曲躺　又　合眼　梦境
汉文意译： 曲身睡觉又做梦，

喃字原文： 傷時埃別妆帘埃台；
国际音标： thɯːŋ¹ thi² ʔaːi¹ ʔbiːt⁷ nɤ⁵ naːu² ʔaːi¹ hai¹
汉文直译： 爱　则　谁　知　想　哪　谁　晓
汉文意译： 心中相爱谁知晓；

喃字原文： 傷躺淚玉珠尼，
国际音标： thɯːŋ¹ min² le⁶ ŋɔk⁸ tsɤu¹ nai²
汉文直译： 想念　哥　泪　玉　珠　这
汉文意译： 思念君子玉珠流，

喃字原文： 妆臥些吏趴趴黜壟。
国际音标： nɤ⁵ ŋɯːi² taˈ laːi⁶ ŋaiˈŋai² raˈ toŋ¹
汉文直译： 想　人　哥　又　天天　出　望
汉文意译： 想念君子日出瞧。

喃字原文： 春戈夏吏迎冬，
国际音标： sɤn¹ kwaˈ hɛ² laːi⁶ thaːŋˈ ʔdoŋ¹
汉文意译： 春　过　夏　来　去　冬
汉文意译： 春夏过去冬又来，

情 歌

喃字原文： 啧浪　月老绦红㨃绅。
国际音标： tat⁷raŋ² ŋwi:t⁸la:u³ tɤ¹hoŋ² tsaŋ³ sɛ¹
汉文直译： 责怪　月老　红线　不牵
汉文意译： 责怪月老心不焦。

（51）

喃字原文： 哦　情　時　哦　眊智，
国际音标： tsɛn⁵ tin² thi² tsɛn⁵ ʔbu:i³sɯə¹
汉文直译： 杯　情　则　杯　昔日
汉文意译： 酒情昔日哥饮尽，

喃字原文： 籤　情　英　隊　曝　湄　逋　頭；
国际音标： nɔn⁵ tin² ʔan¹ ʔdoi⁶ naŋ⁵ mɯə¹ ten¹ ʔdɤu²
汉文直译： 斗笠　情　哥　戴　晴　雨　上　头
汉文意译： 帽情哥戴遮雨荫；

喃字原文： 㯂　情　英　吻　㩯　頭，
国际音标： lɯ:k⁸ tin² ʔan¹ vɤn³ tsa:i³ ʔdɤu²
汉文直译： 梳子　情　哥　还　梳　头
汉文意译： 梳情哥用梳头上，

喃字原文： 鏡　情　燋　楒　漏　漏　刱　䯰。
国际音标： hɯ:ŋ¹ tin² thɔi¹ mat⁸ lau²lau² tha:ŋ⁵ tɤŋ¹
汉文直译： 镜　情　照　脸　一尘不沾　亮　清
汉文意译： 镜情照着哥面容。

喃字原文： 蚴　恖　擬　跙　形容，
国际音标： ŋoi² ʔbu:n² ŋi³ ʔden⁵ hin²juŋ¹
汉文直译： 坐　烦闷　想　到　容貌
汉文意译： 烦闷坐立想红颜，

719

喃字原文： 倱 釖 葉 竹 咭 悉 些 黜；
国际音标： kɔn¹ja:u¹ la⁵ tuk⁷ kat⁷ lɔŋ² ta¹ ra¹
汉文直译： 刀　叶 竹　割 心　哥 出
汉文意译： 如刀割叶分哥心；

喃字原文： 亾 些 誓 愿 自 翻，
国际音标： ha:i¹ta¹ the²ŋwi:n² tɯ² tɯ:k⁷
汉文直译： 我俩　发誓　从 以前
汉文意译： 昔日咱俩发誓言，

喃字原文： 拯 别 包 唹 貝　 特 共 堯。
国际音标： tsaŋ³ ʔbi:t⁷ ʔba:u¹jɤ² mɤ:i⁵ ʔdɯ:k⁸ kuŋ²ɲau¹
汉文直译： 不　知　何 时　才　得　一 起
汉文意译： 不知何日能结缘。

喃字原文： 相 思 攃 沛 绐 愁，
国际音标： tɯ:ŋ¹tɯ¹ mak⁷fa:i³ moi⁵thɤu²
汉文直译： 相 思　 遭 遇　 愁 绪
汉文意译： 因得相思情私愁，

喃字原文： 英 尼 吻 𫢶 袘 牟　 待　 媕。
国际音标： ʔan¹ nai² vɤn³ jɯ³lɤi⁵ mau² ʔdɤ:i⁶ ʔɛm¹
汉文直译： 哥 现在 还 坚持 颜色 等 妹
汉文意译： 坚持等妹结良缘。

（男：阮继初；女：武德英）

情 歌

3

喃字原文：	嫩 痫 波 泍 悉 群 伙 烧
国际音标：	nɔn¹ mɔn² ʔbe³ kaːn⁶ lɔŋ² kɔn² n̠ɤ⁵ n̠au¹
汉文直译：	山 崩 海 枯 心 还 想 互相
汉文意译：	山崩水枯情永牢

（52）

喃字原文：美 糒 宫 贵 行 花，
国际音标：mi³miːu² kuŋ¹ kwi⁵ haːŋ² hwa¹
汉文直译：美丽 宫 贵 行 花
汉文意译：贵宫悦人周围花，

喃字原文：傳 功 買 噠 㤿 翹 蓮；
国际音标：tiːn⁶kɔŋ¹ mɤːi⁵ ʔdat⁸ten¹ kiːu² liːn¹
汉文直译：故事 刚 命 名 翹 蓮
汉文意译：故事命名是翘莲；

喃字原文：焀 香 缘 更 绫 缘，
国际音标：lɯə³hɯːŋ¹ jiːn¹ laːi⁶ ʔbɛn⁵ jiːn¹
汉文直译：香火 缘 又 紧密相连 缘
汉文意译：香火接近会点燃，

喃字原文：悉 丕 约 泍 堆 邊 翘 愁。
国际音标：lɔŋ²jɤːi² ʔɯːk⁷ kaːn⁶ ʔdoi¹ ʔben¹ tsiu⁶ thɤu²
汉文直译：天意 期盼 干涸 双 边 承受 忧愁
汉文意译：天意作合俩思恋。

喃字原文：信 孯 息 叓 共 嬈，
国际音标：tin¹ ʔdi¹ tɯk⁷ la:i⁶ kuŋ² ȵau¹
汉文直译：信息 去 信息 来 一起
汉文意译：咱们来往传音讯，

喃字原文：几 搙 哦 玉 趴 搂 筳 牙；
国际音标：kɛ³ nɤŋ¹ tsɛn⁵ ŋɔk⁸ ŋɯ:i² lau¹ ʔduə³ ŋa²
汉文直译：人 举 杯 玉 人 削 筷 象牙
汉文意译：哥举玉杯妹牙筷；

喃字原文：㐌 情 没 𣍳 秋 花，
国际音标：ʔda³ tin² mot⁸ tsut⁷ thu¹ hwa¹
汉文直译：已 情 一 点儿 秋 花
汉文意译：秋花开放情缘来，

喃字原文：隔 嬈 没 解 淹 河 阻 垠。
国际音标：kat⁷ ȵau¹ mot⁸ ja:i³ thoŋ¹ ha² tɤ³ ŋan¹
汉文直译：隔 互相 一 带 银河 阻隔
汉文意译：银河带水相阻隔。

喃字原文：渚 特 情 照 義 禛，
国际音标：tsɯə¹ ʔdɯ:k⁸ tin² tsi:u⁵ ŋiə³ tsan¹
汉文直译：未 得 情 席 义 被
汉文意译：被席情义尚未用，

喃字原文：胎 躺 仍 咟 红 雲 待 徐；
国际音标：ʔdem¹ nam² ȵɯŋ³ ȵak⁷ hoŋ² vɤn¹ ʔdɤ:i⁶ tsɤ²
汉文直译：夜 躺 些 提及 红 云 等待
汉文意译：夜眠相约红云等；

情 歌

喃字原文：冖 生 块 世 间 吟，
国际音标：la:m² thin¹ khɔi³ the⁵ja:n¹ ŋɤ²
汉文直译：做 生 免致 世间 疑虑
汉文意译：世间疑虑装不知，

喃字原文：悉 低 傷 帝 别 机 会 帄。
国际音标：lɔŋ² ʔdɤi¹ thɯ:ŋ¹ ʔdɤi⁵ ʔbi:t⁷ kɤ¹hoi⁶ na:u²
汉文直译：心 这儿 想 那儿 知 机会 哪
汉文意译：时刻思念不忘记。

喃字原文：躺 傷 特 氽 饶 包，
国际音标：min² thɯ:ŋ¹ ʔdɯ:k⁸ mɤi⁵ɲi:u¹ ʔba:u¹
汉文直译：自己 想 得 多少 时候
汉文意译：多少时候自相思，

喃字原文：冖 之 嘌 啮 渴 滈 悉 陳？
国际音标：la:m² tsi¹ seu⁶sa:u⁶ kha:t⁷kha:u¹ lɔŋ² tɤn²
汉文直译：做 什么 流露 渴望 心 陈述
汉文意译：渴望爱心怎流露？

喃字原文：傷 埃 群 固 欺 貦，
国际音标：thɯ:ŋ¹ ʔa:i¹ kɔn² kɔ⁵ khi¹ ɣɤn²
汉文直译：想 谁 还 有 时 近
汉文意译：深思着妹有时近，

喃字原文：傷 躺 别 氽 欤 分 帄 巍？
国际音标：thɯ:ŋ¹ min² ʔbi:t⁷ mɤi⁵ mu:n¹ fɤn² na:u² kwen¹
汉文直译：想 妹 知 几 万分 哪 忘
汉文意译：思想爱妹怎能忘？

喃字原文：瞳 澄 眸 月 宮 霙，
国际音标：toŋ¹tsɯŋ² ʔbɔŋ⁵ ŋwi:t⁸ kuŋ¹ mɤi¹
汉文直译：远望 影 月 宫 云
汉文意译：远望云彩见月宫，

喃字原文：浪 些 傷 躺 拼 䰟 包 哴；
国际音标：raŋ² ta¹ thɯ:ŋ¹ min² tsaŋ³ kwen¹ ʔba:u¹jɤ²
汉文直译：说 哥 想 妹 不 忘 何 时
汉文意译：哥思念妹时记心；

喃字原文：扗 拎 笔 粉 題 詩，
国际音标：tai¹ kɤm² ʔbut⁷ fɤn⁵ ʔde² thɤ¹
汉文直译：手 拿 笔 粉 题 诗
汉文意译：手拿笔墨来题诗，

喃字原文：悉 傷 埃 別 脆 徐 埃 㐌。
国际音标：lɔŋ² thɯ:ŋ¹ ʔa:i¹ ʔbi:t⁷ ja⁶ tsɤ² ʔa:i¹ hai¹
汉文直译：心 想 谁 知 心 等 谁 晓
汉文意译：心里深思无人知。

(53)

喃字原文：忲 哇 誓 海 盟 山，
国际音标：nɤ⁵ nɤ:i² the⁶ ha:i³ min¹ thɤ:n¹
汉文直译：想 话 誓 海 盟 山
汉文意译：请记得海誓山盟，

喃字原文：嫩 痈 波 泍 悉 群 忲 烑；
国际音标：nɔn¹ mɔn² ʔbe³ ka:n⁶ lɔŋ² kɔn² nɤ⁵ ȵau¹
汉文直译：山 崩 海 枯 心 还 想 互相
汉文意译：山崩水枯情永牢；

情 歌

喃字原文： 忟 欺 哦 黾 忟 欺 喎 棋，
国际音标： nɤ⁵ khi¹ tsɛn⁵ ri:u⁶ nɤ⁵ khi¹ ku:k⁸kɤ²
汉文直译： 想 时 杯 酒 想 时 棋局
汉文意译： 想起喝酒走棋乐，

喃字原文： 忟 欺 花 妄 欺 徐 朕 蓬。
国际音标： nɤ⁵ khi¹ hwa¹ nɤ³ khi¹ tsɤ² jaŋ¹ len¹
汉文直译： 想 时 花 开 时 等 月 升
汉文意译： 等待月升见花开。

喃字原文： 亻二 些 九 愿 辻 愿，
国际音标： ha:i¹ta¹ tsin⁵ ŋwi:n² mɯ:i² ŋwi:n⁶
汉文直译： 咱俩 九 发誓 十 立愿
汉文意译： 咱俩意愿足十分，

喃字原文： 缘 帝 時 拱 罒 缘 伴 共；
国际音标： ji:n¹ na:u² thi² kuŋ³ la² ji:n¹ ʔba:n⁶ kuŋ²
汉文直译： 缘 哪 则 也 是 缘 朋友 一起
汉文意译： 何缘分替代姻缘；

喃字原文： 忟 欺 䀹 粉 脢 輪，
国际音标： nɤ⁵ khi¹ ma⁵ fɤn⁵ moi¹ thon¹
汉文直译： 想 时 脸颊 粉红 嘴唇 朱红
汉文意译： 朱唇红颜令人想，

喃字原文： 忟 堆 相 凤 忟 㖞 唭 花。
国际音标： nɤ⁵ ʔdoi¹ mat⁷ fɯ:ŋ⁶ nɤ⁵ mom² kɯ:i² hwa¹
汉文直译： 想 双 眼 凤 想 嘴 笑 花
汉文意译： 想妹凤眼口笑恋。

（54）

喃字原文：仍 罡 厄 馆 聂 桥，
国际音标：ɲɯŋ¹ la² nai¹ kwa:ŋ⁵ ma:i¹ kɤu²
汉文直译：那些 是 今天 馆 明天 桥
汉文意译：今馆明桥甚盼切，

喃字原文：厄 㐱 聂 侣 時 数 待 糙；
国际音标：nai¹ lɤn² ma:i¹ lɯə³ thi² lɤu¹ ʔdɤ:i⁶ ja²
汉文直译：今天 迟延 明天 迟延 则 久 等待 老
汉文意译：今迟明延人会老；

喃字原文：厄 䁪 聂 待 時 糙，
国际音标：nai¹ toŋ¹ ma:i¹ ʔdɤ:i⁶ thi² ja²
汉文直译：今天 看 明天 等待 则 老
汉文意译：迟延时间错时机，

喃字原文：厄 㐱 聂 侣 時 戈 毕 時。
国际音标：nai¹ lɤn² ma:i¹ lɯə³ thi² kwa¹ het⁷ thi²
汉文直译：今天 延迟 明天 延迟 则 过 完 时光
汉文意译：延缓日久过时老。

（55）

喃字原文：觅 娘 景 色 红 颜，
国际音标：thɤi⁵ na:ŋ² kan³ thak⁷ hoŋ² na:n¹
汉文直译：见 妹 景色 红颜
汉文意译：见妹景色面红颜，

喃字原文：㱮 卒 嗒 呐 㱮 顽 吅 哄；
国际音标：vɯə² tot⁷ ti:ŋ⁵ nɔi⁵ vɯə² ŋwa:n¹ mi:ŋ⁶ kɯ:i²
汉文直译：又 好 声 音 又 听 话 口 笑
汉文意译：又是听话喜欢笑；

情 歌

喃字原文：花　晡　每　浧　添　鲜，
国际音标：hwa¹ tsi:u² mɔi⁶ noi³ them¹ tɯ:i¹
汉文直译：花　傍晚　全部　境况　添加　鲜艳
汉文意译：傍晚花开更鲜艳，

喃字原文：强　眤　强　橝　呬　唭　花　春。
国际音标：ka:ŋ² ɲin² ka:ŋ² thɤm³ mi:ŋ⁶ kɯ:i² hwa¹ sɤn¹
汉文直译：越　看　越　红　口　笑　花　春
汉文意译：深厚情谊春花笑。

（男：杜玉光，阮进余）

（56）

喃字原文：　傷　埃　朱　没　悉　䏧，
国际音标：thɯ:ŋ¹ ʔa:i¹ tsɔ¹ mot⁸ lɔŋ² ra¹
汉文直译：爱　谁　给　一　心　出
汉文意译：爱谁只能一心爱，

喃字原文：伮　埃　湥　玉　滇　和　五　更；
国际音标：nɤ⁵ ʔa:i¹ jɔt⁸ tsa:n¹ hwa² ŋu³ kan¹
汉文直译：想　谁　滴　水汪汪　　五　更
汉文意译：思谁五更双泪流；

喃字原文：挹　埃　捼　绐　丝　绷，
国际音标：kɤi⁶ ʔa:i¹ jɤ³ moi⁵ tɤ¹ man²
汉文直译：倚　谁　解　绪　细丝
汉文意译：望谁解开相思愁，

喃字原文：相　思　没　捵　终　情　些　䎹。
国际音标：tɯ:ŋ¹ tɯ¹ mot⁸ ɣan⁵ tsuŋ¹ tin² ta¹ sɯə¹
汉文直译：相　思　一　担　钟情　咱　昔日
汉文意译：昔见钟情缘深厚。

（57）

喃字原文：蹓 薛 梗 玉 麻 鼍,
国际音标：tɛu² len¹ kan² ŋɔk⁸ ma² toŋ¹
汉文直译：爬 上 梗 玉 而 望
汉文意译：爬上玉树前望去，

喃字原文：鼍 艚 艚 趇 方 東 岢 茻；
国际音标：toŋ¹ tau² tau² tsai⁶ fɯːŋ¹ ʔdoŋ¹ nui⁵ miːu²
汉文直译：望 船 船 行 东方 山 庙
汉文意译：见船行驶东山庙；

喃字原文：情 深 磙 羛 岢 茻,
国际音标：tin² thɤm¹ naŋ⁶ ŋiə³ nui⁵ miːu²
汉文直译：情 深 重 义 山 庙
汉文意译：东庙情深义重哉，

喃字原文：拯 傷 嬈 汝 逸 遥 冖 之。
国际音标：tsaŋ³ thɯːŋ¹ ȵau¹ nɯə³ jaːt⁸jaːu² laːm² tsi¹
汉文直译：不 爱 互相 再 洋溢 做 什么
汉文意译：假如无爱莫跟随。

喃字原文：情 深 磙 羛 岢 嫩,
国际音标：tin² thɤm¹ naŋ⁶ ŋiə³ nui⁵ nɔn¹
汉文直译：情 深 重 义 山
汉文意译：东庙情深义重矣，

喃字原文：拯 傷 嬈 汝 悉 群 者 嬈；
国际音标：tsaŋ³ thɯːŋ¹ ȵau¹ nɯə³ lɔn² kɔn² jaː³ ȵau¹
汉文直译：不 爱 互相 再 心 还 回答 互相
汉文意译：若无相爱回答言；

情 歌

喃字原文： 者 烧 自 我 岜 尼，
国际音标： ja³ ȵau¹ tɯ² ŋa³ʔba¹ nai²
汉文直译： 回答 互相 从 三岔路 这
汉文意译： 那时分手三岔路，

喃字原文： 堆 相 唎 吏 毱 眉 滇 滇。
国际音标： ʔdoi¹ mat⁷ li:k⁷ la:i⁶ loŋ¹mai² tsa:n¹tsa:n¹
汉文直译： 双 眼 瞥 又 眉毛 洋溢
汉文意译： 偷眼一瞟眉充斥。

喃字原文： 丕 冖 鼺 圯 停 散，
国际音标： jɤ:i² la:m² thɤm⁵ rɛ³ ʔdan² ta:n¹
汉文直译： 天 做 雷电 分开 别 散
汉文意译： 天上雷电冲击散，

喃字原文： 浘 牢 朱 瀝 喈 馹 冤 吨；
国际音标： rɯɯ³ tha:u¹ tsɔ¹ that⁸ ti:ŋ⁵ ʔwa:n¹ ŋɯ:i² ʔdon²
汉文直译： 洗 怎么 给 干净 声 冤 人 谣传
汉文意译： 怎能洗清人谣言；

喃字原文： 馹 些 吨 譎 吨 呎，
国际音标： ŋɯ:i²ta¹ ʔdon² kwit⁸ ʔdon² kwa:ŋ²
汉文直译： 人家 传说 胡乱 传说 谣传
汉文意译： 人们胡说到处传，

喃字原文： 吨 些 撺 喈 朱 娘 翌 冤。
国际音标： ʔdon² ta¹ mak⁷ ti:ŋ⁵ tsɔ¹ na:ŋ² tsiu⁶ ʔwa:n¹
汉文直译： 谣传 咱 背负 名声 给 妹 受 冤枉
汉文意译： 传奇相好咱受冤。

729

喃字原文：嗍 宛 撩 嗜 台 罤，
国际音标：tsiu⁶ ʔwa:n¹ mak⁷ ti:ŋ⁵ hai¹ la²
汉文直译：受 冤枉 背负 名声 或者 是
汉文意译：谣言胡说冤难受，

喃字原文：吀 躺 叹 吏 貝 些 堆 哩；
国际音标：sin¹ min² tha:n¹ la:i⁶ vɤ:i⁵ ta¹ ʔdoi¹ nɤ:i²
汉文直译：请 妹 叹 来 和 哥 两 言
汉文意译：妹听如何请回言；

喃字原文：𡐙 黜 外 波 共 丕，
国际音标：toŋ¹ ra¹ ŋwa:i² ʔbe³ kuŋ² jɤ:i²
汉文直译：望 出 外 海 同 天
汉文意译：望出大海天地宽，

喃字原文：觅 䊹 麻 拃 特 哩 咀 叹。
国际音标：thɤi⁵ mat⁸ ma² tsaŋ³ ʔdɯ:k⁸ nɤ:i² thɤ³ tha:n¹
汉文直译：见 面 而 不 得 话 叹息
汉文意译：没得见面怎叹言。

喃字原文：觅 䊹 麻 拃 特 叹，
国际音标：thɤi⁵ mat⁸ ma² tsaŋ³ ʔdɯ:k⁸ tha:n¹
汉文直译：见 面 而 不 得 叹
汉文意译：莫得会面怎相叹，

喃字原文：拱 如 挭 矽 杜 岸 楼 西；
国际音标：kuŋ³ ɲɯ¹ ɣan⁵ ʔda⁵ ʔdo³ ŋa:n⁶ lɤu² tɤi¹
汉文直译：也 像 挑 石 倒 岸 楼 西
汉文意译：好似担石倒楼西；

情 歌

喃字原文：鉢 渃 杜 㖊 摋 更 犖 落，
国际音标：ʔba:t⁷ nɯ:k⁷ ʔdo³ ʔdi¹ vɤ:t⁷ la:i⁶ tha:u¹ ʔdɤi²
汉文直译：碗 水 倒 去 捞 再 怎么 满
汉文意译：碗水倒了难捞回，

喃字原文：義 娘 些 渚 固 巓 机 吊？
国际音标：ŋiə³ na:ŋ² ta¹ tsɯə¹ ko⁵ kwen¹ kɤ¹na:u²
汉文直译：义 妹 哥 未 有 忘 何时
汉文意译：但妹情义怎忘记？

（58）

喃字原文：清 犖 朱 嗨 渃 潮，
国际音标：than¹ tha:u¹ tsɔ¹ hɔi³ nɯ:k⁷ti:u²
汉文直译：清 怎么 给 问 潮水
汉文意译：潮水上涨怎得清，

喃字原文：悉 娘 嗛 啃 只 要 義 払；
国际音标：lɔŋ² na:ŋ² khaŋ¹khaŋ¹ tsi³ ʔi:u¹ ŋiə³ tsa:ŋ²
汉文直译：心 妹 坚定 只 爱 义 郎
汉文意译：妹只一心爱着君；

喃字原文：義 兜 麻 碨 欣 鑶，
国际音标：ŋiə³ ʔdɤu¹ ma² naŋ⁶ hɤ:n¹ va:ŋ²
汉文直译：义 哪儿 而 妹 比 金子
汉文意译：君子情义重如金，

喃字原文：鑶 時 啽 喝 義 払 故 知。
国际音标：va:ŋ² thi² ʔan¹ het⁷ ŋiə³ tsa:ŋ² ko⁵ti¹
汉文直译：金子 则 吃 完 义 郎 故 知
汉文意译：金已用完情故知。

喃字原文：固 兜 特 揞 拶，
国际音标：kɔ⁵ ʔdɤu¹ ʔbo³ ʔdɯ:k⁸ ʔɛm¹ ʔdi¹
汉文直译：有 哪儿 丢 得 妹 去
汉文意译：怎能丢下妹而去，

喃字原文：𠊛 罵 揓 揞 固 之 报 恩；
国际音标：hai¹ la² ʔɛm¹ tsaŋ³ kɔ⁵ tsi¹ ʔba:u⁵ʔɤn¹
汉文直译：或者 是 妹 不 有 什么 报恩
汉文意译：或者未报君私欲；

喃字原文：𠊛 罵 蜀 女 謨 恨，
国际音标：hai¹ la² thuk⁸nɯ³ muə¹ hɤ:n²
汉文直译：或 是 淑女 买 恨
汉文意译：或是淑女已卖笑，

喃字原文：𠂒 之 培 撲 朱 弹 昂 弓。
国际音标：la:m² tsi¹ lɤ³ jip⁸ tsɔ¹ ʔda:n² ŋa:ŋ¹ kuŋ¹
汉文直译：做 什么 失 机会 给 弹 横 弓
汉文意译：君想弹琴失时机。

喃字原文：弹 箕 掜 㐌 昂 弓，
国际音标：ʔda:n² kiə¹ ɣai³ ʔda³ ŋa:ŋ¹ kuŋ¹
汉文直译：琴 那 弹 已 横 弓
汉文意译：得弹横弓君满意，

喃字原文：嗜 埃 单 茫 朱 悉 铖 赊。
国际音标：khɛn¹ ʔa:i¹ ʔdɤ:n¹ʔba:k⁸ tsɔ¹ lɔŋ² nen¹ sa¹
汉文直译：夸 谁 刻薄 给 心 成 远
汉文意译：是谁刻薄远离去。

情 歌

喃字原文： 啧 躺 朱 辙 躺 荖，
国际音标： tat⁷ min² tsɔ¹ tu:i³ min² ja²
汉文直译： 责怪 自己 让 年纪 自己 老
汉文意译： 责怪别人自会老，

喃字原文： 朱 春 躺 懑 朱 花 躺 残；
国际音标： tsɔ¹ sɤn¹ min² mu:n⁶ tsɔ¹ hwa¹ min² ta:n²
汉文直译： 让 春 自己 迟 让 花 自己 凋零
汉文意译： 让春时过让花残；

喃字原文： 啧 朱 鉑 論 貝 碳，
国际音标： tat⁷ tsɔ¹ ʔba:k⁸ lɤn³ vɤ:i⁵ tha:n¹
汉文直译： 责怪 让 银 混 和 炭
汉文意译： 责怪白银变黑炭，

喃字原文： 鐄 論 貝 坦 朱 安 悉 鉑。
国际音标： va:ŋ² lɤn³ vɤ:i⁵ ʔdɤt⁷ tsɔ¹ ʔa:n¹ lɔŋ² ʔba:k⁸
汉文直译： 金 混 和 土 让 安 心 银
汉文意译： 为达心愿金渗沙。

喃字原文： 啧 嚎 波 牀 成 核，
国际音标： tat⁷ mɔŋ¹ ʔbe³ mɔk⁸ than² kɤi¹
汉文直译： 责怪 盼望 海 长 成 树
汉文意译： 责怪大海没长树，

喃字原文： 愁 禎 禎 垆 割 跐 辙 膾；
国际音标： thɤu² ri:ŋ¹ ri:ŋ¹ lɤ³ kat⁷ sɤi¹ nen¹ tɔn²
汉文直译： 愁 自己 自己 失 割 砌 成 圆
汉文意译： 想剪纸圆自忧伤；

喃字原文：喷 朱 垆 岿 垆 嫩，
国际音标：tat⁷ tsɔ¹ lɤ³ nui⁵ lɤ³ nɔn¹
汉文直译：责怪 让 崩 山 崩 山
汉文意译：别怪山崩地裂变，

喃字原文：淹 泩 泧 痫 義 挓 固 悁。
国际音标：thoŋ¹ kaːn⁶ thaːk⁷ mɔn² ɲiə³ tsaŋ³ kɔ⁵ kwen¹
汉文直译：河 干 险 滩 磨 损 义 不 有 忘
汉文意译：滩浅海枯难忘情。
（男：苏权成，苏维绍；女：刘元英）

（59）

喃字原文：固 脏 烚 绫 共 香，
国际音标：kɔ⁵ ʔdem¹ lɯə³ ʔbɛn⁵ kuŋ² hɯːŋ¹
汉文直译：有 夜 火 蔓延 和 香
汉文意译：夜里香火近会燃，

喃字原文：渃 漂 渚 嗫 饹 常 挓 喭；
国际音标：nɯːk⁷ feu² tsɯə¹ ʔɛp⁷ ʔbɯə³ thɯːŋ² tsaŋ³ ŋɔn¹
汉文直译：水 喷 未 粘 糊 餐 日 常 不 香
汉文意译：吃饭不香口难吞；

喃字原文：皿 喭 如 啥 菩 磙，
国际音标：miːŋ⁶ ŋɔn¹ ɲɯ¹ ŋɤm⁶ ʔbo² hɔn²
汉文直译：嘴 甜 如 含 无 患 子
汉文意译：食好东西如苦果，

喃字原文：咀 叹 如 渃 醎 源 沚 趨。
国际音标：thɤ³ thaːn¹ ɲɯ¹ nɯːk⁷ tɔŋ¹ ŋuːn² tsai³ ra¹
汉文直译：叹息 如 水 中 源 泉 流 出
汉文意译：叹言如源泉流出。

情 歌

喃字原文：固 脏 灿 蔬 畑 陂，
国际音标：kɔ⁵ ʔdem¹ ʔdot⁷ ŋɔn⁶ ʔdɛn² fa¹
汉文直译：有 夜 点燃 灯盏
汉文意译：有时夜里自点灯，

喃字原文：砒 油 玻 偈 诺 和 五 更；
国际音标：ʔdiə³ jɤu² vɯə² het⁷ nɯːk⁷ hwa² ŋu³ kan¹
汉文直译：碟 油 刚 完 水 和 五 更
汉文意译：油碟烧完泪五更；

喃字原文：蚪 愘 吏 臥 脏 清，
国际音标：ŋoi² ʔbuːn² laːi⁶ ɲap⁷ ʔdem¹ than¹
汉文直译：坐 烦闷 又 合眼 夜 清
汉文意译：清夜坐烦又躺下，

喃字原文：棒 兜 啫 蒂 邊 躺 呢 嫩。
国际音标：ʔbɔŋ³ ʔdɤu¹ tiːŋ⁵ je⁵ ʔben¹ min² ni³ nɔn¹
汉文直译：俄然 声 蟋蟀 边 妹 低吟
汉文意译：俄然蟋蟀叫身边。

喃字原文：剴 市 淹 泲 洭 痾，
国际音标：ŋai² naːu² thoŋ¹ kaːn⁶ thaːk⁷ mɔn²
汉文直译：天 哪 河 干 急滩 损耗
汉文意译：不管海枯石烂变，

喃字原文：淹 穷 波 泲 悉 群 如 智；
国际音标：thoŋ¹ kuŋ² ʔbe³ kaːn⁶ lɔŋ² kɔn² nɯ¹ sɯə¹
汉文直译：河 穷 尽 海 干 涸 心 还 如 以前
汉文意译：河干海枯爱如初；

喃字原文：咳 群 忕 忱 翘 皮，
国际音标：hɤ:i³ kɔn² nɤ⁵ tɤm⁵ ɲi:u² ʔbe²
汉文直译：啊 还 想 心 多 方
汉文意译：喂啊！全心为了爱，

喃字原文：鸾 群 忕 凤 馱 群 忕 烧。
国际音标：lɔn¹ kɔn² nɤ⁵ fuɯ:ŋ⁶ ŋɯ:i² kɔn² nɤ⁵ nau¹
汉文直译：鸾 还 想 凤 人 还 想 互相
汉文意译：鸾还爱凤何况人。

（60）

喃字原文：自 趴 焙 绥 共 香，
国际音标：tɯ² ŋai² lɯə³ ʔbɛn⁵ kuŋ² hɯ:ŋ¹
汉文直译：从 天 火 蔓延 和 香
汉文意译：自从那日香火燃，

喃字原文：皿 萎 渚 执 餐 常 银 瘝；
国际音标：mi:ŋ⁶ jɤu² tsɯa¹ tsɤp⁷ ʔbɯə³ thɯ:ŋ² ŋɤn³ ŋɤ¹
汉文直译：口 槟榔 未 尝 餐 日常 茫然
汉文意译：槟榔未尝人茫然；

喃字原文：皿 桉 如 啥 菩 磶，
国际音标：mi:ŋ⁵ ʔan¹ nɯ¹ ŋɤm⁶ ʔbo² hɔn²
汉文直译：嘴 吃 如 含 无 患子
汉文意译：吃东西如含苦果，

喃字原文：咀 叹 如 渃 触 岸 沚 黜。
国际音标：thɤ³ tha:n¹ nɯ¹ nɯ:k⁷ tɔŋ¹ ŋa:n² tsai³ ra¹
汉文直译：叹息 如 水 中 源泉 流 出
汉文意译：叹言如流出源泉。

情 歌

喃字原文：固　脏　灿　蔬　畑　陂，
国际音标：kɔ⁵ ʔdem¹ ʔdot⁷ ŋon⁶ ʔdɛn²fa¹
汉文直译：有　夜　点燃　灯盏
汉文意译：夜里起来自点灯，

喃字原文：嗨　埃　熠　熄　朱　些　翅　愁；
国际音标：hɔi³ ʔa:i¹ thap⁷ tat⁷ tsɔ¹ ta¹ tsiu⁶ thɤu²
汉文直译：问　谁　点燃　熄灭　给　咱　承受　忧愁
汉文意译：谁来熄灭免忧愁；

喃字原文：智　箕　固　世　尼　兜，
国际音标：sɯə¹kiə¹ kɔ⁵ the⁵nai² ʔdɤu¹
汉文直译：过去　有　这样　哪儿
汉文意译：过去没遇此情境，

喃字原文：麻　躺　底　惨　底　愁　朱　些。
国际音标：ma² min² ʔde³ tha:m³ ʔde³ thɤu² tsɔ¹ ta¹
汉文直译：而　你　留　惨　留　愁　给　我
汉文意译：为你让我思惨愁。

喃字原文：躺　時　鲜　卒　如　花，
国际音标：min² thi² tɯ:i¹tot⁷ ɲɯ¹ hwa¹
汉文直译：妹　则　鲜艳　如　花
汉文意译：今哥神情如花美，

喃字原文：崦　尬　愁　惨　胂　腮　幽　愫。
国际音标：ʔɛm¹ nai¹ thɤu²tha:m³ ru:t⁸ra² ʔu¹me¹
汉文直译：妹　今　忧伤　亲情　愚笨
汉文意译：让妹愁惨神昏昧。

（61）

喃字原文：别　包　贵客　梗　红，
国际音标：ʔbiːt⁷ ʔbaːu¹ kwi⁵khat⁷ kan² hoŋ²
汉文直译：知　多少　贵客　枝　红
汉文意译：有多少客送红花，

喃字原文：遥　彩　挣　嚩　阢　悉　色　纶；
国际音标：joˤ⁵ ʔbai¹ tsaŋ³ tsiːn³ tɤmˤ⁵loŋ² thak⁷ thon¹
汉文直译：风　飞　不　动　心　色　朱　红
汉文意译：风吹不动丹花心；

喃字原文：啐　哐　哏　贝　渃　嫩，
国际音标：thuːt⁷ nɤːi² hɛn⁶ vɤːiˤ⁵ nɯːk⁷non¹
汉文直译：全部　话　约　和　山　水
汉文意译：过去山水许誓言，

喃字原文：呦　麻　渰　泮　汇　疒　拱　拸。
国际音标：ju²ma² thoŋ¹ kaːn⁶ thaːk⁷ mon² kuŋ³ ʔdi¹
汉文直译：纵然　河　干　急滩　磨损　也　去
汉文意译：海枯石烂不变心。

（62）

喃字原文：馹　帀　泮　津　潭　鐄，
国际音标：ŋai² naːu² kaːn⁶ lat⁸ ʔdɤm² vaːŋ²
汉文直译：天　哪　干　小河沟　潭　黄
汉文意译：那日黄潭涡水干，

喃字原文：泮　渰　潭　渦　羛　扐　贝　悁；
国际音标：kaːn⁶ thoŋ¹ ʔdɤm²ˤ²waˤ¹ niə³ tsaːŋ² mɤːiˤ⁵ kwen¹
汉文直译：干　河　潭　义　郎　才　忘
汉文意译：潭干海枯情永存；

情 歌

喃字原文：羛 扗 埯 奴 禖 薛，
国际音标：ŋiə³ tsa:ŋ² ʔɛm¹ nɤ⁵ tam¹ nam¹
汉文直译：义 郎 妹 想 百 年
汉文意译：君情义妹记百年，

喃字原文：拱 如 天 下 奴 尽 中 秋。
国际音标：kuŋ³ nɯ¹ thi:n¹ ha⁶ nɤ⁵ ram² tuŋ¹ thu¹
汉文直译：也 像 天 下 想 望 日 中 秋
汉文意译：中秋天下想月圆。

（男：阮继初，张廷德；女：刘元英，杜福英）

（63）

喃字原文：拱 料 没 浽 湄 霶，
国际音标：kuŋ³ li:u² mot⁸ jɔt⁸ mɯə¹ ra:u²
汉文直译：也 豁 出去 一 滴 阵雨
汉文意译：天落大雨豁出去，

喃字原文：麻 朱 天 下 𥊛 𠊛 拱 㝵；
国际音标：ma² tsɔ¹ thi:n¹ ha⁶ toŋ¹ va:u² kuŋ³ hai¹
汉文直译：而 让 天 下 看 进 也 知
汉文意译：让天下人见雨淋；

喃字原文：説 情 琴 纴 纔 绖，
国际音标：thɔt⁷ tin² kɤm² ʔda³ ʔbɛn⁵ jɤi¹
汉文直译：脱 情 琴 已 紧密相连 弦
汉文意译：琴接上弦难脱离，

喃字原文：拯 禖 薛 拱 没 鈤 缘 些。
国际音标：tsaŋ³ tam¹ nam¹ kuŋ³ mot⁸ ŋai² ji:n¹ ta¹
汉文直译：不 百 年 也 一 天 缘 咱
汉文意译：百年无缘一日情。

京族传统民歌译注

喃字原文：料 排 翔 靪 朱 齜，
国际音标：li:u² ʔbai² mɤ³ kɯə³ tsɔ¹ ra¹
汉文直译：豁出去 开 门 给 出
汉文意译：舍身把大门敞开，

喃字原文：尐 罘 情 碌 尐 義 渁；
国际音标：ʔɤi⁵ la² tin² naŋ⁶ ʔɤi⁵ la² ŋiə³ thɤu¹
汉文直译：那 是 情 重 那 是 义 深
汉文意译：这表明情重义深；

喃字原文：吀 浪 缘 包 缘 数，
国际音标：sin¹ raŋ² ji:n¹ ʔda³ ʔbɛn⁵ lɤu¹
汉文直译：请求 缘 已 相投 久
汉文意译：既然早结有缘分，

喃字原文：悉 馱 奸 险 别 兜 麻 量。
国际音标：lɔŋ² ŋɯ:i² ja:n¹ hi:m³ ʔbi:t⁷ ʔdɤu¹ ma² lɯ:ŋ²
汉文直译：心 人 奸险 知 哪儿 而 量
汉文意译：莫忧奸险难测心。

喃字原文：娸 欺 容 素 贠 旁，
国际音标：nɯə³ khi¹ joŋ¹ to⁵ fu⁶ ʔba:ŋ²
汉文直译：再 时 暴风雨 辜负
汉文意译：残酷无情暴风雨，

喃字原文：舌 缘 旀 吏 强 极 悉 低；
国际音标：thi:t⁸ ji:n¹ ʔdɤi⁵ la:i⁶ ka:ŋ² kɯk⁸ lɔŋ² ʔdɤi¹
汉文直译：失 缘 那儿 又 更 心痛 这儿
汉文意译：春缘失去妹心痛；

情 歌

喃字原文：料 麻 赊 趂 高 飝，
国际音标：liːu⁶ ma² sa¹ tsai⁶ kaːu¹ ʔbai¹
汉文直译：料 而 远 跑 高 飞
汉文意译：料算让风吹飞远，

喃字原文：爱 恩 些 固 銀 尼 麻 催。
国际音标：ʔaːi⁵ʔɤn¹ taː¹ kɔ⁵ ŋɤn¹ nai² ma²thoi¹
汉文直译：恩爱 咱 有 量 这 而已
汉文意译：恩爱只有那些了。

喃字原文：没 聂 几 虐 馱 吹，
国际音标：mot⁸maːi¹ kɛ³ ŋɯːk⁸ ŋɯːi² suːi¹
汉文直译：日后 人 逆水 人 顺水
汉文意译：日后各人走一方，

喃字原文：别 包 唥 特 堆 哑 渃 嫩 滾；
国际音标：ʔbiːt⁷ ʔbaːu¹ jɤ² ʔdɯːk⁸ ʔdoi¹ nɤːi² nɯːk⁷nɔn¹
汉文直译：知 何时 得 两 言 山 水
汉文意译：不知那日山水遇；

喃字原文：吁 浪 滝 洴 砑 痈，
国际音标：sin¹raŋ² thoŋ¹ kaːn⁶ ʔda⁵ mɔn²
汉文直译：请求 河 干 石 损耗
汉文意译：海枯石烂莫请求，

喃字原文：掍 蟳 变 壳 拱 群 纴 絲。
国际音标：kɔn¹tam² ʔbiːn⁵ saːk⁷ kuŋ³ kɔn² vɯːŋ⁵ tɤ¹
汉文直译：蚕 变 壳 也 还 缠 丝
汉文意译：蚕虫脱壳尚牵丝。

喃字原文：共　烧　計　礼　蘇　智，
国际音标：kuŋ² ɲau¹ ke³ le³ thau¹ sɯə¹
汉文直译：一同　陈述　礼　后　从前
汉文意译：自始至终吐真言，

喃字原文：呐　哇　渚　喝　哇　渚　喝。
国际音标：nɔi⁵ nɤːi² tsɯə¹ het⁷ nɤːi² tsɯə¹ het⁷ nɤːi²
汉文直译：说话　未　完　话　未　完　话
汉文意译：始末言语诉不尽。

（64）

喃字原文：嘥　贔　戈　掩　扵　牀　鸾，
国际音标：toi⁵ hom¹ kwa¹ ʔɛm¹ ʔɤ³ jɯːŋ² lɔn¹
汉文直译：晚　昨天　妹　在　床　鸾
汉文意译：昨晚妹睡鸾房里，

喃字原文：掩　擬　刟　扒　掩　吏　忦　傷；
国际音标：ʔɛm¹ ŋi³ ʔden⁵ tsaːŋ² ʔɛm¹ laːi⁶ nɤ⁵ thɯːŋ¹
汉文直译：妹　想　到　郎　妹　又　忧伤
汉文意译：想起君子心忧伤；

喃字原文：别　包　终　褿　终　牀，
国际音标：ʔbiːt⁷ ʔbaːu¹ tsuŋ¹ ɣoi⁵ tsuŋ¹ jɯːŋ²
汉文直译：知　何时　同　枕　共　床
汉文意译：不知何时共床枕，

喃字原文：别　包　朱　特　房　香　没　茹。
国际音标：ʔbiːt⁷ ʔbaːu¹ tsɔ¹ ʔdɯːk⁸ fɔŋ² hɯːŋ¹ mot⁸ ɲa²
汉文直译：知　何时　给　得　香　房　一　家
汉文意译：何时香房一家亲。

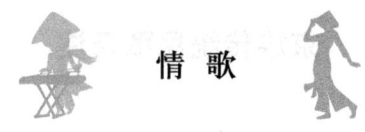

情 歌

喃字原文：仍 哑 躺 呐 貝 些，
国际音标：ȵɯŋ³ ȵɤ:i² min² nɔi⁵ vɤ:i⁵ ta¹
汉文直译：些 话 妹 说 和 哥
汉文意译：君说蜜言妹深记，

喃字原文：淹 固 洱 河 岗 固 伞 圆；
国际音标：thoŋ¹ kɔ⁵ ȵi³ha² nui⁵ kɔ⁵ ta:n³vi:n¹
汉文直译：河 有 洱河 山 有 伞 圆
汉文意译：天有银河地山圆；

喃字原文：𣈜 𢀭 培 岗 伞 圆，
国际音标：ŋai² na:u² lɤ³ nui⁵ ta:n³vi:n¹
汉文直译：天 哪 崩 伞 圆 山
汉文意译：那日伞圆山崩塌，

喃字原文：泔 淹 素 历 淹 悄 哑 扒。
国际音标：ka:n⁶ thoŋ¹ to⁵ lit⁸ ʔɛm¹ kwen¹ ȵɤ:i² tsa:ŋ²
汉文直译：干 河 苏 沥 妹 忘 话 郎
汉文意译：苏沥河干方忘情。

喃字原文：鸩 仙 聘 貝 凤 凰，
国际音标：tsim¹ ti:n¹ than⁵ vɤ:i⁵ fɯ:ŋ⁶hwa:ŋ²
汉文直译：鸟 仙 结伴 和 凤凰
汉文意译：仙鸟凤凰结伴侣，

喃字原文：𠄩 些 只 决 磋 鐄 奇 𠄩；
国际音标：ha:i¹ta¹ tsi³ kwi:t⁷ ʔda⁵va:ŋ² ka³ ha:i¹
汉文直译：咱俩 只 决心 金石 全部 二
汉文意译：咱俩决意金石恋；

喃字原文：吀 扐 如 往 如 来，
国际音标：sin¹ tsa:ŋ² n̠ɯ¹ va:ŋ³ n̠ɯ¹ la:i¹
汉文直译：请 郎 如 往 如 来
汉文意译：请君勤常来常往，

喃字原文：吀 扐 停 扵 黜 仜 朓 悆。
国际音标：sin¹ tsa:ŋ² ʔdɯŋ² ʔɤ³ ra¹ ha:i¹ tɤm⁵lɔŋ²
汉文直译：请 郎 别 在 出 二 心
汉文意译：望君莫要有两心。

（65）

喃字原文：滝 臾 魟 潘 别 沁，
国际音标：thoŋ¹ ja:i² ka⁵ loi⁶ ʔbi:t⁸tam¹
汉文直译：河 长 鱼 游 失 踪
汉文意译：鱼游长河无影踪，

喃字原文：扐 麻 铖 役 蒅 薢 吻 徐；
国际音标：tsa:ŋ² ma² nen¹ vi:k⁸ tam¹ nam¹ vɤn³ tsɤ²
汉文直译：郎 而 成 事 百 年 还 等
汉文意译：君想成亲待百年；

喃字原文：滝 銀 闷 批 桥 乌，
国际音标：thoŋ¹ŋɤn¹ mu:n⁵ ʔbak⁷ kɤu²ʔo¹
汉文直译：银 河 想 架 鹊 桥
汉文意译：银河想见搭鹊桥，

喃字原文：翻 眊 意 思 軝 由 户 行。
国际音标：tɯ:k⁷ sɛm¹ ʔi⁵ tɯ⁵ thau¹ jɔ¹ hɔ⁶ha:ŋ²
汉文直译：前 看 意 思 后 由 亲 戚
汉文意译：先自作主后亲人。

情 歌

（66）

喃字原文：忕咥交哏欺嘲,
国际音标：nɤ⁵ nɤ:i² ja:u¹hɛn⁶ khi¹ tsi:u²
汉文直译：想 话 相约 时 下午
汉文意译：想起下午相约时，

喃字原文：湄沙齾圯拱料麻舣;
国际音标：mɯə¹ tha¹ thɤm⁵ rɛ³ kuŋ³ li:u² ma² ʔdi¹
汉文直译：雨 下 雷 劈 也 豁出去 而 去
汉文意译：狂风暴雨亦去寻；

喃字原文：忕英如册忕皮,
国际音标：nɤ⁵ ʔan¹ nɯ¹ that⁷ nɤ⁵ ʔbiə²
汉文直译：想 哥 如 书 想 封面
汉文意译：思君如书想封面，

喃字原文：忕釙忕织更昗忕払。
国际音标：nɤ⁵ kim¹ nɤ⁵ tsi³ kan¹khwiə¹ nɤ⁵ tsa:ŋ²
汉文直译：想 针 想 线 更深 想 郎
汉文意译：像针想线夜思君。

（67）

喃字原文：忕払夥夥払喂,
国际音标：nɤ⁵ tsa:ŋ² lam⁵ lam⁵ tsa:ŋ² ʔɤ:i¹
汉文直译：想 郎 非常 非常 郎 啊
汉文意译：君啊！妹甚想念君，

喃字原文：忕咥払呐忕尼払術;
国际音标：nɤ⁵ nɤ:i² tsa:ŋ² nɔi⁵ nɤ⁵ nɤ:i¹ tsa:ŋ² ve²
汉文直译：想 话 郎 说 想 处 郎 回
汉文意译：想君说话想步行；

745

喃字原文： 忟 欺 指 岗 交 誓，
国际音标： nɤ⁵ khi¹ tsi³ nui⁵ ja:u¹ the²
汉文直译： 想 时 指 山 交互 发誓
汉文意译： 回想山盟海誓言，

喃字原文： 忟 自 住 馆 忟 術 圭 鄊。
国际音标： nɤ⁵ tɯ² tu⁵kwa:n⁵ nɤ⁵ ve² kwe¹hɯ:ŋ¹
汉文直译： 想 从 旅馆 想 回 故乡
汉文意译： 想起住馆思故乡。

喃字原文： 胐 艃 仍 忟 共 傷，
国际音标： ʔdem¹ nam² nɯŋ³ nɤ⁵ kuŋ² thɯ:ŋ¹
汉文直译： 夜 躺 些 思 同 念
汉文意译： 夜躺无眠思念君，

喃字原文： 呐 牢 朱 掣 每 塘 爱 恩。
国际音标： nɔi⁵ tha:u¹ tsɔ¹ si:t⁷ mɔi⁶ ʔdɯ:ŋ² ʔa:i⁵ʔɤn¹
汉文直译： 说 为何 给 完 全部 方面 恩爱
汉文意译： 恩爱情义诉不尽。

（68）

喃字原文： 忟 欺 情 呐 情 唭，
国际音标： nɤ⁵ khi¹ tin² nɔi⁵ tin² kɯ:i²
汉文直译： 想 时 情 说 情 笑
汉文意译： 想起谈情笑说爱，

喃字原文： 忟 欺 媕 哏 没 哇 英 黜；
国际音标： nɤ⁵ khi¹ ʔɛm¹ hɛn⁶ mot⁸ nɤ:i² ʔan¹ ra¹
汉文直译： 想 时 妹 约 一 言 哥 出
汉文意译： 想妹叮嘱哥即来；

情 歌

喃字原文： 忄欺 補 桂 喙 花，
国际音标： nɤ⁵ khi¹ ʔbɔ³ kwe⁵ tham¹ hwa¹
汉文直译： 想 时 丢 桂 探访 花
汉文意译： 思想丢桂去寻花，

喃字原文： 忄欺 熄 蔬 畑 斜 邊 淹。
国际音标： nɤ⁵ khi¹ tat⁷ ŋɔn⁶ ʔdɛn² ta² ʔben¹ thoŋ¹
汉文直译： 想 时 熄 灯盏 斜 边 河
汉文意译： 想起河边时熄灯。

喃字原文： 忄欺 媕 媠 英 馱，
国际音标： nɤ⁵ khi¹ ʔɛm¹ vɤ⁶ ʔan¹ tsoŋ²
汉文直译： 想 时 妹 妻 哥 夫
汉文意译： 想起君夫妹妻时，

喃字原文： 亻些 沛 决 没 悉 貝 烋。
国际音标： ha:i¹ta¹ fa:i³ kwi:t⁷ mot⁸ lɔŋ² vɤ:i⁵ ɲau¹
汉文直译： 咱俩 须 决心 一心 互相
汉文意译： 咱俩决意同一心。

（69）

喃字原文： 忄舥 晗 午 最 戈，
国际音标： nɤ⁵ ŋai² jɤ² ŋɔ⁶ hom¹ kwa¹
汉文直译： 想 天 午时 昨天
汉文意译： 想起昨天中午时，

喃字原文： 媕 黜 蹲 晬 核 栘 頭 廊；
国际音标： ʔɛm¹ ra¹ ʔdɯŋ⁵ ʔɓɔ⁵ kɤi¹ ʔda¹ ʔdɤu² la:ŋ²
汉文直译： 妹 出 站 影 榕树 头 村
汉文意译： 妹站村头大榕树；

喃字原文： 觅睅核淹想睅払，
国际音标： thɤi⁵ ʔbɔŋ⁵ kɤi¹ ʔɛm¹ tɯːŋ³ ʔbɔŋ⁵ tsaːŋ²
汉文直译： 见　影　树　妹　想　影　郎
汉文意译： 树下见影如见君，

喃字原文： 楼牙闷槿菊鐄闵燸。
国际音标： lɯːk⁸ ŋa² muːn⁵ tsaːi² hɯːŋ¹ vaːŋ² muːn⁵ thɔi¹
汉文直译： 梳子 象牙 想　梳　镜　金　想　照
汉文意译： 象牙梳头想照镜。

喃字原文： 觅睅花淹拱闷唭，
国际音标： thɤi⁵ ʔbɔŋ⁵ hwa¹ ʔɛm¹ kuŋ³ muːn⁵ kɯːi²
汉文直译： 见　影　花　妹　也　想　笑
汉文意译： 看见花朵妹想笑，

喃字原文： 愁尼乙很愁趴 塘赊。
国际音标： thɤu² nai² ʔat⁷han³ thɤu² ŋɯːi² ʔdɯːŋ² sa¹
汉文直译： 愁　这　肯定　愁　人　路　远
汉文意译： 此愁思着君远方。

喃字原文： 趴　塘赊客吏塘赊，
国际音标： ŋɯːi² ʔdɯːŋ² sa¹ khat⁷ laːi⁶ ʔdɯːŋ² sa¹
汉文直译： 人　路　远　客　又　路　远
汉文意译： 君离远方如远客，

喃字原文： 挵愁補吏朱些麻術。
国际音标： ʔdɛm¹ thɤu² ʔbɔ³ laːi⁶ tsɔ¹ ta¹ ma² ve²
汉文直译： 带　愁　丢　来　给　妹　而　回
汉文意译： 妹只回家自思愁。

（男：阮继初；女：阮氏心）

情 歌

4

喃字原文：徐 勗 務 㜑 吏 瞞 務 桃
国际音标：tsɤ² het⁷ muə² mɤn⁶ la:i⁶ mɤ¹ muə² ʔda:u²
汉文直译：等 完 季节 李子 又 幻想 季节 桃子
汉文意译：桃李季节相思情

（70）

喃字原文：仍 罘 鈤 约 晟 幻，
国际音标：nɯɯŋ³la² ŋai² ʔɯ:k⁷ ma:i¹ ʔa:u¹
汉文直译：极了 日 期盼 明天 期盼
汉文意译：日思夜想为了情，

喃字原文：圻 低 㜑 佘 嗨 桃 没 欺；
国际音标：ɣɤn² ʔdɤi¹ mɤn⁶ mɤ:i⁵ hɔi³ ʔda:u² mot⁸ khi¹
汉文直译：今日 李子 才 问 桃子 一 时
汉文意译：现在李问桃一言；

喃字原文：為 㜑 桃 沛 黜 㐌，
国际音标：vi² mɤn⁶ ʔda:u² fa:i³ ra¹ʔdi¹
汉文直译：为 李子 桃子 须 出 去
汉文意译：为桃使李要出去，

喃字原文：吁 桃 停 㳋 擬 之 賒 吹。
国际音标：sin¹ ʔda:u² ʔdɯɯŋ² tsɤ⁵ ŋi³ tsi¹ sa¹soi¹
汉文直译：请 桃子 别 考虑 什么 遥远
汉文意译：请桃莫要有多疑。

749

喃字原文：桃 忟 耧 桃 蚰 嚧 凌，
国际音标：ʔdaːu² ȵɤ⁵ mɤn⁶ ʔdaːu² ra¹ lɤ¹luŋ³
汉文直译：桃子 想 李子 桃子 出 悠荡
汉文意译：桃想李时坐悠荡，

喃字原文：耧 忟 桃 耧 蹲 耧 韰；
国际音标：mɤn⁶ ȵɤ⁵ ʔdaːu² mɤn⁶ ʔdɯŋ⁵ mɤn⁶ toŋ¹
汉文直译：李子 想 桃子 李子 站 李子 望
汉文意译：李想桃时站着望；

喃字原文：嚎 朱 桃 媎 耧 默，
国际音标：mɔŋ¹ tsɔ¹ ʔdaːu² vɤ⁶ mɤn⁶ tsoŋ²
汉文直译：期望 给 桃子 妻 李子 夫妻
汉文意译：期望桃妻李是夫，

喃字原文：桃 要 耧 悗 齾 農 堆 邊。
国际音标：ʔdaːu² ʔiːu¹ mɤn⁶ men⁵ man⁶noŋ² ʔdoi¹ʔben¹
汉文直译：桃子 爱 李子 喜爱 一往情深 双方
汉文意译：桃李一家相爱浓。

喃字原文：為 桃 朱 耧 拁 安，
国际音标：vi² ʔdaːu² tsɔ¹ mɤn⁶ tsaŋ³ ʔiːn¹
汉文直译：为 桃子 让 李子 不 安
汉文意译：为桃让李坐不安，

喃字原文：為 桃 朱 耧 胎 烦 龍 斜；
国际音标：vi² ʔdaːu² tsɔ¹ mɤn⁶ ʔdem¹ fiːn² lɔŋ¹²ʔdɔŋ¹
汉文直译：为 桃子 让 李子 夜里 烦心 飘零
汉文意译：为桃夜里魂飘零；

情 歌

喃字原文：为 桃 朱 辔 忪 嚎，
国际音标：vi² ʔdaːu² tsɔ¹ mɤn⁶ nɤ⁵ mɔŋ¹
汉文直译：为 桃子 让 李子 盼望
汉文意译：为桃让李时思念，

喃字原文：吁 桃 停 於 黜 悉 北 南。
国际音标：sin¹ ʔdaːu² ʔdɯŋ² ɤ³ raː¹ lɔŋ² ʔbak⁷ naːm¹
汉文直译：请 桃子 别 在 出 心 北 南
汉文意译：请桃莫要南北心。

（71）

喃字原文：自 番 甲 枾 圭 桃，
国际音标：tɯ² fiːn¹ jaːp⁷mat⁸ kwe¹ ʔdaːu²
汉文直译：从 次 见 面 家乡 桃子
汉文意译：自从在桃乡见面，

喃字原文：缘 帀 拱 慕 湟 帀 拱 忺；
国际音标：jiːn¹ naːu² kuŋ³ mo⁶ net⁷ naːu² kuŋ³ ʔɯə¹
汉文直译：缘 哪 也 慕 品行 哪 也 喜欢
汉文意译：爱桃缘分慕品行；

喃字原文：自 番 甲 枾 狟 睑，
国际音标：tɯ² fiːn¹ jaːp⁷mat⁸ ʔden⁵ jɤ²
汉文直译：从 次 见 面 到 现在
汉文意译：自从见面至如今，

喃字原文：仍 罞 想 忪 皕 愲 笣 悴。
国际音标：ȵɯŋ³laː² tɯːŋ³nɤ⁵ tsɤːt⁸ mɤ¹ ʔdaː³ tson²
汉文直译：极了 想念 乍 幻想 已 疲惫
汉文意译：仍是想念乍见人。

喃字原文：為 埃 點 粉 蘇 綸,
国际音标：vi² ʔaːi¹ ʔdiːm³ fɤn⁵ tɔ¹ thɔn¹
汉文直译：为 谁 抹 粉 涂 脂
汉文意译：为谁妹涂脂抹粉,

喃字原文：底 些 脺 烤 肝 痏 術 埃。
国际音标：ʔde³ ta¹ ruːt⁸ hɛu⁵ ɣaːn¹ mɔn² ve² ʔaːi¹
汉文直译：留 哥 肠 枯 肝 损 为 谁
汉文意译：让妹想寸断肝肠。

(72)

喃字原文：绕 靜 战 諾 蒲 桃,
国际音标：n̠iːu³ san¹ tsɤm⁵ nuːk⁷ ʔboː²ʔdaːu²
汉文直译：绸 青 蘸 水 葡萄
汉文意译：青绸染了葡萄水,

喃字原文：㐌 跙 𣸸 屾 别 包 晗 痏;
国际音标：ʔdaː³ sɤi¹ nen¹ nui⁵ ʔbiːt⁷ ʔbaːu¹jɤ² mɔn²
汉文直译：已 砌 成 山 知 何时 磨损
汉文意译：情积成山不会倒;

喃字原文：功 情 㐌 磙 平 嫩,
国际音标：kon¹ tin² ʔdaː³ naŋ⁶ ʔbaŋ² nɔn¹
汉文直译：功 情 已 重 如 山
汉文意译：此情还重于泰山,

喃字原文：缘 群 掃 等 情 群 滇 滇。
国际音标：jiːn¹ kɔn² ʔdɛu¹ʔdaŋ³ tin² kɔn² tsaːn¹tsaːn¹
汉文直译：缘 还 缠绵 情 还 盈满
汉文意译：情意盈满念不忘。

情 歌

喃字原文：仍 哣 娘 吶 添 强，
国际音标：ȵɯŋ³ ȵɤ:i² na:ŋ² nɔi⁵ them¹ ka:ŋ²
汉文直译：些 话 妹 说 添加 更加
汉文意译：妹说话儿听入心，

喃字原文：想 㺯 麻 吏 伮 傷 㤴 㺯；
国际音标：tɯ:ŋ³ ŋɯ:i² ma² la:i⁶ ȵɤ⁵thɯ:ŋ¹ ʔden⁵ ŋɯ:i²
汉文直译：想 人 而 又 思念 到 人
汉文意译：想妹情义又想人；

喃字原文：红 颜 特 几 逹 逜 栬？
国际音标：hoŋ² ɲa:n¹ ʔdɯ:k⁸ mɤi⁵ ten¹ ʔdɤ:i²
汉文直译：红颜 得 几 上 世
汉文意译：人世红颜持多久？

喃字原文：花 薟 固 課 㺯 制 固 時。
国际音标：hwa¹ thɤ:m¹ kɔ⁵ thɤ³ ŋɯ:i² tsɤ:i¹ kɔ⁵ thi²
汉文直译：花 香 有 时 人 玩 有 时
汉文意译：花开季节人春期。

喃字原文：仍 哣 朘 逜 計 之，
国际音标：ȵɯŋ³ ȵɤ:i² jaŋ¹jɔ⁵ ke³ tsi¹
汉文直译：些 话 风月 叙述 什么
汉文意译：风月之情言不尽，

喃字原文：赊 吹 些 拱 固 欺 细 近。
国际音标：sa¹soi¹ ta¹ kuŋ³ kɔ⁵ khi¹ tɤ:i¹ ɤn²
汉文直译：遥远 咱 也 有 时 到 近
汉文意译：如今离远总近时。

753

（73）

喃字原文：丕　高　固　透　情　些，
国际音标：jɤ:i² ka:u¹ kɔ⁵ thɤu⁵ tin² ta¹
汉文直译：天　高　有　透彻　情　咱
汉文意译：高天识透情缘事，

喃字原文：姻　缘　囬　及　吏　賖　舿　重；
国际音标：n̠ɤn¹ji:n¹ hoi² ɣap⁸ la:i⁶ sa¹ ŋin² tuŋ²
汉文直译：姻缘　回　遇　又　远　千　重
汉文意译：姻缘时近时很远；

喃字原文：呫　咥　高　限　坦　屫，
国际音标：n̠ak⁷ n̠ɤ:i² ka:u¹ ha:n⁶ ʔdɤt⁷ jai²
汉文直译：提醒　话　高　限度　地　长
汉文意译：天高地厚时提醒，

喃字原文：别　　包　呇　及　時　咍　閉　呇。
国际音标：ʔbi:t⁷ ʔba:u¹jɤ² ɣap⁸ thi² hai¹ ʔbɤi⁵jɤ²
汉文直译：知　何时　遇　则　好　那时
汉文意译：何时相见是幸运。

喃字原文：缘　金　改　義　情　旗，
国际音标：ji:n¹ kim¹ ka:i³ ŋiə³ tin²kɤ²
汉文直译：缘　针　磁石　义　偶然
汉文意译：磁石引缘偶然情，

喃字原文：嚕罤　彶　没　轉　艘　固　烧；
国际音标：ɣɔi⁶la² ʔdi¹ mot⁸ tsi:n⁵ ʔdɔ² kɔ⁵ n̠au¹
汉文直译：叫做　去　一　趟　渡船　有　互相
汉文意译：这是作同渡人；

754

# 情 歌

喃字原文： 棱 霪 浤 湃 固 烧，
国际音标： rɯŋ² mɤi¹ ʔbiːn³ thɔŋ⁵ kɔ⁵ ȵau¹
汉文直译： 林 云 海 河 有 互相
汉文意译： 林云海浪常相遇，

喃字原文： 払 愁 黜 妾 妾 疒 浽 払；
国际音标： tsaːŋ² thɤu² ʔbɤːi³ thiːp⁷ thiːp⁷ ʔdau¹ nɔi³ tsaːŋ²
汉文直译： 郎 愁 因 妾 妾 心痛 境况 郎
汉文意译： 君想妹，妹也想君；

喃字原文： 山 林 夥 檜 镶 鑛，
国际音标： thɤːn¹ lɤm¹ lam⁵ koi⁶ tɯːŋ¹ vaːŋ²
汉文直译： 山林 多 根 镶 金
汉文意译： 树林根多如镶金，

喃字原文： 核 包 绕 荓 伤 払 闭 饶。
国际音标： kɤi¹ ʔbaːu¹ ȵiːu¹ laː⁵ thɯːŋ¹ tsaːŋ² ʔbɤi⁵ ȵiːu¹
汉文直译： 树 多少 叶 爱 郎 那么多
汉文意译： 树叶多妹爱君深。

（男：张廷德，阮继初）

（74）

喃字原文： 逓 丕 固 九 吝 丕，
国际音标： ten¹ jɤːi² kɔ⁵ tsin⁵ lɤn² jɤːi²
汉文直译： 上 天 有 九 层 天
汉文意译： 天空重叠九层天，

喃字原文： 固 醓 吝 遥 固 进 吝 霪；
国际音标： kɔ⁵ nam¹ lɤn² jɔ⁵ kɔ⁵ mɯːi² lɤn² mɤi¹
汉文直译： 有 五 层 风 有 十 层 云
汉文意译： 有五层风十层云；

755

喃字原文：莲歪固洪头西，
国际音标：ten¹ jɤ:i² kɔ⁵ ji:ŋ⁵ ʔdɤu² tʂi¹
汉文直译：上 天 有 井 头 西
汉文意译：天上西头有天井，

喃字原文：悉 英 只 慕 姑 尼 麻 催。
国际音标：lɔŋ² ʔan¹ tsi³ mo⁶ ko¹ nai² ma²thoi¹
汉文直译：心 哥 只 慕 姑娘 这 而已
汉文意译：哥心决意爱妹情。

喃字原文：胋䄸 娘 皇 如 砳，
国际音标：ko³tai¹ na:ŋ² taŋ⁵ nɯ¹ voi¹
汉文直译：手腕 妹 白 如 石灰
汉文意译：妹手腕白如石灰，

喃字原文：琨 䄸 娘 唎 如 堆 冄 鐄；
国际音标：kɔn¹mat⁷ na:ŋ² li:k⁷ nɯ¹ ʔdoi¹ la:ŋ⁶ va:ŋ²
汉文直译：眼睛 妹 瞥 如 两 两 金子
汉文意译：妹眼斜看似闪金；

喃字原文：冄 鐄 怒 趄 戈 滝，
国际音标：la:ŋ⁶ va:ŋ² nɔ⁵ tsai⁶ kwa¹ thoŋ¹
汉文直译：两 金子 它 跑 过 河
汉文意译：越过河时带两金，

喃字原文：冄 鐄 挺 惜 惜 功 待 徐。
国际音标：la:ŋ⁶ va:ŋ² tsaŋ³ ti:k⁷ ti:k⁷ kɔŋ¹ ʔdɤ:i⁶tsɤ²
汉文直译：两 金子 不 可惜 可惜 功 等待
汉文意译：不惜两金只惜人。

情 歌

喃字原文： 徐　娘　徐　銀　徐　忄,
国际音标： tsɤ² na:ŋ² tsɤ² ŋɤn³ tsɤ² ŋɤ¹
汉文直译： 等　妹　等　愣然　等　愣然
汉文意译： 等待妹时哥愣然，

喃字原文： 徐　囘　務　褧　吏　瞞　務　桃；
国际音标： tsɤ² het⁷ muə² mɤn⁶ la:i⁶ mɤ¹ muə² ʔda:u²
汉文直译： 等　完　季节　李子　又　幻想　季节　桃子
汉文意译： 桃李季节相思情；

喃字原文： 徐　娘　朱　镦　英　高，
国际音标： tsɤ² na:ŋ² tso¹ tu:i³ ʔan¹ ka:u¹
汉文直译： 等　妹　让　年龄　哥　高
汉文意译： 等妹让哥超年龄，

喃字原文： 朱　缘　英　汩　腃　桃　英　派。
国际音标： tso¹ ji:n¹ ʔan¹ na:t⁸ ma⁵ ʔda:u² ʔan¹ fa:i¹
汉文直译： 让　缘　哥　淡　红颜　哥　褪色
汉文意译： 青春时过未姻缘。

（75）

喃字原文： 呍　进　卷　牧　兰　蓬，
国际音标： ʔba¹ mɯ:i¹ thau⁵ tsɯ³ la:n¹ ʔboŋ²
汉文直译： 三　十　六　字　兰　蔓生
汉文意译： 三十六字兰蔓生，

喃字原文： 渃　莲　默　渃　霶　疊　默　霶；
国际音标： nɯ:k⁷ len¹ mak⁸ nɯ:k⁷ mɤi¹ loŋ² mak⁸ mɤi¹
汉文直译： 水　涨　由　水　云　叠　由　云
汉文意译： 潮涨云叠是自然；

喃字原文：鲔 炛 挋 监 扬 鯺，
国际音标：ka⁵ kho¹ tsaŋ³ ja:m⁵ ja:ŋ¹ vɤi¹
汉文直译：鱼 干 不 敢 鼓 鳍
汉文意译：干鱼再不能鼓鳍，

喃字原文：崦 尼 兜 监 聘 㧡 英 雄？
国际音标：ʔɛm¹ nai² ʔdɤu¹ ja:m⁵ than⁵ tai¹ ʔan¹huŋ²
汉文直译：妹 这 哪儿 敢 配 手 英 雄
汉文意译：妹岂敢配英雄君？

（76）

喃字原文：㑄 喂 符 祂 檜 尼，
国际音标：min² ʔɤ:i¹ jɯ³lɤi⁵ koi⁶ nai²
汉文直译：妹 啊 保护 根 这
汉文意译：妹呀！保护好树根，

喃字原文：溜 底 葉 鸠 䚯 衕 岸；
国际音标：tsɤ⁵ ʔde³ la⁵ ruŋ⁶ tsim¹ ʔbai¹ ve² ŋa:n²
汉文直译：别 让 叶 落 鸟 飞 回 林
汉文意译：莫让落叶鸟离林；

喃字原文：由 麻 葉 用 鸠 䚯，
国际音标：ju²ma² la⁵ ruŋ⁶ tsim¹ ʔbai¹
汉文直译：如果 叶 落 鸟 飞
汉文意译：如果让叶落鸟飞，

喃字原文：時 㑄 符 祂 檜 尼 朱 些。
国际音标：thi² min² jɯ³lɤi⁵ koi⁶ nai² tsɔ¹ ta¹
汉文直译：则 妹 保护 根 这 给 哥
汉文意译：妹要守好这树根。

情 歌

喃字原文：由麻 披 桂　邊 梗，
国际音标：ju²ma² ʔbɛ³ kwe⁵ ʔben¹ kan²
汉文直译：如果 扳 桂 边 枝
汉文意译：谁想剥桂皮折枝，

喃字原文：時 躺 夺 衭 哑 英 吖 嗺。
国际音标：thi² min² jɯ³lɤi⁵ ȵɤ:i² ʔan¹ ȵan⁵tɔ²
汉文直译：则 妹 坚守 话 哥 叮嘱
汉文意译：坚守嘱言护好林。

（77）

喃字原文：仍 調 貼 翻 吖 嗺，
国际音标：ȵɯŋ³ ʔdi:u² ŋai²tɯ:k⁷ ȵan⁵tɔ²
汉文直译：些 话 昔日 叮嘱
汉文意译：记得昔日叮嘱言，

喃字原文：核 胯 群 妑 氿 艘 群 低；
国际音标：kɤi¹ʔda¹ kɔn² ʔdo⁵ ʔben⁵ʔdɔ² kɔn² ʔdɤi¹
汉文直译：榕树 还 那 码头 还 这
汉文意译：保好码头榕树林；

喃字原文：呦 埃 於 胞 諾 霊，
国际音标：ju² ʔa:i¹ ʔɤ³ ja⁶ nɯ:k⁷ mɤi¹
汉文直译：无论 谁 在 心 水 云
汉文意译：谁人欲想云水情，

喃字原文：梗 杜 丹 尨 時 烌 空 鮮。
国际音标：kan² mɤu³ʔdɤ:n¹ nai¹ thi² hɐu⁵ khoŋ¹ tɯ:i¹
汉文直译：枝 牡丹 今 则 枯萎 不 鲜艳
汉文意译：牡丹萎谢色不艳。

759

喃字原文：悉 些 惜 玉 空 移，
国际音标：lɔŋ² ta¹ tiːk⁷ ŋɔk⁸ khoŋ¹ jɤːi²
汉文直译：心 妹 惜 玉 不 移
汉文意译：妹心惜玉如惜宝，

喃字原文：丕 群 底 籢 時 制 跙 磋。
国际音标：jɤːi² kɔn² ʔde³ tuːi³ thi² tsɤːi¹ ʔden⁵ ja²
汉文直译：天 还 让 年龄 则 玩 到 老
汉文意译：天让生存乐到老。

（男：刘永新，苏维绍；女：梁秀，吴秀英）

（78）

喃字原文：晉 之 遑 泩 瀬 瀛，
国际音标：kwaːn³ tsi¹ ten¹ thaːk⁷ jɯːi⁵ jɤn²
汉文直译：管 什么 上 急滩 下 湍濑
汉文意译：不管滩上流水下，

喃字原文：跙 低 埃 别 淹 靜 世 帀；
国际音标：ʔden⁵ ʔdɤi¹ ʔaːi¹ ʔbiːt⁷ thoŋ¹ san¹ theˀnaːu²
汉文直译：到 这 谁 知 河 绿 怎样
汉文意译：不知河清水浑浊；

喃字原文：悴 情 計 氽 饒 包，
国际音标：sɔt⁷ tin² ke³ mɤi⁵ɲiːu¹ ʔbaːu¹
汉文直译：痛心 情 陈述 多少 多少
汉文意译：怜悯之情说不尽，

喃字原文：朱 铖 平 會 同 交 啫 吨。
国际音标：tsɔ¹nen¹ ʔbaŋ² hoi⁶ ʔdoŋ² jaːu¹ tiːŋ⁵ʔdon²
汉文直译：所以 如 会 面 同 交 谣言
汉文意译：所以见面相交流。

760

情 歌

喃字原文：一　韢　罪　渃　上　源，
国际音标：nɤt⁷ toŋ¹ la² nɯːk⁷ thɯːŋ⁶ ŋuːn²
汉文直译：最　清　是　水　　上　游
汉文意译：最清就是上源水，

喃字原文：馭　群　固　喈　碎　群　砠阻；
国际音标：ŋɯːi² kɔn² kɔ⁵ tiːŋ⁵ toi¹ kɔn² tɤ¹tɤ¹
汉文直译：人　还　有　声　我　还　无动于衷
汉文意译：别人唱歌我呆然；

喃字原文：喨　唄　填　搭　㻴　坡，
国际音标：vɛu⁵ vɔn¹ ʔden²² daːp⁷ ten¹ ʔbɤ²
汉文直译：清脆　　报答　上岸
汉文意译：清脆歌声坡林传，

喃字原文：桃　群　忟　柳　包　晗　朱　悁。
国际音标：ʔdaːu² kɔn² nɤ⁵ liːu³ ʔbaːu¹ jɤ² tsɔ¹ kwen¹
汉文直译：桃　还　想　柳　何时　　给　忘
汉文意译：桃尚想柳不忘情。

（79）

喃字原文：蕊　桃　群　迪　遢　東，
国际音标：ɲi⁶ ʔdaːu² kɔn² ʔdɔn⁵ jɔ⁵ ʔdoŋ¹
汉文直译：蕊　桃　还　迎　　东风
汉文意译：桃花蕊待迎东风，

喃字原文：躺　麻　固　料　特　空　些　徐；
国际音标：min² ma² kɔ⁵ liːu⁶ ʔdɯːk⁸ khoŋ¹ ta¹ tsɤ²
汉文直译：你　若　有　料　得　不　我　等
汉文意译：你若相爱我等待；

京族传统民歌译注

喃字原文：遙 東 群 待 蕊 桃，
国际音标：jɔ⁵ ʔdoŋ¹ kɔn² ʔdɤ:i⁶ ɲi⁶ ʔda:u²
汉文直译：东风 还 等 蕊 桃
汉文意译：桃花蕊等东风来，

喃字原文：躺 麻 料 特 些 彼 蚴 制。
国际音标：min² ma² li:u⁶ ʔdɯ:k⁸ ta¹ va:u² ŋoi² tsɤ:i¹
汉文直译：你 若 料 得 我 进 坐 玩
汉文意译：你还相爱入宅乐。

（80）

喃字原文：躺 罘 琨 奇 茹 鼎，
国际音标：min² la² kɔn¹ ka³ ɲa² jau²
汉文直译：哥 是 长子 家 富裕
汉文意译：哥是富豪家长子，

喃字原文：蹟 䞍 鞋 汉 挤 牟 軍 官；
国际音标：tsɤn¹ ʔdi¹ ha:i² ha:n⁵ jɯə⁶ mau² kwɤn¹ kwa:n¹
汉文直译：脚 穿 鞋 汉 倚靠 样貌 军官
汉文意译：脚穿汉鞋军官人；

喃字原文：蹲 蹟 蹲 厵 霂 官，
国际音标：jɯŋ² tsɤn¹ ʔdɯŋ⁵ ma:i⁵ tam¹ kwa:n¹
汉文直译：止步 站 屋檐 百 官
汉文意译：经过我家止步望，

喃字原文：觅 馱 颜 色 落 弹 銀 癌。
国际音标：thɤi⁵ ŋɯ:i² ɲa:n¹ thak⁷ la:k⁸ ʔda:n² ŋɤn³ ŋɤ¹
汉文直译：见 人 颜色 失群 愣然
汉文意译：少壮失群见愣然。

情 歌

喃字原文：逻 琨 相 罨 群 吁，
国际音标：la⁶ kɔn¹mat⁷ ʔɛm¹ kɔn² ŋɤ²
汉文直译：陌生 眼睛 妹 还 怀疑
汉文意译：见人陌生妹怀疑，

喃字原文：祧 萌 萌 罨 嗨 客 初 圭 帀？
国际音标：tɛ³man³man³ ʔɛm¹ hɔi³ khat⁷ thɤ¹ kwe¹ na:u²
汉文直译：年轻轻 妹 问 客 初 来 乡 哪
汉文意译：年轻君子何方士？

喃字原文：蹲 踬 跨 劧 㯯 桃，
国际音标：juŋ²tsɤn¹ ʔdɯŋ⁵ kɯə³ mɤn⁶ ʔda:u²
汉文直译：止步 站 门 李子 桃子
汉文意译：停步站在桃李园，

喃字原文：役 之 英 沛 寻 𠫾 㦥 低。
国际音标：vi:k⁸ tsi¹ ʔan¹ fa:i³ tim² va:u² ʔden⁵ ʔdɤi¹
汉文直译：事 什么 哥 得 找 进 到 这
汉文意译：因何事寻来此地。

喃字原文：罨 罡 分 妫 疎 吁，
国际音标：ʔɛm¹ la² fɤn⁶ ɣa:i⁵ thɤ¹ŋɤi¹
汉文直译：妹 是 身份 女孩 幼稚
汉文意译：妹是女子还幼稚，

喃字原文：觅 扒 蚾 㐌 罨 尼 逻 㟥。
国际音标：thɤi⁵ tsa:ŋ² ŋoi² ʔdɤi⁵ ʔɛm¹ nai² la⁶luŋ²
汉文直译：见 郎 坐 那 妹 这 怪异
汉文意译：见陌生人自感奇。

763

（81）

喃字原文： 眱 秋 遹 揩 園 桃，
国际音标： ʔdem¹ thu¹ jɔ⁵ lot⁸ vɯ:n² ʔda:u²
汉文直译： 夜 秋 风 穿过 园 桃
汉文意译：秋夜风吹桃园里，

喃字原文： 衶 琼 朘 缺 㠰 㬚 衶 丕；
国际音标： jɯə³ kwɤŋ² jaŋ¹ khwi:t⁷ ʔba¹ tha:u¹ jɯə³ jɤ:i²
汉文直译： 中 晕 月 缺 三 星 中 天
汉文意译：三星当空半月缺；

喃字原文： 氵崩 河 渃 沚 群 𣳮，
国际音标： thoŋ¹ ha² nɯ:k⁷ tsai³ kɔn² vɤ:i¹
汉文直译： 江河 水 流 还 一半
汉文意译：半满江河尚流水，

喃字原文： 花 蓮 洴 撫 沛 洁 淋。
国际音标： hwa¹ thɛn¹ thoŋ⁵ vo³ fa:i³ nɤ:i¹ ka:t⁷ lɤm²
汉文直译： 莲花 浪 拍 中 地方 沙 淋
汉文意译：浪波莲花泥水淋。

喃字原文： 樠 桃 群 沛 渃 泠，
国际音标： mɤn⁶ ʔda:u² kɔn² fa:i³ nɯ:k⁷ ŋɤm¹
汉文直译： 李子 桃子 还 被 水 淹
汉文意译：李桃还受着水淹，

喃字原文： 嗨 扎 當 价 尒 纍 唉 扒？
国际音标： hoi³ tsa:ŋ² ʔda:ŋ⁵ ja⁵ mɤi⁵ tam¹ hɤ:i³ tsa:ŋ²
汉文直译： 问 郎 值 几 百 啊 郎
汉文意译：问君花值多少钱？

（男：刘振先，苏维绍；女：杜福英）

情 歌

(82)

喃字原文：淹溪渃沚 泑泑，
国际音标：thoŋ¹ khɛ¹ nɯːk⁷ tsai³ ʔaːu² ʔaːu²
汉文直译：河 溪 水 流 潺潺
汉文意译：江河之水滚滚流，

喃字原文：闷 唉 枕 尳 時 包 棱 靘 ；
国际音标：muːn⁵ ʔan¹ thim¹ tsin⁵ thi² vaːu² rɯŋ² san¹
汉文直译：想 吃 棯子 熟 就 进 林 绿
汉文意译：想食棯子入森林；

喃字原文：闷 唉 時 掃 祂 梗，
国际音标：muːn⁵ ʔan¹ thi² niu⁵ lɤi⁵ kan²
汉文直译：想 吃 就 扳 要 枝
汉文意译：想食棯果要扳树枝，

喃字原文：果 尳 時 扔 果 靘 時 停。
国际音标：kwa³ tsin⁵ thi² vat⁷ kwa³ san¹ thi² ʔdɯŋ²
汉文直译：果子 熟 就 摘 果子 青 就 别
汉文意译：生果勿动摘熟果。

(83)

喃字原文：悲 睽 些 迖 烧 低，
国际音标：ʔbɤi¹jɤ² ta¹ ɣap⁸ȵau¹ ʔdɤi¹
汉文直译：如今 咱 相遇 这
汉文意译：如今两人得相遇，

喃字原文：觅 果 時 扔 别 核 埃 揞？
国际音标：thɤi⁵ kwa³ thi² vat⁷ ʔbiːt⁷ kɤi¹ ʔaːi¹ joŋ²
汉文直译：见 果子 就 摘 知 树 谁 种
汉文意译：见果就摘管谁树？

765

喃字原文：核 柑 核 橘 核 欓，
国际音标：kɤi¹kaːm¹ kɤi¹kwit⁷ kɤi¹ʔbɔŋ²
汉文直译：柑树　　橘树　柚子树
汉文意译：柑果橘子柚子果，

喃字原文：虽 浪 次 𠀧 没 悉 如 尧。
国际音标：ti¹raŋ² thɯ⁵ ʔɤi⁵ mot⁸ lɔŋ² n̠ɯ¹n̠au¹
汉文直译：虽然　种　那　一　心　相同
汉文意译：虽不同类却同心。

（84）
喃字原文：闷 垵 果 蹫 莲 核，
国际音标：muːn⁵ ʔan¹ kwa³ tɕu² len¹ kɤi¹
汉文直译：想　吃果子 爬 上　树
汉文意译：想吃果子爬上树，

喃字原文：闷 垵 㮮 吼 眈 䏧 麻 垵；
国际音标：muːn⁵ ʔan¹ tsuːi⁵ ŋɔt⁸ sɛm¹ ŋai² ma² ʔan¹
汉文直译：想　吃 香蕉　甜　看 日子 而 吃
汉文意译：想吃香蕉等成熟；

喃字原文：果 红 果 苗 群 靜，
国际音标：kwa³hoŋ² kwa³n̠ɔt⁷ kɔn² san¹
汉文直译：柿子　果名　还 青
汉文意译：柿子桃子尚未熟，

喃字原文：吁 停 刣 檜 披 梗 𡎝 些。
国际音标：sin¹ ʔdɯŋ² tsɛm⁵ koi⁶ ʔbɛ³ kan² tso³ ta¹
汉文直译：请　别　砍 树 扳 枝 处 咱
汉文意译：莫要折枝乱砍树。

情 歌

喃字原文：披 梗 些 拱 悴 悙，
国际音标：ʔbɛ³ kan² ta¹ kuŋ³ sɔt⁷sa¹
汉文直译：扳 枝 咱 也 痛心
汉文意译：折枝妹感很痛心，

喃字原文：吀 躺 唉 扵 寔 罖 朱 哈。
国际音标：sin¹ min² ʔan¹ʴ³ thʴt⁸la² tsɔ¹ hai¹
汉文直译：请 哥 为人 诚实 给 好
汉文意译：哥想摘果好思虑。

（85）

喃字原文：茹 娘 固 没 核 椰，
国际音标：ɲa² na:ŋ² kɔ⁵ mot⁸ kʴi¹na¹
汉文直译：家 妹 有 一 番 荔枝树
汉文意译：妹家有棵蕃荔枝，

喃字原文：卒 花 卒 果 馴 些 捹 㨢；
国际音标：tot⁷ hwa¹ tot⁷ kwa³ ŋɯ:i²ta¹ vun¹jɔŋ²
汉文直译：好 花 好 果 人家 培育
汉文意译：好人培育好花果；

喃字原文：闷 唉 如 挞 固 功，
国际音标：mu:n⁵ ʔan¹ ɲɯ¹ tsaŋ³ kɔ⁵ koŋ¹
汉文直译：想 吃 如 不 有 功
汉文意译：但哥想吃无功育，

喃字原文：矓 𥃭 捆 相 底 悉 约 幻。
国际音标：toŋ¹ mɔn² kɔn¹mat⁷ ʔde³ lɔŋ² ʔɯ:k⁷ʔa:u¹
汉文直译：看 磨损 眼睛 留心 期盼
汉文意译：望眼欲穿只望果。

（男：苏维绍，刘扬顺；女：杜福英，刘元英）

767

（86）

喃字原文：忕 欺 書 府 跐 蓬，
国际音标：ɲɤ⁵ khi¹ thuɯ¹fu³ ʔbɯːk⁷ len¹
汉文直译：想 时 书府 迈步 上
汉文意译：想起初次进书府，

喃字原文：落 澄 些 嗨 浪 械 居 庿？
国际音标：laːk⁸tsɯŋ² ta¹ hɔi³raŋ² nen¹ kɤ¹naːu²
汉文直译：迷途 咱 问 应该 何时
汉文意译：迷途问路走哪道？

喃字原文：堆 遼 東 桺 西 桃，
国际音标：ʔdoi¹ ʔben¹ ʔdoŋ¹ liːu³ tɾi¹ ʔdaːu²
汉文直译：两 边 东 柳 西 桃
汉文意译：两边是东柳西桃，

喃字原文：悪 愁 波 慘 没 皮 些 㤖。
国际音标：lɔŋ² thɤu² ʔbe³ thaːm³ mot⁸ ʔbe² ta¹ maːŋ¹
汉文直译：心 愁 海 惨 一 面 咱 承受
汉文意译：心想愁惨自难受。

喃字原文：㗂 朱 剔 育 吏 昂，
国际音标：laːm²tsɔ¹ het⁷ jɔk⁸ laːi⁶ ŋaːŋ¹
汉文直译：使得 完 纵 又 横
汉文意译：纵横事情都办完，

喃字原文：悶 朱 犛 桃 共 迻 没 茹。
国际音标：muːn⁵ tsɔ¹ mɤn⁶ ʔdaːu² kuŋ² thaːŋ¹ mot⁸ ɲaː²
汉文直译：想 让 李子 桃子 同 去 一 家
汉文意译：想把桃李拼一家。

情 歌

喃字原文： 没 躺 忴 罢 料 匸，
国际音标： mot⁸ min² lɔ¹ ʔbai³ li:u⁶ ʔba¹
汉文直译： 独自 忧 七 料 三
汉文意译： 此事自思前想后，

喃字原文： 義 情 拱 碟 德 吒 拱 屦。
国际音标： ŋiə³ tin² kuŋ³ naŋ⁶ ʔdɯk⁷ tsa¹ kuŋ³ jai²
汉文直译： 义 情 也 重 德 父 也 厚
汉文意译： 父母德厚情义恩。

（87）

喃字原文： 蹦 莲 核 樑 姅 郚，
国际音标： tɛu² len¹ kɤi¹ khe⁵ nɯə³ ŋai²
汉文直译： 爬 上 杨桃树 半 天
汉文意译： 半天爬上杨桃树，

喃字原文： 埃 冖 洙 悴 悉 眉 樑 喂；
国际音标： ʔa:i¹ la:m² tsuə¹ sɔt⁷ lɔŋ² mai² khe⁵ ʔɤ:i¹
汉文直译： 谁 使 心酸 心 你 杨桃 啊
汉文意译： 杨桃谁让你酸心；

喃字原文： 蹦 莲 核 樑 姅 脏，
国际音标： tɛu² len¹ kɤi¹ khe⁵ nɯə³ ʔdem¹
汉文直译： 爬 上 杨桃树 半 夜
汉文意译： 半夜爬上杨桃树，

喃字原文： 埃 冖 洙 悴 悉 俺 世 伓。
国际音标： ʔa:i¹ la:m² tsuə¹ sɔt⁷ lɔŋ² ʔɛm¹ the⁵ vɤi⁶
汉文直译： 谁 使 心酸 心 妹 这样
汉文意译： 谁让妹如此痛心。

769

（88）

喃字原文：躃 蓬 核 櫾 採 花，
国际音标：tɛu² len¹ kɤi¹ʔbɯːi³ haːi⁵ hwa¹
汉文直译：爬 上 柚树 采 花
汉文意译：爬上柚树来采花，

喃字原文：跐 䤼 核 枷 丏 荄 椁 靜；
国际音标：ʔbɯːk⁷ suːŋ⁵ kɤi¹ka² kaːi⁵nu⁶ tɤm² san¹
汉文直译：迈步 下 茄子 花蕊 程度 青
汉文意译：步入茄园茄未熟；

喃字原文：椁 靜 拑 衳 堆 梗，
国际音标：tɤm² san¹ vit⁷ lɤi⁵ ʔdoi¹ kan²
汉文直译：程度 青 扳 要 两 枝
汉文意译：茄子未熟欲折枝，

喃字原文：果 尬 時 扔 果 靜 時 停。
国际音标：kwa³ tsin⁵ thi² vat⁷ kwa³ san¹ thi² ʔdɯŋ²
汉文直译：果子 熟 就 摘 果子 青 就 别
汉文意译：果熟可摘果生勿。

（89）

喃字原文：躃 蓬 核 栢 夥 梗，
国际音标：tɛu² len¹ kɤi¹ʔbɯə⁵ lam⁵ kan²
汉文直译：爬 上 山竺 多 枝
汉文意译：爬上野山竺多枝，

喃字原文：係 停 吁 愒 底 窢 些 唵；
国际音标：he² ʔdɯŋ² sin¹ het⁷ ʔde³ jɤn² ta¹ ʔan¹
汉文直译：要紧 别 请 完 留 部分 咱 吃
汉文意译：莫要摘了留部分；

情 歌

喃字原文：埃 麻 探 桂 披 梗，
国际音标：ʔa:i¹ ma² vin⁶ kwe⁵ ʔbɛ³ kan²
汉文直译：谁 而 扶 桂 扳 枝
汉文意译：谁人剥皮又扳枝，

喃字原文：時 些 群 伖 哐 英 吲 嗾。
国际音标：thi² ta¹ kɔn² ɲɤ⁵ ʔɤ:i² ʔan¹ ɲan⁵ tɔ²
汉文直译：则 妹 还 想 话 哥 叮 嘱
汉文意译：妹不允许听哥言。

喃字原文：仍 哐 甹 黐 吲 嗾，
国际音标：ɲɯɯŋ³ ɲɤ:i² ŋai² tɯ:k⁷ jan⁵ tɔ²
汉文直译：些 话 昔日 叮 嘱
汉文意译：昔日哥的吩咐言，

喃字原文：核 栘 群 妠 洏 艋 群 低。
国际音标：kɤi¹ʔda¹ kɔn² ʔdɔ⁵ ʔben⁵ʔdɔ² kɔn² ʔdɤi¹
汉文直译：榕树 还 那 渡口 还 这
汉文意译：码头尚在果树存。

（男：刘振辉；女：苏维秀，阮兴连）

(90)

喃字原文：核 栘 苗 洏 艋 蓇，
国际音标：kɤi¹ʔda¹ ku³ ʔben⁵ʔdɔ² sɯə¹
汉文直译：榕树 老 渡口 从前
汉文意译：老榕树下旧渡口，

喃字原文：步 行 固 義 曝 湄 拱 徐；
国际音标：ʔbo⁶han² kɔ⁵ ŋiə³ naŋ⁵ mɯə¹ kuŋ³ tsɤ²
汉文直译：不 行 有 义 晴 雨 也 等
汉文意译：为情行此晴雨待；

喃字原文： 核 栘 沔 苗 辥 習，
国际音标： kɤi¹ʔda¹ ʔben⁵ ku³ nam¹sɯə¹
汉文直译： 榕树 渡口 老 往昔
汉文意译： 榕树渡口常往来，

喃字原文： 敍 情 些 拱 迎 迻 贐 㡳。
国际音标： tsɯ³ tin² ta¹ kuŋ³ ʔnɤ⁵ ʔɯɯə¹ tɔn²ʔɖɤːi²
汉文直译： 字 情 咱 也 迎 送 终生
汉文意译： 为情接送愿终生。

（91）

喃字原文： 核 橙 吏 㚼 花 橙，
国际音标： kɤi¹than² laːi⁶ nɤ³ hwa¹than²
汉文直译： 橙树 又 开 橙花
汉文意译： 橙树开花又结果，

喃字原文： 底 㫨 蛠 㫛 䙔 觥 奇 䭲；
国际音标： ʔde³ kɔn¹ʔbɯːm⁵ taŋ⁵ ʔbai¹ kwan¹ ka³ ŋai²
汉文直译： 留 蝴蝶 白 飞 周围 整天
汉文意译： 白蝴蝶常来飞翔；

喃字原文： 抆 喂 抔 𩈔 吏 低，
国际音标： tsaːŋ² ʔɤːi¹ kwai¹ mat⁸ laːi⁶ ʔdɤi¹
汉文直译： 郎 啊 转 脸 来 这
汉文意译： 请君转过脸儿来，

喃字原文： 朱 媕 盱 出 朱 巏 干 愠。
国际音标： tsɔ¹ ʔɛm¹ ŋɔ⁵ tsut⁷ tsɔ¹ kwen¹ kɤːn¹ʔbuːn²
汉文直译： 让 妹 看 一会 让 忘 忧伤
汉文意译： 让妹望脸免忧伤。

情 歌

（92）

喃字原文： 约 之 蛣 特 贮 花，
国际音标： ʔɯːk⁷ tsi¹ ʔbɯːm⁵ ʔdɯːk⁸ ɣɤn² hwa¹
汉文直译： 渴望 什么 蝴蝶 得 近 花
汉文意译： 渴望蝴蝶得近花，

喃字原文： 约 之 躺 聘 贝 些 唉 躺 蛣；
国际音标： ʔɯːk⁷ tsi¹ min² than⁵ vɤːi⁵ ta¹ hɤːi³ min²
汉文直译： 渴望 什么 你 匹配 和 我 啊 你
汉文意译： 渴望你我能匹配；

喃字原文： 约 之 情 聘 贝 情，
国际音标： ʔɯːk⁷ tsi¹ tin² than⁵ vɤːi⁵ tin²
汉文直译： 渴望 什么 情 匹配 和 情
汉文意译： 渴望情义结姻缘，

喃字原文： 约 之 梗 橘 梗 琼 成 堆。
国际音标： ʔɯːk⁷ tsi¹ kan² kwit⁷ kan² kwin² than⁵ ʔdoi¹
汉文直译： 渴望 什么 枝 橘 枝 琼 成 双
汉文意译： 渴望橘琼成双对。

喃字原文： 约 之 兰 蕙 宄 茬，
国际音标： ʔɯːk⁷ tsi¹ laːn¹ hwe⁶ ʔdɤm¹ tsoi²
汉文直译： 渴望 什么 兰 蕙 长出 嫩芽
汉文意译： 渴望兰蕙枝满花，

喃字原文： 约 之 君 子 聘 趴 婵 娟；
国际音标： ʔɯːk⁷ tsi¹ kwɤn¹ tɯ³ than⁵ ŋɯːi² thiːn²kwiːn¹
汉文直译： 渴望 什么 君子 匹配 人 婵娟
汉文意译： 渴望君子配婵娟；

773

喃字原文： 约 之 愿　 特 如 愿，
国际音标： ʔɯːk⁷ tsi¹ ŋwiːn⁶ ʔdɯːk⁸ ȵɯ¹ ŋwiːn²
汉文直译： 渴望 什么 愿　 得 如 发誓
汉文意译： 渴望情愿变心愿，

喃字原文： 约 之 织 橝 绅 缘 绅 桃。
国际音标： ʔɯːk⁷ tsi¹ tsi³tham⁵ sɛ¹ jiːn¹ sɛ¹ ʔdaːu²
汉文直译： 渴望 什么 红绳 牵 缘 牵 桃
汉文意译： 渴望红绳系桃缘。

喃字原文： 约 之 桥 批 㡓 沟，
国际音标： ʔɯːk⁷ tsi¹ kɤu² ʔbak⁷ ten¹ ʔaːu¹
汉文直译： 渴望 什么 桥 架 上 池塘
汉文意译： 渴望架桥池水上，

喃字原文： 约 之 東 栁 西 桃 交 欢。
国际音标： ʔɯːk⁷ tsi¹ ʔdoŋ¹ liːu³ tʂi¹ ʔdaːu² jaːu¹hwaːn¹
汉文直译： 渴望 什么 东 柳 西 桃　 交欢
汉文意译： 渴望东柳西桃悦。

（男：刘扬顺；女：梁秀）

情 歌

5

喃字原文：嫩 情 時 者 㞕 醉 吻 群
国际音标：nɤ⁶ tin² thi² ja³ tam¹ nam¹ vɤn³ kɔn²
汉文直译：债 情 就 还 百 年 仍 在
汉文意译：情债百年还不清

（93）

喃字原文：鸪 䭰 術 峝 鸾 掑，
国际音标：tsim¹ ʔbai¹ ve² nui⁵ lɔn¹ ke²
汉文直译：鸟 飞 回 山 鸾 贴近
汉文意译：鸟飞回山贴近鸾，

喃字原文：㖁 吣 英 翘 娘 術 拪 埃；
国际音标：ti:ŋ⁵ tam¹ ʔan¹ tsiu⁶ na:ŋ² ve² tai¹ ʔa:i¹
汉文直译：名 声 哥 受 妹 回 手 谁
汉文意译：情债哥受妹跟谁；

喃字原文：鸪 䭰 術 峝 鸾 骄，
国际音标：tsim¹ ʔbai¹ ve² nui⁵ lɔn¹ ki:u¹
汉文直译：鸟 飞 回 山 鸾 自豪
汉文意译：鸟飞回山鸾自豪，

喃字原文：帝 决 躺 帝 低 料 躺 低。
国际音标：ʔdɤi⁵ kwi:t⁷ min² ʔdɤi⁵ ʔdɤi¹ li:u⁶ min² ʔdɤi¹
汉文直译：那 决 心 妹 那 这 料 妹 这
汉文意译：声名已决妹孤行。

（94）

喃字原文：別 烒 麻 補 烒 呢？
国际音标：ʔbiːt⁷n̪au¹ ma² ʔbɔ³n̪au¹ n̪i³
汉文直译：相识　　而　相弃
汉文意译：相识时久怎丢弃？

喃字原文：罪 歪 埃 嫠 功 夫 埃 填；
国际音标：toi⁶ jɤː² ʔaːi¹ tsiu⁶ koŋ¹fu¹ ʔaːi¹ ʔden²
汉文直译：罪　天　谁　受　功　夫　谁　还
汉文意译：天罪降下谁人受；

喃字原文：別 烒 底 忟 底 傷，
国际音标：ʔbiːt⁷n̪au¹ ʔde³ n̪ɤ⁵ ʔde³ thɯːŋ¹
汉文直译：相识　留　想　留　念
汉文意译：相识保持深相爱，

喃字原文：別 烒 底 绐 愁 常 朱 埃？
国际音标：ʔbiːt⁷n̪au¹ ʔde³ moi⁵thɯu² thɯːŋ² tsɔ¹ ʔaːi¹
汉文直译：相识　留　愁　绪　常　给　谁
汉文意译：既以相识谁承愁？

（95）

喃字原文：嫌 錢 時 者 連 硾，
国际音标：nɤ⁶ tiːn² thi² ja³ liːn²tai¹
汉文直译：债　钱　就　还　马　上
汉文意译：钱银债务还了完，

喃字原文：嫌 情 時 者 別 部 乕 衝？
国际音标：nɤ⁶ tin² thi² ja³ ʔbiːt⁷ ŋai² na:u² sɔŋ¹
汉文直译：债　钱　就　还　知　天　哪　完
汉文意译：情债哪时能还清？

情 歌

喃字原文：嫩 銭 弧 者 吏 衝，
国际音标：nɤ⁶ ti:n² ko¹ ja³ la:i⁶ sɔŋ¹
汉文直译：债 钱 妹 还 又 完
汉文意译：钱债想还债务完，

喃字原文：嫩 情 時 者 罙 薛 吻 群。
国际音标：nɤ⁶ tin² thi² ja³ tam¹ nam¹ vɤn³ kɔn²
汉文直译：债 情 就 还 百 年 仍 有
汉文意译：情债百年还不清。

（96）

喃字原文： 要 烧 停 固 吱 噿，
国际音标：ʔi:u¹ ŋau¹ ʔduŋ² kɔ⁵ tse¹ khɛn¹
汉文直译：相爱 别 有 非难
汉文意译：相爱莫要为难情，

喃字原文：鐄 黜 觅 曝 群 颠 簵 斢；
国际音标：va:ŋ² ra¹ thɤi⁵ naŋ⁵ kɔn² ʔdɛn¹ lɔ⁶ ɲɯ:i²
汉文直译：金 出 见 阳光 还 黑 何况 人
汉文意译：金见光黑何况人；

喃字原文： 要 烧 九 補 ㄇ 迬，
国际音标：ʔi:u¹ ŋau¹ tsin⁵ ʔbo³ la:m² mɯ:i²
汉文直译：相爱 九 丢 做 十
汉文意译：相爱弃九保十全，

喃字原文： 停 固 忾 碍 斢 唭 乍 些。
国际音标：ʔduŋ² kɔ⁵ ŋɤ² ŋa:i⁶ ɲɯ:i² kɯ:i² ha:i¹ ta¹
汉文直译：别 有 疑心 人 笑 咱俩
汉文意译：莫要疑心人讥笑。

777

喃字原文： 要 烧 潩 碍　塘 赊，
国际音标： ʔi:u¹ ɲau¹ tsɤ⁵ ŋa:i⁶ ʔdɯ:ŋ² sa¹
汉文直译： 相爱　别　怕　路　远
汉文意译： 相爱莫怕相隔远，

喃字原文： 要 烧 潩 碍 茹 䴭 巾。
国际音标： ʔi:u¹ ɲau¹ tsɤ⁵ ŋa:i⁶ kɯə³ na² khɔ⁵ khan¹
汉文直译： 相爱　别　怕　家　庭　贫穷
汉文意译： 相爱贫穷也莫忧。

（男：张廷德；女：吴秀英）

(97)

喃字原文： 計 闭 饶 傷 怓 闭 饶，
国际音标： ke³ ʔbɤi⁵ ɲi:u¹ thɯɯ:ŋ³ nɤ⁵ ʔbɤi⁵ ɲi:u¹
汉文直译： 陈述　那么多　疼爱　那么多
汉文意译： 越是谈爱越深爱，

喃字原文： 計 朱 捏 玉 核 超 悉 鐄；
国际音标： ke³ tsɔ¹ na:t⁷ ŋɔk⁸ kɤi¹ reu⁶ lɔŋ² va:ŋ²
汉文直译： 说　给　烂　玉　树　烂　心　金
汉文意译： 谈得玉烂树心倾；

喃字原文： 拱 平 接 粉 燸 鞠，
国际音标： kuŋ³ ʔbaŋ² ti:p⁷ fɤn⁵ thɔi¹ hɯɯ:ŋ¹
汉文直译： 也　如同　抹　粉　照　镜
汉文意译： 涂脂抹粉共照镜，

喃字原文： 吏 添 绦 蜘 麻 纭 绦 蚂。
国际音标： la:i⁶ them¹ tɤ¹ ɲen⁶ ma² vɯ:ŋ⁵ tɤ¹ tam²
汉文直译： 再　加上　丝　蜘蛛　而　缠　丝　蚕
汉文意译： 蜘蛛蚕虫牵丝成。

情 歌

喃字原文： 愁　平　波　渴　如　醉，
国际音标：thɤu² ʔbaŋ² ʔbe³ kha:t⁷ n̪ɯ¹ nam¹
汉文直译： 愁　如同　海　渴望　如　年
汉文意译： 长年渴望愁如海，

喃字原文： 嗜　埃　翘　啫　翘　呫　麻　瘼。
国际音标：khɛn¹ ʔa:i¹ tsiu⁶ ti:ŋ⁵ tsiu⁶ tam¹ ma² ɣɤi²
汉文直译： 夸　谁　受　声　受　名　而　瘦
汉文意译： 忍声吞气人消瘦。

喃字原文： 愿　慴　埃　拱　世　尼，
国际音标：ŋwi:n⁶ sɯə¹ ʔa:i¹ kuŋ³ the⁵nai²
汉文直译： 愿　当初　谁　都　这样
汉文意译： 但愿人人能忍受，

喃字原文： 綵　愁　刊　掤　埃　㵅　埃　羈。
国际音标：moi⁵ thɤu² tha:n¹ the³ ʔa:i¹ ʔdɤi² ʔa:i¹ vɤ:i¹
汉文直译： 愁绪　　分摊　谁　满　谁　一半
汉文意译： 愁绪分摊同分忧。

喃字原文： 吏　添　丐　踄　麴　丕，
国际音标：la:i⁶ them¹ ka:i⁵ jɤu⁵ hɯ:ŋ¹ jɤ:i²
汉文直译： 再　加上　痕迹　镜子　天
汉文意译： 天上太阳直下照，

喃字原文： 别　醉　别　課　别　柢　吊　悁；
国际音标：ʔbi:t⁷ nam¹ ʔbi:t⁷ thɤ³ ʔbi:t⁷ ʔdɤ:i² na:u² kwen¹
汉文直译： 知　年　知　时代　知　代　哪　忘
汉文意译： 情缘春期怎能忘；

779

喃字原文：娘　悁　英　揵　朱　悁，
国际音标：naːŋ² kwen¹ ʔan¹ tsaŋ³ tsɔ¹ kwen¹
汉文直译：妹　忘　哥　不　给　忘
汉文意译：妹想忘记哥不忘，

喃字原文：娘　傷　英　妆　貝　纻　特　数。
国际音标：naːŋ² thɯːŋ¹ ʔan¹ nɤ⁵ mɤːi⁵ ʔben² ʔdɯːk⁸ lɤu¹
汉文直译：妹　想　哥　想　才　牢固　得　久
汉文意译：哥思妹想情永牢。

（98）

喃字原文：催　時　者　義　尕　催，
国际音标：thoi¹ thi² ja³ ŋiə³ ʔdi¹ thoi¹
汉文直译：罢了　就　报答　义　去　罢了
汉文意译：情义之事相牢记，

喃字原文：底　時　傷　妆　別　甚　帘　悁；
国际音标：ʔde³ thi² thɯːŋ¹ nɤ⁵ ʔbiːt⁷ ʔdɤːi² naːu² kwen¹
汉文直译：留　就　想念　知　代　哪　忘
汉文意译：留下思念记心里；

喃字原文：旬　尼　遁　奇　罙　分，
国际音标：tɤn² nai² ʔdon² ki² tam¹ fɤn²
汉文直译：近期　谣传　奇　百　分
汉文意译：近期谣传十分奇，

喃字原文：滝　吴　塊　潘　泂　秦　沛　戈。
国际音标：thoŋ¹ ŋo¹ khɔi³ loi⁶ ʔben⁵ tɤn² faːi³ kwa¹
汉文直译：河　吴　离开　涉水　渡口　秦　须　过
汉文意译：吴河楚渡相会矣。

情 歌

（99）

喃字原文： 渃 蓮 沚 沚 群 迟，
国际音标：nɯːk⁷ len¹ tsai³ tsai³ kɔn² tsɤi²
汉文直译：水 涨 流 流 还 慢
汉文意译：涨潮流时快时慢，

喃字原文：𫢐 些 群 屍 固 馹 迓 烧；
国际音标：haːi¹ta¹ kɔn² tɛ³ kɔ⁵ ŋai² ɣap⁸ɲau¹
汉文直译：咱俩 还 年轻 有 天 相遇
汉文意译：年轻相会赶时机；

喃字原文：挣 忙 麻 眴 呫 君，
国际音标：tsaŋ³ lɔ¹ ma² muːn⁶ tam¹ kwɤn¹
汉文直译：不 忧 而 晚 踪迹 君
汉文意译：不见君影也莫怕，

喃字原文：丕 群 底 轍 魰 呇 啌 制。
国际音标：jɤːi² kɔn² ʔde³ tuːi³ ɲiːu² lɤn² ʔan¹ tsɤːi¹
汉文直译：天 还 留 年岁 多 次 哥 玩
汉文意译：保身健康有乐时。

喃字原文：挣 忙 春 过 姅 䉵，
国际音标：tsaŋ³ lɔ¹ sɤn¹ kwa¹ nɯə³ vɤːi²
汉文直译：不 忧 春 花 一半 盈满
汉文意译：莫怕青春时过去，

喃字原文：𫢐 些 挣 迓 時 丕 吏 绊。
国际音标：haːi¹ta¹ tsaŋ³ ɣap⁸ thi² jɤːi² laːi⁶ sɛ¹
汉文直译：咱俩 不 遇 而 天 又 牵线
汉文意译：咱俩情遇天系缘。

（100）

喃字原文：惜 乸 義 於 塘 賒，
国际音标：ti:k⁷ thai¹ ŋiə³ ʔɤ³ ʔdɯ:ŋ² sa¹
汉文直译：可惜啊 义 在 路 远
汉文意译：可惜情隔路遥远，

喃字原文：抌 愁 杜 吏 朱 些 麻 術；
国际音标：ʔdɛm¹ thɤu² ʔdo³ la:i⁶ tsɔ¹ ta¹ ma² ve²
汉文直译：带 愁 停留 栖 给 妹 而 回
汉文意译：思愁情义妹记心；

喃字原文：惜 乸 義 於 塘 𠊛，
国际音标：ti:k⁷ thai¹ ŋiə³ ʔɤ³ ʔdɯ:ŋ² ŋɯ:i²
汉文直译：可惜啊 义 在 路 人
汉文意译：可惜情义人离远，

喃字原文：没 番 觅 䀡 平 迶 番 功。
国际音标：mot⁸ fi:n¹ thɤi⁵ mat⁸ ʔbaŋ² mɯ:i² fi:n¹ koŋ¹
汉文直译：一 次 见 面 如 十 次 功
汉文意译：一次见面十满意。

（男：张廷德，阮继初；女：杜福英）

（101）

喃字原文：自 𡗶 英 丞 䀡 娘，
国际音标：tɯ² ŋai² ʔan¹ vaŋ⁵ mat⁸ na:ŋ²
汉文直译：从 天 哥 不在场 妹
汉文意译：自从与妹此告别，

情 歌

喃字原文：跈 跈 如 秩 刃 鑚 逹 拁；
国际音标：faŋ¹faŋ¹ n̪ɯ¹ mɤt⁷ la:ŋ⁶ va:ŋ² ten¹ tai¹
汉文直译：寻找 如 丢 两 金 上 手
汉文意译：好似手里失两金；

喃字原文：照 埃 解 鬺 牀 尼，
国际音标：tsi:u⁵ ʔa:i¹ ra:i³ lon⁶ jɯ:ŋ² nai²
汉文直译：席子 谁 铺 错 床 这
汉文意译：谁铺草席错了床，

喃字原文：底 朱 寅 育 胋 尲 掑 躴。
国际音标：ʔde³tso¹ jan²jɔk⁸ ʔdem¹ nai¹ tsaŋ³ nam²
汉文直译：使 辗 转 夜 今 不 躺
汉文意译：让哥翻腾夜不眠。

（102）
喃字原文：躴 胋 撑 胼 咀 䗖，
国际音标：nam² ʔdem¹ vu:t⁷ ʔbuŋ⁶ thɤ³ ja:i²
汉文直译：躺 夜 摸 肚 叹 长
汉文意译：夜眠摸肚长叹气，

喃字原文：胼 佽 胼 轄 㤅 埃 胼 悶；
国际音标：ʔbuŋ⁶ hɤ:i³ ʔbuŋ⁶ hɤ:t⁸ n̪ɤ⁵ ʔa:i¹ ʔbuŋ⁶ ʔbu:n²
汉文直译：肚 啊 肚 啊 想 谁 肚 烦闷
汉文意译：想谁如此心思念；

喃字原文：悶 尼 别 咀 共 埃，
国际音标：ʔbu:n² nai² ʔbi:t⁷ thɤ³ kuŋ² ʔa:i¹
汉文直译：烦闷 这 知 叹息 和 谁
汉文意译：烦闷与谁共相叹，

喃字原文：氆胲麻吏咀勛貝胲。
国际音标：toŋ¹ jaŋ¹ ma² laːi⁶ thɤ³ jaːi² vɤːi⁵ jaŋ¹
汉文直译：望　月　而　又　叹　长　和　月
汉文意译：只望月亮同叹言。

喃字原文：愊　尼　偈　蹲　吏　胐，
国际音标：ʔbuːn² nai² het⁷ ʔdɯŋ⁵ laːi⁶ ŋoi²
汉语直译：烦闷　这　完　站　又　坐
汉文意译：烦闷时坐时站起，

喃字原文：衵　埃　麻　拖　朱　嚩　干　愊？
国际音标：lɤi⁵ ʔaːi¹ ma² ʔɛmɯ³ tsɔ¹ kwen¹ kɤːn¹ʔbuːn²
汉文直译：拿　谁　而　顶　给　忘　愁绪
汉文意译：谁人顶替忘心烦？

（103）

喃字原文：搇　挓　媕　吏　嗨　挓，
国际音标：nam⁵ tai¹ ʔɛm³ laːi⁶ hɔi³ tai¹
汉文直译：握　手　妹　又　问　手
汉文意译：紧握妹手同诉言，

喃字原文：英　要　術　湟　英　醛　為　情；
国际音标：ʔan¹ ʔiːu¹ ve² net⁷ ʔan¹ thai¹ vi² tin²
汉文直译：哥　爱　为　性情　哥　醉　为　情
汉文意译：爱妹品行又醉情；

喃字原文：强　眤　强　憪　强　犙，
国际音标：kaːŋ² n.in² kaːŋ² tham⁵ kaːŋ² sin¹
汉文直译：越　看　越　深切　越　美
汉文意译：越望美丽越深切，

784

情 歌

喃字原文：睦 朘 罖 㐌 友情 罖 低。
国际音标：ʔbɔŋ⁵jaŋ¹ la² ʔdɤi⁵ hiu³tin² la² ʔdɤi¹
汉文直译：月 影 是 那 友情 是 这
汉文意译：月亮照着好友情。

喃字原文：别 烧 㐌 闭 饶 罞,
国际音标：ʔbi:t⁷nau¹ ʔda³ ʔbɤi⁵ni:u¹ ŋai²
汉文直译：相识 已 那么 多 天
汉文意译：咱俩相识时已久,

喃字原文：冖 朱 傲 㑣 矯 剧 悉 烧;
国际音标：la:m²tso¹ ŋa:u¹ ŋa:n⁵ ki:u³ rai² lɔŋ² nau¹
汉文直译：使得 腻烦 姿态 今天 心 互相
汉文意译：莫让两心共腻烦;

喃字原文：要 烧 及 會 龍 雲,
国际音标：ʔi:u¹nau¹ ɣap⁸hoi⁶ lɔŋ¹ vɤn¹
汉文直译：相爱 恰逢 良机 龙 云
汉文意译：相爱会合龙云见,

喃字原文：朱 涓 欨 遲 朱 斦 欨 顽。
国际音标：tso¹ kwɛn¹ ŋɯ:i² la⁶ tso¹ ɣɤ² ŋɯ:i² ŋwa:n¹
汉文直译：使 熟 人 陌生 使 近 人 乖顺
汉文意译：陌生相熟近乖顺。

（104）

喃字原文：少 之 欨 玉 几 青,
国际音标：thi:u⁵ tsi¹ ŋɯ:i² ŋɔk⁸ kɛ³ than¹
汉文直译：少 什么 人 玉 人 青
汉文意译：玉人美人到处有,

喃字原文：低　俺　只　惜　功　程　麻　催；
国际音标：ʔdɤi¹ ʔɛm¹ tsi³ ti:k⁷ koŋ¹tin² ma²thoi¹
汉文直译：这　妹　只　可惜　劳动　而已
汉文意译：妹只是个乡下人；

喃字原文：牢　英　眜　蹲　眜　跬，
国际音标：tha:u¹ ʔan¹ luk⁷ ʔdɯŋ⁵ luk⁷ ŋoi²
汉文直译：为何　哥时　站　时　坐
汉文意译：哥是一个闲官文，

喃字原文：油　牢　结　伴　没　咥　朱　諴？
国际音标：ju²tha:u¹ ket⁷ ba:n⁶ mot⁸ nɤ:i² tsɔ¹nen¹
汉文直译：为何　结伴　一　言　所以
汉文意译：为何结伴这样人？

喃字原文：悲　暶　英　保　浪　悁，
国际音标：ʔbɤi¹jɤ² ʔan¹ ʔba:u³raŋ² kwen¹
汉文直译：如今　哥　告诉　忘记
汉文意译：请君忘记此情义，

喃字原文：罒　之　唎　阻　朱　悉　垚；
国际音标：la:m²tsi¹ ta:u⁵tɤ³ tsɔ¹ fi:n²lɔŋ² ɲau¹
汉文直译：为什么　刁钻　使　烦心　互相
汉文意译：油嘴滑舌免操心；

喃字原文：遙　打　遙　摺　艚　鈎，
国际音标：jɔ⁵ ʔdan⁵ jɔ⁵ ʔdɤp⁸ tau²kɤu¹
汉文直译：风　打　风　击　钓鱼船
汉文意译：风吹雨打钓鱼船，

情 歌

喃字原文：埃術藤㕽朱烧掫哑。
国际音标：ʔaːi¹ ve² ʔdaŋ² ʔʐi⁵ tsɔ¹ ȵau¹ ɣɯi³lʐːi²
汉文直译：谁 回 方 那 给 互相 寄语
汉文意译：因哥那里传有缘。

喃字原文：料 傷 烧 汝 台 催,
国际音标：liːu⁶ thɯːŋ¹ ȵau¹ nɯə³ hai¹ thoi¹
汉文直译：料 相爱 再 或 罢休
汉文意译：相爱两字莫要提,

喃字原文：绦 红 绅 朦 别 尼 帒 赊。
国际音标：tʐ¹hoŋ² sɛ¹ mɔŋ³ ʔbiːt⁷ nʐːi¹ naːu² tɔn²
汉文直译：红绳 牵 单 薄 知 处 哪 圆
汉文意译：红绳少线难结圆。

（105）

喃字原文：细 低 觅 景 怓 情,
国际音标：tʐːi⁵ ʔdʐi¹ thʐi⁵ kan³ ȵʐ⁵ tin²
汉文直译：到 这 见 景 想 情
汉文意译：到此见景思念情,

喃字原文：别 馱 伴 旧 想 躺 台 空;
国际音标：ʔbiːt⁷ ŋɯːi²ʔbaːn⁶ kiu⁶ tɯːŋ³ min² hai¹ khoŋ¹
汉文直译：知 友人 旧 想 妹 或 不
汉文意译：不知故友否相恋;

喃字原文：嗢 吖 场 會 當 东,
国际音标：ʔon² ʔaːu² tɯːŋ² hoi⁶ ʔdaːŋ¹ ʔdoŋ¹
汉文直译：闹闹嚷嚷 场 会 正 人山人海
汉文意译：闹闹嚷嚷会聚人,

喃字原文：𩈘 空 觅 𩈘 形 空 觅 形。
国际音标：mat⁸ khoŋ¹ thʁi⁵ mat⁸ hin² khoŋ¹ thʁi⁵ hin²
汉文直译：脸 不 见 脸 形 不 见 形
汉文意译：没见人面无形影。

喃字原文：碎 咭 没 啃 唥 叮,
国际音标：toi¹ ha:t⁷ mot⁸ ti:ŋ⁵ lin¹ʔdin¹
汉文直译：我 唱 一 声 飘 零
汉文意译：感零丁放声歌唱,

喃字原文：埃 麻 涓 别 時 呈 𩈘 齣;
国际音标：ʔa:i¹ ma² kwɛn¹ʔbi:t⁷ thi² tin² mat⁸ ra¹
汉文直译：谁 若 熟悉 就 呈 脸 出
汉文意译：有惯熟人站出来;

喃字原文：𣈜 㫆 碎 拱 交 和,
国际音标：ʔbuːi³ sɯə¹ toi¹ kuŋ³ ja:u¹hwa²
汉文直译：昔 日 我 也 交 和
汉文意译：昔日咱俩同交和,

喃字原文：𠄼 更 操 𥹰 眃 麻 空 安。
国际音标：nam¹ kan¹ tha:u¹ thɯk⁷ ŋu³ ma² khoŋ¹ ʔi:n¹
汉文直译：五 更 为何 醒 睡 而 不 安
汉文意译：为此不安夜无眠。

喃字原文：𤳹 傷 铖 沛 撿 寻,
国际音标：ʔbɤ:i³ thɯːŋ¹ nen¹ fa:i³ ki:m⁵tim²
汉文直译：因为 爱 所以 应 寻 找
汉文意译：只因爱情奔波寻,

情 歌

喃字原文：梧 桐 埃 妵 底 鸹 杜 悕?
国际音标：ŋo¹ʔdoŋ² ʔa:i¹ nɤ³ ʔde³ tsim¹ ʔdo³ hwa:i²
汉文直译：梧桐 谁 忍心 让 鸟 栖息 常
汉文意译：怎能让鸟无梧桐？

喃字原文：𠄩 行 渃 相 浪 浶,
国际音标：ha:i¹ ha:ŋ² nɯ:k⁷mat⁷ la:ŋ⁵la:i¹
汉文直译：两 行 泪水 洋溢
汉文意译：两行泪水洋溢流,

喃字原文：底 瞧 伴 旧 寻 埃 准 尼。
国际音标：ʔde³ kɔi¹ ʔba:n⁶ kiu⁶ tim² ʔa:i¹ tson⁵ nai²
汉文直译：让 看 友人 旧 找 谁 地方 这
汉文意译：想见故人在此望。

（男：张廷德，阮继初；女：阮成珍，梁秀）

(106)

喃字原文：𠄩 些 由 認 由 傷,
国际音标：ha:i¹ta¹ ju² n̠ɤn⁶ ju² thɯ:ŋ¹
汉文直译：咱俩 无论 相认 无论 思念
汉文意译：咱俩相识时思念，

喃字原文：由 麻 肨 少 眲 常 固 烧;
国际音标：ju² ma² tha:ŋ⁵ thi:u⁵ ŋai² thɯ:ŋ² kɔ⁵ n̠au¹
汉文直译：纵然 月 小 日 常 有 互相
汉文意译：纵然月小想见面；

喃字原文：𠄩 些 由 認 由 派,
国际音标：ha:i¹ta¹ ju² n̠ɤn⁶ ju² fa:i¹
汉文直译：咱俩 无论 相认 无论 褪色
汉文意译：咱俩相认保色艳，

喃字原文： 由 麻 浽 竹 拢 梅 拱 停？
国际音标： ju²ma² lɤ³ tuk⁷ luŋ¹ ma:i¹ kuŋ³ ʔdɯŋ²
汉文直译： 纵然 失 竹 摇 梅 也 别
汉文意译： 怎能让错失良缘？

喃字原文： 由 拮 諴 嫄 亊 情，
国际音标： ju² tsaŋ³ nen¹ nɤ⁶ thɯ⁶tin²
汉文直译： 纵然 不 成 债 事情
汉文意译： 或是因情债拖延，

喃字原文： 吁 停 定 料 绾 萌 准 峏。
国际音标： sin¹ ʔdɯŋ² ʔdin⁶li:u⁶ moi³man² tson⁵ na:u²
汉文直译： 请 别 料理 细丝 处 哪
汉文意译： 请勿另找关系人。

（107）

喃字原文： 情 之 英 義 之 碎，
国际音标： tin² tsi¹ ʔan¹ ŋiə³ tsi¹ toi¹
汉文直译： 情 什么 哥 义 什么 我
汉文意译： 哥有啥义妹啥情，

喃字原文： 拮 戈 罗 義 嫄 枈 之 低；
国际音标： tsaŋ³kwa¹ la² ŋiə³ nɤ⁶ ʔdɤ:i² tsi¹ ʔdɤi¹
汉文直译： 不过 是 义 债 世人 什么 这
汉文意译： 只不过世人债缘；

喃字原文： 每 馹 没 嫄 扲 秮，
国际音标： moi³ ŋɯ:i² mot⁸ nɤ⁶ kɤm² tai¹
汉文直译： 每 人 一 债 握 手
汉文意译： 每人情债都要还，

情 歌

喃字原文： 㥢㛦嬚羛 㥢厃嬚情。
国际音标： ʔdɤːi²sɯə¹ nɤ⁶ ŋiə³ ʔdɤːi²nai¹ nɤ⁶ ʔtin²
汉文直译： 从前 债义 今世 债情
汉文意译： 昔还债义今债情。

（108）
喃字原文： 傷 傷 忬忬 油油，
国际音标： thɯːŋ¹thɯːŋ¹ nɤ⁵nɤ⁵ jɤu²jɤu²
汉文直译： 思念 想念 忧伤
汉文意译： 因思念黯然感伤，

喃字原文： 没朋㠀辨黜桥蹲䡾；
国际音标： mot⁸ ŋai² ʔba¹ ʔbɤn⁶ ra¹ kɤu² ʔdɯŋ⁵ toŋ¹
汉文直译： 一 天 三 次 出 桥 站 望
汉文意译： 一日三次出桥望；

喃字原文： 觅駅 南 北 西 東，
国际音标： thɤi⁵ ŋɯːi² naːm¹ ʔbak⁷ tɤi¹ ʔdoŋ¹
汉文直译： 见 人 南 北 西 东
汉文意译： 东西南北都有人，

喃字原文： 觅駅天下麻空觅扒。
国际音标： thɤi⁵ ŋɯːi² thiːn¹ha⁶ ma² khoŋ¹ thɤi⁵ tsaːŋ²
汉文直译： 见 人 天 下 而 不 见 郎
汉文意译： 为独天下不见郎。

喃字原文： 悉媕倍繲聂 塘，
国际音标： lɔŋ² ʔɛm¹ ʔboi⁵roi⁵ tam¹ ʔdɯːŋ¹
汉文直译： 心 妹 烦乱 百 方面
汉文意译： 如今妹心乱如麻，

791

喃字原文：埯術符歇 刚 常 朱 甘；
国际音标：ʔɛm¹ ve² jɯ³ ma:i³ kɯŋ¹ thɯ:ŋ² tsɔ¹ ka:m¹
汉文直译：妹 回 守 永远 纲常 给 甘心
汉文意译：甘心回家守纲常；

喃字原文：呦 埃 呐 北 呐 南，
国际音标：jɤu² ʔa:i¹ nɔi⁵ ʔbak⁷ nɔi⁵ na:m¹
汉文直译：不管 谁 说 北 说 南
汉文意译：不管别人讲南北，

喃字原文：埯 低 吻 氶 如 柑 垔 梗。
国际音标：ʔɛm¹ ʔdɤi¹ vɤn³ vuŋ³ ɳɯ¹ ka:m¹ ten¹ kan²
汉文直译：妹 这 仍 稳 如 柑 上 枝
汉文意译：妹坚守着柑果上。

喃字原文：呦 埃 呐 蒜 呐 荇，
国际音标：jɤu² ʔa:i¹ nɔi⁵ tɔi³ nɔi⁵ han²
汉文直译：不管 谁 说 蒜 说 蒜
汉文意译：不管谁人说西东，

喃字原文：埯 吻 氶 如 城 买 蹴。
国际音标：ʔɛm¹ ʔdɤi¹ vɤn³ vuŋ³ ɳɯ¹ than² mɤ:i⁵ sɤi¹
汉文直译：妹 这 仍 稳 如 城 刚 砌
汉文意译：妹坚守着新城墙。

（109）

喃字原文：峗 醉 性 喝 旌 贠，
国际音标：tam¹ nam¹ tin⁵ ku:k⁸ vu:ŋ¹ tɔn²
汉文直译：百 年 性情 生活 圆满
汉文意译：百年相守圆满情，

情 歌

喃字原文：磋 鑚 啐 哏 强 叮 咛；
国际音标：ʔda⁵va:ŋ² tɔt⁷ hɛn⁶ ja⁶ ka:ŋ² ʔdin¹nin¹
汉文直译：金石 已 约 心 更 叮咛
汉文意译：金石誓言意志坚；

喃字原文：准 友 情 兜 欣 准 茁，
国际音标：tson⁵ hiu³tin² ʔdɤu¹ hɤ:n¹ tson⁵ ku³
汉文直译：地方 友情 哪儿 比 地方 老
汉文意译：旧情胜过友好情，

喃字原文：遙 顺 和 雲雨 嫩 滝。
国际音标：jo⁵ thɤn⁶hwa² vɤn¹vu³ nɔn¹ thoŋ¹
汉文直译：风 顺 和 云雨 山 河
汉文意译：风调雨顺山河恋。

喃字原文：伱 哑 顾 约 氹 冬，
国际音标：nɤ⁵ nɤ:i² ŋwi:n² ʔɯ:k⁷ ʔba¹ ʔdoŋ¹
汉文直译：想 誓言 约 三 冬
汉文意译：想起三年共誓约，

喃字原文：脍 号 拣 盹 朝 空 呐 唭；
国际音标：ʔdem¹khwiə¹ tsaŋ³ ŋu³ ŋai² khoŋ¹ nɔi⁵ kɯ:i²
汉文直译：深夜 不睡 白天 不 说 笑
汉文意译：日无笑声夜难眠；

喃字原文：呐 哑 沛 苻 祂 哑，
国际音标：nɔi⁵ nɤ:i² fa:i³ jɯ³lɤi⁵ nɤ:i²
汉文直译：说 话 须 信守 话
汉文意译：发出誓言要守信，

喃字原文： 凿 鐄 碑 磃 底 桝 朱 燒。
国际音标： ta:k⁸ va:ŋ² ʔbiə¹ ʔda⁵ ʔde³ ʔdɤ:i² tsɔ¹ ȵau¹
汉文直译： 凿 金 碑 石 留 世 给 互相
汉文意译： 石碑金字世留言。

(110)

喃字原文： 褦 𦰩 堆 敉 情 缘，
国际音标： tam¹ nam¹ ʔdoi¹ tsɯ³ tin²ji:n¹
汉文直译： 百 年 两 字 情 缘
汉文意译： "情缘"两字守百年，

喃字原文： 衵 哞 鐄 磃 麻 顧 嫩 輸；
国际音标： lɤi⁵ ȵɤ:i² va:ŋ² ʔda⁵ ma² ŋwi:n² nɔn¹ thɤu¹
汉文直译： 拿 话 金 石 而 誓 山 透
汉文意译： 高山透知金石誓；

喃字原文： 𣈗 㝖 深 妠 几 嫩 輸，
国际音标： ŋai² tham¹tham³ ȵɤ⁵ kɛ³ nɔn¹ thɤu¹
汉文直译： 白天 深邃 想 人 山 透
汉文意译： 日间远望见高山，

喃字原文： 脗 号 扜 于 胞 愁 洗 洗。
国际音标： ʔdem¹khwiə¹ vɔ²vɔ³ ja⁶ thɤu² ʔdam¹ʔdam¹
汉文直译： 深夜 孤单 心 愁 凝神
汉文意译： 夜里孤零苦思恋。

喃字原文： 惜 術 堆 敉 情 深，
国际音标： ti:k⁷ ve² ʔdoi¹ tsɯ³ tin² thɤm¹
汉文直译： 可惜 为 两 字 情 深
汉文意译： "情深"两字要牢记，

情 歌

喃字原文：朱 铖 倍 缊 胖 蚂 拱 魄；
国际音标：tsɔ¹nen¹ ʔboi⁵roi⁵ ruːt⁸ tam² tsaŋ³ kwen¹
汉文直译：所以 一筹莫展肠 蚕 不 忘
汉文意译：一筹莫展时不忘；

喃字原文：情 深 几 㐱 馱 低，
国际音标：tin² thɤm¹ kɛ³ ʔdɤi⁵ ŋɯː i² ʔdɤi¹
汉文直译：情 深 人 那 人 这
汉文意译：咱俩义重情意深，

喃字原文：㐌 绰 织 㯳 群 捞 梗 愁。
国际音标：ʔda³ sɛ¹ tsi³tham⁵ kɔn² lai¹ kan² thɤu²
汉文直译：已 牵 红线 还 摇 枝 愁
汉文意译：红绳相结莫忧愁。

喃字原文：别 烧 吁 忕 唑 烧，
国际音标：ʔbiːt⁷ɲau¹ sin¹ ɲɤ⁵ ɲɤːi² ɲau¹
汉文直译：相识 请 记 话 互相
汉文意译：相识要保各誓言，

喃字原文：制 花 沛 符 衻 牟 朱 花。
国际音标：tsɤːi¹ hwa¹ faːi³ jɯ³lɤi⁵ mau² tsɔ¹ hwa¹
汉文直译：玩 花 须 守护 颜色 给 花
汉文意译：玩花要保花鲜艳。

（111）

喃字原文：呐 傷 英 寔 罗 傷，
国际音标：nɔi⁵ thɯːŋ¹ ʔan¹ thɤt⁸ laː² thɯːŋ¹
汉文直译：说 想念 哥 真 是 想念
汉文意译：讲起思念哥甚想，

喃字原文： 牢　娘　吏　呐　英　傷　郲　吏　戈；
国际音标： tha:u¹ na:ŋ² la:i⁶ nɔi⁵ ʔan¹ thɯ:ŋ¹ rɔi² la:i⁶ kwa¹
汉文直译： 为何　妹　又　说　哥　爱　了　又　过
汉文意译： 妹怎讲哥走过场；

喃字原文： 悲　畭　英　呐　寔　他，
国际音标： ʔbɤi¹jɤ² ʔan¹ nɔi⁵ thɤt⁸tha²
汉文直译： 如今　哥　说　诚实
汉文意译： 如今哥讲实在话，

喃字原文： 英　傷　娘　自　課　媄　吒　生　成。
国际音标： ʔan¹ thɯ:ŋ¹ na:ŋ² tɯ² thɤ³ mɛ⁶ tsa¹ thin¹ than²
汉文直译： 哥　想　妹　从　时　娘　爹　生　成
汉文意译： 想妹自从刚出生。

（112）

喃字原文： 要　烑　自　課　𦉼　巴，
国际音标： ʔi:u¹ɲau¹ tɯ² thɤ³ nen¹ ʔba¹
汉文直译： 相爱　从　时　成　三
汉文意译： 相爱自从三岁时，

喃字原文： 别　烑　自　課　媄　荖　揞　秾；
国际音标： ʔbi:t⁷ɲau¹ tɯ² thɤ³ mɛ⁶ ja² ʔom¹ tai¹
汉文直译： 相识　从　时　娘　老　抱　手
汉文意译： 相识从父母抱起；

喃字原文： 制　花　自　課　花　贐，
国际音标： tsɤ:i¹ hwa¹ tɯ² thɤ³ hwa¹ tɔn²
汉文直译： 玩　花　从　时　花　圆
汉文意译： 玩花自从花圆心，

情 歌

喃字原文：　别　烧　自　課　娂　群　拧　掃。
国际音标：ʔbi:t⁷ȵau¹ tɯ² thɤ³ mɛ⁶ kɔn² nɤŋ¹niu¹
汉文直译：　相识　　从　时　娘　还　抚育
汉文意译：相识从母抚育时。

（113）

喃字原文：　脾　都　九　隻　躺　共，
国际音标：tha:u¹ ʔduə¹ tsin⁵ tsi:k⁷ nam² kuŋ²
汉文直译：星星 竞相 九　颗　躺　一起
汉文意译：九座北星躺一起，

喃字原文：　淹　傷　抾　自　課　娂　攙　逋　𥚢；
国际音标：ʔɛm¹ thɯ:ŋ¹ tsa:ŋ² tɯ² thɤ³ mɛ⁶ ʔboŋ² ten¹ tai¹
汉文直译：妹　爱　郎　从　时　娘　抱　上　手
汉文意译：妹爱哥从母抱时；

喃字原文：　脾　都　九　隻　躺　昂，
国际音标：tha:u¹ ʔduə¹ tsin⁵ tsi:k⁷ nam² ŋa:ŋ¹
汉文直译：星星 竞相 九　颗　躺　横
汉文意译：九座北星横着睡，

喃字原文：　淹　傷　抾　自　課　娂　胮　䑋　悉。
国际音标：ʔɛm¹ thɯ:ŋ¹ tsa:ŋ² tɯ² thɤ³ mɛ⁶ ma:ŋ¹ toŋ¹ lɔŋ²
汉文直译：妹　爱　郎　从　时　娘　怀孕　中　怀
汉文意译：妹爱从哥抱怀里。

（男：苏维珍，刘振先；女：吴秀英）

6

喃字原文： 想 扐暹 柳 蚐 徐 梗 梅
国际音标：tɯːŋ³ ʔdi¹ laː² liːu³ ŋoi² tsɤ² kan² maːi¹
汉文直译：想 去靠近 柳 坐 等 枝 梅
汉文意译：欲逛柳下等梅花

（114）

喃字原文： 傷 英 時 底 觕 悉，
国际音标：thɯːŋ¹ ʔan¹ thi² ʔde³ tɔŋ¹ lɔŋ²
汉文直译：想 哥 就 留 中 心
汉文意译：若思念哥放心里，

喃字原文：吁 麻 挭 足 朱 憑 時 催；
国际音标：sin¹ ma² ɣan⁵ tuk⁷ tsɔ¹ ʔbaŋ² thi² thoi¹
汉文直译：请 而 挑 竹 给 平 就 罢了
汉文意译：竹杆放平哥安心；

喃字原文： 没 畑 没 暽 埃 喂，
国际音标：mot⁸ ʔdɛn² mot⁸ ʔbɔŋ⁵ ʔaːi¹ ʔɤːi¹
汉文直译：一 灯 一 影 谁 啊
汉文意译：一灯独影感孤零，

喃字原文：约 之 麻 特 没 馹 如 俺。
国际音标：ʔɯːk⁷ tsi¹ ma² ʔdɯːk⁸ mot⁸ ŋɯːi² ȵɯ¹ ʔɛm¹
汉文直译：期望 什么 而 得 一 人 像 妹
汉文意译：期望恋人如妹美。

情 歌

喃字原文：咻麻 娘 固 悉 傷，
国际音标：jɤu² ma² na:ŋ² kɔ⁵ lɔŋ² thɯ:ŋ¹
汉文直译：如果 妹 有 心 爱
汉文意译：如果妹有心相爱，

喃字原文：仺些 捱 敄 情 纴 待 徐；
国际音标：ha:i¹ ta¹ ɣan⁵ tsu³ tin² vɯ:ŋ⁵ ʔdɤ:i⁶ tsɤ²
汉文直译：咱俩 挑 字 情 缠 等待
汉文意译：为了情字耐心等；

喃字原文：咻麻 帋 固 悉 徐，
国际音标：jɤu² ma² ʔdɤi⁵ kɔ⁵ lɔŋ² tsɤ²
汉文直译：如果 那儿 有 心 等
汉文意译：若果妹有意等待，

喃字原文：低 固 悉 待 包 唅 共 臷。
国际音标：ʔdɤi¹ kɔ⁵ lɔŋ² ʔdɤ:i⁶ ʔba:u¹ jɤ² kuŋ² nen¹
汉文直译：这儿 有 心 等 何时 一起 成
汉文意译：哥决心等结佳偶。

（115）

喃字原文：庄 怕 仍 事 媕 兜，
国际音标：tsaŋ³ lɔ¹ ȵuŋ³ thɯ⁶ ʔɛm¹ ʔdɤu¹
汉文直译：不 忧 些 事 妹 哪儿
汉文意译：请莫担心误情事，

喃字原文：拃 術 批 仍 桥 舟 朱 連；
国际音标：tsa:ŋ² ve² ʔbak⁷ ȵuŋ³ kɤu² tsɤu¹ tsɔ¹ li:n²
汉文直译：郎 回 北 些 桥 船 给 连
汉文意译：君回搭桥两相连；

799

喃字原文：咰 麻 扐 挑 特 連,
国际音标：jɤu² ma² tsa:ŋ² ʔbak⁷ ʔdɯ:k⁸ li:n²
汉文直译：如果 郎 搭 得 连
汉文意译：如果哥搭好舟桥,

喃字原文：底 淹 拱 监 结 缘 共 扐。
国际音标：ʔde³ ʔɛm¹ kuŋ³ ja:m⁵ ket⁷ ji:n¹ kuŋ² tsa:ŋ²
汉文直译：让 妹 也 敢 结 缘 和 郎
汉文意译：妹有心等结良缘。

（116）

喃字原文：於 㙫 群 固 茹 椿,
国际音标：ʔɤ³ ten¹ kɔn² kɔ⁵ ɲa² thuŋ¹
汉文直译：在 上 还 有 家 父亲
汉文意译：家里上有父母亲,

喃字原文：悉 㙫 𢱜 苏 别 悉 固 伤;
国际音标：lɔŋ² ten¹ toŋ¹ su:ŋ⁵ ʔbi:t⁷ lɔŋ² kɔ⁵ thɯ:ŋ¹
汉文直译：心 上 望 下 知 心 有 爱
汉文意译：心里欲望有爱人;

喃字原文：吀 停 氻 粉 派 鏡,
国际音标：sin¹ ʔdɯŋ² ɳa:t⁸ fɤn⁵ fa:i¹ hɯ:ŋ¹
汉文直译：请 别 淡 粉 褪色 镜
汉文意译：莫让脂淡镜朦胧,

喃字原文：悉 麻 守 歘 常 常 伩 烧。
国际音标：lɔŋ² ma² jɯ³ ma:i³ thɯ:ŋ² thɯ:ŋ² nɤ⁵ ɳau¹
汉文直译：心 而 守 长久 常 常 思念 互相
汉文意译：心中永远有爱情。

情 歌

(117)

喃字原文：渚　涓　扐吏朱　涓，
国际音标：tsɯə¹ kwɛn¹ ʔdi¹la:i⁶ tsɔ¹ kwɛn¹
汉文直译：未　熟　来往　给　熟
汉文意译：相识少要多来往，

喃字原文：渚　斨扐吏﨎番拱斨；
国际音标：tsɯə¹ ɣɤn² ʔdi¹la:i⁶ va:i² fɛn¹ kuŋ³ ɣɤn²
汉文直译：未　近　来往　几　次　也　近
汉文意译：接近少了要多来；

喃字原文：赊扐　吏朱斨，
国际音标：sa¹soi¹ ʔdi¹la:i⁶ tsɔ¹ ɣɤn²
汉文直译：遥远　来往　给　近
汉文意译：相隔遥远找机会，

喃字原文：要烧扐吏魤各拱悁。
国际音标：ʔi:u¹ɲau¹ ʔdi¹la:i⁶ ɲi:u² lɤn² kuŋ³ kwɛn¹
汉文直译：相爱　来往　多　次　也　熟
汉文意译：相爱来往会惯熟。

（男：刘振先，阮进余；女：吴秀英）

(118)

喃字原文：客　吊　贾　细　廊　些，
国际音标：khat⁷ na:u² mɤ:i⁵ tɤ:i⁵ la:ŋ² ta¹
汉文直译：客　哪　刚　到　村　咱
汉文意译：哪来客人到我村，

喃字原文： 謨 绬 半 缯 台 罪 半 缘；
国际音标： muə¹ tɤ¹ ʔba:n⁵ luə⁶ hai⁶ la² ʔba:n⁵ ji:n¹
汉文直译： 买 丝 卖 绸 或是 卖 缘
汉文意译： 买丝卖绸或寻缘；

喃字原文： 客 吊 驾 细 廊 地，
国际音标： khat⁷ na:u² mɤ:i⁵ tɤ:i⁵ la:ŋ² ti²
汉文直译： 客 哪 刚 到 村 本地
汉文意译： 何方客人来本地，

喃字原文： 嗨 嗺 客 敵 功 之 㤗 低。
国际音标： hɔi³tham¹ khat⁷ ʔdɤi⁵ koŋ¹ tsi¹ ʔden⁵ ʔdɤi¹
汉文直译： 探问 客 那儿 功 什么 到 这儿
汉文意译： 问你是否为姻缘。

（119）

喃字原文： 细 低 躓 瘦 英 尉，
国际音标： tɤ:i⁵ ʔdɤi¹ tsɤn¹ mɔi³ ʔan¹ ŋi³
汉文直译： 到 这儿 脚 累 哥 歇息
汉文意译： 前来脚累哥休息，

喃字原文： 笕 娘 拮 啫 没 哇 怵 悃，
国际音标： thɤi⁵ na:ŋ² kɤt⁷ti:ŋ⁵ mot⁸ nɤ:i² ʔbɤŋ¹khwɤŋ¹
汉文直译： 见 妹 开言 一 言 惆怅
汉文意译： 见妹追问话怅惘；

喃字原文： 躓 敦 如 脆 群 惘，
国际音标： tsɤn¹ run¹ nɯ¹ ja⁶ kɔn² muɯŋ²
汉文直译： 脚 抖 但 心 还 高兴
汉文意译： 虽脚颤抖心高兴，

情 歌

喃字原文： 别 浪 趴 世 待 藤 𠮾 牢？
国际音标： ʔbiːt^7raŋ² ŋɯːi² the^5 ʔdɤːi⁶ʔdaŋ² laːm²thaːu¹
汉文直译： 知道 人家 这样 等待 为什么
汉文意译： 哥来不知妹守望？

喃字原文： 觉 娘 拮 啥 莲 嘲，
国际音标： thɤi⁵ naːŋ² kɤt^7 tiːŋ⁵ len¹ tsaːu²
汉文直译： 见 妹 出 声 上 问好
汉文意译： 见妹口笑言问好，

喃字原文： 蹎 敦 脆 憛 仕 㕭 敢 嗽。
国际音标： tsɤn¹ run¹ ja⁶ thɤ⁵ the^3 naːu² jaːm⁵ thɯə¹
汉文直译： 脚 抖 心 怕 将 哪 敢 回话
汉文意译： 脚抖回言心发慌。

（120）

喃字原文： 埃 迻 兜 帝 唉 埃，
国际音标： ʔaːi¹ ʔdi¹ ʔdɤu¹ ʔdɤi⁵ hɤːi³ ʔaːi¹
汉文直译： 谁 去 哪儿 那儿 啊 谁
汉文意译： 那位来客怎到此，

喃字原文： 台 罗 想 竹 怓 枚 迻 寻；
国际音标： hai¹ la² tɯːŋ³ tuk^7 nɤ⁵ maːi¹ ʔdi¹ tim²
汉文直译： 或 是 想 竹 想 梅 去 找
汉文意译： 或思竹想梅来寻；

喃字原文： 埃 迻 兜 疎 咄 没 躺，
国际音标： ʔaːi¹ ʔdi¹ ʔdɤu¹ thɯə¹ n̥ak⁷ mot^8min²
汉文直译： 谁 去 哪儿 回话 提及 独自
汉文意译： 客人独自来这里，

803

喃字原文： 台丿 罪 固 意 固 情 貝 埃。
国际音标： hai¹ la² kɔ⁵ ʔi⁵ kɔ⁵ tin² vɤ:i⁵ ʔa:i¹
汉文直译： 或 是 有 意 有 情 和 谁
汉文意译： 或有情意来寻人。

（121）

喃字原文： 茹 秦 固 几 宫 寓，
国际音标： ɲa² tɤn² kɔ⁵ kɛ³ kuŋ¹ ŋu⁶
汉文直译： 家 秦 有 人 宫 禁
汉文意译： 秦家有位宫禁女，

喃字原文： 包 饶 錢 貼 英 謨 茹 秦?
国际音标： ʔba:u¹ ɲi:u¹ ti:n² kuə³ ʔan¹ muə¹ ɲa² tɤn²
汉文直译： 多 少 钱 财 哥 买 家 秦
汉文意译： 想买秦女多少钱?

喃字原文： 戈 秦 時 沛 呈 秦，
国际音标： kwa¹ tɤn² thi² fa:i³ tin² tɤn²
汉文直译： 过 秦 就 得 问 候 秦
汉文意译： 进入秦家问主人，

喃字原文： 底 朱 世 別 几 訢 趴 赊。
国际音标： ʔde³ tsɔ¹ the⁵ ʔbi:t⁷ kɛ³ ɣɤn² ŋɯ:i² sa¹
汉文直译： 使得 这样 知 人 近 人 远
汉文意译： 让众人知我有钱。

喃字原文： 躺 麻 趣 寔 共 些，
国际音标： min² ma² thu⁵ thɤt⁸ kuŋ² ta¹
汉文直译： 妹 若 喜欢 真 同 哥
汉文意译： 若妹有心同依恋，

情 歌

喃字原文：時 些 踷 藏 朱 戈 嶡 秦。
国际音标：thi² ta¹ jɔŋ⁵ toŋ⁵ tso¹ ɕɯə³ tʂn²
汉文直译：则 哥 打 鼓 给 门 秦
汉文意译：鼓轿迎亲前秦廷。

（122）

喃字原文： 傷 埃 融 胞 培 佪，
国际音标：thɯːŋ¹ ʔaːi¹ tɤŋ¹ ja⁶ ʔboi²hoi²
汉文直译： 爱 谁 中 心 徘 徊
汉文意译：爱情萌芽心徘徊，

喃字原文：怓 自 湟 於 湟 狱 湟 唉；
国际音标：nɤ⁵ tɯ² net⁷ ʔɤ³ net⁷ ŋoi² net⁷ ʔan¹
汉文直译：想 从 性情 在 性情 坐 性情 吃
汉文意译：爱君性情见思念；

喃字原文：怓 自 湟 於 湟 唉，
国际音标：nɤ⁵ tɯ² net⁷ ʔɤ³ net⁷ ʔan¹
汉文直译：想 从 品行 住 品行 吃
汉文意译：爱自生活各方面，

喃字原文：怓 自 扒 隊 丐 巾 逹 頭。
国际音标：nɤ⁵ tɯ² tsaːŋ² ʔdoi⁶ kaːi⁵khan¹ ten¹ ʔdʐu²
汉文直译：想 从 郎 扎 巾 上 头
汉文意译：爱君头扎围头巾。

喃字原文：怓 自 厡 鬘 逹 頭，
国际音标：nɤ⁵ tɯ² maːi⁵tɔk⁷ ten¹ ʔdʐu²
汉文直译：从 从 头发 上 头
汉文意译：爱自头上乌黑发，

喃字原文：怓 自 払 吽 跙 蔞 黜 扂；
国际音标：nɤ⁵ tɯ² tsaːŋ² ɲo³ vet⁷ jɤu² ra¹ʔdi¹
汉文直译：想 从 郎 吐 痕迹 槟榔 出去
汉文意译：爱君举止吐蒌仙；

喃字原文：怓 自 払 跐 黜 扂，
国际音标：nɤ⁵ tɯ² tsaːŋ² ʔbɯːk⁷ ra¹ʔdi¹
汉文直译：想 从 郎 迈 出去
汉文意译：爱自脚步走姿势，

喃字原文：矔 朘 貝 磴 固 欺 帒 移。
国际音标：toŋ¹ jaŋ¹ vɤːi⁵ kuːi⁶ kɔ⁵ khi¹ naːu² jɤːi²
汉文直译：看 月 和 吴刚 有 时 哪 移
汉文意译：月亮地球望不移。

喃字原文：塘 扂 潘 審 鸥 吹，
国际音标：ʔdɯːŋ² ʔdi¹ ʔdam² ʔdam³ nɛu³ soi¹
汉文直译：路 去 遥远 路 远
汉文意译：路途遥远路笔直，

喃字原文：胎 号 清 永 払 㘲 共 埃。
国际音标：ʔdem¹ khwiə¹ than¹ vaŋ⁵ tsaːŋ² ŋoi² kuŋ² ʔaːi¹
汉文直译：深夜 寂静 郎 坐 跟 谁
汉文意译：深夜静寂盼情人。

(123)

喃字原文：帣 油油 低 拱 油油，
国际音标：ʔdɤi⁵ jɤu² jɤu² ʔdɤi¹ kuŋ³ jɤu² jɤu²
汉文直译：那儿 悠悠 这儿 也 悠悠
汉文意译：那边思念这也想，

情 歌

喃字原文：功 情 捫 橪 貝 烧 没 郆；
国际音标：koŋ¹ tin² ʔdɛu¹ʔdaŋ⁵ vɤ:i⁵ɳau¹ mot⁸ ŋai²
汉文直译：功 情 缠绵 互相 一 日
汉文意译：念念不忘情缠绵；

喃字原文：功 情 計 㤕 掣 包，
国际音标：koŋ¹ tin² ke³ ʔda³ si:t⁷ʔba:u¹
汉文直译：功 情 诉 已 多 么
汉文意译：情深义切诉不尽，

喃字原文：冖 之 呢 嘵 朱 馱 妏 傷？
国际音标：la:m²tsi¹ ɳan⁵ɳiu⁵ tso¹ ŋɯ:i² nɤ⁵thɯ:ŋ¹
汉文直译：怎样 寄语 给 人 思念
汉文意译：怎样寄语保情恋？

（男：张廷德；女：吴秀英）

(124)

喃字原文：核 靜 葈 黕 舖 鐄，
国际音标：kɤi¹ san¹ la⁵ rɤm⁶ vɔ³ va:ŋ²
汉文直译：树 绿 叶 茂 皮 黄
汉文意译：树青叶茂树皮黄，

喃字原文：约 之 躉 览 㭑 扒 㪟 尼；
国际音标：ʔɯ:k⁷ tsi¹ toŋ¹thɤi⁵ mat⁸ tsa:ŋ² hom¹nai¹
汉文直译：期望 什么 看见 脸 郎 今天
汉文意译：期望今日得见君；

喃字原文：㭑 扒 膶 赭 彤 彤，
国际音标：mat⁸ tsa:ŋ² ma⁵ ʔdɔ³hɤ:i¹hɤ:i¹
汉文直译：脸 郎 颊 红 彤 彤

807

汉文意译：君面两颊红彤彤，
喃字原文：底 㛪 思 想 氽 庂 術 情。
国际音标：ʔde³ ʔɛm¹ tɯ¹tɯːŋ³ mɤi⁵ nai¹ ve² tin²
汉文直译：让 妹 思 想 几 今天 为 情
汉文意译：让妹思想爱情君。

喃字原文：寻 扎 如 体 寻 鸠，
国际音标：tim² tsaːŋ² nɯ¹the³ tim² tsim¹
汉文直译：找 郎 如同 找 鸟
汉文意译：寻君如同去寻鸟，

喃字原文：扎 迻 術 北 㛪 寻 術 南。
国际音标：tsaːŋ² ʔdi¹ve² ʔbak⁷ ʔɛm¹ tim² ve² naːm¹
汉文直译：郎 回去 北 妹 找 回 南
汉文意译：君往北走妹南寻。

（125）

喃字原文：固 脏 賦 姅 更 䎹，
国际音标：kɔ⁵ ʔdem¹ thɯk⁷ nɯə³ kan¹khwiə¹
汉文直译：有 夜 醒 半 更 深
汉文意译：思妹深夜不入眠，

喃字原文：想 迻 邌 柳 蚪 徐 梗 梅；
国际音标：tɯːŋ³ ʔdi¹ la² liːu³ ŋoi² tsɤ² kan² maːi¹
汉文直译：想 去 靠近 柳 坐 等 枝 梅
汉文意译：欲逛柳下等梅花；

喃字原文：固 脏 叹 辮 咀 賎，
国际音标：kɔ⁵ ʔdem¹ thaːn¹ ŋan⁵ thɤ³ jaːi²
汉文直译：有 夜 叹 短 叹 长
汉文意译：想妹夜里长短叹，

情 歌

喃字原文：叹 浪 凤 仍 忟 鸾 麻 烦。
国际音标：tha:n¹ raŋ² fɯ:ŋ⁶ nɯŋ³ nɤ⁵ lon¹ ma² fi:n²
汉文直译：叹 道 凤 多么 想 鸾 而 烦
汉文意译：凤想鸾思心里烦。

喃字原文：固 脏 蚴 挤 屡 軒，
国际音标：kɔ⁵ ʔdem¹ ŋoi² jɯə⁶ ma:i⁵hi:n¹
汉文直译：有 夜 坐 倚 屋 檐 下
汉文意译：盼妹夜里倚轩檐，

喃字原文：强 矔 風景 强 烦 悉 春。
国际音标：ka:ŋ² toŋ¹ foŋ¹kan³ ka:ŋ² fi:n² lɔŋ² sɤn¹
汉文直译：越 看 风景 越 烦 心 春
汉文意译：越见景美越心烦。

喃字原文：固 脏 迷 矆 精神，
国际音标：kɔ⁵ ʔdem¹ me¹met⁸ tin¹thɤn²
汉文直译：有 夜 沉醉 精神
汉文意译：期妹夜里神昏迷，

喃字原文：别 浪 馱 於 邊 身 邊 吊。
国际音标：ʔbi:t⁷raŋ² ŋɯ:i² ʔɤ³ ʔben¹ thɤn¹ ʔben¹ na:u²
汉文直译：知 道 人 在 边 身 边 哪
汉文意译：不知妹想同君心。

（男：阮继初；女：吴秀英）

(126)

喃字原文：悲 睮 英 返 娘 低，
国际音标：ʔbɤi¹jɤ² ʔan¹ ɣap⁸ na:ŋ² ʔdɤi¹
汉文直译：如今 哥 遇 妹 这儿
汉文意译：今日同妹又相遇，

喃字原文：始 终 英 嗨 念 西 靟 哑；
国际音标：thi³tsuŋ¹ ʔan¹ hɔi³ ni:m⁶tɤi¹ va:i² nɤ:i²
汉文直译：始终 哥 问 私 衷 几 言
汉文意译：有心里话问始末；

喃字原文：浪 融 作 合 缘 丕，
国际音标：raŋ² tɔŋ¹ ta:k⁷ hɤ:p⁸ ji:n¹ jɤ:i²
汉文直译：道 中 作 合 缘 天
汉文意译：天缘作合这姻缘，

喃字原文：堆 些 迖 捧 没 哑 结 交。
国际音标：ʔdoi¹ta¹ ɣap⁸ ʔboŋ³ mot⁸ nɤ:i² ket⁸ja:u¹
汉文直译：咱俩 遇 忽然 一 言 结 交
汉文意译：为了结交今相会。

喃字原文：娘 罢 份 妠 膦 桃，
国际音标：na:ŋ² la² fɤn⁶ ɣa:i⁵ ma⁵ʔda:u²
汉文直译：妹 是 身份 女孩 红颜
汉文意译：妹是红颜美女子，

喃字原文：刚 常 仨 敎 義 吊 敢 悁。
国际音标：kɯ:ŋ¹thɯ:ŋ² ha:i¹ tsɯ³ ŋiə³ na:u² ja:m⁵ kwen¹
汉文直译：纲常 二 字 义 哪 敢 忘
汉文意译：纲常两字要深记。

(127)

喃字原文：自 欺 住 寓 坡 汹，
国际音标：tɯ² khi¹ tu⁵ŋu⁶ ʔbe² ʔa:u¹
汉文直译：从 时 住宿 岸 池塘
汉文意译：自从住宿池塘边，

情 歌

喃字原文：些 拎 稔　豆 些 交 朱 躺；
国际音标：ta¹ kɤm² nam⁵　ʔdɤu⁶ ta¹ ja:u¹ tsɔ¹ min²
汉文直译：哥 拿 把　豆 哥 交 给 妹
汉文意译：拿包豆子交与你；

喃字原文：自 欺 住 馆　眐 亭，
国际音标：tɯ² khi¹ tu⁵ kwa:n⁵　ŋu³ ʔdin²
汉文直译：从 时 住 馆　睡 凉亭
汉文意译：自从住馆睡凉亭，

喃字原文：些 搭 朱 躺　躺 搭 朱 些。
国际音标：ta¹ ʔdap⁷ tsɔ¹ min²　min² ʔdap⁷ tsɔ¹ ta¹
汉文直译：哥 盖 给 妹　妹 盖 给 哥
汉文意译：我盖衣服你递衣。

喃字原文：自 欺 住 寓　梌 柂，
国际音标：tɯ² khi¹ tu⁵ŋu⁶ ɣok⁷ ʔda¹
汉文直译：从 时 住 宿　根 榕树
汉文意译：自从住宿榕树下，

喃字原文：擶 蔬 髻 鹓 朱 联 共 烧；
国际音标：vat⁸ ŋɔn⁶ kɔ³ɣa² tsɔ¹ li:n³ kuŋ²n̠au¹
汉文直译：摘 棵 绊根草 给 大钵 一起
汉文意译：我摘枝花递给你；

喃字原文：自 欺 躺 翻 些 鮴，
国际音标：tɯ² khi¹ min² tɯ:k⁷ ta¹ thau¹
汉文直译：从 时 妹 前 哥 后
汉文意译：自从你我走一起，

喃字原文：固 没 口 萎 拱 邠 ᗡ 乍。
国际音标：kɔ⁵ mot⁸ khɤu³ jɤu² kuŋ³ tsiə¹ la:m² ha:i¹
汉文直译：有 一 口 槟榔 也 分 做 二
汉文意译：有一口萎共尝赐。

喃字原文：悲 晘 躺 包 瞶 埃，
国际音标：ʔbɤi¹jɤ² min² ʔda³ ŋɛ¹ ʔa:i¹
汉文直译：如今 你 已 听 谁
汉文意译：如今你听谁指使，

喃字原文：筧 些 禩 爅 摡 㰤 拝 嘲；
国际音标：thɤi⁵ ta¹ ʔa:u⁵ rat⁷ tsa:m⁶ va:i¹ tsaŋ³ tsa:u²
汉文直译：见 咱 衣 破 碰 肩 不 问候
汉文意译：见穿烂衣你不问；

喃字原文：ᗡ 高 窖 兦 ᗡ 高，
国际音标：la:m² ka:u¹ ki:u³ mɤi⁵ la:m²ka:u¹
汉文直译：摆架子 姿态 几 摆架子
汉文意译：翘尾巴又摆架子，

喃字原文：固 𩙿 坦 荊 菣 氻 沛 摸。
国际音标：kɔ⁵ ŋai² ʔdɤt⁷ ruŋ⁶ su:ŋ⁵ ʔa:u¹ fa:i³ mɔ²
汉文直译：有 天 地 落 下 池塘 得 摸
汉文意译：有日落池救不起。

喃字原文：㗳 箕 秦 晋 哏 胡，
国际音标：sɯə¹kiə¹ tɤn² tɤn⁵ hɛn⁶hɔ²
汉文直译：昔日 秦 晋 相约
汉文意译：昔日秦晋两相约，

情 歌

喃字原文：	悲晗喈𤴁喈沅共 䎹；
国际音标：	ʔbɣi¹jɣ² ti:ŋ⁵ nɔ³ ti:ŋ⁵ tɔ¹ kuŋ² ŋɯ:i²
汉文直译：	汉语直译： 如今 声小 声大 同 人家
汉文意译：	如今与人笑私语；

喃字原文：	咛咛誓包固唭，
国际音标：	nin¹nin¹ the² ʔda³ kɔ⁵ lɣ:i²
汉文直译：	叮咛 发誓 已 有 言
汉文意译：	共同誓言天作证，

喃字原文：	潓贪义䎹麻负義些。
国际音标：	tsɣ⁵ tha:m¹ ŋiə³ ŋɯ:i² ma² fu⁶ ŋiə³ ta¹
汉文直译：	别 贪 义 人 而 负 义 我
汉文意译：	贪别人情忘这里。

喃字原文：	潓贪 墰 月 奓 花，
国际音标：	tsɣ⁵ tha:m¹ ʔda:m⁵ ŋwi:t⁸ tha:i⁵ hwa¹
汉文直译：	别 贪 月亮 多 花
汉文意译：	莫贪花开月光亮，

喃字原文：	潓 贪 富贵 補 些 牢 停。
国际音标：	tsɣ⁵ tha:m¹ fu⁵kwi⁵ ʔbɔ³ ta¹ tha:u¹ʔdan²
汉文直译：	别 贪 富贵 丢 咱 何 忍
汉文意译：	莫贪富贵忘情侣。

（男：梁荣春；女：苏维英，龚振芳）

(128)

喃字原文：	没罒𢞕趣輪转，
国际音标：	mot⁸ la² vui¹thu⁵ lɣn¹tsi:n³
汉文直译：	一 是 乐趣 相传
汉文意译：	昔日乐趣相传喜，

喃字原文： 春 秋 桂 蕙 情 缘 恪 爾；
国际音标： sɤn¹ thu¹ kwe⁵ hwe⁶ tin²ji:n¹ kha:k⁷na:u²
汉文直译： 春 秋 桂 蕙 情缘 何异
汉文意译： 春秋桂蕙如情侣；

喃字原文： 歪 撑 了 了ʼ 朘 髓，
国际音标： jɤ:i² san¹ lɛu¹lɛu³ jaŋ¹ tɔŋ¹
汉文直译： 天 青 清澈 月 清澈
汉文意译： 苍天清彻月明圆，

喃字原文： 棒 兜 干ʼ 遥 暗 暗 细 尼。
国际音标： ʔboŋ³ʔdɤu¹ kɤ:n¹ jɔ⁵ ʔɤm²ʔɤm² tɤ:i⁵ nɤ:i¹
汉文直译： 俄然 阵 风 隆隆 到 地方
汉文意译： 俄然阵风吹冲喜。

喃字原文： 筆 輛 牢 嗒 掜 溈，
国际音标： ʔbut⁷ jan¹ tha:u¹ khɛu⁵ vɛ³vɤ:i²
汉文直译： 笔 画儿 怎么 巧妙 出 花样
汉文意译： 手巧拿笔出好画，

喃字原文： 朘 花 牢 嗒 绋 馹 如 空；
国际音标： jaŋ¹ hwa¹ tha:u¹ khɛu⁵ vɔk⁷ ŋɯ:i² ɳɯ¹ khoŋ¹
汉文直译： 月 花 怎么 巧妙 身材 人 如 空
汉文意译： 精巧花月留住人；

喃字原文： 红 颜 挕 色 腦 红，
国际音标： hoŋ²ɳa:n¹ kɤi⁶ thak⁷ ma⁵hoŋ²
汉文直译： 红 颜 倚 色 桃颊
汉文意译： 倚势红颜红桃女，

情 歌

喃字原文：挦 才 挦 色 英 雄 别 包。
国际音标：kɤi⁶ ta:i² kɤi⁶ thak⁷ ʔan¹huŋ² ʔbi:t⁷ʔba:u¹
汉文直译：倚 才 倚 色 英 雄 多么
汉文意译：仗势才色逗英雄。

喃字原文：悲 晗 計 迹 蛱 花，
国际音标：ʔbɤi¹jɤ² ke³ tit⁷ ʔbɯ:m⁵ hwa¹
汉文直译：如今 诉 踪迹 蝶 花
汉文意译：如今想起花蝶事，

喃字原文：埃 抙 跙 咛 計 甜 買 呈；
国际音标：ʔa:i¹ ʔdɛm¹ ʔden⁵ ti:n⁶ ke³ ra¹ mɤ:i⁵ tin²
汉文直译：谁 拿 到 故事 说 出 才 情
汉文意译：谁把故事当真情；

喃字原文：别 兜 計 蛱 春 秋？
国际音标：ʔbi:t⁷ ʔdɤu¹ ke³ ʔbɯ:m⁵ sɤn¹ thu¹
汉文直译：知 哪儿 诉 蝶 春 秋
汉文意译：春秋双蝶会飞离？

喃字原文：情 酬 朱 狃 計 收 埃 才。
国际音标：tin² thu² tsɔ¹ ɲo³ ke³ thu¹ ʔa:i¹ ta:i²
汉文直译：情 酬 给 小 诉 收 谁 才
汉文意译：告别情义求才色。

喃字原文：吏 添 琨 凤 杜 饯，
国际音标：la:i⁶ them¹ kɔn¹fɯ:ŋ⁶ ʔdo³ ja:i¹
汉文直译：又 添 凤 栖息 长
汉文意译：有对凤鸟栖高树，

815

喃字原文：固 花 旎 想 埃 才 禁 垠；
国际音标：kɔ⁵ hwa¹ na:u² tɯ:ŋ³ ʔa:i¹ ta:i² kɤm⁵ ŋan¹
汉文直译：有 花 哪 想 谁 才 阻 止
汉文意译：才色寻花谁阻止；

喃字原文：連 核 計 蹩 次 核，
国际音标：ten¹ kɤi¹ ke³ ʔdu³ thɯ⁵ kɤi¹
汉文直译：上 树 诉 足 种 树
汉文意译：森林尚有各种树，

喃字原文：花 兜 蛂 帝 聘 排 飹 堆。
国际音标：hwa¹ ʔdɤu¹ ʔbɯ:m⁵ ʔdɤi⁵ than⁵ ʔbai² nɔ¹ ʔdoi¹
汉文直译：花 哪儿 蝶 那儿 并排 饱 两
汉文意译：有树有花蝶采蜜。

（129）

喃字原文：穑 渗 拎 祂 文 書，
国际音标：tai¹ tɤ:n¹ kɤm²lɤi⁵ van¹ thɯ¹
汉文直译：手 滑 拿 文 书
汉文意译：手滑拿起封书信，

喃字原文：仍 唯 扒 呐 包 畭 朱 悁；
国际音标：ɲɯŋ² nɤ:i² tsa:ŋ² nɔi⁵ ʔba:u¹jɤ² tsɔ¹ kwen¹
汉文直译：些 话 郎 说 如今 给 忘
汉文意译：君子言语不能忘；

喃字原文：扒 悁 庵 拯 朱 悁，
国际音标：tsa:ŋ² kwen¹ ʔɛm¹ tsaŋ³ tsɔ¹ kwen¹
汉文直译：不 忘 妹 不 给 忘
汉文意译：君忘记妹不准忘，

情 歌

喃字原文：秘 筆 秘 墨 抃 㑤 扙 包。
国际音标：lɤi⁵ ʔbut⁷ lɤi⁵ mɯk⁸ ʔben⁶ ten¹ tsa:ŋ² va:u²
汉文直译：拿 笔 拿 墨 编织 名 郎 进
汉文意译：拿起笔墨写君名。

喃字原文：㑤 扙 聘 貝 㑤 些，
国际音标：ten¹ tsa:ŋ² than⁵ vɤ:i⁵ ten¹ ta¹
汉文直译：名 郎 配 和 名 妹
汉文意译：君子名字配妹名，

喃字原文：秘 筆 秘 墨 麻 和 貝 綸；
国际音标：lɤi⁵ ʔbut⁷ lɤi⁵ mɯk⁸ ma² hwa² vɤ:i⁵ thɔn¹
汉文直译：拿 笔 拿 墨 而 和 跟 朱红
汉文意译：拿起笔点朱漆写；

喃字原文：巴 旌 聘 貝 罷 繪，
国际音标：ʔba¹ vu:ŋ¹ than⁵ vɤ:i⁵ ʔbai³ tɔn²
汉文直译：三 方 配 和 七 圆
汉文意译：三七相加十全美，

喃字原文：遑 糱 䭾 栫 扙 群 待 埃？
国际音标：ten¹ ʔdɛp⁸ jɯ:i⁵ jɔn² tsa:ŋ² kɔn² ʔdɤ:i⁶ ʔa:i¹
汉文直译：上 美 下 美 郎 还 等 谁
汉文意译：上下漂亮君等谁？

喃字原文：𨕭 佁 朒 准 英 喂，
国际音标：mɯ:i² ha:i¹ tha:ŋ⁵ tson⁵ ʔan¹ ʔɤ:i¹
汉文直译：十 二 月 地方 哥 啊
汉文意译：一年有十二个月，

817

喃字原文：呧 詩 詩 磊 呧 咥 咥 悁；
国际音标：ɣɯi³ thɤ¹ thɤ¹ loi³ ɣɯi³ ȵɤ:i² ȵɤ:i² kwen¹
汉文直译：寄 信 信 误 寄 话 话 忘
汉文意译：寄信不见寄语误；

喃字原文：咟 悉 恖 魟 呧 鸧，
国际音标：ȵak⁷ lɔŋ² ȵan⁵ ka⁵ ɣɯi³ tsim¹
汉文直译：提醒 心 嘱 鱼 寄 鸟
汉文意译：寄信雁子寄语鱼，

喃字原文：恖 魟 魟 舩 恖 雁 雁 飛。
国际音标：ȵan⁵ ka⁵ ka⁵ tsim² ȵan⁵ ȵa:n⁶ ȵa:n⁶ ʔbai¹
汉文直译：嘱 鱼 鱼 沉 嘱 雁 雁 飞
汉文意译：寄鱼沉水寄雁飞。

喃字原文：恖 雁 雁 没 飛 高，
国际音标：ȵan⁵ ȵa:n⁶ ȵa:n⁶ mot⁸ ʔbai¹ ka:u¹
汉文直译：嘱 雁 雁 一 飞 高
汉文意译：雁儿飞在高天上，

喃字原文：呧 詩 詩 没 抌 勽 准 仙。
国际音标：ɣɯi³ thɤ¹ thɤ¹ mot⁸ ʔdɛm¹ va:u² tson⁵ ti:n¹
汉文直译：寄 信 信 一 拿 进 处 仙
汉文意译：寄信误投仙人处。

（男：刘振先；女：吴秀英）

（130）

喃字原文：娘 術 正 寔 麻 術，
国际音标：na:ŋ² ve² tsin⁵ thɤt⁸ ma² ve²
汉文直译：妹 回 正 真实 而 回
汉文意译：妹回家时往前走，

情 歌

喃字原文： 停 固 挠 荜 愿 誓 贝 埃；
国际音标： ʔdɯŋ² ko⁵ ŋwɛu⁵ la⁵ ŋwi:n⁶the² vɤ:i⁵ ʔa:i¹
汉文直译： 别 有 摘 叶 发 誓 和 谁
汉文意译： 莫要摘叶扔他人；

喃字原文： 躺 術 躺 溜 贝 埃，
国际音标： min² ve² min² tsɤ⁵ vɤ:i⁵ ʔa:i¹
汉文直译： 妹 回 妹 别 跟 谁
汉文意译： 妹回莫要跟何人，

喃字原文： 底 英 跳 细 庈 外 英 瓍。
国际音标： ʔde³ ʔan¹ ʔbɯ:k⁷ tɤ:i⁵ ma:i⁵ ŋwa:i² ʔan¹ toŋ¹
汉文直译： 让 哥 迈 步 到 屋 檐 外 哥 望
汉文意译： 让哥到家来探亲。

（131）

喃字原文： 湄 愁 遢 惨 曾 干,
国际音标： mɯə¹ thɤu² jo⁵ tha:m³ tɯŋ² kɤ:n¹
汉文直译： 雨 愁 风 惨 成 阵
汉文意译： 凄风苦雨阵阵来，

喃字原文： 術 埃 麻 底 愁 秾 没 皮,
国际音标： ve² ʔa:i¹ ma² ʔde³ thɤu² ri:ŋ¹ mot⁸ʔbe²
汉文直译： 为 谁 而 留 愁 私 一 味
汉文意译： 因谁留下情私愁；

喃字原文： 别 兜 啹 肬 悪 圭？
国际音标： ʔbi:t⁷ ʔdɤu¹ ɣɯi³ tɤm⁵ loŋ² kwe¹
汉文直译： 知 哪 儿 寄 衷 肠 家 乡
汉文意译： 怎能把话寄出去？

喃字原文： 些 群 忟 几 慈 悲 轉 运。
国际音标： ta¹ kɔn² n̪ɤ⁵ kɛ³ tɯ²ʔbi¹ tsi:n³vɤn⁶
汉文直译： 咱 还 想 人 慈悲 转运
汉文意译： 心里想着人慈悲。

喃字原文： 擬 赊 籴 吏 擬 斦，
国际音标： ŋi³ sa¹ roi² la:i⁶ ŋi³ ɣɤn²
汉文直译： 思考 远 了 又 思考 近
汉文意译： 日思远处夜想近，

喃字原文： 霏 愿 忟 几 朱 陳 旳 智；
国际音标： tan⁶ ŋwi:n⁶ n̪ɤ⁵ kɛ³ tsɤu¹ tɤn² ŋai²sɯə¹
汉文直译： 放晴 愿 想 人 朱 陈 昔日
汉文意译： 昔日朱陈情动心；

喃字原文： 懈 油 翌 籴 曤 湄，
国际音标： ja:i³jɤu² tsiu⁶ mɤi⁵ naŋ⁵ mɯə¹
汉文直译： 曝露 受 几 晴 雨
汉文意译： 雨淋日炙心难忍，

喃字原文： 徐 朱 月 闭 晗 别 兜。
国际音标： tsɤ² tsɔ¹ ŋwi:t⁸ lan⁶ ʔbɤi⁵jɤ² ʔbi:t⁷ ʔdɤu¹
汉文直译： 等 给 月 落 那时 知 哪儿
汉文意译： 等至月落无见人。

喃字原文： 贴 些 些 咬 朱 烧，
国际音标： kuə³ ta¹ ta¹ ɣɯi³ tsɔ¹ n̪au¹
汉文直译： 物 咱 咱 寄 给 互相
汉文意译： 共同宝物要守住，

情 歌

喃字原文：封 封 翀 翀 缋 愁 ⼞ 巃；
国际音标：fɔŋ¹ fɔŋ¹ mɤ³ mɤ³ moi⁵thɤu² la:m² kwen¹
汉文直译：封 封 开 开 愁绪 做 忘
汉文意译：封了又开私恋愁；

喃字原文：准 氵兰 潮 吏 隔 渃 霙，
国际音标：tson⁵ la:n²ti:u² la:i⁶ kat⁷ nɯ:k⁷ mɤi¹
汉文直译：处 潮水 又 隔 水 云
汉文意译：潮水相阻云相隔，

喃字原文：皇 神 渚 昜 细 厄 特 帍。
国际音标：hwa:ŋ² thɤn² tsɯə¹ je³ tɤ:i⁵ nɤ:i¹ ʔdɯ:k⁸ na:u²
汉文直译：城隍 神 未 易 到 处 得 哪
汉文意译：想接近神隍亦难。

喃字原文：准 天 青 隔 仒 丈 高，
国际音标：tson⁵ thi:n¹ than¹ kat⁷ mɤi⁵ tɯ:ŋ⁶ ka:u¹
汉文直译：处 天 青 隔 几 丈 高
汉文意译：远望天云高不见，

喃字原文：牛郎 渚 昜 寻 仈 跙 厄；
国际音标：ŋiu¹la:ŋ¹ tsɯə¹ je³ tim² va:u² ʔden⁵ nɤ:i¹
汉文直译：牛郎 未 分 找 进 到 处
汉文意译：牛郎都难来跟寻；

喃字原文：乬 停 觙 波 蹟 丕，
国际音标：ʔda³ʔdan² ɣɔk⁷ ʔbe³ tsɤn¹ jɤ:i²
汉文直译：无疑 角 海 脚 天
汉文意译：天涯海角远无奈，

喃字原文：㳥㦖茹鉑戈溈静静。
国际音标：tsɤ⁵ lɔ¹ ɲa² ʔba:k⁸ kwa¹ vɤ:i² san¹san¹
汉文直译：别 忧 屋 银 过 远 青青
汉文意译：青山阻隔忧遥远。

喃字原文：没躺吏憪頍躺，
国际音标：mot⁸min² la:i⁶ tui³ri:ŋ¹ min²
汉文直译：独自 又 自怜 自己
汉文意译：独见此景心自叹，

喃字原文：烟香怲熻卷經碍眲；
国际音标：ʔdɛn² huɯ:ŋ¹ ʔbi:ŋ⁵ thap⁷ ku:n⁵kin¹ ŋa:i⁶ ɲin²
汉文直译：灯 香 懒 点 经卷 怕 看
汉文意译：油灯懒点书无瞻；

喃字原文：忬欺夫妇愊蓮，
国际音标：nɤ⁵ khi¹ fu¹fu⁶ ʔbɯk⁸ len¹
汉文直译：想 时 夫妇 生气 起来
汉文意译：想起夫妇心伤事，

喃字原文：落程些嗨浪𱐱机帝。
国际音标：la:k⁸tin² ta¹ hɔi³ raŋ² nen¹ kɤ¹na:u²
汉文直译：迷途 咱 问 道 成 如何
汉文意译：迷途遥远问怎办。

喃字原文：堆邊东柳西桃，
国际音标：ʔdoi¹ʔben¹ ʔdoŋ¹ li:u³ tɤi¹ ʔda:u²
汉文直译：双方 东 柳 西 桃
汉文意译：咱们各东柳西桃，

情 歌

喃字原文：梗　愁　波　惨　嶯　帀　妾　挓；
国际音标：kan² thɤu² ʔbe³ tha:m³ nɛ³na:u² thi:p⁷ ma:ŋ¹
汉文直译：枝　愁　海　惨　怎能　妾　承受
汉文意译：海惨林愁让妾受；

喃字原文：没　躺　忙　罡　忙　厓，
国际音标：mot⁸min² lɔ¹ ʔbai³ lɔ¹ ʔba¹
汉文直译：独自　忧　七　忧　三
汉文意译：自己胡思又乱想，

喃字原文：義　払　拱　碾　德　吒　拱　厴。
国际音标：ŋiə³ tsa:ŋ² kuŋ³ naŋ⁶ ʔdɯk⁷ tsa¹ kuŋ³ jai²
汉文直译：义　郎　也　重　德　父　也　厚
汉文意译：君义父德都深厚。

（132）

喃字原文：呢　胺　胺　瀏　固　派，
国际音标：ȵan⁵ jaŋ¹ jaŋ¹ tsɤ⁵ kɔ⁵ fa:i¹
汉文直译：叮嘱　月　月　别　有　褪色
汉文意译：寄语月亮月未落，

喃字原文：呢　躺　停　瀏　贝　埃　结　愿；
国际音标：ȵan⁵ min² ʔdɯŋ² tsɤ⁵ vɤ:i⁵ ʔa:i¹ ket⁷ ŋwi:n⁶
汉文直译：叮嘱　妹　别　和　谁　结愿
汉文意译：请妹莫与人结愿；

喃字原文：呢　胺　胺　瀏　固　烦，
国际音标：ȵan⁵ jaŋ¹ jaŋ¹ tsɤ⁵ kɔ⁵ fi:n²
汉文直译：叮嘱　月　月　别　有　烦心
汉文意译：寄语月亮又感烦，

喃字原文：呢 躺 停 潨 结 愿 共 埃。
国际音标：ȵan⁵ min² ʔdɯŋ²tsɤ⁵ ket⁷ŋwi:n⁶ kuŋ² ʔa:i¹
汉文直译：叮嘱 妹　　 别　　结缘　和　谁
汉文意译：请妹莫与人结缘。

（133）

喃字原文：枞 丕 包 盺 莀 墙，
国际音标：mat⁸jɤ:i² ʔda³ se⁵ ŋɔn⁶tɯ:ŋ²
汉文直译：太阳　已　斜　墙头
汉文意译：太阳偏西向墙斜，

喃字原文：正 馭 㬰 怒 燴 狋 訴 唲；
国际音标：tsin⁵ ŋɯ:i² hom¹ no⁶ rɔ³ra:ŋ² tɔ³ ȵɛ³
汉文直译：正是 人　天 那　清楚 诉说 哟
汉文意译：旧时情人认清楚；

喃字原文：憘 樋 頭 裩 㖯 嚓，
国际音标：thɛn⁶thuŋ² ʔdɤu²lɯ:i³ rut⁸rɛ²,
汉文直译：害羞　　舌头　收缩
汉文意译：害羞舌头畏收缩，

喃字原文：渚 曾 觅 枞 麻 呩 膾 頭。
国际音标：tsɯə¹tuŋ² thɤi⁵mat⁸ ma² ʔɛ¹ kui⁵ʔdɤu².
汉文直译：未曾　 见面　而 怕 低头
汉文意译：尚未见面怕低头。

喃字原文：常 時 些 仍 忬 烧，
国际音标：thɯ:ŋ² thi² ta¹ ȵɯŋ³ ȵɤ⁵ ȵau¹
汉文直译：平常 则 咱 些 思念 互相
汉文意译：平常妹很想哥呀，

情 歌

喃字原文：唪 氈 淰 忟 佘 数 苞 悙。
国际音标：vuŋ⁶ toŋ¹ tom⁶ nɤ⁵ mɤi⁵lɤu¹ ʔda³ tson²
汉文直译：偷 看 偷 想 多 久 已 疲惫
汉文意译：窃望暗想时已久，

喃字原文： 偒 埃 跙 浽 烤 痈，
国际音标：thɯːŋ¹ ʔaːi¹ ʔden⁵ noi³ hɛu⁵mɔn²
汉文直译：爱 谁 到 境地 消瘦
汉文意译：爱谁如此身消瘦，

喃字原文：輪忙 埃 别 仕 群 歆 尼。
国际音标：lɤn¹lɔ¹ ʔaːi¹ ʔbiːt⁷ thɛ³ kɔn² hom¹nai¹
汉文直译：忧 心 谁 知 将 存 今日
汉文意译：内心思念谁人晓。

喃字原文：陣 陣 没 檜 宫 霆，
国际音标：tɤn⁶ tɤn² mot⁸ koi³ kuŋ¹ mɤi¹
汉文直译：阵 阵 一 树 宫 云
汉文意译：宫云阵阵飞经过，

喃字原文：陣 陣 没 檜 榕 核 拱 料；
国际音标：tɤn⁶ tɤn⁶ mot⁸ koi³ ɣok⁷ kɤi¹ kuŋ³ liːu²
汉文直译：阵 阵 一 根 根 树 也 豁出去
汉文意译：风云阵阵吹过头；

喃字原文：亾 些 苞 决 時 料，
国际音标：haːi¹ta¹ ʔda³ kwiːt⁷ thi² liːu²
汉文直译：咱俩 已 决心 就 豁出去
汉文意译：咱俩决志豁出去，

825

喃字原文：拎 凭 君子 制 鹞 撼 线。
国际音标：kɤm² ʔbaŋ² kwɤn¹tɯ³ tsɤːi¹ jiːu² ʔdɯt⁷ jɤi¹
汉文直译：拿 像 君子 玩 风筝 断 线
汉文意译：风筝断线握君手。

喃字原文：咘 麻 鹞 固 撼 线，
国际音标：ju²ma² jiːu² kɔ⁵ ʔdɯt⁷ jɤi¹
汉文直译：如果 风筝 有 断 线
汉文意译：如果风筝真断线，

喃字原文：時 些 抚 翅 連 髄 跷 鹞。
国际音标：thi² ta¹ ʔdɛm¹ kan⁵ liːn² ʔbai¹ thɛu¹ jiːu²
汉文直译：则 咱 拿 枝 立刻 飞 跟随 风筝
汉文意译：长翅跟着风筝走。

（男：阮进余，苏维绍；女：苏维英，阮成珍）

（134）

喃字原文：细 低 遻 渃 遻 廊，
国际音标：tɤːi⁵ ʔdɤi¹ laː⁶ nɯːk⁷ laː⁶ laːŋ²
汉文直译：到 这儿 陌生 水 陌生 村
汉文意译：这里乡土很陌生，

喃字原文：遻 圭 遻 馆 寻 尼 擦 恼；
国际音标：laː⁶ kwe¹ laː⁶ kwaːn⁵ tim² nɤːi¹ nɯːŋ¹nɤ²
汉文直译：陌生 家乡 陌生 馆亭 找 处 倚靠
汉文意译：馆亭陌生寻倚处；

喃字原文：遻 逫 拪 别 絲 机，
国际音标：laː⁶luŋ² tsaŋ³ ʔbiːt⁷ tiˀkɤ¹
汉文直译：奇异 不 知 何处
汉文意译：不知何处感神奇，

情 歌

喃字原文：遌遥捱 别　搣伽術 兜。
国际音标：la⁶luŋ² tsaŋ³ ʔbi:t⁷ nɯ:ŋ¹nɤ² ve² ʔdɤu¹
汉文直译：奇异 不　知 倚靠　回 哪儿
汉文意译：无处倚身更奇异。

喃字原文：遌遥吁 嗨 黐 舾，
国际音标：la⁶luŋ² sin¹ hɔi³ tɯ:k⁷thau¹
汉文直译：奇异 请 问　始 末
汉文意译：奇异之时问始末，

喃字原文：伴 苗 群 伩 義　烧　庄 罖?
国际音标：ʔba:n⁶ ku³ kɔn² nɤ⁵ ŋiə³ ŋau¹ tsaŋ¹ la²
汉文直译：朋友 老 还 想 义 互相 否 是
汉文意译：故友情义否思念?

喃字原文：　伴 嗛 些 伩 烧 糳，
国际音标：ʔba:n⁶ ku³ ta¹ nɤ⁵ ŋau¹ ja²
汉文直译：朋友 老 咱 思念 互相 老
汉文意译：旧情侣应记至老，

喃字原文：拱 罖 道 媄 德 吒 生 成。
国际音标：kuŋ³ la² ʔda:u⁶ me⁶ ʔdɯk⁷ tsa¹ thin¹ than²
汉文直译：也 是 道 母 德 父 生 成
汉文意译：情义来自父母传。

喃字原文：堆 边 缸 牧 伶 伶，
国际音标：ʔdoi¹ʔben¹ ha:i¹ tsɯ³ ran²ran²
汉文直译：　双方　两 字 昭然
汉文意译：相爱两字尚昭然，

827

喃字原文： 傷 英 停 瀿 蓒 名 准 吊。
国际音标： thɯ:ŋ¹ ʔan¹ ʔdɯŋ²tsɤ⁵ joi³ jan¹ tson⁵ na:u²
汉文直译： 想 哥 别 骗 名 处 哪
汉文意译： 思念哥莫出骗言。

（135）

喃字原文： 没 罗 蘱 酸 鬵 要，
国际音标： mot⁸ la² thu:k⁷jɤu⁵ ʔbuə²ʔi:u¹
汉文直译： 一 是 爱 药 迷 药
汉文意译： 一是吃了情迷药，

喃字原文： 乄 罗 躴 底 羪 憕 朱 些；
国际音标： ha:i¹ la² min² ʔde³ tam¹ tsi:u² tsɔ¹ ta¹
汉文直译： 二 是 妹 让 百 方面 给 哥
汉文意译： 二是妹听百依顺；

喃字原文： 底 些 悁 靮 悁 茹，
国际音标： ʔde³ ta¹ kwen¹ kɯə³ kwen¹ n̩a²
汉文直译： 让 咱 忘 门 忘 家
汉文意译： 为情忘记家里事，

喃字原文： 悁 衆 悁 伴 塘 齝 塠 包。
国际音标： kwen¹ tsuŋ⁵ kwen¹ ʔba:n⁶ ʔdɯ:ŋ² ra¹ loi⁵ va:u²
汉文直译： 忘 众人 忘 朋友 路 出 路 进
汉文意译： 其他朋友也忘记。

（136）

喃字原文： 乄 些 嗋 哼 斦 赊，
国际音标： ha:i¹ta¹ tɔ²tsi:n⁶ ɣɤn¹ sa¹
汉文直译： 咱俩 谈笑 近 远
汉文意译： 咱俩相见倾吐情，

情 歌

喃字原文： 嗨 氓 嗨 户 嗨 茹 始 终；
国际音标： hɔi³ ten¹ hɔi³ hɔ⁶ hɔi³ n̠a² thi³tsuŋ¹
汉文直译： 问 名 问 姓 问 家 始 终
汉文意译： 问家情况问姓名；

喃字原文： 婵 娟 聘 贝 英 雄，
国际音标： thi:n²kwi:n¹ than⁵ vɤ:i⁵ ʔan¹huŋ²
汉文直译： 婵 娟 配 与 英 雄
汉文意译： 婵娟匹配成英雄，

喃字原文： 迊 娘 英 嗨 始 终 每 塘。
国际音标： ɣap⁸ na:ŋ² ʔan¹ hɔi³ thi³tsuŋ¹ moi³ ʔdɯ:ŋ²
汉文直译： 遇 妹 哥 问 始终 每个 方面
汉文意译： 问妹情况问姻缘。

喃字原文： 笕 娘 遟 妠 贵 常，
国际音标： thɤi⁵ na:ŋ² la⁶ ɣa:i⁵ kwi⁵thɯ:ŋ²
汉文直译： 见 妹 陌生 女孩 贵妃
汉文意译： 见妹奇女似贵妃，

喃字原文： 鑅 颠 聘 玉 固 场 台 空；
国际音标： va:ŋ²ʔdɛn¹ than⁵ ŋɔk⁶ kɔ⁵ tɯ:ŋ² hai¹ khɔŋ¹
汉文直译： 黑金 配 玉 有 合适 或 不
汉文意译： 黑金配玉否合适；

喃字原文： 𩵋 鸾 凤 几 鸾 房，
国际音标： ŋɯ:i² lɔn¹ fɯ:ŋ⁶ kɛ³ lɔn¹fɔŋ²
汉文直译： 妹 鸾 凤 人 鸾 房
汉文意译： 妹是鸾房对鸾凤，

喃字原文：桥 乌 搂　兾　批 滝 朱 迡。
国际音标：kɤu²ʔo¹ mɯ:n⁶ thɯ:k⁷ ʔbak⁷ thoŋ¹ tsɔ¹ tsɤi²
汉文直译：鹊桥　借　尺子　架　河　给　久长
汉文意译：借尺快搭鹊桥连。

喃字原文：乍 些 决 志 番 尼，
国际音标：ha:i¹ta¹ kwi:t⁷tsi⁵ fɛn¹ nai²
汉文直译：咱俩　决意　次　这
汉文意译：如今咱俩已决意，

喃字原文：籾　皷　输 柳 细 核 梧　桃；
国际音标：roi² vɯə² lɤn¹ li:u³ tɤ:ɤ⁵ kɤi¹ ŋo¹ ʔda:u²
汉文直译：然后　又　侵占 柳 到　树 梧桐 桃
汉文意译：顺着柳树至梧桃；

喃字原文：吁　停　梗 奇 荚 高，
国际音标：sin¹ ʔdɯŋ² kan² ka³ la⁵ ka:u¹
汉文直译：请　别　枝 大 叶 高
汉文意译：莫要贪树高叶茂，

喃字原文：岸 春 笪 固 尼 帟　渚　娘。
国际音标：ŋa:n² sɤn¹ ʔda³ kɔ⁵ nɤ:i¹ na:u² tsɯə¹ na:ŋ²
汉文直译：山林 春 已 有 地方 哪 未 妹
汉文意译：青春已定无忧愁。

（137）

喃字原文：瞋 訉 觅 色 賸 桃，
国际音标：ŋɛ¹ tin¹ thɤi⁵ thak⁷ ma⁵ʔda:u²
汉文直译：听 信息 见 色　桃颊
汉文意译：听说此处有美色，

情 歌

喃字原文：赤 绳 绋 吏 英 豪 细 低；
国际音标：sit⁷thaŋ² sɛ¹ laːi⁶ ʔan¹haːu² tɤːi⁵ ʔdɤi¹
汉文直译：红绳 牵来 英豪 到 这儿
汉文意译：红绳吸引系英豪；

喃字原文：𠳒 罡 翁 月 绋 纵，
国际音标：hai¹ la² ʔoŋ¹ŋwiːt⁸ sɛ¹ jɤi¹
汉文直译：或 是 月老 牵 线
汉文意译：想要月老来牵线，

喃字原文：底 朱 蝇 合 貝 霊 没 房。
国际音标：ʔde³tso¹ roŋ² hɤːp⁸ vɤːi⁵ mɤi¹ mot⁸ fɔŋ²
汉文直译：使得 龙 合 和 云 一 房
汉文意译：龙云结合为一房。

喃字原文：鐄 玉 吏 當 恩 缘，
国际音标：vaːŋ² ŋɔk⁸ laːi⁶ ʔdaːŋ¹ ʔɤn¹jiːn¹
汉文直译：金 玉 又 正 姻缘
汉文意译：金玉相聚合姻缘，

喃字原文：𪁚 鸾 媂 凤 平 萁 安家；
国际音标：tsoŋ² lɔn¹ vɤ⁶ fɯːŋ⁶ ʔbaŋ² ʔdɤːi² ʔaːn¹ja¹
汉文直译：夫 鸾 妻 凤 如 世 安家
汉文意译：鸾夫凤妻世成家；

喃字原文：唒 琴 唒 苊 交 和，
国际音标：tiːŋ⁵ kɤm² tiːŋ⁵ that⁷ jaːu¹hwa²
汉文直译：声 琴 声 瑟 交 和
汉文意译：琴声瑟声交和弦，

喃字原文： 桃 箕 柳 怒 孟 麻 奇 㐌。
国际音标： ʔdaːu² kiə¹ liːu³ nɔ⁶ man⁶mɛ³ ka³ haːi¹
汉文直译： 桃 那 柳 那 强大 所有 两
汉文意译： 桃树柳树聚成林。

(138)

喃字原文： 㐌 些 终 社 恪 廊,
国际音标： haːi¹taˀ¹ tsuŋ¹ sa³ khaːk⁷ laːŋ²
汉文直译： 咱俩 同 社 不同 村
汉文意译： 咱俩同乡不同村,

喃字原文： 嗨 埃 媒 俚 朱 扐 别 些;
国际音标： hɔi³ ʔaːi¹ moi⁵laːi⁵ tsɔ¹ tsaːŋ² ʔbiːt⁷ taˀ¹
汉文直译： 问 谁 媒人 给 郎 知 妹
汉文意译： 君想与妹请媒人;

喃字原文： 吀 扐 㴜 倍 怚 赊,
国际音标： sin¹ tsaːŋ² tsɤ⁵ ʔboi⁶ lɔ¹ sa¹
汉文直译： 请 郎 别 急 忧 远
汉文意译： 请君莫急多考虑,

喃字原文： 敉 低 蛭 吏 终 花 贝 梗。
国际音标： rɔi² ʔdɤi¹ ʔbɯːm⁵ laːi⁶ tsuŋ¹ hwa¹ vɤːi⁵ kan²
汉文直译： 然后 这儿 蝶 又 同 花 和 枝
汉文意译： 很快蝴蝶来采蜜。

（男：刘扬顺，刘振光；女：阮成珍，阮春英）

情 歌

7

莫贪富贵弃情义 [1]

（139）

喃字原文：屴 箕 埃 搭 麻 高，
国际音标：nui⁵ kiə¹ ʔa:i¹ ʔdap⁷ ma² ka:u¹
汉文直译：山 那 谁 堆 而 高
汉文意译：那山谁人堆而高，

喃字原文：淹 箕 埃 掏 渃 氿 四 纵；
国际音标：thoŋ¹ kiə¹ ʔa:i¹ ʔda:u² nɯ:k⁷ tsai³ tɯ⁵tuŋ⁵
汉文直译：河 那 谁 挖 水 流 到 处
汉文意译：那河谁挖水顺流；

喃字原文：娘 喉 傷 衤刃 英 共，
国际音标：na:ŋ² ʔɤ:i¹ thɯ:ŋ¹lɤi³ ʔan¹ kuŋ²
汉文直译：妹 啊 怜悯 哥 一起
汉文意译：妹呀！请怜悯哥吧，

喃字原文：曻 時 衃 分 糫 终 堆 馱。
国际音标：jau² thi² ʔbɤ:i³ fɤn² khɔ⁵ tsuŋ¹ ʔdoi¹ ŋɯ:i²
汉文直译：富 则 因 命 穷 同 两 人
汉文意译：富贵由命穷莫愁。

---

1 此处无对应喃字，借用汉字表示，同汉字字意。

（140）

喃字原文：效 䎽 衪 䐞 拱 䎽，
国际音标：tho⁵ jau² lɤi⁵ khɔ⁵ kuŋ³ jau²
汉文直译：命 富 娶 穷 也 富
汉文意译：命富娶穷有富时，

喃字原文：效 傆 衪 佽 九 秞 迍 孯 拱 傆；
国际音标：tho⁵ hɛn² lɤi⁵ ʔdɯə⁵ tsin⁵ ʔdun⁶ mɯːi² tʂu¹ kuŋ³ hɛn²
汉文直译：命 贱 娶 人 九 堆 十 水 牛 也 贱
汉文意译：命贱娶富有穷时；

喃字原文：𠄩 𠊛 悷 藏 愩 䭾，
国际音标：laːm² ŋɯːi² me¹ toŋ⁵ maːi³ kɛn²
汉文直译：做 人 迷 鼓 醉 管乐器
汉文意译：做人迷鼓醉乐器，

喃字原文：裙 湖 襖 梗 麰 番 啽 眉。
国际音标：kwɤn² ho² ʔaːu⁵ kan⁵ ȵiːu² fɛn¹ ʔan¹mai²
汉文直译：裤 上浆 衣 咬合 多 次 乞讨
汉文意译：短衫烂裙做乞丐。

喃字原文：䎽 㠔 迍 镦 拱 拯 固 憫，
国际音标：jau² ʔba¹ mɯːi¹ tuːi³ kuŋ³ tsaŋ³ kɔ⁵ mɯŋ²
汉文直译：富 三 十 岁 也 不 有 高兴
汉文意译：富三十岁莫高兴，

喃字原文：䐞 㠔 镦 迍 拱 停 固 忷；
国际音标：khɔ⁵ ʔba¹ mɯːi¹ tuːi³ kuŋ³ ʔdɯŋ² kɔ⁵ lɔ¹
汉文直译：穷 三 十 岁 也 别 有 忧
汉文意译：穷三十岁也莫忧；

情 歌

喃字原文：䫛 叿 迕 馘 㳠 忴，
国际音标：khɔ⁵ ʔba¹ mɯːi¹ tuːi³ tsɤ⁵ lɔ¹
汉文直译：穷 三 十 岁 别 忧
汉文意译：穷三十岁请莫愁，

喃字原文：𩫁 叿 迕 馘 渚 朱 羅𩫁。
国际音标：jau² ʔba¹ mɯːi¹ tuːi³ tsɯə¹ tsɔ¹ laː² jau²
汉文直译：富 三 十 岁 未 给 是 富
汉文意译：富三十岁尚未富。

喃字原文：𩫁 如 萬 历 挋 固 㦖，
国际音标：jau² nɯ¹ vaːn⁶ lit⁸ tsaŋ³ kɔ⁵ mɯŋ²
汉文直译：富 如 万 历 不 有 高兴
汉文意译：富如万历不算富，

喃字原文：䫛 如 英 打 踖 拱 停 固 忴。
国际音标：khɔ⁵ nɯ¹ ʔan¹ ʔdan⁵ nɤ⁶ kuŋ³ ʔdɯŋ² kɔ⁵ lɔ¹
汉文直译：穷 如 渔民 也 莫 有 忧
汉文意译：穷如渔民亦不忧。

（141）

喃字原文：喂 𩛩 玉 女 箕 喰，
国际音标：ʔoi¹ ŋɯːi² ŋɔk⁸ nɯ³ kiə¹ ʔɤːi¹
汉文直译：啊 玉人 女 那 啊
汉文意译：这位玉女真美丽，

喃字原文：𬺻 䑾 劗 数 麻 瞔 朱 祥；
国际音标：ŋoi² tɔŋ¹ kuə³ thoː³ ma² kɔi¹ tsɔ¹ tɯːŋ²
汉文直译：坐 中 窗户 而 看 给 端详
汉文意译：坐在窗口望外叹；

喃字原文：曀 歆 戈 些 耵 帝 躺 觅 瞮 常，
国际音标：toi⁵ hom¹kwa¹ ta¹ ʔden⁵ ʔdɤi⁵ min² thɤi⁵ kɔi¹thɯːŋ²
汉文直译：晚 昨天 咱 到 那儿 妹 见 瞧不起
汉文意译：昨晚为啥受轻视，

喃字原文：缘 箕 乙 芭 乃 鐄 碳 兜。
国际音标：jiːn¹ kiə¹ ʔat⁷ ʔdaˀ³ nai³ vaːŋ² thaːn¹ ʔdɤu¹
汉文直译：缘 那 肯定 已 萌生 金 炭 哪儿
汉文意译：这是金缘难变炭。

喃字原文：吁 停 拖 缍 扛 鈎，
国际音标：sin¹ ʔdɯŋ² thaˀ³ lɯːi⁵ vɯːŋ⁵ kɤu¹
汉文直译：请 别 放 网 缠 钓钩
汉文意译：请莫让人撒网钓，

喃字原文：贪 㐱 富贵 補 烧 牢 停。
国际音标：thaːm¹ nɤːi¹ fu⁵kwi⁵ ʔbɔˀ³ ŋau¹ thaːu¹ʔdan²
汉文直译：贪 处 富贵 丢 互相 何 忍
汉文意译：贪富弃穷不应该。

(142)

喃字原文：鞦 時 扒 沛 金 鐄，
国际音标：mai¹ thi² ʔbat⁷ faːi³ kim¹ vaːŋ²
汉文直译：幸运则 捡 中 针 金
汉文意译：幸运人拾得金银，

喃字原文：掟 扒 沛 金 鋼 金 鉾；
国际音标：tsaŋ³ mai¹ ʔbat⁷ faːi³ kim¹ kɯːŋ¹ kim¹ tsi²
汉文直译：不 幸运 捡 中 针 钢 针 铅
汉文意译：不幸执金变铁铅；

情 歌

喃字原文：潧 览 金 醜 麻 補 金 耓，
国际音标：tsɤ⁵ thɤi⁵ kim¹ sɤu⁵ ma² ʔbɔ³ kim¹ ʔdi¹
汉文直译：别 见 针 丑 而 丢 针 去
汉文意译：莫见针丑而放弃，

喃字原文：没 聂 襖 擛 衪 之 绐 縂。
国际音标：mot⁸ma:i¹ ʔa:u⁵ rat⁷ lɤi⁵ ji² va⁵ mai¹
汉文直译：日后 衣 破 拿 什么 补 缝
汉文意译：日后衣烂啥补填。

（男：刘振光）

（143）

喃字原文：道 夫妻 罧 義 相 逢，
国际音标：ʔda:u⁶ fu¹the¹ la² ŋiə³ tɯ:ŋ¹fuŋ²
汉文直译：道 夫妻 是 义 相逢
汉文意译：夫妻道义得相逢，

喃字原文：钽 悉 奇 决 時 停 惙 憹；
国际音标：ʔda³ lɔŋ² ka³ kwi:t⁷ thi² ʔdɯŋ² ʔban¹nan¹
汉文直译：已 心 全 定 就 别 焦虑
汉文意译：缘分已定莫焦虑；

喃字原文：世 常 麔 翅 昺 哎，
国际音标：the⁵ thɯ:ŋ² khɔ⁵ tsiu⁶ jau² ʔan¹
汉文直译：世间 常 穷 受 富 吃
汉文意译：世间有富又有穷，

喃字原文：贵 乎 堆 敓 朱 陳 罧 欣。
国际音标：kwi⁵ho² ʔdoi¹ tsɯ³ tsɤu¹ tɤn² la² hɤ:n¹
汉文直译：只要 两 字 朱 陈 是 胜于
汉文意译：朱陈结缘胜富裕。

837

喃字原文：琴 瑟 缘 吏 绖 缘，
国际音标：kɤm² that⁷ ji:n¹ la:i⁶ ʔben⁶ ji:n¹
汉文直译：琴瑟 缘 又 缠 缘
汉文意译：瑟琴缘分已系弦，

喃字原文：矽 鐄 包 磙 咥 愿 渚 派。
国际音标：ʔda⁵ va:ŋ² ʔda³ naŋ⁶ nɤ:i² ŋwi:n⁶ tsɯə¹ fa:i¹
汉文直译：金 石 已 重 誓言 未 褪色
汉文意译：金石不变保誓言。

(144)

喃字原文：払 罜 㧾 丐 茹 鼽，
国际音标：tsa:ŋ² la² kɔn¹ ka:i⁵ na² jau²
汉文直译：郎 是 孩子 家 富
汉文意译：君是富家的子弟，

喃字原文：蹟 㧥 鞋 汉 拵 牟 軍 官；
国际音标：tsɤn¹ ʔdi¹ ha:i² ha:n⁵ jɯə⁶ mau² kwɤn¹ kwa:n¹
汉文直译：脚 穿 汉鞋 倚 仪表 军官
汉文意译：军官容貌脚汉鞋；

喃字原文：身 淹 襖 袙 簸 箍，
国际音标：thɤn¹ ʔɛm¹ ʔa:u⁵ va⁵ nɔn⁵ na:n¹
汉文直译：身 妹 衣 补 斗笠 竹篾
汉文意译：妹戴竹帽衣服补，

喃字原文：馼 時 夥 几 红 颜 待 徐。
国际音标：ŋɯ:i² thi² lam⁵ kɛ³ hoŋ² na:n¹ ʔdɤ:i⁶ tsɤ²
汉文直译：人 则 多 人 红颜 等待
汉文意译：多位红颜等待君。

情 歌

喃字原文：竹 静 竹 牀 蓮 坡，
国际音标：tuk⁷ san¹ tuk⁷ mɔk⁸ ten¹ ʔbɤ²
汉文直译：竹 青 竹 长 上 岸
汉文意译：青竹生长在山坡，

喃字原文：馼 青 馼 历 待 徐 准 青；
国际音标：ŋɯːi² than¹ ŋɯːi² lit⁸ ʔdɤːi⁶ tsɤ² tson⁵ than¹
汉文直译：人 文雅 人 文雅 等待 地方 文雅
汉文意译：文雅等待红颜人；

喃字原文：竹 静 竹 牀 坡 枊，
国际音标：tuk⁷ san¹ tuk⁷ mɔk⁸ ʔbɤ² tɛ¹
汉文直译：竹 青 竹 长 岸 竹
汉文意译：青竹长在竹林里，

喃字原文：鸦 棱 兜 敢 聘 棋 凤 鸾。
国际音标：ɣa² rɯŋ² ʔdɤu¹ jaːm⁵ than⁵ ke² fuːŋ⁶ lɔn¹
汉文直译：山 鸡 哪 敢 配 紧靠 凤 鸾
汉文意译：山鸡不敢配凤鸾。

喃字原文：炭 兜 敢 度 貝 鐄？
国际音标：thaːn¹ dɤu¹ jaːm⁵ ʔdo⁶ vɤːi⁵ vaːŋ²
汉文直译：炭 哪 敢 掺 和 金
汉文意译：黑炭怎敢掺黄金？

喃字原文：蟺 兜 吏 敢 架 昂 躺 蠪？
国际音标：lɯːn¹ ʔdɤu¹ laːi⁶ jaːm⁵ ja⁵ ŋaːŋ¹ min² rɔŋ²
汉文直译：黄鳝 哪 又 敢 驾 横 身 龙
汉文意译：鳝鱼怎敢骑龙身？

（145）

喃字原文：觇　娘　咭　啹　莲　嘲，
国际音标：thɤi⁵ na:ŋ² kɤt⁷ti:ŋ⁵ len¹ tsa:u²
汉文直译：见　妹　开口　上　问候
汉文意译：见妹开口向问好，

喃字原文：蹎　敦　亗　丕　㘧　帀　敢　嘛；
国际音标：tsɤn¹ run¹ ʔda³ vɤi⁶ ɲɛ³na:u² ja:m⁵ thɯə¹
汉文直译：脚　抖　已　这样　哪能　敢　回答
汉文意译：脚抖不敢回答言；

喃字原文：挋　嘛　時　保　遭　逴，
国际音标：tsaŋ³ thɯə¹ thi² ʔba:u³ la⁶luŋ²
汉文直译：不　回答　就　说　陌生
汉文意译：不答话儿说陌生，

喃字原文：嘛　黜　吏　悙　𩞯　悉　䴡　瞃。
国际音标：thɯə¹ ra¹ la:i⁶ thɤ⁶ toŋ¹ loŋ² khɔ⁵ ŋɛ¹
汉文直译：回答　出　又　怕　中　心　难　听
汉文意译：想答话儿难启言。

喃字原文：瞳　黜　仍　𤂬　共　溪，
国际音标：toŋ¹ ra¹ nɯŋ³ thu:i⁵ kuŋ² khɛ¹
汉文直译：望　出　些　泉　和　溪
汉文意译：望着前面见溪河，

喃字原文：蹎　枂　晬　屚　啥　蜗　嚕　愁；
国际音标：tsɤn¹ thim¹ ʔbɔŋ⁵ ma:i⁵ ti:ŋ⁵ vɛ¹ ɣɔi⁶ thɤu²
汉文直译：山脚　桉子　影　檐　声　蝉　叫　愁
汉文意译：丛林荫下听蝉鸣；

情 歌

嘹字原文：娘 罪 㧅 妈 茹 暴，
国际音标：na:ŋ² la² kɔn¹ɣa:i⁵ ɲa² jau²
汉文直译：妹 是 女儿 家 富
汉文意译：妹是富家红颜女，

嘹字原文：少 之 軍 将 軍 侯 每 尼。
国际音标：thi:u⁵ tsi¹ kwɤn¹tɯ:ŋ⁵ kwɤn¹ hɤu² mɔi⁶ nɤ:i¹
汉文直译：少 什么 将军 军 侯 全部 地方
汉文意译：不少将军富豪问。

嘹字原文：英 如 靈 撟 钟 丕，
国际音标：ʔan¹ ɲɯ¹ mɤi¹ kɛu⁵ jɯɯ³ jɤ:i²
汉文直译：哥 如 云 掠 中 天
汉文意译：哥是天云略掠飞过，

嘹字原文：𪫖 㐱 睏 吏 敢 制 道 帇。
国际音标：toŋ¹ ʔdi¹ li:k⁷ la:i⁶ ja:m⁵ tsɤ:i¹ ʔda:u⁶ na:u²
汉文直译：望 去 瞥 又 敢 玩 道 哪
汉文意译：偷眼一瞟不敢问。

（146）

嘹字原文：暴 時 纾 墨 拎 斤，
国际音标：jau² thi² jɯ³ mɯk⁸ kɤm² kɤn¹
汉文直译：富 则 保持 墨 握 平衡
汉文意译：富贵保持秤平衡，

嘹字原文：磋 時 纾 礼 伴 恩 朱 纼；
国际音标：khɔ⁵ thi² jɯ³ lɤi⁵ ʔba:n⁶ ʔɤn¹ tsɔ¹ ʔben²
汉文直译：穷 则 保持 有人 恩 给 牢固
汉文意译：贫穷守望着友人；

841

喃字原文：曓 時 符 墨 扲 權，
国际音标：jau² thi² jɯ³ mɯk⁸ kɤm² kwi:n²
汉文直译：富 则 保护 墨 掌 权
汉文意译：富贵保护其权限，

喃字原文：𧘇 時 符 祂 伴 贤 𪥫 些。
国际音标：khɔ⁵ thi² jɯ³lɤi⁵ ʔba:n⁶ hi:n² ha:i¹ta¹
汉文直译：穷 则 保持 有人 贤 咱俩
汉文意译：贫穷守望自伴侣。

（147）

喃字原文：𥢆 悉 掑 没 邊 丕，
国际音标：ri:ŋ¹ lɔŋ² ɣɛp⁷ mot⁸ ʔben¹ jɤ:i²
汉文直译：私 心 配对 一 边 天
汉文意译：一心思恋半边天，

喃字原文：悉 些 怓 欥 悉 𠊚 怓 庄；
国际音标：lɔŋ² ta¹ nɤ⁵ ma:i³ lɔŋ² ŋɯ:i² nɤ⁵ tsaŋ¹
汉文直译：心 咱 想 久 心 人 想 否
汉文意译：想来想去心相连；

喃字原文：咛咛 甲 没 道 恒，
国际音标：nin¹nin¹ ja:p⁷ mot⁸ ʔda:u⁶ haŋ²
汉文直译：叮咛 重叠 一 道 行
汉文意译：行动举止要一致，

喃字原文：纡 纡 如 绊 康 康 如 哐。
国际音标：vɔ¹vɔ¹ nɯ¹ vɔk⁷ khaŋ¹khaŋ¹ nɯ¹ nɤ:i²
汉文直译：揉搓 如 丝光绸 执拗 如 誓言
汉文意译：保护红绳保誓言。

（男：阮进余，刘永新，张廷德；女：杜福英）

情 歌

（148）

喃字原文：乕 些 奇遇 情旗，
国际音标：ha:i¹ta¹ ki²ŋo⁶ tin²kɤ²
汉文直译：我俩 奇遇 偶然
汉文意译：咱俩偶然得相见，

喃字原文：荒　弹 腌 掫 句 詩 英 题；
国际音标：ŋɔn⁵ ʔda:n² ʔɛm¹ ɣai³ kɤu¹ thɤ¹ ʔan¹ ʔde²
汉文直译：手指 琴 妹 弹 句 诗 哥 题
汉文意译：琴弦妹弹哥题诗；

喃字原文：闷 朱 情 院 甋 術，
国际音标：mu:n⁵ tsɔ¹ tin² vɛn⁶ ra¹ve²
汉文直译：想 给 情 圆满 回来
汉文意译：想回这里得团圆，

喃字原文：英 逛 邊 帝 腌 術 邊 低。
国际音标：ʔan¹ tha:ŋ¹ ʔben¹ ʔdɤi⁵ ʔɛm¹ ve² ʔben¹ ʔdɤi¹
汉文直译：哥 去 边 那 妹 回 边 这
汉文意译：哥回探家妹乡里。

喃字原文：效 皻 祂 麤 拱 皻，
国际音标：tho⁵ jau² lɤi⁵ khɔ⁵ kuŋ³ jau²
汉文直译：命 富 娶 穷 也 富
汉文意译：命富娶穷亦是富，

喃字原文：效 㝵 固 九 翈 辿 魪 拱 㝵；
国际音标：tho⁵ ŋɛu² kɔ⁵ tsin⁵ ru:ŋ⁶ mɯ:i² tɤu¹ kuŋ³ ŋɛu²
汉文直译：命 穷 有 九 田 十 水牛 也 穷
汉文意译：命穷富有也是穷；

843

喃字原文：沛缘沛劫時跷，
国际音标：fa:i³ ji:n¹ fa:i³ ki:p⁷ thi² thɛu¹
汉文直译：对 缘分 对 命运 就 跟随
汉文意译：今生缘分就跟随，

喃字原文：吁俺 停擬㫑兢 𠬠 之。
国际音标：sin¹ ʔɛm¹ ʔdɯŋ² ŋi³ jau² ŋɛu² la:m²tsi¹
汉文直译：请 妹 别 想 富 穷 做什么
汉文意译：请妹莫想谁穷富。

喃字原文：要烧氽屼拱蹋，
国际音标：ʔi:u¹ n̥au¹ mɤi⁵ nui⁵ kuŋ³ tɛu²
汉文直译：相爱 几 山 也 爬
汉文意译：相爱数山也要攀，

喃字原文：氽滩拱潞氽蟥拱戈。
国际音标：mɤi⁵ thoŋ¹ kuŋ³ loi⁶ mɤi⁵ ʔdɛu² kuŋ³ kwa¹
汉文直译：几 河 也 游 几 坳 也 过
汉文意译：数河要涉数坡登。

（149）
喃字原文：梗鐄俺捑特探，
国际音标：kan² va:ŋ² ʔɛm¹ tsaŋ³ ʔdɯ:k⁸ vin⁶
汉文直译：枝 金 妹 不 得 扶
汉文意译：妹不伸手拽金枝，

喃字原文：俺吁畸拙没邊檜鐄；
国际音标：ʔɛm¹ sin¹ ɣɛ⁵ tsut⁷ mot⁸ ʔben¹ koi³ va:ŋ²
汉文直译：妹 请 斜 一 会 一 边 树 金
汉文意译：只求靠着金树旁；

情 歌

喃字原文：梗　鐄　堆　荓　拂菲，
国际音标：kan² va:ŋ² ʔdoi¹ la⁵ fɤt⁷fɤ:i⁵
汉文直译：枝　金　两　也　飘拂
汉文意译：金枝玉叶正拂飘，

喃字原文：眈　琨　趴　玉　衕　疎　荓　帍。
国际音标：sɛm¹ kɔn¹ ŋɯ:i² ŋɔk⁸ ve² thɤ¹ la⁵ na:u²
汉文直译：看　玉人　回　幼 小 叶 哪
汉文意译：待看玉人来掷叶。

喃字原文：梗　鐄　嗜　撼　拱　淶，
国际音标：kan² va:ŋ² khɛu⁵ ʔdɯt⁷ kuŋ³ rɤ:i¹
汉文直译：枝　金　可能 折断　也 落
汉文意译：金枝常常会落果，

喃字原文：缘 些 固 掣 脆 趴　蟓 啌。
国际音标：ji:n¹ ta¹ ko⁵ si:t⁷ ja⁶ ŋɯ:i² thɤ²ʔɤ¹
汉文直译：缘 咱 固 多么 心 人 漠不关心
汉文意译：哥对缘分不经心。

（150）

喃字原文：筧　娘 英　霂　悉　傷，
国际音标：thɤi⁵ na:ŋ² ʔan¹ tan⁶ lɔŋ²thɯ:ŋ¹
汉文直译：见　妹 哥 放晴 怜爱之心
汉文意译：见妹有怜爱之心，

喃字原文：舳　娘　夥　准　髭　塘　赊 吹；
国际音标：ʔbɤ:i³ na:ŋ² lam⁵ tsɔn⁵ ɲi:u² ʔdɯ:ŋ² sa¹soi¹
汉文直译：因　妹 多 地 多　路 遥远
汉文意译：因妹多情路遥远；

845

喃字原文：呐 黜 脆 吏 徘 徊，
国际音标：nɔi⁵ ra¹ ja⁶ la:i⁶ ʔboi²hoi²
汉文直译：说 出 心 又　　 徘徊
汉文意译：想说心话又徘徊，

喃字原文：觅 娘 夥 准 趐 尼 麻 愂。
国际音标：thɤi⁵ na:ŋ² lam⁵ tson⁵ ɲi:u² nɤ:i¹ ma² ʔbu:n²
汉文直译：见 妹 多 地 多 处 而 烦
汉文意译：见妹多友哥心烦。

(151)

喃字原文：樋 氍 觅 晖 知音，
国际音标：mat⁷ toŋ¹thɤi⁵ ʔboŋ⁵ ti¹ʔɤm¹
汉文直译：眼　　 看见 影 知音
汉文意译：亲眼看见知心人，

喃字原文：融 脆 悧 惏 铡 拱 如 饨；
国际音标：tɔŋ¹ ja⁶ mɯŋ²thɤm² ʔdɔi⁵ kuŋ³ nɯ¹ nɔ¹
汉文直译：中 心 暗 喜 饿 也 如 饱
汉文意译：心里高兴饿也饱；

喃字原文：呦 麻 姅 铡 姅 饨，
国际音标：jɤu²ma² nɯə³ ʔdɔi⁵ nɯə³ nɔ¹
汉文直译：纵然 半 饿 半 饱
汉文意译：半饥半饱见妹欢，

喃字原文：樋 氍 觅 樋 平 朱 冄 鐄。
国际音标：mat⁸ toŋ¹thɤi⁵ mat⁸ ʔbaŋ² tsɔ¹ la:ŋ⁶ va:ŋ²
汉文直译：脸 看见 脸 如 给 两 金
汉文意译：见面如同得两金。

情 歌

喃字原文： 刖 鐄 拯 當 亇 迗，
国际音标： la:ŋ⁶ va:ŋ² tsaŋ³ ʔda:ŋ⁵ mɤi⁵ mɯ:i¹
汉文直译： 两 金 不 值 几 十
汉文意译： 一两金不值几许，

喃字原文： 桖 氃 觅 桖 群 鲜 鐄；
国际音标： mat⁸ toŋ¹thɤi⁵ mat⁸ kɔn² tɯ:i¹ hɤ:n¹ va:ŋ²
汉文直译： 脸 看见 脸 还 鲜艳 胜过 金子
汉文意译： 见面胜过见黄金；

喃字原文： 呥 埃 朱 鉑 朱 鐄，
国际音标： jɤu² ʔa:i¹ tso¹ ʔba:k⁸ tso¹ va:ŋ²
汉文直译： 纵然 谁 给 银 给 金
汉文意译： 不管谁人送金银，

喃字原文： 拯 平 氃 觅 桖 扒 歆 怠。
国际音标： tsaŋ³ ʔbaŋ² toŋ¹thɤi⁵ mat⁸ tsa:ŋ² hom¹nai¹
汉文直译： 不 如 看见 脸 郎 今天
汉文意译： 不如今日见君面。

喃字原文： 呥 埃 朱 鎞 掃 秡，
国际音标： jɤu² ʔa:i¹ tso¹ nɤn³ ʔdɛu¹ tai¹
汉文直译： 纵然 谁 给 戒指 戴 手
汉文意译： 不管谁人送戒指，

喃字原文： 拯 平 氃 觅 桖 眰 悲睮。
国际音标： tsaŋ³ ʔbaŋ² toŋ¹thɤi⁵ mat⁸ ŋai¹ ʔbɤi¹jɤ²
汉文直译： 不 如 看见 脸 立即 现在
汉文意译： 不如如今咱见面。

（男：刘振光，张廷德，阮进余；女：阮成珍）

847

(152)

喃字原文：𥈠 伆 固 没 敉 輪，
国际音标：toŋ¹ va:u² kɔ⁵ mot⁸ tsɯ³ thɔn¹
汉文直译：看 进 有 一 字 朱红
汉文意译：向屋里望有红字，

喃字原文：𣛠 蹟 蹲 吏 悉 群 弧 疑；
国际音标：jɯŋ²tsɤn¹ ʔdɯŋ⁵la:i⁶ lɔŋ² kɔn² ho²ŋi¹
汉文直译：止步 站住 心 还 狐疑
汉文意译：停步来看心狐疑；

喃字原文：𩯀 册 固 云 為，
国际音标：tɔŋ¹ that⁷ kɔ⁵ tsɯ³ vɤn¹vi²
汉文直译：中 书 有 字 始末
汉文意译：书中有句云"情义"，

喃字原文：𦛌 群 伩 䘔 補 扔 牢 停。
国际音标：min² kɔn² n̩ɤ⁵ ʔden⁵ ʔbɔ³ ʔdi¹ tha:u¹ʔdan²
汉文直译：妹 还 想 到 丢 去 何 忍
汉文意译：心里暗想怎放弃。

(153)

喃字原文：埃 𠮩 朱 拱 揚 垴，
国际音标：ʔa:i¹ la:m²tsɔ¹ jɤ³ja:ŋ¹ ȵau¹
汉文直译：谁 使 尴尬 互相
汉文意译：谁人驱使心尴尬，

喃字原文：𦛌 喂 吶 䚯 悁 𣎏 丕 罢；
国际音标：min² ʔɤ:i¹ nɔi⁵ tɯ:k⁷ kwɛn¹ thau¹ vɤi⁶ la²
汉文直译：妹 啊 说 前 熟 后 这样 是
汉文意译：怎能讲前又忘后；

情 歌

喃字原文： 悲 賖 朱 拱 揚 些，
国际音标： ʔbɤi¹ jɤ² tso¹ jɤ³ jaːŋ¹ ta¹
汉文直译： 如今 给 尴尬 咱
汉文意译： 如今两上下不落，

喃字原文： 䏭 躬 固 䏭 些 罡 共 埃。
国际音标： ʔbɤːi³ min² kɔ⁵ ʔbɤːi³ ta¹ la² kuŋ² ʔaːi¹
汉文直译： 因 妹 有 因 哥 是 和 谁
汉文意译： 只怪阿哥怎怪妹。

（154）

喃字原文： 蚓 磊 𥪝 册 三 仁，
国际音标： ŋoi² roi³ mɤ³ thatʔ taːm¹ nɤn¹
汉文直译： 坐 闲 打开 书 三 仁
汉文意译： 清闲打开三教书，

喃字原文： 凿 釛 没 版 朱 陳 嗨 嘇；
国际音标： taːk⁸ vaːu² mot⁸ ʔbaːn³ tsɤu¹ tɤn² hɔi³ tham¹
汉文直译： 凿 进 一 版 朱 陈 问候
汉文意译： 刻版朱陈系情缘；

喃字原文： 玉 喂 特 伱 饶 䄜？
国际音标： ŋɔk⁸ ʔɤːi¹ ʔdɯːk⁸ mɤi⁵ ɲiːu¹ nam¹
汉文直译： 玉 啊 得 多少 年
汉文意译： 玉喂！人生多少年？

喃字原文： 塘 䞌 吏 底 嗒 呧 魗 皮。
国际音标： ʔdɯːŋ² ʔdi¹ laːi⁶ ʔde³ tiːŋ⁵ tam¹ niːu² ʔbe²
汉文直译： 路 去 又 留 名声 多 方面
汉文意译： 留下世人好名声。

849

喃字原文：叹 浪 玉 跐 黜 術，
国际音标：tha:n¹ raŋ² ŋɔk⁸ ʔbɯ:k⁷ ra¹ve²
汉文直译：叹 道 玉 步 回 去
汉文意译：叹完玉人往前去，

喃字原文：群 没 敉 為 罖 術 㮔 交；
国际音标：kɔn² mot⁸ tsɯ³ vi¹ la² ve² kɔn¹ ja:u¹
汉文直译：还 一 字 为 是 为 孩子 交
汉文意译：还有相交为情字；

喃字原文：没 䘺 固 几 伴 㤇，
国际音标：mot⁸ma:i¹ kɔ⁵ kɛ³ ʔba:n⁶ na:u⁶
汉文直译：日后 有 人 伴侣 哪
汉文意译：日后能结成伴侣，

喃字原文：笕 些 戈 圬 呬 嘲 潒 悁。
国际音标：thɤi⁵ ta¹ kwa¹ ŋɔ³ mi:ŋ⁶ tsa:u² tsɤ⁵ kwen¹
汉文直译：见 咱 过 巷子 口 问候 别 忘
汉文意译：见面要问莫忘记。

喃字原文：術 時 㱽 㱽 哘 愿：
国际音标：ve² thi² khɤŋ⁵ khɤŋ⁵ nɤ:i² ŋwi:n⁶
汉文直译：回 则 恳切 誓言
汉文意译：同时恳切央求矣：

喃字原文：潒 贪 准 恪 麻 悁 秩 儀；
国际音标：tsɤ⁵ tha:m¹ tson⁵ kha:k⁷ ma² kwen¹ mɤt⁷ ŋi²
汉文直译：别 贪 处 别 而 忘 失 仪
汉文意译：莫贪富贵弃情义；

情 歌

喃字原文：溚 贪 准 恪 吗 之,
国际音标：tsɤ⁵ tha:m¹ tson⁵ kha:k⁷ la:m²tsi¹
汉文直译：别 贪 处 其他 做 什么
汉文意译：莫贪他方有好地,

喃字原文：翻 時 噅 道 斯 時 不 仁。
国际音标：tɯ:k⁷ thi² loi³ ʔda:u⁶ thau¹ thi² ʔbɤt⁷ȵɤn¹
汉文直译：先 则 失 道 后 则 不仁
汉文意译：先失道后不仁义。

喃字原文：舒 鑽 渚 糙 没 分,
国际音标：ŋin² va:ŋ² tsɯə¹ kɛm⁵ mot⁸ fɤn⁶
汉文直译：千 金 未 寻 一 缘分
汉文意译：千金不如这缘分,

喃字原文：傷 些 停 溚 壅 名 准 尼。
国际音标：thɯ:ŋ¹ ta¹ ʔdɯŋ²tsɤ⁵ lɤp⁷ jan¹ tson⁵ nai²
汉文直译：爱 咱 别 掩盖 名 地方 这
汉文意译：深深相爱莫他人。

（155）

喃字原文：没 躺 吏 懝 穨 躺,
国际音标：mot⁸min² la:i⁶ tui³ ri:ŋ¹ min²
汉文直译：独自 又 怨恨 私人 自己
汉文意译：独自坐思自怨恨,

喃字原文：叹 身 些 固 菠 情 貝 埃；
国际音标：tha:n¹ thɤn¹ ta¹ kɔ⁵ ʔba:k⁸tin² vɤ:i⁵ ʔa:i¹
汉文直译：叹 身 咱 有 薄情 和 谁
汉文意译：叹息自身没负情；

851

喃字原文： 迠 乓 胴 准 迠 乓，
国际音标： mɯːi² haːi¹ thaːŋ⁵ tsɤn³ mɯːi² haːi¹
汉文直译： 十 二 月 准 十 二
汉文意译： 一年正十二个月，

喃字原文： 揜 核 竹 臺 曝 罞 胮 湄。
国际音标： joŋ² kɤi¹tuk⁷ ʔdaːi² ŋai² naŋ⁵ ʔdem¹ mɯə¹
汉文直译： 种 竹子 台 日 晴 夜 雨
汉文意译： 种竹子日晒夜淋。

喃字原文： 拯 铖 些 保 烧 嗸，
国际音标： tsaŋ³ nen¹ ta¹ ʔbaːu³ ȵau¹ sɯə¹
汉文直译： 不 成 咱 告诉 互相 从前
汉文意译： 若有错事相劝解，

喃字原文： 罒 之 捐 妙 钟 務 吏 散；
国际音标： laːm²tsi¹ jaːn¹jiu⁵ jɯə³ muə² laːi⁶ taːn¹
汉文直译： 为何 牵扯 中 季节 又 散
汉文意译： 为何牵扯又分散；

喃字原文： 拯 铖 些 保 烧 共，
国际音标： tsaŋ³ nen¹ ta¹ ʔbaːu³ ȵau¹ kun²
汉文直译： 不 成 咱 告诉 互相 一起
汉文意译： 做错事要相劝勉，

喃字原文： 豆 泠 铖 芽 待 洞 罒 牢。
国际音标： ʔdɤu⁶ ŋɤm¹ nen¹ ja⁵ ʔdaːi³ ʔdoŋ⁶ laːm²thaːu¹
汉文直译： 豆 泡 成 豆芽 撒 怎样
汉文意译： 泡豆成芽怎能撒。

（男：苏维绍；女：杜福英）

情 歌

（156）

喃字原文：氽 欺 返 會 龍 雲，
国际音标：mɣi⁵khi¹ ɣap⁸hoi⁶ lɔŋ¹ vɤn¹
汉文直译：难得 际会 龙 云
汉文意译：难得际会龙云遇，

喃字原文：氽 欺 几 晋 馱 秦 返 烧；
国际音标：mɣi⁵khi¹ kɛ³ tɤn⁵ ŋɯ:i² tɤn² ɣap⁸ɳau¹
汉文直译：难得 人 晋 人 秦 相遇
汉文意译：很少晋秦能相见；

喃字原文：蚆 為 埯 麕 英 翯，
国际音标：ʔbɣ:i³vi² ʔɛm¹ khɔ⁵ ʔan¹ jau²
汉文直译：因为 妹 穷 哥 富
汉文意译：因为妹穷君家富，

喃字原文：朱 铖 拄 祂 特 烧 世 尼。
国际音标：tsɔ¹nen¹ tsaŋ³ lɤi⁵ ʔdɯ:k⁸ ɳau¹ the⁵nai²
汉文直译：所以 不 嫁娶 得 互相 这样
汉文意译：为此难成一家人。

喃字原文：悲 晗 合 緬 烧 低，
国际音标：ʔbɣi¹jɤ² hɤ:p⁸mat⁸ ɳau¹ ʔdɣi¹
汉文直译：如今 见面 互相 这儿
汉文意译：如今咱俩得相会，

喃字原文：如 仙 返 會 如 霊 返 蠪；
国际音标：ɳɯ¹ ti:n¹ ɣap⁸hoi⁶ ɳɯ¹ mɣi¹ ɣap⁸ rɔŋ²
汉文直译：如 仙 际会 如 云 遇 龙
汉文意译：如仙见面龙云遇；

喃字原文： 汝 聶 媕 迻 衸 猷，

国际音标： nɯə³ma:i¹ ʔɛm¹ ʔdi¹ lɤi⁵ tsoŋ²

汉文直译： 日后 妹 去 嫁 夫

汉文意译： 日后有机会出嫁，

喃字原文： 払 停 想 竹 忬 樋 堆 塘。

国际音标： tsa:ŋ² ʔdɯŋ² tɯ:ŋ³ tuk⁷ n̠ɤ⁵ thoŋ¹ ʔdoi¹ ʔdɯ:ŋ²

汉文直译： 郎 别 想 竹 想 松 两 方面

汉文意译： 君莫思竹想梅花。

喃字原文： 桃 箕 㐌 櫶 吏 派，

国际音标： ʔda:u² kiə¹ ʔda³ tham⁵ la:i⁶ fa:i¹

汉文直译： 桃花 那 已 深色 又 褪色

汉文意译： 桃花有红有褪色，

喃字原文： 倘 倘 花 權 麻 吏 薟 数。

国际音标： thɔŋ¹thoŋ³ hwa¹n̠a:i² ma² la:i⁶ thɤ:m¹ lɤu¹

汉文直译： 淡淡 茉莉花 而 又 香 久

汉文意译： 只茉莉花长久香。

（157）

喃字原文： 卒 䔲 罪 姊 行 花，

国际音标： tot⁷ʔdɛp⁸ la² tsi⁶ ha:ŋ² hwa¹

汉文直译： 美丽 是 姐 行 花

汉文意译： 美丽似卖花姑娘，

喃字原文： 虽浪 薟 噂 蒯 茹 空；

国际音标： ti¹raŋ² thɤ:m¹ ŋa:t⁷ kɯə³n̠a² ŋɛu² khoŋ¹

汉文直译： 虽然 香 馥郁 家庭 穷 不

汉文意译： 花是新香家里穷；

情 歌

喃字原文：朖 朖 趆 採 花 红，
国际音标：ŋai² ŋai² ʔdi¹ ha:i⁵ hwa¹ hoŋ²
汉文直译：天 天 去 采 花 红
汉文意译：每天出去采红花，

喃字原文：嘲 嘲 術 圷 藤 東 唆 猓。
国际音标：tsi:u² tsi:u² ve² ŋɔ³ ʔdaŋ² ʔdoŋ¹ ʔan¹ kwa²
汉文直译：下午 下午 回 巷子 方向 东 吃 零食
汉文意译：下午又回买零食。

喃字原文：　包 晗 幣 綵 閖 花，
国际音标：ʔba:u¹ jɤ² tsɤ⁶ n̠ɤ:n⁵ het⁷ hwa¹
汉文直译：　何时 集市 大 完 花
汉文意译：　何时街上无花卖，

喃字原文：　同 春 閖 照 時 花 閖 錢。
国际音标：ʔdoŋ² sɤn¹ het⁷ tsi:u⁵ thi² hwa¹ het⁷ ti:n²
汉文直译：　同 春 完 席 则 花 完 情
汉文意译：　同春无情花无余。

（158）

喃字原文：情 喂 固 别 庒 情，
国际音标：tin² ʔɤ:i¹ ko⁵ ʔbi:t⁷ tsaŋ¹ tin²
汉文直译：情 啊 有 知 不 情
汉文意译：情人呀！是否知情，

喃字原文：躺 贪 錢 鉑 躺 轻 些 兢；
国际音标：min² tha:m¹ ti:n² ʔba:k⁸ min² khin¹ ta¹ ŋɛu²
汉文直译：你 贪 金钱 你 轻视 我 穷
汉文意译：你轻视穷贪钱银。

喃字原文： 蚤 叹 蚤 咀 包 魃，
国际音标： ta:u¹ tha:n¹ ta:u¹ thɤ³ ʔda³ ɲi:u²
汉文直译： 我 叹 我 叹 已 多
汉文意译： 我常叹言话请求，

喃字原文： 躺 据 搭 头 躺 跶 绳 翯。
国际音标： min² kɯ⁵ lak⁷ ʔdɤu² min² theu¹ thaŋ²jau²
汉文直译： 你 总是 摇 头 你 跟 富人
汉文意译： 你只摇头跟富人。

喃字原文： 祖 吒 丐 晿 饥 求，
国际音标： to³tsa¹ ka:i⁵ʔbu:i³ kɤ¹kɤu²
汉文直译： 小祖宗 半天 艰难困苦
汉文意译： 落得人骂是穷鬼，

喃字原文： 人 情 世 㱥 黜 牟 昭 馹。
国际音标： nɤn¹tin² the⁵ ma:i³ ra¹ mau² teu¹ ŋɯ:i²
汉文直译： 情人 如此 长久 出 颜色 嘲笑 人
汉文意译： 情人如此嘲弄人。

（159）

喃字原文： 赊 賏 永 咏 咭 娘，
国际音标： sa¹ ŋɛ¹ vaŋ¹vaŋ³ ti:ŋ⁵ na:ŋ²
汉文直译： 远听 隐约听到 声 妹
汉文意译： 远处听到妹声音，

喃字原文： 群 空 哈 包 矽 鑚 尼 吊？
国际音标： kɔn² khoŋ¹ hai¹ ʔda³ ʔda⁵va:ŋ² nɤ:i¹ na:u²
汉文直译： 还 不 知 已 金石 处 哪
汉文意译： 结金石缘在哪里？

情 歌

喃字原文：苼 情 英 嗨 消 耗，
国际音标：thɯ⁶tin² ʔan¹ hɔi³ ti:u¹ha:u¹
汉文直译：事情 哥 问 消息
汉文意译：这事要问自始末，

喃字原文：台 罪 群 想 核 高 荶 峩？
国际音标：hai¹ la² kɔn² tɯ:ŋ³ kɤi¹ ka:u¹ la⁵ ja:i²
汉文直译：或 是 还 想 树 高 叶 长
汉文意译：或想树高想长叶？

喃字原文：呢 媕 停 潲 瞋 埃，
国际音标：jan⁶ ʔem¹ ʔdɯŋ²tsɤ⁵ ŋɛ¹ ʔa:i¹
汉文直译：嘱咐 妹 别 听 谁
汉文意译：嘱咐妹莫听别人，

喃字原文：沛 推 朱 赒 羛 才 重 轻；
国际音标：fa:i³ thi¹ tsɔ¹ het⁷ ɲiə³ ta:i² tɔŋ⁶ khin¹
汉文直译：要 思考 给 完 义 才 重 轻
汉文意译：想得周全莫被骗；

喃字原文：悲 唅 永 麗 没 躺，
国际音标：ʔbɤi¹jɤ² vaŋ⁵vɛ³ mot⁸min²
汉文直译：如今 寂静 独自
汉文意译：如今咱俩各一方，

喃字原文：牢 朱 鞢 意 顺 情 罪 欣；
国际音标：tha:u¹ tsɔ¹ ʔdɛp⁸ʔi⁵ thɤn⁶tin² la² hɤ:n¹
汉文直译：怎么 给 合意 满意 是 胜过
汉文意译：谨慎做事哥放心；

喃字原文：醣 烧 停 分 婵 娟，
国际音标：khɔ⁵ ȵau¹ ʔdɯŋ² fɤn⁶ thi:n²kwi:n¹
汉文直译：穷 互相 别 分 婵 娟
汉文意译：婵娟穷富有福分，

喃字原文：台 罒 群 擬 舌 欣 冖 之；
国际音标：hai¹ la² kɔn² ŋi³ thi:t⁸ hɤ:n¹ la:m² tsi¹
汉文直译：或 是 还 想 损失 过 做 什么
汉文意译：或是还想高雅人；

喃字原文：台 罒 擬 鉑 如 鍂，
国际音标：hai¹ la² ŋi³ ʔba:k⁸ ȵɯ¹ tsi²
汉文直译：或 是 想 银 如 铅
汉文意译：或是弃铅想白银，

喃字原文：台 罒 媕 擬 鐄 時 如 鎩。
国际音标：hai¹ la² ʔɛm¹ ŋi³ va:ŋ² thi² ȵɯ¹ thau¹
汉文直译：或 是 妹 想 金 则 如 黄铜
汉文意译：或是忘铁想黄金。

喃字原文：台 罒 媕 擬 於 兜，
国际音标：hai¹ la² ʔɛm¹ ŋi³ ʔɤ³ ʔdɤu¹
汉文直译：或 是 妹 想 在 哪儿
汉文意译：或是妹向高处想，

喃字原文：時 媕 擬 沛 呐 艬 矲 没 哩；
国际音标：thi² ʔɛm¹ fa:i³ nɔi⁵ tɯ:k⁷thau¹ mot⁸ ȵɤ:i²
汉文直译：则 妹 要 说 前 后 一 言
汉文意译：请妹要说出真言；

情 歌

喃字原文：仙 箕 竜 樊 陳 制，
国际音标：tiːn¹ kiə¹ suːŋ⁵ kɔi³ tɤn² tsɤːi¹
汉文直译：仙 那 下 尘寰 玩耍
汉文意译：仙人下凡来玩乐，

喃字原文：昹 術 拱 底 情 羕 樊 陳。
国际音标：luk⁷ veˀ² kuŋ³ ʔde³ tin² roi² kɔi³ tɤn²
汉文直译：时 回 也 留 情 了 尘寰
汉文意译：返回之时留情缘。

喃字原文：俺 低 罒 当 文 人，
国际音标：ʔɛm¹ ʔdɤi¹ laˀ² ʔdaːŋ⁵ van¹ ɲɤn¹
汉文直译：妹 这儿 是 应该 文 人
汉文意译：妹应是个有文人，

喃字原文：迠 低 如 壙 云 婷 馹 眢；
国际音标：ɣapˀ⁸ ʔdɤi¹ nɯ¹ khwaːŋ³ vɤn¹ ʔdin² ŋai² sɯə¹
汉文直译：遇 这儿 如 一段 云 亭 昔 日
汉文意译：昔日相遇在云亭；

喃字原文：底 罒 分 羮 缘 忺，
国际音标：ʔde³ laːm² fɤn² ʔdɛpˀ⁸ jiːn¹ ʔɯə¹
汉文直译：留 做 缘分 美好 缘分 爱
汉文意译：缔结良缘人相爱，

喃字原文：如 核 樛 木 包 陂 軏 拸。
国际音标：nɯ¹ kɤi¹ kuˀ² mokˀ⁸ ʔdaˀ³ vɯə² ŋɯːi² maːŋ¹
汉文直译：如 条 樛木 已 合 人 带
汉文意译：像条樛木合人肩。

喃字原文： 悲畭英嗨寔娘，
国际音标： ʔbɤi¹jɤ² ʔan¹ hɔi³ thɤt⁸ na:ŋ²
汉文直译： 如今 哥 问 实话 妹
汉文意译： 如今哥问妹实话，

喃字原文： 伴鸾结義 矻鐄 硊 堆；
国际音标： ʔba:n⁶ lɔn¹ ket⁷ŋiə³ ʔda⁵va:ŋ² nen¹ ʔdoi¹
汉文直译： 友 鸾 结义 金 石 成 对
汉文意译： 鸾友结义金石缘；

喃字原文： 固 硊 终 照 终 唏，
国际音标： kɔ⁵ nen¹ tsuŋ¹ tsi:u⁵ tsuŋ¹ hɤ:i¹
汉文直译： 有 成 同 席 共 气息
汉文意译： 夫妇同席又同床，

喃字原文： 固 硊 揜 呐 没 唑 朱 明。
国际音标： kɔ⁵ nen¹ ʔɛm¹ nɔi⁵ mot⁸ n̥ɤ:i² tsɔ¹ min¹
汉文直译： 有 成 妹 说 一 言 给 哥
汉文意译： 若成请妹说分明。

喃字原文： 闷 朱 合 性 合 情，
国际音标： mu:n⁵ tsɔ¹ hɤ:p⁸ tin⁵ hɤ:p⁸ tin²
汉文直译： 想 使 合 性 和 情
汉文意译： 想要双方合性情，

喃字原文： 闷 朱 艗 合 终 情 貝 些；
国际音标： mu:n⁵ tsɔ¹ min² hɤ:p⁸ tsuŋ¹tin² vɤ:i⁵ ta¹
汉文直译： 想 使 妹 合 钟 情 和 哥
汉文意译： 想妹与哥有钟情；

情 歌

喃字原文： 底 朱 鸾 凤 交 和，
国际音标： ʔde³tsɔ¹ lɔn¹ fuːŋ⁶ jaːu¹hwa²
汉文直译： 使 鸾 凤 交 和
汉文意译： 鸾凤交和成双对，

喃字原文： 底 朱 对 齿 宜家 绥 泅。
国际音标： ʔde³tsɔ¹ ʔdoi¹ tsut⁷ ɲi¹ja¹ noi⁵jɔŋ²
汉文直译： 使 双 一会 成家 续香火
汉文意译： 成家立业为后代。

喃字原文： 拱 如 鸾 凤 媨 軐，
国际音标： kuŋ³ ȵɯ¹ lɔn¹ fuːŋ⁶ vɤ⁶tsoŋ²
汉文直译： 也 茹 鸾 凤 夫妻
汉文意译： 鸾凤夫妻结对儿，

喃字原文： 鸾 揞 祉 凤 凤 撗 祉 鸾；
国际音标： lɔn¹ ʔom¹lɤi⁵ fuːŋ⁶ fuːŋ⁶ ʔboŋ²lɤi⁵ lɔn¹
汉文直译： 鸾 抱住 凤 凤 抱住 鸾
汉文意译： 鸾拥抱凤凤搂鸾；

喃字原文： 甴 罗 幻 约 高 尚，
国际音标： hai¹ la² ʔaːu¹ʔɯːk⁷ kaːu¹thaːŋ¹
汉文直译： 或 是 盼望 高贵
汉文意译： 或是梦想高尚人，

喃字原文： 汝 聂 煌 玉 撒 鑀 時 牢。
国际音标： nɯə³ maːi¹ naːt⁷ ŋɔk⁸ taːt⁷ vaːŋ² thi² thaːu¹
汉文直译： 再 明天 烂 玉 庠 金 则 如何
汉文意译： 等久金玉会烂散。

（男：阮进余；女：阮氏心）

（160）

喃字原文：核 高 甕 诉 晖 朘，
国际音标：kɤi¹ ka:u¹ toŋ¹ tɔ³ ʔbɔŋ⁵ jaŋ¹
汉文直译：树 高 看 清楚 影 月
汉文意译：在高树上望月亮，

喃字原文：悉 傷 埃 别 待 藤 埃 台'？
国际音标：lɔŋ² thɯ:ŋ¹ ʔa:i¹ ʔbi:t⁷ ʔdɤ:i⁶ ʔdaŋ² ʔa:i¹ hai¹
汉文直译：心 想 谁 知 等 方面 谁 知
汉文意译：无人过问想谁知？

喃字原文：傷 躺 些 渚 固 舔，
国际音标：thɯ:ŋ¹ min² ta¹ tsɯə¹ kɔ⁵ kwen¹
汉文直译：想 妹 哥 未 有 忘
汉文意译：想妹心里莫忘记，

喃字原文：妆 躺 尳 浽 醒 嗨 舩 悉。
国际音标：nɤ⁵ min² ɲi:u² noi³ ʔdaŋ⁵kai¹ tɔŋ¹ lɔŋ²
汉文直译：想 妹 多 处 境 苦辣 中 心
汉文意译：时处想念历艰辛。

（161）

喃字原文：舩 厨 固 拎 更，
国际音标：tɔŋ¹ tsɯə² kɔ⁵ tɔŋ⁵ kɤm² kan¹
汉文直译：中 寺 有 鼓 报 更
汉文意译：佛寺鼓声报五更，

喃字原文：吨 娘 夥 几 通 行 跙 仫；
国际音标：ʔdon² na:ŋ² lam⁵ kɛ³ thoŋ¹han¹ ra¹va:u⁶
汉文直译：传说 妹 多 人 通行 进出
汉文意译：听说妹有多情人；

情 歌

喃字原文：悲 睑 毺 月 夥 花，
国际音标：ʔbɤi¹jɤ² thai¹ ŋi:t⁸ lam⁵ hwa¹
汉文直译：如今 换 月 多 花
汉文意译：时常更换月花情，

喃字原文： 贪 尼 富贵 補 些 操 烦。
国际音标：tha:m¹ nɤ:i¹ fu⁵kwi⁵ ʔbo³ ta¹ tha:u⁵fi:n²
汉文直译：贪 地方 富贵 丢 咱 烦心
汉文意译：贪富弃贫听心烦。

喃字原文：低 灵 㪅 拱 貝 連，
国际音标：ʔdɤi¹ lin¹ ʔdɤi⁵ kuŋ³ vɤ:i¹ li:n²
汉文直译：这儿 神灵 那儿 也 和 立即
汉文意译：那里神灵这也精，

喃字原文：帝 官 低 贵 吁 銭 嵍 迏；
国际音标：ʔdɤi⁵ kwa:n¹ ʔdɤi¹ kwi⁵ sin¹ ti:n² thau⁵ mɯi¹
汉文直译：那儿 官 这儿 贵 讨 钱 六 十
汉文意译：那里富贵这有钱；

喃字原文：挣 睑 蹲 吏 麻 睑，
国际音标：tsaŋ³ kɔi¹ ʔdɯŋ⁵la:i⁶ ma² kɔi¹
汉文直译：不 看 站住 而 看
汉文意译：要想停步向后看，

喃字原文：䍁 贵 呸 价 吊 埃 欠 之。
国际音标：nam¹ kwi⁵ ʔba¹ ja⁵ na:u² ʔa:i¹ kɛm⁵ ji²
汉文直译：五 贵 三 价 哪 谁 缺 什么
汉文意译：那里宝贵这胜人。

喃字原文： 扲 斤 氽 吏 陂 鋍，
国际音标：kɤm² kɤn¹ roi² la:i⁶ ʔbe¹ tsi²
汉文直译： 拿 秤 了 又 加 铅
汉文意译：掌秤人加铅重量，

喃字原文： 抌 甾 光 曤 時 阻 阻。
国际音标：ʔdɛm¹ ra¹ kwa:ŋ¹ naŋ⁵ roi² thi² tsɤ¹tsɤ¹
汉文直译： 拿 出 明亮 阳光 了 就 呆然
汉文意译：拿出曝光见呆然。

（162）

喃字原文： 賭 長 鴉 没 嘅 号，
国际音标：ʔdem¹ tɯ:ŋ² ɣa² mot⁸ ɣai⁵ khwiə¹
汉文直译： 夜 长 鸡 一 啼 深夜
汉文意译：长夜五更鸡鸣报，

喃字原文： 屸 囬 薮 唷 麻 妛 绺 愁；
国际音标：ʔba¹ hoi² toŋ⁵ juk⁸ ma² tsiə¹ moi⁵thɤu²
汉文直译： 三 回 鼓 催 而 分 愁绪
汉文意译：三更鼓响人私愁；

喃字原文： 聪 唖 脭 縒 培 囬，
国际音标：ta:i¹ ŋɛ¹ ru:t⁸ roi⁵ ʔboi²hoi²
汉文直译： 耳 听 肠 乱 徘 徊
汉文意译：耳闻心烦在徘徊，

喃字原文： 拧 躓 跨 吏 吶 唑 翻 新。
国际音标：jɯŋ²tsɤn¹ ʔdɯŋ⁵la:i⁶ jan⁶ nɤ:i² tɯ:k⁷thau¹
汉文直译： 停步 站住 嘱 言 前 后
汉文意译：嘱咐前后又回头。

情 歌

喃字原文：翻 箕 乇 淬 碳 哇，
国际音标：tɯːk⁷kiə¹ ʔda³ tɔt⁷ naŋ⁶ nɤːi²
汉文直译：昔日 已 既 重 言
汉文意译：昔日咱俩重誓言，

喃字原文：䏧 兜 霶 靇 敢 移 悉 烧？
国际音标：ʔbɤːi³ʔdɤu¹ mɤi¹tɔk⁷ jaːm⁵ jɤːi²lɔŋ² nau¹
汉文直译：缘何 云发 敢 变心 互相
汉文意译：结发缘何敢分手？

喃字原文：晋 包 薜 待 胴 徐。
国际音标：kwaːn³ ʔbaːu¹ nam¹ ʔdɤːi⁶ thaːŋ⁵ tsɤ²
汉文直译：管 多少 年 等 月 等
汉文意译：昔日咱俩重誓言，

喃字原文：觅 躺 迍 遥 䑩 湄 悴 惛？
国际音标：thɤi⁵ min² ʔdɔn⁵ jɔ⁵ nam² mɯə¹ sɔt⁷ thɤm²
汉文直译：见 妹 迎 风 躺 雨 痛心 暗自
汉文意译：风霜雨露妹担忧。

（163）

喃字原文：闷 朱 融 焙 外 俺，
国际音标：muːn⁵ tsɔ¹ tɔŋ¹ ʔɤm⁵ ŋwaːi² ʔaːm⁵
汉文直译：想 使 里 暖 外 暖
汉文意译：要想内外得温暖，

喃字原文：融 茹 谨 遥 外 墖 谨 湄；
国际音标：tɔŋ¹ na² kin⁵ jɔ⁵ ŋwaːi² them² kin⁵ mɯə¹
汉文直译：中 家 严实 风 外 廊下 紧密 雨
汉文意译：家里墙坚廊下稳；

喃字原文：要 烧 萬 亊 拄 怩，
国际音标：ʔi:u¹ɲau¹ va:n⁶ thuɨ⁶ tsaŋ³ ne²
汉文直译：相爱　万事　不　辞
汉文意译：相爱百年无阻挡，

喃字原文：没 罙 敉 麽 拱 椥 朱 平。
国际音标：mot⁸ tam¹ tsɯ³ lɤt⁸ kuŋ³ ɣi² tsɔ¹ ʔbaŋ²
汉文直译：一　百　字　歪斜　也　摆　使　平
汉文意译：百字歪斜亦摆平。

喃字原文：罗 馹 别 细 别 退，
国际音标：la² ŋɯ:i² ʔbi:t⁷ tɤ:i⁵ ʔbi:t⁷ lui¹
汉文直译：是　人　知　到　知　退
汉文意译：做人要思前想后，

喃字原文：䋲 包 饶 齟 沛 雷 包 饶；
国际音标：jɤi¹ ʔba:u¹ɲi:u¹ thaŋ³ fa:i³ lui² ʔba:u¹ɲi:u¹
汉文直译：绳子　多少　直　得　松　多少
汉文意译：绳子笔直要松绳；

喃字原文：於 朱 别 鉑 别 鍿，
国际音标：ʔɤ³ tsɔ¹ ʔbi:t⁷ ʔba:k⁸ ʔbi:t⁷ tsi²
汉文直译：做人　给　知　银　知　铅
汉文意译：做人要辨别银铅，

喃字原文：哄 欺 湄 曤 哄 欺 招 扬。
国际音标：fɔŋ² khi¹ mɯə¹ naŋ⁵ hɔŋ² khi¹ jɤ³ja:ŋ²
汉文直译：防　时　雨　晴　防　时　变化
汉文意译：防止晴雨防时变。

情 歌

喃字原文：欺 遛 霁 渃 滂 潢，
国际音标：khi¹ jɔ⁵ tan⁶ nɯ:k⁷ ʔba:ŋ²hwa:ŋ²
汉文直译：时 风 停 雨 滂沱
汉文意译：风停时雨还未停，

喃字原文：群 欺 㖊 咘 妾 扐 咀 叹；
国际音标：kɔn² khi¹ ɣan⁵ʔbɔ⁵ thi:p⁷ tsa:ŋ² thɤ³tha:n¹
汉文直译：还 时 缠 绵 妾 郎 叹息
汉文意译：咱俩保持密相连；

喃字原文：咀 叹 渚 及 偈 哾，
国际音标：thɤ³tha:n¹ tsɯə¹ kip⁸ het⁷ n̠ɤ:i²
汉文直译：叹息 未 及 尽 言
汉文意译：叹言未尽又分别，

喃字原文：渚 曾 𩈘 玉 㐌 移 烧 黜。
国际音标：tsɯə¹tɯŋ² mat⁸ ŋɔk⁸ ʔda³ jɤ:i² n̠au¹ ra¹
汉文直译：未曾 面 玉 已 离 互相 出
汉文意译：玉面刚见急分离。

（男：苏维绍；女：杜福英）

（164）

喃字原文：𠯁 些 当 怓 当 伤，
国际音标：ha:i¹ta¹ ʔda:ŋ¹ nɤ⁵ ʔda:ŋ¹ thɯ:ŋ¹
汉文直译：咱俩 正 思 正 念
汉文意译：咱俩正在蜜月恋，

喃字原文：埃 㘃 摌 𢷮 丝 红 钟 澄；
国际音标：ʔa:i¹ la:m² ʔdɯt⁷ moi⁵tɤ¹hoŋ² jɯə³tsɯŋ²
汉文直译：谁 使 断 红绳 途 中
汉文意译：谁人中断咱蜜月；

867

喃字原文：埃 ⊿ 撼 姆 钟 澄，
国际音标：ʔa:i¹ la:m² ʔdɯt⁷ moi⁵ jɯə³tsuŋ²
汉文直译：谁 使 断 线 途 中
汉文意译：途中谁人折了线，

喃字原文：朱 缘 躺 汨 躬 蒸 些 惚。
国际音标：tsɔ¹ ji:n¹ min² ɲa:t⁸ ʔbɤ:i³tsɯŋ¹ ta¹ ʔbu:n²
汉文直译：使 缘 妹 淡 因为 哥 烦闷
汉文意译：为此心烦两情缘。

(165)

喃字原文：南 北 牢 拼 傷 情，
国际音标：na:m¹ ʔbak⁷ tha:u¹ tsaŋ³ thɯ:ŋ¹ tin²
汉文直译：南 北 怎么 不 思 情
汉文意译：怎能放弃南北情，

喃字原文：底 些 疏 唇 没 躺 牢 當；
国际音标：ʔde³ ta¹ thɤ¹thɤn³ mot⁸min² tha:u¹ʔda:ŋ¹
汉文直译：让 妹 怅然 独自 何忍
汉文意译：让妹思情心怅然；

喃字原文：北 南 牢 窖 刕 方？
国际音标：ʔbak⁷ na:m¹ tha:u¹ khɛu⁵ tsiə¹ fɯ:ŋ¹
汉文直译：北 南 怎么 巧 分 方向
汉文意译：南北情义这样巧？

喃字原文：伴 鸳 牢 窖 刕 塘 别 离。
国际音标：ʔba:n⁶ lɔn¹ tha:u¹ khɛu⁵ tsiə¹ ʔdɯ:ŋ² ʔbi:t⁸li¹
汉文直译：伴侣 鸳 怎么 巧 分 路 别离
汉文意译：鸳凤伴侣要分离。

情 歌

喃字原文：埃 咭 岗 玉 쐚 抄，
国际音标：ʔaːi¹ kat⁷ nui⁵ ŋɔk⁸ ra¹ʔdi¹
汉文直译：谁 割 山 玉 出 去
汉文意译：谁分玉山自出去，

喃字原文：拤 朱 苿 橏 寻 抄 夙 栫？
国际音标：tsaŋ³ tsɔ¹ la⁵ tham⁵ tim² ʔdi¹ muːn¹ʔdɤi²
汉文直译：不 给 叶 深 色 找 去 万 世
汉文意译：为何不让春长青？

（166）

喃字原文：悲 晗 躺 補 些 低，
国际音标：ʔbɤi¹jɤ² min² ʔbo³ ta¹ ʔdɤi¹
汉文直译：如今 你 丢 我 这儿
汉文意译：如今你丢我出去，

喃字原文：如 捉 丝 缊 缚 開 吊 衝；
国际音标：nɯɯ¹ kɔn¹ tɤ¹ rɔi⁵ ɣɤ³ ŋai² naːu² sɔŋ¹
汉文直译：如 团 丝 乱 解 开 天 哪 完
汉文意译：像扎乱丝怎理顺；

喃字原文：跋術 准 嗛 楼 红，
国际音标：jɤ³ve² tsɔn⁵ ku³ lɤu² hɔŋ²
汉文直译：返回 处 旧 楼 红
汉文意译：请快返回旧红楼，

喃字原文：如 鸾 貝 凤 如 蛇 貝 霙。
国际音标：nɯɯ¹ lɔn¹ vɤːi⁵ fuːŋ⁶ nɯɯ¹ rɔŋ² vɤːi⁵ mɤi¹
汉文直译：如 鸾 和 凤 如 龙 和 云
汉文意译：鸾凤欢聚龙云合。

喃字原文：包 趍 别 課 孃 台,
国际音标：ʔda³ ʔdi¹ ʔbiːt⁷ thɤ³ naːu² hai¹
汉文直译：已 去 知道 时 哪 知晓
汉文意译：人走心想何时忘，

喃字原文：晽 東 竹 牀 於 㞑 厔 茹；
国际音标：ʔbɔŋ⁵ ʔdoŋ¹ tuk⁷ mɔk⁸ ʔɤ³ ŋai¹ maːi⁵ ɲa²
汉文直译：影 东 竹 生 在 正 屋 檐
汉文意译：日照竹林影东檐；

喃字原文：碍 砑 没 跐 没 赊，
国际音标：ŋaːi⁶ ŋuŋ² mot⁸ ʔbɯːk⁷ mot⁸ sa¹
汉文直译：担心 一 步 一 远
汉文意译：担心越来越离远，

喃字原文：没 哞 珍 重 珠 沙 佘 行。
国际音标：mot⁸ nɤːi² tɤn¹ tɔŋ⁶ tsɤu¹ tha¹ mɤi⁵ haːŋ²
汉文直译：一 言 珍重 珠 泪 落 几 行
汉文意译：真情言语泪涟涟。

喃字原文：⺩ 之 拮 埂 倍 鏄,
国际音标：laːm² tsi¹ kɤt⁷ ɣan⁵ voi⁶ vaːŋ²
汉文直译：为何 起程 急忙
汉文意译：为何快步急出去，

喃字原文：術 埃 跙 浽 妾 扒 赊 烧？
国际音标：ve² ʔaːi¹ ʔden⁵ noi³ thiːp⁷ tsaːŋ² sa¹ ɲau¹
汉文直译：为 谁 到 境地 妾 郎 远离 互相
汉文意译：为啥使君要分离？

情 歌

(167)

喃字原文：馼 贪 缘 㯞 懈 䋽，
国际音标：ŋɯːi² thaːm¹ jiːn¹ tham⁵ jaːi³ ʔdiːu²
汉文直译：人 贪 缘 深色 衣带 桃红色
汉文意译：人贪红绳红衣裙，

喃字原文：些 如 螉 蚙 厄 吊 寔 他；
国际音标：ta¹ nɯ¹ ʔoŋ¹ ʔbɯːm⁵ nai¹ naːu² thɤt⁸ tha²
汉文直译：妹 如 蜂 蝶 今 哪 诚实
汉文意译：妹如蜂蝶人诚实；

喃字原文：自 㘝 躺 補 些 𢫝，
国际音标：tɯ² ŋai² min² ʔbɔ³ ta¹ ra¹
汉文直译：从 天 哥 丢 妹 出
汉文意译：自从哥丢妹离去，

喃字原文：些 時 詩 唇 躺 陀 固 堆。
国际音标：ta¹ thi² thɤ¹ thɤn³ min² ʔda² kɔ⁵ ʔdoi¹
汉文直译：哥 则 怅然 妹 无实义 有 对
汉文意译：哥有双对妹孤零。

喃字原文：悲 唹 躺 𢩿 固 尼，
国际音标：ʔbɤi¹ jɤ² min² ʔda³ kɔ⁵ nɤːi¹
汉文直译：如今 哥 已 有 地方
汉文意译：如今哥有侣伴乐，

喃字原文：時 些 心 蹲 脆 㘝 愁 𢚸。
国际音标：thi² ta¹ tɤm¹ ʔdɯɯŋ⁵ jaːi⁶ ŋoi² thɤu² riːŋ¹
汉文直译：则 妹 心 站 心 坐 愁绪
汉文意译：让妹坐立相思情。

（男：苏维绍；女：阮兴连）

871

（168）

喃字原文：世 间 懂 贴 懂 功，
国际音标：the⁵ja:n¹ tsu:ŋ⁶ kuə³ tsu:ŋ⁶ koŋ¹
汉文直译：世间 喜爱 财物 喜爱 功
汉文意译：世间人爱财贪富，

喃字原文：孃 埃 固 懂 馱 空 包 唸？
国际音标：na:u² ʔa:i¹ kɔ⁵ tsu:ŋ⁶ ŋɯ:i² khoŋ¹ ʔba:u¹jɤ²
汉文直译：哪儿 谁 有 喜爱 人 不 如今
汉文意译：哪有人爱家贫穷？

（169）

喃字原文：潞 览 襖 爈 麻 唭，
国际音标：tsɤ⁵ thʳi⁵ ʔa:u⁵ rat⁷ ma² kɯ:i²
汉文直译：别 见 衣 破 而 笑
汉文意译：莫见穿烂衣而欺，

喃字原文：仍 鯫 鹅 伮 麄 怒 爈 詩；
国际音标：nɯŋ³ joŋ⁵ ɣa²nɔi² loŋ¹ no⁶ lɤ¹thʳi¹
汉文直译：些 似 良种 鸡 毛 它 稀疏
汉文意译：似良种鸡其毛稀；

喃字原文：襖 賏 潞 想 襖 倘，
国际音标：ʔa:u⁵ ja:i² tsɤ⁵ tɯ:ŋ³ ʔa:u⁵ tha:ŋ¹
汉文直译：衣 长 别 想 衣 华丽
汉文意译：穿长衣莫嫌衣贵，

喃字原文：䏧 空 襖 辮 沛 芷 襖 賏。
国际音标：ʔbɤ:i³ khoŋ¹ ʔa:u⁵ ŋan⁵ fa:i³ ma:ŋ¹ ʔa:u⁵ ja:i²
汉文直译：因为 没有 衣 短 得 带 衣 长
汉文意译：没有短衣穿长衣。

情 歌

（170）

喃字原文： 核　高　时　遥　强　挍，
国际音标： kɤi¹ ka:u¹ thi² jɔ⁵ ka:ŋ² lai¹
汉文直译： 树　高　则　风　更　摇
汉文意译： 树高风吹枝摇动，

喃字原文： 强　高　名望　强　齈　艰迍；
国际音标： ka:ŋ² ka:u¹ jaŋ¹vɔn² ka:ŋ² jai² ja:n¹tɤn¹
汉文直译： 越　高　名望　越　厚　艰迍
汉文意译： 名望越高越艰迍；

喃字原文： 昑　齈　时　拃　埃　聢，
国际音标： luk⁷ khɔ⁵ thi² tsaŋ³ ʔa:i¹ ɲin²
汉文直译： 时　痛苦　则　不　谁　看
汉文意译： 痛苦之时没人望，

喃字原文： 玴　欺　杜　状　九　馯　英　媕。
国际音标： ʔden⁵ khi¹ ʔdo³ ta:ŋ⁶ tsin⁵ ɲin² ʔan¹ʔɛm¹
汉文直译： 到　时　考中　状元　九　千　兄弟
汉文意译： 当状元弟兄上千。

（171）

喃字原文： 仍　馱　稴　秙　钱　庫，
国际音标： ɲɯŋ³ ŋɯ:i² luə⁵ ʔdun⁶ ti:n² khɔ¹
汉文直译： 些　人　谷　堆　钱　库
汉文意译： 多少人谷堆钱库，

喃字原文： 脌　㤕　绊　呬　织　夔　㤕　遖　盃；
国际音标： ru:t⁸ ʔbaŋ² thɤ:i⁶tsi³ mi:ŋ⁶ tɔ¹ ʔbaŋ² jɤ:i²
汉文直译： 肠　如　丝线　嘴　大　如　天
汉文意译： 其肠如丝口如天；

喃字原文：蜜 氼 强 祖 蝨 馱，
国际音标：mɤt⁸ ŋɔt⁸ ka:ŋ² ʔdot⁷ tset⁷ ŋɯ:i²
汉文直译：蜜 甜 越 咬 死 人
汉文意译：蜜甜蜂王咬死人，

喃字原文：仍 啈 唉 醛 罞 尼 寔 他。
国际音标：nɯŋ³ nɤ:i² kai¹ ʔdaŋ⁵ la² nɤ:i¹ thɤt⁸ tha²
汉文直译：些 话 苦辣 是 处 老实
汉文意译：老实人口出苦言。

（男：阮进余；女：阮氏心）

（172）

喃字原文：譕 钟 幣 空 埃 眮 细，
国际音标：khɔ⁵ juɯə³ tsɤ⁶ khoŋ¹ ʔa:i¹ ɲin² tɤ:i⁵
汉文直译：穷 中 集市 没有 谁 看 到
汉文意译：街上化儿无人望，

喃字原文：冔 棱 溇 髭 几 往 来；
国际音标：jau² rɯŋ² thɤu¹ ɲi:u² kɛ³ va:ŋ³ la:i¹
汉文直译：富 林 深 多 人 往 来
汉文意译：深山富家人来往；

喃字原文：英 览 埯 醜 儎 有 财，
国际音标：ʔan¹ thɤi⁵ ʔɛm¹ sɤu⁵ ja:ŋ⁶ hiu³ ta:i²
汉文直译：哥 见 妹 丑 样子 有 才
汉文意译：见妹貌丑哥嫌穷，

喃字原文：英 撿 啈 胶 遖 辩 貹 歹 埯。
国际音标：ʔan¹ ki:m⁵ nɤ:i² jaŋ¹ jɔ⁵ ŋan⁵ ja:i² ɣa:t⁸ ʔɛm¹
汉文直译：哥 找 地方 风月 短 长 撇开 妹
汉文意译：说妹风月哥避风。

# 情 歌

（173）

喃字原文：欺　頭　埯　呐　埯　傷，
国际音标：khi¹ ʔdɤu² ʔɛm¹ nɔi⁵ ʔɛm¹ thɯːŋ¹
汉文直译：当初　妹　说　妹　思念
汉文意译：当初妹讲甚思念，

喃字原文：悲　賒　挭　硜　钟　塘　撍　纼；
国际音标：ʔbɤi¹ jɤ² ɣan⁵ naŋ⁶ jɯə³ ʔdɯːŋ² ʔdɯt⁷ jɤi¹
汉文直译：如今　挑　重　中　路　断　绳
汉文意译：如今挑重筐断绳；

喃字原文：想　罪　蠬　挹　衸　霊，
国际音标：tɯːŋ³ la² rɔŋ² ʔɤp⁷ lɤi⁵ mɤi¹
汉文直译：想　是　龙　假　抱　云
汉文意译：原想龙云相假抱，

喃字原文：埃　衸　蠬　挹　衸　核　白　檀。
国际音标：ʔaːi¹ ŋɤ² rɔŋ² ʔɤp⁷ lɤi⁵ kɤi¹ ʔbat⁸ ʔdaːn²
汉文直译：谁　料　龙　假抱　　白　檀树
汉文意译：谁知白檀已卷龙。

（174）

喃字原文：隊　恩　九　敉　劰　劳，
国际音标：ʔdoi⁶ ʔɤn¹ tsin⁵ tsɯ³ ku² laːu¹
汉文直译：蒙　恩　九　字　劰劳
汉文意译：蒙恩劰劳九字育，

喃字原文：生　成　計　氽　嫩　高　朱　凭；
国际音标：thin¹ than² ke³ mɤi⁵ nɔn¹ kaːu¹ tsɔ¹ ʔbaŋ²
汉文直译：生　成　计算　几　山　高　给　平
汉文意译：高山生成像天高；

875

喃字原文：丕 喂 固 透 情 庄，
国际音标：jɤːi² ʔɤːi¹ kɔ⁵ thɤu⁵ tin² tsaŋ¹
汉文直译：天 啊 有 透彻 情 不
汉文意译：天呀！是否都知情，

喃字原文：跐 迻 迡 趈 翁 胘 斦 耗。
国际音标：ʔbɯːk⁷ thaːŋ¹ mɯːi² thau⁵ ʔoŋ¹jaŋ¹ ɣɤn² ja²
汉文直译：迈步 去 十 六 月亮 近 老
汉文意译：月亮十六过会老。

（175）

喃字原文：堆 些 拎 堆 果 欓，
国际音标：ʔdoi¹ta¹ kɤm² ʔdoi¹ kwa³ʔbɔŋ²
汉文直译：咱俩 拿 两 柚子
汉文意译：咱俩手托对柚子，

喃字原文：搓 莲 达 竜 钟 浀 渃 潪；
国际音标：nɤŋ¹ len¹ ʔdatˀ⁸ suːŋ⁵ jɯə³ jɔŋ² nɯːk⁷ toi¹
汉文直译：托起 放下 中 水流 漂浮
汉文意译：托起放下水流中；

喃字原文：挋 铖 撞 亊 再 囬，
国际音标：tsaŋ³ nen¹ ʔdatˀ⁸ thɯ⁶ taːi⁵ hoi²
汉文直译：不 成 捏造 事 再 回
汉文意译：不成事捏造理由，

喃字原文：底 朱 欓 吏 特 潪 抲 馹。
国际音标：ʔde³tsɔ¹ ʔbɔŋ² laːi⁶ ʔdɯːk⁸ toi¹ tai¹ ŋɯːi²
汉文直译：让 柚子 又 得 流 手 人
汉文意译：让柚子流他人手。

情 歌

（176）

喃字原文：堆 些 如 狂 貝 猫，
国际音标：ʔdoi¹ ta¹ nɯ¹ tsɔ⁵ vɤ:i⁵ mɛu²
汉文直译：咱俩 如 狗 和 猫
汉文意译：咱俩好似狗和猫，

喃字原文：如 鹧 貝 猎 如 摎 蠲 觥；
国际音标：nɯ¹ ɣa² vɤ:i⁵ ka:u⁵ nɯ¹ kɛu² ʔduk⁸ kwan¹
汉文直译：如 鸡 和 狐狸 如 橡 朽 弯曲
汉文意译：如橡凿曲如鸡狸；

喃字原文：催 時 補 默 缘 英，
国际音标：thoi¹ thi² ʔbo³ mak⁸ ji:n¹ ʔan¹
汉文直译：罢了 就 丢 任由 缘 哥
汉文意译：休矣，放弃此缘分，

喃字原文：碎 搋 闶 欉 春 靜 貝 情。
国际音标：toi¹ ʔdi¹ mu:n¹ jam⁶ sɤn¹ san¹ vɤ:i⁵ tin²
汉文直译：我 去 万 里 青春 和 情
汉文意译：让妹万里寻青春。

（177）

喃字原文：畑 誇 畑 燥 欣 朕，
国际音标：ʔdɛn² khwɛ¹ ʔdɛn² tɔ³ hɤ:n¹ jaŋ¹
汉文直译：灯 夸 灯 明亮 比 月
汉文意译：灯夸灯比月光亮，

喃字原文：畑 黜 垞 遣 群 庄 唉 畑？
国际音标：ʔdɛn¹ ra¹ tsɔ³ jɔ⁵ kɔn² tsaŋ¹ hɤ:i³ ʔdɛn²
汉文直译：灯 出 处 风 还 不 啊 灯
汉文意译：灯见风何灯熄灭？

877

喃字原文：朘　誇　朘爃欣畑，
国际音标：jaŋ¹ khwɛ¹ jaŋ¹ tɔ³ hɤ:n¹ ʔdɛn²
汉文直译：月　夸　月明亮　比　灯
汉文意译：月夸月光比灯亮，

喃字原文：据 牢 朘 吏 沛 㶸 塘 霿？
国际音标：kɤ⁵ tha:u¹ jaŋ¹ la:i⁶ fa:i³ lu:n² ʔda:m⁵ mɤi¹
汉文直译：为何　月　又　要　穿透　　云层
汉文意译：为何月要穿云层？

（178）

喃字原文：姻缘　渚　糮　㐌　派，
国际音标：ȵɤn¹ ji:n¹ tsɯə¹ tham⁵ ʔda³ fa:i¹
汉文直译：姻缘　未　深色　已　褪色
汉文意译：姻缘未浓已淡色，

喃字原文：渚　櫟　㐌　喷　拱　埃　泊　情？
国际音标：tsɯə¹ ra:u² ʔda³ tat⁷ jɤ³ ʔa:i¹ ʔba:k⁸ tin²
汉文直译：未　围篱笆　已　拆　　谁　薄情
汉文意译：未围又拆谁薄情？

喃字原文：缘　箕　固　负　之　𦛌！
国际音标：ji:n¹ kiə¹ kɔ⁵ fu⁶ tsi¹ min²
汉文直译：缘　那　有　负　什么　哥
汉文意译：姻缘哪有谁负谁！

喃字原文：麻　𦛌　仕　挭　终　情　㐌　堆！
国际音标：ma² min² thɛ³ ɣan⁵ tsuŋ¹ tin² la:m² ʔdoi¹
汉文直译：而　哥　将　挑　钟　情　做　对
汉文意译：哥已结对有钟情！

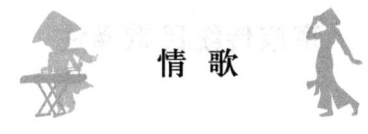

情 歌

(179)

喃字原文：功 俺 搭 垃 掩 桃，
国际音标：koŋ¹ ʔɛm¹ ʔdap⁷ ʔdɤp⁸ joŋ² ʔda:u²
汉文直译：工 妹 筑 堤坝 种 桃子
汉文意译：妹用工筑堤种桃，

喃字原文：狚 欺 唹 果 駄 撡 袟 核；
国际音标：ʔden⁵ khi¹ ʔan¹ kwa³ ŋɯ:i² ra:u² mɤt⁷ kɤi¹
汉文直译：到 时 吃 果 人 围篱笆 失去 树
汉文意译：至树有果人围篱；

喃字原文：俺 空 寕 農 浘 世 尼，
国际音标：ʔɛm¹ khoŋ¹ ŋɤ² noŋ³ noi¹ the⁵ nai²
汉文直译：妹 不 料 肤浅 这样
汉文意译：妹预先没想到此，

喃字原文：時 俺 披 䓗 仍 䏾 桃 薇。
国际音标：thi² ʔɛm¹ ʔbe³ ŋen⁶ ɲɯŋ³ ŋai² ʔda:u² non¹
汉文直译：则 妹 折 梢 些 天 桃 嫩
汉文意译：知此折梢桃幼时。

(180)

喃字原文：群 䏾 尬 汝 晸 拸，
国际音标：kɔn² ʔdem¹ nai¹ nɯə³ ma:i¹ ʔdi¹
汉文直译：还 晚 今 再 明天 去
汉文意译：住了今晚明早走，

喃字原文：冄 鐄 空 惜 惜 欺 䏾 掑；
国际音标：la:ŋ⁶ va:ŋ² khoŋ¹ ti:k⁷ ti:k⁷ khi¹ ŋoi² ke²
汉文直译：两 金 不 惜 惜 时 坐 贴近
汉文意译：不惜两金惜背靠；

879

喃字原文： 群　脮　尬　汝　冣　術，
国际音标： kɔn² ʔdem¹ nai¹ nɯə³ ma:i¹ ve²
汉文直译： 还　晚　今　再　明天　回
汉文意译： 再住今晚明回去，

喃字原文： 刕　鐄　空　惜　惜　掑　膈　輪。
国际音标： la:ŋ⁶ va:ŋ² khoŋ¹ ti:k⁷ ti:k⁷ ke² ma⁵ thɔn¹
汉文直译： 两　金　不　惜　惜　贴近　颊　红
汉文意译： 不惜两金惜红桃。

（181）

喃字原文： 固　羺　麻　空　固　坡，
国际音标： ko⁵ ru:ŋ⁶ ma² khoŋ¹ ko⁵ ʔbɤ²
汉文直译： 有　田　而　没　有　田埂
汉文意译： 有了田峒没田埂，

喃字原文： 術　埃　碎　沛　唇　詩　世　尼？
国际音标： ve² toi¹ fa:i³ thɤn³thɤ¹ the⁵nai²
汉文直译： 为　我　得　怅然　这样
汉文意译： 为谁使我受怅然？

喃字原文： 空　埃　碎　買　细　低，
国际音标： khoŋ¹ ʔa:i¹ toi¹ mɤ:i⁵ tɤ:i⁵ ʔdɤi¹
汉文直译： 没有　谁　我　才　到　这儿
汉文意译： 还没妻子我到此，

喃字原文： 固　埃　解　照　幔　绨　於　茹。
国际音标： ko⁵ ʔa:i¹ ra:i³ tsi:u⁵ ma:n² kwɤi¹ ʔɤ³ ŋa²
汉文直译： 有　谁　铺　席　蚊帐　围　在　家
汉文意译： 寻人铺席挂蚊帐。

情 歌

喃字原文：空　埃　碎　買　制　花，
国际音标：khoŋ¹ ʔaːi¹ toi¹ mɤːi⁵ tsɤːi¹ hwa¹
汉文直译：没有　谁　我　才　玩　花
汉文意译：尚无妻子寻花乐，

喃字原文：固　埃　碎　仕　衕　茹　制　春，
国际音标：kɔ⁵ ʔaːi¹ toi¹ thɛ³ ve² n̠a² tsɤːi¹ sɤn¹
汉文直译：有　谁　我　将　回　家　玩　春
汉文意译：有沙糕负情糯饭，

（182）

喃字原文：固　粞　英　情　貟　粀，
国际音标：kɔ⁵ ʔwaːn³ ʔan¹ tin² fu⁶ soi¹
汉文直译：有　沙糕　哥　情　负　糯饭
汉文意译：有沙糕负情糯饭，

喃字原文：固　柑　貟　橘　固　馱　貟　些；
国际音标：kɔ⁵ kɤːm¹ fu⁶ kwit⁷ kɔ⁵ ŋɯːi² fu⁶ ta¹
汉文直译：有　饭　负　橘　有　人　负　我
汉文意译：有柑负橘负情人；

喃字原文：固　馆　情　貟　核　栘，
国际音标：kɔ⁵ kwaːn⁵ tin² fu⁶ kɤi¹ʔda¹
汉文直译：有　馆　情　负　榕树
汉文意译：有馆负情榕树荫，

喃字原文：㠀　醓　馆　杜　核　栘　唉　群。
国际音标：ʔba¹ nam¹ kwaːn⁵ ʔdo³ kɤi¹ʔda¹ hɤːi³ kɔn²
汉文直译：三　年　馆　倒　榕树　犹　存
汉文意译：三年馆塌榕树存。

喃字原文：固　墨　英　情　负　输，
国际音标：kɔ⁵ muuk⁸ ʔan¹ tin² fu⁶ thɔn¹
汉文直译：有　墨　哥　情　负　朱红
汉文意译：有墨哥负朱色漆，

喃字原文：固　几　𥙩𥙩　英　情　负　缘；
国际音标：kɔ⁵ kɛ³ ʔdɛp⁸ jɔn² ʔan¹ tin² fu⁶ ji:n¹
汉文直译：有　人　漂亮　哥　情　负　缘
汉文意译：有美丽人负我情；

喃字原文：固　鉑　英　情　负　钱，
国际音标：kɔ⁵ ʔba:k⁸ ʔan¹ tin² fu⁶ ti:n²
汉文直译：有　银　哥　情　负　钱
汉文意译：有了白银负了钱，

喃字原文：固　仁　义　買　英　悁　掩　𠳒。
国际音标：kɔ⁵ nɤn¹ ŋiə³ mɤ:i⁵ ʔan¹ kwen¹ ʔɛm¹ roi²
汉文直译：有　仁　义　才　哥　忘　妹　了
汉文意译：有美人儿忘恩情。

（183）

喃字原文：固　姑　时　舅　拱　𦓡，
国际音标：kɔ⁵ ko¹ thi² kiu⁶ kuŋ³ ja²
汉文直译：有　姑　则　舅　也　老
汉文意译：有姑姑舅父方老，

喃字原文：空　姑　时　舅　拱　戈　爻　𠁀；
国际音标：khoŋ¹ ko¹ thi² kiu⁶ kuŋ³ kwa¹ mot⁸ ʔdɤ:i²
汉文直译：没有　姑　则　舅　也　过　一　世
汉文意译：舅没姑也过一世；

情 歌

喃字原文：固 姑 時 舅 憚 台，
国际音标：kɔ⁵ ko¹ thi² kiu⁶ than³thɤːi¹
汉文直译：有 姑 则 舅 闲适
汉文意译：有姑姑舅父舒畅，

喃字原文：空 姑 時 舅 睞 栞 舅 黜。
国际音标：khoŋ¹ ko¹ thi² kiu⁶ fɤːi¹ ʔdɤːi² kiu⁶ ra¹
汉文直译：没有 姑 则 舅 晒 世 舅 出
汉文意译：没有姑，舅裸露晒。

(184)

喃字原文：溜 觅 襖 爝 麻 唭，
国际音标：tsɤ⁵ thɤi⁵ ʔaːu⁵ rat⁷ ma² kɯːi²
汉文直译：别 见 衣 破 而 消
汉文意译：莫要见烂衣而笑，

喃字原文：仍 種 鵝 伈 毟 俶 泸 詩；
国际音标：nɯɯŋ³ joŋ⁵ ɣa²nɔi² lɔŋ¹ nɔ⁵ lɤ¹thɤi¹
汉文直译：些 种 良种 毛 它 稀 疏
汉文意译：良种鸡见其毛稀；

喃字原文：溜 觅 襖 賹 麻 鼎，
国际音标：tsɤ⁵ thɤi⁵ ʔaːu⁵ jaːi² ma² thaːŋ¹
汉文直译：别 见 衣 长 而 来
汉文意译：莫见长衣为高雅，

喃字原文：黜 空 襖 矤 沛 拻 襖 賹。
国际音标：ra¹ khoŋ¹ ʔaːu⁵ ŋan⁵ faːi³ maːŋ¹ ʔaːu⁵ jaːi²
汉文直译：出 不 衣 短 得 带 衣 长
汉文意译：长衣者也有穷时。

883

（185）

喃字原文： 嘲　嘲　裙　紫　襖　牟，

国际音标： tsiːu^{2}tsiːu^{2} kwɤn^{2} tiə^{5} ʔaːu^{5} mau^{2}

汉文直译： 傍晚　裤　紫　衣　颜色

汉文意译： 傍晚穿着紫色裤，

喃字原文： 绬　绬　謨　翛　咵　鼂　貝　埃；

国际音标： jɤi^{1}lɯŋ^{1} muə^{1} tsiu^{6} khwɛ^{1} jau^{2} vɤːi^{5} ʔaːi^{1}

汉文直译： 腰带　买　赊　夸　富　和　谁

汉文意译： 腰带赊销怎夸富；

喃字原文： 咵　鼂　貝　注　半　茠，

国际音标： khwɛ^{1} jau^{2} vɤːi^{5} tsu^{5} ʔbaːn^{5} khwaːi^{1}

汉文直译： 夸　富　和　叔叔　买　红薯

汉文意译： 卖薯大叔自称富，

喃字原文： 半　朱　没　苟　衛　喈　㫰　䏾。

国际音标： ʔbaːn^{5} tsɔ^{1} mot^{8} ku^{3} ve^{2} ȵaːi^{1} toi^{5}ŋai^{2}

汉文直译： 卖　给　一　个　回　嚼　终日

汉文意译： 卖得一条剩吃光。

（186）

喃字原文： 㓣　茹　贫　賤　黙　悉，

国际音标： kuə^{3}ȵa^{2} ʔbɤn^{2}tiːn^{6} mak^{8}lɔŋ^{2}

汉文直译： 家庭　贫贱　听便

汉文意译： 家庭贫穷任人笑，

喃字原文： 龉　巾　拱　仕　琨　涌　生　黜。

国际音标： khɔ^{5}khan^{1} kuŋ^{3} thɛ^{3} kɔn^{1}jɔŋ^{2} thin^{1} ra^{1}

汉文直译： 困难　也　将　世家子弟　生　出

汉文意译： 贫穷亦是家长子。

情 歌

(187)

喃字原文：勮 茹 贫 贱 何 为，
国际音标：kɯə³ɲa² ʔbɤn²ti:n⁶ ha⁶ vi¹
汉文直译： 家庭 贫贱 何为
汉文意译：家里贫穷应所为，

喃字原文：朱 铖 些 挵 敢 聘 为 貝 埃。
国际音标：tsɔ¹nen¹ ta¹ tsaŋ³ ja:m⁵ than⁵vi² vɤ:i⁵ ʔa:i¹
汉文直译： 所以 咱不 敢 匹配 和 谁
汉文意译：因穷不敢求姻缘。

(188)

喃字原文：英 低 寔 麢 空 䨱，
国际音标：ʔan¹ ʔdɤi¹ thɤt⁸ khɔ⁵ khoŋ¹ jau²
汉文直译： 哥 这儿 真 穷 不 富
汉文意译：我家贫穷不是富，

喃字原文：固 哇 呐 黜 矯 䊷 攀 难；
国际音标：kɔ⁵ nɤ:i² nɔi⁵ ra¹ kɛu³ thau¹ fa:n²na:n²
汉文直译： 有 话 说 出 否则 后 埋怨
汉文意译：先是有话免埋怨；

喃字原文：麢 巾 些 撿 些 咹，
国际音标：khɔ⁵khan¹ ta¹ ki:m⁵ ta¹ ʔan¹
汉文直译： 困难 咱 找 咱 吃
汉文意译：贫穷应自食其力，

喃字原文： 曓 馹 靭 板 圫 垠 黙 馹。
国际音标： jau² ŋɯ:i² kuə³ va:n⁵ ŋɔ³ ŋan¹ mak⁸ ŋɯ:i²
汉文直译： 富 人 门 板子 巷子 阻拦 由 人
汉文意译： 富人闭户闲由人。

喃字原文： 醀 巾 搭 对 奃 㘆，
国际音标： khɔ⁵khan¹ ʔdap⁷ʔdoi³ lɤn²hoi²
汉文直译： 困难 将就 打发日子
汉文意译： 穷人结婚盖衣被，

喃字原文： 曓 馹 㐌 昜 蹲 蚪 麻 晏。
国际音标： jau² ŋɯ:i² ʔda³ je³ ʔdɯŋ⁵ ŋoi² ma² ʔan¹
汉文直译： 富 人 已 易 站 坐 而 吃
汉文意译： 富人不易坐空食。

（189）

喃字原文： 英 如 䲎 没 茹 曓，
国际音标： ʔan¹ ɲɯ¹ kɔn¹mot⁸ ɲa² jau²
汉文直译： 哥 如 长子 家 富
汉文意译： 哥是富家独生子，

喃字原文： 英 如 䲎 没 茹 官，
国际音标： ʔan¹ ɲɯ¹ kɔn¹mot⁸ ɲa² kwa:n¹
汉文直译： 哥 如 长子 家 官
汉文意译： 哥是富家独长子，

喃字原文： 淹 如 䲎 犠 落 弹 碃 傿。
国际音标： ʔεm¹ ɲɯ¹ kɔn¹ŋε⁵ la:k⁸ʔda:n² tsɤ¹vɤ¹
汉文直译： 妹 如 小水牛 失群 孤零零
汉文意译： 妹如小牛走失群。

情 歌

喃字原文： 英 如 织 橝 挑 旗，
国际音标： ʔan¹ nɯ¹ tsi³ tham⁵ theu¹ kɤ²
汉文直译： 哥 如 线 深色 绣 旗
汉文意译： 哥是红线绣红旗，

喃字原文： 媕 如 萎 鵬 牀 坡 洪 台；
国际音标： ʔɛm² nɯ¹ rau¹ ma⁵ mɔk⁸ ʔbɤ² ji:ŋ⁵ thɤ:i¹
汉文直译： 妹 如 积雪草 长 岸 深井
汉文意译： 妹如深井积雪草；

喃字原文： 英 如 核 蕙 卒 鲜，
国际音标： ʔan¹ nɯ¹ kɤi¹ hwe⁶ tot⁷ tɯ:i¹
汉文直译： 哥 如 蕙树 鲜艳
汉文意译： 哥是蕙树景鲜艳，

喃字原文： 媕 如 渃 玉 渚 堆 轎 鐄。
国际音标： ʔɛm² nɯ¹ nɯ:k⁷ ŋɔk⁸ tsɯɯ⁵ ʔdoi¹ ki:u⁶ va:ŋ²
汉文直译： 妹 如 水 玉 贮存 两 轿子 金
汉文意译： 妹如玉水脚马步。

喃字原文： 英 如 核 景 汝 譲，
国际音标： ʔan¹ nɯ¹ kɤi¹ kan³ nɤ³ na:ŋ²
汉文直译： 哥 如 树 景 耽误
汉文意译： 哥是景树参天高，

喃字原文： 媕 如 织 橝 挑 遡 巾 红。
国际音标： ʔɛm² nɯ¹ tsi³ tham⁵ theu¹ tha:ŋ² khan¹ hoŋ²
汉文直译： 妹 如 线 深色 绣 上 巾 红
汉文意译： 妹如赤线绣围布。

（190）

喃字原文：英　低　寔　齭　空　羸，
国际音标：ʔan¹ ʔdɤi¹ thɤt⁸ khɔ⁵ khoŋ¹ jau²
汉文直译：哥　这儿　真　穷　不　富
汉文意译：哥是穷人不富裕，

喃字原文：英　吁　呐　翻　斳　攀　难；
国际音标：ʔan¹ sin¹ nɔi⁵ tɯ:k⁷ kɛu³ thau¹ fa:n²na:n²
汉文直译：哥　请　说　先　否则　后　抱怨
汉文意译：先要说明免抱怨；

喃字原文：茹　英　只　固　没　間，
国际音标：n̥a² ʔan¹ tsi³ kɔ⁵ mot⁸ ja:n¹
汉文直译：屋　哥　只　有　一　见
汉文意译：哥屋只有一小间，

喃字原文：姅　時　灬　灶　姅　算　灬　朧。
国际音标：nɯə³ thi² la:m² ʔbep⁷ nɯə³ tɔn¹ la:m² ʔbu:ŋ²
汉文直译：半　则　做　厨房　半　打算　做　卧室
汉文意译：半间灶房半睡房。

喃字原文：丕　湄　没　陣　湄　潒，
国际音标：jɤ:i² mɯə¹ mot⁸ tɤn⁶ mɯə¹ tu:n¹
汉文直译：天　雨　一　阵　雨　冒
汉文意译：落雨屋里会漏水，

喃字原文：姅　灶　拱　杜　姅　朧　拱　超。
国际音标：nɯə³ ʔbep⁷ kuŋ³ ʔdo³ nɯə³ ʔbu:ŋ² kuŋ³ si:u¹
汉文直译：半　灶　也　倒　半　房　也　斜
汉文意译：风吹整屋会倾斜。

（男：阮进余；女：武德英，阮贤芳）

情 歌

（191）

喃字原文：哎 橙 蚧 柃 核 橙，
国际音标：ʔan¹ than² ŋoi² ɣok⁷ kɤi¹than²,
汉文直译：哥 橙 坐 根部 橙树
汉文意译：坐在树下吃橙果，

喃字原文：笕 媄 嫁 半 朱 英 寔 他；
国际音标：thɤi⁵ mɛ⁶ ja⁵ ʔba:n⁵ tso¹ ʔan¹ thɤt⁸tha²;
汉文直译：见 母 嫁 卖 给 哥 诚心
汉文意译：母有诚心卖女儿；

喃字原文：英 群 吱 醜 吱 赊，
国际音标：ʔan¹ kɔn² tse¹ sɤu⁵ tse¹ sa¹
汉文直译：哥 还 嫌 丑 嫌 远
汉文意译：哥还嫌丑又嫌远，

喃字原文：吱 俸 吱 愧 吱 茹 艱 巾。
国际音标：tse¹ vuŋ⁶ tse¹ ja:i⁶ tse¹ n̠a² khɔ⁵khan¹
汉文直译：嫌 笨 嫌 蠢 嫌 家 困难
汉文意译：嫌家穷嫌不懂事。

喃字原文：寻 屁 窈 窕 青 新，
国际音标：tim² nɤ:i¹ ʔi:u³ʔdi:u² than¹ tɤn¹
汉文直译：找 地方 窈窕 清新
汉文意译：想找窈窕娇女儿，

喃字原文：媄 英 吏 搏 銅 斤 爹 悋；
国际音标：mɛ⁶ ʔan¹ la:i⁶ va:k⁷ ʔdoŋ² kɤn¹ ʔdi¹ lɯə²
汉文直译：母 哥 又 扛 一 钱 去 骗
汉文意译：叫母担银远方问；

889

喃字原文： 低 俺 鐄 㐅 拺 謨？
国际音标： ʔdɤi¹ ʔɛm¹ vaːŋ² ʔbai³ tsaŋ³ muə¹
汉文直译： 这儿 妹 金 七 不 买
汉文意译： 为何聘礼少不要？

喃字原文： 搏 斤 迻 悇 吏 沛 鐄 舥。
国际音标： vaːk⁷ kɤn¹ ʔdi¹ luuə² laːi⁶ faːi³ ʔdoŋ² nam¹
汉文直译： 扛 秤 去 骗 又 是 五 钱
汉文意译： 担着金银去贵娶。

喃字原文： 鐄 舥 吊 沛 鐄 迖，
国际音标： vaːŋ² nam¹ naːu² faːi³ vaːŋ² muːi²
汉文直译： 金 五 哪 是 足 金
汉文意译： 五成金不是足金，

喃字原文： 蛇 㬥 捲 曲 想 厎 蠬 鐄；
国际音标： ran⁵ nam² kuːn⁶ khuk⁷ tɯːŋ³ nɤːi¹ roŋ² vaːŋ²
汉文直译： 蛇 躺 蜷曲 想 地方 龙 金
汉文意译： 蛇睡卷身想金龙；

喃字原文： 媄 英 𡑩 馆 半 行，
国际音标： mɛ⁶ ʔan¹ ŋoi² kwaːn⁵ ʔbaːn⁵ haːŋ²
汉文直译： 母 哥 坐 店 卖 货
汉文意译： 你母在店卖货主，

喃字原文： 牢 英 拺 别 浪 鐄 台 鍮？
国际音标： thaːu¹ ʔan¹ tsaŋ³ ʔbiːt⁷ raŋ² vaːŋ² hai¹ thau¹
汉文直译： 为何 哥 不 知道 金 或 黄铜
汉文意译： 怎不识别金黄铜？

情 歌

喃字原文：寔 鐄 拺 沛 鑐 兜？
国际音标：thɤt⁸ va:ŋ² tsaŋ³ fa:i³ thau¹ ʔdɤu¹
汉文直译：真 金 不 是 黄铜 哪儿
汉文意译：妹是真金莫是铜？

喃字原文：停 抌 此 焒 朱 疖 悉 鐄。
国际音标：ʔdɯŋ² ʔdɛm¹ thɯ³ mɯə³ tsɔ¹ ʔdau¹ lɔŋ² va:ŋ²
汉文直译：别 带 试 火 给 痛 心 金
汉文意译：莫带试火金心痛。

（192）

喃字原文：英 喂 英 於 吏 茹，
国际音标：ʔan¹ ʔɤ:i¹ ʔan¹ ʔɤ³ la:i⁶ na²
汉文直译：哥 啊 哥 在 又 家
汉文意译：哥呀！请安心在家，

喃字原文：催 停 悝 趣 月 花 制 排；
国际音标：thoi¹ ʔdɯŋ² vui¹ thu⁵ ŋwi:t⁸ hwa¹ tsɤ:i¹ ʔbɤ:i²
汉文直译：罢休 别 开心 月 花 玩耍
汉文意译：莫要出去兴月花；

喃字原文：群 銭 几 遆 㕵 呲，
国际音标：kɔn² ti:n² kɛ³ rɯ:k⁷ ŋɯ:i² mɤ:i²
汉文直译：有 钱 人 邀 人 请
汉文意译：有钱人时，人送接，

喃字原文：𠴦 銭 拺 览 没 㕵 吶 偢。
国际音标：het⁸ ti:n² tsaŋ³ thɤi⁵ mot⁸ ŋɯ:i² na:u² ʔɯ¹
汉文直译：完 钱 不见 一 人 哪 应诺
汉文意译：无钱没人来探问。

（193）

喃字原文：英 霸 裙 堆 㠀 幅，
国际音标：ʔan¹ jau² kwɤn² ʔdoi¹ ʔba¹ ʔbɯk⁷
汉文直译：哥 富 裤 双 三 幅
汉文意译：哥富穿三幅度裤，

喃字原文：伝 媕 䫨 襖 䏦 九 迗 缑；
国际音标：ʔdɤi¹ ʔɛm¹ ŋeu² ʔa:u⁵ ta:m⁵ tsin⁵ mɯ:i¹ tuə¹
汉文直译：这儿 妹 穷 衣 八 九 十 缕
汉文意译：妹穷烂衣垂十缕；

喃字原文：湄 㳠 𪻞 䖟 遳 护 䩭 䠄，
国际音标：mɯə¹ tu:n¹ tɯ:k⁷ mat⁸ jɔ⁵ lɔ² thau¹lɯŋ¹
汉文直译：雨 涌 眼前 风 穿过 背后
汉文意译：雨来淋身风吹腰，

喃字原文：㬨 绶 㛪 馱 䩭 停 啨 之。
国际音标：lɤm¹ vɔŋ² vɤ⁶tsɔŋ² thau¹ ʔdɯŋ² ti:ŋ⁵ tsi¹
汉文直译：临 情义 夫妻 后 别 声音 什么
汉文意译：淋漓夫妻情永牢。

（194）

喃字原文：埃 蓮 些 吧 貝 躺，
国际音标：ʔa:i¹ len¹ ta¹ jan⁶ vɤ:i⁵ min²
汉文直译：谁 上 咱 叮嘱 和 妹
汉文意译：有人往来嘱咐言，

喃字原文：停 悁 義 苗 停 轻 些 㛪；
国际音标：ʔdɯŋ² kwen¹ ŋiə³ ku³ ʔdɯŋ² khin¹ ta¹ ŋeu²
汉文直译：别 忘 义 旧 别 轻视 咱 穷
汉文意译：莫忘旧情轻视穷；

情 歌

喃字原文： 塘 赊 喂 黩 蹦 踱，
国际音标： ʔdɯːŋ² sa¹ ru⁵ rɤm⁶ tɛu² lɛu¹
汉文直译： 路 远 林 茂 密 攀爬
汉文意译： 深山密林攀寻情，

喃字原文： 伮 欺 咹 吤 拱 擲 迲 春。
国际音标： n̠ɤ⁵ khi¹ ʔan¹ ŋɔt⁸ kuŋ³ tsiːu² ʔba¹ sɤn¹
汉文直译： 想 时 吃 甜 也 度 三 春
汉文意译： 想吃甜品度三春。

（男：苏维绍；女：阮春英）

893

8

喃字原文：舩悉群怓義智寅寅
国际音标：tɔŋ¹ lɔŋ² kɔn² n̠ɤ⁵ ŋiə³ sɯə¹ jɤn²jɤn²
汉文直译：中 心 还 想 义 从前 渐渐
汉文意译：心中情人难磨灭

（195）

喃字原文：頭 廊 固 没 核橙，
国际音标：ʔdɤu² laːŋ² kɔ⁵ mot⁸ kɤi¹than²
汉文直译：头 村 有 一 橙子树
汉文意译：村头有棵橙子树，

喃字原文：微 嗖 吏 没 梗 葐 鮮；
国际音标：jɔ⁵hiu¹ hut⁷ laːi⁶ mot⁸ kan² thɤːm¹tɯːi¹
汉文直译：微风 吹 来 一 枝 芬芳
汉文意译：微风吹来花芬芳；

喃字原文：悉 些 要 酸 奇 迯，
国际音标：lɔŋ² ta¹ ʔiːu¹jɤu⁵ ka³ mɯːi²
汉文直译：心 我 喜爱 全 十
汉文意译：我十分喜爱花香，

喃字原文：些 時 只 决 没 唑 吽 吽。
国际音标：ta¹ thi² tsi³kwiːt⁷ mot⁸ n̠ɤːi² ȵam¹ȵam¹
汉文直译：我 就 决心 一 言 企望
汉文意译：决心前往待企望。

情 歌

（196）

喃字原文：𥱬 撮 抻 耔 㐻 藍，
国际音标：ʔda³ tɔt⁷ juŋ⁵ tai¹ va:u² tsa:m²
汉文直译：已 既 伸 手 进 蓝 靛 水
汉文意译：事既自手惹火烧，

喃字原文：空 静 拱 蓝 朱 甘 胣 尼；
国际音标：khoŋ¹ san¹ kuŋ³ sa:m⁵ tsɔ¹ ka:m¹ ja⁶ nai²
汉文直译：不 青 也 灰 给 甘 心 这
汉文意译：皮肤灰蓝亦甘心；

喃字原文：𡅠 些 𥱬 穭 渚 派，
国际音标：ha:i¹ ta¹ ʔda³ tham⁵ tsɯə¹ fa:i¹
汉文直译：咱俩 已 深色 未 褪色
汉文意译：咱俩情厚不变色，

喃字原文：由 麻 垃 竹 攏 枚 拱 料。
国际音标：jɤu² ma² lɤ³ tuk⁷ luŋ¹ ma:i¹ kuŋ³ li:u²
汉文直译：即使 倒 竹 摇 梅 也 豁出去
汉文意译：竹破梅倒豁命寻。

（197）

喃字原文：傷 娘 拑 別 底 兜，
国际音标：thɯːŋ¹ na:ŋ² tsaŋ³ ʔbi:t⁷ ʔde³ ʔdɤu¹
汉文直译：想 妹 不 知 放 哪儿
汉文意译：想妹不知放心里，

喃字原文：底 馆 馆 技 底 桥 桥 超；
国际音标：ʔde³ kwa:n⁵ kwa:n³ ɣai³ ʔde³ kɤu² kɤu² si:u¹
汉文直译：放 住处 住处 断 放 桥 桥 倾
汉文意译：站桥住馆也深思；

（198）

喃字原文：払 傷 些 特 包 饶，
国际音标：tsa:ŋ² thɯ:ŋ¹ ta¹ ʔdɯ:k⁸ ʔba:u¹n̪i:u¹
汉文直译：郎 想 妹 得 多 少
汉文意译：君想妹多少难测，

喃字原文：些 傷 躺 嶅 平 果 岜 嫩；
国际音标：ta¹ thɯ:ŋ¹ min² n̪i:u² ʔbaŋ² kwa³ nui⁵nɔn¹
汉文直译：哥 想 妹 多 如 座 山
汉文意译：妹想君思积如山；

喃字原文：情 深 磙 姅 岜 嫩，
国际音标：tin² thɤm¹ naŋ⁶ nɯə³ nui⁵nɔn¹
汉文直译：情 深 重 半 山
汉文意译：情深义重半山高，

喃字原文：照 如 傷 丕 媕 群 傷 欣。
国际音标：tsi:u⁵ n̪ɯ¹ thɯ:ŋ¹ vɤi⁶ ʔɛm¹ kɔn² thɯ:ŋ¹ hɤ:n¹
汉文直译：依照 如 爱 这样 妹 还 爱 胜过
汉文意译：如此深情超过君。

（199）

喃字原文：朕 蓮 隔 岜 朕 斜，
国际音标：jaŋ¹ len¹ kat⁷ nui⁵ jaŋ¹ ta²
汉文直译：月 升 隔 山 月 斜
汉文意译：月升山阻月半斜，

喃字原文：躺 傷 些 寔 台 罢 傷 制；
国际音标：min² thɯ:ŋ¹ ta¹ thɤt⁸ hai¹ la² thɯ:ŋ¹ tsɤ:i¹
汉文直译：妹 想 哥 真 或 是 想 玩
汉文意译：妹是真想或讲笑；

情 歌

喃字原文： 朘 蓮 隔 岇 朘 喂，
国际音标： jaŋ¹ len¹ kat⁷ nui⁵ jaŋ¹ ʔɤːi¹
汉文直译： 月 升 隔 山 月 啊
汉文意译： 月起山隔月光暗，

喃字原文： 傷 寔 時 呐 傷 制 時 停。
国际音标： thɯːŋ¹ thɤt⁸ thi² noi⁵ thɯːŋ¹ tsɤːi¹ thi² ʔdɯŋ²
汉文直译： 想 真 就 说 想 玩 就 别
汉文意译： 真话方说莫玩弄。

（男：苏维绍；女：阮成珍）

（200）

喃字原文： 為 埃 傷 伮 世 尼，
国际音标： vi² ʔaːi¹ thɯːŋ¹ nɤ⁵ the⁵ nai²
汉文直译： 为 谁 思念 如此
汉文意译： 如此思念为谁人，

喃字原文： 悁 胨 空 盰 伮 馹 悁 侒；
国际音标： kwen¹ ʔdem¹ khoŋ¹ ŋu³ nɤ⁵ ŋai² kwen¹ ʔan¹
汉文直译： 忘 夜 不 睡 想 日 忘 吃
汉文意译： 夜想无眠日忘食；

喃字原文： 傷 躺 曾 侤 柑 侒，
国际音标： thɯːŋ¹ min² tuŋ² ʔbɯə³ kɤːm¹ ʔan¹
汉文直译： 想 妹 成 餐 饭 吃
汉文意译： 吃饭之时都想念，

喃字原文： 弧 捌 蓮 鉢 吏 捐 瓬 齸。
国际音标： ho² ʔbe⁵ len¹ ʔbaːt⁷ laːi⁶ jaːn² suːŋ⁵ mɤm¹
汉文直译： 刚 捧 起 碗 又 放 下 大盘
汉文意译： 刚想捧碗又放下。

（201）

喃字原文： 粓　咹　没　鉢　没　棱，
国际音标： kɤːm¹ ʔan¹ mot⁸ ʔbaːt⁷ mot⁸ luŋ¹
汉文直译： 饭　吃　一　碗　一　半
汉文意译： 吃饭只吞得半碗，

喃字原文： 旺　渃　扲　澄　底　脺　伖　烧；
国际音标： ʔuːŋ⁵ nɯːk⁷ kɤm² tsɯŋ² ʔde³ ʔbuŋ⁶ n̠ɤ⁵ au¹
汉文直译： 喝　水　节　制　留　肚　相　思
汉文意译： 喝水节制留心思；

喃字原文： 伤　扒　捹　咹　特　兜，
国际音标： thɯːŋ¹ tsaːŋ² tsaŋ³ ʔan¹ ʔdɯːk⁸ ʔdɤu¹
汉文直译： 想　郎　不　吃　得　哪儿
汉文意译： 想君饭也不思食，

喃字原文： 拱　罒　旺　渃　咹　萎　扲　唏。
国际音标： kuŋ³ la² ʔuːŋ⁵ nɯːk⁷ ʔan¹ jɤu² kɤm² hɤːi¹
汉文直译： 也　是　喝　水　吃　槟榔　　充饥
汉文意译： 喝水嚼槟榔来充饥。

（202）

喃字原文： 仍　罒　伤　悘　伖　怳，
国际音标： n̠ɯŋ³ la² thɯːŋ¹ vuŋ⁶ n̠ɤ⁵ thɤm²
汉文直译： 甚　是　想　偷偷　想　暗自
汉文意译： 偷思暗想人难受，

喃字原文： 蓢　悉　幻　约　音　扲　困　毸；
国际音标： tɔŋ¹ lɔŋ² ʔaːu¹ ʔɯːk⁷ ɤm¹ kɤm² khuːn¹ thai¹
汉文直译： 中　心　期望　声　音　拿　身形　啊
汉文意译： 期望情缘暗私愁；

情 歌

喃字原文：為 娘 傷 忕 世 尼，
国际音标：vi² na:ŋ² thɯ:ŋ¹ nʁ⁵ the⁵nai²
汉文直译：为 妹 思念 如此
汉文意译：如此思念为了妹，

喃字原文：底 英 困 苦 躺 殼 瘨。
国际音标：ʔde³ ʔan¹ khu:n¹kho³ min² ɣʁi² sa:kʔvɛ¹
汉文直译：让 哥 身形 自己 瘦 壳 蝉
汉文意译：让哥苦思人消瘦。

（203）

喃字原文：自 馴 擜 沛 缘 払，
国际音标：tɯ² ŋai² makʔfa:i³ ji:n¹ tsa:ŋ²
汉文直译：从 天 遇到 缘 郎
汉文意译：自从想君这缘分，

喃字原文：如 魟 沛 糵 如 鏄 沛 湄；
国际音标：ɲɯ¹ ka⁵ fa:i³ thu:kʔ ɲɯ¹ va:ŋ² fa:i³ mɯə¹
汉文直译：如 鱼 中 毒药 如 金 受 雨
汉文意译：如鱼受药金雨淋；

喃字原文：自 馴 擜 沛 缘 烧，
国际音标：tɯ² ŋai² makʔfa:i³ ji:n¹ ɲau¹
汉文直译：从 天 遇到 缘 互相
汉文意译：自从咱俩有缘分，

喃字原文：如 襖 沛 油 湣 挓 固 迻。
国际音标：ɲɯ¹ ʔa:u⁵ fa:i³ jʁu² jatʔ tsaŋ³ kɔ⁵ ʔdi¹
汉文直译：如 衣 粘 油 细 不 有 去
汉文意译：如衣淋油洗不去。

（男：苏维绍，阮进余）

（204）

喃字原文： 琨 蟝 腵 肟 時 琨 蟝 㭿，
国际音标： kɔn¹lɯːn¹ ŋɔk⁷ kɔ³ thi² kɔn¹lɯːn¹ ʔbɔ²
汉文直译： 鳝鱼　抬　脖　则　鳝鱼　爬
汉文意译： 鳝鱼抬头开始爬，

喃字原文： 琨 鸹 腵 肟 時 琨 鸹 䰻；
国际音标： kɔn¹kɔ² ŋɔk⁷ kɔ³ thi² kɔn¹kɔ² ʔbai¹
汉文直译： 白鹤　抬　脖　则　白鹤　飞
汉文意译： 白鹤抬头起翼飞；

喃字原文： 歇 尼 英 迗 埯 低，
国际音标： hom¹nai¹ ʔan¹ ɣap⁸ ʔɛm¹ ʔdɤi¹
汉文直译： 今天　哥　遇　妹　这儿
汉文意译： 今日哥妹此相遇，

喃字原文： 歪　勧　坦　保 悆 醉 袘 悆。
国际音标： jɤːi² khwiːn¹ ʔdɤt⁷ ʔbaːu³ lɔŋ² thai¹ lɤi⁵lɔŋ²
汉文直译： 天　劝　地　说　心　醉　取悦
汉文意译： 天地劝导互相依。

（205）

喃字原文： 粓 終 鉢 濮 終 呐，
国际音标： kɤːm¹ tsuŋ¹ ʔbaːt⁷ kan¹ tsuŋ¹ nɔi²
汉文直译： 饭　同　碗　汤　同　锅
汉文意译： 吃饭共碗汤同锅，

喃字原文： 约 之 些 特 共 蛢 没 誱；
国际音标： ʔɯːk⁷ tsi¹ ta¹ ʔdɯːk⁸ kuŋ² ŋɔi² mɔt⁸ mɤm¹
汉文直译： 期望 什么 咱 得　同　坐　一　大盘子
汉文意译： 期望咱俩坐一桌；

情 歌

喃字原文：约 之 解 照 骷 躺，
国际音标：ʔɯːk⁷ tsi¹ raːi³ tsiːu⁵ ra¹ nam²
汉文直译：期望 什么 铺 席 出 躺
汉文意译：期望铺席一起睡，

喃字原文：蹎 摇 𠇮 悉 頭 襘 翘 秞。
国际音标：tsɤn¹ juːi³ vaːu² lɔŋ² ʔdɤu² ɣoi⁵ kan⁵tai¹
汉文直译：脚 伸直 进 心 枕头 胳膊
汉文意译：脚放肚上手枕头。

（206）

喃字原文：饲 粓 襖 㸆 麻 瘈，
国际音标：ʔdoi⁵ kɤːm¹ rat⁸ ʔaːu⁵ ma² ɣɤi²
汉文直译：饿 饭 破 衣 而 瘦
汉文意译：肚饥烂衣人消瘦，

喃字原文：饮 粓 暗 襖 拱 齐 媌 英；
国际音标：nɔ¹ kɤːm¹ ʔɤm⁵ ʔaːu⁵ kuŋ³ tai² vɤ⁶ ʔan¹
汉文直译：饱 饭 暖 衣 也 比得上 妻 哥
汉文意译：饭饱衣暖是哥妻；

喃字原文：鰈 垵 鰈 黙 麻 撑，
国际音标：kɛm⁵ ʔan¹ kɛm⁵ mak⁸ ma² san¹
汉文直译：缺 吃 少 穿 而 青
汉文意译：缺衣少食人面青，

喃字原文：饮 粓 暗 襖 媌 英 帠 齐。
国际音标：nɔ¹ kɤːm¹ ʔɤm⁵ ʔaːu⁵ vɤ⁶ ʔan¹ naːu² tai²
汉文直译：饱 饭 暖 衣 妻 哥 哪 比得上
汉文意译：饭饱衣暖贤妻美。

（男：阮进余；女：罗维珍）

901

（207）

喃字原文： 㤪 衛 丐 浽 賒吹，
国际音标： ʔbu:n² ve² ka:i⁵noi³ sa¹soi¹
汉文直译： 烦心 因 处境 遥远
汉文意译： 因路遥远感心烦，

喃字原文： 㗂 書 書 磊 㗂 咥 咥 派；
国际音标： ɣɯi³ thɯ¹ thɯ¹ loi³ ɣɯi³ ȵɤ:i² ȵɤ:i² fa:i¹
汉文直译： 寄 信 信 误 寄 话 话 跑味
汉文意译： 寄信误时寄语难；

喃字原文： 渃 蓮 來 潮 潮 来，
国际音标： nɯ:k⁷ len¹ la:i¹la:ŋ⁵ la:ŋ⁵la:i¹
汉文直译： 水 涨 洋溢 洋溢
汉文意译： 潮涨洋溢又溢洋，

喃字原文： 仍 咥 䣷 厭 勸 埃 訴 祥。
国际音标： ȵɯŋ³ ȵɤ:i² jɤu⁵ji:m⁵ khwi:n¹ ʔa:i¹ tɔ³tɯ:ŋ²
汉文直译： 些 话 隐晦 劝 谁 清楚
汉文意译： 隐晦言语难表明。

喃字原文： 自 䏧 炤 燌 蓮 香，
国际音标： tɯ² ŋai² lɯə³ ʔbɛn⁵ len¹ hɯ:ŋ¹
汉文直译： 从 天 火 靠近 上 香
汉文意译： 自从香近火点燃，

喃字原文： 强 决 𠱋 𢠩 强 傷 𠱋 䏾。
国际音标： ka:ŋ² kwi:t⁷ ȵau¹ lam⁵ ka:ŋ² thɯ:ŋ¹ȵau¹ ȵi:u²
汉文直译： 越 决心 互相 多 越 相思 多
汉文意译： 决心相爱更思念。

情 歌

（208）

喃字原文：翁 胧 隔 氽 丈 高，
国际音标：ʔoŋ¹jaŋ¹ kat⁷ mɣi⁵ tɯ:ŋ⁶ ka:u¹
汉文直译：月亮 隔 几 丈 高
汉文意译：天上月亮数丈高，

喃字原文：為 埃 麻 底 渴 嗃 添 烦；
国际音标：vi² ʔa:i¹ ma² ʔde³ kha:t⁸kha:u¹ them¹ fi:n²
汉文直译：因 谁 而 让 渴望 添 烦
汉文意译：谁人期望让心烦；

喃字原文：客 疏 羅 客 伴 仙，
国际音标：khat⁷ thɯə¹ la² khat⁷ ʔba:n⁶ ti:n¹
汉文直译：客 初来 是 客 友 仙
汉文意译：初客刚到是仙客，

喃字原文：没 馴 羅 没 阵 烦愁 添。
国际音标：mot⁸ ŋai² la² mot⁸ tɤn⁶ fi:n²rɤu² them¹
汉文直译：一 天 是 一 阵 烦恼 添加
汉文意译：见客心烦添忧愁。

喃字原文：檜 禛 更 裫 拤 安，
国际音标：ɣoi⁵ tsan¹ kan¹ ʔbit⁸ tsaŋ³ ʔi:n¹
汉文直译：枕头 被子 更 深 不 安
汉文意译：被子枕头睡不安，

喃字原文：歼 鐄 摄 底 没 邊 碍 眤。
国际音标：ŋin² va:ŋ² jɛp⁸ ʔde³ mot⁸ ʔben¹ ŋa:i⁶ ɲin²
汉文直译：千 金 收拾 放 一 边 不想 看
汉文意译：身边金银亦懒望。

（209）

喃字原文：逴丕固墥霊贻，
国际音标：ten¹ jɤ:i² kɔ⁵ ʔda:m⁵ mɤi¹ tɔn²
汉文直译：上 天 有 片 云 圆
汉文意译：天上有块圆云团，

喃字原文：鄑时果岗固磘砂碑；
国际音标：jɯ:i⁵ thi² kwa³ nui⁵ kɔ⁵ hɔn² ʔda⁵ ʔbiə¹
汉文直译：下 则 山 有 石 峰
汉文意译：地面山脉多石峰；

喃字原文：笕烧结吏義習，
国际音标：thɤi⁵ ɲau¹ ke³ la:i⁶ ŋiə³ sɯə¹
汉文直译：见 相 叙说 重 义 昔日
汉文意译：见面重叙旧情义，

喃字原文：底䩗咯唪脏䰜拖悋。
国际音标：ʔde³ ŋai² tɔ² tsi:n⁶ ʔdem¹ khwiə¹ ʔdɤ³ ʔbu:n²
汉文直译：留 白天 倾谈 深夜 解愁
汉文意译：白天倾谈夜解愁。

喃字原文：倭秏扒琨蚰蚰，
国际音标：juŋ⁵ tai¹ ʔbat⁷ kɔn¹ tsu:n² tsu:n²
汉文直译：伸 手 捉 蜻蜓
汉文意译：伸手去捉双蜻蜓，

喃字原文：欺悷怒杜欺 悋怒毷。
国际音标：khi¹ vui¹ nɔ⁶ ʔdo³ khi¹ ʔbu:n² nɔ⁶ ʔbai¹
汉文直译：时 高兴 它 栖息 时 烦闷 它 飞
汉文意译：乐时栖树烦飞翔。

情 歌

（210）

喃字原文：躺 㢿 蹅 且 些 徐，
国际音标：min² ʔdi¹ juŋ¹tha³ ta¹ tsɤ²
汉文直译：妹 走 慢慢 哥 等
汉文意译：前走慢行我等待，

喃字原文：由 認 急 迟 朱 合 姻 缘；
国际音标：jo¹ nɤn³ kip⁷tsɤi² tso¹ hɤːp⁸ nɤn¹jiːn¹
汉文直译：由 到 迟早 给 合 姻缘
汉文意译：接受迟早结姻缘；

喃字原文：花 桃 为 阵 北 风，
国际音标：hwa¹ʔdaːu² vi² tɤn⁶ ʔbak⁷fɔŋ¹
汉文直译： 桃花 为 阵 北风
汉文意译：桃花北风阵阵吹，

喃字原文：鸩 坤 弧 㖿 瞪 悉 坤 愢。
国际音标：tsim¹ khon¹ ho²je³ ŋuːk⁷ lɔŋ² khon¹ ʔbai¹
汉文直译：鸟 精明 谈何容易 举目而望 心 难 飞
汉文意译：灵鸟飞起谈何易。

喃字原文： 月 箕 绅 吏 共 低，
国际音标：ŋwiːt⁸ kiə¹ sɛ¹ laːi⁶ kuŋ² ʔdɤi¹
汉文直译：月老那 牵线 来 一同 这儿
汉文意译：月老为咱来牵线，

喃字原文：呐 唯 渚 及 愁 西 悙 悉；
国际音标：nɔi⁵naŋ¹ tsɯə¹ kip⁸ thɤu²tɤi¹ thɤ⁶ lɔŋ²
汉文直译： 说 未 及 忧愁 怕 心
汉文意译：未得应言实忧心；

喃字原文： 没 咥 匛 啐 分 交，
国际音标： mot⁸ nɤːi² ʔda³ tot⁷ fɤn² jaːu¹
汉文直译： 一 言 已 既 交 和
汉文意译： 昔日誓言相交和，

喃字原文： 聶 鈤 渚 固 咐 啐 啥 貦。
国际音标： maːi¹thau¹ tsɯə¹ kɔ⁵ son¹saːu¹ tiːŋ⁵ ŋɯːi²
汉文直译： 日 后 未 有 嘈 杂 声 人
汉文意译： 事后已定人欢喜。

喃字原文： 鐴 鑽 葚 用 花 淶，
国际音标： voi⁶vaːŋ² la⁵ ruŋ⁶ hwa¹ rɤːi¹
汉文直译： 急 忙 叶 落 花 谢
汉文意译： 莫急花谢迟落叶，

喃字原文： 躺 術 秋 院 妾 術 楼 西；
国际音标： min² ve² thu¹viːn⁶ thiːp⁷ ve² lɤu²tɤi¹
汉文直译： 哥 回 秋 园 妾 回 西 楼
汉文意译： 妾在西楼我秋园；

喃字原文： 自 番 貝 别 镢 駧，
国际音标： tɯ² fɛn¹ mɤːi⁵ ʔbiːt⁷ tuːi³ rai²
汉文直译： 从 次 刚 知 年 庚 今日
汉文意译： 自从咱俩对年庚，

喃字原文： 情 群 檁 色 脆 群 痕 鲂。
国际音标： tin² kɔn² thɔn¹thak⁷ ja⁶ kɔn² ŋɤn³ŋɤ¹
汉文直译： 情 还 朱红色 心 还 愣然
汉文意译： 红绳未结心愣然。

情 歌

喃字原文： 滝 疏 没 懈 舵 徐，
国际音标： thoŋ¹ thɯə¹ mot⁸ ja:i³ nɤŋ¹ tsɤ²
汉文直译： 银河 一 带子 常 等待
汉文意译： 银河带水须等待，

喃字原文： 几 矔 頭 怒 趴 徐 艠 箕。
国际音标： kɛ³ toŋ¹ ʔdɤu² nɔ⁶ ŋɯ:i² tsɤ⁶ ku:i⁵ kiə¹
汉文直译： 人 望 头 那 人 等 尾 那
汉文意译： 两边相望期满圆。

（男：苏维绍；女：阮成珍）

(211)

喃字原文： 娘 術 英 攃 劓 垠，
国际音标： na:ŋ² ve² ʔan¹ kam⁵ kɯə³ ŋan¹
汉文直译： 妹 回 哥 插 门 拦
汉文意译： 妹回哥拦不让走，

喃字原文： 乬 行 珠 浃 衪 巾 麻 摧；
国际音标： ha:i¹ ha:ŋ² tsɤu¹ le⁶ lɤi⁵ khan¹ ma² tsu:i²
汉文直译： 两 行 珠 泪 拿 巾 而 擦
汉文意译： 汗水湿巾泪汪汪；

喃字原文： 娘 術 英 啥 嚧 嚧，
国际音标： na:ŋ² ve² ʔan¹ ŋɤm⁶ ŋui² ŋui²
汉文直译： 妹 回 哥 惆 怅
汉文意译： 妹回哥阻心惆怅，

喃字原文： 恪 如 牺 弄 束 堆 鎄 鑽。
国际音标： kha:k⁷ ɲɯ¹ tai¹ lɔŋ³ thut⁷ ʔdoi¹ nɤn³ va:ŋ²
汉文直译： 不同 如 手 松 穿进 对 戒指 金
汉文意译： 正如戒指戴手松。

（212）

喃字原文：氽　㡒　䅣　麻　躺　包　悁，
国际音标：mɣi⁵ tam¹ nam¹ ma² min² ʔda³ kwen¹
汉文直译：几　百　年　而　你　已　忘
汉文意译：尚未百年你忘记，

喃字原文：仍　哞　些　吋　嫩　愿　朏　撂；
国际音标：ȵɯŋ³ nɣ:i² jan⁶ nɔn¹ ŋwi:n⁶ ŋai²sɯə¹
汉文直译：些　话　嘱　山　愿　昔日
汉文意译：昔日嘱言响耳边；

喃字原文：拰　㡒　䅣　拱　義　没　朏，
国际音标：tsaŋ³ tam¹ nam¹ kuŋ³ ȵiə³ mot⁸ ŋai²
汉文直译：不　百　年　也　义　一　天
汉文意译：情无百年义一日，

喃字原文：䡔　箕　晔　襖　昺　群　唏。
国际音标：hɯ:ŋ¹ kiə¹ ʔbɔŋ⁵ ʔa:u⁵ rai² kɔn² hɣ:i¹
汉文直译：镜　那　影　衣　今日　尚存　气息
汉文意译：明镜照影汗气存。

（213）

喃字原文：躺　術　拣　𥬠　吏　低，
国际音标：min² ve² kwai¹mat⁸ la:i⁶ ʔdɣi¹
汉文直译：妹　回　转脸　来　这儿
汉文意译：妹回转头看一看，

喃字原文：英　吋　哞　尼　矫　者　弧疑；
国际音标：ʔan¹ jan⁶ nɣ:i² nai² kɛu³ ja³ ho²ŋi¹
汉文直译：哥　嘱　言　这　否则　还　狐疑
汉文意译：听哥嘱言莫狐疑；

情 歌

喃字原文： 當 机 鵤 域 黜 迻？
国际音标： ʔdaːŋ¹kɤ¹ voi⁶vaː³ raˀʔdi¹
汉文直译： 正在　匆忙　出去
汉文意译： 为何急忙远离去？

喃字原文： 觅 堆 鸤 雁 矯 欺 恓 愁。
国际音标： thɤi⁵ ʔdoi¹ tsim¹ɲaːn⁶ kiːu³ khi¹ ʔbuːn²rɤu²
汉文直译： 见　对　大雁　姿态　时　忧虑
汉文意译： 见对雁鸟心忧虑。

喃字原文： 埃 尸 帝 慘 低 愁？
国际音标： ʔaːi¹ laːm² ʔdɤi⁵ thaːm³ ʔdɤi¹ thɤu²
汉文直译： 谁　使　那儿　惨　这儿　愁
汉文意译： 谁人驱使两人愁？

喃字原文： 仜 行 淚 玉 涤 珠 浻 浻。
国际音标： haːi¹ haːŋ² le⁶ ŋɔk⁸ tuːn¹ tsɤu¹ jɔŋ²jɔŋ²
汉文直译： 两　行　泪　玉　涌　珠　涟涟
汉文意译： 两行泪水流涟涟。

（男：阮进余；女：阮氏心）

（214）

喃字原文： 堒 馭 伴 切 箕 喂？
国际音标： kɔn¹ŋɯːi² ʔbaːn⁶ thiːt⁷ kiə¹ ʔɤːi¹
汉文直译： 人　朋友　亲密　那　啊
汉文意译： 哪位友人在那里？

喃字原文： 固 傷 時 跙 尽 尼 寻 情；
国际音标： kɔ⁵ thɯːŋ¹ thi² ʔden⁵ tɤn⁶ nɤːi¹ tim² tin²
汉文直译： 有　爱　就　到　尽　处　寻　情
汉文意译： 相爱就来此寻情；

909

喃字原文：些 尼 挣 沛 泊 情，
国际音标：ta¹ nai² tsaŋ³ fa:i³ ʔba:k⁸tin²
汉文直译：我 这 不 是 薄情
汉文意译：我今不是薄情人，

喃字原文：固 傷 固 妆 貝 躺 包 敉。
国际音标：kɔ⁵ thɯ:ŋ¹ kɔ⁵ nɤ⁵ vɤ:i⁵ min² ʔda³ lɤu¹
汉文直译：有 爱 有 想 和 你 已 久
汉文意译：爱慕已久时相恋。

喃字原文：相 思 妆 寔 包 敉，
国际音标：tɯ:ŋ¹tɯ¹ nɤ⁵ thɤt⁸ ʔda³ lɤu¹
汉文直译：相思 思念 真 已 久
汉文意译：相思相爱时已久，

喃字原文：融 悉 悘 忦 妆 烧 麻 㛮；
国际音标：tɔŋ¹ lɔŋ² ʔbu:n²ʔba³ nɤ⁵ nau¹ ma² ja²
汉文直译：中 心 烦闷 想 互相 而 老
汉文意译：心烦闷越想越老；

喃字原文：挩 拎 核 樸 披 咑，
国际音标：tai¹ kɤm² kɤi¹miə⁵ ʔbɛ³ ʔba¹
汉文直译：手 拿 甘蔗 折 三
汉文意译：手拿甘蔗折三截，

喃字原文：躺 拎 曲 钟 底 些 䰀 頭。
国际音标：min² kɤm² khuk⁷ jɯə³ ʔde³ ta¹ ʔdu:i¹ ʔdɤu²
汉文直译：你 拿 段 中间 留 我 尾 头
汉文意译：你吃中间我尾头。

情 歌

喃字原文：埃 ⺈ 帝 惨 低 愁，
国际音标：ʔa:i¹ la:m² ʔdɤi⁵ tha:m³ ʔdɤi¹ thɤu²
汉文直译：谁 使 那儿 惨 这儿 愁
汉文意译：为谁人惨思愁想，

喃字原文：補 塘 ⺈ 嚁 朱 烧 麻 術；
国际音标：ʔbo³ ʔdɯ:ŋ² ŋa:u¹ ŋa:n⁵ tso¹ ŋau¹ ma² ve²
汉文直译：丢 路 厌烦 给 互相 而 回
汉文意译：使人厌烦而分手；

喃字原文：奴 欺 頭 蹭 膖 拱，
国际音标：nɤ⁵ khi¹ ʔdɤu² ɣoi⁵ ma⁵ ke²
汉文直译：想 就 头 枕 而 贴近
汉文意译：想起头枕脸贴时，

喃字原文：躺 迻 牢 撼 些 術 牢 當。
国际音标：min² ʔdi¹ tha:u¹ ʔdɯt⁷ ta¹ ve² tha:u¹ ʔda:ŋ⁵
汉文直译：你 走 怎么 断 我 回 怎么 应当
汉文意译：你怎丢走让我留。

喃字原文：術 牢 朱 撼 咳 払，
国际音标：ve² tha:u¹ tso¹ ʔdɯt⁷ hɤ:i³ tsa:ŋ²
汉文直译：回 怎么 给 断 啊 郎
汉文意译：君怎丢人离开走，

喃字原文：包 饶 卑 泊 拱 鐄 郋 薔；
国际音标：ʔba:u¹ ɲi:u¹ te⁶ ʔba:k⁸ kuŋ³ va:ŋ² ŋai² sɯ¹
汉文直译：多少 薄情 也 金 昔日
汉文意译：昔日当金今薄情；

911

喃字原文：𩘏𠊛卑泊𣅶習，
国际音标：kɔn¹ ŋɯːi² te⁶ʔbaːk⁸ ŋai²sɯə¹
汉文直译：你　　薄情　昔日
汉文意译：你怎薄情忘旧义，

喃字原文：群　傷　咳包　曝　湄　泊　溶。
国际音标：kɔn² thɯːŋ¹ hɤːi³ ʔda³ naŋ⁵ mɯə¹ ɲaːt⁸nuŋ²
汉文直译：还　想　啊　已　晴　雨　冷淡
汉文意译：让情日晒雨来淋。

喃字原文：睚𠚢如体泊　溶，
国际音标：kɔi¹ ra¹ ɲɯ¹the³ ɲaːt⁸nuŋ²
汉文直译：看　出　好像　冷淡
汉文意译：看来旧情已无味，

喃字原文：醋'䊹杜波刏桶渚派。
国际音标：jɤm⁵ thɔn¹ ʔdo³ ʔbe³ muːn¹ thuŋ² tsɯə¹ faːi¹
汉文直译：醋　朱红　倒　海　万　桶　未　褪色
汉文意译：万桶红醋倒海矣。

(215)

喃字原文：英罒客遏籢竺，
国际音标：ʔan¹ laː² khat⁷ laː⁶ nɔn¹ maŋ¹
汉文直译：哥　是　客　陌生　嫩　笋
汉文意译：哥是嫩笋陌生客，

喃字原文：吶𠚢調　特　調　庄　𠊛　唭；
国际音标：nɔi⁵ ra¹ ʔdiːu² ʔdɯːk⁸ ʔdiːu² tsaŋ¹ ŋɯːi² kɯːi²
汉文直译：说　出　话　得　话　不　人　笑
汉文意译：得过且过话人笑；

情 歌

喃字原文：跙 低 遐 渚 涓 庒，
国际音标：ʔden⁵ ʔdɤi¹ la⁶ tsɯə¹ kwɛn¹ tsaŋ¹
汉文直译：到 这儿 陌生 未 熟悉 不
汉文意译：刚到此地尚陌生，

喃字原文：呐 尥 失 理 道 恒 馼 吱。
国际音标：nɔi⁵ ɲi:u² thɤt⁷ li⁵ ʔda:u⁶ haŋ² ŋɯ:i² tse¹
汉文直译：说 多 失 理 道 恒 人 嫌
汉文意译：话多失理人耻笑。

喃字原文：跙 低 遐 渃 遐 馼，
国际音标：ʔden⁵ ʔdɤi¹ la⁶ nɯ:k⁷ la⁶ ŋɯ:i²
汉文直译：到 这儿 陌生 谁 陌生 人
汉文意译：初到此地人陌生，

喃字原文：遐 圭 遐 馆 遐 尼 摝 伽；
国际音标：la⁶ kwe¹ la⁶ kwa:n⁵ la⁶ nɤ:i¹ nɯə¹ŋ¹nɤ²
汉文直译：陌生 乡土 陌生 凉亭 陌生 地方 倚靠
汉文意译：乡土陌生无倚处；

喃字原文：跙 低 遐 咳 群 疎，
国际音标：ʔden⁵ ʔdɤi¹ la⁶ hai³kɔn² thɯə¹
汉文直译：到 这儿 陌生 还 生疏
汉文意译：人地生疏感神奇，

喃字原文：调 唉 啫 呐 罖 忬 躺 催。
国际音标：ʔdi:u² ʔan¹ ti:ŋ⁵ nɔi⁵ la² nɤ² min² thoi¹
汉文直译：事 吃 声 说 是 倚靠 妹 罢了
汉文意译：一切话事由妹理。

913

（216）

喃字原文：埃 固 悉 帝 固 台？
国际音标：ʔaːi¹ kɔ⁵ lɔŋ² ʔɤi⁵ kɔ⁵ hai¹
汉文直译：谁 有 心 哪儿 有 或者
汉文意译：谁人有了情爱心？

喃字原文：底 些 洙 悴 瞪 嗐 闷 分；
国际音标：ʔde³ ta¹ tsuə¹sɔt⁷ ʔdaŋ⁵kai¹ muːn¹ fɤn²
汉文直译：让 我 心酸 苦辣 万分
汉文意译：话出酸悲苦万分；

喃字原文：愁 䅳 些 吏 愧 忱，
国际音标：thɤu² riːŋ¹ ta¹ laːi⁶ tui³ thɤm²
汉文直译：愁 私 我 有 惭愧 暗自
汉文意译：心想私愁又惭愧，

喃字原文：多 愚 些 哟 知 音 遡 传。
国际音标：ʔda¹ ŋu¹ ta¹ ɣɯi³ ti¹ʔɤm¹ thaːŋ¹ tiːn²
汉文直译：多 愚 哥 寄 知 音 去 传
汉文意译：愚蠢之人叫传音。

喃字原文：悲 畲 迈 伴 婵 娟，
国际音标：ʔbɤi¹jɤ² ɣap⁸ ʔbaːn⁶ thiːn²kwiːn¹
汉文直译：如今 遇 友 婵 娟
汉文意译：刚来同婵娟相遇，

喃字原文：歪 群 绅 吏 结 缘 朱 陳；
国际音标：jɤːi² kɔn² sɛ¹ laːi⁶ ket⁷jiːn¹ tsɤu¹ tɤn²
汉文直译：天 还 牵 线 来 结 缘 朱 陈
汉文意译：天意作合朱陈缘；

情 歌

喃字原文： 悲 唏 几 晋 馿　秦，
国际音标： ʔbɤi¹jɤ² kɛ³ tɤn⁵ ŋɯːi² tɤn²
汉文直译： 如今 人 晋 人 秦
汉文意译： 如今你我晋秦情，

喃字原文： 约 之 群　特 细 昕 共 烧。
国际音标： ʔɯːk⁷ tsi¹ kɔn² ʔdɯːk⁸ tɤːi⁵ ɣɤn² kuŋ²ɲau¹
汉文直译： 期望 什么 还　得　到 近　一同
汉文意译： 渴望过来相贴近。

喃字原文： 情 深 羲 那 底 兜，
国际音标： tin² thɤm¹ ŋiə³ ʔdɤi⁵ ʔde³ ʔdɤu¹
汉文直译： 情 深 义 那　留 哪儿
汉文意译： 情深义重有缘由，

喃字原文： 顮 吊 麻 補 羲 烧 麻 術；
国际音标： ɲɛ³naːu² ma² ʔbɔ³ ŋiə³ ɲau¹ ma² ve²
汉文直译： 岂能 而 丢 义 互相 而 回
汉文意译： 岂能弃情忘义走；

喃字原文：　别　兜　哎　觇　悉　圭，
国际音标： ʔbiːt⁷ ʔdɤu¹ ɣɯi³ tɤm⁵ lɔŋ² kwe¹
汉文直译：　知　哪儿 寄　心意 家乡
汉文意译： 怎能回答心里话，

喃字原文： 計 自 字 "德 慈" 傳 貧。
国际音标： ke³ tɯ² tɯ⁶ ʔdɯk⁷ tɯ² tiːn² ʔbɤn²
汉文直译： 叙说 从 字　德 慈 传 贫
汉文意译： 家贫"德慈"要传授。

喃字原文：瑁 赊 敇 吏 擬 昕，
国际音标：ŋɛ¹ sa¹ rɔi² la:i⁶ ŋi³ ɣɤn²
汉文直译：听 远 了 又 想 近
汉文意译：话出远客自想近，

喃字原文：霂 唫 忕 浽 朱 陳 潎 空。
国际音标：tan⁶ ni:m⁶ nɤ⁵ nɔi³ tsɤu¹ tɤn² tsɤ⁵ khɔŋ¹
汉文直译：冷静 心情 思考 境况 朱 陈 别 不
汉文意译：冷静思考结朱陈。

（217）

喃字原文：聰 瑁 觅 啥 賸 桃，
国际音标：ta:i¹ ŋɛ¹ thɤi⁵ ti:ŋ⁵ ma⁵ʔda:u²
汉文直译：耳 听见 声音 红颜
汉文意译：听闻红颜女声音，

喃字原文：房 空 奘 仍 约 幻 佘 迟；
国际音标：fɔŋ² khɔŋ¹ luŋ¹ɲuŋ³ ʔɯ:k⁷ʔa:u¹ mɤi⁵tsɤi²
汉文直译：房 空 只是 期望 早 日
汉文意译：空房渴望早成亲；

喃字原文：羛 娘 夙 賖 塘 赊，
国际音标：ŋiə³ na:ŋ² mu:n¹ jam⁶ ʔdɯ:ŋ² sa¹
汉文直译：义 妹 万 里 路 远
汉文意译：万里之情今相见，

喃字原文：渚 怷 心 亊 聘 排 共 燒。
国际音标：tsɯə¹ ʔdɛm¹ tɤm¹thɤi⁶ than⁵ʔba:i² kuŋ²ȵau¹
汉文直译：未 拿 心事 匹配 一起
汉文意译：尚未倾心求匹配。

情 歌

喃字原文： 趴　窈　窕　几　珍　珠，
国际音标： ŋɯ:i² ʔi:u³ʔdi:u⁶ kɛ³ tɤn¹tsɤu¹
汉文直译： 人　窈窕　　人　珍珠
汉文意译： 窈窕美人如珍珠，

喃字原文： 滝　恩　摱　幅　批　桥　乌　遡；
国际音标： thoŋ¹ʔn¹ mɯ:n⁶ ʔbɤk⁷ʔbak⁷ kɤu²ʔo¹ tha:ŋ¹
汉文直译： 银河　借　搭　　鹊桥　过去
汉文意译： 银河搭桥借路过；

喃字原文： 玉　喂！　停　潞　赊　鐄，
国际音标： ŋɔk⁸ ʔɤ:i¹! ʔdɯŋ² tsɤ⁵ sa¹ va:ŋ²
汉文直译： 玉　啊　别　远离　金
汉文意译： 玉呀！莫要远离金，

喃字原文： 罗　趴　君　子　脆　强　聪　明。
国际音标： la² ŋɯ:i² kwɤn¹tɯ³ ja⁶ ka:ŋ² thoŋ¹min¹
汉文直译： 是　人　君子　心　更　聪明
汉文意译： 这是君子聪明人。

喃字原文： 恩　尼　恩　萬　義　齗，
国际音标： ʔɤn¹ nai² ʔɤn¹ va:n⁶ ŋiə³ ŋin²
汉文直译： 恩　这　恩　万　义　千
汉文意译： 千义万恩好情人，

喃字原文： 挺　埃　麻　特　如　躺　貝　些；
国际音标： tsaŋ³ ʔa:i¹ ma² ʔdɯ:k⁸ ɲɯ¹ min² vɤ:i⁵ ta¹
汉文直译： 不　谁　而　得　如　妹　和　哥
汉文意译： 咱俩结合无人比；

917

喃字原文： 傷 烧 貿 伮 烧 耂，
国际音标： thɯːŋ¹ ȵau¹ mɤːi⁵ ȵɤ⁵ ȵau¹ ja²
汉文直译： 思念 互相 才 想念 互相 老
汉文意译： 相思相爱人到老，

喃字原文： 兜 埃 麻 特 如 些 貝 躺。
国际音标： ʔdɤu¹ ʔaːi¹ ma² dɯːk⁸ ȵɯ¹ taˀ vɤːi⁵ min²
汉文直译： 哪儿 谁 而 得 如 哥 和 妹
汉文意译： 一心想你还想谁。

喃字原文： 渃 沚 緬 渃 零 汀，
国际音标： nɯːk⁷ tsai³ mat⁸ nɯːk⁷ lin¹ ʔdin¹
汉文直译： 水 流 水面 零丁
汉文意译： 过去飘流水零丁，

喃字原文： 帝 群 擬 廸 心 情 兜 埃；
国际音标： naːu² kɔn² ŋi³ ʔden⁵ tɤm¹ tin² ʔdɤu¹ ʔaːi¹
汉文直译： 哪 还 想 到 心 情 哪儿 谁
汉文意译： 如今有妹没想人；

喃字原文： 帝 群 押 竹 扄 枚，
国际音标： naːu² kɔn² ʔɛp⁷ tuk⁷ rai² maːi¹
汉文直译： 哪 还 逼迫 竹 今日 明日
汉文意译： 强迫竹梅在一起，

喃字原文： 寻 尼 洠 泮 筧 馱 红 颜。
国际音标： tim² nɤːi¹ jiːŋ⁵ kaːn⁶ thɤːi⁵ ŋɯːi² hoŋ² naːn¹
汉文直译： 找 地方 井 干 涸 见 人 红颜
汉文意译： 难找枯井见红颜。

情 歌

喃字原文：觅 趴 景色 红颜，
国际音标：thɤi⁵ ŋɯ:i² kan³thak⁷ hoŋ²n̪a:n¹
汉文直译：见 人 景色 红颜
汉文意译：见妹身景红颜美，

喃字原文：吏 卒 啃呐 旀 顽 呬 唭。
国际音标：la:i⁶ tot⁷ ti:ŋ⁵nɔi⁵ vɯə² ŋwa:n¹ mi:ŋ⁶ kɯi²
汉文直译：又 好 声音 又 灵巧 嘴 笑
汉文意译：哥今欢喜口常开。

（男：苏维绍；女：杜福英）

(218)

喃字原文：固 脰 黜 挬 暽 朕，
国际音标：kɔ⁵ ʔdem¹ ra¹ jɯə⁶ ʔbɔŋ⁵ jaŋ¹
汉文直译：有 夜 出 倚 影 月
汉文意译：夜里倚树望月影，

喃字原文：傷 時 埃 别 恔浪 埃 旨；
国际音标：thɯ:ŋ¹ thi² ʔa:i¹ ʔbi:t⁷ n̪ɤ⁵raŋ² ʔa:i¹ hai¹
汉文直译：想 就 谁 知 想念 谁 知
汉文意译：心里想念谁人知；

喃字原文：脰 秋 遥 溿 泻 外，
国际音标：ʔdem¹ thu¹ jɔ⁵ lɔt⁸ mi:n²ŋwa:i²
汉文直译：夜 秋 风 穿过 外面
汉文意译：秋夜园外微风吹，

喃字原文：傷 扒 没 淒 醯 咳 鮎 悉。
国际音标：thɯ:ŋ¹ tsa:ŋ² mot⁸ noi³ ʔdaŋ⁵kai¹ tɤŋ¹ lɔŋ²
汉文直译：想 郎 一 境地 辛辣 中 心
汉文意译：苦楚思念远君子。

喃字原文：吽 麻 迟 急 澃 噱，
国际音标：jɤu² ma² tsɤi² kip⁷ tsɤ⁵ mɔŋ¹
汉文直译：尽管 迟 急忙 别 期望
汉文意译：期望君子快回来，

喃字原文：侐 媕 時 厎 尽 悉 扒 喂；
国际音标：thɯːŋ¹ ʔɛm¹ thi² ʔde³ tɤn⁶ lɔŋ² tsaːŋ² ʔɤːi¹
汉文直译：想 妹 就 放 尽 心 郎 啊
汉文意译：若思念妹放心里；

喃字原文：吽 麻 迻 虐 術 吹，
国际音标：jɤu² ma² ʔdi¹ ŋɯːk⁸ veˀ² suːi¹
汉文直译：尽管 去 逆 回 顺
汉文意译：终年为情奔波走，

喃字原文：時 扒 畸 籔 呬 唭 晉 之。
国际音标：thi² tsaːŋ² ɣɛ⁵ nɔn⁵ miːŋ⁶ kɯːi² kwaːn³ tsi¹
汉文直译：则 郎 斜 斗笠 嘴 笑 管 什么
汉文意译：似见面君掩帽笑。

喃字原文：世 间 馱 固 要 之，
国际音标：the⁵ jaːn¹ ŋɯːi² kɔ⁵ ʔiːu¹ tsi¹
汉文直译：实践 人 有 爱 什么
汉文意译：世间为情是真爱，

喃字原文：要 媕 時 澃 固 箕 吼 兜；
国际音标：ʔiːu¹ ʔɛm¹ thi² tsɤ⁵ kɔ⁵ kiə² nu³ ʔdɤu¹
汉文直译：爱 妹 就 别 有 哪儿 叮嘱 哪儿
汉文意译：爱妹莫要说出口；

情 歌

喃字原文： 吅 埃 禁 垯 脆 愁，
国际音标： jɤu² ʔa:i¹ kɤm⁵ ʔda:m⁵ ja⁶ thɤu²
汉文直译： 无论 谁 禁 人群 肚 愁
汉文意译： 有谁禁止妹私愁，

喃字原文： 闷 朱 低 彽 貝 尭 没 茹。
国际音标： mu:n⁵ tsɔ¹ ʔdɤi¹ ʔdɤi⁵ vɤ:i⁵ ȵau¹ mot⁸ ȵa²
汉文直译： 想 给 这儿 那儿 互相 一 家
汉文意译： 渴望哥妹成一家。

喃字原文： 吅 埃 禁 垯 𠬠 些，
国际音标： jɤu² ʔa:i¹ kɤm⁵ ʔda:m⁵ ha:i¹ta¹
汉文直译： 无论 谁 禁 人群 咱俩
汉文意译： 谁人禁止咱来往，

喃字原文： 刱 淿 汀 吏 畑 斜 搧 風；
国际音标： tha:ŋ⁵ lin¹ ʔdin¹ toi⁵ la:i⁶ ʔdɛn² ta² kwa:t⁸ jɔ⁵
汉文直译： 早上 零丁 夜 又 灯 斜 扇 风
汉文意译： 望日零丁夜独灯；

喃字原文： 斩 樞 立 馆 衶 泪，
国际音标： tsɛm⁵ tɛ¹ lɤp⁸ kwa:n⁵ jɯə³ jɔŋ²
汉文直译： 砍 竹 立 馆 中 路
汉文意译： 砍竹建屋在路边，

喃字原文： 固 埃 吹 唷 時 悉 貝 铖。
国际音标： kɔ⁵ ʔa:i¹ sui¹ juk⁸ thi² lɔŋ² mɤ:i⁵ nen¹
汉文直译： 有 谁 怂恿 就 心 才 成
汉文意译： 有人促使竟成家。

京族传统民歌译注

喃字原文：斬 枊 艔 颔 英 喂，
国际音标：tsɛm⁵ tɛ¹ mɛ³ rɯə⁶ ʔan¹ ʔɤːi¹
汉文直译：砍 竹 崩 柴刀 哥 啊
汉文意译：哥呀！砍竹刀崩了，

喃字原文：英 愁 内 胣 媕 恗 浽 之；
国际音标：ʔan¹ thɤu² noi⁶ jaː⁶ ʔɛm¹ vui¹ noi³ tsi¹
汉文直译：哥 愁 内 肚 妹 欢乐 境地 什么
汉文意译：使哥心愁妹怎乐；

喃字原文：恗 尼 罦 恗 敊 于 归，
国际音标：vui¹ nai² la² vui¹ tsɯ³ vuˀkwi¹
汉文直译：欢乐 这 是 欢乐 字 于 归
汉文意译：如果心乐为"于归"，

喃字原文：恗 尼 拼 補 特 挢 愁 唥?
国际音标：vui¹ nai² tsaŋ³ ʔɓɔ³ ʔdɯːk⁸ ʔdi¹ thɤu² naːu²
汉文直译：欢乐 这 不 丢 得 去 愁 哪
汉文意译：欢乐不来怎弃愁？

喃字原文：伮 欺 咹 於 伮 昳 醀 包，
国际音标：ɲɤ⁵ khi¹ ʔan¹ʔɤ³ ɲɤ⁵ luk⁷ raˀvaːu²
汉文直译：想 时 言谈 想 时 进出
汉文意译：想起出入欢乐时，

喃字原文：伮 欧 缘 貿 麻 包 情 智；
国际音标：ɲɤ⁵ ʔɤu¹ jiːn¹ mɤːi⁵ ma² vaːu² tin² sɯə¹
汉文直译：想 也许 缘 新 而 进 情 昔日
汉文意译：想新情来复旧情；

922

情 歌

喃字原文：𩲌　牢　分　 羹　缘　 㤷，
国际音标：ŋɯ:i² tha:u¹ fɤn⁶ ʔdɛp⁸ ji:n¹ ʔɯə¹
汉文直译：人　怎么　分　美　缘　喜爱
汉文意译：做人应缔结良缘，

喃字原文：䑽　悐　群　忦　義　傷　寅　寅。
国际音标：toŋ¹ loŋ² kɔn² nɤ⁵ niə³ sɯə¹ jɤn² jɤn²
汉文直译：中　心　还　想　义　从前　渐渐
汉文意译：心中情人难磨灭。

（219）

喃字原文：埃　𠁑　朱　極　肔　悐，
国际音标：ʔa:i¹ la:m² tsɔ¹ kɯk⁸ tɤm⁵loŋ²
汉文直译：谁　做　给　痛苦　寸心
汉文意译：想谁使我常操心，

喃字原文：强　咀　强　忦　强　䵲　强　愁；
国际音标：ka:ŋ² ṇak⁷ ka:ŋ² nɤ⁵ ka:ŋ² toŋ¹ ka:ŋ² thɤu²
汉文直译：越　提及　越　想　越　望　越　愁
汉文意译：越谈及情越思愁；

喃字原文：系　術　忦　𧿆　咥　 㙰，
国际音标：he³ ve² nɤ⁵ ʔden⁵ nɤ:i² ṇau¹
汉文直译：只要　回想　到　话　互相
汉文意译：只想起相谈情事，

喃字原文：批　桥　麻　乍　特　桥　爱　恩。
国际音标：ʔbak⁷ kɤu² ma² tsa³ ʔdɯ:k⁸ kɤu² ʔa:i⁵ʔɤn¹
汉文直译：搭　桥　而　不　得　桥　恩爱
汉文意译：搭起桥来恩爱连。

喃字原文：油 赊 赤 吏 朱 斦，
国际音标：jɤu² sa¹ sit⁷ la:i⁶ tsɔ¹ ɣɤn²
汉文直译：如果 远 挪移 来 给 近
汉文意译：若果远离转来近，

喃字原文：呫 身 琨 蜠 氽 峦 纴 绦？
国际音标：la:m² thɤn¹ kon¹ ɲen⁶ mɤi⁵ lɤn² vɯ:ŋ⁵ tɤ¹
汉文直译：身为 蜘蛛 几 回 缠 丝
汉文意译：蜘蛛牵丝有几何？

喃字原文：蟫 纴 绦 蜠 拱 纴 绦，
国际音标：tam² vɯ:ŋ⁵ tɤ¹ ɲen⁶ kuŋ³ vɯ:ŋ⁵ tɤ¹
汉文直译：蚕 缠 丝 蜘蛛 也 缠 丝
汉文意译：蜘蛛牵丝蚕缠丝，

喃字原文：肝 鐄 牢 嗒 蛤 唹 胒 鐄。
国际音标：ɣa:n¹ va:ŋ² tha:u¹ kheu⁵ thɤ²ʔɤ¹ ja⁶ va:ŋ²
汉文直译：肝 金 怎么 巧 无 动于衷 肚 金
汉文意译：金肝铁肠结情缘。

（男：阮进余；女：吴秀英）

（220）

喃字原文：如 希 揭 榜 杜 排，
国际音标：nɯ¹ vuɜ¹ mɤ³ ʔba:ŋ³ ʔdo³ʔba:i²
汉文直译：如 皇帝 揭 榜 考取
汉文意译：皇帝科举召金榜，

喃字原文：埯 群 胖 准 融 外 佨 敄；
国际音标：ʔɛm¹ kɔn² ʔbɤn⁶ tson⁵ tɔŋ¹ ŋwa:i² ʔda³ lɤu¹
汉文直译：妹 还 忙 地方 里 外 已 久
汉文意译：家中事多妹很忙；

情 歌

喃字原文：𠲞 些 群 定 所 求，
国际音标：haːi¹ta¹ kɔn² ʔdin⁶ thɤ³ kʁu²
汉文直译：咱俩 还 定 所 求
汉文意译：咱俩婚事早已定，

喃字原文：埃 喂 符 祂 義 烧 朱 纡。
国际音标：ʔaːi¹ ʔɤːi¹ jɯ³lʁi⁵ ŋiə³ ȵau¹ tso¹ ʔben²
汉文直译：谁 啊 守 义 互相 使 牢 固
汉文意译：相守情义不能忘。

喃字原文：埃 喂 符 祂 朱 纡，
国际音标：ʔaːi¹ ʔɤːi¹ jɯ³lʁi⁵ tso¹ ʔben²
汉文直译：谁 啊 守 使 牢 固
汉文意译：守牢情义不忘记，

喃字原文：𠲞 些 包 磥 哇 愿 共 烧；
国际音标：haːi¹ta¹ ʔda³ naŋ⁶ ʔɤːi²ŋwiːn² kuŋ²ȵau¹
汉文直译：咱俩 已 信 守 誓言 一起
汉文意译：咱俩誓言定实现；

喃字原文：𠲞 些 包 磥 共 烧，
国际音标：haːi¹ta¹ ʔda³ naŋ⁶ kuŋ²ȵau¹
汉文直译：咱俩 已 重 一起
汉文意译：发出誓言互相守，

喃字原文：埃 喂 溜 固 貟 求 ⺧ 之。
国际音标：ʔaːi¹ ʔɤːi¹ tsɤ⁵ kɔ⁵ fu⁶ kʁu² laːm²tsi¹
汉文直译：谁 啊 别 有 负 求 做 什么
汉文意译：不能负心待君回。

925

(221)

喃字原文：仍 哑 英 呐 渚 戈，
国际音标：nɯŋ³ nɤːi² ʔan¹ nɔi⁵ tsɯə¹ kwa¹
汉文直译：些 话 哥 说 未 过
汉文意译：哥刚说话没多久，

喃字原文：浽 愁 埃 别 融 悉 顝 習；
国际音标：noi³thɤu² ʔaːi¹ ʔbiːt⁷ toŋ¹ lɔŋ² ŋai²sɯə¹
汉文直译：发 愁 谁 知 中 心 昔日
汉文意译：昔日情义两人知；

喃字原文：固 缘 些 想 拂 菲，
国际音标：kɔ⁵ jiːn¹ ta¹ tɯːŋ³ fɤt⁷fɤːi⁵
汉文直译：有 缘 咱 想 飘 拂
汉文意译：为缘想情人拂飘，

喃字原文：堆 信 螉 虼 吏 疎 晋 秦。
国际音标：ʔdoi¹ tin¹ ʔɔŋ¹ ʔbɯːm⁵ laːi⁶ thuə¹ tɤn⁵ tɤn²
汉文直译：两 信 蜂 蝶 又 答应 晋 秦
汉文意译：蜂蝶结对晋秦缘。

喃字原文：强 黜 强 没 杫 斤，
国际音标：kaːŋ² ra¹ kaːŋ² mot⁸ ʔdɔn²kɤn¹
汉文直译：越 出 越 一 秤杆
汉文意译：心里越想越不平，

喃字原文：迗 分 牢 拺 没 分 烕 朱；
国际音标：mɯːi²fɤn² thaːu¹ tsaŋ³ mot⁸fɤn² ʔbɤːt⁷ tsɔ¹
汉文直译：十分 怎么 不 一分 减少 给
汉文意译：十分相爱怎减情；

情 歌

喃字原文：啊 脢 埃 拱 憻 授，
国际音标：ha⁵ moi¹ ʔa:i¹ kuŋ³ thɛn⁶ thɔ²
汉文直译：开 唇 谁 都 羞答答
汉文意译：话从口出羞答答，

喃字原文：呐 黜 些 拱 露 罖 呫。
国际音标：nɔi⁵ ra¹ ta¹ kuŋ³ lo⁶ la² ti:ŋ⁵ tam¹
汉文直译：说 出 咱 也 露 是 名声
汉文意译：出头露面为名声。

喃字原文：当 机 底 呐 当 拎，
国际音标：ʔda:ŋ¹ kɤ¹ nɔi⁵ ʔde³ nɔi⁵ ʔda:ŋ¹ kɤm²
汉文直译：当 时 说 让 说 当 坚持
汉文意译：坚持言行扶正义，

喃字原文：胖 蟫 九 曲 如 泠 如 扞。
国际音标：ru:t⁸ tam² tsin⁵ khuk⁷ n̠ɯ¹ ŋɤm¹ n̠ɯ¹ vɔ²
汉文直译：肠 蚕 九 曲 如 浸 如 搓
汉文意译：蚕虫牵丝为了情。

（222）

喃字原文：啧 躺 啧 欤 㿟 粦，
国际音标：tat⁷ min² tat⁷ ma:i³ ʔden⁵ ja²
汉文直译：责怪 你 责怪 长久 到 老
汉文意译：抱怨你责怪至老，

喃字原文：牢 躺 於 泊 拰 保 些 没 咥；
国际音标：tha:u¹ min² ʔɤ³ ʔba:k⁸ tsaŋ³ ʔba:u³ ta¹ mot⁸ n̠ɤ:i²
汉文直译：为何 你 在 薄情 不 告诉 我 一 言
汉文意译：为何薄情没往来；

927

喃字原文：於 泊 空 忟 義 些，
国际音标：ʔɤ³ ʔbaːk⁸ khoŋ¹ n̠ɤ⁵ ŋiə³ ta¹
汉文直译：在 薄情 不 想 义 咱
汉文意译：薄情忘记俩情义，

喃字原文：智 箕 嵝 咶 鈊 陀 悋 倓。
国际音标：sɯə¹kiə¹ ɣan⁵ʔbɔ⁵ thau¹ ʔda² ʔbiːŋ⁵ tham¹
汉文直译：昔日 紧密相连 后 无实义 懒 探问
汉文意译：昔日寄语今懒问。

喃字原文：烊 烊 九 曲 胂 蚕，
国际音标：fɤŋ¹fɤŋ¹ tsin⁵ khuk⁷ ruːt⁸ tam²
汉文直译：鼓胀 九 曲 肠 蚕
汉文意译：蚕肠九曲肚鼓气，

喃字原文：為 埃 咹 於 黜 悉 拰 唔；
国际音标：vi² ʔaːi¹ ʔan¹ ʔɤ³ ra¹ lɔŋ² tsaŋ³ ŋɔn¹
汉文直译：为 谁 哥 在 出 心 不 甜
汉文意译：因谁做人心不义；

喃字原文：由 麻 固 伴 鲜 媾，
国际音标：jɤu²ma² kɔ⁵ ʔbaːn⁶ tɯːi¹ jɔn²
汉文直译：如果 有 伴侣 新 俏丽
汉文意译：如果有了新伴侣，

喃字原文：時 些 拱 畸 躺 艅 些 奾。
国际音标：thi² ta¹ kuŋ³ ɣɛ⁵ min² thɔn¹ ta¹ vaːu²
汉文直译：则 我 也 倚 偎 身 朱红 我 进
汉文意译：投身她人我会意。

情 歌

喃字原文： 伴 躺 固 呐 ⁿ 牢，
国际音标： ʔbaːn⁶ min² kɔ⁵ nɔi⁵ laːm²thaːu¹
汉文直译： 伴侣 你 有 说 为何
汉文意译： 你新伴侣有意见，

喃字原文： 時 些 拱 底 朱 高 重 權。
国际音标： thi² ta¹ kuŋ³ ʔde³tsɔ¹ kaːu¹ tɔŋ⁶ kwiːn²
汉文直译： 则 我 也 让 高 重 权
汉文意译： 她高雅人我认许。

（223）

喃字原文： 羛 習 塘 苗 漕 忘，
国际音标： ŋiə³ sɯə¹ ʔdɯːŋ² ku³ tsɤ⁵ kwen¹
汉文直译： 义 昔日 路 旧 别 忘
汉文意译： 昔日情义没忘记，

喃字原文： 磥 嗦 漕 壅 底 恒 往 来。
国际音标： loi⁵ ku³ tsɤ⁵ lɤp⁷ ʔde³ hɔn⁵ vaːŋ³ laːi¹
汉文直译： 路 旧 别 堵 让 接受 往 来
汉文意译： 旧路尚通人往来。

喃字原文： 塘 山 林 夥 几 群 賎，
国际音标： ʔdɯːŋ² thɤːn¹ lɤm¹ lam⁵ kɛ³ kɔn² jaːi²
汉文直译： 路 山 林 多 人 还 长
汉文意译： 山林小道还长远，

喃字原文： 抳 舂 時 漕 姅 恅 壅 簽。
国际音标： tsaŋ³ ʔdi¹ thi² tsɤ⁵ nɯə³ hwaːi² lɤp⁷ tsoŋ¹
汉文直译： 不 去 就 别 再 徒劳 塞 蒺藜
汉文意译： 没有堵塞尚往来。

（男：刘振先，张廷德；女：杜福英）

(224)

喃字原文：几 趍 馱 吏 唦 哗，
国际音标：kɛ³ ʔdi¹ ŋɯ:i² la:i⁶ son¹sa:u¹
汉文直译：人 去 人 来 喧哗
汉文意译：人来人往闹哗然，

喃字原文：牢 娘 挺 固 信 吶 䅽 嗿
国际音标：tha:u¹ na:ŋ² tsaŋ³ kɔ⁵ tin¹ na:u² ʔden⁵ tham¹
汉文直译：为何 妹 不 有 信息 哪 到 访
汉文意译：为何妹没寄音信；

喃字原文：几 趍 馱 吏 寅 寅，
国际音标：kɛ³ ʔdi¹ ŋɯ:i² la:i⁶ ran² ran²
汉文直译：人 去 人 来 昭然
汉文意译：人来人去见昭然，

喃字原文：牢 娘 挺 固 信 嗿 唉 娘。
国际音标：tha:u¹ na:ŋ² tsaŋ³ kɔ⁵ tin¹ tham¹ hɤ:i³ na:ŋ²
汉文直译：为何 妹 不 有 消息 探询 啊 妹
汉文意译：为何没讯来探询。

(225)

喃字原文：悲 睮 几 晋 馱 秦，
国际音标：ʔbɤi¹jɤ² kɛ³ tsɤn⁵ ŋɯ:i² tɤn²
汉文直译：如今 人 晋 人 秦
汉文意译：如今晋秦各一方，

喃字原文：術 時 吏 急 跎 蹟 迎 共；
国际音标：ve² thi² la:i⁶ kip⁷ mau¹ tsɤn¹ tha:ŋ¹ kuŋ²
汉文直译：回 就 来 急 快 脚 过来 一起
汉文意译：哥回请急来探访；

情 歌

喃字原文： 矯　揜　于于門房，
国际音标： kɛu³ ʔɛm¹ vɔ²vɔ³ mon¹foŋ²
汉文直译： 否则 妹　孤独 房门
汉文意译： 妹今孤独空房里，

喃字原文： 惜 乿 檜 凤 冷 逯 禛 鸾。
国际音标： ti:k⁷ thai¹ ɣoi⁵ fɯ:ŋ⁶ lan⁶luŋ² tsan¹ lɔn¹
汉文直译： 可惜 啊 枕头 凤 冷落 被子 鸾
汉文意译： 凤枕鸾被丢冷落。

（226）

喃字原文： 妆 哇　愿 约 芘 生，
国际音标： ɲɤ⁵ ɲɤ:i² ŋwi:n⁶ʔɯ:k⁷ ʔba¹ thin¹
汉文直译： 想 话 誓言　三 生
汉文意译： 想起誓言终身侣，

喃字原文： 赊 吹 埃 固 透 情 庄 埃；
国际音标： sa¹soi¹ ʔa:i¹ kɔ⁵ thɤu⁵ tin² tsaŋ¹ ʔa:i¹
汉文直译： 遥远 谁 有 透 情 不 谁
汉文意译： 离别远处谁知情；

喃字原文： 欺 術 嗨 柳　章 臺，
国际音标： khi¹ ve² hɔi³ li:u³ tsɯ:ŋ¹ʔda:i²
汉文直译： 时 回 问 柳　章台
汉文意译： 回家问柳坐章台，

喃字原文： 梗 春 㐌 披 朱 馼　傳 捯。
国际音标： kan² sɤn¹ ʔda³ ʔbɛ³ tsɔ¹ ŋɯ:i² ti:n² tai¹
汉文直译： 枝 春 已 扨 给 人　传 手
汉文意译： 青枝被折别手传。

喃字原文：情 溇 嚎 者 羛 尼,
国际音标：tin² thɤu¹ mɔŋ¹ ja³ ŋiə³ nai²
汉文直译：情 深 期望 还 义 这
汉文意译：期望情深尝厚义,

喃字原文：花 箕 皂 执 梗 尼 朱 渚!
国际音标：hwa¹ kiə¹ ʔda³ tsɤp⁷ kan² nai² tso¹ tsɯə¹
汉文直译：花 那 已 接 枝 这 给 未
汉文意译：春花接枝还我情!

（227）

喃字原文：悲 晗 籁 刧 㢘 連,
国际音标：ʔbɤi¹jɤ² la:t⁸ tsɛ³ vɯə² li:n²
汉文直译：如今 竹 篾 破 刚 连
汉文意译：如今竹已破成篾,

喃字原文：嗜 埃 嗻 喻 伴 贤 甕 制;
国际音标：khɛn¹ ʔa:i¹ khɛu⁵ ru³ ʔba:n⁶ hi:n² len¹ tsɤ:i¹
汉文直译：夸 谁 巧 邀约 友 贤 上 玩
汉文意译：谁能召来贤友乐;

喃字原文：仌 芇 蠬 跙 茹 霊,
国际音标：mɤi⁵ ʔdɤ:i² roŋ² ʔden⁵ ɲa² mɤi¹
汉文直译：几 代 龙 到 家 云
汉文意译：何时龙到云处来,

喃字原文：底 蠬 叹 咀 貝 霊 菲 哇。
国际音标：ʔde³ roŋ² tha:n¹thɤ³ vɤ:i⁵ mɤi¹ va:i² ɲɤ:i²
汉文直译：让 龙 叹息 和 云 几 言
汉文意译：让妹同云叹数言。

情 歌

喃字原文：没 屡 蟆 虐 霆 吹，
国际音标：mot⁸ma:i¹ roŋ² ŋɯ:k⁸ mɤi¹ su:i¹
汉文直译：日后　龙　逆　云　顺
汉文意译：日后龙云各奔忙，

喃字原文：曲 滝 補 永 固 馱 愁 稹；
国际音标：khuk⁷ thoŋ¹ ʔbo³ vaŋ⁵ ko⁵ ŋɯ:i² thɤu² ri:ŋ¹
汉文直译：曲　江　丢　冷清　有　人　愁　私
汉文意译：曲江无影人私愁；

喃字原文：愁 稹 些 割 齣 彶，
国际音标：thɤu² ri:ŋ¹ ta¹ ra¹ ʔdi¹
汉文直译：愁　私　我　出去
汉文意译：因为私愁而出去，

喃字原文：笕 扒 咹 呐 籽 悮 麻　 悶。
国际音标：thɤi⁵ tsa:ŋ² ʔan¹ nɔi⁵ ti³ mi³ ma² ʔbu:n²
汉文直译：见　郎　言谈　仔细　而　烦闷
汉文意译：见君细语妹烦愁。

（女：吴秀英，阮氏心）

（228）

喃字原文：傷　躺 夥 夥 躺 喂！
国际音标：thɯ:ŋ¹ min² lam⁵ lam⁵ min² ʔɤ:i¹
汉文直译：想　没　非常 非常　妹　啊
汉文意译：想妹，想得好苦呀！

喃字原文：牢 躺 於 泊 如 砳 咹 萎？
国际音标：tha:u¹ min² ʔɤ³ ʔba:k⁸ ɲɯ¹ voi¹ ʔan¹ jɤu²
汉文直译：怎么　妹　在　薄情　如　石灰　吃　槟榔
汉文意译：怎能薄情如萎灰？

喃字原文： 傷 躺 脆 喆 悉 疠，
国际音标：thɯːŋ¹ min² ja⁶ kat⁷ lɔŋ² ʔdau¹
汉文直译： 想 妹 肚 割 心 痛
汉文意译：想妹，想心痛如割，

喃字原文： 仍 傷 麻 銣 仍 愁 麻 虚。
国际音标：ɲɯŋ³ thɯːŋ¹ ma² tset⁷ ɲɯŋ³ thɤu² ma² hɯ¹
汉文直译： 些 想 而 死 些 愁 而 虚
汉文意译：想得要死人愁苦。

（229）

喃字原文：敁 鏆 包 磔 杶 斤，
国际音标：tsɯ³ vaːŋ² ʔda³ naŋ⁶ ʔdɔn² kɤn¹
汉文直译： 字 金 已 重 秤 杆
汉文意译：秤杆儿放金太重，

喃字原文：吀 朱 没 敁 朱 陳 结 缘；
国际音标：sin¹ tsɔ¹ mot⁸ tsɯ³ tsɤu¹ tɤn² ket⁷jiːn¹
汉文直译： 请 给 一 字 朱 陈 结 缘
汉文意译：希望朱陈结良缘；

喃字原文：自 郥 趾 赾 艘 源，
国际音标：tɯ² ŋai² ʔbɯːk⁷ suːŋ⁵ ʔdɔ² ŋuːn²
汉文直译： 从 天 迈步 下 渡船 源头
汉文意译：自从过渡那时起，

喃字原文：媕 術 強 慣 強 烦 強 忬。
国际音标：ʔɛm¹ ve² kaːŋ² tui³ kaːŋ² fiːn² kaːŋ² lɔ¹
汉文直译： 妹 回 越 惭愧 越 烦心 越 忧虑
汉文意译：妹感惭愧心忧虑。

情 歌

喃字原文：俺 嚎 捐 哏 唭，
国际音标：ʔɛm¹ mɔŋ¹ ja:n¹jiu⁵ hɛn⁶hɔ²
汉文直译：妹 期望 缠绵 相约
汉文意译：期望两情同缠绵，

喃字原文：悖 扒 濁 渃 觥 觚 麹 塘；
国际音标：thɤ⁶ tsa:ŋ² ʔduk⁸ nɯ:k⁷ kwan¹kɔ¹ ni:u² ʔɯ:ŋ²
汉文直译：担心 郎 浊 水 弯曲 多 路
汉文意译：担心路曲浊水浑；

喃字原文：湄 霊 路 屈 艤 陽，
国际音标：mɯə¹ mɤi¹ lo⁶ kwɤt⁷ ʔdɔ² jɯ:ŋ¹
汉文直译：雨 云 路 远 渡 洋
汉文意译：云雨路远难渡洋，

喃字原文：奴 馭 奴 景 絲 纡 盘 难。
国际音标：ȵɤ⁵ ŋɯ:i² ȵɤ⁵ kan³ tɤ¹ vɯ:ŋ⁵ ʔba:n²na:n²
汉文直译：想 人 想 景 丝 缠 抱怨
汉文意译：思人想景丝难缠。

喃字原文：照 花 解 苞 弧 顽，
国际音标：tsi:u⁵ hwa¹ ra:i³ ʔda³ ho² ŋwa:n¹
汉文直译：席 花 铺 已 温 顺
汉文意译：花席铺开等人来，

喃字原文：胼 蚜 九 曲 坤 呬 扦絲；
国际音标：ru:t⁸ tam² tsin⁵ khuk⁷ khon¹ la:m² vɔ² tɤ¹
汉文直译：肠 蚕 九 曲 难 做 牵 丝
汉文意译：蚕肠九曲难牵丝；

935

喃字原文：咰 埃 甘 胆 些 低?
国际音标：jɤu² ʔa:i¹ ka:m¹ʔda:m³ ta¹ ʔdɤi¹
汉文直译：尽管 谁 胆敢 咱 这儿
汉文意译：谁人胆敢阻止情?

喃字原文：吁 朱 觅 秝 没 纳 矫 愁。
国际音标：sin¹ tsɔ¹ thɤi⁵ mat⁸ mot⁸ jɤi¹ kɛu³ thɤu²
汉文直译：请 让 见面 一 会 否则 忧愁
汉文意译：请让见面免忧虑。

（230）

喃字原文：氹 怺 拥 揌 氹 槛,
国际音标：ʔda³ tɔt⁷ juŋ⁵ tai¹ va:u² tsa:m²
汉文直译：已 既 伸 手 进 蓝靛水
汉文意译：自焚其火烧自身,

喃字原文：愢 吏 群 别 坤 口 牢 低。
国际音标：ja:i⁶ roi² kɔn² ʔbi:t⁷ khon¹ la:m² tha:u¹ ʔdɤi¹
汉文直译：蠢 了 还 知 聪明 怎么 这儿
汉文意译：糊涂一时聪明误。

（231）

喃字原文：氹 怺 臻 踟 時 沛 踟 蹰,
国际音标：ʔda³ tɔt⁷ ja:n¹ jiu⁵ thi² fa:i³ riu⁵ ruŋ¹
汉文直译：已 既 缠绵 就 得 缠紧
汉文意译：既然缠绵要缠紧,

喃字原文：氹 悉 果 决 時 停 悃 悷;
国际音标：ʔda³ lɔŋ² kwa³ kwi:t⁷ thi² ʔduɯ² ʔban¹ nan¹
汉文直译：已 心 果断 就 别 忧虑
汉文意译：心意已决莫忧虑;

情 歌

喃字原文： 包 啐 拥 牺 创 槛，
国际音标： ʔda³ tɔt⁷ juŋ⁵ tai¹ vaːu² tsaːm²
汉文直译： 已 既 伸 手 进 蓝靛水
汉文意译： 事既自手惹火烧，

喃字原文： 荛 拱 拴 計 群 盘 計 之？
国际音标： ŋon⁵ kuŋ³ tsaŋ³ ke³ kɔn² ʔbaːn² ke³ tsi¹
汉文直译： 手指头 都 不 计 还 打算 计 什么
汉文意译： 不计手臂计手指？

（男：阮进余；女：阮氏心）

9

  喃字原文：约 之 终 劓 终 茹
  国际音标：ʔɯːk⁷ tsi¹ tsuŋ¹ kɯə³ tsuŋ¹ ɲa²
  汉语直译：期望 什么 同 门 共 家
  汉文意译：期望咱俩成一家

（232）

喃字原文：當 据 遙 捃 旗 深，
国际音标：ʔdaːŋ¹ kɯ⁵ jɔ⁵ kuːn⁵ kɤ² thɤm¹
汉文直译：正当 风 卷 旗 深色
汉文意译：正当风吹旗子飘，

喃字原文：皷 叹 皷 咀 吏 拎 衤西；
国际音标：vɯə² thaːn¹ vɯə² thɤ³ laːi⁶ kɤm²lɤi⁵ tai¹
汉文直译：又 叹息 又 叹息 又 握住 手
汉文意译：咱俩握手共叹息；

喃字原文：催 催 吏 拎 衤西，
国际音标：thoi¹ thoi¹ laːi⁶ kɤm²lɤi⁵ tai¹
汉文直译：罢了 罢了 又 握住 手
汉文意译：好啦！紧紧握双手，

喃字原文：匕 要 術 湟 吏 醛 術 情。
国际音标：ʔda³ ʔiːu¹ ve² net⁷ laːi⁶ thai¹ ve² tin²
汉文直译：既然 爱 为 性情 又 醉 为 情
汉文意译：既然相好要醉情。

情 歌

喃字原文： 悲睑 情 買 訴 情，
国际音标： ʔbɤi¹jɤ² tin² mɤ:i⁵ to³ tin²
汉文直译： 如今 情 才 表达 情
汉文意译： 如今相遇表达情，

喃字原文： 梗 珠 荞 玉 待 躺 悴悻。
国际音标： kan² tsɤu¹ la⁵ ŋɔk⁸ ʔdɤ:i⁶ min² sɔt⁷sa¹
汉文直译： 枝 珠 叶 玉 等 你 痛心
汉文意译： 珠枝玉叶待热恋。

（233）

喃字原文： 啧 缘 麻 吏 悻 丕，
国际音标： tat⁷ ji:n¹ ma² la:i⁶ jɤn⁶ jɤ:i²
汉文直译： 责怪 缘 而 又 恨 天
汉文意译： 责怪缘分又责天，

喃字原文： 嗨 埃 嘈 達 仍 咥 蠎；
国际音标： hoi³ ʔa:i¹ khɛu⁵ ʔdat⁸ nɯŋ³ nɤ:i² ʔbɯ:m⁵ ʔɔŋ¹
汉文直译： 问 谁 巧 提出 些 话 蝶 蜂
汉文意译： 谁人提出蝶蜂言；

喃字原文： 掍 淹 渃 沚 堆 泂，
国际音标： kɔn¹thoŋ¹ nɯ:k⁷ tsai³ ʔdoi¹ jɔŋ²
汉文直译： 江河 水 流 两 河流
汉文意译： 江河流水江河中，

喃字原文： 别 兜 於 特 朱 悉 馱 傷？
国际音标： ʔbi:t⁷ʔdɤu¹ ʔɤ³ ʔdɯ:k⁸ tsɔ¹ lɔŋ² ŋɯ:i² thɯ:ŋ¹
汉文直译： 哪知 在 得 给 心 人 爱
汉文意译： 怎样爱得两心连？

（234）

喃字原文：暈朕些眎 ⼁ 堆，
国际音标：kwɤŋ²jaŋ¹ ta¹ thɛ³ la:m² ʔdoi¹
汉文直译：月晕　咱　分　做　两
汉文意译：天上月晕分对开，

喃字原文：姅印㮣隻姅燸黕长；
国际音标：nɯə³ ʔin¹ ɣoi⁵ tsi:k⁷ nɯə³ thɔi¹ jam⁶tɯ:ŋ²
汉文直译：半　印　枕　孤　半　照　远程
汉文意译：半照孤枕半远程；

喃字原文：悲畭英怓淹 傷，
国际音标：ʔbɤi¹jɤ² ʔan¹ n̠ɤ⁵ ʔɛm¹ thɯ:ŋ¹
汉文直译：如今　哥　思　妹　想
汉文意译：如今哥想妹思念，

喃字原文：要烑平焒平香拯離。
国际音标：ʔi:u¹n̠au¹ ʔbaŋ² lɯə³ ʔbaŋ² hɯ:ŋ¹ tsaŋ³ liə²
汉文直译：相爱　如　火　如　香　不　离
汉文意译：香火相爱不离影。

喃字原文：焒香強熠強濃，
国际音标：lɯə³ hɯ:ŋ¹ ka:ŋ¹ ʔdot⁷ ka:ŋ² noŋ²
汉文直译：火　香　越　烧　越　浓
汉文意译：香火越烧香越浓，

喃字原文：在㐌單浥黜悉铖庄。
国际音标：ta:i⁶ ŋɯ:i² ʔdɤ:n¹ʔba:k⁸ ra¹ lɔŋ² nen¹ tsaŋ¹
汉文直译：因　人　刻薄　出　心　成　不
汉文意译：因人刻薄情难圆。

情 歌

(235)

喃字原文：瞽箕埃别埃兜，
国际音标：sɯə¹kiə¹ ʔa:i¹ ʔbi:t⁷ ʔa:i¹ ʔdɤu¹
汉文直译：过去 谁 知 谁 哪儿
汉文意译：过去咱俩不相识，

喃字原文：悲睮買别迓烧訴祥；
国际音标：ʔbɤi¹jɤ² mɤ:i⁵ ʔbi:t⁷ ɣap⁸ȵau¹ tɔ³tɯ:ŋ²
汉文直译：如今 刚 知 相遇 清楚
汉文意译：如今见面刚表情；

喃字原文：呦麻躺固悉 傷，
国际音标：jɤu²ma² min² kɔ⁵ lɔŋ² thɯ:ŋ¹
汉文直译：如果 妹 有 心 爱
汉文意译：如果咱俩有心爱，

喃字原文：時躺搭店每塘朱些。
国际音标：thi² min² ʔdap⁷ʔdi:m⁵ moi³ ʔdɯ:ŋ¹ tsɔ¹ ta¹
汉文直译：则 妹 隐瞒 每 方面 给 哥
汉文意译：请妹答言我知情。

喃字原文：约之终劓终茹，
国际音标：ʔɯ:k⁷ tsi¹ tsuŋ¹ kɯə³ tsuŋ¹ ȵa²
汉文直译：期望 什么 同 门 共 家
汉文意译：蒙求咱俩成一家，

喃字原文：终吒终嫫乒些恑悯；
国际音标：tsuŋ¹ tsa¹ tsuŋ¹ mɛ⁶ ha:i¹ta¹ vui¹muŋ²
汉文直译：同 父 同 母 我俩 高兴
汉文意译：双方父母共欢聚；

喃字原文：拱罜岳 坦硊運,
国际音标：kuŋ³ la² jɤːi² ʔdɤt⁷ sɤi¹vɤn⁶
汉文直译：也 是 天 第 轮回
汉文意译：这是天地作轮回,

喃字原文：歃尬些 貝 魸 斨 烧 制。
国际音标：hom¹nai¹ ta¹ mɤːi⁵ ŋoi² ɣɤn² ȵau¹ tsɤːi¹
汉文直译：今天 咱 才 坐 近 互相 玩耍
汉文意译：今天咱们共欢乐。

喃字原文：拱罜 缘 分 躺 喂,
国际音标：kuŋ³ la² jiːn¹fɤn⁶ min² ʔɤːi¹
汉文直译：也 是 缘分 自己 啊
汉文意译：都是缘分幸运到,

喃字原文：仁 罜 墓 玛 塋 尼 脥 蠪。
国际音标：haːi¹ la² mo²ma³ taːŋ⁵ nɤːi¹ haːm² roŋ²
汉文直译：二 是 坟墓 葬 处 含 龙
汉文意译：再是祖坟葬龙脉。

（男：刘振先，刘扬顺；女：刘元英）

（236）

喃字原文：悲 晱 遇 贸 铖 涓,
国际音标：ʔbɤi¹jɤ² la⁶ mɤːi⁵ nen¹ kwɛn¹
汉文直译：如今 陌生 刚 成 熟悉
汉文意译：如今人生刚熟悉,

喃字原文：娶 箕 别 户 呈 尥 罜 之；
国际音标：sɯə¹kiə¹ ʔbiːt⁷ hɔ⁶ tin² ten¹ la² tsi¹
汉文直译：昔日 知 姓 情 名
汉文意译：昔日不知何姓名；

情 歌

喃字原文：别 包 解 肞 悉 圭，
国际音标：ʔbiːt⁷ ʔbaːu¹ jaːi³ tɤm⁵loŋ² kwe¹
汉文直译：多少 解 寸心 家乡
汉文意译：不知家乡何处人，

喃字原文：麻 金 改 缘 逐 共 払？
国际音标：ma² ʔdɛm¹ kim¹ kaːi³ jiːn¹ ʔdɯə¹ kuŋ² tsaːŋ²
汉文直译：而 拿 针 磁石 缘 送 同 郎
汉文意译：怎与君磁石引针？

喃字原文：惜 乿 払 拱 物 奈，
国际音标：tiːk⁷ thai¹ tsaːŋ² kuŋ³ vɤt⁸naːi²
汉文直译：可惜 啊 郎 也 哀求
汉文意译：爱惜君有心哀求，

喃字原文：矫 夫 麻 结 缘 偕 𬂩 堆；
国际音标：kɛu³ fu¹ ma² ket⁷ jiːn¹ haːi² ʔdɛp⁸ʔdoi¹
汉文直译：否则 夫 而 结 缘 偕 般配
汉文意译：想配良缘结夫妇；

喃字原文：丕 生 谋 計 買 衝，
国际音标：vɤi⁶ thin¹ miu¹ke⁵ mɤːi⁵ sɔŋ¹
汉文直译：为 此 生 计谋 才 完
汉文意译：为此生计献谋招，

喃字原文：缘 些 𬂩 定 肞 悉 𬂩 包。
国际音标：jiːn¹ ta¹ ʔda³ ʔdin⁶ tɤm⁵loŋ² ʔda³ ʔbaːu¹
汉文直译：缘 咱 已 定 心意 已 包
汉文意译：缘分已定君放心。

喃字原文：靹蹞 跐 细 壖 桃，
国际音标：mai¹ tsɤn¹ ʔbɯ:k⁷ tɤ:i⁵ vɯ:n² ʔda:u²
汉文直译：幸运 脚 迈 到 园 桃
汉文意译：君幸运进桃花园，

喃字原文：曣 湄 此 飭 黙 帍 负 仙；
国际音标：naŋ⁵ mɯə¹ thɯ³ thɯk⁷ lɛ³ na:u² fu⁶ ti:n¹
汉文直译：晴 雨 尝 试 怎能 负 仙
汉文意译：晴雨尝试莫负仙；

喃字原文：焈 昕 荋 缘 佨 绞 缘，
国际音标：lɯə³ ɣɤn² rɤ:m¹ ji:n¹ da³ ʔben⁶ ji:n¹
汉文直译：火 近 稻草 缘 已 缠绵 缘
汉文意译：火近草缘分会燃，

喃字原文：绦 红 佨 定 婵 娟 英 雄。
国际音标：tɤ'hoŋ² ʔda³ ʔdin⁶ thi:n²kwi:n¹ ʔan¹huŋ²
汉文直译：红绳 已 定 婵娟 英雄
汉文意译：红绳系英雄婵娟。

喃字原文：阿 姮 叹 咀 亊 缘，
国际音标：ʔa³haŋ² tha:n¹thɤ³ thɯ⁶ ji:n¹
汉文直译：嫦娥 叹息 事 缘
汉文意译：姮娥为此缘出力，

喃字原文：悉 貟 拴 搭 牢 铖 伴 共。
国际音标：lɔŋ²thɔn¹ tsaŋ³ ʔdap⁷ tha:u¹ nen¹ ʔba:n⁶ kuŋ²
汉文直译：红心 不 决心 怎么 成 伴侣 同
汉文意译：妹下决心结良缘。

情 歌

(237)

嘞字原文： 傷 娘 英 寔 罡 傷！
国际音标：thɯːŋ¹ naːŋ² ʔan¹ thɤt⁸ la² thɯːŋ¹
汉文直译： 爱 妹 哥 真 是 爱
汉文意译：真心实意想妹呀！

嘞字原文： 渃 時 闷 汦 如 泟 挺 掏；
国际音标：nɯːk⁷ thi² muːn⁵ tsai³ ȵɯ¹ mɯːŋ¹ tsaŋ³ ʔdaːu²
汉文直译： 水 就 想 流 如 沟 未 挖
汉文意译：水欲流出沟未挖；

嘞字原文： 娘 術 忰 料 世 吊,
国际音标：naːŋ² ve² lɔ¹liːu⁶ the⁵naːu²
汉文直译： 妹 回 盘算 如何
汉文意译：妹回盘算怎开沟,

嘞字原文： 底 朱 渃 汦 渾 㕭 融 泟。
国际音标：ʔde³tsɔ¹ nɯːk⁷ tsai³ lat⁸ vaːu² tɔŋ¹ mɯːŋ¹
汉文直译： 让 水 流 小河沟 进 里 沟
汉文意译：让水流入深沟洼。

(238)

嘞字原文： 傷 英 時 坦 撪 肼 黜！
国际音标：thɯːŋ¹ ʔan¹ thi² ʔdɯt⁷ ruːt⁸ ra¹
汉文直译： 想 哥 就 断 肠 出
汉文意译：想念哥似断了肠！

嘞字原文： 毡 汦 曾 湺 英 陀 別 空；
国际音标：mau⁵ tsai³ tɯŋ² jɔt⁸ ʔan¹ ʔda² ʔbiːt⁷ khoŋ¹
汉文直译： 血 流 成 滴 哥 无实义 知 否
汉文意译：血流成滴哥心知；

喃字原文：蚊鋸 对 貝 膧 红，
国际音标：mɔt⁸kɯə¹ ʔdoi³ vɤ:i⁵ ma⁵hoŋ²
汉文直译：锯屑 换 和 红颜
汉文意译：锯屑想换红颜粉，

喃字原文：呬 英 呐 世 齣 悉 蜍 㖶。
国际音标：mi:ŋ⁶ ʔan¹ nɔi⁵ the⁵ ra¹ lɔŋ² thɤ²ʔɤ¹
汉文直译：嘴 哥 说 这样 出 心 无动于衷
汉文意译：哥只口说不经心。

喃字原文：俺 䵲 䣩 待 胴 徐，
国际音标：ʔɛm¹ tɔŋ¹ nam¹ ʔdɤ:i⁶ tha:ŋ⁵ tsɤ²
汉文直译：妹 望 年 等 月 等
汉文意译：妹期望年等月待，

喃字原文：欵 𢧚 坦 织 離 绦 牢 停；
国际音标：lɛ³na:u² ʔdɯt⁷ tsi³ liə² tɤ¹ tha:u¹ʔdan²
汉文直译：岂能 断 线 离丝 何 忍
汉文意译：岂让断线远离丝；

喃字原文：姻 儀 道 儀 為 英，
国际音标：nɤn¹ŋiə³ ʔda:u⁶ŋi¹ vi² ʔan¹
汉文直译：仁义 道德 为 哥
汉文意译：仁义道德追随哥，

喃字原文：寻 尼 捡 准 挠 躺 挤 掹。
国际音标：tim² nɤ:i¹ ki:m⁵ tsɔn⁵ nɛu⁵ min² jɯə⁶nɯ:ŋ¹
汉文直译：找 地方 找 地方 手段 妹 倚靠
汉文意译：寻找安定倚身处。

情 歌

喃字原文：英 悒 固 准 拧 搋，
国际音标：ʔan¹ ʔbu:n² kɔ⁵ tson⁵ jɯə⁶nɯ:ŋ¹
汉文直译：哥 烦闷 有 地方 倚靠
汉文意译：哥烦闷时有倚身，

喃字原文：㩢 情 時 庄 固 傷 媕 吊。
国际音标：ʔdɯt⁷ tin² thi² tsaŋ³ kɔ⁵ thɯ:ŋ¹ ʔɛm¹ na:u²
汉文直译：断 情 则 不 有 可怜 妹 哪
汉文意译：绝情没想妹可怜。

（239）

喃字原文：些 尭 噁 翁 胦 裱，
国际音标：ta¹ nai¹ khɤn⁵ ʔoŋ¹ jaŋ¹ja²
汉文直译：今 恳求 月 老
汉文意译：我今愿恳求月老，

喃字原文：扲 纰 绅 吏 缘 躳 貝 些；
国际音标：kɤm² jɤi¹ sɛ¹ la:i⁶ ji:n¹ min² vɤ:i⁵ ta¹
汉文直译：拿 线 牵 来 缘 妹 和 哥
汉文意译：为咱牵线结良缘；

喃字原文：结 愿 金 改 乓 些，
国际音标：ket⁷ŋwi:n⁶ kim¹ ka:i³ ha:i¹ta¹
汉文直译：结愿 针 磁石 咱俩
汉文意译：磁石引针心相愿，

喃字原文：底 塘 吏 迻 匎 黜 朱 斦。
国际音标：ʔde³ ʔdɯ:ŋ² ʔdi¹la:i⁶ va:u²ra¹ tsɔ¹ ɣɤn²
汉文直译：让 路 来往 进出 使 近
汉文意译：理通道路咱接近。

喃字原文：務 春 時 结 義 春，
国际音标：muə² sɤn¹ thi² ket⁷ ŋiə³ sɤn¹
汉文直译：春季 就 结义 春
汉文意译：春天结义青春缘，

喃字原文：㐌 些 结 義 春 雲 底 𠫾。
国际音标：haːi¹ taː¹ ket⁷ ŋiə³ sɤn¹ vɤn¹ ʔde³ ʔdɤːi²
汉文直译：咱俩 结 义 春 云 留 世间
汉文意译：咱俩结义春云情。

（男：阮继初，阮进余；女：阮氏心）

(240)

喃字原文：払 術 扲 衪 肪 㧡，
国际音标：tsaːŋ² ve² kɤm² lɤi⁵ ko³ tai¹
汉文直译：郎 回 握住 手 腕
汉文意译：君回妹握手不放，

喃字原文：嗨 払 缘 𠰘 義 尼 ┌ 牢？
国际音标：hɔi³ tsaːŋ² jiːn¹ ʔdɤi⁵ ŋiə³ nai² laːm² thaːu¹
汉文直译：问 郎 缘 哪儿 义 这 怎样
汉文意译：请问此情缘怎样？

喃字原文：固 腋 拰 抱 𦟐 桃，
国际音标：kɔ⁵ ʔdem¹ jɯə⁶ ʔɤp⁷ maː⁵ ʔdaːu²
汉文直译：有 夜 倚 抱 桃 颊
汉文意译：夜里有时摸红桃，

喃字原文：啧 缘 淹 掙 特 㐌 打 堆。
国际音标：tat⁷ jiːn¹ ʔɛm¹ tsaŋ³ ʔdɯːk⁸ vaːu² ʔdan⁵ ʔdoi¹
汉文直译：责怪 缘 妹 不 得 进 打 对儿
汉文意译：责怪自己没缘分。

情 歌

喃字原文：啧　扒　茹　䩵　赊　吹，
国际音标：tat⁷ tsa:ŋ² na²kɯə³ sa¹soi¹
汉文直译：责怪　郎　　家庭　遥远
汉文意译：又怪君子家离远，

喃字原文：朱　铖　捱　　特　打　堆　共　扒；
国际音标：tsɔ¹nen¹ tsaŋ³ ʔdɯ:k⁸ ʔdan⁵ ʔdoi¹ kuŋ² tsa:ŋ²
汉文直译：所以　　不　　得　打　对儿　同　郎
汉文意译：为此君子莫常来；

喃字原文：没　腤　巴　䏾　䵺　迊，
国际音标：mot⁸ ʔdem¹ ʔba¹ ʔbɤn⁶ toŋ¹ tha:ŋ¹
汉文直译：一　夜　三　次　看　去
汉文意译：一夜三次往外望，

喃字原文：媕　没　䵺　扒　扒　没　䵺　䀊。
国际音标：ʔɛm¹ mot⁸ toŋ¹ tsa:ŋ² tsa:ŋ² mot⁸ toŋ¹ ʔdi¹
汉文直译：妹　一　望　郎　郎　一　望　去
汉文意译：望君无见转头来。

喃字原文：掩　核　穰　曷　流　離，
国际音标：joŋ² kɤi¹tsu:i⁵ ha:t⁸ liu¹li¹
汉文直译：种　芭蕉树　核　流离
汉文意译：栽种核蕉人流离，

喃字原文：䵺　扒　扒　䵺　吏　䀊　塘　吊；
国际音标：toŋ¹ tsa:ŋ² tsa:ŋ² la:i⁶ toŋ¹ ʔdi¹ ʔdɯ:ŋ² na:u²
汉文直译：望　郎　郎　又　望　去　路　哪
汉文意译：望君不知在何处；

949

喃字原文：揞 核 穰 曷 高 槽，
国际音标：joŋ² kɤi¹tsu:i⁵ha:t⁸ ka:u¹ta:u²
汉文直译：种 核蕉树 高过人头
汉文意译：种得核蕉高人头，

喃字原文：矍 扒 扒 吏 齜 牟 ㇒ 骄。
国际音标：toŋ¹ tsa:ŋ² tsa:ŋ² la:i⁶ ra¹ mau² la:m²ki:u¹
汉文直译：看 郎 郎 又 出 颜色 傲慢
汉文意译：见君好似有傲气。

喃字原文：揞 核 穰 曷 铖 搣，
国际音标：joŋ² kɤi¹tsu:i⁵ha:t⁸ nen¹ nɯ:ŋ¹
汉文直译：种 核蕉树 成 蕉园
汉文意译：种得核蕉成蕉园，

喃字原文：貀 時 ㇒ 獻 胿 霜 雯 岫。
国际音标：ŋai² thi² la:m² kwa:t⁸ ʔdem¹ thɯ:ŋ¹ tsɛ¹ ju²
汉文直译：白天就 做 扇子 夜晚 霜 遮伞
汉文意译：日叶风吹夜遮雨。

（241）

喃字原文：些 嚎 遫 刱 歪 喂，
国际音标：ta¹ mɔŋ¹ tsɔŋ⁵ tha:ŋ⁵ jɤ:i² ʔɤ:i¹
汉文直译：我 盼望 快 亮 天 啊
汉文意译：我盼望快到天亮，

喃字原文：底 麻 伴 喝 遫 蜙 車 遛；
国际音标：ʔde³ ma² ʔba:n⁶ha:t⁷ tsɔŋ⁵ ŋoi² sɛ¹ tha:ŋ¹
汉文直译：让 而 歌友 快 坐 车 来
汉文意译：让歌友们聚歌堂；

情 歌

喃字原文：習箕些拱没 廊，
国际音标：sɯə¹kiə¹ ta¹ kuŋ³ mot⁸ la:ŋ²
汉文直译：从前 咱 都 一 村
汉文意译：昔日大家同村庄，

喃字原文：同 鄉 同 社 同 廊 貝 垚。
国际音标：ʔdoŋ² hɯ:ŋ¹ ʔdoŋ² sa³ ʔdoŋ² la:ŋ² vɤ:i⁵ȵau¹
汉文直译：同 乡 同 社 同 村 互相
汉文意译：同乡同社同歌王。

喃字原文：悲 唹 些 貝 赊 垚，
国际音标：ʔbɤi¹jɤ² ta¹ vɤ:i⁵ sa¹ ȵau¹
汉文直译：如今 咱 和 远离 互相
汉文意译：如今虽然离远乡，

喃字原文：習 箕 些 拱 咹 槁 没 塌；
国际音标：sɯə¹kiə¹ ta¹ kuŋ³ ʔan¹ kau¹ mot⁸ vɯ:n²
汉文直译：昔日 咱 也 吃 槟榔 一 园子
汉文意译：昔日吃蒌同一园；

喃字原文：悲 唹 些 貝 赊 哇，
国际音标：ʔbɤi¹jɤ² ta¹ vɤ:i⁵ sa¹ ȵɤ:i²
汉文直译：如今 咱 和 远离 话语
汉文意译：如今咱们人远离，

喃字原文：習 箕 些 拱 咹 制 没 時。
国际音标：sɯə¹kiə¹ ta¹ kuŋ³ ʔan¹ tsɤ:i¹ mot⁸ thi²
汉文直译：昔日 咱 也 玩乐 一 时
汉文意译：昔日青年共欢悦。

喃字原文：悲 嗏 些 貝 身 憎，
国际音标：ʔbɤi¹jɤ² ta¹ vɤ:i⁵ thɤn¹ hɛn²
汉文直译：如今 咱 和 身 卑微
汉文意译：如今我显得才疏，

喃字原文：㗂 箕 些 拱 灼 畑 劊 官。
国际音标：sɯə¹kiə¹ ta¹ kuŋ³ ʔdot⁷ ʔdɛn² kɯə³ kwa:n¹
汉文直译：昔日 咱 也 点 灯 门 官
汉文意译：昔日亦是习官文。

(242)

喃字原文：悉 愁 如 脆 群 憾，
国际音标：lɔŋ² thɤu² nɯ¹ ja⁶ kɔn² kam¹
汉文直译：心 愁 如 肚 还 发抖
汉文意译：心里愁闷人发抖，

喃字原文：渃 滝 冷 汀 埃 沉 㗂 之；
国际音标：nɯ:k⁷ thoŋ¹ lan⁶lɛu³ ʔa:i¹ tsɤm² la:m²tsi¹
汉文直译：水 河 清冷 水 洗澡 做什么
汉文意译：河水清冷谁洗身；

喃字原文：裸 城 磋 袟 群 兜，
国际音标：kho⁵ than² vɤ³ mɤt⁷ kɔn² ʔdɤu¹
汉文直译：遮羞布 成 破 遗失 尚存 哪儿
汉文意译：裸布烂了怎见人，

喃字原文：喷 茹 麻 固 弹 偻 他 垌。
国际音标：tat⁷ ɲa² ma² kɔ⁵ ʔda:n² tɤu¹ tha³ ʔdoŋ²
汉文直译：责怪 家 而 有 群 水牛 放 田野
汉文意译：责家贫穷裸露身。

情　歌

（243）

喃字原文：払　呐　麻　拱　　特　哄，
国际音标：tsaːŋ² nɔi⁵ ma² kuŋ³ ʔdɯːk⁸ kɯːi²
汉文直译：郎　说　而　也　　得　哭
汉文意译：君讲话来真可笑，

喃字原文：祼　帍　吏　磋　仍　哇　　麤　瘖；
国际音标：khoˑ⁵ naːu² laːi⁶ vɤ³ ȵɯŋ³ ȵɤːi² khɔˑ⁵ ŋɛ¹
汉文直译：遮羞布　哪　又　破　些　话　难听
汉文意译：裸布破烂话难听；

喃字原文：産　钋　産　鐈　　融　秵，
国际音标：than³ kim¹ than³ kɛu² tɔŋ¹ tai¹
汉文直译：备　针　备　剪　中　手
汉文意译：剪刀针线妹备手，

喃字原文：奄　岾　懈　厭　　逐　怔　朱　払。
国际音标：ʔɛm¹ kat⁷ jaːi³ ʔiːm⁵ ʔdɯə¹ ŋai¹ tsɔ¹ tsaːŋ²
汉文直译：妹　剪　带子　胸围　送　马上　给　郎
汉文意译：妹剪胸带交以君。

（244）

喃字原文：悲　数　質　隊　协　囲，
国际音标：ʔbɤi¹ lɤu¹ tsɤt⁸ tsoi⁶ hɛp⁸ hɔi²
汉文直译：过去　　拥挤　狭窄
汉文意译：过去裸布很狭窄，

喃字原文：悲　唸　顭　待　昜　睨　世　尼；
国际音标：ʔbɤi¹ jɤ² rɔŋ⁶ raːi³ je³ kɔi¹ theˑ⁵ nai²
汉文直译：如今　宽阔　　好看　这样
汉文意译：如今宽阔又好看；

喃字原文：孤 躝 吏 咶 占 包，
国际音标：ho² nam² la:i⁶ n̠ak⁷ tsi:m¹ʔba:u¹
汉文直译：刚 躺 有 提及 梦境
汉文意译：哥刚入睡做美梦，

喃字原文：渃 氿 固 塂 嫩 高 固 垠。
国际音标：nɯ:k⁷ tsai³ kɔ⁵ ʔbɤk⁸ nɔn¹ ka:u¹ kɔ⁵ ŋan¹
汉文直译：水 流 有 度 山 高 有 格
汉文意译：山高有度水流顺。

喃字原文：𠀧 些 天 地 𢴱 運，
国际音标：ha:i¹ta¹ thi:n¹ʔdiə⁶ sɤi¹vɤn⁶
汉文直译：咱俩 天地 转运
汉文意译：咱俩天意来作合，

喃字原文：鳳 凰 迠 節春 雲 迠 時。
国际音标：fɯ:ŋ⁶hwa:ŋ² ɣap⁸ ti:t⁷ sɤn¹ vɤn¹ ɣap⁸ thɤ:i²
汉文直译：凤凰 遇 时节 春 云 遇 时
汉文意译：凤凰及时聚春云。

（245）
喃字原文：鐄 淶 𠁑 泜 時 散，
国际音标：va:ŋ² rɤ:i¹ su:ŋ⁵ ji:ŋ⁵ thi² ta:n¹
汉文直译：金 落 下 井 就 散
汉文意译：金子落井会分散，

喃字原文：鴆 㕰 術 祖 馭 顽 坤 情；
国际音标：tsim¹ ʔbai¹ ve² to³ ŋɯ:i² ŋwa:n¹ khon¹ tin²
汉文直译：鸟 飞 回 巢 人 灵巧 聪明 情
汉文意译：鸟儿回巢人为情；

情 歌

喃字原文：鉄 箕 杜 波 時 沊，
国际音标：that⁷ kiə¹ ʔdo³ ʔbe³ thi² tsim²
汉文直译：铁 那 倒 海 就 沉
汉文意译：铁块倒海沉不见，

喃字原文：仍 調 呐 摄 邊 尼。
国际音标：nɯŋ³ ʔdi:u² nɔi⁵ jɛp⁸ ʔben¹ nai²
汉文直译：些 话语 说 放 边 这
汉文意译：哥说话儿妹记心。

（男：苏维绍，阮进余；女：阮春英，梁秀）

(246)

喃字原文：蹰 蓮 核 粝 高 高，
国际音标：tɛu² len¹ kɤi¹ya:u⁶ ka:u¹ ka:u¹
汉文直译：爬 上 木棉树 高 高
汉文意译：爬上木棉树高顶，

喃字原文：功 程 計 擎 別 包 功 程；
国际音标：koŋ¹tin² ke³ si:t⁷ ʔbi:t⁷ʔba:u¹ koŋ¹tin²
汉文直译：力气 说 尽 多少 力气
汉文意译：用力爬树使无尽；

喃字原文：蹰 蓮 核 粝 飺 亭，
国际音标：tɛu² len¹ kɤi¹ya:u⁶ thau¹ ʔdin²
汉文直译：爬 上 木棉树 后 亭子
汉文意译：爬上木棉树后亭，

喃字原文：𥊛 𨔿 茹 笕 躺 没 槬 鸪。
国际音标：toŋ¹ su:ŋ⁵ ɲa² min² thɤi⁵ mot⁸ tsu:ŋ² tsim¹
汉文直译：望 下 家 妹 见 一 巢 鸟
汉文意译：望见妹家有鸟巢。

955

京族传统民歌译注

喃字原文：觅槿麻拰觅鸠，
国际音标：thɤi⁵ tsu:ŋ² ma² tsaŋ³ thɤi⁵ tsim¹
汉文直译：见 巢 而 不 见 鸟
汉文意译：见鸟巢没见有鸟，

喃字原文：底些詩唇㐌寻鸠堆；
国际音标：ʔde³ ta¹ thɤ¹thɤn³ ʔdi¹ tim² tsim¹ ʔdoi¹
汉文直译：让 我 愣然 去 找 鸟 对儿
汉文意译：让我愣然寻鸟对；

喃字原文：擬罢鸠 没 時 扒祂 制，
国际音标：ŋi³ la² tsim¹ mot⁸ thi² ʔbat⁷ lɤi⁵ tsim¹
汉文直译：想 是 鸟 一 就 捉 拿 鸟
汉文意译：想是单鸟捉来玩，

喃字原文：埃吋鸠 苞 固 堆 時 停。
国际音标：ʔa:i¹ ŋɤ² tsim¹ ʔda³ kɔ⁵ ʔdoi¹ thi² ʔdan²
汉文直译：谁 料 鸟 已 有 对 就 姑且忍耐
汉文意译：谁人料想鸟双对。

喃字原文：冖 之 渃 相 吏 溋，
国际音标：la:m²tsi¹ nɯ:k⁷mat⁷ la:i⁶ jɯŋ²
汉文直译：为什么 眼泪 又 充盈
汉文意译：为啥眼泪流又停，

喃字原文：苞 固 准 帝 時 停 准 低；
国际音标：ʔda³ kɔ⁵ tson⁵ ʔdɤi⁵ thi² ʔdɯŋ² tson⁵ ʔdɤi¹
汉文直译：已 有 地方 那儿 就 别 地方 这儿
汉文意译：那边有人忘爱君；

情 歌

喃字原文：吖 仃 扒 魲 㐲 揌，
国际音标：sin¹ ʔdɯŋ² ʔbat⁷ ka⁵ ha:i¹ tai¹
汉文直译：请 别 捉 鱼 两 手
汉文意译：请莫两手都捉鱼，

喃字原文：魲 時 甑 波 鸪 㐱 術 岸。
国际音标：ka⁵ thi² su:ŋ⁵ ʔbe³ tsim¹ ʔbai¹ ve² ŋa:n²
汉文直译：鱼 就 放 海 鸟 飞 回 林
汉文意译：鱼儿游海鸟回林。

喃字原文：埃 喂 㩦 袮 㫣 㗓，
国际音标：ʔa:i¹ ʔɤ:i¹ jɯ³ lɤi⁵ tɤk⁷ ɣa:ŋ¹
汉文直译：谁 啊 守 咫 尺
汉文意译：喂呀！眼前守住人，

喃字原文：瀋 朱 燕 北 雁 南 越 囬；
国际音标：tsɤ⁵ tsɔ¹ ʔi:n⁵ ʔbak⁷ na:n⁶ na:m¹ vɯ:t⁸ hoi²
汉文直译：别 让 燕 北 雁 南 越 回
汉文意译：燕北雁南难飞回；

喃字原文：瀋 覕 绉 縍 拭 麻 䂴，
国际音标：tsɤ⁵ thɤi⁵ ʔboi⁵ tɤ¹ vɔ² ma² ŋa:i⁶
汉文直译：别 见 乱 丝 搓 而 担忧
汉文意译：莫见丝乱人忧愁，

喃字原文：篤 没 悉 据 撆 欤 時 黜。
国际音标：jok⁷ mot⁸ lɔŋ² kɯ⁵ jɤ³ ma:i³ thi² ra¹
汉文直译：倾 一 心 一直 拆 长久 就 出
汉文意译：有心解开会理顺。

喃字原文：娘 麻 固 寔 共 些，
国际音标：na:ŋ² ma² kɔ⁵ thɤt⁸ kuŋ² ta¹
汉文直译：妹 若 有 真 同 哥
汉文意译：妹只有心同一起，

喃字原文：笃 悉 撵 歟 朱 黜 绹 尼。
国际音标：jok⁷lɔŋ² jɤ³ ma:i³ tsɔ¹ ra¹ moi⁵ nai²
汉文直译：决心 拆 长久 给 出 团 这
汉文意译：决心解开乱丝团。

(247)

喃字原文：鞦 牢 至 咳 罖 峼，
国际音标：mai¹ tha:u¹ tsi⁵ hɤ:i³ la² hai¹
汉文直译：幸运 怎么 最 啊 是 好
汉文意译：今日奇巧人幸运，

喃字原文：跐 蹟 黜 屧 楼 西 迖 払；
国际音标：ʔbɯ:k⁷tsɤn¹ ra¹ ma:i⁵ lɤu² tɤi¹ ɣap⁸ tsa:ŋ²
汉文直译：移步 出 屋檐 楼 西 遇 郎
汉文意译：移步西轩遇见君；

喃字原文：悲 睑 奇遇 迖 払，
国际音标：ʔbɤi¹jɤ² ki²ŋo⁶ ɣap⁸ tsa:ŋ²
汉文直译：如今 奇遇 遇 郎
汉文意译：如今偶然见君面，

喃字原文：拱 罖 丕 孛 迻 塘 跙 低。
国际音标：kuŋ³ la² jɤ:i² ʔbut⁸ ʔdɯə¹ʔdɯ:ŋ² ʔden⁵ ʔdɤi¹
汉文直译：都 是 天 佛 引路 到 这儿
汉文意译：都是天佛来指引。

情 歌

(248)

喃字原文：梗　桃　荓　柳　拂菲，
国际音标：kan² ʔda:u² la⁵ li:u³ fɤt⁷fɤ:i⁵
汉文直译：枝　桃　叶　柳　飘拂
汉文意译：桃枝柳叶在拂飘，

喃字原文：缘　丕　绅　吏　情旗　迏　烧；
国际音标：ji:n¹ jɤ:i² sɛ¹ la:i⁶ tin²kɤ² ɣap⁸ɲau¹
汉文直译：缘　天　牵　来　偶然　相遇
汉文意译：天缘注定偶然见；

喃字原文：嗨　喺　朱　别　翁　婺？
国际音标：hɔi³tham¹ tsɔ¹ ʔbi:t⁷ ʔoŋ¹ ʔba²
汉文直译：探问　给　知　爷爷　奶奶
汉文意译：先问妹爷奶好吗？

喃字原文：喺　吒　喺　媄　乄　些　结　愿。
国际音标：tham¹ tsa¹ tham¹ mɛ⁶ ha:i¹ta¹ ket⁷ŋwi:n⁶
汉文直译：探问　父亲　探问　母亲　咱俩　结愿
汉文意译：探问父母许结愿。

喃字原文：情旗　缘　吏　绞　缘，
国际音标：tin²kɤ² ji:n¹ la:i⁶ ʔben⁶ ji:n¹
汉文直译：偶然　缘　来　缠绵　缘
汉文意译：缘分偶然有缘见，

喃字原文：如　魮　迏　渃　结　愿　情　终；
国际音标：ɲɯ¹ ka⁵ ɣap⁸ nɯ:k⁷ ket⁷ŋwi:n⁶ tin²tsuŋ¹
汉文直译：如　鱼　遇　谁　结　愿　钟情
汉文意译：如鱼得水结钟情；

959

喃字原文：ե些 决 志 没 悉，
国际音标：ha:i¹ta¹ kwi:t⁷tsi⁵ mot⁸lɔŋ²
汉文直译：我俩　决意　一心
汉文意译：咱俩一心决意合，

喃字原文：如 鸹 迓 祖 如 蟆 迓 霊。
国际音标：n̠ɯ¹ tsim¹ ɣap⁸ to³ n̠ɯ¹ roŋ² ɣap⁸ mɤi¹
汉文直译：如　鸟　遇　巢　如　龙　遇　云
汉文意译：如鸟有巢龙遇云。

喃字原文：情 旗 扒 迓 尧 低，
国际音标：tin²kɤ² ʔbat⁷ ɣap⁸n̠au¹ ʔdɤi¹
汉文直译：偶然　得　相遇　这儿
汉文意译：咱俩偶然得相见，

喃字原文：如 鸹 鸾 凤 杜 核 梧桐；
国际音标：n̠ɯ¹ tsim¹ lɔn¹ fɯ:ŋ⁶ ʔdo³ kɤi¹ŋo¹ʔdoŋ²
汉文直译：如　鸟　鸾　凤　栖息　梧桐树
汉文意译：如凤鸾鸟栖梧桐；

喃字原文：迓 娘 英 嗨 寔 悉，
国际音标：ɣap⁸ na:ŋ² ʔan¹ hoi³ thɤt⁸lɔŋ²
汉文直译：遇　妹　哥　问　真心
汉文意译：见妹哥要问实言，

喃字原文：固 朱 英 结 鸾 房　 特 庄？
国际音标：kɔ⁵ tsɔ¹ ʔan¹ ket⁷ lɔn¹fɔŋ² ʔdɯ:k⁸ tsaŋ¹
汉文直译：有　给　哥　结　鸾房　　得　不
汉文意译：能否与妹结鸾房？

情 歌

（249）

喃字原文：棒　兜　信　烠　音　音，
国际音标：ʔboŋ³ ʔdɤu¹ tin¹ lɯə³ ʔɤm² ʔɤm²
汉文直译：徒然　　音讯　火　　隆隆
汉文意译：突然火讯隆声传，

喃字原文：遶　尨　茹　泊　洁　淋　劘　疏；
国际音标：jɔ⁵ ʔbai¹ ɲa² ʔba:k⁸ ka:t⁷ lɤm¹ kɯə³ thɯə¹
汉文直译：风　吹　家　白　沙　临近　门　疏
汉文意译：风吹入屋沙进门；

喃字原文：跐　䟛　曾　跐　銀　瘂，
国际音标：ʔbɯ:k⁷ ra¹ tɯŋ² ʔbɯ:k⁷ ŋɤn³ ŋɤ¹
汉文直译：迈步　出　成　步　愣然
汉文意译：跨出大门见愣然，

喃字原文：媄　嫯　頭　泊　媕　疎　膡　桃。
国际音标：mɛ⁶ ja² ʔdɤu² ʔba:k⁸ ʔɛm¹ thɯə¹ ma⁵ hoŋ²
汉文直译：母　老　头　白　妹　回答　红颜
汉文意译：父母白发妹恍惚。

喃字原文：㘝　迗　遶　曘　麠　睥，
国际音标：ŋai² ʔdɔn⁵ jɔ⁵ toi⁵ toŋ¹ tha:u¹
汉文直译：白天　迎　风　夜晚　望　星星
汉文意译：日间顶风夜望星，

喃字原文：柠　蹎　踲　𥒥　蹎　高　岌　迎；
国际音标：juŋ² tsɤn¹ vɤp⁷ ʔda⁵ tsɤn¹ ka:u¹ ɣɤp⁸ ŋɤn¹
汉文直译：驻足　碰　石　脚　高　崎岖
汉文意译：脚走高低碰石停；

喃字原文：罗 他 蛂 客 浨 情，
国际音标：la¹ʔda² ʔbɯ:m⁵ khat⁷ jɔt⁸ tin²
汉文直译：飘零 蝶 客 打 情
汉文意译：蝴蝶似客飞飘零，

喃字原文：别 兜 涓 尾 呦 躺 朱 安。
国际音标：ʔbi:t⁷ ʔdʐu¹ kwɛn¹thu:k⁸ ɣɯi³ min² tsɔ¹ ʔi:n¹
汉文直译：知 哪儿 熟悉 寄 身 使 安
汉文意译：怎识熟人安置定。

喃字原文：挀 戈 没 廣 皇 天，
国际音标：tai¹ kwa¹ mot⁸ kwa:ŋ³ hwa:ŋ²thi:n¹
汉文直译：手 过 一 广 皇天
汉文意译：皇天一手遮了天，

喃字原文：專 轉 玉 爸 搁 岸 嫩 樋；
国际音标：tsi:n¹ tsi:n³ ŋɔk⁸ ʔda³ ɣa:k⁷ ŋa:n²nɔn¹ thoŋ¹
汉文直译：专门 串 玉 已 放 山林 松树
汉文意译：松林挂果如玉串；

喃字原文：琨 离 媄 媄 离 琨，
国际音标：kɔn¹ liə² mɛ⁶ mɛ⁶ liə² kɔn¹
汉文直译：子 离 母 母 离 子
汉文意译：孩儿离母，母离子，

喃字原文：正 核 萎 稩 渃 嫩 冷 逮。
国际音标：tsin⁵ kʐi¹ rau¹ma⁵ nɯ:k⁷nɔn¹ lan⁶luŋ²
汉文直译：正 树 积雪草 山水 冷清
汉文意译：山上雪草受冷冻。

情 歌

喃字原文：觅 馹 拎 㲀 祂 中，
国际音标：thɤi⁵ ŋɯ:i² kɤm² thɯ:k⁷ tɛ³ tuŋ¹
汉文直译：见 人 拿 尺子 年轻人
汉文意译：见年轻人手拿尺，

喃字原文：歪 高 龟 负 诺 嫩 龟 明；
国际音标：jɤ:i² ka:u¹ ʔda³ fu⁶ nɯ:k⁷ nɔn¹ ʔda³ min¹
汉文直译：天 高 已 负 山水 已 盟誓
汉文意译：指高天负情英雄；

喃字原文：觅 馹 䶊 嚺 塘 靜，
国际音标：thɤi⁵ ŋɯ:i² tɔŋ¹ jam⁶ ʔdɯ:ŋ² san¹
汉文直译：见 人 中 茂密 路 绿
汉文意译：深山野林见人行，

喃字原文：皱 滇 臕 粉 寻 鸾 曲 鐄。
国际音标：tsau¹ tsa:n¹ ma⁵ fɤn⁵ tim² lɔn¹ khuk⁷ va:ŋ²
汉文直译：皱眉 粉脸 找 鸾 金子
汉文意译：皱眉脸颜寻鸾凤。

喃字原文：情 旗 迟 客 户 行，
国际音标：tin² kɤ² ɣap⁸ khat⁷ hɔ⁶ ha:ŋ²
汉文直译：偶然 遇 客 亲戚
汉文意译：偶然遇见相熟客，

喃字原文：嗨 缘 金 帟 嗨 扐 湿 高；
国际音标：hɔi³ ji:n¹ kim¹ ʔdɤi⁵ hɔi³ tsa:ŋ² thɤp⁷ ka:u¹
汉文直译：问 缘 金 那儿 问 郎 低 高
汉文意译：问君缘由问前后；

喃字原文：笕 趴 窈 窕 唒 哗，
国际音标：thɤi⁵ ŋɯːi² ʔiːu³ʔdiːu⁶ son¹saːu¹
汉文直译：见　人　窈窕　　喧哗
汉文意译：见人窈窕众喧哗，

喃字原文：笕 趴 瘗 银 麻 敖 彦 愁。
国际音标：thɤi⁵ ŋɯːi² ŋɤ¹ŋɤn³ ma² ŋaːu¹ŋaːn⁵ thɤu²
汉文直译：见　人　愣然　而　厌烦　愁
汉文意译：见人愣然自烦愁。

喃字原文：嗨 自 圭 户 尼 兜，
国际音标：hɔi³ tɯ² kwe¹ hɔ⁶ nɤːi¹ ʔdɤu¹
汉文直译：问　从　家乡　姓　地方　哪儿
汉文意译：请问家乡在何处，

喃字原文：迖 烧 指 閗 朱 烧 别 共。
国际音标：ɣap⁸ɲau¹ tsi³ ŋɔ³ tsɔ¹ ɲau¹ ʔbiːt⁷ kuŋ²
汉文直译：相遇　指　巷子　给　互相　知　同
汉文意译：见面指路互通晓。

（男：阮进余，刘扬顺；女：梁秀，杜福英）

（250）

喃字原文：勗 尼 買 噲 罒 鞦，
国际音标：hom¹nai¹ mɤːi⁵ ɣɔi⁶laː² mai¹
汉文直译：今天　才　叫做　幸运
汉文意译：今日真正是走运，

喃字原文：缘 丕 迖 吏 细 低 迖 烧；
国际音标：jiːn¹ jɤːi² ʔdɯə¹ laːi⁶ tɤːi⁵ ʔdɤi¹ ɣap⁸ɲau¹
汉文直译：缘　天　指引　来　到　这儿　相遇
汉文意译：天意指使此遇妹；

情 歌

喃字原文：睸 烒 如 玉 如 鐄，
国际音标：kɔi¹ ȵau¹ ȵɯ¹ ŋɔk⁸ ȵɯ¹ va:ŋ²
汉文直译：看 互相 如 玉 如 金
汉文意译：相见如同见金玉，

喃字原文：底 些 思 想 悉 强 忟 傷。
国际音标：ʔde³ ta¹ tɯ¹tɯ:ŋ³ lɔŋ² ka:ŋ² nɤ⁵thɯ:ŋ¹
汉文直译：让 咱 思想 心 更 思念
汉文意译：相爱思想更思念。

喃字原文：约 之 终 襘 终 㦊，
国际音标：ʔɯ:k⁷ tsi¹ tsuŋ¹ ɣoi⁵ tsuŋ¹ jɯ:ŋ²
汉文直译：渴望 什么 共 枕 同 床
汉文意译：渴望同枕和同床，

喃字原文：约 幻 麻 特 房 香 没 茹；
国际音标：ʔɯ:k⁷ʔa:u¹ ma² ʔdɯ:k⁸ fɔŋ² hɯ:ŋ¹ mot⁸ na²
汉文直译：渴望 而 得 香 房 一 家
汉文意译：渴望成家同香房；

喃字原文：觅 娘 卒 羰 如 花，
国际音标：thɤi⁵ na:ŋ² tot⁷ʔdɛp⁸ ȵɯ¹ hwa¹
汉文直译：见 妹 美丽 如 花
汉文意译：见妹美丽如朵花，

喃字原文：些 如 螉 蛃 吏 麻 制。
国际音标：ta¹ ȵɯ¹ ʔɔŋ¹ ʔbɯ:m⁵ la:i⁶ ma² tsɤ:i¹
汉文直译：咱 如 蜂 蝶 来 而 玩
汉文意译：正如蜂蝶采花乐。

喃字原文：　铖　　庄　趣　实　没　呸，
国际音标：nen¹ tsaŋ¹ thu⁵ thɤt⁸ mot⁸ n̠ɤːi²
汉文直译：　成　　不　喜欢　真　一　言
汉文意译：妹否同意说实言，

喃字原文：底　鸾　贝　凤　聘　堆　拱　妸。
国际音标：ʔde³ lɔn¹ vɤːi⁵ fɯːŋ⁶ than⁵ ʔdoi¹ kuŋ³ vɯə²
汉文直译：让　鸾　和　凤　结对　　也　合适
汉文意译：凤鸾结对共欢乐。

（251）

喃字原文：忹　扒　瘝　銀　扒　喂！
国际音标：n̠ɤ⁵ tsaːŋ² ŋɤ¹ ŋɤn³ tsaːŋ² ʔɤːi¹
汉文直译：想　郎　愣然　郎　啊
汉文意译：君呀！想君妹愣然，

喃字原文：包　斦　麻　吏　赊　吹　牢　停；
国际音标：ʔda³ ɣɤn² ma² laːi⁶ sa¹ soi¹ thaːu¹ ʔdan²
汉文直译：已　近　而　又　遥远　　何忍
汉文意译：咱俩相聚莫分离；

喃字原文：隔　滝　阻　渃　艘　江，
国际音标：kat⁷ thoŋ¹ tɤ³ nɯːk⁷ ʔdɔ² jaːŋ¹
汉文直译：隔　河　阻　水　渡　船　江
汉文意译：隔河阻水渡船过，

喃字原文：约　之　麻　特　挊　邎　共　茹。
国际音标：ʔɯːk⁷ tsi¹ ma² ʔdɯːk⁸ jɯə⁶ thaːŋ¹ kuŋ² n̠a²
汉文直译：渴望　什么　而　得　倚靠　去　同　家
汉文意译：渴望同君一家亲。

情 歌

（252）

喃字原文：厨帍䉺椀高悉，
国际音标：tsuə² na:u² nɤ:n⁵ ʔwa:n³ ka:u¹ lɔŋ²
汉文直译：寺 哪 大 沙糕 高 心
汉文意译：那佛寺沙糕大又高，

喃字原文：時些買整没悉迻修；
国际音标：thi² ta¹ mɤ:i⁵ tsin³ mot⁸lɔŋ² ʔdi¹tu¹
汉文直译：则 我 才 一心 出家
汉文意译：我才出家入此寺；

喃字原文：厨帍挃沛孛如，
国际音标：tsuə² na:u² tsaŋ³ fa:i³ ʔbut⁸nɯ¹
汉文直译：寺 哪 不 是 如来佛
汉文意译：那座寺有如来佛，

喃字原文：躺群更竍迻修厨帍。
国际音标：min² kɔn² la:i⁶ jɯ³ ʔdi¹tu¹ tsuə² na:u²
汉文直译：我 还 来 守 出嫁 寺 哪
汉文意译：我就出家那佛寺。

喃字原文：厨帍正廟時蜍，
国际音标：tsuə² na:u² tsin⁵ mi:u⁵ thi² thɤ²
汉文直译：寺 哪 正庙 就 祭祀
汉文意译：那寺大佛就祭祀，

喃字原文：厨帍詩唇唇詩些停。
国际音标：tsuə² na:u² thɤ¹thɤn³ thɤn³thɤ¹ ta¹ ʔdan²
汉文直译：寺 哪 愣然 愣然
汉文意译：那寺佛小莫进去。

967

（253）

喃字原文：彺 厨 襰 孛 襰 柴,
国际音标：vaːu² tsuə² lai⁶ ʔbut⁸ lai⁶ thɤi²
汉文直译：进 寺 拜 佛 拜 和尚
汉文意译：入寺求和尚拜佛,

喃字原文：𠄩 些 喂 愿 哐 尼 拱 喊;
国际音标：haːi¹taˡ khɤn⁵ŋwiːn⁶ nɤːi² nai² kuŋ³ nen¹
汉文直译：咱俩 恳求 话 这 也 成
汉文意译：咱们恳求佛保佑;

喃字原文：默 悉 埃 固 押 缘,
国际音标：mak⁸lɔŋ² ʔaːi¹ kɔ⁵ ʔɛp⁷jiːn¹
汉文直译：不管 谁 有 逼 婚
汉文意译：不管谁人来逼婚,

喃字原文：彺 厨 些 翔 劗 厝 没 欺。
国际音标：vaːu² tsuə² taˡ mɤ³ kɯə³ tsiːn² mot⁸khi¹
汉文直译：进 寺 咱 开 门 寺庙 一旦
汉文意译：咱们入寺抽笺求。

喃字原文：曈 莲 览 景 詩 题,
国际音标：toŋ¹ len¹ thɤi⁵ kan³ thɤˡ ʔde²
汉文直译：望 上 见 景 诗 题
汉文意译：望上见景有题诗,

喃字原文：俸 愿 渃 相 哐 誓 共 烧;
国际音标：ʔboŋ³ ŋwiːn⁶ nɯːk⁷mat⁷ nɤːi²the² kuŋ²n̪au¹
汉文直译：忽然 愿 泪水 誓言 一起
汉文意译：诗似誓言见泪流;

情 歌

喃字原文：翁 绎 固 孕 埃 兜，
国际音标：ʔoŋ¹tʳ¹ kɔ⁵ fu⁶ ʔaːi¹ ʔdʳu¹
汉文直译：月老 有 负 谁 哪儿
汉文意译：月老没有负情缘，

喃字原文：䝨 戈 琨 䏾 脾 疠 曾 峇。
国际音标：liːk⁷ kwa¹ kɔn¹matˀ ruːt⁸ ʔdau¹ tɯŋ²lʳn²
汉文直译：瞥 过 眼睛 肠 痛 一 次次
汉文意译：互丢眼色感心痛。

喃字原文：術 茹 粘 拯 愻 唉，
国际音标：ve² ɲa² kʳːm¹ tsaŋ³ ʔbuːn² ʔan¹
汉文直译：回 家 饭 不 想 吃
汉文意译：回到家想不思食，

喃字原文：䣵 塘 疎 唇 䣵 蒸 伮 馸；
国际音标：ra¹ ʔdɯːŋ² thʳ¹thʳn³ ʔbʳːi³tsɯŋ¹ nʳ⁵ ŋɯːi²
汉文直译：出 路 愣然 因为 想 人
汉文意译：行路愣然想情人；

喃字原文：伮 埃 伮 奇 呬 唭，
国际音标：nʳ⁵ ʔaːi¹ nʳ⁵ ka³ miːŋ⁶ kɯːi²
汉文直译：想 谁 想 全 口 笑
汉文意译：想起飞眼对笑时，

喃字原文：没 番 觅 槶 㕍 迚 番 空。
国际音标：motˀ fɛn¹ thʳi⁵matˀ ʔbaŋ² mɯːi² fɛn¹ khoŋ¹
汉文直译：一 次 见面 如 十 次 不
汉文意译：一次见面胜十次。

喃字原文：拱 罪 脜 待 㒵 嚎，
国际音标：kuŋ³ la² rai² ʔdɤː i⁶ maːi¹ mɔŋ¹
汉文直译：都 是 今天 等 明天 盼
汉文意译：都是日盼夜做梦，

喃字原文：唴 朱 帝 拱 固 悉 徐 低；
国际音标：khɛn¹ tsɔ¹ ʔdɤi⁵ kuŋ³ kɔ⁵ lɔŋ² tsɤ² ʔdɤi¹
汉文直译：称赞 给 那儿 也 有 心 等 这儿
汉文意译：互相称赞有心等；

喃字原文：襖 英 扨 扵 𧢻 𢬣，
国际音标：ʔaːu⁵ ʔan¹ vat⁷ ʔɤ³ ten¹ tai¹
汉文直译：衣 哥 搭 在 上 手
汉文意译：哥不穿衣搭手上，

喃字原文：粓 俺 㨢 特 女 𢖵 情人。
国际音标：kɤːm¹ ʔan¹ tsaŋ³ ʔdɯːk⁸ nɤ⁵ ŋɯːi² tin² ŋɤn¹
汉文直译：饭 吃 不 得 想 人 情人
汉文意译：饭无思食想情人。

喃字原文：女 娘 培 幅 麁 峇，
国际音标：nɤ⁵ naːŋ² ʔboi⁶ ʔbuɯk⁸ ɲiːu² lɤn²
汉文直译：想 妹 忧心 忡忡 多 次
汉文意译：想妹甚忧心忡忡，

喃字原文：傷 娘 娘 吏 跐 蹟 䢔 術。
国际音标：thɯːŋ¹ naːŋ² naːŋ² laːi⁶ ʔbɯːk⁷ tsɤn¹ raːi ve²
汉文直译：想 妹 妹 又 移步 回来
汉文意译：妹回家时哥思念。

（男：刘扬顺；女：阮氏心，罗维珍）

情 歌

(254)

喃字原文：烂　香　缘　闷　纼　缘，
国际音标：luə³ hɯ:ŋ¹ ji:n¹ mu:n⁵ ʔben⁶ ji:n¹
汉文直译：火　香　缘　想　缠绵　缘
汉文意译：香火情缘已点燃，

喃字原文：撷　嚎　秦 楚 朱　連 陳 朱；
国际音标：jat⁷ mɔŋ¹ tɤn² thɤ³ tsɔ¹ li:n² tɤn² tsɤu¹
汉文直译：携手 期望 秦 叹息 使 连 陈 朱
汉文意译：期望秦楚结朱陈；

喃字原文：遟　腮　眶　渚　别　兜，
国际音标：la⁶ ta:i¹ ŋɛ¹ tsɯə¹ ʔbi:t⁷ ʔdɤu¹
汉文直译：神奇 耳听　未　知　哪儿
汉文意译：自己听言感神奇，

喃字原文：眶　黜　育 遥 如 求 帝 王。
国际音标：ŋɛ¹ ra¹ jɔk⁸ja:u² ɲɯ¹ kɤu² ʔde⁵vɯ:ŋ¹
汉文直译：听 出 隐约　如 求　帝 王
汉文意译：求情缘如求帝王。

喃字原文：共　烑　搋　拤　没　牀，
国际音标：kuŋ² ɲau¹ nɯ:ŋ¹ jɯə⁶ mot⁸ jɯ:ŋ²
汉文直译：一同　　倚靠　一　床
汉文意译：咱俩同倚一张床，

喃字原文：共　烑　解　油　曦　湄　迻　寻。
国际音标：kuŋ² ɲau¹ ja:i³ naŋ⁵ jɤu² mɯə¹ ʔdi¹ tim²
汉文直译：一起　曝晒 阳光 淋 雨　去 找
汉文意译：日晒雨淋亦守望。

喃字原文：共 烧 呃 魣 啵 鸪，
国际音标：kuŋ² ȵau¹ ȵan⁵ ka⁵ ɣuɪ³ tsim¹
汉文直译：一起 嘱 鱼 寄 鸟
汉文意译：哥寄鱼语妹雁信，

喃字原文：胎 䭔 想 𬴂 𢮿 寻 桃 源。
国际音标：ʔdem¹ nam² tɯːŋ³ ʔden⁵ ʔdi¹ tim² ʔdaːu² ŋwiːn¹
汉文直译：夜 躺 想 到 去 找 桃 源
汉文意译：夜里做梦寻桃源。

（255）

喃字原文：笃 悉 寻 孛 寻 柴，
国际音标：jok⁷ lɔŋ² tim² ʔbut⁸ tim² tʰɹi²
汉文直译：倾心 找 佛 找 和尚
汉文意译：一心去寻佛、和尚，

喃字原文：寻 仙 玉 女 细 核 梧 桃；
国际音标：tim² tiːn¹ ŋɔk⁸ nɯː³ tɹiː⁵ kɹi¹ ŋo¹ ʔdaːu²
汉文直译：找 仙 玉 女 到 梧 桐
汉文意译：到梧桐寻玉女仙；

喃字原文：修 行 笃 志 寻 𠓨，
国际音标：tu¹ han² jok⁷ tsi⁵ tim² vaːu²
汉文直译：修行 决志 找 进
汉文意译：决志入寺去修行，

喃字原文：嗨 浪 厨 㐌 孛 巿 靈 㝵？
国际音标：hɔi³ raŋ² tsuə² ʔdɹi⁵ ʔbut⁸ naːu² lin¹ tʰiːŋ¹
汉文直译：问 道 寺 那儿 佛像 哪 显 灵
汉文意译：不知哪寺佛显灵？

情 歌

（256）

喃字原文：厨 尼 拱 固 孛 麻，
国际音标：tsuə² nai² kuŋ³ kɔ⁵ ʔbut⁸ ma²
汉文直译：寺 这 也 有 佛像 嘛
汉文意译：这寺亦有大佛像，

喃字原文：麻 娘 挟 籤 㧐 修 厨 吊?
国际音标：ma² na:ŋ² kɛp⁸ nɔn⁵ ʔdi¹tu¹ tsuə² na:u²
汉文直译：而 妹 夹 斗笠 出家 寺 哪
汉文意译：妹还夹帽去哪寺？

（257）

喃字原文：要 烧 拌 祂 特 烧，
国际音标：ʔi:u¹ȵau¹ tsaŋ³ lɤi⁵ ʔdɯ:k⁸ ȵau¹
汉文直译：相爱 不 嫁娶 得 互相
汉文意译：相爱不能同结婚，

喃字原文：鋰 釟 打 鐫 剐 頭 㧐 修；
国际音标：ma:i² ja:u¹ ʔdan⁵ kɛu² ka:u⁶ ʔdʐu² ʔdi¹tu¹
汉文直译：磨 刀 打 剪 剃 头 出家
汉文意译：磨刀剪发去出家；

喃字原文：别 烧 麻 補 烧 喻？
国际音标：ʔbi:t⁷ ȵau¹ ma² ʔbo³ ȵau¹ ru¹
汉文直译：知 互相 而 丢 互相 是否
汉文意译：知心怎能不相爱？

喃字原文：罪 丕 埃 翘 功 夫 埃 填。
国际音标：toi⁶ jɤ:i² ʔa:i¹ tsiu⁵ koŋ¹fu¹ ʔa:i¹ ʔden²
汉文直译：罪 天 谁 受 功夫 谁 还
汉文意译：天罪怪下谁人受。

973

（258）

喃字原文：要 烒 特 於 没 茹，
国际音标：ʔi:u¹ ŋau¹ ʔdɯ:k⁸ ʔɤ³ mot⁸ ŋa²
汉文直译：相爱 得 住 一 家
汉文意译：相爱结成同一家，

喃字原文：㹥 肉 吏 脒 槁 耄 吏 蕨；
国际音标：kɔn¹lɤ:n⁶ la:i⁶ ʔbeu⁵ kau¹ ja² la:i⁶ nɔn¹
汉文直译：猪 又 肥 槟榔 老 又 嫩
汉文意译：老槟榔变嫩养猪肥；

喃字原文：槁 耄 釖 鉋 吏 蕨，
国际音标：kau¹ ja² ja:u¹ thak⁷ la:i⁶ nɔn¹
汉文直译：槟榔 老 刀 利 又 嫩
汉文意译：老槟榔要用快刀切，

喃字原文：馭 耄 妝 點 群 栫 欣 智。
国际音标：ŋɯ:i² ja² ta:ŋ¹ʔdi:m³ kɔn² jɔn² hɤ:n¹ sɯə¹
汉文直译：人 老 化妆 还 美 胜过 从前
汉文意译：老人化妆胜昔美。

（259）

喃字原文：媠 默 頭 蹭 脿 祺，
国际音标：vɤ⁶tsoŋ² ʔdɤu² ɣoi⁵ ma⁵ ke²
汉文直译：夫妻 头 枕 而 贴近
汉文意译：夫妻头枕脸相贴，

喃字原文：悉 帋 麻 補 麻 術 朱 當？
国际音标：lɔŋ² na:u² ma² ʔbo³ ma² ve² tso¹ ʔda:ŋ⁵
汉文直译：心 哪 而 丢 而 回 给 合适
汉文意译：怎能放弃离家走？

情 歌

喃字原文：弧 衘 蹟 㕯 磋 昂，
国际音标：ho² ve² tsɤn¹ laːi⁶ ʔda⁵ ŋaːŋ¹
汉文直译：欲 走 脚 又 踢 横
汉文意译：想走脚又碰石头，

喃字原文：衘 牢 朱 㧳 朱 當 麻 衘？
国际音标：ve² thaːu¹ tso¹ ʔduɯt⁷ tso¹ ʔdaːŋ⁵ ma² ve²
汉文直译：回 怎么 给 断 给 合适 而 回
汉文意译：怎能丢走不回首？

（260）

喃字原文：秦 群 嚎 晋 毬 皮，
国际音标：tɤn² kɔn² mɔŋ¹ tɤn⁵ ɲiːu² ʔbe²
汉文直译：秦 还 渴望 晋 多 方面
汉文意译：秦很想晋心渴望，

喃字原文：兰 群 伖 蕙 哩 誓 渚 悁；
国际音标：laːn¹ kɔn² ɲɤ⁵ hwe⁶ ɲɤːi² the² tsɯa¹ kwen¹
汉文直译：兰 还 想 蕙 誓言 未 忘
汉文意译：兰尚想蕙时不忘；

喃字原文：包 㖲 朱 册 合 畑，
国际音标：ʔbaːu¹ jɤ² tso¹ that⁷ hɤːp⁸ ʔdɛn²
汉文直译：何时 给 书 合 灯
汉文意译：何时书本得近灯，

喃字原文：時 秦 貝 晋 院 全 晟 䎃。
国际音标：thi² tɤn² vɤːi⁵ tɤn⁵ vɛn⁶tɔn² maːi¹ sɯə¹
汉文直译：则 秦 和 晋 完美 明天 从前
汉文意译：秦晋比昔更双全。

（男：苏维绍；女：吴秀英）

975

（261）

喃字原文：约　牢　朱　合　房　鸾，
国际音标：ʔɯ:k⁷ tha:u¹ tso¹ hɤ:p⁸ foŋ²lon¹
汉文直译：渴望　怎么　给　合　鸾房
汉文意译：渴望咱俩同鸾房，

喃字原文：底　朱　李　特　咀　叹　贝　桃；
国际音标：ʔde³tso¹ mɤn⁶ ʔdɯ:k⁸ thɤ³tha:n¹ vɤ:i⁵ ʔda:u²
汉文直译：让　李子　得　叹息　和　桃子
汉文意译：让李与桃共叹言；

喃字原文：约　之　洴　特　贮　泑，
国际音标：ʔɯ:k⁷ tsi¹ ji:ŋ⁵ ʔdɯ:k⁸ ɣɤn² ʔa:u¹
汉文直译：渴望　什么　井　得　近　塘
汉文意译：渴望水井近池塘，

喃字原文：底　天　下　瞵　渃　帄　齹　欣。
国际音标：ʔde³ thi:n¹ha⁶ ŋam⁵ nɯ:k⁷ na:u² toŋ¹ hɤ:n¹
汉文直译：让　天　下　看　水　哪　清　胜过
汉文意译：让天落视那水清。

（262）

喃字原文：约　之　翈　㡳　易　甋，
国际音标：ʔɯ:k⁷ tsi¹ ru:ŋ⁶ jɯ:i⁵ jit⁸ ten¹
汉文直译：渴望　什么　田　下　换　上
汉文意译：渴望下田换上地，

喃字原文：翈　甋　易　㡳　对　邊　交　和；
国际音标：ru:ŋ⁶ ten¹ rɛ³ su:ŋ⁵ ʔdoi¹ ʔben¹ ja:u¹hwa²
汉文直译：田　上　分　下　两　边　交和
汉文意译：下田上地相交和；

情 歌

喃字原文：约 之 森 合 没 茹，
国际音标：ʔɯːk⁷ tsi¹ thum¹ hɤːp⁸ mot⁸ n̥a²
汉文直译：渴望 什么 聚合 一 家
汉文意译：渴望聚合为一家，

喃字原文：垪 翁 批 薗 垪 垪 批 薕。
国际音标：niːu¹ ʔoŋ¹ ʔbak⁷ suːŋ⁵ niːu¹ ʔba² ʔbak⁷ len¹
汉文直译：锅 翁 架 下 锅 婆 架 上
汉文意译：翁锅搁下婆上锅。

（263）

喃字原文：约 之 英 化 黜 花，
国际音标：ʔɯːk⁷ tsi¹ ʔan¹ hwa⁵ ra¹ hwa¹
汉文直译：渴望 什么 哥 化 出 花
汉文意译：渴望哥能变成花，

喃字原文：底 娰 掂 祂 㪰 麻 撒 巾；
国际音标：ʔde³ ʔɛm¹ nɤŋ¹ lɤi⁵ roi² ma² kaːi² khan¹
汉文直译：让 妹 举 拿 了 而 插 巾
汉文意译：让妹摘花插头上；

喃字原文：约 之 英 化 黜 禛，
国际音标：ʔɯːk⁷ tsi¹ ʔan¹ hwa⁵ ra¹ tsan¹
汉文直译：渴望 什么 哥 化 出 被子
汉文意译：渴望哥变成被子，

喃字原文：底 朱 娰 搭 娰 赚 娰 躺。
国际音标：ʔde³ tso¹ ʔɛm¹ ʔdap⁷ ʔɛm¹ lan¹ ʔɛm¹ nam²
汉文直译：让 妹 盖 妹 滚 妹 躺
汉文意译：让妹盖被混身躺。

喃字原文：约 之 英 化 黜 銶，
国际音标：ʔɯːk⁷ tsi¹ ʔan¹ hwa⁵ ra¹ hɯːŋ¹
汉文直译：渴望 什么 哥 化 出 镜子
汉文意译：渴望哥变明镜子，

喃字原文：底 朱 㛪 据 觤 常 㛪 燸。
国际音标：ʔde³tsɔ¹ ʔɛm¹ kɯ⁵ ŋai² thɯːŋ² ʔɛm¹ thɔi¹
汉文直译：让 妹 一直 天 常 妹 照
汉文意译：让妹每天拿照面。

（264）

喃字原文：约 之 㛪 变 黜 㙻，
国际音标：ʔɯːk⁷ tsi¹ ʔɛm¹ ʔbiːn⁵ ra¹ tsum¹
汉文直译：期望 什么 妹 变 出 缸
汉文意译：渴望妹变成水缸，

喃字原文：英 变 黜 渚 英 苓 於 壥。
国际音标：ʔan¹ ʔbiːn⁵ ra¹ nɯːk⁷ ʔan¹ tum² ʔr³ ten¹
汉文直译：哥 变 出 谁 哥 该 在 上
汉文意译：让哥变水装满缸。

（男：杜福朝；女：黄玉珍）

（265）

喃字原文：嚎 朱 𩧢 道 婍 虳，
国际音标：mɔŋ¹ tsɔ¹ nen¹ ʔdaːu⁶ vɤ⁶tsoŋ²
汉文直译：期待 给 成 道 夫妻
汉文意译：期待结道夫妻情，

喃字原文：艔 吹 渚 逆 尒 洇 拱 戈；
国际音标：ʔdɔ² suːi¹ nɯːk⁷ ŋɯːk⁸ mɤi⁵ jɔŋ² kuŋ³ kwa¹
汉文直译：渡船 顺水 逆 几 激流 也 过
汉文意译：逆水顶渡急流过；

情 歌

喃字原文：没 躺 料 罡 忰 叿，
国际音标：mot⁸min² li:u⁶ ʔbai³ lɔ¹ ʔba¹
汉文直译：独自 料 七 忧 三
汉文意译：自己日忧夜思虑，

喃字原文：忰 忠 忰 孝 忰 崾 舌 身。
国际音标：lɔ¹ tuŋ¹ lɔ¹ hi:u⁵ lɔ¹ ja² thi:t⁸thɤn¹
汉文直译：忧 忠 忧 孝 忧 老 不利于己
汉文意译：担忧忠孝人又老。

（266）

喃字原文：嚎 牢 英 变 黜 蚪，
国际音标：mɔŋ¹ tha:u¹ ʔan¹ ʔbi:n⁵ ra¹ tam²
汉文直译：盼望 怎么 哥 变 出 蚕
汉文意译：渴望哥变成蚕虫，

喃字原文：淹 变 黜 簸 些 躺 终 制；
国际音标：ʔɛm¹ ʔbi:n⁵ ra¹ nɔŋ¹ ta¹ nam² tsuŋ¹ tsɤ:i¹
汉文直译：妹 变 出 簸箕 咱 躺 同 玩
汉文意译：妹变簸箕共躺玩；

喃字原文：欺 吶 朱 合 兡 唏，
国际音标：khi¹ na:u² tsɔ¹ hɤ:p⁸ ha:i¹ hɤ:i¹
汉文直译：时 哪 给 合 两 气息
汉文意译：何时咱俩同呼吸，

喃字原文：仰 聪 呐 呶 堆 哐 始 终。
国际音标：ŋi:ŋ¹ ta:i¹ nɔi⁵n̩u³ ʔdoi¹ nɤ:i² thi³tsuŋ¹
汉文直译：侧 耳 劝 说 两 言 始 终
汉文意译：侧耳规劝话乐趣。

（267）

喃字原文：没 情 丕 定 结 堆，
国际音标：mot⁸ tin² jɤːi² ʔdin⁶ ket⁷ʔdoi¹
汉文直译：一 情 天 定 结对
汉文意译：一情天定咱结对，

喃字原文：亾 情 丕 定 缚 碎 衪 払；
国际音标：haːi¹ tin² jɤːi² ʔdin⁶ sɛ¹ toi¹ lɤi⁵ tsaːŋ²
汉文直译：二 情 天 定 牵线 我 嫁 夫
汉文意译：二情妾君天作合；

喃字原文：屸 情 朱 磉 合 鐄，
国际音标：ʔba¹ tin² tsɔ¹ ʔda⁵ hɤːp⁸ vaːŋ²
汉文直译：三 情 给 石 合 金
汉文意译：三情石金积成堆，

喃字原文：罘 情 朱 妾 貝 払 迏 烧。
国际音标：ʔbon⁵ tin² tsɔ¹ thiːp⁷ vɤi⁵ tsaːŋ² ɣap⁸ȵau¹
汉文直译：四 情 给 妾 和 郎 相遇
汉文意译：四情妾君今相逢。

喃字原文：瓻 情 荖 包 绞 槁，
国际音标：nam¹ tin² jau² ʔda³ ʔben⁶ kau¹
汉文直译：五 情 蒌叶 已 缠绵 槟榔
汉文意译：五情蒌叶配槟榔，

喃字原文：耖 情 些 於 貝 烧 没 茹；
国际音标：thau⁵ tin² ta¹ ʔɤ³ vɤːi⁵ȵau¹ mot⁸ ȵa²
汉文直译：六 情 咱 住 一同 一 家
汉文意译：六情妾君同一家；

情 歌

喃字原文：牢　扒　挋　燴情　些？
国际音标：tha:u¹ tsa:ŋ² tsaŋ³ rɔ³ tin² ta¹
汉文直译：为何　郎　不　清楚　情　妹
汉文意译：为何君不晓妹意？

喃字原文：没　胋　醀　罷　吝　跾　寻　扒。
国际音标：mot⁸ ʔdem¹ nam¹ ʔbai³ lɤn² ra¹ tim² tsa:ŋ²
汉文直译：一　夜　五　七　次　出　找　郎
汉文意译：一年寻君去十次。

(268)

喃字原文：没　句　罷　叁　敨　情，
国际音标：mot⁸ kɤu¹ ʔba¹ thau⁵ tsɯ³ tin²
汉文直译：一　句　三　六　字　情
汉文意译：一句话几个情字，

喃字原文：情　㚢　㐌　丕　情　躺　冚　牢；
国际音标：tin² ʔɛm¹ ʔda³ vɤi⁶ tin² min² la:m²tha:u¹
汉文直译：情　妹　已　这样　情　哥　怎样
汉文意译：妹情深厚哥怎样；

喃字原文：情　英　英　擬　世　吊，
国际音标：tin² ʔan¹ ʔan¹ ŋi³ the⁵na:u²
汉文直译：情　哥　哥　想　怎么样
汉文意译：哥情如今何想法，

喃字原文：情　㚢　㚢　闷　结　交　没　房。
国际音标：tin² ʔɛm¹ ʔɛm¹ mu:n⁵ ket⁷ja:u¹ mot⁸ fɔŋ²
汉文直译：情　妹　妹　想　结交　一　房
汉文意译：妹情想结一家人。

喃字原文：禎 情 情 底 務 冬，
国际音标：tsan¹ tin² tin² ʔde³ muə²ʔdoŋ¹
汉文直译：被子 情 情 留 冬季
汉文意译：被情等待冬天至，

喃字原文：襖 情 情 底 朱 衝 務 夏ˇ；
国际音标：ʔa:u⁵ tin² tin² ʔde³ tsɔ¹ soŋ¹ muə²hɛ²
汉文直译：衣 情 情 留 给 完 夏季
汉文意译：衣情留待夏天来；

喃字原文：檜 情 情 底 幔 掑，
国际音标：ɣoi⁵ tin² tin² ʔde³ ma:n² ke²
汉文直译：枕 情 情 房 蚊帐 贴近
汉文意译：枕情帐情待相依，

喃字原文：䏾 红 情 吻 拸 術 㵢 暑。
国际音标：ma⁵hoŋ² tin² vɤn³ ʔdi¹ve² thɤ:m⁵tɯə¹
汉文直译：红颜 情 仍 回 去 晨昏
汉文意译：红颜早晚盼情来。

（男：裴永彬；女：阮氏心）

(269)

喃字原文：没 傷 䑋 脧 超 超，
国际音标：mot⁸ thɯ:ŋ¹ tɔŋ¹ ja⁶ si:u¹si:u¹
汉文直译：一 想 中 肚 飘飘然
汉文意译：一想心里飘飘然，

喃字原文：台 傷 䑋 脧 碌 趦 妆 傷；
国际音标：ha:i¹ thɯ:ŋ¹ tɔŋ¹ ja⁶ naŋ⁶ ɲi:u² nɤ⁵thɯ:ŋ¹
汉文直译：二 想 中 肚 重 多 思念
汉文意译：二想心中甚思念；

情 歌

喃字原文：凹　傷　䏾脆秦銀，
国际音标：ʔba¹ thɯŋ¹ toŋ¹ ja⁶ tɤn²ŋɯn²
汉文直译：三　想　中肚 犹豫不决
汉文意译：三想人若醉若痴，

喃字原文：䍜　傷　䏾脆如 咹 衩 䕓。
国际音标：ʔbon⁵ thɯŋ¹ toŋ¹ ja⁶ nɯ¹ ʔan¹ lɤi⁵ ʔbuə²
汉文直译：四　想　中肚 如 吃 拿 迷药
汉文意译：四想神如吃迷药。

喃字原文：䫻　傷　䏾脆潧洙，
国际音标：nam¹ thɯːŋ¹ toŋ¹ ja⁶ tsaːt⁷ tsuə¹
汉文直译：五　想　中肚 尖酸
汉文意译：五想言语感尖酸，

喃字原文：耂　傷　䏾脆如 湄 干 愁；
国际音标：thau⁵ thɯːŋ¹ toŋ¹ ja⁶ nɯ¹ mɯə¹ kɤːn¹ thɤu²
汉文直译：六　想　中肚 如 雨 阵 愁
汉文意译：六想如阵雨发愁；

喃字原文：罷　情䏾脆饥求，
国际音标：ʔbai³ tin² toŋ¹ ja⁶ kɤ¹kɤu²
汉文直译：七　情 中肚 渴望
汉文意译：七想欲妹家居留，

喃字原文：⿰八兇　傷　䏾脆衩 呬 萎 ⿱冖 慔。
国际音标：taːm⁵ thɯːŋ¹ toŋ¹ ja⁶ lɤi⁵ miŋ⁵ jau² laːm² vui¹
汉文直译：八　想　中肚 拿 片 槟榔 作乐
汉文意译：八想口爱吃仙萎。

喃字原文： 九　　傷　　肭　胞　唭　嘁，
国际音标：tsin⁵ thɯːŋ¹ tɔŋ¹ jaˀ⁶ ʔbui²ŋui²
汉文直译：九　　想　　中　肚　忧　郁
汉文意译：九想心中甚忧郁，

喃字原文： 逬　　傷　　肭　胞　闷　於　迠　貝　庵。
国际音标：mɯːi² thɯːŋ¹ tɔŋ¹ jaˀ⁶ muːn⁵ ʔɤ³ ʔdɤːi² vɤːi⁵ ʔɛm¹
汉文直译：十　　想　　中　肚　想　在　世　和　妹
汉文意译：十想同妹住世代。

（270）

喃字原文：没　情　丕　定　结　堆，
国际音标：mot⁸ tin² jɤːi² din⁶ ket⁷ ʔdoi¹
汉文直译：一　情　天　定　结　对
汉文意译：一情天意结一对，

喃字原文：仁　情　丕　定　绅　碎　祂　娘；
国际音标：haːi¹ tin² jɤːi² ʔdin⁶ sɛ¹ toi¹ lɤi⁵ naːŋ²
汉文直译：二　情　天　定　牵　线　我　娶　妹
汉文意译：二情系妹结良缘；

喃字原文：呭　情　凿　硶　記　鐄，
国际音标：ʔba¹ tin² taːk⁸ ʔda⁵ ɣi¹ vaːŋ²
汉文直译：三　情　凿　石　记　金
汉文意译：三情凿石记金情，

喃字原文：罙　情　碎　决　祂　娘　勗　尼。
国际音标：ʔbon⁵ tin² toi¹ kwiːt⁷ lɤi⁵ naːŋ² hom¹ nai¹
汉文直译：四　情　我　决意　娶　妹　今天
汉文意译：四情今日哥娶娘。

情 歌

喃字原文：瓱 情 牺 吏 扲 牺，
国际音标：nam¹ tin² tai¹ la:i⁶ kɤm² tai¹
汉文直译：五 情 手 又 握 手
汉文意译：五情紧紧握着手，

喃字原文：耄 情 躺 帋 些 低 嬌 馱；
国际音标：thau⁵ tin² min² ʔdɤi⁵ ta¹ ʔdɤi¹ vɤ⁶tsoŋ²
汉文直译：六 情 妹 那儿 哥 这儿 夫妻
汉文意译：六情咱俩结夫妻；

喃字原文：罷 情 特 敊 鐄 心，
国际音标：ʔbai³ tin² ʔdɯ:k⁸ tsɯ³ va:ŋ² tɤm¹
汉文直译：七 情 得 字 金 心
汉文意译：七情得金字同心，

喃字原文：䬻 情 碎 渚 音 惏 貝 埃。
国际音标：ta:m⁵ tin² toi¹ tsɯə¹ ʔɤm¹thɤm² vɤ:i⁵ ʔa:i¹
汉文直译：八 情 我 未 暗自 和 谁
汉文意译：八情昔日未许人。

喃字原文：九 情 春 不 再 來，
国际音标：tsin⁵ tin² sɤn¹ ʔbɤt⁷ ta:i⁵ la:i¹
汉文直译：九 情 春 不 再 来
汉文意译：九情春过不再来，

喃字原文：迊 情 碎 渚 䁙 埃 凴 娘。
国际音标：mɯ:i² tin² toi¹ tsɯə¹ kɔi¹ ʔa:i¹ ʔbaŋ² na:ŋ²
汉文直译：十 情 我 未 看 谁 如 妹
汉文意译：十情无人比娘美。

(271)

喃字原文：没　情　照　解　幔　缡，
国际音标：mot⁸ tin² tsi:u⁵ ra:i³ ma:n² thɛ¹
汉文直译：一　情　席　铺　蚊帐　纱
汉文意译：一情铺席挂纱帐，

喃字原文：𠄩　情　徐　待　脏　𩃲　冷　弄；
国际音标：ha:i¹ tin² tsɤ² ʔdɤ:i⁶ ʔdem¹ khwiə¹ lan⁶ luŋ²
汉文直译：二　情　等待　深夜　冷冰冰
汉文意译：二情夜冷妹等待；

喃字原文：㐌　情　徐　𣩂　邊　垌，
国际音标：ʔba¹ tin² tsɤ² het⁷ ʔben¹ ʔdoŋ²
汉文直译：三　情　等　完　边　田野
汉文意译：三情日待在田野，

喃字原文：罧　情　些　决　绦红　绁　绁。
国际音标：ʔbon⁵ tin² ta¹ kwi:t⁷ tɤ¹hoŋ² sɛ¹jɤi¹
汉文直译：四　情　咱　决意　红绳　牵线
汉文意译：四情决心结红绳。

喃字原文：𠄼　情　绅　𠊚　袘　低，
国际音标：nam¹ tin² sɛ¹ ʔdɤi⁵ lɤi⁵ ʔdɤi¹
汉文直译：五　情　牵　哪儿　娶　这儿
汉文意译：五情哥妹系一起，

喃字原文：𦒹　情　些　决　绁　绁　𥒥　鑅；
国际音标：thau⁵ tin² ta¹ kwi:t⁷ sɛ¹jɤi¹ ʔda⁵va:ŋ²
汉文直译：六　情　咱　决意　牵线　金石
汉文意译：六情决意金石缘；

情 歌

喃字原文：㐖 情 矴 包 铖 鐄，
国际音标：ʔbai³ tin² ʔda⁵ ʔda³ nen¹ va:ŋ²
汉文直译：七 情 石 已 成 金
汉文意译：七情石头变成金，

喃字原文：𩚵 情 憳 𩑃 貝 扒 扒 喂。
国际音标：ta:m⁵ tin² thɛn⁶ mat⁸ vɤ:i⁵ tsa:ŋ² tsa:ŋ² ʔɤ:i¹
汉文直译：八 情 羞 愧 脸 和 郎 郎 啊
汉文意译：八情见君感羞愧。

喃字原文：九 情 怓 夥 扒 喂，
国际音标：tsin⁵ tin² nɤ⁵ lam⁵ tsa:ŋ² ʔɤ:i¹
汉文直译：九 情 想 非常 郎 啊
汉文意译：九情思君情深切，

喃字原文：迆 情 媕 沛 迻 制 尽 茹。
国际音标：mɯ:i² tin² ʔɛm¹ fa:i³ tha:ŋ¹ tsɤ:i¹ tɤn⁶ n̩a²
汉文直译：十 情 妹 得 去 玩 尽 家
汉文意译：十情妹想回君家。

（272）

喃字原文：堆 些 罒 嫦 罒 情，
国际音标：ʔdoi¹ta¹ la² nɤ⁶ la² tin²
汉文直译：咱 俩 是 债 是 情
汉文意译：咱俩债缘又是情，

喃字原文：罒 缘 罒 劫 堆 䲜 结 交；
国际音标：la² ji:n¹ la² ki:p⁷ ʔdoi¹ min² ket⁷ja:u¹
汉文直译：是 缘 是 劫 对 儿 你 结交
汉文意译：今生是缘结双对；

987

喃字原文：媕如花欒花桃，
国际音标：ʔɛm¹ ȵɯ¹ hwa¹mɤn⁶ hwa¹ʔda:u²
汉文直译：妹　如　李花　　桃花
汉文意译：妹如李花和桃花，

喃字原文：丐之罪義相交唉娘。
国际音标：ka:i⁵ji² la² ŋiə³ tɯ:ŋ¹ja:u¹ hɤ:i³ na:ŋ²
汉文直译：什么　是　义　相交　啊　妹
汉文意译：妹呀！为情共匹配。

（男：苏维绍；女：阮春英）

（273）

喃字原文：䋢些如掍没茹，
国际音标：ha:i¹ta¹ ȵɯ¹ kɔn¹ mot⁸ ȵa²
汉文直译：咱俩　如　孩子　一　家
汉文意译：咱俩又是一家人，

喃字原文：如襖没被如花没苓；
国际音标：ȵɯ¹ ʔa:u⁵ mot⁸ va:t⁸ ȵɯ¹ hwa¹ mot⁸ tsum²
汉文直译：如　衣　一　襟　如　花　一　束
汉文意译：如衣同襟花一束；

喃字原文：堆些如粘融蒴，
国际音标：ʔdoi¹ta¹ ȵɯ¹ ɣa:u⁶ tɔŋ¹ tsum¹
汉文直译：咱俩　如　米　中　缸
汉文意译：咱俩如米装一缸，

喃字原文：姅䬼姅底姅嘟衼僥。
国际音标：nɯə³ ʔan¹ nɯə³ ʔde³ nɯə³ ʔdum² lɤi⁵ȵau¹
汉文直译：半　吃　半　留　半　照顾　结婚
汉文意译：节衣少吃留结婚。

情 歌

(274)

喃字原文：𪜶 些 如 㧪 没 茹，
国际音标：haːi¹ ta¹ ȵɯ¹ kɔn¹ mot⁸ ȵa²
汉文直译：咱俩 如 孩子 一 家
汉文意译：咱俩如一家子女，

喃字原文：如 襖 没 摸 如 花 没；
国际音标：ȵɯ¹ ʔaːu⁵ mot⁸ mak⁷ ȵɯ¹ hwa¹ mot⁸ tsum²
汉文直译：如 衣 一 钩 如 花 一 束
汉文意译：如衣同钩花一束；

喃字原文：堆 些 如 渃 没 蟓，
国际音标：ʔdoi¹ ta¹ ȵɯ¹ nɯːk⁷ mot⁸ tsum¹
汉文直译：咱俩 如 水 一 缸
汉文意译：咱俩如水同一缸，

喃字原文：渃 泮 黙 渃 些 嗰 衤烧。
国际音标：nɯːk⁷ kaːn⁶ mak⁸ nɯːk⁷ ta¹ ʔdum² lɤi⁵ ȵau¹
汉文直译：水 干 由 水 咱 照顾 结婚
汉文意译：水干由水咱结婚。

(275)

喃字原文：堆 些 如 织 買 绅，
国际音标：ʔdoi¹ ta¹ ȵɯ¹ tsi³ mɤːi⁵ sɛ¹
汉文直译：咱俩 如 线 刚 纺
汉文意译：咱俩如刚纺纱线，

喃字原文：如 笋 買 牀 如 椥 買 撺；
国际音标：ȵɯ¹ maŋ¹ mɤːi⁵ mɔk⁸ ȵɯ¹ tɛ¹ mɤːi⁵ jɔŋ²
汉文直译：如 笋 刚 长 如 竹 刚 种
汉文意译：如笋刚生竹刚种；

喃字原文：堆 些 如 竹 貝 樋，

国际音标：ʔdoi¹ ta¹ ɲɯ¹ tuk⁷ vɤ:i⁵ thoŋ¹

汉文直译：咱俩 如 竹 和 松

汉文意译：咱俩如竹又如松，

喃字原文：如 鸳 貝 凤 如 蟸 貝 霊。

国际音标：ɲɯ¹ lɔn¹ vɤ:i⁵ fɯ:ŋ⁶ ɲɯ¹ rɔŋ² vɤ:i⁵ mɤi¹

汉文直译：如 鸳 和 凤 如 龙 和 云

汉文意译：如鸳与凤云和龙。

喃字原文：堆 些 如 果 貝 核，

国际音标：ʔdoi¹ ta¹ ɲɯ¹ kwa³ vɤ:i⁵ kɤi¹

汉文直译：咱俩 如 果子 和 树

汉文意译：咱俩如树挂满果，

喃字原文：如 橙 貝 楔 鏝 尼 貝 桃；

国际音标：ɲɯ¹ than² vɤ:i⁵ khe⁵ mɤn⁶ nai¹ vɤ:i⁵ ʔda:u²

汉文直译：如 橙 和 杨桃 李子 今天 和 桃子

汉文意译：如橙杨桃李与桃；

喃字原文：堆 些 如 矻 貝 釖，

国际音标：ʔdoi¹ ta¹ ɲɯ¹ ʔda⁵ vɤ:i⁵ ja:u¹

汉文直译：咱俩 如 石 和 刀

汉文意译：咱俩如磨石和刀，

喃字原文：如 鐄 貝 義 邉 孋 拱 悇。

国际音标：ɲɯ¹ va:ŋ² vɤ:i⁵ ŋiə³ ʔben¹ na:u² kuŋ³ ʔɯə¹

汉文直译：如 金 和 义 边 哪 都 喜爱

汉文意译：金情银义双喜爱。

情 歌

（276）

喃字原文：	厭 戈 蚋 挕 桧 楮，
国际音标：	hom¹ kwa¹ ŋoi² jɯə⁶ ɣok⁷ ŋɤu¹
汉文直译：	昨天 坐 倚 根部 米兰树
汉文意译：	昨晚倚坐米仔兰，

喃字原文：	花 楮 用 尰 蓮 頭 賁 㾈；
国际音标：	hwa¹ ŋɤu¹ ruŋ⁶ su:ŋ⁵ ten¹ ʔdɤu² thɤ:m¹ kai¹
汉文直译：	米兰花 落 下 上 头 香 辣
汉文意译：	米仔兰花飘头香；

喃字原文：	吨 浪 払 嗜 袙 纵，
国际音标：	ʔdon² raŋ² tsa:ŋ² khɛu⁵ va⁵ mai¹
汉文直译：	传言 道 郎 巧 缝补 裁缝
汉文意译：	传言君会裁缝衣，

喃字原文：	缘 箕 㐌 定 情 尼 㐌 愔。
国际音标：	ji:n¹ kiə¹ ʔda³ ʔdin⁶ tin² nai² ʔda³ ʔɯ¹
汉文直译：	缘 那 已 定 情 这 已 喜爱
汉文意译：	缝衣定缘为爱情。

喃字原文：	英 包 饶 轍 當 妭，
国际音标：	ʔan¹ ʔba:u¹ ɲi:u¹ tu:i³ ʔda:ŋ¹ vɯə²
汉文直译：	哥 多少 岁 正 合适
汉文意译：	哥今年龄正合时，

喃字原文：	媕 尼 迲 凱 媕 渚 固 駇；
国际音标：	ʔɛm¹ nai¹ mɯ:i² ta:m⁵ ʔɛm¹ tsɯə¹ kɔ⁵ tsoŋ²
汉文直译：	妹 如今 十 八 妹 未 有 夫
汉文意译：	妹今十八还未娶；

991

喃字原文：昨 瞔 览 啫 鍾 銅，
国际音标：ȵa:k⁷ ŋɛ¹thɤi⁵ ti:ŋ⁵ tsu:ŋ¹ ʔdoŋ²
汉文直译：乍 听见 声 钟 铜
汉文意译：乍听铜钟声传鸣，

喃字原文：凤 凰 拱 沛 数 笼 麻 齣。
国际音标：fɯ:ŋ⁶hwa:ŋ² kuŋ³ fa:i³ tho³ loŋ² ma² ra¹
汉文直译：凤凰 也 是 脱 离 笼子 而 出
汉文意译：凤凰听闻脱笼出。

喃字原文：汝 罒 堆 侣 衆 些，
国际音标：nɯə³ la² ʔdoi¹lɯ³ tsuŋ⁵ta¹
汉文直译：再 是 伴侣 咱们
汉文意译：何况咱们是伴侣，

喃字原文：醛 烧 術 涅 猛 麻 術 缘。
国际音标：thai¹ ȵau¹ ve² net⁷ man⁶ma² ve² ji:n¹
汉文意译：醉 互相 回 性情 强大 为 缘
汉文意译：更爱品行醉迷情。
（男：阮进余；女：阮氏心）

（277）

喃字原文：傷 情 铖 沛 助 功，
国际音标：thɯ:ŋ¹ tin² nen¹ fa:i³ ɣaŋ⁵koŋ¹
汉文直译：爱 情 所以 得 努力
汉文意译：为了爱情要努力，

喃字原文：红 颜 之 夥 朱 悉 醛 迷；
国际音标：hoŋ²ȵa:n¹ tsi¹ lam⁵ tso¹ loŋ² thai¹me¹
汉文直译：红颜 什么 多 使 心 沉醉
汉文意译：美丽红颜人沉醉；

情 歌

喃字原文：貯 低 朱 便 塪 術，
国际音标：ɣɤn² ʔdɤi¹ tsɔ¹ ti:n⁶ loi⁵ ve²
汉文直译：近 这儿 给 便 路 回
汉文意译：嫁夫近家离娘近，

喃字原文：怌 厨 悗 景 懱 迷 为 情。
国际音标：vui¹ tsuə² men⁵ kan³ met⁸ me¹ vi² tin²
汉文直译：欢乐 寺庙 迷恋 景色 疲惫 迷醉 为 情
汉文意译：观光迷景沉醉情。

（278）

喃字原文：傷 欧 時 拱 忟 料，
国际音标：thɯ:ŋ¹ ma:i³ thi² kuŋ³ nɤ⁵ li:u⁶
汉文直译：爱 长久 就 也 思念 预料
汉文意译：相爱时久更思念，

喃字原文：如 埃 糊 道 籘 要 舭 悉；
国际音标：n̠ɯ¹ ʔa:i¹ ja:n⁵ ʔda:u⁶ ʔbuə² ʔi:u¹ tɔŋ¹ lɔŋ²
汉文直译：如 谁 贴 道符 迷药 中 心
汉文意译：如人贴符吃迷药；

喃字原文：傷 買 時 吏 忟 数，
国际音标：thɯ:ŋ¹ mɤ:i⁵ thi² la:i⁶ nɤ⁵ lɤu¹
汉文直译：爱 才 就 有 思念 久
汉文意译：相爱时久长思念，

喃字原文：如 埃 数 道 籘 愁 朱 媕。
国际音标：n̠ɯ¹ ʔa:i¹ ja:n⁵ ʔda:u⁶ ʔbuə² thɤɯ² tsɔ¹ ʔɛm¹
汉文直译：如 谁 贴 道符 迷药 愁 给 妹
汉文意译：如人贴符妹愁迷。

（男：杜福朝；女：黄玉珍）

10

喃字原文：没 躺 宇 宇 𣖕 祺 睰 胶
国际音标：mot⁸min² vɔ²vɔ³ ŋoi² ke² ʔbɔŋ⁵ jaŋ¹
汉文直译：独自 孤独 坐 贴近 影 月
汉文意译：自坐赏月思情人

（279）

喃字原文：埃 喂 制 衬 矫 荖，
国际音标：ʔaːi¹ ʔɤːi¹ tsɤːi¹lɤi⁵ kɛu³ ja²
汉文直译：谁 啊 玩耍 否则 老
汉文意译：喂呀！老人须玩耍，

喃字原文：胶 秋 過 侣 堆 些 敁 時；
国际音标：jaŋ¹ thu¹ kwa⁵ lɯ³ ʔdoi¹ta¹ nɤ³thi²
汉文直译：月 秋 过 伴侣 咱俩 过时
汉文意译：秋月过后人过时；

喃字原文：仍 從 胶 邋 計 之，
国际音标：nɯŋ³ tuːŋ² jaŋ¹jɔ⁵ ke³ tsi¹
汉文直译：些 群 风月 不值一提
汉文意译：风月之情要坚持，

喃字原文：赊 吹 乙 很 固 欺 㡈 昕。
国际音标：sa¹soi¹ ʔat⁷han³ kɔ⁵ khi¹ ʔden⁵ ɣɤn²
汉文直译：遥远 肯定 有 时 到 近
汉文意译：远客勤来成邻里。

情 歌

（280）

喃字原文： 腊 戈 物 對 脾 移，
国际音标： ʔdem¹kwa³ vɤt⁸ ʔdoi⁵ tha:u¹jɤ:i²
汉文直译： 昨夜 扭打 对 流星
汉文意译： 昨夜对流星翻滚，

喃字原文： 惜 功 勋 绐 惜 哑 交 𠀧；
国际音标： ti:k⁷ koŋ¹ ɣan⁵ʔbɔ⁵ ti:k⁷ nɤ:i² ja:u¹ʔdɔn⁶
汉文直译： 可惜 功夫 缠绵 可惜 话 交游
汉文意译： 惜工努力惜勤遊；

喃字原文： 腊 戈 捽 畑 油 溚，
国际音标： ʔdem¹kwa¹ rɔt⁷ ʔdɛn² jɤu² ʔdɤi²
汉文直译： 昨夜 斟 灯 油 满
汉文意译： 昨夜灯已装满油，

喃字原文： 烘 㰡 拃 灶 冤 眉 油 喂。
国际音标： ʔbɤk⁷ nɔn¹ tsaŋ³ tsai⁵ ʔwa:n⁵ mai² jɤu² ʔɤ:i¹
汉文直译： 灯芯 嫩 不 烧 埋怨 你 油 啊
汉文意译： 灯芯不起莫怪油。

喃字原文： 腊 戈 捽 畑 油 𤽸，
国际音标： ʔdem¹kwa¹ rɔt⁷ ʔdɛn² jɤu² vɤ:i¹
汉文直译： 昨夜 倒 灯 油 一半
汉文意译： 昨夜油灯装半满，

喃字原文： 烘 㰡 拃 灶 油 喂 冤 眉。
国际音标： ʔbɤk⁷ nɔn¹ tsaŋ³ tsai⁵ jɤu² ʔɤ:i¹ ʔwa:n⁵ mai²
汉文直译： 灯芯 嫩 不 烧 油 啊 埋怨 你
汉文意译： 灯芯不长莫怪油。

(281)

喃字原文：伴 些 些 酸 些 要，
国际音标：ʔbaːn⁶ ta¹ ta¹ jɤu⁵ ta¹ ʔiːu¹
汉文直译：伴侣 咱 咱 爱 咱 爱
汉文意译：咱们相爱做伴侣，

喃字原文：伴 埃 埃 施 埃 料 默 埃；
国际音标：ʔbaːn⁶ ʔaːi¹ ʔaːi¹ thi⁵ ʔaːi¹ liːu⁶ mak⁸ ʔaːi¹
汉文直译：伴侣 谁 谁 施与 谁 照料 任由 谁
汉文意译：谁人伴侣谁照料；

喃字原文：默 埃 单 浯 默 埃，
国际音标：mak⁸ ʔaːi¹ ʔdɤːn¹ ʔbaːk⁸ mak⁸ ʔaːi¹
汉文直译：任由 谁 薄情 任由 谁
汉文直译：不管哪人怎薄情，

喃字原文：些 如 筀 墨 强 硾 强 颠。
国际音标：ta¹ ɲɯ¹ ʔbut⁷ muk⁸ kaːŋ² maːi² kaːŋ² ʔdɛn¹
汉文直译：咱 如 笔 墨 越 磨 越 黑
汉文直译：咱如笔墨磨沉迷。

(282)

喃字原文：朕 清 固 没 皦 旺，
国际音标：jaŋ¹ than¹ kɔ⁵ mot⁸ hom¹ ram²
汉文直译：月 清 有 一 望 日
汉文直译：十五月亮月正圆，

喃字原文：姅 胎 朕 刱 高 平 蔬 椥；
国际音标：nɯə³ ʔdem¹ jaŋ¹ thaːŋ⁵ kaːu¹ ʔbaŋ² ŋɔn⁶ tɛ¹
汉文直译：半夜 月 亮 高 如 梢 竹
汉文直译：半夜月光照竹林；

情 歌

喃字原文： 要 埃 要 限 没 皮,
国际音标： ʔiːu¹ ʔaːi¹ ʔiːu¹ haːn⁶ mot⁸ʔbe²
汉文直译： 爱 谁 爱 限 一 味
汉文直译： 相爱只爱妹一人,

喃字原文： 没 躺 宇宇 蚪 掑 晞 朘。
国际音标： mot⁸min² vɔ²vɔ³ ŋoi² ke² ʔbɔŋ⁵ jaŋ¹
汉文直译： 独自 孤独 坐 贴近 影 月
汉文直译： 自坐赏月思情人。

喃字原文： 丕 喂 固 透 情 庄?
国际音标： jɤːi² ʔɤːi¹ kɔ⁵ thɤu⁵ tin² tsaŋ¹
汉文直译： 天 啊 有 透彻 情 不
汉文直译： 天呀！天能知情否？

喃字原文： 没 躺 宇宇 晞 朘 翘 愁;
国际音标： mot⁸min² vɔ²vɔ³ ʔbɔŋ⁵ jaŋ¹ tsiu⁶ thɤu²
汉文直译： 独自 孤独 影 月 受 愁
汉文直译： 自坐望月自忧愁;

喃字原文： 没 楪 時 對 巴 桥,
国际音标： mot⁸ jip⁸ thi² ʔdoi⁵ ʔba¹ kɤu²
汉文直译： 一 段 则 对 三 桥
汉文直译： 一桥就有三孔墩,

喃字原文： 北 南 堆 我 翘 愁 堆 些。
国际音标： ʔbɯk⁷ naːm¹ ʔdoi¹ ŋa³ tsiu⁶ thɤu² ʔdoi¹ta¹
汉文直译： 北 南 我俩 受 愁 咱俩
汉文直译： 南北离别各分忧。

（男：刘振先；女：杜福英）

997

（283）

喃字原文：没 馹 厊 罷 觲 逛，
国际音标：mot⁸ ŋai² ʔba¹ ʔbai³ ʔbɤn⁶ tha:ŋ¹
汉文直译：一 天 三 七 次 来
汉文直译：一日三七次探问，

喃字原文：妾 没 傷 扒 扒 没 傷 埃；
国际音标：thi:p⁷ mot⁸ thɯ:ŋ¹ tsa:ŋ² tsa:ŋ² mot⁸ thɯ:ŋ¹ ʔa:i¹
汉文直译：妾 独 爱 郎 郎 独 爱 谁
汉文直译：妾只想君心无谁；

喃字原文：䳜 红 群 固 欺 派，
国际音标：ma⁵hoŋ² kɔn² kɔ⁵ khi¹ fa:i¹
汉文直译：红颜 还有 时 褪色
汉文直译：红颜时久也褪色，

喃字原文：胺 颠 欺 汨 霊 髻 欺 疏。
国际音标：jaŋ¹ ʔdɛn¹ khi¹ ɲa:t⁸ mɤi¹ jai² khi¹ thɯə¹
汉文直译：月 黑 时 淡 云 厚 时 稀疏
汉文直译：月亮会暗云散聚。

喃字原文：悉 低 傷 帝 拱 皷！
国际音标：lɔŋ² ʔdɤi¹ thɯ:ŋ¹ ʔdɤi⁵ kuŋ³ vɯə²
汉文直译：心 这儿 想 那儿 也 刚好
汉文直译：妾心儿甚想君呀！

喃字原文：躺 群 論 了 缏 丝 准 吊；
国际音标：min² kɔn² lon⁶la:u⁶ sɛ¹tɤ¹ tson⁵ na:u²
汉文直译：你 还 奔波 牵线 处 哪
汉文直译：君还奔波想谁人；

情 歌

喃字原文：嚎 朱 洴 於 盺 沟，
国际音标：mɔŋ¹ tso¹ ji:ŋ⁵ ʔɤ³ ɣɤn² ʔa:u¹
汉文直译：渴望 给 井 在 近 池塘
汉文直译：渴望水井近池塘，

喃字原文：沟 於 盺 洴 逄 吊 拱 髓。
国际音标：ʔa:u¹ ʔɤ³ ɣɤn² ji:ŋ⁵ ʔben¹ na:u² kuŋ³ tɔŋ¹
汉文直译：池塘 在 近 井 边 哪 也 清
汉文直译：池塘近井两水清。

喃字原文：酟 楛 如 卒 渃 汕，
国际音标：sɤu⁵ ɣo³ n̪ɯ¹ tot⁷ nɯ:k⁷thɤ:n¹
汉文直译：差 木头 如 好 油漆
汉文直译：木质差要好漆涂，

喃字原文：雖 浪 㩂 湟 群 欣 㩂 駲。
国际音标：ti¹raŋ² ʔdɛp⁸ net⁷ kɔn² hɤ:n¹ ʔdɛp⁸ ŋɯ:i²
汉文直译：虽然 好 性情 还 胜于 美 人
汉文直译：人品好胜貌美丽。

（284）

喃字原文：呐 傷 麻 拃 覧 傷，
国际音标：nɔi⁵ thɯ:ŋ¹ ma² tsaŋ³ thɤi⁵ thɯ:ŋ¹
汉文直译：说 爱 而 不 见 爱
汉文直译：讲爱无见相爱人，

喃字原文：滝 箕 闷 沘 如 泩 拃 掏；
国际音标：thoŋ¹ kiə¹ mu:n⁵ tsai³ n̪ɯ¹ mɯ:ŋ³ tsaŋ³ ʔda:u²
汉文直译：河 那 想 流 但 沟 不 挖
汉文意译：沟欲流水未挖沟；

喃字原文：蓮 㾈 㵢 悶 滝 桃，
国际音标：ten¹ mɤ¹ juɯ:i⁵ mɤn³ thoŋ¹ ʔda:u²
汉文直译：上 清 下 浊 运 河
汉文意译：上清下浊运河水，

喃字原文：㠀 罕 滝 㫺 麻 掏 滝 低。
国际音标：ʔba¹ ʔbon⁵ thoŋ¹ ʔdɤi⁵ ma² ʔda:u² thoŋ¹ ʔdɤi¹
汉文直译：三 四 河 那儿 而 挖 河 这儿
汉文意译：三四支河挖那流。

喃字原文： 渃 靜 靜 碻 䂽 紫 沉，
国际音标：nuɯ:k⁷ san¹ san¹ hɔn² ʔda⁵ tim⁵ tsim²
汉文直译： 水 绿 绿 石块 紫 沉
汉文意译：河水清清砾石紫，

喃字原文：仜 些 结 義 底 㵋 特 庄；
国际音标：ha:i¹ ta¹ ket⁷ ŋiə³ ʔde³ ʔdɤ:i² ʔduɯ:k⁸ tsaŋ¹
汉文直译：咱俩 结义 留 世 得 不
汉文意译：咱俩结义情世代；

喃字原文：湄 霙 朱 觪 悉 朕，
国际音标：muɯə¹ mɤi¹ tsɔ¹ ʔbɤn⁶ lɔŋ² jaŋ¹
汉文直译：雨 云 使 忙 心 月
汉文意译：月亮操心多云雨，

喃字原文：勜 尼 夥 准 拼 平 没 尼。
国际音标：ɲi:u² nɤ:i¹ lam⁵ tson⁵ tsaŋ³ ʔbaŋ² mot⁸ nɤ:i¹
汉文直译：多 处 多 地 不 如 一 处
汉文意译：想多处那独一好。

1000

情 歌

（285）

喃字原文：智 箕 埃 别 埃 兜，
国际音标：sɯə¹kiə¹ ʔaːi¹ ʔbiːt⁷ ʔaːi¹ ʔdɤu¹
汉文直译：过去 谁 知 谁 哪儿
汉文意译：过去互相不相识，

喃字原文：衕 缘 買 沛 翘 愁 相 思；
国际音标：ve² jiːn¹ mɤːi⁵ faːi³ tsiu⁶ thɤu² tɯːŋ¹tɯ¹
汉文直译：为 缘 才 须 受愁 相思
汉文意译：如今为情得相思；

喃字原文：為 缘 買 沛 物 奈，
国际音标：vi² jiːn¹ mɤːi⁵ faːi³ vɤt⁸naːi²
汉文直译：为 缘 才 须 哀求
汉文意译：为情才要去哀求，

喃字原文：為 情 買 沛 扨 绷 貝 情。
国际音标：vi² tin² mɤːi⁵ faːi³ ʔdɛu¹ ʔdaːi¹ vɤːi⁵ tin²
汉文直译：为 情 才 须 佩戴 带子 和 情
汉文意译：为情方要缠绵丝。

喃字原文：扨 绷 時 符 袘 绷，
国际音标：ʔdɛu¹ ʔdaːi¹ thi² jɯ³lɤi⁵ ʔdaːi¹
汉文直译：佩戴 带子 则 守护 带子
汉文意译：咱俩为情互缠绵，

喃字原文：補 拸 時 惜 没 罧 馸 唭；
国际音标：ʔbɔ³ ʔdi¹ thi² tiːk⁷ mot⁸maːi¹ ŋɯːi² kɯːi²
汉文直译：丢 去 则 可惜 一旦 人 笑
汉文意译：放弃可惜后人笑；

喃字原文：囘淬扨缏 鉑伅躺，
国际音标：ʔda³tɔt⁷ ʔdɛu¹ ʔdaːi¹ ʔbaːk⁸ vaːu² min²
汉文直译：既已 佩 带子 银 上 身
汉文意译：既然缠绵缠紧身，

喃字原文：補 豺 時 惜 功 情 囘 數。
国际音标：ʔbɔ³ ʔdi¹ thi² tiːk⁷ koŋ¹ tin² ʔda³ lɤu¹
汉文直译：丢 去 则 可惜 功夫 情 已 久
汉文意译：丢弃可惜花费力。

（286）

喃字原文：刐 柳 立 馆 钟 塘，
国际音标：tsɛm⁵ tɛ¹ lɤp⁸ kwaːn⁵ jɯə³ ʔɯːŋ²
汉文直译：砍 竹 建 馆 中 路
汉文意译：砍竹建馆在路旁，

喃字原文：為 埃 嗺 唷 底 悉 拃 傷；
国际音标：vi² ʔaːi¹ suiʹjuk⁸ ʔde³ lɔŋ² tsaŋ³ thɯːŋ¹
汉文直译：因 谁 怂 恿 使 心 不 爱
汉文意译：因谁怂恿促我爱；

喃字原文：拃 傷 些 汝 時 催，
国际音标：tsaŋ³ thɯːŋ¹ ta¹ nɯə³ thi² thoi¹
汉文直译：不 爱 咱 再 就 罢了
汉文意译：不疼爱只留思念，

喃字原文：些 黜 晔 檜 些 蚪 徐 胶。
国际音标：ta¹ ra¹ ʔbɔŋ⁵ koi³ ta¹ ŋoi² tsɤ² jaŋ¹
汉文直译：咱 出 影 树 咱 坐 等 月
汉文意译：自坐树下望月想。

情 歌

喃字原文：灿 畑 麻 待 朘 蓬，
国际音标：ʔdot⁷ ʔdɛn² ma² ʔdɤːi⁶ jaŋ¹ len¹
汉文直译：点 灯 来 等 月 升
汉文意译：点灯等待月光亮，

喃字原文：朘 群 屈 岇 如 脍 曝 否；
国际音标：jaŋ¹ kɔn² khwɤt⁷ nui⁵ mɯ¹ ʔdem¹ toi⁵ jɤːi²
汉文直译：月 还 隐 没 山 如 夜 晚 黑 天
汉文意译：山阻隔月夜黑暗；

喃字原文：畭 𠊛 衵 妓 㕵 花，
国际音标：jɤ² ŋɯːi² lɤi⁵ nu⁶ laːm² hwa¹
汉文直译：如 今 人 拿 蓓 蕾 做 花
汉文意译：今见花蕾以为花，

喃字原文：䁑 𠊛 贵 重 䁑 些 浪 憪。
国际音标：kɔi¹ ŋɯːi² kwi⁵ tɔŋ⁶ kɔi¹ ta¹ raŋ² hɛn²
汉文直译：看 人 珍 爱 看 咱 说 贱
汉文意译：见人珍爱见我贱。

（男：刘振先，高永余；女：龚振芳）

（287）

喃字原文：㐌 算 咥 㖞 咥 唿，
国际音标：ʔda³ tɔn¹ nɤːi² hɛn⁶ nɤːi² hɔ²
汉文直译：已 打 算 话 约 话 约
汉文意译：咱俩相约共诉言，

喃字原文：包 饶 湄 遍 拱 𢯏 㐌；
国际音标：ʔbaːu¹ niːu¹ mɯə¹ ɕiːŋ⁵ kuŋ³ jɔ² raˀ ʔdi¹
汉文直译：多 少 风 雨 也 试 探 出 去
汉文意译：多大风雨都出去；

1003

喃字原文：吁　娘　潫　擬　弧　疑，
国际音标：sin¹ na:ŋ² tsɤ⁵ ŋi³ ho²ŋi¹
汉文直译：请　妹　别　想　狐　疑
汉文意译：请妹莫要自多虑，

喃字原文：篤　悉　尋　覽　燒　時　貝　催。
国际音标：jok⁷lɔŋ² tim² thɤi⁵ ɳau¹vɤ:i⁵ thoi¹
汉文直译：倾心　找见　互相　而已
汉文意译：一心寻见共会面。

喃字原文：忲　娘　夥　夥　娘　喂，
国际音标：nɤ⁵ na:ŋ² lam⁵ lam⁵ na:ŋ² ʔɤ:i¹
汉文直译：想　妹　非常　非常　妹　啊
汉文意译：时久想妹心思念，

喃字原文：迏　娘　英　嗨　哇　始　终；
国际音标：ɣap⁸ na:ŋ² ʔan¹ hoi³ va:i² ɳɤ:i² thi³tsuŋ¹
汉文直译：遇　妹　哥　问　几　言　始末
汉文意译：见妹哥问情始末；

喃字原文：铖　庄　趣　寔　没　哇，
国际音标：nen¹ tsaŋ¹ thu⁵thɤt⁸ mot⁸ ɳɤ:i²
汉文直译：成　不　老实说　一　言
汉文意译：咱俩情事由妹定，

喃字原文：時　娘　拱　訴　朱　些　特　祥。
国际音标：thi² na:ŋ² kuŋ³ tɔ³ tsɔ¹ ta¹ ʔdɯ:k⁸ tɯ:ŋ²
汉文直译：则　妹　也　表白　让　哥　得　详情
汉文意译：请妹表白哥放心。

情 歌

喃字原文： 朗 時 愒 忟 吏 傷，
国际音标： ŋai² thi² het⁷ nɤ⁵ la:i⁶ thɯ:ŋ¹
汉文直译： 白天 则 尽 思 又 想
汉文意译： 白天思念夜又想，

喃字原文： 朱 䖘 吏 英 沛 寻 娘 麻 制；
国际音标： tsɔ¹nen¹ ʔan¹ fa:i³ tim² na:ŋ² ma² tsɤ:i¹
汉文直译： 因而 哥 得 找 妹 而 玩耍
汉文意译： 因而寻妹共乐趣；

喃字原文： 忟 欺 躺 跨 些 蚋，
国际音标： nɤ⁵ khi¹ min² ʔdɯŋ⁵ ta¹ ŋoi²
汉文直译： 想 时 妹 站 哥 坐
汉文意译： 为情人坐立不安，

喃字原文： 愒 跨 吏 蚋 嗠 咋 貝 烧；
国际音标： het⁷ ʔdɯŋ⁵ la:i⁶ ŋoi² tɔ²tsi:n⁶ vɤ:i⁵ nau¹
汉文直译： 完 站 又 坐 谈笑 互相
汉文意译： 见面相谈忘坐立；

喃字原文： 嗨 浪 挺 贪 埃 糅 埃 嚸，
国际音标： hoi³ raŋ² tsaŋ³ tha:m¹ ʔa:i¹ ʔdɛp⁸ ʔa:i¹ jau²
汉文直译： 问 道 不 贪 谁 美 谁 富
汉文意译： 请妹莫要贪富穷，

喃字原文： 贪 術 丐 湮 娘 毽 吅 唭。
国际音标： tha:m¹ ve² ka:i⁵net⁷ na:ŋ² mau¹ mi:ŋ⁶ kɯ:i²
汉文直译： 贪 为 品行 妹 快 嘴 笑
汉文意译： 爱妹品行嘴常笑。

（288）

喃字原文： 払　喂　固　寔　没　悉？
国际音标： tsaːŋ² ʔɤːi¹ kɔ⁵ thɤt⁸ mot⁸lɔŋ²
汉文直译： 郎　啊　有　真的　一心
汉文意译： 君呀！是否真心爱？

喃字原文： 悉　埯　劄　鉑　打　鈫　朱　掃；
国际音标： lɔŋ² ʔɛm¹ tsat⁸ ʔbaːk⁸ ʔdan⁵ vɔŋ² tso¹ ʔdɐu¹
汉文直译： 心　妹　砍　银　打　手镯　给　戴
汉文意译： 若爱送手镯君戴；

喃字原文： 呞　麻　払　固　馱　跎，
国际音标： jɤu² ma² tsaːŋ² kɔ⁵ ŋɯːi² thɐu¹
汉文直译： 如果　郎　有　人　跟随
汉文意译： 如果君有人跟随，

喃字原文： 捽　鈫　黜　者　濐　掃　瘌　鈫。
国际音标： lot⁸ vɔŋ² ra¹ ja³ tsɤ⁵ ʔdɐu¹ mɔn² vɔŋ²
汉文直译： 脱　手镯　出　还　别　戴　磨损　手镯
汉文意译： 退还手镯莫磨坏。

（289）

喃字原文： 傷　馱　補　馉　拯　咹？
国际音标： thɯːŋ¹ ŋɯːi² ʔbo³ ʔcɤm³ ʔbɯɤ³ tsaŋ³ ʔan¹
汉文直译： 想　人　丢　餐　不　吃
汉文意译： 想念妹饭不思食？

喃字原文： 腤　躺　拯　昑　叹　身　没　躺；
国际音标： ʔdem¹ nam² tsaŋ³ ŋu³ thaːn¹ thɤn¹ mot⁸ min²
汉文直译： 夜　躺　不　睡　叹　身　独自
汉文意译： 夜间无眠坐叹息；

情 歌

喃字原文：　傷　馭　甕浽 心 情，
国际音标：thɯːŋ¹ ŋɯːi² ʔdu³ noi³ tɤm¹tin²
汉文直译：想　人　足 心境 心情
汉文意译：想妹心情足暴露，

喃字原文：　特　梖　甕 笕 敉 眤 買 安。
国际音标：ʔdɯːk⁸ matˀ toŋ¹thɤi⁵ roi² n̪in² mɤːi⁵ ʔiːn¹
汉文直译：得　脸　看见 了 看 才 安
汉文意译：若得见妹心喜悦。

喃字原文：　傷　娘　佐 碌 哗 愿，
国际音标：thɯːŋ¹ naːŋ² ʔda³ naŋ⁶ n̪ɤːi² ŋwiːn⁶
汉文直译：想　妹　已　重　誓言
汉文意译：想妹初发誓言时，

喃字原文：哗 咹 啫 吶 牢 悁　特 馭？
国际音标：n̪ɤːi²ʔan¹ tiːŋ⁵noi⁵ thaːu¹ kwen¹ ʔdɯːk⁸ ŋɯːi²
汉文直译：谈吐　声音　怎么　忘　得　人
汉文意译：谈吐举止怎忘记？

（290）

喃字原文：訃 些 朱 胞 些 懜？
国际音标：thaːu³ ta¹ tsɔ¹ jaˀ ta¹ mɯŋ²
汉文直译：琢磨 哥 让 肚 哥 高兴
汉文意译：讲爱慕话使心悦？

喃字原文：朱 缘 些 深 底 情 些 傷；
国际音标：tsɔ¹ jiːn¹ ta¹ thɤm¹ ʔde³ tin² ta¹ thɯːŋ¹
汉文直译：使 缘 哥 深 使 情 哥 爱
汉文意译：如此厚情让我爱；

喃字原文：躺 拈 些 丕 些 糙，
国际音标：min² tsɤːm⁵ ta¹ vɤi⁶ ta¹ ja²
汉文直译：妹 耽误 哥 这样 哥 老
汉文意译：哥只拖着让我老，

喃字原文：躺 拈 些 丕 躺 陀 固 伲。
国际音标：min² tsɤːm⁵ ta¹ vɤi⁶ min² ʔda² kɔ⁵ nɤːi¹
汉文直译：妹 耽误 哥 这样 妹 无实义 有 地方
汉文意译：哥稳住我另找人。

喃字原文：躺 拈 些 丕 躺 喂，
国际音标：min² tsɤːm⁵ ta¹ vɤi⁶ min² ʔɤːi¹
汉文直译：妹 耽误 哥 这样 妹 啊
汉文意译：拖着误我青春期，

喃字原文：重 權 躺 钯 固 伲 贵 權。
国际音标：toŋ⁶ kwiːn² min² ʔda³ kɔ⁵ nɤːi¹ kwi⁵ kwiːn²
汉文直译：重 权 哥 已 有 地方 贵 权
汉文意译：哥一心想贵权人。

（男：刘扬顺，刘振辉；女：刘元英，阮春英）

（291）

喃字原文：别 烧 底 伱 朱 烧，
国际音标：ʔbiːt⁷ ɲau¹ ʔde³ ɤ⁵ tsɔ¹ ɲau¹
汉文直译：相识 让 想 给 互相
汉文意译：相爱两心互思恋，

喃字原文：没 馺 芭 饹 傷 烧 跙 悉；
国际音标：mot⁸ ŋai² ʔba¹ ʔbɯə³ thuːɤ¹ ɲau¹ ʔden⁵ lɔŋ²
汉文直译：一 天 三 餐 惦念 互相 到 心
汉文意译：一日三餐心惦念；

情 歌

喃字原文：槑醉悉捱脆记，
国际音标：tam¹ nam¹ lɔŋ² ɣan⁵ ja⁶ ɣi¹
汉文直译：百 年 心 挑 肚 记
汉文意译：相爱百年记心里，

喃字原文：呦埃抐 鉑 對 鏘拱 空。
国际音标：jɤu² ʔa:i¹ ʔdɛm¹ ʔba:k⁸ ʔdoi⁵ tsi² kuŋ³ khoŋ¹
汉文直译：无论谁 拿 银 换 铅 也 不
汉文意译：铅想换银不答应。

（292）

喃字原文：准 尼 固 會 悦 㐌，
国际音标：tson⁵ nai² kɔ⁵ hoi⁶ vui¹ thai¹
汉文直译：地方 这 有 会 欢乐 啊
汉文意译：这里聚会好地方，

喃字原文：底 鸪 黄 鳥 伮 鼡 術 情；
国际音标：ʔde³ tsim¹ hwa:ŋ² ʔdi:u³ nɔ⁵ ʔbai¹ ve² tin²
汉文直译：让 黄莺 它 飞 为 情
汉文意译：黄莺飞来也为情；

喃字原文：當 据 大 波 摸 金，
国际音标：ʔda:ŋ¹ kɯ⁵ ʔda:i⁶ ʔbe³ mɔ² kim¹
汉文直译：正当 大 海 摸 针
汉文意译：正当大海摸针时，

喃字原文：篤 悉 鑽 朶 寻 朕 花。
国际音标：jok⁷ lɔŋ² va:ŋ² ʔda⁵ ʔdi¹ tim² jaŋ¹ hwa¹
汉文直译：倾心 金石 去 找 月 花
汉文意译：金石倾心寻花月。

1009

喃字原文：脵帝脵拞制花，
国际音标：jaŋ¹ na:u² jaŋ¹ tsaŋ³ tsɤ:i¹ hwa¹
汉文直译：月　哪　月　不　玩　花
汉文意译：何月都想来玩花，

喃字原文：時脵融磴融茹 𠮾 之；
国际音标：thi² jaŋ¹ tɔŋ¹ ku:i⁶ tɔŋ¹ n̠a² la:m²tsi¹
汉文直译：则　月　中　吴刚　中　家　为什么
汉文意译：月中吴刚何离家；

喃字原文：趍　兜　從　且　仕　趍，
国际音标：ʔdi¹ ʔdɤu¹ thuŋ¹tha³ thɛ³ ʔdi¹
汉文直译：去　哪儿　从容　将　去
汉文意译：去何处从容而去，

喃字原文：役 之 麻 㗂 娘 時 呐 𠚢?
国际音标：vi:k⁸ ji² ma² vɔi⁶ na:ŋ² thi² nɔi⁵ ra¹
汉文直译：事　什么　而　急忙　妹　就　说　出
汉文意译：有啥急事离开家？

喃字原文：趍　兜　勸　吼　共　些?
国际音标：ʔdi¹ ʔdɤu¹ khwi:n¹n̠u³ kuŋ² ta¹
汉文直译：去　哪儿　劝导　同　咱
汉文意译：急去哪里告诉知？

喃字原文：趍　奔　趍　半　台　罒　趍　制；
国际音标：ʔdi¹ ʔbu:n¹ ʔdi¹ ʔba:n⁵ hai¹ la² ʔdi¹ tsɤ:i¹
汉文直译：去　贩　去　卖　或　是　去　玩
汉文意译：出去买卖或去玩；

情 歌

喃字原文：埃　逐　客　遇　跙　尼，
国际音标：ʔaːi¹ ʔdɯə¹ khat⁷ la⁶ ʔden⁵ nɤːi¹
汉文直译：谁　送　客　陌生　到　地方
汉文意译：生客来到本地里，

喃字原文：台　罪　寔　只　扖　制　准　尼？
国际音标：hai¹ la² thɤt⁸ tsi³ ʔdi¹ tsɤːi¹ tson⁵ nai²
汉文直译：或　是　真的　只　去　玩　地方　这
汉文意译：是否为情或玩耍？

（293）

喃字原文：胧　暈　時　旰　连　牸，
国际音标：jaŋ¹ kwɤŋ² thi² haːn⁶ liːn²tai¹
汉文直译：月　晕　则　旱　立即
汉文意译：见月晕时干旱到，

喃字原文：扲　凭　胧　散　時　台　湄　雺；
国际音标：kɤm² ʔbaŋ² jaŋ¹ taːn³ thi² hai¹ mɯə¹raːu²
汉文直译：持　用　月　伞　则　或许　阵雨
汉文意译：月有光轮下大雨；

喃字原文：刅　胧　時　刅　奇　豍，
国际音标：thaːŋ⁵ jaŋ¹ thi² thaːŋ⁵ ka³ thaːu¹
汉文直译：明亮　月　则　明亮　全部　星星
汉文意译：月亮出来天星亮，

喃字原文：刅　胧　時　燥　刅　豍　時　瞴。
国际音标：thaːŋ⁵ jaŋ¹ thi² to³ thaːŋ⁵ thaːu¹ thi² mɤ²
汉文直译：明亮　月　则　明亮　星星　则　朦胧
汉文意译：月亮明朗星又暗。

1011

喃字原文： 𠞺 𦝄 朱 𩵜 特 㐌，
国际音标： thaːŋ^{5} jaŋ^{1} tsɔ^{1} kuːi^{6} ʔdɯːk^{8} ȵɤ^{2}
汉文直译： 明亮 月 使 吴刚 得 倚靠
汉文意译： 吴刚有月得相倚，

喃字原文： 空 𦝄 𩄲 暗 𩄲 𥊚 詞 𪓇。
国际音标： khoŋ^{1} jaŋ^{1} mɤi^{1} ʔaːm^{5} mɤi^{1} mɤ^{2} tɯ^{2} ʔdɛn^{1}
汉文直译： 没有 月 云 暗 云 朦胧 从 黑
汉文意译： 月有云遮夜黑暗。

（294）

喃字原文： 下 旬 拯 𧡊 𦝄 兜，
国际音标： ha^{6} tɤn^{2} tsaŋ^{3} thɤi^{5} jaŋ^{1} ʔdɤu^{1}
汉文直译： 下 旬 不 见 月 哪儿
汉文意译： 每月下旬无月亮，

喃字原文： 𠀧 𨑮 𣎏 没 坤 求 𧡊 𦝄；
国际音标： ʔba^{1} mɯːi^{1} moŋ^{2}mot^{8} khon^{1} kɤu^{2} thɤi^{5} jaŋ^{1}
汉文直译： 三 十 初一 难 求 见 月
汉文意译： 三十初一莫盼月；

喃字原文： 𦝄 𪠞 迍 客 妸 姮，
国际音标： jaŋ^{1} ʔdi^{1} ʔdɔn^{5} khat^{7} ʔa^{3}haŋ^{2}
汉文直译： 月 去 迎 客 姮娥
汉文意译： 那时月亮接姮娥，

喃字原文： 箕 如 䏧 越 徐 𦝄 𦛌 𡗶？
国际音标： kiə^{1} ȵɯ^{1} thaːu^{1}vɯːt^{8} tsɤ^{2} jaŋ^{1} jɯə^{3}jɤːi^{2}
汉文直译： 那 如 流行 等 月 空中
汉文意译： 那个流星等月亮？

情 歌

喃字原文：英　徐　朱　愣　亊　㭪，
国际音标：ʔan¹ tsɤ² tsɔ¹ tha³ thɯ⁶ʔdɤ:i²
汉文直译：哥　等　给　满足　世事
汉文意译：哥要等妹等一世，

喃字原文：籴　䎱　買　别　浪　馹　朘　花；
国际音标：roi²ra¹ mɤ:i⁵ ʔbi:t⁷raŋ² ŋɯ:i² jaŋ¹ hwa¹
汉文直译：然后　才　知道　　人　月　花
汉文意译：然后才见得花月；

喃字原文：制　花　時　沛　披　花，
国际音标：tsɤ:i¹ hwa¹ thi² fa:i³ ʔbɛ³ hwa¹
汉文直译：赏　花　则　须　折　花
汉文意译：玩花要折下花枝，

喃字原文：制　朘　妲　度　朘　斜　時　催。
国际音标：tsɤ:i¹ jaŋ¹ ʔden⁵ ʔdo⁶ jaŋ¹ ta² thi² thoi¹
汉文直译：赏　月　到　等　月　斜　就　罢了
汉文意译：赏月就等月斜西。

（男：刘日成，杜福进；女：苏维英，吴秀英）

（295）

喃字原文：朘　斜　時　忾　妲　花，
国际音标：jaŋ¹ ta² thi² nɤ⁵ ʔden⁵ hwa¹
汉文直译：月　斜　则　想　到　花
汉文意译：月落之时想到花，

喃字原文：堆　些　筳　玉　醢　牙　闭　数；
国际音标：ʔdoi¹ta¹ ʔduə³ ŋɔk⁸ mɤm¹ ŋa² ʔbɤi⁵lɤu¹
汉文直译：咱俩　筷子　玉　大盘子　象牙　长久以来
汉文意译：玉筷牙桌成一家；

喃字原文：催 停 底 啫 朱 烧,
国际音标：thoi¹ ʔdɯŋ² ʔde³ ti:ŋ⁵ tsɔ¹ ȵau¹
汉文直译：罢了 别 留 名声 给 互相
汉文意译：相亲相爱留名声,

喃字原文：朱 英 拖 惨 拖 愁 为 埃。
国际音标：tsɔ¹ ʔan¹ ʔdʐ³ tha:m³ ʔdʐ³ thʐu² vi² ʔa:i¹
汉文直译：给 哥 减轻 惨 减少 愁 为 谁
汉文意译：莫要为情哥愁惨。

喃字原文：馭 国 色 几 天 才,
国际音标：ŋɯ:i² kwok⁷thak⁷ kɛ³ thi:n¹ta:i²
汉文直译：人 国色 人 天才
汉文意译：妹是国色哥人才,

喃字原文：妳 味 兰 蕙 妳 味 才 花。
国际音标：ȵʐ⁵ mui² la:n¹ hwe⁶ ȵʐ⁵ mui² ta:i² hwa¹
汉文直译：想 味 兰 蕙 想 味 才 花
汉文意译：兰蕙思念想才花。

（296）

喃字原文：催 停 徐 遛 迍 胺,
国际音标：thoi¹ ʔdɯŋ² tsʐ² jɔ⁵ ʔdɔn⁵ jaŋ¹
汉文直译：罢了 别 等 风 迎 月
汉文意译：莫要等风送月亮,

喃字原文：吁 尔 据 於 朱 悉 低;
国际音标：sin¹ ʔdʐi⁵ kɯ⁵ ʐ³ tsɔ¹ ʔbaŋ² lɔŋ² ʔdʐi¹
汉文直译：请 那儿 一直 在 给 如 心 那儿
汉文意译：居心要正保同心;

情 歌

喃字原文：停 於 如 逎 如 霳，
国际音标：ʔdɯŋ² ʔɤ³ ɳɯ¹ jɔ⁵ ɳɯ¹ mɤi¹
汉文直译：别　在 如 风 如 云
汉文意译：括风下雨莫顾虑，

喃字原文：停 於 如 渃 欺 渃 欺 溈。
国际音标：ʔdɯŋ² ʔɤ³ ɳɯ¹ nɯːk⁷ khi¹ ʔdɤi² khi¹ vɤːi¹
汉文直译：别　在 如 水 时 满 时 一半
汉文意译：水涨水退保顺心。

（297）

喃字原文：為 花 月 買 迺 制，
国际音标：vi² hwa¹ ŋwiːt⁸ mɤːi⁵ thaːŋ¹ tsɤːi¹
汉文直译：为 花 月 才 到来 玩
汉文意译：为寻花月到此玩，

喃字原文：為 花 月　買 吽 哢 貝 花；
国际音标：vi² hwa¹ ŋwiːt⁸ mɤːi⁵ ŋɔ³ ɳɤːi² vɤːi⁵ hwa¹
汉文直译：为 花 月　才 表露 言语 和 花
汉文意译：为了花月找花谈；

喃字原文：月 要 花 罒 馱 颜 色，
国际音标：ŋwiːt⁸ ʔiːu¹ hwa¹ la² ɳɯːi² ɳaːn¹thak⁷
汉文直译：月 爱 花 是 人 颜 色
汉文意译：月爱花颜色鲜艳，

喃字原文：花 要 月 罒 客 文 人。
国际音标：hwa¹ ʔiːu¹ ŋwiːt⁸ la² khat⁷ van¹ɳɤn¹
汉文直译：花 爱 月 是 客 文人
汉文意译：花爱月是文人客。

喃字原文：月　低　花　帝　拱　斯，
国际音标：ŋwiːt⁸ ʔdʐi¹ hwa¹ ʔdʐi⁵ kuŋ³ ɣɤn²
汉文直译：月　这儿　花　那儿　也　近
汉文意译：这月那花来接近，

喃字原文：月　低　花　帝　交　邻　没　茹；
国际音标：ŋwiːt⁸ ʔdʐi¹ hwa¹ ʔdʐi⁵ jaːu¹ lɤn¹ mot⁸ ɲa²
汉文直译：月　这儿　花　那儿　交　邻　一　家
汉文意译：这月那花合一家；

喃字原文：月　要　花　呎　朱　斯，
国际音标：ŋwiːt⁸ ʔiːu¹ hwa¹ sit⁷ tsɔ¹ ɣɤn²
汉文直译：月　爱　花　挪移　给　近
汉文意译：月爱花靠近相连，

喃字原文：底　月　叹　咀　殷　勤　貝　花。
国际音标：ʔde³ ŋwiːt⁸ thaːn¹ thɤ³ ʔɤn¹ kɤn² vɤːi⁵ hwa¹
汉文直译：让　月　叹息　殷勤　和　花
汉文意译：让月同花多叹言。

喃字原文：约　之　月　聘　貝　花，
国际音标：ʔɯːk⁷ tsi¹ ŋwiːt⁸ than⁵ vɤːi⁵ hwa¹
汉文直译：渴望　什么　月　配　和　花
汉文意译：渴望月匹配与花，

喃字原文：约　之　躺　聘　貝　些　唉　躺；
国际音标：ʔɯːk⁷ tsi¹ min² than⁵ vɤːi⁵ ta¹ hɤːi³ min²
汉文直译：渴望　什么　妹　配　和　哥　啊　妹
汉文意译：渴望咱俩同匹配；

情 歌

喃字原文：约 之 性 聘 貝 情，
国际音标：ʔɯːk⁷ tsi¹ tin⁵ than⁵ vɤːi⁵ tin²
汉文直译：渴望 什么 性 配 和 情
汉文意译：渴望性情相配偶，

喃字原文：埃 挓 梗 橘 梗 琼 聘 堆。
国际音标：ʔaːi¹ maːŋ¹ kan² kwit⁷ kan² kwin² than⁵ ʔdoi¹
汉文直译：谁 带 枝 橘 枝 琼 配 对
汉文意译：橘枝琼枝相交对。

喃字原文：约 之 桂 聘 貝 茴，
国际音标：ʔɯːk⁷ tsi¹ kwe⁵ than⁵ vɤːi⁵ hoi²
汉文直译：渴望 什么 桂 配 和 茴香
汉文意译：渴望桂茴在一起，

喃字原文：约 之 淑 女 聘 駄 文 人。
国际音标：ʔɯːk⁷ tsi¹ thuk⁸ nɯ³ than⁵ ŋɯːi² van¹ ɲɤn¹
汉文直译：渴望 什么 淑女 配 人 文人
汉文意译：渴望淑女配文人。

（298）

喃字原文：英 罖 忬 浽 簪 釵，
国际音标：ʔan¹ la² nɤ⁵ noi³ tɤm¹ tha¹
汉文直译：哥 是 想 心境 簪 釵
汉文意译：哥是否想簪钗人，

喃字原文：忬 胅 忬 遙 忬 花 連 梗；
国际音标：nɤ⁵ jaŋ¹ nɤ⁵ jo⁵ nɤ⁵ hwa¹ ten¹ kan²
汉文直译：想 月 想 风 想 花 上 枝
汉文意译：想风想月又想花；

1017

喃字原文： 台 罪 忕 客 膡 红,
国际音标： hai¹ la² nɤ⁵ khat⁷ ma⁵hoŋ²
汉文直译： 或 是 想 客 红颜
汉文意译： 或者想念红颜女，

喃字原文： 朱 铖 忉 栁 衶 悆 抷 鲜。
国际音标： tsɔ¹nen¹ ʔu³li:u³ toŋ¹ loŋ² tsaŋ³ tɯ:i¹
汉文直译： 所以 忧愁 中 心 不 快乐
汉文意译： 为此忧愁无欢快。

喃字原文： 吁 英 咳 暂 㐌 坐,
国际音标： sin¹ ʔan¹ hɤ:i³ ta:m⁶ va:u² ŋoi²
汉文直译： 请 哥 啊 暂时 进 坐
汉文意译： 请哥暂时入屋坐，

喃字原文： 底 碎 吁 計 曲 浽 亊 情。
国际音标： ʔde³ toi¹ sin¹ ke³ khuk⁷noi¹ thɯ⁶tin²
汉文直译： 让 我 请求 叙述 衷肠 事情
汉文意译： 让妹倾诉表衷肠。

（男：苏权成，苏维绍；女：苏权珍，武瑞珍）

（299）

喃字原文： 蜙 蜙 杜 蔬 核 檽,
国际音标： tsu:n²tsu:n² ʔdo³ ŋɔn⁶ kɤi¹mɤ¹
汉文直译： 蜻蜓 栖息 梢 杏树
汉文意译： 蜻蜓栖在杏树上，

喃字原文： 埃 𠄩 堆 我 拂 菲 邊 船；
国际音标： ʔa:i¹ la:m² ʔdoi¹ ŋa³ fɤt⁷fɤ:i⁵ ʔben¹ thi:n²
汉文直译： 谁 使 我俩 飘零 边 船
汉文意译： 谁使咱俩船边飘零；

情 歌

喃字原文： 幣 銅 胡 没 腿 堆 番？
国际音标： tsɤ⁶ ʔdoŋ² ho² mot⁸ tha:ŋ⁵ ʔdoi¹ fɛn¹
汉文直译： 集市 钟 一 月 两 回
汉文意译： 街上钟声时回响？

喃字原文： 埃 𠄩 擙 纠 哐 愿 𠀧些？
国际音标： ʔa:i¹ la:m² ʔdɯt⁷ ʔboi⁵ nɤ:i² ŋwi:n⁶ ha:i¹ta¹
汉文直译： 谁 使 断 红绳 誓言 咱俩
汉文意译： 谁作红绳断心愿？

喃字原文： 𠀧些 當 恕 當 傷，
国际音标： ha:i¹ta¹ ʔda:ŋ¹ nɤ⁵ ʔda:ŋ¹ thɯŋ¹
汉文直译： 咱俩 正在 思 正在 想
汉文意译： 咱俩正在思情恋，

喃字原文： 埃 𠄩 擙 纠 丝 纴 钟 澄？
国际音标： ʔa:i¹ la:m² ʔdɯt⁷ ʔboi⁵tɤ¹ vɯ:ŋ⁵ jɯə³ tsɯŋ²
汉文直译： 谁 使 断 丝束 缠 半途
汉文意译： 谁在中途作断丝？

喃字原文： 埃 𠄩 擙 𦁀 姅 澄？
国际音标： ʔa:i¹ la:m² ʔdɯt⁷ moi⁵ nɯə³ tsɯŋ²
汉文直译： 谁 使 断 线 半截儿
汉文意译： 谁把线头儿断了？

喃字原文： 雁 南 燕 北 黜 蒸 些 㤟。
国际音标： ŋa:n⁶ na:m¹ ʔi:n⁵ bak⁷ ʔbɤ:i³ tsɯŋ¹ ta¹ ʔbu:n²
汉文直译： 雁 南 燕 北 因为 咱 烦闷
汉文意译： 雁南燕北为情思。

喃字原文： 蚁 噡 麻 待 朘 蓬，
国际音标： ŋoi² thɤm² ma² ʔdɤːi⁶ jaŋ¹ len¹
汉文直译： 坐 暗 自而 等 月 升
汉文意译： 暗地坐着等月亮，

喃字原文： 朘 群 屈 如 胩 曝 丕；
国际音标： jaŋ¹ kɔn² khwɤt⁷ nɯ¹ ʔdem¹ toi⁵ jɤːi²
汉文直译： 月 还 隐没 如 夜 黑暗 天
汉文意译： 山阻隔月夜黑暗；

喃字原文： 曝 丕 時 沛 待 朘，
国际音标： toi⁵ jɤːi² thi² faːi³ ʔdɤːi⁶ jaŋ¹
汉文直译： 夜晚 天 则须 等 月
汉文意译： 黑夜等着月光亮，

喃字原文： 傷 娘 時 沛 用 抌 待 缘。
国际音标： thɯːŋ¹ naːŋ² thi² faːi³ juŋ²jaŋ² ʔdɤːi⁶ jiːn¹
汉文直译： 想 妹 则须 犹豫 等 缘
汉文意译： 想妹犹疑待情缘。

喃字原文： 曝 朘 時 沛 待 畑，
国际音标： toi⁵ jaŋ¹ thi² faːi³ ʔdɤːi⁶ ʔdɛn²
汉文直译： 夜晚 月 则须 等 灯
汉文意译： 没月夜黑要点灯，

喃字原文： 渃 黜 埃 固 打 矾 待 埃。
国际音标： nɯːk⁷ tɔŋ¹ ʔaːi¹ kɔ⁵ ʔdan⁵ fɛn² ʔdɤːi⁶ ʔaːi¹
汉文直译： 水 清 谁 有 打 明矾 等 谁
汉文意译： 清水不须放明矾。

情 歌

（300）

喃字原文：堆 些 𥪝 月 㬧 眃，
国际音标：ʔdoi¹ ta¹ mat⁸ ŋwi:t⁸ hom¹ ram²
汉文直译：咱俩 脸 月 望 日
汉文意译：十五月圆照脸圆，

喃字原文：𥪝 蒸 渼 淫 眖 拃 览 眸；
国际音标：ʔbɤ:i³ tsɯŋ¹ muə¹ jɤm² nin² tsaŋ³ thɤi⁵ tha:u¹
汉文直译：因为 细雨 看 不 见 怎么样
汉文意译：下着细雨无见星；

喃字原文：𥪝 蒸 吒 媄 押 匋，
国际音标：ʔbɤ:i³ tsɯŋ¹ tsa¹ mɛ⁶ ʔɛp⁷ va:u²
汉文直译：因为 父 母 逼婚 进
汉文意译：因为父母逼姻缘，

喃字原文：𠄧 朱 困 苦 𣈜 吊 朱 𥪝。
国际音标：la:m² tsɔ¹ khon⁵ kho³ ʔɤ:i² na:u² tsɔ¹ ra¹
汉文直译：使 困 苦 世 哪 给 出
汉文意译：让咱困苦难实现。

喃字原文：制 朘 𦋦 灼 畑 陂，
国际音标：tsɤ:i¹ jaŋ¹ roi² ʔdot⁷ ʔdɛn² fa¹
汉文直译：赏 月 了 点 聚光灯
汉文意译：玩月要点聚光灯，

喃字原文：㐌 要 停 底 𠊛 些 吱 唭；
国际音标：ʔda³ ʔi:u¹ ʔdɯŋ² ʔde³ ŋɯ:i² ta¹ tse¹ kɯ:i²
汉文直译：已 爱 别 留 人 咱 耻笑
汉文意译：相爱要留好名声；

喃字原文：制 胅 空 憎 貝 歪，
国际音标：tsɤːi¹ jaŋ¹ khoŋ¹ thɛn⁶ vɤːi⁵ jɤːi²
汉文直译：赏 月 不 惭愧 和 天
汉文意译：玩月莫害羞于天，

喃字原文：制 麹 空 嗜 貝 馱 䰀 麹。
国际音标：tsɤːi¹ huɯːŋ¹ khoŋ¹ thɛn⁶ vɤːi⁵ ŋɯːi² tɔŋ¹ huɯːŋ¹
汉文直译：玩 镜子 不 惭愧 和 人 中 镜子
汉文意译：照镜无愧镜中人。

喃字原文：唉 馱 淹 妆 淹 傷！
国际音标：hɤːi³ ŋɯːi² ʔɛm¹ nɤˤ⁵ ʔɛm¹ thuɯːŋ¹
汉文直译：啊 人 妹 思 妹 想
汉文意译：哥呀！妹真是想念！

喃字原文：椊 群 淹 愿 共 扐 橆 醉。
国际音标：thoŋ⁵ kɔn² ʔɛm¹ ŋwiːn⁶ kuŋ² tsaːŋ² tam¹ nam¹
汉文直译：生存 妹 愿 同 郎 百 年
汉文意译：人生决意誓百年。

（301）

喃字原文：制 时 制 准 美 妙，
国际音标：tsɤːi¹ thi² tsɤːi¹ tson⁵ mi³ jiːu⁶
汉文直译：玩 就 玩 地方 美 妙
汉文意译：玩乐要有美丽人，

喃字原文：橆 釛 掑 肬 拱 料 麻 制。
国际音标：tam¹ jaːu¹ keː² koː³ kuŋ³ liːu⁴ maː² tsɤːi¹
汉文直译：百 刀 贴近 脖子 也 豁出去 而 玩
汉文意译：百刀架颈豁命玩。

情 歌

（302）

喃字原文：制 时 制 准 朱 清，
国际音标：tsɤ:i¹ thi² tsɤ:i¹ tsɔn⁵ tsɔ¹ than¹
汉文直译：玩 就 玩 地方 给 清静
汉文意译：玩乐要在清静所，

喃字原文：由 麻 甕 刟 拱 停 悉 心。
国际音标：jɤu² ma² tset⁷ tsɛm⁵ kuŋ³ ʔdan² lɔŋ² tɤm¹
汉文直译：若是 死 砍 也 只好 这样
汉文意译：若是斩首也莫怕。

（男：刘日成；女：阮氏心）

（303）

喃字原文：催 催 英 拟 准 尼，
国际音标：thoi¹ thoi¹ ʔan¹ ŋi³ tsɔn⁵ nai²
汉文直译：罢了 罢了 哥 想 地方 这
汉文意译：算了！哥只想这里，

喃字原文：英 雖 頭 泊 想 制 共 駇；
国际音标：ʔan¹ ti¹ ʔdɤu² ʔba:k⁸ tɯ:ŋ³ tsɤ:i¹ kuŋ² ŋɯ:i²
汉文直译：哥 虽 头 白 想 玩 同 人
汉文意译：虽然头白想妹玩；

喃字原文：制 共 駇 駇 拟 叩 牢，
国际音标：tsɤ:i¹ kuŋ² ŋɯ:i² ŋɯ:i² ŋi³ la:m² tha:u¹
汉文直译：玩 同 人 人 想 怎么
汉文意译：找妹玩有何想法，

喃字原文：英　尼　酥虎　别　牢　悲睺。
国际音标：ʔan¹ nai² sʳu⁵ho³ ʔbi:t⁷ tha:u¹ ʔbʳi¹jʳ²
汉文直译：哥　这　羞愧　知　怎么　现在
汉文意译：哥感羞愧妹谅解。

（304）

喃字原文：遥　南　腿　厕　軒　西，
国际音标：jɔ⁵na:m¹ thoi³ ma:i⁵hi:n¹ tʳi¹
汉文直译：南风　吹　屋檐　西
汉文意译：南风吹进屋西轩，

喃字原文：鸬　叫　猿　嗡　更　迟　妆　埃；
国际音标：tsim¹ keu¹ vɯ:n⁶ hɔt⁷ kan¹tsʳi² n̩ʳ⁵ ʔa:i¹
汉文直译：鸟　叫　猿　啼　更　深　想　谁
汉文意译：鸟鸣猿啼夜心思；

喃字原文：胩　秋　遥　津　沔　外，
国际音标：ʔdem¹ thu¹ jɔ⁵ lat⁸ mi:n²ŋwa:i²
汉文直译：夜　秋　风　小河沟　外面
汉文意译：秋夜风吹屋檐外，

喃字原文：没　艄　捱　别　貝　埃　捱　罢。
国际音标：mot⁸min² tsaŋ³ ʔbi:t⁷ vʳ:i⁵ ʔa:i¹ tsaŋ¹ la²
汉文直译：独自　不　知　和　谁　不　是
汉文意译：独自无人话心事。

喃字原文：傷　埃　渃　相　潒　黜，
国际音标：thɯ:ŋ¹ ʔa:i¹ nɯ:k⁷mat⁷ tu:n¹ ʳa¹
汉文直译：想　谁　眼泪　涌　出
汉文意译：思念情人自流泪，

情 歌

喃字原文： 忟 埃 滐 玉 沚 和 㽜 更。
国际音标： nɤ⁵ ʔaːi¹ jɔt⁸ ŋɔk⁸ tsai³ hwa² nam¹ kan¹
汉文直译： 想 谁 滴 玉 流 和 五 更
汉文意译： 五更想妹玉泪流。

喃字原文： 挴 埃 撑 䋦 丝 绷，
国际音标： kɤi⁶ ʔaːi¹ jɤ³ moi⁵ tɤ¹man²
汉文直译： 倚靠 谁 解 缕 细丝
汉文意译： 托着谁人解细丝，

喃字原文： 相 思 没 挭 鍾 情 䏾 䋯。
国际音标： tɯːŋ¹tɯ¹ mot⁸ ɣan⁵ tsuŋ¹tin² ŋai²sɯə¹
汉文直译： 相思 一 担 钟情 昔日
汉文意译： 为了钟情相思恋。

喃字原文： 埃 𡂰 堆 我 巴 㵲，
国际音标： ʔaːi¹ laːm² ʔdoi¹ ŋa³ ʔbɤ¹vɤ¹
汉文直译： 谁 做 对儿 跌倒 飘零
汉文意译： 谁使你我各飘零，

喃字原文： 低 伤 帝 忟 包 畭 朱 悁?
国际音标： ʔdɤi¹ thɯːŋ¹ ʔdɤi⁵ nɤ⁵ ʔbaːu¹jɤ² tsɔ¹ kwen¹
汉文直译： 这儿 思 那儿 想 何时 给 忘
汉文意译： 我思你想何时停？

(305)

喃字原文： 些 時 只 没 悉 求，
国际音标： taː¹ thi² tsi³ mot⁸ lɔŋ² kɤu²
汉文直译： 我 则 之 一心 求
汉文意译： 我只一心有所求，

喃字原文：包　饶　曝　焒　湄　愁　拰　散；
国际音标：ʔbaːu¹ɲiːu¹ naŋ⁵ lɯə³ mɯə¹ tʰɤu² tsaŋ³ taːn¹
汉文直译：多少　阳光　火　雨　愁　不　散
汉文意译：日晒雨淋莫分散；

喃字原文：溜　停　底　迌　搣　埃，
国际音标：tsɤ⁵ʔdɯŋ² ʔde³ ʔden⁵ tai¹ ʔaːi¹
汉文直译：别　让　到　手　谁
汉文意译：请你莫入他人手，

喃字原文：聂　斱　铖　義　没　𠬠　伴　共。
国际音标：maːi¹tʰau¹ nen¹ ŋiə³ mot⁸ haːi¹ ʔbaːn⁶ kuŋ²
汉文直译：日后　成　义　一　二　伴侣　一同
汉文意译：日后结义做侣伴。

（306）

喃字原文：拎　𨦢　燸　𠲖　渼　河，
国际音标：kɤm² huːŋ¹ tʰɔi¹ suːŋ⁵ ʔbaːi³ ha²
汉文直译：拿　镜子　照　下　滩　河
汉文意译：拿镜照着海滩河，

喃字原文：拎　旗　指　屸　屸　罢　散　香；
国际音标：kɤm² kɤ² tsi³ nui⁵ nui⁵ la² taːn¹ huːŋ¹
汉文直译：拿　旗子　指　山　山　是　散　香
汉文意译：拿旗指山云雾散；

喃字原文：拎　楞　時　㐱　迌　𨦢，
国际音标：kɤm² lɯːk⁸ tʰi² nɤ⁵ ʔden⁵ huːŋ¹
汉文直译：那　梳子　则　想　到　镜子
汉文意译：拿梳理头想照镜，

情 歌

喃字原文：拎 巾 忟 襊 黜 塘 忟 燒。
国际音标：kɤm² khan¹ ȵɤ⁵ tui⁵ ra¹ ʔdɯ:ŋ² ȵɤ⁵ ȵau¹
汉文直译：拿　　巾　　想　　袋　　出
汉文意译：拿巾想袋外想家。

（男：阮继初，苏维绍；女：阮春英，刘元英）

（307）

喃字原文：脥 高 英 拟 浪 傷，
国际音标：jaŋ¹ ka:u¹ ʔan¹ ŋi³ raŋ² thɯ:ŋ¹
汉文直译：月　高　哥　想　道　思念
汉文意译：举头望月低思妹，

喃字原文：悉 英 凿 胒 群 缘 待 徐；
国际音标：lɔŋ² ʔan¹ ta:k⁸ja⁶ kɔn² ji:n¹ ʔdɤ:i⁶tsɤ²
汉文直译：心　哥　铭心　还　有缘　等待
汉文意译：哥等姻缘时铭记；

喃字原文：脥 清 固 没 最 旺，
国际音标：jaŋ¹ than¹ kɔ⁵ mot⁸ hom¹ram²
汉文直译：月　清　有　一　　望日
汉文意译：月亮只有十五圆，

喃字原文：扒 䨻 術 㝵 高 平 荿 栩。
国际音标：ʔdi¹ khwiə¹ ve² thɤ:m⁵ ka:u¹ ʔbaŋ² ŋɔn⁶ tɛ¹
汉文直译：去　深夜　回　早上　高　如　梢竹
汉文意译：早出晚归月照明。

喃字原文：要 埃 只 要 没 皮,
国际音标：ʔi:u¹ ʔa:i¹ tsi³ ʔi:u¹ mot⁸ʔbe²
汉文直译：爱　谁　只　爱　一味地
汉文意译：爱谁只能爱一人，

喃字原文： 底　英　宇　宇　恘　掑　睥　胺。
国际音标： ʔde³ ʔan¹ vɔ²vɔ³ ŋoi² ke² ʔbɔŋ⁵ jaŋ¹
汉文直译： 留　哥　孤独　坐　贴近　影　月
汉文意译： 留哥孤独望月思。

(308)

喃字原文： 跙　低　迢　悗　悗　花，
国际音标： ʔden⁵ ʔdɤi¹ jiu² men⁵ men⁵ hwa¹
汉文直译： 到　这儿　扶　喜爱　喜爱　花
汉文意译： 来到此地寻爱花，

喃字原文： 趣　恛　悗　景　鄰　罗　准　尼；
国际音标： thu⁵ vui¹ men⁵ kan³ lan¹la¹ tson⁵ nai²
汉文直译： 乐趣　喜欢　景色　套近乎　地方　这
汉文意译： 喜欢尝景勤往来；

喃字原文： 汲　南　塘　北　蘙　𡎦，
国际音标： ʔbe³ na:m¹ ʔdɯ:ŋ² ʔbak⁷ roŋ⁶ra:i³
汉文直译： 海　南　路　北　宽阔
汉文意译： 南海北道地宽阔，

喃字原文： 窖　修　拱　拸　汲　𠊛　主　春。
国际音标： khɛu⁵ tu¹ kuŋ³ tsaŋ³ ɣap⁸ ŋɯ:i² tsu³ sɤn¹
汉文直译： 善于　修　也　不　遇　人　春主
汉文意译： 善于修行遇春主。

喃字原文： 悲　畬　些　嗨　事　因，
国际音标： ʔbɤi¹ jɤ² ta¹ hoi³ thɯ⁶ ɤn¹
汉文直译： 如今　咱　问　事因
汉文意译： 如今见面问缘由，

情 歌

喃字原文：罿 澄 晬 我 春 云 斜 嘲？
国际音标：toŋ¹ tsɯŋ² ʔbɔŋ⁵ ŋa³ sɤn¹ vɤn¹ se⁵ tsi:u²
汉文直译：当心 影 倒 春云 斜 下午
汉文意译：请问春主偏哪头？

喃字原文：罿 澄 晬 我 術 嘲，
国际音标：toŋ¹ tsɯŋ² ʔbɔŋ⁵ ŋa³ ve² tsi:u²
汉文直译：当心 影 倒 回 下午
汉文意译：看影子似往西倒，

喃字原文：群 之 心 亊 麻 憽 衳 悉。
国际音标：kɔn² tsi¹ tɤm¹ thɯ⁶ ma² vui¹ tɤŋ¹ lɔŋ²
汉文直译：还 什么 心事 而 高兴 中心
汉文意译：见此心里甚忧愁。

(309)

喃字原文：㐌 馭 特 侴 㶂 抴，
国际音标：ʔdɤ:i² ŋɯ:i² ʔdɯ:k⁸ mɤi⁵ ya:ŋ¹ tai¹
汉文直译：人生 得 几 拃 手
汉文意译：人生几何要为情，

喃字原文：挻 制 春 拱 麻 㕸 丕 催；
国际音标：tsaŋ³ tsɤ:i¹ sɤn¹ kuŋ³ ma² ja² vɤi⁶ thoi¹
汉文直译：不 玩 春 也 而 老 这样 罢了
汉文意译：青春不玩人会老；

喃字原文：花 妠 仍 旿 固 回，
国际音标：hwa¹ nɤ³ nɯŋ³ luk⁷ kɔ⁵ hoi²
汉文直译：花 开 些 时 有 回
汉文意译：花开季节人有时，

喃字原文：挓晏拱舌挓制拱耗。
国际音标：tsaŋ³ ʔan¹ kuŋ³ thi:t⁸ tsaŋ³ tsɤ:i¹ kuŋ³ ja²
汉文直译：不 吃 也 亏 不 玩 也 老
汉文意译：不吃不玩，过时亏。

喃字原文：要 烧 挓 冐 包 赊，
国际音标：ʔi:u¹ n̯au¹ tsaŋ³ kwa:n³ ʔba:u¹ sa¹
汉文直译：相 爱 不 管 多 远
汉文意译：相爱不管啥时候，

喃字原文：隔 淹 拱 澰 包 赊 拱 寻。
国际音标：kat⁷ thoŋ¹ kuŋ³ loi⁶ ʔba:u¹ sa¹ kuŋ³ tim²
汉文直译：隔 河 也 涉水 多 远 也 找
汉文意译：长河涉水远寻求。

（310）

喃字原文：盧 詩 厨 煌 衶 塘，
国际音标：lɤ¹ thɤ¹ tsuə² hwa:ŋ² jɯə³ ʔdɯ:ŋ²
汉文直译：疏 落 寺 破败 中 路
汉文意译：路边破庙疏落状，

喃字原文：埃 吘 吏 固 孛 鐄 蚧 艟；
国际音标：ʔa:i¹ ŋɤ² la:i⁶ ko⁵ ʔbut⁸ va:ŋ² ŋoi² tɔŋ¹
汉文直译：谁 知 又 有 佛 金 坐 中
汉文意译：谁知金佛里面出；

喃字原文：核 枯 萆 烰 衶 垌，
国际音标：kɤi¹ kho¹ la⁵ hɛu⁵ jɯə³ ʔdoŋ²
汉文直译：树 枯 也 萎 中 田野
汉文意译：枯萎松木在田野，

1030

情 歌

喃字原文： 埃 吁 固 荍 花 薋 麻 眤。
国际音标： ʔaːi¹ ŋɤ² kɔ⁵ nuᵘhwa¹ thɤːm¹ ma² ȵin²
汉文直译： 谁 料 有 花蕾 香 而 看
汉文意译： 谁知松有蕊花心。

（311）

喃字原文： 核 岸 焒 烃 時 光，
国际音标： kɤi¹ ŋaːn² lɯə³ tsai⁵ thi² kwaːŋ¹
汉文直译： 树 山林 火 烧 就 光
汉文意译： 森林火烧树枯死，

喃字原文： 塘 赊 迻 吏 包 赊 拱 旿；
国际音标： ʔdɯːŋ² sa¹ ʔdiˡlaːi⁶ ʔbaːu¹ sa¹ kuŋ³ ɣɤn²
汉文直译： 路 远 来往 多 远 也 近
汉文意译： 路途遥远勤来往；

喃字原文： 傷 英 固 旿 欺 旿，
国际音标： thɯːŋ¹ ʔan¹ kɔ⁵ luk⁷ khi¹ ɣɤn²
汉文直译： 思念 哥 有 时 时 近
汉文意译： 思念哥会走一起，

喃字原文： 挺 傷 时 拱 別 悉 丕 催。
国际音标： tsaŋ³ thɯːŋ¹ thi² kuŋ³ ʔbiːt⁷ lɔŋ² vɤi⁶ thoi¹
汉文直译： 不 爱 就 也 知 心 这样 罢了
汉文意译： 如果无爱人却忘。

（312）

喃字原文： 景 红 㐌 倦 長 安，
国际音标： kan³hoŋ² ʔda³ kwɛn⁶ tɯːŋ²ʔaːn¹
汉文直译： 景色 已 憔悴 长安
汉文意译： 长安街人来观景，

1031

喃字原文： 矔 澄 包 屈 氽 岸 棱 靜；
国际音标： toŋ¹tsɯŋ² ʔda³ khɯɤt⁷ mɤi⁵ ŋa:n² rɯŋ² san¹
汉文直译： 当心 已 隐没 几 山林林 绿
汉文意译： 越山涉水路遥远；

喃字原文： 馭 扢 隻 睈 蓏 更，
国际音标： ŋɯ:i² ʔdi¹ tsi:k⁷ ʔbɔŋ⁵ nam¹ kan¹
汉文直译： 人 去 只 影 五 更
汉文意译： 五更人行见踪影，

喃字原文： 些 於 夙 嚜 没 躺 赊 泂。
国际音标： ta¹ ʔɤ³ mu:n¹ jam⁶ mot⁸ min² sa¹khɤ:i¹
汉文直译： 咱 在 万 里 独自 遥远
汉文意译： 住外千里来远程。

喃字原文： 馭 扢 搁 姅 逿 丕，
国际音标： ŋɯ:i² ʔdi¹ ɣa:k⁷ nɯə³ ʔben¹ jɤ:i²
汉文直译： 人 去 角 半 边 天
汉文意译： 天涯海角人奔波，

喃字原文： 固 汌 沁 涼 擬 劇 清 闲。
国际音标： kɔ⁵ ʔa:u¹ tam⁵ma:t⁷ ŋi³ŋɤ:i¹ than¹na:n²
汉文直译： 有 池 洗澡 休息 清闲
汉文意译： 此城有池休清闲。

（男：黄家显，刘振辉；女：苏维英）

(313)

喃字原文： 刱 胺 刱 奇 頭 夏ᵰ，
国际音标： tha:ŋ⁵ jaŋ¹ tha:ŋ⁵ ka³ ʔdɤu²hɛ²
汉文直译： 亮 月亮 亮 全 廊 下
汉文意译： 月亮照着屋檐边，

情 歌

喃字原文：英 箕 夏 帝 英 瑄 役 之；
国际音标：ʔan¹ kiə¹ ʔdɯŋ⁵ ʔdɤi⁵ ʔan¹ ŋɛ¹ vi:k⁸ ji²
汉文直译：哥 那 站 那儿 哥 听 事 什么
汉文意译：哥站那里偷听言；

喃字原文：英 箕 蹲 帝 冖 之，
国际音标：ʔan¹ kiə¹ ʔdɯŋ⁵ ʔdɤi⁵ la:m² tsi¹
汉文直译：哥 那 站 那儿 做 什么
汉文意译：或哥那里干啥事，

喃字原文：琨 相 䀹 吏 麻 時 悉 疛。
国际音标：kɔn¹ mat⁷ li:k⁷ la:i⁶ ma² thi² lɔŋ² ʔdau¹
汉文直译：眼睛 瞥 来 而 则 心 痛
汉文意译：飞眼望来见疼心。

喃字原文：𦛨 挀 時 皁 巍 巍，
国际音标：ko³ tai¹ thi² taŋ⁵ fau¹ fau¹
汉文直译：手 腕 则 白 洁白
汉文意译：哥手腕显得洁白，

喃字原文：朘 颠 黬 黬 梻 頭 骹 瓠；
国际音标：jaŋ¹ ʔdɛn¹ rɯk⁷ rɯk⁷ tsa:i³ ʔdɤu² ha:t⁸ jɯə¹
汉文直译：牙 黑 乌黑 发亮 梳 头 瓜子
汉文意译：牙黑如墨瓜子头；

喃字原文：嗨 乜 躺 固 兜 渚，
国际音标：hɔi³ min² ʔda³ kɔ⁵ ʔdɤu¹ tsɯə¹
汉文直译：问 你 已 有 哪儿 未
汉文意译：问哥是否有依处，

喃字原文：麻 躺 啹 呐 氍 逐 丕 躺。
国际音标：ma² min² ʔan¹nɔi⁵ ʔdɔŋ¹ʔdɯə¹ vɤi⁶ min²
汉文直译：而 你 言谈 轻佻 如此 你
汉文意译：轻嘴薄舌话发抖。

喃字原文：胦 颠 埃 桨 朱 躺，
国际音标：jaŋ¹ ʔdɛn¹ ʔa:i¹ n̠u:m⁶ tsɔ¹ min²
汉文直译：牙 黑 谁 染 给 哥
汉文意译：黑牙谁为哥染色，

喃字原文：底 缘 潭 深 底 情 些 要。
国际音标：ʔde³ ji:n¹ ʔdam²tham⁵ ʔde³ tin² ta¹ ʔi:u¹
汉文直译：让 缘 深厚 让 情 咱 爱
汉文意译：妹见想爱情深厚。

（314）

喃字原文：蔬 畑 烊 栖 晔 胦，
国际音标：ŋɔn⁶ʔdɛn² thu:t⁷sɤ:i⁵ ʔbɔŋ⁵ jaŋ¹
汉文直译： 灯盏 明亮 影 月
汉文意译：灯光透明似月光，

喃字原文：埃 逐 馱 玉 冲 称 准 尼？
国际音标：ʔa:i¹ ʔdɯə¹ ŋɯ:i² ʔɔk⁸ suŋ¹saŋ¹ tson⁵ nai²
汉文直译：谁 送 人 玉 飘然 地方 这
汉文意译：谁带玉人来这里？

喃字原文：晔 胦 英 擬 晔 畑，
国际音标：ʔbɔŋ⁵ jaŋ¹ ʔan¹ ŋi³ ʔbɔŋ⁵ ʔdɛn²
汉文直译： 影 月 哥 以为 影 灯
汉文意译：月光影以为灯影，

情 歌

喃字原文：駅遥英擬駅涓英嘲。
国际音标：ŋɯ:i²la⁶ ʔan¹ ɲi³ ŋɯ:i²kwɛn¹ ʔan¹ tsa:u²
汉文直译：陌生人 哥 以为 熟人 哥 问好
汉文意译：疏生客以为熟人。

喃字原文：鼟胺胺於𡈃高，
国际音标：toŋ¹ jaŋ¹ jaŋ¹ ʔɤ³ ten¹ ka:u¹
汉文直译：望 月 月 在 上 高
汉文意译：望月挂在高天上，

喃字原文：鼟娘娘於准帚娘喂？
国际音标：toŋ¹ na:ŋ² na:ŋ² ʔɤ³ tson⁵ na:u² na:ŋ² ʔɤ:i¹
汉文直译：望 妹 妹 在 处 哪 妹 啊
汉文意译：望妹不见在何方？

喃字原文：鼟胺胺炡胺㷄，
国际音标：toŋ¹ jaŋ¹ jaŋ¹ ʔbɛp⁷ jaŋ¹ mɤ²
汉文直译：望 月 月 闪光 月 黯淡
汉文意译：望月时光时又暗，

喃字原文：鼟娘娘於𩵄詞纸封。
国际音标：toŋ¹ na:ŋ² na:ŋ² ʔɤ³ toŋ¹ tɤ²jɤi⁵ foŋ¹
汉文直译：望 妹 妹 在 中 纸 封
汉文意译：望妹似见纸中封。

（男：刘日成；女：阮瑞珍）

(315)

喃字原文：胺蓬固欺瞇欺熛，
国际音标：jaŋ¹ len¹ kɔ⁵ khi¹ mɤ² khi¹ fi:u¹
汉文直译：月 升 有 时 暗淡 时 亮
汉文意译：月升起时暗时亮，

喃字原文：渃蓮跳潮欺狋欺蘶；
国际音标：nɯːk⁷ len¹ thɛu¹ tiːu² khi¹ nɔ³ khi¹ tɔ¹
汉文直译：水　张　随　潮　时　小　时　大
汉文意译：潮水涨时小时大；

喃字原文：英要媕空計鎞馁，
国际音标：ʔan¹ ʔiːu¹ ʔɛm¹ khoŋ¹ ke³ ʔɔi⁵ nɔ¹
汉文直译：哥　埃　妹　不　管　饿　饱
汉文意译：不管饥饱心想妹，

喃字原文：秋冬春夏别怓麻量。
国际音标：thu¹ ʔdoŋ¹ sɤn¹ ha⁶ ʔbiːt⁷ lo¹ ma² lɯːŋ²
汉文直译：秋　冬　春　夏　知　忧　而　思量
汉文意译：春夏秋冬挂心头。

（316）

喃字原文：朕蓮顶岜朕矒，
国际音标：jaŋ¹ len¹ ʔdin³ nui⁵ jaŋ¹ mɤ²
汉文直译：月　升　顶　山　月　暗淡
汉文意译：月升山挡月光暗，

喃字原文：躺要些实台罞唝制；
国际音标：min² ʔiːu¹ ta¹ thɤt⁸ hai¹ la² ɣɛu⁶ tsɤːi¹
汉文直译：哥　爱　我　真　或　是　逗　玩
汉文意译：哥是真爱或说玩；

喃字原文：朕蓮顶岜朕，
国际音标：jaŋ¹ len¹ ʔdin³ nui⁵ jaŋ¹ thɔi¹
汉文直译：月　升　顶　山　月　照
汉文意译：月升山顶月光亮，

情歌

喃字原文：要 时 要 寔 哓 制 ⺍ 之。
国际音标：ʔiːu¹ thi² ʔiːu¹ thɤt⁸ ɣɛu⁶ tsɤːi¹ laːm² tsi¹
汉文直译：爱 就 爱 真 挑逗 玩 做什么
汉文意译：讲爱真爱莫说玩。

（317）

喃字原文：朕 蓮 征 瞦 頭 嫰，
国际音标：jaŋ¹ len¹ tsɤn¹tsɤt⁷ ʔdɤu² non¹
汉文直译：月 升 偏斜 头 山
汉文意译：月升山顶偏斜照，

喃字原文：媕 应 时 吶 台 群 待 埃；
国际音标：ʔɛm¹ ʔɯŋ¹ thi² noi⁵ hai³kɔn² ʔdɤːi⁶ ʔaːi¹
汉文直译：妹 同意 就 说 还 等 谁
汉文意译：同意应言莫拖言；

喃字原文：方 東 㐌 燎 髀 枚，
国际音标：fɯːŋ¹ʔdoŋ¹ ʔda³ tɔ³ thaːu¹maːi¹
汉文直译：东方 已 亮 启明星
汉文意译：东方晨星已发亮，

喃字原文：為 媕 渚 吶 底 埃 啥 悗。
国际音标：vi² ʔɛm¹ tsɯə¹ noi⁵ ʔde³ ʔaːi¹ ŋɤm⁶ ʔbuːn²
汉文直译：为 妹 未 说 让 谁 隐忍 烦闷
汉文意译：因妹未应哥烦愁。

（318）

喃字原文：朕 旺 群 固 欺 斜，
国际音标：jaŋ¹ ram² kɔn² kɔ⁵ khi¹ ta²
汉文直译：月 圆 还 有 时 斜
汉文意译：十五月圆有时斜，

喃字原文：春 箕 固 課 帋 縒 庄 胺；
国际音标：sɤn¹ kiə¹ kɔ⁵ thɤ³ na:u² ja² tsaŋ¹ jaŋ¹
汉文直译：春 那 有 时 哪 老 否 月 老
汉文意译：青春有期月老时；

喃字原文：義 牢 罒 義 朱 陳，
国际音标：ŋiə³ tha:u¹ la² ŋiə³ tsɤu¹ tɤn²
汉文直译：义 怎么 是 义 朱 陈
汉文意译：结义要结朱陈义，

喃字原文：雪 霜 時 拱 賖 訢 畳 之。
国际音标：ti:t⁷ thɯ:ŋ¹ thi² kuŋ³ sa¹ ɣɤn² kwa:n³ tsi¹
汉文直译：雪 霜 则 也 远 近 管 什么
汉文意译：雪霜远近莫管矣。

（男：苏维绍；女：杜福英）

(319)

喃字原文：胺 蓮 塊 棱 擻 靈，
国际音标：jaŋ¹ len¹ khoi⁵ rɯŋ² mak⁷ mɤi¹
汉文直译：月 升 森林 遭遇 云
汉文意译：月升林高云层挡，

喃字原文：伴 術 黙 伴 英 於 低 停 術；
国际音标：ʔba:n⁶ ve² mak⁸ ʔba:n⁶ ʔan¹ ʔɤ³ ʔdɤi¹ ʔdɯŋ² ve²
汉文直译：友人 回 任由 友人 哥 在 这儿 别 回
汉文意译：友人回去哥莫走；

喃字原文：胺 蓮 塊 屼 胺 倾，
国际音标：jaŋ¹ len¹ khoi⁵ nui⁵ jaŋ¹ ŋi:ŋ¹
汉文直译：月 升 山 月 倾斜
汉文意译：月升山高月倾斜，

情 歌

喃字原文：恮 终 貝 伴 俼 尨 嘆 啾。
国际音标：vui¹ tsuŋ¹ vɤːi⁵ ʔbaːn⁶ laːŋ⁵jiːŋ² miə³maːi¹
汉文直译：高兴 同 和 友人 邻居 奚落
汉文意译：友人欢乐邻奚落。

（320）

喃字原文：胵 貐 時 睥 吏 疏，
国际音标：jaŋ¹ tɔn² thi² thaːu¹ laːi⁶ thɯə¹
汉文直译：月 圆 则 星星 又 稀疏
汉文意译：月亮圆天星疏稀，

喃字原文：英 制 回 汝 媕 迖 毇 塘；
国际音标：ʔan¹ tsɤːi¹ hoi² nɯə³ ʔɛm¹ ʔɯə¹ ʔncb⁶ ʔɯːŋ¹
汉文直译：哥 玩 回 再 妹 送 段 路
汉文意译：哥再玩下请妹送；

喃字原文：贵 胡 媕 固 悉 傷，
国际音标：kwi⁵ho² ʔɛm¹ kɔ⁵ lɔŋ² thɯːŋ¹
汉文直译：只要 妹 有 心 爱
汉文意译：只要妹有心相爱，

喃字原文：扒 媕 迖 违 毇 塘 𦥯 之。
国际音标：ʔbat⁷ ʔɛm¹ ʔɯə¹ ʔncb⁵ ʔncb⁶ ʔɯːŋ² laːm² tsi¹
汉文直译：逼 妹 送 迎 段 路 做 什么
汉文意译：莫须妹送这段路。

（321）

喃字原文：胵 蓬 钯 跙 厔 茹，
国际音标：jaŋ¹ len¹ ʔda³ ʔden⁵ maːi⁵ɲa²
汉文直译：月 上 已 到 屋 檐
汉文意译：月亮升高过屋檐，

1039

喃字原文：俺 昵 俺 於 英 賒 英 術；
国际音标：ʔɛm¹ ɣɤn² ʔɛm¹ ʔɤ³ ʔan¹ sa¹ ʔan¹ ve²
汉文直译：妹 近 妹 在 哥 远 哥 回
汉文意译：妹近留下哥远回；

喃字原文：胺 熄 包 固 脾 疏，
国际音标：jaŋ¹ tat⁷ ʔda³ kɔ⁵ tha:u¹ thɯə¹
汉文直译：月 熄 已 有 星 稀疏
汉文意译：月落还有星光亮，

喃字原文：英 制 回 汝 俺 逐 钗 塘。
国际音标：ʔan¹ tsɤ:i¹ hoi² nɯə³ ʔɛm¹ ʔɯə¹ ʔdɔn⁶ ʔdɯ:ŋ²
汉文直译：哥 玩 回 再 妹 送 段 路
汉文意译：哥再玩下妹送程。

（322）

喃字原文：胺 旺 迌 崧 胺 清，
国际音标：jaŋ¹ ram² mɯ:i² thau⁵ jaŋ¹ than¹
汉文直译：月 望 日 十 六 月 清
汉文意译：十五十六月光亮，

喃字原文：天 下 旿 𬢯 群 英 貝 娘；
国际音标：thi:n¹ ha⁶ ŋu³ het⁷ kɔn² ʔan¹ vɤ:i⁵ na:ŋ²
汉文直译：天 下 睡 完 还 有 哥 和 妹
汉文意译：天下梦香剩哥妹；

喃字原文：棋 㵋 唏 呾 伴 鏓，
国际音标：ke² va:i¹ hɤ:i¹ thɤ³ ʔba:n⁶ va:ŋ²
汉文直译：并肩 呼吸 伙伴 金
汉文意译：肩并着肩同呼吸，

情 歌

喃字原文：吒 媄 空 嫁 姑 娘 併 牢？
国际音标：tsa¹mɛ⁶ khoŋ¹ ya³ ko¹na:ŋ² tin⁵ tha:u¹
汉文直译：父母 不 嫁 姑娘 打算 怎么
汉文意译：父母莫许怎打算？

（男：杜福朝；女：苏权珍）

（323）

喃字原文：胺 清 窈 晖 椚 撡，
国际音标：jaŋ¹ than¹ nup⁷ ʔbɔŋ⁵ kot⁸ra:u²
汉文直译：月 清 躲 影 树 丛
汉文意译：月影躲入树丛里，

喃字原文：徐 朱 胺 峈 踈 佁 交 詩；
国际音标：tsɤ² tso¹ jaŋ¹ lan⁶ lɛn⁵ va:u² ja:u¹ thɤ¹
汉文直译：等 给 月 落 偷 进 交 信
汉文意译：等月落偷潜交信；

喃字原文：閉 数 低 仍 约 帽，
国际音标：ʔbɤi⁵lɤu¹ ʔdɤi⁵ nɯŋ³ ʔɯ:k⁷mɤ¹
汉文直译：长久 这儿 极了 憧憬
汉文意译：长久以来人憧憬，

喃字原文：䏿 伲 迓 樋 吅 慮 牢 停。
国际音标：ŋai²nai¹ ɣap⁸mat⁸ la:m²lɤ¹ tha:u¹ʔdan²
汉文直译：今天 见面 装作不知 何忍
汉文意译：今见面熟视无情。

1041

（324）

喃字原文：花　薏　薏　喔　奇　棱，
国际音标：hwa¹ thɤːm¹ thɤːm¹ nuk⁷ kaː³ rɯŋ²
汉文直译：花　香　香喷喷　整个　林子
汉文意译：花香喷喷整丛林，

喃字原文：蝝　渚　敢　豆　停　咐　哖；
国际音标：ʔɔŋ¹ tsɯə¹ jaːm⁵ ʔdɤu⁶ ʔbɯːm⁵ ʔdɯŋ² son¹saːu¹
汉文直译：蜂　未　敢　栖息　蝴蝶　别　喧闹
汉文意译：蜂无敢栖蝶纷飞；

喃字原文：花　莲　時　安　觟　氿，
国际音标：hwa¹thɛn¹ thi² nɤ³ jɯːi⁵ ʔaːu¹
汉文直译：莲花　则　开　下　池塘
汉文意译：莲花池塘里开花，

喃字原文：鯉　魚　闷　時　挤　交　姻　情。
国际音标：liˀ⁵ŋɯ¹ muːn⁵ jɯə⁶ thi² jaːu¹ nɤn¹ tin²
汉文直译：鲤鱼　想　倚靠　则　交　姻　情
汉文意译：鲤鱼想来交友谊。

（325）

喃字原文：花　薏　於　准　楼　高，
国际音标：hwa¹ thɤːm¹ ʔɤ³ tson⁵ lɤu² kaːu¹
汉文直译：花　香　在　地方　楼　高
汉文意译：花香喷喷高楼处，

喃字原文：遶　南　哏　䰼　向　吊　拱　薏；
国际音标：jɔ⁵naːm¹ thoi³ suːŋ⁵ hɯːŋ⁵ naːu² kuŋ³ thɤːm¹
汉文直译：南　风　吹　下　方向　哪　也　香
汉文意译：南风吹下芳香味；

1042

情 歌

喃字原文：花　薏　咟　烽　拱　薏，
国际音标：hwa¹ thɤ:m¹ jɤu² hɛu⁵ kuŋ³ thɤ:m¹
汉文直译：花　香　即使　枯萎　也　香
汉文意译：香花萎谢花仍香，

喃字原文：𱔕　𰝒　襖　歷　餇　粓　拱　𰝒。
国际音标：ŋɯ:i² jɔn² ʔa:u⁵ rat⁷ ʔicɤ⁵ kɤ:m¹ kuŋ³ jɔn²
汉文直译：人　美　衣　破　饿　饭　也　美
汉文意译：人美烂衣人亦美。

（326）

喃字原文：花　槁　返　會　喝　制，
国际音标：hwa¹ kau¹ ɣap⁸ hoi⁶ ha:t⁷ tsɤ:i¹
汉文直译：槟榔花　聚会　唱　玩
汉文意译：槟榔花聚会唱歌，

喃字原文：媕　扵　没　廊　英　扵　没　尼；
国际音标：ʔɛm¹ ʔɤ³ mot⁸ la:ŋ² ʔan² ʔɤ³ mot⁸ nɤ:i¹
汉文直译：妹　在　一　村　哥　在　一　处
汉文意译：妹在村里哥外村；

喃字原文：悲　晬　賈　返　燒　低，
国际音标：ʔbɤi¹ jɤ² mɤ:i⁵ ɣap⁸ nau¹ ʔdɤi¹
汉文直译：如今　刚　相遇　这儿
汉文意译：如今见面在村里，

喃字原文：约　ᵐ　夫妇　闷　椪　𢧚　庄？
国际音标：ʔɯ:k⁷ la:m² fu¹ fu⁶ mu:n¹ ʔdɤ:i² nen¹ tsaŋ¹
汉文直译：期盼　做　夫妇　万　代　成　不
汉文意译：想结夫妇度百年？

1043

（327）

喃字原文：花 慈 悲 油 解 曝 霜，
国际音标：hwa¹ tɯ² ʔbi¹ jɤu² ja:i³ naŋ⁵ thɯ:ŋ¹
汉文直译：花 慈悲 雨淋 曝晒 阳光 霜
汉文意译：慈悲花雨淋日炙，

喃字原文：花 柑 花 橘 扏 傷 花 芇?
国际音标：hwa¹ka:m¹ hwa¹kwit⁷ tsa:ŋ² thɯ:ŋ¹ hwa¹ na:u²
汉文直译：柑子花 橘子花 郎 爱 花 哪
汉文意译：柑花橘花爱哪花？

喃字原文：箕 如 花 欒 花 桃，
国际音标：kiə² ɲɯ¹ hwa¹mɤn⁶ hwa¹ʔda:u²
汉文直译：哪儿像 李花 桃花
汉文意译：李花桃花在这里，

喃字原文：清 葻 花 菊 别 仈 豨 埃。
国际音标：than¹ ʔboŋ¹ hwa¹kuk⁷ ʔbi:t⁷ va:u² tai¹ ʔa:i¹
汉文直译：清雅 朵 菊花 知 进 手 谁
汉文意译：菊花正开入谁家。

（328）

喃字原文：花 桃 烌 蕊 英 傷，
国际音标：hwa¹ʔda:u² hɐu⁵ ɲi⁶ ʔan¹ thɯ:ŋ¹
汉文直译：桃花 凋谢 蕊 哥 怜惜
汉文意译：桃花谢蕊哥可怜，

喃字原文：英 嚨 披 葶 雯 霜 朱 桃；
国际音标：ʔan¹ mɔŋ¹ ʔbɛ³ la⁵ tsɛ¹ thɯ:ŋ¹ tsɔ¹ ʔda:u²
汉文直译：哥 期望 扳 叶 遮 霜 给 桃
汉文意译：期望折枝叶遮桃；

情 歌

喃字原文：花 葐 掩 挬 行 撡，
国际音标：hwa¹ thɤːm¹ joŋ² jɯə⁶ haːŋ²raːu²
汉文直译：花 香 种 倚 篱 笆
汉文意译：香花种近篱笆墙，

喃字原文：遙 南 遙 北 遙 帀 拱 葐。
国际音标：jɔ⁵naːm¹ jɔ⁵ʔbak⁷ jɔ⁵ naːu² kuŋ³ thɤːm¹
汉文直译：南风 北风 风 哪 也 香
汉文意译：南风北风吹浓郁。

（男：刘扬顺；女：阮氏心）

（329）

喃字原文：花 葐 掩 挬 梗 撡，
国际音标：hwa¹ thɤːm¹ joŋ² jɯə⁶ kan² raːu²
汉文直译：花 香 种 倚 靠 枝 篱笆
汉文意译：香花种近篱墙边，

喃字原文：遙 南 遙 北 向 帀 拱 葐；
国际音标：jɔ⁵naːm¹ jɔ⁵ʔbak⁷ hɯːŋ⁵ naːu² kuŋ³ thɤːm¹
汉文直译：南风 北风 方向 哪 也 香
汉文意译：南风北风吹都香；

喃字原文：務 尼 當 度 遙 東，
国际音标：muə² nai² ʔdaːŋ¹ ʔdo⁶ jɔ⁵ʔdoŋ¹
汉文直译：季节 这 正 度 东风
汉文意译：如今东风好时节，

喃字原文：淹 嫼 嫼 跙 固 時 催。
国际音标：ʔɛm¹ sin¹sin¹ ʔden⁵ kɔ⁵ tsoŋ² thi² thoi¹
汉文直译：妹 美丽 到 有 夫 则 罢了
汉文意译：姑娘美丽求姻缘。

（330）

喃字原文：啧 丕 晻 於 空 斤，
国际音标：tat⁷ jɤːi² ʔanˀʔɤ³ khoŋ¹ kɤn¹
汉文直译：责怪 天 处事 不 均衡
汉文意译：责怪天掌秤不平，

喃字原文：底 朱 花 樑 蹄 身 翘 愁；
国际音标：ʔde³tsɔ¹ hwa¹sɔi² ʔdɯŋ⁵ thɤn¹ tsiu⁶ thɤu²
汉文直译：致使 芒果花 站 身 受 愁
汉文意译：让芒果花立不安；

喃字原文：啧 丕 燸 瞭 尼 兜，
国际音标：tat⁷ jɤːi² thoi¹sɛt⁷ nɤːi¹ ʔdɤu¹
汉文直译：责怪 天 体察 地方 哪儿
汉文意译：责阳光照射那处，

喃字原文：抵 燸 境 惨 境 愁 尼 朱？
国际音标：tsaŋ³ thoi¹ kan³ thaːm³ kan³ thɤu² nai² tsɔ¹
汉文直译：不 照 境 惨 境 愁 这 给
汉文意译：惨处不照照何方？

（331）

喃字原文：牢 麻 㮄 溂 如 詞，
国际音标：thaːu¹ ma² faŋ³laŋ⁶ ɲɯ¹ tɤ²
汉文直译：为何 而 平静 如 纸
汉文意译：为何平静如平纸，

喃字原文：浽 唸 心 事 悲 睑 嗨 埃；
国际音标：noi³ tɤm¹thɯ⁶ ʔbɤi¹jɤ² hɔi³ ʔaːi¹
汉文直译：产生 心事 现在 问 谁
汉文意译：哥有心事同谁言；

情 歌

喃字原文：刱 胺 蚋 榕 核 梅，
国际音标：tha:ŋ⁵ jaŋ¹ ŋoi² yok⁷ kɤi¹ma:i¹
汉文直译：亮　月　坐　根部　梅树
汉文意译：坐梅树下望月亮，

喃字原文：瞱 躺 吏 想 瞱 埃 寻 躺。
国际音标：ʔbɔŋ⁵ min² la:i⁶ tɯ:ŋ³ ʔbɔŋ⁵ ʔa:i¹ tim² min²
汉文直译：影　自己　又　想　影　谁　找　自己
汉文意译：看见人影来找寻。

（332）

喃字原文：刱 胺 刱 奇 忛 塨，
国际音标：tha:ŋ⁵ jaŋ¹ tha:ŋ⁵ ka³ va:u² them²
汉文直译：亮　月　亮　全　进　廊下
汉文意译：月亮照入长廊下，

喃字原文：湄 春 落 得 吏 添 伮 馹；
国际音标：mɯə¹ sɤn¹ la:k⁷ʔda:k⁷ la:i⁶ them¹ nɤ⁵ ŋɯ:i²
汉文直译：雨　春　稀疏　又　添　想　人
汉文意译：春雨稀落思想人；

喃字原文：刱 厃 英 贾 细 低，
国际音标：tha:ŋ⁵ nai¹ ʔan¹ mɤ:i⁵ tɤ:i⁵ ʔdɤi¹
汉文直译：早晨　今天　哥　刚　到　这儿
汉文意译：清晨哥刚来这里，

喃字原文：觅 花 時 採 别 核 埃 揝?
国际音标：thɤi⁵ hwa¹ thi² ha:i⁵ ʔbi:t⁷ kɤi¹ ʔa:i¹ jɔŋ²
汉文直译：见　花　就　采　知　树　谁　种
汉文意译：见花采摘管谁人？

1047

喃字原文： 刱䏲刱奇坡滝，
国际音标： tha:ŋ⁵ jaŋ¹ tha:ŋ⁵ ka³ ʔbɤ² thoŋ¹
汉文直译： 亮　月　亮　全　岸　河
汉文意译： 月亮照亮河岸边，

喃字原文： 些　特　姑　尼　些　撨　些　制；
国际音标： ta¹ ʔdɯːk⁸ ko¹ nai² ta¹ ʔboŋ² ta¹ tsɤːi¹
汉文直译： 咱　得　姑娘　这　咱　抱　咱　玩
汉文意译： 若得姑娘搂欢心；

喃字原文： 些　撨　些　跡　蓮　丕，
国际音标： ta¹ ʔboŋ² ta¹ tɤt⁷ len¹ jɤːi²
汉文直译： 咱　抱　咱　托　上　天
汉文意译： 高兴捧抱托高天，

喃字原文： 嗨　翁　月　佬　卒　堆　庄　罢。
国际音标： hɔi³ ʔoŋ¹ ŋwiːt⁸la:u³ tot⁷ ʔdoi¹ tsaŋ¹ la²
汉文直译： 问　　月老　　好　对　儿　不　是
汉文意译： 请求月老牵良缘。

（男：阮进余；女：罗维珍）

情 歌

11

喃字原文：	壈 春 封 謹 待 払
国际音标：	vɯːn² sɤn¹ foŋ¹ kin⁵ ʔdɤːi⁶ tsaːŋ²
汉文直译：	园 春 封 紧 等 郎
汉文意译：	春园封紧待郎君

（333）

喃字原文：佘 数 悉 仍 约 幼，
国际音标：mɤi⁵ lɤu¹ loŋ² nɯŋ³ ʔɯːk⁷ ʔaːu¹
汉文直译：许久 心 些 渴求
汉文意译：长久以来仍渴求，

喃字原文：约 淹 淹 泮 约 棱 棱 光；
国际音标：ʔɯːk⁷ thoŋ¹ thoŋ¹ kaːn⁶ ʔɯːk⁷ rɯŋ² rɯŋ² kwaːŋ¹
汉文直译：渴求 河 河 干 渴求 林 林 光
汉文意译：渴求河干求林光；

喃字原文：歆 尼 英 吏 返 娘，
国际音标：hom¹ nai¹ ʔan¹ laːi⁶ ɣap⁸ naːŋ²
汉文直译：今天 哥 又 遇 妹
汉文意译：今日哥得相见妹，

喃字原文：情 㭿 英 朱 鎞 鐄 掃 㧣。
国际音标：tin² mai¹ ʔan¹ tsɔ¹ nɤn³ vaːŋ² ʔdɛu¹ tai¹
汉文直译：情 幸运 哥 给 戒指 金 戴 手
汉文意译：送只金戒来定情。

（334）

喃字原文：特　如　哇　呐　麻　絾，
国际音标：ʔdɯːk⁸ n̠ɯ¹ n̠ɤːi² nɔi⁵ ma² nen¹
汉文直译：得　如　话　说　而　成
汉文意译：有了诚意事竟成，

喃字原文：绕　菱　挭　移　群　纩　欣　霙；
国际音标：kwaːŋ¹ rɤːm¹ ɣan⁵ ʔda⁵ kɔn² ʔben² hɤːn¹ mɤi¹
汉文直译：绳子　稻草　挑　石　还　耐用　胜过　藤子
汉文意译：草绳挑石比藤韧；

喃字原文：绕　菱　挭　移　麻　纩，
国际音标：kwaːŋ¹ rɤːm¹ ɣan⁵ ʔda⁵ ma² ʔben²
汉文直译：绳子　稻草　挑　石　而　耐用
汉文意译：草绳挑石能耐用，

喃字原文：天　下　拞　沛　秩　錢　謨　霙？
国际音标：thiːn¹ haˀ⁶ tsaŋ³ faːi³ mɤt⁷ tiːn² muə¹ mɤi¹
汉文直译：天　下　不　须　花　钱　买　藤子
汉文意译：天下不用须买藤？

（335）

喃字原文：自　郲　些　沛　缘　烧，
国际音标：tɯ² ŋai² ta¹ faːi³ jiːn¹ n̠au¹
汉文直译：从　天　咱　钟情　互相
汉文意译：自从咱俩有钟情，

喃字原文：如　襖　沛　油　渃　渭　拞　迻；
国际音标：n̠ɯ¹ ʔaːu⁵ faːi³ jɤu² nɯːk⁷ yot⁸ tsaŋ³ ʔdi¹
汉文直译：如　衣　中　油　水　涤除　不　去
汉文意译：如衣滴油洗不去；

情 歌

喃字原文：吁 停 几 脆 孤 疑，
国际音标：sin¹ ʔdɯŋ² kɛ³ ja⁶ ho² ŋi¹
汉文直译：请　别　人 肚 狐 疑
汉文意译：不能因情有狐疑，

喃字原文：吁 停 底 脆 孤 疑 舭 悉。
国际音标：sin¹ ʔdɯŋ² ʔde³ ja⁶ ho² ŋi¹ tɤm⁵ loŋ²
汉文直译：请　别　让 肚 狐 疑 寸 心
汉文意译：莫要为情多思虑。

喃字原文：群 当 群 忪 群 嚎，
国际音标：kɔn² ʔda:ŋ¹ kɔn² nɤ⁵ kɔn² mɔŋ¹
汉文直译：还 正当 还 思念 还 盼望
汉文意译：咱俩还正相爱时，

喃字原文：别 兜 麻 啵 舭 悉 逊 朱；
国际音标：ʔbi:t⁷ ʔdɤu¹ ma² ɣɯi³ tɤm⁵ loŋ² tha:ŋ¹ tsɔ¹
汉文直译：知 哪儿 而 寄 寸 心 过去 给
汉文意译：不知如何表心愿；

喃字原文：别 兜 麻 啵 信 朱？
国际音标：ʔbi:t⁷ ʔdɤu¹ ma² ɣɯi³ tin¹ tsɔ¹
汉文直译：知 哪儿 而 寄 信息 给
汉文意译：怎样才能寄信去？

喃字原文：愁 脉 吏 忪 忪 怓 吏 愁。
国际音标：thɤu² roi² la:i⁶ nɤ⁵ nɤ⁵ lɔ¹ la:i⁶ thɤu²
汉文直译：愁　了 又 想 想 忧 又 愁
汉文意译：为此忧愁而思念。

喃字原文： 功 英 挮 吏 包 数，
国际音标： koŋ¹ ʔan¹ ʔdi¹la:i⁶ ʔda³ lɤu¹
汉文直译： 功 哥 来 往 已 久
汉文意译： 哥有功往来时久，

喃字原文： 翠 云 馼 包 所 求 姻 尼；
国际音标： thi⁵vɤn¹ ŋɯ:i² ʔda³ thɤ³ kɤu² n̠ɤn¹ nɤ:i¹
汉文直译： 翠云 人 已 所 求 姻缘 地方
汉文意译： 翠云渴求得姻缘；

喃字原文： 功 英 挮 瀧 包 洌，
国际音标： koŋ¹ ʔan¹ ʔdi¹ lu:ŋ² va:u² khɤ:i¹
汉文直译： 功 哥 去 潮 流 进 远海
汉文意译： 哥有功奔波河海，

喃字原文： 掏 淫 麻 挵 特 尼 豆 船。
国际音标： ʔda:u² jɤm² ma² tsaŋ³ ʔdɯ:k⁸ nɤ:i¹ ʔdɤu⁶ thi:n²
汉文直译： 挖 短 桨 而 不 得 地方 停靠 船
汉文意译： 未能拖船入锚地。

喃字原文： 功 英 蔰 蔰 蓬 蓬，
国际音标： koŋ¹ ʔan¹ su:ŋ⁵ su:ŋ⁵ len¹ len¹
汉文直译： 功 哥 下 下 上 上
汉文意译： 哥有功上下奔走，

喃字原文： 烀 油 损 苤 挵 铖 功 之；
国际音标： ha:u¹ jɤu² ton³ ʔbɤk⁷ tsaŋ³ nen¹ koŋ¹ ji²
汉文直译： 耗 油 损 灯芯 不 成 功 什么
汉文意译： 耗油损芯没成事；

情 歌

喃字原文： 吁 翁　月 佬 朡 糀，
国际音标： sin¹ ʔoŋ¹ ŋwi:t⁸la:u³ jaŋ¹ja²
汉文直译： 请　　月老　　月老
汉文意译： 请求月老来牵线，

喃字原文： 绅 绦 麻 拰 绅 些 貝 躺？
国际音标： sɛ¹ tɤ¹ ma² tsaŋ³ sɛ¹ ta¹ vɤ:i⁵ min²
汉文直译： 牵 丝线 而 不 牵 哥 和 妹
汉文意译： 牵线未成怎结缘？

喃字原文： 躺 喂 英 惜 功 情，
国际音标： min² ʔɤ:i¹ ʔan¹ ti:k⁷ koŋ¹ tin²
汉文直译： 妹 啊 哥 可惜 功 情
汉文意译： 妹呀！哥惜功费力，

喃字原文： 吏 固 伩 갼 義 躺 渚 悁；
国际音标： la:i⁶ kɔ⁵ nɤ⁵ ʔden⁵ ŋiə³ min² tsɯə¹ kwen¹
汉文直译： 又 有 想 到 义 妹 未 忘
汉文意译： 时刻想妹记心里；

喃字原文： 唶 效 籴 吏 悔 缘，
国际音标： tat⁷ tho⁵ roi² la:i⁶ jɤn⁶ ji:n¹
汉文直译： 责怪 命运 了 又 恨 缘分
汉文意译： 责怪命运又责缘，

喃字原文： 娘 喂 渚 擬 愁 烦 ㄇ 之。
国际音标： na:ŋ² ʔɤ:i¹ tsɯə¹ ŋi³ thɤu² fi:n² la:m²tsi¹
汉文直译： 妹 啊 未 想 愁 烦 为什么
汉文意译： 妹呀！烦愁吞肚里。

喃字原文：咥 英 仕 呐 云 為，
国际音标：nɤ:i² ʔan¹ thɛ³ nɔi⁵ vɤn¹vi²
汉文直译：话 哥 将 说 始 末
汉文意译：见面哥诉说始末，

喃字原文：英 尼 渚 固 召 情 娘 兜。
国际音标：ʔan¹ nai¹ tsɯə¹ kɔ⁵ fu⁶ tin² na:ŋ² ʔdɤu¹
汉文直译：哥 今 未 有 负 情 妹 哪儿
汉文意译：哥没有负妹情义。

（336）

喃字原文：傷 躺 躺 挺 傷 些，
国际音标：thɯ:ŋ¹ min² min² tsaŋ³ thɯ:ŋ¹ ta¹
汉文直译：想 妹 妹 不 想 哥
汉文意译：哥思念妹妹不爱，

喃字原文：躺 傷 准 恪 底 些 翅 愁；
国际音标：min² thɯ:ŋ¹ tson⁵ kha:k⁷ ʔde³ ta¹ tsiu⁶ thɤu²
汉文直译：妹 想 地方 别的 让 哥 受 愁
汉文意译：妹爱他人哥烦愁；

喃字原文：傷 些 些 拱 特 伽，
国际音标：thɯ:ŋ¹ ta¹ ta¹ kuŋ³ ʔdɯ:k⁸ nɤ²
汉文直译：爱 哥 哥 也 得 倚靠
汉文意译：如果妹爱哥有依，

喃字原文：悉 些 㫘 㫘 如 詞 漂。
国际音标：lɔŋ² ta¹ faŋ¹faŋ³ nɯ¹ tɤ²jɤi⁵ feu¹
汉文直译：心 哥 平静 如 纸张 漂
汉文意译：心如纸平没忧愁。

情 歌

喃字原文： 些 時 傷 帑 寔 魃，
国际音标： ta¹ thi² thɯːŋ¹ ʔdɤi⁵ thɤt⁸ n̠i:u²
汉文直译： 哥 则 想 那儿 真 多
汉文意译： 爱妹心里想甚多，

喃字原文： 悉 帑 傷 特 尒 饒 默 悉。
国际音标： lɔŋ² ʔdɤi⁵ thɯːŋ¹ ʔdɯːk⁸ mɤi⁵n̠i:u¹ mak⁸ lɔŋ²
汉文直译： 心 那儿 爱 得 多少 任由 心
汉文意译： 妹是否爱不强求。

（男：阮继初，刘振先；女：杜福英）

（337）

喃字原文： 躺 喂 群 寔 没 悉，
国际音标： min² ʔɤːi¹ kɔn² thɤt⁸ mot⁸lɔŋ²
汉文直译： 哥 啊 还 真 一 心
汉文意译： 哥呀！如果有心爱，

喃字原文： 底 些 調 撗 㧅 㬥 術 暑；
国际音标： ʔde³ ta¹ ʔdɛu²ʔbɔŋ² ʔdi¹ thɤːm⁵ ve² tɯə¹
汉文直译： 让 咱 牵挂 去 早 回 晚
汉文意译： 早出晚归心挂累；

喃字原文： 咍 罪 於 胞 曧 湄，
国际音标： hai¹ la² ʔɤ³ ja⁶ naŋ⁵ mɯə¹
汉文直译： 或 是 在 肚 晴 雨
汉文意译： 或是有心晴雨情，

喃字原文： 贪 尼 欸 苇 補 尼 疏 梗。
国际音标： thaːm¹ nɤːi¹ rɤm⁶ la⁵ ʔbɔ³ nɤːi¹ thɯə¹ kan²
汉文直译： 贪 地方 茂密 叶 丢 地方 稀疏 枝
汉文意译： 贪枝叶茂弃枝疏。

喃字原文：疏 梗 伮 吏 夥 湄，
国际音标：thɯə¹ kan² nɔ⁵ la:i⁶ lam⁵ mɯə¹
汉文直译：稀疏 枝 它 又 多 雨
汉文意译：枝疏容易漏雨水，

喃字原文：贪 尼 瞇 荓 霜 他 胩 仦。
国际音标：tha:m¹ nɤ:i¹ rɤm⁶ la⁵ thɯ:ŋ¹ tha¹ lɔt⁸ va:u²
汉文直译：贪 地方 茂密 叶 霜 下 透 进
汉文意译：贪枝叶茂霜渗透。

（338）

喃字原文：呦 哤 跢 跙 主 春，
国际音标：ɣɯi³ nɤ:i² ʔdi¹ ʔden⁵ tsu³ sɤn¹
汉文直译：寄 话 去 到 主 春
汉文意译：寄语直接至春主，

喃字原文：功 些 跢 吏 包 銀 𠡚 数；
国际音标：koŋ¹ ta¹ ʔdi¹la:i⁶ ʔda³ ŋɤn³ ʔdɤi⁵ lɤu¹
汉文直译：功 咱 来往 已 愣然 那儿 久
汉文意译：咱俩为情时长久；

喃字原文：呦 哤 跢 跙 尽 头，
国际音标：ɣɯi³ nɤ:i² ʔdi¹ ʔden⁵ tɤn⁶ʔdɤu²
汉文直译：寄 话 去 到 尽头
汉文意译：寄语要到最终点，

喃字原文：觅 櫗 共 悉 麻 掫 特 叹。
国际音标：thɤi⁵mat⁸ kuŋ² lɔŋ² ma² tsaŋ³ ʔdɯ:k⁸ tha:n¹
汉文直译：见面 同 心 而 不 得 叹
汉文意译：见面无言心烦愁。

情 歌

喃字原文：筧 枏 麻 拰　特　叹，
国际音标：thɤi⁵mat⁸ ma² tsaŋ³ ʔdɯːk⁸ thaːn¹
汉文直译：见 面 而 不　得　叹
汉文意译：见面无得相叹言，

喃字原文：拱 㥯 㨁 碊 杜 岸 楼 西。
国际音标：kuŋ³ ʔbaŋ² ɣan⁵ ʔda⁵ ʔdo³ ŋaːn⁶ lɤu² tɤi¹
汉文直译：也 如 挑 石 倒 岸 楼 西
汉文意译：如担石头倒西楼。

（339）
喃字原文：㤿 咦 㤿 愁 躺 喂，
国际音标：ʔbuːn²ji³ ʔbuːn²rɤu² min² ʔɤːi¹
汉文直译：烦闷　愁闷　妹 啊
汉文意译：闷闷不乐心想妹，

喃字原文：㤿 巾 㦀 頭 㤿 襖 爁 𦟔；
国际音标：ʔbuːn² khan¹ ten¹ ʔdɤu² ʔbuːn² ʔaːu⁵ rat⁷ vaːi¹
汉文直译：烦闷 巾 上 头 烦闷 衣 破 肩膀
汉文意译：烦恼头巾短衣烂；

喃字原文：㤿 尼 如 蛭 踊 聰，
国际音标：ʔbuːn² nai² nɯ¹ tsɤi⁵ ʔbo² taːi¹
汉文直译：烦闷 这 如 头虱 爬 耳朵
汉文意译：烦愁发虱爬痒身，

喃字原文：計 黜 渃 相 吏 毦 欣 湄。
国际音标：ke³ ra¹ nɯːk⁷mat⁷ laːi⁶ jaːi² hɤːn¹ mɯə¹
汉文直译：说 出 泪水 又 长 胜 过 雨
汉文意译：说来泪流实凄惨。

1057

（340）

喃字原文：𡗶些渚欈佨派，
国际音标：ha:i¹ta¹ tsɯə¹ tham⁵ ʔda³ fa:i¹
汉文直译：咱俩 未 深色 已 褪色
汉文意译：情未深厚色已褪，

喃字原文：渚摻佨招喷埃渚情；
国际音标：tsɯə¹ ra:u² ʔda³ lɯə⁶ tat⁷ ʔa:i¹ tsɯə¹ tin²
汉文直译：未 围 篱笆 已 选
汉文意译：未围已拆莫怪谁；

喃字原文：遾欈冰吏遾派，
国际音标：tsɔŋ⁵ tham⁵ roi² la:i⁶ tsɔŋ⁵ fa:i¹
汉文直译：快 深色 了 又 快 褪色
汉文意译：深红情颜易褪色，

喃字原文：𥸱𥸲沛沛花樌荟数。
国际音标：vɤ:i¹vɤ:i² fa:i³fa:i³ hwa¹ɲa:i² thɤ:m¹ lɤu¹
汉文直译：芳香 扑鼻 茉莉花 香 久
汉文意译：茉莉花白芳香久。

（341）

喃字原文：群傷些拱特伽，
国际音标：kɔn² thɯ:ŋ¹ ta¹ kuŋ³ ʔdɯ:k⁸ nɤ²
汉文直译：还 爱 咱 也 得 倚靠
汉文意译：妹还相爱哥有依，

喃字原文：拯傷些拱唇詩㨂㷯；
国际音标：tsaŋ³ thɯ:ŋ¹ ta¹ kuŋ³ thɤn³thɤ¹ ʔden⁵ ja²
汉文直译：不 爱 咱 也 怅然 到 老
汉文意译：若不相爱怅然老；

1058

情 歌

喃字原文： 群 傷 些 特 舥 黜，
国际音标： kɔn² thɯːŋ¹ ta¹ ʔdɯːk⁸ vaːu²ra¹
汉文直译： 还 爱 咱 得 进出
汉文意译： 还有相爱互来往，

喃字原文： 拤 傷 些 拱 跙 耄 丕 催。
国际音标： tsaŋ³ thɯːŋ¹ ta¹ kuŋ³ ʔden⁵ ja² vɤi⁶ thoi¹
汉文直译： 不 爱 哥 也 到 老 这样 而已
汉文意译： 妹不爱，哥等到老。

（342）

喃字原文： 没 醅 没 䥽 没 耄，
国际音标： mot⁸ nam¹ mot⁸ tuːi³ mot⁸ ja²
汉文直译： 一 年 一 碎 一 老
汉文意译： 一年一岁人快老，

喃字原文： 固 沛 仜 䥽 没 醅 兜 麻 祂 数；
国际音标： kɔ⁵ faːi³ haːi¹ tuːi³ mot⁸ nam¹ ʔdɤu¹ ma² tɛ³ lɤu¹
汉文直译： 有 是 两 岁 一 年 哪儿 而 年轻 长久
汉文意译： 两年一岁人长寿；

喃字原文： 群 傷 時 匝 䞾 寻，
国际音标： kɔn² thɯːŋ¹ thi² ʔda³ ʔdi¹ tim²
汉文直译： 还 爱 就 已 去 找
汉文意译： 还有爱常来探寻，

喃字原文： 群 忸 時 匝 迻 信 跙 茹。
国际音标： kɔn² nɤ⁵ thi² ʔdɯə¹ tin¹ ʔden⁵ ɲa²
汉文直译： 还 想 就 送 信息 到 家
汉文意译： 还想情信息往来。

喃字原文：群　傷　時　忚　拸　戈，
国际音标：kɔn² thɯːŋ¹ thi² ʔda³ ʔdi¹kwa¹
汉文直译：还　想　就　已　经过
汉文意译：还思念人会到家，

喃字原文：群 忟 拸 吏　豇　茹　嗨　㗠。
国际音标：kɔn² nɤ⁵ ʔdi¹laːi⁶ ʔden⁵ n̥a² hɔi³tham¹
汉文直译：还　想　来往　到　家　探问
汉文意译：还疼爱会来探问。

（343）

喃字原文：雖 浪 吅 呐 丕 催，
国际音标：ti¹raŋ² miːŋ⁶ nɔi⁵ vɤi⁶ thoi¹
汉文直译：虽然 嘴 说 这样 而已
汉文意译：虽然口是这么说，

喃字原文：朜　時　傷　忟　別　棤　芇　悁；
国际音标：ʔbuŋ⁶ thi² thɯːŋ¹nɤ⁵ ʔbiːt⁷ ʔdɤːi² naːu² kwen¹
汉文直译：肚子 就　想念　知　代　哪　忘
汉文意译：心里想念情难忘；

喃字原文：䏖　悁　些　渚　固　悁，
国际音标：min² kwen¹ taː¹ tsɯə¹ kɔ⁵ kwen¹
汉文直译：哥　忘　妹　未　有　忘
汉文意译：哥忘记，妹不让忘，

喃字原文：呧　群　傷　忟　群　𫁡　義　情。
国际音标：jɤu² kɔn² thɯːŋ¹nɤ⁵ kɔn² nen¹ ŋiə³tin²
汉文直译：尽管 还　思念　还　成　情义
汉文意译：只有相爱情义长。

情 歌

（344）

喃字原文：要 核 術 檜 夥 花，
国际音标：ʔi:u¹ kɤi¹ ve² koi³ lam⁵ hwa¹
汉文直译：爱 树 为 树 多 花
汉文意译：爱着棵树枝多花，

喃字原文：要 扒 術 浽 涅那 慕 懰；
国际音标：ʔi:u¹ tsa:ŋ² ve²noi³ net⁷na¹ tam¹ tsi:u²
汉文直译：爱 郎 因为 品行端正 百 方向
汉文意译：爱君品行百依顺；

喃字原文：吀 扒 想 氹 伮 魃，
国际音标：sin¹ tsa:ŋ² tɯ:ŋ³ ʔit⁷ nɤ⁵ ɲi:u²
汉文直译：请 郎 想 少 思念 多
汉文意译：请君想少多思情，

喃字原文：文 䏻 乄 眫 纍 嘲 迖 烧。
国际音标：mot⁸ ŋai² ha:i¹ ʔbu:i³ thɤ:m⁵ tsi:u² ɣap⁸ɲau¹
汉文直译：一 天 两 次 早 晚 相 遇
汉文意译：一日两次来见面。

喃字原文：迖 烧 叹 咀 共 烧，
国际音标：ɣap⁸ɲau¹ tha:n¹thɤ³ kuŋ²ɲau¹
汉文直译：相遇 叹息 一同
汉文意译：见面互相共叹言，

喃字原文：干ㄉ 悗 没 昹 干ㄉ 愁 吏 戈；
国际音标：kɤ:n¹vui¹ mot⁸ luk⁷ kɤ:n¹thɤu² la:i⁶ kwa¹
汉文直译：欢乐 一 时 愁绪 又 过
汉文意译：所烦愁见面消停；

1061

喃字原文：要 烧 挓 敢 呐 豣,
国际音标：ʔi:u¹ɲau¹ tsaŋ³ ja:m⁵ nɔi⁵ ra¹
汉文直译：相爱 不 敢 说 出
汉文意译：相爱不敢直接言,

喃字原文：悙 媄 平 波 悙 吒 平 丕。
国际音标：thɤ⁶ mɛ⁶ ʔbaŋ² ʔbe³ thɤ⁶ tsa¹ ʔbaŋ² jɤ:i²
汉文直译：怕 母 如 海 怕 父 如 天
汉文意译：怕父母识震海天。

喃字原文：要 扐 媕 拱 要 㭲,
国际音标：ʔi:u¹ tsa:ŋ² ʔɛm¹ kuŋ³ ʔi:u¹ ʔdɤ:i²
汉文直译：爱 郎 妹 也 爱 一辈子
汉文意译：求君爱妹一辈子,

喃字原文：别 浪 准 苗 固 丕 移 扐 空?
国际音标：ʔbi:t⁷raŋ² tson⁵ ku³ kɔ⁵ jɤ:i² tsa:ŋ² khoŋ¹
汉文直译：知道 地方 老 有 转移 郎 不
汉文意译：君否放弃原旧情?

（男：苏维绍；女：杜福英）

(345)

喃字原文：没 罒 擬 渚 䞪 時,
国际音标：mot⁸ la² ŋi³ tsɯə¹ ʔden⁵ thi²
汉文直译：一 是 想 未 到 时
汉文意译：一是妹想尚年轻,

喃字原文：𠄩 罒 擬 渚 𡆫 之 多 芒;
国际音标：ha:i¹ la² ŋi³ tsɯə¹ la:m²tsi¹ ʔda¹ma:ŋ¹
汉文直译：二 是 想 未 怎么 羁绊
汉文意译：二是没想早结婚；

情 歌

喃字原文：拱 罢 玉 砀 碑 鑽，
国际音标：kuŋ³ la² ŋɔk⁸ ʔda⁵ ɓiə¹ vaːŋ²
汉文直译：也 是 玉 石 碑 金
汉文意译：金碑玉石刻铭记，

喃字原文：呸 罢 撿 撰 脾 鑽 渚 制。
国际音标：ʔba¹ la² kiːm⁵ tsɔn⁶ thaːu¹ vaːŋ² tsɯə¹ tsɤːi¹
汉文直译：三 是 寻找 选择 金星 未 玩
汉文意译：三是想择真金星。

（346）

喃字原文：固 寔 哘 彿 交 喻，
国际音标：kɔ⁵ thɤt⁸ nɤːi² ʔdɻi⁵ jaːu¹ ju¹
汉文直译：有 真 话 哪儿 交谈
汉文意译：若说真话方交谈，

喃字原文：呸 冬 决 待 呸 秋 决 徐；
国际音标：ʔba¹ ʔdoŋ¹ kwiːt⁷ ʔdɻːi⁶ ʔba¹ thu¹ kwiːt⁷ tsɤ²
汉文直译：三 冬 决心 等 三 秋 决心 待
汉文意译：三年亦等三秋待；

喃字原文：固 寔 哘 彿 共 庄，
国际音标：kɔ⁵ thɤt⁸ nɤːi² ʔdɻi⁵ kuŋ² tsaŋ¹
汉文直译：有 真 话 那儿 同 不
汉文意译：如果妹说心里话，

喃字原文：時 黜 訴 月 曘 胺 麻 誓。
国际音标：thi² ra¹ tɔ³ ŋwiːt⁸ ʔbɔŋ⁵ jaŋ¹ ma² the²
汉文直译：则 出 表白 月亮 影 月 而 发誓
汉文意译：向着月亮来发誓。

1063

（347）

喃字原文：塪 春 封 謹 待 払，
国际音标：vɯːn² sɤn¹ foŋ¹ kin⁵ ʔdɤːi⁶ tsaːŋ²
汉文直译：园 春 封 紧 等 郎
汉文意译：春园封紧待郎君，

喃字原文：妾 抪 夃 義 貪 鐄 貝 埃；
国际音标：thiːp⁷ tsaŋ³ fu⁶ ŋiə³ thaːm¹ vaːŋ² vɤːi⁵ ʔaːi¹
汉文直译：妾 不 负 义 贪 金 和 谁
汉文意译：妾莫负义莫贪金；

喃字原文：橜 花 春 李 群 撒，
国际音标：tam¹ hwa¹ sɤn¹ li⁵ kɔn² kaːi²
汉文直译：百 花 春 李 还 闩
汉文意译：春李花开园门闩，

喃字原文：荍 蕙 渚 披 朱 埃 梗 帍。
国际音标：nu⁶ hwe⁶ tsɯə¹ ʔbɛ³ tsoˀ¹ ʔaːi¹ kan² naːu²
汉文直译：蓓 蕾 蕙 未 摘 给 谁 枝 哪
汉文意译：蕙蕊未摘送他人。

（348）

喃字原文：擬 浪 塪 謹 抪 操，
国际音标：ŋi³raŋ² vɯːn² kin⁵ tsaŋ³ raːu²
汉文直译：以为 园 紧 不 围 篱笆
汉文意译：想是园关莫围篱，

喃字原文：蜼 箕 伮 笘 啤 伮 重 昌；
国际音标：ʔoŋ¹ kiə¹ nɔ⁵ ʔdaˀ³ tsɤm¹ vaːu² tuŋ² sɯːŋ¹
汉文直译：蜂 那 它 已 刺 进 重 骨
汉文意译：蜂已飞入刺尽骨；

情 歌

喃字原文：藗 筳 琨 䒸 麻 睰，
国际音标：toŋ⁵ kɛn² kɔn¹mat⁷ ma² kɔi¹
汉文直译：鼓　笛　眼睛　而看
汉文意译：敲鼓吹笛让人听，

喃字原文：眤 琨 蝪 蝪 趼 狘 披 牙。
国际音标：ɲin² kɔn¹tsʁu¹tsʁu⁵ ʔda⁵ voi¹ ʔbɛ³ ŋa²
汉文直译：看　　蝗虫　　已 大象 扳　牙
汉文意译：蝗虫已入拔象牙。

喃字原文：安 丕 瞓 坦 喑 喑，
国际音标：ʔiːn¹ jʁːi² laŋ⁶ ʔdɤt⁷ ʔʁm²ʔʁm²
汉文直译：安　天　静　地　　隆隆
汉文意译：天地沉默起隆声，

喃字原文：猫 叫 些 擬 琥 吟 些 驚；
国际音标：mɛu² keu¹ ta¹ ŋi³ ŋʁm¹ ta¹ kin¹
汉文直译：猫　叫 咱 以为 虎 吟 咱 惊恐
汉文意译：猫叫以为虎啸惊；

喃字原文：渚 至 仓 鯗 嗜 躺，
国际音标：tsɯə¹ tsi⁵ ʔda³ voi⁶ khɛn¹ min²
汉文直译：未　到　已　急忙　赞　妹
汉文意译：请莫赞口自身纯，

喃字原文：江 湖 夥 几 才 情 欣 呢。
国际音标：jaːŋ¹ho² lam⁵ kɛ³ taːi² tin² hʁːn¹ ɲi¹
汉文直译：江湖　多　人　才　情　胜过　啊
汉文意译：江湖多人知内情。

（349）

喃字原文：梗　鐄　埯　拰　特　搇，
国际音标：kan² vaːŋ² ʔɛm¹ tsaŋ³ ʔdɯːk⁸ vin⁶
汉文直译：枝　金　妹　不　得　拉拽
汉文意译：金枝妹不敢拉拽，

喃字原文：埯　吁　哊　岉　没　邊　梗　鐄；
国际音标：ʔɛm¹ sin¹ ɣɯi³ tsut⁷ mot⁸ ʔben¹ kan² vaːŋ²
汉文直译：妹　请　倚靠　一点　一　边　枝　金
汉文意译：妹想倚托金枝边；

喃字原文：梗　鐄　堆　葬　拂　菲，
国际音标：kan² vaːŋ² ʔdoi¹ laː⁵ fɤt⁷ fɤːi⁵
汉文直译：枝　金　双　叶　飘　拂
汉文意译：金枝玉叶在拂飘，

喃字原文：貼　琨　𠊛　玉　皮　詩　葬　吊。
国际音标：sɛm¹ kɔn¹ ŋɯːi² ŋok⁸ ʔbiə² thɤ¹ laː⁵ naːu²
汉文直译：看　人　玉　皮　诗　叶　哪
汉文意译：等看玉人来见面。

（350）

喃字原文：娘　喂　英　吽　娘　台ʼ，
国际音标：naːŋ² ʔɤːi¹ ʔan¹ nu³ naːŋ² hai¹
汉文直译：妹　啊　哥　告诉　妹　知
汉文意译：妹呀！哥来告诉知，

喃字原文：制　鷗　㐌　笣　撻　绩　姅　澄。
国际音标：tsɤːi¹ jiːu² nɔ⁵ ʔdaː³ ʔdut⁷ jɤi¹ nɯəː³ tsɯŋ²
汉文直译：玩　风筝　它　已　断　线　半　途
汉文意译：风筝半途已断线。

情 歌

（351）

喃字原文：嗨 扒 皱 钯 氽 春，
国际音标：hɔi³ tsa:ŋ² tu:i³ ʔda³ mɤi⁵ sɤn¹
汉文直译：问 郎 碎 已 几 春
汉文意译：问君年龄多少岁，

喃字原文：爱 恩 箕 钯 氽 吝 功 名？
国际音标：ʔa:i⁵ ʔɤn¹ kiə¹ ʔda³ mɤi⁵ lɤn² koŋ¹jan¹
汉文直译：恩 爱 那 已 几 次 功 名
汉文意译：功名几次相爱谁？

喃字原文：嗨 扒 孖 妓 氽 醾，
国际音标：hɔi³ tsa:ŋ² nai³ nu⁶ mɤi⁵ nam¹
汉文直译：问 郎 萌生 蓓蕾 几 年
汉文意译：问君哪一年出生，

喃字原文：嗨 扒 钯 特 氽 醾 玉 鐄？
国际音标：hɔi³ tsa:ŋ² ʔda³ ʔdɯ:k⁸ mɤi⁵ nam¹ ŋɔk⁸ va:ŋ²
汉文直译：问 郎 已 得 几 年 玉 金
汉文意译：金玉结缘是哪载？

（352）

喃字原文：愂 毟 馭 於 艠 艚，
国际音标：ʔbu:n² thai¹ ŋɯə⁶ ʔɤ³ tɔŋ¹ ta:u²
汉文直译：烦闷 啊 马 在 中 槽
汉文意译：马烦恼被关槽里，

喃字原文：主 拯 特 骑 馭 愁 挶 安；
国际音标：tsu³ tsaŋ³ ʔdɯ:k⁸ kɯ:i³ ŋɯə⁶ thɤu² tsaŋ³ ʔi:n¹
汉文直译：主人 不 得 骑 马 愁 不 安
汉文意译：不得骑马主不安；

喃字原文： 馭　愁　吱　鞊　按　咹，

国际音标： ŋɯə^{6} thɤu^{2} tse^{1} kɔ^{3} ʔa:n^{5} ʔan^{1}

汉文直译： 马　愁　嫌　草　不　吃

汉文意译： 马烦愁不思食草，

喃字原文： 馱　愁　吱　照　吱　禛　拯　𨉓。

国际音标： ŋɯ:i^{2} thɤu^{2} tse^{1} tsi:u^{5} tse^{1} tsan^{1} tsaŋ^{3} nam^{2}

汉文直译： 人　愁　嫌　席　嫌　被子　不　躺

汉文意译： 人烦愁嫌睡被席。

喃字原文： 惍　能　襖　纟卜　花　葻，

国际音标： ʔbu:n^{2} thai^{1} ʔa:u^{5} vɔk^{7} hwa^{1}ʔboŋ^{1}

汉文直译： 烦闷　啊　衣　丝光绸　花儿

汉文意译： 身穿绸衣心亦烦，

喃字原文： 底　朱　襖　䬊　律ʼ　𨉓　蓮　遉；

国际音标： ʔde^{3}tsɔ^{1} ʔa:u^{5} va:i^{3} lɔt^{7} nam^{2} len^{1} ten^{1}

汉文直译： 使　衣　布　垫　躺　上　上面

汉文意译： 让穿布衣睡上面；

喃字原文： 惍　能　板　楱　楛　槺，

国际音标： ʔbu:n^{2} thai^{1} va:n^{5} tɤu^{3} ɣo^{3}lim^{1}

汉文直译： 烦闷　啊　板　油桐　格木

汉文意译： 船板红木亦烦愁，

喃字原文： 底朱　板　杂　𨉓　蓮　板　船。

国际音标： ʔde^{3}tsɔ^{1} va:n^{5} ta:p^{8} nam^{2} len^{1} va:n^{5} thi:n^{2}

汉文直译： 使　板　杂木　躺　上　板　船

汉文意译： 杂木铺盖船板上。

（男：苏维绍；女：黄家英）

情 歌

（353）

喃字原文：　跙　低　些　嗨　寔　娘，
国际音标：　ʔden⁵ ʔdɣi¹ ta¹ hɔi³ thɤt⁸ na:ŋ²
汉文直译：　到　这儿　哥　问　真　妹
汉文意译：　哥到这里来问妹，

喃字原文：　柳　薕　杜　荸　篳　牀　特　庄?
国际音标：　tɛ¹ nɔn¹ ʔdo³ la⁵ ʔda:n¹ tha:ŋ² ʔdɯ:k⁸ tsaŋ¹
汉文直译：　竹　嫩　倒　叶　编　筛子　得　不
汉文意译：　嫩竹能编米筛子？

喃字原文：　篳　牀　朱　粘　東　牀，
国际音标：　ʔda:n¹ tha:ŋ² tsɔ¹ ɣa:u⁶ ʔdoŋ¹ tha:ŋ²
汉文直译：　编　筛子　给　米　堆　筛子
汉文意译：　筛米让米成一堆，

喃字原文：　朱　鸼　变　祖　朱　蟳　变　纟。
国际音标：　tsɔ¹ tsim¹ ʔbi:n⁵ to³ tsɔ¹ tam² ʔbi:n⁵ tɣ¹
汉文直译：　给　鸟　变　巢　给　蚕　变　丝
汉文意译：　让鸟回巢蚕吐丝。

（354）

喃字原文：　催　時　者　義　挅　催，
国际音标：　thoi¹ thi² ja³ ŋiə³ ʔdi¹ thoi¹
汉文直译：　算了　就　感谢　去　算了
汉文意译：　算了，先是感谢君，

喃字原文：　底　時　傷　奴　别　羪　帍　帽；
国际音标：　ʔde³ thi² thɯ:ŋ¹ nɣ⁵ ʔbi:t⁷ ʔdɣ:i² na:u² kwen¹
汉文直译：　留　就　思念　知　代　哪　忘
汉文意译：　留相思恋到何时；

喃字原文：自 旹 遁 奇 纍 分，
国际音标：tɯ² jɤ² jɔn⁶ ka³ tam¹fɤn²
汉文直译：从 时 了结 全部 百分
汉文意译：如今摆平了情事，

喃字原文：滝 吴 塊 艓 秦 塊 戈。
国际音标：thoŋ¹ ŋo¹ khɔi³ loi⁵ ʔdɔ² tɤn² khɔi³ kwa¹
汉文直译：河 吴 离开 路 渡 秦 离开 过
汉文意译：吴河秦渡莫往来。

（355）

喃字原文：捯 靜 拱 噲 茶 鮮，
国际音标：tsaŋ³ san¹ kuŋ³ ɣoi⁶ tsɛ² tɯːi¹
汉文直译：不 青 也 叫 茶 鲜
汉文意译：茶叶不青亦清茶，

喃字原文：拱 馹 历 史 拱 馹 長 安；
国际音标：kuŋ³ ŋɯːi² lit⁸thɯ⁶ kuŋ³ ŋɯːi² tɯːŋ²ʔaːn¹
汉文直译：也 人 文 雅 也 人 长 安
汉文意译：来自长安文雅人；

喃字原文：捯 刱 拱 麴 廣 寒，
国际音标：tsaŋ³ thaːŋ⁵ kuŋ³ ɣɯːŋ¹ kwaːŋ³haːn²
汉文直译：不 亮 也 镜子 广 寒
汉文意译：照不亮亦广寒镜，

喃字原文：捯 艚 拱 渃 豅 岸 沚 齣。
国际音标：tsaŋ³ tɔŋ¹ kuŋ³ nɯːk⁷ tɔŋ¹ ŋaːn² tsai³ ra¹
汉文直译：不 清 也 水 清 山林 流 出
汉文意译：水不清亦泉源出。

情歌

喃字原文：挓创拱喻㹂他,
国际音标：tsaŋ³ tha:ŋ⁵ kuŋ³ ɣɔi⁶ tha:u¹tha¹
汉文直译：不　亮　也　叫　陨石
汉文意译：星不亮亦是天星,

喃字原文：挓鲜拱喻罧花連梗。
国际音标：tsaŋ³ tɯ:i¹ kuŋ³ ɣɔi⁶la² hwa¹ ten¹ kan²
汉文直译：不　鲜　也　称为　花　上　枝
汉文意译：花不鲜亦树上花。

（356）
喃字原文：渚曾奔蛕半蛺,
国际音标：tsɯə¹ tɯŋ² ʔbu:n¹ mu:i³ ʔba:n⁵ ru:i²
汉文直译：未　曾　贩　蚊子　贩　苍蝇
汉文意译：未曾见买卖蚊蝇,

喃字原文：渚曾披冘揶奀包高;
国际音标：tsɯə¹ tɯŋ² ʔbɛ³ thɯ:k⁷ ʔdo¹ jɤ:i² ʔba:u¹ ka:u¹
汉文直译：未　曾　折　尺子　量　天　多　高
汉文意译：未曾见折尺量天;

喃字原文：渚曾蓮巚竜汓,
国际音标：tsɯə¹ tɯŋ² len¹ jok⁷ su:ŋ⁵ ʔa:u¹
汉文直译：未　曾　上　坡　下　池
汉文意译：未曾上坡下水池,

喃字原文：渚曾结伴吖高包睮。
国际音标：tsɯə¹ tɯŋ² ket⁷ʔba:n⁶ la:m²ka:u¹ ʔba:u¹jɤ²
汉文直译：未　曾　结伴　摆架子　何时
汉文意译：未曾摆架寻伴侣。

（男：苏维绍；女：黄家英，杜福英）

（357）

喃字原文：要 烧 掍 相 眮 戈，
国际音标：ʔi:u¹ ȵau¹ kɔn¹ mat⁷ li:k⁷ kwa¹
汉文直译：相爱　眼睛　瞥过
汉文意译：相爱以眉目传情，

喃字原文：停 揬 濖 眐 馱 些 别 情；
国际音标：ʔduɯŋ² ʔbɤm⁵ tsɤ⁵ ȵai⁵ ŋɯ:i² ta¹ ʔbi:t⁷ tin²
汉文直译：别　掐　别 眨眼 人家　知 情
汉文意译：莫眨眼看人知情；

喃字原文：要 英 没 眣 悲 唹，
国际音标：ʔi:u¹ ʔan¹ mot⁸ luk⁷ ʔbɤi¹ jɤ²
汉文直译：爱　哥　一　时　如今
汉文意译：相爱表现于一时，

喃字原文：籴 寱 问 纽 掍 疎 埃 眲。
国际音标：roi² ma:i¹ vɤn⁵ vit⁷ kɔn¹ thɤ¹ ʔa:i¹ ȵin²
汉文直译：然后 日后 纠缠 孩子 幼稚 谁 看
汉文意译：日后有崽要相认。

喃字原文：蹎 英 输 豣 英 捹，
国际音标：tsɤn¹ ʔan¹ lɤn¹ tai¹ ʔan¹ vin⁶
汉文直译：脚　哥　伸 手　哥　扶
汉文意译：举止可爱哥扶起，

喃字原文：笆 唉 跙 果 沛 眲 跙 核。
国际音标：ʔda³ ʔan¹ ʔden⁵ kwa³ fa:i³ ȵin² ʔden⁵ kɤi¹
汉文直译：已　吃　到 果子 须 看　到　树
汉文意译：得吃果子莫忘树。

情 歌

（358）

喃字原文：要 烧 撟 襖 搭 终，
国际音标：ʔiːu¹ȵau¹ kɛu⁵ ʔaːu⁵ ʔdap⁷ tsuŋ¹
汉文直译：相爱 拉 衣 盖 一同
汉文意译：相爱拉衣当被盖，

喃字原文：忔 烧 曝 焙 湄 淫 黙 烧；
国际音标：ɣɛt⁷ ȵau¹ naŋ⁵ lɯə³ mɯə¹ jɤm² mak⁸ ȵau¹
汉文直译：厌恶 互相 晴 火 雨 淋 不 理 互相
汉文意译：厌弃时记着晴雨；

喃字原文：要 烧 祂 楇 墜 頭，
国际音标：ʔiːu¹ȵau¹ lɤi⁵ lɯːk⁸ tsaːi³ ʔdɤu²
汉文直译：相爱 拿 梳子 梳 头
汉文意译：相爱用梳共梳头，

喃字原文：忔 烧 曝 解 湄 油 拸 傷。
国际音标：ɣɛt⁷ ȵau¹ naŋ⁵ jaːi³ mɯə¹ jɤu² tsaŋ³ thɯːŋ¹
汉文直译：厌恶 互相 晴 曝晒 雨 淋 不 爱
汉文意译：厌弃忘天晴下雨。

（359）

喃字原文：要 烧 琨 䄄 眒 戈，
国际音标：ʔiːu¹ȵau¹ kɔn¹ mat⁷ liːk⁷ kwa¹
汉文直译：相爱 眼睛 瞥 过
汉文意译：相爱以眉来眼去，

喃字原文：憍 衆 伴 别 憍 吒 嬂 吁；
国际音标：kɛu³ tsuvŋ⁵ ʔbaːn⁶ ʔbiːt⁷ kɛu³ tsa¹mɛ⁶ ŋɤ²
汉文直译：否则 朋友们 知 否则 父母 怀疑
汉文意译：防众友知父母疑；

1073

喃字原文：貯 時 拌 绠 缘 朱，
国际音标：ɣɤn² thi² tsaŋ³ ʔben⁶ ji:n¹ tsɔ¹
汉文直译：近 则 不 缠绵 缘 给
汉文意译：住近时不缠绵情，

喃字原文：赊 吹 隔 佘 峇 艭 拱 挮。
国际音标：sa¹soi¹ kat⁷ mɤi⁵ lɤn² ʔdɔ² kuŋ³ ʔdi¹
汉文直译：遥远 隔 几 重 渡 也 去
汉文意译：距离千里方去寻。

（360）
喃字原文：要 烧 琨 相 睭 戈，
国际音标：ʔi:u¹ɲau¹ kɔn¹mat⁷ li:k⁷ kwa¹
汉文直译：相爱 眼睛 瞥 过
汉文意译：相爱以眉目传情，

喃字原文：吁 停 潭 深 馭 些 疑 情；
国际音标：sin¹ ʔduɯŋ² ʔdam²tham⁵ ŋɯ:i²ta¹ ŋi¹ tin²
汉文直译：请 别 沉醉 人家 疑 情
汉文意译：莫要沉醉人多疑；

喃字原文：要 烧 些 仕 罒 生，
国际音标：ʔi:u¹ɲau¹ ta¹ the³ la:m²thin¹
汉文直译：相爱 咱 将 装蒜
汉文意译：相爱咱俩亦装蒜，

喃字原文：包 畭 尒 㔍 没 躺 仕 哈。
国际音标：ʔba:u¹jɤ² vaŋ⁵vɛ³ mot⁸min² thɛ³ hai¹
汉文直译：何时 远离 独自 将 好
汉文意译：远离人群咱随意。

（男：苏维绍；女：杜福英）

情 歌

（361）

喃字原文：䟰 低 嗨 伴 寻 常，
国际音标：ʔden⁵ ʔdɤi¹ hɔi³ ʔba:n⁶ tɤm² thɯ:ŋ²
汉文直译：到 这儿 问 友人 寻常
汉文意译：来到这里问情侣，

喃字原文：抌 躺 䟰 准 挜 搦 埗 權；
国际音标：ʔdɐm¹ min² ʔden⁵ tson⁵ jɯə⁶ nɯ:ŋ¹ tso³ kwi:n²
汉文直译：投 身 到 地方 倚靠 地方 权
汉文意译：准备寻何处倚身；

喃字原文：没 浪 效 分 求 缘，
国际音标：mot⁸ raŋ² tho⁵ fɤn⁶ kɤu² ji:n¹
汉文直译：一 道 命运 求 缘
汉文意译：一是求缘碰幸运，

喃字原文：台 罡 容 且 畑 朱 恄。
国际音标：ha:i¹ la² juŋ¹ tha³ ʔdot⁷ ʔden² tso¹ vui¹
汉文直译：二 是 从容 点 灯 使 快乐
汉文意译：二是从容玩龙灯。

（362）

喃字原文：壜 红 蝓 虼 咐 哢，
国际音标：vɯ:n² hoŋ² ʔɔŋ¹ ʔbɯ:m⁵ son¹ sa:u¹
汉文直译：园 红 蜂 蝶 喧闹
汉文意译：红园蜂蝶乱哄哄，

喃字原文：觅 趴 君 子 惆 牢 唉 惆；
国际音标：thɤi⁵ ŋɯ:i² kwɤn¹ tɯ³ mɯŋ² tha:u¹ hɤ:i³ mɯŋ²
汉文直译：见 人 君子 高兴 为何 啊 高兴
汉文意译：见到君来真高兴；

1075

喃字原文：壖 花 花 妟 湟 妼，
国际音标：vɯ:n² hwa¹ hwa¹ nɤ³ net⁷ vɯə²
汉文直译：园 花 花 开 品行 相合
汉文意译：花园百花齐怒放，

喃字原文：桃 群 红 深 敿 渚 尬 鐄。
国际音标：ʔda:u² kɔn² hoŋ² tham⁵ mɤ¹ tsɯə¹ tsin⁵ va:ŋ²
汉文直译：桃 还 红 深色 杏子 未 熟 黄
汉文意译：杏未熟桃已熟。

(363)

喃字原文：𠀧 些 乢 奴 烧 数，
国际音标：ha:i¹ta¹ ʔda³ nɤ⁵ ɲau¹ lɤu¹
汉文直译：咱俩 已 思念 互相 长久
汉文意译：咱俩相爱时已久，

喃字原文：淹 箕 群 沚 协 桥 群 础；
国际音标：thoŋ¹ kiə¹ kɔn² tsai³ hi:p⁸kɤu² kɔn² sɤi¹
汉文直译：河 那 还 流 桥 墩 还 建
汉文意译：桥墩正建河水流；

喃字原文：堆 些 群 奴 烧 尉，
国际音标：ʔdoi¹ta¹ kɔn² nɤ⁵ ɲau¹ rai²
汉文直译：咱俩 还 思念 互相 今天
汉文意译：咱俩醉情在相爱，

喃字原文：義 娘 英 渚 固 鑂 机 帠。
国际音标：ŋiə³ na:ŋ² ʔan¹ tsɯə¹ kɔ⁵ kwen¹ kɤ¹na:u²
汉文直译：义 妹 哥 未 有 忘 何时
汉文意译：妹的情义哥未忘。

情 歌

喃字原文：吁 停 铷 客 楼 高，
国际音标：sin¹ ʔdɯŋ² thet⁷ khat⁷ lɤu² ka:u¹
汉文直译：请 别 待 客 楼 高
汉文意译：莫去高楼上接客，

喃字原文：沛 如 蜿 虼 䗸 包 壜 花。
国际音标：fa:i³ n̠ɯ¹ ʔoŋ² ʔɯ¹ ʔbɯ:m⁵ ʔbai¹ va:u² vɯ:n²hwa¹
汉文直译：须 如 蜂 蝶 飞 进 花 园
汉文意译：蜂蝶纷飞花园乐。

（364）

喃字原文：壜 花 花 妄 没 皮，
国际音标：vɯ:n²hwa¹ hwa¹ nɤ³ mot⁸ʔbe²
汉文直译：花园 花 开 一味地
汉文意译：花园百花在怒放，

喃字原文：啦 迢 虼 翩 扜 蜎 蜿 弹；
国际音标：jɤp⁸jiu² ʔbɯ:m⁵ lɯ:n⁶ vɔ¹vɛ¹ ʔoŋ¹ ʔda:n²
汉文直译：络绎不绝 蝶 翱翔 小昆虫叫声 蜂 群
汉文意译：蜂蝶群形影相随；

喃字原文：壜 媕 坦 卒 掩 槁，
国际音标：vɯ:n² ʔɛm¹ ʔdɤt⁷ tot⁷ joŋ² kau¹
汉文直译：园 妹 土 好 种 槟榔
汉文意译：花园好土种槟榔，

喃字原文：朱 英 掩 蒌 畴 棓 没 邊。
国际音标：tsɔ¹ ʔan¹ joŋ² ɣɛ⁵ ʔbui⁶ jɤu² mot⁸ ʔben¹
汉文直译：让 哥 种 靠近 丛 蒌叶 一 边
汉文意译：让哥寄种蒌旁边。

（男：苏维绍，阮继初；女：吴秀英，武瑞珍）

（365）

喃字原文：𡥵 𠊛 伴 喝 箕 喂，
国际音标：kɔn¹ ŋɯːi² ʔbaːn⁶ haːt⁷ kiə¹ ʔɤːi¹
汉文直译：人　　　歌友　那　啊
汉文意译：那位亲爱的歌友，

喃字原文：约 终 柴 媄 终 姪 终 翁；
国际音标：ʔɯːk⁷ tsuŋ¹ thɤi² mɛ⁶ tsuŋ¹ ʔba² tsuŋ¹ ʔoŋ¹
汉文直译：期望 同 父母 同 祖母 同 祖父
汉文意译：期望父母是共同；

喃字原文：𣋀 時 终 工 外 垌，
国际音标：ŋai² thi² tsuŋ¹ kɔŋ¹ ŋwaːi² ʔdoŋ²
汉文直译：白天 则 同 工 外 田垌
汉文意译：白天咱俩同劳动，

喃字原文：曘 時 吏 特 伴 共 拸 制。
国际音标：toi⁵ thi² laːi⁶ ʔdɯːk⁸ ʔbaːn⁶ kuŋ² ʔdi¹ tsɤːi¹
汉文直译：夜晚 则 又 得 伴侣 同 去 玩
汉文意译：夜间情侣共欢乐。

喃字原文：炍 粓 终 奇 没 坭，
国际音标：nɤu⁵ kɤːm¹ tsuŋ¹ ka³ mot⁸ noi²
汉文直译：煮 饭 同 全部 一 锅
汉文意译：煮饭共同为一锅，

喃字原文：㴏 䋹 终 奇 没 坭 渃 花；
国际音标：rɯə³ mat⁸ tsuŋ¹ ka³ mot⁸ noi² nɯːk⁷ hwa¹
汉文直译：洗 脸 共 全部 一 锅 水 花
汉文意译：洗面共同一盆水；

情 歌

喃字原文： 㴑　頭　终　奇　榣　牙，
国际音标： ɣot⁸ ʔdɤu² tsuŋ¹ ka³ lɯːk⁸ ŋa²,
汉文直译： 洗　头　共　全部　梳子　象牙
汉文意译： 梳头共同一牙梳，

喃字原文： 㴖　䋲　时　些　渃　花　招　銅。
国际音标： rɯə³ matⁿ⁸ thi² ta¹ nɯːk⁷ hwa¹ tsɤu⁶ ʔdoŋ²
汉文直译： 洗　脸　则　咱　水　花　　铜盆
汉文意译： 洗面共用花铜盆。

（366）

喃字原文： 堳　春　奄　掩　群　撒，
国际音标： vɯːn² sɤn¹ ʔiːm¹ʔiːm³ kɔn² kaːi²
汉文直译： 园　春　　掩　还　闩
汉文意译： 春园尚关上门闩，

喃字原文： 媕　噱　譴　披　朱　埃　没　梗；
国际音标： ʔɛm¹ mɔŋ¹ khiːn³ ʔbɛ³ tsɔ¹ ʔaːi¹ motⁿ⁸ kan²
汉文直译： 妹　盼　遣　折　给　谁　一　枝
汉文意译： 妹遣君来折枝花；

喃字原文： 㐌　要　披　奇　朱　英，
国际音标： ʔda³ ʔiːu¹ ʔbɛ³ ka³ tsɔ¹ ʔan¹
汉文直译： 已　爱　折　全　给　哥
汉文意译： 相爱舍折全送君，

喃字原文： 揄　吒　揄　媄　浪　梗　花　䒺。
国际音标： jɤu⁵ tsa¹ jɤu⁵ mɛ⁶ raŋ² kan² hwa¹ rɤːi¹
汉文直译： 瞒　父　瞒　母　道　枝　花　凋谢
汉文意译： 讳言父母花谢落。

1079

(367)

喃字原文：要　烧　暄　呔　如　喻，
国际音标：ʔi:u¹n̪au¹ ŋɛ¹ tɕ⁸ n̪ɯ¹ ju¹
汉文直译：相爱　听　甜　如　梦　乡
汉文意译：相爱甜蜜梦乡里，

喃字原文：停　挋　仍　啫　喀　鱼　冷　弄；
国际音标：ʔdɯŋ² ma:ŋ¹ n̪ɯŋ³ ti:ŋ⁵ ŋak⁷ŋɯ¹ lan⁶luŋ²
汉文直译：别　背负　些　名声　停顿　冷淡
汉文意译：莫要停顿情义事；

喃字原文：要　烧　强　孟　强　浓，
国际音标：ʔi:u¹n̪au¹ ka:ŋ² man⁶ ka:ŋ² noŋ²
汉文直译：相爱　越　深　越　浓
汉文意译：相爱来往要密切，

喃字原文：强　醛　術　玉　强　浓　牟　蓮。
国际音标：ka:ŋ² thai¹ ve² ŋɔk⁸ ka:ŋ² noŋ² mau² thɛn¹
汉文直译：越　迷醉　为　玉　越　浓　色　莲
汉文意译：更迷恋玉更醉莲。

喃字原文：要　烧　拼　碍　鯫　愭，
国际音标：ʔi:u¹n̪au¹ tsaŋ³ ŋa:i⁶ jau² hɛn²
汉文直译：相爱　不　怕　富　贱
汉文意译：相爱不管富与穷，

喃字原文：吀　停　朘　邅　從　權　貝　埃；
国际音标：sin¹ ʔdɯŋ² jaŋ¹jɔ⁵ tuŋ² kwi:n² vɤ:i⁵ ʔa:i¹
汉文直译：请　别　风　月　从　权　和　谁
汉文意译：莫要同人兜风月；

情 歌

喃字原文：要　烧　如竹　贝　梅，
国际音标：ʔiːu¹ n̪au¹ n̪ɯ¹ tuk⁷ vɤːi⁵ maːi¹
汉文直译：相爱　如竹　和　梅
汉文意译：相爱如竹子梅花，

喃字原文：强　溇　羛　波　强　𪠌　情　淊。
国际音标：kaːŋ² thɤu¹ ŋiə³ ʔbe³ kaːŋ² jaːi² tin² thoŋ¹
汉文直译：越　深　义　海　越　长　情　河
汉文意译：情深似海长如河。

(368)

喃字原文：𡊨　花　伮　妄　唠　咘，
国际音标：vɯːn² hwa¹ nɔ⁵ nɤ³ laːu¹ saːu¹
汉文直译：花园　它　开　喧哗
汉文意译：花园花开飘浓香，

喃字原文：埃　麻　悗　景　時　刜　蚴　制；
国际音标：ʔaːi¹ ma² men⁵ kan³ thi² vaːu² ŋoi² tsɤːi¹
汉文直译：谁　而　爱　景　则　进　坐　玩
汉文意译：谁爱美景入享乐；

喃字原文：艜　花　伮　㐌　妄　𣳔，
国际音标：tam¹ hwa¹ nɔ⁵ ʔda³ nɤ³ roi²
汉文直译：百　花　它　已　开　了
汉文意译：百花怒放齐鲜艳，

喃字原文：群　没　花　粞　卒　鲜　待　躬。
国际音标：kɔn² mot⁸ hwa¹ ɣaːu⁶ tot⁷ tɯːi¹ ʔdɤːi⁶ min²
汉文直译：还　一　木棉花　鲜艳　等　你
汉文意译：木棉花艳等人来。

喃字原文：埃 喂 符 祂 心 情，
国际音标：ʔaːi¹ ʔɤːi¹ jɯ³ lɤi⁵ tɤm¹tin²
汉文直译：谁 啊 保持 心 情
汉文意译：喂呀！保着乐心情，

喃字原文：没 躺 俞 們 邉 梗 待 埃。
国际音标：mot⁸ min² lɔn³ mɔn³ ʔben¹ kan² ʔdɤːi⁶ ʔaːi¹
汉文直译：独自 琐碎 边 枝 等 谁
汉文意译：莫要独自思他人。

（男：刘振先，苏维绍；女：吴秀英，阮氏心）

（369）

喃字原文：皷 欺 從 且 㵢 丕，
国际音标：vɯə² khi¹ thoŋ¹ tha³ maːt⁷ jɤːi²
汉文直译：正当 从容 凉爽 天
汉文意译：正当天气凉爽时，

喃字原文：瞳 信 虳 㗂 䚱 移 丕 蹧 戈；
国际音标：ŋe¹ tin¹ ʔbɯːm⁵ n̠an⁵ voi⁶ jɤːi² yɔt⁷ kwa¹
汉文直译：听 信息 蝶 叮嘱 急忙 天 掠 过
汉文意译：蝴蝶见景急飞来；

喃字原文：狚 低 悯 景 悯 花，
国际音标：ʔden⁵ ʔdɤi¹ mɯŋ² kan³ mɯŋ² hwa¹
汉文直译：到 这儿 赏 景 赏 花
汉文意译：这里观景尝花乐，

喃字原文：矔 悯 鄰 里 䍂 黜 悯 坊。
国际音标：tɯːk⁷ mɯŋ² lɤn¹ li⁵ thau¹ ra¹ mɯŋ² fɯːŋ²
汉文直译：先 祝 邻 里 后 出 祝 街坊
汉文意译：邻里乡坊都欢迎。

情 歌

（370）

喃字原文：堆 蹟 英 跐 拱 鞃，
国际音标：ʔdoi¹ tsɤn¹ ʔan¹ ʔbɯ:k⁷ kuŋ³ mai¹
汉文直译：双 脚 哥 迈步 也 幸运
汉文意译：今日出门遇幸运，

喃字原文：缘 丕 奇遇 欵 尼 返 払；
国际音标：ji:n¹ jɤ:i² ki²ŋo⁶ hom¹nai¹ ɣap⁸ tsa:ŋ²
汉文直译：缘 天 奇遇 今天 遇 郎
汉文意译：天意让妹遇见君；

喃字原文：堆 些 義 玉 缘 鐄，
国际音标：ʔdoi¹ ta¹ ŋiə³ ŋɔk⁸ ji:n¹ va:ŋ²
汉文直译：咱俩 义 玉 缘 金
汉文意译：金玉情侣相结合，

喃字原文：𥹺 堆 鸾 凤 仙 塘 往来。
国际音标：ʔdɛp⁸ʔdoi¹ lɔn⁶ fɯ:ŋ⁶ ti:n¹ ʔdɯ:ŋ² va:ŋ²la:i¹
汉文直译：佳偶 鸾 凤 仙 路 往来
汉文意译：鸾凤佳偶乐仙景。

（371）

喃字原文：笕 媕 坦 客 圭 馱，
国际音标：thɤi⁵ ʔɛm¹ ʔdɤt⁷ khat⁷ kwe¹ ŋɯ:i²
汉文直译：见 妹 土地 客 家乡 人
汉文意译：来自外乡见生客，

喃字原文：悉 英 闷 吽 没 哩 始终；
国际音标：lɔŋ² ʔan¹ mu:n⁵ ŋɔ³ mot⁸ nɤ:i² thi³tsuŋ¹
汉文直译：心 哥 想 表露 一 言 始终

汉文意译：哥想问妹话始末；
喃字原文：别　浪　俺　固　傷　共？
国际音标：ʔbi:t⁷raŋ² ʔɛm¹ kɔ⁵ thɯ:ŋ¹ kuŋ²
汉文直译：知道　妹　有　爱慕　一同
汉文意译：不知妹心有爱慕？

喃字原文：悖　聶　挓　啥　憳　嗵　貝　缘。
国际音标：thɤ⁶ ma:i¹ ma:ŋ¹ ti:ŋ⁵ thɛn⁶thuŋ² vɤ:i⁵ ji:n¹
汉文直译：怕　日后　背　名声　难为情　和　缘
汉文意译：哥忧问妹难为情。

（372）

喃字原文：叐　壜　筧　果　槁　薮，
国际音标：va:u² vɯ:n² thɤi⁵ kwa³kau¹ nɔn¹
汉文直译：进　园　见　槟榔果　嫩
汉文意译：进果园见槟榔嫩，

喃字原文：英　筧　俺　浽　闷　结　姻　缘；
国际音标：ʔan¹ thɤi⁵ ʔɛm¹ jɔn² mu:n⁵ ket⁷ ȵɤn¹ji:n¹
汉文直译：哥　见　妹　俏丽　想　结　姻　缘
汉文意译：见妹美丽想结缘；

喃字原文：𠄒　腯　固　𠄒　銅　钱，
国际音标：ha:i¹ ma⁵ kɔ⁵ ha:i¹ ʔdoŋ²ti:n²
汉文直译：两　颊　有　两　酒窝
汉文意译：脸颊两边有酒窝，

喃字原文：强　矊　强　糳　强　睨　强　愮。
国际音标：ka:ŋ² nɔm¹ ka:ŋ² ʔdɛp⁸ ka:ŋ² ɲin² ka:ŋ² ʔɯə¹
汉文直译：越　望　越　美　越　看　越　喜欢
汉文意译：越望越美越思恋。

（男：杜福朝，苏维绍；女：吴全秀）

情 歌

（373）

喃字原文：壜　桃　固　墰　坦　空，
国际音标：vɯːn² ʔdaːu² kɔ⁵ ʔdaːm⁵ ʔdɤt⁷ khoŋ¹
汉文直译：园　桃　有　块　地　空
汉文意译：桃园里有块空地，

喃字原文：固　核　兰　蕙　伣　掩　卒　庄；
国际音标：kɔ⁵ kɤi¹ laːn¹ hwe⁶ vaːu² joŋ² tot⁷ tsaŋ¹
汉文直译：有　树　兰　蕙　近　种　好　不
汉文意译：哥有兰蕙带来种；

喃字原文：壜　红　固　客　宫　胺，
国际音标：vɯːn² hoŋ² kɔ⁵ khat⁷ kuŋ¹jaŋ¹
汉文直译：园　红　有　客　月　宫
汉文意译：红园有月宫仙女，

喃字原文：妸　尼　施　礼　呐　嚅　妙　扬。
国际音标：ɣaːi⁵ nai² thi¹le³ nɔi⁵naŋ¹ jiu²jaːŋ²
汉文直译：姑　娘　这　施礼　言谈　温柔
汉文意译：女施礼言温柔。

（374）

喃字原文：壜　媕　固　坦　掩　橙，
国际音标：vɯːn² ʔɛm¹ kɔ⁵ ʔdɤt⁷ joŋ² than²
汉文直译：园　妹　有　土　种　橙
汉文意译：妹园里有地种橙，

喃字原文：朱　英　抐　榣　柑　成　掩　逌；
国际音标：tsɔ¹ ʔan¹ ʔbɯŋ¹ ɣok⁷ kaːm¹ than² joŋ² ʔben¹
汉文直译：让　哥　端　树　柑　橙　种　边
汉文意译：让哥带来种柑橙；

喃字原文：為 核 绐 貿 撩 薹,
国际音标：vi² kɤi¹ jɤi¹ mɤːi⁵ lɛu¹ len¹
汉文直译：因 树 藤 才 爬 上
汉文意译：因树藤方缠上树,

喃字原文：為 英 埯 沛 终 缘 终 情。
国际音标：vi² ʔan¹ ʔɛm¹ faːi³ tsuŋ¹ jiːn¹ tsuŋ¹ tin²
汉文直译：为 哥 妹 得 钟 缘 钟 情
汉文意译：因哥妹要守钟情。

（375）

喃字原文： 壖 桃 風 景 卒 鲜,
国际音标：vɯːn² ʔdaːu² fɔŋ¹kan³ tot⁷tɯːi¹
汉文直译： 园 桃 风 景 繁 茂
汉文意译：桃园风景绿油油,

喃字原文： 黄 鶯 唥 遝 自 归 恄 惘;
国际音标：hwaːŋ²ʔan¹ hɔt⁷ jɔ⁵ tɯ² kwi¹ vui¹mɯŋ²
汉文直译：黄莺 啼鸣 风 从 归来 欢乐
汉文意译：黄莺迎风来玩乐;

喃字原文：堆 些 迓 烧 拱 惘,
国际音标：ʔdoi¹taː¹ ɣap⁸ɲau¹ kuŋ³ mɯŋ²
汉文直译：咱俩 相遇 也 高兴
汉文意译：咱俩见面心喜悦,

喃字原文：埯 低 英 弥 吁 停 補 烧。
国际音标：ʔɛm¹ ʔdɤi¹ ʔan¹ ʔdɤi⁵ sin¹ ʔdɯŋ² ʔbɔ³ ɲau¹
汉文直译：妹 这儿 哥 那儿 请 别 抛弃 互相
汉文意译：妹哥相聚莫弃情。

情 歌

（376）

喃字原文： 塪 媕 卒 坦 揞 槁，
国际音标：vɯ:n² ʔɛm¹ tot⁷ ʔdɤt⁷ joŋ² kau¹
汉文直译： 园 妹 好 土 种 槟榔
汉文意译：妹园地好种槟榔，

喃字原文： 朱 英 揞 畴 棓 萎 没 邉；
国际音标：tsɔ¹ ʔan¹ joŋ² ɣɛ⁵ ʔbui⁶ jɤu² mot⁸ ʔben¹
汉文直译： 让 哥 种 靠近 丛 蒌叶 一 边
汉文意译：让哥种蒌寄边旁；

喃字原文： 包 睒 槁 怒 卒 蓮，
国际音标：ʔba:u¹ jɤ² kau¹ nɔ⁶ tot⁷ len¹
汉文直译： 何时 槟榔 那 好 起来
汉文意译：那时槟榔长高大，

喃字原文： 萎 箕 绉 薟 ㄇ 馘 婥 馼。
国际音标：jɤu² kiə¹ ʔben⁶ ŋɔnɕ⁶ la:m² nen¹ vɤ⁶ tsoŋ²
汉文直译： 蒌叶 那 缠绕 树梢 做 成 夫妻
汉文意译：蒌藤长梢结佳偶。

（男：裴永彬；女：阮氏心）

（377）

喃字原文：堆 些 如 体 花 榷，
国际音标：ʔdoi¹ ta¹ n̥ɯ¹ the³ hwa¹ ɲa:i²
汉文直译： 咱俩 如同 茉莉花
汉文意译：咱俩好似茉莉花，

喃字原文：斏 低 媎 帝 糩 埃 蓮 㫆；
国际音标：tsoŋ² ʔdɤi¹ vɤ⁶ ʔdɤi⁵ kɛm⁵ ʔaːi¹ ten¹ ʔdɤːi²
汉文直译：夫　这儿　妻　那儿　少　谁　上　世
汉文意译：这夫那妻胜世人；

喃字原文：闷 朱 斦 幤 些 制,
国际音标：muːn⁵ tsɔ¹ ɣɤn² tsɤ⁶ ta¹ tsɤːi¹
汉文直译：想　给　近　集市　咱　玩耍
汉文意译：想得近街常来玩,

喃字原文：斦 滝 沁 涼 斦 尼 㐖 術。
国际音标：ɣɤn² thoŋ¹ tam⁵maːt⁷ ɣɤn² nɤːi¹ ʔdi¹ve²
汉文直译：近　河　洗澡　　近　地方　回来
汉文意译：近河冲凉回家近。

（378）

喃字原文：堆 些 卒 䄢 𣱆 堆,
国际音标：ʔdoi¹taː¹ tot⁷ tuːi³ vɯə²ʔdoi¹
汉文直译：咱俩　好　年龄　般配
汉文意译：咱俩年龄正般配,

喃字原文：欺　跨 欺 𡎢 畧 唪 論 啰；
国际音标：khi¹ ʔdɯŋ⁵ khi¹ ŋoi² tɔ²tsiːn⁶ lɤn¹laː¹
汉文直译：时　站　时　坐　倾谈　套近乎
汉文意译：坐立行止倾谈笑；

喃字原文：要 烧 伞 麓 拱 戈,
国际音标：ʔiːu¹ȵau¹ mɤi⁵ khɔ⁵ kuŋ³ kwa¹
汉文直译：相爱　　多苦　也　过
汉文意译：相爱何难都克服,

情 歌

喃字原文：氽 荄 拱 越 氽 賒 拱 貯。
国际音标：mɤi⁵ ɣaːi¹ kuŋ³ vɯːt⁸ mɤi⁵ sa¹ kuŋ³ ɣɤn²
汉文直译：多少 荆棘 也 越 多少 远 也 近
汉文意译：荆棘能越远亦近。

（379）

喃字原文：俺 如 蔬 遙 戈 垌，
国际音标：ʔɛm¹ nɯ¹ ŋon⁶ jɔ⁵ kwa¹ ʔdoŋ²
汉文直译：妹 如 阵 风 过 田 垌
汉文意译：妹如风送过田垌，

喃字原文：蒫 清 御 坦 蒫 浓 御 核；
国际音标：thɤːm¹ than¹ hɯːŋ¹ ʔdɤt⁷ thɤːm¹ noŋ² hɯːŋ¹ kɤi¹
汉文直译：香 清 乡村 土 香 浓 乡村 树
汉文意译：乡村邻里芳香鲜；

喃字原文：躺 迷 御 邑 落 秲，
国际音标：min² me¹ hɯːŋ¹ ʔɤp⁷ ʔdɤi² tai¹
汉文直译：妹 迷醉 乡村 满 手
汉文意译：妹在乡里做美梦，

喃字原文：醒 䬠 遙 厄 跳 霊 蓬 丕。
国际音标：tin³ ra¹ jɔ⁵ ʔda³ thɛu¹ mɤi¹ len¹ jɤːi²
汉文直译：醒 出 风 已 跟随 云 上 天
汉文意译：醒来风送云上天。

（380）

喃字原文：约 之 壅 特 滝 銀，
国际音标：ʔɯːk⁷ tsi¹ lɤp⁷ ʔdɯːk⁸ thoŋ¹ ŋɤn¹
汉文直译：期望 什么 塞 得 银河
汉文意译：期望堵塞得银河，

喃字原文：底 朱 妸 织 玼 斦 扐 牛；
国际音标：ʔde³tsɔ¹ ʔa³tsɯk⁷ ʔden⁵ ɣɤn² tsa:ŋ²ɲiu¹
汉文直译：使 织女 到 近 牛郎
汉文意译：让织女牛郎相会；

喃字原文：约 之 些 祂 特 烧，
国际音标：ʔɯ:k⁷ tsi¹ ta¹ lɤi⁵ ʔdɯk⁸ ɲau¹
汉文直译：期望 什么 咱 嫁娶 得 互相
汉文意译：期望咱俩相嫁娶，

喃字原文：底 些 㗂 哝 氽 句 拖 愊。
国际音标：ʔde³ ta¹ tɔ²tsi:n⁶ mɤi⁵ kɯ¹ ʔdɤ³ ʔbu:n²
汉文直译：让 咱 倾谈 几 句 减少 烦恼
汉文意译：让咱谈情减烦恼。

喃字原文：约 之 斦 境 烧 㤝，
国际音标：ʔɯ:k⁷ tsi¹ ɣɤn² kan³ ɲau¹ lu:n¹
汉文直译：期望 什么 近 境况 互相 经常
汉文意译：期望咱俩常接近，

喃字原文：底 些 叹 咀 事 缘 貝 娘；
国际音标：ʔde³ ta¹ tha:n¹thɤ³ thu⁶ ji:n¹ vɤ:i⁵ na:ŋ²
汉文直译：让 咱 叹息 事 缘分 和 妹
汉文意译：让咱方便谈情事；

喃字原文：约 之 夥 鉑 魐 鐄，
国际音标：ʔɯ:k⁷ tsi¹ lam⁵ ʔba:k⁸ ɲi:u² va:ŋ²
汉文直译：期望 什么 多 银 多 金
汉文意译：期望家里多金银，

情 歌

喃字原文：底 些 忉 所 私 妆 朱 䏧。
国际音标：ʔde³ ta¹ tham⁵thɯə³ tɯ¹ta:ŋ¹ tsɔ¹ min²
汉文直译：让 咱 准备 　 嫁妆 给 妹
汉文意译：让哥准备妹嫁妆。

喃字原文：英 伱 此 嗨 寔 情，
国际音标：ʔan¹ nai¹ thɯ³ hɔi³ thɤt⁸ tin²
汉文直译：哥 今天 试 问 真 情
汉文意译：如今哥问妹实话，

喃字原文：浪 媕 固 决 终 情 台 空；
国际音标：raŋ² ʔɛm¹ kɔ⁵ kwi:t⁷ tsuŋ¹tin² hai¹ khoŋ¹
汉文直译：道 妹 有 决意 钟情 或 不
汉文意译：是否同意这钟情；

喃字原文：固 時 媕 拱 吽 共，
国际音标：kɔ⁵ thi² ʔɛm¹ kuŋ³ ŋɔ³ kuŋ²
汉文直译：有 则 妹 也 表露 同
汉文意译：如果决意请回言，

喃字原文：空 時 媕 决 没 悉 時 催。
国际音标：khoŋ¹ thi² ʔɛm¹ kwi:t⁷ mot⁸lɔŋ² thi² thoi¹
汉文直译：不 则 妹 决意 一心 则 罢了
汉文意译：若不同意哥甘愿。

（381）

喃字原文：英 貝 媕 醉 待 朚 徐，
国际音标：ʔan¹ vɤ:i⁵ ʔɛm¹ nam¹ ʔɤi⁶ tha:ŋ⁵ tsɤ²
汉文直译：哥 和 妹 年 等 月 待
汉文意译：哥想妹年等月待，

喃字原文：欺帄 撼 织 離 纟 朱 停；
国际音标：lɛ³naːu² ʔdɯt⁷ tsi³ liə² tɤ¹ tsɔ¹ ʔdan²
汉文直译：岂能 断 线 离 丝 使 忍心
汉文意译：岂让断线何忍心；

喃字原文： 塘 彶 𡳄 吏 寅 寅，
国际音标：ʔduːŋ² ʔdi¹ loi⁵ laːi⁶ ran²ran²
汉文直译：路 去 路 来 昭然
汉文意译：情义来往明昭然，

喃字原文：欺帄 扒 祧 堆 情 朱 當。
国际音标：lɛ³naːu² tsaːŋ² rɛ³ ʔdoi¹ tin² tsɔ¹ ʔdaːŋ⁵
汉文直译：岂能 郎 分 对儿 情 使 应当
汉文意译：岂让佳偶要分离。

喃字原文： 砙 箕 揜 据 想 鑛，
国际音标：ʔda⁵ kiə¹ ʔɛm¹ kɯ⁵ tɯːŋ³ vaːŋ²
汉文直译：石 那 妹 一直 想 金
汉文意译：石头妹以为黄金，

喃字原文： 空 時 揜 拯 多 挖 𠬠 之?
国际音标：khoŋ¹ thi² ʔɛm¹ tsaŋ³ ʔdaːmaːŋ¹ laːm² tsi¹
汉文直译：不 就 妹 不 缠绵 做 什么
汉文意译：要不妹如此多情？

（382）
喃字原文：英 𣈜 豪 雅 風 花，
国际音标：ʔan¹ nai¹ haːu² ɲa³ fɔŋ¹ hwa¹
汉文直译：哥 今天 豪迈 儒雅 风 花
汉文意译：哥今生风花豪华，

情 歌

喃字原文：英 扡 泣 尬 陀 细 低；
国际音标：ʔan¹ ʔdi¹ khap⁷ ka³ nai¹ ʔda² tɤːi⁵ ʔdɤi¹
汉文直译：哥 走 遍 全部 今天 无实义 到 这儿
汉文意译：走遍各地回地方；

喃字原文：约 之 蝇 特 返 霊，
国际音标：ʔɯːk⁷ tsi¹ roŋ² ʔdɯːk⁸ ɣap⁸ mɤi¹
汉文直译：期望 什么 龙 得 遇 云
汉文意译：期望此处龙云遇，

喃字原文：约 之 鸾 凤 豆 核 梧 桐。
国际音标：ʔɯːk⁷ tsi¹ lɔn¹ fɯː⁶ ʔdɤu⁶ kɤi¹ŋo¹ʔdoŋ²
汉文直译：期望 什么 鸾 凤 栖息 梧桐树
汉文意译：期望鸾凤栖梧桐。

喃字原文：约 之 终 襘 鸾 房，
国际音标：ʔɯːk⁷ tsi¹ tsuŋ¹ yoi⁵ lɔn¹fɔŋ²
汉文直译：期望 什么 同 枕 鸾 房
汉文意译：期望同枕于鸾房，

喃字原文：约 之 些 䢔 嫩 蓬 聘 㓛；
国际音标：ʔɯːk⁷ tsi¹ ta¹ ʔden⁵ nɔn¹ʔbon² than⁵ ten¹
汉文直译：期望 什么 咱 到 蓬莱山 配 仙女
汉文意译：期望蓬莱遇仙女；

喃字原文：共 烧 喠 没 哑 愿，
国际音标：kuŋ² ȵau¹ fi³ mot⁸ nɤːi² ŋwiːn²
汉文直译：一同 发出 一 誓言
汉文意译：共同发出自心愿，

1093

喃字原文：英 雄 兜 女 结 缘 朱 陳。

国际音标：ʔan¹huŋ² n̪i¹nɯ³ ket⁷ji:n¹ tsɤu¹ tɤn²

汉文直译：英雄　儿女　结缘　朱　陈

汉文意译：英雄仙女结朱陈。

（男：苏维绍；女：杜福英）

情 歌

12

喃字原文： 嬋 娟 愁 没 英 雄 愁 台=
国际音标： thi:n² kwi:n¹ thɤu² mot⁸ ʔan¹huŋ² thɤu² ha:i¹
汉文直译： 婵娟 愁 一 英雄 愁 二
汉文直译： 婵娟英雄为情愁

（383）

喃字原文： 隔 淊 渚 批 特 桥，
国际音标： kat⁷ thoŋ¹ tsɯə¹ ʔbak⁷ ʔdɯ:k⁸ kɤu²
汉文直译： 隔 河 未 架 得 桥
汉文直译： 河水相隔没有桥，

喃字原文： 悉 群 傷 忟 惨 愁 堆 尼；
国际音标： lɔŋ² kɔn² thɯ:ŋ¹ nɤ⁵ tha:m³ thɤu² ʔdoi¹ nɤ:i¹
汉文直译： 心 还 思念 凄惨 两地
汉文意译： 因此心中相思恋；

喃字原文： 忟 扒 悉 仍 惼 欣，
国际音标： nɤ⁵ tsa:ŋ² lɔŋ² nɯŋ³ ʔban¹han¹
汉文直译： 想 郎 心 极了 忧虑
汉文意译： 想君心里甚忧虑，

喃字原文： 几 南 馱 北 底 英 烦 悉。
国际音标： kɛ³ na:m¹ ŋɯ:i² ʔbak⁷ ʔde³ ʔan¹ fi:n²lɔŋ²
汉文直译： 人 南 人 北 让 哥 烦心
汉文意译： 南北分离哥劳神。

喃字原文： 扒 喂！ 胧 忟 邿 嚎?
国际音标： tsa:ŋ² ʔɤ:i¹ ʔdem¹ nɤ⁵ ŋai² mɔŋ¹
汉文直译： 郎 啊 夜里 思 白天 盼
汉文意译： 日思夜想君知吗？

喃字原文： 悉 群 思 想 趴 群 往 來。
国际音标： lɔŋ² kɔn² tɯ¹tɯ:ŋ³ ŋɯ:i² kɔn² va:ŋ³la:i¹
汉文直译： 心 还 思 想 人 还 往来
汉文意译： 心中思想时盼君。

（384）

喃字原文： 馭 狐 隔 滝 忟 埃，
国际音标： ŋɯə⁶ ho² kat⁷ thoŋ¹ nɤ⁵ ʔa:i¹
汉文直译： 马 狐狸 隔 河 想 谁
汉文意译： 马狸隔河互思念，

喃字原文： 馭 狐 滝 沥 往 來 詩 傳；
国际音标： ŋɯə⁶ ho² thoŋ¹ rat⁸ va:ŋ³la:i¹ thɤ¹ ti:n²
汉文直译： 马 狐狸 河 游 往来 信 传
汉文意译： 涉水过河来送信；

喃字原文： 忟 淹 擱 筆 詩 傳，
国际音标： nɤ⁵ ʔɛm¹ ɣa:k⁷ ʔbut⁷ thɤ¹ ti:n²
汉文直译： 想 妹 放 笔 信 传
汉文意译： 想妹写信送过来，

喃字原文： 底 英 杕 吏 婵 娟 翅 愁。
国际音标： ʔde³ ʔan¹ ʔdi¹la:i⁶ thi:n²kwi:n¹ tsiu⁶ thɤu²
汉文直译： 让 哥 来往 婵娟 受 愁
汉文意译： 英雄婵娟免忧虑。

情 歌

喃字原文：由 麻 帝 固 悉 徐，
国际音标：jɤu² ma² ʔdɤi⁵ kɔ⁵ lɔŋ² tsɤ²
汉文直译：如果 那儿 有 心 等
汉文意译：如果那边尚思恋，

喃字原文：底 英 绅 织 批 桥 戈 滝。
国际音标：ʔde³ ʔan¹ sɛ¹ tsi³ ʔbak⁷ kɤu² kwa¹ thoŋ¹
汉文直译：让 哥 牵 线 架 桥 过 河
汉文意译：请哥搭桥来接连。

（女：苏晓姐，阮贤英）

（385）

喃字原文：扒 如 榾 藩 高 㟪，
国际音标：tsaːŋ² n̠ɯ¹ kot⁸ fɯːn⁵ kaːu¹ thai¹
汉文直译：郎 如 杆 幡 高 啊
汉文意译：君身材如藩竿高，

喃字原文：俺 如 核 䓀 牀 莘 邉 塘；
国际音标：ʔɛm¹ n̠ɯ¹ kɤi¹ kɔ³ mɔk⁸ lau¹ ʔben¹ ʔdɯːŋ²
汉文直译：妹 如 草 长 芦 苇 边 路
汉文意译：妹如小草长路边；

喃字原文：扒 如 玿 鄧 渃 鐄，
国际音标：tsaːŋ² n̠ɯ¹ tsɤu⁶ ʔdɯŋ⁶ nɯːk⁷ vaːŋ²
汉文直译：郎 如 盆 盛 水 金
汉文意译：君如金盆装金水，

喃字原文：俺 如 渃 濁 茹 扒 湘 蹟。
国际音标：ʔɛm¹ n̠ɯ¹ nɯːk⁷ ʔduk⁸ n̠a² tsaːŋ² rɯə³ tsɤn¹
汉文直译：妹 如 水 浊 家 郎 洗 脚
汉文意译：妹如浊水洗脚剩。

（386）

喃字原文：要 烧 歹 绲 铖 鐄，
国际音标：ʔi:u¹ṇau¹ jet⁸kon³ nen¹ va:ŋ²
汉文直译：相爱 眷恋 成 金
汉文意译：相爱眷恋成黄金，

喃字原文：挺 要 磙 埂 洛 塘 春 雲；
国际音标：tsaŋ³ ʔi:u¹ ʔda⁵ na:t⁷ la:t⁷ ʔdɯ:ŋ² sɤn¹vɤn¹
汉文直译：不 爱 石 烂 铺 路 春 云
汉文意译：不爱烂石垫春云；

喃字原文：春 雲 偷 透 零 汀，
国际音标：sɤn¹vɤn¹ thau¹thau⁵ lin¹ʔdin¹
汉文直译：春云 飞快 零丁
汉文意译：春云路零丁直达，

喃字原文：默 㹢 𦓤 馆 刨 京 默 㹢。
国际音标：mak⁸ ŋɯ:i² ra¹ kwa:n⁵ va:u² kin¹ mak⁸ ŋɯ:i²
汉文直译：任由 人 出 馆 进 京 任由 人
汉文意译：出馆入京随意人。

（387）

喃字原文：扒 喂 於 吏 扒 喂！
国际音标：tsa:ŋ² ʔɤ:i¹ ʔɤ³ la:i⁶ tsa:ŋ² ʔɤ:i¹
汉文直译：郎 啊 住 来 郎 啊
汉文意译：君啊！请留下来吧！

喃字原文：茹 媕 远 望 赊 吹 媕 術；
国际音标：ṇa² ʔɛm¹ vi:n³vɔŋ⁶ sa¹soi¹ ʔɛm¹ ve²
汉文直译：家 妹 愿望 遥 远 妹 回
汉文意译：妹家遥远今回家；

情 歌

喃字原文：茹 媕 工 役 皮 蕙，
国际音标：n̠a² ʔɛm¹ koŋ¹ vi:k⁸ ʔbe²hwe²
汉文直译：家 妹 事情 忙绿
汉文意译：妹家事情百忙里，

喃字原文：朱 𫃎 媕 沛 䯻 術 詚 低。
国际音标：tsɔ¹nen¹ ʔɛm¹ fa:i³ voi⁶ ve² ŋai¹ ʔdʐi¹
汉文直译：所以 妹 要 急回 马上 这儿
汉文意译：如今妹急返回家。

（388）

喃字原文：群 娘 於 吏 娘 喂！
国际音标：kɔn² na:ŋ² ʔʁ³ la:i⁶ na:ŋ² ʔʁ:i¹
汉文直译：还有 妹 住 来 妹 啊
汉文意译：妹啊！请留下来吧！

喃字原文：茹 英 远 望 赊 英 術；
国际音标：n̠a² ʔan¹ vi:n³ vɔŋ⁶ sa¹soi¹ ʔan¹ ve²
汉文直译：家 哥 远望 遥远 哥 回
汉文意译：哥家遥远先回家；

喃字原文：茹 英 隔 阻 尼 圭，
国际音标：n̠a² ʔan¹ kat⁷tʐ³ nʐ:i¹ kwe¹
汉文直译：家 哥 阻隔 地方 家乡
汉文意译：家乡相隔路远程，

喃字原文：朱 𫃎 英 沛 躔 術 㬟 尼。
国际音标：tsɔ¹nen¹ ʔan¹ fa:i³ vu:t⁸ ve² hom¹nai¹
汉文直译：所以 哥 要 逃脱 回 今天
汉文意译：如今哥急赶回家。

1099

喃字原文：群 娘 於 吏 准 尼，
国际音标：kɔn² na:ŋ² ʔɤ³ la:i⁶ tson⁵ nai²
汉文直译：还有 妹 住 来 地方 这
汉文意译：请妹留下此处玩，

喃字原文：英 術 呡 馴 英 吏 细 探；
国际音标：ʔan¹ ve² va:i² ŋai² ʔan¹ la:i⁶ tɤ:i⁵ tham¹
汉文直译：哥 回 几 天 哥 再 到 探问
汉文意译：哥回三天又返来；

喃字原文：貯 時 刱 妲 晚 喙，
国际音标：ɣɤn² thi² tha:ŋ⁵ ʔden⁵ toi⁵ tham¹
汉文直译：近 则 早 上 到 晚 上 探问
汉文意译：距近早归晚来寻，

喃字原文：赊 吹 隔 阻 没 辥 堆 哩。
国际音标：sa¹soi¹ kat⁷tɤ³ mot⁸ nam¹ ʔdoi¹ n̠ɤ:i²
汉文直译：遥远 阻隔 一 年 两 地
汉文意译：距远一年数次来。

（男：苏维绍，刘永新；女：黎文新，刘尚明）

（389）

喃字原文：英 術 南 媕 拱 術 南，
国际音标：ʔan¹ ve² na:m¹ ʔɛm¹ kuŋ³ ve² na:m¹
汉文直译：哥 回 南 妹 也 回 南
汉文意译：哥回南边妹往南，

喃字原文：工 役 底 帠 埃 𠬠 黙 埃；
国际音标：koŋ¹ vi:k⁸ ʔde³ ʔdɤi⁵ ʔa:i¹ la:m² mak⁸ ʔa:i¹
汉文直译：活儿 留 那儿 谁 做 任 由 谁
汉文意译：工作放下人清闲；

情 歌

喃字原文：払 術 底 絧 朱 埃？
国际音标：tsa:ŋ² ve² ʔde³ vɔŋ³ tso¹ ʔa:i¹
汉文直译：郎 回 留 吊床 给 谁
汉文意译：哥回吊床谁来摇？

喃字原文：頭 醂 清 氶 㬎 㞖 冷 弄。
国际音标：ʔdɤu² nam¹ than¹ vaŋ⁵ thɤ:m⁵ ma:i¹ lan⁶ luŋ²
汉文直译：年头 清静 夜晚 冷清
汉文意译：年头清寂夜冷清。

(390)

喃字原文：渃 蓮 浿 遙 鯲 鯲，
国际音标：nɯ:k⁷ len¹ thɔŋ⁵ jɔ⁵ ʔdɯ² ʔdɯ²
汉文直译：潮水 涨 浪 风 呼呼
汉文意译：潮涨风浪响呼呼，

喃字原文：娘 術 補 綈 相 思 埃 扲；
国际音标：na:ŋ² ve² ʔbɔ³ moi⁵ tɯ:ŋ¹ tɯ¹ ʔa:i¹ kɤm²
汉文直译：妹 回 丢 愁绪 相思 谁 拿
汉文意译：妹回留下相思愁；

喃字原文：娘 術 娘 補 些 尼，
国际音标：na:ŋ² ve² na:ŋ² ʔbɔ³ ta¹ nai²
汉文直译：妹 回 妹 丢 咱 这
汉文意译：妹走留下人这里，

喃字原文：如 棍 絲 纙 撛 旳 岾 衝。
国际音标：nɯ¹ kɔn¹ tɤ¹ roi⁵ jɤ³ ŋai² na:u² sɔŋ¹
汉文直译：如 捆 丝 乱 解 天 哪 完
汉文意译：如捆乱丝难解团。

喃字原文：娘 術 准 苗 楼 红，
国际音标：na:ŋ² ve² tson⁵ ku³ lɤu² hoŋ²
汉文直译：妹 回 地 旧 楼 红
汉文意译：妹回旧址红楼处，

喃字原文：底 霊 捲 遥 底 蟥 徐 霊；
国际音标：ʔde³ mɤi¹ ku:n⁵ jɔ⁵ ʔde³ roŋ² tsɤ² mɤi¹
汉文直译：让 云 卷 风 让 云 等 云
汉文意译：让云卷风龙等云；

喃字原文：娘 術 娘 補 些 低，
国际音标：na:ŋ² ve² na:ŋ² ʔbɔ³ ta¹ ʔdɤi¹
汉文直译：妹 回 妹 丢 咱 这儿
汉文意译：妹回丢哥在这里，

喃字原文：包 晗 瞭 吏 绋 纹 院 全？
国际音标：ʔba:u¹jɤ² sɛt⁷ la:i⁶ sɛ¹ jɤi¹ vɛn⁶ tɔn²
汉文直译：何时 查 来 牵线 完美
汉文意译：何时得来完美牵线？

喃字原文：娘 術 英 哾 詩 喋，
国际音标：na:ŋ² ve² ʔan¹ ɣuɯi³ thɤ¹ tham¹
汉文直译：妹 回 哥 寄 信 探询
汉文意译：妹回哥寄信探询，

喃字原文：尒 舒 萛 深 尒 熹 书 题。
国际音标：mɤi⁵ ŋin² la⁵ tham¹ mɤi⁵ tam¹ thuɯ¹ ʔde²
汉文直译：几 千 叶 深色 几 百 书 题
汉文意译：上百题书千封信。

情 歌

（391）

嘞字原文：自 䏧 於 帝 妢 秮，
国际音标：tɯ² ŋai² ʔɤ³ ʔdɤi⁵ tsiə¹tai¹
汉文直译：从 天 在 这儿 分手
汉文意译：自从那里分手回，

嘞字原文：悉 媕 隴 仍 脏 䏧 悴 悙；
国际音标：loŋ² ʔɛm¹ luːŋ⁵ nɯŋ³ ʔdem¹ ŋai² sɔt⁷sa¹
汉文直译：心 妹 枉然 极了 日 夜 痛心
汉文意译：妹心日夜甚悲苦；

嘞字原文：䏧 時 悉 仍 悴 悙，
国际音标：ŋai² thi² loŋ² nɯŋ³ sɔt⁷sa¹
汉文直译：白天 则 心 极了 痛心
汉文意译：日间心中思念君，

嘞字原文：脏 躺 我 暒 朕 斜 術 西。
国际音标：ʔdem¹ nam² ŋa³ ʔbɔŋ⁵ jaŋ¹ ta² ve² tɤi¹
汉文直译：夜 躺 斜 影 月 斜 回 西
汉文意译：夜间不眠月西斜。

嘞字原文：骸 珠 來 浪 垰 尼，
国际音标：haːt⁸tsɤu¹ rɤːi¹ laːŋ⁵ tso³ nai²
汉文直译：珠玉 落 涌 地方 这
汉文意译：泪水涌流湿了床，

嘞字原文：丕 高 波 氃 固 哈 庄 罒；
国际音标：jɤːi² kaːu¹ ʔbe³ roŋ⁶ ko⁵ hai¹ tsaŋ¹ la²
汉文直译：天 高 海 宽 有 知 不 是
汉文意译：天高海阔谁人知；

喃字原文：論 陈 朒 逌 郚 戈，
国际音标：lɤn² tsɤn² tha:ŋ⁵ jɔn⁶ ŋai² kwa¹
汉文直译：不断地 月 完 日 过
汉文意译：日月不断地消逝，

喃字原文：辆 時 忥朅 朒 朒 罒 忥朅 醉。
国际音标：nam¹ thi² het⁷ tha:ŋ⁵ tha:ŋ⁵ la² het⁷ nam¹
汉文直译：年 则 完 月 月 是 完 年
汉文意译：月过了月年过年。

（392）

喃字原文：娘 術 氻 桔 朱 厬，
国际音标：na:ŋ² ve² sɛ³ ɣo³ tsɔ¹ jai²
汉文直译：妹 回 锯 木头 给
汉文意译：妹回锯木板要厚，

喃字原文：批 橋 朱 甐 氻 固 郚 英 遒；
国际音标：ʔbak⁷ kɤu² tsɔ¹ vɯŋ³ kɔ⁵ ŋai² ʔan¹ tha:ŋ¹
汉文直译：架 桥 给 稳 有 天 哥 来
汉文意译：架桥要稳等哥来；

喃字原文：蓮 棱 氻 桔 核 心，
国际音标：len¹ rɯŋ² sɛ³ ɣo³ kɤi¹ tɤm¹
汉文直译：上 林 锯 木头 车 辕木
汉文意译：上山锯下车辕木，

喃字原文：鄪 批 桥 泠 遑 批 桥 昂。
国际音标：jɯ:i⁵ ʔbak⁷ kɤu² ŋɤm² ten¹ ʔbak⁷ kɤu² ŋa:ŋ¹
汉文直译：下 架 水桥 上 架 横桥
汉文意译：架好横桥搭水桥。

情 歌

嗬字原文：咄 麻 官 禁 艠 昂。
国际音标：jɤu²ma² kwa:n¹ kɤm⁵ ʔdɔ² ŋa:ŋ¹
汉文直译：如果 官 禁 渡 横
汉文意译：如果官禁走横桥，

嗬字原文：時 英 指 鸥 朱 娘 迻 觥。
国际音标：thi² ʔan¹ tsi³ nɛu³ tsɔ¹ na:ŋ² ʔdi¹ kwan¹
汉文直译：则 哥 指 路 给 妹 过 绕 圈
汉文意译：让哥涉水过水桥。

（男：刘永新；女：杜福英，吴秀英）

（393）

嗬字原文：遭 宫 嫔 鄐 固 阴 司，
国际音标：ten¹ kuŋ¹ tɤn² jɯ:i⁵ kɔ⁵ ʔɤm¹ti¹
汉文直译：上 宫 嫔 下 有 阴 司
汉文意译：天上宫嫔下阴司，

嗬字原文：我 巴 官 揀 扒 迻 嘘 帀？
国际音标：ŋa³ ʔba¹ kwa:n¹ ʔdɔŋ⁵ tsa:ŋ² ʔdi¹ loi⁵ na:u²
汉文直译：三 岔 路 官 关 闭 郎 走 路 哪
汉文意译：岔路官禁君怎来？

嗬字原文：遭 宫 嫔 鄐 固 海 河，
国际音标：ten¹ kuŋ¹ tɤn² jɯ:i⁵ kɔ⁵ ha:i³ ha²
汉文直译：上 宫 嫔 下 有 海 河
汉文意译：上面宫嫔下河海，

嗬字原文：嚎 朱 正 主 没 茹 共 终。
国际音标：mɔŋ¹ tsɔ¹ tsin⁵ tsu³ mot⁸ ɲa² kuŋ² tsuŋ¹
汉文直译：期 望 给 正 主 一 家 共 同
汉文意译：期望同主一家亲。

1105

（394）

喃字原文：㙫 宮 嬪 𣎃 海 河 位，
国际音标：ten¹ kuŋ¹ tɤn² jɯːi⁵ haːi³ ha² vi⁶
汉文直译：上 宫 嫔 下 海 河 位
汉文意译：天上宫嫔下河海，

喃字原文：𨆝 㙫 官 禁 英 赿 邊 塘；
国际音标：nɛu³ ten¹ kwaːn¹ kɤm⁵ ʔan² ʔdi¹ ʔben¹ ʔdɯːŋ²
汉文直译：路 上 官 禁 哥 走 边 路
汉文意译：大路官禁君边行；

喃字原文：𠱋 麻 娘 固 悉 傷，
国际音标：jɤu² ma² naːŋ² kɔ⁵ lɔŋ² thɯːŋ¹
汉文直译：如果 妹 有 心 爱
汉文意译：如果妹有心相爱，

喃字原文：時 娘 收 揖 每 塘 朱 英。
国际音标：thi² naːŋ² thuːˀjɛp⁸ mɔi⁶ ʔdɯːŋ² tsɔ¹ ʔan¹
汉文直译：则 妹 收拾 全部 路 给 哥
汉文意译：由妹指路君过来。

（395）

喃字原文：渚 涓 赿 吏 朱 涓，
国际音标：tsɯə¹ kwɛn¹ ʔdi¹ laːi⁶ tsɔ¹ kwɛn¹
汉文直译：未 熟悉 往来 给 熟悉
汉文意译：尚未惯熟多来往，

喃字原文：渚 昕 赿 吏 堆 番 朱 昕；
国际音标：tsɯə¹ ɣɤn² ʔdi¹ laːi⁶ ʔdoi¹ fɛn¹ tsɔ¹ ɣɤn²
汉文直译：未 近 往来 两 次 给 近
汉文意译：未得接近多行近；

情 歌

喃字原文：吞 咻 躺 固 悉 傷，
国际音标：vi⁵ju² min² kɔ⁵lɔŋ² thɯ:ŋ¹
汉文直译：如果 哥 有心 爱
汉文意译：如果哥有心相爱，

喃字原文：時 些 决 挭 瓶 香 衙 蜍。
国际音标：thi² ta¹ kwi:t⁷ ɣan⁵ ʔbin²hɯ:ŋ¹ ve² thɤ²
汉文直译：则 咱 决意 挑 香炉 回 供奉
汉文意译：妹捧香炉回供养。

（396）

喃字原文：呐 傷 麻 挓 觉 傷，
国际音标：nɔi⁵ thɯ:ŋ¹ ma² tsaŋ³ thɤi⁵ thɯ:ŋ¹
汉文直译：说 埃 却 不 见 爱
汉文意译：说爱无人来相爱，

喃字原文：台 罹 待 𢙱 悉 常 丕 催；
国际音标：hai¹ la² ʔda:i³ tɤm⁵lɔŋ² thɯ:ŋ² vɤi⁶ thoi¹
汉文直译：或 是 对待 寸心 常 这样 罢了
汉文意译：或是假招子罢了；

喃字原文：觉 娘 英 拱 闷 制，
国际音标：thɤi⁵ na:ŋ² ʔan¹ kuŋ³ mu:n⁵ tsɤ:i¹
汉文直译：见 妹 哥 也 想 玩耍
汉文意译：见妹哥想多来玩，

喃字原文：觉 娘 夥 准 魃 尼 英 愠。
国际音标：thɤi⁵ na:ŋ² lam⁵ tson⁵ ɲi:u² nɤ:i¹ ʔan¹ ʔbu:n²
汉文直译：见 妹 多 处 多 地 哥 忧愁
汉文意译：因妹多情哥忧虑。

（男：刘扬顺；女：梁秀，阮春英，苏维英）

（397）

喃字原文：强　湄　洪　吏　强　潜，
国际音标：ka:ŋ² mɯə¹ ji:ŋ⁵ la:i⁶ ka:ŋ² ʔdɤi²
汉文直译：越　下雨　井　又　越　满
汉文意译：天越下雨井越满，

喃字原文：固　能　趍　吏　固　馴　些　傷；
国际音标：kɔ⁵ naŋ¹ ʔdi¹la:i⁶ kɔ⁵ ŋai² ta¹ thɯ:ŋ¹
汉文直译：有　勤　往来　有　天　咱　爱
汉文意译：辛勤来往总有爱；

喃字原文：强　湄　强　瀝　塪　塘，
国际音标：ka:ŋ² mɯə¹ ka:ŋ² rat⁸ loi⁵ ʔdɯ:ŋ²
汉文直译：越　下雨　越　烂　路
汉文意译：天越下雨泥越烂，

喃字原文：固　能　趍　吏　貝　傷　焿　魹。
国际音标：kɔ⁵ naŋ¹ ʔdi¹la:i⁶ vɤ:i⁵ thɯ:ŋ¹ ɲau¹ ɲi:u²
汉文直译：有　勤　往来　和　相爱　多
汉文意译：辛勤往来爱情深。

（398）

喃字原文：為　埃　铖　固　祝　深，
国际音标：vi² ʔa:i¹ nen¹ kɔ⁵ suŋ¹ thɤm¹
汉文直译：为　谁　成　有　冲喜
汉文意译：谁人引起冲喜事，

喃字原文：為　埃　固　果　固　鹽　半　行；
国际音标：vi² ʔa:i¹ kɔ⁵ kwa³ kɔ⁵ mɤm¹ ʔba:n⁵ ha:ŋ²
汉文直译：为　谁　有　果子　有　大盘子　卖　货
汉文意译：因谁摆果盘出卖；

情 歌

喃字原文： 為 埃 𫰟 浽 抇 扬，
国际音标： vi² ʔa:i¹ nen¹ noi³ jɤ³ ja:ŋ¹
汉文直译： 为 谁 成 境况 尴尬
汉文意译： 因谁造成此尴尬，

喃字原文： 為 埃 麻 沛 落 弹 沙 机。
国际音标： vi² ʔa:i¹ ma² fa:i³ la:k⁸ʔda:n² tha¹kɤ¹
汉文直译： 为 谁 而 要 失群 失 机
汉文意译： 因谁失群又失机。

喃字原文： 沙 机 𫰟 沛 累 机，
国际音标： tha¹kɤ¹ nen¹fa:i³ li⁶kɤ¹
汉文直译： 失机 所以 牵累
汉文意译： 错失良机牵累人，

喃字原文： 落 城 𫰟 沛 巴 㕭 外 城。
国际音标： la:k⁸thɤn² nen¹fa:i³ ʔbɤ¹vɤ¹ ŋwa:i² than²
汉文直译： 失神 所以 飘零 外 城
汉文意译： 失神站城外飘零。

（399）

喃字原文： 歪 靜 坦 赭 䨼 鑛，
国际音标： jɤ:i² san¹ ʔdɤt⁷ ʔdɔ³ mɤi¹ va:ŋ²
汉文直译： 天 青 地 红 云 黄
汉文意译： 天青地红云黄，

喃字原文： 英 扬 詩 唇 迏 娘 唇 詩；
国际音标： ʔan¹ ʔdi¹ thɤ¹thɤn³ ɣap⁸ na:ŋ² thɤn³thɤ¹
汉文直译： 哥 去 茫然 遇 妹 茫然
汉文意译： 哥茫然去遇妹茫然；

1109

喃字原文： 闭鲇鸾待凤徐，
国际音标： ʔbɤi⁵thau¹ lɔn¹ ʔdɤ:i⁶ fɯ:ŋ⁶ tsɤ²
汉文直译： 从那以后 鸾 等 凤 等
汉文意译： 鸾等凤待时已久，

喃字原文： 鸾愁凤悃别机会吶；
国际音标： lɔn¹ thɤu² fɯ:ŋ⁶ ʔu³ ʔbi:t⁷ kɤ¹hoi⁶ na:u²
汉文直译： 鸾 愁 凤 忧 知 机会 哪
汉文意译： 鸾凤忧愁到何时；

喃字原文： 嚎朱蟣鲈结交，
国际音标： mɔŋ¹ tsɔ¹ rɔŋ² ka⁵ ket⁷ja:u¹
汉文直译： 渴望 给 龙 鱼 结 交
汉文意译： 渴望鱼龙交友情，

喃字原文： 誓愿東栁西桃房终。
国际音标： the²ŋwi:n⁶ ʔdɔŋ¹ li:u³ tɤi¹ ʔda:u² fɔŋ² tsuŋ¹
汉文直译： 发誓 东 柳 西 桃 房 共
汉文意译： 东柳西桃同房喜。

喃字原文： 悲昑計奇汆冬，
国际音标： ʔbɤi¹jɤ² ke³ ka³ mɤi⁵ ʔdɔŋ¹
汉文直译： 如今 算 全 几 冬
汉文意译： 如今算来已三冬，

喃字原文： 嬋娟愁没英雄愁𠄩；
国际音标： thi:n²kwi:n¹ thɤu² mot⁸ ʔan¹huŋ² thɤu² ha:i¹
汉文直译： 婵娟 愁 一 英雄 愁 二
汉文意译： 婵娟英雄为情愁；

情 歌

喃字原文：群 嫩 群 渃 群 𨱽，
国际音标：kɔn² nɔn¹ kɔn² nɯːk⁷ kɔn² jaːi²
汉文直译：还有 山 还有 水 还 长
汉文意译：山水尚在人常存，

喃字原文：群 術 群 忸 细 𧽋 㦖 尼。
国际音标：kɔn² ve² kɔn² nɤ⁵ tɤːi⁵ ŋɯːi² hom¹nai¹
汉文直译：还 回 还 想 到 人 今天
汉文意译：尚多来往尚思友。

喃字原文：寻 蠬 麻 吏 逻 𩄎，
国际音标：tim² rɔŋ² ma² laːi⁶ ɣap⁸ mɤi¹
汉文直译：找 龙 而 又 遇 云
汉文意译：本来寻龙又遇云，

喃字原文：愁 䘔 辅 外 辅 尼 咳 群；
国际音标：thɤu² ri:ŋ¹ nam¹ ŋwaːi⁵ nam¹nai¹ haːi³kɔn²
汉文直译：愁 私 去年 今年 还在
汉文意译：去年烦恼今年愁；

喃字原文：别 烧 吧 罢 辅 贍，
国际音标：ʔbiːt⁷ ɲau¹ ʔba¹ ʔbai³ nam¹ tɔn²
汉文直译：相识 三 七 年 整
汉文意译：三至七年常来往，

喃字原文：如 滝 没 解 埃 群 敢 台？
国际音标：nɯ¹ thoŋ¹ mot⁸ jaːi³ ʔaːi¹ kɔn² jaːm⁵ hai¹
汉文直译：如 河 一 带子 谁 还 敢 知晓
汉文意译：龙云带水谁知晓？

（400）

喃字原文：吏　低　埯　嗨　句　尼，
国际音标：laːi⁶ ʔdɤi¹ ʔɛm¹ hoi³ kɤu¹ nai²
汉文直译：来　这儿　妹　问　句　这
汉文意译：刚到妹问哥一言，

喃字原文：鳯　凰　蹲　帝　帍　核　梧　桐？
国际音标：fɯːŋ⁶hwaːŋ² ʔdɯŋ⁵ ʔdɤi⁵ naːu² kɤi¹ŋo¹ʔdoŋ²
汉文直译：凤凰　　站　那儿　哪　梧桐树
汉文意译：凤凰栖在哪梧桐？

喃字原文：婵　娟　歔　别　英　雄，
国际音标：thiːn²kwiːn¹ thɤːm⁵ ʔbiːt⁷ ʔan¹huŋ²
汉文直译：婵娟　　早　知　英雄
汉文意译：婵娟早相识英雄，

喃字原文：柳　西　永　廲　桃　東　待　徐。
国际音标：liːu³ tɤi¹ vaŋ⁵vɛ³ ʔdaːu² ʔdoŋ¹ ʔdɤi⁶tsɤ²
汉文直译：柳　西　寂静　桃　东　等待
汉文意译：西柳离去东桃待。

喃字原文：黜　刨　氽　昹　銀　鈩，
国际音标：ra¹vaːu² mɤi⁵ luk⁷ ŋɤn³ŋɤ¹
汉文直译：进出　几　时　愣然
汉文意译：出入愣然多时候，

喃字原文：擬　昕　牢　吏　悲　晥　铖　赊；
国际音标：ŋi³ ɣɤn² thaːu¹ laːi¹ ʔbɤi¹jɤ² nen¹ sa¹
汉文直译：想　近　怎么　又　现在　成　远
汉文意译：梦想亲近又离远；

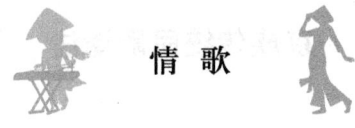

情 歌

喃字原文：嚎　朱　蛭　於　斯　花，
国际音标：moŋ¹ tsɔ¹ ʔbɯ:m⁵ ʔɤ³ ɣɤn² hwa¹
汉文直译：渴望 给　蝶　在 近 花
汉文意译：渴望蝴蝶来采花，

喃字原文：闷　朱　森　合　没　茹　竹　梅。
国际音标：mu:n⁵ tsɔ¹ thum¹ hɤ:p⁸ mot⁸ ɲa² tuk⁷ ma:i¹
汉文直译：想　使　聚集　一　家 竹 梅
汉文意译：心想竹梅合一家。

（男：苏维绍；女：杜福英，武瑞珍，苏权珍）

（401）

喃字原文：翻　箕　英　呐　淹　誓，
国际音标：tɯ:k⁷ kiə¹ ʔan¹ nɔi⁵ ʔɛm¹ the²
汉文直译：以前　哥　说　妹　发誓
汉文意译：以前哥妹尚发誓，

喃字原文：悲　㖟　圩　銙　交　匙　朱　埃？
国际音标：ʔbɤi¹ jɤ² ŋɔ³ khwa⁵ ja:u¹ tsiə² tsɔ¹ ʔa:i¹
汉文直译：如今　巷子　锁头　交 钥匙 给 谁
汉文意译：如今门锁交谁手？

喃字原文：固　扐　恄　没　唭　乚，
国际音标：kɔ⁵ tsa:ŋ² vui¹ mot⁸ kɯ:i² ha:i¹
汉文直译：有　郎　高兴　一　笑　二
汉文意译：君在有说又有笑，

喃字原文：氶　扐　淹　别　衤　埃　咗　略？
国际音标：vaŋ⁵ tsa:ŋ² ʔɛm¹ ʔbi:t⁷ lɤi⁵ ʔa:i¹ tsi:n⁶ tɔ²
汉文直译：不在　郎　妹　知　拿　谁　倾谈
汉文意译：君不在谁解心愁？

喃字原文： 䍶 秄 兴 渃 钟 歪,

国际音标： ŋɯə³ tai¹ hɯŋ¹ nɯ:k⁷ jɯə³jɤ:i²

汉文直译： 伸　手　接　水　　空中

汉文意译： 伸手天空来等水，

喃字原文： 洡 牢 朱 瀝 仍 哷 馼 㗂,

国际音标： rɯə³ tha:u¹ tsɔ¹ thaʔ⁸ nɯŋ³ nɤ:i² ŋɯ:i² sɯə¹

汉文直译： 洗　怎么 使 干净 些　话　人 从前

汉文意译： 昔日誓言怎解说；

喃字原文： 扨 秄 麻 嗵 荨 㦖,

国际音标： tsoŋ⁵ tai¹ ma² ɣɤm³ thuɤ⁶ ʔdɤ:i²

汉文直译： 托　手　而 思考 事情 世间

汉文意译： 托腮深思情世事，

喃字原文： 没 躺 闷 吜 余 哷 云 云。

国际音标： motʔ⁸min² mu:n⁵ ŋɔ³ mɤi⁵ nɤ:i² vɤn¹vɤn¹

汉文直译： 独自　想　表露　几 言　原委

汉文意译： 身边无伴自私语。

（402）

喃字原文： 洁 彯 鑲 吏 黜 鑲,

国际音标： ka:t⁷ ʔbai¹ va:ŋ² la:i⁶ ra¹ va:ŋ²

汉文直译： 沙子 飞 金子 又　出　金子

汉文意译： 风吹沙飞露金子，

喃字原文： 仍 馼 君 子 胕 强 叮 咛;

国际音标： nɯŋ³ ŋɯ:i² kwɤn¹tɯ³ ja⁶ ka:ŋ² ʔdin¹nin¹

汉文直译： 些　人　君 子 肚　更　叮咛

汉文意译： 君子原来叮嘱言；

1114

情 歌

喃字原文： 叮咛些底脆尼，
国际音标： ʔdin¹nin¹ ta¹ ʔde³ ja⁶ nai²
汉文直译： 叮咛 咱留肚这
汉文意译： 叮嘱相爱放心里，

喃字原文： 固功鋰鍩固郍铖金。
国际音标： kɔ⁵ koŋ¹ ma:i² that⁷ kɔ⁵ ŋai² nen¹ kim¹
汉文直译： 有功 磨铁有天 成 针
汉文意译： 有志铁棒磨成针。

（男：杜福进，苏权成；女：吴秀英，杜福英）

（403）

喃字原文： 隔滝媕拵迎兜，
国际音标： kat⁷ thoŋ¹ ʔɛm¹ tsaŋ³ tha:ŋ¹ ʔdɣu¹
汉文直译： 隔河 妹 不 去 哪儿
汉文意译： 隔河阻水过不去，

喃字原文： 英術谟织批昂滝尼；
国际音标： ʔan¹ ve² muə¹ tsi³ ʔbak⁷ ŋa:ŋ¹ thoŋ¹ nai²
汉文直译： 哥 回 买 线 架 横 河 这
汉文意译： 哥回买线拉过河；

喃字原文： 织靜织赭织鐄，
国际音标： tsi³ san¹ tsi³ ʔdɔ³ tsi³ va:ŋ²
汉文直译： 线 青 线 红 线 黄
汉文意译： 青线红线和黄线，

喃字原文： 没䐁次织批昂滝尼。
国际音标： mot⁸ tam¹ thuɯ⁵ tsi³ ʔbak⁷ ŋa:ŋ¹ thoŋ¹ nai²
汉文直译： 一 百 种 线 架 横 河 这
汉文意译： 一百种线拉做桥。

1115

（404）

喃字原文：闭　数　買　迓　吏　躺，
国际音标：ʔbɤi⁵lɤu¹ mɤːi⁵ ɣap⁸ laːi⁶ min²
汉文直译：那么久　才　遇　再　妹
汉文意译：很久咱俩没见面，

喃字原文：恪　之　萬　寿　迓　瓶　渃　仙；
国际音标：khaːk⁷tsi¹ vaːn⁶thɔ⁶ ɣap⁸ ʔbin² nɯːk⁷ tiːn¹
汉文直译：无异于　万寿　遇　瓶　水　仙
汉文意译：正如万寿得仙水；

喃字原文：渚　猷　於　丕　朱　原，
国际音标：tsɯə¹ tsoŋ² ʔɤ³ vɤi⁶ tsɔ¹ ŋwiːn¹
汉文直译：未　嫁　在　这样　给　原
汉文意译：尚未结婚请等候，

喃字原文：底　英　遁　隻　嬋　娟　逄　術。
国际音标：ʔde³ ʔan¹ ʔdɔn⁵ tsiːk⁷ thiːn²kwiːn¹ rɯːk⁷ ve²
汉文直译：让　哥　迎　只　婵娟　接　回
汉文意译：哥坐龙船来迎娶。

（405）

喃字原文：筧　扒　啳　呐　呦　他，
国际音标：thɤi⁵ tsaːŋ² ʔan¹nɔi⁵ thiːtʔtha¹
汉文直译：见　郎　言谈　亲切
汉文意译：见君讲话甚亲切，

喃字原文：吼　嗽　頭　裾　猛　麻　邊　聰；
国际音标：ŋɔtʔŋaːu² ʔdɤu²lɯːi³ man⁶mɛ³ ʔben¹ taːi¹
汉文直译：甜蜜　舌头　强大　边　耳
汉文意译：甜舌滑嘴传耳鸣；

情歌

喃字原文：哋黜悙啫底㡛，
国际音标：vɤŋ¹ ra¹ thɤ⁶ ti:ŋ⁵ ʔde³ dɤ:i²
汉文直译：应答 出 怕 名声 留 世间
汉文意译：怕应言世间人笑，

喃字原文：空 哋 時怩悉馹 别 包。
国际音标：khoŋ¹ vɤŋ¹ thi² ne² loŋ² ŋɯ:i² ʔbi:t⁷ʔba:u¹
汉文直译：不 答应 就 怕 心 人 多么
汉文意译：莫答应怕不容情。

（406）

喃字原文：掋拎 曲 樸 琨 胶，
国际音标：tai¹ kɤm² khuk⁷ miə⁵ kɔn¹ja:u¹
汉文直译：手 拿 截 甘蔗 刀子
汉文意译：手拿把刀砍甘蔗，

喃字原文：觅 俺 咹 呐 吒 徹 英 傷；
国际音标：thɤi⁵ ʔem¹ ʔan¹ nɔi⁵ ʔicŋ tɕŋa:u² ʔan¹ thɯ:ŋ¹
汉文直译：见 妹 哥 说 免 密 哥 爱
汉文意译：见妹蜜语哥想爱；

喃字原文：蚱 蚱 搣 绵 绦 纡，
国际音标：tsu:n² tsu:n² mak⁷ moi⁵ tɤ¹ vɯ:ŋ⁵
汉文直译：蜻蜓 遭遇 丝 缠绕
汉文意译：蜻蜓飞入蛛蜘网，

喃字原文：ロ 牢 朱 塊 妆 傷 黜 卽。
国际音标：la:m² tha:u¹ tsɔ¹ kwen¹ nɤ⁵ thɯ:ŋ¹ ra¹va:u²
汉文直译：怎么 给 忘 思念 进出
汉文意译：怎能忘记出入爱。

（男：苏维绍；女：吴全秀）

1117

(407)

喃字原文：自 㕍 些 沛 磊 嬈，
国际音标：tɯ² ŋai² ta¹ fa:i³lɔŋ² ȵau¹
汉文直译：从 天 咱 中意 互相
汉文意译：自从咱俩有爱情，

喃字原文：揕 蹞 矽 蹐 胇 疠 群 群；
国际音标：tsa:m⁶ tsɤn¹ ʔda⁵ ɣɔt⁷ ru:t⁸ ʔdau¹ kɔn² kɔn²
汉文直译：碰 脚 石 脚跟 心 痛 还 还
汉文意译：脚碰石头痛至心；

喃字原文：氽 扒 媕 勿 哭 憛，
国际音标：vaŋ⁵ tsa:ŋ² ʔɛm¹ vɤt⁸ khɔk⁷ thɤm²
汉文直译：不见 郎 妹 摔倒 哭 暗自
汉文意译：不见君子妹偷哭，

喃字原文：㟻 頭 懈 厭 汜 潭 如 湄。
国际音标：ha:i¹ ʔdɤu² ja:i³ʔi:m⁵ ʔɯ:t⁷ʔdɤm² ȵɯ¹ mɯə¹
汉文直译：两 条 胸带 打湿 如 雨
汉文意译：两条胸带如雨淋。

喃字原文：埃 術 㖡 客 艐 逄，
国际音标：ʔa:i¹ ve² ȵan⁵ khat⁷ ʔdɔ²ʔdɯa¹
汉文直译：谁 回 寄语 客 渡 船
汉文意译：谁回寄语渡船人，

喃字原文：低 渚 固 媂 帝 渚 固 馱；
国际音标：ʔdɤi¹ tsɯə¹ kɔ⁵ vɤ⁶ ʔdɤi⁵ tsɯə¹ kɔ⁵ tsoŋ²
汉文直译：这儿 未 有 妻 那儿 未 有 夫
汉文意译：这未有妻那未夫；

情 歌

喃字原文：埃 術 吗 翁 絲 红，
国际音标：ʔaːi¹ ve² n̠an⁵ ʔoŋ¹tɤ¹hoŋ²
汉文直译：谁 回 寄语 媒人
汉文意译：谁回寄话红媒人，

喃字原文：缚 线 朱 及 矯 悉 忟 傷。
国际音标：sɛ¹ jɤi¹ tsɔ¹ kip⁸ kɛu³ lɔŋ² n̠ɤ⁵thɯːŋ¹
汉文直译：牵 线 给 及时 否则 心 思念
汉文意译：牵线及时免思恋。

喃字原文：扲 楯 時 忟 跙 䥫，
国际音标：kɤm² lɯːk⁸ thi² n̠ɤ⁵ ʔden⁵ hɯːŋ¹
汉文直译：拿 梳子 就 想 到 镜子
汉文意译：拿梳想镜来照面，

喃字原文：打 針 忟 织 迻 塘 忟 烧；
国际音标：ʔdan⁵ kim¹ n̠ɤ⁵ tsi³ ʔdi¹ ʔdɯːŋ² n̠ɤ⁵ n̠au¹
汉文直译：拿 针 想 线 走 路 想念 互相
汉文意译：拿针想线行路穿；

喃字原文：扲 芘 時 忟 跙 油，
国际音标：kɤm² ʔbɤk⁷ thi² n̠ɤ⁵ ʔden⁵ jɤu²
汉文直译：拿 灯芯 就 想 到 油
汉文意译：拿灯芯即想起油，

喃字原文：扲 巾 忟 襖 補 烧 牢 停。
国际音标：kɤm² khan¹ n̠ɤ⁵ ʔaːu⁵ ʔbɔ³ n̠au¹ thaːu¹ʔdan²
汉文直译：拿 巾 想 衣 相弃 何忍
汉文意译：拿巾想衣相思恋。

（408）

喃字原文：梗　桃　荛　柳　拂　菲，
国际音标：kan² ʔdaːu² la⁵ liːu³ fɤt⁷ fɤːi⁵
汉文直译：枝　桃　叶　柳　飘　拂
汉文意译：桃枝柳叶在拂飘，

喃字原文：塘　艼　屈　鸥　埃　吤　迖　烧；
国际音标：ʔdɯːŋ² ʔdi¹ khwɤt⁷ nɛu³ ʔaːi¹ ŋɤ² ɣap⁸ ɲau¹
汉文直译：路　去　隐没　路　谁　料　相遇
汉文意译：行路尽头巧相遇；

喃字原文：迖　烧　唵　没　皿　蒌，
国际音标：ɣap⁸ ɲau¹ ʔan¹ mot⁸ miːŋ⁵ jɤu²
汉文直译：相遇　哥　一　片　槟榔
汉文意译：相见共食口仙蒌，

喃字原文：群　欣　墰　嬿　靭　㜽　唵　懞。
国际音标：kɔn² hɤːn¹ ʔdaːm⁵ kɯːi⁵ mɔ³ tɤu¹ ʔan¹ mɯŋ²
汉文直译：还　胜于　婚宴　杀　水牛　欢庆
汉文意译：胜过婚席吃肉鱼。

（409）

喃字原文：为　霜　𣼽　岜　泊　头，
国际音标：vi² thɯːŋ¹ nen¹ nui⁵ ʔbaːk⁸ ʔdɤu²
汉文直译：为　霜　成　山　白　头
汉文意译：因霜满山人白头，

喃字原文：为　干ʔ　遛　奇　花　愁　貝　湄；
国际音标：vi² kɤːn¹ jɔ⁵ kaː³ hwaː¹ thɤu² vɤːi⁵ mɯə¹
汉文直译：为　阵　风　大　花　愁　和　雨
汉文意译：因阵大风花吹落；

情 歌

喃字原文：為 靐 铖 岜 現 盃，
国际音标：vi² mɣi¹ nen¹ nui⁵ hi:n⁶ jɣ:i²
汉文直译：为 云 成 山 现 天
汉文意译：因云遮山不见天，

喃字原文：為 干𠫘 遒 奇 花 哷 貝 胲。
国际音标：vi² kɣ:n¹ jɔ⁵ ka³ hwa¹ kɯ:i² vɣ:i⁵ jaŋ¹
汉文直译：为 阵 风 大 花 笑 和 月
汉文意译：因风吹来花笑月。

（410）

喃字原文：傷 吒 傷 媄 固 欺，
国际音标：thɯ:ŋ¹ tsa¹ thɯ:ŋ¹ mɛ⁶ kɔ⁵ khi¹
汉文直译：想 父 想 母 有 时
汉文意译：想父母亲只有时，

喃字原文：傷 媕 眜 蹲 眜 迻 眜 㘝；
国际音标：thɯ:ŋ¹ ʔɛm¹ luk⁷ ʔdɯŋ⁵ luk⁷ ʔdi¹ luk⁷ ŋoi²
汉文直译：想 妹 时 站 时 走 时 坐
汉文意译：想妹行立坐时思；

喃字原文：傷 吒 傷 媄 固 回，
国际音标：thɯ:ŋ¹ tsa¹ thɯ:ŋ¹ mɛ⁶ kɔ⁵ hoi²
汉文直译：想 父 想 母 有 回
汉文意译：想父母亲有时候，

喃字原文：傷 媕 眜 蹲 眜 㘝 眜 迻。
国际音标：thɯ:ŋ¹ ʔɛm¹ luk⁷ ʔdɯŋ⁵ luk⁷ ŋoi² luk⁷ ʔdi¹
汉文直译：想 妹 时 站 时 坐 时 走
汉文意译：想妹坐立行相思。

（男：杜福朝；女：武瑞珍）

（411）

喃字原文：固 欺 融 脆 渴 滴，
国际音标：kɔ⁵ khi¹ tɔŋ¹ ja⁶ kha:t⁷kha:u¹
汉文直译：有 时 中 肚 渴望
汉文意译：这时心中甚渴望，

喃字原文：信 扅 息 吏 别 包 工 程；
国际音标：tin¹ ʔdi¹ tɯk⁷ la:i⁶ ʔbi:t⁷ ʔba:u¹ kɔŋ¹tin²
汉文直译：信息 去 信息 来 知 多少 事情
汉文意译：书去信来常奔忙；

喃字原文：固 欺 氶 𣖵 叮 咛，
国际音标：kɔ⁵ khi¹ vaŋ⁵mat⁸ ʔdin¹nin¹
汉文直译：有 时 不见面 叮咛
汉文意译：不见面时叮嘱言，

喃字原文：别 兜 麻 解 事 情 堆 尼？
国际音标：ʔbi:t⁷ ʔdɤu¹ ma² ja:i³ thɯ⁶tin² ʔdoi¹ nɤ:i¹
汉文直译：知 哪儿 而 解 事情 两 地
汉文意译：怎样能解各心情？

喃字原文：悲 晗 买 返 娘 低，
国际音标：ʔbɤi¹jɤ² mɤ:i⁵ ɣap⁸ na:ŋ² ʔdɤi¹
汉文直译：如今 刚 遇 妹 这儿
汉文意译：如今同妹得见面，

喃字原文：姻 缘 丕 定 缚 续 空 恁；
国际音标：nɤn¹ji:n¹ jɤ:i² ʔdin⁶ sɛ¹ jɤi¹ khɔŋ¹ nɤm²
汉文直译：姻缘 天 定 牵线 不 错
汉文意译：天意作合结姻缘；

情 歌

喃字原文：知 音 訴 梩 知 音，
国际音标：ti¹ʔɤm¹ tɔ³mat⁸ ti¹ʔɤm¹
汉文直译：知音 相见 知音
汉文意译：知音相见知音人，

喃字原文：愁 尼 埃 解 悉 惗 朱 埃。
国际音标：thɤu² nai² ʔa:i¹ ja:i³ lɔŋ² thɤm² tsɔ¹ ʔa:i¹
汉文直译：愁 这 谁 解 心 暗自 给 谁
汉文意译：情愁已解得开心。

喃字原文：固 娘 愢 没 愢 仁，
国际音标：kɔ⁵ na:ŋ² vui¹ mot⁸ vui¹ ha:i¹
汉文直译：有 妹 高兴 一 高兴 二
汉文意译：见妹有说又有笑，

喃字原文：永 娘 碎 别 衪 埃 伴 共；
国际音标：vaŋ⁵ na:ŋ² toi¹ ʔbi:t⁷ lɤi⁵ ʔa:i¹ ʔba:n⁶ kuŋ²
汉文直译：不见 妹 我 知 要 谁 伴侣 同
汉文意译：无妹谁人作伴侣；

喃字原文：催 停 凤 者 鸾 终，
国际音标：thoi¹ ʔdɯŋ² fɯ:ŋ⁶ ja³ lɔn¹ tsuŋ¹
汉文直译：罢了 别 凤 还 鸾 一同
汉文意译：今适时鸾凤和鸣，

喃字原文：嬋 娟 聘 貝 英 雄 時 欣。
国际音标：thi:n²kwi:n¹ than⁵ vɤ:i⁵ ʔan¹huŋ² thi² hɤ:n¹
汉文直译：婵娟 配 和 英雄 则 胜于
汉文意译：婵娟英雄结佳偶。

1123

喃字原文：堆 些 如 鈣 鯀 鯽，
国际音标：ʔdoi¹ta¹ n̪ɯ¹ ka⁵thɤːn²ʔbɤːn¹
汉文直译：咱俩 如 地宝鱼
汉文意译：咱俩如对地宝鱼，

喃字原文：如 欺 大 旱 返 干 湄 偢；
国际音标：n̪ɯ¹ khi¹ ʔdaːi⁶haːn⁶ yap⁸ kɤːn¹ mɯə¹raːu²
汉文直译：如 时 大 旱 遇 场 阵雨
汉文意译：正是大旱遇大雨；

喃字原文：䶃 為 圪 蕊 花 桃，
国际音标：ʔbɤːi³vi² ŋat⁷ n̪i⁶ hwaːʔdaːu²
汉文直译：因 为 闻 蕊 桃花
汉文意译：因为闻到桃花香，

喃字原文：當 掇 娘 擬 世 帋 朱 衝！
国际音标：ʔdaːŋ¹tai¹ naːŋ² n̪i³ the⁵naːu² tsɔ¹ sɔŋ¹
汉文直译：狠心 妹 想 怎么样 给 完
汉文意译：妹应狠心决定矣！

(412)

喃字原文：固 扒 呐 没 唭 仁，
国际音标：kɔ⁵ tsaːŋ² nɔi⁵ mot⁸ kɯːi² haːi¹
汉文直译：有 郎 说 一 笑 二
汉文意译：君在有说又有笑，

喃字原文：永 扒 捣 别 衽 埃 叹 共；
国际音标：vaŋ⁵ tsaːŋ² ʔɛm¹ ʔbiːt⁷ lɤi⁵ ʔaːi¹ thaːn¹ kuŋ²
汉文直译：不见 郎 妹 知 要 谁 叹 同
汉文意译：君不在同谁叹愁；

情 歌

喃字原文：歪 喂！固 透 情 庄？
国际音标：jɤ:i² ʔɤ:i¹! kɔ⁵ thɤu⁵ tin² tsaŋ¹
汉文直译：天 啊 有 透彻 情 不
汉文意译：天呀！你能知情否？

喃字原文：没 䏧 藤 等 贴 平 㐲 秋。
国际音标：mot⁸ ŋai² ʔdaŋ² ʔdaŋ³ thi:p⁷ ʔbaŋ² ʔba¹ thu¹
汉文直译：一 天 漫长 昏沉 如 三 秋
汉文意译：一日漫长如三秋。

（413）

喃字原文：只 為 没 隻 船 䉳，
国际音标：tsi³ vi² mot⁸ tsi:k⁷ thi:n² mɤi¹
汉文直译：只 为 一 只 藤编船
汉文意译：只因一只藤编船，

喃字原文：底 朱 爱 波 欺 浯 欺 鞴；
国际音标：ʔde³ tso¹ ʔbe³ ʔa:i⁵ khi¹ ʔdɤi² khi¹ vɤ:i¹
汉文直译：使 海 爱 时 满 时 一半
汉文意译：俾使爱河时冷热；

喃字原文：㩂 朱 竹 牀 猜 茬，
国际音标：mɔŋ¹ tso¹ tuk⁷ mɔk⁸ tha:i¹ toi²
汉文直译：希望 给 竹 长 茂密
汉文意译：希望竹木长茂密，

喃字原文：㩂 朱 觅 䋥 麻 蚋 咀 叹。
国际音标：mɔŋ¹ tso¹ thɤi⁵ mat⁸ ma² ŋoi² thɤ³ tha:n¹
汉文直译：希望 给 见面 而 坐 叹息
汉文意译：希望见面共叹言。

1125

(414)

喃字原文： 固 悉 凿 没 牧 鑛，
国际音标： kɔ⁵ lɔŋ² taːk⁸ mot⁸ tsɯ³ vaːŋ²
汉文直译： 有 心 凿 一 字 金
汉文意译： 有心凿刻一金字，

喃字原文： 妾 迻 缘 吏 堆 塘 挹 英；
国际音标： thiːp⁷ ʔdɯə¹ jiːn¹ laːi⁶ ʔdoi¹ ʔdɯːŋ² kɤi⁶ ʔan¹
汉文直译： 妾 送 缘 来 两 路 倚靠 哥
汉文意译： 为倚哥妾送缘分；

喃字原文： 寻 尼 竹 辛 枚 靘，
国际音标： tim² nɤːi¹ tuk⁷ tɤn¹ maːi¹ san¹
汉文直译： 找 地方 竹 辛 梅 青
汉文意译： 寻找竹梅荫凉处，

喃字原文： 寻 尼 核 奇 夥 梗 拧 搌。
国际音标： tim² nɤːi¹ kɤi¹ kaː³ lam⁵ kan² jɯəː⁶ nɯːŋ¹
汉文直译： 找 地方 树 大 多 枝 倚靠
汉文意译： 寻找大树有倚身。

(415)

喃字原文： 胐 戈 捽 砒 油 耗，
国际音标： ʔdem¹ kwaː¹ rɔt⁷ ʔdiə³ jɤu² haːu¹
汉文直译： 昨夜 添 碟 油 消耗
汉文意译： 昨夜加油又消耗，

喃字原文： 徐 腙 䴲 波 徐 脾 钟 丕；
国际音标： tsɤ² jaŋ¹ mat⁸ ʔbe³ tsɤ² thaːu¹ jɯə³ jɤːi²
汉文直译： 等 月 海面 等 星星 中 天
汉文意译： 海面等月等天星；

情 歌

喃字原文：徐 埯 拰 觅 埯 喂，
国际音标：tsɤ² ʔɛm¹ tsaŋ³ thɤi⁵ ʔɛm¹ ʔɤːi¹
汉文直译：等 妹 不 见 妹 啊
汉文意译：等妹不见来人影，

喃字原文：愒 蓮 𬽦 椅 吏 𬽦 䛨 㦄。
国际音标：het⁷ len¹ ŋoi² ɣe⁵ laːi⁶ ŋoi² suːŋ⁵ thɤn¹
汉文直译：完 上 坐 椅 又 坐 下 庭院
汉文意译：坐椅等着坐院庭。

喃字原文：徐 埯 粗 拰 㤷 唉，
国际音标：tsɤ² ʔɛm¹ kɤːm¹ tsaŋ³ ʔbuːn² ʔan¹
汉文直译：等 妹 饭 不 想 吃
汉文意译：等妹不来吃无香，

喃字原文：脆 仍 克 快 添 份 㤇 傷。
国际音标：ja⁶ nɯŋ³ khak⁷ khwaːi³ them¹ fɤn⁶ nɤ⁵ thɯːŋ¹
汉文直译：肚 极了 忐忑 又 份 思念
汉文意译：心里忐忑甚思念。

（416）

喃字原文：斯 茹 麻 拰 遡 制，
国际音标：ɣɤn² ɲaː² maː² tsaŋ³ thaːŋ¹ tsɤːi¹
汉文直译：近 家 而 不 来 玩
汉文意译：近家不见哥来玩，

喃字原文：底 埯 採 蔬 萝 哉 批 桥；
国际音标：ʔde³ ʔɛm¹ haːi⁵ ŋon⁶ mon² tɤːi¹ ʔbak⁷ kɤu²
汉文直译：让 妹 采 梢 萝葵 架 桥
汉文意译：摘落葵梢搭便桥；

1127

喃字原文：批 桥 英 搋 挗 桥，
国际音标：ʔbak⁷ kɤu² ʔan¹ tsaŋ³ ʔdi¹ kɤu²
汉文直译：架 桥 哥 不 走 桥
汉文意译：搭桥哥不走桥过，

喃字原文：底 损 功 僵 底 愁 媕。
国际音标：ʔde³ ton³ koŋ¹ thɤ⁶ ʔde³ thɤu² lɔŋ² ʔɛm¹
汉文直译：让 损 功 匠 人 让 愁 心 妹
汉文意译：花匠人工妹焦虑。

（男：阮进余；女：罗维珍）

（417）

喃字原文：梗 碨 麻 挗 塘 绶，
国际音标：ɣan⁵ naŋ⁶ ma² ʔdi¹ ʔdɯːŋ²vɔŋ²
汉文直译：挑 重 而 走 弯 路
汉文意译：挑重担又走弯路，

喃字原文：英 觅 梗 碨 麻 悉 英 傷；
国际音标：ʔan¹ thɤi⁵ ɣan⁵ naŋ⁶ ma² lɔŋ² ʔan¹ thɯːŋ¹
汉文直译：哥 见 挑 重 而 心 哥 怜悯
汉文意译：哥见担重心担忧；

喃字原文：蜻 蜓 撽 绯 丝 纴，
国际音标：tsuːn²tsuːn² mak⁷ moi⁵tɤ¹ vɯːŋ⁵
汉文直译：蜻 蜓 牵 缠 丝 缠
汉文意译：蜻蜓飞入蛛蜘网，

喃字原文：埃 冖 铖 惨 铖 傷 铖 愁。
国际音标：ʔaːi¹ laːm² nen¹ thaːm³ nen¹ thɯːŋ¹ nen¹ thɤu²
汉文直译：谁 使 成 惨 成 可怜 成 愁
汉文意译：使哥凄惨又忧愁。

情 歌

喃字原文： 塘 艁 磖 吏 共 烧，
国际音标： ʔdɯ:ŋ² ʔdi¹ loi⁵ la:i⁶ kuŋ²n̪au¹
汉文直译： 路 去 路 来 一 同
汉文意译： 咱俩互相来往久，

喃字原文： 縔 慘 觧 愁 撋 姇 纻 纴。
国际音标： tam¹ tha:m³ ŋin² thʐu² mak⁷ moi⁵tʂ¹ vɯ:ŋ⁵
汉文直译： 百 惨 千 愁 牵 缠 丝 缠
汉文意译： 为情恋百惨千愁。

（418）
喃字原文： 贮 茹 麻 拄 逇 制，
国际音标： ɣʐn² n̪a² ma² tsaŋ³ tha:ŋ¹ tsʐ:i¹
汉文直译： 近 家 而 不 来 玩
汉文意译： 近家不见哥来玩，

喃字原文： 底 媕 扢 蔬 萝 哉 批 桥；
国际音标： ʔde³ ʔem¹ n̪at⁷ ŋɔn⁶ moŋ²tʐ:i¹ ʔbak⁷ kʐu²
汉文直译： 让 妹 摘 梢 罗 奎 架 桥
汉文意译： 摘落葵梢搭好桥；

喃字原文： 批 桥 麻 拄 逇 兜，
国际音标： ʔbak⁷ kʐu² ma² tsaŋ³ tha:ŋ¹ ʔdʐu¹
汉文直译： 架 桥 而 不 来 哪儿
汉文意译： 搭好桥亦无见人，

喃字原文： 底 極 悉 妾 底 疠 悉 扒。
国际音标： ʔde³ kɯk⁸lɔŋ² thi:p⁷ ʔde³ ʔdau¹lɔŋ² tsa:ŋ²
汉文直译： 让 忧 心 妾 让 心 痛 郎
汉文意译： 让妹等君极忧心。

(419)

喃字原文：遶 嚣嚣 九 憪 胖 纼，
国际音标：jɔ⁵ hiu¹hiu¹ tsin⁵ tsi:u² rut⁷ that⁷
汉文直译：风 习习 九 方向 束紧 腰带
汉文意译：微风吹衣束紧腰，

喃字原文：眤 胂 邉 北 渃 相 泚 邉 東；
国际音标：n̩in² tha:u¹ ʔben¹ʔbak⁷ nɯ:k⁷mat⁷ tsai³ ʔben¹ʔdoŋ¹
汉文直译：看 星星 北边 泪水 流 东边
汉文意译：望北星泪水流东；

喃字原文：埃 吹 媠 媠 馱 馱，
国际音标：ʔa:i¹ sui¹ vɤ⁶ vɤ⁶ tsoŋ² tsoŋ²
汉文直译：谁 唆 使 妻 妻 夫 夫
汉文意译：谁唆使夫夫妻妻，

喃字原文：空 别 低 𪨧 绦 红 㐌 绅？
国际音标：khoŋ¹ ʔbi:t⁷ ʔdɤi¹ ʔdɤi⁵ tɤ¹hoŋ² ʔda³ sɛ¹
汉文直译：不 知 这儿 那儿 红绳 已 牵
汉文意译：不知我们结红绳？

(420)

喃字原文：遶 鐄 嚣 迄 胋 清，
国际音标：jɔ⁵ va:ŋ² hiu¹hat⁷ ʔdem¹ than¹
汉文直译：风 金 习习 夜 清
汉文意译：金风习习夜沉寂，

喃字原文：塘 賒 嗦 永 吁 英 停 術；
国际音标：ʔdɯ:ŋ² sa¹ jam⁶ vaŋ⁵ sin¹ ʔan¹ ʔdɯŋ² ve²
汉文直译：路 远 路途 不 见 请 哥 别 回
汉文意译：路程千里哥莫回；

情 歌

喃字原文： 牁 朘 伬 啐 哇 誓，
国际音标： man³ jaŋ¹ ʔda³ tɔt⁷ nɤ:i²the²
汉文直译： 轮　月　已　发　誓言
汉文意译： 咱俩月下发誓言，

喃字原文： 𠲿 之 底 挭 碟 砨 祴 淹。
国际音标： la:m²tsi¹ ʔde³ ɣan⁵ naŋ⁶ne² ri:ŋ¹ ʔεm¹
汉文直译： 为什么 留　担　重　单独 妹
汉文意译： 只留重担妹自负。

（男：杜福进；女：吴全秀）

（421）

喃字原文： 脒 育 麻 解 照 昂，
国际音标： jɯ:ŋ² jɔk⁸ ma² ra:i³ tsi:u⁵ ŋa:ŋ¹
汉文直译： 床　纵 而 铺 席 横
汉文意译： 直床铺摆着横席，

喃字原文： 每 侳 没 舩 英 叹 淹 愁；
国际音标： moi³ ʔdɯə⁵ mot⁸ ɣɔk⁷ ʔan¹ tha:n¹ ʔεm¹ thɤu²
汉文直译： 每　个　一　角 哥 叹　妹　愁
汉文意译： 每人一角各叹愁；

喃字原文： 瞠 鸪 伮 喝 油 油，
国际音标： ŋε¹ tsim¹ nɔ⁵ ha:t⁷ jɤu²jɤu²
汉文直译： 听 鸟 它 唱 幽幽
汉文意译： 鸟儿唱歌听忧郁，

喃字原文： 椶　包 饶 果 淹 愁 悲 饶。
国际音标： jɯə⁵ ʔba:u¹ȵi:u¹ kwa³ ʔεm¹ thɤu² ʔbɤi⁵ȵi:u¹
汉文直译： 菠萝 多少　果子 妹 愁　那么多
汉文意译： 菠罗垂果妹多忧。

喃字原文：媕吁解照沛懒，
国际音标：ʔɛm¹ sin¹ ra:i³ tsi:u⁵ fa:i³ tsi:u²
汉文直译：妹 请 铺 席 要 方向
汉文意译：妹请铺席要顺向，

喃字原文：𠄩 佗 𠫾 钟 𧿨 調 咀 叹。
国际音标：ha:i¹ ʔdɯə⁵ va:u² jɯə³ ʔdu³ ʔdi:u² thɤ³tha:n¹
汉文直译：两 个 进 中间 足 话语 叹息
汉文意译：两人中间共欢乐。

（422）

喃字原文：逮 丕 固 壜 霻 靘，
国际音标：ten¹ jɤ:i² kɔ⁵ ʔda:m⁵ mɤi¹ san¹
汉文直译：上 天 有 朵 云 青
汉文意译：天上有朵青蓝云，

喃字原文：於 𦘕 霻 皁 冲 舩 霻 鐄；
国际音标：ʔɤ³ jɯ:i⁵ mɤi¹ taŋ⁵ suŋ¹kwan¹ mɤi¹ va:ŋ²
汉文直译：在 下 云 白 周围 云 黄
汉文意译：下云白色周围黄；

喃字原文：约 之 英 祂 特 娘，
国际音标：ʔɯ:k⁷ tsi¹ ʔan¹ lɤi⁵ ʔdɯ:k⁸ na:ŋ²
汉文直译：期望 什么 哥 娶 得 妹
汉文意译：期望哥能娶得妹，

喃字原文：底 英 謨 圹 牟 鐄 术 砒。
国际音标：ʔde³ ʔan¹ muə¹ ɣat⁸ mau²va:ŋ² ve² sɤi¹
汉文直译：让 哥 买 砖头 金色 回 砌
汉文意译：哥买红砖回砌房。

情 歌

喃字原文：砒 育 敎 吏 砒 昂,
国际音标：sɣi¹ jɔk⁸ roi² la:i⁶ sɣi¹ ŋa:ŋ¹
汉文直译：砌 纵 了 又 砌 横
汉文意译：砌横了又来砌直，

喃字原文：砒 湖 半 月 朱 娘 溻 蹟；
国际音标：sɣi¹ ho² ʔba:n⁵ ŋwi:t⁸ tso¹ na:ŋ² ɾɯə³ tsɣn¹
汉文直译：砌 湖 半 月 给 妹 洗 脚
汉文意译：砌半月湖妹洗身；

喃字原文：堆 些 罖 嫧 罖 情,
国际音标：ʔdoi¹ ta¹ la² nɣ⁶ la² tin²
汉文直译：咱俩 是 债 是 情
汉文意译：这是债缘又是情，

喃字原文：罖 缘 罖 劫 堆 躺 结 交。
国际音标：la² ji:n¹ la² ki:p⁷ ʔdoi¹ min² ket⁷ ja:u¹
汉文直译：是 缘 是 劫 我俩 结 交
汉文意译：今生有缘结成亲。

喃字原文：俺 如 花 轚 花 桃,
国际音标：ʔɛm¹ nɯ¹ hwa¹ mɣn⁶ hwa¹ ʔda:u²
汉文直译：妹 如 李花 桃花
汉文意译：妹如李花桃花美，

喃字原文：丐 之 罖 義 傷 交 唉 娘。
国际音标：ka:i⁵ ji² la² ŋiə³ thɯəŋ¹ ja:u¹ hɣ:i³ na:ŋ²
汉文直译：什么 是 义 爱 交 啊 妹
汉文意译：相爱结交是情义。

（423）

喃字原文：约 之 英 化 黜 花，
国际音标：ʔɯːk⁷ tsi¹ ʔan¹ hwa⁵ ra¹ hwa¹
汉文直译：期望 什么 哥 变 出 花
汉文意译：期望哥能变成花，

喃字原文：底 揞 掆 衪 籴 麻 撒 巾；
国际音标：ʔde³ ʔɛm¹ nɤŋ¹lɤi⁵ roi² ma² kaːi² khan¹
汉文直译：让 妹 摘 了 而 插 头 巾
汉文意译：让妹摘朵插头上；

喃字原文：约 之 英 化 黜 禛，
国际音标：ʔɯːk⁷ tsi¹ ʔan¹ hwa⁵ ra¹ tsan¹
汉文直译：期望 什么 哥 变 出 被子
汉文意译：期望哥变成被褥，

喃字原文：底 朱 揞 搭 揞 搭 共 牀。
国际音标：ʔde³tsɔ¹ ʔɛm¹ ʔdap⁷ lɤn⁵ kuŋ² jɯːŋ²
汉文直译：让 妹 盖 挤 同 床
汉文意译：让妹同床盖身上。

喃字原文：约 之 英 化 黜 甊，
国际音标：ʔɯːk⁷ tsi¹ ʔan¹ hwa⁵ ra¹ hɯːŋ¹
汉文直译：期望 什么 哥 变 出 镜子
汉文意译：期望哥变成镜子，

喃字原文：底 朱 揞 据 馹 常 燸 终。
国际音标：ʔde³tsɔ¹ ʔɛm¹ kɯ⁵ ŋai² thɯːŋ² thɔi¹ tsuŋ¹
汉文直译：让 妹 一直 天 常 照 共同
汉文意译：让妹常日共照镜。

情 歌

（424）

喃字原文：遏招遏抵　晖朘，
国际音标：jɔ⁵ jɤ¹ jɔ⁵ ʔdɤi³ ʔbɔŋ⁵ jaŋ¹
汉文直译：风 吹 风 推 影 月
汉文意译：风吹送着月亮行，

喃字原文：埃　迻　埃 抵 缘 娘 细 低；
国际音标：ʔaːi¹ ʔdɯə¹ ʔaːi¹ ʔdɤi³ jiːn¹ naːŋ² tɤːi⁵ ʔdɤi¹
汉文直译：谁 送 谁 推 缘 妹 到 这儿
汉文意译：妹到此来谁送行；

喃字原文：细 低 時 沛 於 低，
国际音标：tɤːi⁵ ʔdɤi¹ thi² faːi³ ʔɤ³ ʔdɤi¹
汉文直译：到 这儿 就要 在 这儿
汉文意译：既来这里则安心，

喃字原文：包 唥 绥 根 靗 核 咳 術。
国际音标：ʔbaːu¹ jɤ² ʔben² re³ san¹ kɤi¹ hɤːi³ ve²
汉文直译：何时 牢固 根 绿 树 啊 回
汉文意译：待生根叶茂方回。

（男：裴永彬；女：阮氏心）

（425）

喃字原文：泘 涧 篙 抹 棱 澄，
国际音标：jiːŋ⁵ khɤːi¹ ɣau² muk⁷ lɯŋ¹ tsɯŋ²
汉文直译：水井　庠斗舀　一半
汉文意译：井深水瓢难打满，

喃字原文： 裊 麻 啩 料 吁 停 嘖 低；
国际音标： neu⁵ma² vuŋ⁶ li:u⁶ sin¹ ʔduŋ² tat⁷ ʔdɤi¹
汉文直译： 如果 偷偷 念 请 别 责怪 这儿
汉文意译： 如果窃念莫怪谁；

喃字原文： 扲 枱 麻 補 悁 绚，
国际音标： kɤm² ʔda:i² ma² ʔbɔ³ kwen¹ jɤi¹
汉文直译： 拿 琴 台 而 丢 忘 弦
汉文意译： 拿了弹琴忘记线，

喃字原文： 玏 幻 约 補 甽 约 幻。
国际音标： ʔbɔ³ koŋ¹ ʔa:u¹ʔɯ:k⁷ ʔbɔ³ ŋai² ʔɯ:k⁷ʔa:u¹
汉文直译： 弃 功 期望 弃 天 期望
汉文意译： 日夜奔波事无望。

喃字原文： 淊 溇 媕 仕 撡 擦，
国际音标： thoŋ¹ thɤu¹ ʔɛm¹ thɛ³ kam⁵ tha:u²
汉文直译： 河 深 妹 将 插 竹竿
汉文意译： 河深妹就插定竿，

喃字原文： 廟 靝 英 仕 挷 伆 撡 香；
国际音标： mi:u⁵ thi:ŋ¹ ʔan¹ thɛ³ lot⁸ va:u² kam⁵ na:ŋ¹
汉文直译： 庙 灵验 哥 将 挤 进 插 香
汉文意译： 庙灵哥就入烧香；

喃字原文： 否 咐 空 祂 特 娘，
国际音标： vi⁵ju² khoŋ¹ lɤi⁵ ʔdɯ:k⁸ na:ŋ²
汉文直译： 假如 不 娶 得 妹
汉文意译： 假如没能娶得妹，

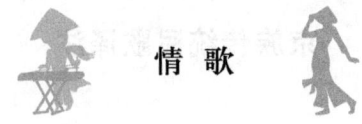

情 歌

喃字原文： 拃 身 姼 𧵑 㴜 鑽 朱 衝。
国际音标： ma:ŋ¹thɤn¹ ʔdi¹ su:ŋ⁵ thu:i⁵va:ŋ² tsɔ¹ sɔŋ¹
汉文直译： 投身 去下 黄泉 给完
汉文意译： 投落黄泉死罢了。

喃字原文： 要 燒 朱 院 朱 贐，
国际音标： ʔi:u¹n̪au¹ tsɔ¹ vɛn⁶ tsɔ¹ tɔn²
汉文直译： 相爱 给完美 给圆满
汉文意译： 相爱要自始至终，

喃字原文： 矯 㫢 懵 貝 渃 嫩 於 𣎏；
国际音标： kɛu³ ma:i¹ thɤn⁶ vɤ:i⁵ nɯ:k⁷nɔn¹ ʔɤ³ ʔdɤ:i²
汉文直译： 否则 日后 羞臊 和 山水 在 世间
汉文意译： 要不日后悔莫及；

喃字原文： 他 浪 托 𧵑 洪 㵢，
国际音标： tha²raŋ² tha:k⁷ su:ŋ⁵ ji:ŋ⁵khɤ:i¹
汉文直译： 宁愿 死 下 水井
汉文意译： 宁愿跳井而死去，

喃字原文： 群 欣 軐 於 噵 𣎏 赊 燒。
国际音标： kɔn² hɤ:n¹ thɔŋ⁵ ʔɤ³ ten¹ ʔdɤ:i² sa¹ n̪au¹
汉文直译： 还 胜于 活 在上 世 远离 互相
汉文意译： 在世活着难受矣。

（426）

喃字原文： 洪 溇 篙 挴 㙍 澄，
国际音标： ji:ŋ⁵ thɤu¹ ɣau² muk⁷ lɯŋ¹tsɯŋ²
汉文直译： 井 深 㧯 斗 舀 一半
汉文意译： 井深水瓢难打满，

喃字原文： 帝 麻 喡 料 吁 停 喷 低；
国际音标： ʔdɤi⁵ma² vuŋ⁶ liːu⁶ sin¹ ʔdɯŋ² tat⁷ ʔdɤi¹
汉文直译： 如果 偷偷 念 请 别 责怪 这儿
汉文意译： 如果窃念莫怪妹；

喃字原文： 扲 弹 掖 氍 醓 纭，
国际音标： kɤm² ʔdaːn² ɣai³ ʔdu³ nam¹ jɤi¹
汉文直译： 拿 琴 弹 足 五 弦
汉文意译： 拿琴弹足五宫弦，

喃字原文： 愁 䅶 俺 翄 自 馹 约 幻。
国际音标： thɤu² riːŋ¹ ʔɛm¹ tsiu⁶ tɯ² ŋai² ʔɯːk⁷ʔaːu¹
汉文直译： 愁 私 妹 受 从 天 期望
汉文意译： 期望时起妹私愁。

喃字原文： 滝 漊 俺 挃 摝 摷，
国际音标： thoŋ¹ thɤu¹ ʔɛm¹ tsaŋ³ kam⁵ thaːu²
汉文直译： 河 深 妹 不 插 竹竿
汉文意译： 河深妹莫插竹竿，

喃字原文： 廟 䚷 俺 仕 撆 皰 搭 香；
国际音标： miːu⁵ thiːŋ¹ ʔɛm¹ thɛ³ lɔt⁸ vaːu² ʔdap⁷ naːŋ¹
汉文直译： 庙 灵验 妹 将 挤 进 烧 香
汉文意译： 庙灵妹入烧香求；

喃字原文： 扲 憑 挃 祂 特 扒，
国际音标： kɤm²ʔbaŋ² tsaŋ³ lɤi⁵ ʔdɯːk⁸ tsaːŋ²
汉文直译： 如果 不 嫁 得 郎
汉文意译： 如果不能嫁与君，

情 歌

喃字原文：挠 身 托 竜 黧 鑚 朱 衝。
国际音标：ʔdɛm¹thɤn¹ thaːk⁷ suːŋ⁵ thuːi⁵vaːŋ² tsɔ¹ sɔŋ¹
汉文直译：投身　　死　下　黄泉　给　完
汉文意译：投身水井死了算。

（427）

喃字原文：尒 数 柳 北 桃 東，
国际音标：mɤi⁵lɤu¹ liːu³ ʔbak⁷ ʔdaːu² ʔdoŋ¹
汉文直译：多久　柳　北　桃　东
汉文意译：柳北桃东分别久，

喃字原文：自 燃 天 理 相 逢 罗 低；
国际音标：tɯ⁶ɲiːn¹ thiːn¹liː⁵ tɯːŋ¹fuŋ² la² ʔdɤi¹
汉文直译：自然　天理　相逢　是　这儿
汉文意译：天理自然得相逢；

喃字原文：悲 睮 蠬 吏 返 霊，
国际音标：ʔbɤi¹jɤ² rɔŋ² laːi⁶ ɣap⁸ mɤi¹
汉文直译：如今　龙　又　遇　云
汉文意译：如今龙云此相遇，

喃字原文：伽 拸 造 化 帝 低 旌 贪。
国际音标：nɤ² tai¹ taːu⁶hwa⁵ ʔdɤi⁵ ʔdɤi¹ vuːŋ¹tɔn²
汉文直译：倚靠　手　造化　那儿　这儿　圆满
汉文意译：托造化福得圆房。

（428）

喃字原文：蓬 棱 披 厡 捽 霊，
国际音标：len¹ rɯŋ² ʔbɛ³ maːi⁵ rut⁷ mɤi¹
汉文直译：上　林　折树枝　抽　藤
汉文意译：上山折树又抽藤，

喃字原文： 披 厕 厕 翌 捽 霪 霪 贕；
国际音标： ʔbɛ³ maːi⁵ maːi⁵ tsiu⁶ rut⁷ mɤi¹ mɤi¹ tɔn²
汉文直译： 折 树枝 树枝 断 抽 藤 藤 长
汉文意译： 折树枝断抽藤长；

喃字原文： 堆 些 蓮 岗 誓 嫩，
国际音标： ʔdoi¹ taˡ len¹ nui⁵ the² nɔn¹
汉文直译： 咱俩 上 山 山盟
汉文意译： 咱俩山上发誓言，

喃字原文： 仍 咥 舠 飜 扒 群 忕 空。
国际音标： nɯŋ³ ɳɤːi² ŋaitɯːk⁷ tsaːŋ² kɔn² nɤ⁵ khoŋ¹
汉文直译： 些 话 以前 郎 还 记得 不
汉文意译： 昔今誓言自心愿。

（男：苏维绍；女：杜福英）

（429）

喃字原文： 没 胩 罪 醢 蓺 更，
国际音标： mot⁸ ʔdem¹ la² nam¹ tɔŋ⁵ kan¹
汉文直译： 一 夜 是 五 鼓 更
汉文意译： 夜深人静挨五更，

喃字原文： 旿 㐌 時 漵 䤲 躺 吏 傷；
国际音标： ŋu³ ʔdi¹ thi² tsɤ⁵ jɤ³ min² laːi⁶ thɯːŋ¹
汉文直译： 睡 去 就 别 翻身 又 想
汉文意译： 睡熟还好醒思念；

喃字原文： 胇 蟳 绺 缉 綵 纴，
国际音标： ruːt⁸ tam² ʔboi⁵ roi⁵ tɤ¹ vɯːŋ⁵
汉文直译： 肠 蚕 轮 乱 丝 缠
汉文意译： 蚕丝缠绵脑混乱，

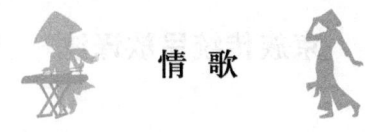

情 歌

喃字原文：如 埃 底 忟 底 傷 融 悉。
国际音标：nɯ¹ ʔa:i¹ ʔde³ nɤ⁵ ʔde³ thɯ:ŋ¹ tɔŋ¹ lɔŋ²
汉文直译：如 谁 让 想 让 念 中 心
汉文意译：心想有人在惦念。

（430）

喃字原文：艒 艒 跳 遥 淩 泸,
国际音标：man²man² thɐu¹ jɔ⁵ lɯŋ¹lɤ²
汉文直译：竹帘　　随风　摆动
汉文意译：竹帘风吹微摇动,

喃字原文：宫 寻 英 待 包 唅 瑄 信;
国际音标：kuŋ¹ tɤm² ʔan¹ ʔdɤ:i⁶ ʔba:u¹jɤ² ŋɛ¹ tin¹
汉文直译：宫 寻 哥 待 何时 听 音讯
汉文意译：哥等无深宫音讯;

喃字原文：英 傷 媕 萬 英 忟 媕 訮,
国际音标：ʔan¹ thɯ:ŋ¹ ʔɛm¹ va:n⁶ ʔan¹ nɤ⁵ ʔɛm¹ ŋin²
汉文直译：哥 想 妹 万 哥 想 妹 千
汉文意译：千思万想哥等妹,

喃字原文：傷 馱 流 落 忟 逯 胒 尼。
国际音标：thɯ:ŋ¹ ŋɯ:i² liu¹la:k⁸ nɤ⁵ ʔben¹ ja⁶ nai²
汉文直译：想 人 流浪 想 边 肚 这
汉文意译：流浪人心里思情。

喃字原文：没 胨 韷 藙 更 迟,
国际音标：mot⁸ ʔdem¹ nam¹ tɔŋ⁵ kan¹tsɤi²
汉文直译：一 夜 五 鼓 更迟
汉文意译：一夜无眠等五更,

1141

喃字原文：傷 馼 流落 別 朝 旴 悁；
国际音标：thɯːŋ¹ ŋɯːi² liu¹laːk⁸ ʔbiːt⁷ ŋai² naːu² kwen¹
汉文直译：想 人 流浪 知 天 哪 忘
汉文意译：流浪人思念不忘；

喃字原文：固 铖 時 吶 浪 铖，
国际音标：kɔ⁵ nen¹ thi² nɔi⁵ raŋ² nen¹
汉文直译：有 成 则 说 道 成
汉文意译：妹尚有意说实言，

喃字原文：愁 箕 英 濆 於 邉 胞 尼。
国际音标：thɤu² kiə¹ ʔan¹ tsɤt⁷ ʔɤ³ ʔben¹ jaː⁶ nai²
汉文直译：愁 那 哥 堆积 在 边 肚 这
汉文意译：莫让哥挂心忧愁。

（431）
喃字原文：䱐 䱘 杜 肸 琨 鵝，
国际音标：mam⁵muːi⁵ ʔdo³ ruːt⁸ kɔn¹ɣa²
汉文直译：盐 水 倒 肠子 鸡
汉文意译：盐水落入鸡肠里，

喃字原文：媄 躺 捱 悴 平 些 悴 躺；
国际音标：mɛ⁶ min² tsaŋ³ sɔt⁷ ʔbaŋ² ta¹ sɔt⁷ min²
汉文直译：母 妹 不 疼 如 哥 疼 妹
汉文意译：爱母心里爱妹深；

喃字原文：䱐 䱘 杜 肸 琨 粊，
国际音标：mam⁵muːi⁵ ʔdo³ ruːt⁸ kɔn¹tʂu¹
汉文直译：盐 水 倒 肠子 水牛
汉文意译：盐水灌入牛肠里，

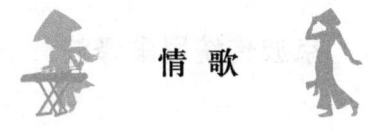

情 歌

喃字原文： 些 傷 躺 夥 些 愁 躺 耚。
国际音标： ta¹ thɯːŋ¹ min² lam⁵ ta¹ thɤu² min² thai¹
汉文直译： 哥 爱 妹 非常 哥 愁 妹 啊
汉文意译： 哥爱妹深时愁思。

(432)

喃字原文： 傷 躺 拺 別 吽 哐，
国际音标： thɯːŋ¹ min² tsaŋ³ ʔbiːt⁷ ŋɔ³ nɤːi²
汉文直译： 爱 妹 不 知 表 露 话语
汉文意译： 爱妹不敢说出来，

喃字原文： 別 浪 伴 苗 固 移 躺 庄；
国际音标： ʔbiːt⁷raŋ² ʔbaːn⁶ ku³ kɔ⁵ jɤːi² min² tsaŋ¹
汉文直译： 知 道 友人 旧 有 离开 你 不
汉文意译： 不知旧友能离开；

喃字原文： 傷 躺 拺 敢 呐 齛，
国际音标： thɯːŋ¹ min² tsaŋ³ jaːm⁵ nɔi⁵ ra¹
汉文直译： 爱 妹 不 敢 说 出
汉文意译： 爱妹不敢说出口，

喃字原文： 呐 齛 悙 德 媄 吒 茹 娘。
国际音标： nɔi⁵ ra¹ thɤ⁶ ʔdɯk⁷ mɛ⁶tsa¹ ɲa² naːŋ²
汉文直译： 说 出 怕 地 父 母 家 妹
汉文意译： 说出又怕妹父母。

喃字原文： 要 烒 時 至 玷 迡，
国际音标： ʔiːu¹ɲau¹ thi² tsi⁵ tom⁶ thaːŋ¹
汉文直译： 相爱 则 只 是 偷偷 来
汉文意译： 相爱只是偷着来，

喃字原文：跙 低 固 德 固 廊 悙 之?
国际音标：ʔden⁵ ʔdɤi¹ kɔ⁵ ʔduɯk⁷ kɔ⁵ la:ŋ² thɤ⁶ ji²
汉文直译：到 这儿 有 德 有 村 怕 什么
汉文意译：村有德人还怕谁？

（男：苏维绍；女：刘尚明）

（433）

喃字原文：傷 淹 時 底 髓 悉，
国际音标：thɯ:ŋ¹ ʔɛm¹ thi² ʔde³ tɔŋ¹ lɔŋ²
汉文直译：想 妹 就 留 中 心
汉文意译：想妹放在哥心里，

喃字原文：役 官 役 殡 併 功 麻 🈯；
国际音标：vi:k⁸ kwa:n¹ vi:k⁸ lin⁵ tin⁵ koŋ¹ ma² la:m²
汉文直译：役 官 役 兵 算 功 来 做
汉文意译：官役兵役按例去；

喃字原文：停 麻 想 北 忴 南，
国际音标：ʔdɯŋ² ma² tɯ:ŋ³ ʔbak⁷ nɤ⁵ na:m¹
汉文直译：别 而 想 北 念 南
汉文意译：莫要想北又思南，

喃字原文：傷 淹 拱 沛 迻 🈯 麻 咹。
国际音标：thɯ:ŋ¹ ʔɛm¹ kuŋ³ fa:i³ ʔdi¹ la:m² ma² ʔan¹
汉文直译：想 妹 也 要 去 做 来 吃
汉文意译：想妹亦要去谋生。

喃字原文：唝 情 至 咳 唝 情，
国际音标：vɔn¹ tin² tsi⁵ hɤ:i³ vɔn¹ tin²
汉文直译：求 情 到 啊 求 情
汉文意译：为情还须要求情，

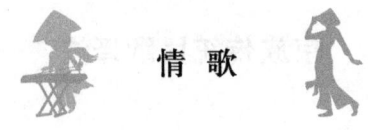

情歌

喃字原文： 唝 些 些 翘 唝 躺 翘 唝。
国际音标： vɔn¹ ta¹ ta¹ tsiu⁶ vɔn¹ min² tsiu⁶ vɔn¹
汉文直译： 求 咱 咱 接受 求 妹 接受 求
汉文意译： 求妹容易求哥难。

（434）

喃字原文： 怓 翢 渃 相 吏 㛁，
国际音标： nɤ⁵ ra¹ nɯːk⁷ mat⁷ laːi⁶ tuːn¹
汉文直译： 想 出 泪水 又 涌
汉文意译： 想起妹时思泪流，

喃字原文： 拱 如 渃 矗 渃 源 泚 翢；
国际音标： kuŋ³ ɲɯ¹ nɯːk⁷ thuːi⁵ nɯːk⁷ ŋuːn² tsai³ ra¹
汉文直译： 也 如 水 泉 水 源头 流出
汉文意译： 泪如泉水流出来；

喃字原文： 怓 翢 渃 相 吏 泅，
国际音标： nɤ⁵ ra¹ nɯːk⁷ mat⁷ laːi⁶ rɯŋ¹
汉文直译： 想 出 泪水 又 汪汪
汉文意译： 越想泪水越涌流，

喃字原文： 别 浪 唝 翻 些 停 别 㚢。
国际音标： ʔbiːt⁷ raŋ² ʔbuːi³ tɯːk⁷ ta¹ ʔdɯŋ² ʔbiːt⁷ ɲau¹
汉文直译： 知道 以前 咱 别 相识
汉文意译： 昔日知此不往来。

喃字原文： 别 㚢 朱 招 江 㚢，
国际音标： ʔbiːt⁷ ɲau¹ tso¹ jɤ³ jaːŋ¹ ɲau¹
汉文直译： 相识 给 尴尬 互相
汉文意译： 不上不下难相聚，

喃字原文：没 郶 厑 馀 干ㄣ 疠 狚 悉。
国际音标：mot⁸ ŋai² ʔba¹ ʔbɯə³ kɤ:n¹ ʔdau¹ ʔden⁵ lɔŋ²
汉文直译：一 天 三 餐 痛苦 到 心
汉文意译：一日三餐思心碎。

（435）

喃字原文：當 据 量 慮 堆 塘，
国际音标：ʔda:ŋ¹ kɯ⁵ lɯ:ŋ² lɯ⁶ ʔdoi¹ ʔdɯ:ŋ²
汉文直译：正当 商量 两 方面
汉文意译：正当商量咱情事，

喃字原文：房 香 隴 值 姅 㸔 姅 禛；
国际音标：fɔŋ² hɯ:ŋ¹ lu:ŋ⁵ tsɯk⁸ nɯə³ jɯ:ŋ² nɯə³ tsan¹
汉文直译：香房 枉然 等 半 床 半 被子
汉文意译：香房床被空半边；

喃字原文：禛 箕 姅 搭 姅 嚎，
国际音标：tsan¹ kiə¹ nɯə³ ʔdap⁷ nɯə³ mɔŋ¹
汉文直译：被子 那 半 盖 半 期望
汉文意译：自盖半被半留妹，

喃字原文：照 箕 姅 解 姅 哄 情人。
国际音标：tsi:u⁵ kiə¹ nɯə³ ra:i³ nɯə³ hɔŋ¹ tin² ɤn¹
汉文直译：席 那 半 铺 半 期盼 情人
汉文意译：睡半席半待情人。

喃字原文：吁 停 馀 楚 楼 秦，
国际音标：sin¹ ʔdɯŋ² kwa:n⁵ thɤ³ lɤu² tɤn²
汉文直译：请 别 馆 楚 楼 秦
汉文意译：请莫去楚馆秦楼，

情 歌

喃字原文：底 英 立 廟 封 春 術 楼；
国际音标：ʔde³ ʔan¹ lɯp⁸ mi:u⁵ foŋ¹ sɤn¹ ve² lɤu²
汉文直译：让 哥 立 庙 封 春 回 楼
汉文意译：让哥建庙封春楼；

喃字原文：情 尼 些 底 朱 烧，
国际音标：tin² nai² ta¹ ʔde³ tsɔ¹ ȵau¹
汉文直译：情 这 咱 留 给 互相
汉文意译：这情是咱俩享受，

喃字原文：罙 慘 䍐 愁 娘 底 朱 埃。
国际音标：tam¹ tha:m³ ŋin² thɤu² na:ŋ² ʔde³ tsɔ¹ ʔa:i¹
汉文直译：百 慘 千 愁 妹 留 给 谁
汉文意译：千慘百愁等妹侯。

（男：刘振先；女：刘元英，苏维英）

（436）

喃字原文：拱 罧 凭 韱 貝 馼，
国际音标：kuŋ³ la² ʔbaŋ² tu:i³ vɤ:i⁵ ŋɯ:i²
汉文直译：也 是 同 岁 和 人
汉文意译：都是同人家年纪，

喃字原文：家 庭 馼 卒 勩 茹 馼 铖；
国际音标：ja¹ʔdin² ŋɯ:i² tot⁷ kɯə³ ȵa² ŋɯ:i² nen¹
汉文直译：家 庭 人 好 门 庭 人 成
汉文意译：人家庭好事竟成；

喃字原文：些 時 再 侣 疍 缘，
国际音标：ta¹ thi² ta:i⁵ lɯ³ jɤ³ ji:n¹
汉文直译：咱 则 错失 伴侣 未结 姻缘
汉文意译：我没伴侣未姻缘，

喃字原文：没 躺 跳 矼 嬋 娟 翘 愁。
国际音标：mot⁸min² ʔbɯːk⁷ suːŋ⁵ thiːn²kwiːn¹ tsiu⁶ thɤu²
汉文直译：独自　迈步　下　婵娟　　受　愁
汉文意译：婵娟忧愁自步行。

喃字原文：馭 些 饫 運 壂 堆，
国际音标：ŋɯːi²taˡ nɔ¹ vɤn⁶ ʔdu³ ʔdoi¹
汉文直译：人家 饱 命 运 足 对儿
汉文意译：人家命好有伴侣，

喃字原文：些 時 㐌 祕 術 雷 没 躺；
国际音标：ta¹ thi² ʔdi¹ rɛ³ ve² loi⁶ mot⁸min²
汉文直译：咱 则 去 分 回 跋涉 独自
汉文意译：我是孤独自出走；

喃字原文：没 躺 吏 憪 馭 躺，
国际音标：mot⁸min² laːi⁶ tui³ riːŋ¹ min²
汉文直译：独自 又 自怜 私自 自己
汉文意译：心想此事自怨恨，

喃字原文：炯 香 悷 搭 卷 经 碍 眤。
国际音标：ʔdɛn² hɯːŋ¹ ʔbiːŋ⁵ ʔdap⁷ kuːn⁵ kin¹ ŋaːi⁶ ɲin²
汉文直译：灯　香　懒　点　卷　经　怕　看
汉文意译：灯亦懒点书懒读。

（437）

喃字原文：呐 趉 渃 相 吏 泅，
国际音标：nɔi⁵ ra¹ nɯːk⁷mat⁷ laːi⁶ rɯŋ¹
汉文直译：说 出 泪水 又 汪汪
汉文意译：讲起情事眼泪流，

情 歌

喃字原文：别 丕 馴 飜 些 停 别 烧；
国际音标：ʔbi:t⁷ vɤi⁶ ŋai²tɯ:k⁷ ta¹ ʔdɯŋ² ʔbi:t⁷ɲau¹
汉文直译：知 这样 以前 咱 别 相识
汉文意译：知此早不该相识；

喃字原文：别 烧 朱 羺 江 烧，
国际音标：ʔbi:t⁷ɲau¹ tsɔ¹ jɤ³ ja:ŋ¹ ɲau¹
汉文直译：相识 给 尴尬 互相
汉文意译：相识造成互尴尬，

喃字原文：訢 時 憎 秵 朱 疠 瘒 悉；
国际音标：ɣɤn² thi² thɛn⁶mat⁸ tsɔ¹ ʔdau¹ʔdɤ:n⁵ lɔŋ²
汉文直译：近 就 羞愧 给 痛苦 心
汉文意译：见面羞愧感悲伤；

喃字原文：且 浪 拃 别 朱 衝，
国际音标：tha²raŋ² tsaŋ³ ʔbi:t⁷ tsɔ¹ sɔŋ¹
汉文直译：宁愿 不 知 给 完
汉文意译：宁愿不相识为好，

喃字原文：强 别 烧 夥 融 悉 强 傷。
国际音标：ka:ŋ² ʔbi:t⁷ɲau¹ lam⁵ tɔŋ¹ lɔŋ² ka:ŋ² thɯ:ŋ¹
汉文直译：越 相识 多 中 心 越 痛心
汉文意译：越是相识越伤悲。

(438)

喃字原文：且 浪 拃 别 朱 停，
国际音标：tha²raŋ² tsaŋ³ ʔbi:t⁷ tsɔ¹ ʔdan²
汉文直译：宁愿 不 知 给 忍心
汉文意译：宁愿不相识为妙，

喃字原文：别 黜 糨 掃 姘 澄 吏 催；
国际音标：ʔbiːt⁷ ra¹ jaːn⁵ jiu⁵ nɯə³ tsɯŋ² laːi⁶ thoi¹
汉文直译：知　出　缠绵　半途　又　罢了
汉文意译：互缠绵半途又止；

喃字原文：且 浪 拰 别 時 催，
国际音标：tha² raŋ² tsaŋ³ ʔbiːt⁷ thi² thoi¹
汉文直译：宁愿　　不　知　就　罢了
汉文意译：宁愿不相识罢了，

喃字原文：别 黜 江 靨 缘 碎 世 尼。
国际音标：ʔbiːt⁷ ra¹ jaːŋ¹ jɤ³ jiːn¹ toi¹ the⁵ nai²
汉文直译：知　出　半截　缘　我　这样
汉文意译：相识阻碍我姻缘。

（439）

喃字原文：茶 嫩 些 採 靨 江，
国际音标：tsɛ² nɔn¹ taː¹ haːi⁵ jɤ³ jaːŋ¹
汉文直译：茶　嫩　咱　采　一半
汉文意译：摘嫩茶刚采一半，

喃字原文：槁 嫩 姘 扯 馼 傷 姘 澄；
国际音标：kau¹ nɔn¹ nɯə³ tsɛ³ ŋɯːi² thɯːŋ¹ nɯə³ tsɯŋ²
汉文直译：槟榔　嫩　半　摘　人　爱　一半
汉文意译：摘嫩槟榔我可惜；

喃字原文：些 衚 旺 鉢 渃　姜，
国际音标：taː¹ vɛ² ʔuːŋ⁵ ʔbaːt⁷ nɯːk⁷ ɣɯŋ²
汉文直译：我　回　喝　碗　　姜汤
汉文意译：我回喝碗生姜汤，

情 歌

喃字原文：且 浪 眠 𡂰 些 停 别 烧。
国际音标：tha²raŋ² ʔbu:i³tɯ:k⁷ ta¹ ʔdɯŋ² ʔbi:t⁷n̪au¹
汉文直译：宁愿 从前 咱 别 相识
汉文意译：宁愿孤单不相识。

喃字原文：别 烧 𠲖 叠 江 烧，
国际音标：ʔbi:t⁷n̪au¹ la:m² jɤ³ja:ŋ¹ n̪au¹
汉文直译：相识 使 尴尬 互相
汉文意译：相识带来互尴尬，

喃字原文：涓 唏 绫 啨 包 数 麻 浪；
国际音标：kwen¹ hɤ:i¹ ʔbɛn⁵ ti:ŋ⁵ ʔba:u¹lɤu¹ ma² raŋ²
汉文直译：熟悉 气味 相投 声音 多久 而 说
汉文意译：气味相投未达缘；

喃字原文：咐 埃 缚 织 赤 绳，
国际音标：jɤu² ʔa:i¹ sɛ¹ tsi³sit⁷thaŋ²
汉文直译：如果 谁 牵 红 绳
汉文意译：谁人想结红桃绳，

喃字原文：别 浪 捵 织 些 停 纡 绦。
国际音标：ʔbi:t⁷raŋ² ʔdɯɤt⁷ tsi³ ta¹ ʔdɯŋ² vɯ:ŋ⁵ tɤ¹
汉文直译：知道 断 线 咱 别 缠 丝
汉文意译：若知断线莫来缠。

（男：刘振先；女：苏维英，吴秀英）

(440)

喃字原文：玉 黷 聘 貝 鏄 迠，
国际音标：ŋok⁸tɔŋ¹ than⁵ vɤ:i⁵ va:ŋ²mɯ:i²
汉文直译：纯玉 配 和 足金
汉文意译：纯玉同足金匹配，

1151

喃字原文：英 雄 只 待 没 馱 婵 娟；
国际音标：ʔan¹huŋ² tsi³ ʔdɤ:i⁶ mot⁸ ŋɯ:i² thi:n²kwi:n¹
汉文直译：英 雄 只 待 一 人 婵 娟
汉文意译：英雄婵娟要配偶；

喃字原文：陈 珠 包 樣 姻 缘，
国际音标：tɤn² tsʐu¹ ʔda³ ja:ŋ⁵ nɤn¹ji:n¹
汉文直译：陈 朱 已 似乎 姻 缘
汉文意译：朱陈似乎结姻缘，

喃字原文：堆 些 结 義 千 年 𣦍 𣦍。
国际音标：ʔdoi¹ta¹ ket⁷ŋiə³ thi:n¹ ni:n¹ ʔdɤ:i²ʔdɤ:i²
汉文直译：咱 俩 结 义 千 年 代 代
汉文意译：咱俩情义留万代。

(441)

喃字原文：忟 扒 夥 夥 扒 喂！
国际音标：nɤ⁵ tsa:ŋ² lam⁵ lam⁵ tsa:ŋ² ʔɤ:i¹
汉文直译：想 郎 非常 非常 郎 啊
汉文意译：十分思念君子啊！

喃字原文：忟 曾 篇 历 忟 尼 抹 術；
国际音标：nɤ⁵ tuɯŋ² thi:n¹lɤt⁸ nɤ⁵ nɤ:i¹ ʔdi¹ve²
汉文直译：想 曾 偏 颇 想 地 回家
汉文意译：每天想家又想君；

喃字原文：忟 自 顶 㞪 㵜 誓，
国际音标：nɤ⁵ tɯ² ʔdin³ nui⁵nɔn¹ the²
汉文直译：想 从 顶 山 发誓
汉文意译：山上誓言耳中鸣，

情 歌

喃字原文：伮 塘 半 馆 伽 术 圭 郷。
国际音标：nɤ⁵ ʔdɯːŋ² ʔbaːn⁵ kwaːn⁵ nɤ² ve² kwe¹hɯːŋ¹
汉文直译：想 路 半 宿 馆 倚 回 家乡
汉文意译：住家宿馆不忘言。

喃字原文：仍 罖 尬 伮 聂 傷，
国际音标：nɯŋ¹ la² nai¹ nɤ⁵ maːi¹ thɯːŋ¹
汉文直译：甚 是 今天 想 明天 想
汉文意译：早思晚想时刻想，

喃字原文：伮 牢 朱 院 聂 塘 爱 恩。
国际音标：nɤ⁵ thaːu¹ tsɔ¹ vɛn⁶ tam¹ ʔdɯːŋ² ʔaːi⁵ʔɤn¹
汉文直译：想 怎么 给 完美 百 方面 恩爱
汉文意译：咱俩恩爱数不尽。

喃字原文：伮 朕 群 固 欺 斦，
国际音标：nɤ⁵ jaŋ¹ kɔn² kɔ⁵ khi¹ ɣɤn²
汉文直译：想 月 还 有 时 近
汉文意译：望月有时月来近，

喃字原文：伮 扒 别 尒 犰 分 朱 悁。
国际音标：nɤ⁵ tsaːŋ² ʔbiːt⁷ mɤi⁵ muːn¹fɤn² tsɔ¹ kwen¹
汉文直译：想 郎 知 几 万 分 给 忘
汉文意译：心中想君时不忘。

(442)

喃字原文：翁 绦 娿 月 㤈 兜，
国际音标：ʔoŋ¹tɤ¹ ʔba²ŋwiːt⁸ ʔdi¹ ʔdɤu¹
汉文直译：月老 冰人 去 哪儿
汉文意译：月老冰人去那里，

1153

喃字原文：空 術 麻 撶 绐 愁 朱 些；
国际音标：khoŋ¹ ve² ma² jɤ³ moi⁵ thɤu² tsɔ¹ ta¹
汉文直译：不 回 而 解 愁绪 给 哥
汉文意译：为何不来解愁私；

喃字原文：翁 丝 娿 月 於 茹，
国际音标：ʔoŋ¹tɤ¹ ʔba²ŋwi:t⁸ ʔɤ³ ɲa²
汉文直译：月老 冰人 在 家
汉文意译：月老冰人在家里，

喃字原文：空 迻 麻 撶 朱 黜 绐 愁。
国际音标：khoŋ¹ ʔdi¹ ma² jɤ³ tsɔ¹ ra¹ moi⁵thɤu²
汉文直译：不 去 而 解 给 出 愁绪
汉文意译：不来解开愁相思。

(443)

喃字原文：黜 術 闷 伮 訮 傷，
国际音标：ra¹ ve² mu:n¹ nɤ⁵ ŋin² thɯ:ŋ¹
汉文直译：出 回 万 思 千 念
汉文意译：回家时千思万念，

喃字原文：搭 畑 拄 灶 諾 枏 潭 泚；
国际音标：thap⁷ ʔdɛn² tsaŋ³ tsai⁵ nɯ:k⁷mat⁷ ʔdam²ʔdiə²
汉文直译：点 灯 不 炭 泪水 簌簌
汉文意译：点灯不燃泪水流；

喃字原文：腊 傷 英 畑 吏 熄 迻，
国际音标：ʔdem¹ thɯ:ŋ¹ ʔan¹ ʔdɛn² la:i⁶ tat⁷ ʔdi¹
汉文直译：夜 想 哥 灯 又 熄 去
汉文意译：等至灯熄尚未眠，

情 歌

喃字原文： 傷 英 渃 相 慈 悲 强 愁。
国际音标： thɯː ŋ¹ ʔan¹ nɯːk⁷mat⁷ tɯ² ʔbi¹ kaːŋ² thɤu²
汉文直译： 想 哥 泪水 慈悲 更 愁
汉文意译： 想哥泪流慈悲愁。

（男：杜福朝；女：苏权珍）

（444）

喃字原文： 醛 淹 如 蛱 醛 花，
国际音标： thai¹ ʔɛm¹ nɯ¹ ʔbɯːm⁵ thai¹ hwa¹
汉文直译： 迷醉 妹 如 蝶 迷醉 花
汉文意译： 迷恋妹如蝶迷花，

喃字原文： 如 螉 醛 蜜 如 些 醛 躺；
国际音标： nɯ¹ ʔoŋ¹ thai¹ mɤt⁸ nɯ¹ ta¹ thai¹ min²
汉文直译： 如 蜂 迷醉 蜜 如 哥 迷醉 妹
汉文意译： 如蜂迷蜜哥恋妹；

喃字原文： 迷 醛 淹 為 浧 為 情，
国际音标： me¹thai¹ ʔɛm¹ vi² net⁷ vi² tin²
汉文直译： 迷醉 妹 为 品行 为 情
汉文意译： 迷恋妹见性情好，

喃字原文： 為 揬 為 眹 為 躺 躺 喂。
国际音标： vi² ʔbɤm⁵ vi² ɳai⁵ vi² min² min² ʔɤːi¹
汉文直译： 为 掐 为 眨眼 为 妹 妹 啊
汉文意译： 沉醉妹有美眼色。

（445）

喃字原文：醛 烠 如 醛 礞 劳，
国际音标：thai¹ ɲau¹ ɲɯ¹ thai¹ thu:k⁷la:u²
汉文直译：迷醉 互相 如 迷醉 熟烟
汉文意译：相爱似醉了熟烟，

喃字原文：㐌 墫 吊 𦤾 吏 掏 吊 蓮；
国际音标：ʔda³ tson¹ ʔdi:u⁵ su:ŋ⁵ la:i⁶ ʔda:u² ʔdi:u⁵ len¹
汉文直译：已 埋 烟斗 下 又 挖 烟斗 上
汉文意译：已放烟斗又提来；

喃字原文：醛 烠 如 醛 礞 冬，
国际音标：thai¹ ɲau¹ ɲɯ¹ thai¹ thu:k⁷ʔdoŋ¹
汉文直译：迷醉 互相 如 迷醉 迷药
汉文意译：相爱似醉了迷药，

喃字原文：當 脥 畑 烠 趣 滝 麻 寻。
国际音标：ʔda:ŋ¹ ʔdem¹ ʔdɛn²ʔdɔm⁵ tha:ŋ¹ thoŋ¹ ma² tim²
汉文直译：正当 夜 灯火 去 河 而 找
汉文意译：点灯过河夜去寻。

（446）

喃字原文：醛 花 醛 㛪 醛 情，
国际音标：thai¹ hwa¹ thai¹ ma:i⁵ thai¹ tin²
汉文直译：迷醉 花 迷醉 姑娘 迷醉 情
汉文意译：迷花迷女性迷情，

喃字原文：醛 為 哇 呐 固 𱚆 固 些；
国际音标：thai¹ vi² ɲɤ:i²nɔi⁵ kɔ⁵ min² kɔ⁵ ta¹
汉文直译：迷醉 为 话语 有 你 有 我
汉文意译：咱俩迷醉甜蜜语；

情 歌

喃字原文：醛 烧 如 虸 醛 花，
国际音标：thai¹ ȵau¹ ȵɯ¹ ʔbɯ:m⁵ thai¹ hwa¹
汉文直译：迷醉 互相 如 蝶 迷醉 花
汉文意译：咱迷恋如蝶迷花，

喃字原文：醛 為 哐 呐 孟 麻 邊 聰。
国际音标：thai¹ vi² ȵɤ:i²nɔi⁵ man⁶mɛ³ ʔben¹ ta:i¹
汉文直译：迷醉 为 话语 强大 边 耳
汉文意译：相爱迷恋言有信。

喃字原文：醛 為 孤 相 皿 唭，
国际音标：thai¹ vi² kɔn¹mat⁷ mi:ŋ⁶ kɯ:i²
汉文直译：迷醉 为 眼睛 嘴 笑
汉文意译：迷美眼色口常笑，

喃字原文：醛 為 英 固 鑛 辻 英 交；
国际音标：thai¹ vi² ʔan¹ kɔ⁵ va:ŋ²mɯ:i² ʔan¹ ja:u¹
汉文直译：迷醉 为 哥 有 足金 哥 交
汉文意译：迷君带来是足金；

喃字原文：醛 為 孤 相 朰 桃，
国际音标：thai¹ vi² kɔn¹mat⁷ ma⁵ʔda:u²
汉文直译：迷醉 为 眼睛 桃颊
汉文意译：迷对眼睛红桃脸，

喃字原文：羌 犔 搭 笔 皿 嘲 坤 顽。
国际音标：ŋɔn⁵tai¹ thap⁷ʔbut⁷ mi:ŋ⁶ tsa:u² khon¹ŋwa:n¹
汉文直译：手指 笔套 嘴 问候 机灵
汉文意译：手指如笔人机灵。

1157

(447)

喃字原文： 创 胗 喋 域 胋 旺，
国际音标： tha:ŋ⁵ jaŋ¹ vaŋ² vak⁸ ʔdem¹ ram²
汉文直译： 明亮 月 皎洁 夜 望 日
汉文意译： 十五明月照长夜，

喃字原文： 姅 胗 術 创 胗 平 荒 梸；
国际音标： nɯɛ³ ʔdem¹ ve² tha:ŋ⁵ jaŋ¹ ʔbaŋ² ŋon⁶ tɛ¹
汉文直译： 半 夜 回 明亮 月 如 梢 竹
汉文意译： 照至半夜落竹林；

喃字原文： 埯 啐 要 英 朱 贎 没 㞕，
国际音标： ʔɛm¹ tɔt⁷ ʔi:u¹ ʔan¹ tsɔ¹ tɔn² mot⁸ ʔbe²
汉文直译： 妹 最后 爱 哥 给 完满 一味地
汉文意译： 妹真爱哥要始终，

喃字原文： 底 英 塔 晭 坐 挶 暒 胗。
国际音标： ʔde³ ʔan¹ thɤp⁷ thoŋ⁵ ŋoi² ke² ʔbɔŋ⁵ jaŋ¹
汉文直译： 让 哥 若隐若现 坐 贴近 影 月
汉文意译： 趁着月影得倚身。

喃字原文： 亊 情 埃 透 朱 庄，
国际音标： thɯ⁶ tin² ʔa:i² thɤu⁵ tsɔ¹ tsaŋ¹
汉文直译： 事情 谁 通晓 给 不
汉文意译： 这情义谁人通晓，

喃字原文： 底 英 㘷 拵 暒 胗 翅 愁；
国际音标： ʔde³ ʔan¹ ŋoi² jɯɛ⁶ ʔboŋ⁵ jaŋ¹ tsiu⁶ thɤu²
汉文直译： 让 哥 坐 倚 影 月 受 愁
汉文意译： 让哥倚坐月影愁；

情 歌

喃字原文：相思没樸匕桥，
国际音标：tɯːŋ¹tɯ¹ mot⁸ jip⁸ ʔba¹ kɤu²
汉文直译：相思 一 段 三 桥
汉文意译：一心相思人所求，

喃字原文：北 南 匕 我 翘 愁 堆 尼。
国际音标：ʔbak⁷ naːm¹ ʔba¹ŋa³ tsiu⁶ thɤu² ʔdoi¹ nɤːi¹
汉文直译：北 南 三岔路 受 愁 两 地
汉文意译：南北分离各担忧。

喃字原文：鸩 坤 䴓 瘰 術 饵，
国际音标：tsim¹ khon¹ tset⁷ met⁸ ve² moi²
汉文直译：鸟 灵 死 累 为 诱饵
汉文意译：灵鸟累死钓饵诱，

喃字原文：怒 叫 昭 吤 哓 馼 情 终。
国际音标：nɔ⁶ keu¹ jɛu⁵ jat⁷ ɣɛu⁶ ŋɯːi² tin² tsuŋ¹
汉文直译：那 叫 婉转 逗乐 人 钟情
汉文意译：鸟声婉转情人求。

（448）

喃字原文：情 旗 吏 喏 情 旗，
国际音标：tin² kɤ² laːi⁶ khɛu⁵ tin² kɤ²
汉文直译：偶然 又 巧 偶然
汉文意译：偶然又巧遇偶然，

喃字原文：空 唄 麻 迈 空 徐 麻 𫗦；
国际音标：khoŋ¹ hɛn⁶ ma² ɣap⁸ khoŋ¹ tsɤ² ma² nen¹
汉文直译：不 约 而 遇 不 等 而 成
汉文意译：不约而合得成功；

1159

喃字原文：情 旗 麻 啹 情 旗,
国际音标：tin²kɤ² ma² khɛu⁵ tin²kɤ²
汉文直译：偶然 而 巧 偶然
汉文意译：意外巧碰上意外,

喃字原文：欺 朒 返 㪔 悲 唸 返 低。
国际音标：khi¹ nai³ ɣap⁸ ʔdɤi⁵ ʔbɤi¹jɤ² ɣap⁸ ʔdɤi¹
汉文直译：时 那 遇 那儿 如今 遇 这儿
汉文意译：那次相遇今相逢。

（449）
喃字原文：情 深 几 㪔 馼 低,
国际音标：tin² thɤm¹ kɛ³ ʔdɤi⁵ ŋɯːi² ʔdɤi¹
汉文直译：情 身 人 那儿 人 这儿
汉文意译：咱俩义重又情深,

喃字原文：㐌 绅 织 襂 停 拣 梗 愁;
国际音标：ʔda³ sɛ¹ tsi³ tham⁵ ʔdɯŋ² lai¹ kan² thɤu²
汉文直译：已 牵 线 深色 别 摇 枝 愁
汉文意译：已系红绳莫忧愁;

喃字原文：要 烧 吁 妆 哐 烧,
国际音标：ʔiːu¹nau¹ sin¹ nɤ⁵ nɤːi² nau¹
汉文直译：相爱 请 记 话 互相
汉文意译：相爱言行要牢记,

喃字原文：制 花 時 沛 竚 牟 朱 花。
国际音标：tsɤːi¹ hwa¹ thi² faːi³ jɯ³ mau² tso¹ hwa¹
汉文直译：玩 花 就 得 守 颜色 给 花
汉文意译：玩花守护花艳红。

（男：苏维绍；女：杜福英）

情 歌

13

喃字原文：咘 麻 曘 帞 湄 油 滼 派
国际音标：jɤu² ma² naŋ⁵ lɯə³ mɯə¹ jɤu² tsɤ⁵ fa:i¹
汉文直译：尽管　烈日　雨　淋　别　褪色
汉文意译：暴晒雨淋色不褪

（450）

喃字原文：𫍣 㤿 䰻 册 三 人，
国际音标：ŋoi² ʔbu:n² mɤ³ that⁷ ta:m¹ ȵɤn¹
汉文直译：坐　烦闷　开　书　三　仁
汉文意译：清闲开卷三仁诗，

喃字原文：凿 伩 没 本 朱 陳 嗨 嗦；
国际音标：ta:k⁸ va:u² mot⁸ ʔba:n³ tsɤu¹ tɤn² hɔi³ tham¹
汉文直译：凿　进　一　本　朱　陈　探　问
汉文意译：朱陈相访书铭记；

喃字原文：玉 喂！包 伩 饶 薛？
国际音标：ŋɔk⁸ ʔɤ:i¹ ʔda³ mɤi⁵ ȵi:u¹ nam¹
汉文直译：玉　啊　已　几　多　年
汉文意译：玉喂！相识多少年？

喃字原文：玉 㐱 玉 補 啃 呬 魍 皮。
国际音标：ŋɔk⁸ ʔdi¹ ŋɔk⁸ ʔbɔ³ ti:ŋ⁵ tam¹ ȵi:u² ʔbe²
汉文直译：玉　去　玉　丢　音　讯　多　方
汉文意译：玉去没有来音讯。

喃字原文： 自 欺 玉 跐 黜 衒，
国际音标： tɯ² khi¹ ŋɔk⁸ ʔbɯːk⁷ raːˈve²
汉文直译： 从 时 玉 迈步 回去
汉文意译： 自从玉离开这里，

喃字原文： 固 没 敊 吞 罵 為 琨 釖；
国际音标： kɔ⁵ mot⁸ tsɯ³ viˑ⁵ laˑ² viˑ² kɔnˈjaːu¹
汉文直译： 有 一 字 比 喻 是 为 刀
汉文意译： 用一"刀"字来比喻；

喃字原文： 聶 𬂩 淹 固 軙 市，
国际音标： maːiˈ¹thau¹ ʔɛm¹ kɔ⁵ tsoŋ² naːu²
汉文直译： 日 后 妹 有 夫 哪
汉文意译： 日后妹有了夫君，

喃字原文： 英 㧺 戈 吏 𠰘 嘲 㵢 悁。
国际音标： ʔan¹ ʔdiˈ¹kwa¹ laːi⁶ miːŋ⁶ tsaːu² tsɤ⁵ kwen¹
汉文直译： 哥 经 过 来 嘴 问 好 别 忘
汉文意译： 见面问好莫忘记。

喃字原文： 淹 衒 唒 唒 哐 愿，
国际音标： ʔɛm¹ ve² khaŋˈ¹khaŋ¹ ŋɤːi²ŋwiːn⁶
汉文直译： 妹 回 墨 守 誓 言
汉文意译： 妹要墨守自誓言，

喃字原文： 㵢 貪 准 恪 麻 悁 袠 儀；
国际音标： tsɤ⁵ thaːm¹ tson⁵ khaːk⁷ maˑ² kwen¹ mɤt⁷ŋi²
汉文直译： 别 贪 处 别 而 忘 失 仪
汉文意译： 莫贪他处忘情义；

情 歌

喃字原文：潹 贪 准 恪 ᄆ 之,
国际音标：tsɤ⁵ tha:m¹ tson⁵ kha:k⁷ la:m² tsi¹
汉文直译：别 贪 处 别 做 什么
汉文意译：见他人美莫贪之,

喃字原文：翻 時 磊 道 斯 時 不 仁。
国际音标：tɯ:k⁷ thi² loi³ʔda:u⁶ thau¹ thi² ʔbɤt⁷n̩n¹
汉文直译：先 则 失 道 后 则 不 仁
汉文意译：先是失道后失仪。

（451）

喃字原文：⿰钅瓜 厨 搭 没 旬 香,
国际音标：va:u² tsuə² thap⁷ mot⁸ tɤn² hɯ:ŋ¹
汉文直译：进 寺 烧 一 旬 香
汉文意译：入祠烧上一旬香,

喃字原文：秕 搭 ⿰口丕 嗯 罤 方 厨 帀;
国际音标：tai¹ thap⁷ mi:ŋ⁶ khɤn⁵ ʔbon⁵fɯ:ŋ¹ tsuə² na:u²
汉文直译：手 烧 香 口 祈祷 四 方 寺 哪
汉文意译：烧香祈祷周围祠;

喃字原文：停 瓱 琨 厨 邊 北,
国际音标：ʔdɯŋ² thɤi⁵ kɔn¹tsuə² ʔben¹ʔbak⁷
汉文直译：别 见 寺 北 边
汉文意译：莫见北祠离不开,

喃字原文：麻 睨 丐 厨 邊 東 逍 残。
国际音标：ma² kɔi¹ ka:i⁵tsuə² ʔben¹ʔdoŋ¹ tuə²ta:n²
汉文直译：而 看 寺 东 边 残 破
汉文意译：东祠残旧又忘记。

1163

喃字原文：潺 贪 鉢 硪 麻 负 鉢 坈，
国际音标：tsɤ⁵ tha:m¹ ʔba:t⁷ thɯ⁵ ma² fu⁶ ʔba:t⁷ ʔda:n²
汉文直译：别 贪 碗 瓷 而 负 碗 玄
汉文意译：莫见瓷碗忘玄碗，

喃字原文：没 㠯 鉢 硪 磭 散 固 馹。
国际音标：mot⁸ ma:i¹ ʔba:t⁷ thɯ⁵ vɤ³ ta:n¹ kɔ⁵ ŋai²
汉文直译：日 后 碗 瓷 破烂 有 日
汉文意译：日后瓷碗有破时。

（男：阮进余；女：梁达辉）

(452)

喃字原文：矡 黜 棱 泖 共 溪，
国际音标：toŋ¹ ra¹ rɯŋ² ʔben⁵ kuŋ² khɛ¹
汉文直译：望 出 林 紧连 同 溪流
汉文意译：远望见码头水溪，

喃字原文：蹟 桬 晖 庠 啨 螭 螭 嗡 愁；
国际音标：tsɤn¹ ŋon⁶ ʔbɔŋ⁵ ma:i⁵ ti:ŋ⁵ vɛ¹ ɣɔi⁶ thɤu²
汉文直译：脚 梢头 树影 声 蝉 叫 愁
汉文意译：森林里有蝉叫愁；

喃字原文：毳 娘 些 仍 罘 愁，
国际音标：thɤi⁵ na:ŋ² ta¹ nɯŋ³ la² thɤu²
汉文直译：见 妹 哥 极 了 愁
汉文意译：见妹面心仍担忧，

喃字原文：茆 埃 别 浽 机 求 尼 庄。
国际音标：na:u² ʔa:i¹ ʔbi:t⁷ noi³ kɤ¹ kɤu² nai² tsaŋ¹
汉文直译：哪 谁 知 境地 艰难 这 不
汉文意译：妹否识得哥心求。

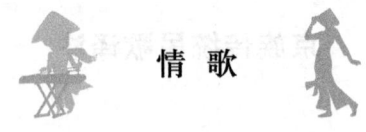

情 歌

（453）

喃字原文：乍 些 甲 没 悉 求，
国际音标：ha:i¹ta¹ ja:p⁷ mot⁸ lɔŋ² kɤu²
汉文直译：咱俩 见面 一 心 求
汉文意译：咱俩见面情意深，

喃字原文：呦 麻 曝 焙 湄 油 潞 派；
国际音标：jɤu²ma² naŋ⁵lɯə³ mɯə¹ jɤu² tsɤ⁵ fa:i¹
汉文直译：尽管 烈日 雨 淋 别 褪色
汉文意译：暴晒雨淋色不褪"；

喃字原文：呦 埃 单 菭 黙 埃，
国际音标：jɤu² ʔa:i¹ ʔdɤ:n¹ʔba:k⁸ mak⁸ ʔa:i¹
汉文直译：不管 谁 薄情 任由 谁
汉文意译：不管谁人怎薄情，

喃字原文：乍 些 缘 深 義 髻 纡 数。
国际音标：ha:i¹ta¹ ji:n¹ thɤm¹ ŋiə³ jai² ʔben⁶ lɤu¹
汉文直译：咱俩 缘 深 义 厚 缠绵 久
汉文意译：咱俩情缘更深厚。

喃字原文：乍 些 缘 深 纡 数，
国际音标：ha:i¹ta¹ ji:n¹ thɤm¹ ʔben⁶ lɤu¹
汉文直译：咱俩 缘 深 缠绵 久
汉文意译：情缘深切永不褪，

喃字原文：贪 鐄 负 義 朱 垚 憎 恸。
国际音标：tha:m¹ va:ŋ² fu⁶ ŋiə³ tsɔ¹ ȵau¹ thɛn⁶thuŋ²
汉文直译：贪 金 负义 给 互相 羞臊
汉文意译：贪金负义愧于情。

（454）

喃字原文：固 欺 蚋 挴 邊 牀,
国际音标：kɔ⁵ khi¹ ŋoi² jɯə⁶ ʔben¹ jɯːŋ²
汉文直译：有 时 坐 倚 边 床
汉文意译：有时倚坐在床边，

喃字原文：欺 悐 時 盱 欺 傷 睍 蚋;
国际音标：khi¹ vui¹ thi² ŋu³ khi¹ thɯːŋ¹ jɤi⁶ ŋoi²
汉文直译：时 欢乐 就 睡 时 想念 醒 坐
汉文意译：欢时睡觉思时醒；

喃字原文：固 欺 扠 襖 傳 唏,
国际音标：kɔ⁵ khi¹ kɤːi³ ʔaːu⁵ tiːn² hɤi¹
汉文直译：有 时 脱 衣 传 气味
汉文意译：有时脱衣闻气味，

喃字原文：吀 娘 停 潙 固 移 虼 螉。
国际音标：sin¹ naːŋ² ʔdɯŋ² tsɤ⁵ kɔ⁵ jɤːi² ʔbɯːm⁵ ʔoŋ¹
汉文直译：请 妹 别 有 离开 蝶 蜂
汉文意译：蜂蝶双飞妹莫离。

喃字原文：罞 皮 略 相 赊 朢,
国际音标：ʔbon⁵ ʔbe² laːk⁷ mat⁷ saː¹ toŋ¹
汉文直译：四 面 注视 远 望
汉文意译：眼观四处注前方，

喃字原文：吉 怜 群 妒 憫 红 吟 詩;
国际音标：kaːt⁷ lan² kɔn² ʔdɔ⁵ tui³ hoŋ² ŋɤm¹ thɤ¹
汉文直译：吉兆 还 那 自 怜 吟 诗
汉文意译：吉兆尚在独吟诗；

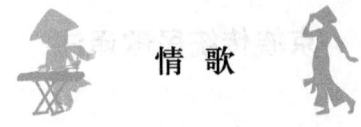

情 歌

喃字原文：捵 鑚 鉰 㬢 畑 鬻,
国际音标：vɛ³vaːŋ¹ huːŋ¹ thɤːm⁵ ʔdɛn² khwiə¹
汉文直译：光辉 镜子 早上 灯 深夜
汉文意译：日光夜灯显光辉,

喃字原文：姅 情 姅 景 醛 習 㣺 悉。
国际音标：nɯə³ tin² nɯə³ kan³ thai¹thɯə¹ tɤm⁵lɔŋ²
汉文直译：半 情 半 景 陶醉 心情
汉文意译：情景交融迷心里。

喃字原文：想 馼 蓮 月 鼾 垌,
国际音标：tɯːŋ³ ŋɯːi² ten¹ ŋwiːt⁸ jɯːi⁵ ʔdɔŋ²
汉文直译：想 人 上 月 下 田垌
汉文意译：望月行地想情侣,

喃字原文：惜 傷 英 底 馹 鼂 㞑 徐;
国际音标：tiːk⁷thɯːŋ¹ ʔan¹ ʔde³ ŋai² tɔŋ¹ maːi¹ tsɤ²
汉文直译：惋惜 哥 留 日 望 夜 等
汉文意译：日思夜想待心里;

喃字原文：遑 呑 觡 波 㟔 嗚,
国际音标：ʔben¹ jɤːi² ɣɔk⁷ ʔbe³ ʔbɤ¹vɤ¹
汉文直译：边 天 角 海 飘零
汉文意译：天涯海角飘零矣,

喃字原文：拈 崙 㳺 涊 包 睮 朱 派。
国际音标：tsiːm⁵ thɔn¹ ɣot⁸rɯə³ ʔbaːu¹jɤ² tsɔ¹ faːi¹
汉文直译：油漆 朱红 涤除 何时 给 褪色
汉文意译：油朱贴金难清洗。

（455）

喃字原文：揜埂鵾筧扒喂，
国际音标：ʔɛm¹ ŋan¹ nɛu³ thɤi⁵ tsa:ŋ² ʔɤ:i¹
汉文直译：妹　拦　路　见　郎　啊
汉文意译：妹拦路好似见君，

喃字原文：筧掍雁白彩淶邉塘；
国际音标：thɤi⁵ kɔn¹ɲa:n⁶ ʔbat⁸ ʔbai¹ rɤ:i¹ ʔben¹ ʔdɯ:ŋ²
汉文直译：见　大雁　白　飞　落　边　路
汉文意译：又见白雁飞坠地；

喃字原文：强䫜筧景强傷，
国际音标：ka:ŋ² toŋ¹ thɤi⁵ kan³ ka:ŋ² thɯ:ŋ¹
汉文直译：越　望　见　景　越　悲伤
汉文意译：望见此景真悲伤，

喃字原文：䫜黜愊背𩱛塘信喥。
国际音标：toŋ¹ ra¹ ʔbuk⁷ʔboi⁵ ɲi:u² ʔdɯ:ŋ² tin¹ tham¹
汉文直译：望　出　憋闷　多　路　信　探询
汉文意译：远望憋闷问那里。

喃字原文：扒衕隔阻訐䣂，
国际音标：tsa:ŋ² ve² kat⁷tɤ³ ŋin² nam¹
汉文直译：郎　回　阻隔　千　年
汉文意译：君去时隔似千年，

喃字原文：哧貋揜䞴哧賖揜愊；
国际音标：sit⁷ɣɤn² ʔɛm¹ ʔden⁵ sit⁷ sa¹ ʔɛm¹ ʔbu:n²
汉文直译：靠近　妹　到　靠近　远　妹　烦闷
汉文意译：离近妹喜离远愁；

情 歌

喃字原文： 払 術 停 溜 愁 烦，
国际音标： tsa:ŋ² ve² ʔdɯŋ²tsɤ⁵ thɤu²fi:n²
汉文直译： 郎 回 别 烦恼
汉文意译： 君回家莫要烦恼，

喃字原文： 払 術 停 溜 结 愿 共 埃。
国际音标： tsa:ŋ² ve² ʔdɯŋ²tsɤ⁵ ket⁷ŋwi:n⁶ kuŋ² ʔa:i¹
汉文直译： 郎 回 别 结 愿 同 谁
汉文意译： 君回莫同谁结偶。

喃字原文： 払 術 停 溜 眭 埃，
国际音标： tsa:ŋ² ve² ʔdɯŋ²tsɤ⁵ ŋɛ¹ ʔa:i¹
汉文直译： 郎 回 别 听 谁
汉文意译： 君回莫听别人哄，

喃字原文： 払 術 停 溜 眭 埃 咑 咛。
国际音标： tsa:ŋ² ve² ʔdɯŋ²tsɤ⁵ ŋɛ¹ ʔa:i¹ jo³jan²
汉文直译： 郎 回 别 听 谁 引 诱
汉文意译： 君回莫听人引诱。

（男：杜福朝，阮继初；女：刘元英，武德英）

（456）

喃字原文： 曘 ⿱ 戈 英 ⿱ 戈 茹，
国际音标： toi⁵hom¹kwa¹ ʔan¹ ʔdi¹kwa¹ n̩a²
汉文直译： 昨晚 哥 经过 家
汉文意译： 昨晚哥经过家门，

喃字原文： 觅 媄 躴 絧 觅 吒 躴 朱；
国际音标： thɤi⁵ mɛ⁶ nam² vɔŋ³ thɤi⁵ tsa¹ nam² jɯ:ŋ²
汉文直译： 见 母 躺 网床 见 父 躺 床
汉文意译： 见父睡床母网床；

1169

喃字原文： 觅 媕 檜 坦 躺 霜，
国际音标： thɤi⁵ ʔɛm¹ ɣoi⁵ ʔdɤt⁷ nam² thɯ:ŋ¹
汉文直译： 见 妹 枕 地 躺 怜悯
汉文意译： 见妹躺地受风霜，

喃字原文： 底 英 迻 幣 谟 牀 躺 封。
国际音标： ʔde³ ʔan¹ ʔdi¹ tsɤ⁶ muə¹ jɯ:ŋ²min²fɔŋ¹
汉文直译： 让 哥 去 集市 买 大床
汉文意译： 让哥上街买大床。

喃字原文： 牀 躺 封 禛 蒕 照 夾，
国际音标： jɯ:ŋ²min²fɔŋ¹ tsan¹ʔbɔŋ¹ tsi:u⁵ kap⁸
汉文直译： 大床 棉被 席子 花
汉文意译： 大床有被有花席，

喃字原文： 英 搭 朱 媕 媕 搭 迻 兜；
国际音标： ʔan¹ ʔdap⁷ tso¹ ʔɛm¹ ʔɛm¹ ʔdap⁷ ʔdi¹ ʔdɤu¹
汉文直译： 哥 盖 给 妹 妹 盖 去 哪儿
汉文意译： 让妹盖被妹不用；

喃字原文： 孖 之 损 芷 烌 油，
国际音标： la:m²tsi¹ ton³ ʔbɤk⁷ ha:u⁵ jɤu²
汉文直译： 为什么 损 灯芯 耗 油
汉文意译： 为何损耗灯芯油，

喃字原文： 朱 惨 悉 帝 朱 愁 悉 低。
国际音标： tsɔ¹ tha:m³ lɔŋ² ʔdɤi⁵ tsɔ¹ thɤu² lɔŋ² ʔdɤi¹
汉文直译： 给 惨 心 那儿 给 愁 心 这儿
汉文意译： 买回不用让忧愁。

情 歌

(457)

喃字原文：	倱	馸	伴	喝	箕	喂，
国际音标：	kɔn¹	ŋɯːi²ʔbaːn⁶haːt⁷		kiə¹	ʔɤːi¹	
汉文直译：	个	歌友		那	啊	

汉文意译：那位歌友请过来，

喃字原文：	愁	秫	花	夯	舩	悉	相思；
国际音标：	thɤu²	riːŋ¹	hwa¹	nɤ³	tɔŋ¹	lɔŋ²	tɯːŋ¹tɯ¹
汉文直译：	愁	私	花	开	中	心	相思

汉文意译：心愁相思自独坐；

喃字原文：	愁	秫	花	夯	相思，
国际音标：	thɤu²	riːŋ¹	hwa¹	nɤ³	tɯːŋ¹tɯ¹
汉文直译：	愁	私	花	开	相思

汉文意译：花开私愁自相思，

喃字原文：	舩	悉	忮	景	拱	如	忮	馸。
国际音标：	tɔŋ¹	lɔŋ²	nɤ⁵	kan³	kuŋ³	ȵɯ¹	nɤ⁵	ŋɯːi²
汉文直译：	中	心	思	景	也	如	想	人

汉文意译：心思景色想人来。

喃字原文：	停	麻	情	负	些	尼，
国际音标：	ʔdɯŋ²	ma²	tin²	fu⁶	ta¹	nai²
汉文直译：	别	而	情	负	咱	这

汉文意译：莫要辜负这情义，

喃字原文：	赊	丕	赊	啥	如	悉	挬	赊；
国际音标：	sa¹	jɤːi²	sa¹	tiːŋ⁵	ȵɯ¹	lɔŋ²	tsaŋ³	sa¹
汉文直译：	远	天	远	声	但	心	不	远

汉文意译：人虽远处心靠近；

1171

喃字原文：底 朱 缘 特 闷 分，
国际音标：ʔde³tsɔ¹ jiːn¹ ʔdɯːk⁸ muːn¹fɤn²
汉文直译：让　　缘　　得　　　万分
汉文意译：为了情义有缘分，

喃字原文：脏 䏦 悉 仍 闷 分 约 幻。
国际音标：ʔdem¹ŋai² lɔŋ² nɯŋ³ muːn¹fɤn² ʔɯːk⁷ʔaːu¹
汉文直译：日夜　　心　些　　万分　　　期望
汉文意译：日思夜想期姻缘。

喃字原文：娘 罹 蜀 女 甓 塘，
国际音标：naːŋ² la² thuk⁸nɯː³ ʔdu³ʔdɯːŋ²
汉文直译：妹　是　淑女　　完美
汉文意译：妹是淑女完美人，

喃字原文：功 吒 義 媄 高 堂 养 馁。
国际音标：koŋ¹ tsa¹ ŋiə³ mɛ⁶ kaːu¹ʔdɯːŋ² jɯːŋ³nuːi¹
汉文直译：功　　父　义　母　高唐　　抚养
汉文意译：这是父母养育恩。

（458）

喃字原文：戈 亭 畸 籖 伩 亭，
国际音标：kwa¹ ʔdin² ɣɛ⁵ nɔn⁵ vaːu² ʔdin²
汉文直译：经过 哈亭 斜 斗笠 进 哈亭
汉文意译：经过哈亭脱下帽，

喃字原文：亭 包 饶 瓩 傷 躺 包 饶；
国际音标：ʔdin² ʔbaːu¹niːu¹ ŋɔi⁵ thɯːŋ¹ min² ʔbaːu¹niːu¹
汉文直译：哈亭　多少　　瓦　想　妹　多少
汉文意译：亭多少瓦想多少；

1172

情 歌

喃字原文：戈 楼 畸 簸 忚 楼，
国际音标：kwa¹ lɤu² ɣɛ⁵ nɔn⁵ va:u² lɤu²
汉文直译：经过 楼 斜 斗笠 进 楼
汉文意译：经过楼房摘下帽，

喃字原文：楼 包 饶 魄 傷 油 包 饶。
国际音标：lɤu² ʔba:u¹ ɲi:u¹ ŋɔi⁵ thɯ:ŋ¹ jɤu⁵ ʔba:u¹ ɲi:u¹
汉文直译：楼 多少 瓦 爱 多少
汉文意译：屋多少瓦爱多少。

（459）

喃字原文：奄 傷 伴 苗 空 移，
国际音标：ʔɛm¹ thɯ:ŋ¹ ʔba:n⁶ku³ khoŋ¹ jɤ:i²
汉文直译：妹 爱 故友 不 移
汉文意译：相爱故友不想回，

喃字原文：丕 铖 固 氽 哇 嗨 嗟；
国际音标：vɤi⁶nen¹ kɔ⁵ mɤi⁵ nɤ:i² hɔi³tham¹
汉文直译：所以 有 几 话 探询
汉文意译：妹寄数语来问好；

喃字原文：散 怒 奄 挍 詩 迦，
国际音标：hom¹ nɔ⁶ ʔɛm¹ ɣɯi³ thɤ¹ tha:ŋ¹
汉文直译：天 那 妹 寄 信 来
汉文意译：前些日子妹寄信，

喃字原文：詩 空 彔 细 脾 肝 赔 徊。
国际音标：thɤ¹ khoŋ¹ ʔbai¹ tɤ:i⁵ ru:t⁸ɣa:n¹ ʔbɔi²hɔi²
汉文直译：信 不 飞 到 心 徘徊
汉文意译：没见回信心徘徊。

喃字原文：欺從且虳制　盘帋,
国际音标：khi¹ thɔŋ¹ tha³ ŋoi² tsɤːi¹ ʔbaːn²jɤi⁵
汉文直译：时　从　容　坐　玩　书信
汉文意译：有时从容坐写信,

喃字原文：掫　幅　詩　尼　拎　祂　麻　氃；
国际音标：ɣɯi³ ʔbɯk⁷ thɤ¹ nai² kɤm²lɤi⁵ ma² toŋ¹
汉文直译：寄　幅　信　这　拿　来　看
汉文意译：现寄信去请君收；

喃字原文：扨　仙　草　幅　詩　红,
国际音标：tai¹ tiːn¹ thaːu³ ʔbɯk⁷ thɤ¹ hoŋ²
汉文直译：手　仙　草拟　幅　信　红
汉文意译：仙手草写红书信,

喃字原文：挹　馭　知己　逐　共　伴　鸾。
国际音标：kɤi⁶ ŋɯːi² ti¹ki³ ʔdɯɤ¹ kuŋ² ʔbaːn⁶ lɔn¹
汉文直译：倚　人　知己　送　同　友　鸾
汉文意译：托知心人交鸾友。

喃字原文：怩　淹　拱　特　清　闲,
国际音标：nai¹ ʔɛm¹ kuŋ³ ʔdɯːk⁸ than¹naːn²
汉文直译：如今　妹　也　得　清闲
汉文意译：如今妹正得清闲,

喃字原文：忉　丕　孟　跬　平安　如　常；
国际音标：nɤ² jɤːi² man⁶khwɛ³ ʔbin²ʔaːn¹ ɲɯ¹ thɯːŋ²
汉文直译：倚　天　健康　平安　如　常
汉文意译：望天保佑得健康；

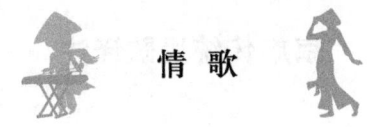

情 歌

喃字原文： 翻 喺 父 母 堆 堂，
国际音标： tɯːk⁷ tham¹ fu⁶mɤu³ ʔdoi¹ ʔdɯːŋ²
汉文直译： 先 探望 父 母 双 堂
汉文意译： 先是向父母问好，

喃字原文： 敨 特 荣 颢 平 安 媕 憫。
国际音标： thau¹ ʔdɯːk⁸ vin¹hiːn³ ʔbin²ʔaːn¹ ʔɛm¹ mɯŋ²
汉文直译： 后 得 荣 显 平 安 妹 欢心
汉文意译： 后君显荣妹欢心。

喃字原文： 敊 黜 晋 买 嗨 秦，
国际音标： roi² ra¹ tʂn⁵ mɤːi⁵ hoi³ tʂn²
汉文直译： 然后 出 晋 才 问 秦
汉文意译： 然后再问晋秦事，

喃字原文： 敨 尼 些 仕 喺 躺 躺 喂；
国际音标： thau¹nai² ta¹ thɛ³ tham¹ min² min² ʔɤːi¹
汉文直译： 日后 哥 将 探询 妹 妹 啊
汉文意译： 咱俩来往要相问；

喃字原文： 黜 塘 扒 特 詩 淶，
国际音标： ra¹ʔdɯːŋ² ʔbat⁷ ʔdɯːk⁸ thɤ¹ rɤːi¹
汉文直译： 启程 收 得 信 落
汉文意译： 今日出门收封信，

喃字原文： 衳 詩 吏 固 仍 哔 虼 蟧。
国际音标： toŋ¹ thɤ¹ laːi⁶ kɔ⁵ nɯŋ³ nɤːi² ʔbɯːm⁵ ʔɕŋ¹
汉文直译： 中 信 又 有 些 话 蝶 蜂
汉文意译： 信中所述蜂蝶情。

1175

喃字原文：群 空 朱 姜　 韒 攆，
国际音标：kɔn² khoŋ¹ tsɔ¹ thi:p⁷ ʔdɛu² ʔbon²
汉文直译：还有 不 给 妾　 羁绊
汉文意译：君未有人妹靠近，

喃字原文：台 罡 君 子 諟 悉 時 催。
国际音标：hai¹ la² kwɤn² tɯ³ thɯ³ lɔŋ² thi² thoi¹
汉文直译：或是 君子 试 心 就罢了
汉文意译：或是君在试探心。

（男：杜玉光，刘振先；女：苏维秀，阮氏心）

（460）

喃字原文：歪 時 扒 罪 宧 些，
国际音标：jɤ:i² thi² ʔbat⁷ toi⁶ ha:i¹ ta¹
汉文直译：天 则 惩罚 咱俩
汉文意译：老天执罪咱俩人，

喃字原文：挣 埃 跙 涇 悉 麻 赊 跙 悉；
国际音标：tsaŋ³ ʔa:i¹ ʔden⁵ lɔŋ² ma² sa¹ ʔden⁵ lɔŋ²
汉文直译：不 谁 到 心 而 远 到 心
汉文意译：无人想离远分心；

喃字原文：為 核 捲 貝 絲 紅，
国际音标：vi² kɤi¹ ku:n⁵ vɤ:i⁵ tɤ¹ hoŋ²
汉文直译：为 树 卷 和 丝 红
汉文意译：因树木想红藤缠，

喃字原文：衛 馭 些 拱 䖇 悉 怓 傷。
国际音标：ve² ŋɯ:i² ta¹ kuŋ³ tɔŋ¹ lɔŋ² nɤ⁵ thɯ:ŋ¹
汉文直译：为 人家 也 中 心 思恋
汉文意译：为情咱们还思恋。

情 歌

喃字原文：喷浪 圭 於 赊 塘，
国际音标：tat⁷raŋ² kwe¹ ʔɤ³ sa¹ ʔdɯ:ŋ²
汉文直译：责怪 家乡 在 远 路
汉文意译：责怪家乡离得远，

喃字原文：昕 時 氻 秣 些 傷 群 趍。
国际音标：ɣɤn² thi² ɣap⁸mat⁸ ta¹ thɯ:ŋ¹ kɔn² ȵi:u²
汉文直译：近 则 见面 咱 想 还 多
汉文意译：相近时常得见面。

(461)

喃字原文：奴 扒 夥 夥 扒 喂，
国际音标：nɤ⁵ tsa:ŋ² lam⁵ lam⁵ tsa:ŋ² ʔɤ:i¹
汉文直译：想 郎 非常 非常 郎 啊
汉文意译：妹是真实很想君，

喃字原文：牢 扒 挻 擬情碎 ㄗ 丕?
国际音标：tha:u¹ tsa:ŋ² tsaŋ³ ȵi³ tin² toi¹ la:m² vɤi⁶
汉文直译：为何 郎 郎 想 情 我 做 这样
汉文意译：但君何时想起妹？

喃字原文：仜 些 森 合 尒 迟，
国际音标：ha:i¹ta¹ thum¹hɤ:p⁸ mɤi⁵tsɤi²
汉文直译：咱俩 聚首 多久
汉文意译：咱俩聚首时已久，

喃字原文：别 烧 自 帝 到 低 顺 和。
国际音标：ʔbi:t⁷ȵau¹ tu² ʔdɤi⁵ ʔden⁵ ʔdɤi¹ thɤn⁶hwa²
汉文直译：相识 从 那儿 到 这儿 顺和
汉文意译：相识至今很顺和。

喃字原文：埃 ⴔ 扮 限 缘 些，
国际音标：ʔaːi¹ laːm² tsiə¹haːn⁶ jiːn¹ ta¹
汉文直译：谁 做 分开 缘 咱
汉文意译：谁人欲分咱情缘，

喃字原文：朱 铖 㤀 浽 麻 赊 姻 情；
国际音标：tsɔ¹nen¹ ʔden⁵ noi³ ma² sa¹ n̪ɤn¹ tin²
汉文直译：所以 到 境地 而 远 姻缘 情
汉文意译：为此远离阻姻缘；

喃字原文：自 欺 森 合 鸾 房，
国际音标：tɯ² khi¹ thum¹hɤːp⁸ lɔn¹fɔŋ²
汉文直译：从 时 聚首 鸾 房
汉文意译：自从聚首鸾房里，

喃字原文：誓 浪 淹 固 私 悉 貝 埃。
国际音标：the²raŋ² ʔɛm¹ kɔ⁵ riːŋ¹ lɔŋ² vɤːi⁵ ʔaːi¹
汉文直译：发誓 妹 有 私 心 和 谁
汉文意译：妹已誓言无私情。

喃字原文： 腤 号 氽 隔 往 来，
国际音标：ʔdem¹khwiə¹ vaŋ⁵ kat⁷ vaːŋ³laːi¹
汉文直译：深夜 寂静 隔 往 来
汉文意译：深夜沉寂人往来，

喃字原文：䏦 朕 淹 吏 咀 賎 共 朕；
国际音标：toŋ¹ jaŋ¹ ʔɛm¹ laːi⁶ thɤ³ jaːi² kuŋ² jaŋ¹
汉文直译：望 月 妹 又 叹 长 同 月
汉文意译：妹只望月独叹言；

情 歌

喃字原文：浽 念 固 效 情 庄？
国际音标：noi³ ni:m⁶ kɔ⁵ tho⁵ tin² tsaŋ¹
汉文直译：境地 念 有 命 情 不
汉文意译：心中思念否有情？

喃字原文：欺 市 邻 近 媕 觥 黜 伽。
国际音标：khi¹na:u² lɤn¹kɤn⁶ ʔɛm¹ naŋ¹ ra¹va:u²
汉文直译：何时 亲近 妹 常 进出
汉文意译：何时亲近便往来。

喃字原文：丕 铖 草 幅 詩 桃，
国际音标：vɤi⁶ nen¹ tha:u³ ʔbɯk⁷ thɤ¹ ʔda:u²
汉文直译：这样 成 草 拟 幅 信 桃
汉文意译：如今写封桃诗信，

喃字原文：扣 罪 洦 牧 哊 嘲 夫 君。
国际音标：vi:t⁷ va:i² jɔŋ² tsɯ³ ɣɯi³ tsa:u² fu¹kwɤn¹
汉文直译：些 几 行 字 寄 问候 夫 君
汉文意译：写数行字寄问君。

（462）

喃字原文：埃 𠰉 隔 阻 堆 圭，
国际音标：ʔa:i¹ la:m² kat⁷tɤ³ ʔdoi¹ kwe¹
汉文直译：谁 使 阻隔 两 家乡
汉文意译：谁人驱使远离乡，

喃字原文：几 挼 駅 忬 几 衒 駅 傷；
国际音标：kɛ³ ʔdi¹ ŋɯ:i² nɤ⁵ kɛ³ ve² ŋɯ:i² thɯ:ŋ¹
汉文直译：人 去 人 想 人 回 人 念
汉文意译：你去我想人思念；

喃字原文：蜐扝 撧　沛 绦　纴，
国际音标：tɔ²vɔ² mak⁷ fa:i³ tɣ¹ vɯ:ŋ⁵
汉文直译：土蜂 缠　着 丝　缠绕
汉文意译：土蜂缠着蜘蛛丝，

喃字原文：没 𠊛 没 渃 時 傷 燒 共。
国际音标：mot⁸ ŋɯ:i² mot⁸ nɯ:k⁷ thi² thɯ:ŋ¹ ɲau¹ kuŋ²
汉文直译：一 人 一 水 则 思念 互相 一同
汉文意译：各在一方互想念。

喃字原文：道　夫妻 罗 義　相 逢，
国际音标：ʔda:u⁶ fu¹the¹ la² ŋiə³ tɯ:ŋ¹fuŋ²
汉文直译：道　夫妻 是 义　相逢
汉文意译：夫妻道义会相逢，

喃字原文：㐌 悉 果　决　時　停 悕 哦；
国际音标：ʔda³ lɔŋ² kwa³kwi:t⁷ thi² ʔdɯŋ² ne²ʔe¹
汉文直译：已　心　果决　则 别　忧虑
汉文意译：心意已决莫忧虑；

喃字原文：没 㐻 萬 亊 拼 怩，
国际音标：mot⁸ tam¹ va:n⁶ thɯ⁶ tsaŋ³ ne²
汉文直译：一　百 万 事 不 怕
汉文意译：万事大吉请莫忧，

喃字原文：於 兜 傾 歷 些 稽 吏 平。
国际音标：ʔɣ³ ʔdɤu¹ ŋi:ŋ¹lɤt⁸ ta¹ ke¹ la:i⁶ ʔbaŋ²
汉文直译：在 哪儿 倾心 哥 垫 又 平
汉文意译：那方倾心自垫平。

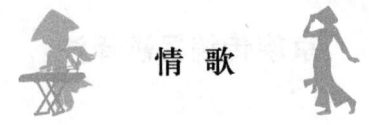

情 歌

(463)

喃字原文：堆 些 乜 啐 没 皮,
国际音标：ʔdoi¹ta¹ ʔda³ tɔt⁷ mot⁸ʔbe²
汉文直译：咱俩 已 既 一味地
汉文意译：咱俩决意同一起，

喃字原文：仍 調 魶 雁 愿 誓 渚 派；
国际音标：n̠ɯŋ³ ʔdi:u² ka⁵ n̠a:n⁶ ŋwi:n²the² tsɯə¹ fa:i¹
汉文直译：些 话 鱼 雁 誓言 未 褪色
汉文意译：鱼雁誓言一心同；

喃字原文：悲 睮 扐 乜 睏 埃,
国际音标：ʔbɤi¹jɤ² tsa:ŋ² ʔda³ ŋɛ¹ ʔa:i¹
汉文直译：如今 郎 已 听说
汉文意译：如今君又听谁哄，

喃字原文：仍 哇 些 呐 邉 聰 睏 常。
国际音标：n̠ɯŋ³ n̠ɤ:i² ta¹ nɔi⁵ ʔben¹ ta:i¹ kɔi¹thɯ:ŋ²
汉文直译：些 话 哥 说 边 耳 轻视
汉文意译：原说的话耳边风。

喃字原文：想 欺 躺 忟 些 傷,
国际音标：tɯ:ŋ³ khi¹ min² n̠ɤ⁵ ta¹ thɯ:ŋ¹
汉文直译：想 时 妹 想 哥 想
汉文意译：想起你思我想时，

喃字原文：睏 烧 平 粉 平 劶 挰 怩；
国际音标：kɔi¹ n̠au¹ ʔbaŋ² fɤn⁵ ʔbaŋ² hɯ:ŋ¹ tsaŋ³ ne²
汉文直译：看 互相 如 粉 如 镜子 不 怕
汉文意译：视为镜子两不分；

1181

喃字原文：衒 時 披 核 愿 誓，
国际音标：ve² thi² ʔbɛ³ kɤi¹ ŋwi:n²the²
汉文直译：回 则 折 树　　发 誓
汉文意译：回折枝花许誓言，

喃字原文：笪 悉 敉 為 時 衒 潹 牢。
国际音标：ʔda³ lɔŋ² tsɯ³ vi⁶ thi² ve² tsɤ⁵ tha:u¹
汉文直译：已 心 字 为 则 回 别 怎么样
汉文意译：为了"情"字快归顺。

（男：刘振辉，刘振先；女：阮氏心）

（464）

喃字原文：英 尼 才 子 㓟 排，
国际音标：ʔan¹ nai² ta:i²tɯ³ tsɤ:i¹ʔbɤ:i²
汉文直译：哥 这 才 子　　游 荡
汉文意译：哥今才子去游荡，

喃字原文：筧 娘 淑 女 蹲 坐 空 安；
国际音标：thɤi⁵ na:ŋ² thuk⁸nɯ³ ʔdɯŋ⁵ ŋoi² khoŋ¹ ʔi:n¹
汉文直译：见 妹 淑 女 站 坐 不 安
汉文意译：见淑女坐立不安；

喃字原文：仕 叫 翁 月 绅 缘，
国际音标：thɛ³ keu¹ ʔoŋ¹ŋwi:t⁸ sɛ¹ji:n¹
汉文直译：将 叫 月 老　　做 媒
汉文意译：将请月老来做媒，

喃字原文：绅 鸾 貝 凤 仜 铖 共 茹。
国际音标：sɛ¹ lɔn¹ vɤ:i⁵ fɯ:ŋ⁶ ha:i¹ nen¹ kuŋ² ɲa²
汉文直译：牵 鸾 和 凤 两 成 同 家
汉文意译：鸾凤结系一家亲。

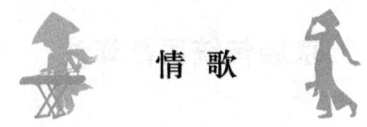

情 歌

喃字原文：客 鸾 迖 馹　 君 子，
国际音标：khat⁷ lon¹ ɣap⁸ ŋɯːi² kwɤn¹tɯ³
汉文直译：客 鸾 遇 人　 君 子
汉文意译：凤客君子两相遇，

喃字原文：决 没 悉 共 之 子 富 贵；
国际音标：kwiːt⁷ mot⁸lɔŋ² kuŋ² tsi¹ tɯ³ fu⁵kwi⁵
汉文直译：决意 一心 同 之 子 富贵
汉文意译：决意与富贵之子；

喃字原文：悲晗迖　伴 故 知，
国际音标：ʔbɤi¹jɤ² ɣap⁸ ʔbaːn⁶ ko⁵ti¹
汉文直译：如今 遇 伴侣 故知
汉文意译：如今遇故友知己，

喃字原文：朱 铖 英 嗨 云 為 凹 哐；
国际音标：tso¹nen¹ ʔan¹ hoi³ vɤn¹vi² vaːi² nɤːi²
汉文直译：所以 哥 问 始 末 几 言
汉文意译：为此哥问言始末；

喃字原文：羲 於 荘　 払 貝 姜，
国际音标：ŋie³ ʔɤ³ ʔdɤːi² tsaːŋ² vɤi⁵ thiːp⁷
汉文直译：义 在 等 郎 和 姜
汉文意译：自古情义君有妾，

喃字原文：些 貝 躺 别 課 荘 帯 悁；
国际音标：taː¹ vɤːi⁵ min² ʔbit⁷ thɤ³ ʔdɤːi² naːu² kwen¹
汉文直译：哥 和 妹 知 时期 代 哪 忘
汉文意译：咱俩相识那时忘；

喃字原文：檂 嶭 返 敦 情 缘，
国际音标：tam¹ nam¹ ɣap⁸ tsɯ³ tin²ji:n¹
汉文直译：百 年 遇 字 情 缘
汉文意译：百年情缘得相遇，

喃字原文：麸鸾 媼凤 平 仙 触 栜。
国际音标：tsoŋ² lɔn¹ vɤ⁶ fɯ:ŋ⁶ ʔbaŋ² ti:n¹ tɤŋ¹ ʔdɤ:i²
汉文直译：夫 鸾 妻 凤 如 仙 中 世
汉文意译：夫鸾妻凤世如仙。

喃字原文：翻 罒 铖 義 室 家，
国际音标：tɯ:k⁷ la² nen¹ ŋiə³ thɤt⁷ja¹
汉文直译：先 是 成 义 家 室
汉文意译：先是情义成家室，

喃字原文：訅 罒 恩 爱 没 茹 色 輪。
国际音标：thau¹ la² ʔɤn¹ʔa:i⁵ mot⁸ ɲa² thak⁷ thɔn¹
汉文直译：后 是 恩 爱 一 家 色 朱红
汉文意译：后是恩爱一家亲。

（465）

喃字原文：嚕罒 祂 討 ⼧ 身，
国际音标：ɣɔi⁶la² lɤi⁵ tha:u³ la:m² thɤn¹
汉文直译：叫做 拿 孝顺 为 立身
汉文意译：孝顺是妹的本份，

喃字原文：朱 為 才 色 些 㐌 糩 馼；
国际音标：tsɔ¹ vi² ta:i² thak⁷ ta¹ nai¹ kɛm⁵ ŋɯ:i²
汉文直译：给 为 才 色 咱 今 不如 人
汉文意译：论才色不如别人；

情 歌

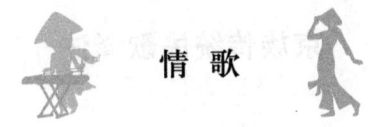

喃字原文：渚 及　叹咀 剧 唑，
国际音标：tsɯə¹ kip⁸ tha:n¹ tʰɤ¹ het⁷ n̪ɤ:i²
汉文直译：未 及　叹息　完 话
汉文意译：未来得及叹息言，

喃字原文：愁 漆 平 波 泩 涧 坤 搋；
国际音标：tʰɤu² tu:n¹ ʔbaŋ² ʔbe³ ji:ŋ⁵kʰɤ:i¹ kʰon¹ ʔdɔ¹
汉文直译：愁 涌　如 海　水 井　难 量
汉文意译：愁泪似海井难量；

喃字原文：㕯 情 躺 暸 吏 朱，
国际音标：tʰɯ⁶tin² min² sɛt⁷ la:i⁶ tsɔ¹
汉文直译：事情 妹　盘问 来 给
汉文意译：请哥盘问这情事，

喃字原文：漻 如 波 巤 麻 搋 淒 浓。
国际音标：tsɤ⁵ n̪ɯ¹ ʔbe³ roŋ⁶ ma² ʔdɔ¹ tʰɤu¹ noŋ¹
汉文直译：别 如 海 宽 而 量 深 浅
汉文意译：不是海水难测量。

（466）

喃字原文：英 衒 英 吲 唑 尼，
国际音标：ʔan¹ ve² ʔan¹ jɤn⁶ n̪ɤ:i² nai²
汉文直译：哥 回 哥 吩咐 话 这
汉文意译：离开之前吩咐言，

喃字原文：凤 凰 只 决 杜 核 梧 桐？
国际音标：fɯ:ŋ⁶hwa:ŋ² tsi³kwi:t⁷ ʔdo³ kɤi¹ŋo¹ʔdoŋ²
汉文直译：凤凰　决心　栖息　梧桐树
汉文意译：凤凰决意栖梧桐？

喃字原文：滝 群 没 础 碣 碭，
国际音标：thoŋ¹ kɔn² mot⁷tsut⁷ ŋa:i⁶ŋuŋ²
汉文直译：河 还 一点 担忧
汉文意译：因河相隔心担忧，

喃字原文：别 浪 柴 媄 傷 共 些 庄？
国际音标：ʔbi:t⁷raŋ² thɤi²mɛ⁶ thɯ:ŋ¹ kuŋ² ta¹ tsaŋ¹
汉文直译：知道 父母 想 同 咱 不
汉文意译：不知父母同意否？

喃字原文：鸥 赊 湿 创 䁖 朘，
国际音标：nɛu³ sa¹ thɤp⁷thɔŋ⁵ ʔbɔŋ⁵ jaŋ¹
汉文直译：路 缘 若隐若现 影 月
汉文意译：路远夜间月光照，

喃字原文：共 嚎 拱 遢 赤 绳 绅 䋲；
国际音标：kuŋ² mɔŋ¹ kuŋ³ jɔ⁵ sit⁷thaŋ² sɛ¹ jɤi¹
汉文直译：同 期望 也 风 红绳 牵 线
汉文意译：期望风吹送红绳；

喃字原文：廣 寒 隔 尒 吝 霙，
国际音标：kwa:ŋ³ha:n² kat⁷ mɤi⁵ lɤn² mɤi¹
汉文直译：广寒 隔 几 层 云
汉文意译：云层阻隔广寒宫，

喃字原文：仕 吁 缘 合 貝 低 没 房。
国际音标：thɛ³ sin¹ ji:n¹ hɤ:p⁸ vɤ:i⁵ ʔdɤi¹ mot⁸ fɔŋ²
汉文直译：将 请 缘 合 和 泽尔 一 房
汉文意译：情缘结合同一房。

情 歌

（467）

喃字原文：英 包 固 嬬 捉 渚?
国际音标：ʔan¹ ʔda³ kɔ⁵ vɤ⁶ kɔn¹ tsɯə¹
汉文直译：哥 已 有 妻 儿 未
汉文意译：哥已经有妻儿吗？

喃字原文：麻 英 嗼 呐 遥 逐 吒 嗷;
国际音标：ma² ʔan¹ ha:n¹ nɔi⁵ jɔ⁵ ʔɯm¹ ŋɔt⁸ŋa:u²
汉文直译：而 哥 询问 说 风 送 甜蜜
汉文意译：说话如和风甜蜜；

喃字原文：媄 嫽 英 於 尼 帀,
国际音标：mɛ⁶ ja² ʔan¹ ʔɤ³ nɤ:i¹ na:u²
汉文直译：母 老 哥 在 地方 哪
汉文意译：哥老母今住何处,

喃字原文：底 媕 寻 伆 侯 下 䩌 英。
国际音标：ʔde³ ʔɛm¹ tim² va:u² hɤu²ha⁶ thai¹ ʔan¹
汉文直译：让 妹 找 进 侍候 替 哥
汉文意译：让妹过来做侍候。

喃字原文：㧥 贪 茹 魂 容 盈,
国际音标：tsaŋ³ tha:m¹ na²ŋɔi⁵ ruŋ¹rin¹
汉文直译：不 贪 瓦屋 亮闪闪
汉文意译：窄小瓦房妹不嫌,

喃字原文：贪 術 没 浽 英 羙 啒 唭;
国际音标：tha:m¹ ve² mot⁸ noi³ ʔan¹ sin¹ mi:ŋ⁶ kɯ:i²
汉文直译：贪 为 一 境况 哥 美 嘴 笑
汉文意译：贪哥笑容口常开；

1187

喃字原文： 呭 唭 英 當 氽 迻，
国际音标： mi:ŋ⁶ kɯ:i² ʔan¹ ʔda:ŋ⁵ mɤi⁵ mɯ:i¹
汉文直译： 嘴 笑 哥 值 几 十
汉文意译： 见笑嘻嘻真好看，

喃字原文： 蹎 扅 當 拌 呭 唭 當 罙。
国际音标： tsɤn¹ ʔdi¹ ʔda:ŋ⁵ nɛn⁵ mi:ŋ⁶ kɯ:i² ʔda:ŋ⁵ tam¹
汉文直译： 脚 走 值 十 两 嘴 笑 值 百
汉文意译： 步行快速笑声甜。

（男：刘振先；女：阮兴连，杜福英）

(468)

喃字原文： 伭 棱 挋 别 磥 黜，
国际音标： va:u² rɯŋ² tsaŋ³ ʔbi:t⁷ loi⁵ ra¹
汉文直译： 进 林 不 知 路 出
汉文意译： 进入森林无路出，

喃字原文： 笕 核 忸 涅 憛 罒 鑏 心；
国际音标： thɤi⁵ kɤi¹ nuk⁷ na:k⁷ ŋɤ³ la² va:ŋ² tɤm¹
汉文直译： 见 千 张 纸 树 疑 为 是 黄 心
汉文意译： 千张纸树疑黄心；

喃字原文： 英 矘 俺 拱 要 深，
国际音标： ʔan¹ toŋ¹ ʔɛm¹ kuŋ³ ʔi:u¹ thɤm²
汉文直译： 哥 看 妹 也 爱 暗自
汉文意译： 见妹之时暗中爱，

喃字原文： 慵 媄 平 波 慵 吒 平 盃。
国际音标： thɤ⁶ mɛ⁶ ʔbaŋ² ʔbe³ thɤ⁶ tsa¹ ʔbaŋ² jɤ:i²
汉文直译： 怕 母 如 海 怕 父 如 天
汉文意译： 想妹又怕你父母。

情 歌

喃字原文：笕 媕 鰈 呐 鰈 唭，
国际音标：thɤi⁵ ʔɛm¹ ʔdɛp⁸ nɔi⁵ ʔdɛp⁸ kɯːi²
汉文直译：见 妹 漂亮 说 漂亮 笑
汉文意译：见妹有说又有笑，

喃字原文：鰈 裙 鰈 襖 吏 鲜 䶮 鑌；
国际音标：ʔdɛp⁸ kwɤn² ʔdɛp⁸ ʔaːu⁵ laːi⁶ tɯːi¹ raŋ¹ vaːŋ²
汉文直译：漂亮 裤子 漂亮 衣服 有 新鲜 牙 金
汉文意译：露出金牙美衣裙；

喃字原文：蹎 媕 㐌 蹀 挧 昂，
国际音标：tsɤn¹ ʔɛm¹ ʔdi¹ jɛp⁷ kwaːi¹ ŋaːŋ¹
汉文直译：脚 妹 穿 拖鞋 系 索 横
汉文意译：脚穿木屐横花绳，

喃字原文：秫 陸 敊 田 連 錴 魟 拺。
国际音标：mat⁸ vuːŋ¹ tsɯ³ ʔdiːn² liːn² van² kaː⁵ tsoi¹
汉文直译：脸 方 字 田 连 圈 鱼 漂
汉文意译：眼眉鱼跳脸方圆。

喃字原文：些 傷 躺 夥 躺 喂，
国际音标：ta¹ thɯːŋ¹ min² lam⁵ min² ʔɤːi¹
汉文直译：哥 爱 妹 非常 妹 啊
汉文意译：见妹真是很可爱，

喃字原文：魟 菣 術 饳 困 难 堆 些。
国际音标：kaː⁵ tsɛt⁷ vɛ² mɔi² khɔn⁵ naːn¹ ʔdɔi¹ ta¹
汉文直译：鱼 死 为 饵料 艰难 咱俩
汉文意译：鱼贪食饵自受苦。

喃字原文：𡎥 㮂 嘖 媄 共 吒，
国际音标：ŋoi² ʔbuːn² tat⁷ mɛ⁶ kuŋ² tsa¹
汉文直译：坐 烦闷 责怪 母 和 父
汉文意译：闷坐责怪自父母，

喃字原文：嘖 翁 柴 卜 裖 䎥 堆 塘。
国际音标：tat⁷ ʔoŋ¹ thɤi² ʔbɔi⁵ rɛ³ ra¹ ʔdoi¹ ʔdɯːŋ²
汉文直译：责怪 算命先生 分 出 两 路
汉文意译：责怪卜卦缘不合。

（469）

喃字原文：些 傷 躺 夥 切 他！
国际音标：ta¹ thɯːŋ¹ min² lam⁵ thiːt⁷tha¹
汉文直译：哥 埃 妹 非常 深切
汉文意译：深深爱着阿哥啊！

喃字原文：别 浪 躺 固 傷 些 份 芇；
国际音标：ʔbiːt⁷raŋ² min² kɔ⁵ thɯːŋ¹ ta¹ fɤn⁶ naːu²
汉文直译：知道 妹 有 爱 哥 份 哪
汉文意译：不知哥否爱着妹；

喃字原文：𢬣 揉 梗 𥺵 吏 捻 花 桃，
国际音标：tai¹ vin⁶ kan² mɤn⁶ laːi⁶ nam⁵ hwaːʔ¹daːu²
汉文直译：手 扶 枝 李树 有 握 桃花
汉文意译：我拽李枝摘桃花，

喃字原文：别 浪 躺 固 脿 芇 貝 些？
国际音标：ʔbiːt⁷raŋ² min² kɔ⁵ ʔbuŋ⁶ naːu² vɤːi⁵ ta¹
汉文直译：知道 妹 有 肚 哪 和 哥
汉文意译：不知哥心有爱慕？

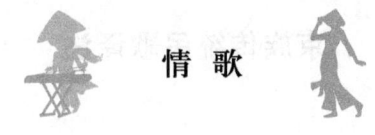

情 歌

（470）

嘞字原文：些 術 些 刣　核 楜！
国际音标：ta¹ ve² ta¹ tsɛm⁵ kʁi¹tɛ¹
汉文直译：哥 回 哥 砍　竹子
汉文意译：我回家多砍竹子！

嘞字原文：些 ⼌ 茹 馆　 向 術 茹 俺；
国际音标：ta¹ la:m² na²kwa:n⁵ huɯŋ⁵ve² na² ʔɛm¹
汉文直译：哥 做 亭 馆　 向着 家 妹
汉文意译：搭间亭馆向妹家；

嘞字原文：傷 俺 犵 㬁 術 㬁，
国际音标：thɯ:ŋ¹ ʔɛm¹ ʔdi¹ thʁ:m⁵ ve² hom¹
汉文直译：爱 妹 去 早 回 晚
汉文意译：爱妹早晚便出入，

嘞字原文：睨 黜 觊 忪 干 慥 干 傷。
国际音标：nin² ra¹ khwʁi¹ʁ⁵ kʁ:n¹ ʔbu:n² kʁ:n¹ thɯ:ŋ¹
汉文直译：看 出 思念 阵 烦闷 阵 想念
汉文意译：时思时想得见面。

（471）

嘞字原文：遥 逡 吵 挠　培 霊，
国际音标：jɔ⁵ ʔdɯə¹ sa:u²sa:k⁸ ʔbui⁶mʁi¹
汉文直译：风 送 瑟瑟　云 层
汉文意译：风吹送着云层走，

嘞字原文：遥 逡 馼 兀 吏 低 貝 躺；
国际音标：jɔ⁵ ʔdɯə¹ ŋɯ:i² ʔʁi⁵ la:i⁶ ʔdʁi¹ vʁ:i⁵ min²
汉文直译：风 送 人 那 来 这里 和 妹
汉文意译：等风送妹到我家；

喃字原文：堆 些 拱 蹿 桑 情，
国际音标：ʔdoi¹ta¹ ke² ɣoi⁵ ta:ŋ¹tin²
汉文直译：咱俩 贴近 膝盖 亲密
汉文意译：咱俩亲密如手足，

喃字原文：呦 埃 缏 肐 楁 亭 黙 埃。
国际音标：jʁu² ʔa:i¹ tɔi⁵ ko³ kot⁸ ʔdin² mak⁸ ʔa:i¹
汉文直译：无论 谁 绑 脖 柱 亭子 任由 谁
汉文意译：谁人用绳拉不开。

（男：苏权成，苏维绍；女：杜福英，阮氏心）

（472）

喃字原文：遙 摺 梗 槁 遙 打 梗 槁，
国际音标：jɔ⁵ ʔdʁp⁸ kan² kau¹ jɔ⁵ ʔdan⁵ kan² kau¹
汉文直译：风 打 枝 槟榔 风 打 枝 槟榔
汉文意译：风吹风刮槟榔树，

喃字原文：聣 哐 躺 呐 些 疗 痒 悉；
国际音标：ŋɛ¹ nʁ:i² min² nɔi⁵ ta¹ ʔdau¹ʔdʁ:n⁵ lɔŋ²
汉文直译：听 花 你 说 我 痛 苦 心
汉文意译：听你的话我心痛；

喃字原文：遙 摺 核 护 遙 打 核 护，
国际音标：jɔ⁵ ʔdʁp⁸ kʁi¹ luɯə¹ jɔ⁵ ʔdan⁵ kʁi¹ luɯə¹
汉文直译：风 打 树 摇动 风 打 树 摇动
汉文意译：风吹风刮树摇动，

喃字原文：聣 哐 躺 呐 些 忺 咖 唭。
国际音标：ŋɛ¹ nʁ:i² min² nɔi⁵ ta¹ ʔɯə¹ mi:ŋ⁶ kuɯ:i²
汉文直译：听 话 你 说 我 爱 嘴 笑
汉文意译：听你的话笑跟踪。

情 歌

喃字原文：遥 摺 梗 篊 遥 打 梗 篊，
国际音标：jɔ⁵ ʔdɤp⁸ kan² mɤi¹ jɔ⁵ ʔdan⁵ kan² mɤi¹
汉文直译：风 打 枝 藤 风 打 枝 藤
汉文意译：风吹风刮山藤树，

喃字原文：瞕 哇 躺 呐 英 忊 疙 悉。
国际音标：ŋe¹ nɤ:i² min² noi⁵ ʔan⁵ ŋɤi¹ ŋɤt⁷ lɔŋ²
汉文直译：听 花 妹 说 哥 痴 醉 心
汉文意译：听你的话我痴醉。

（473）

喃字原文： 甮 甮 黜 蹲 頭 亭，
国际音标：ŋai² ŋai² ra¹ ʔdɯŋ⁵ ʔdɤu² ʔdin²
汉文直译：天 天 出 站 前 哈亭
汉文意译：每天站在哈亭前，

喃字原文： 嚩 畧 蘷 狲 固 躺 固 些；
国际音标：tsi:n⁶tɔ² tɔ¹ nɔ³ kɔ⁵ min² kɔ⁵ ta¹
汉文直译：倾 谈 大 小 有 妹 有 哥
汉文意译：大声小声话入迷；

喃字原文： 甮 甮 黜 蹲 頭 茹，
国际音标：ŋai² ŋai² ra¹ ʔdɯŋ⁵ ʔdɤu² na²
汉文直译：天 天 出 站 前 屋
汉文意译：每天站在屋檐边，

喃字原文： 嚩 畧 蘷 狲 固 些 固 躺。
国际音标：tsi:n⁶tɔ² tɔ¹ nɔ³ kɔ⁵ ta¹ kɔ⁵ min²
汉文直译：倾 谈 大 小 有 哥 有 妹
汉文意译：大声小声话欢心。

（474）

喃字原文： 姅　脆　曂曵　趯丕，
国际音标： nɯə³ ʔdem¹ jɤ³jɤi⁶ toŋ¹ jɤːi²
汉文直译： 半　夜　起身　望天
汉文意译： 半夜起身望天星，

喃字原文： 翁　犑　邉　北　𫝀　移　邉　東；
国际音标： ʔoŋ¹thaːu¹ ʔben¹ʔbak⁷ ʔdaː³ jɤːi² ʔben¹ʔdoŋ¹
汉文直译： 星星　　北边　已　移　东边
汉文意译： 北边斗星移向东；

喃字原文： 溊湖　淶湖　泅　濛，
国际音标： ʔbe³ hoː² laːi¹laːŋ⁵ mɤn¹moŋ¹
汉文直译： 海　湖　洋溢　　无垠
汉文意译： 大海湖泊洋溢水，

喃字原文： 腖　賗　睐　畞　渼　悡　憪　嚾。
国际音标： jaŋ¹ tɔn² vaŋ² vak⁸ noi³lɔŋ² ʔbɤŋ¹khwɤŋ¹
汉文直译： 月　圆　皎洁　　心境　　游移
汉文意译： 圆月明亮心游动。

（475）

喃字原文： 略　趯　茹　瑰　酐　間，
国际音标： ɲaːk⁷ toŋ¹ ɲaː²ŋoi⁵ nam¹ jaːn¹
汉文直译： 乍　看　瓦屋　　五　间
汉文意译： 乍看五间瓦屋房，

喃字原文： 筧　払　历　史　坤　顽　固　才；
国际音标： thɤi⁵ tsaːŋ² lit⁸thɯ⁶ khon¹ŋwaːn¹ kɔ⁵ taːi²
汉文直译： 见　郎　文雅　　聪明　　有才
汉文意译： 君是人才又聪明；

情 歌

喃字原文： 朱铖 腌 挓 衤刂 埃，
国际音标： tsɔ¹nen¹ ʔɛm¹ tsaŋ³ lɤi⁵ ʔa:i¹
汉文直译： 所以 妹 不 嫁 谁
汉文意译： 为此一心妹爱慕，

喃字原文： 腌 决 徐 待 没 巴 冬。
国际音标： ʔɛm¹ kwi:t⁷ tsɤ²dʐ:i⁶ mot⁸ va:i² ʔba¹ ʔdoŋ¹
汉文直译： 妹 决 心 等待 一 两 三 冬
汉文意译： 决心等待两三冬。

喃字原文： 要 英 腌 挓 衤刂 馼，
国际音标： ʔi:u¹ ʔan¹ ʔɛm¹ tsaŋ³ lɤi⁵ tsoŋ²
汉文直译： 爱 哥 妹 不 嫁 夫
汉文意译： 爱哥妹只一心求，

喃字原文： 腌 笃 没 悉 徐 待 衤刂 英。
国际音标： ʔɛm¹ jok⁷ mot⁸ loŋ² tsɤ²dʐ:i⁶ lɤi⁵ ʔan¹
汉文直译： 妹 倾 一 心 等待 嫁 哥
汉文意译： 倾心等待得团圆。

（476）

喃字原文： 㠄 醉 绅 缚 织 红，
国际音标： tam¹ nam¹ sɛ¹ thɤ:i⁶tsi³hoŋ²
汉文直译： 百 年 牵 红 绳
汉文意译： 百年系结着红绳，

喃字原文： 纬 馼 才 色 仅 融 匡 丕；
国际音标： ʔbu:k⁸ ŋɯ:i² ta:i² thak⁷ va:u² toŋ¹ khu:n¹jɤ:i²
汉文直译： 稳住 人 才 色 进 中 人间
汉文意译： 稳住才色在人间；

1195

喃字原文：包 唅 自 在 没 咥，
国际音标：ʔbaːu¹jɤ² tɯ⁶taːi⁶ mot⁸ n̻ɤːi²
汉文直译：何时 自在 一 言
汉文意译：哥心想妹回答言，

喃字原文：時 英 吏 翔 匡 丕 朱 齟。
国际音标：thi² ʔan¹ laːi⁶ mɤ³ khuːn¹jɤːi² tsɔ¹ ra¹
汉文直译：则 哥 有 开 天 窗 给 出
汉文意译：哥开天窗妹出来。

(477)

喃字原文：於 茹 埯 買 齟 低，
国际音标：ʔɤ³ n̻a² ʔɛm¹ mɤːi⁵ ra¹ ʔdɤːi¹
汉文直译：在 家 妹 刚 出 这里
汉文意译：妹从家里刚出来，

喃字原文：脢 缘 奇 遇 㪅 尼 返 扒；
国际音标：moi⁵jiːn¹ ki²ŋo⁶ hom¹nai¹ ɣap⁸ tsaːŋ²
汉文直译：缘 奇遇 今天 遇 郎
汉文意译：因缘奇遇得见君；

喃字原文：缘 鸾 聘 貝 義 鐄，
国际音标：jiːn¹ lɔn¹ than⁵ vɤːi⁵ ŋiə³ vaːŋ²
汉文直译：缘 鸾 配 和 义 金
汉文意译：鸾缘金义相匹配，

喃字原文：𠺙 堆 鸾 鳳 便 塘 往 来。
国际音标：ʔdɛp⁸ʔdoi¹ lɔn¹fɯŋ⁶ tiːn⁶ ʔdɯːŋ² vaːŋ³laːi¹
汉文直译：匹配 鸾凤 便于 路 往来
汉文意译：鸾凤一对勤往来。

情 歌

喃字原文：堆 些 分 艱 缘 偕，
国际音标：ʔdoi¹ta¹ fɤn⁶ ʔdɐp⁸ ji:n¹ ha:i²
汉文直译：咱俩 运 好 缘 谐
汉文意译：好运缘谐结伴侣，

喃字原文：线 秦 织 晋 缠 尞 群 兜；
国际音标：jɤi¹ tɤn² tsi³ tɤn⁵ sɛ¹ roi² kɔn² ʔdɤu¹
汉文直译：线 秦 线 晋 牵 了 还 哪儿
汉文意译：红绳系着秦晋情；

喃字原文：否呦 淹 固 贪 驫，
国际音标：vi⁵ju² ʔɛm¹ kɔ⁵ tha:m¹ jau²
汉文直译：如果 妹 有 贪 富
汉文意译：如果妹想贪财富，

喃字原文：時 淹 乜 拼 群 兜 担 㦲。
国际音标：thi² ʔɛm¹ ʔda³ tsaŋ³ kɔn² ʔdɤu¹ ʔden⁵ jɤ²
汉文直译：则 妹 已 不 还 有 哪儿 到 如今
汉文意译：不会等君到如今。

喃字原文：叭 觧 淹 拱 吀 徐，
国际音标：ʔba¹ nam¹ ʔɛm¹ kuŋ³ sin¹ tsɤ²
汉文直译：三 年 妹 也 请 等
汉文意译：也许三年妹亦等，

喃字原文：情 溇 義 碳 包 睮 朱 悁。
国际音标：tin² thɤu¹ ŋiə³ naŋ⁶ ʔba:u¹ jɤ² tsɔ¹ kwen¹
汉文直译：情 深 义 重 何时 给 忘
汉文意译：情深义重常思念。

（478）

喃字原文：　四　圼　風　景　同　來，
国际音标：　ʔbon⁵ ʔbe² fɔŋ¹kan³ ʔdoŋ² laːi¹
汉文直译：　四　面　风　景　同　来
汉文意译：　四面风景同样美，

喃字原文：　挣　傷　兜　敢　押　耐　祉　傷；
国际音标：　tsaŋ³ thɯːŋ¹ ʔdɤu¹ jaːm⁵ ʔɛp⁷naːi² lɤi⁵ thɯːŋ¹
汉文直译：　不　爱　哪儿　敢　逼　求　爱
汉文意译：　心中有爱方缠求；

喃字原文：　四　方　躺　拱　迻　戈，
国际音标：　ʔbon⁵fɯːŋ¹ min² kuŋ³ ʔdi¹ kwa¹
汉文直译：　四　方　哥　也　去　过
汉文意译：　四方哥都走遍了，

喃字原文：　挣　埃　鞣　檬　浧　那　如　駇。
国际音标：　tsaŋ³ ʔaːi¹ mem²mɔŋ³ net⁷naː¹ ȵɯ¹ ŋɯːi²
汉文直译：　没有谁　温柔　品行端正　如　妹
汉文意译：　没见有谁如妹好。

喃字原文：　四　方　駇　拱　迻　籹，
国际音标：　ʔbon⁵fɯːŋ¹ ŋɯːi² kuŋ³ ʔdi¹ roi²
汉文直译：　四　方　人　也　去　了
汉文意译：　四方行走去寻找，

喃字原文：几　昕　拱　待　駇　赊　拱　徐。
国际音标：　kɛ³ ɣɤn² kuŋ³ ʔdɤːi⁶ ŋɯːi² saː¹ kuŋ³ tsɤ²
汉文直译：　人　近　也　等　人　远　也　等
汉文意译：　远远情侣在等待。

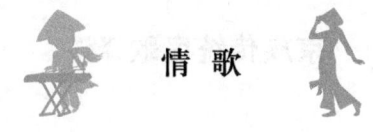

情 歌

(479)

喃字原文：伤 躺 寔 笆 夥 觝，
国际音标：thɯːŋ¹ min² thɤt⁸ ʔda³ lam⁵ thai¹
汉文直译：想 你 真 已 非常 啊
汉文意译：妹想君，爱得很深，

喃字原文：几 衕 淹 於 㬌 厄 共 払；
国际音标：kɛ³ ve² ʔɛm¹ ʔɤ³ hom¹nai¹ kuŋ² tsaːŋ²
汉文直译：人 回 妹 在 今天 同 郎
汉文意译：哥回妹等，今见君；

喃字原文：於 時 悚 喈 多 挕，
国际音标：ʔɤ³ thi² thɤ⁶ tiːŋ⁵ ʔda¹maːŋ¹
汉文直译：住 则 怕 名声 羁绊
汉文意译：住久，怕别人议论，

喃字原文：淹 於共 払 悚 磊 媄 吒。
国际音标：ʔɛm¹ ʔɤ³ kuŋ² tsaːŋ² thɤ⁶ loi³ mɛ⁶tsa¹
汉文直译：妹 住 同 郎 怕 错 父 母
汉文意译：同时又怕父母亲。

喃字原文：姅 衕 姅 闷 於 低，
国际音标：nɯə³ ve² nɯə³ muːn⁵ ʔɤ³ ʔdɤi¹
汉文直译：半 回 半 想 在 这儿
汉文意译：想走想留心不定，

喃字原文：衕 時 忬 躺 於 低 忬 茹；
国际音标：ve² thi² ȵɤ⁵ min² ʔɤ³ ʔdɤi¹ ȵɤ⁵ ȵa²
汉文直译：回 时 想 妹 在 这儿 想 家
汉文意译：走时想君留想家；

1199

喃字原文：衕 時 攸 伴 塘 賒，
国际音标：ve² thi² n̪ɤ⁵ ʔba:n⁶ ʔdɯ:ŋ² sa¹
汉文直译：回 则 想 伴侣 路 远
汉文意译：走时想念着伴侣，

喃字原文：於 低 攸 茹 夥 夥 躺 喂。
国际音标：ʔɤ³ ʔdɤi¹ n̪ɤ⁵ n̪a² lam⁵ lam⁵ min² ʔɤ:i¹
汉文直译：在 这儿 想 家 非常 非常 妹 啊
汉文意译：留住下来实想家。

（男：裴永彬；女：苏维英，阮氏心）

(480)

喃字原文：英 衕 俺 摛 肼 抩，
国际音标：ʔan¹ ve² ʔɛm¹ nam⁵ ko³tai¹
汉文直译：哥 回 妹 拉 手 腕
汉文意译：哥回妹拉着哥手，

喃字原文：俺 吲 句 尼 停 濷 固 悁；
国际音标：ʔɛm¹ jɤn⁶ kɤu¹ nai² ʔdɯŋ²tsɤ⁵ ko⁵ kwen¹
汉文直译：妹 嘱 句 这 别 有 忘
汉文意译：叮嘱数言莫忘记；

喃字原文：堆 些 笣 啐 哇 愿，
国际音标：ʔdoi¹ta¹ ʔda³ tɔt⁷ ʔɤ:i¹ŋwi:n⁶
汉文直译：咱俩 已 既 誓 言
汉文意译：咱俩尚已发誓言，

喃字原文：濷 賒 吹 緬 麻 悁 憐 悉。
国际音标：tsɤ⁵ sa¹soi¹ mat⁸ ma² kwen¹ ma:ŋ³ lɔŋ²
汉文直译：别 遥远 脸 而 忘 沉迷 心
汉文意译：莫要分心忘记情。

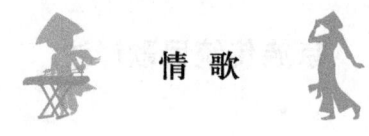

情 歌

（481）

喃字原文： 㺯朕𫪀啐哜誓，
国际音标： man³jaŋ¹ ʔda³ tɔt⁷ n̠ɤ:i²the²
汉文直译： 月亮　已　既然　誓言
汉文意译： 在月亮下尚誓言，

喃字原文： ㄇ之底　㹴碟砎磩　埃？
国际音标： la:m²tsi¹ ʔde³ ɣan⁵ naŋ⁶ne² ri:ŋ¹ ʔa:i¹
汉文直译： 为什么　让　挑　重　私自　谁
汉文意译： 肩负重担让一人？

喃字原文： 英術　䏿　没　䏿　乛，
国际音标： ʔan¹ ve² ŋai² mot⁸ ŋai² ha:i¹
汉文直译： 哥　回　天　一　天　二
汉文意译： 哥回家过一两天，

喃字原文： 籴　英　𩙺　吏　缘　偕　情　终。
国际音标： roi² ʔan¹ jɤ³la:i⁶ ji:n¹ ha:i² tin² tsuŋ¹
汉文直译： 然后　哥　返回　缘　和谐　情　终
汉文意译： 请哥返回共和谐。

（482）

喃字原文： 蚩扅罢事　㫎料，
国际音标： ra¹ʔdi¹ la² thɯ⁶ ʔda³ li:u²
汉文直译： 出去　是　事　已　豁出去
汉文意译： 离开家里豁出去，

喃字原文： 湄　枚　拱　翅　曤　晡　拱　甘；
国际音标： mɯə¹ ma:i¹ kuŋ³ tsiu⁶ naŋ⁵ tsi:u² kuŋ³ ka:m¹
汉文直译： 雨　早晨　也　受　晴　下午　也　甘心
汉文意译： 天晴下雨亦甘心；

喃字原文： 塘 毆 馭 趾 別 沁，
国际音标： ʔdɯːŋ² jaːi² ŋɯə⁶ tsai⁶ ʔbiːt⁸tam¹
汉文直译： 路 长 马 跑 失 踪
汉文意译： 长路马跑无踪影，

喃字原文： 馱 傷 固 羛 淰 薛 拱 衟。
国际音标： ŋɯːi² thɯːŋ¹ kɔ⁵ ŋiə³ tam¹ nam¹ kuŋ³ ve²
汉文直译： 人 想 有 义 百 年 也 回
汉文意译： 百年情义返乡里。

（483）
喃字原文： 没 𣈜 𣈜 没 𥊚 澄，
国际音标： mot⁸maːi¹ maːi¹mot⁸ toŋ¹ tsɯŋ²
汉文直译： 一旦 一旦 看 远程
汉文意译： 这两天出望远程，

喃字原文： 𥊚 䓇 䓇 㷋 𥊚 棱 棱 靘；
国际音标： toŋ¹ kɔ³ kɔ³ rɤm⁶ toŋ¹ rɯŋ² rɯŋ² san¹
汉文直译： 望 草 草 茂密 望 林 林 青
汉文意译： 望见草丛望林青；

喃字原文： 湄 淶 遶 颯 撫 城，
国际音标： mɯə¹ rɤːi¹ jɔ⁵taːp⁷ vo³ than²
汉文直译： 雨 落 暴风 拍打 城
汉文意译： 狂风暴风袭打来，

喃字原文： 堆 些 嫱 䫂 埃 吡 呛 停 超。
国际音标： ʔdoi¹taˀ¹ vɤ⁶tsoŋ² ʔaːi¹ jɔ³jan² ʔdɯŋ² siːu¹
汉文直译： 咱俩 夫妻 谁 引诱 别 倾斜
汉文意译： 夫妻情义心不倾。

（男：阮进余；女：武德英）

情　歌

（484）

喃字原文：　胚 戈 歪 创 朘 眪，
国际音标：　ʔdem¹kwa¹ jɤːi² thaːŋ⁵ jaŋ¹ ram²
汉文直译：　昨夜　天　亮　月望日
汉文意译：　昨晚十五月亮圆，

喃字原文：　英 㝵 戈 剸 俺 躺 空 安；
国际音标：　ʔan¹ ʔdi¹kwa¹ kɯə³ ʔɛm¹ nam² khoŋ¹ ʔiːn¹
汉文直译：　哥　经过　门　妹　躺　不　安
汉文意译：　见哥路过妹心乱；

喃字原文：　迷 英 挃 沛 迷 钱，
国际音标：　me¹ ʔan¹ tsaŋ³ faːi³ me¹ tiːn²
汉文直译：　迷恋 哥 不 是 迷恋 钱
汉文意译：　迷恋着哥莫迷钱，

喃字原文：　觅 英 历 史 固 缘 妙 扬。
国际音标：　thɤi⁵ ʔan¹ lit⁸thɯ⁶ ko⁵ jiːn¹ jiu⁶jaːŋ²
汉文直译：　见 哥　文雅　有缘　温柔
汉文意译：　见哥温柔人善良。

喃字原文：　觅 英 俺 拱 愲 悋，
国际音标：　thɤi⁵ ʔan¹ ʔɛm¹ kuŋ³ mɤ¹maːŋ²
汉文直译：　见　哥　妹　也　迷糊
汉文意译：　妹的心里迷糊糊，

喃字原文：　想 浪 低 帝 凤 凰 结 堆；
国际音标：　tɯːŋ³raŋ² ʔdɤi¹ ʔdɤi⁵ fuːŋ⁶hwaːŋ² ket⁷ʔdoi¹
汉文直译：　　以为　这儿 那儿　凤　凰　结对
汉文意译：　欲结凤凰心想求；

1203

喃字原文：觅 英 渚 及 吽 唯，
国际音标：thɤi⁵ ʔan¹ tsɯə¹ kip⁸ ŋɔ³ nɤi²
汉文直译：见 哥 未 及 表露 话语
汉文意译：未来得及作表述，

喃字原文：埃 忊 英 包 倍 移 蹈 鸾。
国际音标：ʔa:i¹ ŋɤ² ʔan¹ ʔda³ voi⁶ jɤ:i²ɣɔt⁷ lɔn¹
汉文直译：谁 料 哥 已 急忙 移步 鸾
汉文意译：谁知急忙哥离走。

喃字原文：妾 碎 迷 敏 更 残，
国际音标：thi:p⁷ toi¹ me¹mɤn³ kan¹ ta:n²
汉文直译：妾 我 痴迷 更 残
汉文意译：深夜五更妹痴迷，

喃字原文：占 包 如 觅 英 扒 钀 安；
国际音标：tsi:m¹ʔba:u¹ nɯ¹ thɤi⁵ ʔan¹ tsa:ŋ² ŋoi² ʔi:n¹
汉文直译：梦境 如 见 哥郎 坐 安
汉文意译：坐立不安梦见君；

喃字原文：醒 黜 冷 泺 安 嗸，
国际音标：tin³ ra¹ lan²lan⁶ ʔa:n¹ɲi:n¹
汉文直译：醒 出 微冷 安然
汉文意译：醒来微冷不安然，

喃字原文：相 思 病 佽 发 連 绵 奇 馹。
国际音标：tɯ:ŋ¹tɯ¹ʔbɤn⁶ nɔ⁵ fa:t⁷ li:n¹mi:n¹ ka³ ŋai²
汉文直译：相思病 它 发 连绵 整天
汉文意译：连想数日相思恋。

情 歌

（485）

喃字原文：䏠䐉只固䏶䏰，
国际音标：jaŋ¹ tɔn² tsi³ kɔ⁵ ʔdem¹ ram²
汉文直译：月 圆 只有 夜 望日
汉文意译：十五月亮月正圆，

喃字原文：情些胴胴薛薛吻䐉；
国际音标：tin² ta¹ tha:ŋ⁵ tha:ŋ⁵ nam¹ nam¹ vɤv³ tɔn²
汉文直译：情咱月 月 年 年 仍圆
汉文意译：咱俩情缘年月圆；

喃字原文：滝溇渃沚砌痭，
国际音标：thoŋ¹ thɤu¹ nɯ:k⁷ tsai³ ʔda⁵ mɔn²
汉文直译：河深 水 流 石 磨损
汉文意译：河深水急石磨损，

喃字原文：贴時䀛㞖義群記昌。
国际音标：kuə³ thi² ʔan¹ het⁷ ɲiə³ kɔn² ɣi¹sɯ:ŋ¹
汉文直译：东西则 吃 完 义 还 铭记
汉文意译：东西食完义永存。

（486）

喃字原文：湄自䏾北湄黜，
国际音标：mɯə¹ tɯ² tɔŋ¹ ʔbak⁷ mɯə¹ ra¹
汉文直译：雨 从 中 北 雨 出
汉文意译：大雨从北面而降，

喃字原文：湄泣天下湄戈厨柴；
国际音标：mɯə¹ khap⁷ thi:n¹ha⁶ mɯə¹ kwa¹ tsuə²thɤi²
汉文直译：雨 遍 天 下 雨 过 寺院
汉文意译：倾盆大雨落寺院；

1205

喃字原文：堆些扒迟 烧 低,
国际音标：ʔdoi¹ta¹ ʔbat⁷ɣap⁸ ȵau¹ ʔdɤi¹
汉文直译：咱俩 邂逅 互相 这儿
汉文意译：咱俩在此得相遇,

喃字原文：如 掍 軬 痹迟 塴 䓬 荒。
国际音标：ȵɯ¹ kɔn¹ʔbɔ² ɣɤi² ɣap⁸ ʔda:m⁵ kɔ³ hwa:ŋ¹
汉文直译：如 黄牛 瘦 遇 片 草 荒野
汉文意译：正如瘦牛遇嫩草。

（487）

喃字原文：岜 箕 埃 搭 馘 高,
国际音标：nui⁵ kiə¹ ʔa:i¹ ʔdap⁷ nen¹ ka:u¹
汉文直译：山 那 谁 筑 成 高
汉文意译：那山谁人筑而高,

喃字原文：滝 箕 淝怒 埃 掏 馘 溇;
国际音标：thoŋ¹ kiə¹ ʔbe³ nɔ⁶ ʔa:i¹ ʔda:u² nen¹ thɤu¹
汉文直译：河 那 海 它 谁 挖 成 深
汉文意译：河海谁人挖而深;

喃字原文：没 悡 愁 甋 罢 悡 愁,
国际音标：mot⁸lɔŋ² thɤu² nam¹ ʔbai³ lɔŋ² thɤu²
汉文直译：一 心 愁 五 七 心 愁
汉文意译：一心忧五六心愁,

喃字原文：𢀲 恑 固 别 低 愁 共 庄。
国际音标：ʔdɤi⁵ vui¹ kɔ⁵ ʔbi:t⁷ ʔdɤi¹ thɤu² kuŋ² tsaŋ¹
汉文直译：那儿 快乐 有 知 这儿 愁 同 不
汉文意译：那边心乐这心忧。

情 歌

喃字原文：闷 牢 胹 堆 旬 胲,
国际音标：muːn⁵ thaːu¹ thaːŋ⁵ ʔdoi¹ tɤn² jaŋ¹
汉文直译：想 怎么 亮 两 旬 月
汉文意译：期盼月圆月两次，

喃字原文：闷 牢 帠 於朱 平 悉 低。
国际音标：muːn⁵ thaːu¹ ʔdɤi⁵ ʔɤ³ tso¹ ʔbaŋ² loŋ² ʔdɤi¹
汉文直译：想 怎样 那儿 在 给 合意 这儿
汉文意译：期望咱俩同心友。

（男：阮继初，女：吴秀英）

（488）

喃字原文：曝 兜 曝 歘 世 尼,
国际音标：naŋ⁵ ʔdɤu¹ naŋ⁵ maːi³ the⁵ nai²
汉文直译：晴 哪儿 晴 长久 这样
汉文意译：太阳猛，晒得厉害，

喃字原文：曝 軸 奇 𩙡 拼 览 曋 淫;
国际音标：naŋ⁵ thuːt⁷ ka³ ŋai² tsaŋ³ thɤi⁵ ʔboŋ⁵ jɤm¹
汉文直译：晴 整 整天 不 见 阴
汉文意译：整日阳晒没阴天；

喃字原文：咳 𠺙 淑 女 知 音,
国际音标：hɤːi³ ŋɯːi² thuk⁸ nɯ³ ti¹ ʔɤm¹
汉文直译：啊 人 淑 女 知 音
汉文意译：喂呀！淑女知音人，

喃字原文：固 闷 蹲 凉 時 拎 衻 乌。
国际音标：kɔ⁵ muːn⁵ ʔdɯŋ⁵ maːt⁷ thi² kɤm² lɤi⁵ ʔo¹
汉文直译：有 想 站 凉快 就 拿 伞
汉文意译：想要接伞来遮阴。

1207

（489）

喃字原文： 曝 牢 朱 笠 唪 樋，

国际音标： naŋ^{5} tha:u^{1} tsɔ^{1} rɤ:p^{8} ʔbɔŋ^{5} thoŋ^{1}

汉文直译： 晴 怎么 给 遮阴 阴凉 松树

汉文意译： 阳晒阴蔽松树凉，

喃字原文： 底 鸾 怴 凨 底 蠬 噴 湄；

国际音标： ʔde^{3} lɔn^{1} ȵɤ^{5} fɯ:ŋ^{6} ʔde^{3} roŋ^{2} fun^{1} mɯə^{1}

汉文直译： 让 鸾 想 凤 让 龙 喷 雨

汉文意译： 鸾思念凤龙喷雨；

喃字原文： 英 低 媕 帝 拱 菠，

国际音标： ʔan^{1} ʔdɤi^{1} ʔɛm^{1} ʔdɤi^{5} kuŋ^{3} vɯə^{2}

汉文直译： 哥 这儿 妹 那儿 也 合适

汉文意译： 哥妹两人正合适，

喃字原文： 英 群 挸 選 渌 护 尼 市？

国际音标： ʔan^{1} kɔn^{2} kɛn^{5}tsɔn^{6} lɔk^{8}lɯə^{2} nɤ:i^{1} na:u^{2}

汉文直译： 哥 还 挑选 挑选 地方 哪

汉文意译： 哥不挑选人哪里？

喃字原文： 媕 尼 份 㛪 腢 桃，

国际音标： ʔɛm^{1} nai^{2} fɤn^{6} ɣa:i^{5} ma^{5}ʔda:u^{2}

汉文直译： 妹 这 身份 女性 桃颊

汉文意译： 妹今桃脸红颜女，

喃字原文： 刚 常 群 渚 尼 市 称 堆。

国际音标： kɯ:ŋ^{1}thɯ:ŋ^{2} kɔn^{2} tsɯə^{1} nɤ:i^{1} na:u^{2} sɯŋ^{5}ʔdoi^{1}

汉文直译： 纲常 还 未 地方 哪 匹配

汉文意译： 还未选有合伴侣。

情 歌

（490）

嘡字原文：蚼 㤀 草 幅 詩 剬，
国际音标：ŋoi² ʔbu:n² tha:u³ ʔbɯk⁷ thɤ¹ tsɤ:i¹
汉文直译：坐 烦闷 草 拟 幅 信 玩
汉文意译：清闲写封情书信，

嘡字原文：媕 眅 固 忕 㤳 咥 渃 嫰；
国际音标：ʔɛm¹ sɛm¹ kɔ⁵ nɤ⁵ ʔdɛn⁵ nɤ:i² nɯ:k⁷nɔn¹
汉文直译：妹 看 有 想 到 话 山水
汉文意译：看信会想山水情；

嘡字原文：聂 䔛 情 局 㳒 㑚，
国际音标：tam¹ nam¹ tin² ku:k⁸ vu:ŋ¹tɔn²
汉文直译：百 年 情 一场 团圆
汉文意译：百年情义得团圆，

嘡字原文：砙 鐄 质 底 脃 强 叮咛。
国际音标：ʔda⁵va:ŋ² tsɤt⁷ ʔde³ ja⁶ ka:ŋ² ʔdin¹nin¹
汉文直译：金石 堆 放 肚 越 叮咛
汉文意译：金石堆起记叮咛。

嘡字原文：准 友情 兜 欣 准 苗，
国际音标：tson⁵ hiu³tin² ʔdɤu¹ hɤ:n¹ tson⁵ ku³
汉文直译：处 友情 哪儿 胜于 处 旧
汉文意译：新情怎以旧情比，

嘡字原文：遥 哂 外 雲雨 嫰 㴜；
国际音标：jɔ⁵ thoi³ ŋwa:i² vɤn¹vu³ nɔn¹ thoŋ¹
汉文直译：风 吹 外 云雨 山 河
汉文意译：风吹云雨山河情；

喃字原文：㵋 愁 隔阻 呲 冬，
国际音标：moi⁵ thɤu² kat⁷tɤ³ ʔba¹ ʔdoŋ¹
汉文直译：愁绪 阻隔 三 冬
汉文意译：心常思愁已三冬，

喃字原文：腅 空 闷 眲 郶 空 闷 唭。
国际音标：ʔdem¹ khoŋ¹ mu:n⁵ ŋu³ ŋai² khoŋ¹ mu:n⁵ kɯ:i²
汉文直译：夜里 不 想 睡 白天 不 想 笑
汉文意译：日愁不笑夜无眠。

（491）

喃字原文：為 扒 毣 呬 毣 唭，
国际音标：vi² tsa:ŋ² mau¹ mi:ŋ⁶ mau¹ nɤ:i²
汉文直译：为 郎 快 嘴 快 语
汉文意译：见君子快嘴快笑，

喃字原文：時 纵 秦 晋 缠 尞 群 兜；
国际音标：thi² jɤi¹ tɤn² tɤn⁵ sɛ¹ roi² kɔn² ʔdɤu¹
汉文直译：则 线 秦 晋 牵 了 还 哪儿
汉文意译：秦晋红绳得牵连；

喃字原文：呇呦 淹 固 贪 鼂，
国际音标：vi⁵ ju² ʔɛm¹ kɔ⁵ tha:m¹ jau²
汉文直译：如果 妹 有 贪 富
汉文意译：如果妹想贪财富，

喃字原文：時 淹 群 待 跙 兜 悲唅？
国际音标：thi² ʔɛm¹ kɔn² ʔdɤ:i⁶ ʔden⁵ ʔdɤu¹ ʔbɤi¹jɤ²
汉文直译：则 妹 还 等 到 哪儿 如今
汉文意译：怎能等君到如今？

（男：杜玉光；女：阮贤英）

情 歌

14

喃字原文： 塘 箕 浽 怒 如 妢 绤 愁
国际音标： ʔdɯːŋ² kiə¹ noi³ nɔ⁶ n̠ɯ¹ tsiə¹ moi⁵thɤu²
汉文直译： 路 那 境 地 那 如 分 愁绪
汉文意译： 多情缠绵分忧愁

（492）

喃字原文： 娘 包 饶 镺 薛 尼，
国际音标： naːŋ² ʔbaːu¹ n̠iːu¹ tuːi³ nam¹nai¹
汉文直译： 妹 多少 岁 今年
汉文意译： 今年妹妹多少岁，

喃字原文： 調 唵 啫 呐 吏 強 聰 明；
国际音标： ʔdiu² ʔan¹ tiːŋ⁵nɔi⁵ laːi⁶ kaːŋ² thoŋ¹min¹
汉文直译： 谈吐 话语 又 更 聪明
汉文意译： 谈吐话语实聪明；

喃字原文： 呐 黜 時 拱 當 銭，
国际音标： nɔi⁵ ra¹ thi² kuŋ³ ʔdaːŋ⁵ tiːn²
汉文直译： 说 出 则 也 值 钱
汉文意译： 妹的话儿值千金，

喃字原文： 底 些 記念 千 年 底 丗。
国际音标： ʔde³ taː¹ kiː⁵niːm⁶ thiːn¹ niːn¹ ʔde³ ʔdɤːi²
汉文直译： 让 哥 记念 千 年 留世
汉文意译： 哥留记念千百年。

(493)

喃字原文：㧜 拎 捻 筶　 抰 䫻，
国际音标：tai¹ kɤm² nam⁵ ʔduə³ ʔdɛm¹ ra¹
汉文直译：手 拿 把 筷　 带 出
汉文意译：手拿出一把筷子，

喃字原文： 掂 衵 九 隻 寔 罖 袓 雷；
国际音标：ʔdem⁵ lɤi⁵ tsin⁵ tsi:k⁷ thɤt⁸ la² lɛ³lɔi¹
汉文直译：数 拿 九 只 实 是 孤 单
汉文意译：算得九只不够双；

喃字原文： 㧅 些 䏾 甕 術 堆，
国际音标：ŋɯ:i²ta¹ ʔdi¹ ʔdu³ ve² ʔdoi¹
汉文直译：人家 去 够 回 对儿
汉文意译：人家成双又结对，

喃字原文：牢 英 䏾 袓 術 雷 没 躺。
国际音标：tha:u¹ ʔan¹ ʔdi¹ lɛ³ ve² lɔi¹ mot⁸min²
汉文直译：怎么 哥 去 单数 回 单独 独自
汉文意译：哥怎单独无成双。

(494)

喃字原文：甕 㧅 窈 窕 信 邨，
国际音标：toŋ¹ ŋɯ:i² ʔi:u³ʔdi:u⁶ tin¹ tha:ŋ¹
汉文直译：看 人 窈窕 信息 来
汉文意译：传讯窈窕女过来，

喃字原文：㗐 時 唉 慪 悉 徴 愺 愁；
国际音标：mi:ŋ⁶ thi² rut⁸ tui³lɔŋ² ŋa:u¹ŋa:n⁵ thɤu²
汉文直译：嘴 则 退缩 惭愧 腻烦 愁
汉文意译：哥感惭愧心烦愁；

1212

情 歌

喃字原文：悹 之 圭 户 尼 兜，
国际音标：ten¹ tsi¹ kwe¹ hɔ⁶ nɤːi¹ ʔdɤu¹
汉文直译：名 什么 家乡 姓 地方 哪
汉文意译：不知贵姓何方人，

喃字原文：迓 低 吁 計 㗂 㜭 朱 穷。
国际音标：ɣap⁸ ʔdɤi¹ sin¹ ke³ tuːkʰthau¹ tsɔ¹ kuŋ²
汉文直译：遇 这儿 情 问 前后 给 完
汉文意译：今日相见问清楚。

喃字原文：拱 共 没 伴 䐑 红，
国际音标：kuŋ³ kuŋ² mot⁸ ʔbaːn⁶ maˀhoŋ²
汉文直译：也 同 一 伴侣 红颊
汉文意译：都是侣伴红颜女，

喃字原文：世 帝 拱 沛 訴 悉 分 明。
国际音标：theˀnaːu² kuŋ³ faːi³ tɔ³lɔŋ² fɤn¹min¹
汉文直译：怎样 也 是 表达 分明
汉文意译：是否乐意表分明。

（495）

喃字原文：身 媕 如 㱥 绣 桃，
国际音标：thɤn¹ ʔɛm¹ ɲɯ¹ tɤm⁵ luə⁶ ʔdaːu²
汉文直译：身 妹 如 块 绸 桃
汉文意译：妹身世如块丝绸，

喃字原文：拂 菲 钟 幣 别 秖 伋 埃；
国际音标：fɤt⁷fɤːi⁵ juɯ³ tsɤ⁶ ʔbiːt⁷ vaːu² tai¹ ʔaːi¹
汉文直译：飘 拂 中 集市 知
汉文意译：街中飘荡入谁手；

京族传统民歌译注

喃字原文：媕𮢶梗竹媕㨢梗枚，
国际音标：ʔɛm¹ ŋoi² kan² tuk⁷ ʔɛm¹ jɯə⁶ kan² ma:i¹
汉文直译：妹 坐 枝 竹 妹 倚 枝 梅
汉文意译：妹坐竹杆倚梅树，

喃字原文：東 桃 西 柳 秚 埃 伴 共。
国际音标：ʔdoŋ¹ ʔda:u² tʂi¹ li:u³ lʁi⁵ ʔa:i¹ ʔba:n⁶ kuŋ²
汉文直译：东 桃 西 柳 拿 谁 伴 同
汉文意译：东桃西柳无配隅。

（男：杜玉光，刘振先；女：阮氏心，吴秀英）

(496)

喃字原文：迖 低 英 捻 肬 豜，
国际音标：ɣap⁸ ʔdʁi¹ ʔan¹ nam⁵ ko³tai¹
汉文直译：遇 这儿 哥 握 手 腕
汉文意译：哥相见紧握妹手，

喃字原文：鶼 箕 媕 皁 牢 屌 媕 顛?
国际音标：tɯːk⁷kiə¹ ʔɛm¹ taŋ⁵ tha:u² rai² ʔɛm¹ ʔdɛn¹
汉文直译：从前 妹 白 怎么 今天 妹 黑
汉文意译：前次妹白今怎黑?

喃字原文：䏧 罗 秚 沛 㲳 悕，
国际音标：hai¹ la² lʁi⁵ fa:i³ tsoŋ² hɛn²
汉文直译：或是 嫁 中 夫 怯懦
汉文意译：或是嫁中怯懦夫，

喃字原文：粭 𩛄 羮 鱨 麻 顛 秼 馱。
国际音标：kɤːm¹ thoŋ⁵ kan¹ man⁶ ma² ʔdɛn¹ mʁt⁷ ŋɯːi²
汉文直译：饭 生 汤 咸 而 黑 全 人
汉文意译：饭生汤咸食变黑。

情 歌

（497）

喃字原文：媕英如粗逋床，
国际音标：vɤ⁶ ʔan¹ ȵɯ¹ ɣa:u⁶ ten¹ tha:ŋ²
汉文直译：妻 哥 如 米 上 筛
汉文意译：哥妻如米在筛上，

喃字原文：碎 如 捻 橄 挌 塘 丐 迻；
国际音标：toi¹ ȵɯ¹ nam⁵ ka:m⁵ rak⁷ ʔdɯ:ŋ² ka:i⁵ ʔdi¹
汉文直译：我 如 把 米 糠 撒 大 路 去
汉文意译：妹如米糠撒路上；

喃字原文：媕英碎拃监皮，
国际音标：vɤ⁶ ʔan¹ toi¹ tsaŋ³ ja:m⁵ ʔbi³
汉文直译：妻 哥 我 不 敢 比
汉文意译：我今怎能同她比，

喃字原文：媕英鑳㞬碎時銫巴。
国际音标：vɤ⁶ ʔan¹ va:ŋ² ʔbai³ toi¹ thi² thau¹ ʔba¹
汉文直译：妻 哥 金 七 成 我 则 黄铜 三成
汉文意译：她七成金我三成。

喃字原文：闷朱森合没茹，
国际音标：mu:n⁵ tsɔ¹ thum¹ hɤ:p⁸ mot⁸ na²
汉文直译：想 给 团聚 一 家
汉文意译：哥想与妹同一家，

喃字原文：底眙鑳㞬銫巴世孃。
国际音标：ʔde³ sɛm¹ va:ŋ² ʔbai³ thau¹ ʔba¹ the⁵ na:u²
汉文直译：让 看 金 七 成 黄铜 三成 怎么样
汉文意译：要看眼色七成金。

（498）

喃字原文： 鐄 罷 英 擲 龱 泑，
国际音标： va:ŋ² ʔbai³ ʔan¹ vɯt⁷ su:ŋ⁵ ʔa:u¹
汉文直译： 金 七成 哥 丢 下 池塘
汉文意译： 她七成金抛落河，

喃字原文： 鎦 岜 英 底 絅 桃 英 招；
国际音标： thau¹ ʔba¹ ʔan¹ ʔde³ vɔŋ³ ʔda:u² ʔan¹ lɯə¹
汉文直译： 黄铜 三成 哥 放 吊床 桃 哥 挑选
汉文意译： 妹三成金放摇篮；

喃字原文： 呦 埃 䘯 㵄 術 畾，
国际音标： jɤu² ʔa:i¹ ʔdi¹ thɤ:m⁵ ve² tɯə¹
汉文直译： 无论 谁 去 早 回 晚
汉文意译： 早出晚归谁来看，

喃字原文： 咳 愈 儗 沬 眑 招 絅 桃。
国际音标： hɤ:i³ va:u² ŋi³ ma:t⁷ sɛm¹ lɯə¹ vɔŋ³ ʔda:u²
汉文直译： 啊 进 乘凉 看 选择 吊床 桃
汉文意译： 入屋休息共摇篮。

（499）

喃字原文： 嬸 英 如 玉 如 牙，
国际音标： vɤ⁶ ʔan¹ nɯ¹ ŋok⁸ nɯ¹ ŋa²
汉文直译： 妻 哥 如 玉 如 象牙
汉文意译： 哥妻洁白如玉牙，

喃字原文： 英 群 情 𧵑 姅 罖 身 碎；
国际音标： ʔan¹ kɔn² tin² fu⁶ nɯə³ la² thɤn¹ toi¹
汉文直译： 哥 还 情 负 再 是 身 我
汉文意译： 你还负情斜看我；

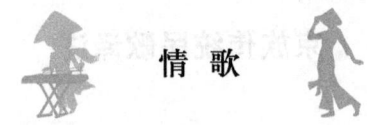

情 歌

喃字原文：媷 英 如 体 碰 糅，
国际音标：vɤ⁶ ʔan¹ ɲɯ¹the³ ʔdiə³ soi¹
汉文直译：妻 哥 像 碟 糯米饭
汉文意译：哥妻柔软如糯饭，

喃字原文：英 群 贠 范 娷 碎 粔 撖。
国际音标：ʔan¹ kɔn² fu⁶ʔba:k⁸ nɯə³ toi¹ kɤ:m¹ ʔdum²
汉文直译：哥 还 薄 情 再 我 饭 包裹
汉文意译：你还薄情想裹饭团。

（男：阮继初；女：杜福英）

（500）

喃字原文：迗 低 英 嗨 寔 娘，
国际音标：ɣap⁸ ʔdɤi¹ ʔan¹ hoi³ thɤt⁸ na:ŋ²
汉文直译：遇 这儿 哥 问
汉文意译：见面问妹说实言，

喃字原文：群 空 台 㐌 磙 鐄 共 埃；
国际音标：kɔn² khoŋ¹ hai¹ ʔda³ ʔda⁵va:ŋ² kuŋ² ʔa:i¹
汉文直译：还 不 知 已 金 石 同 谁
汉文意译：妹是否有金石配；

喃字原文：群 空 底 衆 英 徐，
国际音标：kɔn² khoŋ¹ ʔde³ tsuŋ⁵ʔan¹ tsɤ²
汉文直译：还 不 让 哥哥们 等
汉文意译：尚未有对哥等待，

喃字原文：台 罪 㐌 固 尼 伽 時 催。
国际音标：hai¹ la² ʔda³ kɔ⁵ nɤ:i¹ nɤ² thi² thoi¹
汉文直译：或 是 已 有 地方 倚靠 则 罢了
汉文意译：如果有倚哥不来。

（501）

喃字原文：坦 茹 挺 固 馼 要，
国际音标：ʔdɤt⁷na² tsaŋ³ kɔ⁵ ŋɯːi² ʔiːu¹
汉文直译：家乡 不 有 人 爱
汉文意译：妹家乡未有人爱，

喃字原文：朱 铖 俺 沛 蹟 招 坦 馼；
国际音标：tsɔ¹nen¹ ʔɛm¹ faːi³ tsɤn¹tsiːu¹ ʔdɤt⁷ŋɯːi²
汉文直译：所以 妹 要 踏足 他乡
汉文意译：因妹未婚踏他乡；

喃字原文：坦 茹 挺 固 馼 為 陂，
国际音标：ʔdɤt⁷na² tsaŋ³ kɔ⁵ ŋɯːi² vɯə²
汉文直译：家乡 不 有 人 合适
汉文意译：家乡没有人适合，

喃字原文：朱 铖 俺 沛 寻 𠫆 坦 馼。
国际音标：tsɔ¹nen¹ ʔɛm¹ faːi³ tim² ʔdi¹ ʔdɤt⁷ŋɯːi²
汉文直译：所以 妹 要 找 去 他乡
汉文意译：所以寻找他乡人。

（502）

喃字原文：强 眤 强 深 姻 缘，
国际音标：kaːŋ² ȵin² kaːŋ² thɤm¹ nɤn¹jiːn¹
汉文直译：越 看 越 深 姻缘
汉文意译：越望姻缘越深切，

喃字原文：包 饶 消 料 贴 钱 英 䚃。
国际音标：ʔbaːu¹ȵiːu¹ tiːu¹liːu⁶ kuə³ tiːn² ʔan¹ ra¹
汉文直译：多少 开支 物 钱 哥 出
汉文意译：要多少钱哥都出。

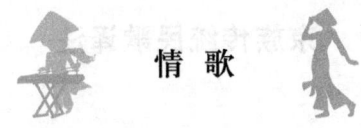

情 歌

喃字原文：媄　娘　嗜　脈　娘　豳，
国际音标：mɛ⁶ na:ŋ² khɛu⁵ ʔdɛ³ na:ŋ² ra¹
汉文直译：母　妹　巧　生　妹　出
汉文意译：妹母巧妙生妹出，

喃字原文：脈　娘　嚋　没　些　生　豳　𪡱　旰；
国际音标：ʔdɛ³ na:ŋ² moŋ² mot⁸ ta¹ thin¹ ra¹ hom¹ ram²
汉文直译：生　妹　初一　哥　生　出　望　日
汉文意译：妹生初一哥十五；

喃字原文：娘　皍　英　拱　吽　吽，
国际音标：na:ŋ² taŋ⁵ ʔan¹ kuŋ³ ɲan¹ ɲan³
汉文直译：妹　白　哥　也　眼睁睁
汉文意译：见妹雪白眼睁看，

喃字原文：娘　皛　英　拱　固　霂　融　茹。
国际音标：na:ŋ² jau² ʔan¹ kuŋ³ kɔ⁵ tam¹ tɕɔŋ¹ ɲa²
汉文直译：妹　富　哥　也　有　百　中　家
汉文意译：妹家富有哥家有。

喃字原文：媄　娘　嗜　脈　娘　豳，
国际音标：mɛ⁶ na:ŋ² khɛu⁵ ʔdɛ³ na:ŋ² ra¹
汉文直译：母　妹　巧　生　妹　出
汉文意译：八面玲珑母巧生，

喃字原文：如　蛋　鶏　扑　如　𠊚　融　諍。
国际音标：nɯ¹ tɯŋ⁵ ɣa² ʔbok⁷ nɯ¹ ŋɯ:i² tɕɔŋ¹ jan¹
汉文直译：如　蛋　鸡　剥　如　人　中　画
汉文意译：如剥蛋皮画中人。

（503）

喃字原文：𬤌 英 㛪 拱 要 英，
国际音标：thɤi⁵ ʔan¹ ʔɛm¹ kuŋ³ ʔi:u¹ ʔan¹
汉文直译：见　哥　妹　也　爱　哥
汉文意译：见哥精灵妹相爱，

喃字原文：鉢　柑　㐌　捽　瓚　漾　秩 𬨠 ；
国际音标：ʔba:t⁷ kɤ:m¹ ʔda³ tɤt⁷ tsa:n¹ kan¹ mɤt⁷ roi²
汉文直译：碗　饭　已　既　浇　汤　完　了
汉文意译：但妹碗饭渗有汤；

喃字原文：㖠 𩛖 時 噔 英 喂，
国际音标：nu:t⁷ va:u² thi² ʔdaŋ⁵ ʔan¹ ʔɤ:i¹
汉文直译：吞　进　则　苦　哥　啊
汉文意译：想吞这饭很苦啊，

喃字原文：唯 黜 時 拱 罪 𡗶 埃 㧅。
国际音标：n̩a³ ra¹ thi² kuŋ³ toi⁶ jɤ:i² ʔa:i¹ ma:ŋ¹
汉文直译：吐　出　则　也　罪　天　谁　背负
汉文意译：想吐出来天怪罪。

（504）

喃字原文：身 㛪 如 花 粘 逵 核，
国际音标：thɤn¹ ʔɛm¹ n̩ɯ¹ hwa¹ɣa:u⁶ ten¹ kɤi¹
汉文直译：身　妹　如　木棉花　上　树
汉文意译：妹如枝上木棉花，

喃字原文：衆 英 如 噒 𦰤 邉 塘；
国际音标：tsuŋ⁵ ʔan¹ n̩ɯ¹ ʔda:m⁵ ko³mai¹ ʔben¹ ʔdɯ:ŋ²
汉文直译：哥哥们 如　丛　竹节草　边　路
汉文意译：哥如路边竹节草；

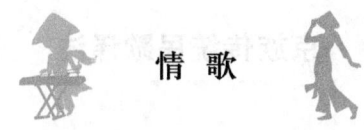

情 歌

喃字原文：禷丕朱奇邌 霜，
国际音标：lai⁶ jɤːi² tsɔ¹ ka³ jɔ⁵ thɯːŋ¹
汉文直译：拜 天 给 大 风 霜
汉文意译：求天刮下大风霜，

喃字原文：朱 花 粘 藞 靵 錐 瀹 䂖 蓮。
国际音标：tsɔ¹ hwa¹ ɣaːu⁶ ruŋ⁶ suːŋ⁵ tsui¹ luːn² kɔ³ maːi¹
汉文直译：给 木棉花 落 下 钻 穿 竹节 草
汉文意译：木棉花落钻草地。

（505）

喃字原文：瓱 英 埯 拱 闷 嘲，
国际音标：thɤi⁵ ʔan¹ ʔɛm¹ kuŋ³ muːn⁵ tsaːu²
汉文直译：见 哥 妹 也 想 问候
汉文意译：见哥妹也想问好，

喃字原文：悙 浪 姊 奇 攒 釖 䡉 躬；
国际音标：thɤ⁶ raŋ² tsi⁶ ka³ jat⁷ jaːu¹ tɔŋ¹ min²
汉文直译：害怕 大 姐 藏 刀 中 身
汉文意译：只怕大妻身藏刀；

喃字原文：夽 攒 釖 鎌 低 棋 腋，
国际音标：ʔdɤi⁵ jat⁷ jaːu¹ ʔdɤi¹ hɯːm¹ keː² nat⁷
汉文直译：那儿 藏 刀 这儿 剑 夹 腋下
汉文意译：她藏刀我身藏剑，

喃字原文：顺 人 情 些 䓢 壁 遌 制。
国际音标：thɤn⁶ nɤn¹ tin² ta¹ kat⁷ vat⁷ thaːŋ¹ tsɤːi¹
汉文直译：顺 人情 咱 割 壁 去 玩
汉文意译：顺情破壁过兜风。

（男：刘日成，刘振先；女：阮春英，吴秀英）

1221

(506)

喃字原文：迖 烧 钟 廣 垌 尼，
国际音标：ɣap⁸ṉau¹ jɯə³ kwa:ŋ³ʔdoŋ² nai²
汉文直译：相遇   中   田野   这
汉文意译：咱俩相遇田野中，

喃字原文：琨 䀡 眲 育 毱 眉 䂭 昂；
国际音标：kɔn¹mat⁷ li:k⁷ jɔk⁸ loŋ¹mai² ʔda⁵ ŋa:ŋ¹
汉文直译：眼睛 瞥 纵 眉毛 踢 横
汉文意译：互相飞眼眉毛瞪；

喃字原文：吨 低 群 没 媕 顽，
国际音标：ʔdon² ʔdɤi¹ kɔn² mot⁸ ʔɛm¹ ŋwa:n¹
汉文直译：传说 这儿 还 一 妹 乖巧
汉文意译：话传这有好姑娘，

喃字原文：想 如 䂭 杜 塳 岸 湖 西。
国际音标：tɯ:ŋ³ ṉɯ¹ ʔda⁵ ʔdo³ ten¹ ŋa:n⁶ ho²tɤi¹
汉文直译：想 如 石 倒 上 岸 西湖
汉文意译：石倒西湖难露面。

喃字原文：䂭 杜 群 固 欺 渚，
国际音标：ʔda⁵ ʔdo³ kɔn² kɔ⁵ khi¹ ʔdɤi²
汉文直译：石 倒 还 有 时 满
汉文意译：石头堆起有时见，

喃字原文：妆 情 别 課 孋 𩂶 唉 情。
国际音标：nɤ⁵ tin² ʔbi:t⁷ thɤ³ na:u² kwen¹ ha:i³ tin²
汉文直译：想 情 知 时期 哪 忘 啊 情
汉文意译：想情真是难见面。

情 歌

（507）

喃字原文：俺 術 嗱 姊 俺 齟，
国际音标：ʔɛm¹ ve² ɣɔi⁶ tsi⁶ ʔɛm¹ ra¹
汉文直译：妹 回 叫 姐 妹 出
汉文意译：妹回家叫姐出来，

喃字原文：俺 群 阄 狐 月 花 渚 祥。
国际音标：ʔɛm¹ kɔn² ʔbɛ⁵ɜɕ³ ŋwi:t⁸hwa¹ tsɯə¹ tɯ:ŋ²
汉文直译：妹 还 小 风花雪月 未 详
汉文意译：妹还小不懂花月。

（508）

喃字原文：俺 阄 虽 麻 俺 顽，
国际音标：ʔɛm¹ ʔbɛ⁵ ti¹ma² ʔɛm¹ ŋwa:n¹
汉文直译：妹 小 虽然 妹 乖巧
汉文意译：妹虽细小很听话，

喃字原文：蹙 哐 对 待 貝 扒 時 催。
国际音标：ʔdu³ nɤ:i² ʔdoi⁵ʔda:i³ vɤ:i⁵ tsa:ŋ² thi² thoi¹
汉文直译：足 话 对 待 和 郎 则 罢了
汉文意译：哥问何事妹可答。

（509）

喃字原文：吒 媄 生 碎 齟 愤，
国际音标：tsa¹mɛ⁶ thin¹ toi⁵ ra¹ hɛn²
汉文直译：父 母 生 我 出 懦弱
汉文意译：父母生我很懦弱，

喃字原文：吏 酼 性 浧 吏 颠 琨 馱；
国际音标：la:i⁶ sɤu⁵ tin⁵net⁷ la:i⁶ ʔdɛn¹ kɔn¹ŋɯ:i²
汉文直译：又 丑 性情 又 黑 人
汉文意译：脾气不好人又黑；

喃字原文：吒 媄 生 碎 黜 瘂，
国际音标：tsa¹mɛ⁶ thin¹ toi¹ ra¹ ŋɤ:i¹
汉文直译：父母 生 我 出 幼稚
汉文意译：父母生我真幼稚，

喃字原文：炠 纳 柑 腏 蓮 犇 憘 溪。
国际音标：nɤu⁵ noi² kɤ:m¹ jai² ten¹ thoŋ⁵ jɯ:i⁵ khe¹
汉文直译：煮 锅 饭 厚 上 生 下 焦
汉文意译：煮饭不熟又烧焦。

喃字原文：笕 客 拁 别 鸥 嘲，
国际音标：thɤi⁵ khat⁷ tsaŋ³ ʔbi:t⁷ nɛu³ tsa:u²
汉文直译：见 客 不 知 路 问候
汉文意译：见客不会打招呼，

喃字原文：啱 籴 据 丕 哗 包 呬 轮。
国际音标：ʔan¹ roi² kɯ⁵ vɤi⁶ va² va:u² mi:ŋ⁶ lu:n¹
汉文直译：吃 了 一直 这样 扒拉 进 嘴 马上
汉文意译：饭大口吞撑肚皮。

（男：苏维绍；女：刘元英）

（510）

喃字原文：迏 烧 忡 廣 垌 尼，
国际音标：ɣap⁸ɲau¹ jɯə³ kwa:ŋ³ʔdoŋ² nai²
汉文直译：相遇 中 田野 这
汉文意译：咱俩相遇在田间，

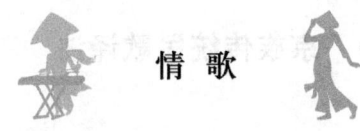

情 歌

喃字原文：罪 相 眮 吏 龇 眉 逑 昂；
国际音标：ʔbon⁵ mat⁷ li:k¹ la:i⁶ loŋ¹mai² ʔdɯə¹ ŋa:ŋ¹
汉文直译：四 眼 瞥 来 眉 毛 送 横
汉文意译：四眼偷看竖眉毛；

喃字原文：迊 娘 英 贾 咀 叹，
国际音标：ɣap⁸ na:ŋ² ʔan¹ mɤ:i⁵ thɤ³ tha:n¹
汉文直译：遇 妹 哥 才 叹 息
汉文意译：见妹哥很想问话，

喃字原文：剚 花 自 課 花 群 当 春。
国际音标：tsɤ:i¹ hwa¹ tɯ² thɤ³ hwa¹ kɔn² ʔda:ŋ¹ sɤn¹
汉文直译：玩 花 从 时 花 还 当 春
汉文意译：当春之时想玩花。

喃字原文：堆 些 轿 歔 墣 尘，
国际音标：ʔdoi¹ ta¹ thoŋ⁵ ma:i³ kɔi³ tɤn²
汉文直译：咱俩 活着 永久 人间
汉文意译：咱俩百年活人间，

喃字原文：没 辥 只 固 邜 各 迊 尭。
国际音标：mot⁸ nam¹ tsi³ kɔ⁵ va:i² lɤn² ɣap⁸ ŋau¹
汉文直译：一 年 只 有 几 次 相 遇
汉文意译：一年见面有几番。

(511)

喃字原文：迊 低 英 捻 肸 掆，
国际音标：ɣap⁸ ʔdɤi¹ ʔan¹ nam⁵ kɔ³ tai¹
汉文直译：遇 这儿 哥 握 手 腕
汉文意译：相见握着妹的手，

喃字原文：挵 黜 埯 吶 哇 尼 咀 叹；
国际音标：ʔbuːŋ¹ ra¹ ʔɛm¹ nɔi⁵ nɤːi² nai² thɤ³ thaːn¹
汉文直译：放 出 妹 说 话 这 叹息
汉文意译：放手妹说心里话；

喃字原文：朱 陳 澯 譆 批 昂，
国际音标：tsɤu¹ tɤn² tsɤ⁵ voi⁶ ʔbak⁷ ŋaːŋ¹
汉文直译：朱 陈 别 急 架 横
汉文意译：朱陈之桥莫急搭，

喃字原文：賖 吹 溅 尒 啹 塘 喊 涓。
国际音标：sa¹ soi¹ vɯːt⁸ mɤi⁵ ŋai² ʔdaːŋ² nen¹ kwɛn¹
汉文直译：遥远 越 几 天 路 成 熟悉
汉文意译：来往多次人惯熟。

喃字原文：絲 红 织 橝 罙 缘，
国际音标：tɤ¹ hoŋ² tsi³ tham⁵ la² jiːn¹
汉文直译：红绳 线 深色 是 缘
汉文意译：红绳情侣是缘分，

喃字原文：酉 包 睮 迠 時 喊 闭 睮？
国际音标：jɤu² ʔbaːu¹ jɤ² ɣap⁸ thi² nen¹ ʔbɤi⁵ jɤ²
汉文直译：无论 何时 遇 则 成 如今
汉文意译：何时相见可欢聚？

（512）

喃字原文：迠 低 英 捻 胐 挧，
国际音标：ɣap⁸ ʔdɤi¹ ʔan¹ nam⁵ ko³ tai¹
汉文直译：遇 这儿 哥 握 手腕
汉文意译：相见哥握妹的手，

情 歌

喃字原文： 嗨 浪 缘 仦 情 尼 ᵐ 牢？
国际音标： hoi³raŋ² ji:n¹ ʔɤi⁵ tin² nai² la:m²tha:u¹
汉文直译： 问 道 缘 那 情 这 怎么样
汉文意译： 问咱缘分如何好？

喃字原文： 遶 歪 固 汆 翁 輊，
国际音标： ten¹ jɤ:i² ko⁵ mɤi⁵ ʔoŋ¹tha:u¹
汉文直译： 上 天 有 几 星星
汉文意译： 天上有多少颗星，

喃字原文： 淹 溇 汆 丈 霓 高 汆 曾？
国际音标： thoŋ¹ thɤu¹ mɤi⁵ tɯ:ŋ⁶ mɤi¹ ka:u¹ mɤi⁵ tɯŋ²
汉文直译： 河 深 几 丈 云 高 几 层
汉文意译： 河深几丈云多高？

喃字原文： 尘 间 固 汆 覅 垌？
国际音标： tɤn²ja:n¹ ko⁵ mɤi⁵ kan⁵ ʔdoŋ²
汉文直译： 尘间 有 几片 田野
汉文意译： 尘间田野有几多？

喃字原文： 淹 包 饶 鉒 捉 撵 闭 饶？
国际音标： thoŋ¹ ʔba:u¹ɲi:u¹ ka⁵ vɤi³vuŋ² ʔbɤi⁵ɲi:u¹
汉文直译： 河 多少 鱼 翻腾 那么多
汉文意译： 河多少鱼来回游？

(513)

喃字原文： 媰 英 如 鉢 粓 秋，
国际音标： vɤ⁶ ʔan¹ ɲɯ¹ ʔba:t⁷ kɤ:m¹soi¹
汉文直译： 妻 哥 如 碗 糯米饭
汉文意译： 哥妻如碗糯米饭，

京族传统民歌译注

喃字原文：英 群 拯 憧 姅 碎 粓 行；
国际音标：ʔan¹ kɔn² tsaŋ³ tsu:ŋ⁶ nɯə³ toi¹ kɤ:m¹ha:ŋ²
汉文直译：哥 还 不 洪爱 再 我 粗米饭
汉文意译：你还想我粗米饭；

喃字原文：媠 英 捯 鉑 捯 鑬，
国际音标：vɤ⁶ ʔan¹ tai¹ ʔba:k⁸ tai¹ va:ŋ²
汉文直译：妻 哥 手 银 手 金
汉文意译：哥妻手戴金银，

喃字原文：英 群 拯 憧 姅 娘 捯 空。
国际音标：ʔan¹ kɔn² tsaŋ³ tsu:ŋ⁶ nɯə³ na:ŋ² tai¹ khoŋ¹
汉文直译：你 还 不 钟爱 再 妹 手 空
汉文意译：你还不爱，想手空。

喃字原文：媠 英 如 竹 如 樋，
国际音标：vɤ⁶ ʔan¹ ɲɯ¹ tuk⁷ ɲɯ¹ thoŋ¹
汉文直译：妻 哥 如 竹 如 松
汉文意译：哥妻如竹又如松，

喃字原文：如 花 买 衮 如 蟥 买 挑；
国际音标：ɲɯ¹ hwa¹ mɤ:i⁵ nɤ³ ɲɯ¹ roŋ² mɤ:i⁵ theu¹
汉文直译：如 花 刚 开 如 龙 刚 绣
汉文意译：如花刚开刚绣龙；

喃字原文：英 群 捥 喓 臬 憪，
国际音标：ʔan¹ kɔn² ʔu:n⁵ʔɛu⁵ tam¹tsi:u²
汉文直译：哥 还 娇里娇气 百般
汉文意译：哥还嫌，娇里娇气，
喃字原文：肝 埃 罧 鈫 麻 躷 躺 佁。

1228

情 歌

国际音标：ɣaːn¹ ʔaːi¹ laː² thatʰ⁷ ma² jɛu¹min² vaːu²
汉文直译：肝 谁 是 铁 而 投靠 进
汉文意译：谁人铁胆敢投靠。

（男：刘振先；女：杜福英）

（514）

喃字原文：抭　鍾　㭒　跙　坦　馸，
国际音标：ʔdɛm¹ tsuːŋ¹ ʔdi¹ ʔden⁵ ʔdɤtʰ⁷ŋɯːi²
汉文直译：带　钟　去　到　他　乡
汉文意译：带钟到他乡来敲，

喃字原文：捱　叫　拱　打　凼　捶　朱　叫；
国际音标：tsaŋ³ keu¹ kuŋ³ ʔdan⁵ vaːi² tsi² tsɔ¹ keu¹
汉文直译：不　响　也　打　几　下　给　响
汉文意译：不响要打响当当；

喃字原文：台 罒 忕 准 章 臺，
国际音标：hai¹ laː² n̠ɤ⁵ tson⁵ tsɯːŋ¹ ʔdaːi²
汉文直译：或　是　想　地方　章　台
汉文意译：或是还想章台处，

喃字原文：赊 鸾 伴 苖 於 茹 忕 嚎。
国际音标：sa¹ lɔn¹ ʔbaːn⁶ ku³ ʔɤ³ n̠a² n̠ɤ⁵ mɔŋ¹
汉文直译：远 离 鸾　友 旧 在 家 想 盼
汉文意译：在家常想远鸾凤。

喃字原文：埃　罒 忕 浽 霊 湄，
国际音标：ʔaːi¹ laːm² n̠ɤ⁵ noi³ mɤi¹mɯə¹
汉文直译：谁　使　想　境况　云　雨
汉文意译：谁人驱使云雨情，

喃字原文：约撦羛苗 特徐 伴鸾；
国际音标：ʔɯːk⁷ vuːt⁷ ŋiə³ ku³ ʔdɯːk⁸ tsɤ² ʔbaːn⁶ lɔn¹
汉文直译：盼望 弃义 旧 得 等 友 鸾
汉文意译：想弃旧情等鸾友；

喃字原文：寔罦舌效 红颜，
国际音标：thɤt⁸ la² thiːt⁸tho⁵ hoŋ²n̠aːn¹
汉文直译：实 是 吃亏 红颜
汉文意译：家里红颜女吃亏，

喃字原文：底朱眒 深忇残 茇花。
国际音标：ʔde³tsɔ¹ thuːk⁷ thɤm¹ lɔ¹ taːn² nu⁶hwa¹
汉文直译： 让 不眠 深 忧 残 花蕾
汉文意译：美的花蕾受损残。

（515）

喃字原文：擬罦躺擬躺 傷，
国际音标：ŋi³ la² min² ŋi³ min² thɯːŋ¹
汉文直译：以为 是 你 以为 你 爱
汉文意译：原想你是很相爱，

喃字原文：埃吇躺擬暂 塘躺吱；
国际音标：ʔaːi¹ ŋɤ² min² ŋi³ taːm⁶ ʔdɯːŋ² min² tse¹
汉文直译：谁 料 你 想 暂时 路 你 嫌弃
汉文意译：谁料你想要分手；

喃字原文：躺吱些渧些浍，
国际音标：min² tse¹ ta¹ ʔɤm³ ta¹ hoi¹
汉文直译：你 嫌弃 我 湿 我 臭
汉文意译：你嫌弃我有味臭，

情 歌

喃字原文：躺 吱 些 拄 合 堆 貝 躺。
国际音标：min² tse¹ ta¹ tsaŋ³ hɤːp⁸ʔdoi¹ vɤːi⁵ min²
汉文直译：你 嫌弃 我 不 般配 和 你
汉文意译：你说咱俩不合配。

（516）

喃字原文：抳 拎 捲 册 皮 静，
国际音标：tai¹ kɤm² kuːn⁵ that⁷ ʔbiə² san¹
汉文直译：手 拿 卷 书 封面 青
汉文意译：手拿卷书青封面，

喃字原文：貼 融 数 命 𧍞 英 合 娘；
国际音标：sɛm¹ tɔŋ¹ tho⁵ mɤn⁶ tuːi³ ʔan¹ hɤːp⁸ naːŋ²
汉文直译：看 中 命运 岁 哥 合 妹
汉文意译：看了命数两相合；

喃字原文：抳 拎 捲 册 数 鏥，
国际音标：tai¹ kɤm² kuːn⁵ that⁷ tho³ vaːŋ²
汉文直译：手 拿 卷 书 封面 黄
汉文意译：手拿卷书黄封面，

喃字原文：貼 融 数 命 𧍞 娘 合 英。
国际音标：sɛm¹ tɔŋ¹ tho⁵ mɤn⁶ tuːi³ naːŋ² hɤːp⁸ ʔan¹
汉文直译：看 中 命运 岁 妹 合 哥
汉文意译：看中命数哥妹合。

（517）

喃字原文：抳 拎 捲 册 冖 之,
国际音标：tai¹ kɤm² kuːn⁵ that⁷ laːm² tsi¹
汉文直译：手 拿 卷 书 做 什么
汉文意译：不用拿书看命数，

喃字原文： 嗨 㗂 坨 𢬣 帝 時 溇 濃？
国际音标： hɔi³tham¹ tso³ loi⁵ ʔdʐi⁵ thi² thʐu¹ noŋ¹
汉文直译： 询问 处 路 那儿 则 深 浅
汉文意译： 请问情深多浓淡？

喃字原文： 帝 掩 罢 妈 渚 𩛣，
国际音标： ʔdʐi⁵ ʔɛm¹ la² ɣa:i⁵ tsɯə¹ tsoŋ²
汉文直译： 那儿 妹 是 女子 未 嫁
汉文意译： 妹妹还是贞节女，

喃字原文： 吊 掩 固 别 溇 浓 世 吊。
国际音标： na:u² ʔɛm¹ kɔ⁵ ʔbi:t⁷ thʐu¹ noŋ¹ the⁵na:u²
汉文直译： 哪 妹 有 知 深 浅 如何
汉文意译： 妹是懂得水深浅。

（男：刘振先；女：刘元英）

（518）

喃字原文： 固 功 碎 买 细 低，
国际音标： kɔ⁵ koŋ¹ toi¹ mɤ:i⁵ tɤ:i⁵ ʔdʐi¹
汉文直译： 有 功 我 刚 到 这儿
汉文意译： 有事我才到此地，

喃字原文： 空 功 碎 细 准 尼 𠽔 之；
国际音标： khoŋ¹ koŋ¹ toi¹ tɤ:i⁵ tson⁵ nai² la:m² tsi¹
汉文直译： 无 功 我 到 地方 这 做 什么
汉文意译： 无事不会来里；

喃字原文： 细 低 娘 嗨 𠽔 之，
国际音标： tɤ:i⁵ ʔdʐi¹ na:ŋ² hɔi³ la:m² tsi¹
汉文直译： 到 这儿 妹 问 做 什么
汉文意译： 来到妹问哥啥事，

情 歌

喃字原文：细 低 娘 嗨 ᄁ 之 咳 娘。
国际音标：tɤ:i⁵ ʔdɤi¹ na:ŋ² hɔi³ la:m² tsi¹ hɤ:i³ na:ŋ²
汉文直译：到 这儿 妹 问 做 什么 啊 妹
汉文意译：问什么事讲分明。

喃字原文：碎 谷 拱 泣 四 方，
国际音标：toi¹ ʔdi¹ kuŋ³ khap⁷ tɯ⁵fɯ:ŋ¹
汉文直译：我 去 也 遍及 四方
汉文意译：哥已走遍及四方，

喃字原文：渚 筧 埃 嗨 仍 塘 根 基；
国际音标：tsɯɯ¹ thɤi⁵ ʔa:i¹ hɔi³ ɲɯɯŋ³ ʔdɯ:ŋ² kan¹kɤ¹
汉文直译：未 见 谁 问 些 方面 根底
汉文意译：没见有人问根底；

喃字原文：呦 麻 娘 固 悉 徐，
国际音标：jɤu² ma² na:ŋ² kɔ⁵ lɔŋ² tsɤ²
汉文直译：如果 妹 有 心 等
汉文意译：如果妹有心等待，

喃字原文：英 固 悉 待 相 思 亽 馭。
国际音标：ʔan¹ kɔ⁵ lɔŋ² ʔdɤ:i⁶ tɯ:ŋ¹ tɯ¹ ha:i¹ ŋɯ:i²
汉文直译：哥 有 心 等 相 思 两 人
汉文意译：哥亦有意两思恋。

喃字原文：呦 麻 娘 闷 结 堆，
国际音标：jɤu² ma² na:ŋ² mu:n⁵ ket⁷ ʔdoi¹
汉文直译：如果 妹 想 结 对
汉文意译：如果妹想同结对，

喃字原文：招 碎 渚 固 蹲 蝌 共 埃；
国际音标：sɯə¹ toi¹ tsɯə¹ kɔ⁵ ʔdɯŋ⁵ ŋoi² kuŋ² ʔa:i¹
汉文直译：以前 我 未 有 站 坐 同 谁
汉文意译：哥从未有过伴侣；

喃字原文：塘 弆 颇 籑 颇 凯,
国际音标：ʔdɯ:ŋ² ʔdi¹ vɯə² roŋ⁶ vɯə² ja:i²
汉文直译：路 去 又 宽 又 长
汉文意译：情侣道路还宽广，

喃字原文：英 尨 渚 别 衪 埃 伴 共。
国际音标：ʔan¹ nai¹ tsɯə¹ ʔbi:t⁷ lɤi⁵ ʔa:i¹ ʔba:n⁶ kuŋ²
汉文直译：哥 今 未 知 娶 谁 伴 同
汉文意译：不知有谁作伴侣。

喃字原文：覘 娘 拱 决 𬺻 悉,
国际音标：thɤi⁵ na:ŋ² kuŋ³ kwi:t⁷ ʔdɛp⁸ lɔŋ²
汉文直译：见 妹 也 决心 满意
汉文意译：见妹如此哥满意，

喃字原文：時 英 闷 结 伴 共 貝 㷶。
国际音标：thi² ʔan¹ mu:n⁵ ket⁷ ʔba:n⁶ kuŋ² vɤ:i⁵ n̪au¹
汉文直译：则 哥 想 结伴 同 互相
汉文意译：哥想与妹结姻缘。

（519）

喃字原文：㧜 抲 丐 鐎 丐 金,
国际音标：tai¹ kɤm² ka:i⁵ kɛu⁵ ka:i⁵ kim¹
汉文直译：手 拿 剪刀 针
汉文意译：手拿剪刀和支针，

情 歌

喃字原文：挮 拎 觇 缯 拸 寻 僵 纠；
国际音标：tai¹ kɤm² tɤm⁵ luə⁶ ʔdi¹ tim² thɤ⁶mai¹
汉文直译：手 拿 块 绸 去 找 裁缝
汉文意译：手拿绸布找人缝；

喃字原文：情 旗 扒 迟 払 低,
国际音标：tin² kɤ² ʔbat⁷ɣap⁸ tsa:ŋ² ʔdɤi¹
汉文直译：偶然 相遇 郎 这儿
汉文意译：偶然在此相见君,

喃字原文：撋 咭 丐 襖 撋 纠 丐 裙。
国际音标：mɯ:n⁶ kat⁷ ka:i⁵ʔa:u⁵ mɯ:n⁶ mai¹ ka:i⁵kwɤn²
汉文直译：借 剪 衣服 借 缝 裙子
汉文意译：借剪刀、针缝绸裙。

（520）

喃字原文：胣 躺 胛 蝁 舥 弧,
国际音标：ja⁶ min² ru:t⁸ ʔok⁷ kwan¹ko¹
汉文直译：肚 妹 肠 螺蛳 弯曲
汉文意译：你心好似螺心曲,

喃字原文：壅 名 准 怒 哏 嗰 准 箕；
国际音标：lɤp⁷ jan¹ tson⁵ nɔ⁶ hɛn⁶hɔ² tson⁵ kiə¹
汉文直译：掩盖 名 地方 那 约 地方 那
汉文意译：相约别人呼此人；

喃字原文：胣 躺 胛 蝁 胛 螞,
国际音标：ja⁶ min² ru:t⁸ ʔok⁷ ru:t⁸ thɔ²
汉文直译：肚 妹 肠 螺蛳 肠 蛤蜊
汉文意译：你心好似螺弯曲,

1235

喃字原文：胣 於 咀 扞 胂 於 膞 金。
国际音标：ja⁶ ʔɤ³ tɔ²vɔ² ruːt⁸ ʔɤ³ ton¹kim¹
汉文直译：肚 在 土蜂 啊 蜂针
汉文意译：居心土蜂针叮人。

（521）

喃字原文：身 憫 儌 吏 劳 叨,
国际音标：thɤn¹ hɛn² nɔ⁵ laːi⁶ laːu¹ʔdaːu¹
汉文直译：身 卑微 他 又 头晕眼花
汉文意译：人是卑微晕头脑,

喃字原文：呦 麻 坤 噱 ㇷ 牢 拱 憫;
国际音标：jɤu²ma² khon¹kheu⁵ laːm²thaːu¹ kuŋ³ hɛn²
汉文直译：尽管 聪明 为什么 也 卑微
汉文意译：尽管聪明亦才疏;

喃字原文：身 牢 劼 抯 丕 身,
国际音标：thɤn¹ thaːu¹ vɤt⁷va³ vɤi⁶ thɤn¹
汉文直译：身 怎么 辛苦 这样 身
汉文意译：人生一世都辛苦,

喃字原文：馭 咹 揕 餲 碎 峇 空 黜。
国际音标：ŋɯːi² ʔan¹ tsaŋ³ het⁷ toi¹ lɤn² khoŋ¹ ra¹
汉文直译：人家 吃 不完 我 摸 不 出
汉文意译：我两手空他财富。

喃字原文：身 牢 身 跙 世 尼,
国际音标：thɤn¹ thaːu¹ thɤn¹ ʔden⁵ the⁵nai²
汉文直译：身 为何 身 到 这样
汉文意译：人生为何到此步,

情 歌

喃字原文：群 欣 台 乇 世 丕 麻 催？
国际音标：kɔn² hɤːn¹ hai¹ ʔda³ the⁵vɤi⁶ ma² thoi¹
汉文直译：还 胜于 或 已 这样 而 罢了
汉文意译：注定这样还是富？

喃字原文：粉 牢 粉 泊 如 砾，
国际音标：fɤn⁵ thaːu¹ fɤn⁵ ʔbaːk⁸ ɲɯ¹ voi¹
汉文直译：粉 怎么 粉 白 如 石灰
汉文意译：搽粉面白如石灰，

喃字原文：乇 停 渃 沚 欺 濡 抺 扬。
国际音标：ʔda³ jɯŋ² nɯːk⁷ tsai³ khi¹ vui² jɤ³jaːŋ¹
汉文直译：已 停 水 六 时 迷糊 不上不下
汉文意译：不上不下水停流。

（男：刘日成；女：梁达辉）

（522）

喃字原文：埃 喂 制 低 春 雲，
国际音标：ʔaːi¹ ʔɤːi¹ tsɤːi¹ ʔdɤi¹ sɤn¹vɤn¹
汉文直译：谁 啊 玩 这儿 春 云
汉文意译：喂呀！此地乐春云，

喃字原文：埃 喂 制 低 務 春 矯 耄；
国际音标：ʔaːi¹ ʔɤːi¹ tsɤːi¹ ʔdɤi¹ muə²sɤn¹ kɛu³ ja²
汉文直译：谁 啊 玩 这儿 春季 否则 老
汉文意译：青春玩乐防快老；

喃字原文：埃 喂 制 低 矯 耄，
国际音标：ʔaːi¹ ʔɤːi¹ tsɤːi¹ ʔdɤi¹ kɛu³ ja²
汉文直译：谁 啊 玩 这儿 否则 老
汉文意译：此处玩乐常不老，

喃字原文：䅵牤固侣堆些固時。
国际音标：ma³muk⁸ kɔ⁵ lɯ³ ʔdoi¹ta¹ kɔ⁵ thi²
汉文直译：木马　有对　咱俩　有时
汉文意译：木马有对人配偶。

喃字原文：捱制拱𥙩春𠫾,
国际音标：tsaŋ³ tsɤːi¹ kuŋ³ mɤt⁷ sɤn¹ ʔdi¹
汉文直译：不　玩　也　失　青春　去
汉文意译：青春不玩时过去,

喃字原文：核𦓅重竖伮時跳𢖖;
国际音标：kɤi¹ ja² tuŋ² vɔi⁶ nɔ⁵ thi² thɐu¹thau¹
汉文直译：树　老　重　高耸　它　则　尾随
汉文意译：树木枯老必然时;

喃字原文：馭戈馭跻包數,
国际音标：ŋɯə⁶ kwa¹ ŋɯə⁶ vɔ⁵ ʔbaːu¹ lɤu¹
汉文直译：马　过　马　蹄　多　久
汉文意译：马跑得快其本事,

喃字原文：没欺撿准半愁謨愢。
国际音标：mot⁸khi¹ kiːm⁵ tson⁵ ʔbaːn⁵ thɤu² muə¹ vui¹
汉文直译：一旦　找　地方　卖　愁　买　快乐
汉文意译：人找乐处欢心唉。

(523)

喃字原文：卒效𥘷特𩛂𦓅,
国际音标：tot⁷ tho⁵ lɤi⁵ ʔdɯːk⁸ tsoŋ² ja²
汉文直译：好运　娶　得　夫　老
汉文意译：好运娶得老夫君,

情 歌

喃字原文： 特 贴 特 茹 吏 呎 如 柑；
国际音标：ʔdɯːk⁸ kuə³ ʔdɯːk⁸ n̠a² laːi⁶ ŋɔt⁸ n̠ɯ¹ kaːm¹
汉文直译：得 东西 得 家 又 甜 如 柑子
汉文意译：有家有舍如柑甜；

喃字原文：酳 效 祂 沛 祂 名，
国际音标：sɤu⁵ tho⁵ lɤi⁵ faːi³ tɛ³jan¹
汉文直译：丑 命 嫁 中 小 丈夫
汉文意译：命丑娶得小老公，

喃字原文：剚 茹 散 作 粓 羹 汩 漂。
国际音标：kɯə³n̠a² taːn¹taːk⁷ kɤːm¹ kan¹ n̠aːt⁸ʔbɛu²
汉文直译：家 庭 溃 散 饭 汤 淡
汉文意译：家庭溃散饭汤淡。

（524）

喃字原文：堆 些 包 没 哙 愿，
国际音标：ʔdoi¹taː¹ ʔda³ mot⁸ n̠ɤːi²ŋwiːn¹
汉文直译：咱俩 已 一 誓言
汉文意译：咱俩情愿发誓言，

喃字原文：咰 埃 固 糱 如 仙 拱 停；
国际音标：jɤu² ʔaːi¹ kɔ⁵ ʔdɛp⁸ n̠ɯ¹ tiːn¹ kuŋ³ ʔdɯŋ²
汉文直译：无论 谁 有 美 如 仙 也 别
汉文意译：再遇仙人也不娶；

喃字原文：皷 堆 沛 侣 些 用，
国际音标：vɯə² ʔdoi¹ faːi³ lɯ³ taː¹ juŋ²
汉文直译：般配 合意 伴侣 咱 用
汉文意译：天意作合为双对，

1239

喃字原文：掍犐畝秈貼终翁歪。
国际音标：kɔn¹tʂu¹ mɤu³ ru:ŋ⁶ kuə³ tsuŋ¹ ʔoŋ¹jɤ:i²
汉文直译：水牛 亩 天 东西 公共 老天
汉文意译：天赐之物是牛田。

(525)

喃字原文： 貪　鐄　補　義　歪　喂，
国际音标：tha:m¹ va:ŋ² ʔbo³ ŋiə³ jɤ:i² ʔɤ:i¹
汉文直译： 贪　 金　弃　义　天　 啊
汉文意译：莫贪黄金丢情义，

喃字原文： 鐄　䀡　時　汔　義　碎　唉　群；
国际音标：va:ŋ² ʔan¹ thi² het⁷ ŋiə³ toi¹ hai³kɔn²
汉文直译： 金　吃　则　 完　义　我　 还 有
汉文意译：黄金用完义常存；

喃字原文： 鐄　䀡　坴　岿　坴　㠶，
国际音标：va:ŋ² ʔan¹ lɤ³ nui⁵ lɤ³ nɔn¹
汉文直译： 金　吃　崩　山　塌　山
汉文意译：用金要破山倒塌，

喃字原文：義　碎　咳　群　院　院　如　헙。
国际音标：ŋiə³ toi¹ hai³kɔn² vɛn⁶vɛn⁶ ɳɯ¹ sɯə¹
汉文直译：义　 我　 还 有　 完 美　 如　 初
汉文意译：情义永存保昔真。
（男：张廷德，苏维绍；女：范氏清，杜福英）

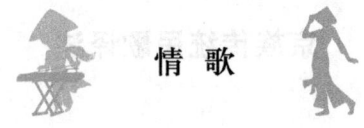

情 歌

（526）

喃字原文：俺　時　挌　鋇　喙　峒，
国际音标：ʔɛm¹ thi² va:k⁷ ku:k⁷ tham¹ ʔdoŋ²
汉文直译：妹　则　扛　锄头　巡　田峒
汉文意译：妹扛锄头下田峒，

喃字原文：英　時　假格　拰　笼　拄　鸡；
国际音标：ʔan¹ thi² ja³kat⁷ ma:ŋ¹ loŋ² tsɔi⁶ tsim¹
汉文直译：哥　则　假装　带　笼子　斗　鸟
汉文意译：哥提鸟笼假斗鸟；

喃字原文：為　俺　英　沛　迻　寻，
国际音标：vi² ʔɛm¹ ʔan¹ fa:i³ ʔdi¹ tim²
汉文直译：为　妹　哥　要　去　找
汉文意译：为妹哥要去跟寻，

喃字原文：智　尼　英　别　拄　鸡　罡之。
国际音标：sɯə¹ nai² ʔan¹ ʔbi:t⁷ tsɔi⁶ tsim¹ la² ji²
汉文直译：以前　这　哥　知　斗　鸟　是　什么
汉文意译：实际不是去斗鸟。

（527）

喃字原文：馭　顽　麻　㿿　園　花，
国际音标：ŋɯ:i² ŋwa:n¹ ma² lan⁵ vɯ:n²hwa¹
汉文直译：人　精灵　而　避开　花园
汉文意译：精灵之人避花园，

喃字原文：唏　埃　訴　鸥　朱　些　别　扒；
国际音标：khɛn¹ ʔa:i¹ tɔ³ nɛu³ tsɔ¹ ta¹ ʔbi:t⁷ tsa:ŋ²
汉文直译：夸赞　谁　明白　路　使　咱　知　郎
汉文意译：称赞那人引见君；

1241

喃字原文：𪜮 些 共 总 恪 廊，
国际音标：ha:i¹ta¹ kuŋ² toŋ³ kha:k⁷ la:ŋ²
汉文直译：咱俩 同总 不同 村
汉文意译：咱俩本是不同乡，

喃字原文：唕 埃 訴 鹛 朱 扒 别 些。
国际音标：khɛn¹ ʔa:i¹ tɔ³ nɛu³ tsɔ¹ tsa:ŋ² ʔbi:t⁷ ta¹
汉文直译：赞 谁 明白 路 使 郎 知 咱
汉文意译：表扬那人妹见君。

（528）

喃字原文：淹 罗 㫐 丕 没 茹，
国际音标：ʔɛm¹ la² kɔn¹ ʔut⁷ mot⁸ ɳa²
汉文直译：妹 是 孩子 最小 一 家
汉文意译：妹是家中小女儿，

喃字原文：唯 唵 啨 呐 实 罗 宽 胎；
国际音标：nɤ:i² ʔan¹ ti:ŋ⁵nɔi⁵ thɤt⁸ la² khwa:n¹tha:i¹
汉文直译：话 哥 声音 实 是 从容不迫
汉文意译：能说会道从容美；

喃字原文：吅 淹 唭 如 花 蓏，
国际音标：mi:ŋ⁶ ʔɛm¹ kɯ:i¹ ɳɯ¹ hwa¹ɳa:i²
汉文直译：口 妹 笑 如 茉莉花
汉文意译：妹笑花开如茉莉，

喃字原文：如 荻 花 桂 如 聪 花 红。
国际音标：ɳɯ¹ nu⁶ hwa¹kwe⁵ ɳɯ¹ ta:i¹ hwa¹hoŋ²
汉文直译：如 蕾 桂花 如 瓣儿 玫瑰
汉文意译：又如玫瑰和桂花。

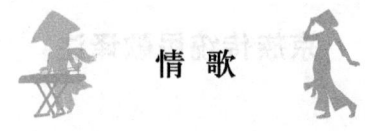

情 歌

喃字原文：约 之 英 特 ⼞ 駄，
国际音标：ʔɯ:k⁷ tsi¹ ʔan¹ ʔdɯ:k⁸ la:m² tsoŋ²
汉文直译：期望 什么 哥 得 做 夫
汉文意译：期望娶我为夫君，

喃字原文：底 揞 ⼞ 媠 绦 红 丕 缚。
国际音标：ʔde³ ʔɛm¹ la:m² vɤ⁶ tɤ¹hoŋ² jɤ:i² sɛ¹
汉文直译：让 妹 做 妻 红 绳 天 牵
汉文意译：结系红绳做爱人。

（529）

喃字原文：亾 些 群 捃 唪 丕，
国际音标：ha:i¹ ta¹ kɔn² kwɤn⁵ vuŋ⁶ vɤi⁶
汉文直译：咱俩 还 眷恋 偷偷
汉文意译：咱俩偷偷地来往，

喃字原文：冬 乘 群 想 䏌 贁 台 牢；
国际音标：ʔdoŋ¹ thɯə² kɔn² tɯ:ŋ³ ʔdem¹ ja:i² hai¹ tha:u¹
汉文直译：冬 剩 还 想 夜 长 或 怎么
汉文意译：冬夜长更还嫌短；

喃字原文：共 料 没 㳟 湄 潘，
国际音标：kuŋ² li:u² mot⁸ jɔt⁸ mɯə¹ ra:u²
汉文直译：同 豁 出去 一 滴 阵雨
汉文意译：豁出一滴大雨水，

喃字原文：底 朱 天 下 睵 伹 拱 台。
国际音标：ʔde³ tsɔ¹ thi:n¹ ha⁶ kɔi¹ va:u² kuŋ³ hai¹
汉文直译：留 给 天 下 看 进 也 好
汉文意译：天下人知是好运。

1243

喃字原文：捽 為 琴 瑟 绞 绁，
国际音标：tɔt⁷ vi² kɤm²that⁷ ʔben⁶ jɤi¹
汉文直译：既已 为 琴瑟 编织 线
汉文意译：琴瑟相连今成事，

喃字原文：拯 槑 醂 拱 没 馼 功 些。
国际音标：tsaŋ³ tam¹ nam¹ kuŋ³ mot⁸ ŋai² koŋ¹ ta¹
汉文直译：不 百 年 也 一 天 功 咱
汉文意译：百年佳老好姻缘。

（男：裴永彬；女：阮兴连）

（530）

喃字原文：迓 娘 英 捻 𦛌 䄄，
国际音标：ɣap⁸ naːŋ² ʔan¹ nam⁵ kɔ³tai¹
汉文直译：遇 妹 哥 握 手 腕
汉文意译：见妹紧握着妹手，

喃字原文：英 要 術 泟 英 醛 術 情；
国际音标：ʔan¹ ʔiːu¹ ve² net⁷ ʔan¹ thai¹ ve² tin²
汉文直译：哥 爱 为 性情 哥 醉 为 情
汉文意译：爱妹品行又醉情；

喃字原文：天 下 夥 几 翯 羡，
国际音标：thiːn¹ha⁶ lam⁵ kɛ³ jau² sin¹
汉文直译：天 下 多 人 富 美
汉文意译：天下富美哥不爱，

喃字原文：仍 缘 拯 顺 仍 情 拯 忴。
国际音标：ɲɯŋ³ jiːn¹ tsaŋ³ thɤn⁶ ɲɯŋ³ tin² tsaŋ³ ʔɯə¹
汉文直译：些 缘 不 顺 些 情 不 喜爱
汉文意译：她人情缘哥不要。

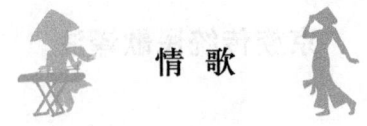

情 歌

喃字原文：䒁 低 称 當 拱 㪮，
国际音标：ʔdɤi⁵ ʔdɤi¹ sɯŋ⁵ ʔda:ŋ⁵ kuŋ³ vɯə²
汉文直译：那儿 这儿 相称 也 合适
汉文意译：咱俩称当好对几，

喃字原文：吁 停 捹 撰 祿 捛 尼 厊。
国际音标：sin¹ ʔdɯŋ² kɛn⁵ tsɔn⁶ lɔk⁸ lɯə² nɤ:¹ na:u²
汉文直译：请 别 挑选 挑选 地方 哪
汉文意译：请妹莫要再挑选。

（531）

喃字原文：想 欺 䯿 忟 些 傷，
国际音标：tɯ:ŋ³ khi¹ min² nɤ⁵ ta¹ thɯ:ŋ¹
汉文直译：想 时 妹 想 哥 想
汉文意译：想起你我相思念，

喃字原文：睨 㳰 平 粉 平 麹 挓 怩；
国际音标：kɔi¹ ȵau¹ ʔbaŋ² fɤn⁵ ʔbaŋ² hɯ:ŋ¹ tsaŋ³ ne²
汉文直译：相视 如 粉 如 镜子 不 顾
汉文意译：视为照镜脂粉物；

喃字原文：術 時 披 核 愿 誓，
国际音标：ve² thi² ʔbɛ³ kɤi¹ ŋwi:n⁶ the²
汉文直译：回 则 扳 树 发誓
汉文意译：回家折花来誓言，

喃字原文：㐌 悡 牧 為 時 術 澬 牢。
国际音标：ʔda³ lɔŋ² tsɯ³ vi⁶ thi² ve² tsɤ⁵ tha:u¹
汉文直译：既已 心 字 为 则 回 别 怎么样
汉文意译：既成情缘莫忧愁。

（532）

喃字原文：傷 媕 挻 监 伹 茹，
国际音标：thɯːŋ¹ ʔɛm¹ tsaŋ³ jaːm⁵ vaːu² n̪a²
汉文直译：爱 妹 不 敢 进 家
汉文意译：爱妹不敢入妹家，

喃字原文：㧴 戈 㧴 吏 嗨 鸡 半 制；
国际音标：ʔdi¹kwaː¹ ʔdi¹laːi⁶ hɔi³ ɣa² ʔbaːn⁵ tsɤːi¹
汉文直译：经过 来往 问 鸡 卖 玩
汉文意译：门前来往假买鸡；

喃字原文：傷 媕 如 梵 柟 丕，
国际音标：thɯːŋ¹ ʔɛm¹ n̪ɯ¹ thɤi⁵ mat⁸jɤːi²
汉文直译：爱 妹 如 见 太阳
汉文意译：见妹如同见太阳，

喃字原文：梵 時 梵 丕 交 唑 麟 交。
国际音标：thɤi⁵ thi² thɤi⁵ vɤi⁶ jaːu¹ n̪ɤːi² khɔ⁵ jaːu¹
汉文直译：见 则 见 这样 交 言 难 交
汉文意译：望见妹面交言难。

（533）

喃字原文：傷 媕 空 监 伹 茹，
国际音标：thɯːŋ¹ ʔɛm¹ khoŋ¹ jaːm⁵ vaːu² n̪a²
汉文直译：想 妹 不 敢 进 家
汉文意译：想妹，哥不敢入屋，

喃字原文：㧴 昂 外 剬 嗨 固 鸡 半 空；
国际音标：ʔdi¹ ŋaːŋ¹ ŋwaːi¹ kɯaː³ ich⁶ hɔi³ kɔ⁵ ɣa² ʔbaːn⁵ khoŋ¹
汉文直译：去 横 外 门 问 有 鸡 卖 不
汉文意译：门前闲逛问买鸡；

情 歌

喃字原文：茹 娰 奔 鿮 奔 葻，
国际音标：na² ʔɛm¹ ʔbuːn¹ vaːi³ ʔbuːn¹ ʔboŋ¹
汉文直译：家 妹 贩 布 贩 棉花
汉文意译：妹家卖布卖棉花，

喃字原文： 奔 蝪 半 缯 娰 空 固 鸦。
国际音标：ʔbuːn¹ tam² ʔbaːn⁵ luə⁶ ʔɛm¹ khoŋ¹ kɔ⁵ ɣa²
汉文直译： 贩 蚕 卖 绸 妹 不 有 鸡
汉文意译：养蚕织绸没卖鸡。

（男：苏维绍；女：阮氏心）

（534）

喃字原文：㐌 馭 停 固 愁 烦，
国际音标：ʔdɤːi² ŋɯːi² ʔdɯŋ² kɔ⁵ thɤu²fiːn²
汉文直译： 人生 别 有 愁烦
汉文意译：人生不要多烦愁，

喃字原文：忏 怌 挭 吏 忏 烦 杜 㖦；
国际音标：kɤːn¹ʔbuːn² ɣan⁵ laːi⁶ kɤːn¹fiːn² ʔdo³ ʔdi¹
汉文直译： 烦忧 挑 来 烦闷 倒 去
汉文意译：喜时欢乐弃烦扰；

喃字原文：犉 時 罗 翁 罗 婆，
国际音标：thoŋ⁵ thi² laː² ʔoŋ¹ laː² ʔbaː²
汉文直译：活着 则 是 夫 是 妻
汉文意译：人生要做好夫妻，

喃字原文：㐌 時 埃 拱 悴 愢 没 厺。
国际音标：tset⁷ thi² ʔaːi¹ kuŋ³ sɤt⁷saː¹ mot⁸ lɤn²
汉文直译：死 则 谁 也 爱 上 一 次
汉文意译：人至死时留哀伤。

喃字原文： 躺 停 擬 歘 舌 身，
国际音标： min² ʔdɯŋ² ŋiə³ ma:i³ thi:t⁸ thɤn¹
汉文直译： 妹 别 义 永久 伤 身
汉文意译： 莫要多思伤身体，

喃字原文： 官 唏 埃 拄 麻 才 特 兜。
国际音标： kwa:n¹ vuə¹ ʔa:i¹ tsaŋ³ ma² ta:i² ʔdɯ:k⁸ ʔdɤu¹
汉文直译： 官员 皇帝 谁 不 而 才 得 哪儿
汉文意译： 皇帝官员也得死。

（535）

喃字原文： 迡 烧 没 幅 笡 疏，
国际音标： ɣap⁸ɲau¹ mot⁸ ʔbɯk⁷ ra:u² thɯə¹
汉文直译： 相遇 一 幅 篱笆 稀疏
汉文意译： 在疏篱笆相遇见，

喃字原文： 揌 歹 渃 相 揌 迠 呫 萎；
国际音标： tai¹ ɣa:t⁸ nɯ:k⁷mat⁷ tai¹ ʔdɯə¹ mi:ŋ⁵ jɤu²
汉文直译： 手 擦 眼泪 手 送 片 槟榔
汉文意译： 一手递萎手擦泪；

喃字原文： 台 罖 躺 固 尼 兜，
国际音标： hai¹ la² min² kɔ⁵ nɤ:i¹ ʔdɤu¹
汉文直译： 或 是 妹 有 地方 哪儿
汉文意译： 或是妹已有人爱，

喃字原文： 麻 躺 吱 糵 吱 萎 拄 咹。
国际音标： ma² min² tse¹ thu:k⁷ tse¹ jɤu² tsaŋ³ ʔan¹
汉文直译： 而 哥 嫌 烟 嫌 槟榔 不 吃
汉文意译： 嫌哥槟榔莫思食。

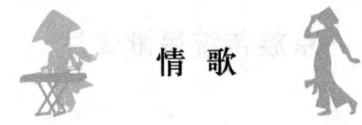

情 歌

喃字原文：迉烧於鸥　塘涾，
国际音标：ɣap⁸n̠au¹ ʔɤ³ nɛu³ʔdɯːŋ² tɤːn¹
汉文直译：相遇　在　路　滑
汉文意译：在泥泞路咱相遇，

喃字原文：衪之　報　義　功　恩　唉　躺；
国际音标：lɤi⁵ ji² ʔbaːu⁵ ŋiə³ kɔn¹ ʔɤn¹ hɤːi³ min²
汉文直译：拿　什么　报　义　功　恩　啊　妹
汉文意译：用啥报义妹恩情；

喃字原文：迉　烧　於　涾　塘　𫥙，
国际音标：ɣap⁸n̠au¹ ʔɤ³ nɛu³ʔdɯːŋ² jaːi²
汉文直译：相遇　在　路　长
汉文意译：咱俩相遇在路上，

喃字原文：塘　涾　時　𫥙　塘　𫥙　空　砍。
国际音标：ʔdɯːŋ² tɤːn¹ thi² ʔit⁷ ʔdɯːŋ² jaːi² khɔŋ¹ voi¹
汉文直译：路　滑　则　少　路　长　没有　石灰
汉文意译：泥泞长路两手清。

（536）

喃字原文：渃　牢　渃　沚　涧　垌，
国际音标：nɯːk⁷ thaːu¹ nɯːk⁷ tsai³ jaːn² ʔdoŋ²
汉文直译：水　怎么　水　流　洋溢　田垌
汉文意译：流水洋溢着田野，

喃字原文：绦　缘　群　妬　织　红　渚　绅；
国际音标：tɤ¹jiːn¹ kɔn² ʔdɔ⁵ tsi³hoŋ² tsɯə¹ sɛ¹
汉文直译：红绳　还　那　红绳　未　牵
汉文意译：红绳未结未姻缘；

1249

喃字原文：渃 醴 渃 沚 觙 厨,
国际音标：nɯːk⁷ tɔŋ¹ nɯːk⁷ tsai³ kwan¹ tsuə²
汉文直译：水 清 水 流 绕 寺
汉文意译：清水绕流圣寺外,

喃字原文：空 要 些 拱 補 艨 朱 要。
国际音标：khoŋ¹ ʔiːu¹ ta¹ ʔbɔ³ ʔbuə² tsɔ¹ ʔiːu¹
汉文直译：不 爱 咱 丢 迷 药 使 爱
汉文意译：吃了迷药即相爱。

(537)

喃字原文：媕 罗 琨 妠 臑 罜,
国际音标：ʔɛm¹ la² kɔn¹ ɣaːi⁵ ȵu¹mi¹
汉文直译：妹 是 女子 温 柔
汉文意译：妹是温柔美女子,

喃字原文：廊 遭 社 斝 埃 被 特 吚;
国际音标：laːŋ² ten¹ sa³ jɯːi⁵ ʔaːi¹ ʔbi² ʔdɯːk⁸ naːu¹
汉文直译：村 上 社 下 谁 比 得 哪
汉文意译：上村下乡谁能比;

喃字原文：相 矃 贫 堆 胼 桃,
国际音标：mat⁷ toŋ¹ thɤi⁵ ʔdoi¹ ma⁵ʔdaːu²
汉文直译：眼 看 见 对 桃 颊
汉文意译：妹脸印有桃红颜,

喃字原文：脢 红 相 凤 埃 矃 伵 搢 醛。
国际音标：moi¹ hoŋ² mat⁷ fɯːŋ⁶ ʔaːi¹ toŋ¹ vaːu² tsaŋ³ thai¹
汉文直译：唇 红 眼 凤 谁 看 进 不 迷 醉
汉文意译：朱唇凤眼陶醉人。

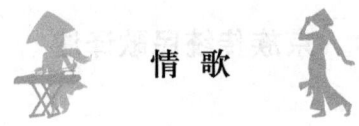

情 歌

喃字原文：醛 俺 没 部 毪 眉，
国际音标：thai¹ ʔɛm¹ mot⁸ ʔbo⁶ loŋ¹mai²
汉文直译：迷 妹 一 对 眉毛
汉文意译：妹对眉毛很迷人，

喃字原文：荍 狪 搭 筚 蘁 霻 静 寅；
国际音标：ŋɔn⁵tai¹ thap⁷ʔbut⁷ tɔk⁷mɤi¹ san¹ɤːn²
汉文直译：手指 笔套 云鬓 碧绿
汉文意译：手指笔筒青云鬓；

喃字原文：醛 俺 醛 奇 盘 蹟，
国际音标：thai¹ ʔɛm¹ thai¹ ka³ ʔbaːn²tsɤn¹
汉文直译：迷 妹 迷 全 脚掌
汉文意译：见妹双脚亦陶醉，

喃字原文：蹭 红 胮 皀 迠 分 院 迠。
国际音标：ɣot⁷ hoŋ² ja¹ taŋ⁵ mɯːi² fɤn² vɛn⁶mɯːi²
汉文直译：脚跟 红 皮 白 十分 完美
汉文意译：鞋红皮白十分美。

喃字原文：醛 俺 句 呐 啫 唭，
国际音标：thai¹ ʔɛm¹ kɤu¹noi⁵ tiːŋ⁵ kɯːi²
汉文直译：迷 妹 话语 声 笑
汉文意译：说话笑声令人迷，

喃字原文：醛 俺 涅 蹯 醛 尼 俺 胹；
国际音标：thai¹ ʔɛm¹ net⁷ ʔdɯŋ⁵ thai¹ nɤːi¹ ʔɛm¹ nam²
汉文直译：迷 妹 性情 站 迷 地方 妹 躺
汉文意译：行止、睡处见迷恋；

喃字原文：嗜 埃 生 竹 生 沉,
国际音标：khɛn¹ ʔaːi¹ thin¹ tuk⁷ thin¹ tɤm²
汉文直译：夸张 谁 生 竹 生 沉香
汉文意译：似竹、沉香人赞美,

喃字原文：麻 羘 眿 蹲 眿 躺 拱 羘。
国际音标：ma² sin¹ luk⁷ ʔdɯŋ⁵ luk⁷ nam² kuŋ³ sin¹
汉文直译：而 请 时 站 时 躺 也 漂亮
汉文意译：立躺姿色很美丽。

（538）

喃字原文：媕 群 胜 烤 肝 烦,
国际音标：ʔɛm¹ kɔn² ruːt⁸ hɛu⁵ ɣaːn¹ fiːn²
汉文直译：妹 还 肠 枯 萎 肝 烦
汉文意译：妹很担心这情缘,

喃字原文：牢 英 思想 蔬 畑 挑 高;
国际音标：thaːu¹ ʔan¹ tɯ¹tɯːŋ³ ŋɔn⁶ʔdɛn² tɛu¹ kaːu¹
汉文直译：为何 哥 思想 灯盏 挂 高
汉文意译：为何哥往高处想;

喃字原文：英 喂 東 桺 西 桃,
国际音标：ʔan¹ ʔɤːi¹ ʔdoŋ¹ liːu³ tɤi¹ ʔdaːu²
汉文直译：哥 啊 东 柳 西 桃
汉文意译：东柳西桃尚分离,

喃字原文：媕 如 梗 竹 津 包 棚 梅。
国际音标：ʔɛm¹ nɯ¹ kan² tuk⁷ lɔt⁸ vaːu² jaːn² maːi¹
汉文直译：妹 如 枝 竹 穿 进 棚 梅
汉文意译：妹似梅棚根竹子。

情 歌

喃字原文： 吀扒　停濦眰埃，
国际音标： sin¹ tsa:ŋ² ʔdɯŋ²tsɤ⁵ ŋɛ¹ ʔa:i¹
汉文直译： 请　郎　别　听　谁
汉文意译： 请君莫要听人使，

喃字原文： 敦"忠"媕决没牌朱衝；
国际音标： tsɯ³ tuŋ¹ ʔɛm¹ kwi:t⁷ mot⁸ ʔba:i² cɔ¹ sɤŋ¹
汉文直译： 字　忠　妹　决心　一　片　给　完
汉文意译： 妹守"忠"字一片心；

喃字原文： 没聂铖道媰猷，
国际音标： mot⁸ma:i¹ nen¹ ʔda:u⁶ vɤ⁶tsoŋ²
汉文直译： 一旦　成　道　夫妻
汉文意译： 一旦结为夫妻情，

喃字原文： ㄇ之䏾浽腾红趴配。
国际音标： la:m²tsi¹ ʔden⁵ noi³ ma⁵ hoŋ² tsiə¹foi¹
汉文直译： 为什么　到　境地　颊　红　分离
汉文意译： 桃颊夫妻不分离。

喃字原文： 迊低挭拸没哩，
国际音标： ɣap⁸ ʔdɤi¹ ɣan⁵ʔcɔ⁵ mot⁸ nɤ:i²
汉文直译： 遇　这儿　缠绵　一　言
汉文意译： 相依相投见言行，

喃字原文： 襘鸾啐底堆尼扞鐄；
国际音标： ɣoi⁵ lɔn¹ tɔt⁷ ʔde³ ʔdoi¹ nɤ:i¹ cv³va:ŋ²
汉文直译： 枕　鸾　既已　放　两　地　消瘦
汉文意译： 鸾枕莫留褪容颜；

喃字原文： 𠊛 如 鸾 凤 同 床，
国际音标： ŋɯːi² n̪ɯ¹ lɔn¹ fɯːŋ⁶ ʔdoŋ² thaːŋ²
汉文直译： 人家 如 鸾 凤 同 床
汉文意译： 人家鸾凤同床欢，

喃字原文： 悲 畭 抽 缩 丝 纡 朱 停．
国际音标： ʔbɤi¹jɤ² rut⁷ moi⁵tɤ¹ vɯːŋ⁵ tsɔ¹ ʔdan²
汉文直译： 如今 抽 丝 缠 给 忍心
汉文意译： 咱今因情牵累心。

喃字原文： 𠊛 如 花 芛 㡳 梗，
国际音标： ŋɯːi² n̪ɯ¹ hwa¹ nɤ³ ten¹ kan²
汉文直译： 人家 如 花 开 上 枝
汉文意译： 人家如花正芬芳，

喃字原文： 俺 如 䘓 蛂 䎱 量 貼 花．
国际音标： ʔɛm¹ n̪ɯ¹ kɔn¹ʔbɯːm⁵ liːŋ⁶ van² sɛm¹ hwa¹
汉文直译： 妹 如 蝴蝶 翱翔 绕圈 看 花
汉文意译： 妹似蝴蝶旋花园。

(539)

喃字原文： 䢛 迻 朕 朕 空 迻 䢛，
国际音标： jɔ⁵ ʔdɯə¹ jaŋ¹ jaŋ¹ khɔŋ¹ ʔdɯə¹ jɔ⁵
汉文直译： 风 送 月 月 不 送 风
汉文意译： 风送月，月不送风，

喃字原文： 䫻 怒 迻 畑 畑 固 迻 埃；
国际音标： kwaːt⁸ nɔ⁶ ʔdɯə¹ ʔdɛn² ʔdɛn² kɔ⁵ ʔdɯə¹ ʔaːi¹
汉文直译： 扇子 那 吹 灯 灯 有 吹 谁
汉文意译： 扇风吹灯光亮燃；

情 歌

喃字原文：哾 是 非 搁 底 外 聪，
国际音标：nɤ:i² thi⁶fi¹ ɣa:k⁷ʔde³ ŋwa:i² ta:i¹
汉文直译：话 是 非 搁放 外 耳朵
汉文意译：是非之言当耳风，

喃字原文：停 抚 橅 脆 麻 差 哾 愿。
国际音标：ʔdɯŋ² ʔdɛm¹ vo¹ ja⁶ ma² tha:i¹ lɤ:i²ŋwi:n²
汉文直译：别 夜 无 心 而 错 誓言
汉文意译：铭记誓言莫变心。

喃字原文：寅 夜 晡 我 胲 倾，
国际音标：jɤn² ja² ʔbɔŋ⁵ ŋa³ jaŋ¹ ŋi:ŋ¹
汉文直译：渐渐 老 影 斜 月 倾
汉文意译：慢慢月斜影子长，

喃字原文：槑 恇 術 伴 䣭 烦 術 些。
国际音标：tam¹ vui¹ ve² ʔba:n⁶ ŋin² fi:n² ve² ta¹
汉文直译：百 喜 为 友 千 烦 为 咱
汉文意译：百喜为友自千愁。

(540)

喃字原文：茹 娩 固 没 核 桃，
国际音标：ŋa² ʔem¹ kɔ⁵ mot⁸ kɤi¹ʔda:u²
汉文直译：家 妹 有 一 桃树
汉文意译：妹家有一棵桃树，

喃字原文：英 挮 戈 圩 空 包 茹 蛸；
国际音标：ʔan¹ ʔdi¹kwa¹ ŋɔ³ khoŋ¹ va:u² ŋa² tsɤ:i¹
汉文直译：哥 经过 巷子 不 进 家 玩
汉文意译：哥经家门怎不入；

喃字原文： 桃啍 桃叽 英 喂，
国际音标：ʔdaːu² ŋɔn¹ ʔdaːu² ŋɔt⁸ ʔan¹ ʔɤːi¹
汉文直译： 桃 甜 桃 甜 哥 啊
汉文意译：桃果又甜又好食，

喃字原文： 桃洙 桃濆 空 呲 英 唉。
国际音标：ʔdaːu² tsuə¹ ʔdaːu² tsaːt⁷ khoŋ¹ mɤːi² ʔan¹ ʔan¹
汉文直译： 桃 酸 桃 涩 不 请 哥 吃
汉文意译：如果桃酸不请君。

（541）

喃字原文： 嗎之 洙 濆 丕 姑？
国际音标：laːm²tsi¹ tsuə¹ tsaːt⁷ vɤi⁶ ko¹
汉文直译： 为什么 酸 涩 这样 姑娘
汉文意译：为何果子酸涩味？

喃字原文：蒲 磈 固 叽 時 烯 笆 用；
国际音标：ʔbo² hɔn² kɔ⁵ ŋɔt⁸ thi² vuə¹ ʔdaː³ juŋ²
汉文直译：无患子 有 甜 则 皇帝 已 用
汉文意译：无患子苦皇尝甜；

喃字原文： 嗎之 洙 濆 丕 妈 红 裙，
国际音标：laːm²tsi¹ tsuə¹ tsaːt⁷ vɤi⁶ ɣaːi⁵ hoŋ² kwɤn²
汉文直译： 为什么 酸 涩 这样 姑娘 红 裙
汉文意译：妹怎种果酸涩味，

喃字原文：没 枚 吏 沛 抣 身 累 馱。
国际音标：mot⁸ maːi¹ laːi⁶ faːi³ ʔdɛm¹ thɤn¹ li⁶ ŋɯːi²
汉文直译： 一旦 又 是 带 身 牵累 人
汉文意译：谁人吃果牵累人。

情 歌

（542）

喃字原文：啧 朱 鉑 論 貝 炭，
国际音标：tat⁷ tsɔ¹ ʔba:k⁸ lon⁶ vɤ:i⁵ tha:n¹
汉文直译：责怪 使 银子 混合 和 炭
汉文意译：责怪用炭拌和银，

喃字原文： 鑽 論 貝 坦 朱 安 義 躺；
国际音标：va:ŋ² lon⁶ vɤ:i⁵ ʔdɤt⁷ tsɔ¹ ʔi:n¹ ŋiə³ min²
汉文直译：金子 混合 和 土 给 安 义 自己
汉文意译：黄金拌土人怎安；

喃字原文：啧 朱 波 牀 成 核，
国际音标：tat⁷ tsɔ¹ ʔbe³ mɔk⁸ than² kɤi¹
汉文直译：责怪 使 海 长 成 树
汉文意译：责怪海上长树木，

喃字原文：愁 秇 秇 塀 刮 砒 铖 賰。
国际音标：thɤu² ri:ŋ¹ ri:ŋ¹ lɤ³ kat⁷ sɤi¹ nen¹ tɔn²
汉文直译：愁 私 自 塌 割 砌 成 圆满
汉文意译：独自私愁情难圆。

（543）

喃字原文：惜 觖 没 胤 绕 桃，
国际音标：ti:k⁷ thai¹ mot⁸ tɤm⁵ ɲi:u³ ʔda:u²
汉文直译：可惜 啊 一 幅 绸 桃
汉文意译：可惜一幅桃花绸，

喃字原文：少 之 尼 袙 袙 包 襖 哉；
国际音标：thi:u⁵ tsi¹ nɤ:i¹ va⁵ va⁵ va:u² ʔa:u⁵ tɤ:i¹
汉文直译：缺 什么 地方 补 补 进 衣 破
汉文意译：多处裁缝带补布；

喃字原文：極 悉 绕 夥 绕 喂，
国际音标：kɯk⁸ lɔŋ² ɲi:u³ lam⁵ ɲi:u³ ʔɤ:i¹
汉文直译：痛心 绸 非常 绸 啊
汉文意译：弄得花绸极痛心，

喃字原文：绕 桃 麻 袙 襖 哉 牢 停？
国际音标：ɲi:u³ ʔda:u² ma² va⁵ ʔa:u⁵ tɤ:i¹ tha:u¹ ʔdan²
汉文直译：绸 桃 而 补 衣 破 何 忍
汉文意译：怎带花绸补烂布？

（544）

喃字原文：嚎 朱 核 奇 暽 高，
国际音标：mɔŋ¹ tsɔ¹ kɤi¹ ka³ ʔbɔŋ⁵ ka:u¹
汉文直译：期望 给 树 大 影 高
汉文意译：期望树长快高大，

喃字原文：媕 畸 躬 刨 朱 塊 湙 湄；
国际音标：ʔɛm¹ ɣɛ⁵ min² va:u² tsɔ¹ khɔi³ jɔt⁸ mɯə¹
汉文直译：妹 斜 身 进 使 免于 滴 雨
汉文意译：让妹依身遮霜雨；

喃字原文：埃 吘 核 奇 暽 疏，
国际音标：ʔa:i¹ ŋɤ² kɤi¹ ka³ ʔbɔŋ⁵ thɯə¹
汉文直译：谁 料 树 大 影 疏
汉文意译：谁料树高枝稀疏，

喃字原文：湙 曘 拱 洭 湙 湄 拱 刨。
国际音标：jɔt⁸ naŋ⁵ kuŋ³ lɔt⁸ jɔt⁸ mɯə¹ kuŋ³ va:u²
汉文直译：滴 晴 也 穿过 滴 雨 也 进
汉文意译：晴雨渗漏无法遮。

（男：阮兴仪，苏维绍；女：阮春英，龚振芳）

情 歌

(545)

喃字原文：俺 傷 博 媄 拰 傷，
国际音标：ʔɛm¹ thɯːŋ¹ ʔbaːk⁷mɛ⁶ tsaŋ³ thɯːŋ¹
汉文直译：妹 爱 父母 不 爱
汉文意译：妹想爱哥，父母嫌，

喃字原文：渃 箕 闷 沚 麻 洤 空 掏；
国际音标：nɯːk⁷ kiə¹ muːn⁵ tsai³ ma² mɯːŋ¹ khoŋ¹ ʔdaːu²
汉文直译：水 那 想 流 而 沟 不 挖
汉文意译：水满想流未挖沟；

喃字原文：俺 術 觽 鋼 掏 洤，
国际音标：ʔɛm¹ ve² vaːk⁷ kuːk⁷ ʔdaːu² mɯːŋ¹
汉文直译：妹 回 扛 锄头 挖 沟
汉文意译：妹拿锄头去挖沟，

喃字原文：渃 箕 沚 龀 些 傷 侥 共。
国际音标：nɯːk⁷ kiə¹ tsai³ suːŋ⁵ ta¹ thɯːŋ¹ ɲau¹ kuŋ²
汉文直译：水 那 流 下 咱 相爱 一同
汉文意译：让水流入成爱河。

喃字原文：俺 術 觽 鋼 掏 碌，
国际音标：ʔɛm¹ ve² vaːk⁷ kuːk⁷ ʔdaːu² ŋan²
汉文直译：妹 回 扛 锄头 挖 支流
汉文意译：妹拿锄头挖支流，

喃字原文：船 箕 空 豆 喀 沁 馭 吨。
国际音标：thiːn² kiə¹ khoŋ¹ ʔdɤu⁶ tiːŋ⁵tam¹ ŋɯːi² ʔdon²
汉文直译：船 那 不 停泊 名声 人 传
汉文意译：让船入泊怕人笑。

1259

（546）

喃字原文：拎 牰 扐 蜊 䶏 低，
国际音标：kɤm² tai¹ tsa:ŋ² ŋoi² su:ŋ⁵ ʔdɤi¹
汉文直译：牵 手 郎 坐 下 这儿
汉文意译：牵着哥手请坐下，

喃字原文：淹 吶 哩 尼 扐 者 吗 牢；
国际音标：ʔɛm¹ jan⁶ ɲɤ:i² nai² tsa:ŋ² ja³ la:m²tha:u¹
汉文直译：妹 嘱 言 这 郎 答 怎么
汉文意译：妹来问话哥来答；

喃字原文：籴 花 伮 妄 務 吊，
国际音标：tam¹ hwa¹ nɔ⁵ nɤ³ muə² na:u²
汉文直译：百 花 它 开 季节 哪
汉文意译：那个季节百花开，

喃字原文：扐 麻 者 特 淹 交 朱 扐。
国际音标：tsa:ŋ² ma² ja³ ʔdɯ:k⁸ ʔɛm¹ ja:u¹ tsɔ¹ tsa:ŋ²
汉文直译：郎 而 答 得 妹 交 给 郎
汉文意译：哥答对了，妹娶嫁。

喃字原文：淹 交 躬 妾 朱 扐，
国际音标：ʔɛm¹ ja:u¹ min² thi:p⁷ tsɔ¹ tsa:ŋ²
汉文直译：妹 交 身 妾 给 郎
汉文意译：妾交身躯送与君，

喃字原文：剾 馁 妾 翋 鬲 鬲 妾 停。
国际音标：ʔdɔi⁵ nɔ¹ thi:p⁷ tsiu⁶ jau²tha:ŋ¹ thi:p⁷ ʔdan²
汉文直译：饿 饱 妾 受 富 裕 妾 享
汉文意译：饥饿妾受富贵享。

（男：阮继辉，苏维绍；女：范氏清，刘元英）

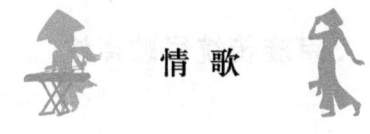

情 歌

（547）

喃字原文：湄 春 落 得 墈 桃，
国际音标：mɯə¹ sɤn¹ laːk⁷ʔdaːk⁷ vɯːn² ʔdaːu²
汉文直译：雨 春 零 星 园 桃
汉文意译：春雨落下桃园里，

喃字原文：功 英 搭 坦 垠 擦 墈 花；
国际音标：koŋ¹ ʔan¹ ʔdap⁷ʔdɤt⁷ ŋan¹ raːu² vɯːn²hwa¹
汉文直译：功 哥 培 土 围 篱 笆 花园
汉文意译：哥有功围园培土；

喃字原文：埃 㐌 遏 颯 湄 沙，
国际音标：ʔaːi¹ laːm² jɔ⁵ taːp⁷ mɯə¹ tha¹
汉文直译：谁 使 暴 吹 雨 下
汉文意译：谁人致使暴风雨，

喃字原文：朱 核 英 杜 朱 花 英 残？
国际音标：tsɔ¹ kɤi¹ ʔan¹ ʔdo³ tsɔ¹ hwa¹ ʔan¹ taːn²
汉文直译：给 树 哥 倒 给 花 哥 残
汉文意译：让桃花残桃树倒？

（548）

喃字原文：拁 要 烧 特 時 催，
国际音标：tsaŋ³ ʔiːu¹ n̠au¹ ʔdɯːk⁸ thi² thoi¹
汉文直译：不 相爱 得 则 罢了
汉文意译：若不相爱就算了，

喃字原文：吁 扎 停 洗 渃 炏 麻 浓；
国际音标：sin¹ tsaːŋ² ʔdɯŋ² tɤi³ nɯːk⁷ voi¹ ma² noŋ²
汉文直译：请 郎 别 洗 水 石灰 而 浓
汉文意译：请君莫把灰水搅；

喃字原文：揝　要　烧　特　時　停，
国际音标：tsaŋ³ ʔi:u¹ ɲau¹ ʔdɯ:k⁸ thi² ʔdan²
汉文直译：不　爱　互相　得　则　姑忍
汉文意译：若不相恋也罢了，

喃字原文：吁　扎　濋　洗　渃　姜　麻　晐。
国际音标：sin¹ tsa:ŋ² tsɤ⁵ tɤi³ nɯ:k⁷ ɣɯŋ² ma² kai¹
汉文直译：请　郎　别　洗　姜汤　而　辣
汉文意译：莫把姜水搅变辣。

（549）

喃字原文：功　英　搭　苙　摛　橙，
国际音标：koŋ¹ ʔan¹ ʔdap⁷ nɤm⁵ joŋ² than²
汉文直译：功　哥　培土　种　橙子
汉文意译：哥有功种橙培土，

喃字原文：揝　特　咹　果　捛　梗　朱　甘；
国际音标：tsaŋ³ ʔdɯ:k⁸ ʔan¹ kwa³ vin⁶ kan² tsɔ¹ ka:m¹
汉文直译：不　得　吃　果　拽　枝　使　甘心
汉文意译：没得吃果也拽枝；

喃字原文：吁　停　豽　胣　北　南，
国际音标：sin¹ ʔdɯŋ² ra¹ ja⁶ ʔbak⁷ na:m¹
汉文直译：情　别　出　肚　北　南
汉文意译：请妹莫要多思虑，

喃字原文：一　日　不　見　如　三　四　皮ᶜ。
国际音标：nɤt⁷ nɤt⁸ ʔbɤt⁷ ki:n⁵ nɯ¹ ta:m¹ tɯ⁵ ʔbe²
汉文直译：一　日　不　见　如　三　秋　长久
汉文意译：一日不见心思念。

情 歌

喃字原文：况 三 秋 不 見 係,
国际音标：huːŋ⁵ taːm¹ thu¹ ʔbɤt⁷ kiːn⁵ he²
汉文直译：况且 三 秋 不 见 兮
汉文意译：况且三秋不见面,

喃字原文： 塘 箕 浽 怒 如 扮 綯 愁;
国际音标：ʔdɯːŋ² kiə¹ noi³ no⁶ ȵɯ¹ tsiə¹ moi⁵thɤu²
汉文直译： 路 那 境地 那 如 分 愁绪
汉文意译：多情缠绵分忧愁；

喃字原文：则 浪 兜 钯 欣 兜,
国际音标：tsak⁷raŋ² ʔdɤu¹ ʔda³ hɤːn¹ ʔdɤu¹
汉文直译：必定 哪儿 已 胜于 哪儿
汉文意译：那哥必定这哥好,

喃字原文：桥 椆 汞 樸 欣 桥 世 间。
国际音标：kɤu² tɛ¹ vaŋ⁵ ȵip⁸ hɤːn¹ kɤu² the⁵jaːn¹
汉文直译：桥 竹 不见 段 胜于 桥 世间
汉文意译：竹子搭桥便桥牢。

喃字原文： 扰 梯 莲 嗨 朕 耭,
国际音标：ʔbak⁷ thaːŋ¹ len¹ hɔi³ jaŋ¹jaː²
汉文直译： 架 梯子 上 问 月老
汉文意译：架梯上天问月老,

喃字原文：沛 庄 份 妠 湄 沙 钟 丕;
国际音标：faːi³ tsaŋ¹ fɤn⁶ ɣaːi⁵ mɯə¹ thaː¹ jɯə³ jɤːi²
汉文直译：是否 身份 女子 雨 下 中 空
汉文意译：女子雨淋否难受；

喃字原文：靲黜迓 特 泩 涧,
国际音标：mai¹ ra¹ ɣap⁸ ʔdɯːk⁸ jiːŋ⁵khɤːi¹
汉文直译：幸运 出遇 得 深井
汉文意译：幸运遇到深水井,

喃字原文：𬒃 𬒃 𬒃 涼 吏 尼 清 闲。
国际音标：vɯə² tɔŋ¹ vɯə² maːt⁷ laːi⁶ nɤːi¹ than¹naːn²
汉文直译：又 清 又 凉 来 地方 清闲
汉文意译：清水凉爽人享受。

喃字原文：庄 靲 効 分 艰 难,
国际音标：tsaŋ³mai¹ thoˤ⁵fɤn⁶ jaːn¹naːn¹
汉文直译：不幸 命运 艰难
汉文意译：不幸命运遇难处,

喃字原文：淋 炭 沛 𬒄 礬 难 共 埃?
国际音标：lɤm²thaːn¹ faːi³ tsiu⁶ faːn²naːn² kuŋ² ʔaːi¹
汉文直译：涂炭 要 受 埋怨 同 谁
汉文意译：涂炭亦受能怪谁?

(550)

喃字原文：堆 缘 如 鸾 贝 凤,
国际音标：ʔdoi¹jiːn¹ n̪ɯː¹ lɔn¹ vɤːi⁵ fɯːŋ⁶
汉文直译：情侣 如 鸾 和 凤
汉文意译：情侣如同对鸾凤,

喃字原文：妸 㦖 吶 底 朱 凤 離 核;
国际音标：nɤ³lɔŋ² naːu² ʔdeː³tsoː¹ fɯːŋ⁶ liə² kɤːi¹
汉文直译：忍心 哪 让 凤 离 树
汉文意译：怎能忍心凤离树;

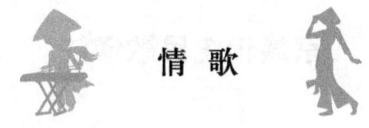

情 歌

喃字原文：闷 朱 固 㫘 固 低，
国际音标：muːn⁵ tsɔ¹ ko⁵ ʔdɤi⁵ ko⁵ ʔdɤi¹
汉文直译：想 给 有 那儿 有 这儿
汉文意译：想要你我常一起，

喃字原文：埃 乷 㤮 浽 渃 尼 扒 喂。
国际音标：ʔaːi¹ laːm² nen¹ noi³ nɯːk⁷ nai² tsaŋ² ʔɤːi¹
汉文直译：谁 造 成 境地 这 郎 啊
汉文意译：谁人造成此境地。

喃字原文：且 浪 挣 别 時 催，
国际音标：tha² raŋ² tsaŋ³ ʔbiːt⁷ thi² thoi¹
汉文直译：宁愿 不 认识 则 罢了
汉文意译：宁愿不相识为好，

喃字原文：别 之 襘 隻 襧 雷 添 烦。
国际音标：ʔbiːt⁷ tsi¹ ɣoi⁵ tsiːk⁷ lɛ³ lɔi¹ them¹ fiːn²
汉文直译：知 什么 枕 只 孤单 加上 烦闷
汉文意译：枕头分单莫忧思。

（男：苏维绍；女：杜福英）

（551）

喃字原文：功 英 摙 鰜 餒 䳺，
国际音标：koŋ¹ ʔan¹ vɤːt⁷ tɛp⁷ nuːi¹ kɔ²
汉文直译：功 哥 捞 虾 养 鹤
汉文意译：哥有功捞虾喂鹤，

喃字原文：矴 欺 䳺 獖 䳺 撨 莲 核；
国际音标：ʔden⁵ khi¹ kɔ² nɤːn⁵ kɔ² jɔ² len¹ kɤi¹
汉文直译：到 时 鹤 大 鹤 试探 上 树
汉文意译：鹤子长大飞上树；

喃字原文：功　英　蓮　蓝　蓮，
国际音标：koŋ¹ ʔan¹ len¹suːŋ⁵ suːŋ⁵len¹
汉文直译：功　哥　来往　　往来
汉文意译：哥有功常来常往，

喃字原文：瘌　塘　䓍　秸　空　铖　唝　之。
国际音标：mɔn² ʔdɯːŋ² tset⁷ kɔ³ khoŋ¹ nen¹ tsiːn⁶ tsi¹
汉文直译：磨损　路　死　草　不　成　事　什么
汉文意译：路凹草死无成事。

喃字原文：功　英　促　鳓　馁　鸹，
国际音标：koŋ¹ ʔan¹ suk⁷ tɛp⁷ nuːi¹ kɔ²
汉文直译：功　哥　铲　虾　养　鹤
汉文意译：哥有功推虾养鹤，

喃字原文：　䏿　欺　鸹　叅　鸹　搋　鸹　䫻。
国际音标：ʔden⁵ khi¹ kɔ² nɤːn⁵ kɔ² jɔ² kɔ² ʔbai¹
汉文直译：到　时　鹤　大　鹤　试探　鹤　飞
汉文意译：鹤子长大飞走之。

（552）
喃字原文：啧　馭　君　子　浧　情，
国际音标：tat⁷ ŋɯːi² kwɤn¹tɯ³ ʔbaːk⁸tin²
汉文直译：责怪　人　君　子　薄情
汉文意译：责怪君子薄情义，

喃字原文：制　花　籴　吏　披　梗　半　嗂；
国际音标：tsɤːi¹ hwa¹ rɔi² laːi⁶ ʔbɛ³ kan² ʔbaːn⁵raːu¹
汉文直译：玩　花　了　又　扳　枝　　叫卖
汉文意译：玩花折花卖了花；

情 歌

喃字原文：啧 埃 贪 贵 冴 贫，
国际音标：tat⁷ ʔaːi¹ thaːm¹ kwi⁵ fu⁶ ʔbɤn²
汉文直译：责怪 谁 贪 富 负 贫
汉文意译：怪君子贪富弃贫，

喃字原文： 贪 赊 麻 補 義 䜣 課 㗃。
国际音标：thaːm¹ sa¹ ma² ʔbɔ³ ŋiə³ ɣɤn² thɤ³ sɯə¹
汉文直译：贪 远 而 丢 义 近 旧 时
汉文意译：贪远弃近忘旧情。

（553）

喃字原文：埃 𠁡 朱 蛭 離 花，
国际音标：ʔaːi¹ laːm² tsɔ¹ ʔbɯːm⁵ liə² hwa¹
汉文直译：谁 做 给 蝶 离 花
汉文意译：谁人驱赶蝶离花，

喃字原文：朱 鸱 靜 妟 彯 戈 堬 红；
国际音标：tsɔ¹ tsim¹ san¹ nɤ³ ʔbai¹ kwa¹ vɯːn² hoŋ²
汉文直译：给 青鸟 开 飞 过 园 红
汉文意译：让鸟飞入红花园；

喃字原文：埃 迻 冏 㗞 嫩 㴜，
国际音标：ʔaːi¹ ʔdi¹ muːn¹ jam⁶ nɔn¹ thoŋ¹
汉文直译：谁 去 万 里 山 河
汉文意译：谁人跑万里江山，

喃字原文：底 埃 渚 贾 愁 拣 糒 㴜。
国际音标：ʔde³ ʔaːi¹ tsɯə⁵ tsɤt⁷ thɤu² ʔdoŋ⁶ vɤːi¹ ʔdɤi²
汉文直译：让 谁 别 堆积 愁 堆积 一半 满
汉文意译：让妹积满心愁闷。

喃字原文：固 铖 時 呐 罤 铖，
国际音标：kɔ⁵ nen¹ thi² nɔi⁵ la² nen¹
汉文直译：有 成 则 说 是 成
汉文意译：如果成事告诉我，

喃字原文：拯 铖 牢 底 帝 悁 低 停；
国际音标：tsaŋ³ nen¹ tha:u¹ ʔde³ ʔdɤi⁵ kwen¹ ʔdɤi¹ ʔdan²
汉文直译：不 成 怎么 放 那儿 忘 这儿 忍心
汉文意译：不成也说免挂心；

喃字原文：冖 之 朱 脆 忣 儗，
国际音标：la:m² tsi¹ tsɔ¹ ja⁶ ŋɤp⁸ ŋɯŋ²
汉文直译：为何 给 肚 迟 疑
汉文意译：为何心里还迟疑，

喃字原文：笆 固 枷 荘 時 停 骸 梢。
国际音标：ʔda³ kɔ⁵ ka²ku:ŋ⁵ thi² ʔdɯŋ² ha:t⁸ti:u¹
汉文直译：已 有 桂花蝉 就 别 胡椒
汉文意译：有桂花蝉忘了胡椒。

（男：阮进余；女：罗维珍）

（554）

喃字原文：岿 箕 埃 搭 铖 高，
国际音标：nui⁵ kiə¹ ʔa:i¹ ʔdap⁷ nen¹ ka:u¹
汉文直译：山 那 谁 筑 成 高
汉文意译：那山谁筑土而高，

喃字原文：滝 箕 波 怒 埃 掏 麻 溇；
国际音标：thoŋ¹ kiə¹ ʔbe³ nɔ⁶ ʔa:i¹ ʔda:u² ma² thɤu¹
汉文直译：河 那 海 那 谁 挖 而 深
汉文意译：那海河谁挖而深；

情 歌

喃字原文：為 埃 魠 捱 绖 鈎？
国际音标：vi² ʔa:i¹ ka⁵ tsaŋ³ ʔbɛn⁵ kɤu¹
汉文直译：为 谁 鱼 不 贴近 钓钩
汉文意译：为何鱼不来食钓？

喃字原文：樏 捱 绖 頭 织 捱 绖 金。
国际音标：lɯ:k⁸ tsaŋ³ ʔbɛn⁵ ʔdɤu² tsi³ tsaŋ³ ʔbɛn⁵ kim¹
汉文直译：梳子 不 贴 头 线 不 贴 针
汉文意译：梳不贴头针缺线。

喃字原文： 闷 唵 㮌 浧 李 曼 沦，
国际音标：mu:n⁵ ʔan¹ mɤ¹ noi³ mɤn⁶ tsim²
汉文直译： 想 吃 杏子 浮 李子 沉
汉文意译：想吃杏李其浮沉，

喃字原文： 英 拱 洛 潘 挓 寻 術 朱；
国际音标：ʔan¹ kuŋ³ lan⁶loi⁶ ʔdi¹ tim² ve² tsɔ¹
汉文直译：哥 也 涉水 去 找 回 给
汉文意译：哥可涉水寻回来；

喃字原文：世 间 觇 半 時 謨，
国际音标：the⁵ja:n¹ thɤi⁵ ʔba:n⁵ thi² muə¹
汉文直译：世间 见 卖 就 买
汉文意译：世间摆卖有人买，

喃字原文： 别 浪 齸 泪 渍 洙 世 帀。
国际音标：ʔbi:t⁷raŋ² man⁶ ɲa:t⁸ tsa:t⁷ tsuə¹ tse⁵na:u²
汉文直译： 知道 咸 淡 涩 酸 如何
汉文意译：不知咸淡合味道。

（555）

喃字原文：咰 扐 固 嫵 琨 秨，
国际音标：jɤu² tsa:ŋ² kɔ⁵ vɤ⁶ kɔn¹ ri:ŋ¹
汉文直译：如果 郎 有 妻 儿 自己
汉文意译：若君已有妻孩儿，

喃字原文：媕 如 荞 葢 姅 䥇 姅 喛；
国际音标：ʔɛm¹ nɯ¹ la⁵ ɣɯŋ² nɯə³ ʔdaŋ⁵ nɯə³ kai¹
汉文直译：妹 如 叶 姜 半 苦 半 辣
汉文意译：妹心如姜叶苦辣；

喃字原文：咰 扐 固 嫵 舳 拪，
国际音标：jɤu² tsa:ŋ² kɔ⁵ vɤ⁶ tɔŋ¹ tai¹
汉文直译：如果 郎 有 妻 中 手
汉文意译：若君家里有妻子，

喃字原文：扐 群 此 嗵 媕 庂 冖 之？
国际音标：tsa:ŋ² kɔn² thɯ³ that⁷ ʔɛm¹ nai¹ la:m² tsi¹
汉文直译：郎 还 考验 妹 今 做 什么
汉文意译：君还考验妹干啥？

喃字原文：庂 拤 啫 芘 啫 鍺，
国际音标：nai¹ ma:ŋ¹ ti:ŋ⁵ ʔbɤk⁷ ti:ŋ⁵ tsi²
汉文直译：今 背负 名声 灯芯 名声 铅
汉文意译：旁敲侧击莫要做，

喃字原文：调 碨 调 輖 埃 時 翅 朱。
国际音标：ʔdi:u² naŋ⁶ ʔdi:u² nɛ⁶ ʔa:i¹ thi² tsiu⁶ tsɔ¹
汉文直译：话 重 话 轻 谁 则 承受 给
汉文意译：轻言重语令难堪。

情 歌

(556)

喃字原文：楖 薇 英 扽 姅 壜，
国际音标：tɛ¹ nɔn¹ ʔan¹ ʔdon⁵ nɯə³ vɯːn²
汉文直译：竹 嫩 哥 砍 半 园
汉文意译：君在花园砍嫩竹，

喃字原文：槁 怙 姅 䢨 趴 坤 姅 澄；
国际音标：kau¹ kho¹ nɯə³ ʔbɛ⁶ ɲɯːi² khon¹ nɯə³tsɯŋ²
汉文直译：槟榔 干 半 叶 鞘 人 精 一半
汉文意译：槟榔皮干食无香；

喃字原文：醛 嗨 如 鉢 渃 姜，
国际音标：ʔdaŋ⁵kai¹ nɯ¹ ʔbaːt⁷ nɯːkʰ⁷ɣɯŋ²
汉文直译：苦辣 如 碗 姜汤
汉文意译：喝了姜水心苦辣，

喃字原文：拯 且 空 别 時 停 涓 烧。
国际音标：tsaŋ³ tha² khoŋ¹ ʔbiːt⁷ thi² ʔdɯŋ² kwɛn¹ɲau¹
汉文直译：不 诚实 不 知 就 别 相识
汉文意译：这样做倒不见面。

(557)

喃字原文：婋 英 如 丐 花 藾，
国际音标：vɤ⁶ ʔan¹ ɲɯ¹ kaːi⁵ hwa¹ɲaːi²
汉文直译：妻 哥 如 多 茉莉花
汉文意译：哥妻如同茉莉花，

喃字原文：於 邊 塘 丐 埃 埃 拱 眤；
国际音标：ʔɤ³ ʔben¹ ʔdɯːŋ²kaːi⁵ ʔaːi¹ʔaːi¹ kuŋ³ ɲin²
汉文直译：在 边 大路 谁 都 看
汉文意译：生长路边人人夸；

喃字原文：身 俺 如 丐 花 枕，
国际音标：thɤn¹ ʔɛm¹ ɲɯ¹ ka:i⁵ hwa¹thim¹
汉文直译：身 妹 如 朵 梣子花
汉文意译：妹的身势如梣子花，

喃字原文：於 融 棱 黮 埃 寻 ㆆ 之。
国际音标：ʔɤ³ tɔŋ¹ rɯŋ² rɤm⁶ ʔa:i¹ tim² la:m² tsi¹
汉文直译：在 中 林 茂密 谁 找 做 什么
汉文意译：长在密林谁找她。

（男：刘日成；女：阮氏心）

(558)

喃字原文：𠊛 牢 没 哏 時 喊，
国际音标：ŋɯ:i² tha:u¹ mot⁸ hɛn⁶ thi² nen¹
汉文直译：人家 怎么 一 约 就 成
汉文意译：人家相约两成事，

喃字原文：碎 牢 九 哏 時 悁 奇 迡；
国际音标：toi¹ tha:u¹ tsin⁵ hɛn⁶ thi² kwen¹ ka³ mɯ:i²
汉文直译：我 怎么 就 约 则 忘 连 十
汉文意译：我相约对方忘记；

喃字原文：根 缘 兜 妒 唉 歪？
国际音标：kan¹ji:n¹ ʔdɤu¹ ʔdɔ⁵ hɤ:i³ jɤ:i²
汉文直译：缘由 哪儿 那 啊 天
汉文意译：缘由为何天知否？

喃字原文：遥 南 彷 拂 凉 𬨎 更 空。
国际音标：jɔ⁵na:m¹ fa:ŋ³fɤt⁷ ma:t⁷ roi² la:i⁶ khoŋ¹
汉文直译：南风 仿佛 凉 了 又 不
汉文意译：南风凉爽风停止。

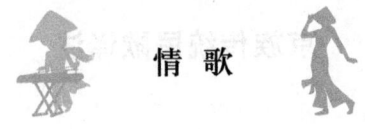

情 歌

（559）

喃字原文：	襖 靚 貼 扒 掃 壁，
国际音标：	ʔaːu⁵ san¹ kuə³ tsaːŋ² tɛu¹ vat⁷
汉文直译：	衣服 青 的 郎 挂 墙壁
汉文意译：	君子衣服挂壁上，

喃字原文：	腤 淹 躺 淹 衶 搭 衶 唏；
国际音标：	ʔdem¹ ʔɛm¹ nam² ʔɛm¹ lɤi⁵ ʔdap⁷ lɤi⁵ hɤːi¹
汉文直译：	夜 妹 躺 妹 拿 盖 要 气味
汉文意译：	妹夜盖睡闻衣味；

喃字原文：	哊 巾 哊 襭 哊 唗，
国际音标：	ɣɯi³ khan¹ ɣɯi³ tui⁵ ɣɯi³ nɤːi²
汉文直译：	寄 巾 寄 袋 寄 话
汉文意译：	寄袋围巾又寄语，

喃字原文：	哊 堆 鞋 汉 朱 馱 塘 賒。
国际音标：	ɣɯi³ ʔdoi¹ haːi² haːn⁵ tsoi¹ ŋɯːi² ʔdɯːŋ² sa¹
汉文直译：	寄 双 汉鞋 给 人 路 远
汉文意译：	寄双鞋给远程侣。

喃字原文：	為 霳 朱 峊 蓮 賒，
国际音标：	vi² mɤi¹ tso¹ nui⁵ len¹ sa¹
汉文直译：	为 云 给 山 上 远
汉文意译：	为云山高相隔离，

喃字原文：	霳 高 雾 瞌 峊 和 靚 靚。
国际音标：	mɤi¹ kaːu¹ mu² mit⁸ nui⁵ hwa² san¹san¹
汉文直译：	云 高 雾 暗 山 和 青青
汉文意译：	云高雾暗见山远。

（560）

喃字原文：鸼靜䀎果枞靜，
国际音标：tsim¹ san¹ ʔan¹ kwa³ sɔi² san¹
汉文直译：青鸟　吃　芒果　青
汉文意译：青鸟想吃青芒果，

喃字原文：䀎馁沁㳰　豆　梗　核㭱；
国际音标：ʔan¹ nɔ¹ tam⁵ ma:t⁷ ʔdɤu⁶ kan² kɤi¹ ʔda¹
汉文直译：哥　饱　洗澡　栖　枝　榕树
汉文意译：食饱洗浴栖榕枝；

喃字原文：极悉英沛呐齟，
国际音标：kɯk⁸ lɔŋ² ʔan¹ fa:i³ nɔi⁵ ra¹
汉文直译：忧心　哥　得　说　出
汉文意译：心怎样想都说话，

喃字原文：徐胘胘吜徐花花残。
国际音标：tsɤ² jaŋ¹ jaŋ¹ se⁵ tsɤ² hwa¹ hwa¹ ta:n²
汉文直译：等　月　月　斜　等　花　花　残
汉文意译：哥等花残望月斜。

（561）

喃字原文：脭戈㐫刨胘旺，
国际音标：ʔdem¹ kwa¹ jɤ:i² tha:ŋ⁵ jaŋ¹ ram²
汉文直译：昨夜　天　亮　月　望　日
汉文意译：昨晚十五月亮圆，

喃字原文：英迻戈劗㛿旺空安；
国际音标：ʔan¹ ʔdi¹ kwa¹ kɯə³ ʔɛm¹ nam² khoŋ¹ ʔi:n¹
汉文直译：哥　经过　门　妹　躺　不　安
汉文意译：见哥路过心不安；

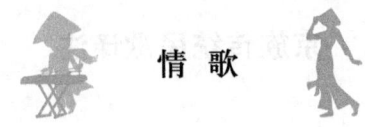

情 歌

喃字原文：迷 英 挸 沛 迷 錢,
国际音标：me¹ ʔan¹ tsaŋ³ fa:i³ me¹ ti:n²
汉文直译：迷 哥 不 是 迷 钱
汉文意译：迷恋哥不是想钱,

喃字原文：楶 英 历 史 固 缘 妙 扬。
国际音标：thɤi⁵ ʔan¹ lit⁸thɯ⁶ kɔ⁵ ji:n¹ jiu⁶ja:ŋ²
汉文直译：见 哥 风 雅 有 缘 温 柔
汉文意译：见哥风雅人温柔。

喃字原文：楶 英 揜 拱 帽 恾,
国际音标：thɤi⁵ ʔan¹ ʔɛm¹ kuŋ³ mɤ¹ma:ŋ²
汉文直译：见 哥 妹 也 迷 糊
汉文意译：见哥门过妹留恋,

喃字原文：想 浪 兜 帝 凤 凰 结 堆;
国际音标：tɯ:ŋ³ raŋ² ʔdɤu¹ ʔdɤi⁵ fɯŋ⁶hwa:ŋ² ket⁷ ʔdoi¹
汉文直译：想 道 哪 儿 这 儿 凤 凰 结 对
汉文意译：妹想结对凤凰情;

喃字原文：楶 揜 渚 及 吽 唗,
国际音标：thɤi⁵ ʔɛm¹ tsɯə¹ kip⁸ ɤŋ³ nɤ:i²
汉文直译：见 妹 未 及 问 话
汉文意译：见哥未及得问话,

喃字原文：埃 寜 英 㐌 鎑 移 蹈 鸾。
国际音标：ʔa:i¹ nɤ² ʔan¹ ʔda³ voi⁶ jɤ:i² ɣɔt⁷ lɔn¹
汉文直译：谁 料 哥 已 急 移 脚 跟 鸾
汉文意译：谁料哥快移步前。

1275

喃字原文：妾 碎 迷 慊 更 残，
国际音标：thi:p⁷ toi¹ me¹ ma:i³ kan¹ ta:n²
汉文直译：妾 我 迷 长久 更 残
汉文意译：让妹长夜想迷梦，

喃字原文：占 包 如 𥋴 固 於 邊。
国际音标：tsi:m¹ʔba:u¹ ɳɯ¹ thɤi⁵ kɔ⁵ tsa:ŋ² ʔɤ³ ʔben¹
汉文直译：梦境　如 见 有 郎 在 边
汉文意译：梦见君在妹身边。

（男：杜福朝；女：吴秀英）

(562)

喃字原文：𥙩 𢆥 𥙩 轍 𥙩 𣋚，
国际音标：tam¹ nam¹ tam¹ tu:i³ tam¹ tsoŋ²
汉文直译：百 年 百 岁 百 夫
汉文意译：百年恩爱寿百岁，

喃字原文：要 埃 時 祂 绦 红 冇 绅；
国际音标：ʔi:u¹ ʔa:i¹ thi² lɤi⁵ tɤ¹hoŋ² na:u² sɛ¹
汉文直译：爱 谁 就 嫁 红 绳 哪 牵
汉文意译：相爱红绳结缘谐；

喃字原文：𥙩 𢆥 𥙩 轍 𥙩 𣋚，
国际音标：tam¹ nam¹ tam¹ tu:i³ tam¹ tsoŋ²
汉文直译：百 年 百 岁 百 夫
汉文意译：百年百岁相思情，

喃字原文：要 埃 時 挷 時 撗 遻 𢬣。
国际音标：ʔi:u¹ ʔa:i¹ thi² ʔbe⁵ thi² ʔboŋ² ten¹ tai¹
汉文直译：爱 谁 就 抱 就 抱 上 手
汉文意译：相爱携手结姻缘。

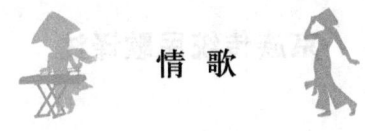

情 歌

（563）

喃字原文：身　俺　如　蒟　荙　楞
国际音标：thɤn¹ ʔɛm¹ ɳɯ¹ ku³ʔɤu⁵ ɣaːi¹
汉文直译：身　妹　如　菱　角　刺
汉文意译：妹身世如刺菱角，

喃字原文：朏　䏦　時　皁　舖　外　時　顛；
国际音标：ruːt⁸ toŋ¹ thi² taŋ⁵ voˀ³ ŋwaːi² thi² ʔdɛn¹
汉文直译：肠子　里　则　白　皮　外　则　黑
汉文意译：心里纯白外皮黑；

喃字原文：埃　喂　䑛　此　麻　貼，
国际音标：ʔaːi¹ ʔɤːi¹ nem⁵ thɯ³ ma² sɛm¹
汉文直译：谁　啊　尝试　来　看
汉文意译：喂呀！请君尝一口，

喃字原文：䑛　黜　買　别　浪　俺　吼　喋。
国际音标：nem⁵ ra¹ mɤːi⁵ ʔbiːt⁷raŋ² ʔɛm¹ toŋ⁸ʔbui²
汉文直译：尝　出　才　知道　妹　甜　蜜
汉文意译：尝了菱角知甜蜜。

（564）

喃字原文：馭　些　适　衳　趏　默，
国际音标：ŋɯːi² taˀ¹ thit⁷ lɤi⁵ ɳiːu² tsoŋ²
汉文直译：人家　喜欢　嫁　多　夫
汉文意译：别人多想嫁老公，

喃字原文：碎　低　只　适　没　翁　实　他；
国际音标：toi¹ ʔdɤi¹ tsi³ thit⁷ mot⁸ ʔoŋ¹ thɤt⁸tha²
汉文直译：我　这儿　只　喜欢　一　人　诚实
汉文意译：妹想嫁夫人诚实；

喃字原文：寔纩如像銅顛，
国际音标：thɤt⁸ ʔben² n̯ɯ¹ tɯːŋ⁶ ʔdoŋ² ʔdɛn¹
汉文直译：真　耐久　如　像　　黑铜
汉文意译：如黑铜像有恒心，

喃字原文：㰁秥决貝共媕没悉。
国际音标：tam¹ nam¹ kwiːt⁷ vɤːi⁵ kuŋ² ʔɛm¹ mot⁸ lɔŋ²
汉文直译：百　年　决意　与　共　妹　一心
汉文意译：百年佳偶情义长。

（565）

喃字原文：扖術妾挋敢唄，
国际音标：tsaːŋ² ve² thiːp⁷ tsaŋ³ jaːm⁵ vɔn¹
汉文直译：郎　回　妾　不　敢　挽留
汉文意译：君想回家妹不留，

喃字原文：㤘扖䍖敇平安吏茹；
国际音标：mɯŋ² tsaːŋ² ʔbon⁵ tsɯ³ ʔbin¹ ʔaːn¹ laːi⁶ n̯a²
汉文直译：祝　郎　四　字　平安　来　家
汉文意译：回家平安祝君好；

喃字原文：惨悉媕夥扖喂，
国际音标：thaːm³ lɔŋ² ʔɛm¹ lam⁵ tsaːŋ² ʔɤːi¹
汉文直译：惨　心　妹　非常　郎　啊
汉文意译：离君妹心惨思愁，

喃字原文：包玗朱合缘碎共扖？
国际音标：ʔbaːu¹ jɤ² tsɔ¹ hɤːp⁸ jiːn¹ toi¹ kuŋ² tsaːŋ²
汉文直译：何时　给　合　缘　我　同　郎
汉文意译：何时与君结佳偶？

（男：杜玉光；女：阮贤英）

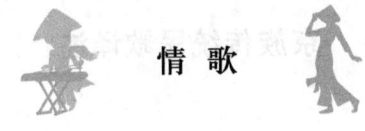

情 歌

（566）

喃字原文：拧 船 待 伴 知音，
国际音标：jɯŋ² thi:n² ʔdɤ:i⁶ ʔba:n⁶ ti¹ʔɤm¹
汉文直译：停 船 待 伴侣 知音
汉文意译：泊船等待知音人，

喃字原文：嫩 痈 浚 泩 决 空 派 悉；
国际音标：nɔn¹ mɔn² ʔbi:n³ ka:n⁶ kwi:t⁷ khoŋ¹ fa:i¹ lɔŋ²
汉文直译：山 磨损 海 干涸 决心 不 褪色 心
汉文意译：海枯石烂不变心；

喃字原文：擦 塘 迍 閜 垠 滝，
国际音标：ra:u² ʔdɯ:ŋ² ʔdɔn⁵ ŋɔ³ ŋan¹ thoŋ¹
汉文直译：围篱 路 迎 巷子 拦 河
汉文意译：码头岸上拦路等，

喃字原文：吊 埃 擦 迍 特 悉 堆 些。
国际音标：na:u² ʔa:i¹ ra:u² ʔdɔn⁵ ʔdɯ:k⁸ lɔŋ² ʔdoi¹ta¹
汉文直译：哪 谁 围篱 迎 得 心 咱俩
汉文意译：围篱拦人咱欢心。

（567）

喃字原文：馹 馹 黜 踌 閗 廊，
国际音标：ŋai²ŋai² ra¹ ʔdɯŋ⁵ kɔn⁵ la:ŋ²
汉文直译：天天 出 站 拱门 村
汉文意译：天天站在村口等，

喃字原文：垌 光 廣 永 固 払 固 碎；
国际音标：ʔdoŋ² kwa:ŋ¹kwa:ŋ³ vaŋ⁵ kɔ⁵ tsa:ŋ² kɔ⁵ toi¹
汉文直译：田野 广阔 不见 有 郎 有 我
汉文意译：平原田野咱两人；

喃字原文：悲晗 塘 丐 分 堆，
国际音标：ʔbɣi¹jɤ² ʔdɯːŋ²kaːi⁵ fɤn¹ ʔdoi¹
汉文直译：如今 大陆 分 对儿
汉文意译：如今大路上分手，

喃字原文：挵 歹 渃 耗 扒 喂 姜 術。
国际音标：tai¹ ɣaːt⁸ nɯːk⁷mat⁷ tsaːŋ² ʔɤːi¹ toi¹ ve²
汉文直译：手 抹 眼 泪 郎 啊 我 回
汉文意译：手抹眼泪送妹走。

喃字原文：堆 些 伌 固 哖 誓，
国际音标：ʔdoi¹taˀ¹ ʔda³ kɔ⁵ ɲɤːi² the²
汉文直译：咱俩 已 有 誓言
汉文意译：咱俩原来发誓言，

喃字原文：约 之 些 特 夫妻 没 茹；
国际音标：ʔɯːk⁷ tsi¹ taˀ¹ ʔdɯːk⁸ fuˀthe¹ mot⁸ ɲa²
汉文直译：期望 什么 咱 得 夫妻 一 家
汉文意译：期望咱俩一家亲；

喃字原文：约 之 扒 姜 交 和，
国际音标：ʔɯːk⁷ tsi¹ tsaːŋ² thiːp⁷ jaːu¹hwa²
汉文直译：期望 什么 郎 妾 交 和
汉文意译：期望君妾一家人，

喃字原文：禛 菡 檜 祜 牀 牙 照 鏥。
国际音标：tsan¹ʔboŋ¹ ɣoi⁵ ʔdem⁶ jɯːŋ² ŋa² tsiːu⁵ thau¹
汉文直译：棉被 枕头 垫 床 象牙 席 黄铜
汉文意译：被盖枕垫床席新。

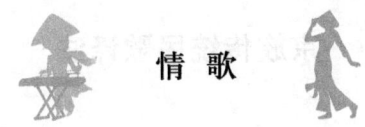

情 歌

喃字原文： 约 之 些 衽 特 烧，
国际音标： ʔɯːk⁷ tsi¹ ta¹ lɤi⁵ ʔdɯːk⁸ ȵau¹
汉文直译： 期望 什么 咱 嫁娶 得 互相
汉文意译： 期望咱俩得相娶，

喃字原文： 朱 補 干𠂆 愁 朱 悗 干𠂆 愢。
国际音标： tsɔ¹ ʔbo³ kɤːn¹ thɤu² tsɔ¹ thɔ³ kɤːn¹ vui¹
汉文直译： 给 丢 愁烦 给 满足 欢乐
汉文意译： 弃烦愁永是欢心。

（568）

喃字原文： 於 低 訢 坦 賒 丕，
国际音标： ʔɤ³ ʔdɤi¹ ɣɤn² ʔdɤt⁷ sa¹ jɤːi²
汉文直译： 在 这儿 近 地 远 天
汉文意译： 这里离天远地近，

喃字原文： 禛 䕃 扒 结 貝 馱 知音。
国际音标： tsan¹ ʔboŋ¹ tsaːŋ² ket⁷ vɤːi⁵ ŋɯːi² ti¹ʔɤm¹
汉文直译： 棉被 郎 结 和 人 知音
汉文意译： 棉被盖暖爱心人。

（569）

喃字原文： 伮 扒 如 鉢 渚 潪，
国际音标： nɤ⁵ tsaːŋ² ȵɯ¹ ʔbaːt⁷ nɯːk⁷ ʔdɤi²
汉文直译： 想 郎 如 碗 谁 满
汉文意译： 想君如得碗水满，

喃字原文： 底 淹 俔 衽 矯 朿 躬 吊；
国际音标： ʔde³ ʔɛm¹ tsuːk⁷ lɤi⁵ kɛu³ rai² min² naːu²
汉文直译： 让 妹 求 要 否则 今天 自己 哪
汉文意译： 让妹得喝这碗水；

1281

喃字原文： 堆 些 拎 祂 琨 釰，
国际音标： ʔdoi¹ta¹ kɤm²lɤi⁵ kɔn¹ ja:u¹
汉文直译： 咱俩 拿 把 刀
汉文意译： 手中拿着一把刀，

喃字原文： 想 如 刧 脾 麻 交 朱 払。
国际音标： tɯ:ŋ³ ɲɯ¹ kat⁷ ru:t⁸ ma² ja:u¹ tsɔ¹ tsa:ŋ²
汉文直译： 思念 互相 割 肠 而 交 给 郎
汉文意译： 想时割肠交与君。

（男：苏维绍；女：杜福英）

（570）

喃字原文： 眤 蓮 馲 没 梗 花，
国际音标： ȵin² len¹ thɤi⁵ mot⁸ kan² hwa¹
汉文直译： 看 上 见 一 枝 花
汉文意译： 望上见有一枝花，

喃字原文： 馲 梗 秈 糂 香 彲 郁 敖；
国际音标： thɤi⁵ kan² tim¹tim⁵ hɯ:ŋ¹ ʔbai¹ ŋa:t⁸ŋa:u²
汉文直译： 见 枝 紫色 香 飞 馥郁
汉文意译： 鲜花紫色郁香浓；

喃字原文： 悉 稹 英 仍 闷 包，
国际音标： lɔŋ² ri:ŋ¹ ʔan¹ ɲɯŋ¹ mu:n⁵ va:u²
汉文直译： 心 私 哥 甚是 想 进
汉文意译： 哥想进入妹家里，

喃字原文： 劊 朧 銙 鑽 牢 糊 唉 娘？
国际音标： kɯə³ ʔbu:ŋ² khwa⁵ tsat⁸ tha:u¹ mɤ³ hai³ na:ŋ²
汉文直译： 门 房 锁 结实 怎么 开 啊 妹
汉文意译： 房门封锁怎开门？

情 歌

喃字原文：扞 憑 鈙 銙 憑 鐄，
国际音标：thɛn¹ ʔbaŋ² that⁷ khwa⁵ ʔbaŋ² va:ŋ²
汉文直译：门 闩 用 铁 锁 用 金
汉文意译：门闩铁支关金锁，

喃字原文：悉 英 闷 吇 時 娘 擬 牢？
国际音标：lɔŋ² ʔan¹ mu:n⁵ ŋɔ³ thi² na:ŋ² ŋi³ thaːu¹
汉文直译：心 哥 想 表白 则 妹 想 如何
汉文意译：哥想入屋妹如何？

（571）

喃字原文：於 低 一 鉑 一 鐄，
国际音标：ʔɤ³ ʔdɤi¹ nɤt⁷ ʔbaːk⁸ nɤt⁷ va:ŋ²
汉文直译：在 这儿 一 银 一 金
汉文意译：这里有一金一银，

喃字原文：於 低 固 妾 貝 扒 麻 催；
国际音标：ʔɤ³ ʔdɤi¹ kɔ⁵ thi:p⁷ vɤ:i⁵ tsa:ŋ² ma²thoi¹
汉文直译：在 这儿 有 妾 和 郎 而已
汉文意译：这里有君妾两人；

喃字原文：核 枯 只 固 没 茬，
国际音标：kɤi¹ kho¹ tsi³ kɔ⁵ mot⁸ tsoi²
汉文直译：树 枯 只 有 一 嫩芽
汉文意译：树枯剩下一嫩芽，

喃字原文：嗨 浪 帝 包 荍 唻 台 渚？
国际音标：hɔi³raŋ² ʔdɤi⁵ ʔda³ nu⁶ roi² hai¹ tsɯɐ¹
汉文直译：问道 那儿 已 开花 了 或 未
汉文意译：请问嫩芽否开花？

喃字原文：群 空 時 裳 淹 徐，
国际音标：kɔn² khoŋ¹ thi² tsuŋ⁵ ʔɛm¹ tsɤ²
汉文直译：还 不 则 妹妹们 等
汉文意译：尚未开花妹等待，

喃字原文：台 罒 固 准 㨢 㤔 時 催；
国际音标：hai¹ la² kɔ⁵ tson⁵ nɯːŋ¹ nɤ² thi² thoi¹
汉文直译：或 是 有 地方 倚靠 则 罢了
汉文意译：如果有处告诉妹；

喃字原文：固 槭 拱 呐 没 咥，
国际音标：kɔ⁵ nen¹ kuŋ³ nɔi⁵ mot⁸ nɤːi²
汉文直译：如果 也 说 一 言
汉文意译：若果花枝有花蕾，

喃字原文：矯 淹 挡 嗲 罒 𠊛 朎 花。
国际音标：kɛu³ ʔɛm¹ maːŋ¹ tiŋ⁵ la² ŋɯːi² jaŋ¹ hwa¹
汉文直译：否则 妹 背负 名声 是 人 风花雪月
汉文意译：妹是花月莫蒙受。

（572）
喃字原文：眤 淹 𦟐 赭 红 红，
国际音标：ɲin² ʔɛm¹ ma⁵ ʔdɔ³ hoŋ² hoŋ²
汉文直译：看 妹 颊 红 红 红
汉文意译：见妹红颜脸赤圆，

喃字原文：抧 淹 補 缚 芇 麓 朎 牙；
国际音标：tai¹ ʔɛm¹ ʔbɔ³ thɤːi⁶ ʔbup⁷ loŋ¹ ja¹ ŋa²
汉文直译：手 妹 丢 线 花蕾 毛 皮肤 象牙
汉文意译：人皮白胸撑花蕾；

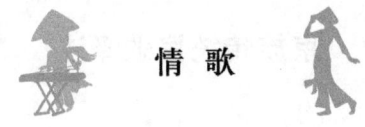

情 歌

喃字原文：跕 欺 英 跐 㔹 茹,
国际音标：ʔden⁵ khi¹ ʔan¹ ʔbɯːk⁷ vaːu² ɲa²
汉文直译：到 时 哥 迈 进 家
汉文意译：至时哥入妹家里,

喃字原文：㖭 核 躑 䡾 想 罒 㖭 俺。
国际音标：ʔbɔŋ⁵ kɤi¹ rɔi⁶ suːŋ⁵ tɯːŋ³ la² ʔbɔŋ⁵ ʔɛm¹
汉文直译：影 树 照射 下 以 为 是 影 妹
汉文意译：树影垂落以为妹。

（573）

喃字原文：跕 低 垌 坦 渃 𠊛,
国际音标：ʔden⁵ ʔdɤi¹ ʔdoŋ² ʔdɤt⁷ nɯːk⁷ ŋɯːi²
汉文直译：到 这儿 田垌 土地 人家
汉文意译：这是他乡土地上,

喃字原文：固 兜 俺 敢 吀 哗 月 花；
国际音标：kɔ⁵ ʔdɤu¹ ʔɛm¹ jaːm⁵ ŋɔ³ nɤːi² ŋwiːtʰwa¹
汉文直译：有 哪儿 妹 敢 表白 话语 风花雪月
汉文意译：妹怎敢说花月事；

喃字原文：英 固 要 俺 術 㔟 術 茹,
国际音标：ʔan¹ kɔ⁵ ʔiːu¹ ʔɛm¹ ve² kɯə³ ve² ɲa²
汉文直译：哥 有 爱 妹 回 门 回 家
汉文意译：哥想爱妹入家里,

喃字原文：底 俺 嗦 貝 媄 吒 堆 哗。
国际音标：ʔde³ ʔɛm¹ thɯə¹ vɤːi⁵ mɛ⁶tsa¹ ʔdoi¹ nɤːi²
汉文直译：让 妹 禀告 和 父 母 两 言
汉文意译：问妹父母否准许。

喃字原文：吒 生 媄 飬 英 喂，
国际音标：tsa¹ thin¹ mɛ⁶ jɯːŋ³ ʔan¹ ʔɤːi¹
汉文直译：父 生 母 养 哥 啊
汉文意译：哥啊！父母养育恩，

喃字原文：𥙩 之 報 孝 麻 碎 篤 悉；
国际音标：lɤi⁵ ji² ʔbaːu⁵hiːu⁵ ma² toi¹ jok⁷lɔŋ²
汉文直译：拿 什么 孝顺 而 我 倾心
汉文意译：要有孝心献双亲；

喃字原文：丕 生 份 㛪 吏 沛 𥙩 䞣，
国际音标：jɤːi²thin¹ fɤn⁶ ɣaːi⁵ laːi⁶ faːi³ lɤi⁵ tsoŋ²
汉文直译： 天生 身 女子 来 得 嫁 夫
汉文意译：天生女子必嫁夫，

喃字原文：堆 邊 吒 媄 渚 悉 押 缘。
国际音标：ʔdoi¹ʔben¹ tsa¹mɛ⁶ tsa³ lɔŋ² ʔɛp⁷jiːn¹
汉文直译： 双方 父母 不 心 逼婚
汉文意译：必报双方父母恩。

（男：裴永彬；女：苏维英）

（574）

喃字原文：吊 埃 𡎢 檜 核 移，
国际音标：naːu² ʔaːi¹ ŋoi² koi³ kɤi¹ʔda¹
汉文直译：哪 谁 坐 根部 榕树
汉文意译：谁人坐在榕树下，

喃字原文：𠊛 傷 固 忟 庄 罒 𠊛 傷；
国际音标：ŋɯːi²thɯːŋ¹ kɔ⁵ ɲɤ⁵ tsaŋ¹ la² ŋɯːi²thɯːŋ¹
汉文直译： 爱人 有 思 不 是 爱人
汉文意译：坐着思恋自爱人；

情 歌

喃字原文： 腊 腊 蚁 挤 邊 㦖，
国际音标：ʔdem¹ ʔdem¹ ŋoi² jɯɐ⁶ ʔben¹ jɯːŋ²
汉文直译： 夜夜　　坐 倚 边 床
汉文意译：每天夜里倚床边，

喃字原文： 干 䏦 干 盰 干 傷 䁽 蚁。
国际音标：kɤːn¹ thɯɯk⁷ kɤːn¹ ŋu³ kɤːn¹ thɯɯŋ¹ jɤi⁶ ŋoi²
汉文直译： 阵 醒 阵 睡 阵 想 起来 坐
汉文意译：时迷时醒难入眠。

喃字原文： 醋 更 䏦 奇 䁽 蚁，
国际音标：nam¹ kan¹ thɯɯk⁷ ka³ jɤi⁶ ŋoi²
汉文直译： 五 更 不眠 完全 起来 坐
汉文意译：五更无眠坐思恋，

喃字原文： 㯶 補 怜 撤 萎 補 空 哎；
国际音标：lɯːk⁸ ʔbɔ³ ʔbiːŋ⁵ yaːi² jɤu² ʔbɔ³ khoŋ¹ ʔan¹
汉文直译： 梳子 丢 懒得 插 槟榔 丢 不 吃
汉文意译：梳不理头槟榔不尝；

喃字原文： 脆 怑 㤾 悉 低 妆 帝，
国际音标：ja⁶ ʔban¹ khwan¹ lɔŋ² ʔdɤi¹ nɤ⁵ ʔdɤi⁵
汉文直译： 肚 焦虑 心 这儿 想 那儿
汉文意译：焦虑不安想情人，

喃字原文：别 机 会 吊 麻 裇 特 㑆。
国际音标：ʔbiːt⁷ kɤ¹ hoi⁶ naːu² ma² lɤi⁵ ʔdɯːk⁸ nau¹
汉文直译：知道 机会 哪 而 嫁娶 得 互相
汉文意译：不知何时能成亲。

喃字原文： 自 䏧 些 沛 缘 烧，
国际音标： tɯ² ŋai² ta¹ fa:i³ji:n¹ ȵau¹
汉文直译： 从 天 咱 结缘 互相
汉文意译： 自从咱俩有姻缘，

喃字原文： 計 䂜 曝 解 湄 愁 尒 番。
国际音标： ke³ ra¹ naŋ⁵ ja:i³ mɯə¹ thɤu² mɤi⁵ fɛn¹
汉文直译： 说 出 晴 曝晒 雨 愁 几 次
汉文意译： 暴晒苦雨两愁心。

（575）

喃字原文： 脏 戈 躼 板 疕 躯，
国际音标： ʔdem¹kwa¹ nam² va:n⁵ ʔdau¹ min²
汉文直译： 昨夜 躺 板子 痛 身
汉文意译： 昨夜睡板床腰痛，

喃字原文： 抶 喂 固 透 䵣 情 妾 庄?
国际音标： tsa:ŋ² ʔɤ:i¹ kɔ⁵ thɤu⁵ ʔden⁵ tin² thi:p⁷ tsaŋ¹
汉文直译： 郎 啊 有 透彻 到 情 妾 不
汉文意译： 君呀！是否思念妾？

喃字原文： 每 胴 固 姅 旬 朘，
国际音标： moi³ tha:ŋ⁵ kɔ⁵ nɯə³ tɤn² jaŋ¹
汉文直译： 每 月 有 半 旬 月
汉文意译： 每月半旬见月亮，

喃字原文： 吁 㐌 据 於 朱 平 悉 低。
国际音标： sin¹ ʔdɤi⁵ kɯ⁵ ʔɤ³ tsɔ¹ ʔbaŋ² lɔŋ² ʔdɤi¹
汉文直译： 请 哪儿 一直 在 给 如 心 这儿
汉文意译： 君否安居妾安心。

情 歌

喃字原文： 停 於 如 遙 如 霊，
国际音标：ʔduŋ² ʔɤ³ n̠ɯ¹ jɔ⁵ n̠ɯ¹ mɤi¹
汉文直译： 别 在 如 风 如 云
汉文意译：莫要居心风雨情，

喃字原文： 停 於 如 渃 欺 漰 欺 軬；
国际音标：ʔduŋ² ʔɤ³ n̠ɯ¹ nɯːk⁷ khi¹ ʔdɤi² khi¹ vɤːi¹
汉文直译： 别 在 如 水 时 满 时 一半
汉文意译：潮水时涨时退落；

喃字原文： 払 群 定 料 堆 尼，
国际音标：tsaːŋ² kɔn² ʔdin⁶liːu⁶ ʔdoi¹ n̠ɤːi¹
汉文直译： 郎 还 预 测 两 地
汉文意译：请君莫学潮水样，

喃字原文： 别 兜 涓 熟 哊 咥 特 安。
国际音标：ʔbiːt⁷ ʔdɤu¹ kwɛn¹thuːk⁸ ɣɯi³ n̠ɤːi² ʔdɯːk⁸ ʔiːn¹
汉文直译： 知道 哪儿 熟悉 寄 话 得 安
汉文意译：咱俩熟悉保承诺。

（576）

喃字原文： 胜 戈 買 嚷 罒 胜，
国际音标：ʔdem¹kwa¹ mɤːi⁵ jɔi⁶la² ʔdem¹
汉文直译： 昨夜 才 叫做 夜
汉文意译：昨晚真正是夜晚，

喃字原文： 暚 叿 如 墨 吏 添 湄 淫；
国际音标：toi⁵ jɤːi² n̠ɯ¹ mɯk⁸ laːi⁶ them¹ mɯə¹ jɤm²
汉文直译： 黑 天 如 墨 又 加上 雨 淋
汉文意译：天黑天暗下大雨；

1289

喃字原文：腊 戈 氾 玉 织 拎，
国际音标：ʔdem¹kwa¹ thɤi⁵ ŋɔk⁸ tsi³ kɤm²
汉文直译：昨夜　见 玉 线 拿
汉文意译：昨夜牵手见玉人，

喃字原文：悉 绦 倍 缯 胞 蚂 吊 㤺。
国际音标：lɔŋ² tɤ¹ ʔboi⁵roi⁵ ja⁶ tam² na:u² kwen¹
汉文直译：心 丝 缭乱 肚 蚕 哪 忘
汉文意译：心既缭乱难忘记。

喃字原文：腊 戈 蚴 辫 更 迟，
国际音标：ʔdem¹kwa¹ ŋoi² ŋan⁵ kan¹tsɤi²
汉文直译：昨夜 坐 短 半夜
汉文意译：昨夜静坐至半夜，

喃字原文：氾 翁 月 佬 拎 绬 绅 㲿；
国际音标：thɤi⁵ ʔoŋ¹ŋwi:t⁸la:u³ kɤm² jɤi¹ sɛ¹ va:u²
汉文直译：见 月老 持 线 牵 进
汉文意译：盼月老来系姻缘；

喃字原文：腊 戈 悉 吻 渴 滈，
国际音标：ʔdem¹kwa¹ lɔŋ² vɤn³ kha:t⁷kha:u¹
汉文直译：昨夜 心 仍 渴望
汉文意译：昨夜时刻在渴望，

喃字原文：如 燶 肝 鈊 如 鉋 悉 輪。
国际音标：n̪ɯ¹ nɔŋ⁵ ɣa:n¹ that⁷ n̪ɯ¹ ʔba:u² lɔŋ² thɔn¹
汉文直译：如 热 肝 铁 如 刨 心 朱红
汉文意译：金肝似刨铁心肠。

情 歌

喃字原文： 脗 戈 拵 晘 胲 贠，
国际音标： ʔdem¹kwa¹ jɯə⁶ ʔbɔŋ⁵ jaŋ¹ tɔn²
汉文直译： 昨夜 倚 影 月 圆
汉文意译： 昨夜倚坐望月亮，

喃字原文： 晘 胲 湿 晌 擬 扒 忉 他。
国际音标： ʔbɔŋ⁵ jaŋ¹ thɤp⁷thon⁵ ŋi³ tsa:ŋ² thi:t⁷tha¹
汉文直译： 影 月 若隐若现 想 郎 深切
汉文意译： 冥蒙月亮相思君。

（577）

喃字原文： 橙 洙 橘 叺 乜 曽，
国际音标： than² tsuə¹ kwit⁷ ŋɔt⁸ ʔda³tɯŋ²
汉文直译： 橙子 酸 橘子 甜 已经
汉文意译： 橙酸橘甜试尝尽，

喃字原文： 群 核 楔 尥 遱 棱 渚 呿；
国际音标： kɔn² kɤi¹khe⁵ tsin⁵ ten¹ rɯŋ² tsɯə¹ ʔan¹
汉文直译： 还 杨桃树 熟 上 林 未 吃
汉文意译： 山上杨桃熟未尝；

喃字原文： 台 罗 柴 媄 禁 垠，
国际音标： hai¹ la² thɤi²mɛ⁶ kɤm⁵ŋan¹
汉文直译： 或 是 父 母 阻 止
汉文意译： 或是父母作阻止，

喃字原文： 空 朱 堆 侣 搭 禛 共 牀。
国际音标： khoŋ¹ tsɔ¹ ʔdoi¹lɯ³ ʔdap⁷ tsan¹ kuŋ² jɯ:ŋ²
汉文直译： 不 给 情侣 盖 被子 同 床
汉文意译： 不让情侣共被床。

（男：阮继初；女：刘元英）

（578）

喃字原文：姑 箕 䐗 粉 脢 䑄，
国际音标：ko¹ kiə¹ ma⁵ fɤn⁵ moi¹ thɔn¹
汉文直译：姑娘 那 颊 粉红 唇 朱红
汉文意译：那位姑娘脸红云，

喃字原文：曘 油 湄 解 强 泩 强 㤅；
国际音标：naŋ⁵ jɤu² mɯə¹ ja:i³ ka:ŋ² jɔn² ka:ŋ² ʔɯə¹
汉文直译：晴 曝晒 雨 淋湿 越 俏丽 越 喜爱
汉文意译：风来雨去见姿美；

喃字原文：姑 箕 䫻 悓 眉 瞪，
国际音标：ko¹ kiə¹ mat⁸ tsɛn³ mai² tɤ¹
汉文直译：姑娘 那 脸 紧 眉 呆愣
汉文意译：那姑娘扎身发呆，

喃字原文：鐄 掃 鉑 卷 拱 拸 扬 栦。
国际音标：va:ŋ² ʔdɛu¹ ʔba:k⁸ ku:n⁵ kuŋ³ jɤ¹ja:ŋ¹ ʔdɤ:i²
汉文直译：金 戴 银 卷 也 高扬 世
汉文意译：戴银金链真神奇。

（579）

喃字原文：英 包 饶 轍 拱 妭，
国际音标：ʔan¹ ʔba:u¹ ɲi:u¹ tu:i³ kuŋ³ vɯə²
汉文直译：哥 多少 岁 也 合适
汉文意译：今年哥年纪多大，

喃字原文：媕 饶 辻 舥 麻 渚 固 趺；
国际音标：ʔɛm¹ nai¹ mɯ:i² ta:m⁵ ma² tsɯə¹ kɔ⁵ tsoŋ²
汉文直译：妹 今 十 八 而 未 有 夫
汉文意译：妹十八岁尚未婚；

情 歌

喃字原文：扲 如 肬 纠 大 红，
国际音标：tsa:ŋ² nɯ¹ tɤm⁵ vɔk⁷ ʔda:i⁶hoŋ²
汉文直译：郎 如 块 绸 大 红
汉文意译：君带绸缎大红色，

喃字原文：媕 厸 鈊 线 伴 共 纰 緆。
国际音标：ʔɛm¹ nai¹ kim¹ti:n⁵ ʔba:n⁶ kuŋ² va⁵mai¹
汉文直译：妹 今 针 线 伴侣 同 缝补
汉文意译：妹想针线来缝连。

喃字原文：吁 扲 停 捻 胩 挩，
国际音标：sin¹ tsa:ŋ² ʔdɯɯŋ² nam⁵ ko³tai¹
汉文直译：请 郎 别 握 手 腕
汉文意译：请君莫要先牵手，

喃字原文：底 媕 嗨 寔 調 尼 咀 叹；
国际音标：ʔde³ ʔɛm¹ hoi³ thɤt⁸ ʔdi:u² nai² thɤ³tha:n¹
汉文直译：让 妹 问 真 话 这 叹息
汉文意译：让妹问话共叹言；

喃字原文：扲 罗 君 子 砂 鐄，
国际音标：tsa:ŋ² la² kwɤn¹tɯ³ ʔda⁵va:ŋ²
汉文直译：郎 是 君子 金 石
汉文意译：君是金石人心坚，

喃字原文：捹 挩 底 客 红 颜 特 伽。
国际音标：ʔbu:ŋ¹ tai¹ ʔde³ khat⁷ hoŋ²ɲa:n¹ ʔdɯ:k⁸ ŋɤ²
汉文直译：放 手 让 客 红颜 得 倚靠
汉文意译：牵手红颜共依恋。

喃字原文：群 空 時 裳 姢 徐，
国际音标：kɔn² khoŋ¹ thi² tsuŋ⁵ʔɛm¹ tsɤ²
汉文直译：还 不 则 妹妹们 等
汉文意译：君还未婚妹等待，

喃字原文：𣎚 罗 固 准 搻 伽 時 催。
国际音标：hai¹ la² kɔ⁵ tson⁵ nɯ¹n̠ɤ² thi² thoi¹
汉文直译：或 是 有 地方 倚靠 则 罢了
汉文意译：如果已婚说真言。

(580)

喃字原文：英 㤇 低 塘 拱 赊 塘，
国际音标：ʔan¹ ʔden⁵ ʔdɤi¹ ʔdaːŋ² kuŋ³ sa¹ ʔdaːŋ²
汉文直译：哥 到 这儿 路 也 远 路
汉文意译：哥来到此路遥远，

喃字原文：亥 邊 罗 𠅹 固 躭 娘 英 涓；
国际音标：haːi¹ ʔben¹ la² het⁷ kɔ⁵ min² naːŋ² ʔan¹ kwɛn¹
汉文直译：两 边 是 完 有 你 妹 哥 认识
汉文意译：人地不熟初识妹；

喃字原文：英 闷 涓 薘 迍 朱 悁，
国际音标：ʔan¹ muːn⁵ kwɛn¹ len¹suːŋ⁵ tsɔ¹ kwɛn¹
汉文直译：哥 想 熟悉 来往 给 熟悉
汉文意译：哥想来往互相识，

喃字原文：闷 㹞 戈 吏 堆 番 朱 㹞。
国际音标：muːn⁵ ɤɤn² kwa¹ laːi⁶ ʔdoi¹ fɛn¹ tsɔ¹ ɤɤn²
汉文直译：想 近 过 来 两 次 给 近
汉文意译：过往多了亲近邻。

情 歌

（581）

喃字原文：英 挮 嫿 忟 夥 喂，
国际音标：ʔan¹ ʔdi¹ vɤ⁶ nɤ⁵ lam⁵ ʔɤːi¹
汉文直译：哥 去 妻 想 非常 啊
汉文意译：哥回家妹甚思念，

喃字原文：忟 淊 忟 氺 忟 馼 情 终；
国际音标：nɤ⁵ thoŋ¹ nɤ⁵ thi³ nɤ⁵ ŋɯːi² tin²tsuŋ¹
汉文直译：思 河 思 水 思 人 钟情
汉文意译：思水想河怀钟情；

喃字原文：晉 包 嫩 渃 碍 碍，
国际音标：kwaːn³ ʔbaːu¹ nɔn¹nɯːk⁷ ŋaːi⁶ŋuŋ²
汉文直译：不管 多少 山水 阻隔
汉文意译：不管阻隔千山水，

喃字原文：衪 埃 扎 仕 挭 嫩 塘 赊。
国际音标：lɤi⁵ ʔaːi¹ thaːn¹thɛ³ ɣan⁵ɣoŋ² ʔdaːŋ² saˑ¹
汉文直译：要 谁 分摊 挑担 路 远
汉文意译：情人分忧记情深。

（男：刘扬顺；女：阮氏心）

（582）

喃字原文：遥 迻 樮 幡 耗 油，
国际音标：jɔ⁵ ʔdɯə¹ kot⁸ fɯːn⁵ haːu¹ jɤu²
汉文直译：风 送 竿子 幡 耗 油
汉文意译：风吹幡柱耗灯油，

喃字原文： 傷 媕 底 胞 瀏 愁 麻 虛；
国际音标： thɯːŋ¹ ʔɛm¹ ʔde³ jaˀ⁶ tsɤ⁵ thɤu² ma² hɯ¹
汉文直译： 爱 妹 放 肚子 别 愁 而 坏
汉文意译： 爱妹藏心请莫忧；

喃字原文： 遙 迻 遙 淙 鮴 皺，
国际音标： jo⁵ ʔdɯə¹ jo⁵ maːt⁷ thau¹ lɯŋ¹
汉文直译： 风 送 风 凉 背 后
汉文意译： 风吹腹背人凉爽，

喃字原文： 腜 牢 腜 忕 儌 世 尼。
国际音标： ʔbuŋ⁶ thaːu¹ ʔbuŋ⁶ nɤ⁵ jɯŋ¹ the⁵ nai²
汉文直译： 肚子 怎么 肚子 想 路人 这样
汉文意译： 心里想念过路人。

（583）

喃字原文： 英 迻 塘 仒 赊赊，
国际音标： ʔan¹ ʔdi¹ ʔdɯːŋ¹ ʔɤi⁵ sa¹ sa¹
汉文直译： 哥 去 路 那 远远
汉文意译： 哥常外出路远程，

喃字原文： 底 媕 稻 腜 胺 斜 觚 更；
国际音标： ʔde³ ʔɛm¹ ʔom¹ ʔbɔŋ⁵ jaŋ¹ ta² nam¹ kan¹
汉文直译： 让 妹 抱 影 月 斜 五 更
汉文意译： 让妹五更心思念；

喃字原文： 渃 嫩 没 捱 终 情，
国际音标： nɯːk⁷ nɔn¹ mot⁸ ɣan⁵ tsuŋ¹ tin²
汉文直译： 山河 一 担 钟情
汉文意译： 山河莫负咱钟情，

情 歌

喃字原文： 忕 埃 埃 固 忕 躺 拰 埃。
国际音标： nɤ⁵ ʔa:i¹ ʔa:i¹ kɔ⁵ nɤ⁵ min² tsaŋ³ ʔa:i¹
汉文直译： 想 谁 谁 有 想 妹 不 谁
汉文意译： 如此想哥只有妹。

（584）

喃字原文： 没 傷 仨 忕 吧 為，
国际音标： mot⁸ thɯ:ŋ¹ ha:i¹ nɤ⁵ ʔba¹ vi²
汉文直译： 一 思 二 想 三 为爱
汉文意译： 一思二想三为爱，

喃字原文： 九 忕 迖 待 固 欺 㫆 㿸；
国际音标： tsin⁵ nɤ⁵ mɯ:i² ʔdɤ:i⁶ kɔ⁵ khi¹ vu:ŋ¹tɔn²
汉文直译： 九 思 十 等 有 时 团圆
汉文意译： 九盼十念终团圆；

喃字原文： 没 傷 仨 忕 吧 䮻，
国际音标： mot⁸ thɯ:ŋ¹ ha:i¹ nɤ⁵ ʔba¹ toŋ¹
汉文直译： 一 思 二 想 三 望
汉文意译： 一思二想三期望，

喃字原文： 㫈 徐 舥 待 卷 嚎 结 顾。
国际音标： ʔbon⁵ tsɤ² nam¹ ʔdɤ:i⁶ thau¹ mɔŋ¹ ket⁷ŋwi:n²
汉文直译： 四 等 五 等 六 盼 结 愿
汉文意译： 四等五待六结愿。

（585）

喃字原文： 粓 啽 每 馅 没 羢，
国际音标： kɤ:m¹ ʔan¹ moi³ ʔbɯə³ mot⁸lɯŋ¹
汉文直译： 饭 吃 每 餐 一 半
汉文意译： 一餐吃饭只半饱，

1297

喃字原文：旺　渃　扲　澄　底　脆　傷　媕；
国际音标：ʔuːŋ⁵ nɯːk⁷ kɤm²tsɯŋ² ʔde³ ja⁶ thɯːŋ¹ ʔɛm¹
汉文直译：喝水　　顶饿　　留　肚　想　妹
汉文意译：喝水顶饥留心爱；

喃字原文：英　麻　空　衼　特　媕，
国际音标：ʔan¹ ma² khoŋ¹ lɤi⁵ ʔdɯːk⁸ ʔɛm¹
汉文直译：哥　而　不　娶　得　妹
汉文意译：如果不能见妹面，

喃字原文：英　術　揀　靬　撖　纏　敊　修。
国际音标：ʔan¹ ve² ʔdɔŋ⁵ kɯə³ kaːi² rɛm² ʔdi¹tu¹
汉文直译：哥　回　关　门　闩　帘子　出家
汉文意译：哥要出家关空房。

（586）

喃字原文：丐　歋　迖　皷　丐　𥯣，
国际音标：kaːi⁵ kwaːt⁸ mɯːi² taːm⁵ kaːi⁵ naːn¹
汉文直译：把　扇子　十　八　　根　篾
汉文意译：扇子十八支竹篾，

喃字原文：扵　衶　拂　帋　𠄩　𥯣　𠄩　頭；
国际音标：ʔɤ³ jɯə³ fɤt⁷ jɤi⁵ haːi¹ naːn¹ haːi¹ ʔdɤu²
汉文直译：在　中　挥　纸　两　篾　两　头
汉文意译：扇中挥纸两头篾；

喃字原文：歋　尼　英　底　霑　頭，
国际音标：kwaːt⁸ nai² ʔan¹ ʔde³ tsɛ¹ ʔdɤu²
汉文直译：扇子　这　哥　留　遮　头
汉文意译：这扇哥拿来遮头，

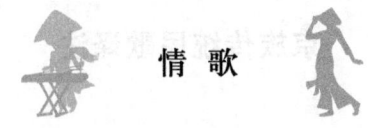

情 歌

喃字原文： 腍　腍　移盱　终　烧　猷　尼。
国际音标： ʔdem¹ ʔdem¹ ʔdi¹ ŋu³ tsuŋ¹ ɲau¹ kwa:t⁸ nai²
汉文直译： 夜夜　　去睡　一同　扇子　这
汉文意译： 每天夜里共扇风。

喃字原文： 约之终媄终柴，
国际音标： ʔɯ:k⁷ tsi¹ tsuŋ¹ mɛ⁶ tsuŋ¹ thɤi²
汉文直译： 期望　什么　同　母　同　父
汉文意译： 期望父母同亲家，

喃字原文： 底淹符丐　猷　尼　㕻　身；
国际音标： ʔde³ ʔɛm¹ ju³ ka:i⁵ kwa:t⁸ nai² la:m² thɤn¹
汉文直译： 让　妹　守　把　扇子　这　做　身边
汉文意译： 让妹守扇在身边；

喃字原文： 耒些终襘终禛，
国际音标： roi² ta¹ tsuŋ¹ ɣoi⁵ tsuŋ¹ tsan¹
汉文直译： 日后　咱　同　枕　同　被
汉文意译： 日后咱俩共枕被，

喃字原文： 终裙终襖终巾隊頭。
国际音标： tsuŋ¹ kwɤn² tsuŋ¹ ʔa:u⁵ tsuŋ¹ khan¹ ʔdoi⁶ ʔdɤu²
汉文直译： 同　裤　同　衣　同　巾　戴　头
汉文意译： 共同衣服头共巾。

（587）

喃字原文： 英術淹捻腍秕，
国际音标： ʔan¹ ve² ʔɛm¹ nam⁵ ko³ tai¹
汉文直译： 哥　回　妹　握　手腕
汉文意译： 哥回家，妹拉哥手，

喃字原文：俺 吲 句 尼 英 滁 固 悁；
国际音标：ʔɛm¹ jan⁶ kɤu¹ nai² ʔan¹ tsɤ⁵ kɔ⁵ kwen¹
汉文直译：妹 嘱 句 这 哥 别 有 忘
汉文意译：妹嘱言，哥莫忘记；

喃字原文：堆 些 包 啐 咥 愿，
国际音标：ʔdoi¹ta¹ ʔda³ tɔt⁷ lɤ:i² ŋwi:n⁶
汉文直译：咱俩 已 既 誓言
汉文意译：咱俩尚已发过誓，

喃字原文：滁 賒 吹 榿 麻 悁 悾 悉。
国际音标：tsɤ⁵ sa¹soi¹ mat⁸ ma² kwen¹ ma:ŋ³lɔŋ²
汉文直译：别 遥远 脸 而 忘 铭记
汉文意译：莫远离妹要铭记。

（588）
喃字原文：泐 秋 渃 涵 融 漂，
国际音标：ʔa:u¹ thu¹ nɯ:k⁷ ɣɤ:n⁶ tɔŋ¹veu¹
汉文直译：池 秋 水 波动 清澈见底
汉文意译：秋天池水清又清，

喃字原文：遶 秋 挑 唷 曉 馱 情 终；
国际音标：jɔ⁵ thu¹ kheu¹juk⁸ ɣɛu⁶ ŋɯ:i² tin²tsuŋ¹
汉文直译：风 秋 激发 逗 人 钟情
汉文意译：秋风吹促结钟情；

喃字原文：恤 喔 丐 啫 秋 终，
国际音标：ʔbu:n²tɤn¹ ka:i⁵ti:ŋ⁵ thu¹ tsuŋ¹
汉文直译：惆怅 声音 秋 一同
汉文意译：秋日人容易烦闷，

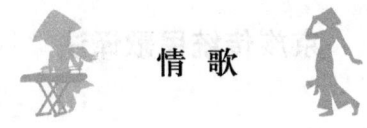

情 歌

喃字原文： 脌 秋 些 别 悕 共 貝 埃。
国际音标： ʔdem¹ thu¹ ta¹ ʔbi:t⁷ vui¹ kuŋ² vɤ:i⁵ ʔa:i¹
汉文直译： 夜 秋 咱 知 快乐 同 和 谁
汉文意译： 秋夜快乐无伴侣。

喃字原文： 蜍唹 竹 闷 嘵 枚，
国际音标： thɤ²ʔɤ¹ tuk⁷ mu:n⁵ ɣɛu⁶ ma:i¹
汉文直译： 漠不关心 竹 想 逗 梅
汉文意译： 竹想梅，梅不经心，

喃字原文： 為 情 铖 沛 懻 碑 脌 秋。
国际音标： vi² tin² nen¹fa:i³ mi:t⁸ma:i² ʔdem¹ thu¹
汉文直译： 为 情 所以 专注 夜 秋
汉文意译： 秋夜为情人迷恋。

（男：苏维绍；女：杜福英）

（589）

喃字原文： 䫉 媕 如 榾 亭 超，
国际音标： tsoŋ² ʔɛm¹ ɲɯ¹ kot⁸ ʔdin² si:u¹
汉文直译： 夫 妹 如 柱 亭子 倾斜
汉文意译： 妹丈夫似亭柱倾，

喃字原文： 如 核 楛 岕 群 要 丆 之；
国际音标： ɲɯ¹ kɤi¹ɣo³ muk⁸ kɔn² ʔi:u¹ la:m² tsi¹
汉文直译： 如 树木 朽 还 爱 做 什
汉文意译： 如根朽木妹还爱；

喃字原文： 媕 術 補 郭 伮 㐌，
国际音标： ʔɛm¹ ve² ʔbo³kwak⁷ nɔ⁵ ʔdi¹
汉文直译： 妹 回 扔掉 他 去
汉文意译： 妹回把他扔掉了，

1301

喃字原文：㝵 包 饒　 鉑 英 時者朱。
国际音标：het⁷ ʔbaːu¹n̠iːu¹ ʔbaːk⁸ ʔan¹ thi² ja³ tsɔ¹
汉文直译：完 多少　 钱 哥 就 还 给
汉文意译：花多少钱哥偿还。

喃字原文：嫁 猪 時 英者 牰，
国际音标：kɯːi⁵ lɤːn⁶ thi² ʔan¹ ja³ ʔbɔ²
汉文直译：结婚 猪 则 哥 还 黄牛
汉文意译：婚时杀猪我还牛，

喃字原文：嫁 錢 填 鉑 群 忄戾 淰 之。
国际音标：kɯːi⁵ tiːn² ʔden² ʔbaːk⁸ kɔn² lɔ¹ noi³ ji²
汉文直译：结婚 钱 到 银 还 忧 境地 什么
汉文意译：钱银我还莫担忧。

（590）
喃字原文：渚 貪 蚪 艔 船 蝫，
国际音标：tsɤ⁵ thaːm¹ ŋoi² mui³ thiːn²rɔŋ²
汉文直译：别 贪 坐 船头 龙船
汉文意译：莫贪人坐龙船头，

喃字原文：雖浪 卒 艱 仍 馱 馱 些；
国际音标：ti¹raŋ² tot⁷ʔdɛp⁸ nɯŋ¹ tsoŋ² ŋɯːi²ta¹
汉文直译：虽然 漂亮 但是 夫 人家
汉文意译：虽然美丽他人夫；

喃字原文：渚 貪 扑 领 紬 花，
国际音标：tsɤ⁵ thaːm¹ vɔk⁷ lin³ tiu² hwa¹
汉文直译：别 贪 丝光绸 单面丝光缎 绸 花
汉文意译：莫贪绸带绸缎花，

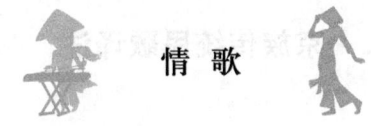

情 歌

嘹字原文：衵默叮衵些蹪扝。
国际音标：lɤi⁵ tsoŋ² la:m² lɛ³ jai²vo²
汉文直译：嫁 夫 做妾 折磨
汉文意译：做人小妾受揉磨。

（591）

嘹字原文：徐 淹 朱 啐 功 徐，
国际音标：tsɤ² ʔɛm¹ tsɔ¹ tət⁷koŋ¹ tsɤ²
汉文直译：等 妹 给 费 功夫 等
汉文意译：等妹真是费功夫，

嘹字原文：徐 朱 尽 辇 尽 鞔 迎 桃；
国际音标：tsɤ² tsɔ¹ het⁷ mɤn⁶ het⁷ mɤ¹ tha:ŋ¹ ʔda:u²
汉文直译：等 给 完 李 完 杏 到 桃
汉文意译：等李、杏、桃季节到；

嘹字原文：徐 朱 淹 쬶 淹 高，
国际音标：tsɤ² tsɔ¹ ʔɛm¹ ʔɤ:n⁵ ʔɛm¹ ka:u¹
汉文直译：等 给 妹 大 妹 高
汉文意译：等至妹长大长高，

嘹字原文：到 務 淹 如 花 桃 連 核。
国际音标：ʔden⁵ muə² ʔɛm¹ nɤ³ nɯ¹ hwa¹ʔda:u² ten¹ kɤi¹
汉文直译：到 季节 妹 开 如 桃花 上 枝
汉文意译：等到花开结果桃。

（592）

嘹字原文：徐 払 包 当 功 徐，
国际音标：tsɤ² tsa:ŋ² ʔda³ ʔda:ŋ⁵koŋ¹ tsɤ²
汉文直译：等 郎 已 理所当然 等
汉文意译：君等妹，理所当然，

1303

喃字原文： 㐌 秩 功　待 埃 懝 枉 功；
国际音标： ʔda³ mɤt⁷koŋ¹ ʔdɤ:i⁶ ʔa:i¹ ŋɤ² ʔu:ŋ³koŋ¹
汉文直译： 已 白费劲　等 谁 料 白费劲
汉文意译： 枉费工等耐心待；

喃字原文： 徐 扒 跙 吰 泔 滝，
国际音标： tsɤ² tsa:ŋ² ʔden⁵ hom¹ ka:n⁶ thoŋ¹
汉文直译： 等 郎 到 天 干 河
汉文意译： 等至河干也得等，

喃字原文： 徐 朱 蒠 澠 蓶 垌 荌 花。
国际音标： tsɤ² tso¹ mu:ŋ⁵ vɯ:t⁸ len¹ ʔdoŋ² nɤ³ hwa¹
汉文直译： 等 给 空心菜 翻 上 田 垌 开 花
汉文意译： 等空心菜出花来。

（男：裴永彬；女：阮氏心）

（593）

喃字原文： 𨖲 塘 㘃 敢 嘲 烧，
国际音标： ra¹ ʔdɯ:ŋ² tsaŋ³ ja:m⁵ tsa:u² n̩au¹
汉文直译： 出 路 不 敢 问候 互相
汉文意译： 相遇路上不敢问，

喃字原文： 𥋇 䎹 𥉫 𦝄 疔 憚 憚；
国际音标： kon¹mat⁷ li:k⁷ thɤi⁵ ja⁶ ʔdau¹kwan²kwan⁶
汉文直译： 眼睛 瞥 见 肚 绞痛
汉文意译： 飞眼见人心绞痛；

喃字原文： 術 茹 粓 拯 闷 咹，
国际音标： ve² ɲa² kɤ:m¹ tsaŋ³ mu:n⁵ ʔan¹
汉文直译： 回 家 饭 不 想 吃
汉文意译： 回到家里不思食，

情 歌

喃字原文： 蹟拃闷　为蒸忟馱。
国际音标： tsɤn¹ tsaŋ³ muːn⁵ ʔbɯːk⁷ vi²tsɯŋ¹ nɤ⁵ ŋɯːi²
汉文直译： 脚　不　想　迈　因为　想　人
汉文意译： 因思情侣不想动。

（594）

喃字原文： 醛　俺　如　蚅醛花，
国际音标： thai¹ ʔɛm¹ n̠ɯ¹ ʔbɯːm⁵ thai¹ hwa¹
汉文直译： 迷醉　妹　如　蝶　醉　花
汉文意译： 陶醉妹如蝶迷花，

喃字原文： 如　蚅　醛蜜　如些醛躺；
国际音标： n̠ɯ¹ ʔbɯːm⁵ thai¹ mɤt⁸ n̠ɯ¹ ta¹ thai¹ min²
汉文直译： 如　蝶　醉蜜　如哥醉妹
汉文意译： 如蝶醉蜜心迷恋；

喃字原文： 㒼醛　俺　为㳥为情，
国际音标： mɤ¹thai¹ ʔɛm¹ vi² net⁷ vi² tin²
汉文直译： 迷醉　妹　为　性情　为情
汉文意译： 为爱为情迷醉妹，

喃字原文： 為擝為眹為躺躺喂。
国际音标： vi² ʔbɤm⁵ vi² n̠ai⁵ vi² min² min² ʔɤːi¹
汉文直译： 为　盘算　为　使眼色　为　妹　妹　啊
汉文意译： 心中盘算追求情。

（男：杜福朝；女：吴秀英）

（二）

喃字原文： 仍 排 喝 雁 燕 傳 情

国际音标： ȵɯŋ³ ʔbaːi² haːt⁷ ȵaːn⁶ ʔiːn⁵ tiːn² tin²

汉文直译： 些 首 歌 雁 燕 传 情

汉文意译： 鸟儿传情歌

（1）

喃字原文： 琨 鴣 𪇐 捧 尽 夆，

国际音标： kɔn¹tsim¹ ʔbai¹ ʔboŋ³ tɤn⁶ jɤːi²

汉文直译： 鸟 飞 高升 尽 天

汉文意译： 鸟儿高飞尽天上，

喃字原文： 怒 叫 嗕 嚦 伖 馱 情 人；

国际音标： nɔ⁶ keu¹ ȵuk⁷ȵit⁷ nɤ⁵ ŋɯːi² tin²ȵɤn¹

汉文直译： 它 叫 动听 想 人 情人

汉文意译： 它叫动听思情人；

喃字原文： 情 人 至 咳 情 人，

国际音标： tin²ȵɤn¹ tsi⁵ hɤːi³ tin²ȵɤn¹

汉文直译： 情人 至 呀 情人

汉文意译： 情人呀！亲切情人，

情 歌

喃字原文： 鸠 叫 嗉 嚟 忦 分 吊 空？
国际音标：tsim¹ keu¹ ɲuk⁷ɲit⁷ nɤ⁵ fɤn² na:u² khoŋ¹
汉文直译： 鸟 叫 动听 想 份 哪 不
汉文意译：鸟叫动听你思情？

（2）

喃字原文： 琨 鸠 罒 琨 鸠 坤，
国际音标：kɔn¹tsim¹ la² kɔn¹tsim¹ khon¹
汉文直译： 鸟 是 鸟 精灵
汉文意译：鸟儿是只精灵鸟，

喃字原文： 伮 杜 梗 椿 伮 我 㐌 泑；
国际音标：nɔ⁵ ʔdo³ kan² jɔn⁵ nɔ⁵ su:ŋ⁵ ʔa:u¹
汉文直译： 它 栖息 枝 好 它 下 池塘
汉文意译：它栖树枝跌下池；

喃字原文： 鸠 尼 罒 鸠 橭 鹄，
国际音标：tsim¹ nai² la² tsim¹ʔbo²kɤu¹
汉文直译： 鸟 这 是 鸽子
汉文意译：这鸟就是白鸽子，

喃字原文： 創 挮 啽 吔 暧 術 楼 輪。
国际音标：tha:ŋ⁵ ʔdi¹ ʔan¹ ɲat⁸ toi⁵ ve² lɤu² thon¹
汉文直译： 早上 去 吃 捡拾 夜 回 楼 朱红
汉文意译：早去寻食晚回住。

喃字原文： 橭 鹄 餒 特 院 全，
国际音标：ʔbo²kɤu¹ nu:i¹ ʔdɯ:k⁸ vɛn⁶tɔn²
汉文直译： 鸽子 养 得 完满
汉文意译：养得鸽子懂人意，

喃字原文： 箪 笼 㧅 衤 餒 掍 𢯭 粌。
国际音标： ʔdaːn¹ loŋ² jot⁷ lɣi⁵ nuːi¹ kɔn¹ ʔden⁵ ja²
汉文直译： 编 笼子 关 用 养 儿 到 老
汉文意译： 放笼关养至老时。

（3）

喃字原文： 鸼 尼 罗 鸼 凤 凰，
国际音标： tsim¹ nai² la² tsim¹fɯːŋ⁶hwaːŋ²
汉文直译： 鸟 这 是 凤 凰
汉文意译： 这鸟就是凤凰鸟，

喃字原文： 杜 梗 荖 柳 如 鑀 䰾 欧；
国际音标： ʔdo³ kan² la⁵ liːu³ ȵɯ¹ vaːŋ² tɔŋ¹ ʔɣu¹
汉文直译： 栖息 枝 叶 柳 如 金 中 瓯
汉文意译： 如世金仙栖柳树；

喃字原文： 㑶 些 如 鸼 𪄅 鹄，
国际音标： haːi¹ta¹ ȵɯ¹ tsim¹ʔbo²kɣu¹
汉文直译： 咱俩 如 鸽子
汉文意译： 咱俩如同对鸽儿，

喃字原文： 咹 饾 沁 凉 停 愁 罒 之。
国际音标： ʔan¹ no¹ tam⁵ maːt⁷ ʔdɯŋ² thɣu² laːm² tsi¹
汉文直译： 吃 饱 冲 凉 别 愁 做 什么
汉文意译： 吃饱冲凉莫忧虑。

（4）

喃字原文： 鸼 坤 伮 主 𢆥 𢆥，
国际音标： tsim¹ khon¹ ȵɣ⁵ tsu³ ŋin² nam¹
汉文直译： 鸟 精灵 想 主人 千 年
汉文意译： 千年想主精鸟儿，

情 歌

喃字原文： 𠊛 坤 忖 伴 𣋽 号 空 𦣰；
国际音标： ŋɯ:i² khoŋ¹ nɤ⁵ ʔba:n⁶ ʔdem¹khwiə¹ khoŋ¹ nam²
汉文直译： 人 精灵 想 朋友 深夜 不 躺
汉文意译： 精人思伴夜不眠；

喃字原文： 鸠 坤 忖 伴 𱎼 出，
国际音标： tsim¹ khoŋ¹ nɤ⁵ ʔba:n⁶ ʔbai¹ ra¹
汉文直译： 鸟 精灵 想 朋友 飞 出
汉文意译： 精鸟想伴飞出去，

喃字原文： 𠊛 坤 忖 姅 朱 些 沛 悉。
国际音标： ŋɯ:i² khoŋ¹ nɤ⁵ ʔba:n⁶ tsɔ¹ ta¹ fa:i³lɔŋ²
汉文直译： 人 精灵 想 朋友 给 咱 合心
汉文意译： 精人想侣放心里。

（男：苏维绍；女：刘元英）

（5）

喃字原文： 鸠 坤 执 噠 𱎼 傳，
国际音标： tsim¹ khoŋ¹ tsɤp⁷ kan⁵ ʔbai¹ ti:n²
汉文直译： 鸟 精灵 合 翅 飞 盘旋
汉文意译： 精鸟合翅高旋飞，

喃字原文： 堆 些 合 㮖 𣋽 連 拎 秱；
国际音标： ʔdoi¹ta¹ hɤ:p⁸mat⁸ ŋai² li:n² kɤm²tai¹
汉文直译： 咱俩 会面 天 立即 握手
汉文意译： 咱俩会面紧握手；

喃字原文： 鸠 坤 执 翅 連 𱎼，
国际音标： tsim¹ khoŋ¹ tsɤp⁷ kan⁵ li:n² ʔbai¹
汉文直译： 鸟 精灵 合 翅 立即 飞
汉文意译： 精鸟合翅往高飞，

喃字原文：𠊚 坤 扲 袘 胐 栖 連 唭。
国际音标：ŋɯːi² khon¹ kɤm²lɤi⁵ ko³tai¹ liːn² kɯːi²
汉文直译：人 精灵 握住 手腕 立即 笑
汉文意译：精人握手笑蜜甜。

（6）
喃字原文：茹 英 茹 磑 楛 㰟，
国际音标：ɲa² ʔan¹ ɲa² ŋoi⁵ ɣo³lim¹
汉文直译：屋 哥 屋 瓦 格 木
汉文意译：哥屋瓦面柱格木，

喃字原文：茹 媕 楛 杂 固 鸠 凤 凰；
国际音标：ɲa² ʔɛm¹ ɣo³taːp⁸ kɔ⁵ tsim¹fuːŋ⁶hwaːŋ²
汉文直译：屋 妹 杂 木 有 凤 凰
汉文意译：妹屋杂木凤凰住；

喃字原文：固 制 媕 旭 鸠 遌，
国际音标：kɔ⁵ tsɤːi¹ ʔɛm¹ tha³ tsim¹ thaːŋ¹
汉文直译：有 玩 妹 放 鸟 来
汉文意译：想同妹玩放鸟来，

喃字原文：鸠 英 聘 貝 㹣 娘 铖 庄。
国际音标：tsim¹ ʔan¹ than⁵ vɤːi⁵ ɣa² naːŋ² nen¹ tsaŋ¹
汉文直译：鸟 哥 匹配 和 鸡 妹 成 不
汉文意译：哥鸟妹鸡成双对。

（7）
喃字原文：鸠 坤 鸠 㐌 固 笼，
国际音标：tsim¹ khon¹ tsim¹ ʔda³ kɔ⁵ loŋ²
汉文直译：鸟 精灵 鸟 已 有 笼子
汉文意译：精鸟早进自笼里，

情 歌

喃字原文： 馹 坤 馹 包 固 㲄 拎 秱；
国际音标： ŋɯːi² khon¹ ŋɯːi² ʔda³ kɔ⁵ tsoŋ² kɤm²tai¹
汉文直译： 人 精灵 人 已 有 夫 执 手
汉文意译： 精人早有夫牵手；

喃字原文： 鸠 坤 放 扒 放 㸎，
国际音标： tsim¹ khon¹ vɯə² ʔbat⁷ vɯə² ʔbai¹
汉文直译： 鸟 精灵 又 抓 又 飞
汉文意译： 精鸟想捉它飞走，

喃字原文： 郍 帀 扒 特 㐌 秱 貝 惆。
国际音标： ŋai² naːu² ʔbat⁷ ʔdɯːk⁸ vaːu² tai¹ mɤːi⁵ mɯŋ²
汉文直译： 天 哪 捉 得 进 手 才 高兴
汉文意译： 那天捉得免担忧。

喃字原文： 欝 些 朱 胮 些 惆，
国际音标： joi⁵ ta¹ tsɔ¹ jaː⁶ ta¹ mɯŋ²
汉文直译： 说谎 咱 给 肚 咱 高兴
汉文意译： 说慌让我来解闷，

喃字原文： 台 罖 胮 於 羣 羣 如 哇。
国际音标： hai¹ laː² jaː⁶ ʔɤ³ fin¹ fin¹ ɲɯ¹ ɲɤːi²
汉文直译： 或 是 肚 在 满足 如 誓言
汉文意译： 心里满足无忧愁。

（8）

喃字原文： 勜 鸠 犼 犼 丐 喙 怒 賏，
国际音标： kɔn¹tsim¹ nɔ¹ nɔ³ kaːi⁵ mo³ nɔ⁶ jaːi²
汉文直译： 鸟 小 小 喙 它 长
汉文意译： 鸟儿细小嘴很长，

1311

喃字原文： 丐 缘 怒 糱 英 才 俺 傷；
国际音标： ka:i⁵ji:n¹ nɔ⁶ ʔdɛp⁸ ʔan¹ ta:i² ʔɛm¹ thɯ:ŋ¹
汉文直译： 缘分 它 好 哥 有才 妹 爱
汉文意译： 见情缘美哥想爱；

喃字原文： 瞗 籴 英 蹲 钟 塘，
国际音标： tsi:u² rɔi² ʔan¹ ʔdɯŋ⁵ jɯə³ ʔdɯ:ŋ²
汉文直译： 下午 了 哥 站 中 路
汉文意译： 下午哥站路中间，

喃字原文： 邉 情 邉 義 英 傷 邉 帍？
国际音标： ʔben¹ tin² ʔben¹ ŋiə³ ʔan¹ thɯ:ŋ¹ ʔben¹ na:u²
汉文直译： 边 情 边 义 哥 爱 边 哪
汉文意译： 边情边义爱哪头？

（男：苏维绍；女：杜福英）

（9）

喃字原文： 鸼 坤 薤 癁 術 餾，
国际音标： tsim¹ khon¹ tset⁷ met⁸ ve² mɔi²
汉文直译： 鸟 精灵 死 累 为 诱饵
汉文意译： 精鸟累死因钓饵，

喃字原文： 馭 坤 薤 癁 術 哑 犺 龷；
国际音标： ŋɯ:i² khon¹ tset⁷ met⁸ ve² nɽ:i²nɔ³ tɔ¹
汉文直译： 人 精灵 死 累 为 甜言蜜语
汉文意译： 精人累死甜蜜语；

喃字原文： 鸼 坤 妌 扒 妌 忰，
国际音标： tsim¹ khon¹ nɯə³ ʔbat⁷ nɯə³ lɔ¹
汉文直译： 鸟 精灵 半 想捉 半 忧虑
汉文意译： 精鸟想捉又忧虑，

情 歌

喃字原文： 些 麻 扒 特 馁 羹 些 伽。
国际音标： ta¹ ma² ʔbat⁷ ʔdɯːk⁸ nuːi¹ tɔ¹ ta¹ ŋɤ²
汉文直译： 咱 而 捉 得 养 大 咱 倚靠
汉文意译： 捉鸟养大得相依。

（10）

喃字原文： 鸩 坤 毳 癀 術 侮，
国际音标： tsim¹ khon¹ tset⁷ met⁸ ve² moi²
汉文直译： 鸟 精灵 死 累 为 诱饵
汉文意译： 精鸟疲劳是钓饵，

喃字原文： 㐱 坤 毳 癀 術 哇 犰 羹；
国际音标： ŋɯːi² khon¹ tset⁷ met⁸ ve² nɤːi¹ nɔ¹tɔ¹
汉文直译： 人 精灵 死 累 为 甜言蜜语
汉文意译： 精人疲劳甜蜜语；

喃字原文： 㐱 坤 渚 打 乜 掷，
国际音标： ŋɯːi² khon¹ tsɯa¹ ʔdan⁵ ʔda³ ʔdɔ¹
汉文直译： 人 精灵 未 打 已 掂量
汉文意译： 精人掂量又审度，

喃字原文： 渚 跙 垃 㵦 乜 揵 溇 浓。
国际音标： tsɯə¹ ʔden⁵ tso³ loi⁶ ʔda³ jɔ² thɤu¹ noŋ¹
汉文直译： 未 到 地方 游 已 探 深 浅
汉文意译： 涉水之前探深浅。

（11）

喃字原文： 鸩 坤 豆 屋 茹 官，
国际音标： tsim¹ khon¹ ʔdɤu⁶ nɔk⁷ ɲa² kwaːn¹
汉文直译： 鸟 精灵 栖息 屋脊 官家
汉文意译： 精鸟栖在官屋顶，

1313

喃字原文：糊 坤 寻 嬌 妈 顽 寻 馺；
国际音标：ja:i¹ khon¹ tim² vɤ⁶ ɣa:i⁵ ŋwa:n¹ tim² tsoŋ²
汉文直译：男子 精灵 找 妻 姑娘 机灵 找 夫
汉文意译：美男寻妻女寻夫；

喃字原文：罾 箕 仍 妈 䐥 红，
国际音标：sɯə¹kiə¹ ɲɯŋ³ ɣa:i⁵ ma⁵hoŋ²
汉文直译：昔日 些 姑娘 红颜
汉文意译：昔日那些红颜女，

喃字原文：且 侯 君 子 欣 馺 瘫 愚。
国际音标：tha² hɤu² kwɤn¹tɯ³ hɤ:n¹ tsoŋ² ʔdɤn²ŋu¹
汉文直译：宁愿 侍候 君子 胜于 夫 愚蠢
汉文意译：愿候君子胜愚夫。

（12）
喃字原文：鸼 䴗 術 屵 桑 情，
国际音标：tsim¹ ʔbai¹ ve² nui⁵ ta:ŋ¹tin²
汉文直译：鸟 飞 回 山 叮当
汉文意译：鸟飞归山叫叮当，

喃字原文：空 撿 尼 豆 没 躺 忾 愶；
国际音标：khoŋ¹ ki:m⁵ nɤ:i¹ ʔdɤu⁶ mot⁸min² ʔbɤ¹vɤ¹
汉文直译：不 找 地方 栖息 独自 飘零
汉文意译：不找回巢自飘零；

喃字原文：鸼 䴗 術 屵 桑 情，
国际音标：tsim¹ ʔbai¹ ve² nui⁵ ta:ŋ¹tin²
汉文直译：鸟 飞 回 山 叮当
汉文意译：鸟飞归山叫叮当，

情 歌

喃字原文：固 堆 拱 丕 没 躺 拱 衝。
国际音标：kɔ⁵ ʔdoi¹ kuŋ³ vɤi⁶ mot⁸ min² kuŋ³ sɔŋ¹
汉文直译：有 对儿 也 这样 独自 也 完
汉文意译：有偶不配自孤零。

（13）

喃字原文：鸪 坤 唵 菓 眼 籠，
国际音标：tsim¹ khon¹ ʔan¹ kwa³ ɲa:n³ lɔŋ¹
汉文直译：鸟 精灵 吃 龙 眼 果
汉文意译：精鸟吃好龙眼肉，

喃字原文：𣋁 唵 曝 杜 钯 伮 笼 埃 渚。
国际音标：ŋai² ʔan¹ toi⁵ ʔdo³ ʔda³ va:u² lɔŋ² ʔa:i¹ tsɯə¹
汉文直译：白天 吃 夜里 栖息 已 进 笼 谁 未
汉文意译：日食夜栖不回窝。

（14）

喃字原文：払 嗨 時 妾 吀 嗦，
国际音标：tsa:ŋ² hɔi³ thi² thi:p⁷ sin¹ thɯə¹
汉文直译：郎 问 则 妾 请 禀告
汉文意译：君问妾即话敬禀，

喃字原文：𣋁 唵 曝 杜 鸪 渚 伮 笼。
国际音标：ŋai² ʔan¹ toi⁵ ʔdo³ tsim¹ tsɯə¹ va:u² lɔŋ²
汉文直译：白天 吃 夜里 栖息 鸟 未 进 笼
汉文意译：鸟日夜觅不入巢。

（15）

喃字原文：鸩 靘 豆 蔬 核 靘，
国际音标：tsim¹ san¹ ʔdɤu⁶ ŋɔn⁶ kɤi¹ san¹
汉文直译：鸟 青 栖息 梢 树 青
汉文意译：青鸟栖在青树梢，

喃字原文：俺 群 徐 待 贝 英 叙 情。
国际音标：ʔɛm¹ kɔn² tsɤ² ʔdɤːi⁶ vɤːi⁵ ʔan¹ tuː⁶ tin²
汉文直译：妹 还 等 待 和 哥 叙 情
汉文意译：妹等哥来共抒情。

（男：杜福朝；女：刘尚明）

（16）

喃字原文：鸩 箕 执 翅 連 飝，
国际音标：tsim¹ kiə¹ tsɤp⁷ kan⁵ liːn² ʔbai¹
汉文直译：鸟 那 合 翅 立即 飞
汉文意译：那鸟合翅往外飞，

喃字原文：机 帋 跙 祖 唉 眉 鸩 喂；
国际音标：kɤ¹naːu² ʔden⁵ to³ hɤːi³ mai² tsim¹ ʔɤːi¹
汉文直译：何时 到 巢 呀 你 鸟 啊
汉文意译：啥时回巢得称心；

喃字原文：鸩 箕 执 翅 飝 術，
国际音标：tsim¹ kiə¹ tsɤp⁷ kan⁵ ʔbai¹ ve²
汉文直译：鸟 那 合 翅 飞 回
汉文意译：那鸟合翅往回飞，

情 歌

喃字原文： 到 尼 到 垃 鸠 時 杜 制。
国际音标： ʔden⁵ nɤ:i¹ ʔden⁵ tso³ tsim¹ thi² ʔdo³ tsɤ:i¹
汉文直译： 到 地方 到 地方 鸟 则 栖息 玩
汉文意译： 回到住处尽玩耍。

（17）
喃字原文： 琨 鸠 艃 湿 艃 高，
国际音标： kɔn¹tsim¹ ʔbai¹ thɤp⁷ ʔbai¹ ka:u¹
汉文直译： 鸟 飞 低 飞 高
汉文意译： 鸟儿飞高又翔低，

喃字原文： 躺 術 些 竽 琨 釗 掂 蒌；
国际音标： min² ve² ta¹ jɯ³ kɔn¹ja:u¹ tem¹ jɤu²
汉文直译： 妹 回 哥 守 刀子 卷 蒌叶
汉文意译： 妹等哥回拌和蒌；

喃字原文： 釗 尼 擿 樸 䈊 槁，
国际音标： ja:u¹ nai² khi:n⁵ miə⁵ ʔbuə⁵ kau¹
汉文直译： 刀 这 削 蔗 破 槟榔
汉文意译： 刀子修蔗破槟榔，

喃字原文： 渚 抌 禄 蒌 朱 隊 釗 趍。
国际音标： tsɯə¹ ʔdɛm¹ lɔk⁷ jɤu² tsɔ¹ mɛ³ ja:u¹ ʔdi¹
汉文直译： 未 带 削 槟榔 给 崩 刀 去
汉文意译： 莫砍槟榔刀崩口。

（18）
喃字原文： 漣 丕 霂 泊 九 層，
国际音标： ten¹ jɤ:i² mɤi¹ ʔba:k⁸ tsin⁵ tɯŋ²
汉文直译： 上 天 云 白 就 层
汉文意译： 天上白云九层厚，

1317

喃字原文：觉 弹 鸪 姅 悯 姅 怕；
国际音标：thɤi⁵ ʔdaːn² tsim¹ la⁶ nɯə³ mɯŋ² nɯə³ lɔ¹
汉文直译：见 群 鸟 奇异 半 喜 半 忧
汉文意译：见群奇鸟半喜忧；

喃字原文：姅 怕 姅 哝 姅 悯，
国际音标：nɯə³ lɔ¹ nɯə³ ʔɛ¹ nɯə³ mɯŋ²
汉文直译：半 忧 半 担心 半 喜
汉文意译：既心欢喜又担忧，

喃字原文：姅 怕 渃 騄 姅 悯 知音。
国际音标：nɯə³ lɔ¹ nɯːk⁷ thuːi⁵ nɯə³ mɯŋ² ti¹ʔɤm¹
汉文直译：半 忧 水 泉 半 喜 之 恩
汉文意译：忧搅水浊喜知音。

喃字原文：知音 喂 唉 知音，
国际音标：ti¹ʔɤm¹ ʔɤːi¹ hɤːi³ ti¹ʔɤm¹
汉文直译：知音 啊 呀 知音
汉文意译：知音者啊知音人，

喃字原文：嚎 朱 逬 猷 逬 憳 聘 排。
国际音标：mɔŋ¹ tsɔ¹ ʔben¹ kwaːt⁸ ʔben¹ tsam¹ than⁵ ʔbaːi²
汉文直译：盼望 给 边 扇子 边 专心 并 排
汉文意译：盼望快来结姻缘。

（19）

喃字原文：雁 靗 执 迺 魋 旋，
国际音标：ɲaːn⁶ san¹ tsɤp⁷ kan⁵ ʔbai¹ tiːn²
汉文直译：大雁 青 合 翅 飞 旋
汉文意译：雁儿合翅往远飞，

情 歌

喃字原文：霁悉忪狟伴贤吏傷；
国际音标：tan⁶lɔ:ŋ² ȵɤ⁵ ʔden⁵ ʔba:n⁶ hi:n² la:i⁶ thɯ:ŋ¹
汉文直译：静心 想到 友 贤 又 有 思念
汉文意译：远离思念又想友；

喃字原文：払 移 狟 准 他 徰，
国际音标：tsa:ŋ² ʔdi¹ ʔden⁵ tson⁵ tha¹hɯ:ŋ¹
汉文直译：郎 去 到 地方 他乡
汉文意译：君去流落远他乡，

喃字原文：忪 圭 些 吏 寻 塘 㡳 圭。
国际音标：ȵɤ⁵ kwe¹ ta¹ la:i⁶ tim² ʔdɯ:ŋ² tham¹ kwe¹
汉文直译：想 家乡 咱 又 找 路 探访 家乡
汉文意译：若是想家回探友。

喃字原文：雁 喂 傷 燕 時 徐，
国际音标：ȵa:n⁶ ʔɤ:i¹ thɯ:ŋ¹ ʔi:n⁵ thi² tsɤ²
汉文直译：大雁 啊 想 燕子 就 等
汉文意译：雁啊！想燕请等待，

喃字原文：燕 群 嚜 瘑 擄 伽 雁 低。
国际音标：ʔi:n⁵ kɔn² mɔŋ¹mɔi³ nɯ:ŋ¹ȵɤ² ȵa:n⁶ ʔdɤi¹
汉文直译：燕子 还 期盼 倚靠 大雁 这儿
汉文意译：燕还待雁快回来。

喃字原文：雁 喂 执 嚷 魃 屙，
国际音标：ȵa:n⁶ ʔɤ:i¹ tsɤp⁷ kan⁵ ʔbai¹ rai²
汉文直译：大雁 啊 合 翅 飞 今天
汉文意译：雁啊！合翅快飞回，

喃字原文：别 浪 执 翅 麻 彲 方 吊。
国际音标：ʔbiːt⁷raŋ² tsɤp⁷ kan⁵ ma² ʔbai¹ fɯːŋ¹ naːu²
汉文直译：知道 合 翅 而 飞 方 哪
汉文意译：现在不知往哪飞。

喃字原文：呦 麻 挣 固 尼 吊,
国际音标：jɤu² ma² tsaŋ³ kɔ⁵ nɤːi¹ naːu²
汉文直译：如果 没 有 地方 哪
汉文意译：如果没有好栖地,

喃字原文：挣 朱 揜 别 欥 吊 停 心。
国际音标：tsaŋ³ tsɔ¹ ʔɛm¹ ʔbiːt⁷ lɛ³naːu² ʔdan²tɤm¹
汉文直译：不 让 妹 知 岂能 忍 心
汉文意译：请快回来妹这里。

（男：苏维绍；女：吴秀英）

（20）

喃字原文：鵖 叫 逋 岜 呦 唉,
国际音标：tsim¹ keu¹ ten¹ nui⁵ ru²ri²
汉文直译：鸟 叫 上 山 唧唧
汉文意译：鸟在山上叫唧唧,

喃字原文：悉 低 傷 帝 帝 時 傷 兜;
国际音标：lɔŋ² ʔdɤi¹ thɯːŋ¹ ʔdɤi⁵ ʔdɤi⁵ thi² thɯːŋ¹ ʔdɤu¹
汉文直译：心 这儿 爱 那儿 那儿 则 爱 哪儿
汉文意译：哥只爱妹莫爱谁;

喃字原文：鵖 叫 逋 岜 禍 楼,
国际音标：tsim¹ keu¹ ten¹ nui⁵ va⁶ lɤu²
汉文直译：鸟 叫 上 山 祸 及 楼
汉文意译：鸟在山上叫惹祸,

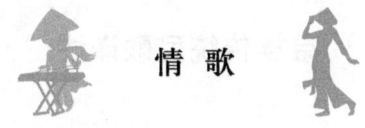

情 歌

喃字原文： 强 計 强 愁 强 刧 肆 鸾。
国际音标： ka:ŋ² ke³ ka:ŋ² thɤu² ka:ŋ² kat⁷ ru:t⁸ lɔn¹
汉文直译： 越 叫 越 愁 越 割 肠 鸾
汉文意译： 越叫越愁鸾断肠。

喃字原文： 鸩 叫 㠦 岗 盘 㖡,
国际音标： tsim¹ keu¹ ten¹ nui⁵ ʔba:n²nan²
汉文直译： 鸟 叫 上 山 忧 虑
汉文意译： 鸟在山上叫忧虑,

喃字原文： 约 之 麻 特 咀 歎 堆 咿;
国际音标： ʔɯ:k⁷ tsi¹ ma² ʔdɯ:k⁸ thɤ³tha:n¹ ʔdoi¹ nɤ:i²
汉文直译： 期望 什么 而 得 叹息 两 言
汉文意译： 期望有人共叹言;

喃字原文： 噱 朱 迓 伴 愢 制,
国际音标： mɔŋ¹ tsɔ¹ ɣap⁸ ʔba:n⁶ vui¹tsɤ:i¹
汉文直译： 期待 给 遇 朋友 欢乐
汉文意译： 期待朋友共欢乐,

喃字原文： 噱 朱 襹 白 悉 丕 光 霮。
国际音标： mɔŋ¹ tsɔ¹ lɛ³ ʔbat⁸lɔn² jɤ:i² kwa:ŋ¹ mɤi¹
汉文直译： 期待 给 道理 白 天 光 云
汉文意译： 期待天空白无云。

喃字原文： 噱 朱 胲 茶 楼 西,
国际音标： mɔŋ¹ tsɔ¹ jaŋ¹ ta² lɤu² tɤi¹
汉文直译： 期望 给 月 斜 楼 西
汉文意译： 期望月亮西楼斜,

喃字原文： 貼 䫻 雁 帝 扬 鵉 批 桥；
国际音标： sɛm¹ kɔn¹ɲaːn⁶ ʔdɤi⁵ jaːŋ¹vɤi¹ ʔbak⁷ kɤu²
汉文直译： 看　大雁　那儿　展翅　搭　桥
汉文意译： 期望喜鹊来搭桥；

喃字原文： 滝 銀 河 特 氽 饒 溇，
国际音标： thoŋ¹ŋɤn¹ha² ʔdɯːk⁸ mɤi⁵ɲiːu¹ thɤu¹
汉文直译： 银河　得　多少　深
汉文意译： 银河没有多深水，

喃字原文： 貼 䫻 雁 帝 批 桥 滝 銀。
国际音标： sɛm¹ kɔn¹ɲaːn⁶ ʔdɤi⁵ ʔbak⁷ kɤu² thoŋ¹ŋɤn¹
汉文直译： 看　大雁　那儿　搭　桥　银河
汉文意译： 期望雁鹊搭连桥。

（21）

喃字原文： 躺 術 鸠 帝 躺 喂？
国际音标： min² ve² nɛu³ ʔdɤi⁵ min² ʔɤːi¹
汉文直译： 哥　回　路　那儿　哥　啊
汉文意译： 哥来之时走哪路？

喃字原文： 覔 鵤 緤 吏 時 餒 鵤 共；
国际音标： thɤi⁵ tsim¹ ʔbai¹ laːi⁶ thi² nuːi¹ tsim¹ kuŋ²
汉文直译： 见　鸟　飞　来　则　养　鸟　共同
汉文意译： 见鸟捉来共同养；

喃字原文： 餒 鵤 些 者 錢 工，
国际音标： nuːi¹ tsim¹ taː¹ jaː³ tiːn²koŋ¹
汉文直译： 养　鸟　咱　还　工钱
汉文意译： 养鸟妹还哥工钱，

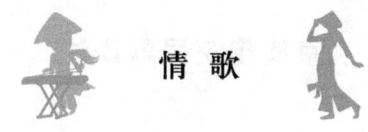

情 歌

喃字原文： 停 底 鸪 饲 极 悉 媕 佮。
国际音标： ʔdɯŋ² ʔde³ tsim¹ ʔdoi⁵ kuik⁸ lɔŋ² ʔɛm¹ thai¹
汉文直译： 别 让 鸟 饿 痛 心 妹 啊
汉文意译： 莫让鸟饿妹痛心。

喃字原文： 払 術 扯 板 朱 犀，
国际音标： tsaːŋ² ve² sɛ³ vaːn⁵ tso¹ jai²
汉文直译： 郎 回 锯 板 给 厚
汉文意译： 君回锯板木要厚，

喃字原文： 批 桥 朱 氽 固 剴 媕 逦；
国际音标： ʔbak⁷ kɣu² tso¹ vɯŋ³ ko⁵ ŋai² ʔɛm¹ thaːŋ¹
汉文直译： 搭 桥 给 稳 有 天 妹 过
汉文意译： 搭桥牢固让妹过；

喃字原文： 払 術 道 馆 半 行，
国际音标： tsaːŋ² ve² jɔn⁶ kwaːn⁵ ʔbaːn⁵ haːŋ²
汉文直译： 郎 回 开 馆 卖 货
汉文意译： 君回开馆卖杂货，

喃字原文： 濇 茶 朱 浶 粘 烺 朱 桋。
国际音标： thak⁷ ta² tso¹ ʔdak⁸ ɣaːu⁶ raːŋ¹ tso¹ jɔn²
汉文直译： 煮 茶 给 浓 米 炒 给 脆
汉文意译： 炒米煮茶让妹喝。

(22)
喃字原文： 鸪 鑌 怒 杜 梗 红，
国际音标： tsim¹ vaːŋ² no⁶ ʔdo³ kan² hoŋ²
汉文直译： 鸟 黄 它 栖息 枝 玫瑰
汉文意译： 黄鸟栖在玫瑰树，

1323

喃字原文：鼟毻鼟翹怒攩怒彲；
国际音标：ʔdu³ loŋ¹ ʔdu³ kan⁵ nɔ⁶ vuŋ² nɔ⁶ ʔbai¹
汉文直译：足 毛 足 翅 它 挣扎 它 飞
汉文意译：翅膀羽毛美起飞；

喃字原文：堆 些 出 義 纇 靰，
国际音标：ʔdoi¹ ta¹ tsut⁷ ŋiə³ rui³ mai¹
汉文直译：咱俩 一点 义 不幸 幸运
汉文意译：咱俩幸运有情义，

喃字原文：徐 朱 清 永 扒 牺 交 和。
国际音标：tsɤ² tsɔ¹ than¹ vaŋ⁵ ʔbat⁷ tai¹ ja:u¹ hwa²
汉文直译：等 给 寂静 握 手 友好
汉文意译：等至夜静叙知心。

（23）
喃字原文：鸩 坤 毸 癥 術 餇，
国际音标：tsim¹ khon¹ tset⁷ met⁸ ve² moi²
汉文直译：鸟 精灵 死 类 为 诱饵
汉文意译：精鸟累死因诱饵，

喃字原文：怒 叫 吵 哓 嚕 趴 情 人；
国际音标：nɔ⁶ keu¹ sa:u⁵ sa:k⁷ ɣɔi⁶ ŋɯ:i² tin²n̠ɤn¹
汉文直译：它 叫 唧唧 叫 人 情人
汉文意译：它叫唧唧思情人；

喃字原文：情 人 扒 返 情 旗，
国际音标：tin²n̠ɤn¹ ʔbat⁷ ɣap⁸ tin²kɤ²
汉文直译：情人 相遇 偶然
汉文意译：情人偶然得相见，

情 歌

喃字原文：翻 伽 福 德 鲊 伽 缘 英。
国际音标：tɯːk⁷ nɤ² fuk⁷ ʔdɯk⁷ thau¹ nɤ² jiːn¹ ʔan¹
汉文直译：先 倚 福 德 后 靠 缘 分 哥
汉文意译：这是福德是缘分。

（男：阮继初；女：杜福英）

（24）

喃字原文：琨 鸠 遧 梗 哏 核 啥 荚，
国际音标：kɔn¹tsim¹ ten¹ kan² kan⁵ kɤi¹ ŋɤm⁶ la⁵
汉文直译：鸟 上 枝 咬 树 含 叶
汉文意译：树上鸟儿叮树叶，

喃字原文：琨 魪 帶 浚 隱 磆 啥 泘；
国际音标：kɔn¹ka⁵ jɯːi⁵ ʔbiːn³ ʔɤn³ ʔda⁵ ŋɤm⁶ laːu¹
汉文直译：鱼 下 海 隐 石 含 水泡
汉文意译：海里鱼含水泡；

喃字原文：迖 槴 英 低 空 呐 空 嘲，
国际音标：ɣap⁸mat⁸ ʔan¹ ʔdɤi¹ khoŋ¹ nɔi⁵ khoŋ¹ tsaːu²
汉文直译：见面 哥 这儿 不 说 不 问候
汉文意译：见君怎么不相问，

喃字原文：台 罪 媕 固 尼 岺 補 英？
国际音标：hai¹ laː² ʔɛm¹ kɔ⁵ nɤːi¹ naːu² ʔbɔ³ ʔan¹
汉文直译：或 是 妹 有 地方 哪 丢 哥
汉文意译：是否有侣妹嫌哥？

1325

（25）

喃字原文： 埃 ⁊ 朱 菝 蓮 蘱！
国际音标： ʔaːi¹ laːm²tsɔ¹ kaːi³ len¹ ŋoŋ²
汉文直译： 谁 使得 芥菜 长 茎
汉文意译： 谁留青菜长了芯！

喃字原文： 朱 鸼 离 祖 朱 蟮 離 霊；
国际音标： tsɔ¹ tsim¹ liə² to³ tsɔ¹ roŋ² liə² mɤi¹
汉文直译： 给 鸟 离巢 给 龙 离 云
汉文意译： 让鸟离巢龙离云；

喃字原文： 埃 ⁊ 朱 帝 離 低，
国际音标： ʔaːi¹ laːm²tsɔ¹ ʔdɤi⁵ liə² ʔdɤi¹
汉文直译： 谁 使得 那儿 离 这儿
汉文意译： 谁人驱使我两人，

喃字原文： 朱 鸼 离 祖 朱 霊 離 丕。
国际音标： tsɔ¹ tsim¹ liə² to³ tsɔ¹ mɤi¹ liə² jɤːi²
汉文直译： 让 鸟 离 巢 让 云 离 天
汉文意译： 让鸟离巢云离天。

喃字原文： 埃 ⁊ 朱 雁 離 夠，
国际音标： ʔaːi¹ laːm²tsɔ¹ ɲaːn⁶ liə² jɤːi¹
汉文直译： 谁 使得 大雁 离 天
汉文意译： 谁让雁儿离蝙蝠，

喃字原文： 朱 鸼 离 祖 朱 㧻 離 些。
国际音标： tsɔ¹ tsim¹ liə² to³ tsɔ¹ ŋɯː i² liə² ta¹
汉文直译： 让 鸟 离 巢 让 人 离 咱
汉文意译： 让鸟离巢妹天边。

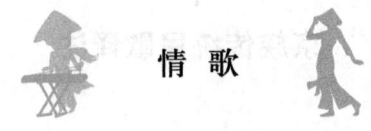

情 歌

（26）

喃字原文：擬罪铖　廟铖箬，
国际音标：ŋi³la² nen¹ mi:u⁵ nen¹ ŋɛ²
汉文直译：以为成庙　成寺
汉文意译：原以为成佛成仙，

喃字原文：底些打竹打椥術掩；
国际音标：ʔde³ ta¹ ʔdan⁵ tuk⁷ ʔdan⁵ tɛ¹ ve² joŋ²
汉文直译：让咱挖竹挖竹回种
汉文意译：让我挖竹回来种；

喃字原文：功些扯籇　掙笼，
国际音标：koŋ¹ ta¹ tsɛ³ la:t⁸ ʔda:n¹ loŋ²
汉文直译：功咱破竹篾编笼子
汉文意译：有功削篾又织笼，

喃字原文：笼疏雁律极悉些台ʃ。
国际音标：loŋ² thɯə¹ ɲa:n⁶ lot⁸ kuɯk⁸loŋ² ta¹ thai¹
汉文直译：笼稀疏大雁脱　痛心咱啊
汉文意译：笼疏鸟飞我心痛。

喃字原文：術埃黜浹世尼，
国际音标：ve² ʔa:i¹ ra¹ noi³ the⁵nai²
汉文直译：回谁出境地这样
汉文意译：因谁造成此境地，

喃字原文：底䏩空旰底舠空憞。
国际音标：ʔde³ ʔdem¹ khoŋ¹ ŋu³ ʔde³ ŋai² khoŋ¹ vui¹
汉文直译：让夜不睡让白天不高兴
汉文意译：夜不想睡日忧愁。

（27）

喃字原文：自 𡗶 别 𧢠 涓 塘，
国际音标：tɯ² ŋai² ʔbi:t⁷ loi⁵ kwɛn¹ ʔdɯ:ŋ²
汉文直译：从 天 知 路 熟 路
汉文意译：自从懂路互来往，

喃字原文：勱 悾 庄 昍 曘 湄 庄 怩；
国际音标：nɔk⁸lɔŋ² tsaŋ³ kwa:n³ naŋ⁵ mɯə¹ tsaŋ³ ne²
汉文直译：操 心 不 管 晴 雨 不 怕
汉文意译：晴雨无阻心无愁；

喃字原文：自 𡗶 些 别 㭲 燒，
国际音标：tɯ² ŋai² ta¹ ʔbi:t⁷ mat⁸ ɲau¹
汉文直译：从 天 咱 认识 互相
汉文意译：自从咱俩得见面，

喃字原文：為 缘 些 沛 𩞬 愁 相 思。
国际音标：vi² ji:n¹ ta¹ fa:i³ tsiu⁶ thɤɯ² tɯ:ŋ¹tɯ¹
汉文直译：为 缘 咱 得 受 愁 相思
汉文意译：因情相思为缘分。

喃字原文：㦖 時 哏 魷 哊 詩，
国际音标：ʔbu:n² thi² naŋ⁵ ka⁵ ɣɯi³ thɤ¹
汉文直译：烦闷 就 寄语 鱼 寄 信
汉文意译：烦闷寄语鱼送去，

喃字原文：妑 時 哏 雁 信 逵 每 𠳒；
国际音标：nɤ⁵ thi² naŋ⁵ ɲa:n⁶ tin¹ ʔdɯə¹ moi³ nɤ:i²
汉文直译：想 就 寄语 大雁 信息 送 每 话
汉文意译：想时寄信雁送言；

1328

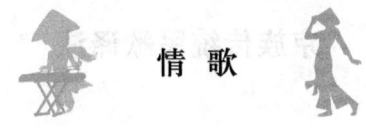

情 歌

喃字原文： 哊 詩 捱 馈 詩 迺，
国际音标： ɣɯi³ thɤ¹ tsaŋ³ thɤi⁵ thɤ¹ tha:ŋ¹
汉文直译： 寄 信 不 见 信 来
汉文意译： 寄语寄信没见音，

喃字原文： 馈 堆 蠬 白 撘 昂 㐱 丕。
国际音标： thɤi⁵ ʔdoi¹ roŋ² ʔbat⁸ ɣap⁷ ŋa:ŋ¹ jɯə³ jɤ:i²
汉文直译： 见 对 龙 白 遇 横 中 空
汉文意译： 只见白龙卷风云。

喃字原文： 哊 詩 哊 漢 哊 鞋，
国际音标： ɣɯi³ thɤ¹ ɣɯi³ ha:n⁵ ɣɯi³ ha:i²
汉文直译： 寄 信 寄 汉 鞋 寄 鞋
汉文意译： 寄鞋寄语又寄信，

喃字原文： 哊 傷 哊 怓 朱 馱 塘 賒；
国际音标： ɣɯi³ thɯ:ŋ¹ ɣɯi³ nɤ⁵ tsɔ¹ ŋɯ:i² ʔdɯ:ŋ² sa¹
汉文直译： 寄 思念 记 想念 给 人 路 远
汉文意译： 望思期爱远情人；

喃字原文： 馱 塘 賒 至 唉 塘 賒，
国际音标： ŋɯ:i² ʔdɯ:ŋ² sa¹ tsi⁵ hɤ:i³ ʔdɯ:ŋ² sa¹
汉文直译： 人 路 远 极 呀 路 远
汉文意译： 情人相离遥远程，

喃字原文： 挭 愁 杜 吏 朱 些 疚 悉。
国际音标： ɣan⁵ thɤu² ʔdo³ la:i⁶ tsɔ¹ ta¹ ʔdau¹lɔŋ²
汉文直译： 挑 愁 倒 又 给 咱 痛心
汉文意译： 担愁倒去仍痛心。

喃字原文：梗　愁　時　捱　杜　迻，
国际音标：ɣan⁵ thɤu² thi² ɣan⁵ ʔdo³ ʔdi¹
汉文直译：挑　愁　则　挑　倒　去
汉文意译：双肩担愁带倒去，

喃字原文：捱　悾　杜　吏　些　時　填　功．
国际音标：ɣan⁵ vui¹ ʔdo³ la:i⁶ ta¹ thi² ʔden² koŋ¹
汉文直译：挑　喜悦　倒　又　咱　则　　报恩
汉文意译：喜悦留下让欢心。

（男：刘振先，苏维绍；女：阮成珍，刘元英）

（28）

喃字原文：赊　吹　隔　尒　黪　歽，
国际音标：sa¹ soi¹ kat⁷ mɤi⁵ jam⁶ ŋin²
汉文直译：遥远　隔　几　里　千
汉文意译：相隔遥远望千里，

喃字原文：嗨　悉　群　忬　台　悁　唉　悉；
国际音标：hɔi³ lɔŋ² kɔn² nɤ⁵ hai¹ kwen¹ hɤ:i³ lɔŋ²
汉文直译：问　心　还　想　或　忘　啊　心
汉文意译：试问心想或忘记；

喃字原文：愁　平　波　惨　平　滝，
国际音标：thɤu² ʔbaŋ² ʔbe³ tha:m³ ʔbaŋ² thoŋ¹
汉文直译：愁　如　海　惨　如　河
汉文意译：愁惨堆积海河深，

喃字原文：腤　空　哣　盱　馴　空　呬　唭。
国际音标：ʔdem¹ khoŋ¹ jɤi⁶ ŋu³ ŋai² khoŋ¹ mi:ŋ⁶ kɯ:i²
汉文直译：夜　不　起床　睡　白天　不　嘴　笑
汉文意译：日无有笑夜不眠。

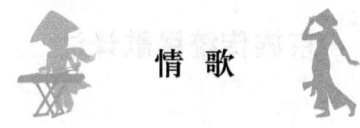

情 歌

喃字原文：梗 愁 齳 罜 梗 愁，
国际音标：ɣan⁵ thɤu² nam¹ ʔbai³ ɣan⁵ thɤu²
汉文直译：挑 愁 五 七 挑 愁
汉文意译：愁惨沉重五七担，

喃字原文：鸰 箕 群 别 伮 烧 路 馼。
国际音标：tsim¹ kiə¹ kɔn² ʔbi:t⁷ nɤ⁵ nau¹ lɔ⁶ ŋɯ:i²
汉文直译：鸟 那 还 知 想 互相 何况 人
汉文意译：鸟还有爱何况人。

喃字原文：梗 愁 波 惨 梗 枂，
国际音标：kan² thɤu² ʔbe³ tha:m³ kan² ʔda¹
汉文直译：枝 愁 海 惨 枝 榕树
汉文意译：愁惨分支如榕枝，

喃字原文：鸰 箕 伮 祖 時 些 伮 躺。
国际音标：tsim¹ kiə¹ nɤ⁵ to³ thi² ta¹ nɤ⁵ min²
汉文直译：鸟 那 想 巢 则 哥 想 妹
汉文意译：鸟儿想巢我想你。

（29）

喃字原文：鸰 尼 毻 於 兜 뫂，
国际音标：tsim¹ nai² ʔbai¹ ʔɤ³ ʔdɤu¹ ra¹
汉文直译：鸟 这 飞 在 哪儿 出
汉文意译：鸟呀！哪里飞过来，

喃字原文：卒 䎃 卒 題 寔 罞 卒 龓；
国际音标：tot⁷ ʔdu:i¹ tot⁷ kan⁵ thɤt⁸ la² tot⁷ loŋ¹
汉文直译：好 尾巴 好 翅膀 真 是 好 羽毛
汉文意译：好尾好翅好羽毛；

1331

喃字原文：裺術摱偖箽笼，
国际音标：ʔɛm¹ ve² mɯːn⁶ thɤ⁶ ʔdaːn¹ loŋ²
汉文直译：妹　回　借　匠人　编　笼
汉文意译：妹回请人来织笼，

喃字原文：摱钱謨衪鸧鸿術馁。
国际音标：mɯːn⁶ tiːn² muə¹ lɤi⁵ tsim¹ hoŋ² ve² nuːi¹
汉文直译：借　钱　买　要　鸟　鸿鹄　回　养
汉文意译：借钱买鸿鹄来养。

喃字原文：鸧鸿𢬣捧尽烝，
国际音标：tsim¹ hoŋ² ʔbai¹ ʔboŋ³ tɤn⁶ jɤːi¹
汉文直译：鸿鹄　　飞　高　尽　天
汉文意译：鸿鹄飞高尽天上，

喃字原文：裺麻扒　特　裺馁跙縒。
国际音标：ʔɛm¹ ma² ʔbat⁷ ʔdɯːk⁸ ʔɛm¹ nuːi¹ ʔden⁵ ja²
汉文直译：妹　而　捉　得　妹　养　到　老
汉文意译：妹捉得它养到老。

喃字原文：鸧尼捭沛𥮊些，
国际音标：tsim¹ nai² lɔt⁸ faːi³ tai¹ ta¹
汉文直译：鸟　这　陷　入　中　手　哥
汉文意译：鸿鹄得入我的手，

喃字原文：旹琨鸧𠱊買罢鸧坤。
国际音标：thi² kɔn¹ tsim¹ ʔdɤi⁵ mɤːi⁵ laː² tsim¹ khon¹
汉文直译：则　只　鸟　那儿　才　是　鸟　精灵
汉文意译：这只精鸟就是好。

情 歌

喃字原文： 鸼 坤 坤 奇 皴 氄，
国际音标： tsim¹ khon¹ khon¹ ka³ vɯə² loŋ¹
汉文直译： 鸟 精灵 精灵 全 美 羽毛
汉文意译： 精鸟羽毛全身美，

喃字原文： 坤 奇 皴 篭 坤 奇 駚 馁。
国际音标： khon¹ ka³ vɯə² loŋ² khon¹ ka³ ŋɯːi² nuːi¹
汉文直译： 精灵 全 美 羽毛 精灵 全 人 养
汉文意译： 手巧笼合编技高。

（30）

喃字原文： 约 幻 朱 特 駚 偄，
国际音标： ʔɯːk⁷ ʔaːu¹ tsɔ¹ ʔdɯːk⁸ ŋɯːi²jɯŋ¹
汉文直译： 期望 池塘 给 得 路人
汉文意译： 期望娶得外路人，

喃字原文： 约 之 扒 特 鸼 棱 怒 駘；
国际音标： ʔɯːk⁷ tsi¹ ʔbat⁷ ʔdɯːk⁸ tsim¹ rɯŋ² nɔ⁶ ʔbai¹
汉文直译： 期望 什么 捉 得 鸟 林 它 飞
汉文意译： 期望捉得鸟飞林；

喃字原文： 鸼 棱 皴 扒 吏 皴 駘，
国际音标： tsim¹ rɯŋ² vɯə² ʔbat⁷ laːi⁶ vɯə² ʔbai¹
汉文直译： 鸟 林 又 捉 来 又 飞
汉文意译： 想捉林鸟它飞高，

喃字原文： 馹 帍 扒 特 皰 秏 买 悯。
国际音标： ŋai² naːu² ʔbat⁷ ʔdɯːk⁸ vaːu² tai¹ mɤːi⁵ mɯŋ²
汉文直译： 天 哪 捉 得 进 手 才 高兴
汉文意译： 那日捉得方安心。

1333

（31）

喃字原文： 俺　如　掍　鸪　鹢　化　龍，
国际音标： ʔɛm¹ nɯ¹ kɔn¹ tsim¹tsit⁷ hwa⁵ lɔŋ¹
汉文直译： 妹　如　只　鶄鹢　化　龙
汉文意译： 妹似鶄鹢化龙飞，

喃字原文： 九　吝　霳　绑　於　胺　融　胺　歪
国际音标： tsin⁵ lɤn² mɤi¹ ʔbu:k⁸ ʔɤ³ tɔŋ¹ ja¹jɤ:i²
汉文直译： 九　层　云　捆绑　在　中　天空
汉文意译： 九层天云遮不见；

喃字原文： 英　尼　别　法　神　通，
国际音标： ʔan¹ nai¹ ʔbi:t⁷ fɛp⁷ thɤn²thoŋ¹
汉文直译： 哥　今　会　法术　神通
汉文意译： 哥今识法显神通，

喃字原文： 氾　霳　麻　竏　扒　蟷　骑　制。
国际音标： rɛ³ mɤi¹ ma² su:ŋ⁵ ʔbat⁷ rɔŋ² kɯ:i³ tsɤ:i¹
汉文直译： 分开　云　而　下　捉　龙　骑　玩
汉文意译： 破云捉得骑龙遣。

（男：张廷德，刘扬顺，阮进余；女：刘元英）

（32）

喃字原文： 悗　時　黜　拧　厔　掑，
国际音标： ʔbu:n² thi² ra¹ jɯə⁶ ma:i⁵ ke²
汉文直译： 烦闷　则　出　倚　屋檐　贴近
汉文意译： 烦闷时坐倚屋檐，

情 歌

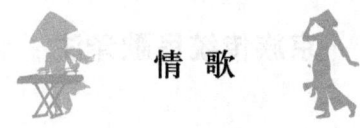

喃字原文： 吲 扒 号 戫 跋衒 厡 軒；
国际音标： jan⁶ tsa:ŋ² khwiə¹ thɤ:m⁵ jɤ³ve² ma:i⁵hi:n¹
汉文直译： 嘱咐郎　早晚　返回　屋檐
汉文意译： 嘱言君回到家里；

喃字原文： 固　脏仙结　伴仙，
国际音标： kɔ⁵ ʔdem¹ ti:n¹ ket⁷ʔba:n⁶ ti:n¹
汉文直译： 有　夜　仙　结伴　仙
汉文意译： 有时夜里想仙伴，

喃字原文： 鸰　時忪祖　伴　贤忪腖。
国际音标： tsim¹ thi² nɤ⁵ to³ ʔba:n⁶ hi:n² nɤ⁵ jaŋ¹
汉文直译： 鸟　则　想　巢　友　贤　想　月
汉文意译： 鸟儿想巢伴思月。

喃字原文： 固　脏扫　幅　詩　藤，
国际音标： kɔ⁵ ʔdem¹ vi:t⁷ ʔbɯk⁷ thɤ¹ ʔdaŋ²
汉文直译： 有　夜　写　封　信　遥远
汉文意译： 有时夜里写书信，

喃字原文： 鸰　䰙痗翂魟渰痗鲔；
国际音标： tsim¹ ʔbai¹ mɔi³ kan⁵ ka⁵ lɤn² mɔi³ vɤi¹
汉文直译： 鸟　飞　累　翅　鱼　累　鳍
汉文意译： 鸟飞鱼游不知累；

喃字原文： 固　脏　鸰　变　疃牁，
国际音标： kɔ⁵ ʔdem¹ tsim¹ ʔbi:n⁵ ten¹ tai¹
汉文直译： 有　夜　鸟　变　上　手
汉文意译： 有时夜里雁在手，

1335

喃字原文： 雁 箕 懞 仍 脏 朝 忬 傷。
国际音标： ȵa:n⁶ kiə¹ lu:ŋ⁵ ȵɯŋ³ ʔdem¹ ŋai² ȵɤ⁵thɯ:ŋ¹
汉文直译： 大雁 那 枉然 些 夜 白天 思念
汉文意译： 放雁送信日夜思。

喃字原文： 固 脏 扣 牧 秦 王，
国际音标： kɔ⁵ ʔdem¹ vi:t⁷ tsɯ³ tɤn² vɯ:ŋ¹
汉文直译： 有 夜 写 字 秦 王
汉文意译： 时夜写诗寄北国，

喃字原文： 淹 邦 河 隔 阻 堆 邊 翌 愁；
国际音标： thoŋ¹ʔba:ŋ¹ha² kat⁷tɤ³ ʔdoi¹ ʔben¹ tsiu⁶ thɤu²
汉文直译： 邦 河 阻 隔 两 边 受 愁
汉文意译： 邦河隔远自忍愁；

喃字原文： 惚 時 岊 挣 厔 楼，
国际音标： ʔbu:n² thi² ra¹ jɯə⁶ ma:i⁵ lɤu²
汉文直译： 烦闷 则 出 倚 屋檐 楼
汉文意译： 烦闷坐倚楼轩边，

喃字原文： 矓 脞 吏 忬 跙 脞 廣 寒。
国际音标： toŋ¹ jaŋ¹ la:i⁶ ȵɤ⁵ ʔden⁵ jaŋ¹ kwa:ŋ³ha:n²
汉文直译： 望 月 又 想 到 月 广 寒
汉文意译： 望月思想见广寒。

喃字原文： 固 脏 武 武 房 圆，
国际音标： kɔ⁵ ʔdem¹ vɔ²vɔ³ fɔŋ²vi:n¹
汉文直译： 有 夜 孤单 圆房
汉文意译： 时夜孤独坐圆房，

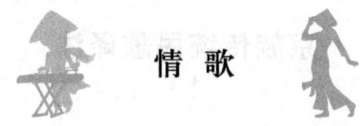

情 歌

喃字原文： 船 簾 搠 桂 於 汅 滝 波；
国际音标： thiːn² naːn¹ tsɛu² kwe⁵ ʔɤ³ miːn² thoŋ⁵ ʔba¹
汉文直译： 竹篾船 桨 桂树 在 面 波浪
汉文意译： 划桨竹船顶波浪；

喃字原文： 船 簾 搠 桂 坤 溚，
国际音标： thiːn² naːn¹ tsɛu² kwe⁵ khon¹ ʔbɤːi¹
汉文直译： 竹篾船 桨 桂树 难 漂流
汉文意译： 竹船划桨随漂流，

喃字原文： 馭 红 秧 捴 術 尼 敊 情。
国际音标： ŋɯə⁶ hoŋ² mɤt⁷ kɤi⁶ ve² nɤːi¹ tsɯ³ tin²
汉文直译： 马 红 丢 缰绳 为 地方 字 情
汉文意译： 红马失缰为情望。

喃字原文： 零 叮 没 悉 傷 伩，
国际音标： lin¹ ʔdin¹ mot⁸ loŋ² thɯː ŋ¹ nɤ⁵
汉文直译： 零丁 一 心 思念
汉文意译： 自己孤零心恩爱，

喃字原文： 㛪 擬 跙 扒 洝 淚 珠 淶；
国际音标： ʔɛm¹ ŋi³ ʔden⁵ tsaːŋ² jot⁸ le⁶ tsɤu¹ rɤːi¹
汉文直译： 妹 想 到 郎 滴 泪珠 落
汉文意译： 妹想君时泪淋淋；

喃字原文： 固 胨 甶 蹲 𨉓 𡗶，
国际音标： kɔ⁵ ʔdem¹ ra¹ ʔdɯŋ⁵ toŋ¹ jɤːi²
汉文直译： 有 夜 出 站 望 天
汉文意译： 时夜出站望天空，

喃字原文： 歹 昂 渃 枏 我 淶 邊 墻.
国际音标： ɣaːt⁸ ŋaːŋ¹ nɯːk⁷mat⁷ ŋa³ rɤːi¹ ʔben¹ tɯːŋ²
汉文直译： 抹 横 眼泪 洒 下 边 墙
汉文意译： 眼泪洒落抹不停。

喃字原文： 否呦 払 固 悉 傷,
国际音标： vi⁵ju² tsaːŋ² kɔ⁵ lɔŋ² thɯːŋ¹
汉文直译： 如果 郎 有 心 爱
汉文意译： 如果君有心相爱,

喃字原文： 時 払 愬 幅 詩 祥 妾 台,
国际音标： thi² tsaːŋ² tɔ³ ʔbɯk⁷ thɤ¹ tɯːŋ² thiːp⁷ hai¹
汉文直译： 则 郎 告诉 封 信 详尽 妾 知
汉文意译： 请君来信告诉妹；

喃字原文： 呦 麻 扒 特 詩 尼,
国际音标： jɤu²ma² ʔbat⁷ ʔdɯːk⁸ thɤ¹ nai²
汉文直译： 如果 收 到 信 这
汉文意译： 若果妹收得君信,

喃字原文： 時 媕 草 幅 交 挮 朱 払.
国际音标： thi² ʔɛm¹ thaːu³ ʔbɯk⁷ jaːu¹ tai¹ tsɔ¹ tsaːŋ²
汉文直译： 则 妹 草拟 封 交 手 给 郎
汉文意译： 妹即草书亲交君。

（33）

喃字原文： 𠄩 些 隔阻 岿 嫩,
国际音标： haːi¹taː¹ kat⁷tɤ³ nui⁵nɔn¹
汉文直译： 咱俩 阻隔 山水
汉文意译： 咱俩山水阻隔远,

1338

情 歌

喃字原文：	南 北 堆 准 咳 群 情 记；
国际音标：	naːm¹ ʔbak⁷ ʔdoi¹ tson⁵ hɤ:i³ kɔn² tin² ɣi¹
汉文直译：	南 北 两 处 呀 还 情 记
汉文意译：	各自南北为情思；

喃字原文：	㢰 鑽 符 祂 唟 记，
国际音标：	ʔda⁵vaːŋ² jɯ³lɤi⁵ nɤːi² ɣi¹
汉文直译：	金石 守住 话 记
汉文意译：	咱俩守望金石情，

喃字原文：	絲 红 月 老 缚 㩟 塘 帋。
国际音标：	tɤ¹hoŋ² ŋwiːt⁸laːu³ sɛ¹ ʔdi¹ ʔdɯːŋ² naːu²
汉文直译：	红绳 月老 牵 去 路 哪
汉文意译：	月老结缘难跟寻。

喃字原文：	鸪 箕 叫 祝 唠 叨，
国际音标：	tsim¹ kiə¹ keu¹ tsuk⁷ laːu¹ʔdaːu¹
汉文直译：	鸟 那 叫 祝 唠叨
汉文意译：	那鸟祝言唠叨语，

喃字原文：	吁 感 祂 義 吁 交 结 儀。
国际音标：	sin¹ kaːm³ lɤi⁵ ŋiə³ sin¹ jaːu¹ket⁷ ŋi²
汉文直译：	请求 感谢 要 义 请 交结 礼仪
汉文意译：	感谢有义交真情。

(34)

喃字原文：	掍 鸪 杜 蔬 愁 油，
国际音标：	kɔn¹tsim¹ ʔdo³ ŋɔn⁶ thɤu²jɤu²
汉文直译：	鸟 栖息 梢 蓖麻
汉文意译：	鸟儿栖在蓖麻梢，

喃字原文：𡎢 衷 𣎃 𦓡 愁 湄 𩄎；
国际音标：ŋoi² tɔŋ¹ ʔbɔŋ⁵ ŋwi:t⁸ ma² thʁu² mɯə¹ mʁi¹
汉文直译：坐 中 影 月 而 愁 雨 云
汉文意译：坐倚月影思云雨；

喃字原文：愁 浪 𠇍 㨋 合 低，
国际音标：thʁu² raŋ² ʔdʁi⁵ tsaŋ³ hɤ:p⁸ ʔdʁi¹
汉文直译：愁 道 那儿 不 合 这儿
汉文意译：担忧咱俩不匹配，

喃字原文：底 些 𡥗 㦖 蹲 跾 没 躺。
国际音标：ʔde³ ta¹ ʔbɤ¹vɤ¹ ʔdɯŋ⁵tsɯŋ⁶ mot⁸min²
汉文直译：让 哥 孤零 站 独自
汉文意译：自怕孤零无处依。

（35）

喃字原文：㖪 埃 武武 邊 城，
国际音标：ti:ŋ⁵ ʔa:i¹ vɔ²vɔ³ ʔben¹ than²
汉文直译：声 谁 孤零 边 城
汉文意译：谁在城边自孤零，

喃字原文：如 堆 鸪 集 杜 梗 𠸦 憀；
国际音标：ɲɯ¹ ʔdoi¹ tsim¹tʁɤp⁸ ʔdo³ kan² diu⁵ liu⁵
汉文直译：如 对 合鸟 栖树枝 唧喳
汉文意译：如对合鸟栖树叫唧喳；

喃字原文：昨 𥉫 㨋 𧡊 𠊚 要，
国际音标：ɲa:k⁷ tɔŋ¹ tsaŋ³ thʁi⁵ ŋɯ:i² ʔi:u¹
汉文直译：乍 看 不 见 人 爱
汉文意译：乍看不见有人爱，

情 歌

喃字原文：牢 娘 吏 呐 仍 調 賒 吹。
国际音标：tha:u¹ na:ŋ² la:i⁶ nɔi⁵ n̩ɯŋ³ ʔdi:u² sa¹soi¹
汉文直译：为何 妹 又 说 些 话 遥远
汉文意译：为何妹说不识哥。

喃字原文：拯 傷 英 姅 時 催，
国际音标：tsaŋ³ thɯ:ŋ¹ ʔan¹ nɯə³ thi² thoi¹
汉文直译：不 爱 哥 再 就 罢了
汉文意译：不想爱哥也算了，

喃字原文：停 矐 晍 檜 麻 蚓 徐 朕；
国际音标：ʔdɯŋ² toŋ¹ ʔbɔŋ⁵ koi³ ma² ŋoi² tsɤ² jaŋ¹
汉文直译：别 望 影 树 而 坐 等 月
汉文意译：莫坐树根望等月；

喃字原文：否 呦 傷 特 英 庄，
国际音标：vi⁵ju² thɯ:ŋ¹ ʔdɯ:k⁸ ʔan¹ tsaŋ¹
汉文直译：如果 爱 得 哥 不
汉文意译：若果对哥有点爱，

喃字原文：恪 孃 如 遢 葛 藤 逐 缘。
国际音标：kha:k⁷na:u² n̩ɯ¹ jɔ⁵ ka:t⁷ʔdaŋ² ʔdɯə¹ ji:n¹
汉文直译：相同 如 风 葛 藤 送 缘
汉文意译：好运风吹送姻缘。

喃字原文：没 𠊛 些 吏 结 缘，
国际音标：mot⁸ma:i¹ ta¹ la:i⁶ ket⁷ji:n¹
汉文直译：日后 咱 又 结缘
汉文意译：日后咱俩结姻缘，

喃字原文：如 堆 鸠 集 䚩 旋 每 欺；
国际音标：n̠ɯ¹ ʔdoi¹ tsim¹ tʂɤp⁸ ʔbai¹ tiːn² moi³ khi¹
汉文直译：如 对 合鸟 飞 旋 每 时
汉文意译：如双合鸟共飞翔；

喃字原文：吁 停 啨 芯 啨 鈶，
国际音标：sin¹ ʔdɯŋ² tiːŋ⁵ ʔbɤk⁷ tiːŋ⁵ tsi²
汉文直译：请 别 声 灯芯 声 铅
汉文意译：妹莫要重言轻语，

喃字原文：碮 悉 啨 胞 ⺆ 之极 身。
国际音标：naŋ⁶ lɔŋ² tiːŋ⁵ jaː⁶ laːm²tsi¹ kɯk⁸ thɤn¹
汉文直译：重 心 声 肚 为什么 伤 身
汉文意译：自己负心伤身体。

喃字原文：花 箕 怒 妠 務 春，
国际音标：hwa¹ kiə¹ nɔ⁶ nɤ³ muə²sɤn¹
汉文直译：花 那 它 开 春天
汉文意译：春天那花就开放，

喃字原文：乤 些 拱 固 没 吝 绊 绦；
国际音标：haːi¹taː¹ kuŋ³ kɔ⁵ mot⁸ lɤn² sɛ¹ tɤ¹
汉文直译：咱俩 也 有 一 次 牵线
汉文意译：咱俩总会相结缘；

喃字原文：功 英 縻 待 舒 徐，
国际音标：koŋ¹ ʔan¹ tam¹ ʔdɤːi⁶ ŋin² tsɤ²
汉文直译：功 哥 百 待 千 等
汉文意译：千等万待哥有功，

情 歌

喃字原文： 牢 娘 吏 觭 缚 丝 准 帉。
国际音标： tha:u¹ na:ŋ² la:i⁶ voi⁶ sɛ¹ tɤ¹ tson⁵ na:u²
汉文直译： 为何 妹 又 急 牵 线 处 哪
汉文意译： 为何妹急找他人。

喃字原文： 吀 停 迍 遥 矔 糎，
国际音标： sin¹ ʔdɯŋ² ʔdɔn⁵ jɔ⁵ toŋ¹ tha:u¹
汉文直译： 请 别 迎 风 望 月
汉文意译： 莫要挡风望星辰，

喃字原文： 如 朘 貝 噲 别 包 唋 移。
国际音标： ȵɯ¹ jaŋ¹ vɤ:i⁵ ku:i⁶ ʔbi:t⁷ ʔba:u¹jɤ² jɤ:i²
汉文直译： 如 月 和 吴刚 知 何时 移
汉文意译： 吴刚月亮永不分。

（男：苏维绍；女：阮氏心，刘尚明）

（36）

喃字原文： 嘆 矲 䊆 吏 咀 賎，
国际音标： tha:n¹ ŋan⁵ roi² la:i⁶ thɤ³ ja:i²
汉文直译： 叹 短 了 又 叹 长
汉文意译： 你短叹来我长叹，

喃字原文： 情 尼 别 底 朱 埃 麻 術；
国际音标： tin² nai² ʔbi:t⁷ ʔde³ tsɔ¹ ʔa:i¹ ma² ve²
汉文直译： 情 这 知 留 给 谁 而 回
汉文意译： 此情留下谁承担；

喃字原文： 鸩 叫 猿 唥 墇 花，
国际音标： tsim¹ keu¹ vɯ:n⁶ hɔt⁷ vɯ:n²hwa¹
汉文直译： 鸟 叫 猿 啼 花园
汉文意译： 鸟鸣猿啼声悲愁，

1343

喃字原文： 傷　傷　妆　妆　別　罪　迻　兜；
国际音标： thɯːŋ¹ thɯːŋ¹ nɤ⁵ nɤ⁵ ʔbiːt⁷ laˀ² ʔdi¹ ʔdɤu¹
汉文直译：　思　思　念　念　　知　是　去　那儿
汉文意译：厌烦弃走各人忧；

喃字原文： 鸠　叫　猿　嗯　愁　愁，
国际音标： tsim¹ keu¹ vɯːn⁶ hɔt⁸ thɤu² thɤu²
汉文直译：鸟　叫　猿　啼　愁愁
汉文意译：期望得倚近身旁，

喃字原文： 補　塘　敖　彦　朱　烧　强　烦。
国际音标： ʔboˀ³ ʔdɯːŋ² ŋaːu¹ ŋaːn⁵ tsɔ¹ ɲau¹ kaːŋ² fiːn²
汉文直译：丢　路　厌烦　给　互相　更　烦恼
汉文意译：喜愁之时得见面。

喃字原文： 约　之　麻　特　掑　邊，
国际音标： ʔɯːk⁷ tsi¹ ma² ʔdɯːk⁸ ke² ʔben¹
汉文直译：期望　什么　而　得　贴近　边
汉文意译：期望如何得靠近，

喃字原文： 欺　悔　固　尔　欺　悶　固　低。
国际音标： khi¹ vui¹ kɔ⁵ ʔdɤi⁵ khi¹ ʔbuːn² kɔ⁵ ʔdɤi¹
汉文直译：时　高兴　有　那儿　时　烦闷　有　这儿
汉文意译：烦闷高兴有你我。

(37)

喃字原文： 蹋　蓮　核　楔　高　高，
国际音标： tɛu² len¹ kɤi¹ khe⁵ kaːu¹ kaːu¹
汉文直译：爬　上　杨梅树　高高
汉文意译：爬上高高杨桃树，

情 歌

喃字原文： 䁽 戈 行 檪 瞪 襖 躺 軸；
国际音标： toŋ¹ kwa¹ ha:ŋ²ra:u² thɤi⁵ ʔa:u⁵ min² fɤ:i¹
汉文直译： 望 过 篱笆 见 衣 妹 晒
汉文意译： 望过篱笆有晒衣；

喃字原文： 瞪 襖 麻 揸 瞪 駄，
国际音标： thɤi⁵ ʔa:u⁵ ma² tsaŋ³ thɤi⁵ ŋɯ:i²
汉文直译： 见 衣 而 不 见 人
汉文意译： 见有衣晒没有人，

喃字原文： 如 蹲 埭 焀 如 蚧 樞 鸧。
国际音标： nɯ¹ ʔduŋ⁵ ʔdoŋ⁵ luə² nɯ¹ ŋoi² tsu:ŋ² tsim¹
汉文直译： 如 站 堆 火 如 坐 笼 子 鸟
汉文意译： 如站火堆关笼里。

喃字原文： 瞪 扒 麻 揸 瞪 鸧，
国际音标： thɤi⁵ tsa:ŋ² ma² tsaŋ³ thɤi⁵ tsim¹
汉文直译： 见 郎 而 不 见 鸟
汉文意译： 见笼没有看见鸟，

喃字原文： 底 媕 䰫 纙 捋 寻 鸧 制；
国际音标： ʔde³ ʔɛm¹ va:k⁷ ʔbɤi³ ʔdi¹ tim² tsim¹ tsɤ:i¹
汉文直译： 让 妹 扛 网 去 找 鸟 玩
汉文意译： 让妹带网去围捕；

喃字原文： 擬 罢 鸧 遇 扒 制，
国际音标： ŋi³la² tsim¹ la⁶ ʔbat⁷ tsɤ:i¹
汉文直译： 以 为 鸟 奇异 捉 玩
汉文意译： 以为散鸟捉来玩，

1345

喃字原文： 埃 憗 鸠 笴 蹔 堆 秩 来㐱。
国际音标： ʔaːi¹ ŋɤ² tsim¹ ʔda³ ʔduˀ³ ʔdoi¹ mɤt⁷ roi²
汉文直译： 谁 料 鸟 已 足 对 完 了
汉文意译： 谁料这鸟已有对。

（38）

喃字原文： 躺 脏 惛 瘦 覧 仙，
国际音标： nam² ʔdem¹ mɤ²mit⁸ thɤi⁵ tiːn¹
汉文直译： 躺 夜 迷梦 见 仙
汉文意译： 夜睡迷梦见仙人，

喃字原文： 照 花 解 泣 邉 牀 待 埃；
国际音标： tsiːu⁵ hwa¹ raːi³ khap⁷ ʔben¹ jɯːŋ² ʔdɤːi⁶ ʔaːi¹
汉文直译： 席子 花 铺 遍 边 床 等 谁
汉文意译： 铺席床上等来人；

喃字原文： 固 脏 叹 矬 咀 賤，
国际音标： kɔ⁵ ʔdem¹ thaːn¹ ŋan⁵ thɤ³ jaːi²
汉文直译： 有 夜 叹 短 叹 长
汉文意译： 深夜长叹又短叹，

喃字原文： 愁 潡 平 波 忟 埃 淀 尼。
国际音标： thɤu² tuːn¹ ʔbaŋ² ʔbe³ nɤ⁵ ʔaːi¹ noi³ nai²
汉文直译： 愁 涌 如 海 想 谁 境地 这
汉文意译： 愁私流泪待人来。

喃字原文： 鸠 叫 氼 靡 脏 䏲，
国际音标： tsim¹ keu¹ vaŋ⁵vɛ³ ʔdem¹ŋai²
汉文直译： 鸟 叫 寂静 日夜
汉文意译： 静夜鸟叫日又鸣，

情 歌

喃字原文：雁 叫 唛 哏 困 铊 庄 罪；
国际音标：ɳaːn⁶ keu¹ vɛu⁵ vɔn¹ khuːn¹ thai¹ tsaŋ¹ la²
汉文直译：大雁 叫 清脆 形态 啊 不 是
汉文意译：雁儿唱清脆歌声；

喃字原文：春 情 蚾 挤 晖 花，
国际音标：sɤn¹ tin² ŋoi² jɯə⁶ ʔbɔŋ⁵ hwa¹
汉文直译：春 情 坐 倚 影 花
汉文意译：倚坐花树等春情，

喃字原文：嫩 仙 茹 鉑 底 些 氊 澄。
国际音标：nɔn¹ tiːn¹ ɳa² ʔbaːk⁸ ʔde³ ta¹ toŋ¹ tsɯŋ²
汉文直译：山 仙 屋 银 留 咱 看 来
汉文意译：仙山银屋不见影。

（39）

喃字原文：悉 群 忕 跙 義 扒，
国际音标：lɔŋ² kɔn² nɤ⁵ ʔden⁵ ɳiə³ tsaːŋ²
汉文直译：心 还 想 到 义 郎
汉文意译：妹心惦记君情义，

喃字原文：佘 䒺 罪 貝 占 鑽 玉 珠；
国际音标：mɤi⁵ ʔdɤːi² la² mɤːi⁵ tsiːm⁵ vaːŋ² ŋɔk⁸ tsɤu¹
汉文直译：几 代 是 才 占 金 玉 珠
汉文意译：何时金玉得见面；

喃字原文：玉 珠 如 炻 撆 鑽，
国际音标：ŋɔk⁸ tsɤu¹ nɯ¹ lɯə³ mak⁸ vaːŋ²
汉文直译：玉 珠 如 火 遭遇 金
汉文意译：红火炼金玉珠连，

1347

喃字原文： 嘆 弧 牢 嗃 訴 祥 英 喂。
国际音标： tha:n¹ ho² tha:u¹ kheu⁵ tɔ³ tɯ:ŋ² ʔan¹ ʔɤ:i¹
汉文直译： 叹息 乎 如何 巧 诉 详 哥 啊
汉文意译： 男儿志何向呈祥。

喃字原文： 鴲 叫 少 几 巴 嗚,
国际音标： tsim¹ keu¹ thi:u⁵ kɛ³ ʔbɤ¹vɤ¹
汉文直译： 鸟 叫 少 人 孤零
汉文意译： 鸟儿叫无伴孤零,

喃字原文： 扖 當 少 准 搹 伽 少 尼;
国际音标： tsa:ŋ² ʔda:ŋ¹ thi:u⁵ tson⁵ nɯ:ŋ¹ŋɤ² thi:u⁵ nɤ:i¹
汉文直译： 郎 正 缺 地方 倚靠 少 地方
汉文意译： 若君未对或依处;

喃字原文： 計 牢 朱 掣 扖 喂,
国际音标： ke³ tha:u¹ tsɔ¹ si:t⁷ tsa:ŋ² ʔɤ:i¹
汉文直译： 诉 为何 给 完 郎 啊
汉文意译： 情事之语诉不尽,

喃字原文： 計 牢 朱 掣 曲 浽 園 愁。
国际音标： ke³ tha:u¹ tsɔ¹ si:t⁷ khuk⁷noi⁷ vɯ:n² thɤu²
汉文直译： 诉 如何 给 完 衷肠 园 愁
汉文意译： 妹心愁倾诉衷肠。

（男：杜福朝；女：刘元英）

（40）

喃字原文： 艎 胨 些 擬 寔 憫,
国际音标： nam² ʔdem¹ ta¹ ŋi³ thɤt⁸ ʔbu:n²
汉文直译： 躺 夜 咱 想 真 烦闷
汉文意译： 夜睡自思心烦闷,

情 歌

喃字原文：没 纂 琨 织 撖 論 鐏 鈄^s；
国际音标：mot⁸ tam¹ kɔn¹ tsi³ sɔ³ lon⁶ tson¹kim¹
汉文直译：一　百　团　线　穿　乱　针头
汉文意译：一百线团穿一针；

喃字原文：棱 帀 棱 挓 固 鸪，
国际音标：rɯŋ² na:u² rɯŋ² tsaŋ³ ko⁵ tsim¹
汉文直译：林 哪　林 不 有 鸟
汉文意译：凡是山林都有鸟，

喃字原文：底 些 牖 銃 捈 寻 嫩 高。
国际音标：ʔde³ ta¹ va:k⁷ thuŋ⁵ ʔdi¹ tim² nɔn¹ ka:u¹
汉文直译：让 咱 扛 枪 去 找 山 高
汉文意译：让君扛枪高山寻。

喃字原文：身 媕 如 𦛚 缯 桃，
国际音标：thɤn¹ ʔɛm¹ ɲɯ¹ tɤm⁵ luə⁶ ʔda:u²
汉文直译：身 妹 如 块 绸 桃
汉文意译：妹身如块绸布美，

喃字原文：拂 菲 𠁑 帮 别 㐌 𠅖 埃；
国际音标：fɤt⁷ fɤ:i⁵ jɯə³ tsɤ⁶ ʔbi:t⁷ va:u² tai¹ ʔa:i¹
汉文直译：飘 拂 中 集市 知 进 手 谁
汉文意译：飘泊街头入谁手；

喃字原文：英 𠸠 梗 竹 媕 挣 梗 枚，
国际音标：ʔan¹ ŋoi² kan² tuk⁷ ʔɛm¹ jɯə⁶ kan² ma:i¹
汉文直译：哥 坐 枝 竹 妹 倚 枝 梅
汉文意译：哥倚竹树妹倚梅，

喃字原文：東 桃 西 柳 衤 埃 伴 共．
国际音标：ʔdoŋ¹ ʔdaːu² tʂi¹ liːu³ lɤi⁵ ʔaːi¹ ʔbaːn⁶ kuŋ²
汉文直译：东 桃 西 柳 拿 谁 朋友 共
汉文意译：东桃西柳谁为友。

喃字原文：英 㘷 梗 橙 英 剥 瓣 橙，
国际音标：ʔan¹ ŋoi² kan² than² ʔan¹ ʔbɔk⁷ mui⁵ than²
汉文直译：哥 坐 枝 橙 哥 剥 瓣 橙
汉文意译：哥坐橙下剥橙果，

喃字原文：媄 淹 笆 呐 貝 英 寔 他；
国际音标：mɛ⁶ ʔɛm¹ ʔda³ noi⁵ vɤːi⁵ ʔan¹ thɤt⁸tha²
汉文直译：母 妹 已 说 和 哥 诚实
汉文意译：妹母同哥许实言；

喃字原文：淹 停 吱 醜 吱 赊，
国际音标：ʔɛm¹ ʔdɯŋ² tse¹ sɤu⁵ tse¹ sa¹
汉文直译：妹 别 嫌 丑 嫌 远
汉文意译：莫要嫌丑又嫌远，

喃字原文：淹 停 吱 劌 吱 茹 𱎌 巾．
国际音标：ʔɛm¹ ʔdɯŋ² tse¹ kɯa³ tse¹ n̠a² khɔ⁵khan¹
汉文直译：妹 别 嫌 家门 嫌 家庭 苦难
汉文意译：莫要嫌家有困境。

（41）

喃字原文：𪀄 鴆 䫻 俸 尽 㐹，
国际音标：kɔn¹tsim¹ ʔbai¹ ʔboŋ³ tɤn⁶ jɤːi²
汉文直译：鸟 飞 高升 尽 天
汉文意译：鸟儿高飞尽天上，

情 歌

喃字原文：躘瘺琨杣奴馭恍恍；
国际音标：toŋ¹ mɔn² kən¹mat⁷ nɤ⁵ ŋɯ:i² ʔdam¹ʔdam¹
汉文直译：望 穿 眼睛 想 人 凝神
汉文意译：眼欲穿思情人；

喃字原文：奴馭除佫粓啽，
国际音标：nɤ⁵ ŋɯ:i² tɯ² ʔbɯə³ kɤm¹ ʔan¹
汉文直译：想 人 除去 餐 饭 吃
汉文意译：思君忘记了食饭，

喃字原文：岜旬底筳康康没躺。
国际音标：ʔba¹ tɤn² ʔde³ ʔduə³ khaŋ¹khaŋ¹ mot⁸min²
汉文直译：三 次 让 筷子 执拗 独自
汉文意译：三次拿筷都想君。

喃字原文：没躺吏慢私躺，
国际音标：mot⁸min² la:i⁶ tui³ ri:ŋ¹ min²
汉文直译：独自 又 怨恨 私 身世
汉文意译：自己怨恨私身世，

喃字原文：嘆身些渚泊情貝埃；
国际音标：tha:n¹ thɤn¹ ta¹ tsɯə¹ ʔba:k⁸tin² vɤ:i⁵ ʔa:i¹
汉文直译：叹 身 咱 未 薄情 和 谁
汉文意译：自叹没有负情君；

喃字原文：些䖿梗竹些捼梗枚，
国际音标：ta¹ ŋoi² kan² tuk⁷ ta¹ jɯə⁶ kan² ma:i¹
汉文直译：咱 坐 枝 竹 咱 倚靠 枝 梅
汉文意译：独坐倚竹又倚梅，

喃字原文： 東 桃 西 柳 衶 埃 伴 共.
国际音标：ʔdoŋ¹ ʔdaːu² tʂi¹ liːu³ lʂi⁵ ʔaːi¹ ʔbaːn⁶ kuŋ²
汉文直译： 东 桃 西 柳 要 谁 伴 共
汉文意译：东桃西柳谁伴侣。

（42）

喃字原文： 鸠 坤 撰 沛 缌 红,
国际音标：tsim¹ khon¹ mak⁷faːi³ luːi⁵ hoŋ²
汉文直译： 鸟 精灵 陷入 网 红
汉文意译：鸟叫飞落入红网,

喃字原文： 英 麻 撰 特 填 功 两 鐄,
国际音标：ʔan¹ ma² jʂ³ ʔdɯːk⁸ ʔden²koŋ¹ laːŋ⁶ vaːŋ²
汉文直译： 哥 若 解脱 得 报答 两 金
汉文意译：谁来解脱送两金；

喃字原文： 填 鐄 英 捱 衶 鐄,
国际音标：ʔden² vaːŋ² ʔan¹ tsaŋ³ lʂi⁵ vaːŋ²
汉文直译： 报答 金 哥 不 要 金
汉文意译：送金报答哥不要,

喃字原文： 英 麻 撰 特 時 娘 衶 英.
国际音标：ʔan¹ ma² jʂ³ ʔdɯːk⁸ thi² naːŋ² lʂi⁵ ʔan¹
汉文直译： 哥 若 解脱 得 则 妹 嫁 哥
汉文意译：哥能解脱妹嫁君。

（43）

喃字原文： 鸠 静 咹 菓 枞 静,
国际音标：tsim¹ san¹ ʔan¹ kwa³sɔi² san¹
汉文直译： 鸟 青 吃 芒果 青
汉文意译：青鸟欲吃青芒果,

情 歌

喃字原文：咹 饮 沁 渌 蓮 梗 啤 氋；
国际音标：ʔan¹ nɔ¹ tam⁵ma:t⁷ len¹ kan² riə³ loŋ¹
汉文直译：吃 饱 洗澡 上 枝 啄 羽毛
汉文意译：食饱洗身栖啄毛；

喃字原文：堆 些 称 婂 称 馱，
国际音标：ʔdoi¹ta¹ suɯŋ¹ vɤ⁶ suɯŋ¹ tsoŋ²
汉文直译：咱俩 称 妻 称 夫
汉文意译：咱俩相称为夫妇，

喃字原文：極 為 吒 媄 呐 空 習 㣋。
国际音标：kuɯk⁸ vi² tsa¹mɛ⁶ nɔi⁵ khoŋ¹ suɯə¹rai²
汉文直译：痛心 为 父母 说 不 从前
汉文意译：父母狠心订门亲。

喃字原文：俗 尼 訴 寔 伴 台ʽ，
国际音标：ʔbuɯə³ nai² tɔ³ thɤt⁸ ʔba:n⁶ thai¹
汉文直译：餐 这 说 实话 朋友 啊
汉文意译：这真正是结姻缘，

喃字原文：劍 兜 伴 劍 缘 尼 㴇 移。
国际音标：ki:m⁵ ʔdɤu¹ ʔba:n⁶ ki:m⁵ ji:n¹ nai² tsɤ⁵ jɤ:i²
汉文直译：找 哪儿 朋友 找 缘 这 别 移
汉文意译：选定伴侣永不离。

（男：刘扬顺；女：阮贤芳）

(44)

喃字原文：姑 箕 捷 渃 绕 霳，
国际音标：ko¹ kiə¹ ɣan⁵ nuɯ:k⁷ kwa:ŋ¹ mɤi¹
汉文直译：姑娘 那 挑 谁 筐 藤
汉文意译：姑娘用藤筐担水，

1353

喃字原文：朱 吁 没 醅 洒 核 梧 桐；
国际音标：tsɔ¹ sin¹ mot⁸ ɣa:u⁵ tɯ:i⁵ kɤi¹ ŋo¹ʔdoŋ²
汉文直译：给 请求 一 瓢 浇 梧桐树
汉文意译：给哥一瓢淋梧桐；

喃字原文：梧 桐 添 卒 添 靗，
国际音标：ŋo¹ʔdoŋ² them¹ tot⁷ them¹ san¹
汉文直译：梧桐 添 好 添 青
汉文意译：梧桐生长成青树，

喃字原文：底 鸪 凤 杜 豆 梗 嗄 堆。
国际音标：ʔde³ tsim¹fɯ:ŋ⁶ ʔdo³ ʔdɤu² kan² ɣɔi⁶ ʔdoi¹
汉文直译：让 凤 栖息 头 枝 叫 对儿
汉文意译：凤凰栖枝寻欢乐。

（45）

喃字原文：雁 逹 歪 雁 落 叫 霜，
国际音标：ɲa:n¹ ten¹ jɤ:i² ɲa:n⁶ la:k⁸ keu¹ thɯ:ŋ¹
汉文直译：大雁 上 天 大雁 落 叫 霜
汉文意译：雁儿天上飞受冻，

喃字原文：䏧 薢 離 别 道 常 澘 悁；
国际音标：ŋin² nam¹ li¹ʔbi:t⁸ ʔda:u⁶thɯ:ŋ² tsɤ⁵ kwen¹
汉文直译：千 年 离别 情义 别 忘
汉文意译：千年离别情不忘；

喃字原文：蚚 叫 嘲 昣 幣 泩，
国际音标：ɲa:i⁵ keu¹ tsi:u²se⁵ jɯ:i⁵ mɯ:ŋ¹
汉文直译：青蛙 叫 下午 下 沟
汉文意译：下午青蛙沟里鸣，

情 歌

喃字原文：妾 安份 妾 群 傷 浽 払。
国际音标：thi:p⁷ ʔi:n¹fɤn⁶ thi:p⁷ kɔn² thɯ:ŋ¹ noi³ tsa:ŋ²
汉文直译：妾 安份 妾 还 思 境地 郎
汉文意译：叫声思君妾安份。

（46）

喃字原文：鞦 喂 至 咳 罪 鞦，
国际音标：mai¹ ʔɤ:i¹ tsi⁵ hɤ:i³ la² mai¹
汉文直译：幸运 啊 至极 呀 是 幸运
汉文意译：今幸运碰好运气，

喃字原文：扰 捼 趒 打 朝 朝 迖 鸠；
国际音标：ʔdɛm¹ jɔ² ʔdi¹ ʔdan⁵ ŋai²ŋai² ɣap⁸ tsim¹
汉文直译：带 捕鸟器 去 打 天天 遇 鸟
汉文意译：放捕鸟器日遇鸟；

喃字原文：鸠 叫 境 矖 桑 情，
国际音标：tsim¹ keu¹ kan³ thu:i⁵ ta:ŋ¹tin²
汉文直译：鸟 叫 境 溪 叮当
汉文意译：鸟在溪河叫"性情"，

喃字原文：媕 群 徖 伴 朱 翰 结 堆。
国际音标：ʔɛm¹ kɔn² lɛ³ ʔba:n⁶ tsɔ¹ min² ket⁷ ʔdoi¹
汉文直译：妹 还 单身 朋友 给 你 结 对儿
汉文意译：妹未成婚同结侣。

（47）

喃字原文：跟 鸠 鬾 俸 園 花，
国际音标：kɔn¹tsim¹ ʔbai¹ ʔboŋ³ vɯ:n²hwa¹
汉文直译：鸟 飞 高升 花园
汉文意译：花园鸟飞翔高空，

喃字原文： 𱻷 𱻸 𡖵 竹 𱻷 𱼀 𡖵 红；
国际音标： ʔbai¹ va:u² vɯ:n² tuk⁷ ʔbai¹ ra¹ vɯ:n² hoŋ²
汉文直译： 飞 进 园 竹 飞 出 园 玫瑰
汉文意译： 飞入竹园出红园；

喃字原文： 功 淹 扯 簬 撣 笼，
国际音标： koŋ¹ ʔεm¹ tsε³ la:t⁸ ʔda:n¹ loŋ²
汉文直译： 功 妹 破 竹 篾 编 笼
汉文意译： 妹削竹篾来织笼，

喃字原文： 笼 疏 雁 泹 鸠 𱻷 術 岸。
国际音标： loŋ² thɯə¹ ŋa:n⁶ lat⁸ tsim¹ ʔbai¹ ve² ŋa:n²
汉文直译： 笼 疏 大雁 脱 鸟 飞 回 山林
汉文意译： 笼疏鸟飞回山林。

（男：苏维绍；女：杜福英）

（48）

喃字原文： 鸠 尼 邅 廊 𱻷 逛，
国际音标： tsim¹ nai² ʔben¹ la:ŋ² ʔbai¹ tha:ŋ¹
汉文直译： 鸟 这 边 村 飞 来
汉文意译： 这只鸟何村飞来，

喃字原文： 𱻹 𱻺 𱻹 𱻻 些 强 忬 傷；
国际音标： ʔdεp⁸ loŋ¹ ʔdεp⁸ kan⁵ ta¹ ka:ŋ² ȵɤ⁵thɯ:ŋ¹
汉文直译： 美丽 羽毛 美丽 翅膀 咱 更 可爱
汉文意译： 好毛好翅真可爱；

喃字原文： 𱼁 㐱 些 貝 訴 祥，
国际音标： hom¹nai¹ ta¹ mɤ:i⁵ to³ tɯ:ŋ²
汉文直译： 今天 咱 刚 诉 详
汉文意译： 今天见面始启言，

情 歌

喃字原文：咁 麻 馁 熟 些 傷 廻 糙。
国际音标：jɤu² ma² nuːi¹ thuːk⁸ ta¹ thɯːŋ¹ ʔden⁵ ja²
汉文直译：如果 养 熟 咱 爱 到 老
汉文意译：若能养熟养至老。

喃字原文：鸪 鸿 佅 绞 牺 些，
国际音标：tsim¹ hoŋ² ʔda³ ʔben⁶ tai¹ ta¹
汉文直译：鸿鹄 已 依恋 手 咱
汉文意译：鸿鹄飞入我手里，

喃字原文：些 傷 鸪 帘 拱 罖 鸪 坤。
国际音标：ta¹ thɯːŋ¹ tsim¹ ʔdɤi⁵ kuŋ³ la² tsim¹ khon¹
汉文直译：咱 爱 鸟 那儿 也 是 鸟 精灵
汉文意译：这是精鸟我真爱。

喃字原文：鸪 鸿 杜 靪 家 門，
国际音标：tsim¹ hoŋ² ʔdo³ kɯə³ ja¹ mon¹
汉文直译：鸿鹄 栖息 门 家门
汉文意译：鸿鹄站在家门前，

喃字原文：些 嗦 些 特 馱 坤 拖 嗦。
国际音标：ta¹ ʔdɤn² ta¹ ʔdɯːk⁸ ŋɯːi² khon¹ tha¹ ʔdɤn²
汉文直译：咱 愚蠢 咱 得 人 精灵 释放 愚蠢
汉文意译：愚人捉得变精人。

(49)

喃字原文：呐 唭 吁 斿 衸 唭，
国际音标：nɔi⁵ nɤːi² sin¹ jɯ³ lɤi⁵ nɤːi²
汉文直译：说 话 请 守住 话
汉文意译：讲话要守自信言，

1357

喃字原文：停 如 䰚 蛇 豆 敕 吏 醍；
国际音标：ʔdɯŋ² ȵɯ¹ kɔn¹ʔbɯ:m⁵ ʔdɤu⁶ roi² la:i⁶ ʔbai¹
汉文直译：别 如 蝴蝶 栖息 了 又 飞
汉文意译：莫像蝴蝶来回飞；

喃字原文：蛇 豆 蛇 敕 吏 醍，
国际音标：ʔbɯ:m⁵ ʔdɤu⁶ roi² ʔbɯ:m⁵ la:i⁶ ʔbai¹
汉文直译：蝴蝶 栖息 了 蝴蝶 又 飞
汉文意译：蝴蝶扒落又飞走，

喃字原文：媕 绁 绊 织 綍 鈺 蛇 仈。
国际音标：ʔɛm¹ sɛ¹ thɤ:i⁶tsi³ ʔbu:k⁸ ŋai¹ ʔbɯ:m⁵ va:u²
汉文直译：妹 牵 线 捆绑 立即 蝴蝶 进
汉文意译：妹绑蝴蝶不让飞。

喃字原文：㐌 術 決 料 吗 牢，
国际音标：ʔdi¹ve² kwi:t⁷li:u⁶ la:m²tha:u¹
汉文直译：回去 决意 怎么样
汉文意译：哥回家决意何想，

喃字原文：媕 馀 決 仈 立 准 朱 衝；
国际音标：ʔɛm¹ nai¹ kwi:t⁷ va:u² lɤp⁸ tson⁵ tsɔ¹ sɔŋ¹
汉文直译：妹 今 决意 进 立 地方 给 完
汉文意译：妹下决心结姻缘；

喃字原文：扐 如 䰚 雁 融 宮，
国际音标：tsa:ŋ² ȵɯ¹ kɔn¹na:n⁶ tɔŋ¹ kuŋ¹
汉文直译：郎 如 大雁 中 宫
汉文意译：哥似宫中的雁儿，

情 歌

喃字原文：媕 如 㧻 燕 䲴 绫 包 蘭。
国际音标：ʔɛm¹ ɲɯ¹ kɔn¹ʔiːn⁵ liːŋ⁶ vɔŋ² ʔbaːu¹lɤːn¹
汉文直译：妹 如 燕子 翱翔 圈 阳台
汉文意译：妹如燕子绕圈旋。

喃字原文：英 浪 英 渚 媕 㧻,
国际音标：ʔan¹ raŋ² ʔan¹ tsɯə¹ vɤ⁶ kɔn¹
汉文直译：哥 道 哥 未 有 妻儿
汉文意译：哥说过还未妻儿,

喃字原文：媕 㐆 实 㛯 群 㛁 蹲 外。
国际音标：ʔɛm¹ nai¹ thɤt⁸ yaːi⁵ kɔn² thon¹ ʔdɯɯŋ⁵ ŋwaːi²
汉文直译：妹 今 真 姑娘 还未 婚 站 外
汉文意译：妹站外等结红绳。

（50）

喃字原文：胎 㫘 唷 瞱 朘 斜,
国际音标：ʔdem¹khwiə¹ juk⁸ ʔboŋ⁵ jaŋ¹ ta²
汉文直译：深夜 催 影 月 斜
汉文意译：夜冷月亮向西斜,

喃字原文：䞓 枚 㐌 牀 啃 鵝 噲 㧻;
国际音标：thaːu¹maːi¹ ʔda³ mɔk⁸ tiːŋ⁵ ya² yɔi⁶ kɔn¹
汉文直译：启明星 已 升起 声 鸡 叫 孩子
汉文意译：启明星升鸡报鸣;

喃字原文：暎 减 解 㐱 悉 㛁,
国际音标：vaŋ² vak⁸ jaːi³ tɤm⁵ lɔŋ² thon¹
汉文直译：皎洁 照亮 寸 心 朱红
汉文意译：明月照亮红心坚,

1359

喃字原文：吏 添 琨 猿 哓 唄 邉 洇。
国际音标：laːi⁶ them¹ kɔn¹vɯːn⁶ vɛu⁵vɔn¹ ʔben¹ ɣɤ²
汉文直译：又 添 猿 清 脆 边 险滩
汉文意译：听闻猿啼在河边。

喃字原文：刧 吒 丐 色 倾 城，
国际音标：tsɛm⁵tsa¹ kaːi⁵thak⁷ khwin¹than²
汉文直译：倒霉 颜 色 倾 城
汉文意译：令催人倾国倾城，

喃字原文：⼞朱 攃 啥 抛 名 厎 栧；
国际音标：laːm²tsɔ¹ mak⁷tiːŋ⁵ faːu¹jan¹ ʔde³ ʔɤːi²
汉文直译：使得 污蔑 中伤 留 世
汉文意译：造谣中伤世留名；

喃字原文：喷 埃 牢 噅 捉 溈，
国际音标：tat⁷ ʔaːi¹ thaːu¹ khɛu⁵ vɤi³vɤːi²
汉文直译：责怪 谁 怎么 巧 招摇
汉文意译：责怪谁人来招摇，

喃字原文：喷 埃 噅 噠 仍 咥 虸 蠑。
国际音标：tat⁷ ʔaːi¹ khɛu⁵ ʔdat⁸ ɲɯŋ³ ɲɤːi² ʔbɯːm⁵ ʔɔŋ¹
汉文直译：责怪 谁 巧 提 些 话 蝴蝶 蜂
汉文意译：责谁提出蜂蝶言。

喃字原文：淹 溇 渃 沚 堆 浻，
国际音标：thoŋ¹ thɤu¹ nɯːk⁷ tsai³ ʔdoi¹ jɔŋ²
汉文直译：河 深 谁 流 两 支流
汉文意译：河深多支江流水，

情 歌

喃字原文：别　兜　麻 度 㾟 悉 朱　當。
国际音标：ʔbiːt⁷ ʔdɤu¹ ma² ʔdɔ¹ tɤm⁵lɔŋ² tsɔ¹ ʔdaːŋ⁵
汉文直译：知 哪儿　而 猜测　寸心　给 值当
汉文意译：怎会猜测人心情。

（51）

喃字原文：腍　長　媕　睚　䑛　猿　拎　更，
国际音标：ʔdem¹ tɯːŋ² ʔɛm¹ ŋɛ¹ kɔn¹vɯːn⁶ kɤm²kan¹
汉文直译：夜　长　妹　听　猿　　不时响起
汉文意译：夜更长听猿啼鸣，

喃字原文：睚　鸤　勸　祖 睚 英　勸　娘；
国际音标：ŋɛ¹ tsim¹ khwiːn¹ to³ ŋɛ¹ ʔan¹ khwiːn¹ naːŋ²
汉文直译：听　鸟　劝　巢 听　哥　劝　妹
汉文意译：鸟叫回巢妹听劝；

喃字原文：䫻　㚢　廊　债　缘　坤　押，
国际音标：jau² jɯa³ laːŋ² taːi⁵ jiːn¹ khon¹ ʔɛp⁷
汉文直译：富　中　村　债　缘　难　逼
汉文意译：家富裕不迫债缘，

喃字原文：䂀　渃　馱　沛　劫　寻　移。
国际音标：khɔ⁵ nɯːk⁷ ŋɯːi² faːi³kiːp⁷ tim² ʔdi¹
汉文直译：缺　水　人　被迫　找　去
汉文意译：家穷被迫他乡寻。

喃字原文：錢　𤾓　鉑　逐　計　之，
国际音标：tiːn² tam¹ ʔbaːk⁸ tsuk⁸ ke³ tsi¹
汉文直译：钱　百　银　十　算　什么
汉文意译：钱银堆积不视有，

喃字原文： 鸠 叫 猿 嗯 拱 彶 寻 払。
国际音标： tsim¹ keu¹ vɯ:n⁶ hɔt⁷ kuŋ³ ʔdi¹ tim² tsa:ŋ²
汉文直译： 鸟 叫 猿 啼 也 去 找 郎
汉文意译： 鸟鸣猿啼亦寻君。

（男：苏维绍；女：吴秀英）

（52）

喃字原文： 催 催 者 粘 㨃 𥕄,
国际音标： thoi¹ thoi¹ ja³ ɣa:u⁶ ten¹ tha:ŋ²
汉文直译： 罢了 罢了 舂 米 上 筛子
汉文意译： 舂米后放簸筛米,

喃字原文： 者 厨 嫩 渃 者 払 自 低;
国际音标： ja³ tsuə² nɔn¹nɯ:k⁷ ja³ tsa:ŋ² tɯ²ʔdɤi¹
汉文直译： 离别寺 山水 离别郎 从此
汉文意译： 离别寺院离开君;

喃字原文： 者 自 丐 欦 岔 牺,
国际音标： ja³ tɯ² ka:i⁵hom¹ tsiə¹tai¹
汉文直译： 离开 从 天 分手
汉文意译： 离开之时已分手,

喃字原文： 掍 相 眲 吏 𪖴 眉 滇 滇。
国际音标： kɔn¹mat⁷ li:k⁷ la:i⁶ loŋ¹mai² tsa:n¹tsa:n¹
汉文直译： 眼睛 瞥 来 眉毛 盈满
汉文意译： 眼睛斜看眉竖恨。

喃字原文： 埃 𠰘 朱 鳳 離 鸾,
国际音标： ʔa:i¹ la:m²tsɔ¹ fɯ:ŋ⁶ liə² lɔn¹
汉文直译： 谁 使得 凤 离开 鸾
汉文意译： 谁人造成凤离鸾,

1362

情 歌

喃字原文：朱 鸲 離 弹 朱 蝱 离 绦。
国际音标：tsɔ¹ tsim¹ liə² ʔdaːn² tsɔ¹ n̪en⁶ liə² tʁ¹
汉文直译：使 鸟 离 群 使 蜘蛛 离 丝
汉文意译：让蜘离丝鸟离群。

(53)

喃字原文：埃 ⁿ 朱 帝 离 低,
国际音标：ʔaːi¹ laːm²tsɔ¹ ʔdʁ⁵ liə² ʔdʁ¹
汉文直译：谁 使得 哪儿 离开 这儿
汉文意译：谁人驱使你离我,

喃字原文：朱 鸲 離 祖朱 霆 離 歪;
国际音标：tsɔ¹ tsim¹ liə² to³ tsɔ¹ mʁi¹ liə² jʁːi²
汉文直译：使 鸟 离 巢 使 云 离 天
汉文意译：让鸟离巢云离天;

喃字原文：智 箕 没 跐 挃 移,
国际音标：sɯə¹kiə¹ mot⁸ ʔbɯːk⁷ tsaŋ³ jʁːi²
汉文直译：昔 日 一 步 不 移
汉文意译：昔日一步也不离,

喃字原文：悲 畭 堆 我 没 馼 没 尼。
国际音标：ʔbʁi¹jʁ² ʔdoi¹ŋa³ mot⁸ ŋɯːi² mot⁸ nʁːi¹
汉文直译：如今 分开 一 人 一 地
汉文意译：如今分开各天边。

喃字原文：悲 畭 堆 我 堆 尼,
国际音标：ʔbai¹jʁ² ʔdoi¹ŋa³ ʔdoi¹ nʁːi¹
汉文直译：如今 分开 两 地
汉文意译：如今分离各一方,

1363

喃字原文： 约 之 群 特 如 堆 伴 共。
国际音标： ʔɯːk⁷ tsi¹ kɔn² ʔdɯːk⁸ ɲɯ¹ ʔdoi¹ ʔbaːn⁶ kuŋ²
汉文直译： 期望 什么 还 得 如 两 朋友 一起
汉文意译： 期望能合做伴侣。

（54）

喃字原文： 吨 低 固 琨 鸪 仙，
国际音标： ʔdon² ʔdɤi¹ kɔ⁵ kɔn¹tsim¹ tiːn¹
汉文直译： 传说 这儿 有 鸟 仙
汉文意译： 听说这里有仙鸟，

喃字原文： 怒 叫 唭 嘌 朱 铖 培 徊；
国际音标： nɔ⁶ keu¹ riu⁵rit⁷ tsɔ¹nen¹ ʔboi²hoi²
汉文直译： 它 叫 唧唧 所以 徘徊
汉文意译： 鸟叫唧唧人徘徊；

喃字原文： 傷 扎 術 浽 赊 吹，
国际音标： thɯːŋ¹ tsaːŋ² ve² noi³ sa¹soi¹
汉文直译： 想 郎 回 境地 遥远
汉文意译： 相隔遥远妹想君，

喃字原文： 吊 埃 固 别 浪 碎 傷 扎。
国际音标： naːu² ʔaːi¹ kɔ⁵ ʔbiːt⁷raŋ² toi¹ thɯːŋ¹ tsaːŋ²
汉文直译： 哪 谁 有 知道 我 想 郎
汉文意译： 有谁知妹为君愁。

喃字原文： 金 銀 荓 檜 核 鐄，
国际音标： kim¹ ŋɤn¹ laː⁵ koi³kɤi¹ vaːŋ²
汉文直译： 金银 树 叶 树 金黄
汉文意译： 金银树长叶金黄，

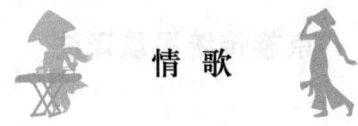

情 歌

喃字原文： 核 包 饶 萁 傷 払 闭 饶；
国际音标： kɣi¹ ʔba:u¹n̠i:u¹ la⁵ thɯ:ŋ¹ tsa:ŋ² ʔbɣi⁵n̠i:u¹
汉文直译： 树 多少 叶 想 郎 那么 多
汉文意译： 思君还比树叶多；

喃字原文： 龍 軞 傷 帝 仓 魃,
国际音标： loŋ¹ʔdoŋ¹ thɯ:ŋ¹ ʔdɣi⁵ ʔda³ n̠i:u²
汉文直译： 漂泊 想 那儿 已 多
汉文意译： 见君飘泊妹心想,

喃字原文： 帝 麻 傷 假 包 饶 默 悉。
国际音标： ʔdɣi⁵ ma² thɯ:ŋ¹ ja³ ʔba:u¹n̠i:u¹ mak⁸ lɔŋ²
汉文直译： 那儿 而 想 假 多少 任由 心
汉文意译： 君以为假无奈何。

（55）

喃字原文： 遥 南 㖄 厦 軒 西,
国际音标： jo⁵na:m¹ thoi³ ma:i⁵hi:n¹ tɣi¹
汉文直译： 南风 吹 屋檐 西
汉文意译： 南风吹进西轩来,

喃字原文： 鸤 叫 猿 嗯 更 迟 奴 埃；
国际音标： tsim¹ keu¹ vɯ:n⁶ hot⁷ kan¹tsɣi² n̠ɣ⁵ ʔa:i¹
汉文直译： 鸟 叫 猿 啼 深夜 想 谁
汉文意译： 鸟鸣猿啼夜想谁；

喃字原文： 固 胅 遥 津 園 外,
国际音标： kɔ⁵ ʔdem¹ jo⁵ lot⁸ vɯ:n² ŋwa:i²
汉文直译： 有 夜 风 穿 园 外
汉文意译： 时夜风吹外园里,

喃字原文：没 躺 叹 咀 贝 埃 庄 羅。
国际音标：mot⁸min² tha:n¹thɤ³ vɤ:i⁵ ʔa:i¹ tsaŋ¹ la²
汉文直译：独自　　叹息　和 谁　不 是
汉文意译：独自无人共叙情。

喃字原文： 躺 胩 渃 相 潒 黜,
国际音标：nam² ʔdem¹ nɯ:k⁷mat⁷ tu:n¹ ra¹
汉文直译：躺 夜 泪水 涌 出
汉文意译：夜睡迷梦泪泉涌，

喃字原文：妆 埃 涞 玉 滇 和 配 更;
国际音标：nɤ⁵ ʔa:i¹ jɔt⁸ ŋɔk⁸ tsa:n¹hwa² nam¹ kan¹
汉文直译：想 谁 滴 玉 涟涟 五 更
汉文意译：五更想谁玉珠涟;

喃字原文： 嚠 埃 撑 绪 丝 萌,
国际音标：khɛu⁵ ʔa:i¹ jɤ³ moi⁵ tɤ¹man²
汉文直译：巧 谁 解 绪 细丝
汉文意译：谁人手巧解情丝，

喃字原文：相 思 没 挭 钟 情 乸 習。
国际音标：tɯ:ŋ¹tɯ¹ mot⁸ ɣan⁵ tsuŋ¹tin² ŋai²sɯə¹
汉文直译： 相思 一 挑 钟 情 昔日
汉文意译：相思重挑为钟情。
（男：苏维绍；女：杜福英）

(56)

喃字原文：務 夏 蠋 於 邊 涜,
国际音标：muə²hɛ² kɔk⁷ ʔɤ³ ʔben¹ thoŋ¹
汉文直译： 夏天 杜鹃 在 边 河
汉文意译：夏天杜鹃在河边，

情 歌

喃字原文：𠊛 些 捹 搣 朱 栊 牪 㭩；
国际音标：haːi¹ta¹ vun¹sɤːi⁵ tsɔ¹ maŋ¹ mɔk⁸ roi²
汉文直译：咱俩 栽培 给 笋 长 了
汉文意译：咱俩栽培竹生笋；

喃字原文：鸠 鸿 撦 菓 滩 味，
国际音标：tsim¹hoŋ² vat⁷ kwa³joi²mui²
汉文直译： 鸿鹄 摘 龙 肉 果
汉文意译：鸿鹄来摘龙肉果，

喃字原文：𠊛 些 拮 秫 衘 馁 媄 耂。
国际音标：haːi¹ta¹ ɣat⁸ thɔk⁷ veː² nuːi¹ mɛ⁶ ja²
汉文直译：咱俩 割 稻 回 养 母 老
汉文意译：咱养老母共割禾。

喃字原文：娘 翘 䏻 命 救 吒，
国际音标：naːŋ² kiːu² thai¹ mɤn⁶ kiu⁵ tsa¹
汉文直译：妹 翘 替 命 救 父
汉文意译：翠翘舍命救父亲，

喃字原文：娘 仙 詩 唇 亗 叱 薛 丕；
国际音标：naːŋ²tiːn¹ thɤ¹thɤn³ ʔda³ ʔba¹ nam¹ jɤːi²
汉文直译：仙女 徘徊 已 三 年 天
汉文意译：仙娘三年等夫愁；

喃字原文：翁 胦 貝 嶒 庒 移，
国际音标：ʔoŋ¹jaŋ¹ vɤːi⁵ kuːi⁶ tsaŋ³ jɤːi²
汉文直译：月亮 和 吴刚 不 移
汉文意译：月亮吴刚不分离，

1367

喃字原文：汉　王　一　国　蕫峇　持位。
国际音标：haːn⁵vɯːŋ¹ nɤt⁷ kwok⁷ len¹ ŋoi¹ ti⁶vi⁶
汉文直译：汉王　　一　国　上位　治位
汉文意译：汉王治位持龙座。

喃字原文：独　脚　没　蹟　别　迻，
国际音标：ʔdok⁸ kɯːk⁷ mot⁸ tsɤn¹ ʔbiːt⁷ di¹
汉文直译：独　脚　一　脚　会　走
汉文意译：独脚将军会走路，

喃字原文：英　台　假相　男　兜　学　行；
国际音标：ʔanˡʔdaːi² jaːtɯːŋ⁵ naːm¹ɲi¹ hɔk⁸han²
汉文直译：英台　　假装　男儿　学习
汉文意译：英台假扮男同学；

喃字原文：情　要　庄　碍　蘬　巾，
国际音标：tin²ʔiːu¹ tsaŋ³ ŋaːi⁶ khɔ⁵khan¹
汉文直译：爱情　不　怕　困难
汉文意译：爱情没有何阻挡，

喃字原文：𠀲　些　蟥　蛱　矜　摆　貝　烧。
国际音标：haːiˡta¹ ʔoŋ¹ ʔbɯːm⁵ lɯːn⁶ vɤn² vɤːi⁵ɲau¹
汉文直译：咱俩　蜂　蝶　翱翔　轮流　互相
汉文意译：咱如蜂蝶共飞翔。

（57）

喃字原文：琨　蝈　𥜚　堆　群　𡎝　叹　哭，
国际音标：kɔn¹kɔk⁷ lɛ³ʔdoi¹ kɔn² ŋoi² thaːn¹ khɔk⁷
汉文直译：杜鹃　孤单　还　坐　叹　哭
汉文意译：杜鹃无对坐叹哭，

情 歌

喃字原文： 缸　佟　躺　麻　分　鬌　汜　缘；
国际音标： ha:i¹ ʔdɯə⁵ min² ma² fɤn¹ tɔk⁷ rɛ³ tɤ¹
汉文直译： 两　个　人　而　分　头发　分　丝发
汉文意译： 咱俩发丝结一起；

喃字原文： 巴　齁　群　待　群　徐，
国际音标： ʔba¹ nam¹ kɔn² ʔdɤ:i⁶ kɔn² tsɤ²
汉文直译： 三　年　还　等　还　待
汉文意译： 三年长时已等待，

喃字原文： 况　之　耷　脑　𠮩　詞　別　離。
国际音标： hu:ŋ⁵ tsi¹ thau⁵ tha:ŋ⁵ la:m² tɯ² ʔbi:t⁸ li¹
汉文直译： 何况　六　月　做　从　别离
汉文意译： 刚六个月怎分离。

（58）

喃字原文： 琨　鵝　淪　濂　戈　滝，
国际音标： kɔn¹ kɔ² lan⁶ loi⁶ kwa¹ thoŋ¹
汉文直译： 白鹤　跋涉　过　河
汉文意译： 白鹤涉水过江河，

喃字原文： 㨟　䊆　遂　軼　渃　相　呢　嫩；
国际音标： ɣan⁵ ɣa:u⁶ ʔdɯə¹ tsoŋ² nɯ:k⁷ mat⁷ ni³ nɔn¹
汉文直译： 挑　米　送　夫　泪水　低语
汉文意译： 担米送夫泪汪汪；

喃字原文： 娘　喂　鼍　吏　餕　琨，
国际音标： na:ŋ² ʔɤ:i¹ jɤ³ la:i⁶ nu:i¹ kɔn¹
汉文直译： 妹　啊　返回　养　儿
汉文意译： 娘子回家养儿女，

喃字原文：底 英 奔 半 渃 嫩 共 豝。
国际音标：ʔde³ ʔan¹ ʔbuːn¹ ʔbaːn⁵ nɯːk⁷ nɔn¹ kuŋ² ŋɯːi²
汉文直译：让 哥 经商 山 水 同 人
汉文意译：哥去经商越山河。

（59）

喃字原文：琨 鹅 皂 白 如 砯，
国际音标：kɔn¹ kɔ² taŋ⁵ ʔbat⁸ ɲɯ¹ voi¹
汉文直译：鹤 白 白 如 石灰
汉文意译：母鹤毛如石灰白，

喃字原文：吊 埃 闷 祂 馱 碎 時 術；
国际音标：naːu² ʔaːi¹ muːn⁵ lɤi⁵ tsoŋ² toi¹ thi² ve²
汉文直译：哪 谁 想 嫁 夫 我 就 回
汉文意译：它叫谁来嫁其夫；

喃字原文：茹 协 䙔 揁 拯 吱，
国际音标：ɲa² hɛp⁸ rat⁷ naːt⁷ tsaŋ³ tse¹
汉文直译：屋 窄 破烂 不 嫌弃
汉文意译：房屋窄烂莫嫌弃，

喃字原文：固 沟 馁 魸 拱 時 特 咹。
国际音标：kɔ⁵ ʔaːu¹ nuːi¹ ka⁵ kuŋ³ thi² ʔdɯːk⁸ ʔan¹
汉文直译：有 池塘 养 鱼 也 就 得 吃
汉文意译：有塘养鱼不吃素。

（男：刘振先，苏维绍，苏维珍；女：阮春英）

情 歌

（60）

喃字原文：智 箕 啃 螉 啃 蜥，
国际音标：sɯə¹kiə¹ ti:ŋ⁵ ʔəŋ¹ ti:ŋ⁵ vɛ¹
汉文直译：昔日 声 蜂 声 蝉
汉文意译：昔日蜂蝉共叫声，

喃字原文：悲 晗 唛 唛 麻 瑆 啃 愁；
国际音标：ʔbɤi¹jɤ² laŋ⁶laŋ⁶ ma² ŋɛ¹ ti:ŋ⁵ thɤu²
汉文直译：如今 寂静 而 听 声 愁
汉文意译：如今静寂闻声愁；

喃字原文：强 瑆 啃 蛴 叫 愁，
国际音标：ka:ŋ² ŋɛ¹ ti:ŋ⁵ je⁵ keu¹ thɤu²
汉文直译：越 听 声 蟋蟀 叫 愁
汉文意译：越听蟋蟀叫越悲，

喃字原文：强 叫 强 撅 强 愁 胜 肝。
国际音标：ka:ŋ² keu¹ ka:ŋ² ʔdɯt⁷ ka:ŋ² thɤu² ru:t⁸ ɣa:n¹
汉文直译：越 叫 越 断 越 愁 肠 肝
汉文意译：越叫越断恋心肠。

喃字原文：鸧 叫 遑 岗 盘 难，
国际音标：tsim¹ keu¹ ten¹ nui⁵ ʔba:n²na:n²
汉文直译：鸟 叫 上 山 埋怨
汉文意译：山上鸟叫埋怨声，

喃字原文：觊 情 拼 特 咀 咥 之；
国际音标：thɤi⁵ tin² tsaŋ³ ʔdɯ:k⁸ thɤ³tha:n¹ nɤ:i² ji²
汉文直译：见 情 不 得 叹息 话 什么
汉文意译：见情人来无叹言；

喃字原文：喻 烧 艻 沁 泩 涧，
国际音标：ju³ ɲau¹ ʔdi¹ tam⁵ ji:ŋ⁵khɤ:i¹
汉文直译：规劝 互相 去 洗澡 深井
汉文意译：想劝共同去洗身，

喃字原文：呐 哐 麻 咡 哐 如 空。
国际音标：nɔi⁵ ɲɤ:i² ma² la:i⁶ nu:t⁷lɤ:i² ɲɯ¹ khoŋ¹
汉文直译：说 话 而 又 食言 如 空
汉文意译：刚说出口又食言。

（61）

喃字原文：翅 鸿 䫻 俸 歪 秋，
国际音标：kan⁵ hoŋ² ʔbai¹ ʔboŋ³ jɤ:i² thu¹
汉文直译：翅膀 鸿鹄 飞 高升 天 秋
汉文意译：秋天鸿鹄飞尽天，

喃字原文：傷 琨 鸧 嘅 嘶 鸰 融 笼；
国际音标：thɯ:ŋ¹ kɔn¹tsim¹ ɣai⁵ kuk⁷ku¹ tɔŋ¹ loŋ²
汉文直译：可怜 鸟 啼 咕咕 中 笼
汉文意译：可怜那鸟笼中叫；

喃字原文：缘 鞅 獬 捯 獬 撎，
国际音标：ji:n¹ mai¹ tai¹ ʔbe⁵ tai¹ ʔboŋ²
汉文直译：缘 幸运 手 捧 手 抱
汉文意译：好运牵手是缘分，

喃字原文：傷 埃 武 武 融 房 隻 身。
国际音标：thɯ:ŋ¹ ʔa:i¹ vo²vɔ³ tɔŋ¹ fɔŋ² tsi:k⁷thɤn¹
汉文直译：可怜 谁 孤单 中 房 孤身
汉文意译：可怜单身自孤零。

情 歌

（62）

喃字原文： 払 術 正 寔 麻 術，
国际音标： tsaːŋ² ve² tsin⁵ thɤt⁸ ma² ve²
汉文直译： 郎 回 正 真 正 而 回
汉文意译： 君回去真实回家，

喃字原文： 停 麻 交 葀 愿 誓 貝 埃；
国际音标： ʔdɯŋ² ma² jaːu¹ la⁵ ŋwiːn⁶the² vɤːi⁵ ʔaːi¹
汉文直译： 别 而 交 叶 发 誓 和 谁
汉文意译： 莫在途中同答话；

喃字原文： 吀 払 停 瀏 琫 埃，
国际音标： sin¹ tsaːŋ² ʔdɯŋ²tsɤ⁵ ŋɛ¹ ʔaːi¹
汉文直译： 请 郎 别 听 谁
汉文意译： 请君莫听他人唆，

喃字原文： 底 媕 跐 细 靪 該 常 常。
国际音标： ʔde³ ʔɛm¹ ʔbɯːk⁷ tɤːi⁵ kɯə³ kaːi¹ thɯːŋ²thɯːŋ²
汉文直译： 让 妹 迈步 到 门 管 常 常
汉文意译： 让妹常得入君家。

喃字原文： 没 聂 払 妑 媕 傷，
国际音标： mot⁸maːi¹ tsaːŋ² ȵɤ⁵ ʔɛm¹ thɯːŋ¹
汉文直译： 日 后 郎 想 妹 想
汉文意译： 日后君想妹有爱，

喃字原文： 要 㤇 如 襥 貝 崶 拽 移。
国际音标： ʔiːu¹ȵau¹ ȵɯ¹ tui⁵ vɤːi⁵ hɯːŋ¹ tsaŋ³ jɤːi²
汉文直译： 相爱 如 袋 和 镜 不 移
汉文意译： 爱如袋镜不相离。

喃字原文：悲晗 媕 於 英 術，
国际音标：ʔbɤi¹jɤ² ʔɛm¹ ʔɤ³ ʔan¹ ve²
汉文直译：如今 妹 在 哥 回
汉文意译：如今妹留君回去，

喃字原文：雁 南 燕 北 罙 皮 强 傷。
国际音标：ȵaːn⁶ naːm¹ ʔiːn⁵ ʔbak⁷ ʔbon⁵ ʔbe² kaːŋ² thɯːŋ¹
汉文直译：大雁 南 燕子 北 四方 更 思念
汉文意译：雁南燕北互相思。

（63）

喃字原文：於 茹 媕 罥 齣 低，
国际音标：ʔɤ³ ȵa² ʔɛm¹ mɤːi⁵ ra¹ ʔdɤi¹
汉文直译：在 家 妹 刚 出 这儿
汉文意译：妹在家刚到这里，

喃字原文：䴗 鹊 裾 伴 鸼 飛 落 弹；
国际音标：ʔbo² kɤu¹ lɛ³ ʔbaːn⁶ tsim¹ ʔbai¹ laːk⁸ ʔdaːn²
汉文直译：鸽子 单 朋友 鸟 飞 失群
汉文意译：似鸽无双鸟失群；

喃字原文：呐 浪 鸼 鳯 鸼 鸾，
国际音标：nɔi⁵ raŋ² tsim¹ fɯːŋ⁶ tsim¹ lɔn¹
汉文直译：说 道 凤 鸾
汉文意译：凤鸾成双受称赞，

喃字原文：台 罗 鸼 㐌 固 弹 時 催。
国际音标：hai¹ la² tsim¹ ʔda³ kɔ⁵ ʔdaːn² thi² thoi¹
汉文直译：或 是 鸟 已 有 群 则 罢了
汉文意译：鸟儿有群众欢心。

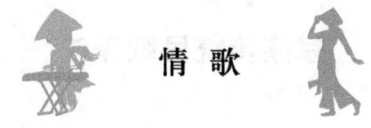

情 歌

喃字原文：鸪 袘 時 扒 衪 制，
国际音标：tsim¹ lɛ³ thi² ʔbat⁷lɤi⁵ tsɤ:i¹
汉文直译：鸟　单则　捉住　玩
汉文意译：如果单鸟可捉玩，

喃字原文：㚧 罴 鸪 㤅 固 尼 時　停。
国际音标：neu⁵ la² tsim¹ ʔda³ ko⁵ nɤ:i¹ thi² ʔdɯŋ²
汉文直译：如果　是　鸟　已　有　地方　则　别
汉文意译：鸟儿有双莫捉他。

（64）

喃字原文：没 核 罴 汆 㦖 梗，
国际音标：mot⁸ kɤi¹ la² mɤi⁵ tam¹ kan²
汉文直译：一　棵　是　几　百　枝
汉文意译：一棵大树数百枝，

喃字原文：啵 哘 術 者 恩 英 自 㖮；
国际音标：ɣɯi³ nɤ:i² ve² ja³ʔɤ¹ ʔan¹ tɯ² rai²
汉文直译：寄　语　回　感谢　哥　从　今天
汉文意译：今妹寄言感谢君；

喃字原文：自 㖮　绊 织 肶 䋦，
国际音标：tɯ² rai² ʔbu:k⁷ tsi³ ko³tai¹
汉文直译：从　今　捆　　线　手腕
汉文意译：从今用线捆住手，

喃字原文：㑣 唏 麻 扒 鸪 䮽 昂 丕；
国际音标：hwa:i² hɤ:i¹ ma² ʔbat⁷ tsim¹ ʔbai¹ ŋa:ŋ¹ jɤ:i²
汉文直译：枉费　气力　而　捉　鸟　飞　横　空
汉文意译：莫费力气捉飞鸟；

喃字原文：奄 尫 挺 沛 𮪍 制̆，
国际音标：ʔɛm¹ nai¹ tsaŋ³ faːi³ ŋɯːi² tsɤːi¹
汉文直译：妹 今 不 是 人 游玩
汉文意译：妹今不是游荡人，

喃字原文：ᵐ 朱 天 下 夥 𮪍 醒 迷。
国际音标：laːm² tsɔ¹ thiːn¹ haː⁶ lam⁵ ŋɯːi² thai¹ me¹
汉文直译：使得 天 下 多 人 迷醉
汉文意译：让天下仕多人迷。

（65）

喃字原文：闷 唉 柊 尣 迻 寻，
国际音标：muːn⁵ ʔan¹ thim¹ tsin⁵ ʔdi¹ tim²
汉文直译：想 吃 椹子 熟 去 找
汉文意译：想吃熟椹子去寻，

喃字原文：英 麻 寻 特 拰 𨑗 侯 娘；
国际音标：ʔan¹ ma² tim² ʔdɯːk⁸ ʔdɛm¹ ten¹ hɤu² naːŋ²
汉文直译：哥 若 找 得 带 上 侍候 妹
汉文意译：寻得果来妹侍侯；

喃字原文：鹃 叫 猿 唨 𨑗 岸，
国际音标：tsim¹ keu¹ vɯːn⁶ hɔt⁷ ten¹ ŋaːn²
汉文直译：鸟 叫 猿 啼 上 山林
汉文意译：鸟鸣猿啼在山林，

喃字原文：悲 𣎀 㐌 抲 脮 残 更 叿。
国际音标：ʔbɤi¹ jɤ² ʔdaː³ ʔden⁵ jaŋ¹ taːn² kan¹ ʔbaː¹
汉文直译：如今 已 到 月 残 更 三
汉文意译：三更月残无见人。

（男：苏维绍，杜福朝；女：杜福英，阮春英）

情 歌

（66）

喃字原文：多 情 時 纴 嬟 情，
国际音标：ʔda¹tin² thi² vɯːŋ⁵ nɤ⁶ tin²
汉文直译：多情 则 牵 缠 债 情
汉文意译：多情人情债牵缠，

喃字原文：喷 敊 爸 丕 喷 躺 牢 低；
国际音标：tat⁷ ŋɯːi² ʔda³ vɤi⁶ tat⁷ min² thaːu¹ ʔdɤi¹
汉文直译：责怪 人 已 这样 责怪 自己 怎么 这儿
汉文意译：责怪自己莫怪人；

喃字原文：爸 甘 挪 橘 朦 桃，
国际音标：ʔda³ kaːm¹ kwɤn⁵ kwit⁷ maː⁵ʔdaːu²
汉文直译：已 柑 缠 绵 橘 红颜
汉文意译：柑橘缠绵桃红颜，

喃字原文：仍 嚎 鸪 豆 雁 交 织 红。
国际音标：nɯŋ³ mɔŋ¹ tsim¹ ʔdɤu⁶ ɲaːn⁶ jaːu¹ tsi³hoŋ²
汉文直译：些 期望 鸟 栖息 大雁 交 红线
汉文意译：期望雁来送情信。

（67）

喃字原文：琨 鹇 跕 棓 稌 青，
国际音标：kɔn¹kɔ² nɤp⁷ ʔbui⁶ luə⁵ san¹
汉文直译：白鹤 躲 丛 稻 青
汉文意译：白鹭躲在青稻田，

喃字原文：徐 琨 鈝 跙 如 英 徐 娘；
国际音标：tsɤ² kɔn¹kaː⁵ ʔden⁵ nɯ¹ ʔan¹ tsɤ² naːŋ²
汉文直译：等 鱼 到 如 哥 等 妹
汉文意译：等待鱼来似等妹；

喃字原文：琨鹅跙楛稌鑛，
国际音标：kɔn¹kɔ²nɤp⁷ ʔbui⁶ luə⁵ va:ŋ²
汉文直译：白鹭　躲　丛　稻　熟
汉文意译：白鹭躲在熟稻田，

喃字原文：徐琨舻跙如娘徐英。
国际音标：tsɤ² kɔn¹ka⁵ ʔden⁵ n̩ɯ¹ na:ŋ² tsɤ² ʔan¹
汉文直译：等　鱼　到　如　妹　等　哥
汉文意译：等待鱼来如等君。

（68）

喃字原文：肱牺俺跛皋跛餶，
国际音标：ko³tai¹ ʔɛm¹ vɯə² taŋ⁵ vɯə² tɔn²
汉文直译：手腕　妹　又　白　又　圆
汉文意译：妹手臂又白又圆，

喃字原文：㱥颠凌炃氎琨纀馼；
国际音标：raŋ¹ ʔdɛn¹ rɯŋ¹ruk⁷ tsoŋ² kɔn¹ kɛm⁵ ŋɯ:i²
汉文直译：牙　黑　乌亮　夫　儿　逊于人
汉文意译：妹牙乌亮夫太丑；

喃字原文：困难雁於贝㻋，
国际音标：khɔn⁵na:n⁶ n̩a:n⁶ ʔɤ³ vɤ:i⁵ ru:i²
汉文直译：无赖　大雁　在　和　苍蝇
汉文意译：无赖苍蝇与雁住，

喃字原文：仙於贝鹄馼嗔贝魔。
国际音标：ti:n¹ ʔɤ³ vɤ:i⁵ ku⁵ ŋɯ:i² kɯ:i² vɤ:i⁵ ma¹
汉文直译：仙　在　和　猫头鹰　人　笑　和　鬼
汉文意译：仙与猫头鹰鬼魂。

情 歌

喃字原文：琨 鸡 晻 咯 貝 鹅，
国际音标：kɔn¹koŋ¹ ʔan¹lɤn³ vɤ:i⁵ ɣa²
汉文直译：孔雀 耍赖 和 鸡
汉文意译：俗语言："鹤立鸡群"，

喃字原文：蜿 箕 蛇 怒 瞶 驼 牢 𫝒；
国际音标：roŋ² kiə¹ sa² nɔ⁶ kɔi¹ ʔda² tha:u¹ nen¹
汉文直译：龙 那 蛇 它 看 无实义 怎么 成
汉文意译：一龙一蛇怎能比；

喃字原文：呐 𫝒 麻 於 挓 𫝒，
国际音标：nɔi⁵ nen¹ ma² ʔɤ³ tsaŋ³ nen¹
汉文直译：说 成 而 在 不 成
汉文意译：话成事而不成事，

喃字原文：绗 薺 挭 磅 牢 纾 欣 靈。
国际音标：kwa:ŋ¹ rɤ:m¹ ɣan⁵ ʔda⁵ tha:u¹ ʔben² hɤ:n¹ mɤi¹
汉文直译： 筐 稻草 挑 石 怎么 牢固 胜于 藤子
汉文意译：稻绳挑石胜山藤。

（69）

喃字原文：共 烷 根 呏 䢨 尼，
国际音标：kuŋ² ɲau¹ kan¹ jan⁶ ʔden⁵ nɤ:i¹
汉文直译：共同 相约 到 地方
汉文意译：共同相约会面，

喃字原文：指 嫩 誓 渜 没 哖 叮 咛；
国际音标：tsi³ nɔn¹ the² ʔbi:n³ mot⁸ nɤ:i² ʔdin¹nin¹
汉文直译：指 山 誓 海 一 言 叮咛
汉文意译：山盟海誓早誓言；

喃字原文：悲 賖 情 吏 賒 情，
国际音标：ʔbɤi¹jɤ² tin² laːi⁶ sa¹ tin²
汉文直译：如今 情 又 远离 情
汉文意译：如今情义得见面，

喃字原文：𪜀 低 𩡲 满 如 瓶 濕 㳥；
国际音标：ʔdɤi⁵ ʔdɤi¹ tsɤt⁸ maːŋ³ nɯ¹ ʔbin² toi¹ thoŋ¹
汉文直译：那儿 这儿 偏斜 筏子 如 瓶子 漂浮 河
汉文意译：似筏江飘很顺利；

喃字原文：為 埃 垠 迍 遥 東，
国际音标：vi² ʔaːi¹ ŋan¹ ʔdɔn⁵ jɔ⁵ʔdoŋ¹
汉文直译：为 谁 挡 迎 东风
汉文意译：谁人想挡东风来，

喃字原文：底 朱 鸾 鳯 梧 桐 賒 堯。
国际音标：ʔde³tsoʔ¹ lɔn¹ fuːŋ⁶ ŋoʔ¹doŋ² sa¹ ȵau¹
汉文直译：使 鸾 凤 梧桐 远离 互相
汉文意译：鸾凤梧桐不分离。

（70）
喃字原文：埃 莲 碎 哊 吏 哑，
国际音标：ʔaːi¹ len¹ toi¹ ɣɯi³ laːi⁶ nɤi²
汉文直译：谁 上 我 寄 再 话语
汉文意译：有人过去妹寄言，

喃字原文：𤾓 箕 固 迏 仍 𠊚 世 兜；
国际音标：tɯːk⁷kiə¹ kɔ⁵ ɣap⁸ nɯŋ³ ŋɯːi² the⁵ ʔdɤu¹
汉文直译：从前 有 遇 些 人 这样 哪儿
汉文意译：昔日与哥没见面；

情 歌

喃字原文：㕷咈英固所求，
国际音标：vi⁵ju² ʔan¹ kɔ⁵ thɤ³ kʀu²
汉文直译：如果 哥 有 所 求
汉文意译：如果君有心所求，

喃字原文：底 淹 结義 陳 朱 闷 椹。
国际音标：ʔde³ ʔɛm¹ ket⁷ŋiə³ tɤn² tsʀu¹ mu:n¹ ʔdʀ:i²
汉文直译：让 妹 结义 陈 朱 万 代
汉文意译：让妹结义朱陈缘。

（71）

喃字原文：淹 扸 待 貝 英 共，
国际音标：ʔɛm¹ ʔdi¹ ʔdʀ:i⁶ vʀ:i⁵ ʔan¹ kuŋ²
汉文直译：妹 去 等 和 哥 一同
汉文意译：妹去同君在一起，

喃字原文：英 群 矧 姆 丝 红 渚 绅；
国际音标：ʔan¹ kɔn² jɤ³ moi⁵tʀ¹hoŋ² tsɯə¹ sɛ¹
汉文直译：哥 还 失 红 线 未 牵
汉文意译：君还没有结姻缘；

喃字原文：固 眶 咛 犅 麻 眶，
国际音标：kɔ⁵ ŋɛ¹ nin⁵laŋ⁶ ma² ŋɛ¹
汉文直译：有 听 安 静 而 听
汉文意译：想听妹说静坐待，

喃字原文：仍 唑 英 呐 如 绅 刨 悉。
国际音标：nɯŋ³ nʀ:i² ʔan¹ nɔi⁵ nɯ¹ sɛ¹ va:u² lɔŋ²
汉文直译：些 话 哥 说 如 牵 进 心
汉文意译：愿君话儿记心间。

1381

（72）

喃字原文：英 術 收 攝 靳 茹，
国际音标：ʔan¹ ve² thu¹jɛp⁸ kɯə³n̪a²
汉文直译：哥 回 收拾 家门
汉文意译：哥回家收拾房子，

喃字原文：悉 掩 屯 定 乙 陀 沛 諴；
国际音标：lɔŋ² ʔɛm¹ ʔda³ ʔdin⁶ ʔat⁷ ʔda² fa:i³ nen¹
汉文直译：心 妹 已 定 肯定 无实义 要 成
汉文意译：妹心已定事竟成；

喃字原文：溂 聑 柴 媄 㕭 缘，
国际音标：tsɤ⁵ ŋɛ¹thɤi² mɛ⁶ ʔɛp⁷ji:n¹
汉文直译：别 听见 母 逼婚
汉文意译：莫听父母追姻缘，

喃字原文：据 哑 娿 月 麻 顾 情 终。
国际音标：kɯ⁵ n̪ɤ:i² ʔba²ŋwit⁸ ma² ŋwi:n² tin²tsuŋ¹
汉文直译：一直 话 月老 而 发誓 钟情
汉文意译：要听月老结钟情。

喃字原文：呦 埃 裯 繵 丝 红，
国际音标：jɤu² ʔa:i¹ rɛ³ roi⁵ tɤ¹hoŋ²
汉文直译：无论 谁 分 乱 红 绳
汉文意译：谁人分开结红绳，

喃字原文：時 英 据 笃 没 悉 徐 掩。
国际音标：thi² ʔan¹ kɯ⁵ jok⁷ mot⁸ lɔŋ² tsɤ² ʔɛm¹
汉文直译：则 哥 一直 倾 一 心 等 妹
汉文意译：请哥决心等妹情。

（男：裴永彬，苏维绍；女：阮氏心，吴秀英）

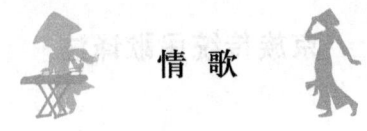

情 歌

(73)

喃字原文：	旵	旵	咹	鉢	枏	郋，
国际音标：	ŋai²	ŋai²	ʔan¹	ʔba:t⁷	kɤ:m¹	ra:ŋ¹
汉文直译：	天天		吃	碗	饭	炒

汉文意译：天天都吃碗炒饭，

喃字原文：	咹	㺃	蟝	鰻	脆	强	龍	戙；
国际音标：	ʔan¹	kɔn¹	tɛp⁷	man⁶	ja⁶	ka:ŋ²	lɔŋ¹	ʔdoŋ¹
汉文直译：	吃		虾	咸	肚	更	漂泊

汉文意译：吃咸虾人心流落；

喃字原文：	鵇	愁	执	翅	艔	容，
国际音标：	tsim¹	thɤu²	tsɤp⁷	kan⁵	ʔbai¹	rɔŋ¹
汉文直译：	鸟	愁	合	翅	飞	晃荡

汉文意译：鸟儿烦恼合翅飞，

喃字原文：	俺	妑	仁	義	篤	悉	黜	迻。
国际音标：	ʔɛm¹	nɤ⁵	n̩ɤn¹	ŋiə³	jok⁷	lɔŋ²	ra¹	ʔdi¹
汉文直译：	妹	想	仁	义		倾心	出	去

汉文意译：妹为仁义豁出去。

喃字原文：	扏	停	啧	俺	不	儀，
国际音标：	tsa:ŋ²	ʔduŋ²	tat⁷	ʔɛm¹	ʔbɤt⁷	ŋi¹
汉文直译：	郎	别	责怪	妹	不	义

汉文意译：君莫责怪妹不义，

喃字原文：	吒	拎	媄	狩	拄	迻	特	吤；
国际音标：	tsa¹	kɤm²	mɛ⁶	juɯ³	tsaŋ³	ʔdi¹	ʔdɯ:k⁸	na:u²
汉文直译：	父	持	母	守	不	去	得	哪

汉文意译：父母执持跑不去；

喃字原文：払 拸 域 潭 嫩 高，
国际音标：tsa:ŋ² ʔdi¹ vɯk⁸ tham³ nɔn¹ ka:u¹
汉文直译：郎 去 区域 深 山 高
汉文意译：君走遍高山深谷，

喃字原文：淹 噱 寻 𦬠 妲 肉 伞 圆。
国际音标：ʔɛm¹ mɔŋ¹ tim² va:u² ʔden⁵ nui⁵ta:n³vi:n¹
汉文直译：妹 盼望 找 进 到 伞 圆山
汉文意译：不管山高妹去寻。

喃字原文：包 唏 崧 肉 伞 圆，
国际音标：ʔba:u¹jɤ² lɤ³ nui⁵ta:n³vi:n¹
汉文直译： 何时 崩 伞圆山
汉文意译：何时伞圆山崩碎，

喃字原文：泔 滝 蘇 历 妾 贾 悁 義 払。
国际音标：ka:n⁶ thoŋ¹to¹lit⁸ thi:p⁷ mɤ:i⁵ kwen¹ ŋiə³ tsa:ŋ²
汉文直译：干涸 苏沥河 妾 才 忘 义 郎
汉文意译：苏沥河干情永存。

（74）

喃字原文：滝 溇 璐 险 ⺍ 丕，
国际音标：thoŋ¹ thɤu¹ loi⁵ hi:m³ la:m² vɤi⁶
汉文直译：河 身 路 险 做 这样
汉文意译：河深路险遇艰难，

喃字原文：埃 吹 淹 妲 准 尼 迠 英；
国际音标：ʔa:i¹ sui¹ ʔɛm¹ ʔden⁵ tson⁵ nai² ɣap⁸ ʔan¹
汉文直译：谁 驱使 妹 到 处 这 遇 哥
汉文意译：谁驱使妹来跟寻；

情 歌

喃字原文： 桃 绦 莲 藕 靘 靘，
国际音标： ʔdaːu² tɤ¹ thɛn¹ ŋɔ⁵ san¹ san¹
汉文直译： 桃 丝 莲藕 青 青
汉文意译： 莲藕桃丝青又青，

喃字原文： 玉 龄 群 待 价 龄 媄 缘。
国际音标： ŋɔk⁸ lan² kɔn² ʔdɤːi⁶ ja⁵ lan² ʔdɛp⁸ jiːn¹
汉文直译： 玉 好 还 等 价 好 美 姻缘
汉文意译： 好玉要等美姻缘。

喃字原文： 朱 台 仙 吏 寻 仙，
国际音标： tsɔ¹ hai¹ tiːn¹ laːi⁶ tim² tiːn¹
汉文直译： 给 知 仙 又 找 仙
汉文意译： 真是仙人去寻仙，

喃字原文： 凤 凰 拤 翅 蹲 挃 弹 鸦。
国际音标： fɯːŋ⁶ hwaːŋ² tsaŋ³ tsiu⁶ ʔdɯŋ⁵ tsɛn¹ ʔdaːn² ɣa²
汉文直译： 凤 凰 不 受 站 拥挤
汉文意译： 凤凰怎挤入鸡群。

（男：杜玉光；女：阮氏心）

（三）

喃字原文：花　荾　些祂　没　荃　拎　秂
国际音标：hwa¹ thɤːm¹ ta¹ lɤi⁵ mot⁸ tsum² kɤm¹ tai¹
汉文直译：花　香　咱拿　一　束　拿　手
汉文意译：香花表深情

（1）

喃字原文：絲 紅 牀 於 璉 嫩，
国际音标：tɤ¹hoŋ² mɔk⁸ ʔɤ³ ten¹ nɔn¹
汉文直译：红绳　长　在　上　山
汉文意译：红丝生长在山上，

喃字原文：怒　空　固　褪怒　群　静　梢；
国际音标：nɔ⁶ khoŋ¹ ko⁵ re³ nɔ⁶ kɔn² san¹tiːu¹
汉文直译：它　没　有　根　它　还　青翠
汉文意译：它没有根丝青翠；

喃字原文：花　荾　牀　顶　岗　高，
国际音标：hwa¹ thɤːm¹ mɔk⁸ ʔdin³ nui⁵ kaːu¹
汉文直译：花　香　长　顶　山　高
汉文意译：香花生长在高山，

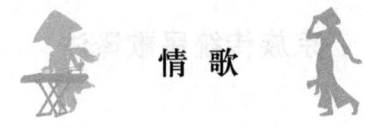

情 歌

喃字原文：邋 微 嗯 吏 邊 帀 拱 菱。
国际音标：jɔ⁵hiu¹ hut⁷ la:i⁶ ʔben¹ na:u² kuŋ³ thɤ:m¹
汉文直译：微 风 吹 来 边 哪 也 香
汉文意译：微风吹拂四处香。

喃字原文：丐 花 菱 迊 菱 遥，
国际音标：ka:i⁵hwa¹ thɤ:m¹ la⁶ thɤ:m¹ luŋ²
汉文直译：花 香 神奇 香 神奇
汉文意译：有枝花香真神奇，

喃字原文：菱 核 菱 褪 觖 掩 拱 菱。
国际音标：thɤ:m¹ kɤi¹ thɤ:m¹ re³ ŋɯ:i² joŋ² kuŋ³ thɤ:m¹
汉文直译：香 树 香 根 人 种 也 香
汉文意译：树香根香栽人香。

（2）

喃字原文：媰 英 如 核 花 榷，
国际音标：vɤ⁶ ʔan¹ ɲɯ¹ kɤi¹hwa¹na:i²
汉文直译：妻 哥 如 茉莉花
汉文意译：哥妻美如茉莉花，

喃字原文：蜹 逼 顶 桂 埃 埃 拱 菱；
国际音标：ŋoi² ten¹ ʔdin³ kwe⁵ ʔa:i¹ ʔa:i¹ kuŋ³ thɤ:m¹
汉文直译：坐 上 顶 桂 谁 谁 都 香
汉文意译：座桂梢上人欣尝；

喃字原文：身 媕 如 花 厔 花 枀，
国际音标：thɤn¹ ʔɛm¹ ɲɯ¹ hwa¹ma:i⁵ hwa¹thim¹
汉文直译：身 妹 如 梅花 棯子花
汉文意译：妹身世如棯子花，

喃字原文： 於 馳 棱 黙 埃 寻 ⺍ 之。
国际音标： ʔɤ³ tɔŋ¹ rɯŋ² rɤm⁶ ʔa:i¹ tim² la:m²tsi¹
汉文直译： 在 中 林 茂密 谁 找 怎么
汉文意译： 长在深山谁人寻。

（3）

喃字原文： 渃 䭾 拱 祉 没 䃜，
国际音标： nɯ:k⁷ tɔŋ¹ jɤ³lɤi⁵ mot⁸ tsum¹
汉文直译： 水 清 装 满 一 缸
汉文意译： 清水等满装一缸，

喃字原文： 花 蓁 些 祉 没 苍 拎 拪；
国际音标： hwa¹ thɤ:m¹ ta¹ lɤi⁵ mot⁸ tsum² kɤm² tai¹
汉文直译： 花 香 咱 拿 一 束 拿 手
汉文意译： 香花一束表深情；

喃字原文： 共 烧 些 呎 哗 尼，
国际音标： kuŋ² n̪au¹ ta¹ jan⁶ n̪ɤ:i² nai²
汉文直译： 一同 咱 叮嘱 话 这
汉文意译： 咱俩互记叮嘱言，

喃字原文： 花 蓁 竚 祉 㵾 停 朱 埃。
国际音标： hwa¹ thɤ:m¹ jɯ³lɤi⁵ tsɤ⁵ʔdɯŋ² tsɔ¹ ʔa:i¹
汉文直译： 花 香 保护 别 给 谁
汉文意译： 保护香花没送人。

（4）

喃字原文： 墙 花 怒 妸 唠 哗，
国际音标： vɯ:n² hwa¹ nɔ⁶ nɤ³ la:u¹sa:u¹
汉文直译： 花园 那 开 喧闹
汉文意译： 花园里百花齐放，

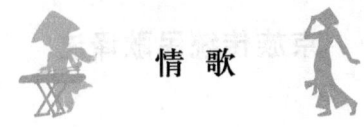

情 歌

喃字原文：埃 麻 悗 景 时 㘃 蚾 制；
国际音标：ʔaːi¹ ma² men⁵ kan³ thi² vaːu² ŋoi² tsɤːi¹
汉文直译：谁 而 爱 景 则 进 坐 玩
汉文意译：谁人爱景来玩乐；

喃字原文：㙘 花 苞 妿 𥢆，
国际音标：tam¹ hwa¹ no⁶ ʔda⁵ nɤ³ roi²
汉文直译：百 花 那 已 开 了
汉文意译：春天百花齐开了，

喃字原文：群 没 花 粔 卒 鲜 待 躺。
国际音标：kɔn² mot⁸ hwa¹ ɣaːu⁶ tot⁷ tɯːi¹ ʔdɤːi⁶ min²
汉文直译：还有 一 木棉花 鲜艳 一世 妹
汉文意译：只木棉花等君来。

喃字原文：埃 喂！符 袡 心 情，
国际音标：ʔaːi¹ ʔɤːi¹! jɯ³ lɤi⁵ tɤm¹ tin²
汉文直译：谁 啊 守住 心情
汉文意译：喂呀！维护自心情，

喃字原文：没 躺 侖 𠫆 邊 梗 待 埃？
国际音标：mot⁸ min² lɔn³ mɔn³ ʔben¹ kan² ʔdɤːi⁶ ʔaːi¹
汉文直译：独自 小气 旁边 等 谁
汉文意译：自己小气等谁人？

（男：苏维绍，刘扬顺；女：阮氏心，杜福英）

（5）

喃字原文：𧡊 娘 䏗 聘 悉 愮，
国际音标：thɤi⁵ naːŋ² mat⁷ thin⁵ lɔŋ² ʔɯːɯ¹
汉文直译：见 妹 眼 喜欢 心 喜欢
汉文意译：见妹飞眼心爱慕，

1389

喃字原文：亱 玻 缘 厚 吏 玻 涅 顽；
国际音标：ʔda³ vɯə² ji:n¹ hɤu⁶ la:i⁶ vɯə² net⁷ ŋwa:n¹
汉文直译：已 又 缘 厚 来 又 性情 乖巧
汉文意译：妹合缘分人听话；

喃字原文：咟 矘 贷 睡 娘 顽，
国际音标：ɲa:k⁷ toŋ¹ thɤi⁵ ʔbɔŋ⁵ na:ŋ² ŋwa:n¹
汉文直译：乍 看 见 影 妹 乖巧
汉文意译：乍看身影人心好，

喃字原文：英 如 嚷 凤 双 鸾 融 茹。
国际音标：ʔan¹ ɲɯ¹ kan⁵ fuɯŋ⁶ thɔŋ¹ lɔn¹ tɔŋ¹ ɲa²
汉文直译：哥 如 翅膀 凤 双 鸾 中 家
汉文意译：凤凰展翅飞鸾家。

喃字原文：娘 時 鲜 卒 如 花，
国际音标：na:ŋ² thi² tɯ:i¹tot⁷ ɲɯ¹ hwa¹
汉文直译：妹 则 艳丽 如 花
汉文意译：妹又美丽似鲜花，

喃字原文：强 眙 强 糱 寔 罒 强 鲜；
国际音标：ka:ŋ² ɲin² ka:ŋ² ʔdɛp⁸ thɤt⁸ la² ka:ŋ² tɯ:i¹
汉文直译：越 看 月 美 实 是 越 鲜艳
汉文意译：越看越美越鲜艳；

喃字原文：形 容 颜 色 琨 馱，
国际音标：hin²juŋ¹ ɲa:n¹thak⁷ kɔn¹ŋɯ:i²
汉文直译：面容 颜色 人
汉文意译：难以形容颜色美，

情 歌

喃字原文：底 英 思 想 尒 进 拸 寻；
国际音标：ʔde³ ʔan¹ tɯ¹tɯːŋ³ mɣi⁵ mɯːi¹ ʔdi¹ tim²
汉文直译：让 哥 思想 几 十 去 找
汉文意译：让哥思想远来寻；

喃字原文：舒 鐄 訫 孯 花 莲，
国际音标：ŋin² vaːŋ² taːm⁵ tɤk⁷ hwa¹thɛn¹
汉文直译：千 金 八 寸 莲花
汉文意译：莲花寸诚值千金，

喃字原文：霺 霺 抰 坦 逹 挷 兰 亭；
国际音标：tɔk⁷mɣi¹ kwɛt⁷ ʔdɤt⁷ jɯə⁶ ten¹ laːn¹ʔdin²
汉文直译：云 发 扫 地 倚靠 上 兰亭
汉文意译：丝发拖地倚兰亭；

喃字原文：晪 自 辙 尒 进 冬，
国际音标：ɲin² tɯ² tuːi³ mɣi⁵ mɯːi¹ ʔdoŋ¹
汉文直译：看 从 年纪 几 十 冬
汉文意译：十岁时候见长大，

喃字原文：毷 娘 颜 色 腯 红 卒 鲜。
国际音标：thɣi⁵ naːŋ² ɲaːn¹thak⁷ ma⁵ hoŋ² tot⁷tɯːi¹
汉文直译：见 妹 颜色 颊 红 艳丽
汉文意译：今妹艳丽红桃脸。

喃字原文：睰 躀 擬 客 楼 臺，
国际音标：ɲaːk⁷ toŋ¹ ŋi³ khat⁷ lɣu¹ʔdaːi²
汉文直译：乍 看 以为 客人 楼台
汉文意译：乍看以为楼阁仙，

1391

喃字原文：悉 英 闷 结 ⎯ 堆 伴 共。
国际音标：lɔŋ² ʔan¹ muːn⁵ ket⁷ laːm² ʔdoi¹ ʔbaːn⁶ kuŋ²
汉文直译：心 哥 想 结 坐 对 儿 伴侣 共
汉文意译：哥一心想结钟情。

（6）

喃字原文：䏧 吗 祝 女 𧵑 調，
国际音标：min² la² thuk⁷nɯ³ ʔdu³ ʔdiːu²,
汉文直译：妹 是 淑女 足 礼数
汉文意译：妹是淑女懂礼数，

喃字原文：些 時 拱 別 仦 麹 貝 制；
国际音标：ta¹ thi² kuŋ³ ʔbiːt⁷ ʔit⁷ ɲiːu² vɤːi⁵ tsɤːi¹;
汉文直译：哥 则 也 知 少 多 跟 玩
汉文意译：哥只识得寻玩乐；

喃字原文：没 馻 没 渃 没 尼，
国际音标：mot⁸ ŋɯːi² mot⁸ nɯːk⁷ mot⁸ nɤːi¹,
汉文直译：一 人 一 水 一 处
汉文意译：过去各人在一方，

喃字原文：迨 僥 如 体 花 淶 𠓨 悉；
国际音标：ɣap⁸ɲau¹ nɯ¹the³ hwa¹ rɤːi¹ vaːu² lɔŋ²;
汉文直译：相遇 如同 花 落 进 心
汉文意译：今见似花垂心欢；

喃字原文：𧡊 䏧 別 道 三 從，
国际音标：thɤi⁵ min² ʔbiːt⁷ ʔdaːu⁶ taːm¹ tuŋ²
汉文直译：见 妹 识 道 三 从
汉文意译：见妹识道守三从，

情 歌

喃字原文： 時 些 貝 监 没 悉 喝 制。
国际音标： thi² ta¹ mɤ:i⁵ ja:m⁵ mot⁸ lɔŋ² ha:t⁷ tsɤ:i¹
汉文直译： 则 咱 才 敢 一 心 唱 玩
汉文意译： 哥有心同妹歌乐。

（7）

喃字原文： 払 如 花 粘 疸 棱，
国际音标： tsa:ŋ² n̻ɯ¹ hwa¹ ɣa:u⁶ ten¹ rɯŋ²
汉文直译： 郎 如 木棉花 上 林
汉文意译： 君如山里木棉花，

喃字原文： 埯 如 丐 塘 骷 莜 邊 塘；
国际音标： ʔɛm¹ n̻ɯ¹ ka:i⁵ ʔda:m⁵ kɔ³mai¹ ʔben¹ ʔdɯ:ŋ²
汉文直译： 妹 如 丛 竹节草 边 路
汉文意译： 妹似路边竹节草；

喃字原文： 嚎 朱 郚 曝 腤 霜，
国际音标： mɔŋ¹ tsɔ¹ ŋai²naŋ⁵ ʔdem¹ thɯ:ŋ¹
汉文直译： 希望 给 晴天 夜 霜
汉文意译： 希望日晴夜下雨，

喃字原文： 花 粘 𦬁 䇞 邊 塘 骷 莜。
国际音标： hwa¹ɣa:u⁶ ruŋ⁶ su:ŋ⁵ ʔben¹ ʔdɯ:ŋ² kɔ³mai¹
汉文直译： 木棉花 落 下 边 路 竹节草
汉文意译： 木棉花落竹节草。

（男：刘日成，苏维绍；女：阮氏心，刘尚明）

（8）

喃字原文：刱 胶 胠 刱 奇 壜 桃，
国际音标：tha:ŋ⁵ jaŋ¹ thu:ŋ¹tha:ŋ⁵ ka³ vɯ:n² ʔda:u²
汉文直译：明　月　照亮　全部　园　桃
汉文意译：夜月照亮桃花园，

喃字原文：㦒 次 花 帝 花 吊 娘 要？
国际音标：tam¹ thɯ⁵ hwa¹ ʔdɤi⁵ hwa¹ na:u² na:ŋ² ʔi:u¹
汉文直译：百　种　花　那儿　花　哪　妹　爱
汉文意译：这百种花哪花美？

喃字原文：花 瓢 怒 妛 術 曇，
国际音标：hwa¹ʔbɤu² nɔ⁶ nɤ³ ve² tɯə¹
汉文直译：葫芦花　那　开　在　中午
汉文意译：中午瓜花才开放，

喃字原文：妛 黜 悩 訥 待 駅 情人。
国际音标：nɤ³ ra¹ na:u³ nu:t⁸ ʔdɤ:i⁶ ŋɯ:i²tin²n̩ɤn¹
汉文直译：开　出　烦恼　　　等　情人
汉文意译：见花烦恼等情人。

喃字原文：花 茄 花 苡 云 云，
国际音标：hwa¹ka² hwa¹ka:i³ vɤn¹vɤn¹
汉文直译：茄子花　芥菜花　　等等
汉文意译：茄花菜花多种花，

喃字原文：花 梡 咄 涅 制 春 矯 之；
国际音标：hwa¹vɔŋ² nuk⁷na:t⁷ tsɤ:i¹ sɤn¹ ki:u³ tsi¹
汉文直译：花环　千张纸　玩　春　花样　什么
汉文意译：千张纸花开迎春；

情 歌

喃字原文：濇 吱 花 蒉 呕 氢，
国际音标：tsɤ⁵ tse¹ hwa¹ jɯə⁵ thu²si²
汉文直译：别 嫌弃 花 菠萝 粗粗
汉文意译：莫嫌菠萝花粗刺，

喃字原文：娘 迻 怛 帠 跐 迻 拼 移。
国际音标：naːŋ² ʔdi¹ ʔden⁵ ʔdɤi⁵ ʔbɯːk⁷ ʔdi¹ tsaŋ³ jɤːi²
汉文直译：妹 去 到 哪儿 迈步 去 不 离开
汉文意译：妹到这里不离君。

喃字原文：一 泊 罒 丐 花 崖，
国际音标：nɤt⁷ ʔbaːk⁸ laː² kaːi⁵hwa¹ɲaːi²
汉文直译：最 白 是 茉莉花
汉文意译：最白就是茉莉花，

喃字原文：雖 浪 怒 泊 如 味 怒 蒉；
国际音标：ti¹raŋ² nɔ⁶ ʔbaːk⁸ nɯ¹ mui² nɔ⁶ thɤːm¹
汉文直译：虽然 那 白 但 味 那 香
汉文意译：虽然花白浓味香；

喃字原文：一 赭 罒 丐 花 红，
国际音标：nɤt⁷ ʔdɔ³ laː² kaːi⁵hwa¹hoŋ²
汉文直译：最 红 是 玫瑰花
汉文意译：最红就是玫瑰花，

喃字原文：雖 浪 怒 赭 如 空 固 味。
国际音标：ti¹raŋ² nɔ⁶ ʔdɔ³ nɯ¹ khoŋ¹ kɔ⁵ mui²
汉文直译：虽然 那 红 但 不 有 香味
汉文意译：花既然红没香味。

1395

（9）

喃字原文：遷 丕 固 坫 霳 深，
国际音标：ten¹ jɤːi² kɔ⁵ ʔdaːm⁵ mɤi¹ thɤm¹
汉文直译：上 天 有 朵 黑 云
汉文意译：天上有一片黑云，

喃字原文：於 欝 下 界 固 韒 花 㴔；
国际音标：ʔɤ³ juɯːi⁵ haˀjɤːi⁵ kɔ⁵ mɤm¹ hwa¹ ʔdɤi²
汉文直译：在 下 下界 有 大盘子 花 满
汉文意译：下界有一大盘花；

喃字原文：花 尼 花 於 遷 核，
国际音标：hwa¹ nai² hwa¹ ʔɤ³ ten¹ kɤi¹
汉文直译：花 这 花 在 上 树
汉文意译：这花开在花树上，

喃字原文：花 尼 揜 採 仍 馹 歈 戈。
国际音标：hwa¹ nai² ʔɛm¹ haːi⁵ ȵuɯŋ³ ŋai² hom¹kwa¹
汉文直译：花 这 妹 采 些 天 昨天
汉文意译：昨日妹刚采花来。

喃字原文：務 春 時 夥 次 花，
国际音标：muə²sɤn¹ thi² lam⁵ thɯ⁵ hwa¹
汉文直译：春天 则 多 种 花
汉文意译：春天多种鲜花开，

喃字原文：底 朱 媽 糊 蹲 黜 仒 行；
国际音标：ʔde³tsɔ¹ jaːi¹ ɣaːi⁵ ʔduɯŋ⁵ ra¹ haːi¹ haːŋ²
汉文直译：让 小伙子 姑娘 站 出 两 行
汉文意译：青年男女来观花；

情 歌

喃字原文：呈 翁 正 次 燴 㸁，
国际音标：tin² ʔoŋ¹ tsin⁵ thɯ⁵ rɔ³ ra:ŋ²
汉文直译：呈　村长　　　清楚
汉文意译：呈翁村长看清楚，

喃字原文：底 碎 罤 户 鞞 塘 交 通。
国际音标：ʔde³ toi¹ ʔbon⁵ hɔ⁶ mɤ³ ʔdɯːŋ² ja:u¹ thoŋ¹
汉文直译：让 我 四 姓 开 路　 交 通
汉文意译：准许四姓通亲家。

喃字原文：箕 如 花 桂 花 红，
国际音标：kiə² n̪ɯ¹ hwa¹ kwe⁵ hwa¹ hoŋ²
汉文直译：那儿 如 　规划　 玫瑰花
汉文意译：那是桂花玫瑰花，

喃字原文：吧 罤 花 㘃 别 兜 麻 寻；
国际音标：ʔba¹ ʔbon⁵ hwa¹ ʔdɹi⁵ ʔbiːt⁷ ʔdɹu¹ ma² tim²
汉文直译：三 四 花 那儿 知 哪儿 而 找
汉文意译：三四种花难觅寻；

喃字原文：箕 如 花 屃 花 栚，
国际音标：kiə² n̪ɯ¹ hwa¹ maːi¹ hwa¹ thim¹
汉文直译：那儿 如 梅花　 棯子花
汉文意译：那是梅花棯子花，

喃字原文：於 醐 棱 埃 寻 冖 之。
国际音标：ʔɤ³ tɔŋ¹ rɯŋ² rɤm⁶ ʔaːi¹ tim² laːm² tsi¹
汉文直译：在 中 林 茂密 谁 找 做 什么
汉文意译：长在深山谁去寻。

1397

喃字原文： 抪 制 花 蒚 呐 氩,
国际音标： tsaŋ³ tsɤːi¹ hwa¹ juɯə⁵ thu²si²
汉文直译： 不 玩 花 菠萝 粗粗
汉文意译： 莫玩菠萝花粗刺,

喃字原文： 払 麻 要 特 補 挴 牢 停;
国际音标： tsaːŋ² ma² ʔiːu¹ ʔdɯːk⁸ ʔbɔ³ ʔdi¹ thaːu¹ʔdan²
汉文直译： 郎 若 爱 得 丢 去 何 忍
汉文意译： 若果爱她莫放弃;

喃字原文： 咳 群 域 域 遳 亭;
国际音标： hai³kɔn² vak⁸vak⁸ ten¹ ʔdin²
汉文直译： 还有 皎洁 上 哈亭
汉文意译： 明月照亮哈亭里,

喃字原文： 喊 埨 渚 洬 麻 躺 苞 悁。
国际音标： tsɛn⁵ thɔn¹ tsɯə¹ kaːn⁶ ma² min² ʔda³ kwen¹
汉文直译： 杯 朱红 未 干 而 妹 已 忘
汉文意译： 喜酒未饮怎忘记。

（10）
喃字原文： 俺 如 花 妸 遳 梗,
国际音标： ʔɛm¹ ɲɯ¹ hwa¹ nɤ³ ten¹ kan²
汉文直译： 妹 如 花 开 上 枝
汉文意译： 妹如树上花正开,

喃字原文： 英 如 琨 虼 黔 量 渴 滀;
国际音标： ʔan¹ ɲɯ¹ kɔn¹ʔbɯːm⁵ luːn⁶ van² khaːt⁷khaːu¹
汉文直译： 哥 如 蝴蝶 盘旋绕 渴望
汉文意译： 哥如蝴蝶绕飞来;

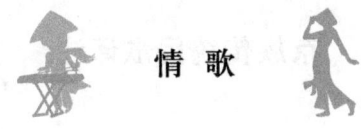

情 歌

喃字原文：俺 如 荒 香 遑 高，
国际音标：ʔɛm¹ ȵɯ¹ tɤm² hɯ:ŋ¹ ten¹ ka:u¹
汉文直译：妹 如 沉香 上 高
汉文意译：妹如高树枝沉香，

喃字原文：遥 逐 彷 拂 尼 冇 拱 傷。
国际音标：jɔ⁵ ʔdɯə¹ fa:ŋ³ fɤt⁷ nɤ:i¹ na:u² kuŋ³ thɯ:ŋ¹
汉文直译：风 送 仿佛 地方 哪 也 想念
汉文意译：风吹仿佛四处香。

（11）

喃字原文：俺 如 核 桂 冲 棱，
国际音标：ʔɛm¹ ȵɯ¹ kɤi¹ kwe⁵ jɯə³ rɯŋ²
汉文直译：妹 如 桂树 中 林
汉文意译：妹如深山里桂树，

喃字原文：唉 空 埃 别 吒 唥 埃 台；
国际音标：kai¹ khoŋ¹ ʔa:i¹ ʔbi:t⁷ tɕɤ⁸ laŋ⁶ ʔa:i¹ hai¹
汉文直译：辣 不 谁 知 甜 静静 谁 知
汉文意译：无人闻到其辣味；

喃字原文：英 朱 俺 搜 丐 巾 𫴆，
国际音标：ʔan¹ tsɔ¹ ʔɛm¹ mɯ:n⁶ ka:i⁵ khan¹ tai¹
汉文直译：哥 给 妹 借 块 手巾
汉文意译：哥借给妹块手巾，

喃字原文：𫲨 槁 情 義 矯 數 𩄳 悁 㣇。
国际音标：ɣɔi⁵ kau¹ tin² ȵiə³ kɛu³ lɤu¹ ŋai² kwen¹ ʔdi¹
汉文直译：包 槟榔 情义 不然 日久 忘 掉
汉文意译：留包情义留相思。

（男：刘扬顺，阮进余，杜福朝；女：武瑞珍）

1399

（12）

喃字原文：月　箕　饱　绶　薮　桟，
国际音标：ŋwi:t⁸ kiə¹ ʔda³ ʔbɛn⁵ nɔn¹ ʔdɤ:i²
汉文直译：月　那　已　投　契　山　一世
汉文意译：那月亮饱经世故，

喃字原文：饱　停　渃　沚　花　濡　情　旗；
国际音标：ʔda³ ʔduŋ² nɯ:k⁷ tsai³ hwa¹ toi¹ tin²kɤ²
汉文直译：已　别　水　流　花　漂浮　偶然
汉文意译：意外水流花漂浮；

喃字原文：自　欺　英　待　俺　徐，
国际音标：tɯ² khi¹ ʔan¹ ʔdɤ:i⁶ ʔɛm¹ tsɤ²
汉文直译：从　时　哥　等　妹　等
汉文意译：自从哥等妹也待，

喃字原文：俺　㘃　俺　擬　包　晗　朱　通。
国际音标：ʔɛm¹ ŋoi² ʔɛm¹ ŋi³ ʔba:u¹jɤ² tsɔ¹ thoŋ¹
汉文直译：妹　坐　妹　想　何时　给　通
汉文意译：妹坐思想怎交通。

喃字原文：没　旯　攃　喀　共　払，
国际音标：mot⁸ ŋai² mak⁷ ti:ŋ⁵ kuŋ² tsa:ŋ²
汉文直译：一　天　背负　名声　同　郎
汉文意译：同哥眷恋那一天，

喃字原文：翁　丝　娿　月　㦖　塘　饱　绅；
国际音标：ʔoŋ¹tɤ¹ ʔba²ŋwi:t⁸ tam¹ ʔdɯ:ŋ² ʔda³ sɛ¹
汉文直译：月老　冰人　百　方面　已　牵
汉文意译：月老冰人为牵线；

情 歌

喃字原文： 要 烧 萬 亊 拉 怩，
国际音标： ʔiːu¹ȵau¹ vaːn⁶ thɯ⁶ tsaŋ³ ne²
汉文直译： 相爱　万事　　不　怕
汉文意译： 相爱万事不怕难，

喃字原文： 摱　馱 青 力 挭 㐌 赊 塘。
国际音标： mɯːn⁶ ŋɯːi² than¹ lɯk⁸ ɣan⁵ ʔdi¹ sa¹ ʔdɯːŋ²
汉文直译： 借　　大力士　　挑 去 远　路
汉文意译： 请力士助挑远程。

喃字原文： 傷 払 解 曝 油 霜，
国际音标： thɯːŋ¹ tsaːŋ² jaːi³ naŋ⁵ jɤu² thɯːŋ¹
汉文直译： 想　郎 曝晒 阳光 淋　霜
汉文意译： 风霜雨露思念君，

喃字原文： 照 花 淹 邂 罕 方 待 徐。
国际音标： tsiːu⁵ hwa¹ ʔɛm¹ raːi³ ʔbon⁵ fɯːŋ¹ ʔdɤːi⁶tsɤ²
汉文直译： 席子 花 妹 铺 四方　 等待
汉文意译： 铺好花席待远方。

喃字原文： 箕 如 花 耧 花 糢，
国际音标： kiə² ȵɯ¹ hwa¹ mɤn⁶ hwa¹ mɤ¹
汉文直译： 那儿 如　李花　　杏花
汉文意译： 那是李花和杏花，

喃字原文： 次 二 花 槿 次 㠠 花 红；
国际音标： thɯ⁵ȵi⁶ hwa¹ kɤn³ thɯ⁵ ʔba¹ hwa¹ hoŋ²
汉文直译： 第二　 兰花　 第三　玫瑰花
汉文意译： 二是兰花三红花；

京族传统民歌译注

喃字原文：次 四 罴 丐 花 蒴，
国际音标：thɯ⁵tɯ¹ la² kaːi⁵hwa¹voŋ¹
汉文直译：第 四 是 鸡冠花
汉文意译：四是那种鸡冠花，

喃字原文：払 謨 奇 澪 忘 花 帍。
国际音标：sin¹ tsaːŋ² muə¹ ka³ tsɤ⁵ voŋ¹ hwa¹ naːu²
汉文直译：请 郎 买 全部 别 忘 花 哪
汉文意译：请君买了莫忘她。

喃字原文：花 红 怒 於 遭 高，
国际音标：hwa¹hoŋ² nɔ⁶ ʔɤ³ ten¹ kaːu¹
汉文直译：玫瑰花 那 在 上 高
汉文意译：玫瑰花在高树上，

喃字原文：花 茄 花 芥 靜 牢 齣 墦；
国际音标：hwa¹ka² hwa¹kaːi³ san¹ thaːu¹ jɯːi⁵ vɯːn²
汉文直译：茄子花 芥菜花 青 怎么 下 园子
汉文意译：茄花菜花在田垌；

喃字原文：次 一 罴 丐 花 軒，
国际音标：thɯ⁵nɤt⁷ la² kaːi⁵hwa¹hiːn¹
汉文直译：第 一 是 金针花
汉文意译：最好是金针菜花，

喃字原文：扰 術 揜 拵 於 邊 竹 臺。
国际音标：ʔdɛm¹ ve² joŋ² jɯə⁶ ʔɤ³ ʔben¹ tuk⁷ ʔdaːi²
汉文直译：带 回 种 靠近 在 边 竹 台
汉文意译：买回种近竹楼旁。

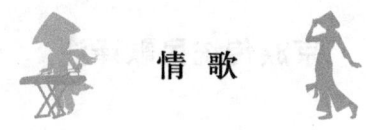

情 歌

喃字原文：寻 常 罪 丐 花 芎，
国际音标：tɤm² thɯ:ŋ² la² ka:i⁵ hwa¹ khwa:i¹
汉文直译：寻 常 　 是 　 红 薯 花
汉文意译：最平常是红薯花，

喃字原文：帝 蹒 嗰 坦 棋 牺 媕 撗；
国际音标：ʔdɤi⁵ la:n¹ jɯ:i⁵ ʔdɤt⁷ ke² tai¹ ʔɛm¹ joŋ²
汉文直译：哪儿 蔓延 下 地 靠近 受 妹 种
汉文意译：都爬地上妹种它；

喃字原文：没 聂 次 花 媕 採 固 功，
国际音标：mot⁸ tam¹ thɯ⁵ hwa ʔɛm¹ ha:i⁵ kɔ⁵ koŋ¹
汉文直译：一 百 种 花 妹 采 有 功
汉文意译：采百种花妹有功，

喃字原文：吀 扒 谟 奇 半 聂 冃 鑽。
国际音标：sin¹ tsa:ŋ² muə¹ ka³ ʔba:n⁵ tam¹ la:ŋ⁶ va:ŋ²
汉文直译：请 郎 买 全部 半 百 两 金
汉文意译：五十两金全卖她。

（13）

喃字原文：博 媄 茹 娘 嗏 性 橆 知，
国际音标：ʔba:k⁷ mɛ⁶ n̠a² na:ŋ² vuŋ⁶ tin⁵ vo¹ ti¹
汉文直译：父 母 家 妹 愚笨 无 知
汉文意译：妹父母亲愚无知，

喃字原文：固 苓 花 妟 半 迻 诺 馹；
国际音标：kɔ⁵ tsum² hwa¹ nɤ³ ʔba:n⁵ ʔdi¹ nɯ:k⁷ ŋɯ:i²
汉文直译：有 束 花 开 卖 去 他 国
汉文意译：有束好花卖了她；

喃字原文：固 荽 花 妄 卒 鲜，
国际音标：kɔ^{5} tsum^{2} hwa^{1} nɤ^{3} tot^{7}tɯːi^{1}
汉文直译：有 束 花 开 鲜艳
汉文意译：这束花鲜艳繁茂，

喃字原文：半 趍 坦 馭 苦 夥 婏 喂！
国际音标：ʔbaːn^{5} ʔdi^{1} ʔdɤt^{7}ŋɯːi^{2} kho^{3} lam^{5} ʔɛm^{1} ʔɤːi^{1}
汉文直译：卖 去 他乡 苦 非常 妹 啊
汉文意译：卖去他乡受苦呀！

（14）

喃字原文：𨇜 蓮 核 櫊 採 花，
国际音标：tɛu^{2} len^{1} kɤi^{1} ʔbɯːi^{3} haːi^{5} hwa^{1}
汉文直译：爬 上 树 柚子
汉文意译：爬上柚树来采花，

喃字原文：跳 𥪝 壛 茄 採 菝 寻 春；
国际音标：ʔbɯːk^{7} suːŋ^{5} vɯːn^{2} ka^{2} haːi^{5} nu^{6} tɤm^{2}sɤn^{1}
汉文直译：移步 下 园 茄子 采 蓓蕾 春天
汉文意译：进入茄园摘春茄；

喃字原文：菝 寻 靜 妄 黜 梗 碧，
国际音标：nu^{6} tɤm^{2}san^{1} nɤ^{3} ra^{1} kan^{2} ʔbiːk^{7}
汉文直译：蓓蕾 青时 开 出 枝 碧绿
汉文意译：茄树青青刚结果，

喃字原文：婏 趍 𥙩 𫯳 英 惜 夥 能。
国际音标：ʔɛm^{1} ʔdi^{1} lɤi^{5} tsoŋ^{2} ʔan^{1} tiːk^{7} lam^{5} thai^{1}
汉文直译：妹 去 嫁 夫 哥 可惜 非常 啊
汉文意译：妹已出嫁莫可惜。

情 歌

喃字原文：瓰 銅 没 䓯 蔞 唉，
国际音标：ʔba¹ ʔdoŋ² mot⁸ mɤ⁵ rau¹ kai¹
汉文直译：三 元 一 把 菜 辣
汉文意译：一把青菜三铜钱，

喃字原文：牢 英 挳 嗨 仍 䫻 群 空；
国际音标：thaːu¹ ʔan¹ tsaŋ³ hɔi³ ɲɯŋ³ ŋai² kɔn² khoŋ¹
汉文直译：为何 哥 不 问 些 天 还 有 不
汉文意译：为何哥不早来问；

喃字原文：悲 唹 淹 伹 固 軾，
国际音标：ʔbɤi¹ jɤ² ʔem¹ ʔda³ kɔ⁵ tsoŋ²
汉文直译：如今 妹 已 有 夫
汉文意译：如今妹已有老公，

喃字原文：如 鵤 魞 笼 如 魪 哏 鈎。
国际音标：ɲɯ¹ tsim¹ vaːu² loŋ² ɲɯ¹ ka⁵ kan⁵ kɤu¹
汉文直译：如 鸟 进 笼 如 鱼 咬 钩
汉文意译：如鸟入笼鱼食钓。

喃字原文：魪 哏 鈎 别 兜 麻 撑，
国际音标：ka⁵ kan⁵ kɤu¹ ʔbiːt⁷ ʔdɤu¹ ma² jɤ³
汉文直译：鱼 咬 钩 知 哪儿 而 解开
汉文意译：鱼食钓怎能解开，

喃字原文：鵤 魞 笼 别 課 岗 齣?
国际音标：tsim¹ vaːu² loŋ² ʔbiːt⁷ thɤ³ naːu² ra¹
汉文直译：鸟 进 笼 知 时 哪 出
汉文意译：鸟入笼怎能出来？

（15）

喃字原文：惜 䏺 没 朶 花 桃，
国际音标：tiːk⁷ thai¹ mot⁸ ʔcɔ⁵ hwa¹ʔdaːu²
汉文直译：可惜 啊 一 朵 桃 花
汉文意译：可惜一束好桃花，

喃字原文：悉 箕 隴 仍 逸 遥 衝 花；
国际音标：lɔŋ² kiə¹ luːŋ⁵ȵɯŋ³ jaːt⁸jaːu² ve² hwa¹
汉文直译：心 那 只是 洋 溢 为 花
汉文意译：日思夜郁惜美花；

喃字原文：衝 花 铖 浧 寻 花，
国际音标：ve² hwa¹ nen¹ noi³ tim² hwa¹
汉文直译：为 花 成 境地 找 花
汉文意译：为花因而去寻花，

喃字原文：為 情 铖 浧 㤓 黜 貝 情。
国际音标：vi² tin² nen¹ noi³ vaːu²raː¹ vɤːi⁵ tin²
汉文直译：为 情 成 境地 进 出 和 情
汉文意译：为情因而去寻她。

（男：阮进余，杜福朝；女：黄玉珍）

（16）

喃字原文：花 葐 螉 蛂 當 迷，
国际音标：hwa¹ thɤːm¹ ʔoŋ¹ ʔmɯːm⁵ ʔdaːŋ¹ me¹
汉文直译：花 香 蜂 蝶 正 迷醉
汉文意译：花香蜂蝶受迷醉，

喃字原文：傷 渚 喱 脆 躬 衝 補 碎？

情 歌

国际音标： thɯːŋ¹ tsɯə¹ fi³ja⁶ min² ve² ʔbɔ³ toi¹
汉文直译： 爱　未　称心　妹　回　丢　我
汉文意译： 称心相爱怎放弃？

喃字原文： 花　蕡　秩　蕊　𣦍　𧿫，
国际音标： hwa¹ thɤːm¹ mɤt⁷ ɲi⁶ ʔdi¹ roi²
汉文直译： 话　香　丢失　蕊　去　了
汉文意译： 香花失落花蕊垂，

喃字原文： 媕　術　蘇　吏　半　朱　𠊚　塘　賒。
国际音标： ʔɛm¹ ve² to¹ laːi⁶ ʔbaːn⁵ tsɔ¹ ŋɯːi² ʔdɯːŋ² sa¹
汉文直译： 妹　回　装点　来　卖　给　人　路　远
汉文意译： 妹再装点卖远处。

（17）

喃字原文： 花　殘　蕊　咳　群　鮮，
国际音标： hwa¹ taːn² ɲi⁶ hɤːi³ kɔn² tɯːi¹
汉文直译： 花　残　蕊　啊　还　鲜
汉文意译： 花残其花蕊尚鲜，

喃字原文： 襖　𧛋　黙　襖　免　𣦍　朱　坤？
国际音标： ʔaːu⁵ rat⁷ mak⁸ ʔaːu⁵ miːn³ ŋɯːi² tsɔ¹ khon¹
汉文直译： 衣　破　穿　衣　免得　人家　给　精灵
汉文意译： 身穿烂衣人精灵？

喃字原文： 花　酏　為　𦀚　秩　霜，
国际音标： hwa¹ sɤu⁵ vi² ʔbɤːi³ mɤt⁷ thɯːŋ¹
汉文直译： 花　丑　因为　失去　霜
汉文意译： 花丑是因受冻霜，

喃字原文： 静　牢　為　𦀚　過　傷　呬　唭。

国际音标：san¹sa:u¹ vi²ʔbɤ:i³ kwa⁵ thɯ:ŋ¹ mi:ŋ⁶ kɯ:i²
汉文直译：苍白 因为 过于 爱 嘴 笑
汉文意译：面黄肌瘦爱人嫌。

（18）

喃字原文：花 红 操 採 赿 秲,
国际音标：hwa¹ ha:i⁵ thap⁷ ha:i⁵ ʔden⁵ tai¹
汉文直译：花 采 将 采 到 手
汉文意译：红花将摘拿到手,

喃字原文：底 馹 採 秩 蹲 癥 麻 眤;
国际音标：ʔde³ ŋɯ:i² mɤt⁷ ʔdɯŋ⁵ ŋɤi¹ ma² ɲin²
汉文直译：让 人 失去 站 发愣 而 看
汉文意译：让他人摘望发愣;

喃字原文：花 薟 蛂 吏 拱 鮇,
国际音标：hwa¹ thɤ:m¹ ʔbɯ:m⁵ la:i⁶ kuŋ³ sin¹
汉文直译：花 香 蝴蝶 来 也 美
汉文意译：花香蝶来显更美,

喃字原文：幒 散 黙 幒 馆 亭 据 严。
国际音标：tsɤ⁶ ta:n¹ mak⁸ tsɤ⁶ kwa:n⁵ ʔdin² kɯ⁵ ŋi:m¹
汉文直译：集市 散 任由 集市 馆 亭 一直 严整
汉文意译：集市已散耍馆亭。

（19）

喃字原文：扗 如 花 妟 扗 喂!
国际音标：tsa:ŋ² ɲɯ¹ hwa¹ nɤ³ tsa:ŋ² ʔɤ:i¹
汉文直译：郎 如 花 开 郎 啊
汉文意译：君啊! 君如花正开,

情 歌

喃字原文： 媕 如 鸤 燕 氽 芉 迖 嬈？
国际音标： ʔɛm¹ nɯ¹ tsim¹ ʔi:n⁵ mɤi⁵ ʔdɤ:i² ɣap⁸ nau¹
汉文直译： 妹 如 燕子 几 世 相遇
汉文意译： 妹如燕子何处飞？

喃字原文： 媕 如 花 乜 離 梗，
国际音标： ʔɛm¹ nɯ¹ hwa¹ ʔda³ liə² kan²
汉文直译： 妹 如 花 已 离 枝
汉文意译： 妹如花开正成熟，

喃字原文： 払 如 䳦 虼 盻 梗 麻 制。
国际音标： tsa:ŋ² nɯ¹ kɔn¹ ʔbɯ:m⁵ lɯ:n⁶ kan² ma² tsɤ:i¹
汉文直译： 郎 如 蝴蝶 盘旋 枝 而 玩
汉文意译： 君如蝴蝶寻处乐。

喃字原文： 欈 春 停 乜 固 呢，
国际音标： tsu:i⁵ sɤn¹ ʔdɯŋ² ʔda³ kɔ⁵ nɤ:i¹
汉文直译： 芭蕉 春 别 已 有 地方
汉文意译： 春天蕉熟人购买，

喃字原文： 矕 奶 燏 濼 靟 哩 ⴷ 之。
国际音标： ŋan⁵ ŋai² thɔi¹ tsɤ⁵ va:i² nɤ:i² la:m² tsi¹
汉文直译： 短 天 照 别 几 言 如何
汉文意译： 这时妹难表心愿。

（20）

喃字原文： 花 贇 埃 荌 補 涞，
国际音标： hwa¹ thɤ:m¹ ʔa:i¹ nɤ³ ʔbo³ rɤ:i¹
汉文直译： 花 香 谁 开 丢 下
汉文意译： 香花那人敢丢弃，

喃字原文：𠊛坤埃妵磑哐 ⴖ 之；
国际音标：ŋɯːi² khon¹ ʔaːi¹ nɤ³ naŋ⁶ nɤːi² laːm²tsi¹
汉文直译：人 机灵 谁 开 重 言 怎么
汉文意译：美丽情人怎言重；

喃字原文：淹術麻衸辴㧯，
国际音标：ʔɛm¹ ve² ma² lɤi⁵ tsoŋ² ʔdi¹
汉文直译：妹 回 而 嫁 夫 去
汉文意译：妹回家快嫁老公，

喃字原文：釖鐇煱鐼群之麻碎。
国际音标：jaːu¹ kun² het⁷ thep⁷ kɔn² ji² maː² maːi²
汉文直译：刀 钝 尽 钢 还有 什么 来 磨
汉文意译：刀钝铁锈磨无用。

（21）
喃字原文：花薘當眳刱㫱，
国际音标：hwa¹ thɤːm¹ ʔdaŋ¹ ʔbuːi³thaːŋ⁵maːi¹
汉文直译：花 香 正当 早晨
汉文意译：早晨花开浓香味，

喃字原文：昕畾踦晫花派寅寅；
国际音标：ɣɤn² tuə¹ ʔdɯŋ⁵ ʔbɔŋ⁵ hwa¹ faːi¹ jɤn²jɤn²
汉文直译：近 中午 站 影 花 褪色 渐渐
汉文意译：中午花开易褪色；

喃字原文：淹如香案䗖神，
国际音标：ʔɛm¹ ɲɯ¹ hɯːŋ¹ʔaːn⁵ thɤ² thɤn²
汉文直译：妹 如 香案 祭 神
汉文意译：妹如香案祭神灵，

情 歌

喃字原文：英 如 琨 蝻 寅 寅 拍 制。
国际音标：ʔan¹ ȵɯ¹ kɔn¹ ȵen⁶ jɤn²jɤn² ʔba⁵ tsɤːi¹
汉文直译：哥 如 蜘蛛 慢慢 攀爬 玩
汉文意译：哥似蜘蛛慢爬行。

（男：苏维绍；女：吴秀英）

（22）

喃字原文：蹦 蓮 核 柿 姘 䚈，
国际音标：tɛu² len¹ kɤi¹thi⁶ nɯə³ ŋai²
汉文直译：爬 上 柿子树 半 天
汉文意译：半天爬上拉柿树，

喃字原文：柿 薋 闷 採 悙 牺 姑 红；
国际音标：thi⁶ thɤːm¹ muːn⁵ haːi⁵ thɤ⁶ tai¹ ko¹hoŋ²
汉文直译：柿子 香 想 采 怕 手 红娘
汉文意译：想摘香柿怕红娘；

喃字原文：姑 挹 姑 包 固 龇，
国际音标：ko¹ kɤi⁶ ko¹ ʔda³ kɔ⁵ tsoŋ²
汉文直译：姑娘 倚 姑娘 已 有 夫
汉文意译：她仗势已有老公，

喃字原文：此 嗨 姑 浪 貼 悉 罒 牢。
国际音标：thɯ³ hɔi³ ko¹ raŋ² sɛm¹ lɔŋ² laːm²thaːu¹
汉文直译：试 问 姑娘 道 看 心 怎样
汉文意译：试问红娘有何想。

喃字原文：姑 橪 姑 犪 姑 桃，
国际音标：ko¹ mɤ¹ ko¹ mɤn⁶ ko¹ ʔdaːu²
汉文直译：姑娘 杏 姑娘 李 姑娘 桃
汉文意译：杏、李、桃各位姑娘，

喃字原文：融 閍 姑 瓦 姑 帋 耱 埃？
国际音标：tɔŋ¹ ʔba¹ ko¹ ʔɤi⁵ ko¹ na:u² kɛm⁵ ʔa:i¹
汉文直译：中 三 姑娘 那 姑娘 哪 输 谁
汉文意译：这三姑娘谁胜谁？

喃字原文：姑 檖 挹 佨 夥 榠，
国际音标：ko¹ mit⁷ kɤi⁶ ʔda³ lam⁵ ɣa:i¹
汉文直译：姑娘 菠萝蜜 倚仗 已 多 刺
汉文意译：木菠萝姑娘仗刺多，

喃字原文：箕 如 姑 欘 耱 埃 逺 塵。
国际音标：kiə² n̠ɯ¹ ko¹ ʔbɯ:i³ kɛm⁵ ʔa:i¹ ten¹ tʂɤn²
汉文直译：那儿 如 姑娘 柚子 输 谁 上 尘世
汉文意译：柚子姑娘输何人。

喃字原文：姑 梨 晻 扵 討 贤，
国际音标：ko¹ le¹ ʔan¹ʔɤ³ tha:u³hi:n²
汉文直译：姑娘 梨 为人 善良
汉文意译：梨子姑娘靠善良，

喃字原文：底 朱 姑 欘 结 顾 真 修；
国际音标：ʔde³tsɔ¹ ko¹ tsu:i⁵ ket⁷ŋwi:n² tsɤn¹ tu¹
汉文直译：使 姑娘 芭蕉 结愿 真 修
汉文意译：芭蕉姑娘会装饰；

喃字原文：修 牢 朱 院 時 修，
国际音标：tu¹ tha:u¹ tsɔ¹ vɛn⁶ thi² tu¹
汉文直译：装饰 怎么 使 完美 则 装饰
汉文意译：怎装饰美尽打扮，

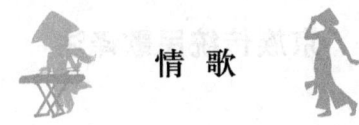

情 歌

喃字原文： 停 如 姑 柗 壳 初 身 残。
国际音标： ʔdɯŋ² ȵɯ¹ ko¹ mɯːp⁷ saːk⁷sɤ¹ thɤn¹ taːn²
汉文直译： 别 如 姑娘 丝瓜 冷冷清清 身 残
汉文意译： 丝瓜老残学她难。

喃字原文： 姑 梳 哎 於 遑 岸，
国际音标： ko¹ thuŋ¹ ʔan¹ ʔɤ³ ten¹ ŋaːn²
汉文直译： 姑娘 无花果 哥 在 上 山林
汉文意译： 无花果娘藏深山，

喃字原文： 底 朱 姑 梶 翄 怨 没 樥；
国际音标： ʔde³tsɔ¹ ko¹ vaːi³ tsiu⁶ ʔwaːn¹ mot⁸ ʔdɤːi²
汉文直译： 使 姑娘 荔枝 受 冤屈 一 世
汉文意译： 荔枝姑娘世受怨；

喃字原文： 姑 槽 姑 於 遑 茬，
国际音标： ko¹ taːu⁵ ko¹ ʔɤ³ ten¹ tsoi²
汉文直译： 姑娘 枣 姑娘 在 上 嫩芽
汉文意译： 红枣姑娘挂枝上，

喃字原文： 如 槁 醛 忱 為 馱 情 缘。
国际音标： ȵɯ¹ kau¹ thaːi¹ ʔdam⁵ vi² ŋɯːi² tin²jiːn¹
汉文直译： 如 槟榔 迷醉 为 人 情缘
汉文意译： 槟榔姑娘迷醉情。

（23）

喃字原文： 俺 如 织 緳 挑 旗，
国际音标： ʔɛm¹ ȵɯ¹ tsi³ tim⁵ theu¹ kɤ²
汉文直译： 妹 如 线 紫 绣 旗
汉文意译： 妹如紫线用绣旗，

喃字原文： 英 如 萎 媽 牫 坡 洪 台；
国际音标： ʔan¹ n̻ɯ¹ rau¹ma⁵ mɔk⁸ ʔbɤ² jiːŋ⁵thɤːi¹
汉文直译： 哥 如 积雪草 长 岸 深井
汉文意译： 哥如山坡积雪草；

喃字原文： 鳥 麻 英 渚 固 氖,
国际音标： neu⁵ma² ʔan¹ tsɯə¹ kɔ⁵ nɤːi¹
汉文直译： 如果 哥 未 有 地方
汉文意译： 如果哥还没处去，

喃字原文： 時 淹 濊 波 戈 丕 淹 邖。
国际音标： thi² ʔɛm¹ vɯːt⁸ ʔbe³ kwa¹ jɤːi² ʔɛm¹ thaːŋ¹
汉文直译： 则 妹 越 海 过 天 妹 来
汉文意译： 让妹越海寻此乐。

（男：阮进余；女：罗维珍）

（24）

喃字原文： 賒 吹 妹 喈 翹 兕,
国际音标： sa¹soi¹ mot⁷ tiːŋ⁵ kiːu² n̻i¹
汉文直译： 遥远 一 声 翘 儿
汉文意译： 远处传来翠翘声，

喃字原文： 篤 悉 寻 准 搒 圭 噯 包；
国际音标： jok⁷lɔŋ² tim² tson⁵ nɯːŋ¹ kwe¹ ɣɯi³ vaːu²
汉文直译： 倾心 找 地方 倚靠 家乡 寄 进
汉文意译： 倾心寻找相依处；

喃字原文： 相 蘇 甲 䀹 花 桃,
国际音标： tɯːŋ¹to¹ jaːp⁷mat⁸ hwa¹ʔdaːu²
汉文直译： 相亲 见面 桃花
汉文意译： 相亲才见桃花面，

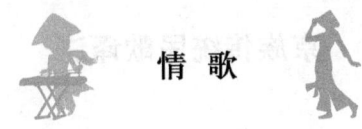

情 歌

喃字原文：缘 箕 拱 猛 浧 吊 拱 憪。
国际音标：jiːn¹ kiə¹ kuŋ³ man³ net⁷ naːu² kuŋ³ ʔɯa¹
汉文直译：缘 那 也 猛烈 性情 哪 也 喜爱
汉文意译：深深相爱有缘分。

喃字原文：唉 群 恔 恔 梗 丝,
国际音标：hai³ kɔn² lɤn³ lɤn³ kan² tɯ¹
汉文直译：还有　　隐藏　枝丝
汉文意译：犹存未牵私情缘,

喃字原文：罚 春 强 逫 强 湄 强 濃；
国际音标：ŋai² sɤn¹ kaːŋ² jɔ⁵ kaːŋ² mɯa¹ kaːŋ² nɔŋ²
汉文直译：日 春 越 风 越 雨 越 浓
汉文意译：春天风雨情更浓；

喃字原文：月 花 花 月 恼 農,
国际音标：ŋwiːt⁸ hwa¹ hwa¹ ŋwiːt⁸ naːu³ nuŋ²
汉文直译：月花　　花月　　烦恼
汉文意译：月花、花月人烦恼,

喃字原文：脏 春 渚 昜 拎 悉 特 庄。
国际音标：ʔdem¹ sɤn¹ tsɯa¹ je³ kɤm² lɔŋ² ʔdɯːk⁸ tsaŋ¹
汉文直译：夜 春 未 易 留 心 得 不
汉文意译：春夜不易留人心。

喃字原文：没 哩 春 桂 歞 姮,
国际音标：mot⁸ n̩ɤ̆i² sɤn¹ kwe⁵ lɛ³ haŋ²
汉文直译：一 言 春 桂 缘故 阿姮
汉文意译：春桂喷香有味道,

喃字原文： 没 绖 没 绊　坤 撙 牢 蠲；
国际音标： mot⁸ jɤi¹ mot⁸ ʔbu:k⁸ khon¹ jaŋ² tha:u¹ ra¹
汉文直译： 一 线 一 绑　紧 绑 怎么 解开
汉文意译： 绳索绑紧怎拉开；

喃字原文： 刣 桃 曘 耰 输 罗，
国际音标： tha:ŋ⁵ ʔda:u² toi⁵ mɤn⁶ lɤn¹la¹
汉文直译： 早 桃 晚 李 纷纷 往来
汉文意译： 日桃夜李常往来，

喃字原文： 翻 時 朕 遙 斲 蠲 矽 鐄。
国际音标： tuɯ:k⁷ thi² jaŋ¹jɔ⁵ thau¹ ra¹ ʔda⁵vaŋ²
汉文直译： 先 则 风 月 后 出 金石
汉文意译： 风月先来金石后。

喃字原文： 没 唑 吱 峝 舳 馨，
国际音标： mot⁸ nɤ:i² tse¹ ku:k⁸ tɔŋ¹ ha:ŋ¹
汉文直译： 一 言 嫌弃 事 中 洞
汉文意译： 山洞之言怎忘记，

喃字原文： 乇 要 術 洰 吏 攔 妙 情；
国际音标： ʔda³ ʔi:u¹ ve² net⁷ la:i⁶ ja:n¹jiu⁵ tin²
汉文直译： 已 爱 为 性情 又 缠绵 情
汉文意译： 人爱品行更爱情；

喃字原文： 聖 他 聖 噈 如 聲，
国际音标： than⁵tha¹than⁵thɔt⁷ ɲɯ¹ thin¹
汉文直译： 叮咚叮咚　如 声
汉文意译： 水漏滴落说无声，

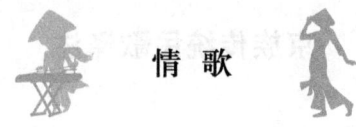

情 歌

喃字原文：傷　喂　溰　底　朱　情　羅　他。
国际音标：thɯːŋ¹ ʔɤːi¹ tsɤ⁵ ʔde³tsɔ¹ tin² la¹tha¹
汉文直译：相爱　啊　别　让　情　飘　零
汉文意译：相爱莫让情飘零。

喃字原文：䎃　箕　如　忱　缯　绑，
国际音标：sɯə¹kiə¹ ȵɯ¹ tɤm⁵ luə⁶la²
汉文直译：昔日　如　片　丝绸
汉文意译：昔日坚如块丝绸，

喃字原文：悲　畭　散　作　如　花　钟　塘。
国际音标：ʔbɤi¹ jɤ² taːn¹taːk⁷ ȵɯ¹ hwa¹ jɯə³ ʔdɯːŋ²
汉文直译：如今　溃散　如　花　中　路
汉文意译：如今溃散花情缘。

（25）

喃字原文：英　钯　固　媕　𰀀　躬，
国际音标：ʔan¹ ʔda³ kɔ⁵ vɤ⁶ thau¹lɯŋ¹
汉文直译：哥　已　有　妻　背后
汉文意译：哥身旁已有妻儿，

喃字原文：固　琨　翻　相　英　停　制　花；
国际音标：kɔ⁵ kɔn¹ tɯːk⁷mat⁷ ʔan¹ ʔdɯŋ² tsɤːi¹ hwa¹
汉文直译：有　子　眼前　哥　别　玩　花
汉文意译：眼前有子莫玩花；

喃字原文：制　花　散　䪞　煌　茹，
国际音标：tsɤːi¹ hwa¹ taːn¹ kɯə³ naːt⁷ na²
汉文直译：玩　花　散　门　败　家
汉文意译：家破人亡因为她，

喃字原文：離 㫃 補 媔 制 花 ⼍ 之。
国际音标：liə² kɔn¹ ʔbɔ³ vɤ⁶ tsɿ:i¹ hwa¹ la:m² tsi¹
汉文直译：离 子 弃妻 玩 花 做 什
汉文意译：妻离子散莫玩花。

（26）
喃字原文：群 花 螉 细 檜 核,
国际音标：kɔn² hwa¹ ʔɔŋ¹ tr:i⁵ koi³ kʀi¹
汉文直译：还有 花 蜂 到 树 根
汉文意译：树上有花蜜蜂来,

喃字原文：花 散 虻 補 螉 䢙 迹 雾;
国际音标：hwa¹ ta:n¹ ʔbɯ:m⁵ ʔbɔ³ ʔɔŋ¹ ʔbai¹ tit⁷ mu²
汉文直译：花 散 蝴蝶 丢 蜜蜂 飞 踪迹 雾
汉文意译：花残蝶弃蜂飞离;

喃字原文：群 缘 如 像 蘇 鑌,
国际音标：kɔn² ji:n¹ ɲɯ¹ tɯ:ŋ⁶ to¹ va:ŋ²
汉文直译：还有 缘 如 像 涂 金
汉文意译：有缘如象涂金色,

喃字原文：𤍽 缘 如 祖 螉 藏 外 渼。
国际音标：het⁷ ji:n¹ ɲɯ¹ to³ ʔɔŋ¹ ta:ŋ² ŋwa:i² mɯə¹
汉文直译：尽 缘 如 窝 蜂 藏 外 雨
汉文意译：无缘蜂窝挨雨淋。

喃字原文：群 缘 几 迌 馱 逌,
国际音标：kɔn² ji:n¹ kɛ³ ʔdɔn⁵ ŋɯ:i² ʔdɯə¹
汉文直译：还有 缘 人 迎 人 送
汉文意译：有缘人等人相送,

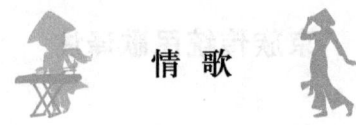

情 歌

喃字原文： 焒 缘 扖 嶽 術 畾 黙 悉；
国际音标： het⁷ ji:n¹ ʔdi¹ thɤ:m⁵ ve² tɯə¹ mak⁸lɔŋ²
汉文直译： 尽 缘 去 早 回 晚 听便
汉文意译： 无缘早晚自任便；

喃字原文： 群 缘 群 特 採 花，
国际音标： kɔn² ji:n¹ kɔn² ʔdɯ:k⁸ ha:i⁵ hwa¹
汉文直译： 还有缘 还 得 采 花
汉文意译： 有缘有人来摘花，

喃字原文： 焒 缘 挸 棘 朱 鵝 空 唉。
国际音标： het⁷ ji:n¹ va:i³ thɔk⁷ tso¹ ɣa² khoŋ¹ ʔan¹
汉文直译： 尽 缘 撒 谷子 给 鸡 不 吃
汉文意译： 无缘撒谷鸡不来。

喃字原文： 群 缘 捤 鲂 撰 羹，
国际音标： kɔn² ji:n¹ kɛn⁵ ka⁵ tsɔn⁶ kan¹
汉文直译： 还有缘 挑 鱼 选 汤
汉文意译： 有缘欲挑肥拣瘦，

喃字原文： 焒 缘 鶳 瓣 鰍 鲂 拱 挶。
国际音标： het⁷ ji:n¹ ru:k⁷ ʔdɯ:k⁸ kuə¹ kɔŋ² kuŋ³ vɤ¹
汉文直译： 尽 缘 火虾 公 蟹 小螃蜞 也 扒
汉文意译： 无缘小虾蟹也搂。

（27）

喃字原文： 群 缘 蚲 松 核 椿，
国际音标： kɔn² ji:n¹ ŋoi² ɣok⁷ kɤi¹sɤn¹
汉文直译： 还有缘 坐 根部 椿树
汉文意译： 有缘在椿树根等，

1419

喃字原文：𠽔 缘 㘹 榕 核 红 担 花；
国际音标：het⁷ jiːn¹ ŋoi² ɣok⁷ kɣi¹hoŋ² ɳat⁸ hwa¹
汉文直译：尽 缘 坐 根部 玫瑰树 捡 花
汉文意译：无缘树下捡落花；

喃字原文：要 烧 朱 信 吏 茹,
国际音标：ʔiːu¹ɳau¹ tsɔ¹ tin¹ laːi⁶ ɳa²
汉文直译：相爱 给 信息 来 家
汉文意译：相爱信息送到家,

喃字原文：朱 柴 媄 别 朱 些 特 悃。
国际音标：tsɔ¹ thɣi²mɛ⁶ ʔbiːt⁷ tsɔ¹ ta¹ ʔdɯːk⁸ mɯŋ²
汉文直译：给 父母 知道 给 咱 得 高兴
汉文意译：父母悦我乐开花。

（男：苏维绍；女：刘尚明）

（28）
喃字原文：英 如 核 桂 麻 安 融 茹,
国际音标：ʔan¹ ɳɯ¹ kɣi¹kwe⁵ ma² nɣ³ tɔŋ¹ ɳa²
汉文直译：哥 如 桂树 而 开 中 家
汉文意译：哥如院里桂花树,

喃字原文：淹 如 㫘 妫 麻 黜 制 塘；
国际音标：ʔɛm¹ ɳɯ¹ kɔn¹ɣaːi⁵ ma² ra¹ tsɤːi¹ ʔdɯːŋ²
汉文直译：妹 如 女子 而 出 玩 路
汉文意译：妹行路中寻玩乐；

喃字原文：淹 觇 核 桂 烀 鐄,
国际音标：ʔɛm¹ thɣi⁵ kɣi¹kwe⁵ hɛu⁵ vaːŋ²
汉文直译：妹 见 桂树 枯 黄
汉文意译：看见桂树枯萎黄,

1420

情 歌

喃字原文：俺 群 挏 沔 核　强 卒 鲜。
国际音标：ʔɛm¹ kɔn² vun¹ tɯːi⁵ kɤi¹ kaːŋ² tot⁷tɯːi¹
汉文直译：妹 还 培土 浇灌 树 还 翠绿
汉文意译：妹帮浇水树翠绿。

喃字原文：包 唋朱桂　艿 茬，
国际音标：ʔbaːu¹jɤ² tsɔ¹ kwe⁵ mɔk⁸ tsoi²
汉文直译：如今 给 桂 长 嫩芽
汉文意译：如今桂树开了花，

喃字原文：底 桂 者 義 朱 馱 捇。
国际音标：ʔde³ kwe⁵ jaː³ŋiə³ tsɔ¹ ŋɯːi² sɤːi⁵vun¹
汉文直译：让 桂 感恩 给 人 培植
汉文意译：让桂感恩浇树人。

（29）

喃字原文：蚆 浪 械 浽 月 春，
国际音标：ʔbɯːm⁵ raŋ² nen¹ noi³ ŋwiːt⁸ sɤn¹
汉文直译：蝴蝶 道 成 境地 月 春
汉文意译：蝴蝶欲飞春月园，

喃字原文：埃 遂 𠍝 妲 准 尼 朱 安？
国际音标：ʔaːi¹ ʔdɯːə¹ vaːu² ʔden⁵ tson⁵ nai² tsɔ¹ ʔiːn¹
汉文直译：谁 送 进 到 地方 这 给 安
汉文意译：谁能送去达心愿？

喃字原文：㤺 兜 埃 嘈 制 械，
国际音标：ʔbuːn² ʔdɤu¹ ʔaːi¹ khɛu⁵ tsɤːi¹ nen¹
汉文直译：烦闷 哪儿 谁 巧 玩 成
汉文意译：灵活人送成功事，

喃字原文： 吁 翁 初 蝶 吏 添 悉 烦。
国际音标： sin¹ ʔoŋ¹thɤ¹ ʔdi:p⁸ la:i⁶ them¹ lɔŋ² fi:n²
汉文直译： 请 始祖 蝶 来 又 心 烦
汉文意译： 始祖报信莫忧心。

喃字原文： 些 渚 嗨 客 婵 娟，
国际音标： ta¹ tsɯə¹ hɔi³ khat⁷ thi:n²kwi:n¹
汉文直译： 咱 未 问 客 婵娟
汉文意译： 尚未问明客婵娟，

喃字原文： 埃 迻 伮 到 底 些 制 共；
国际音标： ʔa:i¹ ʔdɯə¹ va:u² ʔden⁵ ʔde³ ta¹ tsɤ:i¹ kuŋ²
汉文直译： 谁 送 进 到 让 咱 玩 同
汉文意译： 谁人送入共玩乐；

喃字原文： 趾 伮 䎃 细 園 花，
国际音标： ʔbɯ:k⁷ va:u² tɔŋ¹ tɤ:i⁵ vɯ:n²hwa¹
汉文直译： 移 步 进 吏 到 花园
汉文意译： 移步进入春月园，

喃字原文： 拯 蒼 拱 披 没 梗 麻 制。
国际音标： tsaŋ³ thɤ:m¹ kuŋ³ ʔbɛ³ mot⁸ kan² ma² tsɤ:i¹
汉文直译： 不 香 也 扳 一 枝 而 玩
汉文意译： 见枝花香折玩乐。

（30）

喃字原文： 襖 桃 扨 橲 核 橙，
国际音标： ʔa:u⁵ ʔda:u² vat⁷ koi³kɤi¹than²
汉文直译： 衣 桃 挂 橙树
汉文意译： 桃花衣服搭橙树，

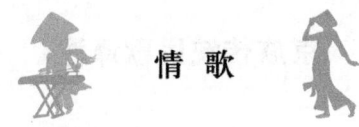

情 歌

喃字原文：襛　詩　鎠　楉　抝　梗　荍　丹；
国际音标：tui⁵thɤ¹ hɯ:ŋ¹ lɯ:k⁸ vat⁷ kan² nu⁶ʔdɤ:n¹
汉文直译：诗囊　镜子　梳子　挂　枝　丹桂花
汉文意译：镜梳诗袋挂桂枝；

喃字原文：荍　丹　祜　祜　汻　丹，
国际音标：nu⁶ʔdɤ:n¹ tsɤm⁵tsɤm⁵ mi:n² ʔdɤ:n¹
汉文直译：丹桂花　斑斑　方面　丹桂
汉文意译：丹桂花斑斑喷香，

喃字原文：羛　扒　凴　羛　泰　山　埃　辞。
国际音标：ŋiə³ tsa:ŋ² ʔbaŋ² ŋiə³ tha:i⁵thɤ:n¹ ʔa:i¹ tɯ²
汉文直译：义　郎　如　义　泰山　谁　辞
汉文意译：君恩情义如泰山。

喃字原文：蚒　𨅯　䩞　数　捧　書，
国际音标：ŋoi² toŋ¹ kɯə³tho³ ʔboŋ² thɯ¹
汉文直译：坐　看　窗口　抱　书
汉文意译：坐近窗口捧书看，

喃字原文：𡅜　些　决　志　坤　辞　特　硚。
国际音标：ha:i¹ta¹ kwi:t⁷tsi⁵ khon¹ tɯ² ʔdɯ:k⁸ ȵau¹
汉文直译：咱俩　决意　难　离去　得　互相
汉文意译：咱俩决意不分离。

（男：刘振先；女：吴秀英）

（31）

喃字原文：媄　英　忉　所　朱　英，
国际音标：mɛ⁶ ʔan¹ tham⁵thɤ³ tsɔ¹ ʔan¹
汉文直译：母　哥　准备　给　哥
汉文意译：哥母为哥做准备，

1423

喃字原文：核 椇 丐 绖 丐 缔 照 雠；
国际音标：kɤi¹ɣɤi⁶ ka:i⁵ʔbi⁶ ka:i⁵man² tsi:u⁵ ʔbu:ŋ²
汉文直译：扁担 篮子 竹帘 席 房
汉文意译：备好礼担门帘席；

喃字原文：媄 娘 忉 所 朱 娘，
国际音标：mɛ⁶ na:ŋ² tham⁵thɤ³ tsɔ¹ na:ŋ²
汉文直译：母 妹 准备 给 妹
汉文意译：妹母为妹打点好，

喃字原文：丐 襖 伎 强 几 瞵 馭 顲。
国际音标：ka:i⁵ʔa:u⁵ ki³ka:ŋ² kɛ³ ɣam⁵ ŋɯ:i² toŋ¹
汉文直译：衣 精细 人 看 人 望
汉文意译：备好嫁装人称美。

喃字原文：才 姽 缎 襖 朱 軙，
国际音标：ta:i² ɣa:i⁵ mai¹ ʔa:u⁵ tsɔ¹ tsoŋ²
汉文直译：才 妻 绣 衣 给 夫
汉文意译：才妻为夫裁缝衣，

喃字原文：缎 朏 梗 红 吏 改 堆 花；
国际音标：mai¹ ra¹ kan² hoŋ² la:i⁶ ka:i³ ʔdoi¹ hwa¹
汉文直译：绣 出 枝 红 又 挑 两 花
汉文意译：绣有红花挑对花；

喃字原文：英 固 裙 缯 历 史 花 茄，
国际音标：ʔan¹ kɔ⁵ kwɤn² luɤ⁶ lit⁸thɯ⁶ hwa¹ka²
汉文直译：哥 有 裤 绸 风雅 茄子花
汉文意译：裁缝丝裤绣茄花，

情 歌

喃字原文：襖 戝 揀 蹐 吏 他 皴 調。
国际音标：ʔaːu⁵ jaːi² ʔdɔŋ⁵ ɣɔt⁷ laːi⁶ tha¹ lɯɯŋ¹ ʔdeu²
汉文直译：衣 长 扎 脚跟 又 拖带 背后 都
汉文意译：长袍扎身长脚下。

喃字原文：俺 要 博 媄 拽 要，
国际音标：ʔɛm¹ ʔiːu¹ ʔbaːk⁷mɛ⁶ tsaŋ³ ʔiːu¹
汉文直译：妹 爱 父母 不 爱
汉文意译：妹绣花美母歉弃，

喃字原文：俺 要 博 媄 拽 憪 悉 要。
国际音标：ʔɛm¹ ʔiːu¹ ʔbaːk⁷mɛ⁶ tsaŋ³ tsiːu² lɔŋ² ʔiːu¹
汉文直译：妹 爱 父母 不 迁就 心 爱
汉文意译：妹爱花，娘不顺心。

（32）

喃字原文：功 俺 挭 硌 凿 碑，
国际音标：koŋ¹ ʔɛm¹ ɣan⁵ ʔda⁵ taːk⁸ ʔbiə¹
汉文直译：功 妹 挑 石 凿 碑
汉文意译：妹有功扛石刻碑，

喃字原文：功 俺 略 唶 㲚 号 貝 扒；
国际音标：koŋ¹ ʔɛm¹ tɔ²tsiːn⁶ thɤːm⁵khwiə¹ vɤːi⁵ tsaːŋ²
汉文直译：功 妹 倾谈 早晚 和 郎
汉文意译：早晚有功谈情事；

喃字原文：悲 晗 博 媄 盘 昂，
国际音标：ʔbɤi¹jɤ² ʔbaːk⁷mɛ⁶ ʔbaːn²ŋaːŋ¹
汉文直译：如今 父母 嫌弃
汉文意译：如今父母又嫌弃，

喃字原文：功 俺 嗠 唪 貝 袟 空。
国际音标：koŋ¹ ʔɛm¹ tɔ²tsi:n⁶ vɤ:i⁵ tsa:ŋ² mɤt⁷ khoŋ¹
汉文直译：功 妹 倾谈 和 郎 落空 不
汉文意译：有功倾谈落空矣。

喃字原文：埃 懝 穖 蔬 務 冬,
国际音标：ʔa:i¹ ŋɤ² tsu:i⁵ ŋɔn⁶ muə² ʔdoŋ¹
汉文直译：谁 料 芭蕉 梢 季节 冬
汉文意译：谁料冬天芭蕉梢,

喃字原文：別 浪 固 側 台 空 麻 徐;
国际音标：ʔbi:t⁷raŋ² kɔ⁵ tsak⁷ hai¹ khoŋ¹ ma² tsɤ²
汉文直译：知道 有 必定 或 不 而 等
汉文意译：天理昭彰谁人比;

喃字原文：徐 英 徐 痕 徐 瘧,
国际音标：tsɤ² ʔan¹ tsɤ² ŋɤn³ tsɤ² ŋɤ¹
汉文直译：等 哥 等 愣然 等 愣然
汉文意译：报应眼前负心人,

喃字原文：徐 愒 務 樏 務 㪜 務 紅。
国际音标：tsɤ² het⁷ muə² mɤn⁶ muə² mɤ¹ muə² hoŋ²
汉文直译：等 完 季节 李子 季节 杏子 季节 玫瑰
汉文意译：杏、李、玫瑰等过时。

喃字原文：撳 樤 俺 待 渃 轛,
国际音标：kam⁵ tha:u² ʔɛm¹ ʔdɤ:i⁶ nɯ:k⁷ tɔŋ¹
汉文直译：插 竹竿 妹 等 水 清
汉文意译：妹仍插竿等水清,

情 歌

喃字原文：諾 源 沚 甀 群 噱 浽 之。
国际音标：nɯːk⁷ŋuːn² tsai³ suːŋ⁵ kɔn² mɤŋ¹ noi³ ji²
汉文直译：泉水　流　下　还　盼望　境地　什么
汉文意译：源浊流下无翘企。

（33）

喃字原文：　蚆　挺　沛　呐　豼　蘇，
国际音标：ʔbɯːm⁵ tsaŋ³ faːi³ nɔi⁵ n̥ɔ³ tɔ¹
汉文直译：　蝴蝶　不　是　说　小　大
汉文意译：蝴蝶不会说始末，

喃字原文：　停　如　量　波　麻　揓　溇　濃；
国际音标：ʔdɯŋ² n̥ɯ¹ lɯːŋ² ʔbe³ ma² ʔdɔ¹ thɤu¹ nɔŋ¹
汉文直译：　别　如　量　海　而　量　深　浅
汉文意译：莫像测海探深浅；

喃字原文：　襖　箕　挺　黙　拱　疱，
国际音标：ʔaːu⁵ kiə¹ tsaŋ³ mak⁸ kuŋ³ ʔbau²
汉文直译：　衣　那　不　穿　也　虚无
汉文意译：衣服不穿变虚无，

喃字原文：　花　箕　底　贸　特　牟　铖　庄。
国际音标：hwa¹ kiə¹ ʔde³ mɤːi⁵ ʔdɯːk⁸ mau² nen¹ tsaŋ¹
汉文直译：　花　那　留　才　得　颜色　成　不
汉文意译：留花保鲜变颜色。

喃字原文：　笝　迻　缘　跙　葛　藤，
国际音标：ʔda³ ʔdɯə¹ jiːn¹ ʔden⁵ kaːt⁷ ʔdaŋ²
汉文直译：　已　送　缘　分　到　葛　藤
汉文意译：已送缘去葛藤结，

喃字原文：吁　停　迡　遥　氊　胺　頄　啊；
国际音标：sin¹ ʔdɯŋ² ʔdɔn⁵ jɔ⁵ tɔŋ¹ jaŋ¹ hɯŋ³ hɤ²
汉文直译：请　别　迎　风　望　月　冷　淡
汉文意译：挡风望月悬挂心；

喃字原文：當　据　渃　濁　泸　泸，
国际音标：ʔdaːŋ¹ kɯ⁵ nɯːk⁷ ʔduk⁸ lɤ² lɤ²
汉文直译：正当　水　浊　滚　滚
汉文意译：正当浊水滚滚流，

喃字原文：撍　欁　麻　待　包　唅　渃　氃。
国际音标：kam⁵ thaːu² ma² ʔdɤːi⁶ ʔbaːu¹ jɤ² nɯːk⁷ tɔŋ¹
汉文直译：插　竹　竿　而　等　何时　水　清
汉文意译：插竿等水何时清。

喃字原文：扲　欁　麻　待　渃　氃，
国际音标：kɤm² thaːu² ma² ʔdɤːi² nɯːk⁷ tɔŋ¹
汉文直译：拿　竹　竿　而　等　水　清
汉文意译：插杆等水难清澈，

喃字原文：渃　濁　沚　䒙　群　嚎　浽　之。
国际音标：nɯːk⁷ ʔduk⁸ tsai³ suːŋ⁵ kɔn² mɔŋ¹ noi³ ji²
汉文直译：水　浊　流　下　还　盼望　境地　什么
汉文意译：浑浊水流等无清。

（34）

喃字原文：𡗶　孃　朱　穖　黜　梗，
国际音标：ŋai² naːu² tsɔ¹ tsuːi⁵ ra¹ kan²
汉文直译：天　哪　让　芭蕉　出　枝
汉文意译：芭蕉出枝等何日，

情 歌

喃字原文：朱　樋　黜蕊朱荇黜 花；
国际音标：tsɔ¹ thoŋ¹ ra¹ ɲi⁶ tsɔ¹ han² ra¹ hwa¹
汉文直译：让 松树 出 蕊 让 葱 出 花
汉文意译：望松生蕊出花葱；

喃字原文：卹帀　矻妄黜花，
国际音标：ŋai² na:u² ʔda⁵ nɤ³ ra¹ hwa¹
汉文直译：天 哪 石 开出 花
汉文意译：何日石头能开花，

喃字原文：岊 銅 潰 凤 白蛇化龍。
国际音标：tsɤu⁶ ʔdoŋ² fun¹ fɯ:ŋ⁶ ʔbat⁸sa² hwa⁵ loŋ¹
汉文直译：盆 铜 喷 凤 白蛇 变 龙
汉文意译：铜盆出凤蛇变龙。

喃字原文：罾 箕 呐呐 誓誓，
国际音标：sɯə¹kiə¹ nɔi⁵nɔi⁵ the²the²
汉文直译：昔 日 说说 誓誓
汉文意译：昔日说笑发誓言，

喃字原文：悲晲 披　銙論鑰帀 當；
国际音标：ʔbɤi¹jɤ² ʔbɛ³ khwa⁵ lon⁶ tsiə² na:u² ʔda:ŋ⁵
汉文直译：如今 扳 锁 乱 钥匙 哪 值
汉文意译：如今断锁乱交匙；

喃字原文：鑰鐄 時 闲 銙鐄，
国际音标：tsiə² va:ŋ² thi² kha:i¹ khwa⁵ va:ŋ²
汉文直译：钥匙 金 则 开 锁 金
汉文意译：金锁匙要开金锁，

喃字原文：仍 哑 俺 呐 貝 扒 ᄁ 牢。
国际音标：ȵɯŋ³ ȵɤːi² ʔɛm¹ nɔi⁵ vɤːi⁵ tsaːŋ² laːm²thaːu¹
汉文直译：些 话 妹 说 和 郎 为 什么
汉文意译：把妹话当风边耳。

喃字原文：仍 哑 俺 呐 ᄁ 牢,
国际音标：ȵɯŋ³ ȵɤːi² ʔɛm¹ nɔi⁵ laːm²thaːu¹
汉文直译：些 话 妹 说 为 什么
汉文意译：妹说话儿君忘记,

喃字原文：麻 扒 吏 想 核 高 荛 貑。
国际音标：ma² tsaːŋ² laːi⁶ tɯːŋ³ kɤi¹ kaːu¹ laː⁵ jaːi²
汉文直译：而 郎 又 想 树 高 叶 长
汉文意译：今君望高想长叶。

（男：何宗发；女：吴秀英,阮成珍）

（35）

喃字原文：俺 如 丐 荣 花 红,
国际音标：ʔɛm¹ ȵɯ¹ kaːi⁵ʔbup⁷ hwa¹ hɔŋ²
汉文直译：妹 如 蓓 蕾 花 红
汉文意译：双手献鲜花一枝,

喃字原文：英 馀 抯 闷 披 術 撞 撒 掃;
国际音标：ʔan¹ jɤ¹ taːi¹ muːn⁵ ʔbɛ³ ve² ʔbɔŋ² nɤŋ¹niu¹
汉文直译：哥 举 手 想 扳 回 抱 爱不释手
汉文意译：请妹接下表心意;

喃字原文：俺 夥 纤 绸 递 厦,
国际音标：ʔɛm¹ ŋɔi² ʔben⁶ vɔŋ³ ʔben¹ hɛ²
汉文直译：妹 坐 织补 网 床 边 廊下
汉文意译：百花丛中由哥采,

情 歌

| 喃字原文： | 觇 英 迷 眠 眠 迷 歇 眤。
| 国际音标： | thɤi⁵ ʔan¹ me¹ ma:n¹ ma:n¹ me¹ ma:i³ ȵin²
| 汉文直译： | 见 哥 陶醉 陶醉 长久 看
| 汉文意译： | 若妹收下哥欢喜。

（36）

喃字原文： 花 薗 花 苯 赭 燦，
国际音标： hwa¹ʔboŋ¹ hwa¹ʔbup⁷ ʔdɔ³lɛ²
汉文直译： 花朵 花蕾 红艳艳
汉文意译： 哥送花来妹接收，

喃字原文： 空 菶 英 採 几 吱 胍 唭；
国际音标： khoŋ¹ thɤ:m¹ ʔan¹ ha:i⁵ kɛ³ tse¹ ŋɯ:i² kɯ:i²
汉文直译： 不 香 哥 采 人 嫌弃 人 笑
汉文意译： 免得阿哥心发愁；

喃字原文： 花 桃 喏 潜 麻 鲜，
国际音标： hwa¹ʔda:u² tum³tim³ ma² tɯ:i¹
汉文直译： 桃花 微笑 而 鲜
汉文意译： 咱俩定情于今秋，

喃字原文： 採 術 捶 齲 英 虶 痕 痻。
国际音标： ha:i⁵ ve² kam⁵ lɔ⁶ ʔan¹ ŋoi² ŋɤn³ŋɤ¹
汉文直译： 采 回 插 瓶子 哥 坐 愣然
汉文意译： 盼哥莫茫然长久。

（男：杜福英；女：苏维绍）

（37）

喃字原文： 鸠 捧 执 翅 䫻 旋，
国际音标： tsim¹ ʔboŋ³ tsɤp⁷ kan⁵ ʔbai¹ti:n²
汉文直译： 鸟 高昂 展 翅 飞旋
汉文意译： 鸟儿合翅高飞翔，

喃字原文： 英 傷 分 妠 嬋 娟 膹 桃；
国际音标： ʔan¹ thɯ:ŋ¹ fɤn² ɣa:i⁵ thi:n²kwi:n¹ ma⁵ ʔda:u²
汉文直译： 哥 爱 身 女子 婵 娟 颊 桃
汉文意译： 哥爱婵娟桃脸妹；

喃字原文： 媕 嚎 执 翅 相 交，
国际音标： ʔɛm¹ mɔŋ¹ tsɤp⁷ kan⁵ tɯ:ŋ¹ja:u¹
汉文直译： 妹 盼 展 翅 相 交
汉文意译： 妹想合翅相交飞，

喃字原文： 英 固 思 想 核 高 葬 餕。
国际音标： ʔan¹ kɔ⁵ tɯ¹tɯ:ŋ³ kɤi¹ ka:u¹ la⁵ ja:i²
汉文直译： 哥 有 思想 树 高 叶 长
汉文意译： 哥想树高和叶长。

喃字原文： 英 测 麻 唭 欣 埃，
国际音标： ʔan¹ tsak⁷ ma² hɛn⁶ hɤ:n¹ ʔa:i¹
汉文直译： 哥 必定 而 约 胜 于 谁
汉文意译： 必定有情人等候，

喃字原文： 英 蚚 梗 竹 梗 枚 欣 之；
国际音标： ʔan¹ ŋoi² kan² tuk⁷ kan² ma:i¹ hɤ:n¹ tsi¹
汉文直译： 哥 坐 枝 竹 枝 梅 胜 于 什么
汉文意译： 坐在竹、梅树下等；

情 歌

喃字原文：鐄 鎕 抚 聘 貝 錯，
国际音标：va:ŋ² thau¹ ʔdɛm¹ thin⁵ vɤ:i⁵ tsi²
汉文直译：黄铜 带 匹配 和 铅
汉文意译：黄铜等铅相匹配，

喃字原文：丐 花 清 月 抚 掑 暽 胺。
国际音标：ka:i⁵ hwa¹ than¹ ŋwi:t⁸ ʔdɛm¹ ke² ʔbɔŋ⁵ jaŋ¹
汉文直译：花 清 月 带 贴近 影 月
汉文意译：花月在月影下等。

喃字原文：遥 情 固 效 铖 庄，
国际音标：ja:u⁶ tin² kɔ⁵ thoˀ nen¹ tsaŋ¹
汉文直译：游荡 情 有 命运 成 不
汉文意译：游荡为情难成偶，

喃字原文：抚 花 月 趆 暽 胺 翅 愁；
国际音标：ʔdɛm¹ hwa¹ ŋwi:t⁸ den⁵ ʔbɔŋ⁵ jaŋ¹ tsiu⁶ thɤu²
汉文直译：带 花 月 到 影 月 受 愁
汉文意译：花月月影遮烦愁；

喃字原文：实 鐄 拯 沛 鎕 兜，
国际音标：thɤt⁸ va:ŋ² tsaŋ³ fa:i³ thau¹ ʔdɤu¹
汉文直译：真 金 不 是 黄铜 那儿
汉文意译：真金不像是黄铜，

喃字原文：麻 抚 此 焓 朱 疨 悉 鐄。
国际音标：ma² ʔdɛm¹ thuˀ lɯəˀ tsɔ¹ ʔdau¹ lɔn² va:ŋ²
汉文直译：而 拿 试 火 使 痛 心 金
汉文意译：放入火炼金痛心。

1433

喃字原文：鐄 時 此 熠 此 炭，

国际音标：vaːŋ^{2} thi^{2} thɯ^{3} lɯə^{3} thɯ^{3} thaːn^{1}

汉文直译： 金 则 试 火 试 炭

汉文意译：真金不怕红火炼，

喃字原文：鐄 箕 此 啃 𤽗 顽 此 唓。

国际音标：vaːŋ^{2} kiə^{1} thɯ^{3} tiːŋ^{5} ŋɯːi^{2} ŋwaːn^{1} thɯ^{3} ȵɤːi^{2}

汉文直译：金 那 试 声 人 机灵 试 话

汉文意译：是金听声人听言。

（38）

喃字原文：𨕭 歪 固 墖 霔 鐄，

国际音标：ten^{1} jɤːi^{2} kɔ^{5} ʔdaːm^{5} mɤi^{1} vaːŋ^{2}

汉文直译：上 天 有 朵 云 黄

汉文意译：天上有一片黄云，

喃字原文：𨑜 滝 渃 沚 固 払 艘 迻；

国际音标：jɯːi^{5} thoŋ^{1} nɯːk^{7} tsai^{3} kɔ^{5} tsaːŋ^{2} ʔdɔ^{2} ʔdɯə^{1}

汉文直译：下 河 水 流 有 郎 渡船 送

汉文意译：河下流水君渡行；

喃字原文：𨕭 歪 固 墖 霔 湄，

国际音标：ten^{1} jɤːi^{2} kɔ^{5} ʔdaːm^{5} mɤi^{1}mɯə^{1}

汉文直译：上 天 有 朵 雨云

汉文意译：天上有一片雨云，

喃字原文：𨑜 滝 渃 沚 艘 迻 払 衛。

国际音标：jɯːi^{5} thoŋ^{1} nɯːk^{7} tsai^{3} ʔdɔ^{2} ʔdɯə^{1} tsaːŋ^{2} ve^{2}

汉文直译： 下 河 水 流 渡船 送 郎 回

汉文意译：河下流水渡送君。

情 歌

喃字原文：叠歪固墒霆静，
国际音标：ten¹ jɤ:i² kɔ⁵ ʔda:m⁵ mɤi¹ san¹
汉文直译：上 天 有 朵 云 蓝
汉文意译：天上有一片蓝云，

喃字原文：鄪淹渃沚固韸花蒎；
国际音标：jɯ:i⁵ thoŋ¹ nɯ:k⁷ tsai³ kɔ⁵ mɤm¹ hwa¹ ʔdɤi²
汉文直译：下 河 水 流 有 大盘子 花 满
汉文意译：河下流水飘盘花；

喃字原文：花尼花於叠核，
国际音标：hwa¹ nai² hwa¹ ʔɤ³ ten¹ kɤi¹
汉文直译：花 这 花 在 上 树
汉文意译：这花摘自树花上，

喃字原文：花尼媕採仍舼歆戈。
国际音标：hwa¹ nai² ʔɛm¹ ha:i⁵ nɯɯŋ³ ŋai²hom¹kwa¹
汉文直译：花 这 妹 采 些 昨天
汉文意译：昨天妹采放盘花。

（39）

喃字原文：花箕時烽術核，
国际音标：hwa¹ kiə¹ thi² hɛu⁵ ve² kɤi¹
汉文直译：花 那 则 枯萎 因 树
汉文意译：但愿早日合心愿，

喃字原文：愁箕時惨仍舼别娆；
国际音标：thɤu² kiə¹ thi² tha:m¹ nɯɯŋ³ ŋai² ʔbi:t⁷nau¹
汉文直译：愁 那 则 惨 些 天 相识
汉文意译：免哥怀念娘担忧；

喃字原文：呑 咘 胂 刮 挓 疒，
国际音标：vi⁵ ju² ruːt⁸ kat⁷ tsaŋ³ ʔdau¹
汉文直译：如果 肠 割 不 痛
汉文意译：情投意合早相结，

喃字原文：時 些 拱 刮 朱 烧 抁 術。
国际音标：thi² ta¹ kuŋ³ kat⁷ tsɔ¹ nau¹ ʔdɛm¹ ve²
汉文直译：则 哥 也 割 给 互相 带 回
汉文意译：免得相思眼泪流。

（40）

喃字原文：躺 貝 些 如 𤘒 没 茹，
国际音标：min² vɤːi⁵ ta¹ ȵɯ¹ kɔn¹ mot⁸ ȵa²
汉文直译：妹 和 哥 如 孩子 一 家
汉文意译：盼望哥妹不分离，

喃字原文：如 襖 艾 撋 如 花 蔒 苓；
国际音标：ȵɯ¹ ʔaːu⁵ mot⁸ mak⁷ ȵɯ¹ hwa¹ mot⁸ tsum²
汉文直译：如 衣 一 挂 如 花 一 簇
汉文意译：盼望如花共一起；

喃字原文：堆 些 如 渚 艾 墭，
国际音标：ʔdoi¹ ta¹ ȵɯ¹ nɯːk⁷ mot⁸ tsum¹
汉文直译：咱俩 如 谁 一 坛
汉文意译：盼望咱俩永相聚，

喃字原文：如 花 文 苓 買 妟 逪 核。
国际音标：ȵɯ¹ hwa¹ mot⁸ tsum² mɤːi⁵ nɤ³ ten¹ kɤi¹
汉文直译：如 花 一 簇 才 开 上 树
汉文意译：哥妹同花共一枝。

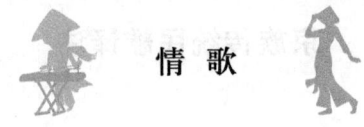

情 歌

喃字原文：悲 晗 躺 帝 些 低，
国际音标：ʔbɤi¹jɤ² min² ʔdɤi⁵ ta¹ ʔdɤi¹
汉文直译：如今 妹 那儿 哥 这儿
汉文意译：如今咱俩在一起，

喃字原文：别 绅 仍 氽 吝 纯 朱 連。
国际音标：ʔbi:t⁷ sɛ¹ nɯŋ³ mɤi⁵ lɤn² jɤi¹ tsɔ¹ li:n²
汉文直译：知 牵 些 几 次 线 给 连
汉文意译：红绳无数来牵连。

（男：张廷德；女：阮氏心，罗维珍，刘元英）

（41）

喃字原文：唭 菝 台 罢 唭 情？
国际音标：kɯ:i² nu⁶ hai¹ la² kɯ:i² tin²
汉文直译：笑 花蕾 或 是 笑 情
汉文意译：笑吟吟是否笑情？

喃字原文：唭 胺 唭 邋 台 躺 唭 些；
国际音标：kɯ:i² jaŋ¹ kɯ:i² jɔ⁵ hai¹ min² kɯ:i² ta¹
汉文直译：笑 月 笑 风 或 妹 笑 哥
汉文意译：笑风笑月或伴笑；

喃字原文：唭 菝 台 罢 唭 花？
国际音标：kɯ:i² nu⁶ hai¹ la² kɯ:i² hwa¹
汉文直译：笑 花蕾 或 是 笑 花
汉文意译：微笑是否笑鲜花？

喃字原文：唭 胺 唭 邋 台 罢 唭 躺。
国际音标：kɯ:i² jaŋ¹ kɯ:i² jɔ⁵ hai¹ la² kɯ:i² min²
汉文直译：笑 月 笑 风 或 是 笑 妹
汉文意译：笑风笑月共欢笑。

1437

（42）

喃字原文： 情英如渃高，
国际音标： tin² ʔan¹ ɲɯ¹ nɯːk⁷ jɤŋ¹ kaːu¹
汉文直译： 情 哥 如 谁 涨 高
汉文意译： 哥情如潮水上涨，

喃字原文： 情淹如解缯桃浸香。
国际音标： tin² ʔɛm¹ ɲɯ¹ raːi³ luə⁶ ʔdaːu² tʂɤm³ huːŋ¹
汉文直译： 情 妹 如 铺 绸 桃 浸 香
汉文意译： 妹情绸染桃花香。

（男：苏维绍；女：杜福英）

情 歌

（四）

喃字原文：忪欺 隊 籢 吏 傷 跙 馱
国际音标：nɣ⁵ khi¹ ʔdoi⁶ nɔn⁵ laːi⁶ thɯːŋ¹ ʔden⁵ ŋɯːi²
汉文直译：想 时 戴 斗笠 再 想 到 人
汉译意译：帽伞送真情

（1）

喃字原文：籢 英 英 隊 㐌 曾，
国际音标：nɔn⁵ ʔan¹ ʔan¹ ʔdoi⁶ ʔda³ tɯŋ²
汉文直译：斗笠 哥 哥 戴 已 曾经
汉译意译：哥戴自笠帽已久，

喃字原文：约 之 特 籢 馱 尨 隊 頭；
国际音标：ʔɯːk⁷ tsi¹ ʔdɯːk⁸ nɔn⁵ ŋɯːi²jɯŋ¹ ʔdoi⁶ ʔdɤu²
汉文直译：盼望 什么 得 斗笠 路人 戴 头
汉译意译：盼望路人送顶帽；

喃字原文：籢 英 ︵ 秩 㐌 数，
国际音标：nɔn⁵ ʔan¹ laːm² mɤt⁷ ʔda³ lɤu¹
汉文直译：斗笠 哥 做 丢失 已 久
汉译意译：最近帽子已丢失，

喃字原文：约 之 特 籤 光 油 隊 制。
国际音标：ʔɯːk⁷ tsi¹ ʔdɯːk⁸ nɔn⁵ kwaːŋ¹ jɤu² ʔdoi⁶ tsɤːi¹
汉文直译：盼望 什么 得 斗笠 光 油 戴 玩
汉译意译：盼望得戴光油帽。

喃字原文：英 固 丐 籤 袂 籹,
国际音标：ʔan¹ kɔ⁵ kaːi⁵nɔn⁵ mɤt⁷ roi²
汉文直译：哥 有 斗笠 丢失 了
汉译意译：哥原旧帽真丢失,

喃字原文：埯 朱 英 摱 隊 制 萉 馳。
国际音标：ʔɛm¹ tsɔ¹ ʔan¹ mɯːn⁶ ʔdoi⁶ tsɤːi¹ vaːi² ŋai²
汉文直译：妹 给 哥 借 戴 玩 几 天
汉译意译：向妹借帽戴几天。

（2）

喃字原文：籤 埯 没 拮 乛 鐷,
国际音标：nɔn⁵ ʔɛm¹ mot⁸ kɤt⁸ haːi¹ van²
汉文直译：斗笠 妹 一 外皮 二 箍
汉译意译：大笠帽一外皮二箍,

喃字原文：籤 埯 拱 袇 底 擯 隊 制;
国际音标：nɔn⁵ ʔɛm¹ jɯ³lɤi⁵ ʔde³ jɤn² ʔdoi⁶ tsɤːi¹
汉文直译：斗笠 妹 守 留 常 戴 玩
汉译意译：妹留笠帽常戴用;

喃字原文：籤 埯 埯 底 隊 頭,
国际音标：nɔn⁵ ʔɛm¹ ʔɛm¹ ʔde³ ʔdoi⁶ ʔdɤu²
汉文直译：斗笠 妹 妹 留 戴 头
汉译意译：妹帽常戴在头上,

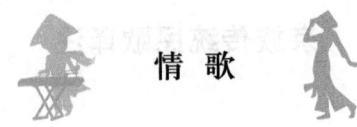

情 歌

喃字原文： 籤 埯 埯 底 ꛀ 妽 茹 馭。
国际音标： nɔn⁵ ʔɛm¹ ʔɛm¹ ʔde³ la:m² jɯu¹ n̪a² ŋɯ:i²
汉文直译： 斗笠 妹妹 留 做 媳妇 家 人家
汉译意译： 保存好帽做媳妇。

喃字原文： 籤 埯 籤 籐 籤 用，
国际音标： nɔn⁵ ʔɛm¹ nɔn⁵ la:t⁸ nɔn⁵ juŋ²
汉文直译： 斗笠 妹 斗笠 篾 斗笠 用
汉译意译： 妹帽都是竹篾编，

喃字原文： 籤 埯 空 隊 特 终 釭 頭。
国际音标： nɔn⁵ ʔɛm¹ khoŋ¹ ʔdoi⁶ ʔdɯ:k⁸ tsuŋ¹ ha:i¹ ʔdɤu²
汉文直译： 斗笠 妹 不 戴 得 同 两 头
汉译意译： 保留结婚夫妻用。

（3）

喃字原文： 籤 籐 ꛀ 之 籤 萆 ꛀ 之，
国际音标： nɔn⁵ la:t⁸ la:m²tsi¹ nɔn⁵ la⁵ la:m²tsi¹
汉文直译： 斗笠 篾 为什么 斗笠 叶 为什么
汉译意译： 篾帽叶帽都是帽，

喃字原文： 埯 朱 英 摱 矯 時 籤 雒；
国际音标： ʔɛm¹ tsɔ¹ ʔan¹ mɯ:n⁶ kɛu³ thi² nɔn⁵ na:n¹
汉文直译： 妹 给 哥 借 要 不 就 斗笠 篾
汉译意译： 请妹借哥顶篾帽；

喃字原文： 惜 𫰆 丐 籤 贾 箄，
国际音标： ti:k⁷ thai¹ ka:i⁵nɔn⁵ mɤ:i⁵ ʔda:n¹
汉文直译： 可惜 啊 斗笠 刚 编
汉译意译： 可惜这帽是新编，

1441

喃字原文： 蓮 拌 牧 一 缸 行 茇 花。
国际音标： ten¹ nen² tsɯ³ nɤt⁷ ha:i¹ ha:ŋ² ka:i² hwa¹
汉文直译： 上 底 色 字 一 两 行 插 花
汉译意译： 红底一字花两边。

喃字原文： 籐 躺 叵 绞 甡 些，
国际音标： nɔn⁵ min² ʔda³ ʔbɛn⁵ tai¹ ta¹
汉文直译： 斗笠 妹 已 投 契 手 哥
汉译意译： 妹帽借入哥手里，

喃字原文： 嗨 浪 薯 窘 於 斯 台 赊；
国际音标： hɔi³ raŋ² thɤ⁶ khɛu⁵ ʔɤ³ ɣɤn² hai¹ sa¹
汉文直译： 问 道 匠 人 巧 在 近 或 远
汉译意译： 问编帽人近或远；

喃字原文： 堆 逄 涅 牧 殷 勤，
国际音标： ʔdoi¹ ʔben¹ net⁷ tsɯ³ ʔɤn¹ kɤn²
汉文直译： 两 边 性 格 字 殷 勤
汉译意译： 咱俩性格是殷勤，

喃字原文： 於 钟 牧 一 十分 燎 妹。
国际音标： ʔɤ³ jɯə³ tsɯ³ nɤt⁷ thɤp⁸ fɤn² rɔ³ ra:ŋ²
汉文直译： 在 中 字 一 十分 清楚
汉译意译： 中间一字表情深。

喃字原文： 强 眖 强 嗦 籐 娘，
国际音标： ka:ŋ² ɲin² ka:ŋ² tɔ³ nɔn⁵ na:ŋ²
汉文直译： 越 看 越 清楚 斗笠 妹
汉译意译： 越看越表帽光亮，

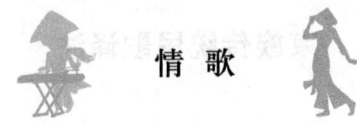

情 歌

喃字原文：堆 逩 捏 孜 籢 鐥 渚 派；
国际音标：ʔdoi¹ ʔben¹ net⁷ tsɯ³ nɔn⁵ va:ŋ² tsɯə¹ fa:i¹
汉文直译：两 边 性情 字 斗笠 金 未 褪色
汉译意译：帽边金字不褪颜；

喃字原文：瀦 停 底 绞 拯 埃，
国际音标：tsɤ⁵ʔdɯŋ² ʔde³ ʔbɛn⁵ tai¹ ʔa:i¹
汉文直译：别 让 投 契 手 谁
汉译意译：莫让此帽入他手，

喃字原文：功 英 艚 鍋 艚 鍬 陶 用。
国际音标：koŋ¹ ʔan¹ va:k⁷ ku:k⁷ va:k⁷ ma:i¹ ʔda:u² juŋ²
汉文直译：功 哥 扛 锄头 扛 锹 挖 用
汉译意译：挖竹来种哥有功。

喃字原文：挓 𫵖 嗨 更 朱 穷，
国际音标：tsaŋ³ nen¹ hɔi³ la:i⁶ tsɔ¹ kuŋ²
汉文直译：不 成 问 再 使 穷尽
汉译意译：不想请妹问根底，

喃字原文：英 打 榕 用 衵 鑍 術 黻。
国际音标：ʔan¹ ʔdan⁵ ɣok⁷ juŋ² lɤi⁵ joŋ⁵ ve² thau¹
汉文直译：哥 打 根部 用 要 种子 为 日后
汉译意译：哥种竹为后生笋。

(4)

喃字原文：要 烧 掞 籢 朱 烧，
国际音标：ʔi:u¹ȵau¹ kɤ:i³ nɔn⁵ tsɔ¹ ȵau¹
汉文直译：相爱 脱 斗笠 给 互相
汉译意译：相爱脱笠帽赠送，

1443

喃字原文：英 術 討 媄 戈 桥 遶 飛 ；
国际音标：ʔan¹ veʔ joi⁵ mɛ⁶ kwa¹ kɤu² jɔ⁵ ʔbai¹
汉文直译：哥 回 骗 母 过 桥 风 飞
汉译意译：回骗母过桥风吹；

喃字原文：襖 英 淹 扔 逹 搩，
国际音标：ʔaːu⁵ ʔan¹ ʔɛm¹ vatʔ ten¹ tai¹
汉文直译：衣服 哥 妹 搭 上 手
汉译意译：哥衣服妹搭手上，

喃字原文：底 腅 淹 搭 簸 鼎 淹 䵷。
国际音标：ʔde³ ʔdem¹ ʔɛm¹ ʔdapʔ nɔn⁵ ŋai² ʔɛm¹ tɔŋ¹
汉文直译：留 夜里 妹 盖 斗笠 白天 妹 看
汉译意译：夜里盖衣日戴帽。

（男：苏维绍收自阮世和；女：阮贤光）

（5）

喃字原文：要 烧 摱 簸 朱 烧，
国际音标：ʔiːu¹ ɲau¹ mɯːn⁶ nɔn⁵ tsɔ¹ ɲau¹
汉文直译：相爱 借 斗笠 给 互相
汉译意译：相爱把帽互赠送，

喃字原文：否 咻 簸 帝 呫 曪 呋 淹；
国际音标：vi⁵ juʔ nɔn⁵ ʔdɤi⁵ laːm² jau² ri¹ ʔɛm¹
汉文直译：如果 斗笠 那儿 做 富 这样 妹
汉译意译：若果这帽能发财；

喃字原文：否 咻 簸 帝 呫 曪，
国际音标：vi⁵ juʔ nɔn⁵ ʔdɤi⁵ laːm² jau²
汉文直译：如果 斗笠 那儿
汉译意译：如果这帽能致富，

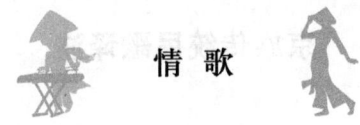

情 歌

喃字原文：奇 蚀 天 下 拣 艚 夯 奔。
国际音标：ka³ toŋ¹ thi:n¹ha⁶ ʔdoŋ⁵ tau² ʔdi¹ ʔbu:n¹
汉文直译：全 中 天下 造 船 去 贩卖
汉译意译：众人造船做生意。

喃字原文：媕 喂 英 摿 簸 奔，
国际音标：ʔɛm¹ ʔɤ:i¹ ʔan¹ mɯ:n⁶ nɔn⁵ ʔbu:n¹
汉文直译：妹 啊 哥 借 斗笠 贩卖
汉译意译：妹帽哥戴去经商，

喃字原文：剅 时 雯 曘 脏 悗 雯 霜。
国际音标：ŋai² thi² tsɛ¹ naŋ⁵ ʔdem¹ ʔbu:n² tsɛ¹ thɯ:ŋ¹
汉文直译：白天 则 遮 阳光 夜里 烦闷 遮 霜
汉译意译：日间遮荫夜遮霜。

喃字原文：媕 喂 英 摿 簸 奔，
国际音标：ʔɛm¹ ʔɤ:i¹ ʔan¹ mɯ:n⁶ nɔn⁵ ʔbu:n¹
汉文直译：妹 啊 哥 借 斗笠 贩卖
汉译意译：哥赠帽小意义深，

喃字原文：伱 欺 队 簸 吏 伤 䟫 馹；
国际音标：nɤ⁵ khi¹ ʔdoi⁶ nɔn⁵ la:i⁶ thɯ:ŋ¹ ʔden⁵ ŋɯ:i²
汉文直译：想 时 戴 斗笠 再 想 到 人
汉译意译：礼常往来表哥心；

喃字原文：媕 術 䊳 黩 朱 鲜，
国际音标：ʔɛm¹ ve² mat⁸ mui³ tsɔ¹ tɯ:i¹
汉文直译：妹 为 面容 给 趁早
汉译意译：妹真有意快领受，

1445

喃字原文： 停　愁　溸　惨　馹　哄　堆　些。
国际音标： ʔduŋ² thʁu² tsʁ⁵ thaːm³ ŋɯːi² kɯːi² ʔdoi¹taʰ¹
汉文直译： 别　愁　别　惨　人　笑　咱俩
汉译意译： 莫负阿哥一片心。

（6）

喃字原文： 籤　尼　罖　籤　乌　迷，
国际音标： nɔn⁵ nai² la² nɔn⁵ ʔɔ¹me¹
汉文直译： 斗笠　这是　斗笠　表真情
汉译意译： 哥帽送礼表真情，

喃字原文： 籤　尼　罖　籤　㢭　術　雯　终；
国际音标： nɔn⁵ nai² la² nɔn⁵ ʔdi¹vɛ² tsɛ¹ tsuŋ¹
汉文直译： 斗笠　这是　斗笠　来往　遮　共同
汉译意译： 若妹不收负哥心；

喃字原文： 一　徐　二　待　三　躘，
国际音标： nʁt⁷ tsʁ² ɲi⁶ ʔdʁːi⁶ taːm¹ toŋ¹
汉文直译： 一　等　二　待　三　望
汉译意译： 今日收下哥礼物，

喃字原文： 别　浪　祂　特　烧　空　唉　躺。
国际音标： ʔbiːt⁷raŋ² lʁi⁵ ʔdɯːk⁸ nau¹ khoŋ¹ hʁːi³ min²
汉文直译： 知道　嫁娶　得　互相　不　啊　妹
汉译意译： 日后哥妹必成婚。

（7）

喃字原文： 躺　喂！些　嗨　寔　躺，
国际音标： min² ʔʁːi¹! ta¹ hoi³ thʁt⁸ min²
汉文直译： 妹　啊　哥　问　真　妹
汉译意译： 妹啊！哥来问实言，

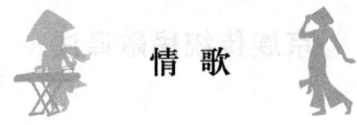

情 歌

喃字原文： 料算 决志修行 特 庄？
国际音标： liːu⁶tɔn¹ kwiːt⁷tsi⁵ tu¹han² ʔdɯːk⁸ tsaŋ¹
汉文直译： 料算 决意 修行 得 不
汉译意译： 是否舍身去修行？

喃字原文： 台 罖 数 份 龍 髝，
国际音标： hai¹ la² tho⁵fɤn⁶ lɔŋ¹ʔdɔŋ¹
汉文直译： 或 是 命运 漂泊
汉译意译： 或是由命运飘泊，

喃字原文： 台 罖 擬 渚 䦹 蓬 𠄎 之。
国际音标： hai¹ la² ŋi³ tsɯə¹ ʔdɛu²ʔbɔŋ² laːm² tsi¹
汉文直译： 或 是 想 未 羁绊 做 什么
汉译意译： 或是思想谁负担。

喃字原文： 台 罖 擬 渚 䞘 時，
国际音标： hai¹ la² ŋi³ tsɯə¹ ʔden⁵ thi²
汉文直译： 或 是 想 未 到 时
汉译意译： 或是年龄未到时，

喃字原文： 台 罖 擬 渚 𠄎 之 多 㧅；
国际音标： hai¹ la² ŋi³ tsɯə¹ laːm² tsi¹ ʔda¹maːŋ¹
汉文直译： 或 是 想 未 做 什么 操劳
汉译意译： 或是想操劳家事；

喃字原文： 台 罖 玉 砑 䟢 扬，
国际音标： hai¹ la² ŋɔk⁸ʔda⁵ jɤ³jaːŋ¹
汉文直译： 或 是 玉石 尴尬
汉译意译： 或是尴尬为玉石，

1447

喃字原文：𱉉 罒 挸 撰 妭 讓 渚 信。
国际音标：hai¹ la² kɛn⁵tsɔn⁶ nɤ³ɲaːŋ² tsɯə¹ tin¹
汉文直译：或 是 挑选 耽误 未 相中
汉译意译：或是挑选耽误时。

喃字原文：𱉉 罒 涓 𨅝 風 情，
国际音标：hai¹ la² kwɛn¹thɔi⁵ fɔŋ¹tin²
汉文直译：或 是 习惯 风情
汉译意译：或是习惯与风情，

喃字原文：𱉉 罒 畸 籤 ﾂ 生 挳 嘲；
国际音标：hai¹ la² ɣɛ⁵ nɔn⁵ laːm² thin¹ tsaŋ³ tsaːu²
汉文直译：或 是 歪斜 斗笠 做 生人 不 问候
汉译意译：或装傻歪帽不问；

喃字原文：迖 烧 籤 挳 嘲，
国际音标：ɣap⁸ɲau¹ ɣɛ⁵ nɔn⁵ tsaŋ³ tsaːu²
汉文直译：相遇 歪斜 斗笠 郎 问候
汉译意译：相遇歪帽不想问，

喃字原文：劫 孋 铖 伴 㦖 岱 铖 涓。
国际音标：kiːp⁷ naːu² nen¹ ʔbaːn⁶ ʔdɤːi² naːu² nen¹ kwɛn¹
汉文直译：劫 哪 成 伴侣 代 哪 成 熟悉
汉译意译：何时惯熟成友人。

（8）

喃字原文：籤 淹 謨 幣 朱 払，
国际音标：nɔn⁵ ʔɛm¹ muə¹ tsɤ⁶ tsɔ¹ tsaːŋ²
汉文直译：斗笠 妹 买 集市 给 郎
汉译意译：赠送君帽妹街买，

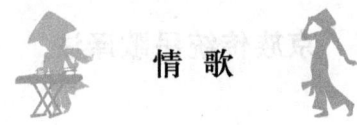

情 歌

喃字原文：挠 黜 墰 會 返 払 於 低；
国际音标：ʔdɛm¹ ra¹ ʔdaːmˤhoi⁶ ɣap⁸ tsaːŋ² ʔɤ³ ʔdʐi¹
汉文直译：带 出 歌会 遇 郎 在 这儿
汉译意译：戴来歌会遇见君；

喃字原文：籤 尼 雯 遒 雯 霾，
国际音标：nɔn⁵ nai² tsɛ¹ jɔ⁵ tsɛ¹ mɤ¹
汉文直译：斗笠 这 遮 风 遮 云
汉译意译：这帽遮风又遮云，

喃字原文：雯 霜 雯 曝 霾 甽 弻 制。
国际音标：tsɛ¹ tʰɯːŋ¹ tsɛ¹ naŋ⁵ tsɛ¹ ŋai² ʔdi¹ tsʐi¹
汉文直译：遮 霜 遮 阳光 遮 白天 去 玩
汉译意译：夜玩遮霜日遮荫。

喃字原文：籤 揜 雯 奇 榊 丕，
国际音标：nɔn⁵ ʔɛm¹ tsɛ¹ ka³ mat⁸jɤːi²
汉文直译：斗笠 妹 遮 整个 太阳
汉译意译：妹帽还能遮太阳，

喃字原文：雯 湄 雯 遒 朱 馱 知 音。
国际音标：tsɛ¹ mɯə¹ tsɛ¹ jɔ⁵ tsɔ¹ ŋɯːi² ti¹ʔɤm¹
汉文直译：遮 雨 遮 风 给 人 知 音
汉译意译：遮风遮雨送知音。

（男：苏维绍；女：杜福英）

（9）

喃字原文：甦 酞 丐 籤 贾 箪，
国际音标：sin¹ tʰai¹ kaːi⁵ nɔn⁵ mɤːi⁵ ʔdaːn¹
汉文直译：美观 啊 斗笠 刚 编
汉译意译：新编笠帽真美观，

1449

喃字原文：堆 行 牧 十 巴 行 结 花；
国际音标：ʔdoi¹ ha:ŋ² tsɯ³ thɤp⁸ ʔba¹ ha:ŋ² ket⁷ hwa¹
汉文直译：两 行 字 十 三 行 结 花
汉译意译：两行十字三行花；

喃字原文：籤 尼 籤 媄 籤 吒，
国际音标：nɔn⁵ nai² nɔn⁵ mɛ⁶ nɔn⁵ tsa¹
汉文直译：斗笠 这 斗笠 母 斗笠 父
汉译意译：这帽是父母功恩，

喃字原文：台 罡 丐 籤 馱 些 庵 扲？
国际音标：hai¹ la² ka:i⁵ nɔn⁵ ŋɯ:i² ta¹ ʔɛm¹ kɤm²
汉文直译：或 是 斗笠 人家 妹 拿
汉译意译：或是情人赠妹戴？

喃字原文：台 罡 丐 籤 知音，
国际音标：hai¹ la² ka:i⁵ nɔn⁵ ti¹ ʔɤm¹
汉文直译：或 是 斗笠 知音
汉译意译：或是知音人相送，

喃字原文：時 朱 英 摱 英 扲 佘 欮。
国际音标：thi² tsɔ¹ ʔan¹ mɯ:n⁶ ʔan¹ kɤm² mɤi⁵ hom¹
汉文直译：则 给 哥 借 哥 拿 几 天
汉译意译：让哥借戴数日吧。

（10）

喃字原文：籤 尼 罡 籤 庵 謨，
国际音标：nɔn⁵ nai² la² nɔn⁵ ʔɛm¹ muə¹
汉文直译：斗笠 这 是 斗笠 妹 买
汉译意译：这帽是妹刚买来，

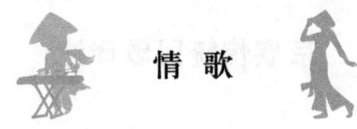

情 歌

喃字原文：丐捭织竹丐窥织鐄；
国际音标：kaːi⁵kwaːi¹ tsi³ tuk⁷ kaːi⁵khwi¹ tsi³ vaːŋ²
汉文直译：系带　线竹　扣子　线金
汉译意译：帽扣黄线带子丝；

喃字原文：情旗扒返払挰，
国际音标：tin²kɤ² ʔbat⁷ɣap⁸ tsaːŋ² maːŋ¹
汉文直译：偶然　相遇　郎　带
汉译意译：偶然在此遇见君，

喃字原文：防欺湄遢妾払隊终。
国际音标：foŋ² khi¹ muɯə¹ jɔ⁵ thiːp⁷ tsaːŋ² ʔdoi⁶ tsuŋ¹
汉文直译：防　时　雨　风　妾　郎　戴　同
汉译意译：咱俩共同遮晴雨。

(11)

喃字原文：返低英衪籢尼，
国际音标：ɣap⁸ ʔdɤi¹ ʔan¹ lɤi⁵ nɔn⁵ nai²
汉文直译：遇　这儿　哥　拿　斗笠　这
汉译意译：相见哥想要此帽，

喃字原文：喀呐英者啈尼英拎；
国际音标：khɛu⁵ nɔi⁵ ʔan¹ ja³ vuŋ⁶ nai² ʔan¹ kɤm²
汉文直译：善于　说　哥　答　偷偷　这　哥　拿
汉译意译：好说哥还莫窃思；

喃字原文：籢尼㤠沛缘埃，
国际音标：nɔn⁵ nai² ʔdaː³ faːi³ jiːn¹ ʔaːi¹
汉文直译：斗笠　这　已　是　缘　谁
汉译意译：这帽缘分表妹意，

1451

喃字原文：麻 㵢 拯 㴦 麻 鉔 拯 黜。
国际音标：ma² ɣot⁸ tsaŋ³ that⁸ ma² ma:i² tsaŋ³ ra¹
汉文直译：而 洗 不 干净 而 磨 不 出
汉译意译：牢固情义磨不弃。

喃字原文：簸 尼 贴 媄 共 吒,
国际音标：nɔn⁵ nai² kuə³ mɛ⁶ kuŋ² tsa¹
汉文直译：斗笠 这 的 母 同 父
汉译意译：这帽又是父母情,

喃字原文：自 𣈗 娘 隊 悴 悙 𢚸 悉;
国际音标：tɯ² ŋai² na:ŋ² ʔdoi⁶ sot⁷sa¹ tɔŋ¹ lɔŋ²
汉文直译：从 天 妹 戴 痛心 中 心
汉译意译：自从妹戴心相思;

喃字原文：悲 唅 媂 貿 迓 𫝀,
国际音标：ʔbɤi¹jɤ² vɤ⁶ mɤ:i⁵ ɣap⁸ tsoŋ²
汉文直译：如今 妻 刚 遇 夫
汉译意译：好似夫妻今相遇,

喃字原文：時 娘 交 吏 簸 红 者 英。
国际音标：thi² na:ŋ² ja:u¹ la:i⁶ nɔn⁵ hoŋ² ja³ ʔan¹
汉文直译：则 妹 交 来 斗笠 红 还 哥
汉译意译：妹送红帽交君子。

喃字原文：簸 尼 荑 仯 㗂 扣,
国际音标：nɔn⁵ nai² la⁵ mɤi⁵ lɤn² khɤu¹
汉文直译：斗笠 这 叶 几 层 缝合
汉译意译：这帽共铺几层叶,

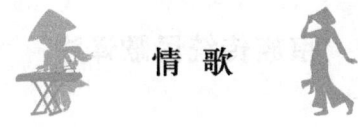

情 歌

喃字原文： 育 昂 氽 毞 翻 斳 氽 齐；
国际音标： jok⁸ ŋa:ŋ¹ mɤi⁵ thɯ:k⁷ tɯ:k⁷ thau¹ mɤi⁵ lɤn²
汉文直译： 纵 横 几 尺 前 后 几 层
汉译意译： 前后多厚大几尺；

喃字原文： 娘 麻 講 特 恩 勤，
国际音标： na:ŋ² ma² ja:ŋ³ ʔdɯ:k⁸ ʔɤn¹kɤn²
汉文直译： 妹 若 讲 得 殷 勤
汉译意译： 妹若有心说清楚，

喃字原文： 時 英 者 籨 迻 蹟 尽 茹。
国际音标： thi² ʔan¹ ja³ nɔn⁵ ʔdɯə¹tsɤn¹ tɤn⁶ ɲa²
汉文直译： 则 哥 还 斗笠 送行 到 家
汉译意译： 送妹到家帽还主。

（12）

喃字原文： 籨 媕 拰 當 氽 銅，
国际音标： nɔn⁵ ʔɛm¹ tsaŋ³ ʔda:ŋ⁵ mɤi⁵ ʔdoŋ²
汉文直译： 斗笠 妹 不 值 几 元
汉译意译： 这帽不值多少钱，

喃字原文： 払 麻 迭 袘 翢 悉 払 貪；
国际音标： tsa:ŋ² ma² jɤt⁸ lɤi⁵ ra¹ lɔŋ² tsa:ŋ² tha:m¹
汉文直译： 郎 而 抢 拿 出 心 郎 贪
汉译意译： 哥想抢走显贪心；

喃字原文： 籨 媕 籨 鉑 籨 鐄，
国际音标： nɔn⁵ ʔɛm¹ nɔn⁵ ʔba:k⁸ nɔn⁵ va:ŋ²
汉文直译： 斗笠 妹 斗笠 银 斗笠 金
汉译意译： 妹帽若黄金白银，

喃字原文：時 俺 貿 敢 交 払 拎 拪。
国际音标：thi² ʔɛm¹ mɤ:i⁵ ja:m⁵ ja:u¹ tsa:ŋ² kɤm¹ tai¹
汉文直译：则 妹 才 敢 交 郎 握 手
汉译意译：方敢交君表妹心。

喃字原文：惜 為 籢 葉 捓 霾，
国际音标：ti:k⁷ vi² nɔn⁵ la⁵ kwa:i¹ mɤi¹
汉文直译：可惜 为 斗笠 叶 系 索 藤
汉译意译：可惜叶帽扣山藤，

喃字原文：铖 俺 揸 敢 交 拪 払 拎。
国际音标：nen¹ ʔɛm¹ tsaŋ³ ja:m⁵ ja:u¹ tai¹ tsa:ŋ² kɤm¹
汉文直译：所以 妹 不 敢 交 手 郎 握
汉译意译：因此不敢交与君。

（男：杜福朝；女：吴秀英）

（13）

喃字原文：䀡 矃 偘 丐 籢 尼，
国际音标：mat⁷ toŋ¹ thɤi⁵ ka:i⁵ nɔn⁵ nai²
汉文直译：眼 望 见 顶 斗笠 这
汉译意译：望见妹这顶帽子，

喃字原文：籢 俺 時 拱 寔 馴 卒 缘；
国际音标：nɔn⁵ ʔɛm¹ thi² kuŋ³ thɤt⁸ rai² tot⁷ ji:n¹
汉文直译：斗笠 妹 则 也 真 今天 好 缘
汉译意译：这帽体现好缘分；

喃字原文：籢 俺 寔 當 饒 钱，
国际音标：nɔn⁵ ʔɛm¹ thɤt⁸ ʔda:ŋ⁵ ɲi:u² ti:u²
汉文直译：斗笠 妹 真 值 多 钱
汉译意译：这帽真是值千金，

1454

情 歌

喃字原文：英 吓 扲 衬 结 缘 仕 術。
国际音标：ʔan¹ sin¹ kɤm²lɤi⁵ ket⁷ji:n¹ thɛ³ ve²
汉文直译：哥 请 拿　　结 缘 将 回
汉译意译：得帽结缘方回家。

喃字原文：籢 媕 花 熾 四 𰀁，
国际音标：nɔn⁵ ʔɛm¹ hwa¹ sai⁵ tɯ⁵ ʔbe²
汉文直译：斗笠 妹 花 挑 四 边
汉译意译：这帽周边全挑花，

喃字原文：英 吓 扲 衬 跋 術 教　勸。
国际音标：ʔan¹ sin¹ kɤm²lɤi⁵ jɤ³ve² ja:u⁵ khwi:n¹
汉文直译：哥 请 拿　 返 回 教 劝
汉译意译：哥留记念拿回家。

（14）

喃字原文：籢 尼 籙 摔 楜 静，
国际音标：nɔn⁵ nai² la:t⁸ vɔt⁷ tɛ¹ san¹
汉文直译：斗笠 这　篾 削 竹 青
汉译意译：这帽编是青竹篾，

喃字原文：牢 払 扲 衬 籢 媕 冖 之；
国际音标：tha:u¹ tsa:ŋ² kɤm²lɤi⁵ nɔn⁵ ʔɛm¹ la:m² tsi¹
汉文直译：为何 郎　　拿 斗笠 妹　做 什
汉译意译：为何哥要拿回家；

喃字原文：籢 媕 謨 於 幣 市，
国际音标：nɔn⁵ ʔɛm¹ muə¹ ʔɤ³ tsɤ⁶tsi⁶
汉文直译：斗笠 妹 雨 在 集 市
汉译意译：这帽妹在街上买，

1455

喃字原文：自 希 至 主 拱 如 籤 尼。
国际音标：tɯ² vuə¹ tsi⁵ tsuə⁵ kuŋ³ n̠ɯ¹ nɔn⁵ nai²
汉文直译：从 皇帝 到 官员 都 如 斗笠 这
汉译意译：大小官员都戴它。

（15）

喃字原文：籤 淹 没 拮 𡉁 錀，
国际音标：nɔn⁵ ʔɛm¹ mot⁸ kɤt⁸ ha:i¹ van²
汉文直译：斗笠 妹 一 外皮 两 箍
汉译意译：妹帽一筋两条边，

喃字原文：淹 朱 英 撗 底 擯 隊 制；
国际音标：ʔɛm¹ tso¹ ʔan¹ mɯːn⁶ ʔde³ jɤn² ʔdoi⁶ tsɤ:i¹
汉文直译：妹 给 哥 借 留 慢慢 戴 玩
汉译意译：哥想借戴去荡耍；

喃字原文：淹 喂 渚 尼 謹 權，
国际音标：ʔɛm¹ ʔɤ:i¹ tsuə¹ voi⁶ kɤn³ kwi:n²
汉文直译：妹 啊 未 急 谨 权变
汉译意译：请妹莫要急追还，

喃字原文：籤 淹 英 隊 迚 年 仕 群。
国际音标：nɔn⁵ ʔɛm¹ ʔan¹ ʔdoi⁶ mɯːi² nam¹ the³ kɔn²
汉文直译：斗笠 妹 哥 戴 十 年 将 存在
汉译意译：哥戴十年永保存。

喃字原文：由 麻 滝 泩 矻 痈，
国际音标：jɤu² ma² thoŋ¹ ka:n⁶ ʔda⁵ mɔn²
汉文直译：尽管 河 干 石 磨损
汉译意译：尽管河干石磨损，

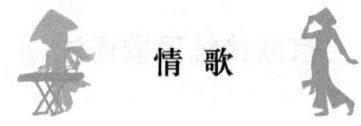

情 歌

喃字原文：拱 如 鐄 鈫 記 輪 底 茋；
国际音标：kuŋ³ ȵɯ¹ khwa:n¹ that⁷ ɣi¹ thon¹ ʔde³ ʔdɣ:i²
汉文直译：也 如 钻子 铁 记 朱红 留 世
汉译意译：如同钻印留千年。

喃字原文：悲 唒 擾 籤 貼 馱，
国际音标：ʔbɣi¹jɣ² mɯ:n⁶ nɔn⁵ kuə³ ŋɯ:i²
汉文直译：如今 借 斗笠 的 人家
汉译意译：如今借妹这顶帽，

喃字原文：毭 悆 感 境 堆 尼 符 愁；
国际音标：tɔŋ¹ lɔŋ² ka:m³ kan³ ʔdoi¹ nɣ:i¹ jɯ³ thɣu²
汉文直译：中 心 触 景 两 地 守 愁
汉译意译：心中触景烦无言；

喃字原文：自 聐 衫 籤 貼 烧，
国际音标：tɯ² ŋai² lɣi⁵ nɔn⁵ kuə³ ȵau¹
汉文直译：从 天 拿 斗笠 的 互相
汉译意译：自从拿得妹帽子，

喃字原文：毭 悆 感 境 脆 愁 相 思。
国际音标：tɔŋ¹ lɔŋ² ka:m³ kan³ ja⁶ thɣu² tɯ:ŋ¹tɯ¹
汉文直译：中 心 触 景 肚 愁 相思
汉译意译：心里生情愁相思。

（16）

喃字原文：籤 碎 碎 隊 㩐 頭，
国际音标：nɔn⁵ toi¹ toi¹ ʔdoi⁶ ten¹ ʔdɣu²
汉文直译：斗笠 我 我 戴 上 头
汉译意译：妹帽正戴在头上，

1457

京族传统民歌译注

喃字原文：払 麻 衵 秩 翘 愁 曝 霜；
国际音标：tsaːŋ² ma² lɤi⁵ mɤt⁷ tsiu⁶ thɤu² naŋ⁵ thɯːŋ¹
汉文直译：郎 而 拿 完 受 愁 阳光 霜
汉译意译：让君拿去受晴雨；

喃字原文：悲 唸 秩 籢 冲 塘，
国际音标：ʔbɤi¹jɤ² mɤt⁷ nɔn⁵ jɯə³ ʔdɯːŋ²
汉文直译：如今 丢失 斗笠 中 路
汉译意译：如今行路无帽子，

喃字原文：底 碎 翘 曝 翘 霜 貝 丕。
国际音标：ʔde³ toi¹ tsiu⁶ naŋ⁵ tsiu⁶ thɯːŋ¹ vɤːi⁵ jɤːi²
汉文直译：留 我 受 阳光 受 霜 和 天
汉译意译：日晒雨淋妹受尽。

喃字原文：嚎 牢 低 帝 鲽 堆，
国际音标：mɔŋ¹ thaːu¹ ʔdɤi¹ ʔdɤi⁵ ʔdɛp⁸ ʔdoi¹
汉文直译：期望 怎么 这儿 那儿 匹配
汉译意译：期望哥早有双对，

喃字原文：底 英 者 籢 朱 碎 黜 術；
国际音标：ʔde³ ʔan¹ ja³ nɔn⁵ tsɔ¹ toi¹ ra¹ve²
汉文直译：让 哥 还 斗笠 给 我 回去
汉译意译：让哥还帽妹回家；

喃字原文：矫 晟 裵 伴 唭 吱，
国际音标：kɛu³ maːi¹ tsuŋ⁵ ʔbaːn⁶ kɯːi²tse¹
汉文直译：否则 日后 朋友们 嘲笑
汉译意译：要不朋友会嘲笑，

1458

情 歌

喃字原文： 眻 扐 固 籢 眻 術 頭 空！
国际音标： luk⁷ ʔdi¹ kɔ⁵ nɔn⁵ luk⁷ ve² ʔdɤu² khoŋ¹
汉文直译： 时 去 有 斗笠 使 回 头 不
汉译意译： 出戴帽回不见啦！

（男：苏维绍收自阮世和；女：阮贤光）

（17）

喃字原文： 英 跙 喂！唉 英 跙，
国际音标： ʔan¹ ʔba¹ ʔɤːi¹! hɤːi³ ʔan¹ ʔba¹
汉文直译： 哥 三 啊 啊 哥 三
汉译意译： 三哥啊！三哥，

喃字原文： 頭 隊 籢 榌 捓 跙 皿 蔞；
国际音标： ʔdɤu² ʔdoi⁶ nɔn⁵ juɯ⁵ tai¹ ʔba¹ miːŋ⁵ jɤu²
汉文直译： 头 戴 斗笠 剑麻 手 三 片 槟榔
汉译意译： 头戴叶帽口食槟榔；

喃字原文： 催 催 奄 咋 唵 蔞，
国际音标： thoi¹ thoi¹ ʔɛm¹ tsa³ ʔan¹ jɤu²
汉文直译： 罢了 罢了 妹 不 吃 槟榔
汉译意译： 好啦！妹不想食槟榔，

喃字原文： 馴 貁 叅 奄 愁 英 跙。
国际音标： ŋai²thau¹ ʔɛm⁵ nɤːn⁵ ʔɛm¹ thɤu² ʔan¹ ʔba¹
汉文直译： 日后 妹 大 妹 愁 哥 三
汉译意译： 日后成人谢三哥。

喃字原文： 媄 奄 扒 嫁 鈛 赊，
国际音标： mɛ⁶ ʔɛm¹ ʔbat⁷ ya³ tsoŋ² sa¹
汉文直译： 母 妹 逼 嫁 夫 远
汉译意译： 妹母追妹嫁远夫，

1459

喃字原文：時 俺 据 祂 英 呸 朱 斯；
国际音标：thi² ʔɛm¹ kɯ⁵ lɣi⁵ ʔan¹ ʔba¹ tsɔ¹ ɣɤn²
汉文直译：则 妹 一 直 嫁 哥 三 给 近
汉译意译：妹想嫁近娶三哥；

喃字原文：茹 英 固 泃 萎 赇，
国际音标：ȵa² ʔan¹ kɔ⁵ ʔa:u¹ rau¹kɤn²
汉文直译：家 哥 有 塘 芹菜
汉译意译：哥家屋后有菜园，

喃字原文：固 壜 萎 葉 於 斯 坡 泃。
国际音标：kɔ⁵ vɯ:n² rau¹ji:p⁷ ʔɣ³ ɣɤn² ʔbɣ² ʔa:u¹
汉文直译：有 园 莴苣 在 近 边 塘
汉译意译：有莴苣园在塘边。

喃字原文：茹 英 固 懃 固 犛 固 桃，
国际音标：ȵa² ʔan¹ kɔ⁵ mɣ¹ kɔ⁵ mɣn⁶ kɔ⁵ ʔda:u²
汉文直译：家 哥 有 杏 有 李 有 桃
汉译意译：哥家有杏、李、桃园，

喃字原文：固 壜 鸧 玉 固 牪 逹 盃。
国际音标：kɔ⁵ vɯ:n² tsim¹ŋɔk⁸ kɔ⁵ tha:u¹ ten¹ jɣ:i²
汉文直译：有 园 孔雀 有 星星 上 天
汉译意译：有孔雀园闪天星。

（18）
喃字原文：胨 戈 捱 渃 邊 塘，
国际音标：ʔdem¹kwa¹ ɣan⁵ nɯ:k⁷ ʔben¹ ʔda:ŋ²
汉文直译：昨夜 挑 谁 边 路
汉译意译：昨晚在池塘担水，

情 歌

喃字原文：補 悄 丐 籤 冐 鑽 払 喂；
国际音标：ʔbo³ kwen¹ kaːi⁵ nɔn⁵ laːŋ⁶ vaːŋ² tsaːŋ² ʔɤːi¹
汉文直译：丢 忘 斗笠 两 金 郎 啊
汉译意译：丢顶笠帽值两金；

喃字原文：喧 信 払 扒 特 耒，
国际音标：ŋɛ¹ tin¹ tsaːŋ² ʔbat⁷ ʔdɯːk⁸ roi²
汉文直译：听 信息 郎 捡 得 了
汉译意译：听说哥已拾回家，

喃字原文：払 麻 朱 赎 埯 蒔 翌 恩。
国际音标：tsaːŋ² ma² tsɔ¹ tsuːk⁸ ʔɛm¹ thi² tsiu⁶ ʔɤn¹
汉文直译：郎 而 给 赎 妹 就 受 恩
汉译意译：君给妹赎万感恩。

（19）
喃字原文：籤 埯 籤 荓 籤 江，
国际音标：nɔn⁵ ʔɛm¹ nɔn⁵ la⁵ laːt⁸ jaːŋ¹
汉文直译：斗笠 妹 斗笠 叶 篾 江竹
汉译意译：妹帽编篾内夹叶，

喃字原文：籤 埯 空 底 朱 払 特 兜；
国际音标：nɔn⁵ ʔɛm¹ khoŋ¹ ʔde³ tsɔ¹ tsaːŋ² ʔdɯːk⁸ ʔdɤu¹
汉文直译：斗笠 妹 不 留 给 郎 得 哪儿
汉译意译：这帽不能送给君；

喃字原文：籤 埯 埯 底 隊 頭，
国际音标：nɔn⁵ ʔɛm¹ ʔɛm¹ ʔde³ ʔdoi⁶ ʔdɤu²
汉文直译：斗笠 妹 妹 留 戴 头
汉译意译：妹留帽来自己戴，

京族传统民歌译注

喃字原文：籨 埯 埯 底 挀 兜 埯 拎。
国际音标：nɔn⁵ ʔɛm¹ ʔɛm¹ ʔde³ ʔdi¹ ʔdʐu¹ ʔɛm¹ kɤm²
汉文直译：斗笠 妹 妹 留 去 哪儿 妹 拿
汉译意译：去那里帽不离身。

喃字原文：籨 埯 埯 底 埯 拎，
国际音标：nɔn⁵ ʔɛm¹ ʔɛm¹ ʔde³ ʔɛm¹ kɤm²
汉文直译：斗笠 妹 妹 留 妹 拿
汉译意译：这帽留来自拿手，

喃字原文：籨 埯 埯 底 湄 淫 埯 霎。
国际音标：nɔn⁵ ʔɛm¹ ʔɛm¹ ʔde³ mɯɯ¹ jɤm² ʔɛm¹ tsɛ¹
汉文直译：斗笠 妹 妹 留 雨 淋 妹 遮
汉译意译：挡风遮雨留护身。

喃字原文：籨 埯 埯 底 埯 霎，
国际音标：nɔn⁵ ʔɛm¹ ʔɛm¹ ʔde³ ʔɛm¹ tsɛ¹
汉文直译：斗笠 妹 妹 留 妹 遮
汉译意译：妹帽外出不离头，

喃字原文：扒 麻 衵 埯 術 叨 牢；
国际音标：tsaːŋ² ma² lɤi⁵ ʔɛm¹ veˀ² laːm²thaːu¹
汉文直译：郎 而 拿 妹 回 怎么办
汉译意译：君硬取去妹怎办；

喃字原文：籨 埯 捱 当 佘 薜，
国际音标：nɔn⁵ ʔɛm¹ tsaŋ³ ʔdaːŋ⁵ mɤi⁵ nam¹
汉文直译：斗笠 这 不 值 几 年
汉译意译：这帽只能戴几年，

情 歌

喃字原文： 麻 払 衤乜 籤 啫 吢 馹 唭。
国际音标： ma² tsa:ŋ² lɤi⁵ nɔn⁵ ti:ŋ⁵tam¹ ŋɯ:i² kɯ:i²
汉文直译： 而 郎 拿 斗笠 名声 人 笑
汉译意译： 拿去人笑实难堪。

喃字原文： 籤 尼 拰 當 尒 进，
国际音标： nɔn⁵ nai² tsaŋ³ ʔda:ŋ⁵ mɤi⁵ mɯ:i¹
汉文直译： 斗笠 这 不 值 几 十
汉译意译： 这帽不值多少钱，

喃字原文： 麻 払 捹 籤 馹 唭 仁 些。
国际音标： ma² tsa:ŋ² lot⁷ nɔn⁵ ŋɯ:i² kɯ:i² ha:i¹ta¹
汉文直译： 而 郎 脱 斗笠 人 笑 咱俩
汉译意译： 君若抢去众人反。

（20）

喃字原文： 籤 媕 媕 隊 包 数，
国际音标： nɔn⁵ ʔɛm¹ ʔɛm¹ ʔdoi⁶ ʔda³ lɤu¹
汉文直译： 斗笠 妹 妹 戴 已 久
汉译意译： 妹帽戴时间已久，

喃字原文： 牢 払 捹 籤 逴 頭 媕 黜；
国际音标： tha:u¹ tsa:ŋ² lot⁷ nɔn⁵ ten¹ ʔdɤu² ʔɛm¹ ra¹
汉文直译： 为何 郎 脱 斗笠 上 头 妹 出
汉译意译： 哥在妹头脱帽走；

喃字原文： 少 嬹 時 術 嗨 媄 嗨 吒，
国际音标： thi:u⁵ nɤ⁶ thi² ve² hɔi³ mɛ⁶ hɔi³ tsa¹
汉文直译： 欠 债 则 回 问 母 问 父
汉译意译： 欠债追还问父母，

喃字原文： ᄆ 之 捒 簸 媕 黜 竔 塘；
国际音标： laːm²tsi¹ lot⁷ nɔn⁵ ʔɛm¹ ra¹ jɯə³ ʔdɯːŋ²
汉文直译： 为何 脱 斗笠 妹 出 中 路
汉译意译： 为何途中脱妹帽；

喃字原文： 竔 塘 拮 捷 繿 鑅，
国际音标： jɯə³ ʔdɯːŋ² kɤt⁷ ɣan⁵ voi⁶vaːŋ²
汉文直译： 中 路 起 担子 急忙
汉译意译： 忙着挑担急上路，

喃字原文： 交 鸾 结 绪 丝 秉 黙 埃。
国际音标： jaːu¹ lɔn¹ ket⁷ moi⁵tɤ¹ thɯə² mak⁸ ʔaːi¹
汉文直译： 交 鸾 结 丝绪 剩余 任由 谁
汉译意译： 交鸾结凤妹无缘。

（男：苏维绍；女：杜福英）

（21）

喃字原文： 群 缘 簸 隊 捒 绪，
国际音标： kɔn² jiːn¹ nɔn⁵ ʔdoi⁶ kwaːi¹ tɤ¹
汉文直译： 还 缘 斗笠 戴 系带 丝
汉译意译： 有缘帽带丝绸挂，

喃字原文： 愒 缘 簸 掀 捒 椰 拱 衝；
国际音标： het⁷ jiːn¹ nɔn⁵ sai⁵ kwaːi¹ jɯə² kuŋ³ sɔŋ¹
汉文直译： 尽 缘 斗笠 转动 系索 椰子 也 完
汉译意译： 无缘帽丢藤带断；

喃字原文： 群 缘 揀 靪 掜 䭾，
国际音标： kɔn² jiːn¹ ʔdɔŋ⁵ kɯə³ kɛn⁵ tsoŋ²
汉文直译： 还 缘 关 门 选 夫
汉译意译： 有缘关门选择夫，

情 歌

喃字原文： 賜　缘　半　馆　䖃　躐　步行。
国际音标： het⁷ ji:n¹ ʔba:n⁵ kwa:n⁵ ŋoi² toŋ¹ ʔbo⁶han²
汉文直译： 尽　缘　卖　屋　坐　望　行人
汉译意译： 无缘卖屋望行人。

喃字原文： 拼　戈　缘　嫧　歪　生，
国际音标： tsaŋ³ kwa¹ ji:n¹ nɤ⁶ jɤ:i² thin¹
汉文直译： 不　过　缘　债　天　生
汉译意译： 人生不过天债缘，

喃字原文： 贪　为　姻　義　利　名　潾　盯。
国际音标： tha:m¹ vi² ȵɤn¹ ŋiə³ lɤ:i⁶ jan¹ tsɤ⁵ ma:ŋ²
汉文直译： 贪　为　姻缘　义　利　名　别　想到
汉译意译： 贪是情义莫求名。

（22）

喃字原文： 渰　罗　客　遇　高　明，
国际音标： ʔɛm¹ la² khat⁷ la⁶ ka:u¹min¹
汉文直译： 妹　是　客　陌生　高明
汉译意译： 妹是陌生人高明，

喃字原文： 渰　於　千　里　挮　寻　官　州；
国际音标： ʔɛm¹ ɤ³ thi:n¹li⁵ ʔdi¹ tim² kwa:n¹ tsɤu¹
汉文直译： 妹　在　千　里　去　找　官　州
汉译意译： 千里州官妹去寻；

喃字原文： 吊　埃　惏　哦　払　兜，
国际音标： na:u² ʔa:i¹ ʔɯə¹ʔɕ¹ tsa:ŋ² ʔdɤu¹
汉文直译： 哪　谁　喜欢　郎　哪儿
汉译意译： 没有谁人喜欢君，

1465

喃字原文：麻 扒 捽 簛 疃 頭 揜 趍。
国际音标：ma² tsa:ŋ² lot⁸ nɔn⁵ ten¹ ʔdɤu² ʔɛm¹ ʔdi¹
汉文直译：而 郎 脱 斗笠 上 头 妹 去
汉译意译：君硬脱帽妹心恨。

喃字原文：捽 簛 時 捹 簛 黜,
国际音标：lot⁸ nɔn⁵ thi² ʔbu:ŋ¹ nɔn⁵ ra¹
汉文直译：脱 斗笠 则 放 斗笠 出
汉译意译：脱帽快把帽归还,

喃字原文：揜 術 及 伴 矯 罪 靿 蹎；
国际音标：ʔɛm¹ ve² kip⁸ ʔba:n⁶ kɛu² la² mai¹ tsɤn¹
汉文直译：妹 回 赶上 同伴 否则 是 幸运 脚
汉译意译：妹赶回家会相亲；

喃字原文：塘 賒 拪 沛 塘 貯,
国际音标：ʔdɯ:ŋ² sa¹ tsaŋ³ fa:i³ ʔdɯ:ŋ² ɣɤn²
汉文直译：路 远 不 是 路 近
汉译意译：路途遥远不是近,

喃字原文：塘 群 隔 阻 饒 峇 滝 溪。
国际音标：ʔdɯ:ŋ² kɔn² kat⁷tɤ³ ɲi:u² lɤn² thoŋ¹ khɛ¹
汉文直译：路 还 阻隔 多 重 河 溪
汉译意译：途中相隔数山川。

喃字原文：滝 溪 𣳮 怒 饒 皮,
国际音标：thoŋ¹ khɛ¹ thu:i⁵ nɔ⁶ ɲi:u² ʔbe²
汉文直译：河 溪 泉 那 多 方面
汉译意译：河溪流水受隔阻,

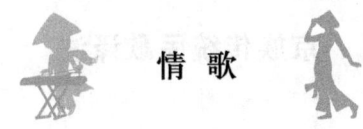

情 歌

喃字原文： 塘 孖 㐷 丕 塘 術 忇 賒；
国际音标： ʔdɯːŋ² ʔdi¹ ʔda³ vɤi⁶ ʔdɯːŋ² ve² lɔ¹ sa¹
汉文直译： 路 去 已 这样 路 回 担心 远
汉译意译： 来见此回担心；

喃字原文： 媕 術 悙 德 媄 吒，
国际音标： ʔɛm¹ ve² thɤ⁶ ʔdɯk⁷ mɛ⁶tsa¹
汉文直译： 妹 回 怕 德 父母
汉译意译： 赶不回家父母怨，

喃字原文： 払 跛 吏 茹 停 濸 悑 啀。
国际音标： tsaːŋ² jɤ³laːi⁶ n̠a² ʔdɯŋ²tsɤ⁵ ʔban¹nan¹
汉文直译： 郎 回 来 家 别 焦 虑
汉译意译： 君快回去莫焦虑。

喃字原文： 丕 群 底 轍 生 成，
国际音标： jɤːi² kɔn² ʔde³ tuːi³ thin¹ than²
汉文直译： 天 还 留 岁 生 成
汉译意译： 人生姻缘天护佑，

喃字原文： 同 生 四 府 旪 群 返 燒。
国际音标： ʔdoŋ² thin¹ tɯ⁵ fu³ luk⁷ kɔn² ɣap⁸n̠au¹
汉文直译： 同 生 四 府 时 还 相遇
汉译意译： 四府同生会见面。

(23)

喃字原文： 摱 籢 雯 祉 䊏 丕，
国际音标： mɯːn⁶ nɔn⁵ tsɛ¹ lɤi⁵ mat⁸jɤːi²
汉文直译： 借 斗笠 遮住 太阳
汉译意译： 想借顶帽戴遮荫，

1467

喃字原文：矯 麻 烃 夥 埃 趴 情人；
国际音标：kɛu³ ma² tsɔi⁵ lam⁵ hɤ:i³ ŋɯ:i² tin²nɤn¹
汉文直译：否则 炫目 非常 啊 人 情人
汉译意译：情人冲动话震耳；

喃字原文：闷 朱 二 木 成 林，
国际音标：mu:n⁵ tsɔ¹ n̟i⁶ mok⁸ than² lɤm¹
汉文直译：想 给 二 木 成 林
汉译意译：欲想双树能成林，

喃字原文：掩 核 栀 子 啫 吥 数 舠。
国际音标：joŋ² kɤi¹ tsi¹ tɯ³ ti:ŋ⁵ tam¹ lɤu¹ ŋai²
汉文直译：种 栀子树 名声 日久天长
汉译意译：种栀子树久留名。

（24）

喃字原文：籖 俺 當 隊 逹 頭，
国际音标：nɔn⁵ ʔɛm¹ ʔda:ŋ¹ ʔdoi⁶ ten¹ ʔdɤu²
汉文直译：斗笠 妹 正 戴 上 头
汉译意译：妹帽正戴在头上，

喃字原文：払 麻 衪 栿 俺 愁 悉 忲；
国际音标：tsa:ŋ² ma² lɤi⁵ mɤt⁷ ʔɛm¹ thɤu² lɔŋ² thai¹
汉文直译：郎 而 拿 走 妹 愁 心 啊
汉译意译：君要拿走妹烦愁；

喃字原文：俺 愁 自 创 辿 暴，
国际音标：ʔɛm¹ thɤu² tu² tha:ŋ⁵ ʔden⁵ tɯɔ¹
汉文直译：妹 愁 从 亮 到 晌午
汉译意译：早晚出门心担忧，

情 歌

喃字原文： 自 曇 妲 曘 溇 湄 似 頭。
国际音标： tɯ² tɯə¹ ʔden⁵ toi⁵ jɔt⁸ mɯə¹ va:u² ʔdɤu²
汉文直译： 从 晌午 到 夜晚 滴 雨 进 头
汉译意译： 午晚挨着雨淋头。

喃字原文： 籨 媕 媕 謨 巴 毫，
国际音标： nɔn⁵ ʔɛm¹ ʔɛm¹ muə¹ ʔba¹ ha:u²
汉文直译： 斗笠 妹 妹 买 三 毫
汉译意译： 妹帽买来三铜钱，

喃字原文： 媕 謨 自 幣 行 高 拰 術；
国际音标： ʔɛm¹ muə¹ tɯ² tsɤ⁶ ha:ŋ² ka:u¹ ma:ŋ¹ vɛ²
汉文直译： 妹 买 从 集市 行 高 带 回
汉译意译： 从远街上戴回家；

喃字原文： 籨 媕 固 罞 哑 誓，
国际音标： nɔn⁵ ʔɛm¹ kɔ⁵ ʔbon⁵ nɤ:i²the²
汉文直译： 斗笠 妹 有 四 誓言
汉译意译： 买帽之时妹发誓，

喃字原文： 扒 麻 袘 籨 扒 誓 貝 媕。
国际音标： tsa:ŋ² ma² lɤi⁵ nɔn⁵ tsa:ŋ² the² vɤ:i⁵ ʔɛm¹
汉文直译： 郎 而 拿 斗笠 郎 发誓 和 妹
汉译意译： 君想要帽妹娶嫁。

（男：苏维绍收自阮世和；女：阮贤光）

（25）

喃字原文： 籨 贸 溇 渃 圣 湄，
国际音标： nɔn⁵ mɤ:i⁵ jɔt⁸ nɯ:k⁷ jɤ:i² mɯə¹
汉文直译： 斗笠 新 滴 水 天 下雨
汉译意译： 这帽有点透雨水，

喃字原文：英 贪 媕 糱 時 疏 役 叼；
国际音标：ʔan¹ tha:m¹ vɤ⁶ ʔdɛp⁸ thi² thɯə¹ vi:k⁸ la:m²
汉文直译：哥 贪 妻 美 则 疏远 活儿 干
汉译意译：哥贪妻美记古话；

喃字原文：媕 糱 指 祖 疠 皶，
国际音标：vɤ⁶ ʔdɛp⁸ tsi³to³ ʔdau¹ lɯŋ¹
汉文直译：妻 美 用手指点 痛 腰
汉译意译：妻美夫君常辛苦，

喃字原文：茶 唁 嘅 肚 梡 通 磑 痰。
国际音标：tsɛ² ŋɔn¹ kha:n¹ ko³ ʔdi:u⁵ thoŋ¹ naŋ⁶ ʔdɤ:m²
汉文直译：茶 美 干 喉 烟斗 通 重 痰
汉译意译：好茶喉干好烟痰多。

（26）

喃字原文：簸 媕 固 罜 朤 鐄，
国际音标：nɔn⁵ ʔɛm¹ kɔ⁵ ʔbon⁵ la:ŋ⁶ va:ŋ²
汉文直译：斗笠 妹 有 四 两 金
汉译意译：妹买帽时四两金，

喃字原文：固 屸 朤 鉑 熻 㛪 扒 憪；
国际音标：kɔ⁵ ʔba¹ la:ŋ⁶ ʔba:k⁸ rɔ³ra:ŋ² tsa:ŋ² ʔmə¹
汉文直译：有 三 两 银 明白 郎 喜欢
汉译意译：存三两银君喜欢；

喃字原文：簸 尼 绐 䏨 觖 䏦，
国际音标：nɔn⁵ nai² jet⁸ va:i³ ŋai²sɯə¹
汉文直译：斗笠 这 织 布 昔日
汉译意译：昔日妹帽包有布，

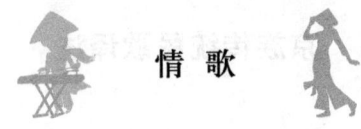

情 歌

喃字原文：踃吒踃媄 奄 逐朱払。
国际音标：jɤu⁵ tsa¹ jɤu⁵ mɛ⁶ ʔmɜ¹ ʔdɯə¹ tsɔ¹ tsa:ŋ²
汉文直译：瞒 父 瞒 母 妹 送 给 郎
汉译意译：隐讳父母留送君。

（27）

喃字原文：伮娘 蹲 圩 麻 眤，
国际音标：nɤ⁵ na:ŋ² ʔdɯm⁵ ŋɔ³ ma² nin²
汉文直译：想 妹 站 巷子 而 看
汉译意译：想妹站门外相望，

喃字原文：矔 朱 甲 䣇 叮 咛 仍 唭；
国际音标：toŋ¹ tsɔ¹ ja:p⁷mat⁸ ʔdin¹nin¹ nɯŋ³ ɤ:i²
汉文直译：看 给 见面 叮 咛 些 话
汉译意译：期望见面互倾谈；

喃字原文：籢 雯 抴 拂 制 溈，
国际音标：nɔn⁵ tsɛ¹ tai¹ fɤt⁷ tsɤ:i¹ vɤ:i¹
汉文直译：斗笠 遮 手 摇 玩 耍
汉译意译：手拿帽摇孤零招，

喃字原文：悉 英 傷 感 翁 丕 調 台。
国际音标：lɔŋ² ʔan¹ thɯ:ŋ¹ka:m³ ʔoŋ¹jɤ:i² ʔdeu² hai¹
汉文直译：心 哥 伤 感 老天 都 知
汉译意译：哥心伤感只天晓。

（28）

喃字原文：籢 汕 贾 奄 底 鼬 茹，
国际音标：nɔn⁵ thɤ:n¹ mɤ:i⁵ ʔɛm¹ ʔde³ tɔŋ¹ na²
汉文直译：斗笠 漆 刚 妹 放 中 家
汉译意译：帽涂光油放家里，

喃字原文： 喈 埃 翔 鎊 迻 黜 朱 扐；
国际音标： khɛn¹ ʔaːi¹ mɤ³ khwaː⁵ ʔdɯə¹ ra¹ tsɔ¹ tsaːŋ²
汉文直译： 夸 谁 开 锁 送 出 给 郎
汉译意译： 谁能开锁送以他；

喃字原文： 扐 趍 兜 裙 襖 產 床？
国际音标： tsaːŋ² ʔdi¹ ʔdɤu¹ kwɤn² ʔaːu⁵ thanˀ³ thaːŋ²
汉文直译： 郎 去 哪儿 裤子 衣服 准备
汉译意译： 如此打扮君去哪？

喃字原文： 埯 趍 ⼞ 饠 醜 扐 愧 埃。
国际音标： ʔɛm¹ ʔdi¹ laːm² mɯːn⁵ sɤu⁵ tsaːŋ² ho³ ʔaːi¹
汉文直译： 妹 去 打工 丑 郎 羞愧 谁
汉译意译： 妹去打工君羞愧。

喃字原文： 扐 趍 襖 黙 襖 揌，
国际音标： tsaːŋ² ʔdi¹ ʔaːu⁵ mak⁸ ʔaːu⁵ kaːi²
汉文直译： 郎 去 衣服 穿 衣服 扣
汉译意译： 君穿着衣多美丽，

喃字原文： 傷 埯 時 掞 襖 外 朱 埯。
国际音标： thɯːŋ¹ ʔɛm¹ thi² kɤːi³ ʔaːu⁵ ŋwaːi² tsɔ¹ ʔɛm¹
汉文直译： 爱 妹 就 脱 衣服 外面 给 妹
汉译意译： 如果爱妹脱衣赠。

（29）

喃字原文： 籢 埯 當 隊 遑 頭，
国际音标： nɔn⁵ ʔɛm¹ ʔdaːŋ¹ ʔdoi⁶ ten¹ ʔdɤu²
汉文直译： 斗笠 妹 正 戴 上 头
汉译意译： 妹笠帽正戴头上，

情 歌

喃字原文：払 麻 逸 特 淹 謀 舱 湄；
国际音标：tsaːŋ² ma² jɤt⁸ ʔdɯːk⁸ ʔεm¹ mau² naŋ¹ mɯə¹
汉文直译：郎 若 夺 得 妹 淋 常 雨
汉译意译：若君夺去妹雨淋；

喃字原文：牢 払 挺 保 郶 慴，
国际音标：thaːu¹ tsaːŋ² tsaŋ³ ʔbaːu³ ŋai²sɯə¹
汉文直译：为何 郎 不 告诉 从前
汉译意译：想帽昔日该早说，

喃字原文：底 淹 謨 籢 淹 迳 朱 払。
国际音标：ʔde³ ʔεm¹ muə¹ non⁵ ʔεm¹ ʔɯə¹ tsɔ¹ tsaːŋ²
汉文直译：让 妹 买 斗笠 妹 送 给 郎
汉译意译：多买一顶送以君。

（男：阮进余；女：武德英）

（30）

喃字原文：帕 英 謨 於 鋪 城，
国际音标：ju² ʔan¹ muə¹ ʔɤ³ fo⁵than²
汉文直译：伞 哥 买 在 街 上
汉译意译：哥上街买新雨伞，

喃字原文：妒 娘 麻 别 杆 名 罘 之？
国际音标：ʔdo⁵ naːŋ² ma² ʔbiːt⁷ kaːn⁵ jan¹ laː² ji²
汉文直译：那 妹 而 知道 铺 名 是 什么
汉译意译：妹猜在哪店铺买？

喃字原文：帕 英 隊 挵 茛 司，
国际音标：ju² ʔan¹ ʔdoi⁶ ʔdi¹ laːŋ¹ti¹
汉文直译：伞 哥 撑 去 安良 街
汉译意译：买帽走遍安茛街，

1473

京族传统民歌译注

喃字原文： 䏧 㐱 籛 鉄 調 時 迣 仜。
国际音标： vaːi³ mui⁵ hɔm¹ thatʔ ʔdeu² thi² mɯːi² haːi¹
汉文直译： 布 伞布 支架铁 都 则 十 二
汉译意译： 铁架伞布十二块。

喃字原文： 英 時 拰 吶 訬 埃，
国际音标： ʔan¹ thi² tsaŋ³ nɔi⁵ joi⁵ ʔaːi¹
汉文直译： 哥 则 不 说 骗 谁
汉译意译： 哥与妹说没谎话，

喃字原文： 拰 信 娘 蹲 娘 䁯 燎 𤯓；
国际音标： tsaŋ³ tin¹ naːŋ² ʔdɯŋ⁵ naːŋ² kɔi¹ rɔ³raːŋ²
汉文直译： 不 信 妹 站 妹 看 清楚
汉译意译： 不信请妹去盘查；

喃字原文： 岫 娘 㦖 台 颠 唉 娘？
国际音标： ju² naːŋ² taŋ⁵ hai¹ ʔdɛn¹ hɤːi³ naːŋ²
汉文直译： 伞 妹 白 或 黑 啊 妹
汉译意译： 妹伞颜色黑或白？

喃字原文： 岫 英 岫 㦖 岫 鑲 岫 深。
国际音标： ju² ʔan¹ ju² taŋ⁵ ju² vaːŋ² ju² thɤm¹
汉文直译： 伞 哥 伞 白 伞 黄 三 深色
汉译意译： 哥伞深色黄白颜。

喃字原文： 蓮 苎 固 没 㓹 深，
国际音标： ten¹ tsum² kɔ⁵ mot⁸ mun⁶ thɤm¹
汉文直译： 上 顶 有 一 碎片 深色
汉译意译： 伞顶有块深色布，

1474

情 歌

喃字原文： 𪓐 杆 固 没 敆 十 鏄 焓；
国际音标： jɯːi⁵ kaːn⁵ kɔ⁵ mot⁸ tsɯ³ thɤp⁸ vaːŋ² hɯːm²
汉文直译： 下 杆子 有 一 字 十 金 镀
汉译意译： 伞杆一截镀银白；

喃字原文： 柚 英 雯 泣 罜 方，
国际音标： ju² ʔan¹ tsɛ¹ khap⁷ ʔbon⁵ fɯːŋ¹
汉文直译： 伞 哥 遮 遍 四 方
汉译意译： 哥伞随带走四方，

喃字原文： 㬌 㤕 娘 吏 想 量 柚 英。
国际音标： hom¹nai¹ naːŋ² laːi⁶ tɯːŋ³ lɯːŋ² ju² ʔan¹
汉文直译： 今天 妹 又 想 思量 伞 哥
汉译意译： 今日见妹思量伞。

喃字原文： 柚 娘 柚 皀 柚 靜？
国际音标： ju² naːŋ² ju² taŋ⁵ ju² san¹,
汉文直译： 伞 妹 伞 白 伞 蓝
汉译意译： 妹伞白色或蓝色？

喃字原文： 固 記 固 踖 朱 英 貼 吊；
国际音标： kɔ⁵ ɣi¹ kɔ⁵ jɤu⁵ tsɔ⁵ ʔan¹ sɛm¹ naːu²
汉文直译： 有 记 有 符号 给 哥 看 哪
汉译意译： 有啥符号让哥看；

喃字原文： 㬌 㤕 娘 吏 望 桃，
国际音标： hom¹nai¹ naːŋ² laːi⁶ vɔŋ⁶ ʔdaːu²
汉文直译： 今天 妹 又 望 桃
汉译意译： 今日妹来望桃花，

喃字原文：机 兜 娘 吏 保 牢 矞 柚。
国际音标：kɤ¹ ʔdɤu¹ na:ŋ² la:i⁶ ʔba:u³ tha:u¹ lon⁶ ju²
汉文直译：为何 妹 又 告诉 为何 相混 伞
汉译意译：为何说哥拿错伞。

喃字原文：怛 低 娘 吏 妄 諏，
国际音标：ʔden⁵ ʔdɤi¹ na:ŋ² la:i⁶ voŋ⁶ vu¹
汉文直译：到 这儿 妹 又 妄 诬告
汉译意译：妹未望清诬告君，

喃字原文：牢 娘 吏 保 矞 柚 朱 英。
国际音标：tha:u¹ na:ŋ² la:i⁶ ʔba:u³ lon⁶ ju² tsɔ¹ ʔan¹
汉文直译：为何 妹 又 告诉 相混 伞 给 哥
汉译意译：为何说君错拿伞。

（31）

喃字原文：丐 簸 狱 潍 抴 鐄 织 獄，
国际音标：ka:i⁵ nɔn⁵ nɔ³ na:n¹ kwa:i¹ va:ŋ² tsi³ ŋuk⁸
汉文直译：斗笠 小 篾 系带 黄 线 红
汉译意译：笠帽篾小红线带，

喃字原文：淹 贪 扅 扅 朱 极 㤗 身；
国际音标：ʔɛm¹ tha:m¹ tha:ŋ¹ jau² tsɔ¹ kɯk⁸ tɤm⁵ thɤn¹
汉文直译：妹 贪 富 有 给 极 心 狠
汉译意译：妹贪富贵极心恨；

喃字原文：簸 淹 固 拮 固 銀，
国际音标：nɔn⁵ ʔɛm¹ kɔ⁵ kɤt⁸ kɔ⁵ ŋɤn¹
汉文直译：斗笠 妹 有 外皮 有 银
汉译意译：妹帽有筘还镶银，

情 歌

嘞字原文：俺 兜 固 岫 鼹 旺 貝 英。
国际音标：ʔɛm¹ ʔdʐu¹ kɔ⁵ ju² loŋ⁶ nɤm² vɤ:i⁵ ʔan¹
汉文直译：妹 哪儿 有 伞 混 错 和 哥
汉译意译：那里有伞错拿君。

（32）

嘞字原文：曝 兜 曝 歊 世 尼，
国际音标：naŋ⁵ ʔdʐu¹ naŋ⁵ ma:i³ the⁵nai²
汉文直译：晴 哪儿 晴 长久 这样
汉译意译：烈日当空阳光晒，

嘞字原文：曝 岫 奇 刵 挋 睡 笕 睦；
国际音标：naŋ⁵ thu:t⁷ ka³ ŋai² tsaŋ³ thɤi⁵ ʔbɔŋ⁵ rɤm¹
汉文直译：阳光 整 全 天 不 见 影 阴
汉译意译：阳光透日无阴天；

嘞字原文：唉 趴 淑 女 知 音，
国际音标：hɤ:i³ ŋɯ:i² thuk⁸nɯ³ ti¹ʔɤm¹
汉文直译：啊 人 淑女 知音
汉译意译：喂呀！我的知音人，

嘞字原文：固 闷 蹲 涼 時 拎 祂 邬。
国际音标：kɔ⁵ mu:n⁵ ʔdɯŋ⁵ ma:t⁷ thi² kɤm²lɤi⁵ ʔo¹
汉文直译：有 想 站 凉 则 拿 伞
汉译意译：受晒拿伞来遮阴。

（33）

嘞字原文：邬 俺 贾 謨 羮 如 仙，
国际音标：ʔo¹ ʔɛm¹ mɤ:i⁵ mue¹ ʔdɛp⁸ ɲɯ¹ ti:n¹
汉文直译：伞 妹 刚 买 美 如 仙
汉译意译：妹伞刚买仙人用，

1477

喃字原文：丐　杆　绷　白　拱　钱　淹　谟；
国际音标：ka:i⁵ ka:n⁵ ʔbit⁸ ʔbat⁸ kuŋ³ ti:n² ʔɛm¹ muə¹
汉文直译：杆子　选择　白　也　钱　妹　买
汉译意译：选择伞杆白如银；

喃字原文：钱　淹　半　秾　馰　罾，
国际音标：ti:n² ʔɛm¹ ʔba:n⁵ thɔk⁷ ŋai² sɯə¹
汉文直译：钱　妹　卖　谷子　从前
汉译意译：哥赠遮伞表情真，

喃字原文：黇　柴　酒　媄　淹　谟　邬　尼。
国际音标：tom⁶ thɤi² jɤu⁵ mɛ⁶ ʔɛm¹ muə¹ ʔo¹ nai²
汉文直译：偷　父　幔　母　妹　买　伞　这
汉译意译：若妹收下哥放心。

喃字原文：邬　尼　扨　歖　術　暑，
国际音标：ʔo¹ nai² ʔdi¹ thɤːm⁵ ve² tɯə¹
汉文直译：伞　这　去　早　回　晌午
汉译意译：伞子当作定情物，

喃字原文：淹　底　欺　曝　欺　湄　隊　頭。
国际音标：ʔɛm¹ ʔde³ khi¹ naŋ⁵ khi¹ muə¹ ʔdoi⁶ ʔdɤu²
汉文直译：妹　留　时　晴　时　雨　戴　头
汉译意译：日晒雨淋妹遮身。

（34）
喃字原文：吧　姑　共　於　没　茹，
国际音标：ʔba¹ ko¹ kuŋ² ʔɤ³ mot⁸ ɲa²
汉文直译：三　姑娘　同　住　一　家
汉译意译：妹送顶帽表真心，

情 歌

喃字原文：共 隊 簸 糯 共 齣 喙 垌；
国际音标：kuŋ² ʔdoi⁶ nɔn⁵ tham⁵ kuŋ² ra¹ tham¹ ʔdoŋ²
汉文直译：同 戴 斗笠 深色 同 出 探望 田垌
汉译意译：请哥收下作保存；

喃字原文：埃 吧 丐 簸 挀 操，
国际音标：ʔaːi¹ laːm² kaːi⁵ nɔn⁵ kwaːi¹ thaːu¹
汉文直译：谁 做 斗笠 系索 如何
汉译意译：咱俩互送定情物，

喃字原文：底 朱 英 赁 姑 吊 拱 鲜。
国际音标：ʔde³tso¹ ʔan¹ thɤi⁵ ko¹ naːu² kuŋ³ sin¹
汉文直译：使 哥 见 姑娘 哪 都 漂亮
汉译意译：今日初恋后成真。

（35）

喃字原文：英 玌 喂 唉 英 玌！
国际音标：ʔan¹ ʔba¹ ʔɤːi¹ hɤːi³ ʔan¹ ʔba¹
汉文直译：哥 三 啊 呀 哥 三
汉译意译：三哥啊！三哥，

喃字原文：頭 隊 簸 梘 拪 玌 皿 蒌；
国际音标：ʔdɤu² ʔdoi⁶ nɔn⁵ jɯɯ⁵ tai¹ ʔba¹ miːŋ⁵ jɤu²
汉文直译：头 戴 斗笠 葵叶 手 三 片 槟榔
汉译意译：头戴葵叶帽，手拿三片槟榔；

喃字原文：催 催 俺 咋 咹 蒌，
国际音标：thoi¹ thoi¹ ʔɛm¹ tsa³ ʔan¹ jɤu²
汉文直译：罢了 罢了 妹 不 吃 槟榔
汉译意译：算了，妹今不吃槟榔，

喃字原文：𣈙 𧆄 俺 𦓡 俺 愁 英 𠀧。
国际音标：ŋai²thau¹ ʔɛm¹ nɤːn⁵ ʔɛm¹ thɤu² ʔan¹ ʔba¹
汉文直译：日后 妹 大 妹 愁 哥 三
汉译意译：日后长大想三哥。

喃字原文：媄 俺 扒 嫁 䎃 賒，
国际音标：mɛ⁶ ʔɛm¹ ʔbat⁷ ɣa³ tsoŋ² sa¹
汉文直译：母 妹 逼 嫁 夫 远
汉译意译：妹母要妹嫁远夫，

喃字原文：時 俺 据 衸 英 𠀧 朱 𧿆。
国际音标：thi² ʔɛm¹ kɯ⁵ lɤi⁵ ʔan¹ ʔba¹ tsɔ¹ ɣɤn²
汉文直译：则 妹 想 嫁 哥 三 使 近
汉译意译：妹想三哥嫁近屋。

（36）

喃字原文：𠳒 戈 俺 𢀨 裙 深，
国际音标：hom¹kwa¹ ʔɛm¹ mɤt⁷ kwɤn² thɤm¹
汉文直译：昨夜 妹 丢失 裙子 深红
汉译意译：昨晚妹丢失红裙，

喃字原文：𠳒 坭 吏 𧡊 扒 拎 𠲖 顛。
国际音标：hom¹nai¹ laːi⁶ thɤi⁵ tsaːŋ² kɤm² ʔo¹ ʔdɛn¹
汉文直译：今天 又 见 郎 拿 伞 黑
汉文意译：今日红伞持手君。

（男：阮进余，杜玉光；女：罗维珍，阮贤英）

（五）

喃字原文： 𪯐　傷　㧻　躺　𣈜　㤝　寻　𨑜

国际音标： ʔdem^{1} thɯːŋ^{1} tsaŋ^{3} nam^{2} ŋai^{2} ȵɤ^{5} tim^{2} ʔdi^{1}

汉文直译： 夜　思　不　躺　日　念　寻　去

汉文意译： 情恋中悲欢离合

（1）

喃字原文： 没　傷　𨋠　𠆳　埃　𫠣，

国际音标： mot^{8} thɯːŋ^{1} ŋɯːi^{2} ʔdɤi^{5} ʔaːi^{1} hai^{1}

汉文直译： 一　爱　人　那儿　谁　知

汉文意译： 一爱情人谁知晓，

喃字原文： 𠄩　傷　𨋠　𠆳　捥　𢬿　𦂰　桃；

国际音标： haːi^{1} thɯːŋ^{1} ŋɯːi^{2} ʔdɤi^{5} vɛn^{5} tai^{1} luə^{6} ʔdaːu^{2}

汉文直译： 二　爱　人　那儿　卷　手　绸　桃红

汉文意译： 二爱心人卷衣袖；

喃字原文： 𠀧　傷　啊　嗋　寻　𠖮，

国际音标： ʔba^{1} thɯːŋ^{1} hɤ^{2}hɤ^{3} tim^{2} vaːu^{2}

汉文直译： 三　爱　失足　找　进

汉文意译： 三爱失脚去寻找，

喃字原文： 罤 傷 馱 帠 咂 嘲 固 缘。
国际音标： ʔbon⁵ thɯːŋ¹ ŋɯːi² ʔdɤi⁵ miːŋ⁶ kɯːi² kɔ⁵ jiːn¹
汉文直译： 四 爱 人 那儿 嘴 笑 有 缘
汉文意译： 四爱情人有缘由。

喃字原文： 醖 傷 膆 固 銅 錢，
国际音标： nam¹ thɯːŋ¹ ma⁵ kɔ⁵ ʔdoŋ² tiːn²
汉文直译： 五 爱 颊 有 酒 窝
汉文意译： 五爱脸颊印铜钱，

喃字原文： 耄 傷 馱 帠 羮 缘 庄 羅；
国际音标： thau⁵ thɯːŋ¹ ŋɯːi² ʔdɤi⁵ ʔdɛp⁸ jiːn¹ tsaŋ¹ la²
汉文直译： 六 爱 人 那儿 美 姻缘 不 是
汉文意译： 六爱情人美姻缘；

喃字原文： 罷 傷 棩 月 柳 花，
国际音标： ʔbai³ thɯːŋ¹ mat⁸ ŋwiːt⁸ liːu³ hwa¹
汉文直译： 七 爱 面 月 柳 花
汉文意译： 七爱月面似柳花，

喃字原文： 馱 傷 馱 帠 朱 些 惨 恋。
国际音标： taːm⁵ thɯːŋ¹ ŋɯːi² ʔdɤi⁵ tsɔ¹ ta¹ thaːm³ lɔŋ²
汉文直译： 八 爱 人 那儿 给 咱 惨 心
汉文意译： 八爱情人自愁恋。

喃字原文： 九 傷 膆 固 形 容，
国际音标： tsin⁵ thɯːŋ¹ ma⁵ kɔ⁵ hin² juŋ¹
汉文直译： 九 爱 颊 有 容貌
汉文意译： 九爱脸颊红颜美，

情 歌

喃字原文： 迣　傷　馹　帝　糵　悉　些　醛。
国际音标： mɯ:i² thɯ:ŋ¹ ŋɯ:i² ʔdɤi⁵ ʔdɛp⁸lɔŋ² ta¹ thai¹
汉文直译： 十　爱　人　那儿　称心　咱　啊
汉文意译： 十爱情人自醉迷。

（2）

喃字原文： 没　恁　懈　厭　拂　菲，
国际音标： mot⁸ ʔbu:n² ra:i³ ʔi:m⁵ fɤt⁷fɤ:i⁵
汉文直译： 一　烦闷　解　兜肚　飘拂
汉文意译： 一闷胸挂带飘飘，

喃字原文： 𠄩　恁　巾　櫹　痕　瘨　隊　頭；
国际音标： ha:i¹ ʔbu:n² khan¹ tham⁵ ŋɤn³ŋɤ¹ ʔdoi⁶ ʔdɤu²
汉文直译： 二　烦闷　巾　深色　愣然　戴　头
汉文意译： 二闷愣然头红巾；

喃字原文： 芭　恁　拎　榠　堃　頭，
国际音标： ʔba¹ ʔbu:n² kɤm² lɯ:k⁸ tsa:i³ ʔdɤu²
汉文直译： 三　烦闷　拿　梳　梳　头
汉文意译： 三闷拿梳自梳头，

喃字原文： 罤　恁　鐚　鉑　扨　頭　莪揰。
国际音标： ʔbon⁵ ʔbu:n² ŋɤn³ ʔba:k⁸ ʔdɛu¹ ʔdɤu² ŋɔn⁵tai¹
汉文直译： 四　烦闷　戒指　银　戴　头　手指
汉文意译： 四闷手指戴戒银。

喃字原文： 瓾　恁　䫃　赭　熙　熙，
国际音标： nam¹ ʔbu:n² mat⁸ ʔdɔ³ hɤ:i¹ hɤ:i¹
汉文直译： 五　烦闷　眼　红　彤　彤
汉文意译： 五闷自脸红彤彤，

1483

京族传统民歌译注

喃字原文： 䂌 恅 馴 帝 肫 挜 扨 鋀；
国际音标： thau⁵ ʔbuːn² ŋɯːi² ʔdɤi⁵ ko³tai¹ ʔdɛu¹ vɔŋ²
汉文直译： 六 烦闷 人 那儿 手腕 戴 金
汉文意译： 六闷情人戴金镯；

喃字原文： 眲 恅 䏖 鳳 䐻 蜂，
国际音标： ʔbai³ ʔbuːn² mat⁷ fɯːŋ⁶ lɯɯŋ¹ ʔɔŋ¹
汉文直译： 七 烦闷 眼 凤 腰 蜂
汉文意译： 七闷蜂腰凤凰眼，

喃字原文： 龡 恅 䁽 䏖 於 䡤 龙 眉。
国际音标： taːm⁵ ʔbuːn² kɔn¹mat⁷ ʔɤ³ tɤŋ¹ lɔŋ¹mai²
汉文直译： 八 烦闷 眼睛 在 中 眉毛
汉文意译： 八闷眉长入眼中。

喃字原文： 九 恅 躺 帝 些 低，
国际音标： tsin⁵ ʔbuːn² min² ʔdɤi⁵ ta¹ ʔdɤi¹
汉文直译： 九 烦闷 妹 那儿 哥 这儿
汉文意译： 九闷咱俩相分离，

喃字原文： 迻 恅 隔 尒 呑 霙 拱 恅。
国际音标： mɯːi² ʔbuːn² kat⁷ mɤi⁵ lɤn² mɤi¹ kuŋ³ ʔbuːn²
汉文直译： 十 烦闷 隔 几 重 云 也 烦闷
汉文意译： 十闷心烦人远方。

（3）

喃字原文： 没 傷 霙霙 春 䨺，
国际音标： mot⁸ thɯːŋ¹ mɤi¹tɔk⁷ sɤn¹san¹
汉文直译： 一 爱 云发 青春
汉文意译： 一爱云鬓显青春，

情 歌

喃字原文： 𦫼 傷 玉 價 花 齡 卒 鮮；
国际音标： ha:i¹ thɯ:ŋ¹ ŋɔk⁸ ja⁵ hwa¹ lan² tot⁷tɯ:i¹
汉文直译： 二 爱 玉 珍贵 花 好 鲜艳
汉文意译： 二爱鲜花美玉人；

喃字原文： 㠀 傷 颜 色 院 迣，
国际音标： ʔba¹ thɯ:ŋ¹ na:n¹thak⁷ vɛn⁶ mɯ:i²
汉文直译： 三 爱 颜容 完美 十分
汉文意译： 三爱颜容十分美，

喃字原文： 罙 傷 馹 帝 湟 才 妟 襄。
国际音标： ʔbon⁵ thɯ:ŋ¹ ŋɯ:i² ʔdɤi⁵ net⁷ ta:i² nɤ³na:ŋ¹
汉文直译： 四 爱 人 那儿 性情 才干 丰盈
汉文意译： 四爱眉飞肌丰盈。

喃字原文： 䫀 傷 玉 姜 严 莊，
国际音标： nam¹ thɯ:ŋ¹ ŋɔk⁸ thi:p⁷ ŋi:m¹ta:ŋ¹
汉文直译： 五 爱 玉 姜 庄 严
汉文意译： 五爱玉姜性庄严，

喃字原文： 𦒹 傷 嘲 呐 妙 扬 湟 那；
国际音标： thau⁵ thɯ:ŋ¹ tsa:u² nɔi⁵ jiu⁶ja:ŋ² net⁷na¹
汉文直译： 六 爱 问好 说 温柔 品德好
汉文意译： 六爱问好温语言；

喃字原文： 𦉱 傷 唵 呐 贤 和，
国际音标： ʔbai³ thɯ:ŋ¹ ʔan¹ nɔi⁵ hi:n² hwa²
汉文直译： 七 爱 言 谈 贤 和
汉文意译： 七爱生活人贤勤，

喃字原文：畓 傷 唭 吶 如 花 蓮 梗。
国际音标：taːm⁵ thɯːŋ¹ kɯːi² nɔi⁵ n̠ɯ¹ hwa¹ ten¹ kan²
汉文直译：八 爱 笑 说 如 花 上 枝
汉文意译：八爱说笑如花蜜。

喃字原文：九 傷 博 媄 生 成,
国际音标：tsin⁵ thɯːŋ¹ ʔbaːk⁷mɛ⁶ thin¹ than²
汉文直译：九 爱 父 母 生 成
汉文意译：九爱双亲生好人,

喃字原文：迖 傷 约 院 至 躺 貝 些。
国际音标：mɯːi² thɯːŋ¹ ʔɯːk⁷ ven⁶ tsi⁵ min² vɤːi⁵ ta¹
汉文直译：十 爱 期 望 团 圆 到 妹 和 哥
汉文意译：十爱相约会团圆。

（4）

喃字原文：没 悯 些 䢂 會 尼,
国际音标：mot⁸ mɯŋ² ta¹ mɤ³ hoi⁶ nai²
汉文直译：一 喜 咱 开 歌 会 这
汉文意译：一喜这里开歌会,

喃字原文：亾 悯 扒 及 払 低 叙 情;
国际音标：haːi¹ mɯŋ² ʔbat⁷ɣap⁸ tsaːŋ² ʔdɤi¹ tɯ⁶ tin²
汉文直译：二 喜 遇 见 郎 这儿 叙 情
汉文意译：二喜遇君共叙情;

喃字原文：巴 悯 缘 道 家 庭,
国际音标：ʔba¹ mɯŋ² jiːn¹ ʔdaːu⁶ ja¹ʔdin²
汉文直译：三 喜 缘 道 家 庭
汉文意译：三喜家庭有缘分,

情 歌

喃字原文： 䍗　悯　博　媄　生　成　鞢　堆。
国际音标： ʔbon⁵ mɯŋ² ʔbaːk⁷mɛ⁶ thin¹ than² ʔdɛp⁸ʔdoi¹
汉文直译： 四　喜　父　母　生　成　匹　配
汉文意译： 四喜父母生合缘。

喃字原文： 舩　悯　愿　约　没　哑，
国际音标： nam¹ mɯŋ² ŋwiːn² ʔɯːk⁷ mot⁸ n̠ɤːi²
汉文直译： 五　喜　发誓　盼望　一　言
汉文意译： 五喜如愿共相会，

喃字原文： 耗　悯　缘　份　鈾　哑　吹　成；
国际音标： thau⁵ mɯŋ² jiːn¹fɤn⁶ ʔbɤːi³ n̠ɤːi² suːi¹ than²
汉文直译： 六　喜　缘分　因为　话　作　合　成
汉文意译： 六喜有缘天作合；

喃字原文： 甝　悯　迖　特　伴　贤，
国际音标： ʔbai³ mɯŋ² ɣap⁸ ʔdɯːk⁸ ʔbaːn⁶ hiːn²
汉文直译： 七　喜　遇　得　友　贤
汉文意译： 七喜相遇同友会，

喃字原文： 趒　悯　凿　砂　哑　愿　始　终。
国际音标： taːm⁵ mɯŋ² taːk⁸ ʔda⁵ n̠ɤːi²ŋwiːn⁶ thi³tsuŋ¹
汉文直译： 八　喜　凿　石　誓言　始　终
汉文意译： 八喜始终铭心聚。

喃字原文： 九　悯　君　子　所　求，
国际音标： tsin⁵ mɯŋ² kwɤn¹tɯ³ thɤ³ kɤu²
汉文直译： 九　喜　君　子　所　求
汉文意译： 九喜君子有所求，

喃字原文：迠 憪 桃 柳 通 烧 没 茹。
国际音标：mɯːi² mɯŋ² ʔdaːu² liːu³ thoŋ¹ n̠au¹ mot⁸ n̠a²
汉文直译：十 喜 桃 柳 通晓 互相 一 家
汉文意译：十喜柳桃共团聚。

（5）

喃字原文：没 跐 跐 细 宫 胲,
国际音标：mot⁸ ʔbɯːk⁷ ʔbɯːk⁷ tɤːi⁵ kuŋ¹jaŋ¹
汉文直译：一 步 迈 到 月 宫
汉文意译：一步跨入月亮宫,

喃字原文：搣 塘 迻 吏 呐 喢 愱 唭;
国际音标：mɯːn⁶ ʔdɯːŋ² ʔdi¹laːi⁶ nɔi⁵ naŋ¹ vui¹kɯːi²
汉文直译：借 路 来 往 说 常 欢 笑
汉文意译：来往有路共欢笑；

喃字原文：𠄩 跐 跐 细 宫 臺,
国际音标：haːi¹ ʔbɯːk⁷ ʔbɯːk⁷ tɤːi⁵ kuŋ¹ʔdaːi²
汉文直译：两 步 迈 到 章 台
汉文意译：二步移入宫章台,

喃字原文：㐌 要 梗 柳 吏 奈 梗 蓮。
国际音标：ʔda³ ʔiːu¹ kan² liːu³ laːi⁶ naːi² kan² thɛn¹
汉文直译：已 爱 枝 柳 又 爱 枝 莲
汉文意译：柳花莲花互相爱。

喃字原文：𠀧 跐 跐 细 宫 仙,
国际音标：ʔba¹ ʔbɯːk⁷ ʔbɯːk⁷ tɤːi⁵ kuŋ¹tiːn¹
汉文直译：三 步 迈 到 仙 宫
汉文意译：三步跨进仙宫里,

情 歌

喃字原文：啥 嚧 麻 吏 结 缘 腡 桃；
国际音标：ŋɤm⁶ ŋui² ma² la:i⁶ ket⁷ji:n¹ ma⁵ ʔda:u²
汉文直译：惆 怅 而 又 结 缘 颊 桃
汉文意译：惆怅而来结姻缘；

喃字原文：䍏 跐 脟 僦 梗 高，
国际音标：ʔbon⁵ ʔbɯ:k⁷ ʔbuŋ⁶ ʔicɔ⁵ kan² ka:u¹
汉文直译：四 步 肚 饿 枝 高
汉文意译：四步抵饥爬高树，

喃字原文：恘 之 麻 吏 礼 釰 喢 悉。
国际音标：ʔbu:n² tsi¹ ma² la:i⁶ lɤi⁵ ja:u¹ kat⁷ loŋ²
汉文直译：烦闷 什么 而 又 拿 刀 割 心
汉文意译：烦闷忧愁似割心。

喃字原文：甝 跐 巔 翘 鸩 鸿，
国际音标：nam¹ ʔbɯ:k⁷ thaŋ³ kan⁵ tsim¹ hoŋ²
汉文直译：五 步 直 翅膀 鸿 鹄
汉文意译：五步鸿鹄想起飞，

喃字原文：忚 吏 跙 准 制 共 貝 烧。
国际音标：ʔda³ la:i⁶ ʔden⁵ tson⁵ tsɤ:i¹ kuŋ² vɤ:i⁵ ṇau¹
汉文直译：已 来 到 地方 玩 共同 互相
汉文意译：达到目的人欢心。

（6）

喃字原文：忚 迻 跙 埖 時 制，
国际音标：ʔda³ ʔdi¹ ʔden⁵ ʔda:m⁵ thi² tsɤ:i¹
汉文直译：已 去 到 庙会 就 玩
汉文意译：到了店馆尽情玩，

1489

喃字原文：㐌 迻 担 坫 惜 哩 ⼞ 之;
国际音标：ʔda³ ʔdi¹ ʔden⁵ ʔda:m⁵ ti:k⁷ n̠ɤ:i² la:m² tsi¹
汉文直译：已 去 到 庙会 可惜 话 做 什么
汉文意译：来到红馆尽吐言;

喃字原文：㐌 迻 担 坫 壩 红,
国际音标：ʔda³ ʔdi¹ ʔden⁵ ʔda:m⁵ vɯ:n² hoŋ²
汉文直译：已 去 到 庙会 园 玫瑰
汉文意译：到了店馆红楼园,

喃字原文：𫜭 掍 呦 悉 些 忟 義 烧。
国际音标：tsoŋ² kɔn¹ jɤu² lɔŋ² ta¹ n̠ɤ⁵ ŋiə³ n̠au¹
汉文直译：夫 儿 不管 心 咱 想 义 互相
汉文意译：不管夫儿玩情愿。

（7）

喃字原文：丕 群 底 骄 時 制,
国际音标：jɤ:i² kɔn² ʔde³ thoŋ⁵ thi² tsɤ:i¹
汉文直译：天 还 留 命 就 玩
汉文意译：天生有命随意玩,

喃字原文：別 浪 效 蕙 缘 哩 ⼞ 牢;
国际音标：ʔbi:t⁷raŋ² tho⁵ hwe⁶ ji:n¹ n̠ɤ:i² la:m²tha:u¹
汉文直译：知道 命运 蕙 缘 天 如何
汉文意译：日后不知何缘运;

喃字原文：𣦰 斷 托 𥪝 陰 曹,
国际音标：ma:i¹thau¹ tha:k⁷ su:ŋ⁵ ʔɤm¹ta:u²
汉文直译：日后 死 下 阴曹
汉文意译：日后怕归阴曹府,

情 歌

喃字原文：没 狐 没 我 咿 哗 浧 之。
国际音标：mot⁸ ŋɯːi² mot⁸ ŋa³ son¹saːu¹ noi³ tsi¹
汉文直译：一 人 一 摔跤 喧闹 境地 什么
汉文意译：各走一路怎对言。

喃字原文：由 麻 托 竉 陰 司，
国际音标：ju² ma² thaːk⁷ suːŋ⁵ ʔɤm¹ti¹
汉文直译：如果 死 下 阴司
汉文意译：如果归西阴司下，

喃字原文：時 些 拱 符 些 扲 伴 共；
国际音标：thi² ta¹ kuŋ³ jɯ³ ta¹ ʔdi¹ ʔbaːn⁶ kuŋ²
汉文直译：则 咱 也 守 咱 去 朋友 同
汉文意译：亦要相守做伴侣；

喃字原文：聂 斵 托 竉 陰 宫，
国际音标：maːi¹thau¹ thaːk⁷ suːŋ⁵ ʔɤm¹kuŋ¹
汉文直译：日后 死 下 阴府
汉文意译：日后死归阴宫里，

喃字原文：時 些 拱 符 伴 共 些 扲。
国际音标：thi² ta¹ kuŋ³ jɯ³ ʔbaːn⁶ kuŋ² ta¹ ʔdi¹
汉文直译：则 咱 也 守 朋友 同 咱 去
汉文意译：咱俩守住伴侣情。

喃字原文：仁 些 當 課 至 時，
国际音标：haːi¹ta¹ ʔdaːŋ¹ thɤ³ tsi⁵ thɤːi²
汉文直译：咱俩 正 时期 到 时
汉文意译：如今正是青春时，

喃字原文：群 仁 群 義 群 劦 探 寻．
国际音标：kɔn² n̩ɤn¹ kɔn² ŋiə³ kɔn² ʔdi¹ tham¹ tim²
汉文直译：还 仁 还 义 还 去 探 寻
汉文意译：有情有义来相寻。

（男：刘日成，苏维绍，杜福朝；女：武瑞珍）

（8）

喃字原文：咹 制 朱 當 事 槌，
国际音标：ʔan¹tsɤ:i¹ tsɔ¹ ʔda:ŋ⁵ thɯ⁶ ʔdɤ:i²
汉文直译：玩乐 给 值当 事情 世间
汉文意译：人在世时应食玩，

喃字原文：䠄 㭭 迸 𣦮 平 㝵 没 䀡；
国际音标：thoŋ⁵ ʔba¹ mɯ:i¹ tu:i³ ʔbaŋ² ŋɯ:i² mot⁸ tam¹
汉文直译：活 三 十 岁 如 人 一 百
汉文意译：活三十岁如百年；

喃字原文：没 䀡 固 氽 包 赊，
国际音标：mot⁸ tam¹ kɔ⁵ mɤi⁵ ʔba:u¹ sa¹
汉文直译：百 年 有 几 多 远
汉文意译：百年时间没多远，

喃字原文：康 康 决 决 拱 戈 㝵 槌．
国际音标：khaŋ¹khaŋ¹khit⁷khit⁷ kuŋ³ kwa¹ mot⁸ ʔdɤ:i²
汉文直译：紧密   也 过 一 世
汉文意译：骨肉相连度百年。

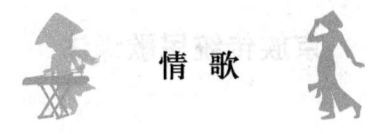

情 歌

(9)

喃字原文： 制　兜　挺　平　制　低，
国际音标： tsɤːi¹ ʔdɤu¹ tsaŋ³ ʔbaŋ² tsɤːi¹ ʔdɤi¹
汉文直译： 玩　那儿　不　如　玩　这里
汉文意译： 那里玩不如这里，

喃字原文： 制　胋　悁　眸　制　胐　悁　晏；
国际音标： tsɤːi¹ ʔdem¹ kwen¹ ɲu³ tsɤːi¹ ŋai² kwen¹ ʔan¹
汉文直译： 玩　夜里　忘　睡　玩　白天　忘　吃
汉文意译： 夜玩忘眠日忘食；

喃字原文： 制　朱　秩　襚　秩　巾，
国际音标： tsɤːi¹ tsɔ¹ mɤt⁷ tui⁵ mɤt⁷ khan¹
汉文直译： 玩　给　丢　袋　丢　巾
汉文意译： 玩至不见袋围巾，

喃字原文： 制　朱　特　襚　特　巾　仕　衞。
国际音标： tsɤːi¹ tsɔ¹ ʔdɯːk⁸ tui⁵ ʔdɯːk⁸ khan¹ thɛ³ vɛ²
汉文直译： 玩　给　得　袋　得　巾　将　回
汉文意译： 玩丢袋巾忘回裡。

喃字原文： 制　朱　柳　憴　花　吱，
国际音标： tsɤːi¹ tsɔ¹ liːu³ tsaːn⁵ hwa¹ tse¹
汉文直译： 玩　给　柳　腻烦　花　嫌弃
汉文意译： 玩得柳腻花厌弃，

喃字原文： 制　拢　埌　硌　制　迷　悯　愁。
国际音标： tsɤːi¹ luŋ¹ naːt⁷ ʔda⁵ tsɤːi¹ me¹mɤn³ thɤu²
汉文直译： 玩　摇　烂　石　玩　痴迷　愁
汉文意译： 玩至石损人痴迷。

（10）

喃字原文：制 朱 讖 氾 湄 旭，
国际音标：tsɤ:i¹ tsɔ¹ thɤm⁵ rɛ³ mɯə¹ tha³
汉文直译：玩 给 雷 劈 雨 倾盆
汉文意译：玩至雷震下大雨，

喃字原文：制 朱 麴 磋 ᵯ 巴 吏 連；
国际音标：tsɤ:i¹ tsɔ¹ hɯ:ŋ¹ vɤ³ la:m² ʔba¹ la:i⁶ li:n²
汉文直译：完 给 镜子 破 做 三 又 连
汉文意译：玩得镜破又重圆；

喃字原文：制 朱 月 晗 中 天，
国际音标：tsɤ:i¹ tsɔ¹ ŋwi:t⁸ lan⁶ tuŋ¹ thi:n¹
汉文直译：玩 给 月 落 中 天
汉文意译：玩至天空月没落，

喃字原文：制 悶 渃 漢 吏 連 渃 吴。
国际音标：tsɤ:i¹ het⁷ nɯ:k⁷ ha:n⁵ la:i⁶ li:n² nɯ:k⁷ ŋo¹
汉文直译：玩 完 国 汉 又 立即 国 吴
汉文意译：玩尽汉吴国依连。

喃字原文：制 朱 讖 氾 湄 滔，
国际音标：tsɤ:i¹ tsɔ¹ thɤm⁵ rɛ³ mɯə¹ ra:u²
汉文直译：玩 给 雷 劈 大雨
汉文意译：玩至雷响落暴雨，

喃字原文：制 朱 硰 崶 揋 舭 膊 金；
国际音标：tsɤ:i¹ tsɔ¹ ʔda⁵ nui⁵ lot⁸ va:u² ton¹kim¹
汉文直译：玩 给 石 山 穿 进 针眼
汉文意译：玩至石头能穿针；

情 歌

喃字原文：制 朱 晬 晬 時 涊，
国际音标：tsɤ:i¹ tsɔ¹ ʔbɔŋ⁵ʔbɔŋ⁵ thi² tsim²
汉文直译：玩 给 浮球 则 沉
汉文意译：玩至浮球能沉水，

喃字原文：礅 移 時 浂 楛 㑨 陀。
国际音标：hɔn²ʔda⁵ thi² noi³ ɣo³lim¹ lɯ:²ʔdɯ²
汉文直译：石块 则 浮 格木 慢吞吞
汉文意译：玩至石浮木飘沉。

（11）

喃字原文：制 花 渚 别 味 花，
国际音标：tsɤ:i¹ hwa¹ tsɔ¹ ʔbi:t⁷ mui² hwa¹
汉文直译：玩 花 给 知 味 花
汉文意译：玩花会识花香味，

喃字原文：扲 斤 朱 别 斤 糗 斤 薇；
国际音标：kɤm² kɤn¹ tsɔ¹ ʔbi:t⁷ kɤn¹ ja² kɤn¹ nɔn¹
汉文直译：拿 秤 给 知 秤 老 秤 新
汉文意译：掌秤要懂新老秤；

喃字原文：制 朘 空 别 朘 㒼，
国际音标：tsɤ:i¹ jaŋ¹ khoŋ¹ ʔbi:t⁷ jaŋ¹ tɔn²
汉文直译：玩 月 不 知 月 圆
汉文意译：玩月要识月时圆，

喃字原文：如 英 袮 媌 空 别 媌 屯 焓 㜮。
国际音标：ȵɯ¹ ʔan¹ lɤi⁵ vɤ⁶ khoŋ¹ ʔbi:t⁷ vɤ⁶ jɔn² vɤ⁶ sin¹
汉文直译：如 哥 娶 妻 不 知 妻 俏 妻 美
汉文意译：娶妻要懂审妻美。

（男：杜福朝；女：武瑞珍）

（12）

喃字原文：制　朕　矯　矧　朕　燶，
国际音标：tsɤːi¹ jaŋ¹ kɛu³ n̩ɤ³ jaŋ¹ ja²
汉文直译：玩　月　否则　开　月　老
汉文意译：玩月莫让月没落，

喃字原文：制　花　矯　矧　敠　花　吏　残；
国际音标：tsɤːi¹ hwa¹ kɛu³ n̩ɤ³ roi² hwa¹ laːi⁶ taːn²
汉文直译：玩　花　否则　开　了　花　又　残
汉文意译：玩花勿留花朵谢；

喃字原文：制　朕　空　法　丕，
国际音标：tsɤːi¹ jaŋ¹ khoŋ¹ thɤ⁶ faːp⁷ jɤːi²
汉文直译：玩　月　不　怕　法　天
汉文意译：玩月莫怕天法公，

喃字原文：寻　牢　空　特　没　馭　如　媕。
国际音标：tim² thaːu¹ khoŋ¹ ʔdɯːk⁸ mot⁸ ŋɯːi² n̩ɯ¹ ʔɛm¹
汉文直译：找　怎么　不　得　一　人　如　妹
汉文意译：难寻一人如妹美。

（13）

喃字原文：制　朱　筇　藏　攏　蓬，
国际音标：tsɤːi¹ tso¹ thuŋ³ toŋ⁵ luŋ¹ ʔboŋ²
汉文直译：玩　给　穿　鼓　烂　篷
汉文意译：玩至鼓穿草篷塌，

喃字原文：敠　黜　些　仕　祂　馱　立　严；
国际音标：roi² ra¹ taː¹ thɛ³ lɤːi⁵ tsoŋ² lɤp⁸ ŋiːm¹
汉文直译：然后　出　咱　将　嫁　夫　严肃
汉文意译：玩乐过后找严夫；

1496

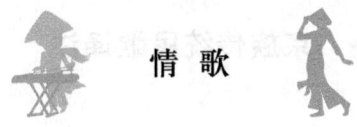

情 歌

喃字原文：制 朱 统 藏 攏 鉦，
国际音标：tsɤ:i¹ tsɔ¹ thuŋ³ toŋ⁵ luŋ¹ tsi:ŋ¹
汉文直译：玩 给 穿 鼓 烂 钲
汉文意译：玩至鼓穿锣钲烂，

喃字原文：来 豑 些 仕 立 严 祂 馱。
国际音标：roi² ra¹ ta¹ thɛ³ lɤp⁸ ŋi:m¹ lɤi⁵ tsoŋ²
汉文直译：然后 出 咱 将 严肃 嫁 夫
汉文意译：然后复原找夫君。

（14）

喃字原文：制 之 仍 几 固 馱，
国际音标：tsɤ:i¹ tsi¹ n̠ɯŋ³ kɛ³ kɔ⁵ tsoŋ²
汉文直译：玩 什 么 些 人 有 夫
汉文意译：天涯海角事艰难，

喃字原文：撒 諾 翀 泍 损 功 棋 耙；
国际音标：ta:t⁷ nɯ:k⁷ ru:ŋ⁶ ka:n⁶ ton³ koŋ¹ kai² ʔbɯə²
汉文直译：岸 谁 田 干 损 功 犁 耙
汉文意译：有时涉水又爬山；

喃字原文：泽 汀 筏 梛 筏 椰，
国际音标：lin¹ʔdin¹ ʔbɛ² ɣo³ ʔbɛ² jɯə²
汉文直译：零丁 木筏 椰木筏
汉文意译：流血流汗男人做，

喃字原文：裙 衲 襖 兜 詖 時 制。
国际音标：kwɤn² nɤu¹ ʔa:u⁵ va:i³ ʔdɤu¹ vɯə² thi² tsɤ:i¹
汉文直译：裤 棕 衣 布 那儿 合适 就 玩
汉文意译：娘子在家搞生产。

（15）

喃字原文：制 時 制 准 高 清，
国际音标：tsɤːi¹ thi² tsɤːi¹ tson⁵ kaːu¹than¹
汉文直译：玩 就 玩 地方 高清
汉文意译：君去远方眼望穿，

喃字原文：仍 尼 暗 鞈 荞 荸 空 喺；
国际音标：n̠ɯŋ³ nɤːi¹ ʔaːm⁵ kɔ³ leu²jan¹ khoŋ¹ them²
汉文直译：些 地方 暗 草 茅草寮 没有 台阶
汉文意译：何日近身说苦情；

喃字原文：制 时 制 准 美 妙，
国际音标：tsɤːi¹ thi² tsɤːi¹ tson⁵ mi³miːu²
汉文直译：玩 就 玩 地方 美妙
汉文意译：妻在家盼中秋月，

喃字原文：㝵 鎌 淇 肶 决 料 拱 制？
国际音标：tam¹ hɯːm¹ ke² kɔ³ kwiːt⁷liːu⁶ kuŋ³ tsɤːi¹
汉文直译：百 剑 贴近 脖子 决意 也 玩
汉文意译：怎得团圆到身边？

（16）

喃字原文：嚎 扐 咋 觅 扐 㘄，
国际音标：mɔŋ¹ tsaːŋ² tsa³ thɤi⁵ tsaːŋ² ra¹
汉文直译：盼望 郎 不 见 郎 出
汉文意译：夫妻分离数春秋，

喃字原文：蒲 浍 沚 竜 汔 ?? 巾 調；
国际音标：ʔbo²hoi¹ tsai³ suːŋ⁵ ʔɯːt⁷ ʔba¹ khan¹ ʔdeu²
汉文直译：汗 流 下 湿 三 巾 都
汉文意译：灭贼凯旋转回头；

情 歌

喃字原文： 耪 清 聘 妈 美 妙，
国际音标： ja:i¹ than¹ thin⁵ ɣa:i⁵ mi³ji:u⁶
汉文直译： 小伙儿 清雅 配 姑娘 美丽
汉文意译： 今日喜庆得团圆，

喃字原文： 㯲 鎌 拸 胧 决 料 拱 制。
国际音标： tam¹ huɯ:m¹ ke² ko³ kwi:t⁷li:u⁶ kuŋ³ tsɤ:i¹
汉文直译： 百 剑 贴近 脖子 决意 也 玩
汉文意译： 日不思念夜不忧。

（17）

喃字原文： 微 微 遥 喱 邊 帐，
国际音标： hiu¹hiu¹ jɔ⁵ thoi³ ʔben¹ tsɯ:ŋ⁵
汉文直译： 习习 风 吹 边 帐子
汉文意译： 纱帐风吹微飘动，

喃字原文： 拂 菲 掍 燕 拧 搇 氽 迟；
国际音标： fɤt⁷fɤ:i⁵ kɔn¹ʔi:n⁵ jɯɯ⁶nɯ:ŋ¹ mɤi⁵tsɤi²
汉文直译： 飘拂 燕子 倚靠 多久
汉文意译： 燕子招展有依巢；

喃字原文： 初 桃 道 腰 躺 祺，
国际音标： thɤ¹ ʔda:u² ʔda:u⁶ʔi:u⁵ min² ɣɤi²
汉文直译： 嫩 桃 虚弱 身体 瘦
汉文意译： 嫩桃消瘦树枝小，

喃字原文： 翌 牢 朱 特 愁 尼 相 思。
国际音标： tsiu⁶ tha:u¹ tsɔ¹ ʔdɯ:k⁸ thɤu² nai² tɯ:ŋ¹tɯ¹
汉文直译： 受 怎么 给 得 愁 这 相思
汉文意译： 因情相思人难受。

喃字原文： 相 思 愁 匜 相 思，
国际音标： tɯːŋ¹tɯ¹ thɤu² ʔda³ tɯːŋ¹tɯ¹
汉文直译： 相 思 愁 也 相 思
汉文意译： 因情忧愁而相思，

喃字原文： 叝 庙 笕 景 拱 如 笕 払。
国际音标： vaːu² miːu⁵ thɤi⁵ kan³ kuŋ³ ɲɯ¹ thɤi⁵ tsaːŋ²
汉文直译： 进 庙 见 景 也 如 见 郎
汉文意译： 入庙见景似见君。

喃字原文： 没 悉 夗 羛 多 芒，
国际音标： mot⁸ lɔŋ² fu⁶ ŋiə³ ʔda¹maːŋ¹
汉文直译： 一 心 负 义 操 劳
汉文意译： 一心操劳为情义，

喃字原文： 赊 趴 赊 喈 脃 払 挓 赊。
国际音标： sa¹ ŋɯːi² sa¹ tiːŋ⁵ ja⁶ tsaːŋ² tsaŋ³ sa¹
汉文直译： 远 离 人 远 离 声 肚 郎 不 远 离
汉文意译： 远离人声不离君。

喃字原文： 媕 喷 分 妾 缘 陀，
国际音标： ʔɛm¹ tat⁷ fɤn⁶thiːp⁷ jiːn¹ ʔda²
汉文直译： 妹 责怪 为 妾 缘 分 无实义
汉文意译： 妾怪自身没缘分，

喃字原文： 渚 兜 定 料 底 麻 搁 身。
国际音标： tsɯə¹ ʔdɤu¹ ʔdin⁶liːu⁶ ʔde³ma² nɯːŋ¹ thɤn¹
汉文直译： 未 哪儿 料 理 以 便 倚 身
汉文意译： 如何料理有倚身。

情 歌

（18）

喃字原文：萇 駄　　特 尒 英 雄，
国际音标：ʔdɤːi² ŋuːi²　ʔduːk⁸ mɤi⁵ ʔan¹ huŋ²
汉文直译：世人　　　得　几　英雄
汉文意译：世人出现几英雄，

喃字原文：計 之 魸 招 鸪 笼 麻 制；
国际音标：keː³ tsi¹　kaː⁵ tsʐuː⁶ tsim¹ loŋ² ma² tsʐːi¹
汉文直译：不在话下 鱼　盆　鸟　笼　而　玩
汉文意译：盆鱼笼鸟怎欢跃；

喃字原文：擬 萇 麻 瞟 朱 萇，
国际音标：ŋi³ ʔdɤːi² ma² ɣam⁵ tsoː¹ ʔdɤːi²
汉文直译：想 一世 而 考虑 给 一世
汉文意译：想起世人想自身，

喃字原文：才 情 朱 夥 時 駄 些 悭。
国际音标：taːi² tin² tsoː¹ lam⁵ thiː² ŋuːi² taː¹ ɣɛn¹
汉文直译：才情 给 多 则 人家 嫉妒
汉文意译：做人多情她嫉妒。

喃字原文：惜 𪞝 渃 涾 打 矾，
国际音标：tiːk⁷ thai¹ nuːk⁷ laː³ ʔdan⁵ fɛn²
汉文直译：可惜 啊 清水　打　明矾
汉文意译：可惜清水放明矾，

喃字原文：妸　 染 时 染 朱 颠 秚 牟；
国际音标：ʔdaː³ ȵuːm⁶ thiː² ȵuːm⁶ tsoː¹ ʔdɛn¹ lɤi⁵ mau²
汉文直译：已　染　则　染　给　黑　要　颜色
汉文意译：想染变颜成黑色；

1501

喃字原文：悲 晾 呐 寔 貝 烧，
国际音标：ʔbɤi¹jɤ² nɔi⁵ thɤt⁸ vɤ:i⁵ȵau¹
汉文直译：如今 说 实 互相
汉文意译：如今相互说实言，

喃字原文：捲 絏 自 帝 術 鈲 拱 徐。
国际音标：ku:n⁵ jɤi¹ tɯ² ʔdɤi⁵ ve²thau¹ kuŋ³ tsɤ²
汉文直译：卷 线 从 那儿 日后 也 等
汉文意译：那时收言亦等待。

喃字原文：蛒 糉 拵 特 憑 馼，
国际音标：kɔk⁷ ja² tsaŋ³ ʔdɯ:k⁸ ʔbaŋ² ŋɯ:i²
汉文直译：蛤蟆 老 不 得 如 人
汉文意译：蛤蟆拜天天不应，

喃字原文：𬙋 甅 𦨩 焚 拯 崍 舩 盙。
国际音标：ŋoi² tɔŋ¹ ɣɔk⁷ ʔbep⁷ ʔdu:i³ ru:i² kwan¹ mɤm¹
汉文直译：坐 中 角 灶 驱赶 苍蝇 围绕 大盘子
汉文意译：人坐灶角赶苍蝇。

（男：阮进余，张廷德，苏维绍；女：刘元英）

（19）

喃字原文：悗 時 黜 圲 麻 朣，
国际音标：ʔbu:n² thi² ra¹ ŋɔ³ ma² tɔŋ¹
汉文直译：烦闷 则 出 巷子 而 望
汉文意译：烦闷出门站观望，

喃字原文：圲 時 𥆾 圲 馼 空 𥆾 馼；
国际音标：ŋɔ³ thi² thɤi⁵ ŋɔ³ ŋɯ:i² khoŋ¹ thɤi⁵ ŋɯ:i²
汉文直译：巷子 则 见 巷子 人 不 见 人
汉文意译：只见拱门无见人；

情 歌

喃字原文：愊 時 齣 圫 軒 枚，
国际音标：ʔbuːn² thi² ra¹ ŋɔ³ hiːn¹maːi¹
汉文直译：烦闷 则 出 巷子 屋檐
汉文意译：烦闷出屋倚檐边，

喃字原文：怓 時 齣 蹲 厔 外 麻 矔。
国际音标：nɤ⁵ thi² ra¹ ʔdɯŋ⁵ maːi⁵ ŋwaːi² ma² toŋ¹
汉文直译：想 则 出 站 屋檐 外 而 望
汉文意译：想时痴呆门外望。

喃字原文：固 腊 思 想 怓 蟻，
国际音标：kɔ⁵ ʔdem¹ tɯ¹tɯːŋ³ nɤ⁵ roŋ²
汉文直译：有 夜 思 想 想 龙
汉文意译：时夜思想在盼龙，

喃字原文：要 烧 術 湟 恼 濃 術 缘；
国际音标：ʔiːu¹ɲau¹ ve² net⁷ naːu³nuŋ² ve² jiːn¹
汉文直译：相爱 为 人品 烦恼 为 缘分
汉文意译：相爱人品心烦乱；

喃字原文：约 之 特 法 柴 传，
国际音标：ʔɯːk⁷ tsi¹ ʔdɯːk⁸ fɛp⁷ thɤi² tiːn²
汉文直译：盼望 什么 得 法术 师傅 穿
汉文意译：盼望神仙有传法，

喃字原文：批 桥 隻 筅 朱 連 堆 些。
国际音标：ʔbak⁷ kɤu² tsiːk⁷ ʔduə³ tsɔ¹ liːn² ʔdoi¹taː¹
汉文直译：搭 桥 只 筷子 给 连 咱俩
汉文意译：双筷搭桥连爱河。

1503

喃字原文： 翱 淊 沚 喏 包 賖，
国际音标： kan⁵thoŋ¹ tsai³ nɯːk⁷ ʔbaːu¹ saʔ¹
汉文直译： 河　　流　水　多　远
汉文意译： 长河水流有多远，

喃字原文： 想 念 些 仕 交 和 结 缘。
国际音标： tɯːŋ³niːm⁶ taʔ¹ thɛ³ jaːu¹hwa² ket⁷jiːn¹
汉文直译： 想　念　　咱　将　　和顺　结　缘
汉文意译： 时刻想念结姻缘。

（20）

喃字原文： 要 烧 些 底 魽 悪，
国际音标： ʔiːu¹nau¹ taʔ¹ ʔde³ tɔŋ¹ lɔŋ²
汉文直译： 相爱　咱　留　中　心
汉文意译： 相爱互相放心里，

喃字原文： 拯 如 襖 氾 麻 烘 黜 外；
国际音标： tsaŋ³ ɲɯ¹ ʔaːu⁵ ʔɯːt⁷ ma² hɔŋ¹ raʔ¹ ŋwaːi²
汉文直译： 不　如　衣　湿　而　晾干　出　外
汉文意译： 如若湿衣拿出晒；

喃字原文： 吁 娘 停 潨 睚 埃，
国际音标： sin¹ naːŋ² ʔdɯŋ² tsɤ⁵ ŋɛʔ¹ ʔaːi¹
汉文直译： 请　妹　　别　　听　　谁
汉文意译： 请妹莫听别人使，

喃字原文： 仁 些 如 墨 强 碾 强 颠。
国际音标： haːi¹taʔ¹ ɲɯ¹ mɯk⁸ kaːŋ² maːi² kaːŋ² ʔden¹
汉文直译： 咱俩　如　墨　越　磨　越　黑
汉文意译： 墨条越磨越乌黑。

情 歌

(21)

喃字原文： 脍 清 固 翁 胲 糙，
国际音标： ʔdem¹ than¹ kɔ⁵ ʔoŋ¹jaŋ¹ ja²
汉文直译： 夜 清 有 月亮 老
汉文意译： 月清夜静月亮伴，

喃字原文： 乾 坤 逶 吏 没 茹 愶 终；
国际音标： kaːn²khon¹ ʔdɯə¹ laːi⁶ mot⁸ ɲa² vui¹ tsuŋ¹
汉文直译： 乾坤 送 来 一 家 高兴 同
汉文意译： 乾坤一家共欢乐；

喃字原文： 扒 喂 傷 袘 媕 共，
国际音标： tsaːŋ² ʔɤːi¹ thɯəŋ¹ lɤi⁵ ɛm¹ kuŋ²
汉文直译： 郎 啊 想 要 妹 同
汉文意译： 君呀！时刻想着妹，

喃字原文： 曘 時 䞃 分 黻 终 堆 馭。
国际音标： jau² thi² ʔbɤːi³ fɤn⁶ khɔ⁵ tsuŋ¹ ʔdoi¹ ŋɯːi²
汉文直译： 富 则 因 为 命 苦 同 两 人
汉文意译： 富贵命运穷克服。

(22)

喃字原文： 固 脍 賦 姅 更 号，
国际音标： kɔ⁵ ʔdem¹ thɯk⁷ nɯə³ kan¹ khwiə¹
汉文直译： 有 夜 醒 着 还 更 深
汉文意译： 有时夜里难入眠，

喃字原文： 想 迻 邌 柳 蛪 徐 梗 枚；
国际音标： tɯːŋ³ ʔdi¹ laː² liːu³ ŋoi² tsɤ² kan² maːi¹
汉文直译： 想 去 逛 柳 坐 等 枝 梅
汉文意译： 欲逛柳下等梅花；

1505

喃字原文：固　脿　叹　辫　咀　賎，
国际音标：kɔ⁵ ʔdem¹ tha:n¹ ŋan⁵ thɤ³ ja:i²
汉文直译：有　夜　叹　短　叹　长
汉文意译：时夜短叹又长叹，

喃字原文：叹　浪　凤　仍　伖　鸾　麻　烦。
国际音标：tha:n¹ raŋ² fɯ:ŋ⁶ ɲɯŋ³ nɤ⁵ lɔn¹ ma² fi:n²
汉文直译：叹　道　凤　些　想　鸾　而　烦
汉文意译：叹想凤鸾而心烦。

喃字原文：固　脿　拰　厊　房　香，
国际音标：kɔ⁵ ʔdem¹ jɯə⁶ ma:i⁵ fɔŋ²hɯ:ŋ¹
汉文直译：时　夜　倚　屋　檐　香　房
汉文意译：时夜倚着轩香房，

喃字原文：别　浪　馱　於　邊　春　邊　芇。
国际音标：ʔbi:t⁷ raŋ² ŋɯ:i² ʔɤ³ ʔben¹ sɤn¹ ʔben¹ na:u²
汉文直译：知　道　人　在　边　春　边　哪
汉文意译：不知春情想何方。

（男：刘扬顺，苏维绍，阮继初；女：阮成珍）

（23）

喃字原文：尒　欺　容　且　艄　籴，
国际音标：mɤi⁵ khi¹ juŋ¹ tha³ ŋoi² roi²
汉文直译：何时　清闲　坐　了
汉文意译：何时能得坐清闲，

喃字原文：拪　仙　草　幅　尒　哇　喃　那；
国际音标：tai¹ ti:n¹ tha:u³ ʔbɯk⁷ mɤi⁵ nɤ:i² nom¹ na¹
汉文直译：手　仙　草　拟　封　几　言　喃字
汉文意译：仙手写封喃字信；

情 歌

喃字原文：春 兰 秋 菊 孟 麻,
国际音标：sɤn¹ la:n¹ thu¹ kuk⁷ man⁶mɛ³
汉文直译：春　兰　秋　菊　盛开
汉文意译：春兰秋菊已开花,

喃字原文：醽 更 妾 吻 悴 悙 為 払。
国际音标：nam¹ kan¹ thi:p⁷ vɤn³ sɔt⁷sa¹ vi² tsa:ŋ²
汉文直译：五　更　妾　仍　痛心　为　郎
汉文意译：五更妾愁为思君。

喃字原文：情 書 乂 幅 朱 払,
国际音标：tin²thɯ¹ mot⁸ ʔbɯk⁷ tsɔ¹ tsa:ŋ²
汉文直译：情书　一　封　给　郎
汉文意译：一封情书寄以君,

喃字原文：䉶 㗖 父 母 䝱 䝱 拱 纩?
国际音标：tɯ:k⁷ tham¹ fu⁶mɤu³ jau²tha:ŋ¹ kuŋ³ ʔben⁶
汉文直译：先　探问　父母　富贵　也　缠绵
汉文意译：先问父母家富贵?

喃字原文：𦀚 㗖 英 姊 𠄩 邊,
国际音标：thau¹ tham¹ ʔan¹ tsi⁶ ha:i¹ ʔben¹
汉文直译：后　探问　哥　姐　两　边
汉文意译：后问哥嫂身体好,

喃字原文：户 行 親 戚 贵 權 荣 华。
国际音标：hɔ⁶ha:ŋ² thɤn¹thit⁷ kwi⁵kwi:n² vin¹hwa¹
汉文直译：家族　亲戚　贵权　荣华
汉文意译：亲戚朋友显荣华。

喃字原文： 黏 尼 䁅 跙 情 些，
国际音标： thau¹nai² tham¹ ʔden⁵ tin² ta¹
汉文直译： 日后 探询 到 情 咱
汉文意译： 最后询问俩情事，

喃字原文： 自 欺 别 䊧 渚 陀 包 数；
国际音标： tɯ² khi¹ ʔbi:t⁷mat⁸ tsɯə¹ ʔda² ʔba:u¹lɤu¹
汉文直译： 从 是 认识 未 无实义 多久
汉文意译： 自从见面未多久；

喃字原文： 自 欺 揬 䌓 汆 烧，
国际音标： tɯ² khi¹ vaŋ²ʔbɔ⁵ mɤi⁵ ɲau¹
汉文直译： 从 时 许诺 几许 互相
汉文意译： 咱俩那天许诺言，

喃字原文： 醯 更 妾 吻 翌 愁 相 思。
国际音标： nam¹ kan¹ thi:p⁷ vɤn³ tsiu⁶ thɤu² tɯ:ŋ¹tɯ¹
汉文直译： 五 更 妾 仍 受 愁 相思
汉文意译： 妾坐五更相思愁。

喃字原文： 缌 愁 绑 衳 呫 呫，
国际音标： moi⁵thɤu² ʔbu:k⁸ lɤi⁵ khɯ¹khɯ¹
汉文直译： 愁绪 捆绑 要 紧紧地
汉文意译： 缘由关系紧相连，

喃字原文： 悉 揜 傷 妆 相 思 呅 丕；
国际音标： lɔŋ² ʔɛm¹ thɯ:ŋ¹nɤ⁵ tɯ:ŋ¹tɯ¹ la:m²vɤi⁶
汉文直译： 心 妹 思念 相思 这样
汉文意译： 妾今如此重相思；

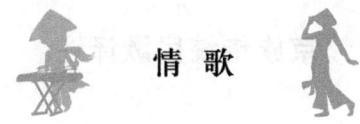

情 歌

喃字原文： 悉 俺 傷 怓 ⺍ 丕，
国际音标： lɔŋ² ʔɛm¹ thɯ:ŋ¹nɤ⁵ la:m²vɤi⁶
汉文直译： 心 妹 思念 这样
汉文意译： 相思君呀人心醉，

喃字原文： 払 於 邊 帝 固 魊 空 払？
国际音标： tsa:ŋ² ʔɤ³ ʔben¹ ʔdɤi⁵ kɔ⁵ kwen¹ khoŋ¹ tsa:ŋ²
汉文直译： 郎 在 边 那儿 有 忘 不 郎
汉文意译： 君在那边怎忘记？

喃字原文： 詩 仙 妾 呠 馼 玉，
国际音标： thɤ¹ ti:n¹ thi:p⁷ ɣɯi³ ŋɯ:i² ŋɔk⁸
汉文直译： 信 仙 妾 寄 玉人
汉文意译： 玉人诗信寄以君，

喃字原文： 妾 於 邊 尼 懎 育 醀 更。
国际音标： thi:p⁸ ʔɤ³ ʔben¹ nai² jan²jɔk⁸ nam¹ kan¹
汉文直译： 妾 在 边 这 辗 转 五 更
汉文意译： 妾在这边五更思。

（24）

喃字原文： 娘 於 邊 帝 娘 喂，
国际音标： na:ŋ² ʔɤ³ ʔben¹ ʔdɤi⁵ na:ŋ² ʔɤ:i¹
汉文直译： 妹 在 边 那儿 妹 啊
汉文意译： 妹在那边要安心，

喃字原文： 赊 秦 远 隔 没 咥 証 明；
国际音标： sa¹ tɤn² vi:n³kat⁷ mot⁸ ŋɤ:i² tsɯŋ⁵min¹
汉文直译： 远离 秦 远隔 一 言 证明
汉文意译： 北国远离寄信言；

喃字原文： 忾 傷 傷 忾 没 躺,
国际音标： nɤ⁵thɯ:ŋ¹ thɯ:ŋ¹nɤ⁵ mot⁸min²
汉文直译： 思念　　思念　　独自
汉文意译： 君自孤身亦相思,

喃字原文： 払 於 邊 尼 隔 情 包 賒。
国际音标： tsa:ŋ² ʔɤ³ ʔben¹ nai² kat⁷ tin² ʔda³ sa¹
汉文直译： 郎　在　边　这　隔　情　已　远
汉文意译： 人各一方相离情。

喃字原文： 媕 唶 效 媕 桃 花,
国际音标： ʔɛm¹ tat⁷ tho⁵ ʔɛm¹ ʔda:u²hwa¹
汉文直译： 妹　责怪　命运　妹　　桃花
汉文意译： 妹自责怪桃花命,

喃字原文： 英 擬 跙 娘 溗 淚 珠 淶;
国际音标： ʔan¹ ŋi³ ʔden⁵ na:ŋ² jɔt⁸ le⁶ tsɤu¹ rɤ:i¹
汉文直译： 哥　想　到　妹　滴　泪　珠　下
汉文意译： 哥想起妹珠泪涟;

喃字原文： 固 胺 黜 蹲 𬹉 歪,
国际音标： kɔ⁵ ʔdem¹ ra¹ ʔdɯŋ⁵ toŋ¹ jɤ:i²
汉文直译： 有　夜　出　站　望　天
汉文意译： 时夜出来望天思,

喃字原文： 歹 昂 渃 抻 我 淶 邊 墙。
国际音标： ɣa:t⁸ ŋa:ŋ¹ nɯ:k⁷mat⁷ ŋa³ rɤ:i¹ ʔben¹ tɯ:ŋ²
汉文直译： 抹　横　泪水　掉　下　边　墙
汉文意译： 抹去眼泪湿墙边。

情歌

喃字原文： 吞咻 娘 固 悉 傷，
国际音标： vi⁵ju² naːŋ² kɔ⁵ lɔŋ² thɯːŋ¹
汉文直译： 如果 妹 有心 爱
汉文意译： 若果妹有心思恋，

喃字原文： 時 払 草 幅 诗 祥 妾 台；
国际音标： thi² tsaːŋ² thaːu³ ʔbɯk⁷ thɤ¹ tɯːŋ² thiːp⁷ hai¹
汉文直译： 则 郎 草拟 封 信 详细 妾 知
汉文意译： 君即回信表衷肠；

喃字原文： 由 麻 扒 特 詩 尼，
国际音标： ju²ma² ʔbat⁷ ʔdɯːk⁸ thɤ¹ nai²
汉文直译： 如果 收 得 信 这
汉文意译： 如果妹收这封信，

喃字原文： 時 俺 草 幅 交 拼 朱 払。
国际音标： thi² ʔɛm¹ thaːu³ ʔbɯk⁷ jaːu¹ tai¹ tsɔ¹ tsaːŋ²
汉文直译： 则 妹 草拟 封 交 手 给 郎
汉文意译： 妹急回信寄给君。

（25）

喃字原文： 固 胗 唯 呢 㤺 油，
国际音标： kɔ⁵ ʔdem¹ nan¹ni³ ʔbuːn²rɤu²
汉文直译： 有 夜 恳求 忧愁
汉文意译： 愀然不乐夜恳求，

喃字原文： 忞 埃 㸃 浽 惨 愁 挞 嚨；
国际音标： ɲɤ⁵ ʔaːi¹ ʔden⁵ noi³ thaːm³thɤu² tsaŋ³ ŋuːi¹
汉文直译： 想 谁 到 境地 愁惨 不 消减
汉文意译： 想君惨切记在心；

喃字原文：固 腌 想 到 曲 餒，
国际音标：kɔ⁵ ʔdem¹ tɯ:ŋ³ ʔden⁵ khuk⁷noi¹
汉文直译：有 夜 想 到 衷 肠
汉文意译：时夜想起此情境，

喃字原文：祂 埃 脆 想 培 徊 挞 魂；
国际音标：lʑi⁵ ʔa:i¹ ja⁶ tɯ:ŋ³ ʔboi² hoi² tsaŋ³ kwen¹
汉文直译：要 谁 肚 想 徘 徊 不 忘
汉文意译：心里徘徊为情人。

喃字原文：固 腌 灿 礠 油 潜，
国际音标：kɔ⁵ ʔdem¹ ʔdot⁷ ʔdɔi⁶ jʑu² ʔdʑi²
汉文直译：有 夜 点 盏 油 满
汉文意译：时夜添油点亮灯，

喃字原文：畑 浽 貝 晔 晔 踏 貝 身；
国际音标：ʔdɛn² tsɔŋ¹ vɤ:i⁵ ʔbɔŋ⁵ ʔbɔŋ⁵ jʑi² vɤ:i⁵ thɤn¹
汉文直译：灯 亮 和 影 影
汉文意译：灯照孤影见独身；

喃字原文：固 腌 拧 案 邻 近，
国际音标：kɔ⁵ ʔdem¹ jɯə⁶ ʔa:n⁵ lɤn¹kɤn⁶
汉文直译：有 夜 倚 靠 案 邻 近
汉文意译：时夜倚贴案台边，

喃字原文：㝩 仍 殷 勤 忟 伴 塘 賒。
国际音标：lu:ŋ⁵ȵɯŋ³ ʔɤn¹kɤn⁶ nɤ⁵ ʔba:n⁶ ʔdɯ:ŋ² sa¹
汉文直译：尽 是 殷 勤 想 朋 友 路 远
汉文意译：尽心殷勤思远君。

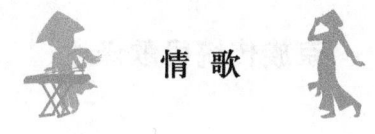

情 歌

(26)

喃字原文：固　脴　擬　到　　靮　茹，
国际音标：kɔ⁵ ʔdem¹ ŋi³ ʔden⁵ kɯə³ ŋa²
汉文直译：有　夜　想　到　　家庭
汉文意译：有时夜里思想家，

喃字原文：衸　埃　修　吏　舥　黜　朱　躬？
国际音标：lɣi⁵ ʔa:i¹ tu¹ la:i⁶ va:u² ra¹ tsɔ¹ min²
汉文直译：要　谁　修　来　进　出　给　自己
汉文意译：谁来维持这家庭？

喃字原文：固　脴　擬　事　鍾　情，
国际音标：kɔ⁵ ʔdem¹ ŋi³ thɯ⁶ tsuŋ¹ tin²
汉文直译：有　夜　想　事　钟　情
汉文意译：时夜想起咱钟情，

喃字原文：衸　斤　麻　批　固　平　台　空？
国际音标：lɣi⁵ kɣn¹ ma² ʔbak⁷ kɔ⁵ ʔbin² hai¹ khoŋ¹
汉文直译：拿　秤　来　称　有　公平　或　不
汉文意译：想拿秤称否心平？

喃字原文：固　脴　想　到　曲　渧，
国际音标：kɔ⁵ ʔdem¹ tɯ:ŋ³ ʔden⁵ khuk⁷ thoŋ¹
汉文直译：有　夜　想　到　曲　河
汉文意译：时夜想起河曲流，

喃字原文：织　绦　聘　貝　织　红　铖　庄？
国际音标：tsi³ tɣ¹ thin⁵ vɣ:i⁵ tsi³ hoŋ² nen¹ tsaŋ¹
汉文直译：丝线　匹配　和　红线　成　不
汉文意译：丝绳能否结红绳？

喃字原文： 固　脏　叹　色　月　浪，
国际音标： kɔ⁵ ʔdem¹ thaːn¹ thak⁸ ŋwiːt⁸ raŋ²
汉文直译： 有　夜　叹　色　月　道
汉文意译： 夜时抬头望天叹月色，

喃字原文： 月　䎬　月　蔬　湿　平　蔬　枊。
国际音标： ŋwiːt⁸ thaːu¹ ŋwiːt⁸ suːŋ⁵ thɤp⁷ ʔbaŋ² ʔɔn⁶ tɛ¹
汉文直译： 月　星　月　下　低　如　梢　竹子
汉文意译： 星月落低如竹梢头。

喃字原文： 固　脏　滈　渴　卷　厦，
国际音标： kɔ⁵ ʔdem¹ khaːu¹ khaːt⁷ haːŋ⁶hɛ²
汉文直译： 有　夜　　渴望　　巷道
汉文意译： 夜时渴望巷道，

喃字原文： 𡎥　恅　䀩　曳　麻　瞪　哨　愁。
国际音标： ŋoi² ʔbuːn² thuɯk⁷ jɤi⁶ ma² ŋɛ¹ tiːŋ⁵ thɤu²
汉文直译： 坐　烦闷　醒　起床　而　听　声　蝉
汉文直译： 烦闷坐立听蝉鸣。

（男：刘日成；女：阮氏心）

（27）

喃字原文： 恅　術　份　莢　缘　金，
国际音标： ʔbuːn² ve² fɤn⁶ kaːi³ jiːn¹ kim¹
汉文直译： 烦闷　为　份　磁石　缘　针
汉文意译： 烦闷为磁石引针，

喃字原文： 恅　術　没　浽　愁　秾　伋　娘；
国际音标： ʔbuːn² ve² mot⁸ noi³ thɤu² riːŋ¹ nɤ⁵ naːŋ²
汉文直译： 烦闷　为　一　境地　愁　私　想　妹
汉文意译： 烦闷多愁想娘子；

情 歌

喃字原文： 恼 術 分 玉 鸾 鐄,
国际音标： ʔbuːn² ve² fɤn⁶ ŋɔk⁸ lɔn¹ vaːŋ²
汉文直译： 烦闷 为 份 玉 鸾 金
汉文意译： 烦闷为玉石金鸾,

喃字原文： 為 娘 貝 沛 脆 强 忸 傷。
国际音标： vi² naːŋ² mɤːi⁵ faːi³ jaː⁶ kaːŋ² nɤ⁵thɯːŋ¹
汉文直译： 为 妹 才 要 肚 更 思念
汉文意译： 心越思念爱娘子。

喃字原文： 恼 術 指 岗 誓 滝,
国际音标： ʔbuːn² ve² tsi³ nɔi⁵ the² thoŋ¹
汉文直译： 烦闷 为 指 山 誓 河
汉文意译： 烦闷山盟海誓时,

喃字原文： 赊吹 波 讌 舒 重 䭴 喂;
国际音标： sa¹soi¹ ʔbe³ roŋ⁶ ŋin² tuŋ² ŋɯːi² ʔɤːi¹
汉文直译： 遥远 海 宽 千 重 人 啊
汉文意译： 海隔千重人离远;

喃字原文： 恼 術 没 浽 赊吹,
国际音标： ʔbuːn² ve² mot⁸ noi³ sa¹soi¹
汉文直译： 烦闷 为 一 境地 遥远
汉文意译： 烦闷路途遥远离,

喃字原文： 砑 鐄 意 迖 没 咥 千 年。
国际音标： ʔda⁵vaːŋ² ʔi⁵ ʔdaːt⁸ mot⁸ nɤːi² thiːn¹ niːn¹
汉文直译： 金石 意 达 一 言 千 年
汉文意译： 金石达愿永记情。

喃字原文： 愠衕没浲心情，
国际音标： ʔbuːn² ve² mot⁸ noi³ tɤm¹tin²
汉文直译： 烦闷 为 一 境地 心情
汉文意译： 烦闷心情至此境，

喃字原文： 梗 珠 葉 玉 為 躺 悴 悼；
国际音标： kan² tsɤu¹ la⁵ ŋɔk⁸ vi² min² sɔt⁷sa¹
汉文直译： 枝 珠 叶 玉 为 妹 焦 虑
汉文意译： 金枝玉叶为焦虑；

喃字原文： 愠衕 粔 柳 眉 花，
国际音标： ʔbuːn² ve² mat⁸ liːu³ mai² hwa¹
汉文直译： 烦闷 为 脸 柳 眉 花
汉文意译： 烦闷眉脸柳花垂，

喃字原文： 為 娘 貝 沛 氹 黜 共 娘。
国际音标： vi² naːŋ² mɤːi⁵ faːi³ vaːu²ra¹ kuŋ² naːŋ²
汉文直译： 为 妹 才 要 进 出 同 妹
汉文意译： 想娘子来回动念。

（28）

喃字原文： 拪 拎 砘 䴢 漖 姜，
国际音标： tai¹ kɤm² ʔdiə³ muːi⁵ tsɤm⁵ ɣɯŋ²
汉文直译： 手 拿 碟 盐 蘸 姜
汉文意译： 手拿碟盐点生姜，

喃字原文： 姜 峺 䴢 鹹 些 停 悁 娆。
国际音标： ɣɯŋ² kai¹ muːi⁵ man⁶ ta¹ ʔdɯŋ² kwen¹ ɲau¹
汉文直译： 姜 辣 盐 咸 咱 别 忘记 互相
汉文意译： 姜辣盐咸不忘情。

情歌

喃字原文： 㧡拎砒齝渆萎，
国际音标： tai¹ kɤm² ʔdiə³ mu:i⁵ tsɤm⁵ rau¹
汉文直译： 手 拿 碟 盐 蘸 菜
汉文意译： 手拿碟盐点青菜，

喃字原文： 萎烰 油油 忟夥 扒 喂。
国际音标： rau¹ hɛu⁵ jɤu² jɤu² nɤ⁵ lam⁵ tsa:ŋ² ʔɤ:i¹
汉文直译： 菜 枯萎 憔悴 想 极了 郎 啊
汉文意译： 青菜憔悴妹想君。

（29）

喃字原文： 悗朗吱糫空唵，
国际音标： ʔbu:n² ŋai² tse¹ tsa:u⁵ khoŋ¹ ʔan¹
汉文直译： 烦闷 日 嫌弃粥　不 吃
汉文意译： 日闷嫌粥不想食，

喃字原文： 醛衕忟義忟仁些尼；
国际音标： thai¹ ve² nɤ⁵ ŋiə³ nɤ⁵ nɤn¹ ta¹ nai²
汉文直译： 迷醉 为 思 义 思 仁 咱 这
汉文意译： 迷醉情义甚想妹；

喃字原文： 茹時壋翀空棋，
国际音标： ɲa² thi² vɯ:n² ru:ŋ⁶ khoŋ¹ kai²
汉文直译： 家 则 园 田 不 犁
汉文意译： 放弃田地不耕作，

喃字原文： 悗粓吱糫仍朗空唵。
国际音标： ʔbu:n² kɤ:m¹ tse¹ tsa:u⁵ nɯŋ³ ŋai² khoŋ¹ ʔan¹
汉文直译： 烦闷 饭 嫌弃粥 些 天 不 唵
汉文意译： 闷饭嫌粥日无沾。

1517

喃字原文：㤇術忟義忟仁，
国际音标：ʔbuːn² ve² n̠ɤ⁵ ŋiə³ n̠ɤ⁵ n̠ɤn¹
汉文直译：烦闷 回 思 义 思 仁
汉文意译：闷得心里思情义，

喃字原文：刿茹補氶照禛空䑛；
国际音标：kɯə³ n̠a² ʔbɔ³ vaŋ⁵ tsiːu⁵ tsan¹ khoŋ¹ nam²
汉文直译：家庭 丢 冷清 席 被 不 躺
汉文意译：被席莫睡离家走；

喃字原文：些傷忱忱些忟忱忱，
国际音标：ta¹ thɯːŋ¹ ʔdam² ʔdam² ta¹ n̠ɤ⁵ ʔdam² ʔdam²
汉文直译：咱 思 深厚 咱 念 深厚
汉文意译：心怀情人深厚义，

喃字原文：胉傷捱艀朤忟寻迻。
国际音标：ʔdem¹ thɯːŋ¹ tsaŋ³ nam² ŋai² n̠ɤ⁵ tim² ʔdi¹
汉文直译：夜 思 不 躺 日 念 寻 去
汉文意译：情恋中悲欢离合。

（30）
喃字原文：些時群忟群傷，
国际音标：ta¹ thi² kɔn² n̠ɤ⁵ kɔn² thɯːŋ¹
汉文直译：我 则 还 想 还 念
汉文意译：我心时常在思念，

喃字原文：埃𠃔坦绪纴钟澄；
国际音标：ʔaːi¹ laːm² ʔdɯt⁷ moi⁵ tɤ¹ vɯː ŋ⁵ jɯə³ tsɯŋ²
汉文直译：谁 使 断 丝绪 缠 半途
汉文意译：谁人割断春情丝；

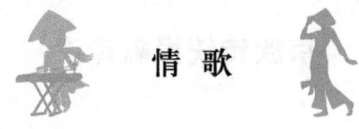

情 歌

喃字原文：埃 冚 坦 姆 钟 澄，
国际音标：ʔaːi¹ laːm² ʔdɯt⁷ moi⁵ jɯə³tsɯŋ²
汉文直译：谁 使 断 丝绪 半途
汉文意译：春情系缘谁割断，

喃字原文：朱 缘 躺 汩 黜 蒸 些 愠。
国际音标：tsɔ¹ jiːn¹ min² ɳaːt⁸ ʔbɤːi³tsɯŋ¹ ta¹ ʔbuːn²
汉文直译：使 缘 妹 淡 因为 哥 烦闷
汉文意译：使缘褪淡人烦思。

（男：阮继初，苏维绍；女：阮春英，杜福英）

（31）

喃字原文：英 媕 衆 伴 外 棋，
国际音标：ʔan¹ʔɛm¹ tsuŋ⁵ ʔbaːn⁶ ŋwaːi² ke²
汉文直译：兄弟 众 朋友 外 贴近
汉文意译：兄弟朋友众姐妹，

喃字原文：搂 迩 伴 苖 些 衕 尒 茆；
国际音标：mɯːn⁶ ʔdɯə¹ ʔbaːn⁶ kuː³ ta¹ veː² mɤi⁵ naːu¹
汉文直译：借 送 朋友 老 咱 回 几 多
汉文意译：借一故友送回家；

喃字原文：睨 時 固 皿 蒌 嘲，
国际音标：lɛ³ thiː² kɔ⁵ miːŋ⁵ jɤu² tsaːu²
汉文直译：道理 则 有 片 槟榔 问候
汉文意译：按例应尝一口蒌，

喃字原文：黜 蒸 群 嬈 衸 胁 冚 仁。
国际音标：ʔbɤːi³tsɯŋ¹ kɔn² ŋɛu² lɤi⁵ jaː⁶ laːm² ɳɤn¹
汉文直译：因为 还 穷 要 肚 为 仁
汉文意译：只因家穷违礼仪。

1519

喃字原文：悲唅债跐撰蹟，
国际音标：ʔbɤi¹jɤ² taːi⁵ ʔbɯːk⁷ jɤ³ tsɤn¹
汉文直译：如今 债 迈步 失 足
汉文意译：如今错失了良机，

喃字原文：摱𤞉𠊛氏迻蹟娘衛；
国际音标：mɯːn⁶ kɔn¹ ŋɯːi² ʔɤi⁵ ʔdɯə¹tsɤn¹ naːŋ² ve²
汉文直译：借 人 那 送 行 妹 回
汉文意译：借这朋友送妹回；

喃字原文：𥘉時英迻娘衛，
国际音标：lɛ³ thi² ʔan¹ ʔdɯə¹ naːŋ² ve²
汉文直译：道理 则 哥 送 妹 回
汉文意译：按理哥应送回家，

喃字原文：英群於吏㭲試榜蠪。
国际音标：ʔan¹ kɔn² ʔɤ³ laːi⁶ ʔdi¹ thi¹ ʔbaːŋ³roŋ²
汉文直译：哥 还 在 又 去 试 龙榜
汉文意译：哥还要去试龙榜。

喃字原文：娘衛朱跋巴冬，
国际音标：naːŋ² ve² tsɔ¹ vɤp⁷ ʔba¹ ʔdoŋ¹
汉文直译：妹 回 给 待 三 冬
汉文意译：请妹回家待三冬，

喃字原文：底英觅𥊛矯悉忬傷。
国际音标：ʔde³ ʔan¹ thɤi⁵mat⁸ kɛu³ lɔŋ² nɤ⁵thɯːŋ¹
汉文直译：让 哥 见面 否则 心 思念
汉文意译：请莫思念终相会。

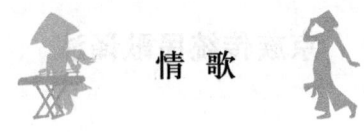

情 歌

（32）

嘞字原文：跙 尼 蹟 痖 時 慰，
国际音标：ʔden⁵ nɣ:i¹ tsɣn¹ mɔi³ thi² ŋi³
汉文直译：到 地方 脚 累 则 歇
汉文意译：来到这里累休息，

嘞字原文：尼 柵 嘲 跙 没 唑 冀冀；
国际音标：thɣi⁵mat⁸ tsa:u² ʔden⁵ mot⁸ nɣ:i² fin¹fin¹
汉文直译：见面 问好 到 一 言 高兴
汉文意译：见面问好心高兴；

嘞字原文：蹟 敦 如 脆 怹 惆，
国际音标：tsɣn¹ run¹ ȵɯ¹ ja⁶ ʔda³ muŋ²
汉文直译：脚 发抖 如 肚 已 喜悦
汉文意译：脚下发抖心喜悦，

嘞字原文：引 浪 馼 㐱 代 藤 ⺮ 牢。
国际音标：ȵan⁵ raŋ² ŋɯ:i² ʔdɣi⁵ ʔda:i⁶ʔdaŋ² la:m²tha:u¹
汉文直译：寄语 道 人 那儿 诉说 为 什么
汉文意译：问妹见面否欢喜。

（33）

嘞字原文：要 烑 挷 晉 塘 赊，
国际音标：ʔi:u¹ȵau¹ tsaŋ³ kwa:n³ ʔdɯ:ŋ² sa¹
汉文直译：相爱 不管 路 远
汉文意译：相爱不管路遥远，

嘞字原文：慕 烑 挷 晉 劑 茹 齲 巾；
国际音标：mo⁶ ȵau¹ tsaŋ³ kwa:n³ kɯə³ȵa² khɔ⁵khan¹
汉文直译：爱慕 互相 不管 家庭 困难
汉文意译：爱慕不管家贫穷；

1521

喃字原文：勳 茹 全 院 同 悉，
国际音标：kɯə³n̠a² tɔn²vɛn⁶ ʔdoŋ² lɔŋ²
汉文直译：家庭 完美 同 心
汉文意译：全家同心家完美，

喃字原文：醯 巾 時 拱 堆 洇 生 齜。
国际音标：khɔ⁵khan¹ thi² kuŋ³ ʔdoi¹ jɔŋ² thin¹ ra¹
汉文直译：困难 则 也 对 苗裔 生 出
汉文意译：穷富都是父母生。

喃字原文：仍 羅 钱 媄 襖 吒，
国际音标：ɲɯŋ¹la² ti:n² mɛ⁶ ʔa:u⁵ tsa¹
汉文直译：甚至 钱 母 衣 父
汉文意译：穿着父母购衣物，

喃字原文：缘 躺 潭 深 缘 些 冷 弄；
国际音标：ji:n¹ min² ʔdam²tham⁵ ji:n¹ ta¹ lan⁶luŋ²
汉文直译：缘 妹 深 深 缘 哥 冷 清
汉文意译：妹情缘深哥情薄；

喃字原文：冷 弄 黪 黪 埃 喂，
国际音标：lan⁶luŋ² lam⁵ lam⁵ ʔa:i¹ ʔɤ:i¹
汉文直译：冷清 非常 非常 谁 啊
汉文意译：哥真是受人冷落，

喃字原文：冷 躺 時 乤 底 些 冷 趜。
国际音标：lan⁶ min² thi² ʔit⁷ ʔde³ ta¹ lan⁶ n̠i:u²
汉文直译：冷 妹 则 少 留 我 冷 多
汉文意译：多人爱妹少爱哥。

情 歌

喃字原文：冷 弄 自 課 邊 東,
国际音标：lan⁶luŋ² tɯ² thɤ³ ʔben¹ʔdoŋ¹
汉文直译：冷淡 从时 东边
汉文意译：东方回来受冷冰,

喃字原文：襖 单 艨 㬎 想 氋 術 情。
国际音标：ʔa:u⁵ʔdɤ:n¹ mɔŋ³man³ tɯ:ŋ³ toŋ¹ ve² tin²
汉文直译：单衣 薄薄 想望 为 情
汉文意译：单身衣薄人思情。

（34）

喃字原文：払 術 蹟 吏 矽 超,
国际音标：tsa:ŋ² ve² tsɤn¹ la:i⁶ ʔda⁵si:u¹
汉文直译：郎 回 脚 又 奔波
汉文意译：君一路回实奔波,

喃字原文：術 牢 朱 撼 哏 嘲 歆 尼?
国际音标：ve² tha:u¹ tsɔ¹ ʔdut⁷ ʔbu:i³tsi:u² hom¹nai¹
汉文直译：回 怎么 给 断 下午 今天
汉文意译：怎能度过一整天？

喃字原文：払 術 蹟 吏 矽 昂,
国际音标：tsa:ŋ² ve² tsɤn¹ la:i⁶ ʔda⁵ ŋa:ŋ¹
汉文直译：郎 回 脚 又 碰 横
汉文意译：君回时脚碰石头,

喃字原文：術 牢 朱 撼 朱 當 麻 術。
国际音标：ve² tha:u¹ tsɔ¹ ʔdut⁷ tsɔ¹ ʔda:ŋ⁵ ma² ve²
汉文直译：回 怎么 给 断 给 顺利 而 回
汉文意译：最终顺利回到家。

（男：张廷德，杜福朝，刘振先；女：阮春英）

（35）

喃字原文：胴 疎 春 包 烤 疠，
国际音标：tha:ŋ⁵ji:ŋ¹ sɤn¹ ʔda³ hɛu⁵ mɔn²
汉文直译：正月 春 已 干枯 磨损
汉文意译：正月之春快过去，

喃字原文：𠊚 𡗶 春 𣃣 拯 群 麻 制；
国际音标：ŋɯ:i² ja² sɤn¹ het⁷ tsaŋ³ kɔn² ma² tsɤ:i¹
汉文直译：人 老 春 尽 不 还 有 而 玩
汉文意译：人老春去无所乐；

喃字原文：軯 巴 胴 夏 娘 喂，
国际音标：nam¹ ʔba¹ tha:ŋ⁵ ha⁶ na:ŋ² ʔɤ:i¹
汉文直译：年 三 月 夏 妹 啊
汉文意译：一年夏天三个月，

喃字原文：几 時 亭 塔 𠊚 尼 稀 棋。
国际音标：kɛ³ thi² ʔdin²ʔda:m⁵ ŋɯ:i² nɤ:i¹ kɤi⁵kai²
汉文直译：人 则 哈节 人 地方 耕作
汉文意译：人忙哈节人耕作。

喃字原文：清 明 春 固 没 𣈜，
国际音标：than¹min¹ sɤn¹ kɔ⁵ mot⁸ ŋai²
汉文直译：清明 春 有 一 天
汉文意译：清明踏春只一天，

喃字原文：夏 戈 秋 细 冬 㝵 𣃣 軯；
国际音标：ha⁶ kwa¹ thu¹ tɤ:i⁵ ʔdoŋ¹ rai² het⁷ nam¹
汉文直译：夏 过 秋 到 冬 今 完 年
汉文意译：夏去秋来冬一年；

情 歌

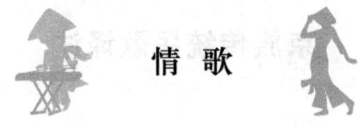

喃字原文：腩 疏 固 没 朝 旺，
国际音标：tha:ŋ⁵ji:ŋ¹ kɔ⁵ mot⁸ ŋai²ram²
汉文直译：正月 有 一 望日
汉文意译：正月十五只一天，

喃字原文：躁 戈 风 景 麻 㗖 厨 厑。
国际音标：jɤm³ kwa¹ fɔŋ¹kan³ ma² tham¹ tsuə²tsi:n²
汉文直译：踏 过 风景 而 探 寺庙
汉文意译：观光风景看寺亭。

喃字原文：䖳 殿 境 孛 准 仙，
国际音标：tɔŋ¹ ʔdi:n⁶ kan³ ʔbut⁸ tson⁵ ti:n¹
汉文直译：中 殿 境 佛 地 仙
汉文意译：到了这里尽玩乐，

喃字原文：钽 抌 风 景 跙 厑 时 制。
国际音标：ʔda³ ʔdɛm¹ fɔŋ¹kan³ ʔden⁵ tsi:n² thi² tsɤ:i¹
汉文直译：已 带 风景 到 寺 则 完
汉文意译：到达地方心意愿。

喃字原文：钽 移 跙 坫 时 制，
国际音标：ʔda³ ʔdi¹ ʔden⁵ ʔda:m⁵ thi² tsɤ:i¹
汉文直译：已 去 到 庙会 则 玩
汉文意译：既遇庙会就玩耍，

喃字原文：钽 移 跙 坫 惜 哩 宀 之。
国际音标：ʔda³ ʔdi¹ ʔden⁵ ʔda:m⁵ ti:k⁷ lɤ:i² la:m² tsi¹
汉文直译：已 去 到 庙会 可惜 话 做 什么
汉文意译：既遇庙会尽情玩。

（36）

喃字原文： 寻 仙 麻 挋 饶 仙，
国际音标： tim² ti:n¹ ma² tsaŋ³ thɤi⁵ ti:n¹
汉文直译： 找 仙 而 不 见 仙
汉文意译： 寻找仙人没见仙，

喃字原文： 底 掩 詩 唇 愁 䏍 没 躺；
国际音标： ʔde³ ʔɛm¹ thɤ¹thɤn³ thɤu² ri:ŋ¹ mot⁸min²
汉文直译： 让 妹 愣然 愁 私 独自
汉文意译： 让妹心神愣然愁；

喃字原文： 厨 帝 孛 挋 降 生，
国际音标： tsuə² na:u² ʔbut⁸ tsaŋ³ ja:ŋ⁵thin¹
汉文直译： 寺 哪 佛 不 降生
汉文意译： 哪寺都有佛降生，

喃字原文： 帝 花 挋 想 蓬 梗 麻 制。
国际音标： na:u² hwa¹ tsaŋ³ tɯ:ŋ³ len¹ kan² ma² tsɤ:i¹
汉文直译： 哪 花 不 想 上 枝 为 玩
汉文意译： 哪花都想在枝乐。

（37）

喃字原文： 亭 些 姅 塊 姅 砯，
国际音标： ʔdin² ta¹ nɯə³ ŋɔi⁵ nɯə³ voi¹
汉文直译： 哈亭 咱 半 瓦 半 石灰
汉文意译： 村里哈亭多石瓦，

喃字原文： 訢 時 傷 尐 赊 吹 傷 觺；
国际音标： ɣɤn² thi² thɯ:ŋ¹ ʔit⁷ sa¹soi¹ thɯ:ŋ¹ ɲi:u²
汉文直译： 近 则 想 少 遥远 想 多
汉文意译： 近时想少远想多；

情 歌

喃字原文： 傷　娘　忰　聶忰　懰，
国际音标： thɯːŋ¹ naːŋ² n̠ɤ⁵ thɤːm⁵ n̠ɤ⁵ tsiːu²
汉文直译： 想　妹　想　早　想　午
汉文意译： 想妹早晚甚思念，

喃字原文： 如　埃　攔　揩　藥　要　融　悉。
国际音标： n̠ɯ¹ ʔaːi¹ jaːn¹ jaːu⁶ ʔbuə² ʔiːu¹ tɤŋ¹ lɔŋ²
汉文直译： 如　谁　缠绵　　迷药　中　心
汉文意译： 好似吃了迷心药。

（38）

喃字原文： 夃　亭　瞈　籤　融　亭，
国际音标： vaːu² ʔdin² ɣɤ⁵ nɔn⁵ tɤŋ¹ ʔdin²
汉文直译： 进　哈亭　斜　斗笠　中　哈亭
汉文意译： 进哈亭侧帽观景，

喃字原文： 亭　包　饒　塊　傷　躺　閉　饒；
国际音标： ʔdin² ʔbaːu¹ n̠iːu¹ ŋɔi⁵ thɯːŋ¹ min² ʔbaːu¹ n̠iːu¹
汉文直译： 哈亭　多少　瓦　想　妹　多少
汉文意译： 想妹多如哈亭瓦；

喃字原文： 悉　些　傷　帝　包　麹，
国际音标： lɔŋ² taː¹ thɯːŋ¹ ʔdɤi⁵ ʔdaː³ n̠iːu²
汉文直译： 心　哥　想　那儿　已　多
汉文意译： 哥心想妹说不尽，

喃字原文： 咁　麻　傷　吏　氽　饒　默　悉。
国际音标： jɤu² maː² thɯːŋ¹ laːi⁶ mɤi⁵ n̠iːu¹ mak⁸ lɔŋ²
汉文直译： 无论　想　又　几　多　任由　心
汉文意译： 妹如何想由妹心。

（男：刘扬顺，苏维绍；女：阮春英，刘尚明）

（39）

喃字原文： 娘　衕　䂞　馆　䂞　圭，
国际音标： naːŋ² ve² tham¹ kwaːn⁵ tham¹ kwe¹
汉文直译： 妹　回　探　馆　探　家乡
汉文意译： 娘子回家探乡裡，

喃字原文： 䂞　吒　䂞　媄　澝　衕　䂞　埃；
国际音标： tham¹ tsa¹ tham¹ mɛ⁶ tsɤ⁵ ve² tham¹ ʔaːi¹
汉文直译： 探　父　探　母　别　回　探　谁
汉文意译： 探望父母莫探谁；

喃字原文： 娘　衕　䂞　纑　䂞　纫，
国际音标： naːŋ² ve² tham¹ lɯːi⁵ tham¹ tsaːi²
汉文直译： 妹　回　探　网　探　网
汉文意译： 娘子回家看亲人，

喃字原文： 䂞　吒　䂞　媄　馼　外　澝　䂞。
国际音标： tham¹ tsa¹ tham¹ mɛ⁶ ŋɯːi² ŋwaːi² tsɤ⁵ tham¹
汉文直译： 探　父　探　母　　外　人　别　探
汉文意译： 莫探外人探父母。

喃字原文： 娘　衕　䂞　博　媄　耂，
国际音标： naːŋ² ve² tham¹ ʔbaːk⁷ mɛ⁶ ja²
汉文直译： 妹　回　探　父　母　老
汉文意译： 父母年老回家看，

喃字原文： 博　媄　䰊　跬　劗　茹　平　安；
国际音标： ʔbaːk⁷ mɛ⁶ thɯk⁷ khwɛ³ kɯə³ ŋaː² ʔbin² ʔaːn¹
汉文直译： 父　母　　健　康　　家　庭　平　安
汉文意译： 双亲健康家平安；

情 歌

喃字原文：娘 衕 遯 吏 细 喺，
国际音标：na:ŋ² ve² mau¹ la:i⁶ tɤ:i⁵ tham¹
汉文直译：妹 回 快 来 到 探
汉文意译：娘子探家快回来，

喃字原文：爱 恩 些 吏 结 愿 共 烷。
国际音标：ʔa:i⁵ ʔɤn¹ ta¹ la:i⁶ ket⁷ ŋwi:n⁶ kuŋ² nau¹
汉文直译：谁 恩 咱 又 结 愿 一 同
汉文意译：咱俩恩爱离不开。

喃字原文：㮔 悷 悷 胞 油 油，
国际音标：mat⁸ jɤu⁵ jɤu⁵ ja⁶ jɤu² jɤu²
汉文直译：脸 愁 容 肚 忧 心
汉文意译：离娘子心思忧愁，

喃字原文：悉 圭 拃 醆 悉 愁 箕 喂。
国际音标：lɔŋ² kwe¹ tsaŋ³ jɤu⁵ lɔŋ² thɤu² kiə¹ ʔɤ:i¹
汉文直译：心 家乡 不 爱 心 愁 那 啊
汉文意译：爱家爱乡更爱情。

（40）

喃字原文：固 脜 蚲 睥 胲 迟，
国际音标：kɔ⁵ ʔdem¹ ŋoi² ʔbɔŋ⁵ jaŋ¹ tsɤi²
汉文直译：有 夜 坐 影 月 长久
汉文意译：有时夜里见月影，

喃字原文：徐 胲 胲 晗 徐 霆 霆 散；
国际音标：tsɤ² jaŋ¹ jaŋ¹ lan⁶ tsɤ² mɤi¹ mɤi¹ ta:n¹
汉文直译：等 月 月 落 等 云 云 散
汉文意译：等云散去等月落；

1529

喃字原文： 固 腤 蚪 暞 胶 㝵，
国际音标： kɔ⁵ ʔdem¹ ŋoi² ʔbɔŋ⁵ jaŋ¹ khwiə¹
汉文直译： 有 夜 坐 影 月 深夜
汉文意译： 有时深夜月影坐，

喃字原文： 埃 咭 姆 织 埃 㐱 姆 愁。
国际音标： ʔaːi¹ kat⁷ moi⁵tsi³ ʔaːi¹ tsiə¹ moi⁵thɤu²
汉文直译： 说 割 丝绪 谁 分 愁绪
汉文意译： 谁割情系让分忧。

喃字原文： 固 腤 遥 景 墻 花，
国际音标： kɔ⁵ ʔdem¹ jaːu⁶ kan³ vɯːn²hwa¹
汉文直译： 有 夜 逛 景 花园
汉文意译： 时夜逛花园观景，

喃字原文： 擬 浪 㐱 拱 㕵 黜 低 連；
国际音标： ŋi³raŋ² ʔdɤi⁵ kuŋ³ vaːu² ra¹ ʔdɤi¹ liːn²
汉文直译： 以为 那儿 也 进 出 这儿 连
汉文意译： 心中想妹会来玩；

喃字原文： 固 腤 黜 蹲 屙 軒，
国际音标： kɔ⁵ ʔdem¹ ra¹ ʔdɯŋ⁵ maːi⁵hiːn¹
汉文直译： 有 夜 出 站 屋檐
汉文意译： 时夜出站檐外望，

喃字原文： 躺 眜 风 景 麻 悁 楼 秦。
国际音标： min² sɛm¹ fɔŋ¹kan³ ma² kwen¹ lɤu² tɤn²
汉文直译： 妹 看 风景 而 忘记 楼 秦
汉文意译： 迷醉风景忘回楼。

1530

情 歌

（41）

喃字原文：娘 衔 准 苗 娘 喂，
国际音标：naːŋ² ve² tson⁵ ku³ naːŋ² ʔɤːi¹
汉文直译：妹 回 处 旧 妹 啊
汉文意译：娘子返回娘老家，

喃字原文：娘 衔 准 苗 補 碎 牢 停；
国际音标：naːŋ² ve² tson⁵ ku³ ʔbo³ toi¹ thaːu¹ʔdan²
汉文直译：妹 回 处 旧 丢 我 何 忍
汉文意译：怎忍丢君娘回家；

喃字原文：娘 衔 書 雁 信 莺，
国际音标：naːŋ² ve² thɯ¹ ȵaːn⁶ tin¹ ʔwan¹
汉文直译：妹 回 信 雁 信息 黄莺
汉文意译：娘子到家寄雁信，

喃字原文：朒 红 昜 遭 嫩 静 碍 掑。
国际音标：ma⁵hoŋ² je³ khiːn³ non¹ san¹ ŋaːi⁶ ke²
汉文直译：红颜 易 改 山 青 难 贴近
汉文意译：红颜易遣倚山难。

喃字原文：娘 衔 雁 拮 䲘 氿，
国际音标：naːŋ² ve² ȵaːn⁶ kɤt⁷ kaː⁵ tsim²
汉文直译：妹 回 雁 飞起 鱼沉
汉文意译：雁飞鱼沉不见娘，

喃字原文：如 䥯 浟 粉 弹 琴 撼 续；
国际音标：nɯɯ¹ hɯːŋ¹ noi³ fɤn⁵ ʔdaːn²kɤm² ʔdɯt⁷ jɤi¹
汉文直译：如 镜子 积 粉尘 琴 断 线
汉文意译：如镜积尘琴断弦；

喃字原文： 雪 霜 冷 了 楼 西，
国际音标： ti:t⁷ thɯ:ŋ¹ lan⁶lɛu³ lɤu² tɤi¹
汉文直译： 雪 霜 冷清 楼 西
汉文意译： 楼房缺娘霜雪冷，

喃字原文： 春 莺 贝 竹 贝 霙 碍 掑。
国际音标： sɤn¹ lɔn¹ vɤ:i⁵ tuk⁷ vɤ:i⁵ mɤi¹ ŋa:i⁶ ke²
汉文直译： 春 莺 和 竹 和 云 难 贴近
汉文意译： 春莺竹云无处倚。

喃字原文： 㤿 㑶 浽 憕 㑶 皮，
国际音标： ʔbu:n² ɲi:u² noi³ thɛn⁶ ɲi:u² ʔbe²
汉文直译： 烦闷 多 境地 惭愧 多 方面
汉文意译： 行走烦闷君相思，

喃字原文： 花 残 蕊 姅 罒 皮 㴜 唯。
国际音标： hwa¹ ta:n² ɲi⁶ nɯə³ ʔbon⁵ ʔbe² lɔi¹tchi¹
汉文直译： 花 残 蕊 还 四 面 稀 疏
汉文意译： 心里蹦跳花蕊谢。

（42）
喃字原文： 當 据 森 合 竹 枚，
国际音标： ʔda:ŋ¹kɯ⁵ thum¹hɤ:p⁸ tuk⁷ ma:i¹
汉文直译： 正当 聚会 竹 梅
汉文意译： 正当竹梅会合时，

喃字原文： 吀 払 停 扵 黜 缸 𢖵 悲；
国际音标： sin¹ tsa:ŋ² ʔdɯŋ² ɤ³ ra¹ ha:i¹ tɤm⁵lɔŋ²
汉文直译： 请 郎 别 在 出 两 寸心
汉文意译： 请君欢心莫两心；

情 歌

喃字原文： 黙　趴　牖　硰　捻　淹，
国际音标： mak⁸ ŋɯːi² vaːk⁷ ʔda⁵ nɛm⁵ thoŋ¹
汉文直译： 不管 人 扛 石 抛 河
汉文意译： 不管人家石丢河，

喃字原文： 堆　些　据　符　肬　悉　貝　烧。
国际音标： ʔdoi¹ taː¹ kɯ⁵ juː³ tɤm⁵ lɔŋ² vɤːi⁵ ȵau¹
汉文直译： 咱俩 一 直 守 寸心　 互相
汉文意译： 咱俩守望心相连。

（男：张廷德；女：吴秀英，阮成珍）

（43）

喃字原文： 些　尼　挺　沛　趴　制，
国际音标： taː¹ nai¹ tsaŋ³ faːi³ ŋɯːi² tsɤːi¹
汉文直译： 咱 今 不 是 人 玩
汉文意译： 我今不是忘恩人，

喃字原文： 嵞　喏　拱　别　遑　歪　共　通；
国际音标： jɯːi⁵ nɯːk⁷ kuŋ³ ʔbiːt⁷ ten¹ jɤːi² kuŋ³ thoŋ¹
汉文直译： 下 谁 也 知 上 天 也 通晓
汉文意译： 人情世故都通晓；

喃字原文： 些　尼　固　法　神　通，
国际音标： taː¹ nai¹ kɔ⁵ fɛp⁷ thɤn² thoŋ¹
汉文直译： 咱 今 有 法术 神通
汉文意译： 还懂仙法显神通，

喃字原文： 扐　霎　氾　遥　扒　蜿　骑　制。
国际音标： vat⁸ mɤi¹ rɛ³ jɔ⁵ ʔbat⁷ roŋ² kɯːi³ tsɤːi¹
汉文直译： 拨 云 分 风 捉 龙 骑 玩
汉文意译： 驱风拨云骑天龙。

1533

喃字原文：些 尼 学 法 茹 丕，
国际音标：ta¹ nai¹ hɔk⁸ fɛp⁷ ɲa² jɤ:i²
汉文直译：咱 今 学 法术 家 天
汉文意译：我今学会仙法术，

喃字原文：些 尼 只 决 蓮 制 蟣 鑅。
国际音标：ta¹ nai¹ tsi³kwi:t⁷ len¹ tsɤ:i¹ roŋ² va:ŋ²
汉文直译：咱 今 决心 上 玩 龙 金
汉文意译：会捉天仙玩金龙。

（44）

喃字原文：疃 宫 嬪 儎 固 海 河，
国际音标：ten¹ kuŋ¹ tɤn² jɯ:i⁵ kɔ⁵ ha:i³ ha²
汉文直译：上 嬪宫 下 有 海 河
汉文意译：上界嬪宫下海河，

喃字原文：共 烧 金 改 没 茹 竹 枚；
国际音标：kuŋ² ɲau¹ kim¹ ka:i³ mot⁸ ɲa² tuk⁷ ma:i¹
汉文直译：一 同 针 磁石 一 家 竹 梅
汉文意译：琥珀拾芥竹梅恋；

喃字原文：吲 払 停 喧 潐 埃，
国际音标：jan⁶ tsa:ŋ² ʔdɯ:ŋ² tsɤ⁵ ŋɛ¹ ʔa:i¹
汉文直译：叮嘱 郎 别 听 谁
汉文意译：劝君莫听她人使，

喃字原文：拁 蕠 塘 苗 躦 茭 塯 情。
国际音标：tha¹ tsoŋ¹ ʔdɯ:ŋ² ku³ lɤp⁷ ɣa:i¹ loi⁵ tin²
汉文直译：放 蕠藜 路 旧 塞 刺儿 路 情
汉文意译：旧路塞桩弃旧情。

情 歌

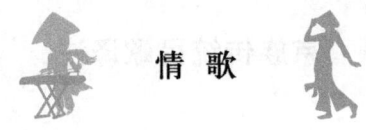

喃字原文：愁 秾 些 底 离 梗，
国际音标：thɤu² ri:ŋ¹ ta¹ ʔde³ liə² kan²
汉文直译：愁 私 咱 弃 离 枝
汉文意译：旧情放弃搁枝上，

喃字原文：洴 涧 些 底 簕 舲 自 低。
国际音标：ji:ŋ⁵khɤ:i¹ ta¹ ʔde³ joi⁵ min² tɯ² ʔdɤi¹
汉文直译：深井 咱 留 骗 妹 从 这儿
汉文意译：深井莫留骗别人。

喃字原文： 鉢 渃 打 我 疏 低，
国际音标：ʔba:t⁷ nɯ:k⁷ ʔdan⁵ ŋa³ thɤ¹ ʔdɤi¹
汉文直译： 碗 水 打 翻 初 这儿
汉文意译：手捧碗水倒出去，

喃字原文：舲 喂 摙 吏 固 潜 特 庄。
国际音标：min² ʔɤ:i¹ vɤ:t⁷ la:i⁶ kɔ⁵ ʔdɤi² ʔdɯ:k⁸ tsaŋ¹
汉文直译：妹 啊 捞 来 有 满 得 不
汉文意译：捞回怎满水复原。

（45）

喃字原文： 釛 瓢 枇 皿 黜 低，
国际音标：ja:u¹ʔbɤu² thɤ:t⁷ mi:ŋ⁵ ra¹ ʔdɤi¹
汉文直译：菜刀 砧板 食物 出 这儿
汉文意译：墩子菜刀拿过来，

喃字原文：衕 埃 剐 姆 愁 尼 玢 乚；
国际音标：ve² ʔa:i¹ tsat⁸ moi⁵ thɤu² nai² tsiə¹ ha:i¹
汉文直译：为 谁 砍 愁绪 这 分 两
汉文意译：谁人斩断分情丝；

喃字原文：琨 釰 鑽 筛曷 棟 蘧，
国际音标：kɔn¹ja:u¹ va:ŋ² ʔbuə⁵ sa²kɯ²
汉文直译：刀子 金 破 砗磲
汉文意译：金刀破开云母壳，

喃字原文：溜 瑄 君 袣 麻 辞 烧 黜。
国际音标：tsɤ⁵ ŋɛ¹ kwɤn¹tɛ³ tɯ² ɳau¹ ra¹
汉文直译：别 听 毛孩 辞别 互相 出
汉文意译：莫听毛孩辞别情。

喃字原文：琨 釰 狐狐 飽 怊，
国际音标：kɔn¹ja:u¹ ɳɔ¹ɳɔ³ thak⁷ thai¹
汉文直译：刀子 小小 锋利 啊
汉文意译：小小刀子真锋利，

喃字原文：捻 皲 悧 鉑 包 豷 埃 拎。
国际音标：nam⁵ thɯŋ² ʔbit⁸ ʔba:k⁸ va:u² tai¹ ʔa:i¹ kɤm²
汉文直译：握 角 掩 银 进 手 谁 拿
汉文意译：执拗之人易割情。

（46）
喃字原文：扫 書 蓮 嗨 㗂 扒，
国际音标：vi:t⁷ thɯ¹ len¹ hɔi³tham¹ tsa:ŋ²
汉文直译：写 信 上 探问 郎
汉文意译：写信寄去问君子，

喃字原文：群 空 乍 包 移 鑽 伲 兜；
国际音标：kɔn² khoŋ¹ hai¹ ʔda³ ʔda⁵va:ŋ² nɤ:i¹ ʔdʐu¹
汉文直译：还 不 知 已 金石 地方 那儿
汉文意译：何处有双金石恋；

情 歌

喃字原文： 台 罒 攃 沛 尼 帍，
国际音标： hai¹ la² mak⁷fa:i³ nɤ:i¹ na:u²
汉文直译： 或 是 遭遇 地方 哪
汉文意译： 或是哪里有相挂，

喃字原文： 齝 要 糱 酸 朱 碎 訴 祥。
国际音标： ʔbuə²ʔi:u¹ thu:k⁷ jɤu⁵ tsɔ¹ toi¹ tɔ³ tɯ:ŋ²
汉文直译： 迷药 药 爱 给 我 诉 详
汉文意译： 或吃迷药也告知。

喃字原文： 永 扒 掩 仍 妆 傷，
国际音标： vaŋ⁵ tsa:ŋ² ʔɛm¹ n̪ɯŋ³ n̪ɤ⁵thɯ:ŋ¹
汉文直译： 不见 郎 妹 极了 想念
汉文意译： 不见君子妹思念，

喃字原文： 為 扒 醛 妈 㝷 塘 悁 碎?
国际音标： vi² tsa:ŋ² thai¹ ɣa:i⁵ tam¹ ʔdɯ:ŋ² kwen¹ toi¹
汉文直译： 为 郎 迷 姑娘 百 方面 忘 我
汉文意译： 君怎迷色忘了妹？

喃字原文： 悁 埃 挭 特 悁 碎，
国际音标： kwen¹ ʔa:i¹ tsaŋ³ ʔdɯ:k⁸ kwen¹ toi¹
汉文直译： 忘 谁 不 得 忘 我
汉文意译： 忘记谁人莫忘妹，

喃字原文： 碎 ꞌ 朱 呂 朱 移 伮 齫。
国际音标： toi¹ la:m²tsɔ¹ ra³ tsɔ¹ jɤ:i² nɔ⁵ ra¹
汉文直译： 我 使得 散开 给 天 它 出
汉文意译： 妹有方法她支离。

1537

喃字原文：ᴍ 朱 揁 垛 鞜 𪅂，
国际音标：la:m² tsɔ¹ na:t⁷ ʔda:m⁵ kɔ³ ra³
汉文直译：使得 烂 堆 草
汉文意译：使得草堆它腐烂，

喃字原文：朱 鸼 離 祖 朱 花 離 梗。
国际音标：tsɔ¹ tsim¹ liə² to³ tsɔ¹ hwa¹ liə² kan²
汉文直译：给 鸟 离 巢 给 花 离 枝
汉文意译：让鸟离巢花离枝。

喃字原文：ᴍ 朱 琨 㛪 離 英，
国际音标：la:m² tsɔ¹ kɔn¹ ʔdɤi⁵ liə² ʔan¹
汉文直译：使得 儿 那儿 离 哥
汉文意译：让那色女离开君，

喃字原文：術 𣋚 貝 別 恩情 負碎；
国际音标：ve² thau¹ mɤ:i⁵ ʔbi:t⁷ ʔɤn¹ tin² fu⁶ toi¹
汉文直译：日后 才 知 恩情 负 我
汉文意译：日后方知君负情；

喃字原文：迻 缸 𣅶 绺 英 交 朱 碎，
国际音标：mɯ:i² ha:i¹ vu:ŋ¹ luə⁶ ʔan¹ ja:u¹ tsɔ¹ toi¹
汉文直译：十 二 块 绸 哥 交 给 我
汉文意译：十二块绸君交妹，

喃字原文：碎 群 底 㛪 渚 唻 袙 纫。
国际音标：toi¹ kɔn² ʔde³ ʔdɤi⁵ tsɯə¹ roi² va⁵ mai¹
汉文直译：我 还 让 那儿 未 完 缝 补
汉文意译：妹还收好未裁衣。

情 歌

喃字原文：英 眈 丐 幅 書 尼，
国际音标：ʔan¹ sɛm¹ ka:i⁵ʔbɯk⁷ thɯ¹ nai²
汉文直译：哥 看 封 信 这
汉文意译：君能收到这封信，

喃字原文：裙 時 爻 艋 襖 㢁 没 堆；
国际音标：kwɤn² thi² mot⁸ man³ ʔa:u⁵ rai² mot⁸ ʔdoi¹
汉文直译：群 则 一 条 衣 今 一 双
汉文意译：裙只一条衣一双；

喃字原文：襖 書 吻 罗 貼 碎，
国际音标：ʔa:u⁵thɯ¹ vɤn³ la² kuə³ toi¹
汉文直译：衣 衫 仍 是 的 我
汉文意译：衣衫应留妹一人，

喃字原文： 牢 英 吏 底 朱 馱 扛 觚。
国际音标：tha:u¹ ʔan¹ la:i⁶ ʔde³tsɔ¹ ŋɯ:i² jaŋ² kɔ¹
汉文直译：为何 哥 又 让 人 拉 弯
汉文意译：为何被人争成双。

喃字原文：功 碎 英 扔 𠲖 湖，
国际音标：koŋ¹ toi¹ ʔan¹ vɯt⁷ su:ŋ⁵ ho²
汉文直译：功 我 哥 扔 下 湖
汉文意译：妹等功劳抛落湖，

喃字原文：绝 芇 姻 義 自 晗 麻 扔。
国际音标：ti:t⁸ ʔdɤ:i² nɤn¹ŋiə³ tɯ² jɤ² ma² ʔdi¹
汉文直译：绝 世 仁 义 从 今 而 去
汉文意译：怎能断绝恩情义。

（男：苏维绍；女：吴秀英，杜福英，阮春英）

（47）

喃字原文：𠊚　悶　固　媄　固　吒，
国际音标：ŋɯːi² ʔbuːn² kɔ⁵ mɛ⁶ kɔ⁵ tsa¹
汉文直译：人　烦闷　有　母　有　父
汉文意译：别人烦闷有父母，

喃字原文：些　悶　如　獻　膧　匹　攏　框；
国际音标：ta¹ ʔbuːn² ŋɯ¹ kwaːt⁸ thaːŋ⁵ʔba¹ luŋ¹ ɳaːi²
汉文直译：我　烦闷　如　扇子　三　月　松　轴
汉文意译：我闷三月扇松轴；

喃字原文：𠊚　悶　固　准　咀　叹，
国际音标：ŋɯːi² ʔbuːn² kɔ⁵ tson⁵ thɤ³ thaːn¹
汉文直译：人　烦闷　有　处　　叹息
汉文意译：别人烦闷有人叹，

喃字原文：些　悶　于　于　長　安　没　躺。
国际音标：ta¹ ʔbuːn² vɔ²vɔ³ tɯːŋ²ʔaːn¹ mot⁸min²
汉文直译：我　烦闷　孤零　长安　　独自
汉文意译：我闷孤零街中逛。

（48）

喃字原文：蹸　蓮　丐　岜　九　層，
国际音标：tɛu² len¹ kaːi⁵ nui⁵ tsin⁵ tɯŋ²
汉文直译：爬　上　座　山　久　层
汉文意译：爬上那九层高山，

喃字原文：饿　停　𡄎　媄　襕　停　𡄎　吒；
国际音标：ʔdɔi⁵ ʔduŋ² toŋ¹ mɛ⁵ rat⁷ ʔduŋ² toŋ¹ tsa¹
汉文直译：饿　别　望　母　坡　别　望　父
汉文意译：衣烂望父饿望母；

情 歌

喃字原文：蹦 蓮 丐 岗 柳 河，
国际音标：tɛu² len¹ kaːi⁵ nui⁵liːu³ha²
汉文直译：怕　上　座　柳 河 山
汉文意译：爬上那座柳河山，

喃字原文：麈 銜 圭 媄 悴 悙 悉 鐄。
国际音标：toŋ¹ ve² kwe¹ mɛ⁶ sɔt⁷sa¹ lɔŋ² vaːŋ²
汉文直译：望　回　家 乡 母　痛 心　心　金
汉文意译：望向母乡心憔悴。

（49）

喃字原文：跐 蹟 黜 塊 厬 鞿，
国际音标：ʔbɯːk⁷tsɤn¹ ra¹ khɔi⁵ maːi⁵ jan¹
汉文直译：　移 步　　出 离开 屋檐 茅草
汉文意译：移步离开家门口，

喃字原文：求 丕 嗯 孛 朱 英 迯 娘；
国际音标：kɤu² jɤːi² khɤn⁵ ʔbut⁸ tso¹ ʔan¹ ɣap⁸ naːŋ²
汉文直译：求　天 恳 佛 给 哥 遇 妹
汉文意译：求天祈佛得遇妹；

喃字原文：　跐 蹟 黜 塊 厬 茹，
国际音标：ʔbɯːk⁷tsɤn¹ ra¹ khɔi⁵ maːi⁵ ɲa²
汉文直译：　移 步　　出 离开 屋檐 家
汉文意译：移步离开家门前，

喃字原文：求 丕 嗯　孛 朱 些 迯 躺。
国际音标：kɤu² jɤːi² khɤn⁵ ʔbut⁸ tso¹ ta¹ ɣap⁸ min²
汉文直译：求　天 恳　佛 给 哥 遇 妹
汉文意译：求天拜佛君见妹。

喃字原文：　跙 蹟 黜 塊 厔 庭，
国际音标：ʔbɯːk⁷tsʏn¹ ra¹ khɔi⁵ maːi⁵ ʔdin²
汉文直译：移步 　出 离开 屋檐 亭
汉文意译：移步离开哈亭里，

喃字原文：求 歪 嗯 孛 朱 躺 返 些。
国际音标：kʏu² jɤːi² khɤn⁵ ʔbut⁸ tsɔ¹ min² ɣap⁸ ta¹
汉文直译：求 天 恳 佛 给 妹 遇 哥
汉文意译：求天恳神相见面。

（50）

喃字原文：呐 傷 麻 拼 馀 傷，
国际音标：nɔi⁵ thɯːŋ¹ ma² tsaŋ³ thʏi⁵ thɯːŋ¹
汉文直译：说 爱 而 不 见 爱
汉文意译：说爱没见人来爱，

喃字原文：台 罒 待 心 悉 常 丕 催；
国际音标：hai¹ la² ʔdaːi³ tɤm¹lɔŋ² thɯːŋ² vʏi⁶ thoi¹
汉文直译：或 是 待 心情 尝 这样 而已
汉文意译：或是无心常口言；

喃字原文：𢧚 庄 趣 实 没 咥，
国际音标：nen¹ tsaŋ¹ thu⁵thʏt⁸ mot⁸ ɲʏːi²
汉文直译：成 不 说实话 一 言
汉文意译：是否相爱说实话，

喃字原文：底 鸾 贝 凤 聘 堆 拱 皷。
国际音标：ʔde³ lɔn¹ vʏːi⁵ fɯːŋ⁶ thin⁵ ʔdoi¹ kuŋ³ vɯə²
汉文直译：让 鸾 和 凤 配 对 也 合适
汉文意译：鸾凤合对共相恋。

情 歌

喃字原文： 嗨 浪 悉 帝 固 僾,
国际音标： hɔi³ raŋ² lɔŋ² ʔdɤi⁵ kɔ⁵ ʔɯɛ¹
汉文直译： 问 道 心 那儿 有 爱
汉文意译： 请问那心真相爱,

喃字原文： 㙘 罪 貝 裾 氎 逐 樤 悉?
国际音标： hai¹ la² vɤːi⁵ lɯːi³ ʔdɔŋ¹ʔɛɯɛ¹ tsiːu² lɔŋ²
汉文直译： 或 是 和 舌 轻佻 向 心
汉文意译： 轻佻问好用唇言？

（女：武瑞珍，吴秀英，杜福英，阮成珍）

（51）

喃字原文： 傷 汆 市 侬 汆 市,
国际音标： thɯːŋ¹ mɤi⁵ naːu² ne³ mɤi⁵ naːu²
汉文直译： 爱 几 多 容情 几 多
汉文意译： 爱几多容情几多,

喃字原文： 㖄 怵 邊 帝 㖄 市 邊 尼；
国际音标： laːm² naːu¹ ʔben¹ ʔdɤi⁵ laːm² naːu² ʔben¹ nai²
汉文直译： 做 哪 边 那儿 做 哪 边 这
汉文意译： 那边深爱这也爱；

喃字原文： 忕 嗤 功 德 碾 侂,
国际音标： nɤ⁵ nɤːi² koŋ¹ʔduk⁷ naŋ⁶ thai¹
汉文直译： 想 话 功德 重 啊
汉文意译： 德义情重哥常想,

喃字原文： 朱 铖 英 沛 眡 低 散 悉。
国际音标： tsɔ¹nen¹ ʔan¹ faːi³ ʔden⁵ ʔdɤi⁵ taːn³ lɔŋ²
汉文直译： 所以 哥 要 到 这儿 表 心
汉文意译： 为此哥来表心爱。

喃字原文：𥊛 娘 䏾 粉 形 容，
国际音标：thʁi⁵ na:ŋ² ma⁵ fʁn⁵ hin²juŋ¹
汉文直译：见 妹 颊 粉 红 面 容
汉文意译：见妹桃脸粉红颜，

喃字原文：雪 霜 時 底 冷 弄 特 之。
国际音标：ti:t⁷ thɯ:ŋ¹ thi² ʔde³ lan⁶luŋ² ʔdɯ:k⁸ tsi¹
汉文直译：雪 霜 则 让 冷 清 得 什 么
汉文意译：雪霜冷冰人有情。

（52）
喃字原文：掩 出 塘 𥊛 绳 猷 𠊚，
国际音标：ʔɛm¹ ra¹ ʔdɯ:ŋ² thʁi⁵ thaŋ²tsoŋ² ŋɯ:i²
汉文直译：妹 出 路 见 丈 夫 别 人
汉文意译：妹出门见别人夫，

喃字原文：伮 𣎏 𤗱 浑 伮 吏 𣎏 𡛔；
国际音标：nɔ⁵ vɯə² ʔdɛp⁸net⁷ nɔ⁵ la:i⁶ vɯə² sin¹
汉文直译：她 有 温 柔 她 再 又 美
汉文意译：人性温柔人才美；

喃字原文：掩 術 擬 𣃤 事 情，
国际音标：ʔɛm¹ ve² ŋi³ ʔden⁵ thɯ⁶tin²
汉文直译：妹 回 想 到 事 情
汉文意译：回到家里想此事，

喃字原文：如 𠚢 𠲶 胖 心 情 疠 暗。
国际音标：ɲɯ¹ ja:u¹ kat⁷ ru:t⁸ tʁm¹tin² ʔdau¹ ʔa:m⁵
汉文直译：如 刀 割 肠 心 情 痛 暗
汉文意译：如刀割肠痛心切。

情 歌

喃字原文：翁 绦 蕻 绝 娈 月 蕻 洗，
国际音标：ʔoŋ¹tʁ¹ tset⁷ ti:t⁸ ʔba²ŋwi:t⁸ tset⁷ ʔdam⁵
汉文直译： 月老 死绝 冰人 死 光
汉文意译：月老冰人该死绝，

喃字原文：绅 绠 麻 吏 绅 咥 朱 崦。
国际音标：sɛ¹ jʁi¹ ma² la:i⁶ sɛ¹ n̩ɯm² tsɔ¹ ʔɛm¹
汉文直译：牵线 而 又 牵 错 给 妹
汉文意译：为妹牵线错绳系。

（53）

喃字原文：觍 低 娘 喝 朱 悑，
国际音标：ʔden⁵ ʔdʁi¹ na:ŋ² ha:t⁷ tsɔ¹ vui¹
汉文直译： 到 这儿 妹 唱 使 高兴
汉文意译：妹到这里唱首歌，

喃字原文：共 烧 森 合 祂 悑 制 排；
国际音标：kuŋ² n̩au¹ thum¹ hʁ:p⁸ lʁi⁵ vui¹ tsʁ:i¹ ʔbʁ:i²
汉文直译： 大家 团聚 要 欢乐 交游
汉文意译：大家团聚共欢乐；

喃字原文：觊 姅 娘 佲 衏 敉，
国际音标：tsut⁷ nɯə³ na:ŋ² ʔda³ ve² roi²
汉文直译： 一会儿 妹 已 回 了
汉文意译：要不等妹回了家，

喃字原文：底 衆 英 於 蹲 蚪 麻 韢。
国际音标：ʔde³ tsuŋ⁵ ʔan¹ ʔʁ³ ʔdɯŋ⁵ ŋoi² ma² toŋ¹
汉文直译： 让 众 哥 在 站 坐 而 望
汉文意译：哥们留下怎安心。

1545

喃字原文：没 浪 招 忕 博 噱，
国际音标：mot⁸ raŋ² tsau⁵ ɲɤ⁵ ʔbaːk⁷ mɔŋ¹
汉文直译：一 道 孙 想 父 盼
汉文意译：子想父盼哥期望，

喃字原文：嗜 朱 㦲 拱 固 悉 㐌 制。
国际音标：khɛn¹ tsɔ¹ ʔdɤi⁵ kuŋ³ kɔ⁵ lɔŋ² ʔden⁵ tsɤːi¹
汉文直译：夸 给 那儿 也 有 心 到 玩
汉文意译：赞赏留妹共玩乐。

（54）

喃字原文：包 赊 朱 鳯 返 鸾，
国际音标：ʔbaːu¹ jɤ² tsɔ¹ fɯːŋ⁶ ɣap⁸ lɔn¹
汉文直译：何时 给 凤 遇 鸾
汉文意译：何时凤凰相遇鸾，

喃字原文：底 朱 桂 特 咀 叹 貝 槐；
国际音标：ʔde³ tsɔ¹ kwe⁵ ʔdɯːk⁸ thɤ³ thaːn¹ vɤːi⁵ hwɛ²
汉文直译：使得 桂 得 叹息 和 槐
汉文意译：让桂树槐树共叹言；

喃字原文：情 群 忕 㐌 麹 皮，
国际音标：tin² kɔn² ɲɤ⁵ ʔden⁵ ɲiːu² ʔbe²
汉文直译：情 还 想 到 多 方面
汉文意译：为了情义多思念，

喃字原文：鸾 群 忕 鳯 咥 時 拚 悁。
国际音标：lɔn¹ kɔn² ɲɤ⁵ fɯːŋ⁶ ɲɤːi² thi² tsaŋ³ kwen¹
汉文直译：鸾 还 想 凤 话 则 不 忘
汉文意译：时刻想念鸾凤恋。

情 歌

喃字原文：包 晾 朱 芘 返 畑，
国际音标：ʔbaːu¹jɤ² tsɔ¹ ʔbɤk⁷ ɣap⁸ ʔdɛn²
汉文直译：何时 给 灯芯 遇 灯
汉文意译：何时灯与芯相接，

喃字原文：情 群 伮 珇 练 宛 如 㫉；
国际音标：tin² kɔn² nɤ⁵ ʔden⁵ liːn⁶ven² n̠ɯ¹ sɯe¹
汉文直译：情 还 想 到 周旋 如 昔日
汉文意译：心里周旋为情思；

喃字原文：為 埃 垠 禁 遍 東，
国际音标：vi² ʔaːi¹ ŋan¹kɤm⁵ jɔ⁵ʔdoŋ¹
汉文直译：为 谁 禁止 东风
汉文意译：为你禁止东风来，

喃字原文：底 鸾 伮 凤 黜 悉 相 思。
国际音标：ʔde³ lɔn¹ nɤ⁵ fɯːŋ⁶ ra¹ lɔŋ² tɯːŋ¹tɯ¹
汉文直译：让 鸾 想 凤 出 心 相思
汉文意译：让鸾想凤得相思。

喃字原文：為 缘 些 沛 随 机，
国际音标：vi² jiːn¹ ta¹ faːi³ ti²kɤ¹
汉文直译：为 缘 咱 要 随机
汉文意译：为缘我要等时机，

喃字原文：為 情 些 沛 銀 愚 迻 寻。
国际音标：vi² tin² ta¹ faːi³ ŋɤn³ŋɤ¹ ʔdi¹ tim²
汉文直译：为 情 咱 要 愣然 去 找
汉文意译：为情愣然出去寻。

（男：刘振先，刘扬顺；女：范氏清，阮春英）

（55）

喃字原文：固 傷 時 伅 挢 戈，
国际音标：kɔ⁵ thɯːŋ¹ thi² ʔda³ ʔdi¹kwa¹
汉文直译：有 爱 则 已 往来
汉文意译：有爱应该常来往，

喃字原文：固 怓 時 伅 伩 黜 准 尼；
国际音标：kɔ⁵ nɤ⁵ thi² ʔda³ vaːu²ra¹ tson⁵ nai²
汉文直译：有 想 则 已 进出 地方 这
汉文意译：有想应该常出入；

喃字原文：固 傷 時 伅 挢 寻，
国际音标：kɔ⁵ thɯːŋ¹ thi² ʔda³ ʔdi¹ tim²
汉文直译：有 爱 则 已 去 找
汉文意译：有爱应该常来寻，

喃字原文：固 怓 時 伅 逤 信 玼 茹。
国际音标：kɔ⁵ nɤ⁵ thi² ʔda³ ʔdɯə¹ tin¹ ʔden⁵ na²
汉文直译：有 想 则 已 送 信 到 家
汉文意译：有想应该常来信。

（56）

喃字原文：寻 仙 麻 拼 莡 仙，
国际音标：tim² tiːn¹ ma² tsaŋ³ thɤi⁵ tiːn¹
汉文直译：寻 仙 而 不 见 仙
汉文意译：寻找仙人没见仙，

喃字原文：底 朱 懫 翌 愁 秖 乂 躺；
国际音标：ʔde³tsɔ¹ luːŋ⁵ tsiu⁶ thɤu² riːŋ¹ mot⁸min²
汉文直译：使得 枉然 受 愁 私 独自
汉文意译：让我私自愁相思；

情 歌

喃字原文：寻仙麻挋笕仙，
国际音标：tim² ti:n¹ ma² tsaŋ³ thɤi⁵ ti:n¹
汉文直译：寻 仙 而 不 见 仙
汉文意译：寻找仙人没见人，

喃字原文：寻 牢 决烈 伴 贤 罢 催。
国际音标：tim² tha:u¹ kwi:t⁷li:t⁸ ʔba:n⁶ hi:n² mɤ:i⁵ thoi¹
汉文直译：找 怎么 激烈 友 贤 才 罢休
汉文意译：决要寻找贤伴侣。

（57）

喃字原文：愁 㥯 嗜 螮 胼 蟡，
国际音标：thɤu² ʔbaŋ² ti:ŋ⁵ je⁵ ʔdem¹khwiə¹
汉文直译：愁 如 声 蟋蟀 神呀
汉文意译：深夜忧愁听蝉鸣，

喃字原文：悴 㥯 几 於 馭 拸 章 臺；
国际音标：sot⁷ ʔbaŋ² kɛ³ ʔɤ³ ŋɯ:i² ʔdi¹ tsɯ:ŋ¹ʔda:i²
汉文直译：焦虑 如 人 在 人 去 章台
汉文意译：章台人远恋人愁；

喃字原文：悴 㥯 几 於 章 臺，
国际音标：sot⁷ ʔbaŋ² kɛ³ ʔɤ³ tsɯ:ŋ¹ʔda:i²
汉文直译：焦虑 如 人 在 章台
汉文意译：焦虑亲人章台去，

喃字原文：愁 㥯 几 於 傷 埃 麻 悗。
国际音标：thɤu² ʔbaŋ² kɛ³ ʔɤ³ thɯ:ŋ¹ ʔa:i¹ ma² ʔbu:n²
汉文直译：愁 如 人 在 想 谁 而 烦闷
汉文意译：恋人烦闷愁思虑。

（58）

喃字原文：恢 终 些 唉 愁 终，
国际音标：vui¹ tsuŋ¹ ta¹ hɤːi³ thɤu² tsuŋ¹
汉文直译：高兴 共同 咱呀 愁 共同
汉文意译：欢聚之时共欢喜，

喃字原文：永 枾 烧 共 些 吏 愁 秾；
国际音标：vaŋ⁵ mat⁸ ɲau¹ kuŋ² ta¹ laːi⁶ thɤu² riːŋ¹
汉文直译：不见 互相 同 咱 又 愁 私
汉文意译：分手之时人私愁；

喃字原文：愁 秾 愢 惨 舿 愁，
国际音标：thɤu² riːŋ¹ tam¹ thaːm³ ŋin² thɤu²
汉文直译：愁 私 百 惨 千 愁
汉文意译：百惨千愁自己受，

喃字原文：為 埃 麻 底 忦 烧 吅 丕。
国际音标：vi² ʔaːi¹ ma² ʔde³ nɤ⁵ ɲau¹ laːm² vɤi⁶
汉文直译：为 谁 而 让 思念 互相 这样
汉文意译：为情互相各心忧。

喃字原文：自 畀 结 伴 念 西，
国际音标：tɯ² ŋai² ket⁷ ʔbaːn⁶ niːm⁶ tɤi¹
汉文直译：从 天 结伴 私衷
汉文意译：自从结伴那一天，

喃字原文：假 如 皮 躟 乂 畀 乂 恢。
国际音标：jaː⁵ ɲɯ¹ ʔbe² roŋ⁶ mot⁸ ŋai² mot⁸ vui¹
汉文直译：如同 面 宽 一 天 一 高兴
汉文意译：如今见面更欢心。

（男：阮进余；女：武德英）

情 歌

（59）

喃字原文：自 覴 香 煅 焙 香，
国际音标：tɯ² ŋai² hɯ:ŋ¹ ʔbɐn⁵ lɯə³ hɯ:ŋ¹
汉文直译：从 天 香 紧密相连 火 香
汉文意译：哥妹结缘好欢喜，

喃字原文：計 自 隔 阻 圭 鄉 强 愁；
国际音标：ke³ tɯ² kat⁷ tɤ³ kwe¹ hɯ:ŋ¹ ka:ŋ² thɤu²
汉文直译：叙 自 阻 隔 家 乡 更 愁
汉文意译：恩爱夫妻不多时；

喃字原文：計 黜 强 惨 强 愁，
国际音标：ke³ ra¹ ka:ŋ² tha:m³ ka:ŋ² thɤu²
汉文直译：说 出 更 惨 更 愁
汉文意译：夫君离家上前线，

喃字原文：约 之 吏 特 吧 堆 貝 䫀。
国际音标：ʔɯ:k⁷ tsi¹ la:i⁶ ʔdɯ:k⁸ la:m² ʔdoi¹ vɤ:i⁵ ŋɯ:i²
汉文直译：盼望 什么 又 得 做 对 和 别人
汉文意译：丢妹在家无心机。

（60）

喃字原文：汖 雴 薛 麻 䀡 包 悁，
国际音标：mɤi⁵ tam¹ nam¹ ma² min² ʔda³ kwen¹
汉文直译：几 百 年 而 妹 已 忘
汉文意译：事隔未久哥忘记，

喃字原文：仍 哗 些 吲 嫩 愿 覴 暓；
国际音标：ȵɯŋ³ ȵɤ:i² ta¹ ȵan⁵ non¹ ŋwi:n⁶ ŋai² sɯə¹
汉文直译：些 话 哥 叮嘱 山 誓 昔日
汉文意译：昔日誓言妹记心；

喃字原文：揵㝷薛拱義乂旵，
国际音标：tsaŋ³ tam¹ nam¹ kuŋ³ ŋiə³ mot⁸ ŋai²
汉文直译：不　百　年　也　义　一　天
汉文意译：情末百年义一日，

喃字原文：䥇箕群晖襖囿裙唏。
国际音标：hɯːŋ¹ kiə¹ kɔn² ʔbɔŋ⁵ ʔaːu⁵ rai² kɔn² hɤːi¹
汉文直译：镜子那　还　影　衣　今天　还有　气息
汉文意译：照镜存影衣留味。

喃字原文：习箕會合鸳房，
国际音标：sɯə¹kiə¹ hoi⁶hɤːp⁸ lɔn¹fɔŋ²
汉文直译：昔日　　会合　鸳房
汉文意译：昔日会合鸳房里，

喃字原文：悲唒躺㤥䏾共貝埃。
国际音标：ʔbɤi¹jɤ² min² ʔda³ ŋoi² kuŋ² vɤːi⁵ ʔaːi¹
汉文直译：如今　妹　已　坐　同　和　谁
汉文意译：如今同谁聚一起。

（61）
喃字原文：傷躺躺別朱㘴，
国际音标：thɯːŋ¹ min² min² ʔbiːt⁷ tsɔ¹ naːu²
汉文直译：想　妹　妹　知　给　哪
汉文意译：哥心想念妹不知，

喃字原文：如猑螭豆梗高叫愁；
国际音标：ɲɯ¹ kɔn¹vɛ¹ ʔdʐu⁶ kan² kaːu¹ keu¹ thɤu²
汉文直译：如　蝉　栖息　枝　高　叫　愁
汉文意译：如蝉扒树叫愁绪；

情 歌

喃字原文：固 融 饱 扔 緘 油，
国际音标：kɔ⁵ tɔŋ¹ ʔda³ vat⁷ nen¹ jɤu²
汉文直译：有 清 已 拧 成 油
汉文意译：清水变浊拧成油，

喃字原文：坤 顽 時 拄 蚴 黐 曋 畑。
国际音标：khon¹ ŋwaːn¹ thi² tsaŋ³ ŋoi² thau¹ ʔbɔŋ⁵ ʔdɛn²
汉文直译：精灵 则 不 坐 后 影 灯
汉文意译：精人莫坐灯后忧。

（62）

喃字原文：仍 罒 行 院 䐗 尼，
国际音标：ɲɯŋ¹ laː² haːŋ² vɛn⁶ sɯə¹ nai¹
汉文直译：非常 铺子 完美 昔日
汉文意译：昔日那些经营铺，

喃字原文：拄 行 半 舔 拱 揥 奔 馱；
国际音标：tsaŋ³ haːŋ² ʔbaːn⁵ thit⁸ kuŋ³ tai² ʔbuːn¹ ŋɯːi²
汉文直译：没有 行 卖 肉 也 手 贩 人
汉文意译：不是卖肉就贩人；

喃字原文：傷 媕 拱 闷 傷 㤿，
国际音标：thɯːŋ¹ ʔɛm¹ kuŋ³ muːn⁵ thɯːŋ¹ ʔdɤːi²
汉文直译：想 妹 也 想 想 一世
汉文意译：哥想一世爱着妹，

喃字原文：怆 吒 貝 媄 空 移 媕 𠲎。
国际音标：thɤ⁶ tsa¹ vɤːi⁵ mɛ⁶ khoŋ¹ jɤːi² ʔɛm¹ ra¹
汉文直译：怕 父 和 母 不 移 妹 出
汉文意译：怕妹父母莫放人。

（63）

喃字原文：仍 哐 躺 呐 貝 些，
国际音标：ȵɯŋ³ nɤ:i² min² nɔi⁵ vɤ:i⁵ ta¹
汉文直译：些 话 妹 说 和 哥
汉文意译：妹同哥说真实话，

喃字原文：包 唟 固 趣 往 戈 律 伆；
国际音标：ʔba:u¹jɤ² kɔ⁵ thu⁵ va:ŋ³kwa¹ lɔt⁸ va:u²
汉文直译：何时 有 兴趣 过往 钻 进
汉文意译：何时兴趣来家寻；

喃字原文：傷 英 英 据 ⴰ 高，
国际音标：thɯ:ŋ¹ ʔan¹ ʔan¹ kɯ⁵ la:m²ka:u¹
汉文直译：想 哥 哥 一 直 摆架子
汉文意译：日夜想哥没见来，

喃字原文：如 核 楛 甀 强 鉋 强 岇。
国际音标：ȵɯ¹ kɤi¹ɣo³ vai⁶ ka:ŋ² ʔba:u² ka:ŋ² kɔŋ¹
汉文直译：如 木头 弯 越 刨 越 弯
汉文意译：曲木越刨越弯身。

（64）

喃字原文：覨 市 焀 灶 波 東，
国际音标：ŋai² na:u² lɯə³ tsai⁵ ʔbe³ ʔdoŋ¹
汉文直译：天 哪 火 烧 海 东
汉文意译：哪日东海起火燃，

喃字原文：湄 朱 磆 淔 時 惢 買 派；
国际音标：mɯə¹ tsɔ¹ ʔda⁵ na:t⁷ thi² lɔŋ² mɤ:i⁵ fa:i¹
汉文直译：雨 给 石 烂 则 心 才 褪色
汉文意译：雨打石烂心不变；

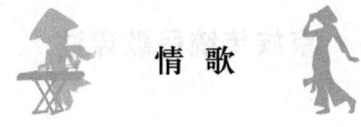

情 歌

喃字原文：吲 躺 躺 潻 瑄 埃，
国际音标：jan⁶ min² min² tsɤ⁵ ŋɛ¹ ʔaːi¹
汉文直译：叮嘱 妹 妹 别 听 谁
汉文意译：嘱妹莫听别人言，

喃字原文：䏧 薛 杉 涅 鐄 派 默 鐄。
国际音标：ŋin² nam¹ ʔda⁵ naːt⁷ vaːŋ² faːi¹ mak⁸ vaːŋ²
汉文直译：千 年 石 烂 金 褪色 任由 金
汉文意译：金变石烂情千年。

（男：阮进余，阮兴富录音；女：武德英）

（65）

喃字原文：躺 胪 䎃 劘 䰸 胈，
国际音标：nam² ʔdem¹ mɤ³ kɯə³ toŋ¹ jaŋ¹
汉文直译：躺 夜 开 门 望 月
汉文意译：夜睡开门出望月，

喃字原文：䰸 術 㘝 玉 悉 强 䘸 雷；
国际音标：toŋ¹ ve² nui⁵ ŋɔk⁸ lɔŋ² kaːŋ² le³lɔi¹
汉文直译：望 回 玉 山 心 更 孤 零
汉文意译：望回玉山心孤零；

喃字原文：躺 胪 䎃 劘 䰸 㪲，
国际音标：nam² ʔdem¹ mɤ³ kɯə³ toŋ¹ jɤːi²
汉文直译：躺 夜 开 门 望 天
汉文意译：夜睡开门望天空，

喃字原文：觅 鞢 邊 北 伮 移 術 東。
国际音标：thɤi⁵ thaːu¹ʔben¹ bak⁷ nɔ⁵ jɤːi² ve² ʔdoŋ¹
汉文直译：见 北 斗 星 它 移 回 东
汉文意译：见北斗星向东移。

喃字原文： 腉　冬　搭　爻　襖　终，
国际音标： ʔdem¹ ʔdoŋ¹ ʔdap⁷ mot⁸ ʔaːu⁵ tsuŋ¹
汉文直译： 夜　冬　盖　一　衣　共
汉文意译： 冬夜梦同盖套衣，

喃字原文： 䳄　黜　照　冷　牀　空　没　躺。
国际音标： mɤ³ ra¹ tsiːu⁵ lan⁶ jɯːŋ² khoŋ¹ mot⁸ min²
汉文直译： 开　出　席　冷　床　空　　独自
汉文意译： 醒来席冷床独身。

(66)

喃字原文： 腉　冬　搭　爻　襖　睤，
国际音标： ʔdem¹ ʔdoŋ¹ ʔdap⁷ mot⁸ ʔaːu⁵ jaːi²
汉文直译： 夜　冬　盖　一　衣　长
汉文意译： 冬夜盖着条长衣，

喃字原文： 冷　弄　固　透　䞌　埃　庄　罪；
国际音标： lan⁶luŋ² kɔ⁵ thɤu⁵ ʔden⁵ ʔaːi¹ tsaŋ¹ la²
汉文直译： 冷清　有　透　到　谁　不　是
汉文意译： 身体受冷透心扉；

喃字原文： 冷　弄　自　課　腉　冬，
国际音标： lan⁶luŋ² tɯ² thɤ³ ʔdem¹ ʔdoŋ¹
汉文直译： 冷清　从　时　夜　冬
汉文意译： 冬夜冷冻人难受，

喃字原文： 襖　單　檬　檬　搭　嚎　待　徐。
国际音标： ʔaːu⁵ʔdɤːn¹ mɔŋ³mɔŋ³ ʔdap⁷ mɔŋ¹ ʔdɤːi⁶tsɤ²
汉文直译： 单衣　　薄薄　　盖　盼　等待
汉文意译： 单衣待人助暖依。

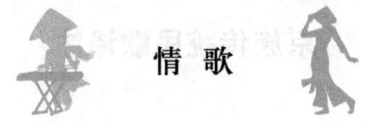

情 歌

喃字原文： 曧曻 脏冷 脏弄，
国际音标： toi⁵hom¹ ʔdem¹ lan⁶ ʔdem¹ luŋ²
汉文直译： 夜晚 夜冷 也寒
汉文意译： 夜间冷得人发抖，

喃字原文： 脏 搭 襖 辫 脏 终 襖 戡；
国际音标： ʔdem¹ ʔdap⁷ ʔa:u⁵ ŋan⁵ ʔdem¹ tsuŋ¹ ʔa:u⁵ ja:i²
汉文直译： 夜 盖 衣 短 夜 共 衣 长
汉文意译： 夜盖短被日盖衣；

喃字原文： 悲 畭 躺 佨 聑 埃，
国际音标： ʔbɤi¹jɤ² min² ʔda³ ŋɛ¹ ʔa:i¹
汉文直译： 如今 妹 已 听 谁
汉文意译： 如今妹有谁相伴，

喃字原文： 襖 辫 捚 搭 襖 戡 捚 终。
国际音标： ʔa:u⁵ ŋan⁵ tsaŋ³ ʔdap⁷ ʔa:u⁵ ja:i² tsaŋ³ tsuŋ¹
汉文直译： 衣 短 不 盖 衣 长 不 共同
汉文意译： 等妹快来盖长衣。

(67)

喃字原文： 傷 傷 忟 忟 嚎 嚎，
国际音标： thɯ:ŋ¹thɯ:ŋ¹ nɤ⁵nɤ⁵ moŋ¹moŋ¹
汉文直译： 思思 念念 望望
汉文意译： 咱俩守望深思念，

喃字原文： 别 兜 麻 掫 吣 悉 挆 朱；
国际音标： ʔbi:t⁷ ʔdɤu¹ ma² ɣɯi³ tɤm⁵lɔŋ² ʔdi¹ tsɔ¹
汉文直译： 知 哪儿 而 寄 寸心 去 给
汉文意译： 不知如何寄心愿；

1557

喃字原文：别　兜 麻 掫 㐌 朱,
国际音标：ʔbi:t⁷ ʔdʐu¹ ma² ɣɯi³ ʔdi¹ tsɔ¹
汉文直译：知　哪儿 而 寄 去 给
汉文意译：怎样寄信去探问,

喃字原文：愁 眛 吏 惨　惨 忙 吏 愁。
国际音标：thʐu² roi² la:i⁶ tha:m³ tha:m³ lɔ¹ la:i⁶ thʐu²
汉文直译：愁 了 又 惨 惨 忧 又 愁
汉文意译：心中忧愁相思恋。

(68)

喃字原文：扲 挮 唲 喻 每 唭,
国际音标：kɤm² tai¹ jan⁶cɔ² moi³ ɳʐi²
汉文直译：握　手 叮嘱 每 言
汉文意译：紧握妹手嘱数言,

喃字原文：吀 媕 仕 及 罞 臸 咳 術;
国际音标：sin¹ ʔɛm¹ thɛ³ ɣap⁸ ŋai²ma:i¹ hai³ ve²
汉文直译：请 妹 将 遇 明 天 要 回
汉文意译：明天妹来再见面；

喃字原文：别　兜 掫 肐 悉 圭,
国际音标：ʔbi:t⁷ ʔdʐu¹ ɣɯi³ tɤm⁵lɔŋ² kwe¹
汉文直译：知　哪儿 寄 寸 心 家乡
汉文意译：不知如何表心意,

喃字原文：伴 鸾 羲 苖 捽 術 楼 西。
国际音标：ʔba:n⁶ lɔn¹ ŋiə³ ku³ rut⁷ ve² lɤu² tʐi¹
汉文直译：朋友 鸾 义 旧 退 回 楼 西
汉文意译：日情鸾友离开缘。

情 歌

喃字原文： 英 吲 姑 艕 衕 迟,
国际音标： ʔan¹ jɤn⁶ ko¹ min² ve² tsɤi²
汉文直译： 哥 叮嘱 姑娘妹 回 长久
汉文意译： 哥叮嘱妹定要回,

喃字原文： 衕 特 㠰 馴 吏 细 共 英;
国际音标： ve² ʔdɯ:k⁸ ʔba¹ ŋai² la:i⁶ tɤ:i⁵ kuŋ² ʔan¹
汉文直译： 回 得 三 天 又 到 同 哥
汉文意译： 回来三天同哥聚;

喃字原文： 愬 箕 鹤 结 共 鸾,
国际音标： sɯə¹kiə¹ ha:k⁸ ket⁷ kuŋ² lɔn¹
汉文直译： 昔日 鹤 结 同 鸾
汉文意译： 昔日鹤鸾相结缘,

喃字原文： 銅 胡 渚 结 同 房 㐌 安。
国际音标： ʔdoŋ² ho² tsɯə¹ ket⁷ ʔdoŋ² fɔŋ² ʔda³ ʔi:n¹
汉文直译： 时钟 未 结 同 房 已 安
汉文意译： 时钟尚行房单独。

喃字原文： 愬 箕 鹤 结 共 鸾,
国际音标： sɯə¹kiə¹ ha:k⁸ ket⁷ kuŋ² lɔn¹
汉文直译： 昔日 鹤 结 同 鸾
汉文意译： 昔日鹤鸾相许愿,

喃字原文： 愿 衕 爻 葬 牡 丹 愿 誓。
国际音标： ŋwi:n⁶ ve² mot⁸ la⁵ mɤu³ ʔdɤ:n¹ ŋwi:n⁶ the²
汉文直译： 发誓 为 一 叶 牡 丹 发誓
汉文意译： 牡丹花前发誓言。

（男：阮进余，阮兴富录音；女：罗维珍）

（69）

喃字原文： 矇 朎 朎 於 璡 高，
国际音标： toŋ¹ jaŋ¹ jaŋ¹ ʔɤ³ ten¹ kaːu¹
汉文直译： 望 月 月 在 上 高
汉文意译： 望月见月高天上，

喃字原文： 矇 扗 扗 於 伲 帝 唉 扗；
国际音标： toŋ¹ tsaːŋ² tsaːŋ² ʔɤ³ nɤːi¹ naːu² hɤːi³ tsaːŋ²
汉文直译： 望 郎 郎 在 处 哪 呀 郎
汉文意译： 望君不见君踪影；

喃字原文： 矇 朎 朎 歃 朎 燸，
国际音标： toŋ¹ jaŋ¹ jaŋ¹ mɤp⁸ jaŋ¹ mɤ²
汉文直译： 望 月 月 模糊 月 模糊
汉文意译： 望月时亮时又暗，

喃字原文： 傷 扗 扗 於 𩨳 詞 帋 封。
国际音标： thɯːŋ¹ tsaːŋ² tsaːŋ² ʔɤ³ tɔŋ¹ tɤ²jɤi⁵ foŋ¹
汉文直译： 想 郎 郎 在 中 纸 封
汉文意译： 想君只见镜中影。

（70）

喃字原文： 傷 些 些 伮 燒 数，
国际音标： thɯːŋ¹ ta¹ ta¹ nɤ⁵ naːu¹ lɤu¹
汉文直译： 爱 哥 哥 想 互相 长久
汉文意译： 相爱思念人至老，

喃字原文： 滝 箕 群 沚 樸 桥 群 础；
国际音标： thoŋ¹ kiə¹ kɔn² tsai³ jip⁸ kɤu² kɔn² sɤi¹
汉文直译： 河 那 还 流 孔 桥 还 筑
汉文意译： 河上建桥下水流；

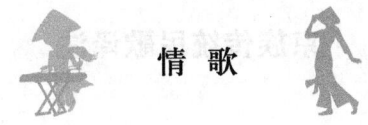

情 歌

喃字原文： 傷 些 些 忟 烧 糭，
国际音标： thɯ:ŋ¹ ta¹ ta¹ n̠ɤ⁵ n̠au¹ ja²
汉文直译： 爱 哥哥 想 互相 老
汉文意译： 相爱想念至老时，

喃字原文： 拱 罪 道 德 媄 吒 生 成。
国际音标： kuŋ³ la² ʔda:u⁶ʔdɯk⁷ mɛ⁶tsa¹ thin¹ than²
汉文直译： 也 是 道 德 父 母 生 成
汉文意译： 父母生出有功劳。

喃字原文： 㓯 些 罙 敊 寃 寃，
国际音标： ten¹ ta¹ ʔbon⁵ tsɯ³ ran²ran²
汉文直译： 名 哥 四 字 昭然
汉文意译： 哥名四字甚清楚，

喃字原文： 㐌 要 時 㴘 寋 名 准 帀；
国际音标： ʔda³ ʔi:u¹ thi² tsɤ⁵ lɤp⁸ jan¹ tson⁵ na:u²
汉文直译： 已 爱 则 别 立 名 处 哪
汉文意译： 相爱名字不能忘；

喃字原文： 躲 衕 書 燕 雁 高，
国际音标： min² ve² thɯ¹ ʔi:n⁵ n̠a:n⁶ ka:u¹
汉文直译： 妹 回 书 燕 雁 高
汉文意译： 妹似燕雁飞回家，

喃字原文： 㖇 信 朱 虼 𧊌 舠 壜 花。
国际音标： n̠an⁵tin¹ tso¹ ʔbɯ:m⁵ ʔbai¹ va:u² vɯ:n²hwa¹
汉文直译： 信息 给 蝴蝶 飞 进 花园
汉文意译： 花园蝴碟助送言。

1561

喃字原文： 虼 喂 些 吼 寔 他，
国际音标： ʔbɯ:m⁵ ʔɤ:i¹ ta¹ n̪u³ thɤt⁸tha²
汉文直译： 蝴蝶 啊 咱 告诉 老实
汉文意译： 哥已同蝶诉实话，

喃字原文： 惚 時 嗨 虼 濐 陀 嗨 埃。
国际音标： ʔbu:n² thi² hɔi³ ʔbɯ:m⁵ tsɤ⁵ ʔda² hɔi³ ʔa:i¹
汉文直译： 烦闷 则 问 蝴蝶 别 无实义 问 谁
汉文意译： 烦闷问蝶莫托人。

（71）

喃字原文： 滝 蚰 批 舙 滝 桥，
国际音标： thoŋ¹ jɤu¹ ʔbak⁷ lon⁶ thoŋ¹ kɤu²
汉文直译： 河 桑 搭 乱 河 桥
汉文意译： 莫搭错桥过河流，

喃字原文： 贵 乎 衪 敓 陳 朱 结 愿；
国际音标： kwi⁵ho² lɤi⁵ tsɯ³ tɤn² tsɤu¹ ket⁷ŋwi:n⁶
汉文直译： 只要 要 字 陈 朱 结 愿
汉文意译： 相好共结朱陈缘；

喃字原文： 𡛔 帀 结 特 伴 贤，
国际音标： ŋai² na:u² ket⁷ ʔdɯ:k⁸ ʔba:n⁶ hi:n²
汉文直译： 天 哪 结 得 友 贤
汉文意译： 至时结得贤伴侣，

喃字原文： 织 鐄 些 批 朱 連 滝 恩。
国际音标： tsi³ va:ŋ² ta¹ ʔbak⁷ tsɔ¹ li:n² thoŋ¹ʔɤn¹
汉文直译： 线 金 咱 搭 给 连 恩河
汉文意译： 恩河黄线搭桥连。

情 歌

（72）

喃字原文： 㑐 制 朱 㕶 脼 𠄩,
国际音标：ʔan¹tsɤ:i¹ tso¹ het⁷ tha:ŋ⁵ha:i¹
汉文直译： 完了 给 完 二月
汉文意译：吃玩尽在二月里，

喃字原文： 底 廊 捽 墥 朱 耨 迎 亭；
国际音标：ʔde³ la:ŋ² ʔdoŋ⁵ ʔda:m⁵ tso¹ ja:i¹ ʔdoŋ⁵ ʔdin²
汉文直译： 让 村 关 门 给 小伙 迎 哈同
汉文意译：莫等哈亭关了门；

喃字原文： 鮦 蒔 䔢 打 啦 灵,
国际音标：toŋ¹ thi² toŋ⁵ ʔdan⁵ rɤp⁸rin²
汉文直译： 中 则 鼓 打 咚咚
汉文意译：亭里乐鼓响咚咚,

喃字原文： 外 時 耨 姅 叙 情 共 㑽。
国际音标：ŋwa:i² thi² ja:i¹ ɣa:i⁵ tɯ⁶ tin² kuŋ² ɲau¹
汉文直译： 外 则 小伙 姑娘 叙 情 一同
汉文意译：亭外男女叙情乐。

（男：杜玉光，刘扬顺；女：刘元英，梁达辉）

（73）

喃字原文： 埃 喂 制 祉 矯 耂,
国际音标：ʔa:i¹ ʔɤ:i¹ tsɤ:i¹ lɤi⁵ kɛu³ ja²
汉文直译： 谁 啊 玩 要 否则 老
汉文意译：喂呀！怎伴老人玩,

1563

喃字原文： 笁　𦧘　固　侣　𠠩　些固　時；
国际音标： maŋ^{1} mɔk^{8} kɔ^{5} lɯ^{3} ŋɯːi^{2} ta^{1} kɔ^{5} thi^{2}
汉文直译： 笋　长　有　批　人　咱有　时
汉文意译： 笋生同批人同时；

喃字原文： 制　春　矯　秩　春　趍，
国际音标： tsɤːi^{1} sɤn^{1} kɛu^{3} mɤt^{7} sɤn^{1} ʔdi^{1}
汉文直译： 玩　春　否则　失　春　去
汉文意译： 玩春让春失了去，

喃字原文： 䥕　𦓅　㯲　族　㑪　時　䟃　𣋂。
国际音标： tuːi^{3} ja^{2} thoŋ^{2}thok^{8} nɔ^{5} thi^{2} thɛu^{1} thau^{1}
汉文直译： 岁　老　直冲　它　则　随　后
汉文意译： 年老力壮莫弃离。

（74）

喃字原文： 固　制　朱　衆　英　制，
国际音标： kɔ^{5} tsɤːi^{1} tsɔ^{1} tsuŋ^{5} ʔan^{1} tsɤːi^{1}
汉文直译： 有　玩　给　众　哥　玩
汉文意译： 想玩让哥同来玩，

喃字原文： 台ᒡ　罗　群　待　仍　尼ᒡ　才　情；
国际音标： hai^{1} la^{2} kɔn^{2} ʔdɤːi^{6} ɳɯŋ^{3} nɤːi^{1} taːi^{2}tin^{2}
汉文直译： 或　是　还　等　些　地方　才情
汉文意译： 或者尚等才能人；

喃字原文： 英　低　貝　吏　姑　𡥵，
国际音标： ʔan^{1} ʔdɤi^{1} vɤːi^{5} laːi^{6} ko^{1} min^{2}
汉文直译： 哥　这儿　和　又　姑娘　妹
汉文意译： 哥与姑娘情义合，

情 歌

喃字原文： 空 悄 别 拱 罪 情 義 習。
国际音标： khoŋ¹ kwen¹ ʔbi:t⁷ kuŋ³ la² tin²ŋiə³ sɯə¹
汉文直译： 不 忘 知 也 是 情义 昔日
汉文意译： 无意相近变情人。

（75）

喃字原文： 傷 媕 英 咳 呐 匜，
国际音标： thɯ:ŋ¹ ʔɛm¹ ʔan¹ hai³ nɔi⁵ ra¹
汉文直译： 爱 妹 哥 还 说 出
汉文意译： 爱妹哥才说真话，

喃字原文： 哊 塘 哎 幣 如 罪 空 傷；
国际音标： n̪an⁵ ʔdɯ:ŋ² ɣɯi³ tsɤ⁶ n̪ɯ¹ la² khoŋ¹ thɯ:ŋ¹
汉文直译： 叮嘱 路 寄语 集市 如 是 不 爱
汉文意译： 路言街语不相信；

喃字原文： 傷 牢 傷 過 罪 傷，
国际音标： thɯ:ŋ¹ tha:u¹ thɯ:ŋ¹ kwa⁵ la² thɯ:ŋ¹
汉文直译： 爱 怎么 爱 过 是 爱
汉文意译： 真正相爱方爱慕，

喃字原文： 餣 尼 迖 楙 傷 欣 餣 芇。
国际音标： ʔbɯə³ nai² ɣap⁸mat⁸ thɯ:ŋ¹ hɤ:n¹ ʔbɯə³ na:u²
汉文直译： 餐 这 见面 想 胜于 餐 哪
汉文意译： 这次见面哥相亲。

（76）

喃字原文： 傷 媕 脵 擦 尽 昌，
国际音标： thɯ:ŋ¹ ʔɛm¹ ʔbuŋ⁶ tha:t⁷ tɤn⁶ sɯ:ŋ¹
汉文直译： 爱 妹 肚 贴近 尽 骨
汉文意译： 爱妹心想至骨肉，

1565

喃字原文：𠚢 塘 伴 想 失 常 餚 啽；
国际音标：ra¹ ʔdɯːŋ² ʔbaːn⁶ tɯːŋ³ thɤt⁷thɯːŋ² ʔbɯə³ ʔan¹
汉文直译：出 路 朋友 想 失常 餐 吃
汉文意译：出门想妹饭不思；

喃字原文： 傷 淹 琨 枺 荢 粓，
国际音标：thɯːŋ¹ ʔɛm¹ kɔn¹mat⁷ laˤ ram¹
汉文直译：爱 妹 眼睛 叶 鸭舌草
汉文意译：爱妹眼望透千里，

喃字原文：竜 眉 棶 柳 傷 秂 忇 𠵴。
国际音标：loŋ¹maiˤ lai¹ liːu³ thɯːŋ¹ nam¹ nɤˤ ʔdɤːiˤ
汉文直译：眉毛 摇 柳 思 年 念 一世
汉文意译：眉目示意世相思。

（男：阮进余；女：罗维珍）

（77）

喃字原文：忇 埃 淹 仍 哭 呤，
国际音标：nɤˤ ʔaːi¹ ʔɛm¹ ɲɯŋ³ khɔk⁷ thɤm²
汉文直译：想 谁 妹 些 哭 暗自
汉文意译：想哥阿妹常饮泣，

喃字原文：𠄩 捼 襖 跙 氾 淫 奇 𠄩；
国际音标：haːi¹ tai¹ ʔaːu⁵ vet⁷ ʔɯːt⁷jɤm² ka³ haːi¹
汉文直译：两 手 衣 抹 湿淋淋 全 两
汉文意译：双手衣袖抹湿透；

喃字原文：忇 埃 空 吼 共 埃，
国际音标：nɤˤ ʔaːi¹ khoŋ¹ ɲuːu³ kuŋ² ʔaːi¹
汉文直译：想 谁 不 告诉 和 谁
汉文意译：想哥莫敢诉别人，

情歌

喃字原文：豳 滝 忕 渚 咀 毊 貝 滝。
国际音标：ra¹ thoŋ¹ nɤ⁵ nɯːk⁷ thɤ³ jaːi² vɤːi⁵ thoŋ¹
汉文直译：出 河 想 谁 叹 长 和 河
汉文意译：见河想水叹河愁。

（78）

喃字原文：忕 扗 夥 夥 扗 喂！
国际音标：nɤ⁵ tsaːŋ² lam⁵ lam⁵ tsaːŋ² ʔɤːi¹
汉文直译：想 郎 非常 非常 郎 啊
汉文意译：君呀！想君甚思念！

喃字原文：牢 扗 空 细 底 掩 蚪 襬 雷;
国际音标：thaːu¹ tsaːŋ² khoŋ¹ tɤːi⁵ ʔde³ ʔɛm¹ ŋoi² lɛ³lɔi¹
汉文直译：为何 郎 不 到 让 妹 坐 孤零
汉文意译：妹独孤零不见君;

喃字原文：忕 扗 融 胞 簉 佪,
国际音标：nɤ⁵ tsaːŋ² tɔŋ¹ jaʔ⁶ ʔboi² hoi²
汉文直译：想 哥 中 肚 徘徊
汉文意译：想君心里徘徊愁,

喃字原文：欺 蹲 想 蕙 欺 蚪 想 兰。
国际音标：khi¹ ʔdɯŋ⁵ tɯːŋ³ hwe⁶ khi¹ ŋoi² tɯːŋ³ laːn¹
汉文直译：时 站 想 蕙 时 坐 想 兰
汉文意译：站着思蕙坐想兰。

（79）

喃字原文：忕 英 别 底 尼 兜,
国际音标：nɤ⁵ ʔan¹ ʔbiːt⁷ ʔde³ nɤːi¹ ʔdɤu¹
汉文直译：想 哥 知 放 地方 哪儿
汉文意译：想哥不知放何处,

喃字原文：祕㴑懈厭数 数 吏聣；
国际音标：ʔdum² ʔdɣi² ja:i³ ʔi:m⁵ lɣu¹ lɣu¹ la:i⁶ n̠in²
汉文直译：湿 满 淋 肚兜 久 久 又 看
汉文意译：泪湿胸衣望眼穿；

喃字原文：愿 誓 𨑔 廟 𨂤 亭，
国际音标：ŋwi:n⁶the² tɯ:k⁷ mi:u⁵ thau¹ ʔdin²
汉文直译：发誓 前 庙 后 亭
汉文意译：庙前亭后发誓言，

喃字原文：忘 恩 㐌 翠 泊 情 低 挡。
国际音标：vɔŋ⁶ ʔɣn¹ ʔdɣi⁵ tsiu² ʔba:k⁸tin² ʔdɣi¹ ma:ŋ¹
汉文直译：忘 恩 那儿 受 薄情 这儿 背负
汉文意译：哥是忘恩妹有情。

（男：苏维绍；女：杜福英）

（80）

喃字原文：乂 怖 踦 䦎 𨅸 赊，
国际音标：mot⁸ lɔ¹ ʔdɯŋ⁵ kɯə³ toŋ¹ sa¹
汉文直译：一 忧 站 门 看 远
汉文意译：一忧站在门前望，

喃字原文：𠄩 怖 沛 祂 馱 赊 渃 駓；
国际音标：ha:i¹ lɔ¹ fa:i³ lɣi⁵ tsoŋ² sa¹ nɯ:k⁷ ŋɯ:i²
汉文直译：二 忧 要 嫁 夫 远 国 他
汉文意译：二忧嫁夫是远方；

喃字原文：𠀧 怖 怖 姊 埯 唭，
国际音标：ʔba¹ lɔ¹ thɣ⁶ tsi⁶ʔɛm¹ kɯ:i²
汉文直译：三 忧 怕 姐妹 笑
汉文意译：三忧怕姐妹嘲笑，

情 歌

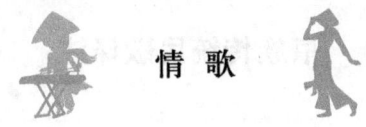

喃字原文： 罤 忰 㧯 逆 術 吹 义 躬。
国际音标： ʔbon⁵ lɔ¹ ʔdi¹ ŋɯ:k⁸ ve² su:i¹ mot⁸min²
汉文直译： 四 忧 去 逆 回 顺 独自
汉文意译： 四忧奔波寻远方。

喃字原文： 䫄 忰 堆 侣 叮 咛,
国际音标： nam¹ lɔ¹ ʔdoi¹ lɯ³ ʔdin¹nin¹
汉文直译： 五 忧 对 伴侣 叮咛
汉文意译： 五忧姐妹原叮咛,

喃字原文： 䮓 忰 奄 袘 没 躬 軐 赊;
国际音标： thau⁵ lɔ¹ ʔem¹ lɤi⁵ mot⁸min² tsoŋ² sa¹
汉文直译： 六 忧 妹 嫁 独自 夫 远
汉文意译： 六忧独自嫁远夫;

喃字原文： 罷 忰 伩 䰻 伩 茹,
国际音标： ʔbai³ lɔ¹ nɤ⁵ kɯ³ nɤ⁵ na²
汉文直译： 七 忧 想 门 想 家
汉文意译： 七忧想家想父母,

喃字原文： 㭭 忰 群 𡄎 媄 𦓅 埃 餒。
国际音标： ta:m⁵ lɔ¹ kɔn² tsut⁷ mɛ⁶ ja² ʔa:i¹ nu:i¹
汉文直译： 八 忧 儿 小 母 老 谁 养
汉文意译： 八忧留母谁供养。

喃字原文： 九 份 奄 舌 奇 迗,
国际音标： tsin⁵ fɤn² ʔem¹ thi:t⁸ ka³ mɯ:i²
汉文直译： 九 命 妹 亏 连 十
汉文意译： 九忧吃亏妹忍受,

1569

喃字原文：钟 厨 嫩 渃 没 碎 貝 躺。
国际音标：jɯə³ tsuə² nɔn¹nɯːk⁷ mot⁸ toi¹ vɤːi⁵ min²
汉文直译：中 寺 山水 一 我 和 妹
汉文意译：十忧水流漂他乡。

（81）

喃字原文：没 傷 拚 鼙 雕 鵝，
国际音标：mot⁸ thɯːŋ¹ ʔbɤːi⁵ tɔk⁷ ʔduːi¹ɣa²
汉文直译：一 爱 梳 头发 鸡尾
汉文意译：一爱头发鸡尾长，

喃字原文：乍 傷 㳿 惮 妟 那 涅 馭；
国际音标：haːi¹ thɯːŋ¹ ʔdɤi²ʔdan⁶ nɤ³ na¹net⁷ ŋɯːi²
汉文直译：二 爱 丰盈 开 气质 人
汉文意译：二爱丰肌脸如月；

喃字原文：岜 傷 咄 呐 花 唭，
国际音标：ʔba¹ thɯːŋ¹ miːŋ⁶ nɔi⁵ hwa¹ kɯːi²
汉文直译：三 爱 嘴 说 花 笑
汉文意译：三爱口笑如花开，

喃字原文：罘 傷 眉 柳 序 馭 仙 宫。
国际音标：ʔbon⁵ thɯːŋ¹ mai² liːu³ tɯ⁶ ŋɯːi² tiːn¹kuŋ¹
汉文直译：四 爱 眉 柳 似 人 仙宫
汉文意译：四爱眉柳似人仙。

喃字原文：醓 傷 相 凰 景 红，
国际音标：nam¹ thɯːŋ¹ mat⁷ fɯːŋ⁶ kan³ hoŋ²
汉文直译：五 爱 脸 凤 景 红
汉文意译：五爱凤眼似红景，

情 歌

喃字原文： 耗 傷 腆 粉 皱 蠎 妙 扬；
国际音标：thau⁵ thɯ:ŋ¹ ma⁵ fɤn⁵ lɯŋ¹ ʔɔŋ¹ jiu⁶ja:ŋ²
汉文直译： 六 爱 颊 粉 红 腰 蜂 温柔
汉文意译：六爱蜂腰姿色美；

喃字原文： 罢 傷 骨 格 圭 徊，
国际音标：ʔbai³ thɯ:ŋ¹ kot⁷kat⁷ kwe¹hɯ:ŋ¹
汉文直译： 七 爱 骨 肉 家 乡
汉文意译：七爱骨肉家乡人，

喃字原文： 凯 傷 烙 颜 每 塘 拱 雏。
国际音标：ta:m⁵ thɯ:ŋ¹ la:k⁸ na:n¹ moi³ ʔdɯ:ŋ² kun³ sin¹
汉文直译： 八 爱 闲 游 每 方面 也 美
汉文意译：八爱闲游人美丽。

喃字原文： 九 傷 颜 色 友 情，
国际音标：tsin⁵ thɯ:ŋ¹ ɲa:n¹thak⁷ hiu³tin²
汉文直译： 九 爱 颜 色 友 情
汉文意译：九爱娇美友情深，

喃字原文： 迡 傷 家 室 只 躺 貝 些。
国际音标：mɯ:i² thɯ:ŋ¹ ja¹thɤt⁷ tsi³ min² vɤ:i⁵ ta¹
汉文直译： 十 爱 家 室 只 妹 和 哥
汉文意译：十爱家室只两人。

(82)

喃字原文： 没 傷 奴 剷 奴 茹，
国际音标：mot⁸ thɯ:ŋ¹ nɤ⁵ kɯə³ nɤ⁵ na²
汉文直译： 一 爱 想 门 想 家
汉文意译：一爱想家想亲人，

1571

喃字原文：仁 傷 忟 客 塘 賒 圭 駅；
国际音标：ha:i¹ thɯ:ŋ¹ n̠ɤ⁵ khat⁷ ʔdɯ:ŋ² sa¹ kwe¹ ŋɯ:i²
汉文直译：二 爱 想 客 路 远 家乡 别人
汉文意译：二爱远乡思路客；

喃字原文：呸 傷 忟 夥 英 喂，
国际音标：ʔba¹ thɯ:ŋ¹ n̠ɤ⁵ lam⁵ ʔan¹ ʔɤ:i¹
汉文直译：三 爱 想 极了 哥 啊
汉文意译：三爱想哥甚惦念，

喃字原文：罙 傷 功 役 徘 徊 別 訴 朱 埃。
国际音标：ʔbon⁵ thɯ:ŋ¹ koŋ¹ vi:k⁸ ʔboi² hoi² ʔbi:t⁷ tɔ³ tso¹ ʔa:i¹
汉文直译：四 爱 家务 徘 徊 知 诉 给 谁
汉文意译：四爱家务哥承担。

喃字原文：醓 傷 忟 客 往 來，
国际音标：nam¹ thɯ:ŋ¹ n̠ɤ⁵ khat⁷ vɔŋ³ la:i¹
汉文直译：五 爱 想 客 往 来
汉文意译：五爱来往遇客人，

喃字原文：䮓 傷 媕 咋 傷 埃 㤜 払；
国际音标：thau⁵ thɯ:ŋ¹ ʔɛm¹ tsa³ thɯ:ŋ¹ ʔa:i¹ ʔbaŋ² tsa:ŋ²
汉文直译：六 爱 妹 不 爱 谁 如 郎
汉文意译：六爱心想原是君；

喃字原文：㠀 傷 梗 玉 葉 鐄，
国际音标：ʔbai³ thɯ:ŋ¹ kan² ŋɔk⁸ la⁵ va:ŋ²
汉文直译：七 爱 枝 玉 叶 金
汉文意译：七爱金枝玉叶配，

情 歌

嘀字原文： 釢 傷 唉呐 妙扬 涅那。
国际音标： ta:m⁵ thɯ:ŋ¹ ʔan¹nɔi⁵ jiu⁶ja:ŋ² net⁷na¹
汉文直译： 八 爱 说笑 温柔 品德好
汉文意译： 八爱说笑人温柔。

嘀字原文： 九 傷 躺 细 莤 些,
国际音标： tsin⁵ thɯ:ŋ¹ min² tɤ:i⁵ tai¹ ta¹
汉文直译： 九 爱 妹 到 手 哥
汉文意译： 九爱哥已入妹手,

嘀字原文： 迊 傷 些 於 没 茹 共 烧。
国际音标： mɯ:i² thɯ:ŋ¹ ta¹ ʔɤ³ mot⁸ ɲa² kuŋ²ɲau¹
汉文直译： 十 爱 咱 在 一 家 一 同
汉文意译： 十爱哥妹一家亲。

（83）

嘀字原文： 没 悃 埃 鞘 會 尼,
国际音标： mot⁸ mɯŋ² ʔa:i¹ mɤ³ hoi⁶ nai²
汉文直译： 一 喜 谁 开 歌会 这
汉文意译： 一喜谁人开歌会,

嘀字原文： 乤 悃 些 及 烧 尷 庄 罞;
国际音标： ha:i¹ mɯŋ² ta¹ ɣap⁸ɲau¹ nai¹ tsaŋ¹ la²
汉文直译： 二 喜 咱 相遇 今 不 是
汉文意译： 二喜今日咱相会;

嘀字原文： 吧 悃 结 伴 交 和,
国际音标： ʔba¹ mɯŋ² ket⁷ba:n⁶ ja:u¹hwa²
汉文直译： 三 喜 结伴 和顺
汉文意译： 三喜交和结友情,

京族传统民歌译注

喃字原文：罘 惆 低 帝 齫 赊 斳 斳。
国际音标：ʔbon⁵ muŋ² ʔdɣi¹ ʔdɣi⁵ tɯːk⁷ sa¹ thau¹ ɣɤn²
汉文直译：四 喜 这儿 那儿 先 远 后 近
汉文意译：四喜远近得相聚。

喃字原文：䎃 惆 结 伴 故 人，
国际音标：nam¹ muŋ² ket⁷ ʔbaːn⁶ ko⁵ n̠ɤn¹
汉文直译：五 喜 结伴 故 人
汉文意译：五喜故人结伴侣，

喃字原文：㐹 惆 徐 待 逳 春 憐 忹；
国际音标：thau⁵ muŋ² tsɣ² ʔdɣːi⁶ ʔben¹ sɣn¹ mɣ¹ maːŋ²
汉文直译：六 喜 等待 边 春 迷 梦
汉文意译：六喜梦见青春人；

喃字原文：罢 惆 缘 道 家 庭，
国际音标：ʔbai³ muŋ² jiːn¹ ʔdaːu⁶ ja¹ ʔdin²
汉文直译：七 喜 缘 道 家 庭
汉文意译：七喜家庭有缘分，

喃字原文：馣 惆 低 帝 時 傷 烧 共。
国际音标：taːm⁵ muŋ² ʔdɣi¹ ʔdɣi⁵ thi² thɯːŋ¹ nau¹ kuŋ²
汉文直译：八 喜 这儿 那儿 则 相爱 同
汉文意译：八喜咱俩相爱真。

喃字原文：九 惆 低 帝 乂 悉，
国际音标：tsin⁵ muŋ² ʔdɣi¹ ʔdɣi⁵ mot⁸ lɔŋ²
汉文直译：九 喜 这儿 那儿 一 心
汉文意译：九喜哥妹同一心，

情 歌

喃字原文： 迬 悯 𠴍 㸔 糩 悉 些 醯。

国际音标： mɯːi² mɯŋ² ŋɯːi² ʔdɣi⁵ ʔdɛp⁸lɔŋ² ta¹ thai¹

汉文直译： 十　喜　人　那儿　称心　哥　啊

汉文意译： 十喜称心哥迷恋。

（男：刘振先，阮继初；女：刘元英，吴秀英）

京族传统民歌译注

下册

广西壮族自治区非物质文化遗产保护中心 主编

学苑出版社

下册目录

四、劝世歌 …………………………………… 1577
五、儿童歌谣 ………………………………… 1685
六、其他 ……………………………………… 1767
附录一　采访的京族歌手名单 ……………… 2089
附录二　收集的京族传统民歌乐谱 ………… 2093

四

劝世歌

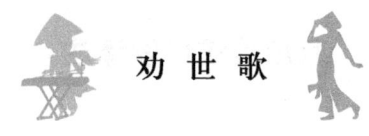

劝 世 歌

（1）

喃字原文：𠁦 情 搭 掂 埃 喂，
国际音标：thɯ⁶tin² ʔdap⁷ʔdi:m⁵ ʔa:i¹ ʔɤ:i¹
汉语直译：事情 隐瞒 谁 啊
汉语意译：喂呀！做事莫隐瞒，

喃字原文：衕 時 溜 露 停 制 准 嗪，
国际音标：ve² thi² tsɤ⁵ lo⁶ ʔdɯŋ² tsɤ:i¹ tson⁵ ʔdɤn²
汉语直译：回 则 别 露 别 玩 地方 蠢
汉语意译：回家，莫近愚蠢人；

喃字原文：𣊾 䘆 制 貝 㺲 嗪，
国际音标：tam¹ nam¹ tsɤ:i¹ vɤ:i⁵ ŋɯ:i² ʔdɤn²
汉语直译：百 年 玩 和 人 蠢
汉语意译：同愚蠢人玩百年，

喃字原文：拯 㤿 没 㤿 蹲 㺲 坤。
国际音标：tsaŋ³ ʔbaŋ² mot⁸tsut⁷ ʔdɯŋ⁵ vɤ:i⁵ ŋɯ:i² khon¹
汉语直译：不 如 一 刻 站 和 人 聪明
汉语意译：不如一刻近精人。

（2）

喃字原文：貼 㺲 停 溜 固 贪，
国际音标：kuə³ ŋɯ:i² ʔdɯŋ²tsɤ⁵ kɔ⁵ tha:m¹
汉语直译：财物 人 别 有 贪
汉语意译：做人须要有骨气，

喃字原文：貼 些 些 㐌 些 𠃴 些 咹；
国际音标：kuə³ ta¹ ta¹ jɯ³ ta¹ la:m² ta¹ ʔan¹
汉语直译：财物 咱 咱 守 咱 做 咱 吃
汉语意译：不偷不抢要记住；

喃字原文： 罒 㤿　唉 於 贤，
国际音标： la² ŋɯ:i² ʔan¹ʔɤ³ hi:n²lan²
汉语直译： 是　人　为人　善良
汉语意译： 不贪不占人财物，

喃字原文： 修 仁 积 德　底 㨋 衕 斳。
国际音标： tu¹ nɤn¹ tit⁷ ʔdɯk⁷ ʔde³jan² ve²thau¹
汉语直译： 修 仁 积 德　　留　日 后
汉语意译： 仁义道德传千里。

（3）

喃字原文： 金　鑕　埃 乃　挽　鈎，
国际音标： kim¹ va:ŋ² ʔa:i¹ nɤ³ ʔu:n⁵ kɤu¹
汉语直译： 针　金　谁 忍心 弯　鱼钩
汉语意译： 金针谁忍拗鱼钩，

喃字原文： 㤿　顽　埃 乃 呐 厸　烧　碌 哗；
国际音标： ŋɯ:i² ŋwa:n¹ ʔa:i¹ nɤ³ nɔi⁵ ɳau¹ naŋ⁶ nɤ:i²
汉语直译： 人　聪明　谁 忍心 说 互相 重　话
汉语意译： 聪明人不须重言；

喃字原文： 麻 别 㪽 别 哗，
国际音标： khɔ⁵ ma² ʔbi:t⁷ lɛ³ ʔbi:t⁷ nɤ:i²
汉语直译： 困难 而 知 道理 知　话
汉语意译： 遇困难要懂礼貌，

喃字原文： 别　唉 别 於 欣 㤿 丽 丽。
国际音标： ʔbi:t⁷ ʔan¹ ʔbi:t⁷ ʔɤ³ hɤ:n¹ ŋɯ:i² jau²tha:ŋ¹
汉语直译： 知　吃 知　住　胜于　人　富有
汉语意译： 处世为人胜富裕。

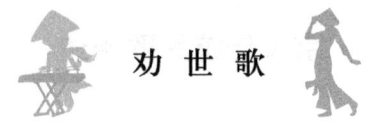

劝 世 歌

（4）

喃字原文： 銅 钱 才 仁 羲 舌，
国际音标： ʔdoŋ²ti:n² ta:i² n̠ɯn¹ ŋiə³ thi:t⁸
汉语直译： 铜钱 才 仁 义 失去
汉语意译：有钱人不失仁义，

喃字原文： 没 捻 欺 剆 憑 没 饟 欺 饿；
国际音标： mot⁸ nam⁵ khi¹ ʔdoi⁵ ʔbaŋ² mot⁸ ɣɔi⁵ khi¹ nɔ¹
汉语直译： 一 把 时 饿 如 一 包 时 饱
汉语意译：饿得助少胜饱多；

喃字原文： 銅 钱 空 粉 空 糊，
国际音标： ʔdoŋ²ti:n² khoŋ¹ fɤn⁵ khoŋ¹ ho²
汉语直译： 铜钱 无 香粉 无 浆糊
汉语意译：铜钱无香粉浆糊，

喃字原文： 牢 麻 嗗 黕 嗗 租 䋆 馷。
国际音标： tha:u¹ ma² khɛu⁵ ʔdi:m³ khɛu⁵ to¹ mat⁸ ŋɯ:i²
汉语直译： 怎么 而 巧 装点 巧 打扮 脸 人
汉语意译：可是巧饰好心人。
（男：张廷德，苏明利）

（5）

喃字原文： 揥 滝 揥 洍 揥 洲，
国际音标： ʔdɔ¹ thoŋ¹ ʔdɔ¹ lat⁸ ʔdɔ¹ ŋɔi²
汉语直译： 量 河 量 河沟 量 小溪
汉语意译：试测河沟深浅易，

喃字原文：埃	包	搋	特	悉	馱	固	仁；
国际音标：ʔa:i¹ ʔda³ ʔdɔ¹ ʔmɯ:k⁸ lɔŋ² ŋɯ:i² kɔ⁵ nɤn¹
汉语直译：谁	已	量	得	心	人	有	仁
汉语意译：试探人心仁义难；

喃字原文：躺	数	貝	別	脏	賎，
国际音标：nam² lɤu¹ mɤ:i⁵ ʔbi:t⁷ ʔdem¹ ja:i²
汉语直译：躺	久	才	知	夜	长
汉语意译：睡久才知夜子长，

喃字原文：於	数	貝	別	悉	馱	固	仁。
国际音标：ʔɤ³ lɤu¹ mɤ:i⁵ ʔbi:t⁷ lɔŋ² ŋɯ:i² kɔ⁵ nɤn¹
汉语直译：住	久	才	知	心	人	有	仁
汉语意译：住久方知仁义心。

（6）

喃字原文：傷	烧	渃	溺	拱	髓，
国际音标：thɯ:ŋ¹ ɲau¹ nɯ:k⁷ ʔduk⁸ kuŋ³ tɔŋ¹
汉语直译：相爱	水	浊	也	清
汉语意译：相爱水浊弄变清，

喃字原文：恬	烧	渃	沚	忡	悉	拱	淤；
国际音标：ɣɛt⁷ ɲau¹ nɯ:k⁷ tsai³ ɕɯɔ³ lɔŋ² kuŋ³ jɤ¹
汉语直译：厌恶	互相	水	流	中	心	也	脏
汉语意译：厌弃水流变浑浊；

喃字原文：姜	𦯕	姜	橹	姜	嗨，
国际音标：ɣɯŋ² ja² ɣɯŋ² rui⁶ ɣɯŋ² kai¹
汉语直译：姜	老	姜	枯	姜	辣
汉语意译：老姜越老姜越辣，

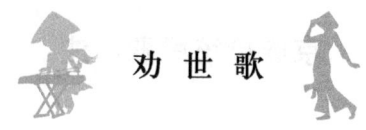

劝 世 歌

喃字原文：英雄 强 极 强 髞 義 仁。
国际音标：ʔan¹huŋ² kaːŋ² kɯk⁸ kaːŋ² jai² ŋiə³n̺ɤn¹
汉语直译：英雄 越 痛苦 越 厚 仁义
汉语意译：英雄人物厚仁义。

（7）

喃字原文：吀 停 贪 富 贠 贫，
国际音标：sin¹ ʔdɯŋ² thaːm¹ fu⁵ fu⁶ ʔbɤn²
汉语直译：情 别 贪 富 负 贫
汉语意译：请莫贪富嫌贫穷，

喃字原文：躺 麻 贪 色 義 仁 拼 群。
国际音标：min² ma² thaːm¹ thak⁷ ŋiə³n̺ɤn¹ tsaŋ³ kɔn²
汉语直译：自己 而 贪 色 仁义 不 存
汉语意译：贪色弃义忘祖宗。

（8）

喃字原文：埯 拼 贪 富 贠 贫，
国际音标：ʔɛm¹ tsaŋ³ thaːm¹ fu⁵ fu⁶ ʔbɤn²
汉语直译：妹 不 贪 富 负 贫
汉语意译：妹不贪富无嫌贫，

喃字原文：悉 埯 巾 啃 義 仁 没 咥。
国际音标：lɔŋ² ʔɛm¹ khan¹khan³ ŋiə³n̺ɤn¹ mot⁸ n̺ɤːi²
汉语直译：心 妹 坚定 仁义 一 言
汉语意译：心中仁义不食言。

（9）

喃字原文：貪　晻　撳　丐　縋，
国际音标：tsim¹ tha:m¹ ʔan¹ mak⁷ ka:i⁵tɔŋ²
汉语直译：鸟　贪　吃　中　圈套
汉语意译：鸟贪食易遭圈套，

喃字原文：䍀　貪　貼　撳　綻　艱　难。
国际音标：ŋɯ:i² tha:m¹ kuə³ mak⁷ vɔn² ja:n¹na:n¹
汉语直译：人　贪　财物　中　场　艰难
汉语意译：人贪财易受灾难。

（10）

喃字原文：兢　仁　兢　義　時　忴，
国际音标：ŋɛu² n̩ɯn¹ ŋɛu² ŋiə³ thi² lɔ¹
汉语直译：穷　仁　穷　义　则　忧
汉语意译：有仁义人莫忧穷，

喃字原文：兢　钱　兢　鉑　渚　朱　罘　兢。
国际音标：ŋɛu² ti:n² ŋɛu² ʔba:k⁸ tsa³ tsɔ¹ la² ŋɛu²
汉语直译：穷　钱　穷　银　不　给　是　穷
汉语意译：无钱贫穷不算穷。

（男：苏明利，阮进余，杜福朝）

（11）

喃字原文：㬌　䍀　些　挺　固　貪，
国际音标：jau² ŋɯ:i²ta¹ tsaŋ³ kɔ⁵ tha:m¹
汉语直译：富　人家　不　有　贪
汉语意译：别人富裕咱莫贪，

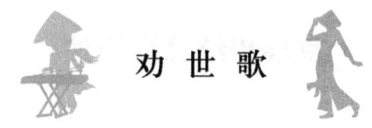

劝 世 歌

喃字原文：𩰬 時 些 料 些 ⼞ 些 呤；
国际音标：khɔ⁵ thi² ta¹ li:u⁶ ta¹ la:m² ta¹ ʔan¹
汉语直译：穷 则 咱 打算 咱 做 咱 吃
汉语意译：穷人打算计谋生；

喃字原文：𩵋 時 昜 於 昜 呤，
国际音标：ŋɛu² thi² je³ ʔɤ³ je³ ʔan¹
汉语直译：穷 则 易 住 易 吃
汉语意译：家穷容易寻做食，

喃字原文：𥈠 時 刿 掃 刿 垠 𩰬 刨。
国际音标：jau² thi² kɯə³ ŋa:ŋ⁵ kɯə³ ŋan¹ khɔ⁵ va:u²
汉语直译：富 则 门 拦 门 挡 难 进
汉语意译：富贵人家门难入。

（12）

喃字原文：𥖩 𩵋 時 拃 埃 瞠，
国际音标：luk⁷ ŋɛu² thi² tsaŋ³ ʔa:i¹ jɔm²
汉语直译：时 穷 则 没有 谁 望
汉语意译：家穷无人来看望，

喃字原文：⼞ 铖 官 奇 闷 萬 馱 要；
国际音标：la:m² nen¹ kwa:n¹ ka³ mu:n¹ va:n² ŋɯ:i² ʔi:u¹
汉语直译：做 成 官 大 万 万 人 爱
汉语意译：当了大官多人围；

喃字原文：𥖩 𩵋 時 拃 埃 𥆀，
国际音标：luk⁷ ŋɛu² thi² tsaŋ³ ʔa:i¹ ɲin²
汉语直译：时 穷 则 没有 人 看
汉语意译：家穷时无人来看，

喃字原文：跙 欺 杜 状 旭 英 俺。
国际音标：ʔden⁵ khi¹ ʔdo³ taːŋ⁶ tsin⁵ ŋin² ʔan¹ʔɛm¹
汉语直译：到 时 考中 状元 九 千 兄弟
汉语意译：状元及第兄弟多。

喃字原文：固 钱 慨 萬 駅 侯,
国际音标：kɔ⁵ tiːn² tsaːn⁵ vaːn⁶ ŋɯːi² hɤu²
汉语直译：有 钱 厌倦 万 人 侍候
汉语意译：有钱人侍候人多,

喃字原文：固 芘 固 油 慨 萬 駅 挑。
国际音标：kɔ⁵ ʔbɤk⁷ kɔ⁵ jɤu² tsaːn⁵ vaːn² ŋɯːi² kheu¹
汉语直译：有 灯芯 有 油 厌倦 万 人 挑
汉语意译：有面目人多唆使。

（13）

喃字原文：吥 駅 朱 别 便 颛,
国际音标：laːm² ŋɯːi² tsɔ¹ ʔbiːt⁷ tiːn⁶tan²
汉语直译：做 人 给 知 节俭
汉语意译：做人要识为节俭,

喃字原文：图 垵 式 黙 固 銀 時 催;
国际音标：ʔdo² ʔan¹ thuuk⁷ mak⁸ kɔ⁵ ŋɤn² thi² thoi¹
汉语直译：东西 吃 种类 穿 有 银子 则 罢了
汉语意译：吃穿有义懂做人;

喃字原文：仍 駅 剖 襫 落 菜,
国际音标：ɲɯŋ³ ŋɯːi² ʔdoi⁵ rat⁷ raːk⁸raːi²
汉语直译：些 人 饿 破 支离破碎
汉语意译：见饥饿人要可怜,

# 劝 世 歌

喃字原文：貀 夗 贴 丕 ᄁ 拁 械 唵。
国际音标：ʔbɤːi³ fu⁶ kuə³ jɤːi² laːm² tsaŋ³ nen¹ ʔan¹
汉语直译：因为 负物 天 做 不 成 吃
汉语意译：这都由天不由人。

（14）

喃字原文：坤 顽 担 官 买 别，
国际音标：khon¹ ŋwaːn¹ ʔden⁵ kuə³ kwaːn¹ mɤːi⁵ ʔbiːt⁷
汉语直译：聪明 到 门 官 才 知
汉语意译：进入官府知官人，

喃字原文：毷 固 担 㠸 迠 篰 买 台'。
国际音标：jau² kɔ⁵ ʔden⁵ ʔba¹mɯːi¹ tet⁷ mɤːi⁵ hai¹
汉语直译：富 有 到 三 十 大年 才 知
汉语意译：富贵除夕时方知。

（男：苏明利，阮进余）

（15）

喃字原文：畀 广 阔 如 詞，
国际音标：ʔbon⁵ ʔbe² kwaːŋ³ khwaːt⁷ nɯ¹ tɤ²
汉语直译：四 面 广阔 如 纸张
汉语意译：四面宽阔如平原，

喃字原文：浽 念 心 亊 悲 睮 挹 埃；
国际音标：noi³ niːm⁶ tɤm¹ thɯ⁶ ʔbɤːi¹ jɤ² kɤi⁶ ʔaːi¹
汉语直译：衷情 心事 如今 倚靠 谁
汉语意译：今有倚托表衷肠；

喃字原文： 檒䁔 埃 濖 補 埃，
国际音标： tam¹ nam¹ ʔa:i¹ tsɤ⁵ ʔbɔ³ ʔa:i¹
汉语直译： 百 年 谁 别 丢 谁
汉语意译： 百年都不离不弃，

喃字原文： 织 绣 铖 锦 铁 碮 铖 金。
国际音标： tsi³ tu⁵ nen¹ ɣɤm⁵ that⁷ ma:i² nen¹ kim¹
汉语直译： 线 绣 成 锦 铁 磨 成 针
汉语意译： 线织成锦铁磨针。

（16）

喃字原文： 由 麻 遙 劫 湄 单，
国际音标： ju² ma² jɔ⁵ kip⁷ mɯɤ¹ ʔdɤ:n¹
汉语直译： 无论 风 急 雨 单
汉语意译： 不管暴风骤雨来，

喃字原文： 固 低 麻 帝 愽 干 机 之；
国际音标： kɔ⁵ ʔdɤi¹ ma² ʔdɤi⁵ thɤ⁶ kɤ:n¹ kɤ¹ tsi¹
汉语直译： 有 这儿 而 那儿 怕 关系 什么
汉语意译： 你我相依心不慌；

喃字原文： 世 间 兜 固 愢 之，
国际音标： the⁵ ja:n¹ ʔdɤu¹ kɔ⁵ ja:i⁶ tsi¹
汉语直译： 世间 哪儿 有 愚蠢 什么
汉语意译： 世间哪有愚蠢人，

喃字原文： 曲 涄 喽 协 沛 随 曲 涄。
国际音标： khuk⁷ thoŋ¹ ʔɛu¹ hɛp⁸ fa:i³ ti² khuk⁷ thoŋ¹
汉语直译： 段 河 狭窄 要 随 段 河
汉语意译： 河曲狭窄随水流。

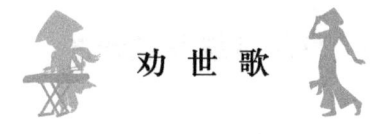

劝 世 歌

（17）

喃字原文：埃 喂 㵀 㗥 唭 烧，
国际音标：ʔa:i¹ ʔɤ:i¹ tsɤ⁵ voi⁶ kɯ:i² ȵau¹
汉语直译：谁 啊 别 急 嘲笑 互相
汉语意译：喂呀！莫要嘲笑人，

喃字原文：嗡 躺 朱 纪 𠫴 𥔆 咳 唭；
国际音标：ɣɤm⁵ min² tsɔ¹ ki³ tɯ:k⁷thau¹ hai³ kɯ:i²
汉语直译：寻思 自己 给 细致 前后 还 笑
汉语意译：自己寻思笑莫迟；

喃字原文：眿 数 买 别 胋 𣎀，
国际音标：thɯk⁷ lɤu¹ mɤ:i⁵ ʔbi:t⁷ ʔdem¹ ja:i²
汉语直译：睡 久 才 知 夜 长
汉语意译：睡久才知夜子长，

喃字原文：於 数 买 别 罙 馭 固 仁。
国际音标：ʔɤ³ lɤu¹ mɤ:i⁵ ʔbi:t⁷ la² ŋɯ:i² kɔ⁵ ȵɤn¹
汉语直译：住 久 才 知 是 人 有 仁义
汉语意译：住久方知人仁义。

（18）

喃字原文：花 荟 埃 㫠 補 淶，
国际音标：hwa¹ thɤ:m¹ ʔa:i¹ je³ ʔbɔ³ rɤ:i¹
汉语直译：花 香 谁 忍心 丢 掉
汉语意译：花香谁忍把花丢，

喃字原文：馭 坤 埃 荌 䃶 哑 贝 埃；
国际音标：ŋɯ:i² khon¹ ʔa:i¹ nɤ³ naŋ⁶ nɤ:i² vɤ:i⁵ ʔa:i¹
汉语直译：人 精 谁 忍心 言 重 和 水
汉语意译：精人谁忍多重言；

喃字原文： 强 橝 時 吏 强 派，
国际音标： ka:ŋ² tham⁵ thi² la:i⁶ ka:ŋ² fa:i¹
汉语直译： 越 深 色 则 又 越 褪色
汉语意译： 颜色越深容易褪，

喃字原文： 湯 倘 花 崖 麻 吏 薘 数。
国际音标： thɔŋ¹thɔŋ³ hwa¹ɲa:i² ma² la:i⁶ thɤ:m¹ lɤu¹
汉语直译： 淡淡 茉莉花 而 又 香 久
汉语意译： 茉莉花白长久香。

（男：阮进余，阮兴仪，苏明利，杜福朝）

（19）

喃字原文： 茹 些 於 坦 光 霊，
国际音标： ɲa² ta¹ ʔɤ³ ʔdɤt⁷ kwa:ŋ¹mɤi¹
汉语直译： 家 哥 在 土地 风景
汉语意译： 哥家住在风景处，

喃字原文： 缘 丕 绅 吏 细 低 迓 娘；
国际音标： ji:n¹ jɤ:i² sɛ¹ la:i⁶ tɤ:i⁵ ʔdɤi¹ ɣap⁸ na:ŋ²
汉语直译： 缘 天 牵 来 到 这儿 遇 妹
汉语意译： 天意作合此见妹；

喃字原文： 廊 些 於 坦 安 茛，
国际音标： la:ŋ² ta¹ ʔɤ³ ʔdɤt⁷ ʔa:n¹la:ŋ¹
汉语直译： 村 哥 在 土地 安茛
汉语意译： 哥家住在安茛村，

喃字原文： 缘 丕 绅 吏 貝 娘 没 堆。
国际音标： ji:n¹ jɤ:i² sɛ¹ la:i⁶ vɤ:i⁵ na:ŋ² mot⁸ ʔdoi¹
汉语直译： 缘 天 牵 来 和 妹 一 对
汉语意译： 天意系缘成双对。

劝 世 歌

喃字原文：悲晗 娘 固 准 寀，
国际音标：ʔbɤi¹jɤ² na:ŋ² kɔ⁵ tsoŋ⁵ roi²
汉语直译：如今 妹 有 地方 了
汉语意译：如今妹有相倚处，

喃字原文：英 尨 空 敢 打 堆 贝 娘；
国际音标：ʔan¹ nai¹ khoŋ¹ ja:m⁵ ʔdan⁵ʔdoi¹ vɤ:i⁵ na:ŋ²
汉语直译：哥 今 不 敢 滥交 和 妹
汉语意译：今哥不敢重言妹；

喃字原文：罪 耨 停 濬 浪 蕩，
国际音标：la² ja:i¹ ʔduɯŋ² tsɤ⁵ la:ŋ³ kwa:ŋ²
汉语直译：是 男人 别 浪荡
汉语意译：作为男儿莫浪荡，

喃字原文：妠 箕 時 沛 夻 涅 那。
国际音标：ɣa:i⁵ kiə¹ thi² fa:i³ juɯ³ja:ŋ² net⁷na¹
汉语直译：女子 那 则 要 守护 品德
汉语意译：妹也应守贞节情。

（20）

喃字原文：媿 衱 祯 照 拌 移，
国际音标：vɤ⁶tsoŋ² tsan¹ tsi:u⁵ tsaŋ³ jɤ:i²
汉语直译：夫妻 被子 席子 不 离
汉语意译：夫妻被席情不离，

喃字原文：仍 如 瓢 伴 拶 莄 贝 埃；
国际音标：ȵuɯŋ¹ ȵɯ¹ ʔbɤu² ʔba:n⁶ ʔdi¹ ʔdɤ:i² vɤ:i⁵ ʔa:i¹
汉语直译：但愿 如 朋友 走 人生 和 谁
汉语意译：但愿朋友勤往来；

1591

喃字原文：碎 尭 别 性 軌 碎，
国际音标：toi¹ nai¹ ʔbi:t⁷ tin⁵ tsoŋ² toi¹
汉语直译：我 今 知 性 夫 我
汉语意译：今妹懂得夫君性，

喃字原文：茶 籴 吏 蘱 蘱 催 吏 茶。
国际音标：tsɛ² roi² la:i⁶ thu:k⁷ thu:k⁷ thoi¹ la:i⁶ tsɛ²
汉语直译：茶 了 又 烟 烟 罢 又 茶
汉语意译：饮茶抽烟时不停。

（21）

喃字原文：鑛 時 此 焒 此 炭，
国际音标：va:ŋ² thi² thɯ³ lɯə³ thɯ³ tha:n¹
汉语直译：金 则 试 火 试 炭
汉语意译：真金莫怕烈火炼，

喃字原文：㛪 坤 此 媂 妸 顽 憛 軌；
国际音标：ja:i¹ khon¹ thɯ³ vɤ⁶ ya:i⁵ ŋwa:n¹ tsi:u² tsoŋ²
汉语直译：男儿 聪明 试 妻 女子 精明 顺从 夫
汉语意译：智夫试妻妻顺夫；

喃字原文：冖 㛪 决 志 桑 蓬，
国际音标：la:m² ja:i¹ kwi:t⁷tsi⁵ ta:ŋ²ʔboŋ²
汉语直译：做 男儿 决志 桑 蓬
汉语意译：有智男儿有志气，

喃字原文：牢 朱 燇 榅 英 雄 貝 甘。
国际音标：tha:u¹ tsɔ¹ tɔ³mat⁸ ʔan¹huŋ² mɤ:i⁵ ka:m¹
汉语直译：怎么给 诚实 英雄 才 甘心
汉语意译：诚实取信显英雄。

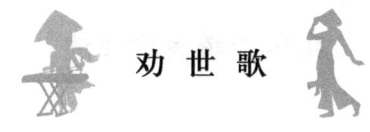

劝 世 歌

（22）

喃字原文：伩 棱 扨 果 栚 靘，
国际音标：vaːu² ruŋ² vat⁸ kwa³thim¹ san¹
汉语直译：进 林 摘 棯子 青
汉语意译：入山林摘嫩棯子，

喃字原文：咹 姢 補 姢 忕 英 於 茹；
国际音标：ʔan¹ nɯə³ ʔbɔ³ nɯə³ nɤ⁵ ʔan¹ ʔɤ³ ɲa²
汉语直译：吃 半 丢 半 想 哥 在 家
汉语意译：食半丢半想夫君；

喃字原文：埃 喂 傷 祂 朱 些，
国际音标：ʔaːi¹ ʔɤːi¹ thɯːŋ¹ lɤi⁵ tsɔ¹ ta¹
汉语直译：谁 啊 爱 要 给 咱
汉语意译：喂呀！相亲要相爱，

喃字原文：没 唸 待 伴 尯 陀 佘 冬。
国际音标：mot⁸ niːm² ʔdɤːi⁶ ʔbaːn⁶ nai¹ ʔda² mɤi⁵ ʔdoŋ¹
汉语直译：一 心情 等 朋友 今天 无实义 几 冬
汉语意译：心情想君尽数年。

（男：何宗发，阮兴仪；女：阮兴连，刘元英）

（23）

喃字原文：约 之 朱 特 斦 娘，
国际音标：ʔɯːk⁷ tsi¹ tsɔ¹ ʔdɯːk⁸ ɣɤ² naːŋ²
汉语直译：渴望 什么 给 得 近 妹
汉语意译：渴望常日得近妹，

1593

喃字原文：朱　柑　拰　橘　红　颜　待　徐；
国际音标：tsɔ¹ kaːm¹ jɯə⁶ kwit⁷ hoŋ² n̠aːn¹ ʔdɤːi⁶tsɤ²
汉语直译：让　柑　倚　橘　红颜　　等　待
汉语意译：柑橘相倚待红颜；

喃字原文：溇　憑　波　纙　憑　絲，
国际音标：thɤu¹ ʔbaŋ² ʔbe³ roi⁵ ʔbaŋ² tɤ¹
汉语直译：深　如　海　乱　如　丝
汉语意译：情深似海乱如麻，

喃字原文：赊　朣　晡　月　别　徐　箕　帊？
国际音标：sa¹ toŋ¹ ʔboŋ⁵ ŋwiːt⁸ ʔbiːt⁷ tsɤ² kɤ¹naːu²
汉语直译：远　望　影　月　知　等　何　时
汉语意译：远望月影等何时？

（24）

喃字原文：扒　喂　眛　盱　唉　扒！
国际音标：tsaːŋ² ʔɤːi¹ thɯk⁷ ŋu³ hɤːi³ tsaːŋ²
汉语直译：郎　啊　醒　睡　啊　郎
汉语意译：君呀！睡醒起身吧！

喃字原文：底　媕　媕　計　迸　情　朱　聑：
国际音标：ʔde³ ʔɛm¹ ʔɛm¹ ke³ mɯːi² tin² tsɔ¹ ŋɛ¹
汉语直译：让　妹　妹　述　十　情　给　听
汉语意译：听妹阐明十情歌：

喃字原文：没　情　照　解　幔　雯，
国际音标：mot⁸ tin² tsiːu⁵ raːi³ maːn² tsɛ¹
汉语直译：一　情　席子　铺　蚊帐　遮
汉语意译：一情铺席吊蚊帐，

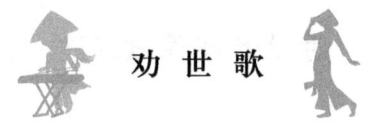

劝 世 歌

喃字原文：乚 情 徐 待 脏 号 拰 躺；
国际音标：ha:i¹ tin² tsɤ² ʔdɤ:i⁶ ʔdem¹ khwiə¹ tsaŋ³ nam²
汉语直译：二 情 等待 深夜 不 躺
汉语意译：二情妹等夜不眠；

喃字原文：𠀧 情 徐 待 脏 冬，
国际音标：ʔba¹ tin² tsɤ² ʔdɤ:i⁶ ʔdem¹ ʔdoŋ¹
汉语直译：三 情 等待 夜 冬
汉语意译：三情冬夜等时长，

喃字原文：䍏 情 姻 愿 绦 红 缚 朱。
国际音标：ʔbon⁵ tin² nɤn¹ ŋwi:n⁶ tɤ¹hoŋ² sɛ¹ tsɔ¹
汉语直译：四 情 姻缘 红绳 牵 给
汉语意译：四情姻缘系红绳。

喃字原文：䫻 情 没 㖊 乚 唬，
国际音标：nam¹ tin² mot⁸ hɛn⁶ ha:i¹ hɔ²
汉语直译：五 情 一 邀 二 约
汉语意译：五情相约达心愿，

喃字原文：𦫘 情 些 只 㖊 唬 貝 烧；
国际音标：thau⁵ tin² ta¹ tsi³ hɛn⁶hɔ² vɤ:i⁵ ɲau¹
汉语直译：六 情 咱 只 邀约 互相
汉语意译：六情约会得见面；

喃字原文：𦉱 情 𥊚 相 鸰 鹄，
国际音标：ʔbai³ tin² kɔn¹ mat⁷ ʔbo² kɤu¹
汉语直译：七 情 眼睛 鸽子
汉语意译：七情无眠眼睁睁，

1595

喃字原文： 叭情鉯鉑掃頭莪捓。
国际音标： taːm⁵ tin² ɲɤn³ ʔbaːk⁸ ʔdɤu¹ ʔdʐu² ŋɔn⁵tai¹
汉语直译： 八　情　戒指　银　　戴　头　手指
汉语意译： 八情手指戴金戒。

喃字原文： 氿情唉呐傷　紙，
国际音标： tsin⁵ tin² ʔan¹nɔi⁵ thɯːŋ¹ thai¹
汉语直译： 九　情　言谈　可爱　啊
汉语意译： 九情私语真可爱，

喃字原文： 迯情固待時低俺徐。
国际音标： mɯːi² tin² kɔ⁵ ʔdɤːi⁶ thi² ʔdʐi¹ ʔɛm¹ tsɤ²
汉语直译： 十　情　有　待　则　这儿　妹　等
汉语意译： 十情君等妹相会。

（25）

喃字原文： 頭醉唉菓春牟，
国际音标： ʔdʐu² nam¹ ʔan¹ kwa³ sɤn¹mau²
汉语直译： 年初　　吃　果　青春
汉语意译： 年初共吃青春果，

喃字原文： 脍醉唉欔朱铖鞝撑；
国际音标： kuːi⁵nam¹ ʔan¹ ʔbɯːi³ tsɔ¹ nen¹ ʔdɛu² ʔbɔŋ²
汉语直译： 年终　　吃　柚子　使　成　羁绊
汉语意译： 年终共吃柚子甜；

喃字原文： 衞柑朱橘鞝樘，
国际音标： ve² kaːm¹ tsɔ¹ kwit⁷ ʔdɛu² ʔbɔŋ²
汉语直译： 为　柑子　让　橘子　　羁绊
汉语意译： 因柑致使橘子缠，

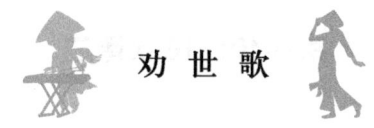

劝 世 歌

喃字原文： 術 俺 颜 色 朱 悉 忄傷。
国际音标： ve² ʔɛm¹ ɲa:n¹ thak⁷ tsɔ¹ lɔŋ² nɤ⁵ thɯ:ŋ¹
汉语直译： 为 妹 红颜 让 心 思念
汉语意译： 因妹红颜哥迷恋。

（26）

喃字原文： 跐 蹟 齪 塊 厗 庭，
国际音标： ʔbɯ:k⁷tsɤn¹ ra¹ khɔi³ ma:i⁵ ʔdin²
汉语直译： 移步 出 离开 屋檐 哈亭
汉语意译： 移步离开哈亭门，

喃字原文： 跐 蹟 拃 及 忄 躺 躺 喂；
国际音标： ʔbɯ:k⁷tsɤn¹ tsaŋ³ kip⁸ nɤ⁵ min² min² ʔɤ:i¹
汉语直译： 移步 不 及 想 妹 妹 啊
汉语意译： 不想移步停想妹；

喃字原文： 忄 躺 夥 夥 躺 喂，
国际音标： nɤ⁵ min² lam⁵ lam⁵ min² ʔɤ:i¹
汉语直译： 想 妹 非常 非常 妹 啊
汉语意译： 见妹真是甚思念，

喃字原文： 飺 咹 忄 狚 吏 移 筀 齪。
国际音标： ʔbɯə³ʔan¹ nɤ⁵ ʔden⁵ la:i⁶ jɤ:i² ʔdɯə³ ra¹
汉语直译： 吃饭 想 到 又 移 筷子 出
汉语意译： 吃饭拿筷又放落。

（男：阮继初，刘振先；女：刘元英）

1597

（27）

喃字原文：朎挹朎创朎崘,
国际音标：jaŋ¹ kɤi⁶ jaŋ¹ tha:ŋ⁵ jaŋ¹ tɔn²
汉语直译：月 倚 月 亮 月 圆
汉语意译：月亮仗势月亮圆,

喃字原文：朎包饶创拱𥹰戈霾;
国际音标：jaŋ¹ ʔba:u¹ ɲi:u¹ tha:ŋ⁵ kuŋ³ lu:n² kwa¹ mɤi¹
汉语直译：月 多少 亮 也 穿 过 云
汉语意译：月亮再亮也穿云;

喃字原文：娘挹娘贵夥䏦,
国际音标：na:ŋ² kɤi⁶ na:ŋ² kwi⁵ lam⁵ thai¹
汉语直译：妹 倚靠 妹 贵 非常 啊
汉语意译：妹仗势家庭富贵,

喃字原文：丐襖躺默拱拁蚕⼧。
国际音标：ka:i⁵ ʔa:u⁵ min² mak⁸ kuŋ³ tai¹ ta:u¹ la:m²
汉语直译：衣服 妹 穿 也 手 我 做
汉语意译：但穿衣服是哥针。

喃字原文：娘挹娘贵娘權,
国际音标：na:ŋ² kɤi⁶ na:ŋ² kwi⁵ na:ŋ² kwi:n²
汉语直译：妹 倚靠 妹 贵 妹 权
汉语意译：妹倚势家是贵权,

喃字原文：丐襖娘默拱銭些謨。
国际音标：ka:i⁵ ʔa:u⁵ na:ŋ² mak⁸ kuŋ³ ti:n² ta¹ muə¹
汉语直译：衣服 妹 穿 也 钱 哥 买
汉语意译：妹穿衣服哥出钱。

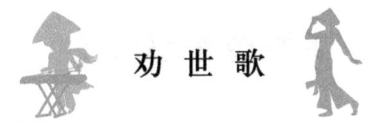

劝 世 歌

（28）

喃字原文：埃 乛 朱 𦙫 空 纼，
国际音标：ʔaːi¹ laːm²tsɔ¹ mɯːp⁷ khoŋ¹ jɤi¹
汉语直译：谁　使　丝瓜　无　藤
汉语意译：谁人致使瓜无藤，

喃字原文：如 耦 空 婼 抶 𢹥 媄 吒；
国际音标：n̠ɯ¹ jaːi¹ khoŋ¹ vɤ⁶ kwɤi⁵rɤi² mɛ⁵tsa¹
汉语直译：如 男子 无 妻 烦扰 父母
汉语意译：男子无妻父母烦；

喃字原文：媄 英 如 媄 㚤 些，
国际音标：mɛ⁶ ʔan¹ n̠ɯ¹ mɛ⁶ ŋɯːi²ta¹
汉语直译：母 哥 如 母 人家
汉语意译：如果哥母同人家，

喃字原文：時 英 固 婼 融 茹 㐱 数。
国际音标：thi² ʔan¹ kɔ⁵ vɤ⁶ tɔŋ¹ na² ʔda³ lɤu¹
汉语直译：则 哥 有 妻 里 家 已 久
汉语意译：哥早有妻子回家。

喃字原文：媄 英 恶 孽 饥 求，
国际音标：mɛ⁶ ʔan¹ ʔaːk⁷ŋiːt⁸ kɤ¹kɤu²
汉语直译：母 哥 凶狠 不同人
汉语意译：你母凶狠不同人，

喃字原文：朱 𬻗 𦉼 罢 娘 妯 沛 離。
国际音标：tsɔ¹ nen¹ nam¹ ʔbai³ naːŋ²jɤu¹ faːi³ liə²
汉语直译：给 成 五 七 媳妇 要 离开
汉语意译：媳妇几人先后离。

1599

（29）

喃字原文：觉 蘽 啃 媔 奻 哐，
国际音标：tsoŋ² tɔ¹ ti:ŋ⁵ vɤ⁶ ʔbɤ:t⁷ nɤ:i²
汉语直译：夫　大声　妻　减　话
汉语意译：老公大声妻轻语，

喃字原文：粓 㷍 奻 焀 佘 栈 哪 㷍；
国际音标：kɤ:m¹ khe¹ ʔbɤ:t⁷ luɯə³ mɤi⁵ ʔdɤ:i² na:u² khe¹
汉语直译：饭　糊　减　火　几　代　哪　糊
汉语意译：煮饭减火饭不糊；

喃字原文：媔 觉 罡 義 相 知，
国际音标：vɤ⁶tsoŋ² la² ŋiə³ tɯ:ŋ¹ti¹
汉语直译：夫妻　是　义　相　知
汉语意译：夫妻情义相知音，

喃字原文：牢 朱 𥘀 𠲖 乂 𢬣 貝 铖。
国际音标：tha:u¹ tsɔ¹ thau¹tɯ:k⁷ mot⁸ʔbe² mɤ:i⁵ nen¹
汉语直译：为何　给　始终　　一味地　才　成
汉语意译：始终如此情永牢。

（30）

喃字原文：核 高 暃 㴜 空 𡎥，
国际音标：kɤi¹ ka:u¹ ʔboŋ⁵ ma:t⁷ khoŋ¹ ŋoi²
汉语直译：树　高　影　凉　不　坐
汉语意译：高树荫凉你莫坐，

喃字原文：𠚢 𡎥 坫 曝 嘖 丕 空　湄；
国际音标：ra¹ ŋoi² tsɔ³ naŋ⁵ tat⁷ jɤ:i² khoŋ¹ mɯə¹
汉语直译：出　坐　处　烈日　责怪　天　不　下雨
汉语意译：烈日下坐怪无雨；

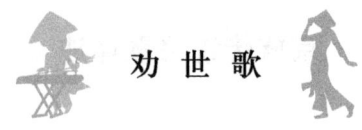

劝 世 歌

喃字原文： 渚 ꜚ 朱 帘 离 低,
国际音标： tsɤ⁵ laːm² tsɔ¹ ʔdɤi⁵ liə² ʔdɤi¹
汉语直译： 别 做 让 那儿 离 这儿
汉语意译： 哥妹莫让相离别,

喃字原文： 朱 鸹 离 祖 朱 霊 离 歪。
国际音标： tsɔ¹ tsim¹ liə² to³ tsɔ¹ mɤi¹ liə² jɤːi²
汉语直译： 让 鸟 离 巢 让 云 离 天
汉语意译： 致鸟离巢云离天。

（男：苏维绍，阮兴仪；女：杜福英）

（31）

喃字原文： 踔 蕹 丐 岗 白 龍,
国际音标： tɛu² len¹ kaːi⁵nui⁵ ʔbat⁸lɔŋ¹
汉语直译： 爬 上 山　　白 龙
汉语意译： 爬上白龙尾山顶,

喃字原文： 朢 衜 廊 厼 融 悉 悴 悷;
国际音标： toŋ¹ ve² laːŋ² mɤi⁵ tɔŋ¹ lɔŋ² sot⁷sa¹
汉语直译： 望 回 村 几 中 心 悲 痛
汉语意译： 望回村里心辛酸;

喃字原文： 踔 蕹 丐 岗 籵 茹,
国际音标： tɛu² len¹ kaːi⁵nui⁵ thau¹ n̪a²
汉语直译： 爬 上 山 后 屋
汉语意译： 爬上屋后高树上,

喃字原文： 啰 九 胹 毯 各 婆 担 制。
国际音标： mɔŋ² tsin⁵ thaːŋ⁵thau⁵ kaːk⁷ ʔba² ʔden⁵ tsɤːi¹
汉语直译： 　初九 六月 各 老妇人 到 玩
汉语意译： 六月初九回见面。

(32)

喃字原文： 俺 謨 艾 𠬠 穕 尼，
国际音标： ʔɛm¹ muə¹ mot⁸ na:i³ tsu:i⁵ nai²
汉语直译： 妹 买 一 梳 芭蕉 这
汉语意译： 妹买来一梳香蕉，

喃字原文： 朱 扒 跭 𦋦 艚 尼 扒 侒；
国际音标： tsɔ¹ tsa:ŋ² ʔbɯ:k⁷ su:ŋ⁵ tau² nai² tsa:ŋ² ʔan¹
汉语直译： 给 郎 迈 下 船 这 郎 吃
汉语意译： 君带落船饿得食；

喃字原文： 茹 𢂎 扔 特 扔 侒，
国际音标： ɲa²vuə¹ tham⁵ ʔdɯ:k⁸ tham⁵ ʔan¹
汉语直译： 皇帝 备 得 备 吃
汉语意译： 皇帝为君赐食穿，

喃字原文： 茹 𢂎 矯 姅 朱 英 𦋦 艚。
国际音标： ɲa²vuə¹ ki:u⁶ nɯə³ tsɔ¹ ʔan¹ su:ŋ⁵ tau²
汉语直译： 皇帝 轿 再 给 哥 下 船
汉语意译： 皇帝颁给有轿船。

喃字原文： 當 据 𡀔 噂 共 㐌，
国际音标： ʔda:ŋ¹ kɯ⁵ tɔ²tsi:n⁶ kuŋ²ɲau¹
汉语直译： 正在 一直 倾谈 一同
汉语意译： 正在同君谈热恋，

喃字原文： 练 鎊 打 𦋦 時 毬 麻 術。
国际音标： jɤi¹ thɛp⁷ ʔdan⁵ su:ŋ⁵ thi² mau¹ ma² ve²
汉语直译： 线 钢 打 下 则 快 而 回
汉语意译： 皇帝下令快回朝。

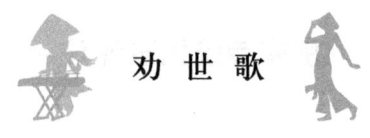

劝 世 歌

（33）

喃字原文：ᵚ 馱 沛 别 剛 常，
国际音标：la:m² ŋɯ:i² fa:i³ ʔbi:t⁷ kɯ:ŋ¹thɯ:ŋ²
汉语直译：做　人　要　知　纲　常
汉语意译：做人要识得纲常，

喃字原文：貼 融 伍 等 軍 王 於 頭；
国际音标：sɛm¹ toŋ¹ ŋu³ ʔdaŋ³ kwɤn¹vɯ:ŋ¹ ʔɤ³ ʔdɤu²
汉语直译：看　中　五　等　军　王　在　头
汉语意译：军王五等要看齐；

喃字原文：蜍 吒 敬 媄 翻 斲，
国际音标：thɤ² tsa¹ kin⁵ mɛ⁶ tɯ:k⁷thau¹
汉语直译：供　父　敬　母　始　终
汉语意译：孝敬父母尽始终，

喃字原文：英 俺 和 順 買 侯 ᵚ 馘。
国际音标：ʔan¹ʔɛm¹ hwa²thɤn⁶ mɤ:i⁵ hɤu² la:m² nen¹
汉语直译：兄　弟　和　顺　才　守候　做　成
汉语意译：兄弟和顺相关照。

喃字原文：婄 馱 道 義 朱 纤，
国际音标：vɤ⁶tsoŋ² ʔda:u⁶ŋiə³ tsɔ¹ ʔben²
汉语直译：夫　妻　道义　给　牢固
汉语意译：夫妻道义情要牢，

喃字原文：伴 排 朱 实 鄱 遚 蹄 常。
国际音标：ʔba:n⁶ʔbɛ² tsɔ¹ thɤt⁸ jɯ:i⁵ ten¹ ʔdɯŋ⁵ thɯ:ŋ²
汉语直译：朋　友　给　诚实　下　上　站　常
汉语意译：朋友诚实照如常。

（34）

喃字原文：固 赭 麻 捱 固 菳，
国际音标：kɔ⁵ ʔcɔ³ ma² tsaŋ³ kɔ⁵ thɤ:m¹
汉语直译：有 红 而 不 有 香
汉语意译：红花鲜艳花无香，

喃字原文：如 花 淫 琣 铖 柑 糙 之；
国际音标：ȵɯ¹ hwa¹ jɤm² ʔbui⁶ nen¹ kɤ:m¹ tsa:u⁵ tsi¹
汉语直译：如 花 沾 尘土 成 饭 粥 什么
汉语意译：惹花沾尘莫相样；

喃字原文：傷 埃 傷 奇 塘 迻，
国际音标：thɯ:ŋ¹ ʔa:i¹ thɯ:ŋ¹ ka³ ʔdɯ:ŋ² ʔdi¹
汉语直译：爱 谁 爱 全 路 去
汉语意译：相爱来往常思念，

喃字原文：恬 埃 恬 奇 宗 司 户 行。
国际音标：ɣɛt⁷ ʔa:i¹ ɣɛt⁷ ka³ toŋ¹ tsi¹ hɔ⁶ ha:ŋ²
汉语直译：厌恶 谁 厌恶 全 宗支 家族
汉语意译：厌弃亲戚都忘样。

（男：杜玉光，苏维绍；女：刘元英，阮春英）

（35）

喃字原文：尼 哩 家 訓 吪 琨，
国际音标：nai² ɲɤ:i² ja¹ hwɤn⁵ jai⁶ kɔn¹
汉语直译：这 话 家训 教 孩子
汉语意译：这是家训教子言，

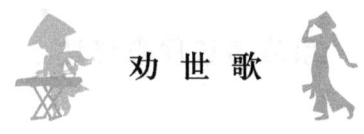

劝 世 歌

喃字原文： 欺 智 㛮 豻 琨 群 别 之；
国际音标： khi¹ɬɯə¹ ʔbɛ⁵ɲɔ³ kɔn¹ kɔn² ʔbi:t⁷ tsi¹
汉语直译： 从前 幼小 孩子 还 知道 什么
汉语意译： 儿女小时不懂事；

喃字原文： 悲 悇 妰 㐌 跙 時,
国际音标： ʔbɤi¹jɤ² ɣa:i⁵ ʔda³ ʔden⁵ thɤ:i²
汉语直译： 如今 姑娘 已 到 时
汉语意译： 如今长大到及龄，

喃字原文： 仍 尼 花 月 瀄 係 往 來。
国际音标： ȵɯŋ³ nɤ:i¹ hwa¹ŋwi:t⁸ tsɤ⁵he² va:ŋ³la:i¹
汉语直译： 些 地方 花月 别 往来
汉语意译： 风花雪月未往来。

喃字原文： 黜 塘 返 衬 琨 耨,
国际音标： ra¹ ʔdɯ:ŋ² ɣap⁸lɤi⁵ kɔn¹ja:i¹
汉语直译： 出 路 遇见 男 子
汉语意译： 出门遇见男汉子，

喃字原文： 仺 挮 抾 襖 瀄 係 憘 馨；
国际音标： ha:i¹ tai¹ khɛp⁷ ʔa:u⁵ tsɤ⁵he² hɤ³ha:ŋ¹
汉语直译： 两 手 扣 衣 别 袒胸露怀
汉语意译： 衣服紧扣要关紧；

喃字原文： 弹 翁 性 氣 浪 蕩,
国际音标： ʔda:n²ʔoŋ¹ tin⁵khi⁵ lɔŋ¹tɔŋ²
汉语直译： 男人 性情 放荡
汉语意译： 男人放荡其性行，

喃字原文：弹 娿 琨 妈 符 扛 涅 那。
国际音标：ʔdaːn² ʔbaː² kɔn¹ ɣaːi⁵ jɯ³ jaːŋ² net⁷ na¹
汉语直译：女人　　姑娘　　守住　品德
汉语意译：女子守住自贞节。

喃字原文：防 欺 伮 補 秭 戈，
国际音标：fɔŋ² khi¹ nɔ⁵ ʔɓo³ tai¹ kwa¹
汉语直译：防止 时 他 丢 手 过
汉语意译：防止其人伸手入，

喃字原文：咛 迻 時 愢 呐 黜 秩 哑。
国际音标：nin⁵ ʔdi¹ thi² jaːi⁶ nɔi⁵ ra¹ mɤt⁷ ɲɤːi²
汉语直译：忍住 去 则 傻 说 出　失言
汉语意译：忍住说傻讲失言。

（36）

喃字原文：義 俺 英 怓 台 悁，
国际音标：ŋiə³ ʔɛm¹ ʔan¹ nɤ⁵ hai¹ kwen¹
汉语直译：义　妹　哥　想　或　忘
汉语意译：妹的情义否忘记，

喃字原文：義 英 俺 怓 千 年 茋 茋；
国际音标：ŋiə³ ʔan¹ ʔɛm¹ nɤ⁵ thiːn¹ niːn¹ ʔdɤːi² ʔdɤːi²
汉语直译：义 哥 妹 想 千 年　代 代
汉语意译：哥情义妹记千年；

喃字原文：義 英 俺 底 融 餩，
国际音标：ŋiə³ ʔan¹ ʔɛm¹ ʔde³ toŋ¹ kɤːi¹
汉语直译：义 哥 妹 留 中 槟榔盒
汉语意译：情义妹放在心里，

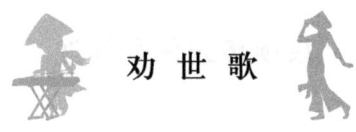

劝 世 歌

喃字原文：厢 鐄 扰 吏 底 尼 㧻 躺。
国际音标：nap⁷ va:ŋ² ʔdɤi⁶ la:i⁶ ʔde³ nɤ:i¹ jɯ:ŋ² nam²
汉语直译：盖子 金 盖 来 留 地方 床 躺
汉语意译：金盖掩住留等君。

喃字原文：没 胋 罗 䫂 辫 䁖，
国际音标：mot⁸ ʔdem¹ la² nam¹ ʔbɤn⁶ tham¹
汉语直译：一 夜 是 五 次 探询
汉语意译：一夜五次想探询，

喃字原文：厢 鐄 時 览 坥 躺 時 空。
国际音标：nap⁷ va:ŋ² thi² thɤi⁵ tso³ nam² thi² khoŋ¹
汉语直译：盖子 金 则 见 处 躺 则 不
汉语意译：金盖保住躺无眠。

（37）

喃字原文：没 核 冖 拰 铖 嫩，
国际音标：mot⁸ kɤi¹ la:m² tsaŋ³ nen¹ nɔn¹
汉语直译：一 树 做 不 成 山
汉语意译：独树难以成山林，

喃字原文：吧 核 拴 吏 铖 磆 岗 高；
国际音标：ʔba¹ kɤi¹ tum⁶ la:i⁶ nen¹ hɔn² nui⁵ ka:u¹
汉语直译：三 树 合 拢 来 成 座 山 高
汉语意译：三树合拢变高林；

喃字原文：花 菶 於 准 岗 高，
国际音标：hwa¹ thɤ:m¹ ʔɤ³ tson⁵ nui⁵ ka:u¹
汉语直译：花 香 在 地方 山 高
汉语意译：香花常开高山上，

1607

喃字原文： 遛 南 嗯 竏 向 帀 拱 蒼。
国际音标： jɔ⁵na:m¹ thoi³ su:ŋ⁵ hɯ:ŋ⁵ na:u² kuŋ³ thɤ:m¹
汉语直译： 南风 吹 下 方向 哪 也 香
汉语意译： 南风拂来四处香。

（38）

喃字原文： 要 埃 時 呐 过 悇，
国际音标： ʔi:u¹ ʔa:i¹ thi² nɔi⁵ kwa⁵ ʔɯ¹
汉语直译： 爱 谁 则 说 过 喜爱
汉语意译： 有爱就说心相爱，

喃字原文： 恬 烧 呐 少 呐 剩 如 空；
国际音标： ɣɛt⁷ ɲau¹ nɔi⁵ thi:u⁵ nɔi⁵ thɯɛm² ɲɯ¹ khoŋ¹
汉语直译： 厌恨 互相 说 少 说 剩 如 空
汉语意译： 厌弃少话没说谎；

喃字原文： 要 烧 萬 亊 拼 怩，
国际音标： ʔi:u¹ɲau¹ va:n⁶ thɯ⁶ tsaŋ³ ne²
汉语直译： 相爱 万 事 不 怕
汉语意译： 相爱万事可抵挡，

喃字原文： 没 㘭 坬 歴 拱 棋 朱 烧。
国际音标： mot⁸ tam¹ tsɔ³ lɤt⁸ kuŋ³ ke² tsɔ¹ ɲau¹
汉语直译： 一 百 处 斜 也 垫
汉语意译： 百处倾斜垫平衡。

喃字原文： 要 烧 每 亊 拼 怩，
国际音标： ʔi:u¹ɲau¹ mɔi⁶ thɯ⁶ tsaŋ³ ne²
汉语直译： 相爱 所有 事 不 怕
汉语意译： 相爱无所畏惧，

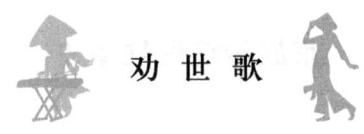

劝 世 歌

喃字原文： 呦 纍 坬 歷 拱 計 朱 平。
国际音标： ju² tam¹ tso³ lɤt⁸ kuŋ³ ke² tso¹ ʔbaŋ²
汉语直译： 无论 百 处 斜 也 垫 给 平
汉语意译： 遍地斜坡也变平地。

喃字原文： 曩 湄 時 卒 盰 壖，
国际音标： naŋ⁵ mɯə¹ thi² tot⁷ luk⁷ vɯːn²
汉语直译： 晴 雨 则 好 使 园
汉语意译： 晴雨天气好耕田，

喃字原文： 舡 移 舡 吏 睉 烧 移；
国际音标： naŋ¹ ʔdi¹ naŋ¹ laːi⁶ kɔi¹thɯːŋ² ʔɲau¹ ʔdi¹
汉语直译： 常 去 常 来 轻视 互相 去
汉语意译： 常不往来人会忘；

喃字原文： 傷 時 蒟 荕 拱 艆，
国际音标： thɯːŋ¹ thi² ku³ʔɣu⁵ kuŋ³ tɔn²
汉语直译： 爱 则 菱角 也 圆
汉语意译： 相爱菱角变成圆，

喃字原文： 空 傷 時 菓 蒲 碾 拱 旎。
国际音标： khoŋ¹ thɯːŋ¹ thi² kwaː³ ʔboː² hɔn² kuŋ³ vuːŋ¹
汉语直译： 不 爱 则 无 患子 也 方形
汉语意译： 不爱患子变方形。

（男：阮进余，杜福朝，苏维绍；女：武德英）

(39)

喃字原文： 叨 耨 决 志 修 仁，
国际音标： laːm² jaːi¹ kwiːt⁷tsi⁵ tu¹ ɲɤn¹
汉语直译： 做 男人 决志 修 仁
汉语意译： 男汉儿永远牢记，

1609

喃字原文：功 名 濖 韜 嬍 灘 濖 忙；
国际音标：koŋ¹ jan¹ tsɤ⁵ voi⁶ nɤ⁶nɤn² tsɤ⁵ lɔ¹
汉语直译： 功名 别 急 债务 别 忧
汉语意译：自强不息立心头；

喃字原文：欺 莲 丕 勮 功 朱，
国际音标：khi¹ len¹ jɤːi² jup⁷ koŋ¹ tsɔ¹
汉语直译： 时 上 天 助 功 给
汉语意译：待人接物要客气，

喃字原文：冖 耨 醀 料 罿 忙 贾 豪。
国际音标：laːm² jaːi¹ nam¹ liːu⁶ ʔbai³ lɔ¹ mɤːi⁵ haːu²
汉语直译： 做 男人 五 料 七 忧 才 豪迈
汉语意译：诚实取信成英豪。

喃字原文：丕 生 丕 拼 负 帀，
国际音标：jɤːi² thin¹ jɤːi² tsaŋ³ fu⁶ naːu²
汉语直译： 天 生 天 不 负 哪
汉语意译：父母育儿莫负心，

喃字原文：风 韵 迖 會 英 豪 黜 狇；
国际音标：fɤŋ¹ vɤn⁶ ɣap⁸ hoi⁵ ʔan¹ haːu² ra¹ tai¹
汉语直译： 风云 际会 英豪 出手
汉语意译：逢运际会题榜金；

喃字原文：智 坤 撘 底 胣 尼，
国际音标：ti⁵ khon¹ thap⁷ ʔde³ ja⁶ nai²
汉语直译： 智慧 将 留 心 这
汉语意译：有志之人应深记，

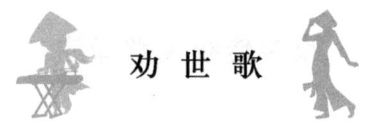

劝 世 歌

喃字原文： 固 功 碑 鈦 固 㖿 铖 金。
国际音标： kɔ⁵ koŋ¹ maːi² thatʔ⁷ kɔ⁵ ŋai² nen¹ kim¹
汉语直译： 有功 磨 铁 有 天 成 针
汉语意译： 功成铁棒磨成针。

（40）

喃字原文： 冖 馱 麻 拄 别 推，
国际音标： laːm² ŋɯːi² ma² tsaŋ³ ʔbiːt⁷ thi¹
汉语直译： 做 人 而 不 知 考虑
汉语意译： 做人不会思考事，

喃字原文： 跙 欺 拟 吏 群 之 罪 身；
国际音标： ʔden⁵ khi¹ ŋi³ laːi⁶ kɔn² tsi¹ la² thɤn¹
汉语直译： 到 时 想 再 还 什么 是 身
汉语意译： 到时再想事无成；

喃字原文： 嫩 高 拱 固 塘 蹦，
国际音标： nɔn¹ kaːu¹ kuŋ³ kɔ⁵ ʔdɯːŋ² tɛu²
汉语直译： 山 高 也 有 路 爬
汉语意译： 高山亦有路攀登，

喃字原文： 塘 酉 险 饶 拱 固 磊 㖿。
国际音标： ʔdɯːŋ² jɤu⁶ hiːm³ ŋɛu² kuŋ³ kɔ⁵ loi⁵ ʔdi¹
汉语直译： 路 尽管 危险 也 有 路 去
汉语意译： 篱墙危险亦路行。

（41）

喃字原文： 啧 馱 没 啧 些 迠，
国际音标： tat⁷ ŋɯːi² mot⁸ tat⁷ ta¹ mɯːi²
汉语直译： 责怪 人 一 责怪 咱 十
汉语意译： 责怪人少自责多，

1611

喃字原文：䣩 些 浩 黼 朱 駄 币 厮；
国际音标：ʔbɤ:i³ ta¹ ʔba:k⁸ tɯ:k⁷ tsɔ¹ ŋɯ:i² te⁶ thau¹
汉语直译：因为 咱 薄情 先 给 人 不好 后
汉语意译：先自薄情人跟后；

喃字原文：且 浪 桉 鉢 粘 蒌，
国际音标：tha²raŋ² ʔan¹ ʔba:t⁷ kɤ:m¹ rau¹
汉语直译：宁愿 吃 碗 饭 菜
汉语意译：宁愿自吃碗饭菜，

喃字原文：群 欣 魪 甜 呐 烧 碟 咥。
国际音标：kɔn² hɤ:n¹ ka⁵ thit⁸ nɔi⁵ ɳau¹ naŋ⁶ nɤ:i²
汉语直译：还 胜于 鱼 肉 说 互相 重 言
汉语意译：胜过鱼肉讲重言。

（42）

喃字原文：啘 夥 時 偈 皿 喑，
国际音标：ʔan¹ lam⁵ thi² het⁷ mi:ŋ⁶ ŋɔn¹
汉语直译：吃 多 则 完 嘴 味美
汉语意译：吃多失味好东西，

喃字原文：呐 夥 時 偈 唔 坤 化 癖；
国际音标：nɔi⁵ lam⁵ thi² het⁷ nu:t⁷ khon¹ hwa⁵ ʔdɤn²
汉语直译：说 多 则 完 吞 精 变 蠢
汉语意译：精人多话变愚蠢；

喃字原文：埃 喂 翗 磋 黁 釺，
国际音标：ʔa:i¹ ʔɤ:i¹ hɯ:ŋ¹ vɤ³ khɔ⁵ ha:n²
汉语直译：谁 啊 镜子 破 难 修补
汉语意译：喂呀！破镜又重圆，

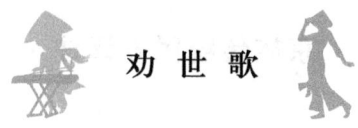

劝 世 歌

喃字原文： 织 撮 黵 绥 馱 顽 黵 寻。
国际音标： tsi³ ʔdɯt⁷ khɔ⁵ noi⁵ ŋɯːi² ŋwaːn¹ khɔ⁵ tim²
汉语直译： 线 断 难 接 人 聪明 难 找
汉语意译： 线断难接好难寻。

（男：吴文德，苏维绍；女：刘尚明）

（43）

喃字原文： 於 牢 朱 岥 悉 馱，
国际音标： ʔɤ³ thaːu¹ tsɔ¹ vɯə²lɔŋ² ŋɯːi²
汉语直译： 长 怎么 给 合意 人
汉语意译： 怎样做人合人意，

喃字原文： 於 巁 馱 唭 於 协 馱 吱；
国际音标： ʔɤ³ roŋ⁶ ŋɯːi² kɯːi² ʔɤ³ hɛp⁸ ŋɯːi² tse¹
汉语直译： 长 胖 人 笑 长 瘦 人 嫌
汉语意译： 住宽人笑窄人嫌；

喃字原文： 於 牢 朱 合 罜 皮，
国际音标： ʔɤ³ thaːu¹ tsɔ¹ hɤːp⁸ ʔbon⁵ ʔbe²
汉语直译： 长 怎么 给 合 四 方面
汉语意译： 怎样为人得人爱，

喃字原文： 高 時 吱 恁 湿 吱 浪 伦。
国际音标： kaːu¹ thi² tse¹ naŋ³ thɤp⁷ tse¹ raŋ² lun²
汉语直译： 高 则 嫌 瘦 长 矮 嫌 道 矮
汉语意译： 长高嫌瘦矮嫌矮。

喃字原文： 朕 時 吱 朏 吱 胀，
国际音标： ʔbɛu⁵ thi² tse¹ fit⁸ tse¹ tsɯːŋ⁵
汉语直译： 胖 则 嫌 肥 嫌 胀 大
汉语意译： 胖人又嫌肥胀大，

1613

喃字原文：瘽 吱 昌 軿 昌 骴 排 黜。
国际音标：ɣɤi² tse¹ sɯːŋ¹thoŋ⁵ sɯːŋ¹thɯːn² ʔbai² ra¹
汉语直译：瘦 嫌 脊椎骨 肋骨 露朱
汉语意译：瘦人嫌骨露出来。

（44）
喃字原文：拰 怕 半 噎 幣 泅，
国际音标：tsaŋ³ lɔ¹ ʔbaːn⁵ʔe⁵ tsɤ⁶ rɤŋ²
汉语直译：不 忧 滞销 市场 淡
汉语意译：莫怕小贩货滞销，

喃字原文：客 能 戈 吏 餓 悉 沛 謨；
国际音标：khat⁷ naŋ¹ kwa¹ laːi⁶ ʔdɔi⁵ lɔŋ² faːi³ muə¹
汉语直译：客人 常 过 来 饿 肚子 要 买
汉语意译：客来肚饿多人买；

喃字原文：特 務 吱 粘 无 唏，
国际音标：ʔdɯːk⁸muə² tse¹ ɣaːu⁶ vo¹ hɤːi¹
汉语直译：丰收 嫌 米 无 味道
汉语意译：丰收歉米味道淡，

喃字原文：秩 務 唵 粓 歪 喂 唉 歪。
国际音标：mɤt⁷muə² ʔan¹ kaːm⁵ jɤːi¹ ʔɤːi¹ hɤːi³ jɤːi²
汉语直译：失收 吃 米糠 天 啊 啊 天
汉语意译：失收赞饭米味香。

（45）
喃字原文：榌 馱 固 没 擎 矪，
国际音标：ʔdɤːi²ŋɯːi² kɔ⁵ mot⁸ ɣaːŋ¹ tai¹
汉语直译：人生 有 一 拃 手
汉语意译：人生几何有一会，

劝 世 歌

喃字原文：埃 哈 眆 甿 只 特 娷 擎；
国际音标：ʔaːi¹ hai¹ ŋu³ ŋai² tsi³ ʔdɯːk⁸ nɯə³ ɣaːŋ¹
汉语直译：谁 知 睡 白天 只 得 半 拃
汉语意译：白日贪睡长不大；

喃字原文：㭲 馭 牲 尒 擎 抾，
国际音标：ʔdɤːi² ŋɯːi² thoŋ⁵ mɤi⁵ ɣaːŋ¹ tai¹
汉语直译：人生 活着 几 拃 手
汉语意译：人生几何活长寿，

喃字原文：唏 兜 憸 憎 奇 甿 咯 胎。
国际音标：hɤi¹ ʔdɤu¹ kam⁶kui⁶ ka³ ŋai² lɤn² ʔdem¹
汉语直译：力气 哪儿 埋头 整 天 成 夜
汉语意译：那来力气日夜干。

（46）

喃字原文：氼 馭 拯 咹 拯 制，
国际音标：laːm² ŋɯːi² tsaŋ³ ʔan¹ tsaŋ³ tsɤːi¹
汉语直译：做 人 不 吃 不 玩
汉语意译：做人不懂吃玩乐，

喃字原文：哐 哐 夺 衵 贴 歪 氼 之；
国际音标：khɯ¹khɯ¹ jɯ³lɤi⁵ kuə³ jɤːi² laːm² tsi¹
汉语直译： 固执 守住 物 天 做 什么
汉语意译：死守天物留给谁；

喃字原文：氼 馭 拯 别 怖 赊，
国际音标：laːm² ŋɯːi² tsaŋ³ ʔbiːt⁷ lɔ¹ sa¹
汉语直译：做 人 不 知 忧 远
汉语意译：做人不知远思虑，

喃字原文：祂中仓丕辙粎冖牢。
国际音标：tɛ³tuŋ¹ ʔda³ vɤi⁶ tu:i³ ja² la:m²tha:u¹
汉语直译：年轻 已 这样 年 老 怎么样
汉语意译：年轻还好老糊涂。

（男：孔继彬，杜玉光，杜福朝）

（47）

喃字原文：停 赁 揞 岗 麻 瞳，
国际音标：ʔdɯŋ² thɤi⁵ ʔɛm¹ ʔbɛ⁵ ma² tsɔŋ²
汉语直译：别 见 妹 小 而 逗乐
汉语意译：莫见妹小哥逗乐，

喃字原文：馹 軪 揞 沛 悉 英 詚；
国际音标：ŋai²thau¹ ʔɛm¹ nɤ:n⁵ fa:i³lɔŋ² ʔan¹ ŋai¹
汉语直译：日后 妹 大 合意 哥 马上
汉语意译：日后长大合哥意；

喃字原文：英 蹲 闲 哏 朦 撊，
国际音标：ʔan¹ ʔdɯŋ⁵ ŋɔ³ kan⁵ mɔŋ⁵tai¹
汉语直译：哥 站 巷子 咬 指甲
汉语意译：哥站门前咬指甲，

喃字原文：祂 特 姅 尼 坦 塔 丕 攏。
国际音标：lɤi⁵ ʔdɯ:k⁸ ɣa:i⁵ nai² ʔdɤt⁷ lɤ³ jɤ:i² luŋ¹
汉语直译：娶 得 姑娘 这 地 塌 天 摇
汉语意译：娶得妹天翻地倾。

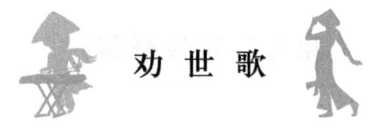

劝 世 歌

（48）

喃字原文： 蟳 纴 绦 蛐 拱 纴 绦，
国际音标： tam² vɯːŋ⁵ tɣ¹ ȵen⁶ kuŋ³ vɯːŋ⁵ tɣ¹
汉语直译： 蚕 牵 丝 蜘蛛 也 牵 丝
汉语意译： 蚕牵丝蜘蛛牵丝，

喃字原文： 厼 芪 绦 蛐 特 如 绦 蟳；
国际音标： mɣi⁵ ʔdɣːi² tɣ¹ ȵen⁶ ʔdɯːk⁸ ȵɯ¹ tɣ¹ tam²
汉语直译： 几 代 丝 蜘蛛 得 如 丝 蚕
汉语意译： 蜘蛛丝不如蚕丝；

喃字原文： 艐 挓 褪 鉑 拱 拱，
国际音标： vaːi¹ maːŋ¹ tui⁵ ʔbaːk⁸ kɛ²kɛ²
汉语直译： 肩膀 挑 袋 银 黏着不放
汉语意译： 肩挑银袋重不放，

喃字原文： 呐 塊 呐 果 馹 瞋 暗 暗。
国际音标： nɔi⁵ kwɣi³ nɔi⁵ kwa³ ŋɯːi² ȵe¹ ʔm²ʔm²
汉语直译： 说 忙碌 说 匆忙 人 听 喧闹
汉语意译： 唠叨话儿听入耳。

喃字原文： 魺 媭 挀 固 没 銅，
国际音标： toŋ¹ lɯŋ¹ tsaŋ³ kɔ⁵ mot⁸ ʔdoŋ²
汉语直译： 里 脊 背 不 有 一 元
汉语意译： 实际身上无分文，

喃字原文： 哩 呐 如 蠬 拱 挀 埃 瞋。
国际音标： ȵɣːi² nɔi⁵ ȵɯ¹ roŋ² kuŋ³ tsaŋ³ ʔaːi¹ ŋe¹
汉语直译： 言语 如 龙座 也 没有 谁 听
汉语意译： 龙座讲话无人理。

1617

（49）

喃字原文： 銭　時　祂　簇　麻　揀，
国际音标： ti:n² thi² lɤi⁵ thuŋ⁵ ma² ʔdɔŋ¹
汉语直译： 钱　则　用　筐　来　装
汉语意译： 财主用筐来装钱，

喃字原文： 鉑　時　摄　岿　渚　嚎　妈　尼；
国际音标： ʔba:k⁸ thi² sep⁷ nui⁵ tsɯə¹ mɔŋ¹ ɣa:i⁵ nai²
汉语直译： 银　则　堆　山　未　盼望　姑娘　这
汉语意译： 银堆如山妹不想；

喃字原文： 迴　台　琨　魛　鳝　鲡，
国际音标： la⁶ hai¹ kɔn¹ ka⁵thɤ:n² ʔbɤ:n¹
汉语直译： 奇怪　或　条　　龙利鱼
汉语意译： 龙利鱼真是奇怪，

喃字原文： 躴　逹　浧　洁　待　干　湄　滽。
国际音标： nam² ten¹ ʔba:i³ ka:t⁷ ʔdɤ:i⁶ kɤ:n¹ mɯə¹ra:u²
汉语直译： 躺　上　沙滩　　等　阵　　大雨
汉语意译： 扒在海滩等大雨。

（男：苏维绍；女：杜福英）

（50）

喃字原文： 𠛠　耨　志　於　朱　纤，
国际音标： la:m² ja:i¹ tsi⁵ ʔɤ³ tsɔ¹ ʔben²
汉语直译： 做　男人　志　在　给　坚定
汉语意译： 身为男子志坚强，

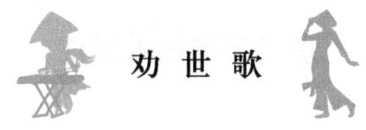

劝 世 歌

喃字原文：停 怕 晌 媥 潎 烦 晌 琨；
国际音标：ʔdɯŋ² lo¹ muːn⁶ vɤ⁶ tsɤ⁵ fiːn² muːn⁶ kɔn¹
汉语直译：别 忧 晚 妻 别 烦 晚 子
汉语意译：莫要烦忧妻儿迟；

喃字原文：冖 糯 拸 浚 拸 滝，
国际音标：laːm² jaːi¹ ʔdi¹ ʔbiːn³ ʔdi¹ thoŋ¹
汉语直译：做 男人 去 海 去 河
汉语意译：男人越海又过河，

喃字原文：㚘 低 迏 淐 吉 農 麻 愊。
国际音标：vaːu² ʔdɤi¹ ɣap⁸ ʔbaːi³kaːt⁷ noŋ¹ maː² ʔbuːn²
汉语直译：进 这儿 遇 沙滩 浅 而 烦闷
汉语意译：遇到浅滩淌过去。

（51）

喃字原文：於 茹 壹 媄 贰 琨，
国际音标：ʔɤ³ ɲaː² nɤt⁷ mɛ⁶ ɲi² kɔn¹
汉语直译：在 家 一 母 二 儿
汉语意译：在家有母亲儿子，

喃字原文：㠚 塘 夥 几 群 屯 欣 些；
国际音标：ra¹ ʔdɯːŋ² lam⁵ kɛ³ kɔn² jɔn² hɤːn¹ taː¹
汉语直译：出 路 多 人 还 美 胜于 咱
汉语意译：出门见有多人美；

喃字原文：坤 時 融 智 量 㠚，
国际音标：khon¹ thi² tɔŋ¹ ti⁵ lɯːŋ² ra¹
汉语直译：聪明 则 看 智 量 出
汉语意译：聪明思想多智谋，

喃字原文：悷 時 学 瞴 𩙊 些 皮 外。
国际音标：ja:i⁶ thi² hɔk⁸lɔm³ ŋɯ:i²ta¹ ʔbe²ŋwa:i²
汉语直译：愚蠢 则 偷学 人家 外表
汉语意译：愚蠢学话听外表。

（52）

喃字原文：功 媕 捱 䂾 凿 碑，
国际音标：koŋ¹ ʔɛm¹ ɣan⁵ ʔda⁵ ta:k⁸ ʔbiə¹
汉语直译：功 妹 挑 石 刻 碑
汉语意译：妹有功担石刻碑，

喃字原文：功 媕 㗂 噃 㬿 号 貝 扒；
国际音标：koŋ¹ ʔɛm¹ tɔ²tsi:n⁶ thɤ:m⁵khwiə¹ vɤ:i⁵ tsa:ŋ²
汉语直译：功 妹 倾谈 早晚 和 郎
汉语意译：早晚同君谈钟情；

喃字原文：悲 唒 媄 盘 昂，
国际音标：ʔbɤi¹jɤ² ʔba:k⁷mɛ⁶ ʔba:n² ŋa:ŋ¹
汉语直译：如今 父母 商量 不同意
汉语意译：如果父母不同意，

喃字原文：功 媕 㗂 噃 貝 扒 袟 空。
国际音标：koŋ¹ ʔɛm¹ tɔ²tsi:n⁶ vɤ:i⁵ tsa:ŋ² mɤt⁷khoŋ¹
汉语直译：功 妹 倾谈 和 郎 落空
汉语意译：有意言语会落空。

喃字原文：埃 懝 穊 杜 務 冬，
国际音标：ʔa:i¹ ŋɤ² tsu:i⁵ ʔdo³ muə²ʔdoŋ¹
汉语直译：谁 料 芭蕉 倒 冬季
汉语意译：谁料芭蕉冬开花，

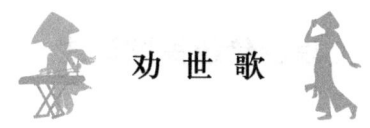

劝 世 歌

喃字原文： 别 浪 固 侧 㗂 空 麻 徐？
国际音标： ʔbiːt⁷raŋ² kɔ⁵ tsak⁷ hai¹ khoŋ¹ ma² tsɤ²
汉语直译： 知道 有 可靠 或 不 而 等
汉语意译： 是否可靠还等待？

喃字原文： 徐 英 徐 銀 徐 瘋，
国际音标： tsɤ² ʔan¹ tsɤ² ŋɤn³ tsɤ² ŋɤ¹
汉语直译： 等 哥 等 愣然
汉语意译： 等哥时久愣然呆，

喃字原文： 徐 偈 務 㮦 務 敪 務 红。
国际音标： tsɤ² het⁷ muə² mɤn⁶ muə² mɤ¹ muə² hoŋ²
汉语直译： 等 完 季节 李 季节 杏 季节 柿子
汉语意译： 等李杏柿尽时候。

喃字原文： 拶 樸 埯 徐 渃 氇，
国际音标： kam⁵ thaːu² ʔɛm¹ ʔdɤːi⁶ nɯːk⁷ tɤŋ¹
汉语直译： 插 竹竿 妹 等 水 清
汉语意译： 插竿泊船等水清，

喃字原文： 渃 源 沚 竜 群 噥 淰 之。
国际音标： nɯːk⁷ ŋuːn² tsai³ suːŋ⁵ kɔn² mɔŋ¹ noi³ tsi¹
汉语直译： 谁 源头 流 下 还 盼望 境地 什么
汉语意译： 源水冲下人无动。

（53）

喃字原文： 功 吒 芭 䇩 造化，
国际音标： koŋ¹ tsa¹ ʔba¹ nam¹ taːu⁶hwa⁵
汉语直译： 功夫 三 年 造化
汉语意译： 父亲造化时三年，

喃字原文：義媄㐎䏎极苦㐎挡；
国际音标：ŋiə³ mɛ⁶ tsin⁵ tha:ŋ⁵ kiu¹ma:ŋ¹
汉语直译：义　母　九月　　怀胎
汉语意译：怀胎九月母恩义；

喃字原文：𫢪些祂之填義報　恩，
国际音标：ha:i¹ta¹ lɤi⁵ ji² ʔden² ŋiə³ ʔba:u⁵ ʔɤn¹
汉语直译：咱俩　拿什么　报答义　报答恩
汉语意译：咱俩用啥答恩情，

喃字原文：蓮嫩　挭磉　砌陵　奉蜍。
国际音标：len¹ nɔn¹ ɣan⁵ ʔda⁵ sɤi¹ laŋ¹ fuŋ⁶ thɤ²
汉语直译：上　山　挑石　砌　陵　祭祀
汉语意译：上山担石砌陵祠。

（男：阮进余，杜福朝；女：梁秀）

（54）

喃字原文：䰨魾空愽英愽䰨蛃，
国际音标：kɔn¹kuə¹ khoŋ¹ thɤ⁶ ʔan¹ thɤ⁶ kɔn¹kɔŋ²
汉语直译：螃蟹　不怕哥　怕　小螃蜞
汉语意译：不怕螃蟹怕螃蜞，

喃字原文：釖英空愽只愽妈𫢪悉害英；
国际音标：ja:u¹ ʔan¹ khoŋ¹ thɤ⁶ tsi³ thɤ⁶ ɣa:i⁵ ha:i¹ lɔŋ² ha:i⁶ ʔan¹
汉语直译：刀哥　不　怕　只怕　姑娘　二心　害哥
汉语意译：不怕刀怕人害心；

喃字原文：馭些吨𠡋吨舩，
国际音标：ŋɯ:i²ta¹ ʔdon² kwɤn³ ʔdon² kwan¹
汉语直译：人家　谣传　盘绕　谣传　环绕
汉语意译：人们盘绕话谣传，

1622

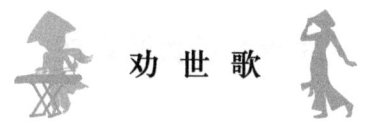

劝 世 歌

喃字原文：吨 媕 罤 嫱 吨 英 罤 馱。
国际音标：ʔdon² ʔɛm¹ la² vɤ⁶ ʔdon² ʔan¹ la² tsoŋ²
汉语直译：谣传 妹 是 妻 谣传 哥 是 夫
汉语意译：谣传咱俩是夫妻。

（55）

喃字原文：英 包 固 嫱 罤 渚？
国际音标：ʔan¹ ʔda³ kɔ⁵ vɤ⁶ kɔn¹ tsɯə¹
汉语直译：哥 已 有 妻 儿 未
汉语意译：哥有老婆儿女吗？

喃字原文：麻 英 唉 呐 遍 逐 叽 嗷；
国际音标：ma² ʔan¹ ʔan¹noi⁵ ɔj⁵ ʔdɯə¹tɕ ŋot⁸ŋa:u²
汉语直译：而 哥 言谈 风 送 甜蜜
汉语意译：讲出话儿如蜜甜；

喃字原文：媄 耂 英 於 尼 帘，
国际音标：mɛ⁶ ja² ʔan¹ ʔɤ³ nɤ:i¹ na:u²
汉语直译：母 老 哥 在 地方 哪
汉语意译：哥母住在何地方，

喃字原文：底 媕 寻 舥 侯 下 甙 英。
国际音标：ʔde³ ʔɛm¹ tim² va:u² hɤu²ha⁶ thai¹ ʔan¹
汉语直译：让 妹 找 进 侍候 替 哥
汉语意译：让妹替哥来侍候。

（男：苏维绍；女：范氏清）

(56)

喃字原文：停 扐 庄寨 麻 虚，
国际音标：ʔdɯŋ² ʔdi¹ ta:ŋ¹ta:i⁶ ma² hɯ¹
汉语直译：别 去 村寨 而 坏
汉语意译：莫走村寨学坏习，

喃字原文：於 茹 貝 傛 拱 如 袘 馼；
国际音标：ʔɤ³ ɲa² vɤ:i⁵ jɯ:ŋ⁶ kuŋ³ ɲɯ¹ lɤi⁵ tsoŋ²
汉语直译：在 家 和 姑丈 也 如 嫁 夫
汉语意译：住姑丈家如有夫；

喃字原文：胋 号 傛 搭 畑 攏，
国际音标：ʔdem¹khwiə¹ jɯ:ŋ⁶ thap⁷ ʔdɛn²loŋ²
汉语直译：深夜 姑丈 点 灯笼
汉语意译：夜间姑丈点灯笼，

喃字原文：傛 囲 幔 吏 傛 撘 召 蓮。
国际音标：jɯ:ŋ⁶ vɤi¹ ma:n² la:i⁶ jɯ:ŋ⁶ ʔboŋ² tsau⁵ len¹
汉语直译：姑丈 围 蚊帐 来 姑丈 抱 侄子 上
汉语意译：咱俩围帐生小孩。

(57)

喃字原文：飁 群 遇 渚 涓，
国际音标：tɯ:k⁷ʔdɤi¹ kɔn² la⁶ tsɯə¹ kwɛn¹
汉语直译：以前 还 陌生 未 熟悉
汉语意译：以前陌生不惯熟，

喃字原文：悲 晱 怉 燆 邊 畑 邊 香；
国际音标：ʔbɤi¹jɤ² ʔda³ tɔ³ ʔben¹ ʔdɛn¹ ʔben¹ hɯ:ŋ¹
汉语直译：如今 已 亮 边 灯 边 香
汉语意译：如今灯火影相连；

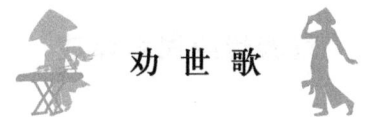

劝 世 歌

喃字原文：否 喻 英 固 悉 傷，
国际音标：vi⁵ju² ʔan¹ kɔ⁵ lɔŋ² thɯ:ŋ¹
汉语直译：如果 哥 有 心 爱
汉语意译：如果哥有心相爱，

喃字原文：時 英 收 摄 每 塘 朱 俺。
国际音标：thi² ʔan¹ thu¹jɛp⁸ mɔi⁶ ʔdɯ:ŋ² tsɔ¹ ʔɛm¹
汉语直译：则 哥 收拾 各 方面 给 妹
汉语意译：哥应安排妹依处。

（58）

喃字原文：信 烧 奔 半 共 烧，
国际音标：tin¹ ȵau¹ ʔbu:n¹ ʔba:n⁵ kuŋ² ȵau¹
汉语直译：相信 互相 生意 一同
汉语意译：相爱互相做生意，

喃字原文：舌 欣 欣 舌 翻 𥘀 如 利；
国际音标：thi:t⁸hɤ:n¹ hɤ:n¹thi:t⁸ tɯ:kʰthau¹ ȵɯ¹ lɤ:i⁶
汉语直译：利弊 得失 前后 如 利
汉语意译：得失最终都有利；

喃字原文：台 之 懔 道 撿 哩，
国际音标：hai¹tsi¹ lɯə² ʔda:u³ ki:m⁵ lɤ:i⁶
汉语直译：或者 诈骗 寻 利
汉语意译：不能欺骗来牟利，

喃字原文：没 茹 唉 旺 罪 丕 秾 挃。
国际音标：mot⁸ ȵa² ʔan¹ʔu:ŋ⁵ toi⁶ jɤ:i² ri:ŋ¹ ma:ŋ¹
汉语直译：一 家 生活 罪 天 自己 背负
汉语意译：共同生活罪谁负。

喃字原文：跷 之 仍 篚 奸 贪，
国际音标：thɛu¹ tsi¹ ȵɯŋ³ thɔi⁵ ja:n¹ tha:m¹
汉语直译：遵循 什么 些 规矩 奸 贪
汉语意译：莫跟奸贪坏规矩，

喃字原文：派 配 实 假 寻 塘 燆 烧；
国际音标：fa:i¹ foi¹ thɤt⁸ ja³ tim² ʔda:ŋ² joi⁵ ȵau¹
汉语直译：模糊 真假 寻 路 欺骗 互相
汉语意译：不能制假去骗人；

喃字原文：贴 之 義 固 扄 兜，
国际音标：kuə³ tsi¹ ŋiə³ kɔ⁵ jau² ʔdɤu¹
汉语直译：财物 什么 义 有 富 哪儿
汉语意译：不义之财不能要，

喃字原文：於 朱 岯 实 扄 鉨 買 纩。
国际音标：ʔɤ³ tsɔ¹ ŋai¹ thɤt⁸ jau² thau¹ mɤ:i⁵ ʔben⁶
汉语直译：在 给 正直 富 后 才 依恋
汉语意译：做人正直财富来。

（59）

喃字原文：玐 兜 麻 韶 麻 鑛，
国际音标：ʔdi¹ ʔdɤu¹ ma² voi⁶ ma² va:ŋ²
汉语直译：去 哪儿 而 急 而 忙
汉语意译：妹去哪里此匆忙，

喃字原文：麻 跭 沛 矽 麻 跷 沛 纯；
国际音标：ma² vɤp⁷ fa:i³ ʔda⁵ ma² kwa:ŋ² fa:i³ jɤi¹
汉语直译：而 碰 中 石 而 缠 着 线
汉语意译：石头碰脚乱藤缠；

劝 世 歌

喃字原文： 噥 踹 如 橐 英 低，
国际音标： thuŋ³thaŋ³ ɲɯ¹ tsuŋ⁵ ʔan¹ ʔdɤi¹
汉语直译： 慢腾腾 如 们 哥哥 这儿
汉语意译： 学哥如此慢腾腾，

喃字原文： 拄 砞 帀 隐 拄 绘 帀 跧。
国际音标： tsaŋ³ ʔda⁵ na:u² vɤp⁷ tsaŋ³ jɤi¹ ma² kwa:ŋ²
汉语直译： 没有 石 哪 碰 不 线 而 缠
汉语意译： 石头无碰藤无缠。

喃字原文： 拎 鏄 麻 濰 戈 滝，
国际音标： kɤm² va:ŋ² ma² loi⁶ kwa¹ thoŋ¹
汉语直译： 拿 金 而 涉 过 河
汉语意译： 手拿黄金急过河，

喃字原文： 鏄 濰 空 惜 惜 功 拎 鏄。
国际音标： va:ŋ² toi¹ khoŋ¹ ti:k⁷ ti:k⁷ koŋ¹ kɤm² va:ŋ²
汉语直译： 金 丢失 不 可惜 可惜 功 拿 金
汉语意译： 丢金不惜惜着妹。

（60）

喃字原文： 餕 呬 接 客 塘 赊，
国际音标： ɲin⁶ mi:ŋ⁶ ti:p⁷ khat⁷ ʔdɯ:ŋ² sa¹
汉语直译： 忍住 嘴 接待 客人 路 远
汉语意译： 省食留米招待客，

喃字原文： 拱 平 哎 贴 默 些 咹 塘；
国际音标： kuŋ³ ʔbaŋ² ɣɯi³ kuə³ tsoŋ² ta¹ ʔan¹ʔdɯ:ŋ²
汉语直译： 也 如 寄 物 夫 咱 盘缠
汉语意译： 如同节省寄给夫；

喃字原文：忾 唏 呐 几 妷 知，
国际音标：hwa:i² hɤ:i¹ nɔi⁵ kɛ³ vo¹ ti¹
汉语直译：白费劲儿 说 人 无知
汉语意译：白费劲儿不明理，

喃字原文：乂 槑 挭 鋜 鎷 捱 铖 鍾。
国际音标：mot⁸ tam¹ ɣan⁵ tsi² ʔduk⁷ tsaŋ³ nen¹ tsu:ŋ¹
汉语直译：一 百 担 铅 铸 不 成 钟
汉语意译：铅百担难铸成钟。

（61）

喃字原文：𠊝 吒 挮 採 花 馻，
国际音标：ʔdɤ:i² tsa¹ ʔdi¹ ha:i⁵ hwa¹ ŋɯ:i²
汉语直译：代 父 去 采 花 人家
汉语意译：父辈先摘别人花，

喃字原文：𠊝 掍 沛 者 嬪 𠊝 舤 吒；
国际音标：ʔdɤ:i² kɔn¹ fa:i³ ja³ nɤ⁶ ʔdɤ:i² thai¹ tsa¹
汉语直译：代 儿 要 还 债 代 代替 父
汉语意译：儿子为父还债情；

喃字原文：𠊝 吒 朱 至 𠊝 掍，
国际音标：ʔdɤ:i² tsa¹ tsɔ¹ tsi⁵ ʔdɤ:i² kɔn¹
汉语直译：代 父 给 到 代 儿
汉语意译：父亲儿子两代人，

喃字原文：固 闷 搊 䭾 時 沛 搊 旗。
国际音标：kɔ⁵ mu:n⁵ tho¹ tɔn² thi² fa:i³ tho¹ vu:ŋ¹
汉语直译：有 想 比较 圆 则 要 比较 方
汉语意译：先搓方形后搓圆。

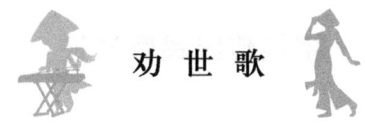

劝 世 歌

（62）

喃字原文：贵 之 义 乃 穚 靜,
国际音标：kwi⁵ tsi¹ mot⁸ na:i³ tsu:i⁵ san¹
汉语直译：贵 什么 一 梳 芭蕉 青
汉语意译：一梳芭蕉不值钱,

喃字原文：蓏 罴 馭 辭 朱 湴 粘 秗;
国际音标：nam¹ ʔbai³ ŋɯ:i² jan² tsɔ¹ n̠ɯə⁶ jin⁵ tai¹
汉语直译：五 七 人 争 给 树 浆 粘 手
汉语意译：多人伸手想来摘;

喃字原文：拯 怃 之 妑 唭 低？
国际音标：tsaŋ³ lɔ¹ tsi¹ ʔdo⁵ kɯ:i² ʔdɤi¹
汉语直译：不 忧 什么 那 笑 这
汉语意译：怎不怕人家嘲笑？

喃字原文：飚 籴 罗 别 檜 核 勁 軟。
国际音标：ʔba:u³ roi² mɤ:i⁵ ʔbi:t⁷ koi³ kɤi¹ kɯɯŋ⁵ mem²
汉语直译：台风 了 才 知 根 树 硬 软
汉语意译：台风过后见真情。

（男：苏维绍，杜福朝）

（63）

喃字原文：埃 喂 停 页 椶 竺,
国际音标：ʔa:i¹ ʔɤ:i¹ ʔduɯŋ² fu⁶ mɤn⁶ maŋ¹
汉语直译：谁 啊 别 负 李树 嫩
汉语意译：喂呀！莫负幼李树,

1629

喃字原文：樠竺固犰拱平核枊；
国际音标：mɤn⁶ maŋ¹ ko⁵ nɔ³ kuŋ³ ʔbaŋ² kɤi¹tɛ¹
汉语直译：李树 嫩 有 小 也 如 柱子
汉语意译：幼李虽小大超竹；

喃字原文：蹎躺群淋眉眉‛,
国际音标：tsɤn¹ min² kɔn² lɤm⁵ me¹me¹
汉语直译：脚 自己 还 沾泥 黏糊糊
汉语意译：自脚沾着泥泞多，

喃字原文：吏彶拎爎麻擦蹎馭。
国际音标：la:i⁶ ʔdi¹ kɤm² ʔdu:k⁷ ma² re¹ tsɤn¹ ŋɯ:i²
汉语直译：又 去 拿 火把 而 照 脚 人
汉语意译：还拿火把照别人。

（64）

喃字原文：嚻嚻遥嚻頭嫩，
国际音标：hiu¹hiu¹ jɔ⁵ thoi³ ʔdɤu² nɔn¹
汉语直译：习习 风 吹 头 山
汉语意译：微风向着山头吹，

喃字原文：仍馭旺醹罜琨玉皇；
国际音标：nɯŋ³ ŋɯ:i² ʔu:ŋ⁵ ri:u⁶ la² kɔn¹ ŋɔk⁸hwa:ŋ²
汉语直译：些 人 喝酒 是 儿 玉皇
汉语意译：喝酒是玉皇天子；

喃字原文：玉皇御在獸鐄，
国际音标：ŋɔk⁸hwa:ŋ² ŋɯ⁶ ta:i⁶ ŋoi¹va:ŋ²
汉语直译：玉皇 御 在 龙座
汉语意译：玉皇御治龙座上，

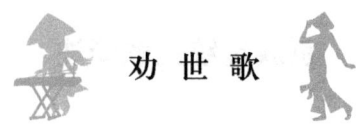

劝 世 歌

喃字原文： 𧡊 倱 旺 酼 𠄩 行 渚 淶。
国际音标： thɤi⁵ kɔn¹ ʔuːŋ⁵ riːu⁶ haːi¹ haːŋ² le⁶ rɤːi¹
汉语直译： 见 儿 喝 酒 两 行 类 下
汉语意译： 见儿喝醉掉眼泪。

喃字原文： 倱 喂 倱 旺 倱 制,
国际音标： kɔn¹ ʔɤːi¹ kɔn¹ ʔuːŋ⁵ kɔn¹ tsɤːi¹
汉语直译： 儿 啊 儿 喝 儿 玩
汉语意译： 儿呀，喝酒只乐趣，

喃字原文： 咍 兜 倱 旺 倱 淶 竜 泞？
国际音标： hai¹ ʔdɤu¹ kɔn¹ ʔuːŋ⁵ kɔn¹ rɤːi¹ suːŋ⁵ thin²
汉语直译： 知 哪儿 儿 喝 儿 落 下 泥泞
汉语意译： 怎能喝醉跌落池？

（65）

喃字原文： 彶 奔 空 鲁 时 利,
国际音标： ʔdi¹ ʔbuːn¹ khoŋ¹ loˀ³ thi² lɤːi⁶
汉语直译： 去 经商 不 亏 则 赚
汉语意译： 经商不亏就是赚，

喃字原文： 彶 𠚢 朱 别 栭 盃 栭 胦;
国际音标： ʔdi¹ ra¹ tso¹ ʔbiːt⁷ mat⁸ jɤːi¹ mat⁸ jaŋ¹
汉语直译： 出去 给 知 太阳 月亮
汉语意译： 多走出去见世面；

喃字原文： 揞 核 拱 闷 核 靜,
国际音标： jɔŋ² kɤi¹ kuŋ³ muːn⁵ kɤi¹ san¹
汉语直译： 种 树 也 想 树 青
汉语意译： 种树想树大茂盛，

喃字原文： 餒 琨 拱 闷 琨 成 家 室。
国际音标： nu:i¹ kɔn¹ kuŋ³ mu:n⁵ kɔn¹ than² ja¹thɤt⁷
汉语直译： 养 儿 也 想 儿 成 家 室
汉语意译： 养儿都想长成人。

（66）

喃字原文： 朕 瞒 群 燦 欣 犍，
国际音标： jaŋ¹ mɤ² kɔn² tɔ³ hɤ:n¹ tha:u¹
汉语直译： 月 暗 还 亮 胜 于 星星
汉语意译： 月亮暗胜过星光，

喃字原文： 酉 浪 岗 垆 群 高 欣 岻；
国际音标： jɤu²raŋ² nui⁵ lɤ³ kɔn² ka:u¹ hɤ:n¹ ʔdoi²
汉语直译： 无论 山 崩 还 高 胜于 岭
汉语意译： 山崩还高过丘陵；

喃字原文： 固 琨 欣 贴 英 喂，
国际音标： kɔ⁵ kɔn¹ hɤ:n¹ kuə³ ʔan¹ ʔɤ:i¹
汉语直译： 有 儿 胜于 财物 哥 啊
汉语意译： 哥呀！有儿胜财物，

喃字原文： 贴 如 昁 幣 台 氺 吏 散。
国际音标： kuə³ ɲuu¹ ʔbu:i³tsɤ⁶ hɔp⁸ roi² la:i⁶ ta:n¹
汉语直译： 财物 如 集日 聚 了 又 散
汉语意译： 街上赶集聚、散零。

（男：杜福朝）

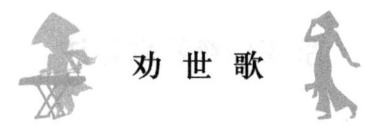

劝 世 歌

(67)

喃字原文：愤 麻 𠳐 伴 貝 𩫭，
国际音标：hɛn² ma² la:m² ʔba:n⁶ vɤ:i⁵ tha:ŋ¹
汉语直译：庸 则 做 朋友 和 富
汉语意译：庸者，财主做朋友，

喃字原文：垰 𤞃 垰 蹲 固 昂 包𣅶；
国际音标：tso³ ŋoi² tso³ ʔdɯŋ⁵ ko⁵ ŋa:ŋ¹ ʔba:u¹jɤ²
汉语直译：处 坐 处 站 有 横 何时
汉语意译：来往亲近都很难；

喃字原文：𩫭 兜 徂 几 盰 𩫭，
国际音标：jau² ʔdɤu¹ ʔden⁵ kɛ³ ŋu³tɯə¹
汉语直译：富 哪儿 到 人 午睡
汉语意译：富人有钱睡午觉，

喃字原文： 𩫭 兜 徂 几 醛 疏 曘 𣌿。
国际音标：tha:ŋ¹ ʔdɤu¹ ʔden⁵ kɛ³ thai¹thɯə¹ toi⁵ŋai²
汉语直译：富 哪儿 到 人 陶醉 日夜
汉语意译：富者不会助困难。

(68)

喃字原文：為 淊 𪽝 沛 累 船，
国际音标：vi² thoŋ¹ nen¹ fa:i³ li⁶ thi:n²
汉语直译：因 河 成 是 连累 船
汉语意译：因有河流连累船，

喃字原文：仍 如 塘 連 埃 沛 累 埃；
国际音标：ȵɯŋ³ ȵɯ¹ ʔdɯ:ŋ² li:n² ʔa:i¹ fa:i³ li⁶ ʔa:i¹
汉语直译：些 如 路 连 谁 是 连累 谁
汉语意译：平路行人都方便；

喃字原文： 金　鏄　埃　荌　挽　鈎，
国际音标： kim¹ va:ŋ² ʔa:i¹ nɤ³ ʔu:n⁵ kɤu¹
汉语直译： 针　金　谁　忍心　弯　鱼钩
汉语意译： 金针谁忍拗鱼钩，

喃字原文： 馭　坤　埃　荌　吶　烧　磓　哫。
国际音标： ŋɯ:i² khon¹ ʔa:i¹ nɤ³ nɔi⁵ nau¹ naŋ⁶ n̠ɤ:i²
汉语直译： 人　聪明　谁　忍心　说　互相　重　话
汉语意译： 精者谁肯说重言。

（69）

喃字原文： 渃　髄　埃　抂　洇　蹟，
国际音标： nɯ:k⁷ tɔŋ¹ ʔa:i¹ tsaŋ³ rɯɤ³ tsɤn¹
汉语直译： 水　清　谁　不　洗　脚
汉语意译： 水清谁人都洗脚，

喃字原文： 花　葐　埃　抂　细　听　榕　核；
国际音标： hwa¹ thɤ:m¹ ʔa:i¹ tsaŋ³ tɤ:i⁵ ɣɤn² yok⁷ kɤi¹
汉语直译： 花　香　谁　不　到　近　根部　树
汉语意译： 花香谁人都闻香；

喃字原文： 核　高　時　遥　强　挧，
国际音标： kɤi¹ ka:u¹ thi² jɔ⁵ ka:ŋ² lai¹
汉语直译： 树　高　则　风　越　摇
汉语意译： 高树越招大风来，

喃字原文： 强　高　名望　强　踏　艰　难。
国际音标： ka:ŋ² ka:u¹ jan¹vɔŋ⁶ ka:ŋ² jai² ja:n¹na:n¹
汉语直译： 越　高　名望　越　长　艰难
汉语意译： 名望越高程越难。

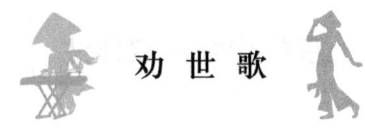

劝 世 歌

（70）

喃字原文：花　莲　牻　溠　吉　淋，
国际音标：hwa¹thɛn¹ mɔk⁸ ʔba:i³ka:t⁷ lɤm⁵
汉语直译：莲花　　长　沙滩　稀泥
汉语意译：莲花生长泥泞塘，

喃字原文：虽　浪　麳　塔　吻　蘷　花　莲；
国际音标：ti¹raŋ² lam⁵ la:p⁷ vɤn³ mɤm² hwa¹thɛn¹
汉语直译：虽然　多　花梗　还　嫩芽　莲花
汉语意译：出多花梗亦莲芽；

喃字原文：渃　钟　垌　英　吏　吱　嗜，
国际音标：nɯ:k⁷ juɯə³ ʔdoŋ² ʔan¹ la:i⁶ tse¹ khɛn¹
汉语直译：水　中　田垌　哥　又　嫌　夸
汉语意译：塘中清水哥嫌弃，

喃字原文：渃　貗　潭　英　吏　嗜　罢　啃。
国际音标：nɯ:k⁷ tʂu¹ ʔdɤm² ʔan¹ la:i⁶ khɛn¹ la² ŋon¹
汉语直译：水　水牛　塘　哥　又　夸　是　甜
汉语意译：塘牛涡水认为甜。

（男：苏维绍）

（71）

喃字原文：馹　坤　渚　胆　乜　醐，
国际音标：ŋɯ:i² khon¹ tsɯə¹ ʔdan⁵ ʔda³ ʔdo¹
汉语直译：人　聪明　未　揣摩　已　细想
汉语意译：聪明人不多思量，

1635

喃字原文： 渚 挢 狚 波 包 揌 淹 溇；
国际音标： tsɯə¹ ʔdi¹ ʔden⁵ ʔbe³ ʔda³ jɔ² thoŋ¹ thɤu¹
汉语直译： 未 去 到 海 已 探 河 深
汉语意译： 未到深水探深浅；

喃字原文： 淹 溇 群 固 趴 揌,
国际音标： thoŋ¹ thɤu¹ kɔn² ko⁵ ŋɯːi² jɔ²
汉语直译： 河 深 还 有 人 探测
汉语意译： 河流深浅易探测，

喃字原文： 悉 趴 岩 险 埃 釄 朱 穷。
国际音标： lɔŋ² ŋɯːi² n̠aːm¹hiːm³ ʔaːi¹ ʔdɔ¹ tsɔ¹ kuŋ²
汉语直译： 心 人 奸险 谁 量 给 穷尽
汉语意译： 人心奸险难测量。

（72）

喃字原文： 濋 觉 波 蘱 麻 忴,
国际音标： tsɤ⁵ thɤi⁵ ʔbe³ roŋ⁶ ma² lɔ¹
汉语直译： 别 见 海 宽 而 忧心
汉语意译： 没见大海已担心，

喃字原文： 波 蘱 黙 波 掫 朱 銀；
国际音标： ʔbe³ roŋ⁶ mak⁸ ʔbe³ tsɛu² tsɔ¹ ŋɤn¹
汉语直译： 海 宽 任由 海 划 使 稳
汉语意译： 遇见风浪掌稳舵；

喃字原文： 於 莄 沛 沛 分 云,
国际音标： ʔɤ³ ʔdɤːi² faːi³faːi³ fɤn¹vɤn¹
汉语直译： 在 世间 风雨 纷纭
汉语意译： 风风雨雨都越过，

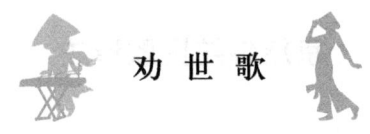

劝 世 歌

喃字原文： 核 栘 棍 神 神 挹 核 栘。
国际音标： kɤi¹ʔda¹ ɣɤi⁶ thɤn² thɤn² kɤi⁶ kɤi¹ʔda¹
汉语直译： 榕树 倚靠 神 神 倚靠 榕树
汉语意译： 榕树护神神倚榕。

（73）

喃字原文： 傷 䏾 㧻 蝈 钟 丕，
国际音标： thɯːŋ¹ thai¹ kɔn¹kɔk⁷ ȷɯə³ jɤːi²
汉语直译： 可怜 啊 杜鹃 中 空
汉语意译： 可怜杜鹃高天飞，

喃字原文： 酉 叫 黜 毡 固 馱 帝 台；
国际音标： jɤu² keu¹ ra¹ mau⁵ kɔ⁵ ŋɯːi² na:u² hai¹
汉语直译： 无论 叫 出 血 有 人 哪 知
汉语意译： 咕咕叫如口流血；

喃字原文： 栧 智 果 報 群 迟，
国际音标： ʔdɤːi² sɯə¹ kwa³ ʔba:u⁵ kɔn² tsɤi²
汉语直译： 昔日 果 报 还 迟慢
汉语意译： 昔日果报较迟慢，

喃字原文： 栧 厽 果 報 没 纼 眼 前。
国际音标： ʔdɤːi² nai¹ kwa³ ʔba:u⁵ mot⁸ jɤi¹ ɲa:n³ ti:n²
汉语直译： 世 今 果 报 一 线 眼 前
汉语意译： 今世果报在眼前。

（74）

喃字原文： 丕 湄 蓬 晖 拂 撞，
国际音标： jɤːi² mɯə¹ ʔbɔŋ⁵ ʔbɔŋ⁵ fɤt⁷ foŋ²
汉语直译： 天 下雨 泡沫 飘忽
汉语意译： 落雨水打起泡大，

1637

喃字原文：媄 拸 衪 軝 掍 於 貝 埃；
国际音标：mɛ⁶ ʔdi¹ lɤi⁵ tsoŋ² kɔn¹ ʔɤ³ vɤːi⁵ ʔaːi¹
汉语直译：母 去 嫁 夫 儿 住 和 谁
汉语意译：母去嫁夫儿靠谁；

喃字原文：挋 他 咹 薩 咹 苆，
国际音标：tsaŋ³ tha² ʔan¹ than⁵ ʔan¹ khwaːi¹
汉语直译：倒不如 吃 木薯 吃 红薯
汉语意译：倒不如吃木薯红薯，

喃字原文：空 於 儴 伉 哎 聰 倗 偬。
国际音标：khoŋ¹ ʔɤ³ jɯːŋ⁶ɣɛ³ ʔwaːi¹ taːi¹ laːŋ⁵jiːŋ²
汉语直译： 不 住 继父 夯拉 耳朵 邻居
汉语意译：不跟继父免人欺。

（75）

喃字原文：戓 咹 瓝 扒 䴔 晟 曘，
国际音标：kwa⁶ ʔan¹ jɯə¹ ʔbat⁷ kɔ² fɤːi¹ naŋ⁵
汉语直译：乌鸦 吃 瓜 迫使 鹤 晒 阳光
汉语意译：乌鸦吃瓜鹤挨晒，

喃字原文：擬 嗻 㭇 掍 䴔 戓 皀 顛；
国际音标：ŋi³ tsiːn⁶ ʔdɤːi² kɔn¹kɔ²taŋ⁵ kwa⁶ ʔdɛn¹
汉语直译：想 故事 人生 白鹤 乌鸦 黑
汉语意译：人生如乌鸦白鹤；

喃字原文：掍 戓 麻 别 觬 顛，
国际音标：kɔn¹kwa⁶ ma² ʔbiːt⁷ min² ʔdɛn¹
汉语直译： 乌鸦 而 知 自己 黑
汉语意译：乌鸦不知自身黑，

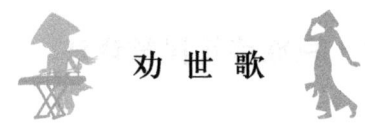

劝 世 歌

嗷字原文：怒 兜 固 敢 匃 醻 貝 鹅。
国际音标：nɔ⁶ ʔdʐu¹ kɔ⁵ ja:m⁵ mɔn¹mɛn¹ vɤ:i⁵ kɔ²
汉语直译：它 哪儿 有 敢 慢慢挨近 和 白鹤
汉语意译：它不敢挨近白鹤。

（76）

嗷字原文：贴 㜮 吒 媄 底 朱，
国际音标：kuə³ ʔdʐi:i² tsa¹mɛ⁶ ʔde³ tsɔ¹
汉语直译：物 人生 父母 留 给
汉语意译：人生之物父母赐，

嗷字原文：𠂇 空 唵 固 贴 庫 拱 粼；
国际音标：la:m² khoŋ¹ ʔan¹ kɔ⁵ kuə³ khɔ¹ kuŋ³ roi²
汉语直译：做 不 吃 有 东西 仓库 也 完
汉语意译：勤劳有食还有余；

嗷字原文：闷 飹 時 沛 怗 𠂇，
国际音标：mu:n⁵ nɔ¹ thi² fa:i² tsam¹ la:m²
汉语直译：想 饱 就 要 勤劳
汉语意译：想生活好勤劳动，

嗷字原文：没 骸 秧 鎤 九 骸 瀳 浽。
国际音标：mot⁸ ha:t⁸ thɔk⁷ va:ŋ² tsin⁵ ha:t⁸ mo² hoi¹
汉语直译：一 粒 谷子 黄 九 滴 汗
汉语意译：一粒稻谷九滴汗。

（77）

嗷字原文：仍 馱 琨 䄃 䒤 菻，
国际音标：ȵɯŋ³ ŋɯ:i² kɔn¹ mat⁵ la⁵ ram¹
汉语直译：些 人 眼睛 是 鸭舌草
汉语意译：那妹眼眉似鸭舌，

1639

喃字原文：龶 眉 芽 桺 當 纍 貫 錢；
国际音标：loŋ¹mai² la⁵ li:u³ ʔda:ŋ⁵ tam¹ kwa:n¹ ti:n²
汉语直译：眉毛 叶柳 值 百 贯 钱
汉语意译：柳叶眉毛值贯钱；

喃字原文：㗂 厸 世态 人 情,
国际音标：sɯə¹nai¹ the⁵tha:i⁵ n̠ɤn¹tin²
汉语直译：从前 世态 人情
汉语意译：从前世家有人情，

喃字原文：媇 馭 時 羮 文 躴 時 台。
国际音标：vɤ⁶ ŋɯ:i² thi² ʔdɛp⁸ van¹ min² thi² hai¹
汉语直译：妻 人 则 美 文 自己 则 好
汉语意译：做人妻子得美称。

（男：杜福朝）

（78）

喃字原文：空 吒 固 注 埃 喂，
国际音标：khoŋ¹ tsa¹ kɔ⁵ tsu⁵ ʔa:i¹ ʔɤ:i¹
汉语直译：无 父 有 叔 谁 啊
汉语意译：无父有叔还是好，

喃字原文：馱 櫃 對 咥 注 拱 如 吒；
国际音标：thai¹mat⁸ ʔdoi⁵ n̠ɤ:i² tsu⁵ kuŋ³ n̠ɯ¹ tsa¹
汉语直译：代表 对 话 叔 也 如 父
汉语意译：有叔代替如父母；

喃字原文：输 時 输 媄 输 吒，
国际音标：thuə¹ thi² thuə¹ tsa¹ thuə¹ mɛ⁶
汉语直译：吃亏 则 吃亏 父 吃亏 母
汉语意译：吃亏就是无父母，

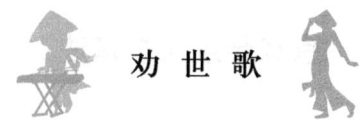

劝 世 歌

喃字原文：鲚 生 没 侣 埃 麻 输 埃。
国际音标：ka⁵ thin¹ mot⁸ lɯ³ ʔa:i¹ ma² thuə¹ ʔa:i¹
汉语直译：鱼 生 一 窝 谁 则 输 谁
汉语意译：鱼出一窝叔也好。

（79）

喃字原文：花 荬 埃 拰 攜 掃，
国际音标：hwa¹ thɤ:m¹ ʔa:i¹ tsaŋ³ nɤŋ¹niu¹
汉语直译：花 香 谁 不 爱不释手
汉语意译：香花谁见都抚爱，

喃字原文：馼 坤 埃 拰 敬 要 每 皮;
国际音标：ŋɯ:i² khon¹ ʔa:i¹ tsaŋ³ kin⁵ʔi:u¹ mɔi⁶ ʔbe²
汉语直译：人 聪明 谁 不 敬爱 所有 方面
汉语意译：聪明人谁都敬慕；

喃字原文：坤 顽 吧 准 罒 皮，
国际音标：khon¹ŋwa:n¹ ʔba¹ tson⁵ ʔbon⁵ ʔbe²
汉语直译：精灵 三 处 四 方
汉语意译：精灵人知识广博，

喃字原文：停 朱 埃 㕇 濬 系 㕇 埃。
国际音标：ʔdɯŋ² tsɔ¹ ʔa:i¹ lɤn⁵ tsɤ⁵he² lɤn⁵ ʔa:i¹
汉语直译：别 给 谁 欺凌 未曾 欺凌 谁
汉语意译：莫欺凌人无欺侮。

（80）

喃字原文：馂 粨 欣 几 馂 萎，
国际音标：nɔ¹ kɤ:m¹ hɤ:n¹ kɛ³ nɔ¹ rau¹
汉语直译：饱 饭 胜于 人 饱 菜
汉语意译：吃饭饱胜吃菜饱，

喃字原文：𧡊 麻 君 子 欣 醻 小 人；
国际音标：khɔ⁵ ma² kwɤn¹tuɯ³ hɤːn¹ jau² tiːu³ȵɤn¹
汉语直译：穷 则 君 子 胜于 富 小 人
汉语意译：君子穷胜小人富；

喃字原文：欣 𤇚 𠮾 襖 𫏈 裙,
国际音标：hɤːn¹ ɲau¹ tɤm⁵ ʔaːu⁵ man³ kwɤn²
汉语直译：胜于 互相 件 衣服 条 裤子
汉语意译：相比只是套衣服,

喃字原文：䑾 𠞺 𠓼 陳 爱 拱 如 埃。
国际音标：tha³ ra¹ ʔbɔk⁷ tɤn² ʔaːi¹ kuŋ³ ɲɯ¹ ʔaːi¹
汉语直译：放 出 剥 光 谁 也 如 谁
汉语意译：脱光衣服同样人。

（81）
喃字原文：船 空 柄 俚 船 抔,
国际音标：thiːn² khoŋ¹ ʔban⁵laːi⁵ thiːn² kwai¹
汉语直译：船 不 舵 船 打转
汉语意译：航船无舵转方向,

喃字原文：㛪 空 吒 媄 埃 排 㛪 𢧚;
国际音标：ʔɛm¹ khoŋ¹ tsaːme⁶ ʔaːi¹ ʔbai² ʔɛm¹ nen¹
汉语直译：妹 无 父母 谁 安排 妹 成
汉语意译：妹无父母依靠谁；

喃字原文：埃 喂 𫯳 志 朱 纩,
国际音标：ʔaːi¹ ʔɤːi¹ jɯ³ tsi⁵ tsɔ¹ ʔben²
汉语直译：谁 啊 守 志 使 牢固
汉语意译：喂呀！人要有志气,

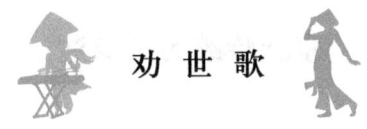

劝 世 歌

喃字原文：由 埃 搓 向 對 垃 默 埃。
国际音标：ju² ʔaːi¹ sai¹ huːŋ⁵ ʔdoi⁵ nen² mak⁸ ʔaːi¹
汉语直译：无论 谁 转 方向 对 基础 任由 谁
汉语意译：他人转向妹稳舵。

（82）

喃字原文：尼 帀 志 决 没 尼，
国际音标：nɤːi¹ naːu² tsi⁵ kwiːt⁷ mot⁸ nɤːi¹
汉语直译：地方 哪 决志 一 地方
汉语意译：情有相处要保持，

喃字原文：犸 馭 尼 對 峎 移 牢 絾；
国际音标：laːm² ŋɯːi² nai¹ ʔdoi⁵ maːi¹ jɤːi² thaːu¹ nen¹
汉语直译：为 人 今 对 明 移 怎么 成
汉语意译：做人意志不改变；

喃字原文：渼 覐 襖 襹 麻 噄，
国际音标：tsɤ⁵ thɤi⁵ ʔaːu⁵ rat⁷ ma² kɯːi²
汉语直译：别 见 衣 破 而 笑
汉语意译：莫见烂衣嘲笑人，

喃字原文：丐 蠡 䳺 伱 毟 佋 鱸 詩。
国际音标：kaːi⁵ joŋ⁵ ɣa² nɕi² loŋ¹ no⁵ lɤ¹ thɤi¹
汉语直译：种子 良种 斗鸡 毛 它 稀疏
汉语意译：良种斗鸡毛稀落。

（83）

喃字原文：湴 渃 髇 魻 逢 拱 濁，
国际音标：vuŋ³ nɯːk⁷ tɔŋ¹ kaː⁵ vuŋ² kuŋ³ ʔduk⁸
汉语直译：水洼 清 鱼 地带 也 浊
汉语意译：清水塘鱼跳会浊，

喃字原文：赭　如　輪　艚　斯　墨　拱　顛；
国际音标：ʔdɔ³ ɲɯ¹ thɔn¹ tau² ɣɤn² muɯk⁸ kuŋ³ ʔdɛn¹
汉语直译：红　如　朱红　大船　近　墨　也　黑
汉语意译：朱红漆近墨也黑；

喃字原文：惜　鐄　杜　論　貝　炭ˈ
国际音标：ti:k⁷ va:ŋ² ʔdo³ lon⁶ vɤ:i⁵ tha:n¹
汉语直译：可惜　赤金　混　和　炭
汉语意译：可惜黄金近黑炭，

喃字原文：惜　琨　鴆　鳳　𫞎　溇　嘀嘀。
国际音标：ti:k⁷ kɔn¹ tsim¹ fɯ:ŋ⁶ su:ŋ⁵ ʔbau² lɛ¹lɛ¹
汉语直译：可惜　凤　　　下　池塘　蚬鸭
汉语意译：可惜凤凰近鸭池。

（男：苏维绍）

（84）

喃字原文：勸　烧　欺　𱉚　買　台ˈ
国际音标：jup⁷ ɲau¹ khi¹ ʔdɔi⁵ mɤ:i⁵ hai¹
汉语直译：帮助　互相　时　饿　才　好
汉语意译：遇困难望人帮助，

喃字原文：吶　之　補　及　仍　䏧　暗　飹；
国际音标：nɔi⁵ tsi¹ ʔbu² kap⁸ ɲɯŋ³ ŋai² ʔɤm⁵ nɔ¹
汉语直译：说　什么　补救　些　天　温饱
汉语意译：补救那人饥饿时；

喃字原文：貼　躺　時　符　哺　哺，
国际音标：kuə³ min² thi³ jɯ³ ʔbɔ¹ ʔbɔ¹
汉语直译：财物　自己　则　守　死抱不放
汉语意译：自己财物就死守，

劝 世 歌

喃字原文： 贴 㐱 時 朱 犕 怒 垵。
国际音标： kuə³ ŋɯ:i² thi² tha³ tsɔ¹ ʔbɔ² no⁶ ʔan¹
汉语直译： 财物 别人 则 放 给 黄牛 那 吃
汉语意译： 别人稻物放牛食。

（85）

喃字原文： 蜜 吰 强 祖 𦰫 蛛，
国际音标： mɤt⁸ ŋɤt⁸ ka:ŋ² ʔdot⁷ tset⁷ ru:i²
汉语直译： 蜜 甜 更 叮 死 苍蝇
汉语意译： 蜜蜂也叮死苍蝇，

喃字原文： 仍 尼 咳 噔 羆 尼 寔 他；
国际音标： ɲɯŋ³ nɤ:i¹ kai¹ʔdaŋ⁵ la² nɤ:i¹ thɤt⁸tha²
汉语直译： 些 地方 艰辛 是 地方 诚实
汉语意译： 劳苦之处诚实人；

喃字原文： 𫟌 㐱 吹 擬 瞭 赊，
国际音标： la:m² ŋɯ:i² thi¹ ŋi³ sɛt⁷ sa¹
汉语直译： 为 人 考虑 观察 远
汉语意译： 做人要思虑长远，

喃字原文： 朱 祥 槦 蔬 朱 黜 问 㙋。
国际音标： tsɔ¹ tɯ:ŋ² ɣok⁷ŋɔn⁶ tsɔ¹ ra¹ van⁵ ja:i²
汉语直译： 给 详细 始末 给 出 短 长
汉语意译： 问根究底思始末。

（86）

喃字原文： 遥 掕 時 黙 遥 掕，
国际音标： jɔ⁵ lai¹ thi² mak⁸ jɔ⁵ lai¹
汉语直译： 风 摇 则 任由 风 摇
汉语意译： 大风吹来由风吹，

1645

喃字原文： 吀 朱 核 勁 芇 時 餞 催；
国际音标： sin¹ tsɔ¹ kɤi¹ kuɯŋ⁵ la⁵ ja:i² thi² thoi¹
汉语直译： 请 给 木 硬 叶 长 则 罢了
汉语意译： 木坚叶长不动摇；

喃字原文： 㗆 駅 固 呬 固 脢，
国际音标： la:m² ŋɯ:i² kɔ⁵ mi:ŋ⁶ kɔ⁵ moi¹
汉语直译： 为 人 有 嘴 有 唇
汉语意译： 做人不摇唇鼓舌，

喃字原文： 牢 姑 唫 渕 如 妠 空 垙。
国际音标： tha:u¹ ko¹ kam¹ kam⁵ ɲɯ¹ noi² khoŋ¹ vuŋ¹
汉语直译： 怎么 妹 沉默 如 锅 无 盖子
汉语意译： 妹封嘴唇不露言。

（87）

喃字原文： 贪 鐄 贪 義 埃 喂，
国际音标： tha:m¹ va:ŋ² kɔ⁵ ŋiə³ ʔa:i¹ ʔɤ:i¹
汉语直译： 贪 金 有 义 谁 啊
汉语意译： 喂呀！莫贪金负义，

喃字原文： 鐄 歪 包 歇 義 碎 吻 群；
国际音标： va:ŋ² jɤ:i³ ʔda³ het⁷ ŋiə³ toi¹ vɤn³ kɔn²
汉语直译： 金 天 已 尽 义 我 还 存
汉语意译： 黄金用完义不存还；

喃字原文： 孜 浪 祸 福 娓 門，
国际音标： tsɯ³ raŋ² hwa⁶ fuk⁷ vo¹ mon¹
汉语直译： 字 道 祸 福 无 门
汉语意译： 古言云福祸无门，

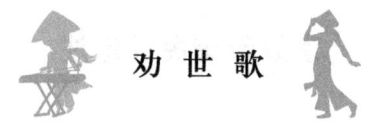

劝 世 歌

喃字原文：寻 覇 時 昜 寻 坤 麒 寻。
国际音标：tim² jau² thi² je³ tim² khon¹ khɔ⁵ tim²
汉语直译：找 富 则 容易 找 精灵 难 找
汉语意译：寻富易寻精灵难。

（88）

喃字原文：由 埃 呐 東 呐 西，
国际音标：ju² ʔa:i¹ nɔi⁵ ʔdoŋ¹ nɔi⁵ tɤi¹
汉语直译：不管 谁 说 东 说 西
汉语意译：不管别人如何讲，

喃字原文：悉 些 吻 氽 如 核 钟 塘；
国际音标：lɔŋ² ta¹ vɤn³ vɯŋ³ ŋɯ¹ kɤi¹ juɤ³ ʔdɯːŋ²
汉语直译：心 咱 还 稳 如 树 中 路
汉语意译：我们正直如树立；

喃字原文：由 埃 呐 我 呐 倾，
国际音标：ju² ʔa:i¹ nɔi⁵ ŋa³ nɔi⁵ ŋiːŋ¹
汉语直译：不管 谁 说 倒 说 斜
汉语意译：说三道四由人讲，

喃字原文：悉 些 吻 氽 如 錂 叱 蹟。
国际音标：lɔŋ² ta¹ vɤn³ vɯŋ³ ŋɯ¹ kiːŋ²ʔba¹tsɤn¹
汉语直译：心 咱 还 稳 如 三脚灶
汉语意译：三脚锅稳两心依。

（89）

喃字原文：混 喂！家境 躬 競，
国际音标：kɔn¹ ʔɤːi¹ ja¹kan³ min² ŋɛu²
汉语直译：儿 啊 家境 自己 穷
汉语意译：儿呀！咱们家境穷，

1647

喃字原文：　贪　之　媷　羮　媷　曷　佊　轻；
国际音标：　tha:m¹ tsi¹ vɤ⁶ ʔdɛp⁸ vɤ⁶ jau² nɔ⁵ khin¹
汉语直译：　贪　什么　妻　美　妻　富　她　轻视
汉语意译：　莫贪妻美富人笑；

喃字原文：　停　觉　廟　攊　麻　轻，
国际音标：　ʔdɯŋ² thɤi⁵ mi:u⁵ rat⁷ ma² khin¹
汉语直译：　别　见　庙　破　而　轻视
汉语意译：　莫见破庙瞧不起，

喃字原文：　廟　攊　默　廟　神　灵　咳　群。
国际音标：　mi:u⁵ rat⁷ mak⁸ mi:u⁵ thɤn²lin¹ hai³ kɔn²
汉语直译：　庙　破　任由　庙　神灵　还　存在
汉语意译：　破庙里会显神灵。

（90）

喃字原文：　绂　襷　仍　吏　固　鐄，
国际音标：　ʔbi⁶ rat⁷ ɲɯŋ¹ la:i⁶ kɔ⁵ va:ŋ²
汉语直译：　草袋子　破　但　又　有　金
汉语意译：　烂袋里也有黄金，

喃字原文：　虽　浪　廟　杜　城　隍　群　覟；
国际音标：　ti¹raŋ² mi:u⁵ ʔdo³ than²hwa:ŋ² kɔn² thi:ŋ¹
汉语直译：　虽然　庙　倒　城隍　　还　灵验
汉语意译：　虽然破庙城隍灵；

喃字原文：　埃　喂　据　於　朱　齡，
国际音标：　ʔa:i¹ ʔɤ:i¹ kɯ⁵ ɤ³ tsɔ¹ lan²
汉语直译：　谁　啊　一直　在　给　善良
汉语意译：　喂呀！做人要正直，

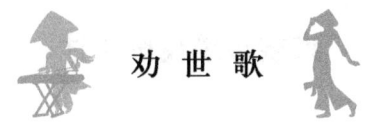 劝 世 歌

喃字原文：修 仁 积 德　底 朇 衕 蔪。
国际音标：tu¹ ȵɤn¹ tit⁷ ʔdɯk⁷ ʔde³jan² ve²thau¹
汉语直译：修 仁 积 德　积蓄　往后
汉语意译：修仁积德后代传。

（91）

喃字原文：世 間 掋 㐌 時 趖,
国际音标：the⁵ja:n¹ tsaŋ³ ʔit⁷ thi² ȵi:u²
汉语直译：世间　不少　就多
汉语意译：世间财富不缺少,

喃字原文：空 橙 埃 㐌 噠 調 朱 埃；
国际音标：khoŋ¹jɯŋ¹ ʔa:i¹ je³ ʔdat⁸ ʔdi:u² tso¹ ʔa:i¹
汉语直译：凭空　谁 容易 放　话语 给 谁
汉语意译：无缘无故无津问；

喃字原文：罒 馭 咹 曘 怚 嵄,
国际音标：la:m² ŋɯ:i² ʔan¹ toi⁵ lɔ¹ ma:i¹
汉语直译：为 人 吃 晚上 忧心 明天
汉语意译：做人要长远思量,

喃字原文：役 躺 胡 㐌 底 埃 挪 量。
国际音标：vi:k⁸ min² ho²je³ ʔde³ ʔa:i¹ ʔdɔ¹lɯ:ŋ²
汉语直译：事　自己 谈何容易 让　谁　度量
汉语意译：自家的事不烦人。

（92）

喃字原文：欺 愲 時 擵 䉡 佲,
国际音标：khi¹ vui¹ thi² vo³ tai¹ va:u²
汉语直译：时 高兴 就 拍手 进
汉语意译：高兴时将伸手来,

1649

喃字原文：跙 欺 患 难 時 帘 埊 埃；
国际音标：ʔden⁵ khi¹ hwaːn⁶naːn⁶ thi² naːu² thɤi⁵ ʔaːi¹
汉语直译：到 时 患难 就 哪里 见 谁
汉语意译：困难时无见人影；

喃字原文：馭 猛 挓 𣅶 塘 跩，
国际音标：ŋɯə⁶ man⁶ tsaŋ³ kwaːn³ ʔdɯːŋ² jaːi²
汉语直译：马 壮 不 管 路 长
汉语意译：马壮不怕跑路远，

喃字原文：渃 轎 罠 別 才 耨 英 雄。
国际音标：nɯːk⁷kiːu⁶ mɤːi⁵ ʔbiːt⁷ taːi² jaːi¹ ʔanʰhuŋ²
汉语直译：小 跑 才 知 才 干 男儿 英雄
汉语意译：成果显现成英豪。

（93）

喃字原文：楔 貝 橙 没 悉 洙 悴，
国际音标：khe⁵ vɤːi⁵ than² mot⁸ lɔŋ² tsuə¹sɔt⁷
汉语直译：杨桃 和 橙子 一 心 酸
汉语意译：杨桃橙果一样酸，

喃字原文：蜜 貝 姜 没 吼 没 㗀；
国际音标：mɤt⁸ vɤːi⁵ ɣɯŋ² mot⁸ tɕot⁸ mot⁸ kai¹
汉语直译：蜜 和 姜 一 甜 一 辣
汉语意译：蜜糖甜生姜是辣；

喃字原文：駭 梢 怒 㕭 怒 㗀，
国际音标：haːt⁸tiːu¹ nɔ⁶ ʔbɛ⁵ nɔ⁶ kai¹
汉语直译：胡椒 它 笑 它 辣
汉语意译：胡椒细小心很辣，

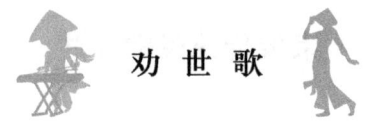

劝 世 歌

喃字原文：銅　錢　怒　兡怒　台ˊ　剚　權。
国际音标：ʔdoŋ²ti:n² nɔ⁶ ʔbɛ⁵ nɔ⁶ hai¹ kɯə³ kwi:n²
汉语直译：铜钱　它　小　它　喜欢　门　权贵
汉语意译：铜钱虽小积富家。

（94）

喃字原文：馼　麻　非　義　停　制，
国际音标：ŋɯ:i² ma² fi¹ ŋiə³ ʔdɯŋ² tsɤ:i¹
汉语直译：人　而　非　义　别　玩
汉语意译：非仁义者莫跟玩，

喃字原文：貼　麻　非　義　氽　迖　溜　嚎；
国际音标：kuə³ ma² fi¹ ŋiə³ mɤi⁵mɯ:i¹ tsɤ⁵ mɔŋ¹
汉语直译：物　而　非　义　多少　别　盼望
汉语意译：不义之财莫要贪；

喃字原文：丐　鋠　名　利　屻　屻，
国际音标：ka:i⁵vɔŋ² jan¹lɤi⁶ kɔŋ¹kɔŋ¹
汉语直译：场　名利　弯弯曲曲
汉语意译：名利场弯弯曲曲，

喃字原文：几　哄　䎃　塊　馼　嚎　跐　刣。
国际音标：kɛ³ hɔŋ¹ ra¹khɔi³ ŋɯ:i² mɔŋ¹ ʔbɯ:k⁷ va:u²
汉语直译：人　盼望　离开　人　盼望　迈　进
汉语意译：想者刚走盼者入。

（95）

喃字原文：道　帘　平　道　夫　妻，
国际音标：ʔda:u⁶ na:u² ʔbaŋ² ʔda:u⁶ fu¹the¹
汉语直译：道　哪　如　道　夫妻
汉语意译：夫妻情义道德好，

1651

喃字原文：虽 挹 膹 淇 生 死 固 烧；
国际音标：ti¹ ʔɤp⁷ ma⁵ ke² thin¹ tɯ³ kɔ⁵ ȵau¹
汉语直译：虽 贴 颊 依 假 生 死 拥有 互相
汉语意译：同生共死互相依；

喃字原文：烟 埃 了 叮 逋 楼，
国际音标：ʔdɛn² ʔa:i¹ lɛu¹ lɛu⁵ ten¹ lɤu²
汉语直译：灯 谁 微弱 上 楼
汉语意译：妾在楼房点灯亮，

喃字原文：鰍 烟 淹 婍 迻 求 英 蓮。
国际音标：joŋ⁵ ʔdɛn² ʔɛm¹ vɤ⁶ ʔdi¹ kɤu² ʔan¹ len¹
汉语直译：像 灯 妹 妻 去 求 哥 上
汉语意译：等着哥来共相倚。

（96）

喃字原文：锎 悉 侒 姅 菓 枕
国际音标：ʔdoi⁵ loŋ² ʔan¹ nɯa³ kwa³ thim¹,
汉语直译：饿 独自 哥 半 个 梣果
汉语意译：肚饿只食半梣果，

喃字原文：衖 茹 婍 鞢 蹄 眤 拱 饱；
国际音标：ve² ȵa² vɤ⁶ ʔdɛp⁸ ʔdɯŋ⁵ ȵin² kuŋ³ nɔ¹
汉语直译：回 家 妻 美 站 看 也 饱
汉语意译：家里妻美站看饱；

喃字原文：堆 些 终 没 秫 觚，
国际音标：ʔdoi¹ ta¹ tsuŋ¹ mot⁸ jɯ:ŋ² kɔ¹
汉语直译：咱俩 共 一 床 弯曲
汉语意译：夫妻同床又共枕，

劝 世 歌

喃字原文： 觉 俺 英 悃 交 图 朱 烧。
国际音标： thɣi⁵ ʔɛm¹ ʔan¹ muɯŋ² ja:u¹ ʔdo² tsɔ¹ ȵau¹
汉语直译： 见 妹 哥 高兴 交 物 给 互相
汉语意译： 见妻高兴共欢乐。

（97）

喃字原文： 扽 核 埃 芺 撼 茬，
国际音标： ʔdon⁵ kɣi¹ ʔa:i¹ nɣ³ ʔdɯt⁷ tsoi²
汉语直译： 砍 树 谁 忍心 断 嫩芽
汉语意译： 打柴谁忍折木梢，

喃字原文： 道 馱 義 婼 㳠 憽 吏 傷；
国际音标： ʔda:u⁶ tsoŋ² ȵiə³ vɣ⁶ jɣn⁶ roi² la:i⁶ thɯ:ŋ¹
汉语直译： 道 夫 义 妻 生气 了 又 爱
汉语意译： 夫妻生气时又好；

喃字原文： 堆 些 如 炲 贝 香，
国际音标： ʔdoi¹ ta¹ ȵɯ¹ lɯə³ vɣ:i⁵ hɯ:ŋ¹
汉语直译： 咱俩 如 火 和 香
汉语意译： 咱俩如同火与香，

喃字原文： 如 瓠 贝 渃 如 㡒 贝 禛。
国际音标： ȵɯ¹ ʔbɣu² vɣ:i⁵ nɯ:k⁷ ȵɯ¹ jɯ:ŋ² vɣ:i⁵ tsan¹
汉语直译： 如 葫芦瓢 和 水 如 床 和 被
汉语意译： 如水同瓢如席床。

（98）

喃字原文： 道 刚 常 艞 䊚 伴 喂，
国际音标： ʔda:u⁶ kɯ:ŋ¹ thɯ:ŋ² khɔ⁵ lam⁵ ʔba:n⁶ ʔɣ:i¹
汉语直译： 道 纲常 难 非常 朋友 啊
汉语意译： 按道刚常不自由，

1653

喃字原文：	挰 如 螉 虰 豆 籴 吏 䰾；
国际音标：	n̠ɯ¹ ʔɔŋ¹ ʔbɯːm⁵ ʔdʵu⁶ roi² laːi⁶ ʔbai¹
汉语直译：	如 蜂 蝴蝶 栖息 了 又 飞
汉语意译：	应如蜂蝶栖又飞；

喃字原文：	道 刚 常 空 昜 對 䏍，
国际音标：	ʔdaːu⁶ kɯːŋ¹ thɯːŋ² khoŋ¹ je³ ʔdoi³ thai¹
汉语直译：	道 纲常 不 易 改变
汉语意译：	按道刚常难改变，

喃字原文：	酉 铖 網 架 垵 眉 拱 跾。
国际音标：	jʵu² nen¹ vɔŋ³ jaːⁿ⁵ ʔan¹ mai² kuŋ³ thɛu¹
汉语直译：	纵然 成 轿子 讨饭 也 跟随
汉语意译：	纵令网床自由摇。

（99）

喃字原文：	㕍 䏾 固 姑 固 軙，
国际音标：	laːm² ŋɯːi² kɔ⁵ vʵ⁶ kɔ⁵ tsoŋ²
汉语直译：	为 人 有 妻 有 夫
汉语意译：	有夫有妻为人好，

喃字原文：	尒 埃 麻 翌 房 空 䞐 𡢐；
国际音标：	mʵi⁵ ʔaːi¹ ma² tsiu⁶ fɔŋ² khoŋ¹ ʔden⁵ jaː²
汉语直译：	有 几 人 而 受 房 空 到 老
汉语意译：	无人住空房至老；

喃字原文：	有 缘 挰 冐 塘 赊，
国际音标：	hiu³ jiːn¹ tsaŋ³ kwaːŋ³ ʔdɯːŋ² sa¹
汉语直译：	有 缘 不 管 路 远
汉语意译：	有缘不怕路遥远，

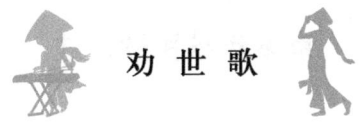

劝 世 歌

喃字原文：無 缘 油 於 没 茹 挄 鍼。
国际音标：vo¹ ji:n¹ jɤu² ʔɤ³ mot⁸ n̪a² tsaŋ³ nen¹
汉语直译：无 缘 即使 在 一 家 不 成
汉语意译：无缘同住亦生疏。

喃字原文：羃 薢 夺 叺 悉 纩，
国际音标：tam¹ nam¹ jɯ³ tɤm⁵ loŋ² ʔben⁶
汉语直译：百 年 守 寸心 依恋
汉语意译：百年守住贞节情，

喃字原文：贻 𢖖 碎 决 挄 悁 糆 娘。
国际音标：tɔn² ʔdɤ:i² toi¹ kwi:t⁷ tsaŋ³ kwen¹ mat⁸ na:ŋ²
汉语直译：整 一生 我 决意 不 忘 面 妹
汉语意译：见姑娘面世难忘。

（男：杜福朝，阮进余）

(100)

喃字原文：欺 恢 嫰 渃 拱 恢，
国际音标：khi¹ vui¹ nɔn¹nɯ:k⁷ kuŋ³ vui¹
汉语直译：时 快乐 山水 也 快乐
汉语意译：心欢见山水也欢，

喃字原文：欺 愊 哨 噁 箜 堆 拱 愊；
国际音标：khi¹ ʔbu:n² tha:u⁵ thoi³ kɛn² ʔdoi¹ kuŋ³ ʔbu:n²
汉语直译：时 烦闷 箫 吹 喇叭 对儿 也 烦闷
汉语意译：心烦听箫笛也烦；

喃字原文：世 间 群 愧 渚 坤，
国际音标：the⁵ja:n¹ kɔn² ja:i⁶ tsɯə¹ khon¹
汉语直译：世间 还 愚钝 未 精灵
汉语意译：世间有人欠精灵，

1655

喃字原文： 犉 黙 襖 襫 毿 墫 襖 齡．
国际音标： thoŋ⁵ mak⁸ ʔaːu⁵ rat⁷ tset⁷ tson¹ ʔaːu⁵ lan²
汉语直译： 活着 穿 衣 破 死 埋 衣 好
汉语意译： 生穿烂衣死穿新。

（101）

喃字原文： 没 韽 固 氽 础 喑，
国际音标： mot⁸ mɤm¹ kɔ⁵ mɤi⁵ ʔdiə³ ŋɔn¹
汉语直译： 一 大盘子 有 几 碟 美味
汉语意译： 一桌菜有几碟好，

喃字原文： 姨疕 啢 偈 底 捆 嗯 嚵。
国际音标： ji²ɣɛ³ nit⁷ het⁷ ʔde³ kɔn¹ n̩in⁶ thɛm²
汉语直译： 继母 小孩子 完 让 孩子 忍 馋
汉语意译： 继母食饱儿忍饥。

（102）

喃字原文： 扯 椆 招 拮 箪 笡，
国际音标： tsɛ³ tɛ¹ luɯə⁶ kɤt⁸ ʔdaːn¹ niə¹
汉语直译： 破 竹篾 选 外皮 编 簸箕
汉语意译： 选好竹篾编簸箕，

喃字原文： 固 軐 捆 没 块 敀 家财。
国际音标： kɔ⁵ tsoŋ² kɔn¹ mot⁸ khɔi³ tsiə¹ jaːtaːi²
汉语直译： 有 夫 儿 一 免得 分 家财
汉语意译： 有夫独子不分财。

（103）

喃字原文： 京 都 拱 固 馭 瘫，
国际音标： kin¹ʔdo¹ kuŋ³ kɔ⁵ ŋɯːi² ro²
汉语直译： 京都 也 有 人 愚蠢
汉语意译： 城市亦有愚蠢人，

劝 世 歌

喃字原文：村 圭 拱 固 生 徒 状 元；
国际音标：thon¹kwe¹ kuŋ³ kɔ⁵ thin¹ʔdo² ta:ŋ⁶ŋwi:n¹
汉语直译：乡村 也 有 书生 状元
汉语意译：乡村也有出状元；

喃字原文：鸤 娟 䒴 坦 拱 娟，
国际音标：tsim¹kwi:n¹ su:ŋ⁵ ʔdɤt⁷ kuŋ³ kwi:n¹
汉语直译：杜鹃 下 地 也 艳美
汉语意译：杜鹃落地见艳美，

喃字原文：英 雄 运 硙 拱 原 英 雄。
国际音标：ʔan¹huŋ² lɤ³vɤn⁶ kuŋ³ ŋwi:n¹ ʔan¹huŋ²
汉语直译：英雄 时运不佳 也 原本 英雄
汉语意译：英雄失机也英雄。

(104)

喃字原文：鹬 吱 秜 粝 空 啽，
国际音标：vit⁸ tse¹ luə⁵lɛp⁷ khoŋ¹ ʔan¹
汉语直译：鸭 嫌 秕谷 不 吃
汉语意译：鸭嫌谷秕不想食，

喃字原文：犾 吱 茹 䆋 黜 躺 蓓 楒；
国际音标：tsu:t⁸ tse¹ na² toŋ⁵ ra¹ nam² ʔbui⁶ tɛ¹
汉语直译：老鼠 嫌 家 空 出 躺 丛 竹
汉语意译：鼠嫌屋空住竹丛；

喃字原文：濁 渃 時 買 腆 鹅，
国际音标：ʔduk⁸ nɯ:k⁷ thi² mɤ:i⁵ ʔbɛu⁵ kɔ²
汉语直译：浊 水 则 才 肥 白鹭
汉语意译：水浊白鹭易捉鱼，

1657

喃字原文： 黵 如 价 玉 鹈 摸 㐲 兜。
国际音标： toŋ¹ n̠ɯ¹ ja⁵ ŋɔk⁸ kɔ² mɔ² va:u² ʔdʐu¹
汉语直译： 清 如 架 玉 白鹭 摸 进 哪儿
汉语意译： 水清白鹭摸鱼难。

（105）

喃字原文： 停 贪 犑 燎 補 朕，
国际音标： ʔdɯŋ² tha:m¹ tha:u¹ tɔ³ ʔbɔ³ jaŋ¹
汉语直译： 别 贪 星星 亮 丢 月亮
汉语意译： 莫贪星光丢月亮，

喃字原文： 乂 醉 犑 燎 空 平 朕 蓮。
国际音标： mot⁸ nam¹ tha:u¹ tɔ³ khoŋ¹ ʔban² jaŋ¹ len¹
汉语直译： 一 年 星星 亮 不 如 月亮 升
汉语意译： 星光一年不如月。

（106）

喃字原文： 弹 𤛓 麻 弦 聪 𤛓，
国际音标： ʔda:n² tʂu¹ ma² ɣai³ ta:i¹ tʂu¹
汉语直译： 群 水牛 而 弹琴 耳 水牛
汉语意译： 对牛弹琴有何用，

喃字原文： 弹 兜 𢪈 撒 鎌 兜 斬 蛛。
国际音标： ʔda:n⁶ ʔdʐu¹ ʔban⁵ sɛ⁵ li:m² ʔdʐu¹ tsɛm⁵ ru:i²
汉语直译： 子弹 哪儿 射击 斜 镰刀 哪儿 砍 苍蝇
汉语意译： 镰刀难砍死苍蝇。

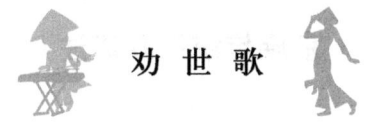

劝 世 歌

（107）

喃字原文： 擄 乢 時 沛 者 辻，
国际音标： vai¹ tsin⁵ thi² fa:i³ ja³ mɯ:i²
汉语直译： 借 九 就 要 还 十
汉语意译： 调戏九次感恩十，

喃字原文： 防 欺 従 矨 固 馱 朱 擄。
国际音标： foŋ² khi¹ tuŋ⁵ lɤ³ ko⁵ ŋɯ:i² tsɔ¹ vai¹
汉语直译： 预防 时 拮据 万一 有 人 给 借
汉语意译： 预防纵欲无人理。

（108）

喃字原文： 媕 喂！英 吲 媕 尼，
国际音标： ʔɛm¹ ʔɤ:i¹! ʔan¹ jaŋ⁶ ʔɛm¹ nai²
汉语直译： 妹 啊 哥 叮嘱 妹 这
汉语意译： 妹呀！听哥嘱咐言，

喃字原文： 湉 溇 濢 濫 艅 渚 濢 迻。
国际音标： thoŋ¹ thɤɯ¹ tsɤ⁵ loi⁶ ʔdo² ʔdɤi² tsɤ⁵ ʔdi¹
汉语直译： 河 深 别 涉 渡 船 满 别 坐
汉语意译： 河深莫涉渡满停。

（109）

喃字原文： 闷 朱 毥 驫 麻 制，
国际音标： mu:n⁵ tsɔ¹ mau¹ ɲɤ:n⁵ ma² tsɤ:i¹
汉语直译： 想 给 快 大 而 玩
汉语意译： 想要快大多玩耍，

喃字原文： 贾 蘩 薶 籴 糙 吏 跣 斳；
国际音标： mɤːi⁵ n̠ɤːn⁵len¹ roi² ja² laːi⁶ thɛu¹ thau¹
汉语直译： 刚 长大 了 老 又 跟 后面
汉语意译： 人刚长大随着老；

喃字原文： 琨 螃 愢 夥 埃 喂，
国际音标： kɔn¹kɔŋ² jaːi⁶ lam⁵ ʔaːi¹ ʔɤːi¹
汉语直译： 小螃蜞 蠢笨 非常 谁 啊
汉语意译： 螃蜞真是太愚笨，

喃字原文： 枉 功 踔 吉 浡 潅 吏 散。
国际音标： ʔuːŋ³kɔŋ¹ sɛ³ kaːt⁷ thɔŋ⁵ joi² laːi⁶ taːn¹
汉语直译： 枉费 挖 沙子 浪 了 又 散
汉语意译： 刚挖沙球浪打散。

（110）
喃字原文： 鈋 時 頭 蹭 沛 㭛，
国际音标： ʔdɔi⁵ thi² ʔdɤu² ɣoi⁵ faːi³ ʔbɔ²
汉语直译： 饿 就 膝盖 要 爬
汉语意译： 贫穷就要多出力，

喃字原文： 丐 蹟 台 趾 丐 搋 台 迻。
国际音标： kaːi⁵tsɤn¹ hai¹ tsai⁶ kaːi⁵jɔ² hai¹ ʔdi¹
汉语直译： 脚 善 跑 财富 善 走
汉语意译： 手脚勤劳财富来。

（111）
喃字原文： 琨 些 嫁 半 朱 馹，
国际音标： kɔn¹ taː¹ jaː⁵ ʔbaːn⁵ tsɔ¹ ŋɯːi²
汉语直译： 女儿 咱 嫁 卖 给 人
汉语意译： 自己女孩已嫁人，

1660

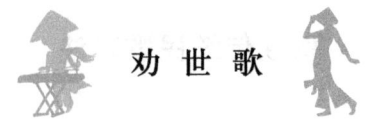

劝 世 歌

喃字原文： 旗 埃 帠 拂 至 制 兜 麻。
国际音标： kɤ² ʔaːi¹ ʔdɤi⁵ fɤt⁷ tsi⁵ tsɤːi¹ ʔdɤu¹ ma²
汉语直译： 旗 谁 那儿 飘拂 到 玩 哪儿 而
汉语意译： 谁家的旗谁人举。

（男：阮进余）

（112）

喃字原文： 𠊛 㺊 沛 𢚸 沛 挪，
国际音标： laːm² ŋɯːi² faːi³ ʔdan⁵ faːi³ ʔdɔ¹
汉语直译： 为 人 要 打 中 度量
汉语意译： 做人要思前想后，

喃字原文： 沛 斤 硬 輊 沛 掋 濃 溇。
国际音标： faːi³ kɤn¹ naŋ⁶ nɛ⁶ faːi³ jɔ² nɔŋ¹ thɤu¹
汉语直译： 要 称 重 轻 要 观察 浅 深
汉语意译： 轻重由秤深浅量。

（113）

喃字原文： 埃 喂！袳 歐 如 麻，
国际音标： ʔaːi¹ ʔɤːi¹! tɛ³ maːi³ ŋɯ¹ ma²
汉语直译： 谁 啊 年轻 永久 但是
汉语意译： 喂呀！人生求不老，

喃字原文： 強 挪 𢚸 夥 強 耗 秩 缘。
国际音标： kaːŋ² ʔdɔ¹ ʔdan⁵ lam⁵ kaːŋ² ja² mɤt⁷ jiːn¹
汉语直译： 越 揣摩 多 越 老 失 缘
汉语意译： 越想高贵越失缘。

京族传统民歌译注

（114）

喃字原文： 媕 喂！姊 保 哩 尼，
国际音标： ʔɛm¹ ʔɤːi¹! tsi⁶ ʔbaːu³ nɤːi² nai²
汉语直译： 妹 啊 姐 告诉 话 这
汉语意译：妹呀！姐话妹要听，

喃字原文： 蜑 挃 贝 硶 固 䏧 硶 散。
国际音标： tuŋ⁵ tsɔi⁶ vɤːi⁵ ʔda⁵ kɔ⁵ ŋai² vɤː³ taːn¹
汉语直译： 蛋 碰 和 石 有 天 破 散
汉语意译：蛋碰石头总会烂。

（115）

喃字原文： 馭 坤 咹 皿 㐲 鵝，
国际音标： ŋɯːi² khon¹ ʔan¹ miːŋ⁵ thit⁸ ɣa²
汉语直译： 人 精灵 吃 块 肉 鸡
汉语意译：精人吃块好鸡肉，

喃字原文： 虽 浪 咹 㐼 仍 麻 喑 数；
国际音标： ti¹raŋ² ʔan¹ ʔit⁷ nɯŋ¹ma² ŋɔn¹ lɤu¹
汉语直译： 虽然 吃 少 但是 香 甜 久
汉语意译：虽然量少食香久；

喃字原文： 馭 愧 咹 果 蒲 橪，
国际音标： ŋɯːi² jaːi⁶ ʔan¹ kwaː³ ʔbo² nɤu¹
汉语直译： 人 傻 吃 果 无患子 棕色
汉语意译：傻人吃了无患子，

喃字原文： 咹 呐 哢 瓢 拼 别 味 喑。
国际音标： ʔan¹nɔi⁵ ʔbin³ʔbɤu² tsaŋ³ ʔbiːt⁷ mui² ŋɔn¹
汉语直译： 言谈 随意 不 知 味 美
汉语意译：吃量是多味道苦。

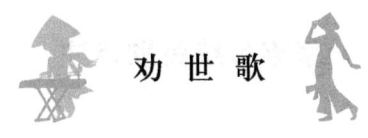

劝 世 歌

（116）

喃字原文：争　权　觠　渃　之　低，
国际音标：tan¹ kwi:n² lot⁸ nɯ:k⁷ tsi¹ ʔdɣi¹
汉语直译：争　权　夺　国　什么　这儿
汉语意译：人为何争权夺利，

喃字原文：眱　烑　如　鉢　渃　渧　罘　欣；
国际音标：kɔi¹ ȵau¹ ȵɯ¹ ʔba:t⁷ nɯ:k⁷ ʔdɣi² la² hɣ:n¹
汉语直译：看　互相　如　碗　水　满　是　胜于
汉语意译：做人一碗水端平；

喃字原文：哈　裙　台　襖　台　唏，
国际音标：hai¹ kwɣn² hai¹ ʔa:u⁵ hai¹ hɣ:i¹
汉语直译：或　裤　或　衣　或　气息
汉语意译：穿新衣服见人美，

喃字原文：麻　掶　咍　馱　罘　貼　補　㐌。
国际音标：ma² tsaŋ³ hai¹ ŋɯ:i² la² kuə³ ʔbɔ³ ʔdi¹
汉语直译：而　不　知　人　是　物　丢　去
汉语意译：内心不美莫是人。

（117）

喃字原文：停　贪　貼　貁　貼　浍，
国际音标：ʔdɯŋ² tha:m¹ kuə³ rɛ³ kuə³ hoi¹
汉语直译：别　贪　东西　便宜　东西　捡
汉语意译：莫要贪买便宜货，

喃字原文：仍　貼　渧　㘚　罘　貼　掶　喑；
国际音标：ȵɯŋ³ kuə³ ʔdɣi² noi¹ la² kuə³ tsaŋ³ ŋon¹
汉语直译：些　东西　满　锅　是　东西　不　美味
汉语意译：见是满锅不好食；

1663

喃字原文： 仁 義 罤 主 闷 椛，
国际音标： nɤn¹ŋiə³ la² tsuə⁵ mu:n¹ ʔdɤ:i²
汉语直译： 仁义 是 主 万 代
汉语意译： 世上最好是仁义，

喃字原文： 鉑 钱 罤 客 戈 制 悲 唅。
国际音标： ʔba:k⁸ ti:n² la² khat⁷ kwa¹ tsɤ:i¹ ʔbɤi¹jɤ²
汉语直译： 银 钱 是 客 过 玩 如今
汉语意译： 钱银外物贪无义。

（男：苏维绍）

（118）

喃字原文： 欺 霸 挺 固 拖 埃，
国际音标： khi¹ jau² tsaŋ³ kɔ⁵ ʔdɤ³ ʔa:i¹
汉语直译： 时 富 没 又 助 谁
汉语意译： 家富裕时不助人，

喃字原文： 跙 欺 患 难 挺 埃 拖 躬；
国际音标： ʔden⁵ khi¹ hwa:n⁶na:n⁶ tsaŋ³ ʔa:i¹ ʔdɤ³ min²
汉语直译： 到 时 患难 没有 谁 帮助 自己
汉语意译： 遇到困难无人帮；

喃字原文： 鐄 沙 㙎 洪 麒 寻，
国际音标： va:ŋ² tha¹ su:ŋ⁵ ji:ŋ⁵ khɔ⁵ tim²
汉语直译： 金子 落 下 井 难 找
汉语意译： 黄金落井难找寻，

喃字原文： 馭 沙 咥 呐 如 鸩 効 籠。
国际音标： ŋɯ:i² tha¹ nɤ:i² nɔi⁵ nɯ¹ tsim¹ thɔ³ lɔŋ²
汉语直译： 人 说 话 说 如 鸟 脱 笼
汉语意译： 人说空话鸟脱笼。

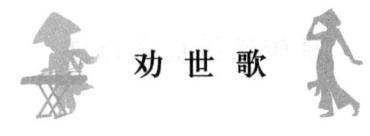

劝 世 歌

（119）

嘞字原文：埃　麻　员　義　悁　功，
国际音标：ʔaːi¹ ma² fu⁶ŋiə³ kwen¹ koŋ¹
汉语直译：谁　而　负　义　忘　功
汉语意译：谁人负义忘记功，

嘞字原文：時　扚　禁　梗　花　红　挋　莕；
国际音标：thi² ʔdɛu¹ tam¹ ɣan⁵ hwa¹hoŋ² tsaŋ³ thɤːm¹
汉语直译：则　戴　百　担　玫瑰花　不　香
汉语意译：身戴百朵玫瑰花不香；

嘞字原文：哖　呐　空　秩　錢　謨，
国际音标：nɤːi² nɔi⁵ khoŋ¹ mɤt⁷ tiːn² muə¹
汉语直译：话　说　不　花　钱　买
汉语意译：讲话不用钱来买，

嘞字原文：招　哖　麻　呐　渚　波　悉　烧。
国际音标：luɯ⁶ nɤːi² ma² nɔi⁵ tsɔ¹ vuuə²lɔŋ² nau¹
汉语直译：择　言　而　说　给　满意　互相
汉语意译：婉言相劝人欢心。

（120）

嘞字原文：貪　鐄　補　垗　圿　㙮，
国际音标：thaːm¹ vaːŋ² ʔbɔ³ ʔdoŋ⁵ ɣat⁸ ʔdɤi²
汉语直译：贪　金　丢　堆　砖头　满
汉语意译：贪金丢大堆砖头，

嘞字原文：鐄　時　唵　悶　圿　砒　铖　城；
国际音标：vaːŋ² thi² ʔan¹ het⁷ ɣat⁸ sɤi¹ nen¹ than²
汉语直译：金　则　吃　完　砖　砌　成　城
汉语意译：金用完砖可砌城；

1665

喃字原文： 世　间　䎬　䎬　牧　勤，
国际音标： the⁵ ja:n¹ jau² ʔbɤ:i³ tsɯ³ kɤn²
汉语直译： 世　间　富　因　字　勤
汉语意译： 世间财富来勤劳，

喃字原文： 固　麻　悚　悑　時　身　拼　群。
国际音标： kɔ⁵ ma² lɯ:i² ʔbi:ŋ⁵ thi² thɤn¹ tsaŋ³ kɔn²
汉语直译： 有　而　懒惰　　则　身　不　存
汉语意译： 若是懒人身落空。

（121）

喃字原文： 粓　吒　襖　媄　唉　制，
国际音标： kɤ:m¹ tsa¹ ʔa:u⁵ mɛ⁶ ʔan¹ tsɤ:i¹
汉语直译： 饭　夫　衣　母　唉　玩
汉语意译： 吃父饭穿着母衣，

喃字原文： 揇　鉢　粓　駅　杜　鉢　蒲　浍；
国际音标： ʔbɯŋ¹ ʔba:t⁷ kɤ:m¹ ŋɯ:i² ʔdo³ ʔba:t⁷ mo² hoi¹
汉语直译： 端　碗　饭　人　倒　碗　汗
汉语意译： 捧碗饭如捧碗汗；

喃字原文： 仍　駅　饳　襂　裑　哉，
国际音标： ȵɯŋ³ ŋɯ:i² ʔdoi⁵ rat⁷ ta³ tɯ:i¹
汉语直译： 些　人　饿　破　褴　褛
汉语意译： 见那些贫苦人们，

喃字原文： 朧　悉　袽　撲　仍　駅　沙　饥。
国际音标： roŋ⁶ lɔŋ² ʔdum² ʔbɔk⁸ ȵɯ:ŋ³ ŋɯ:i² tha¹ kɤ¹
汉语直译： 宽　心　庇护　　些　人　饥　寒
汉语意译： 互相庇护免饥寒。

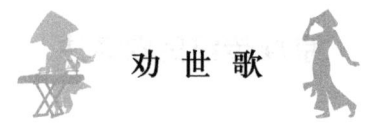

劝 世 歌

（122）

喃字原文：啧 吒 啧 娸 茹 払，
国际音标：tat⁷ tsa¹ tat⁷ mɛ⁶ ɲa² tsa:ŋ²
汉语直译：责怪 夫 责怪 母 家 郎
汉语意译：责怪父母责怪君，

喃字原文：拎 斤 拸 别 罡 鐄 台 鑠；
国际音标：kɤm² kɤn¹ tsaŋ³ ʔbi:t⁷ la² va:ŋ² hai¹ thau¹
汉语直译：拿 秤 不 知 是 金 或 黄铜
汉语意译：掌秤平金铜不分；

喃字原文：疏 鐄 拸 沛 鑠 兜，
国际音标：thɯə¹ va:ŋ² tsaŋ³ fa:i³ thau¹ ʔdɤu¹
汉语直译：禀告 金 不 是 黄铜 哪儿
汉语意译：这是黄金不是铜，

喃字原文：停 抏 此 焐 麻 疠 悉 鐄。
国际音标：ʔdɯŋ² ʔdɛm¹ thɯ³ lɯə³ ma² ʔdau¹ lɔŋ² va:ŋ²
汉语直译：别 带 试 火 而 痛心 金
汉语意译：莫带炼火金痛心。

（123）

喃字原文：娸 猌 黔 娸 猌 毦，
国际音标：mɛ⁶ tsoŋ² jɯ³ mɛ⁶ tsoŋ² tset⁷
汉语直译：家婆 凶 家婆 死
汉语意译：家婆恶易死得快，

喃字原文：娘 妯 固 涅 娘 妯 悇；
国际音标：na:ŋ² jɤu¹ kɔ⁵ net⁷ na:ŋ² jɤu¹ tsɯə²
汉语直译：媳妇 有 德行 媳妇 改过
汉语意译：媳妇德行是好人；

喃字原文：偒氀沛哭 姆耂，
国际音标：thɯːŋ¹ tsoŋ² faːi³ khɔk⁷ mɤ⁶ ja²
汉语直译：爱 夫 要 哭 母 老
汉语意译：深爱丈夫应爱母，

喃字原文：嘫碎貝姆固娿琨之。
国际音标：ɣɤm⁵ toi¹ vɤːi⁵ mɤ⁶ kɔ⁵ ʔbaˀkɔn¹ tsi¹
汉语直译：寻思 我 和 婆婆 有 亲戚 什么
汉语意译：寻思自己做婆时。

(124)

喃字原文：伴 排 罖 義 相 知，
国际音标：ʔbaːn⁶ʔbɛ² la² ŋiə³ tɯːŋ¹ti¹
汉语直译：朋友 是 义 相 知
汉语意译：相知情义是朋友，

喃字原文：牢 朱 䎃 翻 没 𭥛 貝 安。
国际音标：thaːu¹ tsɔ¹ thau¹tɯːk⁷ mot⁸ ʔbe² mɤːi⁵ ʔiːn¹
汉语直译：怎么 给 前后 一味地 才 安
汉语意译：始终如一心友好。

(125)

喃字原文：啧 馭 君 子 無 情，
国际音标：tat⁷ ŋɯːi² kwɤn¹tɯ³ vo¹tin²
汉语直译：责怪 人 君子 无情
汉语意译：责怪君子无情义，

喃字原文：固 鏡 麻 底 邊 躺 恸 燸；
国际音标：kɔ⁵ hɯːŋ¹ ma² ʔde³ ʔben¹ min² ʔbiːŋ⁵ thoi¹
汉语直译：有 镜子 而 留 边 身 懒 照
汉语意译：身边镜不照自己；

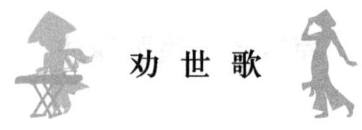

劝 世 歌

喃字原文： 孖 身 琨 妸 沛 怓,
国际音标： la:m²thɤn¹ kɔn¹ɣa:i⁵ fa:i³ lɔ¹
汉语直译： 身为 女子 要 忧心
汉语意译： 作为女子多思量,

喃字原文： 務 冬 浰 沫 埃 朱 撎 馼。
国际音标： muə²ʔdoŋ¹ rɛt⁷mɯ:t⁷ ʔa:i¹ tsɔ¹ mɯ:n⁶ tsoŋ²
汉语直译： 冬天 寒冷 谁 给 借 夫
汉语意译： 想借人夫寒冬难。

（126）

喃字原文： 恘 恩 姑 博 勢 哩,
国际音标： nɤ²ʔɤ:n¹ ko¹ ʔba:k⁷ jup⁷ nɤ:i²
汉语直译： 感谢 姑 伯 帮助 话
汉语意译： 感谢姑伯说好话,

喃字原文： 姉 媕 沛 勢 貼 翁 丕 定 碎;
国际音标： tsi⁶ʔɛm¹ jup⁷ kuə³ ʔoŋ¹jɤ:i² ʔdin⁶ toi¹
汉语直译： 姐妹 助 物 老天 定 我
汉语意译： 姐妹助物天作合；

喃字原文： 牡 丹 艿 境 茹 蜍,
国际音标： mɤu³ʔdɤ:n¹ nɤ³ kan³ ɲa²thɤ²
汉语直译： 牡丹 开 境 寺院
汉语意译： 寺院有朵牡丹花,

喃字原文： 堆 些 贞 节 待 祂 徐 祂 焼。
国际音标： ʔdoi¹ta¹ tan¹ti:t⁷ ʔdɤ:i⁶tsɤ² lɤi⁵ɲau¹
汉语直译： 咱俩 贞节 等待 结婚
汉语意译： 情真意切相结合。

1669

（127）

喃字原文： 𡛔 妸 𥙩 沛 𠓀 𦓅，

国际音标： kɔn¹ɣaːi⁵ lɤi⁵ faːi³ tsoŋ² ja²

汉语直译： 女子 嫁 中 夫 老

汉语意译： 少女娶个老丈夫，

喃字原文： 拱 凴 𡛔 狢 虪 拕 𠓨 棱；

国际音标： kuŋ³ ʔbaŋ² kɔn¹lɤːn⁶ kɔp⁸ tha¹ vaːu² rɯŋ²

汉语直译： 也 如 猪 虎 叼 进 林

汉语意译： 如猪被虎捉入林；

喃字原文： 無 福 𥙩 沛 𥘷 伶，

国际音标： vo¹ fuk⁷ lɤi⁵ faːi³ tɛ³ran¹

汉语直译： 无 福 嫁 中 小毛孩

汉语意译： 无福娶得小毛孩，

喃字原文： 伮 咹 伮 補 散 情 伮 趍。

国际音标： nɔ⁵ ʔan¹ nɔ⁵ ʔbɔ³ taːn¹tan² nɔ⁵ ʔdi¹

汉语直译： 他 吃 他 丢 离弃 他 去

汉语意译： 他玩够了丢离弃。

（128）

喃字原文： 鴉 坤 鴉 拯 𠫾 狼，

国际音标： ɣa² khon¹ ɣa² tsaŋ³ ʔda⁵ laːŋ¹

汉语直译： 鸡 聪明 鸡 不 踢 狼

汉语意译： 好鸡不斗狼心狼，

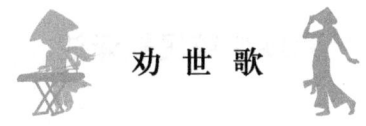

劝 世 歌

喃字原文： 妠　坤　妠　拯　補　廊　妠　孩。
国际音标： ɣaːi⁵ khon¹ ɣaːi⁵ tsaŋ³ ʔbɔ³ laːŋ² ɣaːi⁵ ʔdi¹
汉语直译： 女子 聪明 女子 不 丢 村 女子 去
汉语意译： 好女不离自村庄。

（男：杜福朝，苏明利，阮兴仪；女：苏权珍）

（129）

喃字原文： 計 自 太 极 生 黜，
国际音标： ke³ tɯ² thaːi⁵kɯk⁸ thin¹ ra¹
汉语直译： 叙述 从 太极 生 出
汉语意译： 自从太极生出来，

喃字原文： 皇 天 姚 子 性 些 罙 齡；
国际音标： hwaːŋ²thiːn¹ vo¹ tɯ³ tin⁵ ta¹ von⁵ lan²
汉语直译： 皇天 无 子 性 咱 本 善
汉语意译： 皇天无子性本善；

喃字原文： 性 躺 時 底 触 躺，
国际音标： tin⁵ min² thi² ʔde³ tɔŋ¹ min²
汉语直译： 性 自己 则 留 里 身
汉语意译： 人之性情在心里，

喃字原文： 集 朱 性 成 性 買 共 賒。
国际音标： tɤp⁸ tso¹ tin⁵ than² tin⁵ mɤːi⁵ kuŋ² sa¹
汉语直译： 练习 使 性 成 性 才 同 远
汉语意译： 人的本性自集练。

喃字原文： 罙 馭 道 媄 德 吒，
国际音标： la² ŋɯːi² ʔdaːu⁶ me⁶ ʔdɯk⁷ tsa¹
汉语直译： 是 人 道 母 德 父
汉语意译： 做人要孝敬父母，

1671

京族传统民歌译注

喃字原文：吜 㕷 教 訓 底 麻 吶 䘆;
国际音标：la:m² ŋɯ:i² ja:u⁵hwɤn⁵ ʔde³ma² jai⁶ kɔn¹
汉语直译：为 人 教训 以便 教育 孩子
汉语意译：先受教训后教子;

喃字原文：吶 自 群 㺦 䘆 䘆,
国际音标：jai⁶ tɯ² kɔn² ʔbɛ⁵ kɔn¹kɔn¹
汉语直译：教育 从 还 小 小小
汉语意译：培育儿自小教起,

喃字原文：㺦 麻 㧅 吶 喊 坤 我 梗。
国际音标：ʔbɛ⁵ ma² tsaŋ³ jai⁶ nen¹ khon¹ ŋa³ kan²
汉语直译：小 而 不 教 成 聪明 倒 枝
汉语意译：小时不教大倒枝。

喃字原文：吶 䘆 自 課 小 生,
国际音标：jai⁶ kɔn¹ tɯ² thɤ³ ti:u³thin¹
汉语直译：教育 孩子 从 时期 幼小
汉语意译：教儿自从幼小时,

喃字原文：貯 柴 貯 伴 集 情 礼 儀;
国际音标：ɣɤn² thɤi² ɣɤn² ʔba:n⁶ tʂp⁸tan² le³ŋi¹
汉语直译：近 师 近 友 学习 礼仪
汉语意译：接近师友学礼仪;

喃字原文：学 朱 各 物 知 之,
国际音标：hɔk⁸ tsɔ¹ ka:k⁷ vɤt⁸ ti¹ tsi¹
汉语直译：学 给 各 物 知 之
汉语意译：各种事物须学知,

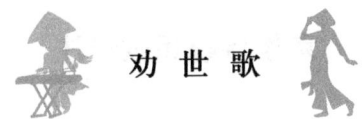

劝 世 歌

喃字原文： 文章 敀義艺之拱 通。
国际音标： van¹tsɯ:ŋ¹ tsɯ³ŋiə³ ŋe² tsi¹ kuŋ³ thoŋ¹
汉语直译： 文章 字义 行业 什么 也 通
汉语意译：文字文章都通晓。

喃字原文： 没聂試杜 榜蠅,
国际音标： mot⁸ma:i¹ thi¹ʔdo³ ʔba:ŋ³roŋ²
汉语直译： 日后 考中 龙榜
汉语意译：日后龙榜出仕时,

喃字原文： 塡 功 吒媄補 功 学 行;
国际音标： ʔden² koŋ¹ tsa¹mɛ⁶ ʔbu² koŋ¹ hɔk⁸han²
汉语直译：报答 功 父母 报答 功 学习
汉语意译：报答父母送读书;

喃字原文： 呦麻群 闷 功 名,
国际音标： jɤu²ma² kɔn² mu:n⁵ koŋ¹jan¹
汉语直译： 如果 还 想 功 名
汉语意译：如果功名来得迟,

喃字原文： 科 尼 拰 杜 時 翙 科 䉪。
国际音标： khwa¹ nai² tsaŋ³ ʔdo³ thi² jan² khwa¹ thau¹
汉语直译： 科 这 不 考中 则 争取 科 后
汉语意译：此次未及后争取。

喃字原文：皇 天 固 負 埃 兜,
国际音标： hwa:ŋ²thi:n¹ kɔ⁵ fu⁶ ʔa:i¹ ʔdɤu¹
汉语直译： 皇天 有 负 谁 哪儿
汉语意译：皇天不负有心人,

1673

喃字原文：市 农 工 奇 於 頭 私 人；
国际音标：thi⁶ noŋ¹ koŋ¹ ka³ ʔɤ³ ʔdʐu² tɯ¹nɤn¹
汉语直译：市 农 功 全 在 头 私 人
汉语意译：工农商取决自己；

喃字原文： 上 時 上 議 司 君，
国际音标：thɯːŋ⁶ thi² thɯːŋ⁶ ŋi⁶ ti¹ kwɤn¹
汉语直译： 上 则 上 议 司 君
汉语意译：高是上议或君司，

喃字原文：下 時 下 仕 達 民 忄之 之。
国际音标：ha⁶ thi² ha⁶ thi³ ʔdat⁸ jɤn¹ lɔ¹ tsi¹
汉语直译：下 则 为 仕 达 民 忧 什么
汉语意译：下是仕民莫忧虑。

喃字原文： 𠁽 柴 𠁽 欏 每 艺，
国际音标：laːm² thɤi² laːm² thuːk⁷ mɔi⁶ ŋe²
汉语直译： 做 师傅 做 药 各 行业
汉语意译：行师行医各艺精，

喃字原文： 合 散 理 数 拱 為 敎 儒；
国际音标：hɤːp⁸ taːn¹ li⁵ tho⁵ kuŋ³ vi² tsɯ³ȵo¹
汉语直译： 合 散 理 数 也 为 儒 字
汉语意译：语理学科都儒字；

喃字原文： 勸 㫛 鉥 業 学 徒，
国际音标：khwiːn¹ kɔn¹ tsam¹ ŋiːp⁸ hɔk⁸ʔdo²
汉语直译： 劝 孩子 专心 学业 学徒
汉语意译：劝儿学习要辛勤，

1674

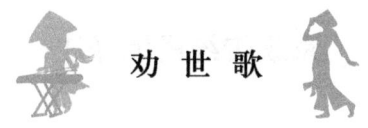

劝 世 歌

喃字原文： 耕 農 拱 沛 麻 朱 專 勤。
国际音标： kan¹noŋ¹ kuŋ³ fa:i³ ma² tsɔ¹ tsi:n¹kɤn²
汉语直译： 耕农 也 要 而 给 专心
汉语意译： 耕农也要有专心。

喃字原文： 文 章 琨 底 立 身，
国际音标： van¹tsɯ:ŋ¹ kɔn¹ ʔde³ lɤp⁸thɤn¹
汉语直译： 文章 孩子 留 立身
汉语意译： 文章知识立身本，

喃字原文： 翀 㗂 棋 稦 固 功 麻 ᄁ；
国际音标： ru:ŋ⁶ nɯ:ŋ¹ kai² kɤi⁵ ko⁵ koŋ¹ ma² la:m²
汉语直译： 田 地 耕种 有 工 来 做
汉语意译： 耕田种地识农事；

喃字原文： 民 之 大 本 之 农，
国际音标： jɤn¹ tsi¹ ʔda:i⁶ ʔba:n³ tsi¹ noŋ¹
汉语直译： 民 之 大 本 之 农
汉语意译： 平民本事是耕农，

喃字原文： 耕 农 祂 秾 氍 咹 氍 用。
国际音标： kan¹noŋ¹ lɤi⁵ thɔk⁷ ʔdu³ ʔan¹ ʔdu³ juŋ²
汉语直译： 耕农 要 谷子 足 吃 足 用
汉语意译： 种田有粮莫忧饥。

喃字原文： 餒 琨 朱 冒 成 身，
国际音标： nu:i¹ kɔn¹ tsɔ¹ kwa:n³ than²thɤn¹
汉语直译： 养 孩子 给 管 成人
汉语意译： 培育子女长成人，

1675

喃字原文：㐌 学 㐌 行 碰 孕 朱 琨；
国际音标：ʔdi¹ hɔk⁸ ʔdi¹ han² sɤi¹jɯŋ⁶ tsɔ¹ kɔn¹
汉语直译：上 学 去 学　　建 设　给 孩子
汉语意译：送去读书忧婚事；

喃字原文：吒 媄 如 渃 如 嶙，
国际音标：tsa¹mɛ⁶ ȵɯ¹ nɯːk⁷ ȵɯ¹ nɔn¹
汉语直译：父母 如 水　如 山
汉语意译：父母功德如泰山，

喃字原文：如 丕 如 波 青 山 黄 河。
国际音标：ȵɯ¹ jɤːi² ȵɯ¹ ʔbe³ thaːn¹thɤːn¹ hwaːŋ²ha²
汉语直译：如 天 如 海 青 山　　黄 河
汉语意译：如海天黄河青山。

喃字原文：琨 𬤊 㤋 媄 敬 吒，
国际音标：kɔn¹ nen¹ ȵɤ⁵ mɛ⁶ kin⁵ tsa¹
汉语直译：孩子 应 记 母 敬 父
汉语意译：子女要记恩父母，

喃字原文：祂 㤋 吒 媄 𬤊 𦒹 㤋 琨；
国际音标：tɛ³ ȵɤ² tsa¹mɛ⁶ tuːi³ ja² ȵɤ² kɔn¹
汉语直译：小 靠 父 母 岁 老 靠 孩子
汉语意译：少依父母老靠儿；

喃字原文：𠰘 咹 𠰘 者 𠰘 唅，
国际音标：miːŋ⁶ ʔan¹ miːŋ⁶ ja³ miːŋ⁶ ŋɔn¹
汉语直译：口 吃 口 还 口 美味
汉语意译：生活好不忘父母，

1676

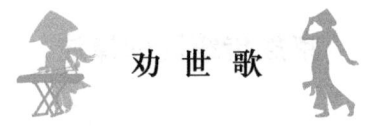

劝 世 歌

喃字原文： 服 老 奉 養 嚎 琨 脏 胆。
国际音标： fuk⁸ la:u³ fuŋ⁶juː ŋ³ mɔn¹ kɔn¹ ʔdem¹ŋai²
汉语直译： 服 老 奉养 盼望 孩子 日夜
汉语意译： 老人日夜奉养儿。

喃字原文： 磩 姼 欺 杜 浦 浍，
国际音标： hɔn² ʔda⁵ khi¹ ʔdo³ ʔbo² hoi¹
汉语直译： 石块 时 倒 汗
汉语意译： 石头有时也出汗，

喃字原文： 糫 湯 奉 養 報 馱 欺 帀；
国际音标： thuːk⁷ thaːŋ¹ fuŋ⁶juːŋ³ ʔba:u⁵ ŋɯːi² khi¹ na:u²
汉语直译： 药 汤 奉养 报 人 时 哪
汉语意译： 药茶敬老报养恩；

喃字原文： 吒 媄 呔 保 ⺍ 牢，
国际音标： tsa¹mɛ⁶ jai⁶ ʔba:u³ la:m² tha:u¹
汉语直译： 父母 教育 为什么
汉语意译： 父母教育儿做人，

喃字原文： 道 ⺍ 琨 沛 律 伮 嚕 聪。
国际音标： ʔda:u⁶ la:m² kɔn¹ fa:i³ lɔt⁸va:u² lo³ ta:i¹
汉语直译： 道 身 为 孩子 要 进入 洞 耳
汉语意译： 身为子女要中听。

喃字原文： 停 如 渃 杜 葞 荴，
国际音标： ʔduŋ² ɳɯ¹ nɯːk⁷ ʔdo³ la⁵ khwa:i¹
汉语直译： 别 如 水 倒 叶 红薯
汉语意译： 不能像水泼薯叶，

1677

喃字原文：挹 富 挹 贵 轻 馭 贫 人；
国际音标：kɤi⁶ fu⁵ kɤi⁶ kwi⁵ khin¹ ŋɯːi² ʔbɤn²nɤn¹
汉语直译：倚 富 倚 贵 轻　　人 穷 人
汉语意译：莫仗富贵鄙视穷；

喃字原文：兄 兄 長 長 邻 邻，
国际音标：hwin¹ hwin¹ tɯːŋ³ tɯːŋ³ lɤn¹ lɤn¹
汉语直译：兄 兄 长 长 邻 邻
汉语意译：兄兄长长邻里亲，

喃字原文：敬 耂 要 祕 人 論 道 祥。
国际音标：kin⁵ jaː² ʔiːu¹ tɛ³ nɤn¹lɤn¹ ʔdaːu⁶ tɯːŋ²
汉语直译：敬 老 爱 幼 人 伦　　道 详
汉语意译：敬老爱幼为人道。

喃字原文：　勸 㧒 齣 准 役 廊，
国际音标：khwiːŋ¹ kɔn¹ raː¹ tson⁵ viːk⁸ laːŋ²
汉语直译：劝　　孩子 出 地方 事 村
汉语意译：劝儿多助村众事，

喃字原文：祈 神 拜 社 撕 挪 亭 厨；
国际音标：ki² thɤn² ʔbaːi⁵ saː³ thɯə³thaːŋ¹ ʔdin²
汉语直译：祈 神　　拜 社　　修 理 亭
汉语意译：祈神拜社修亭祠；

喃字原文：役 官 朱 跙 役 㐌，
国际音标：viːk⁸ kwaːn¹ tsɔ¹ ʔden⁵ viːk⁸ vuə¹
汉语直译：事 官 给 到 事 皇帝
汉语意译：皇帝事至官员事，

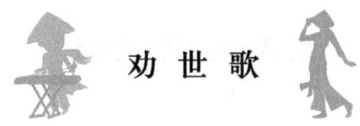

劝 世 歌

喃字原文： 役 市 拱 沛 擬 渚 氆 銅。
国际音标： vi:k⁸ na:u² kuŋ³ fa:i³ ŋi³ tsɔ¹ ʔdu³ʔdoŋ²
汉语直译： 事 哪 也 要 考虑 给 周全
汉语意译： 何事都要想周全。

喃字原文： 役 官 琨 著 法 功,
国际音标： vi:k⁸ kwa:n¹ kɔn¹ tsɯ⁵ fɛp⁷ koŋ¹
汉语直译： 事 官 孩子 依照 法理 功
汉语意译： 官事按规矩承办,

喃字原文： 贴 民 贴 獨 澪 悉 奸 贪；
国际音标： kuə³ jɤn¹ kuə³ ʔdok⁸ tsɤ⁵ lɔŋ² ja:n¹ tha:m¹
汉语直译： 物 民 物 独 别 心 奸 贪
汉语意译： 人民财富自莫贪；

喃字原文： 啹 鑽 翌 啹 朱 甘,
国际音标： ʔan¹ va:ŋ² tsiu⁶ ti:ŋ⁵ tsɔ¹ ka:m¹
汉语直译： 吃 金 受 名声 给 甘心
汉语意译： 淡黄季节也甘心,

喃字原文： 贴 民 贴 独 澪 贪 害 躺。
国际音标： kuə³ jɤn¹ kuə³ ʔdok⁸ tsɤ⁵ tha:m¹ ha:i⁶ min²
汉语直译： 物 民 物 独 别 贪 害 自己
汉语意译： 众人财富贪害身。

喃字原文： 欺 䎱 欺 位 外 亭,
国际音标： khi¹ ra¹ khi¹ vɤ:i⁶ ŋwa:i² ʔdin²
汉语直译： 时 出 时 和 外 哈亭
汉语意译： 哈亭官职排位时,

喃字原文： 拰　　高　　拰　　湿　中　平　罒　催；
国际音标：tsaŋ³ ka:u¹ tsaŋ³ thɤp⁷ tuŋ¹ ʔbin² la² thoi¹
汉语直译： 不　　高　　不　　低　普通　是　而已
汉语意译：高低职位无所为；

喃字原文： 禄　禄　丕　岔　岔　丕，
国际音标：lok⁸ lok⁸ jɤ:i² ŋoi¹ ŋoi¹ jɤ:i²
汉语直译： 禄　禄　天　位　位　天
汉语意译：天福天禄是天赐，

喃字原文： 埃　麻　固　福　固　岔　忟　之。
国际音标：ʔa:i¹ ma² kɔ⁵ fuk⁷ kɔ⁵ ŋoi¹ lɔ¹ tsi¹
汉语直译： 谁　而　有　福　有　位　忧心　什么
汉语意译：谁人有福无忧位。

喃字原文： 欺　位　長　酸　尊　卑，
国际音标：khi¹ vɤ:i⁶ tɯ:ŋ³ jɤu⁵ ton¹ ti¹
汉语直译： 时　　长辈　　爱　尊　卑
汉语意译：长老尊卑按排位，

喃字原文： 上　和　下　睦　瓜　時　罒　欣；
国际音标：thɯ:ŋ⁶ hwa² ha⁶ muk⁸ ʔɤi⁵ thi² la² hɤ:n¹
汉语直译： 上　和　下　睦　那　则　是　胜于
汉语意译：上下和睦胜名气；

喃字原文： 呬　咹　呬　旺　溆　贪，
国际音标：mi:ŋ⁶ ʔan¹ mi:ŋ⁶ ʔu:ŋ⁵ tsɤ⁵ tha:m¹
汉语直译： 口　吃　口　喝　别　贪
汉语意译：好吃东西莫要贪，

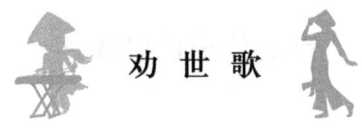

劝 世 歌

喃字原文： 拃 戈 過 口 唇 散 麻 催。
国际音标： tsaŋ³ kwa¹ kwa⁵ khɤu³thɤn² ta:n² ma² thoi¹
汉语直译： 不 过 过 口唇 残 而 罢了
汉语意译： 吃入嘴唇全消除。

喃字原文： 出 言 呐 沛 料 唑，
国际音标： sɤt⁷ ŋon¹ nɔi⁵ fa:i³ li:u⁶n̠ɤ:i²
汉语直译： 出 言 说 要 择言
汉语意译： 说话之时要思量，

喃字原文： 傞 埃 奇 啫 些 時 逻 彶；
国际音标： he⁶ ʔa:i¹ ka³ ti:ŋ⁵ ta¹ thi² lui¹ ʔdi¹
汉语直译： 一旦 谁 大 声 咱 就 退 去
汉语意译： 别人争大自退出；

喃字原文： 仍 唑 吒 吔 如 意，
国际音标： n̠ɯŋ³ n̠ɤ:i² tsa¹ jai⁶ n̠ɯ¹ʔi⁵
汉语直译： 些 话 父 教 如意
汉语意译： 父教子女如心愿，

喃字原文： 琨 耨 琨 妠 乙 時 沛 睚。
国际音标： kɔn¹ja:i¹ kɔn¹ɣa:i⁵ ʔat⁷ thi² fa:i³ ŋɛ¹
汉语直译： 儿子 女儿 必定 则 是 听
汉语意译： 男儿女孩必定听。

（男：梁荣春）

（130）

喃字原文： 劝 吔 琨 妠：
国际音标： khwi:n¹ jai⁶ kɔn¹ɣa:i⁵
汉语直译： 劝 教 女儿
汉语意译： 劝教女儿：

1681

喃字原文：没 豴 金 织 袙 缑，
国际音标：mot⁸ tai¹ kim¹ tsi³ va⁵mai¹
汉语直译：一 手 针 线 缝 补
汉语意译：一手针线缝补活，

喃字原文：拰 别 時 学 朱 齐 駈 些。
国际音标：tsaŋ³ ʔbi:t⁷ thi² hɔk⁸ tsɔ¹ tai¹ ŋɯ:i²ta¹
汉语直译：不 知 则 学 给 赶上 人家
汉语意译：不懂就学赶上人。

喃字原文：防 欺 怒 缧 纲 豳，
国际音标：fɔŋ² khi¹ nɔ⁶ rat⁷ lɯ:i⁵ ra¹
汉语直译：预防 时 它 破 网 出
汉语意译：防止衣服破烂时，

喃字原文：秩 功 吏 沛 攈 羅 搜 駈。
国际音标：mɤt⁷ koŋ¹ la:i⁶ fa:i³ jɔ²la¹ mɯ:n⁶ ŋɯ:i²
汉语直译：丢 功 又 要 打探 借 人
汉语意译：不用求人自会补。

喃字原文：役 ⺙ 謹 慎 拰 制，
国际音标：vi:k⁸ la:m² kɤn³thɤn⁶ tsaŋ³ tsɤ:i¹
汉语直译：事 做 谨慎 不 玩
汉语意译：做事谨慎莫贪玩，

喃字原文：貼 唵 漺 固 補 淶 補 坏。
国际音标：kuə³ ʔan¹ tsɤ⁵ kɔ⁵ ʔbɔ³ rɤ:i¹ ʔbɔ³ hwa:i⁶
汉语直译：物 吃 别 有 丢 下 丢 浪费
汉语意译：劳动财物不浪费。

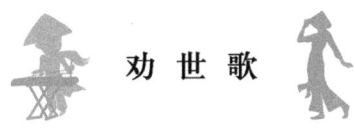# 劝 世 歌

喃字原文：仍 虶 㭨 渴 落 类，
国际音标：n̠ɯŋ³ ŋɯːi² ʔdɔi⁵khaːt⁷ laːk⁸lɔi²
汉语直译：些 人 饥渴 无依靠
汉语意译：见到贫苦饥饿人，

喃字原文：罞 赐 贴 丕 ᒼ 拼 𫭢 唉。
国际音标：la² tɯ⁵ kuə³ jɤːi² laːm² tsaŋ³ nen¹ ʔan¹
汉语直译：是 赐物 天 做 不 成 吃
汉语意译：赐给食物助困难。

喃字原文：於 朱 固 㮋 固 垠，
国际音标：ʔɤ³ tsɔ¹ kɔ⁵ nap⁷ kɔ⁵ ŋan¹
汉语直译：住 给 有 守节 有 禁止
汉语意译：做女孩守节防身，

喃字原文：役 ᒼ 固 墨 粘 唉 固 澄；
国际音标：viːk⁸ laːm² kɔ⁵ mɯk⁸ kɤːm¹ ʔan¹ kɔ⁵ tsɯŋ²
汉语直译：事 做 有 条理 饭 吃 有 度
汉语意译：做事井井有条理；

喃字原文：澝 𫭢 呒 落 嚕 坪，
国际音标：tsɤ⁵ nen¹ jɯk⁷laːk⁷ tɯŋ²ʔbɯŋ²
汉语直译：别 成 大吵大闹 热烈
汉语意译：莫要大吵大闹事，

喃字原文：調 磙 咱 聡 妙 扬 罞 欣。
国际音标：ʔdiːu² naŋ⁶ tiːŋ⁵ n̠ɛ⁶ jiu⁶jaːŋ² la² hɤːn¹
汉语直译：话 重 声轻 温柔 是 胜于
汉语意译：轻言细语人温存。

（男：梁荣春）

1683

五

儿童歌谣

儿童歌谣

（1）

喃字原文：翁 胧 翁 丕 虺 制 貝 祕，
国际音标：ʔoŋ¹jaŋ¹ ʔoŋ¹jɤːi² suːŋ⁵ tsɤːi¹ vɤːi⁵ tɛ³
汉语直译：月亮 太阳 下 玩 和 小孩
汉语意译：月亮公公下来游玩，

喃字原文：固 瓢 固 伴，固 粸 粓 籹。
国际音标：kɔ⁵ ʔbɤu² kɔ⁵ ʔbaːn⁶ kɔ⁵ ʔwaːn³ kɤːm¹soi¹
汉语直译：有 邻居 有 伴 有 沙糕 糯米饭
汉语意译：有邻有伴，有沙糕有糯饭。

喃字原文：固 垍 粓 糯，固 碟 柄 徵，
国际音标：kɔ⁵ noi² kɤːm¹nep⁷ kɔ⁵ ʔdiːp⁸ ʔban⁵tsɯn¹
汉语直译：有 锅 糯米饭 有 碟子 粽子
汉语意译：有锅糯米，有碟粽子，

喃字原文：固 羖 壶 醹，琨 駆 打 蹛。
国际音标：kɔ⁵ luŋ¹ hu³ riːu⁶ kɔn¹khiːu⁵ ʔdan⁵ʔduə¹
汉语直译：有 半 壶 酒 鹡鸰鸟 比赛
汉语意译：有半罐酒，鹡鸰鸟啁啾。

喃字原文：鸪 鴡 披 纩，琨 耨 髄 筅，
国际音标：ʔbo²ku¹ ʔbɛ³tsaːi² kɔn¹jaːi¹ kwai³ jɔ³
汉语直译：斑鸠 扑楞 男子 挑 筐
汉语意译：斑鸠扑楞，男子挑筐，

喃字原文：媄 赭 䁘 琨，姑 鸾 梗 渃。
国际音标：mɛ⁶ ʔdɔ³ ʔom¹ kɔn¹ koˀ lɔn¹ ɣan⁵ nɯːk⁷
汉语直译：母 红 抱 儿 姑 鸾 挑 水
汉语意译：母亲抱儿，妻填水缸。

喃字原文：丐 樐　蔬 蛭，丐 帤 学 略，
国际音标：kaːi⁵luːk⁸ tsaːi³ tsɤi⁵　kaːi⁵jɤi⁵ hɔk⁸tɔ²
汉语直译：　梳子　　箆虱子　纸张　学生
汉语意译：梳子箆虱，学生书纸，

喃字原文：㫽 胐 固 氌，㫽 崍 固 翅 。
国际音标：kɔn¹ʔbɔ² kɔ⁵ ʔduːi¹　kɔn¹ruːi² kɔ⁵ kan⁵
汉语直译：　黄牛　有　尾　　苍蝇　有　翅膀
汉语意译：黄牛有尾，苍蝇有翼。

喃字原文：杶 㮿 固 捽，蜩 蜩 固 䭹，
国际音标：ʔdɔn²ɣan⁵ kɔ⁵ mɤu⁵ tsɤu¹tsɤu⁵ kɔ⁵ thɯŋ²
汉语直译：　扁担　有　节　　蝗虫　　有　角
汉语意译：扁担有节，蝗虫有角，

喃字原文：柄　徵　固 荓，㫽 舠 固 鰞。
国际音标：ʔban⁵tsɯŋ¹ kɔ⁵ laː⁵ kɔn¹kaː⁵ kɔ⁵ vɤi¹
汉语直译：　粽子　　有　叶　鱼　有　鳍
汉语意译：米粽有叶，海鱼有鳍。

喃字原文：翁　柴　固　册，僤 扬 固 釖，
国际音标：ʔoŋ¹thɤi² kɔ⁵ that⁷ thɤ⁶vat⁸ kɔ⁵ jaːu¹
汉语直译：　老师　有　书　　木匠　有　刀
汉语意译：道师有书，木匠有刀，

喃字原文：僤 擽　固 㭪，砶 穛 固 撞。
国际音标：thɤ⁶raːu² kɔ⁵ ʔbuə⁵ sai¹ luə⁵ kɔ⁵ tsɔŋ²
汉语直译：铁匠　有　锤子　磨谷　有　推
汉语意译：铁匠有锤，磨谷众推。

儿童歌谣

喃字原文： 役　廊　固　楳，圿　砝　固　橄，
国际音标： vi:k⁸ la:ŋ² kɔ⁵ mɔ³ noi²tsɔ³ kɔ⁵ vuŋ¹
汉语直译： 事　村　有　梆子　蒸锅　有　盖子
汉语意译： 村事有梆，瓦釜有盖，

喃字原文： 核　椿　固　泤，核　栢　固　花。
国际音标： kɤi¹thuŋ¹ kɔ⁵ nɯə⁶ kɤi¹ʔbɯɯ⁵ kɔ⁵ hwa¹
汉语直译： 无花果树　有　树浆　野山竺树　有　花
汉语意译： 无花果树有浆，野山竺树有花。

喃字原文： 核　枾　固　帓，㧅　妨　固　馱，
国际音标： kɤi¹ka² kɔ⁵ ja:i⁵ kɔn¹ɣa:i⁵ kɔ⁵ tsoŋ²
汉语直译： 茄子树　有　果子　女人　有　夫
汉语意译： 茄子有果，女人有夫，

喃字原文： 弹　翁　固　嫱，㐬　幣　眈　獁。
国际音标： ʔda:n²ʔoŋ¹ kɔ⁵ vɤ⁶ va:u² tsɤ⁶ sɛm¹ vɔi¹
汉语直译： 男人　有　妻　进　集市　看　大象
汉语意译： 男人有妻，集市观象。

喃字原文： 㐬　厨　眈　字，吥　卢　嘟　津！
国际音标： va:u² tsuə² sɛm¹ ʔbut⁸ tu² lu¹ tu⁵ lut⁷
汉语直译： 进　寺　看　佛　嘟　噜　嘟　呼
汉语意译： 入寺看佛，嘟噜嘟呼！

喃字原文： 㐬　厨　眈　字，吥　卢　嘟　津！
国际音标： va:u² tsuə² sɛm¹ ʔbut⁸ tu² lu¹ tu⁵ lut⁷
汉语直译： 进　寺　看　佛　嘟　噜　嘟　呼
汉语意译： 入寺看佛，嘟噜嘟呼！

（女：杜福英）

1689

（2）

喃字原文：撻 俸 甌！撻 俸 挷！
国际音标：ʔboŋ² ʔboŋ³ ʔboŋ¹ ʔboŋ² ʔboŋ³ ʔbɯŋ¹
汉语直译：嘣 嘣 嘣 嘣 嘣 嘣
汉语意译：嘣嘣嘣！嘣嘣嘣！

喃字原文：琨 咹 琨 肨 朱 顽，
国际音标：kɔn¹ ʔan¹ kɔn¹ ŋu³ tsɔ¹ ŋwa:n¹
汉语直译：儿 吃 儿 睡 给 乖巧
汉语意译：孩儿吃饱又睡香，

喃字原文：餒 琨 朱 叅 朱 安 悉 耮。
国际音标：nu:i¹ kɔn¹ tsɔ¹ nɤ:n⁵ tsɔ¹ ʔi:n¹ lɔŋ² ja²
汉语直译：养 儿 给 大 给 安 心 老人
汉语意译：抚儿成人慰老心。

喃字原文：尐 琨 諴 没 叒 吏 諴 吧，
国际音标：nai¹ kɔn¹ nen¹ mot⁸ ma:i¹ la:i⁶ nen¹ ʔba¹
汉语直译：今天 儿 成 日后 有 成 三
汉语意译：今日襁褓明垂髫，

喃字原文：集 咹 集 呐 趾 黜 趾 佤。
国际音标：tɤp⁸ ʔan¹ tɤp⁸ nɔi⁵ tsai⁶ ra¹ tsai⁶ va:u²
汉语直译：学 吃 学 说 跑 出 跑 进
汉语意译：学讲会食蹒跚走。

喃字原文：吒 媄 諴 作 包 高，
国际音标：tsa¹ mɛ⁶ tu:i³ ta:k⁷ ʔda³ ka:u¹
汉语直译：父母 年纪 已 高
汉语意译：父母年纪与时老，

儿童歌谣

喃字原文：餒 琨 朱 蓁 劥 劳 生 成。
国际音标：nuːi¹ tsɔ¹ kɔn¹ nɤːn⁵ kuˀlaːu¹ thin¹ than²
汉语直译：养 给 儿 大 劥 劳 生 成
汉语意译：育儿长大力劥劳。

喃字原文：耄 時 頭 泊 閑 觳 青,
国际音标：ja² thi² ʔdɤu² ʔbaːk⁸ ʔbɛ⁵ tuːi³ than¹
汉语直译：老 则 头 白 小 年纪 幼小
汉语意译：耄耋鬓霜少幼青,

喃字原文：揣 掵 如 体 玉 齡 邅 秭。
国际音标：nɤŋ¹niu¹ ȵɯ¹the³ ŋɔk⁸ lan² ten¹ tai¹
汉语直译：爱不释手 如同 玉 好 上 手
汉语意译：犹如温玉手中牵。

（3）

喃字原文：撧 俸 蒚！ 撧 俸 挷！
国际音标：ʔboŋ²ʔboŋ³ʔboŋ¹ ʔboŋ²ʔboŋ³ʔbɯŋ¹
汉语直译：嘣 嘣 嘣 嘣 嘣 嘣
汉语意译：嘣嘣嘣！嘣嘣嘣！

喃字原文：恓 時 扔 蔬 蒌 鐄,
国际音标：ʔbuːn² thi² vat⁸ ŋɔn⁶rau¹ vaːŋ²
汉语直译：烦闷 就 摘 菜叶 金
汉语意译：烦闷时摘叶黄金,

喃字原文：秭 揞 琨 赭 忕 払 赊 涧;
国际音标：tai¹ ʔom¹ kɔn¹ʔdɔ³ nɤ⁵ tsaːŋ² sa¹khɤːi¹
汉语直译：手 抱 婴儿 想 郎 遥远
汉语意译：手抱婴儿思夫君;

喃字原文： 豺 巿 灭 特 贼 魁，
国际音标： ŋai² na:u² ji:t⁸ ʔdɯ:k⁸ jak⁸ khoi¹
汉语直译： 天 哪 灭 得 贼 首
汉语意译： 哪天消灭得贼魁，

喃字原文： 安 城 家 定 敀 碎 仕 衛。
国际音标： ʔa:n¹ thaŋ² ja¹ ʔdin⁶ tsoŋ² toi¹ the³ ve²
汉语直译： 安 城 家 定 夫 我 将 回
汉语意译： 家定国安盼夫归。

（男：阮进余）

（4）

喃字原文： 撛 俸 蒞！ 撛 俸 挷！
国际音标： ʔboŋ² ʔboŋ³ ʔboŋ¹ ʔboŋ² ʔboŋ³ ʔbɯŋ¹
汉语直译： 嘣 嘣 嘣 嘣 嘣 嘣
汉语意译： 嘣嘣嘣！嘣嘣嘣！

喃字原文： 衪 织 纠 箂 琨 蜆 乾，
国际音标： lɤi⁵ tsi³ ʔbu:k⁸ lɯŋ¹ kɔn¹ki:n⁵ka:ŋ²
汉语直译： 用 线 绑 背 后 大 蚂 蚁
汉语意译： 用线绑只大蚂蚁，

喃字原文： 抙 燸 邊 怒 辅 迣 邊 尼。
国际音标： ʔboi¹ mɤ³ ʔben¹ nɔ⁶ ʔbɔ² tha:ŋ¹ ʔben¹ nai²
汉语直译： 抹 油 边 它 爬 上 边 这
汉语意译： 这头抹油来回看。

儿童歌谣

（5）

喃字原文：撗 俸 蒝！撗 俸 捊！
国际音标：ʔboŋ² ʔboŋ³ ʔboŋ¹！ʔboŋ² ʔboŋ³ ʔbɯŋ¹
汉语直译：嘣 嘣 嘣 嘣 嘣 嘣
汉语意译：嘣嘣嘣！嘣嘣嘣！

喃字原文：冖 桐 朱 瓢 秘 捘，
国际音标：laːm² jaːn² tso¹ ʔbɤu² ʔbi⁵ lɛu¹
汉语直译：搭 架子 给 葫芦 瓜 爬
汉语意译：搭好大棚种上瓜，

喃字原文：些 尼 㳮 㹠 渚 蹦 特 兜；
国际音标：ta¹ nai² ʔbɛ⁵ n̥ɔ³ tsɯɛ¹ tɛu² ʔdɯːk⁸ ʔdɤu¹
汉语直译：咱 这 幼 小 未 爬 得 哪儿
汉语意译：孩儿尚小不懂爬；

喃字原文：瓢 喂 傷 衪 秘 共，
国际音标：ʔbɤu² ʔɤːi¹ thɯː ŋ¹ lɤi⁵ ʔbi⁵ kuŋ²
汉语直译：葫芦 啊 可怜 要 瓜 一同
汉语意译：葫瓜丝瓜不同种，

喃字原文：雖 浪 恪 蘱 於 终 没 桐。
国际音标：ti¹ raŋ² khaːk⁷ joŋ⁵ ʔɤ³ tsuŋ¹ mot⁸ ɲa²
汉语直译：虽然 不同 种 在 一起 一 家
汉语意译：虽不同种共棚爬。

（6）

喃字原文：䚽 猫 蹦 蓬 核 高，
国际音标：kɔn¹ mɛu² tɛu² len¹ kɤi¹ kaːu¹
汉语直译：猫 爬 上 树 高
汉语意译：猫儿爬在高树上，

喃字原文：嗨 㕪 注 狱 扐 兜 永 茹？
国际音标：hɔi³tham¹ tsu⁵ tsu:t⁸ ʔdi¹ ʔdɣu¹ vaŋ⁵ ɲa²?
汉语直译：探问 叔 老鼠 去 哪儿 不在 家
汉语意译：探问鼠叔不在家？

喃字原文：注 狱 扐 幣 塘 賒，
国际音标：tsu⁵ tsu:t⁸ ʔdi¹ tsɤ⁶ ʔdɯ:ŋ² sa¹
汉语直译：叔 老鼠 去 集市 路 远
汉语意译：鼠叔去街买鱼虾，

喃字原文：謨 𩵋 謨 𪉏 吡 吒 注 猫。
国际音标：muə¹ mam⁵ muə¹ mu:i⁵ jo³ tsa¹ tsu⁵ mɛu²
汉语直译：买 鱼露 买 盐 祭 拜 父叔 猫
汉语意译：买鱼露买盐祭拜猫叔。

（7）

喃字原文：妒 埃 𫭟 網 空 招，
国际音标：ʔdo⁵ ʔa:i¹ ŋoi² vɔn³ khon¹ lɯə²
汉语直译：赌 谁 坐 网床 不 摇
汉语意译：谁坐网床不用摇，

喃字原文：呷 𡥵 空 喝 兜 𢚸 悉 𡥵；
国际音标：ru¹ kɔn¹ khon¹ ha:t⁷ ʔdɣu¹ vɯə² lɔŋ² kɔn¹
汉语直译：哄 儿 不 唱 哪儿 合 心 儿
汉语意译：哄睡无歌儿不眠；

喃字原文：妒 埃 𫭟 網 空 招，
国际音标：ʔdo⁵ ʔa:i¹ ŋoi² vɔn³ khon¹ lɯə²
汉语直译：赌 谁 坐 网床 不 摇动
汉语意译：谁坐网床不摇动，

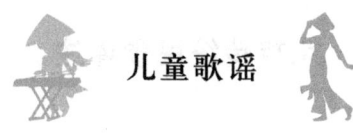

儿童歌谣

喃字原文： 呦 琨 空 喝 买 愹 月 花。
国际音标： ru¹ kɔn¹ khoŋ¹ ha:t⁷ mɤ:i⁵ tsɯə² ŋwi:t⁸hwa¹
汉语直译： 哄 孩子 不 唱 才 戒除 花月
汉语意译： 催眠唱歌戒花月。

（8）

喃字原文： 觥 潭 之 媟 凭 莲，
国际音标： tɔŋ¹ ʔdɤm² tsi¹ ʔdɛp⁸ ʔbaŋ² thɛn¹
汉语直译： 中 塘 什么 美 如 莲花
汉语意译： 池里什么美如莲，

喃字原文： 芛 靜 岚 皁 吏 𡘯 蕊 鐄。
国际音标： la⁵ san¹ ʔboŋ¹ taŋ⁵ la:i⁶ tsɛn¹ ȵi⁶ va:ŋ²
汉语直译： 叶 青 花朵 白 又 挤 蕊 黄
汉语意译： 黄蕊青叶白花挤。

喃字原文： 蕊 鐄 岚 皁 芛 靜，
国际音标： ȵi⁶ va:ŋ² ʔboŋ¹ taŋ⁵ la⁵ san¹
汉语直译： 蕊 金 花朵 白 叶 青
汉语意译： 蕾黄花白叶青青，

喃字原文： 昿 溢 捱 浍 渥 麻 味 溢。
国际音标： ɣɤn² ʔbun² ma² tsaŋ³ hoi¹ tan¹ mui² ʔbun²
汉语直译： 近 泥 而 不 臭 腥 味 泥
汉语意译： 长在泥泞没泥味。

（女：杜福英）

（9）

喃字原文： 羦 蚬 麻 撩 梗 栘,
国际音标： kɔn¹kiːn⁵ ma² lɛu¹ kan² ʔda¹
汉语直译： 蚂蚁 而 爬 枝 榕树
汉语意译： 榕树树上蚂蚁爬，

喃字原文： 撩 沛 梗 桐 撩 黜 撩 包。
国际音标： lɛu¹ faːi³ kan² kok⁸ lɛu¹ ra¹ lɛu¹ vaːu²
汉语直译： 爬 上 枝 顶端 爬 出 爬 进
汉语意译： 爬上顶点来回爬。

喃字原文： 羦 蚬 麻 撩 梗 桃,
国际音标： kɔn¹kiːn⁵ ma² lɛu¹ kan² ʔdaːu²
汉语直译： 蚂蚁 而 爬 枝 桃树
汉语意译： 蚂蚁又爬桃树枝，

喃字原文： 撩 沛 梗 桐 撩 包 撩 黜。
国际音标： lɛu¹ faːi³ kan² kok⁸ lɛu¹ vaːu² lɛu¹ ra¹
汉语直译： 爬 上 枝 顶端 爬 进 爬 出
汉语意译： 爬上顶端吸桃花。

（10）

喃字原文： 恖 眝 時 眝 朱 数,
国际音标： ʔbuːn² ŋu³ thi² ŋu³ tsɔ¹ lɤu¹
汉语直译： 想 睡 就 睡 给 久
汉语意译： 孩儿睡觉睡持久，

喃字原文： 媄 時 誃 稽 秜 溇 渚 術。
国际音标： mɛ⁶ thi² ʔdi¹ kɤi⁵ ruːŋ⁶ thɤu¹ tsɯə¹ ve²
汉语直译： 母 则 去 插秧 田 深 未 回
汉语意译： 阿妈插田未回来。

儿童歌谣

喃字原文： 扒　　特　　琨　鲂鳡鲐，
国际音标：ʔbat⁷ ʔdɯːk⁸ kɔn¹ ka⁵mu¹te¹
汉语直译： 捉　得　条　大鲐鱼
汉语意译：她捉得条大鲐鱼，

喃字原文： 拎　肚　擂　術　炆　朱　召　唵。
国际音标：kɤm² ko³ loi¹ veʔ² nʳu⁵ tso¹ tsau⁵ ʔan¹
汉语直译： 拿　脖子　拉扯　回　煮　给　儿　吃
汉语意译：带回煮给孩儿食。

喃字原文： 拰　唵　　特　𩵋，
国际音标：tsaŋ³ ʔan¹ ʔdɯːk⁸ het⁷
汉语直译： 不　　吃　得　鱼
汉语意译：鱼儿细小，孩儿不食，

喃字原文： 底　撜　䚯　節　供　翁　供　婆。
国际音标：ʔde³ jan² ŋai²tet⁷ kuŋ⁵ ʔoŋ¹ kuŋ⁵ ʔba²
汉语直译： 留份　节日　供　祖父　供　祖母
汉语意译：留来次日，敬孝二老。

喃字原文：猫　𤝿　唵　啤，
国际音标：mɛu² jaʔ² ʔan¹ vuŋ⁶
汉语直译：猫　老　吃　偷
汉语意译：老猫偷食，赖小猫偷，

喃字原文：猫　琨　沛　拖。
国际音标：mɛu² kɔn¹ faːi³ ʔdɔn²
汉语直译：猫　小　被　棒打
汉语意译：小猫挨打，哭哇哇走。

1697

（11）

喃字原文： 些 拎 琨 胶， 吗 牢 朱 鉋，
国际音标： ta¹ kɤm² kɔn¹ ja:u¹ la:m²tha:u¹ tsɔ¹ thak⁷
汉语直译： 我 拿 把 刀 怎么 使 锋利
汉语意译： 手拿把刀，带磨锋利，

喃字原文： 底 麻 𣦼 割， 底 麻 𣦼 攒。
国际音标： ʔde³ ma² je³ kat⁷ ʔde³ ma² je³ tsat⁸
汉语直译： 使 而 易 割 使 而 易 砍
汉语意译： 使刀好割，使刀易砍。

喃字原文： 攒 衵 桧 梗， 蹓 蓮 核 靜，
国际音标： tsat⁸ lɤi⁵ kui³ kan² tɛu² len¹ kɤi¹ san¹
汉语直译： 砍 要 柴 枝 爬 上 树 青
汉语意译： 砍下树枝，爬上青树，

喃字原文： 趾 戈 肭 岗， 没 躬 退 喡。
国际音标： tsai⁶ kwa¹ thɯ:n² nui⁵ mot⁸min² thui¹thui³
汉语直译： 跑 过 腰 山 独 自 孤 零
汉语意译： 落走山边，独自孤零。

喃字原文： 攒 核 攒 桧， 寻 准 些 𫛞，
国际音标： tsat⁸ kɤi¹ tsat⁸ kui³ tim² tson⁵ ta¹ ŋoi²
汉语直译： 砍 树 砍 柴 找 地方 我 坐
汉语意译： 砍树伐枝，寻地垫坐，

喃字原文： 𫛞 凉 清 㐌， 箕 没 弾 鸩。
国际音标： ŋoi²ma:t⁷ than³thɤ:i¹, kiə¹ mot⁸ ʔda:n² tsim¹
汉语直译： 乘凉 舒适 那 一 群 鸟
汉语意译： 乘凉舒适，那边群鸟。

儿童歌谣

喃字原文：於 兜 氍 跙，於 兜 氍 吏。
国际音标：ʔɤ³ ʔdɤu¹ ʔbai¹ ʔden⁵ ʔɤ³ ʔdɤu¹ ʔbai¹ laːi⁶
汉语直译：从 哪儿 飞 到 从 哪儿 飞 来
汉语意译：何方飞来，近处集结。

喃字原文：羦 當 哏 糫，羦 當 抛 味。
国际音标：kɔn¹ ʔdaːŋ¹ kan⁵ taːi⁵ kɔn¹ ʔdaːŋ¹ tha¹ moi²
汉语直译：只 正 咬 果子 只 正 叼 饵
汉语意译：有的吃果，有的啄拖。

喃字原文：戈 蹯 伮 唵。
国际音标：kwa¹ loi⁵ nɔ⁵ ʔan¹
汉语直译：过 路 它 吃
汉语意译：飞落路边，（慢慢吃果。）

喃字原文：丐 羦 狄 箕，眉 當 唵 禄。
国际音标：kaːi⁵ kɔn¹ hiːu¹ kiə¹ mai² ʔdaːŋ¹ ʔan¹ lok⁸
汉语直译：只 鹿 那 你 正 吃 禄
汉语意译：那只鹿啊，正吃嫩叶。

喃字原文：禄 把 禄 冲，眉 空 梵 侴。
国际音标：lok⁸ va³ lok⁸ suŋ¹ mai² khɔn¹ thɤi⁵ tɤ⁵
汉语直译：禄 三 龙爪 禄 无花果 你 不 见 我
汉语意译：树叶涩苦，它不见我。

喃字原文：侴 空 趙 眉，眉 趾 ᵐ 之！
国际音标：tɤ⁵ khoŋ¹ ʔduːi³ mai² mai² tsai⁶ laːm² tsi¹
汉语直译：我 不 驱赶 你 你 跑 为什么
汉语意译：我不赶它，它跑何苦！

1699

（12）

喃字原文：褪丕湄 䰾，衪渃 碎 旺。
国际音标：lai⁶ jɤːi² mɯɤ¹ suːŋ⁵ lɤi⁵ nɯːk⁷ toi¹ ʔuːŋ⁵
汉语直译：拜 天 雨 下 要 水 我 喝
汉语意译：求天下雨，取水我喝。

喃字原文：衪 翶碎棋，衪 苔 鉢 粓。
国际音标：lɤi⁵ ruːŋ⁶ toi¹ kai² lɤi⁵ ʔdɤi² ʔbaːt⁷ kɤːm¹
汉语直译：要 田 我 犁 要 满 碗 饭
汉语意译：有水犁田，米饭满碗。

喃字原文：衪 薈 燉 灶，
国际音标：lɤi⁵ rɤːm¹ ʔdun¹ ʔbep⁷
汉语直译：拿 稻草 推进 灶
汉语意译：有稻草烧，早晚饭饱。

喃字原文：褪 贫 曬 蓬，朱 衪 琨 制，
国际音标：lai⁶ ʔbɤn² naŋ⁵ len¹ tsɔ¹ tɛ³ kɔn¹ tsɤːi¹
汉语直译：拜 求 晴 上 给 小孩 玩
汉语意译：我求阴天，让孩儿玩。

喃字原文：朱 獒 扒 蚓，朱 碎 迻 棋。
国际音标：tsɔ¹ ja² ʔbat⁷ rɤn⁶ tsɔ¹ toi¹ ʔdi¹ kai²
汉语直译：给 老人 捉 虱子 给 我 去 犁
汉语意译：老人捉虱，男人耕种。

（13）

喃字原文：巴 婆 迻 半 猪 琨，
国际音标：ʔba¹ ʔba² ʔdi¹ ʔbaːn⁵ lɤːn⁶ kɔn¹
汉语直译：三 阿婆 去 卖 猪 小
汉语意译：三位阿婆卖小猪，

儿童歌谣

喃字原文：半 彶 挺 魠 怇 算 趾 術。
国际音标：ʔbaːn⁵ ʔdi¹ tsaŋ³ ʔdat⁷ lɔ¹tɔn¹ tsai⁶ ve²
汉语直译：卖 去 不 贵 考虑 跑 回
汉语意译：卖无得价跑回家。

喃字原文：哔 娿 彶 半 猪 術，
国际音标：ʔba¹ ʔba² ʔdi¹ ʔbaːn⁵ lɤːn⁶ ve²
汉语直译：三 阿婆 去 卖 猪 回
汉语意译：三位阿婆卖猪回，

喃字原文：半 彶 挺 魠 趾 術 踚 蹲。
国际音标：ʔbaːn⁵ ʔdi¹ tsaŋ³ ʔdat⁷ tsai⁶ ve² lɔn¹ tɔn¹
汉语直译：卖 去 不 贵 跑 回 矫捷
汉语意译：卖很便宜阿公骂。

（14）

喃字原文：琨 之 㖃 唶 荓 鞯，
国际音标：kɔn¹ tsi¹ kuk⁸taːk⁷ la⁵ jan¹
汉语直译：儿 什么 喔喔 叶 茅草
汉语意译：母鸡喔喔正生蛋，

喃字原文：琨 猪 穏 㥯 謨 荐 朱 碎。
国际音标：kɔn¹ lɤːn⁶ ʔun³ʔin³ muə¹ han² tsɔ¹ toi¹
汉语直译：猪 咦咦 卖 蒜 给 我
汉语意译：生猪啄活叫买蒜。

喃字原文：琨 狌 哭 蹲 哭 㚣，
国际音标：kɔn¹tsɔ⁵ khɔk⁷ ʔdɯŋ⁵ khɔk⁷ ŋoi²
汉语直译：狗 哭 站 哭 坐
汉语意译：狗坐立哭叫煲煲，

喃字原文： 婆 喂 迻 幣 謨 碎 銅 姜。
国际音标： ʔba² ʔɤ:i¹ ʔdi¹ tsɤ⁶ muə¹ toi¹ ʔdoŋ²ri:ŋ².
汉语直译： 阿婆 啊 去 集市 买 我 姜芹
汉语意译： 阿婆上街买姜芹。

（15）

喃字原文： 茹 市 茹 帝，群 畑 群 焜。
国际音标： ɲa² na:u² ɲa² ʔdɤi⁵ kɔn² ʔdɛn² kɔn² lɯə³
汉语直译： 家 哪 家 那儿 还有 灯 还有 火
汉语意译： 家家户户，有灯有火。

喃字原文： 𨷶 劘 朱 英 掩 衆 碎 伀。
国际音标： mɤ³ kɯə³ tsɔ¹ ʔan¹ ʔɛm¹ tsuŋ⁵ toi¹ va:u²
汉语直译： 开 门 给 我 弟 我们 进
汉语意译： 开门等我，兄弟入坐。

喃字原文： 跛 蓮 床 高，㑹 堆 蠪 抱。
国际音标： ʔbɯ:k⁷ len¹ jɯ:ŋ² ka:u¹ thɤi⁵ ʔdoi¹ rɔŋ² ʔɤp⁷
汉语直译： 迈 上 床 高 见 对 龙 抱
汉语意译： 步入高床，见龙拥抱。

喃字原文： 跛 黜 藤 𦘭，㑹 崆 茹 笠。
国际音标： ʔbɯ:k⁷ ra¹ ʔdaŋ²thau¹ thɤi⁵ ŋoi¹ ɲɯ¹ lɤ:p⁸
汉语直译： 迈 出 后 面 见 间 如 盖
汉语意译： 后门出走，见间草房。

喃字原文： 潙 翁 群 纠，馭 翁 群 扲。
国际音标： vɔi¹ ʔoŋ¹ kɔn² ʔbu:k⁸ ŋɯə⁶ ʔoŋ¹ kɔn² kɤm²
汉语直译： 大象 爷爷 还 拴 马 爷爷 还 绑
汉语意译： 爷拴大象，缚马草栅。

儿童歌谣

喃字原文：翁 秨 没 㩴， 添 薛 馘 褈。
国际音标：ʔoŋ¹ thoŋ⁵ mot⁸ tam¹ them¹ nam¹ tu:i³ lɛ³
汉语直译：爷爷 活 一 百 添 五 岁 单数
汉语意译：爷奶百岁，我今五岁。

喃字原文：媚 翁 生 脉， 仍 倱 卒 齡。
国际音标：vɤ⁶ ʔoŋ¹ thin¹ʔdɛ³, n̠ɯŋ³kɔn¹ tot⁷lan²
汉语直译：妻 爷爷 育儿 孩子们 良好
汉语意译：爷奶育儿，都是孝贤。

喃字原文：仍 馭 如 㦽，仍 馭 如 缊。
国际音标：n̠ɯŋ³ ŋɯ:i² n̠ɯ¹ jan¹ n̠ɯŋ³ ŋɯ:i² n̠ɯ¹ roi⁵
汉语直译： 人们 如 画 人们 如 乱
汉语意译：人美如画，子孙满堂。

（16）

喃字原文：撐 俸 蒝，撐 俸 挷，
国际音标：ʔboŋ² ʔboŋ³ ʔboŋ¹ ʔboŋ² ʔboŋ³ ʔbɯŋ¹
汉语直译： 嘣 嘣 嘣 嘣 嘣 嘣
汉语意译：嘣嘣嘣，嘣嘣嘣，

喃字原文：倱 䮕 袑 棘 朱 媄 杜 苧；
国际音标：kɔn¹ ʔdi:¹ lɤi⁵ tha:ŋ² tso¹ mɛ⁶ ʔdo³ khwa:i¹
汉语直译：儿 去 拿 筛子 给 母 装 红薯
汉语意译：儿去取筛给娘装薯；

喃字原文：倱 啒 没 媄 啒 仜，
国际音标：kɔn¹ ʔan¹ mot⁸ mɛ⁶ ʔan¹ ha:i¹
汉语直译：儿 吃 一 母 吃 二
汉语意译：儿食一份母食二，

1703

喃字原文：琨 迻 卜 嗨 時 荂 拄 群。
国际音标：kɔn¹ ʔdi¹ ʔbok⁷ mu:i⁵ thi² khwa:i¹ tsaŋ³ kɔn²
汉语直译：儿 去 搜 盐 则 红薯 不 存
汉语意译：儿去搜盐薯食完。

喃字原文：琨 坯 琨 哭 呢 嫩，
国际音标：kɔn¹ ŋoi² kɔn¹ khɔk⁷ ni³nɔn¹
汉语直译：儿 坐 儿 哭 低声
汉语意译：儿坐无奈低声哭，

喃字原文：媄 悙 媄 踏 琨 奔 頭 厦。
国际音标：mɛ⁶ jɤn⁶ mɛ⁶ ʔda:p⁸ kɔn¹ ʔbɔn¹ ʔdɤu²hɛ²
汉语直译：母 生气 母 踢 儿 滚动 廊 下
汉语意译：母用脚踢儿出屋。

喃字原文：固 打 時 打 挊 柳，
国际音标：kɔ⁵ ʔdan⁵ thi² ʔdan⁵vɔt⁸ tɛ¹
汉语直译：有 打 则 鞭 打 竹
汉语意译：母打就用大竹棍，

喃字原文：渚 打 挊 椇 汝 疨 躓 琨。
国际音标：tsɤ⁵ ʔdan⁵vɔt⁸ nɯə⁵ nɯə³ kwɛ² tsɤn¹ kɔn¹
汉语直译：别 鞭打 薄竹 再 瘸 脚 儿
汉语意译：用小棍打残儿脚。

（男：阮进余）

(17)

喃字原文：琨 鏲 默 祂 昂 躓，
国际音标：kɔn¹ ʔbɔŋ⁵ mak⁸ thoŋ⁵ ŋa:ŋ¹ tsɤn¹
汉语直译：儿 笋壳鱼 穿 裙 横 脚
汉语意译：高大女子脚穿裙，

儿童歌谣

喃字原文： 衵 氎 几 幤 朱 斯 淹 砅。
国际音标： lɤi⁵ tsoŋ² kɛ³ tsɤ⁶ tsɔ¹ ɣɤn² ʔɛm¹ voi¹
汉语直译： 嫁 夫 人 集市 给 近 妹 石灰
汉语意译： 街上娶夫离家近。

喃字原文： 蹋 薽 顶 屶 麻 瞙，
国际音标： tɛu² len¹ ʔdin³ nui⁵ ma² kɔi¹
汉语直译： 爬 上 顶 山 而 望
汉语意译： 爬上高山回头望，

喃字原文： 毻 翁 冒 象 骑 獢 打 蜽。
国际音标： thɤi⁵ ʔoŋ¹ kwa:n³ tɯ:ŋ⁶ kɯ:i³ iɤv¹ ʔdan⁵ kɔŋ²
汉语直译： 见　 管象人　 骑大象　 打 小螃蜞
汉语意译： 老翁骑象捉螃蜞。

喃字原文： 襊 纵 朱 咯 裙 红，
国际音标： tui⁵ vɔk⁷ tsɔ¹ lɤn³ kwɤn² hoŋ²
汉语直译： 袋 丝光绸 给 错乱 裙 红
汉语意译： 红裙扎带绑衣袋，

喃字原文： 掂 萎 翘 桂 朱 氎 迻 試。
国际音标： tem¹ jɤu² kan⁵ kwe⁵ tsɔ¹ tsoŋ² ʔdi¹ thi¹
汉语直译： 卷 槟榔 桂枝 给 夫 去 赴考
汉语意译： 送夫赴考袋槟榔。

喃字原文： 聶 黐 氎 杜 荣 归，
国际音标： ma:i¹ thau¹ tsoŋ² ʔdo³ vin¹ kwi¹
汉语直译：　 日后　 夫 考中 荣归
汉语意译： 来日夫君致仕得荣归，

1705

喃字原文： 網 英 艿 翻 淹 時 艿 斱，
国际音标： vɔŋ³ ʔan¹ ʔdi¹ tuːk⁷ ɛm¹ thi² ʔdi¹ thau¹
汉语直译： 网 床 哥 去 前 妹 则 去 后
汉语意译： 前轿夫君后妹跟，

喃字原文： 伞 㪉 香 案 跣 朝。
国际音标： taːn³ kwaːt⁸ huːŋ¹ʔaːn⁵ thɛu¹ tsɤu²
汉语直译： 伞 扇 香 案 跟 朝拜
汉语意译： 车座伞遮回朝拜。

喃字原文： 遖 荣 归 茹 朝 祖 先，
国际音标： ruːk⁷ vin¹kwi¹ n̩a² tsɤu² to³tiːn¹
汉语直译： 迎接 荣归 家 朝拜 祖先
汉语意译： 接夫荣归拜祖先，

喃字原文： 㘃 䊷 牪 吧 礼 际 䍧。
国际音标： jiːt⁷ tʂu¹ ʔbɔ² laːm² le³ te⁵ vuə¹
汉语直译： 宰 水牛 黄牛 做 礼 祭 皇帝
汉语意译： 杀猪宰牛侍皇帝。

喃字原文： 户 行 亲 戚 咹 餒 悷 唭，
国际音标： hɔ⁶haːŋ² thɤn¹thit⁷ ʔan¹ nɔ¹ vui¹kɯːi²
汉语直译： 家族 亲戚 吃 饱 欢笑
汉语意译： 村里亲戚乐无穷，

喃字原文： 廊 渃 咹 旺 醉 醙。
国际音标： laːŋ²nɯːk⁷ ʔan¹ ʔuːŋ⁵ thai¹thɯə¹
汉语直译： 村民 吃 喝 沉醉
汉语意译： 村民宴席啃饱醉，

儿童歌谣

喃字原文： 行 总 行 社 悃 朱 翁 儀。
国际音标： ha:ŋ² toŋ³ ha:ŋ² sa³ muŋ² tso¹ ʔoŋ¹ŋi¹
汉语直译： 全 总 全 社 祝贺 给 状元郎
汉语意译： 全总全社庆状元。

（18）

喃字原文： 傷 躺 自 課 混 混，
国际音标： thɯ:ŋ¹ min² tɯ² thɤ³ kɔn¹ kɔn¹
汉语直译： 爱 妹 从 时期 小 小
汉语意译： 爱妹自从小时候，

喃字原文： 躺 時 蚪 網 些 群 特 招。
国际音标： min² thi² ŋoi² voŋ³ ta¹ kɔn² ʔdɯ:k⁸ lɯə²
汉语直译： 妹 则 坐 网床 哥 还 得 摇动
汉语意译： 妹坐摇篮哥助摇。

（19）

喃字原文： 牢 躺 麻 唵 呐 承，
国际音标： tha:u¹ min² ma² ʔan¹nɔi⁵ thɯə²
汉语直译： 为何 妹 而 言谈 多余
汉语意译： 哥哥说话是谎言，

喃字原文： 些 時 蚪 網 躺 招 据 市？
国际音标： ta¹ thi² ŋoi² voŋ³ min² lɯə² kɤ⁵na:u²
汉语直译： 哥 则 坐 网床 妹 摇 何时
汉语意译： 哪时妹坐哥摇篮？

1707

（20）

喃字原文：琨 鸦 蹧 胐 磫 硊，
国际音标：kɔn¹ ɣa² lɛn⁶kɛn⁶ koi⁵ sai¹
汉语直译：鸡　困顿劳累　磨子
汉语意译：鸡儿围磨等食谷，

喃字原文：币 埃 扔 秣 朱 眉 疬 黎。
国际音标：na:u² ʔa:i¹ vɤt⁷ thɔk⁷ tsɔ¹ mai² kwɛ² le¹
汉语直译：哪 谁 撒 谷子 给 你 瘸 蹭行
汉语意译：无人撒谷鸡脚残。

喃字原文：朒 耄 渚 粘 術 圭，
国际音标：tha:ŋ⁵ thau⁵ tsɤ³ ɣa:u⁶ ve² kwe¹
汉语直译：六月 运 米 回 家乡
汉语意译：六月运米回家乡，

喃字原文：銅 餜 朒 柄 哎 術 朱 唵。
国际音标：ʔdoŋ² kwa² tɤm⁵ ʔban⁵ ɣui³ ve² tsɔ¹ ʔan¹
汉语直译：铜钱 礼物 块 饼 寄 回 给 吃
汉语意译：买礼物买饼给你尝。

喃字原文：英 謨 没 朒 陁 靜，
国际音标：ʔan¹ muə¹ mot⁸ tɤm⁵ va:i³ san¹
汉语直译：哥 买 一 块 布 青
汉语意译：又买一块青色布，

喃字原文：朒 陁 靜 靜 撟 蔬 楀 畑。
国际音标：tɤm⁵ va:i³ san¹ san¹ kɛu⁵ ŋɔn⁶ kot⁸ ʔdɛn²
汉语直译：块 布 青青 挂 顶 柱 灯
汉语意译：带回挂上灯杆上。

（男：苏维绍；女：杜福英）

儿童歌谣

（21）

喃字原文：绳　桧　贾　菣　猇　戈，
国际音标：thaŋ² ku:i⁶ mɤ:i⁵ tset⁷ hom¹kwa¹
汉语直译：个　吴刚　刚　死　昨天
汉语意译：昨天吴刚归西天，

喃字原文：兵　精　茹　葬　灶　吧　贯　钱。
国际音标：ʔbin¹ tin¹ n̥a²ta:ŋ¹ ʔdot⁷ ʔba¹ kwa:n¹ ti:n²
汉语直译：兵　精　丧家　烧　三　贯　钱
汉语意译：送葬共烧三贯钱。

喃字原文：錢　尼　謨　皷　謨　喑，
国际音标：ti:n² nai² muə¹ toŋ⁵ muə¹ kɛn²
汉语直译：钱　这　买　鼓　买　喇叭
汉语意译：一贯买鼓买喇叭，

喃字原文：錢　尼　謨　䳌　灶　畑　蜍　亡。
国际音标：ti:n² nai² muə¹ mɤ³ ʔdot⁷ ʔdɛn² thɤ² vɔŋ¹
汉语直译：钱　这　买　油脂　点　灯　祭　亡魂
汉语意译：一贯买灯油祭亡。

喃字原文：拆　没　琨　猪　财　甹，
国际音标：ji:t⁷ mot⁸ kɔn¹ lɤ:n⁶ ta:i² kɔŋ¹
汉语直译：宰　一　头　猪　又肥又大
汉语意译：杀头大猪做斋事，

喃字原文：朱　廊　旺　醅　迻　亡　黜　垌。
国际音标：tsɔ¹ la:ŋ² ʔu:ŋ⁵ ri:u⁵ ʔdɯə¹ vɔŋ¹ ra¹ ʔdoŋ²
汉语直译：给　村　喝　酒　送　亡灵　出　田垌
汉语意译：供众送葬回食光。

1709

（22）

喃字原文：䳽 䴉 蒸 晬 㬎 戈，
国际音标：kɔn¹kɔ² tset⁷ toi⁵ hom¹kwa¹
汉语直译：白鹭 死 晚上 昨天
汉语意译：白鹭刚刚昨晚死，

喃字原文：固 没 鉢 粘 貝 叱 銅 錢。
国际音标：kɔ⁵ mot⁸ ʔba:t⁷ ɣa:u⁶ vɤ:i⁵ ʔba¹ ʔdoŋ² ti:n²
汉语直译：有 一 碗 米 和 三 元 钱
汉语意译：留下碗米三铜钱。

喃字原文：没 銅 謨 皷 謨 箜，
国际音标：mot⁸ ʔdoŋ² muə¹ toŋ⁵ muə¹ kɛn²
汉语直译：一 元 买 鼓 买 喇叭
汉语意译：一元拿去买鼓箫，

喃字原文：没 銅 謨 䣩 灼 畑 蜳 亡。
国际音标：mot⁸ ʔdoŋ² muə¹ mɤ³ ʔdot⁷ ʔdɛn² thɤ² vɔŋ¹
汉语直译：一 元 买 油脂 点 灯 祭 亡魂
汉语意译：一铜买油祭亡魂。

喃字原文：没 銅 謨 把 萎 容，
国际音标：mot⁸ ʔdoŋ² muə¹ mɤ⁵ rau¹rɔŋ¹
汉语直译：一 元 买 把 菜 花
汉语意译：一元买把青菜花，

喃字原文：抰 術 汰 㳅 蜳 亡 䳽 䴉。
国际音标：ʔdɛm¹ ve² tha:i⁵ ɲɔ³ thɤ² vɔŋ¹ kɔn¹ɣa²
汉语直译：带 回 切 小 祭 亡魂 鸡
汉语意译：带回切碎祭鹭它。

儿童歌谣

（23）

喃字原文：琨 孤 攃 捷 麻 菣，
国际音标：kɔn¹kɔ² mak⁷ jɔ² ma² tset⁷
汉语直译：白鹤 中 圈套 而 死
汉语意译：白鹤因中套而死，

喃字原文：琨 鸢 於 茹 謨 糯 ᛝ 斋。
国际音标：kɔn¹kwa⁶ ʔɤ³ ɲa² muə¹ nep⁷ la:m² tsai¹
汉语直译：乌鸦 在家 买 糯米饭 做 斋
汉语意译：乌鸦赐米做斋事。

喃字原文：琨 鹕 打 藏 憑 拁，
国际音标：kɔn¹ku¹ ʔdan⁵ toŋ⁵ ʔbaŋ² tai¹
汉语直译：斑鸠 打 鼓 用 手
汉语意译：斑鸠双手助击鼓，

喃字原文：琨 髦 隊 帽 ᛝ 柴 讀 文。
国际音标：kɔn¹ma:u² ʔdoi⁶ mu³ la:m² thɤi² ʔdɔk⁸ van¹
汉语直译：孔雀 戴 帽 做 师傅 读 祭文
汉语意译：孔雀戴冠读祭文。

喃字原文：鸼 鹐 旇 哭 旇 䏦，
国际音标：tsim¹thɛ³ vɯə² khɔk⁷ vɯə² lan¹
汉语直译：麻雀 又 哭 又 扑腾
汉语意译：麻雀痛惜扑腾哭，

喃字原文：没 弹 鸼 鹐 㮥 巾 朱 孤。
国际音标：mot⁸ ʔda:n² tsim¹thɛ³ ʔbit⁸ khan¹ tsɔ¹ kɔ²
汉语直译：一 群 麻雀 蒙 巾 给 白鹤
汉语意译：一群雀仔带孝巾。

（男：阮进余）

1711

(24)

喃字原文：包 唥 朱 㨂 胴 吧，
国际音标：ʔbaːu¹jɤ² tsɔ¹ ʔden⁵ thaːŋ⁵ʔba¹
汉语直译：何时　给　到　三月
汉语意译：什么时候，至三月间，

喃字原文：虼 哏 蛇 他 䩵 外 垌，
国际音标：ʔɤt⁷ kan⁵ ko³ sa² tha¹ ra¹ ŋwaːi² ʔdoŋ²
汉语直译：青蛙 咬 脖子 蛇 叼 出 外 田垌
汉语意译：青蛙外洞，咬毒蛇颈，

喃字原文：㺍 𦨝 朱 㺃 嗛 氇，
国际音标：hum² nam² tsɔ¹ lɤːn⁶ liːm⁵ loŋ¹
汉语直译：老虎 躺 给 猪　舔 毛
汉语意译：老虎躺着，猪来舔毛，

喃字原文：没 㧅 菓 红 唔 老 凯 迌；
国际音标：mot⁸ tsuk⁸ kwa³ hoŋ² nuːt⁷ laːu³ taːm⁵ mɯːi¹
汉语直译：一　十　只　柿子 吞 老人 八　十
汉语意译：十只柿子，吞八旬老；

喃字原文：捻 欻 唔 祂 莲 迌；
国际音标：nam⁵ soi¹ nuːt⁷ tɛ³ len¹ mɯːi²
汉语直译：把 糯米饭 吞 小孩 上 十
汉语意译：糯米点糕，吞十岁童；

喃字原文：㡣 鵝 醉 酾 唔 馱 劳 刀；
国际音标：kɔn¹ɣa² thai¹ riːu⁶ nuːt⁷ ŋɯːi² laːu¹ʔdaːu¹
汉语直译：　鸡　醉　酒 吞　人　艰 难
汉语意译：公鸡醉酒，吞主人翁；

儿童歌谣

喃字原文：蟪　䚵　朱　箽　踊　刨，
国际音标：lɯ:n¹ nam² tsɔ¹ jun² ʔbɔ² va:u²
汉语直译：鳝鱼 躺　给　蚯蚓 爬　进
汉语意译：鳝鱼睡着，蚯蚓扒食，

喃字原文：没　弹　螝　螝　赵　扒　魛　鲈；
国际音标：mot⁸ ʔda:n² ka:u² ka:u², ʔdu:i³ ʔbat⁷ ka⁵ro¹
汉语直译：一　　群　　蝗虫　　追逐　捉 攀鲈鱼
汉语意译：一群蝗虫，捉攀鲈鱼；

喃字原文：稆　秴　趾　蓮　唵　牰，
国际音标：luə⁵ ma⁶ tsai⁶ len¹ ʔan¹ ʔbɔ²
汉语直译：禾苗　跑　上　吃　黄牛
汉语意译：禾苗跑去，吃了黄牛，

喃字原文：秙　蒌　秙　苍　擅　摸　扒　籵；
国际音标：kɔ³nan¹ kɔ³la:k⁷ rin² mɔ² ʔbat⁷ tʂu¹
汉语直译：荸草 蒲草　窥探　捉　水牛
汉语意译：荸草蒲草，捉拴水牛；

喃字原文：鸦　群　赵　扒　鹬　䳿，
国际音标：ɣa² kɔn² ʔdu:i³ ʔbat⁷ ji:u² hʐu¹
汉语直译：鸡　还　　追　　捉　鹬鹰
汉语意译：小鸡出赶，欲捉鹬鹰，

喃字原文：鸼　鹒　赵　打　磝　头　驌　农。
国际音标：tsim¹ yi² ʔdu:i³ ʔdan⁵ vɤ³ ʔdʐu² ʔbo² noŋ¹
汉语直译：麻雀　追　打 破 头　稻草人
汉语意译：麻雀打破，稻草人精。

(25)

喃字原文： 蜅 虸 麻 馁 䫃 蛔。
国际音标： tɔ²vɔ² ma² nu:i¹ kɔn¹ȵen⁶
汉语直译： 土蜂 而 养 蜘蛛
汉语意译： 蜘蛛小，织网纱，土蜂养着蜘蛛大。

喃字原文： 殄 欺 怒 蠡 怒 悁 烧 㐱。
国际音标： ʔden⁵ khi¹ nɔ⁶ ȵɤ:n⁵ nɔ⁶ kwen¹ ȵau¹ ʔdi¹
汉语直译： 到 时 它 大 它 忘 互相 去
汉语意译： 蜘蛛大，织网纱，忘记土蜂养育它。

喃字原文： 蜅 虸 㘃 哭 吡 司！
国际音标： tɔ²vɔ² ŋoi² khɔk⁷ ti³ti¹
汉语直译： 土蜂 坐 哭 唏嘘
汉语意译： 土蜂坐在屋前叹，双眼泪水流哗哗！

喃字原文： 蛔 喂 蛔 咳 蛔 㐱 藤 帘！
国际音标： ȵen⁶ ʔɤ:i¹ ȵen⁶ hɤ:i³ ȵen⁶ ʔdi¹ ʔdaŋ² na:u²
汉语直译： 蜘蛛 啊 蜘蛛 啊 蜘蛛 去 方 哪
汉语意译： 骂道：蜘蛛，蜘蛛啊，蜘蛛啊！你心真差！

(26)

喃字原文： 狱 咮 吱 猣 浪 浍。
国际音标： tsu:t⁸tsu² tse¹ khi³ raŋ² hoi¹
汉语直译： 臊鼠 嫌弃 猴子 说 臭
汉语意译： 臊鼠嫌弃，猴子嗅臊。

喃字原文： 猣 貿 者 哐 奇 户 眉 菱。
国际音标： khi³ mɤ:i⁵ ja³ ȵɤ:i² ka³ hɔ⁶ mai² thɤ:m¹
汉语直译： 猴子 才 答 花 全族 你 香
汉语意译： 猴子答道，鼠族你香。

儿童歌谣

（27）

喃字原文：蟮 辧 吏 吱 蟋 畏。
国际音标：lɯːn¹ ŋan⁵ tse¹ tsat⁸ jaːi²
汉语直译：鳝鱼 短 嫌弃 泥鳅 长
汉语意译：鳝鱼身短，嫌泥鳅长。

喃字原文：鰡 鯏 喃 呬 吱 鮩 历 吖。
国际音标：thɤːn²ʔbɤːn¹ mɛu⁵ miːŋ⁶ tse¹ taːi⁶ lɤt⁸ mom²
汉语直译：龙利鱼 歪 嘴 嫌弃 地宝鱼 斜 嘴
汉语意译：龙利嘴歪，嫌地宝斜。

（男：杜玉光）

（28）

喃字原文：埃 掩 蓮 朱 廊 呭 㗅？
国际音标：ʔaːi¹ joŋ² thɛn¹ tso¹ laːŋ² ʔan¹ jaːi⁵
汉语直译：谁 种 莲 给 村 吃 藕
汉语意译：谁人种莲，村人吃藕？

喃字原文：埃 掩 檜 朱 廊 採 花？
国际音标：ʔaːi¹ joŋ² koi³ tso¹ laːŋ² haːi⁵ hwa¹
汉语直译：谁 种 树 给 村 采 花
汉语意译：谁人种树，村民采花？

喃字原文：没 隴 㭲 乜 隴 秘，
国际音标：mot⁸ luːŋ⁵ kaː² ʔba¹ luːŋ⁵ ʔbi⁵
汉语直译：一 垅 茄子 三 垅 冬瓜
汉语意译：一垅茄子，三垅冬瓜，

京族传统民歌译注

喃字原文： 扒　特　绳　李　黙　襖　紫蘇。
国际音标： ʔbat⁷ ʔdɯːk⁸ thaŋ²li⁵ mak⁸ ʔaːu⁵ tiə⁵to¹
汉语直译： 抓　得　阿李　穿　衣　紫苏
汉语意译： 抓得阿李，着紫衣衫。

喃字原文： 扒　特　绳　吴　黙　襖　租鑛。
国际音标： ʔbat⁷ ʔdɯːk⁸ thaŋ²ŋo¹ mak⁸ ʔaːu⁵ to¹ vaːŋ²
汉语直译： 抓　得　阿吴　穿　衣　染色　黄
汉语意译： 抓得阿吴，穿黄色衣。

喃字原文： 扒　特　绳　强　黙　襖　錦　刚。
国际音标： ʔbat⁷ ʔdɯːk⁸ thaŋ²kɯːŋ² mak⁸ ʔaːu⁵ kɤm³kɯːŋ¹
汉语直译： 抓　得　阿强　穿　衣　锦
汉语意译： 抓得阿强，穿着锦衣。

喃字原文： 没　堆　鯨　强　打　烧　醯　枯。
国际音标： mot⁸ ʔdoi¹ kin²kɯːŋ² ʔdan⁵ ɲau¹ mɤm¹ ɣo³
汉语直译： 一　对　鲸鱼　打　互相　大盘子　木
汉语意译： 一对鲸鱼，打架桌上。

喃字原文： 没　堆　核　枯　打　烧　秩　蜜。
国际音标： mot⁸ ʔdoi¹ kɤi¹ɣo³ ʔdan⁵ ɲau¹ mɤt⁷ mɤt⁸
汉语直译： 一　对　木头　打　互相　失　蜜
汉语意译： 一对木头，打架失乳。

喃字原文： 没　堆　礆　坦　打　烧　斲　汋。
国际音标： mot⁸ ʔdoi¹ hɔn²ʔdɤt⁷ ʔdan⁵ ɲau¹ juːi⁵ ʔaːu¹
汉语直译： 一　对　泥球　打　互相　下　塘
汉语意译： 一对球泥，水塘打架。

儿童歌谣

喃字原文： 没 堆 翁 鞋　打 烧 疸 丕。
国际音标： mot⁸ ʔdoi¹ ʔoŋ¹thaːu¹ ʔdan⁵ ɲau¹ ten¹ jɤːi²
汉语直译： 一　对　星星　　打　互相　上　天
汉语意译： 一对天星，天上打架。

喃字原文： 没 堆 魔 哉 打 烧 外 玛。
国际音标： mot⁸ ʔdoi¹ ma¹tɤːi¹ ʔdan⁵ ɲau¹ ŋwaːi² ma³
汉语直译： 一　对　鬼火　打　互相　外　坟
汉语意译： 一对魔鬼，打架坟上。

喃字原文： 没 堆 魔 奇 打 烧 亭 中。
国际音标： mot⁸ ʔdoi¹ ma¹ ka³ ʔdan⁵ ɲau¹ ʔdin² tuŋ¹
汉语直译： 一　堆　鬼　大　打　互相　亭
汉语意译： 一对大鬼，打架亭中。

喃字原文： 没 堆 琨 蝎 怒 叫 吐 咻。
国际音标： mot⁸ ʔdoi¹ kɔn¹ʔoŋ¹ nɔ⁶ keu¹ tsu⁵tsit⁷
汉语直译： 一　对　蜜蜂　它　叫　嗡嗡
汉语意译： 一对蜜蜂，它叫嗡嗡。

喃字原文： 没 堆 琨 鹎 怒 叫 喊 頭。
国际音标： mot⁸ ʔdoi¹ kɔn¹vit⁸ nɔ⁶ keu¹ ɲɯk⁷ʔdɤu²
汉语直译： 一　对　鸭子　它　叫　头痛
汉语意译： 一对鸭子，叫人头痛。

喃字原文： 没 堆 琨 粦 怒 叫 痗 蹯。
国际音标： mot⁸ ʔdoi¹ kɔn¹tɤu¹ nɔ⁶ keu¹ mɔi³ ɣoi⁵
汉语直译： 一　对　水牛　它　叫　累　膝盖
汉语意译： 一对水牛，叫累膝盖。

1717

喃字原文：没 堆 琨 䑩 怒 叫 曘 㭰。
国际音标：mot⁸ ʔdoi¹ kɔn¹ʔbɔ² nɔ⁶ keu¹ toi⁵mat⁸
汉语直译：一 对 黄牛 它 叫 头晕
汉语意译：一对黄牛，叫人头晕。

喃字原文：绳 谷 艞 楳 䒾 嗂。
国际音标：thaŋ² kok⁷ vaːk⁷ mɔ³ ʔdi¹ raːu¹
汉语直译： 阿谷 扛 梛子 去 敲
汉语意译：阿谷扛梛，喊话敲梛。

喃字原文：眉 撒 氿 蚕 蚕 撒 氿 眉。
国际音标：mai² taːt⁷ ʔaːu¹ taːu¹ taːu¹ taːt⁷ ʔaːu¹ mai²
汉语直译：你 戽 池 我 我 戽 池 你
汉语意译：你戽我池，我戽你塘。

喃字原文：眉 㳠 筕 蚛 蚕 㳠 筕 魪。
国际音标：mai² ʔdɤi² jɔ³ tom¹, taːu¹ ʔdɤi² jɔ³ ka⁵
汉语直译：你 满 筐 虾 我 满 筐 鱼
汉语意译：你满筐虾，我满篓鱼。

喃字原文：眉 㗂 饇 魪 蚕 㗂 饇 蚛。
国际音标：mai² laːm² mam⁵ ka⁵, taːu¹ laːm² mam⁵ tom¹
汉语直译：你 做 鱼露 我 做 虾露
汉语意译：你做鱼露，我制虾露。

（女：杜福英）

（29）

喃字原文：䢞 盃 固 䆠 唏 糎，
国际音标：ten¹ jɤː i² kɔ⁵ ɲiːu² ŋoi¹ thaːu¹
汉语直译：上 天 有 多 颗 星星
汉语意译：天上有很多星星，

# 儿童歌谣

喃字原文：翁 朥 麻 祉 姑 俚 㤟 唭。
国际音标：ʔoŋ¹jaŋ¹ ma² lɤi⁵ ko¹ tha:u¹ vui¹kɯ:i²
汉语直译：月亮 而 娶 姑 星星 欢笑
汉语意译：月亮看中美星姑。

喃字原文：包 晗 固 娕 時 娕 平 榃，
国际音标：ʔba:u¹jɤ² kɔ⁵ kɯ:i⁵ thi² kɯ:i⁵ ʔbaŋ² ʈu¹
汉语直译：何时 有 娶 则 娶 用 水牛
汉语意译：筵席婚酒要买牛，

喃字原文：潐 娕 猪 平 猪 娘 岙 空 術。
国际音标：tsɤ⁵ kɯ:i⁵ ʔbaŋ² lɤ:n⁶ na:ŋ²jɤu¹ khoŋ¹ ve²
汉语直译：别 娶 用 猪 新娘 不 回
汉语意译：买猪新娘不洞房。

（30）
喃字原文：绳 頭 廊 䏌 楳 㩒 嗂。
国际音标：thaŋ²²ʔdɤu² la:ŋ² va:k⁷ mɔ³ ʔdi¹ ra:u¹
汉语直译：头人 村 扛 梆子 去 敲
汉语意译：村里头人，有事击梆。

喃字原文：眉 撒 氵勻 蚤，蚤 撒 氵勻 眉。
国际音标：mai² ta:t⁷ ʔa:u¹ ta:u¹, ta:u¹ ta:t⁷ ʔa:u¹ mai²
汉语直译：你 戽 池 我 我 戽 塘 你
汉语意译：你戽我池，我戽你塘。

喃字原文：眉 溚 簹 虵 蚤 溚 簹 魤。
国际音标：mai² ʔdɤi² ro³ tom¹, ta:u¹ ʔdɤi² ro³ ka⁵
汉语直译：你 满 蒌 虾 我 满 蒌 鱼
汉语意译：你鱼满篓，我虾满筐。

京族传统民歌译注

喃字原文： 眉 㐌 求 婚 蚕 㐌 求 赢。
国际音标： mai² ʔdi¹ kɤu²hon¹, ta:u¹ ʔdi¹ kɤu² ren²
汉语直译： 你 去 求婚 我 去 求 连绵不断
汉语意译： 你去求婚，我做轿郎。

喃字原文： 眉 ᝑ 齻 洙， 蚕 ᝑ 齻 粩。
国际音标： mai² ʔba:n⁵ mam⁵tsuə¹ ta:u¹ la:m² mam⁵thin⁵
汉语直译： 你 卖 咸鱼 我 做 海鲜
汉语意译： 你卖咸鱼，我卖海鲜。

喃字原文： 眉 罢 姑 妸 蚕 罢 绳 㠯。
国际音标： mai² la² thaŋ²ʔa³, ta:u¹ la² thaŋ²ha:i¹
汉语直译： 你 是 阿妸姐 我 是 江湖佬
汉语意译： 你娶婀姑，我走江湖。

喃字原文： 眉 隊 甫 臺 蚕 扲 掍 釖。
国际音标： mai² ʔdoi⁶ ʔbo²ʔda:i² ta:u¹ kɤm² kɔn¹ja:u¹
汉语直译： 你 戴 官帽 我 拿 刀子
汉语意译： 你戴冠帽，我手拿刀。

喃字原文： 眉 ᝑ 牢 蚕 ᝑ 丕。
国际音标： mai² la:m² tha:u¹ ta:u¹ la:m² vɤi⁶
汉语直译： 你 做 怎么 我 做 这样
汉语意译： 你想怎做，叫我即到。

喃字原文： 眉 㐌 奔 棍，蚕 㐌 奔 红。
国际音标： mai² ʔdi¹ ʔbu:n¹ ɣɤi⁶ ta:u¹ ʔdi¹ ʔbu:n¹ hoŋ²
汉语直译： 你 去 贩 拐杖 我 去 贩 柿子
汉语意译： 你贩拐杖，我贩柿子。

儿童歌谣

喃字原文：眉 㐱 衤川 𪢮 蚤 㐱 衤川 媂。
国际音标：mai² ʔdi¹ lʑi⁵ tsoŋ² ta:u¹ ʔdi¹ lʑi⁵ vɤ⁶
汉语直译：你 去 嫁 夫 我 去 娶 妻
汉语意译：我嫁老公，你娶娇妻。

喃字原文：眉 蓮 几 幫 蚤 術 茹 圭。
国际音标：mai² len¹ kɛ³ tsɤ⁶ ta:u¹ ve² ȵa²kwe¹
汉语直译：你 上 人 集市 去 回 故乡
汉语意译：你去荡街，我返故乡。

喃字原文：眉 ⼎ 艺 之 蚤 ⼎ 艺 妠。
国际音标：mai² la:m² ŋe² ji² ta:u¹ la:m² ŋe² ʔdɔ⁵
汉语直译：你 做 行业 什么 我 做 行业 那
汉语意译：你做何艺，我定跟上。

（男：苏维绍）

（31）

喃字原文：集 寻 ㄤ，㧅 帀 空，㧅 帀 固。
国际音标：tɤp⁸ tɤm²voŋ² tai¹ na:u² khoŋ¹, tai¹ na:u² kɔ⁵
汉语直译：赌 猜谜 手 哪 空 手 哪 有
汉语意译：赌猜迷，一手有，一手空。

喃字原文：集 寻 㤝，㧅 帀 固，㧅 帀 空。
国际音标：tɤp⁸ tɤm² vɔ⁵ tai¹ na:u² kɔ⁵ tai¹ nau² khoŋ¹
汉语直译：赌 猜 掌 手 哪 有 手 哪 空
汉语意译：我猜中，这手有，那手空。

喃字原文：抛 砒 䢒 䢒，
国际音标：tha³ ʔdiə³ ʔba¹ʔba¹
汉语直译：放 碟子 甲鱼
汉语意译：放穿山甲，放竹鼠郎，

1721

京族传统民歌译注

喃字原文：潹扒弹娿，沛罪弹翁。
国际音标：tsɤ⁵ ʔbat⁷ ʔdaːn²ʔba², faːi³toi⁶ ʔdaːn²ʔoŋ¹
汉语直译：别　捉　女人　遭报应　男人
汉语意译：女人莫捉，男捉有罪。

喃字原文：粓皀如蒽，
国际音标：kɤːm¹ taŋ⁵ n̠ɯ¹ ʔboŋ¹
汉语直译：粓　白　如　棉花
汉语意译：家里米饭，白如棉花。

喃字原文：粘船如渃杜鱨杜畮。
国际音标：ɣaːu⁶ thiːn² n̠ɯ¹ nɯːk⁷ ʔdo³ mam⁵ ʔdo³ muːi⁵
汉语直译：米　船　如　水　倒　鱼露　倒　盐
汉语意译：船去装米，海水渗漏。

喃字原文：杜穫骸梢 杜埣㾔鹐。
国际音标：ʔdo³ tsuːi⁵ haːt⁸tiːu¹, ʔdo³ niːu¹ kɯt⁷ ɣa²
汉语直译：倒 芭蕉 胡椒　倒 小砂锅 屎 鸡
汉语意译：煮饭难吃，菜又酸辣。

喃字原文：杜沛茹帝 茹帝沛翍。
国际音标：ʔdo³ faːi³ n̠a² naːu², n̠aːu² ʔdɤi⁵ faːi³ tsiu⁶
汉语直译：倒　中　家　家　家　那　得　受
汉语意译：我吃不得，倒了浪费。

（男：杜福朝）

（32）

喃字原文：最戈䙶剀靇耍，
国际音标：hom¹kwa¹ mɤ³ kɯə³ toŋ¹ jɤːi²
汉语直译：昨天　开　门　望　天
汉语意译：昨晚开门，出望天空，

儿童歌谣

喃字原文： 翁 鞋 向 北 来 回 衕 低。
国际音标： ʔoŋ¹tha:u¹hɯ:ŋ⁵ʔbak⁷ la:i¹hoi² ve² ʔdɤi¹
汉语直译： 北 斗 星 来 回 回 这儿
汉语意译： 见北斗星，似跟人踪。

喃字原文： 鞋 低 鞋 逦 逶 毪，
国际音标： tha:u¹ ʔdɤi¹ tha:u¹ la:⁶luŋ² thai¹
汉语直译： 星星 这儿 星星 奇怪 啊
汉语意译： 北斗熊星，奇怪之中，

喃字原文： 班 胋 吏 固 班 䏙 時 空。
国际音标： ʔba:n¹ʔdem¹ la:i⁶ kɔ⁵, ʔba:n¹ŋai² thi² khoŋ¹
汉语直译： 晚上 又 有 白天 则 无
汉语意译： 晚上看见，白天无踪。

喃字原文： 拵 信 英 蹲 英 氃，
国际音标： tsaŋ³ tin¹ ʔan¹ ʔdɯŋ⁵ ʔan¹ toŋ¹
汉语直译： 不 信 哥 站 哥 望
汉语意译： 你不相信，跟我观望，

喃字原文： 箕 如 鞋 鹉 唵 淹 銀 河。
国际音标： kiə² ɲɯ¹ tha:u¹ vit⁸, ʔan¹ thoŋ¹ɤn¹ ha²
汉语直译： 那儿 如 星星 鸭 吃 银河
汉语意译： 那个鸭星，银河游荡。

喃字原文： 連 伾 鞋 罷 鞋 㠑，
国际音标： ten¹ jɤ:i² tha:u¹ ʔbai³ tha:u¹ ʔba¹
汉语直译： 上 天 星星 七 星星 三
汉语意译： 那是三星，七星闪光，

1723

喃字原文：二 十 八 宿 拱 罡 七 星。
国际音标：ȵi⁶ thɤp⁸ ʔbaːt⁷ tu⁵, kuŋ³ laː² thɤt⁷ tin¹
汉语直译：二 十 八 宿 也 是 七 星
汉语意译：二十八宿，七星同堂。

喃字原文：牼 歆 牀 之 没 躺，
国际音标：thaːu¹hom¹ mɔk⁸ tsi¹ mot⁸min²
汉语直译：　金星　升起 什么　独自
汉语意译：金星发亮，独自一方，

喃字原文：牼 枚 鹅 嘅 终 情 貝 埃。
国际音标：thaːu¹maːi¹ ɣaː² ɣaːi⁵ tsuŋ¹tin² vɤːi⁵ ʔaːi¹
汉语直译：启明星 鸡 叫 钟情　和 谁
汉语意译：那启明星，鸡鸣报光。

喃字原文：固 馪 麻 拄 固 枚，
国际音标：kɔ⁵ hom¹ maː² tsaŋ³ kɔ⁵ maːi¹
汉语直译：有 金星 而 没 有 启明星
汉语意译：金星辉煌，启明亮放，

喃字原文：箕 如 牼 濊 徐 埃 钟 丕。
国际音标：kiə² nɯ¹ thaːu¹vɯːt⁸ tsɤː² ʔaːi¹ jɯə³ jɤːi²
汉语直译：那儿 如 流星 等 谁 中 空
汉语意译：那似流星，停落等谁。

喃字原文：南 曹 北 斗 堆 妮，
国际音标：naːm¹taːu² ʔbak⁷ʔdɤu³ ʔdoi¹ nɤːi¹
汉语直译：南曹 北斗 两 处
汉语意译：南曹北斗，居处光芒，

儿童歌谣

喃字原文：神 農 鞁 𢀛 持 位 𠃍 唵。
国际音标：thɤn²noŋ¹ tha:u¹ ʔɤi⁵, ti⁶vi⁶ la:m²ʔan¹
汉语直译： 神农　 星　 那　 统管　 出工
汉语意译：那晨农星，待人出工。

喃字原文：嘣 眨 琨 造 础 運，
国际音标：ɣɤm⁵ sɛm¹ kɔn¹ta:u⁶ sɤi¹vɤn²
汉语直译：寻思 看　 造化　 循环不息
汉语意译：寻思天事，循环造化，

喃字原文：徐 朱 跙 曘 寅 寅 牀 㘃。
国际音标：tsɤ² tsɔ¹ ʔden⁵ toi⁵, jɤn²jɤn² mɔk⁸ ra¹
汉语直译：等　 给　 到　 夜　 渐渐　 升　 出
汉语意译：造化运行，至夜满星。

喃字原文：牀 㘃 姅 数 恒 河，
国际音标：mɔk⁸ ra¹ vo¹tho⁵ haŋ²ha²
汉语直译：升　 出　 无数　 恒河
汉语意译：星光闪闪，恒河无数，

喃字原文：天 河 萬 亿 別 罢 包 饶。
国际音标：thi:n¹ha² va:n⁶ ʔɯk⁷, ʔbi:t⁷ la² ʔba:u¹ɲi:u¹
汉语直译： 天河　 万　 亿　 知　 是　 多少
汉语意译：天河亿星，数不尽数。

喃字原文：歪 光 鞁 牀 拱 毲，
国际音标：jɤ:i² kwa:ŋ¹ tha:u¹ mɔk⁸ kuŋ³ ɲi:u²
汉语直译： 天　 光　 星星　 升　 也　 多
汉语意译：天上星光，星满盛装，

1725

喃字原文：괴 欺 胺 燨 䘏 調 䡮 疏。
国际音标：ʔden⁵ khi¹ jaŋ¹ tɔ³ ra¹ ʔdeu² tha:u¹ thɯə¹
汉语直译：到 时 月 明 出 都 星星 稀疏
汉语意译：天出月亮，星出稀少。

喃字原文：䘏 為 没 浽 𠀧 湄，
国际音标：ʔbɤ:i³vi² mot⁸ noi³ jɤ:i² mɯə¹
汉语直译：因为 一 境地 天 下雨
汉语意译：突然天暗，即时下雨，

喃字原文：䡮 燨 挭 览 䡮 瞇 時 空。
国际音标：tha:u¹ tɔ³ tsaŋ³ thɤi⁵, tha:u¹ mɤ² thi² khoŋ¹
汉语直译：星 明 不 见 星 黯淡 则 无
汉语意译：星星不见，黯淡无光。

喃字原文：刱 䣊 桑 嗓 烱 束，
国际音标：tha:ŋ⁵ŋai² ta:ŋ¹ta:ŋ³ ra:ŋ⁶ʔdoŋ¹
汉语直译： 早晨 蒙蒙亮 东方发白
汉语意译：早晨晴天，太阳升起，

喃字原文：䡮 時 晗 偈 群 翁 㭾 𠀧。
国际音标：tha:u¹ thi² lan⁶ het⁷ kɔn² ʔoŋ¹mat⁸jɤ:i²
汉语直译：星 则 落山完 还有 太阳
汉语意译：天星落没，阳光晴朗。

（33）

喃字原文：扬 弓 揲 弹 凤 凰，
国际音标：ja:ŋ¹ kuŋ¹ thap⁷ ʔban⁵ fɯ:ŋ⁶hwa:ŋ²
汉语直译：张 弓 学 射击 凤凰
汉语意译：小东小东，学拉弹弓，

儿童歌谣

喃字原文：捱 鞉 吏 沛 没 弹 鸪 鹈。
国际音标：tsaŋ³mai¹ la:i⁶ fa:i³ mot⁸ ʔda:n² tsim¹ji¹
汉语直译：不幸 又 中 一 群 麻雀
汉语意译：想打凤凰，麻雀击中。

喃字原文：衤氵 牢 麻 赳 怒 迻，
国际音标：lɤi⁵ tha:u¹ ma² ʔdu:i³ no⁶ ʔdi¹
汉语直译：拿 怎么 而 追 它 去
汉语意译：非我有意，把麻雀轰，

喃字原文：怒 叫 唎 嗓 矫 時 聃 聪。
国际音标：no⁶ keu¹ riu⁵ rit⁷ kɛu³ thi² ʔdi:k⁷ ta:i¹
汉语直译：它 叫 唧喳 否则 就 聋 耳朵
汉语意译：它叫唧喳，震耳欲痛。

（男：苏维绍）

（34）

喃字原文：蛤 蟆 底 蛙 蒲 孤，
国际音标：kɔk⁷ tset⁷ ʔde³ ɲa:i⁵ ʔbo²koi¹
汉语直译：蛤蟆 死 让 小蛙 孤儿
汉语意译：蛤蟆死了，小蛙孤儿，

喃字原文：蛛 𧍡 蛛 哭 扒 喂 罪 扒。
国际音标：tsɤu³ ŋoi² tsɤu³ khɔk⁷, tsa:ŋ² ʔɤ:i¹ la² tsa:ŋ²
汉语直译：雨蛙 坐 雨蛙 哭 郎 啊 是 郎
汉语意译：雨蛙坐哭，君呀凄惨。

喃字原文：蚖 蚗 打 令 包 喇，
国际音标：ʔɤn³ʔɯ:ŋ¹ ʔdan⁵ lɤŋ⁶ ʔda³ va:ŋ¹
汉语直译：斑蛙 依 令 已 鸣响
汉语意译：斑蛙依令，祈祷声扬，

1727

喃字原文： 錢　兜　麻者　嬪　廊　蜷　喂。
国际音标： ti:n² ʔdɤu¹ ma² ja³, nɤ⁶ la:ŋ² ŋwɛ⁵ ʔɤ:i¹
汉语直译： 钱　哪儿而还　债　村　小青蛙　啊
汉语意译： 小蛙哭喊，村债谁还。

（35）

喃字原文： 畑　誇　畑　燘　欣　朕，
国际音标： ʔdɛn² khwɛ¹ ʔdɛn² tɔ³ hɤ:n¹ jaŋ¹
汉语直译： 灯　夸　灯　亮　胜于　月
汉语意译： 灯夸灯亮胜月光，

喃字原文： 畑　齣　坬　遢　群　庒　唉　畑。
国际音标： ʔdɛn² ra¹ tso³ jɔ⁵ kɔn² tsaŋ¹ hɤ:i³ ʔdɛn²
汉语直译： 灯　出　处　风　还　不　啊　灯
汉语意译： 点灯见风灯自灭。

喃字原文： 朕　誇　朕　燘　欣　畑，
国际音标： jaŋ¹ khwɛ¹ jaŋ¹ tɔ³ hɤ:n¹ ʔdɛn²
汉语直译： 月　夸　月　亮　胜于　灯
汉语意译： 月亮自夸比灯亮，

喃字原文： 据　牢　朕　吏　翌　輪　墰　霆？
国际音标： kɤ⁵tha:u¹ jaŋ¹ la:i⁶ tsiu⁶ lu:n² ʔda:m⁵mɤi¹
汉语直译： 为何　月　又　受　穿　云朵
汉语意译： 为何云遮不见光？

（36）

喃字原文： 绳　砭　固　丐　猷　模，
国际音标： thaŋ²ʔbɤ:m² kɔ⁵ ka:i⁵ kwa:t⁸mɔ¹
汉语直译： 傻子　有　把　葵扇
汉语意译： 傻仔有一把葵扇，

儿童歌谣

喃字原文：富 翁 吀 對 㠺 㸪 九 牪。
国际音标：fu⁵ʔoŋ¹ sin¹ ʔdoi³ ʔba¹ tʀu¹ tsin⁵ ʔbɔ²
汉语直译： 富翁 请求 换 三 水牛 九 黄牛
汉语意译：富翁拿十头牛换。

喃字原文： 砭 浪 砭 㧅 衬 㸪,
国际音标：ʔbʀːm² raŋ² ʔbʀːm² tsaŋ³ lʀi⁵ tʀu¹
汉语直译：傻子 说 我 不 要 水牛
汉语意译：傻仔不想要水牛，

喃字原文：富 翁 吀 對 溇 魪 鲥。
国际音标：fu⁵ʔoŋ¹ sin¹ ʔdoi³ ʔaːu¹ tʀu¹ ka⁵mɛ²
汉语直译： 富翁 请求 换 塘 深 鲢鱼
汉语意译：富翁用鲢鱼塘换。

喃字原文： 砭 浪 砭 㧅 衬 鲥,
国际音标：ʔbʀːm² raŋ² ʔbʀːm² tsaŋ³ lʀi⁵ mɛ²
汉语直译：傻子 说 我 不 要 鲢鱼
汉语意译：傻仔说不要鲢鱼，

喃字原文：富 翁 吀 對 没 筏 枯 㮒；
国际音标：fu⁵ʔoŋ¹ sin¹ ʔdoi³ mot⁸ ʔbɛ² ɣo³lim¹
汉语直译： 富翁 请求 换 一 筏子 格木
汉语意译：富翁用一筏子格木换；

喃字原文： 砭 浪 砭 㧅 衬 㮒,
国际音标：ʔbʀːm² raŋ² ʔbʀːm² tsaŋ³ lʀi⁵ lim¹
汉语直译：傻子 说 我 不 要 格木
汉语意译：傻仔不想要格木，

1729

喃字原文： 富翁吁對㺜鸹玳瑁。
国际音标： fu⁵ʔoŋ¹ sin¹ ʔdoi³ kɔn¹tsim¹ʔdoi²moi²
汉语直译： 富翁 请求 换　　　玳瑁鸟
汉语意译： 富翁说玳瑁鸟换。

喃字原文： 　砭 浪　砭 挓 祂 瑁，
国际音标： ʔbɤːm² raŋ² ʔbɤːm² tsaŋ³ lɤi⁵ moi²
汉语直译： 傻子 说 我　 不 要 玳瑁鸟
汉语意译： 傻仔不想玳瑁鸟，

喃字原文： 富翁吁對 捻 秡　砭 唭。
国际音标： fu⁵ʔoŋ¹ sin¹ ʔdoi³ nam⁵ soi¹ ʔbɤːm² kɯːi²
汉语直译： 富翁 请求 换 团 糯米饭 傻子 笑
汉语意译： 富翁说换一饭球，傻仔微笑又点头。

（37）

喃字原文： 㺜 蜎 眉 拚 蒟 芛，
国际音标： kɔn¹kiːn⁵ mai² kiːn⁶ kuˀ³khwaːi¹
汉语直译： 蚂蚁 你 打官司 红薯
汉语意译： 蚁带红薯，去打官司，

喃字原文： 眉 吱 蚤 虊 祂 埃 ⴰ 鼻。
国际音标： mai² tse¹ taːu¹ khɔ⁵ lɤi⁵ ʔaːi¹ laːm² jau²
汉语直译： 你 嫌 我 苦 要 谁　 做 富有
汉语意译： 蚁嫌薯苦，用啥填肚。

喃字原文： 茹 蚤 九 秱　迬 㸔，
国际音标： ɲa² taːu¹ tsin⁵ ʔdon² mɯːi² tʂu¹
汉语直译： 家 我 九 屯　 十 水牛
汉语意译： 薯家有牛，谷米充足，

1730

儿童歌谣

喃字原文：吏　添　汈　魺，扒　桥　湹　蹟。
国际音标：laːi⁶ them¹ ʔaːu¹ ka⁵ ʔbak⁷ kɤu² rɯə³ tsɤn¹
汉语直译：又　添　加　塘　鱼　架　桥　洗　脚
汉语意译：家有鱼塘，塘中搭桥。

喃字原文：桥　尼　求　爱　求　恩，
国际音标：kɤu² nai² kɤu² ʔaːi⁵ kɤu² ʔɤn¹
汉语直译：桥　这　桥　爱　桥　恩
汉语意译：桥中洗脚，恩爱欢乐，

喃字原文：没　𥒞　𥒰　妔　湹　蹟　桥　尼。
国际音标：mot⁸ tam¹ kɔn¹ ɣaːi⁵ rɯə³ tsɤn¹ kɤu² nai²
汉语直译：一　百　个　姑娘　洗　脚　桥　这
汉语意译：成百姑娘，塘桥玩乐。

（38）

喃字原文：固　湹　時　湹　㧎　蹟，
国际音标：kɔ⁵ rɯə³ thi² rɯə³ tai¹ tsɤn¹
汉语直译：有　洗　就　洗　手　脚
汉语意译：桥下池水，洗手洗脚，

喃字原文：潎　湹　龓　眉　毵　魺　汈　英。
国际音标：tsɤ⁵ rɯə³ loŋ¹ mai² tset⁷ kaˀ⁵ ʔaːu¹ ʔan¹
汉语直译：别　洗　眉毛　死　鱼　塘　我
汉语意译：不洗眼眉，死我塘鱼。

喃字原文：茹　英　固　没　核　橙，
国际音标：ɲaː² ʔan¹ kɔ⁵ mot⁸ kɤi¹ than²
汉语直译：家　我　有　一　橙树
汉语意译：我家橙树，话来很奇，

喃字原文：怒 渚 黜 梗 怒 包 固 花。
国际音标：nɔ⁶ tsɯə¹ ra¹ kan² nɔ⁶ ʔda³ kɔ⁵ hwa¹
汉语直译：它 未 出 枝 它 已 有 花
汉语意译：它未长枝，树先开花。

喃字原文：茹 英 固 没 姆 耄，
国际音标：n̠a² ʔan¹ kɔ⁵ mot⁸ mu⁶ ja²
汉语直译：家 哥 有 一 婆娘 老
汉语意译：话说我家，有一老母，

喃字原文：嗺 柑 拄 尣 抉 茹 拄 铖。
国际音标：thoi³ kɤːm¹ tsaŋ³ tsin⁵ kwet⁷ n̠a² tsaŋ³ nen¹
汉语直译：煮 饭 不 熟 扫 家 不 成
汉语意译：煮饭不熟，扫地不净。

喃字原文：啌 具 吏 嗾 蚪 逋，
国际音标：ʔan¹ kɔ³ laːi⁶ ʔdoi² ŋoi² ten¹
汉语直译：吃 宴席 又 相要 坐 上席
汉语意译：宴请早去，要坐上席，

喃字原文：韽 掄 鉢 次 蓫 侯 娿。
国际音标：mɤm¹ thɔn¹ ʔbaːt⁷ thuɯ⁵ ʔdɯə¹ len¹ hɤu² ʔba²
汉语直译：大盘子 朱红 碗 瓷 送 上 侍候 婆婆
汉语意译：花碗红桌，婆要侍候。

（39）

喃字原文：琨 狱 麻 律 坡 椥，
国际音标：kɔn¹tsuːt⁸ ma² lɔt⁸ ʔbɤ² tɛ¹
汉语直译：老鼠 而 穿 岸 竹子
汉语意译：老鼠钻洞，穿竹林间，

1732

儿童歌谣

喃字原文：翁 贡 扒 特 披 疮 没 蹟。
国际音标：ʔoŋ¹koŋ¹ ʔbat⁷ ʔdɯːk⁸ ʔbɛ³ kwɛ² mot⁸ tsɤn¹
汉语直译：孔雀　捉　得　扳瘸　一　脚
汉语意译：孔雀见捉，打断脚跟。

（男：阮进余）

（40）

喃字原文：掍 蜺 眉 於 毑 茹，
国际音标：kɔn¹kiːn⁵ mai² ʔɤ³ toŋ¹ ɲa²
汉语直译：蚂蚁　你　在　中　家
汉语意译：小小蚂蚁，你入我家，

喃字原文：蚕 揀 劊 吏 眉 𨂔 塘 帀?
国际音标：taːu¹ ʔdɔŋ⁵ kɯə³ laːi⁶ mai² ra¹ ʔdɯːŋ² naːu²
汉语直译：我　关　门　来　你　出　路　哪
汉语意译：我关门了，你怎么爬?

喃字原文：掍 𩵋 眉 於 𣺯 洝，
国际音标：kɔn¹kaː⁵ mai² ʔɤ³ jɯːi⁵ ʔaːu¹
汉语直译：　鱼　你　在　在　塘
汉语意译：一群鱼儿，在池塘游，

喃字原文：蚕 撒 𣼽 伮 眉 𢴑 特 庄。
国际音标：taːu¹ taːt⁷ nɯːk⁷ vaːu² mai² thoŋ⁵ ʔdɯːk⁸ tsaŋ¹
汉语直译：我　戽　水　进　你　活　得　不
汉语意译：我戽干水，让你发愁。

1733

（41）

喃字原文：琨 鹚 麻 艿 唵 腋，
国际音标：kɔn¹kɔ² ma² ʔdi¹ ʔan¹ ʔdem¹
汉语直译：白鹭 而 去 吃 夜
汉语意译：夜里白鹭，出来寻食，

喃字原文：豆 沛 梗 㯊 繇 胋 韷 汋。
国际音标：ʔdɤu⁶ faːi³ kan² mem lon⁶ kɔ³ suːŋ⁵ ʔaːu¹
汉语直译：栖息 中 枝 软 转 脖子 下 塘
汉语意译：栖在软枝，头掉塘里。

喃字原文：翁 喂！翁 擲 碎 帀，
国际音标：ʔoŋ¹ ʔɤːi³ ʔoŋ¹ vɤːt⁷ toi¹ naːu¹
汉语直译：爷爷 啊 您 捞 我 啊
汉语意译：屋里小哥，快捞我起，

喃字原文：碎 固 皮 帀 翁 唉 赦 桩。
国际音标：toi¹ kɔ⁵ ʔbe² naːu² ʔoŋ¹ hai³ saˀmaŋ¹
汉语直译：我 有 方面 哪 您 要 宽恕
汉语意译：若我有错，请你宽恕。

喃字原文：固 抄 時 抄 渃 醴，
国际音标：kɔ⁵ saːu⁵ thi² saːu⁵ nɯːk⁷ tɔŋ¹
汉语直译：有 翻乱 就 翻乱 水 清
汉语意译：我再不敢，偷塘小鱼，

喃字原文：停 抄 渃 濁 疠 悉 鹚 琨。
国际音标：ʔdɯŋ² saːu⁵ nɯːk⁷ ʔduk⁸ ʔdau¹lɔŋ² kɔ² kɔn¹
汉语直译：别 翻乱 水 浊 心痛 白鹭 小
汉语意译：扑通水浊，没见小鱼。

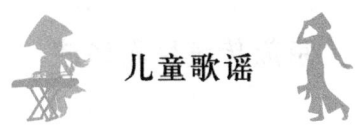

儿童歌谣

（42）

喃字原文：孲蛒罜舅翁丕，
国际音标：kɔn¹kɔk⁷ la² kɤu⁶ ʔoŋ¹jɤːi²
汉语直译：蛤蟆　是舅　老天爷
汉语意译：蛤蟆是天翁之舅，

喃字原文：係埃打怒時丕打朱。
国际音标：he³ ʔaːi¹ ʔdan⁵ no⁶ thi² jɤːi² ʔdan⁵ tsɔ¹
汉语直译：只要谁　打　它　就 老天爷 打　给
汉语意译：谁人打它雷击头。

喃字原文：孲蛒罜舅柴儒，
国际音标：kɔn¹kɔk⁷ la² kɤu⁶ thɤi²ȵɔ¹
汉语直译：蛤蟆　是舅　天师
汉语意译：蛤蟆是天师舅父，

喃字原文：係埃打殀丕朱貫錢。
国际音标：he³ ʔaːi¹ ʔdan⁵ tset⁷ jɤːi² tsɔ¹ kwaːn¹ tiːn²
汉语直译：只要谁　打 死 老天爷 给　贯 钱
汉语意译：谁打死出钱殡葬。

（43）

喃字原文：孲䴏眉喋孲蚍，
国际音标：kɔn¹kɔ² mai² mo³ kɔn¹tom¹
汉语直译：白鹭　你 啄　大虾
汉语意译：白鹭欲啄只大虾，

喃字原文：孲蚍挷吏喂孲䴏。
国际音标：kɔn¹tom¹ kwai¹ laːi⁶ ȵaːi¹ kɔn¹kɔ²
汉语直译：大虾　转头 来 嚼　白鹭
汉语意译：大虾转头想咬它。

1735

（44）

喃字原文：㓜 鵶 㓜 鵶 㓜 農。
国际音标：kɔn¹kɔ² kɔn¹kɔ² kɔn¹ noŋ¹
汉语直译：白鹭 白鹭 鸟 农家
汉语意译：白鹤哥哥，惯熟农家。

喃字原文：牢 眉 踸 穤 茹 翁 唉 鵶。
国际音标：tha:u¹ mai² jam³ luə⁵ n̥a² ʔoŋ¹ hɤ:i³ kɔ²
汉语直译：为何 你 踩 禾苗 家 我 啊 白鹭
汉语意译：为何踩禾？稻田我家。

喃字原文：空 空 碎 蹲 㙮 坡。
国际音标：khoŋ¹ khoŋ¹ toi¹ ʔdɯŋ⁵ ten¹ ʔbɤ²
汉语直译：不 不 我 站 上 田埂
汉语意译：鹤说没有，我站田埂。

喃字原文：媄 㓜 丐 䲦 杜 吘 朱 碎。
国际音标：mɛ⁶ kɔn¹ ka:i⁵ji:k⁸ ʔdo³ ŋɤ² tsɔ¹ toi¹
汉语直译：母 子 白鹭 嫁 疑问 给 我
汉语意译：白鹭母子，嫁害于我。

喃字原文：挣 信 翁 㐌 麻 䁯。
国际音标：tsaŋ³ tin¹ ʔoŋ¹ ʔden⁵ ma² kɔi¹
汉语直译：不 信 您 到 而 看
汉语意译：你若不信，亲自问过。

喃字原文：媄 㓜 丐 䲦 群 蜦 於 箕！
国际音标：mɛ⁶ kɔn¹ ka:i⁵ji:k⁸ kɔn² ŋoi² ʔɤ³ kiə²
汉语直译：母 子 白鹭 还 坐 在 那儿
汉语意译：白鹭母子，还坐那里！

儿童歌谣

（45）

喃字原文：𰀀 𰀁 𰀂 𰀀 𰀁 萍，
国际音标：kɔn¹ ʔboŋ⁵ la² kɔn¹ ʔboŋ⁵ ʔbin²
汉语直译：笋壳鱼 是 鱼 跳 叮咚
汉语意译：笋壳鱼起跳叮咚，

喃字原文：嶉 粓 炍 诺 没 躺 浦 浍；
国际音标：thoi³ kɤːm¹ nɤu⁵ nɯːk⁷ mot⁸ min² ʔbo² hoi¹
汉语直译：煮 饭 烧 水 独自 汗
汉语意译：女主煮饭满汗流；

喃字原文：𤽜 䏾 固 客 𤳆 制，
国际音标：raːŋ⁶ ŋai² kɔ⁵ khat⁷ ʔden⁵ tsɤːi¹
汉语直译：早上 有 客 到 玩
汉语意译：早上有远方来客，

喃字原文：粓 唉 醙 旺 朱 㤿 悰 𡂒。
国际音标：kɤːm¹ ʔan¹ riːu⁶ ʔuːŋ⁵ tsɔ¹ vui¹ lɔŋ² tsoŋ²
汉语直译：饭 吃 酒 喝 给 高 兴 夫
汉语意译：热情接客替夫劳。

喃字原文：𤽜 䏾 唉 旺 皷 衝，
国际音标：raːŋ⁶ ŋai² ʔan¹ ʔuːŋ⁵ vmɯə² sɔŋ¹
汉语直译：早上 吃 喝 刚 完
汉语意译：来客饭足酒饮醉，

喃字原文：𢯼 扣 銅 𢯼 解 照 花；
国际音标：tai¹ ȵat⁸ mɤm¹ ʔdɔn² tai¹ raːi³ tsiːu⁵ hwa¹
汉语直译：手 收拾 大盘子 铜 手 铺 席子 花
汉语意译：女主铺席打招呼；

1737

喃字原文：呢呕 待 客 塘 赊，
国际音标：ȵin⁶ mi:ŋ⁶ ʔda:i³ khat⁷ ʔdɯ:ŋ² sa¹
汉语直译：忍 嘴 待 客 路 远
汉语意译：忍饥招待远来客，

喃字原文：帝 罗 贴 挞 猒 些 桉 塘。
国际音标：ʔdɤi⁵ la² kuə³ka:i³ tsoŋ² ta¹ ʔan¹ʔdɯ:ŋ²
汉语直译：哪儿 是 东西 夫 我 盘缠
汉语意译：客人吃饱远夫饿。

（46）

喃字原文：琨 孤 罗 琨 孤 琨，
国际音标：kɔn¹kɔ² la² kɔn¹kɔ² kɔn¹
汉语直译： 白鹤 是 白鹤 小
汉语意译：白鹤之子，细小鸟儿，

喃字原文：媄 怒 要 怒怒 群 ㄇ 疎。
国际音标：mɛ⁶ nɔ⁶ ʔi:u¹ nɔ⁶ nɔ⁶ kɔn² la:m²thɤ¹
汉语直译：母 它 爱 它 它 还 幼小
汉语意译：母儿相爱，小小年纪。

喃字原文：琨 孤 㦲 棒 㦲 巴，
国际音标：kɔn¹kɔ² ʔbai¹ ʔboŋ³ ʔbai¹ ʔbɤ¹
汉语直译： 白鹤 飞 忽然 飞 孤单
汉语意译：小鹤学飞，母鹤传教，

喃字原文：吏 低 英 挞 粆 姑 朱 娘。
国际音标：la:i⁶ ʔdɤi¹ ʔan¹ ɣɯi³ soi¹ khɔ¹ tsɔ¹ na:ŋ²
汉语直译：来 这里 哥 寄 糯米饭 干 给 妹
汉语意译：公鹤觅食，啄回谷米。

儿童歌谣

喃字原文： 扰 術 娘 炳 娘　 㐅，
国际音标： ʔdɛm¹ ve² na:ŋ² nɣu⁵ na:ŋ² ra:ŋ¹
汉语直译： 带 回 妹 煮 妹 炒
汉语意译： 母鹤煮熟，带来喂儿，

喃字原文： 娘 啽 固 㦝 時 娘 衭 英。
国际音标： na:ŋ² ʔan¹ kɔ⁵ jɛu³ thi² na:ŋ² lɣi⁵ ʔan¹
汉语直译： 妹 吃 有 柔软 则 妹 拿 吃
汉语意译： 喂饱鹤儿，夫妇欢心。

（47）

喃字原文： 琨 䳽 麻 豆 梗 柳，
国际音标： kɔn¹ kɔ² ma² ʔdɣu⁶ kan² tɛ¹
汉语直译： 白鹤 而 栖息 枝 竹
汉语意译： 白鹤飞累，栖在竹林，

喃字原文： 衭 俺 㧒 鏡 䳽 痯 没 蹟。
国际音标： tɛ¹ ʔɛm¹ ʔban⁵ thuŋ⁵ kɔ² kwɛ² mot⁸ tsɣn¹
汉语直译： 小孩 妹 射 枪 鹤 瘸 一 脚
汉语意译： 小孩打猎，打断鹤爪。

喃字原文： 㬅 䫫 䎃 𢂎 垌 春，
国际音标： hom¹ thau¹ ra¹ tsɣ⁶ ʔdoŋ² sɣn¹
汉语直译： 次日 出 集市 田野 春
汉语意译： 次日鹤飞，集市田野，

喃字原文： 注 客 買 嗨 牢 蹟 䳽 痯？
国际音标： tsu⁵ khat⁷ mɣ:i⁵ hoi³ tha:u¹ tsɣn¹ kɔ² kwɛ²
汉语直译： 叔 客 才 问 为何 脚 鹤 瘸
汉语意译： 客叔问鹤，为何脚跛？

1739

喃字原文：𪃶 浪 𪃶 蹲 楢 梂，
国际音标：kɔ² raŋ² kɔ² ʔdɯŋ⁵ ʔbui⁶ tɛ¹
汉语直译：鹤 说 鹤 站 丛 竹
汉语意译：白鹤回答，昨栖竹林，

喃字原文：绳 祂 伮 狎 𪃶 疨 没 蹟。
国际音标：thaŋ²tɛ³ nɔ⁵ ʔban⁵ kɔ² kwɛ² mot⁸ tsɤn¹
汉语直译：小孩 他 射击 鹤 瘸 一 脚
汉语意译：小孩打枪，打跛脚爪。

（48）

喃字原文：琨 𪃶 别 喻 𨕭 核，
国际音标：kɔn¹kɔ² ʔbi:t⁷ ru³ ten¹ kɤi¹
汉语直译：白鹤 知 邀约 上 树
汉语意译：白鹤成群，飞聚树上，

喃字原文：琨 𪃶 𨷑 册 貼 翧 貼 魔。
国际音标：kɔn¹kɔ² mɤ³ that⁷ sɛm¹ ŋai² sɛm¹ ma¹
汉语直译：白鹤 开 书 看 日子 看 鬼
汉语意译：小鹤翻书，看好日子。

喃字原文：蜊 逛 旺 醋 罗 陀，
国际音标：ka²ku:ŋ² ʔu:ŋ⁵ ri:u⁶ la¹ʔda²
汉语直译：桂蝉 喝 酒 沉醉
汉语意译：桂蝉饮酒，酒醉耽迷，

喃字原文：凸 𪃿 唝 嚟 𤞑 黜 祂 份。
国际音标：tsim¹ri¹ riu⁵rit⁷ ʔbɔ² ra¹ lɤi⁵ fɤn²
汉语直译：麻雀 唧喳 爬 出 拿 份儿
汉语意译：麻雀唧喳，飞来偷食。

儿童歌谣

（49）

喃字原文：㫅 䴉 㷘 棒 㷘 羅，
国际音标：kɔn¹kɔ² ʔbai¹ ʔboŋ³ ʔbai¹ la¹
汉语直译：白鹤　飞高　飞低
汉语意译：白鹤起飞，飞高择地，

喃字原文：㷘 自 䊚 廟 㷘 齣 翅 峒。
国际音标：ʔbai¹ tɯ² kɯə³ mi:u⁵ ʔbai¹ ra¹ kan⁵ʔdoŋ²
汉语直译：飞　从　门　庙　飞　出　田　峒
汉语意译：飞自庙门，飞出田峒。

喃字原文：吒 媄 生 脈 㧒 空，
国际音标：tsa¹mɛ⁶ thin¹ʔdɛ³ tai¹ khoŋ¹
汉语直译：父母　生养　手　空
汉语意译：父母家穷，两手空空，

喃字原文：朱 𠱾 㷘 泣 西 東 撿 䭉。
国际音标：tsɔ¹nen¹ ʔbai¹ khap⁷ tʂi¹ ʔdoŋ¹ ki:m⁵ moi²
汉语直译：所以　飞　遍　西　东　找　食
汉语意译：它飞遍地，寻食西东。

喃字原文：𦡿 羅 餒 丐 身 碎，
国际音标：tɯ:k⁷ la² nu:i¹ ka:i⁵thɤn¹ toi¹
汉语直译：先　是　养　　身　我
汉语意译：先是寻物，养活自己，

喃字原文：𦡿 餒 弹 袩 餒 㫘 䴉 㫅。
国际音标：thau¹ nu:i¹ ʔda:n² tɛ³ nu:i¹ ʔtʐi:² kɔ² kɔn¹
汉语直译：后　养　群　小孩　养　代　鹤　小
汉语意译：后是寻食，养活儿众。

（男：杜玉光）

（50）

喃字原文： 琨 鹅 洛 濡 坡 滝，
国际音标： kɔn¹kɔ² lan⁶loi⁶ ʔbɤ² thoŋ¹
汉语直译： 白鹤　跋涉　岸　河
汉语意译： 鹤跋涉，田野河流，

喃字原文： 挭 渃 迻 馱 啫 哭 呢 嫩。
国际音标： ɣan⁵ nɯ:k⁷ ʔeɯə¹ tsoŋ² ti:ŋ⁵ khɔk⁷ ni³nɔn¹
汉语直译： 挑　水　送　夫　声　哭　低语
汉语意译： 女鹤挑担，送君远行。

喃字原文： 娘 術 餒 丐 餒 琨，
国际音标： na:ŋ² ve² nu:i¹ ka:i⁵ nu:i¹ kɔn¹
汉语直译： 妹　回　养　儿　养　女
汉语意译： 妹回养儿养女，

喃字原文： 朱 英 迻 踷 渃 嫩 赊 斳。
国际音标： tsɔ¹ ʔan¹ ʔdi¹ tɾi³ nɯ:k⁷nɔn¹ sa¹ ɣɤn²
汉语直译： 给　哥　去　到　山水　远　近
汉语意译： 君今出走，远近山河。

喃字原文： 蹎 迻 磓 吏 用 蹭，
国际音标： tsɤn¹ ʔdi¹ ʔda⁵ la:i⁶ juŋ²jaŋ²
汉语直译： 脚　走　石头　又　犹豫
汉语意译： 移步艰难，路远回望，

喃字原文： 姅 忬 亲近 姅 忬 嬬 琨。
国际音标： nɯə³ nɤ⁵ thɤn¹kɤn⁶ nɯə³ nɤ⁵ vɤ⁶ kɔn¹
汉语直译： 半　想　亲戚　半　想　妻　儿
汉语意译： 思乡亲戚，妻儿不忘。

儿童歌谣

喃字原文：迻 時 忪 媎 共 琨，
国际音标：ʔdi¹ thi² n̠ɤ⁵ vɤ⁶ kuŋ² kɔn¹
汉语直译：去 则 想 妻 和 儿
汉语意译：外出远方，妻想儿望，

喃字原文：術 時 忪 蒟 芎 門 逬 牀。
国际音标：ve² thi² n̠ɤ⁵ ku³khwa:i¹mon¹ ten¹ jɯ:ŋ²
汉语直译：回 则 想 芋头 上 床
汉语意译：聚家欢喜，同巢快乐。

（51）

喃字原文：琨 鵝 迻 迪 干 湄，
国际音标：kɔn¹kɔ² ʔdi¹ ʔdɔn⁵ kɤ:n¹mɯə¹
汉语直译：白鹤 去 接 雨
汉语意译：白鹤出去，接着下雨，

喃字原文：曤 眈 瞇 曉 埃 迏 鵝 術？
国际音标：toi⁵tam¹ mɤ²mit⁸ ʔa:i¹ ʔdɯə¹ kɔ² ve²
汉语直译：昏暗 黯淡 谁 送 鹤 回
汉语意译：天黑地暗，谁送归途？

喃字原文：鵝 術 趈 榕 核 椲，
国际音标：kɔ² ve² ʔden⁵ ɣok⁷ kɤi¹ʔde²
汉语直译：鹤 回 到 根部 菩提树
汉语意译：白鹤回来，宿菩提树，

喃字原文：扬 弓 英 弹 鵝 術 冖 之。
国际音标：ja:ŋ¹ kuŋ¹ ʔan¹ ʔban⁵ kɔ² ve² la:m² tsi¹
汉语直译：张弓 哥 射 鹤 回 做 什么
汉语意译：小孩张弓，打鹤淋雨。

1743

喃字原文： 鸦 术 喺 伯 喺 姨，
国际音标： kɔ² ve² tham¹ ʔba:k⁷ tham¹ ji²
汉语直译： 鹤 回 探 伯 探 姨
汉语意译： 白鹤回家，来探伯姨，

喃字原文： 喺 姑 次 北 喺 姨 次 東。
国际音标： tham¹ ko¹ thɯ⁵ʔbak⁷ tham¹ ji² thɯ⁵ʔdoŋ¹
汉语直译： 探 姑 北边 探 姨 东边
汉语意译： 探望北姑，看望东姨。

（52）

喃字原文： 埃 哀 喂，撯 俸 挷，
国际音标： ʔɤ²ʔɤ⁵ʔɤːi¹ ʔboŋ²ʔboŋ³ʔbɯŋ¹
汉语直译： 唔 唔 啊　 嘣 嘣 嘣
汉语意译： 喂唔哟喂，小儿快睡，

喃字原文： 爷 眉 俚 育 摗 昂 埃 摗。
国际音标： ʔbo⁵ mai² laːi⁵ jɔk⁸ tsɛu² ŋaːŋ¹ ʔaːi¹ tsɛu²
汉语直译： 父 你 划 纵 桨 横 谁 划
汉语意译： 你爹双撑，出力划船。

喃字原文： 妈 時 撒 诺 揎 切，
国际音标： ʔɔ¹ thi² taːt⁷ nɯːk⁷ jaŋ² nɛu¹
汉语直译： 母 则 戽 谁 抛 锚
汉语意译： 你母戽水，拉船抛锚，

喃字原文： 约 之 吏 特 俚 缭 共 妈。
国际音标： ʔɯːk⁷ tsi¹ laːi⁶ ʔdɯːk⁸ laːi⁵ lɛu¹ kuŋ² ʔɔ¹
汉语直译： 渴望 什么 又 得 划 爬 和 母
汉语意译： 父母合力，你母渴望。

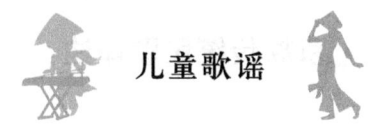

儿童歌谣

（53）

喃字原文：鵾　鸼　狉　狉，
国际音标：kɔn¹tsim¹ nɔ¹nɔ³
汉语直译：鸟　　小小
汉语意译：小小鸟儿，它亦懂事，

喃字原文：丐　䆴　怒　赭　丐　喋　怒　鏄。
国际音标：ka:i⁵loŋ¹ nɔ⁶ ʔdɔ³, ka:i⁵mɔ³ nɔ⁶ va:ŋ²
汉语直译：羽毛　它　红　　喙　它　黄
汉语意译：红色羽毛，黄色嘴兜。

喃字原文：怒　叫　馭　於　䑳　廊，
国际音标：nɔ⁶ keu¹ ŋɯ:i² ʔʐ³ tɤŋ¹ la:ŋ²
汉语直译：它　叫　人　在　中　村
汉语意译：它会叫喊，告诫村民，

喃字原文：停　贪　䋻　缯　贠　傍　䋻　颠。
国际音标：ʔdɯŋ² tha:m¹ va:i³ luə⁶ fu⁶fa:ŋ² va:i³ ʔdɛn¹
汉语直译：别　贪　布　绸　负　布　黑
汉语意译：莫贪绸丝，保持黑布。

（54）

喃字原文：鵾　鸼　䒞　喋　赭　䆴，
国际音标：kɔn¹tsim¹ san¹ mɔ³ ʔdɔ³ loŋ¹
汉语直译：鸟　　青　喙　红　羽毛
汉语意译：小小鸟儿，青嘴红毛，

喃字原文：啹　籴　吏　豆　梗　樋　黓　緟。
国际音标：ʔan¹ roi² la:i⁶ ʔdʐu⁶ kan² thoŋ¹ rʐm⁶ra²
汉语直译：吃　了　又　栖息　枝　松树　茂密
汉语意译：吃饱栖息，松树密茂。

1745

喃字原文：姑 碎 掕 渃 觢 戈，
国际音标：ko¹ toi¹ ɣan⁵ nɯːk⁷ ʔdi¹kwa¹
汉语直译：姑 我 挑 水　　经过
汉语意译：我姑挑水，经过那里，

喃字原文：㫘 鸰 䋽 䇃 豆 砷 㣘 𤞕。
国际音标：kɔn¹tsim¹ rɤːi¹ suːŋ⁵ ʔdɤu⁶ tha² ten¹ vaːi¹
汉语直译：　鸟　　落 下 栖息 降落 上 肩
汉语意译：小鸟跌落，扒姑肩衣。

（55）
喃字原文：㫘 颳 攊 泺 嚼 滝，
国际音标：kɔn¹kɔp⁸ mak⁷kaːn⁶ jɯːi⁵ thoŋ¹
汉语直译：老虎　　搁浅　　下 河
汉语意译：老虎喝水，河干无水，

喃字原文：㫘 㹥 𥌓 㫺 僮 朦 蓬 嚎。
国际音标：kɔn¹thɔ³ toŋ¹thɤi⁵ tsoŋ³ moŋ¹ len¹ ɣaːu²
汉语直译：　兔子　看见　　翘 屁股 上　叫
汉语意译：白兔看见，翘屁股叫。

喃字原文：嚁 湿 䊷 吏 嚁 高，
国际音标：jɔŋ⁶ thɤp⁷ roi² laːi⁶ jɔŋ⁶ kaːu¹
汉语直译：嗓音 低 了 又 嗓音 高
汉语意译：小声呼号，大声吼叫，

喃字原文：嚎 数 痗 呬 㹥 㚥 躺 𧍦。
国际音标：ɣaːu² lɤu¹ mɔi³ miːŋ⁶ thɔ³ vaːu² nam² kwɛu¹
汉语直译：叫 久 累 嘴 兔 进　躺　蜷曲
汉语意译：叫久口干，兔入绻睡。

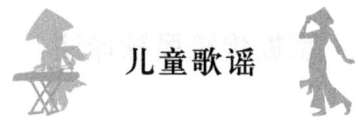

儿童歌谣

喃字原文： 包 俆 狄 䏦 貝 猫，
国际音标： ʔbaːu¹ jɤ² tsuːt⁸ ʔden⁵ vɤːi⁵ mɛu²
汉语直译： 何时 老鼠 到 和 猫
汉语意译： 这时老鼠，撞见老猫，

喃字原文： 蛤 跳 扒 虼 鵝 蹋 蔬 槁。
国际音标： kɔk⁷ thɛu¹ ʔbat⁷ ʔbɯːm⁵ vit⁸ tɛu² ŋɔn⁶ kau¹
汉语直译： 蛤蟆 跟 捉 蝴蝶 鸭 爬 梢头 高
汉语意译： 蛙捉蝴蝶，鸭子爬树。

喃字原文： 時 些 買 𠳒 惨 愁，
国际音标： thi² ta¹ mɤːi⁵ het⁷ thaːm³ thɤu²
汉语直译： 则 咱 才 完 愁 惨
汉语意译： 就是它们，无忧无虑，

喃字原文： 底 媄 伮 吒 如 疨 体 尼。
国际音标： ʔde³ mɛ⁶ n̥ɤ⁵ tsa¹ n̥ɯ¹ ʔdau¹ the³ nai²
汉语直译： 留 母 想 父 如 痛 如 这
汉语意译： 母思父亲，见母忧愁。

（男：阮进余 女：武德英）

(56)

喃字原文： 倌 鵶 怒 蹲 邊 滝，
国际音标： kɔn¹ kwa⁶ nɔ⁶ ʔdɯŋ⁵ ʔben¹ thoŋ¹
汉语直译： 只 乌鸦 它 站 边 河
汉语意译： 一只乌鸦，站在河边，

喃字原文： 怒 叫 爺 媽 祂 𩛩 補 倌？
国际音标： nɔ⁶ keu¹ ʔbo⁵ ma⁵ lɤi⁵ tsoŋ² ʔbo³ kɔn¹
汉语直译： 它 叫 父 母 嫁 夫 丢 儿
汉语意译： 它喊父母，为何丢儿？

喃字原文：罤　鴉　怒　蹲　頭　嫩，
国际音标：kɔn¹ kwa⁶ nɔ⁶ ʔdɯŋ⁵ ʔdɤu² nɔn¹
汉语直译：只　乌鸦　它　站　头　山
汉语意译：另只乌鸦，站在山顶，

喃字原文：怒　叫　爺　媽　傷　罤　醽　術。
国际音标：nɔ⁶ keu¹ ʔbo⁵ma⁵ thɯːŋ¹ kɔn¹ jɤ³ ve²
汉语直译：它　叫　父母　想　儿　返回
汉语意译：它喊父母，丢儿孤零。

（57）

喃字原文：罤　喂　罤　眒　朱　醯，
国际音标：kɔn¹ ʔɤːi¹ kɔn¹ ŋu³ tsɔ¹ thai¹
汉语直译：孩子 啊 孩子 睡 给 沉睡
汉语意译：孩子乖乖，快快睡吧，

喃字原文：吒　罤　㖇　拆　擸　类　狼　赊。
国际音标：tsa¹ kɔn¹ ʔdi¹ jiːt⁷ that⁸ lɔi² laːŋ¹ sa¹
汉语直译：父　儿　去　杀　干净　类　狼　远
汉语意译：你爸远征，去杀豺狼。

喃字原文：蘽　蓮　罤　绥　志　吒，
国际音标：nɤːn⁵ len¹ kɔn¹ noi⁵ tsi⁵ tsa¹
汉语直译：长大　上　儿　接　志　父
汉语意译：儿子长大，随爸前去，

喃字原文：䶉　㖇　拆　贼　渃　茹　平　安。
国际音标：ra¹ ʔdi¹ jiːt⁷ jak⁸ nɯːk⁷ɲa² ʔbin² ʔiːn¹
汉语直译：出　去　杀　贼　国　家　平　安
汉语意译：一起杀敌，保家为国。

儿童歌谣

（58）

喃字原文：𪛊 𪛉 颠 𪛊 𪛉 皇，
国际音标：kɔn¹kwa⁶ ʔdɛn¹ kɔn¹kwa⁶ taŋ⁵
汉语直译：乌鸦 黑 鹤 白
汉语意译：乌鸦黑，鹤儿白，

喃字原文：𪛊 虼 𤲿 𪛊 蛇 𧈢，
国际音标：kɔn¹ʔɤt⁷ ŋan⁵ kɔn¹sa² ja:i²
汉语直译：青蛙 短 蛇 长
汉语意译：青蛙短，长虫长。

喃字原文：淹 𪚩 英 𪚩 欧 𪚩 怀，
国际音标：ʔɛm¹ toŋ¹ ʔan¹ toŋ¹ ma:i³ toŋ¹ hwa:i²
汉语直译：妹 看 哥 看 久 看 老是
汉语意译：它看你，你望它，

喃字原文：𪚩 朱 𡂰 樠 𡂰 眉 贯 安。
国际音标：toŋ¹ tsɔ¹ thɤi⁵ mat⁸ thɤi⁵ mai² mɤ:i⁵ ʔi:n¹
汉语直译：看 给 见 眼 见 眉毛 才 安
汉语意译：互相夸，都欢乐。

（男：苏维绍）

（59）

喃字原文：𪛊 鸧 䫻 蹲 睥 咀 𧈢，
国际音标：kɔn¹tsim¹ san¹ ʔdɯɯŋ⁵ ʔbɔŋ⁵ thɤ³ ja:i²
汉语直译：鸟 青 站 影 叹息 长
汉语意译：青鸟妹妹，日下叹息，

1749

京族传统民歌译注

喃字原文： 傷 英 襖 矋 袙 厥 厶 夻。
国际音标： thɯ:ŋ¹ ʔan¹ ʔa:u⁵ kok⁸ va⁵ va:i¹ ha:i¹ lɤn²
汉语直译： 可怜 哥 衣 短 补 肩 两 层
汉语意译： 可怜哥哥，衣服补贴。

喃字原文： 襖 肆 身 裙 龃 荓，
国际音标： ʔa:u⁵ tɯ⁵ thɤn¹ kwɤn² nam¹ la⁵
汉语直译： 衣 四 身 裤 五 叶
汉语意译： 衣衫挂叶，裤补五丁，

喃字原文： 埯 嗨 英 浪 埃 袙 朱 英。
国际音标： ʔɛm¹ hɔi³ ʔan¹ raŋ² ʔa:i¹ va⁵ tsɔ¹ ʔan¹
汉语直译： 妹 问 哥 道 谁 补 给 哥
汉语意译： 我问哥哥，谁为缝补。

喃字原文： 没 馹 厶 饀 柑 羹，
国际音标： mot⁸ ŋai² ha:i¹ ʔbɯə³ kɤ:m¹ kan¹
汉语直译： 一 天 两 餐 饭 汤
汉语意译： 一日两餐，谁来照顾，

喃字原文： 衤 埃 忙 料 朱 英 没 ，
国际音标： lɤi⁵ ʔa:i¹ lo¹li:u⁶ tsɔ¹ ʔan¹ mot⁸ ʔdɤ:i²
汉语直译： 要 谁 考虑 给 哥 一 代
汉语意译： 始终劝哥，妹为做媒。

喃字原文： 始 终 固 闭 饶 哐，
国际音标： thi³tsuŋ¹ kɔ⁵ ʔbɤi⁵ɲi:u¹ nɤ:i²
汉语直译： 始终 有 那么多 话
汉语意译： 为哥寻伴，共度一生，

1750

儿童歌谣

喃字原文： 英 衕 忙 料 祂 駇 吧 唵。
国际音标： ʔan¹ ve² lɔ¹liːu⁶ lɤi⁵ ŋɯːi² laːm²ʔan¹
汉语直译： 哥 回 考虑 要 人 谋生
汉语意译： 哥回考虑，成家谋生。

喃字原文： 每 胐 固 姅 旬 胰，
国际音标： moi³ thaːŋ⁵ kɔ⁵ nɯə³ tɤn² jaŋ¹
汉语直译： 每 月 有 半 旬 月亮
汉语意译： 光阴消逝，月光半旬，

喃字原文： 嚎 朱 夵 特 朱 平 悉 低。
国际音标： mɔŋ¹ tsɔ¹ ʔdɤi⁵ ʔdɯːk⁸ tsɔ¹ ʔbaŋ² lɔŋ² ʔdɤi¹
汉语直译： 盼望 给 那儿 得 给
汉语意译： 盼望哥哥，结侣终身，

喃字原文： 払 衕 唷 逷 譴 霎，
国际音标： tsaːŋ² ve² juk⁸ jɔ⁵ khiːn⁵ mɤi¹
汉语直译： 郎 回 催 风 遣 云
汉语意译： 劝哥快去，驱风拨云，

喃字原文： 氿 吝 霎 纥 渚 齐 堆 些。
国际音标： tsin⁵ lɤn² mɤi¹ ʔdem⁶ tsɯə¹ tai² ʔdoi¹ta¹
汉语直译： 九 重 云 垫 未 齐 咱俩
汉语意译： 天云九层，云雨相亲。

（60）

喃字原文： 琨 鹅 罒 琨 鹅 琨，
国际音标： kɔn¹kɔ² la² kɔn¹kɔ² kɔn¹
汉语直译： 白鹤 是 白鹤 小
汉语意译： 白鹤鸟儿，乖乖在家，

1751

喃字原文：媄 㧖 促 鰦 底 琨 於 茹。
国际音标：mɛ⁶ ʔdi¹ suk⁷ tɛp⁷ ʔde³ kɔn¹ ʔɤ³ ŋa²
汉语直译：母 去 捉 虾 留 儿 在 家
汉语意译：你妈捉虾，还未回家。

喃字原文：媄 㧖 没 廣 垌 赊,
国际音标：mɛ⁶ ʔdi¹ mot⁸ kwa:ŋ³ ʔdoŋ² sa¹
汉语直译：母 去 一 片 田 垌 远
汉语意译：妈妈出去，远隔田洼，

喃字原文：媄 沙 蹟 龕 沛 麻 英 𩵊。
国际音标：mɛ⁶ tha² tsɤn¹ su:ŋ⁵ fa:i³ ma² ʔan¹ lɯ:n¹
汉语直译：母 垂 脚 下 踩 中 而 哥 鳝鱼
汉语意译：脚垂下潭，被鳝鱼抓。

喃字原文：翁 箕 固 丐 船 箕,
国际音标：ʔoŋ¹ kiə¹ kɔ⁵ ka:i⁵ thi:n² na:n¹
汉语直译：公公 那 有 只 竹 篾船
汉语意译：渔民公公，划舟看见，

喃字原文：渚 𠲶 汃 嚉 眙 𩵊 扒 孤。
国际音标：tsɤ³ va:u² ʔa:u¹ jam⁶ sɛm¹ lɯ:n¹ ʔbat⁷ kɔ²
汉语直译：载 进 池 远 看 鳝鱼 捉 白鹤
汉语意译：赶快驶船，来救鹤妈。

喃字原文：翁 箕 撵 掑 炉 啤,
国际音标：ʔoŋ¹ kiə¹ tsoŋ⁵ ɣɤi⁶ lɔ² khɔ²
汉语直译：公公 那 拄 拐杖 驼背
汉语意译：渔民公公，持杖弯躬，

儿童歌谣

喃字原文： 㧅 螊 挨 㢅 㧅 鹅 㲂 萐。
国际音标： kɔn¹lɯːn¹ thut⁸ suːŋ⁵ kɔn¹kɔ² ʔbai¹ len¹
汉语直译： 鳝鱼　收缩　下　白鹤　飞　起
汉语意译： 用杖打鳝，白鹤得救。

（61）

喃字原文： 㧅 鹅 罖 㧅 鹅 鐄,
国际音标： kɔn¹kɔ² la² kɔn¹kɔ² vaːŋ²
汉语直译： 鹤　是　鹤　黄
汉语意译： 这只鹤鸟，你是黄鹤，

喃字原文： 媄 移 搭 塘 於 貝 埃。
国际音标： mɛ⁶ ʔdi¹ ʔdap⁷ ʔdaːŋ² ko¹ ʔɤ³ vɤːi⁵ ʔaːi¹
汉语直译： 母　去　修　路　姑　在　和　谁
汉语意译： 你妈修路，在家倚谁。

喃字原文： 㧅 於 貝 娿 娿 空 固 貐,
国际音标： kɔn¹ ʔɤ³ vɤːi⁵ ʔba² ʔba² khoŋ¹ kɔ⁵ vu⁵
汉语直译： 儿　在　和　婆婆　婆婆　没　有　乳
汉语意译： 你跟婆婆，你婆没奶，

喃字原文： 㧅 於 貝 叔 叔 罖 弹 翁。
国际音标： kɔn¹ ʔɤ³ vɤːi⁵ tsu⁵ tsu⁵ la² ʔdaːn²ʔoŋ¹
汉语直译： 儿　在　和　叔　叔　是　男人
汉语意译： 你跟阿叔，叔是男的。

（男：杜福朝）

(62)

喃字原文： 敢　勸　客　於　逵　丗，
国际音标： jaːm⁵ khwiːn¹ khat⁷ ʔɤ³ ten¹ ʔdɤːi²
汉语直译： 敢　劝　客　在　上　世
汉语意译： 世上人间，互相劝勉，

喃字原文： 咹　制　朱　趉　每　味　飜　斴。
国际音标： ʔan¹tsɤːi¹ tsɔ¹ ʔdu³ mɔi⁶ muiˀ tɯːkˀthau¹
汉语直译： 吃喝玩乐　给　足　所有　味道　前后
汉语意译： 吃喝玩乐，应有尽有。

喃字原文： 停　轻　𧵩　㴍　㧐　𢀨，
国际音标： ʔdɯŋ² khin¹ khɔ⁵ tsɤ⁵ kɤi⁶ jau²
汉语直译： 别　轻视　穷　别　倚仗　富
汉语意译： 不要嫌穷，仗势自富，

喃字原文： 仍　哕　贴　应　衔　斴　㨀　㨀。
国际音标： ɲɯŋ³ nɤːi² kuə³ ʔɯŋ⁵ veˀ thau¹ thɤˀthɤˀ
汉语直译： 些　话　财物　应　回　后　历历在目
汉语意译： 财物应有，眼前享受。

喃字原文： 埃　𢀨　𠄩　户　悲　𠉞，
国际音标： ʔaːi¹ jau² haːi¹ hoˀ ʔbɤi¹jɤ²
汉语直译： 谁　富　两　姓　如今
汉语意译： 谁人连续，二代富裕，

喃字原文： 固　埃　𧵩　𦤾　吧　丗　麻　怒。
国际音标： kɔ⁵ ʔaːi¹ khɔ⁵ ʔden⁵ ʔbaː¹ ʔdɤːi² maˀ lɔ¹
汉语直译： 有　谁　穷　到　三　代　而　忧
汉语意译： 谁人担忧，三代贫穷。

儿童歌谣

喃字原文：噜 如 丐 菓 埃 朱，
国际音标：thɛm² n̪ɯ¹ ka:i⁵kwa³ ʔa:i¹ tsɔ¹
汉语直译：馋 如 果子 谁 给
汉语意译：你想吃果，自然会有，

喃字原文：梗 楂 核 埃 撑 丕 朱 世 苏。
国际音标：kan² ɣa:i¹ ʔa:i¹ vɔt⁷ jɤ:i² tsɔ¹ the⁵na:u²
汉语直译：枝 刺儿 谁 削 天 给 如何
汉语意译：前人种果，后人享受。

喃字原文：岁 箕 埃 搭 麻 高？
国际音标：nui⁵ kiə¹ ʔa:i¹ ʔdap⁷ ma² ka:u¹
汉语直译：山 那 谁 筑 而 高
汉语意译：那些山脉，谁填而高？

喃字原文：滝 箕 波 怒 埃 掏 麻 溇？
国际音标：thoŋ¹ kiə¹ ʔbe³ nɔ⁵ ʔa:i¹ ʔda:u² ma² thɤu¹
汉语直译：河 那 海 那 谁 挖 而 深
汉语意译：那些河流，谁挖成流？

喃字原文：渃 潮 欺 泚 没 催，
国际音标：nɯ:k⁷ti:u² khi¹ tsai³ mot⁸ thoi¹
汉语直译：潮水 时 流 一 时 退
汉语意译：潮涨潮落，有涨有退，

喃字原文：欺 莲 乜 丕 欺 乑 如 空。
国际音标：khi¹ len¹ ʔda³ vɤi⁶ khi¹ roi² n̪ɯ¹ khoŋ¹
汉语直译：时 涨 已 如此 时 完 如 空
汉语意译：水涨水满，水落水空。

1755

喃字原文：蓮 棱 核 帝 埃 掩，
国际音标：ten¹ ruŋ² kɤi¹ ʔdɤi⁵ ʔa:i¹ joŋ²
汉语直译：上 林 树 那 谁 种
汉语意译：那里果树，是人栽种，

喃字原文：桖 丕 埃 帝 㕁 笼 鸠 吴。
国际音标：mat⁸jɤ:i² ʔa:i¹ ʔdɤi⁵ la:m² loŋ² tsim¹ʔo¹
汉语直译：太阳 谁 那儿 做 笼子 金乌
汉语意译：天上太阳，无笼锁封。

（女：刘尚明，刘元英）

(63)

喃字原文：嘲 嘲 燕 翎 孤 穮，
国际音标：tsi:u²tsi:u² ʔi:n⁵ li:ŋ⁶ kɔ² ʔbai¹
汉语直译：每天下午 燕 翱翔 鹤 飞
汉语意译：每天下午，燕旋鹤飞，

喃字原文：㰵 㰵 伖 伴 伴 㗂 伖 埃。
国际音标：khwa:n¹khwa:n¹ ɲɤ⁵ ʔba:n⁶ ʔba:n⁶ rai² ɲɤ⁵ ʔa:i¹
汉语直译：依恋 想 朋友 朋友 今天 想 谁
汉语意译：伴侣成群，朋友依恋。

喃字原文：伴 浪 伖 蒟 伖 芌，
国际音标：ʔba:n⁶ raŋ² ɲɤ⁵ ku³ ɲɤ⁵ khwa:i¹
汉语直译：朋友 说 想 红薯 想 红薯
汉语意译：友说想念，思红薯甜，

喃字原文：伖 柑 伖 橘 伖 㭲 奇 薛。
国际音标：ɲɤ⁵ ka:m¹ ɲɤ⁵ kwit⁷ ɲɤ⁵ sɔi² ka³ nam¹
汉语直译：想 柑 想 橘 想 芒果 整 年
汉语意译：想柑思橘，又想芒果。

1756

儿童歌谣

（64）

喃字原文：暚 暚 暲 我 術 西，
国际音标：tsiːu²tsiːu² ʔbɔŋ⁵ ŋa³ veˀ² tʂi¹
汉语直译：每天下午 影 斜 回 西
汉语意译：下午太阳往西斜，

喃字原文：唉 姑 採 櫃 邊 湉 邊 粝；
国际音标：hɤːi³ ko¹ haːi⁵ kui³ ʔben¹ ʔdʐi² ʔben¹ vɤːi¹;
汉语直译：唉 姑娘 拾 柴 边 满 边 一半
汉语意译：姑娘拾柴两半篓；

喃字原文：姑 群 採 汝 台 催，
国际音标：ko¹ kɔn² haːi⁵ nɯə³ hai¹ thoi¹
汉语直译：姑娘 还 采 再 或 罢了
汉语意译：你是否还要拾柴，

喃字原文：底 碎 採 拖 ᄃ 堆 伴 排。
国际音标：ʔde³ toi¹ haːi⁵ ʔdʐ³ laːm² ʔdoi¹ ʔbaːn⁶ʔbɛ²
汉语直译：让 我 采 帮 做 对 朋友
汉语意译：让我帮拾满两篓。

（65）

喃字原文：琨 鴉 叫 男 到 女 房，
国际音标：kɔn¹kwa⁶ keu¹ naːm¹ ʔden⁵ nɯ³ fɔŋ²
汉语直译：乌鸦 叫 男 到 女 房
汉语意译：乌鸦叫男到女房，

喃字原文：馭 傜 恪 户 拱 悉 忦 傷；
国际音标：ŋɯːi²jɯŋ¹ khaːk⁷ hoˀ⁵ ʔdɛm¹ lɔŋ² nɤ⁵thɯːŋ¹
汉语直译：外人 不同姓 带 心 思念
汉语意译：非亲非故何关心；

喃字原文：织 涤 埃 窖 问 纴，
国际音标：tsi³ ʔdiːu² ʔaːi¹ khɛu⁵ vɤn⁵ vɯːŋ⁵
汉语直译：线 条 谁 巧 缠绕
汉语意译：线条缠绊谁手巧，

喃字原文：每 𠊛 每 次 麻 傷 燒 𡭧。
国际音标：moi³ ŋɯːi² moi³ thɯ⁵ ma² thɯːŋ¹ ɲau¹ ʔdɤːi²
汉语直译：每 人 每 种 而 相爱 一世
汉语意译：双方相连牵挂心。

（66）

喃字原文：喻 㞭 㞭 盰 朱 喂，
国际音标：ru¹ kɔn¹ kɔn¹ ŋu³ tsɔ¹ ʔɤːi¹
汉语直译：催眠 儿 儿 谁 给 啊
汉语意译：孩子快睡，睡得浓香，

喃字原文：媄 𡀔 瘶 痗 媄 𡎝 咀 唏。
国际音标：mɛ⁶ nai¹ met⁸ mɔi³ mɛ⁶ ŋoi² thɤ³ hɤːi¹
汉语直译：母 今 劳累 母 坐 歇息
汉语意译：你母劳累，坐下歇息。

喃字原文：功 吒 如 岗 犵 丕，
国际音标：kɔŋ¹ tsa¹ nɯ¹ nui⁵ ŋɤt⁷ jɤːi²
汉语直译：功 父 如 山 高耸 天
汉语意译：父养功劳，比天山高，

喃字原文：羛 媄 如 渃 於 外 浽 東。
国际音标：ŋiə³ mɛ⁶ nɯ¹ nɯːk⁷ ʔɤ³ ŋwaːi² ʔbiːn³ ʔdoŋ¹
汉语直译：义 母 如 水 在 外 海 东
汉语意译：母育子女，情义海深。

儿童歌谣

（67）

喃字原文：竹 吩 捴 枚， 沔 吩 捴 船，
国际音标：tuk⁷ jaŋ⁶jɔ² maːi¹ ʔben⁵ jaŋ⁶jɔ² thiːn²
汉语直译：竹 吩咐 梅 码头 叮嘱 船
汉语意译：竹吩咐梅，码头嘱船，

喃字原文：睚 埃 眷 喻 補 仍 哖 願。
国际音标：ŋɛ¹ ʔaːi¹ kwiːn⁵ru³ ʔɓo³ n̩ɯŋ³ ɲɤːi² ŋwiːn²
汉语直译：听 谁 引诱 丢 些 誓言
汉语意译：听谁引诱，放弃誓言。

喃字原文：沔 吩 捴 船， 竹 吩 捴 枚，
国际音标：ʔben⁵ jaŋ⁶jɔ² thwiːn² tuk⁷ jaŋ⁶jɔ² maːi¹
汉语直译：码头 嘱咐 船 竹 叮嘱 梅
汉语意译：码头嘱船，竹叮嘱梅，

喃字原文：睚 埃 眷 喻 空 往 来 准 尼。
国际音标：ŋɛ¹ ʔaːi¹ kwiːn⁵ru³ khon¹ vaːŋ³ laːi¹ tson⁵ nai²
汉语直译：听 谁 引诱 不 往 来 地方 这
汉语意译：听谁引诱，从无往来。

（68）

喃字原文：逮 丕 固 塘 霙 靜，
国际音标：ten¹ jɤːi² kɔ⁵ ʔdaːm⁵ mɤi¹ san¹
汉语直译：上 天 有 片 云 青
汉语意译：天上有片大青云，

喃字原文：於 钟 霙 皀 冲 舩 霙 鐄。
国际音标：ʔɤ³ jɯə³ mɤi¹ taŋ⁵ suŋ¹kwan¹ mɤi¹ vaːŋ²
汉语直译：在 中 云 白 周围 云 黄
汉语意译：云中白云边黄云。

1759

喃字原文： 唉 英 挆 蹀 押 昂，
国际音标： hɤːi³ ʔan¹ ʔdi¹ jɛp⁷ kwaːi¹ ŋaːŋ¹
汉语直译： 唉 哥 穿 木屐 系带 横
汉语意译： 哥穿木屐系横带，

喃字原文： 𩈘 侹 外 塘 淹 拱 𩈘。
国际音标： toŋ¹ thɤi⁵ ŋwaːi² ʔdaːŋ² ʔɛm¹ kuŋ³ muːn⁵ toŋ¹
汉语直译： 望 见 外 路 妹 也 想 望
汉语意译： 路上见妹朝着望。

喃字原文： 坦 堷 麻 補 𥒒 滝，
国际音标： ʔdɤt⁷ʔbun² ma² ʔbo³ suːŋ⁵ thoŋ¹
汉语直译： 泥 泞 而 丢 下 河
汉语意译： 泥泞淤积沉河底，

喃字原文： 惜 朱 英 𠶊 固 功 待 徐。
国际音标： tiːk⁷ tsɔ¹ ʔan¹ ʔɤi⁵ kɔ⁵ koŋ¹ ʔdɤːi⁶tsɤ²
汉语直译： 可惜 给 哥 那 有 功 等 待
汉语意译： 可惜哥等时太长。

（男：阮进余）

（69）

喃字原文： 媄 𡎥 於 勸 勒 茹，
国际音标： mɛ⁶ ŋoi² ʔɤ³ tɯːk⁷ kɯə³ n̥a²
汉语直译： 母 坐 在 前 门 家
汉语意译： 老奶奶，坐门槛，

喃字原文： 扗 時 扜 织 眜 𱀌 罒 撒 钅十。
国际音标： tai¹ thi² vɔ¹ tsi³ mat⁷ laː² thɔ³kim¹
汉语直译： 手 则 搓 线 眼 是 针头
汉语意译： 把线搓，穿针线。

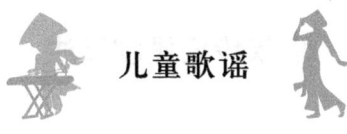

儿童歌谣

喃字原文： 缑 襖 䏾 䀹 鞞 胧，
国际音标： mai¹ ʔa:u⁵ ŋai² la:m² jai² ʔdem¹
汉语直译： 缝 衣 白天 做 鞋子 夜里
汉语意译： 缝补衣，又做鞋，

喃字原文： 倱 𪠲 坤 麤 趗 蓬 迖 馹。
国际音标： kɔn¹ tsɔŋ⁵ khon¹ nɤːn⁵ tsai⁶ len¹ ɣap⁸ ŋɯːi²
汉语直译： 儿 快 聪明 长大 跑 上 遇 人
汉语意译： 小乖乖，穿起来。

喃字原文： 襖 𱎫 鞞 𬙂 𢞕 喂，
国际音标： ʔa:u⁵ ʔdɛp⁸ jɛp⁷ vɯə² lam⁵ ʔɤ:i¹
汉语直译： 衣 好看 鞋子 合适 极了 啊
汉语意译： 多好看，长得快，

喃字原文： 倱 麤 跳 爺 艺 纫 㳜 㴜。
国际音标： kɔn¹ nɤːn⁵ thɐu¹ ʔbo⁵ ŋe²tsaːi² ʔbiːn³khɤːi¹
汉语直译： 儿 大 随 父 渔业 海洋
汉语意译： 跟爸爸，捉鱼虾。

喃字原文： 扒 特 魜 魲 毱 𠍤，
国际音标： ʔbat⁷ ʔdɯːk⁸ tom¹ ka⁵ ɲiːu² thai¹
汉语直译： 捉 得 虾 鱼 多 啊
汉语意译： 满篓鱼，带回家，

喃字原文： 挩 衚 朱 婆 每 䏾 炂 唵。
国际音标： ʔdɛm¹ ve² tsɔ¹ ʔba² moi³ ŋai² nɤu⁵ ʔan¹
汉语直译： 带 回 给 婆 每 天 煮 吃
汉语意译： 给奶奶，来做菜。

（女：阮成珍）

（70）

喃字原文：琨 喂 琨 眒 朱 啃！
国际音标：kɔn¹ ʔɤːi¹ kɔn¹ ŋu³ tsɔ¹ ŋɔn¹
汉语直译：儿 啊 儿 睡 给 香甜
汉语意译：孩儿孩儿快睡吧！

喃字原文：爺 眉 打 魠 迍 浚 洢；
国际音标：ʔbo⁵ mai² ʔdan⁵ kaˁ⁵ tɤn¹tsiːn¹ ʔbiːn³khɤːi¹
汉语直译：父 你 打 鱼 苦难 海洋
汉语意译：爸爸出海捉鱼虾；

喃字原文：於 茹 媄 琨 些 催,
国际音标：ʔɤ³ ŋa² mɛ⁶ kɔn¹ ta¹ thoi¹
汉语直译：在 家 母 子 咱 罢了
汉语意译：剩下我们在家盼,

喃字原文：悉 䏦 朦 痆 徘 徊 蹟 挧！
国际音标：tɔŋ¹ lɔŋ² mɔŋ² ŋɛm³ ʔboi²hoi² tsɤn¹ tai¹
汉语直译：中 心 期盼 徘徊 脚 手
汉语意译：盼得心里乱如麻！

喃字原文：拯 别 𣈜 市 衒 低,
国际音标：tsaŋ³ ʔbiːt⁷ naːu² ve² ʔdɤi¹
汉语直译：不 知 哪 回 这 儿
汉语意译：不知啥时才回家,

喃字原文：浚 洢 叱 對 遍 䨔 非 常。
国际音标：ʔbiːn³khɤːi¹ thai¹ ʔdoi³ jɔ⁵ mɤi¹ fi¹thɯːŋ²
汉语直译：海 洋 啊 变换 风 云 非 常
汉语意译：谁知海洋怎变化。

1762

儿童歌谣

喃字原文：溿 蘇 遾 蔡 坤 量，
国际音标：thɔŋ⁵ to¹ jɔ⁵ ɳɤ:n⁵ khon¹lɯ:ŋ²
汉语直译：浪 大 风 大　　难 测
汉语意译：风浪变幻难测呀，

喃字原文：馱 術 跙 茹 如 常 悉　　安！
国际音标：ŋɯ:i² ve² ʔden⁵ ɳa² nɯ¹ thɯ:ŋ²
汉语直译：人 回 到 家 如 常
汉语意译：回来了才算人哪！

喃字原文：琨 喂 琨 旴 朱 安！
国际音标：kɔn¹ ʔɤ:i¹ kɔn¹ ŋu³ tsɔ¹ ʔi:n¹
汉语直译：儿 啊 儿 睡 给 安
汉语意译：孩儿孩儿快睡吧！

喃字原文：爺 眉 埤 拹 術 跙 茹 来；
国际音标：ʔbo⁵ mai² thap⁷thɯə³ ve² ʔden⁵ ɳa² roi²
汉语直译：父 你　　将 要　　回 到 家 了
汉语意译：爸爸打鱼快回家；

喃字原文：㫆 尼 溿 遾 翢 催，
国际音标：hom¹nai¹ thɔŋ⁵ jɔ⁵ laŋ⁶ thoi¹
汉语直译：今天　　浪 风 安静 罢了
汉语意译：现在风平浪静呀，

喃字原文：琨 喂 琨 旴 没 唏 腻 浓！
国际音标：kɔn¹ ʔɤ:i¹ kɔn¹ ŋu³ mot⁸ hɤ:i¹ thɯk⁷ noŋ²
汉语直译：儿 啊 儿 睡 一 气 睡醒 浓
汉语意译：乖乖孩儿快睡吧！

（女：阮成珍）

1763

(71)

喃字原文：㧯喂㧯眝朱数，
国际音标：kɔn¹ ʔɤːi¹ kɔn¹ ŋu³ tsɔ¹ lɤu¹
汉语直译：儿 啊 儿 睡 给 久
汉语意译：孩儿睡觉睡时久，

喃字原文：媄眉迻稐𥢆溇渚術；
国际音标：mɛ⁶ mai² ʔdi¹ kɤi⁵ ruːŋ⁶ thɤu¹ ve²
汉语直译：母 你 去 种 田 深 回
汉语意译：妈妈插秧未回来；

喃字原文：爺迻半魟幤圭，
国际音标：ʔbo⁵ ʔdi¹ ʔbaːn⁵ ka⁵ tsɤ⁶ kwe¹
汉语直译：父 去 卖 鱼 集市 家乡
汉语意译：阿爸去街卖鱼虾，

喃字原文：谟柄糯術底㧅朱㧯。
国际音标：muə¹ ʔban⁵ ʔduk⁷ ve² ʔde³ ʔdut⁷ tsɔ¹ kɔn¹
汉语直译：买 模子 米糕 回 留 喂 给 儿
汉语意译：买模子米糕喂小宝。

喃字原文：㧯群𠴌𣴒疎薇，
国际音标：kɔn¹ kɔn² ʔbɛ⁵ɲɔ³ thɤ¹nɔn¹
汉语直译：儿 还 小 幼稚
汉语意译：婴儿细小方圆脸，

喃字原文：悢肝爺媄腰肞悢；
国际音标：lɔŋ² ɣaːn¹ ʔbo⁵mɛ⁶ ʔiːu¹ tɤm⁵lɔŋ²
汉语直译：心 肝 父母 爱 寸心
汉语意译：爸妈心肝小宝贝；

儿童歌谣

喃字原文： 媄　脭　揞　肵　舳　悉，
国际音标： mɛ⁶ ʔdem¹ ʔom¹ ŋu³ tɔŋ¹ lɔŋ²
汉语直译： 母　夜　抱　睡　中　怀
汉语意译： 夜晚阿妈抱着睡，

喃字原文： 郚　時　肵　網　招　捧　招　高。
国际音标： ŋai² thi² ŋu³ vɔŋ³ lɯɛ² ʔbɔŋ³ lɯɛ² kaːu¹
汉语直译： 白天　就　睡　网床　摇　升高　摇　高
汉语意译： 日睡摇篮打千秋。

（女：黄成金）

◇ 六

其他

其 他

其一

（1）

喃字原文： 於 低 台𠹹 喝 台𠹹 弹，
国际音标： ʔɤ³ ʔdɤi¹ hai¹ ha:t⁷ hai⁵ ʔda:n²
汉语直译： 在 这里 爱 唱歌 爱 弹琴
汉语意译： 京家众人好唱歌，

喃字原文： 底 些 淪 瀂 戈 岸 细 低；
国际音标： ʔde³ ta¹ lan⁶loi⁶ kwa¹ ŋa:n⁶ tɤ:i⁵ ʔdɤi¹
汉语直译： 让 咱 跋涉 过 岸 到 这里
汉语意译： 歌海浪花朵连朵；

喃字原文： 於 低 台𠹹 喝 喝 台𠹹，
国际音标： ʔɤ³ ʔdɤi¹ hai¹ ha:t⁷ ha:t⁷ hai¹
汉语直译： 在 这里 爱 唱 唱 好
汉语意译： 唱得海水波连波，

喃字原文： 底 朱 伴 喝 细 低 制 排𠹹。
国际音标： ʔde³tso¹ ʔba:n⁶ ha:t⁷ tɤ:i⁵ ʔdɤi¹ tsɤ:i¹ʔbɤ:i²
汉语直译： 使得 朋友 唱 到 这里 交游
汉语意译： 唱得京岛欢乐多。

喃字原文： 魛 䱽 喝 台𠹹 蓮 坡，
国际音标： ka⁵ ŋɛ¹ ha:t⁷ hai¹ len¹ ʔbɤ²
汉语直译： 鱼 听 唱 好 上 岸
汉语意译： 唱得鱼虾跳上岸，

喃字原文： 鸠 鸥 𪃹 喝 豆 徐 怬 制；
国际音标： tsim¹ʔɤu¹ thɤi⁵ ha:t⁷ ʔdɤu⁶ tsɤ² vui¹tsɤ:i¹
汉语直译： 海鸥 见 唱 栖息 等 游乐
汉语意译： 唱得海鸥落满坡；

京族传统民歌译注

喃字原文： 塘 赊 棱 黙 拱 挓，
国际音标： ʔdɯːŋ² saˡ rɯŋ² rɤm⁶ kuŋ³ ʔdiˡ
汉语直译： 路 远 林 茂 密 也 去
汉语意译： 唱得林中拍手笑，

喃字原文： 篤 悉 吏 喝 衪 時 啽 制。
国际音标： jok⁷lɔŋ² laːi⁶ haːt⁷ lɤi⁵ thi² ʔanˡ tsɤːiˡ
汉语直译： 倾心 又 唱 拿 就 哥 玩
汉语意译： 唱得京家暖心窝。

（2）

喃字原文： 自 朝 設 立 会 尼，
国际音标： tɯ² ŋai² thiːt⁷lɤp⁸ hoi⁶ nai²
汉语直译： 自从 天 设立 歌会 这
汉语意译： 自从此地有歌会，

喃字原文： 桃 兰 桂 蕙 花 排 卒 鲜；
国际音标： ʔdaːu² laːnˡ kwe⁵ hwe⁶ hwaˡ ʔbai² tot⁷tɯːiˡ
汉语直译： 桃 兰 桂 蕙 花 摆 鲜艳
汉语意译： 桃兰桂蕙花繁茂；

喃字原文： 焀 香 炒 炒 浓 唏，
国际音标： lɯə³hɯːŋˡ hɯk⁸hɯk⁸ nɔŋ² hɤːiˡ
汉语直译： 香火 辉煌 浓 气
汉语意译： 香气浓郁歌声甜，

喃字原文： 畑 蟣 客 凤 制 排 㑹 黜。
国际音标： ʔdɛn² rɔŋ² khat⁷ fɯːŋ⁶ tsɤːi²ʔbɤːi² vaːu²raˡ
汉语直译： 灯 龙 客 凤 交游 进出
汉语意译： 灯笼凤客来交游。

1770

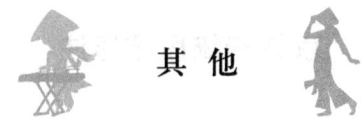

其他

（3）

喃字原文：吨　低　固　㚤　喝　才，

国际音标：ʔdon^{2} ʔdɤi^{1} kɔ^{5} ɣa:i^{5}ha:t^{7} ta:i^{2}

汉语直译：传说 这里 有 女歌手 有才

汉语意译：这里听有女歌手，

喃字原文：底　些　对　敌　没　𦘹　䕸　更；

国际音标：ʔde^{3} ta^{1} ʔdoi^{5}ʔdit^{8} mot^{8} va:i^{2} toŋ^{5}kan^{1}

汉语直译：让 咱　对唱　一　两　更鼓

汉语意译：我来对唱一两首；

喃字原文：西　输　西　特　拱　停，

国际音标：jɤu^{2} thuə^{1} jɤu^{2} ʔdɯ:k^{8} kuŋ^{3} ʔdan^{2}

汉语直译：无论 输 无论 盈　也 姑忍

汉语意译：对歌胜输无所谓，

喃字原文：補　功　烟　册　学　行　闭　数。

国际音标：ʔbɔ^{3}koŋ^{1} ʔdɛn^{2}that^{7} hɔk^{8}han^{2} ʔbɤi^{5}lɤu^{1}

汉语直译： 枉然 灯火辛勤 学习 那么久

汉语意译：检验习文时已久。

（4）

喃字原文：聵　払　罗　客　才　華，

国际音标：ŋɛ^{1} tsa:ŋ^{2} la^{2} khat^{7} ta:i^{2}hwa^{1}

汉语直译：听说 哥 是 客　才华

汉语意译：听说君子才华人，

喃字原文：哋　払　对　答　没　𦘹　䕸　更；

国际音标：mɤ:i^{2} tsa:ŋ^{2} ʔdoi^{5} ʔda:p^{7} mot^{8} va:i^{2} toŋ^{5}kan^{1}

汉语直译： 请　哥　对　答　一　两　更鼓

汉语意译：请君对答几首歌；

喃字原文：固 荞 麻 吏 固 梗，
国际音标：kɔ⁵ la⁵ ma² la:i⁶ kɔ⁵ kan²
汉语直译：有 叶 而 又 有 枝
汉语意译：树高有枝又有叶，

喃字原文：固 媕 麻 吏 固 躺 贯 愢。
国际音标：kɔ⁵ ʔɛm¹ ma² la:i⁶ kɔ⁵ min² mɤ:i⁵ vui¹
汉语直译：有 妹 而 又 有 哥 才 高兴
汉语意译：妹有君来共欢唱。

（男：刘扬顺；女：苏维英）

（5）

喃字原文：䫂 低 麻 喝 尒 句，
国际音标：ra¹ ʔdɤi¹ ma² ha:t⁷ mɤi⁵ kɤu¹
汉语直译：出 这里 来 唱 几 句
汉语意译：请妹出来唱几首，

喃字原文：特 输 输 特 朱 烧 平 悉；
国际音标：ʔdɯ:k⁸ thuə¹ thuə¹ ʔdɯ:k⁸ tsɔ¹ nau¹ ʔban²lɔŋ²
汉语直译：赢 输 输 赢 给 互相 满意
汉语意译：不讲赢输求欢乐；

喃字原文：跙 低 拃 勰 𩩈 空，
国际音标：ʔden⁵ ʔdɤi¹ tsaŋ³ ɲɛ³ ŋoi² khoŋ¹
汉语直译：到 这里 没有 道理 坐 空
汉语意译：莫能让哥来空坐，

喃字原文：𢖵 㕵 者 䊛 朱 柬 啫 唿。
国际音标：nɤ² ŋɯ:i² ja³ ɣa:u⁶ tsɔ¹ ʔdoŋ¹ ti:ŋ⁵hɔ²
汉语直译：拜托 妹 春 米 使 多 和 唱
汉语意译：妹边春米边唱歌。

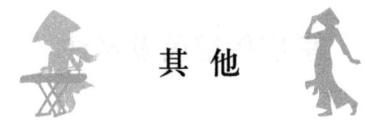

其 他

（6）

嗃字原文： 唿 制 邊 妈 邊 耪，
国际音标： hɔ² tsɤ:i¹ ʔben¹ ɣa:i⁵ ʔben¹ ja:i¹
汉语直译： 和唱 玩 边 姑娘 边 小伙
汉语意译： 男女双方共对歌，

嗃字原文： 吁 共 姑 博 停 埃 疑 吁。
国际音标： sin¹ kuŋ² ko¹ ʔba:k⁷ ʔdɯɯ² ʔa:i¹ ŋi¹ŋɤ²
汉语直译： 请 同 姑 伯 莫 谁 怀疑
汉语意译： 叔伯姑舅莫疑我。

（7）

嗃字原文： 妈 耪 咭 喱 胋 夏，
国际音标： ɣa:i⁵ ja:i¹ kɤt⁷ jɔŋ⁶ ʔdem¹ hɛ²
汉语直译： 姑娘 小伙 起 嗓音 夜 夏
汉语意译： 夏夜男女出唱歌，

嗃字原文： 情 些 朘 遍 倾 術 渃 㵢；
国际音标： tin² ta¹ jaŋ¹ jɔ⁵ ŋi:ŋ¹ ve² nɯ:k⁷nɔn¹
汉语直译： 情 咱 风月 倾斜 回 山水
汉语意译： 风月山水满情河；

嗃字原文： 滝 溇 渃 泚 砑 痭，
国际音标： thoŋ¹ thɤu¹ nɯ:k⁷ tsai³ ʔda⁵ mɔn²
汉语直译： 河 深 水 流 石 磨损
汉语意译： 河深急流石磨损，

嗃字原文： 悉 些 斮 䮾 铁 輪 空 移。
国际音标： lɔŋ² ta¹ thau¹tɯ:k⁷ that⁷ thɔn¹ khoŋ¹ jɤ:i²
汉语直译： 心 咱 始终 铁 朱红 不 移
汉语意译： 咱们始终情意和。

（8）

喃字原文：挧 兜 拱 伮 圭 茹,
国际音标：ʔdi¹ ʔdɤu¹ kuŋ³ n̠ɤ⁵ kwe¹n̠a²
汉语直译：去 哪里 也 思念 故乡
汉语意译：离远故乡又思亲,

喃字原文：伮 句 喝 唝 躼 倛 邊 娆。
国际音标：n̠ɤ⁵ kɤu¹ ha:t⁷ ɣɛu⁶ luŋ¹ kɤi⁶ ʔben¹ n̠au¹
汉语直译：想 句 唱 逗趣 背 倚 边 互相
汉语意译：借机唱歌祝家人。

（9）

喃字原文：埃 術 邨 廊 麻 睰,
国际音标：ʔa:i¹ ve² sɔm⁵la:ŋ² ma² kɔi¹
汉语直译：谁 回 乡村 来 探家
汉语意译：我今回乡来探家,

喃字原文：批 坭 蓮 灶 攒 擂 黜 峒；
国际音标：ʔbak⁷ ni:u¹ len¹ ʔbep⁷ ja:t⁸ rɔi¹ ra¹ ʔdoŋ²
汉语直译：架 锅 上 灶 打 鞭 出 田峒
汉语意译：架灶煮饭共吃耍；

喃字原文：坦 兢 趾 餏 咹 㧻,
国际音标：ʔdɤt⁷ ŋɛu² tsai⁶ ʔbɯə³ ʔan¹ tsɔŋ¹
汉语直译：地 穷 跑 餐 吃 灯火长明
汉语意译：家穷四处寻米餐,

喃字原文：麻 句 喝 唝 時 空 兜 㤜。
国际音标：ma² kɤu¹ ha:t⁷ ɣɛu⁶ thi² khoŋ¹ ʔdɤu¹ ʔbaŋ²
汉语直译：而 句 唱 逗趣 则 不 哪里 比
汉语意译：唱歌作乐笑风生。

其 他

（10）

喃字原文：喝 朱 杜 馆 超 亭，
国际音标：ha:t⁷ tsɔ¹ ʔdo³ kwa:n⁵ thi:u¹ ʔdin²
汉语直译：唱 使 倒 馆 倾 亭
汉语意译：唱得倾倒各馆亭，

喃字原文：朱 瀧 冷 渃 朱 搐 盈 丕。
国际音标：tsɔ¹ loŋ¹lan¹ nɯ:k⁷ tsɔ¹ ruŋ¹rin¹ jɤ:i²
汉语直译：使 闪烁 水 使 颤动 天
汉语意译：唱得倾国又倾城。

（11）

喃字原文：跙 低 挻 喝 時 保 罒 愩，
国际音标：ʔden⁵ ʔdɤi¹ tsaŋ³ ha:t⁷ thi² ʔba:u³ la² hɛn²
汉语直译：到 这里 不 唱 就 说 是 愚笨
汉语意译：我来不唱说愚笨，

喃字原文：喝 齟 齰 氾 四 方 湄 靇；
国际音标：ha:t⁷ ra¹ thɤm⁵ rɛ³ tɯ⁴fɯ:ŋ¹ mɯə¹ra:u²
汉语直译：唱 出 雷 分开 四方 阵雨
汉语意译：唱得下雨天地震；

喃字原文：吁 停 批 埠 ⼌ 高，
国际音标：sin¹ ʔdɯŋ² ʔbak⁷ʔbɤk⁸ la:m²ka:u¹
汉语直译：请 莫 拿架子 清高
汉语意译：会唱歌人莫保守，

喃字原文：洙 打 龓 渃 帍 拱 韇。
国际音标：fɛn² ʔdan⁵ su:ŋ⁵ nɯ:k⁷ na:u² kuŋ³ toŋ¹
汉语直译：白矾 打 下 水 哪 也 清
汉语意译：白矾下水歌声润。

（12）

喃字原文：喝 㐱 句 矯 愁 融 胞，
国际音标：ha:t⁷ mɤi⁵ kɤu¹ ki:u³ thɤu² toŋ¹ ja⁶
汉语直译：唱 几 句 弃 愁 中 肚
汉语意译：唱歌弃愁心欢乐，

喃字原文：如 些 貝 躺 齭 遇 鯑 涓。
国际音标：ɲɯ¹ ta¹ vɤ:i⁵ min² tɯ:k⁷ la⁶ thau¹ kwen¹
汉语直译：如 哥 和 妹 先 陌生 后 熟悉
汉语意译：先是陌生后惯熟。

（男：苏维绍；女：刘尚明）

（13）

喃字原文：於 低 㐌 喝 喝 㐌，
国际音标：ʔɤ³ ʔdɤi¹ dɤi¹ hai¹ ha:t⁷ ha:t⁷ hai¹
汉语直译：在 这里 爱 唱 唱 好
汉语意译：这里众人会唱歌，

喃字原文：朱 鴆 鵬 鳥 怒 尨 術 情；
国际音标：tsɔ¹ tsim¹ ʔbaŋ² ʔdi:u³ nɔ⁵ ʔbai¹ ve² tin²
汉语直译：给 鹏鸟 它 飞 为 情
汉语意译：大鹏闻声寻伴和；

喃字原文：掍 鴆 鵬 鳥 拶 寻，
国际音标：kɔn¹ tsim¹ ʔbaŋ² ʔdi:u³ ʔdi¹ tim²
汉语直译：　　鹏鸟　　去 找
汉语意译：鹏鸟四处找鸟群，

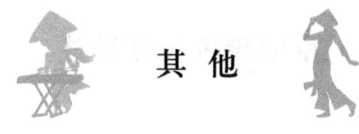

其 他

喃字原文： 寻 牢 朱 筧 鸼 弹 贾 愻。
国际音标： tim² tha:u¹ tso¹ thɤi⁵ tsim¹²da:n² mɤ:i⁵ vui¹
汉语直译： 寻 什么 给 见 鸟群 才 欢乐
汉语意译： 寻见鸟群共欢乐。

喃字原文： 鸼 弹 㕽 俸 㡘 歪，
国际音标： tsim¹²da:n² ʔbai¹ ʔboŋ³ ten¹jɤ:i²
汉语直译： 鸟群 飞 凌空 天上
汉语意译： 鸟群见人往天飞，

喃字原文： 時 些 决 志 㧯 制 寻 弹。
国际音标： thi² ta¹ kwi:t⁷tsi⁵ ʔdi¹ tsɤ:i¹ tim² ʔda:n²
汉语直译： 则 咱 决意 去 玩乐 找 人群
汉语意译： 咱们决意人群乐。

（14）

喃字原文： 於 低 固 墰 制 東，
国际音标： ʔɤ³ ʔdɤi¹ ko⁵ ʔda:m⁵ tsɤ:i¹ ʔdoŋ¹
汉语直译： 在 这里 有 人群 玩乐 人山人海
汉语意译： 这里人群聚欢乐，

喃字原文： 㘝 論 㘝 遴 弹 翁 弹 娿；
国际音标： ŋoi² lon⁶ ŋoi² lɤn³ ʔda:n²ʔoŋ¹ ʔda:n²ʔba²
汉语直译： 坐 混 坐 乱 男人 女人
汉语意译： 男女众人挤一起；

喃字原文： 碎 吁 博 伯 捔 黜，
国际音标： toi¹ sin¹ ʔba:k⁷ ʔba⁵ ja:n⁵ ra¹
汉语直译： 我 请 伯姨 分 开
汉语意译： 我请伯姨分开坐，

1777

喃字原文：捆黜 ᄀ 罿 ᄀ 咘 ᄀ 迚。
国际音标：ja:n⁵ ra¹ la:m² ʔbai³ la:m² ʔba¹ la:m² mɯ:i²
汉语直译：分 出 做 七 做 三 做 十
汉语意译：分开三七或成十。

喃字原文：碎吀博伯停唭,
国际音标：toi¹ sin¹ ʔba:k⁷ ʔba⁵ ʔdɯŋ² kɯ:i²
汉语直译：我 请 伯 姨 莫 讥 笑
汉语意译：我请伯姨莫讥笑,

喃字原文：花妠固旿㹥制固時。
国际音标：hwa¹ nɤ³ kɔ⁵ luk⁷ ŋɯ:i² tsɤ:i¹ kɔ⁵ thi²
汉语直译：花 开 有 时 人 玩乐 有 时
汉语意译：花开季节人乐时。

（男：刘扬顺；女：阮春英）

（15）

喃字原文：仍㹥伴喝歆戈,
国际音标：ɲɯŋ³ ŋɯ:i² ʔba:n⁶ ha:t⁷ hom¹kwa¹
汉语直译：些 人 朋友 唱 昨天
汉语意译：昔日各位亲歌友,

喃字原文：歆尼喝伴時黜喝共；
国际音标：hom¹nai¹ ha:t⁷ ʔba:n⁶ thi² ra¹ ha:t⁷ kuŋ²
汉语直译：今天 唱 朋友 则 出 唱 同
汉语意译：今日请来共唱歌；

喃字原文：喝朱㛪妈固靴,
国际音标：ha:t⁷ tsɔ¹ kɔn¹ ɣa:i⁵ kɔ⁵ tsoŋ²
汉语直译：唱 给 女子 有 夫
汉语意译：唱得女子有丈夫,

其他

喃字原文：琨耩固婥媄浥固琨。
国际音标：kɔn¹ja:i¹ kɔ⁵ vɤ⁶ mɛ⁶ jɔŋ² kɔ⁵ kɔn¹
汉语直译：男人 有 妻 母亲 世家 有 孩子
汉语意译：成女有子男有偶。

喃字原文：喝 朱 牓 赭 如 綸,
国际音标：ha:t⁷ tsɔ¹ ma⁵ʔcb³ nɯ¹ thɔn¹
汉语直译：唱 给 红颜 如 胭脂
汉语意译：唱得朱唇显红颜,

喃字原文：嗨 浪 姑 㐌 罡 琨 翁 帝。
国际音标：hɔi³ raŋ² ko¹ ʔdɤi⁵ la² kɔn¹ ʔoŋ¹ na:u²
汉语直译：问 道 姑娘 那里 是 女儿 翁 哪
汉语意译：认谁女孩不清楚。

（16）

喃字原文：脱 伮 喝 吁 交 嗯,
国际音标：thɔt⁸ va:u² ha:t⁷ sin¹ ja:u¹hɛn⁶
汉语直译：乍 入 唱 请 限 定
汉语意译：刚入唱歌要预约,

喃字原文：唑 才 情 嗯 貝 睡 翁 胺;
国际音标：lɤ:i² ta:i²tin² hɛn⁶ vɤ:i⁵ ʔbɔŋ⁵ ʔoŋ¹jaŋ¹
汉语直译：话 才 情 约 和 影子 月亮
汉语意译：相约月亮方映照;

喃字原文：扐 喝 韵 得 韵 平,
国际音标：tsa:ŋ² ha:t⁷ vɤn² ʔdak⁷ vɤn² ʔbaŋ²
汉语直译：哥 唱 韵 得 韵 平
汉语意译：君子唱歌讲押韵,

喃字原文：喝 湄 喝 遥 喝 胘 薶 歪。
国际音标：haːt⁷ mɯə¹ haːt⁷ jɔ⁵ haːt⁷ jaŋ¹ ten¹jɤːi²
汉语直译：唱 雨 唱 风 唱 月 亮 天 上
汉语意译：唱得风雨月亮笑。

喃字原文：琴 棋 至 画 扒 喂，
国际音标：kɤm² kɤ² tsi⁵ hwa⁶ tsaːŋ² ʔɤːi¹
汉语直译：琴 棋 至 画 哥 啊
汉语意译：琴棋诗画君爱好，

喃字原文：琴 棋 至 画 罗 䏧 才 莕；
国际音标：kɤm² kɤ² tsi⁵ hwa⁶ la² ŋɯːi² taːi²hwa¹
汉语直译：琴 棋 至 画 是 人 才 华
汉语意译：歌琴诗画才华人；

喃字原文：蹈 喑 茶 浓 排 甊，
国际音标：riːu⁶ ŋɔn¹ tsɛ² nɔŋ² ʔbai² ra¹
汉语直译：酒 好 茶 浓 摆 出
汉语意译：浓茶好酒捧出来，

喃字原文：旺 籴 茶 蹈 喝 萉 罢 句。
国际音标：ʔuːŋ⁵ roi² tsɛ² riːu⁶ haːt⁷ vaːi² ʔbon⁵ kɤu¹
汉语直译：喝 了 茶 酒 唱 几 四 句
汉语意译：喝了茶酒唱几首。

喃字原文：喝 朱 畑 艚 西 趾，
国际音标：haːt⁷ tsɔ¹ ʔdɛn² tau² tɤi¹ tsai⁶
汉语直译：唱 使 灯 船 西 驶
汉语意译：唱得航船顺西去，

1780

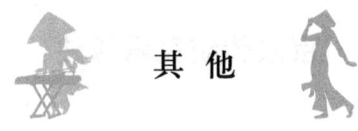

其 他

喃字原文：喝 解 鋪 坊 畑 鐦 悑 佲；
国际音标：ha:t⁷ ja:i³ fo⁵fɯ:ŋ² ʔdɛn² mai⁵ vui¹ thai¹
汉语直译：唱 得 街坊 灯 机器 高兴 啊
汉语意译：唱得街坊灯耀亮；

喃字原文：喝 帟 秚 吏 喝 低，
国际音标：ha:t⁷ ʔdɤi⁵ roi² la:i⁶ ha:t⁷ ʔdɤi¹
汉语直译：唱 那边 了 又 唱 这边
汉语意译：那边歌声这边唱，

喃字原文：喝 毞 迏 埗 払 俐 特 空。
国际音标：ha:t⁷ ʔba¹ mɯ:i¹ thau⁵ tsa:ŋ² rai² ʔdɯ:k⁸ khoŋ¹
汉语直译：唱 三 十 六 哥 今天 得 不
汉语意译：三十六调都唱齐。

喃字原文：喝 瞨 如 姉 貝 馱，
国际音标：ha:t⁷ ŋam⁵ n̥ɯ¹ vɤ⁶ vɤ:i⁵ tsoŋ²
汉语直译：唱 观赏 如 妻 和 夫
汉语意译：表情对唱如夫妻，

喃字原文：料 払 固 喝 特 空 唉 払。
国际音标：li:u⁶ tsa:ŋ² kɔ⁵ ha:t⁷ ʔdɯ:k⁸ khoŋ¹ hɤ:i³ tsa:ŋ²
汉语直译：料 哥 有 唱 得 不 啊 哥
汉语意译：君子能否唱完美。
（男：刘学新；女：阮氏心）

(17)

喃字原文：碎 吀 博 伯 停 哰，
国际音标：toi¹ sin¹ ʔba:k⁷ ʔba⁵ ʔdɯŋ² kɯ:i²
汉语直译：我 求 伯 姨 莫 嘲笑
汉语意译：我求伯姨莫嘲笑，

1781

喃字原文： 底 碎 对 敌 贝 堆 姑 尼；
国际音标： ʔde³ toi¹ ʔdoi⁵ʔdit⁸ vɤ:i⁵ ʔdoi¹ ko¹ nai²
汉语直译： 让 我 对 歌 同 两 姑 娘 这
汉语意译： 让我同妹来对歌；

喃字原文： 特 时 唵 砒 萎 浯，
国际音标： ʔdɯ:k⁸ thi² ʔan¹ ʔdiə³ jɤu² ʔdɤi²
汉语直译： 赢 则 吃 碟 槟 榔 满
汉语意译： 赢则吃完满碟槟榔，

喃字原文： 空 时 扢 襖 连 挧 麻 術。
国际音标： khoŋ¹ thi² kɤ:i³ ʔa:u⁵ li:n² tai¹ ma² ve²
汉语直译： 输 则 脱 衣 连 手 而 回
汉语意译： 输时脱衣往家走。

喃字原文： 特 时 肛 挭 抁 挗，
国际音标： ʔdɯ:k⁸ thi² khi:ŋ¹ ɣan⁵ ʔdɛm¹ ʔdi¹
汉语直译： 赢 则 扛 挑 带 走
汉语意译： 赢时赠送满担礼，

喃字原文： 输 时 達 没 牧 为 钟 塘；
国际音标： thuə¹ thi² ʔdat⁸ mot⁸ tsɯ³ vi jɯə³ ʔdɯ:ŋ²
汉语直译： 输 则 放 一 字 为 中 路
汉语意译： 输时为情而失机；

喃字原文： 特 时 肛 挭 抁 術，
国际音标： ʔdɯ:k⁸ thi² khi:ŋ¹ ɣan⁵ ʔdɛm¹ ve²
汉语直译： 赢 则 扛 挑 带 回
汉语意译： 赢则挑担回家去，

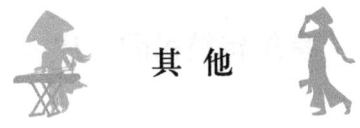

其他

喃字原文：輸 時 達 没 敉 题 於 低。
国际音标：thuə¹ thi² ʔdat⁸ mot⁸ tsɯ³ ʔde² ʔɤ³ ʔdɤi¹
汉语直译：输 则 放 一 字 题 在 这里
汉语意译：输时题诗留礼仪。

（18）

喃字原文：喝 跙 户 行 親 戚，
国际音标：ha:t⁷ ʔden⁵ hɔ⁶ ha:ŋ² thɤn¹ thit⁷
汉语直译：唱 到 亲 戚 亲戚
汉语意译：唱到叔伯亲戚家，

喃字原文：喝 唑 才 情 愿 约 馰 誓；
国际音标：ha:t⁷ lɤ:i² ta:i² tin² ŋwi:n⁶ ʔɯ:k⁷ ŋai² sɯə¹
汉语直译：唱 话 才 情 愿 约 昔日
汉语意译：唱到昔日约情好；

喃字原文：喝 曝 耒 吏 喝 湄，
国际音标：ha:t⁷ naŋ⁵ roi² la:i⁶ ha:t⁷ mɯə¹
汉语直译：唱 晴 了 又 唱 雨
汉语意译：唱到晴天变雨天，

喃字原文：唑 喱 棋 稀 艖 迲 喱 嵷。
国际音标：nɤ:i² jɔŋ⁶ kai² kɤi⁵ ʔdɔ² ʔdɯə¹ jɔŋ⁶ tu:ŋ²
汉语直译：话 调 耕 种 渡口 调 嵷
汉语意译：唱到田垌至渡口。

喃字原文：零 丁 几 於 馱 術，
国际音标：lin¹ ʔdin¹ kɛ³ ʔɤ³ ŋɯ:i² ve²
汉语直译：零丁 人 在 人 回
汉语意译：唱到众人回头走，

1783

喃字原文：几 於 時 忟 㕭 術 時 傷。
国际音标：kɛ³ ʔɤ³ thi² n̠ɤ⁵ ŋɯ:i² ve² thi² thɯ:ŋ¹
汉语直译：人 在 则 想 人 回 则 念
汉语意译：留下阿妹心爱哥。

（男：阮文瑞；女：阮氏心）

（19）

喃字原文：堆 邊 鵝 皀 䰄 踪，
国际音标：ʔdoi¹ ʔben¹ kɔ² taŋ⁵ ʔbai¹ tuŋ¹
汉语直译：两 边 鹭鸶 白 飞 扬
汉语意译：人群两边白鹭飞，

喃字原文：邊 男 邊 女 些 共 咭 蓮；
国际音标：ʔben¹ na:m¹ ʔben¹ nɯ³ ta¹ kuŋ² kɤt⁷ len¹
汉语直译：边 男 边 女 咱 同 起 音 上
汉语意译：男女对歌起音和；

喃字原文：咭 蓮 没 啫 终 牢，
国际音标：kɤt⁷ len¹ mot⁸ ti:ŋ⁵ tsuŋ¹ tha:u¹
汉语直译：起音 上 一 声 共同 为何
汉语意译：大家齐声共欢唱，

喃字原文：些 跙 准 尼 些 喝 朱 悑。
国际音标：ta¹ ʔden⁵ tson⁵ nai² ta¹ ha:t⁷ tsɔ¹ vui¹
汉语直译：咱 到 地方 这 咱 唱 使 欢乐
汉语意译：咱们唱歌共欢乐。

喃字原文：准 尼 罖 准 悑 制，
国际音标：tson⁵ nai² la² tson⁵ vui¹ tsɤ:i¹
汉语直译：地方 这 是 地方 欢乐 玩耍
汉语意译：此处真是好歌堂，

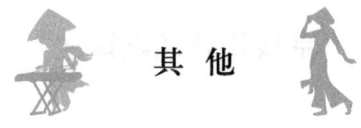

其 他

喃字原文：些 跙 准 尼 喝 愲 喝 悯；
国际音标：ta¹ ʔden⁵ tson⁵ nai² ha:t⁷ vui¹ ha:t⁷ mɯŋ²
汉语直译：咱 到 地方 这 唱 欢乐 唱 祝贺
汉语意译：咱们唱歌来祝贺；

喃字原文：共 烧 些 跙 准 尼，
国际音标：kuŋ² ɲau¹ ta¹ ʔden⁵ tson⁵ nai²
汉语直译：一起 咱 到 地方 这
汉语意译：既然来了此歌堂，

喃字原文：埃 埃 拱 喝 㧅 排 朱 愲。
国际音标：ʔa:i¹ ʔa:i¹ kuŋ³ ha:t⁷ va:i² ʔba:i² tsɔ¹ vui¹
汉语直译：谁 也 唱 两 首 使 欢乐
汉语意译：大家共唱求欢乐。

（20）
喃字原文：聣 馑 啃 喝 外 垌，
国际音标：ŋɛ¹tʰɤi⁵ ti:ŋ⁵ ha:t⁷ ŋwa:i² ʔdoŋ²
汉语直译：听见 声 唱 外面 田垌
汉语意译：田垌外面传歌声，

喃字原文：琨 鸪 群 杜 龅 笼 拱 黜；
国际音标：kɔn¹ tsim¹ kɔn² ʔdo⁵ tɤŋ¹ loŋ² kuŋ³ ra¹
汉语直译：鸟 还 栖 中 笼 也 出
汉语意译：鸟关笼里飞来听；

喃字原文：准 尼 固 丐 鐘 鐄，
国际音标：tson⁵ nai² kɔ⁵ ka:i⁵ tsu:ŋ¹ va:ŋ²
汉语直译：地方 这 有 座 钟 金
汉语意译：此处有座真金钟，

1785

喃字原文：喝 刷 没 啥 佘 廊 迪 聼。
国际音标：ha:t⁷ ra¹ mot⁸ ti:ŋ⁵ mɤi⁵ la:ŋ² ʔdɔn⁵ŋɛ¹
汉语直译：唱 出 一 声 几 村 收 听
汉语意译：轻敲响声震全乡。

（21）

喃字原文：跙 低 固 丐 鍾 鏄，
国际音标：ʔden⁵ ʔdɤi¹ kɔ⁵ ka:i⁵ tsu:ŋ¹ va:ŋ²
汉语直译：到 这里 有 座 钟 金
汉语意译：到此见有座金钟，

喃字原文：搭 刷 贷 啥 奇 廊 吏 聼；
国际音标：ɣɔ³ ra¹ thɤi⁵ ti:ŋ⁵ ka³ la:ŋ² la:i⁶ ŋɛ¹
汉语直译：敲 出 见 声 全 村 来 听
汉语意译：敲钟声响村人来；

喃字原文：廊 碎 固 丐 楳 梛，
国际音标：la:ŋ² toi¹ kɔ⁵ ka:i⁵ mɔ³tɛ¹
汉语直译：村 我 有 个 竹 梛
汉语意译：我村还有个竹梛，

喃字原文：打 時 嘞 詰 㧻 咴 浪 才。
国际音标：ʔdan⁵ thi² kan²kat⁸ ʔdi¹ khwɛ¹ raŋ² ta:i²
汉语直译：敲 则 爱 抱怨 去 夸 道 才
汉语意译：敲时声响自夸才。

喃字原文：廊 箕 固 丐 鍾 錯，
国际音标：la:ŋ² kiə¹ kɔ⁵ ka:i⁵ tsu:ŋ¹ tsi²
汉语直译：村 那 有 座 钟 铅
汉语意译：他村有座铁铅钟，

其 他

喃字原文：氍 時 鞢 椢 搭 時 空 叫。
国际音标：toŋ¹ thi² ʔdɛp⁸mat⁸ yɔ³ thi² khoŋ¹ keu¹
汉语直译：看 则 好看 敲 则 不 响
汉语意译：外表光滑敲不响。

（22）

喃字原文：鑽 時 此 炧 此 炭，
国际音标：vaːŋ² thi² thɯ³ lɯə³ thɯ³ thaːn¹
汉语直译：金 则 试 火 试 炭
汉语意译：真金经过火炭炼，

喃字原文：鍾 箕 此 喏 馱 頑 此 哐；
国际音标：tsuːŋ¹ kiə¹ thɯ³ tiːŋ⁵ ŋɯːi² ŋwaːn¹ thɯ³ lɤːi²
汉语直译：钟 那 试 声 人 机灵 试 话
汉语意译：好钟听声人听音；

喃字原文：寔 鑽 些 此 烧 制，
国际音标：thɤt⁸ vaːŋ² ta¹ thɯ³ ɲau¹ tsɤːi¹
汉语直译：真 金 咱 试 互相 玩
汉语意译：真金咱们试看，

喃字原文：拱 如 魶 渃 鴣 丕 迏 烧。
国际音标：kuŋ³ ɲɯ¹ ka⁵ nɯːk⁷ tsim¹ jɤːi² yap⁸nau¹
汉语直译：也 如 鱼 水 鸟 天 相遇
汉语意译：鸟天鱼水相遇亲。

（男：苏维绍；女：阮春英）

1787

（23）

喃字原文：氽 馼 喝 曘 㲲 戈，
国际音标：mɤi⁵ ŋɯːi² haːt⁷ toi⁵ hom¹kwa¹
汉语直译：几 人 唱 晚上 昨天
汉语意译：昨晚来过几歌友，

喃字原文：㲲 尼 空 喝 朱 些 瑄 共；
国际音标：hom¹nai¹ khoŋ¹ haːt⁷ tsɔ¹ ta¹ ŋɛ¹ kuŋ²
汉语直译：今天 不 唱 给 咱 听 一同
汉语意译：今晚再来共唱歌；

喃字原文：喝 朱 㜁 妈 固 軐，
国际音标：haːt⁷ tsɔ¹ kɔn¹ɣaːi⁵ kɔ⁵ tsoŋ²
汉语直译：唱 给 女子 有 夫
汉语意译：唱出女子有夫君，

喃字原文：㜁 耦 固 媥 媄 洇 固 㜁。
国际音标：kɔn¹jaːi¹ kɔ⁵ vɤ⁶ mɛ⁶ joŋ² kɔ⁵ kɔn¹
汉语直译：男子 有 妻 母 苗裔 有 孩子
汉语意译：男子有妻娘有儿。

（24）

喃字原文：咏 瑄 啫 喝 兜 低，
国际音标：vaŋ⁵ ŋɛ¹ tiːŋ⁵ haːt⁷ ʔdɤu¹ ʔdɤi¹
汉语直译：隐约 听 声 唱 哪里 这里
汉语意译：隐约听到传歌声，

喃字原文：底 些 漴 隻 船 霊 挆 寻；
国际音标：ʔde³ ta¹ ʔbɤːi¹ tsiːk⁷ thiːn² mɤi¹ ʔdi¹ tim²
汉语直译：让 哥 划 只 竹船 去 找
汉语意译：让哥游水竹舟寻；

其 他

喃字原文：遝 逶 英 贯 细 低，
国际音标：la⁶luŋ² ʔan¹ mɤːi⁵ tɤːi⁵ ʔdɤi¹
汉语直译：陌生 哥 刚 到 这里
汉语意译：哥刚到此很陌生，

喃字原文：輧 鹄 拣 喃 鸨 糦 落 弹。
国际音标：ʔbo²kɤu¹ ʔdɕoŋ⁵ thaːu⁵ tsim¹ ʔbai¹ laːk⁸ʔdaːn²
汉语直译：鸽子 吹 哨子 鸟 飞 失群
汉语意译：似鸽吹哨鸟失群。

（25）
喃字原文：少 豥 铖 沛 拎 㭗，
国际音标：thiːu⁵ tai¹ nen¹ faːi³ kɤm² tsai²
汉语直译：缺 人手 所以 得 举 杵
汉语意译：春米缺人哥举杵，

喃字原文：呼 蕐 㐲 啳 唭 台 停 唭。
国际音标：ho¹ len¹ ʔba¹ tiːŋ⁵ kɯːi² hai¹ ʔduɯŋ² kɯːi²
汉语直译：呼声 起 三 声 笑 还是 莫 笑
汉语意译：呼声起落莫嘲笑。

（26）
喃字原文：伮 丕 湄 顺 遢 和，
国际音标：nɤ⁵ jɤːi² mɯə¹ thɤn⁶ jɔ⁵ hwa²
汉语直译：想 天 雨 顺 风 和
汉语意译：风和雨顺人聚兴，

1789

喃字原文：穭 鐄 㳄 魸 咥 歌 茱 垌。
国际音标：luə⁵ va:ŋ² ʔdɤi² ru:ŋ⁶ lɤ:i² ka¹ va:ŋ¹ ʔdoŋ²
汉语直译：稻 黄 满 田 话 歌 响 彻 田 垌
汉语意译：稻熟满垌歌震天。

（男：杜福朝；女：刘元英）

（27）

喃字原文：媕 喂 停 哭 沛 要，
国际音标：ʔɛm¹ ʔɤ:i¹ ʔdɯŋ² khɔk⁷ fa:i³ ʔi:u¹
汉语直译：妹 啊 莫 哭 要 爱
汉语意译：妹妹莫哭听姐说，

喃字原文：咛 㐌 姊 計 唓 翘 朱 聑。
国际音标：nin⁵ ʔdi¹ tsi⁶ ke³ tsi:n⁶ ki:u² tsɔ¹ ŋɛ¹
汉语直译：止住 去 姐 讲 故事 翘 给 听
汉语意译：姐讲翘传妹来听。

（28）

喃字原文：妬 埃 拰 砿 黜 滝，
国际音标：ʔdo⁵ ʔa:i¹ kwaŋ¹ ʔda⁵ ra¹ thoŋ¹
汉语直译：赌 谁 抛 石 出 河流
汉语意译：谁想抛石堵河流，

喃字原文：拰 砿 砿 浽 拰 蒇 蒇 沈。
国际音标：kwaŋ¹ ʔda⁵ ʔda⁵ noi³ kwaŋ¹ ʔbon¹ ʔbon¹ tsim²
汉语直译：抛 石 石 浮 跑 棉花 棉花 沉
汉语意译：抛石石浮抛棉棉沉。

其 他

（29）

喃字原文： 𡛔 埃 别 硋 佘 磈，

国际音标： ʔdo^{5} ʔa:i^{1} ʔbi:t^{7} ʔda^{5} mɤi^{5} hɔn^{2}

汉语直译： 赌 谁 知 石 多少 块

汉语意译： 谁知石头有多少，

喃字原文： 𩞤 都 佘 隻 胧 𦚬 佘 腍？

国际音标： tha:u^{1} ʔduə^{1} mɤi^{5} tsi:k^{7} jaŋ^{1} tɔn^{2} mɤi^{5} ʔdem^{1}

汉语直译： 星星 竞赛 几 颗 月亮 圆 几 夜

汉语意译： 月圆几夜流星飘？

（30）

喃字原文： 𡛔 埃 扒 鲊 藤 𩬝，

国际音标： ʔdo^{5} ʔa:i^{1} ʔbat^{7} tsat^{8} ʔdaŋ^{2} ʔdu:i^{1}

汉语直译： 赌 谁 捉 泥鳅 方 尾

汉语意译： 谁捉泥鳅抓得尾，

喃字原文： 扒 鸩 頭 翅 扒 䏧 𨤼 㨗？

国际音标： ʔbat^{7} tsim^{1} ʔdɤu^{2} kan^{5} ʔbat^{7} ŋɯ:i^{2} tɔŋ^{1} jan^{1}

汉语直译： 抓 鸟 头 翅 捉 人 中 画

汉语意译： 抓得鸟翅捉得画中人？

（31）

喃字原文： 喝 𠄶 㔶 哖 麻 制，

国际音标： ha:t^{7} nam^{1} ʔba^{1} tsi:n^{6} ma^{2} tsɤ:i^{1}

汉语直译： 唱 五 三 故事 而 欢乐

汉语意译： 轮翻唱歌趣欢乐，

喃字原文：哾 对 貝 哾 埃 对 貝 𠊛 麻 怐；
国际音标：tsi:n⁶ ʔdoi⁵ vɤ:i⁵ tsi:n⁶ ʔa:i¹ ʔdoi⁵ vɤ:i⁵ ŋɯ:i² ma² lɔ¹
汉语直译：故事 对 和 故事 谁 对 和 人 而 忧
汉语意译：只能对歌不对人；

喃字原文：喝 朱 𤞻 哏 𤙭 笼，
国际音标：ha:t⁷ tsɔ¹ tsɔ⁵ kan⁵ ʔbɔ² loŋ²
汉语直译：唱 使 狗 啃 黄牛 叫
汉语意译：唱得狗啃黄牛叫，

喃字原文：喝 朱 姑 補 𫜶 䟩 些。
国际音标：ha:t⁷ tsɔ¹ ko¹ ʔbɔ³ tsoŋ² thɛu¹ ta¹
汉语直译：唱 使 姑娘 弃 夫 随 哥
汉语意译：唱得姑娘弃夫君。

（32）

喃字原文：喝 朱 𤞻 哏 𤙭 叫，
国际音标：ha:t⁷ tsɔ¹ tsɔ⁵ kan⁵ ʔbɔ² keu¹
汉语直译：唱 使 狗 要 黄牛 叫
汉语意译：唱得狗牛出来听，

喃字原文：喝 朱 翁 老 補 簝 𤞻 𠬠；
国际音标：ha:t⁷ tsɔ¹ ʔoŋ¹la:u³ ʔbɔ³ leu² ʔbɔ² ra¹
汉语直译：唱 使 老翁 弃 寮 爬 出
汉语意译：唱得老头爬出茅草寮；

喃字原文：喝 弹 朱 𤐜 東 𠬠，
国际音标：ha:t⁷ ʔda:n² tsɔ¹ ra:ŋ⁶ ʔdoŋ¹ ra¹
汉语直译：唱 弹琴 使 天明 出
汉语意译：唱到天明太阳起，

其他

喃字原文：叾術空朱仉茹拱停。
国际音标：ma:i¹ ve² khoŋ¹ tsɔ¹ va:u² n̪a² kuŋ³ ʔdan²
汉语直译：明天 回 不 给 进 家 也 甘心
汉语意译：父母骂夜亦甘心。

（33）

喃字原文：喝 堆 句 解 愞 愁，
国际音标：ha:t⁷ ʔdoi¹ kɤu¹ ja:i³ ʔbu:n²rɤu²
汉语直译：唱 两 句 解 烦恼
汉语意译：唱歌几首来解闷，

喃字原文：感 傷 感 忕 感 愁 堆 些；
国际音标：ja:m³ thɯ:ŋ¹ ka:m³ n̪ɤ⁵ ka:m³ thɤu² ʔdoi¹ta¹
汉语直译：减少 想 减少 念 减少 愁 咱俩
汉语意译：减少咱俩相思恋；

喃字原文：台 抻 拯 盒 蓮 座，
国际音标：ha:i¹tai¹ ʔbɯŋ¹ hop⁸ len¹ ta²
汉语直译：咱俩 端 盒 上 座
汉语意译：你我携手表演唱，

喃字原文：文 哈 武 别 牢 麻 矵 缘。
国际音标：van¹ hai¹ vu³ ʔbi:t⁷ tha:u¹ma¹ lɤ³ ji:n¹
汉语直译：文 知 武 会 为什么 错失 良缘
汉语意译：文武双全结良缘。

（34）

喃字原文：喝 蓮 些 舞 些 制，
国际音标：ha:t⁷ len¹ ta¹ muə⁵ ta¹ tsɤ:i¹
汉语直译：唱 起 咱 跳舞 咱 欢乐
汉语意译：唱歌跳舞共欢乐，

1793

喃字原文：帋 埃 喝 特 赏 餩 萎 菪；
国际音标：naːu² ʔaːi¹ haːt⁷ ʔdɯːk⁸ thɯːŋ³ kɤːi¹ jau² ʔdɤi²
汉语直译：哪 谁 唱 得 赏 碟 槟榔 满
汉语意译：谁唱好听赏碟蒌；

喃字原文：台 抾 拁 钵 渃 渃，
国际音标：haːi¹ tai¹ ʔbɯŋ¹ ʔbaːt⁷ nɯːk⁷ ʔdɤi²
汉语直译：双 手 端 碗 水 满
汉语意译：双手敬上杯茶酒，

喃字原文：英 闷 结 缘 俺 悙 媄 柴 空 傷。
国际音标：ʔan¹ muːn⁵ ket⁷jiːn¹ ʔɛm¹ thɤ⁶ mɛ⁶thɤi² khoŋ¹ thɯːŋ¹
汉语直译：哥 想 结 缘 妹 怕 父母 不 疼爱
汉语意译：君想结缘怕父母。

（35）

喃字原文：喝 弹 男 女 掷 春，
国际音标：haːt⁷ ʔdaːn² naːm¹ nɯ³ ʔduə¹ sɤn¹
汉语直译：唱 群 男 女 比 春
汉语意译：青年男女比唱歌，

喃字原文：耦 春 胡 唉 妈 春 料 咥；
国际音标：jaːi¹ sɤn¹ hɔ² hɤːi³ ɣaːi⁵ sɤn¹ liːu⁶lɤːi²
汉语直译：男子 青春 唱 啊 女子 青春 择词而言
汉语意译：男方女方歌声和；

喃字原文：台 些 结 義 交 咥，
国际音标：haːi¹taː¹ ket⁷ŋiə³ jaːu¹ lɤːi²
汉语直译：咱俩 结义 交流 话
汉语意译：以歌代言来结义，

其 他

喃字原文：鸠 箕 跫 挟 灚 潘 貝 灚。
国际音标：tsim¹ kiə¹ ʔdu³ kap⁸ ʔbɛu² loi⁶ vɤːi⁵ ʔbɛu²
汉语直译：鸟 那 足 对 浮萍 游 和 浮萍
汉语意译：浮萍双飘对鸟孵。

（36）

喃字原文：喝 蕑 些 舞 吟 躺，
国际音标：haːt⁷ len¹ ta¹ muə⁵ ʔɤ¹ min²
汉语直译：唱 起 咱 跳舞 啊 妹
汉语意译：唱歌跳舞手牵手，

喃字原文：巿 埃 绅 织 纼 躺 躺 怄；
国际音标：naːu² ʔaːi¹ sɛ¹ tsi³ ʔbuːk⁸ min² min² lɔ¹
汉语直译：哪 谁 牵 线 绑 妹 妹 忧
汉语意译：媒人牵线妹莫愁；

喃字原文：台 些 迎 没 战 艘，
国际音标：haːi¹ ta¹ thaːŋ¹ mot⁸ tsiːn⁵ ʔdɔ²
汉语直译：咱俩 来 一 只 渡船
汉语意译：咱俩同坐一渡船，

喃字原文：躉 咏 絔 客 交 朱 吅 萎。
国际音标：toŋ¹ vaŋ⁵ mat⁸ khat⁷ jaːu¹ tsɔ¹ miːŋ⁵ jɤu²
汉语直译：看 不 在场 客 交 给 片 槟榔
汉语意译：客人没见哥送槟榔。

（37）

喃字原文：瑁 訊 媕 台 喝 台 呴，
国际音标：ŋɛ¹ tin¹ ʔɛm¹ hai¹ haːt⁷ hai¹ hɔ²
汉语直译：闻讯 妹 会 唱 会 唱
汉语意译：听妹唱歌是高音，

1795

喃字原文：氽 滝 英 拱 㵢 氽 艖 英 拱 逊。
国际音标：mɤi⁵ thoŋ¹ ʔan¹ kuŋ³ loi⁶ mɤi⁵ ʔdɔ² ʔan¹ kuŋ³ tha:ŋ¹
汉语直译：几 河 哥 也 游 几 渡 船 哥 也 来
汉语意译：过渡涉水哥来听。

（男：杜福朝；女：吴秀英）

（38）

喃字原文：払 術 讀 册 吟 詩，
国际音标：tsa:ŋ² ve² ʔdɔk⁸ that⁷ ŋɤm¹ thɤ¹
汉语直译：哥 回 读 书 吟 诗
汉语意译：君回灯下好吟歌，

喃字原文：油 耗 妾 捽 畑 矇 妾 挑。
国际音标：jɤu² ha:u¹ thi:p⁷ rɔt⁷ ʔdɛn² mɤ² thi:p⁷ theu¹
汉语直译：油 耗 妾 斟 灯 模糊 妾 挑
汉语意译：耗油灯矇妹挑助。

（39）

喃字原文：払 術 炉 悋 文 排，
国际音标：tsa:ŋ² ve² lɔ¹laŋ⁵ van¹ʔba:i²
汉语直译：哥 回 担忧 文 章
汉语意译：君回勤习好文章，

喃字原文：闺 中 内 助 家 财 黙 揜。
国际音标：khwe¹tuŋ¹ noi⁶tɤ⁶ ja¹ta:i² mak⁸ ʔɛm¹
汉语直译：闺 中 内助 家 财 由 妹
汉语意译：闺中事宜妹担当。

其他

（40）

喃字原文：学 行 英 挓 晉 之，
国际音标：hɔk⁸han² ʔan¹ tsaŋ³ kwa:n³ tsi¹
汉语直译：学习 哥 不 管 什么
汉语意译：学文攻读哥操心，

喃字原文：机 帀 学 特 忪 之 娘 喂；
国际音标：kɤ¹na:u² hɔk⁸ ʔdɯ:k⁸ lɔ¹ ji² na:ŋ² ʔɤ:i¹
汉语直译：何时 学 得 忧 什么 妹 啊
汉语意译：学习进展妹莫忧；

喃字原文：英 挮 自 課 怉 籴，
国际音标：ʔan¹ ʔdi¹ tɯ² thɤ³ ʔda³ roi²
汉语直译：哥 去 自从 时 已 完
汉语意译：哥去习文时已久，

喃字原文：挮 時 纋 繙 艃 忞 傷。
国际音标：ʔdi¹ thi² ʔboi⁵roi⁵ tɔŋ¹ lɔŋ² nɤ⁵thɯ:ŋ¹
汉语直译：去 则 心烦 中心 思念
汉语意译：学堂心烦思妹愁。

（41）

喃字原文：軗 媕 媕 仍 罞 傷，
国际音标：tsoŋ² ʔɛm¹ ʔɛm¹ nɯŋ³ la² thɯ:ŋ¹
汉语直译：夫 妹 妹 心事 是 爱
汉语意译：夫君心事妹深知，

喃字原文：媕 傷 袘 啫 袘 名 底 芇。
国际音标：ʔɛm¹ thɯ:ŋ¹ lɤi⁵ ti:ŋ⁵ lɤi⁵ jan¹ ʔde³ ʔdɤ:i²
汉语直译：妹 爱 要 声誉 要 名节 留 世间
汉语意译：为夫声誉保节身。

1797

(42)

喃字原文： 学 行 挓 少 册 之，
国际音标： hɔk⁸han² tsaŋ³ thi:u⁵ thất⁷ ji²
汉语直译： 学习 不 缺 书 什么
汉语意译： 学习不缺啥书籍，

喃字原文： 茹 㐌 掃 榜 英 時 認 𠸛；
国际音标： ɲa²vuə¹ tɛu¹ ʔba:ŋ³ ʔan¹ thi² ɳɤn⁶ ten¹
汉语直译： 皇帝 吊 榜 哥 则 认 名
汉语意译： 皇帝公榜哥有名；

喃字原文： 博 媄 勸 保 㐌 铖，
国际音标： ʔba:k⁷mɛ⁶ khwi:n¹ʔba:u³ ʔda³ nen¹
汉语直译： 父母 教导 已 成
汉语意译： 父母教导也有方，

喃字原文： 妾 術 礽 所 婵 娟 英 才。
国际音标： thi:p⁷ ve² tham⁵thɯə³ thi:n²kwi:n¹ ʔan¹ta:i²
汉语直译： 妾 回 准备 婵娟 英才
汉语意译： 英才婵娟缘是妹。

喃字原文： 英 学 自 課 塘 外，
国际音标： ʔan¹ hɔk⁸ tɯ² thɤ³ ʔdɯ:ŋ² ŋwa:i²
汉语直译： 哥 学 自从 时 路 外
汉语意译： 自从哥赴京学习，

喃字原文： 經 論 詩 牸 噲 罠 精 通；
国际音标： kin¹lɤn¹ thɤ¹ tsɯ³ ɣɔi⁶la² tin¹thoŋ¹
汉语直译： 经纶 诗 字 叫做 精通
汉语意译： 经纶诗词哥精通；

1798

其 他

喃字原文：学 行 試 杜 榜 蜽,
国际音标：hɔk⁸han² thi¹ ʔdo³ ʔba:ŋ³roŋ²
汉语直译：学习 科考 及第 龙榜
汉语意译：科举及第中龙榜,

喃字原文：衪 埃 麻 哊 詩 封 術 茹。
国际音标：lɤi⁵ ʔa:i¹ ma² ɣɯi³ thɤ¹ fɔŋ¹ ve² n̥a²
汉语直译：要 谁 而 寄 诗 书 房 回家
汉语意译：报信妹收喜书房。

喃字原文：茹 希 翔 榜 杜 牌,
国际音标：n̥a²vuə¹ mɤ³ʔba:ŋ³ ʔdo³ ʔba:i²
汉语直译：皇帝 揭榜 考取 牌
汉语意译：皇帝公榜哥成名,

喃字原文：英 群 少 堆 融 外 娘 喂;
国际音标：ʔan¹ kɔn² thi:u⁵ ʔdoi¹ tɤŋ¹ ŋwa:i² na:ŋ² ʔɤ:i¹
汉语直译：哥 还 缺 对 里 外 妹 啊
汉语意译：哥须与妹结良缘;

喃字原文：茹 希 翔 榜 黜 試,
国际音标：n̥a²vuə¹ mɤ³ʔba:ŋ³ ra¹ thi¹
汉语直译：皇帝 揭榜 出 科考
汉语意译：皇帝招收学仕时,

喃字原文：柑 粮 粘 佫 英 時 捏 媕。
国际音标：kɤ:m¹ lɯ:ŋ¹ ɣa:u⁶ ʔbɯə³ ʔan¹ thi² kɤi⁶ ʔɛm¹
汉语直译：饭 钱 米 伙食 哥 则 靠 妹
汉语意译：是妹提供食用钱。

（43）

喃字原文：當 效 英 特 ᵱ 官，
国际音标：ʔdaːŋ⁵ thoː⁵ ʔan¹ ʔdɯːk⁸ laːm² kwaːn¹
汉语直译：有 运气 哥 得 做 官
汉语意译：哥有运气当官人，

喃字原文：帕 雯 𫢍 傘 傷 姜 氽 峕；
国际音标：ju² tsɛ¹ lɔŋ⁶ taːn³ thɯːŋ¹ thiːp⁷ mɤi⁵naːu¹
汉语直译：伞 遮 罗伞 疼爱 妹 何时
汉语意译：坐轿遮伞莫忘妹；

喃字原文：𫢍 𡐙 封 职 𥯖 桃，
国际音标：ŋoi² ten¹ fɔŋ¹ tsɯk⁷ vɔŋ³ ʔdaːu²
汉语直译：坐 上 封职 吊床 桃花
汉语意译：哥坐官车桃花轿，

喃字原文：𠰘 麻 傷 姜 氽 峕 吏 術。
国际音标：jɤu²ma² thɯːŋ¹ thiːp⁷ mɤi⁵naːu¹ laːi⁶ ve²
汉语直译：即使 疼爱 妹 何时 再 回
汉语意译：荣归拜祖疼爱妹。

（男：苏维绍；女：刘元英）

（44）

喃字原文：𠌨 時 𫢍 墨 扲 斤，
国际音标：jau² thi² jɯ³ mɯk⁸ kɤm² kɤn¹
汉语直译：富 则 守 墨 持 秤
汉语意译：人富贵时守信言，

其 他

喃字原文：黁 時 符 衪 義 仁 朱 纴；
国际音标：khɔ⁵ thi² jɯ³ lɤi⁵ ŋiə³ȵɤn¹ tsɔ¹ ʔben²
汉语直译：穷 则 守 要 仁 义 给 牢 固
汉语意译：贫穷亦守仁义情；

喃字原文：学 時 符 筭 符 硯，
国际音标：hɔk⁸ thi² jɯ³ ʔbut⁷ jɯ³ ŋi:n¹
汉语直译：学 则 守 笔 守 砚
汉语意译：学习之人守笔砚，

喃字原文：黁 時 符 衪 伴 贤 㕵 些。
国际音标：khɔ⁵ thi² jɯ³ lɤi⁵ ʔba:n⁶ hi:n² ha:i¹ta¹
汉语直译：穷 则 守 要 友 贤 咱俩
汉语意译：困难之时守贤友。

喃字原文：勸 扒 㖷 学 三 科，
国际音标：khwi:n¹ tsa:ŋ² ʔdi¹ hɔk⁸ ta:m¹ khwa¹
汉语直译： 劝 哥 去 学 三 科
汉语意译：劝君攻读齐三科，

喃字原文：扒 空 学 特 妾 齣 勸 扒。
国际音标：tsa:ŋ² khoŋ¹ hɔk⁸ ʔdɯ:k⁸ thi:p⁷ ra¹ khwi:n¹ tsa:ŋ²
汉语直译：哥 不 学 得 妾 出 劝 言
汉语意译：君定要读妾劝言。

（男：何宗发，苏维绍）

（45）

喃字原文：䣩 核 樸 罧 紫 双 双，
国际音标：nam¹ kɤi¹ miə⁵ la⁵ tiə⁵ thɔŋ¹thɔŋ¹
汉语直译：五 棵 甘蔗 叶 紫 双 双
汉语意译：五根甘蔗紫叶双双，

1801

京族传统民歌译注

喃字原文：𠄼 间 茹 塊 𤇮 燶 忠 茹；
国际音标：nam¹ kan¹ ɲa² ŋoi⁵ ʔdɛn² tsɔŋ¹ jɯə³ ɲa²
汉语直译：五 间 瓦房 灯 长明 中 房
汉语意译：五间瓦房灯一盏；

喃字原文：更 没 遁 𨷶 遁 茹，
国际音标：kan¹ mot⁸ jɔn⁶ kɯə³ jɔn⁶ ɲa²
汉语直译：更 一 整理 门 整理 家
汉语意译：一更整理好房间，

喃字原文：更 台 扐 学 更 㐌 扐 𪬭。
国际音标：kan¹ ha:i¹ tsa:ŋ² hɔk⁸ kan¹ ʔba¹ tsa:ŋ² nam²
汉语直译：更 二 哥 学 更 三 哥 躺
汉语意译：二更学习三更眠。

喃字原文：更 𦊚 杜 貝 更 𠄼，
国际音标：kan¹ ʔbon⁵ ʔdo³ vɤ:i⁵ kan¹ nam¹
汉语直译：更 四 睡 和 更 五
汉语意译：四更睡至五更起，

喃字原文：吀 扐 𧘇 曳 群 𪬭 𠰘 之；
国际音标：sin¹ tsa:ŋ² thɯk⁷ jɤi⁶ kɔn² nam² la:m² tsi¹
汉语直译：请 哥 起床 还 躺 做 什么
汉语意译：天亮起床莫懒睡；

喃字原文：功 掩 㐌 𨖅 柴 術，
国际音标：kɔŋ¹ ʔɛm¹ ʔdi¹ ʔdɔn⁵ thɤi² ve²
汉语直译：功 妹 去 接 先生 回
汉语意译：妹请先生妹有功，

1802

其 他

喃字原文： 朱 扒 扲 学 杜 試 伋 馱。
国际音标： tsɔ¹ tsaːŋ² ʔdi¹hɔk⁸ ʔdo³thi¹ kip⁸ ŋɯːi²
汉语直译： 给 哥 上学 考取 及 人
汉语意译： 为君学习胜科举。

喃字原文： 㵝 粘 淹 挭 粘 扲，
国际音标： het⁷ ɣaːu⁶ ʔɛm¹ ɣan⁵ ɣaːu⁶ ʔdi¹
汉语直译： 完 米 妹 挑 米 去
汉语意译： 没有米吃妹送去，

喃字原文： 嗨 喑 场 学 於 時 尼 帀；
国际音标： hɔi³tham¹ tɯːŋ²hɔk⁸ ʔɤ³ thi² nɤːi¹ naːu²
汉语直译： 打听 学堂 在 则 地方 哪
汉语意译： 不懂学堂妹会问；

喃字原文： 嗨 喑 场 学 麻 刨，
国际音标： hɔi³tham¹ tɯːŋ²hɔk⁸ ma² vaːu²
汉语直译： 打听 学堂 而 进
汉语意译： 寻址学堂送米到，

喃字原文： 槲 時 挭 粘 呬 嘲 嗽 英。
国际音标： vaːi¹ thi² ɣan⁵ ɣaːu⁶ miːŋ⁶ tsaːu² thɯə¹ ʔan¹
汉语直译： 肩 则 挑 米 嘴 问候 禀报 哥
汉语意译： 有嘴问路肩担米。

喃字原文： 空 钱 淹 啵 钱 扲，
国际音标： khoŋ¹ tiːn² ʔɛm¹ ɣɯi³ tiːn² ʔdi¹
汉语直译： 无 钱 妹 寄 钱 去
汉语意译： 哥没钱用妹送来，

1803

喃字原文：底 朱 払 学 底 時 諴 功。
国际音标：ʔde³tsɔ¹ tsa:ŋ² hɔk⁸ ʔde³ thi² nen¹koŋ¹
汉语直译：让 哥 学 留 则 成 功
汉语意译：学业成功哥中举。

（46）

喃字原文：䘚 册 皀 皀 皮 䶒，
国际音标：kɔn¹that⁷ taŋ⁵taŋ⁵ ʔbiə² san¹
汉语直译：书本 白白 皮 青
汉语意译：白色书本皮页青，

喃字原文：吱 𫩠 者 貼 衶 英 番 尼；
国际音标：tse¹ tsoŋ² ja³ kuə³ lɤi⁵ ʔan¹ fɛn¹ nai²
汉语直译：嫌弃 夫 还 彩礼 嫁 哥 次 这
汉语意译：嫌弃前夫来嫁君；

喃字原文：菓 槁 妸 妸 丐 皕 云 云，
国际音标：kwa³kau¹ ɲɔ¹ɲɔ³ ka:i⁵vɔ³ vɤn¹vɤn¹
汉语直译：槟榔 小小 皮 青青
汉语意译：小小槟榔其皮青，

喃字原文：扐 学 塘 䜣 结 伴 塘 赊。
国际音标：ʔdi¹hɔk⁸ ʔdɯ:ŋ² ɣɤn² ket⁷ ʔba:n⁶ ʔdɯ:ŋ² sa¹
汉语直译：上学 路 近 结交 朋友 路 远
汉语意译：放弃远友贪君近。

喃字原文：钱 鉑 貼 媄 貼 吒，
国际音标：ti:n²ʔba:k⁸ kuə³ mɛ⁶ kuə³ tsa¹
汉语直译：钱财 的 母 的 父
汉语意译：父母钱财来支持，

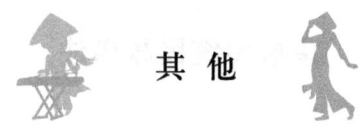

其他

喃字原文：丐 砚 丐 筆 貝 罪 貼 英；
国际音标：kaːi⁵ŋiːn¹ kaːi⁵ʔbut⁷ mɤːi⁵ laˀ kuə³ ʔan¹
汉语直译： 砚　　 笔　 才　是 东西　哥
汉语意译：哥要坚持笔砚书；

喃字原文：英 抟 淹 啥 嗨 嗨，
国际音标：ʔan¹ ʔdi¹ ʔem¹ ɣɤm² ŋui²ŋui²
汉语直译： 哥　去 妹　思念　 忧郁
汉语意译：哥去读书妹思念，

喃字原文：丐 襖 英 默 淹 剉 淹 紉。
国际音标：kaːi⁵ʔaːu⁵ ʔan¹ mak⁸ ʔem¹ ŋoi² ʔem¹ mai¹
汉语直译： 衣服　哥 穿　 妹 坐　 妹 缝补
汉语意译：哥衣服烂夜妹补。

喃字原文：塘　金 绣 织 窖 呫，
国际音标：ʔdɯːŋ² kim¹ moi⁵ tsi³ kʰɛu⁵ tʰai¹
汉语直译： 针路　　线头　巧 啊
汉语意译：缝衣针织妹精通，

喃字原文：英 刮 塘 裱 淹 紉 塘 斜；
国际音标：ʔan¹ kat⁷ ʔdɯːŋ² vaːt⁸ ʔem¹ mai¹ ʔdɯːŋ² ta²
汉语直译： 哥 剪　衣襟　 妹 缝　衣襟
汉语意译：哥衣襟烂妹补上；

喃字原文：堆 邊 吒 媄 己 糙，
国际音标：ʔdoi¹ ʔben¹ tsa¹mɛ⁶ ʔda³ jaˀ
汉语直译： 双方　 父母 已 老
汉语意译：双方父母年老迈，

1805

喃字原文：英 吀 堆 敘 底 麻 结 缘。
国际音标：ʔan¹ sin¹ ʔdoi¹ tsɯ³ ʔde³ma² ket⁷ji:n¹
汉语直译：哥 求 两 字 以便 结缘
汉语意译：早日盼咱结良缘。

（男：苏维绍；女：刘元英）

（47）

喃字原文：衤㐲 默 别 敘 羅 仙，
国际音标：lɤi⁵ tsoŋ² ʔbi:t⁷ tsɯ³ la² ti:n¹
汉语直译：嫁 夫 识 字 是 仙
汉语意译：夫有文化是仙人，

喃字原文：衤㐲 默 睰 敘 羅 缘 嬪 齻。
国际音标：lɤi⁵ tsoŋ² mu²tsɯ³ la² ji:n¹ nɤ⁶nɤn²
汉语直译：嫁 夫 文盲 是 缘 债务
汉语意译：嫁夫文盲是债缘。

（48）

喃字原文：敘 空 固 粉 固 糊，
国际音标：tsɯ³ khoŋ¹ ko⁵ fɤn⁵ ko⁵ ho²
汉语直译：字 没 有 墨 有 浆糊
汉语意译：写信无墨无浆糊，

喃字原文：麻 牢 嘈 點 嘈 蘇 㕫 緬；
国际音标：ma² tha:u¹ khɛu⁵ ʔdi:m³ khɛu⁵ to¹ ŋɯ:i² mat⁸
汉语直译：而 为何 巧 点 巧 涂描 人 面
汉语意译：会字精巧识画人；

其他

喃字原文：唵 低 遇 敉 涓 馹，
国际音标：ʔɛm¹ ʔdɤi¹ la⁶tsɯ³ kwen¹ ŋɯːi²
汉语直译：妹 这里 不识字 认识 人
汉语意译：妹不识字只认人，

喃字原文：唵 学 恬 呬 潏 唭 唑 詩。
国际音标：ʔɛm¹ hok⁸ vui¹miːŋ⁶ tsɤ⁵ kɯːi² n̩ɤːi² thɤ¹
汉语直译：妹 学 爽 口 莫 笑 话 诗
汉语意译：妹想学字识吟诗。

（49）

喃字原文：唵 尼 趾 浚 冖 功，
国际音标：ʔɛm¹ nai² ra¹ ʔbiːn³ laːm² koŋ¹
汉语直译：妹 这 出 海 做 工
汉语意译：妹要出海去做工，

喃字原文：呬 歌 揥 冖 罪 悉 忮 埃。
国际音标：miːŋ⁶ ka¹ tai¹ laːm² la² lɔŋ² n̩ɤ⁵ ʔaːi¹
汉语直译：口 唱 手 做 是 心 想 谁
汉语意译：手动口唱心想哥。

（50）

喃字原文：英 珇 啃 喝 兜 賒，
国际音标：ʔan¹ ŋɛ¹ tiːŋ⁵ haːt⁷ ʔdɤu¹ sa¹
汉语直译：哥 听 声 唱 哪里 远
汉语意译：远处传来有歌声，

1807

喃字原文： 群 祂 台 糙 麻 啃 拱 台。
国际音标： kɔn² tɛ³ hai¹ ja² ma² ti:ŋ⁵ kuŋ³ hai¹
汉语直译： 还 年轻 还是 老 而 声 也 好听
汉语意译： 歌声清脆真好听。

（男：杜福朝）

（51）

喃字原文： 喝 牢 朱 泔 泑 滝，
国际音标： ha:t⁷ tha:u¹ tsɔ¹ ka:n⁶ jɔŋ² thoŋ¹
汉语直译： 唱 怎么 给 干 唱 河
汉语意译： 唱歌唱至河水干，

喃字原文： 朱 嫰 沛 垆 朱 悉 沛 醛；
国际音标： tsɔ¹ nɔn¹ fa:i³ lɤ³ tsɔ¹ lɔŋ² fa:i³ thai¹
汉语直译： 给 山 须 崩 给 心 须 陶醉
汉语意译： 唱得山崩人陶醉；

喃字原文： 喝 胨 来 吏 喝 𪛊，
国际音标： ha:t⁷ ʔdem¹ roi² la:i⁶ ha:t⁷ ŋai²
汉语直译： 唱 夜里 了 又 唱 白天
汉语意译： 夜间唱了白天唱，

喃字原文： 几 台 到 地 𪛊 才 揬 烧。
国际音标： kɛ³ hai¹ ʔda:u⁵ʔdie³ ŋɯ:i² ta:i² ʔduə¹ɲau¹
汉语直译： 人 喜欢 掷铜钱 人 有才 比赛
汉语意译： 唱者比赛听者爱。

其他

（52）

喃字原文： 群 丕 群 諾 群 嫩，
国际音标： kɔn² jɤːi² kɔn² nɯːk⁷ kɔn² nɔn¹
汉语直译： 还有 天 还有 水 还有 山
汉语意译： 有天有山还有水，

喃字原文： 群 厄 会 喝 淹 群 醛 醺；
国际音标： kɔn² nɤːi¹ hoi⁶ haːt⁷ ʔɛm¹ kɔn² thai¹ thɯə¹
汉语直译： 还有 地方 歌会 唱 妹 还 陶醉
汉语意译： 还有歌会妹陶醉；

喃字原文： 仍 哐 幻 约 客 疏，
国际音标： nɯŋ³ nɤːi² ʔaːu¹ ʔuːk⁷ khat⁷ thɯə¹
汉语直译： 些 话 渴望 远客
汉语意译： 远客歌友共誓言，

喃字原文： 伩 騵 伴 喝 伩 哐 歌 台 。
国际音标： nɤ⁵ ŋɯːi² ʔbaːn⁶ haːt⁷ nɤ⁵ lɤːi² kaː¹ hai¹
汉语直译： 思念 歌友 思念 歌声 甜
汉语意译： 思念歌友歌声甜。

（53）

喃字原文： 包 睎 朱 疸 腩 台，
国际音标： ʔbaːu¹ jɤː² tsɔ¹ ʔdɤt⁷ thaːŋ⁵ haːi¹
汉语直译： 现在 给 土地 二月
汉语意译： 正当春时二月里，

喃字原文： 琨 妘 ᄀ 臽 琨 耟 搘 坡；
国际音标： kɔn¹ ɣaːi⁵ laːm² kɔ³ kɔn¹ jaːi¹ ʔbɛ¹ ʔbɤ²
汉语直译： 女人 除草 男人 培高 堤岸
汉语意译： 女人除草男培土；

喃字原文： 妔 時 皷 喝 吟 詩，
国际音标： ɣaːi⁵ thi² vuə² haːt⁷ ŋɤm¹ thɤ¹
汉语直译： 女人 则 边 唱 吟 诗
汉语意译： 女人边唱边吟诗，

喃字原文： 耦 時 捤 坡 計 唭 排 偙。
国际音标： jaːi¹ thi² ʔbɛ² ʔbɤ² ke³ tsiːn⁶ ʔbaːi² ʔbɤi²
汉语直译： 男人 则 培高 堤岸 讲 故事 成群
汉语意译： 男人培土讲故事。

（54）

喃字原文： 廊 些 翔 會 㤟 悗，
国际音标： laːŋ² ta¹ mɤ³ hoi⁶ vui¹muŋ²
汉语直译： 村 咱 办 哈节 欢乐
汉语意译： 村办哈节众人欢，

喃字原文： 鍾 叫 韄 喨 喋 唛 堆 邊；
国际音标： tsuːŋ¹ keu¹ toŋ⁵ jaːŋ⁵ vaːŋ¹luŋ² ʔdoi¹ʔben¹
汉语直译： 钟 叫 鼓 响 震动 双方
汉语意译： 钟声鼓声响震天；

喃字原文： 龍 猒 聖 御 於 㙧，
国际音标： lɔŋ¹ŋaːi¹ than⁵ ŋɯ⁶ ʔɤ³ ten¹
汉语直译： 龙座 圣 御 在 上
汉语意译： 圣神高坐龙座上，

喃字原文： 左 昭 右 穆 堆 邊 拱 朝。
国际音标： ta³ tsiːu¹ hɯu³ muk⁸ ʔdoi¹ ʔben¹ kuŋ³ tsɤu²
汉语直译： 左 昭 右 穆 两边 也 祭祀
汉语意译： 左昭右穆祀祖先。

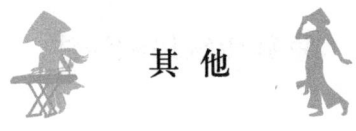

其 他

喃字原文： 會 亭 拝 啨 於 兜，
国际音标： hoi⁶ʔdin² tsaŋ³kwa:n³ ʔɤ³ ʔdɤu¹
汉语直译： 哈节　不管　在 哪里
汉语意译： 哈节举行在哪村，

喃字原文： 琨 召 拱 術 公 侯 掐 恅。
国际音标： kɔn¹tsau⁵ kuŋ³ ve² koŋ¹hɤu² ɣɔp⁷vui¹
汉语直译： 子孙　也　回　公侯　助兴
汉语意译： 远近子孙回助兴。

（55）

喃字原文： 包 睒 朱 跙 會 亭，
国际音标： ʔba:u¹jɤ² tsɔ¹ ʔden⁵ hoi⁶ʔdin²
汉语直译： 何时　给　到　哈节
汉语意译： 什么时候哈节至，

喃字原文： 朱 廊 伀 墰 朱 绵 貼 嗘；
国际音标： tsɔ¹ la:ŋ² va:u² ʔda:m⁵ tsɔ¹ min² sɛm¹ tɔ²
汉语直译： 给 村 进 人群 给 咱 看 戏
汉语意译： 众人祭神咱看戏；

喃字原文： 姑 绦 旇 喝 旇 嗘，
国际音标： ko¹tɤ¹ vuɯə² ha:t⁷ ɛuɯə² tɔ²
汉语直译： 哈妹 边 唱 边 舞
汉语意译： 哈妹"唱哈"又跳舞，

喃字原文： 翁 夾 敊 弹 拱 喐 喝 烧。
国际音标： ʔoŋ¹kɛp⁷ ɣai³ ʔda:n² kuŋ³ hɔ² ha:t⁷ ȵau¹
汉语直译： 哈哥 弹 琴 也 呼喊 唱 互相
汉语意译： 哈哥弹琴乐声美。

（56）

喃字原文：鸺 叫 丕 啫 鸺 叫，
国际音标：ku¹ keu¹ ʔba¹ ti:ŋ⁵ ku¹ keu¹
汉语直译：猫头鹰叫 三 声 猫头鹰叫
汉语意译：猫头鹰喜叫三声，

喃字原文： 懞 毷 跙 节 咹 消 制 排ʃ；
国际音标： mɔŋ¹ mau¹ ʔden⁵ tet⁷ ʔan¹ti:u¹ tsɤ:i¹ʔbɤ:i²
汉语直译： 盼望 快 到 春节 挥霍 欢喜
汉语意译： 春节时至人欢喜；

喃字原文： 固 萎 咹 皿 赭 胁，
国际音标： kɔ⁵ jɤu² ʔan¹ mi:ŋ⁵ ʔdɔ³ moi¹
汉语直译： 有 槟榔 吃 片 红 唇
汉语意译： 有槟榔食脂朱唇，

喃字原文： 固 醋 旺 喊 朱 愢 亊 情。
国际音标： kɔ⁵ ri:u⁶ ʔu:ŋ⁵ tsɛn⁵ tsɔ¹ vui¹ thɯ⁶tin²
汉语直译： 有 酒 饮 杯 给 欢心 事 情
汉语意译： 喝酒饮茶人欢心。

（男：阮进余）

（57）

喃字原文：英 掋 弹 瓢 叮 嗪，
国际音标：ʔan¹ ɣai³ ʔda:n²ʔbɤu² tin¹ ta:ŋ¹
汉语直译：哥 弹 独弦琴 叮 咚
汉语意译：哥弹弦琴叮叮咚，

其 他

喃字原文： 啃 绦 啃 竹 朱 娘　 迖 瑄；
国际音标： ti:ŋ⁵ tɤ¹ ti:ŋ⁵ tuk⁷ tsɔ¹ na:ŋ² ʔdɔn⁵ŋɛ¹
汉语直译： 声 丝 声 竹 给 妹　 收听
汉语意译： 竹声丝声妹耳中；

喃字原文： 带 送 尼 迻 娘 术，
国际音标： ʔdɤ:i⁵toŋ⁵ nai² ʔdɯə¹ na:ŋ² ve²
汉语直译： 带 送 这 接 妹 回
汉语意译： 接娘子回人带送，

喃字原文： 銐 约 尬 愿 夫 妻 洞 房。
国际音标： sɯə¹ ʔɯ:k⁷ nai¹ ŋwi:n⁶ fu¹the¹ ʔdoŋ⁶fɔŋ²
汉语直译： 昔 渴望 今 愿 夫 妻　 洞 房
汉语意译： 昔欲今愿共洞房。

（58）
喃字原文： 姅 胋 朕 熄 辟 残，
国际音标： nɯə³ʔdem¹ jaŋ¹ tat⁷ tha:u¹ ta:n²
汉语直译： 半夜 月 熄 星 残
汉语意译： 半夜月落星残，

喃字原文： 䉆 偁 旰 愒 淹 弹 英 瑄。
国际音标： la:ŋ⁵ji:ŋ² nu³ het⁷ ʔɛm¹ ʔda:n² ʔan¹ ŋɛ¹
汉语直译： 邻居 睡 完 妹 弹琴 哥 听
汉语意译： 众人梦香妹弹琴。

（59）
喃字原文： 叮 叮 情 叮 叮 嗓，
国际音标： tin¹ tin¹ tin² tin¹ tin¹ ta:ŋ¹
汉语直译： 叮 叮 亭 叮 叮 啃
汉语意译： 叮叮咚咚叮叮咚，

1813

喃字原文： 㗂 喝 㗂 弹 悇 聪 茹 娘；
国际音标： ti:ŋ⁵ ha:t⁷ ti:ŋ⁵ ʔda:n² vui¹ta:i¹ n̥a² na:ŋ²
汉语直译： 声 唱 声 琴 悦耳 家 妹
汉语意译： 歌声琴声妹家欢；

喃字原文： 蚣 魟 夤 湃 贝 弹，
国际音标： tom¹ ka⁵ jɤ:n² thɔŋ⁵ vɤ:i⁵ ʔda:n²
汉语直译： 虾 鱼 涟漪 和 琴
汉语意译： 鱼虾跳上岸来听，

喃字原文： 春 霜 花 荽 凤 鸾 交 和。
国际音标： sɤn¹ thɯ:ŋ¹ hwa¹ nɤ³ fɯ:ŋ⁶lɔn¹ ja:u¹hwa²
汉语直译： 春 霜 花 开 凤鸾 和顺
汉语意译： 春霜花开凤鸾和。

（60）
喃字原文： 籴 欺 男 女 掇 弹，
国际音标： mɤi⁵khi¹ na:m¹ nɯ³ ʔduə¹ ʔda:n²
汉语直译： 难得 男 女 赛 琴
汉语意译： 男女赛歌又赛琴，

喃字原文： 魟 悇 贝 渃 湃 夤 贝 靁；
国际音标： ka⁵ vui¹ vɤ:i⁵ nɯ:k⁷ thɔŋ⁵jɤ:n² vɤ:i⁵ mɤi¹
汉语直译： 鱼 欢 与 水 涟漪 与 云
汉语意译： 鱼欢跃岸浪波云；

（女：阮成珍）

其 他

（61）

喃字原文：拎　弹　旇　捘　旇　氍，
国际音标：kɤm² ʔda:n² vɯə² ɣai³ vɯə² toŋ¹
汉语直译：捧　琴　边　弹　边　望
汉语意译：捧琴手弹四处望，

喃字原文：弹　媕　媕　捘　悩　農　如　喻；
国际音标：ʔda:n² ʔɛm¹ ʔɛm¹ ɣai³ na.u³nuŋ² n̩ɯ¹ rɔ³
汉语直译：琴　妹　妹　弹　烦恼　如　游
汉语意译：妹弹独弦游恼乱；

喃字原文：弹　英　纵　齓　纵　重，
国际音标：ʔda:n² ʔan¹ jɤi¹ thaŋ³ jɤi¹ tuŋ²
汉语直译：琴　哥　弦　直　弦　重音
汉语意译：哥琴弦直重音弦，

喃字原文：弹　媕　媕　捘　齝　弓　燪　烌。
国际音标：ʔda:n² ʔɛm¹ ʔɛm¹ ɣai³ nam¹ kuŋ¹ rɔ³ra:ŋ²
汉语直译：琴　妹　妹　弹　五　弓　轻松
汉语意译：妹琴好听五弓音。

（62）

喃字原文：弹　琴　佲　纵　缘　丝，
国际音标：ʔda:n²kɤm² ʔda³ ʔben⁶ ji:n¹ tɤ¹
汉语直译：　琴　已　紧　缘　丝
汉语意译：琴弦丝线紧相连，

喃字原文：齝　更　仍　銀　忊　嗻　弹；
国际音标：nam¹ kan¹ n̩ɯŋ³ ŋɤn³ŋɤ¹ ti:ŋ⁵ ʔda:n²
汉语直译：更　五　些　愣然　声　琴
汉语意译：五更梦幻脱耳中；

1815

喃字原文： 撻 盎 护 筶 台 行，
国际音标： ʔdat⁸ mɤm¹ thɔ¹ ʔduə³ ha:i¹ ha:ŋ²
汉语直译： 摆设 大盘子 比 筷 两 行
汉语意译： 摆设饭桌筷两行，

喃字原文： 空 晻 麻 筬 緬 娘 拱 饱。
国际音标： khoŋ¹ ʔan¹ ma² thɤi⁵ mat⁸ na:ŋ² kuŋ³ nɔ¹
汉语直译： 不 吃 如果 见 面 妹 也 饱
汉语意译： 见了妹的面不吃也饱乐无穷。

（63）

喃字原文： 弹 淹 欺 齫 欺 哃，
国际音标： ʔda:n² ʔɛm¹ khi¹ thaŋ³ khi¹ ruŋ²
汉语直译： 琴 妹 时 紧 时 松
汉语意译： 独琴弦时紧时松，

喃字原文： 弹 淹 掖 曲 甋 弓 燈 烑；
国际音标： ʔda:n² ʔɛm¹ ɣai³ khuk⁷ nam¹ kuŋ¹ rɔ³ra:ŋ²
汉语直译： 琴 妹 弹 曲 五 弓 轻松
汉语意译： 妹弹五曲声轻松；

喃字原文： 腤 齫 湿 晑 晦 胺，
国际音标： ʔdem¹ nam² thɤp⁷thɔŋ⁵ ʔbɔŋ⁵ jaŋ¹
汉语直译： 夜里 躺 隐约 影 月
汉语意译： 月夜见影哥无眠，

喃字原文： 埃 迖 淹 细 從 升 邊 払。
国际音标： ʔa:i¹ ʔduə¹ ʔɛm¹ tɤ:i⁵ tuŋ¹thaŋ¹ ʔben¹ tsa:ŋ²
汉语直译： 谁 送 妹 到 飘飞 旁边 哥
汉语意译： 谁送妹来哥身旁。

其 他

（64）

喃字原文： 眰 齝 瑄 嗒 笛 清，
国际音标： ʔdem¹ nam² ŋɛ¹ ti:ŋ⁵ tha:u⁵ than¹
汉语直译： 夜里 躺 听 声 笛 清
汉语意译： 清夜听闻吹笛声，

喃字原文： 忬 傷 趴 義 粔 溇 補 料；
国际音标： nɤ⁵thɯ:ŋ¹ ŋɯ:i² ŋiə³ kɤ:m¹ kan¹ ʔbɔ³ li:u⁶
汉语直译： 思念 人 义 饭 汤 弃 思量
汉语意译： 思念情人莫思食；

喃字原文： 曤 買 㥑 昋 湄 嘲，
国际音标： naŋ⁵ mɤ:i⁵ thɤ⁶ ʔbu:i³ mɯə¹ tsi:u²
汉语直译： 晴 才 怕 雨 下午
汉语意译： 正是晴天怕来雨，

喃字原文： 份 淹 𡋒 妡 拱 犩 尼 傷。
国际音标： fɤn⁶ ʔɛm¹ la² ɣa:i⁵ kuŋ³ ɲi:u³ nɤ:i¹ thɯ:ŋ¹
汉语直译： 份 妹 是 姑娘 也 多 地方 爱
汉语意译： 爱妹人多贪妹美。

（65）

喃字原文： 英 停 貪 鐷 補 筳，
国际音标： ʔan¹ ʔdɯŋ² tha:m¹ toŋ⁵ ʔbɔ³ kɛn²
汉语直译： 哥 莫 贪 鼓 弃 喇叭
汉语意译： 哥莫贪鼓弃喇叭，

喃字原文： 貪 鍾 補 楳 貪 畑 補 胅；
国际音标： tha:m¹ tsu:ŋ¹ ʔbɔ³ mɔ³ tha:m¹ ʔdɛn² ʔbɔ³ jaŋ¹
汉语直译： 贪 钟 弃 梆子 贪 灯 弃 月
汉语意译： 贪钟弃梆灯弃月；

1817

喃字原文： 埃 ⺍ 朱 创 旬 胺，
国际音标： ʔaːi¹ laːm² tsɔ¹ thaːŋ⁵ tɤn² jaŋ¹
汉语直译： 谁 做 给 亮 旬 月亮
汉语意译： 谁人带来月圆亮，

喃字原文： 底 英 揞 襖 澝 冰 戈 垌。
国际音标： ʔde³ ʔan¹ ʔom¹ ʔaːu⁵ loi⁶ ʔbaŋ¹ kwa¹ ʔdoŋ²
汉语直译： 使 哥 抱 衣 游 越 过 田垌
汉语意译： 使哥有衣涉游水。

（男：杜福朝）

（66）

喃字原文： 堆 些 如 夾 貝 桃，
国际音标： ʔdoi¹taː¹ ɲɯ¹ kɛp⁷ vɤːi⁵ ʔdaːu²
汉语直译： 咱俩 如 对 和 桃
汉语意译： 咱俩如对情人桃，

喃字原文： 喝 制 解 闷 䫆 帘 ⺍ 愮；
国际音标： haːt⁷ tsɤːi¹ jaːi³muːn⁶ȵɛ³naːu² laːm²ŋɤ¹
汉语直译： 唱 玩 解闷 为什么 发愁
汉语意译： 唱歌解闷莫发愁；

喃字原文： 堆 些 丐 弹 织 丝，
国际音标： ʔdoi¹taː¹ kaːi⁵ʔdaːn² tsi³ tɤ¹
汉语直译： 咱俩 琴 线 丝
汉语意译： 咱俩如对丝作弦，

喃字原文： 臉 清 英 掞 埃 吁 绫 缘。
国际音标： ʔdem¹thaːn¹ ʔan¹ ɣaːi³ ʔaːi¹ ŋɤ² ʔben²jiːn¹
汉语直译： 清夜 哥 弹 谁 疑 投缘
汉语意译： 清夜哥弹缘相投。

其 他

（67）

喃字原文： 逯 蕚 些 否 堆 唑，
国际音标： ʔdɯə¹ len¹ ta¹ vi⁵ ʔdoi¹ lɤ:i²
汉语直译： 送 上 咱 比喻 两 话
汉语意译： 咱俩以歌来比喻，

喃字原文： 笛 堆 貝 弭 弭 堆 貝 弹；
国际音标： tha:u⁵ ʔdoi¹ vɤ:i⁵ ȵi⁶ ȵi⁶ ʔdoi¹ vɤ:i⁵ ʔda:n²
汉语直译： 笛子 双 和 二胡 二胡 双 和 奏
汉语意译： 笛子二胡相合奏；

喃字原文： 英 愠 固 准 咀 叹，
国际音标： ʔan¹ ʔbu:n² kɔ⁵ tson⁵ thɤ³ tha:n¹
汉语直译： 哥 烦闷 有 地方 叹息
汉语意译： 哥闷时有歌伴叹，

喃字原文： 媕 愠 如 茏 畑 残 熔 黁。
国际音标： ʔɛm¹ ʔbu:n² ɳɯ¹ ŋon⁶ ʔdɛn² ta:n² thap⁷ khwiə¹
汉语直译： 妹 烦闷 如 灯盏 残 点 深夜
汉语意译： 妹闷只有夜灯陪。

（68）

喃字原文： 遛 遥 英 買 细 低，
国际音标： la⁶luŋ² ʔan¹ mɤ:i⁵ tɤ:i⁵ ʔdɤi¹
汉语直译： 陌生 哥 刚 到 这里
汉语意译： 哥刚到此较陌生，

喃字原文： 䚡 鵣 揀 鹃 鸹 髭 落 弹；
国际音标： ʔbo²kɤu¹ ʔdɔŋ⁵ tha:u⁵ tsim¹ ʔbai¹ la:k⁸ ʔda:n²
汉语直译： 鸽子 吹 箫 鸟 飞 失 群
汉语意译： 鸽子吹箫鸟失群；

喃字原文：吨 低 台 喝 台 弹，
国际音标：ʔdon² ʔdɤi¹ hai¹ ha:t⁷ hai¹ ʔda:n²
汉语直译：传说 这里 爱 唱 爱 弹琴
汉语意译：来此听到歌琴声，

喃字原文：底 英 洛 𥯲 戈 岸 细 尼。
国际音标：ʔde³ ʔan¹ lan⁶loi⁶ kwa¹ ŋa:n⁶ tɤ:i⁵ nɤ:i¹
汉语直译：让 哥 跋涉 越 岸 到 地方
汉语意译：涉水越岸也甘心。

（69）

喃字原文：弹 瓢 英 掑 麻 䁩，
国际音标：ʔda:n²ʔbɤu² ʔan¹ ɣai³ ma² ŋɛ¹
汉语直译：独弦琴 哥 弹 而 听
汉语意译：哥弹弦琴妹来听，

喃字原文：罗 身 姑 妡 吏 䁩 弹 瓢；
国际音标：la² thɤn¹ ko¹ɣa:i⁵ la:i⁶ ŋɛ¹ ʔda:n²ʔbɤu²
汉语直译：是 身 女子 来 听 独弦琴
汉语意译：身为女子要听琴；

喃字原文：弹 瓢 英 掑 䁂 弓，
国际音标：ʔda:n²ʔbɤu² ʔan¹ ɣai³ nam¹ kuŋ¹
汉语直译：独弦琴 哥 奏 五 弓
汉语意译：独弦琴奏五弓音，

喃字原文：姑 躺 群 忟 英 空 唉 躺。
国际音标：ko¹ min² kɔn² nɤ⁵ ʔan¹ khoŋ¹ hɤ:i³ min²
汉语直译：姑娘 你 还 想念 哥 不 啊 妹
汉语意译：姑娘是否来投亲。

（男：苏春发）

1820

其他

（70）

喃字原文：嘡 嘡 叮 叮 叮 嘡；
国际音标：ta:ŋ¹ ta:ŋ¹ tin¹ tin¹ tin¹ ta:ŋ¹
汉语直译：哨 哨 叮 叮 叮 哨
汉语意译：叮叮咚咚叮叮咚，（哥捧弦琴奏叮咚；）

喃字原文：叮 叮 嘡 叮 叮 嘡，
国际音标：tin¹ tin¹ ta:ŋ¹ tin¹ tin¹ ta:ŋ¹
汉语直译：叮 叮 哨 叮 叮 哨
汉语意译：弹独弦琴音五弓，

喃字原文：弹 瓢 些 扨 𦥯 弓。
国际音标：ʔdaːn² ʔbɤu² ta¹ ɣai³ nam¹ kuŋ¹
汉语直译：独弦琴 哥 弹 五 弓
汉语意译：妹否思哥于心中。

喃字原文：嗨 躺 群 忮 英 空 唉 躺？
国际音标：hɔi³ min² kɔn² ŋɤ⁵ ʔan¹ khoŋ¹ hɤːi³ min²
汉语直译：问 妹 还 想念 哥 不 啊 妹
汉语意译：问妹是否还想念哥？

（71）

喃字原文：叮 嘡 嘡 叮 叮 情，
国际音标：tin¹ ta:ŋ¹ ta:ŋ¹ tin¹ tin¹ tin²
汉语直译：叮 哨 哨 叮 叮 亭
汉语意译：叮叮咚咚叮叮咚，

喃字原文：叮 叮 嘡 嘡 嘡 嘡 叮 情；
国际音标：tin¹ tin¹ ta:ŋ¹ ta:ŋ¹ ta:ŋ¹ ta:ŋ¹ tin¹ tin²
汉语直译：叮 叮 哨 哨 哨 哨 叮 亭
汉语意译：哥弹弦琴响叮咚；

喃字原文： 没 弓 遍 惨 湄 愁，
国际音标： mot⁸ kuŋ¹ jɔ⁵ tha:m³ mɯə¹ thʮu²
汉语直译： 一 弓 风 惨 雨 愁
汉语意译： 风惨雨愁于一弓，

喃字原文： 䍐 功 浽 乩 䫶 頭 阮 㧓。
国际音标： ʔbon⁵ kuŋ¹ jɔt⁸ mau⁵ nam³ ʔdʮu² ŋɔn⁵tai¹
汉语直译： 四 弓 滴 血 五 头 手指
汉语意译： 四弓滴血五指中。

（72）

喃字原文： 移 戈 珥 啥 英 弹，
国际音标： ʔdi¹kwa¹ ŋɛ¹ ti:ŋ⁵ ʔan¹ ʔda:n²
汉语直译： 经 过 听 声 哥 琴
汉语意译： 经过听闻哥琴声，

喃字原文： 魛 溪 踌 吏 鸹 岸 杜 奄；
国际音标： ka⁵ khɛ¹ jɯŋ² la:i⁶ tsim¹ ŋa:n⁶ ʔdo³ ʔim¹
汉语直译： 鱼 溪 停 来 鸟 岸 栖息 静
汉语意译： 河鱼停游鸟栖听；

喃字原文： 䀼 𩄢 月 搁 梗 安，
国际音标： ʔdem¹khwiə¹ ŋwi:t⁸ ɣa:k⁷ kan² ʔi:n¹
汉语直译： 深夜 月 搁 树枝 安
汉语意译： 深夜月搁树枝上，

喃字原文： 固 傷 時 吽 哝 愿 共 英。
国际音标： kɔ⁵ thɯ:ŋ¹ thi² ŋɔ³ʮ:i² ŋwi:n² kuŋ² ʔan¹
汉语直译： 有 爱 就 表述 发誓 和 哥
汉语意译： 妹相爱哥回答言。

其 他

(73)

喃字原文：弹　蘫　绁　别　掫　绁　帀，
国际音标：ʔdaːn² nam¹ jɤi¹ ʔbiːt⁷ ɣai³ jɤi¹ naːu²
汉语直译：琴　五　弦　知　弹　弦　哪
汉语意译：五线琴弹那线好，

喃字原文：英　媕　東　岛　别　嘲　灬　牢；
国际音标：ʔan¹ʔɛm¹ ʔdoŋ¹ʔdaːu³ ʔbiːt⁷ tsaːu² laːm²thaːu¹
汉语直译：姐妹　众多　　知　问候　怎么
汉语意译：众多姐妹问那人；

喃字原文：堆　些　如　𥿩　蘫　㮏，
国际音标：ʔdoi¹taː¹ ȵɯ¹ ruːŋ⁶ nam¹ thaːu²
汉语直译：咱俩　如　田　五　分
汉语意译：咱俩如同半块田，

喃字原文：隔　坡　於　衶　灬　牢　朱　連。
国际音标：kat⁷ ʔbɤ² ʔɤ³ jɯə³ laːm²thaːu¹ tsɔ¹ liːn²
汉语直译：隔　田埂　在　中间　怎么　使　连
汉语意译：田中隔埂难相连。

(74)

喃字原文：弹　玄　化　貝　弹　筝，
国际音标：ʔdaːn²hwiːn² hwa⁵ vɤːi⁵ ʔdaːn²jan¹
汉语直译：　弦琴　　化　为　古筝
汉语意译：弦琴化为古乐筝，

喃字原文：媕　固　馼　負義　英　英　𢚩；
国际音标：ʔɛm¹ kɔ⁵ tsoŋ² fuːŋiə⁶ ʔan¹ ʔan¹ ʔbuːn²
汉语直译：妹　有　夫　负义　哥　哥　心烦
汉语意译：妹已有夫哥心烦；

喃字原文： 眈 㘵 㘴 捦 房 鸾，
国际音标： ʔdem¹khwiə¹ ŋoi² jɯə⁶ fɔŋ²lɔn¹
汉语直译： 深夜　坐　倚　鸾房
汉语意译： 深夜倚着鸾房坐，

喃字原文： 实 情 忄女 伴 台 行 淚 淶。
国际音标： thɤt⁸tin² nɤ⁵ ʔba:n⁶ ha:i¹ ha:ŋ² le⁶ rɤ:i¹
汉语直译： 真情　思念　朋友　两　行　泪落
汉语意译： 思念真情泪滴下。

（75）

喃字原文： 弹 琴 埃 荌 捒 纯，
国际音标： ʔda:n²kɤm² ʔa:i¹ nɤ³ ʔdɯt⁷ jɤi¹
汉语直译： 　琴　谁　忍心　断　弦
汉语意译： 谁人弹琴断了线，

喃字原文： 㗃 躬 憮 罪 埃 掑 冤 仇；
国际音标： yɤm³ min² vo¹toi⁶ ʔa:i¹ yɤi¹ ʔwa:n¹thu²
汉语直译： 想　妹　无罪　谁　挑起　冤仇
汉语意译： 妹是无罪无仇恨；

喃字原文： 台 些 如 帋 没 詞，
国际音标： ha:i¹ta¹ ɲɯ¹ jɤi⁵ mot⁸ tɤ²
汉语直译： 咱俩　如　张　一　张
汉语意译： 咱俩如同张白纸，

喃字原文： 潪 疑 麻 罪 潪 吁 麻 冤。
国际音标： tsɤ⁵ ŋi¹ ma² toi⁶ tsɤ⁵ ŋɤ² ma² ʔwa:n¹
汉语直译： 莫　疑　而　罪　莫　疑　而　冤
汉语意译： 白纸无罪无疑冤。

（男：裴永彬）

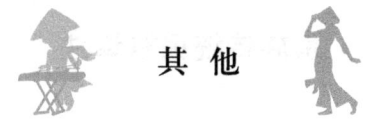

其 他

（76）

喃字原文： 俍 聡 瑆 啳 淹 弹，
国际音标： laŋ⁵ta:i¹ ŋɛ¹ ti:ŋ⁵ ʔɛm¹ ʔda:n²
汉语直译： 侧耳 听 声 妹 琴
汉语意译： 洗耳清听妹弹琴，

喃字原文： 魛 洓 跨 吏 鸹 岸 豆 蹟；
国际音标： ka⁵ʔbi:n³ ʔdɯŋ⁵la:i⁶ tsim¹ ŋa:n² ʔdɤu⁶tsɤn¹
汉语直译： 海鱼 站住 鸟 林 歇脚
汉语意译： 海鱼跳林鸟停飞；

喃字原文： 俍 聡 瑆 啳 真 云，
国际音标： laŋ⁵ ta:i¹ ŋɛ¹ ti:ŋ⁵ tsɤn¹vɤn¹
汉语直译： 倾 耳 听 声 歌
汉语意译： 倾耳听妹来唱歌，

喃字原文： 啳 弹 啳 弭瑆 貯瑆 赊。
国际音标： ti:ŋ⁵ ʔda:n² ti:ŋ⁵ ȵi⁶ɛ¹ ɣɤn² ŋɛ¹ sa¹
汉语直译： 声 琴 声 二胡 听 近 听 远
汉语意译： 弦琴二胡声传闻。

（77）

喃字原文： 俍 聡 瑆 啳 淹 弹，
国际音标： laŋ⁵ ta:i¹ ŋɛ¹ ti:ŋ⁵ ʔɛm¹ ʔda:n²
汉语直译： 侧耳 听 声 妹 弹琴
汉语意译： 洗耳恭听妹弹琴，

喃字原文： 啳 俺 如 染 啳 鞞 闹 如 丝；
国际音标： ti:ŋ⁵ ʔem¹ nɯ¹ ȵi:u³ ti:ŋ⁵ ȵɛ⁶ɳa:ŋ² nɯ¹ tɤ¹
汉语直译： 声 轻柔 如 绉纱 声 轻飘 如 丝
汉语意译： 声如纱丝风轻飘；

1825

喃字原文：牡　円　芺　境　茹蘓，
国际音标：mɤu³ʔdɤːn¹ nɤ³ kan³ ɲa²thɤ²
汉语直译：牡丹　开花　境　佛寺
汉语意译：牡丹开花佛寺前，

喃字原文：祂　埃　時　祂　群　徐　待　埃？
国际音标：lɤi⁵ ʔaːi¹ thi² lɤi⁵ kɔn² tsɤ²ʔdɤːi⁶ ʔaːi¹
汉语直译：嫁　谁　则　嫁　还　　等待　谁
汉语意译：妹要结缘等何时？

（78）

喃字原文：朗睚啨　喴　貝　弹，
国际音标：laŋ⁵ŋɛ¹ tiːŋ⁵ thaːu⁵ vɤːi⁵ ʔdaːn²
汉语直译：倾听　声　箫　和　琴
汉语意译：倾听琴声和箫声，

喃字原文：嶶　湖　魛　跳　壵　核　鸰　惆；
国际音标：jɯːi⁵ ho² ka⁵ ɲai³ ten¹ kɤi¹ tsim¹ mɯŋ²
汉语直译：下　湖　鱼　跳　上　树　鸟　欢
汉语意译：湖里鱼跳鸟听欢；

喃字原文：料　皮　傷　特　時　傷，
国际音标：liːu⁶ ʔbe² thɯːŋ¹ ʔdɯːk⁸ thi² thɯːŋ¹
汉语直译：预料　方面　想　得　就　想
汉语意译：听了动心有所欲，

喃字原文：停　交　捱　磩　冲　塘　罪　媕。
国际音标：ʔdɯŋ² jaːu¹ ɣan⁵naŋ⁶ jɯə³ ʔdɯːŋ² toi⁶ ʔɛm¹
汉语直译：莫　交　重担　中　路　罪　妹
汉语意译：莫要勉强负重心。

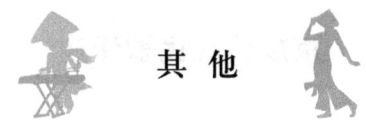

其 他

（79）

嘹字原文： 闷 朱 帋 喝 低 瑄，
国际音标： muːn⁵ tsɔ¹ ʔdʐi⁵ haːt⁷ ʔdʐi¹ ŋɛ¹
汉语直译： 想 给 你 唱 我 听
汉语意译： 你们唱歌我来听，

嘹字原文： 帋 绅 𰽸 赭 低 绅 织 鐄；
国际音标： ʔdʐi⁵ sɛ¹ jʐi¹ʔdo³ ʔdʐi¹ sɛ¹ tsi³vaːŋ²
汉语直译： 你 牵 红 绳 我 牵 黄 线
汉语意译： 你牵红绳我黄线；

嘹字原文： 闷 蓮 麻 嗨 姊 姮，
国际音标： muːn⁵ len¹ ma² hɔi³ tsi⁶ haŋ²
汉语直译： 想 上 而 问 姐 姮娥
汉语意译： 想来唱歌问姮姐，

嘹字原文： 根 缘 佨 缘 用 㞢 在 兜。
国际音标： kan¹jiːn¹ ʔda³ jiːn¹ juŋ²jaŋ² taːi⁶ʔdʐu¹
汉语直译： 根缘 已 缘分 游移 在于
汉语意译： 既是根缘莫游移。

（80）

嘹字原文： 闷 朱 融 竹 外 槤，
国际音标： muːn⁵ tsɔ¹ tɔŋ¹ tuk⁷ ŋwaːi² tɛ¹
汉语直译： 想 给 内 竹 外 竹
汉语意译： 想竹子内外相通，

嘹字原文： 破 㧊 没 垒 瑄 麻 娩 弹；
国际音标： fa⁵ ʔda¹ mot⁸ li³ ŋɛ¹ ma² ʔɛm¹ ʔdaːn²
汉语直译： 破 去 一 城 垒 听 而 妹 弹琴
汉语意译： 破开城垒听弹琴；

喃字原文：父 母 固 打 胋 煌 昌 散，
国际音标：fu⁶mɤu³ kɔ⁵ ʔdan⁵ thit⁸ na:t⁷ sɯ:ŋ¹ ta:n¹
汉语直译：父母 有 打 肉 烂 骨 散
汉语意译：若父母打得肉烂骨散，

喃字原文：疠 包 麂 胋 擤 肝 徐 扒。
国际音标：ʔdau¹ ʔba:u¹ɲi:u¹ thit⁸ ʔbɤm⁵ ɣa:n¹ tsɤ² tsa:ŋ²
汉语直译：疼痛 多么 肉 抑怒 等 哥
汉语意译：忍受疼痛亦等君。

（81）
喃字原文：闷 朱 啫 竹 啫 绤，
国际音标：mu:n⁵ tsɔ¹ ti:ŋ⁵ tuk⁷ ti:ŋ⁵ tɤ¹
汉语直译：想 给 声 竹 声 丝
汉语意译：想听琴弦丝竹声，

喃字原文：蠪 朝 鳳 武 眼 坳 愲 丕；
国际音标：roŋ² tsɤu² fɯ:ŋ⁶ vu³ n̠ɤ:n³n̠ɤ¹ vui¹vɤi⁶
汉语直译：龙 朝 凤 舞 悠然 快乐
汉语意译：龙飞凤舞乐悠然；

喃字原文：惘 浪 扒 咀 制 低，
国际音标：mɯŋ²raŋ² tsa:ŋ² ʔden⁵ tsɤ:i¹ ʔdɤi¹
汉语直译：欢迎 哥 到 玩 这里
汉语意译：欢迎君子至此玩，

喃字原文：愲 尼 拱 价 㤟 馴 底 名。
国际音标：vui¹ nai² kuŋ³ ja⁵ ʔbaŋ² ŋai² ʔde³ jan¹
汉语直译：欢乐 这 也 价值 同 天 留 名
汉语意译：此处欢乐留芳名。

其 他

（82）

喃字原文：悓 払 士子 文 才，
国际音标：mɯŋ² tsa:ŋ² thi³tɯ³ van¹ta:i²
汉语直译：祝 哥 士子 文 才
汉语意译：祝贺君子有文才，

喃字原文：拱 仿 儒士 黜 馸 才 華；
国际音标：kuŋ³ fa:ŋ² ɲo¹thi³ ra¹ ŋɯ:i² ta:i²hwa¹
汉语直译：也 无愧 儒士 出 人 才华
汉语意译：不愧儒士人才华；

喃字原文：悓 払 儒士 细 茹，
国际音标：mɯŋ² tsa:ŋ² ɲo¹thi³ tɤ:i⁵ ɲa²
汉语直译：欢迎 哥 儒士 到 家
汉语意译：欢迎儒士来我家，

喃字原文：妾 時 搲 渚 払 陀 詩 仙。
国际音标：thi:p⁷ thi² kwa:t⁸ nɯ:k⁷ tsa:ŋ² ʔda² thɤ¹ ti:n¹
汉语直译：妾 则 沏 茶 哥 无实义 诗 仙
汉语意译：君来吟诗妹沏茶。

（83）

喃字原文：妠 耕 咭 嗒 眙 夓，
国际音标：ɣa:i⁵ ja:i¹ kɤt⁷ ti:ŋ⁵ ʔdem¹ hɛ²
汉语直译：女 男 起 声 夜 夏
汉语意译：夏夜男女共对歌，

喃字原文：情 些 胺 遍 傾 術 渚 礙；
国际音标：tin² ta¹ jaŋ¹jɔ⁵ ŋi:ŋ¹ ve² nɯ:k⁷nɔn¹
汉语直译：情 咱 风月 倾 回 山河
汉语意译：风月情义倾山河；

1829

京族传统民歌译注

喃字原文： 筳 鐄 攝 底 齷 汕，
国际音标： ʔduə³ vaːŋ² nɛp⁸ ʔde³ mɤm¹ thɤːn¹
汉语直译： 筷 金 摆 放 大盘子 油漆
汉语意译： 金筷摆在新漆的大盘子上，

喃字原文： 台 些 罒 伴 義 欣 金 翹。
国际音标： haːi¹taː¹ laːm² ʔbaːn⁶ ŋiə³ hɤːn¹ kim¹ kiːu²
汉语直译： 咱俩 做 伴侣 义 胜 金 翘
汉语意译： 咱俩伴侣胜金翘。

（84）
喃字原文： 媽 喂 停 打 琨 疠，
国际音标： ma⁵ ʔɤːi¹ ʔdɯŋ² ʔdan⁵ kɔn¹ ʔdau¹
汉语直译： 母亲 啊 莫 打 女儿 痛
汉语意译： 母亲莫打痛女儿，

喃字原文： 底 琨 喝 丝 罒 桃 媽 矑；
国际音标： ʔde³ kɔn¹ haːt⁷ tɤ¹ laːm² ʔdaːu² ma⁵ kɔi¹
汉语直译： 让 女儿 唱 丝 做 桃 妈 看
汉语意译： 让女唱歌声丝桃；

喃字原文： 氽 数 赊 隔 台 尼，
国际音标： mɤi⁵lɤu¹ saː¹kat⁷ haːi¹ nɤːi¹
汉语直译： 很久 远隔 两 处
汉语意译： 母女分别时很久，

喃字原文： 朩 悉 忟 媽 淚 沫 台 行。
国际音标： tɤm⁵lɔŋ² nɤ⁵ ma⁵ le⁶ rɤːi¹ haːi¹ haːŋ²
汉语直译： 寸心 思念 妈 泪 落 两 行
汉语意译： 女儿见母泪双流。

1830

其 他

（85）

喃字原文： 拜 翁 纟 甔 巴 朝 喝，
国际音标： ʔbaːi⁵ ʔoŋ¹tɤ¹ nam¹ ʔba¹ tsɤu² haːt⁷
汉语直译： 拜 冰人 五 三 朝见 唱
汉语意译： 请冰人唱三五首，

喃字原文： 拜 娿 月 甔 罷 卷 经；
国际音标： ʔbaːi⁵ ʔba²ŋwiːt⁸ nam¹ ʔbai³ kuːn⁵ kin¹
汉语直译： 拜 月老 五 七 卷 经书
汉语意译： 月老念经三五卷；

喃字原文： 甋 悑 共 领 鍾 情，
国际音标： vɛ³vui¹ kuŋ² lin³ tsuːŋ¹ tin²
汉语直译： 欢乐 同 领 钟 情
汉语意译： 共同欢乐铸钟情，

喃字原文： 欺 脮 终 镯 客 情 才 华。
国际音标： khi¹ thiːŋ¹ tsuŋ¹ ʔduk⁷ khat⁷ tin² taːi²hwa¹
汉语直译： 时 神圣 钟 铸 客 情 才华
汉语意译： 神圣铸就才华宾。

（86）

喃字原文： 堆 些 如 缘 瑟 琴，
国际音标： ʔdoi¹ta¹ nɯ¹ jiːn¹ that⁷ kɤm²
汉语直译： 咱俩 如 缘 瑟 琴
汉语意译： 咱俩情义瑟琴缘，

喃字原文： 停 悉 邊 伴 知 音 邊 扒；
国际音标： ʔdɯŋ² loŋ² ʔben¹ ʔbaːn⁶ ti¹ʔɤm¹ ʔben¹ tsaːŋ²
汉语直译： 莫 心 边 朋友 知音 边 哥
汉语意译： 莫思友情知音君；

京族传统民歌译注

喃字原文： 堆 些 如 羲 糟 糠，
国际音标： ʔdoi¹ta¹ ȵɯ¹ ȵiə³ ta:u¹kha:ŋ¹
汉语直译： 咱俩 如 义 糟糠
汉语意译： 咱俩糟糠义情深，

喃字原文： 乖 溪 扒 蓬 岸 採 蒌。
国际音标： su:ŋ⁵ khɛ¹ ʔbat⁷len¹ ŋa:n² ha:i⁵ rau¹
汉语直译： 下 溪 捉 螺 上 山林 摘 菜
汉语意译： 上山摘果海摸螺。

（87）

喃字原文： 鐲 鍾 停 擬 銅，
国际音标： ʔduk⁷ tsu:ŋ¹ ʔdɯŋ² ŋi³ ʔdoŋ²
汉语直译： 铸 钟 莫 考虑 铜
汉语意译： 铸钟莫怕多用铜，

喃字原文： 傷 媕 空 擬 䞩 功 捗 徍；
国际音标： thɯ:ŋ¹ ʔɛm¹ khoŋ¹ ŋi³ ʔden⁵ koŋ¹ ʔdi¹ve²
汉语直译： 思念 妹 不 考虑 到 功 来往
汉语意译： 思念妹莫怕枉功；

喃字原文： 箸 椚 刢 鉑 英 吱，
国际音标： ʔduə³ mun¹ ʔbit⁸ ʔba:k⁸ ʔan¹ tse¹
汉语直译： 筷子 乌梅木 包 银 哥 嫌弃
汉语意译： 包银的乌梅木筷子哥嫌弃，

喃字原文： 箸 椆 捞 竟 英 帽 浘 之。
国际音标： ʔduə³ tɛ¹ lau¹ kan⁶ ʔan¹ me¹ noi³ tsi¹
汉语直译： 筷子 竹 擦拭 边 哥 迷恋 境地 什么
汉语意译： 竹木筷子哥迷恋。

 其 他

（88）

嗡字原文： 當 欺 喎 酤 醛 濃，
国际音标： ʔdaːŋ¹khi¹ kuːk⁸ri:u⁶ thai¹ noŋ²
汉语直译： 正当　酒席　醉　浓
汉语意译： 喝杯浓酒心已醉，

嗡字原文： 弾 箕 埃 拕 牢 重 秩 纮；
国际音标： ʔdaːn² kiə¹ ʔaːi¹ ɣai³ thaːu¹ tuŋ² mɤt⁷ jɤi¹
汉语直译： 琴 那 谁 弹 怎么 重 失 弦
汉语意译： 弹琴重弦谁人听；

嗡字原文： 剧 調 時 腌 朱 搗，
国际音标： het⁷ ʔdiːu⁶ thi² ʔεm¹ tsɔ¹ vai¹
汉语直译： 完 调子 则 妹 给 借
汉语意译： 没有新调妹补充，

嗡字原文： 干 之 沛 擬 姅 馴 英 喂？
国际音标： kɤːn¹tsi¹ faːi³ ŋi³ nɯə³ ŋai² ʔan¹ ʔɤːi¹
汉语直译： 为何 要 考虑 半 天 哥 啊
汉语意译： 为何没有发琴声？

（89）

嗡字原文： 吨 低 固 妈 喝 才，
国际音标： ʔdon² ʔdɤi¹ kɔ⁵ ɣaːi⁵haːt⁷ taːi²
汉语直译： 听说 这里 有 歌女 有才
汉语意译： 听说这里有歌女，

嗡字原文： 葛 藤 迖 吏 英 豪 细 低；
国际音标： kaːt⁷ʔdaŋ² ʔdɯə¹ laːi⁶ ʔan¹haːu² tɤːi⁵ ʔdɤi¹
汉语直译： 葛藤 送 来 英豪 到 这里
汉语意译： 葛藤结绳来英豪；

喃字原文： 黜 伽 月 老 車 纯，
国际音标： tɯ:k⁷ nɤ² ŋwi:t⁸la:u³ sɛ¹jɤi¹
汉语直译： 先 托 月老 牵线
汉语意译： 依托月老来牵线，

喃字原文： 瑟 琴 迻 吏 帝 低 没 茹。
国际音标： that⁷ kɤm² ʔdɯə¹ la:i⁶ ʔdɤi⁵ ʔdɤi¹ mot⁸ ɲa²
汉语直译： 瑟琴 送 来 你 我 一 家
汉语意译： 送来瑟琴成一家。

（90）
喃字原文： 弹 瓢 帀 埃 別 掖？
国际音标： ʔda:n²ʔbɤu² na:u² ʔa:i¹ ʔbi:t⁷ ɣai³
汉语直译： 独弦琴 哪 谁 会 弹
汉语意译： 谁人会弹独弦琴？

喃字原文： 哨 昂 育 祂 埃 哏 麻 睚？
国际音标： tha:u⁵ ŋa:ŋ¹jɔk⁸ lɤi⁵ ʔa:i¹ thoi³ ma² ŋɛ¹
汉语直译： 笛子 纵 横 要 谁 吹 来 听
汉语意译： 纵横笛子谁会吹？

喃字原文： 埃 揰 竹 論 貝 柳？
国际音标： ʔa:i¹ joŋ² tuk⁷ lon⁶ vɤ:i⁵ tɛ¹
汉语直译： 谁 种 竹子 混 和 竹子
汉语意译： 谁种竹子做笛子？

喃字原文： 埃 抚 织 錦 麻 車 㧓 畑？
国际音标： ʔa:i¹ ʔdɛm¹ tsi³ɣɤm⁵ ma² sɛ¹ tim¹ʔdɛn²
汉语直译： 谁 带 锦线 来 搓 灯芯
汉语意译： 谁带锦线做灯芯？

其他

喃字原文： 埃 抌 矴 鐄 矴 掇 挃?
国际音标： ʔaːi¹ ʔdɛm¹ ʔdaːva:ŋ² ʔda⁵ ʔduə¹ tsɛn¹
汉语直译： 谁 带 金 石 石 争 挤
汉语意译： 谁带金石堆一起？

喃字原文： 底 朱 灑 怒 論 蓮 粔 潭。
国际音标： ʔde³tsɔ¹ ʔbɛu² nɔ⁶ lon⁶ then¹ mat⁸ ʔdɤm²
汉语直译： 使 浮萍 它 混 莲 水面 潭
汉语意译： 让浮萍莲混潭面。

（91）

喃字原文： 弹 筝 聘 貝 弹 琴，
国际音标： ʔdaːn²jan¹ than⁵ vɤːi⁵ ʔdaːn²kɤm²
汉语直译： 古筝 匹配 和 琴
汉语意译： 古筝弦琴匹配在一起，

喃字原文： 没 低 没 帝 當 臰 两 鐄；
国际音标： mot⁸ ʔdɤi¹ mot⁸ ʔdɤi⁵ ʔdaːŋ⁵ tam¹ laːŋ⁶ vaːŋ²
汉语直译： 一 这里 一 哪里 值 百 两 金子
汉语意译： 两种古乐值千金；

喃字原文： 群 當 凿 矴 記 鐄，
国际音标： kɔn² ʔdaːŋ¹ taːk⁸ ʔda⁵ ɣi¹ vaːŋ²
汉语直译： 还 正在 刻 石 铭记 金
汉语意译： 凿石涂金刻记情，

喃字原文： 梧 桐 芛 補 鳳 凰 銀 慠。
国际音标： ŋo¹ʔdoŋ² nɤ³ ʔbo³ fuːŋ⁶hwaːŋ² ŋɤn²ŋɤ¹
汉语直译： 梧桐 开花 丢 凤凰 愣然
汉语意译： 梧桐开花凤凰愣。

1835

喃字原文： 氽醶　淹　拱　吁徐，
国际音标： mɤi⁵ nam¹ ʔɛm¹ kuŋ³ sin¹ tsɤ²
汉语直译： 几　年　妹　也　请　等待
汉语意译： 多少年月妹等待，

喃字原文： 琴　平　霊　泊　如　绦　拱　停。
国际音标： kɤm² ʔbaŋ² tɔk⁷ ʔba:k⁸ ɲɯ¹ tɤ¹ kuŋ³ ʔdan²
汉语直译： 琴　如　发　白　如　丝　姑且　忍耐
汉语意译： 琴失丝白妹也等。

（92）

喃字原文： 闭　数　咏　啫　咏　呫，
国际音标： ʔbɤi⁵ lɤu¹ vaŋ⁵ ti:ŋ⁵ vaŋ⁵ tam¹
汉语直译： 很久　寂静　声音　寂静　踪迹
汉语意译： 很久没听众人唱，

喃字原文： 如　弹　咏　弭　如　蛜　咏　䊆；
国际音标： ɲɯ¹ ʔda:n² vaŋ⁵ ɲi⁶ ɲɯ¹ tam² vaŋ⁵ jɤu¹
汉语直译： 如　琴　离　二胡　如　蚕　离　桑叶
汉语意译： 似蚕离桑远胡琴；

喃字原文： 闭　数　花　烤　油　油，
国际音标： ʔbɤi⁵ lɤu¹ hwa¹ hɛu⁵ jɤu² jɤu²
汉语直译： 许久　花　凋谢　枯萎
汉语意译： 花开时久花凋谢，

喃字原文： 蚝　迖　花　花　越　牟　添　鲜。
国际音标： ʔbɯ:m⁵ ɣap⁸ hwa¹ hwa¹ jɤi⁶ mau² them¹ tɯ:i¹
汉语直译： 蝴蝶　遇　花　花　醒来　颜色　更　鲜艳
汉语意译： 蝴蝶采蜜花鲜艳。

其 他

（93）

喃字原文：拎　弹　麻　掖　朱　連，
国际音标：kɤm² ʔdaːn² ma² ɣai³ tso¹ liːn²
汉语直译：捧　琴　而　弹　使　连
汉语意译：捧琴弹奏响连天，

喃字原文：朱　情　深　切　朱　缘　孟　麻；
国际音标：tso¹ tin² thɤm¹ thiːt⁷ tso¹ jiːn¹ man⁶ mɛ³
汉语直译：使　情　深　切　使　缘　强　大
汉语意译：促情深切结良缘；

喃字原文：拎　弹　麻　掖　百　牙，
国际音标：kɤm² ʔdaːn² ma² ɣai³ ʔba⁵ ɳa¹
汉语直译：捧　琴　而　弹　伯　牙
汉语意译：捧琴弹奏伯牙知音，

喃字原文：掖　弓　流　水　朱　些　瞕　共。
国际音标：ɣai³ kuŋ¹ liu¹ thi³ tso¹ ta¹ ŋɛ¹ kuŋ²
汉语直译：弹　弓　流　水　给　哥　听　一同
汉语意译：高山流水听迷人。

（94）

喃字原文：拎　弹　麻　掖　甐　弓，
国际音标：kɤm² ʔdaːn² ma² ɣai³ nam¹ kuŋ¹
汉语直译：捧　琴　而　弹　五　弓
汉语意译：手捧奏琴五弓音，

喃字原文：弹　埃　麻　掖　恼　濃　嚕　埃；
国际音标：ʔdaːn² ʔaːi¹ ma² ɣai³ naːu³ nuŋ² rɯə⁵ ʔaːi¹
汉语直译：琴　谁　而　弹　烦恼　如此　谁
汉语意译：谁人琴声恼烦乱；

1837

喃字原文：拎　扐　於　吏　题　排，
国际音标：kɤm² tsaːŋ² ʔɤ³ laːi⁶ ʔde² ʔbaːi²
汉语直译：留　哥　住　再　题　诗
汉语意译：留下君子来题诗，

喃字原文：局　當　悇　趣　埃　忺　術　迻。
国际音标：kuːk⁸ ʔdaːŋ¹ vui¹ thu⁵ ʔaːi¹ hwaːi² veʔ²di¹
汉语直译：场　正　开心　谁　枉费　回去
汉语意译：众人乐趣莫离群。

（95）
喃字原文：拎　弹　麻　掜　𠄼　弓，
国际音标：kɤm² ʔdaːn² ma² ɣai³ nam¹ kuŋ¹
汉语直译：捧　琴　而　弹　五　弓
汉语意译：手捧奏琴五弓音，

喃字原文：纵　𦬑　時　掜　纵　哴　時　催；
国际音标：jɤi¹ naŋ¹ thi² ɣai³ jɤi¹ ruŋ² thi² thoi¹
汉语直译：弦　紧　就　弹　弦　松　就　罢了
汉语意译：选弦紧弹松放开；

喃字原文：捥　𡛔　嫁　娶　交　哢，
国际音标：kɤi⁶ ŋɯːi² ja⁵ thu⁵ jaːu¹ lɤːi²
汉语直译：托　媒人　嫁　娶　交流　话语
汉语意译：欲妹嫁娶托媒人，

喃字原文：堆　些　森　合　恩　𡛔　谢　恩。
国际音标：ʔdoi¹taː¹ thum¹hɔp⁸ ʔɤn¹ ŋɯːi² taʔ⁶ɤn¹
汉语直译：咱俩　团聚　感谢　人　谢恩
汉语意译：感谢媒人咱团聚。

其 他

（96）

喃字原文：拎 弹 麻 掖 甋 弓，
国际音标：kɤm² ʔdaːn² ma² ɣai³ nam¹ kuŋ¹
汉语直译：捧 琴 而 弹 五 弓
汉语意译：捧琴弹奏五弓音，

喃字原文：返 払 仕 掖 情 终 堆 咥；
国际音标：ɣap⁸ tsaːŋ² thɤ³ ɣai³ tin²tsuŋ¹ ʔdoi¹lɤːi²
汉语直译：遇 哥 将 弹 钟 情 两 话语
汉语意译：见君妹弹表钟情；

喃字原文：拎 弹 麻 掖 性 情，
国际音标：kɤm² ʔdaːn² ma² ɣai³ tin⁵tin²
汉语直译：捧 琴 而 弹 性 情
汉语意译：弹琴回声音"性情"，

喃字原文：甋 纴 甋 渁 如 形 湄 沙。
国际音标：nam¹ jɤi¹ nam¹ jɔt⁸ ɲɯ¹ hin² mɯə¹ tha¹
汉语直译：五 弦 五 滴 如 形 雨 落
汉语意译：五弦滴水雨屋檐。

（97）

喃字原文：拎 弹 旇 掖 旇 搙，
国际音标：kɤm² ʔdaːn² vɯə² ɣai³ vɯə² ruŋ¹
汉语直译：捧 琴 边 弹 边 摇
汉语意译：捧琴边弹边摇杆，

喃字原文：別 罤 君 子 固 用 朱 庒？
国际音标：ʔbiːt⁷ la² kwɤn¹tɯ³ kɔ⁵ juŋ² tsɔ¹ tsaŋ¹
汉语直译：知 是 君 子 有 用 给 不
汉语意译：不知君子娶妹否？

喃字原文： 拎　弹　掋　曲　情　桑，
国际音标： kɤm² ʔdaːn² ɣai³ khuk⁷ tin² taːŋ¹
汉语直译： 捧　琴　弹曲子　叮愫
汉语意译： 捧琴弹奏响叮愫，

喃字原文： 好　求　罒　羛　黕　装　罒　情。
国际音标： haːu³ kɤu² la² ŋiə³ ʔdiːm³ taːŋ¹ la² tin²
汉语直译： 好　述　是　义　　装点　是　情
汉语意译： 同意情义请点头。

（98）

喃字原文： 拎　弹　麻　待　渃　溇，
国际音标： kɤm² ʔdaːn² ma² ʔdɤːi⁶ nɯːk⁷ thɤu¹
汉语直译： 捧　琴　而　等　潮水　深
汉语意译： 弹琴等待潮水涨，

喃字原文： 拎　缘　待　伴　包　数　低　耒；
国际音标： kɤm² jiːn¹ ʔdɤːi⁶ ʔbaːn⁶ ʔbaːu¹ lɤu¹ ʔdɤi¹ roi²
汉语直译： 系缘　等　伴侣　多久　这里　了
汉语意译： 系缘伴侣待时久；

喃字原文： 核　高　固　果　尒　味，
国际音标： kɤi¹ kaːu¹ kɔ⁵ kwa³ tsin⁵ roi²
汉语直译： 树　高　有　果子　熟　了
汉语意译： 树高结果果子熟，

喃字原文： 空　朱　英　擉　蛦　怒　拱　唉。
国际音标： khoŋ¹ tsɔ¹ ʔan¹ tsɔk⁸ rɔi² nɔ⁵ kuŋ³ ʔan¹
汉语直译： 不　让　哥　捅　蛆　它　也　吃
汉语意译： 怕熟虫食哥来捅。

其他

(99)

喃字原文：姑 箕 据 喝 哓 耦，
国际音标：ko¹ kiə¹ kɯ⁵ ha:t⁷ ɣɛu⁶ ja:i¹
汉语直译：姑娘 那 一直 唱 逗 小伙
汉语意译：那姑娘唱歌逗情，

喃字原文：丐 們 聊 斥 如 乎 揌 艖；
国际音标：ka:i⁵ mom² mɛu⁵ sɤt⁸ ɲɯ¹ kwa:i¹ tsɛu² ʔdo²
汉语直译： 嘴   歪 如 系索 桨 渡船
汉语意译：唱得嘴歪如桨绳；

喃字原文：群 缘 兜 姅 麻 徐，
国际音标：kɔn² ji:n¹ ʔdɤu¹ nɯə³ ma² tsɤ²
汉语直译：还有 姻缘 哪里 还 而 等
汉语意译：没有姻缘莫须等，

喃字原文：群 情 兜 姅 麻 绦 想 情？
国际音标：kɔn² tin² ʔdɤu¹ nɯə³ ma² tɤ¹ tɯ:ŋ³ tin²
汉语直译：还有 情 哪里 还 而 丝 想 情
汉语意译：情丝消失还思情？

(100)

喃字原文：嘚 市 嘚 拄 固 餜？
国际音标：tsɤ⁶ na:u² tsɤ⁶ tsaŋ³ kɔ⁵ kwa²
汉语直译：集市 哪 集市 没有 零食
汉语意译：哪个集市没零食？

喃字原文：駄 市 渚 别 没 羆 罧 句？
国际音标：ŋɯ:i² na:u² tsɯə¹ ʔbi:t⁷ mot⁸ va:i² ʔbon⁵ kɤu¹
汉语直译： 谁 不 会 一 三 四 句
汉语意译：谁不会几首歌？

1841

京族传统民歌译注

喃字原文： 於 低 坦 赭 如 牟，
国际音标： ʔɤ³ ʔdɤi¹ ʔdɤt⁷ ʔdɔ³ nɯ¹ mau²
汉语直译： 在 这里 红土 如 红绳
汉语意译： 这里红土结红绳，

喃字原文： 牢 姑 空 喝 翡 句 花 情？
国际音标： thaːu¹ ko¹ khoŋ¹ haːt⁷ vaːi² kɤu¹ hwa¹ tin²
汉语直译： 为何 姑娘 不 唱 几 句 花 情
汉语意译： 为何不唱花情歌？

喃字原文： 咳 姑 姑 据 ⼞ 生，
国际音标： hɤːi³ ko¹ ko¹ kɯ⁵ laːm²thin¹
汉语直译： 啊 姑娘 姑娘 一直 装蒜
汉语意译： 这位姑娘不装蒜，

喃字原文： 底 些 喝 歍 没 躺 牢 當；
国际音标： ʔde³ ta¹ haːt⁷ maːi³ mot⁸min² thaːu¹ ʔdaːŋ⁵
汉语直译： 让 我 唱 不断 独自 怎么 值当
汉语意译： 不装让我自己唱；

喃字原文： 者 恩 君 子 觧 鐄，
国际音标： ja³ʔɤːn¹ kwɤn¹ tɯ³ ŋin² vaːŋ²
汉语直译： 感谢 君子 千 金
汉语意译： 我唱歌声值千金，

喃字原文： 捹 黜 朱 客 红 颜 特 伽。
国际音标： ʔbuːŋ¹ ra¹ tsɔ¹ khat⁷ hoŋ²naːn¹ ʔdɯːk⁸ nɤ²
汉语直译： 放 出 给 客 红颜 得 倚
汉语意译： 客来远方待红颜。

1842

其他

（101）

喃字原文： 牧 浪 春 不 再 来，
国际音标： tsɯ³ raŋ² sɤn¹ ʔbɤt⁷ ta:i⁵ la:i¹
汉语直译： 字 说 春 不 再 来
汉语意译： 古字云："春不再来"，

喃字原文： 併 黜 俺 㐱 欱 镢 来𠮾；
国际音标： tin⁵ ra¹ ʔɛm¹ ʔda³ ham¹ tu:i³ roi²
汉语直译： 算 出 妹 已 二十 岁 了
汉语意译： 算来妹已二十岁；

喃字原文： 掇 牢 之 朆 俺 喂，
国际音标： tsoŋ⁵ tha:u¹ tsi¹ ma:i³ ʔɛm¹ ʔɤ:i¹
汉语直译： 反对 怎么 什么 不断 妹 啊
汉语意译： 请哥来娶妹等待，

喃字原文： 待 干𠮾 渃 逆 别 蒔 欺 芇。
国际音标： ʔdɤ:i⁶ kɤ:n¹ nɯ:k⁷ ŋɯ:k⁸ ʔbi:t⁷ thi² khi¹na:u¹
汉语直译： 等 阵 水 逆流 知 时间 何时
汉语意译： 逆水流尽青春过。

（102）

喃字原文： 终 觥 仍 姊 俺 馱，
国际音标： tsuŋ¹kwan¹ ȵɯŋ³ tsi⁶ʔɛm¹ ŋɯ:i²
汉语直译： 周围 些 姐妹 人
汉语意译： 周围都是众姐妹，

喃字原文： 钟 厨 嶩 渃 没 碎 貝 抔；
国际音标： jɯə³ tsuə² nɔn¹nɯ:k⁷ mot⁸ toi¹ vɤ:i⁵ tsa:ŋ²
汉语直译： 中 寺 山 水 一 我 和 哥
汉语意译： 寺外山水君与妹；

喃字原文：咟扒　麻固要　當，
国际音标：jɤu² tsa:ŋ² ma² kɔ⁵ ʔi:u¹ʔdɯ:ŋ⁵
汉语直译：如果哥　而有　相爱
汉语意译：如果君子心相爱，

喃字原文：時扒　搭店　磊　塘　移朱。
国际音标：thi² tsa:ŋ² ʔdap⁷ʔdi:m⁵ tam¹ʔdɯ:ŋ² ʔdi¹ tsɔ¹
汉语直译：则哥　隐瞒　百般　去给
汉语意译：请君包庇妹感情。

喃字原文：要　儭　悙扒吏　饫，
国际音标：ʔi:u¹ tsa:n⁵ thɤ⁶ tsa:ŋ² la:i⁶ nɔ¹
汉语直译：爱　腻　怕哥又　饱
汉语意译：爱妹时久怎嫌弃，

喃字原文：籴欺瘾吖　别　伽捴埃？
国际音标：roi² khi¹ ŋuŋ⁵ ŋɯɤi³ ʔbi:t⁷ nɤ² kɤi⁶ ʔa:i¹
汉语直译：完了时　不高兴　知　倚靠谁
汉语意译：妹依靠谁微恙时？

（男：刘扬顺，何宗发）

（103）

喃字原文：固喝時喝朱　嗡　朱高，
国际音标：kɔ⁵ ha:t⁷ thi² ha:t⁷ tsɔ¹ ʔboŋ³ tsɔ¹ ka:u¹
汉语直译：有唱则唱给　高昂给高
汉语意译：唱歌之人唱高音，

喃字原文：朱遖津包　朱　裒姉瑄；
国际音标：tsɔ¹ jɔ⁵ lat⁸ va:u² tsɔ¹ tsuŋ⁵tsi⁶ ŋɛ¹
汉语直译：让风海沟进　给　姐姐们听
汉语意译：远风吹来姐妹听；

其 他

喃字原文：姊 群 躲 綱 阮 柳，
国际音标：tsi⁶ kɔn² ŋoi² vɔŋ³ ŋɔn⁶ tɛ¹
汉语直译：姐 还 坐 网 床 梢 竹
汉语意译：姐坐网床摇晃如树梢，

喃字原文：遥 逐 唔 结 空 瞁 㐌 之。
国际音标：jɔ⁵ ʔdɯə¹ kut⁷kit⁷ khoŋ¹ ŋɛ¹thɤi⁵ tsi¹
汉语直译：风 吹 嘎 吱 不 听见 什 么
汉语意译：风吹嘎吱歌声传。

（104）

喃字原文：聪 瞁 句 否 軭 飘，
国际音标：taːi¹ ŋɛ¹ kɤu¹vi⁵ ɲɛ⁶ɲaːŋ²
汉语直译：耳 听 比方 轻 飘
汉语意译：倾听对唱轻飘声，

喃字原文：拱 掍 馱 历 拱 廊 文 人；
国际音标：kuŋ³ kɔn¹ŋɯːi² lit⁸ kuŋ³ laːŋ² van¹ɲɤn¹
汉语直译：哥 人   风雅 也 村 文 人
汉语意译：哥风雅人村文人；

喃字原文：聪 瞁 句 否 真 云，
国际音标：taːi¹ ŋɛ¹ kɤu¹vi⁵ tsɤn¹ vɤn¹
汉语直译：耳 听 比喻 真 云
汉语意译：对歌声音轻飘云，

喃字原文：啃 弹 啃 弭 瞁 貯 瞁 賒。
国际音标：tiːŋ⁵ ʔdaːn² tiːŋ⁵ ɲi⁶ ŋɛ¹ ɣɤn² ŋɛ¹ sa¹
汉语直译：声 琴 声 二胡 听 近 听 远
汉语意译：歌声乐声传远近。

1845

（105）

喃字原文：细 低 摱 喊 峖 粔，
国际音标：tɤːi⁵ ʔdɤi¹ mɯːn⁶ tsɛn⁵ ʔan¹ kɤːm¹
汉语直译：到 这里 借 小碗 吃 饭
汉语意译：到此借碗来食饭，

喃字原文： 摱 璃 旺 醼 摱 弹 打 觔；
国际音标：mɯːn⁶ li¹ ʔuːŋ⁵ riːu⁶ mɯːn⁶ ʔdaːn² ʔdan⁵ tsɤːi¹
汉语直译：借 杯 喝 酒 借 琴 弹 玩
汉语意译：借杯酒喝借琴弹；

喃字原文：惜 圽 粔 㿦 底 煨，
国际音标：tiːk⁷ noi² kɤːm¹taŋ⁵ ʔde³ ʔoi¹
汉语直译：可惜 锅 白米饭 留 变质
汉语意译：锅里白饭莫留馊，

喃字原文：惜 混 㤕 历 麻 爃 鏡 瞢。
国际音标：tiːk⁷ kɔn¹ŋɯːi² lit⁸ ma² thɔi¹ huːŋ¹ mɤ²
汉语直译：可惜 人 风雅 却 照 镜子 模糊
汉语意译：蒙镜照雅失容貌。

（106）

喃字原文：姑 箕 麻 喝 哓 埃，
国际音标：ko¹ kiə¹ ma² haːt⁷ ɣɛu⁶ ʔaːi¹
汉语直译：姑娘 那 而 唱 挑逗 谁
汉语意译：这姑娘唱歌逗情，

喃字原文：丐 㕲 鉚 斥 如 乎 掆 艔；
国际音标：kaːi⁵ mom² mɛu⁵ sɤt⁸ ŋɯ¹ kwaːi¹ tsɛu² ʔdɔ²
汉语直译：嘴巴 歪斜 如 系 索 桨 渡船
汉语意译：唱得嘴歪如桨索；

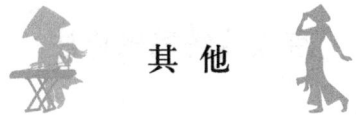

其 他

喃字原文： 吏 低 英 摊 吏 朱，
国际音标： la:i⁶ ʔdɣi¹ ʔan¹ nan⁵ la:i⁶ tsɔ¹
汉语直译： 来 这里 哥 矫正 来 给
汉语意译： 请妹过来哥矫正，

喃字原文： 𠉞 晨 㨢 䑿 咹 鉢 䊉 魈。
国际音标： ŋai²ma:i¹ tsɛu² ʔdɔ² ʔan¹ ʔba:t⁷ kɣ:m¹ thiu¹
汉语直译： 明天 桨 渡船 吃 碗 饭 馊
汉语意译： 等明矫正食饭馊。

（107）

喃字原文： 迻 昂 瞕 喝 妄 望，
国际音标： ʔdi¹ŋa:ŋ¹ ŋɛ¹ ha:t⁷ va:ŋ²vɔŋ¹
汉语直译： 经过 听 唱 响彻
汉语意译： 经过此处听唱歌，

喃字原文： 㗂 躓 蹲 吏 貼 洇 罺 纞；
国际音标： juɯŋ²tsɣn¹ ʔdɯɯŋ⁵ la:i⁶ sɛm¹ jɔŋ² la² tɣ¹
汉语直译： 止步 站 来 看 世家 是 丝
汉语意译： 止步见是世家女；

喃字原文： 迻 戈 馞 荵 畑 佟，
国际音标： ʔdi¹kwa¹ thɣi⁵ ŋɔn⁶ ʔdɛn² tdɔŋ¹
汉语直译： 路过 见 盏 灯 长明
汉语意译： 路过见盏夜灯亮，

喃字原文： 馞 堆 鴣 鳳 喝 䑕 園 桃。
国际音标： thɣi⁵ ʔdoi¹ tsim¹fɯ:ŋ⁶ ha:t⁷ tɔŋ¹ vɯ:n²ʔda:u²
汉语直译： 见 对 凤 唱 中 桃园
汉语意译： 凤鸟对歌桃园里。

1847

喃字原文： 迻 戈 畸 吏 園 桃，
国际音标： ʔdi¹ kwa¹ ɣɛ⁵ la:i⁶ vɯ:n²ʔda:u²
汉语直译： 走 过 斜视来 桃园
汉语意译： 慢步进入桃园看，

喃字原文： 凭 花 疎 莒 趾 伅 翀 春。
国际音标： thɤi⁵ hwa¹ rɤ²rɤ³ ʔbɯ:k⁷ va:u² tsɤ:i¹ sɤn¹
汉语直译： 见 花 绚烂 迈步 进 玩春
汉语意译： 桃花开春见欢心。

（男：杜福朝；女：刘尚明）

(108)

喃字原文： 弹 瓢 撗 啃 是非，
国际音标： ʔda:n²ʔbɤu² mak⁷ ti:ŋ⁵ thi⁶fi¹
汉语直译： 独弦琴 牵缠 生 是非
汉语意译： 弹独弦琴生是非，

喃字原文： 瓢 空 固 酤 衩之 冖 醛；
国际音标： ʔbɤu² khoŋ¹kɔ⁵ ri:u⁶ lɤi⁵ ji² la:m² thai¹
汉语直译： 葫芦 没有 酒 拿 什么 做 醉
汉语意译： 葫芦无酒怎喝醉；

喃字原文： 共 烧 撗 啃 没 馰，
国际音标： kuŋ² ɲau¹ mak⁷ ti:ŋ⁵ mot⁸ ŋai²
汉语直译： 一同 负 名 情 天
汉语意译： 大家相见乐一天，

喃字原文： 㧢 琴 乎 覎 坦 绬 牢 停。
国际音标： tai¹ kɤm² ho²je¹ ʔdɤt⁷ jɤi¹ tha:u¹ ʔdan²
汉语直译： 手 弦琴 断 弦 怎么 忍心
汉语意译： 手弹弦琴牵情缘。

其 他

喃字原文：没 𱎼 群 忟 烧 醛，
国际音标：mot⁸ ŋai² kɔn² n̠ɤ⁵ n̠au¹ thai¹
汉语直译：一 天 还 思念 互相 醉
汉语意译：欢乐一天心陶醉，

喃字原文：擵 啨 没 𱎼 情 妇 多 𢬿；
国际音标：mak⁷ ti:ŋ⁵ mot⁸ ŋai² tin²fu⁶ ʔda¹ma:ŋ¹
汉语直译：负 名声 一 天 情负 操劳
汉语意译：为情操劳了一天；

喃字原文：没 𱎼 群 忟 烧 醛，
国际音标：mot⁸ ŋai² kɔn² n̠ɤ⁵ n̠au¹ thai¹
汉语直译：一 天 还 思念 互相 醉
汉语意译：一天见面互醉情，

喃字原文：露 浪 吧 罷 繭 尼 空 眃。
国际音标：lo⁶raŋ² ʔba¹ ʔbai³ nam¹ nai² khoŋ¹ n̠in²
汉语直译：显露 三 七 年 这 不 见
汉语意译：此机会如三七年。

喃字原文：鵿 輎 拱 羛 没 𱎼，
国际音标：tam¹ nam¹ kuŋ³ ŋiə³ mot⁸ ŋai²
汉语直译：百 年 也 义 一 天
汉语意译：百年夫妻一日恩，

喃字原文：鏡 箕 群 晦 襖 尼 群 唏。
国际音标：hɯ:ŋ¹ kiə¹ kɔn² ʔboŋ⁵ ʔa:u⁵ nai² kɔn² hɤ:i¹
汉语直译：镜子 那 还有 影子 衣 这 还有 气息
汉语意译：衣服沾气镜影存。

1849

（109）

喃字原文： 共 烷 拃 嗒 没 馰，
国际音标：kuŋ²n̪au¹ ma:ŋ¹ ti:ŋ⁵ mot⁸ ŋai²
汉语直译： 一同 背 名 一 天
汉语意译：咱俩巧合得见面，

喃字原文： 弹 琴 乎 欪 坦 绁 牢 停；
国际音标：ʔda:n² kɤm²ho²he¹ ʔdɤt⁷ ʝɤi¹ tha:u¹ ʔdan²
汉语直译： 弹 弦琴 断 弦 怎么 忍心
汉语意译：怎能弹琴让弦断；

喃字原文： 共 烷 旺 泮 哦 㒹，
国际音标：kuŋ²n̪au¹ ʔu:ŋ⁵ ka:n⁶ tsɛn⁵ thɔn¹
汉语直译： 一同 喝 干 杯 朱漆
汉语意译：杯酒醉意饮干尽，

喃字原文： 哑 顾 㐌 磙 平 㒹 渃 泅。
国际音标：lɤ:i²ŋwi:n² ʔda³ naŋ⁶ ʔbaŋ² thɔn¹ nɯ:k⁷tu²
汉语直译： 誓言 已 重 如 赭石 死水
汉语意译：誓言重如石山情。

喃字原文： 哑 顾 透 𣈜 天 庭，
国际音标：lɤ:i²ŋwi:n² thru⁵ ʔden⁵ thi:n¹ʔdin²
汉语直译： 誓言 透 到 天庭
汉语意译：誓言透上天宫庭，

喃字原文： 哦 㒹 渚 泮 哑 愿 渚 涓。
国际音标：tsɛn⁵ thɔn¹ tsɯə¹ ka:n⁶ lɤ:i²ŋwi:n² tsɯə¹ kwɛn¹
汉语直译： 杯 朱漆 未 干 誓言 未 忘
汉语意译：干杯未尽不忘言。

（男：苏维绍；女：杜福英）

其 他

(110)

喃字原文：吪㧯自課小生，
国际音标：jai⁶ kɔn¹ tɯ² thɤ³ ti:u³thin¹
汉语直译：教 子 自 时期 初生
汉语意译：教子自从出生时，

喃字原文：貹柴斯伴習情礼儀；
国际音标：ɣɤn² thɤi² ɣɤn² ʔba:n⁶ tʂp⁸tan² le³ŋi¹
汉语直译：近 师 近 友 学 礼仪
汉语意译：接近师友学礼仪；

喃字原文：学朱格物知知，
国际音标：hɔk⁸ tsɔ¹ kat⁷ vɤt⁸ ti⁵ ti¹
汉语直译：学 使 格 物 致 知
汉语意译：学通懂"格物致知"，

喃字原文：文章敉義艺之拱聪。
国际音标：van¹tsɯ:ŋ¹ tsɯ³ŋa:i³ ŋe² tsi¹ kuŋ³ thoŋ¹
汉语直译：文章 字义 行业 什么 都 通
汉语意译：精通文章识文艺。

(111)

喃字原文：蚣野塲常舺車吉，
国际音标：kɔŋ² ja³ta:ŋ² thɯ:ŋ²ŋai² sɛ¹ ka:t⁷
汉语直译：螃蜞 沙狗 日常 堆沙
汉语意译：螃蜞沙狗自挖洞，

喃字原文：湃波涛埃瞭功朱；
国际音标：thɔŋ⁵ ʔba¹ʔda:u² ʔa:i¹ sɛt⁷ kɔŋ¹ tsɔ¹
汉语直译：浪 波涛 谁 归 功 给
汉语意译：潮水冲来一场空；

喃字原文：啳 英 儒士 学 略，
国际音标：ti:ŋ⁵ ʔan¹ ɲɔ¹thi³ hɔk⁸tɔ²
汉语直译：名 哥 儒士 学生
汉语意译：学生儒士哥名望，

喃字原文：觅 淊 培 潘 空 撗 泺 潻。
国际音标：thɤi⁵ thoŋ¹ voi⁶ loi⁶ khoŋ¹ ʔɔ¹ ka:n⁶ thɤu¹
汉语直译：见 河 匆忙 游 不 量 浅 深
汉语意译：莫探深浅水河中。

（112）

喃字原文：三 從 册 咳 群 記，
国际音标：ta:m¹ tuŋ² that⁷ hai³ kɔn² ɣi¹
汉语直译：三 从 书 还有 记载
汉语意译：古书记载有"三从"，

喃字原文：閉 擄 吒 媄 焱 時 跷 英。
国际音标：ʔbɛ⁵ nɯ:ŋ¹ tsa¹mɛ⁶ nɤ:n⁵ thi² thɛu¹ ʔan¹
汉语直译：小 从 父母 大 则 从 夫
汉语意译：小从父母大从夫。

（113）

喃字原文：啳 英 儒士 学 略，
国际音标：ti:ŋ⁵ ʔan¹ ɲɔ¹thi³ hɔk⁸tɔ²
汉语直译：名 哥 儒士 学生
汉语意译：哥系学生名儒士，

喃字原文：牢 英 洐 脆 空 撗 意 俺；
国际音标：tha:u¹ ʔan¹ ka:n⁶ ja⁶ khoŋ¹ ʔɔ¹ ʔi⁵ ʔɛm¹
汉语直译：如何 哥 竭尽 心怀 不 推测 心意 妹
汉语意译：文人怎难测妹心；

其 他

喃字原文：朘 䏍 只 固 㬎 旺，
国际音标：jaŋ¹ tɔn² tsi³ kɔ⁵ hom¹ram²
汉语直译：月 圆 只 有 望日
汉语意译：每月十五月亮圆，

喃字原文：情 些 朒 朒 䣩 䣩 勿 䏍。
国际音标：tin² ta¹ tha:ŋ⁵tha:ŋ⁵ nam¹nam¹ vɤn³ tɔn²
汉语直译：情 咱 月月 年年 尚 圆
汉语意译：咱俩情义年月圆。

（114）

喃字原文：俗 浪 錦 䎱 挑 花，
国际音标：tuk⁸ raŋ² ɣɤm⁵ kɔ³ theu¹ hwa¹
汉语直译：俗话 说 锦 草 绣 花
汉语意译：俗语云："锦草绣花"，

喃字原文：如 鸾 固 凤 如 些 固 躬；
国际音标：ȵɯ¹ lɔn¹ kɔ⁵ fɯ:ŋ⁶ ȵɯ¹ ta¹ kɔ⁵ min²
汉语直译：如 你 有 凤 如 我 有 你
汉语意译：你中有我凤有鸾；

喃字原文：自 㝵 鏨 敂 失 情，
国际音标：tɯ² ŋai² tsam¹ tsɯ³ thɤt⁷ tin²
汉语直译：从 天 专注 字 失 情
汉语意译：自从赴读失弃情，

喃字原文：掿 梅 梅 技 䑩 琼 琼 超。
国际音标：nɯ:ŋ¹ ma:i¹ ma:i¹ ɣai³ jɯə⁶ kwin² kwin² thi:u¹
汉语直译：倚 梅 梅 断 倚 琼 琼 倾
汉语意译：倚琼树倾倚梅断。

1853

（115）

喃字原文： 揥 英 扲 筆 硯 牙，
国际音标： tai¹ ʔan¹ kɤm² ʔbut⁷ ŋi:n¹ ŋa²
汉语直译： 手 哥 拿 笔 砚 象牙
汉语意译： 哥拿支笔牙墨砚，

喃字原文： 文 台 武 別 牢 麻 祂 堆；
国际音标： van¹ hai¹ vu³ ʔbi:t⁷ tha:u¹ ma² lɛ³ʔdoi¹
汉语直译： 文 好 武 知 怎么 而 零丁
汉语意译： 能文能武怎零丁；

喃字原文： 他 浪 照 苫 固 堆，
国际音标： tha²raŋ² tsi:u⁵la:k⁷ kɔ⁵ ʔdoi¹
汉语直译： 宁愿 蒲草席 有 对
汉语意译： 宁愿草席早配对，

喃字原文： 群 欣 禛 錦 襴 雷 没 躺。
国际音标： kɔn²hɤ:n¹ tsan¹ɣɤm⁵ lɛ³lɔi¹ mot⁸min²
汉语直译： 胜过 锦被 孤零 独自
汉语意译： 锦被睡眠自孤零。

（116）

喃字原文： 揥 英 扲 筆 䫻 梅，
国际音标： tai¹ ʔan¹ kɤm² ʔbut⁷ vɛ³ ma:i¹
汉语直译： 手 哥 拿 笔 画 梅花
汉语意译： 哥拿笔来画梅花，

喃字原文： 揥 扲 㸁 墨 碑 磩 䊚；
国际音标： tai¹ kɤm² thɔi³mɯk⁸ ma:i² hɔn²thɔn¹
汉语直译： 手 持 墨条 磨 赭石
汉语意译： 一手磨墨磨赭石；

其 他

喃字原文：秾 英 扣 帋 乜 痏，
国际音标：tai¹ ʔan¹ vi:t⁷ jɣi⁵ ʔda³ mɔn²
汉语直译：手 哥 写 纸 已 损坏
汉语意译：写纸损坏无数张，

喃字原文：㤅 筚 雁 墨 硪 輪 底 棋。
国际音标：ŋɔn⁶ʔbut⁷ thoi³mɯk⁸ hɔn²thon¹ ʔde³ ɣɣi²
汉语直译：　笔　　墨　赭石　使 消瘦
汉语意译：赭石笔墨使瘦消。

喃字原文：英 固 要 奄 英 朱 奄 術，
国际音标：ʔan¹ kɔ⁵ ʔi:u¹ ʔmɛ¹ ʔan¹ tsɔ¹ ʔɛm¹ ve²
汉语直译：哥 有 爱 妹 哥 给 妹 回
汉语意译：哥若爱妹接回家，

喃字原文：底 奄 別 館 別 圭 奄 悩。
国际音标：ʔde³ ʔɛm¹ ʔbi:t⁷ kwa:n⁵ ʔbi:t⁷ kwe¹ ʔɛm¹ mɯŋ²
汉语直译：让 妹 知 籍贯 知 家乡 妹 欢心
汉语意译：妹知君家方欢心。

（117）

喃字原文：吁 払 经 史 学 行，
国际音标：sin¹ tsa:ŋ² kin¹ thɯ³ hɔk⁸han²
汉语直译：请 君 经 史 学 习
汉语意译：请君学习好经史，

喃字原文：底 奄 棋 稩 緻 綆 及 馭；
国际音标：ʔde³ ʔɛm¹ kai²kɣi⁵ kɯi³kan¹ kip⁸ ŋɯ:i²
汉语直译：让 妹 耕作 织布 及 人
汉语意译：妹在家织布务农；

1855

喃字原文： 楒斳祜襖啨台，
国际音标： ma:i¹thau¹ si:m¹ʔa:u⁵ thaŋ³thɤ:i¹
汉语直译： 日后　　襜衣　　闲适
汉语意译： 日后襜衣穿散心，

喃字原文： 恩朩禄渃 芇芇顕荣。
国际音标： ʔɤ:n¹ jɤ:i² lok⁸ nɯ:k⁷ ʔdɤ:i²ʔdɤ:i² hi:n³vin¹
汉语直译： 感恩 天 禄 国　　世世　　显荣
汉语意译： 感恩天禄世显荣。

（118）

喃字原文： 詞帋扣皀挓鋮詩，
国际音标： tɤ² jɤi⁵ vi:t⁷ taŋ⁵ tsaŋ³ nen¹ thɤ¹
汉语直译： 张 纸 写 白 不 成 诗
汉语意译： 白纸写字难成诗，

喃字原文： 俺䁻仁義拱如嬌㚥；
国际音标： ʔɛm¹ kɔi¹ n̠ɤ:n¹ŋa:i³ kuŋ³ n̠ɯ¹ vɤ⁶tsoŋ²
汉语直译： 妹 视　仁 义　 也　如　夫 妻
汉语意译： 妹视仁义如夫妻；

喃字原文： 詞帋红俺封敀寿，
国际音标： tɤ² jɤi⁵ hoŋ² ʔɛm¹ fɔŋ¹ tsɯ³ thɔ⁶
汉语直译： 张 纸 红 妹 封 字 寿
汉语意译： 一张红纸写寿字，

喃字原文： 哊朱払台敀平安。
国际音标： ɣɯi³ tsɔ¹ tsa:ŋ² ha:i¹ tsɯ³ ʔbin²ʔi:n¹
汉语直译： 寄 给 君 两 字 平 安
汉语意译： 寄信祝君平安矣。

其 他

喃字原文： 頭 蝏 麻 襘 拪 仙，
国际音标： ʔdɤu² roŋ² ma² ɣoi⁵ tai¹ ti:n¹
汉语直译： 头 龙 而 枕 手 仙女
汉语意译： 龙头枕着仙女手，

喃字原文： 约 之 頭 伩 襘 蓮 拪 尼。
国际音标： ʔɯ:k⁷tsi¹ ʔdɤu² ʔi⁵ ɣoi⁵ len¹ tai¹ nai²
汉语直译： 期望 头 那 枕 上 手 这
汉语意译： 期望妹手垫哥头。

（119）

喃字原文： 妾 朱 畑 赭 阮 蓮，
国际音标： thi:p⁷ tsɔ¹ ʔdɛn² ʔdɔ³ ŋɐn⁶ len¹
汉语直译： 妾 使 灯 红 盏 上
汉语意译： 妾把红灯挑更亮，

喃字原文： 媠 緻 馱 学 啃 嗜 苠 苠；
国际音标： vɤ⁶ mai¹ tsoŋ² hɔk⁸ ti:ŋ⁵ khɛn¹ ʔdɤ:i²ʔdɤ:i²
汉语直译： 妻 缝纫 夫 学 声 夸奖 世代
汉语意译： 夫读妻绣世名传；

喃字原文： 跳 烧 朱 賄 道 苠，
国际音标： thɛu¹ ɲau¹ tsɔ¹ tɔn² ʔda:u⁶ ʔdɤ:i²
汉语直译： 相随 使 圆满 道 世间
汉语意译： 同道夫妻世团圆，

喃字原文： 酉 罘 空 照 解 祃 麻 齫。
国际音标： jɤu² la² khoŋ¹ tsi:u⁵ ja:i³ tɤ:i¹ ma² nam²
汉语直译： 即便 是 没有 席子 铺 褴褛 而 睡
汉语意译： 若无花席睡褴褛。

1857

（120）

喃字原文：堆 些 求 貼 求 捉，
国际音标：ʔdoi¹ta¹ kɤu² kuə³ kɤu² kɔn¹
汉语直译：咱俩 求 财 求 子
汉语意译：咱俩求财又求子，

喃字原文：捉 鰈 瓢 媄 捉 洤 瓢 吒；
国际音标：kɔn¹ ʔdɛp⁸ jɔŋ⁵ mɛ⁶ kɔn¹ jɔŋ⁶ jɔŋ⁵ tsa¹
汉语直译：儿女 漂亮 似 母 儿女 漂亮 似 父
汉语意译：儿女漂亮似父母；

喃字原文：捉 姶 絊 緻 觮 茹，
国际音标：kɔn¹ɣa:i⁵ jet⁸kɯi³ tɔŋ¹ ɲa²
汉语直译：女儿 纺织 中 家
汉语意译：女儿纺织在家中，

喃字原文：捉 耩 㛧 学 杜 㠳 科 連。
国际音标：kɔn¹ja:i¹ ʔdi¹ hɔk⁸ ʔdo³ ʔba¹ khwa¹ li:n²
汉语直译：儿子 去 学 中 三 科 连
汉语意译：儿子赴学取三科。

喃字原文：捉 㶧 時 杜 状 元，
国际音标：kɔn¹ɲɤ:n⁵ thi² ʔdo³ ta:ŋ⁶ŋwi:n¹
汉语直译：长子 考 中 状元
汉语意译：长子考试中状元，

喃字原文：台 捉 進 士 杜 連 奇 㠳；
国际音标：ha:i¹ kɔn¹ ti:n⁵thi³ ʔdo³ li:n² ka³ ʔba¹
汉语直译：两 子 进士 中 连 全 三
汉语意译：两子进士连三科；

其 他

喃字原文：荣归 拜 祖 術 茹，
国际音标：vin¹ kwi¹ ʔba:i⁵ to³ ve² n̥a²
汉语直译：荣 归 拜 祖 回 家
汉语意译：荣归拜祖全家乐，

喃字原文：補 功 畑 册 媄 吒 餧 柴。
国际音标：ʔbɔ³koŋ¹ ʔdɛn² that⁷ mɛ⁶tsa¹ nu:i¹ thɤi²
汉语直译：有功 灯火辛勤 父母 养 师
汉语意译：有功养师恩父母。

（男：裴永彬；女：阮氏心）

(121)

喃字原文：堆 些 扒 绫 烧 來，
国际音标：ʔdoi¹ta¹ ʔbat⁷ ʔben⁶ n̥au¹ roi²
汉语直译：咱俩 抓 缠绕 互相 了
汉语意译：咱俩结合在一起，

喃字原文：固 赊 烧 姅 在 丕 麻 赊；
国际音标：kɔ⁵ sa¹ n̥au¹ nɯə³ ta:i⁶ jɤ:i² ma² sa¹
汉语直译：有 远 互相 还 因 天 而 远
汉语意译：天崩地裂莫分离；

喃字原文：堆 些 只 决 堆 些，
国际音标：ʔdoi¹ta¹ tsi³kwi:t⁷ ʔdoi¹ta¹
汉语直译：咱俩 决心 咱俩
汉语意译：夫妻情义决心里，

喃字原文：砃 鐄 拱 决 風 波 拱 料。
国际音标：ʔda⁵va:ŋ² kuŋ³ kwi:t⁷ fɔŋ¹ʔba¹ kuŋ³ li:u²
汉语直译：金石 也 坚决 风波 也 豁出去
汉语意译：风波金石志不移。

1859

（122）

喃字原文： 喻 烧 蓬 岗 採茶，
国际音标： ru³ȵau¹ len¹ nui⁵ ha:i⁵ ta²
汉语直译： 相约 上 山 采 茶
汉语意译： 姐妹们上山采茶，

喃字原文： 撿 瓻 吧 阮 瓻 溪 些 𰁻 ；
国际音标： ki:m⁵ nam¹ ʔba¹ ŋɔn⁶ su:ŋ⁵ khɛ¹ ta¹ ŋoi²
汉语直译： 采 五 三 朵 下 溪 咱 坐
汉语意译： 采三五朵河边耍；

喃字原文： 些 𰁻 些 扒 㧎 蜾，
国际音标： ta¹ ŋoi² ta¹ ʔbat⁷ kɔn¹ʔok⁷
汉语直译： 咱 坐 咱 捉 螺
汉语意译： 你摸螺来我捶螺，

喃字原文： 些 翌 打 濺 些 嗯 打 啐！
国际音标： ta¹ ʔdɤp⁸ ʔdan⁵ tsa:t⁷ ta¹ hut⁷ ʔdan⁵ tsut⁸
汉语直译： 咱 打 涩嘴 咱 吸 打 吸吮声
汉语意译： 同吸螺肉乐哈哈！

喃字原文： 情 桑 情 情 桑 情。
国际音标： tin² ta:ŋ¹ tin² tin² ta:ŋ¹ tin²
汉语直译： 亭 㐉 亭 亭 㐉 亭
汉语意译： 亭哨亭亭哨亭。

（123）

喃字原文： 𰁻 㤕 纼 织 织 纼，
国际音标： ŋoi² ʔbu:n² sɛ¹ tsi³ tsi³ sɛ¹
汉语直译： 坐 烦闷 纺 纱 线 搓
汉语意译： 清闲纺纱又搓线，

其他

喃字原文：撒　钅今　钅今　撒　頭　厦　袙　纵；
国际音标：thɔ³ kim¹ kim¹ thɔ³ ʔdɤu² hɛ² va⁵mai¹
汉语直译：穿　针　针　穿　头　廊下　缝补
汉语意译：穿针缝衣于屋檐；

喃字原文：　頭　厦　袙　纵　厦　袙　纵，
国际音标：ʔdɤu² hɛ² mak⁸mai¹ hɛ² va⁵mai¹
汉语直译：头　廊下　缝补　廊下　缝补
汉语意译：穿针引线屋檐里，

喃字原文：情　桑　情　情　桑　情！
国际音标：tin² ta:ŋ¹ tin² tin² ta:ŋ¹ tin²
汉语直译：亭　悚　亭　亭　悚　亭
汉语意译：亭悚亭亭悚悚亭！

（124）

喃字原文：伽　扒　犰　義　塘　赊，
国际音标：nɤ⁵ tsa:ŋ² ŋɯ:i² ŋiə³ ʔdɯ:ŋ² sa¹
汉语直译：想　哥　人　情义　路　远
汉语意译：路途遥远思君情，

喃字原文：　挐　弹　黜　掫　寔　罪　拄　嘁；
国际音标：ʔdɛm¹ ʔda:n² ra¹ ɣai³ thɤt⁸ la² tsaŋ³ kwen¹
汉语直译：捧　琴　出　弹　真的　是　不　忘
汉语意译：捧琴来弹激思君；

喃字原文：打　弹　来　吏　喔　唭，
国际音标：ʔdan⁵ ʔda:n² roi² la:i⁶ nɯk⁸kɯ:i²
汉语直译：弹　琴　了　又　可笑
汉语意译：弹琴思君忆喜事，

喃字原文：情 挧 流 水 豳 外 双 银。
国际音标：tin² ʔdi¹ liu¹thi³ ra¹ ŋwaːi² thoŋ¹ŋɤn¹
汉语直译：情 去 流 水 出 外 银 河
汉语意译：高山流水飘银河。

喃字原文： 渃 排 娵 打 伹 吽，
国际音标：nɯːk⁷ʔbai² ʔɛm¹ ʔdan⁵ ʔda³ n̠ɤm²
汉语直译： 棋 步 妹 走 已 错
汉语意译：不会走棋妹走错，

喃字原文：性 挧 琨 馬 吏 吽 琨 車；
国际音标：tin⁵ ʔdi¹ kɔn¹ma³ laːi⁶ n̠ɤm² kɔn¹sa¹
汉语直译：性 去 马 又 错 车
汉语意译：只识跳马忘走车；

喃字原文：倍 鐄 抁 笔 豳 题，
国际音标：voi⁶vaːŋ² ʔdɛm¹ ʔbut⁷ ra¹ ʔde²
汉语直译：急忙 拿 笔 出 题
汉语意译：急忙拿笔来题诗，

喃字原文：性 题 敊 性 吏 愲 敊 情。
国际音标：tin⁵ ʔde² tsɯ³ tin⁵ laːi⁶ mɤ¹ tsɯ³ tin²
汉语直译：性 题 字 性 又 幻想 字 情
汉语意译：题了"性"字忘"情"书。

（125）

喃字原文：闷 齃 時 批 桥 鞽，
国际音标：muːn⁵ thaːŋ¹ thi² ʔbak⁷ kɤu²kiːu²
汉语直译： 想 富 就 搭 桥
汉语意译：想富要搭桥修路，

其 他

喃字原文：闷 㧅 别 敉 時 要 衤七 柴；
国际音标：mu:n⁵ kɔn¹ ʔbi:t⁷ tsɯ³ thi² ʔi:u¹ lɤi⁵ thɤi²
汉语直译：想　儿　识　字　就　爱　请　先生
汉语意译：想儿识字请教师；

喃字原文：汆 埃　罪 几 空　柴，
国际音标：mɤi⁵ʔa:i¹　la² kɛ³ khoŋ¹ thɤi²
汉语直译：没有什么人 是 人 没有 先生
汉语意译：儿无师教不成才，

喃字原文：世　间　常　呐 妳 眉 罒 铖。
国际音标：the⁵ja:n¹ thɯ:ŋ² nɔi⁵ ʔdo⁵ mai² la:m² nen¹
汉语直译：世 间　常　说 赌 你 做　成
汉语意译：常言有师儿成人。

（126）

喃字原文：於 低 斯　伴 赊 柴，
国际音标：ʔɤ³ ʔdɤi¹ ɣɤn² ʔba:n⁶ sa¹ thɤi²
汉语直译：在 这里 近 朋友 远离 先生
汉语意译：此处近师朋友亲，

喃字原文：固 功　鋰　铁 固 耶 铖 鈘；
国际音标：kɔ⁵ koŋ¹ ma:i² that⁷ kɔ⁵ ŋai² nen¹ kim¹
汉语直译：有 功　磨 铁 有 日 成 针
汉语意译：功到铁棒磨成针；

喃字原文：騨 箕 時 沛 挹 柴，
国际音标：jot⁷ kiə¹ thi² fa:i³ kɤi⁶ thɤi²
汉语直译：愚笨 那 则 须 倚靠 先生
汉语意译：愚笨则须投师学，

喃字原文：啈 箕 捤 僿 時 眉 ⺢ 铖。
国际音标：vuŋ⁶ kiə¹ kɤi⁶ thɤ⁶ thi² mai² la:m² nen¹
汉语直译：地带 那 靠 匠 人 则 你 做 成
汉语意译：拙匠为师事毕成。

（127）

喃字原文：英 喂 唉 学 朱 专，
国际音标：ʔan¹ ʔɤ:i¹ hɤ:i³ hɔk⁸ tsɔ⁵ tsi:n¹
汉语直译：哥 啊 要 学 给 专门
汉语意译：请君注志来学文，

喃字原文：底 俺 纺 匜 撿 錢 挀 試；
国际音标：ʔde³ ʔɛm¹ jet⁸ va:i³ ki:m⁵ ti:n² ʔdi¹ thi¹
汉语直译：让 妹 织 布 挣 钱 去 考试
汉语意译：织布挣钱君赴考；

喃字原文：英 挀 夺 役 趣 試，
国际音标：ʔan¹ ʔdi¹ jɯ³ vi:k⁸ thu⁵ thi¹
汉语直译：哥 去 坚守 事 兴趣 考试
汉语意译：君去考试要认真，

喃字原文：份 俺 琨 妠 据 艺 匜 紉。
国际音标：fɤn⁶ ʔɛm¹ kɔn¹ ɣa:i⁵ kɯ⁵ ŋe² va:i³ mai¹
汉语直译：身 妹 女子 一直 手艺 布 缝纫
汉语意译：妹为女子织布勤。

（128）

喃字原文：木 耳 聘 貝 桛 位，
国际音标：mok⁸ ɲi³ than⁵ vɤ:i⁵ tɤm² vi²
汉语直译：木耳 相配 和 桑寄生
汉语意译：木耳相配桑寄生，

其他

喃字原文：茈 箕 挼 度 贝 鍩 群 赊；
国际音标：ʔbɤk⁷ kiə¹ ʔdɛm¹ ʔdɔ¹ vɤ:i⁵ tsi² kɔn² sa¹
汉语直译：灯芯 那 夜里 量 和 铅 还 远
汉语意译：轻芯想配重铅远；

（129）

喃字原文：斋 鑽 低 拱 銅 顛，
国际音标：ʔdɤi⁵ va:ŋ² ʔdɤi¹ kuŋ³ ʔdoŋ² ʔdɛn¹
汉语直译：你 金 我 也 黑 铜
汉语意译：你是金子我黑铜，

喃字原文：斋 花 李 白 低 拱 没 番 聪 茴。
国际音标：ʔdɤi⁵ hwa¹li⁵ ʔbat⁸ ʔdɤi¹ kuŋ³ mot⁸ fen¹ ta:i¹ hoi²
汉语直译：你 李花 白 我 也 一 次 茴花
汉语意译：你是李花我茴花。

（130）

喃字原文：畽 核 固 堆 蜓 蜓，
国际音标：ten¹ kɤi¹ kɔ⁵ ʔdoi¹ tsu:n² tsu:n²
汉语直译：上 树 有 对 蜻蜓
汉语意译：桑树上有对蜻蜓，

喃字原文：贝 趴 仁 義 固 愲 喝 制；
国际音标：vɤ:i⁵ ŋɯ:i² n̩ɤn¹ ŋiə³ kɔ⁵ ʔbu:n² ha:t⁷ tsɤ:i¹
汉语直译：和 人 仁 义 有 烦闷 唱 玩
汉语意译：烦问歌舞仁义乐；

喃字原文：喝 制 拱 翌 喝 制，
国际音标：ha:t⁷ tsɤ:i¹ kuŋ³ tsiu⁶ ha:t⁷ tsɤ:i¹
汉语直译：唱 玩 也 愿 唱 玩
汉语意译：唱歌取乐无他意，

喃字原文：固 猷 麻 吏 喝 制 馁 之？
国际音标：kɔ⁵ tsoŋ² ma² la:i⁶ ha:t⁷ tsɤ:i¹ noi³ tsi¹
汉语直译：有 夫 而 又 唱 玩 心情 什么
汉语意译：有夫唱歌自怎乐？

（131）

喃字原文：筚 情 揩 貝 砚 靜，
国际音标：ʔbut⁷ tin² tsa:m⁶ vɤ:i⁵ ŋi:n¹ san¹
汉语直译：笔 情 碰 和 墨砚 青
汉语意译：情笔常碰青墨砚，

喃字原文：翁 丕 笆 定 㛪 叫 英 冯 猷；
国际音标：ʔoŋ¹ jɤ:i² ʔda³ ʔdin⁶ ʔɛm¹ keu¹ ʔan¹ ʔbaŋ¹ tsoŋ²
汉语直译：老天爷 已 定 妹 叫 哥 如 夫
汉语意译：天意定妹叫君夫；

喃字原文：迫 之 麻 觟 嚅 英，
国际音标：ʔbuɯk⁷ tsi¹ ma² voi⁶ rɯə⁵ ʔan¹
汉语直译：着急 而 匆忙 这样 哥
汉语意译：这样莫急许诺言，

喃字原文：底 朱 柑 尨 時 燹 拱 旊。
国际音标：ʔde³ tsɔ¹ kɤ:m¹ tsin⁵ thi² kan¹ kuŋ³ vɯə²
汉语直译：使得 饭 熟 则 汤 也 合口
汉语意译：米黄成饭汤味鲜。

（132）

喃字原文：叭 番 蓮 馭 麻 术，
国际音标：ʔba¹ fɛn¹ len¹ ŋɯə⁶ ma² ve²
汉语直译：三 次 上 马 而 回
汉语意译：三次骑马返家途，

其 他

喃字原文：拎 刚 馭 吏 埯 题 句 詩；
国际音标：kɤm² kɯ:ŋ¹ ŋɯə⁶ la:i⁶ ʔɛm¹ ʔde² kɤu¹ thɤ¹
汉语直译：执 缰绳 马 来 妹 题 句 诗
汉语意译：哥执缰绳妹题诗；

喃字原文：句 詩 毑 罙 句 詩，
国际音标：kɤu¹ thɤ¹ ʔba¹ ʔbon⁵ kɤu¹ thɤ¹
汉语直译：诗句 三 四 句 诗
汉语意译：吟四句诗是情意，

喃字原文：句 待 句 徐 句 忺 句 傷。
国际音标：kɤu¹ ʔdɤ:i⁶ kɤu¹ tsɤ² kɤu¹ nɤ⁵ kɤu¹ thɯ:ŋ¹
汉语直译：句 待 句 等 句 思 句 念
汉语意译：等、待、思、念四句诗。

（男：裴永彬）

（133）

喃字原文：英 當 拎 筆 吟 排，
国际音标：ʔan¹ ʔda:ŋ¹ kɤm² ʔbut⁷ ŋɤm¹ ʔba:i²
汉语直译：哥 正 握 笔 吟 诗句
汉语意译：哥正握笔吟诗句，

喃字原文：忺 恩 義 伴 悁 碓 硯 珠。
国际音标：nɤ⁵ ʔɤn¹ ŋiə³ ʔba:n⁶ kwen¹ ma:i² ŋi:n¹ tsɤu¹
汉语直译：想 恩 义 朋友 忘 磨 砚 珠
汉语意译：想友恩义忘磨墨。

喃字原文：哑 愿 浚 深 滝 漊，
国际音标：lɤ:i² ŋwi:n² ʔbi:n³ thɤm¹ thoŋ¹ thɤu¹
汉语直译：誓言 海 深 河 深
汉语意译：誓言深如海河，

喃字原文： 橐醉　空　補　義　掩　兜　麻烦。
国际音标： tam¹ nam¹ khoŋ¹ ʔbɔ³ ŋiə³ ʔɛm¹ ʔdɤu¹ ma² ʔbuːn²
汉语直译： 百　年　不　丢　义　妹　哪里　而　烦闷
汉语意译： 百年不丢妹情义。

（134）

喃字原文： 埃　術　掩　掫　幅　诗？
国际音标： ʔaːi¹ ve² ʔɛm¹ ɣɯi³ ʔbɯk⁷ thɤ¹
汉语直译： 谁　回　妹　寄　幅　诗
汉语意译： 谁寄诗篇给情妹？

喃字原文： 嗨　馭　伴　苗　悲　晗　吧　帀？
国际音标： hɔi³ ŋɯːi² ʔbaːn⁶ kuʔ ʔbɤi¹jɤ² nɤːi¹ naːu¹
汉语直译： 问　人　朋友　老　现在　地方　哪
汉语意译： 问老朋友在何处？

喃字原文： 嫩　箕　埃　搭　麻　高？
国际音标： nɔn¹ kiə¹ ʔaːi¹ ʔdap⁷ ma² kaːu¹
汉语直译： 山　那　谁　筑　而　高
汉语意译： 那山谁人筑高？

喃字原文： 滝　箕　浽　怒　埃　掏　麻　溇？
国际音标： thoŋ¹ kiə¹ ʔbiːn³ no⁶ ʔaːi¹ ʔdaːu² ma² thɤu¹
汉语直译： 河　那　海　那　谁　挖　而　深
汉语意译： 那河那海谁挖深？

（135）

喃字原文： 英　術　挩　案　吟　詩，
国际音标： ʔan¹ ve² jɯə⁶ ʔaːn⁵ ŋɤm¹ thɤ¹
汉语直译： 哥　回　倚　案　吟　诗
汉语意译： 哥回倚案吟诗，

1868

其 他

喃字原文： 撰 房 春 底 待 徐 桃 嫩。
国际音标： jɔn⁶ fɔŋ² sɤn¹ ʔde³ ʔdɤ:i⁶ tsɤ² ʔda:u² nɔn¹
汉语直译： 收拾 春房 以便 等待 桃 嫩
汉语意译： 收拾春房以待嫩桃。

喃字原文： 英 術 乜 细 塘 官，
国际音标： ʔan¹ ve² ʔda³ tɤ:i⁵ ʔdɯ:ŋ² kwa:n¹
汉语直译： 哥 回 已 到 官路
汉语意译： 哥回已到官路，

喃字原文： 扫 詩 掫 吏 俺 宽 衪 氀。
国际音标： vi:t⁷ thɤ¹ ɣɯi³ la:i⁶ ʔɛm¹ khwa:n¹ lɤi⁵ tsoŋ²
汉语直译： 写 诗 寄来 妹 慢 嫁 夫
汉语意译： 写诗寄妹慢嫁夫。

（136）

喃字原文： 英 術 渚 固 之 迯，
国际音标： ʔan¹ ve² tsɯə¹ ko⁵ tsi¹ ʔdɯə¹
汉语直译： 哥 回 未 给 什么 送
汉语意译： 哥回没有什么送，

喃字原文： 果 柑 群 㺍 果 菲 当 嫩。
国际音标： kwa³ ka:m¹ kɔn² ɲɔ³ kwa³ jɯə² ʔda:ŋ¹ nɔn¹
汉语直译： 柑子 还 小 菠萝 正 嫩
汉语意译： 柑子还小菠萝正嫩。

喃字原文： 英 術 俺 空 敢 迯，
国际音标： ʔan¹ ve² ʔɛm¹ khoŋ¹ ja:m⁵ ʔdɯə¹
汉语直译： 哥 回 妹 不 敢 送
汉语意译： 哥回妹不敢送，

1869

喃字原文： 渃 相 犯 淡 如 湄 䏧 迣。
国际音标： nɯːk⁷mat⁷ nɔ³jɔt⁸ ɲɯ¹ mɯə¹ thaːŋ⁵mɯːi²
汉语直译： 眼泪 滴 如 雨 十月
汉语意译： 眼泪滴如十月雨。

喃字原文： 英 牢 㧡 学 空 柴？
国际音标： ʔan¹ thaːu¹ ʔdi¹ hɔk⁸ khɔŋ¹ thɤi²
汉语直译： 哥 怎么 去 学 无 师
汉语意译： 没有先生哥怎学？

喃字原文： 㘃 排 空 筆 姜 㝵 暁 英？
国际音标： laːm² ʔbaːi² khoŋ¹ ʔbut⁷ thiːp⁷ rai² thɛu¹ ʔan¹
汉语直译： 做 作业 无 笔 姜 今日 随 夫
汉语意译： 无笔哥怎做作业？

喃字原文： 英 学 朱 沛 进 逬，
国际音标： ʔan¹ hɔk⁸ tsɔ¹ faːi³ tiːn⁵ ɲan¹
汉语直译： 哥 学 使 须 进步 快
汉语意译： 哥学抓紧进步快，

喃字原文： 時 庵 買 敢 交 身 吥 躺。
国际音标： thi² ʔɛm¹ mɤi⁵ jaːm⁵ jau¹ thɤn¹ ɣɯi³ min²
汉语直译： 则 妹 才 敢 托付 终身 托 身
汉语意译： 妹我才敢托终身。

（137）

喃字原文： 馂 庵 台 敩 英 噲 此 堆 哩，
国际音标： thɤi⁵ ʔɛm¹ hai¹ tsɯ³ ʔan¹ hɔi³ thɯ³ ʔdoi¹ lɤːi²
汉语直译： 见 妹 识字 哥 问 试 两 句
汉语意译： 见妹识字哥试问，

1870

其 他

喃字原文： 丕　俺　固　别　翁　丕　户　之？
国际音标： vɤi⁶ ʔɛm¹ kɔ⁵ ʔbi:t⁷ ʔoŋ¹jɤ:i² hɔ⁶ tsi¹
汉语直译： 这样　妹　有　知　老天爷　姓　什么
汉语意译： 妹可知老天爷姓什么？

喃字原文： 英　畴　聪　叫　坦　坦　喂，
国际音标： ʔan¹ ɣɛ⁵ ta:i¹ keu¹ ʔdɤt⁷ ʔdɤt⁷ ʔɤ:i¹
汉语直译： 哥　侧　耳　叫　地　地　啊
汉语意译： 哥侧耳叫地地啊，

喃字原文： 耒　俺　呐　户　翁　丕　朱　英　瞕。
国际音标： roi² ʔɛm¹ nɔi⁵ hɔ⁶ ʔoŋ¹jɤ:i² tsɔ¹ ʔan¹ ŋɛ¹
汉语直译： 完了　妹　说　姓　老天爷　给　哥　听
汉语意译： 老天爷姓妹说给哥听。

（138）

喃字原文：　勸　英　烟　册　爇　曇　学　行。
国际音标： khwi:n¹ ʔan¹ ʔdɛn² that⁷ thɤ:m⁵ tɯə¹ hɔk⁸ han²
汉语直译：　劝　哥　灯火辛勤　早　晚　学习
汉语意译： 劝哥早晚勤学习。

喃字原文： 麻　英　富　贵　仈　躺　䫻　鍒。
国际音标： ma² ʔan¹ fu⁵ kwi⁵ ʔɤi⁵ min² vɛ³ va:ŋ¹
汉语直译： 如果　哥　富　贵　那　妹　光彩
汉语意译： 哥若富贵妹光彩。

喃字原文： 吁　停　耩　妿　浪　蕩，
国际音标： sin¹ ʔdɯŋ² ja:i¹ ɣa:i⁵ lɔŋ¹ tɔŋ²
汉语直译： 请　莫　男　女　放　纵
汉语意译： 请莫男女关系放纵，

喃字原文： 吀　停　茶　醻　姅　拞　啨　唭；
国际音标： sin¹ ʔdɯŋ² tsɛ² ri:u⁶ nɯə³ ma:ŋ¹ ti:ŋ⁵ kɯ:i²
汉语直译： 请　莫　茶　酒　半　带　声　笑
汉语意译： 请莫茶酒半带声笑；

喃字原文： 拱　停　棋　鉑　都　　制，
国际音标： kuŋ³ ʔdɯŋ² kɤ:²ʔba:k⁸ ʔduə¹ tsɤ:i¹
汉语直译： 也　莫　赌博　　比　玩耍
汉语意译： 莫要赌博比玩耍，

喃字原文： 牢　朱　亊　業　黜　䏾　丈　夫？
国际音标： tha:u¹ tsɔ¹ thɯ⁶ɲi:p⁸ ra¹ ŋɯ:i² tɯ:ŋ⁶fu¹
汉语直译： 怎么　使　事业　出　人　丈　夫
汉语意译： 怎么成就事业成为大丈夫？

喃字原文： 孖　牢　䞈　啨　名　儒？
国际音标： la:m²tha:u¹ nen¹ ti:ŋ⁵ jan¹ ɲɔ¹
汉语直译： 　怎么　成　声名　儒
汉语意译： 如何成为名人儒士？

喃字原文： 臣　忠　子　孝　底　朱　唭　共。
国际音标： thɤn² tuŋ¹ tɯ³ hi:u⁵ ʔde³tsɔ¹ khɛn¹ kuŋ²
汉语直译： 臣　忠　子　孝　使　夸　同
汉语意译： 臣忠子孝人人夸。

喃字原文： 自　馹　扒　特　詩　払，
国际音标： tɯ² ŋai² ʔbat⁷ ʔdɯ:k⁸ thɤ¹ tsa:ŋ²
汉语直译： 自从　天　收　到　诗　哥
汉语意译： 自从那天收哥诗，

其 他

喃字原文：搋吊 如 体 两 鑽 融 搋。
国际音标：nɤŋ¹niu¹ ȵɯ¹the³ la:ŋ⁶ va:ŋ² tɔŋ¹ tai¹
汉语直译：爱不释手 如同 两 金子 在 手
汉语意译：像金子在手不舍放。

喃字原文：堆 秪 淹 盰 詩 匘，
国际音标：ʔdoi¹ tai¹ ʔɛm¹ ŋɔ⁵ thɤ¹ nai¹
汉语直译：双 手 妹 看 诗 这
汉语意译：双手捧看这诗篇，

喃字原文：𥄫 哑 払 呐 霻 霡 硌 鑽。
国际音标：thɤi⁵ lɤ:i² tsa:ŋ² nɔi⁵ tɔk⁷mɤi¹ ʔda⁵va:ŋ²
汉语直译：见 话 哥 说 云 鬟 金石
汉语意译：见哥说云鬟金石。

喃字原文：義 糟 糠 唉 払 別 渚，
国际音标：ŋiə³ ta:u¹kha:ŋ¹ hɤ:i³ tsa:ŋ² ʔbi:t⁷ tsɯə¹
汉语直译：义 糟糠 啊 哥 知道 没有
汉语意译：哥可知糟糠之义，

喃字原文：塘 朱 陳 淹 忟 叮 咛。
国际音标：ʔdɯ:ŋ² tsɤu¹ tɤn² ʔɛm¹ ȵɤ⁵ ʔdin¹nin¹
汉语直译：路 朱 陈 妹 想 叮咛
汉语意译：朱陈之路妹叮咛。

喃字原文：情 喂 固 別 庒 情？
国际音标：tin² ʔɤ:i¹ kɔ⁵ ʔbi:t⁷ tsaŋ¹ tin²
汉语直译：情 啊 有 知 否 情
汉语意译：情哥哥啊你可知？

京族传统民歌译注

喃字原文：	梗 吴 凤 杜 梗 琼　 蛈 氍,
国际音标：	kan² ŋo¹ fɯ:ŋ⁶ ʔdo³ kan² kwin² ʔbɯ:m⁵ ʔbai¹
汉语直译：	枝 梧桐 凤凰 栖息 枝 琼　 蝶 飞
汉语意译：	凤栖梧桐蝶飞琼枝,

喃字原文：	㝫 㖈 催 拱 自 低。
国际音标：	tam¹ nam¹ thoi¹ kuŋ³ tɯ² ʔdɤi¹
汉语直译：	百 年 罢了 也 从 这里
汉语意译：	从此百年不离分。

喃字原文：	貼 信 哊 没 淬 尼 ㄇ 記,
国际音标：	kuə³tin¹ ɣɯi³ mot⁸tsut⁷ nai² la:m² ɣi¹
汉语直译：	信物 寄 一点 这 做 记
汉语意译：	寄点信物做纪念,

喃字原文：	疃 歪 固 罙 翁 㙟,
国际音标：	ten¹jɤ:i² kɔ⁵ ʔbon⁵ ʔoŋ¹tha:u¹
汉语直译：	天 上 有 四 星星
汉语意译：	天上有四颗星,

喃字原文：	坓 光 庄 牀 牀 匜 墻 霎;
国际音标：	tso³ kwa:ŋ¹ tsaŋ³ mɔk⁸ mɔk⁸ va:u² ʔda:m⁵mɤi¹
汉语直译：	处 光 不 长 长 进 云朵
汉语意译：	躲进云里不闪光;

喃字原文：	𠮩 腪 㪊 啫 弹 绋,
国际音标：	rap⁷ ŋɛ¹thɤi⁵ ti:ŋ⁵ ʔda:n²jɤi¹
汉语直译：	打算 听见 声 琴弦
汉语意译：	打算听听琴弦声,

其 他

喃字原文：悉　英　只　蒙　姑　尼　麻　催。
国际音标：lɔŋ² ʔan¹ tsi³ mo⁶ ko¹ nai² ma²thoi¹
汉语直译：心　哥　只　爱　姑　娘　这　而已
汉语意译：哥心只爱妹一人。

喃字原文：肶　䄂　埯　皂　如　硙，
国际音标：ko³tai¹ ʔɛm¹ taŋ⁵ n̠ɯ¹ voi¹
汉语直译：手腕　妹　白　如　石灰
汉语意译：妹的手腕白如石灰，

喃字原文：挰　相　埯　唎　如　堆　骸　鐄。
国际音标：kɔn¹mat⁷ ʔɛm¹ liːk⁷ n̠ɯ¹ ʔdoi¹ haːt⁸ vaːŋ²
汉语直译：眼睛　妹　瞥　如　对　粒　金
汉语意译：妹眼一瞥如对金粒。

喃字原文：𠜜　鐄　吏　唎　䃦　鐄，
国际音标：jaːu¹ vaːŋ² laːi⁶ liːk⁷ ʔda⁵vaːŋ²
汉语直译：刀　金　又　擦　金石
汉语意译：金刀又擦金石，

喃字原文：䊿　英　英　唎　䊿　娘　娘　遶。
国际音标：mat⁷ ʔan¹ ʔan¹ liːk⁷ mat⁷ naːŋ² naːŋ² ʔdɯə¹
汉语直译：眼　哥　哥　瞥　眼　妹　妹　送
汉语意译：哥妹瞥眼眼含情。

喃字原文：𦢳　𦣰　會　遇　情　旗，
国际音标：tam¹ nam¹ hoi⁶ ɣap⁸ tin²kɤ²
汉语直译：百　年　相遇　偶然
汉语意译：百年偶然得相遇，

京族传统民歌译注

喃字原文：弹 琴 英 拯 句 诗 英 题。
国际音标：ʔdaːn² kɤm² ʔan¹ ɣai³ kɤu¹ thɤ¹ ʔan¹ ʔde²
汉语直译：　琴　哥 弹 句 诗 哥 题
汉语意译：琴哥来弹诗哥题。

喃字原文：闷 朱 顺 鸹 拶 術，
国际音标：muːn⁵ tsɔ¹ thɤn⁶ nɛu³ ʔdi¹ ve²
汉语直译：想　使　顺　路　回 去
汉语意译：回家的路要顺畅，

喃字原文：英 迦 ⁿ 婿 媕 術 ⁿ 妯。
国际音标：ʔan¹ thaːŋ¹ laːm² re³ ʔɛm¹ ve² laːm² jɤu¹
汉语直译：哥 来 做 女婿 妹 回 做 儿媳
汉语意译：做哥女婿妹做儿媳。

喃字原文：𡥵 𠅎 𧘇 𧛇 拱 𠅎，
国际音标：thoʰ⁵ jau² lɤi⁵ khɔ⁵ kun³ jau²
汉语直译：命运 富有 嫁 穷 也 富
汉语意译：命里富有嫁穷也会富，

喃字原文：𡥵 𧹁 九 秅　迂 㜦 拱 𧹁。
国际音标：jaːu⁵ ŋɛu² tsin⁵ ʔdun⁶ mɯːi² tru¹ kun³ ŋɛu²
汉语直译：命运 贫穷 九 堆 十 水牛 也 穷
汉语意译：命里贫穷九堆谷子十头水牛也会穷。

喃字原文：沛 缘 沛 劫 時 跳，
国际音标：faːi³ jiːn¹ faːi³ kiːp⁷ thi² thɛu¹
汉语直译：对 缘 对 命运 就 跟随
汉语意译：有缘合命就跟随，

1876

其他

喃字原文： 勸　婂　㵘　擬　翯　𧸖　罒　之。
国际音标： khwi:n^{1} ʔɛm^{1} tsɤ^{5} ŋi^{3} jau^{2} ŋɛu^{2} la:m^{2} tsi^{1}
汉语直译： 劝　妹　莫　想　富　穷　做　什么
汉语意译： 劝妹莫想富穷。

喃字原文： 婂　喂　㪵　未　罗　為，
国际音标： ʔɛm^{1} ʔɤ:i^{1} tsɯ^{3} vi^{6} la^{2} vi^{6}
汉语直译： 妹　啊　字　未　是　为
汉语意译： 妹啊“未”字是“为”，

喃字原文： 㪵　欲　罗　闷　㪵　随　罗　䠷。
国际音标： tsɯ^{3} juk^{8} la^{2} mu:n^{5} tsɯ^{3} ti^{2} la^{2} thɛu^{1}
汉语直译： 字　欲　是　想　字　随　是　跟随
汉语意译： “欲”字是“想”“随”是“跟”。

喃字原文： 钷　妥　侥　包　肉　拱　𨅬，
国际音标： ʔda^{3} ʔi:u^{1}ȵau^{1} ʔba:u^{1} nui^{5} kuŋ^{3} tɛu^{2}
汉语直译： 已　相爱　多少　山　也　爬
汉语意译： 既已相爱多少座山也要爬，

喃字原文： 七　八　江　拱　澑　三　十　六　𡺃　拱　戈。
国际音标： thɤt^{7} ʔba:t^{7} ja:ŋ^{1} kuŋ^{3} loi^{6} ta:m^{1} thɤp^{8} luk^{8} ʔdɛu^{2} kuŋ^{3} kwa^{1}
汉语直译： 七　八　江　也　游　三　十　六　山坳　也　过
汉语意译： 七八条江也要游三十六坳也要过。

（139）

喃字原文： 𥚃　䟣　别　㪵　罗　仙，
国际音标： lɤi^{5} tsoŋ^{2} ʔbi:t^{7} tsɯ^{3} la^{2} ti:n^{1}
汉语直译： 嫁　夫　识　字　是　神仙
汉语意译： 嫁夫识字是神仙，

喃字原文： 衪 默 髀 敆 罒 缘 嬩 芪。
国际音标： lɤi⁵ tsoŋ² jot⁷tsɯ³ la² ji:n¹ nɤ⁶ ʔdɤ:i²
汉语直译： 嫁 夫 文盲 是 缘 债 一辈子
汉语意译： 嫁夫文盲是一辈子的债。

喃字原文： 衪 默 称 侣 皷 堆，
国际音标： lɤi⁵ tsoŋ² suŋ⁵lɯ³ vɯə²ʔdoi¹
汉语直译： 嫁 夫 般配 匹配
汉语意译： 嫁夫嫁得般配人，

喃字原文： 油 㐌 拱 𥱬 油 㦖 拱 甡。
国际音标： jɤu² ʔdi¹ kuŋ³ ʔdɛp⁸ jɤu² ŋoi² kuŋ³ sin¹
汉语直译： 不管 走 也 美 不管 坐 也 美
汉语意译： 举手投足都好看。

（140）

喃字原文： 些 瑅 啫 喝 兜 低，
国际音标： ta¹ ŋɛ¹ ti:ŋ⁵ ha:t⁷ ʔdɤu¹ ʔdɤi¹
汉语直译： 哥 听 声 唱 哪里 这里
汉语意译： 哥听处处传歌声，

喃字原文： 些 術 捭 隻 船 篷 㐌 寻。
国际音标： ta¹ ve² rut⁷ tsi:k⁷ thi:n²mui¹ ʔdi¹ tim²
汉语直译： 哥 回 划 只 蓬船 去 找
汉语意译： 划只蓬船去找妹。

喃字原文： 些 瑅 啫 喝 邊 箕，
国际音标： ta¹ ŋɛ¹ ti:ŋ⁵ ha:t⁷ ʔben¹ kia¹
汉语直译： 哥 听 声 唱 边 那
汉语意译： 哥听那边唱歌声，

其 他

喃字原文： 些 術 些 保 媄 吒 逇 咡。
国际音标： ta¹ ve² ta¹ ʔba:u³ mɛ⁶tsa¹ tha:ŋ¹ mɤ:i²
汉语直译： 哥 回 哥 告诉 父母 来 请
汉语意译： 告诉父母请媒来。

（141）

喃字原文： 㐃 铖 獖 白 蠬 鐄，
国际音标： la:m² nen¹ vɔi¹ ʔba:k⁸ roŋ² va:ŋ²
汉语直译： 做 成 象 白 龙 金
汉语意译： 做成白象金龙，

喃字原文： 拰 铖 獖 扵 疐 岸 吧 噅。
国际音标： tsaŋ³ nen¹ vɔi¹ ʔɤ³ ten¹ ŋa:n⁶ ʔbɤ¹vɤ¹
汉语直译： 不 成 象 在 上 岸 飘零
汉语意译： 不成则象在岸上飘零。

喃字原文： 英 尼 决 志 待 徐，
国际音标： ʔan¹ nai¹ kwi:t⁷tsi⁵ ʔdɤ:i⁶tsɤ²
汉语直译： 哥 今 决意 等待
汉语意译： 哥今决意等待，

喃字原文： 䀡 市 摙 织 离 丝 朱 停?
国际音标： ŋɛ³na:u² ʔdɯt⁷ tsi³ liə² tɤ¹ tsɔ¹ʔdan²
汉语直译： 岂 能 断 线 离 丝 罢 休
汉语意译： 岂能断线离丝罢休?

喃字原文： 柑 橘 且 吏 共 橙，
国际音标： ka:m¹kwit⁷ va³la:i⁶ kuŋ² tsan¹
汉语直译： 柑橘 并且 同 柠檬
汉语意译： 柑橘连同柠檬，

1879

喃字原文：荓壢荓齡 繨绺袏 烧。
国际音标：la⁵ rat⁷ la⁵ lan² ʔdum² ʔbɔk⁸ lɤi⁵ ɳau¹
汉语直译：叶烂 叶好 包裹 要 互相
汉语意译：烂叶好叶相包裹。

喃字原文：没 梗 鲜 甊 罢 梗 愁，
国际音标：mot⁸ kan² tɯ:i¹ nam¹ ʔbai³ kan² thɤu²
汉语直译：一 枝 鲜 五 七 枝 愁
汉语意译：一枝鲜艳五枝愁，

喃字原文：鸨 箕 群 别 忟 烧 汝 馱。
国际音标：tsim¹ kiə¹ kɔn² ʔbi:t⁷ nɤ⁵ɳau¹ nɯə³ ŋɯ:i²
汉语直译：鸟 那 还 知 相思 还 人
汉语意译：那鸟那人还知相思。

（142）

喃字原文：冖 耩 决 志 修 身，
国际音标：la:m² ja:i¹ kwi:t⁷tsi⁵ tu¹thɤn¹
汉语直译：做 男人 决意 修身
汉语意译：做男人决意修身，

喃字原文：功 名 溍 韶 嫄 赚 溍 怃。
国际音标：koŋ¹ jan¹ tsɤ⁵ voi⁶ nɤ⁶nɤn² tsɤ⁵ lɔ¹
汉语直译：功 名 莫 急 债 务 莫 忧
汉语意译：功名莫急债务莫忧。

喃字原文：欺 諴 丕 懃 功 朱，
国际音标：khi¹ nen¹ jɤ:i² jup⁷ koŋ¹ tsɔ¹
汉语直译：时 成 天 助 功 给
汉语意译：成时自有天助，

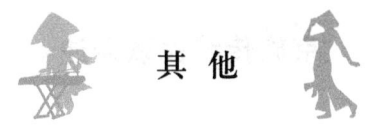

其他

喃字原文：ᄂ 耨 齓 料 罡 忾 贾 豪。
国际音标：la:m² ja:i¹ nam¹ li:u⁶ ʔbai³ lɔ¹ mɤ:i⁵ ha:u²
汉语直译：做 男人 五 料 七 忧 才 豪迈
汉语意译：做男人五料七料才豪迈。

喃字原文：丕 生 丕 拞 夃 帊，
国际音标：jɤ:i² thin¹ jɤ:i² tsaŋ³ fu⁶ na:u²
汉语直译：天 生 天 不 负 哪
汉语意译：天生天不负哪，

喃字原文：智 坤 摄 底 脆 尼，
国际音标：ti⁵khon¹ jep⁸ ʔde³ ja⁶ nai²
汉语直译：智慧 收拾 留 心 此
汉语意译：智慧收拾留此心，

喃字原文：固 功 鲤 铁 固 嘢 铖 钋，
国际音标：kɔ⁵ koŋ¹ ma:i² that⁷ kɔ⁵ ŋai² nen¹ kim¹
汉语直译：有 功 磨 铁 有 天 成 针
汉语意译：只要下功夫铁杵磨成针，

喃字原文：蠪 鏱 捲 曲 固 干 捱 摿。
国际音标：roŋ² va:ŋ² ku:n⁵ khuk⁷ kɔ⁵ kɤ:n¹ vɤi³ vuŋ²
汉语直译：龙 金 卷 截 有 阵 纵 横
汉语意译：金龙狂舞纵横天下。

喃字原文：赊 吹 吁 潏 碍 㦖，
国际音标：sa¹soi¹ sin¹ tsɤ⁵ ŋa:i⁶ ɲuŋ²
汉语直译：遥远 请 莫 担心
汉语意译：尽管遥远莫担心，

喃字原文： 塘 賖 路 屈 英 雄 固 欺。
国际音标： ʔdɯːŋ² jaːi² lɤn³khwɤt⁷ ʔan¹huŋ² kɔ⁵ khi¹
汉语直译： 路 长 隐 没 英 雄 有 时
汉语意译： 长路隐没英雄有时。

喃字原文： 堆 些 缘 效 迊 時，
国际音标： ʔdoi¹ta¹ jiːn¹ jaːu⁵ ɣap⁸ thi²
汉语直译： 咱俩 缘 命运 逢 时
汉语意译： 咱俩有缘又逢时，

喃字原文： 堆 些 夫 唱 妇 隨 欮 堆。
国际音标： ʔdoi¹ta¹ fu¹ sɯːŋ⁵ fu⁶ ti² ʔdɛp⁸ʔdoi¹
汉语直译： 咱俩 夫 唱 妇 随 般配
汉语意译： 咱俩夫唱妇随成佳偶。

喃字原文： 噃 貼 才 子 制 啡，
国际音标： ɣɤm³ sɛm¹ taːi² tɯ³ tsɤːi¹ʔbɤːi²
汉语直译： 寻思 看 才 子 游荡
汉语意译： 看才子游荡天下，

喃字原文： 英 雄 麻 衵 特 婵 娟。
国际音标： ʔan¹huŋ² ma² lɤi⁵ ʔdɯːk⁸ thiːn²kwiːn¹
汉语直译： 英雄 而 娶 得 婵娟
汉语意译： 英雄娶得婵娟。

（143）

喃字原文： 迊 昤 朘 逼 清 㴜，
国际音标： ɣap⁸ luk⁸ jaŋ¹ jɔ⁵ than¹maːt⁷
汉语直译： 遇 时 月 风 清凉
汉语意译： 遇着月风清凉时，

其 他

喃字原文： 趣峏㥲 平 趣 喝 花 情？
国际音标： thu⁵ na:u² vui¹ ʔbaŋ² thu⁵ ha:t⁷ hwa¹ tin²
汉语直译： 兴致 哪 欢喜 同 兴致 唱 花 情
汉语意译： 什么兴致如同吟花唱情？

喃字原文： 丕 吹 會 遇 鍾 情，
国际音标： jɤ:i² su:i¹ hoi⁶ ŋo⁶ tsuŋ¹ tin²
汉语直译： 天 顺 遇 到 钟 情
汉语意译： 天意遇到钟情人，

喃字原文： 丕 吹 更 㕵 侈 躺 结 缘。
国际音标： jɤ:i² su:i¹ la:i⁶ ha:i¹ ʔdɯə⁵ min² ket⁷ ji:n¹
汉语直译： 天 顺 来 两 个 自己 结 缘
汉语意译： 天意咱俩得结缘。

（144）

喃字原文： 腗 䘙 媕 唎 拱 頑，
国际音标： kɔn¹ mat⁷ ʔɛm¹ li:k⁷ kuŋ³ ŋwa:n¹
汉语直译： 眼睛 妹 瞥 也 机灵
汉语意译： 妹眼一瞥真机灵，

喃字原文： 丐 身 媕 跐 拚 弹 齟 弓。
国际音标： ka:i⁵ thɤn¹ ʔɛm¹ ʔbɯ:k⁷ jɯə⁶ ʔda:n² nam¹ kuŋ²
汉语直译： 身 妹 迈步 倚靠 琴 五 弓
汉语意译： 妹身倚琴迈步走。

喃字原文： 弹 齟 弓 弹 醛 共 調，
国际音标： ʔda:n² nam¹ kuŋ¹ ʔda:n² thai¹ kuŋ² ʔdi:u⁶
汉语直译： 琴 五 弓 弹 醉 同 调子
汉语意译： 五弓琴同弹调子令人醉，

1883

喃字原文： 些 貝 躺 悃 帰 自 低。
国际音标： ta¹ vɤːi⁵ min² jaːn¹ jiu⁵ tɯ² ʔdɤi¹
汉语直译： 哥 和 妹 缠绵 从 这里
汉语意译： 哥和妹从此缠绵。

（145）

喃字原文： 碎 尼 罒 客 迴 遥，
国际音标： toi¹ nai¹ la² khat⁷ la⁶luŋ²
汉语直译： 我 今 是 客 陌生
汉语意译： 我今是哥陌生客，

喃字原文： 碎 吁 觔 喝 於 融 亭 尼。
国际音标： toi¹ sin¹ vaːu² haːt⁷ ʔɤ³ toŋ¹ ʔdin² nai²
汉语直译： 我 请 进 唱 在 中 亭 这
汉语意译： 我请进到哈亭来唱歌。

喃字原文： 喝 哈 麻 挓 特 哈，
国际音标： haːt⁷ hai¹ ma² tsaŋ³ ʔdɯːk⁸ hai¹
汉语直译： 唱 妙 而 不 得 妙
汉语意译： 哥唱歌声妙不妙，

喃字原文： 碎 吁 各 貼 各 职 於 低 停 哄。
国际音标： toi¹ sin¹ kaːk⁷ kuə³ kaːk⁷ tsɯk⁷ ʔɤ³ ʔdɤi¹ ʔdɯŋ² kɯːi²
汉语直译： 我 请 各 财物 各 职 在 这里 莫 笑
汉语意译： 我请在座各位莫讥笑。

喃字原文： 掩 核 自 課 铖 迠，
国际音标： joŋ² kɤi¹ tɯ² thɤ³ nen¹ mɯːi²
汉语直译： 种 树 从 时期 成 十
汉语意译： 从打十岁种树，

其 他

喃字原文： 花 妸 固 眊 馸 制 固 時。
国际音标： hwa¹ nɤ³ kɔ⁵ luk⁷ ŋɯːi² tsɤːi¹ kɔ⁵ thi²
汉语直译： 花 开 有 时 人 赏玩 有 时
汉语意译： 花开有人来赏玩。

喃字原文： 碎 吁 各 职 官 位，
国际音标： toi¹ sin¹ kaːk⁷ tsɯk⁷ kwaːn¹vi⁶
汉语直译： 我 请 各 职 官 位
汉语意译： 我请各位官员，

喃字原文： 埃 麻 憽 喝 時 𠱾 喝 共。
国际音标： ʔaːi¹ ma² vui¹ haːt⁷ thi² ra¹ haːt⁷ kuŋ²
汉语直译： 谁 而 高兴 唱 则 出 唱 一同
汉语意译： 大家高兴一起唱。

喃字原文： 喝 朱 㛪 妈 结 㺃，
国际音标： haːt⁷ tsɔ¹ kɔn¹ɣaːi⁵ ket⁷ tsoŋ²
汉语直译： 唱 给 姑娘 结 丈夫
汉语意译： 唱得姑娘找到意中人，

喃字原文： 㺃 耨 结 媍 媄 浉 生 㺃。
国际音标： kɔn¹jaːi¹ ket⁷ vɤ⁶ mɛ⁶ joŋ² thin¹ kɔn¹
汉语直译： 男子 结 妻 娘 承继香火 生 子
汉语意译： 小伙娶妻妻生子。

喃字原文： 喝 朱 臙 赭 如 䊵，
国际音标： haːt⁷ tsɔ¹ ma⁵ ʔdɔ³ nɯ¹ thɔn¹
汉语直译： 唱 给 颊 红 如 朱红
汉语意译： 唱得脸颊朱红，

喃字原文： 伮 通 如 梛 伮 贃 如 缐；
国际音标： nɔ⁵ thoŋ¹ ɲɯ¹ ʔdiːu⁵ nɔ⁵ tɔn² ɲɯ¹ sɛ¹
汉语直译： 它 通 如 烟斗 它 完美 如 牵线
汉语意译： 它通如烟斗完美如红绳；

喃字原文： 喝 朱 伮 赭 如 蜻，
国际音标： haːt⁷ tsɔ¹ nɔ⁵ ʔcɔ³ ɲɯ¹ vɤ¹
汉语直译： 唱 给 它 红 如 蝉
汉语意译： 唱得它红如蝉，

喃字原文： 伮 凭 缚 织 伮 缐 彶 悉。
国际音标： nɔ⁵ ʔbaŋ² thɤːi⁶tsi³ nɔ⁵ sɛ¹ vaːu² lɔŋ²
汉语直译： 它 如 丝线 它 牵 进 心
汉语意译： 它如丝线牵进心。

（146）

喃字原文： 拰 身 挔 𬀩 坦 馱，
国际音标： ʔdɛm¹thɤn¹ ʔdi¹ ʔden⁵ ʔdɤt⁷ ŋɯːi²
汉语直译： 献身 去 到 土地 人家
汉语意译： 妹我远嫁他乡，

喃字原文： 𪟼 䀡 羅 没 𪟼 唭 羅 堆。
国际音标： kɛm⁵ ʔan¹ la² mot⁸ kɛm⁵ kɯːi² la² ʔdoi¹
汉语直译： 少 吃 是 一 少 笑 是 二
汉语意译： 一缺吃来二少笑。

喃字原文： 固 沛 於 坦 茹 碎，
国际音标： kɔ⁵faːi³ ʔɤ³ ʔdɤt⁷ ɲa² toi¹
汉语直译： 是否 在 地 家 我
汉语意译： 是否我家这里，

其他

喃字原文：弹 瓢 哨 哏 唛 制 邻 嗪。
国际音标：ʔdaːn² ʔbɤu² thaːu⁵ thoi³ ʔan¹tsɤːi¹ lɤn²thɤn²
汉语直译：独弦琴 笛子 吹 行乐 颠三倒四
汉语意译：弹琴吹笛行乐忙。

(147)

喃字原文：约 之 術 牺 淹 拎，
国际音标：ʔɯːk⁷tsi¹ ve² tai¹ ʔɛm¹ kɤm²
汉语直译：渴望 回手 妹 握
汉语意译：渴望和妹手牵手，

喃字原文：耒 淹 拱 染 牟 深 牟 鑚。
国际音标：roi² ʔɛm¹ kuŋ³ ȵuːm⁶ mau² thɤm¹ mau² vaːŋ²
汉语直译：完了 妹 也 染 色 深 色 黄
汉语意译：妹染深色黄色。

喃字原文：淹 挑 掍 蛇 翎 昂，
国际音标：ʔɛm¹ theu¹ kɔn¹ʔbɯːm⁵ lɯːn⁶ ŋaːŋ¹
汉语直译：妹 绣 蝴蝶 飞翔 横
汉语意译：妹绣蝴蝶翻飞，

喃字原文：台 翘 妙 揚 淹 扔 织 靜。
国际音标：haːi¹ kan⁵ jiu⁶jaːŋ² ʔɛm¹ vat⁷ tsi³ san¹
汉语直译：两 翅 柔和 妹 拧 线 青
汉语意译：两翅柔美妹拧青线。

喃字原文：堆 邊 固 堆 掍 鸰，
国际音标：ʔdoi¹ ʔben¹ kɔ⁵ ʔdoi¹ kɔn¹lɤn²
汉语直译：双方 有 对 塘鹅
汉语意译：双方有对塘鹅，

1887

京族传统民歌译注

喃字原文： 於 钟 混 燕 固 难 庄 罢？
国际音标： ʔɤ³ jɯə³ kɔn¹ ʔɛn⁵ kɔ⁵ sin¹ tsaŋ¹ la²
汉语直译： 在 中 燕子 有 美 不 是
汉语意译： 燕子盘旋美不美？

喃字原文： 堆 邊 固 堆 核 花，
国际音标： ʔdoi¹ ʔben¹ kɔ⁵ ʔdoi¹ kɤi¹ hwa¹
汉语直译： 双方 有 对 花树
汉语意译： 双方有对花树，

喃字原文： 於 钟 禎 斜 难 寔 罢 难。
国际音标： ʔɤ³ jɯə³ vi:n² ta² sin¹ thɤt⁸ la² sin¹
汉语直译： 在 中 滚边 衣襟 美 实 是 美
汉语意译： 绣在滚边衣襟实在美。

喃字原文： 襖 尼 英 黙 黜 同，
国际音标： ʔa:u¹ nai² ʔan¹ mak⁸ ra¹ ʔdoŋ²
汉语直译： 衣 这 哥 穿 出 同
汉语意译： 这衣服哥一同穿出去，

喃字原文： 几 瞮 欼 睎 几 氊 欼 瞠。
国际音标： kɛ³ ŋam⁵ ŋɯ:i² ɣɛ⁵ kɛ³ toŋ¹ ŋɯ:i² jɔm²
汉语直译： 有人观望 有人斜视 有人远望 有人窥探
汉语意译： 有人观望，有人斜视，有人远望，有人窥探。

喃字原文： 襖 尼 嬌 缁 朱 默，
国际音标： ʔa:u⁵ nai² ʔɛm¹ mai¹ tsɔ¹ tsoŋ²
汉语直译： 衣 这 妹 缝 给 夫
汉语意译： 这衣服妹缝给丈夫，

其他

喃字原文： 固 堆 掍 蠅 固 堆 核 花。
国际音标： kɔ⁵ ʔdoi¹ kɔn¹roŋ² kɔ⁵ ʔdoi¹ kɤi¹hwa¹
汉语直译： 有 对 龙 有 对 花树
汉语意译： 有对花树有对龙。

（148）

喃字原文： 眹 戈 挧 剻 鸾 房，
国际音标： ʔdem¹kwa¹ jɯə⁶ kɯə³ lɔŋ¹fɤŋ²
汉语直译： 昨夜 倚 门 鸾 房
汉语意译： 昨夜倚靠鸾房门，

喃字原文： 觇 鸠 鸾 伬 底 悉 醛 迷。
国际音标： thɤi⁵ tsim¹lɔn¹ ʔɤi⁵ ʔde³lɔŋ² thai¹me¹
汉语直译： 见 鸾鸟 那 留 心 沉迷
汉语意译： 见那鸾鸟心迷醉。

喃字原文： 眹 戈 魊 眐 聐 皮，
国际音标： ʔdem¹kwa¹ khɔ⁵ ŋu³ ɲi:u² ʔbe²
汉语直译： 昨夜 失眠 多方面
汉语意译： 昨夜难以入眠，

喃字原文： 没 罗 蛑 哏 台 迷 亊 情。
国际音标： mot⁸ la² mu:i³ kan⁵ ha:i¹ me¹ thɯ⁶tin²
汉语直译： 一 是 蚊子 咬 二 迷 事情
汉语意译： 一是蚊咬二迷情。

喃字原文： 馭 戈 㘃 学 没 躺，
国际音标： hom¹kwa¹ ŋoi² hɔk⁸ mot⁸min²
汉语直译： 昨天 坐 学 独自
汉语意译： 昨天独自坐着学习，

1889

喃字原文： 占　包　彷拂疑情　蹲　邊。
国际音标： tsi:m¹ʔba:u¹ fa:ŋ³fɤt⁷ ŋi¹ tin² ʔdɯŋ⁵ ʔben¹
汉语直译： 梦幻　　仿佛　疑是 情妹　站　边
汉语意译： 梦幻中仿佛情妹站身边。

喃字原文： 鱂鑽補　筆移硯，
国际音标： voi⁶va:ŋ² ʔbɔ³ ʔbut⁷ jɤ:i² ŋi:n¹
汉语直译： 急忙 丢 笔 移 砚
汉语意译： 急忙丢笔移砚，

喃字原文： 醒黜罝　别　浪　缘帽忙。
国际音标： tin³ ra¹ mɤ:i⁵ ʔbi:t⁷raŋ² ji:n¹ mɤ¹ma:ŋ²
汉语直译： 醒 出 才 知道 缘分 迷糊
汉语意译： 醒来才知道情缘难料。

（149）
喃字原文： 要　烧　帐　输　幔　雯，
国际音标： ʔi:u¹ɲau¹ tsɯ:ŋ⁵ ru³ ma:n² tsɛ¹
汉语直译： 相爱　 帐　垂　帘　遮
汉语意译： 相爱帐垂帘遮，

喃字原文： 欺　蘇　冲　感　欺茶　迣香。
国际音标： khi¹ thu:k⁷ suŋ¹ ka:m³ khi¹ tsɛ² ʔdɔn⁵ hɯ:ŋ¹
汉语直译： 有时 烟 冲 感 有时 茶 迎 香
汉语意译： 有时敬烟有时递茶。

喃字原文： 要　烧　奇　啫　弹，
国际音标： ʔi:u¹ɲau¹ ka³ ti:ŋ⁵ ʔda:n²
汉语直译： 相爱 醉 全部 声 琴
汉语意译： 相爱迷醉琴声，

其他

喃字原文： 绷绁忟曲百長岠尼。
国际音标： sɛ¹ jɤi¹ nɤ⁵ khuk⁷ ʔbat⁷ tɯːŋ³ ʔden⁵ nai²
汉语直译： 系 红绳 想 曲 百 长 到 这里
汉语意译： 醉系红绳想到百长曲。

（150）

喃字原文： 拤喝時保浪愤，
国际音标： tsaŋ³ haːt⁷ thi² ʔbaːu³ raŋ² hɛn²
汉语直译： 不 唱 就 说 平庸
汉语意译： 不唱就说是平庸，

喃字原文： 喝黜𩰤𩰤𦉪𦉪邊湄。
国际音标： haːt⁷ ra¹ thɤm⁵ rɛ³ ʔbon⁵ ʔben¹ mɯə¹
汉语直译： 唱 出 雷 分 四 边 雨
汉语意译： 唱出雷鸣四边雨。

喃字原文： 吁停批幅呌高，
国际音标： sin¹ ʔdɯŋ² ʔbak⁷ ʔbɤk⁸ laːm² kaːu¹
汉语直译： 请 莫 拿架子 摆架子
汉语意译： 请莫清高拿架子，

喃字原文： 攀洙打𩰤渃帀拱髓。
国际音标： fɛn² tsuə¹ ʔdan⁵ suːŋ⁵ nɯːk⁷ naːu² kuŋ³ tɔŋ¹
汉语直译： 白矾 酸 放 下 水 什么 也 清
汉语意译： 放进白矾什么水都会变清。

（151）

喃字原文： 喏埃浪浪喏同，
国际音标： tiːŋ⁵ ʔaːi¹ raŋ² raŋ² tiːŋ⁵ ʔdoŋ²
汉语直译： 声 谁 说说 声 同
汉语意译： 大家有口同声说，

喃字原文： 啃 埃 如 啃 伴 共 些 低。
国际音标： ti:ŋ⁵ ʔa:i¹ ɳɯ¹ ti:ŋ⁵ ʔba:n⁶ kuŋ² ta¹ ʔdɤi¹
汉语直译： 声 谁 如 声 朋友 和 咱 这里
汉语意译： 好像听到朋友声。

喃字原文： 毡 啃 躺 喝 寔 哈，
国际音标： thɤi⁵ ti:ŋ⁵ min² ha:t⁷ thɤt⁸ hai¹
汉语直译： 见 声 妹 唱 实在 好
汉语意译： 见妹唱得真动听，

喃字原文： 隔 淹 拱 漓 隔 霎 拱 蹦。
国际音标： kat⁷ thoŋ¹ kuŋ³ loi⁶ kat⁷ mɤi¹ kuŋ³ tɛu²
汉语直译： 隔 河 也 游 隔 云 也 爬
汉语意译： 隔河也游隔云也爬。

喃字原文： 啃 埃 如 体 啃 鍾？
国际音标： ti:ŋ⁵ ʔa:i¹ ɳɯ¹the³ ti:ŋ⁵ tsu:ŋ¹
汉语直译： 声 谁 好像 声 钟
汉语意译： 谁的声音像钟声？

喃字原文： 些 特 啃 帝 些 挵 啃 尼。
国际音标： ta¹ ʔdɯ:k⁸ ti:ŋ⁵ ʔdɤi⁵ ta¹ ʔbuŋ¹ ti:ŋ⁵ nai²
汉语直译： 咱 得 声 那 咱 放 声 这
汉语意译： 能得那声音就丢这声音。

喃字原文： 啃 埃 如 体 鍾 鐄？
国际音标： ti:ŋ⁵ ʔa:i¹ ɳɯ¹the³ tsu:ŋ¹ va:ŋ²
汉语直译： 声 谁 好像 钟 金
汉语意译： 谁的声音如金钟？

其 他

喃字原文：啫 埃 如 啫 馱 廊 茹 些？
国际音标：ti:ŋ⁵ ʔa:i¹ ȵɯ¹ ti:ŋ⁵ ŋɯ:i² la:ŋ²ȵa² ta¹
汉语直译：声 谁 如 声 人 家 乡 咱
汉语意译：谁的声音如乡音？

喃字原文：啫 埃 蓮 捧 靇 呯？
国际音标：ti:ŋ⁵ ʔa:i¹ len¹ ʔboŋ³ su:ŋ⁵ tɤm²
汉语直译：声 谁 上 高昂 下 沉
汉语意译：谁的声音抑扬顿挫？

喃字原文：啫 埃 薇 呢 知音 每 哩？
国际音标：ti:ŋ⁵ ʔa:i¹ nɔn¹ni³ ti¹ʔɤm¹ moi³ lɤ:i²
汉语直译：声 谁 低语 知音 每 言
汉语意译：知谁的声音句句知音低语？

喃字原文：拮 蓮 没 啫 鍾 高，
国际音标：kɤt⁷ len¹ mot⁸ ti:ŋ⁵ tsu:ŋ¹ ka:u¹
汉语直译：扬 起 一 声 钟 高
汉语意译：高高扬起一钟声，

喃字原文：躺 瘠 些 仕 補 耗 朱 躺。
国际音标：min² ɣɤi² ta¹ thɤ³ ʔbo³ ha:u¹ tso¹ min²
汉语直译：妹 瘦 咱 将 补 耗 给 妹
汉语意译：妹瘦哥将给妹补身。

（152）
喃字原文：創 朕 解 照 台 行，
国际音标：tha:ŋ⁵ jaŋ¹ ja:i³ tsi:u⁵ ha:i¹ ha:ŋ²
汉语直译：明亮 月亮 铺 席子 两 行
汉语意译：铺席两行明月下，

1893

喃字原文： 朱 英 諿 册 朱 娘 摜 绦。
国际音标： tsɔ¹ ʔan¹ ʔdɔk⁸ thaƫ⁷ tsɔ¹ naːŋ² kwai¹ tɤ¹
汉语直译： 给 哥 读 书 给 妹 绕 丝
汉语意译： 给哥读书给妹绕丝。

喃字原文： 摜 绦 時 符 缕 绦，
国际音标： kwai¹ tɤ¹ thi² jɯ³ moi⁵ tɤ¹
汉语直译： 绕 丝 就 保持 缕 丝
汉语意译： 绕丝就保持丝成缕，

喃字原文： 𠱋 䎃 罢 缕 拱 徐 缕 英。
国际音标： jɤu² nam¹ ʔbai³ moi⁵ kuŋ³ tsɤ² moi⁵ ʔan¹
汉语直译： 无论 五 七 缕 也 等 缕 哥
汉语意译： 无论五缕七缕妹都等哥那一缕。

(153)

喃字原文： 𡎥 𫆀 扫 幅 詩 仙，
国际音标： ŋoi² roi² viːt⁷ ʔbɯk⁷ thɤ¹ tiːn¹
汉语直译： 坐 闲 写 幅 诗 仙
汉语意译： 闲坐写幅仙诗，

喃字原文： 掑 蓮 朱 孃 平 安 顺 和，
国际音标： ɣai³ len¹ tsɔ¹ mɤ⁶ ʔbin²ʔiːn¹ thɤn⁶hwa²
汉语直译： 弹 起来 给 妈妈 平 安 和顺
汉语意译： 弹起来祝妈妈平安和顺，

喃字原文： 黷 罒 㤨 泣 奇 茹，
国际音标： tɯːk⁷ laˀ² muŋ² khap⁷ kaˀ³ ɲa²
汉语直译： 先 是 贺 遍 全 家
汉语意译： 先是贺遍全家，

其 他

喃字原文： 䫻 惆 吒 媄 平 家 燚 祥。
国际音标： thau¹ muɯŋ² tsa¹mɛ⁶ ʔbin² ja¹ tɔ³tɯː ŋ²
汉语直译： 后 贺 父母 平 家 清楚
汉语意译： 后贺父母平家。

喃字原文： 永 淹 英 吻 妆 傷，
国际音标： vaŋ⁵ ʔɛm¹ ʔan¹ vɤn³ ȵɤ⁵thɯːŋ¹
汉语直译： 离 妹 哥 仍 想念
汉语意译： 离妹哥仍想念妹，

喃字原文： 闷 挗 制 鬎 仍 塘 赊 吹；
国际音标： muːn⁵ ʔdi¹ tsɤi¹ lam⁵ ȵuɯŋ¹ ʔdɯː ŋ² sa¹soi¹
汉语直译： 想 去 玩 很 但 路 遥远
汉语意译： 很想去玩但路远；

喃字原文： 妆 淹 偈 踤 吏 䢚，
国际音标： ȵɤ⁵ ʔɛm¹ het⁷ ʔdɯɯŋ⁵ laːi⁶ ŋoi²
汉语直译： 想 妹 完 站 又 坐
汉语意译： 想妹站了又坐，

喃字原文： 欺 於 晡 凉 欺 坐 桐 花；
国际音标： khi¹ ʔɤ³ ʔbɔŋ⁵ maːt⁷ khi¹ ŋoi² jaːn² hwa¹
汉语直译： 时 在 阴凉处 时 坐 架子 花
汉语意译： 有时坐在阴凉处有时坐在花架下；

喃字原文： 妆 淹 偈 包 吏 齣，
国际音标： ȵɤ⁵ ʔɛm¹ het⁷ vaːu² laːi⁶ ra¹
汉语直译： 想 妹 完 进 又 出
汉语意译： 想妹进了又出，

京族传统民歌译注

喃字原文： 悉 尼 埃 燎 朱 些 唉 悉？
国际音标： lɔŋ² nai² ʔa:i¹ tɔ³ tsɔ¹ ta¹ hɤ:i³ lɔŋ²
汉语直译： 心 这 谁 清楚 给 咱 啊 心
汉语意译： 妹心是否想着哥？

喃字原文： 别 䊀 仍 渚 别 悉，
国际音标： ʔbi:t⁷ mat⁸ ɲɯŋ¹ tsɯə¹ ʔbi:t⁷ lɔŋ²
汉语直译： 知 面 但 未 知 心
汉语意译： 知面但未知心，

喃字原文： 朱 铖 揪 幅 詩 封 諳 情。
国际音标： tsɔ¹nen¹ ɣɯi³ ʔbuk⁷ thɤ¹ fɔŋ¹ ʔɯ:m⁵ tin²
汉语直译： 所以 寄 封 信 封 试问 情
汉语意译： 所以写封信试探妹。

喃字原文： 疧 悯 節 日 春 天，
国际音标： nai¹ mɯŋ² ti:t⁷nɤt⁸ sɤn¹thi:n¹
汉语直译： 今天 祝贺 节日 春天
汉语意译： 今天祝贺春节，

喃字原文： 耤 英 雄 聘 埯 嬋 娟 闭 迟。
国际音标： ja:i¹ ʔan¹huŋ² than⁵ ʔɛm¹ thi:n²kwi:n¹ ʔbɤi⁵tsɤi²
汉语直译： 男儿 英雄 配 妹 婵娟 从来
汉语意译： 从来英雄配婵娟。

喃字原文： 丕 铖 固 幅 詩 尼，
国际音标： vɤi⁶nen¹ kɔ⁵ ʔbuk⁷ thɤ¹ nai²
汉语直译： 因而 有 幅 信 这
汉语意译： 因而有这封信，

其 他

喃字原文：英 掫 朱 𭃄 尽 𥘶 俺 祥。
国际音标：ʔan¹ ɣɯi³ tsɔ¹ ʔden⁵ tɤn⁶tai¹ ʔɛm¹ tɯːŋ²
汉语直译：哥 寄 给 到 直接送到手里 妹 详
汉语意译：哥寄信到妹手里让妹知详。

喃字原文：闭 数 俺 辨 役 家 堂，
国际音标：ʔbɤi⁵lɤu¹ ʔɛm¹ ʔbɤn⁶ viːk⁸jaˈʔdɯːŋ²
汉语直译：许久 妹 忙 家务事
汉语意译：许久妹忙家务事，

喃字原文：台 罢 固 准 帯 傷 俺 耒𫢸？
国际音标：hai¹la² kɔ⁵ tson⁵ naːu² thɯːŋ¹ ʔɛm¹ roi²
汉语直译：或是 有 地方 哪 想 妹 了
汉语意译：或是有人想妹了？

喃字原文：英 傷 俺 𦚤 朏 陪 徊，
国际音标：ʔan¹ thɯːŋ¹ ʔɛm¹ tɤŋ¹ ruːt⁸ ʔboi²hoi²
汉语直译：哥 想 妹 中 肠子 徘 徊
汉语意译：哥想妹心中徘徊，

喃字原文：當 𮗿 吏 跱 當 怌 吏 拶。
国际音标：ʔdaːŋ¹ nam² laːi⁶ ʔdɯŋ⁵ ʔdaːŋ¹ ŋoi² laːi⁶ ʔdi¹
汉语直译：正 躺 又 站 正 坐 又 走
汉语意译：躺了又站坐了又走。

喃字原文：闭 数 㐌 拸 笕 俺 拶，
国际音标：ʔbɤi⁵lɤu¹ nai¹ tsaŋ³ thɤi⁵ ʔɛm¹ ʔdi¹
汉语直译：许久 今 不 见 妹 去
汉语意译：许久不见妹去，

喃字原文： 想 如 旺 渃 桂 之 包 悉。
国际音标： tɯːŋ³ n̠ɯ¹ ʔuːŋ⁵ nɯːk⁷ kweˀ⁵ tsi¹ vaːu² lɔŋ²
汉语直译： 以为 如 喝 水 桂 什么 进 肚子
汉语意译： 以为妹喝了什么桂花水。

喃字原文： 缘 䐨 红 腉 躺 帽 想，
国际音标： jiːn¹ ma⁵hoŋ² ʔdem¹ nam² mɤ¹tɯːŋ³
汉语直译： 缘 红颜 夜里 躺 幻想
汉语意译： 夜里做着红颜梦，

喃字原文： 舳 𠄼 更 傷 忴 奇 𠄼 更。
国际音标： siːn¹ nam¹ kan¹ thɯːŋ¹n̠ɤ⁵ ka³ nam¹ kan¹
汉语直译： 透 五 更 想念 全部 五 更
汉语意译： 一夜五更念五更。

（154）

喃字原文： 𥪝 茹 固 客 賒 鄉，
国际音标： tɔŋ¹ n̠a² kɔ⁵ khat⁷ sa¹hɯːŋ¹
汉语直译： 中 家 有 客 远 乡
汉语意译： 家中有远乡客，

喃字原文： 𠓨 璘 桃 柳 外 塘 文 儒。
国际音标： tɯːk⁷ thɤn¹ ʔdaːu² liːu³ ŋwaːi² ʔdɯːŋ² van¹ n̠ɔ¹
汉语直译： 前 院子 桃 柳 外 路 文 儒
汉语意译： 院前桃柳路边文儒。

喃字原文： 文 儒 𣴓 特 𠇍 𠊚？
国际音标： van¹ n̠ɔ¹ ʔdi¹ ʔdɯːk⁸ mɤi⁵ ŋɯːi²
汉语直译： 文 儒 去 得 几 人
汉语意译： 文人儒士得几人？

其 他

喃字原文： 氽 馸 儒 仕 氽 馸 知 音？

国际音标： mɤi⁵ ŋɯːi² nɔ¹thi³ mɤi⁵ ŋɯːi² ti¹ʔɤm¹

汉语直译： 几　人　儒士　几　人　知音

汉语意译： 几人儒士几知音？

其二

（1）

喃字原文：功 吒 如 岗 泰 山，
国际音标：koŋ¹ tsa¹ nɯ¹ nui⁵ tha:i⁵thɤ:n¹
汉语直译：功 父 如 山 泰山
汉语意译：父之功重如泰山，

喃字原文：義 媄 如 渃 融 源 氵出 蚰。
国际音标：ŋiə³ mɛ⁶ nɯ¹ nɯ:k⁷ tɔŋ¹ ŋu:n² tsai³ ra¹
汉语直译：义 母 如 水 中 源 流 出
汉语意译：母之义如源中之水。

喃字原文：没 悉 要 媄 敬 吒，
国际音标：mot⁸ lɔŋ² ʔi:u¹ mɛ⁶ kin⁵ tsa¹
汉语直译：一 心 爱 母 敬 父
汉语意译：一心爱母敬父，

喃字原文：朱 贪 孜 孝 买 罢 道 琨。
国际音标：tsɔ¹ tɔn² tsɯ³ hi:u⁵ mɤ:i⁵ la² ʔda:u⁶ kɔn¹
汉语直译：使 完美 字 孝 才 是 道 儿
汉语意译：坚守"孝"字才是为儿之道。

喃字原文：琨 坤 瞠 媄 保 剭，
国际音标：kɔn¹ khon¹ ŋɛ³ mɛ⁶ ʔba:u³ rai²
汉语直译：孩子 机灵 听 娘 告诉 今天
汉语意译：乖儿今日听娘言，

喃字原文：学 奔 学 半 朱 齐 馹 些。
国际音标：hɔk⁸ ʔbu:n¹ hɔk⁸ ʔba:n⁵ tsɔ¹ tai² ŋɯ:i²ta¹
汉语直译：学 买 学 卖 以便 赶得上 人家
汉语意译：学做买卖赶上人家。

其他

喃字原文： 琨　停　学　迶　洙　嚩，
国际音标： kɔn¹ ʔdɯɯŋ² hɔk⁸ thɔi⁵ tsuə¹ŋwa¹
汉语直译： 孩子　莫　学　退　刁悍
汉语意译： 刁悍撒泼儿莫学，

喃字原文： 户　行　恬　補　馱　些　吱　唭。
国际音标： hɔ⁶ha:ŋ² ɣɛt⁷ɔb³ ŋɯ:i²ta¹ tse¹kɯ:i²
汉语直译： 亲戚　厌弃　人家　讥笑
汉语意译： 亲戚厌弃人家讥笑。

喃字原文： 由　皈　由　餓　朱　鲜，
国际音标： jɤu² nɔ¹ jɤu² ʔdoi⁵ tsɔ¹ tɯ:i¹
汉语直译： 不管饱 不管饿　给 新鲜
汉语意译： 不管饥饱要明理，

喃字原文： 宽　唉　扒　盱　料　排　怓　算。
国际音标： khwa:n¹ ʔan¹ ʔbɤ:t⁷ ŋɯ³ li:u⁶ ʔbai² lɔ¹tɔn¹
汉语直译： 放慢　吃　减少　睡　估摸　安排　细心筹划
汉语意译： 省吃少水细心筹划。

喃字原文： 防　欺　拣　掄　義　隃，
国际音标： fɔŋ¹ khi¹ ʔdɔŋ⁵ ɣɔp⁷ ŋia³ tɔn²
汉语直译： 防　时　缴纳　义　完成
汉语意译： 预防义务缴纳时，

喃字原文： 銅　钱　鉢　粘　怓　算　朱　𫘫。
国际音标： ʔdoŋ² ti:n² ʔba:t⁷ ɣa:u⁶ lɔ¹tɔn¹ tsɔ¹ tsoŋ²
汉语直译： 铜钱　碗　米　细心筹划　给　夫
汉语意译： 家里钱米细筹划。

1901

喃字原文： 齱罡 得 義 共 𫘝，
国际音标： tɯːk⁷ la² ʔdak⁷ ŋiə³ kuŋ² tsoŋ²
汉语直译： 先 是 得 义 和 夫
汉语意译： 先是得夫妻之义，

喃字原文： 𬂩 罡 户 當 拱 空 吱 唭。
国际音标： thau¹ la² hɔ⁶ ʔdɯːŋ¹ kuŋ³ khoŋ¹ tseˈkɯːi²
汉语直译： 后 是 亲戚 当 也 不 讥笑
汉语意译： 后是亲戚不讥笑。

（2）

喃字原文： 遥 氻 秋 媄 啦 掍 吁，
国际音标： jɔ⁵muə²thu¹ mɛ⁶ ru¹ kɔn¹ ŋu³
汉语直译： 秋风 娘 哄 孩子 睡
汉语意译： 秋风中娘哄孩子睡，

喃字原文： 醠 更 迟 試 礕 醠 更。
国际音标： nam¹ kan¹ tsɤi² thi¹ ʔdu³ nam¹ kan¹
汉语直译： 五 更 深夜 考 足 五 更
汉语意译： 一夜五更考足五更。

喃字原文： 媄 耗 於 准 蔡 𨋂，
国际音标： mɛ⁶ ja² ʔɤ³ tson³ leu²jan¹
汉语直译： 娘 老 在 地方 茅草房
汉语意译： 老娘住在茅草房，

喃字原文： 𠻨 饳 空 𫚈 㾟 魿 空 忨。
国际音标： ʔdɔi⁵ noˈkhoŋ¹ kwaːn³ rat⁷ lan² khoŋ¹ lɔ¹
汉语直译： 饥 饱 不 管 破 好 不 忧
汉语意译： 饥饱不管冷暖不顾。

其 他

（3）

喃字原文： 蓮 嫩 買 別 嫩 高，
国际音标： len¹ nɔn¹ mɤːi⁵ ʔbiːt⁷ nɔn¹ kaːu¹
汉语直译： 上 山 才 知 山 高
汉语意译： 上山才知山高，

喃字原文： 餒 琨 買 別 功 勞 嫷 柴。
国际音标： nuːi¹ kɔn¹ mɤːi⁵ ʔbiːt⁷ kɔŋ¹laːu¹ mɛ⁶thɤi²
汉语直译： 养 儿 才 知 功 劳 父 母
汉语意译： 养儿才知父母的功劳。

喃字原文： 功 吒 恩 嫷 磙 呰，
国际音标： kɔŋ¹ tsaː¹ ʔɤn¹ mɛ⁶ naŋ⁶ thaːi¹
汉语直译： 功 父 恩 母 重 哉
汉语意译： 重哉！父之功母之恩，

喃字原文： 羛 嫷 平 丕 九 膧 𩿠 胦。
国际音标： ŋiə³ mɛ⁶ ʔbaːn² jɤːi² tsin⁵ thaːŋ⁵ kiu¹maːŋ¹
汉语直译： 义 母 如 天 九 月 怀 胎
汉语意译： 母义如天九月怀胎。

（4）

喃字原文： 固 吒 固 嫷 時 欣，
国际音标： kɔ⁵ tsaː¹ kɔ⁵ mɛ⁶ thiː² hɤːn¹
汉语直译： 有 父 有 母 则 胜过
汉语意译： 父母健在胜过一切，

喃字原文： 空 吒 空 嫷 如 弹 坦 绁。
国际音标： khoŋ¹ tsaː¹ khoŋ¹ mɛ⁶ ɳɯ¹ ʔdaːn² ʔdɯt⁷ jɤi¹
汉语直译： 无 父 无 母 如 琴 断 弦
汉语意译： 无父无母如琴断弦。

1903

喃字原文：　嘲　嘲　捒　笐　採　蔞，
国际音标：tsi:u²tsi:u² sat⁷ jɔ³ ha:i⁵ rau¹
汉语直译：每天下午 提 篮 采 菜
汉语意译：每天下午提篮去采菜，

喃字原文：　䵣　蓮　瑪　媄　胜　疠　如　擯。
国际音标：toŋ¹ len¹ ma³ mɛ⁶ ru:t⁸ ʔdau¹ ȵɯ¹ jɤn²
汉语直译：望 上 墓 母 肠 痛 如 捣 碎
汉语意译：望上娘墓肠痛如捣。

（5）
喃字原文：　䏦　䏦　鸤　鹬　叫　嘲，
国际音标：vaŋ³ ŋɛ¹ tsim¹vit⁸ keu¹ tsi:u²
汉语直译：隐约 听 鹦鹉 叫 下午
汉语意译：下午隐约听到鹦鹉叫，

喃字原文：　惼　傾　忟　媄　九　懆　胜　疠。
国际音标：ʔbɤŋ¹khwɤŋ¹ nɤ⁵ mɛ⁶ tsin⁵ tsi:u² ru:t⁸ʔdau¹
汉语直译：　惆怅　　想 娘 九 方向 心痛
汉语意译：想念娘惆怅心痛。

喃字原文：　嘲　嘲　黜　踤　閞　䦞，
国际音标：tsi:u²tsi:u² ra¹ ʔdɯŋ⁵ ŋɔ³thau¹
汉语直译：每天下午 出 站 后门
汉语意译：每天下午站后门，

喃字原文：　䵣　術　圭　媄　胜　疠　九　懆。
国际音标：toŋ¹ ve² kwe¹ mɛ⁶ ru:t⁸ʔdau¹ tsin⁵ tsi:u²
汉语直译：望 回 家乡 娘 心 痛 九 方向
汉语意译：回望家乡娘心痛。

其 他

（6）

喃字原文：媄 糕 鬡 泊 如 绦，
国际音标：mɛ⁶ ja² tɔk⁷ ʔba:k⁸ ȵɯ¹ tʂ¹
汉语直译：母 老 发 白 如 丝
汉语意译：老母发白如丝，

喃字原文：餒 琨 朱 𩦎 底 伽 麻 䰾。
国际音标：nu:i¹ kɔn¹ tso¹ ʈɯ:n⁵ ʔde³ ȵʐ² ma² toŋ¹
汉语直译：养 儿 使 大 以 倚靠 而 望
汉语意译：养大儿女有倚靠。

喃字原文：媄 糕 如 映 務 冬，
国际音标：mɛ⁶ ja² ȵɯ¹ ʔan⁵ muə⁵ʔdoŋ¹
汉语直译：母 老 如 光芒 冬天
汉语意译：老母如冬天的光芒，

喃字原文：燸 空 尽 相 尽 悉 朱 琨。
国际音标：thɔi¹ khoŋ¹ tʂn⁶ mat⁷ tʂn⁶ lɔŋ² tso¹ kɔn¹
汉语直译：照 不 完 眼 完 心 给 孩子
汉语意译：尽心尽意给孩子。

（7）

喃字原文：媄 糕 如 檍 伦 核，
国际音标：mɛ⁶ ja² ȵɯ¹ tsu:i⁵ tsin⁵ kʐi¹
汉语直译：母 老 如 芭蕉 熟 树
汉语意译：老母如树上熟的芭蕉，

喃字原文：牢 英 空 料 底 淹 低 料 共？
国际音标：tha:u¹ ʔan¹ khoŋ¹ li:u⁶ ʔde³ ʔɛm¹ ʔdʐi¹ li:u⁶ kuŋ²
汉语直译：为何 哥 不 揣度 以便 妹 这里 揣度 同
汉语意译：为何哥和妹同揣度？

1905

喃字原文： 媄 媼 罒 媄 媼 终，
国际音标： mɛ⁶ ja² la² mɛ⁶ ja² tsuŋ¹
汉语直译： 母 老 是 母 老 共同
汉语意译： 老母是咱共同的老母，

喃字原文： 英 忄沪 湯 糮 淹 襖 柑。
国际音标： ʔan¹ lɔ¹ thaːŋ¹ thuːk⁷ ʔɛm¹ ʔaːu⁵ kɤːm¹
汉语直译： 哥 忧 药 引子 药 妹 衣 饭
汉语意译： 哥忧吃饭穿衣和病痛。

（8）

喃字原文： 吒 媄 餒 掍 淀 湖 淶 瀧，
国际音标： tsa¹mɛ⁶ nuːi¹ kɔn¹ ʔbiːn³ ho² laːi¹laːŋ⁵
汉语直译： 父 母 养 儿 海 湖 洋溢
汉语意译： 父母养儿如海湖洋溢，

喃字原文： 掍 餒 吒 媄 併 脜 併 馻。
国际音标： kɔn¹ nuːi¹ tsa¹mɛ⁶ tin⁵ thaːŋ⁵ tin⁵ ŋai²
汉语直译： 儿 养 父 母 算 月 算 天
汉语意译： 儿养父母算月算天。

喃字原文： 鵖 丕 埃 易 掂 毦，
国际音标： tsim¹ jɤːi² ʔaːi¹ je³ ʔdem⁵ lɔŋ¹
汉语直译： 鸟 天 谁 容易 数 毛
汉语意译： 鸟飞天上难数毛，

喃字原文： 餒 掍 埃 易 計 功 脜 馻。
国际音标： nuːi¹ kɔn¹ ʔaːi¹ je³ ke³ kɔŋ¹ thaːŋ⁵ ŋai²
汉语直译： 养 儿 谁 容易 说 功 月 日
汉语意译： 养儿不易怎算月日。

其 他

（9）

喃字原文：媄　淹　咹　於　机　求，
国际音标：mɛ⁶ ʔɛm¹ ʔan¹ʔɤ³ kɤ¹kɤu²
汉语直译：娘　妹　生活　艰难困苦
汉语意译：妹娘生活艰难，

喃字原文：朱　铖　淹　沛　削　頭　挼　修。
国际音标：tsɔ¹nen¹ ʔɛm¹ faːi³ ɣot⁸ ʔdɤu² ʔdi¹tu¹
汉语直译：所以　妹　要　剃　头　出家
汉语意译：所以妹要剃头出家。

（10）

喃字原文：修　兜　朱　平　修　茹，
国际音标：tu¹ ʔdɤu¹ tsɔ¹ ʔbaŋ² tu¹ ɲa²
汉语直译：修　哪里　给　如同　修　家
汉语意译：修哪里不如修家，

喃字原文：蜍　吒　敬　媄　伋　罡　真　修。
国际音标：thɤ² tsa¹ kin⁵ mɛ⁶ ʔɤi⁵ la² tsɤn¹ tu¹
汉语直译：供　父　敬　母　那　是　真　修
汉语意译：供父敬母那是真修。

（11）

喃字原文：媄　喂　琨　㐌　到　時，
国际音标：mɛ⁶ ʔɤːi¹ kɔn¹ ʔda³ ʔdaːu⁵ thi²
汉语直译：母　啊　儿　已　到　时
汉语意译：娘啊儿已到时，

1907

喃字原文：埃 麻 跙 嗨 媄 噫 朱 琨。
国际音标：ʔaːi¹ ma² ʔden⁵ hɔi³ mɛ⁶ ʔi² tsɔ¹ kɔn¹
汉语直译：谁 如果 到 问 娘 答 给 孩子
汉语意译：谁若来问娘回答。

喃字原文：媄 耂 垠 迡 琨 之，
国际音标：mɛ⁶ ja² ŋan¹ ʔdɔn⁵ kɔn¹ tsi¹
汉语直译：娘 老 阻止 迎接 孩子 什么
汉语意译：老母阻止孩子做什么，

喃字原文：琨 如 花 妟 渚 朱 拸 衸 馱。
国际音标：kɔn¹ ɲɯ¹ hwa¹ nɤ³ tsɯɛ¹ tsɔ¹ ʔdi¹ lɤi⁵ tsoŋ²
汉语直译：孩子 如 花 开 未 给 去 嫁 夫
汉语意译：女儿如花未让出嫁。

（12）

喃字原文：餒 琨 朱 特 旌 贘，
国际音标：nuːi¹ kɔn¹ tsɔ¹ ʔdɯːk⁸ vuːŋ¹ tɔn²
汉语直译：养 孩子 给 得 圆 满
汉语意译：养子要得到圆满，

喃字原文：媄 柴 油 解 昌 攏。
国际音标：mɛ⁶ thɤi² jɤu² jaːi³ sɯːŋ¹ luŋ¹
汉语直译：父母 曝晒 骨 松动
汉语意译：父母曝晒骨松动。

喃字原文：琨 喂 朱 撰 孝 忠，
国际音标：kɔn¹ ʔɤːi¹ tsɔ¹ tsɔn⁶ hiːu⁵ tuŋ¹
汉语直译：孩子 啊 给 选择 孝 忠
汉语意译：儿啊忠孝不能丢，

其 他

喃字原文： 討　　竀 没 脆 恩 功 媄 柴。
国际音标： tha:u³　ŋai¹ mot⁸ja⁶ ʔɤn¹ koŋ¹ mɛ⁶thɤi²
汉语直译： 心肠好 正直 一心 恩 功 父母
汉语意译： 正直宽厚一心来报父母恩。

（13）
喃字原文： 辀 時 琨 拄 朱 晗，
国际音标： thoŋ⁵ thi² kɔn¹ tsaŋ³ tso¹ ʔan¹
汉语直译： 活 则 孩子 不 给 吃
汉语意译： 活时儿不给吃，

喃字原文： 甤 時 敉 䄉 ⺮ 文 祭 崍。
国际音标： tset⁷ thi² soi¹ thit⁸ la:m² van¹ te⁵ta:i¹
汉语直译： 死 则 糯米饭 肉 做 文 祭祀
汉语意译： 死后摆上肉饭撰文祭祀。

（14）
喃字原文： 英 㝵 ⺮ 秘 馁 埃？
国际音标： ʔan¹ ʔdi¹ la:m²thwe¹ nu:i¹ ʔa:i¹
汉语直译： 哥 去 打工 养 谁
汉语意译： 哥去打工养谁？

喃字原文： 朱 襖 英 掹 朱 𪡏 英 疔。
国际音标： tso¹ ʔa:u¹ ʔan¹ rat⁷ tso¹ va:i¹ ʔan¹ mɔn²
汉语直译： 使 衣 哥 破 使 肩 哥 磨损
汉语意译： 使哥衣破肩也破。

喃字原文： 英 㝵 ⺮ 齾 馁 琨，
国际音标： ʔan¹ ʔdi¹ la:m²thwe¹ nu:i¹ kɔn¹
汉语直译： 哥 去 打工 养 孩子
汉语意译： 哥去打工养孩子，

喃字原文：襖㧘默襖㿝疒默㿝。
国际音标：ʔaːu⁵ rat⁷ mak⁸ ʔaːu⁵ vaːi¹ mɔn² mak⁸ vaːi¹
汉语直译：衣 破 由 衣 肩 磨损 由 肩
汉语意译：衣破由衣肩破由肩。

（15）

喃字原文：核 撑 時 荸 拱 靜，
国际音标：kɤi¹ san¹ thi² laʔ⁵ kuŋ³ san¹
汉语直译：树 绿 则 叶 也 绿
汉语意译：树绿则叶也绿，

喃字原文：吒 媄 贤 齡 底 德 朱 琨。
国际音标：tsa¹mɛ⁶ hiːn²lan² ʔde³ ʔdɯk⁷ tsɔ¹ kɔn¹
汉语直译：父 母 和 善 留 德 给 孩子
汉语意译：父母和善留德给儿。

喃字原文：琨 喂 琨 旴 㑌 琨，
国际音标：kɔn¹ ʔɤːi¹ kɔn¹ ŋu³ ʔdi¹ kɔn¹
汉语直译：孩子 啊 孩子 睡觉 去 孩子
汉语意译：孩子啊你睡觉去，

喃字原文：琨 哭 ? 媄 烌 焜 䙴 悉。
国际音标：kɔn¹ khɔk⁷ laːm² mɛ⁶ hɛu⁵hɔn¹ tɤk⁷lɔŋ²
汉语直译：孩子 哭 做 母亲 憔悴 寸心
汉语意译：儿哭为娘寸心憔悴。

（16）

喃字原文：琨 祂 之 功 報 義 塡，
国际音标：kɔn¹ lɤi⁵ tsi¹ kɔŋ¹ ʔbaːu⁵ ŋiə³ ʔden²
汉语直译：孩子 拿 什么 功 报 义 偿
汉语意译：儿拿什么报答父母恩，

其 他

喃字原文：朱 悇 悡 媄 朱 烦 悡 吒。
国际音标：tsɔ¹ noi³ lɔŋ² mɛ⁶ tsɔ¹ fi:n² lɔŋ² tsa¹
汉语直译：使 浮 心 母 使 烦 心 父
汉语意译：使母心浮使父心烦。

喃字原文：功 吒 義 媄 磄 怩,
国际音标：koŋ¹ tsa¹ ŋiə³ mɛ⁶ naŋ⁶ne²
汉语直译：功 父 义 母 沉 重
汉语意译：父功母义沉重,

喃字原文：𥘷 之 麻 者 罧 皮 爱 恩?
国际音标：lɤi⁵ tsi¹ ma² ja³ ʔbon⁵ ʔbe² ʔa:i⁵ ʔɤn¹
汉语直译：拿 什么 来 报答 四 方 爱 恩
汉语意译：拿什么来报答四方爱恩?

（17）

喃字原文：功 吒 如 玉 義 媄 如 鐄,
国际音标：koŋ¹ tsa¹ nɯɯ¹ ŋɔk⁸ ŋiə³ mɛ⁶ nɯɯ¹ va:ŋ²
汉语直译：功 父 如 玉 义 母 如 金
汉语意译：父功如玉母义如金,

喃字原文：道 ʔ 㞚 渚 者 况 之 払 駔 㑌。
国际音标：ʔda:u⁶ la:m² koŋ¹ tsɯə¹ ja³ hu:ŋ⁵tsi¹ tsa:ŋ² ŋɯ:i² ji:ŋ³
汉语直译：道 做 孩子 未 报 何况 哥 人 邻近
汉语意译：为人子未报父母恩何况别人。

喃字原文：功 吒 義 媄 填 陪,
国际音标：koŋ¹ tsa¹ ŋiə³ mɛ⁶ ʔden² ʔboi²
汉语直译：功 父 义 母 报答
汉语意译：父母恩情要报答,

喃字原文：唉 忾 没 浽 蹲 蚴 貝 英。
国际音标：hɤ:i³ lɔ¹ mot⁸ noi³ ʔdɯŋ⁵ ŋoi² vɤ:i⁵ ʔan¹
汉语直译：啊 忧 一 境地 站 坐 和 哥
汉语意译：忧心时和哥在一起。

(18)

喃字原文：否 呥 桥 板 拣 釕，
国际音标：vi⁵ju⁶ kɤu²va:n⁵ ʔdɔŋ⁵ ʔdin¹
汉语直译：好比 木板桥 钉 钉子
汉语意译：好比板桥钉钉子，

喃字原文：桥 椆 㐌 搭 了 炭 崇 難 㐌。
国际音标：kɤu²tɛ¹ ʔdi¹ lak⁷lɛu³ ɣɤp⁸ ɣɤn² khɔ⁵ ʔdi¹
汉语直译：竹桥 走 摇晃 遇 湍濑 难 走
汉语意译：竹桥摇晃湍濑难走。

喃字原文：難 㐌 嫫 掼 琨 㐌，
国际音标：khɔ⁵ ʔdi¹ mɛ⁶ jat⁷ kɔn¹ ʔdi¹
汉语直译：难 走 娘 牵 孩子 走
汉语意译：难走娘牵儿手，

喃字原文：琨 㐌 塲 学 嫫 㐌 術 呌。
国际音标：kɔn¹ ʔdi¹ tɯ:ŋ² hɔk⁸ mɛ⁶ ʔdi¹ve² la:m²
汉语直译：孩子 去 学堂 学 娘 回去 做
汉语意译：儿去学科娘回家。

(19)

喃字原文：固 琨 拖 㨪 拖 肛，
国际音标：kɔ⁵ kɔn¹ tha² ɣan⁵ tha² ɣoŋ²
汉语直译：有 孩子 宁愿 挑 宁愿 扛
汉语意译：有孩子宁愿挑宁愿扛，

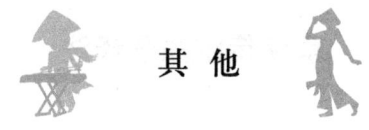

其他

喃字原文：㐖㐌袘𰴈𰮠𰵊𰮉挖。
国际音标：kɔn¹ ʔdi¹ lɤi⁵ tsoŋ² va:i¹ ɣan⁵ tai¹ ma:ŋ¹
汉语直译：孩子 去 嫁 夫 肩 挑 手 拿
汉语意译：孩子去嫁夫肩挑手拿。

喃字原文：㐖 些 嫁 半 朱 㝖，
国际音标：kɔn¹ ta¹ ɣa³ ʔba:n⁵ tsɔ¹ ŋɯ:i²
汉语直译：孩子 咱 许配 给 人家
汉语意译：孩子许配给人家，

喃字原文：旗 埃 帝 拂 諸 𠫛 兜 麻。
国际音标：kɤ² ʔa:i¹ ʔdɤi⁵ fɤt⁷ tsɤ⁵ tsɤ:i¹ ʔdɤu¹ ma²
汉语直译：旗 谁 那里 飘扬 莫 玩 哪里 无实义
汉语意译：谁的旗在那里飘扬莫到处玩耍。

（20）
喃字原文：埃 術 碎 掞 𱁡 槁，
国际音标：ʔa:i¹ ve² toi¹ ɣɯi³ ʔbu:ŋ² kau¹
汉语直译：谁 回 我 寄 串 槟榔
汉语意译：谁回我寄串槟榔，

喃字原文：𱁡 𱁡 敬 媄 𱁡 𱁡 敬 柴。
国际音标：ʔbu:ŋ²khi⁷ kin⁵ mɛ⁶ ʔbu:ŋ² thau¹ kin⁵ thɤi²
汉语直译：串 前 敬 母亲 串 后 敬 父亲
汉语意译：前串敬母后串敬父。

喃字原文：埃 術 碎 掞 堆 蹎，
国际音标：ʔa:i¹ ve² toi¹ ɣɯi³ ʔdoi¹ jai²
汉语直译：谁 回 我 寄 双 鞋
汉语意译：谁回我寄双鞋，

1913

喃字原文： 防　欺　湄　遥底　柴　媄　㧘。
国际音标： fɔŋ² khi¹ mɯə¹ jɔ⁵ ʔde³ thɤi² mɛ⁶ ʔdi¹
汉语直译： 防　时　雨　风　留　父母　穿
汉语意译： 预防下雨刮风让父母穿。

（21）

喃字原文： 耩　𠊛　之　妨　𠊛　之，
国际音标： ja:i¹ la:m² tsi¹ ɣa:i⁵ la:m² tsi¹
汉语直译： 男　做　什么　女　做　什么
汉语意译： 生男生女都一样，

喃字原文： 生　齣　固　義　固　儀　罪　欣。
国际音标： thin¹ ra¹ kɔ⁵ ŋiə³ kɔ⁵ ŋiə³ la² hɤ:n¹
汉语直译： 生　出　有　义　有　礼仪　是　胜过
汉语意译： 有义有仪是最大的事。

喃字原文： 固　掍　義　媄　傷　䏻，
国际音标： kɔ⁵ kɔn¹ ŋiə³ mɛ⁶ thɯ:ŋ¹ thai¹
汉语直译： 有　孩子　义　母亲　想　啊
汉语意译： 有了孩子才想到母亲的情义啊，

喃字原文： 九　胴　迗　馰　胜　磜　脓　疗。
国际音标： tsin⁵ tha:ŋ⁵ mɯ:i² ŋai² ma:ŋ¹ naŋ⁶ ʔdɛ² ʔdau¹
汉语直译： 九　月　十　天　负　重　生　痛
汉语意译： 九个月十天负重生又痛。

喃字原文： 皿　唔　媄　底　吏　齺，
国际音标： mi:ŋ⁶ ŋɔn¹ mɛ⁶ ʔde³ la:i⁶ thau¹
汉语直译： 好吃　母亲　留　来　后面
汉语意译： 有好吃的娘留下来，

其他

喃字原文：唵 餂 底 搇 待 侯 朱 琨。
国际音标：ʔan¹ n̦in⁶ ʔde³ jan² ʔdɤːi⁶hɤu² tsɔ¹ kɔn¹
汉语直译：吃 节省 以便 捣烂 等候 给 孩子
汉语意译：节省吃的捣烂留给孩子。

（22）

喃字原文：琨 吒 蹐 赭 如 輪，
国际音标：kɔn¹ tsa¹ yɔt⁷ ʔdɔ³ nɯɯ¹ thɔn¹
汉语直译：孩子 父亲 脚跟 红 如 赭石
汉语意译：父子脚跟红如赭石，

喃字原文：玜 欺 吒 薨 蹐 琨 颠 眱。
国际音标：ʔden⁵ khi¹ tsa¹ tset⁷ yɔt⁷ kɔn¹ ʔdɛn¹thi²
汉语直译：到 时 父亲 死 脚跟 孩子 乌黑
汉语意译：父死孩子脚跟变乌黑。

喃字原文：𧵑 𡗶 𡗶 吏 𥙩 𣂂，
国际音标：kuə³ jɤːi² jɤːi² laːi⁶ lɤi⁵ ʔdi¹
汉语直译：东西 天 天 又 拿 去
汉语意译：老天的东西老天又拿走，

喃字原文：扬 台 琨 相 𠃩 之 特 𡗶？
国际音标：jɯːŋ¹ haːi¹ kɔn¹ mat⁷ laːm² tsi¹ ʔdɯːk⁸ jɤːi²
汉语直译：睁 两 只 眼 做 什么 得 天
汉语意译：睁两只眼做什么？

（23）

喃字原文：𩃳 𩂀 魅 几 玜 茹，
国际音标：jau²thaːŋ¹ n̦iːu² kɛ³ ʔden⁵ n̦a²
汉语直译：富贵 多 人 到 家
汉语意译：富贵门庭喧闹，

1915

喃字原文： 黇 巾 铖 浽 胐 胐 赊 㷭。
国际音标： khɔ⁵khan¹ nen¹ noi³ ru:t⁸ra² sa¹ ɲau¹
汉语直译： 困难 成 境地 骨肉 远离 互相
汉语意译： 贫穷骨肉离分。

喃字原文： 世 间 拰 厽 時 麨，
国际音标： the⁵jaːn¹ tsaŋ³ ʔit⁷ thi² ɲiːu²
汉语直译： 世间 不 少 则 多
汉语意译： 世间不少则多，

喃字原文： 空 𠸜 埃 易 噠 調 朱 埃?
国际音标： khoŋ¹ juɯŋ¹ ʔaːi¹ jeː³ ʔdat⁸ʔdiːu² tsɔ¹ ʔaːi¹
汉语直译： 不 奉献 谁 易 搬弄 给 谁
汉语意译： 搬弄是非为哪般？

（24）
喃字原文： 姨胐 傷 召 如 琨，
国际音标： ji²ruːt⁸ thɯːŋ¹ tsau⁵ ɲɯ¹ kɔn¹
汉语直译： 姨母 爱 外甥 如 孩子
汉语意译： 姨母爱外甥如孩子，

喃字原文： 磊 麻 空 媄 召 群 挬 䭾。
国际音标： rui³ ma² khoŋ¹ mɛ⁶ tsau⁵ kɔn² kɤi⁶toŋ¹
汉语直译： 倒霉 而 无 母 外甥 还 寄望
汉语意译： 不幸失母还有寄望。

（25）
喃字原文： 英 媕 贤 寔 罤 贤，
国际音标： ʔan¹²ɛm¹ hiːn¹ thɤt⁸ laː² hiːn²
汉语直译： 兄弟 贤 实在 是 贤
汉语意译： 兄弟实在是贤，

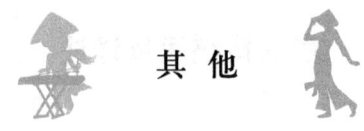

其他

喃字原文：醜 没 銅钱 ⼀ 秩 悉 烧。
国际音标：ʔbɤːi³ mot⁸ ʔdoŋ²tiːn² laːm² mɤɤt⁷ loŋ² ȵau¹
汉语直译：因为 一 铜钱 做 丢 心 互相
汉语意译：因为一块铜钱丢情义。

喃字原文：英 俺 如 渃 没 泂，
国际音标：ʔan¹ʔɛm¹ ȵɯ¹ nɯːk⁷ mot⁸ jɔŋ²
汉语直译：兄弟 如 水 一 河流
汉语意译：兄弟如同一河流的水，

喃字原文：如 核 没 槐 如 滝 没 源。
国际音标：ȵɯ¹ kɤi¹ mot⁸ koi³ ȵɯ¹ thoŋ¹ mot⁸ ŋuːn²
汉语直译：如 树 一 根 如 河 一 源
汉语意译：如树同根如河同源。

（26）
喃字原文：英 俺 如 体 躓 秄，
国际音标：ʔan¹ʔɛm¹ ȵɯ¹the³ tsɤn¹tai¹
汉语直译：兄弟 如同 手足
汉语意译：兄弟如同手足，

喃字原文：掹 ⼀ 撤 扑 矪 台 拖 搽；
国际音标：rat⁷ laːm² ʔdum² ʔbok⁸ jɤ³ hai¹ tha¹thɤn³
汉语直译：破烂 做 包裹 翻 或 慢悠悠
汉语意译：破衣包裹心也乐；

喃字原文：英 俺 如 躓 貝 秄，
国际音标：ʔan¹ʔɛm¹ ȵɯ¹ tsɤn¹ vɤːi⁵ tai¹
汉语直译：兄弟 如 脚 和 手
汉语意译：兄弟如手和脚，

喃字原文： 𪜋 如 撒 朴 㒼 巾 拖。
国际音标： la:m² ʔdum² ʔbɔk⁸ khɔ⁵khan¹ tha¹thɤn³
汉语直译： 破烂 做 包裹 困难 慢悠悠
汉语意译： 破衣包裹苦也乐。

（27）
喃字原文： 想 浪 姊 我 埯 杻，
国际音标： tɯ:ŋ³raŋ² tsi⁶ ŋa³ ʔɛm¹ nɤŋ¹
汉语直译： 以为 姐 摔倒 妹 扶
汉语意译： 以为姐摔倒妹忙扶，

喃字原文： 埃 吇 埯 我 捌 𠰘 唭。
国际音标： ʔa:i¹ ŋɤ² ʔɛm¹ ŋa³ ʔbɯŋ¹ mi:ŋ⁶ kɯ:i²
汉语直译： 谁 料 妹 摔倒 捂 嘴 笑
汉语意译： 谁料摔倒了妹妹捂嘴笑。

喃字原文： 埯 空 傷 姊 罢 馸，
国际音标： ʔɛm¹ khoŋ¹ thɯ:ŋ¹ tsi⁶ la² ŋɯ:i²
汉语直译： 妹 不 可怜 姐 是 人
汉语意译： 妹不可怜姐姐，

喃字原文： 翁 㐌 𥊛 𢅶 拱 唭 傷 些。
国际音标： ʔoŋ¹jɤ:i² toŋ¹thɤi⁵ kuŋ³ kɯ:i² thɯ:ŋ¹ ta¹
汉语直译： 老天 看见 也 笑 可怜 咱
汉语意译： 老天见了也可怜。

（28）
喃字原文： 餒 餤 没 媎 没 欳，
国际音标： ʔdɔi⁵ nɔ¹ mot⁸ vɤ⁶ mot⁸ tsoŋ²
汉语直译： 饿 饱 一 妻 一 夫
汉语意译： 饿饱一妻一夫，

其 他

喃字原文：没　垗　粓　粣　油　悉　咹　制。
国际音标：mot⁸ ni:u¹ kɤ:m¹tɤm⁵ jɤu²lɔŋ² ʔan¹ tsɤ:i¹
汉语直译：一　小砂锅　碎米饭　忍耐　吃　玩
汉语意译：一锅碎米饭凑合吃着玩。

（29）

喃字原文：秮　挓　巾　儈　遡　淹，
国际音标：tai¹ ma:ŋ¹ khan¹ɣɔi⁵ tha:ŋ¹ thoŋ¹
汉语直译：手　拿　包袱　到　河
汉语意译：手拿包袱到河边，

喃字原文：媄　噲　黙　媄　跳　猷　据　跳。
国际音标：mɛ⁶ ɣɔi⁶ mak⁸ mɛ⁶ thɛu¹ tsoŋ² kɯ⁵ thɛu¹
汉语直译：娘　叫　由　娘　随　夫　尽管　随
汉语意译：娘叫由娘妹随夫。

喃字原文：船　铜　阻　俚　術　東，
国际音标：thi:n² ʔdoŋ² jɤ³ la:i⁵ ve² ʔdoŋ¹
汉语直译：船　铜　返转　开　回　东
汉语意译：铜船返转开回东，

喃字原文：掍　迻　跳　猷　底　媄　朱　埃？
国际音标：kɔn¹ ʔdi¹ thɛu¹ tsoŋ² ʔde³ mɛ⁶ tsɔ¹ ʔa:i¹
汉语直译：儿　去　随　夫　留　娘　给　谁
汉语意译：孩儿随夫留娘给谁？

喃字原文：媄　耄　㐌　固　掍　耦，
国际音标：mɛ⁶ ja² ʔda³ kɔ⁵ kɔn¹ja:i¹
汉语直译：娘　老　已　有　儿子
汉语意译：老娘身边有儿子，

1919

喃字原文：琨𦋅分姼　敢　差　牧　從。
国际音标：kɔn¹ la² fɤn⁶ɣaːi⁵ jaːm⁵ thaːi¹ tsɯ³ tuŋ²
汉语直译：儿　是　女儿身　敢　违背字　从
汉语意译：我是女儿身不敢违"从"字。

喃字原文：指　誓　渃　碧　嫩　靘，
国际音标：tsi³ the² nɯːk⁷ ʔbiːk⁷ nɔn¹ san¹
汉语直译：指　发誓　水　碧　山　青
汉语意译：指着碧水青山发誓，

喃字原文：跿　侥　朱　撰　死　生　拱　停？
国际音标：thɛu¹ ɲau¹ tsɔ¹ tsɔn⁶ tɯ³ thin¹ kuŋ³ʔdan²
汉语直译：相随　给　选择　死　生　姑忍
汉语意译：选择相随生死又何妨？

喃字原文：歪　高　波　籬　浿　濛，
国际音标：jɤːi² kaːu¹ ʔbe³ roŋ⁶ mɤn¹moŋ¹
汉语直译：天　高　海　阔　无垠
汉语意译：天高海阔无垠，

喃字原文：於　牢　朱　撰　心　悉　夫妻？
国际音标：ʔɤ³ thaːu¹ tsɔ¹ tsɔn⁶ tɤm¹lɔŋ² fu¹the¹
汉语直译：因为　什么　给　选择　心　夫妻
汉语意译：为何夫妻选择心相连？

喃字原文：啐　㐌　玉　约　鑛　誓，
国际音标：tɔt⁷ ʔda³ ŋɔk⁸ ʔɯːk⁷ vaːŋ² the²
汉语直译：既然　已　玉　约　金　誓
汉语意译：既已山盟海誓，

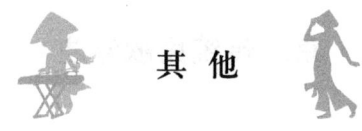

其 他

喃字原文：哂 浪 隔阻 山 溪 拱 料。
国际音标：jɤu² raŋ² kat⁷ jɤ³ thɤ:n¹ khe¹ kuŋ³ li:u²
汉语直译：即使 阻隔 山 溪 也 豁出去
汉语意译：即使山溪阻隔也不顾。

（30）
喃字原文：払 術 妾 拱 吁 跳，
国际音标：tsa:ŋ² ve² thi:p⁷ kuŋ³ sin¹ thɛu¹
汉语直译：哥 回 妾 也 请 跟随
汉语意译：哥回妾也请跟随，

喃字原文：戈 淹 呢 渃 戈 崙 呢 嶽。
国际音标：kwa¹ thoŋ¹ ni³ nɯ:k⁷ kwa¹ ʔdɛu² ni³ nɔn¹
汉语直译：过 河 低语 谁 过 山岭 低语 山
汉语意译：跋山涉水咱低语。

喃字原文：傷 烧 汆 肉 拱 蹦，
国际音标：thɯ:ŋ¹ ɲau¹ mɤi⁵ nui⁵ kuŋ³ tɛu²
汉语直译：相爱 多少 山 也 爬
汉语意译：相爱多少山峰也要爬，

喃字原文：五 淹 拱 潘 七 崙 拱 戈。
国际音标：ŋu³ thoŋ¹ kuŋ³ loi⁶ thɤt⁷ ʔdɛu² kuŋ³ kwa¹
汉语直译：五 河 也 游 七 山岭 也 过
汉语意译：五条河也游过七座山也爬过。

（31）
喃字原文：㛥 如 核 桂 𣳔 棱，
国际音标：ʔɛm¹ nɯ¹ kɤi¹ kwe⁵ toŋ¹ rɯŋ²
汉语直译：妹 如 桂树 中 林
汉语意译：妹如林中桂树，

喃字原文： 噴 槁 埃 别 嘮 凌 埃 台ㄣ?
国际音标： thɤːm¹ kau¹ ʔaːi¹ ʔbiːt⁷ ŋaːt⁷luŋ² ʔaːi¹ hai¹
汉语直译： 香 槟榔 谁 知 香气 馥郁 谁 晓
汉语意译： 槟榔香气四溢谁知晓?

喃字原文： 氽 榀 英 拰 饒 没 鳨,
国际音标： vaŋ⁵mat⁸ ʔan¹ tsaŋ³ thɤi⁵ mot⁸ ŋai²
汉语直译： 不在场 哥 不 见 一 天
汉语意译： 一天不见哥的面,

喃字原文： 如 平 博 媄 抗 溚 浽 東。
国际音标： ȵɯ¹ʔbaŋ² ʔbaːk⁷mɛ⁶ ʔdɛm¹ ʔdɤi² ʔbiːn³ ʔdoŋ¹
汉语直译： 如同 父母 带 满 海 东
汉语意译： 如同父母带去东海。

（32）
喃字原文： 遥 迻 核 荴 圭 鄉,
国际音标： jɔ⁵ ʔdɯə¹ kɤi¹kaːi³ kweˈhɯːŋ¹
汉语直译： 风 送 桑寄生 家乡
汉语意译： 风送来家乡的桑寄生,

喃字原文： 台˧ 馭 台˧ 户 些 傷 烧 共。
国际音标： haːi¹ ŋɯːi² haːi¹ hɔ⁶ ta¹ thɯːŋ¹ȵau¹ kuŋ²
汉语直译： 两 人 两 姓 咱 相爱 同
汉语意译： 咱俩一同来相爱。

喃字原文： 噱 牢 義 始 情 终,
国际音标： mɔŋ¹ thaːu¹ ŋiə³ thi³ tin² tsuŋ¹
汉语直译： 盼望 为什么 义 始 情 终
汉语意译： 盼望情义有始终,

其 他

喃字原文： 朱 船 双 洒 䥯 䥯 䦆 苊。
国际音标： tsɔ¹ thi:n² kap⁸ ʔben⁵ hɯ:ŋ¹ toŋ¹ ŋin² ʔdɤ:i²
汉语直译： 让 船 靠 港 镜 洁净 千 代
汉语意译： 让船靠港让镜洁净。

（33）

喃字原文： 羛 扒 忕 歑 扒 喂，
国际音标： ŋiə³ tsa:ŋ² nɤ⁵ ma:i³ tsa:ŋ² ʔɤ:i¹
汉语直译： 义 哥 想 总是 哥 啊
汉语意译： 哥的情义总在想啊，

喃字原文： 忕 扒 如 渃 乎 㵢 吏 㳅。
国际音标： nɤ⁵ tsa:ŋ² nɯ¹ nɯ:k⁷ ho² vɤ:i¹ la:i⁶ ʔdɤi²
汉语直译： 想 哥 如 水 乎 消退 又 满
汉语意译： 想哥如潮水退又涨。

喃字原文： 媕 如 花 粘 橦 核，
国际音标： ʔɛm¹ nɯ¹ hwa¹ ɣa:u⁶ ten¹ kɤi¹
汉语直译： 妹 如 木棉花 上 树
汉语意译： 妹如树上的木棉花，

喃字原文： 英 蓮 採 特 寔 鞅 畅 苊。
国际音标： ʔan¹ len¹ ha:i⁵ ʔdɯ:k⁸ thɤt⁸ mai¹ thɯ:ŋ⁵ ʔdɤ:i²
汉语直译： 哥 上 摘 得 实在 幸运 快乐 世间
汉语意译： 哥若摘得实在幸运快乐人间。

（34）

喃字原文： 㐱 喃 記 凿 牧 同，
国际音标： tam¹ nam¹ ɣi¹ ta:k⁸ tsɯ³ ʔdoŋ²
汉语直译： 百 年 铭记 字 同
汉语意译： 百年铭记"同"字，

喃字原文： 咁 埃 挑 奉 䙡 蜿 默 埃。
国际音标： jɤu² ʔa:i¹ theu¹ fuŋ⁶ vɛ³ roŋ² mak⁸ ʔa:i¹
汉语直译： 无论 谁 雕 凤 画 龙 任 由 谁
汉语意译： 雕凤画龙任由谁。

喃字原文： 堆 些 如 体 琨 牌，
国际音标： ʔdoi¹ ta¹ ɲɯ¹ the³ kɔn¹ ʔba:i²
汉语直译： 咱俩 如同 牌
汉语意译： 咱俩如同纸牌，

喃字原文： 㐌 决 時 打 停 耐 湿 高。
国际音标： ʔda³ kwi:t⁷ thi² ʔdan⁵ ʔdɯŋ² na:i⁶ thɤp⁷ ka:u¹
汉语直译： 已 决定 就 打 莫 考虑 高 低
汉语意译： 定了就打莫迟疑。

（35）

喃字原文： 擬 賒 催 吏 擬 貱，
国际音标： ŋi³ sa¹ thoi¹ la:i⁶ ŋi³ ɣɤn²
汉语直译： 思 远 完 又 想 近
汉语意译： 想远然后又想近，

喃字原文： 㘄 身 琨 蛔 汆 峇 纡 絲。
国际音标： la:m² thɤn¹ kɔn¹ ɲen⁶ mɤi⁵ lɤn² vɯ:ŋ⁵ tɤ¹
汉语直译： 做 身 蜘蛛 几 次 抽 丝
汉语意译： 化身蜘蛛来抽丝。

喃字原文： 別 兜 䯰 濁 外 徐，
国际音标： ʔbi:t⁷ ʔdɤu¹ toŋ¹ ʔduk⁸ ŋwa:i² tsɤ²
汉语直译： 谁 知 清 浊 外 等
汉语意译： 谁知清浊外等，

其 他

喃字原文： 香 莶 㷁 雪 搬 伽 勉 埃。
国际音标： hɯːŋ¹ thɤːm¹ het⁷ tiːt⁷ nɯːŋ¹n̠ɤ² vaːu² ʔaːi¹
汉语直译： 香 香 完 雪 倚靠 进 谁
汉语意译： 香尽雪消倚靠谁。

（36）

喃字原文： 頭 辴 哎 果 福 安，
国际音标： ʔdɤu² nam¹ ʔan¹ kwa³ fuk⁷ ʔiːn¹
汉语直译： 年头 吃 果 福安
汉语意译： 年头吃果在福安，

喃字原文： 尨 辴 哎 檞 朱 铖 峏 蓬。
国际音标： kuːi⁵ nam¹ ʔan¹ ʔbɯːi³ tsɔ¹ nen¹ ʔdɛu² ʔboŋ²
汉语直译： 年尾 吃 柚子 所以 岭 蓬
汉语意译： 年尾吃柚子在蓬岭。

喃字原文： 為 柑 朱 橘 峏 蓬，
国际音标： vi² kaːm¹ tsɔ¹ kwit⁷ ʔdɛu² ʔboŋ²
汉语直译： 为 柑子 给 橘子 岭 蓬
汉语意译： 柑子橘子在蓬岭，

喃字原文： 為 媕 颜 色 朱 悉 英 傷。
国际音标： vi² ʔɛm¹ n̠aːn¹ thak⁷ tsɔ¹ lɔŋ² ʔan¹ thɯːŋ¹
汉语直译： 为 妹 红颜 使 心 哥 想念
汉语意译： 为妹红颜哥想念。

（37）

喃字原文： 情 英 如 渃 㧾 高，
国际音标： tin² ʔan¹ n̠ɯ¹ nɯːk⁷ jɤŋ¹ kaːu¹
汉语直译： 情 哥 如 潮水 涨 高
汉语意译： 哥情如潮水高涨，

喃字原文： 情　淹　如　懈　绉　桃　浸　香。
国际音标： tin² ʔɛm¹ ɲɯ¹ ja:i³　luə⁶ ʔda:u² tɤm³ hɯ:ŋ¹
汉语直译： 情　妹　如　带子　绸　桃红　浸　香
汉语意译： 妹情如浸香的红绸带子。

喃字原文： 花　荞　㐌　坦拱荞，
国际音标： hwa¹ thɤ:m¹ su:ŋ⁵ ʔdɤt⁷ kuŋ³ thɤ:m¹
汉语直译： 花　香　下　地　也　香
汉语意译： 花香落地也香，

喃字原文： 淹　嫩　炡　襖　饥　粓　拱　嫩。
国际音标： ʔɛm¹ jɔn² rat⁷ ʔa:u⁵ ʔdoi⁵ kɤ:m¹ kuŋ³ jɔn²
汉语直译： 妹　美　破　衣　饿　饭　也　美
汉语意译： 妹人美穿破衣饿饭也是美。

（38）

喃字原文： 身　淹　如　杙　㐱　核，
国际音标： thɤn¹ ʔɛm¹ ɲɯ¹ ʔɤ:t⁷ tsin⁵ kɤi¹
汉语直译： 身　妹　如　辣椒　熟　树
汉语意译： 妹身如树上的红辣椒，

喃字原文： 強　鲜　外　䙋　強　喺　融　悆。
国际音标： ka:ŋ² tɯi¹ ŋwa:i² vɔ³ ka:ŋ² kai¹ tɔŋ¹ lɔŋ²
汉语直译： 越　新鲜　外壳　越　辣　中　心
汉语意译： 外壳越新鲜里面越辣。

喃字原文： 渚　默　時　倍　衤冬　默，
国际音标： tsɯə¹ tsoŋ² thi² voi⁶ lɤi⁵ tsoŋ²
汉语直译： 未　嫁　则　着急　嫁　夫
汉语意译： 未嫁着急嫁人，

其 他

喃字原文：固 欮 時 沛 秵 捧 琨 聑。
国际音标：kɔ⁵ tsoŋ² thi² fa:i³ tai¹ ʔboŋ² kɔn¹ ŋai¹
汉语直译：有 夫 则 要 手 抱 孩子 立即
汉语意译：有夫很快抱孩子。

（39）

喃字原文：琨 鵝 踣 潘 坡 滝，
国际音标：kɔn¹ kɔ² lan⁶ loi⁶ ʔbɤ² thoŋ¹
汉语直译：鹭鸶 跋涉 岸 河
汉语意译：鹭鸶跋涉在河岸，

喃字原文：挭 粘 锼 欮 噇 哭 呢 孄。
国际音标：ɣan⁵ ɣa:u⁶ nu:i¹ tsoŋ² ti:ŋ⁵ khɔk⁷ ni³ nɔn¹
汉语直译：挑 米 养 夫 声 哭 低 语
汉语意译：挑米养夫哭声低语。

喃字原文：娘 術 锼 丐 共 琨，
国际音标：na:ŋ² ve² nu:i¹ ka:i⁵ kuŋ² kɔn¹
汉语直译：妹 回 养 大人 和 孩子
汉语意译：妹回养大人和孩子，

喃字原文：底 英 扵 跻 渃 孄 番 尼。
国际音标：ʔde³ ʔan¹ ʔdi¹ tɤi³ nɯ:k⁷ nɔn¹ fɛn¹ nai²
汉语直译：让 哥 流落 山 水 次 这
汉语意译：让哥浪迹山水漂泊不定。

（40）

喃字原文：自 欺 淹 術 ⺈ 妽，
国际音标：tɯ² khi¹ ʔɛm¹ ve² la:m² jɤu¹
汉语直译：自从 时 妹 回 做 儿媳
汉语意译：自从妹嫁到哥家，

1927

京族传统民歌译注

喃字原文：英　時　呌　矚　保　齝　每　喳，
国际音标：ʔan¹ thi² jan⁶ tɯːk⁷ ʔbaːu³ thau¹ mɔi⁶ lɤːi²
汉语直译：哥　就　叮嘱　前　告诉　后　所有　话
汉语意译：哥就再三叮嘱，

喃字原文：媄　耂恦　夥　媕　喂！
国际音标：mɛ⁶ ja² jɯ³ lam⁵ ʔɛm¹ ʔɤːi¹
汉语直译：母亲　老　凶　很　妹　啊
汉语意译：老母亲很凶啊妹！

喃字原文：呢　哎　呢　默　呢　喳　媄　吒。
国际音标：n̠in⁶ ʔan¹ n̠in⁶ mak⁸ n̠in⁶ lɤːi² mɛ⁶tsa¹
汉语直译：省　吃　省　穿　省　话　父母
汉语意译：省吃省穿省话父母。

喃字原文：呢　朱　铖　劗　铖　茹，
国际音标：n̠in⁶ tsɔ¹ nen¹ kuɯə³ nen¹ n̠a²
汉语直译：节省　使　成　门　成　家
汉语意译：节衣缩食为家庭，

喃字原文：铖　樛　铖　榾　铖　樿　撑　蒳。
国际音标：nen¹ kɛu² nen¹ kot⁸ nen¹ sa² tɤm²vɔŋ¹
汉语直译：成　橡　成　柱　成　梁　实心竹
汉语意译：成橡成柱成梁。

喃字原文：呢　朱　铖　媨　铖　㲳，
国际音标：n̠in⁶ tsɔ¹ nen¹ vɤ⁶ nen¹ tsoŋ²
汉语直译：节省　使　成　妻　成　夫
汉语意译：为夫未妻要节省，

1928

其 他

喃字原文：時 俺 眺 揞 衤 融 嘞 茹。
国际音标：thi² ʔɛm¹ kɔi¹thok⁷ lɤi⁵ toŋ¹ kɯə³ɳa²
汉语直译：则 妹 照看 嫁 中 家庭
汉语意译：妹看中哥嫁给哥。

喃字原文：㐌 幣 時 濿 晈 餜，
国际音标：ʔdi¹ tsɤ⁶ thi² tsɤ⁵ ʔan¹ kwa²
汉语直译：上 街 就 莫 吃 零食
汉语意译：上街莫吃零食，

喃字原文：㐌 幣 時 濿 滯 挧 於 曋。
国际音标：ʔdi¹ tsɤ⁶ thi² tsɤ⁵ re²ra² ʔɤ³ tɯə¹
汉语直译：去 集市 就 莫 拖延 在 晚
汉语意译：赶集莫拖延晚回。

喃字原文：咰 埃 保 待 保 徐，
国际音标：jɤu² ʔa:i¹ ʔba:u³ ʔdɤ:i⁶ ʔba:u³ tsɤ²
汉语直译：不管 谁 告诉 等 告诉 待
汉语意译：不管谁说等待，

喃字原文：時 俺 呐 蒣 混 疎 俺 術。
国际音标：thi² ʔɛm¹ nɔi⁵ joi⁵ kɔn¹ thɤ¹ ʔɛm¹ ve²
汉语直译：就 妹 说 谎话 孩子 幼小 妹 回
汉语意译：妹就说慌等小妹回家。

（41）

喃字原文：鬚 魿 炒 貝 肨 瓢，
国际音标：rɤu¹ tom¹ nɤu⁵ vɤ:i⁵ ru:t⁸ ʔbɤu²
汉语直译：须 虾 煮 和 瓢 葫芦
汉语意译：虾须和葫芦瓜瓢同煮，

1929

京族传统民歌译注

喃字原文： 𠸛 瀿 媂 吸 乞 頭 唂 喭。
国际音标： tsoŋ² ta:n⁵ vɤ⁶ hut⁷ ɣɤt⁸ʔdɤu² khɛn¹ ŋɔn¹
汉语直译： 夫 赞 妻 吸 点 头 夸 味美
汉语意译： 夫赞妻吸点头夸好。

（42）

喃字原文： 茹 英 只 固 没 间，
国际音标： ɲa² ʔan¹ tsi³ kɔ⁵ mot⁸ kan¹
汉语直译： 家 哥 只 有 一 间
汉语意译： 哥家只有一间房，

喃字原文： 姅 時 ᦂ 灶 姅 间 ᦂ 艠。
国际音标： nɯə³ thi² la:m² ʔbep⁷ nɯə³ kan¹ la:m² ʔbu:ŋ²
汉语直译： 一半 就 做 厨房 一半 间 做 卧室
汉语意译： 一半做厨房一半做卧室。

喃字原文： 英 挭 俺 曘 搐 㒱 塘，
国际音标： ʔan¹ kɤi⁶ ʔɛm¹ kɔi¹thɔk⁷ tam¹ ʔɯɯ:ŋ²
汉语直译： 哥 靠 妹 照看 百 方面
汉语意译： 哥依靠妹来照料，

喃字原文： 底 英 奔 半 踭 张 通 行。
国际音标： ʔde³ ʔan¹ ʔbu:n¹ʔba:n⁵ tɤi³tɯ:ŋ¹ thoŋ¹han²
汉语直译： 让 哥 买卖 奔波 通行
汉语意译： 让哥在外奔波做买卖。

喃字原文： 掍 㚥 㛂 𦓿 俵 祂 朱 英，
国际音标： kɔn¹ ɲɔ³ mɛ⁶ ja² nu:i¹lɤi⁵ tsɔ¹ ʔan¹
汉语直译： 孩子 小 母亲 老 抚养 给 哥
汉语意译： 为哥抚养孩子老人，

1930

其 他

喃字原文： 厎 英 奔 半 通 行 塘 赊。
国际音标：ʔde³ ʔan¹ ʔbu:n¹ ʔban⁵ thoŋ¹han² ʔdɯ:ŋ² sa¹
汉语直译： 让 哥 买卖 奔波 路 远
汉语意译： 让哥奔波远方做买卖。

喃字原文： 料 麻 蜍 敬 媄 粦,
国际音标：li:u⁶ ma² thɤ²kin⁵ mɛ⁶ tsa¹
汉语直译： 照料 无实义 供养 母亲 老
汉语意译： 照料供养老母亲,

喃字原文： 停 啫 碟 轻 馼 些 吱 唭。
国际音标：ʔdɯŋ² ti:ŋ⁵ naŋ⁵ nɛ⁶ ŋɯ:i²ta¹ tse¹ kɯ:i²
汉语直译： 莫 声 重 轻 人家 嫌弃 讥笑
汉语意译： 莫说重话让人讥笑。

喃字原文： 呦 饳 呦 餓 朱 鲜,
国际音标：jɤu² no¹ jɤu² ʔdoi⁵ tso⁵ tɯ:i¹
汉语直译： 不论 饱 不论 饿 给 新鲜
汉语意译： 不论饱饿饭菜要新鲜,

喃字原文： 宽 唵 溦 盱 料 排 怓 算。
国际音标：khwa:n¹ ʔan¹ ʔbɤ:t⁷ ŋu³ li:u⁶ ʔbai² lo¹tɕ¹
汉语直译： 放慢 吃 减少 睡 料算 安排 筹划
汉语意译： 吃睡不安安排筹划。

（43）

喃字原文： 媄 粦 於 怸 韩 醉,
国际音标：mɛ⁶ ja² ʔɤ³ tɤm⁵ leu²jan¹
汉语直译： 母亲 老 在 间 茅屋
汉语意译： 老母亲住在茅草房,

喃字原文： 創 喸 嗢 咏 賈　停 胞 琨?
国际音标： tha:ŋ⁵ tham¹ toi⁵ vi:ŋ⁵ mɤ:i⁵ ʔdan²ja⁶ kɔn¹
汉语直译： 早上 探 夜晚 访 才 忍心 孩子
汉语意译： 早晚才探访儿于心何忍？

喃字原文： 媄 𦬠 頭 泊 如 绦，
国际音标： mɛ⁶ ja² ʔdɤu² ʔba:k⁸ ȵɯ¹ tɤ¹
汉语直译： 母 老 头 白 如 丝
汉语意译： 老母头白如丝，

喃字原文： 躴 疒 琨 拖 𥄫 琨 餒。
国际音标： lɯŋ¹ ʔdau¹ kɔn¹ tha¹ mat⁷ lɤ² kɔn¹ nu:i¹
汉语直译： 腰 痛 孩子 含 眼睛 模糊 孩子 养
汉语意译： 腰痛眼朦儿供养。

（44）

喃字原文： 每 眜 每 熠 㸐 呟，
国际音标： moi³ ʔdem¹ moi³ thap⁷ ʔdɛn² jɤ:i²
汉语直译： 每 夜 每 点 灯 天
汉语意译： 每夜点燃天灯，

喃字原文： 求 朱 吒 媄 𤯩 𠳒 貝 琨。
国际音标： kɤu² tsɔ¹ tsa¹ mɛ⁶ thoŋ⁵ ʔdɤ:i² vɤ:i⁵ kɔn¹
汉语直译： 求 给 父 母 活 世上 和 孩子
汉语意译： 求给父母和孩子活在世上。

喃字原文： 𣈗 𠉞 淹 𡮢 孨 琨，
国际音标： ŋai² na:u² ʔɛm¹ ʔbɛ⁵ kɔn³ kɔn¹
汉语直译： 天 哪 妹 小 极小的 孩子
汉语意译： 那时妹年纪还小，

其 他

喃字原文：悲 晗 揞 饱 蘩　坤　世 尼。
国际音标：ʔbɤi¹jɤ² ʔɛm¹ ʔda³ nɤ:n⁵ khon¹ the⁵nai²
汉语直译：如今　妹 已 大　机灵　这样
汉语意译：如今妹已长大这样机灵。

喃字原文：　粓　吒　襖　媄　功　柴，
国际音标：kɤ:m¹ tsa¹ ʔa:u⁵ mɛ⁶ koŋ¹ thɤi²
汉语直译：饭　父亲　衣　母亲 功　先生
汉语意译：父母衣食先生教，

喃字原文：擬　牢　朱　補　仍　朝　约　幻！
国际音标：ŋi³　tha:u¹ tso¹ ʔbo³ nɯɯŋ³ ŋai² ʔɯ:k⁷ʔa:u¹
汉语直译：考虑 怎么 使 丢弃 些　日子　期望
汉语意译：昔日期望怎抛弃！

（45）

喃字原文：　粓　吒　襖　媄　埃　喂？
国际音标：kɤ:m¹ tsa¹ ʔa:u⁵ mɛ⁶ ʔa:i¹ ʔɤ:i¹
汉语直译：饭　父亲　衣 母亲 谁　啊
汉语意译：父母衣食谁来管？

喃字原文：挋　唉　输　舌　挋　制　拱　侬。
国际音标：tsaŋ³ ʔan¹ thuə¹thi:t⁸ tsaŋ³ tsɤ:i¹ kuŋ³ hwa:i²
汉语直译：不　吃　亏蚀　不　玩　也　枉然
汉语意译：不玩枉然不吃亏。

喃字原文：他 浪　唉　灶　共　坳，
国际音标：tha²raŋ² ʔan¹ ʔbep⁷ kuŋ² noi²
汉语直译：宁愿　吃　厨房　同　锅
汉语意译：宁愿在厨房同锅吃，

1933

喃字原文： 群　欣　䫻固 蒲孤 没 躺。
国际音标： kɔn² hɤːn¹ jau²kɔ⁵ ʔbo²koi¹ mot⁸min²
汉语直译： 还　胜于　富有　孤儿　独自
汉语意译： 好过孤儿富有独自吃。

（46）

喃字原文： 生　孭　埃 安　生　悤？
国际音标： thin¹ kɔn¹ ʔaːi¹ nɤ³ thin¹ lɔŋ²
汉语直译： 生　孩子　谁 忍 生 心
汉语意译： 生孩子谁忍心不管？

喃字原文： 生　孭　埃　拄　挊　搛朱　孭？
国际音标： thin¹ kɔn¹ ʔaːi¹ tsaŋ³ vun¹jɔŋ² tsɔ¹ kɔn¹
汉语直译： 生　孩子　谁　不　培养　给　孩子
汉语意译： 生孩子谁不想把他养育成人？

喃字原文： 捥　核　自　課　群　蘔，
国际音标： ʔuːn⁵ kɤi¹ tɯ² thɤ³ kɔn² nɔn¹
汉语直译： 扳弯　树　从　时期　还　嫩
汉语意译： 树还嫩时就纠正，

喃字原文： 吚　孭　自　課　孭　群　疼踈。
国际音标： jai⁶ kɔn¹ tɯ² thɤ³ kɔn¹ kɔn² ŋɤi¹thɤ¹
汉语直译： 教　孩子　从　时期　孩子　还　幼小
汉语意译： 教孩子要从幼小时开始。

（47）

喃字原文： 孭　㗂　固　爷　固　翁，
国际音标： kɔn¹ ŋɯːi² kɔ⁵ ʔbo⁵ kɔ⁵ ʔɔŋ¹
汉语直译： 孩子　人　有　父亲 有 祖父
汉语意译： 孩子有父亲有祖父，

其 他

喃字原文： 如 核 固 檜 如 滝 固 源。
国际音标： ȵɯ¹ kɤi¹ kɔ⁵ koi³ ȵɯ¹ thoŋ¹ kɔ⁵ ŋu:n²
汉语直译： 如 树 有 根 如 河 有 源
汉语意译： 如树有根如河有源。

（48）

喃字原文： 掍 埃 罪 拰 瓢 吒？
国际音标： kɔn¹ ʔa:i¹ la² tsaŋ³ joŋ⁵ tsa¹
汉语直译： 孩子 谁 是 不 像 父亲
汉语意译： 谁的孩子不像父亲？

喃字原文： 召 埃 罪 拰 瓢 娿 瓢 翁？
国际音标： tsau⁵ ʔa:i¹ la² tsaŋ³ joŋ⁵ ʔba² joŋ⁵ ʔoŋ¹
汉语直译： 孙子 谁 是 不 像 祖母 像 祖父
汉语意译： 谁的孙子不像祖母祖父？

喃字原文： 蜑 蜦 吏 安 黜 蜦，
国际音标： tuɯŋ⁵ roŋ² la:i⁶ nɤ³ ra¹ roŋ²
汉语直译： 蛋 龙 又 生 出 龙
汉语意译： 龙蛋又生出龙，

喃字原文： 楬 樋 吏 安 核 樋 黙葬。
国际音标： ha:t⁸ thoŋ¹ la:i⁶ nɤ³ kɤi¹ thoŋ¹ rɯ:m² ra²
汉语直译： 种子 松树 又 长 松树 茂密
汉语意译： 松树种子又长出茂密的松树。

喃字原文： 固 吒 生 買 黜 些，
国际音标： kɔ⁵ tsa¹ thin¹ mɤ:i⁵ ra¹ ta¹
汉语直译： 有父亲 生 才 出 咱们
汉语意译： 有父亲才有咱们，

1935

喃字原文： 𠂎 铖 時 𨂌 媄 吒 捹 揞。
国际音标： la:m² nen¹ thi² ʔbɤ:i³ mɛ⁶tsa¹ vun¹joŋ²
汉语直译： 做 成 就 因为 父母 培养
汉语意译： 成人因为有父母培养。

（49）

喃字原文： 𠂎 耦 湟 蟄 龂 塘，
国际音标： la:m² ja:i¹ net⁷ ʔdu³ nam¹ ʔdɯ:ŋ²
汉语直译： 做 男人 品性 足够 五 方面
汉语意译： 做男人品行要端正。

喃字原文： 𩕌 先 調 孝 道 常 㘈 尼。
国际音标： tɯ:k⁷ti:n¹ ʔdi:u² hi:u⁵ ʔda:u⁶ thɯ:ŋ² sɯə¹nai¹
汉语直译： 首先 条 孝 道 常 从前
汉语意译： 首先要守孝道。

喃字原文： 功 吒 德 媄 高 䐩，
国际音标： koŋ¹ tsa¹ ʔdɯk⁷ mɛ⁶ ka:u¹ jai²
汉语直译： 功 父亲 德 母亲 高 厚
汉语意译： 父母功高德厚，

喃字原文： 鸠 脥 蜚 諾 仍 馱 疷 踈。
国际音标： kiu¹ma:ŋ¹ tuŋ⁵nɯ:k⁷ nɯŋ³ ŋɯ:i² ŋɤi¹thɤ¹
汉语直译： 怀胎 年幼 些 人 幼稚
汉语意译： 孩子还年幼无知

喃字原文： 餒 掍 魕 㔽 㘴 晗，
国际音标： nu:i¹ kɔn¹ khɔ⁵ nɔk⁸ ʔden⁵ jɤ²
汉语直译： 养孩子 苦难 辛苦 到 现在
汉语意译： 养育孩子辛苦到如今，

其 他

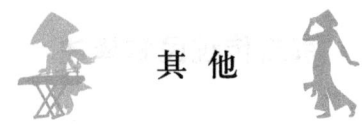

喃字原文：長　成　琨　沛　别　蜍　台　親。
国际音标：tɯ:ŋ³ than² kɔn¹ fa:i³ ʔbi:t⁷ thɤ² ha:i¹ thɤn¹
汉语直译：长　成　孩子　要　知道　供奉　两　亲
汉语意译：长大成人孩子要知道供养双亲。

喃字原文：賦　㬎　䀴　憗　專　朸，
国际音标：thɯk⁷ khwiə¹ jɤi⁶ thɤ:m⁵ tsi:n¹kɤn²
汉语直译：睡　夜　起床　早　用功
汉语意译：晚睡早起下苦功，

喃字原文：献　燶　邑　冷　筘　份　道　琨。
国际音标：kwa:t⁸ nɔŋ⁵ ʔɤp⁷ lan⁶ jɯ³ fɤn⁶ ʔda:u⁶ kɔn¹
汉语直译：扇　热　依　偎　冷　守　分　道　儿
汉语意译：热了扇风冷了依偎要守为儿之道。

（50）

喃字原文：㐌　生　黜　劫　於　茈，
国际音标：ʔda³ thin¹ ra¹ ki:p⁷ ɤ³ ʔdɤ:i²
汉语直译：已　生　出　一生　在　世上
汉语意译：已生到这世上，

喃字原文：耕　時　忠　孝　堆　𪠞　朱　贍。
国际音标：ja:i¹ thi² tuŋ¹ hi:u⁵ ʔdoi¹ va:i¹ tsɔ¹ tɔn²
汉语直译：男　则　忠　孝　双　肩　给　完美
汉语意译：男则忠孝双肩完美。

喃字原文：姅　時　贞　节　悉　綸，
国际音标：ɣa:i⁵ thi² tin¹ti:t⁷ lɔŋ² thon¹
汉语直译：女　则　贞　节　心　红
汉语意译：女则贞节忠诚，

1937

喃字原文：　甗　甗　攞揳　矯　群　夲　差。
国际音标：thɤːm⁵hom¹ jin²jɯ³ kiːu³ kɔn² tsut⁷ thaːi¹
汉语直译：　早晚　保护　姿态　还　有点　错误
汉语意译：早晚守节莫出错。

喃字原文：耩　齢　妏　卒　豐　馸，
国际音标：jaːi¹ lan² ɣaːi⁵ tot⁷ ra¹ ŋɯːi²
汉语直译：男　好　女　好　出　人
汉语意译：儿子女儿都好，

喃字原文：　勸　琨　醩　闭　饒　哑　朱　専。
国际音标：khwiːn¹ kɔn¹ tɔŋ¹ ʔbɤi⁵niːu¹ lɤːi² tsɔ¹ tswiːn¹
汉语直译：　劝　孩子　洁净　那么多　话　使　专门
汉语意译：劝儿静心学功课。

（51）

喃字原文：　核　怙　渚　易　牀　茌，
国际音标：kɤi¹ kho¹ tsɯə¹ je³ mɔk⁸ tsɔi²
汉语直译：树　枯　不　容易　长　小茅棚
汉语意译：枯树难搭小茅棚，

喃字原文：　博　媄　渚　易　於　苋　貝　些。
国际音标：ʔbaːk⁷mɛ⁶ tsɯə¹ je³ ʔɤ³ ʔdɤːi² vɤːi⁵ ta¹
汉语直译：　父母　未　易　在　世上　和　咱们
汉语意译：父母陪咱们在世上不易。

喃字原文：　嫰　靜　包　轣　麻　耘？
国际音标：nɔn¹ san¹ ʔbaːu¹ tuːi³ ma² ja²
汉语直译：山　青　多少　岁　而　老
汉语意译：青山多少岁变老？

其他

喃字原文： 黜 為 霜 雪 化 黜 泊 頭。
国际音标： ʔbɤːi³vi² thɯːŋ¹ tiːt⁷ hwa⁵ra¹ ʔbaːk⁸ ʔdɤu²
汉语直译： 因为 　 霜 雪 变成 　 白 头
汉语意译： 因为霜雪变成白头。

（52）

喃字原文： 群 吒 魃 几 要 為，
国际音标： kɔn² tsa¹ ȵiːu² kɛ³ ʔiːu¹ vɤi⁶
汉语直译： 还 父 多 人 爱 这样
汉语意译： 父亲健在爱家人，

喃字原文： 跙 欺 吒 托 埃 時 要 掍？
国际音标： ʔden⁵ khi¹ tsa¹ thaːk⁷ ʔaːi¹ thi² ʔiːu¹ kɔn¹
汉语直译： 到 时 父 死 谁 则 爱 孩子
汉语意译： 父亲死了谁来爱孩子？

喃字原文： 固 核 買 固 絉 撩，
国际音标： kɔ⁵ kɤi¹ mɤːi⁵ kɔ⁵ jɤi¹ lɛu¹
汉语直译： 有 树 才 有 藤 爬
汉语意译： 有树才有藤蔓爬，

喃字原文： 固 榾 固 樛 買 固 扺。
国际音标： kɔ⁵ kot⁸ kɔ⁵ kɛu² mɤːi⁵ kɔ⁵ tai¹
汉语直译： 有 柱 有 椽 才 有 把手
汉语意译： 有柱有椽才有把手。

（53）

喃字原文： 英 㛪 九 户 迲 苊，
国际音标： ʔan¹ʔɛm¹ tsin⁵ hɔ⁶ mɯːi² ʔdɤːi²
汉语直译： 兄弟 九 姓 十 代
汉语意译： 兄弟九姓十代，

喃字原文： 台 欺 拱 固 拽 移 烧 皿。
国际音标： ha:i¹ ŋɯ:i² kuŋ³ ko⁵ tsaŋ³ jɤ:i² ɲau¹ ra¹
汉语直译： 两 人 也 有 不 离 分 互相 出
汉语意译： 两人相处不离分。

喃字原文： 姉 淹 共 曲 胖 脦，
国际音标： tsi⁶ʔɛm¹ kuŋ² khuk⁷ ru:t⁸ra²
汉语直译： 姐妹 同 段 骨 肉
汉语意译： 姐妹骨肉相连，

喃字原文： 几 鬧 欺 醋 户 赊 凯 芪。
国际音标： kɛ³ jau² ŋɯ:i² khɔ⁵ hɔ⁶ sa¹ ta:m⁵ ʔdɤ:i²
汉语直译： 有人 富有 有人 穷 姓 远 八 代
汉语意译： 有人富有有人贫穷。

喃字原文： 醋 麻 别 於 别 咥，
国际音标： khɔ⁵ ma² ʔbi:t⁷ ʔɤ³ ʔbi:t⁷ lɤ:i²
汉语直译： 穷 则 知 住 知 话
汉语意译： 穷则要学接人待物，

喃字原文： 别 唆 别 於 欣 欺 鬧 鳬。
国际音标： ʔbi:t⁷ ʔan¹ ʔbi:t⁷ ʔɤ³ hɤ:n¹ ŋɯ:i² jau²tha:ŋ¹
汉语直译： 知 吃 知 住 胜 过 人 富有
汉语意译： 为人通达胜富有。

（54）

喃字原文： 媄 呋 琨 拽 瑄 咥，
国际音标： mɛ⁶ jai⁶ kɔn¹ tsaŋ³ ŋɛ¹ lɤ:i²
汉语直译： 娘 教 儿 不 听 话
汉语意译： 娘教儿不听话，

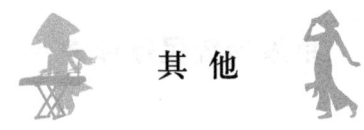

其 他

喃字原文：㞑 聉 翁 捧 㛔 芘 茹 㞑。
国际音标：kɔn¹ ŋɛ¹ ʔoŋ¹ ʔboŋ³ ʔdi¹ɽi² na² kɔn¹
汉语直译：孩子 听 老翁 忽然 离世 家 孩子
汉语意译：哪天老人忽然离世悔莫及。

（55）

喃字原文：媄 喂 停 打 㞑 疜，
国际音标：mɛ⁶ ʔɤ:i¹ ʔdɯŋ² ʔdan⁵ kɔn¹ ʔdau¹
汉语直译：娘 啊 莫 打 孩子 痛
汉语意译：娘啊莫打痛孩子，

喃字原文：掼 丝 打 瓮 𠁼 䯋 媄 睍。
国际音标：kwai¹ tɤ¹ ʔdan⁵ ʔoŋ⁵ la:m² jau² mɛ⁶ kɔi¹
汉语直译：纺 丝 打 筒 做 富有 娘 看
汉语意译：纺丝打筒致富养娘。

（56）

喃字原文：魪 空 咹 醢 魪 鮟，
国际音标：ka⁵ khoŋ¹ ʔan¹ mu:i⁵ ka⁵ ʔɯ:n¹
汉语直译：鱼 不 吃 盐 鱼 腐烂
汉语意译：鱼不放盐鱼腐烂，

喃字原文：㞑 改 吒 媄 檨 塘 㞑 歔。
国际音标：kɔn¹ ka:i³ tsa¹mɛ⁶ tam¹ ʔdɯ:ŋ² kɔn¹ hɯ¹
汉语直译：孩子 争辩 父母 百 方面 孩子 坏
汉语意译：和父母争辩都是孩子的错。

1941

（57）

喃字原文：挮　兜　麻　補　媄　耪，
国际音标：ʔdi¹ ʔdɤu¹ ma² ʔbɔ³ mɛ⁶ ja²
汉语直译：去　哪里　而　丢弃　母亲　老
汉语意译：为什么丢弃老母亲，

喃字原文：蹚　蹟　埃　潩　哦茶　埃　上登？
国际音标：ɣoi⁵ tsɤn¹ ʔa:i¹ rɯə³ tsɛn⁵ta² ʔa:i¹ jɤŋ¹
汉语直译：膝盖　脚　谁　洗　茶杯　谁　端
汉语意译：茶杯谁端膝盖和脚谁来洗？

喃字原文：　包　唅　魟鲤　化　龍，
国际音标：ʔba:u¹jɤ² ka⁵li⁵ hwa⁵ roŋ²
汉语直译：　何时　鲤鱼　化　龙
汉语意译：何时鲤鱼化龙，

喃字原文：塡　恩　吒　媄　揞　撗　習　尼。
国际音标：ʔden² ʔɤn¹ tsa¹mɛ⁶ ʔom¹ʔboŋ² sɯə¹nai¹
汉语直译：报　恩　父　母　　抱　　昔日
汉语意译：报答父母养育恩。

（58）

喃字原文：拱　時　琨　媄　琨　吒，
国际音标：kuŋ³ thi² kɔn¹ mɛ⁶ kɔn¹ tsa¹
汉语直译：也　则　孩子　母亲　孩子　父亲
汉语意译：都是父母的孩子，

喃字原文：梗　高　捀　拭　梗　羅　補　寮。
国际音标：kan² ka:u¹ vun¹sɤ:i⁵ kan² ra² ʔbɔ³ leu²
汉语直译：枝　高　中耕培土　枝　差　弃　豁出去
汉语意译：高枝培养差枝丢。

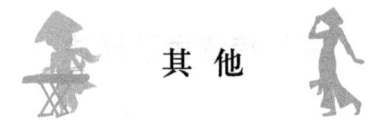

其他

喃字原文： 拱罪琨媄琨吒，
国际音标： kuŋ³ la² kɔn¹ mɛ⁶ kɔn¹ tsa¹
汉语直译： 也 是 孩子 母亲 孩子 父亲
汉语意译： 都是父母的孩子，

喃字原文： 琨 時 九 祂 琨 巴 迚 銅。
国际音标： kɔn¹ thi² tsin⁵ rɯ:i³ kɔn¹ ʔba¹ mɯ:i¹ ʔdoŋ²
汉语直译： 孩子 则 九 半 孩子 三 十 元
汉语意译： 有的九块半有点三十块。

（59）

喃字原文： 矓蓮缛簾屎茹，
国际音标： toŋ¹ len¹ nu:k⁸ la:t⁸ ma:i⁵ɲa²
汉语直译： 望 上 圈 竹篾 屋顶
汉语意译： 望着屋顶的竹篾圈子，

喃字原文： 包 饒 缛 簾 傷 娿 閉 饒。
国际音标： ʔba:u¹ɲi:u¹ nu:k⁸ la:t⁸ thɯ:ŋ¹ ʔba² ʔbɤi⁵ɲi:u¹
汉语直译： 多少 圈 竹篾 爱 妻 那么多
汉语意译： 竹篾圈有多少，对妻的爱有多少。

喃字原文： 琨 才 娿 怓 睓 驕，
国际音标： kɔn¹ ta:i² ʔba² lo¹ la:u⁵ki:u¹
汉语直译： 孩子 有才 老婆婆 忧 骄傲
汉语意译： 孩子有才，家里老人担心他自负，

喃字原文： 琨 愚 時 吏 怓 牢 伋 馭？
国际音标： kɔn¹ ŋu¹ thi² la:i⁶ lo¹ tha:u¹ kip⁸ ŋɯ:i²
汉语直译： 孩子 愚笨 则 又 忧 怎么 赶得上 别人
汉语意译： 孩子愚笨则担心跟不上别人怎么办？

（60）

喃字原文：敬 吒媄 扵 偈悉，
国际音标：kin⁵ tsa¹mɛ⁵ ʔɤ³ het⁷lɔŋ²
汉语直译：敬 父母 在 尽心
汉语意译：尽心敬父敬母，

喃字原文：𪡉 羅 敎 孝 吥 䎳 論 常。
国际音标：ʔdɤi⁵ la² tsɯ³ hi:u⁵ jai⁶ tɔŋ¹ lɤn¹thɯ:ŋ²
汉语直译：那里 是 字 孝 教 中 伦常
汉语意译："孝"字为先是伦常。

喃字原文：道 浪 敎 義 羅 訷，
国际音标：ʔda:u⁶ raŋ² tsɯ³ ɲiə³ la² ȵɯ:ŋ²
汉语直译：道 说 字 义 是 让
汉语意译：道说"义"字是"让"，

喃字原文：訷 英 訷 姉 羅 訷 馭 軬。
国际音标：ȵɯ:ŋ² ʔan¹ ȵɯ:ŋ² tsi⁶ la² ȵɯ:ŋ² ŋɯ:i² ten¹
汉语直译：让 哥 让 姐 是 让 人 上
汉语意译：让哥让姐让长辈。

喃字原文：記 悉 凿 胉 潩 悁，
国际音标：ɣi¹ lɔŋ² ta:k⁸ ja⁶ tsɤ⁵ kwen¹
汉语直译：记 心 凿 肚 莫 忘
汉语意译：铭记在心莫相忘，

喃字原文：㧅 媕 沛 揆 袘 坯 㧅 媕。
国际音标：kɔn¹ ʔɛm¹ fa:i³ jɯ³lɤi⁵ nen² kɔn¹ ʔɛm¹
汉语直译：孩子 妹 要 坚守 基础 孩子 妹
汉语意译：妹要坚守为人的基础。

其他

（61）

喃字原文： 琨 買 别 事 情，
国际音标： kɔn¹ mɤːi⁵ ʔbiːt⁷ thɯ⁶tin²
汉语直译： 孩子 刚 知道 事情
汉语意译： 孩子刚懂事，

喃字原文： 嗦 傷 吒 媄 餒 躺 欺 習。
国际音标： thɤm³ thɯːŋ¹ tsa¹mɛ⁶ nuːi¹ min² khi¹sɯə¹
汉语直译： 深 爱 父母 养 妹 从前
汉语意译： 昔日深爱父母养妹。

喃字原文： 嘲 嘲 盄 跨 闲 斳，
国际音标： tsiːu²tsiːu² ra¹ ʔdɯŋ⁵ ŋɔ³ thau¹
汉语直译： 每天下午 出 站 门 后
汉语意译： 每天下午站后门，

喃字原文： 氃 術 圭 媄 胛 疠 九 懶。
国际音标： toŋ¹ ve² kwe¹ mɛ⁶ ruːt²ʔdau¹ tsin⁵ tsiːu²
汉语直译： 望 回 家乡 娘 心痛 九 方向
汉语意译： 回望故乡心痛如割。

（62）

喃字原文： 想 浪 罒 道 媄 吒，
国际音标： tɯːŋ³raŋ² la² ʔdaːu⁶ mɛ⁶tsa¹
汉语直译： 以为 是 道 父母
汉语意译： 以为是父母之道，

喃字原文： 琨 耨 琨 姤 拱 罒 没 傷。
国际音标： kɔn¹jaːi¹ kɔn¹ɣaːi⁵ kuŋ³ la² mot⁸ thɯːŋ¹
汉语直译： 儿子 女儿 也 是 一 疼爱
汉语意译： 儿子女儿一样疼爱。

喃字原文：遶 迻 核 九 里 香，
国际音标：jo⁵ ʔdɯə¹ kɤi¹kiu³li⁵hɯ:ŋ¹
汉语直译：风　　送　　　九　里　香
汉语意译：微风送来九里香，

喃字原文：赊 吒 赊 媄 秩　常　馀 咹。
国际音标：sa¹ tsa¹ sa¹ mɛ⁶ mɤt⁷ thɯ:ŋ² ʔɯə³ʔan¹
汉语直译：远 离 父 远 离 母 失 常　　餐
汉语意译：远离父母食不果腹。

喃字原文：愁 秘 粓 抰 闷 咹，
国际音标：thɤu² ri:ŋ¹ kɤ:m¹ tsaŋ³ mu:n⁵ ʔan¹
汉语直译：愁 私 饭 不 想 吃
汉语意译：愁闷茶饭不思，

喃字原文：笴 抭 袘 鉢 吏 搹 㡳 韅。
国际音标：ʔda³ ʔbɯŋ¹ lɤi⁵ ʔba:t⁷ la:i⁶ jan² su:ŋ⁵ mɤm¹
汉语直译：已 端 拿 碗 又 猛 搁 下 大 盘子
汉语意译：碗刚端上又放下。

（63）

喃字原文：船 空 軦 俚 船 撌，
国际音标：thi:n² khoŋ¹ ʔban⁵la:i⁵ thi:n² kwai¹
汉语直译：船 没 有 舵 盘 船 旋 转
汉语意译：船无舵盘船难行，

喃字原文：㫘 空 吒 媄 埃 排 㫘 铖？
国际音标：kɔn¹ khoŋ¹ tsa¹mɛ⁶ ʔa:i¹ ʔbai² kɔn¹ nen¹
汉语直译：孩子 没有 父母 谁 养育 孩子 成人
汉语意译：儿无父母谁养育？

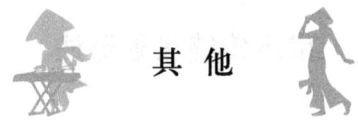

其 他

喃字原文：嘲 嘲 盱 逆 盱 吹，
国际音标：tsi:u² tsi:u² ŋɔ⁵ ŋɯ:k⁸ ŋɔ⁵ su:i¹
汉语直译：每天下午 望 逆 望 顺
汉语意译：每天下午望来望去，

喃字原文：盱 空 笼 媄 嗯 嗯 忟 傷。
国际音标：ŋɔ⁵ khoŋ¹ thɤi⁵ mɛ⁶ ŋui² ŋui² nɤ⁵ thɯ:ŋ¹
汉语直译：望 不 见 母亲 悒悒 思念
汉语意译：望不见母亲悒悒思念。

（64）

喃字原文：埃 術 待 貝 俺 共？
国际音标：ʔa:i¹ ve² ʔdɤ:i⁶ vɤ:i⁵ ʔɛm¹ kuŋ²
汉语直译：谁 回 等 和 妹 一起
汉语意译：谁回和妹一起等？

喃字原文：身 俺 尼 北 辰 東 没 躺。
国际音标：thɤn¹ ʔɛm¹ nai¹ ʔbak⁷ ma:i¹ ʔdoŋ¹ mot⁸ min²
汉语直译：身 妹 今 北 明 东 独自
汉语意译：妹身今北明东孤零零。

喃字原文：之 㳥 翀 卒 垌 靜，
国际音标：tsi¹ ʔbaŋ² ru:ŋ⁶ tot⁷ ʔdoŋ² san¹
汉语直译：无可比拟 田 好 垌 青
汉语意译：好田青垌无可比拟，

喃字原文：愢 吒 愢 媄 愢 英 俺 茹。
国际音标：vui¹ tsa¹ vui¹ mɛ⁶ vui¹ ʔan¹ ʔɛm¹ na²
汉语直译：高兴 父 高兴 母 高兴 兄弟 家
汉语意译：父母高兴兄弟高兴。

1947

（65）

喃字原文： 俺　時　挔　稀　秈　東，
国际音标： ʔɛm¹ thi² ʔdi¹ kɤi⁵ ruːŋ⁶ ʔdoŋ¹
汉语直译： 妹　则　去　种　田　东
汉语意译： 妹去东边田里插秧，

喃字原文： 英　挔　咭　穭　底　终　没　茹。
国际音标： ʔan¹ ʔdi¹ kat⁷ luə⁵ ʔde³ tsuŋ¹ mot⁸ n̪a²
汉语直译： 哥　去　割　稻子　放　共同　一　家
汉语意译： 哥去割稻同放一家。

喃字原文： 抌　術　奉　养　媄　吒，
国际音标： ʔdɛm¹ ve² fuŋ⁶ jɯːŋ³ mɛ⁶tsa¹
汉语直译： 带　回　奉养　父母
汉语意译： 带回奉养父母，

喃字原文： 阅　苊　唀　孝　馸　些　群　传。
国际音标： muːn¹ ʔdɤːi² tiːŋ⁵ hiːu⁵ ŋɯːi²taˀ¹ kɔn² tiːn²
汉语直译： 万　代　名声　孝　人家　还　流传
汉语意译： "孝"字美名万代传。

（66）

喃字原文： 没　媄　馁　特　迍　掍，
国际音标： mot⁸ mɛ⁶ nuːi¹ ʔdɯːk⁸ mɯːi² kɔn¹
汉语直译： 一　母亲　养　得　十　孩子
汉语意译： 娘一人养得十个孩子，

喃字原文： 迍　掍　拱　空　馁　特　没　媄。
国际音标： mɯːi² kɔn¹ kuŋ³ khoŋ¹ nuːi¹ ʔdɯːk⁸ mot⁸ mɛ⁶
汉语直译： 十　孩子　也　不　养　得　一　母亲
汉语意译： 十个孩子养不了一个娘。

其 他

（67）

喃字原文：固 絪 麻 挋 固 柮，
国际音标：kɔ⁵ vɔŋ³ ma² tsaŋ³ kɔ⁵ ʔdɔn²
汉语直译：有 网床 却 没 有 杠子
汉语意译：有网床却没有杠子，

喃字原文：固 欯 麻 挋 固 猑 底 攇。
国际音标：kɔ⁵ tsoŋ² ma² tsaŋ³ kɔ⁵ kɔn¹ ʔde³ ʔboŋ²
汉语直译：有 夫 而 没 有 孩子 留 抱
汉语意译：有丈夫却没有孩子抱。

喃字原文：固 欯 挋 特 够 兜？
国际音标：kɔ⁵ tsoŋ² tsaŋ³ ʔdɯːk⁸ ʔdi¹ ʔdɤu¹
汉语直译：有 夫 不 得 去 哪里
汉语意译：有丈夫不得去哪里？

喃字原文：固 猑 挋 特 跨 数 没 晗。
国际音标：kɔ⁵ kɔn¹ tsaŋ³ ʔdɯːk⁸ ʔdɯŋ⁵ lɤu¹ mot⁸ jɤ²
汉语直译：有 孩子 不 得 站 久 一 时
汉语意译：有了孩子不得久站一会儿。

（68）

喃字原文：朏 猑 挋 吤 挋 嗔，
国际音标：ʔdɛ³ kɔn¹ tsaŋ³ jai⁶ tsaŋ³ jɤn⁶
汉语直译：生 孩子 不 教 不 叮咛
汉语意译：生孩子不教不叮咛，

喃字原文：他 浪 馁 猪 麻 唉 祂 悉。
国际音标：tha² raŋ² nuːi¹ lɤːn⁶ ma² ʔan¹ lɤi⁵ lɔŋ²
汉语直译：宁愿 养 猪 而 吃 要 内脏
汉语意译：宁愿养猪吃下水。

1949

（69）

喃字原文： 跳吒 跳 娆 㐌 停，
国际音标： thɛu¹ tsa¹ thɛu¹ ɲi:u¹ ʔda³ʔdan²
汉语直译： 跟父 跟 母 理所当然
汉语意译： 跟随父母理应当，

喃字原文： 跳 堆 跳 侣 買 成 家室。
国际音标： thɛu¹ ʔdoi¹ thɛu¹ lɯ³ mɤ:i⁵ than² ja¹thɤt⁷
汉语直译： 跟 对儿 跟 伴侣 才 成 家室
汉语意译： 伴侣相随才成家。

（70）

喃字原文： 傷 埃 平 浽 傷 㫛，
国际音标： thɯ:ŋ¹ ʔa:i¹ ʔbaŋ² noi³ thɯ:ŋ¹ kɔn¹
汉语直译： 思念 谁 如 境地 思念 孩子
汉语意译： 思念谁都不如思念孩子，

喃字原文： 忟 埃 平 浽 妡 輪 忟 㪉?
国际音标： nɤ⁵ ʔa:i¹ ʔbaŋ² noi³ ɣa:i⁵ thɔn¹ nɤ⁵ tsoŋ²
汉语直译： 想 谁 如 境地 姑娘 未生育孩子 想 夫
汉语意译： 想谁如妻想夫？

喃字原文： 㐌 浪 罪 義 媨 㪉，
国际音标： ʔda³ raŋ² la² ŋiə³ vɤ⁶tsoŋ²
汉语直译： 已 道 是 义 夫妻
汉语意译： 已是夫妻情义，

喃字原文： 酉 朱 倾 肉 泮 滝 拯 移。
国际音标： jɤu² tsɔ¹ ŋi:ŋ¹ nui⁵ ka:n⁶ thoŋ¹ tsaŋ³ jɤ:i²
汉语直译： 即使 给 倾 山 干 河 不 移
汉语意译： 即使山倾河干心不移。

其他

（71）

喃字原文：梯 兜 高 凴 梯 名望？
国际音标：tha:ŋ¹ ʔdɤu¹ ka:u¹ ʔbaŋ² tha:ŋ¹ jan¹vɔŋ⁶
汉语直译：梯子 哪里 高 如 梯子 名望
汉语意译：哪有梯子高如名望之梯？

喃字原文：羛 兜 重 凴 軷 琨？
国际音标：ŋiə³ ʔdɤu¹ naŋ⁶ ʔbaŋ² tsoŋ² kɔn¹
汉语直译：义 哪里 重 如 夫 儿
汉语意译：哪有情义重如夫儿？

喃字原文：臮 醡 渃 沚 砙 痗，
国际音标：tam¹ nam¹ nɯ:k⁷ tsai³ ʔda⁵ mɔn²
汉语直译：百 年 水 流 石 磨损
汉语意译：百年水流石磨损，

喃字原文：賒 燒 趼 䫻 胣 群 伱 傷。
国际音标：sa¹ ŋau¹ ŋin² jam⁶ ja⁶ kɔn² nɤ⁵ thɯ:ŋ²
汉语直译：离分 互相 千 里 心 还 思念
汉语意译：相隔千里仍思念。

（72）

喃字原文：英 媕 骨 肉 同 胞，
国际音标：ʔan¹ʔɛm¹ kot⁷ ɲuk⁸ ʔdoŋ² ʔba:u²
汉语直译：兄弟 骨 肉 同胞
汉语意译：兄弟骨肉同胞，

喃字原文：媍 軷 罒 羛 襱 旂 拄 傷？
国际音标：vɤ⁶ tsoŋ² la² ŋiə³ lɛ³ na:u² tsaŋ³ thɯ:ŋ¹
汉语直译：夫妻 是 义 哪能 不 想
汉语意译：夫妻情义哪能不想？

(73)

喃字原文： 英 俺 帝 沛 馱 赊，
国际音标： ʔan¹ʔɛm¹ naːu² faːi³ ŋɯːi² sa¹
汉语直译： 兄弟　哪　是　人　远
汉语意译： 兄弟不是外人，

喃字原文： 共 终 博 媄 没 茹 共 親。
国际音标： kuŋ²tsuŋ¹ ʔbaːk⁷mɛ⁶ mot⁸ na² kuŋ² thɤn¹
汉语直译： 共同　父母　一　家　同　亲
汉语意译： 同父同母一家亲。

喃字原文： 要 烧 如 体 挼 躓，
国际音标： ʔiːu¹ɲau¹ ɲɯ¹the³ tai¹tsɤn¹
汉语直译： 相爱　如同　手足
汉语意译： 相爱如同手足，

喃字原文： 英 俺 和 顺 台 親 恼 丕。
国际音标： ʔan¹ʔɛm¹ hwa²thɤn⁶ haːi¹thɤn¹ vui¹ vʐi⁶
汉语直译： 兄弟　和睦　双亲　欢喜　如此
汉语意译： 兄弟和睦双亲欢喜。

(74)

喃字原文： 闷 朱 鬖 檜 蕟 梗，
国际音标： muːn⁵ tsɔ¹ lam⁵ koi³ ɲiːu² kan²
汉语直译： 想　给　多　根　多　枝
汉语意译： 想使根多枝多，

喃字原文： 闷 朱 鬖 姊 蕟 英 挹 伽。
国际音标： muːn⁵ tsɔ¹ lam⁵ tsi⁶ ɲiːu² ʔan¹ kʐi⁶ɲʐ²
汉语直译： 想　使　多　姐　多　哥　倚靠
汉语意译： 想使姐多哥多有倚靠。

其 他

喃字原文： 姉 愢 笣 固 媕 坤，
国际音标： tsi⁶ ja:i⁶ ʔda³ kɔ⁵ ʔɛm¹ khon¹
汉语直译： 姐 愚笨 已 有 妹 机灵
汉语意译： 愚笨姐姐有机灵妹妹，

喃字原文： 襔爷 挓 筑 腫 膞 胗 摸？
国际音标： lɛ³na:u² ma:ŋ¹ jɔ³ thuŋ³ ton¹ ʔdi¹ mɔ²
汉语直译： 哪有 带 篮子 洞穿 底 去 摸
汉语意译： 哪有带穿底的篮子去摸鱼？

（75）

喃字原文： 媕 時 帳 錦 幔 缑，
国际音标： ʔɛm¹ thi² tsɯ:ŋ⁵ ɣɤm⁵ ma:n² la²
汉语直译： 妹 则 帐 锦 幔 绫罗
汉语意译： 妹则锦帐绫罗幔，

喃字原文： 姉 時 散 作 如 花 伀 塘。
国际音标： tsi⁶ thi² ta:n¹ta:k⁷ nɯ¹ hwa¹ jɯə³ ʔdɯ:ŋ²
汉语直译： 姐 则 溃散 如 花 中 路
汉语意译： 姐则溃散如路中花。

喃字原文： 駅 偆 固 義 時 待 駅 偆，
国际音标： ŋɯ:i²jɯŋ¹ kɔ⁵ ŋiə³ thi² ʔda:i³ ŋɯ:i²jɯŋ¹
汉语直译： 外人 有 义 就 招待 外人
汉语意译： 外人有义就招待外人，

喃字原文： 英 媕 無 義 時 停 英 媕。
国际音标： ʔan¹ʔɛm¹ vo¹ ŋiə³ thi² ʔdɯŋ² ʔan¹ʔɛm¹
汉语直译： 兄弟 无 义 则 莫 兄弟
汉语意译： 兄弟无义就莫做兄弟。

（76）

喃字原文：姨胖　傷　召　如　琨，
国际音标：ji²ruːt⁸ thɯːŋ¹ tsau⁵ nɯ¹ kɔn¹
汉语直译：姨母　爱　外甥　如　孩子
汉语意译：姨母爱外甥如爱亲生的孩子，

喃字原文：和　麻　空　媄　召　群　捸　氍。
国际音标：hwa¹ma² khoŋ¹ mɛ⁶ tsau⁵ kɔn² kɤi⁶toŋ¹
汉语直译：即使　没有　母亲　外甥　还有　寄望
汉语意译：即使没有母亲外甥也还有寄望。

（77）

喃字原文：媄　英　蘖　黪　英　喂，
国际音标：mɛ⁶ ʔan¹ ŋiːt⁸ lam⁵ ʔan¹ ʔɤːi¹
汉语直译：娘　哥　刻薄　很　哥　啊
汉语意译：哥娘为人很刻薄啊，

喃字原文：别　浪　固　特　於　芘　貝　烧？
国际音标：ʔbiːt⁷raŋ² kɔ⁵ ʔdɯːk⁸ ʔɤ³ ʔdɤːi² vɤi⁵ɲau¹
汉语直译：知道　有　得　在　世上　互相
汉语意译：知道能在世上相处不？

喃字原文：台ˊ罪　刨　鼺　跏　黐，
国际音标：hai¹la² vaːu² tɯːk⁷ ra¹ thau¹
汉语直译：或是　进　前　出　后
汉语意译：或是一前一后，

喃字原文：朱　极　悉　妾　朱　疒　悉　払。
国际音标：tsɔ¹ kɯk⁸ lɔŋ² thiːp⁷ tsɔ¹ ʔdau¹ lɔŋ² tsaːŋ²
汉语直译：给　痛苦　心　妾　给　痛　心　哥
汉语意译：让妹痛苦让哥心痛。

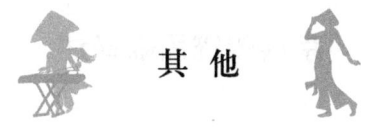

其 他

（78）

喃字原文：𠬠 耕 祍 特 㛠 贤，
国际音标：laːm² jaːi¹ lɤi⁵ ʔdɯːk⁸ vɤ⁶ hiːn²
汉语直译：做 男人 娶 得 妻 贤
汉语意译：男人娶得贤妻，

喃字原文：平 拎 銅 钱 谟 特 皿 啃。
国际音标：ʔbaŋ² kɤm² ʔdoŋ²tiːn² muə¹ ʔdɯːk⁸ miːŋ⁶ noŋ¹
汉语直译：如 拿 铜 钱 买 得 嘴 甜
汉语意译：如拿铜钱买嘴甜。

喃字原文：𠬠 妈 祍 特 䫄 坤，
国际音标：laːm² ɣaːi⁵ lɤi⁵ ʔdɯːk⁸ tsoŋ² khon¹
汉语直译：做 女人 嫁 得 夫 机灵
汉语意译：女人嫁得机灵夫，

喃字原文：拎 平 魟 㴜 武 門 化 蜋。
国际音标：kɤm² ʔbaŋ² kaː⁵ vɯːt⁸ vu³mon¹ hwaː⁵ roŋ²
汉语直译：拿 像 鱼 越 武门 变 龙
汉语意译：好像鱼跃武门变成龙。

（79）

喃字原文：戈 垌 㬹 籨 唒 垌，
国际音标：kwaː¹ ʔdoŋ² ɣɛ⁵ noŋ⁵ tham¹ ʔdoŋ²
汉语直译：过 田垌 斜 斗笠 探问 田垌
汉语意译：走过田垌斜戴斗笠问田垌，

喃字原文：垌 包 饶 糣 伤 䫄 闭 饶。
国际音标：ʔdoŋ² ʔbaːu¹ɲiːu¹ luə⁵ thɯːŋ¹ tsoŋ² ʔbɤi⁵ɲiːu¹
汉语直译：田垌 多少 禾苗 疼爱 夫 那么 多
汉语意译：禾苗有多少爱就有多少。

1955

喃字原文： 挭 忽　巾　儈　𨃝　滝，
国际音标： tai¹ nɤŋ¹ khan¹ɣɔi⁵ tha:ŋ¹ thoŋ¹
汉语直译： 手　拿　包袱　到　河边
汉语意译： 手拿包袱到河边，

喃字原文： 蒲　浍　烮　蹳　傷　馱　沛　跎。
国际音标： ʔbo²hoi¹ ʔɯ:t⁷ʔdam² thɯ:ŋ¹ tsoŋ² fa:i³ thɛu¹
汉语直译： 汗水　湿淋淋　疼爱　夫　得　跟随
汉语意译： 汗水湿身爱夫须随。

喃字原文： 媄　吒　哺　嚕　㨢　掃，
国际音标： mɛ⁶tsa¹ ʔbu⁵mɤ:m⁵ nɤŋ¹niu¹
汉语直译： 父母　哺育　抚养
汉语意译： 父母哺育抚养，

喃字原文： 罪　㢢　停　翹　空　要　凭　馱。
国际音标： toi⁶ jɤ:i² ʔdɯŋ²tsiu⁶ khoŋ¹ ʔi:u¹ ʔbaŋ² tsoŋ²
汉语直译： 罪　天　姑且如此　不　爱　如　夫
汉语意译： 妹爱父母更爱夫。

（80）

喃字原文： 醜　赊　拱　沛　馱　些，
国际音标： sɤu⁵sa¹ kuŋ³ fa:i³ tsoŋ² ta¹
汉语直译： 丑陋　也　是　丈夫　咱
汉语意译： 丑陋也是妹的夫，

喃字原文： 朱　包　卒　糱　拱　罪　馱　馹。
国际音标： tsɔ¹ ʔba:u¹ tot⁷ʔdɛp⁸ kuŋ³ ra² tsoŋ² ŋɯ:i²
汉语直译： 给　多　漂亮　也　是　夫　人家
汉语意译： 再漂亮也是人家的夫。

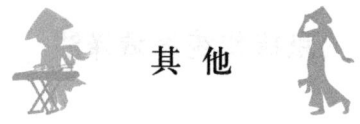

其 他

喃字原文： 鸹　娟　啹果　眼　橉，
国际音标： tsim¹kwi:n¹ ʔan¹ kwa³ɲa:n³loŋ²
汉语直译： 杜鹃　　吃　厚肉龙眼
汉语意译： 杜鹃吃厚肉龙眼（龙眼中的佳品），

喃字原文： 鲮　鲮　涓　招　媗　𩫁　涓　唏。
国际音标： thiə¹thiə¹ kwɛn¹ tsɤu⁶ vɤ⁶tsoŋ² kwɛn¹ hɤːi¹
汉语直译： 斗鱼 习惯 大口盆 夫妻 习惯 气息
汉语意译： 斗鱼习惯大口盆，夫妻习惯对方的气息。

（81）

喃字原文： 堆 些 𦂾 義 糟 糠，
国际音标： ʔdoi¹ta¹ la² ɲiə³ ta:u¹kha:ŋ¹
汉语直译： 咱俩 是 义 糟糠
汉语意译： 咱俩是糟糠之义，

喃字原文： 𪉗 溪 扒 蜾 蓮 岸 採 菱。
国际音标： su:ŋ⁵ khɛ¹ ʔbat⁷ ʔok⁷ len¹ ŋa:n⁶ ha:i⁵ rau¹
汉语直译： 下 溪 捉 螺 上 岸 采 菜
汉语意译： 下溪捉螺上岸采菜。

（82）

喃字原文： 𩫁 要 丐 鼉 铖 𨱓，
国际音标： tsoŋ² ʔi:u¹ ka:i⁵tɔk⁷ nen¹ ja:i²
汉语直译： 夫 爱 丝 发 成 长
汉语意译： 夫爱妹一头长丝发，

喃字原文： 丐 缘 铖 𩞁 丐 才 铖 坤。
国际音标： ka:i⁵ji:n¹ nen¹ ʔdɛp⁸ ka:i⁵ta:i² nen¹ khon¹
汉语直译： 缘分 成 美好 才华 成 机灵
汉语意译： 缘分美好有才华。

（83）

喃字原文：媍䫂罜義糀芏，
国际音标：vɤ⁶tsoŋ² la² ŋiə³ ja²ʔdɤ:i²
汉语直译：夫妻 是 义 一生
汉语意译：夫妻情义过一生，

喃字原文：埃喂濢擬仍哐舌身。
国际音标：ʔa:i¹ ʔɤ:i¹ tsɤ⁵ ŋi³ ɲɯŋ³ lɤ:i² thi:t⁸thɤn¹
汉语直译：谁啊莫想些话于己不利
汉语意译：谁都莫想那些于己不利的话。

喃字原文：㐌兜朱姜共㐌，
国际音标：ʔdi¹ ʔdɤu¹ tsɔ¹ thi:p⁷ kuŋ² ʔdi¹
汉语直译：去 哪里 让 妾 同 去
汉语意译：去哪里让妾同去，

喃字原文：餇馀妾翌冷遙妾甘。
国际音标：ʔdɔi⁵ nɔ¹ thi:p⁷ tsiu⁶ lan⁶luŋ² thi:p⁷ ka:m¹
汉语直译：饿 饱 妾 愿意 冷淡 妾 甘心
汉语意译：饿饱冷淡妹甘愿。

（84）

喃字原文：媍䫂頭禬𦓷挭，
国际音标：vɤ⁶tsoŋ² ʔdɤu² ɣoi⁵ ma⁵ kɤi⁶
汉语直译：夫妻 头 枕 颊 倚
汉语意译：夫妻头枕颊倚，

喃字原文：悉爷麻補麻術朱當。
国际音标：loŋ² na:u² ma² ʔbɔ³ ma² ve² tsɔ¹ ʔda:ŋ⁵
汉语直译：心 哪 而 丢 而 回 使 妥当
汉语意译：心心相印不丢弃。

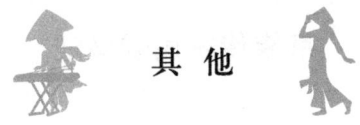

其 他

喃字原文：孤 衕 蹞 吏 矽 昂，
国际音标：ko¹ ve² tsɤn¹ la:i⁶ ʔda⁵ ŋa:ŋ¹
汉语直译：她 回 脚 又 踢 横
汉语意译：她回脚又横踢，

喃字原文：衕 牢 朱 摓 朱 當 麻 衕？
国际音标：ve² tha:u¹ tso¹ dɯt⁷ tso¹ ʔda:ŋ⁵ ma² ve²
汉语直译：回 为何 给 牵 给 合适 而 回
汉语意译：为何合适牵手回夫家？

（85）

喃字原文：空 天 拱 計 孛 茹，
国际音标：khoŋ¹ thi:n¹ kuŋ³ ke³ ʔbut⁸ ɲa²
汉语直译：没有 天 也 述 菩萨 家
汉语意译：不求老天求菩萨，

喃字原文：油 坤 油 痩 共 羅 猷 掩。
国际音标：jɤu² khon¹ jɤu² ja:i⁶ kuŋ³ la² tsoŋ² ʔɛm¹
汉语直译：无论 机灵 无论 愚笨 也 是 夫 妹
汉语意译：机灵愚笨都是妹的夫。

（86）

喃字原文：油 浪 脆 皀 髻 靁，
国际音标：jɤu²raŋ² ja⁶ taŋ⁵ tɔk⁷ mɤi¹
汉语直译：尽管 肚 白 发 云
汉语意译：尽管肚白发黑，

喃字原文：粯 時 粯 丕 脆 尼 空 憸。
国际音标：ʔdɛp⁸ thi² ʔdɛp⁸ vɤi⁶ ja⁶ nai² khoŋ¹ ʔɯi¹
汉语直译：美 则 美 如此 肚 这 不 喜爱
汉语意译：美是美了不喜欢。

喃字原文： 娒些咄固 圭 務，
国际音标： vɤ⁶ ta¹ jɤu² kɔ⁵ kwe¹muə²
汉语直译： 妻哥尽管 有 土里土气
汉语意译： 哥妻尽管土里土气，

喃字原文： 時 些 吻 据　悲 斐 愢 共。
国际音标： thi² ta¹ vɤn³ kɯ⁵ thɤːm⁵tɯə¹ vui¹ kuŋ²
汉语直译： 则 哥 仍 一直　早晚　高兴　同
汉语意译： 但哥早晚和她乐融融。

（87）

喃字原文： 拁 核 埃 妄 摋 樣，
国际音标： ʔdon⁵ kɤi¹ ʔaːi¹ nɤ³ ʔdɯt⁷ tsoi²
汉语直译： 砍 树 谁 忍心 断 嫩芽
汉语意译： 砍树谁忍心砍断嫩芽，

喃字原文： 道 默 義 娒 憪来 吏 傷。
国际音标： ʔdaːu⁶ tsoŋ² ŋia³ vɤ⁶ jɤn⁶ roi² laːi⁶ thɯːŋ¹
汉语直译： 道 夫 义 妻 生气 了 又 疼爱
汉语意译： 夫妻生完了气又疼爱。

（88）

喃字原文： 默 些 襖 擺 些 傷，
国际音标： tsoŋ² ta¹ ʔaːu⁵ rat⁷ ta¹ thɯːŋ¹
汉语直译： 夫 妹 衣 破 妹 疼爱
汉语意译： 妹的夫衣破妹疼爱，

喃字原文： 默 𠊚 襖 錦 充 香 黙 𠊚？
国际音标： tsoŋ² ŋɯːi² ʔaːu⁵ ɣɤm⁵ thuŋ¹ hɯːŋ¹ mak⁸ ŋɯːi²
汉语直译： 夫 人家 衣 锦 充满 香气 任由 人家
汉语意译： 人家的夫锦衣添香与我何干？

其 他

(89)

喃字原文：𭪦 耨 朱 當 諴 耨，
国际音标：la:m² ja:i¹ tso¹ ʔda:ŋ⁵ nen¹ ja:i¹
汉语直译：做 男人 给 值 成 男人
汉语意译：做男人就要像男人，

喃字原文：唉 粓 貝 媰 吏 耐 掑 㙟。
国际音标：ʔan¹ kɤ:m¹ vɤ:i⁵ vɤ⁶ la:i⁶ na:i⁶ kai⁶ ɲi:u¹
汉语直译：吃 饭 和 妻 又 顾及 撬 小炒锅
汉语意译：和妻一起刷锅做饭吃。

喃字原文：琨 媰 他 拱 別 調，
国际音标：kɔn¹ vɤ⁶ nɔ⁵ kuŋ³ ʔbi:t⁷ ʔdi:u²
汉语直译：儿 妻 他 也 知 理
汉语意译：妻儿也都知理，

喃字原文：撻 皴 琨 丐 掑 㙟 貝 䂃。
国际音标：that⁷ lɯŋ¹ kɔn¹ ka:i⁵ kai⁶ ɲi:u¹ vɤ:i⁵ tsoŋ²
汉语直译：扎 腰带 孩子 撬 小炒锅 和 夫
汉语意译：给孩子扎腰带，跟丈夫同做饭。

(90)

喃字原文：𭪦 耨 湦 鉢 抉 茹，
国际音标：la:m² ja:i¹ rɯɯ³ ʔba:t⁷ kwɛt⁷ ɲa²
汉语直译：做 男人 洗 碗 扫 屋子
汉语意译：做男人洗碗扫地，

喃字原文：媰 嚕 時 吔 禀 娿 碎 低。
国际音标：vɤ⁶ ɣɔi⁶ thi² ja⁶ ʔbɤɤm³ ʔba² toi¹ ʔdɤi¹
汉语直译：妻 叫 就 应 禀告 妻 我 这里
汉语意译：妻叫就应启禀妻子我在这。

（91）

喃字原文： 想 浪 核 奇 暽 高，
国际音标： tɯ:ŋ³raŋ² kɤi¹ ka³ ʔbɔŋ⁵ ka:u¹
汉语直译： 以为 树 大 影 高
汉语意译： 以为树大影高，

喃字原文： 媕 畸 躺 包 住 曝 拖 湄。
国际音标： ʔɛm¹ ɣɛ⁵ min² va:u² tu⁵ naŋ⁵ tha¹ mɯə¹
汉语直译： 妹 斜 身 进 住 晴 下 雨
汉语意译： 为妹遮阳又挡雨。

喃字原文： 埃 吖 核 奇 暽 疏，
国际音标： ʔa:i¹ ŋɤ² kɤi¹ ka³ ʔbɔŋ⁵ thɯə¹
汉语直译： 谁 料 树 大 影 疏
汉语意译： 谁料树大影疏，

喃字原文： 㘃 曝 煉 椗 㘃 湄 渰 頭。
国际音标： ŋai²naŋ⁵ ra:t⁷ mat⁸ ŋai²mɯə¹ ʔɤm³ ʔdɤu²
汉语直译： 晴天 辣痛 脸 雨天 湿 头
汉语意译： 晴天辣脸雨天湿头。

（92）

喃字原文： 固 鉢 使 情 负 鉢 弹，
国际音标： kɔ⁵ ʔba:t⁷thɯ⁵ tin²fu⁶ ʔba:t⁷ʔda:n²
汉语直译： 有 瓷碗 负心 粗瓷碗
汉语意译： 有了瓷碗负心粗瓷碗，

喃字原文： 搣 掃 鉢 使 磋 散 固 㘃。
国际音标： nɤŋ¹niu¹ ʔba:t⁷thɯ⁵ vɤ³ ta:n¹ kɔ⁵ ŋai²
汉语直译： 爱不释手 瓷碗 妻 散 有 天
汉语意译： 对瓷碗爱不释手终有一天丢弃妻。

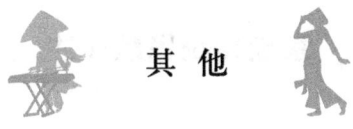

其 他

喃字原文： 払 喂 負 妾 ⺷ 之？
国际音标： tsa:ŋ² ʔɤ:i¹ fu⁶ thi:p⁷ la:m² tsi¹
汉语直译： 哥 啊 负 妾 做 什么
汉语意译： 哥啊为何辜负妹？

喃字原文： 妾 如 粓 佾 拖 欺 餇 悲。
国际音标： thi:p⁷ ɳɯ¹ kɤ:m¹ ŋu:i⁶ tha¹ khi¹ ʔdoi⁵ lɔŋ²
汉语直译： 妾 如 饭 冷 含 时 饿 肚子
汉语意译： 妹如饭冷饿时含。

（93）

喃字原文： 英 箕 固 婂 琨 籶，
国际音标： ʔan¹ kiə¹ kɔ⁵ vɤ⁶ kɔn¹ roi²
汉语直译： 哥 那 有 妻 儿 了
汉语意译： 哥你已有妻儿，

喃字原文： 麻 英 群 闷 花 茴 扲 秪。
国际音标： ma² ʔan¹ kɔn² mu:n⁵ hwa¹hoi² kɤm² tai¹
汉语直译： 而 你 还 想 茴香花 拿 手
汉语意译： 而你还香手拿茴香花。

喃字原文： 花 茴 蚾 醯 蚾 嗐，
国际音标： hwa¹hoi² vɯə² ʔdaŋ⁵ vɯə² kai¹
汉语直译： 茴香花 又 苦 又 辣
汉语意译： 茴香花又苦又辣，

喃字原文： 蚾 鰻 如 鮞 蚾 嗐 如 姜。
国际音标： vɯə² man⁶ ɳɯ¹ mu:i⁵ vɯə² kai¹ ɳɯ¹ ɣɯŋ²
汉语直译： 又 咸 如 盐 又 辣 如 姜
汉语意译： 又咸如盐又辣如姜。

（94）

喃字原文： 吁　停　氖　桂　補　香，
国际音标： sin¹ ʔdɯŋ² thɤi⁵ kwe⁵ ʔbɔ³ hɯ:ŋ¹
汉语直译： 请　莫　见　桂　弃　香
汉语意译： 请莫见桂弃香，

喃字原文： 桂　粦　桂　橹　香　長　贲　赊。
国际音标： kwe⁵ ja² kwe⁵ rui⁶ hɯ:ŋ¹ tɯ:ŋ² thɤ:m¹ sa¹
汉语直译： 桂　老　桂　枯死　香　长　香　远
汉语意译： 老桂枯桂香更浓。

（95）

喃字原文： 饐　悉　咹　捻　荞　桄，
国际音标： ʔdɔi⁵ lɔŋ² ʔan¹ nam⁵ la⁵ thuŋ¹
汉语直译： 饿　肚子　吃　把　叶子　无花果
汉语意译： 肚子饿吃把无花果树叶，

喃字原文： 軞　没　時　袘　軞　终　時　停。
国际音标： tsoŋ² mot⁸ thi² lɤi⁵ tsoŋ² tsuŋ¹ thi² ʔdɯŋ²
汉语直译： 夫　一　就　嫁　夫　共同　就　莫
汉语意译： 一夫一妻就嫁。

喃字原文： 没　船　没　俚　挓　衝，
国际音标： mot⁸ thi:n² mot⁸ la:i⁵ tsaŋ³ sɔŋ¹
汉语直译： 一　船　一　舵　不　成
汉语意译： 一船一舵不成，

喃字原文： 没　錕　堆　醅　群　挍　抪　爾？
国际音标： mot⁸ tsin³ ʔdoi¹ ɣa:u⁵ kɔn² nɔŋ¹ tai¹ na:u²
汉语直译： 一　瓮　两　瓢　还　伸　手　哪
汉语意译： 一瓮两瓢还伸出手做什么？

其他

（96）

喃字原文：馱　坤　媢　特　拶鞋，
国际音标：tsoŋ² khon¹ vɤ⁶ ʔdɯːk⁸ ʔdi¹ jai²
汉语直译：夫　机灵　妻　得　穿鞋
汉语意译：夫灵妻有鞋穿，

喃字原文：媢　坤　馱　特　魊　排　挹　蘳。
国际音标：vɤ⁶ khon¹ tsoŋ² ʔdɯːk⁸ ɲiːu² ʔbe² kɤi⁶toŋ¹
汉语直译：妻　机灵　夫　得　多　方面　寄望
汉语意译：妻灵夫多方得倚靠。

喃字原文：傷　馱　沛　累　共　馱，
国际音标：thɯːŋ¹ tsoŋ² faːi³ li⁶ kuŋ² tsoŋ²
汉语直译：想　夫　要　依托　同　夫
汉语意译：想夫要和夫同相依，

喃字原文：噔嗐沛翌鳗浓沛甘。
国际音标：ʔdaŋ⁵kai¹ faːi³ tsiu⁶ man⁶ noŋ² faːi³ kaːm¹
汉语直译：苦辣　要　受　咸　浓　要　甘心
汉语意译：苦辣咸浓要心甘情愿来承受。

（97）

喃字原文：為蝅　俺　沛　趖　蘇，
国际音标：vi² tam² ʔɛm¹ faːi³ tsai⁶ jɤu¹
汉语直译：为蚕　妹　要　跑　桑叶
汉语意译：为蚕妹要找桑叶，

喃字原文：為　馱　俺　沛　戈　桥　噔嗐。
国际音标：vi² tsoŋ² ʔɛm¹ faːi³ kwa¹ kɤu² ʔdaŋ⁵kai¹
汉语直译：为　夫　妹　要　过　桥　艰辛
汉语意译：为夫妹要艰辛过桥。

喃字原文：為 默 埯 沛 挭 功，
国际音标：vi² tsoŋ² ʔɛm¹ fa:i³ ɣaŋ⁵ koŋ¹
汉语直译：为夫 妹 要 挑 功
汉语意译：为夫妹要挑担，

喃字原文：峊 差 胗 鉋 昌 銅 之 低。
国际音标：na:u² tha:i¹ ja¹ that⁷ sɯ:ŋ¹ ʔdoŋ² tsi¹ ʔdɤi¹
汉语直译：哪 差 肤 铁 骨 铜 什么 这里
汉语意译：钢筋铁骨挑重担。

（98）

喃字原文：靽 黜 歪 瓓 渃 髓，
国际音标：mai¹ra¹ jɤ:i² laŋ⁶ nɯ:k⁷ tɔŋ¹
汉语直译：幸运 天 静 水 清
汉语意译：幸运天静水清，

喃字原文：迬 靽 曝 埋 极 悉 妾 能！
国际音标：tsaŋ³mai¹ ʔba:u³ta:p⁷ kɯk⁸lɔŋ² thi:p⁷ thai¹
汉语直译：不幸 狂风暴雨 忧心 妾 啊
汉语意译：不幸遇上狂风暴雨妹忧心啊！

喃字原文：功 妾 扜 于 眙 剔，
国际音标：koŋ¹ thi:p⁷ vɔ²vɔ³ ʔdem¹ŋai²
汉语直译：功 妾 孤单 日夜
汉语意译：妹孤零零日夜长，

喃字原文：麻 迬 咹 於 世 尼 扒 喂！
国际音标：ma² tsaŋ³ ʔan¹ ʔɤ³ the⁵nai² tsa:ŋ² ʔɤ:i¹
汉语直译：而 不 吃 住 这样 哥 啊
汉语意译：所以才这样寝食难安啊哥！

其他

喃字原文：妾 如 花 佨 妟 籾，
国际音标：thi:p⁷ n̠ɯ¹ hwa¹ ʔda³ nɤ³ roi²
汉语直译：妾 如 花 已 开 了
汉语意译：妹如花已开了，

喃字原文：吽 扒 雯 衪 榓 丕 朱 鲜。
国际音标：sin¹ tsa:ŋ² tsɛ¹ɤi⁵ mat⁸jɤ:i² tsɔ¹ tɯ:i¹
汉语直译：请 哥 遮住 太阳 给 鲜
汉语意译：请哥遮住太阳让花鲜。

（99）

喃字原文：黖 籹 喼 哨 喼 嘛，
国际音标：tsoŋ² ŋɯ:i² thoi³ tha:u⁵ thoi³ ti:u¹
汉语直译：夫 人家 吹 笛 吹 箫
汉语意译：人家的夫吹笛吹箫，

喃字原文：黖 掩 籹 灶 噁 汫 燶 叮。
国际音标：tsoŋ² ʔem¹ ŋoi² ʔbep⁷ hut⁷ ri:u¹ ʔbɔŋ³ mom²
汉语直译：夫 妹 坐 厨房 吸 汤 烫伤 嘴
汉语意译：妹的夫坐在厨房吸汤烫伤嘴。

（100）

喃字原文：虼 鐄 豆 律 雾 幽，
国际音标：ʔbɯ:m⁵ va:ŋ² ʔdɤu⁶ lɔt⁷ mu²ʔu¹
汉语直译：蝴蝶 金 栖息 铺 幽暗
汉语意译：金蝴蝶栖息在黑暗中，

喃字原文：衪 黖 强 夒 喈 喻 强 悡。
国际音标：lɤi⁵ tsoŋ² ka:ŋ² thɤ:m⁵ ti:ŋ⁵ ru¹ ka:ŋ² ʔbu:n²
汉语直译：嫁 夫 越 早 声 哄 睡 越 烦心
汉语意译：嫁夫越早哄睡声越烦心。

（101）

喃字原文： 拤　贪　茹　块　幅　盘，
国际音标： tsaŋ³ tha:m¹ ɳa²ŋɔi⁵ ʔbɯk⁷ʔba:n²
汉语直译： 不　贪　瓦房　　大　桌
汉语意译： 不贪瓦房大桌，

喃字原文： 债　缘　睨　㥯　没　缘　框　鹅。
国际音标： ta:i⁵ ji:n¹ kɔi¹ ʔbaŋ² mot⁸ ji:n¹ tsu:ŋ² ɣa²
汉语直译： 债　缘　视　如　一　缘　鸡　圈
汉语意译： 缘债视如鸡圈缘。

喃字原文： 喷　缘　吏　悑　胺　粧，
国际音标： tat⁷ ji:n¹ la:i⁶ jɤn⁶ jaŋ¹ja²
汉语直译： 责怪　缘　又　生气　媒婆
汉语意译： 责怪缘分又生媒婆气，

喃字原文： 绅　丝　啉　磊　化　黜　织　缏。
国际音标： sɛ¹ tɤ¹ lɤm² loi³ hwa¹ra¹ tsi³ man²
汉语直译： 牵　线　错误　　变成　线　细
汉语意译： 错牵红绳变细线。

喃字原文： 别　埃　叹　咀　𰽺　情？
国际音标： ʔbi:t⁷ ʔa:i¹ tha:n¹thɤ³ thɯ⁶tin²
汉语直译： 知　谁　叹息　　事情
汉语意译： 知谁叹息事情？

喃字原文： 拤　戈　躺　吏　别　躺　麻　催。
国际音标： tsaŋ³ kwa¹ min² la:i⁶ ʔbi:t⁷ min² ma²thoi¹
汉语直译： 不　过　妹　又　知　妹　而已
汉语意译： 不过知是妹你而已。

1968

其 他

（102）

喃字原文：萎菾 坦 劲 魋 掩，
国际音标：rau¹ram¹ ʔdɤt⁷ kɯŋ⁵ khɔ⁵ jɔŋ²
汉语直译：鸭舌菜 土 硬 难 种
汉语意译：土硬难种鸭舌菜，

喃字原文：油 台 油 拱 拱 氀 贴 揜。
国际音标：jɤu² hai¹ jɤu² jɤ³ kuŋ³ tsoŋ² kuə³ ʔɛm¹
汉语直译：不论 好 无论 坏 也 夫 的 妹
汉语意译：不论好坏也是妹的夫。

（103）

喃字原文：臬 薛 狩 院 敉 從，
国际音标：tam¹ nam¹ jɯ³ vɛn⁶ tsɯ³ tuŋ²
汉语直译：百 年 守 完美 字 从
汉语意译：百年坚守"从"字，

喃字原文：辀 牢 托 丕 没 氀 麻 催。
国际音标：thoŋ⁵ tha:u¹ tha:k⁷ vɤi⁶ mot⁸ tsoŋ² ma²thoi¹
汉语直译：活 怎么 死 如此 一 夫 而已
汉语意译：无论生死只事一夫。

喃字原文：忬 埃 赔 徊 徘 徊，
国际音标：nɤ⁵ ʔa:i¹ ʔboi²hoi² ʔboi²hoi²
汉语直译：想 谁 徘徊 徘徊
汉语意译：想哥徘徊又徘徊，

喃字原文：如 跨 埬 焀 如 蚄 冻 炭。
国际音标：nɯ¹ ʔdɯŋ⁵ ʔdoŋ⁵ lɯə³ nɯ¹ ŋoi² ʔdoŋ⁵ tha:n¹
汉语直译：如 站 堆 火 如 坐 堆 炭
汉语意译：如同站坐在火炭堆边。

1969

（104）

喃字原文： 杁 㕽 罒 杁 㨢 喥？
国际音标： ʔɤːt⁷ naːu² la² ʔɤːt⁷ tsaŋ³ kai¹
汉语直译： 辣椒 哪 是 辣椒 不 辣
汉语意译： 哪有辣椒不辣？

喃字原文： 妗 㕽 罒 妗 㨢 悭 𩜹？
国际音标： ɣaːi⁵ naːu² la² ɣaːi⁵ tsaŋ³ ɣɛn¹ tsoŋ²
汉语直译： 姑娘 哪 是 姑娘 不 吃醋 夫
汉语意译： 哪个姑娘不吃丈夫的醋？

喃字原文： 砆 㕽 罒 砆 㨢 濃？
国际音标： voi¹ naːu² la² voi¹ tsaŋ³ noŋ²
汉语直译： 石灰 哪 是 石灰 不 浓
汉语意译： 哪有石灰不浓？

喃字原文： 妗 㕽 罒 妗 固 𩜹 㨢 悭？
国际音标： ɣaːi⁵ naːu² la² ɣaːi⁵ kɔ⁵ tsoŋ² tsaŋ³ ɣɛn¹
汉语直译： 姑娘 哪 是 姑娘 有 夫 不 吃醋
汉语意译： 哪个姑娘有夫不吃醋？

（105）

喃字原文： 丐 𩲅 迚 九 丐 昌，
国际音标： kaːi⁵ kwaːt⁸ mɯːi² tsin⁵ kaːi⁵ sɯːŋ¹
汉语直译： 把 扇子 十 九 根 扇骨
汉语意译： 一把扇子十九根扇骨，

喃字原文： 務 炏 英 𩲅 務 霜 英 拎。
国际音标： muə² rɯk⁸ ʔan¹ kwaːt⁸ muə² thɯːŋ¹ ʔan¹ kɤm²
汉语直译： 季节 热 哥 扇 季节 霜 哥 持
汉语意译： 夏天哥扇冬天拿。

其 他

喃字原文：拎　献　沛　筲　衽　昌，
国际音标：kɤm² kwa:t⁸ fa:i³ juɯ³lɤi⁵ sɯ:ŋ¹
汉语直译：握　扇　得　保住　扇骨
汉语意译：握扇得保住扇骨，

喃字原文：拎　巾　忟　褪　挏　塘　忟　烧。
国际音标：kɤm² khan¹ nɤ⁵ tui⁵ ʔdi¹ ʔdɯ:ŋ² nɤ⁵au¹
汉语直译：握　巾　想　袋　走　路　相思
汉语意译：握巾想袋走路相思。

（106）

喃字原文：柴　媄　沛　晓　悉　掍，
国际音标：thɤi²mɛ⁶ fa:i³ hi:u³ lɔŋ² kɔn¹
汉语直译：父母　要　知　心　儿
汉语意译：父母要知儿心，

喃字原文：餒　掍　伮　蘙　料　群　钋　搯。
国际音标：nu:i¹ kɔn¹ nɔ⁵ nɤ:n⁵ li:u⁶ kɔn² tsam¹thɔk⁷
汉语直译：养　儿　他　大　预料　还　照顾
汉语意译：养儿长大还要照顾。

喃字原文：妠　空　默　如　茹　空　屋，
国际音标：ɣa:i⁵ khoŋ¹ tsoŋ² nɯ¹ na² khoŋ¹ nɔk⁷
汉语直译：姑娘　无　夫　如　屋　无　屋脊
汉语意译：姑娘无夫如屋无脊，

喃字原文：糩　空　婂　如　楁　攏　蹎。
国际音标：ja:i¹ khoŋ¹ vɤ⁶ nɯ¹ kot⁸ luŋ¹ tsɤn¹
汉语直译：男　无　妻　如　柱　松动　脚
汉语意译：男无妻如柱脚松动。

1971

（107）

喃字原文： 妾 赊 扒 悄 咹 悄 眜，
国际音标： thiːp⁷ sa¹ tsaːŋ² kwen¹ ʔan¹ kwen¹ ŋu³
汉语直译： 妾 远离 哥 忘 吃 忘 睡
汉语意译： 妹出远门哥茶饭不思忘了睡，

喃字原文： 扒 赊 妾 賦 𡂰 蹔 蘸 更。
国际音标： tsaːŋ² sa¹ thiːp⁷ thɯk⁷ ŋoi² ʔdu³ nam¹ kan¹
汉语直译： 哥 远离 妾 醒 坐 足 五 更
汉语意译： 夫出远门我一夜五更睡不着。

（108）

喃字原文： 䯽 媕 迌 飢 挭 竜，
国际音标： mui³ ʔɛm¹ mɯːi² taːm⁵ yan⁵ loŋ¹
汉语直译： 鼻子 妹 十 八 担 毛
汉语意译： 妹的鼻子有十八担毛，

喃字原文： 𫞩 要 𫞩 保 鬍 蜻 丕 朱。
国际音标： tsoŋ² ʔiːu¹ tsoŋ² ʔbaːu³ rɤu¹ roŋ² jɤːi² tsɔ¹
汉语直译： 夫 爱 夫 说 胡须 龙 天 给
汉语意译： 夫爱夫说龙须天赐。

喃字原文： 胎 躺 時 嘅 乌 乌，
国际音标： ʔdem¹ nam² thi² yai⁵ ʔɔ¹ʔɔ¹
汉语直译： 夜里 躺 则 打呼噜 呜呜
汉语意译： 夜里睡着呼噜震天，

喃字原文： 𫞩 要 𫞩 保 嘅 朱 恢 茹。
国际音标： tsoŋ² ʔiːu¹ tsoŋ² ʔbaːu³ yai⁵ tsɔ¹ vui¹ ɲa²
汉语直译： 夫 爱 夫 说 打呼噜 给 高兴 家
汉语意译： 夫爱夫说打呼噜给家人高兴。

其 他

喃字原文： 挮 幤 時 台 唵 倮，
国际音标： ʔdi¹ tsɤ⁶ thi² hai¹ ʔan¹kwa²
汉语直译： 去 集市 则 爱 吃零食
汉语意译： 赶集爱吃零食，

喃字原文： 欮 妾 欮 保 術 茹 拖 粘。
国际音标： tsoŋ² ʔi:u¹ tsoŋ² ʔba:u³ ve² n̩a² tha¹ kɤ:m¹
汉语直译： 夫 爱 夫 说 回 家 含 饭
汉语意译： 夫爱夫说回家吃饭。

喃字原文： 㐹 頭 仍 荅 共 薕，
国际音标： ten¹ ʔdɤu² n̩ɯŋ³ ra:k⁷ kuŋ² rɤ:m¹
汉语直译： 上 头 些 垃圾 同 稻草
汉语意译： 头上尽是垃圾和稻草，

喃字原文： 欮 要 欮 保 花 蕡 搭 頭。
国际音标： tsoŋ² ʔi:u¹ tsoŋ² ʔba:u³ hwa¹ thɤ:m¹ rak⁷ ʔdɤu²
汉语直译： 夫 爱 夫 说 花 香 撒播 头
汉语意译： 夫爱夫说头发飘香。

（109）

喃字原文： 餝 悉 艒 桧 柷，
国际音标： ʔdɔi⁵lɔŋ² nam² ɣok⁷ kɤi¹thuŋ¹
汉语直译： 饿肚子 躺 根部 无花果树
汉语意译： 躺在无花果树下饿肚子，

喃字原文： 欮 没 時 祂 欮 终 時 停。
国际音标： tsoŋ² mot⁸ thi² lɤi⁵ tsoŋ² tsuŋ¹ thi² ʔdɯŋ²
汉语直译： 夫 一 就 嫁 夫 共同 就 不要
汉语意译： 嫁夫就要有始终。

1973

喃字原文： 餓 飽 没 媸 没 馱，
国际音标： ʔdoi⁵ nɔ¹ mot⁸ vɤ⁶ mot⁸ tsoŋ²
汉语直译： 饿 饱 一 妻 一 夫
汉语意译： 饿饱一夫一妻，

喃字原文： 没 坭 粓 沁 曩 悉 侒 制。
国际音标： mot⁸ niːu¹ kɤːm¹tɤm⁵ jau²lɔŋ² ʔan¹tsɤːi¹
汉语直译： 一 锅 碎米饭 情义重 行乐
汉语意译： 一锅碎米饭情意重来吃行乐。

（110）

喃字原文： 盃 容 霙 冷 湄 源，
国际音标： jɤːi² joŋ¹ tsɤːp⁷ lan⁶ mɯə¹ŋuːn²
汉语直译： 天 暴风雨 闪电 冷 山雨
汉语意译： 暴风闪电冷山雨，

喃字原文： 衤乙 馱 性 遌 胞 恛 别 包。
国际音标： lɤi⁵ tsoŋ² tin⁵ laˀ⁶ jaˀ⁶ ʔbuːn² ʔbiːt⁷ʔbaːu¹
汉语直译： 嫁 夫 性情 怪异 心 烦 多么
汉语意译： 丈夫性情怪异多烦心。

喃字原文： 湄 沙 遥 迏 戈 城，
国际音标： mɯə¹ tha¹ jɔ⁵ taːt⁸ kwa¹ than²
汉语直译： 雨 下 风 潲 过 城
汉语意译： 雨下风潲雨过城，

喃字原文： 堆 些 媸 馱 埃 吅 呤 停 超。
国际音标： ʔdoi¹taˀ¹ vɤ⁶tsoŋ² ʔaːi¹ jo³jan² ʔdan² thiːu¹
汉语直译： 咱俩 夫妻 谁 哄 莫 向往
汉语意译： 咱俩夫妻情不移。

其 他

（111）

壮字原文：啧 扒 唉於 習踁，
国际音标：tat⁷ tsa:ŋ² ʔan¹ʔɤ³ tsɤp⁸tsɤn²
汉语直译：责怪 哥 为人处事 迷糊
汉语意译：责怪哥为人处事太迷糊，

壮字原文：㛪 如 船 篗 浧 汀 钟 涌。
国际音标：ʔɛm¹ ɳɯ¹ thi:n²thuŋ⁵ lɤn¹ʔdɤn¹ jɯɛ² joŋ²
汉语直译：妹 如 竹篾编的小船 漂浮 中 水流
汉语意译：妹像竹篾编的小船在水流中漂浮。

壮字原文：呐 鼬 疔 瘫 馳 悉，
国际音标：nɔi⁵ ra¹ ʔdau¹ʔdɤ:n⁵ tɤŋ¹ loŋ²
汉语直译：说 出 痛苦 中 心
汉语意译：说出痛苦在心中，

壮字原文：㖭 嫆 传 劫 沛 馱 㛪 兜？
国际音标：ʔdɤi⁵ nɤ⁶ ti:n² ki:p⁷ fa:i³ tsoŋ² ʔɛm¹ ʔdɤu¹
汉语直译：那里 债 传 今世 得 夫 妹 哪里
汉语意译：情债传今哪里是妹的夫？

（112）

壮字原文：惜 諾 濁 麻 鄧 招 輴，
国际音标：ti:k⁷ nɯ:k⁷ʔduk⁸ ma² ʔdɯŋ⁶ tsɤu⁶thau¹
汉语直译：可惜 浊水 而 盛 洗脸盆
汉语意译：可惜洗脸盆盛了浊水，

壮字原文：丐 簕 敉 兆 鄧 萎 蓆 萊。
国际音标：ka:i⁵mɤm¹ tsɯ³ ti:u⁶ ʔdɯŋ⁶ jɤu² tha:i²la:i²
汉语直译：大盘子 字 兆 盛 槟榔 细长
汉语意译：用带"兆"字的大盘子盛细长的槟榔。

1975

喃字原文： 惜𱽃 胉皀 鑾 烒，
国际音标： ti:k⁷ ŋɯ:i² ja¹ taŋ⁵ tɔk⁷ ja:i²
汉语直译： 可惜 人 皮 白 发 长
汉语意译： 可惜这人皮白发长，

喃字原文： 當 春 吒 媄 押 耐 衪 老 㷀 迠。
国际音标： ʔda:ŋ¹ sɤn¹ tsa¹mɛ⁶ ʔep⁷na:i² lɤi⁵ la:u³ thau⁵ mɯ:i¹
汉语直译： 正当 青春 父母 磨嘴 嫁 老人 六 十
汉语意译： 正当青春父母逼嫁六十岁的老人。

（113）

喃字原文： 柴 媄 贪 鉑 贪 钱，
国际音标： thɤi²mɛ⁶ tha:m¹ ʔba:k⁸ tha:m¹ ti:n²
汉语直译： 父母 贪 银 贪 钱
汉语意译： 父母贪银贪钱，

喃字原文： 贪 琨 猪 腖 禁 缘 掩 𱵎。
国际音标： tha:m¹ kɔn¹lɤ:n⁶ ʔbeu⁵ kɤm⁵ ji:n¹ ʔɛm¹ ja²
汉语直译： 贪 猪 肥 禁 缘分 妹 老
汉语意译： 贪肥猪禁妹缘让妹成了老姑娘。

喃字原文： 尼 英 嬎 掩 没 姅 琨 鸦，
国际音标： nai¹ ʔan¹ kɯ:i⁵ ʔɛm¹ mot⁸ nɯə³ kɔn¹ɣa²
汉语直译： 今 哥 娶 妹 一 半 鸡
汉语意译： 今哥娶妹给半只鸡，

喃字原文： 𥐮 哖 斤 粩 喻 罒礼 催。
国际音标： nam¹ ʔba¹ kɤn¹ ɣa:u⁶ ɣɔi⁶la² le³ thoi¹
汉语直译： 五 三 斤 米 叫做 礼 罢了
汉语意译： 三五斤米算是聘礼。

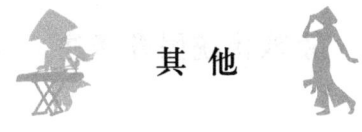

其他

（114）

喃字原文：娪媕梵贴時贪，
国际音标：mɛ⁶ ʔɛm¹ thɣi⁵ kuə³ thi² tha:m¹
汉语直译：娘 妹 见 财物 就 贪
汉语意译：妹娘见财就贪，

喃字原文：馨猇据想馨鏵押琨。
国际音标：ha:ŋ¹ hum² kɯ⁵ tɯ:ŋ³ ha:ŋ¹ va:ŋ² ʔɛp⁷ kon¹
汉语直译：洞 虎 一直 想 洞 金 逼 女
汉语意译：虎穴也想金洞逼女。

喃字原文：呐黜愭贝渃嫩，
国际音标：nɔi⁵ ra¹ thɛn⁶ vɣ:i⁵ nɯ:k⁷ nɔn¹
汉语直译：说 出 惭愧 和 山水
汉语意译：说出来惭愧无比，

喃字原文：唅伆醛喺悉琨胋䀏?
国际音标：ŋɣm⁶ va:u² ʔdaŋ⁵ kai¹ lɔŋ² kɔn¹ ʔdem¹ ŋai²
汉语直译：含 进 苦 辣 心 孩子 日夜
汉语意译：心中苦辣有谁知？

（115）

喃字原文：娪糕如樵戈 霜，
国际音标：mɛ⁶ ja² ȵɯ¹ tsu:i⁵ kwa¹ thɯ:ŋ¹
汉语直译：娘 老 如 芭蕉 过 霜
汉语意译：娘老如霜打的芭蕉，

喃字原文：如𬼽糯没如 糖 樸㧒。
国际音标：ȵɯ¹ soi¹ nep⁷ mot⁸ ȵɯ¹ ʔdɯ:ŋ² miə⁵ kho¹
汉语直译：如 糯米饭 干 如 糖 甘蔗 干枯
汉语意译：如干糯米饭如枯蔗糖。

（116）

喃字原文：　崦　喂　推　擬　朱　　當，
国际音标：ʔɛm¹ ʔɤːi¹ thi¹ŋi³ tsɔ¹ ʔdaːŋ⁵
汉语直译：　妹　啊　考　虑　使　妥当
汉语意译：妹啊要考虑妥当，

喃字原文：　欵　貯　空　衸　崦　衸　欵　賖。
国际音标：tsoŋ² ɣɤn² khoŋ¹ lɤi⁵ ʔɛm¹ lɤi⁵ tsoŋ² sa¹
汉语直译：　夫　近　不　嫁　妹　嫁　夫　远
汉语意译：近处不嫁妹嫁远处。

喃字原文：　没　朡　吒　腰　娛　耰，
国际音标：mot⁸maːi¹ tsa¹ ʔiːu⁵ mɛ⁶ jaː²
汉语直译：　一旦　父　弱　娘　老
汉语意译：一旦父母老弱，

喃字原文：　鉢　柑　埃　拖　喊茶　埃　搥？
国际音标：ʔbaːt⁷kɤːm¹ ʔaːi¹ tha³ tsɛn⁵taː² ʔaːi¹ nɤŋ¹
汉语直译：　饭碗　　谁　帮　茶杯　谁　端
汉语意译：饭碗谁送茶杯谁端？

（117）

喃字原文：　掍　疎　揹　揞　揹　擈，
国际音标：kɔn¹ thɤ¹ tai¹ ʔom¹ tai¹ ʔboŋ²
汉语直译：孩子 幼小 手 抱 手 捧抱
汉语意译：孩子幼小抱怀中，

喃字原文：揹　捹　娛　欵　頭　泊　如　蔨。
国际音标：tai¹ jat⁷ mɛ⁶tsoŋ² ʔdɤu² ʔbaːk⁸ ɲɯ¹ ʔboŋ¹
汉语直译：手 牵 婆婆 头 白 如 棉花
汉语意译：手牵婆婆头白如棉。

其 他

喃字原文：拰　贪　茹塊　凢座，
国际音标：tsaŋ³ tha:m¹ ɲa²ŋic⁵ ʔba¹ ta²
汉语直译：不　贪　瓦房　三座
汉语意译：不贪瓦房三座，

喃字原文：贪　為　没　浽　媄吒　贤龄。
国际音标：tha:m¹ vi² mot⁸ noi³ mɛ⁶tsa¹ hi:n²lan²
汉语直译：贪　为　一　境地　父母　和善
汉语意译：只求父母为人和善。

（118）

喃字原文：固　琨　沛　苦　為　琨，
国际音标：kɔ⁵ kɔn¹ fa:i³ kho³ vi² kɔn¹
汉语直译：有　孩子　要　受苦　为　孩子
汉语意译：有孩子要为他受苦，

喃字原文：固　𫘥　沛　挭　江　山　茹　𫘥。
国际音标：kɔ⁵ tsoŋ² fa:i³ ɣan⁵ ja:ŋ¹thɤ:n¹ ɲa² tsoŋ²
汉语直译：嫁　夫　要　挑　江　山　家　夫
汉语意译：嫁夫就要挑起夫家的江山。

喃字原文：堆　些　如　丐　𥝆　𥝆，
国际音标：ʔdoi¹ta¹ nɯ¹ ka:i⁵ʔdɔŋ²ʔdɔŋ²
汉语直译：咱俩　如同　孕穗
汉语意译：咱俩如同孕穗，

喃字原文：𢯓　缘　時　拱　𢯓　悉　媄吒。
国际音标：ʔdɛp⁸ji:n¹ thi² kuŋ³ ʔdɛp⁸lɔŋ² mɛ⁶tsa¹
汉语直译：缔结良缘　则　也　称心　父母
汉语意译：缔结良缘父母称心。

（119）

喃字原文： 祉 馱 拰 別 柮 馱，
国际音标： lɤi⁵ tsoŋ² tsaŋ³ ʔbi:t⁷ mat⁸ tsoŋ²
汉语直译： 嫁 夫 不 识 面 夫
汉语意译： 嫁夫不识夫的面，

喃字原文： 胋 䚋 思 想 憔 翁 偂 㑳。
国际音标： ʔdem¹ nam² tɯ¹tɯ:ŋ³ ŋɤ² ʔoŋ¹ la:ŋ⁵ji:ŋ²
汉语直译： 夜晚 躺 思想 疑 老翁 邻居
汉语意译： 夜晚躺着想疑是邻居郎。

（120）

喃字原文： 塘 扌多 侧 阻 麻 数，
国际音标： ʔdɯ:ŋ² ʔdi¹ tak⁷jɤ³ ma² lɤu¹
汉语直译： 路 去 阻碍 无实义 久
汉语意译： 去路阻碍已久，

喃字原文： 吒 媄 贪 㗂 押 旺 缘 俒。
国际音标： tsa¹mɛ⁶ tha:m¹ jau² ʔɛp⁷ʔu:ŋ⁵ ji:n¹ kɔn¹
汉语直译： 父母 贪 富 逼迫 姻缘 孩子
汉语意译： 父母嫌贫爱富逼儿婚。

喃字原文： 缘 牢 咯 据 唉 缘？
国际音标： ji:n¹ tha:u¹ kak⁷kɤ⁵ hɤ:i³ ji:n¹
汉语直译： 缘 怎么 乖戾 啊 缘
汉语意译： 为什么姻缘这么乖戾？

喃字原文： 拎 鎆 鎆 嘬 拎 鐄 鐄 派。
国际音标： kɤm² hɯ:ŋ¹ hɯ:ŋ¹ toi⁵ kɤm² va:ŋ² va:ŋ² fa:i¹
汉语直译： 拿 镜 镜 暗 拿 金 金 褪色
汉语意译： 拿镜镜暗淡拿金金褪色。

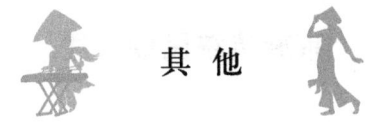

其 他

（121）

喃字原文：啧 吒 啧 媄 闷 分，
国际音标：tat⁷ tsa¹ tat⁷ mɛ⁶ muːn¹fɤn²
汉语直译：责怪 父亲 责怪 母亲 万分
汉语意译：责怪父母万分，

喃字原文：𤲿 𡐪 堁 鉑 麻 斤 沛 錆；
国际音标：ŋoi² ten¹ ʔdoŋ⁵ ʔbaːk⁸ ma² kɤn¹ faːi³ tsi²
汉语直译：坐 上 堆 银 而 称 对 铅
汉语意译：坐银堆上称对铅；

喃字原文：啧 吒 啧 媄 唪 推，
国际音标：tat⁷ tsa¹ tat⁷ mɛ⁶ fuŋ⁶ thi¹
汉语直译：责怪 父亲 责怪 母亲 欠思量
汉语意译：责怪父母欠思量，

喃字原文：生 㧅 牢 拄 料 時 麻 生？
国际音标：thin¹ kɔn¹ thaːu¹ tsaŋ³ liːu⁶ thi²ma² thin¹
汉语直译：生 孩子 怎么 不 预料 就 生
汉语意译：怎么不考虑好就生下我？

喃字原文：生 之 朱 慵 功 程，
国际音标：thin¹ tsi¹ tsɔ¹ luːŋ⁵ koŋ¹tin²
汉语直译：生 什么 给 枉费 功夫
汉语意译：生下来枉费功夫，

喃字原文：底 朱 㱽 伴 同 情 嘆 枚。
国际音标：ʔde³ tsɔ¹ tsuŋ⁵ ʔbaːn⁶ ʔdoŋ² tin² miə³ maːi¹
汉语直译：让 朋友们 同情 讥讽
汉语意译：让朋友们同情讥讽。

（122）

喃字原文： 軴 駀 迻 逆 術 吹，
国际音标： tsoŋ² ŋɯːi² ʔdi¹ ŋɯːk⁸ ve² suːi¹
汉语直译： 夫 人家 去 逆 回 顺
汉语意译： 人家的丈夫出门闯荡，

喃字原文： 軴 碎 㘃 灶 撽 魃 琨 猫。
国际音标： tsoŋ² toi¹ ŋoi² ʔbep⁷ thɤ² ʔduːi¹ kɔn¹mɛu²
汉语直译： 夫 我 坐 厨房 抚摸 尾巴 猫
汉语意译： 我的丈夫坐在厨房摸猫尾。

喃字原文： 軴 駀 艩 槊 㹦 獠，
国际音标： tsoŋ² ŋɯːi² vaːk⁷ jaːu⁵ than¹ ʔbɛu¹
汉语直译： 夫 人家 扛 矛 打 豹子
汉语意译： 人家的丈夫扛矛猎豹，

喃字原文： 軴 碎 艩 筶 趙 猫 过 盘。
国际音标： tsoŋ² toi¹ vaːk⁷ ʔduə³ ʔduːi¹ mɛu² kwa¹ mɤm¹
汉语直译： 夫 我 扛 筷子 赶 猫 过 大盘子
汉语意译： 我的丈夫扛筷子赶猫过盘子。

（123）

喃字原文： 埃 喂 沛 擬 𦫼 𦘭，
国际音标： ʔaːi¹ ʔɤːi¹ faːi³ ŋi³ tɯːk⁷thau¹
汉语直译： 谁 啊 要 考虑 前后
汉语意译： 谁啊都要思前想后，

喃字原文： 停 贪 夥 贴 茹 鬲 𠄨 之。
国际音标： ʔdɯŋ² thaːm¹ lam⁵ kuə³ ɲa² jau² laːm²tsi¹
汉语直译： 莫 贪 多 物 家 富 做 什么
汉语意译： 莫贪财多家富。

其 他

喃字原文：ᄃ 之 眨 仍 黜之，
国际音标：la:m² tsi¹ sɛm¹ n̥ɯŋ³ ra¹ ji²
汉语直译：做 什么 看 些 出 什么
汉语意译：做什么看出些什么，

喃字原文：ᄃ 蹕 ᄃ 左 呐 時 聑 聰。
国际音标：la:m² tɤt⁷ la:m² ta³ nɔi⁵ thi² ʔdi:k⁷ta:i¹
汉语直译：做 匆忙 做 匆忙 说 则 震耳欲聋
汉语意译：匆忙而说做则震耳欲聋。

喃字原文：挮 盰 蒔 节 更 ㄥ，
国际音标：ʔdi¹ ŋu³ thi² ti:t⁷ kan¹ ha:i¹
汉语直译：去 睡 则 已 更 二
汉语意译：去睡已是二更，

喃字原文：眓 号 睋 悲 躺 埃 懈 油。
国际音标：thɯk⁷ khwiə¹ jɤi⁶ thɤ:m⁵ min² ʔa:i¹ ja:i³jɤu²
汉语直译：醒 夜 起床 早 妹 谁 曝露
汉语意译：晚睡早起日晒雨淋。

喃字原文：㬆 刵 挮 㨁 䶞 楼，
国际音标：thɤ:m⁵ ŋai² ʔdi¹ kat⁷ kɔ³ tɤu¹
汉语直译：早上 白天 去 割 草 水牛
汉语意译：早上出去割牛草，

喃字原文：㬹 術 吏 保 蚪 兜 空 㵲。
国际音标：tɯə¹ ve² la:i⁶ ʔba:u³ ŋoi² ʔdɤu¹ khoŋ¹ ʔdɤi²
汉语直译：中午 回 又 告诉 坐 哪里 不 满
汉语意译：中午回来说没满。

喃字原文： 㕥 媄 唻 吏　坦　柴，
国际音标： het⁷ mɛ⁶ roi² la:i⁶ ʔden⁵ thɤi²
汉语直译： 完　母　了　又　到　父
汉语意译： 母亲完了到父亲，

喃字原文： 梗 骷 固 落 吻 呐 浪 羁。
国际音标： ɣan⁵ kɔ³ kɔ⁵ ʔdɤi² vɤn³ nɔi⁵ raŋ² vɤ:i¹
汉语直译： 挑 草 有 满 仍 说 道 一半
汉语意译： 挑草已满还说只一半。

喃字原文： 呐　時　呐　寔　罒　喈，
国际音标： nɔi⁵ thi² nɔi⁵ thɤt⁸ la² ha:i²
汉语直译： 说　则　说　实　是　诙谐
汉语意译： 说来实在是诙谐，

喃字原文： 鬏　句　洙　境　盩　哊　㿟　懒。
国际音标： lam⁵ kɤu¹ tsuə¹ kan³ ʔdaŋ⁵kai¹ tam¹ tsi:u²
汉语直译： 多　句　酸　境　苦辣　百　方向
汉语意译： 句句辛酸苦辣全。

喃字原文： 份　媕　罒　妈　茹　競，
国际音标： fɤn⁶ ʔɛm¹ la² ɣa:i⁵ ɲa² ŋɛu²
汉语直译： 份　妹　是　女人　家　穷
汉语意译： 身为女人妹家穷，

喃字原文： 祂　沛　靰　鵤　埃　透　朱　庄？
国际音标： lɤi⁵ fa:i³ tsoŋ² jau² ʔa:i¹ thɤu⁵ tsɔ¹ tsaŋ¹
汉语直译： 嫁　中　夫　富　谁　透彻　给　不
汉语意译： 谁不想嫁到家中富有的丈夫？

其 他

喃字原文：呐 𠳐 疠 瘫 𦘭 悆，
国际音标：nɔi⁵ ra¹ ʔdau¹ʔdɤ:n⁵ tɔŋ¹ lɔŋ²
汉语直译：说 出 痛苦 中 心
汉语意译：说出心中痛苦，

喃字原文：𠶚 苦 𠶚 辱 䡊 𦘭 没 𦋻。
国际音标：tsiu⁶ kho³ tsiu⁶ ɲuk⁸ thu:t⁷ tɔŋ¹ mot⁸ ʔdɤ:i²
汉语直译：受 苦 受 辱 整个 中 一 生
汉语意译：一生受尽苦辱。

（124）

喃字原文：泑 溇 時 㶥 蝁 掑，
国际音标：ʔa:u¹ thɤu¹ thi² lam⁵ ʔok⁷ɲoi²
汉语直译：池塘 深 则 多 陷 蛳
汉语意译：池塘深陷蛳就多，

喃字原文：𩩲 躺 历 史 姅 𩙊 姅 些。
国际音标：tsoŋ² min² lit⁸thɯ⁶ nɯə³ ŋɯ:i² nɯə³ ta¹
汉语直译：夫 妹 文雅 半 别人 半 咱们
汉语意译：妹夫文雅惹人羡慕。

喃字原文：悭 㶥 時 搋 胇 𠳐，
国际音标：ɣɛn¹ lam⁵ thi² jat⁷ ru:t⁸ ra¹
汉语直译：妒忌 多 则 牵 肠子 出
汉语意译：妒忌多了就牵肠挂肚，

喃字原文：𩩲 躺 時 帶 𥛭 些 番 尼。
国际音标：tsoŋ² min² thi² ja:i⁵ tai¹ ta¹ fɛn¹ nai²
汉语直译：夫 妹 则 反 手 咱 番 这
汉语意译：妹夫则反手向着咱这边。

1985

（125）

喃字原文： 埃 乊 朱 蛣 离 花，
国际音标： ʔaːi¹ laːm² tsɔ¹ ʔbɯːm⁵ liə² hwa¹
汉语直译： 谁 使 蝴蝶 离 花
汉语意译： 谁使蝴蝶离花，

喃字原文： 朱 鸪 靘 芕 彨 戈 圜 红。
国际音标： tsɔ¹ tsim¹ san¹ nɤ⁵ ʔbai¹ kwa¹ vɯːn² hoŋ²
汉语直译： 给 鸟 青 那 飞 过 园子 玫瑰
汉语意译： 让那青鸟飞过玫瑰园。

喃字原文： 埃 乊 阔 黕 嫩 滝，
国际音标： ʔaːi¹ laːm² mun¹ jam⁶ nɔn¹thoŋ¹
汉语直译： 谁 做 万 里 河山
汉语意译： 谁使万里河山，

喃字原文： 底 碎 助 质 愁 斛 羭 菭。
国际音标： ʔde³ toi¹ tsɯə⁵ tsɤt⁷ thɤu² ʔdoŋ¹ vɤːi¹ ʔdɤi²
汉语直译： 让 我 积蓄 愁 斗量 一半 满
汉语意译： 让我积蓄愁绪用斗量。

（126）

喃字原文： 妾 叹 吒 媄 妾 赽，
国际音标： thiːp⁷ thaːn¹ tsa¹mɛ⁶ thiːp⁷ ŋɛu²
汉语直译： 妾 叹 父母 妾 穷
汉语意译： 妹叹父母贫穷，

喃字原文： 妾 叹 份 妾 如 瀰 潘 滝。
国际音标： thiːp⁷ thaːn¹ fɤn⁶ thiːp⁷ ɲɯ¹ ʔbɛu² loi⁶ thoŋ¹
汉语直译： 妾 叹 分 妾 如 浮萍 漂浮 河
汉语意译： 妹叹妹如浮萍河中漂浮。

其 他

喃字原文： 妾 他 杣 挭 堆 绕,
国际音标： thi:p⁷ tha² ʔdɔn² ɣan⁵ ʔdoi¹ kwa:ŋ¹
汉语直译： 妾 宁愿 扁担 对 箩筐
汉语意译： 妹愿拿起扁担挑箩筐,

喃字原文： 半 奔 餒 媄 扒 迺 黙 扒。
国际音标： ʔba:n⁵ʔbu:n¹ nu:i¹ mɛ⁶ tsa:ŋ² tha:ŋ¹ mak⁸ tsa:ŋ²
汉语直译： 买卖 养 母亲 哥 来 任由 哥
汉语意译： 做买卖养娘哥来由哥。

（127）
喃字原文： 妾 身 份 妾 群 疎,
国际音标： thi:p⁷ thɤn¹ fɤn⁶ thi:p⁷ kɔn² thɤ¹
汉语直译： 妾 身份 妾 还 幼稚
汉语意译： 妹还幼小幼稚,

喃字原文： 衤礼 馱 賒 处 巴 嗚 没 躺。
国际音标： lɤi⁵ tsoŋ² sa¹ sɯ:⁵ ʔbɤ¹ vɤ¹ mot⁸ min²
汉语直译： 嫁 夫 远处 孤单 独自
汉语意译： 远嫁他乡孤零零。

喃字原文： 惜 功 些 於 貝 躺,
国际音标： ti:k⁷ koŋ¹ ta¹ ʔɤ³ vɤ:i⁵ min²
汉语直译： 惜 功 哥 住 和 妹
汉语意译： 辛苦哥哥和妹妹,

喃字原文： 躺 於 𠁑 情 些 惜 功 些。
国际音标： min² ʔɤ³ va:u² tin² ta¹ ti:k⁷ koŋ¹ ta¹
汉语直译： 妹 住 进 情 哥 惜 功 哥
汉语意译： 妹我嫁人辛苦哥。

（128）

喃字原文：妾　叹　份　妾　群　疎，
国际音标：thiːp⁷ thaːn¹ fɤn⁶ thiːp⁷ kɔn² thɤ¹
汉语直译：妾　叹　份　妾　还　幼小
汉语意译：妹叹妹还幼小，

喃字原文：祂　默　赊　处　巴　鳴　没　躺。
国际音标：lɤi⁵ tsoŋ² sa¹suɯ⁵ ʔbɤ¹vɤ¹ mot⁸min²
汉语直译：嫁　夫　远　处　孤　单　独自
汉语意译：远嫁他乡孤零零。

喃字原文：悲　晗　噰　呢　埃　抚？
国际音标：ʔbɤi¹jɤ² nan¹ni³ ʔaːi¹ ʔbɤn¹
汉语直译：现在　恳求　谁　偏袒
汉语意译：现在恳求谁偏袒？

喃字原文：荦　捼　為　䶂　在　躺　課　罳。
国际音标：la⁵ lai¹ vi² ʔbɤːi³ taːi⁶ min² thɤ³ suɯə¹
汉语直译：叶　摇　因为　在　妹　从前
汉语意译：树叶摇动因为妹。

（129）

喃字原文：妾　赊　扒　槑　馱　槑　惜，
国际音标：thiːp⁷ sa¹ tsaːŋ² tam¹ ŋɯːi² tam¹ tiːk⁷
汉语直译：妾　远离　哥　百　人　百　惜
汉语意译：妹远离哥百人惜，

喃字原文：扒　赊　妾　萬　几　萬　傷。
国际音标：tsaːŋ² sa¹ thiːp⁷ vaːn⁶ kɛ³ vaːn⁶ thuɯːŋ¹
汉语直译：哥　远离　妾　万　人　万　可怜
汉语意译：哥远离妹万人怜。

其 他

喃字原文： 槑薢 照 烤 绫 牀，
国际音标： tam¹ nam¹ tsi:u⁵ nɔ³ ʔbɛn⁵ jɯ:ŋ²
汉语直译： 百 年 席子 紧密相连 床
汉语意译： 百年席子连着床，

喃字原文： 否如 杶 梗 技 钟 塘 払 喂！
国际音标： vi⁵ȵɯ¹ ʔdɔn² ɣan⁵ ɣai³ jɯə³ ʔdɯ:ŋ² tsa:ŋ² jɤ:i¹
汉语直译： 好比 扁担 断 中 路 哥 啊
汉语意译： 好比扁担途中断啊哥！

（130）

喃字原文： 妾 恎 贞节 贝 払，
国际音标： thi:p⁷ nai¹ tin¹ti:t⁷ vɤ:i⁵ tsa:ŋ²
汉语直译： 妾 今 贞节 和 哥
汉语意译： 妹今为哥守贞节，

喃字原文： 荌 兜 払 叓 扨 昂 钟 丕？
国际音标： nɤ³ ʔdɤu¹ tsa:ŋ² la:i⁶ vɤt⁷ ŋa:ŋ¹ jɯə³ jɤ:i²
汉语直译： 忍心 哪里 哥 又 扔 横 中 天
汉语意译： 哥怎么忍心扔在空中？

喃字原文： 捧 黜 朱 妾 叫 丕，
国际音标： vun¹ ra¹ tsɔ¹ thi:p⁷ keu¹ jɤ:i²
汉语直译： 说 出 给 妾 呼天抢地
汉语意译： 给妹呼天抢地，

喃字原文： 叫 莲 没 啃 朱 𡗶 矫 嚜。
国际音标： keu¹ len¹ mot⁸ ti:ŋ⁵ tsɔ¹ ja:i² ki:u³ kɤm¹
汉语直译： 叫 上 一 声 给 长 姿态 缄默
汉语意译： 长叫一声不再沉默。

1989

（131）

喃字原文： 妾　傷　払　漕　底　埃　別，
国际音标： thi:p⁷ thɯ:ŋ¹ tsa:ŋ² tsɤ⁵ ʔde³ ʔa:i¹ ʔbi:t⁷
汉语直译： 妾　爱　哥　莫　给　谁　知
汉语意译： 妹爱哥莫给别人知，

喃字原文： 払　傷　妾　漕　底　埃　哈。
国际音标： tsa:ŋ² thɯ:ŋ¹ thi:p⁷ tsɤ⁵ ʔde³ ʔa:i¹ hai¹
汉语直译： 哥　爱　妹　莫　让　谁　晓
汉语意译： 哥爱妹莫让别人晓。

喃字原文： 世　间　夥　几　柴　捼，
国际音标： the⁵ja:n¹ lam⁵ kɛ³ thai²lai¹
汉语直译： 世间　多　人　好管闲事
汉语意译： 世间多人好管闲事，

喃字原文： 极　払　九　裧　妾　尬　迊　分。
国际音标： kɯk⁸ tsa:ŋ² tsin⁵ rɯ:i³ thi:p⁷ nai¹ mɯ:i²fɤn²
汉语直译： 痛苦　哥　十　半　妾　今　十分
汉语意译： 痛苦十分妹和哥。

（132）

喃字原文： 身　埯　如　体　釧　鑛，
国际音标： thɤn¹ ʔɛm¹ nɯ¹the³ si:n⁵ va:ŋ²
汉语直译： 身　妹　如同　镯子　金
汉语意译： 妹身如同金镯子，

喃字原文： 身　英　如　猛　照　熡　半　行　補　悁。
国际音标： thɤn¹ ʔan¹ nɯ¹ man³ tsi:u⁵ rat⁷ ʔba:n⁵ ha:ŋ² ʔbɔ³kwen¹
汉语直译： 身　哥　如　张　席子　破　卖　货　忘记
汉语意译： 哥身如张破席卖了就忘。

其 他

喃字原文： 鞁 丕 吹 遶 㖭 蓬，
国际音标： mai¹ jɤ:i² su:i¹ jɔ⁵ thoi³ len¹
汉语直译： 幸亏 天 顺 风 吹 上
汉语意译： 幸亏老天吹顺风，

喃字原文： 朱 㬞 照 煘 躬 蓎 釧 鐄。
国际音标： tsɔ¹ man³ tsi:u⁵ rat⁷ nam² ten¹ si:n⁵ va:ŋ²
汉语直译： 给 张 席子 破 躺 上 镯子 金
汉语意译： 给张破席躺在金镯上。

（133）

喃字原文： 為 霜 朱 岃 泊 頭，
国际音标： vi² thɯ:ŋ¹ tsɔ¹ nui⁵ ʔba:k⁸ ʔdɤu²
汉语直译： 为 霜 使 山 白 头
汉语意译： 为霜使山白头，

喃字原文： 核 抹 為 遶 花 愁 為 湄。
国际音标： kɤi¹ lai¹ vi² jɔ⁵ hwa¹ thɤu² vi² mɯa¹
汉语直译： 树 摇摆 因为 风 花 愁 因为 雨
汉语意译： 树摇为风花愁为雨。

喃字原文： 為 胋 空 特 貼 㷂，
国际音标： vi² ʔdem¹ khoŋ¹ ʔdɯ:k⁸ ɣɤn² ɲau¹
汉语直译： 为 夜里 不 得 近 互相
汉语意译： 因为夜里不得相近，

喃字原文： 刱 㦬 纵 乢 泊 頭 媕 喂。
国际音标： tha:ŋ⁵ ra¹ nen¹ ʔda³ ʔba:k⁸ ʔdɤu² mɛ¹ ʔɤ:i¹
汉语直译： 天亮 出 成 已 白 头 妹 啊
汉语意译： 天亮出来已白头啊妹。

（134）

喃字原文：為 埃 朱 姜 武 鑛？
国际音标：vi² ʔa:i¹ tsɔ¹ thi:p⁷ vɔ³va:ŋ²
汉语直译：为 谁 给 妾 憔悴
汉语意译：为谁使妹人憔悴？

喃字原文：為 埃 朱 姜 花 殘 蕊 淶？
国际音标：vi² ʔa:i¹ tsɔ¹ thi:p⁷ hwa¹ ta:n² ɲi⁶ rɤ:i¹
汉语直译：为 谁 给 妾 花 残 蕊 落
汉语意译：为谁使妹花残蕊落？

喃字原文：极 悉 姜 夥 払 喂，
国际音标：kɯk⁸lɔŋ² thi:p⁷ lam⁵ tsa:ŋ² ʔɤ:i¹
汉语直译：忧 心 妾 很 哥 啊
汉语意译：妹忧心极了哥啊，

喃字原文：別 罛 蓮 逆 䡾 吹 塘 吊？
国际音标：ʔbi:t⁷ la² len¹ ŋɯ:k⁸ su:ŋ⁵ su:i¹ ʔdɯ:ŋ² na:u²
汉语直译：知 是 上 逆 下 顺 路 哪
汉语意译：知道来来往往在哪条路？

（135）

喃字原文：身 淹 如 体 核 樋，
国际音标：thɤn¹ ʔɛm¹ ɲɯ³the³ kɤi¹thoŋ¹
汉语直译：身 妹 如同 松树
汉语意译：身妹如同松树，

喃字原文：務 熋 鲜 卒 務 冬 黙 绷。
国际音标：muə²hɛ² tɯ:i¹tot⁷ muə²²doŋ¹ rɤm⁶ra²
汉语直译：夏天 繁茂 冬天 茂密
汉语意译：夏天繁茂冬天茂密。

其 他

喃字原文：俺 群 傷 英 時 吽 哩 㐌，
国际音标：ʔεm¹ kɔn² thɯːŋ¹ ʔan¹ thi² ŋɔ³ lɤːi² ra¹
汉语直译：妹 还 想 哥 则 表露 话 出
汉语意译：妹还想哥说出来，

喃字原文：底 英 跐 细 園 花 英 㘄。
国际音标：ʔde³ ʔan¹ ʔbɯːk⁷ tɤːi⁵ vɯːn² hwa¹ ʔan¹ ŋoi²
汉语直译：让 哥 迈 到 花 园 哥 坐
汉语意译：请哥移步花园坐。

喃字原文：䰸 俆 畑 熄 灶 㙅，
国际音标：toŋ¹ tsɤ² ʔden² tat⁷ ʔbep⁷ vui²
汉语直译：等待 灯 灭 灶 封
汉语意译：等到灯灭灶封，

喃字原文：底 英 仕 呐 㟲 哩 云 為。
国际音标：ʔde³ ʔan¹ thε³ nɔi⁵ vaːi² lɤːi² vɤn¹ vi²
汉语直译：让 哥 将 说 几 句 始末
汉语意译：让哥说出始末。

（136）

喃字原文：䖦 蟻 吏 妟 㐌 蟻，
国际音标：tɯŋ⁵ roŋ² laːi⁶ nɤ³ ra¹ roŋ²
汉语直译：蛋 龙 又 孵化 出 龙
汉语意译：龙蛋孵化出龙崽，

喃字原文：骸 樋 吏 妟 核 樋 㵣 绷。
国际音标：haːt⁸ thoŋ¹ laːi⁶ nɤ³ kɤi¹ thoŋ¹ rɤm⁶ ra²
汉语直译：松子 又 长 松树 茂密
汉语意译：松子又长出茂密的松树。

京族传统民歌译注

喃字原文：固 吒 生 罝 䘏 些，
国际音标：kɔ⁵ tsa¹ thin¹ mɤːi⁵ ra¹ ta¹
汉语直译：有 父 生 才 出 咱
汉语意译：有父亲才会生下咱们，

喃字原文：冖 铖 蒔 䘏 媄 吒 挵 揞。
国际音标：laːm² nen¹ thi² ʔbɤːi³ mɛ⁶tsa¹ vun¹joŋ²
汉语直译：做 成 则 因 为 父母 培养
汉语意译：事成是因为父母的培养。

喃字原文：坤 顽 伽 暗 吒 翁，
国际音标：khon¹ŋwaːn¹ nɤ² ʔɤm⁵ tsa¹ ʔoŋ¹
汉语直译：乖巧 托 荫 父 祖
汉语意译：乖巧托荫先辈，

喃字原文：冖 铖 沛 兑 祖宗 奉 蜍。
国际音标：laːm² nen¹ faːi³ ʔdɔi⁵ toːtoŋ¹ fuŋ⁶thɤ²
汉语直译：做 成 要 垂念 祖宗 供奉
汉语意译：事成要垂念供奉祖宗。

喃字原文：道 冖 掍 濖 固 恍 恂，
国际音标：ʔdaːu⁶ laːm² kɔn¹ tsɤ⁵ kɔ⁵ huɯŋ³hɤ²
汉语直译：道 做 孩子 莫 有 冷淡
汉语意译：为子之道莫冷淡，

喃字原文：沛 抂 孝 敬 麻 蜍 自 然。
国际音标：faːi³ ʔdɛm¹ hiːu⁵kin⁵ ma² thɤ² tɯ⁶ɲiːn¹
汉语直译：要 拿 孝 敬 而 供奉 自然
汉语意译：要拿孝敬来自然供奉。

其他

(137)

喃字原文： 胧 清 胧 躱 塜 亭，
国际音标： jaŋ¹ than¹ jaŋ¹ rɔi⁶ them² ʔdin²
汉语直译： 月 清 月 照射 廊下 亭子
汉语意译： 月儿清亮照射在亭子的廊下，

喃字原文： 媕 甡 媕 蹲 没 躺 拱 甡。
国际音标： ʔɛm¹ sin¹ ʔɛm¹ ʔdɯŋ⁵ mot⁸ min² kuŋ³ sin¹
汉语直译： 妹 漂亮 妹 站 独自 也 漂亮
汉语意译： 妹漂亮独自站着也漂亮。

喃字原文： 胧 清 胧 躱 外 垠，
国际音标： jaŋ¹ than¹ jaŋ¹ rɔi⁶ ŋwa:i² nɯ:ŋ¹
汉语直译： 月 清 月 照射 外 山地
汉语意译： 月儿清亮照山地，

喃字原文： 畑 清 畑 躱 四 方 醐 茹。
国际音标： ʔdɛn² than¹ ʔdɛn² rɔi⁶ tɯ⁵ fɯ:ŋ¹ toŋ¹ n̩a²
汉语直译： 灯 清 灯 照射 四方 中 家
汉语意译： 灯盏照得屋里亮堂堂。

喃字原文： 胧 清 胧 矋 塜 花，
国际音标： jaŋ¹ than¹ jaŋ¹ rɔi⁶ them² hwa¹
汉语直译： 月 清 月 照射 廊下 花
汉语意译： 月儿清清照亮花廊下，

喃字原文： 馻 历 史 钽 衪 馻 些 秩 来。
国际音标： ŋɯ:i² lit⁸ thɯ⁶ ʔda³ lɤi⁵ ŋɯ:i² ta¹ mɤt⁷ rɔi²
汉语直译： 人 文雅 已 娶 别人 完 了
汉语意译： 文雅的人已把别人娶完了。

（138）

喃字原文：啧吒啧媄埯俐，
国际音标：tɑt⁷ tsa¹ tat⁷ mɛ⁶ ʔɛm¹ rai²
汉语直译：责怪父亲责怪母亲 妹 今日
汉语意译：今日责怪父母亲，

喃字原文：生 埯 牢 庄 招 騾 麻 生？
国际音标：thin¹ ʔɛm¹ tha:u¹ tsaŋ³ lɯə⁶ ŋai² ma² thin¹
汉语直译：生 妹 为何 不 选 日子 而 生
汉语意译：生妹为何不选日子来生？

喃字原文：生 埯 朒 少 魊 𡛔，
国际音标：thin¹ ʔɛm¹ tha:ŋ⁵ thi:u⁵ ŋɯ:i² ja:i⁶
汉语直译：生 妹 月 少 人 笨
汉语意译：生妹不足月人愚笨，

喃字原文：底 朱 天 下 魊 魊 嘆 枚。
国际音标：ʔde³tsə¹ thi:n¹ha⁶ ŋɯ:i²ŋɯ:i² miə³ma:i¹
汉语直译：使 天 下 人人 讥讽
汉语意译：让天下人都讥讽。

喃字原文：啧 身 啧 分 浪 憛，
国际音标：tat⁷ thɤn¹ tat⁷ fɤn⁶ raŋ² thɛn⁶
汉语直译：责怪 身 责怪 份 说 惭愧
汉语意译：责怪身份说惭愧，

喃字原文：別 躺 如 体 莖 畑 別 湄。
国际音标：lan⁵min² nɯ¹the³ ŋɔn⁶ʔdɛn² lan⁵ mɯə¹
汉语直译：藏身 正如 灯盏 躲 雨
汉语意译：藏身正如灯盏躲雨。

其 他

嗬字原文：啧 分浪 拃 埃 愀，
国际音标：tat⁷ fɤn⁶ raŋ² tsaŋ³ ʔa:i¹ ʔɯə¹
汉语直译：责怪 身 道 不 谁 喜爱
汉语意译：责怪自身无人喜爱。

嗬字原文：寻 准 缯 协 瓹 疏 ⻊ 躺。
国际音标：tim² tson⁵ luə⁶ hɛp⁸ va:i³ thɯə¹ lan⁵min²
汉语直译：找 地方 丝绸 窄 布 疏 藏身
汉语意译：找地方窄绸疏布来藏身。

（139）
嗬字原文：吒 媄 如 玉 如 牙，
国际音标：tsa¹mɛ⁶ nɯ¹ ŋɔk⁸ nɯ¹ ŋa²
汉语直译：父母 如 玉石 如 象牙
汉语意译：父母如玉石象牙，

嗬字原文：受 胎 淹 如 鉑 脈 淹 甾 如 鏐。
国际音标：thu⁶tha:i¹ ʔɛm¹ nɯ¹ ʔba:k⁸ ʔdɛ³ ʔɛm¹ ra¹ nɯ¹ va:ŋ²
汉语直译：受孕 妹 如 银 生 妹 出 如 金
汉语意译：怀孕时妹如银，生妹后妹如金。

嗬字原文：於 茹 吒 媄 瞙 如 鉑 如 鏐，
国际音标：ʔɤ³ ɲa² tsa¹mɛ⁶ kɔi¹nɯ¹ ʔba:k⁸ nɯ¹ va:ŋ²
汉语直译：在 家 父母 视同 银 如 金
汉语意译：在家父母视同金和银，

嗬字原文：甾 塘 馭 瞙 如 圬 辣 塘 馭 趍。
国际音标：ra¹ ʔdɯ:ŋ² ŋɯ:i² kɔi¹nɯ¹ ɣat⁸ la:t⁷ ʔdɯ:ŋ² ŋɯ:i² ʔdi¹
汉语直译：出 路 人 视同 砖 垫 路 人 走
汉语意译：行人视同砖垫路面让人走。

（140）

喃字原文：核　撐　時　荓　拱　撐，
国际音标：kɤi¹ san¹ thi² la⁵ kuŋ³ san¹
汉语直译：树　绿　则　叶　也　绿
汉语意译：树绿则叶也绿，

喃字原文：吒　媄　贤　齢　底　德　朱　俍。
国际音标：tsa¹mɛ⁶ hi:n²lan² ʔde³ ʔdɯk⁷ tsɔ¹ kɔn¹
汉语直译：父母　贤良　留　德　给　孩子
汉语意译：父母贤良德荫子女。

喃字原文：㤒　核　来ɟ　吏　㤒　梗，
国际音标：mɯŋ² kɤi¹ roi² la:i⁶ mɯŋ² kan²
汉语直译：祝　树　了　又　祝　枝
汉语意译：祝了树又祝枝，

喃字原文：核　德　夥　柹　馰　德　夥　俍。
国际音标：kɤi¹ ʔdɯk⁷ lam⁵ tsoi² ŋɯ:i² ʔdɯk⁷ lam⁵ kɔn¹
汉语直译：树　德　多　嫩芽　人　德　多　子
汉语意译：有德之树多嫩芽，有德之人多得子。

喃字原文：巴　旺　聘　貝　黜　圌，
国际音标：ʔba¹ vu:ŋ¹ than⁵ vɤ:i⁵ ʔbai³ tɔn²
汉语直译：三　方　配　与　七　圆
汉语意译：完美与齐全匹配，

喃字原文：苁　吒　荣　颢　苁　俍　騳　鼎。
国际音标：ʔdɤ:i²tsa¹ vin¹hi:n³ ʔdɤ:i²kɔn¹ tha:ŋ¹jau²
汉语直译：父辈　荣显　儿辈　富贵
汉语意译：父辈荣显儿辈富贵。

其 他

（141）

嗬字原文：嫫吒唪料唪怕，
国际音标：mɛ⁶tsa¹ vuŋ⁶ li:u⁶ vuŋ⁶ lɔ¹
汉语直译：父母偷偷料想偷偷忧虑
汉语意译：父母暗自思量暗自忧，

嗬字原文：琨吧迌辘渚朱衪軷。
国际音标：kɔn¹ ʔba¹ mɯ:i¹ tu:i³ tsɯɛ¹ tsɔ¹ lɤi⁵ tsoŋ²
汉语直译：女儿 三 十 岁 尚未 给 嫁 丈夫
汉语意译：女儿三十未出嫁。

嗬字原文：嫫𥹥罒嫫𥹥终，
国际音标：mɛ⁶ ja² la² mɛ⁶ ja² tsuŋ¹
汉语直译：母亲老是 母亲老共同
汉语意译：老母亲是咱共同的老母亲，

嗬字原文：英怕汤蘖淹揍秴柑。
国际音标：ʔan¹ lɔ¹ tha:ŋ¹thu:k⁷ ʔɛm¹ jum² tsa:u⁵ kɤ:m¹
汉语直译：哥 忧 药剂 妹 帮 粥 饭
汉语意译：哥忧药剂妹帮粥饭。

（142）

嗬字原文：嫫喂 傷衪婿饒，
国际音标：mɛ⁶ ʔɤ:i¹ thɯ:ŋ¹lɤi⁵ re³ ŋɛu²
汉语直译：母亲 啊 疼爱 女婿 穷
汉语意译：娘啊疼爱穷女婿，

嗬字原文：科栖撼 浡衪灞馁烧。
国际音标：khwa¹ tai¹ vɤ:t⁷ ʔbot⁸ lɤi⁵ ʔbɛu² nu:i¹ nau¹
汉语直译：摆动 手 打捞 泡沫 要 浮萍 养 互相
汉语意译：动手打捞浮萍来活命。

1999

喃字原文：媄 喂 停 打 琨 疠，
国际音标：mɛ⁶ ʔɤ:i¹ ʔduŋ² ʔdan⁵ kɔn¹ ʔdau¹
汉语直译：娘 啊 莫 打 儿 痛
汉语意译：娘啊莫打孩儿痛，

喃字原文：底 琨 抹 渃 掂 蒌 媄 歛。
国际音标：ʔde³ kɔn¹ muk⁷ nɯ:k⁷ ti:m¹ jɤu² mɛ⁶ sɤ:i¹
汉语直译：让 孩子 舀 水 卷 蒌叶 母亲 用
汉语意译：让孩子给娘舀水卷蒌叶。

（143）

喃字原文：媄 媕 嗒 胝 媕 㘮，
国际音标：mɛ⁶ ʔɛm¹ khɛu⁵ ʔdɛ³ ʔɛm¹ ra¹
汉语直译：母亲 妹 巧 生 妹 出
汉语意译：妹娘生妹生得巧，

喃字原文：胝 媕 榕 椑 朱 些 䪩 撑。
国际音标：ʔdɛ³ ʔɛm¹ ɣok⁷ ʔbɯ:i³ tso¹ ta¹ ʔdɛu² ʔboŋ²
汉语直译：生 妹 根部 柚子树 给 咱 岭 蓬
汉语意译：生妹在蓬岭柚子树下。

喃字原文：媄 生 㘮 姜 䏬 髓，
国际音标：mɛ⁶ thin¹ ra¹ thi:p⁷ tɔŋ¹ ʔbu:ŋ²
汉语直译：母亲 生 出 姜 里 房屋
汉语意译：妹娘生妹在屋里，

喃字原文：挠 挀 靗 篳 樠 怃 敄 田。
国际音标：ŋɔn⁵tai¹ ŋɔi²²but⁷ mat⁸ vu:ŋ¹ tsɯ³ ʔdi:n²
汉语直译：手指 笔尖 脸 方 字 田
汉语意译：手指像笔尖"田"字脸。

其 他

（144）

喃字原文：媄 媕 贪 役 惜 功，
国际音标：mɛ⁶ ʔɛm¹ tha:m¹ vi:k⁸ ti:k⁷ koŋ¹
汉语直译：母亲 妹 贪 事 惜 功
汉语意译：妹娘贪事惜功，

喃字原文：拎 缘 媕 吏 节 秋 冬 眒 𣋀。
国际音标：kɤm² ji:n¹ ʔɛm¹ la:i⁶ ti:t⁷ thu¹ ʔdoŋ¹ mu:n⁶ ma:ŋ²
汉语直译：拿 缘 妹 又 节 秋 冬 迟晚
汉语意译：过了秋冬缘分迟。

喃字原文：媄 粩 迖 媄 逰 低，
国际音标：mɛ⁶ ja² mɤ:i² mɛ⁶ tha:ŋ¹ ʔdɤi¹
汉语直译：母亲 老 请 娘 来 这里
汉语意译：请我老娘来这里，

喃字原文：祯 鸾 襘 凤 幔 囲 媄 躺。
国际音标：tsan¹ lɔn¹ ɣoi⁵ fɯ:ŋ⁶ ma:n² vɤi¹ mɛ⁶ nam²
汉语直译：被子 鸾 枕头 凤 帐 围 母亲 躺
汉语意译：鸾被凤枕帐围给娘躺。

（145）

喃字原文：仒 数 永 缂 丝 𦂶，
国际音标：mɤi⁵ lɤu¹ vaŋ⁵ moi⁵ tɤ¹ vɯ:ŋ⁵
汉语直译：许久 不见 缕 丝 缠
汉语意译：许久不见丝缕缠，

喃字原文：永 哑 鐄 砶 忲 傷 舩 悉。
国际音标：vaŋ⁵ lɤ:i² va:ŋ²ʔda⁵ nɤ⁵ thɯ:ŋ¹ toŋ¹ toŋ²
汉语直译：不见 话 金 石 思念 中 心
汉语意译：心中思念不说话。

喃字原文：悲唅駅玉會同，
国际音标：ʔbɤi¹jɤ² ŋɯ:i²ŋɔk⁸ hoi⁶ʔdoŋ²
汉语直译：如今　玉人　　相会
汉语意译：如今玉人相会，

喃字原文：朕印体鉑遥搈啫鏁。
国际音标：jaŋ¹ ʔin¹ the³ ʔba:k⁸ jɔ⁵ ruŋ¹ ti:ŋ⁵ va:ŋ²
汉语直译：月　酷似　可以　银　风　摇　声　金
汉语意译：月光如银吹传金声。

（146）

喃字原文：媄　媕　咹　籿　粘　之？
国际音标：mɛ⁶ ʔɛm¹ ʔan¹ ɣa:u⁶tsi:m¹ tsi¹
汉语直译：母亲　妹　吃　夏米　什么
汉语意译：妹娘吃的是什么夏米？

喃字原文：生　黜　媕　韰　柔　眉　固　缘。
国际音标：thin¹ ra¹ ʔɛm¹ ʔdɛp⁸ ȵu¹mi² kɔ⁵ ji:n¹
汉语直译：生　出　妹　美　温柔　　有　缘
汉语意译：有缘生下妹温柔美丽。

喃字原文：媄　媕　咹　籿　朒　迖，
国际音标：mɛ⁶ ʔɛm¹ ʔan¹ ɣa:u⁶ tha:ŋ⁵mɯ:i²
汉语直译：娘　妹　吃　米　　十　月
汉语意译：妹娘吃十月米，

喃字原文：生　黜　媕　韰　荍　唭　固　缘。
国际音标：thin¹ ra¹ ʔɛm¹ ʔdɛp⁸ nu⁶kɯ:i² kɔ⁵ ji:n¹
汉语直译：生　出　妹　美　　笑颜　　有　缘
汉语意译：生下妹笑颜常开美如仙。

其 他

（147）

喃字原文： 傷　払　没　峃　媄　糕,
国际音标： thɯːŋ² tsaːŋ² mot⁸tsut⁷ mɛ⁶ ja²
汉语直译： 可怜　哥　一点儿　母亲　老
汉语意译： 可怜哥一人养着老母亲,

喃字原文： 照　禛　埃　解　哦　茶　埃　𦦳?
国际音标： tsiːu⁵ tsan¹ ʔaːi¹ raːi³ tsɛn⁵tsɛ² ʔaːi¹ jɤŋ¹
汉语直译： 席子　被子　谁　铺　茶杯　谁　端
汉语意译： 谁铺席被茶杯谁端？

喃字原文： 哦　茶　钯　固　𤗲　𦦳,
国际音标： tsɛn⁵taʔ² ʔda³ kɔ⁵ ŋɯːi² jɤŋ¹
汉语直译： 茶杯　已　有　人　端
汉语意译： 茶杯已有人端,

喃字原文： 照　禛　淹　解　払　停　固　忙。
国际音标： tsiːu⁵ tsan¹ ʔɛm¹ raːi³ tsaːŋ² ʔdɯŋ² kɔ⁵ lɔ¹
汉语直译： 席子　被子　妹　铺　哥　莫　有　忧
汉语意译： 妹铺席被哥莫忧。

喃字原文： 傷　払　魃　浘　悴　悍,
国际音标： thɯːŋ¹ tsaːŋ² ɲiːu² noi³ sɔt⁷sa¹
汉语直译： 可怜　哥　多　境地　痛心
汉语意译： 可怜哥境况令人痛心,

喃字原文： 没　秭　捆　掃　媄　糕　琨　疎。
国际音标： mot⁸ tai¹ jaːn¹jiu⁵ mɛ⁶ ja² kɔn¹ thɤ¹
汉语直译： 一　手　牵　母亲　老　孩子　幼小
汉语意译： 一手牵着老母亲,一手牵着幼小的孩子。

2003

（148）

喃字原文： 氄 掃 時 媎 拱 掃，
国际音标： tsoŋ² tsɛu² thi² vɤ⁶ kuŋ³ tsɛu²
汉语直译： 夫 划 则 妻 也 划
汉语意译： 夫妻一起来划船，

喃字原文： 台 侈 拱 饒 吏 动 貝 燒。
国际音标： ha:i¹ ʔdɯə⁵ kuŋ³ ŋɛu² la:i⁶ ʔdoŋ⁶ vɤ:i⁵ȵau¹
汉语直译： 两 个 也 穷 又 接触 互相
汉语意译： 两人也穷相接触。

（149）

喃字原文： 氄 棋 時 媎 梗 糞，
国际音标： tsoŋ² kai² thi² vɤ⁶ ɣan⁵ fɤn¹
汉语直译： 夫 犁 则 妻 挑 粪
汉语意译： 夫犁田来妻挑粪，

喃字原文： 氄 奔 媎 半 撿 咹 峇 囬。
国际音标： tsoŋ² ʔbu:n¹ vɤ⁶ ʔba:n⁵ ki:m⁵ʔan¹ lɤn²hoi²
汉语直译： 夫 贩 妻 卖 谋生 打发日子
汉语意译： 夫贩妻卖艰难度日。

喃字原文： 氄 低 媎 㸑 拱 旋，
国际音标： tsoŋ² ʔdɤi¹ vɤ⁶ ʔdɤi⁵ kuŋ³ vuə²
汉语直译： 夫 我 妻 你 也 合顺
汉语意译： 你我夫妻也和顺，

喃字原文： 氄 毪 如 筲 媎 疏 如 㛸。
国际音标： tsoŋ² mau¹ ȵɯ¹ tha:u³ vɤ⁶ thɯə¹ ȵɯ¹ tha:ŋ²
汉语直译： 夫 密 如 大箩筐 妻 疏 如 筛子
汉语意译： 夫密如箩妻疏如筛。

其他

(150)

喃字原文：嘲 尬 甕 肉 忟 棱，
国际音标：tsiːu² nai¹ toŋ¹ nui⁵ nɤ⁵ rɯŋ²
汉语直译：下午 今天 望 山 想 林
汉语意译：今天下午望山想林，

喃字原文：肉 喂 吁 肉 咳 停 蕇 霜！
国际音标：nui⁵ ʔɤːi¹ sin¹ nui⁵ hɤːi³ ʔdɯŋ² suːŋ⁵ thɯːŋ¹
汉语直译：山 啊 请 山 啊 莫 下 霜
汉语意译：山啊请你莫下霜！

喃字原文：嘲 嘲 燕 翎 坡 涇，
国际音标：tsiːu²tsiːu² ʔɛn⁵ liːŋ⁶ ʔbɤ² kɤn¹
汉语直译：每天傍晚 燕子 翱翔 岸 运河
汉语意译：每天傍晚燕子翱翔运河岸，

喃字原文：蜢 叫 洴 冷 深 情 堆 些。
国际音标：ʔɤt⁷ keu¹ jiːŋ⁵ lan⁶ thɤm¹tin² ʔdoi¹ta¹
汉语直译：田鸡 叫 井 冷 深 情 咱俩
汉语意译：田鸡在冷井鸣叫如咱俩一样深情。

(151)

喃字原文：狌 兜 狌 噉 露 空？
国际音标：tsɔ⁵ ʔdɤu¹ tsɔ⁵ thuə³ lo⁶ khoŋ¹
汉语直译：狗 哪里 狗 吠 露 不
汉语意译：哪里的狗不吠？

喃字原文：妨 兜 卒 湟 麻 駇 吏 悭？
国际音标：ɣaːi⁵ ʔdɤu¹ tot⁷ net⁷ ma² tsoŋ² laːi⁶ ɣɛn¹
汉语直译：姑娘 哪里 好 性情 而 夫 又 妒忌
汉语意译：哪里的姑娘好性子而丈夫妒忌？

2005

喃字原文：馱 淹 如 丐 睉 畑，
国际音标：tsoŋ² ʔɛm¹ nɯ¹ ka:i⁵ ʔbɔŋ⁵ ʔdɛŋ²
汉语直译：夫 妹 如 影子 灯
汉语意译：妹夫如灯影子，

喃字原文：撩 兜 創 㦖 别 悭 罘之。
国际音标：tɛu¹ ʔdɤu¹ tha:ŋ⁵ ʔdɤi⁵ ʔbi:t⁷ ɣɛn¹ la² ji²
汉语直译：挂 哪里 亮 那里 知 嫉妒 是 什么
汉语意译：挂在哪里哪里亮不知嫉妒是什么。

（152）

喃字原文：扒 喂 朱 姜 㧯 共，
国际音标：tsa:ŋ² ʔɤ:i¹ tsɔ¹ thi:p⁷ ʔdi¹ kuŋ²
汉语直译：哥 啊 给 妾 去 同
汉语意译：哥啊给妹同去，

喃字原文：衪雷 襘 凤 冷 逶 禎 鸾。
国际音标：lɛ³ lɔi¹ ɣoi⁵ fɯ:ŋ⁶ lan⁶ luŋ² tsan¹ lɔn¹
汉语直译：孤单 凤枕 冷冰冰 鸾被
汉语意译：凤枕孤单鸾被冰冷。

喃字原文：禎 箕 姝 搭 姝 封，
国际音标：tsan¹ kiə¹ nɯə³ ʔdap⁷ nɯə³ fɔŋ¹
汉语直译：被子 那 半 盖 半 封
汉语意译：那被子半盖着，

喃字原文：襘 箕 姝 挣 姝 嚎 特 扒。
国际音标：ɣoi⁵ kiə¹ nɯə³ jɯə⁶ nɯə³ mɔŋ¹ ʔdɯ:k⁸ tsa:ŋ²
汉语直译：枕头 那 半 倚 半 望 得 哥
汉语意译：那枕头半倚半望等着哥。

其他

（153）

喃字原文： 扒 拯 對 底 淹 犢，
国际音标： tsa:ŋ² ʔdi¹ tʁu¹ ʔde³ ʔɛm¹ tsan¹
汉语直译： 哥 赶 水牛 让 妹 养
汉语意译： 哥赶谁牛让妹养，

喃字原文： 底 簸 淹 隊 底 巾 淹 拎。
国际音标： ʔde³ nɔn⁵ ʔɛm¹ ʔdoi⁶ ʔde³ khan¹ ʔɛm¹ kʁm²
汉语直译： 留 斗笠 妹 戴 留 巾 妹 拿
汉语意译： 留斗笠妹戴，留手巾妹拿。

喃字原文： 扒 包 勸 淹 一 心，
国际音标： tsa:ŋ² ʔda³ khwi:n¹ ʔɛm¹ nʁt⁷tʁm¹
汉语直译： 哥 已 劝 妹 一 心
汉语意译： 哥已劝妹一心，

喃字原文： 臬 薛 漝 固 揞 拎 船 埃。
国际音标： tam¹ nam¹ tsʁ⁵ kɔ⁵ ʔom¹kʁm² thi:n² ʔa:i¹
汉语直译： 百 年 莫 有 抱 船 谁
汉语意译： 百年莫抱别人船。

（154）

喃字原文： 核 炕 瞳 龘 坤 栿，
国际音标： kʁi¹ kho¹ ŋɛ¹ thʁm⁵ nɯt⁷tsoi²
汉语直译： 树 枯 听 雷 抽 芽
汉语意译： 枯树听到雷声又抽芽，

喃字原文： 道 𠫾 義 媸 悙 㐌 吏 傷。
国际音标： ʔda:u⁶ tsoŋ² ŋia³ vʁ⁶ jʁn⁶ roi² la:i⁶ thɯ:ŋ¹
汉语直译： 道 夫 义 妻 生气 了 又 爱
汉语意译： 夫妻之道生气过后还是爱。

喃字原文：核 栘 蘼 葓 㳖　 亭，
国际音标：kɤi¹ ʔda¹ ruŋ⁶ la⁵ ʔdɤi² ʔdin²
汉语直译：榕树 落叶 满 亭
汉语意译：榕树落叶满亭，

喃字原文：包 饶 葓 蘼 傷 躺 闭 饶。
国际音标：ʔba:u¹ ni:u¹ la⁵ ruŋ⁶ thɯ:ŋ¹ min² ʔbɤi⁵ ni:u¹
汉语直译：多少 叶 落 爱 妹 那么 多
汉语意译：落叶有多少，妹的爱就有多少。

（155）

喃字原文：核 高 英 搵 姅 淩，
国际音标：kɤi¹ ka:u¹ ʔan¹ ʔdɯt⁷ nɯə³ lɯŋ³
汉语直译：树 高 哥 断 一 半
汉语意译：树高哥折断一半，

喃字原文：怨 根 怨 英 停 怨 俺。
国际音标：ʔwa:n⁵ kan¹ ʔwa:n⁵ ʔan¹ ʔdɯŋ² ʔwa:n⁵ ʔɛm¹
汉语直译：怨 根 怨 哥 莫 怨 妹
汉语意译：怨根怨哥莫怨妹。

（156）

喃字原文：悲 晗 钱 閐 粗 空，
国际音标：ʔbɤi¹ jɤ² ti:n² het⁷ ɣa:u⁶ khoŋ¹
汉语直译：现在 钱 完 米 没有
汉语意译：现在钱完米尽，

喃字原文：英 喂 阻 吏 麻 𧡊 祂 榲！
国际音标：ʔan¹ ʔɤ:i¹ jɤ³ la:i⁶ ma² toŋ¹ lɤi⁵ hɔm²
汉语直译：哥 啊 回来 而 看 要 箱子
汉语意译：哥啊回来看箱子！

2008

其 他

喃字原文：包 晗 钱 固 粞 群，
国际音标：ʔbaːu¹jɤ² tiːn² kɔ⁵ ɣaːu⁶ kɔn²
汉语直译：何时 钱 有 米 尚存
汉语意译：何时有钱有米，

喃字原文：闭 晗 碎 吏 𦔮 椷 朱 英。
国际音标：ʔbɤi⁵jɤ² toi¹ laːi⁶ jɯ³ hɔm² tsɔ¹ ʔan¹
汉语直译：那时 我 又 守 箱子 给 哥
汉语意译：那时我再给哥守箱子。

(157)

喃字原文：些 術 些 沁 泑 些，
国际音标：ta¹ ve² ta¹ tam⁵ ʔaːu¹ ta¹
汉语直译：咱 回 咱 洗澡 池塘 咱
汉语意译：咱回来在咱家池塘洗澡，

喃字原文：呦 醹 呦 濁 沺 茹 罡 欣。
国际音标：jɤu² tɔŋ¹ jɤu² ʔduk⁸ laː³ n̥aː² laː² hɤːn¹
汉语直译：无论 清 无论 浊 洗 家 是 有余
汉语意译：无论清浊洗家有余。

喃字原文：𤙭 些 咹 㪇 垌 些，
国际音标：tɤu¹ ta¹ ʔan¹ kɔ³ ʔdoŋ² ta¹
汉语直译：水牛 咱 吃 草 田垌 咱
汉语意译：咱的牛在咱的田垌里吃草，

喃字原文：瀏 贪 㪇 卒 麻 黜 垌 𱎤。
国际音标：tsɤ⁵ thaːm¹ kɔ³ tot⁷ maː² ra¹ ʔdoŋ² ŋɯːi²
汉语直译：莫 贪 草 好 而 出 田垌 人家
汉语意译：莫贪草好而进人家的田垌。

喃字原文： 垌 䲹 㾓 卒 㾓 𪕻，
国际音标： ʔdoŋ² ŋɯ:i² kɔ³ tot⁷ kɔ³ hoi¹
汉语直译： 田垌 人家 草 好 草 臭
汉语意译： 人家的田垌草好而臭，

喃字原文： 垌 些 㾓 㾘 如 麻 怒 萫。
国际音标： ʔdoŋ² ta¹ kɔ³ kut⁸ n̠ɯ¹ma² nɔ⁵ thɤ:m¹
汉语直译： 田垌 咱 草 短 但是 它 香
汉语意译： 咱们的田垌草短却香。

（158）

喃字原文： 埃 蓮 迍 遍 嗨 𩆜？
国际音标： ʔa:i¹ len¹ ʔdɔn⁵ jɔ⁵ hɔi³ mɤi¹
汉语直译： 谁 上 迎 风 问 云
汉语意译： 谁上天迎风问云？

喃字原文： 固 框 鐲 祂 朱 低 摱 共
国际音标： kɔ⁵ khu:n¹ ʔduk⁷ tɛ³ tsɔ¹ ʔdɤi¹ mɯ:n⁶ kuŋ²
汉语直译： 有 模子 铸 年轻 给 这里 借 同
汉语意译： 借给模子一同铸

喃字原文： 英 箕 啱 呐 遇 逫，
国际音标： ʔan¹ kiə¹ ʔan¹nɔi⁵ la⁶luŋ²
汉语直译： 哥 那 言谈 奇异
汉语意译： 那哥哥言谈奇异，

喃字原文： 框 埃 帝 鐲 摱 共 埃 朱？
国际音标： khu:n¹ ʔa:i¹ ʔdɤi⁵ ʔduk⁷ mɯ:n⁶ kuŋ² ʔa:i¹ tsɔ¹
汉语直译： 模子 谁 那里 铸 借 同 谁 给
汉语意译： 谁借模子给哥铸？

其 他

（159）

喃字原文： 英 術 撰 網 餒 掍，
国际音标： ʔan¹ ve² mak⁷ voŋ³ nu:i¹ kɔn¹
汉语直译： 哥 回 挂 网床 养 孩子
汉语意译： 哥挂网床养孩子，

喃字原文： 埃 蓮 高 苞 湿 粜 蠄 黙 埃；
国际音标： ʔa:i¹ len¹ ka:u¹ su:ŋ⁵ thɤp⁷ ʔdɛp⁸jɔn² mak⁸ ʔa:i¹
汉语直译： 谁 上 高 下 低 漂亮 任 由 谁
汉语意译： 谁想东想西任由他；

喃字原文： 英 術 撰 網 喻 掍，
国际音标： ʔan¹ ve² mak⁷ voŋ³ ru¹ kɔn¹
汉语直译： 哥 回 挂 网床 哄 孩子
汉语意译： 哥挂网床哄孩子，

喃字原文： 停 铖 丝 想 果 橙 髮 再 務。
国际音标： ʔdɯŋ² nen¹ tɤ¹tɯ:ŋ³ kwa³tsan¹ nɔn¹ ta:i⁵mue²
汉语直译： 莫 成 一心想着 柠檬 嫩 不合季节
汉语意译： 莫一心想着不合季节的嫩柠檬。

（160）

喃字原文： 核 贴 些 果 贴 些，
国际音标： kɤi¹ kuə³ ta¹ kwa³ kuə³ ta¹
汉语直译： 树 的 咱 果 的 咱
汉语意译： 咱的树咱的果，

喃字原文： 闷 咹 時 觿 欁 黜 麻 搓。
国际音标： mu:n⁵ ʔan¹ thi² va:k⁷ tha:u² ra¹ ma² tsɔi²
汉语直译： 想 吃 就 扛 竹竿 出 而 摘
汉语意译： 想吃就扛竹竿来摘。

喃字原文：核　贴　馸　果　贴　馸，
国际音标：kɤi¹ kuə³ ŋɯ:i² kwa³ kuə³ ŋɯ:i²
汉语直译：树　的　人家　果　的　人家
汉语意译：人家的树人家的果，

喃字原文：甕　時　劜　相　搲　時　劜　䄂。
国际音标：toŋ¹ thi² mɔi³ mat⁷ tsɔi² thi² mɔi³ tai¹
汉语直译：看　则　累　眼　摘　则　累　手
汉语意译：看则累眼摘则累手。

（161）

喃字原文：衭　䵴　跿　氃　茹　䵴，
国际音标：lɤi⁵ tsoŋ² thɛu¹ thɔi⁵ ɲa²tsoŋ²
汉语直译：嫁　夫　随　俗　夫家
汉语意译：嫁夫随夫家俗，

喃字原文：䵴　㐌　馨　蝽　馨　蠎　拱　㐌。
国际音标：tsoŋ² ʔdi¹ ha:ŋ¹ ran⁵ ha:ŋ¹ roŋ² kuŋ³ ʔdi¹
汉语直译：夫　去　洞　蛇　洞　龙　也　去
汉语意译：夫去蛇洞龙洞妹也跟。

喃字原文：衭　䵴　跿　氃　茹　䵴，
国际音标：lɤi⁵ tsoŋ² thɛu¹ thɔi⁵ ɲa²tsoŋ²
汉语直译：嫁　夫　随　俗　夫家
汉语意译：嫁夫随夫家俗，

喃字原文：　包　饶　遵　苗　者　悉　媄　吒。
国际音标：ʔba:u¹ɲi:u¹ thɔi⁵ ku³ ja³ lɔŋ² mɛ⁶tsa¹
汉语直译：　多少　习惯　旧　报答　心　父　母
汉语意译：多少旧俗须报答父母恩。

其 他

（162）

喃字原文：祂 㛢 術 蜍 媄 敬 吒，
国际音标：lɤi⁵ ʔɛm¹ ve² thɤ² mɛ⁶ kin⁵ tsa¹
汉语直译：娶 妹 回 奉养 母亲 敬重 父亲
汉语意译：娶妹回来养母敬父，

喃字原文：蜍 吒 敬 媄 亽 羆 駺 顽。
国际音标：thɤ² tsa¹ kin⁵ mɛ⁶ ʔɤi⁵ la² ŋɯ:i² ŋwa:n¹
汉语直译：奉养 父亲 敬重 母亲 那 是 人 乖巧
汉语意译：养父敬母才是乖巧人。

（163）

喃字原文：吒 媄 餒 养 琨 固 功，
国际音标：tsa¹mɛ⁶ nu:i¹jɯ:ŋ³ kɔn¹ kɔ⁵ koŋ¹
汉语直译：父母 养育 孩子 有 功
汉语意译：父母养育孩子恩深情重，

喃字原文：固 媄 吒 粦 買 固 馱。
国际音标：kɔ⁵ mɛ⁶tsa¹ thau¹ mɤ:i⁵ kɔ⁵ tsoŋ²
汉语直译：有 父母 后 才 有 夫
汉语意译：先有父母后有夫。

喃字原文：怓 欺 抄 攒 揞 撞，
国际音标：nɤ⁵ khi¹ jiu² jat⁷ ʔam³ ʔboŋ²
汉语直译：想 时 引导 怀抱
汉语意译：想念幼时母亲怀抱引导，

喃字原文：尼 㩟 出嫁 恼 侬 夥 饪！
国际音标：nai¹ ʔdi¹ sɤt⁷ja⁵ na:u³nun² lam⁵ thai¹
汉语直译：今天 去 出嫁 烦恼 多 啊
汉语意译：今天出嫁烦恼多啊！

（164）

喃字原文：功 吒 岜 薜 情 深 淶 㵀，
国际音标：koŋ¹ tsa¹ ʔba¹ nam¹ tin² thɤm¹ la:i¹la:ŋ⁵
汉语直译：功 父亲 三 年 情 深 洋溢
汉语意译：父亲三年情深洋溢，

喃字原文：義 媄 潭 陀 九 腯 鳩 脶。
国际音标：ŋiə³ mɛ⁶ ʔdɤm⁶ʔda² tsin⁵ tha:ŋ⁵ kiu¹ma:ŋ¹
汉语直译：义 母亲 深厚 九 月 怀胎
汉语意译：母亲九月怀胎情义深厚。

喃字原文：逡 氾 媄 齣 逡 燥 琨 㷻，
国际音标：ʔben¹ ʔɯ:t⁷ mɛ⁶ nam² ʔben¹ ra:u⁵ kɔn¹ lan¹
汉语直译：边 湿 母亲 躺 边 干 儿 滚
汉语意译：湿的一边母亲躺，干的一边孩儿滚，

喃字原文：別 衤乚 之 塡 義 嚧 巾?
国际音标：ʔbi:t⁷ lɤi⁵ tsi¹ ʔden² ŋiə³ khɔ⁵khan¹
汉语直译：知 用 什么 报答 情义 困难
汉语意译：用什么报答父母的情义？

喃字原文：對 待 吒 媄 沛 䭴，
国际音标：ʔdoi⁵ʔda:i³ tsa¹mɛ⁶ fa:i³ lan²
汉语直译：对待 父母 要 好
汉语意译：对待父母要好，

喃字原文：台二 佗 躺 沛 饃 親 敬 耉。
国际音标：ha:i¹ ʔdɯə⁵ min² fa:i³ nu:i¹ thɤn¹ kin⁵ ja²
汉语直译：两 个 自己 得 养 亲 敬 老
汉语意译：咱俩得养亲敬老。

其 他

（165）

喃字原文：琞 喂 琞 咛 㧯 琞！
国际音标：kɔn¹ ʔɤːi¹ kɔn¹ nin⁵ ʔdi¹ kɔn¹
汉语直译：孩子 啊 孩子 忍住 去 孩子
汉语意译：孩子啊你忍住吧！

喃字原文：吒 琞 㥐 趣 渃 嫩 圭 馱。
国际音标：tsa¹ kɔn¹ vui¹thu⁵ nɯːk⁷nɔn¹ kwe¹ŋɯːi²
汉语直译：父 子 开心 山 水 他 乡
汉语意译：父子他乡山水也开心。

喃字原文：堆 尼 几 哭 馱 唭，
国际音标：ʔdoi¹ nɤːi¹ kɛ³ khɔk⁷ ŋɯːi² kɯːi²
汉语直译：两 处 有人 哭 有人 笑
汉语意译：两处有人哭来有人笑，

喃字原文：掟 戈 身 媄 如 茞 鈯 鯽。
国际音标：tsaŋ³ kwa¹ thɤn¹ mɛ⁶ ɳɯ¹ ʔdɤːi² thɤːn²ʔbɤːn¹
汉语直译：不 过 身 母亲 如 一生 比目鱼
汉语意译：母亲的一生如比目鱼。

（166）

喃字原文：畝 吱 時 默 畝 吱，
国际音标：tsoŋ² tse¹ thi² mak⁸ tsoŋ² tse¹
汉语直译：夫 嫌弃 就 任由 夫 嫌弃
汉语意译：任由丈夫他嫌弃，

喃字原文：低 些 据 役 拆 猙 咹 㦬。
国际音标：ʔdɤi¹ ta¹ kɯ⁵ viːk⁸ jet⁷je¹ ʔan¹ mɯŋ²
汉语直译：这里 咱 借口 事情 宰 羊 吃 庆贺
汉语意译：咱找借口宰羊来庆贺。

喃字原文：拱　料　咭　杞　喠　姜，
国际音标：kuŋ³ li:u² kat⁷ ʔɤ:t⁷ ɲa:i¹ ɣɯŋ²
汉语直译：也　豁出去　割　辣椒　嚼　姜
汉语意译：豁出去割椒嚼姜，

喃字原文：洙　嗨　饅　渍　些　悑　烧。
国际音标：tsuə¹ kai¹ man⁶ tsa:t⁷ ta¹ ʔdɯŋ² kwen¹ ɲau¹
汉语直译：酸　辣　咸　涩　咱　莫　忘记　互相
汉语意译：酸辣咸涩咱莫相忘。

（167）

喃字原文：罙　務　春　夏　秋　東，
国际音标：ʔbon⁵ muə² sɤn¹ ha⁶ thu¹ ʔdoŋ¹
汉语直译：　四季　春　夏　秋　冬
汉语意译：四季春夏秋冬，

喃字原文：妾　㘃　绠　绽　只　齄　暒　扒。
国际音标：thi:p⁷ ŋoi² kan¹kɯi³ tsi³ toŋ¹ ʔbɔŋ⁵ tsa:ŋ²
汉语直译：妾　坐　纺织　只　望　身影　哥
汉语意译：妹坐纺织望哥身影。

喃字原文：闭　敉　赊隔　糆　扒，
国际音标：ʔbɤi⁵ lɤu¹ sa¹ kat⁷ mat⁸ tsa:ŋ²
汉语直译：那么久　远隔　脸　哥
汉语意译：很久不见哥的面，

喃字原文：绠　尼　想　闷　寻　塘　喋　英。
国际音标：ʔɛm¹ nai¹ tɯ:ŋ³ mu:n⁵ tim² ʔdɯ:ŋ² tham¹ ʔan¹
汉语直译：妹　今天　想　　寻　路　探访　哥
汉语意译：妹今想寻路探访哥。

 其 他

（168）

嘞字原文：英 挮 埯 於 吏 茹，
国际音标：ʔan¹ ʔdi¹ ʔɛm¹ ʔɤ³ laːi⁶ ɲa²
汉语直译：哥 去 妹 在 又 家
汉语意译：哥出去妹留在家，

嘞字原文：台 𣎴 挭 艩 媄 𥹓 㴝 疎。
国际音标：haːi¹ vaːi¹ ɣan⁵vaːk⁷ mɛ⁶ ja² kɔn¹ thɤ¹
汉语直译：两 肩 担负 母亲 老 孩子 幼小
汉语意译：双肩负重娘老儿幼。

嘞字原文：淋 炭 包 晋 䱱 薕，
国际音标：lɤm²thaːn¹ ʔbaːu¹kwaːn³ muːi⁵ jɯə¹
汉语直译：困苦 哪管 盐 酸菜
汉语意译：生活艰难哪怕吃盐和酸菜，

嘞字原文：英 挮 英 料 挃 都 貝 茋。
国际音标：ʔan¹ ʔdi¹ ʔan¹ liːu² tsɛn¹ ʔduə² vɤːi⁵ ʔdɤːi²
汉语直译：哥 去 哥 豁出去 挤 竞赛 和 世间
汉语意译：哥出去打拼在世间。

（169）

嘞字原文：襖 英 衵 嚕 㳲 籹，
国际音标：ʔaːu⁵ ʔan¹ rat⁷ loː³ ʔbaŋ² thaːŋ²
汉语直译：衣服 哥 破 穿洞 如 筛子
汉语意译：哥衣穿洞如筛子，

嘞字原文：媄 英 𥹓 腰 挠 娘 绐 绫。
国际音标：mɛ⁶ ʔan¹ ja² ʔiːu⁵ kɤi⁶ naːŋ² va⁵mai¹
汉语直译：母亲 哥 老 弱 倚靠 妹 缝补
汉语意译：哥娘老弱缝补靠妹。

喃字原文： 襖 英 媕 秸 媕 纵，
国际音标： ʔaːu⁵ ʔan¹ ʔɛm¹ kat⁷ ʔɛm¹ mai¹
汉语直译： 衣服 哥 妹 剪 妹 缝
汉语意译： 哥衣妹剪妹缝，

喃字原文： 塘 罒 媕 挨 劕 㽷 媕 祖。
国际音标： ʔdɯːŋ² la² ʔɛm¹ ʔdot⁸ kɯə³tai¹ ʔɛm¹ viːn²
汉语直译： 线 是 妹 绷 袖套 妹 缝边
汉语意译： 袖套妹缝线是妹绷。

（170）
喃字原文： 英 媕 骨 肉 同 胞，
国际音标： ʔan¹ʔɛm¹ kot⁷ɲuk⁸ ʔdoŋ²ʔbaːu²
汉语直译： 兄弟 骨肉 同胞
汉语意译： 兄弟骨肉同胞，

喃字原文： 几 𣦮 敨 蘭 沛 侯 朱 恛。
国际音标： kɛ³ thau¹ ŋɯːi² tɯːk⁷ faːi³ hɤu² tsɔ¹ vui¹
汉语直译： 人 后 人 前 要 伺候 给 高兴
汉语意译： 先来后到的都要伺候好让人高兴。

喃字原文： 路 罒 垵 䏧 垵 秎，
国际音标： lɔ⁶la² ʔan¹ thit⁸ ʔan¹ soi¹
汉语直译： 何况 吃 肉 吃 糯米饭
汉语意译： 何况吃肉吃糯米饭，

喃字原文： 贵 乎 於 湟 细 退 平 悪。
国际音标： kwi⁵ ho² ʔɤ³ net⁷ tɤːi⁵ lui¹ ʔbaŋ²lɔŋ²
汉语直译： 贵乎 在 品行 到 退 合意
汉语意译： 贵乎品行双方合意。

其 他

（171）

喃字原文：姊 埯 没 肂 咭 岀，
国际音标：tsi⁶ʔɛm¹ mot⁸ ruːt⁸ kat⁷ ra¹
汉语直译：姐妹 一 肠 割 出
汉语意译：姐妹一母所生，

喃字原文：姊 固 埯 固 买 罖 親 烧。
国际音标：tsi⁶ kɔ⁵ ʔɛm¹ kɔ⁵ mɯːi⁵ la² thɤn¹ ŋau¹
汉语直译：姐 有 妹 有 才 是 相亲
汉语意译：姐有妹有才是相亲。

喃字原文：姊 埯 没 肂 咭 岀，
国际音标：tsi⁶ʔɛm¹ mot⁸ ruːt⁸ kat⁷ ra¹
汉语直译：姐妹 一 肠 割 出
汉语意译：姐妹一母所生，

喃字原文：姊 空 埯 乙 罖 馭 儙。
国际音标：tsi⁶ khoŋ¹ ʔɛm¹ ʔat⁷la² ŋɯːi² ji:ŋ²
汉语直译：姐 没有 妹 必定是 邻居
汉语意译：姐无妹必定是邻居。

（172）

喃字原文：吒 媄 馁 㫃 於 准 朧 施，
国际音标：tsa¹mɛ⁶ nuːi¹ kɔn¹ ʔɤ³ tson⁵ ʔbuːŋ² thi¹
汉语直译：父母 养 孩子 在 地方 闺 房
汉语意译：父母养儿在闺房，

喃字原文：㫃 馁 吒 媄 頭 夏 頭 寨。
国际音标：kɔn¹ nuːi¹ tsa¹mɛ⁶ ʔdɤu² hɛ² ʔdɤu² taːi⁶
汉语直译：孩子 养 父母 头 廊下 头 寨
汉语意译：儿养父母在廊下寨头。

（173）

喃字原文：埃　術　待　貝　媕　共，
国际音标：ʔa:i¹ ve² ʔdɤ:i⁶ vɤ:i⁵ ʔɛm¹ kuŋ²
汉语直译：谁　回　等　和　妹　一起
汉语意译：谁来和妹一起等，

喃字原文：身　媕　伲　北　朙　東。
国际音标：thɤn¹ ʔɛm¹ nai¹ ʔbak⁷ ma:i¹ ʔdoŋ¹
汉语直译：身　妹　今　北　明　东
汉语意译：妹身今北明东。

喃字原文：之　㤿　䎬　卒　棱　靑？
国际音标：tsi¹ ʔbaŋ² ru:ŋ⁶ tot⁷ rɯŋ² san¹
汉语直译：什么　像　田　好　林　青
汉语意译：什么像田好林青？

喃字原文：㦖　吒　㦖　媕　㦖　英　㦖　茹。
国际音标：vui¹ tsa¹ vui¹ ʔɛm¹ vui¹ ʔan¹ vui¹ ɲa²
汉语直译：欢喜父 欢喜妹 欢喜 哥欢喜家
汉语意译：父喜妹喜哥喜家欢喜。

（174）

喃字原文：英　悶　固　几　叹　㗖，
国际音标：ʔan¹ ʔbu:n² kɔ⁵ kɛ³ tha:n¹ ra¹
汉语直译：哥　烦闷　有　人　叹　出
汉语意译：哥闷有人叹息，

喃字原文：媕　悶　如　扇　脼　罷　欘　櫄。
国际音标：ʔɛm¹ ʔbu:n² ɲɯɯ¹ kwa:t⁸ tha:ŋ⁵ ʔba¹ luŋ¹ ɲa:i²
汉语直译：妹　烦闷　如　扇子　三月　　摇动　茉莉
汉语意译：妹闷如三月的扇子扇动茉莉。

其 他

喃字原文：英 傷 媕 只 呐 皮 外，
国际音标：ʔan¹ thɯːŋ¹ ʔɛm¹ tsi³ nɔi⁵ ʔbe²ŋwaːi²
汉语直译：哥 想 妹 只 说 外面
汉语意译：哥想妹只说在外面，

喃字原文：牢 麻 空 呐 尽 聪 媕 共？
国际音标：thaːu¹ ma² khoŋ¹ nɔi⁵ tɤn⁶ taːi¹ ʔɛm¹ kuŋ²
汉语直译：为何 却 不 说 尽 耳 妹 同
汉语意译：为何不同妹说尽？

（175）

喃字原文：英 挗 英 忕 阻 術，
国际音标：ʔan¹ ʔdi¹ ʔan¹ nɤ⁵ jɤ³ve²
汉语直译：哥 去 哥 想 返回
汉语意译：哥去哥想回来，

喃字原文：琨 疎 婍 悞 䦆 徐 自 低。
国际音标：kɔn¹ thɤ¹ vɤ⁶ jaːi⁶ toŋ¹ tsɤ² tɯ² ʔdɤi¹
汉语直译：儿 幼小 妻 愚笨 看 等 从 这里
汉语意译：妻愚儿幼期盼把家还。

喃字原文：媕 群 徐 待 英 俐，
国际音标：ʔɛm¹ kɔn² tsɤ² ʔdɤːi⁶ ʔan¹ rai²
汉语直译：妹 还 等 待 哥 今天
汉语意译：今天妹我还等哥，

喃字原文：英 當 吹 逆 拱 固 馴 及 燒。
国际音标：ʔan¹ ʔdaːŋ¹ suːi¹ŋɯːk⁸ kuŋ³ kɔ⁵ ŋai² ɣap⁸ŋau¹
汉语直译：哥 正 来来回回 也 有 天 相遇
汉语意译：哥在外奔波终有相遇时。

(176)

喃字原文：功 名 台 敊 詞 懡，
国际音标：koŋ¹ jan¹ ha:i¹ tsɯ³ tɤ² mɤ²
汉语直译：功名 二 字 模糊
汉语意译：功名二字已模糊，

喃字原文：祂 嶅 号 㬹 奉 蜍 祖先。
国际音标：lɤi⁵ ja² khwiə¹ thɤ:m⁵ fuŋ⁶ thɤ² to³ ti:n¹
汉语直译：爱老 早晚 供奉 祖先
汉语意译：爱老早晚供祖先。

喃字原文：坤 頑 伽 德 吒 翁，
国际音标：khon¹ ŋwa:n¹ nɤ² ʔdɯk⁷ tsa¹ ʔoŋ¹
汉语直译：机灵 乖巧 倚 德 父祖
汉语意译：父辈祖辈德荫子孙，

喃字原文：冖 铖 沛 兌 祖宗 奉 蜍。
国际音标：la:m² nen¹ fa:i³ ʔdɔi⁵ to³ toŋ¹ fuŋ⁶ thɤ²
汉语直译：做 成 对 兑 祖宗 供奉
汉语意译：家业兴旺供祖宗。

(177)

喃字原文：核 箕 唵 果 埃 搶？
国际音标：kɤi¹ kiə¹ ʔan¹ kwa³ ʔa:i¹ joŋ²
汉语直译：树 那 吃 果 谁 种
汉语意译：那些果树谁栽种？

喃字原文：滝 箕 旺 渚 嗨 湧 自 兜？
国际音标：thoŋ¹ kiə¹ ʔu:ŋ⁵ nɯ:k⁷ hɔi³ joŋ² tɯ² ʔdɤu¹
汉语直译：河 那 喝 水 问 流 从 哪里
汉语意译：那河水从哪里奔流而来？

其 他

喃字原文：君　臣　仚　敇　疃　頭，
国际音标：kwɤn¹ thɤn² haːi¹ tsɯ³ ten³ ʔdɤu²
汉语直译：君　臣　二　字　上　头
汉语意译：君臣二字头上顶，

喃字原文：孝　忠　仚　敇　解　油　悉　輪。
国际音标：hiːu⁵ tuŋ¹ haːi¹ tsɯ³ jaːi³ jɤu² lɔŋ² thɔn¹
汉语直译：孝　忠　二　字　暴　露　赤　心
汉语意译：忠孝二字显赤心。

（178）

喃字原文：𩝔　悉　啹　髅　茶　㭿，
国际音标：ʔdɔi⁵ lɔŋ² ʔan¹ haːt⁸ tsaː² laː²
汉语直译：饿　肚子　吃　核　古宁枣
汉语意译：饿了就吃古宁枣，

喃字原文：底　柑　鎞　媄　媄　㗶　腰　豉。
国际音标：ʔde³ kɤːm¹ nuːi¹ mɛ⁶ mɛ⁶ jaː² ʔiːu⁵ raŋ¹
汉语直译：留　饭　养　母　母　老　弱　牙齿
汉语意译：留饭来养牙齿不好的老母。

喃字原文：吒　㗶　轍　𠮩　趕　𥆧，
国际音标：tsa¹ jaː² tuːi³ ʔda³ ʔdu³ tam¹
汉语直译：父　老　年纪　已　足　百
汉语意译：老父年已足百，

喃字原文：悽　悉　忟　细　潭　潭　淶　沙。
国际音标：tsan⁶ lɔŋ² nɤ⁵ tɤːi⁵ ʔdam² ʔdam² le⁶ thaː¹
汉语直译：伤心　想到　湿漉漉　泪流
汉语意译：想到伤心泪湿衣。

（179）

喃字原文：姊 媕 乇 九 迖 芪，
国际音标：tsi⁶ʔɛm¹ ʔda³ tsin⁵ mɯːi² ʔdʁi²
汉语直译：姐妹 已 九 十 代
汉语意译：姐妹已九十代，

喃字原文：姊 虩 媕 虩 空 移 垚 豳。
国际音标：tsi⁶ khɔ⁵ ʔɛm¹ khɔ⁵ khoŋ¹ jʁːi² ȵau¹ ra¹
汉语直译：姐穷 妹 穷 不 离分 互相 出
汉语意译：姐穷妹穷不离分。

喃字原文：㘃 愱 啧 媄 啧 吒，
国际音标：ŋoi² ʔbuːn² tat⁷ mɛ⁶ tat⁷ tsa¹
汉语直译：坐 烦闷 责怪 母 责怪 父
汉语意译：先坐责怪父母亲，

喃字原文：啧 翁 月 老 啧 娿 绑 纵。
国际音标：tat⁷ ʔoŋ¹ ŋwiːt⁸ laːu³ tat⁷ ʔba² sɛ¹ jʁi¹
汉语直译：责怪 月老 责怪 冰人
汉语意译：责怪月老和冰人。

（180）

喃字原文：姊 愢 乇 固 媕 坤，
国际音标：tsi⁶ jaːi⁶ ʔda³ kɔ⁵ ʔɛm¹ khon¹
汉语直译：姐 笨 已 有 妹 机灵
汉语意译：笨姐有哥机灵妹，

喃字原文：𢂱 兜 挓 笎 嗦 膊 㢦 摸？
国际音标：ȵɛ³ ʔdʁu¹ maːŋ¹ jɔ³ thuŋ³ ton¹ ʔdi¹ mɔ²
汉语直译：怎能 带 篮子 穿 底 去 摸
汉语意译：怎能带穿底的篮子去摸鱼？

其 他

喃字原文：娬　坤　娬　於　魗　箳，
国际音标：ʔɛm¹ khon¹ ʔɛm¹ ʔɤ³ tɔŋ¹ ʔbo²
汉语直译：妹　机灵　妹　在　里　筐
汉语意译：机灵妹妹坐筐里，

喃字原文：姊　悞　姊　於　京　都　姊　術。
国际音标：tsi⁶ ja:i⁶ tsi⁶ ʔɤ³ kin¹ʔdo¹ tsi⁶ ve²
汉语直译：姐　笨　姐　在　京　都　姐　回
汉语意译：愚笨姐姐京都回。

喃字原文：京　都　時　黙　京　都，
国际音标：kin¹ʔdo¹ thi² mak⁸ kin¹ʔdo¹
汉语直译：京　都　则　任由　京　都
汉语意译：京都任由京都，

喃字原文：姊　㐌　朱　夥　時　图　姊　散。
国际音标：tsi⁶ ʔdi¹ tsɔ¹ lam⁵ thi² ʔdo² tsi⁶ ta:n¹
汉语直译：姐　去　给　多　则　物品　姐　散
汉语意译：姐去多了财就散。

（181）

喃字原文：𠄩　耨　蹲　於　廛　芅，
国际音标：la:m² ja:i¹ ʔduŋ⁵ ʔɤ³ ten¹ʔdɤ:i²
汉语直译：做　男人　站　在　世　上
汉语意译：做男人活在这世上，

喃字原文：牢　朱　称　當　種　俐　茹　些。
国际音标：tha:u¹ tsɔ¹ sɯŋ⁵ʔda:ŋ⁵ joŋ⁵ ɲɔi² ɲa² ta¹
汉语直译：如何　使　相称　种族　家　咱
汉语意译：传承家业是本份。

2025

喃字原文：畸猌梗搏　江河，
国际音标：ɣɛ⁵ va:i¹ ɣan⁵va:k⁷ ja:ŋ¹ha²
汉语直译：斜　肩　担负　江河
汉语意译：斜肩担负江河，

喃字原文：牢　朱　燦栖　貿　罢　丈　夫。
国际音标：tha:u¹ tsɔ¹ tɔ³mat⁸ mɤ:i⁵ la² tɯ:ŋ⁶fu¹
汉语直译：怎么 使 光彩 才 是 丈夫
汉语意译：光耀门庭才是丈夫。

(182)

喃字原文：傷　娘　㠯　趔　腨　生，
国际音标：thɯ:ŋ¹ na:ŋ² ʔda³ ʔden⁵ tha:ŋ⁵ thin¹
汉语直译：可怜 妹 已 到 月份 生产
汉语意译：可怜妹已快生孩子，

喃字原文：唉於　没　躺　耀　搵　仦　埃？
国际音标：ʔan¹ʔɤ³ mot⁸min² toŋ¹kɤi⁶ va:u² ʔa:i¹
汉语直译：生活　独自　指望　于　谁
汉语意译：独自生活指望谁？

喃字原文：来卜　欺　生　妈　生　耖，
国际音标：roi² khi¹ thin¹ ɣa:i⁵ thin¹ ja:i¹
汉语直译：然后 时 生 女 生 女
汉语意译：以后生男生女，

喃字原文：歞　号　湄　曝　衩　埃　伴　共？
国际音标：thɤ:m⁵khwiə¹ mɯə¹ naŋ⁵ lɤi⁵ ʔa:i¹ ʔba:n⁶ kuŋ²
汉语直译：早晚　雨　晴　拿　谁　朋友　同
汉语意译：早晚晴雨谁与共？

其 他

喃字原文： 生 妈 時 俺 嫁 猷，
国际音标： thin¹ ɣaːi⁵ thi² ʔɛm¹ ja⁵ tsoŋ²
汉语直译： 生 女 则 妹 嫁 夫
汉语意译： 生女则妹给她嫁夫，

喃字原文： 生 耨 袘 婄 黙 悉 俺 忙。
国际音标： thin¹ jaːi¹ lɤi⁵ vɤ⁶ mak⁸ loŋ² ʔɛm¹ lo¹
汉语直译： 生 男 娶 妻 任由 妹 忧
汉语意译： 生男则妹给他娶妻。

（183）
喃字原文： 琨 扒 辈 諾 疎 忙，
国际音标： kɔn¹ tsaːŋ² tuŋ⁵ nɯːk⁷ thɤ¹ ŋɤi¹
汉语直译： 孩子 哥 年幼 幼稚
汉语意译： 哥的孩子还幼小无知，

喃字原文： 博 媄 茹 扒 頭 泊 菲 菲。
国际音标： ʔbaːk⁷ mɛ⁶ naː² tsaːŋ² ʔdɤu² ʔbaːk⁸ fɤːi¹ fɤːi⁵
汉语直译： 父 母 家 哥 头 白 飘扬
汉语意译： 哥的父母白发苍苍。

喃字原文： 妾 待 信 扒 扒 於 兜 低?
国际音标： thiːp⁷ ʔdɤːi⁶ tin¹ tsaːŋ² tsaːŋ² ʔɤ³ ʔdɤu¹ ʔdɤi¹
汉语直译： 妾 等 信息 哥 哥 在 哪里 这里
汉语意译： 妾等哥信哥在哪里？

喃字原文： 妾 脸 挩 翅 执 毷 寻 扒。
国际音标： thiːp⁷ naːi¹ jɔn⁶ kan⁵ tsɤp⁷ ʔbaːi¹ tim² tsaːŋ²
汉语直译： 妾 今 整理 翅膀 执 飞 找 哥
汉语意译： 妹今展翅飞起去找哥。

2027

喃字原文：義 嫶 軗 同 席 同 床，
国际音标：ŋiə³ vɤ⁶ tsoŋ² ʔdoŋ² tit⁸ ʔdoŋ² tha:ŋ²
汉语直译：义 妻 夫 同 席 同 床
汉语意译：夫妻同席同床义，

喃字原文：同 生 共 死 矯 胵 同 峇。
国际音标：ʔdoŋ² thin¹ koŋ⁶ tɯ³ kiu¹ma:ŋ¹ ʔdoŋ²lɤn²
汉语直译：同 生 共 死 相助 谁都有份
汉语意译：同生共死永相助。

（184）

喃字原文：刧 吒 䫂 賊 荌 荒，
国际音标：tsɛm⁵tsa¹ ʔbɔn⁶ jak⁸ tset⁷ hwa:ŋ¹
汉语直译：倒霉 群 贼 死 荒野
汉语意译：倒霉群贼死荒野，

喃字原文：呧 朱 妾 沛 㨗 粮 跳 軗。
国际音标：la:m²tsɔ¹ thi:p⁷ fa:i³ ɣan⁵ lɯ:ŋ¹ thɛu¹ tsoŋ²
汉语直译：使得 妾 得 挑 粮 随 夫
汉语意译：妹得挑粮去随夫。

喃字原文：㨗 㐌 処 北 処 東，
国际音标：ɣan⁵ ʔdi¹ sɯ⁵ ʔbak⁷ sɯ⁵ ʔdoŋ¹
汉语直译：挑 去 处 北 处 东
汉语意译：挑去北边东边，

喃字原文：㐌 㨗 跳 軗 吏 㨗 跳 焜。
国际音标：ʔda³ ɣan⁵ thɛu¹ tsoŋ² la:i⁶ ɣan⁵ thɛu¹ kɔn¹
汉语直译：已 挑 随 夫 又 挑 随 子
汉语意译：已挑随夫又挑随子。

其 他

（185）

喃字原文： 㘝 拁 竹 渚 牀 㭒,
国际音标： ŋai² ʔdi¹ tuk⁷ tsɯɯ¹ mɔk⁸ maŋ¹
汉语直译： 天 去 竹 未 长 笋
汉语意译： 去时竹未长笋，

喃字原文： 㘝 術 竹 㫘 高 平 䒞 椥。
国际音标： ŋai² ve² tuk⁷ ʔda³ ka:u¹ ʔbaŋ² ŋon⁶ tɛ¹
汉语直译： 天 回 竹 已 高 同 梢 竹
汉语意译： 回时已同竹梢高。

喃字原文： 㘝 拁 稌 渚 㚹 摣,
国际音标： ŋai² ʔdi¹ luə⁵ tsɯɯ¹ tsiə¹ vɛ²
汉语直译： 天 去 稻谷 未 分 蘖
汉语意译： 去时禾苗未分蘖，

喃字原文： 㘝 術 稌 㫘 赭 挥 浺 垌。
国际音标： ŋai² ve² luə⁵ ʔda³ dɔ³ hwɛ¹ ʔdɣi² ʔdoŋ²
汉语直译： 天 回 稻谷 已 淡红 满 田垌
汉语意译： 回时稻谷已淡红满田垌。

喃字原文： 英 拁 俺 渚 固 馼,
国际音标： ʔan¹ ʔdi¹ ʔɛm¹ tsɯɯ¹ kɔ⁵ tsoŋ²
汉语直译： 哥 去 妹 未 有 夫
汉语意译： 哥去时妹未嫁人，

喃字原文： 英 術 俺 㫘 琨 撞 琨 㧅。
国际音标： ʔan¹ ve² ʔɛm¹ ʔda³ kɔn¹ ʔboŋ² kɔn¹ ma:ŋ¹
汉语直译： 哥 回 妹 已 孩子 抱 孩子 怀孕
汉语意译： 哥回时妹已抱着一个怀着一个。

2029

（186）

喃字原文：粬 吒 粬 媄 包 曾，
国际音标：kɤ:m¹ tsa¹ kɤ:m¹ mɛ⁶ ʔda³tɯŋ²
汉语直译：饭 父 饭 母 曾经
汉语意译：曾经父母喂饭吃，

喃字原文：𡥵 㐌 ⻊ 龥 撿 夌 𡥵 馭。
国际音标：kɔn¹ ʔdi¹ la:m²mɯ:n⁵ ki:m⁵ lɯŋ² kɔn¹ŋɯ:i²
汉语直译：儿 去 打 工 挣 工钱 人
汉语意译：儿去打工挣钱。

喃字原文：粬 馭 苦 夥 媄 喂，
国际音标：kɤ:m¹ ŋɯ:i² kho³ lam⁵ mɛ⁶ ʔɤ:i¹
汉语直译：饭 人 苦 极了 母 啊
汉语意译：吃人家的饭苦啊娘，

喃字原文：咗 如 粬 媄 陂 𡎢 陂 咹。
国际音标：tsa³ ɲɯ¹ kɤ:m¹ mɛ⁶ vɯə² ŋoi² vɯə² ʔan¹
汉语直译：不 如 饭 母 边 坐 边 吃
汉语意译：不如娘的饭边坐边吃。

（187）

喃字原文：𣼽 𫥮 時 𣼽 𫥮 㐌，
国际音标：lɤi⁵ tsoŋ² thi² lɤi⁵ tsoŋ² ʔdi¹
汉语直译：嫁 夫 就 嫁 夫 去
汉语意译：嫁夫就嫁夫去，

喃字原文：𣈜 𡢻 债 侣 𬨠 時 空 𡥵。
国际音标：ma:i¹thau¹ ta:i⁵ lɯə⁵ nɤ³thi² khoŋ¹ kɔn¹
汉语直译：日后 失 同辈 过时 无 子
汉语意译：日后错过时机无夫无子。

其 他

喃字原文： 衵 默 朱 遬 固 掍，
国际音标： lɤi⁵ tsoŋ² tsɔ¹ tsoŋ⁵ kɔ⁵ kɔn¹
汉语直译： 嫁 夫 以便 快 有 孩子
汉语意译： 嫁夫快生孩子，

喃字原文： 迻 晷 術 㬰 渃 嫩 拖 嗦。
国际音标： ʔdi¹ tɯə¹ ve² thɤ:m⁵ nɯ:k⁷nɔn¹ tha¹thɤn³
汉语直译： 去 晚 回 早 山水 慢悠悠
汉语意译： 晚去早回闲情山水。

（188）

喃字原文： 衵 時 衵 默 听，
国际音标： lɤi⁵ tsoŋ² thi² lɤi⁵ tsoŋ² ɤɤn²
汉语直译： 嫁 夫 就 嫁 夫 近
汉语意译： 嫁夫就嫁近夫，

喃字原文： 由 麻 掍 哭 媄 運 柑 朱。
国际音标： jɤu² ma² kɔn¹ khɔk⁷ mɛ⁶ vɤn² kɤ:m¹ tsɔ¹
汉语直译： 纵使 儿 哭 母 轮转 饭 给
汉语意译： 纵使儿哭娘给饭吃。

喃字原文： 貪 钱 迻 衵 默 賒，
国际音标： tha:m¹ ti:n² ʔdi¹ lɤi⁵ tsoŋ² sa¹
汉语直译： 贪 钱 去 嫁 夫 远
汉语意译： 贪钱去嫁远夫，

喃字原文： 昹 恞 㐌 丕 欺 嶅 吧 牢？
国际音标： luk⁷ vui¹ ʔda³ vɤi⁶ khi¹ ja² la:m²tha:u¹
汉语直译： 时 快乐 已 这样 时 老 怎么样
汉语意译： 年轻时快乐老时怎么办？

2031

(189)

喃字原文：自 馹 俺 術 茹 尼，
国际音标：tɯ² ŋai² ʔɛm¹ ve² n̪a² nai²
汉语直译：自从 天 妹 回 家 这
汉语意译：自从妹嫁到这家，

喃字原文：想 馹 没 可 化 馹 没 歔。
国际音标：tɯ:ŋ³ ŋai² mot⁸ kha⁵ hwa⁵ ŋai² mot⁸ hɯ¹
汉语直译：以为 天 一 还好 变 天 一 坏
汉语意译：觉得一天还好一天变坏。

喃字原文：炳 粰 逿 蛏 嶍 熯，
国际音标：nɤu⁵ kɤ:m¹ ten¹ thoŋ⁵ jɯ:i⁵ khe¹
汉语直译：煮 饭 上 生 下 焦
汉语意译：煮饭上生下焦，

喃字原文：㘅 奇 四 皮 如 体 稰 花。
国际音标：ʔdu³ ka³ ʔbon⁵ ʔbe² n̪ɯ¹the³ tsa:u⁵hwa¹
汉语直译：足 全 四 边 如同 白粥
汉语意译：四边全如白粥。

喃字原文：餚 䀛 浽 乴 浽 巴，
国际音标：ʔbɯə³ ʔan¹ noi³ ʔbai³ noi³ ʔba¹
汉语直译：餐 吃 境地 七 境地 三
汉语意译：吃饭上顿没有下顿，

喃字原文：觥 醂 馹 脷 拄 黜 銅 帍。
国际音标：kwan¹ nam¹ ŋai²tha:ŋ⁵ tsaŋ³ ra¹ ʔdoŋ² na:u²
汉语直译：全 年 日子 不 出 铜板 哪
汉语意译：一年到头不赚一文。

其他

喃字原文： 㴓 鉢 盺 艺 桥 沟，
国际音标： rɯə³ ʔba:t⁷ ŋu³ ɣɤt⁸ kɤu² ʔa:u¹
汉语直译： 洗 碗 睡 点头 桥 池塘
汉语意译： 洗碗后池塘桥上打瞌睡，

喃字原文： 盺 暑 斐 噲 吁 牢 颼 頭。
国际音标： ŋu³tɯə¹ tsoŋ² ɣɔi⁶sin¹ tha:u¹ ȵɯk⁷ ʔdɤu²
汉语直译： 午睡 夫 叫 怎么 刺痛 头
汉语意译： 午睡丈夫叫怎么头刺痛。

喃字原文： 垵 呐 㕶 㗂 㕶 㗂，
国际音标： ʔan¹nɔi⁵ kau²ȵau²kau²ȵau²
汉语直译： 说 话 嘀嘀咕咕
汉语意译： 说话嘀嘀咕咕，

喃字原文： 差 媕 眤 渃 杜 舩 艊 萩。
国际音标： tha:i¹ ʔɛm¹ ȵin² nɯ:k⁷ ʔdo³ va:u² tau² khwa:i¹
汉语直译： 派 妹 看 水 倒 进 船 红薯
汉语意译： 派妹看水倒进船。

喃字原文： 役 垵 媕 拞 㱧 埃，
国际音标： vi:k⁸ ʔan¹ ʔɛm¹ tsaŋ³ kɛm⁵ ʔa:i¹
汉语直译： 事 吃 妹 不 差 谁
汉语意译： 吃的方面妹不差谁，

喃字原文： 喥 摸 跙 挭 時 㦖 叱 啊。
国际音标： he³ mɔ² ʔden⁵ ɣan⁵ thi² va:i¹ thɯt⁷ hɤ²
汉语直译： 一旦 摸 到 挑 就 肩膀 破损
汉语意译： 一旦摸到挑起肩膀就磨破。

喃字原文： 役 ⺌ 整 莽 蜍 噝，
国际音标： vi:k⁸la:m² tsɤn³ma:ŋ³ thɤ²ʔɤ¹
汉语直译： 事情　粗心　漠不关心
汉语意译： 做事粗心大意，

喃字原文： 吏 渗 没 焠 ⺌ 疎 貝 軮。
国际音标： la:i⁶ them¹ mot⁸tsut⁷ la:m² thɤ¹ vɤ:i⁵ tsoŋ²
汉语直译： 又　加上　一点　做　幼稚　和　哥
汉语意译： 对哥又装有点幼稚。

（190）

喃字原文： 媄 淹 贪 䈄 糘 连，
国际音标： mɛ⁶ ʔɛm¹ tha:m¹ thuŋ⁵ soi¹ li:n²
汉语直译： 母　妹　贪　箩筐　糯米饭　连
汉语意译： 妹娘贪多箩糯米饭，

喃字原文： 贪 㹥 猪 脵 贪 钱 浯 躷。
国际音标： tha:m¹ kɔn¹lɤ:n⁶ ʔbɛu⁵ tha:m¹ ti:n² ʔdɤi² luɯŋ¹
汉语直译： 贪　　猪　肥　贪　钱　满　腰
汉语意译： 贪钱满腰贪肥猪。

喃字原文： 淹 㐌 保 媄 浪 停，
国际音标： ʔɛm¹ ʔda³ ʔba:u³ mɛ⁶ raŋ² ʔduɯŋ²
汉语直译： 妹　已　告诉　母　道　莫
汉语意译： 妹告诉娘莫这样，

喃字原文： 媄 縳 媄 唯 媄 拽 㐞 茹。
国际音标： mɛ⁶ jɤm⁵ mɛ⁶ jui⁵ mɛ⁶ ʔbuɯŋ¹ va:u² ɳa²
汉语直译： 母　偷摸　母　偷摸　母　端　进　屋
汉语意译： 娘偷偷摸摸端进屋。

其 他

喃字原文：悲 唅 罪 报 冤 家，
国际音标：ʔbɤi¹jɤ² toi⁶ ʔba:u⁵ ʔwa:n¹ja¹
汉语直译：现在 罪 报应 冤家
汉语意译：现在罪报冤家，

喃字原文：伮 打 舯 茹 伮 掘 外 㘵。
国际音标：nɔ⁵ ʔdan⁵ tɔŋ¹ na² nɔ⁵ kwɤt⁸ ŋwa:i² thɤn¹
汉语直译：他 打 中 家 他 挖 外 院子
汉语意译：他打家中挖院外。

喃字原文：媄 𡖵 媄 擬 秦 银，
国际音标：mɛ⁶ ŋoi² mɛ⁶ ŋi³ tɤn²ŋɤn²
汉语直译：母 坐 母 想 犹豫不决
汉语意译：娘坐着想心犹豫，

喃字原文：媄 半 枣 搭 撵 寅 㧘 黜。
国际音标：mɛ⁶ ʔba:n⁵ ta:u⁵ ruŋ¹ɤ³ jɤn² kɔn¹ ra¹
汉语直译：母 卖 枣 摇动 打 孩子 出
汉语意译：娘卖枣子打儿出。

（191）

喃字原文：没 傷 台 怓 岜 傷 罙 怓，
国际音标：mot⁸ thɯ:ŋ¹ ha:i¹ nɤ⁵ ʔba¹ thɯ:ŋ¹ ʔbon⁵ nɤ⁵
汉语直译：一 思 二 念 三 思 四 念
汉语意译：一思二念三思四念，

喃字原文：道 𩛩 義 媥 罪 德 劬 劳。
国际音标：ʔda:u⁶ tsoŋ² ŋiə³ vɤ⁶ la² ʔdɯk⁷ ku²la:u¹
汉语直译：道 夫 义 妻 是 德 劬 劳
汉语意译：道夫义妻是劬劳之德。

2035

喃字原文：忕欺脿遶湄潲，
国际音标：nɤ⁵ khi¹ jaŋ¹jɔ⁵ mɯəˀra:u²
汉语直译：想　时　风月　　阵雨
汉语意译：想风月阵雨时，

喃字原文：臰薕黔凤腗桃　邉媕。
国际音标：tam¹ nam¹ ɣoi⁵ fɯ:ŋ⁶ ma⁵ˀda:u² ˀben¹ ˀɛm¹
汉语直译：百　年　枕　凤　　红颜　　边　妹
汉语意译：百年枕凤妹红颜。

（192）

喃字原文：媄　生　琨耢　ᵯ之?
国际音标：mɛ⁶ thin¹ kɔn¹ja:i¹ la:m²tsi¹
汉语直译：母　生　儿子　做什么
汉语意译：娘生儿子做什么？

喃字原文：頙鹅腗猪　抙挆朱馼。
国际音标：ˀdɤu² ɣa² ma⁵ lɤ:n⁶ ˀdɛm¹ ˀdi¹ tsɔ¹ ŋɯ:i²
汉语直译：头　鸡　颊　猪　拿　去　给　人
汉语意译：鸡头猪颊拿去给人。

喃字原文：媄　生　琨妫　衆碎，
国际音标：mɛ⁶ thin¹ kɔn¹ɣa:i⁵ tsuŋ⁵toi¹
汉语直译：母　生　女儿　　我们
汉语意译：娘生我们女儿，

喃字原文：頙鹅腗猪　媄㘼媄咹。
国际音标：ˀdɤu² ɣa² ma⁵ lɤ:n⁶ mɛ⁶ ŋoi² mɛ⁶ ˀan¹
汉语直译：头　鸡　颊　猪　母　坐　母　吃
汉语意译：鸡头猪面娘坐娘母吃。

其 他

（193）

喃字原文： 媄　媕　贪　鉑　贪　鐄，
国际音标： mɛ⁶ ʔɛm¹ tha:m¹ ʔba:k⁸ tha:m¹ va:ŋ²
汉语直译： 母　妹　贪　银　贪　金
汉语意译： 妹娘贪银贪金，

喃字原文： 押　媕　伆　准　粓　㰶　籴。
国际音标： ʔɛp⁷ ʔɛm¹ va:u² tson⁵ kɤ:m¹ra:ŋ¹ ɣa:u⁶ roi²
汉语直译： 逼　妹　进　地方　炒饭　米　了
汉语意译： 逼妹进到炒饭处。

喃字原文： 䟜　塘　媕　挓　特　鲜，
国际音标： ra¹ ʔdɯ:ŋ² ʔɛm¹ tsaŋ³ ʔdɯ:k⁸ tɯ:i¹
汉语直译： 上　路　妹　不　得　新鲜
汉语意译： 上路妹不得新鲜，

喃字原文： 擬　身　份　渃　相　涞　行　行。
国际音标： ŋi³ thɤn¹fɤn⁶ nɯ:k⁷mat⁷ rɤ:i¹ ha:ŋ² ha:ŋ²
汉语直译： 想　身份　眼泪　流　行　行
汉语意译： 想到自己的身份眼泪簌簌流下。

（194）

喃字原文： 媄　耂　罞　媄　耂　英，
国际音标： mɛ⁶ ja² la² mɛ⁶ ja² ʔan¹
汉语直译： 娘　老　是　娘　老　哥
汉语意译： 老娘是哥老娘，

喃字原文： 没　旵　巴　馇　粓　羮　蒌　瓢。
国际音标： mot⁸ ŋai² ʔba¹ ʔbɯə³ kɤ:m¹ kan¹ rau¹ʔbɤu²
汉语直译： 一　日　三　餐　饭　汤　　葫芦
汉语意译： 一天三餐葫芦汤。

2037

喃字原文： 嗯 顾 吒 媄 辫 数，
国际音标：khɤn⁵ŋwi:n² tsa¹mɛ⁶ thoŋ⁵lɤu¹
汉语直译： 祈求 父母 长寿
汉语意译：祈求父母长寿，

喃字原文： 菲 菲 頭 泊 疌 頭 忺 崸。
国际音标：fɤ:i¹fɤ:i⁵ ʔdɤu² ʔbat⁸ ten¹ ʔdɤu² tɤm⁵ ʔboŋ¹
汉语直译： 飘扬 头 白 上 头 片 棉花
汉语意译：飘扬白发白如棉。

（195）

喃字原文： 媄 淹 啱 衤 仍 之？
国际音标：mɛ⁶ ʔɛm¹ ʔan¹ lɤi⁵ ɲɯŋ³ tsi¹
汉语直译： 娘 妹 吃 拿 些 什么
汉语意译：妹娘吃了些什么？

喃字原文： 生 淹 鲜 卒 柔 眉 丕 淹。
国际音标：thin¹ ʔɛm¹ tɯ:i¹tot⁷ ɲu¹mi² vɤi⁶ ʔɛm¹
汉语直译： 生 妹 美丽 温柔 这样 妹
汉语意译：生下这么美丽温柔的你。

喃字原文： 媄 淹 啱 衤 槦 楂，
国际音标：mɛ⁶ ʔɛm¹ ʔan¹ lɤi⁵ ɣok⁷ ta¹
汉语直译： 娘 妹 吃 拿 根 山楂
汉语意译：妹娘吃的是山楂根，

喃字原文： 生 淹 鲜 卒 如 花 疌 梗。
国际音标：thin¹ ʔɛm¹ tɯ:i¹tot⁷ ɲɯ¹ hwa¹ ten¹ kan²
汉语直译： 生 妹 美丽 如 花 上 枝
汉语意译：生下美丽如花的你。

其他

(196)

喃字原文：每 薢 每 搭 畑 歪，
国际音标：moi³ nam¹ moi³ thap⁷ ʔdɛn² jɤːi²
汉语直译：每 年 每 点 灯 天
汉语意译：年年都点天灯，

喃字原文：求 朱 吒 媄 辞 茷 貝 琨。
国际音标：kɤu² tso¹ tsa¹ mɛ⁶ thoŋ⁵ ʔdɤːi² vɤːi⁵ kɔn¹
汉语直译：求 给 父母 活 世间 和 孩子
汉语意译：求让父母活世间陪孩子。

喃字原文：馼 群 時 貼 拱 群，
国际音标：ŋɯːi² kɔn² thi² kuə³ kuŋ³ kɔn²
汉语直译：人 在 则 东西 也 在
汉语意译：人在则东西也在，

喃字原文：底 馼 班 保 旌 贍 姻 缘。
国际音标：ʔde³ ŋɯːi² ʔbaːn¹ ʔbaːu³ vuːŋ¹ tɕn² ɳɤn¹ jiːn¹
汉语直译：让 人 告诉 圆满 姻缘
汉语意译：让人说姻缘圆满。

(197)

喃字原文：媄 喂 停 打 琨 疒，
国际音标：mɛ⁶ ʔɤːi¹ ʔdɯŋ² ʔdan⁵ kɔn¹ ʔdau¹
汉语直译：娘 啊 莫 打 儿 痛
汉语意译：娘啊莫打孩儿痛，

喃字原文：底 琨 扒 蝗 採 萎 媄 伽。
国际音标：ʔde³ kɔn¹ ʔbat⁷ ʔok⁷ haːi⁵ rau¹ mɛ⁶ nɤ²
汉语直译：让 儿 捉 螺 摘 菜 娘 倚靠
汉语意译：让儿捉螺摘菜娘倚靠。

2039

喃字原文：扒 蝁 蝁跳𧿆蓬坡，
国际音标：ʔbat⁷ ʔok⁷ ʔok⁷ ɲai³ len¹ ʔbɤ²
汉语直译：捉 螺 螺 跳 上 岸
汉语意译：捉螺螺跳上岸，

喃字原文：採 萎 萎 烳 媄 伽 浘 之。
国际音标：haːi⁵ rau¹ rau¹ hɛu⁵ n̠ɤ² mɛ⁶ noi³ tsi¹
汉语直译：摘 菜 菜 蔫 靠 娘 境地 什么
汉语意译：摘菜菜蔫靠娘。

（198）

喃字原文：祂 默 自 課 迗 㑣，
国际音标：lɤi⁵ tsoŋ² tɯ² thɤ³ mɯːi² lam¹
汉语直译：嫁 夫 从 时 十 五
汉语意译：十五岁时嫁了人，

喃字原文：默 吱 碎 㐌 拌 䏦 共 碎；
国际音标：tsoŋ² tse¹ toi¹ ʔbɛ⁵ tsaŋ³ nam² kuŋ² toi¹
汉语直译：夫 嫌 我 小 不 睡 和 我
汉语意译：夫嫌我年幼不圆房；

喃字原文：珇 醉 迗 臥 堆 迗，
国际音标：ʔden⁵ nam¹ mɯːi² taːm⁵ ʔdoi¹ mɯːi²
汉语直译：到 年 十 八 双 十
汉语意译：到了十八二十岁，

喃字原文：碎 䏦 嚮 坦 默 擂 蓬 㦖。
国际音标：toi¹ nam² jɯːi⁵ ʔdɤt⁷ tsoŋ² loi¹ len¹ jɯːŋ²
汉语直译：我 睡 下 地 夫 拉 上 床
汉语意译：我睡下地夫拉上床。

其 他

喃字原文：没 浪 傷 台 浪 傷，
国际音标：mot⁸ raŋ² thɯːŋ¹ haːi¹ raŋ² thɯːŋ¹
汉语直译：一 说 爱 二 说 爱
汉语意译：口口声声说爱我，

喃字原文：固 罖 蹟 牀 技 没 群 皅。
国际音标：kɔ⁵ ʔbon⁵ tsɤn¹ jɯːŋ² ɣai³ mot⁸ kɔn² ʔba¹
汉语直译：有 四 腿 床 折断 一 还有 三
汉语意译：四条床腿断三条。

喃字原文：埃 術 呢 吶 媄 吒，
国际音标：ʔaːi¹ ve² ȵan⁵ ȵu³ mɛ⁶ tsa¹
汉语直译：谁 回 嘱 咐 父 母
汉语意译：回来嘱咐父母，

喃字原文：𩪘 碎 尼 乜 交 和 共 碎。
国际音标：tsoŋ² toi¹ nai¹ ʔda³ jaːu¹ hwa² kuŋ² toi¹
汉语直译：夫 我 现在 已 和 顺 和 我
汉语意译：现已和顺夫和我。

（199）

喃字原文：𠎣 駄 固 嬁 固 𩪘，
国际音标：laːm² ŋɯːi² kɔ⁵ vɤ⁶ kɔ⁵ tsoŋ²
汉语直译：做人 有 妻 有 夫
汉语意译：人生在世有夫有妻，

喃字原文：氽 埃 麻 愿 房 空 跙 耂？
国际音标：mɤi⁵ ʔaːi¹ ma² tsiu⁶ fɔŋ² khoŋ¹ ʔden⁵ jaː²
汉语直译：没有 谁 而 愿意 空 房 到 老
汉语意译：谁愿空房守到老？

喃字原文：有　缘　挵　冒　塘　赊，
国际音标：hiu³ jiːn¹ tsaŋ³ kwaːn³ ʔdɯːŋ² sa¹
汉语直译：有　缘　不　管　路　远
汉语意译：有缘不管路途远，

喃字原文：嘸　缘　油　於　没　茹　挵　铖。
国际音标：vo¹ jiːn¹ jɯu² ʔɤ³ mot⁸ ɲa² tsaŋ³ nen¹
汉语直译：无缘　即使　住　一　家　不　成
汉语意译：无缘同屋不成眷属。

喃字原文：㩪　薢　竻　吣　悉　纾，
国际音标：tam¹ nam¹ jɯ³ tɤm⁵ lɔŋ² ʔben²
汉语直译：百　年　守　寸　心　牢
汉语意译：百年守牢一片心，

喃字原文：䏧　芇　碎　决　挵　悁　媶　娘。
国际音标：tɔn² ʔdɤːi² toi¹ kwiːt⁷ tsaŋ³ kwen¹ vɤ⁶ naːŋ²
汉语直译：整　一生　我　决意　哥　忘　妻　妹
汉语意译：一生我不忘哥情义。

（200）

《黄秀的故事》：黄秀见到一位美丽的姑娘，这姑娘很有才华，黄想娶她为妻。姑娘愿用歌对唱，如果黄唱赢了，就把自己许给他。

姑娘唱：
喃字原文：木　耳　聘　貝　桛　橀，
国际音标：mot⁸ ɲi³ thaːn⁵ vɤːi⁵ tɤm² vi²
汉语直译：木耳　比较　和　桑寄生
汉语意译：木耳和那桑寄生比，

其他

喃字原文：苊箕抾 度貝鋂群赊。
国际音标：ʔbɤk⁷ kiə¹ ʔdɛm¹ ʔdo⁶ vɤː i⁵ tsi² kɔn² sa¹
汉语直译：灯芯那 拿 度 和 铅 还 远
汉语意译：灯芯和那铅块比。

黄答：

喃字原文：帝 鐄 低 拱 銅 顛，
国际音标：ʔdɤi⁵ va:ŋ² ʔdɤi¹ kuŋ³ ʔdoŋ² ʔdɛn¹
汉语直译：你 金 我 也 青 铜
汉语意译：你金我也青铜，

喃字原文：帝 花李白 低 拱 没 番 聪茴。
国际音标：ʔdɤi⁵ hwa¹li⁵ ʔbat⁸ ʔdɤi¹ kuŋ³ mot⁸ fɛn¹ ta:i¹hoi²
汉语直译：你 李花 白 我 也 一 番 茴香
汉语意译：你是白李花我也是茴香。

结婚后，娘子供黄秀读书。考中状元，黄秀变心，三年不回家。后来他回家了，也不理睬娘子。

姑娘唱：

喃字原文：蒒詩 捩 捆 楬 亭，
国际音标：la⁵thɤ¹ vɛ³ ja:n⁵ kot⁸ ʔdin²
汉语直译：诗笺 画 贴 柱子 哈亭
汉语意译：诗笺贴在哈亭柱子上，

喃字原文：几 吹 馭 逆 透 情 朱 些。
国际音标：kɛ³ su:i¹ ŋɯ:i² ŋɯ:k⁸ thɤu⁵ tin² tsɔ¹ ta¹
汉语直译：人 顺 人 逆 透 情 给 咱
汉语意译：人来人往透情给咱。

2043

喃字原文：少 之 風 景 園 花，
国际音标：thi:u⁵ tsi¹ fɔŋ¹kan³ vɯ:n²hwa¹
汉语直译：缺 什么 风景 花园
汉语意译：缺什么花园风景，

喃字原文：麻 抚 苔 堕 身 些 体 尼。
国际音标：ma² ʔdɛm¹ ʔdai²ʔda⁶ thɤn¹ ta¹ the⁵nai²
汉语直译：而 带 折磨 身 咱 这样
汉语意译：这样折磨咱身体。

喃字原文：干ˇ 悶 固 博 媄 柴，
国际音标：kɤ:n¹ʔbu:n² kɔ⁵ ʔba:k⁷mɛ⁶ thɤi²
汉语直译：烦闷 有 父母 先生
汉语意译：烦闷有父母先生，

喃字原文：干ˇ 悶 淹 翌 醛 唉 没 躺。
国际音标：kɤ:n¹ʔbu:n² ʔɛm¹ tsiu⁶ ʔdaŋ⁵kai¹ mot⁸min²
汉语直译：烦闷 妹 受 艰辛 独自
汉语意译：烦闷艰辛妹独自承受。

喃字原文：妾 抚 躺 妾 貝 扒，
国际音标：thi:p⁷ ʔdɛm¹min² thi:p⁷ vɤ:i⁵ tsa:ŋ²
汉语直译：妾 许身 妾 与 哥
汉语意译：妹愿许身给哥，

喃字原文：餓 鉓 挓 冒 翯 罷 妾 停。
国际音标：ʔdɔi⁵ nɔ¹ tsaŋ³ kwa:n³ jau²tha:ŋ¹ thi:p⁷ ʔdan²
汉语直译：饿 饱 不 管 富贵 妾 忍耐
汉语意译：不管富贵和贫穷。

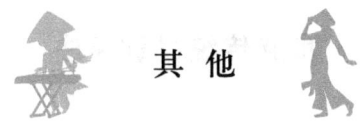

其 他

喃字原文：自 𡗶 𢆥 妾 生 成，
国际音标：tɯ² ŋai² tu:i³ thi:p⁷ thin¹than²
汉语直译：从 天 年纪 妾 长成
汉语意译：自从长大成人，

喃字原文：矯 𠊚 當 嫁 矯 成 淋 漓。
国际音标：ki:u³ ŋɯ:i² ʔda:ŋ⁵ ja⁵ ki:u³ than² lɤm¹li¹
汉语直译：姿态 人 值得 嫁 姿态 成 淋漓
汉语意译：仪态万方值得嫁。

喃字原文：俺 罒 分 姅 如 花 没 時，
国际音标：ʔɛm¹ la² fɤn² ɣa:i⁵ ɳɯ¹ hwa¹ mot⁸ thi²
汉语直译：妹 是 身份 女孩 如 花 一 时
汉语意译：妹女孩如花开一时，

喃字原文：吀 扒 擬 吏 悉 時 妾 恩。
国际音标：sin¹ tsa:ŋ² ŋi³la:i⁶ lɤŋ² thi² thi:p⁷ ʔɤn¹
汉语直译：请 哥 回忆 心 则 妾 恩
汉语意译：请哥回忆妹的恩。

喃字原文：喓 扒 㦖 憳 䀿 恨，
国际音标：jɤu² tsa:ŋ² tam¹ jɤn⁶ ŋin² hɤ:n²
汉语直译：无论 哥 百 生气 千 怨恨
汉语意译：无论多少怨气和怨恨，

喃字原文：時 扒 跐 𥪞 桃 門 准 尼。
国际音标：thi² tsa:ŋ² ʔbɯ:k⁷ su:ŋ⁵ ʔda:u² mon¹ tson⁵ nai²
汉语直译：则 哥 迈 下 桃 门 地方 这
汉语意译：请哥迈下此处桃门。

喃字原文：　桃　東　情　贠　柳　西，
国际音标：ʔdaːu² ʔdoŋ¹ tin² fu⁶ liːu³ tɕi¹
汉语直译：桃　东　情　负　柳　西
汉语意译：东桃情负西柳，

喃字原文：　菲　菲　身　妾　别　剾　罒　牢。
国际音标：fɤːi⁵ fɤːi⁵ thɤn¹ thiːp⁷ ʔbiːt⁷ rai² laːm² thaːu¹
汉语直译：心情激动　身　妾　知　今日　为何
汉语意译：不知为何妹今日心情激动。

喃字原文：　溂　睚　君　祕　约　幻，
国际音标：tsɤ⁵ ŋɛ¹ kwɤn¹ tɛ³ ʔɯːk⁷ ʔaːu¹
汉语直译：莫　听　君　年轻　渴望
汉语意译：莫听年轻人渴望，

喃字原文：　馭　狐　没　槄　韷　刨　蛭　螃。
国际音标：ŋɯə⁶ ho² mot⁸ mat⁸ raˑ¹ vaːu² ʔbɯːm⁵ ʔɔŋ¹
汉语直译：马　乎　一　脸　进出　蝶　蜂
汉语意译：马狐一样招蜂引蝶。

喃字原文：　媕　尬　奼　细　鸾　房，
国际音标：ʔɛm¹ nai¹ ʔda³ tɤːi⁵ lɔn¹ fɔŋ²
汉语直译：妹　今　已　到　鸾　房
汉语意译：妹今已到鸾房，

喃字原文：　牢　扒　唉　於　韷　悉　啊　嘘？
国际音标：thaːu¹ tsaːŋ² ʔan¹ ʔɤ³ raˑ¹ lɔŋ² hɤ² hɤ¹
汉语直译：为何　哥　生活　出　心　淡漠
汉语意译：为何哥哥心现冷漠？

其 他

喃字原文：㵪 览 俺 尼 夥 伴 麻 竹？
国际音标：tsɤ⁵ thɤi⁵ ʔɛm¹ nai¹ lam⁵ ʔba:n⁶ ma² ŋɤ²
汉语意译：不可见 妹 今 多 朋友 而 疑惑
汉语直译：不可见妹今诸朋友而疑惑嘛？

喃字原文：悉 俺 㫍 㫍 如 詞 幒 封。
国际音标：loŋ² ʔɛm¹ faŋ¹ faŋ³ nɯ¹ tɤ²jɤi⁵ fɔŋ¹
汉语直译：心 妹 平平 如 纸张 封
汉语意译：妹心平静如纸。

（201）

喃字原文：哊 橙 𡎢 桽 核 橙，
国际音标：ʔan¹ tsan¹ ŋoi² ɣok⁷ kɤi¹tsan¹
汉语直译：吃 柠檬 坐 根部 柠檬树
汉语意译：坐在柠檬树下吃柠檬，

喃字原文：勸 檜 勸 梗 勸 葑 勸 籠。
国际音标：khwi:n¹ koi³ khwi:n¹ kan² khwi:n¹ la⁵ khwi:n¹ loŋ²
汉语直译：劝 根 劝 枝 劝 叶 劝 笼
汉语意译：劝根劝枝劝叶劝笼。

喃字原文：勸 朱 帝 嫷 低 퐀，
国际音标：khwi:n¹ tsɔ¹ ʔdɤi⁵ vɤ⁶ ʔdɤi¹ tsoŋ²
汉语直译：劝 给 这里 妻 那里 夫
汉语意译：劝告妻子丈夫，

喃字原文：妬 掬 掍 妈 低 撑 掍 耦。
国际音标：ʔdo⁵ ʔbe⁵ kɔn¹ɣa:i⁵ ʔdɤi¹ ʔboŋ² kɔn¹ja:i¹
汉语直译：那里 抱 女儿 这里 抱 儿子
汉语意译：那里抱女儿这里抱儿子。

2047

（202）

喃字原文：鶵 绦 炒 貝　　𦚥 㜾，
国际音标：ɣa² tɤ¹ sa:u² vɤ:i⁵ mɯ:p⁷ ja²
汉语直译：雏鸡 炒 和 丝瓜 老
汉语意译：雏鸡和老丝瓜一起炒，

喃字原文：媠 台 迗 昳 䪿 陀 趍 迗。
国际音标：vɤ⁶ ha:i¹ mɯ:i¹ mot⁷ tsoŋ² ʔda² thau⁵ mɯ:i¹
汉语直译：妻 二 十 一 夫 无实义 六 十
汉语意译：妻二十一夫六十。

喃字原文：𡎥 塘 姉 哓 媕 唭，
国际音标：ra¹ ʔdɯ:ŋ² tsi⁶ jeu³ ʔɛm¹ kɯ:i²
汉语直译：出 路 姐 嘲笑 妹 笑
汉语意译：出门姐妹嘲笑，

喃字原文：浪 台 翁 召 结 堆 媠 𡞖。
国际音标：raŋ² ha:i¹ ʔoŋ¹ tsau⁵ ket⁷ ʔdoi¹ vɤ⁶ tsoŋ²
汉语直译：说 两 祖 孙 结 对 夫 妻
汉语意译：说祖孙俩结夫妻。

喃字原文：𣎁 𦛌 想 丐 黕 岚，
国际音标：ʔdem¹ nam² tɯ:ŋ³ ka:i⁵ ɣoi⁵ ʔboŋ¹
汉语直译：夜里 躺 以为 棉花 枕头
汉语意译：夜里躺着以为是棉花枕头，

喃字原文：逸 躺 沛 髯 𡞖 𦛌 邉。
国际音标：jɤt⁸ min² ɣoi⁵ fa:i³ rɤu¹ tsoŋ² nam² ʔben¹
汉语直译：吓一跳 枕 对 胡须 丈夫 躺 边
汉语意译：枕对身边丈夫胡须吓一跳。

其 他

喃字原文：涞 潅 憏 分 恨 缘，
国际音标：thut⁸thui² tui³ fɤn⁶ hɤ:n² ji:n¹
汉语直译：抽抽搭搭怨 分 恨 缘
汉语意译：抽抽搭搭怨分恨缘，

喃字原文：怨 吒 嚏 媄 贪 钱 半 琨。
国际音标：ʔwa:n⁵ tsa¹ tat⁷ mɛ⁶ tha:m¹ ti:n² ʔba:n⁵ kɔn¹
汉语直译：怨 父 责 母 贪 钱 卖 女
汉语意译：怨父责母贪钱卖女。

（203）

喃字原文：俺 如 核 桂 钟 峒，
国际音标：ʔɛm¹ ŋɯ¹ kɤi¹kwe⁵ jɯɯ³ ʔdoŋ²
汉语直译：妹 如 桂树 中 田野
汉语意译：妹像田野中的桂树，

喃字原文：底 朱 鸲 豆 极 悉 桂 能！
国际音标：ʔde³tsɔ¹ ku¹ ʔdɤu⁶ kɯk⁸lɔŋ² kwe⁵ thai¹
汉语直译：使 斑鸠 栖 痛苦 桂 啊
汉语意译：让斑鸠栖息桂痛苦啊！

喃字原文：包 晗 朱 鸲 怒 魃，
国际音标：ʔba:u¹jɤ² tsɔ¹ ku¹ nɔ⁶ ʔbai¹
汉语直译：何时 给 斑鸠 那 飞
汉语意译：何时给那斑鸠飞，

喃字原文：仙 蚾 桂 榕 桂 尼 平 悉。
国际音标：ti:n¹ ŋoi² kwe⁵ ɣok⁷ kwe⁵ nai² ʔbaŋ²lɔŋ²
汉语直译：仙 坐 桂 根 桂 这 合意
汉语意译：仙人合意坐在桂树下。

2049

（204）

喃字原文：媕 術 時 拯 朱 毬，
国际音标：ʔɛm¹ ve² thi² ʔdi¹ tsɔ¹ mau¹
汉语直译：妹 回 就 去 给 快
汉语意译：妹快回家去吧，

喃字原文：媕 停 呆 吏 脌 疟 九 層。
国际音标：ʔɛm¹ ʔdɯŋ² ŋɔ⁵ la:i⁶ ru:t⁸ʔdau¹ tsin⁵ tɯŋ²
汉语直译：妹 莫 看 来 痛 心 九 层
汉语意译：妹莫看了痛心。

喃字原文：拯 赊 没 紲 呆 澄，
国际音标：ʔdi¹ sa¹ mot⁸tsut⁷ ŋɔ⁵tsɯŋ²
汉语直译：去 远 一点儿 当心
汉语意译：出远门去要当心，

喃字原文：覛 媕 涙 浘 溋 溋 台 行。
国际音标：thɤi⁵ ʔɛm¹ le⁶ nɔ³ rɯŋ¹rɯŋ¹ ha:i¹ ha:ŋ²
汉语直译：见 妹 泪 滴 汪 汪 两 行
汉语意译：见妹泪滴汪汪两行。

（205）

喃字原文：堆 些 沛 悉 烧 籹，
国际音标：ʔdoi¹ta¹ fa:i³lɔŋ² ɲau¹ roi²
汉语直译：咱俩 合意 互相 了
汉语意译：咱俩合意已交心，

喃字原文：如 蚪 沛 礦 如 粎 沛 撫。
国际音标：ɲɯ¹ tam² fa:i³ thu:k⁷ ɲɯ¹ soi¹ fa:i³ vo²
汉语直译：如 蚕 被 打药 如 糯米饭 被 揉
汉语意译：像蚕被打药，像糯米饭被揉。

其 他

喃字原文：騏 糱 婼 洤 琨 拱 甦，
国际音标：tsoŋ² ʔdɛp⁸ vɤ⁶ jɔn² kɔn¹ kuŋ³ sin¹
汉语直译：夫 美 妻 美 孩子 也 美
汉语意译：夫美妻美孩子也美，

喃字原文：些 沛 悉 躺 躺 沛 悉 些。
国际音标：ta¹ fa:i³lɔŋ² min² min² fa:i³lɔŋ² ta¹
汉语直译：哥 合意 妹 妹 合意 哥
汉语意译：哥满意妹妹满意哥。

（206）
喃字原文： 道 婼 騏 㦝 䣳 结 鬘，
国际音标：ʔda:u⁶ vɤ⁶tsoŋ² tam¹ nam¹ ket⁷tsɔk⁷
汉语直译： 道 夫妻 百 年 结发
汉语意译：夫妻之道百年结发，

喃字原文： 勧 婼 術 怺 搰 媄 糙。
国际音标：khwi:n¹ ʔɛm¹ ve² tsam¹thɔk⁷ mɛ⁶ ja²
汉语直译： 劝 妹 回来 照顾 母亲 老
汉语意译：劝妹回来照顾老母亲。

喃字原文： 馁 添 琨 猪 琨 鷞，
国际音标：nu:i¹ them¹ kɔn¹lɤ:n⁶ kɔn¹ɣa²
汉语直译： 养 添加 猪 鸡
汉语意译：再养上猪和鸡，

喃字原文：掩 添 核 茈 核 茄 核 葀。
国际音标：jɔŋ² them¹ kɤi¹ka:i³ kɤi¹ka² kɤi¹ke¹
汉语直译：种 添加 芥菜 茄子 小米
汉语意译：再种上芥菜茄子小米。

2051

喃字原文： 英 豳 拸 湖水 四 皮ˇ,
国际音标： ʔan¹ raʔdi¹ ho²thi³ tɯ⁵ʔbe²
汉语直译： 哥 出去 湖水 四方
汉语意译： 哥出去闯荡天下,

喃字原文： 渃 嫩 煻 焁 英 衕 共 俺。
国际音标： nɯːk⁷nɔn¹ raːŋ⁶rɤ³ ʔan¹ ve² kuŋ² ʔɛm¹
汉语直译： 山水 光彩 哥 回 同 妹
汉语意译： 山水光彩哥同妹回。

（207）

喃字原文： 堆 些 终 没 境 嬈,
国际音标： ʔdoi¹ta¹ tsuŋ¹ mot⁸ kan³ ŋɛu²
汉语直译： 咱俩 同 一 境 穷
汉语意译： 咱俩同生穷人家,

喃字原文： 英 棋 俺 稊 骰 嘲 固 烧。
国际音标： ʔan¹ kai² ʔɛm¹ kɤi⁵ thɤːm⁵tsiːu² kɔ⁵ ɲau¹
汉语直译： 哥 犁 妹 插秧 早晚 有 互相
汉语意译： 哥犁田来妹插秧早晚成一双。

喃字原文： 要 烧 跙 課 泊 頭,
国际音标： ʔiːu¹ɲau¹ ʔden⁵ thɤ³ ʔbaːk⁸ ʔdɤu²
汉语直译： 相爱 到 时期 白 头
汉语意译： 相爱直到白头时,

喃字原文： 喒 湄 喒 曝 解 油 色 輪。
国际音标： jɤu² mɯə¹ jɤu² naŋ⁵ jaːi³jɤu² thak⁷ thɔn¹
汉语直译： 无论 雨 无论 晴 曝晒 色 朱
汉语意译： 无论日晒雨淋朱色不改。

其 他

（208）

喃字原文：粓 粘 咹 貝 魵 鯝,
国际音标：kɤːm¹nɛm¹ ʔan¹ vɤːi⁵ ka⁵mɛ²
汉语直译：夏米饭　吃 和 鲢鱼
汉语意译：夏米饭和鲢鱼一起吃,

喃字原文：媨 馱 揞 挹 瓢 喫 奇 胋。
国际音标：vɤ⁶tsoŋ² ʔom¹ʔɤp⁷ ŋai⁵ khɛ² ka³ ʔdem¹
汉语直译：夫妻　搂抱 打鼾 呼呼 整 夜
汉语意译：夫妻整夜搂抱鼾声呼呼。

喃字原文：魵 鯝 咹 貝 粓 粘,
国际音标：ka⁵mɛ² ʔan¹ vɤːi⁵ kɤːm¹nɛm¹
汉语直译：鲢鱼 吃 和 夏米饭
汉语意译：鲢鱼和夏米饭一起吃,

喃字原文：媨 馱 揞 挹 奇 胋 瓢 喫。
国际音标：vɤ⁶tsoŋ² ʔom¹ʔɤp⁷ ka³ ʔdem¹ ŋai⁵ khɛ²
汉语直译：夫妻　搂抱 整 夜 打鼾 呼呼
汉语意译：夫妻整夜搂抱鼾声呼呼。

（209）

喃字原文：肐 秄 皷 㿟 皷 㱆,
国际音标：ko³tai¹ vɯə² taŋ⁵ vɯə² tɔn²
汉语直译：手腕　又 白 又 圆
汉语意译：手腕又白又圆,

喃字原文：摸 伆 㕸 冷 如 磈 雪 冬。
国际音标：mɔ⁵ vaːu² maːt⁷lan² nɯ¹ hɔn² tiːt⁷ ʔdoŋ¹
汉语直译：摸 进 清凉 如 块 雪 冬
汉语意译：摸进清凉如块冬雪。

2053

喃字原文： 堆 些 侤 称 媷 猌，
国际音标： ʔdoi¹ta¹ ʔda³ sɯŋ¹ vɤ⁶tsoŋ²
汉语直译： 咱俩 已 称 夫妻
汉语意译： 咱俩已称夫妻，

喃字原文： 缘 丕 侤 定 丝 红 侤 绅。
国际音标： ji:n¹jɤ:i² ʔda³ ʔdin⁶ tɤ¹hoŋ² ʔda³ sɛ¹
汉语直译： 天意 已 定 红绳 已 牵
汉语意译： 天意已定红绳已牵。

（210）

喃字原文： 功 碎 挭 挭 扛 扛，
国际音标： koŋ¹ toi¹ ɣan⁵ɣan⁵ ɣoŋ²ɣoŋ²
汉语直译： 功 我 挑挑 担担
汉语意译： 挑挑担担我的功，

喃字原文： 阻 黜 跷 猌 罢 被 群 呸。
国际音标： jɤ³ra¹ thɛu¹ tsoŋ² ʔbai³ ʔbi⁶ kɔn² ʔba¹
汉语直译： 回来 随 夫 七 草篮子 还 三
汉语意译： 嫁到哥家生活苦。

喃字原文： 㗒 碎 扵 共 媄 吒，
国际音标： sɯə¹ toi¹ ʔɤ³ kuŋ² mɛ⁶tsa¹
汉语直译： 从前 我 住 同 父母
汉语意译： 从前我同父母住，

喃字原文： 媄 吒 要 醑 如 花 㯲 梗。
国际音标： mɛ⁶tsa¹ ʔi:u¹jɤu⁵ nɯ¹ hwa¹ ten¹ kan²
汉语直译： 父母 疼爱 如 花 上 枝
汉语意译： 父母疼爱如枝上花。

其他

喃字原文：悲唅碎術共英，
国际音标：ʔbɤi¹jɤ² toi¹ ve² kuŋ² ʔan¹
汉语直译：现在 我 回 同 哥
汉语意译：现在我同哥回，

喃字原文：英 贪 颜 色 英 情 负 碎。
国际音标：ʔan¹ tha:m¹ ɲa:n¹thak⁷ ʔan¹ tin² fu⁶ toi¹
汉语直译：哥 贪 红颜 哥 情 负 我
汉语意译：哥贪红颜情负我。

喃字原文：坦 䫘 摊 拰 铖 坳，
国际音标：ʔdɤt⁷ kɯŋ⁵ nan⁶ tsaŋ³ nen¹ noi²
汉语直译：土 硬 捏 不 成 锅
汉语意译：硬土捏不成锅，

喃字原文：英 祂 婥 朱 碎 祂 默，
国际音标：ʔan¹ lɤi⁵ vɤ⁶ tsɔ¹ toi¹ lɤi⁵ tsoŋ²
汉语直译：哥 娶 妻 给 我 嫁 夫
汉语意译：哥娶妻给我嫁夫，

喃字原文：英 挓 祂 婥 隔 滝，
国际音标：ʔan¹ ʔdi¹ lɤi⁵ vɤ⁶ kat⁷ thoŋ¹
汉语直译：哥 去 娶 妻 隔 河
汉语意译：哥河对岸去娶妻，

喃字原文：底 碎 祂 默 蚛 圲 英 黜。
国际音标：ʔde³ toi¹ lɤi⁵ tsoŋ² jɯɔ³ ŋɔ³ ʔan¹ ra¹
汉语直译：让 我 嫁 夫 中 门 哥 出
汉语意译：让我走过哥家门前巷子去嫁夫。

（211）

喃字原文：姑　箕　咭　䓫　没　躺，
国际音标：ko¹　kiə¹　kat⁷　kɔ³　mot⁸min²
汉语直译：姑娘　那　割　草　　独自
汉语意译：那姑娘独自割草，

喃字原文：朱　英　咭　貝　鍾　情　叨　堆。
国际音标：tsɔ¹　ʔan¹　kat⁷　vɤːi⁵　tsuŋ¹tin²　laːm²　ʔdoi¹
汉语直译：给　哥　割　和　钟　情　做　对儿
汉语意译：给哥一起割一见钟情成对儿。

喃字原文：姑　群　咭　汝　台ˊ　催?
国际音标：ko¹　kɔn²　kat⁷　nɯə³　hai¹　thoi¹
汉语直译：姑娘　还　割　还　或　罢了
汉语意译：姑娘还割草不?

喃字原文：朱　英　咭　貝　　叨　堆　媥　軄。
国际音标：tsɔ¹　ʔan¹　kat⁷　vɤːi⁵　laːm²　ʔdoi¹　vɤ⁶tsoŋ²
汉语直译：给　哥　割　和　做　对　夫　妻
汉语意译：给哥一起割结成一对成夫妻。

（212）

喃字原文：姑　仒　麻　祂　英　尼，
国际音标：ko¹　ʔɤi⁵　ma²　lɤi⁵　ʔan¹　nai²
汉语直译：姑娘　那　若　嫁　哥　这
汉语意译：那姑娘若嫁给这位哥哥，

喃字原文：抴　沛　挆　稀　挆　棋　汝　兜。
国际音标：tsaŋ³　faːi³　ʔdi¹　kɤi¹　ʔdi¹　kai²　nɯə³　ʔdɤu¹
汉语直译：不　是　去　种　去　犁　再　哪里
汉语意译：不用去插秧也不用去犁田。

其他

喃字原文：𭓙 𱐙 㫘 数 掂 荾，
国际音标：ŋoi² tɔŋ¹ kɯə³tho³ di:m⁵ jɤu²
汉语直译：坐 中 窗户 卷 槟榔
汉语意译：坐窗户中卷槟榔，

喃字原文：固 台 姑 㛪 踦 侯 台 邉。
国际音标：kɔ⁵ ha:i¹ ko¹ ʔbɛ⁵ ʔdɯŋ⁵ hɤu² ha:i¹ ʔben¹
汉语直译：有 两 姑娘 小 站 伺候 两 边
汉语意译：有两个小姑娘站在两边伺候。

(213)

喃字原文：㫈 鸪 箕 拱 闷 固 堆，
国际音标：kɔn¹tsim¹ kiə¹ kuŋ³ mu:n⁵ kɔ⁵ ʔdoi¹
汉语直译：鸟 那 也 想 有 对
汉语意译：那鸟儿也想成双，

喃字原文：況 之 身 妾 裡 雷 没 躺？
国际音标：hu:ŋ⁵tsi¹ thɤn¹ thi:p⁷ lɛ³lɔi¹ mot⁸min²
汉语直译：何况 身 妾 孤单 独自
汉语意译：何况妹孤单一人？

喃字原文：㫈 鸪 否 喝 嗓 情，
国际音标：kɔn¹tsim¹ vi⁵ ha:t⁷ ta:ŋ¹ tin²
汉语直译：鸟 打比方 唱 悚 亭
汉语意译：鸟儿悚亭唱起来，

喃字原文：固 堆 拱 丕 没 躺 拱 台。
国际音标：kɔ⁵ ʔdoi¹ kuŋ³ vɤi⁶ mot⁸min² kuŋ³ hai¹
汉语直译：有 对 也 这样 独自 也 好
汉语意译：成对也是这样一个人也好。

2057

（214）

喃字原文：固 琨 麻 嫁 猒 斦，
国际音标：kɔ⁵ kɔn¹ ma² ɣa³ tsoŋ² ɣɤn²
汉语直译：有 女儿 若 嫁 夫 近
汉语意译：有女嫁在近处，

喃字原文：姅 胋 炪 燭 挊 份 朱 吒。
国际音标：nɯɑ³ ʔdem¹ ʔdot⁷ ʔduːk⁷ maːŋ¹ fɤn⁶ tsɔ¹ tsa¹
汉语直译：半 夜 点 火 把 带 份 给 父亲
汉语意译：半夜点火把带份儿给父亲。

喃字原文：固 琨 麻 嫁 猒 賒，
国际音标：kɔ⁵ kɔn¹ ma² ɣa³ tsoŋ² sa¹
汉语直译：有 女儿 而 嫁 夫 远
汉语意译：有女嫁到远处，

喃字原文：㠇 摷 翈 踏 挮 魔 帒 棋。
国际音标：ʔba¹ thaːu² ruːŋ⁶ tɛu⁵ tsaŋ³ ma¹ naːu² kai²
汉语直译：三 分 田 斜 没有 鬼 哪 犁
汉语意译：三分坡田无人犁。

（215）

喃字原文：鸼 䙵 術 岗 㬢 籴，
国际音标：tsim¹ ʔbai¹ ve² nui⁵ toi⁵ roi²
汉语直译：鸟 飞 回 山 黑 了
汉语意译：鸟飞回山天已黑，

喃字原文：姊 媕 算 料 扡 吶 炻 粁。
国际音标：tsi⁶ʔɛm¹ tɔn¹liːu⁶ sat⁷ noi² nɤu⁵ kɤːm¹
汉语直译：姐妹 料想 提 锅 煮 饭
汉语意译：姐妹料想提锅煮饭。

其他

喃字原文：琨鹅捭荟 捭荙，
国际音标：kɔn¹ɣa² ʔbɤːi⁵ raːk⁷ ʔbɤːi⁵ rɤːm¹
汉语直译：鸡　扒垃圾　扒　稻草
汉语意译：鸡扒垃圾稻草，

喃字原文：琨 淹 掫 昭 䦙 柑 曘䏾。
国际音标：kɔn¹ ʔɛm¹ tsɐu²tsɐu⁶ ʔici⁵ kɤːm¹ toi⁵ŋai²
汉语直译：孩子　妹　缠人　饿　饭　终日
汉语意译：妹的孩子缠人终日饿饭。

（216）

喃字原文：䞻 箕 於 贝 吒 媄，
国际音标：sɯə¹kiə¹ ʔɤ³ vɤːi⁵ tsa¹mɛ⁶
汉语直译：从前　住　和　父母
汉语意译：从前和父母住，

喃字原文：如 蝥 鹅 剥 如 花 堻 梗。
国际音标：nɯ¹ tuŋ⁵ɣa² ʔbɔk⁷ nɯ¹ hwa¹ ten¹ kan²
汉语直译：如　鸡蛋　剥　如　花　上　枝
汉语意译：如剥壳的鸡蛋，如枝上的花。

喃字原文：自 箕 淹 術 茹 英，
国际音标：tɯ² kiə¹ ʔɛm¹ ve² na² ʔan¹
汉语直译：从　那　妹　回　家　哥
汉语意译：自从妹嫁到哥家，

喃字原文：如 核 毵 踤 如 梗 毵 炞 。
国际音标：nɯ¹ kɤi¹ tset⁷ ʔduŋ⁵ nɯ¹ kan² tset⁷ kho¹
汉语直译：如　树　死　站　如　枝　死　枯
汉语意译：如树干死，如枝枯死。

2059

（217）

喃字原文：　昌　胮　埃　拱　罪　馭，
国际音标：　sɯːŋ¹ ja¹ ʔaːi¹ kuŋ³ laˀ² ŋɯːi²
汉语直译：　骨头　皮肤　谁　也　是　人
汉语意译：　都是人的骨头和皮肤，

喃字原文：　払　麻　摺　妾　罪　丢　払　挡。
国际音标：　tsaːŋ² ma² ʔɖɤp⁸ thiːp⁷ toi⁶ jɤːi² tsaːŋ² maːŋ¹
汉语直译：　哥　若　打　妾　罪　天　哥　负
汉语意译：　哥若打妹天罪哥负。

喃字原文：　尒　数　恩　爱　共　牀，
国际音标：　mɤi⁵lɤu¹ ʔɤn¹ʔaːi⁵ kuŋ² jɯːŋ²
汉语直译：　很久　恩爱　同　床
汉语意译：　恩爱同床已久，

喃字原文：　为　埃　吹　育　払　頁　旁　摺　碎？
国际音标：　vi² ʔaːi¹ suːi¹jɔk⁸ tsaːŋ² fuˀ³faːŋ² ʔɖɤp⁸ toi¹
汉语直译：　为　谁　顺着　哥　残酷无情　打　我
汉语意译：　哥为何残酷无情捶打我？

（218）

喃字原文：　身　淹　如　骸　湄　滛，
国际音标：　thɤn¹ ʔɛm¹ ɲɯ¹ haːt⁸ ɛmɯa¹ raːu²
汉语直译：　身　妹　如　滴　阵雨
汉语意译：　妹身如那阵雨滴，

喃字原文：　骸　淶　兢　洪　骸　伵　園　花。
国际音标：　haːt⁸ rɤːi¹ suːŋ⁵ jiːŋ⁵ haːt⁸ vaːu² vɯːn²hwa¹
汉语直译：　滴落　下　井　滴　进　花园
汉语意译：　有的落井里，有的落花园。

其他

喃字原文：身 媕 如 骸 湄 沙，
国际音标：thɤn¹ ʔɛm¹ ȵɯ¹ ha:t⁸ mɯə¹ tha¹
汉语直译：身 妹 如 滴 雨 下
汉语意译：妹身如那雨滴，

喃字原文：骸 伵 臺 阁 骸 黜 魝 棊。
国际音标：ha:t⁸ va:u² ʔda:i² ka:k⁷ ha:t⁸ ra¹ ru:ŋ⁶ kai²
汉语直译：滴 进 台 阁 滴 出 耕 田
汉语意译：有的进台阁，有的进耕田。

（219）

喃字原文：钯 嚎 结 義 相 交，
国际音标：ʔda³ mɔŋ¹ ket⁷ ȵiə³ tɯ:ŋ¹ ja:u¹
汉语直译：已 盼望 结义 相交
汉语意译：已盼望结义相交，

喃字原文：悉 群 幅 想 核 高 葬 𦘒。
国际音标：lɔŋ² kɔn² mɤ¹ tɯ:ŋ³ kɤi¹ ka:u¹ la⁵ ja:i²
汉语直译：心 还 幻想 树 高 叶 长
汉语意译：心还幻想树高叶长。

喃字原文：悲 晗 奔 伴 跳 埃？
国际音标：ʔbɤi¹ jɤ² ʔbu:n¹ ʔba:n⁵ thɛu¹ ʔa:i¹
汉语直译：现在 买卖 跟 谁
汉语意译：现在跟谁做买卖？

喃字原文：𥖀 頭 㪯 孝 輕 㦖 㪯 情。
国际音标：naŋ⁶ ʔdɤu² tsɯ³ hi:u⁵ ȵɛ⁶ va:i¹ tsɯ³ tin²
汉语直译：重 头 字 孝 轻 肩 字 情
汉语意译：重孝字而轻情字。

喃字原文： 孝 情 悁 愊 衶 躳,
国际音标： hiːu⁵ tin² ʔbuːn² ʔbɯk⁸ tɔŋ¹ min²
汉语直译： 孝 情 烦闷 中 身体
汉语意译： "孝""情"烦闷在心中，

喃字原文： 憕 柴 侅 媄 吗 生 恢 唭。
国际音标： thɤ⁶ thʁi² haːi³ mɛ⁶ laːm²thin¹ vui¹kɯːi²
汉语直译： 怕 父 怕 母 谋生 欢笑
汉语意译： 怕父怕母欢笑谋生。

（220）

喃字原文： 英 喂 英 於 吏 茹,
国际音标： ʔan¹ ʔʁːi¹ ʔan¹ ʔʁ³ laːi⁶ ɲa²
汉语直译： 哥 啊 哥 住 再 家
汉语意译： 哥啊哥待在家，

喃字原文： 催 停 旗 鉑 汝 麻 虚 身。
国际音标： thoi¹ ʔdɯŋ² kʁ²ʔbaːk⁸ nɯə³ ma² hɯ¹thʁn¹
汉语直译： 罢 了 莫 赌博 再 而 伤身
汉语意译： 莫再赌博伤身体。

喃字原文： 贪 之 仍 贴 負 云,
国际音标： thaːm¹ tsi¹ ɲɯŋ³ kuə³ fu²vʁn¹
汉语直译： 贪 什么 些 财物 浮云
汉语意译： 贪什么浮云财物，

喃字原文： 矺 毼 功 嫧 麰 分 醜 赊。
国际音标： lʁ³ raː¹ koŋ¹nʁ⁶ ɲiːu² fʁn⁶ sʁu⁵sa¹
汉语直译： 失误 出 债务 多 份 丑陋
汉语意译： 不小心负债多了也丢人。

其 他

（221）

喃字原文：要 烧 朱 猛 朱 麻，
国际音标：ʔiːu¹ȵau¹ tsɔ¹ man⁶ tsɔ¹ mɛ³
汉语直译：相爱 使 强 使 大
汉语意译：相爱使人强大，

喃字原文：馱婳 顺 和 䣼 暗 外 㞑。
国际音标：tsoŋ²vɤ⁶ thɤːn⁶hwa² tɕʊŋ¹ ʔaːm⁵ ŋwaːi² ʔem¹
汉语直译：夫妻 和睦 里 暗 外 平静
汉语意译：夫妻和睦里暗外平静。

喃字原文：婳馱 䣼 暗 外 㞑，
国际音标：vɤ⁶tsoŋ² tɕʊŋ¹ ʔaːm⁵ ŋwaːi² ʔem¹
汉语直译：夫妻 里 暗 外 平静
汉语意译：夫妻里暗外平静，

喃字原文：羹 枷 粔 噉 鉢 弹 拱 啀。
国际音标：kan¹ ka² kɤːm¹hɤm³ ʔbaːt⁷ ʔdaːn² kuŋ³ ŋɔn¹
汉语直译：汤 茄子 馊饭 碗 粗瓷器 也 味美
汉语意译：茄子汤馊饭，粗瓷碗也味美。

（222）

喃字原文：要 烧 挺 冒 餇 兢，
国际音标：ʔiːu¹ȵau¹ tsaŋ³ kwaːn³ ʔdɕi⁵ŋɛu²
汉语直译：相爱 不 管 饥饿 贫穷
汉语意译：相爱不管饥饿贫穷，

喃字原文：照 薈 禛 荅 拱 跷 英 術。
国际音标：tsiːu⁵ rɤːm¹ tsan¹ ra⁶ kuŋ³ thɛu¹ ʔan¹ ve²
汉语直译：席子 稻草 被子 稻草 也 随 哥 回
汉语意译：稻草做席做被也跟哥。

喃字原文： 要 烧 萬 亊 拰 怩,
国际音标： ʔi:u¹ɲau¹ va:n⁶ thɯ⁶ tsaŋ³ ne²
汉语直译： 相爱　万事　　不　怕
汉语意译： 相爱万事不怕,

喃字原文： 萬 調 馛 历 拱 䇞 朱 平。
国际音标： va:n⁶ ʔdi:u² tsɤt⁷lɤt⁸ kuŋ³ ke² tsɔ¹ ʔbaŋ²
汉语直译： 万　言　有差别　也　贴近　使　平
汉语意译： 话语不同心相印。

（223）

喃字原文： 媎 默 啽 皿 蒌 芰,
国际音标： vɤ⁶tsoŋ² ʔan¹ mi:ŋ⁵ jʁu² ɣa:i¹
汉语直译： 夫妻　吃　片　槟榔　刺
汉语意译： 夫妻吃片刺槟榔,

喃字原文： 沛 兜 客 迻 遣 桐 砷 碟?
国际音标： fa:i³ ʔdʁu¹ khat⁷ la⁶ khi:n⁵ khai¹ sa²kɯ²
汉语直译： 是　哪里　客　陌生　使唤　托盘　砗磲
汉语意译： 哪来的陌生客人让用砗磲托盘?

喃字原文： 媎 默 如 孭 鹄 鹄,
国际音标： vɤ⁶tsoŋ² nɯ¹ kɔn¹ku¹ku¹
汉语直译： 夫妻　　如　　斑鸠
汉语意译： 夫妻如对斑鸠,

喃字原文： 默 時 扗 甊 媎 俱 跾 䫜。
国际音标： tsoŋ² thi² ʔdi¹ tɯ:k⁷ vɤ⁶ ɣu² thɛu¹ thau¹
汉语直译： 夫　则　走　前　妻　驼背　跟　后
汉语意译： 夫走在前妻则驼背跟在后。

其 他

（224）

喃字原文：要 烧 拰　 昬　 照 㫸，
国际音标：ʔiːu¹ȵau¹ tsaŋ³ kwaːn³ tsiːu⁵ jɯːŋ²
汉语直译：相爱 不　 管　 席子 床
汉语意译：相爱不管有没有床和席子，

喃字原文：没 桇 荓 楒 雩 霜 拱 旇。
国际音标：mot⁸ ʔbɛ⁶la⁵ tsuːi⁵ tsɛ¹ thɯːŋ¹ kuŋ³ vɯə²
汉语直译：一　 叶 鞘 芭蕉 遮 霜 也 合适
汉语意译：芭蕉叶遮霜也合适。

喃字原文：要 烧 吧　 㛧　 㟖 務，
国际音标：ʔiːu¹ȵau¹ ʔba¹ ʔbɯː³ ŋai²muə²
汉语直译：相爱　三　 餐　 农忙季节
汉语意译：农忙季节一日三餐，

喃字原文：媕 衛 茹 英 拰　 謨 袖 愁。
国际音标：ʔɛm¹ veː² ȵa² ʔan¹ tsaŋ³ muə¹ lɣi⁵ thɣu²
汉语直译：妹 回 家 哥 不　 买 要 愁
汉语意译：嫁到哥家不买愁。

（225）

喃字原文：媬 默 欺 㳥 欺 濃，
国际音标：vɣ⁶tsoŋ² khi¹ ȵaːt⁸ khi¹ noŋ²
汉语直译：夫妻 时 淡 时 浓
汉语意译：夫妻时淡时浓，

喃字原文：料 調　 勸 吼 於 齔 剿 茹。
国际音标：liːu⁶ ʔdiːu² khwiːn¹ȵu³ ʔɣ³ toŋ¹ kɯə³ȵa²
汉语直译：预料 言语　 劝导 在 中 家庭
汉语意译：好言劝导在家中。

2065

喃字原文：要 烧 馆 拱 如 茹，
国际音标：ʔi:u¹n̪au¹ kwa:n⁵ kuŋ³ n̪ɯ¹ n̪a²
汉语直译：相爱 馆 也 如 家
汉语意译：相爱馆也如家，

喃字原文： 店 更 拱 历 汝 罤 楼 牏。
国际音标：ʔdi:m⁵kan¹ kuŋ³ lit⁸ nɯə³ la² lɤu²thɔn¹
汉语直译： 更店 也 歪斜 半 是 红楼
汉语意译：更店歪斜半红楼。

(226)

喃字原文：媚媭 如 玉 如 牙，
国际音标：vɤ⁶tsoŋ² n̪ɯ¹ ŋɔk⁸ n̪ɯ¹ ŋa²
汉语直译：夫妻 如 玉 如 象牙
汉语意译：夫妻如玉如象牙，

喃字原文：英 群 補 帝 罤 身 媕。
国际音标：ʔan¹ kɔn² ʔbɔ³ ʔdɤi⁵ la² thɤn¹ ʔɛm¹
汉语直译：哥 还 丢 那里 是 身 妹
汉语意译：哥还丢那里不要妹。

喃字原文：媚 英 罤 毛 台 悭，
国际音标：vɤ⁶ ʔan¹ la² mau⁵ hai¹ ɣɛn¹
汉语直译：妻 哥 是 禀性 喜欢 妒忌
汉语意译：哥妻禀性爱妒忌，

喃字原文：英 停 脑 楼 制 畑 台 肬。
国际音标：ʔan¹ ʔduŋ² lɤp⁷luŋ³ tsɤ:i¹ ʔdɛn² ha:i¹ tim¹
汉语直译：哥 莫 摇摆 玩 灯 两 芯
汉语意译：哥莫左右摇摆一灯两芯。

其他

(227)

喃字原文：婎猷罖義夫妻，
国际音标：vɤ⁶tsoŋ² la² ŋiə³ fu¹the¹
汉语直译：夫妻 是 义 夫妻
汉语意译：夫妻是一世的情义，

喃字原文：秚抱朆棋生死固烧。
国际音标：tai¹ ʔɤp⁷ ma⁵ kɤi⁶ thin¹ tɯ³ kɔ⁵ ɲau¹
汉语直译：手 抱 颊 倚 生 死 有 互相
汉语意译：手抱颊倚同生死。

喃字原文：要烧交没皿荽，
国际音标：ʔiːu¹ɲau¹ jaːu¹ mot⁸ miːŋ⁵ jɤu²
汉语直译：相爱 交 一 片 槟榔
汉语意译：相爱相送槟榔片，

喃字原文：揂柴揂媄迗烧啹共。
国际音标：jɤu² thɤi² jɤu² mɛ⁶ ʔdɯə¹ ɲau¹ ʔan¹ kuŋ²
汉语直译：无论 父亲 无论 母亲 送 互相 吃 同
汉语意译：无论父母有吃要送。

(228)

喃字原文：要烧拵怕貟槀，
国际音标：ʔiːu¹ɲau¹ tsaŋ³ lɔ¹ ŋɛu² jau²
汉语直译：相爱 不 忧 贫 富
汉语意译：相爱不忧贫和富，

喃字原文：没㻟襖瀝泊頭吻缘。
国际音标：mot⁸ man³ ʔaːu⁵ rat⁷ ʔbaːk⁸ ʔdɤu² vɤn³ jiːn¹
汉语直译：一 片 衣服 破 白 头 还缘分
汉语意译：一片破衣白头缘还在。

2067

喃字原文：要 烧 赊 拱 如 斯，
国际音标：ʔiːu¹ȵau¹ sa¹ kuŋ³ ȵɯ¹ ɣɤn²
汉语直译：相爱 远 也 如 近
汉语意译：相爱再远也如近，

喃字原文：恄 烧 棋 壁 連 磷 拰 嘲。
国际音标：ɣɛt⁷ ȵau¹ kɤi⁶ vat⁷ liːn² thɤn¹ tsaŋ³ tsaːu²
汉语直译：憎恨 互相 倚 墙壁 连 庭院 不 问候
汉语意译：相恨隔墙连院也不问候。

（229）
喃字原文：要 埃 要 罕 没 𩙁，
国际音标：ʔiːu¹ ʔaːi¹ ʔiːu¹ han⁵ mot⁸ ŋɯːi²
汉语直译：爱 谁 爱 他 一 人
汉语意译：爱谁爱他一人，

喃字原文：停 如 唆具 夥 尼 趬 份。
国际音标：ʔdɯŋ² ȵɯ¹ ʔanˈkuʔ³ lam⁵ nɤːi¹ ȵiːu² fɤn²
汉语直译：莫 如 吃宴席 多 地方 多 份儿
汉语意译：莫像吃宴席多处多份儿。

喃字原文：要 烧 要 啈 醛 扰，
国际音标：ʔiːu¹ȵau¹ ʔiːu¹ vuŋ⁶ jɤu⁵ thɤm²
汉语直译：相爱 爱 偷偷 爱 偷偷
汉语意译：偷偷相爱偷偷爱，

喃字原文：瀡 眮 掍 相 瀡 拾 肘 秵。
国际音标：tsɤ⁵ liːk⁷ kɔnˈmat⁷ tsɤ⁵ thop⁸ koˈ³tai¹
汉语直译：莫 瞥 眼睛 莫 抓 手腕
汉语意译：莫瞥眼睛抓手腕。

其 他

（230）

喃字原文： 婚默 罜義 糟糠，
国际音标： vɤ⁶tsoŋ² la² ŋiə³ ta:u¹kha:ŋ¹
汉语直译： 夫妻 是 义 糟糠
汉语意译： 夫妻是糟糠之义，

喃字原文： 𡘯溪 扒 蝸 蓬岸 灿 炭。
国际音标： su:ŋ⁵ khɛ¹ ʔbat⁷ ʔok⁷ len¹ ŋa:n² ʔdot⁷ tha:n¹
汉语直译： 下 溪 捉 螺 上 山林 烧 炭
汉语意译： 下溪捉螺进林烧炭。

喃字原文： 要 烧 要 漛 要 吟，
国际音标： ʔi:u¹ŋau¹ ʔi:u¹ ŋɤm⁵ ʔi:u¹ ŋɤm²
汉语直译： 相爱 爱 偷偷 爱 偷偷
汉语意译： 偷偷相爱偷偷爱，

喃字原文： 要 䀹 䁯 䀹 要 拎 盵 秖。
国际音标： ʔi:u¹ li:k⁷ kɔn¹mat⁵ ʔi:u¹ kɤm² ko³tai¹
汉语直译： 爱 瞥 眼睛 爱 握 手腕
汉语意译： 爱则瞥眼握手腕。

（231）

喃字原文： 要 烧 衶 郭 烧 拸，
国际音标： ʔi:u¹ŋau¹ lɤi⁵ kwat⁷ ŋau¹ ʔdi¹
汉语直译： 相爱 嫁娶 干脆 互相 去
汉语意译： 相爱干脆结婚吧，

喃字原文： 翁丝 婆月 〃 之 時 〃。
国际音标： ʔoŋ¹tɤ¹ ʔba²ŋwi:t⁸ la:m² tsi¹ thi² la:m²
汉语直译： 冰人 月老 做 什么 就 做
汉语意译： 冰人月老来牵线。

喃字原文：要 烒 衸 郭 烒 㘃，
国际音标：ʔi:u¹ɲau¹ lɤi⁵ kwat⁷ ɲau¹ ʔdi¹
汉语直译：相爱 嫁娶 干脆 互相 去
汉语意译：相爱干脆结婚吧，

喃字原文：功 吒 義 媄 鵋 時 咳 台ɕ。
国际音标：koŋ¹ tsa¹ ŋiə³ mɛ⁶ thau¹ thi² hɤ:i³ hai¹
汉语直译：功 父 义 母 后 则 啊 知
汉语意译：将来牢记父母恩。

(232)

喃字原文：筧 媕 欣 欣 胴 桃，
国际音标：thɤi⁵ ʔɛm¹ hɤ:n¹ hɤ:n⁵ ma⁵ʔda:u²
汉语直译：见 妹 活力 桃颊
汉语意译：见妹桃颊有活力，

喃字原文：清 新 眉 柳 脆 帝 拰 傷？
国际音标：than¹tɤn¹ mi¹li:u³ ja⁶ na:u² tsaŋ³ thɯ:ŋ¹
汉语直译：清新 柳眉 心 哪 不 爱
汉语意译：清新柳眉谁不爱？

喃字原文：要 烒 拰 晉 照 牀，
国际音标：ʔi:u¹ɲau¹ tsaŋ³ kwa:n³ tsi:u⁵ jɯ:ŋ²
汉语直译：相爱 不 管 席子 床
汉语意译：相爱不管没有席子和床，

喃字原文：披 没 梗 荓 雯 霜 烒 䢸。
国际音标：ʔbɛ³ mot⁸ kan² la⁵ tsɛ¹ thɯ:ŋ¹ ɲau¹ ŋoi²
汉语直译：折下 一 枝 叶 遮 霜 互相 坐
汉语意译：折下枝叶遮霜并排坐。

其 他

（233）

喃字原文： 固 福 衩 特 缘 払，
国际音标： kɔ⁵ fuk⁷ lɤi⁵ ʔdɯːk⁸ jiːn¹ tsaːŋ²
汉语直译： 有 福 嫁 得 有 缘 郎
汉语意译： 有福嫁得有缘郎，

喃字原文： 核 枯 鲜 吏 葶 黄 静 嫩。
国际音标： kɤi¹ kho¹ tɯːi¹ laːi⁶ la⁵ vaːŋ² tin⁶ nɔn¹
汉语直译： 树 枯 鲜 又 叶 黄 竟然 嫩
汉语意译： 枯树发芽黄叶变嫩。

喃字原文： 無 缘 衩 沛 麸 嫩，
国际音标： vo¹ jiːn¹ lɤi⁵ faːi³ tsoŋ² nɔn¹
汉语直译： 无 缘 嫁 中 丈夫 嫩
汉语意译： 无缘嫁给小丈夫，

喃字原文： 翽 塘 伴 嗨 浪 掍 台 麸？
国际音标： ra¹ ʔdɯːŋ² ʔbaːn⁶ hoi³ raŋ² kɔn¹ hai¹ tsoŋ²
汉语直译： 出 路 朋友 问 道 儿子 还是 丈夫
汉语意译： 出门朋友问是儿子还是丈夫？

（234）

喃字原文： 媔 麸 罡 義 纭 纩，
国际音标： vɤ⁶ tsoŋ² la² ŋiə³ tɤ¹ mɯːŋ¹
汉语直译： 夫妻 是 义 情 累
汉语意译： 夫妻是情累之义，

喃字原文： 欺 憎 侔 嗙 欺 傷 恼 那。
国际音标： khi¹ jɤn⁶ jɯk⁷ maŋ⁵ khi¹ thɯːŋ¹ naːu³ na²
汉语直译： 时 生气 责骂 时 想念 烦恼
汉语意译： 生气时责骂，想念时烦恼。

喃字原文：恦 春 些 咭 甛 唑，
国际音标：vui¹ sɤn¹ ta¹ vi⁵ nam¹ ʔba¹
汉语直译：喜欢 春天 咱 打比方 五 三
汉语意译：喜欢春天咱比方，

喃字原文：啨 䜣 恼 喔 啨 赊 盘 患。
国际音标：tiːŋ⁵ ɣɤn² naːu¹nɯk⁷ tiːŋ⁵ sa¹ ʔbaːn²hwan²
汉语直译：声 近 兴高采烈 声 远 盘桓
汉语意译：近声欢腾远声盘桓。

喃字原文：恦 春 些 咭 朱 斤，
国际音标：vui¹ sɤn¹ ta¹ vi⁵ tsɔ¹ kɤn¹
汉语直译：喜欢 春天 咱 打比方 给 对称
汉语意译：喜欢春天咱一样，

喃字原文：𧥰 茹 罖 義 外 㻅 罖 情。
国际音标：tɔŋ¹ ɲa² la² ŋiə³ ŋwaːi² thɤn¹ la² tin²
汉语直译：中 家 是 义 外 院子 是 情
汉语意译：家中是义院外是情。

（235）

喃字原文：媍 趺 圪 悷 㫼 恨，
国际音标：vɤ⁶tsoŋ² nai¹ jɤn⁶ maːi¹ hɤn²
汉语直译：夫妻 今 生气 明 怨恨
汉语意译：夫妻之间生气怨恨是常事，

喃字原文：咄 麻 阁 紫 楼 㣘 拱 悶。
国际音标：jɤu²ma² ɣaːk⁷ tiə⁵ lɤu² thon¹ kuŋ³ ʔbuːn²
汉语直译：尽管 阁 紫 楼 朱红 也 烦闷
汉语意译：尽管紫阁红楼也烦闷。

其 他

喃字原文： 抆悙 淹 吏 唭 㘄，
国际音标： tsaːŋ² jɤn⁶ ʔɛm¹ laːi⁶ kɯːi² luːn¹
汉语直译： 哥 生气 妹 又 笑 不停
汉语意译： 哥生气妹却笑不停，

喃字原文： 捌 悙 捌 恨 扨 揥 貝 烒。
国际音标： ʔbɤːt⁷ jɤn⁶ ʔbiːt⁷ hɤːn² sam⁵nam⁵ vɤːi⁵ɲau¹
汉语直译： 减少 生气 知 恨 欢天喜地 互相
汉语意译： 我俩消气共欢欣。

喃字原文： 傷 烒 㖫 没 果 槀，
国际音标： thɯːŋ¹ɲau¹ ʔan¹ mot⁸ kwa³ kau¹
汉语直译： 相爱 吃 一 颗 槟榔
汉语意译： 相爱同吃颗槟榔，

喃字原文： 抭 吒 抭 嫫 㖫 𣎭 暶 畑。
国际音标： jɤu² tsa¹ jɤu² mɛ⁶ ʔan¹ thau¹ ʔbɔŋ⁵ ʔdɛn²
汉语直译： 无论 父 无论 母 吃 后 影 灯
汉语意译： 无论父母都吃在灯影后。

（236）

喃字原文： 媎 默 罞 義 糟 糠，
国际音标： vɤ⁶tsoŋ² la² ɲiə³ taːu¹khaːŋ¹
汉语直译： 夫妻 是 义 糟糠
汉语意译： 夫妻是糟糠情义，

喃字原文： 默 和 媎 顺 茹 常 安 愢。
国际音标： tsoŋ² hwa² vɤ⁶ thɤn⁶ ɲa² thɯːŋ² ʔiːn¹ vui¹
汉语直译： 夫 和 妻 顺 家 常 平安 快乐
汉语意译： 夫妻和睦家安乐。

喃字原文： 生 琨 買 黜 身 馭，
国际音标： thin¹ kɔn¹ mɤ:i⁵ ra¹ thɤn¹ ŋɯ:i²
汉语直译： 生 孩子 才 出 身 人
汉语意译： 生孩子都有出息，

喃字原文： ⼞ 晻 盛 旺 芪 芪 暗 馎。
国际音标： la:m² ʔan¹ thin⁶ vɯ:ŋ⁶ ʔdɤ:i² ʔdɤ:i² ʔm⁵ nɔ¹
汉语直译： 谋生 兴旺 代 代 温饱
汉语意译： 谋生兴旺代代温饱。

(237)

喃字原文： 俺 喂 咄 赊 咄 斯，
国际音标： ʔɛm¹ ʔɤ:i¹ jɤu² sa¹ jɤu² ɣɤn²
汉语直译： 妹 啊 无论 远 无论 近
汉语意译： 妹啊无论远近，

喃字原文： 咄 朱 隔 箌 垠 璘 默 悉。
国际音标： jɤu² tsɔ¹ kat⁷ jɤu⁶ ŋɤn¹ thɤn¹ mak⁸ lɔŋ²
汉语直译： 即使 给 隔 鱼箔 隔 院子 随便
汉语意译： 即使隔着鱼箔隔着院子也等闲。

喃字原文： 些 包 结 道 婳 氀，
国际音标： ta¹ ʔda³ ket⁷ ʔda:u⁶ vɤ⁶ tsoŋ²
汉语直译： 咱 已 结 道 夫 妻
汉语意译： 咱已结成夫妻，

喃字原文： 鼻 辅 誓 决 靽 终 没 茹。
国际音标： tam¹ nam¹ the² kwi:t⁷ thoŋ⁵ tsuŋ¹ mot⁸ ɲa²
汉语直译： 百 年 发誓 决意 生活 共同 一 家
汉语意译： 发誓百年共一家。

其他

（238）

喃字原文：俺 喂些 顾 烧 共，
国际音标：ʔɛm¹ ʔɤ:i¹ ta¹ ŋwi:n² ȵau¹ kuŋ²
汉语直译：妹 啊咱 发誓 互相 同
汉语意译：妹啊咱一同发誓，

喃字原文：䮚 竜 霊 泊 黜 停 悁 烧。
国际音标：raŋ¹ luŋ¹ tɔk⁷ ʔba:k⁸ ra¹ ʔdɯɯŋ² kwen¹ ȵau¹
汉语直译：牙 松 发 白 出 莫 忘记 互相
汉语意译：牙松发白莫相忘。

喃字原文：醋 唁 丐 楠 拱 唁，
国际音标：ri:u⁶ ŋɔn¹ ka:i⁵ nɤm⁶ kuŋ³ ŋɔn¹
汉语直译：酒 好 瓶子 也 好
汉语意译：酒好瓶子也好，

喃字原文：傷 俺 拰 論 猌 㧓 伩 茋。
国际音标：thɯ:ŋ¹ ʔɛm¹ tsaŋ³ lɤn⁶ tsoŋ² kɔn¹ mɤi⁵ ʔdɤ:i²
汉语直译：爱 妹 不 论 夫 儿 几 代
汉语意译：此生爱妹爱绵长。

（239）

喃字原文：媄 嚎 㧓 糱 侣 堆，
国际音标：mɛ⁶ mɔŋ¹ kɔn¹ ʔdɛp⁸ lɯ³ ʔdoi¹
汉语直译：娘 望 孩子 漂亮 佳偶
汉语意译：娘望女儿结良缘，

喃字原文：㧓 吀 特 訴 堆 哑 濁 齰。
国际音标：kɔn¹ sin¹ ʔdɯ:k⁸ tɔ³ ʔdoi¹ lɤ:i² ʔduk⁸ tɤŋ¹
汉语直译：儿 请 得 清楚 两 话 浊 清
汉语意译：儿请得知事缘由。

2075

喃字原文：衻 烧 悉 晓 特 悉，
国际音标：lɤi⁵ ɳau¹ lɔŋ² ɳɛu¹ ʔdɯ:k⁸ lɔŋ²
汉语直译：嫁娶 互相 心 眯眼 得 心
汉语意译：男婚女嫁心连心，

喃字原文：情 箕 買 特 啖 農 昳 敭。
国际音标：tin² kiə¹ mɤ:i⁵ ʔdɯ:k⁸ ʔdɯ:m⁶noŋ² ja:i²lɤu¹
汉语直译：情 那 才 得 浓郁 长久
汉语意译：那情才浓得长久。

喃字原文：為 蒸 媄 淬 認 荖，
国际音标：vi²tsɯŋ¹ mɛ⁶ tsu:t⁷ ɳɤn⁶ jɤu²
汉语直译：为了 母亲 琢磨 接受 槟榔
汉语意译：为娘接受槟榔，

喃字原文：扒 掍 吟 咡 餶 頭 哪 跳。
国际音标：ʔbat⁷ kɔn¹ ŋɤm⁶ mi:ŋ⁵ kui⁵ ʔdɤu² vɤŋ¹ thɛu¹
汉语直译：抓 孩子 含 片 低 头 顺从 跟随
汉语意译：让孩子口含槟榔听娘言。

（240）

喃字原文：㮈 溪 杜 䪞 涼 源，
国际音标：tam¹ khɛ¹ ʔdo³ su:ŋ⁵ nɔn⁶ ŋu:n²
汉语直译：百 溪 倒 下 河 源
汉语意译：百溪汇成河源，

喃字原文：妸 頑 默 吐 痺 惚 拱 聒。
国际音标：ɣa:i⁵ ŋwa:n¹ tsoŋ² ʔdo³ te¹ ʔbu:n² kuŋ³ ŋɛ¹
汉语直译：姑娘 乖巧 夫 停留 麻痹 烦闷 也 听
汉语意译：姑娘乖巧丈夫烦闷也听话。

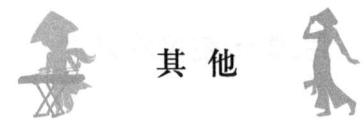

其他

喃字原文：㬮溪杜䇔没溪，
国际音标：tam¹ khɛ¹ ʔdo³ su:ŋ⁵ mot⁸ khɛ¹
汉语直译：百　溪　倒　下　一　溪
汉语意译：百溪汇成一溪，

喃字原文：為扒　嗱呢姜睸悉扒。
国际音标：vi² tsa:ŋ² nan²ni³ thi:p⁷ ŋɛ¹ lɔŋ² tsa:ŋ²
汉语直译：为　哥　恳求　妹　听　心　哥
汉语意译：恳求妹听哥心声。

（241）

喃字原文：料柑麻撤咭䊦，
国际音标：li:u⁶ kɤ:m¹ ma² ɣap⁷ n̠am⁵ ra¹
汉语直译：预料　饭　而　夹　菜　出
汉语意译：看饭好坏夹菜吃，

喃字原文：料　勓　料茹淹袥觇㧖。
国际音标：li:u⁶ kɯə³ li:u⁶ n̠a² ʔem¹ lɤi⁵ tsoŋ² ʔdi¹
汉语直译：预料　门　预料　家　妹　嫁　夫　去
汉语意译：看家庭条件妹嫁夫去。

喃字原文：姅晟　過侣矠時，
国际音标：nɯə³ ma:i¹ kwa⁵lɯ³ lɤ³thi²
汉语直译：还　日后　失伴　错过　婚龄
汉语意译：日后错过婚龄，

喃字原文：高時挓细湿時空　通。
国际音标：ka:u¹ thi² tsaŋ³ tɤ:i⁵ thɤp⁷ thi² khoŋ¹ thoŋ¹
汉语直译：高　则　不　到　低　则　不　通
汉语意译：高则不到低不通。

2077

（242）

喃字原文：馁 琨 拺 罾 矴 身，
国际音标：nuːi¹ kɔn¹ tsaŋ³ kwaːn³ ʔden⁵ thɤn¹
汉语直译：养 子 不 管 到 身
汉语意译：养子不管到成人，

喃字原文：照 湿 媄 翃 襖 巾 琨 躺。
国际音标：tsiːu⁵ rat⁷ mɛ⁶ tsiu⁶ ʔaːu⁵ khan¹ kɔn¹ nam²
汉语直译：席子 破 母 受 衣 巾 儿 躺
汉语意译：娘躺破席儿睡衣巾。

喃字原文：固 欺 丕 烮 啥 啥，
国际音标：kɔ⁵ khi¹ jɤːi² ret⁷ kam¹ kam¹
汉语直译：有 时 天 冷 飕飕
汉语意译：有时天冷飕飕，

喃字原文：瘻 拺 特 躺 饲 拺 特 咹。
国际音标：met⁸ tsaŋ³ ʔdɯːk⁸ nam² ʔdɔi⁵ tsaŋ³ ʔdɯːk⁸ ʔiːn¹
汉语直译：累 不 得 躺 饿 不 得 安
汉语意译：累不得歇，饿不得安。

喃字原文：嚎 牢 朱 琨 成 身，
国际音标：mɔŋ¹ thaːu¹ tsɔ¹ kɔn¹ than² thɤn¹
汉语直译：盼望 怎么 使 孩子 成 身
汉语意译：盼望怎么使孩子长大成人，

喃字原文：㧯 学 㧯 行 砶 崋 朱 琨。
国际音标：ʔdi¹hɔk⁸ ʔdi¹ han² sɤi¹jɯŋ⁶ tsɔ¹ kɔn¹
汉语直译：上学 去学 建设 给 孩子
汉语意译：学好知识为儿立家业。

其 他

（243）

喃字原文：没 叚 倱 奇 化 蛸，
国际音标：mot⁸ma:i¹ kɔn¹ ka³ hwa⁵ roŋ²
汉语直译：日后 儿 长大 变 龙
汉语意译：日后儿长大变成龙，

喃字原文：塡 功 吒 媄 補 功 生 成。
国际音标：ʔden² koŋ¹ tsa¹mɛ⁶ ʔbu² koŋ¹ thin¹ than²
汉语直译：报 功 父母 补 功 生 成
汉语意译：报答父母养育之恩。

喃字原文：悗 㞑 虎 斗 龍 争，
国际音标：mɯŋ² nai¹ ho³ ʔdɤu⁵ roŋ² tan¹
汉语直译：祝 今 虎 斗 龙 争
汉语意译：祝今虎斗龙争，

喃字原文：獩 都 勜 猛 蛸 䟴 智 坤。
国际音标：hum² ʔduə¹ thɯk⁷man⁶ roŋ² jan² ti⁵khon¹
汉语直译：虎 比 力量 龙 争 智慧
汉语意译：虎比力量龙争智慧。

（244）

喃字原文：恩 吒 䉬 𩪘 如 浽，
国际音标：ʔɤn¹ tsa¹ roŋ⁶thɤn¹ nɯ¹ ʔbi:n³
汉语直译：恩 父 宽阔 如 海
汉语意译：爹的恩情宽如海，

喃字原文：義 媄 毼 代 忕 如 滝。
国际音标：ŋiə³ mɛ⁶ ja:i²jak⁸jak⁸ nɯ¹ thoŋ¹
汉语直译：义 母 漫长 如 河
汉语意译：娘的情义长如河。

2079

喃字原文： 貁 媕 份 姅 渚 馱，
国际音标： thɤi⁵ ʔɛm¹ fɤn² ɣa:i⁵ tsɯə¹ tsoŋ²
汉语直译： 见 妹 身份 女孩 未 嫁
汉语意译： 见妹至今未嫁人，

喃字原文： 淫 霜 解 曙 𠭤 悉 英 傷。
国际音标： jɤm² thɯ:ŋ¹ ja:i³ naŋ⁵ nen¹ lɔŋ² ʔan¹ thɯ:ŋ¹
汉语直译： 淋 霜 曝晒 阳光 成 心 哥 想念
汉语意译： 淋霜曝晒哥思念。

（245）

喃字原文： 饳 停 𠭤 妾 𠭤 妻，
国际音标： ʔda³ʔdan² nen¹ thi:p⁷ nen¹ the¹
汉语直译： 肯 定 成 妾 成 妻
汉语意译： 肯定成妾成妻，

喃字原文： 𠭤 禛 𠭤 照 些 搗 朱 賑。
国际音标： nen¹ tsan¹ nen¹ tsi:u⁵ ta¹ vɛ³ tsɔ¹ tɔn²
汉语直译： 成 被子 成 席子 咱 画 使 完美
汉语意译： 被子席子咱画完美。

喃字原文： 嫩 痈 仍 羛 空 痈，
国际音标： nɔn¹ mɔn² nɯŋ³ ŋiə³ khoŋ¹ mɔn²
汉语直译： 山 磨损 但 义 不 磨损
汉语意译： 山磨损但义不磨损，

喃字原文： 臮 𰀁 性 啕 㫏 賑 帠 低。
国际音标： tam¹ nam¹ tin⁵ku:k⁸ vu:ŋ¹tɔn² ʔdɤi⁵ ʔdɤi¹
汉语直译： 百 年 性情 圆满 你 我
汉语意译： 你我百年好姻缘。

其他

（246）

喃字原文：欶 箕 哏 骷 坡 泑，
国际音标：tʳu¹ kiə¹ kan⁵ kɔ³ ʔbɤ² ʔa:u¹
汉语直译：水牛 那 啃 草 岸 池塘
汉语意译：水牛啃草池塘边，

喃字原文：英 箕 空 媇 荗 帒 固 掍？
国际音标：ʔan¹ kiə¹ khoŋ¹ vɤ⁶ ʔdɤ:i² na:u² kɔ⁵ kɔn¹
汉语直译：哥 那 无 妻 代 哪 有 孩子
汉语意译：哥无妻子哪来崽？

喃字原文：馹 些 掍 翩 掍 㚢，
国际音标：ŋɯ:i²ta¹ kɔn¹ tɯ:k⁷ kɔn¹ thau¹
汉语直译：人家 儿 前 儿 后
汉语意译：人家前生儿子后生女，

喃字原文：身 英 空 媇 如 槁 空 艫。
国际音标：thɤn¹ ʔan¹ khoŋ¹ vɤ⁶ n̠ɯ¹ kau¹ khoŋ¹ ʔbu:ŋ²
汉语直译：身 哥 无 妻 如 槟榔 无 串
汉语意译：哥无妻如槟榔不成串。

喃字原文：槁 空 艫 黜 従 槁 㸔，
国际音标：kau¹ khoŋ¹ ʔbu:ŋ² ra¹ tu:ŋ² kau¹ ʔdɯk⁸
汉语直译：槟榔 无 串 出 群 槟榔 公
汉语意译：槟榔无串出公槟榔，

喃字原文：𥘑 空 媇 极 夥 英 喂。
国际音标：ja:i¹ khoŋ¹ vɤ⁶ kuk⁸ lam⁵ ʔan¹ ʔɤ:i¹
汉语直译：男人 无 妻 痛苦 极了 哥 啊
汉语意译：男人无妻痛苦极了啊。

喃字原文：𠊚䁊㗂迲術堆，
国际音标：ŋɯːi²taˡ ʔdiˡ ʔdɔn⁵ ve² ʔdoiˡ
汉语直译：人家 去 迎接 回 对
汉语意译：人家去接回一对，

喃字原文：身 英 㗂裭術雷没躺。
国际音标：thɤnˡ ʔanˡ ʔdiˡ lɛ³ ve² lɔiˡ mot⁸minˡ
汉语直译：身 哥 去 单 回 打 独自
汉语意译：哥独自去独自回。

（247）

喃字原文：重倀 如 簌 空 抹，
国际音标：tɔŋ²tan² nɯˡ nɔn⁵ khoŋˡ kwaːiˡ
汉语直译：摇晃不定 如 斗笠 无 系索
汉语意译：如斗笠无系索摇晃不定，

喃字原文：如 船 空 俚 如 埃 空 馱。
国际音标：nɯˡ thiːn² khoŋˡ laːi⁵ nɯˡ ʔaːiˡ khoŋˡ tsoŋ²
汉语直译：如 船 无 舵 如 谁 无 夫
汉语意译：如船无舵如女无夫。

喃字原文：妗 固 馱 如 扛 打 脚，
国际音标：ɣaːi⁵ kɔ⁵ tsoŋ² nɯˡ yoŋˡ ʔdɛuˡ ko³
汉语直译：女 有 夫 如 枷锁 戴 脖子
汉语意译：女有夫如枷锁戴脖子，

喃字原文：妗 空 馱 如 板 梏 攏 釘。
国际音标：ɣaːi⁵ khoŋˡ tsoŋ² nɯˡ faːn³ yo³ luŋˡ ʔdinˡ
汉语直译：女 无 夫 如 木板 松动 钉子
汉语意译：女无夫如木板钉不牢。

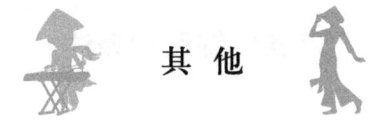

其 他

(248)

喃字原文：嗨 婼 時 嬲 連 稥，
国际音标：hɔi³ɤʋ⁶ thi² kɯ:i⁵ li:n²tai¹
汉语直译：提亲 就 嫁 马上
汉语意译：有人提亲马上嫁，

喃字原文：濖 底 数 朝 夥 几 讖 披。
国际音标：tsɤ⁵ ʔde³ lɤu¹ ŋai² lam⁵ kɛ³ jɛm²fa¹
汉语直译：莫 留 久 天 多 人 中伤
汉语意译：莫留日久人中伤。

喃字原文：没 梗 枬 齨 罖 梗 枬，
国际音标：mot⁸ kan² tɛ¹ nam¹ ʔbai³ kan² tɛ¹
汉语直译：一 枝 竹 五 七 枝 竹
汉语意译：一棵竹变五七棵竹，

喃字原文：祂 埃 時 祂 濖 睚 户 行。
国际音标：lɤi⁵ ʔa:i¹ thi² lɤi⁵ tsɤ⁵ ŋɛ³ hɔ⁶ha:ŋ²
汉语直译：嫁 谁 就 嫁 莫 听 亲戚
汉语意译：嫁谁就嫁莫听亲戚的话。

(249)

喃字原文：姑 喂 腨 赭 红 红，
国际音标：ko¹ ʔɤ:i¹ ma⁵ ʔdo³ hoŋ²hoŋ²
汉语直译：姑娘 啊 脸颊 红 粉红
汉语意译：姑娘啊脸颊粉红正青春，

喃字原文：姑 渚 祂 默 姑 待 徐 埃？
国际音标：ko¹ tsɯə¹ lɤi⁵ tsoŋ² ko¹ ʔdɤ:i⁶tsɤ² ʔa:i¹
汉语直译：姑娘 未 嫁 夫 姑娘 等待 谁
汉语意译：姑娘未嫁在等谁？

喃字原文： 艂 空 吝 姅 歆 𣈕，
国际音标： ʔbuːŋ^{2} khoŋ^{1} lɤn^{2} nɯə^{3} hom^{1}maːi^{1}
汉语直译： 房 空 次 再 早晚
汉语意译： 早晚房空一次次，

喃字原文： 頭 𩇢 余 𣅶 䏧 脢 𩄲 霜？
国际音标： ʔdɤu^{2} san^{1} mɤi^{5}luk^{7} ja^{1} moi^{1} mɤi^{1} thɯːŋ^{1}
汉语直译： 头 青 何时 皮肤 嘴唇 云 霜
汉语意译： 发黑肤白唇红能几时？

（250）

喃字原文： 想 浪 核 奇 睥 高，
国际音标： tɯːŋ^{3}raŋ^{2} kɤi^{1} ka^{3} ʔbɔŋ^{5} kaːu^{1}
汉语直译： 以为 树 大 荫 高
汉语意译： 以为树大荫高，

喃字原文： 娘 攋 躰 𠓨 隐 曝 𩂟 湄。
国际音标： naːŋ^{2} nɯːŋ^{1} min^{2} vaːu^{2} ʔɤn^{3} naŋ^{5} tsɛ^{1} mɯə^{1}
汉语直译： 妹 倚靠 身体 进 隐 阳光 遮 雨
汉语意译： 妹躲树下遮阳避雨。

喃字原文： 埃 吁 核 奇 睥 疏，
国际音标： ʔaːi^{1} ŋɤ^{2} kɤi^{1} ka^{3} ʔbɔŋ^{5} thɯə^{1}
汉语直译： 谁 料 树 大 荫 稀疏
汉语意译： 谁料树大荫疏，

喃字原文： 坯 曝 解 曝 坯 湄 解 坯。
国际音标： jɤːi^{2} naŋ^{5} jaːi^{3}naŋ^{5} jɤːi^{2} mɯə^{1} jaːi^{3}jɤːi^{2}
汉语直译： 天 晴 日晒 天 雨 露天
汉语意译： 晴天暴晒雨天淋。

其 他

(251)

喃字原文： 𤜆 些 㧢 䎱 垌 些，
国际音标： tʁu¹ ta¹ ʔan¹ kɔ³ ʔdoŋ² ta¹
汉语直译： 水牛 咱 吃 草 田野 咱
汉语意译： 咱家的牛吃自家田野的草，

喃字原文： 雖浪 䎱 𥶽 如 麻 怒 鮮。
国际音标： ti¹raŋ² kɔ³ kut⁸ ɲɯ¹ma² nɔ⁵ tɯːi¹
汉语直译： 虽然 草 短 但是 它 新鲜
汉语意译： 虽然草短但新鲜。

(252)

喃字原文： 𠊛 掩 核 杏 麻 制，
国际音标： ŋɯːi² joŋ² kʁi¹han⁶ ma² tsʁːi¹
汉语直译： 人家 种 杏树 来 玩
汉语意译： 人栽杏树来取乐，

喃字原文： 些 掩 核 德 底 芇 術 𡢐。
国际音标： ta¹ joŋ² kʁi¹ʔdɯk⁷ ʔde³ ʔdʁːi² ve²thau¹
汉语直译： 咱 种 德树 留 世间 将来
汉语意译： 咱栽德树留世间。

附录

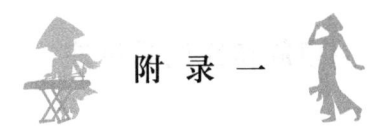

附录一 采访的京族歌手名单[1]

序号	姓名	性别	采访时年龄	地址	采访次数	备注
1	阮进余	男	92	万尾十三队	10次	2004年已故
2	阮继儒	男	86	山心七队	4次	2004年已故
3	阮继旭	男	78	山心九队	2次	2004年已故
4	杜玉光	男	82	万尾十三队	5次	
5	阮成光	男	84	巫头二队	2次	
6	阮文三	男	94	巫头一队	1次	2003年逝世
7	苏维绍	男	79	万尾十六队	20次	其中请来8天
8	何宗熙	男	86	巫头一队	2次	
9	杜福朝	男	69	万尾十三队	15次	
10	阮成祥	男	86	山心一队	1次	
11	阮继初	男	70	山心三队	4次	
12	何宗发	男	74	巫头一队	2次	
13	苏维坤	男	79	万尾十四队	2次	
14	武瑞珍	女	61	万尾十二队	3次	
15	阮贤光	女	90	万尾十四队	1次	
16	杜福英	女	67	万尾十四队	10次	
17	阮成珍	女	65	山心退休工人，现住江平	4次	
18	黄玉英	女	52	万尾十五队	1次	
19	吴文德	男	76	巫头一队	1次	

1　这份名单由苏维芳提供，记录了自2002年起，为收集整理民歌所采访的84名歌友信息。表中有"采访时年龄"等信息，却未注明采访的时间，如今想要进行完善已十分困难。此次出版保留原貌，做资料留存。

续表

序号	姓 名	性别	采访时年龄	地址	采访次数	备注
20	罗周文	男	72	万尾十五队	1次	
21	阮成豪	男	61	山心退休干部	3次	采集古籍
22	罗维珍	女	65	万尾十三队	——	2001年已故
23	武德英	女	81	万尾十四队	1次	2006年已故
24	阮贤芳	女	82	万尾十五队	——	2001年已故
25	梁达辉	女	90	万尾八队	1次	
26	苏维秀	女	81	万尾十六队	2次	
27	阮氏心	女	74	山心人，住防城	2次	
28	刘元英	女	64	巫头一队	5次	
29	阮春英	女	71	巫头三队	4次	
30	黄家显	男	69	山心七队	1次	
31	苏权珍	女	64	万尾十二队	1次	
32	刘振辉	男	72	山心九队	2次	
33	苏维英	女	77	万尾十四队	2次	
34	阮兴莲	女	78	万尾十五队	1次	
35	阮瑞珍	女	81	万尾十四队	1次	2006年已故
36	张廷德	男	74	山心退休干部，现住江平	4次	
37	阮继辉	男	75	山心八队	2次	
38	杜玉娟	女	73	万尾十三队	1次	
39	吴秀英	女	67	巫头一队	6次	
40	刘尚明	女	69	巫头一队	3次	
41	刘扬顺	男	88	巫头二队	5次	
42	刘日成	男	87	巫头二队	4次	
43	阮文瑞	男	77	巫头一队	1次	

附 录 一

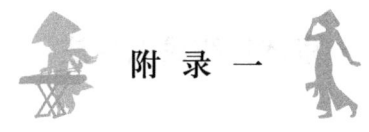

续表

序号	姓名	性别	采访时年龄	地址	采访次数	备注
44	梁秀	女	86	万尾十二队	1次	
45	苏春发	男	53	万尾十七队	1次	
46	刘振先	男	70	山心三队	6次	
47	黄家英	女	70	山心二队	3次	
48	刘永新	男	73	巫头三队	3次	
49	阮氏清	女	64	万尾五队	1次	
50	阮杰莲	女	84	巫头一队	1次	
51	阮兴仪	男	74	万尾十三队	2次	
52	阮继凤	女	88	山心三队	1次	
53	苏权业	男	73	万尾十二队	2次	
54	阮文广	男	28	万尾十二队	1次	
55	刘学新	男	74	巫头三队	1次	
56	梁荣春	男	74	山心一队	2次	
57	龚振芳	女	67	万尾十四队	2次	
58	苏晚姐	女	80	万尾十二队	1次	
59	黎文新	女	68	万尾十三队	1次	
60	高永余	男	82	万尾十四队	1次	
61	裴永彬	男	78	万尾十四队	2次	
62	苏维珍	男	73	万尾十六队	2次	
63	黄玉珍	女	57	万尾十五队	2次	
64	苏明利	男	52	万尾十二队	1次	
65	裴永朝	男	66	万尾十六队	1次	
66	苏权成	男	66	万尾十二队	1次	
67	黄如连	女	64	巫头三队	1次	
68	黄华钦	女	74	巫头一队	1次	

续表

序号	姓名	性别	采访时年龄	地址	采访次数	备注
69	苏积英	女	87	万尾十七队	2次	
70	黄德坤	男	90	万尾十六队		采听录音2002年已故
71	苏积珍	女	89	万尾十五队		采听录音2002年已故
72	黄永志	男	66	山心退休干部，现住江平	1次	采集京族史
73	阮成珠	男	73	巫头一队退休干部	1次	采集京族史
74	黎文彪	男	52	万尾十队	1次	采集家谱文书
75	高文和	男	46	祖籍万尾，现住芒街	1次	采集古籍书
76	吴启文	男	53	万尾六队	1次	采集古文书
77	武德志	男	86	万尾十五队	1次	2005年已故
78	苏玉英	女	90	万尾十六队	1次	
79	阮贤英	女	74	万尾十六队	1次	
80	吴全秀	女	41	巫头一队	1次	
81	裴成娟	女	42	巫头一队	——	采集哈歌
82	裴永英	女	43	巫头五队	——	采集哈歌
83	梁秀	女	88	万尾十二队	1次	
84	吴永就	男	53	万尾十五队	1次	

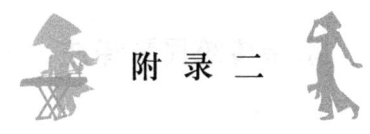

附录二 收集的京族传统民歌乐谱

结义歌

陈坤鹏 记谱

京族传统民歌译注

十五的月亮结义圆

莫振兴 演唱 (74岁)*
陈坤鹏 记谱

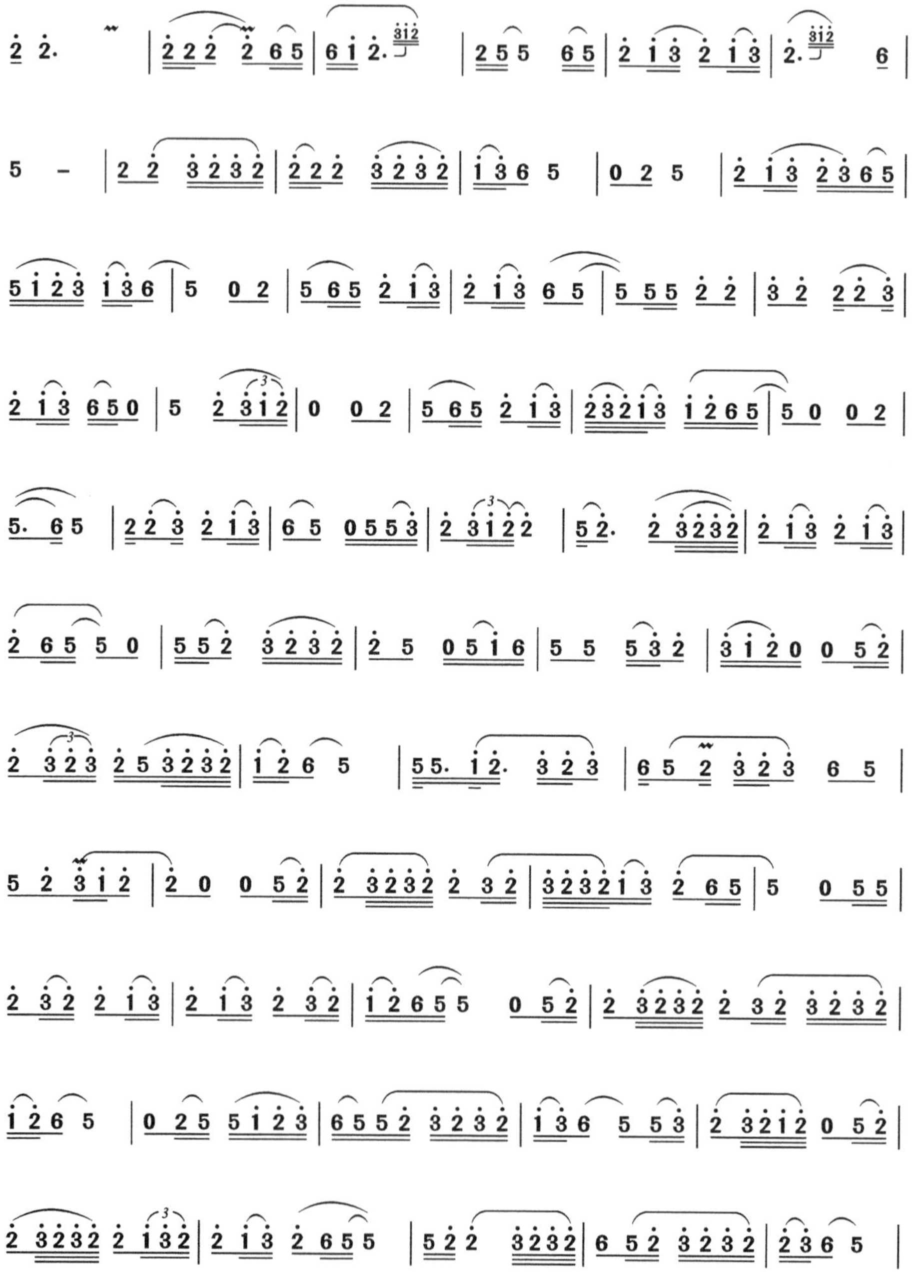

1=♭A 2/4 3/4

* 未记录演唱时间，仅做资料留存。后同。

附录二

京族传统民歌译注

君子婵娟共相约

龚振兴 演唱(74岁)
陈坤鹏 记谱

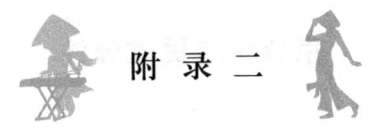

感恩歌

陈坤鹏 记谱

1=♭E 4/4

$\widehat{5\ 65}\ \dot{1}\ \ \dot{1}\widehat{\ 65}\dot{1}\curlyvee\ |\ \widehat{6565}\ \underline{5}\ 5.\ 5\ |\ \dot{1}.\ \underline{65}\ \ 5\ \underline{1}\ \ \underline{1}\ \underline{1}\ \underline{6}\ |\ 5\underline{5}.\ \underline{65}\ \dot{1}\ \dot{1}\ \dot{1}\ -\ |$

$5\widehat{\ \dot{1}}\ \widehat{\dot{2}\dot{1}}\ \widehat{1\ 65}\ \widehat{\dot{1}\ 65}\ |\ {}^{65}_{\frown}5\ -\ \widehat{\dot{1}\ 65}\ 0\widehat{35}\ |\ \dot{1}\widehat{\dot{2}\dot{1}}\ \dot{1}\widehat{\dot{2}\dot{1}}\ \widehat{1\ 65}\ \widehat{655}\ |\ 5\ -\ -\ -\ \|$

京族传统民歌译注

迎亲歌

陈坤鹏 记谱

1=F 2/4 4/4 5/4 7/4

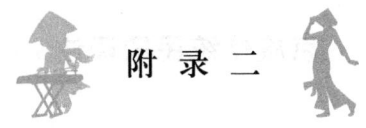

附录二

海歌(一)

何中发 演唱(84岁)
陈坤鹏 记谱

1=C 2/4 3/4

京族传统民歌译注

海歌（二）

1=C 2/4 3/4

陈坤鹏 记谱

附录二

友谊传情歌（一）

黄玉珍 演唱
陈坤鹏 记谱

京族传统民歌译注

友爱盛情歌（二）

陈坤鹏 记谱

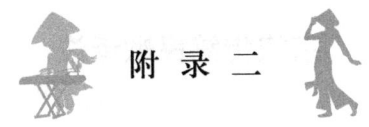

附录二

送情

武秀英 演唱(81岁)
陈坤鹏 记谱

$1={^\flat}E$ $\frac{2}{4}$ $\frac{3}{4}$

京族传统民歌译注

仍排唱雁燕传情

1=E 1/4 2/4 3/4

阮老艺人 演唱(84岁)
陈坤鹏 记谱

附录二

京族传统民歌译注

情歌（一）

陈坤鹏 记谱

父母育儿情谊重

陈坤鹏 记谱

京族传统民歌译注

向神求财又求子

1=C 4/4 5/4 7/4

周之尧 记谱

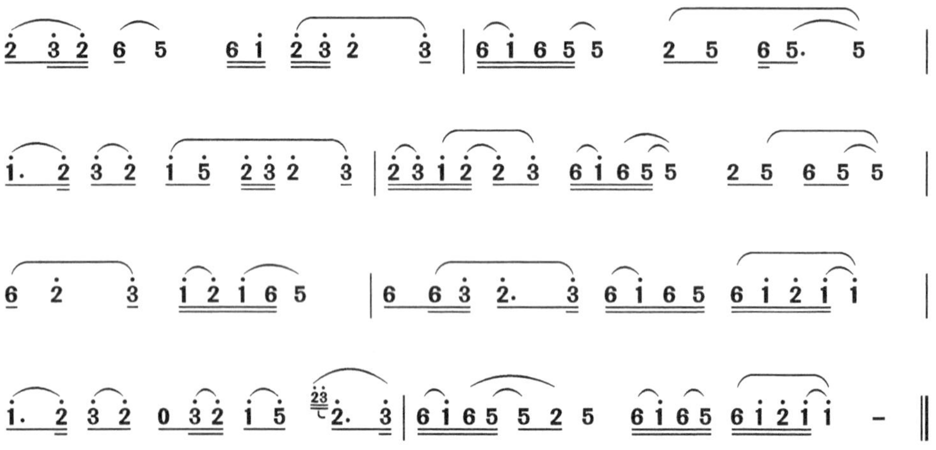

2̣ 3̣2̣ 6 5 6̣1̣ 2̣3̣2̣ 3̣ | 6̣1̣6̣5̣ 5 2 5 6̣5̣. 5 |

1̣. 2̣ 3̣2̣ 1̣5̣ 2̣3̣2̣ 3̣ | 2̣3̣1̣2̣ 2̣3̣ 6̣1̣6̣5̣ 5 2 5 6̣5̣ 5 |

6̣ 2 3̣ 1̣2̣1̣6̣5̣ | 6̣ 6̣3̣ 2. 3̣ 6̣1̣6̣5̣ 6̣1̣2̣1̣ |

1̣. 2̣ 3̣2̣ 0 3̣2̣1̣5̣ 2̣³.2 3̣ | 6̣1̣6̣5̣ 5̣2̣5̣ 6̣1̣6̣5̣ 6̣1̣2̣1̣ - ‖

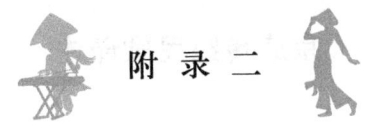

采茶摸螺歌

骆郁萍 演唱(40岁)
周之尧 记谱

1=♭D 2/4

京族传统民歌译注

欢迎哈节

1=G 2/4 3/4 4/4

武翠珍 演唱(76岁)
周之尧 记谱

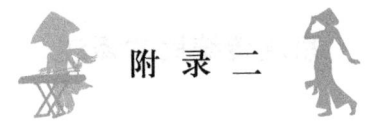

月亮公公

京族传统民歌译注

摇篮曲

武桂兰 演唱
陈坤鹏 记谱

附录二

京族史歌

万里春 演唱(48岁)
陈坤鹏 记谱

京族传统民歌译注

送春歌片段

苏维芳 演唱(78岁)
陈坤鹏 记谱

附录二

宋诊歌

苏权成 演唱(78岁)
陈坤鹏 记谱

1=♭E 2/4 3/4